D1754297

Melhardt
●
Umsatzsteuer-Handbuch 2017

Umsatzsteuer-Handbuch 2017

UStG 1994 / USt-Richtlinien 2000
Verordnungen und Erlässe zum UStG 1994
Judikatur von VwGH und EuGH
EG-Mehrwertsteuer-Richtlinien

Stand: 1.1.2017

von

Dr. Stefan Melhardt
Bundesministerium für Finanzen

Linde

Bibliografische Information der Deutschen Nationalbibliothek
Die Deutsche Nationalbibliothek verzeichnet diese Publikation in der Deutschen Nationalbibliografie; detaillierte bibliografische Daten sind im Internet über http://dnb.d-nb.de abrufbar.

Das Werk ist urheberrechtlich geschützt. Alle Rechte, insbesondere die Rechte der Verbreitung, der Vervielfältigung, der Übersetzung, des Nachdrucks und der Wiedergabe auf fotomechanischem oder ähnlichem Wege, durch Fotokopie, Mikrofilm oder andere elektronische Verfahren sowie der Speicherung in Datenverarbeitungsanlagen, bleiben, auch bei nur auszugweiser Verwertung, dem Verlag vorbehalten.

ISBN 978-3-7073-3641-2

Es wird darauf verwiesen, dass alle Angaben in diesem Fachbuch trotz sorgfältiger Bearbeitung ohne Gewähr erfolgen und eine Haftung der Autoren oder des Verlages ausgeschlossen ist.

© LINDE VERLAG Ges.m.b.H., Wien 2017
1210 Wien, Scheydgasse 24, Tel.: 01/24 630
www.lindeverlag.at

Druck: Hans Jentzsch u Co. Ges.m.b.H.
1210 Wien, Scheydgasse 31

Vorwort

Das UStG 1994 wurde im Jahr 2016 durch das Abgabenänderungsgesetz 2016 (BGBl. I Nr. 117/2016) geändert.

Dabei wurde der Grundstücksbegriff an die Durchführungsverordnung (EU) Nr. 282/2011 i.d.F. der Verordnung (EU) Nr. 1042/2013 angepasst. Weiters wurde die kurzfristige Vermietung von Grundstücken zwingend umsatzsteuerpflichtig gestellt, wenn der Unternehmer das Grundstück sonst nur für Umsätze verwendet, die den Vorsteuerabzug nicht ausschließen.

Ebenso wurde die Ermittlung der Umsatzgrenze für die Kleinunternehmerbefreiung unter Berücksichtigung der unionsrechtlichen Vorgaben angepasst und die Grenze, unterhalb der eine Berichtigung der Vorsteuer (§ 12 Abs. 10 UStG 1994) unterbleibt, angehoben.

Diese und sämtliche weitere Änderunen – wie z.B. der aktuelle UStR-Wartungserlass 2016 – wurden in das Umsatzsteuer-Handbuch 2017 eingearbeitet und für das schnellere Auffinden und die bessere Übersichtlichkeit seitlich mit einem Balken markiert.

Ebenso beinhaltet sind sämtliche relevanten umsatzsteuerrechtlichen EU-Richtlinien und -Verordnungen, die umsatzsteuerlichen Vorschriften der Vereins-Richtlinien sowie die umsatzsteuerlichen Bestimmungen der Liebhaberei-Richtlinien.

Abgerundet durch umfassende Judikatur von VwGH und EuGH beinhaltet das Umsatzsteuer-Handbuch 2017 somit den aktuellen Stand des Umsatzsteuerrechtes zum 1.1.2017.

Wien, Jänner 2017 *Stefan Melhardt*

Inhaltsverzeichnis

Vorwort 5
Inhaltsverzeichnis 7

Umsatzsteuergesetz

§ 1. **Steuerbare Umsätze** 31
UStR
1. Steuergegenstand 33
   1.1 Leistungsaustausch 33
   1.2 Eigenverbrauch 48
   1.3 Einfuhr 50
2. Inland, Ausland 51
3. Gemeinschaftsgebiet, Drittlandsgebiet 51
   3.1 Gemeinschaftsgebiet 51
   3.2 Drittlandsgebiet 52
Verordnung des Bundesministers für Finanzen für eine Umsatzsteuerentlastung bei Hilfsgüterlieferungen ins Ausland (BGBl. Nr. 787/1992 idF BGBl. Nr. 850/1993) 52
Judikatur 54

§ 2. **Unternehmer, Unternehmen** 68
UStR
1. Begriff des Unternehmers 70
   1.1 Allgemeines 70
   1.2 Kostengemeinschaften 70
   1.3 Miteigentumsgemeinschaften (Hausgemeinschaften) ... 70
   1.4 Gesellschafter 70
   1.5 Weitere Fälle 71
   1.6 Gewerbliche oder berufliche Tätigkeit 72
   1.7 Erzielung von Einnahmen 73
   1.8 Beginn der Unternehmereigenschaft 74
   1.9 Unternehmen 77
2. Selbstständigkeit, Organschaft 77
   2.1 Unselbstständigkeit natürlicher Personen 77
   2.2 Organschaft 78
3. Körperschaften des öffentlichen Rechts 80
   3.1 Allgemeines 80
   3.2 Betriebe gewerblicher Art, die nur Eigenverbrauchszwecken dienen 83
   3.3 Hoheitsbetriebe – Betriebe gewerblicher Art; Trennung 84
   3.4 Definition der Körperschaft des öffentlichen Rechts 84
   3.5 Einzelfälle 85
   3.6 Vermietung von Grundstücken durch ausgegliederte Rechtsträger 87
   3.7 Vermietung von beweglichen körperlichen Gegenständen durch ausgegliederte Rechtsträger von Körperschaften des öffentlichen Rechts 90
   3.8 Sonderregelungen für die Ausgliederung von Aufgaben der Körperschaften öffentlichen Rechts, die Rückgängigmachung solcher Ausgliederungen und die Zusammenlegung von Gebietskörperschaften 90
   3.9 Errichtung und Übertragung von öffentlichen Straßenanlagen durch ausgegliederte bzw. private Rechtsträger 90

Inhaltsverzeichnis

4.	Sozialversicherung	91
5.	Fehlende Unternehmereigenschaft	91
5.1.	Funktionsgebühren	91
5.2.	Liebhaberei	92
6.	Sondergebühren der Ärzte	92

Verordnung des Bundesministers für Finanzen über das Vorliegen von Einkünften, über die Annahme einer gewerblichen oder beruflichen Tätigkeit und über die Erlassung vorläufiger Bescheide (Liebhabereiverordnung) (BGBl. Nr. 33/1993 idF BGBl. II Nr. 15/1999) 92
Liebhabereirichtlinien 2012 (LRL 2012) 95
Umsatzsteuerliche Behandlung von Einrichtungen der katholischen Kirche, Orden und Kongregationen sowie der Diözesan-Caritas (AÖF 1975/221) 101
Steuerliche Beurteilung von Photovoltaikanlagen (Photovoltaikerlass) 101
Judikatur 109

§ 3. Lieferung 130
UStR

1. Begriff der Lieferung 132
   1.1 Liefergegenstand 132
   1.2 Abgrenzung zur sonstigen Leistung 133
   1.3 Einheitlichkeit der Leistung 134
2. Den Lieferungen gleichgestellter Eigenverbrauch 138
   2.1 Allgemeines 138
   2.2 Vorangegangener Vorsteuerabzug 138
   2.3 Abgrenzung zu entgeltlichen Vorgängen 139
   2.4 Sachzuwendungen an das Personal 139
   2.5 Andere unentgeltliche Zuwendungen 139
3. Eigenhandel, Kommissionsgeschäft, Vermittlung 142
   3.1 Kommissionsgeschäft 142
   3.2 Vermittlung 142
4. Werklieferung 142
   4.1 Begriff 142
   4.2 Voraussetzungen 142
5. Gehaltslieferung 143
6. Be- und Verarbeitung 143
7. Verschaffung der Verfügungsmacht 143
   7.1 Allgemeines 143
   7.2 Lieferung von Bauwerken 144
   7.3 Kauf auf Probe 144
   7.4 Zwangsvollstreckung 144
   7.5 Kauf unter Eigentumsvorbehalt 145
   7.6 Sicherungsübereignung 145
8. Beförderungs- und Versendungslieferung 145
   8.1 Allgemeines 145
   8.2 Reihengeschäfte 146
9. Beförderungs- und Versendungslieferung aus dem Drittlandsgebiet 147
10. Tausch 147
11. *Derzeit frei* 147
12. *Derzeit frei* 147
13. Ort der Lieferung von Gas, Elektrizität, Wärme oder Kälte (§ 3 Abs. 13 und 14 UStG) 148

	13.1 Rechtslage ab 1.1.2011	148
	Judikatur	149
§ 3a.	**Sonstige Leistung**	157
	UStR	
	1. Zeitpunkt der sonstigen Leistung	162
	1a. Den sonstigen Leistungen gleichgestellter Eigenverbrauch	162
	1a.1 Allgemeines	162
	1a.2 Verwendungseigenverbrauch	162
	1a.3 Ausnahme vom Verwendungseigenverbrauch (Rechtslage ab 1.5.2004)	163
	1a.4 Eigenverbrauch durch sonstige Leistungen	163
	1a.5 Ort des Eigenverbrauches	164
	1a.6 Abgrenzung zu entgeltlichen Vorgängen	164
	2. Tauschähnlicher Umsatz	164
	3. Werkleistung	165
	Leistungsortregelungen ab 1.1.2010	165
	4. Besorgungsleistung	166
	5. Abgrenzung der Begriffe Unternehmer/Nichtunternehmer	167
	5.1 Allgemeines	167
	5.2 Unternehmer	167
	5.3 Nichtunternehmer	168
	5.4 Identifizierung als Unternehmer/Nichtunternehmer	168
	6. Generalklausel für unternehmerische Leistungsempfänger	169
	7. Generalklausel für nicht unternehmerische Leistungsempfänger	172
	8. Vermittlungsleistung an Nichtunternehmer	172
	9. Grundstücksort	173
	9.1 Leistungen im Zusammenhang mit einem Grundstück	173
	10. Ort der Beförderungsleistung	179
	10.1 Personenbeförderung	179
	10.2 Güterbeförderung	179
	10.3 Einschaltung eines Subunternehmers bei Personenbeförderungsleistungen	180
	10.4 Grenzüberschreitende Personenbeförderungen	180
	10.5 (Grenzüberschreitender) Tarifverbund von Seilbahnunternehmern	180
	11. Tätigkeitsort	181
	11.1 Allgemeines	181
	11.2 Kulturelle, künstlerische, wissenschaftliche Leistungen usw.	181
	11.3 Umschlag, Lager usw.	184
	11.4 Arbeiten an beweglichen körperlichen Gegenständen	184
	11.5 Restaurant- und Verpflegungsdienstleistungen	185
	11.6 Eintrittsberechtigung zu Veranstaltungen	185
	12. Vermietung von Beförderungsmitteln	186
	13. Leistungsort bei Katalogleistungen	188
	13.1 Elektronisch erbrachte sonstige Leistungen	188
	13.2 Telekommunikationsdienstleistungen	189
	13.3 Rundfunk- und Fernsehdienstleistungen	190
	14. Katalogleistungen	191
	14.1 Urheberrechtliche Vorschriften	191
	14.2 Werbung und Öffentlichkeitsarbeit	191
	14.3 Leistungen bestimmter freier Berufe und Beratungsleistungen	192
	14.4	193
	14.5 Datenverarbeitung	193
	14.6 Überlassung von Informationen	193
	14.7 Finanzumsätze	193
	14.8 Gestellung von Personal	194
	14.9 Verzichtsleistungen betreffend Rechte	194

Inhaltsverzeichnis

  14.10 Verzicht auf Ausübung einer gewerblichen oder beruflichen Tätigkeit 194
  14.11 Vermietung beweglicher körperlicher Gegenstände,
     ausgenommen Beförderungsmittel 194
  14.12 Telekommunikationsdienste 194
  14.13 Rundfunk- und Fernsehdienstleistungen 194
  14.14 Auf elektronischem Weg erbrachte sonstige Leistungen 195
  14.15 Gewährung des Zugangs zu Erdgas- und Elektrizitätsnetzen,
     Wärme- oder Kältenetzen (§ 3a Abs. 14 Z 15 UStG 1994) 198
 15. Sonderfälle des Ortes der sonstigen Leistungen 199
 16. Verordnungsermächtigung 199
  16.1 Verlagerung des Ortes der sonstigen Leistung bei der Vermietung von
    Beförderungsmitteln 199
  16.2 Verlagerung des Ortes der sonstigen Leistung bei der Gestellung von
    Personal 200
  16.3 Verlagerung des Ortes der sonstigen Leistung bei Telekommunikations-,
    Rundfunk- und Fernsehdienstleistungen 200
  16.4 Verlagerung des Ortes der sonstigen Leistung bei bestimmten
    Umsätzen 201
Verordnung des Bundesministers für Finanzen über die Verlagerung
des Ortes der sonstigen Leistung bei der Vermietung von
Beförderungsmitteln (BGBl. Nr. 5/1996) 201
Verordnung des Bundesministers für Finanzen über die Verlagerung
des Ortes der sonstigen Leistung bei der Gestellung von Personal
(BGBl. II Nr. 218/1998) 202
Verordnung des Bundesministers für Finanzen über die Verlagerung
des Ortes der sonstigen Leistung bei Telekommunikationsdiensten
sowie Rundfunk- und Fernsehdienstleistungen
(BGBl. II Nr. 383/2003 i.d.F. BGBl. II Nr. 221/2009) 202
Verordnung des Bundesministers für Finanzen über die Verlagerung
des Ortes der sonstigen Leistung bei bestimmten Umsätzen
(BGBl. II Nr. 173/2010) 203
  Judikatur 203

**§ 4. Bemessungsgrundlage für die Lieferungen, sonstigen
   Leistungen und den Eigenverbrauch** 215
 UStR
 1. Entgelt 217
 2. Zusätzliche Entgelte 217
  2.1 Freiwillige Aufwendungen 217
  2.2 Entgelt von dritter Seite 217
 3. Durchlaufende Posten 218
  3.1 Allgemeines 218
  3.2 Einzelfälle 218
 4. Differenzbesteuerung 219
 5. Pfandschein und Spiel mit Gewinnmöglichkeit 220
 6. Tausch, tauschähnlicher Umsatz 220
  6.1 Allgemeines 220
  6.2 Sachzuwendungen an Arbeitnehmer 220
 7. Geschäftsveräußerung im Ganzen 220
 8. Bemessungsgrundlage beim Eigenverbrauch 221
  8.1 Dauernde Entnahme 221
  8.2 Vorübergehende Nutzung 221

Inhaltsverzeichnis

		8.3	Entnahme der sonstigen Leistung	221
	9.		Normalwert als Bemessungsgrundlage ab 1. Jänner 2013	221
	Judikatur			223
§ 5.	**Bemessungsgrundlage für die Einfuhr**			**234**
	UStR			
	1.		Zollwert als Bemessungsgrundlage	235
	2.		Bemessungsgrundlage bei der Wiedereinfuhr veredelter Gegenstände	235
		2.1	Passiver Veredelungsverkehr	235
		2.2	Bemessungsgrundlage bei kostenlosen Veredelungen im Drittland	236
		2.3	Lieferung des Gegenstandes vor der Wiedereinfuhr	236
	3.		Hinzurechnungen	236
	4.		Umrechnung von Werten in fremder Währung	237
§ 6.	**Steuerbefreiungen**			**238**
	UStR			
	1.		Steuerbefreiungen	254
		1.1	Ausfuhrlieferungen und Lohnveredlung	254
		1.2	Umsätze für die Seeschifffahrt und Luftfahrt	254
		1.3	Grenzüberschreitende Güterbeförderung und Nebenleistungen	255
		1.4	Lieferung von Gold an Zentralbanken	261
		1.5	Vermittlung	262
		1.6	Andere echte Steuerbefreiungen	262
		1.7	Leistungen der Sozialversicherungs- und Fürsorgeträger	266
		1.8	Geld- und Kapitalverkehr	267
		1.9	Umsätze, die auch anderen Steuern unterliegen	277
		1.10	Umsätze der Blinden und dem Postwesen dienende Umsätze	288
		1.11	Schulen, Privatlehrer	289
		1.12	Vorträge, Kurse, Filmvorführungen	292
		1.13	Bausparkassen- und Versicherungsvertreter	293
		1.14	Gemeinnützige Sportvereinigungen	294
		1.15	Pflege- und Betreuungsleistungen	295
		1.16	Vermietung und Verpachtung von Grundstücken	295
		1.17	Wohnungseigentumsgemeinschaften	303
		1.18	Kranken- und Pflegeanstalten, Altersheime, Kuranstalten	303
		1.19	Ärzte	306
		1.20	Zahntechniker	314
		1.21	Lieferung von menschlichem Blut und Organen	314
		1.22	Krankenbeförderung	314
		1.23	Jugend-, Erziehungs-, Ausbildungs- und Erholungsheime	315
		1.24	Theater-, Musik- und Gesangsaufführungen, Konzerte, Museen etc.	315
		1.25	Gemeinnützige Vereinigungen, die Jugend-, Erziehungs-, Ausbildungs- und Erholungsheime, Theater-, Musik- und Gesangsaufführungen, Konzerte, Museen etc. betreiben	316
		1.26	Lieferung und Entnahme von Gegenständen	317
		1.27	Kleinunternehmer	317
		1.28	Zusammenschlüsse von Banken, Versicherungen und Pensionskassen	320
	2.		Option zur Steuerpflicht	322
	3.		Kleinunternehmer, Option zur Steuerpflicht	323
		3.1	Option zur Steuerpflicht (Verzichtserklärung)	323
		3.2	Rücknahme der Verzichtserklärung	323
		3.3	Widerruf der Verzichtserklärung	323
	4.		Befreiungen bei der Einfuhr	324
		4.1	Allgemeines	324
		4.2	Im UStG 1994 gesondert geregelte Befreiungen von der Einfuhrumsatzsteuer	324

11

	4.3 Steuerbefreiungen in Anlehnung an Zollbefreiungen	325
5.	Steuerbefreiungen bei der Einfuhr von Waren im persönlichen Reisegepäck	327
	5.1 Allgemeines	327
	5.2 Einhaltung der gesetzlich festgelegten Höchstmengen	327
6.	Steuerbefreiungen bei der Einfuhr von Waren im persönlichen Reisegepäck eines bestimmten Personenkreises	328

Verordnung des Bundesministers für Finanzen über die Begrenzung der umsatzsteuerfreien Einfuhr von Tabakwaren (BGBl. II Nr. 326/1997) 328

Verordnung des Bundesministers für Finanzen betreffend ein Verzeichnis jener Goldmünzen, die die Kriterien der Steuerbefreiung gemäß § 6 Abs. 1 Z 8 lit. j Umsatzsteuergesetz 1994 im Kalenderjahr 2014 jedenfalls erfüllen (BGBl. II Nr. 39/2016) 329

Verordnung des Bundesministers für Finanzen betreffend die nähere Regelung der Bescheinigung der Voraussetzungen für die Steuerfreiheit der Lieferung von Kraftfahrzeugen und der Vermietung von Grundstücken an ausländische Vertretungsbehörden und deren im diplomatischen oder berufskonsularischen Rang stehende Mitglieder (BGBl. II Nr. 581/2003) 329

Judikatur 330

§ 7.	**Ausfuhrlieferung**			**363**
	UStR			
	1.	Beförderung oder Versendung		366
		1.1	Beförderung	366
		1.2	Versendung	366
		1.3	Touristenexport	366
	2.	Ausländischer Abnehmer		366
		2.1	Grundsatz	366
		2.2	Touristenexport	367
	3.	Ausrüstung und Versorgung eines Beförderungsmittels		367
		3.1	Gegenstände zur Ausrüstung eines KFZ	367
		3.2	Werklieferungen	367
		3.3	Feste Verbindung bzw. bestimmungsgemäße Verwendung	367
		3.4	Versorgung eines KFZ	368
		3.5	Entscheidungsbaum	368
		3.6	Andere Beförderungsmittel	369
	4.	Ausfuhrnachweis allgemein		369
	5.	Ausfuhrnachweis im Versendungsfall		369
	6.	Ausfuhrnachweis im Touristenexport bzw. bei sonstiger Beförderung		371
		6.1	Ausfuhrnachweis im Touristenexport	371
		6.2	Ausfuhrnachweis bei sonstiger Beförderung	372
	7.	Verordnungsermächtigung		372
	8.	Unselbständige Nebenleistungen		372
	Judikatur			373
§ 8.	**Lohnveredlung an Gegenständen der Ausfuhr**			**375**
	UStR			
	1.	Voraussetzungen		375
		1.1	Einfuhr oder Erwerb zum Zweck der Lohnveredlung	375
		1.2	Sonstige Voraussetzungen	376

	2.	Ausländischer Abnehmer	376
	3.	Ausfuhrnachweis	376

§ 9. Umsätze für die Seeschiffahrt und für die Luftfahrt ... 377
UStR

1. Umsätze für die Seeschifffahrt ... 378
   - 1.1 Betroffene Wasserfahrzeuge ... 378
   - 1.2 Betroffene Leistungen ... 378
2. Umsätze für die Luftfahrt ... 378
   - 2.1 Betroffene Luftfahrzeuge ... 379
   - 2.2 Betroffene Leistungen ... 379
3. Buchnachweis ... 380

Erlass: Liste der Unternehmer mit Sitz im Inland, die im entgeltlichen Luftverkehr überwiegend grenzüberschreitende Beförderungen oder Beförderungen auf ausschließlich im Ausland gelegenen Strecken durchführen ... 380

Judikatur ... 381

§ 10. Steuersätze ... 384
UStR

1. Normalsteuersatz ... 389
2. Ermäßigter Steuersatz von 10 % ... 389
   - 2.1 Gegenstände der Anlage 1 ... 389
   - 2.2 Vermietung von Druckerzeugnissen ... 391
   - 2.3 Vermietung von Grundstücken; Wohnungseigentümergemeinschaften ... 391
   - 2.4 Gemeinnützige Rechtsträger ... 395
   - 2.5 Rundfunk ... 397
   - 2.6 Personenbeförderung ... 398
   - 2.7 Müllbeseitigung und Abfuhr von Spülwasser und Abfällen ... 400
   - 2.8 Kranken- und Pflegeanstalten, Altersheime, Kuranstalten usw. ... 401
3. Ermäßigter Steuersatz von 13 % ... 401
   - 3.1 Gegenstände der Anlage 2 ... 402
   - 3.2 Tierzucht, Anzucht von Pflanzen und unmittelbar der Tierzucht dienende Leistungen ... 402
   - 3.3 Beherbergung ... 403
   - 3.4 Künstler ... 407
   - 3.5 Schwimmbäder, Thermalbehandlung ... 408
   - 3.6 Theater-, Musik- und Gesangsaufführungen, Konzerte, Museen usw. ... 408
   - 3.7 Filmvorführungen ... 411
   - 3.8 Zirkusvorführungen und Schausteller ... 412
   - 3.9 Personenbeförderung mit Luftfahrzeugen ... 413
   - 3.10 Jugendheime ... 413
   - 3.11 Lieferungen (und der den Lieferungen gleichgestellte Eigenverbrauch) von Wein und anderen gegorenen Getränken ... 414
   - 3.12 Eintrittsberechtigungen für sportliche Veranstaltungen ... 414
4. Änderung des Steuersatzes und Anzahlungen ... 414

Judikatur ... 416

§ 11. Ausstellung von Rechnungen ... 428
UStR

1. Rechnungslegung ... 434
   - 1.1 Verpflichtung bzw. Anspruchsberechtigung ... 434
   - 1.2 Zivilrechtliche Vereinbarung ... 437

	1.3	Durchsetzung des Anspruchs	437
	1.4	Zeitpunkt der Rechnungserteilung	437
	1.5	Rechnungsmerkmale	437
	1.6	Änderungen der Rechnungslegung auf Grund des zweiten Abgabenänderungsgesetzes 2002	446
2.	Rechnungsarten		449
	2.1	Urkundenprinzip	449
	2.2	Sammelrechnungen	449
	2.3	Elektronisch übermittelte Rechnung (Rechtslage bis 31. Dezember 2012)	449
	2.3a	Elektronische Rechnung (Rechtslage für Umsätze ab 1. Jänner 2013)	452
	2.4	Aufbewahrungspflicht	460
3.	Erleichterung bei der Erstellung von Rechnungen		462
4.	Schlüsselzahlen und Symbole		462
5.	Getrennte Ausweise		462
	5.1	Maschinelle Ermittlung des Steuerbetrages	462
	5.2	Nichtsteuerbare oder steuerfreie Umsätze	463
	5.3	Geschenkkörbe	463
6.	Kleinbetragsrechnungen		463
7.	Gutschriften als Rechnung		464
	7.1	Berechtigung zum gesonderten Steuerausweis	464
	7.2	Einverständnis	464
	7.3	Zuleitung	464
	7.4	Widerspruch	464
8.	Voraussetzungen für Gutschriften für Anerkennung als Rechnung		465
9.	Fahrausweise als Rechnung		465
	9.1	Fahrausweise allgemein	465
	9.2	Eisenbahn-Personenverkehr	465
	9.3	Zuschlagskarten	465
	9.4	Taxifahrten	466
	9.5	Liftkarten oder Skipässe	466
10.	Grenzüberschreitender Personenverkehr		466
11.	Reisegepäck		466
12.	Unrichtiger Steuerausweis		466
	12.1	Erhöhter Steuerausweis	466
	12.2	Berichtigungsmöglichkeit bei erhöhtem Steuerausweis	467
	12.3	Verminderter Steuerausweis	467
	12.4	Berechtigung zur Rechnungsberichtigung	467
	12.5	Berichtigung einer Rechnung mit Steuerausweis im Zusammenhang mit Liebhaberei	467
13.	Nachträgliche Entgeltsminderung – Wechseldiskontierung		468
14.	Unberechtigter Steuerausweis		468

Verordnung der Bundesministerin für Finanzen, mit der die Anforderungen an eine elektronische Rechnung bestimmt werden (E-Rechnung-UStV) (BGBl. II Nr. 583/2003 idF BGBl. II Nr. 382/2016) 468

Verordnung des Bundesministers für Finanzen betreffend den Entfall der Verpflichtung zur Ausstellung von Rechnungen (BGBl. II Nr. 279/2004) 469

Judikatur 469

§ 12. Vorsteuerabzug 476
UStR
1. Allgemeines 482

Inhaltsverzeichnis

1.1	Zum Vorsteuerabzug berechtigter Personenkreis	483
1.2	Vorsteuerabzug auf Grund der Rechnung	483
1.3	Abzug der EUSt (§ 12 Abs. 1 Z 2 UStG 1994)	489
1.4	Übergang der Steuerschuld	495
1.5	Verlust des Vorsteuerabzugs bei Umsatzsteuerhinterziehungen	496
2. Leistungen für Zwecke des Unternehmens		496
2.1	Allgemeines	496
2.2	*Derzeit frei*	497
2.3	Körperschaften	497
2.4	Ertragsteuerlich nicht abzugsfähige Aufwendungen	497
2.5	Kraftfahrzeuge	501
2.6	Vorsteuerabzug bei einem Bestandvertrag (Leasingvertrag) über Kraftfahrzeuge oder Krafträder im Falle der Beschädigung des Bestandobjektes durch Unfall oder höhere Gewalt	505
2.7	Vorsteuerabzug bei Personen- oder Kombinationskraftwagen mit einem CO_2-Emissionswert von 0 Gramm pro Kilometer	506
3. Ausschluss vom Vorsteuerabzug		507
3.1	Vorsteuerausschluss für unecht befreite Umsätze und bestimmte Auslandsumsätze	507
3.2	Kein Vorsteuerausschluss für andere Umsätze	508
3.3	Kein Vorsteuerausschluss bei bestimmten Bank- und Versicherungsgeschäften	509
3.4	Vorsteuerausschluss bei Gebäuden	509
3.5	Kein Vorsteuerausschluss bei Verzicht auf die Steuerfreiheit bei bestimmten im Ausland ausgeführten Umsätzen	510
4. Aufteilung des Vorsteuerabzuges		510
4.1	Allgemeines	510
4.2	Aufteilung nach Maßgabe der Zurechenbarkeit	510
5. Aufteilung nach dem Umsatzverhältnis – Ermittlung des Umsatzschlüssels		512
5.1	Unecht steuerfreie Umsätze und bestimmte Auslandsumsätze	512
5.2	Übrige Umsätze	512
5.3	Aufteilung nach Mischmethode	512
5.4	Wahl der Aufteilungsmethode	512
6. Ausschluss der Aufteilungsmethode nach § 12 Abs. 5 UStG 1994		513
7. Gesondert geführter Betrieb		513
8. Auflagen bei Bewilligung nach § 12 Abs. 7 UStG 1994		513
9. Vorsteuerberechnung, wenn Steuerbetrag nicht ausgewiesen		514
10. Änderung der Verhältnisse beim Anlagevermögen		514
10.1	Begriff	514
10.2	Zeitpunkt der Änderung	515
10.3	Anlagevermögen	515
10.4	Qualifikation des Rückforderungsanspruches im Insolvenzverfahren	519
11. Änderung der Verhältnisse beim Umlaufvermögen und sonstigen Leistungen		519
11.1	Besonderheiten iZm der Berichtigung bei Istbesteuerung beim Umlaufvermögen und sonstigen Leistungen (Rechtslage ab 1.1.2013)	521
12. Änderung der Verhältnisse bei nicht zum Betriebsvermögen gehörenden Gegenständen		521
13. Bagatellregelung		521
14. *Derzeit frei*		521
15. Vorsteuerabzug bei Eigenverbrauch		521
16. Vorsteuerabzug beim Export von Gebrauchtfahrzeugen (aufgehoben durch AbgSiG 2007, BGBl. I Nr. 99/2007) Rechtslage bis zum 31. Dezember 2007		522

Verordnung des Bundesministers für Finanzen über die steuerliche Einstufung von Fahrzeugen als Kleinlastkraftwagen und Kleinbusse (BGBl. II Nr. 193/2002) 522

Verordnung des Bundesministers für Finanzen betreffend die umsatzsteuerliche Behandlung der Lieferungen und des Vorsteuerabzuges (Einfuhrumsatzsteuer) ausländischer Unternehmer (BGBl. II Nr. 584/2003) 525
Erlass zur Verordnung des Bundesministers für Finanzen über die steuerliche Einstufung von Fahrzeugen als Kleinlastkraftwagen und Kleinbusse (BGBl. II Nr. 193/2002) 526
Judikatur 528

§ 13. Vorsteuerabzug bei Reisekosten 571
Judikatur 572

§ 14. Vorsteuerabzug nach Durchschnittssätzen 574
UStR
1. Vorsteuerpauschalierungen 576
   1.1 Allgemein 576
   1.2 Berechnung der pauschalen Vorsteuer 576
   1.3 Zusätzlich abziehbare Vorsteuer 576
   1.4 Erleichterung der Aufzeichnungspflichten hinsichtlich der Vorsteuer 577
   1.5 Vorsteuerberichtigung 577
   1.6 Basispauschalierung 578
2. Verordnungsermächtigung 578
   2.1 Vorsteuerpauschalierung aufgrund von Verordnungen 578
   2.2 Verhältnis der Verordnungen untereinander 579
3. Auflagen im Zusammenhang mit der Verordnungsermächtigung ... 579
   3.1 Verordnung des BM für Finanzen BGBl. II Nr. 227/1999 – Gaststätten- und Beherbergungsgewerbe 579
   3.2 Verordnung des BM für Finanzen BGBl. II Nr. 228/1999 – Lebensmitteleinzel- oder Gemischtwarenhändler 579
   3.3 Verordnung des BM für Finanzen, BGBl. II Nr. 229/1999 – Drogisten 579
   3.4 Verordnung des BM Finanzen, BGBl. II Nr. 417/2000 – Künstler und Schriftsteller 580
   3.5 Verordnung des BM Finanzen, BGBl. II Nr. 418/2000 – Sportler 580
   3.6 Verordnung des BM für Finanzen, BGBl. II Nr. 48/2014 idF BGBl. II Nr. 159/2014 – Einstellen fremder Pferde (Pferdepauschalierungsverordnung) 580
4. Erklärung 581
5. Widerruf und Wechsel der Vorsteuerpauschalierung 581

Verordnung des Bundesministers für Finanzen über die Aufstellung von Durchschnittssätzen für die Ermittlung des Gewinnes und der Vorsteuer bei nichtbuchführenden Lebensmitteleinzel- oder Gemischtwarenhändlern (BGBl. II Nr. 228/1999 idF BGBl. II Nr. 633/2003) 582

Verordnung des Bundesministers für Finanzen über die Aufstellung von Durchschnittssätzen für die Ermittlung des Gewinnes und der Vorsteuerbeträge der nichtbuchführenden Drogisten (BGBl. II Nr. 229/1999) 584

Verordnung des Bundesministers für Finanzen über die Aufstellung von Durchschnittssätzen für die Ermittlung von Betriebsausgaben

und Vorsteuerbeträgen bei Handelsvertretern (BGBl. II Nr. 95/2000 idF BGBl. II Nr. 635/2003) 584
Verordnung des Bundesministers für Finanzen über die Aufstellung von Durchschnittssätzen für die Ermittlung der abziehbaren Vorsteuerbeträge bei bestimmten Gruppen von Unternehmern (BGBl. Nr. 627/1983 idF BGBl. II Nr. 416/2001) 585
Verordnung des Bundesministers für Finanzen über die Aufstellung von Durchschnittssätzen für die Ermittlung von Betriebsausgaben und Vorsteuerbeträgen bei Künstlern und Schriftstellern (Künstler/Schriftsteller-Pauschalierungsverordnung) (BGBl. II Nr. 417/2000 idF BGBl. II Nr. 636/2003) 596
Verordnung des Bundesministers für Finanzen über die Aufstellung eines Durchschnittssatzes für die Ermittlung der abziehbaren Vorsteuerbeträge bei Umsätzen aus dem Einstellen von fremden Pferden (PferdePauschV) (BGBl. II Nr. 48/2014 idF BGBl. II Nr. 159/2014) .. 598

§ 15. **Erleichterungen bei der Aufteilung der Vorsteuerbeträge** 600
§ 16. **Änderung der Bemessungsgrundlage** 601
UStR
1. Minderung, Erhöhung 602
    1.1 Allgemeines 602
    1.2 Entgeltsänderung infolge Uneinbringlichkeit 603
    1.3 Nachträgliche Änderung der EUSt 604
    1.4 Nachträgliche Entgeltsänderungen bei unterschiedlich besteuerten Leistungen 604
    1.5 Pfandgeld für Warenumschließungen 604
    1.6 Änderung der Bemessungsgrundlage bei der Ausgabe von Gutscheinen 605
2. Insolvenzverfahren 607
    2.1 Allgemeines 607
    2.2 Berichtigung des Vorsteuerabzuges gemäß § 16 UStG 1994 608
    2.3 Vorsteuerrückforderung gemäß § 12 Abs. 10 und 11 UStG 1994 608
    2.4 Halbfertige Bauten – Rücktritt vom Vertrag 608
    2.5 Halbfertige Bauten – Erfüllung des Vertrages 608
    2.6 Eigentumsvorbehalt im Insolvenzverfahren 609
    2.7 Verwertung der Konkursmasse insbesondere von Sicherungsgut im Konkurs 609
    2.8 Istbesteuerung und Vorsteuerabzug bei Anzahlungen im Insolvenzverfahren 609
    2.9 Uneinbringlichkeit von Forderungen des Gemeinschuldners 610
3. Zentralregulierer 610
Judikatur 611

§ 17. **Besteuerung nach vereinnahmten Entgelten** 614
UStR
1. Soll-Istbesteuerung 615
    1.1 Istbesteuerung für freiberufliche und entsprechende Tätigkeiten 615
    1.2 Istbesteuerung für Versorgungsunternehmen 616
2. Istbesteuerung für nichtbuchführungspflichtige Landwirte und Gewerbetreibende sowie für Unternehmer mit niedrigem Gesamtumsatz 617

3.	Wegfall der Istbesteuerung	617
4.	Wechsel in der Besteuerungsart	617
4.1	Vorsteuerabzug	617
5.	Gesamtumsatz	618
6.	Vereinnahmte Entgelte	618
7.	Geschäftsveräußerung im Ganzen	618

§ 18. Aufzeichnungspflichten und buchmäßiger Nachweis ... 619
UStR

1.	Allgemeines	621
2.	Aufzeichnungspflichten	622
2.1	Erleichterungen für Spediteure und Beförderungsunternehmer	622
2.2	Erleichterungen für unecht befreite Unternehmen	622
3.	Aufzeichnung der vereinbarten bzw. vereinnahmten Entgelte in einer Summe	622
4.	Aufzeichnung der geleisteten bzw. geschuldeten Entgelte in einer Summe	622
5.	Aufzeichnungen der Vorsteuern	622
6.	Gesonderte Aufzeichnungen für jeden Betrieb	622
7.	Trennung der Entgelte nach dem Wareneingang	622
7.1	Allgemeines	622
7.2	Verfahren zur erleichterten Trennung der Entgelte	623
7.3	Erleichterte Trennung nachträglicher Entgeltsminderungen	624
8.	Buchmäßiger Nachweis	624
8.1	Allgemeines	624
8.2	Zeitpunkt des Vorliegens des Buchnachweises	625
8.3	Belege	625
9.	Vorsteuerabzug nach Durchschnittssätzen	626
10.	Aufbewahrungspflicht	626

§ 19. Steuerschuldner, Entstehung der Steuerschuld ... 627
UStR

1.	Steuerschuldner	630
1.1	Allgemeines	630
1.2	Übergang der Steuerschuld in der Bauwirtschaft	636
1.3	Übergang der Steuerschuld bei Lieferungen im Sicherungseigentum, Vorbehaltseigentum und Zwangsversteigerungsverfahren	646
1.4	Übergang der Steuerschuld bei Gas- und Stromlieferungen (§ 19 Abs. 1c UStG 1994)	647
1.5	Übergang der Steuerschuld bei durch Verordnung zu bestimmenden Umsätzen an Unternehmer	648
1.6	Übergang der Steuerschuld bei der Übertragung von Treibhausgasemissionszertifikaten und der Lieferung von Mobilfunkgeräten und integrierten Schaltkreisen (§ 19 Abs. 1e UStG 1994)	656
2.	Entstehung der Steuerschuld	657
2.1	Lieferungen und sonstige Leistungen	657
2.2	Eigenverbrauch	662
3.	Zu hoher und unberechtigter Steuerausweis	663
4.	Minderung des Entgeltes	663
5.	EUSt	663

Verordnung des Bundesministers für Finanzen betreffend die Umsätze von Abfallstoffen, für die die Steuerschuld auf den Leistungsempfänger übergeht (Schrott-Umsatzsteuerverordnung – Schrott-UStV, BGBl. II Nr. 129/2007 idF BGBl. II Nr. 320/2012) ... 663

Verordnung der Bundesministerin für Finanzen betreffend Umsätze, für welche die Steuerschuld zur Bekämpfung des Umsatzsteuer-

betrugs auf den Leistungsempfänger übergeht (Umsatzsteuerbetrugs-
bekämpfungsverordnung – UStBBKV) (BGBl. II Nr. 369/2013 idF
BGBl. II Nr. 120/2014) 665
Judikatur 666

§ 20. **Veranlagungszeitraum und Einzelbesteuerung** 673
UStR
1. Veranlagungszeitraum 674
    1.1   Kalenderjahr als Veranlagungszeitraum 674
    1.2   Vom Kalenderjahr abweichendes Wirtschaftsjahr als
          Veranlagungszeitraum 675
    1.3   Verpflichtung zur Abgabe einer Erklärung 675
    1.4   Berechnung der Steuer 675
2. Vorsteuerabzug für den Veranlagungszeitraum 676
    2.1   Umfang des Vorsteuerabzugs 676
    2.2   Abziehbare Vorsteuern 676
    2.3   Vorsteuerabzug bei Versteuerung nach vereinnahmten Entgelten 676
3. Kürzerer Veranlagungszeitraum 677
4. Umrechnung von Werten in einer anderen Währung 677
5. EUSt 677

§ 21. **Voranmeldung und Vorauszahlung, Veranlagung** 678
UStR
1. Voranmeldung, Vorauszahlung 682
    1.1   Verpflichtung zur Einreichung einer Voranmeldung 682
    1.2   Voranmeldung als Steuererklärung 683
    1.3   Wegfall der Verpflichtung zur Einreichung einer Voranmeldung 683
    1.4   Interne Voranmeldung 683
    1.5   Vorauszahlung 684
    1.6   Entrichtung der USt, Geltendmachung eines Überschusses 684
    1.7   Fälligkeit der USt 684
    1.8   Wirksamwerden eines Überschusses 684
    1.9   Nichtunternehmer 684
2. Kalendervierteljahr als Voranmeldungszeitraum 684
3. Festsetzung der USt 685
4. Veranlagung 685
5. Fälligkeit bei Nachforderungen 685
6. Wegfall der Verpflichtung zur Abgabe einer Steuererklärung für
   Kleinunternehmer 686
7. (entfällt) 686
8. Schätzungsrichtlinien, Eigenverbrauch 686
    8.1   Allgemeines 686
    8.2   Fälligkeit 686
9. Vorsteuererstattung an ausländische Unternehmer (Rechtslage für bis
   31.12.2009 gestellte Erstattungsanträge) 686
10. Vorsteuererstattung an ausländische Unternehmer (Rechtslage für ab
    1.1.2010 gestellte Erstattungsanträge) 686
    10.1 Vorsteuererstattung an Unternehmer mit Sitz in anderen
          EU-Mitgliedstaaten 686
    10.2 Vorsteuererstattung an Unternehmer mit Sitz im Drittlandsgebiet 689
11. Vorsteuererstattung an österreichische Unternehmer 691
    11.1 Vorsteuererstattung an österreichische Unternehmer durch andere
          EU-Mitgliedstaaten (Rechtslage für ab 1.1.2010 gestellte
          Erstattungsanträge) 691
    11.2 Vorsteuererstattung an österreichische Unternehmer durch
          Drittlandsstaaten 692

19

Verordnung des Bundesministers für Finanzen vom 14. Dezember 1983 über die Aufstellung von Schätzungsrichtlinien für die Ermittlung der Höhe des Eigenverbrauches bei bestimmten Unternehmern und über die Fälligkeit der auf den Eigenverbrauch entfallenden Umsatzsteuer (BGBl. Nr. 628/1983 idF BGBl. Nr. 499/1985) 692

Verordnung des Bundesministers für Finanzen, mit der ein eigenes Verfahren für die Erstattung der abziehbaren Vorsteuern an ausländische Unternehmer geschaffen wird (BGBl. Nr. 279/1995 idF BGBl. II Nr. 158/2014) 693

Verordnung des Bundesministers für Finanzen betreffend die Abstandnahme von der Verpflichtung zur Abgabe von Voranmeldungen (BGBl. II Nr. 206/1998 idF BGBl. II Nr. 171/2010) 696

Verordnung des Bundesministers für Finanzen über die elektronische Übermittlung von Steuererklärungen sowie von Jahresabschlüssen und anderen Unterlagen anlässlich der Steuererklärung (Finanz-Online-Erklärungsverordnung – FOnErklV) (BGBl. II Nr. 512/2006 idF BGBl. II Nr. 310/2016) 697

Judikatur 701

§ 22. Besteuerung der Umsätze bei land- und forstwirtschaftlichen Betrieben 703

UStR
1. Durchschnittssatzbesteuerung 705
    1.1 Steuerfreie Umsätze im Rahmen eines land- und forstwirtschaftlichen Betriebes 706
    1.2 Landwirtschaft und Liebhaberei 711
2. Zusatzsteuer 712
3. Land- und forstwirtschaftlicher Betrieb 713
    3.1 Tierzucht und Tierhaltung 713
    3.2 Abgrenzung landwirtschaftliche und gewerbliche Gärtnerei .. 713
    3.3 Bienenzucht – Imkerei 713
    3.4 Fischereirechte 713
    3.5 Jagd 713
    3.6 Verkauf von Milcheinzelrichtmengen 714
    3.7 Verpachtung von land- und forstwirtschaftlichen Flächen; Betriebs- oder Teilbetriebsverpachtung 714
    3.8 Die Überlassung von Grundstücken für Schipisten und Langlaufloipen sowie für die Aufstellung von Handymasten 714
    3.9 Einräumung anderer Dienstbarkeiten 715
    3.10 Übertragung bzw. vorübergehende Überlassung von Zahlungsansprüchen aufgrund des Marktordnungsgesetzes 2007, BGBl. I Nr. 55/2007 .. 716
4. Nebenbetriebe 716
    4.1 Verarbeitungsbetrieb 716
    4.2 Substanzbetriebe 717
    4.3 Nebenerwerbe und Nebentätigkeiten 718
5. Land- und Forstwirtschaft als gesondert geführter Betrieb 719
6. Option zur Regelbesteuerung 721
7. Land- und forstwirtschaftlicher Betrieb von Körperschaften öffentlichen Rechts 723

Judikatur 723

§ 23. Besteuerung von Reiseleistungen 726
UStR
1. Voraussetzungen 727
   1.1 Reiseleistungen 728
   1.2 Leistungsempfänger 731
2. Reiseleistung ist eine sonstige Leistung 732
3. Ort der Reiseleistungen 733
   3.1 Ort der Reiseleistungen bei Eigenleistungen 733
   3.2 Ort der Reiseleistungen bei Vermittlung von Reiseleistungen 733
   3.3 Ort der Reiseleistungen bei Besorgung von Reiseleistungen 733
4. Reisevorleistungen 733
   4.1 Als Reisevorleistungen sind insbesonders anzusehen: 733
   4.2 Abnahmegarantien 734
   4.3 Traveller Cards und Parkplätze 734
   4.4 Keine Reisevorleistungen 734
   4.5 Gestellung von Bussen 734
5. Steuerbefreiungen 734
   5.1 Steuerbefreiung bei Eigenleistungen 734
   5.2 Steuerbefreiung bei Vermittlungen 735
   5.3 Steuerbefreiung bei Besorgungen 735
6. Voraussetzungen für die Steuerfreiheit 736
7. Bemessungsgrundlage 736
   7.1 Bemessungsgrundlage bei Besorgungsleistungen 736
   7.2 Ermittlung bei gemischten Reiseleistungen 737
   7.3 Schätzung 738
   7.4 Anzahlungen 739
   7.5 Bemessungsgrundlage in Sonderfällen 739
   7.6 Änderung der Bemessungsgrundlage 739
8. Vorsteuerabzug 739
   8.1 Nicht abzugsfähige Vorsteuern 739
   8.2 Abzugsfähige Vorsteuern 739
9. Aufzeichnungspflichten 740

Judikatur 740

§ 24. Differenzbesteuerung 743
UStR
1. Voraussetzungen 746
   1.1 Gegenstände 746
   1.2 Wiederverkäufer 748
   1.3 Lieferung an den Wiederverkäufer 749
2. Option zu Differenzbesteuerung nach § 24 Abs. 2 UStG 1994 749
   2.1 Voraussetzungen 749
   2.2 Gegenstände 749
   2.3 Rechtsfolgen 750
3. Vornahme der Option 750
   3.1 Form und Frist 750
   3.2 Widerruf der Option 750
4. Bemessungsgrundlage 750
   4.1 Einzeldifferenz 750
   4.2 Anzahlungen im Rahmen der Differenzbesteuerung 751
5. Gesamtdifferenz 752
   5.1 Übergangsregelungen 753
   5.2 Wechsel von der Einzel- zur Gesamtdifferenz 753
   5.3 Wechsel von der Gesamt- zur Einzeldifferenz 754

Inhaltsverzeichnis

6. Steuersatz, Steuerbefreiung	754
7. Rechnungslegung	754
8. Vorsteuerabzug	754
9. Ausschluss vom Vorsteuerabzug	755
10. Vorsteuerabzug bei Option	755
11. Aufzeichnungspflichten	755
11.1 Allgemein	755
11.2 Einzeldifferenz	755
11.3 Gesamtdifferenz	755
12. Option	756
Judikatur	756

§ 24a. **Sonderregelung für Anlagegold** 757

§ 24b. **Zoll- und Steuerlager** 759

§ 25. **Besondere Besteuerungsformen** 761

§ 25a. **Sonderregelung für Drittlandsunternehmer, die elektronische Dienstleistungen an Nichtunternehmer erbringen** 762

UStR
1. Voraussetzungen 765
2. Sondervorschriften 765
3. Umrechnung von Werten in fremder Währung, Aufzeichnungspflichten und Wegfall der Sonderregelung 766

§ 26. **Sondervorschriften für die Einfuhrumsatzsteuer** 767

Judikatur 768

§ 27. **Besondere Aufsichtsmaßnahmen zur Sicherung des Steueranspruches** 779

UStR
1. Steuerheft für Wanderhändler 771
2. Befreiung von der Führung eines Steuerheftes 771
3. Steuerheft für Einkäufer 771
4. Haftung für die Abfuhr der USt 771
   4.1 Abfuhrverpflichtung 771
   4.2 Steuerabfuhr 772
   4.3 Haftung 772
5. Aufsichtsmaßnahmen 772
6. Auskunftspflicht im grenzüberschreitenden Warenverkehr 772
7. Fiskalvertreter 773
   7.1 Fiskalvertreterpflicht 773
   7.2 Ausnahmen von der Fiskalvertreterpflicht 773
8. Zugelassene Fiskalvertreter, Bestellung zum Fiskalvertreter 773

§ 28. **Allgemeine Übergangsvorschriften** 774

§ 29. **Zeitlich begrenzte Fassungen einzelner Gesetzesvorschriften** 793

§ 30. **Umstellung langfristiger Verträge** 795

§ 31. **Vollziehung** 796

Anlage 1 zu § 10 Abs. 2 UStG		797
Anlage 2 zu § 10 Abs. 3 und § 24 UStG		800

Binnenmarktregelung

Art. 1. Innergemeinschaftlicher Erwerb 802
UStR
   1. Innergemeinschaftlicher Erwerb – allgemein 805
   2. Voraussetzungen für den innergemeinschaftlichen Erwerb 806
      2.1 Erwerber 806
      2.2 Lieferung an den Erwerber 806
      2.3 Erwerb im Inland 806
   3. Innergemeinschaftliches Verbringen 807
      3.1 Voraussetzungen 807
      3.2 Vorübergehende Verwendung 809
   4. Erwerbsschwelle 811
      4.1 Schwellenerwerber 811
      4.2 Ermittlung der Erwerbsschwelle 812
      4.3 Konsequenzen des Überschreitens der Erwerbsschwelle 812
   5. Verzicht auf die Erwerbsschwelle 813
   6. Neue Fahrzeuge; verbrauchsteuerpflichtige Waren 813
   7. Erwerb neuer Fahrzeuge 814
      7.1 Erwerb für das Unternehmen 814
      7.2 Erwerb durch Schwellenerwerber 814
      7.3 Erwerb durch Nichtunternehmer 814
   8. Begriff „Fahrzeug" 814
      8.1 Begriff „motorbetriebenes Landfahrzeug" 814
      8.2 Begriff „Wasserfahrzeug" 814
      8.3 Begriff „Luftfahrzeug" 814
   9. Begriff „neu" 814
      9.1 Neues Landfahrzeug 815
      9.2 Neues Wasserfahrzeug 815
      9.3 Neues Luftfahrzeug 815
  10. Diplomatische Missionen und zwischenstaatliche Einrichtungen 815
     10.1 Folgen der Regelung des Art. 1 Abs. 10 UStG 1994 815
     10.2 Erwerb neuer Fahrzeuge 816

   Judikatur 816

Art. 2. Fahrzeuglieferer 817
UStR

Art. 3. Lieferung 818
UStR
   1. Verbringen als Lieferung gegen Entgelt 820
   2. *Derzeit frei* 820
   3. Versandhandel 820
      3.1 Motive 820
      3.2 Voraussetzungen 820
      3.3 Rechtsfolgen 821
      3.4 Besonderheiten 821
      3.5 Verlagerung des Lieferortes 821
   4. Abnehmerkreis im Versandhandel 822

Inhaltsverzeichnis

		5.	Lieferschwelle	822
		5.1	Lieferschwellen der Mitgliedstaaten (Stand 1.4.2016)	822
		5.2	Überschreiten der Lieferschwelle	823
		5.3	Berechnung der Lieferschwelle	823
		6.	Verzicht auf Lieferschwelle	823
		7.	Neue Fahrzeuge; verbrauchsteuerpflichtige Waren	823
		7.1	Lieferung neuer Fahrzeuge	823
		7.2	Verbrauchsteuerpflichtige Waren	824
		8.	Ort des innergemeinschaftlichen Erwerbs	824
		Judikatur		825
Art. 3a.	**Sonstige Leistung**			827
	UStR			
	Leistungsortregelungen ab 1.1.2010			828
	1. Innergemeinschaftliche Güterbeförderung an Nichtunternehmer			828
		1.1	Empfänger der Güterbeförderungsleistung	828
		1.2	Beförderungsleistung	828
		1.3	Gebrochene innergemeinschaftliche Güterbeförderung	828
		1.4	Grenzüberschreitende Beförderungen an Nichtunternehmer, die keine innergemeinschaftlichen Güterbeförderungen sind	829
		1.5	Güterbeförderungen in einen Freihafen eines anderen Mitgliedstaates für einen Nichtunternehmer	829
		1.6	Leistungen im Zusammenhang mit innergemeinschaftlichen Güterbeförderungen für Nichtunternehmer	829
		1.7	Vermittlung und Besorgung von innergemeinschaftlichen Güterbeförderungen für Nichtunternehmer	830
	2. Leistungsempfänger im Falle der unfreien Versendung			831
	3. Restaurant- und Verpflegungsdienstleistungen an Bord von Schiffen, Flugzeugen oder Eisenbahnen			832
		3.1	Beförderung innerhalb des Gemeinschaftsgebietes	832
	Judikatur			832
Art. 4.	**Bemessungsgrundlage**			834
	UStR			
	1. Innergemeinschaftlicher Erwerb			834
	2. Innergemeinschaftliches Verbringen			834
	3. Normalwert			834
Art. 6.	**Steuerbefreiungen**			835
	UStR			
	1. Steuerfreiheit der innergemeinschaftlichen Lieferungen			836
	2. Steuerfreiheit des innergemeinschaftlichen Erwerbs			836
	3. Steuerfreiheit der Einfuhr bei anschließender innergemeinschaftlicher Lieferung			836
	4. *Derzeit frei*			837
	5. Kleinunternehmer und neue Fahrzeuge			837
	Judikatur			837
Art. 7.	**Innergemeinschaftliche Lieferung**			840
	UStR			
	1. Allgemeine Voraussetzungen für die Steuerfreiheit			841
		1.1	Warenbewegung	841

	1.2 Lieferung	842
	1.3 Abnehmerqualifikation	843
	1.4 Erwerbsteuerbarkeit	843
	2. Innergemeinschaftliches Verbringen	843
	3. Nachweispflichten	843
	4. Sorgfaltspflichten und Vertrauensschutz	845
	Verordnung des Bundesministers für Finanzen über den Nachweis der Beförderung oder Versendung und den Buchnachweis bei innergemeinschaftlichen Lieferungen (BGBl. II Nr. 401/1996 idF BGBl. II Nr. 172/2010)	846
	Judikatur	848
Art. 11.	**Ausstellung von Rechnungen in besonderen Fällen** UStR	855
	1. Anwendungsbereich	855
	1.1 Rechnungen im Zusammenhang mit innergemeinschaftlichen Lieferungen	855
	1.2 Rechnungen im Zusammenhang mit Versandhandel	856
	1.3 Rechnungen im Zusammenhang mit sonstigen Leistungen	856
	2. UID in Rechnungen	856
	3. Rechnungen im Zusammenhang mit Fahrzeuglieferungen	856
	4. Rechnungen im Zusammenhang mit Anzahlungen für innergemeinschaftliche Lieferungen	856
Art. 12.	**Vorsteuerabzug** UStR	857
	1. Voraussetzungen für den Vorsteuerabzug im Binnenmarkt	857
	1.1 Erwerbsteuer als Vorsteuer	857
	1.2 Dreiecksgeschäfte	858
	1.3 Übergang der Steuerschuld	858
	2. Kein Ausschluss des Vorsteuerabzuges bei innergemeinschaftlichen Lieferungen	858
	3. Einschränkungen der Vorsteuer für Fahrzeuglieferer	859
	4. Innergemeinschaftlicher Erwerb von neuen Fahrzeugen	859
Art. 18.	**Aufzeichnungspflichten**	860
Art. 19.	**Steuerschuldner, Entstehung der Steuerschuld**	861
Art. 20.	**Veranlagungszeitraum und Einzelbesteuerung** UStR	862
	1. Berechnung der Steuer	862
	2. Fahrzeugeinzelbesteuerung	862
Art. 21.	**Voranmeldung und Vorauszahlung, Veranlagung** UStR	863
	1. Nichtunternehmer	865
	2. Fahrzeugeinzelbesteuerung	866
	3. Zusammenfassende Meldung (ZM)	866
	3.1 Allgemeines	866
	3.2 Rechtliche Grundlagen für die ZM	866

      3.3   Betroffene Unternehmer 867
- 4. Innergemeinschaftliche Warenlieferung 868
  - 4.1 Innergemeinschaftliche Lieferungen 868
  - 4.2 Innergemeinschaftliche Verbringungen 868
  - 4.3 Dreiecksgeschäfte – Unternehmer ist Lieferer 868
  - 4.4 Dreiecksgeschäfte – Unternehmer ist Erwerber 869
  - 4.5 Übergang der Steuerschuld gemäß Art. 196 MWSt-RL 2006/112/EG idF Richtlinie 2008/8/EG (Rechtslage ab 1.1.2010) 869
- 5. *Derzeit frei* 869
- 6. Angaben in der ZM 869
- 7. Zeitlicher Bezug der ZM 869
- 8. Änderung der Bemessungsgrundlage im Zusammenhang mit der ZM 870
  - 8.1 Berichtigung der ZM 870
  - 8.2 Berichtigungsmeldung 871
- 9. ZM als Steuererklärung – Verspätungszuschlag 871
- 10. Elektronische Übermittlung der Daten 871
- 11. Gesonderte Erklärung von innergemeinschaftlichen Lieferungen 871

Verordnung des Bundesministers für Finanzen über die elektronische Übermittlung von Steuererklärungen sowie von Jahresabschlüssen und anderen Unterlagen anlässlich der Steuererklärung (FinanzOnline-Erklärungsverordnung – FOnErklV, BGBl. II Nr. 512/2006 idF BGBl. II Nr. 310/2016) 872

Art. 24. Innergemeinschaftlicher Warenverkehr mit Gebrauchtgegenständen, Kunstgegenständen, Sammlungsstücken und Antiquitäten 873
UStR
1. Ausschluss der Differenzbesteuerung 873
2. Keine Erwerbsteuer bei Differenzbesteuerung 874
3. Ausschluss der Versandhandelsregelung und der Steuerbefreiung für innergemeinschaftliche Lieferungen 874

Art. 24a. Sonderregelung für Anlagegold 875

Art. 24b. Zoll- und Steuerlager 876

Art. 25. Dreiecksgeschäft 877
UStR

Art. 25a. Sonderregelung für im Gemeinschaftsgebiet ansässige Unternehmer, die elektronisch erbrachte sonstige Leistungen oder Telekommunikations-, Rundfunk- oder Fernsehdienstleistungen an Nichtunternehmer im Gemeinschaftsgebiet erbringen 881
UStR
1. Voraussetzungen 885
2. Erklärung 886
3. Umrechnung von Werten in fremder Währung 886
4. Beendigung, Ausschluss und Sperrfrist 886
5. Sondervorschriften 887

Art. 27.	Besondere Aufsichtsmaßnahmen zur Sicherung des Steueranspruches	889
	UStR	
	1. Bescheinigungsverfahren	891
	2. Meldepflicht bei Lieferung neuer Fahrzeuge	891
	3. Vorlage von Urkunden...	891
	4. Fiskalvertreter..	891
	Verordnung des Bundesministers für Finanzen betreffend die Meldepflicht der innergemeinschaftlichen Lieferung neuer Fahrzeuge (BGBl. II Nr. 308/2003)..	891
Art. 28.	Umsatzsteuer-Identifikationsnummer	893
	UStR	
	1. Allgemeines..	894
	1.1 Erteilung der UID von Amts wegen und auf Antrag......	894
	1.2 Anspruchsberechtigung..	894
	1.3 Sonderfälle der UID-Vergabe	895
	1.4 Übersicht über Bezeichnung und Aufbau der UID der EG-Mitgliedstaaten (Stand 1. Jänner 2007)	895
	1.5 Begrenzung der UID	897
	2. Bestätigungsverfahren	897
	2.1 Allgemeines...	897
	2.2 Zuständigkeit...	897
	2.3 Form und Inhalt der Anfrage	897
	2.4 Form und Inhalt der Bestätigung	898
	2.5 Vertrauensschutzregelung	898
	3. Stempelgebührenbefreiung	898
	Judikatur	898
UStR-Anhang 1:	Übernahmevertrag zum vermittlungsweisen Verkauf	900
UStR-Anhang 2:	Kaufvertrag	900
UStR-Anhang 3:	Bescheinigung über die Befreiung von der Mehrwertsteuer und Verbrauchsteuer	900
UStR-Anhang 4:	Unternehmer die üblicherweise Bauleistungen erbringen	900
UStR-Anhang 5:	Muster einer Verbringungserklärung............................	901
UStR-Anhang 6:	Muster einer Empfangsbestätigung	902

Anhang

I.	Judikatur von allgemeiner Bedeutung	903
II.	Weitere österreichische Rechtsvorschriften.........................	911
	1. Gesetze...	911
	Begleitmaßnahmen zum Umsatzsteuergesetz 1994 (BGBl. Nr. 21/1995 idF BGBl. Nr. 756/1996)	911

Bundesgesetz vom 15. Juni 1972 über die Einführung des
Umsatzsteuergesetzes 1972 (BGBl. Nr. 224/1972) 912
Euro-Steuerumstellungsgesetz 2001 (BGBl. I Nr. 59/2001) 912
Bundesgesetz über die Vergütung von Steuern an ausländische
Vertretungs- behörden und ihre im diplomatischen und berufs-
konsularischen Rang stehenden Mitglieder (Internationales
Steuervergütungsgesetz – IStVG) (BGBl. I Nr. 71/2003 idF
BGBl. I Nr. 180/2004) 913
Gesundheits- und Sozialbereich-Beihilfengesetz
(BGBl. Nr. 746/1996 idF BGBl. I Nr. 116/2016) 918

2. Verordnungen 923

Verordnung des Bundesministers für Finanzen betreffend die
Datenübermittlung zur Steuervergütung an ausländische
Vertretungsbehörden und ihre im diplomatischen und berufs-
konsularischen Rang stehenden Mitglieder (BGBl. II Nr. 613/2003
idF BGBl. II Nr. 451/2013) 923
Verordnung des Bundesministers für Finanzen zu den Beihilfen-
und Ausgleichsprozentsätzen, die im Rahmen des Gesundheits- und
Sozialbereich-Beihilfengesetzes anzuwenden sind
(BGBl. II Nr. 56/1997 idF BGBl. II Nr. 42/2013) 924

3. Richtlinien 928

Einführungserlass Umsatzsteuerrichtlinien 2000 (UStR 2000) 928
Vereinsrichtlinien 2001 (VereinsR 2001) 929
   3. Umsatzsteuer 930
      3.1   Steuerbare und nicht steuerbare Umsätze 930
      3.2   Unternehmereigenschaft von Vereinen 938
      3.3   Umsatzsteuerbefreiungen 941
      3.4   Ermäßigter Umsatzsteuersatz 950
      3.5   Rechnungsausstellung 951
      3.6   Vorsteuerabzug 951
      3.7   Übergang der Steuerschuld auf Vereine 953
      3.8   Umsatzsteuervoranmeldung – Veranlagung 955
      3.9   Innergemeinschaftliche Erwerbe 957
      3.10 Verweis auf UStR 959
      10.Steuerliche Behandlung eines Profibetriebes bei gemeinnützigen
      Sportvereinen im Mannschaftsspielsport 959

III. Gemeinschaftsrecht 960

1. Richtlinien 960

RL 86/560/EWG – Dreizehnte Richtlinie des Rates 960
RL 2006/79/EG – Kleinsendungen nichtkommerzieller Art
    aus Drittländern 963
RL 2006/112/EG – Gemeinsames Mehrwertsteuersystem 966

Inhaltsverzeichnis

RL 2007/74/EG – Befreiung bei Einfuhren aus Drittländern 1102
RL 2008/9/EG – Erstattung der Mehrwertsteuer 1109
RL 2009/132/EG – Mehrwertsteuerbefreiung für Einfuhren von
  Gegenständen 1118

2. Verordnungen 1120

VO 904/2010/EU – Zusammenarbeit der Verwaltungsbehörden und
  die Betrugsbekämpfung auf dem Gebiet der Mehrwertsteuer 1120
VO 282/2011/EU – Durchführungsvorschriften zur
  RL 2006/112/EG 1145
VO 79/2012/EU – Durchführungsvorschriften zur
  VO 2010/904/EU 1184
VO 815/2012/EU – Durchführungsvorschriften zur
  VO 2010/904/EU 1190
VO 1042/2013/EU – Änderung der VO 2011/282/EU ab 1.1.2015 .. 1194
VO 17/2014/EU – Durchführungsverordnung zum Schnell-
  reaktionsmechanismus gegen Mehrwertsteuerbetrug 1198

3. Entscheidungen 1200

E 2007/485/EG – Ermächtigung Österreichs, eine abweichende
  Regelung anzuwenden 1200
E 2009/1013/EU – Ermächtigung Österreichs, eine abweichende
  Regelung anzuwenden 1202

Stichwortverzeichnis 1204

Umsatzsteuergesetz 1994 – UStG 1994

BGBl. Nr. 663/1994

idF BGBl. Nr. 819/1994; 21/1995; 50/1995; 831/1995; 201/1996; 756/1996; I 123/1997; I 9/1998; I 79/1998; I 126/1998; I 28/1999; I 106/1999; I 194/1999; I 29/2000; I 142/2000; I 47/2001; I 59/2001; I 144/2001; I 56/2002; I 100/2002; I 132/2002; I 10/2003; I 71/2003; I 134/2003; I 27/2004; I 180/2004; I 103/2005; I 105/2005; I 101/2006; I 24/2007; I 45/2007; I 99/2007; I 132/2008; I 140/2008; I 52/2009; I 135/2009; I 34/2010; I 54/2010; I 111/2010; I 76/2011; I 22/2012; I 53/2012; I 112/2012; I 63/2013; I 13/2014; I 40/2014; I 118/2015; I 163/2015; I 117/2016

Steuerbare Umsätze

§ 1.

(1) Der Umsatzsteuer unterliegen die folgenden Umsätze:

1. Die Lieferungen und sonstigen Leistungen, die ein Unternehmer im Inland gegen Entgelt im Rahmen seines Unternehmens ausführt.

   Die Steuerbarkeit wird nicht dadurch ausgeschlossen, daß der Umsatz auf Grund gesetzlicher oder behördlicher Anordnung bewirkt wird oder kraft gesetzlicher Vorschrift als bewirkt gilt;

2. der Eigenverbrauch im Inland. Eigenverbrauch liegt vor,

   a) soweit ein Unternehmer Ausgaben (Aufwendungen) tätigt, die Leistungen betreffen, die Zwecken des Unternehmens dienen, und nach § 20 Abs. 1 Z 1 bis 5 des Einkommensteuergesetzes 1988 oder nach § 12 Abs. 1 Z 1 bis 5 des Körperschaftsteuergesetzes 1988 nicht abzugsfähig sind. Dies gilt nicht für Ausgaben (Aufwendungen), die Lieferungen und sonstige Leistungen betreffen, welche auf Grund des § 12 Abs. 2 nicht als für das Unternehmen ausgeführt gelten, sowie für Geldzuwendungen. Eine Besteuerung erfolgt nur, wenn der Gegenstand oder seine Bestandteile zu einem vollen oder teilweisen Vorsteuerabzug berechtigt haben;

   b) *(Anm.: aufgehoben durch BGBl. I Nr. 34/2010)*

3. die Einfuhr von Gegenständen (Einfuhrumsatzsteuer). Eine Einfuhr liegt vor, wenn ein Gegenstand aus dem Drittlandsgebiet in das Inland, ausgenommen die Gebiete Jungholz und Mittelberg, gelangt.

(2) Inland ist das Bundesgebiet. Ausland ist das Gebiet, das hienach nicht Inland ist. Wird ein Umsatz im Inland ausgeführt, so kommt es für die Besteuerung nicht darauf an, ob der Unternehmer österreichischer Staatsbürger ist, seinen Wohnsitz oder seinen Sitz im Inland hat, im Inland eine Betriebsstätte unterhält, die Rechnung ausstellt oder die Zahlung empfängt.

§ 1 UStG

(3) Das Gemeinschaftsgebiet im Sinne dieses Gesetzes umfaßt das Inland und die Gebiete der übrigen Mitgliedstaaten der Europäischen Union, die nach dem Gemeinschaftsrecht als Inland dieser Mitgliedstaaten gelten (übriges Gemeinschaftsgebiet). Das Fürstentum Monaco gilt als Gebiet der Französischen Republik; die Insel Man gilt als Gebiet des Vereinigten Königreichs Großbritannien und Nordirland. Drittlandsgebiet im Sinne dieses Gesetzes ist das Gebiet, das nicht Gemeinschaftsgebiet ist. Ein Mitgliedstaat im Sinne dieses Gesetzes ist ein solcher der Europäischen Union.

UStR zu § 1:

	Rz
1. Steuergegenstand	1
1.1 Leistungsaustausch	1
1.1.1 Fruchtgenuss	3
1.1.2 Gutscheine	4
1.1.3 Habilitationsstipendien	5
1.1.4 Zinsen vor Leistungserbringung	6
1.1.5 Einräumung eines Bierlieferungsrechtes	7
1.1.6 Weitere Fälle zum Leistungsaustausch	8
1.1.7 Schadenersatz	9
Allgemeines	9
Deliktischer Schadenersatz	10
Vertragliche Haftung	11-18
Annahmeverzug, Lieferverzug	11
Gewährleistung	12
Garantieleistungen im Kfz-Handel	13
Nichterfüllung	15
Versicherungsvertrag	16
Vorzeitige Auflösung eines Leasingvertrages	18a
Schadenersatz auf Grund besonderer gesetzlicher Vorschriften	19
1.1.8 Mahngebühren	21
1.1.9 Subventionen	22
Allgemeines	22
Zuschuss als Entgelt für eine Leistung	24
Zuschuss als Entgelt von dritter Seite	25
Echter nicht umsatzsteuerbarer Zuschuss	26
Finanzierung von Forschungsvorhaben	29
1.1.10 Mitgliedsbeiträge	33
1.1.11 Leistungsaustausch bei Gesellschaftsverhältnissen	35
Allgemeines	35
Gründung von Gesellschaften	36
Eintritt, Ausscheiden, Wechsel von Gesellschaftern	38-47
Eintritt	38
Wechsel von Gesellschaftern	39

	Rz
Gleichzeitiger Wechsel sämtlicher Gesellschafter	41
Ausscheiden von Gesellschaftern bei Personengesellschaften	43
Ausscheiden des vorletzten Gesellschafters	45
Auflösung von Gesellschaften	48
Umwandlungen	49-56
Formwechselnde Umwandlung	49
Übertragende Umwandlung	50
Verschmelzung	52
Vorgänge nach dem UmgrStG	54
Leistungen zwischen Gesellschaft und Gesellschafter	57-58
Allgemein	57
Unternehmereigenschaft des Gesellschafters	58
1.2 Eigenverbrauch	s. Rz 79
1.2.1 Aufwandseigenverbrauch	59
1.2.2 Den Lieferungen und sonstigen Leistungen gleichgestellter Eigenverbrauch	60
Sachzuwendungen an Arbeitnehmer	66-73
Geringfügigkeitsgrenze	67
Freiwilliger Sozialaufwand	68
Beförderungsleistungen	69
Beherbergung und Verköstigung	70
Garagierung	73
Jobticket	74
1.3 Einfuhr	101
1.3.1 Der steuerrechtliche Begriff der Einfuhr im System der Mehrwertsteuer	101
1.3.2 Einfuhr von Gegenständen	102
1.3.3 Behörden und anzuwendende Rechtsvorschriften	105
2. Inland, Ausland	141
3. Gemeinschaftsgebiet, Drittlandsgebiet	146
3.1 Gemeinschaftsgebiet	146
3.2 Drittlandsgebiet	148

§ 1 UStG

1. Steuergegenstand

1.1 Leistungsaustausch

1 Ein Leistungsaustausch setzt Leistung und Gegenleistung, das Vorliegen von zwei Beteiligten und die innere Verknüpfung zwischen Leistung und Gegenleistung voraus. Ein ursächlicher Zusammenhang zwischen Leistung und Gegenleistung fehlt zB beim **echten Schadenersatz**, beim **echten Mitgliedsbeitrag** oder beim **echten Zuschuss**.

2 Die Höhe der Gegenleistung ist hingegen ohne Bedeutung, Leistung und Gegenleistung müssen nicht gleichwertig sein (VwGH 12.12.1952, 2757/50). Ein Leistungsaustausch kann weder durch eine privatrechtliche Vereinbarung noch durch einen Hoheitsakt rückgängig gemacht werden (VwGH 8.9.1983, 81/15/0123). Im Bereich der USt gilt der Grundsatz der **Unteilbarkeit der Leistung**, wonach zu prüfen ist, ob zur Gänze Unentgeltlichkeit oder Entgeltlichkeit vorliegt (VwGH 11.9.1989, 88/15/0129).

Leistungsaustausch – Einzelfälle

1.1.1 Fruchtgenuss

3 Die **unentgeltliche Übereignung eines Wirtschaftsgutes** gegen Vorbehalt des Fruchtgenusses begründet mangels Vorliegens einer Gegenleistung keinen Leistungsaustausch.

1.1.2 Gutscheine

4 Die **Veräußerung von Gutscheinen** (Geschenkbons, Geschenkmünzen) durch Unternehmer, die zum späteren Bezug von Waren nach freier Wahl oder nicht konkretisierten Dienstleistungen des Gutscheinausstellers berechtigen, stellt noch keinen steuerbaren Vorgang dar. Das Entgelt für die Veräußerung eines solchen Gutscheines unterliegt nicht der Anzahlungsbesteuerung (siehe Rz 2607).

1.1.3 Habilitationsstipendien

5 Ein Stipendium, das nicht mit einer Gegenleistung verbunden ist, stellt kein umsatzsteuerbares Entgelt dar.

1.1.4 Zinsen vor Leistungserbringung

6 **Zinsen für einen Zahlungsaufschub**, die ein liefernder oder leistender Unternehmer von einem Kunden vor Leistungserbringung verlangt, sind kein Entgelt für einen Kredit, sondern Bestandteil des zu versteuernden Entgelts für die Lieferung oder sonstige Leistung (EuGH vom 27.10.1993, Rs C-281/91).

Bezüglich Zinsen nach Leistungserbringung siehe § 6 Rz 754 bis 765.

1.1.5 Einräumung eines Bierlieferungsrechtes

7 In der Gewährung von so genannten Abschreibungsdarlehen oder der Hingabe von Wirtschaftsgütern seitens der Brauerei gegen eine Bierabnahmeverpflichtung durch die Gastwirte wird ein Leistungsaustausch angenommen. Der Gastwirt muss den Gegenwert für das eingeräumte Bierlieferungsrecht der USt unterwerfen. Die Brauerei hat bei ordnungsgemäßer Rechnungslegung das Recht auf einen Vorsteuerabzug. Es liegt ein **Erwerb im Tauschwege** vor, wenn der Gastwirt von der Brauerei Anlagegüter als Gegenleistung für die Bezugsverpflichtung erhält (VwGH 16.3.1989, 88/14/0055, zur Einkommensteuer). Entgelt der Abnahmeverpflichtung ist der gemeine Wert des Zinsvorteils. Besteht die Leistung der Brauerei in der Zurverfügungstellung von Einrichtungsgegenständen, so erbringt auch sie eine steuerpflichtige Leistung. Entgelt ist die Bezugsverpflichtung, deren Wert sich indirekt aus dem Wert der Einrichtungsgegenstände ergibt.

1.1.6 Weitere Fälle zum Leistungsaustausch

8
- Abbauverträge: Entgelte, die für den Abbau von Bodensubstanz geleistet werden, werden für das Recht auf Materialentnahme gegeben und sind steuerbar (VwGH 23.10.1990, 89/14/0067).
- Anschlussgebühren: Der Wert eigener Grabungsarbeiten der Abnehmer (Anschlussinteressenten) ist bei der Herstellung eines Strom-, Wasser- und Gasanschlusses nicht Teil des Entgelts für die Einräumung der genannten Bezugsrechte, sofern es sich bei den Abnehmern nicht um Unternehmer handelt.
- Die Überlassung von Arbeitskräften gegen Erstattung der Lohnkosten ist steuerbar (VwGH 17.11.1966, 0125/66).
- Zahlungen für den Erwerb einer Dienstbarkeit der Duldung eines erhöhten Grundwasserstandes im Zusammenhang mit der Errichtung eines Kraftwerkes sind steuerbar (VwGH 14.6.1988, 87/14/0014).
- Entschädigungen für entgehende Einnahmen aus einem Fischereirecht sind nicht umsatzsteuerbar (VwGH 9.2.1962, 1266/61).
- Das Entgelt, das ein Grundeigentümer von einer Elektrizitätsgesellschaft für die Duldung der Führung von Leitungen im Luftraum über seiner Liegenschaft erhält (Leitungsdienstbarkeit), ist umsatzsteuerbar (VwGH 27.4.1972, 1698/71).
- Eine im Falle der Räumung eines Bestandobjektes vertraglich vereinbarte Entschädigung ist steuerbar (VwGH 22.2.1963, 1308/60). Dies gilt auch dann, wenn der Bestandnehmer auf Grund gesetzlicher Vorschriften zur Räumung gezwungen werden hätte können (VwGH 19.2.1970, 0544/68).
- Rennpreise für die erfolgreiche Teilnahme an Pferderennen sind steuerbar, da der Preis für eine konkrete Leistung gewährt wird.
- Der Verzicht auf ein Wassernutzungsrecht gegen Entschädigung und Lieferung von elektrischer Energie ist steuerbar (VwGH 28.3.1958, 1405/57).
- Die entgeltliche Erfüllung einer Zeugenpflicht ist nicht steuerbar, auch dann nicht, wenn die Wahrnehmung, deren Schilderung von dem Zeugen vor Gericht erwartet wird, im Zusammenhang mit einer umsatzsteuerpflichtigen Tätigkeit gemacht worden sein sollte (VwGH 14.2.1986, 86/17/0023, **VwGH 30.10.2014, 2011/15/0181**).
- **Das Entgelt für Flugscheine ist steuerbar, auch wenn die Fluggäste die ausgegebenen Flugscheine nicht benutzt haben und sie für diese keine Erstattung erhalten können. Der von den Fluggesellschaften einbehaltene Betrag dient nicht der Entschädigung für einen infolge des Nichtantritts eines Fluges durch einen Fluggast entstandenen Schaden, sondern es handelt sich dabei um ein Entgelt (vgl. EuGH 23.12.2015, verb. Rs C-250/14, *Air France-KLM* und Rs C-289/14, *Hop!-Brit Air SAS*). Zur allenfalls anwendbaren Steuerbefreiung gemäß § 6 Abs. 1 Z 3 lit. d UStG 1994 siehe Rz 727 ff.**
- Züchterprämien, die ein Rennverein als eine Belohnung für die Herbeiführung eines Erfolges (Züchtung des siegreichen Pferdes im Inland) einem unbestimmten Personenkreis von Züchtern gewährt, sind nicht steuerbar (VwGH 4.12.1978, 2507/77).
- Die für die Errichtung von Nationalparks notwendigen Flächen werden entweder angepachtet oder angekauft (zB Art. VI Abs. 2 BGBl. I Nr. 75/1999, Art. 15a B-VG Vereinbarung Bund – Burgenland Erhaltung des Nationalparks Neusiedler See–Seewinkel) oder vom Grundeigentümer oder sonstigen Nutzungsberechtigten dem Bund bzw. Land gegen Zahlung einer Entschädigung oder Einlösung überlassen. Die aus dem Titel der Nationalparkerklärung an die Grundeigentümer und an sonstige Nutzungsberechtigte zu leistenden Zahlungen (zB Art. VII Abs. 2 und 3 BGBl. I Nr. 58/1998) stellen ein Leistungsentgelt dar (vgl. Protokoll über die Umsatzsteuertagung 2001, AÖF Nr. 261/2001, Punkt 1).
Ist die Nutzungsüberlassung als Vermietung und Verpachtung von Grundstücken zu beurteilen, kommt hierfür die Steuerbefreiung nach § 6 Abs. 1 Z 16 UStG 1994 zur Anwendung. In Rechnungen über derartige Umsätze ist ein gesonderter Steueraus-

§ 1 UStG

weis nur zulässig, wenn gem. § 6 Abs. 2 UStG 1994 zur steuerpflichtigen Behandlung optiert wurde (siehe § 6 Rz 899).

Wurden die Jagd- und Fischereirechte verpachtet und werden dem Pächter Zahlungen für Beeinträchtigungen geleistet, die sich aus der Einschränkung der Jagd- und Fischereiausübungsrechte im Nationalparkgebiet ergeben (zB Art. VI Abs. 2 Z 3 BGBl. I Nr. 75/1999), so unterliegen diese Zahlungen als echte Subvention nicht der Umsatzsteuer.

- Kauft ein Factor Forderungen unter Übernahme des Ausfallrisikos auf und berechnet er dafür seinen Kunden Gebühren, übt er damit eine steuerbare Tätigkeit aus. Diese Tätigkeit stellt eine Einziehung von Forderungen dar, die gemäß § 6 Abs. 1 Z 8 lit. c UStG 1994 nicht steuerfrei ist (EuGH 26.6.2003, Rs C-305/01, „MKG-Kraftfahrzeuge-Factoring GmbH"). Eine steuerbare entgeltliche Tätigkeit liegt jedoch nicht vor, wenn der Unternehmer auf eigenes Risiko zahlungsgestörte Forderungen zu einem unter ihrem Nennwert liegenden Preis kauft und der Kaufpreis den tatsächlichen wirtschaftlichen Wert der betreffenden Forderungen zum Zeitpunkt ihrer Übertragung widerspiegelt (EuGH 27.10.2011, Rs C-93/10, „GFKL Financial Services AG").

Beispiel:

Ein Forderungskäufer A erwirbt von einer Bank B fällig gestellte und gekündigte Kredite (Nominalwert von 1,0 Mio. Euro). Als realisierbarer Wert dieser Forderungen wurde nach Einschätzung der Parteien ein Betrag von 500.000 Euro ermittelt. B übernimmt keine Haftung für die Einbringlichkeit der Forderungen, führt aber weiterhin die Kreditverwaltung bzw. -einziehung durch. Als Kaufpreis wird der einvernehmlich ermittelte tatsächliche wirtschaftliche Wert der Forderungen in Höhe von 500.000 Euro vereinbart.

Lösung:

A erhält für die Übernahme des Ausfallrisikos kein Entgelt, weil er den vereinbarten tatsächlichen Wert der Forderungen zahlen muss. Die Differenz zum Nennwert spiegelt den Wertverlust wider. Es liegt daher mangels einer Gegenleistung diesbezüglich keine unternehmerische Tätigkeit des A vor. Die Risikoübernahme ist somit nicht steuerbar. Das würde auch gelten, wenn A – ohne entsprechende Anpassung des Kaufpreises – die Einziehungsmaßnahmen selbst durchführt.

Die Bank B erbringt eine gemäß § 6 Abs. 1 Z 8 lit. c UStG 1994 steuerfreie Forderungsabtretung. Die vereinbarungsgemäß für A durchgeführten Einziehungsmaßnahmen stellen unselbständige Nebenleistungen zum steuerfreien Forderungsverkauf dar.

- Eine Personengesellschaft erbringt bei der Aufnahme eines Gesellschafters gegen Zahlung einer Bareinlage keine steuerbare Leistung (EuGH 26.6.2003, Rs C-442/01, „KapHag Renditefonds 35").
- Auch bei Kapitalgesellschaften stellt die erstmalige oder zusätzliche Ausgabe von Gesellschaftsanteilen (zB Aktien oder GmbH-Anteilen) zur Aufbringung von Kapital keinen steuerbaren Umsatz dar (EuGH 26.5.2005, Rs C-465/03, „Kretztechnik AG").
- „Einmalzahlungen" an Fernwärmegenossenschaften (zB Baukostenbeiträge, Anschlussgebühren, Beitrittsgebühren, nicht rückzahlbare Eigenkapitalzuschüsse), die mit einer Leistung der Genossenschaft an den einzelnen Genossenschafter in Zusammenhang stehen, sind steuerbare und steuerpflichtige Leistungsentgelte (zB VwGH 26.6.2007, 2004/13/0082, nicht rückzahlbarer Eigenkapitalzuschuss als Entgelt für die Verschaffung des Rechtes auf Fernwärmebezug).
- Zahlungsansprüche aufgrund des Marktordnungsgesetz 2007, BGBl. I Nr. 55/2007: Die entgeltliche Übertragung (= Veräußerung) von Zahlungsansprüchen iSd Marktordnungsgesetz 2007, BGBl. I Nr. 55/2007, ist steuerbar und steuerpflichtig. Die Steuerbefreiung gem. § 6 Abs. 1 Z 8 lit. c UStG 1994 kommt nicht zur Anwendung, da insoweit kein Umsatz im Geschäft mit Geldforderungen ausgeführt wird.
Erfolgt die endgültige Übertragung (= Veräußerung) bzw. die Verpachtung (= vorübergehende Überlassung) von Zahlungsansprüchen iSd Marktordnungsgesetz

35

§ 1 UStG

2007, BGBl. I Nr. 55/2007, im Zusammenhang mit Verkäufen bzw. Verpachtungen von land- und forstwirtschaftlichen Grundstücksflächen, stellen die Übertragung der Zahlungsansprüche und die Grundstückstransaktion jeweils eigenständige Hauptleistungen dar. Die Steuerbefreiungen gem. § 6 Abs. 1 Z 9 lit. a und Z 16 UStG 1994 sind für die Übertragung der Zahlungsansprüche nicht anwendbar. Sofern für die Übertragung bzw. Verpachtung des Zahlungsanspruches kein gesonderter Entgeltsbestandteil vereinbart wurde, kann jedoch – aus Vereinfachungsgründen – von einer gesonderten umsatzsteuerlichen Erfassung der Übertragung bzw. Verpachtung der Zahlungsansprüche Abstand genommen werden.
Zur Behandlung der Zahlungsansprüche bei pauschalierten Landwirten siehe § 22 Rz 2885 und Rz 2886.

- Zahlungen von Insolvenz-Ausfallgeld durch den Insolvenz-Ausfallgeld-Fonds an freie Dienstnehmer iSd § 4 Abs. 4 ASVG, BGBl. Nr. 189/1955, nach dem Insolvenz-Entgeltsicherungsgesetz, BGBl. Nr. 324/1977, unterliegen nicht der Umsatzsteuer.

1.1.7 Schadenersatz

Allgemeines

9 Das UStG 1994 kennt den Begriff „Schadenersatz" nicht, er stammt aus dem bürgerlichen Recht. Umsatzsteuerlich ist in jedem einzelnen Fall zu prüfen, ob ein Leistungsaustausch oder echter, nicht steuerbarer Schadenersatz vorliegt (VwGH 8.2.1963, 0162/62, 27.04.1972, 1698/71). **Echter Schadenersatz** wird auf Grund einer gesetzlichen oder vertraglichen Verpflichtung, für einen Schaden einstehen zu müssen, geleistet. Er ist nicht Entgelt für eine Lieferung oder sonstige Leistung.

Deliktischer Schadenersatz

10 ISd § 1295 ABGB haftet der „Beschädiger" für Vertragsverletzungen und für deliktisches Verhalten. Er hat den aus Verschulden (Vorsatz/Fahrlässigkeit) zugefügten Schaden zu ersetzen. Als Schaden wird jeder Nachteil verstanden, der jemandem an Vermögen, Rechten oder seiner Person zugefügt worden ist (§ 1293 ABGB). Die Schadensbehebung hat grundsätzlich durch **Naturalrestitution** zu erfolgen (= Zurückversetzung in den vorigen Stand im Sinne des § 1323 ABGB). Tatsächlich wird im Regelfall **Geldersatz** geleistet. Die Schuldform – grober Vorsatz (Absicht) bis leichte Fahrlässigkeit (Versehen) – bestimmt den Umfang der Ersatzpflicht des Schädigers (§ 1324 ABGB).

Beispiel:

Der Unternehmer M hat eine fehlerhafte Maschine an den Kunden K geliefert. Der Fehler ist auf eine mangelhafte Materialprüfung durch M zurückzuführen; er verursacht einen (Vermögens-)Schaden (an einem anderen Gegenstand; hinsichtlich des Liefergegenstandes siehe § 1 Rz 12) bei K in Höhe von 1.500 €.

Beseitigt der Unternehmer M den Schaden selbst, oder lässt er ihn durch einen Dritten beheben (Naturalrestitution), kommt es zu keinem Leistungsaustausch mit dem geschädigten Kunden K.

Leistet der Unternehmer M an den geschädigten Kunden K Geldersatz, liegt mangels Gegenleistung echter, nicht steuerbarer Schadenersatz vor.

Behebt der Geschädigte K den Schaden ohne Auftrag des M zunächst selbst, oder lässt er diesen durch einen Dritten beheben, kommt die Reparatur – wirtschaftlich gesehen – ihm selbst zugute. Die spätere Schadensvergütung durch den Schädiger M begründet nicht die nachträgliche Annahme eines Leistungsaustausches (VwGH 17.4.1989, 87/15/0083).

Wird der Geschädigte K jedoch im Auftrag des Schädigers M als Reparaturunternehmer gegen Entgelt tätig, wandelt er seine Schadenersatzansprüche in solche aus einem Werkvertrag um. Seine Leistung unterliegt ebenso der USt, wie die Leistung eines Dritten an den Schädiger (VwGH 30.4.1970, 0927/69).

Vertragliche Haftung

Annahmeverzug, Lieferverzug

11 Verzögert sich die Vertragserfüllung, weil der Gläubiger die Hauptleistung verspätet annimmt, oder der Schuldner verspätet leistet, können **Vertragsstrafen** (§ 1336 ABGB) oder **Verzugszinsen** (§ 1333 ABGB) anfallen. Diese teilen nicht das umsatzsteuerliche Schicksal der Hauptleistung. Sie treten neben die Hauptleistung und beruhen auf einem eigenen Rechtsgrund. Ihre Bezahlung stellt echten Schadenersatz dar (EuGH vom 1.7.1982, Rs C-222/81).

Gewährleistung

12
- Ist die gelieferte Ware mangelhaft und der Mangel behebbar, trifft den Gläubiger – bei rechtzeitiger Mängelrüge – eine verschuldensunabhängige **Verpflichtung zur Mängelbehebung** aus dem Titel der Gewährleistung (§ 932 in Verbindung mit § 933 ABGB). Behebt er den „Schaden" selbst, kommt es – abgesehen vom ursprünglichen Umsatz – zu keinem Leistungsaustausch.
- Beauftragt er einen dritten Unternehmer mit der Behebung des Mangels, findet ein Leistungsaustausch zwischen dem Gläubiger und dem Dritten statt. Aus der Sicht des Gläubigers liegt **Entgeltsverwendung** vor. Eine vom Dritten in Rechnung gestellte USt ist – unter den Voraussetzungen des § 12 UStG 1994 – als Vorsteuer abzugsfähig.
- Der Leistungsempfänger kann – anstelle der genannten Verbesserung – auch **Preisminderung** verlangen (§ 932 ABGB). Gleiches gilt, wenn der Leistungsempfänger den Mangel behebt, oder ihn durch einen Dritten beheben lässt. Die zu ersetzenden Nachbesserungskosten mindern das ursprüngliche Entgelt des Gläubigers.
- Ist der Mangel der Ware unbehebbar, aber unwesentlich – hindert er somit nicht den ordentlichen, oder vertraglich festgelegten Gebrauch der Ware – kommt nach den Bestimmungen des bürgerlichen Rechts nur Preisminderung in Betracht.
- Bei wesentlichen, unbehebbaren Mängeln – diese sind mit wirtschaftlich vernünftigen Mitteln nicht zu beseitigen – kann der Leistungsempfänger die gänzliche Aufhebung des Vertrages fordern. Diese entspricht in ihrer Wirkung einem Rücktritt vom Vertrag. Es kommt zur **Rückgängigmachung der Lieferung**, der ursprüngliche Umsatz fällt rückwirkend weg. Die Berichtigung der Besteuerung ist jedoch – wie bei der Entgeltsminderung – für den Veranlagungszeitraum vorzunehmen, in dem die Änderung eingetreten ist (§ 16 Abs. 3 Z 3 UStG 1994).
- Begehrt ein **Bauherr** von einem Bauunternehmer wegen auftretender Gewährleistungsmängel Schadenersatz, und mindert sich dadurch der zivilrechtliche Preis, sind das Entgelt des Bauunternehmers und der Vorsteuerabzug des Bauherrn nach § 16 UStG 1994 zu berichtigen. Eine Rechnungsberichtigung ist nicht erforderlich. Zur Berechnung des zu berichtigenden Entgelts ist die USt aus einem festgesetzten Bruttobetrag mit 20 % herauszurechnen.

Garantieleistungen im Kfz-Handel

13 Führt ein KFZ-Händler (mit Vertragswerkstätte) für seine Abnehmer – in Erfüllung eines Garantieversprechens des Herstellers – kostenlose Reparaturen durch, erbringt er steuerbare Leistungen an den Hersteller. Die Vergütungen, die der Händler für seine Arbeitsleistung und das verwendete Material vom Hersteller erhält, sind kein Schadenersatz (VwGH 12.02.1965, 2179/63). Gleiches gilt für Gutschriften, die der Hersteller einem Vertragshändler für die Durchführung von Garantieleistungen gewährt, die bereits im Händlervertrag ausbedungen waren. Dass der KFZ-Händler mit der **Gewährleistungsreparatur** primär eine Verpflichtung gegenüber seinem Käufer erfüllt, die er durch die Ausstellung eines Garantiescheines übernommen hat, ändert nichts am Leistungsaustausch zwischen ihm und der Herstellerfirma (VwGH 08.11.1968, 0479, 0480, 0871/68; VwGH 27.01.1972, 1919/70, 0120/71).

14 Dagegen sind Kostenbeiträge eines ausländischen PKW-Herstellers zum **Garantieaufwand des inländischen Generalimporteurs** nicht steuerbar. Der Generalimporteur hat für die Gewährleistungsansprüche der Endabnehmer – durch den Ausbau eines Servicenetzes – vorzusorgen. Die Durchführung der Garantiearbeiten obliegt den Einzel-

§ 1 UStG

händlern (den Vertragswerkstätten); sie erbringen damit steuerpflichtige Leistungen an den Generalimporteur. Ein Leistungsaustausch zwischen dem Generalimporteur und dem Hersteller findet nicht statt (VwGH 21.1.1982, 1301/80).

Nichterfüllung

15 Zahlungen, die ein Vertragsteil (in der Regel der Käufer) auf Grund seines vorzeitigen **Rücktritts vom Vertrag** zu leisten hat, sind nicht umsatzsteuerbar. Unbeachtlich ist, ob sie bereits bei Vertragsabschluss – für den Fall der Nichterfüllung – vereinbart werden (Stornogebühren – zB wegen Nichtantritts eines Hotelaufenthalts –, Reuegelder nach § 909 ABGB und Vertragsstrafen nach § 1336 ABGB), oder im Zuge des Rücktritts als Entschädigung für entgangenen Gewinn zu leisten sind.

Beispiel:

Der Autohändler A schließt mit dem Kunden B einen Vertrag über die Lieferung eines Neuwagens ab; Lieferfrist: 2 Monate. Nach Ablauf der Lieferfrist erklärt sich B außer Stande, den abholbereiten Pkw zu bezahlen und zu übernehmen. Der Kunde B wird zur Zahlung einer Entschädigung von 4.000 Euro verpflichtet.

Der ursprünglich vereinbarte Kaufvertrag kommt nicht zustande. Es ist jedoch zu prüfen, ob der durch den Kunden wegen Nichterfüllung der Vertragspflichten zu entrichtenden Entschädigung eine Gegenleistung des Autohändlers gegenübersteht. Dies ist üblicherweise nicht der Fall; die Entschädigung ist somit nicht umsatzsteuerbar.

Versicherungsvertrag

16 Leistungen von Versicherungsgesellschaften für eingetretene Versicherungsfälle stellen in der Regel **echten Schadenersatz** dar. Der im Schadensfall an den Versicherten bezahlte Geldersatz ist weder eine Gegenleistung für die bezahlten Prämien, noch das Entgelt für eine Lieferung oder sonstige Leistung des Versicherten. Selbst wenn der zerstörte, beschädigte oder im Fall des Diebstahls später wieder gefundene Gegenstand dem Versicherer lt Versicherungsvertrag übereignet werden muss, liegt kein Leistungsaustausch vor.

17 Durch eine **Warenkreditversicherung** versichert sich der Lieferer einer Ware gegen das Risiko des Forderungsausfalls für den Fall der Zahlungsunfähigkeit des Abnehmers. Im Versicherungsfall ersetzt die Versicherung vertragsgemäß den beim Lieferer eingetretenen Vermögensschaden. Aufgrund des Forderungsausfalls hat der Lieferer den für die Warenlieferung geschuldeten Steuerbetrag nach § 16 Abs. 1 und 3 UStG 1994 zu berichtigen – korrespondierend zum Vorsteuerabzug des Abnehmers. Die Versicherungsleistung ist nicht umsatzsteuerbar.

18 Nach Übergang der Gefahr ist der Käufer einer Ware verpflichtet, den vollen Entgeltsbetrag zu entrichten. Durch den Abschluss einer **Transportversicherung** versichert sich der Käufer gegen das Risiko der Beschädigung oder Zerstörung der Ware auf dem Transportweg. Bezahlt der Versicherer im Schadensfall – im Auftrag des Käufers – an den Verkäufer, liegt nicht Schadenersatz, sondern Entgelt vor.

Vorzeitige Auflösung eines Leasingvertrages

18a Wird der **Leasingvertrag** auf Grund der Vertragsbestimmungen durch den Leasinggeber infolge Konkurses des Leasingnehmers einseitig vorzeitig aufgelöst, so sind die vom Leasingnehmer für den verbleibenden Zeitraum der ursprünglichen Vertragsdauer noch zu leistenden Zahlungen echter Schadenersatz (VwGH vom 12.11.1990, Zl. 88/15/0081). Das Gleiche gilt bei Vertragsauflösungen infolge Totalschadens oder Diebstahls des Leasinggegenstandes.

Schadenersatz aufgrund besonderer gesetzlicher Vorschriften

19 ISd § 41 Abs. 1 ZPO hat die in einem Rechtsstreit unterliegende Partei ihrem Gegner, die durch die Prozessführung verursachten, vom Gericht als notwendig erkannten **Prozesskosten** zu ersetzen. Dieser Kostenersatz ist nicht Entgelt für eine Lieferung oder

§ 1 UStG

sonstige Leistung der obsiegenden Partei, sondern echter, nicht steuerbarer Schadenersatz. Dies gilt auch für den Prozesskostenersatz eines in eigener Sache tätigen Rechtsanwalts.

Prozesskosten sind: Anwaltskosten, Gerichtsgebühren, Stempelmarken sowie Pfändungs- und Exekutionsgebühren, die vom Gericht bestimmt werden.

Nach § 393a Abs. 1 StPO hat der Bund im Strafprozess – insbesondere im Falle eines Freispruches des Angeklagten – auf dessen Antrag, einen Beitrag zu den Kosten der Verteidigung zu leisten. Der Beitrag umfasst die nötig gewesenen und vom Angeklagten bestrittenen Barauslagen und in der Regel auch einen Pauschalbetrag zu den Kosten des Verteidigers des Angeklagten. Auch derartige Beiträge sind nicht umsatzsteuerbar.

Der Kostenersatz iZm einer Drittschuldnererklärung nach § 301 EO dient lediglich dazu, Aufwendungen (bzw. sonstige Nachteile), die dem von einem behördlichen Eingriff Betroffenen entstanden sind, (pauschaliert) zu ersetzen und ist daher nicht steuerbar. Das Gleiche gilt für Zeugengebühren (vgl. VwGH 30.10.2014, 2011/15/0181) sowie bspw. auch für Kostenersätze im Zusammenhang mit Auskunftserteilungen in strafbehördlichen und gerichtlichen Strafverfahren im Sinne des § 38 Abs. 2 Z 1 BWG (zu den verrechenbaren Auslagen vgl. zB VwGH 24.9.2002, 2000/14/0126).

20 **Enteignungsentschädigungen** nach § 365 ABGB auf Grund des Bescheides einer Verwaltungsbehörde sind Entgelte für die Aufhebung oder Einschränkung von Rechten; sie sind kein Schadenersatz im Sinne der §§ 1295 bis 1341 ABGB (VwGH 08.02.1963, 0126/62). Werden Gegenstände des Unternehmens enteignet, ist die Enteignung steuerbar. Es erfolgt ein Leistungsaustausch auf Grund einer gesetzlichen oder behördlichen Anordnung im Sinne des § 1 Abs. 1 Z 1 zweiter Satz UStG 1994.

1.1.8 Mahngebühren

21 Mahngebühren, die ein Unternehmer nach Ablauf des vereinbarten Zahlungszieles auf Grund seiner Geschäftsbedingungen oder anderer Unterlagen (zB Mahnschreiben) von säumigen Zahlern vereinnahmt, unterliegen als **echter Schadenersatz** nicht der USt. Auch die Erstattung der Kosten eines gerichtlichen Mahnverfahrens ist nicht Teil des Entgelts für eine steuerbare Leistung, sondern echter, nicht steuerbarer Schadenersatz. Dagegen stellen so genannte „Mahngebühren" von Unternehmern, die sich gewerbsmäßig mit der Eintreibung von Forderungen beschäftigen, steuerbare Entgelte für ihre Inkassotätigkeit dar.

1.1.9 Subventionen

Allgemeines

22 Zahlungen, die als Subvention, Zuschuss, Zuwendung, Prämie, Ausgleichsbetrag, Förderungsbetrag, usw. bezeichnet werden, sind dahingehend zu untersuchen, ob sie
- Entgelt für eine Leistung des Unternehmers an den Zuschussgeber (direktes Leistungsentgelt),
- (zusätzliches) Entgelt des Zuschussgebers für eine Leistung an einen vom Zuschussgeber verschiedenen Leistungsempfänger (sog unechter Zuschuss) oder
- Zahlungen, die mangels Entgeltscharakter kein Leistungsentgelt (sog echter Zuschuss)

darstellen.

23 Indiz für die Einordnung ist, in wessen Interesse die Zuschussgewährung liegt und welche Zwecke der Zahlende verfolgt (BFH 9.12.1987, BStBl 1988 II 471).

Zuschuss als Entgelt für eine Leistung

24 Gewährt der Zahlende den Zuschuss deshalb, weil er vom Unternehmer (Zuschussempfänger) eine Leistung erhält, stellt die Zahlung steuerbares Entgelt dar. Dies ist der Fall, wenn die Leistung ein eigenes wirtschaftliches Interesse des Zuschussgebers befriedigt oder dem Zuschussgeber ein eigener wirtschaftlicher Nutzen zukommt.

Ein direktes Leistungsentgelt und kein Entgelt von dritter Seite liegt auch dann vor, wenn der Leistungsempfänger der Zuschussberechtigte ist, der Zuschussgeber aber den

39

§ 1 UStG

Zuschuss zur Abkürzung des Zahlungsweges dem leistenden Unternehmer unmittelbar zuwendet.

Beispiele:

Eine Gemeinde gewährt dem Erwerber eines Gastronomiebetriebes einen Zuschuss dafür, dass sich dieser zur Herbeiführung eines bestimmten Standards sowie zur Betriebsführung auf einen längeren Zeitraum verpflichtet (VwGH 16.12.1997, 97/14/0100).

Ein Golfplatzbetreiber erhält von der Gemeinde einen Zuschuss dafür, dass er sich verpflichtet, den Golfplatz während bestimmter Zeiten zu betreiben und den Einwohnern sowie den Gästen zu besonderen Bedingungen zur Verfügung zu stellen (VwGH 23.1.1996, 95/14/0084).

Zuschuss als Entgelt von dritter Seite

25 Zahlungen von dritter Seite sind Entgelt, wenn sie der Unternehmer dafür erhält, dass er eine Leistung an eine vom Zuschussgeber verschiedene Person erbringt. Erforderlich ist ein **unmittelbarer wirtschaftlicher Zusammenhang mit dem Leistungsaustausch**. Der Zuschussgeber muss die Zahlung deshalb gewähren, damit oder weil der Unternehmer eine Leistung erbringt. Ein Einzelzusammenhang zwischen dem Zuschuss und einer bestimmten Leistung ist allerdings nicht erforderlich (VwGH 20.1.1992, 91/15/0055). Zuschüsse Dritter werden meist aus Gründen der Markt- und Preispolitik gewährt. Der Leistungsempfänger ist oft selbst nicht in der Lage, einen kostendeckenden Preis zu zahlen. Der Zuschussgeber hat ein Interesse am Zustandekommen des Leistungsaustausches.

Beispiele:

Zuschuss der Wiener Handelskammer zur Kostenabdeckung an einen Verein, der Ausstellungsflächen vermietet (VwGH 20.1.1992, 91/15/0055),

Druckkostenbeitrag zur Herausgabe einer Zeitung (VwGH 26.4.1994, 93/14/0043),

Zuschuss der Landesregierung an einen Buchverleger, der eine jährlich wiederkehrende, auf das Bundesland bezogene Publikation herausgeben muss (VwGH 30.9.1992, 92/13/0128),

Ein Verkehrsverein erhält von der Gemeinde einen Zuschuss, der von der Anzahl der Nächtigungen bzw. vom Umfang der Werbemaßnahmen abhängig ist (VwGH 4.10.1995, 93/15/0117).

Echter nicht umsatzsteuerbarer Zuschuss

26 Nicht umsatzsteuerbare Zuschüsse liegen vor, wenn Zahlungen nicht auf Grund eines Leistungsaustausches erfolgen oder nicht im Zusammenhang mit einem bestimmten Umsatz stehen. Dies ist der Fall, wenn
- ein Zuschuss zur Anschaffung oder Herstellung von Wirtschaftsgütern des Zuschussempfängers gewährt wird (zB Zuschuss zur Wohnbauförderung oder Wohnhaussanierung, zur Errichtung einer Erdgasversorgung, zur Errichtung einer Park and Ride-Anlage),
- ein Zuschuss zur Deckung von Unkosten des Zuschussempfängers gegeben wird (zB Bund zahlt Miete für eine gemeinnützige Organisation oder als Verlustabdeckung geleistete Zahlungen von Umlandgemeinden an die Betreibergemeinde eines Kindergartens zu den laufenden Betriebsausgaben),
- sich die Höhe des Zuschusses nach dem Geldbedarf des Zuschussempfängers richtet und die Zahlungen nicht mit bestimmten Umsätzen im Zusammenhang stehen (zB Zuschuss zur Sanierung eines Unternehmens, zu einem Verkehrsverbund).
- Ein echter nicht steuerbarer Zuschuss wird auch dann vorliegen, wenn die Zahlung einem Unternehmer gewährt wird, um ihn zu einem im öffentlichen Interesse gelegenen volkswirtschaftlich erwünschten Handeln anzuregen, bei dem keinem speziellen Leistungsempfänger ein verbrauchbarer Nutzen zukommt (zB Stilllegung von Betrieben oder Anbauflächen, Aufgabe von Produktionszweigen). Entschädigungen oder sonstige Zahlungen, die ein Unternehmer für ein solches Verhalten erhält, stellen umsatzsteuerrechtlich keine Gegenleistung (Entgelt) dar.

§ 1 UStG

Beispiele:

Zuschüsse nach dem Programm zur Förderung einer umweltgerechten, extensiven und den natürlichen Lebensraum schützenden Landwirtschaft (ÖPUL) gemäß der VO (EWG) Nr. 2078/92.

Die Vergütung für die Verpflichtung zur Aufgabe der Milcherzeugung, die ein Landwirt im Rahmen der VO (EWG) Nr. 1336/86 erhält, ist nicht steuerpflichtig (EuGH 29.2.1996, C-215/94).

Die Entschädigung für die Verpflichtung, angebaute Kartoffeln nicht zu ernten (EuGH 18.12.1997, C-384/95).

Beträge, die ein Unternehmer für die zusätzliche Zuteilung von Zuckerquoten nach der VO EG Nr. 318/2006 über die gemeinsame Marktorganisation für Zucker zahlt, unterliegen nicht der Umsatzsteuer.

Finanzielle Leistungen, die im Zusammenhang mit Maßnahmen nach § 32 Abs. 3 AMSG stehen (§ 34 AMSG), auch dann, wenn die Dienstleistungen nicht mehr aufgrund von Förder-, sondern (ab 1. Juli 2006) aufgrund von Werkverträgen erbracht werden.

27 Eine bloße Zweckbestimmung durch den Zuschussgeber reicht für sich allein nicht aus, einen ursächlichen Zusammenhang zwischen Zuschuss und Leistung herzustellen (zB Zuschuss nach dem Arbeitsmarktförderungsgesetz oder nach dem Forschungsorganisationsgesetz). Der Zuschussgeber verlangt vom Empfänger üblicherweise einen **Nachweis über die Mittelverwendung** oder einen Förderungsbericht. Die Vorlage dieser Nachweise begründet für sich allein keinen Leistungsaustausch.

Ebenso ist bei Subventionen die bloße Verpflichtung, die Subventionsbedingungen und -auflagen einzuhalten, keine Leistung. Die Grenze zur Leistung wird jedoch dort überschritten, wo der „Subventionsgeber" seine Leistung an Bedingungen knüpft, deren Erfüllung ihm selbst oder einem Dritten einen speziellen Nutzen verschafft, mag dieser auch im öffentlichen Interesse liegen, und der Empfänger diese Bedingungen erfüllt.

28 In Zweifelsfällen muss geprüft werden, ob die Zuwendung auch ohne Gegenleistung des Empfängers gegeben worden wäre (vgl. VwGH 17.9.1990, 89/14/0071). Ob eine solche Verknüpfung vorliegt oder nicht, kann an Hand des Förderungsansuchens, des Bewilligungsbescheides, aus den „Vergaberichtlinien" und einschlägigen Rechtsvorschriften beurteilt werden. Der Zuschuss ist nicht umsatzsteuerbar, wenn keine Verknüpfung vorliegt.

Ohne Bedeutung ist, ob der Zuschuss an den Berechtigten selbst oder zwecks Abkürzung des Zahlungsweges an einen Dritten ausbezahlt wird (zB ein Zuschuss zur Errichtung eines Gebäudes wird an eine Arbeitsgemeinschaft ausbezahlt).

Finanzierung von Forschungsvorhaben

29 Bei Zahlungen im Zusammenhang mit Forschungstätigkeiten ist im Einzelfall anhand der Vereinbarung, der Vergaberichtlinien, usw. zu prüfen, ob ein direkter Leistungsaustausch, Entgelt von dritter Seite oder eine echte Subvention vorliegt.

Ein direktes Leistungsentgelt liegt vor, wenn
- die Zahlung an bestimmte Forschungstätigkeiten des Empfängers gebunden ist,
- die Höhe des Zuschusses am Umfang der Tätigkeit oder an den dafür vorausberechneten Kosten bemessen wird,
- der Zuschussgeber ein eigenes konkretes Interesse an den Forschungsergebnissen hat,
- der Empfänger durch die Tätigkeit bestimmte Auflagen und Bedingungen erfüllen und dem Zuschussgeber ständig berichten muss,
- die Verwertungs- und Veröffentlichungsrechte an den Zuschussgeber übertragen werden.

30 Entscheidend ist somit, ob die Förderung gewährt wird, damit der Zahlende die **Verfügungsmöglichkeit über ein bestimmtes Forschungsergebnis** erlangt und die Durchführung der Forschung in seinem Interesse liegt. Demnach unterliegen zB For-

41

§ 1 UStG

schungsaufträge und sonstige wissenschaftliche Forschungen im Sinne des § 12 Forschungsorganisationsgesetz der USt (VwGH 20.9. 1995, 92/13/0214).

Erfolgt die Finanzierung des Vorhabens nicht im eigenen Interesse des Zahlenden, sondern besteht ein **öffentliches Interesse an der Durchführung des Forschungsprojektes**, so liegt ein echter, nicht steuerbarer Zuschuss vor (zB Zuschuss durch den Forschungsförderungsfonds, Förderung nach § 10 Forschungsorganisationsgesetz). Diesfalls ist es nicht schädlich, wenn sich der Finanzierende ein Veröffentlichungs- oder sonstiges Verwertungsrecht vorbehält.

31 Die EU erteilt österreichischen Forschungseinrichtungen im vermehrten Ausmaß Forschungsaufträge bzw. gewährt Förderungen zu Forschungsvorhaben. Diese Zahlungen können echte Subventionen darstellen und sind als solche nicht steuerbar.

Handelt es sich bei den Zahlungen um ein Leistungsentgelt, so unterliegt dieses nicht der USt, wenn der Forschungseinrichtung keine Unternehmereigenschaft zukommt.

Sind die Förderungsgelder steuerbar, weil der Leistende als Unternehmer und die Erfüllung des Forschungsauftrages als Leistungsaustausch zu beurteilen ist, so kann die Steuerbefreiung des § 6 Abs. 1 Z 6 lit. c UStG 1994 zur Anwendung gelangen (siehe § 6 Rz 736 bis 747).

32 Im Rahmen des **Aktionsprogramms zur Durchführung einer Berufsbildungspolitik der Europäischen Gemeinschaft** – Leonardo da Vinci werden zwischen der EU und einzelnen Projektträgern Verträge über Pilotprojekte (zB Entwicklung neuer Ausbildungslehrgänge, Lehrinhalte, Lernmaterialien, Trainingsmethoden) oder Multiplikatorprojekte (zur Verbreitung von Ergebnissen und Produkten früherer Projekte) abgeschlossen. Die Projektträger sollen damit zu einem im öffentlichen Interesse gelegenen volkswirtschaftlich erwünschten Handeln angeregt werden. Die Zuschüsse der EU an die Projektträger sind daher nicht steuerbar.

1.1.10 Mitgliedsbeiträge

33 „Echte" Mitgliedsbeiträge sind Beiträge, welche die Mitglieder einer Personenvereinigung nicht als Gegenleistungen für konkrete Leistungen, sondern für die Erfüllung des Gemeinschaftszwecks zu entrichten haben. Da in diesem Fall kein Leistungsaustausch vorliegt, stellen diese „echten" Mitgliedsbeiträge kein umsatzsteuerbares Entgelt dar.

Bei den Mitgliedsbeiträgen an die land- und forstwirtschaftlichen Maschinenringe kann aus Vereinfachungsgründen davon ausgegangen werden, dass der vom einzelnen Mitglied zu leistende jährliche Mitgliedsbeitrag (der auch allfällige betriebsbezogene Zuschläge, zB Hektarzuschläge, umfassen kann), höchstens jedoch ein Betrag von jährlich 40 Euro, einen „echten", nicht steuerbaren Mitgliedsbeitrag darstellt.

34 Davon zu unterscheiden sind **„unechte" Mitgliedsbeiträge**. Dabei handelt es sich – unabhängig von ihrer Bezeichnung – um Leistungen eines Mitglieds, denen eine konkrete Gegenleistung der Personenvereinigung gegenübersteht. Die Leistungen der Personenvereinigung, die für „unechte" Mitgliedsbeiträge erbracht werden, sind steuerbar.

Besteht der Gemeinschaftszweck in der Erbringung besonderer Einzelleistungen gegenüber den einzelnen Mitgliedern, so sind die Beiträge des Mitglieds „unechte" Mitgliedsbeiträge.

Die **Jahresbeiträge** der Mitglieder eines **Sportvereins** können die Gegenleistung für die von diesem Verein erbrachten Dienstleistungen darstellen, auch wenn diejenigen Mitglieder, die die Einrichtungen des Vereins nicht oder nicht regelmäßig nutzen, verpflichtet sind, ihren Jahresbeitrag zu zahlen. Die Leistungen des Vereins bestehen darin, dass er seinen Mitgliedern dauerhaft Sportanlagen und damit verbundene Vorteile zur Verfügung stellt (EuGH 21.3.2002, Rs C-174/00, Kennemer Golf & Country Club).

Die Sonderregelungen für **gemeinnützige Sportvereinigungen** (Liebhaberei, Steuerbefreiung) werden dadurch nicht berührt.

1.1.11 Leistungsaustausch bei Gesellschaftsverhältnissen

Allgemeines

35 Es gilt das **Trennungsprinzip**: Die Umsätze der Gesellschaft (vorausgesetzt diese ist Unternehmer) sind der Gesellschaft, die Umsätze der Gesellschafter den Gesellschaftern zuzurechnen. Der Gesellschafter kann auch Unternehmer sein. Ein Leistungsaustausch zwischen Gesellschaft und Gesellschafter ist möglich.

Gründung von Gesellschaften

36 Bei der Gesellschaftsgründung leistet der Gesellschafter eine Einlage, die Gesellschaft gewährt Anteilsrechte. Eine Personen- oder Kapitalgesellschaft erbringt bei der Gründung oder der Aufnahme eines weiteren Gesellschafters gegen Zahlung einer Bareinlage keine steuerbare Leistung (EuGH 26.6.2003, Rs C-442/01, „KapHag Renditefonds 35"; EuGH 26.5.2005, Rs C-465/03, „Kretztechnik AG"). Auch bei der Ausgabe von (atypisch) stillen Beteiligungen einer Kapitalgesellschaft ist von nicht steuerbaren Umsätzen auszugehen (BFH 18.11.2004, BStBl II 2005, 503). Zum Vorsteuerabzug siehe § 12 Rz 1992.

37 Beim Einbringen von Vermögenswerten in eine Gesellschaft kann es sich um nicht steuerbare, um steuerfreie oder um steuerpflichtige Vorgänge handeln.

Die Leistung des Gesellschafters ist nur steuerbar, wenn es sich um eine **Sacheinlage** handelt, die im Rahmen seines Unternehmens erfolgt. Sacheinlagen des Gesellschafters aus dem Privatbereich sowie sämtliche Geldeinlagen sind nicht steuerbar.

Beispiel 1:

Der Nichtunternehmer A leistet im Zuge der Gründung einer Gesellschaft nach bürgerlichem Recht eine Sacheinlage und erhält dafür 50 % der Gesellschaftsanteile.

Die Sacheinlage des A ist nicht steuerbar.

Die Einräumung der Gesellschaftsanteile durch die Gesellschaft ist nicht steuerbar.

Beispiel 2:

Der Unternehmer A leistet im Zuge der Gründung einer GesnbR eine Geldeinlage von 20.000 € im Rahmen seines Unternehmens und erhält dafür 50 % der Gesellschaftsanteile.

Die Geldeinlage des A ist (unabhängig davon, dass sie durch einen Unternehmer im Rahmen seines Unternehmens erfolgt) nicht steuerbar.

Die Einräumung der Gesellschaftsanteile durch die Gesellschaft ist nicht steuerbar.

Beispiel 3:

Der Unternehmer A leistet im Zuge der Gründung einer Gesellschaft mit beschränkter Haftung im Rahmen seines Unternehmens eine Sacheinlage (zB Maschinen) und erhält dafür 50 % der Gesellschaftsanteile.

Die Sacheinlage des A ist, da sie im Rahmen seines Unternehmens erfolgt steuerbar und (in der Regel) steuerpflichtig.

Die Einräumung der Gesellschaftsanteile durch die Gesellschaft ist nicht steuerbar.

Eintritt, Ausscheiden, Wechsel von Gesellschaftern

Eintritt

38 Zum Eintritt eines neuen Gesellschafters siehe § 1 Rz 35 bis 37.

Wechsel von Gesellschaftern

39 Tritt ein Gesellschafter seinen Gesellschaftsanteil (ganz oder teilweise) an einen neu eintretenden Gesellschafter ab, dann kommt es zu einem **Leistungsaustausch** zwischen dem neu eintretenden und dem ausscheidenden Gesellschafter (Geld- oder Sachleistung gegen Gesellschaftsrechte). Die erbrachten Leistungen sind, soweit sie von den Beteiligten im Rahmen ihres Unternehmens bewirkt werden, steuerbar, aber gemäß § 6 Abs. 1 Z 8 lit. f oder g UStG 1994 steuerfrei. Nicht steuerbar ist die Leistung des neu eintretenden Gesellschafters, falls es sich um eine **Geldleistung** handelt.

Beispiel:

Der Gesellschafter A (Nichtunternehmer) veräußert seinen Kommanditanteil an der X-Kommanditgesellschaft um 100.000 € an den B, der den Anteil im Rahmen seines Unternehmens erwirbt.

Die Leistung des A ist nicht steuerbar, da A nicht Unternehmer ist. Die Gegenleistung des B ist nicht steuerbar, da es sich um die bloße Hingabe von Geld handelt.

40   Der Übergang des Gesellschaftsanteils vom Erblasser an den Erben stellt keinen steuerbaren Vorgang dar. Es fehlt diesbezüglich am Vorliegen eines Leistungsaustausches.

Gleichzeitiger Wechsel sämtlicher Gesellschafter

41   Juristische Personen

Bei **juristischen Personen**, wie zB Aktiengesellschaften oder Gesellschaften mit beschränkter Haftung, ist im gleichzeitigen Wechsel sämtlicher Gesellschafter kein Untergang des bisherigen und Entstehen eines neuen umsatzsteuerlichen Zurechnungssubjekts zu sehen. Der Träger der Unternehmereigenschaft, nämlich die juristische Person bleibt unverändert.

42   Personengesellschaften

Auch wenn bei einer Personengesellschaft sämtliche Gesellschafter gleichzeitig wechseln, ist darin **kein Unternehmerwechsel** (in Sinne eines Untergehens der alten und Entstehens einer neuen Personengesellschaft) zu sehen. Es kommt mithin nicht zu einer Geschäftsveräußerung im Ganzen.

Ausscheiden von Gesellschaftern bei Personengesellschaften

43   Scheidet ein Gesellschafter aus der Gesellschaft aus und bleiben zumindest zwei Gesellschafter übrig, so bleibt die Gesellschaft bestehen. In der Rückgabe des Gesellschaftsanteils durch den Gesellschafter anlässlich des Ausscheidens aus der Gesellschaft ist ein **Leistungsaustausch zwischen dem ausscheidenden Gesellschafter und der Gesellschaft zu sehen** (Aufgabe der Gesellschaftsrechte gegen Abfindung). Die Leistung des ausscheidenden Gesellschafters ist, wenn sie im Rahmen seines Unternehmens gegen Entgelt erfolgt, steuerbar und gemäß § 6 Abs. 1 Z 8 lit. f oder g UStG 1994 unecht steuerbefreit (siehe § 6 Rz 766 bis 772). Die Gegenleistung der Gesellschaft ist, wenn die Abfindung in Sachwerten besteht, steuerbar, wenn sie in Geld erfolgt, nicht steuerbar.

44   Bei den verbleibenden Gesellschaftern kommt es zu einem **Anwachsen** der zurückgegebenen Anteile. Darin ist kein steuerbarer Vorgang zu sehen.

Beispiel:

Der Gesellschafter A gibt seinen im Rahmen seines Einzelunternehmens gehaltenen Komplementäranteil an die X-Kommanditgesellschaft gegen Abfindung in Sachwerten zurück.

Die Rückgabe der Gesellschaftsrechte durch A stellt einen steuerbaren und gemäß § 6 Abs. 1 Z 8 lit. g UStG 1994 unecht steuerbefreiten Umsatz dar.

Die Abfindung durch die X-Kommanditgesellschaft stellt einen steuerbaren und (in der Regel) steuerpflichtigen Umsatz dar.

Das Anwachsen der zurückgegebenen Gesellschaftsanteile bei den verbliebenen Gesellschaftern, die nunmehr über einen entsprechend größeren Anteil am Gesellschaftsvermögen verfügen, ist kein steuerbarer Vorgang.

Ausscheiden des vorletzten Gesellschafters

45   Das Ausscheiden des vorletzten Gesellschafters einer Personengesellschaft führt zur Beendigung der Personengesellschaft und zum Erlöschen der Unternehmereigenschaft. Die Verteilung des Gesellschaftsvermögens an die Gesellschafter stellt einen **steuerbaren Vorgang**, nämlich einen Leistungsaustausch zwischen der Gesellschaft (Leistung der Abfindung) und dem Gesellschafter (Aufgabe der Gesellschaftsrechte) dar.

§ 1 UStG

46 Verbleibt nur noch ein Gesellschafter, erlischt gemäß § 142 UGB bei einer offenen Gesellschaft (gleiches gilt nach § 161 Abs. 2 UGB für eine Kommanditgesellschaft) die Gesellschaft ohne Liquidation. Das Gesellschaftsvermögen geht im Wege der Gesamtrechtsnachfolge auf den verbleibenden Gesellschafter über. Diesfalls bleibt die Unternehmerkontinuität gewahrt. Das Anwachsen der Gesellschaftsanteile beim verbleibenden Gesellschafter stellt umsatzsteuerlich keine Auflösung der Gesellschaft, somit auch keinen steuerbaren Vorgang zwischen ihm und der Gesellschaft dar.

Voraussetzung für ein nicht steuerbares Anwachsen ist, dass der verbleibende Gesellschafter das Unternehmen im Wesentlichen unverändert fortführt.

Die Leistung des ausscheidenden Gesellschafters ist, wenn sie im Rahmen seines Unternehmens gegen Entgelt erfolgt, steuerbar und gemäß § 6 Abs. 1 Z 8 lit. f oder g UStG 1994 unecht steuerbefreit (siehe Rz 766 bis 772). Die Gegenleistung der Gesellschaft (Abfindung) ist, wenn die Abfindung in **Sachwerten** besteht, steuerbar und (in der Regel) steuerpflichtig, wenn sie in Geld erfolgt, nicht steuerbar.

47 Auch bei einer Gesellschaft nach bürgerlichem Recht kann vereinbart werden, dass bei Ausscheiden der übrigen Gesellschafter die Übernahme des Unternehmens durch den verbleibenden Gesellschafter ohne weiteren Übertragungsakt erfolgt. Auch hier bleibt also die Unternehmerkontinuität bestehen.

Gleiches gilt für land- und forstwirtschaftliche Besitzgemeinschaften, wenn einer der beiden Miteigentümer (zB Ehegatten) seine Besitzanteile in das Eigentum des anderen Miteigentümers überträgt. Voraussetzung ist aber, dass der land- und fortwirtschaftliche Betrieb nach der Übertragung der Besitzanteile im Wesentlichen unverändert fortgeführt wird.

Wenn – ohne Eigentumsübertragung – die Bewirtschaftung aufgrund einer Bewirtschaftungsvereinbarung auf einen Miteigentümer übergeht, der nach außen als alleiniger Betriebsführer auftritt, gilt das umsatzsteuerlich in der Regel als Übergang des wirtschaftlichen Eigentums, der als nicht steuerbarer Vorgang angesehen werden kann.

Auflösung von Gesellschaften

48 Die Auflösung einer Gesellschaft führt nicht zum Verlust der Unternehmereigenschaft, diese bleibt vielmehr bis zum Ende der Liquidation erhalten. In der **Verteilung des Gesellschaftsvermögens** im Zuge der Liquidation ist ein Leistungsaustausch zwischen den Gesellschaftern (Aufgabe der Gesellschaftsrechte) und der Gesellschaft (Leistung der Abfindung) zu sehen.

Beispiel:

Die Gesellschafter einer offenen Handelsgesellschaft vereinbaren die Auflösung der Gesellschaft und die Aufteilung des Gesellschaftsvermögens untereinander.

Die Aufgabe der Gesellschaftsrechte durch die Gesellschafter ist, wenn sie im Rahmen ihres jeweiligen Unternehmens erfolgt, steuerbar und gemäß § 6 Abs. 1 Z 8 lit. g UStG 1994 unecht steuerfrei. Die Abfindung durch die Gesellschaft ist, soweit sie in Sachwerten besteht, steuerbar und (in der Regel) steuerpflichtig, soweit sie in Geld besteht, nicht steuerbar.

Umwandlungen

Formwechselnde Umwandlung

49 Bei der formwechselnden Umwandlung kommt es lediglich zu einer **Änderung der Rechtsform**. Die Identität der Gesellschaft und ihres Unternehmens bleibt erhalten. Es kommt zu keiner Vermögensübertragung. Ein Leistungsaustausch findet nicht statt.

Beispiel:

Die Gesellschafter einer offenen Handelsgesellschaft beschließen die Umwandlung des Unternehmens in eine Kommanditgesellschaft.

Darin liegt kein steuerbarer Vorgang.

§ 1 UStG

Übertragende Umwandlung

50 Bei übertragenden Umwandlungen kommt es zu einer **Vermögensübertragung auf ein anderes Unternehmen** unter gleichzeitiger Auflösung der bisherigen Gesellschaft.

Darin liegt ein **steuerbarer Leistungsaustausch** (Geschäftsveräußerung im Ganzen im Sinne des § 4 Abs. 7 UStG 1994). Der Leistungsaustausch besteht in der Übertragung des Unternehmens (Leistung) gegen den Erwerb von Gesellschaftsrechten (Gegenleistung).

51 Wird eine **Personengesellschaft** in eine Kapitalgesellschaft gegen Gewährung von Gesellschaftsrechten eingebracht, so ist in der Regel anzunehmen, dass die Personengesellschaft als solche ihr Vermögen unmittelbar auf die neue Kapitalgesellschaft überträgt. Es liegt damit nur ein einziger steuerbarer Leistungsaustausch vor, der in der Übertragung des Vermögens der Personengesellschaft auf die Kapitalgesellschaft gegen die gleichzeitige Gewährung von Gesellschaftsanteilen der Kapitalgesellschaft an die Gesellschafter der Personengesellschaft besteht.

Das Gleiche gilt, wenn das gesamte Betriebsvermögen einer **Kapitalgesellschaft** auf eine neu gegründete Personengesellschaft, der dieselben Personen als Gesellschafter angehören, übertragen und die Kapitalgesellschaft durch Beschluss der Gesellschafter aufgelöst wird. Es liegt weiters nur ein einziger Umsatz vor, wenn sich die Gesellschafter einer Personengesellschaft an einer anderen Personengesellschaft beteiligen und sie Gegenstände aus der ersten in die zweite Personengesellschaft einbringen.

Verschmelzung

52 Durch Verschmelzung vereinigen sich Körperschaften unter Ausschluss der Liquidation im Wege der **Gesamtrechtsnachfolge**. Umsatzsteuerlich handelt es sich dabei um einen steuerbaren Vorgang. Leistung ist die Übertragung von Vermögen (Geschäftsveräußerung im Ganzen im Sinne des § 4 Abs. 7 UStG 1994). Gegenleistung ist die Gewährung von Mitgliedschaftsrechten an der aufnehmenden bzw. der neu gegründeten Gesellschaft.

Zum **Entgelt** für die Übertragung des Vermögens gehören übernommene Verbindlichkeiten, und zwar auch dann, wenn sie wegen der Übernahme durch Vereinigung von Schuld und Forderung in einer Person erlöschen (Konfusion im Sinne des § 1445 ABGB).

53 Maßgeblicher **Zeitpunkt** bezüglich des Erlöschens der Unternehmereigenschaft der übertragenden Gesellschaft ist die Anmeldung der Verschmelzung zur Eintragung im Firmenbuch, da damit die Leistungstätigkeit der übertragenden Gesellschaft abgeschlossen ist.

Beispiel:
Die A-GmbH als übertragende Gesellschaft wird auf die körperschaftssteuerlich steuerbefreite B-AG gegen Gewährung von (im Wege einer Kapitalerhöhung neu geschaffenen) Anteilen am Grundkapital verschmolzen. Die Verschmelzung fällt nicht unter die Bestimmungen des UmgrStG, da eine Besteuerung der stillen Reserven bei der B-AG nicht möglich ist.
Die Leistung der A-GmbH (Geschäftsveräußerung im Ganzen im Sinne des § 4 Abs. 7 UStG 1994) ist steuerbar und (soweit Sachwerte übergehen in der Regel steuerpflichtig). Die Gegenleistung der B-AG (Gewährung von Gesellschaftsrechten) ist steuerbar und gemäß § 6 Abs. 1 Z 8 lit. f UStG 1994 unecht steuerfrei.

Vorgänge nach dem UmgrStG

54 Die Vorschriften des UmgrStG sind zwingend auf die in diesem Gesetz geregelten Umgründungsvorgänge anzuwenden. Es besteht kein Wahlrecht dergestalt, dass auf die Anwendung des UmgrStG verzichtet werden könnte. Umgründungsvorgänge, die unter das UmgrStG fallen, gelten als **nicht steuerbar**.

Der Rechtsnachfolger (zB die übernehmende Körperschaft) tritt für den Bereich der USt unmittelbar in die Rechtsstellung des Rechtsvorgängers (zB der übertragenden Körperschaft) ein.

55 Im Einzelnen gilt dies für folgende Umgründungsvorgänge:
- Verschmelzungen (§ 1 UmgrStG) gemäß § 6 Abs. 3 UmgrStG,
- Umwandlungen (§ 7 UmgrStG) gemäß § 11 Abs. 3 UmgrStG,
- Einbringungen (§ 12 UmgrStG) gemäß § 22 Abs. 3 UmgrStG,
- Zusammenschlüsse (§ 23 UmgrStG) gemäß § 26 Abs. 1 Z 2 UmgrStG,
- Realteilungen (§ 27 UmgrStG) gemäß § 31 Abs. 1 Z 2 UmgrStG,
- Spaltungen (§ 32 UmgrStG) gemäß § 38 Abs. 3 UmgrStG,
- Steuerspaltungen (§ 38a UmgrStG) gemäß § 38f Abs. 2 UmgrStG.

Beispiel:

Die A-GmbH als übertragende Körperschaft wird auf die B-GmbH als übernehmende Körperschaft zum 31. Dezember 2012 verschmolzen. Die Verschmelzung fällt unter das UmgrStG. Die A-GmbH überträgt ua. eine Liegenschaft, die unter Inanspruchnahme des Vorsteuerabzugs am 1. Juli 2010 erworben und in der Folge zu Wohnzwecken vermietet wurde.

Die B-GmbH veräußert die (von ihr nach der Verschmelzung weiterhin zu Wohnzwecken vermietete) Liegenschaft am 1. Mai 2015 ohne Inanspruchnahme der Optionsmöglichkeit des § 6 Abs. 2 UStG 1994.

Aufgrund des unmittelbaren Eintritts der B-GmbH in die umsatzsteuerliche Rechtsstellung der A-GmbH ist eine Vorsteuerberichtigung gemäß § 12 Abs. 10 UStG 1994 im Ausmaß von 5/10 des beim Erwerb der Liegenschaft durch die A-GmbH geltend gemachten Vorsteuerabzugs vorzunehmen.

Das UmgrStG sieht keine umsatzsteuerliche Rückwirkung vor.

56 Der Übergang der umsatzsteuerlichen Zurechnung kann mit dem der **Anmeldung zur Eintragung im Firmenbuch** bzw. – soweit handelsrechtlich keine Eintragung im Firmenbuch vorgesehen ist – mit dem der Meldung beim zuständigen Finanzamt folgenden Monatsersten angenommen werden.

Leistungen zwischen Gesellschaft und Gesellschafter

Allgemein

57 Ein Leistungsaustausch zwischen Gesellschafter und Gesellschaft ist möglich, wenn die Voraussetzungen dafür (insbesondere die Fremdüblichkeit) vorliegen. Von einem Leistungsaustausch wird auszugehen sein, wenn der Gesellschafter gegen **Sonderentgelt und zu fremdüblichen Bedingungen** an die Gesellschaft Leistungen erbringt. Dass die Verpflichtung zu einer solchen Leistung auf gesellschaftsvertraglicher und nicht auf einer besonderen schuldrechtlichen Grundlage beruht, schließt für sich allein nicht das Vorliegen eines Leistungsaustausches aus.

Unternehmereigenschaft des Gesellschafters

58 Die bloße Gesellschafterstellung allein begründet allerdings noch nicht die Unternehmerstellung. Mangels Nachhaltigkeit führen auch **Sacheinlagen** (zB die Einlage bei Gesellschaftsgründung) aus dem Privatvermögen nicht zur Erlangung der Unternehmereigenschaft. Demgegenüber bewirkt die entgeltliche Überlassung auch nur einzelner Wirtschaftsgüter eine unternehmerische Tätigkeit.

Beispiel:

A ist an der X-KG als Kommanditist beteiligt, war bisher aber nicht unternehmerisch tätig. Nunmehr erwirbt er ein Bürogebäude, um es der X-KG zur unternehmerischen Nutzung zur Verfügung zu stellen.

A schließt eine Mietvereinbarung mit der X-KG ab und vermietet ihr das Bürogebäude (und zwar mit Option zur Steuerpflicht im Sinne des § 6 Abs. 2 UStG 1994) gegen fremdübliches Entgelt.

A erlangt durch die Vermietung Unternehmereigenschaft. Er hat das Mietentgelt der USt zu unterziehen und ist zum Vorsteuerabzug aus den Anschaffungs- sowie den laufenden Betriebskosten des Bürogebäudes berechtigt (soweit die Betriebskosten von A an die Gesellschaft weiterverrechnet oder direkt an die Gesellschaft verrech-

§ 1 UStG

net werden, ist auch die Gesellschaft – unter Vorliegen der übrigen Voraussetzungen – zum Vorsteuerabzug aus den Betriebskosten berechtigt).

1.2 Eigenverbrauch

1.2.1 Aufwandseigenverbrauch

59 Ausgaben, die keinen streng geschäftlichen Charakter haben, sollen nicht zum Vorsteuerabzug berechtigen bzw. nicht unbesteuert bleiben. Dabei sollen die ertragsteuerlichen Abzugsverbote gemäß § 20 Abs. 1 Z 1 bis 5 EStG 1988 und des § 12 Abs. 1 Z 1 bis 5 KStG 1988 (in der jeweils zum 1.1.1995 geltenden Fassung) auch für die Umsatzsteuer gelten (§ 1 Abs. 1 Z 2 lit. a UStG 1994).

Eine Eigenverbrauchsbesteuerung erfolgt in den Fällen des § 1 Abs. 1 Z 2 lit. a UStG 1994 nur dann, wenn der Gegenstand oder seine Bestandteile zu einem vollen oder teilweisen Vorsteuerabzug berechtigt haben.

Beispiel:

Die Anschaffungskosten eines Personenkraftwagens, der einen CO_2-Emissionswert von 0 Gramm pro Kilometer aufweist (ausschließliche Nutzung für steuerpflichtige Umsätze) und für den nach § 12 Abs. 2 Z 2 lit. b UStG 1994 der Vorsteuerabzug nicht geltend gemacht werden kann (zB kein Kleinbus iSd § 5 der Verordnung BGBl. II Nr. 193/2002), betragen am 2.1.2016 60.000 Euro (brutto).

Der Vorsteuerabzug steht nach § 12 Abs. 2 Z 2a UStG 1994 zur Gänze in Höhe von 10.000 Euro (60.000 Euro / 1,2) zu. Jener Teil der Aufwendungen, der ertragsteuerlichen Abzugsverboten unterliegt (60.000 Euro – 40.000 Euro = 20.000 Euro / 1,2 = 16.666,67 Euro netto), unterliegt im Jahr der Anschaffung der Eigenverbrauchsbesteuerung nach § 1 Abs. 1 Z 2 lit. a UStG 1994 (16.666,67 Euro x 20% = 3.333,33 Euro).

Hinsichtlich Geschäftsessen siehe Rz 1925 ff.

1.2.2 Den Lieferungen und sonstigen Leistungen gleichgestellter Eigenverbrauch

60 Hinsichtlich den Lieferungen gleichgestellter Eigenverbrauch siehe Rz 361 bis Rz 374.

Hinsichtlich den sonstigen Leistungen gleichgestellter Eigenverbrauch siehe Rz 475 bis Rz 487.

Randzahlen 61 bis 65: Derzeit frei.

Sachzuwendungen an Arbeitnehmer

66 Der Begriff der „Dienstleistungen gegen Entgelt" setzt das Bestehen eines unmittelbaren Zusammenhangs zwischen der erbrachten Dienstleistung und dem empfangenen Gegenwert voraus (EuGH vom 16.10.1997, Rs C-258/95, Julius Fillibeck Söhne GesmbH Co KG, betreffend unentgeltliche Beförderung von Arbeitnehmern). Ein derartiger Zusammenhang liegt dann nicht vor, wenn der Arbeitnehmer für die Sachzuwendung nichts zu bezahlen hat und auch kein dem Wert dieser **Sachzuwendung** entsprechender Abzug vom Lohn erfolgt bzw. die auszuführende Arbeit und der bezogene Lohn nicht davon abhängen, ob der Arbeitnehmer die ihm vom Arbeitgeber gebotene Sachleistung in Anspruch nimmt. Steht hienach fest, dass ein umsatzsteuerlicher Leistungsaustausch zu verneinen ist, erfolgt in einem nächsten Schritt die Prüfung, ob die Leistung primär der Deckung privater Bedürfnisse der Arbeitnehmer oder ihnen zurechenbarer Personen dient. Bejahendenfalls liegt ein steuerbarer und ggf (dh wenn keine Steuerbefreiung vorliegt) auch steuerpflichtiger Eigenverbrauch vor.

Zur Bemessungsgrundlage siehe Rz 672.

Bezüglich entgeltliche Sachzuwendungen an Arbeitnehmer siehe auch Rz 489.

§ 1 UStG

Geringfügigkeitsgrenze

67 Weder Leistungsaustausch noch Eigenverbrauch liegt vor, wenn es sich bei den empfangenen Leistungen um **bloße Annehmlichkeiten** oder Aufmerksamkeiten handelt (zB Bereitstellung von Getränken am Arbeitsplatz).

Freiwilliger Sozialaufwand

68 Erbringt der **Arbeitgeber** Leistungen, die unter der Kategorie „freiwilliger Sozialaufwand" zu subsumieren sind (zB Gesundheitsleistungen, typische Berufskleidung, Aus- und Fortbildung im Betrieb, Zurverfügungstellung von Einrichtungen an die Gesamtheit oder für Gruppen von Arbeitnehmern), so ist darin kein umsatzsteuerbarer Tatbestand zu erblicken.

Beförderungsleistungen

69 **Unentgeltliche Beförderungen** der Arbeitnehmer zwischen Arbeitsstätte und Wohnort stellen keinen Eigenverbrauch dar.

Beherbergung und Verköstigung

70 Im Falle einer unentgeltlichen Beherbergung und Verköstigung von Dienstnehmern durch den Arbeitgeber handelt es sich um die Befriedigung persönlicher Bedürfnisse der Arbeitnehmer und sohin grundsätzlich um einen Eigenverbrauch gemäß § 3a Abs. 1a Z 2 UStG 1994, außer es überwiegen die betrieblichen Interessen des Arbeitgebers (VwGH 23.02.2010, 2007/15/0073; VwGH 23.01.2013, 2010/15/0051).

Ist die unentgeltliche Verpflegung durch den Arbeitgeber kein Lohnbestandteil und sind gewichtige betriebliche Gründe dafür gegeben, dass die Essenseinnahme am Arbeitsplatz bzw. – zur Aufrechterhaltung eines notwendigen Bereitschaftsdienstes – in dessen Nahbereich erfolgen muss (zB Lift- bzw. Seilbahnpersonal; technisches Überwachungspersonal, dessen Dienststelle sich in exponierter Lage befindet; medizinisches Bereitschaftspersonal usw.), kann hinsichtlich der kostenlosen Verpflegung von Dienstnehmern durch den Arbeitgeber in Ausnahmefällen ein nicht steuerbarer Vorgang vorliegen.

Gewährt der Unternehmer seinen Arbeitnehmern kostenlose Mahlzeiten, damit sie in der Mittagspause telefonisch erreichbar sind, so führt dieser Umstand für sich allein jedoch nicht dazu, dass kein Eigenverbrauch vorliegt.

Hat der Arbeitnehmer im Zusammenhang mit der Verpflegung am Arbeitsplatz einen Kostenbeitrag zu leisten, ist dieser umsatzsteuerpflichtig.

Bei der längerfristigen, das Wochenende mit einschließenden Unterbringung von Arbeitnehmern bei auswärtigen Arbeitseinsätzen (zB Montage von Anlagen, Autobahnbaustellen usw.) kann ein überwiegendes Interesse des Arbeitgebers insbesondere dann vorliegen, wenn im Hinblick auf die Entfernung oder die Arbeitszeit nicht zu erwarten ist, dass der Dienstnehmer an arbeitsfreien Tagen an seinen Wohnsitz zurückfährt, oder wenn der Dienstnehmer an seiner Unterkunft (zB im Rahmen eines „Kurzurlaubes") keinen Besuch beherbergen darf. Ist hingegen der Wohnsitz des Dienstnehmers bloß in einer solchen Entfernung zum Ort der Hotelunterkunft gelegen, dass vom Arbeitnehmer die Rückkehr an seinen Wohnsitz an arbeitsfreien Tagen am Wochenende üblicherweise zu erwarten ist und ist der Arbeitnehmer zudem berechtigt, in der ihm unentgeltlich zur Verfügung gestellten Hotelunterkunft Besuch zu empfangen und zu beherbergen, dient diese Leistung primär der Deckung des privaten Bedarfes des Arbeitnehmers und ist als Eigenverbrauch im Sinn des § 3a Abs. 1a UStG 1994 zu beurteilen (vgl. VwGH 23.02.2010, 2007/15/0073).

71 Handelt es sich beim Arbeitgeber um ein Unternehmen des Gast-, Schank- oder Beherbergungsgewerbes, so stellt die unentgeltliche Beherbergung und Verköstigung von Dienstnehmern keinen Eigenverbrauch dar (vgl. VwGH 23.02.2010, 2007/15/0073).

Wird im Gast-, Schank- und Beherbergungsgewerbe vom Arbeitnehmer ein Kostenbeitrag verlangt, so ist dieser Kostenbeitrag zur USt heranzuziehen, unabhängig davon wie hoch dieser ist.

72 Im Falle der Zurverfügungstellung einer so genannten **„Hausbesorgerwohnung"** überwiegt das Interesse des Dienstgebers an der Benutzung derselben das private

§ 1 UStG

Wohnbedürfnis des Hausbesorgers bei weitem, sodass das Vorliegen eines Eigenverbrauchs zu verneinen ist.

Garagierung

73 Stellt der Arbeitgeber einem Arbeitnehmer eine Garage oder einen Abstellplatz für sein privates Kfz zur Verfügung, so ist darin grundsätzlich ein **umsatzsteuerbarer Eigenverbrauch** zu erblicken, wenn der Arbeitnehmer dafür nichts zu bezahlen hat und auch kein dem Wert dieser Dienstleistung entsprechender Abzug vom Lohn erfolgt bzw. die auszuführende Arbeit und der bezogene Lohn nicht davon abhängen, ob die Arbeitnehmer die ihnen von ihrem Arbeitgeber gebotene Sachleistung in Anspruch nehmen.

Anders wäre der Fall zu beurteilen, wenn der persönliche Vorteil, den der Arbeitnehmer hat, gegenüber dem Bedarf des Unternehmers nur nebensächlich erscheint. Dies wird bei der unentgeltlichen Zurverfügungstellung einer Garage oder eines Parkplatzes zum Abstellen eines Fahrzeuges dann zu bejahen sein, wenn sich das **Park- bzw. Abstellrecht auf die Dienstzeit** beschränkt.

Jobticket

74 Die unentgeltliche Zurverfügungstellung von Jobtickets durch den Arbeitgeber an seinen Arbeitnehmer unterliegt der Eigenverbrauchsbesteuerung gem. § 3a Abs. 1a Z 2 UStG 1994.

Beispiel:

Eine Arbeitgeberin erwirbt eine Monatskarte der Wiener Linien um 45 Euro (40,91 Euro zzgl. 10% Umsatzsteuer iHv. 4,09 Euro) und stellt diese einem Arbeitnehmer unentgeltlich zur Verfügung.

Da die Arbeitgeberin dem Arbeitnehmer das Recht auf Inanspruchnahme einer Beförderungsleistung unentgeltlich überträgt (unentgeltliche Erbringung einer sonstigen Leistung für den Bedarf des Personals), kommt es bei der Arbeitgeberin gemäß § 3a Abs. 1a Z 2 UStG 1994 zu einer Eigenverbrauchsbesteuerung zum ermäßigtem Steuersatz. Die Umsatzsteuer (4,09 Euro) bemisst sich nach § 4 Abs. 8 lit. b UStG 1994 nach den Kosten (40,91 Euro).

Wird dem Arbeitnehmer durch den Arbeitgeber ein Jobticket entgeltlich zur Verfügung gestellt, so liegt gemäß § 3a iVm § 10 Abs. 2 Z 6 UStG 1994 (bis 31.12.2015: § 10 Abs. 2 Z 12 UStG 1994) eine steuerbare und dem ermäßigten Steuersatz unterliegende steuerpflichtige sonstige Leistung vor.

Beispiel:

Eine Arbeitgeberin erwirbt eine Monatskarte der Wiener Linien um 45 Euro (40,91 Euro zzgl. 10% Umsatzsteuer **in Höhe von** 4,09 Euro) und stellt diese einem Arbeitnehmer um 30 Euro zzgl. Umsatzsteuer zur Verfügung.

Da die Arbeitgeberin dem Arbeitnehmer das Recht auf Inanspruchnahme einer Beförderungsleistung entgeltlich überträgt, erbringt sie eine sonstige Leistung iSd § 3a iVm **§ 10 Abs. 2 Z 6 UStG 1994 (bis 31.12.2015:** § 10 Abs. 2 Z 12 UStG 1994) zum ermäßigten Steuersatz. Da das Entgelt für die Monatskarte (30 Euro) unter dem Normalwert (40,91 Euro) liegt, der Arbeitnehmer nicht zum Vorsteuerabzug berechtigt ist und die „verbilligte" Abgabe der Monatskarte im Beschäftigungsverhältnis begründet ist (vgl. § 4 Abs. 9 UStG 1994), ist der Normalwert als Bemessungsgrundlage für die Umsatzsteuer heranzuziehen. Die Arbeitgeberin hat Umsatzsteuer **in Höhe von** 4,09 Euro abzuführen.

Randzahlen 75 bis 100: Derzeit frei.

1.3 Einfuhr

1.3.1 Der steuerrechtliche Begriff der Einfuhr im System der Mehrwertsteuer

101 Die Einfuhr ist ein Ergänzungstatbestand. Es soll sichergestellt werden, dass ein Verbrauch, der durch einen Import abgedeckt wird, mit inländischer USt belastet ist.

Dies geschieht in Form der so genannten **EUSt**. Die EUSt weist Besonderheiten gegenüber der allgemeinen USt auf: Es wird die Warenbewegung erfasst, ein Leistungsaustausch muss damit nicht verknüpft sein.

1.3.2 Einfuhr von Gegenständen

102 Eine Einfuhr liegt vor, wenn
- ein Gegenstand
- aus dem Drittlandsgebiet
- in das Inland, ausgenommen die Gebiete Jungholz und Mittelberg, gelangt und
- zum freien Verkehr abgefertigt wird.

Die Steuerschuld entsteht nach zollrechtlichen Vorschriften grundsätzlich im Zeitpunkt der Entgegennahme der Zollanmeldung.

103. Beim Verbringen von Gegenständen aus einem Drittland in eine österreichische Zollfreizone oder ein Zolllager entsteht zunächst noch keine Steuerschuld. Lieferungen von Gegenständen, die sich in Zollfreizonen oder Zolllagern befinden, sind steuerbare Inlandslieferungen (siehe auch EuGH 08.11.2012, Rs C-165/11, *Profitube spol. s.r.o.*). Werden die Waren anschließend angemeldet, wird der Tatbestand der Einfuhr erfüllt. Die Tatbestände der Einfuhr und der Lieferung können nebeneinander bestehen (VwGH 10.07.2008, 2007/16/0025).

Der Tatbestand der Einfuhr ist ebenfalls erfüllt, wenn Waren, die in ein Zolllagerverfahren überführt worden sind, geraubt werden (EuGH vom 11.7.2013, Rs C-273/12, *Harry Winston SARL*).

104 Gegenstände sind alle **körperlichen Sachen und jene unkörperlichen Sachen, die wie körperliche Sachen behandelt werden** (zB elektrische Energie, Wärme, Kälte). Kein Gegenstand liegt vor, wenn bewegliche körperliche Sachen Bestandteile des menschlichen Körpers geworden sind (zB Zahnkronen).

1.3.3 Behörden und anzuwendende Rechtsvorschriften

105 Die EUSt ist eine Eingangsabgabe, die von den **Zollbehörden** erhoben wird.

Weitgehend sind daher die Vorschriften über Zölle heranzuziehen (zB Anmeldeverfahren, Formen der vorübergehenden Verwendung). Das UStG 1994 regelt die Bemessungsgrundlage (§ 5 UStG 1994), die EUSt-Befreiungen (§ 6 Abs. 4 bis 6 UStG 1994 sowie Art. 6 Abs. 3 UStG 1994), den Steuersatz (§ 10 UStG 1994) und den Vorsteuerabzug (§ 12 UStG 1994) bei der Einfuhr autonom. Zu beachten sind weiters die Sondervorschriften des § 26 UStG 1994.

Randzahlen 106 bis 140: Derzeit frei.

2. Inland, Ausland

141 Das Inland umfasst das **Bundesgebiet der Republik Österreich**. Gebäude ausländischer Botschaften, Gesandtschaften und Konsulate sowie Gebäude internationaler Organisationen zählen auch bei so genannter Exterritorialität zum Inland.

Seit Inkrafttreten des ZK gibt es nur ein **Zollgebiet** der Gemeinschaft. Die Gemeinden Jungholz und Mittelberg (vormals „Zollausschlussgebiete") sowie **Zollfreizonen** und **Zolllager** sind umsatzsteuerrechtlich Inland. Umsätze in diesen Gebieten – ausgenommen Einfuhren in Jungholz und Mittelberg – sind daher steuerbare Inlandsumsätze.

Ausland ist das Drittlandsgebiet und das übrige Gemeinschaftsgebiet.

Randzahlen 142 bis 145: Derzeit frei.

3. Gemeinschaftsgebiet, Drittlandsgebiet
3.1 Gemeinschaftsgebiet

146 Das Gemeinschaftsgebiet umfasst das Inland und die Gebiete der übrigen Mitgliedstaaten, die nach dem Gemeinschaftsrecht zum Inland dieser Mitgliedstaaten zählen. Rechtsgrundlagen des Gemeinschaftsrechts sind in dieser Hinsicht der EWG-Vertrag

§ 1 UStG

(Art. 227), der Vertrag über die Arbeitsweise der Europäischen Union, ABl. Nr. C 83 vom 30.03.2010 S. 47 (Art. 355) bzw. der Vertrag zur Gründung der Europäischen Gemeinschaft (Art. 299), anderes primäres Gemeinschaftsrecht (zB Beitrittsakte) sowie Art. 5 MwSt-RL 2006/112/EG (bzw. Art. 3 6. MwSt-RL). Das umsatzsteuerrechtliche Gemeinschaftsgebiet ist daher weder mit dem Anwendungsbereich des EWG-Vertrages noch mit dem Zollgebiet der EU ident.

Zum Gemeinschaftsgebiet gehören:

Belgien, Bulgarien, Dänemark, Deutschland, Estland, Finnland, Frankreich (einschließlich Monaco), Griechenland, Irland, Italien, Kroatien, Lettland, Litauen, Luxemburg, Malta, Niederlande, Österreich, Polen, Portugal (einschließlich Madeira und der Azoren), Rumänien, Schweden, Slowakei, Slowenien, Spanien (einschließlich Balearen), Tschechische Republik, Ungarn, Vereinigtes Königreich von Großbritannien und Nordirland (einschließlich Insel Man) und Zypern.

Die Anwendung des Besitzstandes in den Teilen Zyperns, in denen die Regierung der Republik Zypern keine tatsächliche Kontrolle ausübt, wird ausgesetzt, bis der Rat auf Vorschlag der Kommission einstimmig über die Aufhebung der Aussetzung entscheidet (siehe Art. 1 des Protokolls Nr. 10 über Zypern der Beitrittsakte).

147 In einzelnen Mitgliedstaaten werden so genannte Freihäfen (bzw. Freizonen oder Freipunkte) in bestimmten Fällen als Ausland und zwar als Drittlandsgebiet behandelt. In Deutschland sind das die Seehäfen Bremen, Bremerhaven, Cuxhaven, Emden, (bis 31.12.2012: Hamburg Alter Freihafen und Waltershof) und Kiel sowie die vom deutschen Inland ausgeschlossenen Teile der Häfen in Deggendorf und Duisburg. Nach § 1 Abs. 2 Satz 1 dUStG 1993 gehören sie nicht zum umsatzsteuerlichen deutschen Inland.

In Art. 355 des Vertrages über die Arbeitsweise der Europäischen Union (Art. 227 EWG-Vertrag) werden diese Freihäfen weder vom Inland der jeweiligen Mitgliedstaaten noch vom Gemeinschaftsgebiet ausgenommen. Auch die MwSt-RL 2006/112/EG (6. MwSt-RL) sieht für Freihäfen keine Ausnahmeregelung vor. Aus der Sicht des Gemeinschaftsrechts liegt somit ein Freihafen, der sich im Hoheitsgebiet eines Mitgliedstaates befindet, im umsatzsteuerlichen Inland und somit im umsatzsteuerlichen Gemeinschaftsgebiet.

Zur Steuerfreiheit innergemeinschaftlicher Lieferungen in deutsche Freihäfen siehe Rz 3993.

3.2 Drittlandsgebiet

148 Das Drittlandsgebiet umfasst alle Gebiete, die nicht zum Gemeinschaftsgebiet gehören. Auch die internationalen Gewässer zählen zum Drittlandsgebiet.

Zum Drittlandsgebiet gehören:

Åland-Inseln, Andorra, Berg Athos, **das Gebiet von** Büsingen, Campione d'Italia, Ceuta, Färöer Inseln, **Französisch-Guayana**, Guadeloupe, **Gibraltar, Grönland, Helgoland, Kanalinseln (Jersey und Guernsey), Kanarische Inseln**, Livigno, **der zum italienischen Gebiet gehörende Teil** des Luganer Sees, Martinique, **Mayotte**, Melilla, Réunion, **Saint-Barthélemy, Saint-Martin**, San Marino, Vatikan.

Randzahlen 149 bis 180: Derzeit frei.

Verordnung zu § 1:

Verordnung des Bundesministers für Finanzen für eine Umsatzsteuerentlastung bei Hilfsgüterlieferungen ins Ausland

BGBl. Nr. 787/1992 idF BGBl. Nr. 850/1993

§ 1.

Zur Erzielung einer den Grundsätzen der Gegenseitigkeit entsprechenden Behandlung wird angeordnet, daß nach Maßgabe der in § 3 genannten Erklärung entgeltliche und unentgeltliche Hilfsgüterlieferungen (Eigenverbrauch) im Rahmen von nationalen oder internationalen Hilfsprogrammen in Notstandsfällen mit Bestimmungsort in Staaten, die in

§ 5 genannt sind, aus der Umsatzsteuerpflicht ausgeschieden werden (nicht steuerbare Umsätze). Diese Sonderregelung gilt für Hilfsgüterlieferungen nur insoweit, als deren widmungsgemäße Verbringung in den begünstigten Staat der Abgabenbehörde nachgewiesen werden kann (Nachweisvorsorgepflicht). Die entgeltliche Lieferung muß an eine Körperschaft des öffentlichen Rechts oder an eine Körperschaft, Personenvereinigung oder Vermögensmasse, die gemeinnützige, mildtätige oder kirchliche Zwecke verfolgt (§§ 34 bis 47 BAO), erbracht werden.

§ 2.

Die Ausscheidung aus der Umsatzsteuerpflicht kommt bei entgeltlichen Lieferungen nicht zur Anwendung, wenn der Abnehmer zum Vorsteuerabzug berechtigt ist und eine Umsatzsteuerentlastung des Vorganges im Wege des Vorsteuerabzuges herbeigeführt werden kann.

§ 3.

Die Ausscheidung aus der Umsatzsteuerpflicht kann nur in Anspruch genommen werden, wenn dem für die Erhebung der Umsatzsteuer zuständigen Finanzamt vor der Erbringung der Lieferung eine schriftliche Erklärung abgegeben wird, daß dem Abnehmer der Lieferung keine Umsatzsteuer angelastet wird; in der Erklärung sind weiters Art und Menge der nach dieser Verordnung steuerentlastet zu liefernden Hilfsgüter sowie die genaue Bezeichnung und Anschrift des Abnehmers der entgeltlichen Lieferung (§ 1 letzter Satz) anzugeben.

§ 4.

Die Umsätze sind auf Grund dieser Verordnung nicht aus der Umsatzsteuerpflicht auszuscheiden, wenn der Steuervorteil nicht den Zwecken der Hilfsaktion zugute kommt.

§ 5.

Gegenseitigkeit im Sinn des § 1 besteht im Verhältnis zu folgenden Staaten:
- Albanien
- Armenien
- Aserbaidschan
- Bosnien-Herzegowina
- Estland
- Georgien
- Kasachstan
- Kirgistan
- Kroatien
- Lettland
- Moldowa
- Rumänien
- Russische Föderation
- Slowakei
- Slowenien
- Tadschikistan
- Tschechien
- Türkei
- Turkmenistan
- Ukraine
- Usbekistan und
- Weißrußland.

§ 1 UStG

Judikatur EuGH zu § 1:

EuGH vom 8.12.2016, Rs C-208/15
Vorliegen eines einheitlichen Umsatzes

Die Richtlinie 2006/112/EG ist dahin auszulegen, dass
- ein Umsatz der integrierten landwirtschaftlichen Zusammenarbeit, wonach ein Wirtschaftsteilnehmer einem Landwirt Gegenstände liefert und ihm ein zum Kauf dieser Gegenstände bestimmtes Darlehen gewährt, einen einheitlichen Umsatz im Sinne dieser Richtlinie darstellt, bei dem die Lieferung der Gegenstände die Hauptleistung bildet. Die Steuerbemessungsgrundlage für diesen einheitlichen Umsatz besteht sowohl im Preis dieser Gegenstände als auch in den auf die den Landwirten gewährten Darlehen gezahlten Zinsen;
- der Umstand, dass ein Integrator gegenüber den Landwirten zusätzliche Dienstleistungen erbringen oder ihre landwirtschaftlichen Erzeugnisse käuflich erwerben kann, hat auf die Einstufung des in Rede stehenden Umsatzes als einheitlichen Umsatz im Sinne der Richtlinie 2006/112 keine Auswirkung.

EuGH vom 10.11.2016, Rs C-432/15, *Baštová*
Abgrenzung der wirtschaftlichen Tätigkeit iZm Pferderennen; kein ermäßigter Steuersatz bei Vorliegen einer komplexen Dienstleistung

1. Art. 2 Abs. 1 Buchst. c der Richtlinie 2006/112/EG ist dahin auszulegen, dass die Überlassung eines Pferdes durch seinen Eigentümer, der mehrwertsteuerpflichtig ist, an den Veranstalter eines Pferderennens zwecks Teilnahme des Pferdes an diesem Rennen keine gegen Entgelt erbrachte Dienstleistung darstellt, wenn für sie weder ein Antrittsgeld noch eine andere unmittelbare Vergütung gezahlt wird und nur die Eigentümer der Pferde mit einer erfolgreichen Platzierung in dem Rennen ein –sei es auch ein im Voraus festgelegtes – Preisgeld erhalten. Die Überlassung eines Pferdes stellt dagegen eine gegen Entgelt erbrachte Dienstleistung dar, wenn der Veranstalter für sie eine von der Platzierung des Pferdes in dem Rennen unabhängige Vergütung zahlt.
2. Die Richtlinie 2006/112 ist dahin auszulegen, dass ein Steuerpflichtiger, der seine eigenen Rennpferde und die Dritter hält und ausbildet, ein Recht auf Vorsteuerabzug in Bezug auf die Umsätze für die Vorbereitung und Teilnahme seiner Pferde an den Pferderennen hat, da die Aufwendungen für diese Umsätze zu den mit seiner wirtschaftlichen Tätigkeit zusammenhängenden Gemeinkosten gehören, vorausgesetzt, dass die Aufwendungen für die einzelnen Umsätze einen direkten und unmittelbaren Zusammenhang mit dieser Tätigkeit insgesamt aufweisen. Dies kann der Fall sein, wenn die insoweit entstandenen Kosten im Zusammenhang mit den Rennpferden stehen, die tatsächlich für den Verkauf bestimmt sind, oder die Teilnahme dieser Pferde an Rennen objektiv ein Mittel zur Förderung der wirtschaftlichen Tätigkeit darstellt; dies zu prüfen, ist Sache des vorlegenden Gerichts.
Für den Fall, dass ein solches Abzugsrecht besteht, darf das Preisgeld, das der Steuerpflichtige gegebenenfalls aufgrund der Platzierung eines seiner Pferde in einem Pferderennen gewonnen hat, nicht in die Bemessungsgrundlage der Mehrwertsteuer einbezogen werden.
3. Art. 98 der Richtlinie 2006/112 in Verbindung mit Anhang III Nr. 14 dieser Richtlinie ist dahin auszulegen, dass eine komplexe einheitliche Dienstleistung, die mehrere Elemente umfasst, die sich u. a. auf das Training von Pferden, die Überlassung von Sportanlagen, die Unterbringung der Pferde im Rennstall, die Fütterung und die sonstige

Versorgung der Pferde beziehen, keinem ermäßigten Mehrwertsteuersatz unterliegen kann, wenn die Überlassung der Sportanlagen im Sinne von Anhang III Nr. 14 dieser Richtlinie und das Training der Pferde zwei gleichwertige Elemente dieser komplexen Dienstleistung darstellen oder wenn das Training das Hauptelement dieser Dienstleistung ist; dies zu beurteilen, ist Sache des vorlegenden Gerichts.

EuGH vom 22.6.2016, Rs C-11/15, *Český rozhlas*
Tätigkeit des öffentlichen Rundfunks ist keine Dienstleistung „gegen Entgelt"

Art. 2 Nr. 1 der Sechsten Richtlinie 77/388/EWG ist dahin auszulegen, dass eine Tätigkeit des öffentlichen Rundfunks wie die im Ausgangsverfahren in Rede stehende, die durch eine gesetzlich vorgesehene obligatorische Gebühr finanziert wird, die von Personen gezahlt wird, die Eigentümer oder Besitzer eines Rundfunkempfangsgeräts sind, und die durch eine durch Gesetz geschaffene Rundfunkgesellschaft ausgeübt wird, keine Dienstleistung „gegen Entgelt" im Sinne dieser Bestimmung darstellt und somit nicht in den Anwendungsbereich dieser Richtlinie fällt.

EuGH vom 2.6.2016, Rs C-263/15, *Lajvér*
Unternehmerische Tätigkeit und Leistungsaustausch bei der Bewirtschaftung von Landwirtschaftsbauten

1. Art. 9 Abs. 1 der Richtlinie 2006/112/EG ist dahin auszulegen, dass die Bewirtschaftung von Landwirtschaftsbauten wie den im Ausgangsverfahren fraglichen durch eine Handelsgesellschaft ohne Gewinnerzielungsabsicht, die diese Tätigkeit nur ergänzend als ein Gewerbe mit Erzielung von Einnahmen ausübt, ungeachtet des Umstands, dass diese Bauten in erheblichem Maße mit staatlichen Beihilfen finanziert wurden und ihre Bewirtschaftung lediglich Einnahmen aus der Erhebung einer geringfügigen Gebühr erbringt, eine wirtschaftliche Tätigkeit im Sinne dieser Vorschrift darstellt, soweit diese Gebühr aufgrund der vorgesehenen Dauer ihrer Erhebung einen nachhaltigen Charakter aufweist.
2. Art. 24 der Richtlinie 2006/112 ist dahin auszulegen, dass die Bewirtschaftung von Landwirtschaftsbauten wie den im Ausgangsverfahren fraglichen in der Erbringung von Dienstleistungen gegen Entgelt besteht, weil diese Dienstleistungen mit der erhaltenen oder zu erhaltenden Gebühr in einem unmittelbaren Zusammenhang stehen, vorausgesetzt, dass diese geringfügige Gebühr den Gegenwert für die erbrachte Dienstleistung darstellt. Dies gilt unbeschadet der Tatsache, dass mit diesen Dienstleistungen eine gesetzliche Verpflichtung erfüllt wird. Es ist Sache des vorlegenden Gerichts, zu prüfen, ob die Höhe der erhaltenen oder zu erhaltenden Gebühr als Gegenleistung geeignet ist, einen unmittelbaren Zusammenhang zwischen den erbrachten oder zu erbringenden Dienstleistungen und dieser Gegenleistung und damit die Entgeltlichkeit der gewährten Dienstleistungen zu begründen. Insbesondere muss sich das Gericht vergewissern, dass die von den Klägerinnen des Ausgangsverfahrens vorgesehene Gebühr die erbrachten oder zu erbringenden Dienstleistungen nicht nur teilweise vergütet und dass die Höhe der Gebühr nicht durch etwaige andere Faktoren bestimmt wurde, die gegebenenfalls den unmittelbaren Zusammenhang zwischen den Dienstleistungen und deren Gegenleistung in Frage stellen könnten.

EuGH vom 21.11.2013, Rs C 494/12, *Dixons Retail*
Missbräuchliche Verwendung einer Bankkarte; Begriff der „Lieferung"

Art. 2 Nr. 1, Art. 5 Abs. 1 und Art. 11 Teil A Abs. 1 Buchst. a der Sechsten Richtlinie 77/388/EWG sowie Art. 2 Abs. 1 Buchst. a, Art. 14 Abs. 1 und Art. 73 der Richtlinie

2006/112/EG sind dahin auszulegen, dass unter Umständen wie denen des Ausgangsfalls die körperliche Übertragung eines Gegenstands auf einen Käufer, der eine Bankkarte als Zahlungsmittel missbräuchlich benutzt, eine „Lieferung von Gegenständen" im Sinne von Art. 2 Nr. 1 und Art. 5 Abs. 1 der Sechsten Richtlinie sowie Art. 2 Abs. 1 Buchst. a und Art. 14 Abs. 1 der Richtlinie 2006/112 darstellt und dass im Rahmen einer solchen Übertragung die Zahlung eines Dritten nach Maßgabe eines zwischen ihm und dem Lieferer dieses Gegenstands geschlossenen Vertrags – wonach der Dritte dem Lieferer die Gegenstände zu bezahlen hat, die dieser an Käufer, die eine solche Karte als Zahlungsmittel benutzen, verkauft hat – eine „Gegenleistung" im Sinne von Art. 11 Teil A Abs. 1 Buchst. a der Sechsten Richtlinie und Art. 73 der Richtlinie 2006/112 bildet.

EuGH vom 26.9.2013, Rs C-283/12, *Serebryannay vek*
Instandsetzung und Einrichtung eines Appartements ist eine Dienstleistung

Art. 2 Abs. 1 Buchst. c der Richtlinie 2006/112/EG ist dahin auszulegen, dass Dienstleistungen der Instandsetzung und Einrichtung eines Appartements als entgeltlich anzusehen sind, wenn sich der Erbringer dieser Leistungen nach dem mit dem Eigentümer dieses Appartements geschlossenen Vertrag zum einen verpflichtet, diese Dienstleistungen auf eigene Rechnung zu erbringen, und zum anderen das Recht erhält, über dieses Appartement zu verfügen, um es, ohne zur Zahlung von Mietzins verpflichtet zu sein, für die Dauer dieses Vertrags für seine wirtschaftliche Tätigkeit zu nutzen, während der Eigentümer das hergerichtete Appartement am Vertragsende zurückerhält.

EuGH vom 11.7.2013, Rs C-273/12, *Harry Winston*
Mehrwertsteuertatbestand und -anspruch bei Raub von in das Zolllagerverfahren übergeführten Waren

Art. 71 Abs. 1 Unterabs. 2 der Richtlinie 2006/112/EG ist dahin auszulegen, dass der Raub von in das Zolllagerverfahren übergeführten Waren den Mehrwertsteuertatbestand und -anspruch entstehen lässt.

EuGH vom 20.6.2013, Rs C-653/11, *Newey*
Vertragsbestimmungen sind für die Feststellung der Leistungsbeziehungen nicht zwingend maßgeblich

Vertragsbestimmungen sind für die Feststellung, wer Erbringer und wer Begünstigter einer „Dienstleistung" im Sinne von Art. 2 Nr. 1 und Art. 6 Abs. 1 der Sechsten Richtlinie 77/388/EWG in der durch die Richtlinie 2000/65/EG geänderten Fassung ist, zwar zu berücksichtigen, aber nicht ausschlaggebend. Sie können insbesondere dann als nicht maßgebend angesehen werden, wenn sie nicht die wirtschaftliche und geschäftliche Realität widerspiegeln, sondern eine rein künstliche, jeder wirtschaftlichen Realität bare Gestaltung darstellen, die allein zu dem Zweck erfolgte, einen Steuervorteil zu erlangen, was von dem nationalen Gericht zu prüfen ist.

EuGH vom 8.11.2012, Rs C-165/11, *Profitube*
Steuerbarer Umsatz bei Verkauf von Waren in einem Zolllager

In dem Fall, dass Waren aus einem Drittland in einem Mitgliedstaat in das Zolllagerverfahren übergeführt worden sind, sodann im aktiven Veredelungsverkehr nach dem Nichterhebungsverfahren verarbeitet, anschließend verkauft und erneut in das Zolllagerverfahren übergeführt worden sind und während der gesamten Vorgänge in demselben im Hoheitsgebiet dieses Mitgliedstaats belegenen öffentlichen Zolllager verblieben sind, unterliegt der Verkauf solcher Waren nach Art. 2 Nr. 1 der Sechsten Richtlinie 77/388/EWG in der durch die Richtlinie 2004/66/EG geänderten Fassung der Mehrwertsteuer, es sei denn, der Mitgliedstaat hat von der ihm eingeräumten Möglichkeit Gebrauch gemacht, diesen Verkauf nach Art. 16 Abs. 1 der Sechsten Richtlinie nicht der Steuer zu unterwerfen, was zu prüfen Sache des nationalen Gerichts ist.

EuGH vom 3.5.2012, Rs C-520/10, *Lebara*
Verkauf von Telefonwertkarten durch einen Telekomanbieter

Art. 2 Nr. 1 der Sechsten Richtlinie 77/388/EWG in der durch die Richtlinie 2003/92/EG geänderten Fassung ist dahin auszulegen, dass ein Telefonanbieter, der Telekommunikationsdienstleistungen anbietet, die darin bestehen, dass an einen Vertriebshändler Telefonkarten verkauft werden, die alle notwendigen Informationen zur Tätigung internationaler Anrufe über die von diesem Anbieter zur Verfügung gestellte Infrastruktur enthalten und die vom Vertriebshändler im eigenen Namen und für eigene Rechnung entweder unmittelbar oder über andere Steuerpflichtige wie Groß- und Einzelhändler an Endnutzer weiterverkauft werden, eine entgeltliche Telekommunikationsdienstleistung an den Vertriebshändler erbringt. Dagegen erbringt der betreffende Anbieter keine zweite entgeltliche Dienstleistung an den Endnutzer, wenn dieser, nachdem er die Telefonkarte erworben hat, von dem Recht Gebrauch macht, mit Hilfe der Informationen auf der Karte Anrufe zu tätigen.

EuGH vom 16.2.2012, Rs C-594/10, *van Laarhoven*
Pauschalberechnung des Eigenverbrauches bei Fahrzeugen ist unzulässig

Art. 6 Abs. 2 Unterabs. 1 Buchst. a der Sechsten Richtlinie 77/388/EWG in der durch die Richtlinie 95/7/EG geänderten Fassung ist in Verbindung mit Art. 11 Teil A Abs. 1 Buchst. c der Sechsten Richtlinie dahin auszulegen, dass er einer nationalen Steuerregelung entgegensteht, die einen Steuerpflichtigen, dessen Fahrzeuge sowohl zu beruflichen als auch zu privaten Zwecken verwendet werden, zunächst berechtigt, die entrichtete Vorsteuer sofort und vollständig abzuziehen, aber sodann in Bezug auf die private Verwendung dieser Fahrzeuge eine jährliche Besteuerung vorsieht, die sich für die Bestimmung der Besteuerungsgrundlage der für ein bestimmtes Veranlagungsjahr geschuldeten Mehrwertsteuer auf eine Methode der pauschalen Berechnung der mit einer solchen Verwendung verbundenen Ausgaben stützt, die dem tatsächlichen Umfang dieser Verwendung nicht angemessen Rechnung trägt.

EuGH vom 10.11.2011, Rs C-444/10, *Schriever*
Übertragung eines Gesamt- oder Teilvermögens

Art. 5 Abs. 8 der Sechsten Richtlinie 77/388/EWG ist dahin auszulegen, dass die Übereignung des Warenbestands und der Geschäftsausstattung eines Einzelhandelsgeschäfts unter gleichzeitiger Vermietung des Ladenlokals an den Erwerber auf unbestimmte Zeit, allerdings aufgrund eines von beiden Parteien kurzfristig kündbaren Vertrags, eine Übertragung eines Gesamt- oder Teilvermögens im Sinne dieser Bestimmung darstellt, sofern die übertragenen Sachen hinreichen, damit der Erwerber eine selbständige wirtschaftliche Tätigkeit dauerhaft fortführen kann.

EuGH vom 27.10.2011, Rs C-93/10, *GFKL Financial Services*
Voraussetzung, dass beim Kauf zahlungsgestörter Forderungen keine wirtschaftliche Tätigkeit vorliegt

Art. 2 Nr. 1 und Art. 4 der Sechsten Richtlinie 77/388/EWG sind dahin auszulegen, dass ein Wirtschaftsteilnehmer, der auf eigenes Risiko zahlungsgestörte Forderungen zu einem unter ihrem Nennwert liegenden Preis kauft, keine entgeltliche Dienstleistung im Sinne von Art. 2 Nr. 1 dieser Richtlinie erbringt und keine in ihren Geltungsbereich fallende wirtschaftliche Tätigkeit ausübt, wenn die Differenz zwischen dem Nennwert dieser Forderungen und deren Kaufpreis den tatsächlichen wirtschaftlichen Wert der betreffenden Forderungen zum Zeitpunkt ihrer Übertragung widerspiegelt.

EuGH vom 10.3.2011, Rs C-497/09 u.a., *Bog*
Abgrenzung Lieferung von Speisen/Partyservice; Auslegung des Begriffes „Nahrungsmittel"

1. Die Art. 5 und 6 der Sechsten Richtlinie 77/388/EWG in der durch die Richtlinie 92/111/EWG geänderten Fassung sind dahin auszulegen, dass
– die Abgabe frisch zubereiteter Speisen oder Nahrungsmittel zum sofortigen Verzehr an Imbissständen oder -wagen oder in Kino-Foyers eine Lieferung von Gegenständen im Sinne des genannten Art. 5 ist, wenn eine qualitative Prüfung des gesamten Umsatzes ergibt, dass die Dienstleistungselemente, die der Lieferung der Nahrungsmittel voraus und mit ihr einhergehen, nicht überwiegen;
– die Tätigkeiten eines Partyservice außer in den Fällen, in denen dieser lediglich Standardspeisen ohne zusätzliches Dienstleistungselement liefert oder in denen weitere, besondere Umstände belegen, dass die Lieferung der Speisen der dominierende Bestandteil des Umsatzes ist, Dienstleistungen im Sinne des genannten Art. 6 darstellen.

2. Bei Lieferung von Gegenständen ist der Begriff „Nahrungsmittel" in Anhang H Kategorie 1 der durch die Richtlinie 92/111 geänderten Sechsten Richtlinie 77/388 dahin auszulegen, dass er auch Speisen oder Mahlzeiten umfasst, die durch Kochen, Braten, Backen oder auf sonstige Weise zum sofortigen Verzehr zubereitet worden sind.

Judikatur VwGH zu § 1:

VwGH vom 21.9.2016, Ra 2015/13/0050
Voraussetzungen für das Vorliegen eines Leistungsaustausches iZm Subventionen

Zahlungen, die ein Unternehmer unter dem Titel Zuschuss, Subvention und dgl. erhält, sind daraufhin zu untersuchen, ob ihnen eine Leistung an den Zuschussgeber zugrunde liegt (Zuschuss als Leistungsentgelt), ob sie (zusätzliche) Gegenleistung (Entgelt von dritter Seite) für eine Leistung des Zuschussempfängers an einen Dritten sind oder ob sie Teil der Gegenleistung des vom Zuschussgeber verschiedenen Leistungsempfängers sind. In diesen Fällen ist der Zuschuss steuerbar (vgl. Ruppe/Achatz, UStG[4], § 1 Tz 213). Die Möglichkeit allein, dass eine Subvention sich auf die Preise der von der subventionierten Einrichtung gelieferten Gegenstände oder erbrachten Dienstleistungen auswirkt, macht diese Subvention nicht schon steuerbar (vgl. EuGH vom 22. November 2001, C-184/00, Office des produits wallons, Rn 12, sowie dazu zuletzt auch VwGH vom 1. Juni 2016, 2013/13/0053).

Eine Dienstleistung wird nur dann „gegen Entgelt" erbracht und ist somit steuerbar, wenn zwischen dem Leistenden und dem Leistungsempfänger ein Rechtsverhältnis besteht, in dessen Rahmen gegenseitige Leistungen ausgetauscht werden, wobei die vom Leistenden empfangene Vergütung den tatsächlichen Gegenwert für die dem Leistungsempfänger erbrachte Dienstleistung bildet. Der Begriff der Dienstleistung gegen Entgelt setzt voraus, dass zwischen der erbrachten Dienstleistung und dem empfangenen Gegenwert ein unmittelbarer Zusammenhang besteht (vgl. EuGH vom 22. Juni 2016, C-11/15,

Cesky rozhlas, Rn 21 f, mwN). Unerheblich ist, ob diese Tätigkeit in der Wahrnehmung von Aufgaben besteht, die aus Gründen des Gemeinwohls durch Gesetz zugewiesen und geregelt werden (vgl. EuGH vom 2. Juni 2016, C-263/15, Lajver Melioracios Nonprofit Kft., Rn 42).

Eine Verpflichtung, die niemandem einen Vorteil bringt, stellt keine Dienstleistung im Sinne des Umsatzsteuerrechts dar (vgl. EuGH vom 29. Februar 1996, C-215/94, Mohr, Rn 22). Erforderlich ist, dass einem identifizierbaren Verbraucher eine Dienstleistung erbracht wird oder ein Vorteil verschafft wird, der einen Kostenfaktor in der Tätigkeit eines anderen Beteiligten am Wirtschaftsleben bilden könnte (vgl. EuGH vom 18. Dezember 1997, C- 384/95, Landboden-Agrardienste GmbH & Co KG, Rn 23). Eine Leistung an den Zuschussgeber setzt demnach voraus, dass die Leistung ein eigenes wirtschaftliches Interesse des Zuschussgebers befriedigt, insbesondere wenn dem Zuschussgeber ein verbrauchsfähiger Nutzen zukommt (vgl. etwa VwGH vom 10. Mai 2016, Ra 2015/15/0049). Keine Leistung liegt vor bei einem Verhalten, das im öffentlichen Interesse liegt und bei dem keinem speziellen Leistungsempfänger ein verbrauchbarer Nutzen zukommt (vgl. das Erkenntnis vom 30. April 2015, 2012/15/0163, mwN).

Der Betrieb des Museums ist (ein) Gesellschaftszweck der Unternehmerin. In der Erfüllung des Gesellschaftszweckes liegt für sich allein in der Regel keine Leistung gegenüber den Gesellschaftern (vgl. VwGH vom 25. Februar 2009, 2006/13/0128, VwSlg 8413 F/2009), es ist für das Vorliegen eines Leistungsaustausches auch nicht von Relevanz, ob die Leistungen einer Gesellschaft an die Gesellschafter auf besonderen schuldrechtlichen Beziehungen beruhen oder im Gesellschaftsvertrag geregelt sind (vgl. VwGH vom 24. April 2002, 2000/13/0051, VwSlg 7707 F/2002). Entscheidend ist, ob der Gesellschafter (schuldrechtlich oder gesellschaftsrechtlich) Anspruch auf ein konkretes Verhalten der Gesellschaft hat, das ihm einen verbrauchsfähigen (konsumfähigen) Nutzen vermittelt (vgl. VwGH vom 28. April 2011, 2007/15/0064, VwSlg 8637 F/2011).

VwGH vom 25.5.2016, 2013/15/0244
Unerheblichkeit der rechtlichen Zulässigkeit einer Leistung

Für Zwecke der Umsatzsteuer ist es unerheblich, ob eine Leistung rechtlich zulässig ist (vgl. VwGH vom 17. Oktober 2001, 98/13/0058).

VwGH vom 10.5.2016, 2015/15/0049
Voraussetzungen für das Vorliegen eines steuerbaren Zuschusses

Zuschüsse, die ein Unternehmer von öffentlichen Stellen erhält, können die Gegenleistung für eine Leistung an den Zuschussgeber darstellen. Das ist der Fall, wenn die Leistung ein eigenes wirtschaftliches Interesse des Zuschussgebers befriedigt, wenn dem Zuschussgeber ein verbrauchsfähiger Nutzen zukommt. Erforderlich ist somit, dass der Zuschussempfänger ein Verhalten zu setzen hat, welches dem Zuschussgeber als Gegenleistung für den Zuschuss einen konkreten Nutzen verschafft. Keine Leistung liegt vor bei einem Verhalten, das im öffentlichen Interesse liegt und bei dem keinem speziellen Leistungsempfänger ein verbrauchbarer Nutzen zukommt (vgl. VwGH vom 30. April 2015, 2012/15/0163, mwN). Im vorliegenden Fall kam den Zuschussgebern als Leistungsempfängern ein verbrauchsfähiger Nutzen (Bücher) zu. Dass diese Bücher in der Folge vom Zuschussgeber an „ausgesuchte Personen" verschenkt wurden, ändert an diesem konkreten Nutzen für den Zuschussgeber nichts. Im Verhältnis zwischen der Erstellerin und Lieferantin der Bücher und dem Zuschussgeber (Land bzw. Stadt) bestand eine wechselseitige Abhängigkeit zwischen Leistung und Gegenleistung.

VwGH vom 23.12.2015, 2012/13/0122
Die Erstellung eines Gutachtens im Rahmen der Missbrauchsaufsicht stellt eine Leistungserbringung dar

Die Ansicht, die Funktion des Gutachtens im Rahmen der dem Bundesminister für Land- und Forstwirtschaft, Umwelt und Wasserwirtschaft obliegenden Missbrauchsaufsicht stehe der Annahme einer Leistungserbringung an die geprüften und mit den Kosten des Gutachtens belasteten Unternehmen entgegen, wird vom Verwaltungsgerichtshof nicht geteilt.

VwGH vom 26.11.2015, Ro 2014/15/0044
Scheingeschäft ist keine Lieferung

Stellt ein – behaupteter – An- und Verkauf lediglich ein Scheingeschäft dar, so liegt keine Lieferung (oder sonstige Leistung) vor (vgl. das Erkenntnis vom 17. Oktober 2001, 98/13/0058; Ruppe/Achatz, UStG^4, § 1 Tz 17). Wird durch das Scheingeschäft ein anderes Geschäft verdeckt, ist dieses (auch umsatzsteuerlich) maßgeblich.

VwGH vom 22.7.2015, 2011/13/0104
Steuerbarkeit setzt eine wechselseitige Abhängigkeit zwischen Leistung und Gegenleistung voraus

Gemäß § 1 Abs. 1 Z 1 UStG 1994 unterliegen nur entgeltliche Leistungen eines Unternehmers im Inland der Umsatzsteuer. Die Steuerbarkeit wird nicht dadurch ausgeschlossen, dass der Umsatz auf Grund gesetzlicher oder behördlicher Anordnung bewirkt oder kraft gesetzlicher Vorschrift als bewirkt gilt. Die Steuerbarkeit setzt sowohl die Unternehmereigenschaft des Leistenden als auch einen Leistungsaustausch zwischen ihm und dem Leistungsempfänger, also eine wechselseitige Abhängigkeit zwischen Leistung und Gegenleistung, voraus (vgl. z.B. das Erkenntnis vom 24. Juni 2004, 2000/15/0140, VwSlg 7937 F/2004).

VwGH vom 30.4.2015, 2012/15/0163
Steuerobjekt der Umsatzsteuer ist die einzelne Leistung

Gemäß § 1 Abs. 1 Z 1 UStG 1994 unterliegen Lieferungen und sonstige Leistungen, die ein Unternehmer im Inland gegen Entgelt im Rahmen seines Unternehmens ausführt, der Umsatzsteuer. Die Umsatzsteuerpflicht setzt einen Leistungsaustausch zwischen bestimmten Personen, also eine wechselseitige Abhängigkeit zwischen Leistung und Gegenleistung voraus. Steuerobjekt der Umsatzsteuer ist die einzelne Leistung (Hinweis E 24. Juni 2004, 2000/15/0140). Nur nach dem mit dieser Leistung im Zusammenhang stehenden Entgelt bemisst sich beim leistenden Unternehmer die Umsatzsteuer (vgl. § 4 Abs. 1 UStG 1994).

VwGH vom 30.10.2014, 2011/15/0181
Bei der Erfüllung einer Zeugenpflicht handelt es sich weder um eine Lieferung noch um eine Leistung; die Bestimmung des § 302 Abs. 1 EO enthält keinen eigenen Umsatzsteuertatbestand

Eine umsatzsteuerbare Leistung setzt u.a. voraus, dass es sich um eine wirtschaftliche Tätigkeit handelt (vgl. Ruppe/Achatz, UStG^4, § 1 Tz 13f). Nach der Rechtsprechung des EuGH unterliegen der Mehrwertsteuer nur Tätigkeiten mit wirtschaftlichem Charakter (vgl. EuGH vom 13. Dezember 2007, C-408/06, Götz, Rn 15).

Leistungen, die ein Unternehmer auf Grund einer hoheitlichen Anordnung ausführt, wenn also das Verhalten des Unternehmers nicht auf eigenen Willensentschluss zurückzuführen ist, sondern durch behördliche Anordnung ausgelöst wird, sind nur dann steuerbar, wenn ein Entgelt für die bewirkte Leistung vorliegt und nicht bloß ein Schaden des Unternehmers ausgeglichen werden soll (vgl. Ruppe/Achatz, UStG^4, § 1 Tz 297).

Bei der Erfüllung einer Zeugenpflicht handelt es sich (anders als bei Sachverständigenleistungen; vgl. hiezu EuGH vom 14. September 2000, C-384/98, Österreichischer Bundesschatz) weder um eine Lieferung noch um eine Leistung eines umsatzsteuerpflichtigen Unternehmens, und zwar auch dann nicht, wenn die Wahrnehmung, deren Schilderung vom Zeugen vor Gericht erwartet wird, im Zusammenhang mit einer umsatzsteuerpflichtigen Tätigkeit gemacht worden sein sollte; es fehlt auch am Leistungsaustausch (vgl. das hg. Erkenntnis vom 14. Februar 1986, 86/17/0023, ÖStZB 1987, 29; vgl. – zur deutschen Rechtslage – Robisch in Bunjes/Geist, Umsatzsteuergesetz^{12}, § 1 Tz 58, „Sachverständige"). Bei der Erfüllung der Zeugenpflicht handelt es sich um keine wirtschaftliche Tätigkeit; Zeugengebühren tragen Schadenersatzcharakter (vgl. Ruppe/Achatz, UStG^4, § 1 Tz 58). Ein Zeuge soll im Verfahren über wahrgenommene Tatsachen eine Aussage machen (vgl. Ritz, BAO^5, § 169 Tz 1). In vergleichbarer Weise teilt ein Drittschuldner dem Exekutionsgericht und dem betreibenden Gläubiger Tatsachen mit; eine Drittschuldnererklärung nach § 301 EO ist eine bloße Wissenserklärung (vgl. OGH vom 27. Mai 1992, 9 ObA 66/92). Die Drittschuldnererklärung dient ebenso wie eine Zeugenaussage dazu, dass dem Gericht sowie den (anderen) Verfahrensparteien Tatsachen (bzw. ein Sachverhalt) bekannt gegeben werden. Eine derartige Mitteilung ist ebenso wie eine Zeugenaussage objektiv betrachtet nicht Ausdruck einer wirtschaftlichen Tätigkeit. Das Entgelt für die Drittschuldnererklärung trägt – in gleicher Weise wie Zeugengebühren – Ersatzcharakter: Der „Kostenersatz" dient – ebenso wie die Zeugengebühren – lediglich dazu, Aufwendungen (bzw. sonstige Nachteile), die dem von einem behördlichen Eingriff Betroffenen entstanden sind, (pauschaliert) zu ersetzen.

Mit der Bestimmung des § 302 Abs. 1 EO wurde kein Umsatzsteuertatbestand geschaffen. Es ist aber nicht von einer „authentischen Interpretation" auszugehen. Mit der Exekutionsordnungs-Novelle 2000 sollten die Bestimmungen betreffend den Kostenersatz des Drittschuldners vereinfacht und eine unterschiedliche Handhabung durch Gerichte vermieden werden. Zweck der Novellierung des § 302 EO war u.a. die Klarstellung, dass Umsatzsteuer nicht über die Pauschalbeträge hinausgehend gesondert geltend gemacht werden könne (vgl. Feil, Exekutionsordnung^5, 2. Erg.-Lfg., § 302 Tz 6); ob die Erbringung der Drittschuldnererklärung eine steuerbare Leistung nach dem UStG darstellt, war hingegen nicht Regelungsgegenstand des Gesetzgebers in diesem Zusammenhang.

VwGH vom 28.10.2014, 2011/13/0098

Bei Einschaltung Dritter in einen Leistungsaustausch ist zu prüfen, ob der Dritte bloß ausführendes Organ ist

Auf dem Gebiet der Umsatzsteuer sind Leistungen demjenigen zuzurechnen, der sie im eigenen Namen erbringt; Leistender ist, wer im Außenverhältnis zur Leistungserbringung verpflichtet ist (Hinweis E 31. März 2003, 2002/14/0111, und Ruppe, UStG^2, § 1 Tz 254 ff).

§ 1 UStG

Bei einer Einschaltung Dritter ist sorgfältig zu prüfen, ob der Dritte bloß ausführendes Organ im Zusammenhang mit einem „fremden" Leistungsaustausch ist (vgl. Ruppe/Achatz, UStG⁴, § 1 Tz 263).

VwGH vom 22.5.2014, 2011/15/0190
Stammfassung des § 1 Abs. 1 Z 2 UStG 1994 umfasste nicht die Verwendung eines Gegenstandes für den privaten Bedarf des Personals

Nach dem Erkenntnis des Verwaltungsgerichtshofes vom 28. November 2007, 2004/13/0158, war die Verwendung eines dem Unternehmen zugeordneten Gegenstandes für den privaten Bedarf des Personals von der Bestimmung des § 1 Abs. 1 Z 2 UStG 1994 in der Stammfassung nicht erfasst; in diesem Fall lag entweder ein Leistungsaustausch iSd § 1 Abs. 1 Z 1 leg. cit. – oder eine nicht steuerbare Leistung – vor (vgl. auch Ruppe, UStG, § 1 Tz 307).

VwGH vom 30.1.2014, 2010/15/0056
Vorliegen eines Leistungsaustausches bei Erbringung von Werbeleistungen an eine Interessenvertretung

Der Wirtschaftskammer Österreich und den Wirtschaftskammern in den Ländern sowie deren Unterorganisationen obliegt die Vertretung der Interessen ihrer Mitglieder (vgl. §§ 1 ff Wirtschaftskammergesetz 1998, BGBl. I Nr. 103/1998). Wenn sich eine mit der Interessenvertretung betraute Einrichtung zum Zwecke der Erbringung von Werbeleistungen und Pressearbeit für die von ihr zu vertretenden Interessen einer anderen juristischen Person bedient und hiefür Entgelt leistet, liegt darin ein Leistungsaustausch. Eine zur Interessenvertretung für eine bestimmte Sparte der Wirtschaft berufene Körperschaft kann durchaus Leistungsempfänger von Werbeleistungen sein, durch welche die Öffentlichkeit über Belange der betreffenden Sparte informiert wird. Der Umstand, dass die Darbietung von Werbeinformationen an die Öffentlichkeit auch im Interesse der Öffentlichkeit gelegen sein kann, und der Umstand, dass durch die Werbemaßnahmen das Baugewerbe insgesamt gefördert wird, stehen der Annahme, dass die Leistungen an die Interessenvertretung des Baugewerbes, welche dafür auch die Zahlungen geleistet hat, erbracht worden sind, nicht entgegen.

Bei der Ausbildungsumlage handelt es sich um einen Zuschuss, der geleistet wird, damit oder weil der hier gegebene Verein die Ausbildung erbringt (vgl. – mit Hinweisen auf die hg. Rechtsprechung – Ruppe/Achatz, UStG⁴, § 4 Tz. 117). Der Zuschuss kann auch pauschal festgelegt sein (vgl. das Urteil des EuGH vom 22. November 2001, C-184/00, Office des produits wallons ASBL, Randnr. 17); ein Einzelzusammenhang zwischen dem Zuschuss und einer bestimmten Leistung ist demnach nicht erforderlich (vgl. das hg. Erkenntnis vom 2. Februar 2000, 97/13/0101).

VwGH vom 25.7.2013, 2011/15/0151
Begriff des Leistenden in der Umsatzsteuer

Auf dem Gebiet der Umsatzsteuer ist Leistender hinsichtlich der Lieferungen und sonstigen Leistungen iSd § 1 Abs. 1 Z 1 UStG 1994, wer die Leistungen im eigenen Namen erbringt. Dies gilt unabhängig davon, ob der Unternehmer auf eigene oder fremde Rechnung tätig wird (vgl. das hg. Erkenntnis vom 22. November 2006, 2003/15/0143). Entscheidend ist im Allgemeinen, wer im Außenverhältnis zur Leistungserbringung verpflichtet ist (vgl. Ruppe/Achatz, UStG⁴, § 1 Tz. 254 und 258).

VwGH vom 23.5.2013, 2010/15/0058
Kein Leistungsaustausch bei einer „Bereithaltung" einer Kanalanlage und einer Wasserentsorgungsanlage für die Eigentümer unbebauter Baugrundstücke gegen die Entrichtung von Aufschließungsbeiträgen; auch bei der Besteuerung nach vereinnahmten Entgelten sollen nur tatsächlich zur Ausführung gelangende Umsätze erfasst werden

Die Formulierung „gegen Entgelt" in § 1 Abs. 1 Z 1 UStG 1994 bringt zum Ausdruck, dass zwischen der Leistung des Unternehmers und der Gegenleistung des Leistungsempfängers ein Zusammenhang, eine besondere innere Verknüpfung bestehen muss (vgl. das hg. Erkenntnis vom 29. Juni 1999, 98/14/0166, sowie Ruppe/Achatz, UStG[4], § 1 Tz. 63).

Der Tatbestand des § 1 Abs. 1 Z 1 UStG 1994 stellt darauf ab, dass Leistung und Gegenleistung innerlich verbunden sind. Der Unternehmer leistet, um die Gegenleistung zu erhalten und weil seine Leistung die Gegenleistung auslösen soll. Seitens des Leistungsempfängers wird die Gegenleistung bewirkt, um die Leistung zu erhalten bzw. weil die Leistung erbracht worden ist (vgl. Scheiner/Kolacny/Caganek, UStG 1994, Tz. 85 zu § 1 Abs. 1 Z 1).

Hält eine Gemeinde im Rahmen ihrer unternehmerischen Tätigkeiten i.S.d. § 2 Abs. 3 UStG 1994 die Kanalanlage und die Wasserentsorgungsanlage unter anderem für die Eigentümer unbebauter Baugrundstücke „bereit" und haben diese Eigentümer Aufschließungsbeiträge und Erhaltungsbeiträge zu entrichten, erscheint dem Verwaltungsgerichtshof allerdings der unmittelbare Zusammenhang zwischen dieser Leistung der Gemeinde und dem Entgelt der Grundstückseigentümer nicht in einem solchen Ausmaß verdichtet zu sein, dass ein Leistungsaustausch i.S.d. § 1 Abs. 1 Z 1 UStG 1994 und Art. 2 der Sechsten Richtlinie 77/388/EWG gegeben wäre (vgl. hiezu auch Ruppe/Achatz, UStG[4], § 1 Tz. 68). Diese Bereithaltung der Kanalanlage und der Wasserversorgungsanlage kann zum einen auch Grundstücken, die weiter als 50 Meter von der entsprechenden Ent- und Versorgungsanlage entfernt liegen oder die (noch) nicht als Bauland gewidmet sind, dienen. Zum anderen ist dieses Bereithalten in Bezug auf die unbebauten Baugrundstücke sowie die Verpflichtung zur Entrichtung der Aufschließungs- und Erhaltungsbeiträge grundsätzlich nicht davon abhängig, ob der Eigentümer des jeweiligen unbebauten Baugrundstücks eine Bebauung plant. Es stellt durchaus keinen zu vernachlässigenden Ausnahmefall dar, dass Grundstückseigentümer einzig daran interessiert sind, eine unbebaute Liegenschaft langfristig in ihrem Eigentum zu halten, und nicht eine Bebauung oder Veräußerung, sondern eine spätere Weitergabe an die nächste Generation ins Auge fassen. Der Umstand, dass in der Nähe eines Grundstücks der Strang einer Wasserversorgungs- und Kanalanlage verläuft, stellt sich solcherart nicht als Leistung dar, auf welche die Beitragszahlung der Grundstückseigentümer abstellt. Dem steht auch nicht entgegen, dass § 27 OÖ ROG die Erteilung einer Ausnahme vom Aufschließungsbeitrag vorsieht, zumal die Ausnahme für bestimmte Grundstücke (Baulücken) von vornherein ausgeschlossen ist und im Übrigen von der Beurteilung der Interessen einer geordneten Siedlungsentwicklung abhängig ist (§ 27 Abs. 1 Z 2 und 3 OÖ ROG).

Die Ausführungen in Rn 27 und 28 des Urteils des EuGH vom 19. Dezember 2012, C-549/11, Orfey Balgaria, gelten entsprechend für die so genannte Ist-Besteuerung (§ 17 Abs. 1 UStG 1994). Der Umsatzsteuer unterliegen sohin nur solche Vorauszahlungen, bei denen im Hinblick auf das ihnen zu Grunde liegende Rechtsgeschäft oder eine zur Bewirkung des Umsatzes zwingende Rechtsnorm der Zusammenhang zwischen den Vorauszahlungen und der späteren Ausführung des Umsatzes besteht. Auch das System der Besteuerung nach vereinnahmten Entgelten verfolgt das Ziel, nur tatsächlich zur Ausführung gelangende Umsätze zu erfassen (vgl. das hg. Erkenntnis vom 26. Juni 1987, 82/17/0138). Es erweist sich sohin als richtig, dass Aufschließungsbeiträge nicht schon deshalb, weil es zu einem Zahlungsvorgang gekommen ist, der Umsatzsteuer unterliegen, soweit nicht die Leistungserbringung (Anschluss an die Ver- bzw. Entsorgungsanlage) bereits festgestanden ist. Die umsatzsteuerliche Erfassung des vollen hiefür zu entrichtenden Entgelts wird gegebenenfalls in der Zukunft in Zusammenhang mit der allfälligen tatsächlichen Leistungserbringung zu erfolgen haben.

VwGH vom 23.5.2013, 2010/15/0165
Definition der Einheitlichkeit der Leistung

Steuerobjekt der Umsatzsteuer ist die einzelne Leistung. Der Umfang der einzelnen Leistung ist in wirtschaftlicher Betrachtungsweise zu bestimmen. Mehrere gleichrangige Leistungen sind als eine Leistung zu beurteilen, wenn sie ihrem wirtschaftlichen Gehalt nach als Einheit aufzufassen sind (vgl. Ruppe/Achatz, UStG^4, § 1 Tz. 30 und 31).

Nach der Rechtsprechung des EuGH ist bei einem Umsatz, der verschiedene Einzelleistungen und Handlungen umfasst, eine Gesamtbetrachtung vorzunehmen, um zu bestimmen, ob dieser Umsatz zwei oder mehr getrennte Leistungen oder eine einheitliche Leistung umfasst. Eine Einheit liegt vor, wenn die Leistungen so eng verbunden sind, dass sie objektiv eine einzige untrennbare wirtschaftliche Leistung bilden, deren Aufspaltung wirklichkeitsfremd wäre. Dabei ist auf die Sicht des Durchschnittsverbrauchers abzustellen (vgl. die Urteile vom 27. Oktober 2005, C-41/04, Levob Verzekeringen BV, OV Bank NV, Randnr. 19 bis 21, und vom 19. Juli 2012, C-44/11, Deutsche Bank AG, Randnr. 21).

VwGH vom 24.5.2012, 2008/15/0211
Für den Begriff „Leistung" ist das Erfüllungsgeschäft maßgeblich

„Leistung" bedeutet tatsächliches Erbringen der Leistung. Maßgebend ist – bei vertraglich vereinbarten Leistungen – nicht der Vertragsabschluss (das Verpflichtungsgeschäft), sondern die Erfüllung (vgl. Ruppe/Achatz, UStG^4, § 1 Tz. 17).

VwGH vom 15.9.2011, 2011/17/0047
Begriff der „Einheitlichkeit der Leistung"

Nach der ständigen Rechtsprechung des Verwaltungsgerichtshofes zur Umsatzsteuer (vgl. das hg. Erkenntnis vom 24. März 2009, Zl. 2006/13/0150) ist bei einem Umsatz, der ein Leistungsbündel darstellt, eine Gesamtbetrachtung notwendig. Zum einen ist jede Dienstleistung in der Regel als eigene selbständige Leistung zu betrachten, zum anderen darf eine wirtschaftlich einheitliche Dienstleistung im Interesse eines funktionierenden Mehrwertsteuersystems nicht künstlich aufgespalten werden. Deshalb ist das Wesen des fraglichen Umsatzes zu ermitteln, um festzustellen, ob der Steuerpflichtige dem Verbraucher mehrere selbständige Hauptleistungen oder eine einheitliche Leistung erbringt, wobei auf die Sicht des Durchschnittsverbrauchers abzustellen ist. Eine einheitliche Leistung liegt insbesondere vor, wenn ein oder mehrere Teile die Hauptleistung, ein oder mehrere andere Teile aber Nebenleistungen darstellen, die das steuerliche Schicksal der Hauptleistung teilen. Eine Leistung ist als Nebenleistung zu einer Hauptleistung anzusehen, wenn sie für den Kunden keinen anderen Zweck, sondern das Mittel darstellt, um die Hauptleistung des Leistungserbringers unter optimalen Bedingungen in Anspruch zu nehmen. Die umsatzsteuerlichen Regelungen dürfen nicht ohne weiteres auf das Energieabgabenvergütungsgesetz übertragen werden (vgl. aber das hg. Erkenntnis vom 11. Dezember 2009, Zl. 2006/17/0118, in dem der Verwaltungsgerichtshof auch in Zusammenhang mit der Auslegung des § 2 Abs. 1 EnAbgVG näher auf die umsatzsteuerrechtliche Terminologie des Energieabgabenvergütungsgesetzes und deren Maßgeblichkeit für die Auslegung desselben verwiesen hat), doch sind im vorliegenden Beschwerdefall diese allgemeinen und grundlegenden Gedanken für die hier entscheidungswesentliche Frage der Beurteilung von Hauptleistung und damit zusammenhängender Nebenleistung heranzuziehen. Hiezu aber hat der unabhängige Finanzsenat unwidersprochen festgestellt, dass aus der Sicht des Benützers des vom Abgabepflichtigen betriebenen Platzes die Möglichkeit der Benutzung des Platzes wesentlich ist, der vom Abgabepflichtigen gleichfalls ermöglichte Bezug etwa der elektrischen Energie jedoch im Zusammenhang mit der Erbringung der als wesentlich angesehenen Leistung steht. [Hier: Der den Campingplatz des Abgabepflichtigen in Anspruch nehmende Durchschnittsverbraucher hat es in der Hand, die Energiekosten durch den von ihm selbst zu regelnden Verbrauch (weitgehend) zu bestimmen. Dies zeigt auf, dass die Ermöglichung des Energieverbrauches durch den Abgabepflichtigen nur eine Nebenleistung zur Ermöglichung der Inanspruchnahme des Campingplatzes ist. Die Lieferung von Energie erfolgt nicht (auch) an Personen, die die Anlage des Abgabepflichtigen sonst nicht benützten.]

VwGH vom 28.4.2011, 2007/15/0064
Abgrenzung echte/unechte Mitgliedsbeiträge; Leistungen einer Personenvereinigung an ihre Mitglieder

Gemäß § 1 Abs. 1 Z 1 UStG 1994 unterliegen nur entgeltliche Leistungen der Umsatzsteuer. Die Umsatzsteuerpflicht setzt einen Leistungsaustausch zwischen bestimmten Personen, also eine wechselseitige Abhängigkeit zwischen Leistung und Gegenleistung voraus. Erhebt eine Vereinigung Mitgliedsbeiträge und verwendet sie diese nur zur Erfüllung einer satzungsmäßigen Gemeinschaftsaufgabe, deren Erfüllung zwar der Gesamtheit der Mitglieder zugutekommt, aber sich nicht als eine besondere Einzelleistung gegenüber einem einzelnen Mitglied darstellt, dann fehlt die wechselseitige Abhängigkeit und bilden die Mitgliedsbeiträge kein umsatzsteuerpflichtiges Entgelt. Von den eben genannten Beiträgen sind die so genannten unechten Mitgliedsbeiträge zu unterscheiden. Es sind dies – unabhängig von ihrer Bezeichnung – solche Leistungen eines Mitglieds, denen eine konkrete Leistung der Personenvereinigung an den Beitragszahler gegenübersteht. Die Leistungen der Vereinigung, die für unechte Mitgliedsbeiträge erbracht werden, sind Leistungen im Sinne des § 1 Abs. 1 Z 1 UStG (vgl. das hg. Erkenntnis vom 24. April 2002, 2000/13/0051, VwSlg 7707 F/2002, mwN, sowie das Urteil des EuGH vom 21. März 2002, C-174/00, Kennemer Golf & Country Club Rn 40).

Wie der Verwaltungsgerichtshof im Erkenntnis vom 24. April 2002, 2000/13/0051, ausgesprochen hat, ist es nicht von Relevanz, ob die Leistungen einer Personenvereinigung an ihre Mitglieder auf besonderen schuldrechtlichen Beziehungen beruhen oder im Gesellschaftsvertrag geregelt sind. Das muss in gleicher Weise für den Titel gelten, unter dem die für die Erbringung besagter Leistungen erforderlichen Mittel eingehoben werden. Folglich ist es auch nicht von Relevanz, ob die für die Leistungserbringung erforderlichen Mittel in Form von jährlichen Mitgliedsbeiträgen, Baukostenzuschüssen oder durch die

Ausgabe von Genossenschaftsanteilen aufgebracht werden. Entscheidend ist, dass die Gegenleistung für die der Genossenschaft zur Verfügung gestellten Mittel in (konsumfähigen) Leistungen an die Grundstückeigentümer besteht und dem Erwerb der Genossenschaftsanteile durch die Grundstückseigentümer keine wirtschaftliche Bedeutung zukommt. (Hier: Die Leistung der Genossenschaft besteht in der Erschließung der im Tätigkeitsgebiet der Genossenschaft gelegenen Grundstücke ihrer Mitglieder.)

VwGH vom 26.4.2011, 2011/03/0027
Abgrenzung direktes Leistungsentgelt – unechter Zuschuss – echte Subvention

Zum Entgelt zählen Beträge, die in wirtschaftlicher Beziehung zu einer Lieferung oder sonstigen Leistung stehen. Ob die Gegenleistung auf einem Vertrag oder einem einseitigen Rechtsgeschäft beruht oder ohne rechtsgeschäftliche Grundlage erbracht wird, ist gleichgültig. In Fällen, in denen ein Leistungsaustausch nicht unmittelbar erkennbar ist (wie z.B. bei Schenkungen, Subventionen, Spenden) ist zu prüfen, ob die Zuwendungen nicht doch in Wechselbeziehung zu einer Gegenleistung stehen (Hinweis E 25. Jänner 2001, 95/15/0172).

Zuwendungen, die ohne jeden Zusammenhang mit einem Leistungsaustausch gegeben werden, wie Schenkungen, echte Spenden und Subventionen, zählen nicht zum Entgelt. Erscheint es zweifelhaft, ob eine Zuwendung als Leistungsentgelt oder als eine echte Subvention anzusehen ist, kommt es darauf an, ob die Zuwendung auch ohne eine Gegenleistung des Zuwendungsempfängers gegeben worden wäre (Hinweis E 14. April 1986, 84/15/0209, VwSlg 6105 F/1986; E 17. September 1990, 89/14/0071, VwSlg 6529 F/1990; E 16. Dezember 1997, 97/14/0100, VwSlg 7242 F/1997).

Nach dem UStG 1994 liegt keine (umsatzsteuerbare) Leistung vor, wenn eine Zuwendung im öffentlichen Interesse erfolgt und ihr kein Leistungsaustausch für einen bestimmten Leistungsempfänger zugrunde liegt (vgl etwa Ruppe, UStG 1994^3, § 1 Rz 24). Bei „Zuschüssen" (Subventionen), die ein Unternehmer von öffentlichen Stellen erhält, ist aus umsatzsteuerrechtlicher Sicht zu unterscheiden, ob es sich um ein (der Umsatzsteuer unterliegendes) Entgelt für eine Leistung des Unternehmers an den Zuschussgeber (direktes Leistungsentgelt), ein Entgelt von dritter Seite für eine Leistung des Unternehmers an einen vom Zuschussgeber verschiedenen Leistungsempfänger (unechter Zuschuss) bzw ein direktes Leistungsentgelt für eine Leistung des Unternehmers an einen vom Zuschussgeber verschiedenen Leistungsempfänger handelt oder kein Leistungsentgelt, sondern ein „echter Zuschuss" („echte Subvention") gegeben ist, der der Umsatzsteuer nicht unterliegt (vgl Ruppe, aaO, § 4 Rz 114ff; zur Behandlung von Subventionen im Regime des UStG 1994 im Allgemeinen etwa das hg. Erkenntnis vom 23. November 2004, Zl. 2001/15/0103 mit Hinweisen auf die Rechtsprechung des Gerichtshofes der Europäischen Union). Das KOG 2001 gibt keinen Hinweis dafür, dass der Gesetzgeber von diesem betriebswirtschaftlichen und juristischen Begriffsverständnis von „Umsatz" abgehen wollte.

Die von der Behörde vertretene Rechtsauffassung, „Umsätze aus der Veranstaltung von Rundfunk" i.S.d. § 10a Abs 3 KOG 2001 würden – ohne Unterschied – alle „Beiträge und sonstigen Zuschüsse" aus der Tätigkeit als Rundfunkveranstalter (und damit auch jede Form von Subvention) umfassen, lässt sich nicht aufrecht erhalten. Es wäre vielmehr danach zu differenzieren, ob die Subvention gegeben wurde, um eine Leistung an den Zuschussgeber oder an bestimmte, vom Zuschussgeber verschiedene Personen zu bewirken, oder ob darin eine – an keinen näher präzisierten Leistungsaustausch gebundene – Zuwendung zur Wahrung öffentlicher Interessen („echte Subvention") lag. Während in den ersten Fällen diese Zuschüsse bei der Berechnung der Finanzierungsbeiträge zu berücksichtigen sind, kommt eine Ermittlung des Finanzierungsbeitrags nach § 10a Abs. 3 KOG 2001 auf der Grundlage einer „echten Subvention" im letztgenannten Sinn nicht in Betracht.

VwGH vom 31.3.2011, 2009/15/0199
Prostitutionsumsätze sind dem Nachtklubbesitzer zuzurechnen

Es entspricht der ständigen Rechtsprechung des Verwaltungsgerichtshofes, dass bei einer Bar oder einem Nachtklub mit angeschlossenen Separees die Leistung des Nachtklubbetreibers nach der Kundenerwartung nicht nur im Getränkeausschank, sondern entscheidend auch in der Gelegenheit zum Separeebesuch besteht. Vom Betreiber eines solchen Lokals wird allgemein angenommen, dass er zu diesem Zweck „Mädchen offeriert", welche mit den Nachtklubbesuchern die Separees aufsuchen, um dort die sexuellen Wünsche der Gäste zu erfüllen. Bei einer solchen Fallkonstellation ist davon auszugehen, dass der Nachtklubbetreiber hinsichtlich sämtlicher im Nachtklub erbrachten Leistungen wirtschaftlich deren Erbringer ist, sodass auch die Umsätze aus der Prostitution diesem zuzurechnen sind (vgl. etwa das hg. Erkenntnis vom 24. Juni 2010, 2010/15/0059, mwN).

Unternehmer, Unternehmen
§ 2.

(1) Unternehmer ist, wer eine gewerbliche oder berufliche Tätigkeit selbständig ausübt. Das Unternehmen umfaßt die gesamte gewerbliche oder berufliche Tätigkeit des Unternehmers. Gewerblich oder beruflich ist jede nachhaltige Tätigkeit zur Erzielung von Einnahmen, auch wenn die Absicht, Gewinn zu erzielen, fehlt oder eine Personenvereinigung nur gegenüber ihren Mitgliedern tätig wird.

(2) Die gewerbliche oder berufliche Tätigkeit wird nicht selbständig ausgeübt,
1. soweit natürliche Personen, einzeln oder zusammengeschlossen, einem Unternehmen derart eingegliedert sind, daß sie den Weisungen des Unternehmers zu folgen, verpflichtet sind;
2. wenn eine juristische Person dem Willen eines Unternehmers derart untergeordnet ist, daß sie keinen eigenen Willen hat. Eine juristische Person ist dem Willen eines Unternehmers dann derart untergeordnet, daß sie keinen eigenen Willen hat (Organschaft), wenn sie nach dem Gesamtbild der tatsächlichen Verhältnisse finanziell, wirtschaftlich und organisatorisch in sein Unternehmen eingegliedert ist.

Die Wirkungen der Organschaft sind auf Innenleistungen zwischen den im Inland gelegenen Unternehmensteilen beschränkt. Diese Unternehmensteile sind als ein Unternehmen zu behandeln. Hat der Organträger seine Geschäftsleitung im Ausland, gilt der wirtschaftlich bedeutendste Unternehmensteil im Inland als Unternehmer.

(3) Die Körperschaften des öffentlichen Rechts sind nur im Rahmen ihrer Betriebe gewerblicher Art (§ 2 des Körperschaftsteuergesetzes 1988), ausgenommen solche, die gemäß § 5 Z 12 des Körperschaftsteuergesetzes 1988 von der Körperschaftsteuer befreit sind, und ihrer land- und forstwirtschaftlichen Betriebe gewerblich oder beruflich tätig. Als Betriebe gewerblicher Art im Sinne dieses Bundesgesetzes gelten jedoch stets
- Wasserwerke,
- Schlachthöfe,
- Anstalten zur Müllbeseitigung und
- zur Abfuhr von Spülwasser und Abfällen sowie
- die Vermietung und Verpachtung von Grundstücken durch öffentlich-rechtliche Körperschaften.

(4) Als gewerbliche oder berufliche Tätigkeit gilt auch
1. die Tätigkeit der Träger der Sozialversicherung und ihrer Verbände, der Krankenfürsorgeeinrichtungen im Sinne des § 2 Abs. 1 Z 2 des Beamten-Kranken- und Unfallversicherungsgesetzes, BGBl. Nr. 200/1967, sowie der Träger des öffentlichen Fürsorgewesens, soweit diese im Rahmen der Mutterschafts-, Säuglings- und Jugendfürsorge, der allgemeinen Fürsorge (Sozialhilfe), der Kriegsopferversorgung, der Behindertengesetze oder der Blindenhilfegesetze tätig werden;
2. *(Anm.: aufgehoben durch BGBl. Nr. 201/1996)*

3. *(Anm.: aufgehoben durch BGBl. Nr. 201/1996)*
4. die Tätigkeit des Bundes, soweit sie in der Duldung der Benützung oder der Übertragung der Eisenbahninfrastruktur besteht.

(5) Nicht als gewerbliche oder berufliche Tätigkeit gilt
1. die von Funktionären im Sinne des § 29 Z 4 des Einkommensteuergesetzes 1988 in Wahrnehmung ihrer Funktionen ausgeübte Tätigkeit;
2. eine Tätigkeit, die auf Dauer gesehen Gewinne oder Einnahmenüberschüsse nicht erwarten läßt (Liebhaberei).

(6) Als Unternehmer gilt auch ein in einem Dienstverhältnis zu einer Krankenanstalt stehender Arzt, soweit er in Ausübung seiner ärztlichen Tätigkeit Entgelte vereinnahmt, die gemäß § 22 Z 1 lit. b des Einkommensteuergesetzes 1988 zu den Einkünften aus selbständiger Arbeit zählen.

UStR zu § 2:

	Rz
1. Begriff des Unternehmers	181
1.1 Allgemeines	181
1.2 Kostengemeinschaften	182
1.3 Miteigentumsgemeinschaften (Hausgemeinschaften)	183
1.4 Gesellschafter	184
1.5 Weitere Fälle	185
1.6 Gewerbliche oder berufliche Tätigkeit	186
1.6.1 Allgemeines	186
1.6.2 Nachhaltigkeit	188
Allgemeines	188
Einzelfälle (ABC)	190
1.7 Erzielung von Einnahmen	191
1.8 Beginn und Ende der Unternehmereigenschaft	193
1.8.1 Vorbereitungshandlungen	193
1.8.2 Vorgesellschaft	198
1.8.3 Ende der Unternehmereigenschaft	199
Allgemeines	199
Tod des Unternehmers, Unternehmereigenschaft der Erben	203
1.9 Unternehmen	205
1.9.1 Unternehmenseinheit	205
1.9.2 Unternehmerische und nichtunternehmerische Sphäre	206
1.9.3 Unternehmereinheit	208
2. Selbstständigkeit, Organschaft	231
2.1 Unselbstständigkeit natürlicher Personen	231
2.2 Organschaft	233
2.2.1 Allgemeine Voraussetzungen	233
2.2.2 Auswirkungen	234
2.2.3 Die Eingliederungsvoraussetzungen im Einzelnen	236
Finanzielle Eingliederung	236
Wirtschaftliche Eingliederung	237
Organisatorische Eingliederung	239
2.2.4 Beschränkung der Wirkungen der Organschaft auf das Inland	240
Organträger im Inland	242
Organträger im Ausland	243
3. Körperschaften des öffentlichen Rechts	261
3.1 Allgemeines	261
3.2 Betriebe gewerblicher Art, die nur Eigenverbrauchszwecken dienen	267
3.3 Hoheitsbetriebe – Betriebe gewerblicher Art; Trennung	268
3.4 Definition der Körperschaft des öffentlichen Rechts	269
3.5 Einzelfälle	272
3.6 Vermietung von Grundstücken durch ausgegliederte Rechtsträger	274
3.6.1 Vermietung von Grundstücken durch ausgegliederte Rechtsträger von Gebietskörperschaften	274
3.6.2 Vermietung von Grundstücken durch ausgegliederte Rechtsträger von Körperschaften öffentlichen Rechts (ausgenommen Gebietskörperschaften)	274a
3.7 Vermietung von beweglichen körperlichen Gegenständen durch ausgegliederte Rechtsträger von Körperschaften öffentlichen Rechts	275
3.8 Sonderregelungen für die Ausgliederung von Aufgaben der Körperschaften öffentlichen Rechts, die Rückgängigmachung solcher Ausgliederungen und die Zusammenlegung von Gebietskörperschaften	276
3.9 Errichtung und Übertragung von öffentlichen Straßenanlagen durch ausgegliederte bzw. private Rechtsträger	277
4. Sozialversicherung	derzeit frei
5. Fehlende Unternehmereigenschaft	derzeit frei
5.1 Funktionsgebühren	311
5.2 Liebhaberei	313
6. Sondergebühren der Ärzte	derzeit frei

§ 2 UStG

1. Begriff des Unternehmers
1.1 Allgemeines

181 Unternehmer kann jede **natürliche Person** und jedes **Wirtschaftsgebilde** sein, das nachhaltig, selbstständig gegen Entgelt Leistungen erbringt und nach außen hin in Erscheinung tritt (Maßgeblichkeit des Außenverhältnisses). Nicht erforderlich ist Beteiligung am allgemeinen wirtschaftlichen Verkehr oder Handlungsfähigkeit: Auch Personen, die nur durch einen Vertreter tätig werden, können Unternehmer sein (VwGH 27.5.1998, 93/13/0052, zum Gemeinschuldner im Konkurs; OGH 12.4.1989, 3 Ob 10/89, zur Zwangsverwaltung). Unternehmereigenschaft kann auch durch Tätigwerden im Ausland erworben werden (VwGH 7.10.1955, 3206/53). **Personenvereinigungen** jeder Art können Unternehmer sein, wenn sie nach außen hin selbstständig auftreten. Zivilrechtliche Rechts- oder Geschäftsfähigkeit ist nicht erforderlich. Anderseits gibt es keine Unternehmereigenschaft kraft Rechtsform: Auch Personengesellschaften und juristische Personen sind nur Unternehmer, wenn sie mit Leistungen an Dritte im Wirtschaftsleben in Erscheinung treten (VwGH 17.3.1976, 999/75; 13.12.1977, 1550/77). Unternehmereigenschaft wird auch begründet, wenn eine Personenvereinigung nur gegenüber ihren Mitgliedern tätig wird (§ 2 Abs. 1 letzter Satz UStG 1994). Nicht unternehmerisch tätig sind aber **Vereine**, wenn sie nur in Erfüllung ihrer satzungsgemäßen Gemeinschaftsaufgaben tätig werden, ohne Einzelleistungen an die Mitglieder (oder Dritte) zu erbringen (VwGH 3.11.1986, 86/15/0003).

1.2 Kostengemeinschaften

182 Personenvereinigungen, die im eigenen Namen Waren und Dienstleistungen beziehen und diese ihren Mitgliedern weiterreichen (Kostengemeinschaften), sind **Unternehmer**. Gewinnerzielungsabsicht ist dabei nicht erforderlich, § 2 Abs. 5 Z 2 UStG 1994 ist nicht anwendbar (§ 6 Liebhabereiverordnung, BGBl. Nr. 33/1993).

Keine Unternehmereigenschaft haben hingegen Kostengemeinschaften, die nicht nach außen hin auftreten sondern bloß **Vorleistungen und deren Kosten** intern aufteilen (VwGH 3.5.1968, 724/67).

Kostengemeinschaften im Bereich freier Berufe (Regie-, Kanzlei-, Büro-, Ordinationsgemeinschaften), die lediglich dem rationellen Bezug von Vorleistungen dienen, ändern nichts daran, dass die Umsätze aus den freiberuflichen Leistungen dem jeweils nach außen auftretenden Mitglied der Gemeinschaft zuzurechnen sind.

1.3 Miteigentumsgemeinschaften (Hausgemeinschaften)

183 Hausgemeinschaften werden unternehmerisch tätig, wenn sie als solche durch Vermietungstätigkeit nach **außen hin in Erscheinung** treten, wobei auch die Vermietung an einzelne Miteigentümer erfolgen kann (VwGH 20.9.1977, 764/76). Im Falle der Befriedigung des eigenen Wohnbedürfnisses durch die Miteigentümer ist im Regelfall kein Mietvertrag, sondern eine bloße Vereinbarung über eine Gebrauchsüberlassung anzunehmen (VwGH 27.5.1998, 98/13/ 0084).

Bezüglich Errichtung von Gebäuden im Miteigentum siehe § 6 Rz 781 bis 784.

1.4 Gesellschafter

184 Die Gesellschafterstellung allein vermittelt keine Unternehmereigenschaft. Die Umsätze der Gesellschaft werden dieser und nicht den Gesellschaftern zugerechnet (EuGH 20.6.1996, Rs C-155/94 „Wellcome Trust").

Der Gesellschafter-Geschäftsführer einer Personengesellschaft ist nicht Unternehmer; seine Leistungen werden in Ausübung einer gesellschaftsrechtlichen Funktion erbracht und bewirken keinen Leistungsaustausch, sondern eine Leistungsvereinigung. Die Rechtsform des Gesellschafter-Geschäftsführers ist hierbei nicht maßgebend (zB VwGH 13.12.1977, 1550/77, betreffend die Geschäftsführung durch eine Komplementär-GmbH einer GmbH & Co KG).

Der Vorsteuerabzug für Leistungen an eine geschäftsführende Komplementär-GmbH einer GmbH & Co KG ist bei der KG auch dann anzuerkennen, wenn die Rechnung auf die GmbH ausgestellt wurde und die übrigen Voraussetzungen für den Vorsteuerabzug bei der GmbH & Co KG vorliegen.

Auch der Obmann des Vorstandes einer Erwerbs- und Wirtschaftsgenossenschaft, der Mitglied der Genossenschaft ist, ist in Ausübung seiner körperschaftsrechtlichen Funktion nicht Unternehmer (VwGH 5.4.1984, 83/15/0013).

Der Gesellschafter-Geschäftsführer einer GesmbH ist als selbständig und somit als Unternehmer anzusehen, wenn aufgrund der Höhe seines Geschäftsanteiles (50% oder mehr) oder aufgrund gesellschaftsrechtlicher Sonderbestimmungen (Sperrminorität) Gesellschafterbeschlüsse gegen seinen Willen nicht zustande kommen können (siehe zB VwGH 9.12.1980, 1666/79, 2223/79, 2224/79 und VwGH 18.9.1996, 96/15/0121). Aus Gründen der Verwaltungsvereinfachung kann jedoch auch ein Gesellschafter-Geschäftsführer einer GmbH hinsichtlich dieser Tätigkeit wie ein Gesellschafter-Geschäftsführer einer Personengesellschaft, somit als Nichtunternehmer, behandelt werden (vgl. EuGH 18.10.2007, Rs C-355/06 „van der Steen").

1.5 Weitere Fälle

185 **Anwaltsgemeinschaft**: kann Unternehmer sein (VwGH 17.2.1992, 90/15/0100; GesBR).

Ehegatten sind dann als Unternehmer anzusehen, wenn sie gemeinschaftlich (zB als GesBR) nach außen auftreten (VwGH 22.3.1972, 1459/71; VwGH 1.12.1986, 86/15/0009; VwGH 15.6.1988, 86/13/0082); die gemeinsame Bewirtschaftung einer Landwirtschaft durch die Ehegatten ist denkmöglich (VfGH 9.6.1984, B 652/80). Eine Ehegattengemeinschaft, die weder eine eigene Rechtspersönlichkeit noch eine eigenständige Handlungsbefugnis besitzt, und die neben dem gemeinsamen Erwerb eines Grundstückes und der gemeinschaftlichen Errichtung eines Gebäudes tatsächlich keine weiteren Tätigkeiten ausübt, ist kein Unternehmer. Bei Leistungsbezügen sind die Eheleute, die diese Gemeinschaft bilden, unmittelbar als Leistungsempfänger anzusehen (EuGH 21.4.2005, Rs C-25/03, „HE").

Erbengemeinschaften können Unternehmer sein, auch wenn sie nicht auf Dauer angelegt sind.

Gesellschaft bürgerlichen Rechts: Unternehmer, wenn sie nach außen hin auftritt (VwGH 22.2.1977, 1187/76).

Holdinggesellschaft (Beteiligungsholding): Reine Holdinggesellschaften (beschränken sich auf den Erwerb und das Halten von Gesellschaftsanteilen) sind nicht Unternehmer. Greift jedoch eine Holdinggesellschaft in die Verwaltung von Unternehmen, an denen sie Beteiligungen erworben hat, ein, indem sie etwa administrative, finanzielle, kaufmännische und technische Dienstleistungen an ihre Tochtergesellschaften erbringt, ist die Holdinggesellschaft Unternehmer (vgl. EuGH 27.9.2001, Rs C-16/00, Cibo Participations).

Lichtbaugemeinschaften (Personenvereinigungen, die zur leichteren Geschäftsabwicklung zwischen einem Elektrizitätsversorgungsunternehmen und den Anschlussinteressenten gegründet werden): Unternehmer, wenn sie nach außen hin in Erscheinung treten.

Metagesellschaften (mehrere Personen verbinden sich zu dem Zweck, ein oder mehrere Geschäfte auf gemeinsame Rechnung durchzuführen, wobei aber jeder Metist im eigenen Namen auftritt): Sind nicht Unternehmer (BFH 21.12.1955, BStBl III 1956, 58).

Mittelstandsfinanzierungsgesellschaften im Sinne des § 6b KStG 1988 (vgl. KStR 2001 Rz 239 bis 281) besitzen Unternehmereigenschaft.

Stille Gesellschaften: Innengesellschaften und nicht Unternehmer (VwGH 14.12.1987, 86/15/0026).

Stiftungsvorstände: sind Unternehmer. Nur wenn die Weisungsfreiheit des Vorstandsmitglieds stark eingeschränkt und der Vorstand bei Ausübung seiner Tätigkeit organisatorisch in die Stiftung eingegliedert ist (zB wenn die volle oder überwiegende Arbeitskraft für die Tätigkeit in der Stiftung eingesetzt wird), liegt keine unternehmerische Tätigkeit vor (vgl. LStR 2002 Rz 983).

Syndikate und Kartelle: Unternehmer, wenn sie nach außen durch Leistungen in Erscheinung treten.

Vermietungsgemeinschaft („Mietenpool"): Überlassen Wohnungseigentümer ihre Eigentumswohnung einer Vermietungsgemeinschaft zwecks Vermietung durch die Vermietungsgemeinschaft im eigenen Namen an Dritte, so liegen zunächst Leistungsbeziehungen zwischen dem Bauträger (hinsichtlich der Veräußerung der Eigentumswohnung) bzw. der Wohnungseigentumsgemeinschaft (hinsichtlich der laufenden Betriebskosten) einerseits und den Wohnungseigentümern andererseits vor. Unternehmereigenschaft des Wohnungseigentümers ist gegeben, wenn die Nutzungsüberlassung der Eigentumswohnung durch den Wohnungseigentümer an die Vermietungsgemeinschaft entgeltlich erfolgt und nicht Liebhaberei im Sinne des § 1 Abs. 2 Z 3 der Liebhaberei-Verordnung vorliegt. Zur Wahrung des Neutralitätsprinzips der Umsatzsteuer ist von einer entgeltlichen Nutzungsüberlassung auch dann auszugehen, wenn der Wohnungseigentümer einen Anteil am Überschuss der Vermietungsgemeinschaft erhält. Dieser Anteil stellt das Entgelt für die Leistung (Nutzungsüberlassung) des Wohnungseigentümers dar.

Verpachtungsgemeinschaften: Unternehmer (VwGH 13.10.1983, 82/15/0066, betreffend zwei Personen, die gemeinsam ein Geschäft verpachten).

Wohnungseigentumsgemeinschaften: Unternehmer, auch wenn sie nur die anteiligen Kosten einheben (siehe auch LRL 2012 Rz 171).

1.6 Gewerbliche oder berufliche Tätigkeit
1.6.1 Allgemeines

186 Der Begriff der gewerblichen oder beruflichen Tätigkeit im Sinne des UStG 1994 geht über den Begriff des Gewerbebetriebes nach dem EStG 1988 hinaus. Eine gewerbliche oder berufliche Tätigkeit setzt voraus, dass Leistungen im wirtschaftlichen Sinne ausgeführt werden. Betätigungen, die sich nur als Leistungen im Rechtssinne, nicht aber zugleich als Leistungen im wirtschaftlichen Sinne darstellen, werden von der Umsatzsteuer nicht erfasst (BFH 31.7.1969, BStBl 1969 II 637). Die **bloße Kapitalhingabe durch Private** ist daher keine gewerbliche oder berufliche Tätigkeit. Insbesondere vermitteln Geldeinlagen auf Bankkonten oder Sparbüchern dem Inhaber nicht die Unternehmereigenschaft (VwGH 11.9.1989, 88/15/0015; BFH 1.2.1973, BStBl 1973 II 172). Dies gilt auch für den **Erwerb und das Halten von Beteiligungen**, den Erwerb von Wertpapieren, und für die Hingabe von Darlehen oder Krediten. Auch der EuGH verneint die Unternehmereigenschaft des bloßen Kapitalanlegers, wenn er zum Ausdruck bringt, dass die bloße Ausübung des Eigentums, wie sie in der Verwaltung des eigenen Vermögens zum Ausdruck kommt, nicht als wirtschaftliche (= unternehmerische) Tätigkeit anzusehen ist (EuGH 20.6.1996, Rs C-155/94 „Wellcome Trust" und EuGH 6.2.1997, Rs C-80/95 „Harnas & Helm"). Eine unternehmerische Betätigung kann aber dann vorliegen, wenn jemand durch **geschäftsmäßigen An- und Verkauf von Kapital- oder Gesellschaftsbeteiligungen** wie ein Händler auftritt und damit eine nachhaltige, auf Einnahmenerzielung gerichtete Tätigkeit entfaltet (BFH 15.1.1987, BStBl 1987 II 512).

Erfolgt die Überlassung der Nutzung eines Wohnhauses durch eine Gesellschaft an den Gesellschafter nicht deshalb, um Einnahmen zu erzielen, sondern um ihm einen Vorteil zuzuwenden, fehlt es an einer wirtschaftlichen Tätigkeit (vgl. VwGH 7.7.2011, 2007/15/0255 zur Privatstiftung mit Verweis auf VwGH 16.5.2007, 2005/14/0083). Die Beurteilung ist dabei anhand eines Vergleichs zwischen den Umständen vorzunehmen, unter denen das Wohngebäude dem Gesellschafter überlassen wird, und den Umständen, unter denen die entsprechende wirtschaftliche Tätigkeit gewöhnlich ausgeübt wird (vgl. VwGH 19.10.2011, 2008/13/0046). Diese Umstände beschränken sich nicht nur auf die Höhe des Entgelts (vgl. auch LRL 2012 Rz 160).

Zur Unternehmereigenschaft des Betreibers einer Photovoltaikanlage siehe den Erlass des BMF vom 24.2.2014, BMF-010219/0488-VI/4/2013, BMF-AV Nr. 8/2014.

187 Nicht maßgebend ist, ob die Tätigkeit gegen ein gesetzliches Verbot verstößt, strafbar ist oder den guten Sitten widerspricht (§ 23 Abs. 2 BAO). Auch der der 6. EG-Rl zugrunde liegende Gedanke der **Wettbewerbsneutralität** der Mehrwertsteuer verbietet eine allgemeine Differenzierung zwischen **erlaubten und nicht erlaubten Geschäften** (EuGH 2.8.1993, Rs C-111/92 „Lange"; EuGH 25.6.1997, Rs C-45/95, Kommission gegen Italien; EuGH 11.6.1998, Rs C-283/95, „Fischer"), ausgenommen Fälle, in denen auf Grund besonderer Vorschriften jeder Wettbewerb zwischen einem legalen und einem illegalen Wirtschaftssektor ausgeschlossen ist (EuGH 5.7.1988, Rs 289/86 „Happy Family" betreffend Importe von Drogen; EuGH 6.12.1990, Rs C-343/89, „Witzemann" betreffend Falschgeldimporte).

1.6.2 Nachhaltigkeit

Allgemeines

188 Nachhaltigkeit liegt vor,
- bei wiederholter Tätigkeit unter Ausnützung derselben Gelegenheit oder desselben dauernden Verhältnisses (VwGH 12.12.1988, 87/15/0107; 25.1.1995, 93/13/0084);
- bei einmaliger Tätigkeit, wenn aus den objektiven Umständen des Falles auf Wiederholungsabsicht geschlossen werden kann (VwGH 10.9.1979, 225/79 mit Hinweisen auf Vorjudikatur; VwGH 25.1.1995, 93/13/0084);
- wenn durch einmaligen Vertragsabschluss ein Dauerzustand zwecks Einnahmenerzielung geschaffen wird (VwGH 25.11.1970, 1538/69 betreffend Vermietung; VwGH 3.5.1968, 1081/66 betreffend Lizenzvergabe);
- wenn eine einmalige Leistung erbracht wird, die längere Zeit in Anspruch nimmt (VwGH 30.5.1958, 1423/57 betreffend Werklieferung einer Arbeitsgemeinschaft).

189 **Verkäufe von Privatvermögen** erfüllen das Kriterium der Nachhaltigkeit nicht, wenn sie nur gelegentlich erfolgen und es an einem inneren Zusammenhang fehlt (VwGH 31.3.1992, 90/15/0124). Keine Nachhaltigkeit ist daher gegeben, wenn aus Veranlagungsgründen angesammelte Sachwerte nach Maßgabe eines auftretenden Geldbedarfes verkauft werden (VwGH 28.1.1980, 3431/78). Von Bedeutung ist auch, ob die Verkäufe aus eigener Initiative erfolgen oder nur auf Drängen eines Interessenten (VwGH 22.3.1993, 91/13/0190).

Einzelfälle (ABC)

190 **Archäologische Fundgegenstände**: keine Unternehmereigenschaft bei einem Volksschullehrer, der zirka zehn Jahre lang mit einem Metalldetektor nach archäologischen Gegenständen gesucht hat und diese dann – auf Drängen der Museumsdirektoren – in drei Etappen an ein Museum veräußert hat (VwGH 22.3.1993, 91/13/0190 – Grenzfall!).

Ausgleichsfinanzierung in einem einzigen Fall: bei Tätigkeit über mehrere Jahre und einer Fülle von Einzelleistungen ist Nachhaltigkeit gegeben (VwGH 14.10.1981, 81/13/0050).

Bauauftrag: keine Nachhaltigkeit bei Vermittlung eines einzigen Bauauftrages ohne Wiederholungsabsicht (VwGH 10.9.1979, 225/79).

Berufskartenspieler: nachhaltige Tätigkeit eines Berufskartenspielers, der sich täglich bis zu 14 Stunden in einem Spielsalon aufhält (BFH 26.8.1993, V R 20/91).

Briefmarkensammlung: Nachhaltigkeit bei zahlreichen Einzelverkäufen während eines Zeitraumes von fünf Jahren (VwGH 20.3.1980, 2598/77).

Erben: Nachhaltigkeit, wenn die Erbengemeinschaft nach einem Maler einem Galerieunternehmer 130 Bilder aus dem Nachlass zum Verkauf überlässt (VwGH 25.1.1995, 93/13/0084), oder wenn geerbte Zahngoldvorräte durch einen Zahntechniker über mehrere Jahre Gewinn bringend verwertet werden (VwGH 19.2.1985, 84/14/0112).

Gewerberechtlicher Geschäftsführer: nachhaltig ist die Tätigkeit eines gewerberechtlichen Geschäftsführers für eine einzige GmbH (VwGH 13.10.1993, 91/13/0058).

Goldmünzen: Nachhaltigkeit, wenn en bloc gekaufte Goldmünzen in mehreren Einzelverkäufen wieder veräußert werden; keine Nachhaltigkeit, wenn die Münzen „angespart" wurden (VwGH 12.12.1988, 87/15/0107).

Jahreswagen: keine Nachhaltigkeit bei Verkauf von „Jahreswagen" durch Angehörige von Automobilfabriken (BFH 18.7.1991, VR 86/87).

1.7 Erzielung von Einnahmen

191 Unternehmerisch sind nur (nachhaltige) Tätigkeiten zur Erzielung von Einnahmen.

§ 2 UStG

Das Kriterium der Einnahmenerzielung bedeutet, dass
- nachhaltige Tätigkeiten, die nicht auf Einnahmenerzielung gerichtet sind, keine Unternehmereigenschaft begründen und
- Unternehmereigenschaft auch vorliegt, wenn keine Gewinnerzielungsabsicht gegeben ist.

Keine Tätigkeit zur Einnahmenerzielung liegt vor, wenn nur im eigenen Bereich Ausgaben gespart werden oder Dritten ermöglicht werden soll, Ausgaben zu sparen; Tätigkeiten, die nur der **Selbstversorgung** dienen, begründen daher nicht die Unternehmereigenschaft.

192 **Gewinnerzielungsabsicht** ist nach § 2 Abs. 1 UStG 1994 nicht erforderlich. Dies entspricht der MwSt-RL 2006/112/EG, nach der es nicht darauf ankommt, zu welchem Zweck der Steuerpflichtige seine wirtschaftliche Tätigkeit entfaltet. Selbst wenn das Entgelt für eine Leistung nur in der **Weiterverrechnung von Kosten** besteht, unterliegt es der Umsatzsteuer (VwGH 15.1.1991, 89/14/0105). Die Einnahmenerzielung muss nicht die primäre Motivation der Tätigkeit sein; auch ideelle, karitative und gemeinnützige Tätigkeiten können unternehmerisch sein (VwGH 12.12.1952, 2757/50). Hinsichtlich der Abgrenzung zur Liebhaberei siehe LRL 2012 Rz 159 ff.

1.8 Beginn der Unternehmereigenschaft
1.8.1 Vorbereitungshandlungen

193 Zur Begründung der Unternehmereigenschaft ist es nicht erforderlich, dass bereits tatsächlich Umsätze bewirkt werden, es genügt vielmehr ein **Tätigwerden zum Zwecke des späteren Bewirkens von Umsätzen**. Die ausgeübte Tätigkeit muss ernsthaft auf die Erbringung von entgeltlichen Leistungen angelegt sein und dies muss nach außen in Erscheinung treten (VwGH 3.5.1968, 1081/66).

194 Als Nachweis für die Ernsthaftigkeit sind Vorbereitungshandlungen anzusehen, wenn bezogene Gegenstände oder in Anspruch genommene Leistungen ihrer Art nach nur zur unternehmerischen Verwendung oder Nutzung bestimmt sein können oder in einem objektiven und zweifelsfrei erkennbaren Zusammenhang mit der beabsichtigten unternehmerischen Tätigkeit stehen (unternehmensbezogene Vorbereitungshandlungen). Solche Vorbereitungshandlungen können zB sein
- der Erwerb umfangreichen Inventars (Maschinen, Fuhrpark),
- Wareneinkauf,
- Anmieten von Büro- oder Lagerräumen,
- Erwerb eines Grundstückes,
- Auftrag zu einer Rentabilitätsstudie,
- Beauftragung eines Architekten,
- Durchführung einer größeren Anzeigenaktion.

195 Bei der **Errichtung von Wohnraum** muss, damit der Vorsteuerabzug vor Erzielung von Einnahmen gewährt werden kann, die Vermietungsabsicht in bindenden Vereinbarungen ihren Niederschlag finden oder aus sonstigen, über die Absichtserklärung hinausgehenden Umständen mit ziemlicher Sicherheit feststehen (VwGH 15.1.1981, 1817/79; 25.11.1986, 86/14/0045; 17.5.1988, 85/14/0106; 23.6.1992, 92/14/0037; 27.3.1996, 93/15/0210; 25.6.1997, 94/15/0227; 29.7.1997, 93/14/0132; 27.1.1998, 93/14/0234).

196 Bei Vorbereitungshandlungen, die ihrer Art nach sowohl zur unternehmerischen als auch zur privaten Verwendung bestimmt sein können (zB Anschaffung eines Computers oder Kfz), wird die Unternehmensbezogenheit und damit die Unternehmereigenschaft in der Regel nicht sofort abschließend beurteilt werden können.

Sind Vorbereitungshandlungen ihrer Art nach **typischerweise zur nichtunternehmerischen Nutzung bestimmt** (zB Erwerb eines Wohnmobils, eines Segelbootes) und kann deren Unternehmensbezogenheit nicht nachgewiesen werden, ist in der Vorbereitungsphase nicht von der Unternehmereigenschaft auszugehen.

197 Wenn die unternehmerische Tätigkeit die aktive Phase nicht erreicht, sondern in der Phase der Vorbereitung stecken bleibt, kommt es entscheidend darauf an, ob in der Phase der Vorbereitung die erklärte Absicht bestand, in die aktive Phase einzutreten und damit steuerbare Umsätze zu erzielen. Die Unternehmereigenschaft kann auch durch Tätigkeiten begründet werden, die letztlich zu keiner Einnahmenerzielung führen (VwGH 30.9.1998, 96/13/0211, zu einer Trockenfuttergewinnungsanlage, die – vor Erzielung von Einnahmen – mangels Profitabilität eingestellt wurde), oder durch Tätigkeiten, die erst die Entscheidung ermöglichen sollen, ob eine Tätigkeit zur Einnahmenerzielung aufgenommen werden soll (EuGH 29.2.1996, Rs C-110/94 „INZO" zu einer Rentabilitätsstudie betreffend eine Meerwasserentsalzungsanlage). Durch die **Vorbereitungshandlungen wird die Unternehmereigenschaft endgültig erlangt**, dh. das Vorsteuerabzugsrecht kann später nicht mehr rückgängig gemacht werden, es sei denn es liegt ein Fall von Betrug oder Missbrauch vor.

1.8.2 Vorgesellschaft

198 Eine GmbH wird bereits vor ihrer **Eintragung in das Firmenbuch** als Steuersubjekt angesehen (Vorgesellschaft), wenn der Gesellschaftsvertrag abgeschlossen ist und eine nach außen hin erkennbare Tätigkeit entfaltet wird. Die Gesellschaft muss als solche **wirtschaftlich in Erscheinung** treten, zB durch Eröffnung eines Bankkontos, das der künftigen Einzahlung des Stammkapitals und/oder anderen Geldtransaktionen der GmbH zu dienen bestimmt ist (VwGH 4.3.1987, 84/13/0239). Als Steuersubjekt ist in solchen Fällen nicht die Vorgesellschaft als von der in Gründung befindlichen GmbH verschiedener Rechtsträger, sondern die erst später existent werdende GmbH selbst anzusehen (VwGH 4.3.1987, 84/13/0239). Der Vorsteuerabzug steht auch zu, wenn Gesellschafter vor Eintragung der Gesellschaft im Namen der Gesellschaft Leistungen für die Gesellschaft in Anspruch nehmen (VwGH 31.3.1998, 95/13/0125). Auch Vorleistungen an die so genannte **Vorgründungsgesellschaft** (bis zum Abschluss des schriftlichen Gesellschaftsvertrages) können der künftigen GmbH zugerechnet werden, wenn sie innerhalb eines überschaubaren Zeitraumes vor dem Abschluss des Gesellschaftsvertrages erbracht wurden.

198a Eine Personenhandelsgesellschaft (OG, KG) entsteht nach § 123 Abs. 1 UGB (bzw. § 161 Abs. 2 UGB) erst mit der Eintragung in das Firmenbuch. Vorerst besteht nach UGB eine GesbR, die als Unternehmer anzusehen ist, wenn sie nach außen hin auftritt und Vorleistungen zur Aufnahme der Geschäftstätigkeit der Personengesellschaft ausführt. Die von der GesbR bezogenen Leistungen werden für das Unternehmen der Personengesellschaft ausgeführt. Rz 198 gilt entsprechend.

1.8.3 Ende der Unternehmereigenschaft
Allgemeines

199 Die Unternehmereigenschaft endet nicht bereits mit der Einstellung der Leistungstätigkeit oder der Abmeldung des Betriebes. Sie umfasst noch alle Vorgänge und Handlungen, die der **Liquidierung der ausgeübten gewerblichen oder beruflichen Tätigkeit dienen** (VwGH 25.1.1995, 94/15/0023). Zur Unternehmertätigkeit gehören daher auch noch

- die Geschäftsveräußerung (entgeltlich oder unentgeltlich),
- die Einzelveräußerung von Gegenständen des Betriebsvermögens,
- die Überführung des Betriebsvermögens in das Privatvermögen,
- der Empfang oder die Ausstellung von Rechnungen nach Einstellung des Betriebes, oder
- die nachträgliche Vereinnahmung von Entgelten.

200 Eine Personengesellschaft verliert ihre Unternehmereigenschaft solange nicht, bis alle gemeinsamen Rechtsbeziehungen unter den Gesellschaftern – auch das Rechtsverhältnis zum Finanzamt – beseitigt sind (VwGH 3.11.1983, 82/15/0177, BFH 21.5.1971, VR 117/67, BStBl II 1971, 540). Werden im Zuge der Betriebsaufgabe Gegenstände des Unternehmensvermögens der Personengesellschaft in die Unternehmenssphäre eines Gesellschafters ohne Entgelt überführt, liegt Eigenverbrauch gem § 3 Abs. 2 UStG 1994 vor (VwGH 28.5.1998, 96/15/0009).

§ 2 UStG

201 Die Unternehmereigenschaft einer Kapitalgesellschaft ist weder von ihrem Vermögensstand noch von ihrer Eintragung im Handelsregister abhängig; eine aufgelöste GmbH kann auch noch nach ihrer **Löschung im Firmenbuch** Umsätze im Rahmen ihres Unternehmens ausführen (BFH 9.12.1993, VR 108/91, BStBl II 1994, 483) oder durch ihre Liquidatoren Rechnungen ausstellen, die zum Vorsteuerabzug berechtigen (VwGH 17.12.1993, 92/15/0121). Das Unternehmen der Gesellschaft endet erst mit Abschluss der Liquidation (Vollbeendigung), wenn somit kein Abwicklungsbedarf mehr vorhanden ist (VwGH 17.12.1993, 92/15/0121).

202 Die bloße **Unterbrechung** der aktiven unternehmerischen Tätigkeit führt nicht zur Beendigung der Unternehmereigenschaft (VwGH 25.1.1995, 94/15/0023; 28.5.1998, 96/15/ 0009).

Beispiel:

Ein selbstständig tätiger Ingenieur beginnt ein Hochschulstudium in derselben Fachrichtung. Während des Studiums hält er sein Ingenieurbüro offen, ohne durchgehend entgeltliche Leistungen zu erbringen, und führt es nach Ende des Studiums weiter. Die Unternehmereigenschaft besteht während des Studiums fort (BFH 15.3.1993, VR 18/89, BStBl. II 1993, 561).

Tod des Unternehmers, Unternehmereigenschaft der Erben

203 Die Unternehmereigenschaft ist nicht vererblich, sie endet mit dem **Tode des Unternehmers**. Der Erbe kann nur durch eigene unternehmerische Tätigkeit Unternehmer werden (VwGH 18.9.1953, 414/52). Besteht das Unternehmen weiter, so werden die Umsätze ab dem Todestag dem (den) Erben zugerechnet. Dies gilt auch, wenn der Erbe in ein Dauerschuldverhältnis eintritt. Der Erbe erzielt dann Umsätze aus eigener Unternehmertätigkeit und kann allfällige persönliche Begünstigungen des Erblassers nicht für sich geltend machen (VwGH 19.11.1962, 1595/60 und VwGH 15.9.1986, 84/15/0186 zu einem Verlagsvertrag).

204 Der Erbe tritt aber – auch ohne eigene unternehmerische Tätigkeit – als **Gesamtrechtsnachfolger** in die Rechtsstellung des Erblassers ein (§ 19 BAO), mit der Wirkung, dass die umsatzsteuerlichen Verhältnisse des Rechtsnachfolgers aus der Person des Rechtsvorgängers zu beurteilen sind, soweit es sich nicht um höchstpersönliche Rechte und Pflichten handelt. Nicht vererbbar sind daher zB Erleichterungsbewilligungen, die ein Vertrauen der Behörde gegenüber bestimmten Personen voraussetzen (VwGH 8.11. 1973, 0666/73). Daher gilt, dass

- eine beim Erblasser entstandene, nicht entrichtete USt-Schuld auf die Erben übergeht;
- bei Ist-Versteuerung nachträglich eingehende Entgelte aus Leistungen des Erblassers vom Erben zu versteuern sind, auch wenn er nicht durch eigene Tätigkeit Unternehmer ist (BFH 19.11.1970, BStBl 1971 II 121), wobei Steuerbefreiungen und Steuersatz von den Verhältnissen des Erblassers abhängen;
- vom Erblasser vereinnahmte und versteuerte Anzahlungen beim Erben als versteuerte Leistungsentgelte zu behandeln sind;
- Änderungen der Bemessungsgrundlage beim Erben zu berücksichtigen sind;
- der Erbe den Vorsteuerabzug aus nachträglich eingehenden Rechnungen geltend machen kann;
- Fristen, die vom Erblasser in Gang gesetzt wurden, beim Erben weiter laufen (zB Berichtigungszeitraum nach § 12 Abs. 10 UStG 1994); dies gilt jedoch nicht für Fristen, die durch Ausübung von Wahlrechten in Gang gesetzt wurden (zB Regelbesteuerungsantrag);
- der Erbe Rechnungen über Leistungen des Erblassers ausstellen kann;
- Veräußerungen und Entnahmen von Gegenständen des Unternehmens des Erblassers durch den nichtunternehmerischen Erben im Rahmen der Abwicklung des ererbten Unternehmensvermögens Lieferungen gemäß § 1 Abs. 1 Z 1 bzw. Eigenverbrauch gemäß § 3 Abs. 2 UStG 1994 darstellen, die vom Erben als Gesamtrechtsnachfolger des Erblassers zu versteuern sind (vgl. BFH 13.1.2010, V R 24/07).

Kommt es zu keiner **Einantwortung**, weil zB keine Erben vorhanden sind oder die Erben die Erbschaft ausschlagen, wird der Nachlass als eigenes Steuersubjekt (Körperschaft) angesehen, bei dem die Nachlassumsätze zu erfassen sind.

1.9 Unternehmen
1.9.1 Unternehmenseinheit

205 Das Unternehmen umfasst die gesamte gewerbliche oder berufliche Tätigkeit des Unternehmers (§ 2 Abs. 1 UStG 1994), dh. ein Unternehmer kann stets nur ein Unternehmen haben, auch wenn die Tätigkeiten einkommensteuerrechtlich verschiedenen Betrieben oder verschiedenen Einkunftsarten zuzurechnen sind (**Grundsatz der Unternehmenseinheit**). Daraus folgt, dass Leistungen zwischen verschiedenen Betrieben eines Unternehmens nicht zu steuerbaren Umsätzen führen können und die Verwendung von Gegenständen eines Betriebes in einem anderen Betrieb keinen Eigenverbrauch bewirken kann.

1.9.2 Unternehmerische und nichtunternehmerische Sphäre

206 Eine nichtunternehmerische Sphäre gibt es nicht nur bei **natürlichen sondern auch bei juristischen Personen**. Bei Vereinen ist nichtunternehmerischer Bereich die Erfüllung der satzungsgemäßen Gemeinschaftsaufgaben (siehe auch § 10 Rz 1242 bis 1243), bei Kapitalgesellschaften zB die Geschäftsführung für eine Personengesellschaft (vgl. § 2 Rz 184) oder das Halten von Beteiligungen (vgl. § 8 Rz 185, Stichwort „Holdinggesellschaft").

207 Liegt eine unternehmerische Tätigkeit vor, so gehören zum Unternehmensbereich nicht nur die eigentliche Kerntätigkeit (Grundgeschäfte) sondern auch **Hilfs- und Nebengeschäfte**, auch wenn diese – isoliert betrachtet – mangels Nachhaltigkeit keine unternehmerische Tätigkeit darstellen würden. Dabei sind als Hilfsgeschäfte Geschäfte zu verstehen, die nicht zu den Grundgeschäften gehören, aber in deren Gefolge vorkommen und diese ermöglichen (zB Veräußerung von Anlagevermögen, von Abfällen), als Nebengeschäfte solche, die einem anderen Berufsbild oder Tätigkeitszweig angehören als die Grundgeschäfte, aber im Randbereich derselben vorkommen, ohne aber einen notwendigen Zusammenhang mit diesen aufzuweisen (zB gelegentliche Vermittlungstätigkeit eines Rechtsanwaltes). Hilfs- und Nebengeschäfte sind somit zwar steuerbar, wenn sie von einem Unternehmer gegen Entgelt ausgeführt werden, sie können aber nicht die Unternehmereigenschaft begründen.

1.9.3 Unternehmereinheit

208 **Personengesellschaften**, an denen ausschließlich dieselben Personen beteiligt sind, können umsatzsteuerlich nur dann als einheitlicher Unternehmer angesehen werden, wenn das Beteiligungsverhältnis bei allen Gesellschaften gleich ist und die Einheitlichkeit der Willensbildung bei allen Gesellschaften gewährleistet ist. Die Gleichheit der Beteiligung ist dann nicht mehr gegeben, wenn bei einer Gesellschaft für einzelne Gesellschafter Vorweggewinne vereinbart sind (VwGH 27.11.1978, 2017/75, 2916 bis 2919/78). Eine **Unternehmereinheit kann nur zwischen Personengesellschaften** bestehen, nicht aber wenn eine der beteiligten Gesellschaften eine juristische Person ist oder an einer Personengesellschaft eine juristische Person beteiligt ist (VwGH 26.2.1979, 1955/75). Eine Unternehmereinheit ist ausnahmsweise auch zwischen einer Personengesellschaft (GmbH & CO KG) und einem Einzelunternehmer denkbar, wenn der Einzelunternehmer als Folge der umsatzsteuerlichen Unselbstständigkeit der Komplementär-GmbH (deren Alleingesellschafter er ist) selbst als Komplementär anzusehen wäre (VwGH 1.10.1979, 1239/76).

Randzahlen 209 bis 230: Derzeit frei.

2. Selbstständigkeit, Organschaft
2.1 Unselbstständigkeit natürlicher Personen

231 Ob natürliche Personen und nicht rechtsfähige Personenvereinigungen selbstständig oder unselbstständig sind, ist nach dem Innenverhältnis und nicht nach dem Auftreten nach außen zu entscheiden (Maßgeblichkeit des Innenverhältnisses). In § 2 Abs. 2 Z 1

§ 2 UStG

UStG 1994 wird die Unselbstständigkeit definiert als **Eingliederung in ein Unternehmen** dergestalt, dass Weisungsgebundenheit gegeben ist. Die Weisungsgebundenheit äußert sich in einem persönlichen Weisungsrecht des Arbeitgebers, das auf die Art der Ausführung der Arbeit, die Zweckmäßigkeit des Einsatzes der Arbeitsmittel, die zeitliche Koordination der zu verrichtenden Arbeiten, die Vorgabe des Arbeitsortes uä Einfluss nimmt. Davon ist eine sachliche oder technische Weisungsgebundenheit zu unterscheiden, die sich lediglich auf den Erfolg einer bestimmten Arbeitsleistung bezieht und für sich allein kein Dienstverhältnis begründet (VwGH 14.6.1988, 88/14/0024). Neben der **Weisungsgebundenheit** wird das **Fehlen eines Unternehmerrisikos** als wesentlichstes Kriterium der Unselbstständigkeit angesehen (VwGH 6.11.1990, 90/14/0141; 22.9.1992, 92/14/0047; 18.10.1995, 94/13/0121). Von einem Unternehmerrisiko ist dann auszugehen, wenn der Leistungserbringer die Möglichkeit hat, im Rahmen seiner Tätigkeit sowohl die Einnahmen- als auch die Ausgabenseite maßgeblich zu beeinflussen und solcherart den finanziellen Erfolg seiner Tätigkeit weitgehend selbst zu gestalten (VwGH 11.8.1993, 93/13/0022). Als weitere Indizien für Unselbstständigkeit kommen in Betracht:

- Form der Entlohnung (feste Bezüge, keine Abrechnung nach Stunden – VwGH 6.4.1988, 87/13/0202),
- Tätigkeit für einen Auftraggeber durch längere Zeit,
- keine Möglichkeit eigener Arbeits- und Zeiteinteilung (VwGH 3.5.1983, 82/14/0281),
- Ausübung der Tätigkeit gleich bleibend an einem bestimmten Ort (VwGH 15.7. 1986, 83/14/0203),
- Urlaubsanspruch,
- Anspruch auf sonstige Sozialleistungen,
- Fortzahlung der Bezüge im Krankheitsfall,
- Überstundenvergütung,
- kein Kapitaleinsatz,
- keine Pflicht zur Beschaffung von Arbeitsmitteln,
- Notwendigkeit der engen ständigen Zusammenarbeit mit anderen Mitarbeitern,
- Schulden der Arbeitskraft und nicht eines bestimmten Arbeitserfolges,
- Einsatz von Hilfskräften nicht zulässig (VwGH 3.5.1983, 83/14/0281),
- Ausführung von einfachen Tätigkeiten, bei denen Weisungsabhängigkeit die Regel ist,
- die sozialversicherungsrechtliche Behandlung als Arbeitnehmer (VwGH 11.6.1979, 450/79).

232 Maßgebend ist immer das **Gesamtbild der Verhältnisse** (VwGH 18.10.1995, 94/13/0121). Daher kann nicht mit Rücksicht auf das Vorliegen nur eines der angeführten Merkmale die Selbstständigkeit eindeutig bejaht oder verneint werden. Auch kann es nicht darauf ankommen, wie die Tätigkeit oder die tätige Person im Einzelfall bezeichnet worden ist (BFH VI R 150 bis 152/82 vom 14.6.1985, BStBl II 1985, 661).

2.2 Organschaft
2.2.1 Allgemeine Voraussetzungen

233 Organschaft nach § 2 Abs. 2 Z 2 UStG 1994 liegt vor, wenn eine juristische Person nach dem Gesamtbild der tatsächlichen Verhältnisse finanziell, wirtschaftlich und organisatorisch in ein Unternehmen eingegliedert ist. Es ist nicht erforderlich, dass alle drei Eingliederungsmerkmale gleichermaßen ausgeprägt sind; Organschaft kann auch gegeben sein, wenn die Eingliederung auf einem dieser drei Gebiete weniger, dafür aber auf den anderen Gebieten stärker ausgeprägt ist. Maßgeblich ist das Gesamtbild der tatsächlichen Verhältnisse (VwGH 9.9.1980, 2595/80). Organschaft liegt nicht vor, wenn auch nur eines der Eingliederungskriterien fehlt (VwGH 15.4.1983, 82/17/0026).

Organträger kann jeder Unternehmer sein (juristische oder nicht juristische Person).

Organ (Organgesellschaft) kann jede juristische Person sein, bei der die Eingliederung möglich ist. **Ab 1.1.2017 ist auch eine Personengesellschaft, bei der neben dem Organträger nur solche Personen Gesellschafter sind, die finanziell in den Organträger eingegliedert sind (kapitalistische Personengesellschaften), Organgesellschaft, wenn die sonstigen Voraussetzungen für die Organschaft vorliegen (vgl.**

78

BFH 2.12.2015, V R 25/13 unter Hinweis auf EuGH 16.7.2015, verb. Rs C-108/14 und Rs C-109/14, *Larentia + Minerva und Marenave Schiffahrt*). Körperschaften öffentlichen Rechts können als solche nicht Organ sein, auch wenn sie insgesamt Unternehmereigenschaft haben (einen Betrieb gewerblicher Art bilden), weil die Eingliederung nicht gegeben sein kann. Betriebe gewerblicher Art von Körperschaften öffentlichen Rechts sind keine juristischen Personen und kommen daher nicht als Organe in Betracht.

2.2.2 Auswirkungen

234 Die Auswirkungen der Organschaft sind, dass das Organ die Stellung eines Betriebes im Unternehmen des Organträgers hat. Vorgänge zwischen Organträger und dem Organ (im Organkreis) sind **nicht steuerbare Innenumsätze**. Die Umsätze des Organs werden dem Organträger zugerechnet. Der Organträger kann Vorsteuern auch aus Rechnungen geltend machen, die auf das Organ lauten. „Rechnungen", die innerhalb des Organkreises erteilt werden, sind umsatzsteuerrechtlich nur unternehmensinterne Belege.

Die formalen umsatzsteuerrechtlichen Pflichten sind vom Organträger zu erfüllen. Dies gilt insbesondere für die Erfüllung der Aufzeichnungspflichten (§ 18 UStG 1994), die Verpflichtung zur Abgabe von Steuererklärungen und für die Zahlungspflichten (siehe auch § 13 BAO).

235 Das Vorliegen einer Organschaft ist von Amts wegen wahrzunehmen (VwGH 22.2.1972, 1881/70). Für die Umsatzsteuer ist die Organschaft ab dem Zeitpunkt des Vorliegens sämtlicher Voraussetzungen zu beachten, somit auch ab einem Zeitpunkt innerhalb eines Veranlagungszeitraumes. Dies gilt auch für den Wegfall einer der Eingliederungsvoraussetzungen. Wird über das Vermögen der Organgesellschaft oder des Organträgers ein Insolvenzverfahren eröffnet, kommt es zum Wegfall zumindest der organisatorischen Eingliederung.

2.2.3 Die Eingliederungsvoraussetzungen im Einzelnen

Finanzielle Eingliederung

236 Finanzielle Unterordnung bedeutet **kapitalmäßige Beherrschung**. Entscheidend sind aber nicht nur die Höhe der Beteiligung, sondern die mit den Anteilen verbundenen Stimmrechte. Die Willensdurchsetzung des Organträgers im wirtschaftlichen und organisatorischen Geschäftsbetrieb muss sichergestellt sein. Unter der Annahme, dass die Gesellschaftsverträge keine höhere als die gesetzlich geregelte Stimmrechtsquote enthalten, liegt eine finanzielle Beherrschung bei einer **Beteiligung von 75 %** jedenfalls vor. Bei einer stimmrechtlichen Beteiligung von mehr als 50 % und weniger als 75 % kann bei besonders stark ausgeprägter wirtschaftlicher und organisatorischer Unterordnung ebenfalls eine finanzielle Unterordnung vorliegen, wobei auch gesellschaftsvertragliche Stimmrechtsbindungen unter Umständen zur Bejahung einer finanziellen Unterordnung führen können. Das Kriterium der finanziellen Eingliederung ist zwischen zwei Schwesterngesellschaften nicht erfüllt, da die eine Schwesterngesellschaft nicht als Organgesellschaft in die andere Schwesterngesellschaft als Organträger finanziell eingegliedert ist, sondern sich nur die Anteile an beiden Schwesterngesellschaften in der Hand desselben Gesellschafters befinden (so nun auch BFH 01.12.2010, XI R 43/08). Schwesterngesellschaften können jedoch Teil eines Organkreises sein, wenn sie finanziell, wirtschaftlich und organisatorisch demselben Organträger eingegliedert sind. Finanzielle Beherrschung durch Darlehensgewährung ist aber keinesfalls ausreichend (VwGH 23.11.1959, 3069/55).

Wirtschaftliche Eingliederung

237 Um das Kriterium der wirtschaftlichen Eingliederung zu erfüllen, muss die Tochtergesellschaft im Rahmen des gesamten Unternehmens **in engem wirtschaftlichen Zusammenhang mit der Muttergesellschaft** stehen. Die Rechtsprechung setzt eine vernünftige betriebswirtschaftliche Verflechtung zwischen Organträger und Organ voraus, die Tätigkeiten müssen aufeinander abgestellt sein und sich gegenseitig ergänzen (VwGH 7.5.1979, 2319/78 und VwGH 10.9.1975, 640/73). Wechselseitige Lieferungs-(Leistungs-)Beziehungen zwischen Organträger und Organgesellschaft wie zB zwischen einer Vertriebs- und Produktionsgesellschaft stellen eine gegenseitige Verflechtung nicht bloß

§ 2 UStG

kapitalistischer sondern auch wirtschaftlicher Art dar. Bei einer **reinen Beteiligungsholding** (vermögensverwaltende Holding) fehlt es sowohl an der wirtschaftlichen Eingliederung als auch an der Unternehmereigenschaft, weshalb sie nicht Organträger sein kann.

238 Eine Organschaft zwischen einem Versicherungsunternehmen und einer Leasinggesellschaft wird regelmäßig nicht gegeben sein. In der **Gebrauchsüberlassung an Mobilien oder Immobilien** kann keine betriebswirtschaftliche Ergänzungsfunktion zur Tätigkeit eines Versicherungsunternehmens gesehen werden bzw. ist das Vermieten von Immobilien und Mobilien grundsätzlich keine Tätigkeit, die auf spezielle Aufgaben eines Versicherungsunternehmens abgestellt ist.

Organisatorische Eingliederung

239 Organisatorische Eingliederung ist gegeben, wenn die tatsächliche Durchsetzung des Willens des beherrschenden Unternehmers bei der beherrschten Gesellschaft durch **organisatorische Maßnahmen** gesichert ist (VwGH 9.4.1970, 135/68). Die organisatorische Eingliederung kann in **personellen Maßnahmen** zum Ausdruck kommen, wenn zB eine natürliche Person in beiden Gesellschaften als Vorstand, Geschäftsführer oder Prokurist tätig ist. Eine organisatorische Unterordnung kann auch vorliegen, wenn der Organträger **wesentliche organisatorische Aufgaben** zB in den Bereichen Beschaffung, Vertrieb oder Rechnungswesen für die Organgesellschaft besorgt. Das der Obergesellschaft vorbehaltene Bestellungsrecht des Geschäftsführers der Untergesellschaft genügt für die organisatorische Eingliederung ebenso wenig wie die Möglichkeit, den Geschäftsführer der Untergesellschaft durch die von der Obergesellschaft beherrschte Generalversammlung wieder abzuberufen (VwGH 3.1.1966, 1884/65), oder durch die Aufsichtsratsbestellung Einfluss auf die Wahl des Vorstandes nehmen zu können (VwGH 15.4.1983, 82/17/0026). Die tatsächliche Willensdurchsetzung des Organträgers in der Organgesellschaft kann durch **verbindliche Konzernrichtlinien**, durch regelmäßige Berichterstattungspflichten, durch Protokolle über gemeinsame Organsitzungen usw. nachgewiesen werden.

2.2.4 Beschränkung der Wirkungen der Organschaft auf das Inland

240 Die Wirkungen der Organschaft sind auf Innenleistungen zwischen den **im Inland gelegenen Unternehmensteilen** beschränkt.

Im Inland gelegene Unternehmensteile sind
- der im Inland ansässige Organträger,
- im Inland ansässige Organgesellschaften eines inländischen oder ausländischen Organträgers,
- im Inland gelegene Betriebsstätten des Organträgers oder von Organgesellschaften, gleichgültig ob Organträger oder Organgesellschaften im Inland oder Ausland ansässig sind.

Diese Unternehmensteile sind als ein Unternehmen zu behandeln.

241 Der Begriff des Unternehmens im Sinne des § 2 Abs. 1 zweiter Satz UStG 1994 bleibt von der Beschränkung der Organschaft auf das Inland unberührt. Grenzüberschreitende Leistungen zwischen dem Organträger (oder der Organgesellschaft) und seinen Betriebsstätten sind (vom innergemeinschaftlichen Verbringen abgesehen) nicht steuerbare Innenumsätze.

Unabhängig davon sind grenzüberschreitende Leistungen ausländischer Organgesellschaften an den inländischen Organkreis steuerbar (vgl. EuGH 17.9.2014, Rs C-7/13, *Skandia America*).

Organträger im Inland

242 Zum Unternehmen gehören sämtliche zum Organkreis gehörende Unternehmensteile im Inland.

Zum Unternehmen des Organträgers gehören jedoch nur seine im Ausland gelegenen **Betriebsstätten** (nicht die der Organgesellschaft).

Beispiel 1:

Der Organträger O in Österreich hat eine Organgesellschaft T1 im Inland, eine Organgesellschaft T2 in Italien.

Weiters hat der Organträger O eine Betriebsstätte BO in der Schweiz und die Organgesellschaft T1 ebenfalls eine Betriebsstätte BT in der Schweiz. Lieferungen von O an T1 sind nicht steuerbare Innenumsätze, Lieferungen von O an BO stellen ein nicht steuerbares Verbringen dar.

Lieferungen von O an T2 sind innergemeinschaftliche Lieferungen und an BT Ausfuhrlieferungen.

Erbringt T2 im Auftrag von T1 im Inland eine Werklieferung, so erbringt sie damit eine steuerbare Lieferung an O.

Organträger im Ausland

243 Zum Unternehmen gehören sämtliche zum Organkreis gehörende Unternehmensteile im Inland. Der Organträger und seine Organgesellschaften im Ausland bilden jeweils gesonderte Unternehmen.

Als Unternehmer im Inland gilt der wirtschaftlich bedeutendste Unternehmensteil im Inland. Soferne nicht andere Kriterien zutreffender sind, wird man diesen nach der Höhe des Umsatzes bestimmen.

244 Unterhalten die inländischen Organgesellschaften **Betriebsstätten** im Ausland, so sind diese nur der jeweiligen Organgesellschaft zuzurechnen, gehören aber nicht zur Gesamtheit der im Inland gelegenen Unternehmensteile.

Beispiel 2:

Der Organträger O in Deutschland hat in Österreich die Organgesellschaften T1 und T2 sowie die Betriebsstätte BO. In Italien hat er eine weitere Organgesellschaft T3.

T1, T2 und BO bilden das Unternehmen in Österreich (der wirtschaftlich bedeutendste Teil – zB T1 – gilt als Unternehmer).

T1 hat die Lieferungen von O und T3 an BO als innergemeinschaftlicher Erwerb zu versteuern.

Erbringt T3 an T2 eine Katalogleistung, ist diese im Inland steuerpflichtig und die Steuerschuld geht auf T1 über.

Beispiel 3:

Der Organträger O in Japan hat die Organgesellschaft T1 in Deutschland und die Organgesellschaft T2 in Italien. Im Inland hat er die Betriebsstätte B1 und B2. B1 ist der wirtschaftlich bedeutendere Unternehmensteil.

B1 und B2 bilden das Unternehmen.

Soweit B1 Waren an O versendet, liegen Innenumsätze vor. Lieferungen von B2 an T1 und T2 sind innergemeinschaftliche Lieferungen, die der B1 zuzurechnen sind.

Randzahlen 245 bis 260: Derzeit frei.

3. Körperschaften des öffentlichen Rechts
3.1 Allgemeines

261 Körperschaften des öffentlichen Rechts sind im Rahmen ihrer **Betriebe gewerblicher Art** im Sinne des § 2 KStG 1988 und ihrer **land- und forstwirtschaftlichen Betriebe** gewerblich oder beruflich tätig.

262 Die Durchführung von in § 5 Z 12 KStG 1988 genannten **Feste und gesellige und gesellschaftlichen Veranstaltungen** fällt gemäß § 2 Abs. 3 UStG 1994 nicht in den Unternehmensbereich.

Betrieb gewerblicher Art

263 Ob ein Betrieb gewerblicher Art vorliegt, ist gemäß dem in § 2 Abs. 3 UStG 1994 enthaltenen Hinweis nach § 2 KStG 1988 zu beurteilen. Die für das Gebiet der Körperschaftsteuer von der Rechtsprechung und Verwaltung entwickelten Grundsätze sind auch für den umsatzsteuerlichen Bereich maßgeblich (siehe KStR 2013 Rz 64 ff). Hinsichtlich des für das Vorliegen eines Betriebes gewerblicher Art erforderlichen Merkmals einer Tätigkeit von wirtschaftlichem Gewicht ist auf die jährliche Einnahmengrenze von 2.900 Euro (im Sinne einer durchschnittlichen Jahresbetrachtung) abzustellen (vgl. VwGH 29.1.2014, 2010/13/0006). Zur Ermittlung der Einnahmen siehe KStR 2013 Rz 70.

Wird ein Betrieb gewerblicher Art entgeltlich überlassen (verpachtet), gilt kraft der gesetzlichen Fiktion des § 2 Abs. 2 Z 2 KStG 1988 auch diese entgeltliche Überlassung (Verpachtung) als Betrieb gewerblicher Art (KStR 2013 Rz 85). Dabei ist es unerheblich, ob ein bereits bestehender Betrieb oder ein von der Trägerkörperschaft neu errichteter und nie selbst aktiv geführter Betrieb entgeltlich zur Nutzung überlassen wird. Es muss sich aber um einen dem Grunde nach betriebsbereiten Betrieb handeln. Es ist nicht erforderlich, dass sämtliche Betriebsgrundlagen übertragen werden. So kann auch die Überlassung einer unzureichenden oder veralteten Betriebsausstattung einen Betrieb gewerblicher Art begründen (KStR 2013 Rz 86).

Die Höhe des für die Anerkennung als Pachtverhältnis erforderlichen Pachtentgeltes richtet sich nach KStR 2013 Rz 70.

Die Verpachtung eines bestehenden Betriebes gewerblicher Art führt zu keiner Betriebsaufgabe, weil ein Betrieb gewerblicher Art bestehen bleibt.

Mischbetrieb:

Bei der entgeltlichen Überlassung (Verpachtung) von Mischbetrieben ist auf die überwiegende Zweckbestimmung des gesamten Betriebes abzustellen. Dienen die Tätigkeiten des Betriebes überwiegend der Erfüllung öffentlich-rechtlicher Aufgaben, ist der Betrieb in seiner Gesamtheit als Hoheitsbetrieb zu behandeln. Überwiegen die erwerbswirtschaftlichen Aufgaben, ist insgesamt ein Betrieb gewerblicher Art (BgA) anzunehmen. Als Kriterien zur Überprüfung des mengenmäßigen Verhältnisses zwischen hoheitlicher oder privatwirtschaftlicher Tätigkeit kommen das Umsatzverhältnis, der Umfang der zeitlichen Inanspruchnahme oder andere im Einzelfall geeignete Kriterien in Betracht (KStR 2013 Rz 75).

Umsatzsteuerlich hat jedoch im Falle einer sachlichen Trennbarkeit der Tätigkeitsbereiche (zB klare zeitliche Trennung) – unabhängig vom Überwiegen – eine Aufspaltung in einen Hoheitsbereich und einen unternehmerischen Bereich zu erfolgen (vgl. Rz 268 mVa VwGH 29.1.2014, 2010/13/0006).

Beispiele:

- Eine Gemeinde vermietet eine Mehrzweckhalle inklusive Betriebseinrichtung (technische Anlagen) und Haustechniker an einen Verein für eine zweitägige Kongressveranstaltung. In der übrigen Zeit wird die Mehrzweckhalle von der Gemeinde überwiegend für erwerbswirtschaftliche Aufgaben als BgA verwendet. Es liegt – unabhängig vom Überwiegen – die entgeltliche Überlassung (Vermietung) eines BgA iSd § 2 Z 2 KStG 1988 vor. Die Vermietung eines Grundstückes iSd § 6 Abs. 1 Z 16 UStG 1994 (Rz 265) wäre nur dann gegeben, wenn die Mehrzweckhalle ohne betrieblichen Hintergrund (zB ohne technische Anlagen und Betreuung) für eine Veranstaltung entgeltlich zur Verfügung gestellt wird.
- Eine Gemeinde vermietet eine Mehrzweckhalle mit allen Einrichtungen einem Verein zur Abhaltung eines Vereinsballes. Die an sich für betriebliche Zwecke geeignete Mehrzweckhalle wird von der Gemeinde überwiegend für hoheitliche Aufgaben verwendet. Es liegt – unabhängig vom Überwiegen – die Vermietung eines Grundstückes iSd § 6 Abs. 1 Z 16 UStG 1994 vor (unechte Steuerbefreiung oder Option zur Steuerpflicht nach § 6 Abs. 2 UStG 1994 mit Vorsteuerabzugsberechtigung im Ausmaß der unternehmerischen Nutzung – siehe Rz 265). Zur Einschränkung der Optionsmöglichkeit bei der Vermietung und Verpachtung von Grundstücken durch das 1. StabG 2012, BGBl. I Nr. 22/2012, siehe Rz 899a bis Rz 899c.

264 Durch § 2 Abs. 3 letzter Satz und Abs. 4 UStG 1994 werden nach dem Körperschaftsteuergesetz hoheitliche Tätigkeiten in den Unternehmensbereich einbezogen. Bei den **Wasserwerken** ist dies unabhängig davon, ob sie der Trinkwasser- oder der Nutzwasserversorgung dienen.

265. Die Vermietung und Verpachtung von Grundstücken durch Körperschaften des öffentlichen Rechts gilt auch als unternehmerische Tätigkeit, wenn sie nicht wirtschaftlich herausgehoben bzw. nicht von wirtschaftlichem Gewicht ist. Ob eine Vermietung und Verpachtung von Grundstücken im Sinne des § 2 Abs. 3 letzter Teilsatz UStG 1994 vorliegt, ist danach zu beurteilen, ob ein Bestandvertrag nach § 1090 ABGB gegeben ist (vgl. VwGH 3.9.2008, 2003/13/0086; VwGH 27.11.2014, 2012/15/0145). Zivilrechtliches Hauptkriterium eines Bestandvertrages ist seine Entgeltlichkeit.

Eine Anerkennung als Bestandverhältnis setzt grundsätzlich neben der Deckung der (laufenden oder zeitlich anteiligen) Betriebskosten (§§ 21 bis 24 MRG) ein Entgelt für den Gebrauch des Grundstückes in Form einer jährlichen oder zeitlich anteiligen AfA-Komponente voraus. Als AfA-Komponente pro Jahr sind mindestens 1,5% der Anschaffungsbzw. Herstellungskosten inklusive Grund und Boden einschließlich aktivierungspflichtiger Aufwendungen und Kosten von Großreparaturen anzusetzen.

Die angesprochene AfA-Komponente stellt lediglich eine Messgröße für das erforderliche Mindestentgelt eines anzuerkennenden Bestandverhältnisses dar, sodass weitere ertragsteuerliche Ableitungen zur AfA iSd §§ 7 ff EStG 1988 daraus nicht getroffen werden können. Subventionen bzw. Zuwendungen iSd § 3 Abs. 1 Z 6 EStG 1988 idgF kürzen die AfA-Bemessungsgrundlage nicht.

Sind historische Anschaffungs- bzw. Herstellungskosten oder Aufwendungen für Großreparaturen nicht mehr bekannt, so ist der Wert des Grundstückes im Schätzungswege zu ermitteln, wobei als AfA-Bemessungsgrundlage der gemeine Wert iSd § 10 BewG 1955 idgF herangezogen werden kann. Soweit glaubhaft gemacht werden kann, dass Grund und Boden unentgeltlich erworben wurde, kann dieser außer Ansatz gelassen werden.

Der vermietenden Körperschaft des öffentlichen Rechts entstandene Drittkosten wie zB Anmietungskosten, Leasingkosten oder Kosten eines Baurechtes sind an den Mieter ungekürzt weiterzuverrechnen.

Diese Kriterien sind bei jenen Miet- und Pachtverhältnissen zu beachten, die ab 1. Jänner 2008 begründet werden. Bestehende Bestandverhältnisse, die bereits vor dem 1. Jänner 2008 begründet wurden und den damaligen Richtlinien entsprochen haben (= zumindest Deckung der laufenden Betriebskosten), werden aufgrund der nunmehrigen Rechtsprechung des VwGH (zB VwGH 03.09.2008, 2003/13/0086) weiterhin als unternehmerische Tätigkeit anerkannt, wenn sie ab dem 1. Jänner 2011 an die bestehenden Richtlinien angeglichen werden.

Gebrauchsüberlassungen, die nicht auf Bestandverträgen beruhen, begründen keinen (fiktiven) Betrieb gewerblicher Art.

Zur Einschränkung der Optionsmöglichkeit bei gemäß § 6 Abs. 1 Z 16 UStG 1994 steuerfreien Umsätzen aus der Vermietung und Verpachtung von Grundstücken durch das 1. StabG 2012, BGBl. I Nr. 22/2012, siehe Rz 899a bis Rz 899c.

266. Die **Überlassung einer Dienst- oder Naturalwohnung** an einen Beamten oder Vertragsbediensteten einer Körperschaft des öffentlichen Rechts stellt nur dann einen in den Unternehmensbereich fallenden und somit umsatzsteuerpflichtigen Vorgang dar, wenn die Wohnung einem Dienstnehmer zugewiesen wird, der in einem Betrieb gewerblicher Art oder einem land- und forstwirtschaftlichen Betrieb der Körperschaft des öffentlichen Rechts tätig ist.

3.2 Betriebe gewerblicher Art, die nur Eigenverbrauchszwecken dienen

267 Wenn Erzeugnisse eines Betriebes gewerblicher Art zur Gänze von der **Körperschaft im Hoheitsbereich** verwendet werden, weicht die umsatzsteuerliche Beurteilung von der des Körperschaftsteuerrechtes ab. Ein solcher ausschließlich für Eigenverbrauchszwecke arbeitender Betrieb ist zwar körperschaftsteuerpflichtig, nicht aber umsatzsteuerpflichtig.

3.3 Hoheitsbetriebe – Betriebe gewerblicher Art; Trennung

268 Die Vereinigung von Hoheitsbetrieben mit Betrieben gewerblicher Art von Körperschaften des öffentlichen Rechts ist grundsätzlich nicht mit steuerlicher Wirkung anzuerkennen. Vielmehr sind bei Bestehen einer sachlichen Trennungsmöglichkeit die hoheitlichen Tätigkeiten aus dem Unternehmensbereich der Körperschaft des öffentlichen Rechts auszuscheiden. Sind solche sachlichen Trennungskriterien gegeben (zB Vorliegen einer klaren zeitlichen Trennung), stehen einer Trennung des Hoheitsbetriebes vom unternehmerischen Bereich der Körperschaften des öffentlichen Rechts auch gemeinsame Faktoren (zB gemischt-genutztes Grundstück) nicht entgegen (vgl. VwGH 29.1.2014, 2010/13/0006, zur unternehmerischen Nachmittagsbetreuung der Volksschulkinder in den „Räumlichkeiten der Gemeindevolksschule"). **Eine Trennung der Tätigkeiten einer Körperschaft des öffentlichen Rechts ist auch dann vorzunehmen, wenn die Tätigkeiten zugleich der Ausführung steuerpflichtiger Umsätze und der Erfüllung nichtunternehmerischer (satzungsmäßiger) Zwecke der Körperschaft des öffentlichen Rechts (Werbung und Öffentlichkeitsarbeit für die beruflichen Interessen ihrer Mitglieder) dienen (VwGH 30.6.2015, 2011/15/0163, zur Veranstaltung von Bällen, Modeschauen und Misswahlen usw. einer KöR).**

3.4 Definition der Körperschaft des öffentlichen Rechts

269 Mangels einer bestehenden Legaldefinition der Körperschaft des öffentlichen Rechts muss anhand der die Verhältnisse eines Gebildes regelnden gesetzlichen Vorschriften im Einzelnen geprüft werden, ob eine Körperschaft des öffentlichen Rechts vorliegt. Sofern nicht ein Bundes- oder Landesgesetz bereits ausdrücklich darauf hinweist, ist diese Frage nach der Rechtsprechung und Lehre zum Verwaltungs- und Verfassungsrecht zu beurteilen. Eine Körperschaft des öffentlichen Rechts ist eine solche **Körperschaft, Stiftung oder Anstalt**, die entweder durch ein Gesetz oder durch eine gesetzesgleiche Rechtsnorm (zB einen Staatsvertrag) ausdrückliche als **Rechtsperson des öffentlichen Rechts geschaffen oder anerkannt wird**, oder eine solche, die kraft staatlichen Auftrages Aufgaben der öffentlichen staatlichen Verwaltung erfüllt (VwGH 2.5.1960, 1023/57).

270 Als Körperschaften des öffentlichen Rechts sind insbesondere anzusehen:
- Die Gebietskörperschaften: Das sind der Bund, die Länder, Gemeinden sowie Gemeindeverbände.
- Sonstige Körperschaften des öffentlichen Rechts: Die gesetzlich anerkannten Kirchen und Religionsgesellschaften, die nach den Grundsätzen der Selbstverwaltung eingerichteten Berufsvertretungen (Kammern), die Fachverbände im Sinne des § 47 Wirtschaftskammergesetz 1998, BGBl. I Nr. 103/1998, die einzelnen Sozialversicherungsträger und der Hauptverband der Sozialversicherungsträger, die Österreichische Akademie der Wissenschaften in Wien, die Österreichische Hochschülerschaft, die Hochschülerschaften der einzelnen Hochschulen sowie die politischen Parteien, wenn ihnen gemäß § 1 Parteiengesetz, BGBl. Nr. 404/1975 Rechtspersönlichkeit zukommt.
- Körperschaften des öffentlichen Rechts aufgrund landesgesetzlicher Regelungen: zB Fischereigenossenschaften und Fischereiverbände; Freiwillige Feuerwehren und Feuerwehrverbände; Jagdgenossenschaften und Landesjagdverbände; landesgesetzlich anerkannte Wasser- und Abwassergenossenschaften; Landesfremdenverkehrsverbände und -vereine; Müllbeseitigungsverbände.
- Selbständige öffentliche Anstalten und Fonds (zB Betriebsratsfonds)
- Rotes Kreuz wird als Körperschaft des öffentlichen Rechts behandelt.

271 Keine Körperschaften des öffentlichen Rechts sind
- die verstaatlichten Unternehmungen,
- die so genannten Sondergesellschaften des Bundes,
- andere Kapitalgesellschaften, deren Anteile im Eigentum von Körperschaften öffentlichen Rechts stehen, insbesondere somit die so genannteausgegliederten Rechtsträger
- von Körperschaften des öffentlichen Rechts gegründete Vereine

- private Rechtsträger, die mit der Erfüllung öffentlich-rechtlicher Aufgaben betraut sind (beliehene Unternehmen)
- Stiftungen nach dem Bundes-Stiftungs- und Fondsgesetz.

3.5 Einzelfälle

272 **Arbeitskräfteüberlassung:** Bei der entgeltlichen Personalgestellung durch eine Körperschaft des öffentlichen Rechts an einen ausgegliederten Rechtsträger ist die für das Vorliegen eines Betriebes gewerblicher Art erforderliche wirtschaftliche Selbstständigkeit im Sinne des § 2 Abs. 1 KStG 1988 anzunehmen, wenn sich diese durch einen eigenen Verrechnungskreis von der sonstigen Tätigkeit der Körperschaft des öffentlichen Rechts abhebt (Vorliegen exakter Ermittlung der Kosten für das überlassene Personal und eigener Inrechnungstellung dieser Personalkosten in im Wesentlichen monatlichen Abrechnungen gegenüber dem ausgegliederten Rechtsträger). Abgesehen von der Entgeltshöhe sprechen zudem auch die besonderen Aufgaben des ausgegliederten Rechtsträgers bzw. das solcherart gegebene spezifische Ausbildungserfordernis der überlassenen Dienstnehmer für die wirtschaftliche Selbstständigkeit der Personalgestellung (vgl. VwGH 25.11.2010, 2007/15/0101, unter Verweis auf VwGH 22.12.2004, 2001/15/0141 und VwGH 17.10.2001, 99/13/0002).

Betrieb gewerblicher Art: Die unentgeltliche Überlassung eines Betriebes gewerblicher Art, mit dem Zweck, der Gemeinde Kosten zu ersparen, stellt keinen Betrieb gewerblicher Art dar (VwGH 4.11.1998, 97/13/0133).

Internate und Schülerheime: Internate und Schülerheime, die öffentlichen Schulen oder Schulen mit Öffentlichkeitsrecht (zB land- und forstwirtschaftliche Fachschulen oder Schulen von kirchlichen Orden oder Kongregationen) angeschlossen sind, zählen zum Unternehmensbereich des jeweiligen Schulerhalters (Beherbergung und Verpflegung). Zur Steuerbefreiung siehe Rz 977 bis Rz 979, zur Optionsmöglichkeit Rz 988.

Maut-Vignette: Die Duldung der Benützung der Bundesautobahnen und Bundesschnellstraßen gegen Entgelt stellt eine unternehmerische Tätigkeit des Bundes im Sinne des § 2 Abs. 3 UStG 1994 dar.

Nutzungsüberlassung von Aufbahrungshallen, Einsegnungshallen oder Leichenhallen: Bei der Entscheidung, ob eine solche Tätigkeit im Rahmen einer öffentlich-rechtlichen Sonderregelung oder unter den gleichen rechtlichen Bedingungen wie von privaten Wirtschaftsteilnehmern ausgeübt wird, muss auf die nach der maßgeblichen landesgesetzlichen Regelung vorgesehenen Ausübungsmodalitäten und – bei gesetzlich vorgesehener Wahlmöglichkeit zwischen hoheitlicher oder privatrechtlicher Ausgestaltung der Nutzungsüberlassung – auf deren tatsächliche, gesetzeskonforme Umsetzung abgestellt werden. Die Ausübung der Tätigkeit im Rahmen der öffentlichen Gewalt ist jedenfalls dann anzunehmen, wenn die Ausübung dieser Tätigkeit das Gebrauchmachen von hoheitlichen Befugnissen umfasst. Dies ist zB der Fall bei bescheidmäßiger Vorschreibung der Aufbahrungsgebühren (VwGH 04.02.2009, 2006/15/0220) oder bei pauschaler Vorschreibung von „Hallengebühren" gemeinsam mit den sonstigen Friedhofsgebühren (VwGH 04.02.2009, 2008/15/0174).

Eine hoheitliche Tätigkeit liegt auch dann vor, wenn die Nutzungsüberlassung in einen allgemeinen (aus der Betrachtung des österreichischen Rechts nicht-unternehmerischen) Friedhofsbetrieb iSd § 2 Abs. 5 KStG 1988 eingebettet ist (VwGH 04.02.2009, 2008/15/0174 sowie VwGH 20.01.2005, 2000/14/0203).

Sollte sich nach den genannten Kriterien hingegen eine privatrechtliche Nutzungsüberlassung (Vermietung iSd § 6 Abs. 1 Z 16 UStG 1994) ergeben, ist zu beachten, dass ein Betrieb gewerblicher Art iSd § 2 Abs. 3 letzter Satz UStG 1994 nur dann vorliegt, wenn die zivilrechtlichen Voraussetzungen für das Vorliegen eines Bestandvertrages nach österreichischem Recht erfüllt werden (vgl. dazu UStR 2000 Rz 265). Fällt die Nutzungsüberlassung von Aufbahrungshallen usw. nicht unter diesen engeren Vermietungsbegriff, dann liegt auch keine unternehmerische Tätigkeit iSd § 2 Abs. 3 letzter Satz UStG 1994 vor (vgl. VwGH 04.02.2009, 2006/15/0220 sowie VwGH 03.09.2008, 2003/13/0086).

§ 2 UStG

Photovoltaikanlage: Siehe dazu Abschnitt 2.2.2.5. des Erlasses des BMF vom 24.2.2014, BMF-010219/0488-VI/4/2013, BMF-AV Nr. 8/2014.

Politische Parteien: Tätigkeiten der Außenwerbung (zB Leistungen im Bereich der Öffentlichkeitsarbeit und Information; Weitergabe von Werbematerial an Bezirks- und Gemeindeorganisationen gegen Verrechnung; Veranstaltung eines Parteiballes usw.) der Unterorganisation einer politischen Partei stellen keinen Betrieb gewerblicher Art dar, da die Partei damit, ohne dass sie sich an einem Markt beteiligt, eine nach außen gerichtete Aktivität im Rahmen der Verwirklichung ihrer politischen Ziele entfaltet, die die Verbreitung ihrer Anschauungen als politische Organisation und somit die politische Willensbildung bezweckt (vgl. EuGH 06.10.2009, Rs C-267/08, *SPÖ Landesorganisation Kärnten*).

Regenwasser: Eine Kanalisationsanlage stellt unabhängig davon, in wie vielen Kreisen sie geführt wird, einen einheitlichen Betrieb dar. Wenn das Regenwasser aus den im Ortsbereich der Gemeinde gelegenen öffentlichen Straßen und Plätzen in die Kanalisationsanlage geleitet wird, liegt ein Tatbestand für eine Vorsteuerberichtigung nicht vor, wenn die Kanalisationsanlage in erster Linie dazu dient, gegen Entgelt Spülwasser und Abfälle zu beseitigen.

Tourismusverbände: Die Werbetätigkeit der Tourismusverbände und Fremdenverkehrsvereine ist unternehmerisch, wenn die Umsätze aus dieser Tätigkeit die für die Annahme eines Betriebes gewerblicher Art erforderliche 2.900-€-Grenze übersteigen.

Verpflegung und Nachmittagsbetreuung an öffentlichen Schulen: Die Verpflegung und Nachmittagsbetreuung von Schülern an öffentlichen Schulen unter der Verantwortung der Schule gegen Einhebung von Unkostenbeiträgen von den Eltern nach den jeweiligen bundes- bzw. landesgesetzlichen Regelungen begründet keinen Betrieb gewerblicher Art. Entscheidend für das Vorliegen einer hoheitlichen Tätigkeit ist, dass die Körperschaften des öffentlichen Rechts die Tätigkeiten im Rahmen einer öffentlich-rechtlichen Sonderregelung ausüben, was bei gesetzlich geregelter Verpflegung und Nachmittagsbetreuung von zB im Rahmen von ganztägig geführten Schulen nach den jeweiligen Schulorganisations- oder Pflichtschulgesetzen der Fall ist. Dagegen ist eine unternehmerische Tätigkeit (BgA) anzunehmen, wenn die Verpflegung oder Betreuung außerhalb einer solchen Sonderregelung bzw. außerhalb des Verantwortungsbereichs der Schule (zB in einem Schülerhort) erfolgt. Durch die allgemeine Zugänglichkeit eines Hortbetriebes allein wird eine Gemeinde noch nicht in Ausübung hoheitlicher Gewalt tätig (vgl. VwGH 29.1.2014, 2010/13/0006; VwGH 29.1.2014, 2009/13/0139, zu einem Hort nach dem NÖ Kinderbetreuungsgesetz 1996 (NÖ KBG, LGBl. 5065-1).

273 Zwecks gleicher Behandlung von Tourismusverbänden, Fremdenverkehrsvereinen und Tourismusgemeinden sind **Werbetätigkeiten im Zusammenhang mit der Tourismuswerbung** nur insoweit unternehmerisch, als diese unmittelbar der Werbung für den Tourismus zuzuordnen sind und die Umsätze aus dieser Tätigkeit die für die Annahme eines Betriebes gewerblicher Art erforderliche **2.900-€-Grenze** pro Jahr übersteigen (wobei bei der Ermittlung der 2.900-€-Grenze die als nicht umsatzsteuerbare Zuschüsse geltenden Zahlungen aus der Aufenthaltsabgabe an die Tourismusverbände bzw. Fremdenverkehrsvereine außer Ansatz bleiben).

Zum unternehmerischen Bereich zählen bzw. zum Vorsteuerabzug berechtigen demnach:
- **Druckwerke** wie Prospekte, Plakate, Aufkleber, Zimmernachweise, Ortspläne, Wanderausweise, Gästekarten, Veranstaltungskalender, Filme und Fotos;
- **Gästeinformationssysteme** wie Panoramakamera, Informator, TIS (Tourismus Informationssystem);
- **Einschaltungen in den Medien** wie Annoncen, Radio- und TV-Spots;
- **überregionale Werbemaßnahmen** wie Beiträge an Werbegemeinschaften, Sachaufwand für Werbung, Werbereisen, Vergabe von Werbeartikeln, Gästeehrungen, Repräsentationen, Gastgeschenke, Freiaufenthalte, Journalistenbetreuung;
- **Veranstaltungen des Tourismusverbandes** wie Heimatabende und Tanzveranstaltungen, geführte Wanderungen, Gästeschirennen, Konzertveranstaltungen (Platzkonzerte), Dia- und Filmvorträge, Schlechtwetterprogramm, kulturelle Veranstaltungen.

Vorsteuern im Zusammenhang mit Maßnahmen zur Ortsgestaltung oder Infrastrukturmaßnahmen sind demgegenüber – soweit diese unentgeltlich erfolgen und damit keinem Betrieb gewerblicher Art iSd § 2 Abs. 3 UStG 1994 zuzuordnen sind – ab 1.1.2001 nicht mehr abzugsfähig.

Darunter fallen im Wesentlichen:
- **Ortsgestaltungen** wie Wege, Markierungen, Panoramatafeln, Bänke, Ortsverschönerung und Blumenschmuck;
- **Errichtung und Betrieb infrastruktureller Einrichtungen** wie Tourismusbüro, Eislaufplatz, Langlaufloipen, Rodelbahn, Schibus, Minigolf, Radwege, Kinderspielplatz, Fahrradverleih, Gästekindergarten, Funpark.

Ob ein Betrieb gewerblicher Art vorliegt oder nicht, ist für jeden Betrieb gesondert zu prüfen. Eine Zusammenfassung mehrerer Einrichtungen zu einem einheitlichen Betrieb ist nur dann anzuerkennen, wenn nach dem Gesamtbild der Verhältnisse objektiv zwischen den verschiedenen Betätigungen eine **enge wechselseitige technisch-wirtschaftliche Verflechtung** besteht (wirtschaftliche, personelle, finanzielle oder organisatorische Verknüpfung – VwGH 28.10.1997, 93/14/0224).

Hinsichtlich der Aufteilung von Vorsteuern, die sowohl den unternehmerischen als auch den nichtunternehmerischen Bereich eines Tourismusverbandes betreffen (gemischt genutzte Wirtschaftsgüter), können aus Vereinfachungsgründen aufgrund von Erfahrungssätzen pauschal 20 % dem nichtunternehmerischen Bereich „**Ortsgestaltung und Infrastruktur**" und 80 % dem unternehmerischen Bereich „**unmittelbare Werbung**" zugeordnet werden. Dem jeweiligen Verband bleibt es jedoch unbenommen, die tatsächliche unternehmerische Verwendung der gemischt genutzten Wirtschaftsgüter nachzuweisen, wobei die Aufteilung nach der zeitlichen Inanspruchnahme der Wirtschaftsgüter sich als eine geeignete Methode anbietet.

3.6 Vermietung von Grundstücken durch ausgegliederte Rechtsträger

3.6.1 Vermietung von Grundstücken durch ausgegliederte Rechtsträger von Gebietskörperschaften

274 Werden **Liegenschaften einschließlich der als Einheit dazu gehörenden Betriebsvorrichtungen von Gemeinden, Gemeindeverbänden (oder anderen Gebietskörperschaften)** in einen eigenen Rechtsträger des Privatrechts (zB KG, KEG, GmbH) ausgegliedert und wieder an die jeweilige Gebietskörperschaft oder an einen Dritten vermietet oder verpachtet, wird ein Miet-(Pacht-)Verhältnis zwischen dem ausgegliederten Rechtsträger und der Gebietskörperschaft oder dem Dritten nur unter folgenden Voraussetzungen anerkannt:

- Die Gebietskörperschaft ist am ausgegliederten Rechtsträger zu mehr als 50 % beteiligt;
- im Rahmen der Ausgliederung wird **die Liegenschaft** in das Eigentum des ausgegliederten Rechtsträgers übertragen;
- das Entgelt übersteigt die Betriebskosten im Umfang der §§ 21 bis 24 MRG zuzüglich einer jährlichen AfA-Komponente.

AfA-Bemessungsgrundlage
- Als AfA-Komponente pro Jahr sind mindestens 1,5 % der Anschaffungs- oder Herstellungskosten **des Gebäudes und der dazugehörigen Betriebsvorrichtungen** einschließlich aktivierungspflichtige Aufwendungen und Kosten von Großreparaturen anzusetzen.
- Bei der Übertragung (Ausgliederung) eines bereits bestehenden Gebäudes **(einschließlich Betriebsvorrichtung)** sind pro Jahr mindestens 1,5% des Wertes anzusetzen, der einkommensteuerrechtlich **(ohne § 3 Abs. 1 Z 6 EStG 1988)** als AfA-Bemessungsgrundlage gilt.
- Soweit für die übertragene Liegenschaft kein Vorsteuerabzug geltend gemacht werden konnte, ist mindestens der gesamte Einheitswert der übertragenen Liegenschaft anzusetzen. Bei Anschaffungs- oder Herstellungskosten einschließlich aktivierungspflichtige Aufwendungen und Kosten von Großreparaturen, die dem Erwerber für

§ 2 UStG

diese übertragenen Gebäude entstehen, ist zusätzlich eine AfA-Tangente pro Jahr von mindestens 1,5% dieser Kosten bzw. Aufwendungen anzusetzen.

- Soweit ein Gebäude nur teilweise zum Vorsteuerabzug berechtigt hat (Gebäude beherbergt hoheitliche Volksschule und vorsteuerabzugsberechtigten Kindergarten), ist bei der Ermittlung des für die Berechung der AfA-Komponente maßgeblichen Wertes eine Aufteilung vorzunehmen (soweit ein Vorsteuerabzug nicht vorgenommen werden konnte: Ansatz des anteiligen Einheitswertes; soweit ein Vorsteuerabzug in Anspruch genommen werden konnte: Ansatz des anteiligen einkommensteuerlich maßgeblichen Wertes).
- Eigenleistungen des Mieters oder Pächters (Gebietskörperschaft) anlässlich der Errichtung oder Sanierung des Gebäudes sind in die Bemessungsgrundlage mit einzubeziehen.

Von den auf diese Weise ermittelten Beträgen dürfen **ausgegliederte Rechtsträger von Gemeinden neben den** Bedarfzuweisungen der Länder nach § 12 Abs. 1 Finanzausgleichsgesetz 2001 bzw. § 11 Abs. 1 Finanzausgleichsgesetz 2005, die von den Gemeinden an die ausgegliederten Rechtsträger weitergeleitet werden, **alle anderen öffentlichen Förderungen (Zuschüsse), die von den Ländern, vom Bund oder von der EU für ein bestimmtes Bauvorhaben gewährt werden, abziehen.**

Weitervermietung:

Die Weitervermietung eines vom ausgegliederten Rechtsträger angemieteten Grundstückes an die jeweilige Gebietskörperschaft ist steuerrechtlich nur dann anzuerkennen, wenn die dem ausgegliederten Rechtsträger entstandenen Kosten zur Gänze weiterverrechnet werden.

Baurecht:

- Die Einräumung eines Baurechtes durch die Gebietskörperschaft an den ausgegliederten Rechtsträger mit anschließender Rückmiete oder -verpachtung wird steuerrechtlich nicht anerkannt.
- Die Einräumung eines Baurechtes durch einen Dritten an den ausgegliederten Rechtsträger und die anschließende Vermietung bzw. Verpachtung an die jeweilige Gebietskörperschaft ist zu einem kostendeckenden Entgelt zulässig.

Betriebsvorrichtung:

- Werden vom ausgegliederten Rechtsträger Gebäude samt Betriebsvorrichtungen (vgl. Rz 780) neu errichtet bzw. angeschafft und in der Folge an die Gebietskörperschaft vermietet, können die auf die Betriebsvorrichtungen entfallenden Vorsteuerbeträge nur abgezogen werden, wenn diese eine wirtschaftliche Einheit mit dem vermieteten Grundstück bilden (zB Hauptschule mit im Freien befindlicher Sportanlage, Schulparkplatz und internem Parkplatz für den Lehrkörper). Soweit sonstige öffentliche Flächen davon betroffen sind (zB öffentliche Zufahrtsstraßen oder Parkplätze) ist für diese ein Vorsteuerabzug nicht zulässig, außer sie sind unverzichtbarer Teil eines Gesamtkomplexes (zB Gemeindeamt mit dazugehörigem Parkplatz auf Gemeindegrund).
- Die bei einer Vermietung des Grundstücks auf die Betriebsvorrichtungen entfallenden Entgeltsteile fallen nicht unter die Steuerbefreiung des § 6 Abs. 1 Z 16 UStG 1994 (zwingend Normalsteuersatz).

Auf die Errichtung und Überlassung von öffentlichen Straßen, Plätzen, Kreisverkehren, Ortsbildgestaltungen und Ähnliches ist Rz 274 nicht anwendbar. Hinsichtlich der Errichtung von öffentlichen Straßen usw. durch ausgegliederte Rechtsträger und Übertragung an den öffentlichen Straßenerhalter siehe Rz 277.

Entspricht ein bereits bestehendes Miet- (Pacht-)Verhältnis nicht den Erfordernissen dieser geänderten Regelung, ist es dennoch anzuerkennen, wenn eine Anpassung an die aufgestellten Kriterien bis zum Ablauf des Jahres 2007 erfolgt.

Rz 274 ist sinngemäß auch auf Fälle anzuwenden, in denen an der Gesellschaft mehrere Gebietskörperschaften zu insgesamt mehr als 50% beteiligt sind (interkommunale Zusammenarbeit).

Änderungen durch das 1. StabG 2012, BGBl. I Nr. 22/2012

Nach dem 1. StabG 2012, BGBl. I Nr. 22/2012, ist eine Option zur Steuerpflicht bei Vermietung und Verpachtung von Grundstücken (§ 6 Abs. 1 Z 16 UStG 1994) nur zulässig,

§ 2 UStG

wenn der Mieter nahezu ausschließlich zum Vorsteuerabzug berechtigt ist. Die Bestimmung ist auf Miet- und Pachtverhältnisse anzuwenden, die nach dem 31. August 2012 beginnen, sofern mit der Errichtung des Gebäudes durch den Unternehmer nicht bereits vor dem 1. September 2012 begonnen wurde. Als Beginn der Errichtung des Gebäudes ist der Zeitpunkt zu verstehen, in dem bei vorliegender Baubewilligung mit der Bauausführung tatsächlich begonnen wird, also tatsächliche handwerkliche Baumaßnahmen erfolgen.

Für Miet- und Pachtverhältnisse, die nach dem 31. August 2012 beginnen, ist eine Option zur Steuerpflicht (weiterhin) nur möglich, wenn vor dem 1. September 2012 durch den ausgegliederten Rechtsträger (Unternehmer) mit der Errichtung des Gebäudes begonnen wurde. Erfolgt(e) die Errichtung nicht durch den ausgegliederten Rechtsträger selbst, sondern durch die Gemeinden, Gemeindeverbände (oder anderen Gebietskörperschaften), ist mangels Unternehmeridentität seitens des ausgegliederten Rechtsträgers eine Option zur Steuerpflicht nicht zulässig. Hinsichtlich weiterer Ausführungen zur Neuregelung ab 1. September 2012 siehe Rz 899a bis Rz 899c.

3.6.2 Vermietung von Grundstücken durch ausgegliederte Rechtsträger von Körperschaften des öffentlichen Rechts (ausgenommen Gebietskörperschaften)

274a Werden Liegenschaften einschließlich der als Einheit dazu gehörenden Betriebsvorrichtungen von Körperschaften des öffentlichen Rechts (ausgenommen Gebietskörperschaften) in einen eigenen Rechtsträger des Privatrechts (zB KG, KEG, GmbH) ausgegliedert und wieder an die jeweilige Körperschaft vermietet oder verpachtet, wird ein Miet-(Pacht-)Verhältnis zwischen dem ausgegliederten Rechtsträger und der Körperschaft nur unter folgenden Voraussetzungen anerkannt:

- Die Körperschaft ist am ausgegliederten Rechtsträger zu mehr als 50% beteiligt;
- im Rahmen der Ausgliederung wird die Liegenschaft in das Eigentum des ausgegliederten Rechtsträgers übertragen;
- das Entgelt übersteigt die vom Vermieter bzw. Verpächter zu tragenden Betriebskosten im Umfang der §§ 21 bis 24 MRG zuzüglich einer jährlichen AfA-Komponente.

AfA-Bemessungsgrundlage:

- Als AfA-Komponente pro Jahr sind mindestens 2,5% der Anschaffungs- oder Herstellungskosten des Gebäudes und der dazugehörigen Betriebsvorrichtungen einschließlich aktivierungspflichtige Aufwendungen und Kosten von Großreparaturen anzusetzen; außer der Rechtsträger weist nach, dass sich unter Zugrundelegung der betriebsgewöhnlichen Nutzungsdauer ein geringerer AfA-Satz (mindestens jedoch 1,5%) ergibt.
- Bei der Übertragung (Ausgliederung) eines bereits bestehenden Gebäudes (einschließlich Betriebsvorrichtung) ist der sich aus dem vorigen Punkt ergebende AfA-Satz auf jenen Wert anzusetzen, der einkommensteuerrechtlich (ohne Abzug von Zuwendungen aus öffentlichen Mitteln im Sinne des § 3 Abs. 1 Z 6 EStG 1988) als AfA-Bemessungsgrundlage gilt.
- Soweit für die übertragene Liegenschaft kein Vorsteuerabzug geltend gemacht werden konnte, ist mindestens der gesamte Einheitswert der übertragenen Liegenschaft anzusetzen. Bei Anschaffungs- oder Herstellungskosten einschließlich aktivierungspflichtige Aufwendungen und Kosten von Großreparaturen, die dem Erwerber für diese übertragenen Gebäude entstehen, ist zusätzlich eine aus dem ersten Punkt ermittelte AfA-Tangente pro Jahr dieser Kosten bzw. Aufwendungen anzusetzen.
- Soweit ein Gebäude nur teilweise zum Vorsteuerabzug berechtigt hat, ist bei der Ermittlung des für die Berechnung der AfA-Komponente maßgeblichen Wertes eine Aufteilung vorzunehmen (soweit ein Vorsteuerabzug nicht vorgenommen werden konnte: Ansatz des anteiligen Einheitswertes; soweit ein Vorsteuerabzug in Anspruch genommen werden konnte: Ansatz des anteiligen einkommensteuerlich maßgeblichen Wertes).
- Eigenleistungen des Mieters oder Pächters (Körperschaft) anlässlich der Errichtung oder Sanierung des Gebäudes sind in die Bemessungsgrundlage mit einzubeziehen.

Zur Einschränkung der Optionsmöglichkeit bei gemäß § 6 Abs. 1 Z 16 UStG 1994 steuerfreien Umsätzen aus der Vermietung und Verpachtung von Grundstücken durch das 1. StabG 2012, BGBl. I Nr. 22/2012, siehe Rz 274.

3.7 Vermietung von beweglichen körperlichen Gegenständen durch ausgegliederte Rechtsträger von Körperschaften des öffentlichen Rechts

275 Im Falle der Vermietung bzw. entgeltlichen Nutzungsüberlassung von beweglichen körperlichen Gegenständen durch den ausgegliederten Rechtsträger (zB Fahrzeuge, EDV-Anlagen, Mobiliar, Schuleinrichtung etc.) ist die Unternehmereigenschaft bzw. der Vorsteuerabzug ganz allgemein danach zu beurteilen, ob eine „gewerbliche oder berufliche" Tätigkeit vorliegt. Wesentlich dafür ist somit, ob die Vermietung des beweglichen Anlagevermögens auf Einnahmenerzielung gerichtet ist. Dies kann angenommen werden, wenn das (jährliche) Mietentgelt zumindest jene AfA-Komponente erreicht, welche sich aus der betriebsgewöhnlichen Nutzungsdauer im Sinne der §§ 7, 8 EStG 1988 ergibt (siehe EStR 2000 Rz 3101 ff). Allfällige Zuschüsse bzw. Gesellschaftereinlagen sind bei der Kalkulation des Mietentgelts nicht zu berücksichtigen (Kostenkalkulation auf Basis der ungekürzten Anschaffungskosten).

3.8 Sonderregelungen für die Ausgliederung von Aufgaben der Körperschaften öffentlichen Rechts, die Rückgängigmachung solcher Ausgliederungen und die Zusammenlegung von Gebietskörperschaften

276 Gemäß Art. 34 § 1 Abs. 1 Budgetbegleitgesetz 2001, BGBl. I Nr. 142/2000 idF BGBl. I Nr. 84/2002, gelten die Ausgliederung und Übertragung von Aufgaben der Körperschaften öffentlichen Rechts an juristische Personen des privaten oder öffentlichen Rechts sowie an Personenvereinigungen (Personengesellschaften), die unter beherrschendem Einfluss einer Körperschaft öffentlichen Rechts stehen, als nicht steuerbare Umsätze. Ist die juristische Person des privaten oder öffentlichen Rechts im Rahmen der Aufgabenerfüllung als Unternehmer tätig, gelten für Zwecke der Umsatzsteuer die Rechtsverhältnisse für diese Tätigkeit als Unternehmer weiter (zB Fortsetzung des beim Rechtsvorgänger begonnenen Fristenlaufs für den Berichtigungszeitraum gemäß § 12 Abs. 10 UStG 1994 beim Rechtsnachfolger).

Diese Sonderregelung ist nach Art. 34 § 2 Budgetbegleitgesetz 2001, BGBl. I Nr. 142/2000 idF BGBl. I Nr. 5/2013, sinngemäß auf alle durch die Rückgängigmachung von Ausgliederungen und Übertragungen, die von § 1 erfasst waren, unmittelbar veranlassten (anfallenden) Schriften, Rechtsvorgänge und Rechtsgeschäfte anzuwenden (anzuwenden für die Rückgängigmachung von Ausgliederungen ab 11.1.2013). Für Zwecke der Umsatzsteuer gilt dies jedoch erst nach Ablauf des Vorsteuerberichtigungszeitraumes gemäß § 12 Abs. 10 und Abs. 11 UStG 1994.

Weiters ist die Sonderregelung des Art. 34 § 1 Budgetbegleitgesetz 2001, BGBl. I Nr. 142/2000 idF BGBl. I Nr. 84/2002, sinngemäß auf alle auf Grund der Zusammenlegung von Gebietskörperschaften anfallenden Schriften, Rechtsvorgänge und Rechtsgeschäfte anzuwenden (gilt ab 11.1.2013).

3.9 Errichtung und Übertragung von öffentlichen Straßenanlagen durch ausgegliederte bzw. private Rechtsträger

277 Auch aus Aufwendungen, die aus der Errichtung öffentlicher Straßenanlagen (Zufahrtsstraßen, Abbiegespuren, Kreisverkehre usw.) resultieren, kann der Vorsteuerabzug unter den allgemeinen Voraussetzungen des § 12 UStG 1994 durch den (privaten) Straßenerrichter vorgenommen werden. Weder der Umstand, dass die Herstellung und Erhaltung öffentlicher Straßen in den Aufgabenbereich der Gebietskörperschaften fällt, noch der Umstand, dass eine errichtete Verkehrsfläche letztlich in das Eigentum des Straßeneigentümers übergeht, schließen einen Vorsteuerabzug eines die Bauleistungen in Auftrag gebenden Unternehmens bereits aus (vgl. VwGH 25.7.2013, 2011/15/0055). Dies gilt auch dann, wenn die Errichtung (bereits) auf öffentlichem Gut erfolgt. Es kann nämlich für einen Liegenschaftsverwalter durchaus im unternehmerischen Interesse liegen, seine Grundstücke durch Investitionen in (angrenzende) öffentliche Grundstücke besser zu erschließen.

Erfolgt die anschließende Übertragung an den öffentlichen Straßenerhalter im Rahmen einer entgeltlichen (Werk-)Lieferung, ist hinsichtlich der Lieferung des Grund und Bodens von einem steuerfreien Grundstücksumsatz nach § 6 Abs. 1 Z 9 lit. a UStG 1994 auszugehen (mit Option zur Steuerpflicht). Die (Werk-)Lieferung der öffentlichen Straßenanlage ist dagegen jedenfalls (als Werklieferung oder als Betriebsvorrichtung) steuerpflichtig. Eine Lieferung iSd § 3 Abs. 1 UStG 1994 an den öffentlichen Straßenerhalter ist auch im Falle einer Weiterverrechnung der Errichtungskosten an kaufinteressierte Unternehmer im Erschließungsgebiet anzunehmen, wenn diese Zahlungen Entgelt von dritter Seite darstellen. Zahlungen der kaufinteressierten Unternehmer stellen ein Entgelt von dritter Seite dar, wenn die Kosten der straßenbaulichen Maßnahmen vereinbarungsgemäß von den kaufinteressierten Unternehmern getragen und diesen (anteilig) weiterverrechnet werden (vgl. VwGH 25.10.2011, 2008/15/0299). Das Vorliegen einer solchen Weiterverrechnung schließt nicht aus, dass neben dem Entgelt von dritter Seite auch ein (anteiliges) direktes Leistungsentgelt vorliegt (vgl. VwGH 30.4.2015, 2012/15/0163). Die Kaufinteressenten sind hinsichtlich der Kostenübernahme bzw. der in diesem Zusammenhang getätigten Zahlungen jedoch nicht zum Vorsteuerabzug berechtigt, weil nicht sie, sondern der öffentliche Straßenerhalter Leistungsempfänger ist (vgl. VwGH 25.10.2011, 2008/15/0299).

Werden hingegen die errichteten öffentlichen Straßenanlagen nach Fertigstellung unentgeltlich an den öffentlichen Straßenerhalter übertragen, wird der Entnahmetatbestand gemäß § 3 Abs. 2 dritter Teilstrich UStG 1994 ausgelöst, wenn die Errichtung zu unternehmerischen Zwecken erfolgte und der Vorsteuerabzug aus den Errichtungskosten daher zugestanden ist (vgl. VwGH 19.12.2013, 2009/15/0137; VwGH 25.7.2013, 2011/15/0055). Die Bemessungsgrundlage bestimmt sich dabei nach § 4 Abs. 8 lit. a UStG 1994 (ausgehend von der gleichzeitigen bzw. zeitnahen Übertragung somit nach den gesamten Herstellungskosten für das errichtete Bauwerk).

Randzahlen 278 bis 290: Derzeit frei.

4. Sozialversicherung
Derzeit frei.
Randzahlen 291 bis 310: Derzeit frei.

5. Fehlende Unternehmereigenschaft
5.1. Funktionsgebühren

311. Für das Vorliegen von nicht steuerbaren Funktionsgebühren gelten die für das Ertragsteuerrecht geltenden Auslegungsgrundsätze zum § 29 Z 4 EStG 1988 (vgl. EStR 2000 Rz 6613 bis Rz 6619) auch für das Umsatzsteuer.

Voraussetzung für die Nichtsteuerbarkeit ist, dass Unternehmer, die auch als Funktionäre einer Körperschaft des öffentlichen Rechts tätig sind, als Organe dieser Körperschaft des öffentlichen Rechts auftreten und innerhalb eines festgesetzten Gebietes bzw. Bereiches mit einer entsprechenden Macht- und Entscheidungsbefugnis (Imperium) ausgestattet sind (siehe zB die ständigen ärztlichen Beisitzer in den Patientenschiedsstellen der Ärztekammer (§ 66a Abs. 1 Z 6 ÄrzteG 1998), Fleischuntersuchungsorgane nach dem Lebensmittelsicherheits- und Verbraucherschutzgesetz (LMSVG), BGBl. I Nr. 13/2006, oder als Seuchentierärzte gemäß § 2a Abs. 1 des Tierseuchengesetzes, RGBl. Nr. 177/1909 idF BGBl. I Nr. 71/2003 bestellte Tierärzte). Eine bloß gutachterliche Tätigkeit ist jedenfalls als unternehmerisch anzusehen.

312. Hinsichtlich folgender Untersuchungen handeln Tierärzte nicht als Funktionäre einer Körperschaft des öffentlichen Rechts nach § 2 Abs. 5 Z 1 UStG 1994 in Verbindung mit § 29 Z 4 EStG 1988, da sich ihre diesbezüglichen Tätigkeiten im Wesentlichen als gutachterliche Tätigkeiten darstellen:
- Untersuchungen nach § 3 Abs. 1 Z 1 der jeweils geltenden BVD-Verordnung (Verordnung über ein Untersuchungsprogramm zur Bekämpfung der Bovinen, Virusdiarrhöe und der Mucosal Disease bei Rindern), derzeit BVD-Verordnung 2007, BGBl. II Nr. 178/2007 (siehe auch EStR 2000 Rz 6617a):

sowie bis 31.12.2013:
- Untersuchungen bzw. Probeziehungen nach § 3 Abs. 1 Rinderleukose-Untersuchungsverordnung 2008, BGBl. II Nr. 304/2007;
- Untersuchungen bzw. Probeziehungen nach § 3 Abs. 1 der Bangseuchen-Untersuchungsverordnung 2008, BGBl. II Nr. 305/2007;
- Untersuchungen und Probeziehungen nach § 3 Abs. 1 der IBR/IPV-Untersuchungsverordnung 2008, BGBl. II Nr. 306/2007.

§ 2 UStG

5.2. Liebhaberei

313 Gemäß § 6 LVO, BGBl. Nr. 33/1993 idgF, welcher gemäß § 28 Abs. 5 Z 4 UStG 1994 eine Legaldefinition zur Liebhaberei im Sinne des § 2 Abs. 5 Z 2 UStG 1994 darstellt (vgl. VwGH 16.02.2006, 2004/14/0082), kann Liebhaberei im umsatzsteuerlichen Sinn nur bei Betätigungen im Sinne des § 1 Abs. 2 LVO (Betätigungen mit Liebhabereivermutung) vorliegen. Siehe dazu im Detail LRL 2012 Rz 159 bis Rz 184.

Randzahlen 314 bis 325: Derzeit frei.

6. Sondergebühren der Ärzte

Derzeit frei.

Randzahlen 326 bis 340: Derzeit frei.

Verordnung zu § 2:

Verordnung des Bundesministers für Finanzen über das Vorliegen von Einkünften, über die Annahme einer gewerblichen oder beruflichen Tätigkeit und über die Erlassung vorläufiger Bescheide (Liebhabereiverordnung)

BGBl. Nr. 33/1993 idF BGBl. II Nr. 15/1999

Abschnitt I
Einkommen- und Körperschaftsteuer
§ 1.

(1) Einkünfte liegen vor bei einer Betätigung (einer Tätigkeit oder einem Rechtsverhältnis), die
– durch die Absicht veranlaßt ist, einen Gesamtgewinn oder einen Gesamtüberschuß der Einnahmen über die Werbungskosten (§ 3) zu erzielen, und
– nicht unter Abs. 2 fällt.

Voraussetzung ist, daß die Absicht anhand objektiver Umstände (§ 2 Abs. 1 und 3) nachvollziehbar ist. Das Vorliegen einer derartigen Absicht ist für jede organisatorisch in sich geschlossene und mit einer gewissen Selbständigkeit ausgestattete Einheit gesondert zu beurteilen.

(2) Liebhaberei ist bei einer Betätigung anzunehmen, wenn Verluste entstehen
1. aus der Bewirtschaftung von Wirtschaftsgütern, die sich nach der Verkehrsauffassung in einem besonderen Maß für eine Nutzung im Rahmen der Lebensführung eignen (zB Wirtschaftsgüter, die der Sport- und Freizeitausübung dienen, Luxuswirtschaftsgüter) und typischerweise einer besonderen in der Lebensführung begründeten Neigung entsprechen oder
2. aus Tätigkeiten, die typischerweise auf eine besondere in der Lebensführung begründete Neigung zurückzuführen sind oder
3. aus der Bewirtschaftung von Eigenheimen, Eigentumswohnungen und Mietwohngrundstücken mit qualifizierten Nutzungsrechten.

Die Annahme von Liebhaberei kann in diesen Fällen nach Maßgabe des § 2 Abs. 4 ausgeschlossen sein. Das Vorliegen der Voraussetzungen der Z 1 und 2 ist für jede organisatorisch in sich geschlossene und mit einer gewissen Selbständigkeit ausgestattete Einheit gesondert zu beurteilen.

(3) Liebhaberei liegt nicht vor, wenn eine Betätigung bei einer einzelnen Einheit im Sinn des Abs. 1 vorletzter Satz, die im wirtschaftlichen Zusammenhang mit weiteren Ein-

heiten steht, aus Gründen der Gesamtrentabilität, der Marktpräsenz oder der wirtschaftlichen Verflechtung aufrechterhalten wird.

§ 2.

(1) Fallen bei Betätigungen im Sinn des § 1 Abs. 1 Verluste an, so ist das Vorliegen der Absicht, einen Gesamtgewinn oder Gesamtüberschuß der Einnahmen über die Werbungskosten (§ 3) zu erzielen, insbesondere anhand folgender Umstände zu beurteilen:
1. Ausmaß und Entwicklung der Verluste,
2. Verhältnis der Verluste zu den Gewinnen oder Überschüssen,
3. Ursachen, auf Grund deren im Gegensatz zu vergleichbaren Betrieben, Tätigkeiten oder Rechtsverhältnissen kein Gewinn oder Überschuß erzielt wird,
4. marktgerechtes Verhalten im Hinblick auf angebotene Leistungen,
5. marktgerechtes Verhalten im Hinblick auf die Preisgestaltung,
6. Art und Ausmaß der Bemühungen zur Verbesserung der Ertragslage durch strukturverbessernde Maßnahmen (zB Rationalisierungsmaßnahmen).

(2) Innerhalb der ersten drei Kalenderjahre (Wirtschaftsjahre) ab Beginn einer Betätigung (zB Eröffnung eines Betriebes) im Sinn des § 1 Abs. 1, längstens jedoch innerhalb der ersten fünf Kalenderjahre (Wirtschaftsjahre) ab dem erstmaligen Anfallen von Aufwendungen (Ausgaben) für diese Betätigung liegen jedenfalls Einkünfte vor (Anlaufzeitraum). Dieser Zeitraum wird durch die Übertragung der Grundlagen der Betätigung auf Dritte nicht unterbrochen. Nach Ablauf dieses Zeitraumes ist unter Berücksichtigung der Verhältnisse auch innerhalb dieses Zeitraumes nach dem Gesamtbild der Verhältnisse zu beurteilen, ob weiterhin vom Vorliegen von Einkünften auszugehen ist. Ein Anlaufzeitraum im Sinn des ersten Satzes darf nicht angenommen werden, wenn nach den Umständen des Einzelfalls damit zu rechnen ist, daß die Betätigung vor dem Erzielen eines Gesamtgewinnes (Gesamtüberschusses) beendet wird.

(3) Abs. 2 gilt nicht für Betätigungen im Zusammenhang mit der entgeltlichen Überlassung von Gebäuden. Das Vorliegen einer Absicht im Sinn des § 1 Abs. 1 ist in diesem Fall nach dem Verhältnis des Zeitraumes, innerhalb dessen ein Gesamtgewinn oder Gesamtüberschuß geplant ist, zu einem absehbaren Zeitraum zu beurteilen. Als absehbarer Zeitraum gilt ein Zeitraum von 25 Jahren ab Beginn der entgeltlichen Überlassung, höchstens 28 Jahren ab dem erstmaligen Anfallen von Aufwendungen (Ausgaben).

(4) Bei Betätigungen gemäß § 1 Abs. 2 liegt Liebhaberei dann nicht vor, wenn die Art der Bewirtschaftung oder der Tätigkeit in einem absehbaren Zeitraum einen Gesamtgewinn oder Gesamtüberschuß der Einnahmen über die Werbungskosten (§ 3) erwarten läßt. Andernfalls ist das Vorliegen von Liebhaberei ab Beginn dieser Betätigung so lange anzunehmen, als die Art der Bewirtschaftung oder der Tätigkeit nicht im Sinn des vorstehenden Satzes geändert wird. Bei Betätigungen im Sinne des § 1 Abs. 2 Z 3 gilt als absehbarer Zeitraum ein Zeitraum von 20 Jahren ab Beginn der entgeltlichen Überlassung, höchstens 23 Jahren ab dem erstmaligen Anfallen von Aufwendungen (Ausgaben).

§ 3.

(1) Unter Gesamtgewinn ist der Gesamtbetrag der Gewinne zuzüglich steuerfreier Einnahmen abzüglich des Gesamtbetrags der Verluste zu verstehen. Steuerfreie Einnahmen sind nur insoweit anzusetzen, als sie nicht zu einer Kürzung von Aufwendungen

(Ausgaben) führen. Wertänderungen von Grund und Boden, der zum Anlagevermögen gehört, sind nur bei der Gewinnermittlung nach § 5 EStG 1988 anzusetzen.

(2) Unter Gesamtüberschuß ist der Gesamtbetrag der Überschüsse der Einnahmen über die Werbungskosten abzüglich des Gesamtbetrags der Verluste zu verstehen.

§ 4.

(1) Die §§ 1 bis 3 sind auch bei Personenvereinigungen (Personengemeinschaften) ohne eigene Rechtspersönlichkeit anzuwenden.

(2) Es ist zuerst für die Personenvereinigung (Personengemeinschaft) zu prüfen, ob die gemeinschaftliche Betätigung als Liebhaberei im Sinn des § 1 zu beurteilen ist.

(3) Zusätzlich ist gesondert zu prüfen, ob jeweils beim einzelnen Gesellschafter (Mitglied) Liebhaberei vorliegt. Dabei sind auch besondere Vergütungen (Einnahmen) und Aufwendungen (Ausgaben) der einzelnen Gesellschafter (Mitglieder) zu berücksichtigen.

(4) Bei der Prüfung im Sinn des Abs. 3 ist weiters darauf Bedacht zu nehmen, ob nach den Umständen des Einzelfalls damit zu rechnen ist, daß der Gesellschafter (das Mitglied) vor dem Erzielen eines anteiligen Gesamtgewinnes (Gesamtüberschusses) aus der Personenvereinigung (Personengemeinschaft) ausscheidet. In diesem Fall ist auch für den Zeitraum gemäß § 2 Abs. 2 das Vorliegen von Liebhaberei zu prüfen.

§ 5.

Die §§ 1 bis 5 sind nicht anzuwenden auf
1. Betriebe gewerblicher Art von Körperschaften des öffentlichen Rechts (§ 2 KStG 1988),
2. juristische Personen des privaten Rechts, an denen unmittelbar oder mittelbar ausschließlich Körperschaften des öffentlichen Rechts beteiligt sind, soweit § 2 Abs. 4 dritter Satz KStG 1988 anzuwenden ist,
3. Körperschaften, Personenvereinigungen oder Vermögensmassen, die der Förderung gemeinnütziger, mildtätiger oder kirchlicher Zwecke nach Maßgabe der §§ 34 bis 47 BAO dienen, und
4. wirtschaftliche Geschäftsbetriebe im Sinn des § 31 BAO.

Abschnitt II
Umsatzsteuer

§ 6.

Liebhaberei im umsatzsteuerlichen Sinn kann nur bei Betätigungen im Sinne des § 1 Abs. 2, nicht hingegen bei anderen Betätigungen vorliegen.

Abschnitt III
Bundesabgabenordnung

§ 7.

Ergehen Bescheide gemäß § 200 Abs. 1 BAO vorläufig, weil zwar noch ungewiß, aber wahrscheinlich ist, daß Liebhaberei vorliegt, so berührt dies nicht die Verpflichtung zur Führung von Büchern und Aufzeichnungen.

Abschnitt IV
§ 8.

(1) Abschnitt I und II sind anzuwenden
1. bei der Einkommen- und Körperschaftsteuer erstmalig bei der Veranlagung für das Jahr 1993
2. bei der Umsatzsteuer ab dem 1. Jänner 1993.

(2) Die Verordnung vom 18. Mai 1990, BGBl. Nr. 322/1990, tritt mit 31. Dezember 1992 außer Kraft.

(3) § 1 Abs. 2 Z 1, 2 und 3 und § 2 Abs. 3 und 4 in der Fassung der Verordnung BGBl. II Nr. 358/1997 sind auf entgeltliche Überlassungen anzuwenden, wenn der maßgebliche Zeitraum (absehbare Zeitraum, Kalkulationszeitraum, überschaubare Zeitraum) nicht vor dem 14. November 1997 begonnen hat. Bei Betätigungen im Sinne des § 1 Abs. 2 Z 3 in der Fassung der Verordnung BGBl. II Nr. 358/1997, die bisher als Betätigungen im Sinne des § 1 Abs. 2 in der Fassung vor der Verordnung BGBl. II Nr. 358/1997 zu beurteilen waren, kann der Abgabepflichtige gegenüber jenem Finanzamt, das für die Erhebung der Abgaben vom Einkommen bzw. für die Feststellung der Einkünfte zuständig ist, bis 31. Dezember 1999 schriftlich erklären, daß § 1 Abs. 2 Z 1, 2 und 3 und § 2 Abs. 4 in der Fassung der Verordnung BGBl. II Nr. 358/1997 auf alle nicht endgültig rechtskräftig veranlagten Jahre anzuwenden ist.

Erlässe zu § 2:

Liebhabereirichtlinien 2012 (LRL 2012)

(Erlass d. BM f. Finanzen vom 1. Jänner 2012, BMF-010203/0599-VI/6/2011
idF RL des BMF vom 21.11.2013, BMF-010219/0429-VI/4/2013)

(Auszug)

Die LRL 2012 stellen einen Auslegungsbehelf zur Liebhabereiverordnung BGBl. Nr. 33/1993 idF BGBl. II Nr. 358/1997 dar, der im Interesse einer einheitlichen Vorgangsweise mitgeteilt wird. Die überarbeiteten Liebhabereirichtlinien fassen die geltenden Rechtsansichten zur Liebhabereibeurteilung zusammen. Sie basieren auf den Liebhabereirichtlinien 1997 und berücksichtigen die in der Zwischenzeit erfolgten Änderungen durch Gesetze, Verordnung, Rechtsprechung und Erlässe (Richtlinien).

Aus den LRL 2012 können keine über die gesetzlichen Bestimmungen und die Bestimmungen der Liebhabereiverordnung hinausgehenden Rechte und Pflichten abgeleitet werden.

(...)

9. Umsatzsteuer

9.1. Allgemeines

159 § 2 Abs. 5 Z 2 UStG 1994 sieht vor, dass eine Tätigkeit, die auf Dauer gesehen Gewinne oder Einnahmenüberschüsse nicht erwarten lässt (Liebhaberei), nicht unternehmerisch ist. Umsätze aus einer solchen Tätigkeit unterliegen daher einerseits nicht der Umsatzsteuer, andererseits können die mit einer derartigen Tätigkeit zusammenhängenden Vorsteuern nicht abgezogen werden.

§ 2 UStG

160 Eine Liebhabereibeurteilung kommt umsatzsteuerlich nur dann in Betracht, wenn nach den allgemeinen Kriterien des § 2 Abs. 1 UStG 1994 von einer unternehmerischen Tätigkeit auszugehen wäre.

Werden Tätigkeiten ohne wirtschaftliches Kalkül und ohne eigenwirtschaftliches Interesse entfaltet und ist das Verhalten des Leistenden von der Absicht der Unentgeltlichkeit, der Gefälligkeit, des familiären Zusammenwirkens usw. geprägt oder mangelt es an einer leistungsbezogenen Gegenleistung (vgl. zB EuGH 29.10.2009, Rs C-246/08, Komm/Finnland, zu Rechtshilfeleistungen gegen eine Teilvergütung), liegen keine Tätigkeiten zur Erzielung von Einnahmen vor. In diesen Fällen führen auch allfällige Einnahmen (Kostenersätze) nicht zur Annahme einer gewerblichen oder beruflichen Tätigkeit. Eine Unterhaltsleistung durch eine entsprechende Wohnversorgung von unterhaltsberechtigten Angehörigen (zB Kinder) hat steuerlich unbeachtlich zu bleiben, auch wenn diese in das äußere Erscheinungsbild von Einkünften aus Vermietung gekleidet wird. Auf die fremdübliche Gestaltung eines Mietvertrages kommt es in diesem Zusammenhang nicht an (vgl. VwGH 30.3.2006, 2002/15/0141; VwGH 22.11.2001, 98/15/0057; VwGH 16.12.1998, 93/13/0299). Erfolgt die Überlassung der Nutzung eines Wohnhauses durch eine Privatstiftung an den Stifter/Begünstigten nicht deshalb, um Einnahmen zu erzielen, sondern um ihm einen Vorteil zuzuwenden (Zuwendung aus der Stiftung), fehlt es an einer wirtschaftlichen Tätigkeit (vgl. VwGH 7.7.2011, 2007/15/0255 mwA). Die Beurteilung ist dabei anhand eines Vergleichs zwischen den Umständen vorzunehmen, unter denen das Wohngebäude dem Stifter überlassen wird, und den Umständen, unter denen die entsprechende wirtschaftliche Tätigkeit gewöhnlich ausgeübt wird (vgl. VwGH 19.10.2011, 2008/13/0046). Diese Umstände beschränken sich nicht nur auf die Höhe des Entgelts.

161 Die Frage, ob eine unternehmerische Tätigkeit vorliegt oder nicht, muss umsatzsteuerlich zum Leistungszeitpunkt bzw. zum Zeitpunkt der Bewirkung von unternehmensbezogenen Vorbereitungshandlungen geklärt werden. Bei der Liebhabereibeurteilung ist eine Prognose des Gesamterfolges in einem absehbaren Zeitraum (§ 2 Abs. 4 LVO) zu berücksichtigen (VwGH 9.5.1995, 95/14/0001; VwGH 24.3.1998, 93/14/0028). Zur Prognoserechnung siehe Rz 91.

Zur vorläufigen Abgabenfestsetzung siehe Rz 185 ff.

162 Gegenstand der Liebhabereibeurteilung ist jede organisatorisch in sich geschlossene und mit einer gewissen Selbständigkeit ausgestattete Einheit (VwGH 24.2.2011, 2007/15/0025, zu Nutzungsrechten an mehreren Appartements; VwGH 11.12.2009, 2006/17/0118; VwGH 29.1.2003, 97/13/0015, zur Vermietung von Wohnungen und Geschäftslokalen; VwGH 30.10.2003, 2003/15/0028, zur Vermietung von drei Appartements). Ob bei mehreren Tätigkeiten bzw. Bestandsobjekten ein einheitlicher Betrieb bzw. eine einheitliche Betätigung oder mehrere Betriebe/Betätigungen vorliegen, richtet sich nach der Verkehrsauffassung, wobei es nicht auf die Willensbildung des Unternehmers, sondern auf objektiv vorhandene Verhältnisse ankommt (VwGH 11.12.2009, 2006/17/0118; VwGH 25.2.2004, 2000/13/0092). Siehe diesbezüglich auch Rz 7 bis Rz 9.

9.2. Abgrenzung der umsatzsteuerlichen Liebhaberei

163 Der Begriff der Liebhaberei grenzt im Umsatzsteuerrecht nicht wie im Ertragsteuerrecht Einkunftsquellen von anderen Betätigungen, sondern die unternehmerische Tätigkeit von der Konsumsphäre (dem Endverbrauch) ab (VfGH 20.6.2001, B 2032/99). Auf Grund des § 6 LVO, der gemäß § 28 Abs. 5 Z 4 UStG 1994 eine Legaldefinition zur Liebhaberei im Bereich des UStG darstellt (VwGH 16.2.2006, 2004/14/0082), können daher typisch erwerbswirtschaftliche Betätigungen gemäß § 1 Abs. 1 LVO niemals als Liebhaberei im Sinne des § 2 Abs. 5 Z 2 UStG 1994 angesehen werden. Unter den Voraussetzungen des § 2 Abs. 1 UStG 1994 (insbesondere die Absicht zur nachhaltigen Erzielung von Einnahmen) kann eine unternehmerische Tätigkeit daher auch dann vorliegen, wenn die Kriterienprüfung nach § 2 LVO ertragsteuerlich zur Annahme von Liebhaberei führt.

9.3. Betätigungen mit Annahme von Liebhaberei (§ 1 Abs. 2 LVO)

9.3.1. Allgemeines

164 Liebhaberei kann im Umsatzsteuerrecht gemäß § 6 LVO nur bei Betätigungen im Sinne des § 1 Abs. 2 LVO vorliegen. Bei Tätigkeiten, die typischerweise einer besonderen, in der Lebensführung begründeten Neigung entsprechen oder auf diese zurückzuführen sind (siehe Rz 71 bis 76), decken sich die ertragsteuerliche und die umsatzsteuerliche Beurteilung. Stellen diese Tätigkeiten daher nach ertragsteuerlichen Grundsätzen (siehe Rz 68 ff) keine Einkunftsquelle dar, sind sie umsatzsteuerlich der nichtunternehmerischen Sphäre (somit der Konsumsphäre) zuzuordnen (Betätigungen mit Annahme von Liebhaberei).

165 Die Liebhabereivermutung für Tätigkeiten im Sinne des § 1 Abs. 2 LVO kann auch für Zwecke der Umsatzsteuer widerlegt werden, wenn die Art der Bewirtschaftung oder der Tätigkeit in einem absehbaren Zeitraum einen Gesamtgewinn (Gesamtüberschuss) der Einnahmen über die Werbungskosten erwarten lässt (§ 2 Abs. 4 LVO). Es gelten die ertragsteuerrechtlichen Grundsätze (vgl. Rz 86 ff).

166 Die Änderung der Bewirtschaftungsart bzw. der Tätigkeit kann ex nunc zu einer unternehmerischen Tätigkeit führen (siehe Rz 93 ff). Ein Rückwirkung auf vergangene Veranlagungszeiträume ist ausgeschlossen (VwGH 29.9.1987, 87/14/0107; VwGH 31.1.2001, 95/13/0032).

Zu den Rechtsfolgen des Überganges von einer nichtunternehmerischen zu einer unternehmerischen Tätigkeit siehe Rz 182 ff.

167 § 6 LVO gilt auch für Rechtsträger, die ertragsteuerlich unter § 5 LVO fallen. § 5 LVO hat somit für umsatzsteuerliche Belange keine Bedeutung. Zu beachten sind allerdings die für Betriebe gewerblicher Art von Körperschaften des öffentlichen Rechts und gemeinnützige Institutionen gesondert getroffenen Aussagen (siehe Rz 173 ff).

9.3.2. Vermietung von Wohnraum

168 Unter welchen Voraussetzungen bei der Vermietung von Wohnraum, der sich nach der Verkehrsauffassung in einem besonderen Maß für eine Nutzung im Rahmen der Lebensführung eignet, also der Befriedigung des persönlichen Wohnbedürfnisses (des Vermieters) dienen kann (privat nutzbarer Wohnraum im Sinne des § 1 Abs. 2 Z 3 LVO; „kleine Vermietung") umsatzsteuerlich Liebhaberei anzunehmen ist, beurteilt sich ebenfalls nach den einkommensteuerlichen Grundsätzen (vgl. Rz 77 ff).

Es kommt also darauf an, ob die Vermietung solchen Wohnraumes in der vom Vermieter konkret gewählten Bewirtschaftungsart geeignet ist, innerhalb eines absehbaren Zeitraumes einen Überschuss zu erwirtschaften (VwGH 16.2.2006, 2004/14/0082; VwGH 23.9.2010, 2006/15/0318). Wenn nicht, unterliegen die aus einer solchen Vermietung erzielten Umsätze nach § 28 Abs. 5 Z 4 UStG 1994 und § 2 Abs. 5 Z 2 UStG 1994 iVm § 1 Abs. 2 Z 3 LVO und § 6 LVO nicht der Umsatzsteuer und ein Vorsteuerabzug steht nicht zu. In unionsrechtskonformer Interpretation ist eine als Liebhaberei beurteilte verlustträchtige Wohnraumvermietung zwingend unecht steuerbefreit (VwGH 16.2.2006, 2004/14/0082).

§ 2 UStG

169 Für die Vermietung von Grundstücken, die nicht unter § 1 Abs. 2 LVO fallen (typischerweise zB Beherbergung, Vermietung von Geschäftsräumen, Vermietung von Parkflächen, Vermietung für Campingzwecke), kommt eine Liebhabereibeurteilung gemäß § 6 LVO nicht in Betracht.

9.3.3. Einzelfälle
9.3.3.1. Land- und Forstwirtschaft

170 Im Regelfall sind land- und forstwirtschaftliche Betriebe unter § 1 Abs. 1 LVO einzureihen und es liegt nach § 6 LVO Liebhaberei nicht vor (vgl. VwGH 16.12.2009, 2008/15/0059).

Wird hingegen eine land- und forstwirtschaftliche Tätigkeit entfaltet, die auf einer besonderen in der Lebensführung begründeten Neigung beruht (§ 1 Abs. 2 LVO; zB Nutzung für Freizeitzwecke und/oder zur Ausübung von Hobbytätigkeiten wie Jagen oder Reiten) und sich bei objektiver Betrachtung nicht zur Erzielung von Gewinnen eignet, liegt keine unternehmerische Tätigkeit vor (zB VwGH 21.10.2003, 97/14/0161, zur Verpachtung einer landwirtschaftlichen Liegenschaft). In besonderen Ausnahmefällen kann aber auch eine Betätigung, die einkommensteuerlich Liebhaberei iSd § 1 Abs. 2 LVO darstellt, eine – zum Vorsteuerabzug berechtigende – umsatzsteuerpflichtige Betätigung darstellen (vgl. VwGH 19.09.2013, 2011/15/0157 mVa 25.04.2013, 2010/15/0107 zu einer in Verbindung mit der Bewirtschaftung einer kleinen Weidefläche betriebenen Tierzucht).

9.3.3.2. Wohnungseigentumsgemeinschaften

171 Wohnungseigentumsgemeinschaften kommt Unternehmereigenschaft zu, weil sie einerseits im eigenen Namen nach außen auftreten, Leistungen in Auftrag geben und bezahlen und andererseits dadurch nachhaltig zur Erzielung von Einnahmen tätig werden, dass sie von den einzelnen Mit- und Wohnungseigentümern den auf sie entfallenden Anteil an den Kosten erheben (vgl. VwGH 24.2.2011, 2007/15/0129; VwGH 4.2.2009, 2007/15/0116 sowie VwGH 13.5.2003, 99/15/0238). Gemäß § 6 LVO kann in diesem Zusammenhang keine Liebhaberei im umsatzsteuerlichen Sinn vorliegen.

9.3.3.3. Kosten- und Errichtungsgemeinschaften

172 Auch im Zusammenhang mit nach außen hin auftretenden Kosten- oder Errichtungsgemeinschaften ist § 2 Abs. 5 Z 2 UStG 1994 nicht anwendbar (vgl. UStR 2000 Rz 182).

9.4. Betrieb von Körperschaften öffentlichen Rechts

173 Die nach § 2 Abs. 3 und 4 UStG 1994 in den Unternehmensbereich einbezogenen Betriebe und Einrichtungen von Körperschaften öffentlichen Rechts werden in aller Regel im öffentlichen Interesse geführt. Ihre Leistungen kommen in irgendeiner Form der Allgemeinheit zugute und können nicht in einer in der Lebensführung begründeten besonderen Neigung begründet sein, weshalb in diesen Fällen Liebhaberei im Sinne von § 1 Abs. 2 LVO von vornherein nicht anzunehmen ist.

Dies gilt auch für Betätigungen von juristischen Personen des privaten Rechts, an denen unmittelbar oder mittelbar ausschließlich Körperschaften des öffentlichen Rechts beteiligt sind (vgl. VwGH 11.12.2009, 2006/17/0118, zu Umsätzen aus einem Schwimmbad, Solarium und Sauna).

174 Keine unternehmerische Tätigkeit ist allerdings anzunehmen, wenn in den Unternehmensbereich einbezogene Betriebe und Einrichtungen von Körperschaften öffentlichen Rechts oder die eben genannten juristischen Personen mit ihrer Tätigkeit nicht an einem

Markt teilnehmen und ihre einzigen nachhaltigen Einnahmen öffentliche Zuschüsse bzw. (echte) Mitgliedsbeiträge bilden, wobei diese Einnahmen unter anderem die Verluste abdecken, die durch die ausgeübte Tätigkeit entstehen (vgl. EuGH 6.10.2009, Rs C-267/08, zu Werbetätigkeiten und der Veranstaltung eines Balles durch eine politische Partei).

Weiters muss zwischen den erbrachten Leistungen und dem von den Empfängern zu entrichtenden Gegenwert ein unmittelbarer Zusammenhang bestehen, damit eine wirtschaftliche Tätigkeit und somit eine nachhaltige Einnahmenerzielungsabsicht angenommen werden kann. Die erforderliche Unmittelbarkeit kann im Einzelfall zB fehlen, wenn der Gegenwert lediglich eine Teilvergütung ist, die nur teilweise vom tatsächlichen Wert der Leistung abhängt (vgl. EuGH 29.10.2009, Rs C-246/08, Komm/Finnland, zu Rechtshilfeleistungen gegen eine Teilvergütung).

175 Zum Vorliegen einer unternehmerischen Tätigkeit bei der Vermietung und Verpachtung von Grundstücken durch eine Körperschaft öffentlichen Rechts siehe UStR 2000 Rz 265; zur Vermietung und Verpachtung von Grundstücken durch ausgegliederte Rechtsträger von Körperschaften öffentlichen Rechts siehe UStR 2000 Rz 274 und 274a; zur Vermietung von beweglichen körperlichen Gegenständen durch ausgegliederte Rechtsträger siehe UStR 2000 Rz 275.

9.5. Körperschaften, Personenvereinigungen und Vermögensmassen, die gemeinnützigen, mildtätigen oder kirchlichen Zwecken dienen

9.5.1. Liebhabereivermutung bei Betrieben gemäß § 45 Abs. 1 und 2 BAO

176 Bei Körperschaften, Personenvereinigungen und Vermögensmassen, die gemeinnützigen, mildtätigen oder kirchlichen Zwecken dienen (§§ 34 bis 38 BAO), kann davon ausgegangen werden, dass die im Rahmen von wirtschaftlichen Geschäftsbetrieben nach § 45 Abs. 1 und 2 BAO ausgeübten Tätigkeiten unter die Regelung des § 2 Abs. 5 Z 2 UStG 1994 fallen.

Eine nichtunternehmerische Tätigkeit ist jedenfalls dann anzunehmen, wenn die Umsätze des wirtschaftlichen Geschäftsbetriebes jährlich regelmäßig unter 2.900 Euro liegen.

9.5.2. Keine Anwendung der Liebhabereivermutung

177 Im Hinblick darauf, dass gemäß § 6 LVO grundsätzlich auch bei Körperschaften, Personenvereinigungen und Vermögensmassen, die gemeinnützigen, mildtätigen oder kirchlichen Zwecken dienen, Liebhaberei im umsatzsteuerlichen Sinn nur bei Betätigungen im Sinne des § 1 Abs. 2 LVO vorliegen kann (VwGH 9.3.2005, 2001/13/0062), kann die Liebhabereivermutung nach Rz 176 erster Satz, soweit sie sich auf § 1 Abs. 1 LVO bezieht, nicht gegen den Willen des Unternehmers angewendet werden (siehe VereinsR 2001 Rz 520). Die Bagatellgrenze von 2.900 Euro (siehe Rz 176 zweiter Satz) ist jedoch zu beachten.

Bei Tätigkeiten im Sinne des § 1 Abs. 2 LVO ist die Liebhabereivermutung nach Maßgabe der Bestimmung des § 2 Abs. 4 LVO widerlegbar (siehe Rz 86 ff).

9.5.3. Liebhaberei bei Betrieben gemäß § 45 Abs. 3 BAO bzw. Gewerbebetrieben

178 Werden alle unter § 45 Abs. 1 und 2 BAO fallenden Betriebe als nichtunternehmerische Tätigkeit gewertet (Rz 176 erster Satz), können auch Gewerbebetriebe und wirtschaftliche Geschäftsbetriebe nach § 45 Abs. 3 BAO (wie zB eine Kantine) als nichtunternehmerisch beurteilt werden, wenn die Umsätze (§ 1 Abs. 1 Z 1 und 2 UStG 1994) aus den Gewerbebetrieben bzw. wirtschaftlichen Geschäftsbetrieben gemäß § 45 Abs. 3 BAO

§ 2 UStG

im Veranlagungszeitraum insgesamt nicht mehr als 7.500 Euro betragen. Auch diese Vermutung kann nicht gegen den Willen des Unternehmers angewendet werden.

9.5.4. Vermögensverwaltung

179 Eine Vermögensverwaltung fällt nicht unter die für gemeinnützige Vereine geltende Liebhabereivermutung nach Rz 176 und Rz 178. Die Liebhabereibeurteilung hat daher ausschließlich nach den Kriterien der LVO zu erfolgen (zur Vermietung von Wohnraum siehe zB Rz 168 f).

9.6. Rechnungsausstellung

180 Werden bei einer Tätigkeit, die gemäß § 2 Abs. 5 Z 2 UStG 1994 eindeutig nichtunternehmerisch ist, Rechnungen im Sinne des § 11 UStG 1994 mit Steuerausweis ausgestellt, schuldet der Rechnungsaussteller die Umsatzsteuer auf Grund der Rechnung (§ 11 Abs. 14 UStG 1994). Ein Vorsteuerabzug steht dem Leistungsempfänger nicht zu. Zu den Voraussetzungen der Rechnungsberichtigung siehe UStR 2000 Rz 1771.

181 Vielfach ist es aber zunächst noch ungewiss, ob eine Tätigkeit als nichtunternehmerisch im Sinne des § 2 Abs. 5 Z 2 UStG 1994 gilt. Werden in einem solchen Fall bis zur endgültigen Klärung der Unternehmereigenschaft Rechnungen mit Steuerausweis ausgestellt, können diese Rechnungen in sinngemäßer Anwendung des § 11 Abs. 12 UStG 1994 berichtigt werden, wenn sich nachträglich ergibt, dass Liebhaberei vorliegt. Diese Berichtigung wirkt nicht zurück.

9.7. Übergang von einer unternehmerischen Tätigkeit zu einer nichtunternehmerischen Tätigkeit und umgekehrt

182 Bei Übergang von einer unternehmerischen Tätigkeit zu einer nichtunternehmerischen Tätigkeit im Sinne des § 2 Abs. 5 Z 2 UStG 1994 kommt die Eigenverbrauchsbesteuerung gemäß § 3 Abs. 2 UStG 1994 zum Tragen. Bei einem derartigen Übergang sowie beim Übergang von einer nichtunternehmerischen Tätigkeit im Sinne des § 2 Abs. 5 Z 2 UStG 1994 zu einer unternehmerischen Tätigkeit (infolge Änderung der Bewirtschaftung) liegt kein Anwendungsfall des § 12 Abs. 10 oder 11 UStG 1994 vor (vgl. UStR 2000 Rz 2074).

183 Nur in jenen Fällen, bei denen beim Übergang von der unternehmerischen Tätigkeit zur nichtunternehmerischen Tätigkeit im Sinne des § 2 Abs. 5 Z 2 UStG 1994 ein unecht steuerfreier Eigenverbrauch vorliegt (zB Entnahme eines Gebäudes), ist eine Vorsteuerberichtigung nach § 12 Abs. 10 UStG 1994 vorzunehmen.

184 Kommt es bei einer als Liebhaberei beurteilten verlustträchtigen Wohnraumvermietung in den Folgejahren zu einer Änderung der Bewirtschaftung und wird dadurch eine steuerpflichtige, nicht mehr als Liebhaberei zu beurteilende Tätigkeit begründet, liegt – abweichend von Rz 182 – eine Änderung der Verhältnisse nach Maßgabe des § 12 Abs. 10 UStG 1994 vor.

(...)

§ 2 UStG

Umsatzsteuerliche Behandlung von Einrichtungen der katholischen Kirche, Orden und Kongregationen sowie der Diözesan-Caritas

(Erlaß des BM. f. Fin. vom 2. Juli 1973, Z. 254.183-10 a/73; AÖF 1975/221)

Vom Abdruck des Erlasses wird abgesehen (s. Umsatzsteuerhandbuch 2006, S. 100 ff.)

Steuerliche Beurteilung von Photovoltaikanlagen

(Photovoltaikerlass des BMF vom 24.2.2014, BMF-010219/0488-VI/4/2013)

(Auszug)

1. Allgemeines und Anwendungsbereich

(...)

2. Steuerliche Beurteilung

2.1. Volleinspeiser

2.1.1. Einkommensteuer/Körperschaftsteuer

(...)

2.1.2. Umsatzsteuer

Der Betrieb einer Photovoltaikanlage bei Volleinspeisung begründet eine unternehmerische Tätigkeit gemäß § 2 UStG 1994 (VwGH 25.7.2013, 2013/15/0201 mVa EuGH 20.6.2013, C-219/12, Fuchs). Ein allfälliger Strombezug aus dem öffentlichen Netz ist unbeachtlich. Da der Betrieb der Photovoltaikanlage für die Liebhabereibeurteilung als Tätigkeit iSd § 1 Abs. 1 LVO zu beurteilen ist, ist nach § 6 LVO eine umsatzsteuerrechtliche Liebhaberei ausgeschlossen.

Bei Volleinspeisung sind daher sämtliche Stromlieferungen an das Energieversorgungsunternehmen steuerbar und idR steuerpflichtig. Besteht die Haupttätigkeit des Abnehmers in Bezug auf die Stromlieferungen in deren Weiterlieferung und ist dessen eigener Verbrauch dieser Stromlieferungen von untergeordneter Bedeutung, geht die Steuerschuld auf das Energieversorgungsunternehmen als Leistungsempfänger über. Der Anlagenbetreiber haftet für diese Steuer (vgl. § 2 Z 2 iVm § 1 UStBBKV, BGBl. II Nr. 369/2013). Dem Anlagenbetreiber steht der volle Vorsteuerabzug für die Errichtung und den Betrieb der Anlage zu. Dies gilt unabhängig von der Rechtsform des Anlagenbetreibers, also auch bei Betrieben gewerblicher Art von Körperschaften öffentlichen Rechts. Für das Vorliegen eines Betriebs gewerblicher Art sind die unter Abschnitt 2.1.1.2. dargestellten Ausführungen maßgeblich. Bei Vorliegen eines Betriebs gewerblicher Art ist eine umsatzsteuerrechtliche Liebhaberei ausgeschlossen.

Die Voraussetzungen einer persönlichen Steuerbefreiung, wie die Kleinunternehmerregelung gemäß § 6 Abs. 1 Z 27 UStG 1994, sind gesondert zu prüfen.

Beispiel A (siehe Beispiel 1 im ertragsteuerlichen Teil):

Kaufpreis	*30.000,00*	*Vorsteuer: 6.000,00*
Investitionsförderung	*– 2.000,00*	*idR echter Zuschuss*
Kosten Herstellung Betriebsbereitschaft	*+ 3.000,00*	*Vorsteuer: 600,00*
Einspeisung 20.000 kWh à 27,6 Cent	*5.520,00*	*USt: 1.104,00*

§ 2 UStG

Im Jahr der Anschaffung ergibt sich ein Vorsteuerabzug von 6.600 €. Die Umsatzsteuerschuld geht – unter den Voraussetzungen des § 2 Z 2 iVm § 1 UStBBKV – auf den Leistungsempfänger über. Es liegt sohin ein Vorsteuerüberhang von 6.600,00 € vor.

2.1.3. Elektrizitätsabgabe

(...)

2.2. Überschusseinspeiser
2.2.1. Einkommensteuer/Körperschaftsteuer

(...)

2.2.2. Umsatzsteuer
2.2.2.1. Unternehmereigenschaft

Auch bei der Überschusseinspeisung wird mit der Photovoltaikanlage Strom produziert, der – teilweise – gegen nachhaltige Einnahmen an das Netz geliefert wird. Es liegt daher eine unternehmerische Tätigkeit iSd § 2 UStG 1994 vor. Ein allfälliger Strombezug aus dem öffentlichen Netz ist unbeachtlich.

Da der Betrieb der Photovoltaikanlage als Tätigkeit iSd § 1 Abs. 1 LVO für die Liebhabereibeurteilung zu beurteilen ist, ist nach § 6 LVO eine umsatzsteuerrechtliche Liebhaberei ausgeschlossen.

Bei Überschusseinspeisung sind sämtliche Stromlieferungen an das Energieversorgungsunternehmen steuerbar und idR steuerpflichtig. Besteht die Haupttätigkeit des Abnehmers in Bezug auf den Erwerb der Stromlieferungen in deren Weiterlieferung und ist dessen eigener Verbrauch dieser Stromlieferungen von untergeordneter Bedeutung, geht die Steuerschuld auf das Energieversorgungsunternehmen als Leistungsempfänger über. Der Anlagenbetreiber haftet für diese Steuer (vgl. § 2 Z 2 iVm § 1 UStBBKV, BGBl. II Nr. 369/2013).

Leistungen gelten zur Gänze als für das Unternehmen ausgeführt, wenn sie zu mindestens 10% unternehmerischen Zwecken dienen (§ 12 Abs. 2 Z 1 lit. a UStG 1994). Wird die 10%-Grenze unterschritten, steht ein Vorsteuerabzug für die Anlage sowie für die damit zusammenhängenden laufenden Aufwände nicht zu. Die Besteuerung eines Entnahmeeigenverbrauchs (§ 3 Abs. 2 UStG 1994) ist daher nicht vorgesehen.

Die Voraussetzungen einer persönlichen Steuerbefreiung, wie die Kleinunternehmerregelung gemäß § 6 Abs. 1 Z 27 UStG 1994, sind gesondert zu prüfen.

2.2.2.2. Überschusseinspeisung bei anteiliger Privatnutzung

Grundsätzlich steht dem Anlagenbetreiber bei voller Zuordnung der Anlage zum Unternehmen (zur abweichenden Zuordnung siehe UStR 2000 Rz 1902) der volle Vorsteuerabzug für die Errichtung und den Betrieb der Anlage zu. Die der Anlage für den Privatverbrauch entnommene Menge an Strom ist als eine einer Lieferung gegen Entgelt gleichgestellte Entnahme nach § 3 Abs. 2 UStG 1994 zu besteuern. Bemessungsgrundlage sind die Selbstkosten im Zeitpunkt der Entnahme (§ 4 Abs. 8 lit. a UStG 1994). Diese Selbstkosten setzen sich aus dem ertragsteuerlich auszuscheidenden Privatanteil der AfA und den anteiligen laufenden und sonstigen Aufwendungen (Betriebskosten, usw.) der Anlage zusammen.

Beispiel B (siehe Beispiel 4 im ertragsteuerlichen Teil):

Kaufpreis	*30.000,00*	*Vorsteuer: 6.000,00*
Investitionsförderung	*– 2.000,00*	*idR echter Zuschuss*
Kosten Herstellung Betriebsbereitschaft	*+ 3.000,00*	*Vorsteuer: 600,00*
Einspeisung 14.000 kWh à 27,6 Cent	*3.864,00*	*USt: 772,80*
Entnahme (Privatanteil 30% der AfA)	*465,00*	*USt: 93,00*

Im Jahr der Anschaffung ergibt sich daher eine Umsatzsteuerschuld von 772,80 €, die unter den Voraussetzungen des § 2 Z 2 iVm § 1 UStBBKV auf den Leistungsempfänger übergeht. Der Anlagenbetreiber haftet für diese Steuer. Die Umsatzsteuerschuld von 93,00 €, die auf die anteilige Privatnutzung entfällt, kann nicht auf den Leistungsempfänger übergehen. Der Vorsteuerabzug im Jahr der Anschaffung beträgt 6.600,00 €. Insgesamt ergibt sich daher ein Vorsteuerüberhang von 6.507,00 €.

Im Fall der Überschusseinspeisung ist der Vorsteuerabzug aus Anschaffung, Inbetriebnahme und Betrieb der Anlage auch nach Maßgabe des § 12 Abs. 2 Z 2 lit. a UStG 1994 zu beurteilen. Demnach gelten Leistungen als nicht für das Unternehmen ausgeführt, deren Entgelte überwiegend keine abzugsfähigen Ausgaben im Sinne des § 20 Abs. 1 Z 1 bis 5 EStG 1988 bzw. §§ 8 Abs. 2 und 12 Abs. 1 Z 1 bis 5 KStG 1988 sind. Der Bezug dieser Leistungen ist vom Vorsteuerabzug ausgeschlossen.

Da der produzierte Strom bei Überschusseinspeisung immer auch unmittelbar der Eigenverwendung dient, ist die Anlage ertragsteuerlich insoweit der Privatsphäre zuzuordnen, als der produzierte Strom eigenen privaten Zwecken dient (siehe Abschnitt 2.2.1.1.).

Diese Betrachtung hat anlagenbezogen zu erfolgen. Übersteigt die aus der konkreten Photovoltaikanlage für private Zwecke entnommene Strommenge die entgeltlich ins Energienetz abgegebene Menge an Strom, so steht der Vorsteuerabzug im Zusammenhang mit Anschaffung, Inbetriebnahme und Betrieb der Anlage zur Gänze nicht zu. Wartungsarbeiten und andere sonstige Leistungen im Zusammenhang mit von § 12 Abs. 2 Z 2 lit. a UStG 1994 erfassten Anlagen berechtigen ebenfalls nicht zum Vorsteuerabzug.

Ändern sich innerhalb des Berichtigungszeitraums die für diese Betrachtung maßgeblichen Umstände (Über- oder Unterschreiten der Überwiegensgrenze), so ist eine Vorsteuerberichtigung gemäß § 12 Abs. 10 UStG 1994 vorzunehmen (zur Abgrenzung zwischen Leistungen iZm Grundstücken und beweglichen körperlichen Gegenständen bei Solaranlagen vgl. Salzburger Steuerdialog 2012 – Zweifelsfragen zur Umsatzsteuer, BMF-010219/0163-VI/4/2012, wonach grundsätzlich von einem beweglichen körperlichen Gegenstand ausgegangen werden kann, wenn die Entfernung der Photovoltaikanlage ohne Zerstörung der Substanz des Gebäudes leicht möglich ist).

Der Verkauf des Stroms an die Elektrizitätsgesellschaft kann in den Fällen, in denen der Vorsteuerabzug für Anschaffung, Inbetriebnahme und Betrieb der Anlage gemäß § 12 Abs. 2 Z 2 lit. a UStG 1994 nicht zusteht, als nicht steuerbar angesehen werden. Kommt es zur Verbrauchsänderung in den Folgejahren (zB wenn der Privatverbrauch auf 50% oder weniger der gesamten erzeugten Energie sinkt) und greift der Vorsteuerausschluss nicht mehr, kann die Vorsteuer für den Betrieb ab dem Jahr der Verbrauchsänderung geltend gemacht werden. Gleichzeitig mit dem Vorsteuerabzug ist die Lieferung der produzierten Energie als steuerbarer und steuerpflichtiger Umsatz zu behandeln. Tritt eine solche Änderung innerhalb des Vorsteuerberichtigungszeitraumes ein, so ist eine Vorsteuerberichtigung vorzunehmen.

§ 2 UStG

Beispiel C:

Mit einer netzgekoppelten 20 kWp-Anlage (Überschusseinspeisung) werden insgesamt 20.000 kWh Strom produziert. Der Kaufpreis beträgt 30.000 €, die Montagekosten betragen 3.000 €. Es wird eine staatliche Investitionsförderung iHv 2.000 € und zusätzlich die Tarifförderung in Anspruch genommen. Der mit der Anlage produzierte Strom wird wie folgt verwendet:

- *14.000 kWh (70% der gesamten produzierten Strommenge) werden für den privaten Eigenbedarf verwendet,*
- *6.000 kWh (30% der gesamten produzierten Strommenge) werden in das Netz eingespeist und verkauft.*

Es ergibt sich folgende Beurteilung:

Da die Anlage ertragsteuerlich (§ 20 Abs. 1 Z 1 bis 5 EStG 1988) überwiegend nicht abzugsfähig ist, ist der Vorsteuerabzug zur Gänze ausgeschlossen. Der Verkauf des Stroms an die Elektrizitätsgesellschaft kann in diesem Fall als nicht steuerbar angesehen werden.

Mangels Vorsteuerabzugs erfolgt keine Besteuerung einer Entnahme gemäß § 3 Abs. 2 UStG 1994.

2.2.2.3. Überschusseinspeisung bei Vorliegen einer zusätzlichen unternehmerischen Nutzung

Wird bei Überschusseinspeisung der produzierte Strom neben der Lieferung ins öffentliche Stromnetz auch für andere unternehmerische Zwecke genutzt, so richtet sich der Vorsteuerabzug insoweit nach dieser Nutzung. Eine allfällige Aufteilung der Vorsteuern hat – soweit messbar – nach dem tatsächlichen Stromverbrauch, allenfalls nach dem geschätzten Stromverbrauch zu erfolgen.

Übersteigt die aus der konkreten Photovoltaikanlage für private Zwecke entnommene Strommenge die Summe aus der entgeltlich ins Energienetz abgegebenen und der für andere unternehmerische Zwecke genutzten Menge an Strom, so steht der Vorsteuerabzug im Zusammenhang mit Anschaffung, Inbetriebnahme und Betrieb der Anlage nach § 12 Abs. 2 Z 2 lit. a UStG 1994 zur Gänze nicht zu. Eine Besteuerung der Stromlieferungen kann diesfalls unter den oben genannten Voraussetzungen unterbleiben.

Beispiel D (siehe Beispiel 5 im ertragsteuerlichen Teil):

- *4.000 kWh (20% der gesamten produzierten Strommenge) werden für den privaten Eigenbedarf verwendet,*
- *6.000 kWh (30% der gesamten produzierten Strommenge) werden für Zwecke der eigenen Tischlerei verwendet,*
- *10.000 kWh (50% der gesamten produzierten Strommenge) werden in das Netz eingespeist.*

Es ergibt sich folgende Beurteilung:

Kaufpreis	30.000,00	Vorsteuer: 6.000,00
Investitionsförderung	– 2.000,00	idR echter Zuschuss
Kosten Herstellung Betriebsbereitschaft	+ 3.000,00	Vorsteuer: 600,00
Einspeisung 10.000 kWh à 27,6 Cent	2.760,00	USt: 552,00
Entnahme (Privatanteil 20% der AfA)	310,00	USt: 62,00

Im Jahr der Anschaffung ergibt sich daher eine Umsatzsteuerschuld von 552,00 €, die unter den Voraussetzungen des § 2 Z 2 iVm § 1 UStBBKV auf den Leistungsempfänger übergeht. Der Anlagenbetreiber haftet für diese Steuer. Die Umsatzsteuerschuld von 62,00 €, die auf die anteilige Privatnutzung entfällt, kann nicht auf den Leistungsempfänger übergehen. Der Vorsteuerabzug im Jahr der Anschaffung beträgt 6.600,00 €. Insgesamt ergibt sich daher ein Vorsteuerüberhang von 6.538,00 €.

Beispiel E:

Wie Beispiel D, jedoch mit anderem Nutzungsverhältnis
- *12.000 kWh (60% der gesamten produzierten Strommenge) werden für den privaten Eigenbedarf verwendet,*
- *3.000 kWh (15% der gesamten produzierten Strommenge) werden für Zwecke der eigenen Tischlerei (Einnahmen-Ausgaben-Rechnung) verwendet,*
- *5.000 kWh (25% der gesamten produzierten Strommenge) werden in das Netz eingespeist.*

Da die Anschaffungskosten der Anlage ertragsteuerlich (§ 20 Abs. 1 Z 1 bis 5 EStG 1988) überwiegend nicht abzugsfähig sind, ist der Vorsteuerabzug zur Gänze ausgeschlossen. Der Verkauf des Stroms an die Elektrizitätsgesellschaft kann in diesem Fall als nicht steuerbar angesehen werden.

Mangels Vorsteuerabzugs erfolgt keine Besteuerung einer Entnahme gemäß § 3 Abs. 2 UStG 1994.

2.2.2.4. Überschusseinspeisung bei Vorliegen eines land- und forstwirtschaftlichen Betriebes

Die Zuordnung zum land- und forstwirtschaftlichen Betrieb erfolgt nach den unter Abschnitt 2.2.1.2. dargestellten ertragsteuerlichen Kriterien. Bei Zurechenbarkeit der gesamten Anlage zur Land- und Forstwirtschaft sind die Vorsteuerbeträge abpauschaliert, soweit die Pauschalregelung für Land- und Forstwirtschaft gemäß § 22 Abs. 1 UStG 1994 zur Anwendung kommt. Die Überschusseinspeisung unterliegt dann dem pauschalen Steuersatz von 12%.

Beispiel F (siehe Beispiel 6 im ertragsteuerlichen Teil):

Mit einer netzgekoppelten Photovoltaikanlage (Überschusseinspeisung) werden insgesamt 12.000 kWh Strom produziert und wie folgt verwendet:
- *3.600 kWh (30% der gesamten produzierten Strommenge) werden für den (privaten) Eigenbedarf verwendet,*
- *7.200 kWh (60% der gesamten produzierten Strommenge) werden für Zwecke der eigenen (pauschalierten) Land- und Forstwirtschaft verwendet,*
- *1.200 kWh (10% der gesamten produzierten Strommenge) werden in das Netz eingespeist und an ein Energieversorgungsunternehmen um 350 € verkauft.*

Es liegt hinsichtlich der Überschusseinspeisung ein land- und forstwirtschaftlicher Nebenbetrieb vor, weil mit der Anlage mehr Strom für den eigenen Land- und forstwirtschaftlichen Betrieb produziert wird (60%) als privat verwendet und in das Netz eingespeist wird (insgesamt 40%). Die gesamten Vorsteuern sind nach § 22 Abs. 1 UStG 1994 bereits durch die Pauschalregelung abgegolten.

§ 2 UStG

Die Umsätze aus der Einspeisung unterliegen dem Pauschalsteuersatz von 12%. Die Entnahme des elektrischen Stroms für private Zwecke ist steuerbar und steuerpflichtig, unterliegt jedoch dem Pauschalsteuersatz von 10%, was zu keiner (zusätzlichen) Steuerbelastung führt. § 2 Z 2 iVm § 1 UStBBKV ist gemäß § 19 Abs. 1d iVm § 22 Abs. 1 UStG 1994 nicht anwendbar.

Liegt kein land- und forstwirtschaftlicher Nebenbetrieb vor, hat eine Aufteilung der Vorsteuern zu erfolgen (vgl. UStR 2000 Rz 2908). Die iZm der Überschusseinspeisung abgegebenen Stromlieferungen an das Energieversorgungsunternehmen sind steuerbar und steuerpflichtig (Normalsteuersatz).

Die der Anlage für den Privatverbrauch entnommene Menge an Strom ist als eine Lieferung gegen Entgelt gleichgestellte Entnahme nach § 3 Abs. 2 UStG 1994 zu besteuern. Diese Entnahme ist – siehe die ertragsteuerrechtliche Beurteilung – zur Gänze außerhalb der Land- und Forstwirtschaft anzusehen. Es steht daher insoweit der volle Vorsteuerabzug zu.

Beispiel G (siehe Beispiel 7 im ertragsteuerlichen Teil):

Umsatzsteuerrechtliche Beurteilung:

Mit einer netzgekoppelten Photovoltaikanlage (Überschusseinspeisung) werden insgesamt 10.000 kWh Strom produziert und wie folgt verwendet:

- *3.500 kWh (35% der gesamten produzierten Strommenge) werden für den (privaten) Eigenbedarf produziert,*
- *4.500 kWh (45% der gesamten produzierten Strommenge) werden für Zwecke der eigenen (pauschalierten) Land- und Forstwirtschaft verwendet,*
- *2.000 kWh (20% der gesamten produzierten Strommenge) werden in das Netz eingespeist und an ein Energieversorgungsunternehmen um 850 € verkauft.*

Kaufpreis	30.000,00	*Vorsteuer: 6.000,00*
Investitionsförderung	– 2.000,00	*idR echter Zuschuss*
Kosten Herstellung Betriebsbereitschaft	+ 3.000,00	*Vorsteuer: 600,00*
Davon abziehbar: 55%		3.630,00
Bereits abpauschaliert: 45%		2.970,00
Einspeisung 2.000 kWh à 27,6 Cent	552,00	*USt: 110,40*
Entnahme (Privatanteil 35% der AfA)	542,50	*USt: 108,50*

Die Überschusseinspeisung ist nicht der Land- und Forstwirtschaft zuzuordnen, weil der produzierte Strom überwiegend für den privaten Eigenbedarf und den Stromverkauf verwendet wird (55%). Hinsichtlich des auf den land- und forstwirtschaftlichen Eigenbedarf entfallenden Teiles der Anlage (45%) sind die Vorsteuern nach § 22 Abs. 1 UStG 1994 bereits durch die Pauschalregelung abgegolten.

Die iZm der Überschusseinspeisung abgegebenen Stromlieferungen an das Energieversorgungsunternehmen sind steuerbar und steuerpflichtig (Normalsteuersatz). Die der Anlage für den Privatverbrauch entnommene Menge an Strom ist als eine Lieferung gegen Entgelt gleichgestellte Entnahme nach § 3 Abs. 2 UStG 1994 zu besteuern und – analog der ertragsteuerrechtlichen Beurteilung – nicht der Land- und Forstwirtschaft zuzurechnen. Es steht daher insoweit der volle Vorsteuerabzug zu.

Im Jahr der Anschaffung ergibt sich eine Umsatzsteuerschuld von 110,40 €, die unter den Voraussetzungen des § 2 Z 2 iVm § 1 UStBBKV auf den Leistungsempfänger übergeht. Der

Anlagenbetreiber haftet für diese Steuer. Die Umsatzsteuerschuld von 108,50 €, die auf die anteilige Privatnutzung entfällt, kann nicht auf den Leistungsempfänger übergehen. Es ergibt sich somit neben der pauschalen Vorsteuer (§ 22 UStG 1994) ein Vorsteuerabzug im Jahr der Anschaffung von 3.630 €. Insgesamt liegt daher ein Vorsteuerüberhang von 3.521,50 € vor.

Beispiel H (siehe Beispiel 8 im ertragsteuerlichen Teil):

Umsatzsteuerrechtliche Beurteilung:

Mit einer netzgekoppelten Photovoltaikanlage (Überschusseinspeisung) werden insgesamt 16.000 kWh Strom produziert und wie folgt verwendet:

- *4.000 kWh (25% der gesamten produzierten Strommenge) werden für den (privaten) Eigenbedarf produziert,*
- *1.600 kWh (10% der gesamten produzierten Strommenge) werden für Zwecke der eigenen (pauschalierten) Land- und Forstwirtschaft verwendet,*
- *9.600 kWh (60% der gesamten produzierten Strommenge) werden für Zwecke der eigenen gewerblichen Schweinemast verwendet,*
- *800 kWh (5% der gesamten produzierten Strommenge) werden in das Netz eingespeist und an ein Energieversorgungsunternehmen um 230 € verkauft.*

Hinsichtlich des auf den land- und forstwirtschaftlichen Eigenbedarf entfallenden Teiles der Anlage (10%) sind die Vorsteuern nach § 22 Abs. 1 UStG 1994 bereits durch die Pauschalregelung abgegolten.

90% der Vorsteuern sind abziehbar. Es ist ein Entnahmeeigenverbrauch im Ausmaß von 25% des mit der Anlage produzierten Stroms zu besteuern. Die Steuerschuld hinsichtlich des in das Netz eingespeisten und verkauften Stroms (5%), geht unter den Voraussetzungen des § 2 Z 2 iVm § 1 UStBBKV auf den Leistungsempfänger über. Der Anlagenbetreiber haftet in diesem Fall für diese Steuer.

Bei Option zur Regelbesteuerung gemäß § 22 Abs. 6 UStG 1994 ergibt sich die Beurteilung nach den Ausführungen unter Abschnitt 2.2.2.3.

2.2.2.5. Körperschaften öffentlichen Rechts – Betrieb gewerblicher Art

Das Vorliegen eines Betriebs gewerblicher Art richtet sich nach den Ausführungen unter Abschnitt 2.2.1.3.

Wird ein Teil des mit der Anlage produzierten Stroms in das Stromnetz eingespeist und handelt es sich dabei um eine Tätigkeit von wirtschaftlichem Gewicht, liegt ein (eigener) Betrieb gewerblicher Art vor. Liebhaberei ist ausgeschlossen (vgl. LRL 2012 Rz 173).

Der Vorsteuerabzug steht diesfalls nur insoweit zu, als die Anlage zur Produktion von Strom dient, der gegen Entgelt ins Netz eingespeist bzw. für einen steuerpflichtigen Betrieb gewerblicher Art genutzt wird. Soweit der mit der Anlage produzierte Strom unmittelbar einem bestehenden Betrieb gewerblicher Art dient, ist die Stromproduktion diesem Betrieb gewerblicher Art zuzuordnen und richtet sich der Vorsteuerabzug nach den dortigen Verhältnissen.

Hinsichtlich des Anteils der Anlage, der zur Gewinnung von Strom für hoheitliche Zwecke dient, steht der Vorsteuerabzug nicht zu (vgl. EuGH 12.2.2009, C-515/07, Vereniging Noordelijke Land- en Tuinbouw Organisatie). Dieser Anteil ist – wenn er bei

§ 2 UStG

Anlagenerrichtung nicht feststeht – zu schätzen. Spätere Änderungen sind im Rahmen des § 12 Abs. 10 ff UStG 1994 (Vorsteuerberichtigung) zu berücksichtigen. Eine Besteuerung einer Entnahme des Stroms für hoheitliche Zwecke gemäß § 3 Abs. 2 UStG 1994 ist mangels Berechtigung zum Vorsteuerabzug nicht vorgesehen.

Beispiel I (siehe Beispiel 9 im ertragsteuerlichen Teil):

Eine Anlage auf einem Kindergarten (Betrieb gewerblicher Art mit Option zur Steuerpflicht) versorgt diesen unmittelbar mit Strom. Der nicht unmittelbar verwendete Strom (30%) wird in das Netz eingespeist und an ein Energieversorgungsunternehmen verkauft.

Nach Maßgabe einer Tätigkeit von wirtschaftlichem Gewicht liegt bei der Stromeinspeisung ein unternehmerischer Betrieb gewerblicher Art vor. Die Stromlieferungen sind steuerbar und steuerpflichtig.

Die Stromnutzung iZm dem Kindergarten ist ebenfalls dem Betrieb gewerblicher Art „Kindergarten" zuzurechnen.

Es steht der volle Vorsteuerabzug für die Errichtung und den Betrieb der Anlage zu. Die Umsatzsteuerschuld, die aufgrund der Netzeinspeisung entsteht, geht auf den Leistungsempfänger über, sofern die Voraussetzungen des § 2 Z 2 iVm § 1 UStBBKV erfüllt sind. Der Leistungserbringer haftet für diese Steuer.

Beispiel J (siehe Beispiel 10 im ertragsteuerlichen Teil):

Eine Anlage wird auf dem Rathaus errichtet und versorgt dieses unmittelbar mit Strom. Der nicht unmittelbar verwendete Strom wird in das Netz eingespeist und an ein Energieversorgungsunternehmen verkauft.

Nach Maßgabe einer Tätigkeit von wirtschaftlichem Gewicht liegt bei der Stromeinspeisung ein unternehmerischer Betrieb gewerblicher Art vor.

Die Stromlieferungen sind steuerbar und steuerpflichtig. Die Lieferung des nicht unmittelbar verwendeten Stroms ist steuerbar und steuerpflichtig. Die Umsatzsteuerschuld, die aufgrund der Netzeinspeisung entsteht, geht auf den Leistungsempfänger über, sofern die Voraussetzungen des § 2 Z 2 iVm § 1 UStBBKV erfüllt sind. Der Leistungserbringer haftet für diese Steuer. Für die Errichtung und den Betrieb der Anlage steht nur ein anteilsmäßiger Vorsteuerabzug für den nicht hoheitlichen Bereich zu. Die Entnahme des Stroms für hoheitliche Zwecke führt nicht zur Eigenverbrauchsbesteuerung nach § 3 Abs. 2 UStG 1994. Änderungen hinsichtlich der Nutzung sind innerhalb des Beobachtungszeitraums von vier Jahren (bei beweglichen körperlichen Gegenständen) zu berichtigen.

2.2.3. Elektrizitätsabgabe

(...)

2.3. Inselbetrieb

2.3.1. Einkommensteuer/Körperschaftsteuer

(...)

2.3.2. Umsatzsteuer

Wird der im Inselbetrieb gewonnene Strom ausschließlich zu unternehmerischen Zwecken genutzt (zB für eine in einer Berghütte betriebene Gastwirtschaft), so ist die Photovoltaikanlage dem Unternehmen zuzurechnen. Der Vorsteuerabzug aus der Anschaffung und dem Betrieb der Anlage steht nach Maßgabe dieser unternehmerischen Nutzung zu.

Wird der gewonnene Strom ausschließlich zu privaten oder hoheitlichen Zwecken genutzt, so ist die Anlage keinem Unternehmen zugeordnet.

Bei einer gemischt unternehmerisch und privaten oder einer gemischt unternehmerischen und hoheitlichen Nutzung gelten die Ausführungen zur Überschusseinspeisung entsprechend (siehe Abschnitt 2.2.2.2.). Es steht grundsätzlich der volle Vorsteuerabzug zu und ist die Entnahme des Stroms für private Zwecke als Eigenverbrauch nach § 3 Abs. 2 UStG 1994 zu besteuern. Soweit mit der Anlage Strom für hoheitliche Zwecke produziert wird, steht der Vorsteuerabzug nicht zu. Eine Besteuerung einer Entnahme des Stroms für hoheitliche Zwecke gemäß § 3 Abs. 2 UStG 1994 ist diesfalls mangels Berechtigung zum Vorsteuerabzug nicht vorgesehen.

Zur abweichenden Zuordnung zum Unternehmen siehe Abschnitt 2.2.2.1.

2.3.3. Elektrizitätsabgabe
(…)

Judikatur EuGH zu § 2:

EuGH vom 12.10.2016, Rs C-340/15, *Nigl*
Mehrere GesbR, die ihre Produkte unter einer gemeinsamen Marke vertreiben, sind als mehrwertsteuerpflichtige eigenständige Unternehmer anzusehen; Voraussetzungen, unter denen die Anwendung der Pauschalregelung für landwirtschaftliche Erzeuger auf mehrere Gesellschaften bürgerlichen Rechts abgelehnt werden kann

1. Art. 4 Abs. 1 und Abs. 4 Unterabs. 1 der Sechsten Richtlinie 77/388/EWG in der durch die Richtlinie 2004/66/EG geänderten Fassung sowie Art. 9 Abs. 1 Unterabs. 1 und Art. 10 der Richtlinie 2006/112/EG sind dahin auszulegen, dass mehrere Gesellschaften bürgerlichen Rechts wie die des Ausgangsverfahrens, die als solche gegenüber ihren Lieferanten, gegenüber öffentlichen Stellen und zu einem gewissen Grad gegenüber ihren Kunden eigenständig auftreten und von denen jede ihre eigene Produktion sicherstellt, indem sie im Wesentlichen ihre Produktionsmittel verwendet, die aber einen Großteil ihrer Produkte unter einer gemeinsamen Marke über eine Kapitalgesellschaft vertreiben, deren Anteile von den Mitgliedern der Gesellschaften bürgerlichen Rechts und anderen Angehörigen der betreffenden Familie gehalten werden, als mehrwertsteuerpflichtige eigenständige Unternehmer anzusehen sind.

2. Art. 25 der Richtlinie 77/388 in der durch die Richtlinie 2004/66 geänderten Fassung und Art. 296 der Richtlinie 2006/112 sind dahin auszulegen, dass sie der Möglichkeit, die Anwendung der in diesen Artikeln vorgesehenen gemeinsamen Pauschalregelung für landwirtschaftliche Erzeuger auf mehrere Gesellschaften bürgerlichen Rechts wie die des Ausgangsverfahrens, die als mehrwertsteuerpflichtige eigenständige Unternehmer angesehen werden und untereinander zusammenarbeiten, mit der Begründung abzulehnen, dass eine Kapitalgesellschaft, eine aus den Mitgliedern dieser Gesellschaften bürgerlichen Rechts gebildete Personenvereinigung oder eine aus der Kapitalgesellschaft und den Mitgliedern der Gesellschaften bürgerlichen Rechts gebildete Personenvereinigung aufgrund der Betriebsgröße oder der Rechtsform nicht unter die Pauschalregelung fällt, auch dann nicht entgegenstehen, wenn die Gesellschaften bürgerlichen Rechts nicht zu einer Gruppe von der Pauschalregelung ausgenommener Erzeuger gehören, sofern sie aufgrund ihrer Verbindungen zur Kapitalgesellschaft oder einer dieser Vereinigungen

faktisch in der Lage sind, die Verwaltungskosten im Zusammenhang mit den sich aus der Anwendung der normalen oder der vereinfachten Mehrwertsteuerregelung ergebenden Aufgaben zu tragen, was das vorlegende Gericht zu prüfen hat.

3. Falls die gemeinsame Pauschalregelung für landwirtschaftliche Erzeuger für Gesellschaften bürgerlichen Rechts wie die des Ausgangsverfahrens grundsätzlich ausgeschlossen sein sollte, ist dieser Ausschluss für den Zeitraum vor dem Zeitpunkt wirksam, zu dem die dem Ausschluss zugrunde liegende Einschätzung vorgenommen wurde, sofern die Einschätzung innerhalb der Verjährungsfrist für das Handeln des Finanzamts erfolgt und ihre Folgen nicht bis zu einem Zeitpunkt vor Eintritt der ihr zugrunde liegenden Sach- und Rechtslage zurückwirken.

EuGH vom 12.5.2016, Rs C-520/14, *Gemeente Borsele*
Schülertransportdienstleistungen können keine wirtschaftliche Tätigkeit sein

Art. 9 Abs. 1 der Richtlinie 2006/112/EG ist dahin auszulegen, dass eine Gebietskörperschaft, die eine Schülertransportdienstleistung unter Bedingungen wie den im Ausgangsverfahren fraglichen erbringt, keine wirtschaftliche Tätigkeit ausübt und damit keine Steuerpflichtige ist.

EuGH vom 29.10.2015, Rs C-174/14, *Saudacor*
Behandlung von Dienstleistungen im Bereich der Planung und Verwaltung eines regionalen Gesundheitsdienstes, die von einer Einrichtung des öffentlichen Rechts erbracht werden; Auslegung des Begriffs der sonstigen Einrichtungen des öffentlichen Rechts

1. Art. 9 Abs. 1 der Richtlinie 2006/112/EG ist dahin auszulegen, dass eine Tätigkeit wie die im Ausgangsverfahren in Rede stehende, die darin besteht, dass eine Gesellschaft an eine Region gemäß Programm-Verträgen, die sie mit ihr geschlossen hat, Dienstleistungen im Bereich der Planung und Verwaltung des regionalen Gesundheitsdienstes erbringt, eine wirtschaftliche Tätigkeit im Sinne dieser Bestimmung darstellt.

2. Art. 13 Abs. 1 der Richtlinie 2006/112 ist dahin auszulegen, dass eine Tätigkeit wie die im Ausgangsverfahren in Rede stehende, die darin besteht, dass eine Gesellschaft an eine Region gemäß Programm-Verträgen, die sie mit ihr geschlossen hat, Dienstleistungen im Bereich der Planung und Verwaltung des regionalen Gesundheitsdienstes erbringt, unter der Annahme, dass sie eine wirtschaftliche Tätigkeit im Sinne von Art. 9 Abs. 1 dieser Richtlinie darstellt, von der in der erstgenannten Bestimmung vorgesehenen Regel der Behandlung als nicht mehrwertsteuerpflichtig erfasst wird, wenn, was vom vorlegenden Gericht zu überprüfen ist, davon ausgegangen werden kann, dass diese Gesellschaft als Einrichtung des öffentlichen Rechts einzustufen ist und dass sie die betreffende Tätigkeit im Rahmen der öffentlichen Gewalt ausübt, und sofern das vorlegende Gericht feststellt, dass die Befreiung der Tätigkeit nicht geeignet ist, zu größeren Wettbewerbsverzerrungen zu führen.

In diesem Zusammenhang ist der Begriff der sonstigen Einrichtungen des öffentlichen Rechts im Sinne von Art. 13 Abs. 1 der Richtlinie 2006/112 nicht unter Heranziehung der Definition des Begriffs der Einrichtung des öffentlichen Rechts in Art. 1 Abs. 9 der Richtlinie 2004/18/EG über die Koordinierung der Verfahren zur Vergabe öffentlicher Bauaufträge, Lieferaufträge und Dienstleistungsaufträge auszulegen.

EuGH vom 29.9.2015, Rs C-276/14, *Gmina Wroclaw*
Keine Unternehmereigenschaft von Einrichtungen des öffentlichen Rechts bei fehlender Selbständigkeit

Art. 9 Abs. 1 der Richtlinie 2006/112/EG des Rates vom 28. November 2006 über das gemeinsame Mehrwertsteuersystem ist dahin auszulegen, dass Einrichtungen des öffentlichen Rechts wie die im Ausgangsverfahren in Rede stehenden haushaltsgebundenen Einrichtungen einer Gemeinde nicht als Mehrwertsteuerpflichtige angesehen werden können, da sie das in dieser Bestimmung vorgesehene Kriterium der Selbständigkeit nicht erfüllen.

EuGH vom 16.7.2015, Rs C-108/14, *Larentia + Minerva*
Voraussetzungen für den Vorsteuerabzug einer Holding von Kosten, die im Zusammenhang mit dem Erwerb von Beteiligungen an ihren Tochtergesellschaften anfallen; Einschränkungen der Bildung einer Gruppe ist nur unter bestimmten Voraussetzungen zulässig

1. Art. 17 Abs. 2 und 5 der Sechsten Richtlinie 77/388/EWG in der durch die Richtlinie 2006/69/EG geänderten Fassung ist wie folgt auszulegen:
– Kosten, die im Zusammenhang mit dem Erwerb von Beteiligungen an ihren Tochtergesellschaften von einer Holdinggesellschaft getragen werden, die an deren Verwaltung teilnimmt und insoweit eine wirtschaftliche Tätigkeit ausübt, sind als Teil der allgemeinen Aufwendungen der Holdinggesellschaft anzusehen, und die für diese Kosten bezahlte Mehrwertsteuer ist grundsätzlich vollständig abzuziehen, es sei denn, dass bestimmte nachgelagerte Umsätze gemäß der Sechsten Richtlinie 77/388 in der durch die Richtlinie 2006/69 geänderten Fassung mehrwertsteuerfrei sind. Im letzteren Fall darf das Abzugsrecht nur nach den in Art. 17 Abs. 5 der Richtlinie vorgesehenen Modalitäten vorgenommen werden.
– Kosten, die im Zusammenhang mit dem Erwerb von Beteiligungen an ihren Tochtergesellschaften von einer Holdinggesellschaft getragen werden, die nur bei einigen von ihnen an der Verwaltung teilnimmt, hinsichtlich der übrigen dagegen keine wirtschaftliche Tätigkeit ausübt, sind nur zum Teil als Teil der allgemeinen Aufwendungen der Holdinggesellschaft anzusehen, so dass die für diese Kosten bezahlte Mehrwertsteuer nur im Verhältnis zu den der wirtschaftlichen Tätigkeit inhärenten Kosten nach von den Mitgliedstaaten festgelegten Aufteilungskriterien abgezogen werden kann, die bei der Ausübung dieser Befugnis Zweck und Systematik der Sechsten Richtlinie berücksichtigen und insoweit eine Berechnungsweise vorsehen müssen, die objektiv widerspiegelt, welcher Teil der Eingangsaufwendungen der wirtschaftlichen und der nichtwirtschaftlichen Tätigkeit tatsächlich zuzurechnen ist, was zu prüfen Sache der nationalen Gerichte ist.

2. Art. 4 Abs. 4 Unterabs. 2 der Sechsten Richtlinie 77/388 in der durch die Richtlinie 2006/69 geänderten Fassung ist dahin auszulegen, dass er einer nationalen Regelung entgegensteht, die die in dieser Bestimmung vorgesehene Möglichkeit, eine Gruppe von Personen zu bilden, die als ein Mehrwertsteuerpflichtiger behandelt werden können, allein den Einheiten vorbehält, die juristische Personen sind und mit dem Organträger dieser Gruppe durch ein Unterordnungsverhältnis verbunden sind, es sei denn, dass diese beiden Anforderungen Maßnahmen darstellen, die für die Erreichung der Ziele der Verhinderung missbräuchlicher Praktiken oder Verhaltensweisen und der Vermeidung von Steuerhinterziehung oder -umgehung erforderlich und geeignet sind, was das vorlegende Gericht zu prüfen hat.

3. Bei Art. 4 Abs. 4 der Sechsten Richtlinie 77/388 in der durch die Richtlinie 2006/69 geänderten Fassung kann nicht davon ausgegangen werden, dass er unmittelbare Wirkung hat, so dass Steuerpflichtige dessen Inanspruchnahme gegenüber ihrem Mitgliedstaat geltend machen könnten, falls dessen Rechtsvorschriften nicht mit dieser Bestimmung vereinbar wären und nicht in mit ihr zu vereinbarender Weise ausgelegt werden könnten.

EuGH vom 9.7.2015, Rs C-331/14, *Trgovina Prizma*
Voraussetzungen für steuerbare Grundstücksverkäufe des Privatvermögens

Die Art. 2 Nr. 1 und 4 Abs. 1 der Sechsten Richtlinie 77/388/EWG sind dahin auszulegen, dass unter Umständen wie denen des Ausgangsverfahrens, unter denen ein Steuerpflichtiger Grundstücke erwarb, von denen einige seinem Privatvermögen und andere seinem Unternehmensvermögen zugeordnet wurden, und auf diesen Grundstücken als Steuerpflichtiger ein Einkaufszentrum errichten ließ, das er anschließend zusammen mit den Grundstücken, auf denen dieser Bau errichtet worden war, verkaufte, der Verkauf der Grundstücke, die seinem Privatvermögen zugeordnet waren, der Mehrwertsteuer zu unterwerfen ist, weil der Steuerpflichtige bei diesem Umsatz als solcher handelte.

EuGH vom 17.9.2014, Rs C-7/13, *Skandia*
Behandlung von Umsätzen innerhalb einer Organschaft

1. Art. 2 Abs. 1, Art. 9 und Art. 11 der Richtlinie 2006/112/EG sind dahin auszulegen, dass die von einer Hauptniederlassung in einem Drittland zugunsten einer Zweigniederlassung in einem Mitgliedstaat erbrachten Dienstleistungen steuerbare Umsätze darstellen, wenn die Zweigniederlassung einer Gruppe von Personen angehört, die als ein einziger Mehrwertsteuerpflichtiger angesehen werden können.

2. Die Art. 56, 193 und 196 der Richtlinie 2006/112 sind dahin auszulegen, dass in einer Situation wie der des Ausgangsverfahrens, in der die Hauptniederlassung einer in einem Drittland ansässigen Gesellschaft gegen Entgelt Dienstleistungen zugunsten einer in einem Mitgliedstaat ansässigen Zweigniederlassung derselben Gesellschaft erbringt und diese Zweigniederlassung in diesem Mitgliedstaat einer Gruppe von Personen angehört, die als ein einziger Mehrwertsteuerpflichtiger angesehen werden können, diese Gruppe als Dienstleistungsempfänger die Mehrwertsteuer schuldet.

EuGH vom 10.9.2014, Rs C-92/13, *Gemeente 's-Hertogenbosch*
Errichtung eines Gebäudes durch eine Gemeinde

Art. 5 Abs. 7 Buchst. a der Sechsten Richtlinie 77/388/EWG ist dahin auszulegen, dass er auf eine Situation wie die des Ausgangsverfahrens anwendbar ist, in der eine Gemeinde den Erstbezug eines Gebäudes vornimmt, das sie auf eigenem Grund und Boden hat errichten lassen und das sie zu 94 % für ihre Tätigkeiten im Rahmen der öffentlichen Gewalt und zu 6 % für ihre Tätigkeiten als Steuerpflichtige – davon zu 1 % für steuerbefreite Leistungen, die nicht zum Mehrwertsteuerabzug berechtigen – nutzen wird. Die spätere Nutzung des Gebäudes für die Tätigkeiten der Gemeinde kann jedoch gemäß Art. 17 Abs. 5 dieser Richtlinie zum Abzug der Steuer, die aufgrund der in Art. 5 Abs. 7 Buchst. a der Richtlinie vorgesehenen Zuordnung entrichtet wurde, nur in Höhe des Anteils berechtigen, der der Nutzung des Gebäudes für steuerbare Umsätze entspricht.

EuGH vom 20.6.2013, Rs C-219/12, *Finanzamt Freistadt Rohrbach Urfahr*
Betrieb einer Fotovoltaikanlage ist eine unternehmerische Tätigkeit

Art. 4 Abs. 1 und 2 der Sechsten Richtlinie 77/388/EWG in der durch die Richtlinie 95/7/EG geänderten Fassung ist dahin auszulegen, dass der Betrieb einer auf oder neben einem Wohnhaus angebrachten Fotovoltaikanlage, die derart ausgelegt ist, dass zum einen die Menge des erzeugten Stroms die durch den Anlagenbetreiber insgesamt privat verbrauchte Strommenge immer unterschreitet und zum anderen der erzeugte Strom gegen nachhaltige Einnahmen an das Netz geliefert wird, unter den Begriff „wirtschaftliche Tätigkeiten" im Sinne dieses Artikels fällt.

EuGH vom 13.6.2013, Rs C-62/12, *Kostov*
Unternehmerbegriff erstreckt sich auch auf weitere wirtschaftliche Tätigkeiten

Art. 9 Abs. 1 der Richtlinie 2006/112/EG ist dahin auszulegen, dass eine natürliche Person, die bereits für ihre Tätigkeit als selbständiger Gerichtsvollzieher mehrwertsteuerpflichtig ist, für jede weitere, gelegentlich ausgeübte wirtschaftliche Tätigkeit als „Steuerpflichtiger" anzusehen ist, sofern diese Tätigkeit eine Tätigkeit im Sinne von Art. 9 Abs. 1 Unterabs. 2 der Richtlinie 2006/112 darstellt.

EuGH vom 19.7.2012, Rs C-263/11, *Redlihs*
Definition der „wirtschaftlichen Tätigkeit"; Zulässigkeit einer Geldbuße bei Verstoß gegen Meldepflichten

1. Art. 9 Abs. 1 der Richtlinie 2006/112/EG in der durch die Richtlinie 2006/138/EG geänderten Fassung ist dahin auszulegen, dass Holzlieferungen, die von einer natürlichen Person zur Abmilderung der Auswirkungen eines Ereignisses höherer Gewalt durchgeführt werden, zur Nutzung eines körperlichen Gegenstands zählen, die als „wirtschaftliche Tätigkeit" im Sinne dieser Bestimmung zu beurteilen ist, sofern diese Lieferungen zur nachhaltigen Erzielung von Einnahmen erfolgen. Das nationale Gericht hat bei der Feststellung, ob die Nutzung eines körperlichen Gegenstands, etwa eines Waldes, zur nachhaltigen Erzielung von Einnahmen erfolgt, sämtliche Gegebenheiten des Einzelfalls zu würdigen.

2. Das Unionsrecht ist dahin auszulegen, dass nicht ausgeschlossen ist, dass eine Vorschrift des nationalen Rechts, wonach gegen eine Person, die es pflichtwidrig versäumt hat, sich zum Register der Mehrwertsteuerpflichtigen anzumelden und die diese Steuer nicht schuldete, eine Geldbuße in Höhe des für den Wert der gelieferten Gegenstände geltenden normalen Mehrwertsteuersatzes verhängt werden darf, gegen den Grundsatz der Verhältnismäßigkeit verstößt. Es ist Sache des nationalen Gerichts, zu prüfen, ob angesichts der Umstände des vorliegenden Falles und insbesondere angesichts des konkret verhängten Betrags und einer etwa vorliegenden Steuerhinterziehung oder Umgehung der geltenden Gesetze, die dem Steuerpflichtigen, dessen Versäumnis der Anmeldung geahndet wird, anzulasten wären, die Höhe der Sanktion über das hinausgeht, was zur Erreichung der Ziele erforderlich ist, die in der Sicherstellung der genauen Erhebung der Steuer und in der Vermeidung von Steuerhinterziehungen bestehen.

EuGH vom 15.9.2011, Rs C-180/10 und 181/10, *Slaby*
Verkauf eines Baugrundstückes durch eine natürliche Person

Die Lieferung eines für eine Bebauung vorgesehenen Grundstücks unterliegt nach dem nationalen Recht eines Mitgliedstaats der Mehrwertsteuer, wenn dieser Mitgliedstaat

§ 2 UStG

von der Befugnis nach Art. 12 Abs. 1 der Richtlinie 2006/112/EG in der durch die Richtlinie 2006/138/EG geänderten Fassung Gebrauch gemacht hat, unabhängig davon, ob der Umsatz nachhaltig ist oder ob die Person, die die Lieferung getätigt hat, als Erzeuger, Händler oder Dienstleistender tätig ist, soweit dieser Umsatz nicht die bloße Ausübung des Eigentums durch seinen Inhaber darstellt.

Eine natürliche Person, die eine landwirtschaftliche Tätigkeit auf einem Grundstück ausgeübt hat, das aufgrund einer Änderung der Bebauungspläne, die aus vom Willen dieser Person unabhängigen Gründen erfolgte, in ein für eine Bebauung vorgesehenes Grundstück umklassifiziert wurde, ist nicht als mehrwertsteuerpflichtig im Sinne der Art. 9 Abs. 1 und 12 Abs. 1 der Richtlinie 2006/112 in der durch die Richtlinie 2006/138 geänderten Fassung anzusehen, wenn sie begonnen hat, das Grundstück zu verkaufen, falls die Verkäufe im Rahmen der Verwaltung des Privatvermögens dieser Person erfolgen.

Unternimmt diese Person hingegen zur Vornahme der Verkäufe aktive Schritte zum Vertrieb von Grund und Boden, indem sie sich ähnlicher Mittel bedient wie ein Erzeuger, Händler oder Dienstleistender im Sinne von Art. 9 Abs. 1 Unterabs. 2 der Richtlinie 2006/112 in der durch die Richtlinie 2006/138 geänderten Fassung, übt sie eine „wirtschaftliche Tätigkeit" im Sinne dieses Artikels aus und ist folglich als mehrwertsteuerpflichtig anzusehen.

Dass diese Person ein „Pauschallandwirt" im Sinne von Art. 295 Abs. 1 Nr. 3 der Richtlinie 2006/112 in der durch die Richtlinie 2006/138 geänderten Fassung ist, ist dabei unbeachtlich.

EuGH vom 29.10.2009, Rs C-29/08, *AB SKF*
Aktienveräußerung: Voraussetzungen für das Vorliegen einer wirtschaftlichen Tätigkeit, für die Anwendung einer Steuerbefreiung und den Vorsteuerabzug

1. Art. 2 Abs. 1 und Art. 4 Abs. 1 und 2 der Sechsten Richtlinie 77/388/EWG in der durch die Richtlinie 95/7/EG geänderten Fassung sowie Art. 2 Abs. 1 und Art. 9 Abs. 1 der Richtlinie 2006/112/EG sind dahin auszulegen, dass eine von einer Muttergesellschaft vorgenommene Veräußerung sämtlicher Aktien an einer zu 100 % gehaltenen Tochtergesellschaft sowie der verbleibenden Beteiligung der Muttergesellschaft an einer beherrschten Gesellschaft, an der sie früher zu 100 % beteiligt war, denen die Muttergesellschaft mehrwertsteuerpflichtige Dienstleistungen erbracht hat, eine in den Anwendungsbereich der genannten Richtlinien fallende wirtschaftliche Tätigkeit ist. Soweit jedoch die Aktienveräußerung der Übertragung des Gesamtvermögens oder eines Teilvermögens eines Unternehmens im Sinne von Art. 5 Abs. 8 der Sechsten Richtlinie 77/388 in der durch die Richtlinie 95/7 geänderten Fassung oder von Art. 19 Abs. 1 der Richtlinie 2006/112 gleichgestellt werden kann und sofern der betroffene Mitgliedstaat sich für die in diesen Bestimmungen vorgesehene Befugnis entschieden hat, stellt dieser Umsatz keine der Mehrwertsteuer unterliegende wirtschaftliche Tätigkeit dar.

2. Eine Aktienveräußerung wie die im Ausgangsverfahren in Rede stehende ist von der Mehrwertsteuer gemäß Art. 13 Teil B Buchst. d Nr. 5 der Sechsten Richtlinie 77/388 in der durch die Richtlinie 95/7 geänderten Fassung und Art. 135 Abs. 1 Buchst. f der Richtlinie 2006/112 zu befreien.

3. Das Recht auf den Abzug der Vorsteuer auf Leistungen, die für Zwecke einer Aktienveräußerung erbracht wurden, besteht gemäß Art. 17 Abs. 1 und 2 der Sechsten Richtlinie 77/388 in der durch die Richtlinie 95/7 geänderten Fassung sowie gemäß Art. 168 der Richtlinie 2006/112, wenn zwischen den mit den Eingangsleistungen verbundenen Aus-

gaben und der wirtschaftlichen Gesamttätigkeit des Steuerpflichtigen ein direkter und unmittelbarer Zusammenhang besteht. Es obliegt dem vorlegenden Gericht, unter Berücksichtigung aller Umstände, unter denen die im Ausgangsverfahren in Rede stehenden Umsätze getätigt wurden, festzustellen, ob die getätigten Ausgaben Eingang in den Preis der verkauften Aktien finden können oder allein zu den Kostenelementen der auf die wirtschaftlichen Tätigkeiten des Steuerpflichtigen entfallenden Umsätze gehören.

4. Der Umstand, dass die Aktienveräußerung sich in mehreren Schritten vollzieht, wirkt sich auf die Beantwortung der vorstehenden Fragen nicht aus.

EuGH vom 6.10.2009, Rs C-267/08, *SPÖ Landesorganisation Kärnten*
Werbung einer politischen Partei ist keine wirtschaftliche Tätigkeit

Art. 4 Abs. 1 und 2 der Sechsten Richtlinie 77/388/EWG ist dahin auszulegen, dass Tätigkeiten der Außenwerbung der Unterorganisation einer politischen Partei eines Mitgliedstaats nicht als wirtschaftliche Tätigkeit anzusehen sind.

EuGH vom 4.6.2009, Rs C-102/08, *SALIX*
Tätigkeiten von Körperschaften des öffentlichen Rechts; Unternehmerische Tätigkeit, wenn „größere Wettbewerbsverzerrungen" vorliegen

1. Die Mitgliedstaaten müssen eine ausdrückliche Regelung vorsehen, um sich auf die in Art. 4 Abs. 5 Unterabs. 4 der Sechsten Richtlinie 77/388/EWG vorgesehene Befugnis berufen zu können, die Tätigkeiten der Einrichtungen des öffentlichen Rechts, die nach Art. 13 oder 28 der Sechsten Richtlinie von der Steuer befreit sind, als Tätigkeiten zu behandeln, die ihnen im Rahmen der öffentlichen Gewalt obliegen.

2. Art. 4 Abs. 5 Unterabs. 2 der Sechsten Richtlinie 77/388 ist dahin auszulegen, dass die Einrichtungen des öffentlichen Rechts, soweit sie Tätigkeiten ausüben oder Leistungen erbringen, die ihnen im Rahmen der öffentlichen Gewalt obliegen, nicht nur dann als Steuerpflichtige gelten, wenn ihre Behandlung als Nichtsteuerpflichtige aufgrund des Art. 4 Abs. 5 Unterabs. 1 oder 4 zu größeren Wettbewerbsverzerrungen zu Lasten ihrer privaten Wettbewerber führen würde, sondern auch dann, wenn sie derartige Verzerrungen zu ihren eigenen Lasten zur Folge hätte.

EuGH vom 16.9.2008, Rs C-288/07, *Isle of Wight Council*
Behandlung von Einrichtungen des öffentlichen Rechts

1. Art. 4 Abs. 5 Unterabs. 2 der Sechsten Richtlinie 77/388/EWG ist dahin auszulegen, dass die Frage, ob die Behandlung von Einrichtungen des öffentlichen Rechts, die im Rahmen der öffentlichen Gewalt tätig werden, als Nichtsteuerpflichtige zu größeren Wettbewerbsverzerrungen führen würde, mit Bezug auf die fragliche Tätigkeit als solche zu beurteilen ist, ohne dass sich diese Beurteilung auf einen lokalen Markt im Besonderen bezieht.

2. Der Begriff „führen würde" im Sinne des Art. 4 Abs. 5 Unterabs. 2 der Sechsten Richtlinie 77/388 ist dahin auszulegen, dass er nicht nur den gegenwärtigen, sondern auch den potenziellen Wettbewerb umfasst, sofern die Möglichkeit für einen privaten Wirtschaftsteilnehmer, in den relevanten Markt einzutreten, real und nicht rein hypothetisch ist.

3. Der Begriff „größere" im Sinne des Art. 4 Abs. 5 Unterabs. 2 der Sechsten Richtlinie 77/388 ist dahin zu verstehen, dass die gegenwärtigen oder potenziellen Wettbewerbsverzerrungen mehr als unbedeutend sein müssen.

EuGH vom 22.5.2008, Rs C-162/07, *Amplifin*
Voraussetzung für die Behandlung als verbundene Unternehmen

1. Bei Art. 4 Abs. 4 Unterabs. 2 der Sechsten Richtlinie 77/388/EWG handelt es sich um eine Norm, deren Umsetzung durch einen Mitgliedstaat die vorherige Konsultation des Beratenden Ausschusses für die Mehrwertsteuer durch den Mitgliedstaat und den Erlass einer nationalen Regelung voraussetzt, die es im Inland ansässigen Personen, insbesondere Gesellschaften, die rechtlich unabhängig, aber durch gegenseitige finanzielle, wirtschaftliche und organisatorische Beziehungen eng miteinander verbunden sind, gestattet, nicht mehr als getrennte Mehrwertsteuerpflichtige, sondern zusammen als ein Steuerpflichtiger behandelt zu werden, dem allein eine persönliche Identifikationsnummer für diese Steuer zugeteilt wird und der allein infolgedessen Mehrwertsteuererklärungen abgeben kann. Es ist Sache des nationalen Gerichts, zu prüfen, ob eine nationale Regelung wie die im Ausgangsverfahren in Rede stehende diese Kriterien erfüllt, wobei eine nationale Regelung, die diese Kriterien erfüllen sollte, ohne vorherige Konsultation des Beratenden Ausschusses für die Mehrwertsteuer eine Umsetzung unter Verstoß gegen das in Art. 4 Abs. 4 Unterabs. 2 der Richtlinie 77/388 aufgestellte Verfahrenserfordernis wäre.

2. Der Grundsatz der Steuerneutralität steht einer nationalen Regelung nicht entgegen, die sich darauf beschränkte, Steuerpflichtige, die sich für ein System von vereinfachter Mehrwertsteuererklärung und Zahlung entscheiden möchten, danach unterschiedlich zu behandeln, ob das Mutterunternehmen oder die Muttergesellschaft mindestens seit Beginn des dem Jahr der Erklärung vorangegangenen Kalenderjahrs mehr als 50 % der Aktien oder Anteile an den untergeordneten Personen hält oder diese Voraussetzungen im Gegenteil erst nach diesem Zeitpunkt erfüllt. Es ist Sache des nationalen Gerichts, zu prüfen, ob eine nationale Regelung wie die im Ausgangsverfahren in Rede stehende eine solche Regelung darstellt. Darüber hinaus stehen weder das Rechtsmissbrauchsverbot noch der Verhältnismäßigkeitsgrundsatz einer solchen Regelung entgegen.

EuGH vom 3.4.2008, Rs C-442/05, *Torgau-Westelbien*
Das Legen eines Hausanschlusses fällt unter den Begriff „Lieferungen von Wasser"

Art. 4 Abs. 5 und Anhang D Nr. 2 der Sechsten Richtlinie 77/388/EWG sind dahin auszulegen, dass unter den Begriff „Lieferungen von Wasser" im Sinne dieses Anhangs das Legen eines Hausanschlusses fällt, das wie im Ausgangsverfahren in der Verlegung einer Leitung besteht, die die Verbindung des Wasserverteilungsnetzes mit der Wasseranlage eines Grundstücks ermöglicht, so dass eine Einrichtung des öffentlichen Rechts, die im Rahmen der öffentlichen Gewalt tätig wird, für diese Leistung als Steuerpflichtiger gilt.

EuGH vom 13.12.2007, Rs C-408/06, *Götz*
Behandlung von Milchquoten-Verkaufsstellen

1. Eine Milchquoten-Verkaufsstelle ist weder eine landwirtschaftliche Interventionsstelle im Sinne von Art. 4 Abs. 5 Unterabs. 3 in Verbindung mit Anhang D Nr. 7 der Sechsten Richtlinie 77/388/EWG in der durch die Richtlinie 2001/4/EG des Rates vom 19. Januar 2001 geänderten Fassung noch eine Verkaufsstelle im Sinne von Art. 4 Abs. 5 Unterabs. 3 in Verbindung mit Anhang D Nr. 12 dieser Richtlinie.

2. Die Behandlung einer Milchquoten-Verkaufsstelle als Nichtsteuerpflichtige, soweit sie im Sinne von Art. 4 Abs. 5 der Sechsten Richtlinie 77/388 in der durch die Richtlinie 2001/4 geänderten Fassung Tätigkeiten ausübt oder Leistungen erbringt, die ihr im Rahmen der öffentlichen Gewalt obliegen, kann nicht zu größeren Wettbewerbsverzerrungen

führen, da diese Verkaufsstelle in einer Situation wie der des Ausgangsverfahrens nicht mit privaten Wirtschaftsteilnehmern konfrontiert ist, die Leistungen erbringen, die mit den öffentlichen Leistungen konkurrieren. Da dies für jede Milchquoten-Verkaufsstelle gilt, die in einem von dem betreffenden Mitgliedstaat definierten Übertragungsbereich für Anlieferungs-Referenzmengen tätig ist, ist dieser Übertragungsbereich der räumlich relevante Markt für die Feststellung größerer Wettbewerbsverzerrungen.

EuGH vom 18.10.2007, Rs C-355/06, *van der Steen*
Natürliche Person mit Arbeitsvertrag ist Nichtunternehmer

Eine natürliche Person, die aufgrund eines Arbeitsvertrags mit einer steuerpflichtigen Gesellschaft, deren einziger Gesellschafter, Geschäftsführer und Mitarbeiter sie im Übrigen ist, alle Arbeiten im Namen und auf Rechnung dieser Gesellschaft ausführt, gilt für die Zwecke von Art. 4 Abs. 4 Unterabs. 2 der Sechsten Richtlinie 77/388/EWG selbst nicht als Steuerpflichtiger im Sinne von Art. 4 Abs. 1 der Sechsten Richtlinie.

EuGH vom 26.6.2007, Rs C-284/04, *T-Mobile Austria*
Zuteilung von Nutzungsrechten ist keine wirtschaftliche Tätigkeit

Art. 4 Abs. 2 der Sechsten Richtlinie 77/388/EWG ist dahin auszulegen, dass die Zuteilung von Rechten wie Nutzungsrechten für Frequenzen des elektromagnetischen Spektrums zur Erbringung öffentlicher Mobilfunkdienste durch die für die Frequenzzuteilung zuständige nationale Regulierungsbehörde im Wege der Versteigerung keine wirtschaftliche Tätigkeit im Sinne der betreffenden Bestimmung ist und folglich nicht in den Anwendungsbereich der Sechsten Richtlinie fällt.

EuGH vom 26.6.2007, Rs C-369/04, *Hutchison 3G*
Vergabe von Lizenzen ist keine wirtschaftliche Tätigkeit

Art. 4 Abs. 1 und 2 der Sechsten Richtlinie 77/388/EWG ist dahin auszulegen, dass die Vergabe von Lizenzen wie den Lizenzen für Mobilfunk der dritten Generation, UMTS-Lizenzen genannt, durch die für die Frequenzzuteilung zuständige nationale Regulierungsbehörde im Wege der Versteigerung der Nutzungsrechte für Telekommunikationsanlagen keine wirtschaftliche Tätigkeit im Sinne der betreffenden Bestimmung ist und folglich nicht in den Anwendungsbereich der Sechsten Richtlinie fällt.

Judikatur VwGH zu § 2:

VwGH vom 27.7.2016, 2013/13/0083
Unternehmereigenschaft von Körperschaften öffentlichen Rechts

Nach gefestigter Rechtsprechung des EuGH handelt es sich bei Tätigkeiten „im Rahmen der öffentlichen Gewalt" im Sinne von Art. 4 Abs. 5 der 6. EG-RL um solche, die Einrichtungen des öffentlichen Rechts im Rahmen einer öffentlich-rechtlichen Sonderregelung ausüben. Dies ist der Fall, wenn die Ausübung dieser Tätigkeit das Gebrauchmachen von hoheitlichen Befugnissen umfasst; nicht dazu gehören Tätigkeiten, die sie unter den gleichen Bedingungen ausüben wie private Wirtschaftstreibende. Unerheblich ist, ob die Tätigkeit in Wahrnehmung von Aufgaben besteht, die aus Gründen des Gemeinwohls durch Gesetz zugewiesen und geregelt sind. Ausschlaggebend sind die konkreten Ausübungsmodalitäten der Tätigkeiten. Soweit Art. 4 Abs. 5 der 6. EG-RL die Behandlung der Einrichtungen des öffentlichen Rechts als Nichtsteuerpflichtige davon abhängig macht, dass diese „im Rahmen der öffentlichen Gewalt" tätig werden, schließt sie eine solche Behandlung der Tätigkeiten aus, die diese Einrichtungen nicht als Rechtssubjekte des öffentlichen Rechts, sondern als Rechtssubjekte des Privatrechts ausüben. Das einzige Kriterium, das eine sichere Unterscheidung dieser beiden Arten von Tätigkeit ermöglicht, ist folglich die nach dem nationalen Recht anwendbare rechtliche Regelung, wobei es Sache des nationalen Gerichts ist, die fragliche Tätigkeit an Hand dieses Kriteriums zu beurteilen (vgl. z. B. das hg. Erkenntnis vom 19. April 2007, 2004/15/0091, VwSlg 8226 F/2007, mwN).

Nach den allgemeinen umsatzsteuerrechtlichen Regeln wären Körperschaften öffentlichen Rechts insoweit Unternehmer, als sie selbständig und nachhaltig eine Tätigkeit zum Zweck der Einnahmenerzielung entfalten, § 2 Abs. 3 UStG 1994 modifiziert allerdings diesen Grundsatz (vgl. Ruppe/Achatz, UStG4, § 2 Tz 158, sowie in diesem Sinne auch das Urteil des deutschen Bundesfinanzhofes vom 15. April 2010, V R 10/09, UR 17/2010, 646 ff [648]). Vor dem Hintergrund des Unionsrechts ist weiters zu beachten, dass dieses den Begriff des „Betriebes gewerblicher Art" nicht kennt (vgl. beispielsweise das hg. Erkenntnis vom 17. Oktober 2007, 2003/13/0019, VwSlg 8271 F/2007). Allgemein gilt nach der Rechtsprechung des EuGH, dass sich der Begriff der wirtschaftlichen Tätigkeiten im Sinne des Art. 4 Abs. 1 und 2 der 6. EG-RL auf einen weiten Bereich erstreckt (vgl. z.B. die Urteile des EuGH vom 12. September 2000, C-260/98, Slg. I-6561, Kommission/Hellenische Republik, Randnr. 26, und vom 20. Juni 2013, C-219/12, Thomas Fuchs, Randnr. 17).

VwGH vom 29.6.2016, 2013/15/0205
Beginn der Unternehmereigenschaft

Sowohl unter dem Regime des UStG 1972 als auch unter jenem des UStG 1994 wird die Unternehmereigenschaft dann erworben, wenn eine selbständige Tätigkeit aufgenommen wird, die nachhaltig der Erzielung von Einnahmen dienen soll. Die Erbringung von Leistungen ist noch nicht erforderlich, erforderlich ist hingegen, dass die aufgenommene Tätigkeit ernsthaft auf die Erbringung von entgeltlichen Leistungen angelegt ist und dies nach außen in Erscheinung tritt. Vorbereitungshandlungen sind daher ausreichend (vgl. etwa die hg. Erkenntnisse vom 30. September 1998, 96/13/0211, und vom 19. März 2008, 2007/15/0134, sowie Ruppe, UStG^3, § 2, Tz 134).

VwGH vom 29.6.2016, 2013/15/0301
Bei der Überlassung des Gebrauches eines Wohnobjektes an den Stifter kommt dem Gesamtbild der Verhältnisse entscheidendes Gewicht zu

Der Verwaltungsgerichtshof hat sich wiederholt mit der Beurteilung einer Vermietungstätigkeit durch eine Privatstiftung als unternehmerisch befasst (vgl. VwGH vom 10. Februar 2016, 2013/15/0284, und die dort angeführte Vorjudikatur). Um bei der Überlassung des Gebrauches eines Wohnobjektes an den Stifter (oder sonstigen Begünstigten) das Vorliegen einer unternehmerischen Tätigkeit ausschließen zu können, kommt nach dieser Rechtsprechung entscheidendes Gewicht dem Gesamtbild der Verhältnisse zu.

VwGH vom 29.6.2016, 2013/15/0308
Keine wirtschaftliche Tätigkeit, wenn die Überlassung der Nutzung eines Wohnhauses an den Stifter nicht erfolgt, um Einnahmen zu erzielen, sondern um ihm einen Vorteil zuzuwenden; wesentlich für das Vorliegen einer unternehmerischen Tätigkeit ist das Vorliegen einer marktkonformen Vermietung; Gesellschafter können aus Leistungen an die Gesellschaft Unternehmerstellung erlangen

Nach Art. 9 Abs. 1 Unterabsätze 1 und 2 der Richtlinie 2006/112/EG gilt als Steuerpflichtiger, wer die wirtschaftliche Tätigkeit eines Erzeugers, Händlers oder Dienstleistenden selbständig und unabhängig von ihrem Ort ausübt, gleichgültig zu welchem Zweck und mit welchem Ergebnis. Durch die Bezugnahme auf wirtschaftliche Tätigkeiten wird im Resultat auf nachhaltige, einnahmenorientierte Aktivitäten abgestellt (vgl. Ruppe/Achatz, UStG^4, § 2 Tz 8).

Der Verwaltungsgerichtshof hat im Erkenntnis vom 7. Juli 2011, 2007/15/0255, ausgeführt, dass die Vermietung einer Immobilie zu Wohnzwecken als fortlaufende Duldungsleistung auch bei einer Privatstiftung als unternehmerische Tätigkeit im Sinne des § 2 Abs. 1 UStG 1994 bzw. als wirtschaftliche Tätigkeit im Sinne des Art. 4 Abs. 1 und 2 der 6. EG-RL (77/388/EWG) in Betracht kommt. Es fehle allerdings an einer wirtschaftlichen Tätigkeit, wenn die Überlassung der Nutzung eines Wohnhauses an den Stifter/Begünstigten nicht deshalb erfolge, um Einnahmen zu erzielen, sondern um ihm einen Vorteil zuzuwenden (Zuwendung aus der Stiftung). Die Beurteilung sei dabei an Hand eines Vergleiches zwischen den Umständen vorzunehmen, unter denen das Wohngebäude dem Stifter überlassen werde, und den Umständen, unter denen die entsprechende wirtschaftliche Tätigkeit gewöhnlich ausgeübt werde. Anhaltspunkte für die erforderliche Abgrenzung zwischen Tätigkeiten, die letztlich nur der Erfüllung des Stiftungszweckes dienten, und solchen, die über die bloße Erfüllung des Stiftungszweckes hinaus als wirtschaftliche Tätigkeiten einzustufen seien, fänden sich im Urteil des EuGH vom 26. September 1996, C-230/94, Enkler, in den Randnrn. 24 ff, insbesondere Randnr. 28. Wesentlich zur Beantwortung der Frage, ob die Nutzungsüberlassung einer Wohnimmobilie an den Stifter/Begünstigten eine unternehmerische Tätigkeit darstellt, ist somit das Vorliegen einer marktkonformen Vermietung. Ohne Klärung der Frage, ob eine Vermietung zu marktkonformen (fremdüblichen) Bedingungen vorliegt, kann noch nicht abschließend beurteilt werden, ob das Mietverhältnis deshalb nicht anerkannt werden könnte, weil die vorliegende Gesamtgestaltung als eine „missbräuchliche Praxis" zu werten sei (vgl. dazu das Urteil des EuGH vom 22. Dezember 2010, C-103/09, Weald Leasing, und das hg. Erkenntnis vom 31. März 2011, 2008/15/0115).

Gesellschafter einer Personenvereinigung können aus Leistungen an die Gesellschaft Unternehmerstellung erlangen, wenn sie im Rahmen eines Leistungsaustausches Leistungen an die Gesellschaft gegen Entgelt erbringen (vgl. zB VwGH vom 28. November 2002, 2000/13/0097, sowie EuGH vom 27. Jänner 2000, C-23/98, Heerma, Rz 17 ff). Im Beschwerdefall hat die Abgabenbehörde dazu festgestellt, dass die Gesellschafterin für die Überlassung des Hotels ein besonderes Entgelt in Form einer – vom Gewinn der Gesellschaft unabhängigen – Jahresmiete erhält, was für das Vorliegen eines Leistungsaustausches spricht (vgl. Ruppe/Achatz, UStG^4, § 1 Tz 106, sowie EuGH vom 27. Jänner 2000, C-23/98, Heerma, Rz 13). Im Beschwerdefall stand auch keine private Veranlassung der Vermietung im Raum und wurde das gegenständliche Bestandsobjekt, ein Hotel, ausschließlich betrieblich genutzt. Insbesondere wurde eine Nutzung für private Wohnzwecke der Gesellschafterin nicht festgestellt. Da die im Ausgangsverfahren in Rede stehende Hotelanlage von der Gesellschafterin und Eigentümerin somit „in der Unternehmerkette" ohne jede private Mitveranlassung gegen nachhaltige Einnahmen an die das Hotel betreibende GesbR überlassen wird, sind die Voraussetzungen dafür, dass diese Tätigkeit unter den Begriff „wirtschaftliche Tätigkeiten" im Sinne von Art. 9 der Richtlinie 2006/112/EG fällt, erfüllt (vgl. beispielsweise zur Vorgängerbestimmung der Sechsten Richtlinie 77/388/EWG EuGH vom 20. Juni 2013, Rs C-219/12, Fuchs, Rz 28 ff zum

§ 2 UStG

Betrieb einer Photovoltaikanlage). Auf eine bestimmte Angemessenheit des Mietentgelts kommt es in dieser Fallkonstellation nicht an (vgl. auch VwGH vom 10. März 2016, 2013/15/0222, Rz 14 mwN).

VwGH vom 25.5.2016, 2013/15/0244
Personenmehrheit kann Unternehmer sein

Eine Personenmehrheit ist dann als Unternehmer im Sinne des § 2 Abs. 1 UStG 1994 zu sehen, wenn sie im eigenen Namen nach außen (Dritten gegenüber) in Erscheinung tritt und eine gewerbliche und berufliche Tätigkeit entfaltet (vgl. VwGH vom 13. Oktober 1983, 82/15/0066).

VwGH vom 10.3.2016, 2013/15/0222
Bei Vermietungen und Verpachtungen von Grundstücken durch öffentlich-rechtliche Körperschaften besteht eine Maßgeblichkeit der zivilrechtlichen Kriterien; eine Überlassung gegen einen bloßen Anerkennungszins oder gegen Ersatz der Betriebskosten ist nicht ausreichend; wird eine Mindestmiete nicht erreicht, ist die Gebrauchsüberlassung dem Hoheitsbereich der Körperschaft öffentlichen Rechts zuzuordnen

Nach der Rechtsprechung des EuGH ist es für die Qualifikation eines Umsatzes als „entgeltlicher Umsatz" grundsätzlich unerheblich, dass eine wirtschaftliche Tätigkeit zu einem Preis unter oder über den Selbstkosten ausgeführt wird. Dieser Begriff setzt nämlich lediglich das Bestehen eines unmittelbaren Zusammenhangs zwischen der Lieferung von Gegenständen oder der Erbringung von Dienstleistungen und der Gegenleistung voraus, die der Steuerpflichtige tatsächlich erhalten hat (EuGH vom 9. Juni 2011, C-285/10, Campsa, Rn. 25; vom 20. Januar 2005, C-412/03, Hotel Scandic Gåsabäck, Rn. 22 sowie vom 8. März 1988, 102/86, Apple and Pear, Rn. 12).

Der Verwaltungsgerichtshof hat in seinem Erkenntnis vom 3. September 2008, 2003/13/0086, darauf hingewiesen, dass der Inhalt des Begriffs der „Vermietung und Verpachtung" in § 2 Abs. 3 UStG 1994 sich vom übrigen Vermietungsbegriff im UStG unterscheide und enger auszulegen ist. Art. 4 Abs. 5 Unterabsatz 4 der 6. Richtlinie (nunmehr Art. 13 Abs. 2 der MwSt-System-RL 2006/112/EG) erlaubt es nämlich den Mitgliedstaaten, bestimmte steuerbefreite Tätigkeiten (dazu zählt u.a. nach Art. 135 Abs. 1 lit. l der MwSt-System-RL 2006/112/EG die Vermietung und Verpachtung von Grundstücken) bei Einrichtungen des öffentlichen Rechts als Tätigkeiten zu behandeln, die diesen im Rahmen der öffentlichen Gewalt obliegen. Mit § 2 Abs. 3 UStG 1994 ist diese Ermächtigung in dem Sinne genutzt worden, dass für Vermietungen und Verpachtungen von Grundstücken durch öffentlich-rechtliche Körperschaften eine Maßgeblichkeit der zivilrechtlichen Kriterien besteht. Eine Überlassung gegen einen bloßen Anerkennungszins oder gegen Ersatz der Betriebskosten reicht demnach nicht aus, um einen zivilrechtlichen Bestandvertrag zu begründen.

Art. 4 Abs. 5 Unterabsatz 4 der 6. Richtlinie (nunmehr Art. 13 Abs. 2 der MwSt-System-RL) erlaubt es den Mitgliedstaaten, bestimmte steuerbefreite Tätigkeiten (dazu zählt u.a. nach Art. 135 Abs. 1 lit. l der MwSt-System-RL die Vermietung und Verpachtung von Grundstücken) bei Einrichtungen des öffentlichen Rechts als Tätigkeiten zu behandeln, die diesen im Rahmen der öffentlichen Gewalt obliegen. Die Rechtsprechung hat angesichts dieses unionsrechtlichen Ermächtigungsspielraums für das UStG 1994 aus dem allgemeinen Zivilrecht eine Untergrenze für Mietentgelte im Rahmen einer wirtschaftlichen Tätigkeit von Körperschaften öffentlichen Rechts abgeleitet (vgl. dazu auch

VwGH vom 11. Dezember 1996, 94/13/0025, sowie aus dem zivilrechtlichen Schrifttum beispielsweise Würth in Rummel, ABGB³, § 1090 Rz 3, sowie Pesek in Schwimann/ Kodek, ABGB⁴ § 1090 Rz 32 ff, mwN). Die Frage, ob der wirtschaftliche Hintergrund einer Gebrauchsüberlassung allenfalls eine verdeckte Ausschüttung an Gesellschafter oder eine Zuwendung an Begünstigte (einer Privatstiftung) ist, stellt sich bei Körperschaften öffentlichen Rechts allerdings idR nicht. Wird eine für die Anerkennung eines Mietvertrages zivilrechtlich erforderliche Mindestmiete nicht erreicht, kann nicht von einem entgeltlichen Mietverhältnis ausgegangen werden und ist die Gebrauchsüberlassung dem Hoheitsbereich der Körperschaft öffentlichen Rechts zuzuordnen.

Nach gefestigter Rechtsprechung des EuGH handelt es sich bei Tätigkeiten im Rahmen der öffentlichen Gewalt um solche, die Einrichtungen des öffentlichen Rechts im Rahmen einer öffentlichrechtlichen Sonderregelung ausüben. Dies ist der Fall, wenn die Ausübung dieser Tätigkeit das Gebrauchmachen von hoheitlichen Befugnissen umfasst; nicht dazu gehören Tätigkeiten, die sie unter den gleichen Bedingungen ausüben wie private Wirtschaftsreibende (vgl. VwGH vom 4. Februar 2009, 2006/15/0220, sowie vom 20. Jänner 2005, 2000/14/0203, mwN). Auf den Gegenstand und die Zielsetzung der Tätigkeit der öffentlichen Einrichtung kommt es dabei nicht an (vgl. nochmals VwGH vom 20. Jänner 2005, 2000/14/0203). Von einer Tätigkeit im Rahmen der öffentlichen Gewalt kann im Falle der Vermietung von Räumlichkeiten eines Pastoralgebäudes keine Rede sein, wird diese doch unter den gleichen rechtlichen Bedingungen ausgeübt, denen private Wirtschaftsteilnehmer unterliegen.

VwGH vom 10.2.2016, 2013/15/0284
Überlassung von Wohngebäuden durch eine Körperschaft an ihre Gesellschafter

Im Bereich der Überlassung von Wohngebäuden durch eine Körperschaft an ihre Gesellschafter bzw. an Personen, die den Gesellschaftern nahestehen, sind in rechtlicher Hinsicht mehrere dem Vorsteuerabzug allenfalls entgegenstehende Konstellationen zu unterscheiden. Der Vorgang kann einerseits eine verdeckte Ausschüttung darstellen und gegebenenfalls zum Ausschluss des Vorsteuerabzuges nach § 12 Abs. 2 Z 2 lit. a UStG 1994 führen (vgl. dazu etwa das Erkenntnis vom 23. Februar 2010, 2007/15/0003, VwSlg 8515 F/2010). In diesem Fall kommt besondere Bedeutung der Angemessenheit der Miete zu. Der Vorgang kann sich aber andererseits auch als bloße Gebrauchsüberlassung darstellen, die nicht als wirtschaftliche (unternehmerische) Tätigkeit einzustufen ist. Um bei der Überlassung des Gebrauches das Vorliegen einer unternehmerischen Tätigkeit ausschließen zu können, kommt entscheidendes Gewicht dem Gesamtbild der Verhältnisse zu. Ein (moderates) Abweichen des tatsächlich vereinbarten vom fremdüblichen Mietentgelt kann daher für sich allein nicht dazu führen, eine Tätigkeit als nichtunternehmerisch einzustufen.

VwGH vom 26.11.2015, 2012/15/0204
Bei Vorliegen eines so genannten freien Dienstvertrages liegt eine selbständige Tätigkeit und daher Unternehmereigenschaft vor

Wer als Arbeitnehmer in einem einkommensteuerlichen Dienstverhältnis steht, kann in der Regel mit dieser Tätigkeit nicht zugleich Unternehmer im Sinn des UStG sein (vgl. Ruppe, UStG³, § 2 Tz 69). Neben der Weisungsgebundenheit, die in § 2 Abs. 2 UStG 1994 genannt ist, zählt das Fehlen eines Unternehmerrisikos zu den bedeutsamen Kriterien der Nichtselbständigkeit (vgl. Ruppe, aaO, § 2 Tz 74 ff).

Umsatzsteuerrechtlich liegt auch bei Vorliegen eines so genannten freien Dienstvertrages eine selbständige Tätigkeit und daher Unternehmereigenschaft vor (vgl. Ruppe/Achatz, UStG[4], § 2 Tz 83, die zur Abgrenzung eines sogenannten freien Dienstvertrages von einem normalen Dienstvertrag auf Krejci in Rummel, ABGB[3], § 1151 Rz 83 ff, verweisen). Der freie Dienstvertrag unterscheidet sich vom normalen Dienstvertrag durch das Fehlen persönlicher Abhängigkeit und von Beschränkungen des persönlichen Verhaltens. Gegenstand des freien Dienstvertrages sind Dienstleistungen, die nicht in persönlicher Abhängigkeit geleistet werden. Insbesondere besteht keine dem Dienstvertrag vergleichbare Weisungsunterworfenheit und keine Bindung an bestimmte Arbeitszeiten; hingegen die Möglichkeit, den Ablauf der Arbeit selbst zu regeln und jederzeit zu ändern. Ein freier Dienstvertrag liegt vor, wenn die Parteien ihr Vertragsverhältnis so unabhängig und frei wie nur möglich gestalten wollen (vgl. Krejci in Rummel, ABGB[3], § 1151 Rz 83 ff).

VwGH vom 30.6.2015, 2011/15/0163
„Betrieb gewerblicher Art" ist kein unionsrechtlicher Begriff

Nach den allgemeinen umsatzsteuerrechtlichen Regeln wären Körperschaften öffentlichen Rechts insoweit Unternehmer, als sie selbständig und nachhaltig eine Tätigkeit zum Zweck der Einnahmenerzielung entfalten, § 2 Abs. 3 UStG 1994 modifiziert allerdings diesen Grundsatz (vgl. Ruppe/Achatz, UStG[4], § 2 Tz 158, sowie in diesem Sinne auch das Urteil des deutschen Bundesfinanzhofes vom 15. April 2010, V R 10/09, UR 17/2010, 646 ff (648)). Vor dem Hintergrund des Unionsrechts ist weiters zu beachten, dass dieses den Begriff des „Betriebes gewerblicher Art" nicht kennt (vgl. beispielsweise das hg. Erkenntnis vom 17. Oktober 2007, 2003/13/0019, VwSlg 8271 F/2007). Allgemein gilt nach der Rechtsprechung des EuGH, dass sich der Begriff der wirtschaftlichen Tätigkeiten im Sinne des Art. 4 Abs. 1 und 2 der 6. EG-RL auf einen weiten Bereich erstreckt (vgl. z.B. die Urteile des EuGH vom 12. September 2000, C-260/98, Slg. I-6561, Kommission/Hellenische Republik, Randnr. 26, und vom 20. Juni 2013, C-219/12, Thomas Fuchs, Randnr. 17).

VwGH vom 30.4.2015, 2014/15/0015
Die dauerhaft verlustträchtige Vermietung einer Eigentumswohnung berechtigt nicht zum Vorsteuerabzug

Bis zum Beitritt Österreichs zur EU hatten § 1 Abs. 2 und § 6 LVO 1993 iVm § 2 Abs. 5 Z 2 UStG 1972 normiert, dass die Vermietung von Wohnraum, der geeignet ist, vom Vermieter für seine privaten Wohnzwecke (Lebensführung) genutzt zu werden (so genannte „kleine Vermietung"), wenn sie notorisch zu Verlusten führt, umsatzsteuerlich als Liebhaberei (somit keine Umsatzsteuerpflicht und kein Vorsteuerabzug) qualifiziert wird. Mit dem Beitritt Österreichs zur EU ist das UStG 1994 in Kraft getreten, womit Österreich sein Umsatzsteuerrecht an die Vorgaben des Unionsrechts, insbesondere an die sechste Mehrwertsteuerrichtlinie (im Folgenden: 6. RL), angepasst hat. Durch § 28 Abs. 5 Z 4 UStG 1994 hat der Gesetzgeber den Inhalt der LVO 1993 in den ab dem Beitritt geltenden Rechtsbestand übernommen. Dabei ging er davon aus, dass Betätigungen iSd § 1 Abs. 2 LVO 1993 weiterhin umsatzsteuerlich nicht von Relevanz sind, weil es sich hiebei entweder um nichtunternehmerische Tätigkeiten iSd Art. 4 der 6. RL handelt oder – soweit die verlustträchtige Vermietung im Einzelfall eine unternehmerische Tätigkeit darstellt – diese nach Art. 13 Teil B Buchstabe b der 6. RL mehrwertsteuerbefreit unter Ausschluss des Vorsteuerabzugs ist (vgl. Sarnthein in SWK 2005, S 515).

Im Erkenntnis vom 16. Februar 2006, 2004/14/0082, VwSlg 8110 F/2006, ist der Verwaltungsgerichtshof zum Ergebnis gelangt, dass die umsatzsteuerliche Regelung der in Rede stehenden verlustträchtigen Vermietung von privat nutzbarem Wohnraum (so genannte „kleine Vermietung" iSd § 1 Abs. 2 iVm § 6 LVO 1993, § 2 Abs. 5 Z 2 iVm § 28 Abs. 5 Z 4 UStG 1994) nicht den Vorgaben der sechsten Mehrwertsteuerrichtlinie widerspricht. Die österreichische Regelung findet aus unionsrechtlicher Sicht ihrem materiellen Gehalt nach Deckung in Art. 13 Teil B Buchstabe b der sechsten Mehrwertsteuerrichtlinie (nunmehr Art. 135 MwStSystRL), wobei die innerstaatliche Regelung der in Rede stehenden Vermietung von Wohnraum (keine Umsatzsteuerpflicht, kein Vorsteuerabzug) als Steuerbefreiung unter Vorsteuerausschluss zu verstehen ist (vgl. hiezu auch Ruppe/Achatz, UStG[4], § 2 Tz 258/2, Windsteig in Melhardt/Tumpel, UStG, § 2 Rz 379, Rauscher/Grübler, Steuerliche Liebhaberei[2], Rz 547f; Renner, SWK 2006, S 391; Sarnthein, SWK 2006, S 414 und S 503).

Aus § 2 Abs. 5 Z 2 und § 28 Abs. 5 Z 4 UStG 1994 ergibt sich iVm der LVO 1993, dass die dauerhaft verlustträchtige Vermietung einer Eigentumswohnung (anders als die im Erkenntnis vom 25. April 2013, 2010/15/0107, zu beurteilende Schafzucht), auch wenn es sich dabei um eine unternehmerische Tätigkeit handelt, als steuerfreie Grundstücksvermietung nicht der Umsatzsteuer unterliegt und kein Recht auf Vorsteuerabzug vermittelt.

VwGH vom 27.11.2014, 2012/15/0145
Bei Vermietungen und Verpachtungen von Grundstücken durch öffentlich-rechtliche Körperschaften reicht eine Überlassung gegen einen bloßen Anerkennungszins oder gegen Ersatz der Betriebskosten nicht aus, um einen zivilrechtlichen Bestandvertrag zu begründen

Der Verwaltungsgerichtshof hat in seinem Erkenntnis vom 3. September 2008, 2003/13/0086, darauf hingewiesen, dass der Inhalt des Begriffs der „Vermietung und Verpachtung" in § 2 Abs. 3 UStG 1994 sich vom übrigen Vermietungsbegriff im UStG unterscheide und enger auszulegen ist. Art. 4 Abs. 5 Unterabsatz 4 der 6. Richtlinie (nunmehr Art. 13 Abs. 2 der MwSt-System-RL 2006/112/EG) erlaubt es nämlich den Mitgliedstaaten, bestimmte steuerbefreite Tätigkeiten (dazu zählt u.a. nach Art. 135 Abs. 1 lit. l der MwSt-System-RL 2006/112/EG die Vermietung und Verpachtung von Grundstücken) bei Einrichtungen des öffentlichen Rechts als Tätigkeiten zu behandeln, die diesen im Rahmen der öffentlichen Gewalt obliegen. Mit § 2 Abs. 3 UStG 1994 ist diese Ermächtigung in dem Sinne genutzt worden, dass für Vermietungen und Verpachtungen von Grundstücken durch öffentlich-rechtliche Körperschaften eine Maßgeblichkeit der zivilrechtlichen Kriterien besteht. Eine Überlassung gegen einen bloßen Anerkennungszins oder gegen Ersatz der Betriebskosten reicht demnach nicht aus, um einen zivilrechtlichen Bestandvertrag zu begründen.

VwGH vom 30.1.2014, 2013/15/0157
Der umsatzsteuerliche Unternehmerbegriff setzt ein In-Erscheinung-Treten der Gesellschaft als solche im rechtsgeschäftlichen Verkehr voraus

Gemäß § 2 Abs. 1 UStG 1994 ist Unternehmer, wer eine gewerbliche oder berufliche Tätigkeit selbständig ausübt. Nicht rechtsfähige Personenvereinigungen, wie die Gesellschaft nach bürgerlichem Recht, sind dann Unternehmer, wenn sie selbständig sind und durch gewerbliche oder berufliche Leistungen als Gesellschaft nach außen hin in Erscheinung treten (vgl. das noch zum insoweit vergleichbaren UStG 1972 ergangene hg. Erkenntnis vom 15. Juni 1988, 86/13/0082; sowie Ruppe/Achatz, UStG[4], § 2 Tz. 22).

Subjekt der Umsatzsteuer kann nur eine im Wirtschaftsleben nach außen auftretende Gesellschaft sein. Der umsatzsteuerliche Unternehmerbegriff setzt somit ein In-Erscheinung-Treten der Gesellschaft als solche im rechtsgeschäftlichen Verkehr voraus (vgl. die hg. Erkenntnisse vom 26. Mai 1982, 82/13/0104, 0105, und vom 29. November 1994, 93/14/0150). Maßgebend ist das Auftreten nach außen (vgl. dazu auch unter unionsrechtlichen Gesichtspunkten Ruppe/Achatz, aaO, § 2 Tz. 20).

VwGH vom 29.1.2014, 2010/13/0006
Das Unionsrecht kennt das Überwiegensprinzip zur Beurteilung so genannter Mischbetriebe nicht; bei Betrieben gewerblicher Art liegt eine Tätigkeit von wirtschaftlichem Gewicht bei jährlichen Einnahmen von zumindest 2.900 € vor

Nach den allgemeinen umsatzsteuerrechtlichen Regeln wären Körperschaften öffentlichen Rechts insoweit Unternehmer, als sie selbständig und nachhaltig eine Tätigkeit zum Zweck der Einnahmenerzielung entfalten, § 2 Abs. 3 UStG 1994 modifiziert allerdings diesen Grundsatz (vgl. Ruppe/Achatz, UStG[4], § 2 Tz. 158, sowie in diesem Sinne auch das Urteil des deutschen Bundesfinanzhofes vom 15. April 2010, V R 10/09, UR 17/2010, 646 ff [648]). Vor dem Hintergrund des Unionsrechts ist weiters zu beachten, dass dieses den Begriff des „Betriebes gewerblicher Art" nicht kennt (vgl. beispielsweise das hg. Erkenntnis vom 17. Oktober 2007, 2003/13/0019, VwSlg 8271 F/2007). Allgemein gilt nach der Rechtsprechung des EuGH, dass sich der Begriff der wirtschaftlichen Tätigkeiten im Sinne des Art. 4 Abs. 1 und 2 der 6. EG-RL auf einen weiten Bereich erstreckt (vgl. z.B. die Urteile des EuGH vom 12. September 2000, C-260/98, Slg. I-6561, Kommission/Hellenische Republik, Randnr. 26, und vom 20. Juni 2013, C-219/12, Thomas Fuchs, Randnr. 17).

Die nach der Judikatur des EuGH (vgl. die Urteile des EuGH vom 12. September 2000, C-260/98, Slg. I-6561, Kommission/Hellenische Republik, Randnr. 26, und vom 20. Juni 2013, C-219/12, Thomas Fuchs, Randnr. 17) ausschlaggebenden „konkreten Ausübungsmodalitäten" betreffen nicht etwa den Gegenstand und die Zielsetzung der Tätigkeit der öffentlichen Einrichtung (vgl. z.B. das Urteil des EuGH vom 14. Dezember 2000, C-446/98, Slg. I-11462, Fazenda Publica, Randnr. 19, und das hg. Erkenntnis vom 20. Jänner 2005, 2000/14/0203, mwN). Entscheidend ist vielmehr, ob die Ausübung dieser Tätigkeit auch das Gebrauchmachen von hoheitlichen Befugnissen durch die Einrichtung des öffentlichen Rechts umfasst (wenn beispielsweise nach dem hg. Erkenntnis vom 4. Februar 2009, 2006/15/0220, VwSlg 8406 F/2009, die Gebühr für die Inanspruchnahme einer Aufbahrungshalle durch Bescheid vorzuschreiben ist, vgl. dazu weiters Ruppe/Achatz, UStG[4], § 2 Tz. 185/1). Durch die allgemeine Zugänglichkeit eines Hortbetriebes allein wird damit eine Gemeinde noch nicht in Ausübung hoheitlicher Gewalt tätig.

Der Verwaltungsgerichtshof hat bereits zu § 2 Abs. 3 UStG 1972 im Erkenntnis vom 24. April 1980, 2730/77, VwSlg 5480 F/1980, zum Betrieb eines Hallenbades durch eine Körperschaft öffentlichen Rechts ausgesprochen, dass es im Sinne der Absicht des Gesetzgebers, bei der Besteuerung der öffentlichen Hand eine bessere Trennung des Hoheitsbetriebes vom unternehmerischen Bereich der Körperschaften des öffentlichen Rechts zu erzielen, zur Trennung des Betriebes in einen Hoheitsbetrieb und einen Betrieb gewerblicher Art ausreicht, wenn beispielsweise eine klare zeitliche Trennung vorliegt (auf den gemeinsamen Faktor etwa des Grundstücks oder der technischen Einrichtung kommt es dabei nicht an). Dass eine solche Beurteilung nicht auch der Absicht des Gesetzgebers zum UStG 1994 entspräche, ist nicht erkennbar, wobei hier auch zu beachten ist, dass das Unionsrecht das Überwiegensprinzip zur Beurteilung so genannter Mischbetriebe nicht kennt (vgl. z.b. Scheiner in Achatz, Die Besteuerung der Non-Profit-Organisationen[2], Wien 2004, 191, sowie Raab, Mischbetriebe von Körperschaften des öffentlichen Rechts, ÖStZ 2008/893, 444 [447ff]).

Zu dem durch den Verweis in § 2 Abs. 3 UStG 1994 auf § 2 Abs. 1 KStG 1988 zur Qualifikation als Betrieb gewerblicher Art erforderlichen Merkmal einer Tätigkeit von wirtschaftlichem Gewicht hat der Verwaltungsgerichtshof bereits zum UStG 1972 in ständiger Rechtsprechung zum Ausdruck gebracht, erreichen die Einnahmen einer Einrichtung nicht einmal die (damals) in § 21 Abs. 6 UStG 1972 vorgesehene Bagatellgrenze von 40.000 S (d.s. rund 2.900 EUR), so könne eine Tätigkeit von wirtschaftlichem Gewicht nicht angenommen werden (vgl. beispielsweise das hg. Erkenntnis vom 26. Jänner 1994, 92/13/0097, sowie die Judikaturnachweise etwa in Ruppe/Achatz, UStG 1994, § 2 Tz. 174; zum Ausblenden von Bagatellfällen aus der persönlichen Steuerpflicht des § 2 Abs. 2 KStG 1988 vgl. auch Sutter in Lang/Schuch/Staringer, KStG, § 2 Rz. 54ff). Der Verwaltungsgerichtshof sieht sich nicht veranlasst, von der – nur hilfsweise unter Heranziehung der damaligen Bagatellgrenze in § 21 Abs. 6 UStG 1972 – zum UStG 1972 zur Bestimmung einer Tätigkeit von wirtschaftlichem Gewicht gefundenen Betragsgrenze nach oben hin abzugehen (vgl. zur Bagatellgrenze von 2.900 EUR p.a. auch im Geltungsbereich des UStG 1994 etwa Fuchs in Achatz, Die Besteuerung der Non-Profit-Organisationen[2], Wien 2004, 200f, Bürgler in Berger/Bürgler/Kanduth-Kristen/Wakounig, UStG-ON[2], § 2 Rz. 250, sowie Windsteig in Melhardt/Tumpel, § 2 Rz. 302). Dies jedenfalls auch nicht aus Sicht des Unionsrechts, das in den Regelungen der 6. EG-RL zur Besteuerung der öffentlichen Hand für das Kriterium des wirtschaftlichen Gewichts keine ausdrückliche Grundlage enthält (vgl. z.B. Scheiner in Achatz, aaO, 191, sowie Ruppe/Achatz, aaO, § 2 Tz. 10). In der Rechtsprechung zur Frage einer Tätigkeit von wirtschaftlichem Gewicht hat der Verwaltungsgerichtshof auch dargelegt, dass eine bestimmte wirtschaftliche Tätigkeit einer Körperschaft des öffentlichen Rechts dann nicht als Betrieb gewerblicher Art anzusehen ist, wenn die Umsätze (regelmäßig) die Bagatellgrenze nicht erreichen (vgl. z.B. das Erkenntnis vom 10. Juli 1989, 88/15/0163, ÖStZB 1990, 19).

VwGH vom 19.9.2013, 2010/15/0117
Wirtschaftliche Tätigkeiten sind nachhaltige, einnahmenorientierte Aktivitäten

Nach Art. 4 Abs. 1 und 2 der Sechsten MwSt-Richtlinie 77/388/EWG (6. RL) gilt als Steuerpflichtiger, wer die wirtschaftliche Tätigkeit eines Erzeugers, Händlers oder Dienstleistenden selbständig und unabhängig von ihrem Ort ausübt, gleichgültig zu welchem Zweck und mit welchem Ergebnis. Durch die Bezugnahme auf wirtschaftliche Tätigkeiten wird im Resultat auf nachhaltige, einnahmenorientierte Aktivitäten abgestellt (vgl. Ruppe, UStG[3], § 2 Tz. 8).

VwGH vom 25.7.2013, 2010/15/0082
Wirtschaftliche Tätigkeiten sind nachhaltige, einnahmenorientierte Tätigkeiten

Nach Art. 4 Abs. 1 und 2 der Sechsten MwSt-Richtlinie 77/388/EWG (6. RL) gilt als Steuerpflichtiger, wer die wirtschaftliche Tätigkeit eines Erzeugers, Händlers oder Dienstleistenden selbständig und unabhängig von ihrem Ort ausübt, gleichgültig zu welchem Zweck und mit welchem Ergebnis. Durch die Bezugnahme auf wirtschaftliche Tätigkeiten wird im Resultat auf nachhaltige, einnahmenorientierte Aktivitäten abgestellt (vgl. Ruppe, UStG³, § 2 Tz. 8).

VwGH vom 25.4.2013, 2010/15/107
Definition des Begriffes „wirtschaftliche Tätigkeit"

Nach Art. 4 Abs. 1 und 2 der Sechsten MwSt-Richtlinie 77/388/EWG gilt als Steuerpflichtiger, wer die wirtschaftliche Tätigkeit eines Erzeugers, Händlers oder Dienstleistenden einschließlich der Tätigkeiten der Urproduzenten, der Landwirte sowie der freien Berufe selbständig und unabhängig von ihrem Ort ausübt, gleichgültig, zu welchem Zweck und mit welchem Ergebnis. Das umsatzsteuerliche Verständnis von Liebhaberei ist seit dem UStG 1994 damit wesentlich enger gefasst als das ertragsteuerliche. Dem wurde in Österreich durch die LVO 1993 insofern Rechnung getragen, als Liebhaberei im umsatzsteuerlichen Sinn für grundsätzlich erwerbswirtschaftliche Tätigkeiten (vgl. § 1 Abs. 1 LVO 1993) nicht mehr in Frage kommt. Die Bestimmung des § 1 Abs. 2 LVO 1993 erfasst Tätigkeiten, die auch im Verständnis des Unionsrechts oftmals nicht als wirtschaftliche Tätigkeiten angesehen werden können. Tätigkeiten, die ein Hobby darstellen oder der Freizeitgestaltung dienen, bilden keine wirtschaftlichen Betätigungen i.S.d. Unionsrechtes. Wird eine Tätigkeit nicht zur Erzielung von Einnahmen, sondern beispielsweise aus persönlicher Neigung ausgeübt, darf auch die Erzielung gelegentlicher Einnahmen nicht dazu führen, als Unternehmer einen Vorsteuerabzug zu erlangen (vgl. Melhardt/Tumpel, UStG, § 2 Rz. 376). Die Abgrenzung der wirtschaftlichen Tätigkeit zum privaten Konsum erfordert nach der Rechtsprechung des EuGH eine Betrachtung der Gesamtheit der Gegebenheiten des jeweiligen Einzelfalls (vgl. EuGH vom 26. September 1996, Enkler, C-230/94, Randnr. 30, und zur Nutzung eines Privatforstes das Urteil vom 19. Juli 2012, Redlihs, C-263/11, Randnr. 40). Im Urteil Redlihs hat der EuGH darauf abgestellt, ob der Betroffene aktive Schritte der Forstwirtschaft unternimmt, indem er sich ähnlicher Mittel wie ein Erzeuger, Händler oder Dienstleister im Sinne von Art. 9 Abs. 1 Unterabs. 2 der RL 2006/112/EG (entspricht Art. 4 Abs. 1 und Abs. 2 der RL 77/388/EWG) bedient. Bejahendenfalls sei die fragliche Tätigkeit als „wirtschaftliche Tätigkeit" (somit als unternehmerisch im Sprachgebrauch des UStG 1994) zu beurteilen.

VwGH vom 28.6.2012, 2010/15/0016
Vorbereitungshandlungen müssen nach außen gerichtete Handlungen sein

Der Erwerb, die Errichtung oder der Umbau und die dafür erforderliche Baubewilligung können zwar für sich allein nicht als Vorbereitung für das Erzielen von Einnahmen und Bewirken von Umsätzen durch Vermietung und Verpachtung des Objektes angesehen werden. Gleiches gilt für die Aufnahme von allfälligen Kreditmitteln für den Umbau (die Errichtung) und die Inanspruchnahme von öffentlichen Fördermitteln. Nur solche nach außen gerichtete Handlungen können dafür maßgeblich sein, die jeder unbefangene Dritte als Vorbereitungshandlungen für die Erzielung von Einnahmen bzw. einer unternehmerischen Tätigkeit (iSd UStG) ansieht (vgl. das hg. Erkenntnis vom 4. März 2009, 2006/15/0175).

VwGH vom 26.4.2012, 2011/15/0175
Liebhaberei bei der Vermietung von privat nutzbarem Wohnraum

Bis zum Beitritt Österreichs zur EU hatten § 1 Abs. 2 und § 6 LVO 1993 iVm § 2 Abs. 5 Z 2 UStG 1972 normiert, dass die Vermietung von Wohnraum, der geeignet ist, vom Vermieter für seine privaten Wohnzwecke (Lebensführung) genutzt zu werden (so genannte „kleine Vermietung"), wenn sie notorisch zu Verlusten führt, umsatzsteuerlich als Liebhaberei (somit keine Umsatzsteuerpflicht und kein Vorsteuerabzug) qualifiziert wird. Mit dem Beitritt Österreichs zur EU ist das UStG 1994 in Kraft getreten, womit Österreich sein Umsatzsteuerrecht an die Vorgaben des Unionsrechts, insbesondere an die Sechste Richtlinie, angepasst hat. Aus der Sechsten Richtlinie hat sich für die verlustträchtige Vermietung von für die private Lebensführung des Vermieters geeignetem Wohnraum – wenn die Vermietung im Einzelfall überhaupt eine unternehmerische Tätigkeit darstellt (siehe hiezu etwa das Urteil des EuGH vom 26. September 1996, C-230/94, Enkler) – ergeben, dass die Steuerbefreiung nach Art. 13 Teil B Buchstabe b der Sechsten Richtlinie anzuwenden ist (somit keine Umsatzsteuerpflicht und kein Vorsteuerabzug). Wie Sarnthein in SWK 2005, S 515, ausführt, habe der österreichische Gesetzgeber bei Umsetzung der Sechsten Richtlinie in innerstaatliches Recht eine derartige Steuerbefreiung für die verlustträchtige Vermietung von privat nutzbarem Wohnraum anordnen wollen. Der Gesetzgeber habe daher durch § 28 Abs. 5 Z 4 UStG 1994 den Inhalt der Liebhabereiverordnung 1993 in den ab dem Beitritt geltenden Rechtsbestand übernommen (siehe im Einzelnen Sarnthein, aaO).

Der Verwaltungsgerichtshof ist im Erkenntnis vom 16. Februar 2006, 2004/14/0082, VwSlg 8110 F/2006, zum Ergebnis gelangt, dass die umsatzsteuerliche Regelung der verlustträchtigen Vermietung von privat nutzbarem Wohnraum („kleine Vermietung" iSd § 1 Abs. 2 iVm § 6 LVO 1993, § 2 Abs. 5 Z 2 iVm § 28 Abs. 5 Z 4 UStG 1994) nicht den Vorgaben der Sechsten Richtlinie widerspricht. Die österreichische Regelung findet aus unionsrechtlicher Sicht ihre Deckung in Art. 13 Teil B Buchstabe b der Sechsten Richtlinie, wobei die innerstaatliche Regelung betreffend die in Rede stehende Vermietung von Wohnraum (keine Umsatzsteuerpflicht, kein Vorsteuerabzug) als Steuerbefreiung unter Vorsteuerausschluss zu verstehen ist (vgl. hiezu auch Ruppe/Achatz, UStG[4], § 2 Tz 258/2, Windsteig in Melhardt/Tumpel, UStG, § 2 Rz 379, Rauscher/Grübler, Steuerliche Liebhaberei[2], Rz 547f; Renner, SWK 2006, § 391; Sarnthein, SWK 2006, S 414 und S 503).

Der in der österreichischen Rechtsordnung gewählten umsatzsteuerlichen Regelung für die dauerhaft verlustträchtige Vermietung eines vom Vermieter privat nutzbaren Wohnobjektes liegt offenkundig die Überlegung zugrunde, dass bei dieser Art der Bewirtschaftung auf Dauer die Höhe der Umsatzsteuer den Betrag der begehrten Vorsteuer nicht erreicht (vgl. hiezu etwa das Urteil des EuGH vom 4. Oktober 2001, C-326/99, Stichting Goed Wonen, Rn 57). Dabei kommt auch dem ermäßigten Steuersatz auf Vermietungsumsätze nach Art. 28 Abs. 2 Buchstabe j der Sechsten Richtlinie Bedeutung zu. Die dauerhaft nicht auf Gewinn ausgerichtete Vermietung von durch den Vermieter privat nutzbarem Wohnraum dient in erster Linie der Vermögensveranlagung, gegebenenfalls der Steuerersparnis, nicht der Erzielung von Einnahmen (vgl. dazu auch SWK 2006, S 414).

VwGH vom 22.12.2011, 2010/15/0192
Straßenerrichtung und Straßenerhaltung ist eine hoheitliche Tätigkeit

Erfolgt die Straßenerrichtung und Straßenerhaltung auf Grundlage öffentlich-rechtlicher Regelungen, ist sie als hoheitliche Tätigkeit zu qualifizieren (vgl. Ruppe/Achatz, UStG[4], § 2 Tz 223/1). Vom Straßenerhalter geführte Bauhöfe (bzw. Straßenmeistereien) erfüllen mit ihren Tätigkeiten im Rahmen der öffentlichen Straßenverwaltung (z.B. Straßenreinigung, Straßeninstandhaltung, Schneeräumung und Streudienste) hoheitliche Aufgaben (vgl. Jirkuff/Fuchs, ABC-Führer für die steuerliche Praxis der Gemeinden, 24).

VwGH vom 19.10.2011, 2008/13/0046
Voraussetzungen für das (Nicht-)Vorliegen einer unternehmerischen Tätigkeit bei Vermietung durch eine Privatstiftung an den Stifter/Begünstigten

Der Verwaltungsgerichtshof hat im Erkenntnis vom 7. Juli 2011, 2007/15/0255, ausgeführt, dass die Vermietung einer Immobilie zu Wohnzwecken als fortlaufende Duldungsleistung auch bei einer Privatstiftung als unternehmerische Tätigkeit im Sinne des § 2 Abs. 1 UStG 1994 bzw. als wirtschaftliche Tätigkeit im Sinne des Art. 4 Abs. 1 und 2 der 6. EG-RL (77/388/EWG) in Betracht kommt. Es fehle allerdings an einer wirtschaftlichen Tätigkeit, wenn die Überlassung der Nutzung eines Wohnhauses an den Stifter/Begünstigten nicht deshalb erfolge, um Einnahmen zu erzielen, sondern um ihm einen Vorteil zuzuwenden (Zuwendung aus der Stiftung). Die Beurteilung sei dabei an Hand eines Vergleiches zwischen den Umständen vorzunehmen, unter denen das Wohngebäude dem Stifter überlassen werde, und den Umständen, unter denen die entsprechende wirtschaftliche Tätigkeit gewöhnlich ausgeübt werde. Anhaltspunkte für die erforderliche Abgrenzung zwischen Tätigkeiten, die letztlich nur der Erfüllung des Stiftungszweckes dienten, und solchen, die über die bloße Erfüllung des Stiftungszweckes hinaus als wirtschaftliche Tätigkeiten einzustufen seien, fänden sich im Urteil des EuGH vom 26. September 1996, C-230/94, Enkler, in den Randnrn. 24 ff, insbesondere Randnr. 28. Wesentlich zur Beantwortung der Frage, ob die Nutzungsüberlassung einer Wohnimmobilie an den Stifter/Begünstigten eine unternehmerische Tätigkeit darstellt, ist somit das Vorliegen einer marktkonformen Vermietung. Ohne Klärung der Frage, ob eine Vermietung zu marktkonformen (fremdüblichen) Bedingungen vorliegt, kann noch nicht abschließend beurteilt werden, ob das Mietverhältnis deshalb nicht anerkannt werden könnte, weil die vorliegende Gesamtgestaltung als eine „missbräuchliche Praxis" zu werten sei (vgl. dazu das Urteil des EuGH vom 22. Dezember 2010, C-103/09, Weald Leasing, und das hg. Erkenntnis vom 31. März 2011, 2008/15/0115).

VwGH vom 7.7.2011, 2007/15/0255
Voraussetzung der Unternehmereigenschaft bei Überlassung einer Immobilie

Nach Art. 4 Abs. 1 und 2 der Sechsten MwSt-Richtlinie 77/388/EWG (6. RL) gilt als Steuerpflichtiger, wer die wirtschaftliche Tätigkeit eines Erzeugers, Händlers oder Dienstleistenden selbständig und unabhängig von ihrem Ort ausübt, gleichgültig zu welchem Zweck und mit welchem Ergebnis. Durch die Bezugnahme auf wirtschaftliche Tätigkeiten wird im Resultat auf nachhaltige, einnahmenorientierte Aktivitäten abgestellt (vgl. Ruppe, UStG³, § 2 Tz. 8).

Die Vermietung einer Immobilie zu Wohnzwecken kommt als fortlaufende Duldungsleistung auch bei einer Privatstiftung als unternehmerische Tätigkeit iSd § 2 Abs. 1 UStG 1994 bzw. als wirtschaftliche Tätigkeit iSd Art. 4 Abs. 1 und 2 6. RL in Betracht. Eine Vermietungstätigkeit ist allerdings von der bloßen Gebrauchsüberlassung zu unterscheiden, die nicht zur Unternehmereigenschaft führt (vgl. das hg. Erkenntnis vom 24. Juni 1999, 96/15/0098).

Die Überlassung einer Liegenschaft durch eine Privatstiftung an den Stifter oder an andere Begünstigte im Rahmen der Erfüllung ihrer satzungsmäßigen Zwecke ist nicht als nachhaltige Tätigkeit einzustufen (vgl. Aigner/Tumpel, Immobilienvermietung durch eine Privatstiftung an ihren Stifter oder an Begünstigte, SWK 8/2011, S 396). Erfolgt die Überlassung der Nutzung eines Wohnhauses an den Stifter/Begünstigten nicht deshalb, um Einnahmen zu erzielen, sondern um ihm einen Vorteil zuzuwenden (Zuwendung aus

§ 2 UStG

der Stiftung), so fehlt es an einer wirtschaftlichen Tätigkeit (vgl. das hg. Erkenntnis vom 16. Mai 2007, 2005/14/0083, zu einer vergleichbaren Sachverhaltskonstellation).

Wenn die Abgabenbehörde die gegenständliche Nutzungsüberlassung hinsichtlich eines von der Stiftung errichteten Einfamilienhauses an einen der Stifter an Hand eines Vergleichs zwischen den Umständen, unter denen das Wohngebäude im Beschwerdefall dem Stifter überlassen wurde, und den Umständen, unter denen die entsprechende wirtschaftliche Tätigkeit gewöhnlich ausgeübt wird, beurteilt hat, steht sie im Einklang mit Rechtsprechung und Lehre (vgl. hierzu auch Beiser, RdW 2010/812, 810, der auf das Vorliegen einer marktkonformen Vermietung abstellt).

Lieferung
§ 3.

(1) Lieferungen sind Leistungen, durch die ein Unternehmer den Abnehmer oder in dessen Auftrag einen Dritten befähigt, im eigenen Namen über einen Gegenstand zu verfügen. Die Verfügungsmacht über den Gegenstand kann von dem Unternehmer selbst oder in dessen Auftrag durch einen Dritten verschafft werden.

(2) Einer Lieferung gegen Entgelt gleichgestellt wird die Entnahme eines Gegenstandes durch einen Unternehmer aus seinem Unternehmen
- für Zwecke, die außerhalb des Unternehmens liegen,
- für den Bedarf seines Personals, sofern keine Aufmerksamkeiten vorliegen, oder
- für jede andere unentgeltliche Zuwendung, ausgenommen Geschenke von geringem Wert und Warenmuster für Zwecke des Unternehmens.

Eine Besteuerung erfolgt nur dann, wenn der Gegenstand oder seine Bestandteile zu einem vollen oder teilweisen Vorsteuerabzug berechtigt haben.

(3) Beim Kommissionsgeschäft liegt zwischen dem Kommittenten und dem Kommissionär eine Lieferung vor. Bei der Verkaufskommission gilt die Lieferung des Kommittenten erst mit der Lieferung durch den Kommissionär als ausgeführt.

(4) Hat der Unternehmer die Bearbeitung oder die Verarbeitung eines vom Auftraggeber beigestellten Gegenstandes übernommen und verwendet er hiebei Stoffe, die er selbst beschafft, so ist die Leistung als Lieferung anzusehen, wenn es sich bei den Stoffen nicht nur um Zutaten oder sonstige Nebensachen handelt (Werklieferung). Das gilt auch dann, wenn die Gegenstände mit dem Grund und Boden fest verbunden werden.

(5) Hat ein Abnehmer dem Lieferer die Nebenerzeugnisse oder Abfälle, die bei der Bearbeitung oder Verarbeitung des ihm übergebenen Gegenstandes entstehen, zurückzugeben, so beschränkt sich die Lieferung auf den Gehalt des Gegenstandes an den Bestandteilen, die dem Abnehmer verbleiben. Das gilt auch dann, wenn der Abnehmer an Stelle der bei der Bearbeitung oder Verarbeitung entstehenden Nebenerzeugnisse oder Abfälle Gegenstände gleicher Art zurückgibt, wie sie in seinem Unternehmen regelmäßig anfallen.

(6) Als Bearbeitung oder Verarbeitung gilt jede Behandlung des Gegenstandes, durch welche nach der Verkehrsauffassung ein neues Verkehrsgut (ein Gegenstand anderer Marktgängigkeit) entsteht.

(7) Eine Lieferung wird dort ausgeführt, wo sich der Gegenstand zur Zeit der Verschaffung der Verfügungsmacht befindet.

(8) Wird der Gegenstand der Lieferung durch den Lieferer oder den Abnehmer befördert oder versendet, so gilt die Lieferung dort als ausgeführt, wo

die Beförderung oder Versendung an den Abnehmer oder in dessen Auftrag an einen Dritten beginnt. Versenden liegt vor, wenn der Gegenstand durch einen Frachtführer oder Verfrachter befördert oder eine solche Beförderung durch einen Spediteur besorgt wird. Die Versendung beginnt mit der Übergabe des Gegenstandes an den Spediteur, Frachtführer oder Verfrachter.

(9) Gelangt der Gegenstand der Lieferung bei der Beförderung oder Versendung an den Abnehmer oder in dessen Auftrag an einen Dritten aus dem Drittlandsgebiet in das Gebiet eines Mitgliedstaates, so ist diese Lieferung als im Einfuhrland ausgeführt zu behandeln, wenn der Lieferer oder sein Beauftragter Schuldner der bei der Einfuhr zu entrichtenden Umsatzsteuer ist.

(10) Ein Tausch liegt vor, wenn das Entgelt für eine Lieferung in einer Lieferung besteht.

(11) Wird ein Gegenstand an Bord eines Schiffes, in einem Luftfahrzeug oder in einer Eisenbahn während einer Beförderung innerhalb der Gemeinschaft geliefert, so gilt der Abgangsort des jeweiligen Personenbeförderungsmittels im Gemeinschaftsgebiet als Ort der Lieferung.

(12) Als Beförderung innerhalb des Gemeinschaftsgebiets im Sinne des Abs. 11 gilt die Beförderung oder der Teil der Beförderung zwischen dem Abgangsort und dem Ankunftsort des Beförderungsmittels im Gemeinschaftsgebiet ohne Zwischenaufenthalt außerhalb des Gemeinschaftsgebiets. Abgangsort im Sinne des ersten Satzes ist der erste Ort innerhalb des Gemeinschaftsgebiets, an dem Reisende in das Beförderungsmittel einsteigen können. Ankunftsort im Sinne des ersten Satzes ist der letzte Ort innerhalb des Gemeinschaftsgebiets, an dem Reisende das Beförderungsmittel verlassen können. Hin- und Rückfahrt gelten als gesonderte Beförderungen.

(13) Die Lieferung von
– Gas über ein Erdgasnetz im Gebiet der Gemeinschaft oder jedes an ein solches Netz angeschlossene Netz,
– Elektrizität,
– Wärme oder Kälte über Wärme- oder Kältenetze

an einen Unternehmer, dessen Haupttätigkeit in Bezug auf den Erwerb dieser Gegenstände in deren Weiterlieferung besteht und dessen eigener Verbrauch dieser Gegenstände von untergeordneter Bedeutung ist, gilt dort ausgeführt, wo der Abnehmer sein Unternehmen betreibt. Wird die Lieferung jedoch an die Betriebsstätte des Unternehmers ausgeführt, so ist stattdessen der Ort der Betriebsstätte maßgebend.

(14) Fällt die Lieferung von
– Gas über ein Erdgasnetz im Gebiet der Gemeinschaft oder jedes an ein solches Netz angeschlossene Netz,
– Elektrizität,
– Wärme oder Kälte über Wärme- oder Kältenetze

nicht unter Abs. 13, so gilt die Lieferung dort ausgeführt, wo der Abnehmer die Gegenstände tatsächlich nutzt und verbraucht. Soweit die Gegenstände von diesem Abnehmer nicht tatsächlich verbraucht werden, gelten sie an dem Ort genutzt oder verbraucht, wo der Abnehmer den Sitz seiner wirtschaftlichen Tätigkeit oder eine Betriebsstätte hat, an die die Gegenstände geliefert werden. In Ermangelung eines solchen Sitzes oder einer solchen Betriebsstätte gelten sie an seinem Wohnsitz oder seinem gewöhnlichen Aufenthalt genutzt oder verbraucht.

UStR zu § 3:

	Rz		Rz
1. Begriff der Lieferung	342	3. Eigenhandel, Kommissionsgeschäft, Vermittlung	381
1.1 Liefergegenstand	342	3.1 Kommissionsgeschäft	381
1.2 Abgrenzung zur sonstigen Leistung	344	3.2 Vermittlung	derzeit frei
1.3 Einheitlichkeit der Leistung	346	4. Werklieferung	391
1.3.1 Allgemeines	346	4.1 Begriff	391
1.3.2 Unselbstständige Nebenleistungen	347	4.2 Voraussetzungen	392
		4.2.1 Verwendung von Hauptstoffen	392
1.3.3 ABC der einheitlichen Leistungen und unselbstständigen Nebenleistungen	348	5. Gehaltslieferung	derzeit frei
		6. Be- und Verarbeitung	derzeit frei
		7. Verschaffung der Verfügungsmacht	421
2. Den Lieferungen gleichgestellter Eigenverbrauch	361	7.1 Allgemeines	421
2.1 Allgemeines	361	7.2 Lieferung von Bauwerken	425
2.2 Vorangegangener Vorsteuerabzug	363	7.3 Kauf auf Probe	427
2.3 Abgrenzung zu entgeltlichen Vorgängen	367	7.4 Zwangsvollstreckung	428
		7.5 Kauf unter Eigentumsvorbehalt	430
2.4 Sachzuwendungen an das Personal	s. Rz 66–73	7.6 Sicherungsübereignung	431
		8. Beförderungs- und Versendungslieferung	446
2.5 Andere unentgeltliche Zuwendungen	369	8.1 Allgemeines	446
2.5.1 Allgemeines	369	8.2 Reihengeschäfte	450
2.5.2 Geschenke	370	9. Beförderungs- und Versendungslieferung aus dem Drittlandsgebiet	466
2.5.3 Nicht steuerbare Abgabe von Warenmustern	371	10. Tausch	471
		11.	derzeit frei
2.5.4 Verkaufskataloge, Werbedrucke, Anzeigenblätter usw.	372	12.	derzeit frei
		13. Ort der Lieferung von Gas, Elektrizität, Wärme oder Kälte (§ 3 Abs. 13 und 14 UStG)	474
2.5.5 Verkaufshilfen, Verkaufsschilder, Displays usw.	373		
2.5.6 Abgrenzung entgeltlicher Lieferungen von unentgeltlichen Zuwendungen	374	13.1 Rechtslage ab 1.1.2011	474a

1. Begriff der Lieferung

1.1 Liefergegenstand

342 Eine Lieferung liegt vor, wenn der Unternehmer jemand anderen befähigt, im eigenen Namen über einen Gegenstand zu verfügen.

Gegenstände sind
- körperliche Sachen oder
- andere Wirtschaftsgüter, die nach der Verkehrsauffassung wie körperliche Sachen behandelt werden [zB Energie, Gas, elektrischer Strom (VwGH 10.11.1995, 94/17/0219), Wärme oder Kälte (vgl. Art. 15 Abs. 1 MwSt-RL 2006/112/EG idF RL 2009/162/EU), Dampf, Wasserkraft, Tiere, Kundenstock, Firmenwert (VwGH 20.01.1992, 91/15/0067, VwGH 27.01.1994, 93/15/0156)].

§ 3 UStG

Zum Ort der Lieferung eines Kundenstocks siehe Rz 422, zum Ort der Lieferung von Gas oder Elektrizität siehe Rz 474a bis Rz 474e.
Zum Ort der Lieferung von Wärme oder Kälte siehe Rz 474a ff.

343 Auch **Gesamtsachen** (= Sachgesamtheiten) sind grundsätzlich als Gegenstände von Lieferungen anzusehen. Eine Gesamtsache ist eine Zusammenfassung mehrerer Sachen, die nach der Verkehrsauffassung als eine Sache anzusehen ist und mit einem gemeinschaftlichen Namen bezeichnet wird (§ 302 ABGB, zB Gestühl eines Vortragssaales, Bibliothek, Gemäldegalerie). Hinsichtlich Steuersatz siehe § 10 Rz 1169 bis 1173.

1.2 Abgrenzung zur sonstigen Leistung

344 Die Unterscheidung zwischen Lieferungen und sonstigen Leistungen ist für die Beurteilung des Leistungsortes, einer allfälligen Steuerbefreiung und des Steuersatzes von Bedeutung.

Es gibt **einheitliche Leistungen**, die sowohl Elemente einer Lieferung als auch einer sonstigen Leistung enthalten. Hiebei kommt es darauf an, ob die Leistung nach ihrer überwiegenden wirtschaftlichen Bedeutung als Erwerb eines Gegenstandes oder als ein Tun, Dulden, oder Unterlassen anzusehen ist. Dieses Überwiegen ist anhand der Verkehrsauffassung und nach der Absicht der Parteien zu ermitteln (VwGH 14.3.1980, 2045/79).

345 **Abbauverträge:** Bemisst sich das Entgelt für die Überlassung eines Grundstückes zur Gewinnung von Bodensubstanz nach der Menge des abgebauten Materials, liegt eine Lieferung vor (VwGH 21.6.1977, 2420/76; VwGH 3.11.1986, 85/15/0098).
Devisengeschäft: Geschäfte, bei denen die eine Partei einen vereinbarten Betrag in einer Währung kauft und als Gegenleistung an die andere Partei einen vereinbarten Betrag in einer anderen Währung verkauft, wobei diese beiden Geldbeträge am gleichen Wertstellungstag zu zahlen sind, und bei denen sich beide Parteien über die betreffenden Währungen, die zu kaufenden und zu verkaufenden Beträge sowie darüber, welche Partei welche Währung kauft, und über den Tag der Wertstellung geeinigt haben, sind sonstige Leistungen (EuGH 14.7.1998, Rs C-172/96, „First National Bank of Chicago").
Grabpflege: Beschränkt sich die Leistung eines Gärtners darauf, Blumenschmuck auf einem Grabe auszusetzen, ohne eine weitere Betreuung des Grabes (zB Instandhaltung, Pflege) zu übernehmen, so ist seine Leistung nach ihrer überwiegenden wirtschaftlichen Bedeutung als Lieferung der Pflanzen anzusehen.
Herkunftsnachweise nach § 10 Ökostromgesetz 2012, BGBl. I Nr. 75/2011, und RECS Zertifikate: Die steuerbare Übertragung von Herkunftsnachweisen nach § 10 Ökostromgesetz 2012, BGBl. I Nr. 75/2011, und RECS Zertifikaten stellt eine sonstige Leistung dar, die unter § 3a Abs. 6 bzw. Abs. 14 UStG 1994 (bis 31.12.2009: § 3a Abs. 10 UStG 1994 – Katalogleistung) fällt. Sie ist nicht gemäß § 6 Abs. 1 Z 8 UStG 1994 steuerbefreit.
Leasing: Ist das Leasinggut nach einkommensteuerlichen Grundsätzen (EStR 2000 Rz 135 ff) dem Leasinggeber zuzurechnen, liegt eine sonstige Leistung, ist es dem Leasingnehmer zuzurechnen, liegt eine Lieferung vor (zum Vorliegen einer missbräuchlichen Praxis siehe Rz 1802a).
Meinungsumfrage: Die Überlassung von schriftlich dargestellten Ergebnissen einer Meinungsumfrage auf dem Gebiet der Marktforschung ist eine sonstige Leistung, weil die Weitergabe von Informationen im Vordergrund steht (BStBl II 1974, 259).
Reparaturen oder Verbesserungsarbeiten in Verbindung mit Lieferungen: Wird der Liefergegenstand vor dem Liefervorgang noch repariert oder verbessert, liegt eine einheitliche Leistung vor, die als Lieferung zu qualifizieren ist (VwGH 27.2.1990, 89/14/0197; VwGH 16.4.1991, 90/14/0012; VwGH 22.4.1998, 95/13/0144).
Restaurationsumsätze: Restaurationsumsätze sind als sonstige Leistung anzusehen (EuGH 2.5.1996, Rs C-231/94, *Faaborg-Gelting Linien A/S*), siehe näher Rz 641e und Art. 6 VO (EU) 282/2011, ABl. Nr. L 77 vom 23.03.2011 S. 1.
Software-Überlassung: Beim Verkauf von Standard-Software auf Diskette oder anderen Datenträgern liegt eine Lieferung vor (siehe auch Rz 642c). Bei der Überlassung nicht standardisierter Software, die speziell nach den Anforderungen des Anwenders erstellt wird oder die eine vorhandene Software den Bedürfnissen des Anwenders individuell

133

anpasst, liegt eine sonstige Leistung vor. Auch die Übertragung von Standard-Software auf elektronischem Weg (zB Internet) ist eine sonstige Leistung.

Theaterkarten: Der Verkauf durch den Betreiber eines Theaters ist noch keine Leistung. Diese wird erst durch die Theateraufführung erbracht. Zu den Gutscheinen siehe Rz 4. Zur Anzahlungsbesteuerung siehe Rz 2607.

Tonträger (Compact Discs, Musikkassetten, Schallplatten): Der Verkauf eines Tonträgers im Einzelhandel an einen Letztverbraucher ist eine Lieferung.

Anders wäre der Fall zu beurteilen, wenn die Übertragung eines Rechtes der wesentliche wirtschaftliche Gehalt des Leistungsaustausches wäre:

Beispiel:

Der Unternehmer A verkauft dem Betreiber eines Rundfunkunternehmens R Tonträger mit Musik, die A selbst aufgenommen hat. A räumt dem R das Werknutzungsrecht ein, die Musikaufnahmen bei seinen Rundfunksendungen zu verbreiten, sowie die Tonträger bei Bedarf zu vervielfältigen. Der wesentliche wirtschaftliche Gehalt der Leistungen des A besteht in der Einräumung von Werknutzungsrechten im Sinne von §§ 24, 26 und 27 Urheberrechtsgesetz, BGBl. Nr. 111/1936). A hat daher eine sonstige Leistung erbracht, die unter § 3a Abs. 6 bzw. Abs. 14 Z 1 UStG 1994 (bis 31.12.2009: § 3a Abs. 10 Z 1 UStG 1994 – Katalogleistung) fällt (VwGH 5.6.1963, 1870/61).

Treibhausgasemissionszertifikate: Die steuerbare Übertragung von Treibhausgasemissionszertifikaten iSd Richtlinie 2003/87/EG stellt eine sonstige Leistung dar, die unter § 3a Abs. 6 bzw. Abs. 14 UStG 1994 (bis 31.12.2009: § 3a Abs. 10 UStG 1994 – Katalogleistung) fällt. Sie ist nicht gemäß § 6 Abs. 1 Z 8 UStG 1994 steuerbefreit.

Verlagsvertrag: Übergibt ein Autor dem Verleger ein Manuskript und räumt er diesem ein Werknutzungsrecht (§§ 24 und 26 Urheberrechtsgesetz, BGBl. Nr. 111/1936) daran ein, liegt im Unterschied zum Bücherverkauf eine sonstige Leistung vor, die unter § 3a Abs. 6 bzw. Abs. 14 Z 1 UStG 1994 (bis 31.12.2009: § 3a Abs. 10 Z 1 UStG 1994 – Katalogleistung) fällt, weil die Einräumung dieses Rechtes im Vordergrund steht (VwGH 29.6.1959, 2466/57; VwGH 15.9.1986, 84/15/0186, 84/15/0187).

Viehmastgeschäfte: Übernimmt ein Landwirt die Tiere eines anderen Landwirtes zur Auffütterung, so ist die Erzielung eines Masterfolges (sonstige Leistung) und nicht die Lieferung von Futter als Leistungsinhalt anzusehen.

Wildabschuss: Die dem Leistungsempfänger vom Unternehmer eingeräumte Möglichkeit, in einem dem Unternehmer gehörigen Gatterrevier Wild abzuschießen und sich die Trophäe sowie das Fleisch des Wildes zuzuwenden, ist eine einheitliche Leistung. Je nachdem, ob die Überlassung des Fleisches samt Trophäe einerseits oder das Dulden der Jagd und des Abschusses andererseits als Leistungsinhalt überwiegt, liegt eine Lieferung oder sonstige Leistung vor. Ist der Verkehrswert der Trophäen und des ebenso überlassenen Fleisches niedriger als die Hälfte des vom Jagdgast aufzuwendenden Entgeltes, liegt eine sonstige Leistung vor (VwGH 14.3.1980, 2045/79; VwGH 13.5.1982, 81/15/0013), die unter § 3a Abs. 9 UStG 1994 (Grundstücksort; bis 31.12.2009: § 3a Abs. 6 UStG 1994) fällt.

Zeitschriftenherstellung: Die Herstellung von Zeitschriften unter Bereitstellung von Text und Bildmaterial durch den Auftraggeber ist als Lieferung von Zeitschriften zu behandeln.

1.3 Einheitlichkeit der Leistung
1.3.1 Allgemeines

346 Gegenstand der Umsatzsteuer ist grundsätzlich jede einzelne Leistung. Eine einheitliche Leistung liegt nur dann vor, wenn mehrere Leistungen erbracht werden, die so eng miteinander verbunden sind, dass sie in wirtschaftlicher Hinsicht objektiv ein Ganzes bilden, dessen Aufspaltung wirklichkeitsfremd wäre. Um festzustellen, ob der Steuerpflichtige dem Verbraucher mehrere selbständige Hauptleistungen oder eine einheitliche Leistung erbringt, ist das Wesen des fraglichen Umsatzes zu ermitteln, wobei auf die Sicht des Durchschnittsverbrauchers abzustellen ist. Eine einheitliche Leistung liegt insbesondere vor, wenn ein oder mehrere Teile die Hauptleistung, ein oder mehrere andere Teile aber Nebenleistungen darstellen, die das steuerliche Schicksal der Hauptleistung teilen (vgl. ua. EuGH 27.10.2005, Rs C-41/04, *Levob Verzekeringen*; EuGH 25.2.1999, Rs C-349/96, *Card Protection Plan Ltd*, EuGH 15.5.2001, Rs C-34/99, *Primback Ltd*, sowie VwGH 19.3.2008, 2005/15/0072 und VwGH 20.2.2008, 2006/15/0161).

Dies entspricht auch dem auf der wirtschaftlichen Betrachtungsweise (§ 21 BAO) beruhenden Grundsatz der Einheitlichkeit der Leistung. Demnach darf ein einheitlicher wirtschaftlicher Vorgang für Zwecke der Umsatzbesteuerung nicht in seine Bestandteile zerlegt werden. Einheitliche Leistungen sind somit umsatzsteuerlich einheitlich zu beurteilen; die Rechtsfolgen sind für alle Teile einer einheitlichen Leistung ident und hängen vom Hauptzweck der einheitlichen Leistung ab (vgl. VwGH 21.12.1966, 0937/66; VwGH 30.3.1992, 90/15/0158). Liegt zB der Hauptzweck der einheitlichen Leistung in einer bestimmten Lieferung, so treten für die gesamte Leistung nur die Rechtsfolgen dieser bestimmten Lieferung ein.

Es ist danach ua. nicht zulässig, den einheitlichen Wirtschaftsvorgang einer Werklieferung (zB bei Errichtung eines Bauwerkes) in eine Warenlieferung und eine sonstige Leistung (Arbeitsleistung) zu zerlegen (VwGH 14.1.1963, 1364/60; VwGH 24.6.1971, 0107/71). Dies gilt auch dann, wenn über die Lieferung und die Verarbeitung des Materials getrennte Aufträge erteilt und getrennte Rechnungen gelegt werden. Ähnliches gilt für Beförderungsleistungen, die in engem Zusammenhang mit Lieferungen stehen.

1.3.2 Unselbstständige Nebenleistungen

347 Unselbstständige Nebenleistungen teilen das **umsatzsteuerliche Schicksal der Hauptleistung** (Ort der Leistung, Steuerbarkeit, Steuerpflicht, Steuersatz).

Unselbstständige Nebenleistungen
- kommen üblicherweise im Gefolge der Hauptleistung vor,
- sind im Verhältnis zur Hauptleistung nach der Verkehrsauffassung von untergeordneter Bedeutung, zB weil sich das Interesse des Abnehmers regelmäßig auf die Hauptleistung konzentriert, und
- haben den Zweck, die Hauptleistung zu ergänzen, zu erleichtern, zu ermöglichen oder abzurunden. Sie haben also gegenüber der Hauptleistung eine dienende Funktion (VwGH 05.04.1984, 83/15/0045; VwGH 17.09.1990, 89/15/0048; VwGH 17.09.1990, 89/15/0051; VwGH 17.09.1996, 93/14/0055; VwGH 17.12.1996, 96/14/0016; EuGH 22.10.1998, Rs C-308/96 und Rs C-94/97, *The Howden Court Hotel*; EuGH 25.02.1999, Rs C-349/96, *Card Protection Plan*).

Das **Verhältnis des Wertes der Leistungen** ist hiebei nicht von ausschlaggebender Bedeutung, kann aber als Indiz herangezogen werden. Ob für alle Leistungen ein einheitlicher Preis verlangt wird oder ob alle Leistungen im Zuge eines einheitlichen Vertrages erbracht werden, ist unerheblich. Nicht erforderlich ist, dass eine der beiden Leistungen nur im Zusammenhang mit der anderen wirtschaftlich sinnvoll ist (VwGH 5.4.1989, 83/15/0045).

1.3.3 ABC der einheitlichen Leistungen und unselbstständigen Nebenleistungen

348 **Anschluss an Strom-, Wasser- und Gasleitungen**: Siehe Rz 1170.

Anschluss an das Kabelfernsehnetz: Siehe Rz 1284.

Beförderung als Nebenleistung: Ist die Beförderungsleistung im Vergleich zu einer anderen am Leistungsaustausch teilnehmenden Leistung von untergeordneter Bedeutung, kann sie eine unselbstständige Nebenleistung sein.

Bei einer Zufuhr des Liefergegenstandes darf idR der wirtschaftlich einheitliche Liefervorgang umsatzsteuerrechtlich nicht in die Lieferung der Ware und in eine Beförderungsleistung (Zustellung) zerlegt werden (VwGH 10.5.1957, 426/55 zur Zustellung von Sand; VwGH 3.6.1964, 1437/62 zur Zustellung von Steinen zur Baustelle).

Der Transport von Kindern vom und zum Kindergarten, gleichgültig ob alle Kinder, die den Kindergarten besuchen, befördert werden, ist eine Nebenleistung zur Hauptleistung „Kindergartenbetrieb" (VwGH 17.9.1996, 93/14/0055).

Rafting – Personenbeförderung tritt in den Hintergrund (siehe Rz 1313).

Sommerrodelbahn siehe Rz 1313.

Beförderungsnebenleistungen: Werden das Beladen, Entladen, Inkasso (EuGH 12.6.1979 Rs C-126/78 „N.V. Nederlandse Spoorwegen"), Umschlagen, Lagern, Besorgen der Versicherung, Entrichten des Zolls und/oder der EUSt (VwGH 29.1.1998, 96/15/0066), eine allfällige Transportbegleitung und ähnliche mit der Beförderung eines Gegenstandes im Zusammenhang stehende Leistungen vom befördernden Unternehmer erbracht, sind sie als Nebenleistungen der Güterbeförderung anzusehen.

Kreditgewährung: Siehe Rz 754 bis 758.

Lehrtätigkeit: Die Überlassung von Büchern, Skripten und sonstigen schriftlichen Unterlagen, die im Zusammenhang mit der Lehrtätigkeit stehen, durch jenen Unternehmer, der diese Tätigkeit ausführt, ist als unselbstständige Nebenleistung zur Lehrtätigkeit anzusehen (VwGH 17.12.1996, 96/14/0016; vgl. VwGH 28.9.1976, 1545/74).

Die Überlassung eines Kurskonzeptes an ein auf dem Gebiet der Berufsbildung tätiges Unternehmen und die im Rahmen dieses Konzeptes erfolgende Lehrtätigkeit derselben Person stellen selbstständige Hauptleistungen dar (VwGH 27.8.1990, 89/15/0128).

Messen und Ausstellungen – Leistungen der Veranstalter: Siehe Rz 640u bis Rz 640y.

Möblierte Wohnungen bzw. Geschäftsräumlichkeiten: Siehe Rz 888 und 894.

Notar – Nebenleistungen in Verbindung mit der Beurkundung von Grundstückslieferungen: Siehe Rz 640b.

Portfolioverwaltung: Die entgeltliche Tätigkeit eines Unternehmers, der aufgrund eigenen Ermessens über den Kauf und Verkauf von Wertpapieren entscheidet und diese Entscheidung durch den Kauf und Verkauf der Wertpapiere vollzieht, stellt eine einheitliche sonstige Leistung dar (EuGH 19.07.2012, Rs C-44/11, *Deutsche Bank AG*). Zum Leistungsort siehe Rz 642d, zur Nichtanwendung der Steuerbefreiung siehe Rz 767 ff.

Rechtsanwalt – Prozessführung als einheitliche Leistung: Die Vertretungshandlungen eines Rechtsanwaltes in einem Prozess sind als einheitliche sonstige Leistung anzusehen, die im Zeitpunkt der rechtskräftigen Beendigung des Prozesses als ausgeführt gilt (VwGH 20.12.1996, 96/17/0451).

Reparaturen in Verbindung mit Lieferungen: Siehe Rz 345.

Restaurationsumsätze: Zur Beurteilung als einheitliche sonstige Leistung siehe Rz 345.

Die Abgabe von Getränken im Rahmen eines Restaurationsumsatzes ist nicht als unselbstständige Nebenleistung der Abgabe von Speisen anzusehen. Auch kann die Abgabe von Speisen nicht als unselbstständige Nebenleistung der Abgabe von Getränken angesehen werden (VwGH 24.11.1998, 98/14/0055).

Seminarleistungen: Leistungen wie die Bereitstellung eines Seminarraumes samt Grundausstattung und Technik, Seminarbetreuung und Getränkeverabreichung stellen keine unselbstständigen Nebenleistungen zur Beherbergung dar (VwGH 20.2.2008, 2006/15/0161). Siehe auch Rz 1371.

Seminar- und Konferenzraumvermietung: Teil einer einheitlichen Leistung, die als Grundstücksvermietung angesehen wird, sind beispielsweise die Bereitstellung von

- Strom,
- Internet,
- Endreinigung,
- Bestuhlung,
- Projektor oder Beamer,

wenn dies in einer Art und einem Ausmaß passiert, wie es für Seminar- bzw. Konferenzräume üblich ist.

Wenn es die sinnvolle Nutzung des Grundstücks erfordert (zB aufgrund der Größe des Raumes), kann auch die Bereitstellung einer üblichen Ton- oder Lichttechnik (gegebenenfalls samt notwendigem Personal) noch als Teil der einheitlichen Leistung gesehen werden.

Selbständige Leistungen bilden grundsätzlich die Bereitstellung von
- besonderer Bühnentechnik
- Catering (auch nur die Bereitstellung von Getränken)
- Garderobe samt Personal
- Sicherheitspersonal (wenn dieses nicht im überwiegenden Interesse des Vermieters tätig wird).

Trainer: Trainings- und Wettkampfplanung sowie die Betreuung von Athleten auf Trainingskursen im In- und Ausland stellen eine einheitliche sonstige Leistung dar. Jener Teil der Tätigkeiten des Trainers, der der Werbung und Öffentlichkeitsarbeit dient, unterliegt keiner gesonderten Beurteilung (VwGH 25.1.2000, 94/14/0123).

Warenumschließungen (Flaschen, Kisten, Fässer, sonstige Verpackungen), die üblicherweise vom Lieferer beigestellt werden, und für die Pfandgelder vereinbart werden, teilen das umsatzsteuerliche Schicksal der Lieferung (vgl. VwGH 30.5.1988, 86/15/0119).

Wasserlieferungen, Wasserzähler: Siehe „Anschluss an Strom-, Wasser- und Gasleitungen".

Zahlungsbearbeitungsentgelt: Zusätzliche Entgelte, die der Erbringer einer Hauptleistung (zB Telekommunikationsdienstleistung) seinen Kunden bei der Wahl bestimmter Zahlungssysteme verrechnet, stellen keine Gegenleistung für eine eigenständige Zahlungsdienstleistung dar und teilen daher das Schicksal der Hauptleistung (vgl. EuGH 02.12.2010, Rs C-276/09, *Everything Everywhere Ltd*).

349 Keine einheitliche Leistung liegt vor:

Autobahnvignetten als Zugabe zu Zeitungsabonnements: Der Vignetteneinkaufspreis ist ungekürzt als Bemessungsgrundlage im Abopreis enthalten und unterliegt in diesem Umfang dem Normalsteuersatz.

Menüs in (Schnell)restaurants: Bei der Aufteilung pauschaler Menüpreise auf die dem ermäßigten Steuersatz unterliegenden Speiseumsätze und die dem Normalsteuersatz unterliegenden Getränkeumsätze ist das Pauschalentgelt im Verhältnis der Einzelverkaufspreise aufzuteilen, weil diese bereits fest stehen und keine eigene Kalkulation erfordern („lineare Kürzung", VwGH 16.12.2009, 2008/15/0075).

Versicherungsleistungen bei Leasingverträgen: Wird beim Abschluss eines Leasingvertrages auch ein Versicherungsvertrag abgeschlossen, so ist davon auszugehen, dass es sich bei der in der Versicherung des Leasingobjektes bestehenden sonstigen Leistung um eine – neben der Gebrauchsüberlassung des KFZ – eigenständige sonstige (Versicherungs-)Leistung handelt (EuGH 17.01.2013, Rs C-224/11, *BGZ Leasing*). Zur Steuerbefreiung von Versicherungsleistungen siehe Rz 851 bis Rz 853.

Zeitschriftenabonnements mit Online-Zugang: Die Aufteilung eines pauschalen Entgelts auf die dem ermäßigten Steuersatz unterliegende Lieferung von Zeitungen, Zeitschriften usw. und die dem Normalsteuersatz unterliegende Zurverfügungstellung einer Online-Version hat – sofern keine Einzelverkaufspreise vorliegen – nach den tatsächlichen Kosten zu erfolgen (siehe VwGH 16.12.2009, 2008/15/0075, unter Hinweis auf EuGH 22.10.1998, Rs C-308/96 und Rs C-94/97, *T. P. Madgett und R. M. Baldwin*). Die nicht direkt der Print- oder der Onlineproduktion zurechenbaren Kosten werden im selben Verhältnis wie die direkt zurechenbaren Kosten aufgeteilt.

Beispiel:
direkt zurechenbare Kosten:
Print: 9 Mio. €; Online: 1 Mio. €
nicht direkt zurechenbare Kosten: 10 Mio. €

Print: 90%, das sind 9 Mio. €; Online: 10 %, das sind 1 Mio. €
Gesamtkosten Print: 18 Mio. € (90% der Gesamtkosten); Gesamtkosten Online: 2 Mio. € (10% der Gesamtkosten)
Erlöse Pauschalangebot: 30 Mio. €
90% der Umsätze unterliegen dem ermäßigten Steuersatz, 10% der Umsätze dem Normalsteuersatz

Zusatzartikel bei Zeitungsabonnements: Bei der Abgabe von – in keinem Bezug zum Geschäftsgegenstand des Unternehmens stehenden – Gegenständen zu einem nicht kostendeckenden Preis bei gleichzeitigem Abschluss eines Abonnementvertrages, der zu denselben Bedingungen auch von Kunden abgeschlossen wird, die keinen Gegenstand erwerben, liegen zwei Leistungen gegen Entgelt vor. Als Entgelt für die Zugabe ist der nicht kostendeckende Preis entsprechend der Preisvereinbarung mit dem Kunden anzusetzen (vgl. VwGH 27.5.2015, 2012/13/0029).

Randzahlen 350 bis 360: Derzeit frei.

2. Den Lieferungen gleichgestellter Eigenverbrauch

2.1 Allgemeines

361 Einer Lieferung gegen Entgelt gleichgestellt wird die Entnahme eines Gegenstands durch einen Unternehmer aus seinem Unternehmen

- für Zwecke, die außerhalb des Unternehmens liegen,
- für den Bedarf seines Personals, sofern keine Aufmerksamkeiten vorliegen, oder
- für jede andere unentgeltliche Zuwendung, ausgenommen Geschenke von geringem Wert und Warenmuster für Zwecke des Unternehmens.

Auch die unentgeltliche Übertragung eines Betriebes oder Teilbetriebes ist einer Lieferung gegen Entgelt gleichgestellt. Für jeden Gegenstand des übertragenen Betriebes, der ganz oder teilweise zum Vorsteuerabzug berechtigt hat, ist daher eine Eigenverbrauchsbesteuerung gemäß § 3 Abs. 2 UStG 1994 vorzunehmen. Bezüglich der Weiterverrechnung der auf den Eigenverbrauch entfallenden Steuer nach § 12 Abs. 15 UStG 1994 siehe Rz 2151 bis 2153.

362 Die für Zwecke außerhalb des Unternehmens entnommenen Gegenstände müssen dem Unternehmen dienen oder bisher gedient haben. Ob ein Gegenstand dem Unternehmen dient, richtet sich nach § 12 Abs. 2 UStG 1994 (siehe Rz 1901 bis 1952). Wurde ein gemischt genutzter Gegenstand dem Unternehmen nur insoweit zugeordnet, als er unternehmerischen Zwecken dient, kann eine Entnahme nur hinsichtlich dieses Teiles erfolgen.

2.2 Vorangegangener Vorsteuerabzug

363 Eine Eigenverbrauchsbesteuerung erfolgt in den Fällen des § 3 Abs. 2 UStG 1994 nur dann, wenn der Gegenstand oder seine Bestandteile zu einem vollen oder teilweisen Vorsteuerabzug berechtigt haben, wobei ein Vorsteuerabzug im Ausland ausreicht (VwGH 22.5.2014, 2011/15/0176).

364 Als **Bestandteile** gelten alle nicht selbständig nutzbaren Wirtschaftsgüter, die mit dem gelieferten Gegenstand in einem einheitlichen Nutzungs- und Funktionszusammenhang stehen, auch wenn sie in den Gegenstand erst später eingegangen sind (zB eine nachträglich in ein Kfz eingebaute Klimaanlage). Nicht zu einem Bestandteil führen Aufwendungen für den Gebrauch und die Erhaltung des Gegenstandes, die ertragsteuerlich sofort abziehbaren Erhaltungsaufwand darstellen (zB Aufwendungen für Reparatur-, Ersatz- oder Verschleißteile).

365 Um einerseits eine Doppelbesteuerung und andererseits einen unbesteuerten Endverbrauch zu vermeiden, ist eine partielle Eigenverbrauchsbesteuerung vorzunehmen.

Beispiel 1:

In ein ohne Möglichkeit eines Vorsteuerabzuges erworbenes Gebäude wird im Jahr 01 unter Geltendmachung des Vorsteuerabzuges ein Lift eingebaut. Im Jahr 02 wird das Grundstück entnommen.

Zu einer Eigenverbrauchsbesteuerung kommt es nur hinsichtlich des Grundstücksteils Lift.

366   Diese Beurteilung ist auch bei **Großreparaturen** an Gebäuden (zB Austausch der Fenster oder Türen; Erneuerung des Daches oder der Heizungsanlage; Trockenlegungsaufwand) vorzunehmen.

Beispiel 2:

An einem ohne Möglichkeit eines Vorsteuerabzuges erworbenen Gebäude wird im Jahr 01 unter Geltendmachung des Vorsteuerabzuges eine Großreparatur vorgenommen (zB Austausch der Fenster). Im Jahr 02 wird das Grundstück entnommen.

Zu einer Eigenverbrauchsbesteuerung kommt es nur hinsichtlich des Grundstücksteils Fenster.

Ein Vorsteuerabzug iZm der laufenden Nutzung von Gebäuden (Wartung, Reparaturen, ausgenommen Großreparaturen) führt zu keiner Eigenverbrauchsbesteuerung im Falle der Entnahme.

2.3 Abgrenzung zu entgeltlichen Vorgängen

367   Werden Gegenstände des Unternehmens an Dritte zu einem nicht kostendeckenden Preis abgegeben, so ist zu prüfen, ob der Unternehmer diesen niedrigen Preis aus betriebswirtschaftlichen Gründen (z.B. Abverkauf; Lockangebot) oder aus außerbetrieblichen Motiven (familiäre oder freundschaftliche Nahebeziehungen; Gesellschafterstellung etc.) angesetzt hat. Liegen betriebliche Gründe vor, ist insgesamt von einem entgeltlichen Vorgang auszugehen. Erfolgt hingegen die Wertabgabe aus außerbetrieblichen Gründen unter dem Einstandspreis bzw. unter den Selbstkosten, so ist insgesamt von einem unentgeltlichen Vorgang auszugehen und eine Eigenverbrauchsbesteuerung gem. § 3 Abs. 2 UStG 1994 vorzunehmen.

Beispiel:

Ein Möbelhändler überlässt seiner Tochter ein Möbelstück, das er um 500 € eingekauft hat und laut Preisliste um 700 € verkauft, um 400 €. Für diesen Preisnachlass finden sich keine betriebswirtschaftlichen Gründe.

Es liegt insgesamt eine unentgeltliche Entnahme gem. § 3 Abs. 2 UStG 1994 vor. Die Bemessungsgrundlage bestimmt sich nach § 4 Abs. 8 lit. a UStG 1994 (idR der Einstandspreis).

Zur Anwendung des Normalwertes ab 1. Jänner 2013 siehe Rz 682.

2.4 Sachzuwendungen an das Personal

368   Siehe § 1 Rz 66 bis 74.

2.5 Andere unentgeltliche Zuwendungen

2.5.1 Allgemeines

369   Unentgeltliche Zuwendungen von Gegenständen, die nicht in der Entnahme von Gegenständen oder in Sachzuwendungen an das Personal bestehen, sind auch dann steuerbar, wenn der Unternehmer sie aus unternehmerischen Gründen zB zu Werbezwecken, zur Verkaufsförderung oder zur Imagepflege, tätigt. Darunter fallen insbesondere **Sachspenden** an Vereine, Warenabgaben anlässlich von **Preisausschreiben, Verlosungen** usw. zu Werbezwecken. Die Steuerbarkeit entfällt nicht, wenn der Empfänger die zugewendeten Gegenstände in seinem Unternehmen verwendet. Ausgenommen von der Besteuerung sind Geschenke von geringem Wert und die Abgabe von Warenmustern für Zwecke des Unternehmens. **Geschenke von geringem Wert** liegen vor, wenn die Anschaffungs- oder Herstellungskosten der dem Empfänger im Kalenderjahr zugewende-

§ 3 UStG

ten Gegenstände insgesamt 40 € (ohne USt) nicht übersteigen. Aufwendungen bzw. Ausgaben für geringwertige Werbeträger (z.B. Kugelschreiber, Feuerzeuge, Kalender usw.) können hierbei vernachlässigt werden und sind auch nicht in die 40-€-Grenze miteinzubeziehen.

Nicht steuerbar ist die Gewährung unentgeltlicher **sonstiger Leistungen aus unternehmerischen Gründen**. Hierunter fällt z.b. die unentgeltliche Überlassung von Gegenständen, die im Eigentum des Zuwenders verbleiben und die der Empfänger dementsprechend später an den Zuwender zurückgeben muss.

2.5.2 Geschenke

370 Ein **Geschenk** setzt eine unentgeltliche Zuwendung an einen Dritten voraus. Die Unentgeltlichkeit ist nicht gegeben, wenn die Zuwendung als Entgelt für eine bestimmte Gegenleistung des Empfängers anzusehen ist. Ein Geschenk ist regelmäßig anzunehmen, wenn ein Unternehmer einem Geschäftsfreund oder dessen Beauftragten ohne rechtliche Verpflichtung und ohne zeitlichen oder sonstigen unmittelbaren Zusammenhang mit einer Leistung des Empfängers eine Sachzuwendung gibt (vgl. diesbezüglich EStR Rz 4813). Keine Geschenke sind z.b. Preise anlässlich einer Auslobung. Sie sind daher ohne Prüfung einer Geringfügigkeitsgrenze stets steuerbar.

2.5.3 Nicht steuerbare Abgabe von Warenmustern

371 **Warenmuster** sind ausdrücklich von der Steuerbarkeit ausgenommen. Hiebei handelt es sich um Gegenstände, die eine bestimmte Art bereits hergestellter Waren darstellen oder die Modelle von Waren sind, deren Herstellung vorgesehen ist; ausgenommen hievon sind jedoch gleichartige Erzeugnisse, die in solchen Mengen an denselben Empfänger abgegeben werden, dass sie insgesamt gesehen keine Muster im handelsüblichen Sinne darstellen.

Nach Art und Aussehen sollen Warenmuster einer vom Unternehmer angebotenen Ware entsprechen, potentielle Käufer von der Beschaffenheit der Ware überzeugen und damit den Kaufentschluss des Empfängers fördern. Die Abgabe eines „Warenmusters" soll dem Empfänger nicht den Kauf ersparen, sondern ihn gerade zum Kauf anregen.

Ohne Bedeutung ist, ob Warenmuster einem anderen Unternehmer für dessen unternehmerische Zwecke oder einem Letztverbraucher zugewendet werden. Nicht steuerbar ist somit auch die Abgabe sog. Probierpackungen im Getränke- und Lebensmitteleinzelhandel (z.B. die kostenlose Abgabe von losen oder verpackten Getränken und Lebensmitteln im Rahmen von Verkaufsaktionen, Probepackungen usw.) an Letztverbraucher.

2.5.4 Verkaufskataloge, Werbedrucke, Anzeigenblätter usw.

372 Unentgeltlich abgegebene **Verkaufskataloge, Versandhauskataloge, Reisekataloge, Werbeprospekte** und -handzettel, Veranstaltungsprogramme und -kalender usw. dienen der Werbung, insbesondere der Anbahnung eines späteren Umsatzes. Eine (private) Bereicherung des Empfängers ist damit regelmäßig nicht verbunden. Dies gilt auch für Anzeigenblätter mit einem redaktionellen Teil (z.B. für Lokales, Vereinsnachrichten usw.), die an alle Haushalte in einem bestimmten Gebiet kostenlos verteilt werden. Bei der Abgabe derartiger Erzeugnisse handelt es sich nicht um unentgeltliche Zuwendungen im Sinne des § 3 Abs. 2 UStG 1994.

2.5.5 Verkaufshilfen, Verkaufsschilder, Displays usw.

373 Die unentgeltliche Abgabe von **Werbe- und Dekorationsmaterial**, das nach Ablauf der Werbe- oder Verkaufsaktion vernichtet wird oder bei dem Empfänger nicht zu einer (privaten) Bereicherung führt (z.B. Verkaufsschilder, Preisschilder, sog. Displays), an andere Unternehmer (z.B. vom Hersteller an Großhändler oder vom Großhändler an Einzelhändler) dient ebenfalls der Werbung bzw. der Verkaufsförderung. Das Gleiche gilt für sog. **Verkaufshilfen** oder -ständer (z.B. Suppenständer, Süßwarenständer), die z.B. von Herstellern oder Großhändlern an Einzelhändler ohne besondere Berechnung abgegeben werden, wenn beim Empfänger eine Verwendung dieser Gegenstände im nichtunternehmerischen Bereich ausgeschlossen ist. Bei der Abgabe derartiger Erzeugnisse handelt es sich nicht um unentgeltliche Zuwendungen im Sinne des § 3 Abs. 2 UStG 1994.

Dagegen handelt es sich bei der unentgeltlichen Abgabe auch nichtunternehmerisch verwendbarer Gegenstände, die nach Ablauf von Werbe- oder Verkaufsaktionen für den Empfänger noch einen Gebrauchswert haben (z.b. Fahrzeuge, Spielzeug, Sport- und Freizeitartikel), um unentgeltliche Zuwendungen im Sinne des § 3 Abs. 2 UStG 1994.

2.5.6 Abgrenzung entgeltlicher Lieferungen von unentgeltlichen Zuwendungen

374 Wenn der Empfänger eines scheinbar kostenlos abgegebenen Gegenstandes für den Erhalt dieses Gegenstandes tatsächlich eine Gegenleistung erbringt, ist die Abgabe dieses Gegenstandes nicht als unentgeltliche Zuwendung nach § 3 Abs. 2 UStG 1994, sondern als entgeltliche Lieferung steuerbar. Die Gegenleistung des Empfängers kann in Geld oder in Form einer weiteren Lieferung bzw. sonstigen Leistung bestehen (§ 3 Abs. 12 bzw. § 3a Abs. 2 UStG 1994).

Beispiele:

a) Falls ein Unternehmer dem Abnehmer bei Abnahme einer bestimmten Menge bzw. Überschreiten einer bestimmen Auftragssumme **zusätzliche Stücke desselben Gegenstandes** ohne Berechnung zukommen lässt (z.B. 11 Stück zum Preis von 10 Stück), handelt es sich bei wirtschaftlicher Betrachtung auch hinsichtlich der zusätzlichen Stücke um eine insgesamt entgeltliche Lieferung. Ähnlich wie bei einer Staffelung des Preises nach Abnahmemengen hat in diesem Fall der Abnehmer mit dem Preis für die berechneten Stücke die unberechneten Stücke mitbezahlt.

b) Wenn ein Unternehmer dem Abnehmer bei Abnahme einer bestimmten Menge bzw. Überschreiten einer bestimmen Auftragssumme **außerdem andere Gegenstände** ohne Berechnung zukommen lässt (z.B. bei Abnahme von 20 Kühlschränken wird ein Mikrowellengerät ohne Berechnung mitgeliefert), handelt es sich bei wirtschaftlicher Betrachtungsweise ebenfalls um eine insgesamt entgeltliche Lieferung.

c) Eine insgesamt entgeltliche Lieferung ist z.B. auch die unberechnete Abgabe von Untersetzern (Bierdeckel), Saugdecken (Tropfdeckchen), Aschenbechern und Gläsern einer Brauerei oder eines Getränkevertriebes an einen Gastwirt im Rahmen einer Getränkelieferung, die unberechnete Abgabe von Autozubehörteilen (Fußmatten, Warndreiecke) und Pflegemitteln usw. eines Fahrzeughändlers an den Käufer eines Neuwagens oder die unberechnete Abgabe von Schuhpflegemitteln eines Schuhhändlers an einen Schuhkäufer.

d) Weitere Fälle, in denen regelmäßig entgeltliche Lieferungen bzw. einheitliche entgeltliche Leistungen vorliegen:
   - Unberechnete Übereignung eines Mobilfunk-Geräts (Handy) von einem Mobilfunk-Anbieter an einen neuen Kunden, der gleichzeitig einen längerfristigen Netzbenutzungsvertrag abschließt;
   - Sachprämien von Zeitungs- und Zeitschriftenverlagen an die Neuabonnenten einer Zeitschrift, die ein längerfristiges Abonnement abgeschlossen haben;

e) Fälle, in denen regelmäßig ein tauschähnlicher Umsatz vorliegt:
   - Sachprämien an Altkunden für die Vermittlung von Neukunden: Der Sachprämie steht eine Vermittlungsleistung des Altkunden gegenüber (die Hingabe der Sachprämie stellt eine entgeltliche Lieferung dar);
   - Sachprämien eines Automobilherstellers an das Verkaufspersonal eines Vertragshändlers, wenn dieses Personal damit für besondere Verkaufserfolge belohnt wird (die Hingabe der Sachprämie stellt eine entgeltliche Lieferung dar).

Randzahlen 375 bis 380: Derzeit frei.

3. Eigenhandel, Kommissionsgeschäft, Vermittlung
3.1 Kommissionsgeschäft

381 Der Kommissionär wird im **eigenen Namen und für fremde Rechnung** (nämlich des Kommittenten) tätig. Gemäß § 383 UGB kann das jede natürliche oder juristische Person (Personengesellschaft) sein, die es übernimmt, Waren oder Wertpapiere für Rechnung eines Auftraggebers im eigenen Namen zu kaufen oder zu verkaufen. Es gibt drei Arten von Kommissionsgeschäften: die Einkaufs- und Verkaufskommission (§ 383 UGB) sowie die Werklieferungskommission (§ 383 Abs. 1 zweiter Satz UGB).

Bei Kommissionsgeschäften liegen zwischen dem Kommittenten und dem Kommissionär Lieferungen vor. Es gilt bei der **Verkaufskommission** der Kommissionär, bei der **Einkaufskommission** der Kommittent als Abnehmer. Bei der Verkaufskommission gilt die Lieferung des Kommittenten an den Kommissionär erst mit der Lieferung durch den Kommissionär als ausgeführt gilt. Diese Regelung bezieht sich jedoch nur auf den Zeitpunkt und nicht auch auf den Ort der Lieferung.

Hinsichtlich Kommissionsgeschäft im Binnenmarkt siehe Rz 3589.

3.2 Vermittlung

Derzeit frei.
Randzahlen 382 bis 390: Derzeit frei.

4. Werklieferung
4.1 Begriff

391 Hat der Unternehmer die **Bearbeitung oder die Verarbeitung eines vom Auftraggeber beigestellten Gegenstandes** übernommen und verwendet er hiebei Stoffe, die er selbst beschafft, so liegen gleichzeitig Merkmale der Lieferung und einer sonstigen Leistung vor. Der Beistellung eines Gegenstandes ist gleichzuhalten, wenn die Stoffe mit dem Grund und Boden fest verbunden werden.

§ 3 Abs. 4 UStG 1994 bestimmt, dass der Vorgang als Lieferung (Werklieferung) anzusehen ist, wenn der Unternehmer, der den Gegenstand be- oder verarbeitet, Hauptstoffe verwendet, die er selbst beschafft hat. Der vom Auftraggeber beigestellte Gegenstand nimmt am Leistungsaustausch nicht teil.

4.2 Voraussetzungen
4.2.1 Verwendung von Hauptstoffen

392 Ob eine Werklieferung oder eine sonstige Leistung vorliegt, hängt davon ab, ob der Unternehmer bei der Be- oder Verarbeitung des beigestellten Gegenstandes Stoffe verwendet, die er selbst beschafft und die nicht nur Zutaten oder sonstige Nebensachen sind.

Bei der Unterscheidung, was unter einem **Hauptstoff, einer Zutat oder sonstigen Nebensache** zu verstehen ist, kommt es in erster Linie auf die **Natur des Stoffes** und in Zweifelsfällen auf die **Verkehrsauffassung** sowie auf den Vergleich der wirtschaftlichen Bedeutung der verwendeten Stoffe an.

Als „**wesentlich**" und damit als Hauptstoff ist jener Grundstoff anzusehen, der für die Herstellung des Werkes ausschlaggebend ist, wobei das Wertverhältnis, in dem die Stoffe zueinander stehen, in den Hintergrund zu treten hat (VwGH 23.12.1964, 418/63). Für die Frage, ob ein Stoff als Hauptstoff anzusehen ist, kann auch nicht maßgebend sein, ob der betreffende Stoff zur Herstellung des Gegenstandes unentbehrlich ist, denn in der Regel wird der Gegenstand auch ohne den Nebenstoff nicht hergestellt werden können (VwGH 12.9.1952, 1338/51). Nicht entscheidend ist weiters das Verhältnis zwischen dem Wert des Stoffes und dem Wert der Arbeit (VwGH 24.9.1958, 591/55) sowie das Wertverhältnis zwischen den vom Unternehmer und vom Auftraggeber beigestellten Stoffen.

393 Beim **Binden von Büchern und Dissertationen** liegt eine Werklieferung vor (Bucheinband als Hauptstoff; VwGH 13.12.1973, 231/73, 12.1.1978, 2005/77, 29.10.1979, 2259/77), wohingegen das Binden von Zeitschriften, Tätigkeitsberichten usw. eine Werkleistung darstellt (VwGH 29.11.1984, 83/15/0083; 14.11.1988, 86/15/0086).

Eine **Werklieferung** liegt bereits vor, wenn der Unternehmer einen von mehreren Hauptstoffen selbst beschafft und die übrigen Hauptstoffe vom Auftraggeber beigestellt werden.

Beispiel:
Ein Goldschmied fertigt aus ihm vom Auftraggeber übergebenen Feingold einen Ring an, wobei der Goldschmied einen Edelstein aus eigenen Vorräten beistellt.

Randzahlen 394 bis 400: Derzeit frei.

5. Gehaltslieferung
Derzeit frei.

Randzahlen 401 bis 410: Derzeit frei.

6. Be- und Verarbeitung
Derzeit frei.

Randzahlen 411 bis 420: Derzeit frei.

7. Verschaffung der Verfügungsmacht
7.1 Allgemeines

421 Ort der Lieferung ist dort, wo sich der Gegenstand zurzeit der Verschaffung der Verfügungsmacht befindet (und nicht dort, wo die Verfügungsmacht verschafft wird).

Bei **körperlicher Übergabe** ist das der Ort, an dem der Gegenstand der Lieferung dem Abnehmer oder in dessen Auftrag einem Dritten übergeben wird.

422 Wird die Verfügungsmacht durch Übergabe eines handelsrechtlichen Traditionspapieres (Ladeschein, Lagerschein, Konnossement) verschafft, so ist der Ort der Lieferung der Ort, an dem sich der Gegenstand der Lieferung zur Zeit der Übergabe des Traditionspapieres befindet. Der Ort, an dem das Traditionspapier übergeben wird, ist ohne Bedeutung.

Beispiel:
Über einen in Linz eingelagerten Gegenstand verfügt der Unternehmer in der Weise, dass dem Kunden in München der Lagerschein übergeben wird. Lieferort ist Linz.

Wasser wird dort geliefert, wo sich der Zähler befindet.

Dies gilt bis 31.12.2010 auch für die Lieferung von Wärme.

Zum Ort der Lieferung von **Gas, Elektrizität**, Wärme oder Kälte siehe Rz 474a bis Rz 474f.

Ein Kundenstock wird dort geliefert, wo der überwiegende Teil der Kunden im Zeitpunkt der Verschaffung der Verfügungsmacht ansässig ist.

Randzahlen 422a bis 422b: Derzeit frei.

423 Lieferzeitpunkt ist der Zeitpunkt, in dem die Verfügungsmacht verschafft wird (siehe dazu Rz 425 bis 426), sofern keine Sonderregelung eingreift.

Die Verschaffung der Verfügungsmacht besteht darin, dass der Lieferer den Abnehmer befähigt, im eigenen Namen über den Gegenstand der Lieferung zu verfügen (VwGH 3.7.1980, 1289/77, 1683/80). Die Verschaffung der Verfügungsmacht setzt die einvernehmliche, endgültige Übertragung von Substanz, Wert und Ertrag des Gegenstandes voraus (BFH 7.5.1987, BStBl II 582).

Die Verschaffung der Verfügungsmacht besteht meist in der Übertragung des Eigentums im Sinne des bürgerlichen Rechtes. Die Eigentumsübertragung ist jedoch keine unabdingbare Voraussetzung; der Begriff „Verfügungsmacht" ist vielmehr ein eigenständiger Begriff des Umsatzsteuerrechtes (VwGH 10.2.1976, 2159/74).

424 Überträgt der Unternehmer das **Eigentum an einem Grundstück**, besitzt er jedoch auf Grund des gleichzeitig vorbehaltenen Fruchtgenusses das Grundstück wie bisher und zieht er den Ertrag aus dem Grundstück durch Fortsetzung der bestehenden Mietverhältnisse (als Fruchtnießer) liegt noch keine Lieferung vor. Es ist auch kein Fall eines Eigenverbrauches gegeben.

Hinsichtlich Kommissionsgeschäft siehe § 3 Rz 381.

Eine Lieferung liegt auch vor, wenn ein Gegenstand unter **Eigentumsvorbehalt** verkauft und übergeben wird.

Voraussetzung für die Verschaffung der Verfügungsmacht ist in der Regel, dass der Abnehmer die tatsächliche Herrschaft über den Gegenstand auf Grund eines **übereinstimmenden Willensentschlusses** des Lieferers und des Abnehmers erhält. Das gilt nicht bei Lieferungen kraft gesetzlicher oder behördlicher Anordnung (§ 1 Abs. 1 Z 1 UStG 1994), zB bei Zwangsversteigerungen (VwGH 10.3.1983, 82/15/0006).

Zur Veräußerung von Gutscheinen siehe § 1 Rz 4.

7.2 Lieferung von Bauwerken

425 Ein Bauwerk wird geliefert, sobald dem Auftraggeber die **Verfügungsmacht am fertigen Werk** verschafft worden ist. In aller Regel setzt die Verschaffung der Verfügungsmacht die Übergabe und Abnahme des fertig gestellten Werkes voraus. In welcher Form die Abnahme erfolgt, ist hiebei nicht von ausschlaggebender Bedeutung. Eine Verschaffung der Verfügungsmacht ist insbesondere bereits dann anzunehmen, wenn der Auftraggeber das Werk durch schlüssiges Verhalten, zB durch Benützung abgenommen hat und eine förmliche Abnahme entweder gar nicht oder aber erst später erfolgen soll. Aus dem Umstand, dass der Bauführer – nachdem das Bauwerk vom Auftraggeber bereits in Benutzung genommen wurde – noch kleinere Abschlussarbeiten durchzuführen hat, um seinen vertraglichen Verpflichtungen bis ins letzte Detail ordnungsgemäß nachzukommen, kann jedenfalls nicht abgeleitet werden, dass die Lieferung des Bauwerkes erst dann anzunehmen ist, wenn die **Schlussrechnung** gelegt wird oder der Auftraggeber die **ordnungsgemäße Erfüllung des Bauauftrages bestätigt** (VwGH 9.6.1986, 84/15/0165; VwGH 19.10.1987, 86/15/0120; VwGH 7.5.1990, 89/15/0028; VwGH 24.10.1995, 91/14/0190; VwGH 24.4.1996, 93/13/0254; VwGH 24.3.1998, 97/14/0117).

Wird zwischen den Vertragsparteien vereinbart, dass an Stelle des ursprünglich vereinbarten fertigen Bauwerkes das bisher errichtete, halbfertige Bauwerk als Gegenstand der Leistung anzusehen ist, so ist die Verfügungsmacht mit Übergabe und Abnahme des bisher errichteten Werkes übergegangen. Dasselbe gilt für den Fall der **Vertragsauflösung vor Fertigstellung**: Das unfertige Werk wird mit Vertragsauflösung zum neuen Gegenstand der Lieferung (VwGH 11.9.1989, 88/15/0075).

426 Die Erklärung des Insolvenzverwalters, von einem Werklieferungsvertrag zurückzutreten, bedeutet, dass der Besteller am bisher tatsächlich erbrachten Teil der Werklieferung bereits mit der Insolvenzeröffnung die Verfügungsmacht erlangt hat. Die auf Grund dieser Lieferung entstandene Umsatzsteuerforderung ist daher als Insolvenzforderung anzusehen (OGH 17.11.1987, 5 Ob 358/87).

Zu Teilleistungen in der Bauwirtschaft siehe Rz 2611 bis 2618.

7.3 Kauf auf Probe

427 Der Ort der Lieferung bei einem Kauf auf Probe ist nach § 3 Abs. 7 UStG 1994 zu beurteilen (in diesem Sinne BFH 06.12.2007, V R 24/05). Die Verfügungsmacht wird erst dann verschafft, wenn der Kaufvertrag genehmigt wird. Bei Vereinbarung einer Probezeit gilt der Kaufvertrag bei Stillschweigen des Käufers bis nach Ablauf der Probezeit jedenfalls als genehmigt (§ 1081 ABGB). Der Kaufvertrag kann aber bereits vor Ablauf der Probezeit ausdrücklich oder stillschweigend genehmigt werden. Diese Genehmigung der Ware muss dem Verkäufer bekannt werden.

7.4 Zwangsvollstreckung

428 Mit der **Verwertung des Vollstreckungsobjektes** im Zuge des verwaltungsbehördlichen oder gerichtlichen Exekutionsverfahrens bewirkt der Vollstreckungsschuldner eine Lieferung an den Ersteher. Diese Beurteilung betrifft alle Verwertungsarten der Fahrnisexekution (Versteigerung, Freihandverkauf oder Übernahme gemäß § 40 Abgabenexekutionsordnung). Eine Lieferung liegt darüber hinaus auch in sonstigen Fällen vor, in denen kraft obrigkeitlichen Eingreifens ein Eigentumsübergang auf einen Dritten bewirkt wird, wie zB bei der Verwertung von Ansprüchen auf Leistungen von Sachen, bezüglich derer der Leistungsanspruch gepfändet wurde, und bei der Verwertung von Sachen, die gemäß § 225 Abs. 1 BAO auf Grund geltend gemachter sachlicher Haftungen beschlagnahmt wurden. Dasselbe gilt auch für die freiwillige und die gerichtliche Veräußerung im Insolvenzverfahren (§§ 114, 116, 119 IO).

429 Bei der **Versteigerung von beweglichen Sachen und Liegenschaften** geht im Zeitpunkt des Zuschlages (§ 156 Abs. 1 und § 237 Abs. 1 Exekutionsordnung) die Verfügungsmacht vom Verpflichteten auf den Ersteher über (VwGH 10.3.1983, 82/15/0006; VwGH 22.2.1993, 91/15/ 0007).

Im Rahmen des **finanzbehördlichen Vollstreckungsverfahrens** kommt dem Dorotheum in seiner Eigenschaft als Gehilfe der Vollstreckungsbehörde umsatzsteuerrechtlich die Stellung eines Vermittlers zu.

Bei einem **Verfall nach dem FinStrG** sowie bei einer **Preisgabe von Waren nach zollrechtlichen Vorschriften** liegt mangels eines Leistungsaustausches kein steuerbarer Umsatz vor.

7.5 Kauf unter Eigentumsvorbehalt

430 Macht der Vorbehaltseigentümer von seinem Rücktrittsrecht Gebrauch und nimmt er den gelieferten Gegenstand zurück, so liegt eine **Rückgängigmachung der Lieferung** vor. Diese ist gemäß § 16 Abs. 3 Z 3 UStG 1994 wie eine Änderung der Bemessungsgrundlage zu behandeln (§ 16 Abs. 3 Z 3 UStG 1994). Die Berichtigung ist für den Voranmeldungszeitraum vorzunehmen, in welchem der Vorbehaltseigentümer vom seinem Rücktrittrecht Gebrauch gemacht hat. Zudem muss der Verkäufer die Rechnung berichtigen, will er eine Steuerschuld kraft Rechnungslegung (§ 11 Abs. 14 UStG 1994) vermeiden.

Hinsichtlich des abgetretenen Eigentumsvorbehaltes siehe § 16 Rz 2409 bis 2411.

7.6 Sicherungsübereignung

431 An einem zur Sicherheit übereigneten Gegenstand wird durch die Übertragung des Eigentums noch keine Verfügungsmacht verschafft. Bei der Sicherungsübereignung erlangt der Sicherungsnehmer zu dem Zeitpunkt, in dem er von seinem Verwertungsrecht Gebrauch macht, auch die Verfügungsmacht an dem Gegenstand. Die Verwertung der zur Sicherheit übergebenen Gegenstände führt zu zwei Umsätzen und zwar zu einer **Lieferung des Sicherungsgebers an den Sicherungsnehmer und zu einer Lieferung des Sicherungsnehmers an den Erwerber.**

Randzahlen 432 bis 445: Derzeit frei.

8. Beförderungs- und Versendungslieferung

8.1 Allgemeines

446 Wird der Gegenstand einer Lieferung durch den Lieferer oder den Abnehmer befördert oder versendet, so gilt die Lieferung dort als ausgeführt, **wo die Beförderung oder Versendung beginnt.**

447 Unter Beförderung ist ein Gütertransport, den der liefernde Unternehmer, der Abnehmer oder ein unselbstständiger Erfüllungsgehilfe des Lieferers oder Abnehmers mit **eigenen, gemieteten oder geliehenen Beförderungsmitteln** ausführt, zu verstehen. Der Beginn der Beförderung ist mit dem tatsächlichen Transportbeginn gleichzusetzen und nicht schon mit dessen Vorbereitungshandlungen wie etwa der Bereitstellung der Ware, deren Verpackung oder Verladung.

448 Versenden liegt vor, wenn der Unternehmer oder der Abnehmer die Beförderung eines Gegenstandes **durch einen selbstständigen Unternehmer** (Frachtführer; Gelegenheitsfrachtführer, Verfrachter von Seeschiffen) ausführen **oder durch einen Spediteur** (Gelegenheitsspediteur) besorgen lässt. Ein Besorgen von Beförderungsleistungen

§ 3 UStG

ist dann gegeben, wenn ein Unternehmer für Rechnung seines Auftraggebers (des Versenders) im eigenen Namen Güterversendungen durch Frachtführer oder Verfrachter ausführen lässt. Die Versendung beginnt mit der Übergabe des Gegenstandes an den Spediteur, Frachtführer oder Verfrachter.

Die Beförderung oder Versendung des Gegenstandes muss in Erfüllung eines Umsatzgeschäftes erfolgen.

449 Voraussetzung, dass die Lieferung mit Beginn der Beförderung bzw. mit der Übergabe an den Spediteur oder Frachtführer ausgeführt gilt, ist, dass zu Beginn der Beförderung oder Versendung der Abnehmer feststeht und dass es sich bei Beginn der Beförderung bereits um den Gegenstand der Lieferung handelt. Letztere Voraussetzung ist nicht gegeben, wenn der Gegenstand nach seiner Übergabe noch einer Be- oder Verarbeitung unterzogen wird. Bei der Lieferung von Einzelteilen ist daher zu unterscheiden:

- Wird das betriebsfertig hergestellte Werk nur zum Zweck des leichteren Transportes wieder in Einzelteile zerlegt, so gilt die Lieferung mit der Übergabe an den Beförderungsunternehmer als ausgeführt.
- Sind dagegen am Ort der Aufstellung noch umfangreiche Arbeiten vorzunehmen, durch die das Werk erst fertig gestellt wird (wie zB Montierungen von Anlagen, Fundamentierung usw), so ist die Lieferung erst mit der Durchführung dieser Arbeiten ausgeführt (**Montagelieferung**).

Geht das Wirtschaftsgut während der Beförderung unter und trägt das Risiko des Untergangs der Lieferer, liegt keine Lieferung vor.

8.2 Reihengeschäfte

450 Bei Umsatzgeschäften, die von mehreren Unternehmern über denselben Gegenstand abgeschlossen werden und bei denen dieser Gegenstand im Rahmen der Beförderung oder Versendung unmittelbar **vom ersten Unternehmer an den letzten Abnehmer gelangen**, ist zu beachten, dass die Umsätze (gedanklich) zeitlich hintereinander stattfinden, der **Ort der einzelnen Umsätze jeder für sich bestimmt werden muss** und nur für einen Umsatz in der Reihe der Ort der Lieferung gemäß § 3 Abs. 8 UStG 1994 bestimmt werden kann.

Beispiel 1:

Der Hersteller W in Wien verkauft eine Ware an den Großhändler K in Köln und dieser wiederum an seinen Kunden M in Deutschland. K holt die Ware von W ab und befördert sie zu seinem Kunden M.

Auch bei Beförderung oder Versendung durch den Abnehmer K gilt die Lieferung des W an den Abnehmer K gemäß § 3 Abs. 8 UStG 1994 mit dem Beginn der Beförderung (das ist in Wien) als ausgeführt. Für die nachfolgende Lieferung kommt – da die Beförderung bereits der ersten Lieferung zugerechnet wurde – nur mehr die Ortsbestimmung gemäß § 3 Abs. 7 UStG 1994 in Frage. Die Ware befindet sich in dem Zeitpunkt, in dem M die Verfügungsmacht verschafft wird, in München. Der Ort der zweiten Lieferung ist daher nicht in Österreich, sondern in Deutschland. Die so genannte bewegte Lieferung findet daher zwischen W und K statt.

Beispiel 2:

Der Hersteller M in München verkauft eine Ware an den Großhändler S in Salzburg und dieser wiederum an seinen Kunden W in Wien. S holt die Ware von M ab und befördert sie zu seinem Kunden W.

Die Lieferung des M an den Abnehmer S gilt gemäß § 3 Abs. 8 UStG 1994 mit dem Beginn der Beförderung als ausgeführt (Lieferort daher München). Für die nachfolgende Lieferung kommt – da die Beförderung bereits der ersten Lieferung zugerechnet wurde – nur mehr die Ortsbestimmung nach § 3 Abs. 7 UStG 1994 in Frage. Die Ware befindet sich in dem Zeitpunkt, in dem W die Verfügungsmacht verschafft wird, in Wien. Der Ort der zweiten Lieferung ist daher Wien. Die bewegte Lieferung findet daher zwischen M und S statt.

Randzahlen 451 bis 465: Derzeit frei.

9. Beförderungs- und Versendungslieferung aus dem Drittlandsgebiet

466 § 3 Abs. 9 UStG 1994 regelt den Lieferort in den Fällen, in denen der Gegenstand der Lieferung bei der Beförderung oder Versendung aus dem Drittlandsgebiet in das Inland gelangt und der Lieferer oder sein Beauftragter Schuldner der EUSt ist. Maßgeblich ist, unabhängig von den Lieferkonditionen, wer nach den zollrechtlichen Vorschriften Schuldner der EUSt ist.

Beispiel:
Der Drittlandsunternehmer D verkauft Gewürze an den österreichischen Unternehmer Ö. D befördert die Gewürze vom Drittland ins Inland.

Ö nimmt die Anmeldung zur Überführung in den freien Verkehr vor (Lieferung „unverzollt und unversteuert").

Der Ort der Lieferung ist im Drittland (§ 3 Abs. 8 UStG 1994). Ö kann die österreichische EUSt als Vorsteuer geltend machen.

D nimmt die Anmeldung zur Überführung in den freien Verkehr vor (Lieferkondition „verzollt und versteuert").

Ort der Lieferung des D an Ö ist Österreich, da der Lieferer D Schuldner der österreichischen EUSt ist (§ 3 Abs. 9 UStG 1994). D bewirkt eine in Österreich steuerbare und steuerpflichtige Lieferung an Ö und kann die entrichtete EUSt als Vorsteuer geltend machen.

Aus zollrechtlicher Sicht ist es auch bei der Lieferkondition „DDP unversteuert benannter Bestimmungsort" oder der vertraglich vereinbarten nicht normierten Lieferkondition „frei Haus, verzollt und unversteuert" möglich, dass der inländische Warenempfänger (Ö) bzw. der von ihm beauftragte Spediteur die Zollanmeldung vornimmt. Diesfalls wird – unabhängig von der Lieferkondition – nicht D als liefernder Drittlandsunternehmer, sondern der inländische Warenempfänger Ö Schuldner der EUSt, so dass es hier nicht gemäß § 3 Abs. 9 UStG 1994 zur Verlagerung des Lieferortes ins Inland kommt.

Der Ort der Lieferung des D liegt im Drittland (§ 3 Abs. 8 UStG 1994), da er nicht Schuldner der EUSt geworden ist. Ö war zum Zeitpunkt der Einfuhr bereits umsatzsteuerrechtlich über die Ware verfügungsberechtigt und kann die EUSt, deren Schuldner er geworden ist, als Vorsteuer geltend machen.

In den Fällen des Reihengeschäftes kann eine Verlagerung des Lieferortes nach § 3 Abs. 9 UStG 1994 nur für die Beförderungs- oder Versendungslieferung (§ 3 Abs. 8 UStG 1994) in Betracht kommen.

467 § 3 Abs. 13 und 14 UStG 1994 gilt auch im Verhältnis zum Drittlandsgebiet; die Anwendung des § 3 Abs. 9 UStG 1994 ist demgegenüber mangels Beförderung oder Versendung ausgeschlossen. Die Lieferung von Gas über ein Erdgasnetz im Gebiet der Gemeinschaft oder jedes an ein solches Netz angeschlossene Netz, von Elektrizität, von Wärme oder Kälte über Wärme- oder Kältenetze aus dem Drittlandsgebiet in das Inland ist damit im Inland steuerbar und steuerpflichtig; die Steuerschuldnerschaft des Leistungsempfängers unter den Voraussetzungen des § 19 Abs. 1c UStG 1994 ist zu beachten (siehe dazu Rz 2604d).

Randzahlen 468 bis 470: Derzeit frei.

10. Tausch

471 Ein Tausch liegt vor, wenn das **Entgelt für eine Lieferung in einer Lieferung besteht**. Zur Bemessungsgrundlage siehe § 4 Rz 671 bis 672.

Randzahlen 472 bis 473: Derzeit frei.

11.
Derzeit frei.

12.
Derzeit frei.

13. Ort der Lieferung von Gas, Elektrizität, Wärme oder Kälte (§ 3 Abs. 13 und 14 UStG)

Randzahl 474: Derzeit frei.

13.1 Rechtslage ab 1.1.2011

474a Die Regelung findet Anwendung bei der Lieferung von

- Gas über ein Erdgasnetz im Gebiet der Gemeinschaft oder jedes an ein solches Netz angeschlossene Netz
- Elektrizität
- Wärme oder Kälte über Wärme- oder Kältenetze.

Die Regelung findet in Bezug auf Gas für alle Druckstufen und in Bezug auf Elektrizität für alle Spannungsstufen Anwendung. Bezüglich der Lieferung von Gas ist die Anwendung der Sonderregelung **nicht** auf Lieferungen über das Erdgasnetz beschränkt, **sondern umfasst auch die Lieferung von Gas über Rohrleitungen, die nicht Bestandteil des Verteilungsnetzes sind, wie zB über Rohrleitungen des Gas-Fernleitungsnetzes.**

Bei der Lieferung **dieser Gegenstände** ist zu unterscheiden, ob diese Lieferung

- an einen Unternehmer, dessen Haupttätigkeit in Bezug auf den Erwerb dieser Gegenstände in deren Weiterlieferung besteht und dessen eigener Verbrauch dieser Gegenstände von untergeordneter Bedeutung ist (sogenannte Wiederverkäufer von Gas, Elektrizität, **Wärme oder Kälte**) oder
- an einen anderen Abnehmer erfolgt.

474b Die Haupttätigkeit des Unternehmers in Bezug auf den Erwerb von Gas über das Erdgasverteilungsnetz oder von Elektrizität besteht dann in deren Weiterlieferung, d.h. im Wiederverkauf dieser Gegenstände, wenn der Unternehmer mehr als die Hälfte der von ihm erworbenen Menge weiterveräußert. Der eigene Gas- bzw. Elektrizitätsverbrauch des Unternehmers ist von untergeordneter Bedeutung, wenn nicht mehr als 5% der erworbenen Menge zu eigenen (unternehmerischen sowie nichtunternehmerischen) Zwecken verwendet wird.

Die Bereiche „Gas" und „Elektrizität" sind dabei getrennt, jedoch für das gesamte Unternehmen iSd § 2 UStG 1994 zu beurteilen. In der Folge werden grenzüberschreitende Leistungen zwischen Unternehmensteilen, die als nicht steuerbare Innenumsätze zu behandeln sind und die nach Art 3 Abs. 1 Z 1 lit. h UStG 1994 auch keinen Verbringungstatbestand erfüllen, in diese Betrachtung einbezogen. Außerdem ist damit ein Unternehmer, der z.B. nur im Bereich „Elektrizität" mehr als die Hälfte der von ihm erworbenen Menge weiterveräußert und nicht mehr als 5% zu eigenen Zwecken verwendet, diese Voraussetzungen aber für den Bereich „Gas" nicht erfüllt, nur für Lieferungen an ihn im Bereich „Elektrizität" als Wiederverkäufer anzusehen.

Maßgeblich sind die Verhältnisse im vorangegangenen Kalenderjahr. Verwendet der Unternehmer zwar mehr als 5%, jedoch nicht mehr als 10%, der erworbenen Menge an Gas oder Elektrizität zu eigenen Zwecken, ist weiterhin von einer untergeordneten Bedeutung auszugehen, wenn die im Mittel der vorangegangenen drei Jahre zu eigenen Zwecken verbrauchte Menge 5% der in diesem Zeitraum erworbenen Menge nicht überschritten hat.

Im Unternehmen selbst erzeugte Mengen bleiben bei der Beurteilung unberücksichtigt.

474c Anderer Abnehmer ist demgegenüber ein Abnehmer, der nicht Wiederverkäufer ist.

474d Bei der Lieferung von Gas oder Elektrizität an einen Wiederverkäufer gilt entweder der Ort, von dem aus dieser sein Unternehmen betreibt, oder – wenn die Lieferung an eine Betriebsstätte des Wiederverkäufers ausgeführt wird – der Ort dieser Betriebsstätte als Ort der Lieferung. Eine Lieferung erfolgt an eine Betriebsstätte, wenn sie ausschließlich oder überwiegend für diese bestimmt ist; Rz 639c gilt sinngemäß. Es kommt nicht darauf an, wie und wo der Wiederverkäufer die gelieferten Gegenstände tatsächlich verwendet (vgl. § 3 Abs. 13 UStG 1994). Somit gilt diese Regelung auch für die für den eigenen Verbrauch des Wiederverkäufers gelieferte Menge. Dies ist insbesondere von Bedeutung bei der Verwendung für eigene Zwecke in eigenen ausländischen Betriebsstätten und ausländischen Betriebsstätten des Organträgers; auch insoweit verbleibt es bei der Besteuerung im Sitzstaat, soweit nicht unmittelbar an die ausländische Betriebsstätte geliefert wird.

474e Bei der Lieferung von Gas oder Elektrizität an einen anderen Abnehmer wird grundsätzlich auf den Ort des tatsächlichen Verbrauchs dieser Gegenstände abgestellt (vgl. § 3 Abs. 14 UStG 1994). Das ist regelmäßig der Ort, wo sich der Zähler des Abnehmers befindet. Sollte der andere Abnehmer die an ihn gelieferten Gegenstände nicht tatsächlich verbrauchen (z.B. bei Weiterverkauf von Überkapazitäten), wird insoweit für die Lieferung an diesen Abnehmer der Verbrauch gem. § 3 Abs. 14 zweiter Satz UStG 1994 dort fingiert, wo dieser sein Unternehmen betreibt oder eine Betriebsstätte hat, an die die Gegenstände geliefert werden. Im Ergebnis führt dies dazu, dass im Falle des Weiterverkaufes von Gas über das Erdgasnetz oder Elektrizität für den Erwerb dieser Gegenstände stets das Empfängerortprinzip gilt. Da Gas und Elektrizität allenfalls in begrenztem Umfang gespeichert werden, steht regelmäßig bereits bei Abnahme von Gas über das Erdgasnetz oder Elektrizität fest, in welchem Umfang ein Wiederverkauf erfolgt.

Zur Lieferung von Gas oder Elektrizität aus dem Drittlandsgebiet siehe § 3 Rz 467.

474f **Die Ausführungen in den Rz 474b bis Rz 474e gelten entsprechend bzw. sind sinngemäß auch für die Lieferung von Wärme oder Kälte über Wärme- oder Kältenetze anzuwenden.**

Zur Steuerschuldnerschaft des Leistungsempfängers (§ 19 Abs. 1c UStG 1994) siehe § 19 Rz 2604c.

Judikatur EuGH zu § 3:

EuGH vom 2.7.2015, Rs C-209/14, *NLB Leasing*
Voraussetzung für das Vorliegen eines Erwerbes bei Immobilienleasing; Leasingleistung und Verkauf der Immobilie können getrennter Besteuerung unterliegen

1. Art. 2 Abs. 1, Art. 14 und Art. 24 Abs. 1 der Richtlinie 2006/112/EG sind dahin auszulegen, dass, wenn ein Leasingvertrag über eine Immobilie vorsieht, dass das Eigentum an der Immobilie am Ende der Vertragslaufzeit auf den Leasingnehmer übertragen wird oder dass der Leasingnehmer über wesentliche Elemente des Eigentums an dieser Immobilie verfügt, insbesondere, dass die mit dem rechtlichen Eigentum an der Immobilie verbundenen Chancen und Risiken zum überwiegenden Teil auf ihn übertragen werden und die abgezinste Summe der Leasingraten praktisch dem Verkehrswert des Gegenstands entspricht, der aus einem solchen Vertrag resultierende Umsatz mit dem Erwerb eines Investitionsguts gleichzusetzen ist.

2. Art. 90 Abs. 1 der Richtlinie 2006/112 ist dahin auszulegen, dass er es einem Steuerpflichtigen nicht erlaubt, seine Besteuerungsgrundlage zu vermindern, wenn er alle Zahlungen für die von ihm erbrachte Leistung tatsächlich erhalten hat oder wenn der Vertragspartner, ohne dass der Vertrag aufgelöst oder annulliert worden wäre, ihm den vereinbarten Preis nicht mehr schuldet.

3. Der Grundsatz der Steuerneutralität ist dahin auszulegen, dass es mit ihm vereinbar ist, dass zum einen eine Leasingleistung, die sich auf Immobilien bezieht, und zum anderen der Verkauf dieser Immobilien an einen am Leasingvertrag nicht beteiligten Dritten im Hinblick auf die Mehrwertsteuer einer getrennten Besteuerung unterliegen, sofern diese Umsätze nicht als eine einheitliche Leistung angesehen werden können, was zu beurteilen Sache des vorlegenden Gerichts ist.

§ 3 UStG

EuGH vom 16.4.2015, Rs C-42/14, *Wojskowa Agencja Mieszkaniowa w Warszawie*
Vermietung einer Immobilie einerseits und die Lieferung von Wasser, Elektrizität und Wärme sowie die Abfallentsorgung andererseits sind grundsätzlich als mehrere unterschiedliche und unabhängige Leistungen anzusehen

1. Art. 14 Abs. 1, Art. 15 Abs. 1 und Art. 24 Abs. 1 der Richtlinie 2006/112/EG in der durch die Richtlinie 2009/162/EU geänderten Fassung sind dahin auszulegen, dass die im Rahmen der Vermietung einer Immobilie von Dritten erbrachten Lieferungen von Elektrizität, Wärme und Wasser sowie die Abfallentsorgung zugunsten der Mieter, die diese Gegenstände und Dienstleistungen unmittelbar nutzen, als vom Vermieter erbracht anzusehen sind, wenn dieser die Verträge für die Lieferung dieser Leistungen abgeschlossen hat und lediglich deren Kosten an die Mieter weitergibt.

2. Diese Richtlinie ist dahin auszulegen, dass die Vermietung einer Immobilie und die Lieferung von Wasser, Elektrizität und Wärme sowie die Abfallentsorgung, die diese Vermietung begleiten, grundsätzlich als mehrere unterschiedliche und unabhängige Leistungen anzusehen sind, die unter Mehrwertsteuergesichtspunkten getrennt zu beurteilen sind, es sei denn, dass gewisse Bestandteile des Umsatzes, einschließlich derer, die die wirtschaftliche Grundlage des Vertragsabschlusses bilden, so eng miteinander verbunden sind, dass sie objektiv eine einzige untrennbare wirtschaftliche Leistung bilden, deren Aufspaltung wirklichkeitsfremd wäre.

Es obliegt dem nationalen Gericht, die notwendigen Bewertungen unter Berücksichtigung der Gesamtumstände, unter denen die Vermietung und die sie begleitenden Leistungen abgewickelt werden, und insbesondere des eigentlichen Vertragsinhalts vorzunehmen.

EuGH vom 17.7.2014, Rs C-438/13, *BCR Leasing*
Nichtvorliegen eines Eigenverbrauchs iZm bestimmten Leasingverträgen

Die Art. 16 und 18 der Richtlinie 2006/112/EG sind dahin auszulegen, dass die Unmöglichkeit für eine Leasinggesellschaft, Gegenstände, auf die sich ein Leasingvertrag bezieht, nach einer vom Leasingnehmer zu vertretenden Kündigung dieses Vertrags trotz der von dieser Gesellschaft unternommenen Schritte, die Gegenstände vom Leasingnehmer zurückzuerhalten, und trotz Fehlens jeglicher Gegenleistung nach dieser Kündigung nicht einer Lieferung von Gegenständen gegen Entgelt im Sinne dieser Vorschriften gleichgestellt werden kann.

EuGH vom 8.11.2012, Rs C-299/11, *Gemeente Vlaardingen*
Zuordnung im Rahmen des Unternehmens erhaltener Gegenstände für Zwecke des Unternehmens; im Eigentum des Unternehmers stehende und von einem Dritten umgebaute Plätze

Art. 5 Abs. 7 Buchst. a der Sechsten Richtlinie 77/388/ in der durch die Richtlinie 95/7/EG geänderten Fassung in Verbindung mit Art. 11 Teil A Abs. 1 Buchst. b dieser Richtlinie ist dahin auszulegen, dass im Fall der Zuordnung durch einen Steuerpflichtigen von Plätzen, die in seinem Eigentum stehen und die er durch einen Dritten hat umbauen lassen, für die Zwecke einer mehrwertsteuerbefreiten wirtschaftlichen Tätigkeit Mehrwertsteuer auf der Grundlage der Summe aus dem Wert des Grund und Bodens, auf dem sich diese Plätze befinden, und den Kosten für den Umbau dieser Plätze erhoben werden kann, sofern dieser Steuerpflichtige die auf diesen Wert und diese Kosten entfallende Mehrwertsteuer noch nicht entrichtet hat und die in Rede stehenden Plätze nicht unter die Befreiung nach Art. 13 Teil B Buchst. h dieser Richtlinie fallen.

EuGH vom 30.9.2010, Rs C-581/08, *EMI Group*

Der Begriff „Warenmuster" kann nicht auf bestimmte Probeexemplare beschränkt werden; „Geschenke von geringem Wert" können betragsmäßig limitiert werden; „Geschenke von geringem Wert" an verschiedene Personen eines Arbeitgebers sind nicht zusammenzurechnen

1. Ein „Warenmuster" im Sinne von Art. 5 Abs. 6 Satz 2 der Sechsten Richtlinie 77/388/EWG ist ein Probeexemplar eines Produkts, durch das dessen Absatz gefördert werden soll und das eine Bewertung der Merkmale und der Qualität dieses Produkts ermöglicht, ohne zu einem anderen als dem mit solchen Werbeumsätzen naturgemäß verbundenen Endverbrauch zu führen. Dieser Begriff kann nicht durch eine nationale Regelung allgemein auf Probeexemplare beschränkt werden, die in einer nicht im Verkauf erhältlichen Form abgegeben werden, oder auf das erste Exemplar einer Reihe identischer Probeexemplare, die von einem Steuerpflichtigen an denselben Empfänger übergeben werden, ohne dass diese Regelung es erlaubt, die Art des repräsentierten Produkts und den kommerziellen Kontext jedes einzelnen Vorgangs, in dessen Rahmen diese Probeexemplare übergeben werden, zu berücksichtigen.

2. Der Begriff „Geschenke von geringem Wert" im Sinne von Art. 5 Abs. 6 Satz 2 der Sechsten Richtlinie 77/388 ist dahin auszulegen, dass er einer nationalen Regelung nicht entgegensteht, mit der für Geschenke, die derselben Person innerhalb eines Zeitraums von zwölf Monaten oder auch als Teil einer Reihe oder Folge von Geschenken gemacht werden, eine monetäre Obergrenze in einer Größenordnung, wie sie in den im Ausgangsverfahren in Rede stehenden Rechtsvorschriften vorgesehen ist, d. h. in einer Größenordnung von 50 GBP, festgelegt wird.

3. Art. 5 Abs. 6 Satz 2 der Sechsten Richtlinie 77/388 steht einer nationalen Regelung entgegen, wonach vermutet wird, dass Gegenstände, die „Geschenke von geringem Wert" im Sinne dieser Bestimmung darstellen und von einem Steuerpflichtigen an verschiedene Personen übergeben werden, die einen gemeinsamen Arbeitgeber haben, als Geschenke an ein und dieselbe Person gelten.

4. Der steuerliche Status des Empfängers von Warenmustern hat keine Auswirkungen auf die Antworten auf die übrigen Fragen.

EuGH vom 11.2.2010, Rs C-88/09, *Graphic Procédé*

Abgrenzung Lieferung – sonstige Leistung bei Reprografietätigkeiten

Art. 5 Abs. 1 der Sechsten Richtlinie 77/388/EWG ist dahin auszulegen, dass die Reprografietätigkeit die Merkmale einer Lieferung von Gegenständen aufweist, soweit sie sich auf eine bloße Vervielfältigung von Dokumenten auf Trägern beschränkt, wobei die Befugnis, über diese zu verfügen, vom Reprografen auf den Kunden übertragen wird, der die Kopien des Originals bestellt hat. Eine solche Tätigkeit ist jedoch als „Dienstleistung" im Sinne von Art. 6 Abs. 1 der Sechsten Richtlinie einzustufen, wenn sich erweist, dass sie mit ergänzenden Dienstleistungen verbunden ist, die wegen der Bedeutung, die sie für ihren Abnehmer haben, der Zeit, die für ihre Ausführung nötig ist, der erforderlichen Behandlung der Originaldokumente und des Anteils an den Gesamtkosten, der auf diese Dienstleistungen entfällt, im Vergleich zur Lieferung von Gegenständen überwiegen, so dass sie für den Empfänger einen eigenen Zweck darstellen.

EuGH vom 29.3.2007, Rs C-111/05, *Aktiebolaget NN*
Lieferung und Verlegung eines Glasfaserkabels ist eine Lieferung

1. Eine Leistung, die in der Lieferung und Verlegung eines Glasfaserkabels besteht, das zwei Mitgliedstaaten verbindet und teilweise außerhalb des Hoheitsgebiets der Gemeinschaft liegt, ist als eine Lieferung von Gegenständen im Sinne des Art. 5 Abs. 1 der Sechsten Richtlinie 77/388/EWG in der durch die Richtlinie 2002/93/EG des Rates vom 3. Dezember 2002 geänderten Fassung anzusehen, wenn das Kabel im Anschluss an vom Lieferer durchgeführte Funktionsprüfungen auf den Kunden übertragen wird, der dann als Eigentümer darüber verfügen kann, wenn der Preis des Kabels den eindeutig überwiegenden Teil der Gesamtkosten dieser Leistung ausmacht und wenn die Dienstleistungen des Lieferers sich auf die Verlegung des Kabels beschränken, ohne dieses der Art nach zu verändern oder den besonderen Bedürfnissen des Kunden anzupassen.

2. Art. 8 Abs. 1 Buchst. a der Sechsten Richtlinie 77/388 ist dahin auszulegen, dass die Befugnis zur Besteuerung der Lieferung und Verlegung eines Glasfaserkabels, das zwei Mitgliedstaaten verbindet und teilweise außerhalb des Hoheitsgebiets der Gemeinschaft liegt, dem einzelnen Mitgliedstaat sowohl in Bezug auf den Preis für das Kabel und das übrige Material als auch in Bezug auf die Kosten der mit der Verlegung dieses Kabels zusammenhängenden Dienstleistungen anteilig nach der Länge des sich auf seinem Hoheitsgebiet befindlichen Kabels zusteht.

3. Art. 8 Abs. 1 Buchst. a der Sechsten Richtlinie 77/388 in Verbindung mit Art. 2 Nr. 1 und Art. 3 dieser Richtlinie ist dahin auszulegen, dass die Lieferung und Verlegung eines Glasfaserkabels, das zwei Mitgliedstaaten verbindet, bezüglich des Teils der Leistung, der in der ausschließlichen Wirtschaftszone, auf dem Festlandsockel und auf hoher See erbracht wird, nicht der Mehrwertsteuer unterliegt.

Judikatur VwGH zu § 3:

VwGH vom 29.6.2016, 2013/15/0114
Bei einem Reihengeschäft kann nur die bewegte Lieferung eine steuerfreie innergemeinschaftliche Lieferung sein; holt der letzte Abnehmer in der Reihe den Liefergegenstand ab, ist die „bewegte Lieferung" seinem unmittelbaren Vorlieferanten zuzurechnen

Mangels einer Sonderregelung in der hier anzuwendenden Fassung des UStG 1994 müssen die Rechtsfolgen für Reihengeschäfte (seit 1997) aus den allgemeinen Vorschriften des Umsatzsteuergesetzes abgeleitet werden. Dabei ist zu beachten, dass es sich bei Lieferungen in der Reihe gedanklich um mehrere Lieferungen handelt, die als nacheinander erfolgt anzusehen sind, auch wenn sie nur zu einer einzigen Bewegung von Gegenständen führen. Der Ort der einzelnen Umsätze muss jeweils für sich bestimmt werden und nur für einen Umsatz in der Reihe kann der Ort der Lieferung nach § 3 Abs. 8 UStG 1994 bestimmt werden; üblicherweise wird diese Lieferung als die „bewegte Lieferung" oder „Transportlieferung" bezeichnet, die anderen Lieferungen als „ruhende Lieferungen" (vgl. Ruppe/Achatz, UStG[4], § 3 Rz 54; Bürgler in Berger/Bürgler/Kanduth-Kristen/Wakounig, UStG-ON[2], § 3 Rz 222; Scheiner/Kolacny/Caganek, Kommentar zur Mehrwertsteuer, § 3 Abs. 8 Anm. 33).

Bei einem Reihengeschäft mit einer Warenbewegung in einen anderen Mitgliedstaat kann nur die bewegte Lieferung eine steuerfreie innergemeinschaftliche Lieferung sein.

Der Ort der ruhenden Lieferungen befindet sich entweder im Mitgliedstaat des Beginns oder im Mitgliedstaat der Ankunft der Beförderung oder Versendung, je nachdem, ob die bewegte Lieferung vor oder nach einer solchen Lieferung stattfindet (vgl. EuGH vom 6. April 2006, Rs C-245/04, EMAG Handel Eder, Rn 51).

Holt der letzte Abnehmer in der Reihe den Liefergegenstand ab, ist die „bewegte Lieferung" seinem unmittelbaren Vorlieferanten zuzurechnen. Diese Lieferung ist nach § 3 Abs. 8 UStG 1994 dort steuerbar, wo die Beförderung oder Versendung beginnt. Die Lieferung an den Vorlieferanten bzw. etwaige weitere Vorlieferungen werden nach § 3 Abs. 7 UStG 1994 dort ausgeführt, wo sich der Gegenstand zum Zeitpunkt der Verschaffung der Verfügungsmacht befindet, das ist am Beginn der Beförderung oder Versendung (vgl. Bürgler in Berger/Bürgler/Kanduth-Kristen/Wakounig, UStG-ON[2], § 3 Rz 225).

VwGH vom 30.6.2015, 2012/15/0215
Die Vereinbarung als Gegenleistung für ausbedungene Bauleistungen, bestimmte Grundstücke zu erhalten, stellt noch keine Übertragung der Verfügungsmacht über diese Grundstücke dar

Gemäß § 3 Abs. 1 UStG 1994 sind Lieferungen Leistungen, durch die ein Unternehmer den Abnehmer oder in dessen Auftrag einen Dritten befähigt, im eigenen Namen über den Gegenstand zu verfügen. Die Befähigung zur Verfügung wird nicht mit dem Verpflichtungsgeschäft eingeräumt, sondern erst, wenn der Gegenstand zur Disposition des Abnehmers steht. Der Abschluss des Verpflichtungsgeschäftes (z.B. Kaufvertrag) bewirkt noch keine Lieferung. Übergabsarten, die zivilrechtlich zum Erwerb des Eigentums und Besitzes ausreichen, sind auch umsatzsteuerlich zur Verschaffung der Verfügungsmacht ausreichend. In Betracht kommt neben der körperlichen Übergabe (insbesondere in Ansehung von Grundstücken) die Übergabe durch Zeichen, wie von Urkunden oder Anbringung von Merkmalen (vgl. Ruppe/Achatz, UStG[4], § 3 Tz 36 und 38). Die Übereignung von Grundstücken erfordert die Einigung über den Eigentumsübergang und die Eintragung im Grundbuch. Mit der Grundbucheintragung wird idR auch die Verfügungsmacht über die Immobilie verschafft. Gehen allerdings aufgrund einer Vereinbarung im Grundstückskaufvertrag Nutzen und Lasten schon vor der Eigentumsübertragung auf den Erwerber über und erhält der Erwerber im Verhältnis der Vertragsparteien eine eigentümerähnliche Stellung, die im Außenverhältnis abgesichert ist, wird die Grundstückslieferung bereits zu dem vertraglich festgelegten Zeitpunkt ausgeführt, an dem Nutzen und Lasten übergehen (so zum insoweit vergleichbaren deutschen UStG Flückiger in Plückebaum/Widmann, dUStG, § 3 Abs. 1 Tz 170f; in diesem Sinne auch Leonard in Bunjes/Geist, dUStG[9], § 3 Tz 60).

Die Vereinbarung, die Bauunternehmerin erhalte als Gegenleistung für ausbedungene Bauleistungen bestimmte Grundstücke, stellt noch keine Übertragung der Verfügungsmacht über diese Grundstücke iSd § 3 UStG 1994 dar. Diese Abmachung geht über ein bloßes Verpflichtungsgeschäft nicht hinaus.

Während im Grunderwerbsteuerrecht getrennte Lieferungen unter bestimmten Voraussetzungen zusammengefasst werden, weil dort für die abgabenrechtliche Beurteilung eines Erwerbsvorganges der Zustand eines Grundstückes maßgebend ist, in dem dieses erworben werden soll, stellt das Umsatzsteuergesetz auf den einzelnen Umsatz ab (vgl. zu ähnlichen Sachverhaltskonstellationen die hg. Erkenntnisse vom 25. Februar 2009, 2006/13/0128, und vom 23. September 2010, 2007/15/0220).

VwGH vom 30.4.2015, 2012/15/0163
Umsatzsteuerliche Folgen einer Übertragung eines Bauwerks an die Öffentliche Hand

Wie der Verwaltungsgerichtshof in seinem Erkenntnis vom 19. Dezember 2013, 2009/15/0137, ausgesprochen hat, ist von der Berechtigung zum Vorsteuerabzug eines Unternehmers für die bei Bauunternehmen in Auftrag gegebenen Bauleistungen die Frage nach den umsatzsteuerlichen Folgen einer Übertragung des Bauwerks an die Öffentliche Hand zu unterscheiden. Dabei kann entweder eine Lieferung nach § 3 Abs. 1 oder – seit der Novelle BGBl. I Nr. 134/2003 – ein Eigenverbrauch nach § 3 Abs. 2 dritter Teilstrich UStG 1994 des Unternehmers vorliegen. Erfolgt seitens des Unternehmers eine Weiterverrechnung der Errichtungskosten an ansiedlungswillige Unternehmer eines Gewerbeparks und stellt sich deren Zahlung als Entgelt von dritter Seite für die Übertragung an die Öffentliche Hand dar, liegt eine steuerpflichtige entgeltliche Lieferung nach § 3 Abs. 1 UStG 1994 vor (vgl. auch das hg. Erkenntnis vom 25. Oktober 2011, 2008/15/0299). Das Vorliegen einer solchen Weiterverrechnung schließt jedoch nicht aus, dass neben dem Entgelt von dritter Seite auch ein (anteiliges) direktes Leistungsentgelt vorliegt.

VwGH vom 19.12.2013, 2009/15/0137
Unentgeltliche bzw. entgeltliche Übertragung einer Bundesstraßenabfahrt an die Öffentliche Hand

Mit der Novelle BGBl. I Nr. 134/2003 wurde – für Umsätze und sonstige Sachverhalte, die nach dem 31. Dezember 2003 ausgeführt werden bzw. sich ereignen – die Regelung des § 3 Abs. 2 (und § 3a Abs. 1a) UStG 1994 eingeführt und § 1 Abs. 1 Z 2 UStG 1994 geändert. Nach § 3 Abs. 2 dritter Teilstrich UStG 1994 idF BGBl. I Nr. 134/2003 ist einer Lieferung gegen Entgelt gleichgestellt die Entnahme eines Gegenstandes durch einen Unternehmer aus seinem Unternehmen „für jede andere unentgeltliche Zuwendung", sohin auch dann, wenn kein außerunternehmerischer Zweck gegeben ist (vgl. RdW 2010/190, 179).

Die Abgabepflichtige ist im vorliegenden Fall eine KEG, deren Gegenstand „die Errichtung, Verwaltung und Verwertung eines geplanten Gewerbeparks" ist und an der die Gemeinde (vertreten durch den Bürgermeister) als Komplementär und der Bürgermeister als Kommanditist beteiligt sind. In den Jahren 2002 bis 2004 und 2006 wurden seitens der Abgabepflichtigen für die Errichtung einer Abfahrt von der Bundesstraße in den Gewerbepark Vorsteuern in bestimmter Höhe geltend gemacht. Wurde die Auf- bzw. Abfahrt durch die Abgabepflichtige an die Öffentliche Hand unentgeltlich übertragen, so liegt ein steuerpflichtiger Eigenverbrauch nach § 3 Abs. 2 dritter Teilstrich UStG 1994 vor. Sollte dagegen seitens der Abgabepflichtigen eine Weiterverrechnung der Errichtungskosten an die ansiedlungswilligen Unternehmer des Gewerbeparks erfolgt sein und sich deren Zahlung als Entgelt von dritter Seite für die Übertragung der Auf- bzw. Abfahrt durch die Abgabepflichtige an die Öffentliche Hand darstellen, läge eine steuerpflichtige entgeltliche Lieferung nach § 3 Abs. 1 UStG 1994 vor (vgl. das hg. Erkenntnis vom 25. Oktober 2011, 2008/15/0299).

VwGH vom 18.12.2013, 2009/13/0195
Definition des Begriffes „Reihengeschäft"

Ein Reihengeschäft liegt nur dann vor, wenn mehrere Unternehmer über denselben Gegenstand Umsatzgeschäfte abschließen, welche dadurch erfüllt werden, dass der erste Unternehmer dem letzten Abnehmer in der Reihe unmittelbar die Verfügungsmacht über den Gegenstand verschafft (vgl. z.B. Ruppe/Achatz, UStG[4], § 3 Tz. 53).

VwGH vom 25.7.2013, 2011/15/0055
Eigenverbrauch „für jede andere unentgeltliche Zuwendung"

Nach § 1 Abs. 1 Z 2 lit. a UStG 1994 in der bis zum 31. Dezember 2003 geltenden Fassung liegt Eigenverbrauch vor, wenn ein Unternehmer Gegenstände, die seinem Unternehmen dienen oder bisher gedient haben, für Zwecke verwendet oder verwenden lässt, die außerhalb des Unternehmens liegen. (§ 1 Abs. 1 Z 2 lit. b UStG 1994 stellte darauf ab, dass der Unternehmer Leistungen der in § 3a Abs. 1 UStG 1994 bezeichneten Art für Zwecke ausführt, die außerhalb des Unternehmens liegen). Dabei werden unter „Zwecken außerhalb des Unternehmens" solche verstanden, die nicht der Einnahmenerzielung dienen (vgl. Kolacny/Mayer, UStG² § 1 Anm. 32); daher lag beispielsweise grundsätzlich keine Verwendung für Zwecke außerhalb des Unternehmens vor, wenn (auch wertvolle) Werbegeschenke ausgegeben wurden (vgl. Ruppe, UStG², § 1 Tz. 347).

Mit der Novelle BGBl. I Nr. 134/2003 wurde – für Umsätze und sonstige Sachverhalte, die nach dem 31. Dezember 2003 ausgeführt werden bzw. sich ereignen – die Regelung des § 3 Abs. 2 (und § 3a Abs. 1a) UStG 1994 eingeführt und § 1 Abs. 1 Z 2 UStG 1994 geändert. Nach § 3 Abs. 2 dritter Teilstrich UStG 1994 idF BGBl. I Nr. 134/2003 ist einer Lieferung gegen Entgelt gleichgestellt die Entnahme eines Gegenstandes durch einen Unternehmer aus seinem Unternehmen „für jede andere unentgeltliche Zuwendung", sohin auch dann, wenn kein außerunternehmerische Zweck gegeben ist (vgl. RdW 2010/190, 179).

VwGH vom 23.5.2013, 2011/15/0139
Gleichzeitiges Vorliegen von Entnahmeeigenverbrauch und Eigenverbrauch einer sonstigen Leistung

Werden im Unternehmen Gegenstände auf Lager produziert und in späterer Folge für unternehmensfremde Zwecke des Unternehmers entnommen, so liegt in Bezug auf den fertigen Gegenstand eine Entnahme i.S.d. § 3 Abs. 2 UStG 1994 vor (vgl. Scheiner/Kolacny/Caganek, UStG 1994, § 3 Abs. 2 Tz. 29). Wird hingegen ein Gegenstand im Unternehmen schon für private Zwecke des Unternehmers und abgestellt auf seine Bedürfnisse hergestellt, besteht der Vorgang einerseits in einem Entnahmeeigenverbrauch i.S.d. § 3 Abs. 2 UStG 1994 und andererseits in einem Eigenverbrauch der sonstigen Leistung i.S.d. § 3a Abs. 1a Z 2 leg. cit. (vgl. Ruppe/Achatz, UStG⁴, § 3 Tz. 211). Es ist also – um den unionsrechtlichen Vorgaben der Eigenverbrauchsbesteuerung zu entsprechen – eine Aufspaltung in die Entnahme der verwendeten Gegenstände des Unternehmens und die Entnahme der Arbeitsleistungen vorzunehmen. Legt beispielsweise der Arbeitnehmer des Unternehmers Elektroleitungen im Haus des Unternehmers unter Verwendung von Material aus dem Unternehmen (Dritten gegenüber wäre eine Werklieferung gegeben), so ist hinsichtlich des Materials ein Vorgang nach § 3 Abs. 2 UStG 1994 anzunehmen, hinsichtlich der Leistungen der Arbeitnehmer ein solcher nach § 3a Abs. 1a leg. cit. (vgl. nochmals Ruppe/Achatz, a.a.O.).

VwGH vom 24.10.2012, 2008/13/0088
Definition des Begriffes „Verschaffung der Verfügungsmacht"

§ 3 Abs. 1 UStG 1994 definiert Lieferungen als Leistungen, durch die ein Unternehmer den Abnehmer oder in dessen Auftrag einen Dritten befähigt, im eigenen Namen über einen Gegenstand zu verfügen. Wenngleich die Verschaffung der Verfügungsmacht meist mit der Übertragung des Eigentums im Sinne des bürgerlichen Rechts zusammenfällt, ist dies jedoch nicht stets der Fall, denn der Begriff Verfügungsmacht ist ein eigenständiger Begriff des Umsatzsteuerrechts (vgl. Ruppe/Achatz, UStG[4] § 3 Tz. 32, mit Hinweisen auf die hg. Rechtsprechung).

Die Verschaffung der Verfügungsmacht ist ein tatsächlicher Vorgang. Der Übergang muss sich tatsächlich vollziehen; er kann nicht lediglich abstrakt vereinbart werden. Vielmehr ist erforderlich, dass dem Leistungsempfänger tatsächlich Substanz, Wert und Ertrag eines Gegenstandes zugewendet werden. Dies verlangt, dass die wirtschaftliche Substanz des Gegenstandes vom Leistenden auf den Leistungsempfänger übergeht und dies von den Beteiligten endgültig gewollt ist. Andererseits ist es für die Annahme einer Lieferung nicht erforderlich, dass der Abnehmer von der ihm übertragenen Verfügungsbefähigung in einer bestimmten Weise, etwa durch tatsächliche Verwendung des Gegenstandes, Gebrauch macht.

Sonstige Leistung
§ 3a.

(1) Sonstige Leistungen sind Leistungen, die nicht in einer Lieferung bestehen. Eine sonstige Leistung kann auch in einem Unterlassen oder im Dulden einer Handlung oder eines Zustandes bestehen.

(1a) Einer sonstigen Leistung gegen Entgelt werden gleichgestellt:
1. Die Verwendung eines dem Unternehmen zugeordneten Gegenstandes, der zum vollen oder teilweisen Vorsteuerabzug berechtigt hat, durch den Unternehmer
   – für Zwecke, die außerhalb des Unternehmens liegen,
   – für den Bedarf seines Personals, sofern keine Aufmerksamkeiten vorliegen;
2. die unentgeltliche Erbringung von anderen sonstigen Leistungen durch den Unternehmer
   – für Zwecke, die außerhalb des Unternehmens liegen,
   – für den Bedarf seines Personals, sofern keine Aufmerksamkeiten vorliegen.

Z 1 gilt nicht für die Verwendung eines dem Unternehmen zugeordneten Grundstückes.

(2) Ein tauschähnlicher Umsatz liegt vor, wenn das Entgelt für eine sonstige Leistung in einer Lieferung oder in einer sonstigen Leistung besteht.

(3) Überläßt ein Unternehmer einem Auftraggeber, der ihm einen Stoff zur Herstellung eines Gegenstandes übergeben hat, an Stelle des herzustellenden Gegenstandes einen gleichartigen Gegenstand, wie er ihn in seinem Unternehmen aus solchem Stoff herzustellen pflegt, so gilt die Leistung des Unternehmers als sonstige Leistung (Werkleistung), wenn das Entgelt für die Leistung nach Art eines Werklohnes unabhängig vom Unterschied zwischen dem Marktpreis des empfangenen Stoffes und dem des überlassenen Gegenstandes berechnet wird.

(4) Besorgt ein Unternehmer eine sonstige Leistung, so sind die für die besorgte Leistung geltenden Rechtsvorschriften auf die Besorgungsleistung entsprechend anzuwenden.

Ort der sonstigen Leistung

(5) Für Zwecke der Anwendung der Abs. 6 bis 16 und Art. 3a gilt
1. als Unternehmer ein Unternehmer gemäß § 2, wobei ein Unternehmer, der auch nicht steuerbare Umsätze bewirkt, in Bezug auf alle an ihn erbrachten sonstigen Leistungen als Unternehmer gilt;
2. eine nicht unternehmerisch tätige juristische Person mit Umsatzsteuer-Identifikationsnummer als Unternehmer;
3. eine Person oder Personengemeinschaft, die nicht in den Anwendungsbereich der Z 1 und 2 fällt, als Nichtunternehmer.

(6) Eine sonstige Leistung, die an einen Unternehmer im Sinne des Abs. 5 Z 1 und 2 ausgeführt wird, wird vorbehaltlich der Abs. 8 bis 16 und Art. 3a an dem Ort ausgeführt, von dem aus der Empfänger sein Unternehmen betreibt. Wird die sonstige Leistung an die Betriebsstätte eines Unternehmers ausgeführt, ist stattdessen der Ort der Betriebsstätte maßgebend.

(7) Eine sonstige Leistung, die an einen Nichtunternehmer im Sinne des Abs. 5 Z 3 ausgeführt wird, wird vorbehaltlich der Abs. 8 bis 16 und Art. 3a an dem Ort ausgeführt, von dem aus der Unternehmer sein Unternehmen betreibt. Wird die sonstige Leistung von einer Betriebsstätte ausgeführt, gilt die Betriebsstätte als der Ort der sonstigen Leistung.

(8) Eine Vermittlungsleistung an einen Nichtunternehmer im Sinne des Abs. 5 Z 3 wird an dem Ort erbracht, an dem der vermittelte Umsatz ausgeführt wird.

(9) Eine sonstige Leistung im Zusammenhang mit einem Grundstück wird dort ausgeführt, wo das Grundstück gelegen ist. Sonstige Leistungen im Zusammenhang mit einem Grundstück sind auch:
a) die sonstigen Leistungen der Grundstücksmakler und Grundstückssachverständigen;
b) die Beherbergung in der Hotelbranche oder in Branchen mit ähnlicher Funktion (zB in Ferienlagern oder auf Campingplätzen);
c) die Einräumung von Rechten zur Nutzung von Grundstücken;
d) die sonstigen Leistungen zur Vorbereitung oder zur Koordinierung von Bauleistungen (zB die Leistungen von Architekten und Bauaufsichtsbüros).

(10) Eine Personenbeförderungsleistung wird dort ausgeführt, wo die Beförderung bewirkt wird. Erstreckt sich eine Beförderungsleistung sowohl auf das Inland als auch auf das Ausland, so fällt der inländische Teil der Leistung unter dieses Bundesgesetz. Als inländischer Teil der Leistung gilt auch die Beförderung auf den von inländischen Eisenbahnverwaltungen betriebenen, auf ausländischem Gebiet gelegenen Anschlussstrecken, sowie die Beförderung auf ausländischen Durchgangsstrecken, soweit eine durchgehende Abfertigung nach Inlandstarifen erfolgt. Gleiches gilt für eine Güterbeförderungsleistung, wenn der Leistungsempfänger ein Nichtunternehmer im Sinne des Abs. 5 Z 3 ist.

(11) Die folgenden sonstigen Leistungen werden dort ausgeführt, wo der Unternehmer ausschließlich oder zum wesentlichen Teil tätig wird:
a) kulturelle, künstlerische, wissenschaftliche, unterrichtende, sportliche, unterhaltende oder ähnliche Leistungen, wie Leistungen im Zusammenhang mit Messen und Ausstellungen einschließlich der Leistungen der jeweiligen Veranstalter, soweit diese Leistungen an einen Nichtunternehmer im Sinne des Abs. 5 Z 3 erbracht werden;

b) Umschlag, Lagerung oder ähnliche Leistungen, die mit Beförderungsleistungen üblicherweise verbunden sind, soweit diese Leistungen an einen Nichtunternehmer im Sinne des Abs. 5 Z 3 erbracht werden;
c) Arbeiten an beweglichen körperlichen Gegenständen und die Begutachtung dieser Gegenstände, soweit diese Leistungen an einen Nichtunternehmer im Sinne des Abs. 5 Z 3 erbracht werden;
d) Restaurant- und Verpflegungsdienstleistungen.

(11a) Sonstige Leistungen betreffend die Eintrittsberechtigung sowie die damit zusammenhängenden sonstigen Leistungen für kulturelle, künstlerische, wissenschaftliche, unterrichtende, sportliche, unterhaltende oder ähnliche Veranstaltungen, wie Messen und Ausstellungen, werden dort ausgeführt, wo diese Veranstaltungen tatsächlich stattfinden, soweit diese Leistungen an einen Unternehmer im Sinne des Abs. 5 Z 1 und 2 erbracht werden.

(12) 1. Die kurzfristige Vermietung eines Beförderungsmittels wird an dem Ort ausgeführt, an dem dieses Beförderungsmittel dem Leistungsempfänger tatsächlich zur Verfügung gestellt wird. Als kurzfristig gilt eine Vermietung während eines ununterbrochenen Zeitraumes

a) von nicht mehr als 90 Tagen bei Wasserfahrzeugen,

b) von nicht mehr als 30 Tagen bei allen anderen Beförderungsmitteln.

2. Die Vermietung eines Beförderungsmittels, ausgenommen die kurzfristige Vermietung im Sinne der Z 1, wird an dem Ort ausgeführt, an dem der Leistungsempfänger seinen Wohnsitz, Sitz oder gewöhnlichen Aufenthalt hat, soweit diese Leistung an einen Nichtunternehmer im Sinne des Abs. 5 Z 3 erbracht wird.

Die Vermietung eines Sportbootes wird bei Vorliegen der Voraussetzungen des ersten Satzes jedoch an dem Ort ausgeführt, an dem das Sportboot dem Leistungsempfänger tatsächlich zur Verfügung gestellt wird, wenn dieser Ort mit dem Ort, von dem aus der Unternehmer sein Unternehmen betreibt, oder mit dem Ort der Betriebsstätte, wenn die Leistung von der Betriebsstätte ausgeführt wird, übereinstimmt.

(13) Elektronisch erbrachte sonstige Leistungen sowie Telekommunikations-, Rundfunk- und Fernsehdienstleistungen werden an dem Ort ausgeführt, an dem der Leistungsempfänger seinen Wohnsitz, Sitz oder gewöhnlichen Aufenthalt hat, soweit diese Leistungen an einen Nichtunternehmer im Sinne des Abs. 5 Z 3 erbracht werden.

(14) Ist der Empfänger ein Nichtunternehmer im Sinne des Abs. 5 Z 3 und hat er keinen Wohnsitz, Sitz oder gewöhnlichen Aufenthalt im Gemeinschaftsgebiet, werden die folgenden sonstigen Leistungen an seinem Wohnsitz, Sitz oder gewöhnlichen Aufenthalt im Drittlandsgebiet ausgeführt:

1. Die Einräumung, Übertragung und Wahrnehmung von Rechten, die sich aus urheberrechtlichen Vorschriften ergeben;

§ 3a UStG

2. die Leistungen, die der Werbung oder der Öffentlichkeitsarbeit dienen;
3. die sonstigen Leistungen aus der Tätigkeit als Rechtsanwalt, Patentanwalt, Steuerberater, Wirtschaftsprüfer, Sachverständiger, Ingenieur, Aufsichtsratsmitglied, Dolmetscher und Übersetzer sowie ähnliche Leistungen anderer Unternehmer;
4. die rechtliche, technische und wirtschaftliche Beratung;
5. die Datenverarbeitung;
6. die Überlassung von Informationen einschließlich gewerblicher Verfahren und Erfahrungen;
7. die sonstigen Leistungen der in § 6 Abs. 1 Z 8 lit. a bis i und Z 9 lit. c bezeichneten Art;
8. die Gestellung von Personal;
9. der Verzicht, ein in diesem Absatz bezeichnetes Recht wahrzunehmen;
10. der Verzicht, ganz oder teilweise eine gewerbliche oder berufliche Tätigkeit auszuüben;
11. die Vermietung beweglicher körperlicher Gegenstände, ausgenommen Beförderungsmittel;
12. die Gewährung des Zugangs zu einem Erdgasnetz im Gebiet der Gemeinschaft oder zu einem an ein solches Netz angeschlossenes Netz, zum Elektrizitätsnetz oder zu Wärme- oder Kältenetzen sowie die Fernleitung, Übertragung oder Verteilung über diese Netze und die Erbringung anderer unmittelbar damit verbundener Dienstleistungen.

(15) Bei einer in Abs. 14 bezeichneten sonstigen Leistung an eine juristische Person des öffentlichen Rechts, die Nichtunternehmer im Sinne des Abs. 5 Z 3 ist, verlagert sich der Ort der sonstigen Leistung vom Drittlandsgebiet ins Inland, wenn sie im Inland genutzt oder ausgewertet wird.

(16) Der Bundesminister für Finanzen kann, um Doppelbesteuerungen, Nichtbesteuerungen oder Wettbewerbsverzerrungen zu vermeiden, durch Verordnung festlegen, dass sich bei sonstigen Leistungen, deren Leistungsort sich nach Abs. 6, 7, 12, 13 oder 14 bestimmt, der Ort der sonstigen Leistung danach richtet, wo die sonstige Leistung genutzt oder ausgewertet wird. Der Ort der sonstigen Leistung kann danach
1. statt im Inland als im Drittlandsgebiet gelegen und
2. statt im Drittlandsgebiet als im Inland gelegen
behandelt werden.

UStR zu § 3a:

	Rz
1. Zeitpunkt der sonstigen Leistung	s. Rz 2608, 2610, 2618–2621
1a. Den sonstigen Leistungen gleichgestellter Eigenverbrauch	475
1a.1 Allgemeines	475
1a.2 Verwendungseigenverbrauch	476
1a.3 Ausnahme vom Verwendungseigenverbrauch (Rechtslage ab 1.5.2004)	481
1a.4 Eigenverbrauch durch sonstige Leistungen	482
1a.4.1 Abgrenzung zum Verwendungseigenverbrauch	482
1a.4.2 Dienstnehmer-Verrichtungen für den Privatbereich des Unternehmens	483
1a.4.3 Leistungen für den Bedarf des Personals	s. Rz 66–73
1a.4.4 Eigenleistungen des Unternehmers	486
1a.5 Ort des Eigenverbrauches	487
1a.6 Abgrenzung zu entgeltlichen Vorgängen	488
2. Tauschähnlicher Umsatz	489
3. Werkleistung	derzeit frei
Leistungsortregelungen ab 1.1.2010	638a
4. Besorgungsleistung	638g
5. Abgrenzung der Begriffe Unternehmer/Nichtunternehmer	638k
5.1 Allgemeines	638k
5.2 Unternehmer	638n
5.3 Nichtunternehmer	638v
5.4 Identifizierung als Unternehmer/Nichtunternehmer	638y
6. Generalklausel für unternehmerische Leistungsempfänger	639b
7. Generalklausel für nicht unternehmerische Leistungsempfänger	639n
8. Vermittlungsleistung an Nichtunternehmer	639s
9. Grundstücksort	639v
9.1 Leistungen im Zusammenhang mit einem Grundstück	639v
10. Ort der Beförderungsleistung	640e
10.1 Personenbeförderung	640e
10.2 Güterbeförderung	640f
10.3 Einschaltung eines Subunternehmers bei Personenbeförderungsleistungen	640i
10.4 Grenzüberschreitende Personenbeförderungen	640j
10.5 (Grenzüberschreitender) Tarifverbund von Seilbahnunternehmern	640l
11. Tätigkeitsort	640n
11.1 Allgemeines	640n
11.2 Kulturelle, künstlerische, wissenschaftliche Leistungen usw.	640p
11.3 Umschlag, Lager usw.	641a
11.4 Arbeiten an beweglichen körperlichen Gegenständen	641c
11.5 Restaurant- und Verpflegungsdienstleistungen	641e

	Rz
11.6 Eintrittsberechtigung zu Veranstaltungen	641f
12. Vermietung von Beförderungsmitteln	641g
13. Leistungsort bei elektronisch erbrachten sonstigen Leistungen, Telekommunikations-, Rundfunk- und Fernsehdienstleistungen – Rechtslage ab 1.1.2015	641n
13.1 Elektronisch erbrachte sonstige Leistungen	641n
13.2 Telekommunikationsdienstleistungen	641o
13.3 Rundfunk- und Fernsehdienstleistungen	641p
14. Katalogleistungen	641q
14.1 Urheberrechtliche Vorschriften	641r
14.2 Werbung und Öffentlichkeitsarbeit	641s
14.3 Leistungen bestimmter freier Berufe und Beratungsleistungen	641u
14.4	derzeit frei
14.5 Datenverarbeitung	642a
14.6 Überlassung von Informationen	642b
14.7 Finanzumsätze	642d
14.8 Gestellung von Personal	642e
14.9 Verzichtsleistungen betreffend Rechte	derzeit frei
14.10 Verzicht auf Ausübung einer gewerblichen oder beruflichen Tätigkeit	derzeit frei
14.11 Vermietung beweglicher körperlicher Gegenstände, ausgenommen Beförderungsmittel	derzeit frei
14.12 Telekommunikationsdienste	642i
14.13 Rundfunk- und Fernsehdienstleistungen	642k
14.14 Auf elektronischem Weg erbrachte sonstige Leistungen	642l
14.15 Gewährung des Zugangs zu Erdgas- und Elektrizitätsnetzen, Wärme- oder Kältenetzen (§ 3a Abs. 14 Z 15 UStG 1994)	642r
15. Sonderfälle des Ortes der sonstigen Leistungen	642v
16. Verordnungsermächtigung	642y
16.1 Verlagerung des Ortes der sonstigen Leistung bei der Vermietung von Beförderungsmitteln	642y
16.2 Verlagerung des Ortes der sonstigen Leistung bei der Gestellung von Personal	642z
16.3 Verlagerung des Ortes der sonstigen Leistung bei Telekommunikations-, Rundfunk- und Fernsehdienstleistungen	643
16.4 Verlagerung des Ortes der sonstigen Leistung bei bestimmten Umsätzen	643a

§ 3a UStG

1. Zeitpunkt der sonstigen Leistung
Siehe § 19 Rz 2608, 2610, 2618 und 2619 bis 2621.

1a. Den sonstigen Leistungen gleichgestellter Eigenverbrauch
1a.1 Allgemeines

475 Einer sonstigen Leistung gegen Entgelt werden gemäß § 3a Abs. 1a UStG 1994 idF ab 1. Jänner 2004 gleichgestellt:

- Die Verwendung eines dem Unternehmen zugeordneten Gegenstandes, der zum vollen oder teilweisen Vorsteuerabzug berechtigt hat, durch den Unternehmer
  - für Zwecke, die außerhalb des Unternehmens liegen,
  - für den Bedarf seines Personals, sofern keine Aufmerksamkeiten vorliegen;
- Das gilt nicht für die Verwendung eines dem Unternehmen zugeordneten Grundstückes (der letzte Satz gilt ab 1. Mai 2004).
- Die unentgeltliche Erbringung von anderen sonstigen Leistungen durch den Unternehmer
  - für Zwecke, die außerhalb des Unternehmens liegen,
  - für den Bedarf seines Personals, sofern keine Aufmerksamkeiten vorliegen.

Die neue Bestimmung regelt den Verwendungs- und Leistungseigenverbrauch einschließlich der Besteuerung der unentgeltlichen sonstigen Leistungen an Arbeitnehmer, ausgenommen Aufmerksamkeiten. Beide Sachverhalte werden den sonstigen Leistungen gleichgestellt.

Neu ist, dass ab 1. Mai 2004 die Verwendung des nichtunternehmerisch genutzten Teiles eines dem Unternehmen zugeordneten Grundstückes einen nicht steuerbaren Vorgang darstellt, der vom Vorsteuerabzug ausschließt (siehe Rz 481 und Rz 2000).

Neu ist überdies die ausdrückliche gesetzliche Anführung der Leistungen an das Personal, sofern keine Aufmerksamkeiten vorliegen. Inhaltlich bedeutet dies jedoch keine Änderung.

1a.2 Verwendungseigenverbrauch

476 Die für Zwecke außerhalb des Unternehmens verwendeten Gegenstände müssen dem Unternehmen dienen oder bisher gedient haben. Ein Dienen liegt insoweit vor, als dem Unternehmer die Nutzung an einem Gegenstand zusteht, selbst wenn diese umfangmäßig oder zeitlich begrenzt sein sollte. Ob ein Gegenstand dem Unternehmen dient, richtet sich nach § 12 Abs. 2 UStG 1994. Siehe § 12 Rz 1901 bis 1952.

477 Der Unternehmer muss nicht zivilrechtlicher Eigentümer des Wirtschaftsgutes sein, sondern dieses dient auch dann seinem Unternehmen, wenn er es zB auf Grund eines Miet-, Pacht-, Leih- oder Leasingvertrages nutzt.

478 Die Verwendung eines Gegenstandes für Zwecke außerhalb des Unternehmens setzt nicht die Überführung des Gegenstandes in die Privatsphäre des Unternehmers voraus, so dass ein Eigenverbrauch auch bei solchen Unternehmern möglich ist, welche neben der Unternehmenssphäre keine private Sphäre besitzen (zB Personengesellschaften und Kapitalgesellschaften sowie andere Körperschaften).

479 Körperschaften öffentlichen Rechts und Vereine können neben dem unternehmerischen einen nichtunternehmerischen Bereich haben. Werden dem Unternehmensbereich dienende Gegenstände von der Körperschaft öffentlichen Rechts oder dem Verein für den nichtunternehmerischen Bereich verwendet, diesem zugeordnet oder die Verwendung dieser Gegenstände Dritten gestattet, so ist innerhalb des Vorsteuerberichtigungszeitraums die geltend gemachte Vorsteuer gemäß § 12 Abs. 10 bis Abs. 13 UStG 1994 zu berichtigen (zum besonderen Fall des Eigenverbrauchs bei Verwendung für unternehmensfremde Zwecke vgl. EuGH 12.02.2009, Rs C-515/07, *VNLTO*). Dies gilt auch, wenn sich der Anteil der unternehmerischen Nutzung eines von Beginn an für unternehmerische Zwecke angeschafften Gegenstandes erhöht. Werden mit eingekauften Waren für einen Betrieb auch Mitglieder gratis verköstigt, muss ebenso eine anteilige Vorsteuerberichtigung vorgenommen werden. Keine Berichtigung ist vorzunehmen, wenn mithelfende Personen (Personal) im Gastgewerbe unentgeltlich verpflegt werden.

480 Bei der kostenlosen Zurverfügungstellung von Einrichtungen eines Unternehmens an Betriebsangehörige des Unternehmens liegt ein Eigenverbrauch gleichfalls nicht vor, soweit die Zurverfügungstellung aus betrieblichen Gründen und damit im Rahmen des Unternehmens erfolgt; eine Verwendung für Zwecke außerhalb des Unternehmens findet in einem solchen Fall nicht statt.

1a.3 Ausnahme vom Verwendungseigenverbrauch (Rechtslage ab 1.5.2004)

481 Kein Eigenverbrauch liegt vor bei der Verwendung eines dem Unternehmen zugeordneten Grundstückes hinsichtlich des nicht unternehmerisch genutzten Teiles. Diese Nutzung stellt einen nicht steuerbaren Vorgang dar. Das gilt auch für Grundstücksteile, die grundsätzlich für unternehmerische Zwecke bestimmt sind, und nur vorübergehend für private Zwecke verwendet werden. Auch in diesen Fällen erfolgt die Korrektur nicht über den Eigenverbrauch, sondern über eine Berichtigung der Vorsteuern.

Hinsichtlich der mit einem nicht steuerbaren Eigenverbrauch zusammenhängenden Vorsteuern siehe § 12 Rz 2000.

1a.4 Eigenverbrauch durch sonstige Leistungen
1a.4.1 Abgrenzung zum Verwendungseigenverbrauch

482 Zu den anderen sonstigen Leistungen für nichtunternehmerische Zwecke iSd § 3a Abs. 1a Z 2 UStG 1994 gehören einerseits die unentgeltliche Erbringung reiner Dienstleistungen (zB Kantinenumsätze), andererseits aber auch die Verwendung eines unternehmerischen Gegenstandes für nichtunternehmerische Zwecke, wenn damit gleichzeitig ein Dienstleistungsanteil verknüpft ist, dem nicht bloß untergeordnete Bedeutung zukommt.

Beispiel:

Überlassung eines dem Unternehmen zugeordneten PKW samt Fahrer an einen leitenden Angestellten für seine Privatfahrten.

Unabhängig davon, ob für das Fahrzeug ein Vorsteuerabzug in Anspruch genommen werden konnte, liegt ein Leistungseigenverbrauch gem. § 3a Abs. 1a Z 2 UStG 1994 vor (Beförderungsdienstleistung für den Bedarf des Personals). In die Bemessungsgrundlage sind sämtliche auf die Dienstleistung entfallenden Kosten miteinzubeziehen.

Bei Gratiseinschaltungen von Inseraten in Zeitungen zugunsten sozialer Einrichtungen kann davon ausgegangen werden, dass die Einschaltung im eigenen unternehmerischen Interesse des Medieninhabers liegt (zB Werbung, Imagepflege) und der unternehmerische Zweck ausreichend belegt ist, wenn im Rahmen der Einschaltung darauf hingewiesen wird.

1a.4.2 Dienstnehmer-Verrichtungen für den Privatbereich des Unternehmers

483 Die Kosten für einen Arbeitnehmer brauchen nicht zwingend einheitlich dem Unternehmen des Arbeitgebers zugeordnet werden, und zwar auch dann nicht, wenn die Arbeitsleistungen dem Unternehmen auf Grund des Arbeitsvertrages nach Art und Zeit der Leistungen und des dafür vom Unternehmen zu tragenden Arbeitslohnes zusteht. Eine Differenzierung in einen unternehmerischen und einen nichtunternehmerischen Bereich ist möglich. Insoweit der Arbeitnehmer für den nichtunternehmerischen Bereich eingesetzt wird, erfolgt der Leistungsbezug nicht für das Unternehmen und gehen die anteiligen (Lohn-)Kosten nicht zu Lasten des Unternehmens. Bezüglich des nichtunternehmerischen Teils der Arbeitsleistung kommt es damit zu keiner Eigenverbrauchsbesteuerung nach § 3a Abs. 1a Z 2 UStG 1994. Diese Beurteilung setzt eine von vornherein feststehende, klare und nachvollziehbare Trennung der Arbeitsleistung in einen unternehmerischen und in einen nichtunternehmerischen Teil (zB durch genaue Abreden über einen bestimmten Teil der Arbeitskraft und die Aufzeichnung der entsprechenden Lohnanteile) voraus.

Beispiel 1:

Eine Reinigungskraft reinigt die Kanzlei und die Privatwohnung eines Rechtsanwalts.

Die aufgewendeten Stunden für die Reinigung der Kanzlei und Privatwohnung werden getrennt aufgeschrieben.

Die Lohnkosten können genau zugeordnet werden. Es liegt kein Eigenverbrauch vor.

484 Anders verhält es sich, wenn die sonstige Leistung Betriebsgegenstand ist. In diesem Fall liegt steuerbarer Eigenverbrauch vor.

Beispiel 2:

Dienstnehmer eines Reinigungsunternehmers reinigen die Privatwohnung des Unternehmers.

Die Lohnkosten, die auf die Reinigung der Privatwohnung des Unternehmers entfallen, sind als Eigenverbrauch zu versteuern.

1a.4.3 Leistungen für den Bedarf des Personals

485 Hinsichtlich Leistungen für den Bedarf des Personals siehe § 1 Rz 66 bis 74.

1a.4.4 Eigenleistungen des Unternehmers

486 Bemessungsgrundlage für den Eigenverbrauch nach § 3a Abs. 1a UStG 1994 sind die auf die Ausführung dieser Leistungen entfallenden Kosten (§ 4 Abs. 8 lit. b UStG 1994). Dabei ist grundsätzlich von den bei der Einkommensteuer zugrunde gelegten Kosten auszugehen, die den anteiligen Unternehmerlohn nicht mit einschließen. Da für „Eigenleistungen" des Unternehmers keine Kosten anfallen, sind sie nicht in die Bemessungsgrundlage für den Eigenverbrauch einzubeziehen.

1a.5 Ort des Eigenverbrauches

487 Der Ort des Eigenverbrauches nach § 3a Abs. 1a Z 1 und Z 2 UStG 1994 bestimmt sich nach den Leistungsortregelungen, die für die sonstige Leistung bei Entgeltlichkeit anzuwenden wären.

Beispiel:

Der deutsche Unternehmer stellt seiner Arbeitnehmerin ein zum Unternehmensbereich gehöriges KFZ fallweise für Privatfahrten sowohl im Inland als auch im Ausland zur Verfügung. Das Fahrzeug wird in Deutschland tatsächlich zur Verfügung gestellt. Die Überlassung des Fahrzeuges stellt eine kurzfristige Vermietung eines Beförderungsmittels dar. Der Ort des Eigenverbrauches für sämtliche Privatfahrten ist gemäß § 3a Abs. 12 Z 1 UStG 1994 in Deutschland.

1a.6 Abgrenzung zu entgeltlichen Vorgängen

488 Für die vorübergehende Verwendung von Gegenständen sowie für die Erbringung sonstiger Leistungen gilt Rz 367 sinngemäß.

2. Tauschähnlicher Umsatz

489 Gewährt der Unternehmer eine Sachzuwendung von eigenständigem wirtschaftlichen Gehalt und erhält er als Gegenleistung dafür vom Arbeitnehmer einen Teil seiner Arbeitsleistung, liegt ein tauschähnlicher Umsatz vor.

Bezüglich unentgeltliche Sachzuwendungen an Arbeitnehmer siehe Rz 66 bis Rz 74.

Zur Bemessungsgrundlage siehe Rz 672.

Das Zurverfügungstellen von Autos zur Nutzung an einen Sportverband um ein bestimmtes Verhalten iZm Werbeaktivitäten zu erreichen, stellt einen tauschähnlichen Umsatz dar (VwGH 18.3.2004, 2003/15/0088).

Zum Sachsponsoring an gemeinnützige Sportvereine siehe Rz 886a.

3. Werkleistung

Derzeit frei.

Randzahlen 490 bis 637: Derzeit frei.

Leistungsortregelungen ab 1.1.2010

638a Die zur Umsetzung der RL 2008/8/EG erforderlichen Änderungen der Leistungsortregelungen für sonstige Leistungen treten mit 1.1.2010 in Kraft (siehe Budgetbegleitgesetz 2009, BGBl. I Nr. 52/2009). Die neuen Leistungsortregelungen differenzieren nicht nur nach der Art der Leistung, sondern auch danach, ob der Leistungsempfänger ein Unternehmer oder Nichtunternehmer ist. § 3a Abs. 6 UStG 1994 enthält die Generalklausel für unternehmerische, § 3a Abs. 7 UStG 1994 jene für nichtunternehmerische Leistungsempfänger. § 3a Abs. 8 bis 16 UStG 1994 enthalten spezielle Leistungsortregelungen, die teilweise nur für nichtunternehmerische, teilweise auch für unternehmerische Leistungsempfänger gelten. Weiters sind die speziellen Leistungsortregelungen für Besorgungsleistungen (§ 3a Abs. 4 UStG 1994), den Binnenmarkt (Art. 3a UStG 1994) und für Reiseleistungen gemäß § 23 Abs. 3 UStG 1994 zu beachten.

638b Der Ort für Reiseleistungen gemäß § 23 UStG 1994 bestimmt sich gemäß § 23 Abs. 3 UStG 1994 stets nach § 3a Abs. 7 UStG 1994. Danach ist der Unternehmerort maßgebend.

638c Bedient sich der Unternehmer bei Ausführung einer sonstigen Leistung eines anderen Unternehmers als Erfüllungsgehilfen, der die sonstige Leistung im eigenen Namen und für eigene Rechnung ausführt, so ist der Ort der Leistung für jede dieser Leistungen für sich zu bestimmen.

Beispiel:

Die österreichische Körperschaft des öffentlichen Rechts P (mit UID) erteilt dem Unternehmer F in Frankreich den Auftrag, ein Gutachten zu erstellen, das P in ihrem Hoheitsbereich auswerten will. F vergibt bestimmte Teilbereiche an den Unternehmer U im Inland und beauftragt ihn, die Ergebnisse seiner Ermittlungen unmittelbar P zur Verfügung zu stellen.

Die Leistung des U wird nach § 3a Abs. 6 UStG 1994 dort ausgeführt, wo F sein Unternehmen betreibt und ist daher im Inland nicht steuerbar. Der Ort der Leistung des F an P ist ebenfalls nach § 3a Abs. 6 UStG 1994 zu bestimmen; die Leistung ist damit in Österreich steuerbar. Die Steuerschuld geht gemäß § 19 Abs. 1 UStG 1994 auf die österreichische Körperschaft des öffentlichen Rechts P über.

638d Die in § 3a Abs. 4 bis 15 UStG 1994 und Art. 3a UStG 1994 idF BGBl. I Nr. 52/2009 normierten Leistungsortregelungen gelten für Umsätze, die nach dem 31.12.2009 ausgeführt werden (vgl. § 28 Abs. 33 Z 1 UStG 1994). Maßgebend für die Anwendbarkeit der neuen Leistungsortregelungen ist der Zeitpunkt der Leistungserbringung. Wurden Anzahlungen vor dem 31.12.2009 für Umsätze geleistet, die erst nach dem 31.12.2009 ausgeführt werden, ist eine allfällige Korrektur im ersten Voranmeldungszeitraum 2010 vorzunehmen.

Beispiel:

Ein österreichischer Unternehmer hat von einem deutschen Leasinggeber einen PKW geleast, den der Unternehmer in Österreich unternehmerisch verwendet. Im Jahr 2009 leistet der Unternehmer Anzahlungen, die sich auf Leistungszeiträume ab 1.1.2010 beziehen.

Diese Anzahlungen sind aufgrund der Leistungsortregelung des § 3a Abs. 6 UStG 1994 in Österreich steuerbar und steuerpflichtig. Hinsichtlich der auf diese Anzahlungen entfallenden Umsatzsteuer (Steuersatz 20%) kommt es zum Übergang der Steuerschuld gemäß § 19 Abs. 1 UStG 1994 auf den österreichischen Unternehmer. Die Steuer ist in der ersten UVA des Jahres 2010 zu erklären. Ein Vorsteuerabzug steht gemäß § 12 Abs. 2 Z 2 lit. b UStG 1994 – von den dort genannten Ausnahmen abgesehen – für den PKW nicht zu, so dass der österreichische Unternehmer die übergegangene Steuer bis 15.3.2010 (bei vierteljährlichem Voranmeldungszeitraum bis 15.5.2010) entrichten muss.

Randzahlen 638e bis 638f: derzeit frei.

4. Besorgungsleistung

638g Ein Besorgen liegt vor, wenn ein Unternehmer für Rechnung eines anderen im eigenen Namen Leistungen durch einen Dritten erbringen lässt oder wenn ein Unternehmer für Rechnung eines anderen im eigenen Namen Leistungen an Dritte erbringt. Bei der Dienstleistungskommission wird fingiert, dass der Auftraggeber im Fall des Leistungsverkaufs eine Dienstleistung an den Besorger erbringt, der in weiterer Folge an einen Dritten weiterleistet. Die Besorgungsleistung des Besorgers an den Auftraggeber geht in der Leistung des Auftraggebers an den Besorger auf. Dies gilt sinngemäß auch für den Leistungseinkauf (VwGH 29.02.2012, 2008/13/0068).

Das Handeln muss für fremde Rechnung erfolgen. Das bedeutet, dass das wirtschaftliche Risiko, das mit der besorgten Leistung verbunden ist, nicht vom Besorgenden getragen wird. Daher ist zB ein Handeln auf fremde Rechnung ausgeschlossen, wenn der Besorgende mehr aufwendet, als er von seinem Auftraggeber erhält. Neben dem Kostenersatz wird der Besorgende regelmäßig ein eigenes Besorgungsentgelt verrechnen (VwGH 27.08.1990, 89/15/0079; vgl. zB die Provision des Spediteurs gemäß § 409 UGB).

Ist die (einheitlich zu beurteilende) Leistung nicht auf die Besorgung beschränkt, sondern umfasst sie auch weitere Leistungen mit eigenem wirtschaftlichen Gewicht, kann insgesamt nicht mehr von einer Besorgungsleistung gesprochen werden, sondern ist die Besorgungstätigkeit nur ein unselbstständiger Teil einer einheitlichen sonstigen Leistung. Dies ist etwa anzunehmen, wenn die weiteren, zusätzlichen Leistungen die Besorgungsleistung aus der Sicht der Beteiligten erst wirtschaftlich sinnvoll machen (VwGH 29.07.2010, 2008/15/0272).

638h Die für die besorgte Leistung geltenden Vorschriften sind auf die Besorgungsleistung entsprechend anzuwenden. Danach sind die sachbezogenen umsatzsteuerlichen Merkmale der besorgten Leistung auch für die Besorgungsleistung maßgebend. Zur Bestimmung des Ortes der sonstigen Leistungen sind daher die Vorschriften anzuwenden, die für die Bestimmung des Ortes der besorgten Leistung gelten, soweit nicht für die Besorgungsleistung eine besondere Regelung besteht, zB für die Reisebüros in § 23 UStG 1994. Entsprechendes gilt für die Frage einer Steuerbefreiung und Steuerermäßigung.

Beispiel 1:

Der Spediteur A mit Sitz im Inland besorgt für den Unternehmer B mit Sitz im Inland die Beförderung eines Gegenstandes von Klagenfurt nach Zürich. Die Beförderung führt der Unternehmer C durch.

Die grenzüberschreitende Beförderung des C ist gemäß § 3a Abs. 6 UStG 1994 in Österreich steuerbar und nach § 6 Abs. 1 Z 3 lit. a UStG 1994 steuerfrei. Das Gleiche gilt für die Besorgungsleistung des A.

Beispiel 2:

Der Bauunternehmer A besorgt für den Bauherrn B die Leistung des Handwerkers C, dessen Umsätze nach § 6 Abs. 1 Z 27 UStG 1994 steuerfrei sind.

Diese persönliche Begünstigung der Kleinunternehmerregelung ist nicht auf den Bauunternehmer übertragbar. Die Besorgungsleistung des A ist daher nicht steuerfrei.

Beispiel 3:

Der Unternehmer W in Wien beauftragt den Unternehmer CH in der Schweiz, Werbemaßnahmen in Österreich zu besorgen. CH beauftragt seinerseits den österreichischen Unternehmer L in Linz mit der Durchführung.

Die Leistung des L an CH wird gemäß § 3a Abs. 6 UStG 1994 dort ausgeführt, wo der Empfänger der Leistung (CH) sein Unternehmen betreibt (Schweiz). Auf die Besorgungsleistung des CH an W sind dieselben Regeln über den Leistungsort anzuwenden. Gemäß § 3a Abs. 6 UStG 1994 wird die Leistung dort ausgeführt, wo der Empfänger (W) sein Unternehmen betreibt. Ort der Besorgungsleistung ist daher in Österreich. Die Steuerschuld für die Besorgungsleistung des CH geht nach § 19 Abs. 1 UStG 1994 auf W als Leistungsempfänger über.

Beispiel 4:

Der Konsument K, Wien, bringt ein defektes Bügeleisen zum Elektrohändler E, Wien. Dieser repariert es nicht selbst, sondern schickt es vereinbarungsgemäß gegen Kostenersatz zum Hersteller H nach München. Der Hersteller H repariert den Gegenstand, ohne Hauptstoffe beizustellen.

H erbringt an E eine Werkleistung an einem beweglichen körperlichen Gegenstand. Der Ort der Werkleistung liegt gemäß § 3a Abs. 6 UStG 1994 in Österreich. Die Steuerschuld für die Werkleistung des H geht gemäß § 19 Abs. 1 UStG 1994 auf E als Leistungsempfänger über.

Geht man von einer Besorgungsleistung des E aus, so sind die für die besorgte Leistung geltenden Rechtsvorschriften entsprechend auf die Leistung des E an K anzuwenden. E tätigt somit ebenfalls eine Werkleistung, deren Ort nach § 3a Abs. 11 lit. c UStG 1994 in Deutschland liegt.

Beispiel 5:

Wie Beispiel 4, jedoch tauscht der Hersteller H die Bodenplatte komplett aus. H tätigt damit eine innergemeinschaftliche (Werk)Lieferung an den Elektrohändler E; dieser tätigt einen innergemeinschaftlichen Erwerb. E tätigt im Sinne der Regelung über die Besorgungsleistung bei der Lieferung (Kommissionsgeschäft) seinerseits eine steuerbare und steuerpflichtige Lieferung in Österreich (Steuersatz 20%).

Randzahlen 638i bis 638j: derzeit frei.

5. Abgrenzung der Begriffe Unternehmer/Nichtunternehmer

5.1 Allgemeines

638k § 3a Abs. 5 UStG 1994 normiert, wer für die neuen Leistungsortregelungen gemäß § 3a Abs. 6 bis 16 UStG 1994 und gemäß Art. 3a UStG 1994 als unternehmerischer bzw. nichtunternehmerischer Leistungsempfänger gilt.

Randzahlen 638l bis 638m: derzeit frei.

5.2 Unternehmer

638n Der in § 3a Abs. 5 Z 1 und Z 2 UStG 1994 normierte Begriff des Unternehmers ist weiter als jener des § 2 UStG 1994 und gilt nur für den Leistungsempfänger, nicht für den die Leistung erbringenden Unternehmer.

638o Als unternehmerischer Leistungsempfänger gilt nach § 3a Abs. 5 Z 1 UStG 1994:
- ein Unternehmer iSd § 2 UStG 1994, der die sonstige Leistung für seine steuerbaren Tätigkeiten bezieht;
- ein Unternehmer iSd § 2 UStG 1994, der die sonstige Leistung ganz oder teilweise für seine nicht steuerbaren (nicht wirtschaftlichen) Tätigkeiten bezieht.

Beispiel 1:

Eine geschäftsleitende Holding, die nur gegenüber der Tochtergesellschaft A Verwaltungsleistungen erbringt und in die Verwaltung der Tochtergesellschaft B nicht eingreift, wird nur gegenüber der Tochtergesellschaft A unternehmerisch tätig. Bezieht sie eine Beratungsleistung für ihren nichtunternehmerischen Bereich, dh. für ihre Beteiligung an der B, gilt sie für die Bestimmung des Leistungsortes der Beratungsleistung dennoch als Unternehmer.

Beispiel 2:

Die österreichische Gemeinde G, die neben ihrer Hoheitstätigkeit auch unternehmerisch tätig ist, gibt eine Studie über Organisations- und Arbeitsabläufe der (hoheitlichen) Gemeindeverwaltung und deren Verbesserung in Auftrag. Der Auftragnehmer ist das deutsche Beratungsunternehmen D. Die Gemeinde G gilt für die Ermittlung des Leistungsortes der Beratungsleistung als Unternehmer. Der Leistungsort der Beratungsleistung des D liegt daher in Österreich. Die Steuerschuld geht gemäß § 19 Abs. 1 UStG 1994 auf die Gemeinde G über.

Unecht befreite Unternehmer (zB Kleinunternehmer) und pauschalierte Land- und Forstwirte fallen unter den Unternehmerbegriff des § 2 UStG 1994 und sind daher jedenfalls von § 3a Abs. 5 Z 1 UStG 1994 erfasst. Die Erwerbsschwelle findet für sonstige Leistungen keine Anwendung.

638p Als unternehmerischer Leistungsempfänger gilt nach § 3a Abs. 5 Z 2 UStG 1994:
- eine nicht unternehmerisch tätige juristische Person, die über eine UID verfügt.

Beispiel:

Ein gemeinnütziger Verein, der nicht unternehmerisch tätig ist, aber zB wegen des Überschreitens der Erwerbsschwelle über eine UID verfügt, bezieht eine Beratungsleistung. Es kommen die Leistungsortregelungen für Unternehmer zur Anwendung.

638q Bezieht ein Unternehmer iSd § 3a Abs. 5 Z 1 und Z 2 UStG 1994 eine sonstige Leistung ausschließlich für seinen privaten Bedarf oder für den Bedarf seines Personals und steht dies bereits im Zeitpunkt des Leistungsbezugs fest, kommen die Leistungsortregelungen für Nichtunternehmer zur Anwendung.

Zu den Leistungen, die ihrer Art nach mit hoher Wahrscheinlichkeit für den privaten Bedarf bezogen werden, siehe Rz 638y.

638r Eine einheitliche Leistung kann für die Leistungsortbestimmung nicht in mehrere Leistungen aufgespalten werden. Das gilt auch dann, wenn sie einem gemischten Verwendungszweck dient. Wird die empfangene sonstige Leistung sowohl für steuerbare Tätigkeiten, als auch für nicht steuerbare Tätigkeiten, darunter auch für persönliche Zwecke des Unternehmers, verwendet, richtet sich der Leistungsort nach den zwischenunternehmerischen Leistungsortregelungen.

638s Die neue Unternehmerdefinition des § 3a Abs. 5 Z 1 und Z 2 UStG 1994 hat keine Auswirkungen auf die Berechtigung zum Vorsteuerabzug.

Randzahlen 638t bis 638u: derzeit frei.

5.3 Nichtunternehmer

638v Als nichtunternehmerischer Leistungsempfänger gilt nach § 3a Abs. 5 Z 3 UStG 1994:
- ein Unternehmer iSd § 2 UStG 1994, der eine sonstige Leistung ausschließlich für rein private Zwecke bezieht;
- eine nicht unternehmerisch tätige juristische Person, die über keine UID verfügt;
- eine natürliche Person oder Personengemeinschaft, die nicht Unternehmer iSd § 2 UStG 1994 ist.

Randzahlen 638w bis 638x: derzeit frei.

5.4 Identifizierung als Unternehmer/Nichtunternehmer

638y Der Nachweis, dass der Leistungsempfänger ein Unternehmer iSd § 3a Abs. 5 Z 1 und Z 2 UStG 1994 ist, kann durch die UID des Leistungsempfängers erbracht werden (zur Überprüfung der UID siehe Rz 4351 ff).

Hat ein Unternehmer iSd § 3a Abs. 5 Z 1 UStG 1994 keine UID (zB ein Drittlandsunternehmer), kann der Nachweis der Unternehmereigenschaft auch auf andere Weise erfolgen, zB durch eine Unternehmerbestätigung des Staates, in dem der Unternehmer ansässig ist und zur Umsatzsteuer erfasst ist. Der Nachweis kann entfallen, wenn bei Leistungen an im Drittland ansässige Empfänger der Leistungsort unabhängig vom Status des Leistungsempfängers im Drittland liegt (zB Leistungen gemäß § 3a Abs. 14 UStG 1994).

Lässt sich nicht bereits aus der Art der Leistung erschließen, dass diese eindeutig für den unternehmerischen oder privaten Bereich bezogen wird (zB Leistungen, die ihrer Art nach mit hoher Wahrscheinlichkeit für den privaten Bedarf bestimmt sind), ist als Nachweis der unternehmerischen Verwendung dieser Leistung durch den Leistungsempfänger nicht ausreichend, wenn dieser gegenüber dem leistenden Unternehmer für diesen Umsatz seine UID verwendet bzw. seinen Status als Unternehmer nachweist. Der Nachweis, dass die Leistung nicht ausschließlich für rein private Zwecke erfolgt, kann durch Angabe der UID zusammen mit einer entsprechenden Bestätigung des Leistungsempfängers erbracht werden.

Sonstige Leistungen, die ihrer Art nach mit hoher Wahrscheinlichkeit nicht für das Unternehmen bestimmt sind, sind insbesondere:
- Krankenhausbehandlungen und ärztliche Heilbehandlungen,
- von Zahnärzten und Zahntechnikern erbrachte sonstige Leistungen;
- persönliche und häusliche Pflegeleistungen;
- sonstige Leistungen im Bereich der Sozialfürsorge und der sozialen Sicherheit;
- Betreuung von Kindern und Jugendlichen;
- Erziehung von Kindern und Jugendlichen, Schul- und Hochschulunterricht;
- Nachhilfeunterricht für Schüler oder Studierende;
- sonstige Leistungen im Zusammenhang mit sportlicher Betätigung einschließlich der entgeltlichen Nutzung von Anlagen wie Turnhallen und vergleichbaren Anlagen;
- Wetten, Lotterien und sonstige Glücksspiele mit Geldeinsatz;
- Herunterladen von Filmen und Musik;
- Bereitstellen von digitalisierten Texten einschließlich Büchern, ausgenommen Fachliteratur;
- Abonnements von Online-Zeitungen und -Zeitschriften, mit Ausnahme von Online-Fachzeitungen und -Fachzeitschriften;
- Online-Nachrichten einschließlich Verkehrsinformationen und Wettervorhersagen;
- Beratungsleistungen in familiären und persönlichen Angelegenheiten.

Randzahlen 638z bis 639a: derzeit frei.

6. Generalklausel für unternehmerische Leistungsempfänger

639b § 3a Abs. 6 UStG 1994 normiert als Generalklausel für sonstige Leistungen im zwischenunternehmerischen Bereich das Empfängerortprinzip. Eine sonstige Leistung, die an einen Unternehmer iSd § 3a Abs. 5 Z 1 und 2 UStG 1994 erbracht wird, wird an dem Ort ausgeführt, von dem aus der Empfänger sein Unternehmen betreibt. Dies ist dort, wo der Empfänger den Sitz seiner wirtschaftlichen Tätigkeit hat; in Ermangelung eines solchen Sitzes oder einer Betriebsstätte gilt als Ort, von dem aus der Empfänger sein Unternehmen betreibt, der Wohnsitz oder der gewöhnliche Aufenthalt (siehe näher Art. 12 f VO (EU) 282/2011).

Der Sitz der wirtschaftlichen Tätigkeit ist der Ort, an dem die Handlungen zur zentralen Verwaltung des Unternehmens vorgenommen werden; hierbei sind der Ort, an dem die wesentlichen Entscheidungen zur allgemeinen Leitung des Unternehmens getroffen werden, der Ort seines satzungsmäßigen Sitzes und der Ort, an dem die Unternehmensleitung zusammen kommt, zu berücksichtigen.

Kann anhand dieser Kriterien der Ort des Sitzes der wirtschaftlichen Tätigkeit nicht mit Sicherheit bestimmt werden, so wird der Ort, an dem die wesentlichen Entscheidungen zur allgemeinen Leitung des Unternehmens getroffen werden, zum vorrangigen Kriterium (vgl. Art. 10 VO (EU) 282/2011).

Allein aus dem Vorliegen einer Postanschrift kann nicht geschlossen werden, dass sich dort der Sitz der wirtschaftlichen Tätigkeit eines Unternehmens befindet.

639c Die sonstige Leistung kann auch an die Betriebsstätte (im Sinne des Art. 11 Abs. 1 VO (EU) 282/2011 sowie der Judikatur des EuGH zur festen Niederlassung) eines Unternehmers ausgeführt werden (§ 3a Abs. 6 zweiter Satz UStG 1994). Dies ist der Fall, wenn die Leistung ausschließlich oder überwiegend für die Betriebsstätte bestimmt ist. Die Regelung hat zur Folge, dass die sonstige Leistung nicht der Umsatzsteuer unterliegt, wenn sich der Ort der Betriebsstätte im Ausland befindet. Es ist nicht erforderlich, dass die Betriebsstätte den Auftrag an den die sonstige Leistung durchführenden Unternehmer, zB Verleger, Werbeagentur, Werbungsmittler, erteilt oder das Entgelt für die Leistung bezahlt.

§ 3a UStG

Beispiel:
Eine Bank mit Sitz im Inland unterhält im Ausland Zweigniederlassungen. Durch Aufnahme von Werbeanzeigen in ausländische Zeitungen und Zeitschriften wird für die Zweigniederlassungen geworben. Die Erteilung der Anzeigenaufträge an die ausländischen Verleger erfolgt durch einen inländischen Werbungsmittler. Der inländische Werbungsmittler unterliegt mit seinen Leistungen für die im Ausland befindlichen Zweigniederlassungen nicht der österreichischen Umsatzsteuer.

639d Bei Werbeanzeigen in Zeitungen und Zeitschriften und bei Werbesendungen in Rundfunk und Fernsehen ist davon auszugehen, dass sie ausschließlich oder überwiegend für im Ausland gelegene Betriebsstätten bestimmt und daher nicht steuerbar sind, wenn einer der folgenden Sachverhalte vorliegt:

Es muss sich handeln um:
- Fremdsprachige Zeitungen und Zeitschriften oder um fremdsprachige Rundfunk- und Fernsehsendungen oder
- deutschsprachige Zeitungen und Zeitschriften oder um deutschsprachige Rundfunk- und Fernsehsendungen, die überwiegend im Ausland verbreitet werden.

Die im Ausland gelegenen Betriebsstätten müssen in der Lage sein, die Leistungen zu erbringen, für die geworben wird.

639e Lässt sich weder anhand der erbrachten Leistung noch ihrer Verwendung feststellen, ob die Leistung für die Betriebsstätte erbracht wird, hat dies der leistende Unternehmer insbesondere anhand des Vertrages, des Bestellscheins, der verwendeten UID-Nummer und der Bezahlung der Leistung zu ermitteln (vgl. Art. 22 Abs. 1 zweiter Unterabsatz VO (EU) 282/2011).

Lässt sich nicht feststellen, dass die sonstige Leistung ausschließlich oder überwiegend für eine Betriebsstätte bestimmt ist, so ist für die Bestimmung des Ortes dieser Leistung nicht der Ort der Betriebsstätte, sondern der Ort maßgebend, von dem aus der die Leistung empfangende Unternehmer sein Unternehmen betreibt. Bei einer einheitlichen sonstigen Leistung ist es nicht möglich, für einen Teil der Leistung den Ort der Betriebsstätte und für den anderen Teil den Sitz des Unternehmens als maßgebend anzusehen und die Leistung entsprechend aufzuteilen.

639f Unter § 3a Abs. 6 UStG 1994 fallen ua. auch:
- Vermittlungsleistungen für Unternehmer, ausgenommen die Vermittlung beim Verkauf oder bei der Vermietung oder Verpachtung von Grundstücken **oder bei der Begründung oder Übertragung dinglicher Rechte an Grundstücken;**
- Güterbeförderungsleistungen für Unternehmer;
- Umschlag, Lagerung oder ähnliche Leistungen, die mit Beförderungsleistungen üblicherweise verbunden sind, für Unternehmer;
- Arbeiten an beweglichen körperlichen Gegenständen und die Begutachtung dieser Gegenstände für Unternehmer;
- Langfristige Vermietung von Beförderungsmitteln an Unternehmer (vor 1.1.2016: ausgenommen der Fälle des § 3a Abs. 15 Z 1 UStG 1994);
- Die in § 3a Abs. 14 UStG 1994 taxativ aufgezählten Katalogleistungen für Unternehmer;
- Die Einräumung des Rechts zur Fernsehübertragung von Fußballspielen an Unternehmer (Art. 26 VO (EU) 282/2011);
- Buchhaltungsleistungen (vgl. BFH 9.2.2012, V R 20/11).

639g Eine Vermittlungsleistung an einen Unternehmer wird (ausgenommen die Vermittlung beim Verkauf oder bei der Vermietung oder Verpachtung von Grundstücken **oder bei der Begründung oder Übertragung dinglicher Rechte an Grundstücken**) gemäß § 3a Abs. 6 UStG 1994 am Empfängerort ausgeführt. Das gilt auch für die Vermittlung der in § 3a Abs. 14 UStG 1994 genannten Katalogleistungen.

Beispiel:
Der Handelsvertreter M, München, vermittelt für den österreichischen Unternehmer W, Wien, den Verkauf von Waren an andere Händler in Österreich.

Leistungsort des M ist dort, wo der Leistungsempfänger W sein Unternehmen betreibt (Österreich). Die Leistung des M unterliegt daher der österreichischen Umsatzsteuer. Die Steuerschuld geht unter den Voraussetzungen des § 19 Abs. 1 zweiter Satz UStG 1994 auf W über. In diesem Fall haftet der leistende M für diese Steuer und hat den Umsatz in die ZM aufzunehmen.

639h Im Falle des Verkaufs von gebrauchten Landmaschinen wird eine Vermittlungsleistung bei der Einhaltung nachfolgender Vorgangsweise unter Verwendung der von der Wirtschaftskammer Österreich aufgelegten Vordrucke oder inhaltsgleicher Papiere angenommen werden können:

- Der Auftrag zum vermittlungsweisen Verkauf wird nach dem Vordruck „Übernahmevertrag zum vermittlungsweisen Verkauf" (Formular: Landmaschine 1) erteilt.
- Der Kaufvertrag zwischen dem Veräußerer und dem Erwerber wird nach dem Muster „Kaufvertrag" (Formular: Landmaschine 2) abgeschlossen.

639i Bei Reihenvermittlungs- und Minusgeschäften ist eine Vermittlungstätigkeit ausgeschlossen (VwGH 12.02.1970, 1277/68). An den zu vermittelnden gebrauchten Landmaschinen durchgeführte Reparaturen sind gesondert abzurechnen.

Formularmuster: Siehe Anhang 1 und Anhang 2.

639j Güterbeförderungsleistungen, die an Unternehmer erbracht werden, sind unabhängig von der Beförderungsstrecke und dem Abgangsort des Beförderungsmittels stets am Empfängerort, dh. dort, wo der die Leistung empfangende Unternehmer sein Unternehmen betreibt, steuerbar (§ 3a Abs. 6 UStG 1994). Keine Sonderregelungen bestehen für in- und ausländische Vor- und Nachläufe sowie für Umschlag, Lagerung oder ähnliche Leistungen, die üblicherweise mit Beförderungsleistungen verbunden sind. Der Leistungsort jeder einzelnen Leistung ist, soweit es sich nicht um eine unselbständige Nebenleistung zu einer Güterbeförderung handelt, gesondert zu ermitteln.

Beispiel 1:

Der österreichische Unternehmer U beauftragt den österreichischen Frachtführer F, Güter von Spanien nach Österreich zu befördern. F beauftragt den französischen Unternehmer N, die Güter in Frankreich umzuladen.

Die innergemeinschaftliche Güterbeförderung des F für den U ist gemäß § 3a Abs. 6 UStG 1994 am Empfängerort (Österreich) steuerbar. Das Umladen der Güter in Frankreich durch N für F ist ebenfalls gemäß § 3a Abs. 6 UStG 1994 am Empfängerort (Österreich) steuerbar. F schuldet als Leistungsempfänger unter den Voraussetzungen des § 19 Abs. 1 zweiter Satz UStG 1994 die Umsatzsteuer. In diesem Fall haftet der leistende Unternehmer N für diese Steuer und hat den Umsatz in die ZM aufzunehmen.

Beispiel 2:

Der in Frankreich ansässige Unternehmer U beauftragt den französischen Frachtführer F, Güter von Wien nach Frankreich zu befördern. F beauftragt den österreichischen Spediteur S, die Güter von Wien nach Salzburg zu befördern. Die Beförderung der Güter von Salzburg nach Frankreich erfolgt durch F.

Der innerösterreichische Transport der Güter von Wien nach Salzburg durch S für F ist gemäß § 3a Abs. 6 UStG 1994 am Empfängerort (Frankreich) steuerbar. Steuerschuldner der französischen Umsatzsteuer ist grundsätzlich der Leistungsempfänger F (vgl. Art. 196 MWSt-RL 2006/112/EG). In der Rechnung an F darf keine französische Umsatzsteuer enthalten sein.

Die Beförderungsleistung des F für U umfasst die Gesamtbeförderung von Wien nach Frankreich und ist gemäß § 3a Abs. 6 UStG 1994 am Empfängerort (Frankreich) steuerbar.

Randzahlen 639k bis 639m: derzeit frei.

7. Generalklausel für nicht unternehmerische Leistungsempfänger

639n § 3a Abs. 7 UStG 1994 normiert als Generalklausel für sonstige Leistungen, die an einen Nichtunternehmer iSd § 3a Abs. 5 Z 3 UStG 1994 erbracht werden, das Unternehmerortprinzip. Kommt keine Spezialbestimmung zur Anwendung, ist für die Bestimmung des Leistungsortes der Ort maßgeblich, an dem der leistende Unternehmer sein Unternehmen betreibt. Rz 639b ist sinngemäß anzuwenden.

639o Wird die sonstige Leistung von einer Betriebsstätte ausgeführt, gilt die Betriebsstätte als Ort der sonstigen Leistung. Der Begriff der Betriebsstätte ergibt sich aus der Judikatur des EuGH zur festen Niederlassung. Voraussetzung einer festen Niederlassung ist ein ständiges Zusammenwirken von Personal und Sachmitteln, die für die Erbringung der betreffenden Leistungen erforderlich sind, sowie ein hinreichender Grad an Beständigkeit und eine Struktur, die von der personellen und technischen Ausstattung her eine autonome Erbringung der Leistung ermöglicht (EuGH 04.07.1985, Rs C-168/84, „Berkholz", EuGH 28.06.2007, Rs C-73/06, „Planzer" ebenso VwGH 29.04.2003, 2001/14/0226).

Betriebsstätte kann auch eine Organgesellschaft im Sinne des § 2 Abs. 2 Z 2 UStG 1994 sein. Für die Bestimmung des Leistungsortes nach der Betriebsstätte ist Voraussetzung, dass der Umsatz von der Betriebsstätte ausgeführt worden ist, dh. die sonstige Leistung muss in tatsächlicher Hinsicht der Betriebsstätte zuzurechnen sein. Dies ist der Fall, wenn die für die sonstige Leistung erforderlichen einzelnen Arbeiten ganz oder überwiegend durch Angehörige oder Einrichtungen der Betriebsstätte ausgeführt werden. Es ist nicht erforderlich, dass die Betriebsstätte das Umsatzgeschäft selbst abgeschlossen hat. Wird ein Umsatz sowohl an dem Ort, von dem aus der Unternehmer sein Unternehmen betreibt, als auch von einer Betriebsstätte ausgeführt, ist der Leistungsort nach dem Ort zu bestimmen, an dem die sonstige Leistung überwiegend erbracht wird.

639p Demonstrative Aufzählung der Anwendungsfälle des § 3a Abs. 7 UStG 1994 an Nichtunternehmer:

- Die in § 3a Abs. 14 Z 1 bis **12** UStG 1994 taxativ aufgezählten Katalogleistungen, wenn der Leistungsempfänger innerhalb der EU seinen Wohnsitz, Sitz oder gewöhnlichen Aufenthalt hat. Betreibt der leistende Unternehmer sein Unternehmen vom Drittland aus und ist der Leistungsempfänger eine juristische Person des öffentlichen Rechts, gilt § 3a Abs. 15 UStG 1994;
- Die in § 23 Abs. 1 UStG 1994 bezeichneten Reiseleistungen (§ 23 Abs. 3 UStG 1994);
- Die Leistungen der Ärzte, Vermögensverwalter, Testamentsvollstrecker;
- Die Leistungen **von** Notaren **(ausgenommen Grundstücksleistungen,** vgl. Rz 640b) **und** selbständige Beratungsleistungen (vgl. Rz 641w);
- Im Rahmen einer Bestattung erbrachte Dienstleistungen, soweit diese eine einheitliche Leistung darstellen (Art. 28 VO (EU) 282/2011);
- Buchhaltungsleistungen (zB das Erfassen und Kontieren von Belegen sowie die Vorbereitung der Abschlussarbeiten, nicht aber das Einrichten der Buchführung und die Aufstellung des Jahresabschlusses, vgl. BFH 9.2.2012, V R 20/11).

Randzahlen 639q bis 639r: derzeit frei.

8. Vermittlungsleistung an Nichtunternehmer

639s Zur Vermittlungsleistung an einen Unternehmer siehe Rz 639f.

Eine Vermittlungsleistung im Sinne des Umsatzsteuerrechtes liegt vor, wenn ein Unternehmer durch Herstellung unmittelbarer Rechtsbeziehungen zwischen einem Leistenden und einem Leistungsempfänger einen Leistungsaustausch zwischen diesen Personen herbeiführt; der Vermittler wird im fremden Namen und auf fremde Rechnung tätig (VwGH 17.09.1990, 89/15/0070).

Eine Vermittlungsleistung an einen Nichtunternehmer wird (ausgenommen die Vermittlung beim Verkauf oder bei der Vermietung oder Verpachtung von Grundstücken **so-**

wie bei der Begründung oder Übertragung dinglicher Rechte an Grundstücken) gemäß § 3a Abs. 8 UStG 1994 an dem Ort erbracht, an dem der vermittelte Umsatz ausgeführt wird. Das gilt auch für die Vermittlung der in § 3a Abs. 14 UStG 1994 genannten Katalogleistungen.

Beispiel 1 (Vermittlung einer Lieferung):

Der Handelsvertreter M, München, vermittelt für den österreichischen Privaten W, Wien, den Kauf einer Gartenschaukel von einem Händler in Österreich. M hat in Österreich weder Sitz noch seinen gewöhnlichen Aufenthalt oder eine Betriebsstätte. Leistungsort des M ist dort, wo die vermittelte Leistung ausgeführt wird. Die vermittelte Leistung (Lieferung) wird in Österreich ausgeführt. Die Leistung des M unterliegt daher der österreichischen Umsatzsteuer.

§ 19 Abs. 1 UStG 1994 (Übergang der Steuerschuld) kommt nicht zur Anwendung, da die Vermittlung für eine Privatperson erfolgt. M hat sich umsatzsteuerlich registrieren zu lassen und kann in Österreich einen Fiskalvertreter bestellen (§ 27 Abs. 7 UStG 1994). Eine ZM hat M nicht abzugeben.

Beispiel 2 (Vermittlung einer sonstigen Leistung):

Der Vermittler V mit Sitz in Österreich vermittelt für den Privaten P in Deutschland einen Dolmetscher mit Sitz im Drittland. Die Vermittlungsleistung des V ist dort steuerbar, wo der vermittelte Umsatz ausgeführt wird.

Die Leistung des Dolmetschers wird von einem Unternehmer im Drittland an einen Nichtunternehmer im Gemeinschaftsgebiet erbracht. Der Ort seiner Leistung richtet sich daher gemäß § 3a Abs. 7 UStG 1994 nach dem Sitz des Leistenden. Dieser liegt im Drittland. Auch die Vermittlungsleistung des V an P ist im Drittland steuerbar.

Beispiel 3 (Vermittlung eines Sportlers an einen Verein):

Ein österreichischer Vermittler vermittelt einen Sportler (Fußballspieler) an einen Verein und erhält dafür vom Sportler selbst eine Provision für seine Vermittlungsleistung. Der Sportler wird nach erfolgter Vermittlung vertraglich so in den Verein eingebunden, dass ein Dienstverhältnis vorliegt.

Eine Vermittlungsleistung an einen Nichtunternehmer wird gemäß § 3a Abs. 8 UStG 1994 an dem Ort erbracht, an dem der vermittelte Umsatz ausgeführt wird (vgl. EuGH 27.05.2004, Rs C-68/03, Lipjes). Der Leistungsort des Vermittlers richtet sich daher danach, wo der Sportler (wäre er selbstständig) seine Leistung an den Verein erbringt.

Die Leistungen eines (selbstständigen) Sportlers werden gemäß § 3a Abs. 11 lit. a UStG 1994 am Tätigkeitsort (ab 1.1.2011 am Empfängerort gemäß § 3a Abs. 6 UStG 1994 bzw. am Tätigkeitsort gemäß § 3a Abs. 11 lit. a UStG 1994) erbracht.

Gegenüber dem Verein erbringt der Sportler eine einheitliche Leistung (vgl. VwGH 30.03.2006, 2002/15/0075 zum Schitrainer), die am Tätigkeitsort, das ist üblicherweise dort, wo der Verein seinen Sitz hat, steuerbar ist. Ab 1.1.2011 bestimmt sich der Leistungsort nach § 3a Abs. 6 bzw. Abs. 11 lit. a UStG 1994.

Randzahlen 639t bis 639u: derzeit frei.

9. Grundstücksort
9.1 Leistungen im Zusammenhang mit einem Grundstück

639v Für den Ort einer sonstigen Leistung – einschließlich Werkleistung – im Zusammenhang mit einem Grundstück ist die Lage des Grundstücks entscheidend. Dieser Leistungsort findet auch Anwendung, wenn die Werkleistung (zB Montage bzw. Demontage von mit dem Grundstück fest verbundenen Rohrleitungen) durch einen oder mehrere Erfüllungsgehilfen (Subunternehmer) erbracht wird. In diesem Fall wird sowohl die Leistung des beauftragten Unternehmers als auch die Leistung des Subunternehmers an den Ort, an dem das Grundstück liegt, erbracht. **Dies gilt unabhängig davon, ob die sonstige Leistung an einen Nichtunternehmer oder an einen Unternehmer iSd § 3a Abs. 5 UStG 1994**

erbracht wird. Unter Grundstück ist zu verstehen (Art. 13b VO (EU) Nr. 282/2011 idF VO (EU) Nr. 1042/2013):

a) ein bestimmter über- oder unterirdischer Teil der Erdoberfläche, an dem Eigentum und Besitz begründet werden kann,
b) jedes mit oder in dem Boden über oder unter dem Meeresspiegel befestigte Gebäude oder jedes derartige Bauwerk, das nicht leicht abgebaut oder bewegt werden kann,
c) jede Sache, die einen wesentlichen Bestandteil eines Gebäudes oder eines Bauwerks bildet, ohne die das Gebäude oder das Bauwerk unvollständig ist, wie zum Beispiel Türen, Fenster, Dächer, Treppenhäuser und Aufzüge,
d) Sachen, Ausstattungsgegenstände oder Maschinen, die auf Dauer in einem Gebäude oder einem Bauwerk installiert sind, und die nicht bewegt werden können, ohne das Gebäude oder das Bauwerk zu zerstören oder zu verändern.

Ein Gebäude ist eine (von Menschen errichtete) Konstruktion mit Dach und Wänden, zB ein Haus oder eine Fabrik.

Der Begriff „Bauwerk" beinhaltet auch andere (von Menschen errichtete) Konstruktionen, die üblicherweise nicht als Gebäude gelten, wie zB Straßen, Eisenbahnstrecken, Brücken, Flughäfen, Häfen, Deiche, Gaspipelines, Wasser- und Abwassersysteme sowie Industrieanlagen wie Kraftwerke, Windturbinen, Raffinerien.

Gebäude und Bauwerke fallen nur unter den Begriff „Grundstück", wenn sie am oder im Boden – über oder unter dem Meeresspiegel – befestigt sind und es nicht möglich ist, sie leicht abzubauen oder zu bewegen. Gleiches gilt auch für Superädifikate.

Für die Beurteilung, ob ein Gebäude oder Bauwerk unter den Begriff „Grundstück" fällt, ist entscheidend, ob es leicht abgebaut oder bewegt werden kann. Es ist nicht nötig, dass es untrennbar mit dem Boden verbunden ist, sondern es ist zu prüfen, ob sich die Vorrichtungen zur Immobilisierung leicht, dh. ohne Aufwand und erhebliche Kosten, entfernen lassen. Indizien für diese Beurteilung können die Höhe des technischen, zeitlichen und finanziellen Aufwands sein.

Für die Beurteilung, ob Sachen, Ausstattungsgegenstände oder Maschinen bewegt werden können, ohne das Gebäude zu verändern, bedarf es einer Veränderung in erheblichem Umfang. Indizien für diese Beurteilung können die Höhe des technischen, zeitlichen und finanziellen Aufwands für die Reparatur des Gebäudes, des Bauwerks oder der Sache selbst sein.

Eigentlich bewegliche Sachen (zB Fertigteilhäuser, Kioske, Verkaufsstände, Boote, Wohnwagen) können, wenn sie auf Dauer genutzt werden sollen, so am Boden befestigt werden, dass sie unbeweglich werden. Selbst wenn es grundsätzlich möglich ist, sie aufgrund ihres „mobilen" Charakters später wieder zu bewegen, sind sie als Grundstück anzusehen, solange sie immobilisiert sind und sich nicht leicht entfernen lassen.

639w Die sonstige Leistung muss nach Sinn und Zweck der Vorschrift in **direktem** Zusammenhang mit **einem bestimmten** Grundstück stehen. Ein **hinreichend direkter** Zusammenhang ist gegeben, wenn **(Art. 31a Abs. 1 VO (EU) Nr. 282/2011 idF VO (EU) Nr. 1042/2013)**

- die sonstige Leistung von einem Grundstück abgeleitet ist und das Grundstück einen wesentlichen Bestandteil der Dienstleistung darstellt und zentral und wesentlich für die erbrachte Dienstleistung ist, oder
- wenn die sonstige Leistung für das Grundstück selbst erbracht wird oder auf das Grundstück selbst gerichtet ist, und ihr Zweck in rechtlichen oder physischen Veränderungen an dem Grundstück besteht.

Die sonstige Leistung ist von dem Grundstück abgeleitet, wenn das Grundstück genutzt wird, um diese sonstige Leistung zu erbringen, vorausgesetzt das Grundstück ist der zentrale und wesentliche Bestandteil der erbrachten sonstigen Leistung. Die sonstige Leistung kann nicht ohne das zugrundeliegende Grundstück erbracht werden. Das Ergebnis der sonstigen Leistung muss sich aus diesem Grundstück ergeben.

Sonstige Leistungen gelten als in einem hinreichend direkten Zusammenhang mit einem Grundstück stehend, wenn sie für das Grundstück erbracht werden oder auf das Grundstück gerichtet sind und wenn damit rechtliche oder physische Veränderungen an dem Grundstück bezweckt werden. Sie müssen auf die Veränderung des rechtlichen Status und/oder der physischen Merkmale des betreffenden Grundstücks ausgerichtet sein.

Zur rechtlichen Veränderung eines Grundstücks zählt jede Änderung der rechtlichen Situation dieses Grundstücks. Die physische Veränderung eines Grundstücks ist nicht auf erhebliche Änderungen beschränkt. Auch geringfügige Veränderungen, die eine physische Veränderung des Grundstücks bewirken (ohne dass sich an der Grundstückssubstanz etwas ändert) sind umfasst (zB Instandhaltung oder Reinigung von Straßen, Tunnels, Brücken, Gebäuden usw.). Dies trifft auch auf sonstige Leistungen zu, durch die physische Veränderungen verhindert werden sollen.

639x Zu den **sonstigen** Leistungen **(zur Abgrenzung von der Lieferung siehe Rz 391 ff)** im Zusammenhang mit einem Grundstück gehören **insbesondere:**

- die Vermietung und Verpachtung von Grundstücken **(mit Ausnahme der Bereitstellung von Werbung, selbst wenn diese die Nutzung eines Grundstücks einschließt), (Art. 31a Abs. 2 lit. h iVm Art. 31a Abs. 3 lit. c VO (EU) Nr. 282/2011 idF VO (EU) Nr. 1042/2013);**
- die Beherbergung, die Vermietung von Wohn- und Schlafräumen, **die Zurverfügungstellung von Unterkünften in Branchen mit ähnlicher Funktion wie der Hotelbranche, wie zB in Ferienlagern oder auf einem Campingplatz (Art. 31a Abs. 2 lit. i VO (EU) Nr. 282/2011 idF VO (EU) Nr. 1042/2013);**
- **die Umwandlung von Teilnutzungsrechten (Timesharing) und dergleichen für Aufenthalte an einem bestimmten Ort (Art. 31a Abs. 2 lit. i VO (EU) Nr. 282/2011 idF VO (EU) Nr. 1042/2013);**
- die Vermietung von Plätzen für das Abstellen von Fahrzeugen;
- die Vermietung auf Campingplätzen;
- **die Erstellung von Bauplänen für Gebäude oder Gebäudeteile für ein bestimmtes Grundstück, ungeachtet der Tatsache, ob dieses Gebäude tatsächlich errichtet wird oder nicht (Art. 31a Abs. 2 lit. a VO (EU) Nr. 282/2011 idF VO (EU) Nr. 1042/2013);**
- Bauaufsichtsmaßnahmen oder grundstücksbezogene Sicherheitsdienste, die vor Ort erbracht werden (vgl. Art. 31a Abs. 2 lit. b VO (EU) Nr. 282/2011 idF VO (EU) Nr. 1042/2013) – unabhängig davon, ob sie durch vor Ort anwesende Personen oder aus der Ferne, dh. ohne persönliche Präsenz, etwa durch technische Anlagen, erbracht werden;
- die Errichtung eines Gebäudes, sofern keine Werklieferung vorliegt, sowie Bauleistungen und Abrissarbeiten, Wartungs-, Renovierungs- und Reparaturarbeiten an einem Gebäude oder Gebäudeteil einschließlich Reinigung, Verlegen von Fliesen und Parkett sowie Tapezieren (vgl. Art. 31a Abs. 2 lit. c und k VO (EU) Nr. 282/2011 idF VO (EU) Nr. 1042/2013) – davon umfasst sind auch sonstige Leistungen zur Vorbereitung und Koordinierung von Bauleistungen wie zB Leistungen der Architekten, Vermessungsingenieure, Bauträgergesellschaften, Sanierungsträger;
- die Errichtung anderer auf Dauer angelegter Konstruktionen sowie Bauleistungen und Abrissarbeiten, Wartungs-, Renovierungs- und Reparaturarbeiten an anderen auf Dauer angelegten Konstruktionen wie Leitungen für Gas, Wasser, Abwasser und dergleichen (vgl. Art. 31a Abs. 2 lit. d und l VO (EU) Nr. 282/2011 idF VO (EU) Nr. 1042/2013);
- die Installation oder Montage von Maschinen oder Ausstattungsgegenständen, die damit als Grundstück gelten (vgl. Art. 31a Abs. 2 lit. m VO (EU) Nr. 282/2011 idF VO (EU) Nr. 1042/2013);

§ 3a UStG

- die Wartung und Reparatur sowie Kontrolle und Überwachung von Maschinen oder Ausstattungsgegenständen, die als Grundstück gelten (vgl. Art. 31a Abs. 2 lit. n VO (EU) Nr. 282/2011 idF VO (EU) Nr. 1042/2013);
- die Landbearbeitung (zB Erschließungsarbeiten wie Planieren vor Beginn der eigentlichen Bauarbeiten oder Gartengestaltung) einschließlich landwirtschaftlicher Dienstleistungen wie Landbestellung, Säen, Bewässerung und Düngung sowie Pflügen, Flächensanierung, Erntearbeiten und Holzschlägerungen (vgl. Art. 31a Abs. 2 lit. e VO (EU) Nr. 282/2011 idF VO (EU) Nr. 1042/2013);
- die Lagerung von Gegenständen (zB in einem Lager- oder Kühlhaus), wenn hierfür ein bestimmter Teil des Grundstückes der ausschließlichen Nutzung durch den Kunden gewidmet ist, unabhängig davon, auf welcher zivilrechtlichen Grundlage die Leistung erfolgt (zB Miet- oder Verwahrungsvertrag), (Art. 31a Abs. 2 lit. h VO (EU) Nr. 282/2011 idF VO (EU) Nr. 1042/2013);
- die Vermietung und Verpachtung von Maschinen und Vorrichtungen aller Art, die zu einer Betriebsanlage gehören, wenn sie wesentliche Bestandteile eines Grundstücks sind;
- die Vermittlung beim Verkauf oder bei der Vermietung oder Verpachtung von Grundstücken;
- die Vermessung und Begutachtung von Gefahr und Zustand von Grundstücken (Art. 31a Abs. 2 lit. f VO (EU) Nr. 282/2011 idF VO (EU) Nr. 1042/2013);
- die Bewertung von Grundstücken, auch zu Versicherungszwecken, zur Ermittlung des Grundstückswerts als Sicherheit für ein Darlehen oder für die Bewertung von Gefahren und Schäden in Streitfällen (Art. 31a Abs. 2 lit. g VO (EU) Nr. 282/2011 idF VO (EU) Nr. 1042/2013);
- die Hausverwaltung (mit Ausnahme von Portfolioverwaltung in Zusammenhang mit Eigentumsanteilen an Grundstücken), die sich auf den Betrieb von Geschäfts-, Industrie- oder Wohnimmobilien durch oder für den Eigentümer des Grundstücks bezieht (Art. 31a Abs. 2 lit. o VO (EU) Nr. 282/2011 idF VO (EU) Nr. 1042/2013); sowie
- die in den Rz 639y bis Rz 640b aufgezählten Tätigkeiten unter den dort genannten Voraussetzungen.

639y Die Vermietung von beweglichen Sachen, die als Grundstück anzusehen sind (vgl. Rz 639v), stellt eine sonstige Leistung im Zusammenhang mit einem Grundstück gemäß § 3a Abs. 9 UStG 1994 dar.

639z Der Leistungsort von Vermittlungsleistungen bestimmt sich nach § 3a Abs. 9 UStG 1994, wenn es sich um die Vermittlung einer der folgenden Leistungen handelt (Art. 31a Abs. 2 lit. p VO (EU) Nr. 282/2011 idF VO (EU) Nr. 1042/2013):

- des Kaufs oder Verkaufs von Grundstücken;
- der Vermietung oder Verpachtung von Grundstücken;
- der Übertragung von dinglichen Rechten an Grundstücken (unabhängig davon, ob diese Rechte einem körperlichen Gegenstand gleichgestellt sind).

Diese Vermittlungsleistungen sind nicht auf Leistungen von Sachverständigen und Grundstücksmaklern beschränkt. Entscheidend ist die Art der vom Vermittler tatsächlich erbrachten Dienstleistung und nicht sein Beruf.

Nicht in hinreichend direktem Zusammenhang mit einem Grundstück stehen hingegen die Vermittlung der Beherbergung in einem Hotel oder der Beherbergung in Branchen mit ähnlicher Funktion, wie zB in Ferienlagern oder auf einem Campingplatz (vgl. Art. 31a Abs. 3 lit. d VO (EU) Nr. 282/2011 idF VO (EU) Nr. 1042/2013).

Die Vermittlung von anderen (nicht unter den ersten Absatz fallenden) Leistungen an Unternehmer gemäß § 3a Abs. 5 Z 1 und 2 UStG 1994 fällt unter § 3a Abs. 6 UStG 1994 und an Nichtunternehmer gemäß § 3a Abs. 5 Z 3 UStG 1994 unter § 3a Abs. 8 UStG 1994, auch wenn sich der Leistungsort der vermittelten Leistung nach § 3a Abs. 9 UStG 1994 richtet.

§ 3a UStG

Beispiel:
Der deutsche Unternehmer D vermittelt für den österreichischen Architekten A die Planung eines Geschäftsgebäudes in Deutschland.
Die Planungsleistung des A ist am Grundstücksort steuerbar (Deutschland). Die Vermittlungsleistung des D ist gemäß § 3a Abs. 6 UStG 1994 am Empfängerort (Österreich) steuerbar. Die Steuerschuld geht gemäß § 19 Abs. 1 UStG 1994 auf A über.

640a   Wird einem Leistungsempfänger Ausrüstung zur Durchführung von Arbeiten an einem Grundstück zur Verfügung gestellt, so ist diese Leistung nur dann eine sonstige Leistung im Zusammenhang mit einem Grundstück, wenn der Leistungserbringer für die Durchführung der Arbeiten verantwortlich ist. Stellt der leistende Unternehmer dem Leistungsempfänger neben der Ausrüstung auch ausreichendes Bedienpersonal zur Durchführung von Arbeiten zur Verfügung, gilt die widerlegbare Vermutung, dass der Leistungserbringer für die Durchführung der Arbeiten verantwortlich ist. Diese Vermutung kann durch jegliche sachdienliche, auf Fakten oder Gesetz gestützte Mittel widerlegt werden (Art. 31b VO (EU) Nr. 282/2011 idF VO (EU) Nr. 1042/2013).

Beispiel:
A stellt B ein aufgebautes Gerüst (zB zur Errichtung, Reparatur oder Reinigung eines Gebäudes) zur Verfügung. Diese Leistung gilt nicht als sonstige Leistung iZm einem Grundstück. Ist A jedoch für die Durchführung der Arbeiten (zB den Bau, die Reparatur oder die Reinigung des Gebäudes) verantwortlich, insbesondere deshalb, weil er auch ausreichendes Bedienpersonal für die Durchführung der Arbeiten zur Verfügung gestellt hat, handelt es sich um eine sonstige Leistung iZm einem Grundstück gemäß § 3a Abs. 9 UStG 1994.

Bereitstellung von Personal für Bauarbeiten:
Diese sonstige Leistung gilt nur dann als im Zusammenhang mit dem Grundstück stehend, wenn derjenige, der das Personal bereitstellt, für die Durchführung der Arbeiten verantwortlich ist.

Zum Begriff der Bauleistung im Zusammenhang mit dem Übergang der Steuerschuld siehe Rz 2602c ff.

640b   In hinreichend direktem Zusammenhang mit einem Grundstück **stehen** auch die Gewährung und Übertragung von Nutzungsrechten an einem Grundstück oder Grundstücksteil, einschließlich der Erlaubnis, einen Teil des Grundstücks zu nutzen, wie zB die Gewährung von Fischereirechten (Ausübung der Fischerei in Form einer entgeltlichen Übertragung von Fischereikarten [EuGH 7.9.2006, Rs C-166/05 *Heger*]) und Jagdrechten oder die Zugangsberechtigung zu Warteräumen in Flughäfen, oder die Nutzung von Infrastruktur, für die die Maut gefordert wird, wie Brücken oder Tunnel (Art. 31a Abs. 2 lit. j VO (EU) Nr. 282/2011 idF VO (EU) Nr. 1042/2013). Auch die Einräumung dinglicher Rechte, zB **Grundd**ienstbarkeiten, **Fruchtgenussrecht**, sowie sonstige Leistungen, die dabei ausgeführt werden, zB Beurkundungsleistungen eines Notars, **fallen darunter.** Das Festmachen, Ankern, Docken und die Bereitstellung von Liegeplätzen in Häfen oder auf Flughäfen sowie die Bereitstellung von Nutzungsrechten an bestimmten Hafen- oder Flughafenbereichen steht auch in hinreichend direktem Zusammenhang mit einem Grundstück, nicht jedoch Nebenleistungen, die von den gleichen Leistungserbringern separat angeboten werden (zB Reinigungs- und Wäschereidienste, die den Leistungsempfängern an den Liegeplätzen zusätzlich angeboten werden; Telekommunikations-, Restaurations- und Cateringdienstleistungen in VIP-Lounges auf Flughäfen; Instandhaltung von Booten an gemieteten Liegeplätzen).

In hinreichend direktem Zusammenhang mit einem Grundstück stehen ab 1.1.2017 auch juristische Dienstleistungen (zB von Rechtsanwälten, Notaren), die auf die Veränderung des rechtlichen Status eines bestimmten Grundstückes gerichtet sind. Sie fallen unter § 3a Abs. 9 UStG 1994, wenn sie mit der Übertragung eines Grundstücks oder mit der Begründung oder Übertragung dinglicher Rechte an Grundstücken zu tun haben. Sie stellen selbst dann eine Leistung iZm einem Grundstück dar, wenn die zugrunde liegende Transaktion, durch die der rechtliche Status des Grundstücks verändert würde, letztendlich nicht stattfindet.

Dazu zählen beispielsweise das Verfassen eines Kauf-, Miet- oder Pachtvertrages eines Grundstücks, die Beurkundungsleistungen eines Notars sowie Leistungen im Zusammenhang mit der Eintragung ins Grundbuch.

Bei selbstständigen Beratungsleistungen der Notare vgl. aber Rz 641w.

Nicht erfasst sind juristische Dienstleistungen (zB von Rechtsanwälten, Notaren), sofern sie nicht direkt mit der Begründung oder Übertragung von Eigentum oder Rechten an einem bestimmten Grundstück zusammenhängen. Zum Beispiel:

- Juristische Beratung über die Vertragsbedingungen (zB Grundstücksübertragungsvertrag) oder über die Streitbeilegung im Zusammenhang mit Eigentum;
- die Durchsetzung eines solchen Vertrags oder der Nachweis, dass ein solcher Vertrag besteht;
- Steuerberatung über Abschreibungsmöglichkeiten iZm einem Grundstück;
- Rechtsberatung in steuerlichen Fragen iZm Grundstücksveräußerungen;
- Juristische Dienstleistungen in Verbindung mit der Finanzierung eines Grundstückskaufs;
- Juristische Dienstleistungen iZm der Gewährung von Rechten iZm Bürgschaften und Hypotheken oder sonstige Leistungen bei Insolvenzverfahren;
- Anlageberatung.

Rechtslage bis 31.12.2016

Zu den juristischen Dienstleistungen im Zusammenhang mit einem Grundstück gehören zB sonstige Leistungen der Notare bei der Beurkundung von Grundstückskaufverträgen und die im Zusammenhang mit der Beurkundung erbrachte Beratung, soweit diese einen unselbständigen Teil der Beurkundungsleistung darstellt (zB Errichtung der entsprechenden Vertragsentwürfe oder die damit verbundenen Eintragungen im Grundbuch).

Nicht in engem Zusammenhang mit einem Grundstück stehen folgende juristische Leistungen, sofern sie selbständige Leistungen sind:

- der Verkauf von Anteilen und die Vermittlung der Umsätze von Anteilen an Grundstücksgesellschaften;
- die Finanzierungsberatung im Zusammenhang mit dem Erwerb eines Grundstücks und dessen Bebauung;
- die Rechts- und Steuerberatung in Grundstückssachen.

640c Nicht **in hinreichend direktem** Zusammenhang mit einem Grundstück stehen ua. folgende Leistungen, sofern sie selbständige Leistungen sind:

- die Erstellung von Bauplänen für Gebäude **oder** Gebäudeteile, die keinem bestimmten Grundstück zugeordnet sind **(vgl. Art. 31a Abs. 3 lit. a VO (EU) Nr. 282/2011 idF VO (EU) Nr. 1042/2013);**
- die Bereitstellung von Werbung, selbst wenn dies die Nutzung des Grundstücks einschließt (Art. 31a Abs. 3 lit. c VO (EU) Nr. 282/2011 idF VO (EU) Nr. 1042/2013, zB die Veröffentlichung von Immobilienanzeigen in Zeitungen;
- die Bereitstellung eines Standplatzes auf einem Messe- oder Ausstellungsgelände zusammen mit anderen ähnlichen sonstigen Leistungen, die dem Aussteller die Darbietung seines Angebots ermöglichen, wie die Aufmachung und Gestaltung des Standes, die Beförderung und Lagerung der Ausstellungsstücke, die Bereitstellung von Maschinen, die Verlegung von Kabeln, Versicherungen und Werbung (vgl. Art. 31a Abs. 3 lit. e VO (EU) Nr. 282/2011 idF VO (EU) Nr. 1042/2013), vgl. auch Rz 640t und 640u bis 640y;
- die Installation oder Montage, Wartung und Reparatur sowie Kontrolle und Überwachung von Maschinen oder Aus**stattung**sgegenständen, die kein fester Bestandteil

des Grundstücks sind **oder sein** werden (vgl. **Art. 31a Abs. 3 lit. f VO (EU) Nr. 282/ 2011 idF VO (EU) Nr. 1042/2013**);
- **die Portfolioverwaltung im Zusammenhang mit Eigentumsanteilen an Grundstücken (Art. 31a Abs. 3 lit. g VO (EU) Nr. 282/2011 idF VO (EU) Nr. 1042/2013);**
- der Verkauf von Anteilen und die Vermittlung der Umsätze von Anteilen an Grundstücksgesellschaften;
- **die Steuerberatung;**
- die Finanzierung und Finanzierungsberatung im Zusammenhang mit dem Erwerb eines Grundstücks und dessen Bebauung;
- die Rechtsberatung in Grundstückssachen, **die mit keiner Veränderung des rechtlichen Status des Grundstückes zu tun haben;**
- **Juristische Dienstleistungen in Verbindung mit der Finanzierung eines Grundstückskaufs oder die Anlageberatung, siehe auch Rz 640b;**
- Landwirtschaftliche Dienstleistungen, bei welchen es sich nicht um die Bearbeitung von Land handelt, wie zB Viehhaltung; Sortieren, Verarbeiten, Verpacken, Etikettieren und Transportieren von geernteten Ackerfrüchten oder von gefällten Bäumen;
- die Lagerung von Gegenständen auf einem Grundstück, wenn dem Kunden kein bestimmter Teil des Grundstückes zur ausschließlichen Nutzung zur Verfügung gestellt wird **(Art. 31a Abs. 3 lit. b VO (EU) Nr. 282/2011 idF VO (EU) Nr. 1042/2013);**
- die Vermittlung der Beherbergung in einem Hotel oder einer **Beherbergung in Branchen mit ähnlicher Funktion, wie zB in Ferienlagern oder auf einem Campingplatz (Art. 31a Abs. 3 lit. d VO (EU) Nr. 282/2011 idF VO (EU) Nr. 1042/2013)**, vgl. auch Rz 639z.

Randzahl 640d: derzeit frei.

10. Ort der Beförderungsleistung
10.1 Personenbeförderung

640e Eine Personenbeförderungsleistung wird dort ausgeführt, wo die Beförderung bewirkt wird, dh. der Leistungsort richtet sich nach der zurückgelegten Beförderungsstrecke. Bei grenzüberschreitenden Beförderungen ist nach dieser Regelung nur der inländische Teil im Inland steuerbar. Das gilt sowohl für unternehmerische als auch für nichtunternehmerische Leistungsempfänger.

10.2 Güterbeförderung

640f Eine Güterbeförderungsleistung an einen Nichtunternehmer wird ebenfalls dort ausgeführt, wo die Beförderung bewirkt wird. Eine Sonderregelung besteht für innergemeinschaftliche Güterbeförderungsleistungen für Nichtunternehmer. Diese sind gemäß Art. 3a Abs. 1 UStG 1994 am Abgangsort des Beförderungsmittels steuerbar (siehe Rz 3912a ff).

Güterbeförderungsleistungen an Unternehmer sind stets nach der Generalklausel des § 3a Abs. 6 UStG 1994 am Empfängerort steuerbar. Das gilt auch für innergemeinschaftliche Güterbeförderungen (siehe Rz 639f).

Beispiel 1:
Der österreichischen Spediteur S befördert Waren für den deutschen Unternehmer D von Graz nach Wien.
Diese Beförderungsleistung ist unabhängig davon, wo die Beförderung stattfindet, gemäß § 3a Abs. 6 UStG 1994 am Empfängerort (Deutschland) steuerbar.

Beispiel 2:
Der österreichische Spediteur S besorgt für den Schweizer Unternehmer U die Beförderung eines Gegenstandes von Salzburg nach Zürich. Die Beförderung von Salzburg nach Bregenz führt der Frachtführer A, die Beförderung von Bregenz nach Zürich der Frachtführer B durch.
Sowohl die Beförderungsleistung des A als auch des B für den S sind nach § 3a Abs. 6 UStG 1994 am Empfängerort (Österreich) steuerbar (besorgte Leistung).

Beide Leistungen sind bei Vorliegen der Voraussetzungen nach § 6 Abs. 1 Z 3 UStG 1994 steuerfrei. Auch die Besorgungsleistung des S für den U ist nach § 3a Abs. 6 UStG 1994 am Empfängerort (Schweiz) steuerbar.

Randzahlen 640g bis 640h: derzeit frei.

10.3 Einschaltung eines Subunternehmers bei Personenbeförderungsleistungen

640i Der Ort einer Personenbeförderungsleistung liegt dort, wo die Beförderung tatsächlich bewirkt wird (§ 3a Abs. 10 UStG 1994). Hieraus folgt für diejenigen Beförderungsfälle, in denen der mit der Beförderung beauftragte Unternehmer (Hauptunternehmer) die Beförderung durch einen anderen Unternehmer (Subunternehmer) ausführen lässt, dass sowohl die Beförderungsleistung des Hauptunternehmers als auch diejenige des Subunternehmers dort ausgeführt werden, wo der Subunternehmer die Beförderung bewirkt. Die Sonderregelung über die Besteuerung von Reiseleistungen (§ 23 UStG 1994) bleibt jedoch unberührt.

Beispiel:

Der Reiseveranstalter A veranstaltet im eigenen Namen und für eigene Rechnung einen Tagesausflug für Senioren. Er befördert die teilnehmenden Reisenden jedoch nicht selbst, sondern bedient sich zur Ausführung der Beförderung des Omnibusunternehmers B. Dieser bewirkt an A eine Beförderungsleistung, indem er die Beförderung im eigenen Namen und für eigene Rechnung durchführt. Der Ort der Beförderungsleistung des B liegt dort, wo dieser die Beförderung bewirkt. Für A stellt die Beförderungsleistung des B eine Reisevorleistung dar. A führt deshalb umsatzsteuerlich keine Beförderungsleistung, sondern eine sonstige Leistung im Sinne des § 23 UStG 1994 aus. Diese sonstige Leistung wird dort ausgeführt, von wo aus A sein Unternehmen betreibt (§ 3a Abs. 7 UStG 1994 iVm § 23 Abs. 3 UStG 1994).

10.4 Grenzüberschreitende Personenbeförderungen

640j Grenzüberschreitende Personenbeförderungen sind in einen steuerbaren und einen nicht steuerbaren Leistungsteil aufzuteilen (§ 3a Abs. 10 UStG 1994).

640k Besteht die Gegenleistung in einem Pauschalpreis für die Gesamtbeförderung, so hat die Ermittlung des steuerpflichtigen Entgeltsanteils stets im Verhältnis der im Inland zurückgelegten Wegstrecke zur Gesamtwegstrecke zu erfolgen. Eine andere Aufteilung – etwa nach Maßgabe der Dauer des Aufenthaltes oder im Verhältnis der auf das jeweilige Land entfallenden Kosten – ist unzulässig (EuGH 06.11.1997, Rs C-116/96, „Reisebüro Binder GmbH").

10.5 (Grenzüberschreitender) Tarifverbund von Seilbahnunternehmern

640l Inländische Seilbahn- bzw. Liftunternehmen bieten – auch zusammen mit ausländischen Liftbetreibern in einem grenzüberschreitenden Skigebiet – gemeinsame Liftkarten (Skipässe) an, die sich über Tages-, Mehrtages-, Wochen- bis hin zu Saison- und Ganzjahreskarten erstrecken und den Inhaber zur uneingeschränkten Benützung sämtlicher im jeweiligen Tarifverbund (Skiregion) zusammengefassten Liftanlagen berechtigen. Basis für die Verrechnung ist der Erlös der einzelnen verkauften Liftkarte. Die Aufteilung der Karten- bzw. Skipasserlöse erfolgt zB nach Zeiteinheiten oder Frequenzen der Inanspruchnahme des jeweiligen Skigebietes, die von einem elektronischen Kartenkontrollsystem automatisch ermittelt wird. So kann zB für jeden Skifahrer die tatsächliche Inanspruchnahme der einzelnen Seilbahnen und Lifte präzise ermittelt werden.

Mit dem Verkauf des Skipasses vereinnahmen sowohl der Tarifverbund als auch die einzelnen daran beteiligten Unternehmer (Liftunternehmer, Seilbahnunternehmer oder Liftkartenveräußerer) eine Anzahlung für eine Beförderungsleistung. Allerdings steht zu diesem Zeitpunkt noch nicht fest, welche Liftanlagen im Tarifverbund vom Liftkarten- bzw. Skipassinhaber benützt werden. Die Beförderungsleistung des jeweiligen Seilbahnunternehmers wäre daher erst dann erbracht, wenn der Skipassinhaber die jeweilige Liftanlage tatsächlich in Anspruch nimmt (vgl. Ruppe § 3, Tz 18 und 21; § 19, Tz 48). Aus Vereinfachungsgründen kann jedoch der bisherigen Praxis der Seilbahnwirtschaft gefolgt werden, dass von der steuerlichen Erfassung des Tarifverbundes abgesehen wird. Die einzelnen Seilbahnunternehmen unterziehen die von ihnen vereinnahmten Anzahlungen im Monat der Vereinnahmung (= Zeitpunkt des Skipassverkaufes) der Umsatzsteuer. Die in der Folge aufgrund des Kartenkontrollsystems (zB monatlich) ermittelten tatsächlichen Beförderungsleistungen und damit verbundenen Ausgleichszahlungen zwischen den einzelnen Liftgesellschaften sind Bruttobeträge, die vom einzelnen Seilbahnunternehmer als Entgeltsberichtigung (Minderung, Erhöhung) iSd des § 16 UStG 1994 im Monat der Zwischenabrechnung (Ausgleichszahlung) vorzunehmen sind. Dies gilt in gleicher Weise auch bei Ausgleichszahlungen von oder in Gemeinschaftsgebiete(n) (zB Slowenien, Italien, Deutschland) bzw. vom oder in das Drittland (Schweiz).

Eine Rechnungslegung mit Umsatzsteuerausweis hinsichtlich der Ausgleichszahlungen hat zu unterbleiben, da zwischen den einzelnen Liftunternehmen kein Leistungsaustausch erfolgt ist.

Randzahl 640m: derzeit frei.

11. Tätigkeitsort

11.1 Allgemeines

640n Die Regelung des § 3a Abs. 11 UStG 1994 gilt nur für sonstige Leistungen, die in einem positiven Tun (dazu gehört auch die Tätigkeit von Fotomodellen) bestehen. Bei diesen Leistungen bestimmt grundsätzlich die Tätigkeit selbst den Leistungsort (siehe aber § 3a Abs. 11 lit. a bis c UStG 1994, sowie Rz 640p bis Rz 641d). Der Ort, an dem der Erfolg eintritt oder die sonstige Leistung sich auswirkt, ist ohne Bedeutung (BFH 04.04.1974, BStBl II 1974, 532). Maßgebend ist, wo die entscheidenden Bedingungen zum Erfolg gesetzt werden (BFH 26.11.1953, BStBl III 1954, 63). Es kommt nicht entscheidend darauf an, wo der Unternehmer, zB Künstler, im Rahmen seiner Gesamttätigkeit überwiegend tätig wird, sondern es ist der einzelne Umsatz zu betrachten. Es ist nicht erforderlich, dass der Unternehmer im Rahmen einer Veranstaltung tätig wird. Bei einer sich auf das In- und Ausland erstreckenden Tätigkeit, zB Trainingstätigkeit eines Schitrainers, ist zu klären, wo diese ausschließlich oder zum wesentlichen Teil ausgeführt wird. Dafür sind in erster Linie qualitative Kriterien maßgeblich. Lässt sich eine qualitative Gewichtung nicht durchführen, so ist auf den Zeitaufwand abzustellen (VwGH 30.03.2006, 2002/15/0075). Wird die Leistung in verschiedenen Ländern erbracht, ohne dass der Zeitaufwand in einem Land absolut überwiegt, ist auf den relativ größeren Zeitaufwand abzustellen (VwGH 16.12.2009, 2007/15/0208).

11.2 Kulturelle, künstlerische, wissenschaftliche Leistungen usw.

640o Ab 1.1.2011 gilt § 3a Abs. 11 lit. a UStG 1994 nur mehr für Leistungen, die an Nichtunternehmer iSd § 3a Abs. 5 Z 3 UStG 1994 erbracht werden. Ist der Leistungsempfänger ein Unternehmer iSd § 3a Abs. 5 Z 1 und 2 UStG 1994, kommt die Generalklausel (§ 3a Abs. 6 UStG 1994) zur Anwendung. Nur die Eintrittsberechtigung und damit zusammenhängende sonstige Leistungen zu kulturellen, künstlerischen, wissenschaftlichen Veranstaltungen usw. sind ab 1.1.2011 nach § 3a Abs. 11a UStG 1994 am Veranstaltungsort steuerbar. Dazu siehe näher Rz 641f.

640p Tontechnische Leistungen, die im Zusammenhang mit künstlerischen oder unterhaltenden Leistungen im Sinne des § 3a Abs. 11 lit. a UStG 1994 unerlässlich sind, werden an dem Ort erbracht, an dem diese tatsächlich bewirkt werden (EuGH 26.09.1996, Rs C-327/94). Ab 1.1.2011 gilt dies nur, wenn der Leistungsempfänger ein Nichtunternehmer ist.

640q Auch Unterrichtserteilung (Unterricht – im weitesten Sinne – ist das planmäßige, aus dem Gesamtleben ausgegliederte, regelmäßige Lehren. Der Unterricht beschränkt sich im Gegensatz zur Lehre in der Regel nicht auf die Darbietung der Lehrinhalte, sondern bezieht auch die Sorge um deren Aneignung durch den Lernenden und die Erfolgskontrolle ein.) durch Fernschulen oder durch einen Lehrer über das Internet oder ein elektronisches Netzwerk (Web-Seminare) stellt eine unterrichtende Tätigkeit im Sinne des § 3a Abs. 11 lit. a UStG 1994 dar. Dabei kann es aus der Sicht der Umsatzsteuer keinen Unterschied machen, ob das zur Erreichung des Lehrzieles notwendige Wissen durch schriftliche Unterlagen (Broschüren usw.) oder im Wege des Internets übermittelt wird. Bei Web-Seminaren gilt als Tätigkeitsort der Ort, an dem der Lehrer ansässig ist, sofern dieser nicht nachweislich seine Dienste von einem anderen Ort aus erbringt.

640r Bei den Leistungen nach § 3a Abs. 11 lit. a UStG 1994 – insbesondere den künstlerischen und wissenschaftlichen Leistungen – ist zu beachten, dass sich im Falle der Übertragung von Nutzungsrechten an Urheberrechten und ähnlichen Rechten (Katalogleistungen) der Leistungsort nach § 3a Abs. 6 UStG 1994 bestimmt, wenn der Leistungsempfänger ein Unternehmer ist.

Beispiel:

Ein amerikanischer Sänger gibt auf Grund eines Vertrages mit einer deutschen Konzertagentur ein Konzert im Inland. Auf Grund eines anderen Vertrages mit dem Sänger zeichnet eine österreichische Schallplattengesellschaft das Konzert auf.

Der Ort der Leistung für das Konzert bestimmt sich ab 1.1.2011 nach § 3a Abs. 6 UStG 1994 (Deutschland). Bis 31.12.2010 liegt der Leistungsort für eine solche Leistung nach § 3a Abs. 11 lit. a UStG 1994 in Österreich, da es sich um eine künstlerische Leistung handelt. Mit der Aufzeichnung des Konzerts für eine Schallplattenproduktion überträgt der Sänger Nutzungsrechte an seinem Urheberrecht im Sinne des § 3a Abs. 14 Z 1 UStG 1994 (vgl. BFH 22.03.1979, BStBl II 1979, 598). Für den Ort dieser Leistung ist § 3a Abs. 6 UStG 1994 maßgeblich.

640s Die Frage, ob bei einem wissenschaftlichen Gutachten eine wissenschaftliche Leistung nach § 3a Abs. 11 lit. a UStG 1994 oder eine Beratung nach § 3a Abs. 14 Z 4 UStG 1994 vorliegt, ist nach dem Zweck zu beurteilen, den der Auftraggeber mit dem von ihm bestellten Gutachten verfolgt. Eine wissenschaftliche Leistung im Sinne des § 3a Abs. 11 lit. a UStG 1994 setzt voraus, dass das erstellte Gutachten nicht auf Beratung des Auftraggebers gerichtet ist. Dies ist der Fall, wenn das Gutachten nach seinem Zweck keine konkrete Entscheidungshilfe für den Auftraggeber darstellt. Ab 1.1.2011 verliert diese Unterscheidung weitgehend an Bedeutung, da sich der Leistungsort stets nach § 3a Abs. 6 UStG 1994 bestimmt, wenn der Leistungsempfänger ein Unternehmer ist.

Beispiel 1:

Ein Hochschullehrer hält im Auftrag eines Verbandes (Nichtunternehmer iSd § 3a Abs. 5 Z 3 UStG 1994) auf einem Fachkongress einen Vortrag. Inhalt des Vortrages ist die Mitteilung und Erläuterung der von ihm auf seinem Forschungsgebiet, zB Maschinenbau, gefundenen Ergebnisse. Zugleich händigt der Hochschullehrer allen Teilnehmern ein Manuskript seines Vortrages aus. Vortrag und Manuskript haben nach Inhalt und Form den Charakter eines wissenschaftlichen Gutachtens. Sie sollen allen Teilnehmern des Fachkongresses zur Erweiterung ihrer beruflichen Kenntnisse dienen. Es liegt eine Leistung im Sinne des § 3a Abs. 11 lit. a UStG 1994 vor.

Soll das Gutachten dem Auftraggeber als Entscheidungshilfe für die Lösung konkreter technischer, wirtschaftlicher oder rechtlicher Fragen dienen, so liegt eine Beratungsleistung im Sinne des § 3a Abs. 14 Z 4 UStG 1994 vor.

Beispiel 2:

Ein Wirtschaftsforschungsunternehmen erhält den Auftrag, in Form eines Gutachtens Struktur- und Standortanalysen für die Errichtung von Gewerbebetrieben zu erstellen. Auch wenn das Gutachten nach wissenschaftlichen Grundsätzen erstellt worden ist, handelt es sich um eine Beratung, da das Gutachten zur Lösung konkreter wirtschaftlicher Fragen verwendet werden soll.

640t Bei der Durchführung von Kongressen und Seminaren handelt es sich regelmäßig um Veranstaltungen wissenschaftlicher und/oder unterrichtender Natur. Wenn bei solchen Veranstaltungen den Teilnehmern gegenüber Beratungsleistungen auf wissenschaftlichem oder technischem Gebiet erbracht oder Informationen überlassen werden, so beziehen sich diese regelmäßig nicht – was schon die Vielzahl der Teilnehmer ausschließt – auf den konkreten Fall eines einzelnen Teilnehmers, sondern sind allgemeiner Natur. Anders wären die Veranstaltungen nur dann zu beurteilen, wenn sich die Beratung oder die Information auf konkrete wirtschaftliche oder technische Fragen des einzelnen Teilnehmers bezieht.

11.2.1 Ort der sonstigen Leistung bei Messen und Ausstellungen
Sonstige Leistungen der Veranstalter von Messen und Ausstellungen an die Aussteller

640u Bei der Überlassung von Standflächen auf Messen und Ausstellungen durch die Veranstalter an die Aussteller handelt es sich um sonstige Leistungen, die gemäß § 3a Abs. 11 lit. a UStG 1994 am Tätigkeitsort steuerbar sind. Ab 1.1.2011 gilt dies nur mehr für nichtunternehmerische Leistungsempfänger. Ist der Leistungsempfänger ein Unternehmer, richtet sich der Leistungsort nach § 3a Abs. 6 UStG 1994. Das gilt auch für folgende Leistungen der Veranstalter an die Aussteller:
- Überlassung von Räumen und ihren Einrichtungen auf dem Messegelände für Informationsveranstaltungen einschließlich der üblichen Nebenleistungen;
- Überlassung von Parkplätzen auf dem Messegelände.

Als Messegelände sind auch örtlich getrennte Kongresszentren anzusehen. Übliche Nebenleistungen sind zB die Überlassung von Mikrofonanlagen und Simultandolmetscheranlagen sowie Bestuhlungsdienste, Garderobendienste und Hinweisdienste.

640v Das gilt auch für damit im Zusammenhang stehende sonstige Leistungen, die der Werbung oder der Öffentlichkeitsarbeit dienen.

640w In der Regel erbringen die Veranstalter neben der Überlassung von Standflächen eine Reihe weiterer Leistungen an die Aussteller. Dieses zusätzliche, umfassende Leistungspaket wird dort ausgeführt, wo der Unternehmer ausschließlich oder zum wesentlichen Teil tätig wird (Tätigkeitsort gemäß § 3a Abs. 11 lit. a UStG 1994; vgl. EuGH 09.03.2006, Rs C-114/05, „Gillan Beach Ltd."). Ab 1.1.2011 gilt dies nur mehr für nichtunternehmerische Leistungsempfänger. Ist der Leistungsempfänger ein Unternehmer, richtet sich der Leistungsort nach § 3a Abs. 6 UStG 1994. Es kann sich insbesondere um folgende sonstige Leistungen der Veranstalter handeln:
1) Technische Versorgung der überlassenen Stände. Hiezu gehören zB
    - Herstellung der Anschlüsse für Strom, Gas, Wasser, Druckluft, Telefon, Telex, Internet-Anschluss und Lautsprecheranlagen,
    - die Abgabe von Energie, zB Strom, Gas, Wasser und Druckluft, wenn diese Leistungen umsatzsteuerrechtlich unselbständige Nebenleistungen zur Hauptleistung der Überlassung der Standflächen darstellen.
2) Planung, Gestaltung sowie Aufbau, Umbau und Abbau von Ständen. Unter die „Planung" fallen insbesondere Architektenleistungen, zB Anfertigung des Entwurfs für einen Stand. Zur „Gestaltung" zählt zB die Leistung eines Gartengestalters oder eines Beleuchtungsfachmannes.
3) Überlassung von Standbauteilen und Einrichtungsgegenständen, einschließlich Miet-System-Ständen.
4) Standbetreuung und Standbewachung.
5) Reinigung von Ständen.
6) Überlassung von Garderoben und Schließfächern auf dem Messegelände.
7) Überlassung von Eintrittsausweisen einschließlich Eintrittsgutscheinen.
8) Überlassung von Fernsprechstellen und sonstigen Kommunikationsmitteln zur Nutzung durch die Aussteller und die Leistungen des Veranstalters im Fernschreibdienst.
9) Überlassung von Informationssystemen, zB von Bildschirmgeräten oder Lautsprecheranlagen, mit deren Hilfe die Besucher der Messen und Ausstellungen unterrichtet werden sollen.
10) Schreibdienste und ähnliche sonstige Leistungen auf dem Messegelände.
11) Beförderung und Lagerung von Ausstellungsgegenständen wie Exponaten und Standausrüstungen.

12) Übersetzungsdienste.

13) Eintragungen in Messekatalogen, Aufnahme von Werbeanzeigen usw. in Messekatalogen, Zeitungen, Zeitschriften usw., Anbringen von Werbeplakaten, Verteilung von Werbeprospekten und ähnliche Werbemaßnahmen.

Sonstige Leistungen ausländischer Durchführungsgesellschaften

640x Im Rahmen von Messen und Ausstellungen werden auch Gemeinschaftsausstellungen durchgeführt, zB von Ausstellern, die in demselben ausländischen Staat ihren Sitz haben. Vielfach ist in diesen Fällen zwischen dem Veranstalter und den Ausstellern ein Unternehmen eingeschaltet, das im eigenen Namen die Gemeinschaftsausstellung organisiert (so genannte Durchführungsgesellschaft). In diesen Fällen erbringt der Veranstalter die in der Rz 640w bezeichneten sonstigen Leistungen an die zwischengeschaltete Durchführungsgesellschaft. Diese erbringt die sonstigen Leistungen an die an der Gemeinschaftsausstellung beteiligten Aussteller. Für die umsatzsteuerliche Behandlung der Leistungen der Durchführungsgesellschaft gelten die Ausführungen in Rz 640w entsprechend.

Sonstige Leistungen anderer Unternehmer

640y Erbringen andere Unternehmer als die Veranstalter einzelne der oben angeführten sonstigen Leistungen an die Aussteller oder an Durchführungsgesellschaften, so gilt Folgendes:

Die in Rz 640w in Punkt 1 bis 6 bezeichneten Leistungen sind als Leistungen im Zusammenhang mit Messen und Ausstellungen anzusehen (§ 3a Abs. 11 lit. a UStG 1994; ab 1.1.2011: § 3a Abs. 11 lit. a UStG 1994 für Nichtunternehmer; § 3a Abs. 6 UStG 1994 für Unternehmer).

Die Überlassung von Eintrittsausweisen einschließlich Eintrittsgutscheinen an Nichtunternehmer ist unter § 3a Abs. 11 lit. a UStG 1994 zu subsumieren. Die Erbringung solcher Leistungen an Unternehmer fällt ab 1. Jänner 2011 unter § 3a Abs. 11a UStG 1994.

Die in Rz 640w in Punkt 8 bis 13 bezeichneten sonstigen Leistungen fallen unter § 3a Abs. 6 bzw. Abs. 7 UStG 1994.

Randzahl 640z: derzeit frei.

11.3 Umschlag, Lager usw.

641a § 3a Abs. 11 lit. b UStG 1994 gilt nur für Leistungen an Nichtunternehmer. Werden solche Leistungen an Unternehmer erbracht, richtet sich der Leistungsort nach § 3a Abs. 6 UStG 1994.

641b Die Regelung des § 3a Abs. 11 lit. b UStG 1994 gilt für Umsätze, die selbständige Leistungen sind. Sofern der Umschlag, die Lagerung oder eine andere sonstige Leistung unselbständige Nebenleistungen zu einer Güterbeförderung darstellen, teilen sie deren umsatzsteuerliches Schicksal (vgl. Rz 3912i).

11.4 Arbeiten an beweglichen körperlichen Gegenständen

641c § 3a Abs. 11 lit. c UStG 1994 gilt nur für Leistungen an Nichtunternehmer. Werden solche Leistungen an Unternehmer erbracht, richtet sich der Leistungsort nach § 3a Abs. 6 UStG 1994.

641d Unter den Begriff „Arbeiten" im Sinne des § 3a Abs. 11 lit. c UStG 1994 fallen zB Werkleistungen oder/und Wartungsleistungen an Anlagen, Maschinen und KFZ. Verwendet der Unternehmer bei der Be- oder Verarbeitung eines Gegenstandes selbst beschaffte Stoffe, die nicht nur Zutaten oder sonstige Nebensachen sind, ist keine Werkleistung, sondern eine Werklieferung gegeben (§ 3 Abs. 4 UStG 1994). Bei der Begutachtung beweglicher Gegenstände durch Sachverständige hat § 3a Abs. 11 lit. c UStG 1994 Vorrang vor § 3a Abs. 14 Z 3 UStG 1994.

§ 3a UStG

11.5 Restaurant- und Verpflegungsdienstleistungen

641e Restaurant- und Verpflegungsdienstleistungen zeichnen sich durch ein Bündel von Charakteristika und Tätigkeiten aus, bei denen Dienstleistungen bei weitem überwiegen und die Bereitstellung von Speisen und/oder Getränken lediglich ein Bestandteil ist (vgl. EuGH 02.05.1996, Rs C-231/94, „Faaborg-Gelting Linien A/S").

Restaurantdienstleistungen bestehen aus der Lieferung von zubereiteten oder nicht zubereiteten Speisen und/oder Getränken zum menschlichen Verzehr in der Lokalität des Erbringers, die von einer ausreichenden unterstützenden Dienstleistung begleitet wird, welche den sofortigen Verzehr dieser Speisen und/oder Getränke ermöglicht.

Verpflegungsdienstleistungen umfassen dieselbe Leistung, werden jedoch an einem Ort außerhalb der Lokalität des Unternehmers erbracht (s. dazu auch Art. 6 VO (EU) 282/2011).

Beispiel:

Der deutsche Private D beauftragt den Unternehmer S in Salzburg mit dem Catering für eine Hochzeitsfeier in München.

Die Cateringleistung des S ist gemäß § 3a Abs. 11 lit. d UStG 1994 in Deutschland steuerbar.

Zum Leistungsort bei Restaurant- und Verpflegungsdienstleistungen bei innergemeinschaftlichen Personenbeförderungen an Bord eines Schiffes, in einem Luftfahrzeug oder in einer Eisenbahn siehe Rz 3917a f.

11.6 Eintrittsberechtigung zu Veranstaltungen

641f Sonstige Leistungen betreffend die Eintrittsberechtigung zu Veranstaltungen (§ 3a Abs. 11a UStG 1994) sind Leistungen, deren wesentliches Merkmal in der entgeltlichen Gewährung des Rechts auf Eintritt zu einer Veranstaltung besteht.

Unter den Begriff der Eintrittsberechtigung fallen insbesondere

- das Recht auf Eintritt zu Vorführungen, Theateraufführungen, Zirkusveranstaltungen, Messen, Unterhaltungsprogrammen, Konzerten, Ausstellungen und ähnlichen kulturellen Veranstaltungen, einschließlich des durch ein Abonnement abgedeckten Eintritts;
- das Recht auf Eintritt zu Sportveranstaltungen wie einem Spiel oder einem Wettkampf, einschließlich des durch eine Dauerkarte abgedeckten Eintritts;
- das Recht auf Eintritt zu bzw. Teilnahme an der Öffentlichkeit allgemein zugänglichen Veranstaltungen auf dem Gebiet des Unterrichts oder der Wissenschaft, wie Konferenzen und Seminaren. Der Öffentlichkeit allgemein zugängliche Veranstaltungen sind solche, bei denen der Zutritt im Wesentlichen jedermann freisteht, die Veranstaltung also nicht von vornherein auf einen in sich geschlossenen, nach außen begrenzten Kreis von Teilnehmern gerichtet ist.

Beispiel 1:

Der deutsche Unternehmer A besucht am 5.1.2011 ein Rechtsseminar beim österreichischen Seminarveranstalter B in Wien. Die Teilnahmegebühr ist gemäß § 3a Abs. 11a UStG 1994 am Veranstaltungsort (Wien) steuerbar, unabhängig von den Anmelde- und Zahlungsmodalitäten, die für dieses Seminar gelten.

Beispiel: 2

Der deutsche Seminarveranstalter K erbringt im März 2011 ein „Inhouse-Seminar" in Deutschland an den österreichischen Unternehmer U mit Sitz in Wien. An diesem Seminar können nur Mitarbeiter des österreichischen Unternehmers teilnehmen.

Da das Seminar nicht für die Öffentlichkeit allgemein zugänglich ist, fällt die Teilnahmegebühr für dieses Seminar nicht unter § 3a Abs. 11a UStG 1994, sondern ist gemäß § 3a Abs. 6 UStG 1994 am Empfängerort in Wien steuerbar. Die Steuerschuld geht gemäß § 19 Abs. 1 zweiter Satz UStG 1994 auf U über.

Nicht unter den Begriff der Eintrittsberechtigung für eine Veranstaltung fällt das Recht zur Benutzung von Einrichtungen, wie zB einer Turnhalle, eines Schwimmbades usw., oder das Recht zur Teilnahme an Schikursen.

Die Vermittlung einer Eintrittsberechtigung zu einer Veranstaltung ist keine mit der Eintrittsberechtigung zusammenhängende sonstige Leistung iSd § 3a Abs. 11a UStG 1994. Der Leistungsort einer solchen Vermittlungsleistung bestimmt sich nach § 3a Abs. 6 UStG 1994.

Mit der Eintrittsberechtigung zusammenhängende sonstige Leistungen iSd § 3a Abs. 11a UStG 1994 sind zB das Recht zur Benützung der Garderobe oder der sanitären Einrichtungen, soweit es sich hierbei nicht bereits um unselbständige Nebenleistungen zur Eintrittsberechtigung handelt.

12. Vermietung von Beförderungsmitteln

641g Der Leistungsort bestimmt sich bei der kurzfristigen Vermietung von Beförderungsmitteln (unabhängig davon, ob der Leistungsempfänger ein Unternehmer oder ein Nichtunternehmer iSd § 3a Abs. 5 UStG 1994 ist) danach, wo das Beförderungsmittel dem Leistungsempfänger tatsächlich zur Verfügung gestellt wird, dh. wo sich das Beförderungsmittel befindet, wenn der Leistungsempfänger tatsächlich die physische Kontrolle darüber erhält. Die rechtliche Kontrolle allein (Vertragsunterzeichnung, Schlüsselübergabe) reicht hierfür nicht aus. Wird das Fahrzeug im Drittland vor dem 1.1.2016 zur Verfügung gestellt und erfolgt die Nutzung oder Auswertung im Inland, liegt der Leistungsort gemäß § 3a Abs. 15 Z 1 UStG 1994 im Inland.

Bei der langfristigen Vermietung von Beförderungsmitteln bestimmt sich der Leistungsort im zwischenunternehmerischen Bereich nach § 3a Abs. 6 UStG 1994 (Empfängerort) bzw. bis 31.12.2015 nach § 3a Abs. 15 UStG 1994. Wird eine solche Leistung (langfristige Vermietung) an einen Nichtunternehmer erbracht, richtet sich der Leistungsort bis 31.12.2012 nach § 3a Abs. 7 UStG 1994 (Unternehmerort), ab 1.1.2013 nach § 3a Abs. 12 Z 2 erster Unterabsatz UStG 1994 (Empfängerort) bzw. bis 31.12.2015 auch nach § 3a Abs. 15 UStG 1994.

Der Unternehmer hat den Empfängerort nach § 3a Abs. 12 Z 2 erster Unterabsatz UStG 1994 auf Grundlage der vom Leistungsempfänger erhaltenen Informationen durch geeignete Maßnahmen zu überprüfen.

Es wird vermutet, dass der Leistungsempfänger an dem Ort ansässig ist, seinen Wohnsitz oder seinen gewöhnlichen Aufenthaltsort hat, der vom leistenden Unternehmer durch zwei einander nicht widersprechende Beweismittel als solcher bestimmt wird. Solche Beweismittel sind insbesondere (siehe Art. 24c VO (EU) Nr. 282/2011 idF VO (EU) Nr. 1042/2013):

- Rechnungsanschrift des Leistungsempfängers,
- Bankangaben wie der Ort, an dem das für die Zahlung verwendete Bankkonto geführt wird oder die der Bank vorliegende Rechnungsanschrift des Leistungsempfängers,
- Zulassungsdaten des gemieteten Beförderungsmittels, wenn dieses an dem Ort, an dem es genutzt wird, zugelassen sein muss,
- sonstige wirtschaftlich relevante Informationen.

Wird ein Sportboot langfristig an einen Nichtunternehmer vermietet, gilt ab 1.1.2013 als Leistungsort der Ort, an welchem dem Leistungsempfänger das Sportboot tatsächlich zur Verfügung gestellt wird (§ 3a Abs. 12 Z 2 zweiter Unterabsatz UStG 1994), wenn der Unternehmer an diesem Ort sein Unternehmen betreibt oder sich dort die Betriebsstätte befindet, die die Leistung erbringt. Liegt dieser Ort im Drittland und erfolgt die Nutzung oder Auswertung im Inland, liegt der Leistungsort bis 31.12.2015 gemäß § 3a Abs. 15 Z 1 UStG 1994 im Inland.

Beispiel 1:
Der österreichische Unternehmer Ö mit Sitz in Wien vermietet eine Yacht an einen österreichischen Privaten für die Dauer von 4 Monaten. Diese wird in Italien im Hafen von Genua übergeben. Ö hat keine Betriebsstätte in Italien. Der Leistungsort richtet sich gemäß § 3a Abs. 12 Z 2 erster Unterabsatz UStG 1994 nach dem Empfängerort (Österreich).

Beispiel 2:

Der italienische Unternehmer I mit Sitz in Rom vermietet ein Motorboot an einen österreichischen Privaten für die Dauer von 4 Monaten. Dieses wird in Italien im Hafen von Genua übergeben, wo I eine Betriebsstätte hat. Der Leistungsort richtet sich gemäß § 3a Abs. 12 Z 2 zweiter Unterabsatz UStG 1994 nach dem Ort, an dem das Sportboot dem Privaten tatsächlich zur Verfügung gestellt wird (Genua, Italien).

Beispiel 3:

Der deutsche Unternehmer D mit Sitz in München und einer Betriebsstätte in Rom vermietet ein Segelboot an einen österreichischen Privaten für die Dauer von 4 Monaten. Dieses wird in Italien im Hafen von Genua übergeben. Da D weder Sitz noch Betriebsstätte in Genua hat, bestimmt sich der Leistungsort gemäß § 3a Abs. 12 Z 2 erster Unterabsatz UStG 1994 nach dem Empfängerort (Österreich).

Als Beförderungsmittel gelten Fahrzeuge mit oder ohne Motor, sowie sonstige Ausrüstungen und Vorrichtungen, welche zur Beförderung von Personen oder Gegenständen von einem Ort an einen anderen konzipiert worden sind, von Fahrzeugen gezogen oder geschoben werden können und tatsächlich in der Lage sind, Gegenstände oder Personen zu befördern.

Zu den Beförderungsmitteln gehören auch Sattelzugmaschinen, Sattelanhänger, Auflieger, Fahrzeuganhänger, Eisenbahnwagen, Transportbetonmischer, Segelboote, Ruderboote, Paddelboote, Motorboote, Sportflugzeuge, Segelflugzeuge, Wohnmobile, Wohnwagen (vgl. jedoch Rz 639y), Fahrzeuge, die speziell für den Transport von Kranken oder Verletzten konzipiert sind, Traktoren und andere landwirtschaftliche Fahrzeuge, Fahrzeuge für militärische, Überwachungs- oder Zivilschutzzwecke (ausgenommen Kampffahrzeuge und Kampfflugzeuge), Rollstühle und ähnliche Fahrzeuge für Kranke und Körperbehinderte, mit Vorrichtungen zur mechanischen oder elektronischen Fortbewegung, Fahrräder und Dreiräder.

Keine Beförderungsmittel sind zB Bagger, Planierraupen, Bergungskräne, Schwertransportkräne, Baustellenlastenaufzüge, Transportbänder, Gabelstapler, Elektrokarren, Rohrleitungen, Ladekräne, Schwimmkräne, Container, militärische Kampffahrzeuge, Kampfflugzeuge, Maschinen, Apparate und Geräte zum Ernten oder Dreschen von landwirtschaftlichen Erzeugnissen. Unabhängig hievon kann jedoch mit diesen Gegenständen eine Beförderungsleistung ausgeführt werden.

641h Für die Abgrenzung von kurz- und langfristiger Vermietung ist die tatsächliche Nutzungsdauer des Beförderungsmittels maßgebend, auch wenn die vertraglich vereinbarte Laufzeit davon abweicht.

641i Werden nacheinander zwei oder mehrere Mietverträge für dasselbe Beförderungsmittel mit einer zeitlichen Unterbrechung von bis zu zwei Tagen abgeschlossen, ist bei der Ermittlung der Laufzeit der auf den ersten Vertrag folgenden Verträge die Laufzeit des ersten Vertrages einzurechnen. Auf eine Neubewertung des ersten Vertrages kann – sofern keine Anhaltspunkte für Rechtsmissbrauch vorliegen – verzichtet werden.

641j Wird ein kurzfristiger Vertrag verlängert, sodass er die Laufzeit von 30 bzw. 90 Tagen (bei Wasserfahrzeugen) überschreitet, ist eine Neubewertung des Vertrages erforderlich. Das gilt nicht, wenn die Überschreitung aufgrund höherer Gewalt erfolgt (Art. 39 VO (EU) 282/2011).

641k Als Vermietung von Beförderungsmitteln gilt auch die Überlassung von KFZ, die dem Unternehmen dienen, durch Arbeitgeber an ihre Arbeitnehmer zur privaten Nutzung. Das gilt nicht für KFZ, die gemäß § 12 Abs. 2 Z 2 lit. b UStG 1994 nicht als für das Unternehmen angeschafft gelten.

641l Wird eine Segel- oder Motoryacht ohne Besatzung verchartert, so ist eine Vermietung eines Beförderungsmittels anzunehmen. Bei einer Vercharterung mit Besatzung ohne im Chartervertrag festgelegte Reiseroute ist ebenfalls eine Vermietung eines Beförderungsmittels anzunehmen. Das gilt auch dann, wenn die Vercharterung mit Besatzung an eine geschlossene Gruppe erfolgt, die mit dem Vercharterer vorher die Reiseroute festgelegt hat, diese Reiseroute aber im Verlauf der Reise ändern oder in anderer Weise auf den

§ 3a UStG

Ablauf der Reise Einfluss nehmen kann. Eine Beförderungsleistung ist dagegen anzunehmen, wenn nach dem Chartervertrag eine bestimmte Beförderung geschuldet wird und der Unternehmer diese unter eigener Verantwortung vornimmt, zB bei einer vom Vercharterer organisierten Rundreise mit Teilnehmern, die auf Ablauf und nähere Ausgestaltung der Reise keinen Einfluss haben.

641m Die Bergung von Autos und der Transport in eine nahe gelegene Werkstätte durch einen Unternehmer fällt unter die Generalklausel des § 3a Abs. 6 oder Abs. 7 UStG 1994.

13. Leistungsort bei elektronisch erbrachten sonstigen Leistungen, Telekommunikations-, Rundfunk- und Fernsehdienstleistungen – Rechtslage ab 1.1.2015

13.1 Elektronisch erbrachte sonstige Leistungen

641n Zur Begriffsbestimmung der elektronisch erbrachten sonstigen Leistung siehe Rz 642m bis Rz 642q.

Zur Rechtslage bis 31.12.2014 siehe Rz 642l.

Elektronisch erbrachte sonstige Leistungen an Nichtunternehmer iSd § 3a Abs. 5 Z 3 UStG 1994 werden an dem Ort erbracht, an dem der Leistungsempfänger seinen Wohnsitz, Sitz oder gewöhnlichen Aufenthalt hat.

Es gilt die widerlegbare Vermutung, dass der Leistungsempfänger dort ansässig ist, seinen Wohnsitz oder gewöhnlichen Aufenthalt hat und die Leistung dort ausgeführt wird:
- wo der Leistungsempfänger physisch anwesend ist, um diese Leistung zu empfangen, wenn die Leistung an Orten wie Telefonzellen, Kiosk-Telefonen, WLAN-Hot-Spots, Internetcafés, Restaurants oder Hotellobbys erbracht wird, wenn der Leistungsempfänger zum Bezug dieser Leistung an diesem Ort physisch anwesend sein muss (siehe näher Art. 24a VO (EU) Nr. 282/2011 idF VO (EU) Nr. 1042/2013),
- wo sich der Festnetzanschluss befindet, wenn die Leistung über den Festnetzanschluss des Leistungsempfängers erbracht wird (siehe Art. 24b lit. a VO (EU) Nr. 282/2011 idF VO (EU) Nr. 1042/2013),
- in dem Land, das durch den Ländercode der verwendeten SIM-Karte bezeichnet wird, wenn die Leistung über mobile Netze erbracht wird (siehe Art. 24b lit. b VO (EU) Nr. 282/2011 idF VO (EU) Nr. 1042/2013),
- an dem Ort, an dem sich die jeweiligen Geräte befinden, wenn die Leistung über Decoder oder Programm- oder Satellitenkarte bezogen wird oder, wenn dieser Ort unbekannt ist, an dem Ort, an den die Programm- oder Satellitenkarte zur Verwendung gesendet wird (siehe Art. 24b lit. c VO (EU) Nr. 282/2011 idF VO (EU) Nr. 1042/2013).

Diese Vermutungen können vom leistenden Unternehmer durch drei einander nicht widersprechende Beweismittel widerlegt werden (siehe Art. 24d VO (EU) Nr. 282/2011 idF VO (EU) Nr. 1042/2013). Als Beweismittel gelten insbesondere (Art. 24f VO (EU) Nr. 282/2011 idF VO (EU) Nr. 1042/2013):
- Rechnungsanschrift des Leistungsempfängers,
- Bankangaben wie der Ort, an dem das für die Zahlung verwendete Bankkonto geführt wird, oder die der Bank vorliegende Rechnungsanschrift des Leistungsempfängers,
- die Internet-Protokoll-Adresse (IP-Adresse) des von dem Leistungsempfänger verwendeten Geräts oder jedes Verfahren der Geolokalisierung,
- Mobilfunk-Ländercode der Internationalen Mobilfunk-Teilnehmerkennung, der auf der von dem Leistungsempfänger verwendeten SIM-Karte gespeichert ist,
- Ort des Festnetzanschlusses über den die Leistung erbracht wird,
- sonstige wirtschaftlich relevante Informationen.

In anderen Fällen gilt die Vermutung, dass die Leistung an dem Ort ausgeführt wird, der vom leistenden Unternehmer anhand von zwei einander nicht widersprechenden Beweismitteln ermittelt wurde.

Die zuständige Behörde kann alle Vermutungen widerlegen, wenn es Hinweise auf falsche Anwendung oder Missbrauch durch den Leistungserbringer gibt (siehe Art. 24d

Abs. 2 VO (EU) Nr. 282/2011 idF VO (EU) Nr. 1042/2013). Keine falsche Anwendung oder Missbrauch wird bspw. vorliegen, wenn der Unternehmer den Empfängerort mit Hilfe des Ländercodes der bei Inanspruchnahme der sonstigen Leistung verwendeten SIM-Karte bezeichnet wird, ermittelt, selbst wenn im Einzelfall der Leistungsempfänger in einem anderen Mitgliedstaat seinen Wohnsitz, Sitz oder seinen gewöhnlichen Aufenthalt hat.

Werden diese Leistungen an einen Unternehmer erbracht, so bestimmt sich der Leistungsort nach § 3a Abs. 6 UStG 1994 (zur Identifizierung als Unternehmer/Nichtunternehmer, siehe Rz 638y). Ungeachtet gegenteiliger Informationen kann der Unternehmer davon ausgehen, dass ein innerhalb der Gemeinschaft ansässiger Leistungsempfänger ein Nichtunternehmer ist, solange der Leistungsempfänger ihm seine UID nicht mitgeteilt hat (Art. 18 Abs. 2 VO (EU) Nr. 282/2011 idF VO (EU) Nr. 1042/2013).

Bei elektronisch erbrachten sonstigen Leistungen und bei über das Internet erbrachten Telefondiensten (VoIP, Voice over Internet Protocol) wird vermutet, dass ein an der Leistungserbringung beteiligter Unternehmer im eigenen Namen aber für Rechnung eines Anderen („Anbieter") tätig wird und somit als Leistungserbringer gegenüber dem jeweiligen Kunden anzusehen ist, wenn die Leistung über ein Telekommunikationsnetz, eine Schnittstelle oder ein Portal (zB über einen Appstore) erbracht wird. Ein Unternehmer, der lediglich Zahlungen in Bezug auf diese Dienstleistung abwickelt, ist alleine dadurch noch nicht als ein an der Leistungserbringung beteiligter Unternehmer anzusehen. Erbringt der Unternehmer darüber hinaus zusätzliche Leistungen – zB ein Telekommunikationsunternehmen, welches einerseits die elektronisch erbrachte Dienstleistung gegenüber dem Endverbraucher abrechnet und ihm gleichzeitig ein Telekommunikationsnetz dafür zur Verfügung stellt – ist er an der Leistungserbringung beteiligt.

Diese Vermutung ist unter folgenden kumulativen Voraussetzungen widerlegbar (Art. 9a VO (EU) 282/2011 idF VO (EU) Nr. 1042/2013):

- auf allen Rechnungen/Quittungen, die von an der Leistungserbringung beteiligten Unternehmern ausgestellt werden, muss die betroffene Dienstleistung und ihr Leistungserbringer (Anbieter) angegeben sein;
- der an der Leistungserbringung beteiligte Unternehmer
  – autorisiert oder genehmigt weder die Erbringung dieser Dienstleistung noch die Abrechnung mit dem Leistungsempfänger und
  – legt nicht die allgemeinen Bedingungen der Erbringung fest;
- dies kommt in den vertraglichen Vereinbarungen zwischen den Parteien zum Ausdruck.

13.2 Telekommunikationsdienstleistungen

641o Zur Rechtslage bis 31.12.2014 siehe Rz 642i.

Telekommunikationsdienstleistungen an Nichtunternehmer iSd § 3a Abs. 5 Z 3 UStG 1994 werden an dem Ort erbracht, an dem der Leistungsempfänger seinen Wohnsitz, Sitz oder gewöhnlichen Aufenthalt hat. Zur Vermutung bzw. Feststellung dieses Leistungsortes siehe Rz 641n.

Werden diese Leistungen an einen Unternehmer erbracht, so bestimmt sich der Leistungsort nach § 3a Abs. 6 UStG 1994 (zur Identifizierung als Unternehmer/Nichtunternehmer, siehe Rz 638y). Ungeachtet gegenteiliger Informationen kann der Unternehmer davon ausgehen, dass ein innerhalb der Gemeinschaft ansässiger Leistungsempfänger ein Nichtunternehmer ist, solange der Leistungsempfänger ihm seine UID nicht mitgeteilt hat (Art. 18 Abs. 2 VO (EU) Nr. 282/2011 idF VO (EU) Nr. 1042/2013).

Im Zusammenhang mit Drittländern ist die Verordnung des BM für Finanzen, BGBl. II Nr. 383/2003 hinsichtlich der Verlagerung des Leistungsortes zu beachten. Siehe dazu Rz 643.

Telekommunikationsdienstleistungen sind Dienstleistungen, mit denen Übertragung, Ausstrahlung oder Empfang von Signalen, Schrift, Bild und Ton oder Informationen jeglicher Art über Draht, Funk, optische oder sonstige elektromagnetische Medien gewährleistet werden; dazu gehören auch die Abtretung und Einräumung von Nutzungsrechten an Einrichtungen zur Übertragung, Ausstrahlung oder zum Empfang.

§ 3a UStG

Telekommunikationsdienstleistungen umfassen insbesondere (siehe Art. 6a VO (EU) Nr. 282/2011 idF VO (EU) Nr. 1042/2013)
- Festnetz- und Mobiltelefondienste zur wechselseitigen Ton-, Daten- und Videoübertragung einschließlich Telefondienstleistungen mit bildgebender Komponente (Videofonie),
- über das Internet erbrachte Telefondienste einschließlich VoIP-Diensten (Voice over Internet Protocol),
- Sprachspeicherungen (Voicemail), Anklopfen, Rufumleitung, Anrufkennung, Dreiweganruf und andere Anrufverwaltungsdienste
- Personenrufdienste (Paging-Dienste),
- Audiotextdienste,
- Fax, Telegrafie und Fernschreiben,
- den Zugang zum Internet einschließlich des World Wide Web,
- private Netzanschlüsse für Telekommunikationsverbindungen zur ausschließlichen Nutzung durch den Dienstleistungsempfänger.

Telekommunikationsdienstleistungen umfassen nicht
- elektronisch erbrachte sonstige Leistungen,
- Rundfunk- und Fernsehdienstleistungen.

13.3 Rundfunk- und Fernsehdienstleistungen

641p Zur Rechtslage bis 31.12.2014 siehe Rz 642k.

Rundfunk- und Fernsehdienstleistungen an Nichtunternehmer iSd § 3a Abs. 5 Z 3 UStG 1994 werden an dem Ort erbracht, an dem der Leistungsempfänger seinen Wohnsitz, Sitz oder gewöhnlichen Aufenthalt hat. Zur Vermutung bzw. Feststellung dieses Leistungsortes siehe Rz 641n.

Werden diese Leistungen an einen Unternehmer erbracht, so bestimmt sich der Leistungsort nach § 3a Abs. 6 UStG 1994 (zur Identifizierung als Unternehmer/Nichtunternehmer siehe Rz 638y). Ungeachtet gegenteiliger Informationen kann der Unternehmer davon ausgehen, dass ein innerhalb der Gemeinschaft ansässiger Leistungsempfänger ein Nichtunternehmer ist, solange der Leistungsempfänger ihm seine UID nicht mitgeteilt hat (Art. 18 Abs. 2 VO (EU) Nr. 282/2011 idF VO (EU) Nr. 1042/2013).

Im Zusammenhang mit Drittländern ist die Verordnung des BM für Finanzen, BGBl. II Nr. 383/2003 hinsichtlich der Verlagerung des Leistungsortes zu beachten. Siehe dazu Rz 643.

Rundfunk- und Fernsehdienstleistungen umfassen Dienstleistungen in Form von Audio- und audiovisuellen Inhalten wie Rundfunk- oder Fernsehsendungen, die auf der Grundlage eines Sendeplans über Kommunikationsnetze durch einen Mediendiensteanbieter unter dessen redaktioneller Verantwortung der Öffentlichkeit zum zeitgleichen Anhören oder Ansehen zur Verfügung gestellt werden (siehe Art. 6b VO (EU) Nr. 282/2011 idF VO (EU) Nr. 1042/2013).

Darunter fallen insbesondere:
- Rundfunk- oder Fernsehsendungen, die über einen Rundfunk- oder Fernsehsender verbreitet oder weiterverbreitet werden,
- Rundfunk- oder Fernsehsendungen, die über das Internet oder ein ähnliches elektronisches Netzwerk (IP-Streaming) verbreitet werden, wenn sie zeitgleich zu ihrer Verbreitung oder Weiterverbreitung durch einen Rundfunk- oder Fernsehsender übertragen werden.

Rundfunk- und Fernsehdienstleistungen umfassen nicht:
- Telekommunikationsdienstleistungen,
- elektronisch erbrachte sonstige Leistungen,
- die Bereitstellung von Informationen über bestimmte auf Abruf erhältliche Programme,
- die Übertragung von Sende- oder Verbreitungsrechten,
- das Leasing von Geräten und technischer Ausrüstung zum Empfang von Rundfunkdienstleistungen,

- Rundfunk- oder Fernsehsendungen, die über das Internet oder ein ähnliches elektronisches Netz (IP-Streaming) verbreitet werden, es sei denn, sie werden zeitgleich zu ihrer Verbreitung oder Weiterverbreitung durch herkömmliche Rundfunk- oder Fernsehsender übertragen.

14. Katalogleistungen

641q Leistungsort bei Katalogleistungen

Ist der Leistungsempfänger einer solchen Leistung ein Nichtunternehmer iSd § 3a Abs. 5 Z 3 UStG 1994 mit Wohnsitz, Sitz oder gewöhnlichem Aufenthalt im Drittland, bestimmt sich der Leistungsort ab 1.1.2015 nach § 3a Abs. 14 UStG 1994 (bis 31.12.2014 nach § 3a Abs. 13 lit. a UStG 1994). In anderen Fällen gelten die Generalklauseln nach § 3a Abs. 6 bzw. Abs. 7 UStG 1994.

Im Zusammenhang mit Drittländern sind in bestimmten Fällen die dazu ergangenen Verordnungen zu beachten. Siehe dazu Rz 642z bis Rz 643b.

14.1 Urheberrechtliche Vorschriften

641r Sonstige Leistungen im Sinne von § 3a Abs. 14 Z 1 UStG 1994 ergeben sich ua. auf Grund folgender Gesetze:
- Urheberrechtsgesetz, BGBl. Nr. 111/1936,
- Verwertungsgesellschaftengesetz 2006, BGBl. I Nr. 9/2006,
- Patentgesetz 1970, BGBl. Nr. 259/1970,
- Markenschutzgesetz 1970, BGBl. Nr. 260/1970,
- Musterschutzgesetz 1990, BGBl. Nr. 497/1990.

Hinsichtlich der Leistungen auf dem Gebiet des Urheberrechts vgl. Rz 640r. Die Überlassung von Fernsehübertragungsrechten ist ebenfalls nach § 3a Abs. 14 Z 1 UStG 1994 zu beurteilen.

Hinsichtlich Treibhausgasemissionszertifikate siehe Rz 345.

14.2 Werbung und Öffentlichkeitsarbeit

641s Unter dem Begriff „Leistungen, die der Werbung dienen", sind die Leistungen zu verstehen, die bei den Werbeadressaten den Entschluss zum Erwerb von Gegenständen oder zur Inanspruchnahme von sonstigen Leistungen auslösen sollen (vgl. BFH 24.09.1987, BStBl II 1988, 303). Dazu gehören auch die von einer Werbeagentur im Rahmen von Veranstaltungen (zB Unterhaltungsveranstaltungen, Cocktails, Pressekonferenzen, Seminaren usw.) erbrachten Leistungen, wenn diese entweder selbst eine Werbemitteilung enthalten oder aber mit der Übermittlung einer solchen unlösbar verbunden sind (EuGH 17.11.1993, Rs C-68/92). Unter den Begriff fallen auch die Leistungen, die bei den Werbeadressaten ein bestimmtes außerwirtschaftliches, zB politisches, soziales, religiöses Verhalten herbeiführen sollen. Es ist nicht erforderlich, dass die Leistungen üblicherweise und ausschließlich der Werbung dienen.

Zu den Leistungen, die der Werbung dienen, gehören insbesondere:
- die Werbeberatung. Hierbei handelt es sich um die Unterrichtung über die Möglichkeiten der Werbung;
- die Werbevorbereitung und die Werbeplanung. Bei ihr handelt es sich um die Erforschung und Planung der Grundlagen für einen Werbeeinsatz, zB die Markterkundung, die Verbraucheranalyse, die Erforschung von Konsumgewohnheiten, die Entwicklung einer Marktstrategie und die Entwicklung von Werbekonzeptionen;
- die Werbegestaltung. Hiezu zählen die grafische Arbeit, die Abfassung von Werbetexten und die vorbereitenden Arbeiten für die Film-, Funk- und Fernsehproduktion;
- die Werbemittelherstellung. Hiezu gehört die Herstellung oder Beschaffung der Unterlagen, die für die Werbung notwendig sind, zB Reinzeichnungen und Tiefdruckvorlagen für Anzeigen, Prospekte, Plakate usw., Druckstöcke, Bild- und Tonträger, einschließlich der Überwachung der Herstellungsvorgänge;
- die Werbemittlung. Der Begriff umfasst die Auftragsabwicklung in dem Bereich, in dem die Werbeeinsätze erfolgen sollen, zB die Erteilung von Anzeigenaufträgen an

die Verleger von Zeitungen, Zeitschriften, Fachblättern und Adressbüchern sowie die Erteilung von Werbeaufträgen an Funk- und Fernsehanstalten und an sonstige Unternehmer, die Werbung durchführen;
- die Durchführung von Werbung. Hiezu gehören insbesondere die Aufnahme von Werbeanzeigen in Zeitungen, Zeitschriften, Fachblättern, auf Bild- und Tonträgern und in Adressbüchern, die sonstige Adresswerbung, zB Zusatzeintragungen oder hervorgehobene Eintragungen, die Beiheftung, Beifügung oder Verteilung von Prospekten oder sonstige Formen der Direktwerbung, das Anbringen von Werbeplakaten und Werbetexten an Anschlagstellen, Verkehrsmitteln usw., das Abspielen von Werbefilmen in Filmtheatern oder die Ausstrahlung von Werbesendungen im Fernsehen oder Rundfunk.

641t Zeitungsanzeigen von Unternehmern, die Stellenangebote enthalten, ausgenommen Chiffreanzeigen, und so genannte Finanzanzeigen, zB Veröffentlichung von Bilanzen, Emissionen, Börsenzulassungsprospekten usw., sind Werbeleistungen. Zeitungsanzeigen von Nichtunternehmern, zB Stellengesuche, Stellenangebote von Körperschaften des öffentlichen Rechts, Familienanzeigen, Kleinanzeigen, sind dagegen als nicht der Werbung dienend anzusehen.

Unter Leistungen, die der Öffentlichkeitsarbeit dienen, sind die Leistungen zu verstehen, durch die Verständnis, Wohlwollen und Vertrauen erreicht oder erhalten werden sollen. Es handelt sich hierbei in der Regel um die Unterrichtung der Öffentlichkeit über die Zielsetzungen, Leistungen und die soziale Aufgeschlossenheit staatlicher oder privater Stellen. Die obigen Ausführungen gelten entsprechend.

Werbungsmittler ist, wer Unternehmern, die Werbung für andere durchführen, Werbeaufträge für andere im eigenen Namen und für eigene Rechnung erteilt. Eine Werbeagentur ist ein Unternehmer, der neben der Tätigkeit eines Werbungsmittlers weitere Leistungen, die der Werbung dienen, ausführt. Bei den weiteren Leistungen handelt es sich insbesondere um Werbeberatung, Werbeplanung, Werbegestaltung, Beschaffung von Werbemitteln und Überwachung der Werbemittelherstellung.

14.3 Leistungen bestimmter freier Berufe und Beratungsleistungen

641u Die Vorschrift des § 3a Abs. 14 Z 3 und 4 UStG 1994 ist bei sonstigen Leistungen anzuwenden, wenn sie Hauptleistungen sind. Sie findet keine Anwendung, wenn die Beratung nach den allgemeinen Grundsätzen des Umsatzsteuerrechts nur als unselbständige Nebenleistung, zB zu einer Werklieferung, zu beurteilen ist.

641v Bei Rechtsanwälten, Patentanwälten und Wirtschaftstreuhändern fallen die berufstypischen Leistungen unter die Vorschrift. Zur Beratungstätigkeit gehören daher zB bei einem Rechtsanwalt die Prozessführung, bei einem Wirtschaftsprüfer auch die im Rahmen von Abschlussprüfungen erbrachten Leistungen.

641w Die Vorschrift des § 3a Abs. 14 Z 4 UStG 1994 erfasst auch die selbständigen Beratungsleistungen der Notare, soweit diese nicht im Zusammenhang mit einer Beurkundung (§ 76 Abs. 1 Notariatsordnung) stehen. Das sind insbesondere die im § 5 der Notariatsordnung angeführten Tätigkeiten wie die Verfassung von Privaturkunden, die Beratung der Beteiligten und die Parteienvertretung im Außerstreit-, zum Teil auch im Streit-, im Exekutions- sowie im Verwaltungsverfahren.

641x Unter die Vorschrift des § 3a Abs. 14 Z 3 und 4 UStG 1994 fallen ferner die Beratungsleistungen von Sachverständigen. Hiezu gehören zB die Anfertigung von rechtlichen, wirtschaftlichen und technischen Gutachten, soweit letztere nicht im Zusammenhang mit einem Grundstück (§ 3a Abs. 9 UStG 1994) oder mit beweglichen Gegenständen (§ 3a Abs. 11 lit. c UStG 1994) stehen, sowie die Aufstellung von Finanzierungsplänen, die Auswahl von Herstellungsverfahren und die Prüfung ihrer Wirtschaftlichkeit. Ebenso sind Leistungen von Handelschemikern, die ausländische Auftraggeber neben der chemischen Analyse von Warenproben insbesondere in Kennzeichnungsfragen beraten, als Beratungsleistungen im Sinne des § 3a Abs. 14 Z 4 UStG 1994 zu beurteilen.

Weiters ist die Investitions- und Anlageberatung für eine Investmentgesellschaft als Beratungsleistung im Sinne des § 3a Abs. 14 Z 4 UStG 1994 zu beurteilen.

641y Ingenieurleistungen sind alle sonstigen Leistungen, die zum Berufsbild eines Ingenieurs gehören, also nicht nur beratende Tätigkeiten. Es ist nicht erforderlich, dass der leistende Unternehmer zB Architekt ist. Nicht dazu gehören Ingenieurleistungen im Zusammenhang mit einem Grundstück (§ 3a Abs. 9 UStG 1994).

Randzahl 641z: derzeit frei.

14.4

14.5 Datenverarbeitung

642a Datenverarbeitung im Sinne von § 3a Abs. 14 Z 5 UStG 1994 ist die Auswertung von Eingabedaten auf Datenverarbeitungsanlagen mit anschließender Übermittlung der Ergebnisse an den Auftraggeber.

14.6 Überlassung von Informationen

642b § 3a Abs. 14 Z 6 UStG 1994 behandelt die Überlassung von Informationen einschließlich gewerblicher Verfahren und Erfahrungen, soweit diese sonstigen Leistungen nicht bereits unter § 3a Abs. 14 Z 1, 4 und 5 UStG 1994 fallen. Gewerbliche Verfahren und Erfahrungen können im Rahmen der laufenden Produktion oder der laufenden Handelsgeschäfte gesammelt werden und daher bei einer Auftragserteilung bereits vorliegen, zB Überlassung von Betriebsvorschriften, Unterrichtung über Fabrikationsverbesserungen, Unterweisung von Arbeitern des Auftraggebers im Betrieb des Unternehmers. Gewerbliche Verfahren und Erfahrungen können auch auf Grund besonderer Auftragsforschung gewonnen werden, zB Analysen für chemische Produkte, Methoden der Stahlgewinnung, Formeln für die Automation. Es ist ohne Belang, in welcher Weise die Verfahren und Erfahrungen übermittelt werden, zB durch Vortrag, Zeichnungen, Gutachten oder durch Übergabe von Mustern oder Prototypen. Unter die Vorschrift fällt die Überlassung von Erkenntnisse, die ihrer Art nach geeignet sind, technische oder wirtschaftliche Verwendung zu finden. Dies gilt zB auch für die Überlassung von Know-how und nicht standardisierter Software, wenn sie mittels körperlichen Datenträgern überlassen wird (im Falle der Überlassung von Software auf elektronischem Wege siehe Rz 642n bis Rz 642o; zum Begriff Standard-Software vgl. die nachstehenden Ausführungen), für die Übertragung von Ergebnissen einer Meinungsumfrage auf dem Gebiet der Marktforschung (BFH 22.11.1973, BStBl II 1974, 259) und für die Überlassung von Informationen durch Journalisten oder Pressedienste, soweit es sich nicht um die Überlassung urheberrechtlich geschützter Rechte handelt. Bei den sonstigen Leistungen der Erbenermittler, Detektive und Partnerwahlinstitute (VwGH 22.04.2004, 2001/15/0104) handelt es sich um Überlassung von Informationen im Sinne des § 3a Abs. 14 Z 6 UStG 1994.

642c Beim Verkauf von Standard-Software mittels körperlichen Datenträgern liegt eine Lieferung vor (im Falle der Übertragung auf elektronischem Weg siehe Rz 642n bis Rz 642o). Standard-Software sind serienmäßig hergestellte Gegenstände in Standardform, die von jedem beliebigen Käufer erworben und verwendet werden können. Hiezu gehören zB Software für Heimcomputer, Computerspiele und Standardpakete. Bei der Überlassung nicht standardisierter Software, die speziell nach den Anforderungen des Anwenders erstellt wird oder die eine vorhandene Software den Bedürfnissen des Anwenders individuell anpasst, liegt eine sonstige Leistung vor.

14.7 Finanzumsätze

642d Der Verweis auf § 6 Abs. 1 Z 8 lit. a bis i und Z 9 lit. c UStG 1994 erfasst auch die dort als nicht steuerfrei bezeichneten Leistungen.

Umsätze im Zusammenhang mit Portfoliomanagement gelten als Finanzumsätze iSd § 3a Abs. 14 Z 7 UStG 1994 (vgl. EuGH 19.07.2012, Rs C-44/11, *Deutsche Bank AG*). Zur Nichtanwendbarkeit der Steuerbefreiung siehe Rz 767 ff.

Zur Verwaltung von Sondervermögen siehe Rz 772a.

14.8 Gestellung von Personal

642e Die Gestellung von Personal umfasst auch die Gestellung von selbständigem, nicht beim leistenden Unternehmer beschäftigtem Personal (EuGH 26.01.2012, Rs C-218/10, *ADV Allround*).

Die Verordnung des BM für Finanzen über die Verlagerung des Ortes der sonstigen Leistung bei der Gestellung von Personal, BGBl. II Nr. 218/1998, ist zu beachten.

Der Ort der sonstigen Leistung bei der Gestellung von Personal wird vom Inland in das Drittlandsgebiet verlagert, wenn das gestellte Personal im Drittland eingesetzt wird.

14.9 Verzichtsleistungen betreffend Rechte

Randzahl 642f: derzeit frei.

14.10 Verzicht auf Ausübung einer gewerblichen oder beruflichen Tätigkeit

Randzahl 642g: derzeit frei.

14.11 Vermietung beweglicher körperlicher Gegenstände, ausgenommen Beförderungsmittel

642h Die Verordnung des BM für Finanzen, BGBl. II Nr. 173/2010, hinsichtlich der Verlagerung des Ortes der sonstigen Leistung bei bestimmten Umsätzen ist zu beachten.

14.12 Telekommunikationsdienste – Rechtslage bis 31.12.2014

642i Zur Rechtslage ab 1.1.2015 siehe Rz 641o.

Bis zum 31.12.2014 zählen Telekommunikationsdienste zu den Katalogleistungen.

Zum Begriff der Telekommunikationsleistung siehe Rz 641o.

Hinsichtlich der Ortsbestimmung siehe Rz 641q.

Die Verordnung des BM für Finanzen, BGBl. II Nr. 383/2003 ist im Zusammenhang mit Drittländern zu beachten. Siehe dazu Rz 643.

Randzahl 642j: derzeit frei.

14.13 Rundfunk- und Fernsehdienstleistungen – Rechtslage bis 31.12.2014

642k Zur Rechtslage ab 1.1.2015 siehe Rz 641p.

Bis zum 31.12.2014 zählen Rundfunk- und Fernsehdienstleistungen zu den Katalogleistungen.

Rundfunk- und Fernsehdienstleistungen sind Rundfunk- und Fernsehprogramme, die über Kabel, Antenne oder Satellit verbreitet werden. Dies gilt auch dann, wenn die Verbreitung gleichzeitig über das Internet oder ein ähnliches elektronisches Netz erfolgt.

Der Begriff der Rundfunk- und Fernsehdienstleistungen ist eng auszulegen. Er umfasst weder die Abtretung von Sende- oder Übertragungsrechten noch die Miete von bei der Übertragung eingesetztem Gerät und technischer Ausrüstung oder sonstige Nebentätigkeiten.

Ein Rundfunk- und Fernsehprogramm, das nur über das Internet oder ein ähnliches elektronisches Netz verbreitet wird, gilt dagegen als auf elektronischem Weg erbrachte sonstige Leistung (§ 3a Abs. 14 Z 14 UStG 1994 idF BGBl. I Nr. 112/2012). Die Bereitstellung von Sendungen und Veranstaltungen aus den Bereichen Politik, Kultur, Kunst, Sport, Wissenschaft und Unterhaltung ist ebenfalls eine auf elektronischem Weg erbrachte sonstige Leistung. Hierunter fällt der Web-Rundfunk, der ausschließlich über das Internet oder ähnliche elektronische Netze und nicht gleichzeitig über Kabel, Antenne oder Satellit verbreitet wird.

Zur Begriffsbestimmung von Rundfunk- und Fernsehdienstleistungen ab 1.1.2015 siehe Rz 641p.

Liegt der Ort der sonstigen Leistung außerhalb des Gemeinschaftsgebietes, so wird die Leistung im Inland ausgeführt, wenn sie dort genutzt oder ausgewertet wird (VO, BGBl. II Nr. 383/2003 hinsichtlich der Verlagerung des Ortes der sonstigen Leistung). Siehe dazu Rz 643.

14.14 Auf elektronischem Weg erbrachte sonstige Leistungen
14.14.1 Ortsbestimmung – Rechtslage bis 31.12.2014

642l Zur Rechtslage ab 1.1.2015 siehe Rz 641n.

Abweichend vom allgemeinen Grundsatz, wonach Katalogleistungen an einen Nichtunternehmer iSd § 3a Abs. 5 Z 3 UStG 1994 mit Wohnsitz, Sitz oder gewöhnlichem Aufenthalt im Gemeinschaftsgebiet dort zu versteuern sind, wo der leistende Unternehmer sein Unternehmen betreibt (§ 3a Abs. 7 UStG 1994), gilt für Drittlandsunternehmer, die elektronische Dienstleistungen an Nichtunternehmer im Gemeinschaftsgebiet erbringen, Folgendes:

Ist der Empfänger der Leistung kein Unternehmer und hat er Wohnsitz, Sitz oder gewöhnlichen Aufenthalt im Gemeinschaftsgebiet, wird die Leistung dort ausgeführt, wo der Empfänger Wohnsitz, Sitz oder gewöhnlichen Aufenthalt hat. Das gilt sinngemäß, wenn die Leistung von einer im Drittlandsgebiet gelegenen Betriebsstätte des Unternehmers ausgeführt wird.

Bei elektronischen Dienstleistungen bestimmt sich der Leistungsort grundsätzlich nach dem Empfängerortprinzip. Nur in jenen Fällen, in denen Unternehmer aus der EU eine solche Leistung an einen Nichtunternehmer (NU) im Gemeinschaftsgebiet erbringen, kommt die Generalklausel des § 3a Abs. 7 UStG 1994 (Unternehmerort) zur Anwendung.

Für Drittlandsunternehmer, die elektronische Dienstleistungen an Nichtunternehmer iSd § 3a Abs. 5 Z 3 UStG 1994 mit Wohnsitz, Sitz oder gewöhnlichem Aufenthalt im Gemeinschaftsgebiet erbringen, normiert die Bestimmung des § 3a Abs. 13 lit. b UStG 1994 idF BGBl. I Nr. 112/2012 ebenfalls das Empfängerortprinzip.

Werden daher elektronische Dienstleistungen von einem Drittlandsunternehmer erbracht, bestimmt sich der Leistungsort immer nach dem Empfängerortprinzip.

Leistender ist Unternehmer aus EU:

LE ist Unternehmer aus EU	§ 3a Abs. 6 UStG 1994	Empfängerort
LE ist Unternehmer aus Drittland	§ 3a Abs. 6 UStG 1994	Empfängerort
LE ist NU aus EU	§ 3a Abs. 7 UStG 1994	Unternehmerort
LE ist NU aus Drittland	§ 3a Abs. 13 lit. a UStG 1994*	Empfängerort

Leistender ist Unternehmer aus dem Drittland:

LE ist Unternehmer aus EU	§ 3a Abs. 6 UStG 1994	Empfängerort
LE ist Unternehmer aus Drittland	§ 3a Abs. 6 UStG 1994	Empfängerort
LE ist NU aus EU	§ 3a Abs. 13 lit. b UStG 1994*	Empfängerort
LE ist NU aus Drittland	§ 3a Abs. 13 lit. a UStG 1994*	Empfängerort

* UStG 1994 idF BGBl. I Nr. 112/2012

14.14.2 Begriffsbestimmung

642m Eine auf elektronischem Weg erbrachte sonstige Leistung ist eine Leistung, die über das Internet oder ein elektronisches Netz, einschließlich Netze zur Übermittlung digitaler Inhalte, erbracht wird und deren Erbringung aufgrund der Merkmale der sonstigen Leistung in hohem Maße auf Informationstechnologie angewiesen ist. Das heißt, die Leistung ist im Wesentlichen automatisiert, wird nur mit minimaler menschlicher Beteiligung erbracht und wäre ohne Informationstechnologie nicht möglich.

14.14.3 Beispiele für auf elektronischem Weg erbrachte Leistungen

642n Auf elektronischem Weg erbrachte Leistungen umfassen im Wesentlichen:
1. Digitale Produkte wie zB Software und zugehörige Änderungen oder Updates.
2. Dienste, die in elektronischen Netzen eine Präsenz zu geschäftlichen oder persönlichen Zwecken vermitteln oder unterstützen (zB Website, Webpage).
3. Von einem Computer automatische generierte Dienstleistungen über das Internet oder ein ähnliches elektronisches Netz auf der Grundlage spezifischer Dateneingabe des Leistungsempfängers.
4. Einräumung des Rechts, gegen Entgelt eine Leistung auf einer Website, die als Online-Marktplatz fungiert, zum Kauf anzubieten, wobei die potenziellen Käufer ihr Gebot im Wege eines automatisierten Verfahrens abgeben und die Beteiligten durch eine automatische, computergenerierte E-Mail über das Zustandekommen eines Verkaufs unterrichtet werden.
5. Internet Service-Pakete, in denen die Telekommunikationskomponente ein ergänzender oder untergeordneter Bestandteil ist (dh. Pakete, die mehr ermöglichen als nur die Gewährung des Zugangs zum Internet und die weitere Elemente wie etwa Nachrichten, Wetterbericht, Reiseinformationen, Spielforen, Webhosting, Zugang zu Chatlines usw. umfassen.

642o Auf elektronischem Weg erbrachte sonstige Leistungen sind insbesondere:
1. Bereitstellung von Websites, Webhosting, Fernwartung von Programmen und Ausrüstungen. Hiezu gehören zB die automatisierte Online-Fernwartung von Programmen, die Fernverwaltung von Systemen, das Online-Data Warehousing (Datenspeicherung und -abruf auf elektronischem Weg), Online-Bereitstellung von Speicherplatz nach Bedarf.
2. Bereitstellung von Software und deren Aktualisierung. Hiezu gehört zB die Gewährung des Zugangs zu oder das Herunterladen von Software (wie zB Beschaffungs- oder Buchhaltungsprogramme, Software zur Virusbekämpfung) und Updates, Bannerblocker (Software zur Unterdrückung der Anzeige von Webbannern), Herunterladen von Treibern (zB Software für Schnittstellen zwischen PC und Peripheriegeräten wie zB Drucker), automatisierte Online-Installation von Filtern auf Websites und automatisierte Online-Installation von Firewalls.
3. Bereitstellung von Bildern, wie zB die Gewährung des Zugangs zu oder das Herunterladen von Desktop-Gestaltungen oder von Fotos, Bildern und Bildschirmschonern.
4. Bereitstellung von Texten und Informationen. Hiezu gehören zB E-Books und andere elektronische Publikationen, Abonnements von Online-Zeitungen und Online-Zeitschriften, Web-Protokolle und Website-Statistiken, Online-Nachrichten, Online-Verkehrsinformationen und Online-Wetterberichte, Online-Informationen, die automatisch anhand spezifischer vom Leistungsempfänger eingegebener Daten etwa aus dem Rechts- und Finanzbereich generiert werden (zB regelmäßig aktualisierte Börsendaten), Bereitstellung von Werbeplätzen (zB Bannerwerbung auf Websites und Webpages).
5. Bereitstellung von Datenbanken, wie zB die Benutzung von Suchmaschinen und Internetverzeichnissen.
6. Bereitstellung von Musik (zB die Gewährung des Zugangs zu oder das Herunterladen von Musik auf PC, Mobiltelefone usw. und die Gewährung des Zugangs zu oder das Herunterladen von Jingles, Ausschnitten, Klingeltönen und anderen Tönen).
7. Bereitstellung von Filmen und Spielen, einschließlich Glücksspielen und Lotterien. Hiezu gehören zB die Gewährung des Zugangs zu oder das Herunterladen von Filmen, das Herunterladen von Spielen auf PC oder Mobiltelefone, und die Gewährung des Zugangs zu automatisierten Online-Spielen, die nur über das Internet oder ähnliche elektronische Netze laufen und bei denen die Spieler räumlich voneinander getrennt sind.
8. Bereitstellung von Sendungen und Veranstaltungen aus den Bereichen Politik, Kultur, Kunst, Sport, Wissenschaft und Unterhaltung. Hiezu gehört zB der Web-Rundfunk, der ausschließlich über das Internet oder ähnliche elektronische Netze verbreitet und nicht gleichzeitig auf herkömmlichen Weg ausgestrahlt wird.

9. Erbringung von Fernunterrichtsleistungen. Hiezu gehört zB der automatisierte Unterricht, der auf das Internet oder ähnliche elektronische Netze angewiesen ist und dessen Erbringung wenig oder gar keine menschliche Beteiligung erfordert, auch so genannte virtuelle Klassenzimmer. Dazu gehören auch Arbeitsunterlagen, die vom Schüler online bearbeitet und anschließend ohne menschliches Eingreifen automatisch korrigiert werden.
10. Online-Versteigerungen (soweit es sich nicht bereits um Web-Hosting-Leistungen handelt) über automatisierte Datenbanken und mit Dateneingabe durch den Leistungsempfänger, die kein oder nur wenig menschliches Eingreifen erfordern (zB Online-Marktplatz, Online-Einkaufsportal).

14.14.4 Abgrenzung gegenüber Lieferungen und anderen sonstigen Leistungen

642p Von den auf elektronischem Weg erbrachten sonstigen Leistungen sind die Leistungen zu unterscheiden, bei denen es sich um Lieferungen oder um andere sonstige Leistungen handelt.

Insbesondere in den folgenden Fällen handelt es sich um Lieferungen, so dass keine auf elektronischem Weg erbrachten sonstigen Leistungen vorliegen:

1. Lieferungen von Gegenständen, bei denen lediglich die Bestellung und Auftragsbearbeitung auf elektronischem Weg angebahnt und abgewickelt wurde.
2. Lieferungen von körperlichen Datenträgern (zB CD-ROM, Disketten, CD, DVD, Audiokassetten, Videokassetten).
3. Lieferung von Druckerzeugnissen wie Büchern, Newsletters, Zeitungen und Zeitschriften.
4. Lieferung von Spielen auf CD-ROM.

642q Insbesondere in den folgenden Fällen handelt es sich um andere als auf elektronischem Weg erbrachte sonstige Leistungen. Es sind sonstige Leistungen, die zum wesentlichen Teil durch Menschen erbracht werden, wobei das Internet oder ein elektronisches Netz nur als Kommunikationsmittel dient:

- Data-Warehousing – offline –, eine themenorientierte, integrierte, statische und nur zeitlich variable Sammlung von Daten, die so organisiert ist, dass sie die Bedürfnisse des Managements unterstützt (§ 3a Abs. 6 oder Abs. 7 UStG 1994).
- Versteigerungen herkömmlicher Art, bei denen Menschen direkt tätig werden, unabhängig davon, wie die Gebote abgegeben werden – zB persönlich, per Internet oder per Telefon (§ 3a Abs. 6 oder Abs. 7 UStG 1994).
- Nichtautomatisierter Fernunterricht, zB per Post oder Internet (bis 31.12.2010: § 3a Abs. 11 lit. a UStG 1994; ab 1.1.2011: § 3a Abs. 6 oder Abs. 11 lit. a UStG 1994).
- (Physische Offline) Reparatur von EDV-Ausrüstung (§ 3a Abs. 6 oder Abs. 11 lit. c UStG 1994).
- Zeitungs-, Plakat- und Fernsehwerbung (§ 3a Abs. 6 oder Abs. 14 Z 2 UStG 1994).
- Beratungsleistungen von Rechtsanwälten und Finanzberatern usw. per E-Mail (§ 3a Abs. 6 oder Abs. 14 Z 3 und Z 4 UStG 1994).
- Kommunikation wie zB E-Mail (bis 31.12.2014: § 3a Abs. 6 oder Abs. 14 Z 12 UStG 1994; ab 1.1.2015: § 3a Abs. 6 oder Abs. 13 UStG 1994).
- Telefon-Helpdesks, eine telefonische Sofort-Hilfe zur Lösung von EDV-Problemen (§ 3a Abs. 6 oder Abs. 7 UStG 1994).
- Videofonie, dh. Telefonie mit Video-Komponente (bis 31.12.2014: § 3a Abs. 6 oder Abs. 14 Z 12 UStG 1994; ab 1.1.2015: § 3a Abs. 6 oder Abs. 13 UStG 1994).
- Zugang zum Internet und World Wide Web (bis 31.12.2014: § 3a Abs. 6 oder Abs. 14 Z 12 UStG 1994; ab 1.1.2015: § 3a Abs. 6 oder Abs. 13 UStG 1994).
- Rundfunk- und Fernsehdienstleistungen über das Internet oder ein ähnliches elektronisches Netz (IP-Streaming) bei gleichzeitiger Übertragung der Sendung auf herkömmlichem Weg (bis 31.12.2014: § 3a Abs. 6 oder Abs. 14 Z 13 UStG 1994; ab 1.1.2015: § 3a Abs. 6 oder Abs. 13 UStG 1994).

- Unterrichtsleistungen, wobei ein Lehrer den Unterricht über das Internet oder ein elektronisches Netz, dh. über einen Remote Link, erteilt (bis 31.12.2010: § 3a Abs. 11 lit. a UStG 1994; ab 1.1.2011: § 3a Abs. 6 oder Abs. 11 lit. a UStG 1994).
- Über das Internet erbrachte Telefondienste einschließlich VoIP-Dienste (Voice over Internet Protocol; bis 31.12.2014: § 3a Abs. 6 oder Abs. 14 Z 12 UStG 1994; ab 1.1.2015: § 3a Abs. 6 oder Abs. 13 UStG 1994; Telekommunikationsdienstleistung).
- Online gebuchte Dienstleistungen wie zB online gebuchte Beherbergungsleistungen, Fahrkarten, Mietautos oder Eintrittskarten.

14.15 Gewährung des Zugangs zu Erdgas- und Elektrizitätsnetzen, Wärme- oder Kältenetzen (§ 3a Abs. 14 Z 12 UStG 1994 idF BGBl. I Nr. 40/2014)

642r Zu diesen Leistungen gehören die Gewährung des Zugangs zu Erdgas- und Elektrizitätsnetzen, die Fernleitung, die Übertragung oder die Verteilung über diese Netze sowie andere mit diesen Leistungen unmittelbar zusammenhängende Leistungen in Bezug auf Gas für alle Druckstufen und in Bezug auf Elektrizität für alle Spannungsstufen.

Ab 1.1.2011 fallen auch Dienstleistungen gleicher Art im Zusammenhang mit einem Fernleitungsnetz oder einem vorgelagerten Gasleitungsnetz darunter. Weiters sind ab 1.1.2011 auch alle Dienstleistungen, die mit der Gewährung des Zugangs zu Wärme- oder Kältenetzen verbunden sind, umfasst.

642s Zu den mit der Gewährung des Zugangs zu Erdgasnetzen und der Fernleitung, der Übertragung oder der Verteilung über diese Netze unmittelbar zusammenhängenden Umsätzen gehören insbesondere

- die Gewährung des Zugangs zu Erdgasspeichern sowie die Zwischenspeicherung von Gas in solchen Speichern,
- das Vorhalten von Speicher- und Transportkapazitäten für Erdgas im eigenen Netz, auch wenn diese tatsächlich nicht in Anspruch genommen werden,
- die Verpachtung von Leitungssegmenten und das Transportmanagement in fremden Netzen,
- Überwachung des Transports von Gas,
- die Bereitstellung von Arbeitsgasvolumen im Erdgasspeichersystem einschließlich der damit einhergehenden Einspeise- und Ausspeiseleistung,
- technische Dienstleistungen, wie Ausgleich von Mengen- und Druckschwankungen,
- Verdichterleistung, Gastrocknung, Überlassung bzw. Wartung von Mess-, Druck-, Druckregel- und Datenübertragungsanlagen und Gasbeschaffenheitsanalysen,
- Steuern von Gasflüssen (Dispatching) in eigenen und fremden Gasnetzen,
- sonstige Serviceleistungen wie Überwachung, Revision und Wartung fremder Netze oder Pipelines, Netzoptimierung, Notrufbereitschaften.

642t Zu den mit der Gewährung des Zugangs zu Elektrizitätsnetzen und der Fernleitung, der Übertragung oder der Verteilung über diese Netze unmittelbar zusammenhängenden Umsätzen gehören insbesondere

- der Anschluss an das Elektrizitätsnetz sowie die Netznutzung,
- die Netzführung sowie die Schaffung der Voraussetzungen für die Messung,
- die Spannungs- und Frequenzhaltung,
- der Wiederaufbau der Versorgung nach Störungseintritt oder Störungsabgrenzung,
- das Vorhalten von Übertragungskapazitäten, auch wenn diese tatsächlich nicht in Anspruch genommen werden,
- Überwachung des Transports von Strom,
- sonstige Serviceleistungen wie Überwachung, Revision und Wartung fremder Netze, Netzoptimierung, Notrufbereitschaften.

642u Der Ort der Vermittlung von unter § 3a Abs. 14 Z 12 UStG 1994 idF BGBl. I Nr. 40/2014 bzw. § 3a Abs. 14 Z 15 UStG 1994 idF BGBl. I Nr. 112/2012 fallenden Leistungen bestimmt sich nach § 3a Abs. 6 UStG 1994, wenn der Leistungsempfänger ein Unternehmer iSd § 3a Abs. 5 Z 1 und 2 UStG 1994 ist, bzw. nach § 3a Abs. 8 UStG 1994, wenn der Leistungsempfänger ein Nichtunternehmer iSd § 3a Abs. 5 Z 3 UStG 1994 ist.

15. Sonderfälle des Ortes der sonstigen Leistungen

642v Die Sonderregelung des § 3a Abs. 15 UStG 1994 betrifft sonstige Leistungen, deren Leistungsort im Drittland läge und die im Inland genutzt oder ausgewertet werden.

642w Ab 1.1.2016 kommt es nicht mehr zur Verlagerung des Leistungsortes ins Inland.

Zur Rechtslage vor dem 1.1.2016: § 3a Abs. 15 Z 1 UStG 1994 erfasst Umsätze aus der Vermietung von Beförderungsmitteln durch Drittlandsunternehmer, wenn die Leistung im Inland genutzt oder ausgewertet wird. Dabei ist es gleichgültig, ob die Leistung einem Unternehmer oder Nichtunternehmer gegenüber erbracht wird. Das gilt sinngemäß, wenn die Leistung von einer im Drittlandsgebiet gelegenen Betriebsstätte des Unternehmers ausgeführt wird.

Beispiel:

Der amerikanische Private P least bei einem Schweizer Autovermieter einen Pkw für 3 Monate und nutzt den Pkw im Inland. Der Leistungsort bestimmt sich bei der langfristigen Vermietung von Beförderungsmitteln an Nichtunternehmer iSd § 3a Abs. 5 Z 3 UStG 1994 nach § 3a Abs. 12 Z 2 UStG 1994. Da der leistende Unternehmer sein Unternehmen vom Drittlandsgebiet aus betreibt und der Pkw im Inland genutzt wird, ist die Leistung jedoch nach § 3a Abs. 15 Z 1 UStG 1994 als im Inland ausgeführt zu behandeln.

Bei der Vermietung eines Beförderungsmittels hat § 3a Abs. 15 Z 1 UStG 1994 Vorrang gegenüber § 3a Abs. 12 UStG 1994 und § 3a Abs. 6 UStG 1994.

642x Die Regelung im § 3a Abs. 15 UStG 1994 erstreckt sich nur auf sonstige Leistungen iSd § 3a Abs. 14 UStG 1994 (bis 31.12.2014: § 3a Abs. 14 Z 1 bis 13 und Z 15 UStG 1994) an juristische Personen des öffentlichen Rechts, soweit diese Nichtunternehmer iSd § 3a Abs. 5 Z 3 UStG 1994 sind. Auch in diesem Fall kann es zum Übergang der Steuerschuld kommen (vgl. § 19 Abs. 1 zweiter Satz UStG 1994).

Beispiel:

Eine österreichische Gemeinde, die nichtunternehmerisch tätig ist und über keine UID verfügt, platziert im Wege der Öffentlichkeitsarbeit eine Fremdenverkehrsanzeige über einen Werbungsmittler mit Sitz in der Schweiz in einer österreichischen Zeitung.

Die Werbeleistung der österreichischen Zeitung an den Schweizer Werbungsmittler ist nach § 3a Abs. 6 UStG 1994 nicht in Österreich steuerbar. Die Leistung des Schweizer Werbungsmittlers an die Gemeinde unterliegt nach § 3a Abs. 15 UStG 1994 der österreichischen Umsatzsteuer. Die österreichische Gemeinde schuldet die Steuer unter den Voraussetzungen des § 19 Abs. 1 zweiter Satz UStG 1994.

Sonstige Leistungen, die der Werbung oder der Öffentlichkeitsarbeit dienen (vgl. Rz 641s und Rz 641t), werden dort genutzt oder ausgewertet, wo die Werbung oder Öffentlichkeitsarbeit wahrgenommen werden soll. Wird eine sonstige Leistung sowohl im Inland als auch im Ausland genutzt oder ausgewertet, ist darauf abzustellen, wo die Leistung überwiegend genutzt oder ausgewertet wird.

16. Verordnungsermächtigung

16.1 Verlagerung des Ortes der sonstigen Leistung bei der Vermietung von Beförderungsmitteln

642y Nach der Verordnung des BM für Finanzen, BGBl. Nr. 5/1996 über die Verlagerung des Ortes der sonstigen Leistung bei der Vermietung von Beförderungsmitteln, bestimmt sich der Ort der sonstigen Leistung bei der Vermietung von Beförderungsmitteln unter folgenden Voraussetzungen danach, wo das Beförderungsmittel genutzt wird:

- Die Nutzung muss im Drittlandsgebiet erfolgen.
- Bei KFZ und Anhängern muss die kraftfahrrechtliche Zulassung im Drittlandsgebiet erfolgen (Kennzeichen eines Staates aus dem Drittlandsgebiet erforderlich).

- Handelt es sich bei dem Beförderungsmittel zunächst um eine Gemeinschaftsware, muss eine mit der zollrechtlichen Ausgangsbescheinigung versehene Ausfuhranmeldung vorliegen.

Bei der Vermietung von Eisenbahngüterwagen (einschließlich Eisenbahnkesselwagen) an Unternehmer in Staaten außerhalb der EU bestimmt sich der Ort der Leistung danach, wo die Eisenbahngüterwagen zum wesentlichen Teil genutzt werden, wenn diese Nutzung außerhalb des Gebiets der EU erfolgt.

16.2 Verlagerung des Ortes der sonstigen Leistung bei der Gestellung von Personal

642z Bei der Gestellung von Personal wird nach der VO des BM für Finanzen, BGBl. II Nr. 218/1998 der Ort der sonstigen Leistung vom Inland in das Drittlandsgebiet verlagert, wenn das gestellte Personal im Drittland eingesetzt wird.

16.3 Verlagerung des Ortes der sonstigen Leistung bei Telekommunikations-, Rundfunk- und Fernsehdienstleistungen

643 Liegt der Ort der Telekommunikationsdienstleistung, Rundfunk- oder Fernsehdienstleistung außerhalb des Gemeinschaftsgebietes und unterliegt die Leistung dort keiner der inländischen Umsatzsteuerbelastung vergleichbaren Steuerbelastung, so wird sie nach der VO des BM für Finanzen, BGBl. II Nr. 383/2003 idF BGBl. II Nr. 221/2009 im Inland ausgeführt, wenn sie dort genutzt oder ausgewertet wird. Das gilt unabhängig davon, ob die Leistung an einen Unternehmer iSd § 3a Abs. 5 Z 1 und 2 UStG 1994 oder an einen Nichtunternehmer iSd § 3a Abs. 5 Z 3 UStG 1994 erbracht wird.

Die österreichischen Netzanbieter haben die Möglichkeit, sich hinsichtlich der von ihnen erbrachten Telekommunikationsdienstleistungen an Drittlandsunternehmer auf das für sie günstigere EU-Recht zu berufen. Eine Berufung ist jedoch nur in solchen Fällen möglich, in denen Telekommunikationsdienstleistungen an Empfänger im Drittland erbracht werden und diese Leistungen im Drittland einer der inländischen Umsatzsteuerbelastung vergleichbaren Steuerbelastung unterliegen. Letztere Voraussetzung ist vom österreichischen Netzanbieter nachzuweisen, wobei dies beispielsweise durch Beschreibung der gesetzlichen Bestimmungen im Drittland und Vorlage entsprechender Steuerbescheide erfolgen kann.

Beispiel:

Ein österreichischer Mobilfunkbetreiber schließt mit einem Mobilfunkbetreiber mit Sitz im Drittland einen Vertrag ab, wonach die beiden Vertragsparteien den jeweils berechtigten Kunden der anderen Vertragspartei die Möglichkeit geben, Telekommunikationsleistungen auf dem von ihnen betriebenen Netz zu erhalten (Roaming-Vertrag). Der Kunde des Drittlandsunternehmers telefoniert in Österreich. Die Telekommunikationsdienstleistung unterliegt im Drittland keiner der inländischen Umsatzsteuerbelastung vergleichbaren Steuerbelastung.

Der Ort der Leistung des österreichischen Unternehmers beurteilt sich zunächst nach § 3a Abs. 6 UStG 1994 und liegt nach dieser Bestimmung im Drittland, da die Leistung einem Unternehmer gegenüber erbracht wird. Da diese Leistung jedoch in Österreich genutzt wird, verlagert sich der Ort der Leistung auf Grund der Verordnung des BM für Finanzen, BGBl. II Nr. 383/2003 nach Österreich.

Der Ort der Leistung des Drittlandsunternehmers richtet sich nach § 3a Abs. 6 bzw. Abs. 13 UStG 1994 idF ab 1.1.2015 (bis 31.12.2014: § 3a Abs. 7 UStG 1994 bzw. § 3a Abs. 13 lit. a UStG 1994 bzw. § 3a Abs. 15 UStG 1994). Erbringt er seine Leistung gegenüber einem Unternehmer im Gemeinschaftsgebiet, liegt der Ort der Leistung im Gemeinschaftsgebiet. Hat der Unternehmer seinen Sitz in Österreich, liegt der Ort der Leistung in Österreich. In diesem Fall kann es zum Übergang der Steuerschuld kommen.

Wird die Leistung einem Unternehmer im Drittland oder einem Nichtunternehmer im Drittland gegenüber erbracht, liegt der Ort der Leistung gemäß § 3a Abs. 6 oder Abs. 13 UStG 1994 idF ab 1.1.2015 (bis 31.12.2014: § 3a Abs. 13 lit. a oder Abs. 7

UStG 1994) jeweils im Drittland. Da diese Leistung jedoch in Österreich genutzt wird, verlagert sich der Ort der Leistung auf Grund der Verordnung des BM für Finanzen, BGBl. II Nr. 383/2003 nach Österreich.

16.4 Verlagerung des Ortes der sonstigen Leistung bei bestimmten Umsätzen

643a Nach § 1 der Verordnung des BM für Finanzen über die Verlagerung des Ortes der sonstigen Leistung bei bestimmten Umsätzen, BGBl. II Nr. 173/2010, verlagert sich ab 1.7.2010 der Leistungsort bei der Vermietung von körperlichen Gegenständen, ausgenommen von Beförderungsmitteln, vom Drittland ins Inland, wenn diese Gegenstände tatsächlich im Inland genutzt werden.

Beispiel:

Der russische Tourist R mietet für seinen zweiwöchigen Schiurlaub in Ischgl eine Schiausrüstung im österreichischen Sportfachgeschäft Ö.

Die Vermietung des Ö an R wäre nach § 3a Abs. 14 Z 11 UStG 1994 idF BGBl. I Nr. 40/2014 (bis 31.12.2014: § 3a Abs. 14 Z 11 iVm § 3a Abs. 13 lit. a UStG 1994) in Russland steuerbar. Da der „Verbrauch" dieser Leistung in Österreich stattfindet, verlagert sich der Leistungsort nach § 1 der VO, BGBl. II Nr. 173/2010, nach Österreich, sodass Ö österreichische Umsatzsteuer in Rechnung zu stellen hat.

643b Nach § 2 Abs. 1 der Verordnung des BM für Finanzen über die Verlagerung des Ortes der sonstigen Leistung bei bestimmten Umsätzen, BGBl. II Nr. 173/2010, verlagert sich ab 1.7.2010 ein im Drittland gelegener Leistungsort bei Sportwetten und Ausspielungen gemäß § 2 GSpG ins Inland, wenn die tatsächliche Nutzung oder Auswertung dieser Leistung im Inland erfolgt. Gleiches gilt gemäß § 2 Abs. 2 der Verordnung für die Vermittlung solcher Umsätze an im Drittland ansässige Unternehmer.

Beispiel:

Der in Österreich ansässige Unternehmer Ö vermittelt für den im Drittland ansässigen Unternehmer D den Abschluss von Glücksverträgen (zB Klassenlotterie) mit österreichischen Privaten. Die Vermittlungsleistung wäre nach § 3a Abs. 6 UStG 1994 im Drittland steuerbar, verlagert sich jedoch gemäß § 2 der VO, BGBl. II 173/2010, ins Inland, da hier der Vermittler dem Privaten die Möglichkeit einräumt, am Glücksspiel teilzunehmen.

Verordnungen zu § 3a:

Verordnung des Bundesministers für Finanzen über die Verlagerung des Ortes der sonstigen Leistung bei der Vermietung von Beförderungsmitteln

BGBl. Nr. 5/1996

Auf Grund des § 3a Abs. 13 UStG 1994, BGBl. Nr. 663/1994, in der Fassung des Bundesgesetzes BGBl. Nr. 21/1995 wird verordnet:

§ 1.

Der Ort der sonstigen Leistung bei der Vermietung von Beförderungsmitteln bestimmt sich unter folgenden Voraussetzungen danach, wo das Beförderungsmittel genutzt wird:
1. Die Nutzung muß im Drittlandsgebiet erfolgen.
2. Bei Kraftfahrzeugen und Anhängern muß die kraftfahrrechtliche Zulassung im Drittlandsgebiet erfolgen. Kraftfahrzeuge müssen daher ein Kennzeichen eines Staates aus dem Drittlandsgebiet aufweisen.

§ 3a UStG

3. Handelt es sich bei dem Beförderungsmittel zunächst um eine Gemeinschaftsware, muß eine mit der zollrechtlichen Ausgangsbescheinigung versehene Ausfuhranmeldung vorliegen.

§ 2.

Bei der Vermietung von Eisenbahngüterwagen (einschließlich Eisenbahnkesselwagen) an Unternehmer in Staaten außerhalb der Europäischen Union bestimmt sich der Ort der Leistung danach, wo die Eisenbahngüterwagen zum wesentlichen Teil genutzt werden, wenn diese Nutzung außerhalb des Gebiets der Europäischen Union erfolgt.

§ 3.

Die Verordnung ist auf Umsätze anzuwenden, die nach dem 31. Dezember 1994 ausgeführt werden.

Verordnung des Bundesministers für Finanzen über die Verlagerung des Ortes der sonstigen Leistung bei der Gestellung von Personal
BGBl. II Nr. 218/1998

Auf Grund des § 3a Abs. 13 UStG 1994, BGBl. Nr. 663/1994, wird verordnet:

Der Ort der sonstigen Leistung bei der Gestellung von Personal wird vom Inland in das Drittlandsgebiet verlagert, wenn das gestellte Personal im Drittland eingesetzt wird.

Verordnung des Bundesministers für Finanzen über die Verlagerung des Ortes der sonstigen Leistung bei Telekommunikationsdiensten sowie Rundfunk- und Fernsehdienstleistungen
BGBl. II Nr. 383/2003 i.d.F. BGBl. II Nr. 221/2009

Auf Grund des § 3a Abs. 10 Z 13 und 14 sowie Abs. 13 des Umsatzsteuergesetzes 1994, BGBl. Nr. 663/1994, in der Fassung des Bundesgesetzes BGBl. I Nr. 71/2003 wird verordnet:

§ 1.

Liegt bei einer in § 3a Abs. 14 Z 12 und 13 des Umsatzsteuergesetzes 1994, BGBl. Nr. 663, in der Fassung des Bundesgesetzes BGBl. I Nr. 52/2009, bezeichneten Leistung der Ort der Leistung gemäß § 3a des Umsatzsteuergesetzes 1994 außerhalb des Gemeinschaftsgebietes, so wird die Leistung im Inland ausgeführt, wenn sie dort genutzt oder ausgewertet wird.

§ 2.

Als Telekommunikationsdienste gelten solche Dienstleistungen, mit denen Übertragung, Ausstrahlung oder Empfang von Signalen, Schrift, Bild und Ton oder Informationen jeglicher Art über Draht, Funk, optische oder sonstige elektromagnetische Medien gewährleistet werden; dazu gehören auch die Abtretung und Einräumung von Nutzungsrechten an Einrichtungen zur Übertragung, Ausstrahlung oder zum Empfang.

§ 3.

(1) Die Verordnung ist auf Umsätze anzuwenden, die nach Ablauf des Tages, an dem die Verordnung im Bundesgesetzblatt kundgemacht wurde, ausgeführt werden.

(2) Die Verordnung des Bundesministers für Finanzen über die Verlagerung des Ortes der sonstigen Leistung bei Telekommunikationsdiensten, BGBl. II Nr. 102/1997, ist nicht

mehr auf Umsätze anzuwenden, die nach Ablauf des Tages, an dem die Verordnung im Bundesgesetzblatt kundgemacht wurde, ausgeführt werden.

(3) § 1 in der Fassung der Verordnung BGBl. II Nr. 221/2009 ist auf Umsätze anzuwenden, die nach dem 31. Dezember 2009 ausgeführt werden.

Verordnung des Bundesministers für Finanzen über die Verlagerung des Ortes der sonstigen Leistung bei bestimmten Umsätzen

BGBl. II Nr. 173/2010

Auf Grund des § 3a Abs. 16 des Umsatzsteuergesetzes 1994, BGBl. Nr. 663/1994, zuletzt geändert durch das Bundesgesetz BGBl. I Nr. 34/2010 wird verordnet:

§ 1.

Bei der Vermietung von beweglichen körperlichen Gegenständen, ausgenommen Beförderungsmitteln, verlagert sich der Leistungsort vom Drittland ins Inland, wenn diese Gegenstände tatsächlich im Inland genutzt werden.

§ 2.

(1) Bei Sportwetten und Ausspielungen gemäß § 2 GSpG verlagert sich der Leistungsort vom Drittland ins Inland, wenn die tatsächliche Nutzung oder Auswertung dieser Leistung im Inland erfolgt. Das gilt nicht für Leistungen im Sinne des § 3a Abs. 14 Z 14 UStG 1994, wenn der Leistungsempfänger ein Nichtunternehmer im Sinne des § 3a Abs. 5 Z 3 UStG 1994 ist, der keinen Wohnsitz, Sitz oder gewöhnlichen Aufenthalt im Gemeinschaftsgebiet hat.

(2) Bei der Vermittlung von Sportwetten und Ausspielungen gemäß § 2 GSpG an im Drittland ansässige Unternehmer im Sinne des § 3a Abs. 5 Z 1 und 2 UStG 1994 verlagert sich der Leistungsort vom Drittland ins Inland, wenn die tatsächliche Nutzung oder Auswertung dieser Leistung im Inland erfolgt.

§ 3.

Die Verordnung ist auf Umsätze anzuwenden, die nach dem 30. Juni 2010 ausgeführt werden.

Judikatur EuGH zu § 3a:

EuGH vom 8.12.2016, Rs C-453/15, *A und B*
Handel mit Treibhausgasemissionszertifikaten

Art. 56 Abs. 1 Buchst. a der Richtlinie 2006/112/EG ist dahin auszulegen, dass die in dieser Bestimmung genannten „anderen Rechte" die in Art. 3 Buchst. a der Richtlinie 2003/87/EG über ein System für den Handel mit Treibhausgasemissionszertifikaten in der Gemeinschaft und zur Änderung der Richtlinie 96/61/EG des Rates definierten Treibhausgasemissionszertifikate einschließen.

EuGH vom 3.9.2015, Rs C-463/14, *Asparuhovo Lake Investment Company OOD*
Steuertatbestand und Steueranspruch bei Abonnementverträgen über Beratungsdienstleistungen

1. Art. 24 Abs. 1 der Richtlinie 2006/112/EG ist dahin auszulegen, dass der Begriff „Dienstleistung" die Fälle von Abonnementverträgen über die Erbringung von Beratungsdienstleistungen, insbesondere im Rechts-, Wirtschafts- und Finanzbereich, gegenüber einem Unternehmen umfasst, in deren Rahmen sich der Leistende dem Auftraggeber für die Dauer des Vertrags zur Verfügung gestellt hat.

2. Bei Abonnementverträgen über Beratungsdienstleistungen wie denen des Ausgangsverfahrens sind die Art. 62 Abs. 2, 63 und 64 Abs. 1 der Richtlinie 2006/112 dahin auszulegen, dass der Steuertatbestand und der Steueranspruch mit Ablauf des Zeitraums eintreten, für den die Zahlung vereinbart wurde, ohne dass es darauf ankommt, ob und wie oft der Auftraggeber die Dienste des Leistenden tatsächlich in Anspruch genommen hat.

EuGH vom 16.10.2014, Rs C-605/12, *Welmory*
Definition des Begriffes „feste Niederlassung"

Ein erster Steuerpflichtiger, der den Sitz seiner wirtschaftlichen Tätigkeit in einem Mitgliedstaat hat und der Dienstleistungen empfängt, die von einem zweiten, in einem anderen Mitgliedstaat niedergelassenen Steuerpflichtigen erbracht werden, verfügt im Hinblick auf die Bestimmung des Ortes der Besteuerung dieser Dienstleistungen in diesem anderen Mitgliedstaat über eine „feste Niederlassung" im Sinne von Art. 44 der Richtlinie 2006/112/EG in der durch die Richtlinie 2008/8/EG geänderten Fassung, wenn diese Niederlassung einen hinreichenden Grad an Beständigkeit sowie eine Struktur aufweist, die es von der personellen und technischen Ausstattung her ermöglicht, Dienstleistungen für ihre wirtschaftliche Tätigkeit zu empfangen und zu verwenden. Ob dies der Fall ist, ist von dem vorlegenden Gericht festzustellen.

EuGH vom 27.6.2013, Rs C-155/12, *RR Donnelley Global Turnkey Solutions Poland*
Voraussetzungen, dass Lagerleistungen Grundstücksleistungen sind

Art. 47 der Richtlinie 2006/112/EG in der durch die Richtlinie 2008/8/EG geänderten Fassung ist dahin auszulegen, dass eine komplexe Dienstleistung im Bereich der Lagerung, die in der Annahme von Waren in einem Lager, ihrer Unterbringung auf geeigneten Lagerregalen, ihrer Aufbewahrung, ihrer Verpackung, ihrer Ausgabe sowie ihrem Ent- und Verladen besteht, nur dann unter diesen Artikel fällt, wenn die Lagerung die Hauptleistung eines einheitlichen Umsatzes darstellt und den Empfängern dieser Dienstleistung ein Recht auf Nutzung eines ausdrücklich bestimmten Grundstücks oder eines Teils desselben gewährt wird.

EuGH vom 30.5.2013, Rs C-651/11, *X*
Veräußerung von 30 % der Anteile an einer Gesellschaft ist keine Übertragung des Gesamtvermögens oder eines Teilvermögens

Art. 5 Abs. 8 und/oder Art. 6 Abs. 5 der Sechsten Richtlinie 77/388/EWG sind dahin auszulegen, dass die Veräußerung von 30 % der Anteile an einer Gesellschaft, für die der Veräußerer mehrwertsteuerpflichtige Dienstleistungen erbringt, keine Übertragung des Gesamtvermögens oder eines Teilvermögens bei der Lieferung von Gegenständen oder bei Dienstleistungen im Sinne dieser Bestimmungen darstellt; dies gilt unabhängig davon, ob die anderen Anteilseigner die übrigen Anteile an dieser Gesellschaft praktisch gleichzeitig an dieselbe Person übertragen oder diese Übertragung in engem Zusammenhang mit den für diese Gesellschaft ausgeübten Managementtätigkeiten steht.

EuGH vom 27.9.2012, Rs C-392/11, *Field Fisher Waterhouse*
Einheitliche Leistungen bei Mietumsätzen

Die Richtlinie 2006/112/EG ist dahin auszulegen, dass eine Vermietung von Grundstücken und die mit dieser Vermietung zusammenhängenden Dienstleistungen, wie sie im Ausgangsverfahren in Rede stehen, hinsichtlich der Mehrwertsteuer eine einheitliche Leistung darstellen können. Dabei ist die dem Vermieter im Mietvertrag eingeräumte Möglichkeit, diesen Vertrag zu kündigen, falls der Mieter das Dienstleistungsentgelt nicht zahlt, ein Hinweis, der für das Vorliegen einer einheitlichen Leistung spricht, auch wenn es sich nicht notwendigerweise um den für die Beurteilung des Vorliegens einer solchen Leistung entscheidenden Faktor handelt. Der Umstand hingegen, dass Dienstleistungen wie die, um die es im Ausgangsverfahren geht, grundsätzlich von einem Dritten erbracht werden könnten, lässt nicht den Schluss zu, dass diese unter den Umständen des Ausgangsverfahrens nicht eine einheitliche Leistung darstellen können. Es ist Sache des vorlegenden Gerichts, zu ermitteln, ob die betreffenden Umsätze im Licht der vom Gerichtshof im vorliegenden Urteil gegebenen Auslegungshinweise und unter Berücksichtigung der besonderen Umstände dieser Rechtssache so sehr miteinander zusammenhängen, dass sie als eine einheitliche Leistung der Vermietung von Grundstücken zu betrachten sind.

EuGH vom 26.1.2012; Rs C- 218/10, *ADV Allround*
Definition des Begriffes „Gestellung von Personal"

1. Art. 9 Abs. 2 Buchst. e sechster Gedankenstrich der Sechsten Richtlinie 77/388/EWG ist dahin auszulegen, dass der in dieser Bestimmung verwendete Begriff „Gestellung von Personal" auch die Gestellung von selbständigem, nicht beim leistenden Unternehmer abhängig beschäftigtem Personal umfasst.

2. Art. 17 Abs. 1, 2 Buchst. a und 3 Buchst. a sowie Art. 18 Abs. 1 Buchst. a der Sechsten Richtlinie 77/388 sind dahin auszulegen, dass sie den Mitgliedstaaten nicht vorschreiben, ihr nationales Verfahrensrecht so zu gestalten, dass die Steuerbarkeit und die Mehrwertsteuerpflicht einer Dienstleistung beim Leistungserbringer und beim Leistungsempfänger in kohärenter Weise beurteilt werden, auch wenn für sie verschiedene Finanzbehörden zuständig sind. Diese Bestimmungen verpflichten die Mitgliedstaaten jedoch, die zur Sicherstellung der korrekten Erhebung der Mehrwertsteuer und zur Wahrung des Grundsatzes der steuerlichen Neutralität erforderlichen Maßnahmen zu treffen.

EuGH vom 27.10.2011, Rs C-530/09, *Inter-Mark Group*
Leistungsort bei Bereitstellung eines Messe- oder Ausstellungsstandes

Die Richtlinie 2006/112/EG ist dahin auszulegen, dass eine Dienstleistung, die darin besteht, für Kunden, die ihre Waren oder Dienstleistungen auf Messen und Ausstellungen vorstellen, einen Messe- oder Ausstellungsstand zu entwerfen, vorübergehend bereitzustellen und, gegebenenfalls, zu befördern und aufzustellen, unter folgende Bestimmungen dieser Richtlinie fallen kann:
– unter Art. 56 Abs. 1 Buchst. b der Richtlinie, wenn der betreffende Stand für Werbezwecke entworfen oder verwendet wird;
– unter deren Art. 52 Buchst. a, wenn der betreffende Stand für eine bestimmte Messe oder Ausstellung zu einem Thema aus dem Bereich der Kultur, der Künste, des Sports, der Wissenschaften, des Unterrichts, der Unterhaltung oder einem ähnlichen Gebiet entworfen und bereitgestellt wird oder wenn der Stand einem Modell entspricht, dessen

Form, Größe, materielle Beschaffenheit oder Aussehen vom Veranstalter einer bestimmten Messe oder Ausstellung festgelegt wurde;
- unter Art. 56 Abs. 1 Buchst. g der Richtlinie, wenn die entgeltliche vorübergehende Bereitstellung der materiellen Bestandteile, die den betreffenden Stand bilden, ein bestimmendes Element dieser Dienstleistung ist.

EuGH vom 16.12.2010, Rs C-270/09, *Macdonald Resorts Limited*
Umwandlung von Rechten in eine Hotelnutzung oder in eine vorübergehende Nutzung einer Wohnanlage

Der maßgebliche Zeitpunkt für die rechtliche Einordnung der Dienstleistungen, die ein Wirtschaftsteilnehmer wie die Rechtsmittelführerin des Ausgangsverfahrens im Rahmen eines Systems wie des im Ausgangsverfahren fraglichen „Optionen"-Programms erbringt, ist der Zeitpunkt, zu dem ein Kunde, der an diesem System teilnimmt, die Rechte, die er ursprünglich erworben hat, in eine von diesem Wirtschaftsteilnehmer angebotene Dienstleistung umwandelt. Werden diese Rechte in eine Gewährung von Unterkunft in einem Hotel oder in das Recht zur vorübergehenden Nutzung einer Wohnanlage umgewandelt, sind diese Leistungen Dienstleistungen im Zusammenhang mit einem Grundstück im Sinne von Art. 9 Abs. 2 Buchst. a der Sechsten Richtlinie 77/388/EWG in der durch die Richtlinie 2001/115/EG geänderten Fassung, die an dem Ort ausgeführt werden, an dem dieses Hotel oder diese Wohnanlage gelegen ist.

Wandelt der Kunde in einem System wie dem im Ausgangsverfahren fraglichen „Optionen"-Programm seine ursprünglich erworbenen Rechte in ein Recht zur vorübergehenden Nutzung einer Wohnanlage um, stellt die betreffende Dienstleistung eine Vermietung eines Grundstücks im Sinne von Art. 13 Teil B Buchst. b der Sechsten Richtlinie 77/388 in der durch die Richtlinie 2001/115 geänderten Fassung dar, dem gegenwärtig Art. 135 Abs. 1 Buchst. l der Richtlinie 2006/112 entspricht. Diese Vorschrift hindert die Mitgliedstaaten jedoch nicht daran, diese Leistung von der Steuerbefreiung auszunehmen.

EuGH vom 7.10.2010, Rs C-222/09, *Kronospan Mielec*
Forschungs- und Entwicklungsarbeiten durch Ingenieure fallen als „Leistungen von Ingenieuren" unter die Katalogleistungen

Dienstleistungen, die darin bestehen, Forschungs- und Entwicklungsarbeiten im Umwelt- und Technologiebereich auszuführen, und die von in einem Mitgliedstaat ansässigen Ingenieuren im Auftrag und zugunsten eines Dienstleistungsempfängers erbracht werden, der in einem anderen Mitgliedstaat ansässig ist, sind als „Leistungen von Ingenieuren" im Sinne von Art. 9 Abs. 2 Buchst. e der Sechsten Richtlinie 77/388/EWG einzustufen.

EuGH vom 29.7.2010, Rs C-40/09, *Astra Zeneca UK*
Die Weitergabe von Gutscheinen von Unternehmern an Bedienstete ist eine Dienstleistung gegen Entgelt

Art. 2 Nr. 1 der Sechsten Richtlinie 77/388/EWG in der durch die Richtlinie 95/7/EG geänderten Fassung ist dahin auszulegen, dass die Aushändigung eines Einkaufsgutscheins durch ein Unternehmen, das diesen Gutschein zu einem Preis einschließlich Mehrwertsteuer erworben hat, an seine Bediensteten gegen deren Verzicht auf einen Teil ihrer Barvergütung eine Dienstleistung gegen Entgelt im Sinne dieser Bestimmung darstellt.

EuGH vom 11.2.2010, Rs C-88/09, *Graphic Procédé*
Abgrenzung Lieferung – sonstige Leistung bei Reprografietätigkeiten

Art. 5 Abs. 1 der Sechsten Richtlinie 77/388/EWG ist dahin auszulegen, dass die Reprografietätigkeit die Merkmale einer Lieferung von Gegenständen aufweist, soweit sie sich auf eine bloße Vervielfältigung von Dokumenten auf Trägern beschränkt, wobei die Befugnis, über diese zu verfügen, vom Reprografen auf den Kunden übertragen wird, der die Kopien des Originals bestellt hat. Eine solche Tätigkeit ist jedoch als „Dienstleistung" im Sinne von Art. 6 Abs. 1 der Sechsten Richtlinie einzustufen, wenn sich erweist, dass sie mit ergänzenden Dienstleistungen verbunden ist, die wegen der Bedeutung, die sie für ihren Abnehmer haben, der Zeit, die für ihre Ausführung nötig ist, der erforderlichen Behandlung der Originaldokumente und des Anteils an den Gesamtkosten, der auf diese Dienstleistungen entfällt, im Vergleich zur Lieferung von Gegenständen überwiegen, so dass sie für den Empfänger einen eigenen Zweck darstellen.

EuGH vom 3.9.2009, Rs C-37/08, *RCI Europe*
Ort der Dienstleistung beim Tausch von Teilzeitnutzungsrechten an Ferienwohnungen

Art. 9 Abs. 2 Buchst. a der Sechsten Richtlinie 77/388/EWG ist dahin auszulegen, dass der Ort einer Dienstleistung, die von einer Vereinigung erbracht wird, deren Tätigkeit darin besteht, den Tausch von Teilzeitnutzungsrechten an Ferienwohnungen zwischen ihren Mitgliedern zu organisieren, wofür diese Vereinigung als Gegenleistung von ihren Mitgliedern Beitrittsentgelte, Mitgliedsbeiträge und Tauschentgelte erhebt, der Ort ist, an dem die Immobilie, an der das Teilnutzungsrecht des betreffenden Mitglieds besteht, gelegen ist.

EuGH vom 19.2.2009, Rs C-1/08, *Athesia Druck*
Ort der Dienstleistung bei Werbeleistungen

Bei Leistungen auf dem Gebiet der Werbung ist der Ort der Leistung nach Art. 9 Abs. 2 Buchst. e der Sechsten Richtlinie 77/388/EWG in der durch die Zehnte Richtlinie 84/386/EWG geänderten Fassung grundsätzlich der Sitz des Dienstleistungsempfängers, wenn dieser außerhalb der Europäischen Gemeinschaft ansässig ist. Die Mitgliedstaaten können jedoch von diesem Grundsatz abweichen und von der in Art. 9 Abs. 3 Buchst. b der Richtlinie 77/388 in der geänderten Fassung vorgesehenen Möglichkeit Gebrauch machen und den Ort der fraglichen Leistung im Inland festlegen.

Wenn von der in Art. 9 Abs. 3 Buchst. b der Sechsten Richtlinie 77/388 in der geänderten Fassung vorgesehenen Möglichkeit Gebrauch gemacht wird, gilt eine von einem in der Europäischen Gemeinschaft ansässigen Dienstleistenden zugunsten eines in einem Drittstaat niedergelassenen Empfängers, sei dieser End- oder Zwischenempfänger, erbrachte Leistung auf dem Gebiet der Werbung als in der Europäischen Gemeinschaft erbracht, vorausgesetzt, dass die tatsächliche Nutzung oder Auswertung im Sinne von Art. 9 Abs. 3 Buchst. b der Richtlinie 77/388 in der geänderten Fassung im Inland des betreffenden Mitgliedstaats erfolgt. Dies ist bei Leistungen auf dem Gebiet der Werbung der Fall, wenn die Werbebotschaften, die Gegenstand der Dienstleistung sind, von dem betreffenden Mitgliedstaat aus verbreitet werden.

Art. 9 Abs. 3 Buchst. b der Richtlinie 77/388 in der geänderten Fassung kann nicht zur Besteuerung von Leistungen im Bereich der Werbung führen, die ein außerhalb der Europäischen Gemeinschaft ansässiger Dienstleistender seinen eigenen Kunden erbracht hat, auch wenn dieser Dienstleistende als Zwischenempfänger bei einer früheren Dienstleistung aufgetreten ist, da eine solche Leistung nicht in den Anwendungsbereich von Art. 9 Abs. 2 Buchst. e dieser Richtlinie und, allgemeiner, von Art. 9 der Richtlinie insgesamt fällt, auf die Art. 9 Abs. 3 Buchst. b dieser Richtlinie ausdrücklich verweist.

Der Umstand, dass die Dienstleistung nach Art. 9 Abs. 3 Buchst. b der Richtlinie 77/388 in der geänderten Fassung der Steuer unterliegt, steht dem Erstattungsanspruch des Steuerpflichtigen nicht entgegen, wenn er die Voraussetzungen von Art. 2 der Dreizehnten Richtlinie 86/560/EWG erfüllt.

Die Benennung eines Steuervertreters als solche hat keine Auswirkung darauf, ob von der vertretenen Person erhaltene oder erbrachte Leistungen der Steuer unterliegen.

EuGH vom 11.12.2008, Rs C-371/07, *Danfoss und AstraZeneca*
Eigenverbrauch bei der unentgeltlichen Lieferung von Mahlzeiten

Art. 6 Abs. 2 der Sechsten Richtlinie 77/388 ist dahin auszulegen, dass unter diese Vorschrift nicht die unentgeltliche Lieferung von Mahlzeiten in Betriebskantinen an Geschäftspartner anlässlich von in den Räumlichkeiten der fraglichen Unternehmen stattfindenden Sitzungen fällt, wenn sich – was vom vorlegenden Gericht festzustellen ist – aus objektiven Umständen ergibt, dass diese Mahlzeiten für strikt geschäftliche Zwecke abgegeben werden. Hingegen fällt die unentgeltliche Lieferung von Mahlzeiten durch ein Unternehmen an sein Personal in seinen Räumlichkeiten grundsätzlich unter diese Vorschrift, es sei denn, dass die Erfordernisse des Unternehmens wie die Gewährleistung der Kontinuität und des ordnungsgemäßen Ablaufs von Arbeitssitzungen es – was ebenfalls vom vorlegenden Gericht zu beurteilen ist – notwendig machen, dass die Lieferung von Mahlzeiten durch den Arbeitgeber sichergestellt wird.

EuGH vom 6.11.2008, Rs C-291/07, *Kollektivavtalsstiftelsen TRR Trygghetsrådet*
Leistungsempfänger bei sonstigen Leistungen

Art. 9 Abs. 2 Buchst. e der Sechsten Richtlinie 77/388/EWG in der durch die Richtlinie 1999/59/EG geänderten Fassung und Art. 56 Abs. 1 Buchst. c der Richtlinie 2006/112/EG sind dahin auszulegen, dass derjenige, der bei einem in einem anderen Mitgliedstaat ansässigen Steuerpflichtigen Beratungsdienstleistungen in Anspruch nimmt und selbst gleichzeitig wirtschaftliche Tätigkeiten und außerhalb des Anwendungsbereichs dieser Richtlinien liegende Tätigkeiten ausübt, als Steuerpflichtiger anzusehen ist, selbst wenn die Dienstleistungen nur für Zwecke der letztgenannten Tätigkeiten genutzt werden.

Judikatur VwGH zu § 3a:

VwGH vom 28.1.2015, 2010/13/0012
Leistungsort bei Leistungen von Künstleragenturen

Verpflichtet sich die Betreiberin der Künstleragentur gegenüber dem Veranstalter, einen bestimmten Künstler zu einem bestimmten Zeitpunkt an einem bestimmten Ort „zu präsentieren", ist sie es, die dem Veranstalter den Auftritt des Künstlers und damit die Erbringung einer künstlerischen (oder unterhaltenden) Leistung schuldet. Dass sie die „Gesangsleistung" nicht selbst erbringen kann, sondern sich dazu eines Dritten (des Künstlers) bedienen muss, ändert nichts an dieser Beurteilung (vgl. Ruppe/Achatz, UStG[4], Tz 107). Damit bestimmt sich der Leistungsort aber nach der speziellen Leistungsortregelung des § 3a Abs. 8 lit. a UStG 1994 und liegt dort, wo die künstlerische (oder unterhaltende) Leistung tatsächlich bewirkt wird (vgl. Ecker in Scheiner/Kolacny/Caganek, Kommentar zur Mehrwertsteuer, § 3a Abs. 5 Anm. 182, Stadie in Rau/Dürrwächter, dUStG, § 3a nF Anm. 98 f).

Dieses Ergebnis wird auch dem Sinn und Zweck der Leistungsortregelung des Art. 9 Abs. 2 Buchst. c der 6. EG-Richtlinie gerecht, handelt es sich dabei doch, wie der EuGH (vgl. die Urteile vom 26. September 1996, C-327/94, *Dudda*, Rz 22 ff und vom 9. März 2006, C-114/05, *Gillan Beach Ltd.*, Rz 16 ff) unter Berücksichtigung der siebten Begründungserwägung der 6. EG-Richtlinie ausführt, um eine „Sonderregelung für Dienstleistungen (...), die zwischen Mehrwertsteuerpflichtigen erbracht werden und deren Kosten in den Preis der Waren eingehen".

VwGH vom 22.5.2014, 2011/15/0176
Vorsteuerabzug im Ausland ist für Eigenverbrauchsbesteuerung ausreichend

Der Verwaltungsgerichtshof teilt die Auffassung, dass infolge des Fehlens eines Vorsteuerabzugsrechts (bzw. Vorsteuerabzugs) im Inland ein notwendiges Tatbestandsmerkmal der Besteuerung gemäß § 3a Abs. 1a Z 1 UStG 1994 nicht erfüllt sei, nicht, weil diese Sichtweise dem Zweck der Eigenverbrauchsbesteuerung, keinen unversteuerten Letztverbrauch in der Union zuzulassen, nicht hinreichend Rechnung trägt (vgl. EuGH vom 11. September 2003, C-155/01, Cookies World, Randnr. 56; sowie das Urteil vom 27. Juni 1989, C-50/88, Kühne, in dem der EuGH bereits betont hat, dass die Mehrwertsteuerrichtlinie die Nichtbesteuerung eines zu privaten Zwecken verwendeten Unternehmensgegenstandes verhindern will.) Die Richtlinienbestimmung stellt nur darauf ab, dass der betreffende Gegenstand zum Vorsteuerabzug berechtigt hat, nicht hingegen darauf, in welchem der Mitgliedstaaten der Vorsteuerabzug geltend gemacht werden konnte. Stellte man darauf ab, dass der Vorsteuerabzug immer auf jenen Mitgliedstaat bezogen sein müsse, in dem der Mehrwertsteueranspruch entstanden sei, hätte dies überdies unerwünschte Wettbewerbsverzerrungen zur Folge, weil jeder Steuerpflichtige bestrebt sein würde, sein Investitionsvorhaben so einzurichten, dass es zu einem territorialen Auseinanderfallen von Vorsteuerabzugsrecht und Eigenverbrauch kommt. Aus diesen Gründen schließt sich der Verwaltungsgerichtshof der in der Fachliteratur in der Mehrzahl vertretenen Ansicht an, dass auch ein ausländischer Vorsteuerabzug für die Besteuerung des Eigenverbrauchs als fiktive Dienstleistung ausreicht (vgl. Ruppe/Achatz, UStG[4], § 3 Tz. 255; Pernegger in Melhardt/Tumpel, § 3 Tz. 423; Gunacker-Slawitsch, Eigenverbrauch, 59; Nieskens in Rau/ Dürrwächter, § 3 Anm. 1617).

VwGH vom 24.10.2013, 2010/15/0105
Die Tätigkeit von Reiseleitern besteht aus einer Vielzahl unterschiedlichster Elemente, die keine unterrichtenden oder sportlichen Tätigkeit sind; keine Beförderung liegt vor, wenn lediglich Fahrzeuge vermietet werden, die der Mieter selbst zur Beförderung verwendet

Gemäß § 3a Abs. 8 lit. a UStG 1994 in der Fassung vor BGBl. I Nr. 52/2009 werden künstlerische, wissenschaftliche, unterrichtende, sportliche, unterhaltende oder ähnliche Leistungen einschließlich der Leistungen der jeweiligen Veranstalter dort ausgeführt, wo der Unternehmer ausschließlich oder zum wesentlichen Teil tätig wird. Die Aussage, dass die Tätigkeit eines Reiseleiters dem § 3a Abs. 8 lit. a UStG 1994 a.F. zu subsumieren sei, findet sich in der Literaturstelle Ruppe (UStG[3], § 3a Tz. 57) nicht. Nach Ansicht von Ruppe, aaO, ist die Tätigkeit von Berg- und Wanderführern als „ähnliche Leistung" iSd

§ 3a Abs. 8 lit. a UStG 1994 einzustufen. Dies mit der Begründung, es liege diesfalls eine Kombination von sportlicher und unterrichtender Tätigkeit vor. Eine solche „kombinierte" Tätigkeit ist im Falle eines Reiseleiters aber nicht zu sehen (vgl. auch Stadie in Rau/ Dürrwächter, UStG, § 3a Anm. 100 und 103). Die Tätigkeit von Reiseleitern besteht aus einer Vielzahl unterschiedlichster Elemente, bei denen das Schwergewicht nicht auf Leistungen liegt, die einer unterrichtenden oder sportlichen Tätigkeit ähnlich sind. Eine unterrichtende Tätigkeit ist auf das Vermitteln von Kenntnissen und Fertigkeiten gerichtet. Das können auch praktische, technische und sportliche Fertigkeiten sein (z.b. Fahrschulen, Tanzschulen, Schischulen), sofern sie didaktisch aufbereitet und unter Verfolgung eines bestimmten Lernzieles vermittelt werden (vgl. die bei Ruppe/Achatz, UStG[4], § 3a Tz. 116, angeführte Rechtsprechung des Verwaltungsgerichtshofes). Diesen Leistungen ist gemeinsam, dass der Unternehmer planmäßig ein bestimmtes Lernziel vermittelt. Die Leistungen eines Reiseleiters sind demgegenüber auf den reibungslosen Ablauf der Reise, auf reiseerleichternde Erläuterungen, Hinweise und Informationen gerichtet (vgl. auch BFH vom 23. September 1993, V R 132/89). Sportliche Leistungen werden erbracht, wenn körperliche oder geistige Fähigkeiten in einem reglementierten Wettbewerb gemessen werden. Auch die Tätigkeit von Trainern kann als eine Tätigkeit auf dem Gebiet des Sports oder als eine damit zusammenhängende bzw. ähnliche Tätigkeit angesehen werden (vgl. das hg. Erkenntnis vom 30. März 2006, 2002/15/0075, VwSlg 8123 F/2006; Reinbacher in Melhardt/Tumpel, UStG, § 3a Rz. 181). Die Leistungen eines Reiseleiters sind, auch wenn die Reise auf Motorrädern erfolgt, nicht auf die Ausübung des Motorsports gerichtet, sondern darauf, die Teilnehmer einer Reise umfassend unterstützend zu begleiten.

Gemäß § 3a Abs. 7 UStG 1994 idF vor BGBl. I Nr. 52/2009 wird eine Beförderungsleistung dort ausgeführt, wo die Beförderung bewirkt wird. Von einer Beförderung kann nur gesprochen werden, wenn der Unternehmer selbst die Beförderungsleistung erbringt oder durch unselbständige Erfüllungsgehilfen erbringen lässt. Keine Beförderung liegt vor, wenn lediglich Fahrzeuge vermietet werden, die der Mieter selbst zur Beförderung verwendet (vgl. Ruppe/Achatz, UStG[4], § 3a Tz. 97). Dem Umstand, dass ein Reiseteilnehmer das ihm zur Verfügung gestellte Motorrad selbst bedienen muss, steht der Beurteilung der verfahrensgegenständlichen Leistung als Beförderungsleistung entgegen. Dadurch unterscheidet sich die vorliegende Sachverhaltskonstellation auch wesentlich von einem Segeltrip, bei dem die Teilnehmer „mitarbeiten dürfen".

VwGH vom 27.6.2013, 2010/15/0047
Chatkontakt mittels Web-Kamera stellt keine auf elektronischem Weg erbrachte sonstige Leistung dar

Im streitgegenständlichen Fall konnten die Kunden des jeweiligen Vertragspartners der Abgabepflichtigen (Internetplattformbetreiber) über das Internet in Chatkontakt zur Abgabepflichtigen treten und sie über eine Web-Kamera live in Darstellungsformen beobachten, welche die Kunden sexuell erregen sollten und welche die Kunden in gewissen Grenzen vorgeben konnten. Für die Leistungen der Abgabepflichtigen ist kennzeichnend, dass sowohl die Kommunikation zwischen ihr und den Kunden ihrer Vertragspartner wie auch die Übertragung der Live-Bilder per Internet über räumliche Distanzen und ohne persönliche Nahebeziehung erfolgt. Die Abgabepflichtige kann dadurch mit einer großen Anzahl potenzieller Kunden in Kontakt gelangen, während die Kunden von ihrem Bildschirm aus zwischen einer großen Anzahl von Anbieterinnen wählen können. Die von der Abgabepflichtigen erbrachte Leistung stellt sich damit als auf elektronischem Weg erbrachte sonstige Leistung in dem weiten Verständnis dar, wie es sich aus der Richtlinie 77/388/EWG in der Fassung der Richtlinie 2003/38/EG (samt dem Anhang L) und ihrer Umsetzung in § 3a Abs. 10 Z 15 UStG 1994 idF BGBl. I Nr. 71/2003, ergibt. So enthält der Anhang L beispielsweise Leistungen wie das Bereitstellen von Bildern und Filmen sowie von Sendungen und Veranstaltungen aus dem Bereiche Unterhaltung und etwa ganz allgemein die Fernunterrichtsleistungen. Die Richtlinie 2002/38/EG hat es unterlassen, den Begriff der auf elektronischem Weg erbrachten sonstigen Leistungen zu definieren. Durch die – mit 1. Juli 2006 in Kraft getretene – Verordnung (EG) Nr. 1777/2005 hat diese Anlage eine „erhebliche inhaltliche Ausfüllung" erfahren (vgl. Plückebaum/Widmann, UStG, 197. Lfg., § 3a Rz. 483 und 486 zu der im Bereich der „elektronisch erbrachten Dienstleistungen" mit der Vorgänger-Verordnung Nr. 1777/2005 übereinstimmenden Verordnung (EU) Nr. 282/2011). Die – in den Mitgliedstaaten unmittelbar anzuwendende – Verordnung (EG) Nr. 1777/2005 gibt ein engeres Verständnis der auf elektronischem Weg erbrachten sonstigen Leistung vor, wenn sie in Art. 11 Abs. 1 bei den über das Internet erbrachten Leistungen darauf abstellt, dass deren Erbringung aufgrund ihrer Art im Wesentlichen automatisiert und nur mit minimaler menschlicher Beteiligung erfolgt und ohne Informationstechnologie nicht möglich wäre (vgl. dazu auch Ruppe/Achatz, UStG[4], § 3a Tz. 198). Wenn auch die von der Abgabepflichtigen erbrachten Leistungen wesentlich vom elektronischen Datenaustausch per Internet bestimmt sind, steht doch zweifelsfrei ihre „menschliche Beteiligung" i.S.d. Art. 11 Abs. 1 der Verordnung (EG) Nr. 1777/2005 im Mittelpunkt der Leistungserbringung. Solcherart erfüllt die in Rede stehende Leistung den ab 1. Juli 2006 maßgeblichen engeren Begriffsinhalt der auf elektronischem Weg erbrachten sonstigen Leistung nicht.

VwGH vom 23.5.2013, 2011/15/0139
Gleichzeitiges Vorliegen von Entnahmeeigenverbrauch und Eigenverbrauch einer sonstigen Leistung

Werden im Unternehmen Gegenstände auf Lager produziert und in späterer Folge für unternehmensfremde Zwecke des Unternehmers entnommen, so liegt in Bezug auf den fertigen Gegenstand eine Entnahme i.S.d. § 3 Abs. 2 UStG 1994 vor (vgl. Scheiner/Kolacny/Caganek, UStG 1994, § 3 Abs. 2 Tz. 29). Wird hingegen ein Gegenstand im Unternehmen schon für private Zwecke des Unternehmers und abgestellt auf seine Bedürfnisse hergestellt, besteht der Vorgang einerseits in einem Entnahmeeigenverbrauch i.S.d. § 3 Abs. 2 UStG 1994 und andererseits in einem Eigenverbrauch der sonstigen Leistung i.S.d. § 3a Abs. 1a Z 2 leg. cit. (vgl. Ruppe/Achatz, UStG[4], § 3 Tz. 211). Es ist also – um den unionsrechtlichen Vorgaben der Eigenverbrauchsbesteuerung zu entsprechen – eine Aufspaltung in die Entnahme der verwendeten Gegenstände des Unternehmens und die Entnahme der Arbeitsleistungen vorzunehmen. Legt beispielsweise der Arbeitnehmer des Unternehmers Elektroleitungen im Haus des Unternehmers unter Verwendung von Material aus dem Unternehmen (Dritten gegenüber wäre eine Werklieferung gegeben), so ist hinsichtlich des Materials ein Vorgang nach § 3 Abs. 2 UStG 1994 anzunehmen, hinsichtlich der Leistungen der Arbeitnehmer ein solcher nach § 3a Abs. 1a leg. cit. (vgl. nochmals Ruppe/Achatz, a.a.O.).

VwGH vom 23.1.2013, 2010/15/0051
Zurverfügungstellung einer Wohnung für Schilehrer ist nicht im überwiegenden Interesse des Arbeitgebers

Eine Leistung im Sinn des § 3a Abs. 1a UStG 1994 liegt vor, wenn eine Sachzuwendung an den Arbeitnehmer primär zur Deckung eines privaten Bedarfes des Arbeitnehmers dient, das heißt dem Arbeitnehmer in seiner privaten Sphäre ein bedarfsdeckender Nutzen zukommt. Leistungen, die zwar für Arbeitnehmer bestimmt sind, aber dem überwiegenden Interesse des Arbeitgebers dienen oder bei denen dem Arbeitnehmer kein verbrauchsfähiger Nutzen übertragen wird, fallen nicht unter den Leistungstatbestand (vgl. Ruppe, UStG³, § 1 Tz. 122/1).

Dient eine Leistung des Unternehmers zwar der Deckung privater Bedürfnisse der Arbeitnehmer, überwiegen aber die betrieblichen Interessen des Unternehmers, liegt keine Leistung im Sinne des § 3a Abs. 1a UStG 1994 vor. So sind beispielsweise Unternehmer im Gastgewerbe auf Grund langer oder untypischer Arbeitszeiten sowie Wochenend- und Feiertagsarbeit daran interessiert, ihrem Personal im eigenen Haus Verpflegung und Unterkunft zu gewähren, sodass solche Zuwendungen im überwiegenden betrieblichen Interesse liegen (vgl. Hörtnagl, ÖStZ 2005, 195).

Nach der Rechtsprechung des EuGH (vgl. das Urteil vom 16. Oktober 1997, C 258/95, in der Rechtssache Fillibeck) ist es Sache des Arbeitnehmers, unter Berücksichtigung seiner Arbeitsstätte den Standort seiner Wohnung zu wählen. Die dem Arbeitnehmer erbrachte Beförderungsleistung, hier die Zurverfügungstellung einer Unterkunft, dient unter normalen Umständen dem privaten Bedarf des Arbeitnehmers. Lediglich unter besonderen Umständen ist die Erbringung der Unterkunft als im überwiegenden Interesse des Dienstgebers liegend anzusehen.

Bei der Tätigkeit für die Schischule handelt es sich – anders als nach dem Sachverhalt, der dem Urteil des EuGH vom 16. Oktober 1997, C 258/95, Fillibeck, zugrunde lag (dort: Beförderung zu verschiedenen Baustellen, auf denen die Arbeitnehmer eingesetzt wurden) – um eine Tätigkeit, die über einen längeren Zeitraum jeweils vom selben Ort aus ausgeführt wird, sodass es nicht erforderlich ist, für wechselnde Einsatzorte jeweils neue Unterkünfte zu besorgen, was im Hinblick auf die Gestaltung der Dienstausübung durch den Dienstgeber die Zurverfügungstellung der Unterkunft als im überwiegenden Interesse des Dienstgebers erscheinen lassen könnte (vgl. zu einem derartigen Sachverhalt auch das Urteil des Bundesfinanzhofes vom 21. Juli 1994, V R 21/92, BSTBl. 1994 II 881: Beschäftigung zu Felssicherungsarbeiten in Süd- und Westdeutschland; unentgeltliche Gewährung von Unterkunft in der Nähe der jeweiligen Arbeitsorte).

VwGH vom 29.2.2012, 2008/13/0068
Umsatzsteuerliche Behandlung des Leistungsein- und Leistungsverkaufs

Der Richtlinienbestimmung des Art. 6 Abs. 4 der 6. EG-RL, 77/388/EWG, mit der die Maßgeblichkeit des Außenverhältnisses im Mehrwertsteuerrecht dokumentiert wird (vgl. das hg. Erkenntnis vom 29. Juli 2010, 2008/15/0272), entspricht die Regelung des § 3a Abs. 4 UStG 1994 (vgl. die Gesetzesmaterialien zum UStG 1994, 1715 BlgNR 18. GP 48).

Besorgungsleistungen sind nach allgemeinen umsatzsteuerlichen Grundsätzen ebenso wie die Leistungen eines Kommissionärs sonstige Leistungen. Durch Art. 6 Abs. 4 der 6. EG-RL, der für die so genannte Dienstleistungskommission die allgemeinen umsatzsteuerlichen Grundsätze modifiziert, wird fingiert, dass der Auftraggeber im Fall des Leistungsverkaufs eine Dienstleistung an den Besorger erbringt, der in weiterer Folge an einen Dritten weiterleistet. Die Besorgungsleistung des Besorgers an den Auftraggeber geht daher nach dem Richtlinienkonzept in der fingierten Leistung des Auftraggebers an den Besorger auf (vgl. z. B. Haunold, Mehrwertsteuer bei sonstigen Leistungen, Wien 1997, 116).

Die Bestimmung des § 3a Abs. 4 UStG 1994 stellt eine Umsetzung der in Art. 6 Abs. 4 der 6. EG-RL geregelten Dienstleistungskommission dar. Dies gilt in richtlinienkonformer Interpretation sowohl für den Leistungsein- als auch den Leistungsverkauf (vgl. Haunold, Mehrwertsteuer bei sonstigen Leistungen, Wien 1997, 116 f, das Urteil des BFH vom 31. Jänner 2002, V R 40, 41/00, UR 6/2002, 268 (270, mit Hinweis auf die Auffassung der österreichischen Finanzverwaltung), Scheiner/Kolacny/Caganek, UStG 1994, Anm. 56 zu § 3a Abs 4 und 5, und Bramerdorfer, RdW 2009/333, 383 [385 f], mwN).

VwGH vom 10.10.2011, 2011/17/0232
Leistungsort bei Grundstücksleistungen

Eine sonstige Leistung im Zusammenhang mit einem Grundstück wurde gem. § 3a Abs. 6 UStG 1994 (in der hier anwendbaren Fassung vor der Novelle BGBl. I Nr. 52/2009) dort ausgeführt, wo das Grundstück gelegen ist. Darunter fallen auch Bauleistungen (soferne nicht eine Werklieferung vorliegt), Reparaturen oder Wartungsarbeiten (vgl. Ruppe, UStG 1994^2, Tz 33 zu § 3a).

Sonstige Leistungen im Zusammenhang mit einem Grundstück werden gem. § 3a Abs. 6 UStG 1994 dort ausgeführt, wo das Grundstück gelegen ist. Daran vermag auch der Umstand, dass die Unternehmerin ihren Sitz in Deutschland hat und dort allenfalls Vorarbeiten und andere Tätigkeiten im Zusammenhang mit der Bauausführung in Kirchberg in Tirol durchgeführt wurden, nichts zu ändern (zum Vorrang der Bestimmung des § 3a Abs. 6 vgl. Ruppe, UStG 1994^2, Tz 35 zu § 3a).

VwGH vom 24.2.2011, 2010/15/0162
Die Überlassung von Hotelzimmern an Arbeitnehmer an arbeitsfreien Wochenenden ist ein steuerbarer Umsatz

Die Unternehmerin hat den Arbeitnehmern an arbeitsfreien Wochenenden nicht nur unentgeltlich die Nutzung von Hotelzimmern überlassen. Sie hat vielmehr darüber hinaus unentgeltlich Verpflegungsleistungen erbracht. Dabei handelt es sich zum einen um das an den arbeitsfreien Wochenenden (im Hotel oder Gasthaus) dargebotene Frühstück, zum anderen aber darüber hinaus (im Hotel P) auch noch um Mittag- bzw. Abendessen (Halbpension). Durch diese Verpflegung an arbeitsfreien Wochenenden hat die Unternehmerin den Arbeitnehmern in deren privater Sphäre einen bedarfsdeckenden Nutzen zukommen lassen. Mit der Verpflegung der Arbeitnehmer an arbeitsfreien Tagen hat die Unternehmerin daher Umsätze iSd § 1 Abs. 1 Z 1 der Verordnung BGBl. Nr. 279/1995 getätigt. Zudem hat die Unternehmerin die Überlassung der Räumlichkeiten (Zimmer im Hotel und Gasthof) an den arbeitsfreien Wochenenden als nicht im überwiegenden Arbeitgeberinteresse gelegen und sohin als steuerbar iSd § 3a Abs. 1a UStG 1994 angesehen. Diese Beurteilung durch die Unternehmerin steht im Einklang mit dem Gesetz. Entgegen der Ansicht der Abgabenbehörde besteht keine Lebenserfahrung, dass eine Entfernung von 600 km Personen vom Aufsuchen ihres Familienwohnsitzes für ein arbeitsfreies Wochenende abhält (woraus aber die Abgabenbehörde das überwiegende Interesse der Unternehmerin an der Überlassung der Nutzungsmöglichkeit für arbeitsfreie Wochenenden ableitet).

Wenn die Beschwerdeführerin Vorleistungen bezieht, um die Dienstnehmer ihres Unternehmens zu entlohnen, werden die Vorleistungen dem Unternehmensbereich der Beschwerdeführerin erbracht. Die Entlohnung von Dienstnehmern des Unternehmens durch die Gewährung von Sachbezügen hat nichts mit einer privaten bzw. außerunternehmerischen Sphäre des Unternehmers zu tun. Daher sind die in Rede stehenden Leistungen der Hotel- und Gastgewerbebetriebe zur Gänze als dem Unternehmensbereich der Beschwerdeführerin erbracht anzusehen und nicht anteilig einer privaten bzw. außerunternehmerischen Sphäre der Beschwerdeführerin.

Bemessungsgrundlage für die Lieferungen, sonstigen Leistungen und den Eigenverbrauch
§ 4.

(1) Der Umsatz wird im Falle des § 1 Abs. 1 Z 1 nach dem Entgelt bemessen. Entgelt ist alles, was der Empfänger einer Lieferung oder sonstigen Leistung aufzuwenden hat, um die Lieferung oder sonstige Leistung zu erhalten (Solleinnahme); dazu gehören insbesondere auch Gebühren für Rechtsgeschäfte und andere mit der Errichtung von Verträgen über Lieferungen oder sonstige Leistungen verbundene Kosten, die der Empfänger einer Lieferung oder sonstigen Leistung dem Unternehmer zu ersetzen hat.

(2) Zum Entgelt gehört auch,
1. was der Empfänger einer Lieferung oder sonstigen Leistung freiwillig aufwendet, um die Lieferung oder sonstige Leistung zu erhalten,
2. was ein anderer als der Empfänger dem Unternehmer für die Lieferung oder sonstige Leistung gewährt.

(3) Nicht zum Entgelt gehören die Beträge, die der Unternehmer im Namen und für Rechnung eines anderen vereinnahmt und verausgabt (durchlaufende Posten).

(4) Bei der Ermittlung der Bemessungsgrundlage für Lieferungen von Kunstgegenständen, Sammlungsstücken, Antiquitäten oder bestimmten anderen beweglichen körperlichen Gegenständen ist § 24 (Differenzbesteuerung) zu beachten.

(5) Werden Rechte übertragen, die mit dem Besitz eines Pfandscheines verbunden sind, so gilt als Entgelt der Preis des Pfandscheines zuzüglich der Pfandsumme. Beim Spiel mit Gewinnmöglichkeit und bei der Wette ist Bemessungsgrundlage das Entgelt für den einzelnen Spielabschluß oder für die einzelne Wette, wobei ein ausbezahlter Gewinn das Entgelt nicht mindert.

Bemessungsgrundlage bei Umsätzen aus Glücksspielautomaten (§ 2 Abs. 3 GSpG) und aus Video Lotterie Terminals sind die Jahresbruttospieleinnahmen. Jahresbruttospieleinnahmen sind die Einsätze abzüglich der ausgezahlten Gewinne eines Kalenderjahres.

(6) Beim Tausch, bei tauschähnlichen Umsätzen und bei Hingabe an Zahlungs Statt gilt der Wert jedes Umsatzes als Entgelt für den anderen Umsatz.

(7) Wird ein Unternehmen oder ein in der Gliederung eines Unternehmens gesondert geführter Betrieb im ganzen veräußert (Geschäftsveräußerung), so ist Bemessungsgrundlage das Entgelt für die auf den Erwerber übertragenen Gegenstände und Rechte (Besitzposten). Die Befreiungsvorschriften bleiben unberührt. Die übernommenen Schulden können nicht abgezogen werden.

(8) Der Umsatz bemisst sich

a) im Falle des § 3 Abs. 2 nach dem Einkaufspreis zuzüglich der mit dem Einkauf verbundenen Nebenkosten für den Gegenstand oder für einen gleichartigen Gegenstand oder mangels eines Einkaufspreises nach den Selbstkosten, jeweils im Zeitpunkt des Umsatzes;

b) im Falle des § 3a Abs. 1a Z 1 und 2 nach den auf die Ausführung dieser Leistungen entfallenden Kosten;

c) im Falle des § 1 Abs. 1 Z 2 lit. a nach den nichtabzugsfähigen Ausgaben (Aufwendungen).

(9) Ungeachtet Abs. 1 ist der Normalwert die Bemessungsgrundlage für Lieferungen und sonstige Leistungen durch den Unternehmer für Zwecke, die außerhalb des Unternehmens liegen oder für den Bedarf seines Personals, sofern

a) das Entgelt niedriger als der Normalwert ist und der Empfänger der Lieferung oder sonstigen Leistung nicht oder nicht zum vollen Vorsteuerabzug berechtigt ist;

b) das Entgelt niedriger als der Normalwert ist, der Unternehmer nicht oder nicht zum vollen Vorsteuerabzug berechtigt ist und der Umsatz gemäß § 6 Abs. 1 Z 7 bis 26 oder Z 28 steuerfrei ist;

c) das Entgelt höher als der Normalwert ist und der Unternehmer nicht oder nicht zum vollen Vorsteuerabzug berechtigt ist.

„Normalwert" ist der gesamte Betrag, den ein Empfänger einer Lieferung oder sonstigen Leistung auf derselben Absatzstufe, auf der die Lieferung oder sonstige Leistung erfolgt, an einen unabhängigen Lieferer oder Leistungserbringer zahlen müsste, um die betreffenden Gegenstände oder sonstigen Leistungen zu diesem Zeitpunkt unter den Bedingungen des freien Wettbewerbs zu erhalten. Kann keine vergleichbare Lieferung oder sonstige Leistung ermittelt werden, ist der Normalwert unter sinngemäßer Anwendung von Abs. 8 lit. a und b zu bestimmen.

(10) Die Umsatzsteuer gehört nicht zur Bemessungsgrundlage.

UStR zu § 4:

	Rz		Rz
1. Entgelt	643	6.1 Allgemeines	671
2. Zusätzliche Entgelte	651	6.2 Sachzuwendungen an Arbeitnehmer	672
2.1 Freiwillige Aufwendungen	651	7. Geschäftsveräußerung im Ganzen	676
2.2 Entgelt von dritter Seite	652	8. Bemessungsgrundlage beim Eigenverbrauch	679
3. Durchlaufende Posten	656	8.1 Dauernde Entnahme	679
3.1 Allgemeines	656	8.2 Vorübergehende Nutzung	680
3.2 Einzelfälle	657	8.3 Entnahme der sonstigen Leistung	681
4. Differenzbesteuerung	derzeit frei	9. Normalwert als Bemessungsgrundlage ab 1. Jänner 2013	682
5. Pfandschein und Spiel mit Gewinnmöglichkeit	derzeit frei		
6. Tausch, tauschähnlicher Umsatz	671		

1. Entgelt

644 Bei Lieferungen und sonstigen Leistungen ist **Bemessungsgrundlage das Entgelt**. Die USt selbst gehört nicht zum Entgelt, jedoch andere Abgaben, zB Verbrauchs-, Energie- und Vergnügungssteuern, Werbeabgabe sowie der Altlastenbeitrag.

Nicht zum Entgelt zählen Zuwendungen, die ohne Zusammenhang mit einem Leistungsaustausch gegeben werden und daher kein Leistungsentgelt darstellen, wie zB Schenkungen, Erbschaften, Spenden, Subventionen, Lotterie- und Spielgewinne, echte Mitgliedsbeiträge, Schadenersatzleistungen, Vertragsstrafen, durchlaufende Posten.

Die Normverbrauchsabgabe ist nicht Teil der Bemessungsgrundlage (EuGH 22.12.2010, Rs C-433/09, *Kommission/Österreich*; siehe auch BMF-010219/0001-VI/4/2011 vom 10.01.2011, BMF-010220/0023-IV/9/2011 vom 03.02.2011 und BMF-010220/0041-IV/9/2011 vom 21.03.2011).

Die NoVA erhöht sich ab 1.3.2014 (nur mehr) in den Fällen des § 6 Abs. 6 NoVAG 1991 idF BGBl. I Nr. 13/2014 um den 20-prozentigen NoVA-Zuschlag (§ 6 Abs. 6 NoVAG 1991).

Das Entgelt ist nicht um Aufwendungen des Unternehmers zu kürzen. Die Bemessungsgrundlage bildet vielmehr das ungekürzte Entgelt, weshalb auch weiterverrechnete Aufwendungen wie Porti, Grundsteuer oder Personalaufwand grundsätzlich nicht aus der Bemessungsgrundlage auszuscheiden sind, mag das Entgelt auch nur aus weiterverrechneten Auslagen bestehen (VwGH 24.02.2011, 2007/15/0129 zu den Leistungen einer Wohnungseigentumsgemeinschaft).

645 Erscheint es zweifelhaft, ob eine Zuwendung als Leistungsentgelt oder als eine echte Subvention anzusehen ist, muss geprüft werden, ob die Zuwendung auch **ohne eine Gegenleistung des Zuwendungsempfängers** gegeben worden wäre (vgl. § 1 Rz 22 bis 32). Beim Kautionsleasing führt eine erhöhte erste Leasingrate sowie die Vereinbarung degressiver Leasingraten nicht dazu, dass damit verbundene Zinseffekte dem Entgelt für Zwecke der USt zugeschlagen werden. Das Einkalkulieren von Zinseffekten aus der Leistung von Kautionszahlungen sollte daher solange keinen Einfluss auf die Ermittlung des umsatzsteuerlichen Entgelts haben, als sich die Kautionszahlungen im branchenüblichen Rahmen halten.

Randzahlen 646 bis 650: Derzeit frei.

2. Zusätzliche Entgelte

2.1 Freiwillige Aufwendungen

651 Zum Entgelt gehört auch, was der Leistungsempfänger freiwillig aufwendet, wie Spenden für Ehrenkarten oder Zahlungen an den Unternehmer über das bedungene Entgelt hinaus wegen besonders zufrieden stellender Leistung (zB Trinkgelder).

2.2 Entgelt von dritter Seite

652 Zum Entgelt gehört grundsätzlich auch, was ein anderer als der Leistungsempfänger dem Unternehmer für die Lieferung oder sonstige Leistung gewährt. Dabei muss ein **unmittelbarer wirtschaftlicher Zusammenhang mit dem Leistungsaustausch**, der zwischen dem Leistenden und dem Leistungsempfänger stattfindet, gegeben sein. In aller Regel besteht der Zweck derartiger Zuschüsse darin, das Entgelt auf eine nach Kalkulationsgrundsätzen erforderliche Höhe zu bringen (Preisauffüllung). Siehe § 1 Rz 25.

653 In den Fällen der Hingabe eines vom Hersteller ausgestellten Preisnachlassgutscheines an Zahlungs Statt ist der Nennwert des Gutscheines Teil der Gegenleistung für die Lieferung des Einzelhändlers an den Endverbraucher, wenn der Hersteller dem Einzelhändler den auf diesem Gutschein angegebenen Betrag erstattet (wirkt wie ein Entgelt von dritter Seite durch den Hersteller; vgl. EuGH 24.10.1996, C-288/94, „Argos Distributors", sowie 16.1.2003, C-398/99, „Yorkshire Co-operatives Ltd").

Randzahlen 654 bis 655: Derzeit frei.

3. Durchlaufende Posten
3.1 Allgemeines

656 Nicht zum Entgelt gehören durchlaufende Posten. Das sind Beträge, die der Unternehmer **im fremden Namen und für fremde Rechnung vereinnahmt und verausgabt.** Voraussetzung für die Annahme eines durchlaufenden Postens ist ein äußerlich erkennbares Handeln im fremden Namen und für fremde Rechnung. Der Zahlende muss wissen, dass der Unternehmer die Zahlung nicht für sich, sondern für einen Dritten vereinnahmt. Es bedarf daher **unmittelbarer Rechtsbeziehungen** zwischen dem Zahlenden und dem Dritten. Was die Verrechnung betrifft, so brauchen durchlaufende Posten in der Rechnung (§ 11 UStG 1994) nicht angegeben werden. Werden sie angegeben, dürfen sie nur getrennt vom Entgelt angeführt werden (siehe auch § 11 Rz 1514).

3.2 Einzelfälle

657 **Begutachtungsplaketten** gemäß § 57a KFG 1967: Die Einhebung der Kosten erfolgt im Namen und für Rechnung der Behörde. Die Kosten sind daher nicht Teil des Entgelts.

Bestandvertragsgebühren, die unter § 33 TP 5 GebG fallen: Die weiterverrechnete Bestandvertragsgebühr gehört nicht zum Mietentgelt. Dies gilt auch, wenn eine Bestandvertragsgebühr nach § 33 TP 5 GebG im Wege der Selbstberechnung vom Bestandgeber an das für Gebühren, Verkehrsteuern und Glücksspiel zuständige Finanzamt abgeführt und vom Bestandgeber an den Bestandnehmer weiterverrechnet wird. Diese Beurteilung gilt auch bei kurzfristigen Mietverträgen (zB Leihwagengeschäft).

Flugabgabe gemäß § 5 Abs. 3 FlugAbgG: Die ab 1. Jänner 2011 zu erhebende Flugabgabe für Kurzstreckenflüge von einem inländischen Flughafen mit einem motorisierten Luftfahrzeug stellt keinen durchlaufenden Posten dar; siehe hierzu auch FlugAbgR Rz 21 ff.

Förderung von Ökostromanlagen (siehe insb. Ökostromgesetz, BGBl. I Nr. 149/2002 idgF):

- Hinsichtlich des An- und Verkaufs von Ökostrom besteht ein Leistungsaustausch zwischen den jeweiligen Ökostromerzeugern und der Abwicklungsstelle für Ökostrom AG (OeMAG) sowie zwischen der OeMAG und den jeweiligen Stromhändlern. Der An- und Verkauf von Ökostrom durch die OeMAG stellen Umsätze dar, welche der Umsatzsteuer unterliegen.
- Zahlungen zur Förderung von Photovoltaikanlagen, die vom jeweiligen Bundesland an die OeMAG geleistet werden, stellen einen echten (nicht umsatzsteuerbaren) Zuschuss dar. Die OeMAG kann den Vorsteuerabzug vom vollen Strompreis geltend machen, der vom Photovoltaik-Betreiber verrechnet wird.
- Das Zählpunktpauschale nach § 22 Ökostromgesetz ist als Förderbeitrag von allen an das öffentliche Netz angeschlossenen Verbrauchern zu leisten. Gegenüber den Verbrauchern unterliegt das Zählpunktpauschale im Rahmen der einheitlichen Leistung „Netzdienstleistung" als zusätzliches Entgelt der Umsatzsteuer. Die Einhebung des Zählpunktpauschales steht nicht iZm einem Leistungsaustausch der OeMAG an die Netzbetreiber und unterliegt bei dieser nicht der Umsatzsteuer.
- Die Auszahlung zur Förderung von neuen Kraft-Wärme-Kopplungsanlagen (KWK-Anlagen) sowie des Kostenersatzes für KWK-Energie (§§ 12 und 13 Ökostromgesetz), die Investitionszuschüsse für elektrische Energie aus mittleren Wasserkraftanlagen (§ 13a Ökostromgesetz) und die Auszahlung eines Anteils des Strom-Verrechnungspreises an die Länder zur Förderung von neuen Technologien zur Ökostromerzeugung (§ 22 Ökostromgesetz) unterliegen nicht der Umsatzsteuer.
- Ein von einem Stromhändler im Namen und für Rechnung der Ökostrombörse eingehobener „Förderaufschlag", zu dessen Entrichtung sich der Stromkunde gegenüber der Ökostrombörse freiwillig vertraglich verpflichtet, stellt beim Stromhändler einen durchlaufenden Posten dar. Ein solcher „Förderaufschlag" ist nicht Teil des Entgelts der Stromlieferung und unterliegt daher nicht der Umsatzsteuer. Die Weiterleitung dieses Aufschlags an die Ökostrombörse stellt keinen Umsatz der Ökostrombörse dar, da er nicht im Zusammenhang mit einer Leistung der Ökostrombörse an den Stromhändler oder an den Endkunden steht. Erhält der Stromhändler jedoch ein Entgelt für das Inkasso dieses Aufschlages, so unterliegt dieses als gesonderte Leistung der Umsatzsteuer.

§ 4 UStG

Frachtführer und Spediteure – Auslagen

Inkasso und Nachnahmebeträge, Havariebeträge und Beträge für Reparaturen, die im Namen und auf Rechnung der Auftraggeber oder Eigentümer der Waren verausgabt werden.

Die vom Spediteur dem Vertretenen weiterverrechneten Auslagen an Zoll, EUSt, Straßenbenützungsabgabe sowie sonstigen Eingangs- und Einfuhrabgaben gehören nicht zur Bemessungsgrundlage für die Abfertigungsleistung.

Notare und Rechtsanwälte – Auslagen

Die von den Rechtsanwälten und Notaren weiterverrechneten Gerichtsgebühren sind durchlaufende Posten. Vollstreckernoten, Sachverständigengebühren, Schätzungs- und Ediktalkosten und Kosten der Drittschuldneräußerung sind durchlaufende Posten, wenn der Schuldner der Beträge gegenüber dem Gericht nur der Klient ist und ein Rechtsanwalt im Namen des Klienten die Beträge entrichtet.

Investitionsablösen

Beträge, die der Nachmieter dem Vermieter im Sinne des § 27 Abs. 1 Z 1 MRG zur teilweisen oder gänzlichen Deckung des vom Vermieter dem Vormieter geleisteten Ersatzes von Aufwendungen nach § 10 MRG leistet, können beim Vermieter wie Durchlaufposten behandelt werden.

Kühlgeräte

Die Abgabe eines Kühlgeräte-Entsorgungsgutscheines ist weder beim Händler noch bei der UFH-GmbH umsatzsteuerbar, sondern erst bei Rückgabe des Kühlgerätes zur Entsorgung.

Ortstaxen und Kurtaxen

Wird die Orts- oder Kurtaxe auf Grund einer gesetzlichen Regelung durch den Beherbergungsunternehmer **im Namen und für Rechnung** eines anderen vereinnahmt und verausgabt, stellt die Taxe beim Unternehmer einen durchlaufenden Posten kraft Gesetzes dar. In diesem Fall ist die gesonderte Darlegung der Taxe gegenüber dem Gast nicht zwingend (VwGH 4.10.1977, 364/77, betreffend Tiroler Aufenthaltsabgabegesetz – Vereinnahmung im Namen und für Rechnung des Landes, Verausgabung im Namen und für Rechnung des Gastes).

Portospesen

Bei einem Versandhandelsgeschäft zählen die Versendungskosten (Portospesen) zum Lieferentgelt.

Rezeptgebühren

Die von den Versicherten auf Grund der Bestimmungen des ASVG für den Bezug von Heilmitteln für Rechnung der Sozialversicherungsträger zu entrichtenden Rezeptgebühren werden von den Apotheken im Namen und für Rechnung der Sozialversicherungsträger vereinnahmt und gehören daher bei den Apotheken als durchlaufende Posten nicht zum Entgelt (VwGH 19.1. 1984, 83/15/0035, VwGH 17.1.1989, 88/14/0010).

Sicherheitsentgelt: Nach § 11 Abs. 1 Luftfahrtsicherheitsgesetz 2011 (LSG 2011) steht dem Zivilflugplatzhalter für die Durchführung von Aufgaben nach dem LSG 2011 pro abfliegendem Passagier vom Luftfahrtunternehmen ein die Kosten seiner Tätigkeit deckendes angemessenes Sicherheitsentgelt zu. Schuldner des Sicherheitsentgelts nach § 11 Abs. 1 LSG 2011 ist der Luftfahrtunternehmer. Somit liegt kein durchlaufender Posten vor. Soweit die Luftfahrtunternehmen ihren Passagieren das Sicherheitsentgelt offen oder einkalkuliert weiter berechnen, ist es Teil des Entgelts für die Beförderungsleistung.

Randzahlen 658 bis 660: Derzeit frei.

4. Differenzbesteuerung

Siehe § 24 Rz 3290 bis 3298.

Randzahlen 661 bis 665: Derzeit frei.

5. Pfandschein und Spiel mit Gewinnmöglichkeit

666 Zur Bemessungsgrundlage bei Umsätzen aus Glücksspielautomaten und aus Video Lotterie Terminals siehe Rz 860.

Randzahlen 667 bis 670: Derzeit frei.

6. Tausch, tauschähnlicher Umsatz
6.1 Allgemeines

671 Beim Tausch und beim tauschähnlichen Umsatz (§ 3 Abs. 10 UStG 1994) sowie bei Hingabe an Zahlungsstatt gilt der Wert jedes Umsatzes als Entgelt für den anderen Umsatz. Als Wert im Sinne dieser Bestimmung ist der gemeine Wert (§ 10 Abs. 2 BewG 1955) heranzuziehen. Für den Wert wird daher die Wirtschaftsstufe des Belieferten von Bedeutung sein. Bei Lieferung eines Erzeugers an einen Großhändler ist somit der Erzeugerpreis (Einkaufspreis des Großhändlers), bei Lieferung eines Großhändlers an einen Einzelhändler der Großhandelspreis (Einkaufspreis des Einzelhändlers) und bei einer Lieferung eines Einzelhändlers der Einzelhandelspreis als gemeiner Wert für die Besteuerung maßgeblich.

Bei Sachprämien für die Vermittlung von Neukunden (siehe § 3 Rz 374) besteht die Gegenleistung für die Hingabe der Sachprämie in der Vermittlungsleistung durch den Altkunden. Bemessungsgrundlage für die Lieferung der Sachprämie ist der Wert, den der Empfänger der Dienstleistung (= der Unternehmer) den Dienstleistungen beimisst, die er sich verschaffen will (= Vermittlung von Neukunden) und der dem Betrag entspricht, den er zu diesem Zweck aufzuwenden bereit ist. Das ist der Einkaufspreis des Unternehmers für den Gegenstand (EuGH 02.06.1994, Rs C-33/93, „Empire Stores"). Fallen Versandkosten an, die vom Unternehmer getragen werden, sind diese in die Bemessungsgrundlage mit einzubeziehen (EuGH 03.07.2001, Rs C-380/99, „Bertelsmann").

Werden als Gegenleistung für die Vermittlung von Neukunden Warengutscheine ausgegeben, kann im Fall der sofortigen Ausgabe eines Gegenstandes als Bemessungsgrundlage der Einkaufspreis des Unternehmers (zuzüglich allfälliger Versandkosten) angesetzt werden, wenn der Unternehmer den Nachweis erbringen kann, dass der eingelöste Gutschein für die Vermittlungsleistung des Altkunden hingegeben wurde. Ist dieser Zusammenhang nicht nachweisbar, ist als Bemessungsgrundlage der Nennwert des Gutscheines heranzuziehen.

6.2 Sachzuwendungen an Arbeitnehmer

672 Zur grundsätzlichen Problematik, insbesondere die Abgrenzung zum Eigenverbrauch, siehe § 1 Rz 66 bis 74. Unabhängig davon, ob es sich um einen Eigenverbrauch oder einen tauschähnlichen Umsatz handelt, können aus Vereinfachungsgründen zur Ermittlung der Bemessungsgrundlage für Sachzuwendungen jene Werte herangezogen werden, die den **Sachbezügen bei der Lohnsteuer** zu Grunde gelegt werden. Werden in vom Unternehmer in eigener Regie geführten Kantinen **verbilligte oder kostenlose Essen** (insbesondere Mittagessen) an die Arbeitnehmer abgegeben, so kann zur Ermittlung der Bemessungsgrundlage von zwei Dritteln der lohnsteuerlichen **Sachbezugswerte** ausgegangen werden. Die hienach in Betracht kommenden Beträge sind als Bruttowerte anzusehen, aus denen die USt herauszurechnen ist. Sind die vom Arbeitnehmer für die Sachzuwendung geleisteten Zahlungen höher als die Sachbezugswerte (bei den vorgenannten Essensabgaben höher als zwei Drittel der Sachbezugswerte), sind diese Zahlungen zur Ermittlung der Bemessungsgrundlage heranzuziehen.

Randzahlen 673 bis 675: Derzeit frei.

7. Geschäftsveräußerung im Ganzen

676 Bemessungsgrundlage ist das **Entgelt, wobei übernommene Schulden ebenfalls zum Entgelt zählen**. Es handelt sich zwar bei der Geschäftsveräußerung um eine einheitliche Lieferung, bei der Berechnung der USt ist aber eine Aufteilung der Bemessungsgrundlage vorzunehmen, als ob der Unternehmer eine Mehrzahl von Einzelleistungen erbracht hätte. Das Gesamtentgelt ist auf die einzelnen Leistungen (Besitzposten) aufzuteilen. Jede dieser Leistungen (Besitzposten) ist für sich umsatzsteuerlich zu beurteilen. So

§ 4 UStG

sind Entgeltsteile, die auf nicht steuerbare Vorgänge entfallen (zB Kfz, die nicht als für das Unternehmen angeschafft wurden), aus dem Gesamtentgelt auszuscheiden. Entgeltsteile, die auf steuerfreie Leistungen (zB Grundstücke) entfallen, sind entsprechend den Bestimmungen über die Steuerfreiheit zu behandeln. Der **Firmenwert** unterliegt dem Steuersatz von 20 %.

Erfolgt die Übertragung eines Geschäftes im Ganzen ohne eine Gegenleistung, so liegt mangels eines Leistungsaustausches keine steuerbare Leistung vor. Der Tatbestand des Eigenverbrauches kann in einem solchen Fall jedoch Platz greifen.

Randzahlen 677 und 678: Derzeit frei.

8. Bemessungsgrundlage beim Eigenverbrauch

8.1 Dauernde Entnahme

679 Der Einkaufspreis entspricht in der Regel dem Wiederbeschaffungspreis. Der Wiederbeschaffungspreis ist auch für selbst hergestellte Gegenstände heranzuziehen, wenn vergleichbare Gegenstände verfügbar sind. In diesem darf in keinem Fall ein Wert enthalten sein, auf den der Unternehmer bereits Umsatzsteuer entrichtet hat, ohne dass er sie anschließend hätte abziehen können (vgl. EuGH 23.4.2015, Rs C-16/14, *Property Development Company NV*). Die Selbstkosten umfassen alle Kosten, die der Herstellung zuzurechnen sind (zB Material- und Fertigungsgemeinkosten). Maßgeblich ist der Zeitpunkt der Entnahme.

Bei nach dem Lebensmittelgesetz nicht mehr verkehrsfähigen Waren ist die Bemessungsgrundlage Null.

8.2 Vorübergehende Nutzung

680 Bei der Nutzung von Gegenständen für Zwecke außerhalb des Unternehmens bilden die auf die nichtunternehmerische Nutzung des Gegenstandes entfallenden Kosten die Bemessungsgrundlage. Dazu zählen neben den **laufenden Betriebskosten auch die anteilige Absetzung für Abnutzung**. Die Kosten sind um Aufwendungen, bei denen kein Vorsteuerabzug möglich ist, zu kürzen.

8.3 Entnahme der sonstigen Leistung

681 Bemessungsgrundlage sind die **Kosten, die auf die Ausführung dieser Leistungen entfallen**. Ein anteiliger Unternehmerlohn ist nicht zu berücksichtigen (siehe auch § 3 Rz 485).

9. Normalwert als Bemessungsgrundlage ab 1.1.2013

682 Basierend auf Art. 72 iVm Art. 80 der MwSt-RL 2006/112/EG ist der Normalwert als umsatzsteuerliche Bemessungsgrundlage für Lieferungen und sonstige Leistungen anzusetzen, wenn das Entgelt aus außerbetrieblichen Motiven (familiäre oder freundschaftliche Nahebeziehungen, Gesellschafterstellung oder gesellschaftliche Verflechtung, Bindungen aufgrund von Leitungsfunktionen oder Mitgliedschaften, Arbeitgeber-, Arbeitnehmerverhältnis, usw.) vom Normalwert abweicht (hinsichtlich der Abgrenzung der außerbetrieblichen Motive im Arbeitgeber-, Arbeitnehmerverhältnis siehe Rz 66 ff.). Der Normalwert ist allerdings nur anzusetzen, wenn

- der Empfänger nicht oder nicht zum vollen Vorsteuerabzug berechtigt ist und das Entgelt unter dem Normalwert liegt,
- der Umsatz unecht befreit ist (ausgenommen die Kleinunternehmerbefreiung nach § 6 Abs. 1 Z 27 UStG 1994) und das Entgelt unter dem Normalwert liegt, oder
- der leistende Unternehmer nicht oder nicht zum vollen Vorsteuerabzug berechtigt ist und das Entgelt über dem Normalwert liegt.

Beispiel 1:

P verkauft eine Ware um 30.000 Euro (Normalwert 40.000 Euro) an U. Der niedrige Verkaufspreis ist darauf zurückzuführen, dass P Gesellschafter der U ist. Beide Unternehmer sind voll vorsteuerabzugsberechtigt.

Lösung:
Da beide Unternehmer voll vorsteuerabzugsberechtigt sind, kommt der Normalwert nicht zur Anwendung.

Beispiel 2:
Der Fahrradhändler F verkauft seiner Tochter aus privaten Gründen ein Fahrrad um 300 Euro (normaler Verkaufspreis netto 600 Euro).

Lösung:
Da die Tochter als Privatperson nicht zum Vorsteuerabzug berechtigt ist, bildet der Normalwert (dh. 600 Euro) die Bemessungsgrundlage für die Umsatzsteuer.

Beispiel 3:
Ein Versicherungsvertreter erbringt steuerpflichtige Beratungsleistungen und davon unabhängig unecht steuerbefreite Versicherungsvermittlungsleistungen an ein Unternehmen, an dem er als Gesellschafter beteiligt ist. Das Entgelt für die steuerpflichtige Leistung beläuft sich auf 100.000 Euro (Normalwert 55.000 Euro). Das Entgelt für die steuerfreie Leistung wird mit 10.000 Euro festgesetzt (Normalwert 55.000 Euro).

Lösung:
Für beide Leistungen ist die Umsatzsteuerbemessungsgrundlage der Normalwert (jeweils 55.000 Euro). Bei Anwendung des Entgelts als Bemessungsgrundlage könnte es zu nicht gerechtfertigten Verschiebungen hinsichtlich der Aufteilung des Vorsteuerabzuges kommen.

Die Anwendung des Normalwerts setzt ein Entgelt voraus (für die Beurteilung außerhalb des Anwendungsbereiches von § 4 Abs. 9 UStG 1994 vgl. Rz 367). Auf die unentgeltliche Zuwendung eines Gegenstandes oder die unentgeltliche Erbringung einer sonstigen Leistung durch einen Unternehmer ist dagegen § 3 Abs. 2 bzw. § 3a Abs. 1a UStG 1994 (und nicht der Normalwert) anzuwenden.

Die Lieferung von Grundstücken sowie die Vermietung und Verpachtung von Grundstücken vor dem 1.1.2016 fällt nicht unter die Normalwertregelung. Der Normalwert kann als Bemessungsgrundlage nur herangezogen werden, wenn die Lieferung, Vermietung oder Verpachtung eines Grundstückes steuerbar ist. Für die Prüfung, ob ein solcher Umsatz bei Vorliegen eines Naheverhältnisses der involvierten Parteien umsatzsteuerlich anzuerkennen ist, hat der Normalwert keine Bedeutung.

Eine vergleichbare Lieferung oder sonstige Leistung für die Bestimmung des Normalwerts wird regelmäßig nur in den folgenden Fällen ermittelt werden können:

- Wenn ein direkter Preisvergleich möglich ist; ein direkter Preisvergleich ist grundsätzlich möglich, wenn der leistende Unternehmer vergleichbare Geschäfte auch mit Empfängern tätigt, zu denen er nicht in einem Naheverhältnis steht. Subsidiär können auch Marktpreise, wie man sie zB aus Börsennotierungen oder branchenüblichen Abschlüssen ermittelt oder aus Preisübersichten von Verbänden gewinnt, zum Vergleich herangezogen werden.
- Bei Sachzuwendungen des Arbeitgebers an den Arbeitnehmer werden aus Vereinfachungsgründen weiterhin die Werte als Normalwert herangezogen werden können, die den Sachbezügen bei der Lohnsteuer zu Grunde gelegt sind.
- Bei grenzüberschreitenden Sachverhalten kann auch ein für Ertragsteuerzwecke identifizierter transaktionsbezogener Fremdvergleichspreis als Normalwert herangezogen werden.
- In den Fällen der Rz 265, 274, 274a und 275 kann aus Vereinfachungsgründen das dort beschriebene Mindestentgelt als Normalwert herangezogen werden.

In allen übrigen Fällen wird regelmäßig keine vergleichbare Lieferung oder sonstige Leistung ermittelt werden können, mit der Konsequenz, dass der Normalwert unter sinngemäßer Anwendung von § 4 Abs. 8 lit. a und b UStG 1994 bestimmt werden muss.

Die Normalwertregelung des § 4 Abs. 9 UStG 1994 ist auch auf den innergemeinschaftlichen Erwerb anzuwenden (siehe Rz 3932).

Randzahlen 683 bis 687: Derzeit frei.

Judikatur EuGH zu § 4:

EuGH vom 5.10.2016, Rs C-576/15, *Maya Marinova*
Festsetzung der Bemessungsgrundlage bei Nichtvorhandensein von Waren und fehlender Verbuchung

Art. 2 Abs. 1 Buchst. a, Art. 9 Abs. 1, Art. 14 Abs. 1 und die Art. 73 und 273 der Richtlinie 2006/112/EG sowie der Grundsatz der Steuerneutralität sind dahin auszulegen, dass sie einer nationalen Regelung wie der im Ausgangsverfahren fraglichen nicht entgegenstehen, nach der die Steuerbehörde bei Nichtvorhandensein von einem Steuerpflichtigen gelieferten Waren in dessen Lager und bei fehlender Verbuchung damit zusammenhängender steuerlich relevanter Dokumente in den Aufzeichnungen dieses Steuerpflichtigen davon ausgehen darf, dass der Steuerpflichtige diese Waren später an Dritte verkauft hat, und die Steuerbemessungsgrundlage für die Verkäufe dieser Waren anhand der ihr vorliegenden tatsächlichen Anhaltspunkte nach nicht in dieser Richtlinie vorgesehenen Regeln bestimmen darf. Das vorlegende Gericht hat jedoch zu prüfen, ob diese nationale Regelung nicht über das hinausgeht, was erforderlich ist, um die genaue Erhebung der Mehrwertsteuer sicherzustellen und Steuerhinterziehungen zu vermeiden.

EuGH vom 2.6.2016, Rs C-263/15, *Lajvér*
Unternehmerische Tätigkeit und Leistungsaustausch bei der Bewirtschaftung von Landwirtschaftsbauten

1. Art. 9 Abs. 1 der Richtlinie 2006/112/EG ist dahin auszulegen, dass die Bewirtschaftung von Landwirtschaftsbauten wie den im Ausgangsverfahren fraglichen durch eine Handelsgesellschaft ohne Gewinnerzielungsabsicht, die diese Tätigkeit nur ergänzend als ein Gewerbe mit Erzielung von Einnahmen ausübt, ungeachtet des Umstands, dass diese Bauten in erheblichem Maße mit staatlichen Beihilfen finanziert wurden und ihre Bewirtschaftung lediglich Einnahmen aus der Erhebung einer geringfügigen Gebühr erbringt, eine wirtschaftliche Tätigkeit im Sinne dieser Vorschrift darstellt, soweit diese Gebühr aufgrund der vorgesehenen Dauer ihrer Erhebung einen nachhaltigen Charakter aufweist.

2. Art. 24 der Richtlinie 2006/112 ist dahin auszulegen, dass die Bewirtschaftung von Landwirtschaftsbauten wie den im Ausgangsverfahren fraglichen in der Erbringung von Dienstleistungen gegen Entgelt besteht, weil diese Dienstleistungen mit der erhaltenen oder zu erhaltenden Gebühr in einem unmittelbaren Zusammenhang stehen, vorausgesetzt, dass diese geringfügige Gebühr den Gegenwert für die erbrachte Dienstleistung darstellt. Dies gilt unbeschadet der Tatsache, dass mit diesen Dienstleistungen eine gesetzliche Verpflichtung erfüllt wird. Es ist Sache des vorlegenden Gerichts, zu prüfen, ob die Höhe der erhaltenen oder zu erhaltenden Gebühr als Gegenleistung geeignet ist, einen unmittelbaren Zusammenhang zwischen den erbrachten oder zu erbringenden Dienstleistungen und dieser Gegenleistung und damit die Entgeltlichkeit der gewährten Dienstleistungen zu begründen. Insbesondere muss sich das Gericht vergewissern, dass die von den Klägerinnen des Ausgangsverfahrens vorgesehene Gebühr die erbrachten oder zu erbringenden Dienstleistungen nicht nur teilweise vergütet und dass die Höhe der Gebühr nicht durch etwaige andere Faktoren bestimmt wurde, die gegebenenfalls den unmittelbaren Zusammenhang zwischen den Dienstleistungen und deren Gegenleistung in Frage stellen könnten.

EuGH vom 28.4.2016, Rs C-128/14, *Het Oudeland Beheer*
Festsetzung der Bemessungsgrundlage eines dinglichen Rechts

1. Art. 11 Teil A Abs. 1 Buchst. b der Sechsten Richtlinie 77/388/EWG in der durch die Richtlinie 95/7/EG geänderten Fassung ist dahin auszulegen, dass der Wert eines dinglichen Rechts, das seinem Inhaber ein Nutzungsrecht an einer unbeweglichen Sache einräumt, und die Fertigstellungskosten des auf dem betreffenden Grundstück errichteten Bürogebäudes in die Besteuerungsgrundlage einer Lieferung im Sinne von Art. 5 Abs. 7 Buchst. a dieser Richtlinie in geänderter Fassung einbezogen werden können, wenn der Steuerpflichtige die auf diesen Wert und diese Kosten entfallende Mehrwertsteuer bereits entrichtet, sie aber auch sofort und vollständig als Vorsteuer abgezogen hat.

2. In einem Fall wie dem im Ausgangsverfahren in Rede stehenden, in dem ein Grundstück und ein darauf im Bau befindliches Gebäude durch die Begründung eines dinglichen Rechts, das seinem Inhaber ein Nutzungsrecht an diesen unbeweglichen Sachen einräumt, erworben wurde, ist Art. 11 Teil A Abs. 1 Buchst. b der Sechsten Richtlinie 77/388 in der durch die Richtlinie 95/7 geänderten Fassung dahin auszulegen, dass der in die Besteuerungsgrundlage einer Lieferung im Sinne von Art. 5 Abs. 7 Buchst. a dieser Richtlinie einzubeziehende Wert dieses dinglichen Rechts dem Wert der für die Restlaufzeit des dieses Recht begründenden Erbpachtvertrags als Gegenleistung zu zahlenden Jahresbeträge entspricht, die nach derselben Methode korrigiert oder kapitalisiert werden wie derjenigen, die zur Ermittlung des Werts der Begründung des Erbpachtrechts angewandt wird.

EuGH vom 23.12.2015, Rs C-250/14, *Air France-KLM*
Steuerliche Behandlung bei Ausstellen von Flugtickets

1. Art. 2 Nr. 1 und Art. 10 Abs. 2 der Sechsten Richtlinie 77/388/EWG in der durch die Richtlinie 1999/59/EG und dann durch die Richtlinie 2001/115/EG geänderten Fassung sind dahin auszulegen, dass das Ausstellen von Flugscheinen durch eine Fluggesellschaft mehrwertsteuerpflichtig ist, wenn die Fluggäste die ausgegebenen Flugscheine nicht benutzt haben und sie für diese keine Erstattung erhalten können.

2. Art. 2 Nr. 1 und Art. 10 Abs. 2 Unterabs. 1 und 2 der Sechsten Richtlinie 77/388 in der durch die Richtlinie 1999/59 und dann durch die Richtlinie 2001/115 geänderten Fassung sind dahin auszulegen, dass der Anspruch auf die Mehrwertsteuer, die ein Fluggast beim Erwerb eines von ihm nicht benutzten Flugscheins entrichtet hat, mit der Vereinnahmung des Preises für den Flugschein durch die Fluggesellschaft, einen in ihrem Namen und für ihre Rechnung handelnden Dritten oder einen in eigenem Namen, aber für Rechnung der Fluggesellschaft handelnden Dritten entsteht.

3. Art. 2 Nr. 1 und Art. 10 Abs. 2 der Sechsten Richtlinie 77/388 in der durch die Richtlinie 1999/59 und dann durch die Richtlinie 2001/115 geänderten Fassung sind dahin auszulegen, dass dann, wenn ein Dritter im Rahmen eines Franchisevertrags die Flugscheine einer Fluggesellschaft für deren Rechnung vertreibt und an diese für ausgegebene und verfallene Flugscheine einen Pauschalbetrag zahlt, der als prozentualer Anteil des auf den entsprechenden Fluglinien erzielten Jahresumsatzes berechnet wird, dieser Betrag als Gegenleistung für diese Flugscheine steuerpflichtig ist.

EuGH vom 11.6.2015, Rs C-256/14, *Lisboagas GDL*
Einbeziehung von Abgaben in die Bemessungsgrundlage

Die Art. 9 Abs. 1, 73, 78 Abs. 1 Buchst. a und 79 Abs. 1 Buchst. c der Richtlinie 2006/112/EG sind dahin auszulegen, dass der Betrag von Abgaben wie den im Ausgangsverfahren in Rede stehenden, der von der Gesellschaft mit Gasversorgungsnetzkonzession aufgrund der Nutzung des öffentlichen Eigentums der Gemeinden an diese bezahlt wird und der in der Folge von dieser Gesellschaft auf eine andere Gesellschaft, die mit dem Gasvertrieb betraut ist, und sodann von dieser auf die Endverbraucher abgewälzt wird, in die Besteuerungsgrundlage der Mehrwertsteuer einzubeziehen ist, die nach Art. 73 dieser Richtlinie auf die von der erstgenannten Gesellschaft an die zweitgenannte Gesellschaft erbrachte Dienstleistung anwendbar ist.

EuGH vom 23.4.2015, Rs C-16/14, *Property Development Company*
Einkaufspreis als Bemessungsgrundlage bei der Errichtung von Gebäuden

Art. 11 Teil A Abs. 1 Buchst. b der Sechsten Richtlinie 77/388/EWG ist dahin auszulegen, dass in einem Fall wie dem des Ausgangsverfahrens die Besteuerungsgrundlage für die Berechnung der Mehrwertsteuer auf eine Zuordnung im Sinne von Art. 5 Abs. 7 Buchst. b dieser Richtlinie eines Gebäudes, das der Steuerpflichtige hat errichten lassen, der Einkaufspreis – im Zeitpunkt dieser Zuordnung – von Gebäuden ist, deren Lage, Größe und sonstige wesentliche Merkmale mit denen des fraglichen Gebäudes vergleichbar sind. In diesem Zusammenhang ist unerheblich, ob ein Teil dieses Einkaufspreises auf der Zahlung von Fremdkapitalzinsen während der Errichtung des Gebäudes beruht.

EuGH vom 27.3.2014, Rs C-151/13, *Le Rayon d'Or*
„Pflegepauschale" einer Beherbergungseinrichtung stellt Entgelt dar

Art. 11 Teil A Abs. 1 Buchst. a der Sechsten Richtlinie 77/388/EWG sowie Art. 73 der Richtlinie 2006/112/EG sind dahin auszulegen, dass eine Pauschalzahlung wie die im Ausgangsverfahren in Rede stehende „Pflegepauschale" eine Gegenleistung für die von einer Beherbergungseinrichtung für ältere hilfsbedürftige Menschen ihren Bewohnern entgeltlich erbrachten Pflegeleistungen darstellt und damit in den Anwendungsbereich der Mehrwertsteuer fällt.

EuGH vom 16.1.2014, Rs C-300/12, *Ibero Tours*
Preisnachlass durch ein als Vermittler tätiges Reisebüro

Die Bestimmungen der Sechsten Richtlinie 77/388/EWG sind dahin auszulegen, dass die Grundsätze, die der Gerichtshof im Urteil vom 24. Oktober 1996, Elida Gibbs (C-317/94), zur Bestimmung der Besteuerungsgrundlage der Mehrwertsteuer aufgestellt hat, nicht anzuwenden sind, wenn ein Reisebüro als Vermittler dem Endverbraucher aus eigenem Antrieb und auf eigene Kosten einen Nachlass auf den Preis der vermittelten Leistung gewährt, die von dem Reiseveranstalter erbracht wird.

EuGH vom 5.12.2013, Rs C-618/11, *TVI*
Einbeziehung einer Vorführungsabgabe in die Bemessungsgrundlage

Art. 11 Teil A Abs. 1 Buchst. a, 2 Buchst. a und 3 Buchst. c der Sechsten Richtlinie 77/388/EWG sowie die Art. 73, 78 Abs. 1 Buchst. a und 79 Abs. 1 Buchst. c der Richtlinie 2006/112/EG sind dahin auszulegen, dass eine Abgabe wie die in der portugiesischen Regelung zur Förderung der kinematografischen und audiovisuellen Künste vorgesehene Vorführungsabgabe in die Besteuerungsgrundlage für die Mehrwertsteuer, die für die Dienstleistung der Vorführung kommerzieller Werbung geschuldet wird, einzubeziehen ist.

EuGH vom 21.11.2013, Rs C 494/12, *Dixons Retail*
Begriff der „Gegenleistung" bei Zahlung eines Dritten
Art. 2 Nr. 1, Art. 5 Abs. 1 und Art. 11 Teil A Abs. 1 Buchst. a der Sechsten Richtlinie 77/388/EWG sowie Art. 2 Abs. 1 Buchst. a, Art. 14 Abs. 1 und Art. 73 der Richtlinie 2006/112/EG sind dahin auszulegen, dass unter Umständen wie denen des Ausgangsfalls die körperliche Übertragung eines Gegenstands auf einen Käufer, der eine Bankkarte als Zahlungsmittel missbräuchlich benutzt, eine „Lieferung von Gegenständen" im Sinne von Art. 2 Nr. 1 und Art. 5 Abs. 1 der Sechsten Richtlinie sowie Art. 2 Abs. 1 Buchst. a und Art. 14 Abs. 1 der Richtlinie 2006/112 darstellt und dass im Rahmen einer solchen Übertragung die Zahlung eines Dritten nach Maßgabe eines zwischen ihm und dem Lieferer dieses Gegenstands geschlossenen Vertrags – wonach der Dritte dem Lieferer die Gegenstände zu bezahlen hat, die dieser an Käufer, die eine solche Karte als Zahlungsmittel benutzen, verkauft hat – eine „Gegenleistung" im Sinne von Art. 11 Teil A Abs. 1 Buchst. a der Sechsten Richtlinie und Art. 73 der Richtlinie 2006/112 bildet.

EuGH vom 7.11.2013, Rs C-249/12, *Tulica*
Grundsätzlich enthält der vereinbarte Preis die MWSt
Die Richtlinie 2006/112/EG, insbesondere ihre Art. 73 und 78, ist dahin auszulegen, dass, wenn der Preis eines Gegenstands von den Vertragsparteien ohne jeglichen Hinweis auf die Mehrwertsteuer festgelegt wurde und der Lieferer dieses Gegenstands für den besteuerten Umsatz Steuerschuldner der Mehrwertsteuer ist, der vereinbarte Preis in dem Fall, dass der Lieferer nicht die Möglichkeit hat, die von der Steuerbehörde verlangte Mehrwertsteuer vom Erwerber wiederzuerlangen, so anzusehen ist, dass er die Mehrwertsteuer bereits enthält.

EuGH vom 24.10.2013, Rs C-440/12, *Metropol*
Bemessungsgrundlage bei Spielautomaten
1. Art. 401 der Richtlinie 2006/112/EG ist in Verbindung mit Art. 135 Abs. 1 Buchst. i dieser Richtlinie dahin auszulegen, dass die Mehrwertsteuer und eine innerstaatliche Sonderabgabe auf Glücksspiele kumulativ erhoben werden dürfen, sofern die Sonderabgabe nicht den Charakter einer Umsatzsteuer hat.

2. Art. 1 Abs. 2 Satz 1 und Art. 73 der Richtlinie 2006/112 sind dahin auszulegen, dass sie einer nationalen Vorschrift oder Praxis, wonach beim Betrieb von Spielautomaten mit Gewinnmöglichkeit die Höhe der Kasseneinnahmen dieser Automaten nach Ablauf eines bestimmten Zeitraums als Bemessungsgrundlage zugrunde gelegt wird, nicht entgegenstehen.

3. Art. 1 Abs. 2 der Richtlinie 2006/112 ist dahin auszulegen, dass er einer innerstaatlichen Regelung, wonach die geschuldete Mehrwertsteuer betragsgenau auf eine nicht harmonisierte Abgabe angerechnet wird, nicht entgegensteht.

EuGH vom 8.5.2013, Rs C-142/12, *Marinov*
Steuerbemessungsgrundlage bei Aufgabe der wirtschaftlichen Tätigkeit
1. Art. 18 Buchst. c der Richtlinie 2006/112/EG ist dahin auszulegen, dass er auch diejenige Aufgabe der steuerbaren wirtschaftlichen Tätigkeit erfasst, die sich aus der Streichung des Steuerpflichtigen aus dem Mehrwertsteuerregister ergibt.

2. Art. 74 der Richtlinie 2006/112 ist dahin auszulegen, dass er einer nationalen Bestimmung, wonach im Fall der Aufgabe der steuerbaren wirtschaftlichen Tätigkeit die

Steuerbemessungsgrundlage für den Umsatz der Normalwert der zum Zeitpunkt der Aufgabe vorhandenen Gegenstände ist, entgegensteht, sofern nicht dieser Wert in der Praxis dem Restwert der genannten Gegenstände zum Zeitpunkt der Aufgabe entspricht und somit die Wertentwicklung dieser Gegenstände zwischen dem Zeitpunkt ihrer Anschaffung und jenem der Aufgabe der steuerbaren wirtschaftlichen Tätigkeit berücksichtigt wird.

3. Art. 74 der Richtlinie 2006/112 hat unmittelbare Wirkung.

EuGH vom 19.12.2012, Rs C-549/11, *Orfey*
Erbbaurecht als Gegenleistung; Normalwert als Bemessungsgrundlage

1. Die Art. 63 und 65 der Richtlinie 2006/112/EG des Rates vom 28. November 2006 über das gemeinsame Mehrwertsteuersystem sind dahin auszulegen, dass sie es bei einer Sachlage wie der des Ausgangsverfahrens, wenn einer Gesellschaft im Hinblick auf die Errichtung eines Gebäudes ein Erbbaurecht als Gegenleistung für Leistungen bestellt wird, die im Bau bestimmter unbeweglicher Sachen innerhalb dieses Gebäudes bestehen, zu deren schlüsselfertiger Lieferung an die Besteller des Erbbaurechts sich die Gesellschaft verpflichtet, nicht verbieten, dass der Steueranspruch für diese Bauleistungen schon zum Zeitpunkt der Bestellung des Erbbaurechts, d. h. vor Erbringung dieser Dienstleistungen, entsteht, sofern zum Zeitpunkt der Bestellung dieses Rechts alle maßgeblichen Elemente dieser künftigen Dienstleistung bereits bekannt und somit insbesondere die fraglichen Dienstleistungen genau bestimmt sind und sofern der Wert dieses Rechts in Geld ausgedrückt werden kann, was vom vorlegenden Gericht zu prüfen ist.

2. Bei einer Sachlage wie der des Ausgangsverfahrens, bei der der Umsatz nicht zwischen Parteien bewirkt wird, zwischen denen Bindungen im Sinne von Art. 80 der Richtlinie 2006/112 bestehen – was das vorlegende Gericht allerdings zu überprüfen hat –, sind die Art. 73 und 80 dieser Richtlinie dahin auszulegen, dass sie einer nationalen Rechtsvorschrift wie der im Ausgangsverfahren fraglichen entgegenstehen, wonach dann, wenn die Gegenleistung für einen Umsatz vollständig aus Gegenständen oder Dienstleistungen besteht, die Steuerbemessungsgrundlage für diesen Umsatz der Normalwert der gelieferten Gegenstände bzw. erbrachten Dienstleistungen ist.

3. Die Art. 63, 65 und 73 der Richtlinie 2006/112 haben unmittelbare Wirkung.

EuGH vom 19.7.2012, Rs C-377/11, *International Bingo Technology*
Bemessungsgrundlage beim Verkauf von Bingocoupons

1. Art. 11 Teil A Abs. 1 Buchst. a der Sechsten Richtlinie 77/388/EWG in der durch die Richtlinie 98/80/EG geänderten Fassung ist dahin auszulegen, dass die Besteuerungsgrundlage für die Mehrwertsteuer beim Verkauf von Bingocoupons wie den im Ausgangsverfahren fraglichen nicht den im Vorhinein gesetzlich festgelegten Teil des Verkaufspreises umfasst, der für die Auszahlung der Gewinne an die Spieler bestimmt ist.

2. Die Art. 17 Abs. 5 und 19 Abs. 1 der Sechsten Richtlinie 77/388 in der durch die Richtlinie 98/80 geänderten Fassung sind dahin auszulegen, dass die Mitgliedstaaten nicht vorsehen können, dass der im Vorhinein gesetzlich festgelegte Teil des Verkaufspreises der Bingocoupons, der an die Spieler als Gewinne auszuzahlen ist, für die Zwecke der Berechnung des Pro-rata-Satzes des Vorsteuerabzugs zum Umsatz gehört, der im Nenner des in Art. 19 Abs. 1 genannten Bruchs zu stehen hat.

§ 4 UStG

EuGH vom 26.4.2012, Rs C-621/10, *Balkan and Sea Properties*
Anwendungsfälle der Besteuerung nach dem Normalwert

1. Art. 80 Abs. 1 der Richtlinie 2006/112/EG ist dahin auszulegen, dass die darin aufgestellten Anwendungsvoraussetzungen erschöpfend sind und dass nationale Rechtsvorschriften somit nicht auf der Grundlage von Art. 80 Abs. 1 dieser Richtlinie vorsehen können, dass die Steuerbemessungsgrundlage in anderen als den in dieser Bestimmung aufgezählten Fällen der Normalwert des Umsatzes ist, insbesondere wenn der Steuerpflichtige zum vollen Vorsteuerabzug berechtigt ist, was zu prüfen dem nationalen Gericht obliegt.

2. Unter Umständen wie denen der Ausgangsverfahren räumt Art. 80 Abs. 1 der Richtlinie 2006/112 den betroffenen Gesellschaften das Recht ein, sich unmittelbar auf diese Vorschrift zu berufen, um sich der Anwendung nationaler Bestimmungen zu widersetzen, die mit ihr unvereinbar sind. Ist dem vorlegenden Gericht eine Auslegung des innerstaatlichen Rechts, die mit Art. 80 Abs. 1 der Richtlinie 2006/112 im Einklang steht, nicht möglich, hat es alle Bestimmungen des innerstaatlichen Rechts unangewendet zu lassen, die Art. 80 Abs. 1 der Richtlinie 2006/112 zuwiderlaufen.

EuGH vom 28.7.2011, Rs C-106/2010, *Lidl & Companhia*
Kraftfahrzeugsteuer ist Teil der Bemessungsgrundlage

Eine Steuer wie die im Ausgangsverfahren in Rede stehende Kraftfahrzeugsteuer (imposto sobre veículos), deren Entstehungstatbestand unmittelbar mit der Lieferung eines Fahrzeugs zusammenhängt, das in den Anwendungsbereich dieser Steuer fällt, und die vom Lieferer des betreffenden Fahrzeugs entrichtet wird, fällt unter den Ausdruck „Steuern, Zölle, Abschöpfungen und Abgaben" im Sinne von Art. 78 Abs. 1 Buchst. a der Richtlinie 2006/112/EG und ist in Anwendung dieser Bestimmung in die Bemessungsgrundlage der Mehrwertsteuer auf die Lieferung des genannten Fahrzeugs einzubeziehen.

EuGH vom 9.6.2011, Rs C-285/10, *Campsa Estaciones de Servicio*
Voraussetzung für die Erhöhung der Bemessungsgrundlage auf den Normalwert

Die Sechste Richtlinie 77/388/EWG ist dahin auszulegen, dass sie es einem Mitgliedstaat verwehrt, auf Umsätze der im Ausgangsverfahren fraglichen Art zwischen verbundenen Parteien, die einen erkennbar unter dem normalen Marktpreis liegenden Preis vereinbart haben, eine andere Regel für die Bestimmung der Besteuerungsgrundlage als die in Art. 11 Teil A Abs. 1 Buchst. a dieser Richtlinie vorgesehene allgemeine Regel anzuwenden, indem er die Anwendung der Regeln für die Bestimmung der Besteuerungsgrundlage für die Entnahme oder die Verwendung von Gegenständen oder die Erbringung von Dienstleistungen für private Zwecke des Steuerpflichtigen im Sinne von Art. 5 Abs. 6 und Art. 6 Abs. 2 dieser Richtlinie auf diese Umsätze erstreckt, obwohl dieser Mitgliedstaat nicht das Verfahren nach Art. 27 dieser Richtlinie befolgt hat, um die Ermächtigung zur Einführung einer solchen von der allgemeinen Regel abweichenden Maßnahme zu erhalten.

EuGH vom 2.12.2010, Rs C-276/09, *Everything Everywhere*
Zusatzentgelt bei Telekomleistungen ist keine Gegenleistung für eine eigenständige Hauptleistung

Im Rahmen der Erhebung der Mehrwertsteuer stellt das zusätzliche Entgelt, das ein Erbringer von Telekommunikationsdiensten seinen Kunden berechnet, wenn sie diese Dienste nicht im Lastschriftverfahren oder durch BACS-Überweisung bezahlen, sondern per Kredit- oder Debitkarte, per Scheck oder in bar am Schalter einer Bank oder einer zur Entgegennahme der Zahlung für Rechnung des betreffenden Leistungserbringers ermächtigten Stelle, keine Gegenleistung für eine eigenständige, von der in der Erbringung von Telekommunikationsdiensten bestehenden Hauptleistung unabhängige Leistung dar.

EuGH vom 7.10.2010, Rs C-53/09 und 55/09, *Loyalty Management UK*
Umsatzsteuerliche Behandlung von Treueprämien

Im Rahmen eines Kundenbindungsprogramms wie des in den Ausgangsverfahren in Rede stehenden sind die Art. 5, 6 und 11 Teil A Abs. 1 Buchst. a der Sechsten Richtlinie 77/388/EWG in der durch die Richtlinie 95/7/EG geänderten Fassung sowie Art. 17 Abs. 2 in seiner sich aus Art. 28f Nr. 1 dieser Richtlinie ergebenden Fassung dahin auszulegen,
– dass die Zahlungen des Programmmanagers in der Rechtssache C-53/09 an die Lieferer, die den Kunden Treueprämien liefern, als Gegenleistung eines Dritten für die den Kunden von den genannten Lieferern erbrachte Lieferung von Gegenständen oder gegebenenfalls erbrachte Dienstleistung anzusehen sind, wobei es jedoch Sache des vorlegenden Gerichts ist, zu prüfen, ob diese Zahlungen auch die Gegenleistung für die Erbringung von Dienstleistungen umfassen, die einer gesonderten Dienstleistung entspricht,
– dass die Zahlungen des Sponsors in der Rechtssache C-55/09 an den Programmmanager, der den Kunden Treueprämien liefert, teils als Gegenleistung eines Dritten für die den Kunden vom Manager dieses Programms erbrachte Lieferung von Gegenständen und teils als Gegenleistung für die von diesem Manager dem Sponsor erbrachten Dienstleistungen anzusehen sind.

EuGH vom 19.11.2009, Rs C-461/08, *Don Bosco Onroerend Goed*
Einheitliche Leistung bei Lieferung und Abriss iZm Grundstücksumsätzen

Art. 13 Teil B Buchst. g in Verbindung mit Art. 4 Abs. 3 Buchst. a der Sechsten Richtlinie 77/388/EWG ist dahin auszulegen, dass die Lieferung eines Grundstücks, auf dem noch ein altes Gebäude steht, das abgerissen werden muss, damit an seiner Stelle ein Neubau errichtet werden kann, und mit dessen vom Verkäufer übernommenen Abriss schon vor der Lieferung begonnen worden ist, nicht unter die in der ersten dieser beiden Bestimmungen vorgesehene Befreiung von der Mehrwertsteuer fällt. Solche aus Lieferung und Abriss bestehenden Umsätze bilden mehrwertsteuerlich einen einheitlichen Umsatz, der unabhängig davon, wie weit der Abriss des alten Gebäudes zum Zeitpunkt der tatsächlichen Lieferung des Grundstücks fortgeschritten ist, in seiner Gesamtheit nicht die Lieferung des vorhandenen Gebäudes und des dazugehörigen Grund und Bodens zum Gegenstand hat, sondern die Lieferung eines unbebauten Grundstücks.

EuGH vom 5.3.2009, Rs C-302/07, *J D Wetherspoon*
Rundung von MWSt-Beträgen

1. Das Gemeinschaftsrecht enthält bei seinem derzeitigen Stand keine spezifische Vorgabe in Bezug auf die Methode zur Rundung von Mehrwertsteuerbeträgen. In Ermangelung einer spezifischen Gemeinschaftsregelung ist es Sache der Mitgliedstaaten, die Regeln und die Methoden für die Rundung der Mehrwertsteuerbeträge zu bestimmen; dabei müssen sie darauf achten, dass die Grundsätze, auf denen das gemeinsame Mehrwertsteuersystem beruht, namentlich die Grundsätze der steuerlichen Neutralität und der Proportionalität, eingehalten werden. Insbesondere steht das Gemeinschaftsrecht der Anwendung einer nationalen Regelung nicht entgegen, wonach ein bestimmter Mehrwertsteuerbetrag aufgerundet werden muss, wenn der Bruchteil der kleinsten Einheit der betreffen-

den Währung größer oder gleich 0,5 ist, und es schreibt auch nicht vor, dass den Steuerpflichtigen das Abrunden eines Mehrwertsteuerbetrags zu gestatten ist, der einen Bruchteil der kleinsten nationalen Währungseinheit umfasst.

2. Bei einem Verkaufspreis, in dem die Mehrwertsteuer enthalten ist, ist es in Ermangelung einer spezifischen Gemeinschaftsregelung Sache des jeweiligen Mitgliedstaats, innerhalb der Grenzen des Gemeinschaftsrechts, insbesondere unter Beachtung der Grundsätze der steuerlichen Neutralität und der Proportionalität, die Ebene zu bestimmen, auf der ein Mehrwertsteuerbetrag, der einen Bruchteil der kleinsten nationalen Währungseinheit umfasst, gerundet werden darf oder muss.

3. Da sich Wirtschaftsteilnehmer, die die Preise für ihre Warenverkäufe und Dienstleistungen unter Einschluss der Mehrwertsteuer berechnen, in einer anderen Lage befinden als diejenigen, die die gleiche Art von Geschäften zu Preisen ohne Mehrwertsteuer tätigen, können sich die Erstgenannten nicht auf den Grundsatz der steuerlichen Neutralität berufen, um zu erreichen, dass ihnen gestattet wird, die Abrundung der geschuldeten Mehrwertsteuerbeträge auf der Ebene der Warengattung und des Umsatzes vorzunehmen.

EuGH vom 18.7.2007, Rs C-277/05, *Société thermale d'Eugénie-les-Bains*
Angeld bei Rücktritt nicht mehrwertsteuerpflichtig

Art. 2 Nr. 1 und Art. 6 Abs. 1 der Sechsten Richtlinie 77/388/EWG sind in dem Sinne auszulegen, dass die Beträge, die im Rahmen von Verträgen, die der Mehrwertsteuer unterliegende Beherbergungsdienstleistungen zum Gegenstand haben, als Angeld geleistet worden sind, in Fällen, in denen der Erwerber von der ihm eröffneten Möglichkeit des Rücktritts Gebrauch macht und der Hotelbetreiber diese Beträge einbehält, als pauschalierte Entschädigung zum Ausgleich des infolge des Vertragsrücktritts des Gastes entstandenen Schadens – ohne direkten Bezug zu einer entgeltlichen Dienstleistung – und als solche nicht als mehrwertsteuerpflichtig anzusehen sind.

Judikatur VwGH zu § 4:

VwGH vom 1.6.2016, 2013/13/0053
Voraussetzung der Nichtbesteuerung von Subventionen

Die Bezugnahme auf den „Marktwert" in den Ausführungen der Urteile des EuGH vom 15. Juli 2004, Kommission/Italien, C-381/01, Rn. 39, Kommission/Finnland, C-495/01, Rn. 39, Kommission/Deutschland, C- 144/02, Rn. 38, und Kommission/Schweden, C-463/02, Rn. 43, spricht gegen die Einbeziehung von Subventionen in die Berechnung der Umsatzsteuer, mit denen nicht ein Teil des erzielbaren Marktpreises vom Subventionsgeber übernommen und damit der Leistungsempfänger gefördert, sondern der Unternehmer dazu in die Lage versetzt wird, seine Produkte zum Marktpreis anzubieten, was eine Subvention der Produktion und nicht des Preises bedeutet (vgl. in diesem Sinn auch Rn. 77 bis 84 der verbundenen Schlussanträge des Generalanwalts vom 27. Februar 2003 zu den eingangs genannten Rechtssachen und zur Bedachtnahme auf das Förderziel auch die Beispiele aus der deutschen Judikatur bei Lippross, DStZ 2013, 433 [441]). Die strittigen Subventionen haben keinen Einfluss auf den Preis, der zu einem geringeren Steuerertrag führen könnte, und dienen nicht dem Ziel, den Käufern der Bücher einen Teil des Aufwandes dafür abzunehmen. Sie sollen – jeweils mit Blickrichtung auf ein bestimmtes Projekt – die Aktivitäten des Verlegers fördern.

VwGH vom 10.2.2016, 2013/15/0120
Wohnungseigentümergemeinschaften kommt Unternehmereigenschaft zu; zum Entgelt gehören auch Zinsen, deren Weiterverrechnung an die Wohnungseigentümer keine steuerfreie Kreditgewährung darstellt

Nach ständiger Rechtsprechung kommt Wohnungseigentümergemeinschaften Unternehmereigenschaft zu, weil sie einerseits im eigenen Namen nach außen auftreten, Leistungen in Auftrag geben und bezahlen und andererseits dadurch nachhaltig zur Erzielung von Einnahmen tätig werden, dass sie von den einzelnen Mit- und Wohnungseigentümern den auf sie entfallenden Anteil an den Kosten erheben (vgl. die hg. Erkenntnisse vom 13. Mai 2003, 99/15/0238, vom 4. Februar 2009, 2007/15/0116, und vom 24. Februar 2011, 2007/15/0129, sowie mit weiteren Nachweisen das Erkenntnis vom 24. März 2015, 2012/15/0042). Nach ebenso herrschender Auffassung erbringen Wohnungseigentümergemeinschaften bei der Verwaltung der Anlage eine eigenständige und einheitliche Leistung an die Wohnungseigentümer. Die steuerlichen Folgen richten sich nach dem wirtschaftlichen Gehalt der Gesamtleistung (vgl. Pernegger in Melhardt/Tumpel, UStG^2, § 10 Rz. 235, Scheiner/Kolacny/Caganek, Kommentar zur Mehrwertsteuer, § 10 Abs. 2 Z 4 Anm. 69; Berger/Wakounig in Berger/Bürgler/Kanduth-Kristen/Wakounig, UStG-ON^2, § 10 Rz. 67/1 und 70; sowie zum Grundsatz der Unteilbarkeit der Leistung, Ruppe/Achatz, UStG^4, § 1 Tz. 31 ff).

Gemäß § 4 Abs. 1 UStG 1994 ist Entgelt alles, was der Empfänger einer Lieferung oder sonstigen Leistung aufzuwenden hat, um die Lieferung oder sonstige Leistung zu erhalten. Das Entgelt ist nicht um Aufwendungen des Unternehmers zu kürzen. Die Bemessungsgrundlage bildet vielmehr das ungekürzte Entgelt, weshalb auch weiterverrechnete Aufwendungen wie Porti, Grundsteuer oder Personalaufwand nicht aus der Bemessungsgrundlage auszuscheiden sind, mag das Entgelt auch nur aus weiterverrechneten Aufwendungen bestehen (vgl. Ruppe/Achatz, UStG4, § 4 Tz. 17 und 22; sowie Kanduth-Kristen in Berger/Bürgler/Kanduth-Kristen/Wakounig, UStG-ON^2, § 4 Rz. 18). Dies gilt auch für Zinsen, die der Wohnungseigentümergemeinschaft deshalb angelastet werden, weil laufende Verwaltungsaufwendungen oder wie im Beschwerdefall Sanierungsaufwendungen nicht (zur Gänze) mit Eigenmitteln der Wohnungseigentümer (laufenden Vorauszahlungen, Rücklage nach § 31 WEG 2002) bestritten werden (können). In der bloßen Weiterverrechnung der Zinsen für die Fremdfinanzierung der Fassadensanierung ist keine steuerfreie Kreditgewährung der Miteigentümergemeinschaft an ihre Miteigentümer zu erblicken. Von einer selbständigen Finanzierungsleistung könnte nur dann gesprochen werden, wenn die Wohnungseigentümergemeinschaft selbst einzelnen Wohnungseigentümern hinsichtlich der von ihnen zu leistenden anteiligen Beiträge Zahlungserleichterungen einräumt. Eine solche, der außerordentlichen Verwaltung zuzurechnende Maßnahme (vgl. Feil/Marent/Preisl, WEG 2002, § 20 Tz. 22), liegt im Beschwerdefall nicht vor.

Beschließt die Wohnungseigentümergemeinschaft die Durchführung bestimmter Sanierungsarbeiten unter Inanspruchnahme von Fremdkapital, fließen die Zinsen als Teil der Erhaltungsaufwendungen der Wohnungseigentümergemeinschaft in die Bemessungsgrundlage für den ermäßigten Steuersatz ein.

VwGH vom 22.7.2015, 2011/13/0104
Auch weiterverrechnete Aufwendungen wie Porti, Grundsteuer oder Personalaufwand gehören zur Bemessungsgrundlage

Auch verrechnete Betriebskosten gehören zum umsatzsteuerrechtlichen Entgelt (vgl. in diesem Zusammenhang zuletzt etwa das Urteil des EuGH vom 16. April 2015, *Wojskowa*

§ 4 UStG

Agencja Mieszkaniowa, C-42/14), gleichgültig, ob es sich um Akontozahlungen, laufende Verrechnungen oder Nachzahlungen handelt; weiterverrechnete Betriebskosten sind auch dann Entgeltsbestandteile, wenn die Vorleistung nicht mit Umsatzsteuer belastet war (vgl. z.B. Ruppe/Achatz, UStG⁴, § 4 Tz 22 ff und Tz 54 ff).

Gemäß § 4 Abs. 1 UStG 1994 ist Entgelt alles, was der Empfänger einer Lieferung oder sonstigen Leistung aufzuwenden hat, um die Lieferung oder sonstige Leistung zu erhalten. Das Entgelt ist nicht um Aufwendungen des Unternehmers zu kürzen. Die Bemessungsgrundlage bildet vielmehr das ungekürzte Entgelt, weshalb auch weiterverrechnete Aufwendungen wie Porti, Grundsteuer oder Personalaufwand nicht aus der Bemessungsgrundlage auszuscheiden sind, mag das Entgelt auch nur aus weiterverrechneten Auslagen bestehen (vgl. Ruppe, UStG³, § 4 Tz. 17 und 22; sowie Kanduth-Kristen in Berger/Bürgler/Kanduth-Kristen/Wakounig, UStG-ON², § 4 Rz. 18). Lediglich Aufwendungen, die von vornherein im fremden Namen getätigt und weiterverrechnet werden, stellen gemäß § 4 Abs. 3 UStG 1994 durchlaufende Posten dar, die nicht zum Entgelt zählen.

VwGH vom 27.5.2015, 2012/13/0029
Die Gegenleistung kann auch unter den Selbstkosten liegen

Maßgeblich ist der Wert der Gegenleistung und nicht der Wert der erbrachten Leistung. Die Gegenleistung kann auch unter den Selbstkosten liegen (vgl. Mayr/Ungericht, UStG⁴, 2014, § 4 Anm 1, mit Judikaturnachweisen).

VwGH vom 30.4.2015, 2012/15/0163
Unterscheidung zwischen echten Subventionen und steuerbaren Zuschüssen

Nach Art. 11 Teil A Abs. 1 lit. a der Sechsten Mehrwertsteuer-Richtlinie ist die Besteuerungsgrundlage bei Lieferungen von Gegenständen und Dienstleistungen – von hier nicht interessierenden Ausnahmen abgesehen – alles, was den Wert der Gegenleistung bildet, die der Lieferer oder Dienstleistende für diese Umsätze vom Abnehmer oder Dienstleistungsempfänger oder von einem Dritten erhält oder erhalten soll, einschließlich der unmittelbar mit dem Preis dieser Umsätze zusammenhängenden Subventionen. Zuschüsse, die ein Unternehmer von öffentlichen Stellen erhält, können die Gegenleistung für eine Leistung an den Zuschussgeber darstellen. Das ist der Fall, wenn die Leistung ein eigenes wirtschaftliches Interesse des Zuschussgebers befriedigt, insbesondere wenn dem Zuschussgeber ein verbrauchsfähiger Nutzen zukommt. Erforderlich ist somit, dass der Zuschussempfänger ein Verhalten zu setzen hat, welches als Gegenleistung für den Zuschuss einen konkreten Nutzen verschafft (vgl. Ruppe/Achatz, UStG⁴ § 4 Rz 115). Keine Leistung liegt vor bei einem Verhalten, das im öffentlichen Interesse liegt und bei dem keinem speziellen Leistungsempfänger ein verbrauchbarer Nutzen zukommt (vgl. das hg. Erkenntnis vom 28. Oktober 2008, 2006/15/0131). Unter Anknüpfung an die Rechtsprechung des Europäischen Gerichtshofs hat der Verwaltungsgerichtshof zum erforderlichen Leistungsaustausch auch ausgesprochen, dass der Unternehmer dazu einem konkreten Dritten oder dem Zuschussgeber in dessen Eigenschaft als Verbraucher oder Beteiligter am Wirtschaftsleben einen Vorteil verschaffen muss (vgl. jeweils mwN die hg. Erkenntnisse vom 23. November 2004, 2001/15/0103, sowie vom 28. Oktober 2008, 2006/15/0131).

VwGH vom 24.10.2013, 2011/15/0053
Kein durchlaufender Posten, wenn dem Kunden die exakte Höhe des Betrages nicht bekannt ist

Der Verwaltungsgerichtshof hat im Erkenntnis vom 29. Juli 2010, 2008/15/0272, zu einer Betätigung der Erstellung von Spielgemeinschaften für Zwecke des Lottospielens ausgesprochen, es liegt kein durchlaufender Posten vor, wenn dem Kunden die exakte Höhe jenes Betrages aus seinen laufenden Zahlungen, der an die Lotteriegesellschaft als Entgelt für Lotto-Tipps gezahlt wird, nicht bekannt ist. Es steht der Annahme eines durchlaufenden Postens auch entgegen, dass kein einzelner Tipp oder Lottoschein (und damit Wettvertrag mit der Lottogesellschaft) direkt einem einzelnen Kunden zuordenbar ist.

§ 4 Abs. 3 UStG 1994 hat das Auftreten im fremden Namen zur Voraussetzung.

VwGH vom 20.3.2013, 2009/13/0043
Bemessungsgrundlage eines „online-Börsenspiels"

Nach dem Maßstab der in ihren Formulierungen eindeutigen Urteile des EuGH vom 5. Mai 1994, C-38/93, Rs. Glawe, und vom 19. Juli 2012, C 377/11, Rs. International Bingo Technology, kann die bloße versicherungsmathematische Berechenbarkeit der Gewinnauszahlungen jedenfalls nicht ausreichen, um anders als in der Rechtssache Town & County Factors (Urteil des EuGH vom 17. September 2002, C-498/99) ihren Abzug von der Bemessungsgrundlage zu erfordern. Damit entfällt jeder Grund dafür, den Fall einer anderen als der in § 4 Abs. 5 zweiter Satz UStG 1994 vorgesehenen und der Judikatur des Verwaltungsgerichtshofes entsprechenden Lösung zuzuführen (vgl. in diesem Zusammenhang auch die Anmerkung von Haunold/Tumpel/Widhalm in SWI 2003, 43, zu der von ihnen als Bestätigung der in Österreich herrschenden Auffassung gewerteten Entscheidung in der Rechtssache Town & County Factors). (Hier: Von der Abgabepflichtigen entwickeltes und betriebenes „online-Börsenspiel"; die Abgabepflichtige vertrat hinsichtlich der Ermittlung der Bemessungsgrundlage nach § 4 UStG 1994 unter Hinweis vor allem auf das Urteil des EuGH vom 5. Mai 1994, C-38/93, Rs. Glawe, die Ansicht, zur Ermittlung der Bemessungsgrundlage für die Umsatzsteuer seien von der Summe der von den Spielern geleisteten Einsätze die im Zuge des Spiels geleisteten Auszahlungen in Abzug zu bringen.)

VwGH vom 24.2.2011, 2007/15/0129
Weiterverrechnete Aufwendungen sind Teil der Bemessungsgrundlage

Gemäß § 4 Abs. 1 UStG 1994 ist Entgelt alles, was der Empfänger einer Lieferung oder sonstigen Leistung aufzuwenden hat, um die Lieferung oder sonstige Leistung zu erhalten. Das Entgelt ist nicht um Aufwendungen des Unternehmers zu kürzen. Die Bemessungsgrundlage bildet vielmehr das ungekürzte Entgelt, weshalb auch weiterverrechnete Aufwendungen wie Porti, Grundsteuer oder Personalaufwand nicht aus der Bemessungsgrundlage auszuscheiden sind, mag das Entgelt auch nur aus weiterverrechneten Auslagen bestehen (vgl. Ruppe, UStG³, § 4 Tz. 17 und 22; sowie Kanduth-Kristen in Berger/Bürgler/Kanduth-Kristen/Wakounig, UStG-ON², § 4 Rz. 18). Lediglich Aufwendungen, die von vornherein im fremden Namen getätigt und weiterverrechnet werden, stellen gemäß § 4 Abs. 3 UStG 1994 durchlaufende Posten dar, die nicht zum Entgelt zählen.

Bemessungsgrundlage für die Einfuhr
§ 5.

(1) Der Umsatz wird bei der Einfuhr (§ 1 Abs. 1 Z 3) nach dem Zollwert des eingeführten Gegenstandes bemessen.

(2) Ist ein Gegenstand ausgeführt, in einem Drittlandsgebiet für den Ausführer veredelt und von dem Ausführer oder für ihn wieder eingeführt worden, so wird der Umsatz bei der Einfuhr nach dem für die Veredlung zu zahlenden Entgelt, falls aber ein solches Entgelt nicht gezahlt wird, nach der durch die Veredlung eingetretenen Wertsteigerung bemessen. Ist der eingeführte Gegenstand vor der Einfuhr geliefert worden und ist diese Lieferung nicht der Umsatzsteuer unterlegen, so gilt Abs. 1.

(3) *(Anm.: aufgehoben durch BGBl. Nr. 756/1996)*

(4) Der sich aus den Abs. 1 bis 3 ergebenden Bemessungsgrundlage sind hinzuzurechnen, soweit sie darin nicht enthalten sind:
1. die nicht im Inland, ausgenommen die Gebiete Jungholz und Mittelberg, für den eingeführten Gegenstand geschuldeten Beträge an Einfuhrabgaben, Steuern und sonstigen Abgaben;
2. die im Zeitpunkt der Entstehung der Steuerschuld auf den Gegenstand entfallenden Beträge an Zoll einschließlich der Abschöpfung, Verbrauchsteuern und Monopolabgaben sowie an anderen Abgaben mit gleicher Wirkung wie Zölle, wenn diese Abgaben anläßlich oder im Zusammenhang mit der Einfuhr von Gegenständen von den Zollämtern zu erheben sind;
3. die auf den eingeführten Gegenstand entfallenden Nebenkosten wie Beförderungs-, Versicherungs-, Verpackungskosten, Provisionen und Maklerlöhne bis zum ersten Bestimmungsort im Gebiet eines Mitgliedstaates der Europäischen Union. Das gilt auch, wenn sich diese Nebenkosten aus der Beförderung nach einem anderen in der Gemeinschaft gelegenen Bestimmungsort ergeben, der im Zeitpunkt des Entstehens der Einfuhrumsatzsteuer bekannt ist.

(5) Für die Umrechnung von Werten in fremder Währung gelten die entsprechenden Vorschriften über den Zollwert der Waren.

(6) Die Umsatzsteuer (Einfuhrumsatzsteuer) gehört nicht zur Bemessungsgrundlage.

UStR zu § 5:

	Rz		Rz
1. Zollwert als Bemessungsgrundlage	688	2.3 Lieferung des Gegenstandes vor der Wiedereinfuhr	693
2. Bemessungsgrundlage bei der Wiedereinfuhr veredelter Gegenstände	689	3. Hinzurechnungen	694
2.1 Passiver Veredelungsverkehr	690	4. Umrechnung von Werten in fremder Währung	696
2.2 Bemessungsgrundlage bei kostenlosen Veredelungen im Drittland	691		

1. Zollwert als Bemessungsgrundlage

688 Bemessungsgrundlage für die Umsatzsteuer bei der Einfuhr (siehe Rz 101 ff) ist der Zollwert, soweit nicht ein Veredelungsentgelt heranzuziehen ist (siehe Rz 689). Die Ermittlung des Zollwertes ist unter Beachtung der **Art. 69 bis 74 der Verordnung (EU) Nr. 952/2013 zur Festlegung des Unionszollkodex (UZK), ABl. Nr. L 269 vom 10.10.2013 S. 1 (bis 30.4.2016: Art. 28 bis 36 ZK)** und **Art. 127 bis 144 der Durchführungsverordnung (EU) 2015/2447 zum Unionszollkodex (UZK-IA) (bis 30.4.2016: Art. 141 bis 181a ZK-DVO)** vorzunehmen, wobei nach folgender Reihenfolge vorzugehen ist:

- Transaktionswert (**Art. 70 iVm Art. 71 und 72 UZK; bis 30.4.2016: Art. 29 ZK**) als Zollwert:

  In der Regel und unter weiteren, im ZK näher geregelten Voraussetzungen, ergibt sich als Transaktionswert der Preis, der tatsächlich bei der Ausfuhr (aus einem Drittland) in das Zollgebiet der Gemeinschaft gezahlt wird bzw. gezahlt werden soll, wobei hier noch Hinzurechnungen und Abzüge möglich sind;

- weitere Ermittlungsmethoden, falls der Transaktionswert nicht nach den vorstehenden Vorschriften ermittelt werden kann (**Art. 74 Abs. 1 und 2 UZK; bis 30.4.2016: Art. 30 ZK**);
  - der Transaktionswert gleicher Waren,
  - oder Transaktionswert **ähnlicher** Waren,
  - der Verkaufspreis in der Gemeinschaft,
  - der errechnete Wert;

- andere gemeinschaftsrechtlich zulässige und zweckmäßige Methoden (**Art. 74 Abs. 3 UZK; bis 30.4.2016: Art. 31 ZK**).

2. Bemessungsgrundlage bei der Wiedereinfuhr veredelter Gegenstände

689 Werden Gegenstände ins Drittlandsgebiet ausgeführt, dort für den Ausführer veredelt und anschließend von dem Ausführer oder für ihn wieder eingeführt, ist das für die Veredlung zu zahlende Entgelt die Bemessungsgrundlage für die Einfuhrumsatzsteuer (§ 5 Abs. 2 UStG 1994).

Dies gilt grundsätzlich für alle Waren, die im Drittlandsgebiet veredelt und wieder eingeführt werden, auch wenn dies im Rahmen des zollrechtlichen passiven Veredelungsverkehrs (siehe § 5 Rz 690) erfolgt.

Als Veredelung gelten Instandsetzungen, Umgestaltungen und Be- oder Verarbeitungen der betreffenden Gegenstände.

2.1 Passiver Veredelungsverkehr

690 Nach § 26 Abs. 1 UStG 1994 sind für die Einfuhrumsatzsteuer im Wesentlichen zollrechtliche Vorschriften anzuwenden, ausgenommen hiervon sind unter anderem die Vorschriften über den zollrechtlichen passiven Veredlungsverkehr.

Im passiven Veredlungsverkehr ist vorgesehen, dass Gemeinschaftswaren, die zur Durchführung von Veredlungsvorgängen vorübergehend aus dem Zollgebiet der Gemeinschaft ausgeführt wurden, vollständig oder teilweise zollfrei wieder in dieses Gebiet eingeführt werden können.

Für die Ermittlung der Bemessungsgrundlage der Einfuhrumsatzsteuer im passiven Veredlungsverkehr hat die spezielle Regelung des § 5 Abs. 2 UStG 1994 (siehe § 5 Rz 689) Vorrang vor den zollrechtlichen Bestimmungen. Kann daher im passiven Veredlungsverkehr ein Gegenstand (teilweise) zollfrei wieder eingeführt werden, hat dies keine Auswirkung auf die Einfuhrumsatzsteuer.

Die Einfuhrumsatzsteuer ist daher auch in diesen Fällen grundsätzlich zu erheben; es sei denn, die Einfuhr kann auf Grund einer anderen Bestimmung steuerfrei bleiben.

2.2 Bemessungsgrundlage bei kostenlosen Veredelungen im Drittland

691 Wird kein Veredlungsentgelt bezahlt, richtet sich die Höhe der Einfuhrumsatzsteuer nach der durch die Veredlung eingetretenen Wertsteigerung; das ist die Differenz zwischen dem Wert der Ware vor ihrer Ausfuhr und ihrem Wert zum Zeitpunkt der Entstehung der Steuerschuld bei der Wiedereinfuhr.

692 Aus gemeinschaftsrechtlicher Sicht ist bei solchen Veredelungen (Instandsetzungen, Umgestaltungen und Be- oder Verarbeitungen) sicherzustellen, dass die umsatzsteuerrechtliche Behandlung des endgültigen Gegenstandes derjenigen entspricht, die sich ergäbe, wenn der gleiche Vorgang im Inland stattgefunden hätte (Art. 88 RL 2006/112/EG).

Von einer Erhebung der Einfuhrumsatzsteuer bei der Wiedereinfuhr eines Gegenstandes nach einer kostenlosen Bearbeitung (zB Reparatur) im Drittland ist daher unter folgenden Voraussetzungen abzusehen:

- der Gegenstand war im Zeitpunkt seiner ersten Einfuhr schadhaft und der Sachmangel wurde nicht berücksichtigt, oder
- der Sachmangel ist nach der ersten Einfuhr entstanden, und der Gegenstand wurde auf Grund einer Gewährleistungspflicht ausgebessert und
- der vergleichbare Bearbeitungs- bzw. Reparaturvorgang wäre im Inland nicht umsatzsteuerbar.

Anstelle ausgebesserter Waren dürfen auch Waren, die diesen nachweislich nach Menge und Beschaffenheit entsprechen, oder – bei Gewährleistung – vergleichbare neue Waren eingeführt werden.

2.3 Lieferung des Gegenstandes vor der Wiedereinfuhr

693 Wurde der ausgeführte Gegenstand vor der (Wieder-)Einfuhr geliefert und ist diese Lieferung nicht der Umsatzsteuer unterlegen, erfolgt die Ermittlung der Bemessungsgrundlage nach dem Zollwert.

Beispiel:

Eine Ware wird vom Unternehmer ins Drittland zu einer Bearbeitung verbracht. Nach erfolgter Bearbeitung wird die Ware im Drittland geliefert, in dem der Unternehmer einem Spediteur einen Transportauftrag erteilt. Die Ware wird im Zuge dieser Lieferung wieder ins Inland zurück gebracht.

In diesem Fall wird als Bemessungsgrundlage für die Einfuhr der Zollwert und nicht das Veredelungsentgelt herangezogen, da es sonst bei fehlender oder eingeschränkter Vorsteuerabzugsberechtigung des Abnehmers zu ungerechtfertigten Steuervorteilen käme.

3. Hinzurechnungen

694 Zur Bemessungsgrundlage sind weiters noch folgende Beträge hinzuzurechnen, sofern sie bei der bisherigen Ermittlung nicht schon darin enthalten sind:

- Einfuhrabgaben, Steuern und sonstige Abgaben, die im Ausland (einschließlich der Gebiete Jungholz und Mittelberg) für den Gegenstand geschuldet werden;
- weitere Beträge an
  - Zoll,
  - Abschöpfung (zB bei der Einfuhr landwirtschaftlicher Erzeugnisse auf Grund gemeinschaftsrechtlicher Bestimmungen),
  - Verbrauchsteuern (zB Mineralölsteuer, Tabaksteuer),
  - Monopolabgaben (werden derzeit nicht erhoben), und
  - anderer Abgaben mit der gleichen Wirkung wie Zölle, soweit sie im Zusammenhang mit der Einfuhr von den Zollämtern zu erheben sind,

die im Zeitpunkt der Entstehung der Steuerschuld anfallen und zum Teil auch gleichzeitig mit der Einfuhrumsatzsteuer vorgeschrieben werden (zB Verbrauchsteuern);
- auf den Gegenstand entfallende Nebenkosten, zB
  - Beförderungskosten wie Frachtkosten, Hafengebühren, Zolllagerkosten, Postgebühren, usw., die üblicherweise dem Unternehmer, der die Beförderung oder deren Besorgung erbringt, in Rechnung gestellt werden,
  - Versicherungskosten,
  - Verpackungskosten,
  - Provisionen und Maklerlöhne

  bis zum ersten Bestimmungsort im Gebiet eines Mitgliedstaates;
- Nebenkosten aus einer Beförderung nach einem anderen Bestimmungsort im Gemeinschaftsgebiet, der im Zeitpunkt des Entstehens der Einfuhrumsatzsteuerschuld schon bekannt ist.

695 Die auf den eingeführten Gegenstand zu erhebende Einfuhrumsatzsteuer gehört nicht zur Bemessungsgrundlage (§ 5 Abs. 6 UStG 1994).

4. Umrechnung von Werten in fremder Währung

696 Für die Umrechnung von Werten in fremden Währungen sind die entsprechenden Vorschriften über den Zollwert der Waren heranzuziehen. Danach ist als Umrechnungskurs ein von der zuständigen Behörde jeweils ordnungsgemäß veröffentlichter Kurs anzuwenden. Zu diesem Zweck werden vom BM für Finanzen für die häufigsten ausländischen Währungen regelmäßig Zollwertkurse festgesetzt und veröffentlicht.

Randzahlen 697 bis 705: Derzeit frei.

Steuerbefreiungen
§ 6.

(1) Von den unter § 1 Abs. 1 Z 1 fallenden Umsätzen sind steuerfrei:
1. Die Ausfuhrlieferungen (§ 7) und die Lohnveredlungen an Gegenständen der Ausfuhr (§ 8);
2. die Umsätze für die Seeschiffahrt und für die Luftfahrt (§ 9);
3. a) die Beförderungen von Gegenständen im grenzüberschreitenden Beförderungsverkehr und im internationalen Eisenbahnfrachtverkehr und andere sonstige Leistungen, wenn sich die Leistungen
    aa) auf Gegenstände der Einfuhr in das Gebiet eines Mitgliedstaates der Europäischen Union beziehen und die Kosten für diese Leistungen in der Bemessungsgrundlage für die Einfuhr (§ 5) enthalten sind oder
    bb) unmittelbar auf Gegenstände der Ausfuhr beziehen oder auf eingeführte Gegenstände beziehen, die im externen Versandverfahren in das Drittlandsgebiet befördert werden;
   b) die Beförderungen von Gegenständen nach und von den Inseln, die die autonomen Regionen Azoren und Madeira bilden;
   c) sonstige Leistungen, die sich unmittelbar auf eingeführte Gegenstände beziehen, für die zollamtlich eine vorübergehende Verwendung im Inland, ausgenommen die Gebiete Jungholz und Mittelberg, bewilligt worden ist, und der Leistungsempfänger ein ausländischer Auftraggeber (§ 8 Abs. 2) ist. Dies gilt nicht für sonstige Leistungen, die sich auf Beförderungsmittel, Paletten und Container beziehen;
   d) die Beförderungen von Personen mit Schiffen und Luftfahrzeugen im grenzüberschreitenden Beförderungsverkehr, ausgenommen die Personenbeförderung auf dem Bodensee.
   Lit. a bis c gelten nicht für die im § 6 Abs. 1 Z 8, 9 lit. c und 13 bezeichneten Umsätze und für die Bearbeitung oder Verarbeitung eines Gegenstandes einschließlich der Werkleistung im Sinne des § 3a Abs. 3. Die Voraussetzungen der Steuerbefreiung der lit. a bis c müssen vom Unternehmer buchmäßig nachgewiesen sein;
4. die Lieferung von Gold an Zentralbanken;
5. die Vermittlung
   a) der unter Z 1 bis 4 und Z 6 fallenden Umsätze,
   b) der Umsätze, die ausschließlich im Drittlandsgebiet bewirkt werden,
   c) der Lieferungen, die nach § 3 Abs. 9 als im Inland ausgeführt zu behandeln sind.
   Die Voraussetzungen der Steuerbefreiung müssen vom Unternehmer buchmäßig nachgewiesen sein;
6. a) die Lieferungen von eingeführten Gegenständen an Abnehmer, die keinen Wohnsitz (Sitz) im Gemeinschaftsgebiet haben, soweit für die

Gegenstände zollamtlich eine vorübergehende Verwendung im Inland, ausgenommen die Gebiete Jungholz und Mittelberg, bewilligt worden ist und diese Bewilligung auch nach der Lieferung gilt. Nicht befreit sind die Lieferungen von Beförderungsmitteln, Paletten und Containern;

b) die Leistungen der Eisenbahnunternehmer für ausländische Eisenbahnen in den Gemeinschaftsbahnhöfen, Betriebswechselbahnhöfen und Grenzbetriebsstrecken;

c) die Lieferungen, ausgenommen Lieferungen neuer Fahrzeuge im Sinne des Art. 1 Abs. 8 des Anhanges, und die sonstigen Leistungen an
- die im Gebiet eines anderen Mitgliedstaates errichteten ständigen diplomatischen Missionen, berufskonsularischen Vertretungen und zwischenstaatlichen Einrichtungen sowie deren Mitglieder, und
- die im Gebiet eines anderen Mitgliedstaates stationierten Streitkräfte der Vertragsparteien des Nordatlantikvertrages, soweit sie nicht an die Streitkräfte dieses Mitgliedstaates ausgeführt werden, wenn diese Umsätze für den Gebrauch oder Verbrauch dieser Streitkräfte, ihres zivilen Begleitpersonals oder für die Versorgung ihrer Kasinos oder Kantinen bestimmt sind und wenn diese Streitkräfte der gemeinsamen Verteidigungsanstrengung dienen.

Für die Steuerbefreiung sind die in dem anderen Mitgliedstaat geltenden Voraussetzungen maßgebend. Die Voraussetzungen der Steuerbefreiung müssen vom Unternehmer dadurch nachgewiesen werden, daß ihm der Abnehmer eine von der zuständigen Behörde des anderen Mitgliedstaates oder, wenn er hiezu ermächtigt ist, eine selbst ausgestellte Bescheinigung auf amtlichem Vordruck aushändigt. Der Bundesminister für Finanzen kann durch Verordnung bestimmen, wie der Unternehmer die übrigen Voraussetzungen nachzuweisen hat;

d) - die Lieferung von Kraftfahrzeugen an Vergütungsberechtigte im Sinne des § 1 Abs. 1 Z 1 IStVG für ihren amtlichen Gebrauch,
- die Lieferung eines Kraftfahrzeuges innerhalb eines Zeitraumes von zwei Jahren an Vergütungsberechtigte im Sinne des § 1 Abs. 1 Z 2 IStVG für ihren persönlichen Gebrauch,
- die Vermietung von Grundstücken an Vergütungsberechtigte im Sinne des § 1 Abs. 1 Z 1 IStVG für ihren amtlichen Gebrauch und
- die Vermietung von Grundstücken für Wohnzwecke an Vergütungsberechtigte im Sinne des § 1 Abs. 1 Z 2 IStVG, so weit sie ihrem persönlichen Gebrauch dienen.

§ 1 Abs. 3 IStVG (Grundsatz der Gleichbehandlung) ist sinngemäß anzuwenden.

Die Voraussetzungen für die Steuerbefreiung müssen vom Unternehmer durch eine vom Bundesminister für auswärtige Angelegenheiten nach amtlichem Vordruck ausgestellte, ihm vom Abnehmer auszuhändigende Bescheinigung nachgewiesen werden. Der Bundesminister für Finanzen trifft im Einvernehmen mit dem Bundesminister für auswärtige Angelegenheiten durch Verordnung die nähere Regelung hinsichtlich der Bescheinigung.

7. die Umsätze der Träger der Sozialversicherung und ihrer Verbände, der Krankenfürsorgeeinrichtungen im Sinne des § 2 Abs. 1 Z 2 des Beamten-Kranken- und Unfallversicherungsgesetzes, BGBl. Nr. 200/1967, und der Träger des öffentlichen Fürsorgewesens untereinander und an die Versicherten, die mitversicherten Familienangehörigen, die Versorgungsberechtigten oder die Hilfeempfänger oder die zum Ersatz von Fürsorgekosten Verpflichteten;

8. a) die Gewährung und die Vermittlung von Krediten sowie die Verwaltung von Krediten und Kreditsicherheiten durch die Kreditgeber,

   b) die Umsätze und die Vermittlung der Umsätze von gesetzlichen Zahlungsmitteln. Das gilt nicht, wenn die Zahlungsmittel wegen ihres Metallgehaltes oder ihres Sammlerwertes umgesetzt werden,

   c) die Umsätze im Geschäft mit Geldforderungen und die Vermittlung dieser Umsätze, ausgenommen die Einziehung von Forderungen,

   d) die Umsätze von im Inland gültigen amtlichen Wertzeichen zum aufgedruckten Wert,

   e) die Umsätze und die Vermittlung der Umsätze im Einlagengeschäft und Kontokorrentverkehr einschließlich Zahlungs- und Überweisungsverkehr; das Inkasso von Handelspapieren,

   f) die Umsätze im Geschäft mit Wertpapieren und die Vermittlung dieser Umsätze, ausgenommen die Verwahrung und Verwaltung von Wertpapieren,

   g) die Umsätze und die Vermittlung von Anteilen an Gesellschaften und anderen Vereinigungen,

   h) die Übernahme von Verbindlichkeiten, von Bürgschaften und anderen Sicherheiten sowie die Vermittlung dieser Umsätze,

   i) die Verwaltung von Sondervermögen nach dem Investmentfondsgesetz 2011, BGBl. I. Nr. 77, und dem Immobilien-Investmentfondsgesetz, BGBl. I Nr. 80/2003, und die Verwaltung von Beteiligungen im Rahmen des Kapitalfinanzierungsgeschäftes (§ 1 Abs. 1 Z 15 des Bankwesengesetzes, BGBl. Nr. 532/1993) durch Unternehmer, die eine Konzession für dieses Geschäft besitzen, sowie die Verwaltung von durch die anderen Mitgliedstaaten als solche definierten Sondervermögen;

   j) die Lieferung von Anlagegold, einschließlich Anlagegold in Form von Zertifikaten über sammel- oder einzelverwahrtes Gold und über Goldkonten gehandeltes Gold, durch die ein Eigentumsrecht an Anlagegold oder ein schuldrechtlicher Anspruch auf Anlagegold begründet wird, sowie die Optionsgeschäfte mit Anlagegold und die Vermittlung der Lieferung von Anlagegold. Anlagegold im Sinne dieses Bundesgesetzes sind:

aa) Gold in Barren- oder Plättchenform mit einem von den Goldmärkten akzeptierten Gewicht und einem Feingehalt von mindestens 995 Tausendstel, unabhängig davon, ob es durch Wertpapiere verbrieft ist oder nicht;

bb) Goldmünzen,
- die einen Feingehalt von mindestens 900 Tausendstel aufweisen,
- die nach dem Jahr 1800 geprägt wurden,
- die in ihrem Ursprungsland gesetzliches Zahlungsmittel sind oder waren und
- die üblicherweise zu einem Preis verkauft werden, der den Offenmarktwert ihres Goldgehaltes um nicht mehr als 80% übersteigt.

Der Bundesminister für Finanzen kann mit Verordnung ein Verzeichnis jener Münzen aufstellen, die diese Kriterien jedenfalls erfüllen. Die in dem Verzeichnis angeführten Münzen gelten als Münzen, die während des gesamten Zeitraumes, für den das Verzeichnis gilt, die genannten Kriterien erfüllen;

9. a) die Lieferungen von Grundstücken; *(BGBl. I Nr. 117/2016)*

b) die Vergütungen jeder Art einschließlich der Reisekostenersätze, die an Mitglieder des Aufsichtsrates, Verwaltungsrates oder andere mit der Überwachung der Geschäftsführung beauftragte Personen für diese Funktion gewährt werden;

c) die Umsätze aus Versicherungsverhältnissen und aus Pensionskassengeschäften im Sinne des Pensionskassengesetzes, soweit für diese Umsätze ein Versicherungsentgelt im Sinne des § 3 des Versicherungssteuergesetzes 1953 gezahlt wird oder das Deckungserfordernis gemäß § 48 des Pensionskassengesetzes oder vergleichbare Deckungsbeträge überwiesen werden, sowie die Leistungen, die darin bestehen, daß anderen Personen Versicherungsschutz verschafft wird, weiters die Umsätze aus dem Mitarbeiter- und Selbständigenvorsorgekassengeschäft im Sinne des Betrieblichen Mitarbeiter- und Selbständigenvorsorgegesetzes – BMSVG, BGBl. I Nr. 100/2002;

d) aa) die mit Wetten gemäß § 33 TP 17 Abs. 1 Z 1 GebG 1957 und mit Ausspielungen gemäß § 2 Abs. 1 GSpG, ausgenommen Ausspielungen mit Glücksspielautomaten (§ 2 Abs. 3 GSpG) und mit Video Lotterie Terminals, unmittelbar verbundenen Umsätze,

§ 6 UStG

bb) Umsätze aus der Mitwirkung im Rahmen von Ausspielungen, soweit hierfür vom Konzessionär (§ 14 GSpG) Vergütungen gewährt werden, ausgenommen Vergütungen aufgrund von Ausspielungen mittels Video Lotterie Terminals, und

cc) die Zuwendungen im Sinne des § 27 Abs. 3 des Glücksspielgesetzes.

10. a) die Umsätze der Blinden, wenn sie nicht mehr als drei sehende Arbeitnehmer beschäftigen und die Voraussetzungen der Steuerfreiheit durch eine Bescheinigung über den Erhalt der Blindenbeihilfe oder durch eine Bestätigung der zuständigen Bezirksverwaltungsbehörde oder durch den Rentenbescheid oder eine Bestätigung des zuständigen Bundesamtes für Soziales und Behindertenwesen nachweisen. Nicht als Arbeitnehmer gelten der Ehegatte, der eingetragene Partner, die minderjährigen Abkömmlinge, die Eltern des Blinden und die Lehrlinge. Die Steuerfreiheit gilt nicht für die Umsätze von Gegenständen, die einer Verbrauchsteuer unterliegen, wenn der Blinde Schuldner der Verbrauchsteuer ist;

b) Postdienstleistungen, die ein Universaldienstbetreiber im Sinne des § 12 des Postmarktgesetzes, BGBl. I Nr. 123/2009, als solcher erbringt. Dies gilt nicht für Leistungen, deren Bedingungen individuell ausgehandelt worden sind;

11. a) die Umsätze von privaten Schulen und anderen allgemeinbildenden oder berufsbildenden Einrichtungen, soweit es sich um die Vermittlung von Kenntnissen allgemeinbildender oder berufsbildender Art oder der Berufsausübung dienenden Fertigkeiten handelt und nachgewiesen werden kann, daß eine den öffentlichen Schulen vergleichbare Tätigkeit ausgeübt wird;

b) die Umsätze von Privatlehrern an öffentlichen Schulen und Schulen im Sinne der lit. a;

12. die Umsätze aus den von öffentlich-rechtlichen Körperschaften oder Volksbildungsvereinen veranstalteten Vorträgen, Kursen und Filmvorführungen wissenschaftlicher oder unterrichtender oder belehrender Art, wenn die Einnahmen vorwiegend zur Deckung der Kosten verwendet werden;

13. die Umsätze aus der Tätigkeit als Bausparkassenvertreter und Versicherungsvertreter;

14. die Umsätze von gemeinnützigen Vereinigungen (§§ 34 bis 36 der Bundesabgabenordnung), deren satzungsgemäßer Zweck die Ausübung oder Förderung des Körpersportes ist; dies gilt nicht für Leistungen, die im Rahmen eines land- und forstwirtschaftlichen Betriebes, eines Gewerbebetriebes oder eines wirtschaftlichen Geschäftsbetriebes im Sinne des § 45 Abs. 3 der Bundesabgabenordnung ausgeführt werden;

15. die Umsätze der Pflege- und Tagesmütter oder Pflegeeltern, die regelmäßig mit der Betreuung, Erziehung, Beherbergung und Verköstigung von Pflegekindern verbunden sind, sowie die Umsätze, soweit sie in der Betreuung, Beherbergung und Verköstigung von pflegebedürftigen Personen, die im Rahmen der Sozialhilfe bei Pflegefamilien untergebracht sind, bestehen;
16. die Vermietung und Verpachtung von Grundstücken. Nicht befreit sind:
    – die Vermietung (Nutzungsüberlassung) von Grundstücken für Wohnzwecke;
    – die Vermietung und Verpachtung von Maschinen und sonstigen Vorrichtungen aller Art, die zu einer Betriebsanlage gehören, auch wenn sie wesentliche Bestandteile eines Grundstückes sind;
    – die Beherbergung in eingerichteten Wohn- und Schlafräumen;
    – die Vermietung (Nutzungsüberlassung) von Räumlichkeiten oder Plätzen für das Abstellen von Fahrzeugen aller Art;
    – die Vermietung (Nutzungsüberlassung) von Grundstücken für Campingzwecke;
    – die Vermietung von Grundstücken während eines ununterbrochenen Zeitraumes von nicht mehr als 14 Tagen (kurzfristige Vermietung), wenn der Unternehmer das Grundstück sonst nur zur Ausführung von Umsätzen, die den Vorsteuerabzug nicht ausschließen, für kurzfristige Vermietungen oder zur Befriedigung eines Wohnbedürfnisses verwendet; *(BGBl. I Nr. 117/2016)*
17. die Leistungen von Personenvereinigungen zur Erhaltung, Verwaltung oder zum Betrieb der in ihrem gemeinsamen Eigentum stehenden Teile und Anlagen einer Liegenschaft, an der Wohnungseigentum besteht, und die nicht für Wohnzwecke oder das Abstellen von Fahrzeugen aller Art verwendet werden;
18. die Umsätze der Kranken- und Pflegeanstalten, der Alters-, Blinden- und Siechenheime sowie jener Anstalten, die eine Bewilligung als Kuranstalt oder Kureinrichtung nach den jeweils geltenden Rechtsvorschriften über natürliche Heilvorkommen und Kurorte besitzen, soweit sie von Körperschaften des öffentlichen Rechts bewirkt werden und es sich um Leistungen handelt, die unmittelbar mit der Kranken- oder Kurbehandlung oder unmittelbar mit der Betreuung der Pfleglinge im Zusammenhang stehen;
19. die Umsätze aus Heilbehandlungen im Bereich der Humanmedizin, die im Rahmen der Tätigkeit als Arzt, Zahnarzt, Dentist, Psychotherapeut, Hebamme sowie als freiberuflich Tätiger im Sinne des § 35 Abs. 1 Z 1 in Verbindung mit § 11 des Gesundheits- und Krankenpflegegesetzes, BGBl. I Nr. 108/1997, des § 7 Abs. 1 in Verbindung mit § 1 Z 1 bis 7 des MTD-Gesetzes, BGBl. Nr. 460/1992 sowie § 45 Z 1 in Verbindung mit § 29

des Medizinischer Masseur- und Heilmasseurgesetzes, BGBl. I Nr. 169/ 2002, durchgeführt werden; steuerfrei sind auch die sonstigen Leistungen von Gemeinschaften, deren Mitglieder Angehörige der oben bezeichneten Berufe sind, gegenüber ihren Mitgliedern, soweit diese Leistungen unmittelbar zur Ausführung der nach dieser Bestimmung steuerfreien Umsätze verwendet werden und soweit die Gemeinschaften von ihren Mitgliedern lediglich die genaue Erstattung des jeweiligen Anteils an den gemeinsamen Kosten fordern;

20. die sonstigen Leistungen, die Zahntechniker im Rahmen ihrer Berufsausübung erbringen, sowie die Lieferungen von Zahnersatz durch Zahnärzte und Zahntechniker. Das gilt nicht für die Lieferungen von Zahnersatz, bei denen sich der Ort der Lieferung gemäß Art. 3 Abs. 3 aus dem Gebiet eines Mitgliedstaates nach Österreich verlagert, wenn für die an den Unternehmer erbrachten Leistungen im anderen Mitgliedstaat das Recht auf Vorsteuerabzug nicht ausgeschlossen ist.

21. die Lieferungen von menschlichen Organen, menschlichem Blut und Frauenmilch;

22. die Beförderungen von kranken und verletzten Personen mit Fahrzeugen, die hiefür besonders eingerichtet sind;

23. die Leistungen der Jugend-, Erziehungs-, Ausbildungs-, Fortbildungs- und Erholungsheime an Personen, die das 27. Lebensjahr nicht vollendet haben, soweit diese Leistungen in deren Betreuung, Beherbergung, Verköstigung und den hiebei üblichen Nebenleistungen bestehen und diese von Körperschaften öffentlichen Rechts bewirkt werden;

24. folgende Umsätze des Bundes, der Länder und Gemeinden:

    a) die Leistungen, die regelmäßig mit dem Betrieb eines Theaters verbunden sind,

    b) die Musik- und Gesangsaufführungen, insbesondere durch Orchester, Musikensembles und Chöre,

    c) die Leistungen, die regelmäßig mit dem Betrieb eines Museums, eines botanischen oder eines zoologischen Gartens sowie eines Naturparks verbunden sind;

25. die in den Ziffern 18, 23 und 24 genannten Leistungen, sofern sie von Körperschaften, Personenvereinigungen und Vermögensmassen, die gemeinnützigen, mildtätigen oder kirchlichen Zwecken dienen (§§ 34 bis 47 der Bundesabgabenordnung), bewirkt werden. Dies gilt nicht für Leistungen, die im Rahmen eines land- und forstwirtschaftlichen Betriebes, eines Gewerbebetriebes oder eines wirtschaftlichen Geschäftsbetriebes im Sinne des § 45 Abs. 3 der Bundesabgabenordnung ausgeführt werden;

26. die Lieferungen von Gegenständen, wenn der Unternehmer für diese Gegenstände keinen Vorsteuerabzug vornehmen konnte und die gelieferten

Gegenstände ausschließlich für eine nach den Z 7 bis 25 steuerfreie Tätigkeit verwendet hat;
27. die Umsätze der Kleinunternehmer. Kleinunternehmer ist ein Unternehmer, der im Inland sein Unternehmen betreibt und dessen Umsätze nach § 1 Abs. 1 Z 1 und 2 im Veranlagungszeitraum 30 000 Euro nicht übersteigen. Bei dieser Umsatzgrenze bleiben Umsätze aus Hilfsgeschäften einschließlich der Geschäftsveräußerungen sowie Umsätze, die nach § 6 Abs. 1 Z 8 lit. d und j, Z 9 lit. b und d, Z 10 bis 15, Z 17 bis 26 und Z 28 steuerfrei sind, außer Ansatz. Das einmalige Überschreiten der Umsatzgrenze um nicht mehr als 15% innerhalb eines Zeitraumes von fünf Kalenderjahren ist unbeachtlich; *(BGBl. I Nr. 117/2016)*
28. die sonstigen Leistungen von Zusammenschlüssen von Unternehmern, die überwiegend Bank-, Versicherungs- oder Pensionskassenumsätze tätigen, an ihre Mitglieder, soweit diese Leistungen unmittelbar zur Ausführung der genannten steuerfreien Umsätze verwendet werden und soweit diese Zusammenschlüsse von ihren Mitgliedern lediglich die genaue Erstattung des jeweiligen Anteils an den gemeinsamen Kosten fordern. Das gilt auch für sonstige Leistungen, die zwischen Unternehmern erbracht werden, die überwiegend Bank-, Versicherungs- oder Pensionskassenumsätze ausführen, soweit diese Leistungen unmittelbar zur Ausführung der genannten steuerfreien Umsätze verwendet werden, und für die Personalgestellung dieser Unternehmer an die im ersten Satz genannten Zusammenschlüsse.

(2) Der Unternehmer kann eine gemäß § 6 Abs. 1 Z 8 lit. a steuerfreie Kreditgewährung, bei der er dem Leistungsempfänger den Preis für eine Lieferung oder sonstige Leistung kreditiert, sowie einen Umsatz, der nach § 6 Abs. 1 Z 9 lit. a, Z 16 oder Z 17 steuerfrei ist, als steuerpflichtig behandeln. Weiters kann der Unternehmer einen Umsatz im Zusammenhang mit Kreditkarten, der nach § 6 Abs. 1 Z 8 lit. h steuerfrei ist, als steuerpflichtig behandeln.

Behandelt der Unternehmer die Kreditgewährung als steuerpflichtig, unterliegt sie dem Steuersatz, der für die Leistung anzuwenden ist, deren Leistungspreis kreditiert wird. Behandelt der Unternehmer einen Umsatz, der nach § 6 Abs. 1 Z 8 lit. h, Z 9 lit. a, Z 16 oder Z 17 steuerfrei ist, als steuerpflichtig, unterliegt er dem Steuersatz nach § 10 Abs. 1 bzw. 4.

Behandelt ein Unternehmer einen nach § 6 Abs. 1 Z 9 lit. a steuerfreien Umsatz als steuerpflichtig, so kann eine bis dahin vom Vorsteuerabzug ausgeschlossene Steuer (§ 12 Abs. 3) oder eine zu berichtigende Vorsteuer (§ 12 Abs. 10 bis 12) frühestens für den Voranmeldungszeitraum abgezogen werden, in dem der Unternehmer den Umsatz als steuerpflichtig behandelt.

Der Verzicht auf die Steuerbefreiung gemäß § 6 Abs. 1 Z 9 lit. a ist bei der Lieferung von Grundstücken im Zwangsversteigerungsverfahren durch den

§ 6 UStG

Verpflichteten an den Ersteher (§ 19 Abs. 1b lit. c) nur zulässig, wenn er spätestens bis vierzehn Tage nach Bekanntgabe des Schätzwerts (§ 144 EO) dem Exekutionsgericht mitgeteilt wird.

Der Verzicht auf die Steuerbefreiung gemäß § 6 Abs. 1 Z 16 und Z 17 ist nur zulässig, soweit der Leistungsempfänger das Grundstück oder einen baulich abgeschlossenen, selbständigen Teil des Grundstücks nahezu ausschließlich für Umsätze verwendet, die den Vorsteuerabzug nicht ausschließen. Der Unternehmer hat diese Voraussetzung nachzuweisen. *(BGBl. I Nr. 117/2016)*

(3) Der Unternehmer, dessen Umsätze nach § 6 Abs. 1 Z 27 befreit sind, kann bis zur Rechtskraft des Bescheides gegenüber dem Finanzamt schriftlich erklären, daß er auf die Anwendung des § 6 Abs. 1 Z 27 verzichtet. Die Erklärung bindet den Unternehmer mindestens für fünf Kalenderjahre. Sie kann nur mit Wirkung vom Beginn eines Kalenderjahres an widerrufen werden. Der Widerruf ist spätestens bis zum Ablauf des ersten Kalendermonates nach Beginn dieses Kalenderjahres zu erklären.

(4) Steuerfrei ist die Einfuhr

1. der in Abs. 1 Z 8 lit. f bis j, in Abs. 1 Z 20 und der in Abs. 1 Z 21 angeführten Gegenstände;
2. der in Abs. 1 Z 8 lit. b und d, in § 9 Abs. 1 Z 1, 2 und 3 sowie in § 9 Abs. 2 Z 1, 2 und 3 angeführten Gegenstände unter den in diesen Bestimmungen genannten Voraussetzungen;
3. von Gold durch Zentralbanken;
3a. von Gas über ein Erdgasnetz oder jedes an ein solches Netz angeschlossene Netz oder von Gas, das von einem Gastanker aus in ein Erdgasnetz oder ein vorgelagertes Gasleitungsnetz eingespeist wird, von Elektrizität oder von Wärme oder Kälte über Wärme- oder Kältenetze;
4. der Gegenstände, die nach Titel I, II und IV der Verordnung (EG) Nr. 1186/2009 über das gemeinschaftliche System der Zollbefreiungen, ABl. Nr. L 324 vom 10.12.2009 S. 23, zollfrei eingeführt werden können, nach Maßgabe der folgenden Bestimmungen:
    a) Nicht anzuwenden sind die Artikel 23, 24, 41, 44 bis 52, 57 und 58 der Verordnung.
    b) Die in Artikel 27 der Verordnung enthaltene Aufzählung von Waren, für die die Befreiung nach Artikel 25 Abs. 1 der Verordnung je Sendung auf bestimmte Höchstmengen beschränkt ist, wird wie folgt ergänzt:
        – 500 Gramm Kaffee oder 200 Gramm Kaffee-Extrakte und -Essenzen;
        – 100 Gramm Tee oder 40 Gramm Tee-Extrakte und -Essenzen.
    c) Die in den Artikeln 28 bis 34 der Verordnung enthaltene Befreiung für Investitionsgüter und andere Ausrüstungsgegenstände, die anläßlich

einer Betriebsverlegung eingeführt werden, ist für Gegenstände ausgeschlossen,
- für die der Vorsteuerabzug gemäß § 12 Abs. 2 Z 2 oder Abs. 3 ganz oder teilweise ausgeschlossen ist,
- die für einen nichtunternehmerischen Bereich des Unternehmers eingeführt werden,
- für die der Vorsteuerabzug nach Durchschnittssätzen gemäß § 14 oder § 22 ermittelt wird oder
- für die bei ihrem Erwerb in einem Mitgliedstaat eine Befreiung von der Umsatzsteuer deshalb gewährt wurde, weil die Gegenstände an Körperschaften geliefert wurden, die diese im Rahmen ihrer Tätigkeit auf humanitärem, karitativem oder erzieherischem Gebiet nach Orten außerhalb der Gemeinschaft ausgeführt haben.

Die Befreiung ist weiters davon abhängig, daß die Betriebseröffnung dem zuständigen Finanzamt im Inland angezeigt wurde.

d) Die nach Artikel 35 der Verordnung für bestimmte landwirtschaftliche Erzeugnisse vorgesehene Befreiung gilt auch für reinrassige Pferde, die nicht älter als sechs Monate und im Drittlandsgebiet von einem Tier geboren sind, das im Inland befruchtet und danach für die Niederkunft vorübergehend ausgeführt wurde.

e) *(entfallen durch BGBl. I Nr. 140/2008)*

f) *(entfallen durch BGBl. I Nr. 140/2008)*

g) Die in Artikel 42 und 43 der Verordnung enthaltene Befreiung für Gegenstände erzieherischen, wissenschaftlichen oder kulturellen Charakters ist auf die Gegenstände der lit. B der Anhänge I und II der Verordnung beschränkt. Die Steuerfreiheit für Sammlungsstücke und Kunstgegenstände erzieherischen, wissenschaftlichen oder kulturellen Charakters (Artikel 43 der Verordnung) hängt weiters davon ab, daß
- die Gegenstände unentgeltlich eingeführt werden oder
- im Falle der entgeltlichen Einfuhr nicht von einem Unternehmer geliefert werden.

h) Die in Artikel 53 Abs. 1 lit. a und Abs. 2 der Verordnung enthaltene Befreiung für Tiere für Laborzwecke hängt davon ab, daß die Tiere unentgeltlich eingeführt werden.

i) Die in Artikel 61 Abs. 1 lit. a der Verordnung enthaltene Befreiung für lebenswichtige Waren zur unentgeltlichen Verteilung an Bedürftige hängt davon ab, daß die Waren unentgeltlich eingeführt werden.

j) Die in den Artikeln 66 bis 68 und 70 bis 73 der Verordnung enthaltene Befreiung für Gegenstände für Behinderte hängt davon ab, daß die Gegenstände unentgeltlich eingeführt werden. Die Befreiung gilt nicht für Gegenstände, die von Behinderten selbst eingeführt werden.

k) Die Steuerfreiheit für Werbedrucke (Artikel 87 der Verordnung) gilt überdies für Werbedrucke betreffend Dienstleistungen allgemein,

§ 6 UStG

wenn die Angebote von einer in einem anderen Mitgliedstaat ansässigen Person ausgehen. Für die Steuerfreiheit für Werbedrucke betreffend zum Verkauf oder zur Vermietung angebotene Waren (Artikel 87 lit. a der Verordnung) ist es ausreichend, wenn die Angebote von einer nicht im Inland ansässigen Person ausgehen.

l) Die Bedingungen des Artikels 88 lit. b und c der Verordnung gelten nicht für Werbedrucke,
 – wenn die Angebote von einer in einem anderen Mitgliedstaat ansässigen Person ausgehen und
 – sie zur kostenlosen Verteilung eingeführt werden.

m) Die in Artikel 103 lit. a der Verordnung enthaltene Einschränkung, daß das Werbematerial keine private Geschäftsreklame zugunsten von Gemeinschaftsfirmen enthalten darf, gilt nicht.

n) Die in Artikel 105 der Verordnung enthaltene Befreiung für Verpackungsmittel hängt davon ab, daß ihr Wert in die Bemessungsgrundlage für die Einfuhr (§ 5) einbezogen wird. Unter derselben Voraussetzung gilt die Befreiung auch für Behältnisse und Verpackungen im Sinne des Anhanges Teil I Titel II lit. E der Verordnung (EWG) Nr. 2658/87 des Rates vom 23. Juli 1987 über die zolltarifliche und statistische Nomenklatur sowie den gemeinsamen Zolltarif (ABl. Nr. L 256/1).

o) Die Bestimmungen der §§ 94, 96 und 97 Abs. 1 des Zollrechts-Durchführungsgesetzes, BGBl. Nr. 659/1994, sind sinngemäß anzuwenden.

5. der Gegenstände, die nach den §§ 89 bis 93 des Bundesgesetzes BGBl. Nr. 659/1994 zollfrei eingeführt werden können;

6. der amtlichen Veröffentlichungen, mit denen das Ausfuhrland und die dort niedergelassenen internationalen Organisationen, öffentlichen Körperschaften und öffentlich-rechtlichen Einrichtungen Maßnahmen öffentlicher Gewalt bekanntmachen, sowie die Einfuhr der Drucksachen, die die in den Mitgliedstaaten als solche offiziell anerkannten ausländischen politischen Organisationen anläßlich der Wahlen zum Europäischen Parlament oder anläßlich nationaler Wahlen, die vom Herkunftsland aus organisiert werden, verteilen;

7. der Gegenstände, die nach den Art. 250 bis 253 der Verordnung (EU) Nr. 952/2013 zur Festlegung des Zollkodex der Union (Zollkodex), ABl. Nr. L 269 vom 10.10.2013 S. 1, in der Fassung der Berichtigung ABl. Nr. L 287 vom 29.10.2013 S. 90, im Verfahren der vorübergehenden Verwendung frei von den Einfuhrabgaben eingeführt werden können, ausgenommen die Fälle der teilweisen Befreiung von den Einfuhrabgaben. Die Steuerfreiheit gilt für Formen, Matrizen, Klischees, Zeichnungen, Modelle, Geräte zum Messen, Überprüfen oder Überwachen und ähnliche Gegenstände mit der Maßgabe, dass die hergestellten Gegenstände zur Gänze aus dem Zollgebiet der Union auszuführen sind;

8. der Gegenstände, die nach den Art. 203 bis 207 des Zollkodex als Rückwaren frei von Einfuhrabgaben eingeführt werden können. Die Ausnahme von der Befreiung nach Art. 204 des Zollkodex gilt nicht. Die Steuerfreiheit ist ausgeschlossen, wenn der eingeführte Gegenstand
   a) vor der Einfuhr geliefert worden ist,
   b) auf Grund einer Hilfsgüterlieferung ins Ausland von der Umsatzsteuer entlastet worden ist oder
   c) im Rahmen einer steuerfreien Lieferung aus dem Gemeinschaftsgebiet ausgeführt worden ist. Dieser Ausschluß gilt nicht, wenn derjenige, der die Lieferung bewirkt hat, den Gegenstand zurückerhält und hinsichtlich dieses Gegenstandes in vollem Umfang zum Vorsteuerabzug berechtigt ist;
9. der Gegenstände, deren Gesamtwert 22 Euro nicht übersteigt. Von der Befreiung ausgenommen sind alkoholische Erzeugnisse, Parfums und Toilettewasser sowie Tabak und Tabakwaren. Bei der Berechnung des Gesamtwertes sind die Gegenstände, die nach anderen Bestimmungen innerhalb bestimmter Wertgrenzen oder Freimengen befreit sind, einzubeziehen.

(5) Steuerfrei ist die Einfuhr folgender Waren, die im persönlichen Gepäck von Reisenden eingeführt werden, sofern es sich um nichtgewerbliche Einfuhren handelt:

a) Tabakwaren für jeden Reisenden – ausgenommen in den Fällen der lit. b – bis zu folgenden Höchstmengen:
   – 200 Zigaretten oder
   – 100 Zigarillos oder
   – 50 Zigarren oder
   – 250 Gramm Rauchtabak.
   Die Befreiung kann bei einem Reisenden auf jede Kombination der genannten Tabakwaren angewandt werden, sofern die ausgeschöpften prozentuellen Anteile der einzelnen Tabakwaren insgesamt 100% nicht übersteigen;

b) Tabakwaren, die von Reisenden direkt von der schweizerischen Enklave Samnauntal eingeführt werden, für jeden Reisenden nur bis zu folgenden Höchstmengen:
   – 40 Zigaretten oder
   – 20 Zigarillos oder
   – 10 Zigarren oder
   – 50 Gramm Rauchtabak.
   Die Befreiung kann bei einem Reisenden auf jede Kombination der genannten Tabakwaren angewandt werden, sofern die ausgeschöpften prozentuellen Anteile der einzelnen Tabakwaren insgesamt 100% nicht übersteigen;

c) Alkohol und alkoholische Getränke, ausgenommen nicht schäumender Wein und Bier, für jeden Reisenden bis zu folgenden Höchstmengen:
- 1 Liter Alkohol und alkoholische Getränke mit einem Alkoholgehalt von mehr als 22% vol oder unvergällter Ethylalkohol mit einem Alkoholgehalt von 80% vol oder mehr oder
- 2 Liter Alkohol und alkoholische Getränke mit einem Alkoholgehalt von höchstens 22% vol.

Die Befreiung kann bei einem Reisenden auf jede Kombination der genannten Arten von Alkohol und alkoholischen Getränken angewandt werden, sofern die ausgeschöpften prozentuellen Anteile der einzelnen Arten insgesamt 100% nicht übersteigen;

d) 4 Liter nicht schäumender Wein für jeden Reisenden;
e) 16 Liter Bier für jeden Reisenden;
f) der im Hauptbehälter befindliche Kraftstoff und bis zu 10 Liter Kraftstoff in einem tragbaren Behälter für jedes Motorfahrzeug;
g) andere als die in lit. a bis f genannten Waren, deren Gesamtwert 300 Euro je Reisenden nicht übersteigt; für Flugreisende beträgt dieser Schwellenwert 430 Euro. Flugreisende sind Passagiere, die im Luftverkehr mit Ausnahme der privaten nichtgewerblichen Luftfahrt reisen. Für Reisende unter 15 Jahren verringert sich dieser Schwellenwert generell auf 150 Euro.

Der Wert einer Ware darf bei Anwendung der Schwellenwerte nicht aufgeteilt werden. Der Wert der in lit. a bis f genannten Waren sowie der Wert des persönlichen Gepäcks eines Reisenden, das vorübergehend eingeführt wird oder nach seiner vorübergehenden Ausfuhr wieder eingeführt wird, und der Wert von Arzneimitteln, die dem persönlichen Bedarf eines Reisenden entsprechen, bleiben bei Anwendung dieser Befreiung außer Ansatz.

Die Befreiungen nach lit. a bis e gelten nicht für Reisende unter 17 Jahren.

Als persönliches Gepäck im Sinne dieser Bestimmung gelten sämtliche Gepäckstücke, die der Reisende der Zollstelle bei seiner Ankunft gestellen kann, sowie die Gepäckstücke, die er derselben Zollstelle später gestellt, wobei er nachweisen muss, dass sie bei seiner Abreise bei der Gesellschaft, die ihn befördert hat, als Reisegepäck aufgegeben wurden. Anderer Kraftstoff als der Kraftstoff im Sinne der lit. f gilt nicht als persönliches Gepäck.

Einfuhren gelten als nichtgewerblich im Sinne dieser Bestimmung, wenn sie
- gelegentlich erfolgen,
- sich ausschließlich aus Waren zusammensetzen, die zum persönlichen Ge- oder Verbrauch des Reisenden oder seiner Familienangehörigen oder als Geschenk bestimmt sind und
- Art und Menge der Waren nicht darauf schließen lassen, dass die Einfuhr aus gewerblichen Gründen erfolgt.

§ 6 UStG

(6) Abweichend von Abs. 5 gelten für

- Personen mit gewöhnlichem Wohnsitz im Grenzgebiet (das ist ein Gebiet, das in einer Entfernung von bis zu 15 Kilometer Luftlinie vom Ort der Einreise liegt,)
- Grenzarbeitnehmer, die im Rahmen der Ausübung ihrer gewöhnlichen beruflichen Tätigkeit die Grenze überschreiten und
- Besatzungen von Verkehrsmitteln, die für die Reise aus einem Drittland eingesetzt werden

folgende Höchstmengen für jeden Reisenden:

a) Tabakwaren:
   - 25 Zigaretten oder
   - 10 Zigarillos oder
   - 5 Zigarren oder
   - 25 Gramm Rauchtabak;

b) Alkohol und alkoholische Getränke, ausgenommen nicht schäumender Wein und Bier:
   - 0,25 Liter Alkohol und alkoholische Getränke mit einem Alkoholgehalt von mehr als 22% vol oder unvergällter Ethylalkohol mit einem Alkoholgehalt von 80% vol oder mehr oder
   - 0,75 Liter Alkohol und alkoholische Getränke mit einem Alkoholgehalt von höchstens 22% vol;

c) 1 Liter nicht schäumender Wein;

d) 2 Liter Bier;

e) andere als die in lit. a bis d genannten Waren, deren Gesamtwert 40 Euro nicht übersteigt. *(BGBl. I Nr. 117/2016)*

Die Einschränkungen nach diesem Absatz gelten nicht, wenn ein von dieser Regelung betroffener Reisender nachweist, dass er aus dem Grenzgebiet des Mitgliedstaates ausreist oder dass er nicht aus dem Grenzgebiet des benachbarten Drittlandes (das ist ein Gebiet, das in einer Entfernung von bis zu 15 Kilometer Luftlinie vom Ort der Einreise liegt) zurückkommt. Die Einschränkungen nach diesem Absatz gelten jedoch, wenn Grenzarbeitnehmer oder die Besatzungen von im grenzüberschreitenden Verkehr eingesetzten Verkehrsmitteln bei einer im Rahmen ihrer Berufstätigkeit unternommenen Reise Waren einführen.

Die Befreiungen nach lit. a bis d gelten nicht für Reisende unter 17 Jahren.

§ 6 UStG

UStR zu § 6:

	Rz
1. Steuerbefreiungen	
1.1 Ausfuhrlieferungen und Lohnveredlung .... s. Rz 1051-1130	
1.2 Umsätze für die Seeschifffahrt und Luftfahrt .... s. Rz 1131-1160	
1.3 Grenzüberschreitende Güterbeförderung und Nebenleistungen	**706**
1.3.1 Grenzüberschreitende Güterbeförderungen und andere sonstige Leistungen, die sich auf Gegenstände der Einfuhr beziehen	706
1.3.2 Grenzüberschreitende Beförderungen und andere sonstige Leistungen, die sich unmittelbar auf Gegenstände der Ausfuhr oder der Durchfuhr beziehen	712
Umfang der Steuerbefreiung	712
Ausnahmen von der Steuerbefreiung	722
1.3.3 Sonstige Leistungen bei vorübergehender Einfuhr	724
Anwendungsbereich	724
Ausnahmen von der Steuerbefreiung	726
1.3.4 Grenzüberschreitende Personenbeförderung	727
1.4 Lieferung von Gold an Zentralbanken .... derzeit frei	
1.5 Vermittlung ....derzeit frei	
1.6 Andere echte Steuerbefreiungen	**732**
1.6.1 Lieferung bei der Einfuhr zur vorübergehenden Verwendung	732
1.6.2 Leistungen der Eisenbahnunternehmer für ausländische Eisenbahnen	735
1.6.3 Leistungen an diplomatische und konsularische Einrichtungen, an internationale Organisationen im Gebiet eines anderen Mitgliedstaates sowie an NATO-Streitkräfte	736
Begünstigte Empfänger	737
Voraussetzungen für die Steuerbefreiung	738
Leistungen aus anderen Mitgliedstaaten an diplomatische und konsularische Einrichtungen sowie internationale Organisationen in Österreich	742
Leistungen an diplomatische und konsularische Einrichtungen sowie internationale Organisationen und deren Mitglieder im Drittland	743
Leistungen an diplomatische und konsularische Einrichtungen sowie internationale Organisationen und deren Mitglieder in Österreich	744
Lieferungen neuer KFZ an begünstigte Einrichtungen und deren Mitglieder in anderen Mitgliedstaaten	747
1.6.4 Leistungen an ausländische Vertretungsbehörden und ihre im diploma-	

	Rz
tischen und berufskonsularischen Rang stehenden Mitglieder in Österreich	747a
– Begünstigte Empfänger........................	747a
– Voraussetzung für die Steuerbefreiung.	747a
– Lieferung eines Kraftfahrzeuges............	747a
– Vermietung von Grundstücken	747a
– Die Vermietung von Grundstücken ohne Wohnzwecke	747a
– Die Vermietung von Grundstücken für Wohnzwecke	747a
– Umfang der Befreiung..........................	747a
– Dauer der Befreiung............................	747a
1.7 Leistungen der Sozialversicherungs- und Fürsorgeträger	**748**
1.7.1 Begünstigte Unternehmer	748
1.7.2 Umfang der Befreiung	749
1.8 Geld- und Kapitalverkehr	**751**
1.8.1 Gewährung und Vermittlung von Krediten	751
1.8.2 Kreditgewährung im Zusammenhang mit anderen Umsätzen	754
1.8.3 Umsätze von gesetzlichen Zahlungsmitteln	759
1.8.4 Umsätze im Geschäft mit Geldforderungen	760
1.8.5 Umsätze von inländischen amtlichen Wertzeichen	761
1.8.6 Umsätze im Einlagengeschäft und Kontokorrentverkehr	762
Einlagengeschäft	763
Kontokorrentverkehr einschließlich Zahlungs- und Überweisungsverkehr	764
Inkasso von Handelspapieren	765
1.8.7 Wertpapiere	766
Umfang der Befreiung	766
Verwahrung und Verwaltung von Wertpapieren	767
1.8.8 Gesellschaftsanteile	771
1.8.9 Übernahme von Verbindlichkeiten ..	772
1.8.10 Verwaltung von Sondervermögen	772a
1.8.11 Steuerbefreiung für Anlagegold	772b
1.9 Umsätze, die auch anderen Steuern unterliegen	**773**
1.9.1 Grundstücksumsätze	773
Allgemeines	773
Begriff des Grundstückes	774-780
Grundstück im Sinne des bürgerlichen Rechts	775
Abgrenzungsfragen (Betriebsvorrichtungen, Gewinnungsbewilligungen, Apothekengerechtigkeiten)	776
Abgrenzungsfragen (Baurecht, Gebäude auf fremden Grund und Boden)	778
Betriebsvorrichtungen	780
Grundstücke im Miteigentum	781-789
Errichtung eines Gebäudes durch Miteigentümer ohne Begründung	

§ 6 UStG

	Rz
von Wohnungseigentum (im Falle Pkt c auch bei Begründung von Wohnungseigentum)	782
Wechsel der Miteigentümer bei Miteigentumsgemeinschaften	785
Miteigentumsgemeinschaft an bestehendem, unternehmerisch genutztem Gebäude – Begründung von Wohnungseigentum	786
Alleineigentum an bestehendem, unternehmerisch genutztem Gebäude – Begründung von Miteigentum und unternehmerische Nutzung durch die Miteigentumsgemeinschaft	787
Alleineigentum an bestehendem, unternehmerisch genutztem Gebäude – Begründung von Wohnungseigentum	789
Eigenverbrauch von Grundstücken	790-792
Allgemeines	790
Eigenverbrauch bei Nutzung	791
Eigenverbrauch bei Entnahme	792
Option zur Steuerpflicht	793-800
Zeitpunkt und Form der Optionsausübung	793
Berechtigung zur Option	794
Umfang der Option	795
Eigenverbrauch	797
Bemessungsgrundlage im Zusammenhang mit der Grunderwerbsteuer	798
Vorsteuerabzug im Hinblick auf eine zukünftige Option	799
Vorsteuerabzug für vor der Option empfangene Leistungen	800
Einzelfälle	801
1.9.2 Umsätze von Aufsichtsratsmitgliedern	846
1.9.3 Versicherungsverhältnisse	851
Versicherungsleistungen	851
Verschaffung von Versicherungsschutz	853
1.9.4 Glücksspielumsätze – Rechtslage aufgrund der Glücksspielgesetz-Novelle 2008, BGBl. I Nr. 54/2010, ab 2011	854
– Wetten und Ausspielungen	854-860
– Mitwirkungsvergütungen	861
– Zuwendungen im Sinne des § 27 Abs. 3 GSpG	862
1.10 Umsätze der Blinden und dem Postwesen dienende Umsätze	**871**
1.10.1 Blinde	871
Allgemeines	871
Verzichtsmöglichkeit	872
1.10.2 Postdienstleistungen	873
1.11 Schulen, Privatlehrer	**874**
1.11.1 Private Schulen und ähnliche Einrichtungen	874
Allgemeines	874
Vergleichbarkeit mit öffentlichen Schulen	876
Einzelfälle	877

	Rz
1.11.2 Privatlehrer	879
1.12 Vorträge, Kurse, Filmvorführungen	**880**
1.13 Bausparkassen u. Versicherungsvertreter	**881**
1.14 Gemeinnützige Sportvereinigungen	**883**
1.14.1 Begriff Gemeinnützigkeit	883
1.14.2 Begriff Körpersport	884
1.14.3 Anwendungsbereich der Befreiungsbestimmung	885
1.14.4 Verhältnis der Steuerbefreiung zu anderen Steuerbefreiungen	886
1.14.5 Sachsponsoring	886a
1.15 Pflege- und Betreuungsleistungen	**887**
1.16 Vermietung und Verpachtung von Grundstücken	**888**
1.16.1 Allgemeines	888
1.16.2 Vermietung und Verpachtung	890
1.16.3 Gemischte Verträge	891
1.16.4 Keine Grundstücksvermietung	892
1.16.5 Nutzungsüberlassung	893
1.16.6 Ausnahmen von der Steuerbefreiung	894
1.16.7 Betriebsvorrichtungen bei der Vermietung von Sportanlagen	895
1.16.8 Garagierung	896
1.16.9 Option zur Steuerpflicht	899
1.16.10 Vorsteuerabzug im Hinblick auf eine zukünftige Option	900
1.17 Wohnungseigentumsgemeinschaften	**922**
1.17.1 Allgemeines	922
1.17.2 Option zur Steuerpflicht	923
1.18 Kranken- und Pflegeanstalten, Altersheime, Kuranstalten	**924**
1.18.1 Allgemeines	924
Option zur Steuerpflicht	925
1.18.2 Kranken- und Pflegeanstalten	926
Begriff	926
Begünstigte Leistungen	928
Umfang der Befreiung – Nebenleistungen	930
1.18.3 Alters-, Blinden- und Siechenheime	932
1.18.4 Kuranstalten- und Kureinrichtungen	933
1.19 Ärzte	**941**
1.19.1 Allgemeines	941
1.19.2 Tätigkeit als Arzt	942
Umsätze als Arzt	944-946
Heilbehandlung	944
Erstellung von Gutachten	946
Hilfsgeschäfte	947
Keine Umsätze aus ärztlicher Tätigkeit	948
Abgrenzung ärztliche Tätigkeit – Krankenanstalt	949
1.19.3 Tätigkeit als Psychotherapeut	952
Umsätze als Psychotherapeut	953

§ 6 UStG

	Rz		Rz
Keine Umsätze aus psychotherapeutischer Tätigkeit	954	1.27.5 Überschreiten/Unterschreiten der Umsatzgrenze	1000
1.19.4 Tätigkeit als Psychologe	955	1.27.6 Innergemeinschaftliche Lieferung neuer Fahrzeuge durch Kleinunternehmer	1002
Umsätze als Psychologe	956		
Beratungsleistungen durch Psychologen, Psychotherapeuten und andere Personen	957	**1.28 Zusammenschlüsse von Banken, Versicherungen und Pensionskassen**	**1011**
1.19.5 Ärztliche Praxisgemeinschaften	958	1.28.1 Allgemeines	1011
Allgemeines	958	1.28.2 Zusammenschlüsse	1012
Innengemeinschaften	960	1.28.3 Begünstigte Leistungen der Zusammenschlüsse	1013
Außengemeinschaften	962		
1.20 Zahntechniker	**971**	1.28.4 Kosten	1016
1.20.1 Allgemeines	971	1.28.5 Leistungen zwischen den Unternehmen	1017
1.20.2 Ausfuhrlieferungen durch Zahntechniker	972	1.28.6 Einzelfälle	1018
		2. Option zur Steuerpflicht .... s. Rz 772, 793-800, 899 und 923	
1.21 Lieferung von menschlichem Blut und Organen	**973**	3. Kleinunternehmer, Option zur Steuerpflicht	1019
1.21.1 Begriffsbestimmung	973	3.1 Option zur Steuerpflicht (Verzichtserklärung)	1019
1.22 Krankenbeförderung	**974**		
1.22.1 Allgemeines	974	3.2 Rücknahme der Verzichtserklärung	1020
1.22.2 Krankenbeförderung durch Luftfahrzeuge	975	3.3 Widerruf der Verzichtserklärung	1021
1.22.3 Krankenbeförderung mit Notarzt ...	976	4. Befreiungen bei der Einfuhr	1023
1.23 Jugend-, Erziehungs-, Ausbildungs- und Erholungsheime	**977**	4.1 Allgemeines	1023
		4.2. Im UStG 1994 gesondert geregelte Befreiungen von der Einfuhrumsatzsteuer	1024
1.23.1 Allgemeines	977		
1.23.2 Begriff Körperschaft öffentlichen Rechts	978	4.3. Steuerbefreiungen in Anlehnung an Zollbefreiungen	1025
1.23.3 Anwendungsbereich	979	5. Steuerbefreiungen bei der Einfuhr von Waren im persönlichen Reisegepäck	
1.24 Theater-, Musik- und Gesangsaufführungen, Konzerte, Museen etc	**981**		
1.24.1 Begriff Theater-, Musik- und Gesangsaufführungen, Konzerte, Museen etc	981	5.1. Allgemeines	1036
		5.2. Einhaltung der gesetzlich festgelegten Höchstmengen	1037
1.24.2 Musik- und Gesangsaufführungen durch Gebietskörperschaften	982	6. Steuerbefreiungen bei der Einfuhr von Waren im persönlichen Reisegepäck eines bestimmten Personenkreises	1045
1.24.3 Begünstigte Rechtsträger	983		
1.25 Gemeinnützige Vereinigungen, die Jugend-, Erziehungs-, Ausbildungs- und Erholungsheime, Theater-, Musik- und Gesangsaufführungen, Konzerte, Museen etc betreiben	**986**	1.26.1 Lieferung und Entnahme	991
		1.26.2 Nutzungseigenverbrauch	993
		1.27 Kleinunternehmer (§ 6 Abs. 1 Z 27 UStG 1994)	**994**
1.25.1 Allgemeines	986	1.27.1 Allgemeines	994
1.25.2 Begünstigte Rechtsträger	987	1.27.2 Ermittlung der 30.000 €-Umsatzgrenze	995
1.25.3 Option zur Steuerpflicht	988		
1.26 Lieferung und Entnahme von Gegenständen	**991**	1.27.3 Toleranzgrenze von 15%	997
		1.27.4 Abweichendes Wirtschaftsjahr	999

1. Steuerbefreiungen

1.1 Ausfuhrlieferungen und Lohnveredlung

Siehe § 7 und § 8 Rz 1051 bis 1130.

1.2 Umsätze für die Seeschifffahrt und Luftfahrt

Siehe § 9 Rz 1131 bis 1160.

1.3 Grenzüberschreitende Güterbeförderung und Nebenleistungen

1.3.1 Grenzüberschreitende Güterbeförderungen und andere sonstige Leistungen, die sich auf Gegenstände der Einfuhr beziehen

706 Die Steuerbefreiung nach § 6 Abs. 1 Z 3 lit. a sublit. aa UStG 1994 kommt insbesondere für folgende sonstige Leistungen in Betracht:

- Für **grenzüberschreitende Güterbeförderungen** und Beförderungen im internationalen Eisenbahnfrachtverkehr bis zum ersten Bestimmungsort in der Gemeinschaft; steuerbefreit ist die Beförderung vom Drittland ins Gemeinschaftsgebiet, nicht jedoch die Beförderung von einem Drittland in ein anderes Drittland;
- für **Güterbeförderungen**, die nach solchen vorangegangenen Beförderungen nach einem weiteren Bestimmungsort in der Gemeinschaft durchgeführt werden, zB Beförderungen aufgrund einer nachträglichen Verfügung oder Beförderungen durch Rollfuhrunternehmer vom Flughafen, Binnenhafen oder Bahnhof zum Empfänger;
- für den **Umschlag und die Lagerung von eingeführten Gegenständen**;
- für handelsübliche Nebenleistungen, die bei grenzüberschreitenden Güterbeförderungen oder bei den in obigen Punkten bezeichneten Leistungen vorkommen, zB Wiegen, Messen, Probeziehen oder Anmelden zur Abfertigung zum freien Verkehr;
- für die **Besorgung der oben angeführten Leistungen**;
- für **Vermittlungsleistungen**, für die die Steuerbefreiung nach § 6 Abs. 1 Z 5 UStG 1994 nicht in Betracht kommt, zB für die Vermittlung von steuerpflichtigen Lieferungen, die von einem Importlager im Inland ausgeführt werden (vgl. die Beispiele **2 und 3**);

Die Steuerbefreiung setzt nicht voraus, dass die Leistungen an einen ausländischen Auftraggeber bewirkt werden.

In folgenden weiteren Fällen sind Nebenleistungen iZm steuerfreien Einfuhren ebenfalls steuerfrei:

- Beförderungsleistungen, die mit einer Einfuhr beweglicher körperlicher Gegenstände anlässlich eines Wohnortwechsels verbunden sind (Art. 46 VO (EU) 282/2011);
- Nebenleistungen iZm steuerfreien Einfuhren
  - von Waren in Kleinsendungen nichtkommerzieller Art mit Herkunft aus Drittländern iSd § 6 Abs. 4 Z 4 lit. b UStG 1994 (**Art. 1 der Richtlinie** 2006/79/EG) oder
  - von Waren von geringem Wert iSd § 6 Abs. 4 Z 9 UStG 1994 (Artikel 23 der Richtlinie 2009/132/EG)

  wenn die Kosten für die Nebenleistungen in der Bemessungsgrundlage für die Einfuhrumsatzsteuer enthalten sind.

707. Da die Steuerbefreiung für jede Leistung, die sich auf Gegenstände der Einfuhr bezieht, in Betracht kommen kann, braucht nicht geprüft zu werden, ob es sich um eine Beförderung, einen Umschlag oder eine Lagerung von Gegenständen der Einfuhr oder um handelsübliche Nebenleistungen dazu handelt.

Zur Vermeidung eines unversteuerten Letztverbrauchs ist Voraussetzung für die Steuerbefreiung, dass die auf diese Nebenleistungen entfallenden Kosten in der Bemessungsgrundlage für die Einfuhr enthalten sind.

Diese Voraussetzung ist in den Fällen erfüllt, in denen die Kosten einer Leistung nach § 5 Abs. 1 oder Abs. 2 bzw. Abs. 4 Z 3 UStG 1994 **Teil der Bemessungsgrundlage für die Einfuhr** geworden sind. Die Voraussetzung für die Steuerbefreiung ist nicht erfüllt, wenn keine EUSt anfällt, weil die Einfuhr steuerfrei ist. Im Fall einer steuerfreien Einfuhr gemäß Art. 6 Abs. 3 UStG 1994 kann die Steuerfreiheit gemäß § 6 Abs. 1 Z 3 lit. a sublit. aa UStG 1994 in Anspruch genommen werden, wenn nachgewiesen wird, dass die Kosten für die Nebenleistungen in der Bemessungsgrundlage für die Erwerbsteuer enthalten sind (zB durch den Nachweis der Lieferbedingung „frei Haus").

708. Materiell-rechtliche Voraussetzung für die Steuerbefreiung ist, dass der leistende Unternehmer **buchmäßig** nachweist, dass die Kosten für die Leistung in der Bemessungsgrundlage für die Einfuhr enthalten sind. Aus Vereinfachungsgründen wird jedoch bei Leistungen an ausländische Auftraggeber auf diesen Nachweis verzichtet, wenn das Entgelt für die einzelne Leistung **weniger als 110 €** beträgt und sich aus der Gesamtheit der

§ 6 UStG

beim leistenden Unternehmer vorhandenen Unterlagen keine berechtigten Zweifel daran ergeben, dass die Kosten für die Leistung Teil der Bemessungsgrundlage für die Einfuhr sind.

709 Als Belege für den im vorherigen Absatz bezeichneten Nachweis kommen in Betracht:
- **Zollamtliche Belege**, und zwar ein Exemplar der Zollanmeldung – auch Sammelzollanmeldung – mit der Festsetzung der Eingangsabgaben und gegebenenfalls auch der Zollquittung. Diese Belege können als Nachweise insbesondere in den Fällen dienen, in denen der leistende Unternehmer, zB der Spediteur, selbst die Abfertigung der Gegenstände, auf die sich seine Leistung bezieht, zum freien Verkehr beantragt;
- **Andere Belege:** In den Fällen, in denen die Kosten für eine Leistung nach § 5 Abs. 1 und 2 bzw. Abs. 4 Z 3 UStG 1994 Teil der Bemessungsgrundlage für die Einfuhr geworden sind, genügt der eindeutige Nachweis hierüber. Als Belege können in diesen Fällen insbesondere der schriftliche Speditionsauftrag, das im Speditionsgewerbe übliche Bordero, ein Doppel des Versandscheines, ein Doppel der Rechnung des Lieferers über die Lieferung der Gegenstände oder der vom Lieferer ausgestellte Lieferschein in Betracht kommen;
- **Fotokopien:** Diese können nur in Verbindung mit anderen beim leistenden Unternehmer vorhandenen Belegen als ausreichend anerkannt werden, wenn sich aus der Gesamtheit der Belege keine ernsthaften Zweifel an der Erfassung der Kosten bei der Besteuerung der Einfuhr ergeben.

710 Bei grenzüberschreitenden Beförderungen von einem Drittland in das Gemeinschaftsgebiet werden die Kosten für die Beförderung der eingeführten Gegenstände **bis zum ersten Bestimmungsort im Gemeinschaftsgebiet in die Bemessungsgrundlage für die EUSt einbezogen** (§ 5 Abs. 4 Z 3 UStG 1994). Beförderungskosten zu einem weiteren Bestimmungsort im Gemeinschaftsgebiet sind ebenfalls einzubeziehen, sofern dieser weitere Bestimmungsort im Zeitpunkt des Entstehens der EUSt bereits feststeht (§ 5 Abs. 4 Z 3 UStG 1994). Dies gilt auch für die auf inländische oder innergemeinschaftliche Beförderungsleistungen und andere sonstige Leistungen entfallenden Kosten im Zusammenhang mit einer Einfuhr.

711 Beispiele zur Steuerbefreiung für sonstige Leistungen, die sich auf Gegenstände der Einfuhr beziehen und steuerbar sind:

Beispiel 1:

Der Lieferer L aus dem Drittland liefert Gegenstände an den Abnehmer A in Graz zu der Lieferbedingung „ab Werk". Der **in Österreich** ansässige Spediteur S übernimmt im Auftrag des A die Beförderung der Gegenstände vom Abgangsort im Drittland bis Graz zu einem festen Preis (Übernahmesatz). S führt die Beförderung jedoch nicht selbst durch, sondern beauftragt auf seine Kosten (franco) den Binnenschiffer B mit der Beförderung vom Abgangsort im Drittland bis Wien und der Übergabe der Gegenstände an den Empfangsspediteur E. Dieser führt ebenfalls im Auftrag des S auf dessen Kosten den Umschlag aus dem Schiff auf dem LKW und die Übergabe an den Frachtführer F durch. F führt die Weiterbeförderung im Auftrag des S von Wien nach Graz durch. Der Abnehmer A beantragt in Graz die Abfertigung zum freien Verkehr und rechnet den Übernahmesatz unmittelbar mit S ab. Mit dem zwischen S und A vereinbarten Übernahmesatz sind auch die Kosten für die Leistungen des B, des E und des F abgegolten.

Lösung (ab 1.1.2010):
Bei der Leistung des S handelt es sich um eine Spedition zu festen Preisen. Der Endpunkt dieser Beförderung ist der erste Bestimmungsort im Gemeinschaftsgebiet im Sinne des § 5 Abs. 4 Z 3 UStG 1994. Nach dieser Vorschrift sind deshalb die Kosten für die Beförderung des S bis Graz in die Bemessungsgrundlage für die Einfuhr einzubeziehen. Die Leistung des S an A ist gemäß § 3a Abs. 6 UStG 1994 am Empfängerort (Österreich) steuerbar und gemäß § 6 Abs. 1 Z 3 lit. a sublit. aa UStG 1994 steuerfrei.

Die Beförderung des B vom Abgangsort im Drittland bis Wien ist gemäß § 3a Abs. 6 UStG 1994 am Empfängerort (Österreich) steuerbar und ebenfalls als

256

grenzüberschreitende Güterbeförderung nach § 6 Abs. 1 Z 3 lit. a sublit. aa UStG 1994 steuerfrei. Die Umschlagsleistung des E und die Beförderung des F von Wien bis Graz sind Leistungen, die sich auf Gegenstände der Einfuhr beziehen. Der für die Steuerbefreiung nach § 6 Abs. 1 Z 3 lit. a sublit. aa UStG 1994 erforderliche Nachweis muss sowohl von E als auch von F mittels Belegen geführt werden.

Beispiel 2:
Der im Inland ansässige Handelsvertreter H ist damit betraut, Lieferungen von Nichtgemeinschaftswaren für den im **Inland** ansässigen Unternehmer U zu vermitteln. Um eine zügige Auslieferung der vermittelten Gegenstände zu gewährleisten, hat U die Gegenstände bereits vor der Vermittlung in das Inland einführen und auf ein Zolllager des H bringen lassen. Nachdem H die Lieferung der Gegenstände vermittelt hat, entnimmt er sie aus dem Zolllager in den freien Verkehr und sendet sie dem Abnehmer zu.

Lösung (ab 1.1.2010):
Mit der Entnahme der Gegenstände aus dem Zolllager entsteht die EUSt. Die Vermittlungsprovision des H und die an H gezahlten Lagerkosten sind in die Bemessungsgrundlage für die Einfuhr (§ 5 Abs. 4 Z 3 UStG 1994) einzubeziehen. **H weist dies durch einen zollamtlichen Beleg nach.** Die Vermittlungsleistung des H ist gemäß § 3a Abs. 6 UStG 1994 am Empfängerort **(Österreich)** steuerbar. Gleiches gilt für die Lagerung. **Die Vermittlungsleistung des H fällt nicht unter die Steuerbefreiung des § 6 Abs. 1 Z 5 UStG 1994, kann jedoch unter die Steuerbefreiung nach § 6 Abs. 1 Z 3 lit. a sublit. aa UStG 1994 fallen, sofern H den erforderlichen buchmäßigen Nachweis führt. Dasselbe gilt für die Lagerung.**

Beispiel 3:
Sachverhalt wie im Beispiel **2**, jedoch werden die Gegenstände nicht auf Zolllager verbracht, sondern sofort zum freien Verkehr abgefertigt und von H außerhalb eines Zolllagers gelagert.

Lösung (ab 1.1.2010):
Im Zeitpunkt der Abfertigung stehen die Vermittlungsprovision und die Lagerkosten des H noch nicht fest. Die Beträge werden deshalb nicht in die Bemessungsgrundlage für die Einfuhr einbezogen. Die Leistungen des H sind gemäß § 3a Abs. 6 UStG 1994 am Empfängerort **(Österreich)** steuerbar. **Die Leistungen des H sind weder nach § 6 Abs. 1 Z 5 UStG 1994 noch nach § 6 Abs. 1 Z 3 lit. a sublit. aa UStG 1994 steuerfrei.** Falls die erst nach der Abfertigung zum freien Verkehr entstehenden Kosten (Vermittlungsprovision und Lagerkosten) bereits bei der Abfertigung bekannt sind, sind diese Kosten in die Bemessungsgrundlage für die Einfuhr einzubeziehen (§ 5 Abs. 4 Z 3 UStG 1994). Die **rechtliche Würdigung** ist dann dieselbe wie in Beispiel **2**.

1.3.2 Grenzüberschreitende Beförderungen und andere sonstige Leistungen, die sich unmittelbar auf Gegenstände der Ausfuhr oder der Durchfuhr beziehen

Umfang der Steuerbefreiung

712 Die Steuerbefreiung nach § 6 Abs. 1 Z 3 lit. a sublit. bb UStG 1994 kommt insbesondere für folgende sonstige Leistungen in Betracht:
- für **grenzüberschreitende Güterbeförderungen** und Beförderungen im internationalen Eisenbahnfrachtverkehr ins Drittlandsgebiet; steuerbefreit ist die Beförderung vom Gemeinschaftsgebiet ins Drittland, nicht jedoch die Beförderung von einem Drittland in ein anderes Drittland;
- für **Vor- und Nachläufe** zu solchen grenzüberschreitenden Güterbeförderungen, zB Beförderungen durch Rollfuhrunternehmer vom Absender zum Flughafen, Binnenhafen oder Bahnhof;
- für den **Umschlag und die Lagerung von Gegenständen** vor ihrer Ausfuhr oder während ihrer Durchfuhr;

§ 6 UStG

- für die **handelsüblichen Nebenleistungen**, die bei Güterbeförderungen aus dem Inland in das Drittlandsgebiet oder durch das Inland oder bei den oben bezeichneten Leistungen vorkommen, zB Wiegen, Messen oder Probeziehen;
- für die **Besorgung der oben angeführten Leistungen**.

713 Die Steuerbefreiung hängt nicht davon ab, dass die Leistungen an ausländische Auftraggeber bewirkt werden. Die Leistungen müssen sich unmittelbar auf Gegenstände der Ausfuhr oder der Durchfuhr beziehen (VwGH 22.03.2010, 2007/15/0310). Der Begriff der Ausfuhr umfasst auch Vorgänge, die nicht gemäß § 7 UStG 1994 steuerfrei sind (zB rechtsgeschäftsloses Verbringen, Ausfuhr durch Nichtunternehmer).

Es ist unbeachtlich, ob es sich um eine Beförderung, einen Umschlag oder eine Lagerung oder um eine handelsübliche Nebenleistung zu diesen Leistungen handelt.

714 Verrechnet der Transportunternehmer die Kosten für an ihn ausgegebene **CARNET TIR** (mit diesem übernimmt ein bürgender Verband die Haftung für bestimmte Abgaben bzw. Zölle, die dem Transportunternehmer vorgeschrieben werden) seinem Auftraggeber weiter, so handelt es sich dabei nicht um eine eigene Leistung des Unternehmers an den Auftraggeber, sondern um einen Teil des Entgelts, das der Transportunternehmer für seine Transportleistung erhält.

715 Folgende sonstige Leistungen sind nicht als Leistungen anzusehen, die sich unmittelbar auf Gegenstände der Ausfuhr oder der Durchfuhr beziehen:
- **Vermittlungsleistungen im Zusammenhang mit der Ausfuhr oder der Durchfuhr von Gegenständen.** Diese Leistungen können jedoch nach § 6 Abs. 1 Z 5 UStG 1994 steuerfrei sein;
- Leistungen, die sich **im Rahmen einer Ausfuhr oder einer Durchfuhr** von Gegenständen nicht auf diese Gegenstände, sondern auf die Beförderungsmittel beziehen, zB die Leistung eines Gutachters, die sich auf einen verunglückten LKW – und nicht auf seine Ladung – bezieht, oder die Überlassung eines Liegeplatzes in einem Binnenhafen. Für Leistungen, die für den unmittelbaren Bedarf von Seeschiffen oder Luftfahrzeugen, einschließlich ihrer Ausrüstungsgegenstände und ihrer Ladungen, bestimmt sind, kann jedoch die Steuerbefreiung nach § 6 Abs. 1 Z 2 in Verbindung mit § 9 Abs. 1 Z 4 oder Abs. 2 Z 4 UStG 1994 in Betracht kommen.
- Eine **Transportbegleitung** bezieht sich nicht unmittelbar auf den Ausfuhrgegenstand, sondern auf die Beförderung.
- Bei der Beschaffung von **Genehmigungen** ist zu unterscheiden, ob sie sich auf den Ausfuhrgegenstand beziehen (zB Ausfuhrbewilligung) oder nicht (zB Transportbewilligung).

716 Als Gegenstände der Ausfuhr oder der Durchfuhr sind auch solche Gegenstände anzusehen, die sich vor der Ausfuhr im Rahmen einer **Bearbeitung oder Verarbeitung** im Sinne des § 7 Abs. 1 UStG 1994 vorletzter Satz oder einer Lohnveredlung im Sinne des § 8 UStG 1994 befinden. Die Steuerbefreiung erstreckt sich somit auch auf sonstige Leistungen, die sich unmittelbar auf diese Gegenstände beziehen.

717 Bei grenzüberschreitenden Güterbeförderungen und anderen sonstigen Leistungen, einschließlich Besorgungsleistungen, die sich unmittelbar auf Gegenstände der Ausfuhr oder der Durchfuhr beziehen, ist materiell-rechtliche Voraussetzung für die Steuerbefreiung, dass der leistende Unternehmer die Ausfuhr oder Wiederausfuhr der Gegenstände **eindeutig und leicht nachprüfbar buchmäßig nachweist** (§ 18 Abs. 8 UStG 1994). Bei grenzüberschreitenden Güterbeförderungen können insbesondere die vorgeschriebenen Frachturkunden (zB Frachtbrief, Konnossement), der schriftliche Speditionsauftrag, das im Speditionsgewerbe übliche Bordero oder ein Doppel des Versandscheins als Nachweisbelege in Betracht kommen. Bei anderen sonstigen Leistungen kommen als Ausfuhrbelege insbesondere Belege mit einer Ausfuhrbestätigung der den Ausgang aus dem Zollgebiet der Gemeinschaft überwachenden Grenzzollstelle, Versendungsbelege oder sonstige handelsübliche Belege in Betracht. Die **sonstigen handelsüblichen Belege** können auch von den Unternehmern ausgestellt werden, die für die Lieferung die Steuerbefreiung für Ausfuhrlieferungen (§ 6 Abs. 1 Z 1 in Verbindung mit § 7 UStG 1994) oder für die Bearbeitung oder Verarbeitung die Steuerbefreiung für Lohnveredlungen an Gegenständen der Ausfuhr (§ 6 Abs. 1 Z 1 in Verbindung mit § 8 UStG 1994) in Anspruch

nehmen. Diese Unternehmer müssen für die Inanspruchnahme der vorbezeichneten Steuerbefreiungen die Ausfuhr der Gegenstände nachweisen. Anhand der bei ihnen vorhandenen Unterlagen können sie deshalb einen sonstigen handelsüblichen Beleg, zB für einen Frachtführer, Umschlagbetrieb oder Lagerhalter, ausstellen.

718 Bei **Vortransporten**, die mit Beförderungen im Luftfrachtverkehr aus dem Inland in das Drittlandsgebiet verbunden sind, ist der Nachweis der Ausfuhr oder Wiederausfuhr als erfüllt anzusehen, wenn sich aus den Unterlagen des Unternehmers eindeutig und leicht nachprüfbar ergibt, dass im Einzelfall

- die Vortransporte aufgrund eines Auftrags bewirkt worden sind, der auch die Ausführung der nachfolgenden grenzüberschreitenden Beförderung zum Gegenstand hat,
- die Vortransporte als örtliche Rollgebühren oder Vortransportkosten abgerechnet worden sind und die Kosten der Vortransporte wie folgt ausgewiesen worden sind:
- im Luftfrachtbrief (bzw. im Sammelladungsverkehr im Hausluftfrachtbrief) – oder
- in der Rechnung an den Auftraggeber, wenn die Rechnung die Nummer des Luftfrachtbriefs – oder im Sammelladungsverkehr die Nummer des Hausluftfrachtbriefs – enthält.

719 Hat bei einer **Beförderung im Eisenbahnfrachtverkehr**, die einer grenzüberschreitenden Beförderung oder einer Beförderung im internationalen Eisenbahnfrachtverkehr vorausgeht, der Empfänger oder der Absender seinen Sitz (Wohnsitz) im Ausland und werden die Beförderungskosten von diesem Empfänger oder Absender bezahlt, so kann die Ausfuhr oder Wiederausfuhr aus Vereinfachungsgründen durch folgende Bescheinigung auf dem Frachtbrief nachgewiesen werden:

„**Bescheinigung für Umsatzsteuerzwecke**

Nach meinen Unterlagen bezieht sich die Beförderung unmittelbar auf Gegenstände der Ausfuhr oder der Durchfuhr (§ 6 Abs. 1 Z 3 lit. a sublit. bb UStG 1994).

Die Beförderungskosten werden von

_____

(Name und Anschrift des ausländischen Empfängers oder Absenders)

bezahlt.

_____

(Ort und Datum)   (Unterschrift)"

Der in der vorbezeichneten Bescheinigung angegebene ausländische Empfänger oder Absender muss der im Frachtbrief angegebene Empfänger oder Absender sein.

720 Eine grenzüberschreitende Beförderung zwischen dem Inland und einem Drittland liegt auch vor, wenn die Güterbeförderung über einen anderen Mitgliedstaat in ein Drittland durchgeführt wird. Befördert in diesem Fall ein Unternehmer die Güter auf einer Teilstrecke vom Inland in das übrige Gemeinschaftsgebiet, so ist diese Leistung nach § 6 Abs. 1 Z 3 lit. a sublit. bb UStG 1994 steuerfrei (vgl. Beispiel 2). Der Unternehmer hat die Ausfuhr der Güter nachzuweisen (vgl. § 6 Abs. 1 Z 3 letzter Satz in Verbindung mit § 18 Abs. 8 UStG 1994). Wird der Nachweis nicht erbracht, ist die Beförderung als innergemeinschaftliche Güterbeförderung anzusehen, da sich der Bestimmungsort dieser Beförderung im übrigen Gemeinschaftsgebiet befindet (vgl. Beispiel 1).

Beispiel 1:

Der Schweizer Unternehmer U beauftragt den österreichischen Frachtführer F, Güter von Innsbruck nach Bern (Schweiz) zu befördern. F beauftragt den österreichischen Unterfrachtführer F1 mit der Beförderung von Innsbruck nach Bozen (Italien) und den italienischen Unterfrachtführer F2 mit der Beförderung von Bozen nach Bern. Dabei kann F1 die Ausfuhr in die Schweiz nicht durch Belege nachweisen.

Lösung (ab 1.1.2010):
Die Beförderungsleistung des F an seinen Leistungsempfänger U umfasst die Gesamtbeförderung von Innsbruck nach Bern. Diese ist gemäß § 3a Abs. 6 UStG 1994 am Empfängerort (Schweiz) steuerbar.

Die Beförderungsleistung des Unterfrachtführers F1 an den Frachtführer F ist eine innergemeinschaftliche Güterbeförderung, da sich der Bestimmungsort dieser Beförderung in einem anderen Mitgliedstaat (Italien) befindet. Der Ort dieser Leistung bestimmt sich ebenfalls gemäß § 3a Abs. 6 UStG 1994 nach dem Empfängerort (Österreich). Die Leistung des F1 ist nicht steuerfrei nach § 6 Abs. 1 Z 3 lit. a sublit. bb UStG 1994, da F1 keinen Nachweis erbringen kann, dass die Ausfuhr in einen Drittstaat erfolgte. Steuerschuldner ist der leistende Unternehmer F1.

Die Beförderungsleistung des Unterfrachtführers F2 an den Frachtführer F ist ebenfalls gemäß § 3a Abs. 6 UStG 1994 am Empfängerort (Österreich) steuerbar und nach § 6 Abs. 1 Z 3 lit a sublit. bb UStG 1994 steuerfrei, **wenn er die Ausfuhr durch Belege nachweist.**

Beispiel 2:

Wie Beispiel 1, jedoch weist F1 die Ausfuhr der Güter in die Schweiz nach.

Lösung (ab 1.1.2010):
Die Beförderungsleistung des Unterfrachtführers F1 an den Frachtführer F von Innsbruck nach Bozen ist zwar Teil einer grenzüberschreitenden Güterbeförderung in die Schweiz, grundsätzlich aber als inländische Güterbeförderung am Empfängerort in Österreich steuerbar. Da der Unterfrachtführer F1 durch Belege die Ausfuhr der Güter in die Schweiz nachweist, ist seine Leistung nach § 6 Abs. 1 Z 3 lit. a sublit. bb UStG 1994 in Österreich von der Umsatzsteuer befreit. Gleiches gilt für die Beförderungsleistung des Unterfrachtführers F2. Die Beförderungsleistung des Frachtführers F ist wie in Beispiel 1 dargestellt zu behandeln.

721 Beziehen sich die Leistungen auf **Seetransportbehälter ausländischer Auftraggeber**, so kann der Unternehmer den Nachweis der Ausfuhr oder Wiederausfuhr aus Vereinfachungsgründen dadurch erbringen, dass er Folgendes aufzeichnet:

- Den Namen und die Anschrift des ausländischen Auftraggebers und des Verwenders, wenn dieser nicht Auftraggeber ist, und
- das Kennzeichen des Seetransportbehälters.

Ausnahmen von der Steuerbefreiung

722 Die Steuerbefreiung nach § 6 Abs. 1 Z 3 lit. a bis c UStG 1994 ist ausgeschlossen für die in § 6 Abs. 1 Z 8, 9 lit. c und 13 UStG 1994 bezeichneten Umsätze. Dadurch wird bei **Umsätzen des Geld- und Kapitalverkehrs und bei Versicherungsumsätzen** eine Steuerbefreiung mit Vorsteuerabzug in anderen als in den in § 12 Abs. 3 lit. c UStG 1994 bezeichneten Fällen vermieden. Die Regelung hat jedoch nur Bedeutung für umsatzsteuerrechtlich selbständige Leistungen. Eine selbständige Leistung liegt zB bei der Besorgung der Versicherung von zu befördernden Gegenständen nicht vor, wenn die Versicherung durch denjenigen Unternehmer besorgt wird, der auch die Beförderung der versicherten Gegenstände durchführt oder besorgt. Die Besorgung der Versicherung stellt hier vielmehr eine unselbständige Nebenleistung zu der Beförderung oder der Besorgung der Beförderung als Hauptleistung dar. Der Vorsteuerabzug beurteilt sich deshalb in diesen Fällen nach der Hauptleistung der Beförderung oder der Besorgung der Beförderung.

723 Von der Steuerbefreiung nach § 6 Abs. 1 Z 3 lit. a bis c UStG 1994 sind ferner Bearbeitungen oder Verarbeitungen von Gegenständen einschließlich Werkleistungen im Sinne des § 3a Abs. 3 UStG 1994 ausgeschlossen. Diese Leistungen können jedoch zB unter den Voraussetzungen des § 6 Abs. 1 Z 1 in Verbindung mit § 8 UStG 1994 steuerfrei sein.

Um eine Doppelbesteuerung zu vermeiden, kann in jenen Fällen, in denen ein Gegenstand vor der Einfuhr im Ausland be- oder verarbeitet wird, von einer Besteuerung der Be- oder Verarbeitungsleistung im Inland Abstand genommen werden, wenn die Kosten für diese Leistung in der Bemessungsgrundlage für die EUSt enthalten sind (vgl. Rz 707).

§ 6 UStG

1.3.3 Sonstige Leistungen bei vorübergehender Einfuhr

Anwendungsbereich

724 Die Bestimmung ergänzt die Steuerbefreiung für die Einfuhr von Gegenständen, die zur vorübergehenden Verwendung abgefertigt worden sind (§ 6 Abs. 4 Z 7 UStG 1994).

Befreit sind sonstige Leistungen, wenn sich die Leistungen auf
- eingeführte Gegenstände beziehen, für die **zollamtlich eine vorübergehende Verwendung** im Inland, ausgenommen die Gebiete Jungholz und Mittelberg, bewilligt worden ist, und
- der Leistungsempfänger ein ausländischer Auftraggeber (§ 8 Abs. 2 UStG 1994, siehe § 7 Rz 1059 bis 1062) ist.

725 Die Voraussetzungen der Befreiung müssen buchmäßig nachgewiesen werden (Näheres siehe Rz 706 bis Rz 711).

Ausnahmen von der Steuerbefreiung

726 Nicht befreit sind sonstige Leistungen, die sich auf Beförderungsmittel, Paletten und Container beziehen, Umsätze im Sinne des § 6 Abs. 1 Z 8, 9 lit. c und 13 UStG 1994 (soweit es sich nicht um unselbständige Nebenleistungen handelt), die Bearbeitung oder Verarbeitung von Gegenständen einschließlich Werkleistungen im Sinne des § 3a Abs. 3 UStG 1994 (Näheres siehe § 6 Rz 722 und 723).

1.3.4 Grenzüberschreitende Personenbeförderung

727 Befreit ist die **grenzüberschreitende Beförderung von Personen mit Schiffen und Luftfahrzeugen** mit Ausnahme der Personenbeförderung auf dem Bodensee.

728 Die Steuerfreiheit der Besorgung (zum Begriff siehe Rz 638g und 638h) grenzüberschreitender Personenbeförderungen ergibt sich aus § 3a Abs. 4 UStG 1994.

Die **Vermittlung grenzüberschreitender Personenbeförderungen** ist gemäß § 6 Abs. 1 Z 5 UStG 1994 befreit. Nicht unter die Steuerbefreiung fällt die grenzüberschreitende Personenbeförderung mit Kfz oder Eisenbahnen.

729 Zum Begriff der Personenbeförderung siehe § 10 Rz 1301 bis 1312. Der Zweck der Beförderung ist nicht maßgeblich. Auch die grenzüberschreitende Beförderung von **kranken oder verletzten Personen** mit Schiffen und Luftfahrzeugen (zB die Rückholung von Verletzten aus dem Ausland mittels Flugzeug) ist begünstigt. Die echte Steuerbefreiung des § 6 Abs. 1 Z 3 lit. d UStG 1994 hat Vorrang vor der gemäß § 6 Abs. 1 Z 22 UStG 1994 unecht befreiten Beförderung von kranken und verletzten Personen mit Fahrzeugen, die dafür besonders eingerichtet sind.

730 Die Beförderungsleistung muss sich **auf das Inland und das Ausland erstrecken**. Die Befreiung trifft auch auf den **Transitverkehr** zu – selbst dann, wenn die Reise unterbrochen wird (zB Zwischenlandung bei einem Flug). Maßgeblich ist stets der Inhalt des Beförderungsvertrages (Flug- oder Schiffskarte). Unter Ausland ist sowohl das Drittland als auch das übrige Gemeinschaftsgebiet zu verstehen. Liegen Anfangs- und Endpunkt der Personenbeförderung im Inland und wird ausländisches Gebiet nur durch- oder überquert, kommt die Steuerfreiheit nicht zum Zuge. Eine gemeinsame Buchung und Bezahlung von Hin- und Rückbeförderung ins bzw. aus dem Ausland ändert aber nichts an der Steuerfreiheit. Der Fährbetrieb auf einem Grenzfluss stellt eine grenzüberschreitende Personenbeförderung dar und ist somit steuerfrei.

731 **Pauschalreisen** stellen keine einheitliche Leistung des Reiseveranstalters dar, sondern selbständig zu beurteilende Hauptleistungen, sofern nicht § 23 UStG 1994 zur Anwendung gelangt. Bei einer Flugreise sind daher die Besorgung der Flugreise und die Besorgung von Quartier und Verpflegung umsatzsteuerrechtlich als selbständige Leistungen zu beurteilen. Es können jedoch unselbständige Nebenleistungen mit diesen Leistungen verbunden sein.

1.4 Lieferung von Gold an Zentralbanken

Derzeit frei.

1.5 Vermittlung

Derzeit frei.

1.6 Andere echte Steuerbefreiungen

1.6.1 Lieferung bei der Einfuhr zur vorübergehenden Verwendung

732 Befreit ist die Lieferung von eingeführten Gegenständen,
- soweit für die Gegenstände zollamtlich eine vorübergehende Verwendung im Inland bewilligt worden ist und diese Bewilligung auch nach der Lieferung gilt,
- die Lieferung an einen Abnehmer, der keinen Wohnsitz (Sitz) im Gemeinschaftsgebiet (siehe § 1 Rz 146 bis 148) hat, erfolgt und
- es sich nicht um Beförderungsmittel, Paletten und Container handelt.

733 Die Steuerbefreiung wird ergänzt durch die Befreiung nach § 6 Abs. 1 Z 3 lit. c UStG 1994 (siehe § 6 Rz 724) für sonstige Leistungen, die sich auf vorübergehend eingeführte Gegenstände beziehen.

Beispiel:
Der Zürcher Unternehmer Z hat Waren und diverse Ausrüstungsgegenstände zur Ausstattung seines Standes als Messegut zur vorübergehenden Verwendung in das Inland eingeführt. Nach Beendigung der Messe verkauft er seine Standausstattung an einen amerikanischen Unternehmer U.

Z verschafft dem U die Verfügungsmacht über die Standausstattung im Inland. Es liegt daher eine steuerbare Lieferung vor. Für diese Standausstattung war zollamtlich eine vorübergehende Verwendung bewilligt worden. Weiters handelt es sich bei dem Käufer um einen ausländischen Abnehmer, der keinen Wohnsitz (Sitz) im Gemeinschaftsgebiet hat. Die vorliegende Lieferung könnte daher unter der Voraussetzung, dass die Bewilligung zur vorübergehenden Verwendung auch nach der Lieferung gilt, gemäß § 6 Abs. 1 Z 5 lit. a UStG 1994 steuerfrei belassen werden.

734 Abgrenzung zu § 6 Abs. 4 Z 7 UStG 1994: Nach **Art. 250 bis 253 UZK (bis 30.4.2016: Art. 137 bis 144 ZK)** können Nichtgemeinschaftswaren, die zur Wiederausfuhr bestimmt sind, unter Befreiung von den Eingangsabgaben im Zollgebiet der Gemeinschaft verwendet werden. Sofern es sich um eine gänzliche Befreiung von den Eingangsabgaben handelt, erstreckt sich diese auch auf die EUSt wie zB bei Berufsausrüstung, Ausstellungsgut, Beförderungsmitteln.

1.6.2 Leistungen der Eisenbahnunternehmer für ausländische Eisenbahnen

735 Befreit sind die
- Lieferungen und sonstigen Leistungen der **inländischen Eisenbahnunternehmer**
- für **ausländische Eisenbahnen**
- in den Gemeinschaftsbahnhöfen, Betriebswechselbahnhöfen und Grenzbetriebsstrecken.

Grenzbetriebsstrecken sind jene Strecken, die zwischen der österreichischen Staatsgrenze und dem inländischen Grenzbahnhof liegen.

1.6.3 Leistungen an diplomatische und konsularische Einrichtungen, an internationale Organisationen im Gebiet eines anderen Mitgliedstaates sowie an NATO-Streitkräfte

736 § 6 Abs. 1 Z 6 lit. c UStG 1994 befreit unter bestimmten Voraussetzungen Lieferungen und sonstige Leistungen (ausgenommen die Lieferung neuer Fahrzeuge) an begünstigte Empfänger in einem anderen Mitgliedstaat. Diese Bestimmung entspricht Art. 151 MwSt-RL 2006/112/EG.

Begünstigte Empfänger

737 Begünstigte Empfänger sind die im Gebiet eines anderen Mitgliedstaates errichteten
- ständigen diplomatischen Missionen,
- berufskonsularischen Vertretungen,
- zwischenstaatlichen Einrichtungen wie zB **die Europäische Kommission**, sowie

§ 6 UStG

- die Mitglieder der genannten Einrichtungen; weiters
- die im Gebiet eines anderen Mitgliedstaates stationierten NATO-Streitkräfte. Dabei darf es sich jedoch nicht um die Streitkräfte dieses Mitgliedstaates handeln (zB bei Lieferungen an in Deutschland stationierte NATO-Streitkräfte darf es sich nicht um deutsche NATO-Streitkräfte handeln).

Voraussetzungen für die Steuerbefreiung

738 Der Umfang der Befreiung richtet sich nach dem Recht des anderen Mitgliedstaates (Aufnahmemitgliedstaates). Zu diesem Zweck hat der Abnehmer dem leistenden Unternehmer eine **Bescheinigung auf amtlichem Vordruck** vorzulegen. Diese Bescheinigung wird von der zuständigen Behörde des Aufnahmemitgliedstaates ausgestellt und dient dem Unternehmer als Nachweis **für die Qualifikation des Abnehmers** und den Umfang der Befreiung. Zur Vereinfachung des Bestätigungsverfahrens können die Aufnahmestaaten bestimmte Einrichtungen von der Verpflichtung befreien, einen Sichtvermerk der zuständigen Behörde einzuholen. In diesem Fall tritt an die Stelle des Sichtvermerkes eine Eigenbestätigung der Einrichtung, in der auf die entsprechende Genehmigung (Datum und Aktenzeichen) hinzuweisen ist.

739 Die Mitgliedstaaten verwenden ein einheitliches Formular als amtlichen Vordruck. Im **Anhang 3** findet sich ein Muster dieses Formulares samt Erläuterungen in deutscher Sprache.
Die gemäß § 6 Abs. 1 Z 6 lit. c UStG 1994 steuerfreien Umsätze sind nicht in die ZM aufzunehmen.

Beispiel:
Die amerikanische Botschaft in Madrid bestellt bei einem österreichischen Händler Büromöbel. Die zuständige Behörde in Spanien bescheinigt auf amtlichem Vordruck, dass die Voraussetzungen für die Steuerbefreiung nach spanischem Recht vorliegen. Die Botschaft übermittelt diese Bestätigung dem österreichischen Unternehmer, der die Möbel nach Spanien versendet.

Unter der Voraussetzung, dass der österreichische Unternehmer weder die spanische Lieferschwelle überschreitet noch auf ihre Anwendung verzichtet, ist die Lieferung in Österreich steuerbar. Sie kann gemäß § 6 Abs. 1 Z 6 lit. c UStG 1994 steuerfrei belassen werden.

Bei Überschreiten der Lieferschwelle oder Verzicht auf deren Anwendung ist der Umsatz in Österreich nicht steuerbar.

Im Abholfall kann die Befreiung nach § 6 Abs. 1 Z 6 lit. c UStG 1994 ebenfalls angewendet werden.

740 Die Staatsbürgerschaft des begünstigten Empfängers ist für die Anwendung der Befreiungsbestimmung ohne Bedeutung. Es kann demnach auch ein österreichischer Botschafter, der in einem anderen Mitgliedstaat akkreditiert ist, Leistungen steuerfrei aus Österreich beziehen, wenn eine entsprechende Bescheinigung vorliegt.

Beispiel:
Der österreichische Botschafter in Paris kauft anlässlich eines Winterurlaubes in Österreich eine Schiausrüstung im Wert von 700 A und legt dem Unternehmer eine Bescheinigung vor, dass er zum steuerfreien Bezug dieser Gegenstände berechtigt ist. Die Lieferung kann gemäß § 6 Abs. 1 Z 6 lit. c UStG 1994 steuerfrei belassen werden.

741 **Mitglieder internationaler Organisationen**, die von den Behörden des Aufnahmelandes als solche anerkannt sind, können Lieferungen von Gegenständen und Dienstleistungen steuerfrei erhalten. Die Grenzen und Bedingungen dafür sind in den internationalen Übereinkommen über die Gründung dieser Einrichtung oder in den Sitzabkommen festgelegt. Der Leistungsempfänger weist mit Aushändigung einer vom Sitzmitgliedstaat ausgestellten Bescheinigung dem leistenden Unternehmer nach, dass er zum steuerfreien Bezug der dort genannten Waren bzw. Dienstleistungen berechtigt ist.

§ 6 UStG

Leistungen aus anderen Mitgliedstaaten an diplomatische und konsularische Einrichtungen sowie internationale Organisationen in Österreich

742 Grundlage für die Steuerbefreiung ist Art. 151 MwSt-RL 2006/112/EG (Art. 15 Abs. 10 6. MWSt-RL), der Umfang richtet sich nach österreichischem Recht. Die für den Nachweis der Steuerbefreiung im anderen Mitgliedstaat erforderliche Bescheinigung (Formular U 100) stellt das Bundesministerium für europäische und internationale Angelegenheiten aus.

Leistungen an diplomatische und konsularische Einrichtungen sowie internationale Organisationen und deren Mitglieder im Drittland

743 Diese fallen nicht unter § 6 Abs. 1 Z 6 lit. c UStG 1994, sondern können nach § 7 UStG 1994 steuerfrei sein.

Leistungen an diplomatische und konsularische Einrichtungen sowie internationale Organisationen und deren Mitglieder in Österreich

744 Diese Leistungen können ebenfalls nicht nach § 6 Abs. 1 Z 6 lit. c UStG 1994 steuerfrei belassen werden, sondern sind in Österreich steuerbar und steuerpflichtig. Bei der Lieferung von Kraftfahrzeugen und der Vermietung von Grundstücken siehe jedoch § 6 Rz 747a. Die begünstigten Empfänger haben jedoch die Möglichkeit, die Vergütung der Umsatzsteuer nach dem BGBl. I Nr. 71/2003 igF (BG über die Vergütung von Steuern an ausländische Vertretungsbehörden und ihre im diplomatischen Rang stehende Mitglieder- Internationales Steuervergütungsgesetz) zu beantragen.

Ausländische Vertretungsbehörden im Sinne dieses Gesetzes sind diplomatische und berufskonsularische Vertretungen sowie ständige Vertretungen bei internationalen Organisationen, die ihren Amtssitz in Österreich haben.

745 Vergütet wird USt für Lieferungen und sonstige Leistungen an

- ausländische Vertretungsbehörden, die sie ausschließlich für ihren amtlichen Gebrauch erhalten haben,
- die im diplomatischen oder berufskonsularischen Rang stehenden Mitglieder dieser Behörden, die für ihren persönlichen Gebrauch bestimmt sind.

746 Für das einzelne Mitglied ist die Vergütung im Kalenderjahr mit 2.900 Euro begrenzt. Keinen Anspruch haben Personen, die Angehörige der Republik Österreich oder in ihr ständig ansässig sind. Das Entgelt zuzüglich der USt muss mindestens 73 Euro betragen. Werden mehrere Leistungen in einer Rechnung abgerechnet, so ist das Gesamtentgelt maßgeblich.

In den Fällen des Zutreffens des § 6 Abs. 1 Z 6 lit. d (siehe § 6 Rz 747a) besteht kein Anspruch auf Vergütung nach dem IStVG.

Der Antrag auf Vergütung ist durch die ausländische Vertretungsbehörde bzw. durch die internationale Organisation auf dem amtlichen Vordruck (Formular U 41 bzw. U 43) beim Bundesministerium für Finanzen einzureichen.

Für Diplomaten besteht die Möglichkeit einer pauschalen Vergütung.

Lieferungen neuer Kfz an begünstigte Einrichtungen und deren Mitglieder in anderen Mitgliedstaaten

747 **Lieferungen neuer Kfz** an begünstigte Empfänger in anderen Mitgliedstaaten fallen nicht unter die Steuerbefreiung des § 6 Abs. 1 Z 6 lit. c UStG 1994. Hier sind die allgemeinen Bestimmungen über die innergemeinschaftliche Lieferung neuer Fahrzeuge anzuwenden. Die innergemeinschaftliche Lieferung ist steuerfrei und der Erwerb im Bestimmungsland steuerbar.

1.6.4 Leistungen an ausländische Vertretungsbehörden und ihre im diplomatischen und berufskonsularischen Rang stehenden Mitglieder in Österreich

747a § 6 Abs. 1 Z 6 lit. d UStG 1994 befreit unter bestimmten Voraussetzungen die Lieferung von Kraftfahrzeugen und die Vermietung von Grundstücken an begünstigte Empfänger sowie die Vermittlung dieser Umsätze (§ 6 Abs. 1 Z 5 lit. a UStG 1994).

Begünstigte Empfänger

Zu den begünstigten Empfängern zählen
- diplomatische Missionen,
- berufskonsularische Vertretungen,
- ständige Vertretungen bei internationalen Organisationen, die ihren Amtssitz in Österreich haben, sowie
- die im diplomatischen oder berufskonsularischen Rang stehenden Mitglieder der genannten Einrichtungen.

Voraussetzung für die Steuerbefreiung

Die Voraussetzungen für die Steuerbefreiung müssen vom Unternehmer durch eine vom Bundesministerium für auswärtige Angelegenheiten nach amtlichem Vordruck ausgestellte, ihm vom Abnehmer (Käufer/Mieter) auszuhändigende Bescheinigung nachgewiesen werden (U 45 Antrag auf Steuerbefreiung für ein Kraftfahrzeug, U 46 Antrag auf Steuerbefreiung iZm Grundstücksvermietung).

Lieferung eines Kraftfahrzeuges

Der Begriff Kraftfahrzeug richtet sich nach dem Kraftfahrgesetz. Darunter fallen insbesondere PKW, Kombis und Motorräder. Nicht darunter fallen insbesondere Anhänger, Flugzeuge und Boote. Die Befreiung erstreckt sich nicht auf die Miete (Leasing) von Kraftfahrzeugen.

Im Falle der Anwendung der Differenzbesteuerung ist eine Steuerbefreiung nicht möglich.

Für Kraftfahrzeuge, die gemäß § 6 Abs. 1 Z 6 lit. d UStG 1994 steuerfrei geliefert wurden, gilt die jeweilige Sperrfrist nach § 93 Abs. 1 ZollR-DG, die mindestens zwei Jahre beträgt. Aus anderen diesbezüglichen Rechtsvorschriften oder aufgrund von Gegenseitigkeit können sich auch längere Sperrfristen ergeben.

Im Falle eines Verleihs, einer Verpfändung, Vermietung, Veräußerung oder Überlassung des steuerfrei gelieferten Kraftfahrzeuges innerhalb dieser Sperrfrist bleibt die Steuerbefreiung hinsichtlich des Lieferers zwar aufrecht, die Umsatzsteuer wird jedoch gemäß § 5 Abs. 2 IStVG beim begünstigten Empfänger (mittels Formular U47 Anmeldung der Entrichtung der Umsatzsteuer für ein Diplomaten-KFZ) nacherhoben.

Vermietung von Grundstücken

Der Begriff „Grundstücke" entspricht dem des § 6 Abs. 1 Z 16 UStG 1994, der Begriff „Grundstücke für Wohnzwecke" dem des § 10 Abs. 2 Z 3 lit. a UStG 1994 (bis 31.12.2015: § 10 Abs. 2 Z 4 lit. a UStG 1994). Die Steuerbefreiung nach § 6 Abs. 1 Z 6 lit. d UStG 1994 hat Vorrang gegenüber der Steuerbefreiung nach § 6 Abs. 1 Z 16 UStG 1994.

Zum Grundstücksbegriff ab 1.1.2017 siehe Rz 639v.

Die Vermietung von Grundstücken ohne Wohnzwecke

Die Vermietung von Grundstücken (ohne Wohnzwecke) umfasst auch die Vermietung von Räumlichkeiten und Plätzen für das Abstellen von Fahrzeugen aller Art (gleichgültig, ob sie mit dem Gebäude vermietet werden oder ob es sich zB um die Anmietung eines Garagenplatzes in einer Tiefgarage handelt).

Die Vermietung von Grundstücken für Wohnzwecke

Die Vermietung von Grundstücken für Wohnzwecke umfasst auch die Lieferung von Wärme. Nicht unter die Vermietung für Wohnzwecke fällt die mit der Wohnung mitvermietete Garage (siehe Rz 1191 hinsichtlich § 10 Abs. 2 Z 4 UStG 1994). Im Rahmen des § 6 Abs. 1

§ 6 UStG

Z 6 lit. d UStG 1994 kann (zur Vermeidung eines Verwaltungsaufwandes, da die Umsatzsteuer sonst im Vergütungsverfahren geltend gemacht werden müsste) auch das Entgelt für die Garagenplätze, wenn diese mit der Wohnung mitvermietet werden, steuerfrei belassen werden. Das gilt jedoch nicht für Garagenplätze, die von Dritten angemietet werden.

Umfang der Befreiung

Befreit ist das Entgelt, das der Mieter für die Vermietung des Grundstückes an ihn aufzuwenden hat. Dazu gehören neben dem Hauptmietzins und den Betriebskosten auch Entgeltsteile, die auf unselbständige Nebenleistungen entfallen (zB Aufzugsbenützung und die vom Vermieter – nicht jedoch von einem Dritten – an ihn erbrachte Lieferung von Wärme).

Keine unselbständige Nebenleistung zur Vermietung von Grundstücken von Wohnzwecken sind vom Vermieter weiterverrechnete Kosten für Gas und Strom. Auch Entgeltsteile, die auf die mitvermieteten Einrichtungsgegenstände entfallen, sind grundsätzlich nicht von der Steuerbefreiung erfasst.

Dauer der Befreiung

Die Steuerbefreiung gilt nur für den in der Bescheinigung angegebenen Zeitraum, längstens jedoch für die Dauer des Mietverhältnisses mit der in der Bescheinigung genannten Einrichtung bzw. Person.

1.7 Leistungen der Sozialversicherungs- und Fürsorgeträger

1.7.1 Begünstigte Unternehmer

748 Die Träger der Sozialversicherung (Krankenversicherung, Unfallversicherung, Pensionsversicherung) ergeben sich aus dem ASVG. Der Begriff ist in rechtlicher Betrachtungsweise zu interpretieren, umfasst daher bspw. nicht Wohlfahrtseinrichtungen der Kammern der freien Berufe (VwGH 7.12.1994, 93/13/0009).

Die Träger der öffentlichen Fürsorge (Träger der Sozialhilfe) ergeben sich aus den einschlägigen landesgesetzlichen Vorschriften. Es handelt sich entweder um Gebietskörperschaften oder um eigene Sozialhilfeverbände. Diese besitzen Unternehmereigenschaft in dem im § 2 Abs. 4 Z 1 UStG 1994 angeführten Rahmen. Die allgemeine Fürsorge (Sozialhilfe) umfasst die Hilfe zur Sicherung des Lebensbedarfes, die Hilfe in besonderen Lebenslagen und die sozialen Dienste. Für die Anwendung der Befreiung des § 6 Abs. 1 Z 7 UStG 1994 ist entscheidend, ob die Leistungen des öffentlichen Fürsorgeträgers den Empfängern als Hilfe im Sinne der einschlägigen fürsorgerechtlichen Bestimmungen gewährt worden sind, mag auf diese Hilfe ein Rechtsanspruch bestanden haben oder nicht (VwGH 26.2.1981, 2571/80 sowie 22.12.2004, 2001/15/0141).

1.7.2 Umfang der Befreiung

749 Die Umsatzsteuerbefreiung nach § 6 Abs. 1 Z 7 UStG 1994 umfasst alle Aufgaben der Sozialversicherungsträger und des Hauptverbandes, die dem Zweck der gesetzlichen Sozialversicherung dienen. Leistungen im Zusammenhang mit Standardprodukten, Innovationsprojekten und der neuen Netzwerksstruktur der Sozialversicherung mit Kompetenzzentren und Dienstleistungszentren samt Leistungsverrechnungen zwischen den Sozialversicherungsträgern fallen gleichfalls unter § 6 Abs. 1 Z 7 UStG 1994.

Die Steuerbefreiung erstreckt sich nur auf jene Umsätze, die von den genannten Sozialversicherungs- und Fürsorgeträgern untereinander und gegenüber dem im Gesetz ausdrücklich genannten Personenkreis der Versicherten und Befürsorgten bewirkt werden. Wenn daher entgeltliche Leistungen auch an Personen erbracht werden, die nicht dem begünstigten Personenkreis angehören (zB die Abgabe von Medikamenten in einer dem Sozialversicherungsträger gehörigen Apotheke an Nichtversicherte), sind diese nicht befreit.

Hilfsgeschäfte von einer eigenen Einrichtung eines Sozialversicherungsträgers sind nach § 6 Abs. 1 Z 18 UStG 1994 befreit (vgl. Rz 928). Hilfsgeschäfte der Sozialversicherungsträger selbst sind nach § 6 Abs. 1 Z 7 UStG 1994 (soweit das Hilfsgeschäft zwischen begünstigten Personen iSd § 6 Abs. 1 Z 7 UStG 1994 getätigt wird) oder nach § 6 Abs. 1 Z 26 UStG 1994 befreit.

Die spezielleren Befreiungen nach § 6 Abs. 1 Z 9 lit. a und Z 16 UStG 1994 gehen den Befreiungen gemäß § 6 Abs. 1 Z 7 und Z 26 UStG 1994 vor. Bei Grundstücksumsätzen oder bei Vermietungen von Grundstücken zwischen begünstigten Personen iSd § 6 Abs. 1 Z 7 UStG 1994 besteht somit nach § 6 Abs. 2 UStG 1994 die Möglichkeit, auf die Steuerbefreiung gemäß § 6 Abs. 1 Z 9 lit. a bzw. Z 16 **UStG 1994** zu verzichten. Zur Einschränkung der Optionsmöglichkeit bei gemäß § 6 Abs. 1 Z 16 UStG 1994 steuerfreien Umsätzen aus der Vermietung und Verpachtung von Grundstücken durch das 1. StabG 2012, BGBl. I Nr. 22/2012, siehe Rz 899a bis Rz 899c.

Auch die Umsätze der von den Sozialhilfeträgern betriebenen Alten- und Pflegeheime sind nach § 6 Abs. 1 Z 7 UStG 1994 unecht steuerbefreit.

749a Vom Hauptverband und von den Sozialversicherungsträgern vereinnahmte Einhebevergütungen fallen unter die Steuerbefreiung nach § 6 Abs. 1 Z 7 UStG 1994. Betroffen sind insbesondere Vergütungen für die Mitwirkung an Aufgaben der

- Arbeiterkammer (Einhebung der Arbeiterkammerumlage),
- Landarbeiterkammern (Einhebung der Landarbeiterkammerumlage),
- Wohnbauförderung,
- des Arbeitsmarktservice und im Rahmen der Mitarbeitervorsorge (Einhebung und Weiterleitung der MKV-Beiträge) sowie
- Vergütungen für die Einhebung von Beiträgen zum IESG-Fonds, der Schlechtwetterzulage und der Nacht-/Schwerarbeiterzulage.

750 Bewirkt ein Sozialversicherungsträger auf Grund entsprechender Abmachungen Leistungen an Versicherte anderer Sozialversicherungsträger, so handelt es sich um Umsätze von Sozialversicherungsträgern untereinander, die steuerbefreit sind. Unter die Befreiungsbestimmung können auch Leistungen eines Sozialversicherungsträgers an Versicherte ausländischer Krankenkassen subsumiert werden, wenn in den entsprechenden internationalen Abkommen eine Gleichstellung mit den inländischen Versicherten vorgesehen ist.

Hat ein Versicherter gegenüber dem Sozialversicherungsträger Anspruch auf Medikamente, so stellt deren Abgabe durch die Apotheke eine Lieferung an den Sozialversicherungsträger dar. Die **Rezeptgebühr** wird von der Apotheke für den Sozialversicherungsträger (durchlaufender Posten) eingehoben (VwGH 19.1.1984, 83/15/0034).

1.8 Geld- und Kapitalverkehr
1.8.1 Gewährung und Vermittlung von Krediten

751 Bei der Gewährung von Krediten (§ 6 Abs. 1 Z 8 lit. a UStG 1994) ist Gegenstand des Leistungsaustausches nicht die Hin- und Rückgabe des Kredites, sondern das **Dulden der Kapitalnutzung gegen Entgelt**.

Wertpapierdarlehen kommen wirtschaftlich einem Geldkredit gleich und sind steuerfrei. Ebenso die Kreditgewährung durch eine Bank als Treuhänder des ERP-Fonds.

Keine Kreditgewährung liegt vor, wenn die Kapitalhingabe (auch) mit einer **Verlustbeteiligung** verbunden ist (VwGH 6.4.1991, 90/14/0120).

752 Zum **umsatzsteuerfreien Entgelt** für die Kreditgewährung zählen neben den Kreditzinsen, Diskonten, Abschluss- und Zuteilungsgebühren, Provisionen und Gebühren auch die Auslagen- und Kostensätze, die der Kreditnehmer im Zusammenhang mit der Kreditgewährung zu zahlen hat. Auch Kreditbereitstellungsprovisionen fallen unter die Steuerbefreiung der § 6 Abs. 1 Z 8 lit. a UStG 1994, und zwar auch dann, wenn der bereitgestellte Kredit nicht in Anspruch genommen wird.

753 Werden bei der Gewährung von Krediten Sicherheiten verlangt, müssen zur Ermittlung der Beleihungsgrenzen der Sicherungsobjekte deren Werte festgestellt werden. Die Tätigkeiten im Zusammenhang mit der Ermittlung der Beleihungsgrenze dienen dazu, die Kreditgewährung zu ermöglichen. Dieser unmittelbare, auf wirtschaftlichen Gegebenheiten beruhende Zusammenhang rechtfertigt es, in der Ermittlung des Wertes der Sicherungsobjekte eine Nebenleistung zur Kreditgewährung zu sehen und sie damit als steuerfrei zu

§ 6 UStG

behandeln. Werden für die Verwahrung des Pfandgegenstandes vom Kreditgeber Gebühren in Rechnung gestellt, stellen auch diese eine unselbständige Nebenleistung zur Kreditgewährung dar. Werden an den Kreditgeber Entgelte entrichtet, die im Zusammenhang mit der Duldung der Weiterbenützung belehnter KFZ stehen, können diese nicht als im unmittelbaren Zusammenhang mit der Kapitalnutzung stehend und daher nicht als unselbständige Nebenleistung zur Kreditgewährung angesehen werden (VwGH 16.3.1983, 3849/80).

753a Die Vermittlungtätigkeit ist eine Mittlertätigkeit, die ua. darin bestehen kann, einer Vertragspartei die Gelegenheiten zum Abschluss eines Vertrages nachzuweisen, mit der anderen Partei Kontakt aufzunehmen oder im Namen und für Rechnung des Kunden über die Einzelheiten der gegenseitigen Leistungen zu verhandeln, wobei Zweck dieser Tätigkeit ist, das Erforderliche zu tun, damit zwei Parteien einen Vertrag schließen, ohne dass der Vermittler ein Eigeninteresse an seinem Inhalt hat.

Die Steuerbefreiung einer Kreditvermittlungsleistung hängt nicht davon ab, dass ein Vertragsverhältnis zwischen dem Erbringer der Vermittlungsleistung und einer Partei des Kreditvertrages besteht. Es können daher auch Untervertreter unter die Steuerbefreiung fallen. Weiters ist es auch nicht unbedingt erforderlich, dass der Vermittler als Untervertreter eines Hauptvertreters in unmittelbaren Kontakt mit den beiden Vertragsparteien tritt, um alle Klauseln des Vertrages auszuhandeln. Voraussetzung ist jedoch, dass sich seine Tätigkeit als wesentlicher und spezifischer Bestandteil einer Vermittlungsleistung darstellt und sich nicht auf die Übernahme eines Teiles der mit dem Vertrag verbundenen Sacharbeit beschränkt (EuGH 21.06.2007, Rs C-453/05, „Ludwig").

Unter die Kreditvermittlung fallen auch die Provisionen für die Vermittlung von Zwischenfinanzierungen durch Bausparkassen oder die Vermittlung von Schuldscheindarlehen.

753b Unter folgenden Voraussetzungen können die Analyse der Vermögenssituation eines potenziellen Kreditwerbers sowie dessen Beratung als unselbstständige Nebenleistungen zur steuerfreien Kreditvermittlung angesehen werden:

- Die vom Vermittler erbrachten Leistungen werden von den Kredit gebenden Finanzinstituten nur dann vergütet, wenn die akquirierten und beratenen Kunden einen Kreditvertrag abschließen und
- die Kreditvermittlung stellt sich für die Kreditnehmer und die Kredit gebenden Finanzinstitute als die entscheidende Leistung dar, da die Vermögensberatung nur in einem vorbereitenden Stadium geleistet wird und sich darauf beschränkt, dem Kunden dabei zu helfen, unter verschiedenen Finanzprodukten diejenigen zu wählen, die seiner Situation und seinen Bedürfnissen am besten entsprechen.

Gleiches gilt, wenn eine einheitliche Vermittlungsleistung in für eine Vermittlung spezifische und wesentliche Teilleistungen aufgeteilt wird, von denen der eine Leistungsteil vom Hauptvertreter im Rahmen der Verhandlung mit den Kredit gebenden Finanzinstituten und der andere vom Untervertreter in seiner Eigenschaft als Vermögensberater im Rahmen der Verhandlung mit den Kreditnehmern erbracht wird (vgl. EuGH 21.06.2007, Rs C-453/05, „Ludwig").

1.8.2 Kreditgewährung im Zusammenhang mit anderen Umsätzen

754 Die Einräumung eines Zahlungszieles im Zusammenhang mit einer erbrachten Lieferung oder sonstigen Leistung (Leistungskredit) ist als **selbständiges Kreditgeschäft** anzusehen (EuGH 27.10.1993, Rs C-281/91). Voraussetzung der Steuerfreiheit ist die eindeutige Trennung zwischen Liefergeschäft (bzw. sonstiger Leistung) und dem Kreditgeschäft. Dazu ist erforderlich, dass

- die Lieferung bzw. sonstige Leistung mit den dafür aufzuwendenden Entgelten und die Kreditgewährung bei Abschluss der Rechtsgeschäfte gesondert vereinbart worden sind und
- die Entgelte für beide Rechtsgeschäfte getrennt abgerechnet werden.

Das für ein Umsatzgeschäft vereinbarte Entgelt kann nicht nachträglich in ein Entgelt für eine Lieferung oder sonstige Leistung und für eine Kreditgewährung aufgeteilt werden.

755 **Vereinbarte Zinsen** sind weiters:

- **Stundungszinsen:** Sie werden berechnet, wenn dem Leistungsempfänger, der bei Fälligkeit die Kaufpreisforderung nicht bezahlen kann, gestattet wird, die Zahlung zu einem späteren Termin zu leisten.
- **Zielzinsen:** Sie werden erhoben, wenn dem Leistungsempfänger zur Wahl gestellt wird, entweder bei kurzfristiger Zahlung den Barpreis oder bei Inanspruchnahme des Zahlungszieles einen höheren Zielpreis (zusätzlich zum Barpreis Zinsen) für die Leistung zu entrichten. Für die Annahme einer Kreditleistung reicht die bloße Gegenüberstellung von Barpreis und Zielpreis nicht aus.
- **Zinsen im Zusammenhang mit Abzahlungsgeschäften** (Teilzahlungsgeschäfte, Ratengeschäfte).
- **Zinsen im Zusammenhang mit Finanzierungsleasing**, wenn der Leasinggegenstand dem Leasingnehmer zuzurechnen ist (Mietkauf).

756 **Kontokorrentzinsen** sind stets Entgelt für eine Kreditgewährung, wenn zwischen den beteiligten Unternehmern ein echtes Kontokorrentverhältnis im Sinne des § 355 UGB vereinbart worden ist, bei dem die gegenseitigen Forderungen aufgerechnet werden und bei dem der jeweilige Saldo anstelle der einzelnen Forderungen tritt. Besteht kein echtes Kontokorrentverhältnis, so sind die Zinsen, wenn entsprechende Vereinbarungen vorliegen, als Entgelt für eine Kreditgewährung zu behandeln.

Entgeltsminderungen, die sowohl auf steuerpflichtige Umsätze als auch auf die damit im Zusammenhang erbrachten steuerfreien Kreditgewährungen entfallen, sind anteilig dem jeweiligen Umsatz zuzuordnen.

Gesetzliche Verzugszinsen und Prozesszinsen für die verspätete Entrichtung des Kaufpreises stellen einen Schadenersatz dar und sind daher nicht umsatzsteuerbar (EuGH 1.7.1982, Rs C-222/81).

757 Beim **Kreditkartengeschäft** liegt zwischen Kreditkartenunternehmen und Kunden eine Kreditgewährung oder zumindest eine Kreditbereitschaft vor. Das Entgelt hierfür besteht in der Kartengebühr und allfälligen sonstigen Gegenleistungen.

Beim Factoring liegt auch dann keine steuerfreie Kreditgewährung des Unternehmers (Factors) an den Anschlusskunden vor, wenn der Unternehmer in der zugrunde liegenden Kaufpreisvereinbarung und in den Abrechnungen neben den Factoringgebühren getrennt ein Entgelt für die Vorfinanzierung ausweist (vgl. auch BFH 15.05.2012, XI R 28/10 zum Kauf von Honorarforderungen von Ärzten gegen Verrechnung von Factoringgebühren und Vorfinanzierungszinsen). Die mit der Factoringleistung einhergehende Kreditgewährung stellt eine unselbständige Nebenleistung dar und teilt als solche das Schicksal der Hauptleistung. Abweichend davon kann die Kreditgewährung jedoch dann als eigenständige und gemäß § 6 Abs. 1 Z 8 lit. a UStG 1994 steuerfreie Hauptleistung zu beurteilen sein, wenn sie eine eigene wirtschaftliche Bedeutung hat. Hiervon ist insbesondere auszugehen, wenn die gesamte Forderung nicht vor Ablauf eines Jahres nach der Übertragung fällig ist oder die Voraussetzungen der Rz 754 für das Vorliegen eines selbständigen Kreditgeschäftes erfüllt sind.

Hinsichtlich des Vorsteuerabzuges siehe Rz 1997.

758 Nach § 6 Abs. 2 UStG 1994 kann der Unternehmer eine an sich steuerfreie Kreditgewährung, bei der er dem Leistungsempfänger den Preis für eine Lieferung oder sonstige Leistung kreditiert, als steuerpflichtig behandeln (**Option zur Steuerpflicht**). Behandelt der Unternehmer die Kreditgewährung als steuerpflichtig, unterliegt sie dem Steuersatz, der für die Leistung anzuwenden ist, deren Leistungspreis kreditiert wird.

1.8.3 Umsätze von gesetzlichen Zahlungsmitteln

759 Die Befreiung des § 6 Abs. 1 Z 8 lit. b UStG 1994 ist eingeschränkt auf **Umsätze (einschließlich der Vermittlung), die sich auf** Zahlungsmittel **beziehen**, denen auch eine entsprechende Funktion zukommt. Die Befreiung gilt dann nicht mehr, wenn die gesetzlichen Zahlungsmittel wegen ihres Metallgehaltes oder ihres Sammlerwertes umgesetzt werden.

Auch der Umtausch konventioneller Währungen in Einheiten der virtuellen Währung „Bitcoin" und umgekehrt ist steuerfrei (vgl. EuGH 22.10.2015, Rs C-264/14, *Hedqvist*).

Der **Verkauf von gesetzlichen Zahlungsmitteln** (zB 500 Schilling-Silbergedenkmünzen) ist auch steuerfrei, wenn für die besondere Qualität der Münze (handgehoben, polierte Platte) und/oder für die Verpackung ein Preisaufschlag (Aufgeld) bis zu 20 % des Nennwertes erhoben wird. Der Verkauf der Silbermünzen der Millenium- bzw. IOC-Serie, und zwar auch der Silbermünzen, die im Rahmen dieser Serien ab 1995 ausgegeben werden, ist gemäß § 6 Abs. 1 Z 8 lit. b UStG 1994 befreit.

Die Umsätze von außer Kurs gesetzten Scheidemünzen (Schilling- und Groschen-Münzen), die nach § 10 Abs. 4 des Scheidemünzengesetzes 1988 idF BGBl. Teil I Nr. 72/2000 unbefristet bei der Münze Österreich AG und an den Schaltern der Oesterreichischen Nationalbank gegen gesetzliche Zahlungsmittel umgewechselt werden können, können nach § 6 Abs. 1 Z 8 lit. b UStG 1994 steuerfrei belassen werden, sofern der Verkaufspreis um nicht mehr als 20% über dem Nennwert liegt (gilt für Umsätze, die nach dem 28.2.2002 ausgeführt werden).

1.8.4 Umsätze im Geschäft mit Geldforderungen

760 Auch die Vermittlung der Umsätze von Geldforderungen (§ 6 Abs. 1 Z 8 lit. c UStG 1994) ist in die Steuerbefreiung einbezogen. Befreit sind ua. auch die **Optionsgeschäfte** mit Geldforderungen. Gegenstand dieser Optionsgeschäfte ist das Recht, bestimmte Geldforderungen innerhalb einer bestimmten Frist zu einem festen Kurs geltend zu machen oder veräußern zu können. Unter die Steuerbefreiung fallen auch die Optionsgeschäfte mit Devisen.

Von der Befreiung ausdrücklich ausgenommen sind die Umsätze aus der Einziehung von Forderungen, das sind finanzielle Transaktionen, die darauf gerichtet sind, die Erfüllung einer Geldschuld zu erwirken (EuGH 26.06.2003, Rs C-305/01, *MKG-Kraftfahrzeuge-Factoring GmbH*). Die Einziehung kann sich auch auf Forderungen beziehen, die noch nicht fällig sind, und muss nicht die Ergreifung von Zwangsmaßnahmen zum Zweck der Befriedigung der zu betreibenden Schulden umfassen (vgl. EuGH 28.10.2010, Rs C-175/09, *AXA UK plc*). Zur umsatzsteuerlichen Behandlung des Factoring siehe Rz 8 sowie Rz 757.

Mit der Forderungseinziehung untrennbar verbundene Dienstleistungen (zB Besorgung bestimmter Zahlungsdienstleistungen) stellen unselbstständige Nebenleistungen dar.

Überträgt eine Bank im Wege einer stillen Zession ihre Kreditforderungen im Innenverhältnis einem Dritten und betreibt sie in der Folge – gegen eine vom Dritten bezahlte Provision – weiterhin im eigenen Namen die Verwaltung und Einziehung dieser Kreditforderungen, so ist diese Provision nicht steuerbar (VwGH 29.02.2012, 2008/13/0068; siehe auch Rz 638g).

1.8.5 Umsätze von inländischen amtlichen Wertzeichen

761 Amtliche Wertzeichen sind auch Briefmarken, die von einem Universalpostdienstbetreiber aufgrund seiner Berechtigung gemäß § 18 Abs. 2 Postmarktgesetz, BGBl. I Nr. 123/2009, ausgegeben werden, die als Zeichen für die Entrichtung von Entgelten für Postdienste gelten und auf denen der Zusatz „Österreich" oder „Republik Österreich" angebracht ist. Der Verkauf derartiger Briefmarken zum aufgedruckten Wert ist nicht nur dann gemäß § 6 Abs. 1 Z 8 lit. d UStG 1994 steuerfrei, wenn er durch den Universaldienstbetreiber erfolgt, sondern auch bei Verkäufen durch andere Unternehmer, die Briefmarken im eigenen Namen verkaufen (zB Trafikanten).

Werden die Wertzeichen mit Aufschlägen zum aufgedruckten Wert gehandelt (Aufgeld), kommt die Befreiungsbestimmung des § 6 Abs. 1 Z 8 lit. d UStG 1994 nicht zur Anwendung; der Umsatz ist dann insgesamt (das gesamte Entgelt) steuerpflichtig. Werden die Briefmarken hingegen zu einem Preis veräußert, der unter ihrem aufgedruckten Wert liegt, so fallen diese Umsätze unter die angeführte Steuerbefreiung.

Solange die Schilling-Briefmarken von der Österreichischen Post AG gegen Euro-Briefmarken umgetauscht werden, können die Steuerbefreiungen gemäß § 6 Abs. 1 Z 8 lit. d, § 6 Abs. 4 Z 2 und Art. 6 Abs. 2 Z 2 UStG 1994 noch auf alle ab 10. Dezember 1947 ausgegebenen Schilling-Briefmarken angewendet werden, vorausgesetzt, die Briefmarken werden zum oder unter ihrem aufgedruckten Wert (umgerechnet in Euro) veräußert (gilt für Umsätze, die nach dem 30.6.2002 ausgeführt werden).

1.8.6 Umsätze im Einlagengeschäft und Kontokorrentverkehr

762   Die Befreiung gemäß § 6 Abs. 1 Z 8 lit. e UStG 1994 umfasst auch die Vermittlung der Umsätze.

Einlagengeschäft

763   Das Einlagengeschäft besteht nach § 1 Abs. 1 Z 1 Bankwesengesetz in der **Entgegennahme fremder Gelder** zur Verwaltung oder als Einlage. Zu den Umsätzen im Einlagengeschäft gehören u.a. Überweisungsgebühren, Gebühren für Kontoabschriften und Kontoauszüge, Kontoauflösungsgebühr, Gebühren für Sperrungen und Stichworte oder für den Einzug von Spareinlagen, Verkauf von Heimsparbüchsen und sonstige mittelbar mit dem Einlagengeschäft zusammenhängende Umsätze.

Kontokorrentverkehr einschließlich Zahlungs- und Überweisungsverkehr

764   **Die Überweisung ist ein Vorgang, der in der Ausführung eines Auftrags zur Übertragung einer Geldsumme von einem Bankkonto auf ein anderes besteht und dadurch charakterisiert ist, dass sie zu einer Änderung der bestehenden rechtlichen und finanziellen Situation zwischen dem Auftraggeber und dem Empfänger auf der einen Seite und zwischen diesen und ihren jeweiligen Banken auf der anderen Seite sowie gegebenenfalls zwischen den Banken führt. Da ein Überweisungsvorgang aus verschiedenen gesonderten Dienstleistungen bestehen kann, können auch Umsätze Dritter steuerfreie Umsätze im Überweisungsverkehr darstellen, wenn sie im Großen und Ganzen eigenständiges Ganzes sind, das die spezifischen und wesentlichen Funktionen einer Überweisung erfüllt und damit die Übertragung von Geldern bewirkt und zu rechtlichen und finanziellen Änderungen führt** (vgl. in diesem Sinne EuGH 5.6.1997, Rs C-2/95, *SDC*, Rn 66 bis 68, sowie EuGH 26.5.2016, Rs C-607/14, *Bookit Ltd.*, Rn 40).

Nicht befreit sind Umsätze aus rein materiellen oder technischen Leistungen, aus Beratungsleistungen oder aus Dienstleistungen, die in der Beschaffung und Weitergabe von Informationen bestehen, durch Unternehmer, die nicht unmittelbar die Übertragung der Gelder bewirken, auch wenn diese die Voraussetzung für eine spätere Zahlungsanordnung bzw. einen späteren Überweisungsvorgang schaffen. Zur Abgrenzung zwischen steuerpflichtigen und steuerfreien Leistungen ist insbesondere der Umfang der Verantwortung bzw. Haftung des Dienstleistungserbringers (Beschränkung auf rein technische bzw. administrative Aspekte oder Erstreckung auf die spezifischen und wesentlichen Funktionen des Übertragungsprozesses der Gelder) entscheidend (vgl. EuGH 26.5.2016, Rs C-607/14, *Bookit Ltd.*, zu bestimmten Informationsdienstleistungen im Bereich der Abwicklung von Debit- oder Kreditkartenzahlungen bei Bezahlung einer Kinokarte mittels Kreditkarte sowie EuGH 28.7.2011, Rs C-350/10, *Nordea Pankki Suomi*, zu Dienstleistungen der elektronischen Nachrichtenübermittlung für Finanzinstitute).

Die gleichen Grundsätze gelten auch für Umsätze im Zahlungsverkehr.

Als steuerfreie Umsätze sind **unter den genannten Voraussetzungen** anzusehen: Buchungsgebühren, Scheckgebühren, Gebühren für Kontoauszüge, Überweisungsgebühren, **Bankomat- und Kreditkartengebühren**, der Firmeneindruck auf Zahlungs- und Überweisungsvordrucken, Gebühren für Daueraufträge und Lastschriftanzeigen.

Unter den Zahlungs- und Überweisungsverkehr fällt ua. die Lieferung von Formularen, die Vornahme von Buchungen, die Entgegennahme von Barbeträgen und ihre Weiterleitung, die Weiterleitung von Geldbeträgen im Verrechnungsweg, die Verwaltung von Daueraufträgen und Abbuchungsaufträgen.

Zu Zahlungsdienstleistungen als unselbstständige Nebenleistungen siehe **Rz 348**.

Inkasso von Handelspapieren

765 Handelspapiere sind Wechsel, Schecks, Quittungen oder ähnliche Dokumente im Sinne der „Einheitlichen Richtlinien für das Inkasso von Handelspapieren" der Internationalen Handelskammer. Nicht als Handelspapiere gelten Karten, die die Inanspruchnahme einer bestimmten Anzahl von Waren oder Dienstleistungen zu Vorzugsbedingungen ermöglichen (EuGH 12.6.2014, Rs C-461/12, *Granton Advertising BV*). Für die Steuerfreiheit des Inkassogeschäftes ist es gleichgültig, ob die einzuziehende Forderung förmlich „abgetreten" wird oder nur „zum Inkasso" übergeben wird, ob also das Kreditinstitut im eigenen Namen oder im Namen des Inkassoauftraggebers einzieht.

1.8.7 Wertpapiere
Umfang der Befreiung

766 Umsätze im Geschäft mit Wertpapieren iSd § 6 Abs. 1 Z 8 lit. f UStG 1994 sind sämtliche Umsätze einschließlich der Vermittlung, die sich auf Wertpapiere beziehen, ausgenommen die Verwahrung und Verwaltung von Wertpapieren. Von der Befreiung sind somit die Umsätze erfasst, die geeignet sind, Rechte und Pflichten der Parteien in Bezug auf Wertpapiere zu begründen, zu ändern oder zum Erlöschen zu bringen, sofern es sich nicht um rein materielle, technische oder administrative Leistungen handelt, die nicht zu Änderungen in rechtlicher oder finanzieller Hinsicht führen (vgl. EuGH 13.12.2001, Rs C-235/00, CSC Financial Services). Nicht befreit sind demnach auch:

- eigenständige Informationstätigkeiten im finanzwirtschaftlichen Bereich;
- entscheidungsunterstützende Beratungsleistungen, durch welche nicht unmittelbar Rechte und Pflichten in Bezug auf Wertpapiere begründet, geändert oder zum Erlöschen gebracht werden;
- Karten, die die Inanspruchnahme einer bestimmten Anzahl von Waren oder Dienstleistungen zu Vorzugsbedingungen ermöglichen (EuGH 12.6.2014, Rs C-461/12, *Granton Advertising BV*).

Die Verwahrung und Verwaltung von Wertpapieren ist gemäß § 6 Abs. 1 Z 8 lit. f UStG 1994 nicht befreit.

Zu den Umsätzen im Geschäft mit Wertpapieren gehören auch die Optionsgeschäfte mit Wertpapieren. Gegenstand dieser Optionsgeschäfte ist das Recht, eine bestimmte Anzahl von Wertpapieren innerhalb einer bestimmten Frist jederzeit zu einem festen Preis fordern (Kaufoption) oder liefern (Verkaufsoption) zu können. Die Steuerbefreiung umfasst sowohl den Abschluss von Optionsgeschäften als auch die Übertragung von Optionsrechten.

Zu den Umsätzen im Geschäft mit Wertpapieren gehören auch die sonstigen Leistungen im Emissionsgeschäft, zB die Übernahme und Platzierung von Neuemissionen und die Börseneinführung von Wertpapieren.

Unter die Steuerbefreiung fallen weiters die Umsätze im Geschäft mit Investmentfondsanteilen und mit Immobilien-Investmentfondsanteilen sowie die Provisionen für die (Sub-)Vermittlung derartiger Umsätze (VwGH 22.04.2009, 2007/15/0099). Die Verwaltung der genannten Sondervermögen ist jedoch nur bei Erfüllung der Voraussetzungen des § 6 Abs. 1 Z 8 lit. i UStG 1994 steuerfrei (vgl. Rz 772a).

Steuerfrei ist auch die entgeltliche Abgabe von Übernahmegarantien durch Kreditinstitute an Emittenten anlässlich der Ausgabe von Wertpapieren (vgl. EuGH 10.03.2011, Rs C-540/09, *Skandinaviska Enskilda Banken AB Momsgrupp*).

Zur Vermittlung bzw. Subvermittlung von Umsätzen im Geschäft mit Wertpapieren sowie zur Beratungsleistung als unselbstständige Nebenleistung der Vermittlung gelten die Ausführungen zur Kreditvermittlung sinngemäß (vgl. Rz 753a und Rz 753b).

Führt ein Vertriebs- bzw. Vermittlungsunternehmer im Zusammenhang mit der Einführung neuer Finanzprodukte für den Emittenten gegen gesondertes Entgelt eigenständige Marketingaktivitäten und Werbeaktivitäten durch, die der allgemeinen Produktinformation dienen (zB die Gestaltung der Emissionsprospekte, die Imagewerbung und die Kontaktpflege zu Journalisten und Verlagen sowie die Information und Schulung von Anlageberatern), liegt diesbezüglich mangels Handelns gegenüber individuellen Vertragsinteressenten keine steuerfreie Vermittlung und – wegen des eigenständigen Charakters derartiger Dienstleistungen – auch keine unselbständige Nebenleistung zu einer (späteren) Vermittlung vor (vgl. BFH 06.12.2007, V R 66/05).

Verwahrung und Verwaltung von Wertpapieren

767 Die Verwahrung und Verwaltung von Wertpapieren sind Leistungen iSd § 3a Abs. 14 Z 7 UStG 1994. Zur Bestimmung des Leistungsortes siehe Rz 642d (bis 31.12.2009: § 3a Abs. 9 iVm Abs. 10 Z 7 UStG 1994). Das gilt auch für die nachfolgend angeführten Bankumsätze.

Gebühren im Zusammenhang mit der Verwahrung und Verwaltung von Wertpapieren fallen nicht unter die Steuerbefreiung. Darunter fallen insbesondere Gebühren für

- Inkasso von Kupons/Tilgungserlöse,
- Besorgung von Zins- und Erträgnisscheinen (Bogenerneuerung),
- Verlosungskontrolle,
- Beschaffung von Ersatzurkunden,
- Ausstellung von Lieferbarkeitsbescheinigungen,
- Erlag, Behebung, Übertrag inkl. Versand, Versicherung, allfällige Namensumschreibung,
- Bearbeitung von Verlustfällen, Aufgebot, Sperren usw.,
- Depotprovision inklusive Evidenzgebühr für § 12-Depotgesetz-Geschäft,
- Erstellung von Depotauszügen, sonstige Übersichten und Aufstellungen, Erträgnisaufstellungen,
- Umschreiben von Namensaktien,
- sonstige Bearbeitungsgebühren, Gerichtssperren, Sperren zugunsten Dritter, Notariatsanfragen, Kosten im Zusammenhang mit KESt-Abgrenzung und -Aufrollung und ausländischen Quellensteuern, Finanzamtsbescheinigungen,
- Besorgung von Stimm-, Besucher-, Teilnehmerkarten,
- Ausbuchung wertlos gewordener Werte, Optionsscheine, Bezugsrechte, Nonvaleurs,
- Duplikatsbelege.

767a Portfolioverwaltung:
Eine steuerpflichtige Verwahrung und Verwaltung von Wertpapieren liegt auch bei einer entgeltlichen Tätigkeit eines Unternehmers vor, der aufgrund eigenen Ermessens, d.h. ohne vorhergehende Weisung des Kunden, über den Kauf und Verkauf von Wertpapieren entscheidet und diese Entscheidung durch den Kauf und Verkauf der Wertpapiere vollzieht (EuGH 19.07.2012, Rs C-44/11, *Deutsche Bank AG*). Dies gilt auch dann, wenn die Analyse und Beaufsichtigung des Vermögens sowie die durchgeführten Transaktionen jeweils getrennt abgerechnet werden.

Entscheidet der Kunde, ob und welche konkreten Transaktionen durchgeführt werden, liegen mehrere selbständige Hauptleistungen vor, die umsatzsteuerlich gesondert zu beurteilen sind.

Zum Leistungsort siehe Rz 642d.

768 Steuerfrei sind jedenfalls Gebühren im Zusammenhang mit
- dem Kauf/Verkauf von Wertpapieren (Börsespesen, Ordergebühren, Ausländerprovisionen, Lieferspesen, Devisenprovisionen, Ausübung von Bezugsrechten, Wandel- und Optionsrechten usw),
- Optionsgeschäft mit Wertpapieren (in- und ausländische Börsespesen, Ordergebühr, Evidenz- bzw. Sperrgebühr für gedeckte Calls usw.),
- Ankauf fälliger Kupons/Stücke im Schaltergeschäft,
- Zahlungsprovision für Überweisungen ausländischer Erträge/Tilgungserlöse, Zahlstellenprovision.

§ 6 UStG

769 Hievon ausgenommen sind Entgelte für Transaktionen im Rahmen einer Portfolioverwaltung iSd Rz 767a.

Nebenkosten (zB Kopien, Übersetzungen, Gutachten) und weiterbelastete Fremdkosten (zB Porti, fremde Gebühren) sind der jeweiligen Leistung zuzuordnen und umsatzsteuerlich in gleicher Weise zu behandeln.

Bei der Vielzahl der im Wertpapierbereich existierenden Gebühren und Kostenarten kann bei der Unterscheidung, ob ein steuerfreies oder steuerpflichtiges (Depotgeschäft) Leistungsentgelt vorliegt, grundsätzlich darauf abgestellt werden, wem gegenüber die Entgeltsabrechnung erfolgt. Erfolgt die Entgeltsabrechnung gegenüber dem Emittenten kann davon ausgegangen werden, dass es sich um (allenfalls Folge-)Leistungen im Zusammenhang mit der Emission handelt, die als solche von der USt befreit ist.

Erfolgt die Entgeltsabrechnung gegenüber dem Kunden, so kann – ausgenommen es handelt sich um Kosten im Zusammenhang mit dem Erwerb oder der Veräußerung von Wertpapieren – im Regelfall davon ausgegangen werden, dass es sich um Leistungen im Depotgeschäft handelt. Dies gilt bei Leistungen im Rahmen einer Portfolioverwaltung iSd Rz 767a auch für die Transaktionskosten.

770 Die **Ausgabe von Genussscheinen durch Beteiligungsfondsgesellschaften** stellt einen steuerfreien Wertpapierumsatz dar. Die treuhändige Übernahme und Verwaltung von Unternehmensbeteiligungen durch diese Gesellschaften (die Beteiligungen werden durch die Gesellschaft im eigenen Namen erworben und sind daher umsatzsteuerrechtlich dem Treuhänder zuzurechnen, solange sich kein weiterer Übertragungsakt an den Treugeber anschließt) ist steuerpflichtig.

1.8.8 Gesellschaftsanteile

771 Die Befreiung gemäß § 6 Abs. 1 Z 8 lit. g UStG 1994 erfasst auch Optionsgeschäfte mit Gesellschaftsanteilen sowie die Vermittlung der Umsätze von Anteilen. Unter diese Steuerbefreiung fallen zB die entgeltliche Übertragung von Anteilen an Kapitalgesellschaften, Personenhandelsgesellschaften, Gesellschaften bürgerlichen Rechts, Erwerbsgesellschaften, Erwerbs- und Wirtschaftsgenossenschaften, Vereinen und Versicherungsvereinen auf Gegenseitigkeit. Zur Gesellschaftsgründung und Aufnahme neuer Gesellschafter siehe Rz 36.

Erwirbt jemand treuhänderisch Gesellschaftsanteile und verwaltet diese gegen Entgelt, ist diese Tätigkeit grundsätzlich steuerpflichtig (BFH 29.01.1998, BStBl II 1998, 413).

1.8.9 Übernahme von Verbindlichkeiten

772 Gemäß § 6 Abs. 1 Z 8 lit. h UStG 1994 ist auch die Vermittlung der Umsätze befreit.

Unter die Befreiung fallen – sofern nicht in der Übernahme eine Entgeltszahlung zu sehen ist – zB Schuldübernahmen, die Übernahme von Pensions- und Rentenverpflichtungen, von Einlagen bei der Zusammenlegung von Kreditinstituten und von Verbindlichkeiten aus Versicherungsverträgen. Auch Garantieverpflichtungen, Scheck- und Wechselbürgschaften sowie Zinsenhöchstbetragsgarantien fallen unter die Steuerbefreiung.

Die Übernahme von Verbindlichkeiten, die keinen Finanzcharakter haben (zB die Verpflichtung eine Immobilie zu renovieren), fällt nicht unter die Steuerbefreiung (EuGH 19.4.2007, C-455/05).

Beim Kreditkartengeschäft erbringt das Kreditkarteninstitut dem angeschlossenen Händler gegenüber eine Zahlungsgarantie (EuGH 25.5.1993, Rs C-18/92, Slg. I-2871). Nach § 6 Abs. 2 UStG 1994 kann der Kreditkartenunternehmer diesen Umsatz als steuerpflichtig behandeln.

1.8.10 Verwaltung von Sondervermögen

772a Sondervermögen iSd § 6 Abs. 1 Z 8 lit. i UStG 1994 sind Fonds, die dem ausschließlichen Zweck dienen, beim Publikum beschaffte Gelder für gemeinsame Rechnung in Wertpapieren anzulegen, das sind insbesondere Fonds, die Organismen für gemeinsame Anlagen in Wertpapieren im Sinne der Richtlinie 2009/65/EG, zur Koordinierung der Rechts- und Verwaltungsvorschriften betreffend bestimmte Organismen für gemeinsame

§ 6 UStG

Anlagen in Wertpapieren (OGAW) darstellen. Davon umfasst sind OGAW iSd § 2 Investmentfondsgesetz 2011 (InvFG 2011), BGBl. I Nr. 77/2011, Immobilienfonds iSd § 1 Immobilien-Investmentfondsgesetz, BGBl. I Nr. 80/2003, Alternative Investmentfonds (AIF) iSd Alternative Investmentfonds Manager-Gesetzes (AIFMG), BGBl. I Nr. 135/2013, die die Voraussetzungen gemäß § 3 Abs. 2 Z 31 InvFG 2011 erfüllen, sowie von anderen Mitgliedstaaten als solche definierte Sondervermögen. Zum begünstigten Sondervermögen gehört darüber hinaus jedes einem ausländischen Recht unterstehende Vermögen, das ungeachtet der Rechtsform nach dem Gesetz, der Satzung oder der tatsächlichen Übung nach den Grundsätzen der Risikostreuung angelegt ist, sofern derartige Fonds dieselben Merkmale aufweisen wie Organismen für gemeinsame Anlagen im Sinne der OGAW-Richtlinie, 2009/65/EG, und somit dieselben Umsätze tätigen oder diesen zumindest soweit ähnlich sind, dass sie mit ihnen im Wettbewerb stehen (vgl. EuGH 7.3.2013, Rs C-424/11, *Wheels u.a.*, Rn 24 mVa, EuGH 4.5.2006, Rs C-169/04, *Abbey National plc/Inscape Investment Fund*, Rn 53 bis 56, sowie EuGH 28.6.2007, Rs C-363/05, *J.P. Morgan*, Rn 48 bis 51). **Als Sondervermögen gelten nur solche Fonds, die von Gesellschaften verwaltet werden, die einer besonderen staatlichen Aufsicht unterliegen, die die Zulassung (Konzessionierung) und die Kontrolle der Verwaltungsgesellschaft durch die zuständige Aufsichtsbehörde insbesondere zum Schutz der Anleger umfasst (vgl. EuGH 9.12.2015, Rs C-595/13, *Fiscale Eenheid X NV cs*).**

Ein Investmentfonds, in dem das Kapitalvermögen eines Altersversorgungssystems zusammengeführt wird, fällt nicht unter den Begriff „Sondervermögen", wenn die Mitglieder nicht die mit der Verwaltung dieses Fonds zusammenhängenden Risiken tragen und die Beiträge, die der Arbeitgeber an das Altersversorgungssystem zahlt, für ihn ein Mittel darstellen, seinen gesetzlichen Verpflichtungen gegenüber seinen Angestellten nachzukommen (vgl. EuGH 7.3.2013, Rs C-424/11, *Wheels ua.*). Wird hingegen ein solches Sondervermögen von den anspruchsberechtigten Arbeitnehmern bzw. in deren Namen und für deren Rechnung vom Arbeitgeber finanziert, werden die Einzahlungen nach dem Grundsatz der Risikostreuung angelegt und wird das Anlagerisiko von den Arbeitnehmern getragen, kann die Befreiung gemäß § 6 Abs. 1 Z 8 lit. i UStG 1994 zur Anwendung gelangen. Unerheblich ist in diesem Zusammenhang, ob die Beiträge auf kollektiven Vereinbarungen zwischen den Organisationen der Sozialpartner beruhen oder die wirtschaftlichen Modalitäten der Rückgewähr der Ersparnisse verschiedener Art sind (vgl. EuGH 13.3.2014, Rs C-464/12, *ATP PensionService A/S*).

Gemäß EuGH 4.5.2006, Rs C-169/04, *Abbey National plc/Inscape Investment Fund*, fallen die Dienstleistungen der administrativen und buchhalterischen Verwaltung der Sondervermögen durch einen Dritten dann unter die Steuerbefreiung, wenn sie ein im Großen und Ganzen eigenständiges Ganzes bilden und für die Verwaltung dieser Sondervermögen spezifisch und wesentlich sind.

Spezifisch sind neben den Aufgaben der Anlageverwaltung die administrativen Aufgaben der Organismen für gemeinsame Anlagen selbst, wie sie in Anhang II der Richtlinie 2009/65/EG zur Koordinierung der Rechts- und Verwaltungsvorschriften betreffend bestimmte Organismen für gemeinsame Anlagen in Wertpapieren (OGAW) unter der Überschrift „Administrative Tätigkeiten" aufgeführt sind (zB Rechnungslegungsdienstleistungen, Bewertung von Fondsvermögen, Festsetzung der Ausgabepreise von Fondsanteilen, Überwachung der Einhaltung der Rechtsvorschriften, Beantwortung von Kundenanfragen). **Nicht spezifisch für die Verwaltung von Immobilienfonds und daher nicht von der Steuerbefreiung gemäß § 6 Abs. 1 Z 8 lit. i UStG 1994 umfasst ist die tatsächliche Bewirtschaftung der in einem Immobilien-Investmentfonds gehaltenen Immobilien zum Zweck der Erhaltung und Vermehrung des angelegten Vermögens (vgl. EuGH 9.12.2015, Rs C-595/13, *Fiscale Eenheid X NV cs*, Rn 78). Dies betrifft zB die Hausverwaltung.**

Ziel der Befreiung der Umsätze im Zusammenhang mit der Verwaltung von Sondervermögen durch Kapitalanlagegesellschaften ist es, die steuerliche Neutralität in Bezug auf die Wahl zwischen unmittelbarer Geldanlage in Wertpapieren und derjenigen zu gewährleisten, die durch Einschaltung von Organismen für gemeinsame Anlagen erfolgt. Spezifisch und wesentlich sind daher im Grundsatz die Verwaltungstätigkeiten, die nur mit einer mittelbaren, nicht aber auch mit einer unmittelbaren Geldanlage verbunden sind (zB bei der Fondsverwaltung das einzuhaltende Erfordernis der Rechnungslegung, der Führung des Anteilsinhaberregisters und der Ausgabe und Rückgabe von Anteilen).

Bei der Verwaltung von Sondervermögen kommt es gemäß EuGH 4.5.2006, Rs C-169/04, **Abbey National plc/Inscape Investment Fund**, weder auf die Person des Leistenden, noch auf die Person des Leistungsempfängers an. Es können daher auch die Leistungen Dritter befreit sein, wenn die Übertragung der Aufgaben nicht gemäß § 28 Abs. 1 Investmentfondsgesetz 2011, BGBl. I Nr. 77/2011, oder gemäß § 3 Abs. 3 Immobilien-Investmentfondsgesetz, BGBl. I Nr. 80/2003, erfolgt und die dort angeführten Voraussetzungen nicht erfüllt werden (vgl. auch EuGH 7.3.2013, Rs C-275/11, **GfBK**, zu Beratungsdienstleistungen für Wertpapieranlagen, die durch Dritte an eine Kapitalanlagegesellschaft erbracht werden).

Zur Bestimmung des Leistungsortes bei Katalogleistungen siehe Rz 641q.

Umsätze aus Portfoliomanagementleistungen eines in Österreich ansässigen Wertpapierdienstleistungsunternehmens für Sondervermögen im Sinne des § 6 Abs. 1 Z 8 lit. i UStG 1994 mit Sitz im Drittland sind in Österreich nicht steuerbar und berechtigen gemäß § 12 Abs. 3 Z 3 UStG 1994 auch nicht zum Vorsteuerabzug.

1.8.11 Steuerbefreiung für Anlagegold

772b Mit Verordnung des BM für Finanzen wird jährlich bekannt gegeben, welche Goldmünzen die Kriterien für Anlagegold iSd § 6 Abs. 1 Z 8 lit. j sublit. bb) UStG 1994 jedenfalls erfüllen.

Sind Münzen in diesem Verzeichnis angeführt, ist davon auszugehen, dass während des gesamten Zeitraumes, für den das Verzeichnis gilt, die Voraussetzungen für die Steuerfreiheit erfüllt sind. Die Aufzählung in dem Verzeichnis ist nicht abschließend. Ist eine Münze nicht in der Liste genannt, erfüllt sie aber nachweislich die oben angeführten Voraussetzungen, ist die Steuerbefreiung ebenfalls anwendbar.

Bei der Veräußerung
- von ideellen Miteigentumsanteilen an einem Bestand an Anlagegold,
- von Gewichtsguthaben an einem Goldbarrenbestand,
- von Anlagegoldzertifikaten, oder
- (Abtretung) von Ansprüchen auf Lieferung von Anlagegold,
- von Golddarlehen und Goldswaps, durch die ein Eigentumsrecht an Anlagegold oder ein schuldrechtlicher Anspruch auf Anlagegold begründet wird, und
- von Terminkontrakten und im Freiverkehr getätigten Terminabschlüssen mit Anlagegold, die zur Übertragung eines Eigentumsrechtes an Anlagegold oder eines schuldrechtlichen Anspruchs auf Anlagegold führen,

handelt es sich ebenfalls um Lieferungen, die unter die Befreiung fallen können, und nicht um sonstige Leistungen.

In diesen Fällen bestimmt sich der Ort der Lieferung gemäß § 3 Abs. 7 UStG 1994 danach, wo sich das Anlagegold im Zeitpunkt der Verschaffung der Verfügungsmacht befindet.

Die Einfuhr und der innergemeinschaftliche Erwerb von Anlagegold sind steuerfrei (vgl. Rz 1024 und Rz 3941).

Da die Lieferung von Anlagegold im Inland unecht steuerfrei ist, kann kein Vorsteuerabzug vorgenommen werden.

Behandeln Unternehmer, die
- Anlagegold herstellen oder Gold in Anlagegold umwandeln, oder
- im Rahmen ihrer Tätigkeit üblicherweise Gold zu gewerblichen Zwecken liefern,

eine gemäß § 6 Abs. 1 Z 8 lit. j UStG 1994 steuerfreie Lieferung von Anlagegold an einen anderen Unternehmer als steuerpflichtig (Option zur Steuerpflicht; § 24a Abs. 5 und Abs. 6 UStG 1994), ist der Leistungsempfänger abweichend von § 12 Abs. 3 UStG 1994 zum Vorsteuerabzug berechtigt (§ 24a Abs. 1 lit. a UStG 1994).

Zu Umsätzen im Zusammenhang mit Anlagegold und einem allfälligen Vorsteuerabzug siehe auch § 24a Abs. 1 und Abs. 2 UStG 1994.

Bei Ausfuhrlieferungen und innergemeinschaftlichen Lieferungen von Anlagegold hat die unechte Steuerbefreiung Vorrang vor der echten Steuerbefreiung (siehe hierzu auch Rz 3986).

1.9 Umsätze, die auch anderen Steuern unterliegen
1.9.1 Grundstücksumsätze

Allgemeines

773 Gemäß § 6 Abs. 1 Z 9 lit. a UStG 1994 sind die Umsätze von Grundstücken im Sinne des § 2 GrEStG 1987 unecht von der Steuer befreit. Die Umsatzsteuerfreiheit besteht daher auch dann, wenn ein Grundstücksumsatz nicht unter das GrEStG 1987 fällt oder ein unter das GrEStG 1987 fallender Vorgang von der GrESt befreit ist oder wenn die GrESt nicht erhoben oder aus Billigkeitsgründen erlassen wird.

Begriff des Grundstückes

774 Der Begriff Grundstück im Sinne des § 2 GrEStG 1987 bestimmt sich nach den Vorschriften des bürgerlichen Rechtes. Näheres siehe unter der nächstfolgenden Rz 775.

Grundstück im Sinne des bürgerlichen Rechts

775 Nach bürgerlichem Recht gehört zu einem Grundstück auch das **Zugehör** (vor allem Gebäude) **einschließlich der Bestandteile** (§§ 294 bis 297a ABGB). Das ABGB kennt den Begriff des Zubehör nicht, sondern spricht von Zugehör (§ 294 ABGB). Darunter versteht es:

- die Bestandteile, das sind die unselbständigen oder selbständigen Teile einer zusammengesetzten Sache,
- die Nebensachen, das sind Sachen des Grundstückseigentümers, die von diesem oder durch Gesetz dem fortdauernden Gebrauch der Hauptsache gewidmet und mit ihr in eine diesem Zweck dienende Verbindung gebracht sind.

So sind zB Bäume Bestandteile des Grundstücks, solange sie nicht vom Grund und Boden abgesondert werden.

Abgrenzungsfragen (Betriebsvorrichtungen, Gewinnungsbewilligungen, Apothekengerechtigkeiten)

776 Zum Grundstück werden nach dem GrEStG 1987 jedoch nicht gerechnet:
- Maschinen und sonstige Vorrichtungen aller Art, die zu einer Betriebsanlage gehören,
- Gewinnungsbewilligungen nach dem Berggesetz 1975 und
- Apothekengerechtigkeiten.

Das bedeutet, dass **Maschinen und Vorrichtungen**, auch wenn sie Bestandteile oder Zubehör eines Grundstückes sind, nicht als Grundstück im Sinne des § 2 Abs. 1 GrEStG 1987 anzusehen sind und daher auf sie auch nicht die Umsatzsteuerbefreiung angewendet werden kann. Näheres siehe unter § 6 Rz 780.

777 Unter **Gewinnungsbewilligungen** versteht man die von der Berghauptmannschaft erforderliche Bewilligung zur Gewinnung grundeigener mineralischer Stoffe. Die Gewinnungsbewilligung hat dingliche Wirkung und ist übertragbar. Übertragungsvorgänge von Gewinnungsbewilligungen werden nicht als unecht befreiter Grundstücksumsatz eingestuft. Ebenso wird bei Verkauf von Apotheken (bei radizierten Apotheken) der auf die Apothekenberechtigung entfallende Kaufpreisanteil nicht als unecht befreiter Grundstücksumsatz eingestuft.

Abgrenzungsfragen (Baurecht, Gebäude auf fremden Grund und Boden)

778 Nach dem GrEStG 1987 werden wie Grundstücke behandelt:
- Baurechte,
- Gebäude auf fremdem Boden.

§ 6 UStG

779 Unter Baurecht versteht man das dingliche, veräußerliche und vererbliche Recht, auf oder unter der Oberfläche eines fremden Grundstückes ein Bauwerk zu haben. Das auf Grund des Baurechts errichtete Bauwerk ist Zubehör des Baurechts; das Baurecht entsteht erst mit der bücherlichen Eintragung. Die Einräumung des Baurechts durch den Grundeigentümer ist eine sonstige Leistung; das dafür bezahlte Entgelt ist steuerfrei. Die entgeltliche Übertragung des Baurechts ist steuerfrei; die Steuerfreiheit umfasst auch das Gebäude, welches auf Grund des Baurechtes errichtet wurde.

Bauwerke, die auf fremden Grund und Boden in der Absicht aufgeführt werden, dass sie nicht stets darauf bleiben sollen (zB Superädifikate), sind nach § 435 ABGB als bewegliche Sachen anzusehen. Sie werden nicht Bestandteil der Liegenschaft. Auch der Umsatz von diesen Bauwerken ist von der Umsatzsteuer befreit.

Betriebsvorrichtungen

780 Der Begriff der „Maschinen und sonstigen Vorrichtungen aller Art, die zu einer Betriebsanlage gehören" (Betriebsvorrichtungen) ist für den Bereich der Umsatzsteuer in gleicher Weise auszulegen wie für das Bewertungsrecht. Die Betriebsvorrichtungen sind von Gebäuden abzugrenzen. Bei der Abgrenzung ist vom Gebäudebegriff auszugehen. Für die Frage, ob ein Bauwerk als Gebäude oder als Betriebsvorrichtung anzusehen ist, ist entscheidend, ob das Bauwerk die Merkmale eines Gebäudes aufweist oder nicht. Ein Bauwerk ist als Gebäude anzusehen, wenn es Menschen, Tieren oder Sachen durch räumliche Umschließung Schutz gegen Witterungseinflüsse gewährt, den Aufenthalt von Menschen gestattet, fest mit dem Grund und Boden verbunden und von einiger Standfestigkeit sowie Beständigkeit ist. Ist ein Bauwerk im Sinne der Begriffsbestimmung ein Gebäude, so kann es nicht mehr als Betriebsvorrichtung eingestuft werden. Unter einer Betriebsvorrichtung sind demgegenüber alle jene sonstigen Vorrichtungen zu verstehen, die von Menschenhand geschaffen wurden und, ohne Gebäude zu sein, dem Betrieb eines Unternehmens dienen. Darunter fallen auch Umzäunungen, Straßen- oder Platzbefestigungen (VwGH 21.2.1996, 94/16/0269). Die Unterscheidung von Betriebsvorrichtung und Gebäude ist deshalb wichtig, weil die Veräußerung von Betriebsvorrichtungen im Gegensatz zur Veräußerung von Grundstücken (ebenso die Vermietung, siehe § 6 Rz 888 bis 921) nicht von der Umsatzsteuer befreit ist.

Grundstücke im Miteigentum

Errichtung eines Gebäudes im Wohnungseigentum

781 Ist die Wohnungseigentümer-Errichtergemeinschaft Bauherr, so wird diese unternehmerisch tätig, indem sie das Gebäude errichtet und den einzelnen Miteigentümern das dingliche Nutzungsrecht an den einzelnen Wohnungen einräumt. Der Errichtergemeinschaft steht daher aus der Werklieferung des Gebäudes an sie der Vorsteuerabzug zu. Das dingliche Nutzungsrecht an der Wohnung oder sonstigen Räumlichkeit wird dem Wohnungseigentümer umsatzsteuerrechtlich mit der Übergabe der zugesagten Wohnung oder sonstigen Räumlichkeit seitens der Errichtergemeinschaft eingeräumt. Der Umsatz besteht in der Einräumung des Nutzungsrechtes, die Gegenleistung in den von den einzelnen Wohnungseigentümern zu leistenden Kosten. Die Einräumung des Nutzungsrechtes stellt eine steuerpflichtige Leistung dar, die dem Normalsteuersatz unterliegt.

Errichtung eines Gebäudes durch Miteigentümer ohne Begründung von Wohnungseigentum (im Falle Pkt. c auch bei Begründung von Wohnungseigentum)

782 a) Das Gebäude als solches wird unternehmerisch genutzt (Bauherr ist die Gemeinschaft)

Wird ein Gebäude errichtet (Gemeinschaft ist Bauherr), das die Gemeinschaft selbst in der Folge unternehmerisch nutzt (zB steuerpflichtige Vermietung), hat nur die Gemeinschaft bei Vorliegen der sonstigen Voraussetzungen den Vorsteuerabzug.

Bei schlichtem Miteigentum dienen die von den Miteigentümern aufgewendeten Beträge lediglich der Erfüllung der Gemeinschaftsaufgaben und bilden kein Entgelt für eine Leistung der Gemeinschaft an ihre Mitglieder. Die Zahlungen der Miteigentümer erfolgen somit nicht im Wege eines Leistungsaustausches.

783 b) Das Gebäude wird den Miteigentümern ohne ein besonderes Entgelt zur Nutzung überlassen (Bauherr ist die Gemeinschaft)

Im Falle der Errichtung eines Gebäudes durch eine Miteigentümergemeinschaft, die keine Unternehmereigenschaft besitzt (zB Ehegattengemeinschaft vgl. Rz 185), sind die Miteigentümer, die diese Gemeinschaft bilden, als unmittelbare Leistungsempfänger der Gebäudeerrichtung anzusehen. Nutzt ein Miteigentümer einen Teil des Gebäudes ausschließlich für eigene unternehmerische Zwecke, steht ihm der Vorsteuerabzug für die gesamten auf den unternehmerisch genutzten Gebäudeteil entfallenden Vorsteuern zu, sofern der Abzugsbetrag nicht über seinen Miteigentumsanteil hinausgeht (vgl. EuGH 21.4.2005, C-25/03, „HE"). Eine an die Miteigentümergemeinschaft ausgestellte Rechnung ist für Zwecke des Vorsteuerabzuges anzuerkennen, wenn der Unternehmer dieser Rechnung eine leicht nachvollziehbare Darstellung der Ermittlung der auf den unternehmerisch genutzten Teil entfallenden Vorsteuern anschließt. Da nach dem Urteil „HE" die die Gemeinschaft bildenden Miteigentümer als unmittelbare Leistungsempfänger anzusehen sind, ist in einer an die Miteigentümergemeinschaft adressierten Rechnung die UID des unternehmerisch tätigen Miteigentümers anzuführen (vgl. Rz 1554).

Beispiel:

Ein Architekt errichtet gemeinsam mit seiner Ehegattin ein Einfamilienhaus, das er zu 30% ausschließlich für unternehmerische Zwecke nutzt (Planungsbüro). Die Errichtungskosten betragen 300.000,– Euro zuzüglich 60.000 Euro (20%) USt. Die Ehegattengemeinschaft ist als solche nicht unternehmerisch tätig (keine Vermietung an Dritte). Der Miteigentümeranteil des Architekten beträgt
a) 50%
b) 25%.

Zu a)

Da der vom Unternehmer unternehmerisch genutzte Teil des Gebäudes (30%) seinen Miteigentumsanteil (50%) nicht überschreitet, kann er die gesamten, auf den unternehmerisch genutzten Teil entfallenden Vorsteuern geltend machen (30% von 60.000 Euro = 18.000 Euro).

Zu b)

Da der vom Unternehmer unternehmerisch genutzte Teil des Gebäudes (30%) seinen Miteigentumsanteil (25%) überschreitet, kann er maximal die bis zu dem seiner Miteigentumsquote entsprechenden Vorsteuern der gesamten Errichtungskosten geltend machen (25% von 60.000 Euro = 15.000 Euro).

Diese Regelung gilt auch für die laufenden Betriebskosten.

784 c) Errichtung des Gebäudes durch den einzelnen Miteigentümer/Wohnungseigentümer

Bezüglich der einzelnen Gebäudeteile hat der Miteigentümer einen getrennten Werkvertrag mit dem Bauunternehmer abgeschlossen.

Leistungsempfänger kann auch der einzelne Grundstückseigentümer (Wohnungseigentümer) sein, wenn vereinbart ist, dass jeder Eigentümer bestimmte Gebäudeteile nutzt (das dingliche Nutzungsrecht erhält) und wenn jeder Miteigentümer bezüglich dieser einen getrennten Werkvertrag mit dem Bauunternehmer abgeschlossen hat.

Auch wenn der vom schlichten Miteigentümer erworbene Grundstücksanteil („Gebäudeteil") weiterveräußert wird, handelt es sich um einen grundsätzlich steuerfreien Grundstücksumsatz, der zu einer Änderung der Verhältnisse führen kann oder für den zur Steuerpflicht optiert werden kann.

Wechsel der Miteigentümer bei Miteigentumsgemeinschaften

785 Der **Wechsel von Miteigentümern** führt bei der Gemeinschaft grundsätzlich zu keiner Änderung der Unternehmereigenschaft. Wenn ein Miteigentümer wechselt, liegt **kein steuerbarer Grundstücksumsatz der Gemeinschaft** vor. Es könnte allenfalls ein unecht steuerfreier Umsatz des Miteigentümers vorliegen, wenn der Miteigentümer den Miteigentumsanteil ihm Rahmen seines Unternehmens hält.

§ 6 UStG

Miteigentumsgemeinschaft an bestehendem, unternehmerisch genutztem Gebäude – Begründung von Wohnungseigentum

786 In der unentgeltlichen Einräumung von Wohnungseigentum durch die Miteigentumsgemeinschaft an die jeweiligen Wohnungseigentümer ist keine umsatzsteuerbare Lieferung zu erblicken (VwGH 25.6.1998, 94/15/0087). Ist die schlichte Miteigentumsgemeinschaft bisher mit dem im Miteigentum stehenden Gebäude unternehmerisch tätig gewesen (zB das im Miteigentum stehende Gebäude wurde von der Gemeinschaft vermietet), scheidet das Gebäude aus dem Unternehmensbereich aus und es liegt ein grundsätzlich steuerfreier Eigenverbrauch gemäß § 6 Abs. 1 Z 9 lit. a UStG 1 994 vor. Die Miteigentumsgemeinschaft kann hinsichtlich des Grundstückes (Grundstücksteiles) zur Steuerpflicht optieren. Der nunmehrige Wohnungseigentümer hat die Möglichkeit, die im Falle der Option in Rechnung gestellte Umsatzsteuer bei Zutreffen der Voraussetzungen des § 12 UStG 1994 – insbesondere der Unternehmereigenschaft – als Vorsteuer gemäß § 12 Abs. 15 UStG 1994 in Abzug zu bringen.

Wurde bis 30.6.2000 bei im Miteigentum stehenden vermieteten Gebäuden Wohnungseigentum begründet und trat die Wohnungseigentumsgemeinschaft nach außen hin (ausgenommen im Grundbuch) nicht in Erscheinung, kann aus verwaltungsökonomischen Gründen von einer umsatzsteuerlichen Erfassung der Wohnungseigentumsgemeinschaft und der Wohnungseigentümer Abstand genommen werden. Der Vorsteuerabzug für Aufwendungen im Zusammenhang mit dem Betrieb und der Erhaltung des Gebäudes kann daher unmittelbar von der Miteigentums-(Vermieter-)Gemeinschaft in Anspruch genommen werden. Diese Vorgangsweise ist nur insoweit und solange möglich, als sie steuerneutral ist (zB darf eine Eigenverbrauchsbesteuerung nicht außer Ansatz bleiben).

Alleineigentum an bestehendem, unternehmerisch genutztem Gebäude – Begründung von Miteigentum und unternehmerische Nutzung durch die Miteigentumsgemeinschaft

787 a) **Entgeltliche Begründung**
Veräußert der Alleineigentümer A einer bisher von ihm vermieteten Liegenschaft einen Liegenschaftsanteil an den neuen Miteigentümer B mit nachfolgender Vermietung durch die Gemeinschaft (A und B), liegt eine entgeltliche Lieferung an den neuen Unternehmer „Miteigentumsgemeinschaft" vor.

788 b) **Schenkung eines Miteigentumsanteiles**
Wird vom Alleineigentümer A schenkungsweise Miteigentum eingeräumt, so ist von einer entgeltlichen Veräußerung des gesamten Objektes an den neuen Unternehmer „Miteigentumsgemeinschaft" auszugehen (Gegenleistung ist die Einräumung von Rechten an dieser Gemeinschaft).

Alleineigentum an bestehendem, unternehmerisch genutztem Gebäude – Begründung von Wohnungseigentum

789 Der Alleineigentümer, der bisher das Gebäude unternehmerisch genutzt hat, tätigt einen **unecht steuerfreien Grundstücksumsatz** hinsichtlich des aus dem Unternehmen des bisherigen Alleineigentümer ausscheidenden Grundstücksanteiles. Hinsichtlich des verbleibenden Anteiles (im Wohnungseigentum oder schlichten Miteigentum) bleibt der bisherige Alleineigentümer weiterhin unternehmerisch tätig, sodass diesbezüglich er und nicht die Gemeinschaft Unternehmer ist. Hinsichtlich der Leistungen, die das gesamte Gebäude betreffen (zB Betriebskosten), ist die **Miteigentumsgemeinschaft der Leistungsempfänger**. In weiterer Folge überwälzt diese die Kosten anteilig auf den bisherigen Alleineigentümer (wenn dieser nicht Wohnungseigentümer wird) und auf den Wohnungseigentümer (die Wohnungseigentumsgemeinschaft).

Eigenverbrauch von Grundstücken

Allgemeines

790 Der Eigenverbrauch ist nur dann steuerbar, wenn der Gegenstand oder seine Bestandteile zu einem vollen oder teilweisen Vorsteuerabzug berechtigt haben.

Beispiel:
Der Unternehmer hat im Jahre 01 auf einem ohne Vorsteuerabzug erworbenen Grundstück ein Gebäude errichtet. Dieses wird im Jahre 03 entnommen. Eine Eigenverbrauchsbesteuerung erfolgt nicht hinsichtlich des nackten Grund und Bodens.

Eigenverbrauch bei Nutzung

791   Der Eigenverbrauch bei vorübergehender Nutzung des Grundstückes bestimmt sich nicht nach § 6 Abs. 1 Z 9 lit. a UStG 1994.

Eigenverbrauch bei Entnahme

792   Auch beim Eigenverbrauch von Grundstücken durch Entnahme ist eine **Option zur Steuerpflicht möglich** (siehe nachstehenden Punkt).

Option zur Steuerpflicht

Zeitpunkt und Form der Optionsausübung

793   Voraussetzung für die Optionsausübung ist, dass der Unternehmer einen grundsätzlich unter § 6 Abs. 1 Z 9 lit. a UStG 1994 fallenden Umsatz tätigt. Der Verzicht auf die Steuerbefreiung ist an keine besondere Form oder Frist gebunden und erfordert auch keine eigene schriftliche Erklärung an das Finanzamt. Der Verzicht (ebenso wie die Rücknahme des Verzichtes) ist bis zur Rechtskraft des Steuerbescheides möglich. Der Verzicht ist auch im wieder aufgenommenen Verfahren möglich. Maßgeblich ist nicht der offene Ausweis in einer Rechnung oder Gutschrift, sondern die Behandlung als steuerpflichtig gegenüber dem Finanzamt. Stellt der Unternehmer zwar Umsatzsteuer in Rechnung, behandelt aber den Umsatz gegenüber dem Finanzamt (Voranmeldung, Steuererklärung) steuerfrei, schuldet er den ausgewiesenen Betrag gemäß § 11 Abs. 12 UStG 1994, ausgenommen er berichtigt die Rechnung.

Bei nach dem 31.Dezember 2004 im Zwangsversteigerungsverfahren ausgeführten Umsätzen von Grundstücken, Gebäuden auf fremdem Boden und Baurechten ist der Verzicht auf die Steuerbefreiung gemäß § 6 Abs. 1 Z 9 lit. a UStG 1994 nur zulässig, wenn der Verpflichtete dem Gericht spätestens bis vierzehn Tage nach Bekanntgabe des Schätzwertes (§ 144 EO) ausdrücklich mitteilt, dass der Umsatz an den Ersteher gemäß § 6 Abs. 2 UStG 1994 steuerpflichtig behandelt wird. Diese gesetzliche Frist kann nicht verlängert werden (vgl. § 110 Abs. 1 BAO). Im Falle der fristgerechten Mitteilung der steuerpflichtigen Behandlung kommt es gemäß § 19 Abs. 1b lit. c UStG 1994 zum Übergang der Steuerschuld auf den Ersteher, wobei aber der Verpflichtete als leistender Unternehmer für diese Steuer haftet. Der Verpflichtete muss eine Rechnung gemäß § 11 Abs. 1a UStG 1994 ausstellen. Hinsichtlich des Vorsteuerabzugsrechtes des Erstehers vgl. Rz 1875 bis Rz 1876.

Berechtigung zur Option

794   Optionsberechtigt sind grundsätzlich alle Unternehmer, die Umsätze gemäß § 6 Abs. 1 Z 9 lit. a UStG 1994 ausführen, ausgenommen Kleinunternehmer und pauschalierte Landwirte. Diese müssten, um optieren zu können, zusätzlich auf die Anwendung der Kleinunternehmerregelung verzichten (§ 6 Abs. 3 UStG 1994) bzw. erklären, dass ihre Umsätze nach den allgemeinen Vorschriften besteuert werden sollen (§ 22 Abs. 6 UStG 1994).

Beispiel:
Kleinunternehmer K veräußert seine Eigentumswohnung, die er bisher vermietete. Die Vermietungsumsätze lagen unter 30.000 Euro. Die Eigentumswohnung wird um 150.000 Euro zuzüglich 20 % USt veräußert.

Das Hilfsgeschäft des K (Veräußerung der Eigentumswohnung) bleibt bei der Ermittlung der Kleinunternehmergrenze von 30.000 Euro außer Ansatz. K muss, um für den Grundstücksumsatz optionsberechtigt zu sein, neben der Behandlung des Umsatzes gegenüber dem Finanzamt als steuerpflichtig zusätzlich auf die Kleinunternehmerregelung verzichten (Doppeloption). Die Inrechnungstellung der **Umsatzsteuer** allein würde zu einer Steuerschuld auf Grund der Rechnung führen.

Ob der leistende Unternehmer zur Besteuerung optiert, steht – aus der Sicht der USt – in seinem freien Ermessen.

Der Erwerber hat umsatzsteuerlich weder Anspruch auf die Ausübung des Optionsrechtes noch muss er dieser zustimmen (vgl. VwGH 02.09.2009, 2005/15/0140).

794a Optionsberechtigt für die Lieferung von Grundstücken im Insolvenzverfahren ist der Insolvenzverwalter als gesetzlicher Vertreter des Schuldners. Dies gilt auch im Falle des Beitritts des Insolvenzverwalters in ein gegen den (Insolvenz)Schuldner im Zuge befindliches Zwangsvollstreckungsverfahren als betreibender Gläubiger.

Umfang der Option

795 Die Option kann für **jeden einzelnen Umsatz** ausgeübt werden (zB können in einem Gebäude Wohnungen bzw. Geschäftsräume im Wohnungseigentum steuerfrei und steuerpflichtig veräußert werden).

Der USt unterliegt nur der Teil des Grundstückes, der zum Unternehmen gehört. Ob Lieferungen oder sonstige Leistungen im Zusammenhang mit der Anschaffung, Errichtung und Erhaltung von Gebäuden als für das Unternehmen ausgeführt gelten, richtet sich nach § 12 Abs. 2 Z 1 UStG 1994.

796 Bei der Veräußerung (Entnahme) eines Grundstückes kann die Option auf einen abgrenzbaren Teil des Grundstückes (Gebäudeteile) beschränkt werden. Eine **Teiloption** wird etwa bei unterschiedlichen Nutzungsarten (zB Wohnungen und Geschäftsräumlichkeiten) in Betracht kommen. Eine solche Aufteilung nach räumlichen Gesichtspunkten wird dann möglich sein, wenn an den einzelnen Grundstücksteilen grundsätzlich Wohnungseigentum begründet werden könnte.

Beispiel:

Unternehmer U veräußert ein Gebäude an den Erwerber (Käufer) E. Im Gebäude befinden sich verschiedene Geschäftsräumlichkeiten und eine Arztpraxis.

Im gegenständlichen Fall kann vom U die Option auf die veräußerten Geschäftsräumlichkeiten beschränkt werden.

Eigenverbrauch

797 Auch bei einem gemäß § 6 Abs. 1 Z 9 lit. a UStG 1994 steuerfreien Entnahmeeigenverbrauch nach § 3 Abs. 2 UStG 1994 (vgl. Rz 790) ist eine Option zur Steuerpflicht möglich.

Es besteht nicht die Möglichkeit, zu berichtigende oder nicht abzugsfähige Steuern gemäß § 12 Abs. 15 UStG 1994 in Rechnung zu stellen, wohl aber im Falle der Option die für den steuerpflichtigen Eigenverbrauch geschuldete Umsatzsteuer.

Beispiel:

Unternehmer U schenkt ein vermietetes Gebäude, welches unter Inanspruchnahme des Vorsteuerabzuges errichtet wurde, seinem Sohn S, der das Gebäude weiterhin vermietet.

Durch die Schenkung bewirkt der Unternehmer einen Eigenverbrauch gemäß § 3 Abs. 2 UStG 1994. Für den Unternehmer U besteht die Möglichkeit, für den Eigenverbrauch zur Steuerpflicht zu optieren. Damit entfällt eine Vorsteuerberichtigung gemäß § 12 Abs. 10 UStG 1994.

Bemessungsgrundlage im Zusammenhang mit der Grunderwerbsteuer

798 Bei der Berechnung der Bemessungsgrundlage für steuerpflichtige Grundstücksumsätze wäre für den Fall, dass nach den vertraglichen Vereinbarungen die Grunderwerbsteuer vom Erwerber allein zu tragen ist, **die Hälfte der Grunderwerbsteuer zum Nettoentgelt hinzuzurechnen**. Aus Vereinfachungsgründen wird vom Erfordernis der Hinzurechnung der Hälfte der Grunderwerbsteuer abgesehen.

Vorsteuerabzug im Hinblick auf eine zukünftige Option

799 Will der Unternehmer im Hinblick auf eine künftige Optionsausübung bereits vor der Ausführung des Umsatzes den Vorsteuerabzug in Anspruch nehmen, ist dies nur möglich, wenn er zweifelsfrei darlegen kann (zB durch entsprechende Vorvereinbarungen mit künftigen Käufern oder anhand anderer – über eine bloße Absichtserklärung hinausgehender – Umstände), dass bei Würdigung des vorliegenden Sachverhaltes am Maßstab des allgemeinen menschlichen Erfahrungsgutes und der Denkgesetze im Zeitpunkt des Bezuges der Vorleistung die Wahrscheinlichkeit einer bevorstehenden steuerpflichtigen Veräußerung mit größerer Sicherheit anzunehmen war als der Fall einer steuerbefreiten Veräußerung oder der Fall des Unterbleibens einer Veräußerung.

§ 6 Abs. 2 vorletzter Unterabsatz UStG 1994 regelt nur den Zeitpunkt der tatsächlichen Ausübung der Option und die steuerliche Behandlung einer „bis dahin" mangels entsprechender Optionsabsicht vom Vorsteuerabzug nach § 12 Abs. 3 UStG 1994 ausgeschlossenen oder nach § 12 Abs. 10 bis 12 UStG 1994 zu berichtigenden Vorsteuer (VwGH 20.10.2009, 2006/13/0193). Bei Absichtsänderungen ist Rz 901 sinngemäß anzuwenden.

Steht im Zeitpunkt der Vereinnahmung einer Anzahlung zweifelsfrei fest, dass der spätere Grundstücksumsatz steuerpflichtig behandelt werden wird, sind im Zusammenhang mit der späteren Grundstückslieferung vereinnahmte Anzahlungen gemäß § 19 Abs. 2 Z 1 lit. a und b UStG 1994 steuerpflichtig (Normalsteuersatz) und berechtigen den Erwerber unter den Voraussetzungen des § 12 UStG 1994 zum Vorsteuerabzug, wenn der Verkäufer in der Anzahlungsrechnung (vgl. Rz 1524) auf die spätere steuerpflichtige Behandlung des Grundstücksumsatzes hinweist.

Beispiel:

Eine Immobilien-Gesellschaft, die die Errichtung und Veräußerung von Gebäuden zum Unternehmensgegenstand hat, errichtet im Jahr 01 Vorsorge-Wohnungen und beabsichtigt diese nach Fertigstellung (voraussichtlich im Jahr 02) entsprechend ihrem Vorsorge-Wohnungs-Konzept an Anleger zu verkaufen, die die Wohnungen in der Folge an fremde Dritte für Wohnzwecke weitervermieten wollen. Die umsatzsteuerpflichtige Wohnungsvermietung und der damit verbundene Vorsteuerabzug für den Anleger sind zentraler Bestandteil der Konzeption. Noch im Jahr des Baubeginnes liegen verbindliche Kaufanbote von Anlegern vor, in denen festgelegt wird, dass der Miteigentumsanteil mit Umsatzsteuer verrechnet wird. In allen Werbeprospekten und -inseraten wird dies hervorgehoben. Auch bei vergleichbaren früheren Projekten ist die Gesellschaft nachweislich so vorgegangen. Als Voraussetzung für die Annahme des verbindlichen Kaufanbotes wird die Leistung von Anzahlungen vereinbart.

Im Hinblick auf den – durch die nach außen hin erkennbaren und verbindlichen Vereinbarungen bzw. die sonstigen Umstände – mit größter Wahrscheinlichkeit anzunehmenden Zusammenhang mit künftigen steuerpflichtigen Grundstücksveräußerungen an ihrerseits – durch Vermietung für Wohnzwecke – unternehmerisch tätige Anleger steht dem Unternehmer der Vorsteuerabzug für die im Jahr 01 angefallene Errichtungs- und Planungskosten bereits im Voranmeldungs- bzw. Veranlagungszeitraum 01 zu. Gleichzeitig muss der Unternehmer im Jahr 01 (und später) vereinnahmte Anzahlungen nach Maßgabe des § 19 Abs. 2 Z 1 lit. a und b UStG 1994 versteuern. Bei Vorliegen einer ordnungsgemäßen Anzahlungsrechnung, die einen ausdrücklichen Hinweis auf die spätere steuerpflichtige Behandlung der Veräußerung enthält, kann der künftige Erwerber – unter den weiteren Voraussetzungen des § 12 UStG 1994 – die darin ausgewiesene Steuer abziehen.

Vorsteuerabzug für vor der Option empfangene Leistungen

800 Optiert der Unternehmer erst bei Lieferung des Grundstückes gemäß § 6 Abs. 2 UStG 1994 zur Steuerpflicht und war die diesbezügliche Absicht bisher zweifelhaft bzw. ändert er nachweislich bereits vorher nach außen erkennbar und zweifelsfrei seine ursprüngliche Absicht zur steuerfreien Veräußerung in Richtung steuerpflichtige Behandlung, so können – wie bei der Vermietung (vgl. Rz 901) – die bis dahin im Hinblick auf die Steuerfreiheit der Umsätze gemäß § 12 Abs. 3 UStG 1994 vom Vorsteuerabzug ausgeschlossenen Vorsteuern frühestens für den Voranmeldungs-(Veranlagungs-)zeitraum geltend gemacht werden, in dem der Unternehmer seine Absicht zur steuerpflichtigen Behandlung zweifelsfrei geändert (siehe Rz 799) bzw. in dem er den Umsatz tatsächlich gegenüber dem Finanzamt steuerpflichtig behandelt hat.

Einzelfälle

801 **Ausscheiden des vorletzten Miteigentümers:** Ist beim Ausscheiden eines Miteigentümers aus einer zweipersonalen unternehmerischen Miteigentumsgemeinschaft vertraglich „Anwachsen" vereinbart, liegt eine nichtsteuerbare Anteilsvereinigung vor.

Bauherrnmodell – Lieferung des Grundstückes und des Gebäudes durch verschiedene Unternehmer: Nach der ständigen Judikatur des VwGH ist der Begriff des „Bauherrn" für die Grunderwerbsteuer und die Umsatzsteuer einheitlich auszulegen. Das bedeutet jedoch umsatzsteuerrechtlich nicht, dass Leistungen des Grundstücksveräußerers und Leistungen Dritter zu einem einheitlichen Grundstückserwerb zusammengefasst werden können. Nur die Grundstückslieferung ist daher gemäß § 6 Abs. 1 Z 9 lit. a UStG 1994 von der Umsatzsteuer befreit (vgl. auch EuGH 27.11.2008, C-156/08, „Vollkommer", wonach beim Erwerb eines noch unbebauten Grundstückes künftige, umsatzsteuerpflichtige Bauleistungen in die Bemessungsgrundlage für die Berechnung von Verkehrsteuern wie die „Grunderwerbsteuer" einbezogen werden können, sofern diese nicht den Charakter einer Umsatzsteuer besitzen).

Baurecht, Bauzins: Es ist zwischen der Einräumung (Übertragung) eines Baurechtes und der Vermietung und Verpachtung von Baurechten zu unterscheiden. Die Einräumung eines Baurechtes fällt unter § 6 Abs. 1 Z 9 lit. a UStG 1994, wobei es gleichgültig ist, ob der vom Bauberechtigten entrichtete Bauzins als Einmalzahlung oder in wiederkehrenden Beträgen entrichtet wird; auch bei der Übertragung eines Baurechtes handelt es sich um ein Entgelt für den Umsatz eines „Grundstückes".

Die Vermietung und Verpachtung von Baurechten (zB die Vermietung von Wohnungen in einem Gebäude, das Zugehör des Baurechts ist) ist als Vermietung und Verpachtung von Grundstücken zu beurteilen. Diesfalls kommt § 6 Abs. 1 Z 16 UStG 1994 bzw. § 10 Abs. 2 Z 3 lit. a UStG 1994 (bis 31.12.2015: § 10 Abs. 2 Z 4 UStG 1994) zur Anwendung.

Teilzeiteigentum

Die Veräußerung von Miteigentumsanteilen mit der Nebenabrede, dass dem jeweiligen Miteigentümer das ausschließliche, auf einen bestimmten Zeitraum eines jeden Jahres beschränkte Recht auf Benutzung eines bestimmten Appartements eingeräumt wird (so genanntes „Teilzeiteigentum"), stellt einen Umsatz von Grundstücken im Sinne des § 2 GrEStG 1987 dar und ist daher gemäß § 6 Abs. 1 Z 9 lit. a UStG 1994 steuerfrei. Das Nutzungsrecht der Käufer stellt sich als Ausfluss der übertragenen ideellen Miteigentumsanteile und als zwischen den Miteigentümern getroffene „Benutzungsregelung" im Sinne des § 828 Abs. 2 ABGB auch dann dar, wenn die Nutzungsvereinbarung schon im Kaufvertrag betreffend die Übertragung der Miteigentumsanteile erfolgt ist (vgl. VwGH 20.10.2004, 2000/14/0185). Zur Einräumung eines Teilzeitnutzungsrechtes ohne gleichzeitige Miteigentumsübertragung (Time-Sharing) siehe Rz 1374 bis Rz 1377.

Randzahlen 802 bis 845: Derzeit frei.

1.9.2 Umsätze von Aufsichtsratsmitgliedern

846 Steuerfrei sind die Leistungen von Mitgliedern des Aufsichtsrates oder Verwaltungsrates oder von anderen mit der Überwachung der Geschäftsführung beauftragten Personen. Die – die Überwachung der Geschäftsführung bezweckenden – Aufgaben des begünstigten Personenkreises ergeben sich aus einschlägigen gesetzlichen Vorschriften (zB §§ 95–97 AktG, BGBl. Nr. 98/1965 idgF; § 24e Genossenschaftsgesetz, RGBl. Nr. 70/1873 idgF; §§ 30j bis 30l GmbHG, RGBl. Nr. 58/1906 idgF; § 25 Privatstiftungsgesetz, BGBl. Nr. 694/1993 idgF) oder aus (Gesellschafts-) Verträgen. Verwaltungsräte sind gesellschaftsvertraglich geschaffene Organe, die der Überwachung der Geschäftsführung dienen.

847 Die Befreiung betrifft Vergütungen jeder Art einschließlich Reisekostenersätze (zB fixe „Gehälter"; gewinnabhängige Zuwendungen; sonstige Vorteile). Die Bezeichnung der Gegenleistung ist ohne Bedeutung, es muss sich aber inhaltlich jedenfalls um ein Entgelt für die Überwachung der Geschäftsführung handeln.

848 Nicht unter die Befreiung fallen Entgelte, die das Aufsichtsorgan für andere unternehmerische Tätigkeiten erhält, die nicht der Überwachung der Geschäftsführung dienen (zB Konsulententätigkeit).

Beispiel:

Ein dem Aufsichtsrat einer AG angehöriger Rechtsanwalt erstellt ein Rechtsgutachten für den Aufsichtsrat und erhält dafür neben seinen Aufsichtsratsvergütungen ein gesondertes Honorar. Insgesamt erzielt der Rechtsanwalt 70% seiner gesamten Umsätze aus seiner Anwaltstätigkeit und 30% aus diversen Aufsichtsratstätigkeiten.

Das Honorar für das Rechtsgutachten erhält der Rechtanwalt nicht für die Überwachung der Geschäftsführung, sondern für eine – vom Aufsichtsrat gesondert beauftragte – gutachterliche Tätigkeit. Die Voraussetzungen des § 6 Abs. 1 Z 9 lit. b UStG 1994 sind daher diesbezüglich nicht erfüllt. Hinsichtlich des Vorsteuerabzuges muss der Rechtsanwalt eine Aufteilung nach § 12 Abs. 4 bis 6 UStG 1994 vornehmen (vgl. Rz 2013 bis Rz 2038).

Vergütungen an Stiftungsprüfer (vgl. §§ 20 und 21 Privatstiftungsgesetz, BGBl. Nr. 694/1993 idgF) sind nicht steuerfrei, weil diese keine Überwachungskompetenz gegenüber der Geschäftsführung besitzen. Ihre Tätigkeiten stellen (gutachterliche) Prüfungstätigkeiten dar, wie sie von Wirtschafts- oder Buchprüfern im Rahmen ihrer berufstypischen Tätigkeiten erbracht werden.

Randzahlen 849 bis 850: Derzeit frei.

1.9.3 Versicherungsverhältnisse

Versicherungsleistungen

851 Gemäß § 6 Abs. 1 Z 9 lit. c UStG 1994 sind die Umsätze steuerfrei, soweit dafür **ein Versicherungsentgelt gemäß § 3 Versicherungssteuergesetz gezahlt wird**. Versicherungsentgelt ist nach § 3 Versicherungssteuergesetz jede Leistung, die für die Begründung und zur Durchführung des Versicherungsverhältnisses an den Versicherer zu bewirken ist (zB Prämien, Beiträge, Vorbeiträge, Vor- und Nachschüsse, Umlagen, Unterjährigkeitszuschläge, Kosten für die Ausfertigung des Versicherungsscheines, Eintrittsgelder und sonstige Nebenkosten). Auch wenn eine Zahlung kein Versicherungsentgelt ist, unterliegt sie der Umsatzsteuer nur dann, wenn sie **Entgelt für eine spezifische Leistung des Versicherers** ist. Das trifft bei Mahnkosten nicht zu. Die Mahnkosten stellen nicht das Entgelt für einen selbständigen Leistungsaustausch dar und sind daher wie die Hauptleistung (Versicherungsschutz) befreit (VwGH 2.3.1992, 90/15/0143). Bei Mahngebühren sowie bei der Erstattung der Kosten eines gerichtlichen Mahnverfahrens handelt es sich grundsätzlich immer um einen nicht steuerbaren Schadenersatz.

Die entgeltliche Übertragung eines Bestands von (Rück-)Versicherungsverträgen auf ein anderes Versicherungsunternehmen, durch die dieses Unternehmen alle Rechte und Pflichten aus diesen Verträgen mit Zustimmung der Versicherungsnehmer übernommen hat, ist weder gemäß § 6 Abs. 1 Z 9 lit. c UStG 1994 (kein Versicherungs- oder Rückversicherungsumsatz) noch nach § 6 Abs. 1 Z 8 UStG 1994 (kein Finanzgeschäft) steuerfrei (EuGH 22.10.2009, Rs C-242/08, *Swiss Re Germany Holding GmbH*; vgl. auch Rz 991).

852 Wenn durch den Erwerb einer von vornherein für eine bestimmte Zeit angelegten Mitgliedschaft bei einem Verein das Recht erworben wird, in einem medizinisch indizierten Notfall kostenlos medizinisch versorgt und mittels Flugrettung (bzw. auf sonstigen Transportwegen) nach Österreich rücktransportiert zu werden, so liegt **ein umsatzsteuerlich relevantes Gegenleistungsverhältnis** vor. Allerdings trägt dieses alle Merkmale eines Versicherungsverhältnisses, sodass die Steuerbefreiung für Umsätze von Versicherungsverhältnissen zum Tragen kommt (VwGH 11.9.1987, 95/15/0022).

§ 6 UStG

Verschaffung von Versicherungsschutz

853 Die Verschaffung eines Versicherungsschutzes liegt vor, wenn der Unternehmer mit einem Versicherungsunternehmen einen Versicherungsvertrag zugunsten eines Dritten abschließt. **Dies kann dadurch erfolgen, dass der Unternehmer den Versicherungsvertrag im eigenen Namen, aber für den Versicherungsberechtigten abschließt, oder die Rechte aus dem Vertrag, den er im eigenen Namen und auf eigene Rechnung mit der Versicherungsgesellschaft abgeschlossen hat, auf den Versicherungsberechtigten überträgt (vgl. EuGH 16.7.2015, Rs C-584/13, *Mapfre asistencia und Mapfre warranty*, Rn 38; zum Abschluss von Verträgen in fremdem Namen siehe Rz 881 f.).** Der Begriff Versicherungsschutz umfasst alle Versicherungsarten. Durch den Versicherungsvertrag muss der begünstigte Dritte – oder bei Lebensversicherungen auf den Todesfall der Bezugsberechtigte – das Recht erhalten, im Versicherungsfall die Versicherungsleistung zu fordern. Unerheblich ist es, ob dieses Recht unmittelbar gegenüber dem Versicherungsunternehmen oder mittelbar über den Unternehmer geltend gemacht werden kann. Bei der Frage, ob ein Versicherungsverhältnis vorliegt, ist von den Grundsätzen des Versicherungssteuergesetzes auszugehen. Ein Vertrag, der einem Dritten lediglich die Befugnis einräumt, einen Versicherungsvertrag zu günstigeren Konditionen abzuschließen, verschafft keinen unmittelbaren Anspruch des Dritten gegen das Versicherungsunternehmen und demnach keinen Versicherungsschutz, der unter diese Befreiungsbestimmung fällt.

1.9.4 Glücksspielumsätze – Rechtslage aufgrund der Glücksspielgesetz-Novelle 2008, BGBl. I Nr. 54/2010, ab 2011

Wetten und Ausspielungen

854 Unter die Befreiung des § 6 Abs. 1 Z 9 lit. d sublit. aa UStG 1994 fallen Wetten (§ 33 TP 17 Abs. 1 Z 1 GebG) und Ausspielungen (§ 2 Abs. 1 GSpG). Die Befreiung gilt auch für die mit dem Betrieb von konzessionierten Spielbanken unmittelbar verbundenen Umsätze. Die Umsätze mittels Glücksspielautomaten (§ 2 Abs. 3 GSpG) und Video-Lotterie-Terminals (VLT; § 12a Abs. 2 GSpG) sind jedoch – ungeachtet einer allfälligen Glücksspielabgabepflicht – von der Befreiung ausdrücklich ausgenommen.

855 Ausspielungen iSd § 2 Abs. 1 GSpG sind Glücksspiele,
- die ein Unternehmer veranstaltet, organisiert, anbietet oder zugänglich macht, und
- bei denen Spieler oder andere eine vermögenswerte Leistung in Zusammenhang mit der Teilnahme am Glücksspiel erbringen (Einsatz) und
- bei denen vom Unternehmer, von Spielern oder von anderen eine vermögenswerte Leistung in Aussicht gestellt wird (Gewinn).

Beispiele für Ausspielungen:

Roulette, Beobachtungsroulette, Poker, Black Jack, Two Aces, Bingo, Keno, Baccarat und Baccarat chemin de fer und deren Spielvarianten, Lotto, Toto, Zusatzsatzspiel, Sofortlotterien, Klassenlotterie, Zahlenlotto, Nummernlotterien, elektronische Lotterien.

Die Steuerbefreiung gemäß § 6 Abs. 1 Z 9 lit. d sublit. aa UStG 1994 knüpft an den Tatbestand der Ausspielung an und nicht an die Glücksspielabgabepflicht (§§ 57 bis 59 GSpG) oder an die Anwendbarkeit des Glücksspielmonopols des Bundes (§ 4 GSpG). Demnach sind auch befreit
- Umsätze aus Glückshäfen, Juxausspielungen und Tombolaspiele iSd § 4 Abs. 5 GSpG zu anderen als Erwerbszwecken (zB bei einem steuerpflichtigen Vereinsfest eines gemeinnützigen Vereines) sowie
- Ausspielungen mit Kartenspielen in Turnierform zum bloßen Zeitvertreib durch Gastwirte (§ 4 Abs. 6 GSpG).

856 Nicht steuerfrei sind insbesondere folgende Umsätze:
- Umsätze aus Glücksspielautomaten und VLT (mit oder ohne Bewilligung bzw. Konzession; legal oder illegal);
- Umsätze aus der Vermittlung von Wett- und Glücksspielumsätzen;

§ 6 UStG

- Call-Center-Leistungen zugunsten eines Organisators für Telefonwetten (EuGH 13.07.2006, Rs C-89/05, *United Utilities plc*);
- Umsätze aus der Duldung der Aufstellung eines Glücksspielautomaten oder VLT;
- Veranstaltung von Geschicklichkeitsspielen durch einen Unternehmer (weder Ausspielung noch Wette; zB Kegel- oder Schachturniere, Videospielturniere);
- Umsätze aus der Initiierung, Organisation und Verwaltung von Lottospielgemeinschaften (VwGH 29.07.2010, 2008/15/0272).

857   Eine Ausspielung mit Glücksspielautomaten iSd § 2 Abs. 3 GSpG liegt vor, wenn die Entscheidung über das Spielergebnis nicht zentralseitig, sondern durch eine mechanische oder elektronische Vorrichtung im Glücksspielautomaten selbst erfolgt.

Nicht befreit sind auch Warenausspielungen mit Glücksspielautomaten iSd § 4 Abs. 3 GSpG, bei denen die vermögenswerte Leistung den Gegenwert von 1 Euro nicht übersteigt und bei denen es sich um Schaustellergeschäfte des „Fadenziehens", „Stoppelziehens", „Glücksrades", „Blinkers", „Fische- oder Entenangelns", „Plattenangelns", „Fische- oder Entenangelns mit Magneten", „Plattenangelns mit Magneten", „Zahlenkesselspiels", „Zetteltopfspiels" sowie um diesen ähnliche Spiele handelt.

858   Video-Lotterie-Terminals sind zentralseitig vernetzte Terminals an ortsfesten, öffentlich zugänglichen Betriebsstätten, durch welche dem Spieler der Zugang zu elektronischen Lotterien ermöglicht wird. Unter elektronischen Lotterien versteht man Ausspielungen, bei denen die Spielteilnahme unmittelbar durch den Spieler über elektronische Medien erfolgt und die Entscheidung über das Spielergebnis zentralseitig herbeigeführt sowie über elektronische Medien zur Verfügung gestellt wird (vgl. § 12a Abs. 1 und 2 GSpG idgF).

859   Die Umsatzsteuer schuldet der Unternehmer, der gegenüber dem Spielteilnehmer als Anbieter des Glücksspiels auftritt. Maßgeblich ist, mit wem der Spielteilnehmer den Glücksvertrag (konkludent) abschließt. Das wird idR derjenige Unternehmer sein, auf dessen Risiko Glücksspielautomaten und VLTs betrieben werden. Von einem Unternehmerrisiko ist dann auszugehen, wenn der Leistungserbringer die Möglichkeit hat, im Rahmen seiner Tätigkeit sowohl die Einnahmen- als auch die Ausgabenseite maßgeblich zu beeinflussen und solcherart den finanziellen Erfolg seiner Tätigkeit weitgehend selbst zu gestalten. Die Beurteilung, wer das Risiko tatsächlich trägt, hat in wirtschaftlicher Betrachtungsweise (§ 21 BAO) unter Berücksichtigung der maßgeblichen vertraglichen Vereinbarungen zu erfolgen.

Automatenaufsteller betreiben ihre Geräte entweder auf eigenes Risiko oder überlassen sie einem anderen Betreiber (zB Gastwirt). Liegt das Unternehmerrisiko beim Geräteaufsteller, sind diesem die Glücksspielumsätze zuzurechnen und der Lokalinhaber hat lediglich seine Provision für die Duldung der Automatenaufstellung und die Gestattung der Nutzung dieser Automaten in seinen Geschäftsräumlichkeiten zu versteuern. Liegt das Unternehmerrisiko beim Lokalinhaber, tätigt dieser die steuerpflichtigen Glücksspielumsätze und die Leistung des Geräteaufstellers beschränkt sich auf die ebenfalls steuerpflichtige Nutzungsüberlassung der Automaten an den Lokalinhaber.

860   Sowohl bei Umsätzen aus Glücksspielautomaten als auch aus Video-Lotterie-Terminals sind als Bemessungsgrundlage die Jahresbruttospieleinnahmen, d.s. die Einsätze abzüglich der ausgezahlten Gewinne eines Kalenderjahres heranzuziehen (§ 4 Abs. 5 zweiter Unterabsatz UStG 1994 idFd GSpG-Novelle 2008, BGBl. I Nr. 54/2010).

Für die Berechnung der Umsatzsteuer und der Glücksspielabgabe gelten die Jahresbruttospieleinnahmen abzüglich der darin enthaltenen Umsatzsteuer als gemeinsame Bemessungsgrundlage.

Beispiel:

Jahreseinsätze	220.000 €	
Ausgezahlte Gewinne	− 160.000 €	
Jahresbruttospieleinnahmen	60.000 €	
abzgl. enthaltene USt (20%)	− 10.000 €	= 60.000 : 120 x 20
Bemessungsgrundlage für USt und GSpAbg	50.000 €	= 60.000 : 120 x 100

§ 6 UStG

Für die Voranmeldung, Vorauszahlung, Fälligkeit und Veranlagung der Umsatzsteuer gelten die allgemeinen Vorschriften des § 21 UStG 1994.

Mitwirkungsvergütungen

861 Provisionen, die vom Konzessionär nach § 14 GSpG unmittelbar an seine Vertriebspartner (wie Geschäftsstellen der Klassenlotterien, Lottokollekturen, Trafikanten) im Vertrieb von umsatzsteuerfreien Lotterieprodukten gezahlt werden, sind gemäß § 6 Abs. 1 Z 9 lit. d sublit. bb UStG 1994 steuerfrei.

Hiervon ausdrücklich ausgenommen sind Vergütungen aufgrund von Ausspielungen mittels Video-Lotterie-Terminals. Nicht steuerfrei sind Vergütungen, die von Unternehmern ohne Konzession (zB illegale Glücksspielveranstalter) für die Mitwirkung an von ihnen abgehaltenen Glücksspielen gezahlt werden sowie Abgeltungen, die nicht direkt vom Konzessionär gezahlt werden.

Zuwendungen im Sinne des § 27 Abs. 3 GSpG

862 Steuerfrei sind Zuwendungen, die die Spielkunden für die Gesamtheit der Arbeitnehmer des Konzessionärs in besonderen, für diesen Zweck in den Spielsälen vorgesehenen Behältern hinterlegen.

Randzahlen 863 bis 870: Derzeit frei.

1.10 Umsätze der Blinden und dem Postwesen dienende Umsätze

1.10.1 Blinde

Allgemeines

871 Befreit sind ausschließlich als Einzelunternehmer tätige natürliche Personen.

Das Tatbestandsmerkmal „drei sehende Arbeitnehmer" ist dahingehend auszulegen, dass es nicht auf die Anzahl der Arbeitnehmer schlechthin, sondern auf ihre **zeitliche Arbeitsleistung** ankommt. Dem Erfordernis ist somit Genüge getan, wenn die Summe der von allen sehenden Arbeitnehmern im Laufe eines Kalenderjahres geleisteten Arbeitsstunden insgesamt nicht höher ist als die kollektivvertragsmäßige Arbeitszeit von drei vollbeschäftigten Arbeitnehmern.

Die Steuerfreiheit gilt nicht für die Umsätze von Gegenständen, die einer Verbrauchsteuer unterliegen, wenn der Blinde Schuldner der Verbrauchsteuer ist. Ist also der Blinde zB selbst Schuldner der Mineralölsteuer, so fällt er mit seinen Umsätzen an Kraftstoffen und sonstigen der Mineralölsteuer unterliegenden Gegenständen nicht unter die Steuerbefreiung.

Verzichtsmöglichkeit

872 Der Unternehmer hat die Möglichkeit, jährlich bei Abgabe der Umsatzsteuererklärung auf die Befreiung zu verzichten (VfGH 23.10.1980, G 37/79). Der Verzicht hat keine Auswirkungen auf die Inanspruchnahme von einkommensteuerlichen Begünstigungen.

1.10.2 Postdienstleistungen

873 Nach der Judikatur des EuGH 23.04.2009, Rs C-357/07, *TNT Post UK*, fallen nur Universaldienstleistungen eines Universaldienstbetreibers unter die Steuerbefreiung, wobei Leistungen, deren Bedingungen individuell ausgehandelt worden sind, jedenfalls von der Befreiung ausgenommen sind. Der Begriff des Universaldienstbetreibers richtet sich in Österreich nach § 12 des Postmarktgesetzes (PMG), BGBl. I Nr. 123/2009. Danach ist derzeit nur die Österreichische Post AG als Universaldienstbetreiber bestimmt. Für andere Postdienstleister, auch wenn sie dem Grunde nach Universaldienstleistungen erbringen, kommt die Steuerbefreiung nicht zur Anwendung. Provisionen, die Postpartner für die im Namen und auf Rechnung des Universaldienstbetreibers erfolgende Erbringung von Postdienstleistungen im Rahmen der Übernahme der stationären Vertretung vor Ort erhalten, sind daher steuerpflichtig. Die im Namen und für Rechnung des Universaldienstbetreibers vereinnahmten Entgelte für Postdienste stellen beim Postpartner durchlaufende Posten dar (§ 4 Abs. 3 UStG 1994). Keine Universaldienstleister sind zB auch private Abhol-, Zustell- oder Kurierdienste, Frachtführer, Zeitungsausträger und dergleichen.

873a Inhalt und Umfang der Universalpostdienstleistungen bestimmen sich nach § 6 PMG. Demnach ist der Universaldienst ein Mindestangebot an Postdiensten, die allgemein zur Aufrechterhaltung der Grundversorgung der Nutzer als notwendig angesehen werden, die flächendeckend im gesamten Bundesgebiet angeboten werden und zu denen alle Nutzer zu einem erschwinglichen Preis Zugang haben. Der Universaldienst umfasst folgende Leistungen:
1. Abholung, Sortierung, Transport und Zustellung von adressierten Postsendungen bis 2 kg;
2. Abholung, Sortierung, Transport und Zustellung von Postpaketen bis 10 kg sowie
3. Dienste für Einschreib- und Wertsendungen.

Vom Universaldienst mit umfasst sind entsprechende Postdienste, die Zeitungen, Zeitschriften, Bücher und Kataloge – jeweils bis 2 kg – betreffen. Auch im Inland steuerbare grenzüberschreitende Universaldienstleistungen fallen unter die Steuerbefreiung.

Nach § 6 Abs. 3 PMG zählen die genannten Leistungen jedoch nur dann zum Universaldienst, wenn die Postsendungen (Pakete) bei einer Post-Geschäftsstelle bzw. bei einem „Mobilen Postamt" oder bei einem „Landzusteller" aufgegeben oder in einen Postbriefkasten eingeworfen werden. Damit gelten alle Sendungen, die bei Verteilzentren eingeliefert werden, nicht als Universaldienstleistungen, ausgenommen es handelt sich um die Einlieferung von Zeitungen und Zeitschriften, da Leistungen betreffend diese Postsendungen stets Universaldienstleistungen sind.

873b Universalpostdienstleistungen, deren Bedingungen – entsprechend den besonderen Bedürfnissen bestimmter Wirtschaftsteilnehmer – individuell ausgehandelt werden, sind nicht nach § 6 Abs. 1 Z 1 lit. b UStG 1994 steuerfrei. Werden gemäß § 21 Abs. 3 PMG mit bestimmten Nutzern des Universaldienstes individuelle Preisabsprachen getroffen, kommt die Befreiung somit nicht zur Anwendung. Die Befreiung ist auch dann ausgeschlossen, wenn in der Vereinbarung bezüglich der Bedingungen auf allgemeine Geschäftsbedingungen verwiesen wird.

873c Erfolgt die Leistung nur aufgrund der allgemeinen Geschäftsbedingungen und sind hierin Sondertarife enthalten, die von den einzelnen Tarifen abweichen, ist dies für die Anwendung der Steuerbefreiung gemäß § 6 Abs. 1 Z 10 lit. b UStG 1994 noch nicht schädlich, wenn folgende Voraussetzungen vorliegen:
- Die Rabatte werden pro einzelner Einlieferung gewährt werden (es sind somit keine Umsatzrabatte, Jahresbonifikationen und dergleichen vorgesehen),
- die Auflieferung ist österreichweit flächendeckend möglich und
- alle Bedingungen (einschließlich der Bedingungen für eine allfällige Stundungseinräumung) ergeben sich bereits aus den allgemeinen Geschäftsbedingungen.

1.11 Schulen, Privatlehrer
1.11.1 Private Schulen und ähnliche Einrichtungen
Allgemeines

874 Bei öffentlichen Schulen – **dazu zählen auch Hochschulen und Universitäten** – ist die Unterrichtstätigkeit grundsätzlich dem Hoheitsbereich zuzuordnen. Zur Vermeidung von Wettbewerbsverzerrungen sind Privatschulen befreit, wobei nicht nur die mit Öffentlichkeitsrecht ausgestatteten Privatschulen, sondern alle Privatschulen und anderen allgemein bildenden oder berufsbildenden Einrichtungen von der Befreiung umfasst sind.

Voraussetzung ist allerdings, dass Kenntnisse allgemein bildender oder berufsbildender Art oder der Berufsausübung dienende Fertigkeiten vermittelt werden und eine den öffentlichen Schulen vergleichbare Tätigkeit ausgeübt wird.

875 Der Begriff „Schule" erfordert gemäß § 2 Privatschulgesetz, dass eine Mehrzahl von Schülern gemeinsam nach einem festen Lehrplan unterrichtet wird und in Zusammenhang mit der Vermittlung allgemein bildender oder berufsbildender Kenntnisse oder Fertigkeiten ein erzieherisches Ziel angestrebt wird.

Nach der Rechtsprechung des VwGH (bspw. VwGH 25.2.1997, 95/14/0126) ist unter einer allgemein bildenden oder berufsbildenden Einrichtung ein schulähnlicher Betrieb anzusehen, der über die organisatorischen Voraussetzungen (wie Schulräume, ein über längere Zeit feststehendes Bildungsangebot, in der Regel auch das erforderliche Personal nach Art eines Lehrkörpers und ein Sekretariat) verfügt, um laufend gegenüber einer größeren Anzahl von Interessenten eine Tätigkeit im Sinne des § 6 Abs. 1 Z 11 lit. a UStG 1994 auszuüben. Im Falle der Online-Unterrichtserteilung unter Nutzung elektronischer Kommunikationsmöglichkeiten kommt es auf das Vorhandensein körperlicher Schulräume dann nicht an, wenn die Unterrichtserteilung in gemeinschaftsbezogener Weise erfolgt. Für das Vorliegen einer Einrichtung im Sinne des § 6 Abs. 1 Z 11 lit. a UStG 1994 ist die Rechtsform des Unternehmens ohne Bedeutung (Verweis auf EuGH 7.9.1999, Rs C-216/97, *Gregg*).

Neben der Lehrtätigkeit im eigentlichen Sinne können auch andere Tätigkeiten – wie Prüfungstätigkeiten oder die Organisation von Unterrichtseinheiten – steuerfrei sein, sofern diese Tätigkeiten im Wesentlichen im Rahmen der sich auf den Schul- und Hochschulunterricht beziehenden Vermittlung von Kenntnissen und Fähigkeiten an Schüler oder Studierende ausgeübt werden (vgl. EuGH 28.01.2010, Rs C-473/08, *Eulitz*). Nicht befreit sind hingegen Umsätze, die aus einer unterrichtsfremden Tätigkeit herrühren (Lieferung von gewerblichen Erzeugnissen oder Gegenständen des Anlagevermögens; Buffet- und Kantinenumsätze sowie sonstige Hilfsgeschäfte).

Die Gestellung von Lehrpersonal durch private Schulen und andere allgemeinbildende oder berufsbildende Einrichtungen iSd § 6 Abs. 1 Z 11 lit. a UStG 1994 an andere begünstigte Einrichtungen iSd Vorschrift sowie an öffentliche Schulen fällt dann unter die Steuerbefreiung, wenn

- es sich um eine mit der Hauptleistung der Bildungseinrichtung eng verbundene Tätigkeit handelt,
- das gleiche Niveau und die gleiche Unterrichtsqualität durch den Rückgriff auf gewerbliche Vermittlungsstellen nicht sichergestellt werden könnte und
- derartige Gestellungen nicht dazu bestimmt sind, der Bildungseinrichtung zusätzliche Einnahmen zu verschaffen, sofern sie hinsichtlich der Gestellung mit anderen nicht befreiten Unternehmen konkurriert (vgl. EuGH 14.06.2007, Rs C-434/05, „Horizon College").

Vergleichbarkeit mit öffentlichen Schulen

876 Maßstab für die Vergleichbarkeit mit öffentlichen Schulen ist primär der Lehrstoff.

Der in der Privatschule vorgetragene Lehrstoff muss auch dem Umfang und dem Lehrziel nach annähernd dem von öffentlichen Schulen Gebotenen entsprechen (VwGH 4.12.1989, 87/15/0139).

Die Übereinstimmung im Lehrstoff darf sich nicht bloß auf einen untergeordneten Teil oder einzelne Gegenstände beschränken (VwGH 29.11.1984, 83/15/0133).

Unabhängig davon, ob eine entsprechende Ausbildung tatsächlich von einer öffentlichen Schule angeboten wird, kann auch dann von einer Vergleichbarkeit mit öffentlichen Schulen ausgegangen werden, wenn eine aufgrund ausdrücklicher gesetzlicher Ermächtigung behördlich anerkannte und öffentlich kundgemachte Ausbildungseinrichtung privaten Rechts eine gesetzlich oder mittels Verordnung geregelte mehrsemestrige Berufsausbildung in vollem Umfang anbietet (zB Ausbildungseinrichtungen iSd § 23 Zivilrechts-Mediations-Gesetz, BGBl. I Nr. 29/2003 idgF, mit der Ausbildung zum eingetragenen Mediator (vgl. § 3 der Zivilrechts-Mediations-Ausbildungsverordnung, BGBl. II Nr. 47/2004 idgF) oder Ausbildungen nach der Medizinischer Masseur- und Heilmasseur-Ausbildungsverordnung, BGBl. II Nr. 250/2003).

Der beruflichen Fort- oder Weiterbildung dienende Leistungen derartiger Einrichtungen fallen unter den oben angeführten Voraussetzungen der Vergleichbarkeit ebenfalls unter die Steuerbefreiung.

§ 6 UStG

Einzelfälle

877 Die Steuerbefreiung ist – ausgenommen für Unterrichtseinheiten, die den Charakter bloßer Freizeitgestaltung haben (vgl. EuGH 14.06.2007, Rs C-445/05, *Haderer*, sowie EuGH 28.01.2010, Rs C-473/08, *Eulitz*) – anwendbar:

- Berufsförderungsinstitut (BFI),
- Handels- oder Gewerbeschulen,
- Ländliche Fortbildungsinstitute (LFI)
- Maturaschulen,
- Einrichtungen zur Psychotherapeutenausbildung, wenn die Ausbildungseinrichtung nach Anhörung des Psychotherapiebeirates vom Bundeskanzler als propädeutische bzw. psychotherapeutische Ausbildungseinrichtung mit Bescheid anerkannt worden ist (sofern diese Leistungen in der Berufsausbildung bestehen; andere Leistungen, wie zB Berufsfortbildung sind nicht befreit; § 4 Abs. 1 und § 7 Abs. 1 Psychotherapiegesetz),
- Rechtskurse (VwGH 28.4.1976, 0559/75),
- Sprachschulen, bei denen der vorgetragene Lehrstoff dem Umfang und dem Lehrziel nach annähernd einer Übersetzer- und Dolmetschausbildung einer Universität entspricht,
- Vorbereitungskurse für die Baugewerbeprüfung (VwGH 21.6.1977, 1566/76),
- Beamtenaufstiegsprüfung (VwGH 23.10.1980, 0202/79),
- Richteramts-, Rechtsanwalts- und Notariatsprüfungen (VwGH 28.4.1976, 0559/75),
- Wirtschaftsförderungsinstitut der Wirtschaftskammer (WIFI),
- Privatuniversitäten, die unter den Voraussetzungen des § 2 Universitäts-Akkreditierungsgesetzes, BGBl. I Nr. 168/1999, akkreditiert wurden,
- Lehrgänge universitären Charakters im Sinne des § 27 Universitäts-Studiengesetz, BGBl. I Nr. 48/1997 idF bis 31.12.2003, die mit einem akademischen Grad abgeschlossen werden.

878 Die Steuerbefreiung ist – nach Maßgabe von Rz 876 – nicht anwendbar auf

- AMS-Kurse zur Verbesserung der Chancen am Arbeitsmarkt bzw. zur Unterstützung Arbeitsloser bei der Wiedereingliederung in den Arbeitsmarkt (VwGH 30.06.2010, 2007/13/0019). Zur Behandlung von finanziellen Leistungen des AMS, die sich auf solche Bildungsmaßnahmen iSd § 32 Abs. 3 AMSG beziehen, siehe Rz 26;
- Computerkurse (keine den öffentlichen Schulen vergleichbare Tätigkeit),
- Einzelunterricht (Unterrichtserteilung erfolgt nicht in gemeinschaftsbezogener Weise, VwGH 21.5.1990, 89/15/0040),
- Eurythmie(Kunsttanz)-Schulen (Übereinstimmung bloß mit einem Bruchteil des Lehrstoffes einer allgemein bildenden Schule, VwGH 23.1.1978, 1851/76),
- Fahrschulen (bloße Vermittlung von technischen Fertigkeiten),
- Fernschulen (Unterrichtserteilung erfolgt nicht in gemeinschaftsbezogener Weise, VwGH 3.6.1987, 86/13/0184),
- Kosmetikschulen (keine den öffentlichen Schulen vergleichbare Tätigkeit), Kurzschulen (Lehrstoff entspricht in Umfang und Lehrziel nicht dem von öffentlichen Schulen Gebotenen, VwGH 20.3.1980, 246/79),
- Lernhilfekurse (Lehrstoff entspricht nach Umfang und Lehrziel nicht dem von öffentlichen Schulen Gebotenen, VwGH 17.3.1986, 84/15/0001),
- Lymphdrainagekurse (keine den öffentlichen Schulen vergleichbare Tätigkeit, VwGH 29.11.1984, 83/15/0133),
- Managementkurse (bloße Vermittlung von Fähigkeiten, die für die Übernahme von Führungsaufgaben erforderlich sind, VwGH 23.10.1980, 202/79),
- Maschinenschreibkurse (keine den öffentlichen Schulen vergleichbare Tätigkeit (VwGH 5.3.1990, 88/15/0042),
- persönlichkeitsbildende Kurse (Übereinstimmung bloß mit einem Bruchteil des Lehrstoffes einer allgemein bildenden Schule, VwGH 15.9.1976, 519/75),
- Rhetorik- und Kommunikationskurse (Lehrstoff entspricht nach Umfang und Lehrziel nicht dem von öffentlichen Schulen Gebotenen, VwGH 4.12.1989, 87/15/0139),
- Schischulen (bloße Unterweisung in einer sportlichen Fertigkeit, VwGH 22.4.1998, 85/13/0129),

- Tanzschulen (bloße Vermittlung von Fertigkeiten, die im gesellschaftlichen Umgang nützlich sind).

1.11.2 Privatlehrer

879 Der Begriff Privatlehrer umfasst – unabhängig von der Rechtsform – Unternehmer, die mit der Unterrichtserteilung an öffentlichen Schulen oder umsatzsteuerbefreiten Privatschulen und schulähnlichen Einrichtungen iSd § 6 Abs. 1 Z 11 lit. a UStG 1994 beauftragt werden. Die Vorschrift kann somit auch angewendet werden, wenn Personenzusammenschlüsse oder juristische Personen beauftragt werden, sofern die Unterrichtserteilung durch Personen erfolgt, die über die erforderlichen persönlichen und beruflichen Befähigungen für die Ausübung einer unterrichtenden Tätigkeit verfügen. Unter die Befreiung fallen auch Umsätze aus Prüfungsabnahmen bzw. -begutachtungen, sofern diese Tätigkeiten im Wesentlichen im Rahmen der sich auf den Schul- und Hochschulunterricht beziehenden Vermittlung von Kenntnissen und Fähigkeiten an Schüler oder Studierende ausgeübt werden (vgl. EuGH 28.01.2010, Rs C-473/08, *Eulitz*).

Entscheidend ist, dass der Privatlehrer (zB auch in der Rechtsform einer GmbH) seine Tätigkeit auf eigene Rechnung und in eigener Verantwortung und deshalb „privat" ausübt, wobei nicht unbedingt das Bestehen einer unmittelbaren Vertragsbeziehung zwischen den Teilnehmern und dem Unterrichtenden Voraussetzung ist (vgl. VwGH 27.02.2008, 2004/13/0118).

Wird ein Unternehmer (der nicht selbst Vortragender ist, zB GmbH) durch öffentliche Schulen oder umsatzsteuerbefreite Privatschulen oder schulähnliche Einrichtungen iSd § 6 Abs. 1 Z 11 lit. a UStG 1994 mit der Unterrichtserteilung beauftragt und beauftragt dieser selbstständig tätige Vortragende mit der tatsächlichen Durchführung des Unterrichts an diesen Schulen, so sind – neben der Leistung des Unternehmers an seinen jeweiligen Auftraggeber – auch die diesbezüglichen (Vor-)Leistungen der Vortragenden an den Unternehmer unter die Steuerbefreiung gemäß § 6 Abs. 1 Z 11 lit. b UStG 1994 zu subsumieren, sofern die Vergütungen für die tatsächliche Unterrichtserteilung an der Schule gezahlt werden.

Bloße Personalgestellungsleistungen sowie die Vermittlung von Privatlehrern sind nicht steuerfrei (vgl. EuGH 14.06.2007, Rs C-434/05, *Horizon College*).

Psychotherapeuten, die von einer Ausbildungseinrichtung (vgl. Rz 877) im Rahmen der praktischen Berufsausbildung für Psychotherapeuten mit der Durchführung von Ausbildungssupervisionen beauftragt wurden, gelten insoweit als Privatlehrer, wobei es unmaßgeblich ist, ob die Honorare über die Ausbildungseinrichtung oder direkt vom Supervisor an den Ausbildungskandidaten verrechnet werden.

Privatlehrer, die gleichzeitig Träger einer Bildungseinrichtung sind, dh. nicht nur Unterricht erteilen, sondern in eigenem Namen Unterrichtseinheiten organisieren und veranstalten und in einer unmittelbaren Vertragsbeziehung zu den Teilnehmern stehen, unterliegen mit ihren diesbezüglichen Umsätzen – bei Erfüllung der dort genannten Voraussetzungen – der Steuerbefreiung gemäß § 6 Abs. 1 Z 11 lit. a UStG 1994.

1.12 Vorträge, Kurse, Filmvorführungen

880 Steuerbefreit sind gemäß § 6 Abs. 1 Z 12 UStG 1994 die Betriebe gewerblicher Art von Körperschaften öffentlichen Rechts, die derartige Veranstaltungen durchführen und Volksbildungsvereine (insbesondere Volkshochschulen).

Als Volksbildungsverein gilt ein Verein, der für eine breite Masse der Bevölkerung zu einem annehmbaren Preis Kurse anbietet, welche allgemein bildendes Wissen, technische und handwerkliche Fähigkeiten zur Ausübung praktischer Berufe vermitteln (vgl. VwGH 25.7.2013, 2010/15/0082).

Es kommt nicht darauf an, was unterrichtet wird. Es werden ua. Kurse für Maschinschreiben, EDV, Fremdsprachen, Esoterik, Kochen und Gymnastikkurse angeboten.

Nicht begünstigt sind Veranstaltungen künstlerischer oder unterhaltender Art.

Die Einnahmen müssen so niedrig sein, dass sie zur Bestreitung der Regien gerade noch ausreichen und wesentliche Gewinne nicht zulassen.

Unter diesen Voraussetzungen sind auch solche Volksbildungsleistungen steuerfrei, die durch gemeinnützige Körperschaften privaten Rechts erbracht werden, sofern diese unter beherrschendem Einfluss einer Körperschaft des öffentlichen Rechts oder eines Volksbildungsvereines stehen.

1.13 Bausparkassen- und Versicherungsvertreter

881 Die Befreiung gemäß § 6 Abs. 1 Z 13 UStG 1994 erstreckt sich auf alle Leistungen, die in Ausübung der begünstigten Tätigkeiten erbracht werden. Unselbständige Nebenleistungen zu den Vermittlungsleistungen wie Inkasso, Kundenbetreuung und Beratung sind steuerbefreit. Die Begutachtung bzw. Bewertung von Schäden sowie Tätigkeiten zur Schadensregulierung sind keine berufstypischen Tätigkeiten von Versicherungsvertretern oder -maklern (vgl. EuGH 20.11.2003, Rs C-8/01, Assurander-Societetet; **EuGH 17.3.2016, RsC-40/15, Aspiro SA**). Eine steuerfreie unselbstständige Nebenleistung liegt diesbezüglich nur vor, wenn die Schadensbegutachtung bzw. -regulierung ohne gesondertes Entgelt im Zusammenhang mit vom Versicherungsvertreter oder -makler vermittelten Versicherungsverträgen erfolgt (siehe auch VwGH 16.12.1999, 96/15/0116).

Die von einem Versicherungsvertreter bzw. -maklerbüro den Versicherungsnehmern gesondert in Rechnung gestellten Entgelte für die An-, Ab- und Ummeldung von Kraftfahrzeugen sind nicht gem. § 6 Abs. 1 Z 13 UStG 1994 von der Umsatzsteuer befreit. Diese Leistungen stellen keine unselbständigen Nebenleistungen zur Vermittlung von Versicherungsverträgen dar und werden nur gegenüber dem Versicherungsnehmer erbracht. Leistungsempfänger ist in diesem Fall nicht der Versicherer (VwGH 01.03.2007, 2004/15/0090). Zur Beratungsleistung als unselbständige Nebenleistung einer Versicherungsvermittlung gilt § 6 Rz 753b sinngemäß.

Hilfsgeschäfte sind nicht gemäß § 6 Abs. 1 Z 13 UStG 1994 befreit, können jedoch gemäß § 6 Abs. 1 Z 26 UStG 1994 befreit sein. Wird ein Kundenstock veräußert, sind die Nachfolgeprovisionen in den Leistungsaustausch eingebunden, den der Rechtsvorgänger durch den Abschluss verschiedener Versicherungsverträge begonnen hat. Der Erwerber unterliegt mit diesen der Umsatzsteuer, diese Umsätze sind gemäß § 6 Abs. 1 Z 13 UStG 1994 steuerbefreit (VwGH 20.1.1992, 91/15/0067).

Die Tätigkeit der Versicherungsmakler, der Vermittler von Pensionskassenverträgen sowie die Umsätze der Untervertreter fallen ebenfalls unter die Befreiung (vgl. EuGH 3.4.2008, Rs C-124/07, J.C.M. Beheer BV, zu den steuerfreien Leistungen eines für eine Versicherungsmaklergesellschaft tätigen Untervertreters). Die Befreiung ist weder an eine bestimmte Rechtsform gebunden, noch stellt sie darauf ab, dass die begünstigten Tätigkeiten im Rahmen der gesamten unternehmerischen Tätigkeit überwiegen. Unter die Befreiung fällt zB auch ein Kreditinstitut, das Bauspar- oder Versicherungsverträge vermittelt.

882 Voraussetzung für die Anwendung der Befreiungsvorschrift ist, dass eine Vermittlungstätigkeit vorliegt. Eine solche ist nicht gegeben, wenn sich die Tätigkeit des Unternehmens auf bloße Adressenbeschaffung und das Führen von Kontaktgesprächen beschränkt. Eine Vermittlungstätigkeit wird jedenfalls dann vorliegen, wenn der Vertreter auf Grund seiner Tätigkeit erreicht, dass der Kunde einen Antrag auf Abschluss eines Versicherungsvertrages unterzeichnet, und der Vertreter diesen Antrag weiterleitet. Auch die mittelbare Vermittlungstätigkeit im Rahmen eines „Strukturvertriebes" ist als berufstypische Tätigkeit eines Versicherungsvertreters anzusehen. Unter die Steuerbefreiung fallen daher alle Leistungen, die in Ausübung der begünstigten Tätigkeit erbracht werden, somit insbesondere auch die Abwicklung und laufende Betreuung der Verträge, die Werbetätigkeit, die Einstellung, Ausbildung und Überwachung von Untervertretern sowie ähnliche mit der Organisierung des Außendienstes im Zusammenhang stehende Tätigkeiten (VwGH 3.7.2003, 2000/15/0165, zur Steuerfreiheit von Provisionen in Form von Leistungsvergütungen).

Der Annahme von Dienstleistungen, die von Versicherungsmaklern oder -vertretern erbracht werden, steht es nicht entgegen, wenn der Versicherungsmakler oder -vertreter beim Zustandekommen des von ihm initiierten Versicherungsvertrages von einer Vertragspartei bevollmächtigt gewesen ist (EuGH 03.04.2008, C-124/07, „J.C.M. Beheer

BV"). Hausverwalter, die selbst als direkte Stellvertreter der Hauseigentümer Versicherungsverträge abschließen, tätigen daher steuerfreie Vermittlungsleistungen.

Die an einen Versicherungsnehmer gezahlten „Provisionen" stellen hingegen keine Leistungsentgelte für Versicherungsvermittlungen dar, ihnen kommt vielmehr der Charakter von Prämiennachlässen oder Prämienrückzahlungen zu (VwGH 18.11.2008, 2006/15/0143).

Hagelberater der Österreichischen Hagelversicherung, die aufgrund der Satzung der Versicherung zwar keine Versicherungsanträge unterzeichnen können, sonst aber dieselben Tätigkeiten ausüben wie ein Versicherungsvertreter (insbesondere die Anbahnung von Hagelversicherungsverträgen), gelten als Versicherungsvertreter iSd § 6 Abs. 1 Z 13 UStG 1994.

1.14 Gemeinnützige Sportvereinigungen
1.14.1 Begriff Gemeinnützigkeit

883 Hinsichtlich des Begriffes „Gemeinnützigkeit" wird auf die VereinsR 2001 Rz 13 bis Rz 20 sowie Rz 72 verwiesen. Zur steuerlichen Behandlung eines Profibetriebes bei gemeinnützigen Sportvereinen im Mannschaftsspielsport siehe VereinsR 2001 Rz 878 ff.

1.14.2 Begriff Körpersport

884
- **Satzungsmäßiger Zweck** muss die Ausübung des Körpersportes sein, wobei dies der Hauptzweck der Vereinigung sein muss. Ist die Ausübung des Körpersportes bloß Nebenzweck, kommt die Befreiung nicht zur Anwendung. Ebenso kann die Befreiung nicht zur Anwendung kommen, wenn die Mitglieder einer Vereinigung zwar tatsächlich überwiegend Körpersport betreiben, dies aber nicht der satzungsmäßige Zweck der Vereinigung ist.
- Der Begriff Körpersport ist weit auszulegen, sodass darunter **jede Art von sportlicher Betätigung** verstanden wird. Neben den unmittelbar der körperlichen Ertüchtigung dienenden Sportarten, wie zB Leichtathletik, Turnen, Boxen, Ringen, Schwimmen, Rudern, Radfahren, Reiten, Tennis, Fußball, alle Wintersportarten, Handball und Bergsteigen zählen auch der Motorsport, Segelfliegen und Schießen zum Sportbegriff. Nicht zum Körpersport zählen die „Denksportarten", wie zB Schach, Skat oder Bridge, die aber im Übrigen gemeinnützig sein können.

1.14.3 Anwendungsbereich der Befreiungsbestimmung

885 Die Anwendbarkeit der Steuerbefreiung setzt nicht voraus, dass die sportliche Betätigung auf einem bestimmten Niveau oder in einer bestimmten Art und Weise, nämlich regelmäßig oder organisiert oder im Hinblick auf die Teilnahme an sportlichen Wettkämpfen, ausgeübt wird, soweit die Ausübung dieser Tätigkeit nicht rein im Rahmen von Erholung oder Unterhaltung stattfindet. Ziel der Befreiung ist die Förderung bestimmter, dem Gemeinwohl dienender Tätigkeiten, nämlich in engem Zusammenhang mit Sport und Körperertüchtigung stehender Dienstleistungen, die von Einrichtungen ohne Gewinnstreben an Personen erbracht werden, die Sport oder Körperertüchtigung ausüben. Sie zielt somit darauf ab, eine solche Betätigung durch breite Schichten der Bevölkerung zu fördern (EuGH 21.02.2013, Rs C-18/12, Zamberk). Daher fallen auch Umsätze aus Dienstleistungen in engem Zusammenhang mit Körpersport an Sportausübende, die nicht Mitglieder der gemeinnützigen Sportvereinigung sind, unter die Befreiung (vgl. EuGH 19.12.2013, Rs C-495/12, Bridport and West Dorset Golf Club Limited, zur Nutzung eines Golfclubplatzes durch Nichtmitglieder gegen Entrichtung eines Eintrittsgeldes (Greenfee).

Es ist zu beachten, dass die Anwendung der Befreiungsbestimmung für gemeinnützige Sportvereinigungen nur einen eingeschränkten Wirkungsbereich hat. Für wirtschaftliche Geschäftsbetriebe gemäß § 45 Abs. 1 BAO (entbehrliche Hilfsbetriebe) und wirtschaftliche Geschäftsbetriebe gemäß § 45 Abs. 2 BAO (unentbehrliche Hilfsbetriebe) gilt die Liebhabereivermutung (siehe Rz 1239 und Rz 1240). Bei Betätigungen iSd § 1 Abs. 1 Liebhabereiverordnung, BGBl. Nr. 33/1993 idgF, kann diese Liebhabereivermutung jedoch nicht gegen den Willen des Unternehmers angewendet werden (siehe dazu VereinsR 2001 Rz 463 ff sowie Rz 520). Eine nichtunternehmerische Tätigkeit ist jedenfalls dann anzunehmen, wenn die Umsätze des wirtschaftlichen Geschäftsbetriebes jährlich regelmäßig unter 2.900 Euro liegen.

1.14.4 Verhältnis der Steuerbefreiung zu anderen Steuerbefreiungen

886 Die Steuerbefreiung nach § 6 Abs. 1 Z 16 UStG 1994 hat als die speziellere Bestimmung Vorrang gegenüber der Steuerbefreiung gemäß § 6 Abs. 1 Z 14 UStG 1994 (VwGH 25.06.2007, 2006/14/0001). Gleiches gilt für die Steuerbefreiung gemäß § 6 Abs. 1 Z 9 lit. a UStG 1994. Gemeinnützige Sportvereinigungen können demnach sowohl bei Vermietungen und Verpachtungen von Grundstücken, die ansonsten gemäß § 6 Abs. 1 Z 16 UStG 1994 steuerfrei wären, als auch bei Grundstücksumsätzen, die ansonsten gemäß § 6 Abs. 1 Z 9 lit. a UStG 1994 steuerfrei wären, gemäß § 6 Abs. 2 UStG 1994 zur Steuerpflicht optieren. Wäre die Kleinunternehmerbefreiung anzuwenden, müsste zusätzlich gemäß § 6 Abs. 3 UStG 1994 darauf verzichtet werden. Zur Einschränkung der Optionsmöglichkeit im Zusammenhang mit der Steuerbefreiung gemäß § 6 Abs. 1 Z 16 UStG 1994 durch das 1. StabG 2012, BGBl. I Nr. 22/2012, siehe Rz 899a bis Rz 899c.

1.14.5 Sachsponsoring

886a Im Hinblick auf die Regelung des Art. 13 Teil A Abs. 1 lit. m der 6. EG-RL und die mit § 6 Abs.1 Z 14 UStG 1994 verfolgten Ziele kann von der Besteuerung der an gemeinnützige Sportvereine bzw. von gemeinnützigen Sportvereinen im Zusammenhang mit dem sog. Sachsponsoring erbrachten tauschähnlichen Umsätze Abstand genommen werden. Die Zurverfügungstellung von Ausrüstungsgegenständen, Leihe von Autos etc. an gemeinnützige Sportvereine bzw. die dafür von den gemeinnützigen Sportvereinen erbrachten Werbeleistungen brauchen daher weder als Leistungsaustausch noch als Eigenverbrauch erfasst werden.

1.15 Pflege- und Betreuungsleistungen

887 Gemäß § 6 Abs. 1 Z 15 UStG 1994 sind nur die Umsätze von natürlichen Personen befreit. Bei pflegebedürftigen Personen greift die Befreiung nur, wenn diese im Rahmen der Sozialhilfe bei Pflegefamilien untergebracht sind.

Ziel der Sozialhilfe ist es, jenen Personen die Führung eines menschenwürdigen Lebens zu ermöglichen, die dazu der Hilfe der Gemeinschaft bedürfen. Es findet im Einzelfall eine Bedürftigkeitsprüfung statt, auf den Grund der Bedürftigkeit kommt es nicht an. Das Pflegegeld hat hingegen den Zweck, in Form eines Beitrages pflegebedingte Mehraufwendungen pauschal abzugelten. Auf die Bedürftigkeit der pflegebedürftigen Person kommt es im Gegensatz zu den Leistungen im Rahmen der Sozialhilfe (zB nach dem Stmk. Sozialhilfegesetz (SHG), LGBl. Nr. 29/1998 idgF) nicht an. Andere Leistungen als das pauschale Pflegegeld sehen die Pflegegeldgesetze nicht vor.

Der Bezug von Pflegegeldern nach den einschlägigen gesetzlichen Vorschriften (vgl. zB Steiermärkisches Pflegegeldgesetz (LGBl. Nr. 80/1993 idgF) oder Bundespflegegeldgesetz (BPGG), BGBl. Nr. 110/1993 idgF) reicht daher für die Annahme einer „Unterbringung im Rahmen der Sozialhilfe" nicht aus, weil diese die Übernahme der Kosten oder Restkosten einer Unterbringung in einer stationären Einrichtung (= Pflegefamilie) nicht vorsehen (VwGH 18.11.2008, 2006/15/0129).

1.16 Vermietung und Verpachtung von Grundstücken

1.16.1 Allgemeines

888 Der Grundstücksbegriff des § 6 Abs. 1 Z 16 UStG 1994 richtet sich nach den Vorschriften des bürgerlichen Rechts (siehe § 6 Rz 775).

Zum Grundstück gehören auch die mit dem Grund und Boden verbundenen **wesentlichen Bestandteile**, das sind insbesondere das auf dem Grundstück errichtete Gebäude und Gebäudeteile. **Betriebsvorrichtungen**, die Bestandteil des Grundstücks sind, sind ausdrücklich von der Steuerbefreiung ausgenommen (siehe § 6 Rz 776, 777 und 780).

Einrichtungsgegenstände sind nur dann dem Grundstück zugehörig, wenn sie derart eng damit verbunden sind, dass sie entweder gar nicht oder nur durch eine unwirtschaftliche Vorgangsweise abgesondert werden könnten (VwGH 24.2.1992, 90/15/0146).

889 Steuerfrei ist auch die Vermietung und Verpachtung von Berechtigungen, auf welche die Vorschriften des bürgerlichen Rechts über Grundstücke Anwendung finden (siehe auch Rz 776 bis Rz 779). Es handelt sich dabei um Rechte, die nicht Bestandteil von Grundstücken sind, wie zB das Baurecht, Realapotheken und Mineralgewinnungsrechte. Das Jagd- und Fischereirecht und Leitungsdienstbarkeiten gehören nicht zu den grundstücksgleichen Rechten (zur Verpachtung von Fischereirechten vgl. VwGH 30.10.2014, 2011/15/0123 und EuGH 6.12.2007, Rs C-451/06, *Walderdorff*; **zum Jagdrecht vgl. VwGH 22.7.2015, 2011/13/0104**).

1.16.2 Vermietung und Verpachtung

890 Die Vermietung von Grundstücken besteht darin, dass der Vermieter eines Grundstücks dem Mieter gegen Zahlung des Mietzinses für eine vereinbarte Dauer das Recht überträgt, ein Grundstück so in Besitz zu nehmen, als ob er dessen Eigentümer wäre, und jede andere Person von diesem Recht auszuschließen (EuGH 12.6.2003, Rs C-275/01, *Sinclair Collis Ltd*; EuGH 08.05.2003, Rs C-269/00, *Seeling*). Die Dauer des Vertragsverhältnisses ist nicht von Bedeutung. Auch ist die Ausschließlichkeit des Gebrauches nicht erforderlich, Mitbenützung ist ausreichend (VwGH 23.2.1994, 94/13/0003). Auch die Untervermietung von Räumlichkeiten ist als Grundstücksvermietung zu betrachten. Weiters ist der Mietrechtsverzicht durch den Mieter gegen eine Abstandszahlung durch den Vermieter der Vermietung eines Grundstückes gleichzusetzen (EuGH 15.12.1993, Rs C-63/92, *Lubbock Fine*).

Bei der Übertragung der Rechte und Pflichten aus einem Mietvertrag (Nutzungsvertrag) auf einen Nachmieter ist zu unterscheiden, ob der Vor- oder der Nachmieter die sonstige Leistung zugunsten des jeweils anderen erbringt. Leistet der Vormieter dem Nachmieter ein Entgelt dafür, dass letzterer dem Übergang des Mietverhältnisses zustimmt (entgeltliche Übernahme des Mietverhältnisses), liegt keine Übertragung des Rechts auf Gebrauch eines Grundstückes vor (EuGH 9.10.2001, Rs C-108/99, *Cantor Fitzgerald International*). Erbringt der Vormieter die Leistung an den Nachmieter (dieser leistet ein Entgelt), so besteht die Leistung in der Übertragung des Rechts auf Gebrauch eines Grundstückes. In diesem Fall ist die sonstige Leistung als Vermietung und Verpachtung von Grundstücken anzusehen.

Bezieht sich die Leistung auf ein Grundstück für Wohnzwecke, kommt der ermäßigte Steuersatz gemäß § 10 Abs. 2 Z 3 lit. a UStG 1994 (bis 31.12.2015: § 10 Abs. 2 Z 4 lit. a UStG 1994) zur Anwendung (VwGH 20.3.2002, 99/15/0041). Die Vermietung eines Gebäudes, das dem Mieter (zB Reisebüro) zur Erzielung von Umsätzen aus der Beherbergung in eingerichteten Wohn- und Schlafräumen dient (zB Betrieb eines Hotels, einer Gästepension, eines Schüler- oder Studentenheimes), ist hingegen gemäß § 6 Abs. 1 Z 16 UStG 1994 steuerfrei (vgl. VwGH 23.9.2010, 2007/15/0245).

Mietkaufverträge, das sind Verträge, die dem Mieter eine Kaufoption unter Anrechnung des Mietzinses oder von Baukostenbeiträgen einräumen, bleiben bis zur Ausübung der Option Bestandverträge. Leasingverträge sind, soweit sie als Gebrauchsüberlassung zu beurteilen sind, Bestandverträge (siehe Rz 344 und 345).

Der Begriff der Vermietung von Grundstücken umfasst auch die Vermietung von Liegeplätzen für das Festmachen von Booten im Wasser sowie von Stellplätzen im Hafen für die Lagerung dieser Boote an Land (EuGH 3.3.2005, C-428/02, *Fonden Marselisborg Lystbådehavn*).

Zur Grundstücksvermietung durch Körperschaften des öffentlichen Rechts siehe Rz 265. Zur Ausnahme von der Steuerbefreiung siehe Rz 894 bis 898.

1.16.3 Gemischte Verträge

891 Ein gemischter Vertrag liegt vor, wenn er sowohl die Merkmale einer Vermietung als auch die Merkmale anderer Leistungen aufweist, ohne dass ein so starkes Zurücktreten der Merkmale der einen oder anderen Gruppe gegeben ist, dass sie umsatzsteuerrechtlich nicht mehr zu beachten wären (VwGH 16.12.1991, 90/15/0081; 12.11.1990, 90/15/0043). Bei einem gemischten Vertrag ist das **Entgelt** in einen auf die Grundstücksvermietung und einen auf die Leistungen anderer Art entfallenden Teil – erforderlichenfalls

§ 6 UStG

durch Schätzung – **aufzugliedern** (Campingplätze VwGH 16.3.1987, 85/15/0370; Messestandplätze VwGH 22.11.1965, 2379/64; Tennisplatzvermietung VwGH 18.11.1985, 84/15/0148).

891a In teilweiser Abweichung von Rz 891 gilt für Umsätze, die ab 1. Jänner 2004 ausgeführt werden, Folgendes:

Bei Umsätzen aus dem Betrieb von Tennisplätzen, Golfplätzen, Minigolfanlagen und anderen Sport- und Spielanlagen kann keine auf die Grundstücksvermietung entfallende, unecht steuerfreie Umsatzkomponente angesetzt werden, wenn vom leistenden Unternehmer außer der bloß „passiven" Zurverfügungstellung des Grundstückes (samt Anlagen) noch geschäftliche Tätigkeiten im Zusammenhang mit der Sport- oder Spielanlage, wie zB Aufsicht, Verwaltung, ständige Unterhaltung, erbracht werden (EuGH vom 18.1.2001, Rs C-150/99). Wird hingegen die gesamte Tennisplatz-, Golfplatzanlage und dgl. „passiv" zB einem Verein oder einer Gesellschaft, der/die die Anlage in der Folge betreibt, zur Nutzung überlassen, so kann eine Aufteilung des Entgelts in einen auf die (unecht steuerfreie) Grundstücksvermietung entfallenden und einen auf die anderen (steuerpflichtigen) Leistungen (einschließlich Überlassung der Betriebsvorrichtungen) entfallenden Entgeltsteil erfolgen.

1.16.4 Keine Grundstücksvermietung

892 Tritt die Grundstücksvermietung gegenüber der Hauptleistung vollkommen in den Hintergrund, so liegen keine Mietverträge vor und die Steuerbefreiung des § 6 Abs. 1 Z 16 UStG 1994 findet keine Anwendung. Dies trifft zB auf folgende Verträge zu:

Abbauverträge, wenn Entgeltsbemessung nach Umfang des abgebauten Materials (VwGH 3.11.1986, 85/15/0098), **Fitnesscenter** (VwGH 12.11.1990, 90/15/0062).

1.16.5 Nutzungsüberlassung

893 Die Überlassung der Nutzung an Geschäftsräumen und anderen Räumlichkeiten auf Grund von Nutzungsverträgen ist der Vermietung und Verpachtung von Grundstücken gleichgestellt. Derartige Nutzungsverträge werden vor allem von **Baugenossenschaften** abgeschlossen. In diesen wird Genossenschaftsmitgliedern die entgeltliche Nutzung von Räumlichkeiten eingeräumt. Die Steuerbefreiung ist aber nicht auf die Nutzungsüberlassung an Räumlichkeiten beschränkt, sondern umfasst Grundstücke ganz allgemein (VwGH 12.11.1990, 90/15/0024; 22.2.1988, 86/15/0123).

1.16.6 Ausnahmen von der Steuerbefreiung

894
- Die Vermietung oder Nutzungsüberlassung von Grundstücken für Wohnzwecke unterliegt dem ermäßigten Steuersatz (siehe Rz 1185 bis 1188), **der Eigenverbrauch ist vom 1.1.2004 bis 30.4.2004 hingegen steuerpflichtig und unterliegt dem Normalsteuersatz. Ab 1.5.2004 ist der Eigenverbrauch nicht steuerbar.**
- Die Umsätze aus Beherbergung und
- Camping unterliegen, ausgenommen der Eigenverbrauch, dem ermäßigten Steuersatz (siehe Rz 1378 und Rz 1379).
- Die Vermietung von Betriebsvorrichtungen und die Garagierung sind mit dem Normalsteuersatz zu versteuern.

1.16.7 Betriebsvorrichtungen bei der Vermietung von Sportanlagen

895 Bei der Nutzungsüberlassung von Sportanlagen ist die Leistung in einen steuerfreien Teil für die Vermietung des Grundstücks (falls diesbezüglich nicht zur Steuerpflicht optiert wird) und in einen steuerpflichtigen Teil für die Vermietung der Betriebsvorrichtungen aufzuteilen. Für Umsätze, die ab 1. Jänner 2004 ausgeführt werden, gilt dies nur im Falle der „passiven" Nutzungsüberlassung der Sportanlage (siehe § 6 Rz 891a).

1.16.8 Garagierung

896 Die Vermietung bzw. Nutzungsüberlassung von Räumlichkeiten oder Plätzen für das Abstellen von Fahrzeugen aller Art unterliegt dem Normalsteuersatz. Die Dauer des Abstellens (langfristig oder kurzfristig) ist ohne Bedeutung.

Unter den Begriff „**Fahrzeuge aller Art**" fallen sowohl Landfahrzeuge (zB Personen- und Kombinationskraftwagen, Rennwagen, Lkw, Busse, Spezialkraftfahrzeuge, Traktoren, Wohnmobile, Motorräder, Mopeds, Fahrräder und Anhänger jeder Art) als auch Wasserfahrzeuge (zB Boote, Yachten) sowie Luftfahrzeuge. Auch beschädigte und nicht fahrbereite Fahrzeuge sowie gebrauchte Fahrzeuge bzw. Fahrzeuge von historischem Wert („Oldtimer") gelten als Fahrzeuge im Sinne der gegenständlichen Bestimmung; nicht hingegen fallen schrottreife Fahrzeuge (Wracks) hierunter. Selbstfahrende Maschinen sind nicht als Fahrzeuge anzusehen.

897 Es ist gleichgültig, aus welchem Grunde und durch wen das Abstellen erfolgt. So unterliegt zB auch die **Vermietung von Fahrzeugabstellplätzen** an einen Unternehmer, der seinerseits andere Personen entgeltlich oder unentgeltlich (zB Kundenparkplatz) Fahrzeuge abstellen lässt, dem Normalsteuersatz. Ein „Abstellen von Fahrzeugen" liegt zB auch vor, wenn Fahrzeuge als Umlaufvermögen vom Fahrzeugimporteur vorübergehend auf einem Grundstück abgestellt werden. Tritt das Kriterium des „Abstellens von Fahrzeugen" gänzlich in den Hintergrund, wie zB bei Schauräumen von Autohändlern, Fahrradhändlern usw, Ausstellungsflächen von Gebrauchtwagenhändlern und dgl, so kommt die Steuerbefreiung zur Anwendung.

898 Für die Frage, ob eine vermietete (zur Nutzung überlassene) Räumlichkeit oder Grundfläche tatsächlich dem Abstellen von Fahrzeugen dient, ist nicht nur die vertragliche Vereinbarung, sondern auch die **tatsächliche Nutzung** maßgebend. Ist der Vertragsinhalt auf die Garagierung (Abstellung) von Fahrzeugen gerichtet, so ist grundsätzlich dieser Vertragsinhalt der umsatzsteuerrechtlichen Beurteilung zugrunde zu legen. Geht hingegen aus der vertraglichen Vereinbarung der Verwendungszweck der vermieteten Räumlichkeit (Grundfläche) nicht oder nicht eindeutig hervor oder scheint ein anderer Verwendungszweck als die Garagierung (Abstellung) von Fahrzeugen auf, dient aber die Räumlichkeit (Grundfläche) tatsächlich dem Abstellen von Fahrzeugen, so ist diese tatsächliche Verwendung maßgebend. Im Falle einer **gemischten Nutzung** ist eine Aufteilung des einheitlichen Entgeltes vorzunehmen, es sei denn, dass dem Abstellen von Fahrzeugen im Rahmen der Vermietung (Nutzungsüberlassung) der Räumlichkeit (Grundfläche) nur eine sehr untergeordnete Bedeutung zukommt.

1.16.9 Option zur Steuerpflicht

899 Rechtslage bis 31. August 2012

Der Unternehmer kann gemäß § 6 Abs. 2 UStG 1994 einen steuerfreien Umsatz aus der Vermietung von Grundstücken als steuerpflichtig behandeln. **Der Eigenverbrauch ist ab 1.5.2004 – da nicht steuerbar – von der Optionsmöglichkeit ausgenommen.** Im Falle der Option zur Steuerpflicht kommt der Normalsteuersatz zur Anwendung.

Siehe auch Rz 793 bis 800.

Allgemeines

899a Der leistende Unternehmer kann für jeden baulich abgeschlossenen, selbständigen Grundstücksteil, an dem Wohnungseigentum begründet werden könnte, auf die Anwendung der Steuerbefreiung verzichten, wenn der Mieter/Pächter das Grundstück/diesen Grundstücksteil nahezu ausschließlich (dh. zu mindestens 95%) für Umsätze verwendet, die dessen Berechtigung zum Vorsteuerabzug nicht ausschließen.

Beispiel 1:

V errichtet ein zweigeschossiges Gebäude und vermietet es wie folgt:
- die Räume des Erdgeschosses an einen Arzt;
- die Räume im 1. Obergeschoss an einen Rechtsanwalt.

Die Vermietungsumsätze des V sind von der Umsatzsteuer befreit (§ 6 Abs. 1 Z 16 UStG 1994). Die Geschosse des Gebäudes sind baulich abgeschlossene, selbständige Grundstücksteile. Die Frage der Option nach § 6 Abs. 2 UStG 1994 ist für jeden Grundstücksteil gesondert zu prüfen.

- Erdgeschoss: V kann auf die Steuerbefreiung nicht verzichten, weil der Arzt den Gebäudeteil für steuerfreie Umsätze verwendet, die den Vorsteuerabzug ausschließen. Die laufenden Mietentgelte sind steuerbefreit.
- 1. Obergeschoss: V kann auf die Steuerbefreiung verzichten, weil der Rechtsanwalt den Gebäudeteil für Umsätze verwendet, die zum Vorsteuerabzug berechtigen. In diesem Fall sind die laufenden Mietentgelte steuerpflichtig. Nutzt der Rechtsanwalt einen Teil des 1. Obergeschosses für private Wohnzwecke, unterliegt dieser gemäß § 10 Abs. 2 Z 3 lit. a UStG 1994 (bis 31.12.2015: § 10 Abs. 2 Z 4 lit. a UStG 1994) dem ermäßigten Steuersatz.

Beispiel 2:

V errichtet ein mehrgeschossiges Gebäude und vermietet es wie folgt:
- die Räume des Erdgeschosses an eine KöR zum Betrieb einer Schule;
- die Räume im 1. Obergeschoss an dieselbe KöR zum Betrieb eines steuerpflichtigen Kindergartens;
- die Räume im 2. Obergeschoss an dieselbe KöR zur Nutzung als Amtsgebäude. In diesem wird auch ein Raum durch den steuerpflichtige Umsätze erzielenden Abwasserverband genutzt.

Die Vermietungsumsätze des V sind von der Umsatzsteuer befreit (§ 6 Abs. 1 Z 16 UStG 1994). Die Geschosse des Gebäudes sind baulich abgeschlossene, selbständige Grundstücksteile. Die Frage der Option nach § 6 Abs. 2 UStG 1994 ist für jeden Grundstücksteil gesondert zu prüfen.

- Erdgeschoss: V kann auf die Steuerbefreiung nicht verzichten, weil die KöR den Gebäudeteil für hoheitliche Zwecke verwendet. Die laufenden Mietentgelte sind steuerbefreit.
- 1. Obergeschoss: V kann auf die Steuerbefreiung verzichten, weil die KöR den Gebäudeteil für Umsätze verwendet, die zum Vorsteuerabzug berechtigen. In diesem Fall sind die laufenden Mietentgelte steuerpflichtig.
- 2. Obergeschoss: V kann auf die Steuerbefreiung nicht verzichten, weil die KöR den Gebäudeteil nicht nahezu ausschließlich für Umsätze verwendet, die zum Vorsteuerabzug berechtigen.

Ein einmaliges Unterschreiten der 95%-Grenze auf bis zu 92,5% innerhalb eines Zeitraumes von 5 Jahren ist unbeachtlich. Hierbei ist vom Veranlagungszeitraum auszugehen.

Für die Vorsteueraufteilung durch den Leistungsempfänger (Mieter) gelten die allgemeinen Grundsätze. Bei Aufteilung der Vorsteuerbeträge gemäß § 12 Abs. 5 UStG 1994 können zur Berechnung der 95%-Grenze jedoch Umsätze, die nach § 15 UStG 1994 nicht einzurechnen sind, außer Ansatz gelassen werden.

Beispiel:

Ein Rechtsanwalt mietet seine Kanzleiräumlichkeiten vom Vermieter V. Der Anwalt veräußert eine seinem Unternehmen zugeordnete Liegenschaft (Zweitkanzleisitz) unecht steuerfrei (§ 6 Abs. 1 Z 9 lit. a UStG 1994) um 800.000 Euro. Seine Umsätze als Rechtsanwalt betragen 1.600.000 Euro.

Nach § 15 Abs. 3 UStG 1994 müssen bei der Aufteilung der Vorsteuerbeträge nach § 12 Abs. 5 Z 2 UStG 1994 auch steuerfreie Umsätze nach § 6 Abs. 1 Z 9 lit. a UStG 1994, wenn sie vom Unternehmer nur als Hilfsgeschäfte bewirkt werden, nicht in den Umsatzschlüssel einbezogen werden. Obwohl die Umsätze des Rechtsanwalts zu einem Drittel vom Vorsteuerabzug ausgeschlossen sind, kann der Vermieter weiterhin die Option nach § 6 Abs. 2 UStG 1994 in Anspruch nehmen.

Der Vermieter hat nachzuweisen, dass der Mieter/Pächter die gesetzlichen Voraussetzungen erfüllt. Dieser Nachweis ist an keine besondere Form gebunden. Er kann sich aus einer Bestätigung des Mieters, aus Bestimmungen des Mietvertrages oder aus anderen Unterlagen ergeben. Ständig wiederholte Bestätigungen des Mieters über die Verwendung des Grundstückes bzw. des Grundstücksteiles sind nicht erforderlich, solange beim Mieter keine Änderungen bei der Verwendung des Grundstückes zu erwarten sind.

§ 6 UStG

Eine Option zur Steuerpflicht ist jedenfalls möglich, wenn der Leistungsempfänger das Grundstück für Umsätze verwendet, die ihn zum Bezug einer Beihilfe nach § 1, § 2 oder § 3 Abs. 2 des Gesundheits- und Sozialbereich-Beihilfengesetzes, BGBl. Nr. 746/1996, berechtigen (§ 28 Abs. 38 Z 1 UStG 1994 idF 1. Stabilitätsgesetz 2012).

Baulich abgeschlossener Grundstücksteil

899b Ein baulich abgeschlossener, selbständiger Grundstücksteil ist ein solcher, an dem Wohnungseigentum begründet werden könnte.

Die Möglichkeit, Wohnungseigentum begründen zu können, ist dann nicht erforderlich, wenn das gesamte, vom Leistungsempfänger angemietete Grundstück (auch wenn es nicht parifiziert werden kann) nahezu ausschließlich (siehe Rz 899a) für steuerpflichtige Umsätze verwendet wird.

Beispiel 1:

V, der Eigentümer eines Einkaufszentrums, vermietet einen Standplatz in der Eingangshalle an einen voll vorsteuerabzugsberechtigten Unternehmer.

Obwohl eine Parifizierung des einzelnen Standplatzes nach WEG 2002 nicht möglich ist, kann der Vermieter hinsichtlich des konkreten Vermietungsumsatzes zur Steuerpflicht optieren, verwendet der Mieter den Standplatz doch ausschließlich zur Erzielung steuerpflichtiger Umsätze.

Beispiel 2:

Der Rechtsanwalt V untervermietet einen Raum seines von X angemieteten Bürogebäudes an einen anderen Unternehmer, der ausschließlich steuerpflichtige Umsätze ausführt. An diesem Raum kann Wohnungseigentum nicht begründet werden. Die Mieteinnahmen des V betragen 30% des gesamten, mit dem Büro erzielten Umsatzes.

V kann gemäß § 6 Abs. 2 UStG 1994 hinsichtlich der Vermietung zur Steuerpflicht optieren. Tut er dies nicht (und vermietet er den Raum gemäß § 6 Abs. 1 Z 16 UStG 1994 steuerfrei), so besteht wegen Unterschreitens der 95%-Grenze durch V auch für X nicht mehr die Möglichkeit, die Vermietung an V nach § 6 Abs. 2 UStG 1994 steuerpflichtig zu behandeln.

Anwendungsbereich der Neuregelung

899c Die Neuregelung ist auf Miet- und Pachtverhältnisse anzuwenden, die nach dem 31. August 2012 beginnen. Maßgeblich ist nicht der Zeitpunkt des Vertragsabschlusses, sondern die faktische Begründung des Miet- bzw. Pachtverhältnisses, somit die tatsächliche Innutzungnahme des Gebäudes bzw. Gebäudeteiles. Ein Wechsel auf Mieter- oder Vermieterseite begründet für Umsatzsteuerzwecke ein neues Miet- bzw. Pachtverhältnis. Dies gilt mangels Unternehmeridentität auch dann, wenn der Wechsel im Zuge einer nicht steuerbaren Rechtsnachfolge (zB Erbfolge, Umgründung) erfolgt. Kein Mieter- oder Vermieterwechsel liegt hingegen vor, wenn im Rahmen einer Umgründung die Unternehmeridentität erhalten bleibt. Dies ist insbesondere der Fall, wenn im Rahmen eines Zusammenschlusses neue Gesellschafter in eine bestehende Personengesellschaft aufgenommen werden, in deren Betriebsvermögen sich bereits das vermietete Grundstück befindet. Unternehmeridentität liegt auch vor bei einer Verschmelzung zur Aufnahme, wenn sich das vermietete Grundstück bereits im Betriebsvermögen der aufnehmenden Gesellschaft befindet, sowie bei einer Abspaltung oder Abteilung, wenn das vermietete Grundstück bei der abspaltenden/abteilenden Gesellschaft verbleibt. Unternehmeridentität und daher kein Vermieterwechsel liegt weiters vor, wenn die Änderung auf Vermieterseite innerhalb einer Organschaft stattfindet, die bei Begründung des Mietverhältnisses schon bestanden hat. Entsteht die Organschaft erst nach Begründung des Mietverhältnisses, kann ein Vermieterwechsel nur ausgeschlossen werden, wenn sich das Mietobjekt vor Entstehung der Organschaft bereits im Betriebsvermögen des Organträgers befand. Die dargestellte Wirkung der Organschaft gilt analog für die Prüfung des Vorliegens eines Wechsels auf Mieterseite. Ebenso liegt Unternehmeridentität und daher kein Vermieterwechsel vor, wenn eine Schenkung unter Vorbehalt des Fruchtgenusses erfolgt und die

Vermietung durch den bisherigen Eigentümer und nunmehr Fruchtgenussberechtigten erfolgt. Wird ein Mietvertrag durch einseitige Willenserklärung oder durch zweiseitige Willenseinigung verlängert, liegt kein neues Miet- bzw. Pachtverhältnis vor, wenn die Vertragsverlängerung ohne zeitliche Unterbrechung erfolgt.

Unter die Neuregelung fallen – unabhängig vom Vorliegen eines aufrechten Miet- bzw. Pachtverhältnisses – nur jene Fälle, in denen mit der Errichtung des Gebäudes durch den Unternehmer nicht bereits vor dem 1. September 2012 begonnen wurde. Beginn der Errichtung ist der Zeitpunkt, in dem bei vorliegender Baubewilligung mit der Bauausführung tatsächlich begonnen wird, also tatsächliche handwerkliche Baumaßnahmen erfolgen (zB Ausheben der Baugrube). Da die tatsächliche Bauausführung erst mit am Objekt vorgenommenen Baumaßnahmen (zB erster – nicht bloß symbolischer – Spatenstich) beginnt, zählen vorgelagerte Planungs-, Projektierungs- und Abbrucharbeiten nicht zur Errichtung des Gebäudes. Zur Errichtung zählt nicht nur der Beginn, sondern auch die fortgesetzte Bautätigkeit bis zum Abschluss der Bauarbeiten. Maßgeblich ist dabei, ob die Errichtung von Beginn bis zur Innutzungnahme als einheitlicher Vorgang betrachtet werden kann.

Beispiel:
V errichtet im Jahr 2013 ein Betriebsgebäude, welches er noch im gleichen Jahr an eine (nicht voll zum Vorsteuerabzug berechtigte) Versicherung vermietet.

V kann auf die Befreiung nicht verzichten, da weder das Mietverhältnis noch die Errichtung vor dem 1. September 2012 begonnen haben.

Dass ein Gebäude in mehreren Bauabschnitten errichtet wird, hindert die Annahme eines durchgängigen Errichtungsvorganges nicht von vornherein. Voraussetzung ist aber jedenfalls, dass für alle Bauabschnitte bereits vor dem 1. September 2012 eine Baubewilligung vorliegt und zumindest für den ersten Bauabschnitt bereits eine Errichtungshandlung gesetzt wurde. Zur Errichtung zählt nicht nur der Beginn, sondern auch die fortgesetzte Bautätigkeit bis zum Abschluss der Bauarbeiten. Maßgeblich ist dabei, ob die Errichtung von Beginn bis zur Innutzungnahme als einheitlicher Vorgang betrachtet werden kann.

Sanierungsmaßnahmen, die nach dem 31. August 2012 gesetzt werden, führen zu keiner Änderung des bestehenden Mietverhältnisses und zu keiner (Neu)Errichtung. Entsteht allerdings durch einen nach dem 31. August 2012 getätigten Herstellungsaufwand ein neuer oder ein neu nutzbarer gemachter baulich abgeschlossener Gebäudeteil (zB Zu- oder Anbau; Gebäudeaufstockung), ist insoweit von einer Änderung des Mietverhältnisses und einer (Neu)Errichtung auszugehen, sodass für diese Aufwendungen der Vorsteuerabzug ausgeschlossen ist, wenn der Vermieter gemäß § 6 Abs. 2 letzter Satz UStG 1994 idF 1. StabG 2012 nicht zur Steuerpflicht optieren darf. Dasselbe gilt für Fälle, in denen nach dem Gesamtbild von einer Neuerrichtung auszugehen ist (zB Entkernung unter Erhalt der Fassade oder der Außenwände).

Hat der Vermieter das Gebäude nicht errichtet, sondern erworben, so gilt die Neuregelung für alle Miet- und Pachtverhältnisse, die ab dem 1. September 2012 beginnen. Dies gilt auch dann, wenn der Erwerb durch den Vermieter vor dem 1. September 2012 erfolgte.

Beispiel:
V erwirbt im Jahr 2004 ein Betriebsgebäude, welches er noch im gleichen Jahr an eine (nicht voll zum Vorsteuerabzug berechtigte) Versicherung steuerpflichtig vermietet. 2013 kommt es zu einem Mieterwechsel.

V kann auf die Befreiung hinsichtlich des neuen Mietverhältnisses nicht verzichten, da es nach dem 31. August 2012 begründet wurde und er selbst mit der Errichtung des Gebäudes nicht vor dem 1. September 2012 begonnen hat.

1.16.10 Vorsteuerabzug im Hinblick auf eine zukünftige Option

900 Hat ein Unternehmer in einem Veranlagungszeitraum keine steuerfreien Umsätze ausgeführt, sind aber Vorsteuern angefallen, die mit späteren Umsätzen dieser Art in Zusammenhang stehen, so hat der Vorsteuerabzug insoweit von vornherein zu unterbleiben. Umgekehrt können Vorsteuern, die den zum Abzug berechtigenden Umsätzen zuzurechnen sind, bei Vorliegen der sonstigen Voraussetzungen bereits abgezogen werden, bevor die entsprechenden Umsätze ausgeführt werden.

Will der Unternehmer im Hinblick auf eine von ihm vorzunehmende Option bereits vor der Ausführung des Umsatzes den Vorsteuerabzug in Anspruch nehmen, ist dies nur dann möglich, wenn er darlegen kann (zB durch entsprechende Vorvereinbarungen mit zukünftigen Mietern oder anhand anderer über eine bloße Absichtserklärung hinausgehender Umstände), dass im Zeitpunkt des Bezuges der Vorleistung die Wahrscheinlichkeit einer bevorstehenden steuerpflichtigen Vermietung mit größerer Sicherheit anzunehmen war als der Fall einer steuerbefreiten Vermietung oder der Fall des Unterbleibens einer Vermietung (VwGH 13.9.2006, 2002/13/0063). Dies gilt auch für den Umstand, dass der Mieter das Mietobjekt nahezu ausschließlich (siehe Rz 899a bis Rz 899c) für Umsätze verwenden wird, die seine Berechtigung zum Vorsteuerabzug nicht ausschließen.

901 Hinsichtlich der Gewährung des Vorsteuerabzuges ist jeder Veranlagungszeitraum für sich zu beurteilen. Ist im Zeitpunkt des Bezuges der Vorleistung der Zusammenhang noch nicht sicher, klären sich aber die Verhältnisse noch im Laufe des Veranlagungszeitraumes, so ist auf diese Verhältnisse abzustellen. Stellt sich in einem späteren Veranlagungszeitraum (aber vor dem Veranlagungszeitraum der tatsächlichen Leistung) heraus, dass der zukünftige Umsatz anders zu beurteilen ist (wird zB eine verbindliche Vereinbarung hinsichtlich der Ausübung der Option erst in einem späteren Veranlagungszeitraum geschlossen oder eine entsprechende Vereinbarung rückgängig gemacht), so ist der Vorsteuerabzug für eine Leistung dieses (und der folgenden) Veranlagungszeitraumes(-räume) nach der neuen Beurteilung zu gewähren oder zu versagen. Hinsichtlich des Vorsteuerabzuges des (bzw. der) vorangegangenen Veranlagungszeitraumes(-räume) tritt bereits im Voranmeldungs-(Veranlagungs-)Zeitraum der nach außen hin erkennbaren, klar bestimmten und verbindlichen Absichtsänderung eine Änderung der Verhältnisse iSd des § 12 Abs. 11 UStG 1994 ein und nicht erst im Voranmeldungs-(Veranlagungs-)Zeitraum des tatsächlichen Erzielens eines (Vermietungs-)Umsatzes (VwGH 11.11.2008, 2006/13/0070).

Beispiel:

Im Jahre 2008 errichtet der Unternehmer ein Gebäude, in dem Geschäftslokale vermietet werden sollen.

Im Hinblick auf die steuerfreie Grundstücksvermietung steht ihm ein Vorsteuerabzug nicht zu.

Im Jahre 2009 (vor Ablauf des Veranlagungszeitraumes – ist das Kalenderjahr Veranlagungszeitraum: bis zum 31.Dezember) schließt U mit den zukünftigen Mietern die Vereinbarung, dass er zur Steuerpflicht optieren wird.

Im Hinblick auf den – durch die nach außen hin erkennbaren und verbindlichen Vereinbarungen – nunmehr gegebenen Zusammenhang mit einer zukünftigen steuerpflichtigen Vermietung steht dem Unternehmer der Vorsteuerabzug für Errichtungskosten, die das Jahr 2009 betreffen, schon im Voranmeldungs- bzw. Veranlagungszeitraum 2009 zu. Zudem liegt hinsichtlich der im Jahr 2008 angefallenen und diese Geschäftslokale betreffenden Vorsteuern bereits im Jahr 2009 und nicht erst im Jahr der Fertigstellung und Umsatzerzielung eine Änderung der Verhältnisse gemäß § 12 Abs. 11 UStG 1994 vor und kann eine Vorsteuerberichtigung somit zur Gänze bereits im Veranlagungsjahr 2009 vorgenommen werden.

Im Jahre 2010 ist das Gebäude fertig gestellt und es kommt zu steuerpflichtigen Vermietung.

Dem Unternehmer steht der Vorsteuerabzug hinsichtlich der Vorsteuern des Jahres 2010 zu.

Randzahlen 902 bis 921: Derzeit frei.

1.17 Wohnungseigentumsgemeinschaften
1.17.1 Allgemeines

922 Steuerfrei sind die Leistungen von Wohnungseigentumsgemeinschaften, ausgenommen für Wohnzwecke (siehe Rz 1214 bis Rz 1217).

Werden in einem Gebäude, an dem Wohnungseigentum besteht, ein Teil der Wohnungen zu Wohnzwecken und ein Teil zu anderen Zwecken, zB als Geschäftslokale, genutzt, so sind nur die Leistungen an die Wohnungseigentümer, die die Wohnungen zu anderen Zwecken nutzen, steuerfrei. Für die Leistungen an die Wohnungseigentümer, die die Wohnung für Wohnzwecke nutzen, kommt grundsätzlich der ermäßigte Steuersatz zur Anwendung.

Besteht an Garagen oder Abstellplätzen Wohnungseigentum, so sind die damit im Zusammenhang stehenden an die Wohnungseigentümer weiterverrechneten Kosten steuerfrei, weil diese Liegenschaftsteile nicht Wohnzwecken dienen. Ab 1.1.2016 entfällt durch das StRefG 2015/2016 die Steuerbefreiung für Garagen und Abstellplätze für Fahrzeuge aller Art. Demnach sind die damit im Zusammenhang stehenden und an die Wohnungseigentümer weiterverrechneten Kosten mit dem Normalsteuersatz zu besteuern.

1.17.2 Option zur Steuerpflicht

923 Gemäß § 6 Abs. 2 UStG 1994 hat die Wohnungseigentumsgemeinschaft die Möglichkeit zur Steuerpflicht zu optieren. In diesem Fall kommt der Normalsteuersatz zur Anwendung.

Wird der Miteigentumsanteil, mit dem Wohnungseigentum untrennbar verbunden ist, nach dem 31. August 2012 erworben (wobei auf die Einverleibung im Grundbuch gemäß § 5 WEG 2002 abzustellen ist), kann die Wohnungseigentumsgemeinschaft von der Option nur Gebrauch machen, soweit der Leistungsempfänger das Grundstück oder einen baulich abgeschlossenen, selbständigen Teil des Grundstücks nahezu ausschließlich (siehe Rz 899a bis Rz 899c) für Umsätze verwendet, die den Vorsteuerabzug nicht ausschließen. Keine Optionsmöglichkeit besteht daher auch für Umsätze gemäß § 6 Abs. 1 Z 17 UStG 1994 im Zusammenhang mit im Wohnungseigentum stehenden privat genutzten Fahrzeugabstellplätzen.

1.18 Kranken- und Pflegeanstalten, Altersheime, Kuranstalten
1.18.1 Allgemeines

924 Befreit sind die im § 6 Abs. 1 Z 18 UStG 1994 genannten Leistungen soweit sie von Körperschaften des öffentlichen Rechts bewirkt werden. Die Befreiung gilt auch für gleichartige Umsätze, soweit sie von gemeinnützigen, mildtätigen oder kirchlichen Rechtsträgern gemäß §§ 34 – 47 BAO erbracht werden (§ 6 Abs. 1 Z 25 UStG 1994). Werden die Leistungen nicht von Körperschaften öffentlichen Rechts oder von den nach §§ 34 – 47 BAO begünstigten Rechtsträger betrieben, unterliegen sie dem ermäßigten Steuersatz gemäß § 10 Abs. 2 Z 8 UStG 1994 (bis 31.12.2015: § 10 Abs. 2 Z 15 UStG 1994) (siehe Abschn. 10.2.8.).

Option zur Steuerpflicht

925 Gemäß Art. XIV Z 1 des BGBl. Nr. 21/1995 idF BGBl. Nr. 756/1996, kann der Unternehmer, der gemäß § 6 Abs. 1 Z 18 UStG 1994 steuerfreie Umsätze ausführt, soweit sie sich auf Pflegeanstalten, Alters-, Blinden- und Siechenheime beziehen (nicht für Krankenanstalten und Kuranstalten), **zur Steuerpflicht optieren**. Voraussetzung ist, dass

- die Körperschaft, Personenvereinigung oder Vermögensmasse bei dem für die Erhebung der USt zuständigen Finanzamt eine schriftliche Erklärung abgibt, dass sie ihre Betätigung
    - in erheblichem Umfang privatwirtschaftlich organisiert und ausgerichtet hat und
    - die Steuerbefreiung zu größeren Wettbewerbsverzerrungen führen könnte, oder
- das Bundesministerium für Finanzen mit Bescheid feststellt, dass Umstände im Sinne des vorstehenden Punktes vorliegen.

§ 6 UStG

Die **schriftliche Erklärung** sowie der Bescheid des BM für Finanzen können nur abgeändert oder aufgehoben werden, wenn nachgewiesen wird, dass sich die hiefür maßgeblichen Verhältnisse gegenüber jenen im Zeitpunkt der Abgabe der Erklärung oder der Erlassung des Bescheides verändert haben.

1.18.2 Kranken- und Pflegeanstalten

Begriff

926 Als Kranken- und Pflegeanstalten im Sinne dieser Bestimmung sind vor allem sämtliche Einrichtungen anzusehen, die unter das Krankenanstalten- und Kuranstaltengesetz (KAKuG), BGBl. Nr. 1/1957 idgF, fallen. Gemäß § 1 KAKuG sind unter Krankenanstalten (Heil- und Pflegeanstalten) Einrichtungen zu verstehen, die zur Feststellung **und Überwachung des Gesundheitszustands durch Untersuchung, zur Vornahme operativer Eingriffe, zur Vorbeugung, Besserung und Heilung von Krankheiten durch Behandlung, zur Entbindung, für Maßnahmen medizinischer Fortpflanzungshilfe, zur Bereitstellung von Organen zum Zweck der Transplantation oder zur ärztlichen Betreuung und besonderen Pflege von chronisch Kranken bestimmt sind.**

927 Im Einzelnen gehören dazu:
- allgemeine Krankenanstalten, das sind Krankenanstalten für **Personen** ohne Unterschied de**s Geschlechts,** des Alters **oder der Art der ärztlichen Betreuung iSd § 1** KAKuG einschließlich der Universitätskliniken;
- Sonderheilanstalten, das sind Anstalten für die **Untersuchung und** Behandlung **von Personen mit** bestimmten Krankheiten (zB Anstalten für Lungenkrankheiten, **für psychische Krankheiten, für** Nervenkrankheiten, **Rehabilitationszentren oder Geburtenkliniken) oder von Personen** bestimmter Altersstufen (zB Kinderspitäler, **geriatrische Spitäler**) oder für bestimmte Zwecke (zB **Intensivspitäler, Unfallspitäler**);
- Pflegeanstalten für **chronisch** Kranke, die ärztlicher **Betreuung** und besonderer Pflege bedürfen;
- Sanatorien, das sind Krankenanstalten, die durch ihre besondere Ausstattung höheren Ansprüchen hinsichtlich Verpflegung und Unterbringung entsprechen;
- selbständige Ambulatorien (Röntgeninstitute, Zahnambulatorien und ähnliche Einrichtungen), das sind organisatorisch selbständige Einrichtungen, die der Untersuchung **oder** Behandlung **von Personen dienen, die einer Aufnahme in Anstaltspflege nicht bedürfen. Ein selbständiges Ambulatorium kann auch über eine angemessene Zahl von Betten verfügen, die für eine kurzfristige Unterbringung zur Durchführung ambulanter diagnostischer und therapeutischer Maßnahmen unentbehrlich ist.**

Begünstigte Leistungen

928 Befreit sind nur solche Leistungen, die unmittelbar mit der Krankenbehandlung zusammenhängen. Die Umsätze dürfen im Wesentlichen nicht dazu bestimmt sein, den Einrichtungen zusätzliche Einnahmen durch Tätigkeiten zu verschaffen, die in unmittelbarem Wettbewerb zu steuerpflichtigen Umsätzen anderer Unternehmer stehen. Zu den unter § 6 Abs. 1 Z 18 UStG 1994 fallenden Umsätze der Krankenanstalten gehören – unter den vorstehend angeführten Voraussetzungen – insbesondere
- die stationäre oder teilstationäre Aufnahme von Patienten, deren ärztliche und pflegerische Betreuung einschließlich der Lieferungen der zur Behandlung erforderlichen Medikamente;
- die Behandlung und Versorgung ambulanter Patienten;
- die auf ärztliche Anordnung erfolgende Vornahme von – der Untersuchung und der vorbeugenden Beobachtung der Patienten dienenden – medizinischen Analysen durch ein anstaltseigenes Labor;
- die Hauskrankenpflege, die von einer Kranken- bzw. Pflegeanstalt durchgeführt wird;
- die Lieferungen von Körperersatzstücken und orthopädischen Hilfsmitteln, soweit sie unmittelbar mit einer Heilbehandlung durch das Krankenhaus im Zusammenhang stehen;

§ 6 UStG

- die Überlassung von medizinisch-technischen Geräten und damit verbundene Gestellungen von medizinischem Hilfspersonal, zB Computer-Tomograph an angestellte Ärzte für deren selbständige Tätigkeit an Krankenhäusern und an niedergelassene Ärzte zur Mitbenutzung;
- die Abgabe von ärztlichen Gutachten;
- die Gestellung von Ärzten und von medizinischem Hilfspersonal durch Krankenhäuser an andere Krankenhäuser;
- die Gewährung von Beherbergung, Verköstigung und sonstigen Naturalleistungen an das Personal; die Beherbergung von Personal nur insoweit, als es sich dabei um die Zurverfügungstellung von Bereitschaftsräumen oder Schlafstellen, nicht jedoch um die Vermietung von Wohnungen, eingerichteten Appartements oder die Zurverfügungstellung von Dienstwohnungen handelt. Das gilt auch dann, wenn die Leistungen nicht Vergütungen für geleistete Dienste sind;
- die Lieferungen von Gegenständen des Anlagevermögens, zB Röntgeneinrichtung, Krankenfahrstühle und sonstige Einrichtungsgegenstände.

Die folgenden – gegen gesondertes Entgelt erbrachten – Umsätze stellen nur dann mit der Krankenhausbehandlung und der ärztlichen Heilbehandlung eng verbundene Umsätze im Sinne dieser Vorschrift dar, wenn diese Leistungen zur Erreichung der mit der Krankenhausbehandlung und der ärztlichen Heilbehandlung verfolgten therapeutischen Ziele unerlässlich sind und nicht im Wesentlichen dazu bestimmt sind, ihrem Erbringer zusätzliche Einnahmen durch die Erzielung von Umsätzen zu verschaffen, die in unmittelbarem Wettbewerb mit Umsätzen der Mehrwertsteuer unterliegender gewerblicher Unternehmen getätigt werden (EuGH 1.12.2005, C-394/04 und C-395/04, „Ygeia"):
- die Zurverfügungstellung eines Telefons;
- die Vermietung von Fernsehgeräten an Krankenhauspatienten durch Einrichtungen iSd Befreiungsvorschrift (zB Krankenanstalten) sowie
- die Unterbringung und Verpflegung von Begleitpersonen von Patienten durch derartige Einrichtungen.

929 Nicht unter die Befreiung des § 6 Abs. 1 Z 18 UStG 1994 fallen zB:
- Kantinenumsätze;
- die Beherbergung und Verköstigung von Personen, die Kranke besuchen. Unter § 6 Abs. 1 Z 18 UStG 1994 fällt jedoch die Unterbringung und Verköstigung der notwendigen Begleitperson eines Kranken unter den in § 6 Rz 928 genannten Voraussetzungen;
- die Lieferungen von Speisen und Getränken an Besucher;
- die Lieferungen von Arzneimitteln in anderen als den unter der § 6 Rz 928 genannten Fällen (nicht unter die Befreiung fallen zB Arzneimittellieferungen an Besucher oder von einer Krankenhausapotheke an Krankenhäuser anderer Träger).

Umfang der Befreiung – Nebenleistungen

930 Eng verbundene Leistungen und daher unter die Steuerbefreiung des § 6 Abs. 1 Z 18 in Verbindung mit Z 25 UStG 1994 zu subsumieren sind:
- Krankengeschichten – die (entgeltliche) Herstellung von Abschriften durch Krankenanstalten;
- Forschungsarbeiten, die von Krankenhäusern im Auftrag von Firmen, Vereinen oder öffentlichen Institutionen erbracht werden, können als „mit dem Betrieb von Krankenhäusern eng verbunden" angesehen werden;
- (zusätzliche) Entgelte, die von Firmen, Vereinen bzw. öffentlichen Institutionen für die bessere Patientenbetreuung geleistet werden.

931 Eine Krankenanstalt und eine an dieser errichteten Krankenpflegeschule mit Schwesternheim bilden einen einheitlichen Betrieb gewerblicher Art. Die Tätigkeit der einer Krankenanstalt angeschlossenen Krankenpflegeschule (mit Schwesternheim) kann nicht unter § 6 Abs. 1 Z 18 UStG 1994 subsumiert werden. Für diese Tätigkeit kommt bei Zutreffen der gesetzlichen Voraussetzungen (**insbesondere der Gemeinnützigkeit**) eine Besteuerung nach § 10 Abs. 2 Z 4 UStG 1994 (**bis 31.12.2015:** § 10 Abs. 2 Z 7 UStG 1994**)** in Betracht.

Die Kostenersätze gemäß § 55 KAKuG („klinischer Mehraufwand") fallen nicht unter die Befreiungsbestimmung des § 6 Abs. 1 Z 18 UStG 1994. Diese Kostenersätze unterliegen gemäß § 10 Abs. 2 Z 4 UStG 1994 (bis 31.12.2015: § 10 Abs. 2 Z 7 UStG 1994) dem ermäßigten Steuersatz.

1.18.3 Alters-, Blinden- und Siechenheime

932 Neben den Kranken- und Pflegeanstalten fallen auch Alters-, Blinden- und Siechenheime, also Einrichtungen, in denen alte, blinde oder körperlich nachhaltig behinderte Menschen nicht nur vorübergehend aufgenommen und versorgt werden, unter die Begünstigung, wobei weder eine besondere Pflege oder ärztliche Betreuung der Patienten noch der Status der Gemeinnützigkeit Voraussetzung für die Befreiung sind. Der Umfang der Befreiung entspricht ebenso wie die Frage der unmittelbaren Verbundenheit mit den begünstigten Leistungen den bei den Krankenanstalten ausgeführten Grundsätzen.

1.18.4 Kuranstalten und Kureinrichtungen

933 Unter Kuranstalten und Kureinrichtungen sind Einrichtungen zu verstehen, die der stationären oder ambulanten Anwendung medizinischer Behandlungsarten dienen, die sich aus den ortsgebundenen Heilvorkommen oder dessen Produkten ergeben. Sie bedürfen für ihre Inbetriebnahme der Bewilligung der Landesregierung. Als natürliche Heilvorkommen gelten insbesondere Heilquellen, Heilmoor, Heilschlamm und Heilschlick und die Heilfaktoren, wie Klima, Lage, Höhe und dgl., während unter Kurorten Gebiete verstanden werden, in denen behördlich anerkannte Heilvorkommen ortsgebunden genützt werden und die hiefür erforderlichen Kureinrichtungen bestehen. Unmittelbar mit der Kurbehandlung im Zusammenhang stehen auch Zusatztherapien unabhängig davon, ob sie ärztlich verordnet wurden.

Randzahlen 934 bis 940: Derzeit frei.

1.19 Ärzte
1.19.1 Allgemeines

941 Befreit sind die Umsätze aus der Tätigkeit als
- Arzt (im Sinne des Ärztegesetzes 1998, BGBl. I Nr. 169/1998),
- Zahnarzt oder Dentist (im Sinne des Zahnärztegesetzes BGBl. I Nr. 126/2005),
- Psychotherapeut (im Sinne des Psychotherapiegesetzes, BGBl. Nr. 361/1990; aber auch aus selbständig ausgeübter therapeutischer Tätigkeit als Gesundheitspsychologe und klinischer Psychologe im Sinne des Psychologengesetzes, BGBl. Nr. 360/1990),
- Hebamme (im Sinne des Hebammengesetzes, BGBl. Nr. 310/1994),
- freiberuflich Tätiger im Sinne des § 35 Abs. 1 Z 1 iVm § 11 Gesundheits- und Krankenpflegegesetz (GuKG), BGBl. I Nr. 108/1997,
- freiberuflich Tätiger im Sinne des § 7 Abs. 1 in Verbindung mit § 1 Z 1 bis 7 des Bundesgesetzes BGBl. Nr. 460/1992 (Bundesgesetz über die Regelung der gehobenen medizinisch-technischen Dienste – MTD-Gesetz. Die Steuerbefreiung umfasst alle im § 1 Z 1 bis 7 des MTD-Gesetzes genannten gehobenen medizinisch-technischen Dienste; das sind der physiotherapeutische Dienst, der medizinisch-technische Laboratoriumsdienst, der radiologisch-technische Dienst, der Diätdienst und ernährungsmedizinische Beratungsdienst, der ergotherapeutische Dienst, der logopädisch-phoniatrisch-audiologische Dienst und der orthoptische Dienst,
- freiberuflich tätiger Heilmasseur im Sinne des § 45 Z 1 iVm § 29 Medizinischer Masseur- und Heilmasseurgesetz (MMHmG), BGBl. I Nr. 169/2002. Der Beruf des Heilmasseurs umfasst die eigenverantwortliche Durchführung von klassischer Massage, Packungsanwendungen, Thermotherapie, Ultraschalltherapie und Spezialmassagen zu Heilzwecken nach ausschließlich ärztlicher Anordnung. Nähere Regelungen zu den Voraussetzungen bzw. zur Ausübung der freiberuflichen Tätigkeit durch einen Heilmasseur enthält § 46 MMHmG,
- sonstige Leistungen von Gemeinschaften dieser Berufsgruppen an ihre Mitglieder (Praxisgemeinschaften).

Unter die ärztlichen Umsätze fällt nicht die Tätigkeit der Tierärzte. Diese Umsätze unterliegen dem Normalsteuersatz.

Die Steuerbefreiung für ärztliche und arztähnliche Leistungen ist von der Rechtsform des Unternehmers unabhängig (siehe dazu Rz 958).

1.19.2 Tätigkeit als Arzt

942 „Tätigkeit als Arzt" ist die Ausübung der Heilkunde unter der Berufsbezeichnung „Arzt" oder „Ärztin". Die Ausübung des ärztlichen Berufes umfasst gemäß § 2 Abs. 2 Ärztegesetz 1998, BGBl. I Nr. 169/1998 idgF jede auf medizinisch-wissenschaftlichen Erkenntnissen begründete Tätigkeit, die unmittelbar am Menschen oder mittelbar für den Menschen ausgeführt wird. Die Tätigkeit als Arzt im Sinne des § 6 Abs. 1 Z 19 UStG 1994 umfasst auch die Tätigkeit der Gerichtsmediziner. Dasselbe gilt für die gemäß § 3 Abs. 3 Ärztegesetz 1998, BGBl. I Nr. 169/1998, in Ausbildung zum Arzt für Allgemeinmedizin oder zum Facharzt befindlichen Ärzte (Turnusärzte), die in einem Dienstverhältnis zu einer Krankenanstalt stehen, soweit sie in Ausübung ihrer ärztlichen Tätigkeit Entgelte vereinnahmen, die gemäß § 22 Z 1 lit. b EStG 1988 zu den Einkünften aus selbständiger Arbeit zählen und hinsichtlich derer der in Ausbildung befindliche Arzt gemäß § 2 Abs. 6 UStG 1994 als Unternehmer gilt.

Hinsichtlich der Tätigkeiten der Betriebsärzte gelten die Ausführungen zu den arbeitsmedizinischen Leistungen in Rz 948 sinngemäß.

Die in der Heilbehandlung der Betriebsärzte bestehenden Leistungen sind nach § 6 Abs. 1 Z 19 UStG 1994 steuerbefreit.

Zur Tätigkeit als Arzt gehören auch ästhetisch-plastische Leistungen (Operationen und Behandlungen) mit medizinischer Indikation iSd § 3 Abs. 1 Z 4 ÄsthOpG, BGBl. I Nr. 80/2012, sowie Schwangerschaftsabbrüche, wenn ein therapeutisches Ziel im Vordergrund steht. Die Beurteilung des Vorliegens dieser Voraussetzung obliegt dem behandelnden Arzt. Diese Beurteilung, die durch die Erklärung als steuerfreie Arztleistung dokumentiert wird, ist für die Finanzverwaltung bindend.

943 Die Tätigkeit eines Zahnarztes besteht in der berufsmäßigen Ausübung der Zahnheilkunde. Der zahnärztliche Beruf umfasst gemäß § 4 Abs. 2 Zahnärztegesetz, BGBl. I Nr. 126/2005 idgF jede auf zahnmedizinisch-wissenschaftlichen Erkenntnissen begründete Tätigkeit einschließlich komplementär- und alternativmedizinischer Heilverfahren, die unmittelbar am Menschen oder mittelbar für den Menschen ausgeführt wird.

Als Dentist (§§ 57 ff Zahnärztegesetz, BGBl. I Nr. 126/2005), wird derjenige anzusehen sein, der auf Grund einer entsprechenden Ausbildung die Zahnheilkunde in ihren wesentlichen Erscheinungsformen ausübt.

943a Nicht unter die in § 6 Abs. 1 Z 19 UStG 1994 aufgezählten Berufsgruppen subsumierbar sind:
- Heilpraktiker und Homöopathen (ohne medizinisches Studium);
- Mental-Suggesteure oder Hypnotiseure (ohne eine Berufsbefugnis im Sinne des Psychotherapiegesetzes oder des Psychologengesetzes; VwGH 29.7.2010, 2008/15/0291);
- Musiktherapeuten (ohne eine Berufsbefugnis im Sinne des Psychotherapiegesetzes; VwGH 29.2.2012, 2008/13/0141);
- medizinische Masseure sowie gewerbliche Masseure (vgl. § 94 Z 48 GewO 1994);
- autodidaktische Chiropraktiker (ohne medizinisches Studium oder eine Berufsbefugnis iSd Medizinischer Masseur- und Heilmasseurgesetzes; VwGH 27.2.2014, 2009/15/0212).

Umsätze als Arzt

Heilbehandlung

944 Heilbehandlungen im Bereich der Humanmedizin sind Tätigkeiten, die zum Zweck der Vorbeugung, Diagnose, Behandlung, soweit möglich, der Heilung von Krankheiten oder Gesundheitsstörungen bei Menschen, sowie zum Schutz einschließlich der Aufrechterhaltung oder Wiederherstellung der menschlichen Gesundheit erbracht werden (vgl.

EuGH 10.6.2010, Rs C-86/09, *Future Health Technologies Ltd*; EuGH 21.3.2013, Rs C-91/12, *PFC Clinic*). Darunter fallen insbesondere:

- die Untersuchung auf das Vorliegen oder Nichtvorliegen von körperlichen Krankheiten, Geistes- und Gemütskrankheiten, von Gebrechen oder Missbildungen und Anomalien, die krankhafter Natur sind;
- die Beurteilung dieser Zustände bei Verwendung medizinisch-diagnostischer Hilfsmittel;
- die Behandlung solcher Zustände;
- die Verabreichung eines Medikamentes zur sofortigen Einnahme, die Verabreichung einer Injektion oder das Anlegen eines Verbandes im Rahmen einer ärztlichen Behandlungsleistung gehört als übliche Nebenleistung zur begünstigten ärztlichen Heiltätigkeit;
- die Vornahme operativer Eingriffe einschließlich der Entnahme oder Infusion von Blut;
- die Vorbeugung von Erkrankungen (dazu gehören auch Drogenpräventivvorträge);
- die Geburtshilfe;
- die Verordnung von Heilmitteln, von Heilbehelfen und medizinisch-diagnostischen Hilfsmitteln;
- die Vornahme von Leichenöffnungen (§ 2 Abs. 2 Ärztegesetz 1998, BGBl. I Nr. 169/1998);
- Anpassung von Kontaktlinsen durch Augenärzte (VwGH 13.03.1997, 95/15/0124); Anpassung von Hörgeräten durch Hals-, Nasen-, Ohrenärzte;
- die Tätigkeit der Ärzte im Rahmen der gemäß § 32 Abs. 1 Strahlenschutzgesetz, BGBl. Nr. 227/1969, durchzuführenden Untersuchungen;
- die fachärztliche Beratung im Sinne des § 69 Abs. 3 und 4 des Gentechnikgesetzes, BGBl. Nr. 510/1994 idF BGBl. I Nr. 127/2005, vor und nach Durchführung einer genetischen Analyse;
- der Einsatz eines freiberuflich tätigen Notarztes einschließlich des Bereitschaftsdienstes.

945 Der Angehörigen des zahnärztlichen Berufs vorbehaltene Tätigkeitsbereich umfasst insbesondere die in § 4 Abs. 3 und 4 Zahnärztegesetz, BGBl. I Nr. 126/2005, angeführten Tätigkeiten.

Die zahnärztliche Behandlungsleistung stellt insgesamt stets eine sonstige Leistung dar, auch wenn Elemente von Lieferungen in ihr enthalten sind. Es sind daher sowohl die Vornahme von Zahnfüllungen, Extraktionen und Wurzelbehandlungen als auch die mit der Eingliederung von Zahnersatz (einschließlich Stiftzähnen, Brücken, herausnehmbaren Zahnprothesen und dgl.) verbundenen Leistungen als sonstige Leistungen des Zahnarztes anzusehen. Die Verabreichung von schmerzstillenden Mitteln und Injektionen im Zuge der Zahnbehandlung gilt als Nebenleistung.

Der Dentistenberuf umfasst die in § 4 Abs. 3 und 4 Zahnärztegesetz, BGBl. I Nr. 126/2005, angeführten Tätigkeiten mit Ausnahme jener zahnmedizinischen Behandlungen, für die eine Vollnarkose durchgeführt wird oder erforderlich ist. Zur Tätigkeit eines Dentisten gehören insbesondere die Eingliederung von Zahnersatz (einschließlich des Einsetzens von Stiftzähnen und Brücken) sowie die Vornahme von Zahnfüllungen, Extraktionen und Wurzelbehandlungen.

Erstellung von Gutachten

946 Auch die Ausstellung von ärztlichen Zeugnissen und die Erstattung von ärztlichen Gutachten gehört zur Berufstätigkeit als Arzt (§ 2 Abs. 3 ÄrzteG 1998). Die Steuerbefreiung des § 6 Abs. 1 Z 19 UStG 1994 („Steuerfrei sind die Umsätze aus der Tätigkeit als Arzt") geht nicht dadurch verloren, dass der Auftrag zur Erstellung eines Gutachtens von einem Dritten erteilt wird (zB Gutachten über den Gesundheitszustand im Zusammenhang mit einer Versicherungsleistung).

Lediglich die Erstattung folgender ärztlicher Gutachten fällt – zum Teil gestützt auf die Judikatur des EuGH – nicht unter die Steuerbefreiung des § 6 Abs. 1 Z 19 UStG 1994:

- Die auf biologische Untersuchungen gestützte Feststellung einer anthropologisch-erbbiologischen Verwandtschaft (EuGH 14.9.2000, Rs C-384/98, *D. gegen W.*);

§ 6 UStG

- ärztliche Untersuchungen über die pharmakologische Wirkung eines Medikaments beim Menschen und die dermatologische Untersuchung von kosmetischen Stoffen;
- psychologische Tauglichkeitstests, die sich auf die Berufsfindung erstrecken;
- **psychologische Persönlichkeitstests sowie die diesbezügliche Begutachtung im Zusammenhang mit dem Erwerb bzw. der Beibehaltung waffenrechtlicher Bewilligungen gemäß § 8 Waffengesetz 1996, BGBl. I Nr. 12/1997 idgF iVm § 2 der 1. Waffengesetz-Durchführungsverordnung, BGBl. II Nr. 164/1997;**
- ärztliche Bescheinigungen für Zwecke eines Anspruches nach dem Kriegsopferversorgungsgesetz 1957 (KOVG), BGBl. Nr. 152/1957 idgF (EuGH 20.11.2003, Rs C-307/01, *d'Ambrumenil und Dispute Resolution Services*);
- ärztliche Gutachten in laufenden Gerichtsverfahren bzw. im Rahmen einer außergerichtlichen Streitbeilegung, wie zB
  - ärztliche Gutachten für zivil- und strafrechtliche Haftungsfragen (EuGH 20.11.2003, Rs C-307/01, *d'Ambrumenil und Dispute Resolution Services*);
  - ärztliche Gutachten über ärztliche Kunstfehler (EuGH 20.11.2003, Rs C-307/01, *d'Ambrumenil und Dispute Resolution Services*) oder Behandlungsfehler;
  - ärztliche Gutachten im Zusammenhang mit Invaliditäts-, Berufs-, oder Erwerbsunfähigkeitspensionen sowie über Leistungen aus Unfallversicherungen (EuGH 20.11.2003, Rs C-212/01, *Unterpertinger*);
  - ärztliche Gutachten zur Feststellung des Grades einer Invalidität, Berufs- oder Erwerbsminderung.

Davon ausgenommen sind ärztliche Gutachten in laufenden Gerichtsverfahren, die dem Schutz der Gesundheit des Betreffenden dienen, wie zB Gutachten über die Vernehmungs- oder Verhandlungsfähigkeit oder Haftvollzugstauglichkeit.

Hilfsgeschäfte

947 Hilfsgeschäfte der Ärzte (Veräußerung und Entnahme von Anlagenvermögen, Veräußerung der Praxis) sind nicht nach § 6 Abs. 1 Z 19 UStG 1994 befreit, es kann jedoch die Steuerbefreiung des § 6 Abs. 1 Z 26 UStG 1994 in Betracht kommen.

Keine Umsätze aus ärztlicher Tätigkeit

948 Keine Heilbehandlungen im Sinne des § 6 Abs. 1 Z 19 UStG 1994 sind zB die folgenden Tätigkeiten:
- die schriftstellerische Tätigkeit, auch wenn es sich dabei um Berichte in einer ärztlichen Fachzeitschrift handelt;
- die Chefredaktionstätigkeit bei medizinischen Fachzeitschriften;
- die Vortragstätigkeit, auch wenn der Vortrag vor Ärzten im Rahmen der Fortbildung (Fachkongresse) gehalten wird;
- die Lehrtätigkeit;
- die Mitarbeit in Rundfunk- und Fernsehsendungen zu medizinischen Themen;
- die Mitarbeit bei EDV-Programmen für Ärzte;
- die Konsulententätigkeit in medizinischen Fachbeiräten (zB Arzneimittelbeirat);
- die Tätigkeiten der Arbeitsmediziner (§ 82 ArbeitnehmerInnenschutzgesetz, BGBl. Nr. 450/1994, bzw. § 78 Abs. 4 Bundes-Bedienstetenschutzgesetz, BGBl. I Nr. 70/1999); steuerfrei sind jedoch
  - die individuelle Beratung der Arbeitnehmer bzw. Bediensteten in Angelegenheiten des Gesundheitsschutzes, der auf die Arbeitsbedingungen bezogenen Gesundheitsförderung und der menschengerechten Arbeitsgestaltung,
  - die arbeitsmedizinische Untersuchung von Arbeitnehmern bzw. Bediensteten, ausgenommen Einstellungs- und berufliche Eignungsuntersuchungen,
  - die Durchführung von Schutzimpfungen, sowie
  - die Dokumentation dieser Tätigkeiten

Bei den genannten Tätigkeiten der Arbeitsmediziner ist im Falle einer Gesamtbetragsabrechnung aus Vereinfachungsgründen aufgrund von Erfahrungssätzen davon auszugehen, dass der Anteil der steuerpflichtigen 90% und der Anteil der steuerfreien Tätigkeiten 10% beträgt.
- die Lieferungen von Hilfsmitteln, zB Kontaktlinsen, Schuheinlagen; anders als die Anfertigung von Zahnprothesen, die schon seit jeher eine typische heilberufliche Tä-

§ 6 UStG

tigkeit des Zahnarztes oder Dentisten gewesen ist, gehört die Lieferung von Kontaktlinsen bzw. -schalen nicht zum typischen Berufsbild eines Augenarztes;
- die Lieferung von Medikamenten zur Einnahme außerhalb der Ordination;
- die Lieferung von Medikamenten aus einer Hausapotheke;
- die entgeltliche Nutzungsüberlassung von medizinischen Groß- und Kleingeräten;
- die Vermietung von Räumlichkeiten durch Ärzte (zB an andere Ärzte).

Zur Überlassung von Räumlichkeiten im Rahmen einer Kostengemeinschaft siehe Rz 962 und Rz 963.

Zur Aufteilung des Vorsteuerabzuges im allgemeinen siehe Rz 2011 ff, zur Aufteilung der Vorsteuern bei Ärzten mit Hausapotheke siehe Rz 2020.

Abgrenzung ärztliche Tätigkeit – Krankenanstalt

949   Die Frage, ob medizinische Leistungen als Umsatz im Rahmen einer Krankenanstalt oder als selbständige ärztliche Leistungen erbracht werden, ist für die Anwendung des ermäßigten Steuersatzes (bei Zuordnung zu den Umsätzen als Krankenanstalt) oder der unechten Steuerbefreiung (bei Zuordnung zu den Arztleistungen) von Bedeutung.

950   Betreibt ein Arzt eine Krankenanstalt im Sinne des Krankenanstalten- und Kuranstaltengesetzes (KAKuG), BGBl. Nr. 1/1957 idgF – wie zB Pflegeanstalten für chronisch Kranke, Gebäranstalten und Entbindungsheime, Sanatorien und selbständige Ambulatorien (wozu Röntgeninstitute, Zahnambulatorien und ähnliche Einrichtungen, wie zB auch chemisch-diagnostische Laboratorien gehören) –, so liegen keine Umsätze einer Krankenanstalt vor, wenn die Einkünfte aus dieser Krankenanstalt den Einkünften aus freiberuflicher Tätigkeit im Sinne des § 22 Z 1 EStG 1988 (bzw. § 22 Z 3 EStG 1988 bei Personengesellschaften) zuzurechnen sind. Die Zuordnung der Einkünfte zu den Einkünften aus freiberuflicher Tätigkeit (mit der Folge der unechten Steuerbefreiung) oder zu den Einkünften aus Gewerbebetrieb (mit der Folge des ermäßigten Steuersatzes für Krankenanstalten) hängt davon ab, ob der Arzt aufgrund eigener Fachkenntnisse leitend und eigenverantwortlich tätig wird oder ob der Umsatz als Krankenanstalt im Vordergrund steht.

Der Umsatz als Krankenanstalt wird ua. dann im Vordergrund stehen, wenn sich bei wirtschaftlicher Betrachtungsweise die angebotenen und erbrachten Leistungen der jeweiligen Anstalt auch objektiv vom Leistungsangebot einer Facharztpraxis unterscheiden.

951   Bildet die Führung eines Sanatoriums oder eines selbständigen Ambulatoriums iS einer Krankenanstalt durch einen Arzt eine Einheit mit der Praxis dieses Arztes, so ist zu prüfen, ob insgesamt Einkünfte aus selbständiger Arbeit oder Einkünfte aus Gewerbebetrieb vorliegen, da aufgrund des häufig vorliegenden engen wirtschaftlichen und sachlichen Zusammenhanges eine getrennte Beurteilung meist nicht möglich sein wird. Liegen insgesamt Einkünfte aus selbständiger Arbeit vor, so unterliegen die gesamten Umsätze der unechten Steuerbefreiung für ärztliche Leistungen. Die Anwendung des ermäßigten Steuersatzes für Umsätze als Krankenanstalt kommt nur dann in Frage, wenn insgesamt Einkünfte aus Gewerbebetrieb vorliegen oder eine eindeutige Trennung der Krankenanstalt als Gewerbebetrieb (keine leitende und eigenverantwortliche Tätigkeit des Arztes) möglich ist.

Weitere Ausführungen zur Abgrenzung der Einkunftsarten siehe Rz 5216 bis 5231 EStR 2000.

951a   Unabhängig von der ertragsteuerlichen Einstufung liegen jedoch bei einer Krankenanstalt im Sinne des Krankenanstaltengesetzes Umsätze als Krankenanstalt auch im Sinne des UStG 1994 vor, wenn ua folgende Voraussetzungen gegeben sind (vgl. VwGH 19.06.2002, 2000/15/0053, VwGH 30.07.2002, 98/14/0203 sowie VwGH 24.09.2008, 2006/15/0283 mit Verweis auf VfGH-Judikatur):
- Die Möglichkeit der gleichzeitigen Behandlung mehrerer Personen,
- das Bestehen einer Organisation, die jener einer Krankenanstalt entspricht,
- die Bestellung eines Stellvertreters des ärztlichen Leiters, woraus sich die Notwendigkeit ergibt, dass mindestens zwei Ärzte der Krankenanstalt zur Verfügung stehen,
- eine Anstaltsordnung, der sowohl die Patienten als auch die Ärzte unterliegen,
- der (Behandlungs-)Vertrag wird nicht (nur) mit dem Arzt, sondern (auch) mit der Einrichtung, die unter sanitätsbehördlicher Aufsicht steht, abgeschlossen.

Die krankenanstaltenrechtliche Bewilligung kann ein (qualifiziertes) Indiz für das Vorliegen einer Krankenanstalt sein, reicht aber dann nicht, wenn die tatsächlich erbrachten Leistungen nicht dem wirtschaftlichen Bild einer Krankenanstalt entsprechen. Das offenkundige Abstellen der Betriebszeiten eines Instituts auf die Arbeitsmöglichkeiten des Arztes spricht gegen das Vorliegen einer für eine Krankenanstalt typischen Organisation (VwGH 24.09.2008, 2006/15/0283).

1.19.3 Tätigkeit als Psychotherapeut

952 Psychotherapeutische Tätigkeit ist im Sinne des § 1 Abs. 1 des Psychotherapiegesetzes, BGBl. Nr. 361/1990, die nach einer allgemeinen und besonderen Ausbildung erlernte, umfassende, bewusste und geplante Behandlung von psychosozial oder auch psychosomatisch bedingten Verhaltensstörungen und Leidenszuständen mit wissenschaftlich-psychotherapeutischen Methoden in einer Interaktion zwischen einem oder mehreren Behandelten und einem oder mehreren Psychotherapeuten mit dem Ziel, bestehende Symptome zu mildern oder zu beseitigen, gestörte Verhaltensweisen und Einstellungen zu ändern und die Reifung, Entwicklung und Gesundheit des Behandelten zu fördern.

Umsätze als Psychotherapeut

953 Unter Bedachtnahme auf diese grundsätzlichen Ausführungen sind folgende Leistungen der Psychotherapeuten ab 1. Jänner 1997 unecht steuerbefreit:
- Die psychotherapeutische Behandlung einschließlich Diagnostik und Indikation unter Anwendung anerkannter wissenschaftlich-psychotherapeutischer Methoden;
- die psychotherapeutische Beratung unter Anwendung anerkannter wissenschaftlich-psychotherapeutischer Methoden, sofern der Schwerpunkt der Tätigkeit in der persönlichen Konfliktbearbeitung besteht. Hierunter fallen zB auch die individuellen Beratungen in Familienberatungsstellen, im Rahmen der Sozialhilfe, Lebenshilfe, Aids-Hilfe und dgl., die Beratung im Sinne des § 69 Abs. 4 des Gentechnikgesetzes, BGBl. Nr. 510/1994 idF BGBl. I Nr. 127/2005, die psychotherapeutische Betreuung gemäß § 5 Abs. 2 und § 7 Abs. 2 des Fortpflanzungsmedizingesetzes, BGBl. Nr. 275/1992; siehe auch Rz 957;
- die Erstellung von psychotherapeutischen Gutachten, Befunden und dgl., sofern sie sich auf eine konkrete Diagnostik gründet und der psychotherapeutischen Betreuung der betreffenden Person dient. In laufenden Gerichtsverfahren sind solche Gutachten jedoch steuerpflichtig (siehe Rz 946).

Keine Umsätze aus psychotherapeutischer Tätigkeit

954 Nicht zur Tätigkeit als Psychotherapeut gehören zB folgende Tätigkeiten von Psychotherapeuten, die nicht oder nicht primär Heilbehandlung sind:
- Die Vortragstätigkeit einschließlich der Abhaltung von Seminaren (zB Wirtschaftsseminare, Seminare auf dem Gebiet der Persönlichkeitsentwicklung) und der Fortbildung von Psychotherapeuten;
- Beratungen, die nicht unter Rz 953, Punkt 2 der Aufzählung fallen, wie zB Berufs-, Betriebs-, Organisations- und Managementberatung;
- die schriftstellerische Tätigkeit einschließlich Redaktionstätigkeit in Fachzeitschriften;
- die Mitarbeit in Rundfunk- und Fernsehsendungen;
- die Tätigkeit in Fachbeiräten, zB Psychotherapiebeirat;
- die Forschungstätigkeit;
- die Erstellung von Gutachten, ausgenommen sie fällt unter Rz 953, Punkt 3 der Aufzählung;
- die Supervision. Von der Selbsterfahrung und der psychotherapeutischen Behandlung unterscheidet sich die psychotherapeutische Supervision insbesondere dadurch, dass sie, im Gegensatz zu diesen, vom beruflichen Kontext ausgeht und bestimmte Probleme des beruflichen Handelns reflektiert. Sie strebt grundsätzlich keine Rekonstruktion oder Modifikation der gesamten Person bzw. ihres Verhaltens und ebenso wenig primär eine Behebung eines Leidenszustandes im Sinne des Psycho-

therapiegesetzes, BGBl. Nr. 361/1990, an. Bezüglich der Ausbildungssupervision siehe § 6 Rz 877 und 878.

1.19.4 Tätigkeit als Psychologe

955 Unter „Umsätze aus der Tätigkeit als Psychotherapeut" fallen in erster Linie die Umsätze der selbständig tätigen Psychotherapeuten im Sinne des Psychotherapiegesetzes. Unter die Befreiung sind aber auch entsprechende therapeutische Tätigkeiten von Psychologen subsumierbar. Dies betrifft die selbständig ausgeübte Tätigkeit der Gesundheitspsychologen und der klinischen Psychologen im Sinne des Psychologengesetzes, BGBl. Nr. 360/1990.

Umsätze als Psychologe

956 Die Tätigkeit der Psychologen im Sinne des Psychologengesetzes, BGBl. Nr. 360/1990 – wie auch der Psychotherapeuten im Sinne des Psychotherapiegesetzes, BGBl. Nr. 361/1990 – wird jedoch nur dann unter die Steuerbefreiung gemäß § 6 Abs. 1 Z 19 UStG 1994 subsumierbar sein, wenn eine **therapeutische Tätigkeit** ausgeübt wird. Andere Leistungen dieser Berufsgruppe, wie zB die Beratungs-, Lehr- oder Forschungstätigkeit (zB die Durchführung psychologischer Tauglichkeitstests, die sich auf die Berufsfindung erstrecken, Firmenberatung etwa als Betriebs- oder Organisationspsychologe, Abhaltung von Seminaren, Fortbildungen, Supervision usw.) stellen selbst keine Heilbehandlung dar und fallen daher nicht unter die Steuerbefreiung nach § 6 Abs. 1 Z 19 UStG 1994. Hinsichtlich der Erstellung von psychotherapeutischen Gutachten gilt Rz 953 sinngemäß.

Beratungsleistungen durch Psychologen, Psychotherapeuten und andere Personen

957 Psychotherapeutische bzw. psychologische **Beratungsleistungen**, deren Schwerpunkt in der persönlichen Konfliktbearbeitung besteht, durch Psychotherapeuten im Sinne des Psychotherapiegesetzes und durch Psychologen im Sinne des Psychologengesetzes ist unecht umsatzsteuerbefreit. Hingegen sind **Beratungsleistungen durch andere Berufsgruppen**, wie zB Sozialarbeiter, Familienberater, Entwicklungshelfer nicht gemäß § 6 Abs. 1 Z 19 UStG 1994 umsatzsteuerfrei.

1.19.5 Ärztliche Praxisgemeinschaften
Allgemeines

958 Entsprechend der gemeinschaftsrechtlichen Auslegung ist die Steuerbefreiung für ärztliche und arztähnliche Leistungen von der Rechtsform des Unternehmers unabhängig (EuGH 10.9.2002, C-141/00, *Ambulanter Pflegedienst Kügler GmbH*). Auch Unternehmer in der Rechtsform einer Personengesellschaft oder einer Kapitalgesellschaft (zB arbeitsmedizinische GmbH) können daher die Steuerbefreiung für ärztliche oder arztähnliche Leistungen anwenden. Voraussetzung ist aber, dass die unmittelbare Leistungsausführung durch Personen erfolgt, die über die erforderlichen beruflichen Befähigungsnachweise verfügen und die im Falle der selbstständigen Leistungserbringung die Steuerbefreiung gem. § 6 Abs. 1 Z 19 UStG 1994 anwenden könnten.

959 Die Zusammenarbeit von freiberuflich tätigen Ärzten im Sinne des § 49 Abs. 2 des Ärztegesetzes 1998, BGBl. I Nr. 169/1998 idgF, bzw. von Angehörigen des zahnärztlichen Berufes im Sinne des § 24 Abs. 1 Zahnärztegesetz, BGBl. I Nr. 126/2005, kann bei Wahrung der Eigenverantwortlichkeit eines jeden Arztes bzw. Zahnarztes aber auch in der gemeinsamen Nutzung von Ordinationsräumen (Ordinationsgemeinschaft) und/oder von medizinischen Geräten (Apparategemeinschaft) bestehen (§ 52 Abs. 1 Ärztegesetz 1998 bzw. § 25 Abs. 1 Zahnärztegesetz, BGBl. I Nr. 126/2005). Ordinations- und Apparategemeinschaften dürfen nur zwischen freiberuflich tätigen Ärzten oder zwischen freiberuflich tätigen Ärzten und einer ärztlichen Gruppenpraxis, die in der Rechtsform einer Offenen Gesellschaft geführt wird, begründet werden (§ 52 Abs. 3 ÄrzteG 1998). Bei Zahnärzten und Dentisten können solche Gemeinschaften auch mit selbstständig tätigen Angehörigen anderer Gesundheitsberufe eingegangen werden.

Die Zusammenarbeit von Ärzten bzw. von Angehörigen des zahnärztlichen Berufes kann weiters als selbstständig berufsbefugte Gruppenpraxis in der Rechtsform einer offenen Gesellschaft im Sinne des § 105 UGB, BGBl. I Nr. 120/2005, oder einer Gesellschaft mit beschränkter Haftung (GmbH) im Sinne des GmbH-Gesetzes (GmbHG), RGBl. Nr. 58/1906, erfolgen (§ 52a Ärztegesetz 1998 idF BGBl. I Nr. 61/2010 bzw. § 26 Zahnärztegesetz, BGBl. I Nr. 126/2005 idF BGBl. I Nr. 61/2010). Einer solchen ärztlichen bzw. zahnärztlichen Gruppenpraxis, die keine Organisationsdichte und -struktur einer Krankenanstalt in der Betriebsform eines selbstständigen Ambulatoriums gemäß § 2 Abs. 1 Z 5 KAKuG, BGBl. I Nr. 1/1957 idgF, aufweisen darf, dürfen nur zur selbstständigen Berufsausübung berechtigte Ärzte bzw. Angehörige des zahnärztlichen Berufs als Gesellschafter angehören.

Innengemeinschaften

960 Unter **ärztlichen Praxisgemeinschaften** sind vertragliche Zusammenschlüsse nach Art einer Mitunternehmerschaft zum Zwecke gemeinschaftlicher ärztlicher Betätigung zu verstehen, an denen ausschließlich Ärzte beteiligt sind. Die beteiligten Ärzte müssen insbesondere am Gewinn und Verlust, an den stillen Reserven der in der Gemeinschaft genutzten Wirtschaftsgüter sowie am gemeinsamen Firmenwert (Praxiswert) beteiligt sein. Eine weitere Voraussetzung für die Annahme einer Praxisgemeinschaft ist die gemeinschaftliche Anstellung allfälliger für die Ärzte tätiger Arbeitnehmer. Tritt eine derartige Ärztegemeinschaft nicht nach außen in Erscheinung, handelt es sich daher um eine so genannte Innengesellschaft. Mangels eines nach außen gerichteten Auftretens der Gemeinschaft kann diese nicht als Unternehmer im Sinne des § 2 UStG 1994 eingestuft werden. Unternehmer sind die an der Gemeinschaft beteiligten Ärzte, die jeweils die auf sie entfallenden Umsätze zu versteuern haben. Auf ertragsteuerlichem Gebiet sind **reine Innengesellschaften** in der Regel keine Mitunternehmerschaften (VwGH 20.3.1959, 1593, 2333/58). Mangels Vorliegens einer Mitunternehmerschaft findet keine einheitliche und gesonderte Feststellung von Einkünften im Sinne des § 188 BAO statt. Im Hinblick auf die enge wirtschaftliche Verflechtung zwischen den an der Praxisgemeinschaft beteiligten Ärzten sowohl bei den Einnahmen als auch bei den Ausgaben kann folgende vereinfachte Form der Umsatz- und Vorsteueraufteilung vorgenommen werden (hinsichtlich Gewinnaufteilung siehe EStR 2000):

961 Für Zwecke der USt sind den beteiligten Ärzten die Umsätze – soweit es sich um steuerpflichtige Umsätze handelt (Umsätze, die nicht aus der Tätigkeit als Arzt resultieren) – aus denjenigen Leistungen zuzurechnen, die sie als Unternehmer Dritten gegenüber erbracht haben. Über die Frage, welcher der beteiligten Ärzte jeweils als Unternehmer aufgetreten ist, entscheidet ausschließlich das Außenverhältnis. Der **Gewinnverteilungsschlüssel** ist daher in diesem Bereich unmaßgeblich.

Abziehbare Vorsteuerbeträge, die auf Gegenstände oder Leistungen entfallen, die von den an der Gemeinschaft beteiligten Ärzten gemeinsam genutzt werden, können ungeachtet dessen, ob die diesbezüglichen Rechnungen an den einzelnen Arzt oder an die Gemeinschaft als solche gerichtet sind, nach dem Gewinnverteilungsschlüssel aufgeteilt werden.

Außengemeinschaften

962 **Tritt die Gemeinschaft als Unternehmer** auf, fallen die sonstigen Leistungen der ärztlichen Praxisgemeinschaften, deren Mitglieder ausschließlich Angehörige der in § 6 Abs. 1 Z 19 UStG 1994 bezeichneten Berufe sind, unter die Steuerbefreiung des § 6 Abs. 1 Z 19 zweiter Satzteil UStG 1994.

- Unter die Befreiung fallen grundsätzlich alle sonstigen Leistungen, also zB auch die Gestellung von Personal von Praxisgemeinschaften an die beteiligten Ärzte oder Laboruntersuchungen, Röntgenaufnahmen und andere medizinisch-technische Leistungen, die von den Gemeinschaften mit eigenem medizinisch-technischen Personal für die Praxen ihrer Mitglieder ausgeführt werden.
- Aus Vereinfachungsgründen kann wenn eine sonstige Leistung der Praxisgemeinschaft auch dann nach § 6 Abs. 1 Z 19 UStG 1994 steuerfrei belassen wird, wenn der leistungsempfangende Arzt die Gemeinschaftsleistung zur Ausführung eines

steuerpflichtigen Umsatzes verwendet. Nicht erforderlich ist es weiters, dass die Leistung unmittelbar gegenüber dem Patienten eingesetzt wird (so fällt zB auch die Buchführung oder die Tätigkeit einer ärztlichen Verrechnungsstelle unter die Befreiung).
- Obliegt der Praxisgemeinschaft die zentrale Beschaffung von Praxisräumen und ihre Überlassung zur Nutzung an die einzelnen Mitglieder, so handelt es sich um sonstige Leistungen, die in der Regel unter die Steuerbefreiung für die Vermietung von Grundstücken gemäß § 6 Abs. 1 Z 16 UStG 1994 fallen.
- Soweit eine Praxisgemeinschaft Umsätze an Personen erbringt, die nicht Mitglieder sind, sind diese Umsätze nicht nach § 6 Abs. 1 Z 19 UStG 1994 steuerfrei. Die Steuerfreiheit der Umsätze an die Mitglieder wird dadurch nicht berührt.

963 Wird eine **Kostengemeinschaft** mehrerer Ärzte in der Form geführt, dass nur ein Arzt die Anmietung der Ordination, die Anschaffung der Geräte, die Anstellung der Ordinationshilfe usw. vornimmt und die Kosten für die zeitweilige Überlassung der Ordination zur Nutzung dem anderen Arzt (den anderen Ärzten) weiterverrechnet, so kann die Nutzungsüberlassung (einschließlich Personalgestellung) – sofern nicht § 6 Abs. 1 Z 16 UStG 1994 zur Anwendung kommt – noch unter die Steuerbefreiung des § 6 Abs. 1 Z 19 UStG 1994 subsumiert werden. Voraussetzung hierfür ist, dass **nur die anteiligen Kosten** (ohne Aufschlag) weiterverrechnet werden und die Geräte, das Personal usw. vom anderen Arzt (von den anderen Ärzten) zur Ausführung von nach § 6 Abs. 1 Z 19 UStG 1994 steuerfreien Umsätzen verwendet werden.

Randzahlen 964 bis 970: Derzeit frei.

1.20 Zahntechniker
1.20.1 Allgemeines

971 Erfolgt die Lieferung von Zahnersatz aus dem Gemeinschaftsgebiet im Rahmen von Versandhandelslieferungen (Art. 3 Abs. 3 UStG 1994) und ist im anderen Mitgliedstaat das Recht auf Vorsteuerabzug für die Lieferung von Zahnersatz nicht ausgeschlossen, so sind die Lieferungen steuerpflichtig.

1.20.2 Ausfuhrlieferungen durch Zahntechniker

972 Bei der Lieferung von Zahnersatz ins Ausland hat die unechte Steuerbefreiung Vorrang.

1.21 Lieferung von menschlichem Blut und Organen
1.21.1 Begriffsbestimmung

973
- Zum menschlichen Blut gehören folgende Erzeugnisse: Vollblutkonserven, Plasmakonserven und Konserven zellulärer Blutbestandteile.
- Nicht hierunter fallen die aus Mischungen von humanem Blutplasma hergestellten Plasmapräparate. Dazu gehören insbesondere: Faktoren-Präparate, Humanalbumin, Fibrinogen, Immunglobuline.

Plasma, das ausschließlich zur industriellen Weiterverarbeitung und zur Erzeugung von Arzneispezialitäten verwendet wird, fällt nicht unter menschliches Blut im Sinne der genannten Befreiungen. Dieses Produkt muss bei der Lieferung bzw. bei der Einfuhr durch den Einführer durch einen geeigneten Hinweis, wie zB „Nur zur Verarbeitung bestimmt!" gekennzeichnet werden.

Menschliche Organe sind natürliche Organe, nicht hingegen Prothesen.

973a Die als Hauptleistung (zB an Krankenhäuser oder Laboratorien) durchgeführte Beförderung von menschlichen Organen und von dem menschlichen Körper entnommenen Substanzen fällt nicht unter die Steuerbefreiung (vgl. EuGH 3.6.2010, Rs C-237/09, *Nathalie De Fruytier*) und **EuGH 2.7.2015, Rs C-334/14,** *Nathalie De Fruytier*).

1.22 Krankenbeförderung
1.22.1 Allgemeines

974 Die Beförderung muss durch Fahrzeuge (Land-, Wasser- oder Luftfahrzeuge) mit einer für den Krankentransport typischen Einrichtung erfolgen (zB Liegen, Spezialsitze).

§ 6 UStG

Ein Unternehmer, dem die Konzession zur Beförderung von Fluggästen, Post und Fracht im gewerblichen Luftverkehr erteilt wurde und der ua. Krankentransporte mit speziell dafür ausgerüsteten Luftfahrzeugen (zB Rettungshubschrauber) durchführt, fällt mit diesen Umsätzen unter die Steuerbefreiung und ist insoweit gemäß § 12 Abs. 3 UStG 1994 vom Vorsteuerabzug ausgeschlossen (VwGH 25.11.2009, 2005/15/0109).

1.22.2 Krankenbeförderung durch Luftfahrzeuge

975 Die grenzüberschreitende Beförderung von kranken oder verletzten Personen mit Fahrzeugen, die hiefür besonders eingerichtet sind, ist gemäß § 6 Abs. 1 Z 3 lit. d UStG 1994 steuerfrei.

1.22.3 Krankenbeförderung mit Notarzt

976 Der Einsatz eines Notarztes im Zusammenhang mit der Beförderung von verletzten und kranken Personen ist nach § 6 Abs. 1 Z 22 UStG 1994 umsatzsteuerfrei.

1.23 Jugend-, Erziehungs-, Ausbildungs- und Erholungsheime

1.23.1 Allgemeines

977 Für die Anwendung der Steuerbefreiung für Jugendheime usw. ist es nicht entscheidend, dass das betreffende Heim tatsächlich eine der im Gesetz genannten Bezeichnungen führt. Es können daher auch Kinderheime, Kindergärten, Kinderhorte, Schülerheime, Jugendherbergen und Studentenheime diese Befreiung in Anspruch nehmen. Insbesondere sind auch Einrichtungen erfasst, die der Betreuung von Jugendlichen nur über Tag dienen (Kindergärten usw.).

1.23.2 Begriff Körperschaft öffentlichen Rechts

978 Hinsichtlich des Begriffes Körperschaft öffentlichen Rechts wird auf Abschn. 2.3 verwiesen. Ausgegliederte Rechtsträger (z. B. Gesellschaften mit beschränkter Haftung, die im Eigentum von Körperschaften öffentlichen Rechts stehen) fallen nicht unter diese Befreiungsbestimmung (vgl. aber Abschn. 1.25).

1.23.3 Anwendungsbereich

979 Zu den befreiten Leistungen gehören sowohl die **Beherbergung und Verköstigung der Jugendlichen** (samt den hiebei üblichen Nebenleistungen) als auch die **Betreuungsleistungen**, die in der Beaufsichtigung, Erziehung, Ausbildung und Fortbildung bestehen können. Als übliche Nebenleistungen kommen auch z. B. die Zurverfügungstellung von Spiel- und Sportplätzen bzw. -einrichtungen in Betracht.

Die Steuerbefreiung kommt allerdings nur für Leistungen an Personen, die das 27. Lebensjahr noch nicht vollendet haben, in Betracht. Werden Leistungen auch an Personen erbracht, die das 27. Lebensjahr vollendet haben, so scheiden diese Leistungen aus der Steuerbefreiung aus.

Auf Getränkeumsätze, Verkauf von Gebrauchsgegenständen, Ansichtskartenverkäufe und andere Hilfsgeschäfte, die nicht den begünstigten Leistungen zuzurechnen sind, kann die gegenständliche Steuerbefreiung keine Anwendung finden. Für diese Umsätze kommt auch nicht der ermäßigte Steuersatz gemäß § 10 Abs. 3 Z 10 UStG 1994 (bis 31.12.2015: § 10 Abs. 2 Z 14 UStG 1994) in Betracht.

Hinsichtlich der Nichtanwendung der unechten Steuerbefreiung gilt Abschn. 6.1.25.3.

Randzahl 980: Derzeit frei.

1.24 Theater-, Musik- und Gesangsaufführungen, Konzerte, Museen etc.

1.24.1 Begriff Theater-, Musik- und Gesangsaufführungen, Konzerte, Museen etc.

981 Zu den Begriffen Theater, Musik- und Gesangsaufführungen, Museen usw. wird auf Rz 1398 ff verwiesen.

1.24.2 Musik- und Gesangsaufführungen durch Gebietskörperschaften

982 Eine Befreiung einer Gebietskörperschaft kommt nur dann zum Tragen, wenn ihr die Aufführung selbst zuzurechnen ist, nicht hingegen, wenn sie bloß als Veranstalter auftritt.

1.24.3 Begünstigte Rechtsträger

983 Im Gegensatz zur Befreiung gem. § 6 Abs. 1 Z 23 UStG 1994 sind nur Umsätze von Bund, Ländern oder Gemeinden befreit und nicht auch von anderen Körperschaften des öffentlichen Rechts. Eine Befreiung von Umsätzen hinsichtlich Theater-, Musik- und Gesangsaufführungen, Konzerten, Museen usw. von anderen Körperschaften öffentlichen Rechts ist nur unter den Voraussetzungen des § 6 Abs. 1 Z 25 UStG 1994 möglich.

Hinsichtlich Nichtanwendung der unechten Steuerpflicht gilt § 6 Rz 988.

Randzahlen 984 und 985: Derzeit frei.

1.25 Gemeinnützige Vereinigungen, die Jugend-, Erziehungs-, Ausbildungs- und Erholungsheime, Theater-, Musik- und Gesangsaufführungen, Konzerte, Museen etc. betreiben

1.25.1 Allgemeines

986 Die Leistungen der Jugend-, Erziehungs-, Ausbildungs-, Fortbildungs- und Erholungsheime an Personen, die das 27. Lebensjahr nicht vollendet haben (zB Kindergärten, Studentenheime), sind unecht steuerfrei, wenn diese von Körperschaften öffentlichen Rechts bewirkt werden (vgl. Abschnitt 6.1.23). Dasselbe gilt für Leistungen des Bundes, der Länder und Gemeinden, die im Zusammenhang mit dem Betrieb eines Theaters, von Musik- und Gesangsaufführungen, eines Museums, botanischen oder zoologischen Gartens oder Naturparks stehen (vgl. Abschnitt 6.1.24). Die angeführten Leistungen sind auch dann unecht steuerfrei, wenn sie von Körperschaften, Personenvereinigungen oder Vermögensmassen, die gemeinnützigen, mildtätigen oder kirchlichen Zwecken dienen, bewirkt werden. Hinsichtlich der Begriffe „gemeinnützige, mildtätige und kirchliche Zwecke" wird auf die VereinsR 2001 Rz 13 bis 104 verwiesen.

1.25.2 Begünstigte Rechtsträger

987 Hinsichtlich der begünstigten Rechtsträger wird auf VereinsR 2001 Rz 9 verwiesen.

1.25.3 Option zur Steuerpflicht

988 Gemäß Artikel XIV BG BGBl. Nr. 21/1995 i. d. F. BGBl. Nr. 756/1996, sind die Steuerbefreiungen für Jugendheime, Theater, Musik- und Gesangsaufführungen, Museen usw. sowie die Steuerbefreiung gemäß Z 25, soweit sie sich auf die vorgenannten Leistungen bezieht, nicht anzuwenden, wenn der **Unternehmer zur Steuerpflicht optiert** (Näheres siehe § 6 Rz 925).

Körperschaften, Personenvereinigungen und Vermögensmassen können nur dann zur Steuerpflicht optieren, wenn für die jeweilige Tätigkeit (z. B. Studentenheim, Kindergarten, Theater, Museum, Musikaufführungen) die Umsätze jährlich regelmäßig 2.900 € übersteigen.

Die Erklärung ist bis zur **Rechtskraft des Bescheides** betreffend jenes Kalenderjahres abzugeben, für das die unechte Befreiung erstmals nicht angewendet werden soll.

Unterhält ein Unternehmer mehrere Jugendheime bzw. Theater, Museen usw., kann die Erklärung auf einzelne Jugendheime bzw. Theater, Museen usw. beschränkt werden.

Im Falle des Vorliegens der schriftlichen Erklärung oder des Bescheides unterliegen die Umsätze aus den angeführten Tätigkeiten, die die Voraussetzungen des § 6 Abs. 1 Z 25 UStG 1994 erfüllen, dem ermäßigten Steuersatz in Höhe von 10% gemäß § 10 Abs. 2 Z 4 UStG 1994 (bis 31.12.2015: § 10 Abs. 2 Z 8 bzw. Z 14 UStG 1994).

Randzahlen 989 und 990: Derzeit frei.

1.26 Lieferung und Entnahme von Gegenständen
1.26.1 Lieferung und Entnahme

991 Nach § 6 Abs. 1 Z 26 UStG 1994 ist die Lieferung von Gegenständen, für die kein Vorsteuerabzug vorgenommen werden konnte, befreit, wenn sie der Unternehmer ausschließlich für Tätigkeiten verwendet hat, die nach § 6 Abs. 1 Z 7 bis 25 UStG 1994 steuerfrei sind.

Beispiel:
Ein Versicherungsvertreter, dessen Umsätze nach § 6 Abs. 1 Z 13 UStG 1994 steuerfrei sind, stellt seine Tätigkeit ein und veräußert seinen Kundenstock.
Die Lieferung des Kundenstockes ist steuerfrei.

Die entgeltliche Übertragung eines Bestands von (Rück-)Versicherungsverträgen ist nicht befreit (EuGH 22.10.2009, Rs C-242/08, *Swiss Re Germany Holding*; vgl. auch Rz 851).

992 Aus Vereinfachungsgründen kann die Steuerbefreiung nach § 6 Abs. 1 Z 26 UStG 1994 auch in den Fällen in Anspruch genommen werden, in denen der Unternehmer die **Gegenstände in geringfügigem Umfang** (höchstens 5 %) für Tätigkeiten verwendet hat, die nicht nach § 6 Abs. 1 Z 7 bis 25 UStG 1994 befreit sind. Voraussetzung hierfür ist jedoch, dass der Unternehmer für diese Gegenstände darauf verzichtet, einen anteiligen Vorsteuerabzug vorzunehmen.

Beispiel:
Eine Bank erwirbt für den Bankbetrieb eine EDV-Ausstattung. Ein Vorsteuerabzug wird nicht vorgenommen. Die EDV-Ausstattung wird auch in geringfügigem Maße für steuerpflichtige Tätigkeiten verwendet (zB Depotgeschäft).
§ 6 Abs. 1 Z 26 UStG 1994 ist auf die Veräußerung anwendbar.

1.26.2 Nutzungseigenverbrauch

993 Die vorübergehende Verwendung von Gegenständen für Zwecke, die außerhalb des Unternehmens liegen, wenn diese Gegenstände ausschließlich für eine nach den Z 7 bis 25 steuerfreie Tätigkeit verwendet wurden, ist **nicht steuerbar, da ein Vorsteuerabzug im Zusammenhang mit einer ausschließlich steuerfreien Tätigkeit nicht zulässig ist.**

Beispiel:
Ein Versicherungsvertreter nutzt seinen im Unternehmen eingesetzten PC zu 40% privat.
Die Umsätze des Versicherungsvertreters sind unecht steuerfrei (§ 6 Abs. 1 Z 13 UStG 1994).
Die Privatnutzung des PC ist **nicht steuerbar.**

1.27 Kleinunternehmer
1.27.1 Allgemeines

994 Anwendbar ist die Regelung auf Unternehmer, die einen Wohnsitz oder Sitz in Österreich haben und deren laufende Umsätze im Veranlagungszeitraum höchstens 30.000 Euro (für Veranlagungszeiträume vor dem 1.1.2007: höchstens 22.000 Euro) betragen.

Erzielt ein im Ausland ansässiger Unternehmer Umsätze aus der Vermietung eines im Inland gelegenen Grundstückes, ist die Steuerbefreiung für Kleinunternehmer ebenfalls nur bei Vorliegen eines inländischen Wohnsitzes oder Sitzes anwendbar (vgl. EuGH 26.10.2010, Rs C-97/09, *Schmelz*). Ob dies der Fall ist, richtet sich nach §§ 26 und 27 BAO.

Von einem Wohnsitz im Inland (§ 26 BAO) ist zB auszugehen, wenn der Wohnungs- oder Hauseigentümer, die Möglichkeit der jederzeitigen Benutzung der Wohnung oder (eines Teiles) des Gebäudes hat (VwGH 23.5.1990, 89/13/0015) oder wenn er bei bloß gelegentlichen Vermietungen (zB an Feriengäste) rechtlich und tatsächlich die Möglichkeit hat, nach seinem Willen die Zeit der Eigennutzung zu bestimmen (VwGH 4.11.1980, 3235/79, zu einer Ferienwohnung, die teils der Vermietung, teils der Eigennutzung dient).

§ 6 UStG

Ergibt sich aus den konkreten Umständen, dass ein ausländischer Vermieter weder über einen Wohnsitz noch einen Sitz im Inland verfügt, unterliegen seine Vermietungsumsätze nicht der Steuerbefreiung für Kleinunternehmer (siehe aber Rz 2601 zum Übergang der Steuerschuld).

Auch ein unter die unechte Befreiung des § 6 Abs. 1 Z 27 UStG 1994 fallender Unternehmer hat jedenfalls die Einfuhrumsatzsteuer und – soweit nicht die Erwerbsschwellenregelung nach Art. 1 Abs. 4 UStG 1994 anzuwenden ist – die Erwerbsteuer an das Finanzamt zu entrichten. Gleiches gilt für die Steuerbeträge, die sich durch die Anwendung des § 11 Abs. 12 und 14 UStG 1994, § 12 Abs. 10 bis 12 UStG 1994 und § 16 UStG 1994 ergeben, sowie für die von ihm infolge des Übergangs der Steuerschuld gemäß § 19 Abs. 1 zweiter Satz, Abs. 1a, 1b, 1c, 1d und 1e UStG 1994 geschuldeten Steuerbeträge.

1.27.2 Ermittlung der 30.000 Euro-Umsatzgrenze

995 Für die Berechnung der Umsätze gemäß § 6 Abs. 1 Z 27 UStG 1994 ist nicht von der Steuerbefreiung für Kleinunternehmer, sondern von der Besteuerung nach den allgemeinen Regelungen auszugehen. Somit stellt die Umsatzgrenze des § 6 Abs. 1 Z 27 UStG 1994 auf die Bemessungsgrundlage bei unterstellter Steuerpflicht ab (VwGH 28.10.1998, 98/14/0057).

Beispiel:

Der Unternehmer erzielt im Veranlagungszeitraum Gesamteinnahmen von 31.860 Euro, die sich wie folgt zusammensetzen:

Einnahmen aus einer Vortragstätigkeit bei einem privaten Seminarveranstalter in Höhe von 17.400 Euro,

Einnahmen aus einer Vortragstätigkeit als Privatlehrer an einer öffentlichen Schule in Höhe von 11.270 Euro und

Einnahmen aus der Vermietung einer Wohnung in Höhe von 3.190 Euro.

Für die Ermittlung der 30.000 Euro (bis 31.12.2006: 22.000 Euro)-Umsatzgrenze ist zunächst von der Besteuerung der Leistungen unter Außerachtlassung der unechten Steuerbefreiung gemäß § 6 Abs. 1 Z 27 UStG 1994 auszugehen und die in den Einnahmen diesfalls enthaltene USt herauszurechnen. Es ergibt sich somit folgende für die Kleinunternehmerregelung maßgebliche Umsatzhöhe:

Umsätze aus einer Vortragstätigkeit bei einem privaten Seminarveranstalter in Höhe von 14.500 Euro (Herausrechnung von 20% USt),

Umsätze aus einer Vortragstätigkeit als Privatlehrer an einer öffentlichen Schule in Höhe von **11.270** Euro (unter Außerachtlassung der Kleinunternehmerregelung unecht befreit gemäß § 6 Abs. 1 Z 11 lit. b UStG 1994) und

Umsätze aus der Wohnungsvermietung in Höhe von 2.900 Euro (Herausrechnung von 10% USt).

Weiters tätigt der Unternehmer noch durch die laufende 40-prozentige private Nutzung eines ansonsten unternehmerisch genutzten PCs einen Eigenverbrauch in Höhe von 750 Euro.

Dies ergibt insgesamt maßgebliche Umsätze in Höhe von 29.420 Euro. Die 30.000 Euro Kleinunternehmergrenze ist somit nicht überschritten. Die Umsätze des Unternehmers sind gemäß § 6 Abs. 1 Z 27 UStG 1994 unecht steuerfrei.

996 Es sind alle Umsätze gemäß § 1 Abs. 1 Z 1 und 2 UStG 1994 – außer Hilfsgeschäfte einschließlich Geschäftsveräußerungen – bei der Prüfung, ob die 30.000 Euro (bzw. bis 31.12.2006: 22.000 Euro)-Grenze überschritten wird, mit einzubeziehen. Dazu gehören auch die Umsätze, die unter die landwirtschaftliche Durchschnittssatzbesteuerung gemäß § 22 UStG 1994 fallen. Im Falle einer Schätzung können diese Umsätze mit 150% des Wertes des land- und forstwirtschaftlichen Betriebes (§ 125 Abs. 1 lit. b BAO) angesetzt werden.

Umsätze, für die der Kleinunternehmer auf Grund eines Übergangs der Steuerschuld Steuerschuldner geworden ist, und innergemeinschaftliche Erwerbe sind nicht zu berücksichtigen (siehe auch Rz 994). Bei der Ermittlung der 30.000-Euro-Grenze ist hinsichtlich der differenzbesteuerten Umsätze von der nach § 24 Abs. 4 und 5 UStG 1994 errechneten Bemessungsgrundlage auszugehen.

1.27.3 Toleranzgrenze von 15 %

997   Innerhalb eines Zeitraumes von fünf Kalenderjahren kann der Unternehmer – unter Beibehaltung der Anwendung der Befreiung des § 6 Abs. 1 Z 27 UStG 1994 – einmal die 30.000 Euro (bzw. bis 31.12.2006: 22.000 Euro)-Grenze um 15% überschreiten. Von der Toleranzgrenze kann neuerlich erst wieder im fünften Jahr nach Anwendung der Toleranzgrenze Gebrauch gemacht werden (zB Anwendung der Toleranzgrenze im Jahr 2002, neuerliche Möglichkeit der Inanspruchnahme der Toleranzgrenze im Jahr 2007).

Abweichend davon kann die ab 1.1.2007 geltende „neue" Toleranzgrenze auch dann einmal in Anspruch genommen werden, wenn die vor dem 1.1.2007 gültige Toleranzregelung innerhalb der vorangegangenen vier Jahre bereits einmal ausgenutzt wurde.

Beispiel:

Der Unternehmer erzielt dem Normalsteuersatz unterliegende (Netto-)Umsätze in folgender Höhe:

Umsätze bis 2004:	20.000 Euro
Umsätze 2005:	24.000 Euro
Umsätze 2006:	20.000 Euro
Umsätze 2007:	32.000 Euro
Umsätze 2008:	33.000 Euro

Im Jahr 2007 kommt weiterhin die Kleinunternehmerbefreiung zur Anwendung, obwohl die bis 31.12.2006 geltende Toleranzregelung innerhalb des fünfjährigen Beurteilungszeitraumes bereits einmal (im Jahr 2005) beansprucht wurde. Die im Jahr 2007 erfolgte Überschreitung der „neuen" Kleinunternehmergrenze von 30.000 Euro liegt innerhalb der 15%igen Toleranz (max. 34.500 Euro) und gilt als erstmaliges Überschreiten der Umsatzgrenze innerhalb von fünf Kalenderjahren. Erst im Jahr 2008 kommt es infolge neuerlicher Überschreitung der Umsatzgrenze zu einem „Herausfallen" aus der Kleinunternehmerbefreiung.

998   Auch bei Ermittlung der Toleranzgrenze ist von den Einnahmen unter Herausrechnung der allenfalls hierin enthaltenen USt – wie in Rz 995 und 996 dargestellt – auszugehen. Bei der Prüfung, ob die Toleranzgrenze in früheren Veranlagungszeiträumen bereits überschritten wurde, ist bereits von der **Netto-Umsatzgrenze** im Sinne der VwGH-Judikatur auszugehen, auch wenn für die zu prüfenden Veranlagungszeiträume bereits rechtskräftige Bescheide vorliegen, die von einer Bruttoumsatzgrenze ausgegangen sind.

Beispiel:

Der Unternehmer, der für kein Veranlagungsjahr zur Steuerpflicht optiert hat, erzielte in den Jahren bis einschließlich 1996 Umsätze in Höhe von jeweils eindeutig unter 300.000 S. Im Jahr 1997 erzielte der Unternehmer Einnahmen aus schriftstellerischer Tätigkeit in Höhe von 348.000 S. In Folge der seinerzeitigen Berechnungsmethode der Kleinunternehmergrenze wurde diese um mehr als 15 % überschritten. Unter Herausrechnung der 20%igen USt ergab sich ein steuerpflichtiger Umsatz von 290.000 S. Es liegt hierüber ein rechtskräftiger Umsatzsteuerbescheid für das Jahr 1997 vor, dessen Aufrollung nicht mehr möglich ist. Die Umsätze des Jahres 1998 lagen wieder eindeutig unter 300.000 S. Im (noch nicht veranlagten) Jahr 1999 erzielte der Unternehmer Einnahmen aus schriftstellerischer Tätigkeit in Höhe von 408.000 S. Die Umsätze unter Herausrechnung der 20%igen USt betrugen somit 340.000 S. Der Unternehmer fällt im Jahr 1999 unter die unechte Steuerbefreiung gemäß § 6 Abs. 1 Z 27 UStG 1994, da unter Berücksichtigung der VwGH-Judikatur die Kleinunternehmergrenze erstmals um nicht mehr als 15 % überschritten wurde.

1.27.4 Abweichendes Wirtschaftsjahr

999   Im Falle eines vom Kalenderjahr abweichenden Wirtschaftsjahres findet die Befreiung des § 6 Abs. 1 Z 27 UStG 1994 keine Anwendung (§ 20 Abs. 1 letzter Satz UStG 1994).

§ 6 UStG

1.27.5 Überschreiten/Unterschreiten der Umsatzgrenze

1000 Geht der Unternehmer zunächst von der Steuerfreiheit aus und überschreitet er im Laufe des Kalenderjahres die 30.000 Euro (bzw. bis 31.12.2006: 22.000 Euro)-Grenze (bzw. innerhalb von fünf Kalenderjahren einmal die jeweils geltende Toleranzgrenze), so werden sämtliche Umsätze dieses Jahres (somit auch die schon bewirkten Umsätze nachträglich) steuerpflichtig. In diesem Fall können die schon bewirkten Umsätze als in den Voranmeldungszeitraum fallend angesehen werden, in dem die maßgebliche Umsatzgrenze überschritten wird. Eine Berichtigung der Rechnung (mit Ausweis der Umsatzsteuer), die den Leistungsempfänger zum Vorsteuerabzug berechtigt, ist möglich.

1001 Geht der Unternehmer zunächst von der Steuerpflicht aus und stellt er Rechnungen mit Ausweis der Umsatzsteuer aus und ergibt sich am Ende des Veranlagungszeitraumes, dass die 30.000 Euro (bzw. bis 31.12.2006: 22.000 Euro)-Grenze nicht überschritten wurde, und gibt der Unternehmer keine Optionserklärung gemäß § 6 Abs. 3 UStG 1994 ab, so kann er die Rechnungen nachträglich berichtigen. Bis zur Berichtigung schuldet der Unternehmer die in den Rechnungen ausgewiesene Steuer gemäß § 11 Abs. 12 UStG 1994.

1.27.6 Innergemeinschaftliche Lieferung neuer Fahrzeuge durch Kleinunternehmer

1002 Die persönliche unechte Steuerbefreiung des § 6 Abs. 1 Z 27 UStG 1994 geht den echten Befreiungen (zB Ausfuhrlieferungen gemäß 7 UStG 1994 und innergemeinschaftlichen Lieferung gemäß Art. 7 UStG 1994) vor. Lediglich hinsichtlich der innergemeinschaftlichen Lieferung neuer Fahrzeuge gilt gemäß Art. 6 Abs. 5 UStG 1994 die unechte Steuerbefreiung des § 6 Abs. 1 Z 27 UStG 1994 nicht; in diesem Fall liegt eine innergemeinschaftliche Lieferung vor.

Randzahlen 1003 bis 1010: Derzeit frei.

1.28 Zusammenschlüsse von Banken, Versicherungen und Pensionskassen

1.28.1 Allgemeines

1011 § 6 Abs. 1 Z 28 UStG 1994 befreit Umsätze von Unternehmern, die überwiegend gemäß § 6 Abs. 1 Z 8 bzw. Z 9 lit. c UStG 1994 steuerfreie Bank-, Versicherungs- und Pensionskassenumsätze tätigen (begünstige Unternehmer). Es handelt sich um folgende Befreiungen, wobei im ersten und zweiten Fall Voraussetzung ist, dass die Leistungen unmittelbar zur Ausführung der genannten Umsätze verwendet werden (begünstigte Umsätze):

- Sonstige Leistungen von Zusammenschlüssen von begünstigten Unternehmern an ihre Mitglieder, soweit sie unmittelbar zur Ausführung begünstigter Umsätze verwendet werden,
- sonstige Leistungen von begünstigten Unternehmern untereinander, soweit sie unmittelbar zur Ausführung begünstigter Umsätze verwendet werden,
- Personalgestellung von begünstigten Unternehmern an Zusammenschlüsse begünstigter Unternehmer.

Bei den im § 6 Abs. 1 Z 28 UStG 1994 als Voraussetzung für die Steuerbefreiung geforderten Bank-, Versicherungs- oder Pensionskassenumsätzen muss es sich um steuerbare Umsätze handeln.

Für die Anwendbarkeit der Steuerbefreiung ist die gewerberechtliche Behandlung (Besitz einer entsprechenden Konzession) nicht maßgebend.

1.28.2 Zusammenschlüsse

1012 Zusammenschlüsse im Sinne des § 6 Abs. 1 Z 28 UStG 1994 sind nur solche, an denen ausschließlich Unternehmer beteiligt sind, die überwiegend Bank-, Versicherungs- oder Pensionskassenumsätze tätigen. Die Tatbestandsvoraussetzung, dass überwiegend Bank-, Versicherungs- oder Pensionskassenumsätze getätigt werden, muss nicht beim Zusammenschluss, sondern bei den Unternehmern gegeben sein, die den Zusammenschluss bilden.

Die Steuerfreiheit geht nicht verloren, wenn an dem Zusammenschluss ein Unternehmer beteiligt ist, an dem zB nur Banken beteiligt sind, der selbst aber keine Bankumsätze bewirkt (mittelbare Beteiligung).

Die Befreiung gilt auch für Zusammenschlüsse in der **Rechtsform einer GesmbH**.

Die Befreiung gilt nicht für Zusammenschlüsse, an denen ein **Unternehmer mit Sitz im Ausland** beteiligt ist, da dieser regelmäßig nicht überwiegend steuerbare begünstigte Umsätze erbringt (siehe § 6 Rz 1011).

1.28.3 Begünstigte Leistungen der Zusammenschlüsse

1013 Voraussetzung ist, dass diese Leistungen **unmittelbar zur Ausführung von Bankumsätzen** verwendet werden. Unmittelbar bedeutet hier, in einem funktionalen betriebswirtschaftlichen Zusammenhang mit den steuerfreien Bank-, Versicherungs- oder Pensionskassenumsätzen stehend. Unter die genannte Befreiungsbestimmung können demnach EDV-Leistungen, Beratungsleistungen, Personalausbildung und -schulung usw. subsumiert werden.

1014 Aus Vereinfachungsgründen kann eine sonstige Leistung auch dann nach § 6 Abs. 1 Z 28 UStG 1994 steuerfrei belassen werden, wenn die leistungsempfangende Bank, Versicherung oder Pensionskasse diese sonstige Leistung zur Ausführung steuerpflichtiger Umsätze verwendet (zB Verwahrung und Verwaltung von Wertpapieren durch eine Zwischenbank).

Unter die Befreiung fallen grundsätzlich alle sonstigen Leistungen (zB Vermietung von Geschäftsräumlichkeiten oder Gebäuden oder Gebäudereinigung). Aus Vereinfachungsgründen konnte bis 31. August 2012 bei der Vermietung von Grundstücken die Regelung des § 6 Abs. 2 UStG 1994 (Option zur Steuerpflicht) angewendet werden. In diesen Fällen kann, wenn bei der Vermietung von Grundstücken die Option zur Steuerpflicht gemäß § 6 Abs. 2 UStG 1994 idF des 1. Stabilitätsgesetzes 2012 zulässig ist (siehe Rz 899a bis 899c), die bereits ausgeübte Option weiterhin beibehalten werden.

1015 Es ist nicht Voraussetzung für die Steuerbefreiung, dass der Zusammenschluss überwiegend Leistungen an die Mitglieder erbringt. Die Steuerfreiheit für die Personalgestellung geht daher auch dann nicht verloren, wenn der Zusammenschluss keine oder nur geringfügige Leistungen an die Mitglieder erbringt. Der Umstand, dass der Zusammenschluss damit keine (oder nur im geringfügigen Umfang) nach § 6 Abs. 1 Z 28 UStG 1994 steuerfreie Leistungen erbringt, ist dabei unbeachtlich.

1.28.4 Kosten

1016 Unter Kosten sind sämtliche in der Gewinn- und Verlustrechnung nach den Rechnungslegungsbestimmungen des UGB im Ergebnis der gewöhnlichen Geschäftstätigkeit berücksichtigten Aufwendungen (einschließlich Steueraufwendungen) zu verstehen, soweit sie mit den unecht befreiten Leistungen im Zusammenhang stehen. Dazu zählen auch **Fremdkapitalzinsen**, welche von dem Zusammenschluss aufgewendet werden müssen, sowie die Amortisation immaterieller Wirtschaftsgüter, insbesondere von Firmenwerten oder Softwarepaketen, die vom Zusammenschluss erworben wurden. Auch **Nebenkosten**, wie zB die Kosten für die Personalverrechnung für jene Mitarbeiter, welche zur Ausführung der nach § 6 Abs. 1 Z 28 UStG 1994 benötigt werden, oder etwa die Abwicklung der Anlagenbuchhaltung, soweit sie sich auf Anlagegüter bezieht, die im Zusammenhang mit den befreiten Umsätzen stehen, fallen unter die Steuerbefreiung.

Voraussetzung für die Steuerbefreiung ist, dass die Zusammenschlüsse lediglich Kostenersatz fordern und dass die Befreiung nicht zu Wettbewerbsverzerrungen führt. Erforderlich ist nicht nur, dass der Zusammenschluss hinsichtlich der Leistungen an seine Mitglieder insgesamt keinen Gewinn erzielt, sondern auch eine verursachungsgerechte Aufteilung auf die einzelnen Mitglieder. Ist es aus praktischer Sicht nicht möglich, die Höhe der Kosten bereits bei der Fakturierung der Leistung festzustellen, wird es zweckmäßig sein, zunächst eine vorläufige und bei Feststehen der tatsächlichen Kosten eine endgültige Verrechnung vorzunehmen (VwGH 28.03.2012, 2008/13/0172).

§ 6 UStG

Bei der **Leistungsverrechnung** bestehen keine Bedenken, wenn den Mitgliedern zunächst Sockelbeträge in Form einer Bereitstellungsgebühr in Rechnung gestellt werden und womit die Fixkosten (Amortisation und Verzinsung der Investitionen) abgedeckt werden. Diese Bereitstellungsprovision orientiert sich an der Anzahl der Mitglieder. Der verbleibende Restbetrag der (geschätzten) Kosten wird durch die erbrachten Leistungseinheiten dividiert, wodurch sich ein Preis pro Leistungseinheit ergibt. Dieser Preis wird den Mitgliedern nach Maßgabe der Inanspruchnahme der Leistung verrechnet. Ergibt sich nach Vorliegen der effektiven Kosten des Jahres eine Abweichung, erfolgt ein Ausgleich über entsprechende Gutschriften oder Nachbelastungen.

1.28.5 Leistungen zwischen den Unternehmen

1017 Die **genaue Kostenerstattung**, wie sie für die Leistungen der Zusammenschlüsse an ihre Mitglieder gefordert wird, ist für die unter den zweiten Satz dieser Regelung fallenden Leistungen nicht Voraussetzung.

Die sonstigen Leistungen zwischen Zusammenschlüssen von Unternehmern, die überwiegend gemäß § 6 Abs. 1 Z 8 und Z 9 lit. c UStG 1994 steuerfreie Bank-, Versicherungs- oder Pensionskassenumsätze tätigen, können unter die Befreiungsbestimmung der § 6 Abs. 1 Z 28 UStG 1994 subsumiert werden

§ 6 Abs. 1 Z 28 UStG 1994 gilt nicht, wenn die Umsätze zwischen Unternehmern erbracht werden, bei denen ein Unternehmer seinen Sitz im Ausland hat, da dieser regelmäßig nicht überwiegend steuerbare begünstigte Umsätze erbringt (siehe Rz 1011).

1.28.6 Einzelfälle

1018 **Depotgebühren**

Die Verwahrung und Verwaltung von Wertpapieren durch Banken für die folgenden Institutionen und Einrichtungen ist befreit:
- Wohlfahrtsfonds der Ärztekammern
- Wohlfahrtseinrichtungen der Österreichischen Dentistenkammer
- Wohlfahrtseinrichtungen der Bundeskammer der Architekten und Ingenieurkonsulenten
- Versorgungs- oder Unterstützungseinrichtungen von Orden und Kongregationen
- Pensionsfonds von Kammern (zB Wirtschafts-, Arbeiter-, Landwirtschaftskammer) oder einer Diözese
- Gebietskrankenkassen

Gestionsprovisionen

Gestionsprovisionen, die an einen Konsortialführer für die Verwaltung der Kreditanteile der übrigen Konsorten gezahlt werden, sind steuerfrei. Das gilt auch für Gestionsprovisionen, die vom Kreditnehmer dem Kreditgeber bezahlt werden.

Landeshypothekenanstalt

Werden die von den Ämtern der Landesregierungen gewährten Darlehen (zB Landeswohnbauförderung) durch eine Landeshypothekenbank verwaltet, ist diese Verwaltung befreit.

Mittelstandsfinanzierungsgesellschaften gem. § 6b KStG 1988

Mittelstandsfinanzierungsgesellschaften sind begünstigte Unternehmer iSd § 6 Rz 1011.

Verbundkosten

Die sonstige Leistung selbst muss nicht bank- oder versicherungstypisch sein. Daher kann auch die Weiterverrechnung von Verbundkosten im Bankenbereich befreit sein.

2. Option zur Steuerpflicht

Siehe § 6 Rz 758, 772, 793 bis 800, 899 und 923.

3. Kleinunternehmer, Option zur Steuerpflicht

3.1 Option zur Steuerpflicht (Verzichtserklärung)

1019 Der Unternehmer kann gemäß § 6 Abs. 3 UStG 1994 durch eine schriftliche, beim Finanzamt einzureichende Erklärung auf die Anwendung des § 6 Abs. 1 Z 27 UStG 1994 verzichten und damit zu der Besteuerung nach den allgemeinen Vorschriften des Umsatzsteuergesetzes optieren.

Eine **Optionserklärung** gemäß § 6 Abs. 3 UStG 1994 hat keine Auswirkung auf die unter die Durchschnittssatzbesteuerung gemäß § 22 UStG 1994 fallenden Umsätze.

Beispiel:

Ein unter die Durchschnittssatzbesteuerung gemäß § 22 UStG 1994 fallender Landwirt erzielt aus der Vermietung einer Eigentumswohnung im Veranlagungszeitraum Mieteinnahmen in Höhe von 7.500 €. Die unter die Durchschnittssatzbesteuerung fallenden – allenfalls geschätzten – Einnahmen betragen im Veranlagungszeitraum 11.000 €.

Eine Optionserklärung gemäß § 6 Abs. 3 UStG 1994 bewirkt die Steuerpflicht der Mieteinnahmen. Die Durchschnittssatzbesteuerung gemäß § 22 UStG 1994 wird hierdurch nicht berührt.

3.2 Rücknahme der Verzichtserklärung

1020 Verzichtserklärungen gemäß § 6 Abs. 3 UStG 1994 können bis zur Rechtskraft des Umsatzsteuerbescheides wieder zurückgenommen werden.

Beispiel:

Der Unternehmer K erzielt jährliche Umsätze von rund 15.000 €.

Der Umsatzsteuererklärung 1999 legt er eine Verzichtserklärung bei.

a) Noch vor Ergehen des Umsatzsteuerbescheides 1999 erklärt er schriftlich gegenüber seinem Finanzamt, dass er die Verzichtserklärung wieder zurücknimmt.

b) K wird erklärungsgemäß zur USt veranlagt. Er beruft gegen den Umsatzsteuerbescheid 1999 und nimmt dabei die Verzichtserklärung zurück.

In beiden Fällen wurde die Verzichtserklärung wirksam zurückgenommen.

Es tritt weder für 1999 noch für die vier Folgejahre bis einschließlich 2003 eine Bindungswirkung ein. K kann in diesen Jahren die unechte Steuerbefreiung für Kleinunternehmer in Anspruch nehmen.

3.3 Widerruf der Verzichtserklärung

1021 Hat ein Unternehmer eine Verzichtserklärung abgegeben und diese nicht bis zur Rechtskraft des Umsatzsteuerbescheides wieder zurückgenommen, so tritt die in § 6 Abs. 3 zweiter Satz UStG 1994 normierte Bindungswirkung ein, wenn die Verzichtserklärung Rechtswirksamkeit entfaltet hat (dh. zur steuerpflichtigen Behandlung der Umsätze aufgrund der tatsächlichen Verhältnisse in dem Veranlagungszeitraum, für den sie abgegeben wurde, erforderlich war).

Der Unternehmer ist danach für das Jahr, für das er die Verzichtserklärung abgegeben hat, und für mindestens noch vier darauf folgende Jahre (insgesamt also mindestens fünf Jahre) an die Regelbesteuerung gebunden, innerhalb der vier Folgejahre ist eine Rücknahme der Verzichtserklärung für eines dieser Jahre nicht mehr möglich.

Endet das Unternehmen (und geht damit die Unternehmereigenschaft verloren), so erlöschen damit auch die im § 6 Abs. 3 UStG 1994 festgelegten Folgen. Dies trifft etwa zu, wenn der Unternehmer seine unternehmerische Tätigkeit endgültig eingestellt hat. Wird danach später eine unternehmerische Tätigkeit vom früheren Unternehmer (wieder) aufgenommen, so leben die mit der vorangegangenen Beendigung der unternehmerischen Tätigkeit erloschenen Folgen nicht auf, weshalb der (neue) Unternehmer gegebenenfalls (neuerlich) die Erklärung nach § 6 Abs. 3 UStG 1994 abzugeben hat (VwGH 11.11.2008, 2006/13/0041). Ist hingegen von vornherein eine bloß zeitlich befristete Unterbrechung der aktiven unternehmerischen Tätigkeit beabsichtigt (vgl. Rz 202), die am

Fortbestand der Unternehmereigenschaft nichts ändert, bleibt die Bindung an die Verzichtserklärung iSd § 6 Abs. 3 UStG 1994 aufrecht.

1022 Erst nach Ablauf des fünfjährigen Bindungszeitraumes kann gemäß § 6 Abs. 3 dritter und vierter Satz UStG 1994 die Verzichtserklärung bis zum Ablauf des ersten Monats eines Kalenderjahres widerrufen und die unechte Steuerbefreiung für Kleinunternehmer wiederum in Anspruch genommen werden.

Beispiel:
Sachverhalt zunächst wie Beispiel in Abschn. 6.3.2, K gibt in weiterer Folge im Jahr 2003 neuerlich eine Verzichtserklärung ab, die er bis zur Rechtskraft des Umsatzsteuerbescheides für das Jahr 2003 nicht wieder zurücknimmt.

K ist für die Jahre 2003 bis einschließlich 2007 an seine Erklärung gebunden und hat seine Umsätze zu versteuern. Gibt er bis Ende Jänner 2008 eine Widerrufserklärung ab, so kann er frühestens ab dem Jahr 2008 seine Umsätze wieder steuerfrei behandeln.

Weiteres Beispiel:
Der Unternehmer hat für das Jahr 2005 „sicherheitshalber" eine Verzichtserklärung gem. § 6 Abs. 3 UStG 1994 abgegeben.

Diese Verzichtserklärung entfaltet nur Wirkung, wenn der Unternehmer die für 2005 geltende Kleinunternehmergrenze von 22.000 Euro unterschritten hat bzw. in die 15%ige Toleranzregelung fallen würde. Nur in diesen Fällen wird die fünfjährige Bindungswirkung ausgelöst. Der Unternehmer könnte frühestens mit Wirkung für das Jahr 2010 die für das Jahr 2005 abgegebene Optionserklärung widerrufen. Die mit 1.1.2007 erfolgte Anhebung der Kleinunternehmergrenze auf 30.000 Euro (§ 6 Abs. 1 Z 27 UStG 1994 idF KMU-FG 2006, BGBl. I Nr. 101/2006) hat in diesem Zusammenhang keine Bedeutung.

Hätte der Unternehmer im Jahr 2005 die Kleinunternehmergrenze überschritten und käme auch die Toleranzregelung nicht zum Tragen, ist eine Verzichtserklärung gem. § 6 Abs. 3 UStG 1994 nicht erforderlich, seine Umsätze sind jedenfalls steuerpflichtig. Wird eine derartige Erklärung dennoch abgegeben, entfaltet sie keine Rechtswirkung, sodass die fünfjährige Bindungswirkung nicht ausgelöst wird.

4. Befreiungen bei der Einfuhr
4.1 Allgemeines

1023 Die Steuerbefreiungen für die Einfuhr werden in § 6 Abs. 4, Abs. 5 und Abs. 6 UStG 1994 abschließend aufgezählt.

Das UStG 1994 enthält teilweise eigenständige Bestimmungen zu den Steuerbefreiungen bei der Einfuhr, teilweise entsprechen die Steuerbefreiungen bei der Einfuhr aber auch den Zollbefreiungen.

§ 6 Abs. 4 UStG 1994 verweist daher weitgehend auf zollrechtliche Befreiungsbestimmungen und enthält nur insoweit eigenständige Regelungen, als die Befreiungen von der Mehrwertsteuer von den Zollbefreiungen abweichen.

Die Steuerbefreiungen bei der Einfuhr können grundsätzlich von jedem Unternehmer oder Nichtunternehmer unter Berücksichtigung der gesetzlich genannten Voraussetzungen in Anspruch genommen werden.

Ist für bestimmte Waren eine Befreiung von der Umsatzsteuer bei der Einfuhr vorgesehen, ist auch der innergemeinschaftliche Erwerb befreit (siehe Rz 3941).

4.2 Im UStG 1994 gesondert geregelte Befreiungen von der Einfuhrumsatzsteuer

1024 Steuerfrei ist nach § 6 Abs. 4 Z 1 UStG 1994 die Einfuhr folgender Gegenstände, deren Lieferung im Inland ebenfalls steuerfrei wäre:
- Wertpapiere iSd § 6 Abs. 1 Z 8 lit. f, g, h und i UStG 1994;

- Anlagegold iSd § 6 Abs. 1 Z 8 lit. j UStG 1994;
- Zahnersatz iSd § 6 Abs. 1 Z 20 UStG 1994;
- Menschliche Organe (keine Prothesen), menschliches Blut und Frauenmilch iSd § 6 Abs. 1 Z 21 UStG 1994.

Ebenfalls von der Steuer befreit ist nach § 6 Abs. 4 Z 2 UStG 1994 die Einfuhr folgender Gegenstände, sofern die im Gesetz ausdrücklich genannten Voraussetzungen für eine steuerfreie Lieferung der jeweiligen Gegenstände vorliegen:
- Gesetzliche Zahlungsmittel unter den Voraussetzungen des § 6 Abs. 1 Z 8 lit. b UStG 1994;
- Amtliche Wertzeichen unter den Voraussetzungen des § 6 Abs. 1 Z 8 lit. d UStG 1994;
- Luftfahrzeuge im Sinne des § 6 Abs. 1 Z 10 lit. c UStG 1994 (entfällt ab 1. Jänner 2011);
- Gegenstände für die Seeschifffahrt unter den Voraussetzungen des § 9 Abs. 1 Z 1, Z 2 und Z 3 UStG 1994;
- Gegenstände für die Luftfahrt unter den Voraussetzungen des § 9 Abs. 2 Z 1, Z 2 und Z 3 UStG 1994.

Auch die Einfuhr von Gold ist nach § 6 Abs. 4 Z 3 UStG 1994 steuerfrei, wenn sie durch Zentralbanken (zB österreichische Nationalbank) vorgenommen wird.

Steuerfrei ist nach § 6 Abs. 4 Z 3a UStG 1994 außerdem die Einfuhr von:

Rechtslage bis 31. Dezember 2010:
- Gas über das Erdgasverteilungsnetz und
- Elektrizität.

Rechtslage ab 1. Jänner 2011:
- Gas über ein Erdgasnetz oder jedes an ein solches Netz angeschlossene Netz oder
- Gas, das von einem Gastanker aus in ein Erdgasnetz oder ein vorgelagertes Gasleitungsnetz eingespeist wird,
- Elektrizität,
- Wärme über Wärmenetze oder
- Kälte über Kältenetze.

§ 6 Abs. 4 Z 6 UStG 1994 sieht die steuerfreie Einfuhr für die dort genannten amtlichen Veröffentlichungen und Drucksachen vor.

Ebenfalls steuerfrei kann nach § 6 Abs. 4 Z 9 UStG 1994 die Einfuhr von Gegenständen mit einem Gesamtwert bis 22 Euro erfolgen, ausgenommen sind jedoch Alkoholika, Parfums und Toilettewasser sowie Tabak und Tabakwaren. Ist die Einfuhr von Gegenständen innerhalb bestimmter Wertgrenzen oder Freimengen nach anderen Vorschriften befreit, ist dies bei der Berechnung des Gesamtwertes von 22 Euro zu berücksichtigen.

4.3 Steuerbefreiungen in Anlehnung an Zollbefreiungen

1025 Steuerfrei ist nach § 6 Abs. 4 Z 4 lit. a bis lit. o UStG 1994 die Einfuhr folgender Gegenstände, für die eine Zollbefreiung vorliegt, für die aber gegebenenfalls ausdrücklich genannten umsatzsteuerrechtliche Sonderregelungen zu berücksichtigen sind:
- Übersiedlungsgut von natürlichen Personen, die ihren gewöhnlichen Wohnsitz aus einem Drittland in die Gemeinschaft verlegen;
- Heiratsgut;
- Erbschaftsgut;
- Ausstattung, Ausbildungsmaterial und Haushaltsgegenstände von Schülern und Studenten;
- Sendungen von Privatperson an Privatperson unter Beachtung der in § 6 Abs. 4 Z 4 lit. b UStG 1994 vorgesehenen Mengenbeschränkung für Kaffee, Kaffee-Extrakte und -Essenzen, Tee sowie Tee-Extrakte und -Essenzen;
- Investitionsgüter und andere Ausrüstungsgegenstände, die anlässlich einer Betriebsverlegung aus einem Drittland in die Gemeinschaft eingeführt werden, unter

§ 6 UStG

- Berücksichtigung der in § 6 Abs. 4 Z 4 lit. c UStG 1994 angeführten Einschränkungen;
- Voraussetzung für die Einfuhrumsatzsteuerbefreiung ist außerdem die vorangegangene Anzeige der Betriebseröffnung beim zuständigen Finanzamt im Inland;
- von Landwirten der Gemeinschaft auf Grundstücken in einem Drittland erwirtschaftete Erzeugnisse sowie die in § 6 Abs. 4 Z 4 lit. d UStG 1994 angeführten Sonderfälle bei der Einfuhr reinrassiger Pferde;
- Saatgut, Düngemittel und andere Erzeugnisse zur Boden- oder Pflanzenbehandlung, die von Landwirten aus Drittländern zur Verwendung in grenznahen Betrieben eingeführt werden;
- Gegenstände erzieherischen, wissenschaftlichen oder kulturellen Charakters unter Berücksichtigung der in § 6 Abs. 4 Z 4 lit. a UStG 1994 und § 6 Abs. 4 Z 4 lit. g UStG 1994 genannten Einschränkungen für wissenschaftliche Instrumente und Apparate;
- die unentgeltliche Einfuhr von Tieren für Laborzwecke und biologische und chemische Stoffe für Forschungszwecke (§ 6 Abs. 4 Z 4 lit. h UStG 1994);
- Therapeutische Stoffe menschlichen Ursprungs sowie Reagenzien zur Bestimmung der Blut- und Gewebegruppen;
- Vergleichssubstanzen für die Arzneimittelkontrolle;
- pharmazeutische Erzeugnisse zur Verwendung bei internationalen Sportveranstaltungen;
- für Organisationen der Wohlfahrtspflege bestimmte Waren, Waren für Blinde und andere behinderte Personen; die Einfuhr „lebenswichtiger Waren" und die Einfuhr von Gegenständen für Blinde und andere Behinderte muss dabei aber unentgeltlich erfolgen und die Gegenstände dürfen nicht von den Blinden oder anderen Behinderten selbst eingeführt werden (§ 6 Abs. 4 Z 4 lit. i und j UStG 1994);
- Auszeichnungen und Ehrengaben;
- Geschenke im Rahmen zwischenstaatlicher Beziehungen;
- zum persönlichen Gebrauch von Staatsoberhäuptern bestimmte Waren;
- zur Absatzförderung eingeführte Waren (Warenmuster oder -proben von geringem Wert, Werbedrucke und Werbegegenstände, auf Ausstellungen oder ähnlichen Veranstaltungen ge- oder verbrauchte Waren) unter Berücksichtigung der in § 6 Abs. 4 Z 4 lit. k und l UStG 1994 vorgesehenen Erweiterungen, die über die zollrechtlichen Befreiungsbestimmungen hinausgehen;
- zu Prüfungs-, Analyse- oder Versuchszwecken eingeführte Waren;
- Sendungen an die für Urheberrechtsschutz oder gewerblichen Rechtsschutz zuständigen Stellen;
- Werbematerial für den Fremdenverkehr, wobei das Werbematerial gemäß § 6 Abs. 4 Z 4 lit. m UStG 1994 im Gegensatz zu den Zollvorschriften auch private Geschäftsreklame zugunsten von Gemeinschaftsfirmen enthalten darf;
- verschiedene Dokumente und Gegenstände, wie zB
  - bestimmte Dokumente an Dienststellen der Mitgliedstaaten oder Veröffentlichungen ausländischer Regierungen und offizieller internationaler Organisationen;
  - Stimmzettel für Wahlen;
  - Gegenstände, die vor Gerichten oder anderen Instanzen der Mitgliedstaaten als Beweisstücke oder zu ähnlichen Zwecken verwendet werden sollen;
  - Unterschriftsmuster;
  - an die Zentralbanken der Mitgliedstaaten gerichtete amtliche Drucksachen;
  - Informationsträger;
  - Entwürfe, technische Zeichnungen;
  - diverse Vordrucke;
  - Steuermarken und ähnliche Marken, die die Entrichtung von Abgaben in einem Drittland bestätigen;
- Verpackungsmittel zum Verstauen und Schutz von Waren während ihrer Beförderung sowie die in § 6 Abs. 4 Z 4 lit. n UStG 1994 genannten Behältnisse und Verpackungen, sofern der Wert der Verpackungsmittel in die Bemessungsgrundlage für die Einfuhr (§ 5 UStG 1994) einbezogen wird;
- Streu und Futter für Tiere während ihrer Beförderung;

- Treib- und Schmierstoffe in Straßenkraftfahrzeugen und Spezialcontainern, unter Berücksichtigung der sich aus § 6 Abs. 4 Z 4 lit. o UStG 1994 iVm § 97 Abs. 1 ZollR-DG allenfalls ergebenden Beschränkungen;
- Waren zum Bau, zur Unterhaltung oder Ausschmückung von Gedenkstätten oder Friedhöfen für Kriegsopfer;
- Särge, Urnen und Gegenstände zur Grabausschmückung.

1026 Weiters ist nach § 6 Abs. 4 Z 5 UStG 1994 auch die Einfuhr folgender Gegenstände steuerfrei, die nach den §§ 89 bis 93 des ZollR-DG unter Beachtung einer in § 93 ZollR-DG vorgeschriebenen Verwendungspflicht zollfrei eingeführt werden können:
- Diplomaten- und Konsulargut (§ 89 ZollR-DG);
- Ausstattung ausländischer Dienststellen (§ 90 ZollR-DG);
- Bestimmte Bordvorräte (§ 91 ZollR-DG);
- Treib- und Schmierstoffe in Wasser- und Luftfahrzeugen.

1027 Von der Einfuhrumsatzsteuer befreit ist unter Beachtung der in § 6 Abs. 4 Z 7 UStG 1994 hierzu vorgesehenen Einschränkungen auch die Einfuhr von Gegenständen, die nach **Art. 250 bis 253 der Verordnung (EU) Nr. 952/2013 zur Festlegung des Unionszollkodex (UZK), ABl. Nr. L 269 vom 10.10.2013 S. 1 (bis 30.4.2016: Art. 137 bis 144** der Verordnung (EWG) Nr. 2913/92 des Rates vom 12. Oktober 1992 zur Festlegung des Zollkodex der Gemeinschaften, ABl. Nr. L 302 S. 1 [Zollkodex] in der jeweils geltenden Fassung) im Verfahren der vorübergehenden Verwendung von den Einfuhrabgaben befreit eingeführt werden können.

Von der Befreiung ausgenommen sind die Fälle der teilweisen Befreiung von den Einfuhrabgaben.

Die Steuerfreiheit gilt für Formen, Matrizen, Klischees, Zeichnungen, Modelle, Geräte zum Messen, Überprüfen oder Überwachen und ähnliche Gegenstände mit der Maßgabe, dass die hergestellten Gegenstände zur Gänze aus dem Zollgebiet der Union auszuführen sind.

1028 Steuerfrei ist unter Berücksichtigung der in § 6 Abs. 4 Z 8 UStG 1994 genannten weiteren Bedingungen die Einfuhr von Gegenständen, die nach **Art. 203 bis 207 UZK (bis 30.4.2016:** Art. 185 bis 187 der Verordnung (EWG) Nr. 2913/92 des Rates vom 12. Oktober 1992 zur Festlegung des Zollkodex der Gemeinschaften, ABl. Nr. L 302 S. 1 [Zollkodex]) als Rückwaren frei von Einfuhrabgaben eingeführt werden können.

Randzahlen 1029 bis 1035: Derzeit frei.

5. Steuerbefreiungen bei der Einfuhr von Waren im persönlichen Reisegepäck

5.1 Allgemeines

1036 Waren im persönlichen Reisegepäck von Personen, die aus dem Drittland zurückkehren, können nur dann steuerfrei eingeführt werden, wenn die folgenden Voraussetzungen erfüllt sind:
- gesetzlich festgelegte Höchstmengen wurden eingehalten,
- die Waren befinden sich im persönlichen Reisegepäck,
- es handelt sich um eine nichtgewerbliche Einfuhr.

5.2 Einhaltung der gesetzlich festgelegten Höchstmengen

1037 Jeder Reisende kann nur bis zu der in § 6 Abs. 5 UStG 1994 für die jeweilige Warengruppe genannten Höchstmenge Waren steuerfrei einführen.

Danach sind Beschränkungen für Tabakwaren im Allgemeinen, Tabakwaren aus dem Samnauntal, sowie Alkohol und alkoholische Getränke, ausgenommen nicht schäumender Wein und Bier, vorgesehen, wobei in diesen Fällen eine Kombination der verschiedenen Waren einer Warengruppe bis zur zulässigen Höchstmenge vorgenommen werden kann, sofern die Summe der Anteile insgesamt 100% nicht übersteigt.

§ 6 UStG

Einer mengenmäßigen Beschränkung unterliegen weiters nicht schäumender Wein, Bier und der im Hauptbehälter bzw. tragbaren Behälter (maximal 10 Liter) eines Motorfahrzeuges befindliche Kraftstoff.

Andere als die soeben genannten Waren dürfen bis zu einem Gesamtwert von 300 Euro je Reisenden steuerfrei eingeführt werden, für Flugreisende beträgt dieser Schwellenwert 430 Euro. Für Reisende unter 15 Jahren verringert sich dieser Schwellenwert generell auf 150 Euro.

Weitere Bestimmungen zur Berechnung der Schwellenwerte sind in § 6 Abs. 5 UStG 1994 explizit angeführt.

Für Reisende unter 17 Jahren gelten die Bestimmungen über die steuerfreie Einfuhr von Tabakwaren und Alkoholika nicht, somit kommen für sie nur die Einfuhrbefreiungen für Kraftstoffe und andere Waren zur Anwendung.

Randzahlen 1038 bis 1044: Derzeit frei.

6. Steuerbefreiungen bei der Einfuhr von Waren im persönlichen Reisegepäck eines bestimmten Personenkreises

1045 Für Personen mit gewöhnlichem Wohnsitz im Grenzgebiet, Grenzarbeitnehmer sowie Besatzungen von Verkehrsmitteln in bestimmten Fällen gelten gemäß § 6 Abs. 6 UStG 1994 von § 6 Abs. 5 UStG 1994 abweichende Höchstmengen.

1046 Neben den für diese Personen geltenden, in § 6 Abs. 6 UStG 1994 genannten geringeren Höchstmengen ist hier weiters eine prozentuelle Kombination der einzelnen Warensorten zur Ausnutzung nicht ausgeschöpfter Anteile nicht vorgesehen.

Andere Waren als jene, für die eine Höchstmenge vorgesehen ist, dürfen nur bis zu einem Gesamtwert von 20 Euro eingeführt werden, wovon 4 Euro auf Lebensmittel und nichtalkoholische Getränke entfallen dürfen.

Die Bestimmungen für die steuerfreie Einfuhr von Tabakwaren oder Alkoholika gelten nicht für Reisende unter 17 Jahren.

Weiters enthält § 6 Abs. 6 UStG 1994 für bestimmte Fälle Ausnahmen von den vorgenannten Einschränkungen.

Randzahlen 1047 bis 1050: Derzeit frei.

Verordnungen zu § 6:

Verordnung des Bundesministers für Finanzen über die Begrenzung der umsatzsteuerfreien Einfuhr von Tabakwaren
BGBl. II Nr. 326/1997

Auf Grund des § 6 Abs. 4 Z 4 lit. e des Umsatzsteuergesetzes 1994, BGBl. Nr. 663/1994, in der Fassung BGBl. I Nr. 123/1997 wird verordnet:

§ 1.

Für Tabakwaren, die im persönlichen Gepäck von Reisenden eingeführt werden, die ihren normalen Wohnsitz im Inland, ausgenommen die Gebiete Jungholz und Mittelberg, haben und die über eine Landgrenze zu anderen Staaten als den Mitgliedstaaten der Europäischen Union und den EFTA-Staaten in das Inland, ausgenommen die Gebiete Jungholz und Mittelberg, einreisen, ist die Befreiung – abweichend von Artikel 46 der Zollbefreiungsverordnung – auf
- 25 Stück Zigaretten oder
- 5 Stück Zigarren oder
- 10 Stück Zigarillos (Zigarren mit einem Stückgewicht von höchstens 3 Gramm) oder

– 25 Gramm Rauchtabak oder
– eine anteilige Zusammenstellung dieser Waren bis zu 25 Gramm beschränkt.

§ 2.

Absatz 1 gilt auch für Tabakwaren, die aus dem schweizerischen Zollausschlußgebiet Samnauntal eingeführt werden.

§ 3.

Bei der Einfuhr von Tabakwaren ist die Umsatzsteuer abweichend von § 9 der Zollrechts-Durchführungsverordnung, BGBl. Nr. 1104/1994, buchmäßig zu erfassen.

§ 4.

Die Verordnung tritt mit 1. Dezember 1997 in Kraft.

Verordnung des Bundesministers für Finanzen betreffend ein Verzeichnis jener Goldmünzen, die die Kriterien der Steuerbefreiung gemäß § 6 Abs. 1 Z 8 lit. j Umsatzsteuergesetz 1994 im Kalenderjahr 2016 jedenfalls erfüllen

BGBl. II. Nr. 39/2016

Vom Abdruck dieser Verordnung wird abgesehen. Der Verordnungstext ist im Rechtsinformationssystem des Bundes unter www.ris.bka.gv.at zu finden.

Im Vergleich zur Vorgängerverordnung (BGBl. II. Nr. 44/2015) gibt es folgende Modifikationen:

1. Bei folgenden, bereits in der Liste befindlichen Ländern wurden Münzen neu aufgenommen:

Australien (10 Dollars), **Belgien** (20 Ecu, 12 ½ Euro), **Deutschland** (5 DM, 10 DM), **Finnland** (20 Markkaa), **Niederlande** (1 Dukaat), **Vereinigtes Königreich** (500, 1000 Pounds)

2. Bei folgenden, bereits in der Liste befindlichen Ländern wurden Münzen gestrichen:

Polen (50 Zlotych/orzel bielik, 100 Zlotych/orcel bielik, 500 Zlotych/orcel bielik)

3. Folgende Länder wurden neu in die Liste aufgenommen:

Liechtenstein (10, 20, 25, 50, 100 Franken, 50 Euro), **Niue** (2 ½ Dollars/250 Cents, 5, 10, 25, 50, 100, 250, 500, 10.000 Dollars)

Verordnung des Bundesministers für Finanzen betreffend die nähere Regelung der Bescheinigung der Voraussetzungen für die Steuerfreiheit der Lieferung von Kraftfahrzeugen und der Vermietung von Grundstücken an ausländische Vertretungsbehörden und deren im diplomatischen oder berufskonsularischen Rang stehende Mitglieder

BGBl. II Nr. 581/2003

Auf Grund des § 6 Abs. 1 Z 6 lit. d Umsatzsteuergesetz 1994 (UStG 1994), BGBl. Nr. 663/1994 und des § 3 Z 4 lit. d Normverbrauchsabgabegesetz 1991 (NoVAG 1991), BGBl. Nr. 695/1991, jeweils in der Fassung BGBl. I Nr. 71/2003, wird im Einvernehmen mit dem Bundesminister für auswärtige Angelegenheiten verordnet:

§ 1.

(1) Das Bundesministerium für auswärtige Angelegenheiten hat über Antrag der im § 6 Abs. 1 Z 6 lit. d UStG 1994 genannten Personen und Einrichtungen zu bescheinigen, dass die Voraussetzungen für die Steuerbefreiung gemäß § 6 Abs. 1 Z 6 lit. d UStG 1994 vorliegen bzw. im Sinne des § 3 Z 4 lit. d NoVAG 1991 vorliegen würden. Der Antragsteller hat den amtlichen beziehungsweise persönlichen Gebrauch des Kraftfahrzeuges oder Grundstückes glaubhaft zu machen.

(2) Liegen die Voraussetzungen für die Ausstellung einer Bescheinigung nicht vor, hat ein Bescheid nur über Verlangen des Antragstellers zu ergehen.

§ 2.

(1) Eine Bescheinigung betreffend die Lieferung beziehungsweise die Vermietung von Kraftfahrzeugen ist nur für jeweils ein Kraftfahrzeug auszustellen. Bei Vergütungsberechtigten im Sinne des § 1 Abs. 1 Z 2 Internationales Steuervergütungsgesetz (IStVG) darf eine weitere Bescheinigung erst nach Ablauf von zwei Jahren ausgestellt werden.

(2) Eine Bescheinigung betreffend die Vermietung von Grundstücken ist nur für jeweils ein Mietverhältnis (Räumlichkeiten der Mission, der Residenz, Wohnräumlichkeiten usw.) auszustellen. Die Bescheinigung darf nicht für einen Zeitraum von mehr als fünf Jahren ausgestellt werden, bei Vergütungsberechtigten im Sinne des § 1 Abs. 1 Z 2 IStVG längstens für einen Zeitraum, der die auf dem Lichtbildausweis im Sinne der Verordnung des Bundesministers für auswärtige Angelegenheiten über die Ausstellung von Lichtbildausweisen an Angehörige jener Personengruppen, die in Österreich Privilegien und Immunitäten genießen, BGBl. II Nr. 189/2003, vermerkte Gültigkeitsdauer nicht übersteigt. Bei Vergütungsberechtigten im Sinne des § 1 Abs. 1 Z 2 IStVG ist eine solche Bescheinigung nur hinsichtlich des Hauptwohnsitzes auszustellen.

Judikatur EuGH zu § 6:

EuGH vom 5.10.2016, Rs C-412/15, *TMD*
Lieferung von Industrieplasma ist steuerpflichtig

Art. 132 Abs. 1 Buchst. d der Richtlinie 2006/112/EG ist dahin gehend auszulegen, dass die Lieferung von menschlichem Blut, die die Mitgliedstaaten nach dieser Bestimmung von der Steuer befreien müssen, nicht die Lieferung von aus menschlichem Blut gewonnenem Blutplasma umfasst, wenn dieses Blutplasma nicht unmittelbar für therapeutische Zwecke, sondern ausschließlich zur Herstellung von Arzneimitteln bestimmt ist.

EuGH vom 28.7.2016, Rs C-543/14, *Ordre des barreaux francophones et germanophone u. a.*
Keine Steuerbefreiung für Rechtsanwälte im Rahmen der Gerichtskostenhilfe

1. Die Prüfung von Art. 1 Abs. 2 und Art. 2 Abs. 1 Buchst. c der Richtlinie 2006/112/EG hat im Hinblick auf das Recht auf einen wirksamen Rechtsbehelf und den Grundsatz der Waffengleichheit, die in Art. 47 der Charta der Grundrechte der Europäischen Union gewährleistet sind, nichts ergeben, was die Gültigkeit dieser Bestimmungen berühren könnte, soweit sie Dienstleistungen von Rechtsanwälten an Rechtsuchende, die keine Ge-

richtskostenhilfe im Rahmen eines nationalen Systems der Gerichtskostenhilfe erhalten, der Mehrwertsteuer unterwerfen.

2. Art. 9 Abs. 4 und 5 des am 25. Juni 1998 in Århus unterzeichneten Übereinkommens über den Zugang zu Informationen, die Öffentlichkeitsbeteiligung an Entscheidungsverfahren und den Zugang zu Gerichten in Umweltangelegenheiten kann für die Prüfung der Gültigkeit von Art. 1 Abs. 2 und Art. 2 Abs. 1 Buchst. c der Richtlinie 2006/112 nicht geltend gemacht werden.

3. Art. 132 Abs. 1 Buchst. g der Richtlinie 2006/112 ist dahin auszulegen, dass Dienstleistungen, die Rechtsanwälte zugunsten von Rechtsuchenden erbringen, die Gerichtskostenhilfe im Rahmen eines nationalen Systems der Gerichtskostenhilfe wie dem im Ausgangsverfahren fraglichen erhalten, nicht von der Mehrwertsteuer befreit sind.

EuGH vom 26.5.2016, Rs C-607/14, *Bookit*
Keine Steuerbefreiung beim Verkauf von Kinokarten mittels Debit- oder Kreditkarte

Art. 135 Abs. 1 Buchst. d der Richtlinie 2006/112/EG ist dahin auszulegen, dass die dort für Umsätze im Zahlungs- und Überweisungsverkehr vorgesehene Befreiung von der Mehrwertsteuer nicht für eine als „Abwicklung von Debit- oder Kreditkartenzahlungen" bezeichnete Dienstleistung wie die im Ausgangsverfahren in Rede stehende gilt, die von einem Steuerpflichtigen erbracht wird, wenn eine Person über ihn mittels Debit- oder Kreditkarte eine Kinokarte erwirbt, die er im Namen und für Rechnung eines anderen Unternehmens verkauft.

EuGH vom 17.3.2016, Rs C-40/15, *Aspiro*
Dienstleistungen der Schadensregulierung sind nicht steuerfrei

Art. 135 Abs. 1 Buchst. a der Richtlinie 2006/112/EG ist dahin auszulegen, dass Dienstleistungen der Schadensregulierung wie die im Ausgangsverfahren in Rede stehenden, die von einem Dritten im Namen und für Rechnung eines Versicherungsunternehmens erbracht werden, nicht von der in dieser Vorschrift genannten Befreiung erfasst sind.

EuGH vom 21.1.2016, Rs C-335/14, *Les Jardins de Jouvence*
Auslegung der Begriffe Sozialfürsorge und soziale Sicherheit

Art. 13 Teil A Abs. 1 Buchst. g der Sechsten Richtlinie 77/388/EWG ist dahin auszulegen, dass für diejenigen der Dienstleistungen, die von einer Einrichtung für betreutes Wohnen wie der des Ausgangsverfahrens, deren sozialer Charakter vom vorlegenden Gericht insbesondere anhand der im vorliegenden Urteil genannten Gesichtspunkte zu beurteilen ist, erbracht werden, die in der Zurverfügungstellung von geeigneten Wohnungen an Senioren bestehen, die in dieser Bestimmung vorgesehene Steuerbefreiung gewährt werden kann. Die anderen Dienstleistungen können auch unter die in dieser Bestimmung vorgesehene Steuerbefreiung fallen, sofern diese Dienstleistungen, die eine solche Einrichtung für betreutes Wohnen aufgrund der nationalen Regelung anbieten muss, insbesondere bezwecken, die Unterstützung von Senioren sicherzustellen und diese zu betreuen, und denjenigen entsprechen, die auch Altenheime nach der betreffenden nationalen Regelung anbieten müssen.

Es ist insoweit unerheblich, ob der Betreiber einer Einrichtung für betreutes Wohnen wie der des Ausgangsverfahrens einen Zuschuss oder eine andere Form von Vorteil oder finanzieller Begünstigung seitens der öffentlichen Hand erhält.

EuGH vom 9.12.2015, Rs C-595/13, *Fiscale Eenheid X*
Begriff „Verwaltung von Sondervermögen"

1. Art. 13 Teil B Buchst. d Nr. 6 der Sechsten Richtlinie 77/388/EWG in der durch die Richtlinie 91/680/EWG geänderten Fassung ist dahin auszulegen, dass Kapitalanlagegesellschaften wie die im Ausgangsverfahren in Rede stehenden Gesellschaften, in denen Kapital von mehreren Anlegern gesammelt wird, die das Risiko tragen, das mit der Verwaltung des Vermögens verbunden ist, das in diesen Gesellschaften für den Ankauf, den Besitz, die Verwaltung und den Verkauf von Immobilien zur Erzielung eines Gewinns gesammelt wird, der an sämtliche Anteilsinhaber in Form einer Dividende auszuschütten ist, wobei diesen Anteilsinhabern auch aus der Wertsteigerung ihres Anteils ein Vorteil erwächst, unter der Voraussetzung als „Sondervermögen" im Sinne dieser Bestimmung angesehen werden können, dass der betroffene Mitgliedstaat diese Gesellschaften einer besonderen staatlichen Aufsicht unterworfen hat.

2. Art. 13 Teil B Buchst. d Nr. 6 der Sechsten Richtlinie 77/388 ist dahin auszulegen, dass der in dieser Bestimmung enthaltene Begriff der „Verwaltung" die tatsächliche Bewirtschaftung der Immobilien eines Sondervermögens nicht umfasst.

EuGH vom 22.10.2015, Rs C-277/14, *Hedqvist*
Umtausch in „Bitcoin" und umgekehrt stellt eine steuerfreie Dienstleistung dar

1. Art. 2 Abs. 1 Buchst. c der Richtlinie 2006/112/EG ist dahin auszulegen, dass Umsätze wie die im Ausgangsverfahren in Rede stehenden, die im Umtausch konventioneller Währungen in Einheiten der virtuellen Währung „Bitcoin" und umgekehrt bestehen und die gegen Zahlung eines Betrags ausgeführt werden, der der Spanne entspricht, die durch die Differenz zwischen dem Preis, zu dem der betreffende Wirtschaftsteilnehmer die Währungen ankauft, und dem Preis, zu dem er sie seinen Kunden verkauft, gebildet wird, gegen Entgelt erbrachte Dienstleistungen im Sinne dieser Bestimmung darstellen.

2. Art. 135 Abs. 1 Buchst. e der Richtlinie 2006/112 ist dahin auszulegen, dass Dienstleistungen wie die im Ausgangsverfahren in Rede stehenden, die im Umtausch konventioneller Währungen in Einheiten der virtuellen Währung „Bitcoin" und umgekehrt bestehen und die gegen Zahlung eines Betrags ausgeführt werden, der der Spanne entspricht, die durch die Differenz zwischen dem Preis, zu dem der betreffende Wirtschaftsteilnehmer die Währungen ankauft, und dem Preis, zu dem er sie seinen Kunden verkauft, gebildet wird, von der Mehrwertsteuer befreite Umsätze im Sinne dieser Bestimmung darstellen.

Art. 135 Abs. 1 Buchst. d und f der Richtlinie 2006/112 ist dahin auszulegen, dass solche Dienstleistungen nicht in den Anwendungsbereich dieser Bestimmungen fallen.

EuGH vom 16.7.2015, Rs C-584/13, *Mapfre asistencia und Mapfre warranty*
Eine Dienstleistung, die darin besteht, gegen Zahlung eines Pauschalbetrags mechanische Ausfälle, die bestimmte Teile eines Gebrauchtwagens betreffen, zu versichern und der Verkauf des Gebrauchtfahrzeugs sind grundsätzlich eigene und selbständige Leistungen

Art. 13 Teil B Buchst. a der Sechsten Richtlinie 77/388/EWG in der durch die Richtlinie 91/680/EWG geänderten Fassung ist dahin auszulegen, dass die Dienstleistung eines von dem Verkäufer eines Gebrauchtwagens unabhängigen Wirtschaftsteilnehmers, die darin besteht, gegen Zahlung eines Pauschalbetrags mechanische Ausfälle, die bestimmte Teile des Gebrauchtwagens betreffen können, zu versichern, einen steuerbefreiten Versicherungsumsatz im Sinne dieser Vorschrift darstellt. Es obliegt dem vorlegenden Gericht, zu überprüfen, ob es sich bei der in den Ausgangsverfahren in Rede stehenden Dienstleistung in Anbetracht der Umstände der Ausgangsverfahren um eine derartige Leistung handelt. Die Erbringung einer solchen Leistung und der Verkauf des Gebrauchtfahrzeugs sind grundsätzlich als eigene und selbständige Leistungen anzusehen, die aus mehrwertsteuerlicher Sicht getrennt zu betrachten sind. Es obliegt dem vorlegenden Gericht, zu bestimmen, ob in Anbetracht der besonderen Umstände der Ausgangsverfahren der Verkauf eines Gebrauchtfahrzeugs und die von einem vom Verkäufer dieses Gebrauchtfahrzeugs unabhängigen Wirtschaftsteilnehmer für mechanische Ausfälle, die bestimmte Teile des Gebrauchtwagens betreffen können, gewährte Garantie so eng miteinander verbunden sind, dass sie als ein einheitlicher Umsatz zu betrachten sind, oder ob sie vielmehr selbständige Umsätze darstellen.

EuGH vom 2.7.2015, Rs C-334/14, *De Fruytier*
Keine Steuerbefreiung für die Beförderung von menschlichen Organen und dem menschlichen Körper entnommenen Substanzen zum Zweck einer medizinischen Analyse oder einer ärztlichen oder therapeutischen Heilbehandlung

Art. 13 Teil A Abs. 1 Buchst. b und c der Sechsten Richtlinie 77/388/EWG ist dahin auszulegen, dass er keine Anwendung auf eine Beförderung von menschlichen Organen und dem menschlichen Körper entnommenen Substanzen zum Zweck einer medizinischen Analyse oder einer ärztlichen oder therapeutischen Heilbehandlung findet, die von einem selbständigen Dritten, dessen Leistungen in der Kostenerstattung der Sozialversicherung enthalten sind, für Krankenhäuser und Laboratorien durchgeführt wird. Insbesondere kann einer solchen Tätigkeit keine Mehrwertsteuerbefreiung als Leistung, die eng mit medizinischen Dienstleistungen im Sinne von Art. 13 Teil A Abs. 1 Buchst. b verbunden ist, zugutekommen, wenn der selbständige Dritte nicht als „Einrichtung des öffentlichen Rechts" eingestuft werden kann und auch nicht der Qualifizierung als „Krankenanstalt", „Zentrum für ärztliche Heilbehandlung", „Zentrum für Diagnostik" oder jede andere „ordnungsgemäß anerkannte Einrichtung" erfüllt, die unter Bedingungen tätig wird, die mit den Bedingungen für die Einrichtungen des öffentlichen Rechts in sozialer Hinsicht vergleichbar sind.

EuGH vom 21.4.2015, Rs C-114/14, *Kom/Schweden*
Steuerbefreiung von Postdienstleistungen

Das Königreich Schweden hat dadurch, dass es von öffentlichen Posteinrichtungen erbrachte Dienstleistungen und dazugehörende Lieferungen von Gegenständen mit Ausnahme von Personenbeförderungs- und Telekommunikationsdienstleistungen sowie die Lieferung von im Inland gültigen Postwertzeichen zum aufgedruckten Wert nicht von der Mehrwertsteuer befreit hat, gegen seine Verpflichtungen aus Art. 132 Abs. 1 Buchst. a und Art. 135 Abs. 1 Buchst. h der Richtlinie 2006/112/EG verstoßen.

EuGH vom 12.3.2015, Rs C-594/13, *„go fair" Zeitarbeit*
Weder Pflegekräfte noch diese zur Verfügung stellende Zeitarbeitsunternehmen fallen unter den Begriff der „als Einrichtungen mit sozialem Charakter anerkannte Einrichtungen"

Art. 132 Abs. 1 Buchst. g der Richtlinie 2006/112/EG ist dahin auszulegen, dass weder staatlich geprüfte Pflegekräfte, die ihre Leistungen unmittelbar an Pflegebedürftige erbringen, noch ein Zeitarbeitsunternehmen, das solche Pflegekräfte Einrichtungen, die als Einrichtungen mit sozialem Charakter anerkannt sind, zur Verfügung stellt, unter den in dieser Bestimmung enthaltenen Begriff „als Einrichtungen mit sozialem Charakter anerkannte Einrichtungen" fallen.

EuGH vom 22.1.2015, Rs C-55/14, *Régie communale autonome du stade Luc Varenne*
Die Überlassung eines Fußballstadions samt umfangreicher Dienstleistungen ist grundsätzlich keine Grundstücksvermietung
Art. 13 Teil B Buchst. b der Sechsten Richtlinie 77/388/EWG ist dahin auszulegen, dass die entgeltliche Überlassung eines Fußballstadions auf der Grundlage eines Vertrags, nach dem der Eigentümer bestimmte Rechte und Befugnisse behält und bestimmte Dienstleistungen zu erbringen hat, die u. a. den Unterhalt, die Reinigung, die Wartung und die regelgerechte Bereitstellung umfassen und auf die 80 % der vertraglich vorgesehenen Vergütung entfallen, grundsätzlich keine „Vermietung von Grundstücken" im Sinne der genannten Bestimmung darstellt. Es ist Sache des vorlegenden Gerichts, dies zu beurteilen.

EuGH vom 17.7.2014, Rs C-272/13, *Equoland*
Voraussetzungen für die Befreiung von der Einfuhrmehrwertsteuer iZm einem Steuerlager
1. Art. 16 Abs. 1 – in der Fassung des Art. 28c – der Sechsten Richtlinie 77/388/EWG in der durch die Richtlinie 2006/18/EG geänderten Fassung ist dahin auszulegen, dass er einer nationalen Regelung nicht entgegensteht, die die Gewährung der in dieser Regelung vorgesehenen Befreiung von der Einfuhrmehrwertsteuer davon abhängig macht, dass die eingeführten Waren, die mehrwertsteuerrechtlich für ein Steuerlager bestimmt sind, physisch in dieses Lager verbracht werden.

2. Die Sechste Richtlinie 77/388 in der durch die Richtlinie 2006/18 geänderten Fassung ist dahin auszulegen, dass sie gemäß dem Grundsatz der Neutralität der Mehrwertsteuer einer nationalen Regelung entgegensteht, nach der ein Mitgliedstaat die Zahlung der Einfuhrmehrwertsteuer verlangt, obwohl diese bereits im Reverse-Charge-Verfahren durch Selbstfakturierung und Eintragung in das Ein- und Verkaufsregister des Steuerpflichtigen berichtigt wurde.

EuGH vom 12.6.2014, Rs C-461/12, *Granton Advertising*
Verkauf einer Rabattkarte ist nicht steuerfrei
Art. 13 Teil B Buchst. d der Sechsten Richtlinie 77/388/EWG ist dahin auszulegen, dass der Verkauf einer Rabattkarte wie der im Ausgangsverfahren in Rede stehenden keinen Umsatz darstellt, der „sonstige Wertpapiere" oder „andere Handelspapiere" im Sinne von Nr. 5 bzw. Nr. 3 dieser Vorschrift betrifft, nach der bestimmte Umsätze durch die Mitgliedstaaten von der Mehrwertsteuer zu befreien sind.

EuGH vom 13.3.2014, Rs C-464/12, *ATP PensionService*
Voraussetzungen für das Vorliegen von steuerfreien Umsätzen von Rentenkassen; Definition des Begriffes „Verwaltung von Sondervermögen"; Mehrwertsteuerbefreiung für Umsätze im Einlagengeschäft oder Kontokorrentverkehr
1. Art. 13 Teil B Buchst. d Nr. 6 der Sechsten Richtlinie 77/388/EWG ist dahin auszulegen, dass Rentenkassen wie die im Ausgangsverfahren in Rede stehenden unter diese Bestimmung fallen können, wenn sie von den Personen finanziert werden, denen die Ren-

ten ausgezahlt werden, die Ersparnisse nach dem Grundsatz der Risikostreuung angelegt werden und das Anlagerisiko von den Versicherten getragen wird. Unerheblich ist in diesem Zusammenhang, ob die Beiträge vom Arbeitgeber gezahlt werden, ihr Betrag auf kollektiven Vereinbarungen zwischen den Organisationen der Sozialpartner beruht, die wirtschaftlichen Modalitäten der Rückgewähr der Ersparnisse verschiedener Art sind, die Beiträge nach den Bestimmungen des Einkommensteuerrechts abziehbar sind oder es möglich ist, eine zusätzliche Versicherungsleistung hinzuzufügen.

2. Art. 13 Teil B Buchst. d Nr. 6 der Sechsten Richtlinie 77/388 ist dahin auszulegen, dass der Begriff der „Verwaltung von Sondervermögen" im Sinne dieser Bestimmung Dienstleistungen erfasst, mit denen ein Organismus die Ansprüche der Versicherten gegen die Rentenkassen durch die Einrichtung von Konten und die Verbuchung der für ihre Rechnung entrichteten Beiträge im System der Rentenkassen umsetzt. Dieser Begriff umfasst auch Leistungen der Buchführung und der Kontoinformation, wie sie von Anhang II der Richtlinie 85/611/EWG in der durch die Richtlinien 2001/107/EG und 2001/108/EG geänderten Fassung erfasst werden.

3. Art. 13 Teil B Buchst. d Nr. 3 der Sechsten Richtlinie 77/388 ist dahin auszulegen, dass die in dieser Bestimmung vorgesehene Mehrwertsteuerbefreiung für Umsätze im Einlagengeschäft oder Kontokorrentverkehr auf Dienstleistungen Anwendung findet, mit denen ein Organismus die Ansprüche von bei Rentenkassen Versicherten durch die Schaffung von Konten dieser Versicherten im Rentensystem und die Verbuchung der Beiträge dieser Versicherten auf ihrem Konto umsetzt, sowie auf Umsätze, die Nebenleistungen zu diesen Dienstleistungen sind und die mit diesen eine wirtschaftliche Einheit bilden.

EuGH vom 13.3.2014, Rs C-366/12, *Klinikum Dortmund*
Keine Steuerbefreiung für die Lieferung von Medikamenten

Eine Lieferung von Gegenständen wie den im Ausgangsverfahren fraglichen zytostatischen Medikamenten, die von innerhalb eines Krankenhauses selbständig tätigen Ärzten im Rahmen einer ambulanten Krebsbehandlung verschrieben worden sind, kann nicht gemäß Art. 13 Teil A Abs. 1 Buchst. c der Sechsten Richtlinie 77/388/EWG in der durch die Richtlinie 2005/92/EG geänderten Fassung von der Mehrwertsteuer befreit werden, es sei denn, diese Lieferung ist in tatsächlicher und in wirtschaftlicher Hinsicht von der Hauptleistung der ärztlichen Heilbehandlung untrennbar, was zu prüfen Sache des vorlegenden Gerichts ist.

EuGH vom 19.12.2013, Rs C-495/12, *Bridport and West Dorset Golf Club*
Von Nichtmitgliedern eines Golfclubs als Gast für den Zutritt zum Platz zu zahlendes Entgelt (Greenfee)

1. Art. 134 Buchst. b der Richtlinie 2006/112/EG ist dahin auszulegen, dass er von der Steuerbefreiung des Art. 132 Abs. 1 Buchst. m dieser Richtlinie Dienstleistungen nicht ausschließt, die darin bestehen, dass eine ohne Gewinnstreben tätige Einrichtung, die einen Golfplatz betreibt und mitgliedschaftlich verfasst ist, Nichtmitgliedern als Gast der Einrichtung das Recht gewährt, diesen Platz zu benutzen.

2. Art. 133 Abs. 1 Buchst. d der Richtlinie 2006/112 ist dahin auszulegen, dass er den Mitgliedstaaten nicht gestattet, unter Umständen wie denen des Ausgangsrechtsstreits Dienstleistungen, die in der Gewährung des Rechts bestehen, den Golfplatz zu benutzen, den eine mitgliedschaftlich verfasste, ohne Gewinnstreben tätige Einrichtung betreibt, von

der Steuerbefreiung des Art. 132 Abs. 1 Buchst. m dieser Richtlinie auszuschließen, wenn diese Dienstleistung an Nichtmitglieder als Gast dieser Einrichtungen erbracht wird.

EuGH vom 28.11.2013, Rs C-319/12, *MDDP*
Bei Bildungsdienstleistungen ist die vergleichbare Zielsetzung mit Bildungseinrichtungen des öffentlichen Rechts zu prüfen

1. Die Art. 132 Abs. 1 Buchst. i, 133 und 134 der Richtlinie 2006/112/EG sind dahin auszulegen, dass sie einer Mehrwertsteuerbefreiung für Bildungsdienstleistungen, die von nicht öffentlichen Einrichtungen zu gewerblichen Zwecken erbracht werden, nicht entgegenstehen. Art. 132 Abs. 1 Buchst. i dieser Richtlinie untersagt jedoch, allgemein sämtliche Bildungsdienstleistungen zu befreien, ohne dass die Zielsetzung nicht öffentlicher Einrichtungen, die diese Leistungen erbringen, berücksichtigt wird.

2. Ein Steuerpflichtiger kann nicht gemäß Art. 168 der Richtlinie 2006/112 oder der zur Umsetzung dieses Artikels erlassenen nationalen Bestimmung ein Recht auf Abzug der auf der Eingangsstufe entrichteten Mehrwertsteuer in Anspruch nehmen, wenn seine auf der Ausgangsstufe erbrachten Bildungsdienstleistungen aufgrund einer im nationalen Recht unter Verstoß gegen Art. 132 Abs. 1 Buchst. i dieser Richtlinie vorgesehenen Befreiung nicht der Mehrwertsteuer unterliegen.

Der Steuerpflichtige kann sich jedoch auf die Unvereinbarkeit der Befreiung mit Art. 132 Abs. 1 Buchst. i der Richtlinie 2006/112 berufen, damit sie nicht auf ihn angewandt wird, wenn er – selbst unter Berücksichtigung des Ermessensspielraums, den diese Bestimmung den Mitgliedstaaten einräumt – nicht objektiv als Einrichtung angesehen werden kann, deren Zielsetzung im Sinne der genannten Bestimmung mit der einer Bildungseinrichtung des öffentlichen Rechts vergleichbar ist, was zu prüfen Sache des nationalen Gerichts ist.

Im letzteren Fall unterliegen die Bildungsdienstleistungen des Steuerpflichtigen der Mehrwertsteuer, und er kann daher das Recht auf Abzug der auf der Eingangsstufe entrichteten Mehrwertsteuer in Anspruch nehmen.

EuGH vom 18.7.2013, Rs C-26/12, *PPG Holdings*
Voraussetzungen für den Vorsteuerabzug iZm der Verwaltung und Bewirtschaftung eines Rentenfonds

Art. 17 der Sechsten Richtlinie 77/388/EWG ist dahin auszulegen, dass ein Steuerpflichtiger, der einen Rentenfonds in der wie im Ausgangsverfahren in Rede stehenden Form einer rechtlich und steuerlich getrennten Einheit errichtet hat, um die Rentenansprüche seiner Arbeitnehmer und ehemaligen Arbeitnehmer sicherzustellen, zum Abzug der Mehrwertsteuer berechtigt ist, die er für die Dienstleistungen bezüglich der Verwaltung und Bewirtschaftung dieses Rentenfonds entrichtet hat, sofern sich aus den Gesamtumständen der in Rede stehenden Transaktionen ein direkter und unmittelbarer Zusammenhang ergibt.

EuGH vom 18.7.2013, Rs C-210/11, *Medicom*
Unentgeltliche Zurverfügungstellung eines Gebäudes für den privaten Bedarf des Geschäftsführers ist keine steuerfreie Vermietung

1. Art. 6 Abs. 2 Unterabs. 1 Buchst. a und Art. 13 Teil B Buchst. b der Sechsten Richtlinie 77/388/EWG in der durch die Richtlinie 95/7/EG geänderten Fassung sind dahin auszulegen, dass die Zurverfügungstellung eines Teils eines einer juristischen Person gehörenden Gebäudes für den privaten Bedarf ihres Geschäftsführers, ohne dass vom Be-

günstigten als Gegenleistung für die Nutzung dieses Gebäudes ein in Geld zu entrichtender Mietzins verlangt wird, keine von der Steuer befreite Vermietung eines Gebäudes im Sinne dieser Richtlinie darstellt und es insoweit ohne Bedeutung ist, dass nach der nationalen einkommensteuerrechtlichen Regelung eine solche Zurverfügungstellung als ein geldwerter Vorteil angesehen wird, der den Begünstigten aus der Erfüllung ihrer satzungsmäßigen Aufgaben oder ihres Anstellungsvertrags zufließt.

2. Art. 6 Abs. 2 Unterabs. 1 Buchst. a und Art. 13 Teil B Buchst. b der Sechsten Richtlinie 77/388 in der durch die Richtlinie 95/7 geänderten Fassung sind dahin auszulegen, dass in Situationen wie den in den Ausgangsverfahren in Rede stehenden der Umstand, dass die Zurverfügungstellung des insgesamt dem Unternehmen zugeordneten Gebäudes oder eines Teils davon an die Geschäftsführer, Verwaltungsratsmitglieder oder Gesellschafter des Unternehmens einen unmittelbaren Zusammenhang zum Betrieb des Unternehmens aufweist oder nicht, nicht erheblich für die Bestimmung ist, ob diese Zurverfügungstellung unter die Steuerbefreiung nach Art. 13 Teil B Buchst. b fällt.

EuGH vom 21.3.2013, Rs C-91/12, *PFC Clinic*
Definition des Begriffes „ärztliche Heilbehandlung" iZm ästhetischen Operationen

Art. 132 Abs. 1 Buchst. b und c der Richtlinie 2006/112/EG ist wie folgt auszulegen:
– Dienstleistungen wie die im Ausgangsverfahren in Rede stehenden, d. h. ästhetische Operationen und ästhetische Behandlungen, fallen unter den Begriff „ärztliche Heilbehandlungen" oder „Heilbehandlungen im Bereich der Humanmedizin" im Sinne von Buchst. b bzw. Buchst. c dieser Vorschrift, wenn diese Leistungen dazu dienen, Krankheiten oder Gesundheitsstörungen zu diagnostizieren, zu behandeln oder zu heilen oder die Gesundheit zu schützen, aufrechtzuerhalten oder wiederherzustellen.
– Die rein subjektive Vorstellung, die die Person, die sich einem ästhetischen Eingriff unterzieht, von diesem Eingriff hat, ist als solche für die Beurteilung, ob der Eingriff einem therapeutischen Zweck dient, nicht maßgeblich.
– Für die Beurteilung, ob Eingriffe wie die im Ausgangsverfahren unter den Begriff „ärztliche Heilbehandlungen" oder „Heilbehandlungen im Bereich der Humanmedizin" im Sinne von Art. 132 Abs. 1 Buchst. b bzw. Art. 132 Abs. 1 Buchst. c der Mehrwertsteuerrichtlinie fallen, ist es von Bedeutung, dass Dienstleistungen wie die im Ausgangsverfahren in Rede stehenden von einer Person erbracht werden, die zur Ausübung eines Heilberufs zugelassen ist, oder dass der Zweck des Eingriffs von einer solchen Person bestimmt wird.
– Bei der Beurteilung, ob Dienstleistungen wie die im Ausgangsverfahren fraglichen nach Art. 132 Abs. 1 Buchst. b oder c der Mehrwertsteuerrichtlinie von der Mehrwertsteuer befreit sind, sind sämtliche in diesem Abs. 1 Buchst. b und c hierfür aufgestellten Voraussetzungen sowie die sonstigen einschlägigen Vorschriften des Titels IX Kapitel 1 und 2 dieser Richtlinie, z. B. Art. 132 Abs. 1 Buchst. b und die Art. 131, 133 und 134 der Richtlinie, zu berücksichtigen.

EuGH vom 7.3.2013, Rs C-424/11, *Wheels Common Investment Fund Trustees u.a.*
Investmentfonds, in dem das Kapitalvermögen eines Altersversorgungssystems zusammengeführt wird, ist kein „Sondervermögen"

Art. 13 Teil B Buchst. d Nr. 6 der Sechsten Richtlinie 77/388/EWG und Art. 135 Abs. 1 Buchst. g der Richtlinie 2006/112/EG sind in dem Sinne auszulegen, dass ein Investmentfonds, in dem das Kapitalvermögen eines Altersversorgungssystems zusammengeführt

§ 6 UStG

wird, nicht unter den Begriff „Sondervermögen" im Sinne dieser Bestimmungen fällt, dessen Verwaltung in Anbetracht der Ziele dieser Richtlinien und des Grundsatzes der steuerlichen Neutralität von der Mehrwertsteuer befreit werden kann, da die Mitglieder nicht die mit der Verwaltung dieses Fonds zusammenhängenden Risiken tragen und die Beiträge, die der Arbeitgeber an das Altersversorgungssystem zahlt, für ihn ein Mittel darstellen, seinen gesetzlichen Verpflichtungen gegenüber seinen Angestellten nachzukommen.

EuGH vom 7.3.2013, Rs C-275/11, *GfBk*
Beratungsdienstleistungen für Wertpapieranlagen fallen unter den Begriff „Verwaltung von Sondervermögen durch Kapitalanlagegesellschaften"

Art. 13 Teil B Buchst. d Nr. 6 der Sechsten Richtlinie 77/388/EWG ist in dem Sinne auszulegen, dass von einem Dritten gegenüber einer KAG als Verwalterin eines Sondervermögens erbrachte Beratungsdienstleistungen für Wertpapieranlagen für die Zwecke der in der genannten Bestimmung vorgesehenen Steuerbefreiung unter den Begriff „Verwaltung von Sondervermögen durch Kapitalanlagegesellschaften" fallen, selbst wenn der Dritte nicht aufgrund einer Aufgabenübertragung nach Art. 5g der Richtlinie 85/611/EWG in der durch die Richtlinie 2001/107/EG geänderten Fassung tätig ist.

EuGH vom 21.2.2013, Rs C-18/12, *Mesto Zamberk*
Ein Aquapark, der auch Unterhaltung und Erholung anbietet, kann eine im engen Zusammenhang mit Sport stehende Dienstleistung darstellen

1. Art. 132 Abs. 1 Buchst. m der Richtlinie 2006/112/EG ist dahin auszulegen, dass nicht organisierte und nicht planmäßige sportliche Betätigungen, die nicht auf die Teilnahme an Sportwettkämpfen abzielen, als Ausübung von Sport im Sinne dieser Vorschrift angesehen werden können.

2. Art. 132 Abs. 1 Buchst. m der Richtlinie 2006/112 ist dahin auszulegen, dass der Zugang zu einem Aquapark, der den Besuchern nicht nur Einrichtungen anbietet, die die Ausübung sportlicher Betätigungen ermöglichen, sondern auch andere Arten der Unterhaltung oder Erholung, eine in engem Zusammenhang mit Sport stehende Dienstleistung darstellen kann. Es ist Sache des vorlegenden Gerichts, zu ermitteln, ob dies im Licht der vom Gerichtshof im vorliegenden Urteil gegebenen Auslegungshinweise und unter Berücksichtigung der besonderen Umstände des Ausgangsrechtsstreits in dieser Rechtssache der Fall ist.

EuGH vom 17.1.2013, Rs C-543/11, *Woningstichting Maasdriel*
Lieferung eines unbebauten Grundstücks nach Abriss des darauf befindlichen Gebäudes

Art. 135 Abs. 1 Buchst. k der Richtlinie 2006/112/EG in Verbindung mit Art. 12 Abs. 1 und 3 dieser Richtlinie ist dahin auszulegen, dass die in der erstgenannten Bestimmung vorgesehene Befreiung von der Mehrwertsteuer einen Vorgang wie den im Ausgangsverfahren in Rede stehenden – die Lieferung eines unbebauten Grundstücks nach Abriss des darauf befindlichen Gebäudes – nicht erfasst, selbst wenn zum Zeitpunkt dieser Lieferung außer dem Abriss keine weiteren Arbeiten zur Erschließung des Grundstücks durchgeführt worden waren, falls eine Gesamtwürdigung der mit diesem Vorgang verbundenen und zum Zeitpunkt der Lieferung gegebenen Umstände einschließlich der Absicht der Parteien, sofern sie durch objektive Anhaltspunkte bestätigt wird, ergibt, dass zu diesem Zeitpunkt das in Rede stehende Grundstück tatsächlich zur Bebauung bestimmt war; dies zu prüfen ist Sache des vorlegenden Gerichts.

EuGH vom 17.1.2013, Rs C-224/11, *BGZ Leasing*
Versicherung eines Leasingobjekts und Leasing selbst sind eigene und selbständige Dienstleistungen

1. Die in der Versicherung eines Leasingobjekts bestehende Dienstleistung und die im Leasing selbst bestehende Dienstleistung müssen mehrwertsteuerlich grundsätzlich als eigene und selbständige Dienstleistungen behandelt werden. Es ist Sache des vorlegenden Gerichts, festzustellen, ob die betreffenden Umsätze in Anbetracht der besonderen Umstände des Ausgangsverfahrens derart miteinander verbunden sind, dass sie als einheitliche Leistung angesehen werden müssen, oder ob sie im Gegenteil selbständige Leistungen darstellen.

2. Wenn der Leasinggeber das Leasingobjekt selbst versichert und die genauen Kosten der Versicherung an den Leasingnehmer weiterberechnet, ist ein solcher Umsatz unter Umständen wie denen des Ausgangsverfahrens ein Versicherungsumsatz im Sinne von Art. 135 Abs. 1 Buchst. a der Richtlinie 2006/112/EG.

EuGH vom 15.11.2012, Rs C-532/11, *Leichenich*
Verpachtung eines Hausbootes

1. Art. 13 Teil B Buchst. b der Sechsten Richtlinie 77/388/EWG ist dahin auszulegen, dass der Begriff der Vermietung und Verpachtung von Grundstücken die Verpachtung eines Hausboots einschließlich der dazugehörenden Liegefläche und Steganlage umfasst, das mit nicht leicht zu lösenden Befestigungen, die am Ufer und auf dem Grund eines Flusses angebracht sind, ortsfest gehalten wird, an einem abgegrenzten und identifizierbaren Liegeplatz im Fluss liegt und nach den Bestimmungen des Pachtvertrags ausschließlich zur auf Dauer angelegten Nutzung als Restaurant bzw. Diskothek an diesem Liegeplatz bestimmt ist. Diese Verpachtung stellt eine einheitliche steuerfreie Leistung dar, ohne dass zwischen der Verpachtung des Hausboots und der der Steganlage zu differenzieren wäre.

2. Ein solches Hausboot stellt kein Fahrzeug im Sinne von Art. 13 Teil B Buchst. b Nr. 2 der Sechsten Richtlinie 77/388 dar.

EuGH vom 15.11.2012, Rs C-174/11, *Zimmermann*
Steuerliche Neutralität verbietet die Ungleichbehandlung von ambulanten Pflegediensten

Art. 13 Teil A Abs. 1 Buchst. g der Sechsten Richtlinie 77/388/EWG verbietet es bei einer Auslegung im Licht des Grundsatzes der steuerlichen Neutralität, dass die Mehrwertsteuerbefreiung der von gewerblichen Leistungserbringern erbrachten ambulanten Pflege von einer Bedingung wie der im Ausgangsverfahren in Rede stehenden abhängig gemacht wird, nach der die Kosten dieser Pflege im vorangegangenen Kalenderjahr in mindestens zwei Drittel der Fälle von den gesetzlichen Trägern der Sozialversicherung oder Sozialhilfe ganz oder zum überwiegenden Teil getragen worden sein müssen, wenn diese Bedingung nicht geeignet ist, im Rahmen der für die Zwecke dieser Vorschrift erfolgenden Anerkennung des sozialen Charakters von Einrichtungen, die keine Einrichtungen des öffentlichen Rechts sind, die Gleichbehandlung zu gewährleisten.

EuGH vom 19.7.2012, Rs C-44/11, *Deutsche Bank*
Vermögensverwaltung von Wertpapieren nicht steuerfrei

1. Eine Leistung der Vermögensverwaltung mit Wertpapieren wie die im Ausgangsverfahren in Rede stehende, d. h. eine entgeltliche Tätigkeit, bei der ein Steuerpflichtiger aufgrund eigenen Ermessens über den Kauf und Verkauf von Wertpapieren entscheidet

§ 6 UStG

und diese Entscheidung durch den Kauf und Verkauf der Wertpapiere vollzieht, besteht aus zwei Elementen, die so eng miteinander verbunden sind, dass sie objektiv eine einzige wirtschaftliche Leistung bilden.

2. Art. 135 Abs. 1 Buchst. f bzw. g der Richtlinie 2006/112/EG ist dahin auszulegen, dass eine Vermögensverwaltung mit Wertpapieren wie die im Ausgangsverfahren in Rede stehende nicht gemäß dieser Bestimmung von der Mehrwertsteuer befreit ist.

3. Art. 56 Abs. 1 Buchst. e der Richtlinie 2006/112 ist dahin auszulegen, dass er nicht nur die in Art. 135 Abs. 1 Buchst. a bis g dieser Richtlinie genannten Leistungen umfasst, sondern auch die Leistungen der Vermögensverwaltung mit Wertpapieren.

EuGH vom 12.7.2012, Rs C-326/11, *J. J. Komen en Zonen Beheer Heerhugowaard BV*
Voraussetzungen der Steuerbefreiung bei Lieferung eines Grundstückes und eines alten Gebäudes

Art. 13 Teil B Buchst. g der Sechsten Richtlinie 77/388/EWG in Verbindung mit Art. 4 Abs. 3 Buchst. a dieser Richtlinie ist dahin auszulegen, dass die Lieferung einer aus einem Grundstück und einem alten Gebäude, dessen Umbau in ein neues Gebäude im Gang ist, bestehenden Immobilie, wie sie Gegenstand des Ausgangsverfahrens ist, unter die in der erstgenannten Bestimmung vorgesehene Befreiung von der Mehrwertsteuer fällt, wenn zum Zeitpunkt dieser Lieferung am alten Gebäude erst teilweise Abrissarbeiten durchgeführt wurden und es zumindest teilweise noch als solches genutzt wurde.

EuGH vom 5.7.2012, Rs C-259/11, *DTZ Zadelhoff*
Übertragung von Anteilsrechten und Aktien, deren Besitz rechtlich oder tatsächlich das Eigentums- oder Nutzungsrecht an einem Grundstück begründet

Art. 13 Teil B Buchst. d Nr. 5 der Sechsten Richtlinie 77/388/EWG ist dahin auszulegen, dass unter diese Befreiung von der Mehrwertsteuer Umsätze wie die im Ausgangsfall getätigten fallen, die zwar auf die Übertragung der betroffenen Gesellschaftsaktien gerichtet waren und zu diesem Ergebnis geführt haben, sich jedoch im Wesentlichen auf die von diesen Gesellschaften gehaltenen Immobilien und deren (mittelbare) Übertragung beziehen. Die unter dem zweiten Gedankenstrich derselben Vorschrift vorgesehene Ausnahme von dieser Befreiung gilt nicht, wenn der Mitgliedstaat von der in Art. 5 Abs. 3 Buchst. c der Sechsten Richtlinie eröffneten Möglichkeit, Anteilrechte und Aktien, deren Besitz rechtlich oder tatsächlich das Eigentums- oder Nutzungsrecht an einem Grundstück begründet, als körperliche Gegenstände zu betrachten, keinen Gebrauch gemacht hat.

EuGH vom 26.4.2012, Rs C-225/11, *Able UK*
Voraussetzungen für die Steuerbefreiung bei Abwrackung von Altschiffen

Art. 151 Abs. 1 Buchst. c der Richtlinie 2006/112/EG ist dahin auszulegen, dass eine Dienstleistung der im Ausgangsverfahren in Rede stehenden Art, die in einem Mitgliedstaat erbracht wird, der Vertragspartei des Nordatlantikvertrags ist, und die in der Abwrackung von Altschiffen der Marine eines anderen Staates, der Vertragspartei des Nordatlantikvertrags ist, besteht, nach dieser Bestimmung nur dann von der Mehrwertsteuer befreit ist, wenn

– diese Leistung an einen Teil der Streitkräfte dieses anderen Staates, die der gemeinsamen Verteidigungsanstrengung dienen, oder an ihr ziviles Begleitpersonal bewirkt wird und

– eben diese Leistung an einen Teil dieser im betreffenden Mitgliedstaat stationierten oder dort als Gaststreitkräfte befindlichen Streitkräfte oder an ihr ziviles Begleitpersonal bewirkt wird.

EuGH vom 29.3.2012, Rs C-436/10, *BLM*
Steuerbefreiung liegt nur bei Vermietung und Verpachtung eines Grundstücks vor

Art. 6 Abs. 2 Unterabs. 1 Buchst. a und Art. 13 Teil B Buchst. b der Sechsten Richtlinie 77/388/EWG in der durch die Richtlinie 95/7/EG geänderten Fassung sind dahin auszulegen, dass sie einer nationalen Regelung entgegenstehen, nach der – obgleich die Merkmale einer Vermietung oder Verpachtung eines Grundstücks im Sinne von Art. 13 Teil B Buchst. b nicht erfüllt sind – die Verwendung eines Teils eines von einer steuerpflichtigen juristischen Person errichteten oder aufgrund eines dinglichen Rechts an einer unbeweglichen Sache in ihrem Besitz stehenden Gebäudes für den privaten Bedarf des Personals dieser Steuerpflichtigen als eine nach der letztgenannten Vorschrift von der Mehrwertsteuer befreite Dienstleistung behandelt wird, wenn dieser Gegenstand zum Vorsteuerabzug berechtigt hat.

Es ist Sache des vorlegenden Gerichts, zu prüfen, ob in einer Situation wie der des Ausgangsverfahrens davon ausgegangen werden kann, dass eine Vermietung eines Grundstücks im Sinne von Art. 13 Teil B Buchst. b vorliegt.

EuGH vom 10.10.2011, Rs C-259/10, *The Rank Group*
Grundsatz der steuerlichen Neutralität iZm Glücksspielumsätzen

1. Der Grundsatz der steuerlichen Neutralität ist dahin auszulegen, dass es für die Feststellung einer Verletzung dieses Grundsatzes genügt, dass zwei aus der Sicht des Verbrauchers gleiche oder gleichartige Dienstleistungen, die dieselben Bedürfnisse des Verbrauchers befriedigen, hinsichtlich der Mehrwertsteuer unterschiedlich behandelt werden. Für die Annahme einer solchen Verletzung bedarf es also nicht dazu noch der Feststellung, dass die betreffenden Dienstleistungen tatsächlich in einem Wettbewerbsverhältnis zueinander stehen oder dass der Wettbewerb wegen dieser Ungleichbehandlung verzerrt ist.

2. Werden zwei Glücksspiele hinsichtlich der Gewährung der Mehrwertsteuerbefreiung nach Art. 13 Teil B Buchst. f der Sechsten Richtlinie 77/388/EWG ungleich behandelt, so ist der Grundsatz der steuerlichen Neutralität dahin auszulegen, dass nicht zu berücksichtigen ist, dass diese beiden Glücksspiele zu unterschiedlichen Lizenzkategorien gehören und unterschiedlichen rechtlichen Regelungen hinsichtlich ihrer Aufsicht und Regulierung unterliegen.

3. Bei der im Hinblick auf den Grundsatz der steuerlichen Neutralität vorzunehmenden Prüfung, ob zwei Arten von Geldspielautomaten gleichartig sind und die gleiche Behandlung hinsichtlich der Mehrwertsteuer erfordern, ist zu prüfen, ob die Benutzung dieser Gerätearten aus der Sicht des Durchschnittsverbrauchers vergleichbar ist und dieselben Bedürfnisse des Verbrauchers befriedigt, wobei insoweit insbesondere Gesichtspunkte wie die Mindest- und Höchsteinsätze und -gewinne und die Gewinnchancen berücksichtigt werden können.

4. Der Grundsatz der steuerlichen Neutralität ist dahin auszulegen, dass ein Steuerpflichtiger, der die Verletzung dieses Grundsatzes geltend macht, nicht die Erstattung der für bestimmte Dienstleistungen entrichteten Mehrwertsteuer verlangen kann, wenn die

Steuerbehörden des betreffenden Mitgliedstaats gleichartige Dienstleistungen in der Praxis wie steuerfreie Umsätze behandelt haben, obwohl diese Leistungen nach der einschlägigen nationalen Regelung nicht mehrwertsteuerfrei sind.

5. Der Grundsatz der steuerlichen Neutralität ist dahin auszulegen, dass ein Mitgliedstaat, der vom Ermessen nach Art. 13 Teil B Buchst. f der Sechsten Richtlinie 77/388 Gebrauch gemacht und die Bereitstellung jeglicher Vorrichtungen zum Spielen von Glücksspielen von der Mehrwertsteuer befreit, von dieser Befreiung jedoch eine Kategorie von bestimmte Kriterien erfüllenden Geräten ausgenommen hat, gegen einen auf die Verletzung dieses Grundsatzes gestützten Antrag auf Mehrwertsteuererstattung nicht einwenden kann, mit der gebotenen Sorgfalt auf die Entwicklung einer neuen Geräteart, die diese Kriterien nicht erfüllt, reagiert zu haben.

EuGH vom 28.7.2011, Rs C-350/10, *Nordea Pankki Suomi*
Keine MWSt-Befreiung für Dienstleistungen der elektronischen Nachrichtenübermittlung für Finanzinstitute

Art. 13 Teil B Buchst. d Nrn. 3 und 5 der Sechsten Richtlinie 77/388/EWG, ist dahin auszulegen, dass die in dieser Bestimmung vorgesehene Befreiung von der Mehrwertsteuer nicht für Dienstleistungen der elektronischen Nachrichtenübermittlung für Finanzinstitute gilt, wie sie im Ausgangsverfahren in Rede stehen.

EuGH vom 14.7.2011, Rs C-464/10, *Henfling, Davin, Tanghe*
Beurteilung der Steuerbefreiung bei Wetten

Die Art. 6 Abs. 4 und Art. 13 Teil B Buchst. f der Sechsten Richtlinie 77/388/EWG sind dahin auszulegen, dass, wenn ein Wirtschaftsteilnehmer bei der Annahme von Wetten, die nach Art. 13 Teil B Buchst. f der Sechsten Richtlinie von der Mehrwertsteuer befreit sind, im eigenen Namen, aber für Rechnung eines die Tätigkeit eines Wettannehmers ausübenden Unternehmens auftritt, dieses Unternehmen gemäß Art. 6 Abs. 4 der Richtlinie so behandelt wird, als ob es dem genannten Wirtschaftsteilnehmer Wettdienstleistungen erbrächte, die unter die genannte Steuerbefreiung fallen.

EuGH vom 10.3.2011, Rs C-540/09, *Skandinaviska Enskilda Banken*
Voraussetzung der MWSt-Befreiung einer Übernahmegarantie

Art. 13 Teil B Buchst. d Nr. 5 der Sechsten Richtlinie 77/388/EWG ist dahin gehend auszulegen, dass die in dieser Vorschrift vorgesehene Befreiung von der Mehrwertsteuer auch Dienstleistungen umfasst, die ein Kreditinstitut in Form einer Übernahmegarantie und gegen eine Vergütung gegenüber einer Gesellschaft erbringt, die im Begriff steht, Aktien auszugeben, wenn diese Garantie zum Gegenstand hat, dass sich dieses Institut dazu verpflichtet, diejenigen Aktien zu erwerben, die möglicherweise in der für die Zeichnung der Aktien vorgesehenen Zeit nicht gezeichnet werden.

EuGH vom 18.11.2010, Rs C-156/09, *Verigen Transplantation Service International AG*
Begriff der „Heilbehandlung im Bereich der Humanmedizin"

Art. 13 Teil A Abs. 1 Buchst. c der Sechsten Richtlinie in der durch die Richtlinie 95/7/EG geänderten Fassung ist dahin auszulegen, dass das Herauslösen von Gelenkknorpelzellen aus dem einem Menschen entnommenen Knorpelmaterial und ihre anschließende

Vermehrung zur Reimplantation aus therapeutischen Zwecken eine „Heilbehandlung im Bereich der Humanmedizin" im Sinne dieser Bestimmung ist.

EuGH vom 28.10.2010, Rs C-175/09, *Axa UK*
Begriff des „Zahlungs- und Überweisungsverkehrs" bzw. der „Einziehung von Forderungen"

Art. 13 Teil B Buchst. d Nr. 3 der Sechsten Richtlinie 77/388/EWG ist dahin auszulegen, dass die Erbringung einer Dienstleistung, die im Wesentlichen darin besteht, bei den Banken Dritter die Beträge, die diese Dritten dem Kunden des Dienstleisters schulden, für Rechnung des Kunden im Lastschriftverfahren einzuziehen, dem Kunden eine Aufstellung der erhaltenen Beträge zu übermitteln, Kontakt mit den Dritten aufzunehmen, von denen der Dienstleister keine Zahlung erhalten hat, und schließlich der Bank des Dienstleisters den Auftrag zu erteilen, die erhaltenen Beträge abzüglich des Entgelts des Dienstleisters auf das Bankkonto des Kunden zu überweisen, nicht unter die in dieser Bestimmung vorgesehene Mehrwertsteuerbefreiung fällt.

EuGH vom 26.10.2010, Rs C-97/09, *Schmelz*
Umsatzgrenze für Kleinunternehmer gilt nur für Ansässigkeitsstaat

Die Art. 24 und 24a der Richtlinie 77/388 in der durch die Richtlinie 2006/18 geänderten Fassung sowie die Art. 284 bis 287 der Richtlinie 2006/112 sind dahin auszulegen, dass der Begriff „Jahresumsatz" den Jahresumsatz meint, den ein Unternehmen in einem Jahr in dem Mitgliedstaat erzielt, in dem es ansässig ist.

EuGH vom 10.6.2010, Rs C-262/08, *CopyGene*
Entnahme von Nabelschnurblut ist keine Heilbehandlung; Begriff der „ordnungsgemäß anerkannten Einrichtung"

1. Der Begriff der mit der „Krankenhausbehandlung und [der] ärztliche[n] Heilbehandlung ... eng verbundenen Umsätze" im Sinne von Art. 13 Teil A Abs. 1 Buchst. b der Sechsten Richtlinie 77/388/EWG ist dahin auszulegen, dass er keine Tätigkeiten wie die im Ausgangsverfahren fraglichen erfasst, die in der Entnahme, der Beförderung und der Analyse von Nabelschnurblut sowie in der Lagerung der in diesem Blut enthaltenen Stammzellen bestehen, wenn die ärztliche Heilbehandlung im Krankenhaus, mit der diese Tätigkeiten nur eventuell verbunden sind, weder stattgefunden noch begonnen hat, noch geplant ist.

2. Art. 13 Teil A Abs. 1 Buchst. b der Sechsten Richtlinie 77/388 steht einer Qualifikation eines Steuerpflichtigen wie der CopyGene A/S durch die nationalen Behörden als „andere ordnungsgemäß anerkannte Einrichtung gleicher Art" wie Krankenanstalten und Zentren für ärztliche Heilbehandlung und Diagnostik im Sinne dieser Bestimmung entgegen, wenn Stammzellenbanken Leistungen der im Ausgangsverfahren in Rede stehenden Art durch medizinisches Fachpersonal erbringen, aber keine finanzielle Unterstützung durch das staatliche System der sozialen Sicherheit erhalten und die Kosten der von ihnen erbrachten Leistungen nicht von diesem System gedeckt werden, obwohl ihnen von den zuständigen Gesundheitsbehörden eines Mitgliedstaats im Rahmen der Richtlinie 2004/23/EG des Europäischen Parlaments und des Rates vom 31. März 2004 zur Festlegung von Qualitäts- und Sicherheitsstandards für die Spende, Beschaffung, Testung, Verarbeitung, Konservierung, Lagerung und Verteilung von menschlichen Geweben und Zellen eine Genehmigung zum Umgang mit menschlichen Geweben und Zellen erteilt worden ist. Jedoch kann diese Bestimmung nicht dahin ausgelegt werden, dass sie als solche von

den zuständigen Behörden verlangt, eine Gleichstellung einer privaten Stammzellenbank mit einer für die Zwecke der fraglichen Steuerbefreiung „ordnungsgemäß anerkannten" Einrichtung abzulehnen. Erforderlichenfalls ist vom vorlegenden Gericht zu prüfen, ob die Versagung der Anerkennung für die Zwecke der Steuerbefreiung nach Art. 13 Teil A Abs. 1 Buchst. b der Sechsten Richtlinie dem Unionsrecht, insbesondere dem Grundsatz der steuerlichen Neutralität, entspricht.

EuGH vom 10.6.2010, Rs C-58/09, *Leo-Libera*
Steuerbefreiung auch nur für bestimmte Glücksspiele zulässig

Art. 135 Abs. 1 Buchst. i der Richtlinie 2006/112/EG ist dahin auszulegen, dass es den Mitgliedstaaten in Ausübung ihrer Befugnis, Bedingungen und Beschränkungen für die in dieser Bestimmung vorgesehene Befreiung von der Mehrwertsteuer festzulegen, gestattet ist, nur bestimmte Glücksspiele mit Geldeinsatz von dieser Steuer zu befreien.

EuGH vom 10.6.2010, Rs C-86/09, *Future Health Technologies*
Begriff der „Krankenhausbehandlungen und ärztliche Heilbehandlungen"

1. Tätigkeiten, die die Übersendung eines Sets mit der Ausrüstung zur Entnahme von Nabelschnurblut Neugeborener, die Analyse und die Aufbereitung dieses Bluts sowie gegebenenfalls die Lagerung der in diesem Blut enthaltenen Stammzellen zum Zweck ihrer etwaigen zukünftigen therapeutischen Verwendung umfassen und die nur sicherstellen sollen, dass für den ungewissen Fall, dass eine Heilbehandlung erforderlich wird, ein Behandlungsmittel zur Verfügung steht, an sich aber nicht der Diagnose, Behandlung oder Heilung von Krankheiten oder Gesundheitsstörungen dienen, fallen weder in ihrer Gesamtheit noch einzeln unter den Begriff „Krankenhausbehandlungen und ärztliche Heilbehandlungen" im Sinne von Art. 132 Abs. 1 Buchst. b der Richtlinie 2006/112/EG oder unter den Begriff „Heilbehandlungen im Bereich der Humanmedizin" in Art. 132 Abs. 1 Buchst. c derselben Richtlinie. Für die Analyse von Nabelschnurblut gilt dies nur dann nicht, wenn sie tatsächlich dazu dient, eine ärztliche Diagnose zu erstellen, was gegebenenfalls vom vorlegenden Gericht zu prüfen ist.

2. Der Begriff der mit „Krankenhausbehandlungen und ärztlichen Heilbehandlungen ... eng verbundene[n] Umsätze" im Sinne von Art. 132 Abs. 1 Buchst. b der Richtlinie 2006/112 ist so auszulegen, dass er keine Tätigkeiten wie die im Ausgangsverfahren in Rede stehenden erfasst, die in der Übersendung eines Sets mit der Ausrüstung zur Entnahme von Nabelschnurblut Neugeborener, der Analyse und der Aufbereitung dieses Bluts sowie gegebenenfalls der Lagerung der in diesem Blut enthaltenen Stammzellen zum Zweck einer möglicherweise künftigen therapeutischen Verwendung bestehen, mit der diese Tätigkeiten nur eventuell verbunden sind und die weder stattgefunden noch begonnen hat, noch geplant ist.

EuGH vom 3.6.2010, Rs C-237/09, *De Fruytier*
Die Beförderung von menschlichen Organen, menschlichem Blut und Frauenmilch ist nicht steuerbefreit

Art. 13 Teil A Abs. 1 Buchst. d der Sechsten Richtlinie 77/388/EWG, der „die Lieferungen von menschlichen Organen, menschlichem Blut und Frauenmilch" von der Mehrwertsteuer befreit, ist dahin auszulegen, dass er nicht auf Beförderungen von menschlichen Organen und dem menschlichen Körper entnommenen Substanzen anwendbar ist, die von einem Selbständigen für Krankenhäuser und Laboratorien durchgeführt werden.

EuGH vom 28.1.2010, Rs C-473/08, *Eulitz*
Begriff des „Schul- und Hochschulunterrichts"; unterrichtender Gesellschafter ist kein „Privatlehrer"

1. Art. 13 Teil A Abs. 1 Buchst. j der Sechsten Richtlinie 77/388/EWG ist dahin auszulegen, dass Lehrleistungen, die ein Diplom-Ingenieur an einem als privatrechtlicher Verein verfassten Bildungsinstitut für die Teilnehmer von Fortbildungslehrgängen erbringt, die bereits mindestens einen Universitäts- oder Fachhochschulabschluss als Architekt bzw. Ingenieur oder eine gleichwertige Bildung besitzen, wobei die Kurse mit einer Prüfung abgeschlossen werden, „Unterrichtseinheiten, die sich auf Schul- und Hochschulunterricht beziehen", im Sinne dieser Bestimmung sein können. Auch andere Tätigkeiten als die Lehrtätigkeit im eigentlichen Sinne können solche Unterrichtseinheiten sein, sofern diese Tätigkeiten im Wesentlichen im Rahmen der sich auf den Schul- und Hochschulunterricht beziehenden Vermittlung von Kenntnissen und Fähigkeiten durch den Unterrichtenden an Schüler oder Studierende ausgeübt werden. Soweit erforderlich, hat das vorlegende Gericht zu prüfen, ob alle im Ausgangsverfahren in Rede stehenden Tätigkeiten Unterrichtseinheiten sind, die sich auf den „Schul- und Hochschulunterricht" im Sinne dieser Bestimmung beziehen.

2. Art. 13 Teil A Abs. 1 Buchst. j dieser Richtlinie ist dahin auszulegen, dass eine Person wie Herr Eulitz, der Gesellschafter der Klägerin des Ausgangsverfahrens ist und der als Lehrkraft im Rahmen der von einer dritten Einrichtung angebotenen Lehrveranstaltungen Leistungen erbringt, unter Umständen wie den im Ausgangsverfahren gegebenen nicht als „Privatlehrer" im Sinne dieser Bestimmung angesehen werden kann.

EuGH vom 19.11.2009, Rs C-461/08, *Don Bosco Onroerend Goed*
Einheitliche Leistung bei Lieferung und Abriss iZm Grundstücksumsätzen

Art. 13 Teil B Buchst. g in Verbindung mit Art. 4 Abs. 3 Buchst. a der Sechsten Richtlinie 77/388/EWG ist dahin auszulegen, dass die Lieferung eines Grundstücks, auf dem noch ein altes Gebäude steht, das abgerissen werden muss, damit an seiner Stelle ein Neubau errichtet werden kann, und mit dessen vom Verkäufer übernommenen Abriss schon vor der Lieferung begonnen worden ist, nicht unter die in der ersten dieser beiden Bestimmungen vorgesehene Befreiung von der Mehrwertsteuer fällt. Solche aus Lieferung und Abriss bestehenden Umsätze bilden mehrwertsteuerlich einen einheitlichen Umsatz, der unabhängig davon, wie weit der Abriss des alten Gebäudes zum Zeitpunkt der tatsächlichen Lieferung des Grundstücks fortgeschritten ist, in seiner Gesamtheit nicht die Lieferung des vorhandenen Gebäudes und des dazugehörigen Grund und Bodens zum Gegenstand hat, sondern die Lieferung eines unbebauten Grundstücks.

EuGH vom 29.10.2009, Rs C-29/08, *AB SKF*
Aktienveräußerung: Voraussetzungen für das Vorliegen einer wirtschaftlichen Tätigkeit, für die Anwendung einer Steuerbefreiung und den Vorsteuerabzug

1. Art. 2 Abs. 1 und Art. 4 Abs. 1 und 2 der Sechsten Richtlinie 77/388/EWG in der durch die Richtlinie 95/7/EG geänderten Fassung sowie Art. 2 Abs. 1 und Art. 9 Abs. 1 der Richtlinie 2006/112/EG sind dahin auszulegen, dass eine von einer Muttergesellschaft vorgenommene Veräußerung sämtlicher Aktien an einer zu 100 % gehaltenen Tochtergesellschaft sowie der verbleibenden Beteiligung der Muttergesellschaft an einer beherrschten Gesellschaft, an der sie früher zu 100 % beteiligt war, denen die Muttergesellschaft mehrwertsteuerpflichtige Dienstleistungen erbracht hat, eine in den Anwendungsbereich der genannten Richtlinien fallende wirtschaftliche Tätigkeit ist. Soweit jedoch die Aktien-

veräußerung der Übertragung des Gesamtvermögens oder eines Teilvermögens eines Unternehmens im Sinne von Art. 5 Abs. 8 der Sechsten Richtlinie 77/388 in der durch die Richtlinie 95/7 geänderten Fassung oder von Art. 19 Abs. 1 der Richtlinie 2006/112 gleichgestellt werden kann und sofern der betroffene Mitgliedstaat sich für die in diesen Bestimmungen vorgesehene Befugnis entschieden hat, stellt dieser Umsatz keine der Mehrwertsteuer unterliegende wirtschaftliche Tätigkeit dar.

2. Eine Aktienveräußerung wie die im Ausgangsverfahren in Rede stehende ist von der Mehrwertsteuer gemäß Art. 13 Teil B Buchst. d Nr. 5 der Sechsten Richtlinie 77/388 in der durch die Richtlinie 95/7 geänderten Fassung und Art. 135 Abs. 1 Buchst. f der Richtlinie 2006/112 zu befreien.

3. Das Recht auf den Abzug der Vorsteuer auf Leistungen, die für Zwecke einer Aktienveräußerung erbracht wurden, besteht gemäß Art. 17 Abs. 1 und 2 der Sechsten Richtlinie 77/388 in der durch die Richtlinie 95/7 geänderten Fassung sowie gemäß Art. 168 der Richtlinie 2006/112, wenn zwischen den mit den Eingangsleistungen verbundenen Ausgaben und der wirtschaftlichen Gesamttätigkeit des Steuerpflichtigen ein direkter und unmittelbarer Zusammenhang besteht. Es obliegt dem vorlegenden Gericht, unter Berücksichtigung aller Umstände, unter denen die im Ausgangsverfahren in Rede stehenden Umsätze getätigt wurden, festzustellen, ob die getätigten Ausgaben Eingang in den Preis der verkauften Aktien finden können oder allein zu den Kostenelementen der auf die wirtschaftlichen Tätigkeiten des Steuerpflichtigen entfallenden Umsätze gehören.

4. Der Umstand, dass die Aktienveräußerung sich in mehreren Schritten vollzieht, wirkt sich auf die Beantwortung der vorstehenden Fragen nicht aus.

EuGH vom 22.10.2009, Rs C-242/08, *Swiss Re Germany Holding*
Entgeltliche Übertragung eines Bestands von Lebensrückversicherungverträgen ist nicht steuerfrei

1. Eine von einer in einem Mitgliedstaat ansässigen Gesellschaft vorgenommene entgeltliche Übertragung eines Bestands von Lebensrückversicherungsverträgen auf ein in einem Drittstaat ansässiges Versicherungsunternehmen, durch die dieses Unternehmen alle Rechte und Pflichten aus diesen Verträgen mit Zustimmung der Versicherungsnehmer übernommen hat, stellt weder einen unter die Art. 9 Abs. 2 Buchst. e fünfter Gedankenstrich und 13 Teil B Buchst. a der Sechsten Richtlinie 77/388/EWG noch einen unter Art. 13 Teil B Buchst. d Nr. 2 in Verbindung mit Nr. 3 dieser Richtlinie fallenden Umsatz dar.

2. Bei einer entgeltlichen Übertragung eines Bestands von 195 Lebensrückversicherungsverträgen wirkt sich der Umstand, dass nicht der Zessionar, sondern der Zedent für die Übernahme von 18 dieser Verträge ein Entgelt – nämlich durch Ansetzung eines negativen Wertes – entrichtet, auf die Beantwortung der ersten Frage nicht aus.

3. Art. 13 Teil B Buchst. c der Sechsten Richtlinie 77/388 ist dahin auszulegen, dass er auf eine entgeltliche Übertragung eines Bestands von Lebensrückversicherungsverträgen wie die im Ausgangsverfahren fragliche nicht anwendbar ist.

EuGH vom11.6.2009, Rs C-572/07, *RLRE Tellmer Property*
Vermietung und Reinigung von Räumen sind selbständige Umsätze

Für die Zwecke der Anwendung von Art. 13 Teil B Buchst. b der Sechsten Richtlinie 77/388/EWG sind die Vermietung eines Grundstücks und die Dienstleistung der Reinigung seiner Gemeinschaftsräume unter Umständen wie denen des Ausgangsverfahrens als selbständige, voneinander trennbare Umsätze anzusehen, so dass diese Dienstleistung nicht unter diese Bestimmung fällt.

EuGH vom 23.4.2009, Rs C-357/07, *TNT Post UK*
Anwendungsbereich des Begriffes „öffentliche Posteinrichtungen"

1. Der Begriff „öffentliche Posteinrichtungen" in Art. 13 Teil A Abs. 1 Buchst. a der Sechsten Richtlinie 77/388/EWG des Rates vom 17. Mai 1977 zur Harmonisierung der Rechtsvorschriften der Mitgliedstaaten über die Umsatzsteuern – Gemeinsames Mehrwertsteuersystem: einheitliche steuerpflichtige Bemessungsgrundlage ist dahin auszulegen, dass er für öffentliche oder private Betreiber gilt, die sich verpflichten, in einem Mitgliedstaat den gesamten Universalpostdienst, wie er in Art. 3 der Richtlinie 97/67/EG des Europäischen Parlaments und des Rates vom 15. Dezember 1997 über gemeinsame Vorschriften für die Entwicklung des Binnenmarktes der Postdienste der Gemeinschaft und die Verbesserung der Dienstequalität in der durch die Richtlinie 2002/39/EG des Europäischen Parlaments und des Rates vom 10. Juni 2002 geänderten Fassung geregelt ist, oder einen Teil dessen zu gewährleisten.

2. Die in Art. 13 Teil A Abs. 1 Buchst. a der Sechsten Richtlinie 77/388 vorgesehene Steuerbefreiung gilt für Dienstleistungen und die dazugehörenden Lieferungen von Gegenständen mit Ausnahme der Personenbeförderung und des Fernmeldewesens, die die öffentlichen Posteinrichtungen als solche ausführen, nämlich in ihrer Eigenschaft als Betreiber, der sich verpflichtet, in einem Mitgliedstaat den gesamten Universalpostdienst oder einen Teil davon zu gewährleisten. Sie gilt nicht für Dienstleistungen und die dazugehörenden Lieferungen von Gegenständen, deren Bedingungen individuell ausgehandelt worden sind.

EuGH vom 11.12.2008, Rs C-407/07, *Stichting Centraal Begeleidingsorgaan voor de Intercollegiale Toetsing*
Leistungen von selbständigen Zusammenschlüssen an deren Mitglieder

Art. 13 Teil A Abs. 1 Buchst. f der Sechsten Richtlinie 77/388/EWG ist dahin auszulegen, dass die von selbständigen Zusammenschlüssen ihren Mitgliedern erbrachten Dienstleistungen nach der genannten Bestimmung auch von der Steuer befreit sind, wenn diese Dienstleistungen nur einem oder mehreren der Mitglieder erbracht werden, sofern die anderen in dieser Bestimmung vorgesehenen Bedingungen erfüllt sind.

EuGH vom 16.10.2008, Rs C-253/07, *Canterbury Hockey Club*
Die Befreiung für „bestimmte in engem Zusammenhang mit Sport ... stehende Dienstleistungen" gilt auch für Leistungen an juristische Personen und nicht eingetragene Vereinigungen

1. Art. 13 Teil A Abs. 1 Buchst. m der Sechsten Richtlinie 77/388/EWG ist dahin auszulegen, dass er im Kontext von Personen, die Sport ausüben, auch Dienstleistungen erfasst, die juristischen Personen und nicht eingetragenen Vereinigungen erbracht werden, soweit – was das vorlegende Gericht zu prüfen hat – diese Leistungen in engem Zusammenhang mit Sport stehen und für dessen Ausübung unerlässlich sind, die Leistungen von Einrichtungen ohne Gewinnstreben erbracht werden und die tatsächlichen Begünstigten dieser Leistungen Personen sind, die den Sport ausüben.

2. Die in Art. 13 Teil A Abs. 1 Buchst. m der Sechsten Richtlinie 77/388 enthaltene Wendung „bestimmte in engem Zusammenhang mit Sport ... stehende Dienstleistungen"

§ 6 UStG

ermächtigt die Mitgliedstaaten nicht, die in dieser Vorschrift vorgesehene Befreiung hinsichtlich der Empfänger der in Rede stehenden Dienstleistungen zu beschränken.

EuGH vom 3.4.2008, Rs C-124/07, *J.C.M. Beheer*
Versicherungsmakler oder -vertreter ist auch bei nur mittelbarer Verbindung zu den Vertragsparteien befreit

Art. 13 Teil B Buchst. a der Sechsten Richtlinie 77/388/EWG ist dahin auszulegen, dass der Umstand, dass ein Versicherungsmakler oder -vertreter zu den Parteien des Versicherungs- oder Rückversicherungsvertrags, zu dessen Abschluss er beiträgt, keine unmittelbare Verbindung, sondern nur eine mittelbare Verbindung über einen anderen Steuerpflichtigen unterhält, der selbst in unmittelbarer Verbindung zu einer dieser Parteien steht und mit dem der Versicherungsmakler oder -vertreter vertraglich verbunden ist, es nicht ausschließt, dass die von dem Letztgenannten erbrachte Leistung nach dieser Bestimmung von der Mehrwertsteuer befreit wird.

EuGH vom 6.12.2007, Rs C-451/06, *Walderdorff*
Einräumung des Fischereirechtes ist keine Vermietung und Verpachtung

Art. 13 Teil B Buchst. b der Sechsten Richtlinie 77/388/EWG ist so auszulegen, dass die Einräumung der Berechtigung zur Ausübung der Fischerei gegen Entgelt in Form eines für die Dauer von zehn Jahren geschlossenen Pachtvertrags durch den Eigentümer der Wasserfläche, für die diese Berechtigung eingeräumt wurde, und durch den Inhaber des Fischereirechts an einer im öffentlichen Gut befindlichen Wasserfläche weder eine Vermietung noch eine Verpachtung von Grundstücken darstellt, soweit mit der Einräumung dieser Berechtigung nicht das Recht verliehen wird, das betreffende Grundstück in Besitz zu nehmen und jede andere Person von diesem Recht auszuschließen.

EuGH vom 25.10.2007, Rs C-174/06, *CO.GE.P*
Inbesitznahme von Seegrundstücken ist Vermietung von Grundstücken

Art. 13 Teil B Buchst. b der Sechsten Richtlinie 77/388/EWG ist dahin auszulegen, dass ein Rechtsverhältnis wie das im Ausgangsverfahren in Rede stehende, in dessen Rahmen einer Person das Recht eingeräumt wird, eine öffentliche Sache, nämlich Bereiche des Seegebiets, in Besitz zu nehmen und für eine bestimmte Zeit gegen eine Vergütung – auch ausschließlich – zu nutzen, unter den Begriff der „Vermietung von Grundstücken" im Sinne dieses Artikels fällt.

EuGH vom 28.6.2007, Rs C-363/05, *JP Morgan Fleming Claverhouse Investment Trust plc*
Begriff des „Sondervermögens"

1. Art. 13 Teil B Buchst. d Nr. 6 der Sechsten Richtlinie 77/388/EWG ist dahin auszulegen, dass der Begriff „Sondervermögen" in dieser Bestimmung auch die geschlossenen Investmentfonds wie die „Investment Trust Companies" (Investmentfondsgesellschaften) umfassen kann.

2. Art. 13 Teil B Buchst. d Nr. 6 der Sechsten Richtlinie 77/388 ist dahin auszulegen, dass er den Mitgliedstaaten bei der Definition der in ihrem Hoheitsgebiet angesiedelten Fonds, die für die Zwecke der nach dieser Bestimmung vorgesehenen Befreiung unter den Begriff „Sondervermögen" fallen, ein Ermessen einräumt. Bei der Ausübung dieses Ermessens müssen die Mitgliedstaaten jedoch sowohl das mit dieser Bestimmung verfolgte Ziel beachten, das darin besteht, den Anlegern die Anlage in Wertpapiere über Organis-

men für Anlagen zu erleichtern, als auch den Grundsatz der steuerlichen Neutralität aus dem Blickwinkel der Mehrwertsteuererhebung in Bezug auf die Kapitalanlagegesellschaften übertragene Verwaltung von Sondervermögen gewährleisten, das mit anderen Investmentfonds wie den in den Anwendungsbereich der Richtlinie 85/611/EWG des Rates vom 20. Dezember 1985 zur Koordinierung der Rechts- und Verwaltungsvorschriften betreffend bestimmte Organismen für gemeinsame Anlagen in Wertpapieren (OGAW) in ihrer durch die Richtlinie 2005/1/EG des Europäischen Parlaments und des Rates vom 9. März 2005 geänderten Fassung fallenden Fonds in Wettbewerb steht.

3. Art. 13 Teil B Buchst. d Nr. 6 der Sechsten Richtlinie 77/388 entfaltet in dem Sinne unmittelbare Wirkung, dass sich ein Steuerpflichtiger vor einem nationalen Gericht darauf berufen kann, damit eine mit dieser Bestimmung unvereinbare nationale Regelung unangewandt bleibt.

EuGH vom 21.6.2007, Rs C-453/05, *Ludwig*
Vermittlung von Krediten; Vermögensberatung als Nebenleistung

1. Der Umstand, dass ein Steuerpflichtiger die Vermögenssituation von ihm akquirierter Kunden analysiert, um ihnen zu Krediten zu verhelfen, steht der Anerkennung einer von der Steuer befreiten Leistung der Vermittlung von Krediten im Sinne von Art. 13 Teil B Buchst. d Nr. 1 der Sechsten Richtlinie 77/388/EWG nicht entgegen, wenn die von diesem Steuerpflichtigen angebotene Leistung der Vermittlung von Krediten im Licht der vorstehenden Auslegungshinweise als die Hauptleistung anzusehen ist, zu der die Vermögensberatung eine Nebenleistung ist, so dass sie das steuerliche Schicksal der erstgenannten Leistung teilt. Es ist Sache des vorlegenden Gerichts, festzustellen, ob dies in dem bei ihm anhängigen Rechtsstreit der Fall ist.

2. Der Umstand, dass ein Steuerpflichtiger zu keiner der Parteien eines Kreditvertrags, zu dessen Abschluss er beigetragen hat, in einem Vertragsverhältnis steht und mit einer der Parteien nicht unmittelbar in Kontakt tritt, schließt nicht aus, dass dieser Steuerpflichtige eine von der Steuer befreite Leistung der Vermittlung von Krediten im Sinne von Art. 13 Teil B Buchst. d Nr. 1 der Sechsten Richtlinie 77/388 erbringt.

EuGH vom 14.6.2007, Rs C-445/05, *Haderer*
Erteilung von Schul- oder Hochschulunterricht

Unter Umständen wie denen des Ausgangsverfahrens kann die Umsatzsteuerbefreiung nach Art. 13 Teil A Abs. 1 Buchst. j der Sechsten Richtlinie 77/388/EWG für von einem Einzelnen mit dem Status eines freien Mitarbeiters erbrachte Tätigkeiten, die in der Erteilung von Schularbeitshilfe sowie Keramik- und Töpferkursen in Erwachsenenbildungseinrichtungen bestehen, nur dann gewährt werden, wenn es sich bei diesen Tätigkeiten um die Erteilung von Schul- oder Hochschulunterricht durch einen für eigene Rechnung und in eigener Verantwortung handelnden Lehrer handelt. Es ist Sache des vorlegenden Gerichts, zu prüfen, ob dies im Ausgangsverfahren der Fall ist.

EuGH vom 14.6.2007, Rs C-434/05, *Horizon College*
Erteilung von Unterricht; Gestellung eines Lehrers

1. Art. 13 Teil A Abs. 1 Buchst. i der Sechsten Richtlinie 77/388/EWG ist dahin auszulegen, dass sich die Wendung „die Erziehung von Kindern und Jugendlichen, den Schul- und Hochschulunterricht, die Ausbildung, die Fortbildung oder die berufliche Umschulung" nicht darauf bezieht, dass ein Lehrer gegen Entgelt einer von dieser Vorschrift

erfassten Lehreinrichtung zur Verfügung gestellt wird, in der er dann vorübergehend unter der Verantwortung der genannten Einrichtung Unterricht erteilt. Dies gilt auch dann, wenn die die Lehrkraft zur Verfügung stellende Einrichtung selbst eine der Erziehung gewidmete Einrichtung des öffentlichen Rechts oder eine andere Einrichtung mit von dem betreffenden Mitgliedstaat anerkannter vergleichbarer Zielsetzung ist.

2. Art. 13 Teil A Abs. 1 Buchst. i der Sechsten Richtlinie 77/388 in Verbindung mit Art. 13 Teil A Abs. 2 der Sechsten Richtlinie 77/388 ist dahin auszulegen, dass die entgeltliche Gestellung eines Lehrers an eine Lehreinrichtung, in der dieser Lehrer dann vorübergehend unter der Verantwortung der genannten Einrichtung Unterricht erteilt, eine von der Mehrwertsteuer befreite Tätigkeit in Form von im Sinne dieser Vorschrift mit dem Unterricht „eng verbundenen" Dienstleistungen sein kann, wenn diese Gestellung das Mittel darstellt, um unter den bestmöglichen Bedingungen in den Genuss des als Hauptleistung angesehenen Unterrichts zu kommen, und – was der nationale Richter zu prüfen hat – folgende Voraussetzungen erfüllt sind:

– Sowohl die Hauptleistung als auch die mit der Hauptleistung eng verbundene Gestellung werden von in Art. 13 Teil A Abs. 1 Buchst. i genannten Einrichtungen erbracht, wobei gegebenenfalls eventuell vom betreffenden Mitgliedstaat aufgrund von Art. 13 Teil A Abs. 2 Buchst. a aufgestellte Bedingungen zu berücksichtigen sind.

– Die genannte Gestellung ist von solcher Art oder Qualität, dass ohne Rückgriff auf eine derartige Dienstleistung keine Gleichwertigkeit des Unterrichts der Zieleinrichtung und damit des ihren Studierenden erteilten Unterrichts gewährleistet wäre.

– Eine derartige Gestellung ist nicht im Wesentlichen dazu bestimmt, zusätzliche Einnahmen durch eine Tätigkeit zu erzielen, die in unmittelbarem Wettbewerb mit der Mehrwertsteuer unterliegenden gewerblichen Unternehmen durchgeführt wird.

EuGH vom 19.4.2007, Rs C-455/05, *Velvet & Steel Immobilien*
„Übernahme von Verbindlichkeiten" auf Geldverbindlichkeiten beschränkt

Art. 13 Teil B Buchst. d Nr. 2 der Sechsten Richtlinie 77/388/EWG ist dahin auszulegen, dass der Begriff der „Übernahme von Verbindlichkeiten" andere als Geldverbindlichkeiten, wie die Verpflichtung, eine Immobilie zu renovieren, vom Anwendungsbereich dieser Bestimmung ausschließt.

Judikatur VwGH zu § 6:

VwGH vom 21.9.2016, 2013/13/0096
Steuerbefreiung bei Umsätzen im Geschäft mit Wertpapieren

Gemäß § 6 Abs. 1 Z 8 lit. f UStG 1994 sind „die Umsätze im Geschäft mit Wertpapieren und die Vermittlung dieser Umsätze, ausgenommen die Verwahrung und Verwaltung von Wertpapieren," steuerfrei. Die Bestimmung entsprach Art. 13 Teil B Buchstabe d Nummer 5 der sechsten Mehrwertsteuerrichtlinie, 77/388/EWG, und entspricht nunmehr Art. 135 Abs. 1 Buchstabe f der Mehrwertsteuersystemrichtlinie, 2006/112/EG. Sie ist im Sinne der Rechtsprechung des EuGH auszulegen (vgl. das Erkenntnis vom 22. April 2009, 2007/15/0099, VwSlg 8436 F/2009). Umsätze im Geschäft mit Wertpapieren sind nach der Rechtsprechung des EuGH solche, die geeignet sind, Rechte und Pflichten der Parteien in Bezug auf Wertpapiere zu begründen, zu ändern oder zum Erlöschen zu bringen (vgl. das Urteil des EuGH vom 13. Dezember 2001, CSC Financial Services, C-235/00, EU:C:2001:696, Rn. 33).

Das von der deutschen Gesellschaft für das Börseunternehmen betriebene Handelssystem Xetra, das den Handelsteilnehmern den standortunabhängigen Zugang zur Börse ermöglicht, dient nicht nur der „technischen Ausführung" von Kundenaufträgen. In ihm kommen, wie im Erkenntnis vom 11. September 2015, 2013/17/0485-0489, dargelegt, vielmehr Kaufverträge über Wertpapiere zustande. „Im Xetra-Handelssystem" findet ein Handel mit Wertpapieren statt (vgl. dazu näher auch Kalss/Puck in Aicher/Kalss/Oppitz, Grundfragen des neuen Börserechts, 1998, 330, 335, 340-342, u.a.). Dementsprechend heißt es auch in § 1 des Vertrages zwischen dem Börseunternehmen und der deutschen Gesellschaft, deren elektronisches Handelssystem ermögliche den zum Handel an der Börse berechtigten Marktteilnehmern die Eingabe von Kauf- und Verkaufsaufträgen, führe diese automatisch zu „Geschäftsabschlüssen" zusammen und stelle „die getätigten Geschäfte für die Bearbeitung den jeweiligen Systemen der Börsengeschäftsabwicklung bereit". Dass die Abwicklung selbst nicht mehr im Handelssystem der deutschen Gesellschaft erfolgt, lässt nicht den Schluss zu, dass die Geschäfte im System noch gar nicht zustande kämen. Das System sorgt damit für Vertragsabschlüsse, die die rechtliche und finanzielle Lage zwischen den Parteien ändern und im Sinne der Rechtsprechung des EuGH Umsätze sind, die sich auf Wertpapiere beziehen (vgl. dazu die Urteile des EuGH vom 5. Juni 1997, SDC, C-2/95, EU:C:1997:278, Rn. 73, und vom 13. Dezember 2001, CSC Financial Services, C- 235/00, EU:C:2001:696, Rn. 16 ff). Ausgelagerte Leistungen dieser Art fallen unter die Befreiung, wenn sie „einen eigenständigen Charakter haben und für die von der Steuer befreiten Umsätze spezifisch und wesentlich sind" (vgl. grundlegend das Urteil des EuGH vom 5. Juni 1997, Rn. 75). Dass dies bei der Vermittlung von Umsätzen im Geschäft mit Wertpapieren auf das Zusammenführen von Aufträgen mit der Wirkung des Zustandekommens von Vertragsabschlüssen zutrifft, scheint nicht zweifelhaft.

Ist davon auszugehen, dass das Herbeiführen von Geschäftsabschlüssen im Wertpapierhandel durch das in Rede stehende Handelssystem im Sinne der Rechtsprechung des EuGH ein eigenständiges Ganzes ist, das die spezifischen und wesentlichen Funktionen einer Vermittlung solcher Geschäfte erfüllt und nicht nur als technische und elektronische Unterstützung einer solchen Vermittlung zu werten ist, so steht die Vielzahl von Regelungen technischer Leistungskomponenten im verfahrensgegenständlichen Geschäftsbesorgungsvertrag der Befreiung nach § 6 Abs. 1 Z 8 lit. f UStG 1994 nicht entgegen. Auch die Zurverfügungstellung spezieller Software für die dem Börseunternehmen vorbehaltene Marktsteuerung und Handelsüberwachung ist in diesem Zusammenhang, weil auf das automatisierte Handelssystem bezogen und mit ihm verbunden, als bloße Nebenleistung zu werten. [Hier: Das Börseunternehmen schloss im mit einer deutschen (Börse-)Gesellschaft einen Geschäftsbesorgungsvertrag über den Betrieb des elektronischen Handelssystems Xetra (Exchange Electronic Trading) für das Börseunternehmen ab.]

VwGH vom 15.9.2016, Ra 2014/15/0003
Aus- und Fortbildungsleistungen durch private Einrichtungen

Nach Art. 132 Abs. 1 lit. i MwStSystRL sind u.a. die Aus- und Fortbildung sowie berufliche Umschulung durch Einrichtungen des öffentlichen Rechts, die mit solchen Aufgaben betraut sind, oder „andere Einrichtungen mit von dem betreffenden Mitgliedstaat anerkannter vergleichbarer Zielsetzung" von der Umsatzsteuer befreit. Seit Inkrafttreten der Verordnung (EG) Nr. 1777/2005 mit 1. Juli 2006 bzw. deren Nachfolgeverordnung (EU) Nr. 282/2011 ist allerdings für den Tätigkeitsbereich, der von der Befreiungsbestimmung des Art. 132 Abs. 1 lit. i MwStSystRL erfasst wird, ein Mindestumfang verbindlich festgelegt ("Schulungsmaßnahmen mit direktem Bezug zu einem Gewerbe oder einem

Beruf sowie jegliche Schulungsmaßnahme, die dem Erwerb oder der Erhaltung beruflicher Kenntnisse dient. Die Dauer der Ausbildung, Fortbildung oder beruflichen Umschulung ist hierfür unerheblich."). Die in Art. 14 der Verordnung (EG) Nr. 1777/2005 bzw. der Verordnung (EU) Nr. 282/2011 angeführten Schulungsmaßnahmen sind daher in jedem Fall von der Befreiungsbestimmung erfasst, unabhängig davon, ob sie sich in einem Mitgliedstaat als eine den öffentlichen Schulen vergleichbare Tätigkeit darstellen (vgl. auch Ruppe/Achatz, UStG4, § 6 Tz 310).

Die Steuerbefreiung des § 6 Abs. 1 Z 11 lit. a UStG 1994 erfordert, dass die private Einrichtung eine mit den öffentlichen Schulen vergleichbare Tätigkeit ausübt. Als Maßstab für die Vergleichbarkeit mit der Tätigkeit einer öffentlichen Schule war nach ständiger Rechtsprechung des Verwaltungsgerichtshofes zur wortgleichen (Vorgänger)Bestimmung des § 6 Z 11 UStG 1972 grundsätzlich auf den Inhalt des Lehrstoffes abzustellen; dieser musste nach Umfang und Lehrziel annähernd dem von öffentlichen Schulen entsprechen (vgl. Melhardt/Tumpel, UStG^2, § 6 Rz 415, sowie Ruppe, UStG^3, § 6 Tz 309 mit zahlreichen Hinweisen auf die Rechtsprechung). Das Erfordernis des (insbesondere dem Umfang nach) vergleichbaren Lehrstoffes widerspricht der Durchführungsverordnung (EG) Nr. 1777/205 bzw. deren Nachfolgeverordnung (EG) Nr. 228/2011. In unionskonformer Auslegung der nationalen Steuerbefreiung hat eine derartige Prüfung im Geltungsbereich der Verordnungen nicht stattzufinden. Der in § 6 Abs. 1 Z 11 lit. a UStG 1994 normierte Vergleich privater Bildungseinrichtungen mit öffentlichen Schulen hat durch die unionsrechtlichen Vorgaben eine Änderung erfahren, sodass davon auszugehen ist, dass schon bei Vorliegen vergleichbarer Zielsetzungen die Steuerbefreiung auch privaten Bildungseinrichtungen zu gewähren ist (vgl. Ruppe/Achatz, UStG^4, § 6 Tz 310).

VwGH vom 30.3.2016, 2013/13/0037
Die Abwicklung der Umsatzsteuer-Rückerstattung für Touristen stellt eine steuerfreie Einziehung von Forderungen dar

Der Verweis der Leistungsortregelung in § 3a UStG 1994 auf die Befreiungsvorschrift des § 6 Abs. 1 Z 8 lit. c UStG 1994 erfasst - vor dem Hintergrund des Unionsrechts (Art. 59 Buchstabe e der Richtlinie 2006/112/EG des Rates vom 28. November 2006 über das gemeinsame Mehrwertsteuersystem nennt „Bank-, Finanz- und Versicherungsumsätze") - auch die von der Befreiung selbst ausgenommene Einziehung von Forderungen (vgl. dazu mit weiteren Nachweisen etwa Ecker in Scheiner/Kolacny/Caganek, Kommentar zur Mehrwertsteuer, 42. Lfg., 2014, § 3a UStG 1994, Rz 642, und in Melhardt/Tumpel, UStG^2, 2015, § 3a Rz 242).

Der Vorteil, den die Unternehmerin dem Touristen jeweils verschafft, besteht darin, dass er sich nicht selbst vom Drittstaat aus darum bemühen muss, die Umsatzsteuer vom Händler zurückzubekommen. Er kann sie gegen Vorlage der zollamtlichen Bestätigung sogar noch am Flughafen bar ausgezahlt bekommen und überlässt es der Unternehmerin, sich beim Händler zu refundieren, wofür er einen Abzug vom Rückerstattungsbetrag akzeptiert. Dies entspricht sehr deutlich dem Typus „finanzieller Transaktionen, die darauf gerichtet sind, die Erfüllung einer Geldschuld zu bewirken," und ist daher eine Einziehung von Forderungen im hier maßgeblichen Sinn (vgl. die Urteile des EuGH vom 26. Juni 2003, C- 305/01, MKG- Kraftfahrzeuge-Factoring, Rn 78, und vom 28. Oktober 2010, C 175/09, AXA UK, Rn 31). Die Auszahlung des um das Entgelt für die Unternehmerin verringerten Rückerstattungsbetrages ist der einzige vertragskonforme Weg, auf dem die Unternehmerin zu diesem Entgelt gelangen kann, und es handelt sich bei den anderen „Leistungen", wie etwa der Zurverfügungstellung von Formblättern und Briefumschlägen, um unselbständige Nebenleistungen, die nur der Abwicklung der Rückvergütung dienen. Dass diese Abwicklung den für den Touristen damit verbundenen Aufwand gering hält, entspricht einem Kernelement dessen, was in den erwähnten Urteilen des EuGH als Vorteil der Forderungseinziehung durch einen Dritten statt durch den Gläubiger selbst beschrieben wurde (vgl. etwa Rn 49 des Urteils vom 26. Juni 2003 und Rn 33 des Urteils vom 28. Oktober 2010).

VwGH vom 22.7.2015, 2011/13/0104
Jagdpachtverträge sind nicht steuerfrei

Im Erkenntnis vom 9. Dezember 1955, 953/55, VwSlg 1327 F/1955, hat der Verwaltungsgerichtshof zur Umsatzsteuerpflicht des Entgeltes für die Verpachtung einer Jagd ausgesprochen, dass Gegenstand des Jagdpachtvertrages nicht der Grund und Boden sei, auf dem die Jagdbefugnis ausgeübt werde, sondern das Jagdrecht, „d. i. die Befugnis, in einem bestimmten Gebiete jagdbare Tiere zu hegen usw." (es könne daher im Falle einer Jagdverpachtung nicht gesagt werden, dass eine Verpachtung von Grundstücken vorliege). Im vorliegenden Fall wird von der Verpächterin der Jagd nicht behauptet, dass der Jagdpächter mit den gegenständlichen Jagdpachtverträgen über das Recht zur Ausübung der Jagd auf den Grundstücken hinausgehende Rechte erlangt hätte. Nach § 1 Abs. 1 des im Wesentlichen einschlägigen Steiermärkischen Jagdgesetzes, LGBl. Nr. 23/1986, zuletzt idF LGBl. Nr. 9/2015, besteht das Jagdausübungsrecht in der ausschließlichen Berechtigung, innerhalb des zustehenden Jagdgebietes Wild unter Beobachtung der gesetzlichen Bestimmungen in der im weidmännischen Betrieb üblichen Weise „zu hegen, zu verfolgen, zu fangen und zu erlegen, …", wobei die hier vorliegenden Pachtverträge als Gegenstand des Vertrages „das im vertragsgegenständlichen Jagdgebiet vorkommende Wild im Umfang des jährlich von der zuständigen Behörde genehmigten Abschussplanes" nennen. Damit waren aber im Sinne der Judikatur (keine Einräumung einer Berechtigung, das „betreffende Grundstück in Besitz zu nehmen und jede andere Person von diesem Recht auszuschließen") die Jagdpachtverträge auch nach „EU-Recht" zweifelsfrei im Sinne der Rechtsprechung „C.I.L.F.I.T" (Urteil des EuGH vom 6. Oktober 1982, C-283/81) nicht als steuerfrei zu behandeln (vgl. in diesem Sinne ebenfalls z.B. Ruppe/Achatz, UStG[4], § 6 Tz 223 und 393, Sarnthein, Die Verpachtung des Jagdrechts aus umsatzsteuerlicher Sicht, in FS Pircher, Wien 2007, 179, sowie Haunold/Tumpel/Widhalm, SWI 2008, 274 ff (276)).

VwGH vom 30.10.2014, 2011/15/0123
Verpachtung eines Fischereirechts ist keine steuerfreie Grundstücksvermietung

Auf das (vom Eigentum am Gewässergrund losgelöste) Fischereirecht können nicht alle für Grundstücke bestehenden zivilrechtlichen Bestimmungen Anwendung finden. Gerade diese bloß eingeschränkte Anwendbarkeit bürgerlichrechtlicher Regelungen hat zur Folge, dass in der Literatur unterschiedliche Auffassungen vertreten werden, ob das Fischereirecht zu den Berechtigungen, auf welche „die Vorschriften" des bürgerlichen Rechts über Grundstücke Anwendung finden, iSd § 6 Abs. 1 Z 16 UStG 1994 zählt (vgl. für viele Ruppe, UStG[3], § 6 Tz 393; Scheiner/Kolacny/Caganek, Kommentar zum UStG 1994, Anm. 29 zu § 6 Abs. 1 Z 16). Der in Rede stehende Begriff der „Berechtigungen, auf welche die Vorschriften des bürgerlichen Rechts über Grundstücke Anwendung finden", hat sohin keinen eindeutigen Inhalt. Er ist mangels eindeutigen Inhalts der nationalen Vorschrift einer unionsrechtlichen Auslegung zugänglich (vgl. zu den Grenzen richtlinienkonformer Rechtsauslegung Lenz/Borchardt, EU-Verträge[5], Art. 19 EUV Rn. 39). In diesem Sinne ist der Begriff der „Berechtigungen, auf welche die Vorschriften des bürgerlichen Rechts über Grundstücke Anwendung finden" auf jene Rechte einzuschränken, die unionsrechtlich den Grundstücksbegriff erfüllen. Da die Auslegung des Begriffes „Vermietung von Grundstücken" im Sinne von Art. 13 Teil B lit. b der Sechsten Mehrwertsteuerrichtlinie nicht von der Auslegung abhängt, die ihm im Zivilrecht eines Mitgliedstaates gegeben wird (vgl. das Urteil des EuGH vom 16. Jänner 2003, C-315/00, *Maierhofer*, Rn. 26), kann auch nicht gesagt werden, dass die innerstaatliche Erweiterung der Steuerbefreiung auf die „Berechtigungen, auf welche die Vorschriften des bürgerlichen Rechts über Grundstücke Anwendung finden" in § 6 Abs. 1 Z 16 UStG 1994, von vornherein ohne Anwendungsbereich bliebe. Das grundlegende Merkmal der Vermietung von Grundstücken im Sinne der zitierten Richtlinienbestimmung besteht nach der Rechtsprechung des EuGH darin, dass dem Betreffenden auf bestimmte Zeit gegen eine Vergütung das Recht eingeräumt wird, ein Grundstück so in Besitz zu nehmen, als ob er dessen Eigentümer wäre, und jede andere Person von diesem Recht auszuschließen (vgl. z.B. die Urteile des EuGH vom 4. Oktober 2001, C-326/99, *"Goed Wonen"*, Rn. 55, und vom 12. Juni 2003, C-275/01, *Sinclair Collis Ltd.*, Rn. 25). Dies kann beispielsweise auf die Einräumung des innerstaatlich nicht als Grundstück einzustufenden Baurechts durch den Liegenschaftseigentümer zutreffen.

Unionsrechtlich ist nach dem Urteil des EuGH vom 6. Dezember 2007, *Walderdorff*, C-451/06, davon auszugehen, dass für die bloße Verpachtung eines Fischereirechtes eine Steuerbefreiung aus dem Titel der Vermietung eines Grundstücks nicht in Betracht kommt (vgl. Achatz/Ruppe, UStG[4], § 6 Tz 393). Indem die Abgabenbehörde der Bestimmung des § 6 Abs. 1 Z 16 UStG 1994 einen Inhalt beigemessen hat, der in Ansehung des streitgegenständlichen Fischereirechts vom Unionsrecht abweicht, hat sie die Rechtslage verkannt.

VwGH vom 28.2.2014, 2011/03/0192
Keine Umsatzsteuerbefreiung für Postdienstleistungen außerhalb des Universaldienstes, auch wenn diese von einem Universaldienstbetreiber erbracht werden

Zur Umsatzsteuerfreiheit ist festzuhalten, dass die Umsatzsteuerbefreiung nach § 6 Abs 10 lit b UStG 1994 Postdienstleistungen betrifft, die ein Universaldienstbetreiber im Sinne des § 12 PostmarktG 2009 als solcher erbringt; diese Bestimmung setzt Art 132 Abs 1 lit a der Richtlinie 2006/112/EG des Rates vom 28. November 2006 über das gemeinsame Mehrwertsteuersystem, ABl L 347 vom 11. Dezember 2006, S. 1, um, wonach „von öffentlichen Posteinrichtungen erbrachte Dienstleistungen und dazugehörende Lieferungen von Gegenständen mit Ausnahme von Personenbeförderungs- und Telekommunikationsdienstleistungen" von der Steuer zu befreien sind, und ist daher im Sinne dieser Richtlinie auszulegen. Der EuGH hat zur inhaltsgleichen Vorgängerbestimmung des Art 13 Teil A Abs 1 lit a der Sechsten Mehrwertsteuerrichtlinie 77/388/EWG in seinem Urteil vom 23. April 2009 in der Rechtssache C-357/07, TNT Post UK Ltd, ausgesprochen, dass die dort vorgesehene Steuerbefreiung (nur) für Dienstleistungen und die dazugehörenden Lieferungen von Gegenständen mit Ausnahme der Personenbeförderung und des Fernmeldewesens gilt, die die öffentlichen Posteinrichtungen als solche ausführen, nämlich in ihrer Eigenschaft als Betreiber, der sich verpflichtet, in einem Mitgliedstaat den gesamten Universalpostdienst oder einen Teil davon zu gewährleisten. Damit kann die Umsatzsteuerbefreiung für Leistungen außerhalb des Universaldienstes, auch wenn diese von einem Universaldienstbetreiber erbracht werden, nicht zum Tragen kommen.

§ 6 UStG

VwGH vom 27.2.2014, 2009/15/0212
Keine generelle Einbeziehung sämtlicher arztähnlicher Berufe in die Steuerbefreiung

Gemäß § 6 Abs. 1 Z 19 erster Satz UStG 1994 sind die Umsätze von Ärzten, Dentisten, Psychotherapeuten, Hebammen sowie diverse freiberuflich Tätige im Bereich medizinischer Spezialdienste steuerfrei (vgl. hiezu und zum Folgenden näher das hg. Erkenntnis vom 28. April 2011, 2008/15/0224, mwN). Eine generelle Einbeziehung arztähnlicher Berufe, was nach Artikel 13 Teil A Abs. 1 Buchstabe c der Sechsten Richtlinie 77/388/EWG des Rates vom 17. Mai 1977 zur Harmonisierung der Rechtsvorschriften der Mitgliedstaaten über die Umsatzsteuern möglich wäre, erfolgte nicht. Es ist Sache jedes einzelnen Mitgliedstaates, in seinem innerstaatlichen Recht die arztähnlichen Berufe zu bestimmen, wobei aber gegen den Grundsatz der steuerlichen Neutralität verstoßen würde, wenn nachgewiesen werden kann, dass Personen, die diesen Beruf oder diese Tätigkeit ausüben, für die Durchführung solcher Heilbehandlungen über berufliche Qualifikationen verfügen, die gewährleisten können, dass diese Behandlungen denjenigen qualitativ gleichwertig sind, die von Personen erbracht werden, die nach den betreffenden nationalen Rechtsvorschriften in den Genuss der Befreiung gelangen (vgl. das Urteil des EuGH vom 27. April 2006, C-443/04, Solleveld, Rn. 41).

VwGH vom 27.2.2014, 2012/15/0044
Mit dem Pauschalpreis mitabgegoltene Vollpensionsverpflegung in Form der Verabreichung der üblichen Mahlzeiten an Bord der Kreuzfahrtschiffe ist als Nebenleistung zur Beförderung per Schiff anzusehen; der Befreiung für grenzüberschreitende Personenbeförderungen mit Schiffen soll kein weiterer Umfang zukommen, als er zum Zeitpunkt des Beitritts Österreichs zur EU bestanden hat

Haupt- und Nebenleistung können so eng miteinander verbunden sein, dass sie objektiv eine einzige untrennbare wirtschaftliche Leistung bilden, deren Aufspaltung wirklichkeitsfremd wäre. Eine Leistung ist insbesondere dann als Nebenleistung zu einer Hauptleistung anzusehen, wenn sie für die Kunden keinen eigenen Zweck hat, sondern das Mittel darstellt, um die Hauptleistung des Leistungserbringers unter optimalen Bedingungen in Anspruch zu nehmen (EuGH vom 27. September 2012, C-392/11, Field Fisher Waterhouse LLP, Rn 16, 17). Eine unselbständige Nebenleistung ist insbesondere dann anzunehmen, wenn sie im Vergleich zur Hauptleistung nebensächlich ist, mit ihr eng zusammenhängt und in ihrem Gefolge üblicherweise vorkommt. Das ist zu bejahen, wenn die Leistung die Hauptleistung ermöglicht, abrundet oder ergänzt (vgl. zB das hg. Erkenntnis vom 20. Februar 2008, 2006/15/0161, VwSlg 8312 F/2008).

Es entspricht durchaus der Verkehrsauffassung, dass Kreuzfahrtleistungen die Verpflegung an Bord zwingend einschließen, wobei die zeitliche Lagerung der Mahlzeiten mit dem Reiseprogramm abgestimmt ist. Kreuzfahrtschiffe verfügen stets auch über die erforderlichen Voraussetzungen zur Verpflegung der Reiseteilnehmer mit regelmäßigen Mahlzeiten (Küche, Restauranträume, etc.). Bei einer mehrtägigen Kreuzfahrt sind die Reiseteilnehmer auf die Verpflegung an Bord angewiesen; der Einwand, die Reiseteilnehmer könnten sich während der Landausflüge ernähren, wird den tatsächlichen Gegebenheiten nicht gerecht. Im Gegensatz zur herkömmlichen Pauschalreise ist bei einer mehrtägigen Kreuzfahrt – aus der Sicht der Durchschnittsverbraucher – die Vollpensionsverpflegung an Bord des Schiffes geradezu erforderlich, um die Schiffsreise konsumieren zu können. Dabei steht die Fahrt mit dem Schiff durch üblicherweise touristisch interessante Gebiete im Vordergrund. Die Verpflegung an Bord dient dazu, die Hauptleistung des

Leistungserbringers, nämlich die Beförderung per Schiff, überhaupt längerfristig in Anspruch nehmen zu können. Angesichts dieser Sachlage trifft es bei Bedachtnahme auf die Gesamtumstände des gegenständlichen Falles auf keine vom Verwaltungsgerichtshof aufzugreifenden Bedenken, wenn die Abgabenbehörde davon ausgegangen ist, dass die Beförderung mit dem Schiff im Vordergrund gestanden ist, und die Nächtigungs- und Verpflegungsleistungen (Vollpension) im Rahmen einer einheitlichen Leistung als Nebenleistungen erbracht wordern ist. [Hier: Die Abgabenbehörde konnte unbedenklich davon ausgehen, dass die Verpflegung dem entsprach, was bei durchschnittlichen Kreuzfahrten üblich ist. Ob bei Gourmetreisen mit erlesenen, von Haubenköchen zubereiteten Speisen und Weinen aus dem obersten Preissegment eine andere Betrachtung anzustellen ist, kann hier offen bleiben. Zu Recht hat daher die Abgabenbehörde die mit dem Pauschalpreis mitabgegoltene Vollpensionsverpflegung in Form der Verabreichung der üblichen Mahlzeiten an Bord der Kreuzfahrtschiffe als Nebenleistung zur Beförderung per Schiff angesehen (vgl. ebenso Rattinger, in Melhardt/Tumpel, UStG, § 6 Anm. 66; Ruppe/Achatz, UStG[4], § 6 Tz. 67, unter Hinweis auf BFH vom 19. September 1996, BStBl. 1997 II 164). Damit bestimmt sich der Leistungsort nach § 3a Abs. 7 UStG 1994 idF vor BGBl I Nr. 52/ 2009. Das pauschale Reiseentgelt ist damit lediglich insoweit in Österreich steuerbar, als es dem inländischen Teil der Beförderungsleistung zuzuordnen ist.]

Gemäß § 6 Abs. 1 Z 3 lit. d UStG 1994 sind umsatzsteuerbefreit „die Beförderungen von Personen mit Schiffen und Luftfahrzeugen im grenzüberschreitenden Beförderungsverkehr, ausgenommen die Personenbeförderung auf dem Bodensee". Die Befreiung erfasst die Beförderung von Personen, wobei es auf den Zweck der Beförderung nicht ankommt (vgl. Ruppe/Achatz, UStG[4], § 6 Tz. 63).

Der EuGH hat im Urteil vom 6. Juli 2006, C-251/05, Talacre Beach Caravan Sales Ltd., ausgesprochen, es sei unionsrechtlich zulässig, dass der Gesetzgeber einen aus mehreren Komponenten bestehenden einheitlichen Umsatz zum Teil dem einen, zum Teil einem anderen Steuersatz unterwirft (vgl. auch BFH vom 24. April 2013, XI R 3/11; Beiser, DStZ 2010, 568, Punkt II; ebenso Berger/Wakounig, in Berger/Bürgler/Kanduth-Kristen/Wakounig, UStG-ON[2], § 10 Rz. 32). Dieses Urteil des EuGH betrifft ein Problem aus den Übergangsvorschriften des Art. 28 der Sechsten RL, und zwar ein den Mitgliedstaaten in Art. 28 Abs. 2 Buchstabe a der Sechsten RL eingeräumtes Recht, für bestimmte Leistungen den „Nullsteuersatz" (vgl. Rn. 7) beizubehalten. Für den Fall, dass mit einer im betreffenden Mitgliedstaat zulässigerweise zum „Nullsteuersatz" erfassten Hauptleistung eine Nebenleistung verbunden wird, hindert dies nach Ansicht des EuGH die Besteuerung der Nebenleistung zum Normalsteuersatz nicht (Rn. 24 bis 27). Da die diesem Urteil des EuGH zugrunde liegende nationale Regelung betreffend einen „Nullsteuersatz" auf bestimmte Leistungen einer echten Steuerbefreiung im Sinne der Terminologie des österreichischen Umsatzsteuerrechts gleichkommt, folgt daraus, dass es das Unionsrecht auch unter den hier gegebenen Voraussetzungen nicht verbietet, einen aus mehreren Komponenten bestehenden einheitlichen Umsatz in einen steuerpflichtigen und einen echt befreiten Umsatz aufzuteilen (vgl. zur Aufteilung einer einheitlichen Leistung in einen steuerfreien und einen steuerpflichtigen Teil auch Husmann, in Rau/Dürrwächer, Kommentar zum UStG, 127. Lfg., § 1 Anm. 138).

Im gegenständlichen Fall ergibt sich aus den unionsrechtlichen Rechtsquellen unzweifelhaft, dass Österreich die Befreiung für grenzüberschreitende Personenbeförderung nur zu den in Österreich zum Zeitpunkt seines Beitritts geltenden Bedingungen weiterhin beibehalten darf. Es liegt kein Hinweis darauf vor, dass der Gesetzgeber mit dem UStG

1994 von diesen unionsrechtlichen Vorgaben abweichen wollte. Der Gesetzgeber wollte vielmehr mit dem UStG 1994 eine Regelung schaffen, die sich innerhalb dieses unionrechtlichen Rahmens bewegt. Die unionsrechtskonforme Interpretation führt somit genauso wie die Bedachtnahme auf den Willen des Gesetzgebers zu dem Ergebnis, dass der Befreiung nach § 6 Abs. 1 Z 3 lit. d UStG 1994 kein weiterer Umfang zukommen soll, als er zum Zeitpunkt des Beitritts Österreichs zur EU bestanden hat (vgl. im Ergebnis ebenso bereits das hg. Erkenntnis vom 26. Jänner 2006, 2002/15/0069, VwSlg 8104 F/2006).

Zur Frage, ob (beim Beitritt Österreichs zur EU) die Steuerbefreiung für grenzüberschreitende Personenbeförderung mit Schiffen nach § 6 Z 5 UStG 1972 auch die auf Kreuzfahrtschiffen üblicherweise erbrachte Verpflegungsleistung mitumfasst hat, besteht keine Rechtsprechung der Gerichtshöfe des öffentlichen Rechts. Weil die verba legalia des UStG 1972 (auch unter Bedachtnahme auf weitere Interpretationsmethoden) keine eindeutige Antwort auf diese hier anstehende Frage der Steuerbefreiung für Verköstigungsleistung im Rahmen einer grenzüberschreitenden Kreuzfahrt bieten, ist nach Ansicht des Verwaltungsgerichtshofes im gegebenen Zusammenhang darauf abzustellen, ob im Zeitpunkt des Beitritts eine einheitliche, vom Bundesministerium für Finanzen gedeckte Verwaltungspraxis zu dieser Frage bestanden hat. Nur wenn die Feststellung getroffen werden kann, dass eine derartige Verwaltungspraxis bestanden und diese zum Inhalt gehabt hat, dass die im Rahmen der Beförderung auf Kreuzfahrtschiffen erbrachte Verpflegungsleistung nicht als (aufgrund der Steuerbefreiung für grenzüberschreitende Personenbeförderungen nach § 6 Z 5 UStG 1972) echt steuerbefreit behandelt wurde, ist § 6 Abs. 1 Z 3 lit. d UStG 1994 die Bedeutung beizumessen, dass aus der einheitlichen grenzüberschreitenden Personenbeförderung mit Kreuzfahrtschiffen eine Teilleistung, nämlich die übliche Verpflegung der Kreuzfahrtteilnehmer, nicht der Steuerbefreiung nach dieser Bestimmung teilhaftig werden kann. Auch in einem solchen Fall bestimmte sich aber der Leistungsort der Verpflegungsleistung (als Nebenleistung der Beförderung auf dem Kreuzfahrtschiff) nach § 3a Abs. 7 UStG 1994 idF vor der Novellierung durch BGBl I Nr. 52/2009, sodass eine Wettbewerbsverzerrung aufgrund doppelter umsatzsteuerlicher Erfassung (in Österreich und in einem anderen Mitgliedstaat) jedenfalls unterbleibt.

VwGH vom 21.11.2013, 2011/15/0109
Steuerbefreiung gilt für Aus- und Fortbildungsleistungen

Nach Art. 132 Abs. 1 lit. i MwStSystRL sind u.a. die Aus- und Fortbildung sowie berufliche Umschulung durch Einrichtungen des öffentlichen Rechts, die mit solchen Aufgaben betraut sind, oder „andere Einrichtungen mit von dem betreffenden Mitgliedstaat anerkannter vergleichbarer Zielsetzung" von der Umsatzsteuer befreit. Seit Inkrafttreten der Verordnung (EG) Nr. 1777/2005 mit 1. Juli 2006 bzw. deren Nachfolgeverordnung (EU) Nr. 282/2011 ist allerdings für den Tätigkeitsbereich, der von der Befreiungsbestimmung des Art. 132 Abs. 1 lit. i MwStSystRL erfasst wird, ein Mindestumfang verbindlich festgelegt („Schulungsmaßnahmen mit direktem Bezug zu einem Gewerbe oder einem Beruf sowie jegliche Schulungsmaßnahme, die dem Erwerb oder der Erhaltung beruflicher Kenntnisse dient. Die Dauer der Ausbildung, Fortbildung oder beruflichen Umschulung ist hierfür unerheblich."). Die in Art. 14 der Verordnung (EG) Nr. 1777/2005 bzw. der Verordnung (EU) Nr. 282/2011 angeführten Schulungsmaßnahmen sind daher in jedem Fall von der Befreiungsbestimmung erfasst, unabhängig davon, ob sie sich in einem Mitgliedstaat als eine den öffentlichen Schulen vergleichbare Tätigkeit darstellen (vgl. auch Ruppe/Achatz, UStG[4], § 6 Tz. 310).

VwGH vom 25.7.2013, 2010/15/0082
Voraussetzungen für die Steuerbefreiung für einen Volksbildungsverein

Nach § 6 Abs. 1 Z 12 UStG 1994 sind steuerfrei u.a. die Umsätze aus den von Volksbildungsvereinen veranstalteten Vorträgen und Kursen wissenschaftlicher, unterrichtender oder belehrender Art, wenn die Einnahmen überwiegend zur Deckung der Kosten verwendet werden. Der Begriff Volksbildungsverein ist kein Rechtsbegriff. Nach der Verkehrsauffassung beinhaltet der Begriff der Volksbildung die Belehrung mit zur Allgemeinbildung zählendem Wissen, aber auch die Vermittlung von allgemeinbildenden Kenntnissen und technischen Fertigkeiten für breite Kreise der Bevölkerung. Das inkludiert sowohl den Entfall von Zutrittsschranken formeller Art als auch tragbare Entgelte. Volksbildungsvereine sind Vereine, die – wie Volkshochschulen – dieses Ziel insgesamt oder doch in einem wesentlichen Ausschnitt verfolgen (vgl. Ruppe/Achatz, UStG[4], § 6 Tz. 322). Zu den Voraussetzungen eines Volksbildungsvereines gehört es, dass er Bildungsleistungen der breiten Öffentlichkeit anbietet. Ob der abgabepflichtige Verein nach seiner tatsächlichen Geschäftsführung und der gegebenen Satzung diese Voraussetzungen erfüllt, hat die Abgabenbehörde nicht ausreichend geprüft. Sie setzt sich nicht damit auseinander, ob die Regelungen der Satzung darüber, wer Leistungen beziehen kann, eine tatsächliche Zugangsschranke bewirken. Es fehlen auch konkrete Feststellungen, dass die Preisgestaltung in Bezug auf die angebotene Leistung unangemessen gestaltet war.

VwGH vom 27.6.2013, 2010/15/0206
Parkplatzüberlassung stellt eine Grundstücksvermietung dar

Zum Wesen einer Vermietung gehört es, dass dem Mieter das Recht eingeräumt wird, ein Grundstück so in Besitz zu nehmen, als ob er dessen Eigentümer wäre, und jede andere Person von diesem Recht auszuschließen (vgl. EuGH vom 6. Dezember 2007, C-451/06, Walderdorff, Rn 17, ÖStZB 2008/442; Ruppe/Achatz, UStG[4], § 6 Tz. 357).

Soweit jemand auf den in seinem Eigentum stehenden Grundstücken Parkplätze errichtet und in der Folge entgeltlich der Gemeinde zur Nutzung überlassen hat, liegen darin sonstige Leistungen i.S.d. § 1 Abs. 1 Z 1 UStG 1994 in Form der Grundstücksvermietung.

VwGH vom 30.5.2012, 2008/13/0134
Rückwirkung der Besteuerung von Geldspielautomaten ist zulässig

Mit dem Ausspielungsbesteuerungsänderungsgesetz (ABÄG), BGBl. I Nr. 105/2005, wurde durch eine Neufassung des § 6 Abs. 1 Z 9 lit. d sublit. dd UStG 1994 eine Gleichstellung zwischen der Besteuerung der Umsätze von Geldspielautomaten außerhalb einer konzessionierten Spielbank und in einer konzessionierten Spielbank dahingehend hergestellt, dass die Steuerpflicht sämtlicher Umsätze normiert wurde (vgl. dazu den Initiativantrag zum ABÄG, IA 652/A BlgNR 23.GP). Die nach § 28 Abs. 27 UStG 1994 idF ABÄG normierte Rückwirkung dieser Steuerpflicht mit 1. Jänner 1999 lässt sich damit rechtfertigen, dass eine Besteuerung grundsätzlich zulässig ist (Art. 13 Teil B Buchstabe f der im Beschwerdefall noch anzuwendenden 6. EG-RL, 77/388/EWG, verpflichtete nicht zur Befreiung sämtlicher Glücksspiele, sondern ließ auch eine selektive Umsatzsteuerbefreiung von Glücksspielen zu, vgl. das Urteil des EuGH vom 10. Juni 2010, C-58/09, Leo-Libera GmbH, sowie z.B. Haunold/Tumpel/Widhalm, SWI 2010, 445ff), durch die Regelung ein Verstoß gegen das Gebot der Neutralität rückwirkend geheilt wurde und kein schutzwürdiger Vertrauenstatbestand vorliegt, da aus der rechtmäßigen (rückwirkend nicht verschlechternden) Besteuerung keine höhere Steuerbelastung für den Betreiber der Glücksspielautomaten resultierte (vgl. den Ablehnungsbeschluss des Verfassungsgerichtshofes vom 15. Juni 2008, B 1027/08, ebenso den Ablehnungsbeschluss des Verfassungsgerichtshofes vom 10. Juni 2008, B 159/08, sowie weiters Scheiner/Kolacny/Caganek, Kommentar zum UStG 1994, § 6 Abs. 1 Z 9 lit d Anm. 40, mit Hinweis u.a. auf Birk/Jahndorf, UR 2005, 200f).

VwGH vom 28.3.2012, 2008/13/0172
Zusammenschlussbefreiung nur bei Kostenersatz und bei Nichtvorliegen von Wettbewerbsverzerrungen zulässig

Hintergrund der Befreiung ist, dass Kosten für steuerfreie Leistungen nicht mit Mehrwertsteuer belastet werden sollen, wenn sich insbesondere kleine Unternehmen zu einer Struktur zur gemeinsamen Erbringung einiger für die steuerfreie Tätigkeit erforderlichen Leistungen zusammenschließen (vgl. Rattinger, in Melhardt/Tumpel, UStG § 6 Rz 692). Damit soll die „steuerliche Behandlung mit einem internen Umsatz gleichgestellt werden" (vgl. Dahm/Hamacher, UR 24/2009, 869 ff [871], mit Hinweis auf die Schlussanträge des Generalanwalts in der mit Urteil des EuGH vom 20. November 2003 entschiedenen Rs C-8/01, Taksatorringen). In diesem Sinne ist Voraussetzung, dass die Zusammenschlüsse lediglich Kostenersatz (nach dem Richtlinienwortlaut „lediglich die genaue Erstattung des jeweiligen Anteils an den gemeinsamen Kosten", vgl. das Urteil des EuGH vom 11. Dezember 2008, Rs C- 407/07, Stichting Centraal Begeleidingsorgaan voor de Intercollegiale Toetsing, Randnr. 32) fordern und dass die Befreiung (nach der Richtlinienbestimmung) nicht zu Wettbewerbsverzerrungen führt (vgl. Achatz/Ruppe, UStG[4], § 6 Tz 485). Erforderlich ist nicht nur, dass der Zusammenschluss hinsichtlich der Leistungen an seine Mitglieder insgesamt keinen Gewinn erzielt, sondern auch eine verursachungsgerechte Aufteilung auf die einzelnen Mitglieder. Ist es aus praktischer Sicht nicht möglich, die Höhe der Kosten bereits bei der Fakturierung der Leistung festzustellen, wird es zweckmäßig sein, zunächst eine vorläufige und bei Feststehen der tatsächlichen Kosten eine endgültige Verrechnung vorzunehmen (vgl. Rattinger, aaO, Rz 705).

VwGH vom 29.2.2012, 2008/13/0068
Umsatzsteuerliche Behandlung der treuhänderischen Leistungen einer Bank

Nach den Feststellungen der Abgabenbehörde hat eine Bank Kredite (im Wege einer stillen Zession) an jemanden verkauft und abgetreten. Zugleich wurde vereinbart, dass die Bank nach außen hin gegenüber den Kreditnehmern unverändert als Kreditgeberin auftritt, nämlich „die Kredite weiterhin im eigenen Namen aber auf Rechnung der Käuferin hält, einzieht, überwacht, eintreibt, und allenfalls erforderliche gerichtliche Eintreibungsmaßnahmen setzt". Für ihre Leistungen als Treuhänderin sollte die Bank ein jährliches Pauschalentgelt von 2 % des jährlich zum 1.1. ausstehenden Gesamtforderungsvolumens erhalten. Entsprechend der Maßgeblichkeit des Außenverhältnisses im Mehrwertsteuerrecht trifft es nicht zu, dass es sich bei den im Rahmen einer verdeckten Treuhand im eigenen Namen und auf fremde Rechnung verwalteten Krediten umsatzsteuerrechtlich nicht mehr um eigene Kredite der Bank gehandelt habe. Vielmehr war der vorliegende Sachverhalt, bei dem die „Inkassotätigkeit" der Bank im Ergebnis ein Kommissionsgeschäft darstellte, nach den umsatzsteuerrechtlichen (Sonder-)Regelungen für die Dienstleistungskommission zu beurteilen. Die Geschäftsbesorgungsleistung der Bank wurde damit umsatzsteuerrechtlich durch die Leistungsfiktion einer zweiten, umsatzsteuerbefreiten Kreditgewährungsleistung von Käuferin der Kredite an die Bank konsumiert mit der Folge, dass das der Bank als Treuhänderin und Dienstleistungskommissionärin verbleibende

Entgelt als solches nicht steuerbar war (vgl. Bramerdorfer, RdW 2009/333, 386 f, sowie Rattinger in Melhardt/Tumpel [Hrsg], UStG, § 6 Rz 208).

VwGH vom 29.2.2012, 2008/13/0141
Voraussetzung für die Steuerbefreiung arztähnlicher Berufe

In Umsetzung von Art. 13 Teil A Abs. 1 Buchstabe c 6. RL sind gemäß § 6 Abs. 1 Z 19 erster Satz UStG 1994 von den unter § 1 Abs. 1 Z 1 fallenden Umsätzen die Umsätze aus der Tätigkeit als Arzt, Dentist, Psychotherapeut, Hebamme sowie als freiberuflich Tätiger im Sinne des § 52 Abs. 4 des Bundesgesetzes BGBl. Nr. 102/1961 in der Fassung BGBl. Nr. 872/1992 und des § 7 Abs. 3 des Bundesgesetzes BGBl. Nr. 460/1992 steuerfrei. Befreite Heilberufe sind demnach Ärzte, Dentisten, Psychotherapeuten, Hebammen sowie diverse freiberuflich Tätige im Bereich medizinischer Spezialdienste. Eine generelle Einbeziehung arztähnlicher Berufe, was nach der 6. RL möglich wäre, erfolgte nicht (vgl. Ruppe, UStG^3, § 6 Tz. 417/1). Die Aufzählung ist in diesem Sinne abschließend (vgl. das hg. Erkenntnis vom 29. Juli 2010, 2008/15/0291).

Die Durchführung von „Heilbehandlungen im Bereich der Humanmedizin" ist für sich auch noch nicht ausreichend, um in den Genuss der Befreiung nach Art. 13 Teil A Abs. 1 Buchstabe c der 6. EG-RL zu gelangen, zumal diese weiters im Rahmen der „Ausübung der von dem betreffenden Mitgliedstaat definierten ärztlichen oder arztähnlichen Berufe" erbracht werden müssen (vgl. das hg. Erkenntnis vom 28. April 2011, 2008/15/0224, mit Hinweis auf das Urteil des EuGH vom 27. April 2006, C-443/04, C-444/04, Solleveld und van den Hout-van Eijnsbergen, Randnr. 23).

VwGH vom 29.2.2012, 2009/13/0016
Voraussetzung für die Steuerbefreiung bei Umsätzen von Privatschulen

Der EuGH hat im Urteil vom 20. Juni 2002, C- 287/00, Kommission/Bundesrepublik Deutschland (Randnr. 47), den Zweck der unionsrechtlichen Befreiungsbestimmung des Art. 13 Teil A Abs. 1 Buchstabe i der 6. EG-RL, 77/388/EWG – im Zusammenhang mit dem Hochschulunterricht – darin gesehen, dass der Zugang zum (Hochschul-)Unterricht nicht durch die höheren Kosten versperrt werden soll, die im Fall der Steuerpflicht entstünden. Dieser Zweck rechtfertige es, die Befreiungsvorschrift nicht eng auszulegen (vgl. Ruppe/Achatz, UStG^4, § 6 Tz 302). Dass nach dem „Regelungszweck der Norm" die Steuerbefreiung nach § 6 Abs. 1 Z 11 lit. a UStG 1994 nur dann zur Anwendung kommen könne, wenn durch die Besteuerung der Umsätze ein „Wettbewerbsnachteil für den Unternehmer eintreten würde", entspricht somit nicht einer richtlinienkonformen Interpretation. Es ist in diesem Sinne für die Anwendung der Befreiungsbestimmung des § 6 Abs. 1 Z 11 lit. a UStG 1994 auch nicht erforderlich, dass die strittige Ausbildung tatsächlich von einer öffentlichen Schule angeboten wird (vgl. z. B. Ruppe/Achatz, aaO, § 6 Tz 310).

VwGH vom 19.10.2011, 2008/13/0004
Steuerbefreiung bei Provisionen für Versicherungsverträge

Der Verwaltungsgerichtshof hat zwar im Erkenntnis vom 26. April 1993, 91/15/0022, VwSlg 6769 F/1993, zum UStG 1972 ausgesprochen, dass Provisionen, die sich ein Hausverwalter bezahlen lässt, wenn er Versicherungsverträge für die von ihm verwalteten Häuser abschließt, nicht unter die Befreiungsbestimmung des § 6 Z 13 UStG 1972 fielen, weil ein Hausverwalter hinsichtlich der vom ihm verwalteten Häuser als direkter Stellvertreter des jeweiligen Hauseigentümers und nicht als Vermittler tätig werde. Dass dies in gleicher Weise für eine Kapitalgesellschaft gilt, die Personal an ihr nahestehende Hausverwalter verleast und daneben (im eigenen Namen und auf eigene Rechnung) Versicherungsverträge für die von diesen Hausverwaltern betreuten Liegenschaften vermittelt, ist aus dem angeführten Erkenntnis nicht ableitbar. Es stößt daher auf keine vom Verwaltungsgerichtshof aufzugreifenden Bedenken, wenn die belangte Behörde davon ausgegangen ist, dass die Befreiungsbestimmung des § 6 Z 13 UStG 1972 bzw. § 6 Abs. 1 Z 13 UStG 1994 im Streitfall zum Tragen kommt. Zum § 6 Abs. 1 Z 13 UStG 1994 ist weiters darauf hinzuweisen, dass der Verwaltungsgerichtshof im Erkenntnis vom 18. November 2008, 2006/15/0143, VwSlg 8392 F/2008, seine im zitierten Erkenntnis vom 26. April 1993 entwickelte Rechtsprechung für den Geltungsbereich des UStG 1994 nicht mehr aufrecht erhalten hat.

VwGH vom 31.5.2011, 2009/15/0135
Die Zurverfügungstellung von Räumlichkeiten im Rahmen eines bewilligten Bordellbetriebes ist keine steuerfreie Grundstücksvermietung

Im Erkenntnis vom 31. März 2011, 2009/15/0199, hat der Verwaltungsgerichtshof ausgesprochen, dass keine steuerfreie Grundstücksvermietung vorliegt, wenn der Vermieter eine Organisation schafft und unterhält, durch die die gewerbsmäßige Unzucht der Bewohnerinnen gefördert wird. Für das Vorliegen einer derartigen Organisation spricht es, wenn die Wohnungen separeemäßig eingerichtet sind und der Zugang durch Türsteher oder über Monitore überwacht wird. Eine steuerfreie Grundstücksvermietung liegt auch dann nicht vor, wenn ein Vermieter im Rahmen eines Bordellbetriebes Zimmer an Prostituierte überlässt (vgl. in diesem Sinne auch die Entscheidung des Bundesfinanzhofes vom 29. September 2010, XI S 23/10). Diesfalls ergibt sich das Vorhandensein einer entsprechenden Organisation schon aus der Bewilligung zum Betrieb eines „Zimmerbordells" an dem in der Bewilligung genannten Standort. Die Leistung des Vermieters erfährt ihr Gepräge in der Ermöglichung legaler Zimmerprostitution, während im Falle bloßer Geschäftsraummiete der Mieter selbst für das Vorliegen entsprechender Bewilligungen oder Befähigungsnachweise zur Ausübung eines bestimmten Gewerbes verantwortlich ist.

Nach § 10 des Steiermärkischen Prostitutionsgesetzes ist der Inhaber einer Bordellbewilligung verpflichtet, während der Betriebszeiten persönlich anwesend zu sein, sich von der Identität der Prostituierten und dem Vorliegen eines dermatologischen Ausweises zu überzeugen und die Personen den Behörden bekannt zu geben. Ob der Bewilligungsinhaber allen behördlichen oder gesetzlichen Auflagen, etwa den Melde- und Überwachungsverpflichtungen im Einzelnen nachkommt, ist für die steuerliche Behandlung der gegenständlichen Umsätze allerdings nicht entscheidend. Auch die Verletzung einzelner landesgesetzlicher Verpflichtungen, z.B. der persönlichen Anwesenheitspflicht, macht aus der Zurverfügungstellung von Räumlichkeiten im Rahmen eines bewilligten Bordellbetriebes keine steuerfreie Grundstücksvermietung. Insofern stellt der im Rahmen des Prüfungsverfahrens offenbar eingehend erörterte Umstand, ob der Geschäftsführer der Abgabepflichtigen während der Öffnungszeiten des Bordells (wie es das angeführte Landesgesetz verlangt) persönlich anwesend war oder nicht, keine steuerlich bedeutsame Tatsache dar.

VwGH vom 28.4.2011, 2008/15/0224
Keine generelle Steuerbefreiung für arztähnliche Berufe

In Umsetzung von Art. 13 Teil A Abs. 1 Buchstabe c 6. RL sind gemäß § 6 Abs. 1 Z 19 erster Satz UStG 1994 von den unter § 1 Abs. 1 Z 1 fallenden Umsätzen die Umsätze aus der Tätigkeit als Arzt, Dentist, Psychotherapeut, Hebamme sowie als freiberuflich Tätiger im Sinne des § 52 Abs. 4 des Bundesgesetzes BGBl. Nr. 102/1961 in der Fassung

§ 6 UStG

BGBl. Nr. 872/1992 und des § 7 Abs. 3 des Bundesgesetzes BGBl. Nr. 460/1992 steuerfrei. Befreite Heilberufe sind demnach Ärzte, Dentisten, Psychotherapeuten, Hebammen sowie diverse freiberuflich Tätige im Bereich medizinischer Spezialdienste. Eine generelle Einbeziehung arztähnlicher Berufe, was nach der 6. RL möglich wäre, erfolgte nicht (vgl. Ruppe, UStG³, § 6 Tz. 417/1). Die Aufzählung ist in diesem Sinne abschließend (vgl. das hg. Erkenntnis vom 29. Juli 2010, 2008/15/0291).

Ausfuhrlieferung
§ 7.

(1) Eine Ausfuhrlieferung (§ 6 Abs. 1 Z 1) liegt vor, wenn
1. der Unternehmer den Gegenstand der Lieferung in das Drittlandsgebiet befördert oder versendet (§ 3 Abs. 8) hat oder
2. der Unternehmer das Umsatzgeschäft, das seiner Lieferung zugrunde liegt, mit einem ausländischen Abnehmer abgeschlossen hat, und der Abnehmer den Gegenstand der Lieferung in das Drittland befördert oder versendet hat, ausgenommen die unter Z 3 genannten Fälle.
3. Wird in den Fällen der Z 2 der Gegenstand der Lieferung nicht für unternehmerische Zwecke erworben und durch den Abnehmer im persönlichen Reisegepäck ausgeführt, liegt eine Ausfuhrlieferung nur vor, wenn
    a) der Abnehmer keinen Wohnsitz (Sitz) oder gewöhnlichen Aufenthalt im Gemeinschaftsgebiet hat,
    b) der Gegenstand der Lieferung vor Ablauf des dritten Kalendermonates, der auf den Monat der Lieferung folgt, ausgeführt wird und
    c) der Gesamtbetrag der Rechnung für die von einem Unternehmer an den Abnehmer gelieferten Gegenstände 75 Euro übersteigt.

Als Wohnsitz oder gewöhnlicher Aufenthalt gilt der Ort, der im Reisepaß oder sonstigen Grenzübertrittsdokument eingetragen ist.

Der Gegenstand der Lieferung kann durch Beauftragte vor der Ausfuhr bearbeitet oder verarbeitet worden sein.

Die vorstehenden Voraussetzungen müssen buchmäßig nachgewiesen sein.

(2) Ausländischer Abnehmer ist
a) ein Abnehmer, der keinen Wohnsitz (Sitz) im Inland hat,
b) eine Zweigniederlassung eines im Inland ansässigen Unternehmers, die ihren Sitz nicht im Inland hat, wenn sie das Umsatzgeschäft im eigenen Namen abgeschlossen hat. Eine im Inland befindliche Zweigniederlassung eines Unternehmers ist nicht ausländischer Abnehmer.

(3) Ist in den Fällen des Abs. 1 Z 2 und 3 der Gegenstand der Lieferung zur Ausrüstung oder Versorgung eines Beförderungsmittels bestimmt, so liegt eine Ausfuhrlieferung nur im Fall des Abs. 1 Z 2 vor, wenn
1. der Abnehmer ein ausländischer Unternehmer ist und
2. das Beförderungsmittel den Zwecken des Unternehmens des Abnehmers dient.

Im Falle des Abs. 1 Z 3 ist eine Ausfuhrlieferung ausgeschlossen.

(4) Über die erfolgte Ausfuhr muß ein Ausfuhrnachweis erbracht werden. Der Unternehmer ist berechtigt, die Steuerfreiheit schon vor Erbringung des Ausfuhrnachweises in Anspruch zu nehmen, wenn der Ausfuhrnachweis innerhalb von sechs Monaten nach Bewirkung der Lieferung erbracht wird.

§ 7 UStG

Macht der Unternehmer in den Fällen des Abs. 1 Z 3 von dieser Berechtigung keinen Gebrauch und nimmt er die Steuerfreiheit stets erst nach Vorliegen des Ausfuhrnachweises in Anspruch, so kann die zunächst vorgenommene Versteuerung des Ausfuhrumsatzes in der Voranmeldung für jenen Voranmeldungszeitraum rückgängig gemacht werden, in welchem der Ausfuhrnachweis beim Unternehmer einlangt, vorausgesetzt, daß diese Vorgangsweise in allen Fällen des Abs. 1 Z 3 eingehalten wird. Dies gilt auch dann, wenn der Ausfuhrnachweis erst nach Ablauf jenes Veranlagungszeitraumes einlangt, in dem die Lieferung an den ausländischen Abnehmer ausgeführt worden ist.

Der Unternehmer hat die Höhe der Ausfuhrumsätze, für welche die Versteuerung nach Maßgabe des Zeitpunktes des Einlangens des Ausfuhrnachweises rückgängig gemacht wird, nachzuweisen.

(5) Die Versendung des Gegenstandes in das Drittlandsgebiet ist durch Versendungsbelege, wie Frachtbriefe, Postaufgabebescheinigungen, Konnossemente und dergleichen, oder deren Doppelstücke nachzuweisen. Anstelle dieser Versendungsbelege darf der Unternehmer den Ausfuhrnachweis auch in folgender Weise führen:
1. Durch eine von einem im Gemeinschaftsgebiet ansässigen Spediteur auszustellende Ausfuhrbescheinigung oder
2. durch eine Bescheinigung des Ausgangs der Waren im Sinne des Artikel 334 Durchführungsverordnung (EU) Nr. 2015/2447 der Kommission vom 24. November 2015 mit Einzelheiten zur Umsetzung von Bestimmungen der Verordnung (EU) Nr. 952/2013 des Europäischen Parlaments und des Rates zur Festlegung des Zollkodex der Union oder durch die mit der zollamtlichen Ausgangsbestätigung versehene schriftliche Anmeldung in der Ausfuhr. *(BGBl. I Nr. 117/2016)*

(6) In den nachstehend angeführten Fällen hat der Unternehmer den Ausfuhrnachweis in folgender Weise zu führen:
1. Im Falle des Abholens durch eine vom liefernden Unternehmer ausgestellte und mit der zollamtlichen Ausgangsbestätigung versehene Ausfuhrbescheinigung, wenn der Gegenstand der Lieferung nicht für unternehmerische Zwecke erworben und im persönlichen Reisegepäck ausgeführt wird.
2. im Falle der Beförderung des Gegenstandes in das Drittland durch
   a) eine Bescheinigung des Ausgangs der Waren im Sinne des Artikel 334 Durchführungsverordnung (EU) Nr. 2015/2447 der Kommission vom 24. November 2015 mit Einzelheiten zur Umsetzung von Bestimmungen der Verordnung (EU) Nr. 952/2013 des Europäischen Parlaments und des Rates zur Festlegung des Zollkodex der Union oder die mit der zollamtlichen Ausgangsbestätigung versehene schriftliche Anmeldung in der Ausfuhr *(BGBl. I Nr. 117/2016)*
   b) eine vom liefernden Unternehmer ausgestellte und mit der zollamtlichen Ausgangsbestätigung versehene Ausfuhrbescheinigung, wenn eine schriftliche oder elektronische Anmeldung nach den zollrechtlichen Vorschriften nicht erforderlich ist.

(7) Die in den Abs. 5 Z 1 und 2 und Abs. 6 angeführten Belege für den Ausfuhrnachweis sind nach einem vom Bundesminister für Finanzen durch Verordnung zu bestimmenden Muster auszustellen und haben alle für die Beurteilung der Ausfuhrlieferung erforderlichen Angaben, insbesondere auch Angaben zur Person des ausländischen Abnehmers und desjenigen, der den Gegenstand in das Drittland verbringt, zu enthalten. Der Unternehmer hat die Ausfuhrbelege sieben Jahre aufzubewahren.

UStR zu § 7:

	Rz		Rz
1. Beförderung oder Versendung	1052	3.4 Versorgung eines Kraftfahrzeuges	1070
1.1 Beförderung	1052	3.5 Entscheidungsbaum	1071
1.2 Versendung	1053	3.6 Andere Beförderungsmittel	1072
1.3 Touristenexport	1054	4. Ausfuhrnachweis allgemein	1075
2. Ausländischer Abnehmer	1059	5. Ausfuhrnachweis im Versendungsfall	1083
2.1 Grundsatz	1060	6. Ausfuhrnachweis im Touristenexport bzw bei sonstiger Beförderung	1093
2.2 Touristenexport	1062	6.1 Ausfuhrnachweis im Touristenexport	1093
3. Ausrüstung und Versorgung eines Beförderungsmittels	1065	6.2 Ausfuhrnachweis bei sonstiger Beförderung	1099
3.1 Gegenstände zur Ausrüstung eines KFZ	1066	7. Verordnungsermächtigung	derzeit frei
3.2 Werklieferungen	1067	8. Unselbständige Nebenleistungen	1106
3.3 Feste Verbindung bzw bestimmungsgemäße Verwendung	1068		

1051 Eine Ausfuhrlieferung ist unter folgenden Voraussetzungen steuerfrei:
- der liefernde Unternehmer hat den Gegenstand in Erfüllung dieses Umsatzgeschäftes in das Drittlandsgebiet befördert oder versendet, oder
- der ausländische Abnehmer hat den Gegenstand in das Drittlandsgebiet versendet oder befördert,
- über die erfolgte Ausfuhr liegt ein Ausfuhrnachweis vor und
- die vorstehenden Voraussetzungen werden buchmäßig nachgewiesen (siehe Rz 2521 bis 2593).

Die Ausfuhrbelege müssen sieben Jahre im Original aufbewahrt werden.

Wird die Ausfuhr im Rahmen des ECS (Export Control System) erbracht, stellt der beim Zollamt befindliche elektronische Datensatz das Original des Ausfuhrnachweises dar. Diesfalls erstreckt sich die Aufbewahrungspflicht für den Ausfuhrnachweis auf den Ausdruck des vom Zollamt übermittelten Datensatzes (pdf-File) bzw. ist insoweit auch eine elektronische Aufbewahrung möglich.

Zum Drittlandsgebiet im umsatzsteuerrechtlichen Sinne siehe Rz 146 bis 148.

1051a Erfolgt vor dem 1. Juli 2013 die Lieferung eines Gegenstandes in das Gebiet des neuen Mitgliedstaates Kroatien, die Verbringung nach Kroatien jedoch erst nach dem 30. Juni 2013, wird eine zollamtliche Ausgangsbestätigung nicht mehr erteilt. In diesen Fällen gilt der Nachweis, dass der Gegenstand der Lieferung der Zollbehörde für Zwecke der Einfuhrumsatzsteuer gestellt wurde, als Ausfuhrnachweis.

1051b Der Gegenstand der Lieferung kann durch einen Beauftragten oder mehrere Beauftragte des Abnehmers oder eines folgenden Abnehmer sowohl im Inland als auch in einem anderen EU-Mitgliedstaat bearbeitet oder verarbeitet worden sein.

1051c Durch die spezielle Ortsregelung für die Lieferung von Gas, Elektrizität, Wärme oder Kälte gemäß der Bestimmung des § 3 Abs. 13 und 14 UStG 1994 wird klargestellt, dass Lieferungen dieser Gegenstände keine bewegten Lieferungen sind. Daraus folgt, dass keine Ausfuhrlieferung nach § 7 UStG 1994 vorliegen kann.

§ 7 UStG

1051d Da beim Kundenstock eine Beförderung oder Versendung mangels physischer Substanz nicht möglich ist, kann die Lieferung eines Kundenstocks keine bewegte Lieferung sein. Der Lieferort bestimmt sich gemäß § 3 Abs. 7 UStG 1994 danach, wo der überwiegende Teil der Kunden im Zeitpunkt der Verschaffung der Verfügungsmacht ansässig ist. Eine Ausfuhrlieferung oder eine innergemeinschaftliche Lieferung können nicht vorliegen.

1. Beförderung oder Versendung

1.1 Beförderung

1052 Der liefernde Unternehmer oder der Abnehmer befördert den Gegenstand selbst in das Drittland. Im Falle der Beförderung durch den Abnehmer ist seine Eigenschaft als ausländischer Abnehmer zu beachten.

1.2 Versendung

1053 Der liefernde Unternehmer oder der Abnehmer lässt den Gegenstand der Lieferung durch einen **Frachtführer oder Verfrachter** befördern oder eine solche Beförderung durch einen **Spediteur** besorgen. Im Falle der Versendung durch den Abnehmer ist dessen Eigenschaft als ausländischer Abnehmer zu beachten.

1.3 Touristenexport

1054 Ein solcher liegt vor, wenn

- der Erwerb des Gegenstandes nicht für unternehmerische Zwecke erfolgt und
- der Abnehmer den Gegenstand im persönlichen Reisegepäck ausführt.

Zum **persönlichen Reisegepäck** gehören diejenigen Gegenstände, welche ein Reisender bei einem Grenzübertritt mit sich führt (zB das Handgepäck oder das im Kfz mitgeführte Gepäck). Als „im Reisegepäck mitgeführt" gelten auch solche Gegenstände, die nicht im selben Beförderungsmittel wie der Reisende befördert werden (zB im Eisenbahnverkehr oder Flugverkehr aufgegebenes Gepäck). Ein Pkw gilt nicht als persönliches Reisegepäck.

1055 Die zugrunde liegende Lieferung kann unter folgenden Voraussetzungen steuerfrei belassen werden:

- der Abnehmer darf **keinen Wohnsitz oder gewöhnlichen Aufenthalt im Gemeinschaftsgebiet** haben (§ 7 Rz 1062 bis 1064);
- der Gegenstand muss vor **Ablauf des dritten Kalendermonates**, der auf den Monat der Lieferung folgt, ausgeführt werden;
- der Gesamtbetrag der Rechnung für die von einem Unternehmer an den Abnehmer gelieferten Gegenstände muss 75 € übersteigen.

Randzahlen 1056 bis 1058: Derzeit frei.

2. Ausländischer Abnehmer

1059 Im Falle der Beförderung bzw. Versendung durch den Abnehmer muss dieser ein ausländischer Abnehmer im Sinne der folgenden Ausführungen sein. Die Beurteilung als „ausländischer Abnehmer" setzt zwingend voraus, dass die Person des Abnehmers bekannt ist. Erst wenn feststeht, welchem Rechtsträger die Lieferung des Unternehmers zuzuordnen ist, kann in einem weiteren Schritt festgestellt werden, ob der Abnehmer einen Sitz bzw. einen Wohnsitz im Inland hat oder nicht (vgl. VwGH 05.09.2012, 2008/15/0285).

2.1 Grundsatz

1060 Grundsätzlich liegt ein ausländischer Abnehmer nur dann vor, wenn dieser keinen Wohnsitz (Sitz) im Inland hat. Bei der Beurteilung ist von den tatsächlichen Verhältnissen auszugehen. Dasselbe gilt auch für **ausländische Zweigniederlassungen**, die das Umsatzgeschäft im eigenen Namen abgeschlossen haben.

1061 Botschaften und Konsulate ausländischer Staaten in Österreich bzw. internationale Organisationen mit Amtssitz in Österreich sind keine ausländischen Abnehmer, weil sie ihren Sitz im Bundesgebiet haben. Die österreichischen Botschaften, Konsulate und sonstigen Vertretungsbehörden im Ausland sind als ausländische Abnehmer im Sinne dieser Bestimmung anzusehen, sofern sie das Umsatzgeschäft mit dem inländischen Unternehmer im eigenen Namen abgeschlossen haben.

§ 7 UStG

2.2 Touristenexport

1062 Im Falle des Touristenexportes (Rz 1054 bis 1058) darf der Abnehmer keinen Wohnsitz oder gewöhnlichen Aufenthalt im Gemeinschaftsgebiet haben. Zu dessen Bestimmung ist der **Ort, der im Reisepass oder sonstigen Grenzübertrittsdokument eingetragen ist**, heranzuziehen.

Befindet sich im Reisepass keine Eintragung über einen Wohnsitz oder gewöhnlichen Aufenthalt, ist wie folgt zu unterscheiden:
- Bei Abnehmern, deren Reisepass von einer Behörde eines Mitgliedstaates ausgestellt wurde, ist davon auszugehen, dass ein Wohnsitz oder gewöhnlicher Aufenthalt im Gemeinschaftsgebiet vorliegt.
- In den übrigen Fällen ist von einem Wohnsitz im Gemeinschaftsgebiet auszugehen, wenn im Reisepass ein Aufenthaltstitel für die Republik Österreich (§ 2 Abs. 4 Z 14 Fremdenpolizeigesetz 2005, BGBl. I Nr. 100/2005 idF BGBl. I Nr. 135/2009) oder im übrigen Gemeinschaftsgebiet eingetragen ist. Die Voraussetzungen für eine steuerfreie Ausfuhrlieferung sind in diesen Fällen nicht erfüllt.
- Dasselbe gilt, wenn ein Aufenthaltstitel gemäß § 8 Niederlassungs- und Aufenthaltsgesetz – NAG, BGBl. I Nr. 100/2005 idF BGBl. I Nr. 135/2009, insbesondere in Form der Aufenthaltstitel „Daueraufenthalt" iSd § 8 Abs. 1 Z 3 NAG und „Aufenthaltsbewilligung für einen vorübergehenden befristeten Aufenthalt im Bundesgebiet zu einem bestimmten Zweck" iSd § 8 Abs. 1 Z 5 NAG gegeben ist.

Die obigen Ausführungen gelten nicht für jene Fälle, in denen im Grenzübertrittsdokument lediglich Sichtvermerk („Visum" oder „Visa") iSd Schengener Grenzkodex (Verordnung (EG) Nr. 562/2006 des Europäischen Parlaments und des Rates vom 15. März 2006 über einen Gemeinschaftskodex für das Überschreiten der Grenzen durch Personen, ABl. Nr. L 105 vom 13.04.2006 S. 1) vermerkt ist, sofern dieses Visum nicht auch einen Aufenthaltstitel beinhaltet.

Erfolgt die Ausgangsbestätigung durch eine österreichische Zollbehörde, dann ist damit der Nachweis erbracht, dass es sich um einen ausländischen Abnehmer handelt, sofern sich aus der Ausfuhrbescheinigung nichts Gegenteiliges ergibt (zB Vermerk eines inländischen Wohnsitzes oder inländischen KFZ-Kennzeichens des Ausführenden).

Randzahlen 1063 bis 1064: Derzeit frei.

3. Ausrüstung und Versorgung eines Beförderungsmittels

1065 Ist der Gegenstand der Lieferung zur Ausrüstung oder Versorgung eines Beförderungsmittels bestimmt, so ist in Abholfällen die Steuerfreiheit grundsätzlich auf jene Fälle eingeschränkt, in denen
- ein ausländischer Abnehmer vorliegt und
- das Beförderungsmittel unternehmerischen Zwecken des Abnehmers dient.

Bei der Anwendung sind die folgenden Ausführungen zu beachten.

3.1 Gegenstände zur Ausrüstung eines KFZ

1066 Dazu gehören **Kfz-Bestandteile** (Ersatzteile) und **KFZ-Zubehörteile** einschließlich Sonderausstattungen.

3.2 Werklieferungen

1067 Werklieferungen fallen nicht unter die gegenständliche Einschränkung. Die **Reparatur eines KFZ** ist als Werklieferung anzusehen, wenn der auf die Bestandteile entfallende Entgeltsteil mehr als **50 % des Gesamtentgelts** beträgt. Im umgekehrten Fall ist zwingend von einer Werkleistung auszugehen. Unter Bestandteile fallen nicht Hilfsstoffe, Kleinmaterial oder Betriebsstoffe (zB Dichtungen, Ölfilter, Zündkerzen, Scheibenwischerblätter, Motoröl, Bremsflüssigkeit usw.). Bei der Aufteilung des Entgelts müssen die im Unternehmen üblichen Entgelte angesetzt werden.

3.3 Feste Verbindung bzw. bestimmungsgemäße Verwendung

1068 Unter die gegenständliche Einschränkung fallen – soweit nicht eine Werklieferung zur Anwendung kommt (diesbezüglich siehe die vorstehende Rz 1067) – die gelieferten Ausrüstungsgegenstände nur,

§ 7 UStG

- wenn sie bereits vor der Ausfuhr **mit dem Fahrzeug fest verbunden** werden (zB Montage der Reifen, der Stoßstange, der Zusatzscheinwerfer usw) oder
- wenn es sich um Gegenstände handelt, die nicht **zur festen Verbindung mit dem KFZ bestimmt sind** (zB Schonbezüge, Warnblinkleuchte, Reservereifen usw), und diese Gegenstände im Zeitpunkt der Ausfuhr schon im KFZ bestimmungsgemäß verwendet werden. Eine derartige Verwendung liegt nicht vor, wenn sich die Gegenstände noch in der Originalverpackung oder in einer Verpackung des liefernden Unternehmers befinden oder noch nicht in eine vorgesehene Halterung des Fahrzeuges eingefügt worden sind (zB Reservereifen).

1069 Nicht im Rahmen einer Werklieferung erfolgende Lieferungen liegen vor, wenn keine Be- oder Verarbeitungsleistung des liefernden Unternehmers erbracht wird (zB bloßes Anschrauben des Ausrüstungsgegenstandes oder Montage nicht durch den Lieferer).

3.4 Versorgung eines KFZ

1070 Dazu gehören zB **Treibstoffe**, die sich bei der Ausfuhr im Hauptbehälter oder Reservekanister des Fahrzeuges befinden, Motoröle, Bremsflüssigkeiten, Frostschutzmittel usw, die vor der Ausfuhr in das KFZ eingefüllt worden sind.

3.5 Entscheidungsbaum

1071 Lieferung von Gegenständen zur Ausrüstung oder Versorgung eines Fahrzeuges an Nichtunternehmer in Abholfällen

Ausfuhrlieferung § 7 – Lohnveredlung § 8

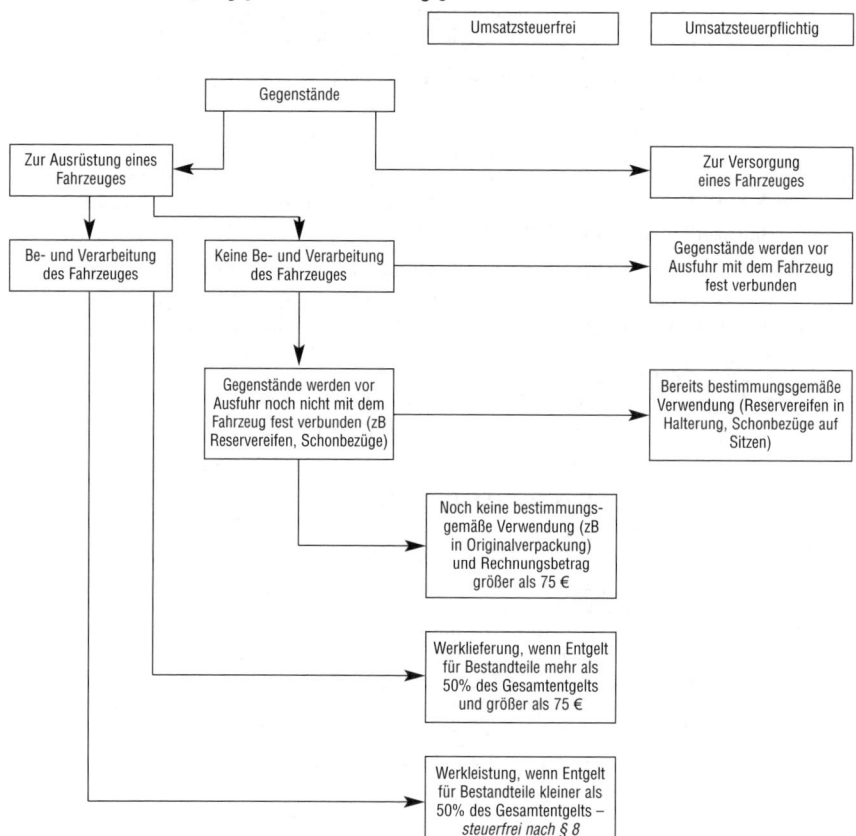

```
                            [Umsatzsteuerfrei]     [Umsatzsteuerpflichtig]

                                  Gegenstände
                                 /           \
              Zur Ausrüstung eines           Zur Versorgung
                  Fahrzeuges                 eines Fahrzeuges
                /           \
   Be- und Verarbeitung    Keine Be- und Verarbeitung       Gegenstände werden vor
      des Fahrzeuges            des Fahrzeuges              Ausfuhr mit dem Fahrzeug
                                                                fest verbunden

                              Gegenstände werden vor        Bereits bestimmungsgemäße
                              Ausfuhr noch nicht mit dem    Verwendung (Reservereifen in
                              Fahrzeug fest verbunden (zB   Halterung, Schonbezüge auf
                              Reservereifen, Schonbezüge)          Sitzen)

                              Noch keine bestimmungs-
                              gemäße Verwendung (zB
                              in Originalverpackung)
                              und Rechnungsbetrag
                              größer als 75 €

                              Werklieferung, wenn Entgelt
                              für Bestandteile mehr als
                              50% des Gesamtentgelts
                              und größer als 75 €

                              Werkleistung, wenn Entgelt
                              für Bestandteile kleiner als
                              50% des Gesamtentgelts –
                              steuerfrei nach § 8
```

3.6 Andere Beförderungsmittel

1072 Die vorstehenden Ausführungen gelten für andere Beförderungsmittel als KFZ sinngemäß (zB Wasser- und Luftfahrzeuge).

Randzahlen 1073 bis 1074: Derzeit frei.

4. Ausfuhrnachweis allgemein

1075 Über die erfolgte Ausfuhr muss ein Nachweis, dass der Liefergegenstand ins Drittland befördert oder versendet wurde, vorliegen. Wie der Unternehmer den Ausfuhrnachweis zu führen hat, regelt das Gesetz (§ 7 Abs. 5 und Abs. 6 UStG 1994). Sind die vorgelegten Ausfuhrnachweise mangelhaft oder liegt kein Ausfuhrnachweis iSd Gesetzes vor, dann ist die Steuerfreiheit nur zu gewähren, wenn (aufgrund anderer Belege und Nachweise) zweifelsfrei feststeht, dass der Liefergegenstand ins Drittland gelangt ist.

Im Falle des Touristenexports ist der Ausfuhrnachweis jedenfalls durch eine mit der zollamtlichen Ausgangsbestätigung versehene Ausfuhrbescheinigung (vgl. auch Art. 147 MwSt-RL 2006/112/EG) zu führen.

Im Hinblick darauf, dass der Unternehmer zur Abgabe von Voranmeldungen verpflichtet ist, muss er jeweils bei Abgabe der Voranmeldungen prüfen, für welche Ausfuhrlieferungen der Ausfuhrnachweis bereits erbracht worden ist. Nur bei Vorliegen der Ausfuhrnachweise kann die Steuerfreiheit geltend gemacht werden. In den übrigen Fällen müssen die Umsätze zunächst steuerpflichtig behandelt werden.

In jenen Fällen, in denen mehrere Unternehmer die Ausfuhr nachweisen müssen, jedoch nur ein Unternehmer über den (Original-)Ausfuhrnachweis verfügt (zB Be- oder Verarbeitung vor der Ausfuhr durch einen anderen Unternehmer), kann den anderen Unternehmern die Steuerfreiheit dann gewährt werden, wenn nachgewiesen werden kann, dass die Ausfuhr tatsächlich erfolgt ist.

1076 § 7 UStG 1994 sieht aus Vereinfachungsgründen vor, dass der Unternehmer bereits vor **Erbringung des Ausfuhrnachweises** die Steuerfreiheit in Anspruch nehmen kann, wenn dieser Nachweis innerhalb von sechs Monaten nach Bewirkung der Lieferung erbracht wird. Wird der Nachweis innerhalb dieses Zeitraumes nicht erbracht, so ist die diese Lieferung betreffende Voranmeldung (bzw Jahreserklärung) zu berichtigen (ex tunc). Langt der Ausfuhrnachweis nach der Berichtigung ein, kann die Steuerfreiheit wiederum in Anspruch genommen werden (ex tunc) und zwar bis zur Rechtskraft des Bescheides für jenen Zeitraum, in dem die Lieferung ausgeführt worden ist (von den Fällen einer Wiederaufnahme des Verfahrens abgesehen).

1077 Nimmt der Unternehmer im Falle des Touristenexports die Steuerfreiheit stets erst **nach Vorliegen des Ausfuhrnachweises** in Anspruch, so kann die zunächst vorgenommene Versteuerung des Ausfuhrumsatzes in der UVA für jenen UVA-Zeitraum rückgängig gemacht werden, in dem der Ausfuhrnachweis beim Unternehmer einlangt (ex nunc). Dies erfolgt in der Jahreserklärung unter der Kennziffer 090.

Randzahlen 1078 bis 1082: Derzeit frei.

5. Ausfuhrnachweis im Versendungsfall

1083 Der Ausfuhrnachweis ist bei Versendung des Gegenstandes in das Drittland durch Versendungsbelege zu erbringen. Versendungsbelege sind
- Frachtbriefe, Postaufgabebescheinigungen, Konnossemente und dgl. oder deren Doppelstücke. Drittschriften oder lediglich der Schriftwechsel mit dem Beförderungsunternehmer oder dem ausländischen Abnehmer können in aller Regel nicht als Versendungsbelege anerkannt werden. In den Fällen, in denen der Unternehmer den Gegenstand ohne Einschaltung eines Spediteurs in das Ausland versendet und das Frachtbriefdoppel einem Dritten überlassen werden muss, wie dies insbesondere beim Dokumenteninkasso, Akkreditiv oder bei einem Remboursgeschäft üblich ist, kann der Ausfuhrnachweis in Form des Frachtbrieftriplikates oder einer Ablichtung bzw. bestätigten Abschrift des Frachtbriefdoppels in Verbindung mit den übrigen Aufzeichnungen der Finanzbuchhaltung erbracht werden.

§ 7 UStG

Anstelle dieser Versendungsbelege darf der Unternehmer den Ausfuhrnachweis auch führen durch
- die Ausfuhrbescheinigung eines im Gemeinschaftsgebiet ansässigen Spediteurs oder
- **durch eine Bescheinigung des Ausgangs der Waren im Sinne des Artikel 334 Durchführungsverordnung (EU) 2015/2447 der Kommission vom 24. November 2015 mit Einzelheiten zur Umsetzung von Bestimmungen der Verordnung (EU) Nr. 952/2013 des Europäischen Parlaments und des Rates zur Festlegung des Zollkodex der Union (UZK-IA) oder**
- **durch** die schriftliche Anmeldung in der Ausfuhr, die mit der zollamtlichen Ausgangsbestätigung versehen ist.

Die Ausfuhrbescheinigung eines im Gemeinschaftsgebiet ansässigen Spediteurs (Spediteurbescheinigung) muss ab 1. Jänner 2007 folgende Angaben enthalten:
- Name und Anschrift des Ausstellers (Spediteur) sowie den Tag der Ausstellung
- Name und Anschrift des Unternehmers sowie des Auftraggebers, wenn dieser nicht der Unternehmer ist
- Datum der Übergabe des Gegenstandes an den Spediteur
- Handelsübliche Bezeichnung und Menge der Gegenstände
- Ort und Tag der Ausfuhr oder Ort und Tag der Versendung in das Drittlandsgebiet
- Name und Anschrift des Empfängers und den Bestimmungsort im Drittlandsgebiet
- Eine Versicherung des Ausstellers, dass die Angaben in dem Beleg auf Grund von Geschäftsunterlagen gemacht wurden, die im Gemeinschaftsgebiet nachprüfbar sind
- Unterschrift des Ausstellers

Die Ausfuhrbescheinigung eines im Gemeinschaftsgebiet ansässigen Spediteurs (Spediteurbescheinigung) muss vom Spediteur nicht eigenhändig unterschrieben worden sein, wenn das für den Spediteur zuständige Finanzamt die Verwendung des Unterschriftsstempels (Faksimile) oder einen maschinellen Unterschriftsausdruck genehmigt hat und auf der Bescheinigung auf die Genehmigungsverfügung des Finanzamtes unter Angabe des Ausstellungsdatums hingewiesen wird.

Zur Spediteurbescheinigung als Versendungsbeleg bei innergemeinschaftlichen Lieferungen siehe Rz 4006.

1084 Die Zollanmeldung in der Ausfuhr sowie die Bestätigung des Ausgangs der Ware einschließlich der **Ausgangsbescheinigung** im Sinne des **Art. 334 UZK-IA** regelt das Zollrecht (siehe auch **ZK-2630, Arbeitsrichtlinie Verbringung aus dem Zollgebiet Abschnitt 7**).

Mit der **Bescheinigung des Ausgangs der Ware** im Sinne von **Artikel 334 UZK-IA** wird der Austritt der Waren im elektronischen Ausfuhrverfahren in e-zoll (ECS) bestätigt, die **Ausgangsbescheinigung** wird vom e-zoll-System im Feld 44 des Exemplars Nr. 3 eingedruckt. **Zusätzlich zur Ausgangsbescheinigung werden auch die Ergebnisse beim Ausgang auf einem Zusatzblatt zum Exemplar Nr. 3 angedruckt und** allfällig festgestellte Unregelmäßigkeiten auf **diesem** Zusatzblatt vermerkt.

Andere Anmeldeformen bestehen nur noch in Ausnahmefällen (zB Notfallverfahren, Warensendungen unter 1.000 Euro).

1085 Die Ausgangsbestätigung wird grundsätzlich von der Ausgangszollstelle erteilt. Dies ist die letzte Zollstelle vor dem Ausgang aus dem Zollgebiet der Gemeinschaft. Im Falle der Beförderung im Eisenbahn-, Post-, Luft- oder Schiffsverkehr ist dies jene Zollstelle, wo der Beförderer den Gegenstand zur durchgehenden Beförderung ins Drittland übernimmt. Bei Abfertigung zum Versandverfahren (Carnet TIR, oder gemeinschaftliches und gemeinsames Versandverfahren mit T1 oder T2) mit Bestimmung in ein Drittland übernimmt die Abgangsstelle die Aufgaben der Ausgangszollstelle und bestätigt den Ausgang der Waren auf dem Ausfuhrpapier bzw. im ECS-System. In diesem Fall wird der weitere Warenweg ab der Eröffnung des Versandverfahrens von der Abgangsstelle überwacht. Kommt es nicht zur ordnungsgemäßen Rückmeldung seitens der Bestimmungszollstelle im Drittland bzw. seitens der Ausgangszollstelle, führt die Abgangsstelle ein Suchverfahren durch. Nach einem erfolglos durchgeführten Suchverfahren fordert die Abgangsstelle den Versender auf, die Zollanmeldung zwecks Streichung der Ausgangsbestätigung vor-

§ 7 UStG

zulegen. Daneben verständigt die Abgangsstelle das für den Unternehmer zuständige Finanzamt, dass die erteilte Ausgangsbestätigung zu Unrecht erfolgte. Kann die Ausgangsbestätigung nicht ungültig gemacht werden, wird dies unter Angabe des Grundes in der Kontrollmitteilung vermerkt. Erhält ein Finanzamt eine solche Kontrollmitteilung über die Ungültigkeit einer Ausgangsbestätigung, hat es festzustellen, ob die allenfalls zugrunde liegende Ausfuhrlieferung steuerpflichtig behandelt wurde.

1086 Bei der Ausfuhr von Zeitungen, Zeitschriften, Büchern und sonstigen Drucksachen, die bei einem Postamt aufgegeben werden, dient als Ausfuhrnachweis der Versendungsbeleg (Aufgabeschein, EMS-Formular oder Lieferschein) oder die Zollanmeldung der Post.

1087 Bei der Ausfuhr von Zeitungen, Zeitschriften, Büchern und sonstigen Drucksachen, die bei einem Postamt als einfacher Brief aufgegeben werden und für die durch das Postamt kein Versendungsbeleg ausgestellt wird, kann die Ausfuhr des Gegenstandes durch innerbetriebliche Unterlagen in Verbindung mit den Aufzeichnungen der Finanzbuchhaltung nachgewiesen werden.

Der Ausfuhrnachweis für die Ausfuhr solcher Gegenstände kann jedoch nur dann als erbracht angesehen werden, wenn jede der folgenden Voraussetzungen vorliegt:
- Die Bestellung des Gegenstandes durch den Abnehmer muss schriftlich erfolgt sein und nachgewiesen werden können (Bestellschreiben, Schriftverkehr).
- Die einzelnen Sendungen müssen in einem fortlaufend und lückenlos geführten Postversandbuch eingetragen sein; aus den Eintragungen müssen der Tag der Versendung, der Name des ausländischen Abnehmers und der Bestimmungsort der Sendung hervorgehen. Als Postversandbuch können auch Versandlisten oder ähnliche, für innerbetriebliche Zwecke eingerichtete Aufzeichnungen anerkannt werden, wenn aus diesen die oben geforderten Angaben hervorgehen.
- Der Ausfuhrvorgang muss buchmäßig nachgewiesen sein.

Bei der Versteuerung nach vereinnahmten Entgelten muss die Begleichung des Gegenwertes der Lieferung belegt werden können (Nachweis des Zahlungseinganges).

Randzahlen 1088 bis 1092: Derzeit frei.

6. Ausfuhrnachweis im Touristenexport bzw. bei sonstiger Beförderung

6.1 Ausfuhrnachweis im Touristenexport

1093 Im Falle des sog Touristenexports (dh der Gegenstand der Lieferung wird nicht für unternehmerische Zwecke erworben und im persönlichen Reisegepäck ausgeführt) ist der Ausfuhrnachweis durch eine vom liefernden Unternehmer ausgestellte und mit der zollamtlichen Ausgangsbestätigung versehenen **Ausfuhrbescheinigung** zu führen.

1094 Was als Ausgangszollstelle gilt, bestimmt **Art. 329 der Durchführungsverordnung (EU) 2015/2447 der Kommission vom 24. November 2015 (UZK-IA). Die Ausgangszollstelle ist grundsätzlich die Zollstelle, die für den Ort zuständig ist, von dem aus die Waren aus dem Zollgebiet der Union an einen Bestimmungsort außerhalb dieses Gebietes verbracht werden.** Diese kann daher auch in einem anderen Mitgliedstaat als Österreich liegen.

1095 Wird der Gegenstand der Ausfuhr dem Beförderer bereits in Österreich zur durchgehenden Beförderung ins Drittlandsgebiet übergeben (zB „durchgechecktes" Reisegepäck im Flugverkehr), kann die Bestätigung vom dortigen Zollamt erteilt werden.

1096 Wenn ein Abnehmer die zollamtliche Bestätigung der Ausgangszollstelle nicht erlangen konnte, so ist für die nachträgliche Bestätigung der Ausfuhr die Zollverwaltung des Mitgliedstaates, der ursprünglich die Ausgangsbestätigung erteilt hätte, zuständig. Wenn eine österreichische Ausgangsstelle zuständig ist, dann richten sich die Voraussetzungen für eine nachträgliche Ausgangsbescheinigung nach **den zollrechtlichen Vorschriften.**

1097 Keine zollamtlichen Bestätigungen liegen jedenfalls vor, wenn österreichische Vertretungsbehörden im Ausland oder Finanzbehörden im Inland entsprechende Bestätigungen ausstellen.

§ 7 UStG

1098 Als Ausfuhrbescheinigung ist das Formular Lager Nr. U 34 oder ein inhaltlich entsprechendes anderes Formblatt zu verwenden. Auch eine Rechnung, die den Inhaltserfordernissen des § 11 UStG 1994 (abgesehen von dem auf das Entgelt entfallenden Steuerbetrag) entspricht, und die mit der zollamtlichen Ausgangsbestätigung versehen wurde, kann als Ausfuhrnachweis verwendet werden, sofern die Ausgangszollstelle bestätigt, dass die Angaben in Bezug auf den Abnehmer in der Rechnung mit jenen im Grenzübertrittsdokument übereinstimmen.

Wird vom Bewilligungsinhaber die Vorgangsweise entsprechend der Zoll-Touristenexport-Informatik-Verordnung, BGBl. II Nr. 53/2016, eingehalten, so stellt die elektronische Bestätigung des Ausgangs der Waren durch den Bewilligungsinhaber eine zollamtliche Ausgangsbestätigung iSd § 7 Abs. 6 Z 1 UStG 1994 dar.

6.2 Ausfuhrnachweis bei sonstiger Beförderung

1099 Im Falle der Beförderung des Gegenstandes in das Drittland (durch den Lieferer oder durch den Abnehmer), welche nicht im Rahmen des Touristenexportes erfolgt (zB weil der Gegenstand vom Lieferer befördert wird oder für unternehmerische Zwecke erworben oder nicht im persönlichen Reisegepäck ausgeführt wurde), ist der Ausfuhrnachweis zu führen

- durch eine **Bescheinigung des Ausgangs der Waren im Sinne des Artikel 334 UZK-IA** oder
- durch eine vom Unternehmer ausgestellte und mit der zollamtlichen Ausgangsbestätigung versehene Ausfuhrbescheinigung, wenn nach zollrechtlichen Vorschriften weder eine schriftliche noch eine elektronische Zollanmeldung erforderlich ist (zB es handelt sich um eine Ausfuhr zu kommerziellen Zwecken, deren Gesamtwert die statistische Wertschwelle von 1.000 Euro nicht übersteigt (siehe Rz 1093 bis Rz 1097) oder
- durch eine mit der zollamtlichen Ausgangsbestätigung versehene schriftliche Anmeldung in der Ausfuhr, die jedoch nur noch dann vorgesehen ist, wenn Ausfuhren nicht im Rahmen des ECS stattfinden können (zB Notfallverfahren).

Randzahlen 1100 bis 1102: Derzeit frei.

7. Verordnungsermächtigung

Randzahlen 1103 bis 1105: Derzeit frei.

8. Unselbständige Nebenleistungen

1106 Wird im Zusammenhang mit der Ausfuhr von Gegenständen auch der Auftrag erteilt, die zur Herstellung oder Bearbeitung notwendigen Formen, Modelle oder besonderen Werkzeuge herzustellen oder zu beschaffen, kann eine unselbständige Nebenleistung zur Ausfuhrlieferung vorliegen, wenn

- die Verfügungsmacht über die Formen, Modelle und Werkzeuge beim inländischen Unternehmer verbleibt, der sie nach Erfüllung des Auftrags ins Drittland versendet oder
- die Verfügungsmacht über die Formen, Modelle und Werkzeuge vom Hersteller dem ausländischen Abnehmer zwar sofort eingeräumt wird, aber nur um zu verhindern, dass sie vom Unternehmer auch für die Bearbeitung etc. von Gegenständen anderer Unternehmer verwendet werden, und dieser Umstand aus Vereinbarungen eindeutig ersichtlich ist.

Dabei ist es unerheblich, ob und in welchem Zustand die Formen nach der Auftragserfüllung in das Drittland gelangen, ob die Kosten getrennt verrechnet werden, und ob die Formen durch den inländischen Unternehmer selbst hergestellt wurden oder in seinem Auftrag durch einen anderen Unternehmer.

Von einer selbständigen Lieferung hinsichtlich der Formen, Modelle oder Werkzeuge ist hingegen auszugehen, wenn der Leistungsempfänger die Verfügungsmacht über also auf die Beschaffung der Formen, Modelle oder Werkzeuge gerichtet ist (zB wenn der Abnehmer die Formen, Modelle oder Werkzeuge auch anderen Unternehmern zur Herstellung von Gegenständen zur Verfügung stellen will).

Dies gilt sinngemäß auch für innergemeinschaftliche Lieferungen (siehe Art. 7 Rz 3981).

Judikatur EuGH zu § 7:

EuGH vom 19.12.2013, Rs C-563/12, *BDV Hungary Trading Kft.*
Keine starre Frist für Export bei Ausfuhrlieferungen

Art. 146 Abs. 1 und Art. 131 der Richtlinie 2006/112/EG sind dahin auszulegen, dass sie einer nationalen Regelung, nach der iRe Ausfuhrlieferung die für die Ausfuhr nach Orten außerhalb der Europäischen Union bestimmten Gegenstände das Hoheitsgebiet der Europäischen Union innerhalb einer starren Frist von 90 Tagen nach der Lieferung verlassen haben müssen, entgegenstehen, sofern dem Steuerpflichtigen allein durch die Überschreitung dieser Frist die Steuerbefreiung der Lieferung endgültig verwehrt ist.

EuGH vom 21.2.2008, Rs C-271/06, *Netto Supermarkt*
Ausfuhrlieferung bei Vorliegen eines gefälschten Ausfuhrnachweises

Art. 15 Nr. 2 der Sechsten Richtlinie 77/388/EWG in der Fassung der Richtlinie 95/7/EG des Rates vom 10. April 1995 ist dahin auszulegen, dass er der von einem Mitgliedstaat vorgenommenen Mehrwertsteuerbefreiung einer Ausfuhrlieferung nach einem Ort außerhalb der Europäischen Gemeinschaft nicht entgegensteht, wenn zwar die Voraussetzungen für eine derartige Befreiung nicht vorliegen, der Steuerpflichtige dies aber auch bei Beachtung der Sorgfalt eines ordentlichen Kaufmanns infolge der Fälschung des vom Abnehmer vorgelegten Nachweises der Ausfuhr nicht erkennen konnte.

Judikatur VwGH zu § 7:

VwGH vom 25.11.2015, 2013/16/0192
Zulässigkeit der nachträglichen Nachweisführung bei innergemeinschaftlichen Lieferungen und bei Ausfuhrlieferungen

Im hg. Erkenntnis vom 18. Oktober 2007, 2006/16/0108, wurde eine nachträgliche Nachweisführung für die Inanspruchnahme der eine innergemeinschaftliche Lieferung im Sinn des Art. 7 UStG 1994 erfordernde Steuerfreiheit nach Art. 6 Abs. 3 UStG 1994 ausdrücklich gebilligt. Ebenso wurde eine spätere Erbringung des Nachweises im Abgabenverfahren für einen Ausfuhrnachweis nach § 7 Abs. 4 UStG 1994 als ausreichend angesehen (vgl. das hg. Erkenntnis vom 27. November 2014, 2012/15/0192).

VwGH vom 26.3.2014, 2011/13/0038
Beim Ausfuhrnachweis ist nicht bloß auf formelle Belange abzustellen

§ 7 Abs. 7 letzter Satz UStG 1994 bezieht sich nicht nur auf Belege, die eine „zollamtliche Ausgangsbestätigung" mit den zuletzt eingeführten, nur der Behörde erkennbaren Echtheitsmerkmalen aufzuweisen haben.

Im Erkenntnis vom 2. September 2009, 2005/15/0031, VwSlg 8462 F/2009, hat der Verwaltungsgerichtshof unter Hinweis auf das Urteil des EuGH vom 27. September 2007, C-146/05, Albert Collee, ausgesprochen, es sei nicht bloß auf formelle Belange abzustellen und entscheidend sei, dass die materiellen Voraussetzungen für die Steuerfreiheit zweifelsfrei vorliegen. Dieses Erkenntnis erging zum Buchnachweis bei der innergemeinschaftlichen Lieferung, aber für den Ausfuhrnachweis kann in diesem Punkt nichts anderes gelten (vgl. in diesem Sinn etwa schon den Prüfungsmaßstab in dem Ausfuhren betreffenden Erkenntnis vom 28. April 2010, 2007/13/0116, sowie allgemein die Erkenntnisse vom 29. April 2010, 2005/15/0057, und vom 30. März 2011, 2005/13/0158; zur Maßgeblichkeit der den Buchnachweis betreffenden Erwägungen für den Beförderungsnachweis das zu innergemeinschaftlichen Lieferungen ergangene Erkenntnis vom 20. Dezember 2012, 2009/15/0146; aus der Rechtsprechung des BFH etwa das Urteil vom 19. November 2009, V R 8/09).

VwGH vom 5.9.2012, 2008/15/0285
Die Bezeichnung des Abnehmers im Abnehmernachweis muss eine Identifizierung des Abnehmers ermöglichen; die Beurteilung als „ausländischer Abnehmer" setzt zwingend voraus, dass die Person des Abnehmers bekannt ist

Für die Erbringung des Abnehmernachweises kennt das UStG 1994 keine Formvorschriften. Zulässig ist jedes Beweismittel, das geeignet ist, der Behörde die Überzeugung zu verschaffen, dass es sich beim Abnehmer um einen ausländischen Abnehmer handelt. Nachzuweisen ist der Geschäftsabschluss mit dem ausländischen Abnehmer. Wird der Gegenstand vom Abnehmer selbst abgeholt, muss sich der Unternehmer in geeigneter Weise von der Ausländereigenschaft des Abnehmers vergewissern, um gegenüber der Behörde den Abnehmernachweis führen zu können (vgl. Ruppe/Achatz, UStG[4], § 7 Tz. 59).

Die Frage, ob die Voraussetzungen für die Steuerfreiheit eines Umsatzes gemäß § 7 Abs. 1 UStG 1994 vorliegen, ist eine auf der Ebene der Beweiswürdigung zu lösende Sachfrage, die der verwaltungsgerichtlichen Kontrolle nur insoweit unterliegt, als das Ausreichen der Sachverhaltsermittlungen und die Übereinstimmung der behördlichen Überlegungen zur Beweiswürdigung mit den Denkgesetzen und dem allgemeinen menschlichen Erfahrungsgut zu prüfen ist (vgl. etwa die hg. Erkenntnisse vom 27. März 1996, 93/15/0210, und vom 25. Juni 1997, 94/15/0227).

Der Abnehmernachweis ist vom liefernden Unternehmer zu führen. Dabei können Name und Anschrift des Leistungsempfängers zwar durch jede Bezeichnung zum Ausdruck gebracht werden. Zulässig sind daher auch Kurzbezeichnungen. Doch muss die Bezeichnung eine Identifizierung des Abnehmers ermöglichen. Die Beurteilung als „ausländischer Abnehmer" setzt zwingend voraus, dass die Person des Abnehmers bekannt ist (vgl. das hg. Erkenntnis vom 15. Februar 2006, 2001/13/0275, 0276).

Lohnveredlung an Gegenständen der Ausfuhr
§ 8.

(1) Eine Lohnveredlung (§ 6 Abs. 1 Z 1) liegt vor, wenn der Unternehmer einen Gegenstand, den der Auftraggeber zu diesem Zweck in das Gemeinschaftsgebiet eingeführt oder zu diesem Zweck im Gemeinschaftsgebiet erworben hat, bearbeitet oder verarbeitet (§ 3 Abs. 6) oder eine sonstige Leistung im Sinne des § 3a Abs. 3 bewirkt und

1. der Unternehmer den bearbeiteten oder verarbeiteten Gegenstand vom Inland in das Drittlandsgebiet befördert oder versendet (§ 3 Abs. 8) hat oder

2. der Unternehmer das Umsatzgeschäft, das seiner Lohnveredlung zugrunde liegt, mit einem ausländischen Auftraggeber abgeschlossen hat, und der Auftraggeber den bearbeiteten oder verarbeiteten Gegenstand vom Inland in das Drittlandsgebiet befördert oder versendet hat.

Der bearbeitete oder verarbeitete Gegenstand kann durch weitere Beauftragte vor der Ausfuhr bearbeitet oder verarbeitet worden sein. Die vorstehenden Voraussetzungen müssen buchmäßig nachgewiesen sein.

(2) Ein ausländischer Auftraggeber ist ein solcher, der die für den ausländischen Abnehmer geforderten Voraussetzungen (§ 7 Abs. 2) erfüllt.

(3) Die Bestimmungen des § 7 Abs. 4 bis 7 gelten sinngemäß.

UStR zu § 8:

	Rz		Rz
1. Voraussetzungen	1112	2. Ausländischer Abnehmer	s. Rz 1059-1064
1.1 Einfuhr oder Erwerb zum Zweck der Lohnveredlung	1112	3. Ausfuhrnachweis	s. Rz 1075-1102
1.2 Sonstige Voraussetzungen	1114		

1111 Die Steuerfreiheit für Lohnveredlungen ergänzt ua. jene für Ausfuhrlieferungen. Gegenstände der Ausfuhr können vor der Ausfuhr von einem anderen Unternehmer be- und verarbeitet werden. Auch diese Be- und Verarbeitung kann bei Vorliegen der Voraussetzungen steuerfrei belassen werden.

1. Voraussetzungen
1.1 Einfuhr oder Erwerb zum Zweck der Lohnveredlung

1112 Eine steuerfreie Lohnveredlung liegt nur vor, wenn der Auftraggeber den Gegenstand **zum Zweck der Lohnveredlung in das Gemeinschaftsgebiet eingeführt oder zu diesem Zweck im Gemeinschaftsgebiet erworben hat**. Der Zweck der Lohnveredlung muss zum Zeitpunkt des Erwerbs bzw. der Einfuhr bereits gegeben sein, jedoch muss die Veredlung nicht der Hauptzweck oder der ausschließliche Zweck für die Einfuhr oder für den Erwerb sein.

Beispiel:
A mit Wohnsitz in der Schweiz erwirbt vom Privaten P in Wien ein Gemälde und lässt dies dort von U restaurieren, um es anschließend in die Schweiz zu exportieren. Hauptzweck des Erwerbs bildet zwar die Erlangung der Verfügungsmacht am Gegenstand, es liegt aber dennoch eine begünstigte Veredlung vor.

1113 Die Voraussetzung der Einfuhr eines Gegenstandes zum Zweck seiner Bearbeitung oder Verarbeitung kann zB als erfüllt angesehen werden, wenn eine **zollrechtliche Bewilligung über die aktive Lohnveredlung** vorliegt. Wird zB ein Fahrzeug eines ausländischen Touristen während eines Aufenthaltes im Inland reparaturbedürftig, kann die Steuerbefreiung aufgrund der Lohnveredlung nicht zur Anwendung kommen. Dasselbe gilt, wenn ein ausländischer Abnehmer ein Fahrzeug im Inland erworben hat, dieses vor der Ausfuhr genutzt wurde und es während dieser Zeit wider Erwarten repariert werden musste.

1.2 Sonstige Voraussetzungen

1114 Hinsichtlich der Voraussetzungen der Steuerfreiheit ist zu unterscheiden, ob der bearbeitete oder verarbeitete Gegenstand vom Unternehmer oder vom ausländischen Abnehmer in das Drittlandsgebiet befördert oder versendet wird. Wird der Gegenstand vom Auftraggeber befördert oder versendet, darf dieser keinen Wohnsitz (Sitz) im Inland haben.

1115 Die **mehrfache Bearbeitung oder Verarbeitung vor der Ausfuhr** ist zulässig. Der bearbeitete oder verarbeitete Gegenstand kann durch weitere Beauftragte vor der Ausfuhr bearbeitet oder verarbeitet werden. Dabei sind folgende Fälle zu unterscheiden:

- Der Lohnveredler lässt die Arbeiten durch einen Subunternehmer durchführen. Die Leistung des inländischen Subunternehmers ist steuerpflichtig.

Beispiel:

U in Linz übernimmt für Z in Zürich (Schweiz) die Bearbeitung eines beigestellten Gegenstandes. U lässt diese aber von S in Salzburg durchführen, um anschließend den Gegenstand nach Zürich zu befördern. Der Umsatz U/Z ist eine steuerfreie Lohnveredlung. Der Umsatz S/U ist steuerpflichtig, da U kein ausländischer Auftraggeber ist.

- Die weitere Bearbeitung oder Verarbeitung erfolgt durch einen **dritten Unternehmer** im Auftrag des ausländischen Auftraggebers. Schaltet der Auftraggeber selbst nacheinander mehrere Unternehmer zur Bearbeitung oder Verarbeitung ein, können gegebenenfalls alle Umsätze steuerfrei behandelt werden.
- Hinsichtlich Reparatur, Ausrüstung und Versorgung eines Beförderungsmittels siehe § 7 Rz 1065 bis 1074.

1116 Das Vorliegen der Voraussetzungen für die Steuerbefreiung ist **buchmäßig nachzuweisen**. Ist der Gegenstand durch mehrere Beauftragte nacheinander bearbeitet oder verarbeitet worden, muss jeder dieser Unternehmer die Voraussetzungen der Steuerbefreiung (einschließlich der Einfuhr oder des Erwerbs im Gemeinschaftsgebiet zum Zweck der Bearbeitung oder Verarbeitung) buchmäßig nachweisen. Die für den Buchnachweis bei Ausfuhrlieferungen maßgebenden Vorschriften sind entsprechend anzuwenden.

Randzahlen 1117 bis 1130: Derzeit frei.

2. Ausländischer Abnehmer

Siehe § 7 Rz 1059 bis 1064.

3. Ausfuhrnachweis

Siehe § 7 Rz 1075 bis 1102.

Umsätze für die Seeschiffahrt und für die Luftfahrt

§ 9.

(1) Umsätze für die Seeschiffahrt (§ 6 Abs. 1 Z 2) sind:
1. die Lieferungen, Umbauten, Instandsetzungen, Wartungen, Vercharterungen und Vermietungen von Wasserfahrzeugen für die Seeschiffahrt, die dem Erwerb durch die Seeschiffahrt oder der Rettung Schiffbrüchiger zu dienen bestimmt sind;
2. die Lieferungen, Instandsetzungen, Wartungen und Vermietungen von Gegenständen, die zur Ausrüstung der in Z 1 bezeichneten Wasserfahrzeuge bestimmt sind;
3. die Lieferungen von Gegenständen, die zur Versorgung der in Z 1 bezeichneten Wasserfahrzeuge bestimmt sind. Nicht befreit sind die Lieferungen von Bordproviant zur Versorgung von Wasserfahrzeugen der Küstenfischerei;
4. andere als die in den Z 1 und 2 bezeichneten sonstigen Leistungen, die für den unmittelbaren Bedarf der in Z 1 bezeichneten Wasserfahrzeuge, einschließlich ihrer Ausrüstungsgegenstände und ihrer Ladungen, bestimmt sind.

(2) Umsätze für die Luftfahrt (§ 6 Abs. 1 Z 2) sind:
1. die Lieferungen, Umbauten, Instandsetzungen, Wartungen, Vercharterungen und Vermietungen von Luftfahrzeugen, die zur Verwendung durch Unternehmer bestimmt sind, die im entgeltlichen Luftverkehr überwiegend grenzüberschreitende Beförderungen oder Beförderungen auf ausschließlich im Ausland gelegenen Strecken durchführen;
2. die Lieferungen, Instandsetzungen, Wartungen und Vermietungen von Gegenständen, die zur Ausrüstung der in Z 1 bezeichneten Luftfahrzeuge bestimmt sind;
3. die Lieferungen von Gegenständen, die zur Versorgung der in Z 1 bezeichneten Luftfahrzeuge bestimmt sind;
4. andere als die in den Z 1 und 2 bezeichneten sonstigen Leistungen, die für den unmittelbaren Bedarf der in Z 1 bezeichneten Luftfahrzeuge, einschließlich ihrer Ausrüstungsgegenstände und ihrer Ladungen, bestimmt sind.

(3) Die in den Absätzen 1 und 2 bezeichneten Voraussetzungen müssen vom Unternehmer buchmäßig nachgewiesen sein.

UStR zu § 9:

	Rz		Rz
1. Umsätze für die Seeschifffahrt	1132	2.1 Betroffene Luftfahrzeuge	1141
1.1 Betroffene Wasserfahrzeuge	1132	2.2 Betroffene Leistungen	1144
1.2 Betroffene Leistungen	1133	3. Buchnachweis	1152
2. Umsätze für die Luftfahrt	1141		

1131 Es handelt sich um eine Vorstufenbefreiung, dh. nicht die Umsätze der Seeschiff- und Luftfahrt sind befreit, sondern die Umsätze für die Seeschifffahrt bzw. Luftfahrt.

Diese Steuerbefreiung kommt nur für solche Umsätze in Betracht, die unmittelbar an den begünstigten Unternehmer (Betreiber eines Wasserfahrzeuges, Luftfahrzeuges oder an die Gesellschaft zur Rettung Schiffsbrüchiger) erbracht werden und ist auf Umsätze vorhergehender Stufen (Subunternehmer) nicht anzuwenden.

Beispiel:
Der Unternehmer A, der einen Handel mit technischen Geräten betreibt, liefert Bordinstrumente an die Fluggesellschaft B.

1. Umsätze für die Seeschifffahrt
1.1 Betroffene Wasserfahrzeuge

1132 Unter Seeschifffahrt ist die **Hochseeschifffahrt** zu verstehen. Gemäß § 2 Z 2 Seeschifffahrtgesetz, BGBl. Nr. 174/1981 idF BGBl. Nr. 452/1992, versteht man unter „Seeschiff" ein Fahrzeug, das nach Größe, Bauart und Ausrüstung für Fahrten auf See verwendet werden kann. Betriebsvorrichtungen wie Bohrinseln, Schwimmkräne, Schwimmdocks sowie Schiffe, die zwar hochseetauglich sind, aber in der Flussschifffahrt eingesetzt werden (Donauschifffahrt), fallen nicht unter die Steuerbefreiung.

Die Schiffe müssen **Erwerbszwecken** dienen (Ausnahme: Rettungsschiffe). Die Befreiung bezieht sich somit weder auf Seeschiffe, die hoheitliche Aufgaben erfüllen (zB Kriegsschiffe), noch auf Ausbildungsschiffe, Forschungsschiffe, hochseetüchtige Segelyachten oder sonstige der Freizeitgestaltung dienende Seeschiffe.

1.2 Betroffene Leistungen

1133 Gemäß § 9 Abs. 1 UStG 1994 sind befreit:
- Z 1: Die Lieferungen, Umbauten, Instandsetzungen, Wartungen, Vermietungen und Vercharterungen von Seeschiffen (befreit ist auch Leasing).
- Z 2: Die Lieferungen, Instandsetzungen, Wartungen und Vermietungen von Ausrüstungsgegenständen für Seeschiffe, auch wenn diese nicht fest verbunden sind (etwa optische und nautische Geräte, Tauwerk, Rettungsboote und -ringe, Schwimmwesten, Werkzeug, Möbel, Geschirr, Wäsche, Seekarten, Handbücher, nicht aber Transportbehälter zB Container).
- Z 3: Die Lieferungen von Gegenständen zur Versorgung von Seeschiffen, wie zB Treibstoffe, Schmierstoffe, Farben sowie Proviant, Genussmittel, Wasser und Waren für Bordapotheken oder Bordläden. Die Befreiung bezieht sich nicht auf Lieferungen zur Versorgung von Schiffen, die auf einer vorhergehenden Handelsstufe erfolgen.
- Z 4: Die sonstigen Leistungen, die für den unmittelbaren Bedarf der Fahrzeuge, einschließlich ihrer Ausrüstungsgegenstände und ihrer Ladungen bestimmt sind (zB Leistungen der Schiffsmakler, Havariekommissare, Sachverständigen, Hafenbetriebe; das Schleppen, Lotsen, Bergen).

1134 Von der Befreiung sind Vermittlungsleistungen nicht umfasst. Diese können jedoch nach § 6 Abs. 1 Z 5 UStG 1994 steuerfrei sein.

Randzahlen 1135 bis 1140: Derzeit frei.

2. Umsätze für die Luftfahrt
2.1 Betroffene Luftfahrzeuge

1141 Bei den Luftfahrzeugen muss es sich um solche handeln, die zur Verwendung durch Unternehmer bestimmt sind und die im entgeltlichen Luftverkehr eingesetzt werden. Entgeltlicher Luftverkehr muss nicht den alleinigen Betriebsgegenstand des Unternehmens ausmachen. Der Unternehmer muss jedoch im Rahmen des entgeltlichen Luftverkehrs überwiegend grenzüberschreitende Beförderungen oder Beförderungen auf reinen Auslandsstrecken durchführen. Maßstab dafür, ob im Rahmen des entgeltlichen Luftverkehrs der internationale oder der inländische Luftverkehr überwiegt, sind die Umsatzverhältnisse. Erfüllt der Unternehmer die Voraussetzung des Überwiegens der grenzüberschreiten-

§ 9 UStG

den Beförderungen bzw. der reinen Auslandsbeförderungen, gilt die Steuerbefreiung auch für die im § 9 Abs. 2 UStG 1994 genannten Leistungen betreffend Luftfahrzeuge, die der Unternehmer zum überwiegenden Teil oder ausschließlich für Inlandsflüge einsetzt (EuGH vom 16.9.2004, Rs. C-382/02, „Cimber Air A/S").

1142 Das Vorliegen der Voraussetzungen für die Steuerbefreiung muss der leistende Unternehmer wie folgt prüfen:

Hat das Luftverkehrsunternehmen seinen **Sitz im Ausland**, kann davon ausgegangen werden, dass die Voraussetzungen erfüllt sind. Hat es seinen **Sitz im Inland**, prüft die Finanzverwaltung das Vorliegen der Voraussetzungen und veröffentlicht jährlich eine Liste der Unternehmer mit Sitz im Inland, bei denen davon ausgegangen werden kann, dass sie diese Voraussetzungen erfüllen.

1142a Bis zur Aufnahme eines Unternehmers in die in Rz 1142 genannte Liste gilt Folgendes: Hat das zuständige Finanzamt festgestellt, dass der Unternehmer im entgeltlichen Luftverkehr überwiegend internationalen Luftverkehr betreibt, erteilt das zuständige Finanzamt hierüber eine schriftliche Bestätigung, die bis zur Veröffentlichung einer neuen Liste gilt. Der Unternehmer kann anderen Unternehmern Kopien dieser Mitteilung übermitteln und sie auf diese Weise informieren. Die anderen Unternehmer sind berechtigt, diese Kopien bis zur Veröffentlichung einer neuen Liste für die Führung des buchmäßigen Nachweises zu verwenden.

1143 Auch Fluggesellschaften, welche (auch) Beförderungen von kranken und verletzten Personen mit Fahrzeugen durchführen, die hiefür besonders eingerichtet sind, und gemäß § 6 Abs. 1 Z 22 UStG 1994 nicht zum Vorsteuerabzug berechtigt sind, fallen unter die Vorstufenbefreiung nach § 9 Abs. 2 UStG 1994 (vgl. VwGH 05.09.2012, 2009/15/0213).

Beispiel:

Das österreichische Unternehmen X verkauft Treibstoff an das österreichische Flugunternehmen Y. Y betreibt ein Flugunternehmen, das auch Krankenbeförderungen durchführt und ist mit den Krankenbeförderungen (unecht) steuerbefreit. Ihm kann – bei Vorliegen der Voraussetzungen des § 9 UStG 1994 – steuerfrei geliefert werden.

2.2 Betroffene Leistungen

1144 Folgende Leistungen können befreit sein:

Z 1: **Lieferungen, Umbauten, Instandsetzungen, Wartungen, Vercharterungen und Vermietungen von Luftfahrzeugen** (ebenso Leasing von Luftfahrzeugen). Grundsätzlich steht es dem leistenden Unternehmen frei, bei Vorliegen der Voraussetzungen die Steuerbefreiung gemäß § 7 bzw. § 8 UStG 1994 oder nach § 9 Abs. 2 UStG 1994 in Anspruch zu nehmen. Für jede der genannten Befreiungen ist die Erbringung eines Buchnachweises Voraussetzung.

Z 2: **Lieferungen, Instandsetzungen, Wartungen und Vermietungen von Ausrüstungsgegenständen für Luftfahrzeuge**, wie zB Instrumente, Werkzeuge, Karten, Handbücher, Schwimmwesten.

Z 3: **Lieferungen von Gegenständen zur Versorgung von Luftfahrzeugen.** Das sind technische Verbrauchsgegenstände (zB Treibstoffe, Schmierstoffe), sonstige zum Verbrauch durch die Besatzungsmitglieder und Fluggäste bestimmte Gegenstände (zB Proviant, Genussmittel, Toiletteartikel, Zeitungen und Zeitschriften), Waren für Flugzeugapotheken und Waren (Genussmittel und Non-food-Artikel), die an Bord verkauft werden sollen, auch wenn sie nicht zum Verbrauch oder Gebrauch an Bord bestimmt sind.

1145 Z 4: zu den anderen als den in Z 1 und 2 bezeichneten **sonstigen Leistungen für den unmittelbaren Bedarf von Luftfahrzeugen** gehören insbesondere:

- Die Duldung der Benützung des Flughafens und seiner Anlagen (zB die Überlassung von Abstellflächen und Hallen zu Abstellzwecken; die Überlassung von Räumlichkeiten zu Abfertigungszwecken) einschließlich der Erteilung der Start- und Landeerlaubnis;
- die Reinigung und das Enteisen von Luftfahrzeugen;

§ 9 UStG

- die Umschlagsleistungen im Zusammenhang mit dem Be- bzw. Entladen von Luftfahrzeugen;
- die Leistungen der Havariekommissare, soweit sie bei Beförderungen im Luftverkehr anlässlich von Schäden an den Beförderungsmitteln oder ihren Ladungen tätig werden. Ein Havariekommissar ist in der Regel als Schadensagent für Versicherer, Versicherungsnehmer, Versicherte oder Beförderungsunternehmer tätig. Er hat hauptsächlich die Aufgabe, die Interessen seines Auftraggebers wahrzunehmen, wenn bei Beförderungen Schäden an den Beförderungsmitteln oder an ihren Ladungen eintreten;
- die Abfertigung von Luftfahrzeugen, Fluggästen, Fracht und Luftpost, soweit es sich nicht um behördliche Aufgaben (zB Pass- und Zollabfertigung) handelt. Es sind dies Tätigkeiten, die insbesondere beim Ein- und Aussteigen von Fluggästen, beim Ein- und Ausladen von Fracht und Luftpost durchzuführen sind (zB Ladekontrolle, Gepäcksabfertigung, Dokumentenabfertigung, Postabfertigung, Beförderung von Passagieren, Fracht und Post zwischen Flugzeug und Flughafenabfertigungsgebäude bzw. im Flughafenabfertigungsgebäude);
- die mit dem Flugbetrieb zusammenhängenden sonstigen Leistungen von Luftfahrtunternehmen untereinander (zB Schleppen von Flugzeugen eines anderen Unternehmers).

1146 Nicht unter die Steuerbefreiung des § 9 UStG 1994 fallen sonstige Leistungen, die nur mittelbar dem Bedarf von Luftfahrzeugen dienen. Das sind insbesondere:
- Die Vermittlung von befreiten Umsätzen. Es kann jedoch die Steuerbefreiung nach § 6 Abs. 1 Z 5 UStG 1994 in Betracht kommen.
- Die Vermietung von Hallen für Werftbetriebe auf Flughäfen.
- Die Leistungen an eine Luftfahrtbehörde für Zwecke der Luftaufsicht.
- Die Beherbergung von Besatzungsmitgliedern eines Luftfahrzeuges.
- Die Beförderung von Besatzungsmitgliedern (zB mit einem Taxi, vom Flughafen zum Hotel und zurück).
- Die Beherbergung von Passagieren bei Flugunregelmäßigkeiten sowie die Beförderung von Passagieren und Fluggepäck (zB mit einem KFZ, zu einem Ausweichflughafen).
- Die Transporte von Luftfracht mit KFZ zum Zielflughafen (so genannte Luftfrachtersatztransporte).
- Die Überlassung von Räumlichkeiten des Flughafens zu Veranstaltungszwecken (zB für Pressekonferenzen).
- Die Überlassung von Piloten.

Randzahlen 1147 bis 1151: Derzeit frei.

3. Buchnachweis

1152 Der Buchnachweis ist materiell-rechtliche Voraussetzung für die Steuerbefreiung und bezieht sich auf Umstände, die in der Sphäre des Leistungsempfängers liegen.

Randzahlen 1153 bis 1160: Derzeit frei.

Erlass zu § 9:

Liste der Unternehmer mit Sitz im Inland, die im entgeltlichen Luftverkehr überwiegend grenzüberschreitende Beförderungen oder Beförderungen auf ausschließlich im Ausland gelegenen Strecken durchführen

(§ 9 Abs. 2 Z 1 UStG 1994)

(Stand 1. Jänner 2017)

ABC Bedarfsflug GmbH 6020 Innsbruck
AFS Alpine Flightservice GmbH, 6850 Dornbirn
Air Charter Bedarfsflugunternehmen GmbH 1200 Wien

§ 9 UStG

Air Link LuftverkehrsGmbH 5035 Salzburg-Flughafen
Altenrhein Luftfahrt GmbH Office Park 3, Top 312 1300 Flughafen Wien-Schwechat
Austrian Airlines AG 1300 Wien-Flughafen
AVAG Air GmbH 5020 Salzburg
Avcon Jet AG 1040 Wien
B.A.C.H. FlugbetriebsGmbH 1160 Wien
BAIRLINE Fluggesellschaft m.b.H. & Co KG 5020 Salzburg
Common Sky – A&N Luftfahrt GmbH 4030 Linz
EUROP STAR Aircraft GmbH 9020 Klagenfurt
Global Jet Austria GmbH 1010 Wien
GlobeAir AG 4063 Hörsching
Goldeck Flug GmbH 9800 Spittal/Drau
International Jet Management GmbH Concorde Business Park 2/F/14 2320 Schwechat
JETFLY Airline GmbH 4063 Hörsching
Jet Pool Network Luftverkehrs GmbH 1300 Wien-Flughafen
Jet 24 GmbH 1300 Flughafen Wien
Laudamotion GmbH Concorde Business Park 2/F14 2320 Schwechat
LFU-Peter Gabriel Luftfahrtges.m.b.H 1130 Wien
Magna Air Luftfahrtges.m.b.H 1120 Wien
Mali Air Luftverkehr GmbH 8763 Möderbrugg
MJet GmbH 1010 Wien
Niki Luftfahrt GmbH Office Park I, Top B03 1300 Flughafen Wien-Schwechat
Porsche Air Service GmbH 5020 Salzburg
Smartline Luftfahrt GmbH 6900 Bregenz
Salzburg JetAviation GmbH 5020 Salzburg
Sky Taxi Luftfahrt GmbH 6900 Bregenz
Speedwings Executive Jet GmbH Garnisongasse 3/1/6 1090 Wien
Transair Bedarfsflugunternehmen GmbH 1015 Wien
Tyrol Air Ambulance GmbH 6020 Innsbruck
Tyrolean Jet Service NFG GmbH & Co KG 6026 Innsbruck
Welcome Air Luftfahrt GmbH 6020 Innsbruck

Judikatur EuGH zu § 9:

EuGH vom 3.9.2015, Rs C-526/13, *Fast Bunkering Klaipeda*
Voraussetzung für die Steuerbefreiung bei Lieferungen von Gegenständen zur Versorgung von Schiffen

Art. 148 Buchst. a der Richtlinie 2006/112/EG ist dahin auszulegen, dass die in dieser Bestimmung vorgesehene Steuerbefreiung grundsätzlich nicht auf Lieferungen von Gegenständen zur Versorgung von Schiffen an im eigenen Namen handelnde Mittelspersonen anwendbar ist, selbst wenn zum Zeitpunkt der Lieferung die endgültige Verwendung der Gegenstände bekannt und ordnungsgemäß belegt ist und der Steuerbehörde im Einklang mit nationalen Rechtsvorschriften entsprechende Nachweise vorgelegt werden. Unter Umständen wie denen des Ausgangsverfahrens kann diese Steuerbefreiung jedoch anwendbar sein, wenn die Übertragung des Eigentums an den betreffenden Gegenständen auf diese Mittelspersonen gemäß den im anwendbaren nationalen Recht vorgesehenen

§ 9 UStG

Formen frühestens mit dem Zeitpunkt zusammenfällt, zu dem den Betreibern der auf hoher See eingesetzten Schiffe die Befähigung übertragen wurde, über diese Gegenstände faktisch so zu verfügen, als wären sie ihr Eigentümer; dies zu prüfen, ist Sache des vorlegenden Gerichts.

EuGH vom 19.7.2012, Rs C-33/11, *A*
Voraussetzung der Steuerbefreiung bei der Lieferung von Luftfahrzeugen

1. Der Begriff „entgeltlicher internationaler Verkehr" im Sinne von Art. 15 Nr. 6 der Sechsten Richtlinie 77/388/EWG in der durch die Richtlinie 92/111/EWG geänderten Fassung ist dahin auszulegen, dass er auch internationale Charterflüge zur Befriedigung der Nachfrage von Unternehmen oder Privatpersonen einschließt.

2. Art. 15 Nr. 6 der Sechsten Richtlinie 77/388 in der durch die Richtlinie 92/111 geänderten Fassung ist dahin auszulegen, dass die dort vorgesehene Befreiung auch für die Lieferung eines Luftfahrzeugs an einen Wirtschaftsteilnehmer gilt, der selbst nicht zu den „Luftfahrtgesellschaften ..., die hauptsächlich im entgeltlichen internationalen Verkehr tätig sind", im Sinne dieser Vorschrift gehört, sondern das betreffende Luftfahrzeug zum Zweck der ausschließlichen Nutzung durch eine solche Gesellschaft erwirbt.

3. Die vom vorlegenden Gericht genannten Umstände – die Tatsache, dass der Erwerber des Luftfahrzeugs die Kosten für dessen Benutzung auf eine Privatperson abwälzt, die sein Anteilseigner ist und die dieses Luftfahrzeug hauptsächlich für ihre eigenen geschäftlichen und/oder privaten Zwecke nutzt, wobei die Luftfahrtgesellschaft auch die Möglichkeit hat, es für andere Flüge einzusetzen – sind nicht geeignet, die Antwort auf die zweite Frage zu ändern.

EuGH vom 22.12.2010, Rs C-116/10, *Feltgen und Bacino Charter Company*
Keine Steuerbefreiung für Dienstleistungen iZm Hochseevergnügungsreisen

Art. 15 Nr. 5 der Sechsten Richtlinie 77/388/EWG in der durch die Richtlinie 91/680/EWG geänderten Fassung ist dahin auszulegen, dass die in dieser Bestimmung vorgesehene Befreiung von der Mehrwertsteuer keine Anwendung auf Dienstleistungen findet, mit denen natürlichen Personen gegen Entgelt ein Schiff mit Besatzung für Hochseevergnügungsreisen zur Verfügung gestellt wird.

EuGH vom 18.10.2007, Rs C-97/06, *Navicon*
Vercharterung von Schiffen

1. Art. 15 Nr. 5 der Sechsten Richtlinie 77/388/EWG in der durch die Richtlinie 92/111/EWG des Rates vom 14. Dezember 1992 geänderten Fassung ist in dem Sinne auszulegen, dass er sowohl die Vollvercharterung als auch die Teilvercharterung von auf hoher See eingesetzten Schiffen erfasst. Folglich steht die genannte Vorschrift nationalen Bestimmungen wie den im Ausgangsverfahren in Rede stehenden, die die Mehrwertsteuerbefreiung nur bei der Vollvercharterung solcher Schiffe gewähren, entgegen.

2. Es ist Sache des vorlegenden Gerichts, zu entscheiden, ob der im Ausgangsverfahren in Rede stehende Vertrag die Tatbestandsmerkmale eines Chartervertrags im Sinne von Art. 15 Nr. 5 der Sechsten Richtlinie 77/388 in der durch die Richtlinie 92/111 geänderten Fassung erfüllt.

Judikatur VwGH zu § 9:

VwGH vom 5.9.2012, 2009/15/0213
Vorstufenbefreiung steht auch Fluggesellschaften zu, welche (auch) Beförderungen von kranken und verletzten Personen mit Fahrzeugen, die hiefür besonders eingerichtet sind, durchführen

Die Finanzverwaltung hat in ihren Verwaltungsanweisungen (Richtlinien) die Anwendung der Vorstufenbefreiung nach § 9 Abs. 2 UStG 1994 auf „Fluggesellschaften, welche (auch) Beförderungen von kranken und verletzten Personen mit Fahrzeugen, die hiefür besonders eingerichtet sind, durchführen (und) gemäß § 6 Abs. 1 Z 22 UStG 1994 nicht zum Vorsteuerabzug berechtigt sind" ausgeschlossen (UStR 2000 Rz 1143). Eine solche Einschränkung ist dem Gesetz nicht zu entnehmen. Die Versagung der Vorstufenbefreiung kann auch nicht unmittelbar auf abweichendes Unionsrecht – Art. 15 Z 6 der Sechsten Mehrwertsteuerrichtlinie stellt nicht auf „ausschließlich im Ausland gelegene Strecken" im Sinne des § 9 Abs. 2 Z 1 UStG 1994 ab – gestützt werden, denn die besagte Richtlinie genießt als solche keinen Anwendungsvorrang zu Lasten des Abgabepflichtigen (vgl. Öhlinger/Potacs, EU-Recht und staatliches Recht[4] 69 ff. sowie 100 ff.). Auch eine unionsrechtskonforme Interpretation scheidet angesichts des eindeutig weiteren Wortlauts von § 9 Abs. 2 Z 1 UStG 1994 aus (zu Grenzen der richtlinienkonformen Interpretation vgl. beispielsweise die hg. Erkenntnisse vom 23. Oktober 1995, 95/10/0108, und vom 22. August 2012, 2010/17/0228). [Im vorliegenden Fall vermietete eine Unternehmerin Helikopter (Rettungshubschrauber) an ausländische Unternehmen, die mit den gemieteten Helikoptern Beförderungen von Kranken und Verletzten auf ausschließlich im Ausland gelegenen Strecken durchführten. Dabei vermietete sie u.a. im Jahr 2005 im Zeitraum April bis Dezember bis zu drei Hubschrauber an eine private Flugrettungsfirma in einem Mitgliedstaat der Union.]

Steuersätze

§ 10.

(1) Die Steuer beträgt für jeden steuerpflichtigen Umsatz 20% der Bemessungsgrundlage (§§ 4 und 5).

(2) Die Steuer ermäßigt sich auf 10% für

1. a) die Lieferungen und die Einfuhr der in der Anlage 1 aufgezählten Gegenstände;

   b) die Abgabe von in der Anlage 1 genannten Speisen und Getränken im Rahmen einer sonstigen Leistung (Restaurationsumsätze);

   c) die Verabreichung eines ortsüblichen Frühstücks, wenn sie zusammen mit der Beherbergung gemäß Abs. 3 Z 3 lit. a erbracht wird;

2. die Vermietung von in der Anlage 1 Z 33 aufgezählten Gegenständen;

3. a) die Vermietung (Nutzungsüberlassung) von Grundstücken für Wohnzwecke, ausgenommen eine als Nebenleistung erbrachte Lieferung von Wärme;

   b) die Leistungen von Personenvereinigungen zur Erhaltung, Verwaltung oder zum Betrieb der in ihrem gemeinsamen Eigentum stehenden Teile und Anlagen einer Liegenschaft, an der Wohnungseigentum besteht und die Wohnzwecken dienen, ausgenommen eine als Nebenleistung erbrachte Lieferung von Wärme;

   c) Umsätze aufgrund von Benutzungsverträgen gemäß § 5 Abs. 1 Studentenheimgesetz, BGBl. Nr. 291/1986 in der Fassung BGBl. I Nr. 24/1999, vergleichbare Umsätze von Lehrlingsheimen sowie Kinder- und Schülerheimumsätze, die eine Beherbergung umfassen; *(BGBl. I Nr. 117/ 2006)*

4. die Leistungen der Körperschaften, Personenvereinigungen und Vermögensmassen, die gemeinnützigen, mildtätigen oder kirchlichen Zwecken dienen (§§ 34 bis 47 der Bundesabgabenordnung), soweit diese Leistungen nicht unter § 6 Abs. 1 fallen, sowie die von Bauvereinigungen, die nach dem Wohnungsgemeinnützigkeitsgesetz als gemeinnützig anerkannt sind, im Rahmen ihrer Tätigkeiten nach § 7 Abs. 1 bis 3 des Wohnungsgemeinnützigkeitsgesetzes erbrachten Leistungen. Dies gilt nicht für Leistungen, die im Rahmen eines land- und forstwirtschaftlichen Betriebes, eines Gewerbebetriebes oder eines wirtschaftlichen Geschäftsbetriebes im Sinne des § 45 Abs. 3 der Bundesabgabenordnung ausgeführt werden, für die steuerpflichtige Lieferung von Gebäuden oder Gebäudeteilen, für die Vermietung (Nutzungsüberlassung) von Räumlichkeiten oder Plätzen für das Abstellen von Fahrzeugen aller Art, für eine als Nebenleistung erbrachte Lieferung von Wärme sowie die steuerpflichtige Lieferung der nachfolgend aufgezählten Gegenstände:

a) Feste mineralische Brennstoffe, ausgenommen Retortenkohle (Positionen 2701 und 2702 sowie aus Unterpositionen 2703 00 00 und 2704 00 der Kombinierten Nomenklatur);

b) Leuchtöl (Unterposition 2710 19 25 der Kombinierten Nomenklatur), Heizöle (aus Unterpositionen 2710 19 und 2710 20 der Kombinierten Nomenklatur) und Gasöle (aus Unterposition 2710 19, außer Unterpositionen 2710 19 31 und 2710 19 35 und aus Unterposition 2710 20 der Kombinierten Nomenklatur);

c) Gase und elektrischer Strom (Unterposition 2705 00 00, Position 2711 und Unterposition 2716 00 00 der Kombinierten Nomenklatur);

d) Wärme;

5. die Leistungen der Rundfunkunternehmen, soweit hiefür Rundfunk- und Fernsehrundfunkentgelte entrichtet werden, sowie die sonstigen Leistungen von Kabelfernsehunternehmen, soweit sie in der zeitgleichen, vollständigen und unveränderten Verbreitung von in- und ausländischen Rundfunk- und Fernsehrundfunksendungen, die der Allgemeinheit mit Hilfe von Leitungen gegen ein fortlaufend zu entrichtendes Entgelt wahrnehmbar gemacht werden, bestehen;

6. die Beförderung von Personen mit Verkehrsmitteln aller Art, soweit nicht § 6 Abs. 1 Z 3 oder § 10 Abs. 3 Z 9 anzuwenden ist. Das Gleiche gilt sinngemäß für die Einräumung oder Übertragung des Rechtes auf Inanspruchnahme von Leistungen, die in einer Personenbeförderung bestehen;

7. die mit dem Betrieb von Unternehmen zur Müllbeseitigung und zur Abfuhr von Spülwasser und Abfällen regelmäßig verbundenen sonstigen Leistungen;

8. die Umsätze der Kranken- und Pflegeanstalten, der Alters-, Blinden- und Siechenheime sowie jener Anstalten, die eine Bewilligung als Kuranstalt oder Kureinrichtung nach den jeweils geltenden Rechtsvorschriften über natürliche Heilvorkommen und Kurorte besitzen, soweit es sich um Leistungen handelt, die unmittelbar mit der Kranken- oder Kurbehandlung oder unmittelbar mit der Betreuung der Pfleglinge im Zusammenhang stehen, und sofern die Umsätze nicht unter § 6 Abs. 1 Z 18 oder 25 fallen.

(3) Ist der Steuersatz nach Abs. 2 nicht anzuwenden, ermäßigt sich die Steuer auf 13% für

1. a) die Lieferungen und die Einfuhr der in der Anlage 2 Z 1 bis Z 9 genannten Gegenstände;

b) die Einfuhr der in der Anlage 2 Z 10 bis 13 aufgezählten Gegenstände;

c) die Lieferungen der in der Anlage 2 Z 10 aufgezählten Gegenstände, wenn diese Lieferungen
   – vom Urheber oder dessen Rechtsnachfolger bewirkt werden oder

– von einem Unternehmer bewirkt werden, der kein Wiederverkäufer ist, wenn dieser den Gegenstand entweder selbst eingeführt hat, ihn vom Urheber oder dessen Rechtsnachfolger erworben hat oder er für den Erwerb zum vollen Vorsteuerabzug berechtigt war;
2. a) die Aufzucht, das Mästen und Halten von Tieren, die in der Anlage 2 Z 1 genannt sind, sowie die Anzucht von Pflanzen;
   b) die Leistungen, die unmittelbar der Vatertierhaltung, der Förderung der Tierzucht oder der künstlichen Tierbesamung von Tieren dienen, die in der Anlage 2 Z 1 genannt sind;
3. a) die Beherbergung in eingerichteten Wohn- und Schlafräumen und die regelmäßig damit verbundenen Nebenleistungen (einschließlich Beheizung);
   b) die Vermietung (Nutzungsüberlassung) von Grundstücken für Campingzwecke und die regelmäßig damit verbundenen Nebenleistungen, soweit hiefür ein einheitliches Benützungsentgelt entrichtet wird;
4. die Umsätze aus der Tätigkeit als Künstler;
5. die unmittelbar mit dem Betrieb von Schwimmbädern verbundenen Umsätze und die Thermalbehandlung;
6. folgende Leistungen, sofern sie nicht unter § 6 Abs. 1 Z 24 oder 25 fallen:
   a) die Leistungen, die regelmäßig mit dem Betrieb eines Theaters verbunden sind. Das Gleiche gilt sinngemäß für Veranstaltungen von Theateraufführungen durch andere Unternehmer;
   b) die Musik- und Gesangsaufführungen durch Einzelpersonen oder durch Personenzusammenschlüsse, insbesondere durch Orchester, Musikensembles und Chöre. Das Gleiche gilt sinngemäß für Veranstaltungen derartiger Musik- und Gesangsaufführungen durch andere Unternehmer;
   c) die Leistungen, die regelmäßig mit dem Betrieb eines Museums, eines botanischen oder eines zoologischen Gartens sowie eines Naturparks verbunden sind;
7. die Filmvorführungen;
8. die Zirkusvorführungen sowie die Leistungen aus der Tätigkeit als Schausteller;
9. die Beförderung von Personen mit Luftverkehrsfahrzeugen, soweit nicht § 6 Abs. 1 Z 3 anzuwenden ist. Das Gleiche gilt sinngemäß für die Einräumung oder Übertragung des Rechtes auf Inanspruchnahme von Leistungen, die in einer Personenbeförderung bestehen;
10. folgende Leistungen, sofern sie nicht unter § 6 Abs. 1 Z 23 oder 25 fallen: die Leistungen der Jugend-, Erziehungs-, Ausbildungs-, Fortbildungs- und Erholungsheime an Personen, die das 27. Lebensjahr nicht vollendet haben, soweit diese Leistungen in deren Betreuung, Beherbergung, Verköstigung und den hiebei üblichen Nebenleistungen bestehen;

11. die Lieferungen von Wein aus frischen Weintrauben aus den Unterpositionen 2204 21, 2204 22 und 2204 29 der Kombinierten Nomenklatur und von anderen gegorenen Getränken aus der Position 2206 der Kombinierten Nomenklatur, die innerhalb eines landwirtschaftlichen Betriebes im Inland erzeugt wurden, soweit der Erzeuger die Getränke im Rahmen seines landwirtschaftlichen Betriebes liefert. Dies gilt nicht für die Lieferungen von Getränken, die aus erworbenen Stoffen (zB Trauben, Maische, Most, Sturm) erzeugt wurden oder innerhalb der Betriebsräume, einschließlich der Gastgärten, ausgeschenkt werden (Buschenschank). Im Falle der Übergabe eines landwirtschaftlichen Betriebes im Ganzen an den Ehegatten oder an den eingetragenen Partner, sowie an Abkömmlinge, Stiefkinder, Wahlkinder oder deren Ehegatten, eingetragenen Partner oder Abkömmlinge gilt auch der Betriebsübernehmer als Erzeuger der im Rahmen der Betriebsübertragung übernommenen Getränke, soweit die Steuerermäßigung auch auf die Lieferung dieser Getränke durch den Betriebsübergeber anwendbar gewesen wäre; *(BGBl. I Nr. 117/2016)*
12. die Eintrittsberechtigungen für sportliche Veranstaltungen.

(4) Die Steuer ermäßigt sich auf 19% für die in den Gebieten Jungholz und Mittelberg bewirkten Umsätze im Sinne des § 1 Abs. 1 Z 1 und 2 durch Unternehmer, die einen Wohnsitz (Sitz), gewöhnlichen Aufenthalt oder eine Betriebsstätte in diesen Gebieten haben. Dies gilt nicht für die Lieferung und die Vermietung von Kraftfahrzeugen an Leistungsempfänger, die ihren Wohnsitz oder Sitz im Inland, ausgenommen in den Gebieten Jungholz und Mittelberg, haben, und für Umsätze an die Betriebsstätte eines Unternehmers im Inland, ausgenommen in den Gebieten Jungholz und Mittelberg.

Die Regelung gilt nicht für Umsätze, auf welche die Bestimmungen des Abs. 2 und 3 anzuwenden sind.

UStR zu § 10:

	Rz		Rz
1. Normalsteuersatz	1161	2.3.1 Allgemeines	1184
2. Ermäßigter Steuersatz von 10%	1166	2.3.2 Vermietung von Grundstücken für Wohnzwecke	1185
2.1 Gegenstände der Anlage 1	1166	2.3.3 Nebenleistungen	1189
2.1.1 Gegenstände der Anlage Z 1 – Z 34	1166	2.3.4 Lieferung von Wärme	1192
2.1.2 Umsätze von Arzneimitteln	1174a	2.3.5 Eigenverbrauch	1197
2.2 Vermietung von Druckerzeugnissen	1177	2.3.6 Wohnungseigentümergemeinschaften	1214
2.3 Vermietung von Grundstücken; Wohnungseigentümergemeinschaften	1184	2.3.7 Garagen im Wohnungseigentum	1217

§ 10 UStG

	Rz
2.3.8 Studenten-, Lehrlings-, Kinder- und Schülerheime	1218
2.4 Gemeinnützige Rechtsträger	**1233**
2.4.1 Begünstigte Rechtsträger	1233
2.4.2 Gemeinnützige Bauvereinigungen	1235
2.4.3 Umfang der Begünstigung	1236
2.4.4 Liebhabereivermutung	1239
2.4.5 Auswirkung einer Ausnahmegenehmigung nach der BAO	1241
2.4.6 Umfang des betrieblichen Bereiches bei gemeinnützigen Vereinen	1242
2.4.7 Aufteilung der Vorsteuern	1246
2.4.8 Eigenverbrauch	1252
2.4.9 Sinngemäße Anwendung	1254
2.5 Rundfunk	**1276**
2.5.1 Leistungen von Rundfunkunternehmen	1276
2.5.2 Leistungen von Kabelfernsehunternehmen	1281
2.6 Personenbeförderung	**1301**
2.6.1 Allgemeines	1301
2.6.2. Einzelfälle	1313
2.7 Müllbeseitigung und Abfuhr von Spülwasser und Abfällen	**1321**
2.7.1 Allgemeines	1321
2.7.2 Müllbeseitigung	1322
2.7.3 Abfuhr von Spülwasser und Abfällen	1326
2.7.4 Entsorgung von Klärschlamm	1327a
2.8 Kranken- und Pflegeanstalten, Altersheime, Kuranstalten usw.	**1336**
2.8.1 Allgemeines	1336
2.8.2 Abgrenzung zu § 6 Abs. 1 Z 18 und Z 25	1337
2.8.3 Abgrenzung zur ärztlichen Leistung	1338
3. Ermäßigter Steuersatz von 13 %	**1351**
3.1 Gegenstände der Anlage 2	**1351**
3.1.1 Gegenstände der Anlage 2 Z 1 bis Z 9	1352
3.1.2 Gegenstände der Anlage 2 Z 10 bis 13	1353
3.1.3 Gegenstände der Anlage 2 Z 10 (Kunstgegenstände)	1354
3.2 Tierzucht, Anzucht von Pflanzen und unmittelbar der Tierzucht dienende Leistungen	**1361**
3.2.1 Tierzucht (Aufzucht, Mästen und Halten von Tieren)	1361
3.2.2 Anzucht von Pflanzen	1363
3.2.3 Vatertierhaltung, Förderung der Tierzucht und künstliche Besamung	1364
3.3 Beherbergung	**1368**
3.3.1 Allgemeines	1368

	Rz
3.3.2 Aufteilung eines pauschalen Entgelts	1369
3.3.3 All-Inclusive	1372
3.3.4 Time-Sharing	1374
3.3.5 Camping	1378
3.4 Künstler	**1386**
3.4.1 Begriff Künstler	1386
3.4.2 Begriff Tätigkeit als Künstler	1387
3.4.3 Einräumung und Übertragung von urheberrechtlich geschützten Rechten	1389
3.4.4 Autoren	1390
3.5 Schwimmbäder, Thermalbehandlung	**1393**
3.5.1 Begünstigte Umsätze von Schwimmbädern	1393
3.5.2 Begünstigte Umsätze im Rahmen der Thermalbehandlung	1395
3.6 Theater-, Musik- und Gesangsaufführungen, Konzerte, Museen usw.	**1398**
3.6.1 Theateraufführungen	1398
3.6.2 Musik- und Gesangsaufführungen usw. (§ 10 Abs. 3 Z 6 lit. b UStG 1994; bis 30.4.2016: § 10 Abs. 2 Z 8 lit. b UStG 1994)	1406
3.6.3 Museen usw.	1410
3.7 Filmvorführungen	**1423**
3.7.1 Begriff Film	1423
3.7.2 Begriff Vorführung	1424
3.7.3 Umfang der Begünstigung	1426
3.8 Zirkusvorführungen und Schausteller	**1428**
3.8.1 Begriff Zirkusvorführung	1428
3.8.2 Umfang der Begünstigung	1429
3.8.3 Nicht begünstigte Nebenleistungen	1430
3.8.4 Begriff Schausteller	1431
3.8.5 Umfang der Begünstigung	1432
3.8.6 Nicht begünstigte (Neben-) Leistungen	1433
3.9 Personenbeförderung mit Luftfahrzeugen	**1439**
3.10 Jugendheime	**1444**
3.11 Lieferungen (und der den Lieferungen gleichgestellte Eigenverbrauch) von Wein und anderen gegorenen Getränken	**1448**
3.11.1 Selbsterzeugter Wein	1450
3.11.2 Lieferung von Wein, der im Rahmen der Übergabe des Betriebes an nahe Angehörige mitübergeben wurde	1451
3.12 Eintrittsberechtigungen für sportliche Veranstaltungen	**1454**
4. Änderung des Steuersatzes und Anzahlungen	**1476**

§ 10 UStG

1. Normalsteuersatz

1161 Der Normalsteuersatz beträgt 20 % und gilt für Lieferungen, sonstige Leistungen, Einfuhr, Eigenverbrauch und innergemeinschaftliche Erwerbe. Der Normalsteuersatz ist immer dann anzuwenden, wenn nicht Sondervorschriften wie Steuerbefreiung (zB § 6 UStG 1994), Steuerermäßigung (zB § 10 Abs. 2 UStG 1994) oder sonstige Ausnahmeregelungen (zB § 22 UStG 1994) in Betracht kommen.

Randzahlen 1162 bis 1165: Derzeit frei.

2. Ermäßigter Steuersatz von 10 %
2.1 Gegenstände der Anlage 1
2.1.1 Gegenstände der Anlage Z 1 – Z 34

1166 Die Gegenstände, deren Lieferung (einschließlich Werklieferung), Eigenverbrauch gemäß § 3 Abs. 2 und § 3a Abs. 1a UStG 1994, Einfuhr und innergemeinschaftlicher Erwerb dem ermäßigten Steuersatz von 10% unterliegen, sind in der Anlage 1 Z 1 bis Z 34 erschöpfend aufgezählt.

1167 Die Anwendung des ermäßigten Steuersatzes ist nicht von einem buchmäßigen Nachweis abhängig und hat auch im Falle einer Schätzung des Umsatzes zu erfolgen.

1168 Die Zugehörigkeit der Gegenstände zu Anlage 1 richtet sich nach der **Kombinierten Nomenklatur** (KN, das ist der gemeinsame Zolltarif der EU). Maßgebend für die Einreihung von Waren in den Zolltarif sind der Wortlaut der Positionen bzw. Unterpositionen und die Anmerkungen zu den Abschnitten, nicht die Überschriften. Die für die Tarifierung maßgeblichen EU-Vorschriften sind im Österreichischen Gebrauchszolltarif und in den Erläuterungen zum Österreichischen Zolltarif enthalten.

1169 Bei Lieferungen von Gegenständen der Anlage 1 ist der **Grundsatz der Einheitlichkeit der Leistung** anzuwenden, daher gilt der ermäßigte Steuersatz auch für unselbständige Nebenleistungen (zB Beförderung eines Gegenstandes, Verpackungen, Behältnisse, Warenumschließungen), auch wenn das Entgelt für die Nebenleistung gesondert in Rechnung gestellt wird.

1170 Eine **unselbständige Nebenleistung** zur Lieferung von Wasser ist zB die Vermietung von Zählern, für die neben der laufenden Gebühr auch noch eine Grundgebühr eingehoben wird; ebenso eine Leistung, für die eine sog Anschlussgebühr verrechnet wird. Wird Obst oder Gemüse in Mehrweggebinden geliefert, so ist davon auszugehen, dass es sich um eine einheitliche Leistung handelt und das vom Käufer aufgewendete Pfandgeld Teil des Entgelts für die einheitliche Warenlieferung ist. Bei **Rückerstattung des Pfandgeldes** liegt eine Entgeltsminderung iS § 16 UStG 1994 vor. Daher ist für die Lieferung von Obst und Gemüse in Mehrweggebinden der ermäßigte Steuersatz anzuwenden. Werden Sachgesamtheiten geliefert (zB Geschenkkorb), die aus Waren bestehen, die verschiedenen Positionen der KN zuzuordnen sind, so ist das Entgelt – gegebenenfalls im Schätzungsweg – aufzuteilen, wenn verschiedene Steuersätze zur Anwendung kommen.

1171 Wird für ein **Frühstück** ein einheitlicher Preis verlangt, so können die mit 20 % zu versteuernden Entgeltsteile (insbesondere für Kaffee, Tee) mit 20 % des einheitlichen Preises angesetzt werden. Die übrigen Entgeltsteile sind dem 10%igen Steuersatz zu unterwerfen. Diese Pauschalregelung kann nur einheitlich für alle Frühstücksabgaben eines Betriebes während eines Voranmeldungszeitraumes angewendet werden.

1172 Sonstige Leistungen im Zusammenhang mit Gegenständen der Anlage 1 Z 1 bis Z 34 UStG 1994 (zB im Zusammenhang mit Büchern oder anderen Druckerzeugnissen; ausgenommen die Vermietung von Druckerzeugnissen, siehe Rz 1177) fallen nicht unter den ermäßigten Steuersatz (zB die Herstellung von Fotokopien; Verkauf von digitalen oder elektronischen Büchern vgl. EuGH 5.3.2015, Rs C-502/13, *Kommission/Luxemburg*; EuGH 5.3.2015, Rs C-479/13, *Kommission/Frankreich*). Beim Binden von Zeitschriften nach Jahrgängen, Berichten, Patentschriften udgl. liegt eine Werkleistung vor, für die der Normalsteuersatz zur Anwendung kommt (VwGH 29.11.1984, 83/15/0083; VwGH 14.11.1988, 86/15/0086). Werden hingegen Zeitschriften, Bundesgesetzblätter udgl. mit

§ 10 UStG

festen Einbanddecken gebunden und zusätzlich mit einem Index (zB Inhaltsverzeichnis, Stichwortverzeichnis) versehen, liegt eine Werklieferung vor, die dem ermäßigten Steuersatz unterliegt.

1173 Das Binden von Büchern und Dissertationen ist als Werklieferung anzusehen und dem ermäßigten Steuersatz zu unterwerfen (VwGH 29.10.1979, 2259/77; 14.11.1988, 86/15/0086).

1173a Fotobücher sind in die Position 4901 9900 der **KN** einzureihen und daher von § 10 Abs. 2 Z 1 lit. a UStG 1994 iVm Z 33 der Anlage 1 erfasst. **Nach der VO (EU) Nr. 2254/ 2015 fallen Fotobücher in die Position 4911 91 00 der KN. Es kommt daher ab 1.4.2016 der Steuersatz von 20% zur Anwendung, weil die Position 4911 91 00 der KN weder in Anlage 1 noch Anlage 2 genannt ist.**

1173b Die gesonderte Verrechnung eines Gedecks in einem Speiselokal hat gegenüber der Hauptleistung Restaurationsumsatz eine dienende Funktion und wird als unselbstständige Nebenleistung zur Abgabe von Speisen gesehen.

1173c Sirupe der Unterpositionen 2106 90 der KN in Gebinden, die ausschließlich für den Ausschank durch eine Schankanlage vorgesehen sind, unterliegen ab 1.1.2016 unabhängig von der Lebensmittelzusammensetzung dem Normalsteuersatz (Z 21 der Anlage 1).

Randzahl 1174: derzeit frei.

2.1.2 Umsätze von Arzneimitteln

1174a Für die Umsätze (Lieferungen, innergemeinschaftliche Erwerbe und Einfuhren) von Arzneimitteln kommt der ermäßigte Steuersatz von 10% zur Anwendung. Dies gilt für alle Arzneimittel, die unter das Arzneimittelgesetz, BGBl. Nr. 185/1983 idgF, fallen, sowohl im Bereich der Humanmedizin als auch der Veterinärmedizin.

Entsprechend der im Arzneimittelgesetz vorgenommenen Abgrenzung unterliegen hingegen Umsätze von Medizinprodukten im Sinne des Medizinproduktegesetzes 1996 weiterhin dem Normalsteuersatz von 20%.

Zuständig für die Einstufung von Waren als Arzneimittel ist die Österreichische Agentur für Gesundheit und Ernährungssicherheit GmbH (AGES).

Für jene Waren, die bereits bisher in der Anlage 1 zu § 10 Abs. 2 UStG 1994 aufgrund der zolltariflichen Erfassung in den jeweiligen Positionen der Kombinierten Nomenklatur (KN) enthalten sind, tritt keine Änderung ein. So unterliegen etwa Kräutertees oder verschiedene Lebensmittelzubereitungen nach Z 13 und Z 21 der Anlage 1 weiterhin dem ermäßigten Steuersatz von 10%.

Bei der Einfuhr von Arzneimitteln ist jedenfalls aus zollrechtlicher Sicht Kapitel 30 der KN (Pharmazeutische Erzeugnisse) zu beachten, das sowohl Arzneimittel als auch im geringen Umfang Medizinprodukte enthält. Der Anmelder muss daher bei Abgabe der Anmeldung entscheiden, um welche Art von Ware es sich jeweils handelt, damit auch im Rahmen der Einfuhrumsatzsteuer nur Arzneimittel dem ermäßigten Steuersatz von 10% unterliegen.

1174b Während die tierärztliche Heilbehandlung dem Normalsteuersatz von 20% unterliegt, ist gemäß § 10 Abs. 2 Z 1 lit. a UStG 1994 auf die Lieferung von Arzneimitteln – somit auch auf die Lieferung von Arzneimitteln für Tiere – der ermäßigte Steuersatz anzuwenden.

Bei der Lieferung von Arzneimitteln durch Tierärzte kann nur dann von einer unselbständigen Nebenleistung zu der in der tierärztlichen Leistung bestehenden Hauptleistung, die dem Normalsteuersatz von 20% unterliegt, gesprochen werden, wenn das Arzneimittel im Zuge einer Behandlung vom Tierarzt direkt am Tier oder unter Aufsicht des Tierarztes durch den Tierhalter selbst angewendet wird. In allen anderen Fällen ist von der Lieferung eines Arzneimittels auszugehen, die dem ermäßigten Steuersatz von 10% unterliegt.

Randzahlen 1175 bis 1176: derzeit frei.

§ 10 UStG

2.2 Vermietung von Druckerzeugnissen

1177 Bei den in der Z 33 der Anlage 1 angeführten Gegenständen gilt der ermäßigte Steuersatz auch für die Vermietung. Darunter fällt die **Vermietung von Büchern und Zeitschriften, Noten, kartographischen Erzeugnissen aller Art**, wobei sich die Ermäßigung nicht nur auf die Benützungsgebühr beschränkt, sondern auch auf die Anmeldegebühren anzuwenden ist. Für die Vermietung von anderen Gegenständen der Anlagen 1 und 2 (zB Vermietung lebender Tiere) gilt der Normalsteuersatz.

Randzahlen 1178 bis 1183: derzeit frei.

2.3 Vermietung von Grundstücken; Wohnungseigentümergemeinschaften

2.3.1 Allgemeines

1184 Die Vermietung und Verpachtung sowie die Nutzungsüberlassung von **Grundstücken zu Wohnzwecken** und die **Leistungen von Wohnungseigentumsgemeinschaften** im Zusammenhang mit Wohnungen unterliegen aufgrund einer Vereinbarung im Beitrittsvertrag dem ermäßigten Steuersatz. Diese ursprünglich auf vier Jahre beschränkte Ausnahmeregelung wurde durch die Richtlinie 2000/17/EG des Rates vom 30.3.2000 verlängert. Der ermäßigte Steuersatz findet in unionsrechtskonformer Interpretation keine Anwendung auf eine als Liebhaberei beurteilte verlustträchtige Wohnraumvermietung. Diese ist zwingend unecht steuerbefreit ohne die Möglichkeit, nach § 6 Abs. 2 UStG 1994 zur Steuerpflicht zu optieren (VwGH 16.2.2006, 2004/14/0082; VwGH 30.4.2015, 2014/15/0015; siehe LRL 2012 Rz 168 und 184).

2.3.2 Vermietung von Grundstücken für Wohnzwecke

1185 Für die Frage, ob eine Vermietung (Nutzungsüberlassung) von Grundstücken für Wohnzwecke vorliegt, ist der tatsächliche **letztliche Verwendungszweck** des Mietgegenstandes maßgebend. So kommt der ermäßigte Steuersatz für den Vermieter einer Wohnung zB auch dann zur Anwendung, wenn die Wohnung (oder Teile hievon) nicht vom Mieter selbst für Wohnzwecke verwendet, sondern untervermietet wird. Wird ein Grundstück teils für Wohnzwecke und teils für andere Zwecke verwendet, ist für die Umsatzbesteuerung eine **Aufteilung des Entgelts** vorzunehmen (zB Vermietung eines Gebäudes, in dem sich teils Wohnungen und teils Geschäftslokale befinden). Es bestehen allerdings keine Bedenken, wenn in diesen Fällen einheitlich eine Versteuerung mit dem Normalsteuersatz vorgenommen wird. Diese Vorgangsweise würde sich etwa dann anbieten, wenn ein gemischt genutztes Gebäude (Gebäudekomplex) an einen einzigen Unternehmer vermietet wird und der letztliche Verwendungszweck der einzelnen Gebäudeteile von vornherein nicht feststeht.

1186 Wird ein grundsätzlich als Wohnung dienender Mietgegenstand tw **auch für andere Zwecke verwendet** (zB Teile der Wohnung dienen als Arbeitszimmer, Kanzleiräume, Ordination, Verkaufslokal usw) und wird ein einheitliches Mietentgelt verrechnet, kann insgesamt von einer Vermietung für Wohnzwecke ausgegangen und der ermäßigte Steuersatz angewendet werden. Diese Vorgangsweise ist nicht möglich, wenn der Mietgegenstand „Wohnung" zur Gänze anderen als Wohnzwecken dient (zB ausschließliche Nutzung als Kanzlei, Ordination, Geschäftsräume usw).

1187 Verwendet der Mieter den Mietgegenstand als **Gästehaus** für Schüler ist der letztliche Verwendungszweck nicht die Vermietung zu Wohnzwecken, sondern die Beherbergung in eingerichteten Wohn- und Schlafräumen, sodass der ermäßigte Steuersatz nicht zur Anwendung kommt. Dies gilt auch bei der Vermietung von Gebäuden, die dem Mieter zum Betrieb eines Hotels, Studentenheimes udgl. dienen (VwGH 23.09.2010, 2007/15/0245, zur Überlassung einer eingerichteten Gästepension an ein Reisebüro).

1188 Bezieht sich ein Bestandvertrag auf ein **unbebautes Grundstück** und errichtet der Bestandnehmer selbst – etwa in der Rechtsform eines **Superädifikats** – ein Wohngebäude, so handelt es sich dabei um die Nutzungsüberlassung eines Grundstückes, das nicht Wohnzwecken dient. Das Wohngebäude ist in diesem Fall nicht Gegenstand des Leistungsaustausches, der ermäßigte Steuersatz kommt somit nicht zur Anwendung.

2.3.3 Nebenleistungen

1189 Der ermäßigte Steuersatz erstreckt sich auch auf **unselbständige Nebenleistungen**. Dazu zählen zB die Aufzugsbenützung, Reparaturen und Verbesserungen auf Wunsch des Mieters, Waschküchenbenützung, Endreinigung bei Ferienwohnungen und Appartements, Wasserversorgung, Flur- und Treppenreinigung, Treppenbeleuchtung.

1190 Nicht begünstigt ist die Vermietung von **beweglichen Einrichtungsgegenständen** (zB im Rahmen der Vermietung einer möblierten Wohnung). Die als Nebenleistung erbrachte Lieferung von Wärme ist ausdrücklich von der ermäßigten Besteuerung ausgenommen (siehe § 10 Rz 1192 bis 1196).

Fahrzeugabstellplätze

1191 Werden im Zusammenhang mit einer Wohnungsvermietung den Mietern auch Garagen oder Plätze für das Abstellen von Fahrzeugen (siehe Rz 896 bis 898) überlassen, so ist darauf der Normalsteuersatz anzuwenden (vgl. VwGH 25.6.2014, 2010/13/0119 und 24.3.2015, 2012/15/0042). Diese Leistung kann nicht als unselbständige Nebenleistung zur Wohnungsvermietung angesehen werden. Dies gilt unabhängig davon, ob dem Mieter eine Garage, eine Garagenbox oder ein Abstellplatz in einer Garage oder im Freien zur Verfügung steht und ob die Garagierung (Abstellung) des Fahrzeuges auf einem fixen oder frei wählbaren Platz erfolgt. Auch kommt es nicht darauf an, ob für die Garagierung (Abstellung) ein gesondertes Entgelt verrechnet wird (was die Regel sein wird) oder ob ein einheitliches Entgelt für die Wohnungsvermietung einschließlich der Nutzungsüberlassung der Garage (des Abstellplatzes) verlangt wird. Im Falle eines einheitlichen Entgelts ist der auf die Nutzungsüberlassung der Garage (des Abstellplatzes) entfallende Entgeltsanteil – allenfalls im Schätzungswege – zu ermitteln. Dieser Entgeltsanteil wird neben den Errichtungskosten der Garage (des Abstellplatzes) jedenfalls die anteiligen Betriebskosten einschließlich Instandhaltungs- und Instandsetzungsaufwendungen, die anteiligen Verwaltungskosten und einen allfälligen Gewinnzuschlag zu umfassen haben.

2.3.4 Lieferung von Wärme

1192 Die als **Nebenleistung erbrachte Lieferung von Wärme** unterliegt dem Normalsteuersatz. Unter Wärme ist jene Form von Energie zu verstehen, die aus Kohle, Heizöl, Gas, Strom oder anderen Energieträgern gewonnen und für Zwecke der Regulierung der Raumtemperatur abgegeben wird. Auf welche Weise die Wärme gewonnen wird, ist hiebei ohne Belang. Es ist daher auch gleichgültig, ob sie beispielsweise in einer hauseigenen Zentralheizungs- oder Klimaanlage gewonnen oder von einem Fernheizwerk bezogen wird. Ohne Einfluss ist es auch, ob die Wärme durch Leitungen oder durch Strahlung übertragen wird bzw. ob die Regulierung der Raumtemperatur über Heizkörper oder durch Zuführung von Warmluft erfolgt.

1193 **Keine Lieferung von Wärme** liegt bei der Lieferung von Warmwasser für Gebrauchszwecke (zB für Reinigungs- oder Badezwecke) vor.

1194 Wird für die Lieferung der Wärme kein vom Mietentgelt (Nutzungsentgelt) abgesondertes Entgelt vereinbart, so ist der auf die Lieferung von Wärme entfallende Entgeltsteil aus dem einheitlichen Entgelt zu ermitteln.

1195 Bei der Ermittlung des auf die Wärmelieferung entfallenden Entgeltsteiles sind alle Kosten zu berücksichtigen, die mit der Gewinnung und Verteilung der Wärme in Zusammenhang stehen. Das sind vor allem jene Kosten, die regelmäßig unter der Bezeichnung „Heizungskosten" verrechnet werden.

Was unter den Begriff Heizkosten zu subsumieren ist und wie diese Kosten auf die einzelnen Mieter bzw. Eigentümer einer Wohnhausanlage zu verteilen sind, ist im Heizkostenabrechnungsgesetz (HeizKG), BGBl. Nr. 827/1992, geregelt. Nach § 2 Z 8 HeizKG werden die Heizkosten in Energiekosten und sonstige Kosten des Betriebes unterteilt. Energiekosten sind gemäß § 2 Z 9 leg. cit. die Kosten jener Energieträger, die zur Umwandlung in Wärme bestimmt sind, wie Kohle, Öl, Gas, Strom, Biomasse oder Abwärme, und die Kosten der sonst für den Betrieb der Wärmeversorgungsanlage erforderlichen Energieträger, wie etwa Stromkosten für die Umwälzpumpe, für den Brenner oder für die Regelung der Aggregate. Die sonstigen Kosten des Betriebes umfassen nach § 2 Z 10 leg. cit. alle übrigen Kosten des Betriebes, zu denen die Kosten für die Betreuung und Wartung einschließlich des Ersatzes von Verschleißteilen – insbesondere von Vorrichtungen zur Erfassung (Messung) der Verbrauchsanteile – und die Kosten der Abrechnung, nicht aber der Aufwand für Erhaltung oder Verbesserung der gemeinsamen Wärmeversorgungsanlage zählen (vgl. VwGH 29.01.2014, 2009/13/0220).

1196 Die Abschreibung der Heizanlage (AfA) und die Finanzierungskosten für die Anschaffung der Heizanlage zählen nicht zum Entgelt für die Wärmelieferung (VwGH vom 27.2.2003, Zl. 99/15/0128).

2.3.5 Eigenverbrauch

1197 Ist ein zum Teil unternehmerisch, zum Teil privat (hoheitlich) genutztes Gebäude zur Gänze dem Unternehmensbereich zugeordnet, so stellt die Nutzung für nichtunternehmerische Zwecke ab 1.5.2004 einen nicht steuerbaren Vorgang dar. Die auf diesen Vorgang entfallenden Vorsteuern sind nicht abziehbar.

Randzahlen 1198 bis 1213: derzeit frei.

2.3.6 Wohnungseigentümergemeinschaften

1214 Die Steuerermäßigung erstreckt sich nur auf Leistungen zur Erhaltung, Verwaltung oder zum Betrieb der im gemeinsamen Eigentum stehenden Teile und Anlagen einer Liegenschaft, an der Wohnungseigentum besteht. Dazu gehören insbesondere die Betriebs- und Verwaltungskosten und die Erhaltungskosten. Errichtungs- bzw. Herstellungskosten zählen nicht zu den Leistungen von Wohnungseigentümergemeinschaften.

Werden im Rahmen der Betriebskostenabrechnungen auch Annuitäten für Darlehen, die für die Errichtung der Eigentumswohnungen aufgenommen wurden, an die Wohnungseigentümer weiterverrechnet, so sind diese nicht steuerbar. Zur Abgrenzung zwischen Erhaltungs- und Herstellungsaufwand sind nicht die ertragsteuerlichen Grundsätze heranzuziehen, sondern die mietrechtlichen Bestimmungen (VwGH 12.4.1994, 93/14/0215).

Sind die Leistungen zur Erhaltung, Verwaltung oder zum Betrieb (zB Sanierungsaufwendungen) der WEG fremdfinanziert, werden die Finanzierungskosten (Zinsen) ebenfalls in die Bemessungsgrundlage der WEG-Leistung eingerechnet (vgl. VwGH 10.2.2016, 2013/15/0120).

Die Regelung des nach dem Miet- und Wohnungseigentumsrecht maßgeblichen Erhaltungsbegriffes findet sich im § 3 MRG. Danach stellt zB der Ersatz einer nur mit unwirtschaftlichem Aufwand reparierfähigen Liftanlage durch eine gleichartige neue Anlage noch Erhaltung dar. Die Funktionstüchtigkeit der Anlage ist im Zeitpunkt der Erneuerung nicht erforderlich, wohl aber im Zeitpunkt des Entstehens der Wohnungseigentümergemeinschaft. Erfasst sind daher nur solche Aufwendungen, die einen originären Erhaltungsbedarf der Wohnungseigentümergemeinschaft decken, nicht aber einen solchen, der aus der Zeit vor dem Entstehen der Unternehmereigenschaft der Wohnungseigentümergemeinschaft übernommen wurde. Entscheidend ist aber auch hier nicht der Zeitpunkt der grundbücherlichen Eintragung des Wohnungseigentums, sondern der Zeitpunkt der Erfüllung der Voraussetzungen für die Unternehmereigenschaft der Wohnungseigentümergemeinschaft unter der Voraussetzung, dass in der Folge tatsächlich Wohnungseigentum errichtet wird. Wird eine Liftanlage erstmals errichtet, kommt für die an die Wohnungseigentümer weiterverrechneten Kosten der Normalsteuersatz zur Anwendung.

1215 Leistungen von Wohnungseigentumsgemeinschaften liegen auch im Falle der **teilweise oder gänzlichen Wiederherstellung des Gebäudes infolge eines Schadensfalles** vor. Der Wohnungseigentumsgemeinschaft steht daher diesbezüglich der Vorsteuerabzug zu. Dies auch dann, wenn der Schaden ganz oder tw durch eine Versicherung abgedeckt ist und daher nicht steuerbare Schadenersatzleistungen anfallen. Werden die Reparaturkosten zunächst den einzelnen Wohnungseigentümern in Rechnung gestellt, so tätigt die Wohnungseigentumsgemeinschaft damit einen steuerbaren Umsatz, der dem Normalsteuersatz unterliegt. Wenn die Wohnungseigentumsgemeinschaft dann infolge der Auszahlung der Versicherungssumme die den Wohnungseigentümern vorgeschriebenen Kosten wieder refundiert, liegt eine Minderung der Bemessungsgrundlage im Sinne des 16 UStG 1994 vor.

§ 10 UStG

1216 Die als Nebenleistung erbrachte Lieferung von Wärme ist vom ermäßigten Steuersatz ausdrücklich ausgenommen (siehe Rz 1192 bis Rz 1196). Handelt es sich beim Austausch einer reparaturunwürdigen Heizungsanlage um Erhaltungsaufwendungen im Sinne des § 3 MRG, so liegen keine Heizkosten vor. Aus umsatzsteuerlicher Sicht folgt daraus, dass es sich hierbei nicht um ein Entgelt für die als Nebenleistung erbrachte Lieferung von Wärme handelt (vgl. VwGH 29.1.2014, 2009/13/0220 mVa VwGH 27.2.2003, 99/15/0128) und zur Gänze der ermäßigte Steuersatz gemäß § 10 Abs. 2 Z 3 lit. b UStG 1994 (bis 31.12.2015: § 10 Abs. 2 Z 4 lit. d UStG 1994) zur Anwendung gelangen kann.

2.3.7 Garagen im Wohnungseigentum

1217 In jenen Fällen, in denen die Wohnungseigentümer auch an der Garage (dem Abstellplatz) Wohnungseigentum erworben haben, kommt der ermäßigte Steuersatz nicht zur Anwendung, weil dieser ausdrücklich auf Liegenschaftsteile beschränkt ist, die Wohnzwecken dienen (vgl. VwGH 25.6.2014, 2010/13/0119 und 24.3.2015, 2012/15/0042). Die darauf entfallenden weiterverrechneten Kosten sind gemäß § 6 Abs. 1 Z 17 UStG 1994 steuerfrei, sofern nicht zur Steuerpflicht optiert wird. Ab 1.1.2016 unterliegen die darauf entfallenden weiterverrechneten Kosten jedenfalls dem Normalsteuersatz (siehe auch Rz 922).

Wird der Miteigentumsanteil, mit dem Wohnungseigentum untrennbar verbunden ist, nach dem 31. August 2012 erworben, besteht die Optionsmöglichkeit nur, soweit der Leistungsempfänger die Garage (den Abstellplatz) nahezu ausschließlich für Umsätze verwendet, die den Vorsteuerabzug nicht ausschließen.

Wurde hingegen an Garagen (Abstellplätzen) Wohnungseigentum nicht begründet, sondern erfolgt eine Vermietung (Nutzungsüberlassung) der Garagen (Abstellplätze) durch die Gemeinschaft der Wohnungseigentümer an alle oder einzelne Wohnungseigentümer oder an andere Personen, so unterliegt diese Leistung zwingend dem Normalsteuersatz. Zur Ermittlung der Bemessungsgrundlage, wenn kein gesondertes oder kein angemessenes Entgelt für die Garagierung (Abstellung) verrechnet wird, siehe Rz 1189 bis 1191.

2.3.8 Studenten-, Lehrlings-, Kinder- und Schülerheime

1218 Umsätze aufgrund von Benutzungsverträgen gemäß § 5 Abs. 1 Studentenheimgesetz, BGBl. Nr. 291/1986 idF BGBl. I Nr. 24/1999, unterliegen dem ermäßigten Steuersatz von 10%. Benutzungsverträge sind Verträge hinsichtlich der Benutzung von Heimplätzen zwischen Studentenheimträger und Studierenden. Als Studentenheimträger gelten juristische Personen, insbesondere öffentlich-rechtliche Körperschaften, die nach ihrer Satzung oder ihrer sonstigen Rechtsgrundlage Heimplätze für Studierende zur Verfügung stellen (§ 3 Studentenheimgesetz). Studierende sind an österreichischen Universitäten und an Universitäten der Künste aufgenommene ordentliche Studierende sowie Studierende von Fachhochschul-Studiengängen, Pädagogischen Akademien, Berufspädagogischen Akademien, Akademien für Sozialarbeit oder ähnlichen Einrichtungen. Gleichgestellt sind außerordentliche Studierende, die sich durch die Absolvierung eines Universitätslehrganges auf ein ordentliches Studium oder die Studienberechtigungsprüfung vorbereiten sowie Empfänger von Stipendien öffentlich-rechtlicher Körperschaften.

Nicht begünstigt sind Gastverträge gemäß § 5a Studentenheimgesetz. Solche Gastverträge können abgeschlossen werden, wenn ein Studentenheim nicht ausgelastet ist. Diese Verträge können auch mit Personen abgeschlossen werden, die keine Studierenden sind. Gemäß § 10 Studentenheimgesetz können Studentenheime in den Sommerferien ganz oder teilweise auch zu anderen Betriebszwecken verwendet werden (Sommerbetrieb). Umsätze aus dem Sommerbetrieb fallen nicht unter § 10 Abs. 2 Z 3 lit. c UStG 1994 idF BGBl. I Nr. 118/2015.

Mit dem ermäßigten Steuersatz von 10% begünstigt sind mit dem Studentenheimgesetz vergleichbare Umsätze aus Lehrlings-, Kinder- und Schülerheimen, die eine Beherbergung umfassen. Auch hier fallen vergleichbare Umsätze aus Gastverträgen sowie dem Sommerbetrieb nicht unter diese Bestimmung.

Randzahlen 1219 bis 1232: derzeit frei.

§ 10 UStG

2.4 Gemeinnützige Rechtsträger
2.4.1 Begünstigte Rechtsträger

1233 Unter den Begriff Körperschaften, Personenvereinigungen und Vermögensmassen fallen alle im § 1 KStG 1988 angeführten juristischen Personen sowie Betriebe gewerblicher Art von Körperschaften öffentlichen Rechts.

1234 Zu den Begriffen „gemeinnützig, mildtätig oder kirchlich" siehe VereinsR 2001 Rz 13 bis 104.

2.4.2 Gemeinnützige Bauvereinigungen

1235 Hinsichtlich des Begriffes „Bauvereinigungen, die nach dem Wohnungsgemeinnützigkeitsgesetz (WGG), BGBl. Nr. 139/1979 idgF, als gemeinnützig anerkannt sind", siehe KStR 2013 Rz 210.

2.4.3 Umfang der Begünstigung

1236 Hinsichtlich der Abgrenzung der Leistungen, die von einem begünstigten Rechtsträger im Rahmen eines land- und forstwirtschaftlichen Betriebes, eines Gewerbebetriebes oder eines wirtschaftlichen Geschäftsbetriebes im Sinne des § 45 Abs. 3 BAO (begünstigungsschädliche Betriebe) ausgeführt werden, zu den übrigen (dem ermäßigten Steuersatz unterliegenden) Leistungen siehe VereinsR 2001 Rz 522 bis 524. Zu den begünstigten Geschäften iSd § 7 Abs. 1 bis 3 WGG der gemeinnützigen Bauvereinigungen siehe KStR 2013 Rz 214 ff.

1237 Nicht begünstigt sind auch die steuerpflichtigen Lieferungen von Gebäuden oder Gebäudeteilen, die Vermietung (Nutzungsüberlassung) von Räumlichkeiten oder Plätzen für das Abstellen von Fahrzeugen aller Art, eine als Nebenleistung erbrachte Lieferung von Wärme und die Lieferung von bestimmten in § 10 Abs. 2 Z 4 lit. a bis d UStG 1994 (bis 31.12.2015: § 10 Abs. 2 Z 7 lit. a bis d UStG 1994) aufgezählten Energieträgern.

1238 Nicht begünstigt ist auch der **Eigenverbrauch**.

1238a Leistungen, die unter die Steuerbefreiungen nach § 6 Abs. 1 UStG 1994 fallen, können nicht nach § 10 Abs. 2 Z 4 UStG 1994 (bis 31.12.2015: § 10 Abs. 2 Z 7 UStG 1994) begünstigt sein (zB Leistungen, die nach § 6 Abs. 1 Z 9 lit. a, Z 14, Z 16, Z 17 oder Z 25 UStG 1994 befreit sind). Optiert der Unternehmer bei Leistungen nach § 6 Abs. 1 Z 25 UStG 1994 gemäß Art. XIV, BG BGBl. Nr. 21/1995 idF BGBl. Nr. 756/1996 zur Steuerpflicht (vgl. Rz 988 mit Verweis auf Rz 925), kommt die Steuerermäßigung von 10% zur Anwendung (zum Vorrang des 10%-Steuersatzes vor dem 13%-Steuersatz vgl. Rz 1351).

Bei Optionen gemäß § 6 Abs. 2 UStG 1994 bezüglich der nach § 6 Abs. 1 Z 9 lit. a, Z 16 oder Z 17 UStG 1994 befreiten Umsätze kommt zwingend der Normalsteuersatz zur Anwendung.

2.4.4 Liebhabereivermutung

1239 Bezüglich Liebhabereivermutung bei Körperschaften, Personenvereinigungen und Vermögensmassen, die gemeinnützigen, mildtätigen oder kirchlichen Zwecken dienen, bzw. deren Nichtanwendung siehe VereinsR 2001 Rz 463 bis Rz 467.

1240 Eine nichtunternehmerische Tätigkeit ist bei wirtschaftlichen Geschäftsbetrieben iSd § 45 Abs. 1 und 2 BAO jedenfalls dann anzunehmen, wenn die Umsätze des wirtschaftlichen Geschäftsbetriebes jährlich regelmäßig unter 2.900 Euro liegen (vgl. VereinsR 2001 Rz 463).

2.4.5 Auswirkung einer Ausnahmegenehmigung nach der BAO

1241 Erteilt **das zuständige Finanzamt** dem begünstigten Rechtsträger eine Ausnahmegenehmigung (gemäß § 44 Abs. 2 BAO) bzw. besteht eine automatische Ausnahmegenehmigung (gemäß § 45a BAO) für wirtschaftliche Geschäftsbetriebe gemäß § 45 Abs. 3 BAO, Gewerbebetriebe oder land- und forstwirtschaftliche Betriebe (vgl. **VereinsR 2001 Rz 184 bis 214**), so entfällt dadurch die Abgabenpflicht grundsätzlich nicht. Hinsichtlich der ausgenommenen Betriebe kann daher auch in diesem Fall der ermäßigte Steuersatz

§ 10 UStG

gemäß § 10 Abs. 2 Z 4 UStG 1994 (bis 31.12.2015: § 10 Abs. 2 Z 7 UStG 1994) grundsätzlich nicht zur Anwendung kommen. Eine Ausnahmegenehmigung bewirkt somit, dass die Begünstigungen für die nicht schädlichen Betriebe nicht verloren gehen.

2.4.6 Umfang des betrieblichen Bereiches bei gemeinnützigen Vereinen

1242 Neben dem betrieblichen können gemeinnützige Vereine auch einen **außerbetrieblichen Bereich** haben. Nur für den betrieblichen Bereich besteht Unternehmereigenschaft. Der betriebliche (= unternehmerische) Bereich umfasst alle im Rahmen eines Leistungsaustausches nachhaltig ausgeübten Tätigkeiten, während der außerbetriebliche (= nichtunternehmerische) Bereich alle jene Tätigkeiten umfasst, die ein Verein in Erfüllung seiner satzungsgemäßen Gemeinschaftsaufgaben zur Wahrnehmung der Gesamtbelange seiner Mitglieder bewirkt. **Hilfsgeschäfte**, wie zB der Verkauf von Vermögensgegenständen, sind dann dem unternehmerischen Bereich zuzurechnen, wenn die Gegenstände zuletzt im unternehmerischen Bereich Verwendung gefunden hatten.

1243 Die Vereinseinnahmen sind dahingehend zu untersuchen, ob sie mit dem unternehmerischen oder dem nichtunternehmerischen Bereich im Zusammenhang stehen. Mit dem nichtunternehmerischen Bereich zusammenhängende Einnahmen sind zB **echte Mitgliedsbeiträge**, Spenden, Schenkungen, Erbschaften und Subventionen zur allgemeinen Förderung des Rechtsträgers. **Keine echten Mitgliedsbeiträge** liegen jedoch vor, wenn damit Sonderleistungen an Mitglieder abgegolten werden („unechte Mitgliedsbeiträge").

Beispiele:

„Mitgliedsbeiträge" für Eintrittskarten von Kulturvereinen, für Versorgung der Mitglieder mit Sportartikeln, für die Einschaltung eines Inserates in der Vereinszeitung sind unechte Mitgliedsbeiträge.

Randzahlen 1244 bis 1245: Derzeit frei.

2.4.7 Aufteilung der Vorsteuern

1246 Unter den im § 12 UStG 1994 genannten Voraussetzungen steht einem Verein für den unternehmerischen Bereich der Vorsteuerabzug zu. Weist ein Verein neben seinem unternehmerischen Tätigkeitsbereich einen nichtunternehmerischen Tätigkeitsbereich (Erfüllung des Vereinszwecks durch Tätigkeiten – wie die Wahrnehmung der allgemeinen Interessen der Mitglieder –, die keine Lieferungen von Gegenständen oder die Erbringung von Dienstleistungen an die Mitglieder darstellen) auf, ist der Abzug von Vorsteuern aus Aufwendungen für Vorleistungen nur insoweit zulässig, als die Aufwendungen den unternehmerischen Tätigkeiten des Vereines zuzurechnen sind (EuGH 12.02.2009, Rs C-515/07, *VNLTO*). Der Unternehmer muss daher in einem solchen Fall eine Vorsteueraufteilung analog den Vorschriften des § 12 Abs. 4 bis 6 UStG 1994 vornehmen. Vorsteuern, die weder direkt dem unternehmerischen noch dem nichtunternehmerischen Bereich zugeordnet werden können (zB Vorsteuern aus Verwaltungsgemeinkosten), müssen unter Heranziehung eines objektiven und sachgerechten Aufteilungsschlüssels (Investitionsschlüssel, Umsatzschlüssel oder jeder andere sachgerechte Schlüssel) aufgeteilt werden (EuGH 13.03.2008, Rs C-437/06, *Securenta*).

Da die sachgerechte Zuordnung der Vorsteuern, die teilweise dem unternehmerischen und teilweise dem nichtunternehmerischen Bereich zuzurechnen sind, bei Vereinen zu verwaltungsmäßigen Schwierigkeiten führen könnte, kann wie folgt vorgegangen werden:

1247 Die **Aufteilung der Vorsteuern**, die tw dem unternehmerischen und tw dem nichtunternehmerischen Bereich zuzurechnen sind, erfolgt nach dem Verhältnis der Einnahmen aus dem unternehmerischen Bereich zu den Einnahmen aus dem nichtunternehmerischen Bereich. Aus Vereinfachungsgründen können auch alle Vorsteuerbeträge, die sich auf die so genannten **Verwaltungsgemeinkosten** beziehen (zB die Vorsteuer für die Beschaffung des Büromaterials) einheitlich in den Aufteilungsschlüssel einbezogen werden, auch wenn einzelne dieser Vorsteuerbeträge an sich dem unternehmerischen oder dem nichtunternehmerischen Bereich ausschließlich zuzurechnen wären.

1248 Zu den Einnahmen gehören alle Zuwendungen, die dem Verein zufließen, insbesondere Einnahmen aus Leistungen, Mitgliedsbeiträgen, Subventionen, Zuschüssen, Spenden usw. Echte Mitgliedsbeiträge, Subventionen, Förderungen und Zuschüsse, die zur allgemeinen Förderung des Zweckes der Körperschaft gewährt werden und nicht in unmittelbarem Zusammenhang mit ihrer unternehmerischen Tätigkeit stehen, sind für die Vorsteueraufteilung nach Rz 1247 zur Gänze dem nichtunternehmerischen Bereich zuzuordnen.

1249 Für die Voranmeldungszeiträume können die Vorsteuerbeträge auch nach den **Verhältnissen eines vorangegangenen Veranlagungszeitraumes** oder nach den **voraussichtlichen Verhältnissen des laufenden Veranlagungszeitraumes** aufgeteilt werden. Bei der Veranlagung sind jedoch in jedem Falle die Verhältnisse des in Betracht kommenden Veranlagungszeitraumes zugrunde zu legen.

1250 Die Aufteilung der Vorsteuerbeträge nach dieser Methode ist aber dann ausgeschlossen, wenn sie zu einem offensichtlich unzutreffenden Ergebnis führt. Die Bestimmung des § 12 Abs. 6 UStG 1994 ist in diesem Zusammenhang sinngemäß anzuwenden.

1251 Ist einem Verein (der Unternehmer ist) eine **Organgesellschaft** (§ 2 Abs. 2 Z 2 UStG 1994) untergeordnet, so ist diese hinsichtlich der Berechnung der USt und des Vorsteuerabzuges in analoger Anwendung der Regelung des § 12 Abs. 7 UStG 1994 wie ein selbständiges Unternehmen zu behandeln.

2.4.8 Eigenverbrauch

1252 Sofern in das Verfahren der Vorsteuerermittlung Vorsteuerbeträge einzubeziehen sind, die durch den Erwerb, die Herstellung oder die Einfuhr einheitlicher Gegenstände angefallen sind (zB durch den Ankauf eines für den unternehmerischen und den nichtunternehmerischen Bereich bestimmten grundsätzlich vorsteuerabzugsberechtigten Kraftwagens), führt die vorübergehende Verwendung (Nutzung) dieser Gegenstände im nichtunternehmerischen Bereich zu keiner Vorsteuerberichtigung. Dafür sind jedoch alle durch die Verwendung oder Nutzung dieses Gegenstandes anfallenden Vorsteuerbeträge in das Aufteilungsverhältnis einzubeziehen.

1253 Die Überführung eines solchen Gegenstandes in den nichtunternehmerischen Bereich (Entnahme zur dauernden Verwendung außerhalb des Unternehmens) führt zu einer Vorsteuerberichtigung (zum besonderen Fall des Eigenverbrauchs bei Verwendung für unternehmensfremde Zwecke vgl. EuGH 12.02.2009, Rs C-515/07, VNLTO).

2.4.9 Sinngemäße Anwendung

1254 Die Ausführungen der Rz 1242 f. gelten analog für gemeinnützige Vereine im Sinne des § 6 Abs. 1 Z 14 UStG 1994 und auch für nicht gemeinnützige Vereine.

Randzahlen 1255 bis 1275: derzeit frei.

2.5 Rundfunk

2.5.1 Leistungen von Rundfunkunternehmen

1276 Die Ermäßigung gemäß § 10 Abs. 2 Z 5 erster Fall UStG 1994 (bis 31.12.2015: § 10 Abs. 2 Z 9 erster Fall UStG 1994) ist nicht auf öffentlich-rechtliche Rundfunkunternehmen beschränkt.

1277 Auch Rundfunkunternehmer, deren Programme nicht auf drahtlosem terrestrischen Weg sondern mittels Satelliten oder über Kabelnetze verbreitet werden, fallen – bei Vorliegen der übrigen Voraussetzungen – unter die Bestimmung.

1278 Begünstigt ist allerdings nur der „programmschöpfende" Rundfunk. Notwendig ist, dass es sich um eigene, dh. selbst hergestellte, Programme handelt. Die bloße Programmweiterleitung ist kein Anwendungsfall des § 10 Abs. 2 Z 5 erster Fall UStG 1994 (bis 31.12.2015: § 10 Abs. 2 Z 9 erster Fall UStG 1994). Der „passive" Kabelrundfunk ist daher nicht begünstigt, fällt allerdings – bei Vorliegen der entsprechenden Voraussetzungen – unter die Ermäßigung nach § 10 Abs. 2 Z 5 zweiter Fall UStG 1994 (bis 31.12.2015: § 10 Abs. 2 Z 9 zweiter Fall UStG 1994).

1279 Zu den Rundfunk- und Fernsehrundfunkentgelten gehört zB das **Programmentgelt des ORF, nicht aber die Rundfunkgebühr** auf Grund des Rundfunkgebührengesetzes, BGBl. I Nr. 159/1999. Eine von Rundfunkunternehmen zu leistende Vergütung für die Einhebung des Entgelts beim Kunden stellt keine Entgeltsminderung sondern eine Entgeltsverwendung dar.

Leistungen, die nicht durch Rundfunk- und Fernsehrundfunkentgelte abgegolten werden, unterliegen nicht der gegenständlichen Begünstigung.

1280 Nicht begünstigt sind zB:
- Umsätze aus Werbesendungen
- der Tausch von Programmen mit anderen Rundfunkunternehmen
- die Vergabe von Aufführungsrechten
- die Veranstaltung von Konzerten
- der Verkauf von Tonträgern, Videokassetten, Druckwerken.

2.5.2 Leistungen von Kabelfernsehunternehmen

1281 Damit sonstige Leistungen unter die Begünstigung des § 10 Abs. 2 Z 5 zweiter Fall UStG 1994 (bis 31.12.2015: § 10 Abs. 2 Z 9 zweiter Fall UStG 1994) fallen können, ist es nicht notwendig, dass „Kabelfernsehen" der einzige Betriebsgegenstand des Unternehmens ist.

1282 Die Verbreitung eigener Programme ist nicht begünstigt, kann aber unter § 10 Abs. 2 Z 5 erster Fall UStG 1994 (bis 31.12.2015: § 10 Abs. 2 Z 9 erster Fall UStG 1994) fallen.

1283 Gemeinschaftsantennen erfüllen erst **bei mehr als 500 Teilnehmern** das Erfordernis der „Allgemeinheit".

1284 Bei der **Anschlussgebühr** für die Berechtigung an das Kabelnetz angeschlossen zu werden, handelt es sich um das Entgelt für eine unselbständige Nebenleistung zur Hauptleistung (der Verbreitung von Rundfunk- und Fernsehen mittels Kabelnetz). Diese Nebenleistung unterliegt daher ebenfalls dem ermäßigten Steuersatz.

1285 Nicht unter die Begünstigung des § 10 Abs. 2 Z 5 zweiter Fall UStG 1994 (bis 31.12.2015: § 10 Abs. 2 Z 9 zweiter Fall UStG 1994) fallen zB:
- Entgelte für das Schaffen der technischen Voraussetzungen beim einzelnen Empfänger (zB Verlegung von Leitungen innerhalb der Wohnung oder des Grundstücks des Empfängers, Installation von Geräten),
- Lieferung von Gegenständen,
- Vermietung von Geräten,
- Entgelte für Werbesendungen.

Randzahlen 1286 bis 1300: derzeit frei.

2.6 Personenbeförderung
2.6.1 Allgemeines

1301 Soweit es sich bei steuerbaren Beförderungsleistungen um grenzüberschreitende Personenbeförderungen mit Schiffen oder Luftfahrzeugen (ausgenommen auf dem Bodensee) handelt, fallen sie unter die Steuerbefreiung gemäß § 6 Abs. 1 Z 3 lit. d UStG 1994 (siehe dazu Rz 727 bis Rz 731). Ab 1.1.2016 fallen Inlandsflüge unter den 13-prozentigen Steuersatz (vgl. Rz 1439).

1302 **Die Beförderung von kranken und verletzten Personen** mit Fahrzeugen, die dafür besonders eingerichtet sind, ist gemäß § 6 Abs. 1 Z 22 UStG 1994 steuerfrei (siehe dazu § 6 Rz 974 bis 976).

1303 Unter **Personenbeförderung** ist eine Leistung zu verstehen, deren Hauptzweck auf eine der Raumüberwindung dienende Fortbewegung von Personen gerichtet ist.

1304 Bei einer **Beförderung in Schlafwagen** bewirkt neben dem Eisenbahnunternehmen auch die Schlafwagengesellschaft eine Beförderungsleistung. Die gegenständliche Begünstigung ist daher auch auf die Zurverfügungstellung von Schlafgelegenheiten in Eisenbahnschlafwagen anzuwenden.

§ 10 UStG

1305 Leistungen, die (zumindest überwiegend) der Unterhaltung bzw. der sportlichen oder Abenteuer vermittelnden Betätigung dienen, stellen keinen Anwendungsfall des § 10 Abs. 2 Z 6 UStG 1994 (bis 31.12.2015: § 10 Abs. 2 Z 12 UStG 1994) dar.

1306 Die **bloße Vermietung eines Verkehrsmittels** ist keine Personenbeförderung.

1307 Ein Mietvertrag wird in all jenen Fällen vorliegen, in welchen das **Beförderungsmittel ohne Bedienungspersonal** überlassen wird. Der Vermieter ist in den eigentlichen Beförderungsvorgang nicht eingeschaltet. Das Mietentgelt unterliegt daher dem Normalsteuersatz. Dies gilt auch dann, wenn der Vermieter Leistungen erbringt, die über den Rahmen eines gewöhnlichen Mietvertrages hinausgehen, aber nicht den unmittelbaren Beförderungsvorgang betreffen (zB Pflege, Reinigung, Instandsetzung, Auftanken, Versicherung und Unterstellen des Fahrzeuges).

1308 Keine Personenbeförderung liegt auch dann vor, wenn das **Beförderungsmittel samt Bedienungspersonal** überlassen wird und der Mieter für die Dauer der Überlassung uneingeschränkt über das Beförderungsmittel und das Bedienungspersonal verfügen kann. Der Mieter erhält für die Dauer der Überlassung des Beförderungsmittels die unmittelbare Weisungsbefugnis gegenüber dem Fahrer eingeräumt. In diesen Fällen liegt ein so genannter **Gestellungsvertrag** vor. In der Beistellung des Fahrers ist nur eine unselbständige Nebenleistung zur Vermietung des Beförderungsmittels zu sehen. Eine vertragliche Bindung an eine bestimmte Fahrtstrecke oder an bestimmte Fahrziele ist diesfalls nicht gegeben. Das auf eine bestimmte Dauer abgestellte Mietverhältnis endet auch nicht schon mit der Erbringung einer Beförderungsleistung, sondern erst mit Ablauf der für den Gebrauch des Beförderungsmittels vereinbarten Zeit.

1309 Demgegenüber liegt ein den Werkverträgen zuzurechnender Beförderungsvertrag in allen jenen Fällen vor, in welchen zwischen dem Auftraggeber und dem Beförderungsunternehmer eine Einigung über die Beförderung von Personen (oder Gütern) von einem bestimmten Ort zu einem anderen bestimmten Ort erzielt wird. Bei einem Beförderungsvertrag erhält daher der Auftraggeber **kein unmittelbares Weisungsrecht** über den Fahrer und das Fahrzeug; er muss vielmehr dem Beförderungsunternehmer einen bestimmten Beförderungsauftrag erteilt haben, in dem einerseits der Ausgangs- und Endpunkt der Beförderung und andererseits das Beförderungsobjekt umschrieben ist. Diesen Erfordernissen wird allerdings schon Genüge getan sein, wenn der **Ausgangs- und Endpunkt der Fahrt einem vom Beförderungsunternehmer zur Entgegennahme dieses Auftrags ermächtigten Fahrer bekannt gegeben wird**. Was das Beförderungsobjekt betrifft, so werden nicht unbedingt alle seine Eigenschaften genau umschrieben sein müssen. Ein Beförderungsvertrag wird daher auch schon angenommen werden können, wenn sich die Charakterisierung des Beförderungsobjektes auf allgemeine Bezeichnungen wie „Reisegesellschaft" oder „Schulklasse" beschränkt. In welcher Form das Beförderungsentgelt vereinbart wurde, ist für die Frage des Vorliegens eines Beförderungsvertrages nicht von ausschlaggebender Bedeutung. Es wird daher in aller Regel gleichgültig sein, ob das Beförderungsentgelt nach der Zahl der gefahrenen Kilometer (Personenkilometer) oder nach der Zeit oder pauschal bemessen wird.

1310 Es wird von einem **Gestellungsvertrag** auszugehen sein, wenn ein **Omnibusunternehmer** die Beförderung von Personen für Namen und Rechnung des Inhabers einer Kraftfahrlinie durchführt. Der Omnibusunternehmer vermietet den Omnibus mit Fahrer an den Linieninhaber und der Linieninhaber erbringt die Beförderungsleistung.

1311 Benützt ein Beförderungsunternehmer ein dem Unternehmen dienendes Verkehrsmittel für Zwecke außerhalb des Unternehmens, so unterliegt dieser Eigenverbrauch dem Normalsteuersatz.

1312 Unter die Begünstigung fallen auch die unmittelbar mit der Personenbeförderung im Zusammenhang stehenden **Nebenleistungen**, wie zB die Beförderung von Reisegepäck (nicht jedoch die Gepäckaufbewahrung). Fahrpreiszuschläge (zB Schnellzugszuschlag, Platzkarten, Liegewagen- oder Schlafwagenzuschlagskarten usw) stellen kein Entgelt für selbständige Leistungen dar, sondern sind Entgeltsteile für die Beförderungsleistungen, mit denen ihre Zahlung im Zusammenhang steht.

399

2.6.2 Einzelfälle

1313 **Aufzüge:** Fest in Gebäude eingebaute Aufzüge stellen keine Verkehrsmittel im Sinne des § 10 Abs. 2 Z 6 UStG 1994 (bis 31.12.2015: § 10 Abs. 2 Z 12 UStG 1994) dar (VwGH 22.6.1987, 87/15/0022, VwGH 16.2.1994, 93/13/0266).

Bergbahnen, Seilbahnen, Sessel- und Schilifte: Die Personenbeförderung mit diesen Verkehrsmitteln fällt unter den ermäßigen Steuersatz.

Gas- und Heißluftballonfahrten: Bei Gas- und Heißluftballons handelt es sich nicht um Verkehrsmittel im Sinne des § 10 Abs. 2 Z 6 UStG 1994 (bis 31.12.2015: § 10 Abs. 2 Z 12 UStG 1994), da sie ihrer Art oder Funktion nach nicht den im seinerzeitigen Beförderungssteuergesetz genannten gleichen. Es ist daher der Normalsteuersatz anzuwenden.

Rafting: Beim Rafting (Wildwasserfahrten) steht nicht die Personenbeförderung sondern die (Abenteuer vermittelnde) Sportausübung im Vordergrund. Die Voraussetzungen für die Anwendung des ermäßigten Steuersatzes liegen daher nicht vor (VwGH 30.3.1992, 90/15/0158).

Sommerrodelbahnen: Umsätze aus dem Betrieb von Sommerrodelbahnen fallen, da es sich nicht um eine Personenbeförderung handelt, nicht unter den ermäßigten Steuersatz (VwGH 23.9.1985, 84/15/0073, VwGH 23.9.1985, 84/15/0049).

Randzahlen 1314 bis 1320: Derzeit frei.

2.7 Müllbeseitigung und Abfuhr von Spülwasser und Abfällen
2.7.1 Allgemeines

1321 Die Anwendung der Bestimmung ist nicht auf Körperschaften des öffentlichen Rechts beschränkt.

2.7.2 Müllbeseitigung

1322 Der Begriff „Müll" ist eine Sammelbezeichnung für feste Abfallstoffe wie zB Hausmüll, Gewerbemüll, Industriemüll, Bauschutt und Straßenkehricht (VwGH 18.9.1978, 2416/77), aber auch Sperrmüll, Sondermüll, Autoreifen, Autowracks, Biomüll, Altpapier, Altglas, Tierkörper uä.

Unter **Müllbeseitigung** ist die Übernahme von Müll, die Verwertung von übernommenen Müllbestandteilen mit und ohne Bearbeitung, die Lagerung und Deponierung auf ordnungsgemäß errichteten Deponien, aber auch die Sortierung von Müll zu verstehen. Der Verkauf von aus dem Müll gewonnenen neu verwertbaren Produkten unterliegt nicht dem ermäßigten Steuersatz.

1323 Unter den ermäßigten Steuersatz fällt aber der Verkauf von Mülltonnen und Müllsäcken, sowie die Vermietung von Müllcontainern durch den Müllbeseitigungsbetrieb, wenn diese Behältnisse für den Abtransport des Mülls durch diesen Betrieb bestimmt sind.

1324 Die **Beseitigung von Altpapier** unterliegt dem ermäßigten Steuersatz, nicht aber die Lieferung von Altpapier (zB Verkauf an Papierfabrik).

1325 Die Altlastensanierungsabgabe ist Bestandteil des Entgelts, welches der Deponiebetreiber von seinem Kunden einhebt, und unterliegt somit der Umsatzsteuer (ermäßigter Steuersatz).

Die Elektroaltgeräteverordnung – EAG-VO, BGBl. II Nr. 121/2005, verpflichtet die Hersteller von Elektro- und Elektronikgeräten zur Rücknahme von Altgeräten (§ 7 EAG-VO). Unabhängig davon, ob die Kosten der Sammlung und Behandlung (dazu zählt auch die Entsorgung) vom Hersteller getrennt ausgewiesen werden oder nicht (§ 9 EAG-VO), unterliegt die „Altgeräteabgabe" als Teil des Entgelts für die Lieferung des Neugerätes dem Normalsteuersatz von 20%.

2.7.3 Abfuhr von Spülwasser und Abfällen

1326 Unter dem Begriff „Abfuhr von Spülwasser" ist der Abtransport von Abwässern mittels Kanalanlagen oder durch Fahrzeuge zu subsumieren.

§ 10 UStG

1327 Der begünstigte Steuersatz erstreckt sich auch auf die Kanalanschlussgebühren (VwGH 24.6.2004, Zl. 2000/15/0140).

2.7.4 Entsorgung von Klärschlamm

1327a Bei kontaminiertem Klärschlamm, der einer Entsorgung (zB Verbrennung, Kompostierung usw.) zugeführt werden muss, handelt es sich idR um Müll iSd § 10 Abs. 2 Z 7 UStG 1994 (bis 31.12.2015: § 10 Abs. 2 Z 13 UStG 1994).

Transport, Verbrennung und Kompostierung dieses Klärschlamms sind jeweils Tätigkeiten, die unter den Anwendungsbereich des § 10 Abs. 2 Z 7 UStG 1994 (bis 31.12.2015: § 10 Abs. 2 Z 13 UStG 1994) fallen. Dabei ist es auch nicht schädlich, wenn nicht der Unternehmer selbst, sondern von ihm beauftragte Dritte die eigentliche Transport- bzw. Verbrennungs- oder Kompostierungstätigkeit vornehmen.

Bringt ein Landwirt im Rahmen bodenschutzrechtlicher Vorgaben Klärschlamm auf seine Felder gegen Entgelt auf, so stellt dies ebenfalls eine Entsorgungsleistung dar, die grundsätzlich von § 10 Abs. 2 Z 7 UStG 1994 (bis 31.12.2015: § 10 Abs. 2 Z 13 UStG 1994) erfasst ist. Von einem tauschähnlichen Umsatz ist nicht auszugehen, wenn eine gesonderte Verrechnung des Materialwerts (Klärschlamm als Dünger) gegenüber der Entsorgungsleistung des Landwirts nicht erfolgt. Zur Entsorgung von Klärschlamm durch pauschalierte Landwirte siehe Rz 2900.

Randzahlen 1328 bis 1335: derzeit frei.

2.8 Kranken- und Pflegeanstalten, Altersheime, Kuranstalten usw.

2.8.1 Allgemeines

1336 Nach § 6 Abs. 1 Z 18 in Verbindung mit Z 25 UStG 1994 sind die Umsätze der Kranken- und Pflegeanstalten, der Alters-, Blinden-, und Siechenheime sowie der Kuranstalten und Kureinrichtungen unecht steuerfrei, wenn sie von **Körperschaften öffentlichen Rechts** bzw. von **gemeinnützigen Rechtsträgern** bewirkt werden (siehe § 6 Rz 924 bis 940).

2.8.2 Abgrenzung zu § 6 Abs. 1 Z 18 und Z 25

1337 Krankenanstalten usw., die nicht unter die Befreiung fallen, unterliegen gemäß § 10 Abs. 2 Z 8 UStG 1994 (bis 31.12.2015: § 10 Abs. 2 Z 15 UStG 1994) dem ermäßigten Steuersatz. Die Ermäßigung betrifft einerseits die genannten Einrichtungen, soweit sie nicht von Körperschaften öffentlichen Rechts oder gemeinnützigen Rechtsträgern bewirkt werden, andererseits an sich befreite Einrichtungen, bei denen gemäß Art. XIV Z 1, BGBl. Nr. 21/1995 auf die Steuerbefreiung verzichtet wurde (siehe Rz 925).

Der persönliche und sachliche Anwendungsbereich der Bestimmung stimmt mit dem im § 6 Abs. 1 Z 18 UStG 1994 überein.

2.8.3 Abgrenzung zur ärztlichen Leistung

1338 Siehe § 6 Rz 949 bis 951a.

Randzahlen 1339 bis 1350: Derzeit frei.

3. Ermäßigter Steuersatz von 13 %

1351 Der ermäßigte Steuersatz von 13% kommt nur zur Anwendung, wenn Umsätze nicht vom ermäßigten Steuersatz nach § 10 Abs. 2 UStG 1994 erfasst sind.

Vor 1.1.2016 bzw. 1.5.2016 war auf die unter Abschnitt 10.3. erfassten Gegenstände der Anlage und Umsätze der ermäßigte Steuersatz von 10% anzuwenden. Dies galt nicht für Umsätze, die nunmehr unter § 10 Abs. 3 Z 11 und Z 12 UStG 1994 (Wein ab Hof und Eintrittsberechtigungen zu sportlichen Veranstaltungen) fallen.

Rz 1167 ist zu beachten.

3.1 Gegenstände der Anlage 2

3.1.1 Gegenstände der Anlage 2 Z 1 bis Z 9

1352 Die Gegenstände, deren Lieferung (einschließlich Werklieferung), Eigenverbrauch gemäß § 3 Abs. 2 und § 3a Abs. 1a UStG 1994, Einfuhr und innergemeinschaftlicher Erwerb dem ermäßigten Steuersatz von 13% unterliegen, sind in der Anlage 2 Z 1 bis Z 9 UStG 1994 abschließend aufgezählt.

Die Ausführungen in Rz 1168, 1169 und 1172 gelten sinngemäß.

3.1.2 Gegenstände der Anlage 2 Z 10 bis 13

1353 Der ermäßigte Steuersatz ist auf die Einfuhr dieser Gegenstände beschränkt (Ausnahme siehe Rz 1354). Soweit die Umsätze von grundsätzlich dem ermäßigten Steuersatz unterliegenden Münzen (zB Sammlungsstücke von münzkundlichem Wert) gemäß § 6 UStG 1994 unecht steuerbefreit sind (zB Goldmünzen), geht die Steuerbefreiung vor.

Bis 31.12.2015 ermäßigt sich die Steuer für die Lieferung und die Einfuhr von Münzen und Medaillen aus Edelmetallen auf 10%, wenn die Bemessungsgrundlage für die Umsätze dieser Gegenstände mehr als 250% des unter Zugrundelegung des Feingewichts berechneten Metallwerts ohne Umsatzsteuer beträgt (aus Position 7118 sowie aus Unterpositionen 9705 00 00 und 9706 00 00 der KN).

Die Ausführungen in Rz 1168, 1169 und 1172 gelten sinngemäß.

3.1.3 Gegenstände der Anlage 2 Z 10 (Kunstgegenstände)

1354 Unter den im § 10 Abs. 3 Z 1 lit. c UStG 1994 (bis 31.12.2015: § 10 Abs. 2 Z 1 lit. c UStG 1994) genannten Voraussetzungen kann der ermäßigte Steuersatz auch für die Lieferungen und den Eigenverbrauch gemäß § 3 Abs. 2 und § 3a Abs. 1a UStG 1994 dieser Gegenstände zur Anwendung kommen.

Wenn ein Unternehmer die Differenzbesteuerung gemäß § 24 UStG 1994 nicht anwendet, ist er kein Wiederverkäufer im Sinn dieser Bestimmung und der ermäßigte Steuersatz kann zur Anwendung gelangen.

Randzahlen 1355 bis 1360: derzeit frei.

3.2 Tierzucht, Anzucht von Pflanzen und unmittelbar der Tierzucht dienende Leistungen

3.2.1 Tierzucht (Aufzucht, Mästen und Halten von Tieren)

1361 Zu den Tieren der Z 1 der Anlage 2 zählen insbesondere Pferde zum Schlachten, weiters Esel, Maultiere und Maulesel, Rinder, Schweine, Schafe, Ziegen und Hausgeflügel. Nicht dazu gehören Hasen, Kaninchen, Rehe, Hirsche, Pelztiere, Raubtiere, Fasane, Rebhühner, Schwäne, Tauben, Wildenten und Wildgänse, Katzen, Hunde, Singvögel, Zierfische, Schlangen, Mäuse, Ratten und Meerschweinchen.

1362 Begünstigt ist die Aufzucht, das Mästen und Halten dieser Tiere, wenn diese Leistungen als Hauptleistungen entgeltlich einem anderen gegenüber erbracht werden. Darunter fällt die entgeltliche Duldung der Mitbenützung von Wiesen durch fremdes Vieh oder die Inpflegenahme von Weidevieh sowie die Unterbringung, Fütterung und Pflege (Pensionsviehhaltung) und die Aufzucht und das Mästen von Vieh für andere (Lohnmast).

3.2.2 Anzucht von Pflanzen

1363 Die Anzucht von Pflanzen ist als sonstige Leistung zu qualifizieren und liegt vor, wenn ein Pflanzenzüchter junge Pflanzen (Sämlinge, Setzlinge) einem Unternehmer überlässt, damit dieser sie auf seinem Grundstück einpflanzt, pflegt und dem Pflanzenzüchter auf Abruf zurückgibt. Eine Lieferung und Rücklieferung wäre bei Überlassung von Samen, Wurzeln oder Knollen und Rückgabe der gezogenen Pflanzen anzunehmen und dem Normalsteuersatz zu unterziehen. Ebenso ist die Pflege von fremden Pflanzen keine Anzucht und unterliegt daher auch dem Normalsteuersatz.

3.2.3 Vatertierhaltung, Förderung der Tierzucht und künstliche Besamung

1364 Vatertierhaltung: Begünstigt sind Deckgelder, Umlagen, die nach der Zahl der deckfähigen Tiere bemessen werden, Zuschüsse, die nach Maßgabe der gedeckten Tiere bemessen werden.

1365 Förderung der Tierzucht: Unter Tierzucht sind die Maßnahmen zu verstehen, die auf eine Verbesserung der erblich bedingten Anlagen von Tieren gerichtet sind. Begünstigt sind Entgelte für Abstammungsnachweise und Stallbücher, Körgebühren, Standgelder, Provisionen für die Vermittlung des An- und Verkaufes von Zuchttieren oder der Durchführung von Zuchttierversteigerungen, Entgelte, die von Tierzüchtern oder ihren Angestellten für die Teilnahme an Ausstellungen erhoben werden.

1366 Künstliche Tierbesamung: Auch die Verabreichung von Tiersamen und von Arzneimitteln im Rahmen der künstlichen Besamung fällt hierunter.

Randzahl 1367: derzeit frei.

3.3 Beherbergung
3.3.1 Allgemeines

1368 Begünstigt ist die Beherbergung in eingerichteten Wohn- und Schlafräumen samt den regelmäßig damit verbundenen Nebenleistungen (zB Beleuchtung, Beheizung, Bedienung). Es fallen sowohl die gewerbliche Beherbergung in Hotels, Gaststätten usw. als auch – **wenn die Voraussetzungen der Beherbergung erfüllt sind** – die Privatzimmervermietung **und die Überlassung von Ferienwohnungen und -appartements** unter den ermäßigten Steuersatz.

Beherbergung in eingerichteten Wohn- und Schlafräumen erfordert über die bloße Überlassung von Räumlichkeiten, einschließlich deren typischer Nebenleistungen, hinaus auch eine gewisse Betreuung der überlassenen Räumlichkeiten oder des Gastes. Dazu zählen zB die Reinigung der Räumlichkeiten oder die Zurverfügungstellung und Reinigung von Bettwäsche und Handtüchern sowie die Beheizung, Kühlung und Beleuchtung (vgl. VwGH 23.9.2010, 2007/15/0245). Die zusätzliche Erbringung von Dienstleistungen muss es dem Gast ermöglichen, ohne umfangreiche eigene Vorkehrungen an einem Ort vorübergehend Aufenthalt zu nehmen (vgl. VwGH 29.4.1992, 88/17/0184).

3.3.2 Aufteilung eines pauschalen Entgelts

1369 Die Aufteilung eines pauschalen Entgelts, das Beherbergung und Verköstigung beinhaltet (zB Halbpension), erfolgt bei Vorliegen von Einzelverkaufspreisen für die Leistungsteile im Verhältnis der Einzelverkaufspreise.

Beispiel:

Preis Beherbergung 70 Euro (brutto); Preis Halbpension 90 Euro (brutto);

Aufteilung Halbpension: Beherbergung 61,95 Euro (= 70 Euro / 1,13) sind mit 13% zu besteuern, Restauration 18,18 Euro (=20 Euro / 1,1) sind mit 10% zu besteuern. Somit fallen 9,87 Euro Umsatzsteuer an. Getränke (ausgenommen Getränke im Rahmen der Verabreichung eines ortsüblichen Frühstücks iZm der Beherbergung) sind separat zu behandeln und unterliegen dem Normalsteuersatz.

Für die Aufteilung eines pauschalen Entgelts bei Vorliegen von Einzelverkaufspreisen kann vom Unternehmer alternativ auch auf die entsprechenden durchschnittlichen Einzelverkaufspreise (des Hotels bzw. bei Reisebüros oder Reiseveranstaltern aller Hotels) des vorangegangenen Veranlagungszeitraums zurückgegriffen werden.

Beispiel:

Im Jahr 2015 wurden pauschale Entgelte für Frühstücks- und Halbpension (Beherbergung und Verköstigung) verrechnet. Gleichzeitig wurde die Beherbergung auch ohne Verköstigung angeboten, der Einzelverkaufspreis für die Beherbergung ohne Verköstigung variierte zwischen 60 Euro (brutto) und

90 Euro (brutto). Bei 541 Beherbergungsleistungen ohne Verköstigung betrug der Gesamtumsatz 42.739 Euro (brutto). Durchschnittlich ergibt sich ein Einzelverkaufspreis für die Beherbergung in Höhe von 79 Euro (brutto). Dieser durchschnittliche Einzelverkaufspreis kann im Jahr 2016 für die Aufteilung der pauschalen Entgelte herangezogen werden.

Liegen keine Einzelverkaufspreise vor, weil bspw. ausschließlich Halbpension angeboten wird **oder weil es sich um keine vergleichbaren Einzelverkaufspreise handelt (zB Mahlzeiten werden externen Gästen nicht in gleichem Umfang oder Inhalt – zB à la carte – angeboten und sind somit der Verköstigung von Hotelgästen im Rahmen eines pauschalen Entgelts nicht vergleichbar; zB Frühstück wird externen Gästen à la carte angeboten, Hotelgästen jedoch in Buffetform; die Konsumation von Frühstücksgetränken ist für externe Gäste im Frühstück nicht inkludiert und wird gesondert verrechnet)**, ist nach den Kosten aufzuteilen.

Diese Aufteilung der Kosten bei Nichtvorliegen von Einzelverkaufspreisen kann vom Unternehmer aufgrund von Erfahrungswerten im Bereich der Beherbergung differenziert nach Preiskategorien (brutto) wie folgt festgesetzt werden:

Preis pro Person und Nacht bis 140 Euro:
Zimmer (13%)/Frühstück (10%)   = Verhältnis 80% / 20%
Zimmer (13%)/Halbpension (10%)   = Verhältnis 60% / 40%
Zimmer (13%)/Vollpension (10%)   = Verhältnis 50% / 50%

Preis pro Person und Nacht bis 180 Euro:
Zimmer (13%)/Frühstück (10%)   = Verhältnis 82,5% / 17,5%
Zimmer (13%)/Halbpension (10%)   = Verhältnis 65% / 35%
Zimmer (13%)/Vollpension (10%)   = Verhältnis 55% / 45%

Preis pro Person und Nacht bis 250 Euro:
Zimmer (13%)/Frühstück (10%)   = Verhältnis 85% / 15%
Zimmer (13%)/Halbpension (10%)   = Verhältnis 70% / 30%
Zimmer (13%)/Vollpension (10%)   = Verhältnis 60% / 40%

Preis pro Person und Nacht über 250 Euro:
Zimmer (13%)/Frühstück (10%)   = Verhältnis 90% / 10%
Zimmer (13%)/Halbpension (10%)   = Verhältnis 80% / 20%
Zimmer (13%)/Vollpension (10%)   = Verhältnis 70% / 30%

Beispiel:

Der Verkaufspreis eines Halbpensionszimmers liegt bei 130 Euro (brutto) pro Person und Nacht. Da keine Einzelverkaufspreise für die Beherbergung bzw. Verköstigung vorliegen, kann der Verkaufspreis im Verhältnis 60% / 40% aufgeteilt werden. 69,03 Euro (= 130 Euro x 60% / 1,13) sind mit 13% zu besteuern; 47,27 Euro (= 130 Euro x 40% / 1,1) sind mit 10% zu besteuern. Somit fallen 13,7 Euro Umsatzsteuer an.

Für die Zuordnung zu den jeweiligen Preiskategorien kann vom Unternehmer alternativ auch auf die entsprechenden durchschnittlichen Umsätze (des Hotels bzw. bei Reisebüros oder Reiseveranstaltern aller Hotels) des vorangegangenen Veranlagungszeitraums je Angebotsumfang (zB Umsatz des vorangegangenen Veranlagungszeitraums aus Halbpension dividiert durch die Anzahl an Beherbergungen aus Halbpension des gleichen Zeitraums) zurückgegriffen werden.

§ 10 UStG

Beispiel:
Im Jahr 2015 wurden im Bereich der Halbpension Umsätze iHv 96.000 Euro brutto (1.200 Beherbergungsleistungen), im Bereich der Vollpension Umsätze iHv 156.000 Euro brutto (1.600 Beherbergungsleistungen) erzielt. Der durchschnittliche Preis der Halbpension hat somit 80 Euro (brutto), jener der Vollpension 97,5 Euro (brutto) betragen. Die Entgelte der Beherbergungsleistungen im Bereich der Halbpension können im Jahr 2016 im Verhältnis 60% / 40% aufgeteilt werden, jene im Bereich der Vollpension im Verhältnis 50% / 50% (jeweils Preiskategorie bis 140 Euro).

Getränke (ausgenommen Getränke im Rahmen der Verabreichung eines ortsüblichen Frühstücks im Zusammenhang mit der Beherbergung) sind separat zu behandeln und unterliegen grundsätzlich dem Normalsteuersatz.

Da hinsichtlich des Alters der beherbergten Person nicht zu differenzieren ist, ist auch ein pauschales Entgelt für die Beherbergung und Verköstigung von Kindern aufzuteilen. Somit ist hinsichtlich der Zuordnung zu den jeweiligen Preiskategorien bzw. der Zuordnung zu den jeweiligen Preiskategorien mittels durchschnittlichen Umsätzen keine unterschiedliche Behandlung aufgrund des Alters der beherbergten Person erforderlich. Werden jedoch bspw. Kleinkinder unentgeltlich beherbergt (zB Zurverfügungstellung von Zusatzbetten), weil die Kosten bereits in der Kalkulation der Beherbergung (zB der Eltern) enthalten sind, liegt auch kein gesondertes Entgelt vor, das aufzuteilen ist.

Zu Getränken im Rahmen von All-Inclusive-Angeboten siehe Rz 1373.

1369a Wird die Verköstigung in Form der sogenannten ¾-Pension (Frühstück, „Jause" und Abendessen) erbracht, ist für Zwecke der Aufteilung im Sinne der Rz 1369 von einer Verköstigung in Form der Vollpension auszugehen, wenn die Verköstigungsleistung („Jause") in einem Umfang angeboten wird, die eine „volle" Mahlzeit ersetzt und somit grundsätzlich keine eigene selbständige Verköstigung erforderlich macht.

1370 Die Verabreichung eines ortsüblichen Frühstücks, wenn sie zusammen mit der Beherbergung erbracht wird, fällt gemäß § 10 Abs. 2 Z 1 lit. c UStG 1994 unter den ermäßigten Steuersatz von 10%. Alkoholische Getränke sind nicht Teil eines ortsüblichen Frühstücks.

1371 Die Zurverfügungstellung von Seminarräumen kann nicht als begünstigte Nebenleistung zur Beherbergung qualifiziert werden, dies schon deshalb, weil die Räume üblicherweise einem Veranstalter und nicht dem einzelnen Hotelgast überlassen werden (siehe VwGH 20.2.2008, 2006/15/0161).

3.3.3 All-Inclusive

1372 In der österreichischen Tourismusbranche kommt es vermehrt zu Packages- und All-Inclusive-Angeboten. „All-Inclusive" umfasst insbesondere die Benützung von Sporteinrichtungen und die Tischgetränke beim Abendessen. Daneben werden von Hoteliers für die Hotelgäste häufig Begrüßungscocktails gereicht oder mit den Hotelgästen Wanderungen (Skitouren) durchgeführt.

1373 Folgende Leistungen können als regelmäßig mit der Beherbergung verbundene Nebenleistungen angesehen werden, wenn dafür kein gesondertes Entgelt verrechnet wird:
- Begrüßungstrunk,
- Vermietung von Parkplätzen, Garagenplätzen oder von Hotelsafes,
- Kinderbetreuung,
- Überlassung von Wäsche (zB Bademäntel),
- Zurverfügungstellung von Fernsehgeräten,
- Verleih von Sportgeräten,
- Zurverfügungstellung von Sauna, Solarium, Dampf- und Schwimmbad, Fitnessräume,
- Verabreichung von Massagen,

§ 10 UStG

- Verleih von Liegestühlen, Fahrrädern und Sportgeräten,
- geführte Wanderungen oder Skitouren,
- Zurverfügungstellung eines Tennis-, Golf- oder Eislaufplatzes, einer Kegelbahn oder Schießstätte usw.,
- die Bereitstellung von Tennis-, Ski-, Golf- oder Reitlehrern,
- die Abgabe von Liftkarten (zB Skilift), von Eintrittskarten (zB Theater), der Autobahnvignette oder – zB in Kärnten – der „Kärnten-Card",
- Animation,
- Wellness-Leistungen, ausgenommen hievon sind Beauty- bzw. Kosmetikbehandlungen,
- Tischgetränke (einschließlich zwischen den Mahlzeiten oder an der Bar abgegebene Getränke) von untergeordnetem Wert (Einkaufswert liegt unter 5% des Pauschalangebotes); in diesem Fall erhöhen sich die in Rz 1369 festgesetzten Prozentsätze für die Beherbergung (Zimmer) um 5 Prozentpunkte. Liegt der Verkaufspreis eines Vollpensionszimmers bspw. bei 130 Euro (brutto) pro Person und Nacht, kann dieser somit, wenn keine Einzelverkaufspreise vorliegen, im Verhältnis 55% / 45% aufgeteilt werden. 63,27 Euro (= 130 Euro x 55% / 1,13) sind mit 13% zu besteuern; 53,18 Euro (= 130 Euro x 45% / 1,1) sind mit 10% zu besteuern. Somit fallen **13,54** Euro Umsatzsteuer an.

Wird allerdings im Rahmen einer so genannten „Golf(trainings)woche" annähernd täglich die Benützung eines Golfplatzes und dazu auch noch ein mehrmaliger Golfunterricht oder die Teilnahme an einem Golfturnier angeboten, so können diese zusätzlichen Leistungen aufgrund des Leistungsumfanges nicht mehr als üblicherweise mit der Beherbergung verbundene Nebenleistungen angesehen werden. Das Gleiche gilt für vergleichbare Sport- oder Freizeitkurse (zB Segel-, Tenniswochen, usw.).

3.3.4 Time-Sharing

1374 Im Rahmen des Time-Sharing wird für einen längeren Zeitraum (zB 30 Jahre) oder auf Dauer das (übertragbare) Recht eingeräumt, alljährlich für einen im Vorhinein vertraglich vereinbarten Zeitraum ein möbliertes Appartement, Hotelzimmer, Ferienhaus oder eine sonstige Unterkunftseinheit samt allfälliger infrastruktureller Nebeneinrichtungen ausschließlich und uneingeschränkt zu nutzen.

1375 Die vereinbarte Leistung steht im Zusammenhang mit einem konkreten Grundstück und ist nur steuerbar, wenn das Grundstück, an dem das Nutzungsrecht vereinbart wurde, im Inland gelegen ist (siehe Rz 639v bis Rz 640c).

1376 Die Einräumung des Nutzungsrechtes erfolgt an Räumlichkeiten, die rasch wechselnden Benützern zu Erholungszwecken dienen. Die Umsätze unterliegen daher dem für die Beherbergung anzuwendenden ermäßigten Steuersatz. Zur Einräumung von Teilzeitnutzungsrechten im Zusammenhang mit der Übertragung eines ideellen Miteigentumsanteiles („Teilzeiteigentum") siehe Rz 801.

1377 Wird vertraglich die Möglichkeit eingeräumt, im „Tauschwege" andere Räumlichkeiten zu nutzen, so ist ggf. die Umsatzbesteuerung zu berichtigen.

3.3.5 Camping

1378 Neben der Überlassung der Stellfläche für das Zelt, den Wohnwagen, das KFZ usw. unterliegen auch die Zurverfügungstellung von sanitären Anlagen, von Gemeinschaftseinrichtungen, wie zB Aufenthaltsräumen, von Strom- und Wasseranschlüssen, von Koch- und Bügeleinrichtungen, die Nutzungsmöglichkeit eines Badestrandes usw. dem ermäßigten Steuersatz. In allen Fällen kommt der ermäßigte Steuersatz jedoch nur dann zur Anwendung, wenn ein einheitliches Benützungsentgelt, das sich häufig aus Stellplatz- und Personengebühr zusammensetzt, verrechnet wird. Nicht begünstigt ist zB die Zurverfügungstellung von Sporteinrichtungen oder Sportgeräten, von Stromanschlüssen von technischen Geräten usw., wenn für diese Leistungen ein gesondertes Entgelt verrechnet wird.

1379 Die Überlassung von Campingplätzen zum Abstellen von Fahrzeugen außerhalb des Campingbetriebes (zB im Winter, wenn nicht campiert wird) fällt nicht unter die Begünstigung.

In der Zeit vom 1.1.2004 bis 30.4.2004 erbrachte Campingleistungen für nichtunternehmerische Zwecke unterliegen dem Normalsteuersatz.

Für ab 1.5.2004 erbrachte Campingleistungen für nichtunternehmerische Zwecke gilt Rz 1197 sinngemäß.

1380 Bis 30.4.2016 ist auf die Beherbergung in eingerichteten Wohn- und Schlafräumen gemäß § 10 Abs. 3 Z 3 lit. a UStG 1994 sowie die Vermietung (Nutzungsüberlassung) von Grundstücken für Campingzwecke gemäß § 10 Abs. 3 Z 3 lit. b UStG 1994 der ermäßigte Steuersatz von 10% anzuwenden. Wurde eine Buchung und An- oder Vorauszahlung vor dem 1.9.2015 vorgenommen und der Umsatz zwischen 1.5.2016 und 31.12.2017 ausgeführt, unterliegen diese Leistungen nach § 28 Abs. 42 Z 2 UStG 1994 weiterhin dem ermäßigten Steuersatz von 10%. § 28 Abs. 42 Z 2 UStG 1994 stellt nicht auf die Vereinnahmung der An- oder Vorauszahlung, sondern lediglich auf die Buchung und die Leistung einer An- oder Vorauszahlung ab (zur Abrechnung mit Kreditkarte siehe Rz 1403).

Beispiel:

Folgende Beherbergungsumsätze werden erbracht am:
- 15.3.2016, mit oder ohne Buchung und An- bzw. Vorauszahlung vor dem 1.9.2015;
- 29.10.2016, ohne Buchung und An- bzw. Vorauszahlung vor dem 1.9.2015;
- 19.11.2017, mit Buchung und An- bzw. Vorauszahlung vor dem 1.9.2015.

Unabhängig davon, ob für die Beherbergungsleistung am 15.3.2016 eine Buchung und An- bzw. Vorauszahlung vor dem 1.9.2015 vorgenommen wurde, unterliegt der Umsatz dem ermäßigten Steuersatz in Höhe von 10%. Ebenfalls ist die Beherbergungsleistung am 19.11.2017 mit 10% zu besteuern, weil eine Buchung und An- bzw. Vorauszahlung vor dem 1.9.2015 stattgefunden hat. Der Beherbergungsumsatz am 29.10.2016 ist mangels Buchung und An- bzw. Vorauszahlung vor dem 1.9.2015 mit 13% zu besteuern.

Randzahlen 1381 bis 1385: derzeit frei.

3.4 Künstler
3.4.1 Begriff Künstler

1386 Der Begriff „Künstler" im § 10 Abs. 3 Z 4 UStG 1994 (bis 31.12.2015: § 10 Abs. 2 Z 5 UStG 1994) entspricht dem des § 22 Z 1 lit. a EStG 1988. Für Auslegungsfragen wird daher auf die EStR 2000 Abschn. 16.2.6 verwiesen.

3.4.2 Begriff Tätigkeit als Künstler

1387 Begünstigt sind nur die Umsätze aus der Tätigkeit als Künstler, nicht also allfällige Hilfsgeschäfte (zB der Verkauf eines beruflich verwendeten Computers) bzw. Umsätze aus nichtkünstlerischer Tätigkeit. Der Eigenverbrauch gemäß § 3 Abs. 2 und § 3a Abs. 1a UStG 1994 (zB von selbst hergestellten Kunstwerken für private Zwecke) unterliegt aber dem begünstigten Steuersatz.

1388 Eine Personenvereinigung (ohne Rechtspersönlichkeit), die als solche nach außen in Erscheinung tritt und somit Unternehmereigenschaft besitzt, kann die Begünstigung für sich in Anspruch nehmen, sofern jeder Beteiligte (wenn auch im Zusammenhang mit den anderen Mitgliedern) eine künstlerische Leistung erbringt (VwGH 26.11.1985, 83/14/0249; VwGH 20.11.1989, 89/14/0142).

3.4.3 Einräumung und Übertragung von urheberrechtlich geschützten Rechten

1389 Bei Einräumung und Übertragung von Rechten, die sich aus urheberrechtlichen Vorschriften ergeben, kann der ermäßigte Steuersatz gemäß § 10 Abs. 3 Z 4 UStG 1994 (bis

§ 10 UStG

31.12.2015: § 10 Abs. 2 Z 5 UStG 1994) dann zur Anwendung kommen, wenn es sich um die Einräumung (Übertragung) der Rechte an künstlerischen Werken durch den Künstler handelt.

3.4.4 Autoren

1390 Unter „Umsätze aus der Tätigkeit als Künstler" fallen neben den Umsätzen der künstlerisch tätigen Komponisten auch die Umsätze der künstlerisch tätigen Literaten und Textautoren. Nicht künstlerisch tätig sind Fach- und Sachbuchautoren.

Randzahlen 1391 bis 1392: derzeit frei.

3.5 Schwimmbäder, Thermalbehandlung
3.5.1 Begünstigte Umsätze von Schwimmbädern

1393 Die Begünstigung wird unabhängig vom Rechtsträger des Bades gewährt. Betroffen sind somit Hallen- oder Freibäder öffentlich-rechtlicher Körperschaften (= Betriebe gewerblicher Art), ebenso wie Vereins- und Privatbäder. Dies gilt unabhängig davon, ob es sich um Natur- oder Kunstbäder handelt. Nicht umfasst sind die Umsätze von Reinigungsbädern.

1394 Begünstigt sind nur die unmittelbar mit dem Betrieb von Schwimmbädern verbundenen Umsätze. Darunter fallen insbesondere Entgelte für die Benützung der Schwimmbäder (durch Einzelpersonen, Gruppen oder Vereine), Zuschläge für ergänzende Nebenleistungen (zB für die Benützung von Einzelkabinen), Entgelte für die Erteilung von Schwimmunterricht und Nebeneinnahmen aus unmittelbar notwendigen Hilfsleistungen (zB die Aufbewahrung der Garderobe, die Vermietung von Schwimmgürteln, Badekleidung, Handtüchern oder Haartrocknern).

Nicht unmittelbar mit dem Betrieb von Schwimmbädern verbunden sind ua. die Umsätze aus dem Betrieb von Kiosken, Restaurants und Buffets, die Vermietung von Parkplätzen und Fahrradabstellflächen und die Nutzungsüberlassung zusätzlicher Sportanlagen und -geräte (Minigolf, Tischtennis oder Wasserrutsche gegen gesondertes Entgelt). Nicht begünstigt sind ferner die Vermietung von Liegestühlen, Strandkörben oder Sonnenschirmen und Solarienumsätze (VwGH 31.3.1998, 93/13/0073).

3.5.2 Begünstigte Umsätze im Rahmen der Thermalbehandlung

1395 Nach der Verkehrsauffassung wird unter Thermalbehandlung die medizinische Nutzung von Temperaturänderungen, im Besonderen von Wärme zu therapeutischen Zwecken verstanden. Die Begünstigung erstreckt sich somit auf Dampf-, Heißluft-, und Kneippbäder, auf Thermalbäder im engeren Sinn und den Saunabetrieb.

1396 Die Thermalbehandlung umfasst ua. nicht die Verabreichung von Mineralbädern, Heilmassagen oder physikalischer Therapie.

1397 Die Entgelte so genannter Pauschalbadekuren (für die Beherbergung und Verköstigung von Kurgästen und die Verabreichung von Thermalbehandlungen) können zur Gänze mit dem ermäßigten Steuersatz versteuert werden.

3.6 Theater-, Musik- und Gesangsaufführungen, Konzerte, Museen usw.
3.6.1 Theateraufführungen
Begriff Theater

1398 Ein Theater im Sinne des § 10 Abs. 3 Z 6 lit. a UStG 1994 (bis 30.4.2016: § 10 Abs. 2 Z 8 lit. a UStG 1994) liegt vor, wenn so viele künstlerische und technische Kräfte und die zur Aufführung von Theaterveranstaltungen notwendigen technischen Voraussetzungen unterhalten werden, dass die Durchführung eines Spielplanes aus eigenen Kräften möglich ist. Es genügt, dass ein Theater die künstlerischen und technischen Kräfte nur für die Spielzeit eines Stückes verpflichtet. Ein eigenes oder gemietetes Theatergebäude braucht nicht vorhanden zu sein. Bei Auslegung des Begriffes Theater wird im Hinblick

§ 10 UStG

auf § 10 Abs. 3 Z 8 UStG 1994 (bis 31.12.2015: § 10 Abs. 2 Z 11 UStG 1994) ein nicht allzu strenger Maßstab anzuwenden sein, wobei aber ein gewisser Mindeststandard der Darbietung gegeben sein muss. So sind zB auch die Vorführungen der Spanischen Hofreitschule nach dieser Bestimmung begünstigt.

Beispiele

1399 Begünstigt sind demnach zB Schauspiel-, Opern-, Operettenaufführungen, ferner Kabarett, Tanzkunst, Kleinkunst und Varieté, Pantomime und Ballett, Puppen- und Marionettenspiele, Eisrevuen, sowohl durch Berufsdarbietende, als auch durch Laien. Als Theater sind nicht nur Schauspiel- und Opernhäuser, Keller- und Kaffeehaustheater, sondern auch Freilichttheater, Wanderbühnen, Tourneetheater usw. anzusehen. Begünstigt sind auch Theateraufführungen in einem Fernsehstudio, und zwar unabhängig davon, ob die Theatervorführung unmittelbar übertragen oder lediglich aufgezeichnet wird.

1400 Nicht begünstigt sind hingegen die Zusammenstellung von Balleröffnungen und Schautänzen durch Debütanten (VwGH 4.3.1987, 85/13/0195), eine „Peep Show" (VwGH 14.10.1991, 91/15/0069, 91/15/0070) oder Diavorträge oder Diashows (VwGH 23.11.1992, 91/15/0133) und Filmvorführungen (diesbezüglich siehe aber Rz 1423 bis Rz 1426)."

Umfang der Begünstigung

1401 Begünstigt sind die eigentlichen Theaterleistungen einschließlich der damit verbundenen Nebenleistungen. Als Theaterleistungen sind auch solche Leistungen anzusehen, die gegenüber einem gastgebenden Theater ausgeführt werden, zB Zurverfügungstellung eines Ensembles, nicht hingegen die Leistungen von Agenturen. Veranstalter im Sinne dieser Bestimmung ist jeder, der – ohne selbst ein Theater zu betreiben – Theaterleistungen selbständig organisiert und im eigenen Namen anbietet. Werden bei Theatervorführungen mehrere Veranstalter tätig, so kann bei Zutreffen der gesetzlichen Voraussetzungen jeder Veranstalter den ermäßigten Steuersatz in Anspruch nehmen. Die Begünstigung kann daher bei Tourneeveranstaltungen sowohl dem Tourneeveranstalter als auch dem örtlichen Veranstalter zustehen.

Nebenleistungen

1402 Zu den regelmäßig mit dem Betrieb eines Theaters verbundenen – und somit begünstigten – Nebenleistungen gehören insbesondere die Aufbewahrung der Garderobe, der Verkauf von Programmen und die Vermietung von Theatergläsern. Nicht unter diese Begünstigung fällt zB die Führung eines Buffets oder die Aufnahme von Inseraten in die Programmhefte. Ebenso fallen nicht unter diese Begünstigung die Leistungen der Kostüm- und Textbücherverleiher an den Veranstalter. Für den Verleih von Textbüchern kann allerdings § 10 Abs. 2 Z 2 UStG 1994 zur Anwendung kommen.

1403 Bis 30.4.2016 unterliegen Leistungen gemäß § 10 Abs. 3 Z 6 UStG 1994 dem ermäßigten Steuersatz von 10%. Werden An- oder Vorauszahlungen vor dem 1.9.2015 vorgenommen und die Umsätze zwischen 1.5.2016 und 31.12.2017 ausgeführt, unterliegen diese Umsätze weiterhin dem ermäßigten Steuersatz von 10%. § 28 Abs. 42 Z 3 UStG 1994 stellt nicht auf die Vereinnahmung der An- oder Vorauszahlung, sondern lediglich auf die Leistung einer An- oder Vorauszahlung ab. Demnach ist der Zufluss des Entgelts beim Leistungserbringer irrelevant und es kommt nur auf den Erwerb der Eintrittsberechtigung durch den Kunden an, sofern hierbei gleichzeitig zumindest eine An- oder Vorauszahlung geleistet wird. Dies wird bei Kreditkartenzahlung dann der Fall sein, wenn die Überprüfung der Kreditkarten- bzw. Zahlungsdaten positiv verläuft und in unmittelbarer Folge der Auftrag zur Belastung der Karte erfolgt.

Randzahlen 1404 bis 1405: derzeit frei.

3.6.2 Musik- und Gesangsaufführungen usw. (§ 10 Abs. 3 Z 6 lit. b UStG 1994; bis 30.4.2016: § 10 Abs. 2 Z 8 lit. b UStG 1994)

Begriffe

1406
- Unter Musik wird sowohl die Instrumentalmusik (Orchester-, Kammer- und Salonmusik), als auch Vokalmusik, wie reine A-cappella-Musik, bzw. die von Instrumenten begleitete Gesangsmusik, in Chor und Sologesang verstanden. Auf die Art der Musik kommt es nicht an. Auch Musikgruppen aus der Unterhaltungsbranche können demnach unter den ermäßigten Steuersatz fallen.
- Orchester ist eine größere Gruppe von Instrumentalisten, die ein in sich differenziertes, musikalisch sinnvolles Klangensemble bilden, das in der Regel unter der Leitung eines Dirigenten steht. Es umfasst alle Musiksparten, bzw. alle instrumentalen Klangkörper der unterschiedlichen Musizierformen, auch außereuropäische Instrumentengruppen. Es werden darunter zB auch Volks-, Blas-, Marsch- und Militärmusik, große und kleine Unterhaltungsorchester und Jazzorchester (Bigband) verstanden. Ebenfalls begünstigt sind Kammermusikensembles (Trio, Quartett, Quintett).
- Gesang ist ein Singen, das in der Regel an Worte oder Texte mit deutlich geprägtem Sinnzusammenhang gebunden ist. Es ist aber auch möglich, sinnleere Laute oder Silben zu singen (zB Jodeln, Vocalise oder Scat).
- Chor ist eine Vereinigung von Sängern, die ein Gesangsstück gemeinsam vortragen, wobei jede Stimme mehrfach besetzt ist.

Umfang der Begünstigung

1407 Musik- und Gesangsaufführungen aus der Konserve (Tonband, Schallplatte oder elektronische Tonträger) sind nicht begünstigt. In Bezug auf Musik- und Gesangsaufführungen durch andere Unternehmer gilt das für die Theater Gesagte sinngemäß.

Zusammentreffen mit anderen Leistungen

1408 Werden in Verbindung mit Theater-, Musik- und Gesangsaufführungen auch Leistungen anderer Art erbracht, und sind diese nicht von untergeordneter Bedeutung, wird dadurch der Charakter der Veranstaltung als Theater-, Musik- und Gesangsaufführung beeinträchtigt. Dies wird etwa bei zB gesanglichen, kabarettistischen oder tänzerischen Darbietungen im Rahmen einer Tanzbelustigung, einer sportlichen Veranstaltung oder zur Unterhaltung der Besucher von Gaststätten der Fall sein. In diesem Fall geht die Begünstigung für den Veranstalter verloren, die Leistungen an den Veranstalter (zB von Musikgruppen und Solisten) fallen jedoch unter die Ermäßigung.

Randzahl 1409: derzeit frei.

3.6.3 Museen usw.

Begriff Museum allgemein

1410 Museen sind Einrichtungen, die der Sammlung und systematischen Aufbewahrung von Gegenständen von kultureller Bedeutung dienen. Die Begünstigung erstreckt sich somit vor allem auf wissenschaftliche Sammlungen, Kunstsammlungen, aber auch auf Ausstellungen zu besonderen Anlässen (Landesausstellungen). Des Weiteren werden auch Denkmäler der Bau- und Gartenkunst als Museen gewertet.

Begriff wissenschaftliche Sammlung und Kunstsammlung

1411 Wissenschaftliche Sammlungen und Kunstsammlungen sind vor allem Gemäldegalerien, Volkskunde- und Heimatmuseen, kunst- und naturhistorische Museen. Als Kunstausstellungen können auch Kunstsammlungen in Betracht kommen. Hiebei muss es sich um Kunstsammlungen handeln, die ausgestellt und dadurch der Öffentlichkeit zum Betrachten und den damit verbundenen kulturellen und bildenden Zwecken zugänglich gemacht werden. Kunstausstellungen, die Verkaufszwecken dienen und damit gewerbliche Zwecke verfolgen, sind keine Museen (zB Verkaufsausstellungen wie Antiquitätenmessen oder Galerien).

Begriff Denkmäler der Baukunst

1412 Denkmäler der Baukunst sind Bauwerke, die nach denkmalpflegerischen Gesichtspunkten als schützenswerte Zeugnisse der Architektur anzusehen sind. Hiezu gehören zB Kirchen, Schlösser, Burgen und Burgruinen. Auf eine künstlerische Ausgestaltung kommt es nicht an.

Begriff Denkmäler der Gartenbaukunst

1413 Zu den Denkmälern der Gartenbaukunst gehören zB Parkanlagen mit künstlerischer Ausgestaltung.

Umfang der Begünstigung

1414 Begünstigt sind insbesondere die Leistungen der Museen, für die als Entgelt Eintrittsgelder erhoben werden, und zwar auch insoweit, als es sich um Sonderausstellungen, Führungen und Vorträge handelt. Zu den regelmäßig mit dem Betrieb eines Museums verbundenen Nebenleistungen gehören der Verkauf von Museumsführern und Katalogen sowie von Ansichtskarten, Fotografien, Diapositiven usw., wenn es sich um Darstellungen von Objekten des betreffenden Museums handelt, das Museum diese Abbildungen selbst herstellt oder herstellen lässt und diese Gegenstände ausschließlich in diesem Museum – nicht auch im gewerblichen Handel – vertrieben werden. Zu den üblichen Nebenleistungen gehört auch das Dulden der Anfertigung von Reproduktionen, Abgüssen und Nachbildungen sowie die Erlaubnis zu fotografieren. Nicht begünstigt sind der Betrieb von Restaurants oder Buffets sowie der Verkauf von Ansichtskarten, Fotos und Broschüren, die zum Museum selbst in keinerlei Beziehung stehen.

Begriff botanische Gärten

1415 Unter dem Begriff botanischer Garten ist eine Anlage für Forschung und Unterricht in Pflanzenkunde zu verstehen. Eine große Anzahl von ausländischen Bäumen und Gewächsen (in Parkanlagen) ist noch kein botanischer Garten im Sinne des § 10 Abs. 3 Z 6 lit. c UStG 1994 (bis 30.4.2016: § 10 Abs. 2 Z 8 lit. c UStG 1994), kann aber als Denkmal der Gartenkunst unter den Museumsbegriff fallen.

Begriff zoologische Gärten

1416 Zu den zoologischen Gärten zählen neben den Tiergärten (Menagerien) und Tierparks auch Aquarien und Terrarien. Bezüglich der üblichen Nebenleistungen gelten die Ausführungen zu den Museen sinngemäß. Der Verkauf von Tieren kann begünstigt sein, wenn er den Aufgaben des zoologischen Gartens dient oder mit dem Betrieb zwangsläufig im Zusammenhang steht. Dies ist insbesondere beim Verkauf zum Zweck der Zurschaustellung in einem anderen zoologischen Garten, oder beim Verkauf zum Zwecke der Zucht oder Verjüngung des Tierbestandes gegeben.

Begriff Naturpark

1417 Naturparks sind Landschafts- oder Naturschutzgebiete oder Teile von solchen, die für die Erholung und für die Vermittlung von Wissen über die Natur besonders geeignet sind, allgemein zugänglich sind und durch entsprechende Einrichtungen eine Begegnung des Menschen mit dem geschützten Naturgut ermöglichen. Bei der Beurteilung, ob ein Naturpark vorliegt, wird in erster Linie auf die jeweiligen landesgesetzlichen Vorschriften abzustellen sein. Naturdenkmäler (zB Wasserfälle, Seen, Klammen) oder Naturhöhlen (Schauhöhlenbetriebe, Karsterscheinungen) sind – auch wenn diese unter Denkmalschutz gestellt sind – keine Naturparks und fallen nicht unter diese Begünstigung.

Randzahlen 1418 bis 1422: derzeit frei.

3.7 Filmvorführungen
3.7.1 Begriff Film

1423 Unter „Film" ist eine den Eindruck eines bewegten Bildes vermittelnde Bildfolge bzw. Bild-Tonfolge zu verstehen, wobei es auf das bei der Bildaufzeichnung bzw. Bild-Tonaufzeichnung verwendete Trägermaterial nicht ankommt; auch auf „Videokassetten" oder auf elektronischen Datenträgern gespeicherte bewegte Bild- Tonfolgen sind unter den Begriff „Film" zu subsumieren (VwGH 8.10.1990, 89/15/0080).

3.7.2 Begriff Vorführung

1424 Unter „Vorführungen" (VwGH 8.10.1990, 89/15/0080) sind öffentliche Aufführungen (Vorführungen) zu verstehen. Eine Aufführung ist nach dem herrschenden Öffentlichkeitsbegriff dann öffentlich, wenn der Zutritt im Wesentlichen jedermann freisteht, die Aufführung also nicht von vornherein auf einen in sich geschlossenen, nach außen begrenzten Kreis von Teilnehmern abgestimmt ist. Begünstigt sind daher auch Großprojektionen von Fernsehsendungen. Filmvorführungen liegen nicht vor, wenn zentral abgespielte Videofilme den Kunden eines „Sexshop" bzw. einer „Videopeepshow" nach Münzeinwurf auf Vorführgeräten in Einzelkabinen über Drahtleitungen sichtbar gemacht werden (EuGH 18.3.2010, Rs C-3/09, Erotic Center BVBA).

1425. Keine begünstigten Filmvorführungen sind Diavorträge, Diashows oder Tonbildschauen (VwGH 23.11.1992, 91/15/0133) und die Leistungen der Film- und Videoverleiher (VwGH 29.4.1991, 90/15/0088). Die Vorführung von Werbefilmen ist eine Filmvorführung und daher begünstigt; nicht begünstigt sind hingegen die Entgelte, die der vorführende Unternehmer vom werbenden Unternehmer für die Werbeleistung erhält.

3.7.3 Umfang der Begünstigung

1426. Entgelte für die Filmvorführungen sind die Eintrittsgelder. Die Aufbewahrung der Garderobe und der Verkauf von Programmen unterliegen als Nebenleistungen ebenfalls dem ermäßigten Steuersatz, nicht hingegen der Verkauf von Getränken an die Besucher.

Randzahl 1427: derzeit frei.

3.8 Zirkusvorführungen und Schausteller

3.8.1 Begriff Zirkusvorführung

1428. Als Zirkusvorführungen wird die Vorführung eines Programms anzusehen sein, dass sich in aller Regel aus artistischen und komischen Darbietungen sowie aus Dressurleistungen (zB mit Pferden, Raubtieren, Elefanten) und ähnlichen Leistungen zusammensetzt und musikalisch umrahmt wird. Die Vorführungen finden üblicherweise in einem ortsfesten Gebäude oder in einem transportablen Großzelt (Wanderzirkus) mit einer in der Mitte befindlichen Manege statt.

3.8.2 Umfang der Begünstigung

1429. Auch die mit den Zirkusveranstaltungen üblicherweise verbundenen Nebenleistungen (zB Aufbewahrung der Garderobe, Verkauf von Programmen, Tierschauen) fallen unter die Begünstigung. Ebenso fällt das Entgelt, das der Zirkusunternehmer von Fernseh- oder Filmunternehmungen für die Übertragung von Zirkusvorführungen erhält, unter diese Ermäßigung.

3.8.3 Nicht begünstigte Nebenleistungen

1430. Nicht begünstigt ist nach dieser Bestimmung die Vermietung des Zirkuszeltes, der Betrieb von Gaststätten oder der Verkauf von Erfrischungen und Getränken. Hilfsumsätze, wie der Verkauf von Inventar oder lebenden Tieren, unterliegen grundsätzlich dem Normalsteuersatz, sofern es sich nicht um Tiere handelt, die unter die Z 1 der Anlage 2 zum UStG 1994 fallen (zB Pferde, Maultiere, Rinder).

3.8.4 Begriff Schausteller

1431. Schausteller sind Personen, die gewerbsmäßig Jahrmärkte und Volksfeste mit ihrem der Unterhaltung und Belustigung dienenden Unternehmen beschicken. Für die Tätigkeit als Schausteller ist maßgebend, ob die Leistungen entweder auf gelegentlich stattfindenden Jahrmärkten, Volksfesten, Messen oder aber im Rahmen von ortsgebundenen festen Rummelplätzen erbracht werden. Erst die Vielfalt der bei solchen Anlässen gebotenen Schaustellungen, Belustigungen und Fahrgeschäften aller Art macht jene Personen, die bei einer solchen Veranstaltung Schaustellungsleistungen erbringen, zu Schaustellern gemäß § 10 Abs. 3 Z 8 UStG 1994 (bis 31.12.2015: § 10 Abs. 2 Z 11 UStG 1994) (vgl. VwGH 27.7.1994, 93/13/0263). Leistungen von Schaustellern sind unabhängig davon vom ermäßigten Steuersatz erfasst, ob sie von einem oder von mehreren Unternehmern (Schaustellern) erbracht werden (vgl. VwGH 27.11.2014, 2011/15/0079). In aller Regel üben sie ihr Gewerbe nicht in einer ortsgebundenen festen Anlage aus, doch gibt es Ausnahmen, wie etwa der Wiener Prater, oder auch Themen- und Freizeitparks (Westerncitys, Erlebniswelten usw.).

3.8.5 Umfang der Begünstigung

1432 Zu den Leistungen aus der Tätigkeit als Schausteller gehören Belustigungsgeschäfte und Fahrgeschäfte aller Art, wie Ringelspiele, Schaukeln, Grotten- und Geisterbahnen, Schießbuden, Geschicklichkeitsspiele, Ausspielungen usw., wobei es gleichgültig ist, ob es sich um sesshafte oder nicht sesshafte Schausteller handelt. Ebenso begünstigt ist das Betreiben einer Schau für Auto- und Motorradakrobatik bei ständigem Ortswechsel im Rahmen größerer Veranstaltungen und in eigener Regie, bzw. auch das Aufstellen von nicht ortsfesten Kinderreitautomaten (zB „Bullenreiten" bei diversen Festen), bzw. auch bei diesen Gelegenheiten typisch anzutreffenden Automaten, wie etwa den „Watschenmann". Auch gewerbliche Leistungen, die grundsätzlich nicht begünstigt sind, können unter den angeführten Voraussetzungen unter diese Begünstigung fallen (Bauchredner, Conférenciers, Stimmenimitatoren, Zauberer, Wahrsager).

3.8.6 Nicht begünstigte (Neben-)Leistungen

1433 Nicht begünstigt sind Warenlieferungen, sofern es sich nicht um Waren handelt, die unter die Anlage zum UStG 1994 fallen, sowie Hilfsgeschäfte der Schausteller (zB Verkauf von Betriebseinrichtungen). Ebenso nicht unter die gegenständliche Begünstigung fällt zB auch die Aufstellung und der Betrieb von Musik- und (Glücks-)Spielautomaten (VwGH 3.11.1986, 85/15/0117), wie etwa Flipper, Aufrechner auch Videospiele in Gaststätten und in anderen Räumlichkeiten (zB Spielhallen), der Betrieb eines Spielsalons (VwGH 9.2.1987, 87/15/0004), oder einer Sommerrodelbahn (VwGH 23.9.1985, 84/15/0073) sowie eine „Peep Show" (VwGH 14.10.1991, 91/15/0069, 91/15/0070). Das Aufstellen von Kinderreitautomaten im örtlichen Bereich von Kaufhäusern, Einkaufszentren, Supermärkten und Sparkassen ist nicht begünstigt (VwGH 27.7.1994, 93/13/0263).

Randzahlen 1434 bis 1438: derzeit frei.

3.9 Personenbeförderung mit Luftfahrzeugen

1439 Soweit es sich bei steuerbaren Beförderungsleistungen um grenzüberschreitende Personenbeförderungen mit Schiffen oder Luftfahrzeugen (ausgenommen am Bodensee) handelt, fallen sie unter die Steuerbefreiung gemäß § 6 Abs. 1 Z 3 lit. d UStG 1994 (siehe dazu Rz 727 bis Rz 731). Rz 1303 bis 1312 mit den darin enthaltenen allgemeinen Ausführungen zur Personenbeförderungsleistung gelten sinngemäß auch für den Anwendungsbereich des ermäßigten Steuersatzes von 13%.

Randzahlen 1440 bis 1443: derzeit frei.

3.10 Jugendheime

1444 Nach § 6 Abs. 1 Z 23 in Verbindung mit Z 25 UStG 1994 sind die genannten Leistungen der Jugend- Erziehungsheime usw. unecht steuerfrei, wenn sie von Körperschaften öffentlichen Rechts oder gemeinnützigen Rechtsträgern erbracht werden.

1445 Auf die Steuerbefreiung kann gemäß Art. XIV Z 1, BGBl. Nr. 21/1995 verzichtet werden. Unter den Voraussetzungen des § 10 Abs. 2 Z 4 UStG 1994 kommt der ermäßigte Steuersatz in Höhe von 10% (zB Leistungen von gemeinnützigen Körperschaften). In den übrigen Fällen kommt der ermäßigte Steuersatz in Höhe von 13% gemäß § 10 Abs. 3 Z 10 UStG 1994 zur Anwendung.

Bis 31.12.2015 fielen alle derartigen Umsätze unter § 10 Abs. 2 Z 14 UStG 1994 und unterlagen dem ermäßigten Steuersatz in Höhe von 10%.

Randzahlen 1446 bis 1448: derzeit frei.

3.11 Lieferungen (und der den Lieferungen gleichgestellte Eigenverbrauch) von Wein und anderen gegorenen Getränken

1448 Nicht unter Wein aus frischen Weintrauben (Unterpositionen 2204 21 und 2204 29 der Kombinierten Nomenklatur) fällt Schaumwein.

Unter andere gegorene Getränke aus der Position 2206 der Kombinierten Nomenklatur fallen zB Apfel-, Birnen- und Ribiselwein sowie Met. Gebrannte Getränke fallen nicht hierunter.

1449 Voraussetzungen für die Begünstigung nach § 10 Abs. 3 Z 11 UStG 1994 sind die Erzeugung des Getränkes aus eigenen Weintrauben oder eigenem Obst und die Lieferung innerhalb des eigenen landwirtschaftlichen Betriebes im Inland.

Schädlich ist auch der Verkauf im Wege eines Gewerbebetriebes desselben Unternehmers (zB Gastwirtschaft).

3.11.1 Selbsterzeugter Wein

1450 Lässt sich nicht feststellen, ob und inwieweit der vom Landwirt verkaufte Wein aus selbst geernteten oder zugekauften Trauben erzeugt wurde, so geht deshalb die Begünstigung nicht zur Gänze verloren. In derartigen Fällen wird vielmehr unter Berücksichtigung des Zukaufes und der üblichen Ausbeutesätzen das Ausmaß der Begünstigung im Schätzungswege ermittelt werden müssen.

3.11.2 Lieferung von Wein, der im Rahmen der Übergabe des Betriebes an nahe Angehörige mitübergeben wurde

1451 Unter Betriebsübergabe ist die unentgeltliche Betriebsübergabe unter Lebenden (etwa im Zuge der vorweggenommenen Erbfolge), der Übergang im Erbweg als auch der entgeltliche Betriebsübergang erfasst. Die Begünstigung kann auch im Fall der Verpachtung angewendet werden, sofern davon ausgegangen werden kann, dass der Verpächter den Betrieb nie mehr wieder auf eigene Rechnung und Gefahr führen wird.

Randzahlen 1452 bis 1453: derzeit frei.

3.12 Eintrittsberechtigungen für sportliche Veranstaltungen

1454 Zum Begriff des Sports siehe VereinsR 2001 Rz 72.

Zur Definition der Eintrittsberechtigungen zu Veranstaltungen, vgl. Rz 641f.

Ermäßigt sind die Eintrittsberechtigungen für sportliche Veranstaltungen. Nicht unter die Begünstigung fällt daher die Berechtigung zur Teilnahme an einer Veranstaltung, wie Nenngelder, Startgelder udgl. zu sportlichen Wettkämpfen (zB Radrennen, Marathon usw.).

Die Zurverfügungstellung von „VIP-Karten" für sportliche Veranstaltungen, die neben der Eintrittsberechtigung zur sportlichen Veranstaltung (Sitzplatz auf der VIP-Tribüne) weitere Leistungen wie zB Zutritt zum VIP-Bereich, Inanspruchnahme von Cateringleistungen und Zurverfügungstellung von Abstellplätzen für Kfz beinhaltet, stellt eine einheitliche komplexe Dienstleistung dar (vgl. EuGH 22.1.2015, Rs C-55/14, *Régie communale autonome du stade Luc Varenne*), die mangels Begünstigung dem Normalsteuersatz in Höhe von 20% unterliegt.

Von einer „VIP-Karte" wird im Vergleich zu einer „normalen" Eintrittskarte auszugehen sein, wenn der Preis der „VIP-Karte" mehr als doppelt so hoch als jener der teuersten „normalen" Eintrittskarte zu einer sportlichen Veranstaltung ist.

Randzahlen 1455 bis 1475: derzeit frei.

4. Änderung des Steuersatzes und Anzahlungen

1476 Ändert sich der Steuersatz, regelt grundsätzlich § 28 UStG 1994 ab welchem Zeitpunkt der neue Steuersatz zur Anwendung gelangt. Dabei wird grundsätzlich auf den Leistungszeitpunkt bzw. Zeitpunkt der Einfuhr oder des ig. Erwerbs abgestellt.

§ 10 UStG

Werden Anzahlungen geleistet, sind diese zunächst nach der Rechtslage im Zeitpunkt der Vereinnahmung zu versteuern. Ändert sich bis zum Leistungszeitpunkt die steuerrechtliche Lage, ist die Besteuerung der Anzahlung nach Maßgabe der Rechtslage im Zeitpunkt der Leistung zu korrigieren. Diese Korrektur erfolgt im ersten Voranmeldungszeitraum nach Wirksamwerden der Änderung. Es hat eine Berichtigung bereits ausgestellter Anzahlungsrechnungen zu erfolgen, die Ausstellung der Schlussrechnung richtet sich in jedem Fall nach der Rechtslage zum Zeitpunkt der Leistungserbringung.

Davon abweichend kann der Unternehmer aus Praktikabilitätsgründen die Anzahlung in der Rechnung bereits mit jenem Steuersatz ausweisen und versteuern, der zum Zeitpunkt der Leistungserbringung gelten wird. Diesfalls ist bei Inkrafttreten der Steuersatzänderung keine Rechnungsberichtigung und in den Fällen der Erhöhung des Steuersatzes (zB von 10% auf 13%) auch keine Korrektur in der Steuererklärung erforderlich.

Beispiel 1: Erhöhung des Steuersatzes von 10 auf 13%

Der Unternehmer A veranstaltet ein Konzert im Juni 2016. Er verkauft die Eintrittskarten für dieses Konzert im September 2015 zum Preis von 55 Euro inklusive Umsatzsteuer.

Variante 1 (Besteuerung der Anzahlung nach Rechtslage zum September 2015)

A verrechnet dem Kunden B für eine Karte 10% Umsatzsteuer (§ 10 Abs. 2 Z 8 lit. b UStG 1994 idF vor StRefG 2015/2016) und stellt eine Vorauszahlungsrechnung über 55 Euro (brutto, dh. inklusive 5 Euro USt) aus. B bezahlt im September 2015.

Lösung:

A erklärt in der UVA 9/2015 den Umsatz von 50 Euro mit einem Steuersatz von 10% (Kennzahlen: 000 und 029 jeweils 50).

Mit Mai 2016 kommt es zur Anhebung des Steuersatzes für Konzerteintritte auf 13% (§ 10 Abs. 3 Z 6 lit. b iVm § 28 Abs. 42 Z 3 UStG 1994 idF StRefG 2015/2016). Daher erfolgt eine Korrektur der erhaltenen Vorauszahlung in der UVA 5/2016 unter der Kennzahl 090 (sonstige Berichtigungen).

Der zu berichtigende Betrag ergibt sich aus der Differenz der Umsatzsteuer aus geleistetem Bruttobetrag unter Anwendung des Steuersatzes von 13% (55 − 55/1,13 = 6,33 Euro) und der bereits entrichteten Umsatzsteuer (5 Euro). Die Differenz ist somit 1,33 Euro.

Der in der Kennzahl 090 zu erfassende Berichtigungsbetrag ist daher +1,33. Gegenüber Unternehmern hat eine Berichtigung der Rechnung mit 1.5.2016 zu erfolgen.

Variante 2 (Besteuerung der Anzahlung nach künftiger Rechtslage)

A verrechnet dem Kunden B für eine Karte 13% Umsatzsteuer (§ 10 Abs. 3 Z 6 lit. b iVm § 28 Abs. 42 Z 3 UStG 1994 idF StRefG 2015/2016) und stellt eine Vorauszahlungsrechnung über 55 Euro (brutto, dh. inklusive 6,33 Euro USt) aus. B bezahlt im September 2015.

Lösung:

Da A auf der Rechnung einen USt-Betrag von 6,33 Euro ausgewiesen hat, schuldet er den zu hoch ausgewiesenen Betrag (1,33 Euro) gemäß § 11 Abs. 12 UStG 1994 aufgrund der Inrechnungstellung.

A erklärt in der UVA 9/2015 daher 50 Euro Umsatz (der aus 55 Euro herausgerechnete Nettobetrag) mit einem Steuersatz von 10% und 1,33 Euro Steuerschuld gemäß § 11 Abs. 12 UStG 1994 (Kennzahlen: 000 und 029 jeweils 50; 056: 1,33).

Bei Inkrafttreten der Neuregelung (1.5.2016) sind keine weiteren Berichtigungen (weder der Rechnung noch der Steuererklärung) erforderlich.

Der Kunde B kann aus der im September 2015 ausgestellten Vorauszahlungsrechnung bei Vorliegen der allgemeinen Voraussetzungen des § 12 UStG 1994 den vollen Vorsteuerabzug unter den Bedingungen der Rz 1825 für die ausgewiesenen

13% Umsatzsteuer geltend machen. Eine Berichtigung des Vorsteuerabzugs im Mai 2016 ist daher nicht erforderlich.

Beispiel 2: Minderung des Steuersatzes von 20 auf 13%
Der Profi-Fußballverein C veranstaltet ein Fußballspiel im März 2016. Er verkauft die Eintrittskarten für dieses Spiel im September 2015 zum Preis von 24 Euro inklusive Umsatzsteuer.

Variante 1 (Besteuerung der Anzahlung nach aktueller Rechtslage)
C verrechnet dem Kunden D für eine Karte 20% Umsatzsteuer (§ 10 Abs. 1 UStG 1994) und stellt eine Vorauszahlungsrechnung aus. D bezahlt im September 2015.

Lösung:
C erklärt in der UVA 9/2015 den Umsatz von 20 Euro mit einem Steuersatz von 20% (Kennzahlen: 000 und 022 jeweils 20).
Mit Jänner 2016 kommt es zur Minderung des Steuersatzes für Eintrittsberechtigungen für sportliche Veranstaltungen auf 13% (§ 10 Abs. 3 Z 12 iVm § 28 Abs. 42 Z 1 UStG 1994 idF StRefG 2015/2016). Daher erfolgt eine Korrektur der Umsatzsteuer aus der erhaltenen Vorauszahlung in der UVA 1/2016 unter der Kennzahl 090 (sonstige Berichtigungen).
Der zu berichtigende Betrag ergibt sich aus der Differenz der Umsatzsteuer aus dem geleistetem Bruttobetrag unter Anwendung des Steuersatzes von 13% (24 – 24/1,13 = 2,76 Euro) und der bereits entrichteten Umsatzsteuer (4 Euro). Die Differenz ist somit -1,24 Euro.
Der in der Kennzahl 090 zu erfassende Berichtigungsbetrag ist daher -1,24.
Gegenüber dem Kunden hat eine Berichtigung der Rechnung mit 1.1.2016 zu erfolgen, ansonsten schuldet C die zu hoch ausgewiesene Steuer (1,24 Euro) weiterhin aufgrund der Rechnung.
Der Kunde D kann aus der im September 2015 ausgestellten Vorauszahlungsrechnung bei Vorliegen der allgemeinen Voraussetzungen des § 12 UStG 1994 den Vorsteuerabzug für die ausgewiesenen 20% USt geltend machen. Eine Berichtigung (Minderung) des Vorsteuerabzugs im Jänner 2016 ist erforderlich (siehe auch oben zur Rechnungsberichtigung).

Variante 2 (Inrechnungstellung der Anzahlung nach künftiger Rechtslage)
C verrechnet dem Kunden D für eine Karte 13% Umsatzsteuer (§ 10 Abs. 3 Z 12 iVm § 28 Abs. 42 Z 1 UStG 1994 idF StRefG 2015/2016) und stellt eine Vorauszahlungsrechnung über 24 Euro inklusive 13% Umsatzsteuer aus. B bezahlt im September 2015.

Lösung:
Wie Variante 1. Eine Rechnungsberichtigung ist jedoch nicht erforderlich.
Der Kunde D kann aus der im September 2015 ausgestellten Vorauszahlungsrechnung bei Vorliegen der allgemeinen Voraussetzungen des § 12 UStG 1994 den Vorsteuerabzug für die ausgewiesenen 13% Umsatzsteuer geltend machen.

Randzahlen 1477 bis 1500: derzeit frei.

Judikatur EuGH zu § 10:

EuGH vom 10.11.2016, Rs C-432/15, *Baštová*
Abgrenzung der wirtschaftlichen Tätigkeit iZm Pferderennen; kein ermäßigter Steuersatz bei Vorliegen einer komplexen Dienstleistung

1. Art. 2 Abs. 1 Buchst. c der Richtlinie 2006/112/EG ist dahin auszulegen, dass die Überlassung eines Pferdes durch seinen Eigentümer, der mehrwertsteuerpflichtig ist, an den Veranstalter eines Pferderennens zwecks Teilnahme des Pferdes an diesem Rennen

keine gegen Entgelt erbrachte Dienstleistung darstellt, wenn für sie weder ein Antrittsgeld noch eine andere unmittelbare Vergütung gezahlt wird und nur die Eigentümer der Pferde mit einer erfolgreichen Platzierung in dem Rennen ein – sei es auch ein im Voraus festgelegtes – Preisgeld erhalten. Die Überlassung eines Pferdes stellt dagegen eine gegen Entgelt erbrachte Dienstleistung dar, wenn der Veranstalter für sie eine von der Platzierung des Pferdes in dem Rennen unabhängige Vergütung zahlt.

2. Die Richtlinie 2006/112 ist dahin auszulegen, dass ein Steuerpflichtiger, der seine eigenen Rennpferde und die Dritter hält und ausbildet, ein Recht auf Vorsteuerabzug in Bezug auf die Umsätze für die Vorbereitung und Teilnahme seiner Pferde an den Pferderennen hat, da die Aufwendungen für diese Umsätze zu den mit seiner wirtschaftlichen Tätigkeit zusammenhängenden Gemeinkosten gehören, vorausgesetzt, dass die Aufwendungen für die einzelnen Umsätze einen direkten und unmittelbaren Zusammenhang mit dieser Tätigkeit insgesamt aufweisen. Dies kann der Fall sein, wenn die insoweit entstandenen Kosten im Zusammenhang mit den Rennpferden stehen, die tatsächlich für den Verkauf bestimmt sind, oder die Teilnahme dieser Pferde an Rennen objektiv ein Mittel zur Förderung der wirtschaftlichen Tätigkeit darstellt; dies zu prüfen, ist Sache des vorlegenden Gerichts.

Für den Fall, dass ein solches Abzugsrecht besteht, darf das Preisgeld, das der Steuerpflichtige gegebenenfalls aufgrund der Platzierung eines seiner Pferde in einem Pferderennen gewonnen hat, nicht in die Bemessungsgrundlage der Mehrwertsteuer einbezogen werden.

3. Art. 98 der Richtlinie 2006/112 in Verbindung mit Anhang III Nr. 14 dieser Richtlinie ist dahin auszulegen, dass eine komplexe einheitliche Dienstleistung, die mehrere Elemente umfasst, die sich u. a. auf das Training von Pferden, die Überlassung von Sportanlagen, die Unterbringung der Pferde im Rennstall, die Fütterung und die sonstige Versorgung der Pferde beziehen, keinem ermäßigten Mehrwertsteuersatz unterliegen kann, wenn die Überlassung der Sportanlagen im Sinne von Anhang III Nr. 14 dieser Richtlinie und das Training der Pferde zwei gleichwertige Elemente dieser komplexen Dienstleistung darstellen oder wenn das Training das Hauptelement dieser Dienstleistung ist; dies zu beurteilen, ist Sache des vorlegenden Gerichts.

EuGH vom 5.3.2015, Rs C-502/13, *Kom/Luxemburg*
Auf die Lieferung von digitalen oder elektronischen Büchern ist die Anwendung eines ermäßigten Steuersatzes nicht zulässig

Das Großherzogtum Luxemburg hat dadurch gegen seine Verpflichtungen aus den Art. 96 bis 99, 110 und 114 der Richtlinie 2006/112/EG in der durch die Richtlinie 2010/88/EU geänderten Fassung in Verbindung mit den Anhängen II und III dieser Richtlinie und der Durchführungsverordnung (EU) Nr. 282/2011 zur Richtlinie 2006/112 verstoßen, dass es auf die Lieferung von digitalen oder elektronischen Büchern einen Mehrwertsteuersatz von 3 % angewandt hat.

EuGH vom 5.3.2015, Rs C-479/13, *Kom/Frankreich*
Auf die Lieferung von digitalen oder elektronischen Büchern ist die Anwendung eines ermäßigten Steuersatzes nicht zulässig

Die Französische Republik hat dadurch gegen ihre Verpflichtungen aus den Art. 96 und 98 der Richtlinie 2006/112/EG in der durch die Richtlinie 2010/88/EU geänderten

Fassung in Verbindung mit den Anhängen II und III dieser Richtlinie und der Durchführungsverordnung (EU) Nr. 282/2011 zur Richtlinie 2006/112 verstoßen, dass sie auf die Lieferung von digitalen oder elektronischen Büchern einen ermäßigten Mehrwertsteuersatz angewandt hat.

EuGH vom 11.9.2014, Rs C-219/13, *K Oy*
Zulässigkeit der Steuersatzdifferenzierung zwischen gedruckten Büchern und Büchern auf anderen physischen Tonträgern

Art. 98 Abs. 2 Unterabs. 1 und Anhang III Nr. 6 der Richtlinie 2006/112/EG in der durch die Richtlinie 2009/47/EG geänderten Fassung sind dahin auszulegen, dass sie, sofern der dem gemeinsamen Mehrwertsteuersystem zugrunde liegende Grundsatz der steuerlichen Neutralität beachtet wird, was zu prüfen Aufgabe des vorlegenden Gerichts ist, einer nationalen Regelung wie der im Ausgangsverfahren fraglichen nicht entgegenstehen, wonach für gedruckte Bücher ein ermäßigter Mehrwertsteuersatz gilt, während Bücher, die auf anderen physischen Trägern wie einer CD oder CD-ROM oder USB-Sticks gespeichert sind, dem normalen Mehrwertsteuersatz unterliegen.

EuGH vom 27.2.2014, Rs C-454/12, *Pro Med Logistik*
Voraussetzungen der Zulässigkeit der Anwendung unterschiedlicher Mehrwertsteuersätze auf die Beförderung von Personen per Taxi und per Mietwagen mit Fahrergestellung

1. Art. 12 Abs. 3 Buchst. a Unterabs. 3 in Verbindung mit Anhang H Kategorie 5 der Sechsten Richtlinie 77/388/EWG in der durch die Richtlinie 2001/4/EG geänderten Fassung und Art. 98 Abs. 1 und 2 in Verbindung mit Anhang III Nr. 5 der Richtlinie 2006/112/EG sind unter Beachtung des Grundsatzes der steuerlichen Neutralität dahin auszulegen, dass sie der Anwendung unterschiedlicher Mehrwertsteuersätze, eines ermäßigten und des normalen Steuersatzes, auf zwei Arten von Dienstleistungen der Beförderung von Personen und des mitgeführten Gepäcks im Nahverkehr, nämlich zum einen per Taxi und zum anderen per Mietwagen mit Fahrergestellung, nicht entgegenstehen, sofern zum einen aufgrund der unterschiedlichen rechtlichen Anforderungen, denen diese beiden Beförderungsarten unterliegen, die Tätigkeit der Beförderung von Personen im Nahverkehr per Taxi einen konkreten und spezifischen Aspekt der Dienstleistungskategorie der Beförderung von Personen und des mitgeführten Gepäcks im Sinne von Kategorie 5 bzw. Nr. 5 der Anhänge dieser Richtlinien darstellt und zum anderen die fraglichen Unterschiede maßgeblichen Einfluss auf die Entscheidung des durchschnittlichen Nutzers für die eine oder die andere Beförderungsart haben. Es ist Sache des vorlegenden Gerichts, zu prüfen, ob dies in den Ausgangsverfahren der Fall ist.

2. Dagegen sind Art. 12 Abs. 3 Buchst. a Unterabs. 3 in Verbindung mit Anhang H Kategorie 5 der Sechsten Richtlinie 77/388 in der durch die Richtlinie 2001/4 geänderten Fassung und Art. 98 Abs. 1 und 2 in Verbindung mit Anhang III Nr. 5 der Richtlinie 2006/112 unter Beachtung des Grundsatzes der steuerlichen Neutralität dahin auszulegen, dass sie der Anwendung unterschiedlicher Mehrwertsteuersätze auf zwei Arten von Dienstleistungen der Beförderung von Personen und des mitgeführten Gepäcks im Nahverkehr, nämlich zum einen per Taxi und zum anderen per Mietwagen mit Fahrergestellung, entgegenstehen, wenn aufgrund einer Sondervereinbarung, die auf die Taxiunternehmen und die Mietwagenunternehmen mit Fahrergestellung, mit denen sie getroffen wurde, unterschiedslos angewandt wird, die Beförderung von Personen per Taxi keinen

konkreten und spezifischen Aspekt der Beförderung von Personen und des mitgeführten Gepäcks darstellt und wenn die im Rahmen dieser Vereinbarung durchgeführte Tätigkeit, aus der Sicht des durchschnittlichen Nutzers, als der Tätigkeit der Beförderung von Personen im Nahverkehr per Mietwagen mit Fahrergestellung gleichartig anzusehen ist; dies zu prüfen ist Sache des vorlegenden Gerichts.

EuGH vom 17.1.2013, Rs C-360/11, *Kom/Spanien*
Ermäßigter MWSt-Satz auf medizinische Produkte

Durch die Anwendung eines ermäßigten Mehrwertsteuersatzes

– auf medizinische Stoffe, die üblicherweise für die Herstellung von Medikamenten verwendet werden können und dafür geeignet sind,

– auf Gesundheitsprodukte, Stoffe, Geräte oder Vorrichtungen, die objektiv nur zur Vorbeugung, Diagnose, Behandlung, Linderung oder Heilung von Krankheiten oder Leiden von Menschen oder Tieren verwendet werden können, jedoch nicht üblicherweise für die Linderung oder die Behandlung von Behinderungen verwendet werden und ausschließlich für den persönlichen Gebrauch von Behinderten bestimmt sind,

– auf Vorrichtungen und Zubehörteile, die im Wesentlichen oder hauptsächlich dazu dienen können, körperliche Behinderungen von Tieren auszugleichen,

– und schließlich auf Vorrichtungen und Zubehörteile, die im Wesentlichen oder hauptsächlich dazu verwendet werden, Behinderungen des Menschen auszugleichen, jedoch nicht ausschließlich dem persönlichen Gebrauch von Behinderten dienen,

hat das Königreich Spanien gegen seine Verpflichtungen aus Art. 98 der Richtlinie 2006/112/EG in Verbindung mit ihrem Anhang III verstoßen.

EuGH vom 12.5.2011, Rs C-441/09 und 453/09, *Kom/Österreich und Kom/Deutschland*
Kein generell ermäßigter MWSt-Satz bei der Lieferung von Pferden

Die Republik Österreich/Bundesrepublik Deutschland hat durch die Anwendung eines ermäßigten Mehrwertsteuersatzes auf sämtliche Lieferungen, Einfuhren und innergemeinschaftlichen Erwerbe von Pferden gegen ihre Verpflichtungen aus den Art. 96 und 98 der Richtlinie 2006/112/EG in Verbindung mit deren Anhang III verstoßen.

EuGH vom 10.3.2011, Rs C-497/09 u.a., *Bog*
Abgrenzung Lieferung von Speisen/Partyservice; Auslegung des Begriffes „Nahrungsmittel"

1. Die Art. 5 und 6 der Sechsten Richtlinie 77/388/EWG in der durch die Richtlinie 92/111/EWG geänderten Fassung sind dahin auszulegen, dass

– die Abgabe frisch zubereiteter Speisen oder Nahrungsmittel zum sofortigen Verzehr an Imbissständen oder -wagen oder in Kino-Foyers eine Lieferung von Gegenständen im Sinne des genannten Art. 5 ist, wenn eine qualitative Prüfung des gesamten Umsatzes ergibt, dass die Dienstleistungselemente, die der Lieferung der Nahrungsmittel vorausund mit ihr einhergehen, nicht überwiegen;

– die Tätigkeiten eines Partyservice außer in den Fällen, in denen dieser lediglich Standardspeisen ohne zusätzliches Dienstleistungselement liefert oder in denen weitere, besondere Umstände belegen, dass die Lieferung der Speisen der dominierende Bestandteil des Umsatzes ist, Dienstleistungen im Sinne des genannten Art. 6 darstellen.

§ 10 UStG

2. Bei Lieferung von Gegenständen ist der Begriff „Nahrungsmittel" in Anhang H Kategorie 1 der durch die Richtlinie 92/111 geänderten Sechsten Richtlinie 77/388 dahin auszulegen, dass er auch Speisen oder Mahlzeiten umfasst, die durch Kochen, Braten, Backen oder auf sonstige Weise zum sofortigen Verzehr zubereitet worden sind.

EuGH vom 3.3.2011, Rs C-41/09, *Kom/Niederlande*
Kein generell ermäßigter MWSt-Satz bei der Lieferung von Pferden

Das Königreich der Niederlande hat durch die Anwendung eines ermäßigten Mehrwertsteuersatzes auf sämtliche Lieferungen, Einfuhren und innergemeinschaftlichen Erwerbe von Pferden gegen seine Verpflichtungen aus Art. 12 in Verbindung mit Anhang H der Sechsten Richtlinie 77/388/EWG in der durch die Richtlinie 2006/18/EG geänderten Fassung sowie aus den Art. 96 bis 99 Abs. 1 der Richtlinie 2006/112/EG in Verbindung mit deren Anhang III verstoßen.

EuGH vom 28.10.2010, Rs C-49/09, *Kom/Polen*
Ermäßigter MWSt-Satz für Kinderkleidung ist nicht zulässig

Die Republik Polen hat dadurch gegen ihre Verpflichtungen aus Art. 98 in Verbindung mit Anhang III der Richtlinie 2006/112/EG verstoßen, dass sie den ermäßigten Mehrwertsteuersatz von 7 % auf die Lieferungen, die Einfuhr und den innergemeinschaftlichen Erwerb von Säuglingskleidung, Bekleidungszubehör für Säuglinge und Kinderschuhen angewandt hat.

EuGH vom 17.6.2010, Rs C-492/08, *Kom/Frankreich*
Ermäßigter MWSt-Satz für Prozesskostenhilfe ist nicht zulässig

Die Französische Republik hat dadurch gegen ihre Pflichten aus den Art. 96 und 98 Abs. 2 der Richtlinie 2006/112/EG verstoßen, dass sie einen ermäßigten Mehrwertsteuersatz auf Leistungen anwendet, die von den Rechtsanwälten, den Rechtsanwälten beim Conseil d'État und bei der Cour de cassation und den „avoués" erbracht werden und für die diese vollständig oder teilweise durch den Staat im Rahmen der Prozesskostenhilfe entschädigt werden.

EuGH vom 18.3.2010, Rs C-3/09, *Erotic Center*
Die Filmbetrachtung in Kabinen fällt nicht unter den Begriff „Eintrittsberechtigung für Kinos" und unterliegt daher nicht dem ermäßigten MWSt-Satz

Die Wendung „Eintrittsberechtigung für Kinos" in Anhang H Kategorie 7 Abs. 1 der Sechsten Richtlinie 77/388/EWG in der durch die Richtlinie 2001/4/EG geänderten Fassung ist dahin auszulegen, dass sie sich nicht auf die Zahlung eines Verbrauchers zu dem Zweck bezieht, allein in einem zur alleinigen Nutzung überlassenen Raum, wie den im Ausgangsverfahren in Rede stehenden Kabinen, einen oder mehrere Filme oder Filmausschnitte betrachten zu können.

EuGH vom 12.6.2008, Rs C-462/05, *Kom/Portugal*
Kein ermäßigter MWSt-Satz bei Maut

Die Portugiesische Republik hat dadurch gegen ihre Verpflichtungen aus den Art. 12 und 28 der Sechsten Richtlinie 77/388/EWG in der durch die Richtlinie 2001/4/EG des Rates vom 19. Januar 2001 geänderten Fassung verstoßen, dass sie bei der Maut für die Straßenbrücken über den Tejo in Lissabon einen ermäßigten Mehrwertsteuersatz von 5 % beibehalten hat.

EuGH vom 3.4.2008, Rs C-442/05, *Torgau-Westelbien*
Das Legen eines Hausanschlusses fällt unter den Begriff „Lieferungen von Wasser"

Art. 12 Abs. 3 Buchst. a und Anhang H Kategorie 2 der Sechsten Richtlinie 77/388 sind dahin auszulegen, dass unter den Begriff „Lieferungen von Wasser" das Legen eines Hausanschlusses fällt, das wie im Ausgangsverfahren in der Verlegung einer Leitung besteht, die die Verbindung des Wasserverteilungsnetzes mit der Wasseranlage eines Grundstücks ermöglicht. Zudem können die Mitgliedstaaten konkrete und spezifische Aspekte der „Lieferungen von Wasser" – wie das im Ausgangsverfahren fragliche Legen eines Hausanschlusses – mit einem ermäßigten Mehrwertsteuersatz belegen, vorausgesetzt, sie beachten den Grundsatz der steuerlichen Neutralität, der dem gemeinsamen Mehrwertsteuersystem zugrunde liegt.

Judikatur VwGH zu § 10:

VwGH vom 10.2.2016, 2013/15/0120
Wohnungseigentümergemeinschaften kommt Unternehmereigenschaft zu; zum Entgelt gehören auch Zinsen, deren Weiterverrechnung an die Wohnungseigentümer keine steuerfreie Kreditgewährung darstellt

Nach ständiger Rechtsprechung kommt Wohnungseigentümergemeinschaften Unternehmereigenschaft zu, weil sie einerseits im eigenen Namen nach außen auftreten, Leistungen in Auftrag geben und bezahlen und andererseits dadurch nachhaltig zur Erzielung von Einnahmen tätig werden, dass sie von den einzelnen Mit- und Wohnungseigentümern den auf sie entfallenden Anteil an den Kosten erheben (vgl. die hg. Erkenntnisse vom 13. Mai 2003, 99/15/0238, vom 4. Februar 2009, 2007/15/0116, und vom 24. Februar 2011, 2007/15/0129, sowie mit weiteren Nachweisen das Erkenntnis vom 24. März 2015, 2012/15/0042). Nach ebenso herrschender Auffassung erbringen Wohnungseigentümergemeinschaften bei der Verwaltung der Anlage eine eigenständige und einheitliche Leistung an die Wohnungseigentümer. Die steuerlichen Folgen richten sich nach dem wirtschaftlichen Gehalt der Gesamtleistung (vgl. Pernegger in Melhardt/Tumpel, UStG^2, § 10 Rz. 235, Scheiner/Kolacny/Caganek, Kommentar zur Mehrwertsteuer, § 10 Abs. 2 Z 4 Anm. 69; Berger/Wakounig in Berger/Bürgler/Kanduth-Kristen/Wakounig, UStG-ON^2, § 10 Rz. 67/1 und 70; sowie zum Grundsatz der Unteilbarkeit der Leistung, Ruppe/Achatz, UStG^4, § 1 Tz. 31ff).

Gemäß § 4 Abs. 1 UStG 1994 ist Entgelt alles, was der Empfänger einer Lieferung oder sonstigen Leistung aufzuwenden hat, um die Lieferung oder sonstige Leistung zu erhalten. Das Entgelt ist nicht um Aufwendungen des Unternehmers zu kürzen. Die Bemessungsgrundlage bildet vielmehr das ungekürzte Entgelt, weshalb auch weiterverrechnete Aufwendungen wie Porti, Grundsteuer oder Personalaufwand nicht aus der Bemessungsgrundlage auszuscheiden sind, mag das Entgelt auch nur aus weiterverrechneten Aufwendungen bestehen (vgl. Ruppe/Achatz, UStG^4, § 4 Tz. 17 und 22; sowie Kanduth-Kristen in Berger/Bürgler/Kanduth-Kristen/Wakounig, UStG-ON^2, § 4 Rz. 18). Dies gilt auch für Zinsen, die der Wohnungseigentümergemeinschaft deshalb angelastet werden, weil laufende Verwaltungsaufwendungen oder wie im Beschwerdefall Sanierungsaufwendungen nicht (zur Gänze) mit Eigenmitteln der Wohnungseigentümer (laufenden Vorauszahlungen, Rücklage nach § 31 WEG 2002) bestritten werden (können). In der bloßen Weiterverrechnung der Zinsen für die Fremdfinanzierung der Fassadensanierung ist keine steuerfreie Kreditgewährung der Miteigentümergemeinschaft an ihre Miteigentümer zu erblicken. Von einer selbständigen Finanzierungsleistung könnte nur dann gesprochen werden, wenn die Wohnungseigentümergemeinschaft selbst einzelnen Wohnungseigentümern hinsichtlich der von ihnen zu leistenden anteiligen Beiträge Zahlungserleichterungen einräumt. Eine solche, der außerordentlichen Verwaltung zuzurechnende Maßnahme (vgl. Feil/Marent/Preisl, WEG 2002, § 20 Tz. 22), liegt im Beschwerdefall nicht vor.

Beschließt die Wohnungseigentümergemeinschaft die Durchführung bestimmter Sanierungsarbeiten unter Inanspruchnahme von Fremdkapital, fließen die Zinsen als Teil der Erhaltungsaufwendungen der Wohnungseigentümergemeinschaft in die Bemessungsgrundlage für den ermäßigten Steuersatz ein.

VwGH vom 24.3.2015, 2012/15/0042
Autoabstellplätze oder Garagen sind nicht dazu bestimmt den persönlichen Wohnbedürfnissen zu dienen; der ermäßigte Steuersatz ist auf die Erhaltung jener Teile und Anlagen der Liegenschaft, die nicht Wohnzwecken dienen, nicht anwendbar

Nach herrschender Lehre und ständiger Rechtsprechung kommt Wohnungseigentumsgemeinschaften Unternehmereigenschaft zu, weil sie einerseits im eigenen Namen nach außen auftreten, Leistungen in Auftrag geben und bezahlen und andererseits dadurch nachhaltig zur Erzielung von Einnahmen tätig werden, dass sie von den einzelnen Mit- und Wohnungseigentümern den auf sie entfallenden Anteil an den Kosten erheben (vgl. die hg. Erkenntnisse vom 4. Februar 2009, 2007/15/0116, vom 13. Mai 2003, 99/15/0238, und im Anwendungsbereich des UStG 1972 vom 8. April 1991, 88/15/0137, sowie Ruppe, UStG[3], § 10 Tz. 79; Scheiner/Kolacny/Caganek, Kommentar zur Mehrwertsteuer, § 10 Abs. 2 Z 4 Anm. 68; Bürgler in Berger/Bürgler/Kanduth-Kristen/Wakounig (Hrsg), UStG-ON[2], § 2 Rz. 19). Nach ebenso herrschender Auffassung erbringen Wohnungseigentumsgemeinschaften bei der Verwaltung der Anlage eine eigenständige und einheitliche Leistung an die Wohnungseigentümer (vgl. Ruppe, aaO, § 10 Tz. 81; Scheiner/Kolacny/Caganek, aaO, § 10 Abs. 2 Z 4 Anm. 69; Berger/Wakounig in Berger/Bürgler/Kanduth-Kristen/Wakounig (Hrsg), aaO, § 10 Rz. 67/1 und 70).

Mit der Bestimmung des § 10 Abs. 2 Z 4 lit. d UStG 1994 soll eine Gleichbehandlung von Wohnungsmietern und Wohnungseigentümern hinsichtlich des Steuersatzes für die Betriebskosten herbeigeführt werden (vgl. das hg. Erkenntnis vom 29. Jänner 2014, 2009/13/0220).

Wohnzwecken dienen Grundstücke, wenn sie dazu bestimmt sind, in abgeschlossenen Räumen, einschließlich Nebenräumen, privates Leben zu ermöglichen, wenn sie Menschen somit auf Dauer Aufenthalt und Unterkunft gewähren (vgl. dazu im Einzelnen das hg. Erkenntnis vom 4. Februar 2009, 2007/15/0116, VwSlg 8409 F/2009, mwN, sowie z.B. Pernegger in Melhardt/Tumpel, UStG, § 10 Rz 188 f, und Ruppe/Achatz, UStG[4], § 10 Tz 63).

Autoabstellplätze oder Garagen sind nicht dazu bestimmt, in abgeschlossenen Räumen privates Leben zu ermöglichen und insofern den persönlichen Wohnbedürfnissen zu dienen.

Der EuGH hat im Urteil vom 6. Juli 2006, Rs C-251/05, Talacre Beach Caravan Sales Ltd., ausgesprochen, es sei unionsrechtlich zulässig, dass der Gesetzgeber einen aus mehreren Komponenten bestehenden einheitlichen Umsatz zum Teil dem einen, zum Teil dem anderen Steuersatz unterwirft (vgl. das hg. Erkenntnis vom 27. Februar 2014, 2012/15/0044, mwN, sowie in diesem Sinne bereits das hg. Erkenntnis vom 24. November

1998, 98/14/0055, VwSlg 7333 F/1998). Insoweit wird auch der Grundsatz, dass die (unselbständige) Nebenleistung das Schicksal der Hauptleistung teilt, von dem Aufteilungsgebot verdrängt (vgl. z.B. das Urteil des deutschen Bundesfinanzhofes vom 24. April 2013, XI R 3/11). Unionsrechtlich beruht der ermäßigte Steuersatz (nur) für Wohnzwecke auf der der Republik Österreich ursprünglich im Beitrittsvertrag zugestandenen Übergangsbestimmung des Art. 28 Abs. 2 lit. j der RL 77/388/EWG (6. EG-RL) idF der RL 2000/17/EG des Rates vom 30. März 2000, ABl L 84/24, (vgl. Scheiner/Kolacny/Caganek, Kommentar zur Mehrwertsteuer, § 10 Abs. 2 Z 4 Anm. 28). Damit war es zulässig, unabhängig von der Frage des Vorliegens eines einheitlichen Umsatzes den ermäßigten Steuersatz nur auf die Vermietung von Grundstücken für Wohnzwecke zu beziehen, wie dies bereits der Rechtsanwendung zur Wohnungsvermietung vor dem Beitritt Österreichs zu EU entsprach (vgl. Caganek, ÖStZ 2001/541, 279, auch mit Hinweis auf den umsatzsteuerrechtlich zu beachtenden Grundsatz der Neutralität, sowie Berger/Bürgler/Kanduth-Kristen/Wakounig, Berger/Bürgler/Kanduth-Kristen/Wakounig, UStG-ON[2], § 10 Rz 57).

Erteilt die Wohnungseigentumsgemeinschaft den Auftrag zur Sanierung der in ihrem gemeinsamen Eigentum stehenden Teile und Anlagen einer Liegenschaft, an der Wohnungseigentum besteht und die nicht Wohnzwecken dienen, und verrechnet sie diese an die einzelnen Wohnungseigentümer weiter, kann nicht entscheidend sein, ob die Wohnungseigentümer die Kosten im Verhältnis ihrer Nutzwerte zu tragen haben oder ob ein anderer Aufteilungsschlüssel vereinbart wurde. Der ermäßigte Steuersatz ist auf die Erhaltung jener Teile und Anlagen der Liegenschaft, die nicht Wohnzwecken dienen, nicht anwendbar.

VwGH vom 27.11.2014, 2011/15/0079
Der ermäßigte Steuersatz für Schausteller ist unabhängig davon, ob die Leistungen von einem oder von mehreren Schaustellern gemeinsam erbracht werden

Es trifft zu, dass der Verwaltungsgerichtshof in noch zum UStG 1972 ergangenen Erkenntnissen wiederholt ausgesprochen hat, dass es für die Beurteilung, ob jemand Leistungen aus der Tätigkeit als Schausteller erbringt, entscheidend darauf ankommt, ob die Leistungen entweder auf gelegentlich stattfindenden Jahrmärkten, Volksfesten, Messen oder aber im Rahmen von ortsgebundenen festen Rummelplätzen in Gemeinschaft mit anderen Schaustellern erbracht werden, weil erst die Vielfalt der bei solchen Anlässen gebotenen Schaustellungen, Belustigungen und Fahrgeschäften aller Art denjenigen, der bei einer solchen Veranstaltung Schaustellungsleistungen erbringt, zum Schausteller im Sinne § 10 Abs. 2 Z 18 UStG 1972 macht (vgl. z.B. die hg. Erkenntnisse vom 23. September 1985, 84/15/0073, VwSlg 6026 F/1984, vom 3. November 1986, 85/15/0117, VwSlg 6164 F/1986, und vom 27. Juli 1994, 93/13/0263, VwSlg 6907 F/1994). Im Streitfall liegt die geforderte Vielfalt an Belustigungen und Fahrgeschäften aller Art vor. Die von der Unternehmerin erbrachten Leistungen fielen daher, für den Fall, dass sie in Gemeinschaft mit anderen Unternehmern (Schaustellern) erbracht worden wären, jedenfalls unter die Begünstigung des § 10 Abs. 2 Z 11 UStG 1994.

Die Regelung des UStG 1994 betreffend den ermäßigten Steuersatz für die Leistungen als Schausteller (§ 10 Abs. 2 Z 11) ist in Umsetzung des Richtlinienrechts der EU erlassen worden. Solcherart kommt bei Auslotung des Bedeutungsinhaltes der „Leistungen als Schausteller" das Gebot der unionsrechtskonformen Interpretation zur Anwendung. Im Rahmen dieser Interpretation darf dem Tatbestandsmerkmal „Schausteller" nicht ein so enger Inhalt beigemessen werden, dass die nationale Regelung eine Ungleichbehandlung von miteinander konkurrierenden Unternehmern zur Folge hätte. Vor diesem Hintergrund ist die Bestimmung des § 10 Abs. 2 Z 11 UStG 1994 dahingehend auszulegen, dass sie Leistungen von Schaustellern unabhängig davon erfasst, ob sie von einem oder von mehreren Unternehmern (Schaustellern) erbracht werden.

VwGH vom 25.6.2014, 2010/13/0119
Die Vermietung von Garagen unterliegt nicht dem ermäßigten Steuersatz

Nach herrschender Lehre und ständiger Rechtsprechung kommt Wohnungseigentumsgemeinschaften Unternehmereigenschaft zu, weil sie einerseits im eigenen Namen nach außen auftreten, Leistungen in Auftrag geben und bezahlen und andererseits dadurch nachhaltig zur Erzielung von Einnahmen tätig werden, dass sie von den einzelnen Mit- und Wohnungseigentümern den auf sie entfallenden Anteil an den Kosten erheben (vgl. das hg. Erkenntnis vom 13. Mai 2003, 99/15/0238, und Ruppe, UStG^3, § 10 Tz. 79).

Nach der Übergangsbestimmung des Art. 28 Abs. 2 lit. j der RL 77/388/EWG (6. EG-RL) idF der RL 2000/17/EG des Rates vom 30. März 2000, ABl L 84/24, darf die Republik Österreich auf die Vermietung von Grundstücken für Wohnzwecke unbefristet einen ermäßigten Steuersatz anwenden (vgl. nunmehr Art. 117 Mehrwertsteuersystemrichtlinie, 2006/112/EG). Demnach bestimmt § 10 Abs. 2 Z 4 lit. a UStG 1994, dass sich der Umsatzsteuersatz für die Vermietung (Nutzungsüberlassung) von Grundstücken für Wohnzwecke, ausgenommen eine als Nebenleistung erbrachte Lieferung von Wärme, auf 10 % ermäßigt. Dies gilt in gleicher Weise im Rahmen der Bestimmung des § 10 Abs. 2 Z 4 lit. d leg. cit., mit der eine Gleichbehandlung von Wohnungsmietern und Wohnungseigentümern hinsichtlich des Steuersatzes für die Betriebskosten herbeigeführt werden sollte (vgl. z.B. Scheiner/Kolacny/Caganek, Kommentar zur Mehrwertsteuer, § 10 Abs. 2 Z 4 Anm. 70, Pernegger in Melhardt/Tumpel, UStG, § 10 Rz. 232, sowie zur Gleichstellung zuletzt auch das hg. Erkenntnis vom 29. Jänner 2014, 2009/13/0220).

Wohnzwecken dienen Grundstücke, wenn sie dazu bestimmt sind, in abgeschlossenen Räumen, einschließlich Nebenräumen, privates Leben zu ermöglichen, wenn sie Menschen somit auf Dauer Aufenthalt und Unterkunft gewähren (vgl. dazu im Einzelnen das hg. Erkenntnis vom 4. Februar 2009, 2007/15/0116, VwSlg 8409 F/2009, mwN, sowie z.B. Pernegger in Melhardt/Tumpel, UStG, § 10 Rz. 188 f, und Ruppe/Achatz, UStG^4, § 10 Tz. 63).

Autoabstellplätze oder Garagen sind nicht dazu bestimmt, in abgeschlossenen Räumen privates Leben zu ermöglichen und insofern den persönlichen Wohnbedürfnissen zu dienen.

Der EuGH hat im Urteil vom 6. Juli 2006, Rs C-251/05, Talacre Beach Caravan Sales Ltd., ausgesprochen, es sei unionsrechtlich zulässig, dass der Gesetzgeber einen aus mehreren Komponenten bestehenden einheitlichen Umsatz zum Teil dem einen, zum Teil dem anderen Steuersatz unterwirft (vgl. das hg. Erkenntnis vom 27. Februar 2014, 2012/15/0044, mwN, sowie in diesem Sinne bereits das hg. Erkenntnis vom 24. November 1998, 98/14/0055, VwSlg 7333 F/1998). Insoweit wird auch der Grundsatz, dass die (unselbständige) Nebenleistung das Schicksal der Hauptleistung teilt, von dem Aufteilungsgebot verdrängt (vgl. z.B. das Urteil des deutschen Bundesfinanzhofes vom 24. April 2013, XI R 3/11). Unionsrechtlich beruht der ermäßigte Steuersatz (nur) für Wohnzwecke auf der der Republik Österreich ursprünglich im Beitrittsvertrag zugestandenen Übergangsbestimmung des Art. 28 Abs. 2 lit. j der RL 77/388/EWG (6. EG-RL) idF der RL 2000/17/EG des Rates vom 30. März 2000, ABl L 84/24, (vgl. Scheiner/Kolacny/Caganek, Kommentar zur Mehrwertsteuer, § 10 Abs. 2 Z 4 Anm. 28). Damit war es zulässig, unabhängig von der Frage des Vorliegens eines einheitlichen Umsatzes den ermäßigten Steuersatz nur auf die Vermietung von Grundstücken für Wohnzwecke zu beziehen, wie dies bereits der Rechtsanwendung zur Wohnungsvermietung vor dem Beitritt Österreichs zu EU entsprach (vgl. Caganek, ÖStZ 2001/541, 279, auch mit Hinweis auf den umsatzsteuerrechtlich zu beachtenden Grundsatz der Neutralität, sowie Berger/Bürgler/Kanduth-Kristen/Wakounig, Berger/Bürgler/Kanduth-Kristen/Wakounig, UStG-ON^2, § 10 Rz. 57).

VwGH vom 29.1.2014, 2009/13/0220
Der Aufwand für die Erhaltung oder Verbesserung einer gemeinsamen Wärmeversorgungsanlage stellt keine Lieferung von Wärme als Nebenleistung dar

Nach herrschender Lehre und ständiger Rechtsprechung kommt Wohnungseigentumsgemeinschaften Unternehmereigenschaft zu, weil sie einerseits im eigenen Namen nach außen auftreten, Leistungen in Auftrag geben und bezahlen und andererseits dadurch nachhaltig zur Erzielung von Einnahmen tätig werden, dass sie von den einzelnen Mit- und Wohnungseigentümern den auf sie entfallenden Anteil an den Kosten erheben (vgl. das hg. Erkenntnis vom 13. Mai 2003, 99/15/0238, und Ruppe, UStG^3, § 10 Tz. 79).

Die in § 10 Abs. 2 Z 4 lit. d UStG 1994 normierte Ausnahme soll – worauf von der Abgabenbehörde unter Hinweis auf Ruppe, (vgl. jetzt UStG^4, § 10 Tz. 70) zutreffend hingewiesen wird – Mieter/Eigentümer, die Wärme als Nebenleistung vom Vermieter beziehen, jenen Personen umsatzsteuerrechtlich gleichstellen, die individuell für die Beheizung sorgen müssen. Sinn der Vorschrift ist somit die umsatzsteuerrechtliche Gleichstellung der Heizkosten. Was unter den Begriff Heizkosten zu subsumieren ist und wie diese Kosten auf die einzelnen Mieter bzw. Eigentümer einer Wohnhausanlage zu verteilen sind, ist seit 1992 im für alle Rechtsformen des Wohnens geltenden Heizkostenabrechnungsgesetz (HeizKG), BGBl. Nr. 827/1992, geregelt. Der Verwaltungsgerichtshof hat im Erkenntnis vom 27. Februar 2003, 99/15/0128, VwSlg 7798 F/1999, zu der der Ausnahmebestimmung des § 10 Abs. 2 Z 4 lit. d UStG 1994 entsprechenden Bestimmung des § 10 Abs. 2 Z 12 UStG 1972 unter Bezugnahme auf § 14 Abs. 1 WGG sowie das ab 1. Oktober 1992 geltende HeizKG ausgesprochen, dass die Abschreibung der Heizanlage (AfA) und die Finanzierungskosten für die Anschaffung der Heizanlage weder zu den Kosten des Verbrauches noch zu den sonstigen Kosten des Betriebes zählen. Nichts anderes kann in Bezug auf den Aufwand für die Erhaltung oder Verbesserung einer gemeinsamen Wärmeversorgungsanlage gelten, zumal dieser Aufwand gemäß § 2 Z 10 HeizKG ausdrücklich nicht zu den übrigen Kosten des Betriebes einer Heizungsanlage zählt. Die Abgabenbehörde hat, indem sie dem Vorbringen der Abgabepflichtigen, wonach die hier allein strittigen Kosten ausschließlich „Erhaltungs- bzw. Reparaturkosten der Heizung" betreffen, keine Beachtung geschenkt und diese Kosten (ungeprüft) als Entgelt für die Lieferung von Wärme als Nebenleistung iSd § 10 Abs. 2 Z 4 lit. d UStG 1994 angesehen hat, die Rechtslage verkannt.

VwGH vom 25.7.2013, 2010/15/0082
Pauschalentgelt schließt teilweise die Anwendung des ermäßigten Steuersatzes nicht aus

Dass für die Seminarteilnehmer im Allgemeinen ein Pauschalentgelt verrechnet wurde, welches auch die Nächtigung und Verpflegung miteinschließt, steht der begünstigten Besteuerung des auf die Leistungen gemäß § 10 Abs. 2 Z 4 lit. b UStG 1994 entfallenden Anteils grundsätzlich nicht entgegen.

§ 10 UStG

VwGH vom 23.5.2013, 2010/15/0165
Definition des Begriffes „Musikaufführung"

§ 10 Abs. 2 Z 8 lit. b UStG 1994 erfordert (das Veranstalten einer) eine „Musikaufführung". Daher ist das bloße Abspielen von Musik – auch wenn dies im Rahmen einer öffentlichen Veranstaltung erfolgt – nicht begünstigt. Voraussetzung ist also, dass die Musik „live" und nicht „aus der Konserve" dargeboten wird (vgl. mit Hinweisen auf Judikatur des BFH zu einer vergleichbaren Bestimmung des deutschen UStG, Pernegger in Melhardt/Tumpel, UStG, § 10 Rz. 348).

Treten andere Leistungen derartig in den Hintergrund, dass der Charakter der Veranstaltung als Musikaufführung erhalten bleibt (z.B. Konzert mit Lesung zwischen den einzelnen Musikstücken), dann handelt es sich um begünstigte Musikaufführungen. Treten die anderen Leistungen in den Vordergrund, ist eine Musikaufführung nicht mehr anzunehmen (so auch Ruppe/Achatz, UStG[4], § 10 Tz. 128).

VwGH vom 29.2.2012, 2008/13/0141
Definition des Begriffes „Künstler"

Nach der auch im angefochtenen Bescheid angesprochenen ständigen Rechtsprechung und herrschenden Lehre ist sowohl im Ertragsteuer- als auch im Umsatzsteuerrecht als Künstler anzusehen, wer eine persönliche und eigenschöpferische Tätigkeit in einem umfassenden Kunstfach auf Grund künstlerischer Begabung entfaltet und sich nicht darauf beschränkt, Erlernbares oder Erlerntes wiederzugeben (vgl. z.B. das hg. Erkenntnis vom 28. Mai 2009, 2007/15/0023, mwN). Die Darbietung altorientalischer Musik genügt damit allein noch nicht, um von einer Tätigkeit als Künstler im Sinne des § 10 Abs. 2 Z 5 UStG 1994 ausgehen zu können.

VwGH vom 24.2.2011, 2007/15/0129
Keine steuerfreie Versicherungsleistung bei der Weiterverrechnung einer Gebäudeversicherung durch die Wohnungseigentumsgemeinschaft

Nach herrschender Lehre und ständiger Rechtsprechung kommt Wohnungseigentumsgemeinschaften Unternehmereigenschaft zu, weil sie einerseits im eigenen Namen nach außen auftreten, Leistungen in Auftrag geben und bezahlen und andererseits dadurch nachhaltig zur Erzielung von Einnahmen tätig werden, dass sie von den einzelnen Mit- und Wohnungseigentümern den auf sie entfallenden Anteil an den Kosten erheben (vgl. die hg. Erkenntnisse vom 4. Februar 2009, 2007/15/0116, vom 13. Mai 2003, 99/15/0238, und im Anwendungsbereich des UStG 1972 vom 8. April 1991, 88/15/0137, sowie Ruppe, UStG[3], § 10 Tz. 79; Scheiner/Kolacny/Caganek, Kommentar zur Mehrwertsteuer, § 10 Abs. 2 Z 4 Anm. 68; Bürgler in Berger/Bürgler/Kanduth-Kristen/Wakounig [Hrsg], UStG-ON[2], § 2 Rz. 19). Nach ebenso herrschender Auffassung erbringen Wohnungseigentumsgemeinschaften bei der Verwaltung der Anlage eine eigenständige und einheitliche Leistung an die Wohnungseigentümer (vgl. Ruppe, aaO, § 10 Tz. 81; Scheiner/Kolacny/Caganek, aaO, § 10 Abs. 2 Z 4 Anm. 69; Berger/Wakounig in Berger/Bürgler/Kanduth-Kristen/Wakounig [Hrsg], aaO, § 10 Rz. 67/1 und 70).

Wenn die Wohnungseigentumsgemeinschaft in der Weiterverrechnung der Beiträge für die Gebäudeversicherung das Vorliegen einer steuerfreien Versicherungsleistung erblickt, kann ihr nicht gefolgt werden, weil die Leistung der Wohnungseigentumsgemeinschaft an die Wohnungseigentümer nicht in der selbständigen Erbringung einer Versicherungsleistung besteht, sondern sich aus mehreren, in einem engen wirtschaftlichen Zusammenhang stehenden, gleichrangigen Teilen einer einheitlichen (Haupt-)Leistung zusammensetzt. Die steuerlichen Folgen richten sich nach dem wirtschaftlichen Gehalt der Gesamtleistung, die gegenständlich aus der Erhaltung und Verwaltung des im gemeinsamen Eigentum stehenden Gebäudes besteht. Diese Leistung unterliegt nach § 10 Abs. 2 Z 4 lit. d UStG 1994 dem ermäßigten Steuersatz (vgl. zum Grundsatz der Unteilbarkeit der Leistung Ruppe, UStG³, § 1 Tz. 31; sowie zum vorliegenden Fall einer Wohnungseigentumsgemeinschaft Berger/Wakounig in Berger/Bürgler/Kanduth-Kristen/Wakounig [Hrsg], UStG-ON², § 10 Rz. 74 f).

§ 11 UStG

Ausstellung von Rechnungen
§ 11.

(1) 1. Führt der Unternehmer Umsätze im Sinne des § 1 Abs. 1 Z 1 aus, ist er berechtigt, Rechnungen auszustellen. Führt er die Umsätze an einen anderen Unternehmer für dessen Unternehmen oder an eine juristische Person, soweit sie nicht Unternehmer ist, aus, ist er verpflichtet, Rechnungen auszustellen. Führt der Unternehmer eine steuerpflichtige Werklieferung oder Werkleistung im Zusammenhang mit einem Grundstück an einen Nichtunternehmer aus, ist er verpflichtet eine Rechnung auszustellen. Der Unternehmer hat seiner Verpflichtung zur Rechnungsausstellung innerhalb von sechs Monaten nach Ausführung des Umsatzes nachzukommen.

2. Die Verpflichtung zur Rechnungsausstellung besteht auch, wenn
   – der leistende Unternehmer sein Unternehmen vom Inland aus betreibt oder sich die Betriebsstätte, von der aus die Leistung erbracht wird, im Inland befindet,
   – der Leistungsempfänger ein Unternehmer ist, der die Lieferung oder sonstige Leistung für sein Unternehmen bezieht oder eine juristische Person ist, die nicht Unternehmer ist,
   – die Steuerschuld für die im anderen Mitgliedstaat ausgeführte Lieferung oder sonstige Leistung auf den Leistungsempfänger übergeht und
   – der leistende Unternehmer in diesem Mitgliedstaat weder sein Unternehmen betreibt noch eine an der Leistungserbringung beteiligte Betriebsstätte hat.

Dies gilt nicht, wenn mittels Gutschrift abgerechnet wird.

Der Unternehmer hat seiner Verpflichtung zur Rechnungsausstellung für im übrigen Gemeinschaftsgebiet ausgeführte sonstige Leistungen, für die der Leistungsempfänger entsprechend Art. 196 der Richtlinie 2006/112/EG über das gemeinsame Mehrwertsteuersystem, ABl. Nr. L 347 vom 11.12.2006 S. 1, die Steuer schuldet, spätestens am fünfzehnten Tag des Kalendermonates, der auf den Kalendermonat folgt, in dem die sonstige Leistung ausgeführt worden ist, nachzukommen.

Die Verpflichtung zur Rechnungsausstellung besteht auch, wenn der leistende Unternehmer sein Unternehmen vom Inland aus betreibt oder sich die Betriebsstätte, von der aus die Leistung erbracht wird, im Inland befindet und die Lieferung oder sonstige Leistung im Drittlandsgebiet an einen anderen Unternehmer für dessen Unternehmen oder an eine juristische Person, soweit sie nicht Unternehmer ist, ausgeführt wird.

3. Rechnungen müssen – soweit in den nachfolgenden Absätzen nichts anderes bestimmt ist – die folgenden Angaben enthalten:
   a) den Namen und die Anschrift des liefernden oder leistenden Unternehmers;

b) den Namen und die Anschrift des Abnehmers der Lieferung oder des Empfängers der sonstigen Leistung. Bei Rechnungen, deren Gesamtbetrag 10 000 Euro übersteigt, ist weiters die dem Leistungsempfänger vom Finanzamt erteilte Umsatzsteuer-Identifikationsnummer anzugeben, wenn der leistende Unternehmer im Inland einen Wohnsitz (Sitz), seinen gewöhnlichen Aufenthalt oder eine Betriebsstätte hat und der Umsatz an einen anderen Unternehmer für dessen Unternehmen ausgeführt wird;

c) die Menge und die handelsübliche Bezeichnung der gelieferten Gegenstände oder die Art und den Umfang der sonstigen Leistung;

d) den Tag der Lieferung oder der sonstigen Leistung oder den Zeitraum, über den sich die sonstige Leistung erstreckt. Bei Lieferungen oder sonstigen Leistungen, die abschnittsweise abgerechnet werden (beispielsweise Lebensmittellieferungen), genügt die Angabe des Abrechnungszeitraumes, soweit dieser einen Kalendermonat nicht übersteigt;

e) das Entgelt für die Lieferung oder sonstige Leistung (§ 4) und den anzuwendenden Steuersatz, im Falle einer Steuerbefreiung einen Hinweis, dass für diese Lieferung oder sonstige Leistung eine Steuerbefreiung gilt;

f) den auf das Entgelt (lit. e) entfallenden Steuerbetrag. Wird die Rechnung in einer anderen Währung als Euro ausgestellt, ist der Steuerbetrag nach Anwendung einer dem § 20 Abs. 6 entsprechenden Umrechnungsmethode zusätzlich in Euro anzugeben. Steht der Betrag in Euro im Zeitpunkt der Rechnungsausstellung noch nicht fest, hat der Unternehmer nachvollziehbar anzugeben, welche Umrechnungsmethode gemäß § 20 Abs. 6 angewendet wird. Der Vorsteuerabzug (§ 12) bemisst sich nach dem in Euro angegebenen oder jenem Betrag in Euro, der sich nach der ausgewiesenen Umrechnungsmethode ergibt;

g) das Ausstellungsdatum;

h) eine fortlaufende Nummer mit einer oder mehreren Zahlenreihen, die zur Identifizierung der Rechnung einmalig vergeben wird;

i) soweit der Unternehmer im Inland Lieferungen oder sonstige Leistungen erbringt, für die das Recht auf Vorsteuerabzug besteht, die dem Unternehmer vom Finanzamt erteilte Umsatzsteuer-Identifikationsnummer.

4. Vereinnahmt der Unternehmer das Entgelt oder einen Teil des Entgeltes für eine noch nicht ausgeführte Lieferung oder sonstige Leistung, so gelten die Vorschriften dieses Bundesgesetzes über die Rechnungsausstellung sinngemäß.

Wird eine Endrechnung erteilt, so sind in ihr die vor Ausführung der Lieferung oder sonstigen Leistung vereinnahmten Teilentgelte und die auf sie entfallenden Steuerbeträge abzusetzen, wenn über die Teilentgelte Rechnungen im Sinne dieses Absatzes ausgestellt worden sind.

(1a) Führt der Unternehmer Lieferungen oder sonstige Leistungen aus, für die der Leistungsempfänger nach § 19 Abs. 1 zweiter Satz, Abs. 1a, Abs. 1b, Abs. 1c, Abs. 1d oder Abs. 1e die Steuer schuldet, hat er in den Rechnungen die Umsatzsteuer-Identifikationsnummer des Leistungsempfängers anzugeben und auf die Steuerschuldnerschaft des Leistungsempfängers hinzuweisen. Die Vorschrift über den gesonderten Steuerausweis in einer Rechnung ist nicht anzuwenden.

Dies gilt auch, wenn der Unternehmer Lieferungen oder sonstige Leistungen im übrigen Gemeinschaftsgebiet ausführt, für die eine Verpflichtung zur Rechnungsausstellung nach Abs. 1 besteht.

Führt der Unternehmer Lieferungen oder sonstige Leistungen im Sinne des § 19 Abs. 1 zweiter Satz oder des § 19 Abs. 1c aus, besteht keine Verpflichtung zur Rechnungsausstellung nach Abs. 1, wenn er sein Unternehmen vom übrigen Gemeinschaftsgebiet aus betreibt oder sich die Betriebsstätte, von der aus die Leistung erbracht wird, im übrigen Gemeinschaftsgebiet befindet. Dies gilt nicht, wenn der Leistungsempfänger mittels Gutschrift abrechnet. Eine solche Gutschrift hat auch die Umsatzsteuer-Identifikationsnummer des Leistungsempfängers sowie den Hinweis auf die Steuerschuldnerschaft des Leistungsempfängers zu enthalten. Die Vorschrift über den gesonderten Steuerausweis in einer Rechnung ist nicht anzuwenden. Richtet sich die Rechnungsausstellung für eine nach § 3a Abs. 6 im Inland steuerbare sonstige Leistung, für die der Leistungsempfänger die Steuer nach § 19 Abs. 1 zweiter Satz schuldet, nach den Vorschriften dieses Bundesgesetzes, hat diese spätestens am fünfzehnten Tag des Kalendermonates, der auf den Kalendermonat folgt, in dem die sonstige Leistung ausgeführt worden ist, zu erfolgen.

(2) Als Rechnung im Sinne des Abs. 1 und Abs. 1a gilt jede Urkunde, mit der ein Unternehmer über eine Lieferung oder sonstige Leistung abrechnet, gleichgültig, wie diese Urkunde im Geschäftsverkehr bezeichnet wird. Die nach Abs. 1 und Abs. 1a erforderlichen Angaben können auch in anderen Belegen enthalten sein, auf die in der Rechnung hingewiesen wird.

Als Rechnung gilt auch eine elektronische Rechnung, sofern der Empfänger dieser Art der Rechnungsausstellung zustimmt. Eine elektronische Rechnung ist eine Rechnung, die in einem elektronischen Format ausgestellt und empfangen wird. Sie gilt nur unter der Voraussetzung als Rechnung im Sinne des Abs. 1 und Abs. 1a, dass die Echtheit ihrer Herkunft, die Unversehrtheit ihres Inhalts und ihre Lesbarkeit gewährleistet sind. Echtheit der Herkunft bedeutet die Sicherheit der Identität des leistenden Unternehmers oder des

Ausstellers der Rechnung. Unversehrtheit des Inhalts bedeutet, dass der nach diesem Bundesgesetz erforderliche Rechnungsinhalt nicht geändert wurde. Der Bundesminister für Finanzen bestimmt mit Verordnung die Anforderungen, bei deren Vorliegen diese Voraussetzungen jedenfalls erfüllt sind.

Stellt der Unternehmer Rechnungen gemäß Abs. 1 und Abs. 1a aus, so hat er eine Durchschrift oder Abschrift anzufertigen und sieben Jahre aufzubewahren; das gleiche gilt sinngemäß für Belege, auf die in einer Rechnung hingewiesen wird. Auf die Durchschriften oder Abschriften ist § 132 Abs. 2 der Bundesabgabenordnung anwendbar. Die Echtheit der Herkunft, die Unversehrtheit des Inhalts und die Lesbarkeit der elektronischen Rechnungen müssen für die Dauer von sieben Jahren gewährleistet sein.

(3) Für die unter Abs. 1 Z 3 lit. a und b geforderten Angaben ist jede Bezeichnung ausreichend, die eine eindeutige Feststellung des Namens und der Anschrift des Unternehmens sowie des Abnehmers der Lieferung oder des Empfängers der sonstigen Leistung ermöglicht.

(4) Die im Abs. 1 Z 3 lit. a bis c geforderten Angaben können auch durch Schlüsselzahlen oder Symbole ausgedrückt werden, wenn ihre eindeutige Bestimmung aus der Rechnung oder aus anderen Unterlagen gewährleistet ist. Diese Unterlagen müssen sowohl beim Aussteller als auch beim Empfänger der Rechnung vorhanden sein, es sei denn, daß vom Rechnungsaussteller öffentlich kundgemachte Tarife zur Verrechnung kommen.

(5) In einer Rechnung über Lieferungen und sonstige Leistungen, die verschiedenen Steuersätzen unterliegen, sind die Entgelte und Steuerbeträge nach Steuersätzen zu trennen. Wird der Steuerbetrag durch Maschinen (zB Fakturierautomaten) ermittelt und durch diese in der Rechnung angegeben, so ist der Ausweis des Steuerbetrages in einer Summe zulässig, wenn für die einzelnen Posten der Rechnung der Steuersatz angegeben ist.

(6) Bei Rechnungen, deren Gesamtbetrag 400 Euro nicht übersteigt, genügen neben dem Ausstellungsdatum folgende Angaben:
1. Der Name und die Anschrift des liefernden oder leistenden Unternehmers;
2. die Menge und die handelsübliche Bezeichnung der gelieferten Gegenstände oder die Art und der Umfang der sonstigen Leistung;
3. der Tag der Lieferung oder sonstigen Leistung oder der Zeitraum, über den sich die Leistung erstreckt;
4. das Entgelt und der Steuerbetrag für die Lieferung oder sonstige Leistung in einer Summe und
5. der Steuersatz.

Die Abs. 4 und 5 sind sinngemäß anzuwenden.

Besteht nach Abs. 1 eine Verpflichtung zur Rechnungsausstellung für im übrigen Gemeinschaftsgebiet ausgeführte Lieferungen und sonstige Leistungen, ist eine vereinfachte Rechnungsausstellung ausgeschlossen. Das gilt auch in den Fällen des § 19 Abs. 1 zweiter Satz und des § 19 Abs. 1c, wenn sich die Rechnungsausstellung nach den Vorschriften dieses Bundesgesetzes richtet.

(7) Gutschriften, die im Geschäftsverkehr an die Stelle von Rechnungen treten, gelten bei Vorliegen der im Abs. 8 genannten Voraussetzungen als Rechnungen des Unternehmers, der steuerpflichtige Lieferungen oder sonstige Leistungen an den Aussteller der Gutschrift ausführt. Gutschrift im Sinne dieser Bestimmung ist jede Urkunde, mit der ein Unternehmer über eine Lieferung oder sonstige Leistung abrechnet, die an ihn ausgeführt wird.

Die Gutschrift verliert die Wirkung einer Rechnung, soweit der Empfänger der Gutschrift dem in ihr enthaltenen Steuerbetrag widerspricht.

(8) Eine Gutschrift ist als Rechnung anzuerkennen, wenn folgende Voraussetzungen vorliegen:
1. Der Unternehmer, der die Lieferungen oder sonstigen Leistungen ausführt (Empfänger der Gutschrift), muß zum gesonderten Ausweis der Steuer in einer Rechnung nach Abs. 1 berechtigt sein;
2. zwischen dem Aussteller und dem Empfänger der Gutschrift muß Einverständnis darüber bestehen, daß mit einer Gutschrift über die Lieferung oder sonstige Leistung abgerechnet wird;
3. die Gutschrift muss die in Abs. 1 und Abs. 1a geforderten Angaben enthalten und als solche bezeichnet werden. Die Abs. 2 bis 6 sind sinngemäß anzuwenden;
4. die Gutschrift muß dem Unternehmer, der die Lieferung oder sonstige Leistung bewirkt, zugeleitet worden sein.

(9) Fahrausweise, die für die Beförderung im Personenverkehr ausgegeben werden, gelten als Rechnungen im Sinne des Abs. 1, wenn sie neben dem Ausstellungsdatum mindestens folgende Angaben enthalten:
1. Den Namen und die Anschrift des Unternehmers, der die Beförderung ausführt. Abs. 3 ist sinngemäß anzuwenden;
2. das Entgelt und den Steuerbetrag in einer Summe und
3. den Steuersatz.

(10) Fahrausweise für eine grenzüberschreitende Beförderung im Personenverkehr und im internationalen Eisenbahn-Personenverkehr gelten nur dann als Rechnung im Sinne des Abs. 1, wenn eine Bescheinigung des Beförderungsunternehmers oder seines Beauftragten darüber vorliegt, welcher Anteil des Beförderungspreises auf die inländische Strecke entfällt. In diesen Fällen ist der für den inländischen Teil der Beförderungsleistung maßgebende Steuersatz in der Bescheinigung anzugeben.

(11) Die Abs. 9 und 10 gelten für Belege im Reisegepäckverkehr sinngemäß.

(12) Hat der Unternehmer in einer Rechnung für eine Lieferung oder sonstige Leistung einen Steuerbetrag, den er nach diesem Bundesgesetz für den Umsatz nicht schuldet, gesondert ausgewiesen, so schuldet er diesen Betrag auf Grund der Rechnung, wenn er sie nicht gegenüber dem Abnehmer der Lieferung oder dem Empfänger der sonstigen Leistung entsprechend berichtigt. Im Falle der Berichtigung gilt § 16 Abs. 1 sinngemäß.

(13) Bei einer Minderung des Entgeltes ist eine Berichtigung der Rechnung im Sinne des Abs. 12 nur vorzunehmen, wenn sich das Entgelt wegen des Abzuges von Wechselvorzinsen vermindert hat.

(14) Wer in einer Rechnung einen Steuerbetrag gesondert ausweist, obwohl er eine Lieferung oder sonstige Leistung nicht ausführt oder nicht Unternehmer ist, schuldet diesen Betrag.

(15) Der Bundesminister für Finanzen kann aus Vereinfachungsgründen mit Verordnung bestimmen, dass eine Verpflichtung des Unternehmers zur Ausstellung von Rechnungen entfällt.

UStR zu § 11:

	Rz		Rz
1. Rechnungslegung	1501	Angaben in der Vorauszahlungs- oder Anzahlungsrechnung	1524
1.1 Verpflichtung bzw. Anspruchsberechtigung	1501	Rechnungen für künftige Miet-, Pacht-, Wartungs- oder ähnliche Leistungen	1524a
1.2 Zivilrechtliche Vereinbarung	1502	1.5.10 Endrechnung	1525
1.3 Durchsetzung des Anspruchs	1503	1.5.11 Duplikat	1527
1.4 Zeitpunkt der Rechnungserteilung	1504	1.5.12 Mautgebühren	1529
1.5 Rechnungsmerkmale	**1505**	1.5.13 Rechnungslegung durch Vermittler	1530
1.5.1 Rechnungserteilung durch Dritte	1505	1.5.14 Berichtigung von Rechnungen	1533
1.5.2 Rechnungsmängel	1506	1.5.15 Rechnungsberichtigung Touristenexport	1535
1.5.3 Name und Anschrift des Leistungsempfängers	1507	1.5.16 Rechnungslegung bei Leistungen aus Stromlieferungsverträgen und Netzanschluss- und Netznutzungsverträgen	1536
1.5.4 Menge und handelsübliche Be-zeichnung der Ware	1508		
Art und Umfang der Leistung	1508		
Versorgungsunternehmen	1510		
1.5.5 Zeitpunkt und Zeitraum	1511		
1.5.6 Entgelt	1512	**1.6 Änderungen der Rechnungslegung auf Grund des zweiten Abgabenänderungsgesetzes 2002**	**1537**
Wert der Gegenleistung	1512	1.6.1 Allgemeines	1537
Durchlaufende Posten	1514	1.6.2 Erleichterungen	1543
Tausch	1515	1.6.3 Anspruch auf Ausstellung einer Rechnung	1545
Auf- und Abrundung	1516	1.6.4 Steuersatz und Steuerbefreiung	1546
1.5.7 Gesonderter Steuerausweis	1517	1.6.5 Ausstellungsdatum	1547
Entgelt und Steuerbetrag	1517	1.6.6 Fortlaufende Nummer	1548
Unterschiedliche Steuersätze	1518	1.6.7 Umsatzsteuer-Identifikationsnummer	1554
1.5.8 Organschaft	1520		
1.5.9 Rechnung bei Voraus- oder Anzahlungen	1521	**2. Rechnungsarten**	**1557**
Allgemein	1521		
Zeitpunkt der Rechnungserteilung	1522		

	Rz		Rz
2.1 Urkundenprinzip	1557	3. Erleichterung bei der Erstellung von Rechnungen	derzeit frei
2.2 Sammelrechnungen	1560	4. Schlüsselzahlen und Symbole	derzeit frei
2.3 Elektronische übermittelte Rechnung (Rechtslage bis 31. Dezember 2012)	1561	5. Getrennte Ausweise	1621
2.3.1. Grundsätze	1561	5.1 Maschinelle Ermittlung des Steuerbetrages	1621
2.3.2. Elektronische Signatur	1562	5.2 Nichtsteuerbare oder steuerfreie Umsätze	1622
2.3.3. Elektronischer Datenaustausch (EDI-Rechnungen)	1563	5.3 Geschenkkörbe	1623
2.3.4. Per Telefax oder E-Mail übermittelte Rechnung	1564	6. Kleinbetragsrechnungen	1625
2.3.5. Elektronisch übermittelte Gutschriften	1564a	7. Gutschriften als Rechnung	1638
2.3.6. Erstellung und elektronische Übermittlung von Rechnungen durch Dritte	1564b	7.1 Berechtigung zum gesonderten Steuerausweis	1639
2.3a Elektronische Rechnung (Rechtslage für Umsätze ab 1. Jänner 2013)	1564c	7.2 Einverständnis	1641
2.3a.1. Begriff	1564c	7.3 Zuleitung	1642
2.3a.2. Echtheit der Herkunft, Unversehrtheit des Inhalts und Lesbarkeit	1564d	7.4 Widerspruch	1643
		8. Voraussetzungen für Gutschriften für Anerkennung als Rechnung	derzeit frei
2.3a.3. Zustimmung zur elektronischen Rechnung	1564e	9. Fahrausweise als Rechnung	1691
2.3a.4. Innerbetriebliches Steuerungsverfahren	1564f	9.1 Fahrausweise allgemein	1691
		9.2 Eisenbahn-Personenverkehr	1692
2.3a.5. Rechnungen über das Unternehmensserviceportal oder über PEPPOL (Pan-European Public Procurement OnLine)	1564h	9.3 Zuschlagskarten	1693
		9.4 Taxifahrten	1694
		9.5 Liftkarten oder Skipässe	1695
		10. Grenzüberschreitender Personenverkehr	1711
2.3a.6. Elektronische Signatur	1564i	11. Reisegepäck	1721
2.3a.7. Elektronischer Datenaustausch (EDI-Rechnungen)	1564j	12. Unrichtiger Steuerausweis	1733
2.3a.8. Elektronische Gutschriften	1564k	12.1 Erhöhter Steuerausweis	1733
2.3a.9. Erstellung elektronischer Rechnungen durch Dritte	1564l	12.2 Berichtigungsmöglichkeit bei erhöhtem Steuerausweis	1735
2.4 Aufbewahrungspflicht	1565	12.3 Verminderter Steuerausweis	1736
2.4.1 Durchschriften und Abschriften von Rechnungen	1565	12.4 Berechtigung zur Rechnungsberichtigung	1738
2.4.2 Kleinbetragsrechnungen	1567	12.5 Berichtigung einer Rechnung mit Steuerausweis im Zusammenhang mit Liebhaberei	1739
2.4.3 Grundstücke	1569	13. Nachträgliche Entgeltsminderung – Wechseldiskontierung	1756
2.4.4 Aufbewahrungspflichten hinsichtlich elektronischer Rechnungen	1570	14. Unberechtigter Steuerausweis	1771

1. Rechnungslegung

1.1 Verpflichtung bzw. Anspruchsberechtigung

1501 Bei Ausführung von Umsätzen gemäß § 1 Abs. 1 Z 1 UStG 1994 ist der Unternehmer zur Ausstellung von Rechnungen berechtigt. Sofern der Unternehmer Umsätze an einen anderen Unternehmer für dessen Unternehmen oder an eine juristische Person, soweit sie nicht Unternehmer ist, ausführt, ist er zur Ausstellung einer Rechnung verpflichtet (siehe aber Rz 1501a und 1501b). Aufgrund der seit 1. Jänner 2004 geltenden Rechtslage ist ein ausdrückliches Verlangen des Leistungsempfängers nicht mehr vorgesehen. Eine Verpflichtung zur Rechnungsausstellung besteht seit 1. Jänner 2008 auch dann, wenn der Unternehmer eine steuerpflichtige Werklieferung oder Werkleistung im Zusammenhang mit einem Grundstück an einen Nichtunternehmer ausführt.

Die Verpflichtung zur Rechnungslegung gilt grundsätzlich auch für pauschalierte Land- und Forstwirte (siehe Rz 2858) und für den Fall der Erbringung von steuerbefreiten

Leistungen sowie von solchen Leistungen, bei denen die Steuerschuld auf den Leistungsempfänger übergeht. Unternehmer, die überwiegend Umsätze gemäß § 6 Abs. 1 Z 8 und 9 lit. c UStG 1994 (Banken- bzw. Versicherungsumsätze) ausführen, sind ab 1. Jänner 2004 aufgrund der VO des BM für Finanzen, BGBl. II Nr. 279/2004, hinsichtlich dieser Umsätze von der Rechnungslegungsverpflichtung ausgenommen (siehe Rz 1543).

Anspruch auf Ausstellung einer Rechnung hat nur der Unternehmer, für dessen Unternehmen die Leistung ausgeführt wird, die juristische Person, die Nichtunternehmer ist und der Nichtunternehmer, für den die steuerpflichtige Werklieferung oder Werkleistung im Zusammenhang mit einem Grundstück ausgeführt wird. Das gilt auch dann, wenn Leistungsempfänger und Zahlungsverpflichteter auseinander fallen (Entgelt von dritter Seite). Ob eine Leistung für das Unternehmen bestimmt ist, richtet sich nach § 12 UStG 1994. Wenn nach § 12 Abs. 2 Z 2 UStG 1994 bestimmte Leistungen wie zB für einen PKW oder Repräsentationsaufwendungen als nicht für das Unternehmen ausgeführt gelten, hat dies auch für § 11 Abs. 1 UStG 1994 Bedeutung. Nach § 2 Abs. 1 IStVG, BGBl. I Nr. 71/2003, sind auch ausländische Vertretungsbehörden und deren im diplomatischen oder berufskonsularischen Rang stehende Mitglieder, denen unter bestimmten Voraussetzungen ein Anspruch auf Vergütung der Umsatzsteuer für die an sie erbrachten Lieferungen oder sonstige Leistungen zusteht, berechtigt, vom leistenden Unternehmer eine Rechnung mit gesondertem Steuerausweis zu verlangen.

Rechnungsausstellung bei nicht steuerbaren Auslandsleistungen

1501a Die Verpflichtung zur Rechnungsausstellung besteht bei Umsätzen, die nach dem 31 Dezember 2012 ausgeführt werden, unter den Voraussetzungen des § 11 Abs. 1 Z 2 UStG 1994 auch für bestimmte vom Inland aus erbrachte, im übrigen Gemeinschaftsgebiet ausgeführte steuerpflichtige Leistungen, für die es am Empfängerort zum Übergang der Steuerschuld kommt.

Die Regelung über die Kleinbetragsrechnung (§ 11 Abs. 6 UStG 1994) kommt in diesen Fällen nicht zur Anwendung. Wird mittels Gutschrift abgerechnet, so entfällt die Verpflichtung zur Rechnungsausstellung.

Schuldet in den oben genannten Fällen der Leistungsempfänger die Steuer entsprechend Art. 196 MwSt-RL 2006/112/EG idgF (zwingender Übergang der Steuerschuld), so ist die Rechnung spätestens am fünfzehnten Tag des auf die Leistungserbringung folgenden Kalendermonats auszustellen. Diese Leistungen sind auch mittels Zusammenfassender Meldung bekannt zu geben (siehe auch Rz 4154f).

Beispiel 1:

Ein österreichischer Rechtsanwalt erbringt eine Beratungsleistung im Mai an einen spanischen Unternehmer. Der Leistungsort richtet sich nach der Generalklausel des § 3a Abs. 6 UStG 1994 und liegt daher in Spanien.

Gemäß § 11 Abs. 1 Z 2 UStG 1994 hat der Rechtsanwalt eine Rechnung nach dem UStG 1994 auszustellen, es sei denn, die Abrechnung erfolgt durch den spanischen Leistungsempfänger mittels Gutschrift. Bei einem Rechnungsgesamtbetrag von nicht mehr als 400 (bis 28.2.2014: 150) Euro kommt die Regelung über die Kleinbetragsrechnung iSd § 11 Abs. 6 UStG 1994 nicht in Betracht. Da es nach Art. 196 MwSt-RL 2006/112/ EG idgF zwingend zum Übergang der Steuerschuld auf den Leistungsempfänger in Spanien kommt, hat der Rechtsanwalt die Rechnung spätestens bis 15. Juni auszustellen.

Die Verpflichtung zur Rechnungsausstellung nach dem UStG 1994 besteht auch, wenn sich das Unternehmen oder die Betriebsstätte, von dem bzw. der aus die Leistung erbracht wird, im Inland befindet und die Leistung im Drittlandsgebiet an einen anderen Unternehmer für dessen Unternehmen oder an eine juristische Person, soweit sie nicht Unternehmer ist, erbracht wird. Die Rechnungsausstellungsvorschriften nach dem UStG 1994 gelten auch, wenn mittels Gutschrift abgerechnet wird. Die Frist, wonach die Rechnung spätestens am fünfzehnten Tag des auf die Leistungserbringung folgenden Kalendermonats auszustellen ist, gilt in diesen Fällen nicht.

Beispiel 2:

Ein österreichischer Rechtsanwalt erbringt eine Beratungsleistung an einen Schweizer Unternehmer. Der Leistungsort richtet sich nach der Generalklausel des § 3a Abs. 6 UStG 1994 und liegt daher in der Schweiz.

Gemäß § 11 Abs. 1 Z 2 UStG 1994 hat der Rechtsanwalt eine Rechnung nach dem UStG 1994 auszustellen.

Beispiel 3:

Der österreichische Unternehmer A erbringt eine Werbeleistung an den Schweizer Unternehmer CH. Die Leistung wird von der deutschen Betriebsstätte des A erbracht. Der Leistungsort richtet sich nach der Generalklausel des § 3a Abs. 6 UStG 1994 und liegt daher in der Schweiz.

Da die Leistung von der ausländischen Betriebsstätte des A erbracht wird, richtet sich die Rechnungsausstellung nicht nach dem UStG 1994.

Beispiel 4:

Der russische Unternehmer R bestellt beim österreichischen Unternehmer A eine Ware, die A nicht lagernd hat. A bezieht die Ware vom niederländischen Produzenten N, der sie vereinbarungsgemäß direkt an R versendet. Die ruhende Lieferung des A ist in Russland ausgeführt. Da A die Lieferung von seinem Unternehmen im Inland aus erbringt, hat er die Rechnung nach österreichischem Recht auszustellen. Allfällige steuerliche Verpflichtungen in Russland bleiben hiervon unberührt.

Entfall der Rechnungsausstellungsverpflichtung in bestimmten Fällen des Übergangs der Steuerschuld ab 1. Jänner 2013

1501b Zur Rechnungsausstellung beim Übergang der Steuerschuld allgemein siehe Rz 2602.

Beim Übergang der Steuerschuld nach § 19 Abs. 1 zweiter Satz UStG 1994 und § 19 Abs. 1c UStG 1994 ist der Unternehmer zur Rechnungsausstellung nach den Vorschriften des Mitgliedstaates verpflichtet, von dem aus er die Leistung erbracht hat (siehe Art. 219a Z 2 lit. a MwSt-RL 2006/112/EG), wenn sich das Unternehmen oder die Betriebsstätte, von dem bzw. der aus die Leistung erbracht wird, im übrigen Gemeinschaftsgebiet befindet. Dies gilt nicht, wenn der Leistungsempfänger mittels Gutschrift abrechnet. Bei Vorliegen der Voraussetzungen des § 19 Abs. 1 zweiter Satz UStG 1994 oder § 19 Abs. 1c UStG 1994 können die Erleichterungen für Kleinbetragsrechnungen gemäß § 11 Abs. 6 UStG 1994 (auch im Fall der Gutschrift) nicht angewendet werden.

Erfolgt die Abrechnung für eine nach § 3a Abs. 6 UStG 1994 im Inland steuerbare sonstige Leistung (zwingender Übergang der Steuerschuld nach Art. 196 MwSt-RL 2006/112/EG idgF) nach dem UStG 1994, ist diese spätestens am fünfzehnten Tag des auf die Leistungserbringung folgenden Kalendermonats vorzunehmen. Dies gilt auch, wenn die Leistung vom Drittlandsgebiet aus erbracht wird.

Beispiel 1:

Ein deutscher Rechtsanwalt erbringt im Mai eine Beratungsleistung an einen österreichischen Unternehmer. Der Leistungsort richtet sich nach der Generalklausel des § 3a Abs. 6 UStG 1994 und liegt daher in Österreich. Gemäß § 19 Abs. 1 zweiter Satz UStG 1994 kommt es zum Übergang der Steuerschuld auf den Leistungsempfänger.

Für den deutschen Rechtsanwalt besteht gemäß § 11 Abs. 1a letzter Unterabsatz UStG 1994 keine Verpflichtung, eine Rechnung auszustellen.

Erfolgt die Abrechnung jedoch mittels Gutschrift durch den österreichischen Leistungsempfänger, so richtet sich diese nach dem UStG 1994. Sie ist bis spätestens 15. Juni auszustellen. Bei einem Gutschriftsgesamtbetrag von nicht mehr als 400 (bis 28.2.2014: 150) Euro gelten hierbei nicht die Erleichterungen des § 11 Abs. 6 UStG 1994.

§ 11 UStG

Befindet sich das Unternehmen oder die Betriebsstätte, von dem bzw. der aus die Leistung erbracht wird, nicht im übrigen Gemeinschaftsgebiet, sind weiterhin für alle im Inland steuerbaren Umsätze die Rechnungsausstellungsvorschriften des § 11 UStG 1994 anzuwenden.

Beispiel 2:
Ein Schweizer Rechtsanwalt erbringt im Mai eine Beratungsleistung an einen österreichischen Unternehmer. Der Leistungsort richtet sich nach der Generalklausel des § 3a Abs. 6 UStG 1994 und liegt daher in Österreich. Gemäß § 19 Abs. 1 zweiter Satz UStG 1994 kommt es zum Übergang der Steuerschuld auf den Leistungsempfänger.
Der Rechtsanwalt hat eine dem § 11 Abs. 1a UStG 1994 entsprechende Rechnung bis spätestens 15. Juni auszustellen (siehe Rz 2602). Die Frist gilt auch, wenn durch den Leistungsempfänger mittels Gutschrift abgerechnet wird.

1.2 Zivilrechtliche Vereinbarung

1502 Ist nach den zivilrechtlichen Vereinbarungen der Leistungsempfänger abrechnungsverpflichtet, so kann eine solche Abrechnung (Gutschrift) auch umsatzsteuerrechtlich die Abrechnung durch den Leistenden ersetzen. Der **zivilrechtliche Anspruch auf Rechnungslegung** nach § 11 Abs. 1 UStG 1994 wird dann durch die vertragliche Vereinbarung überlagert (OGH 15.2. 1979, 8, Ob 607/78, JBl 1980, 375). Ob das Entgelt vertraglich vereinbart oder gesetzlich festgelegt ist, ist unerheblich.

1.3 Durchsetzung des Anspruchs

1503 Der Anspruch auf Erteilung einer Rechnung mit gesondertem Steuerausweis ist ein zivilrechtlicher und daher vor den **ordentlichen Gerichten** geltend zu machen (OGH 19.12.1975, 6, Ob 142/75, EvBl 1976/140). Ein entsprechend erwirktes Urteil ersetzt jedoch nicht die fehlende oder formgerechte Rechnung.

1.4 Zeitpunkt der Rechnungserteilung

1504 Die Verpflichtung zur Erteilung einer Rechnung nach § 11 UStG 1994 besteht – soweit nichts anderes vereinbart – ab dem Zeitpunkt der Leistungserbringung bzw. bei einer Anzahlung für eine noch nicht ausgeführte steuerpflichtige Lieferung oder sonstige Leistung ab dem **Zeitpunkt der Vereinnahmung** (zu Anzahlung und Vorauszahlung siehe § 11 Rz 1521 bis 1524). Eine zunächst unterlassene Rechnungsausstellung bzw. eine unvollständige oder unrichtige Rechnung kann nachgeholt oder berichtigt werden. Bei einer Erhöhung der Bemessungsgrundlage ist eine Berichtigung der Rechnung erforderlich, wenn der Leistungsempfänger den auf die Erhöhung entfallenden Steuerbetrag als Vorsteuer gelten machen will.

1.5 Rechnungsmerkmale
1.5.1 Rechnungserteilung durch Dritte

1505 Als Aussteller einer Rechnung kommt nur der leistende Unternehmer oder dessen gesetzlicher Vertreter (zB Ausstellung der Rechnung durch den Insolvenzverwalter im Insolvenzverfahren) in Betracht. Im Rahmen einer **Organschaft** kann eine Rechnung auch vom zivilrechtlich leistenden Organ ausgestellt werden. Rechnet der Leistungsempfänger über eine Leistung ab, so handelt es sich um eine **Gutschrift** (§ 11 Abs. 7 und 8 UStG 1994). Der zur Abrechnung über den Leistungsaustausch Verpflichtete kann sich im Abrechnungsverfahren dritter Personen bedienen. Das gilt für Rechnungen des leistenden Unternehmers als auch für Abrechnungen des Leistungsempfängers. Hinsichtlich der Rechnungslegung durch Vermittler siehe Rz 1530 bis 1532. Ist die Rechnungsausstellung nicht der als leistender Unternehmer genannten Person zuzurechnen, entsteht für den Aussteller eine Steuerschuld nach § 11 Abs. 14 UStG 1994.

1.5.2 Rechnungsmängel

1506 Ist die Leistung ausgeführt worden, scheint aber in der Rechnung als leistender Unternehmer eine Firma auf, die unter dieser Adresse nicht existiert, so fehlt es an der Angabe des leistenden Unternehmers. Es liegt daher keine Rechnung vor, die zum Vorsteuerabzug berechtigt (VwGH 24.4.1996, 94/13/0133). Bei Fehlen von Angaben über den Namen und die Adresse des leistenden Unternehmers steht der Vorsteuerabzug auch dann nicht zu, wenn dem Leistungsempfänger Name und Anschrift bekannt sind und die USt unstrittig an das Finanzamt abgeführt wurde (VwGH 20.11.1996, 96/15/0027). Die Verwendung eines Scheinnamens (Scheinfirma) entspricht ebenfalls nicht den Erfordernissen einer Rechnung. Eine Rechnungslegung nach Löschung im Firmenbuch ist nicht schädlich, da die Löschung nicht die Rechtssubjektseigenschaft der juristischen Person beendet (VwGH 20.11.1996, 95/15/0179). **Erforderlich ist, dass der auf den Rechnungen aufscheinende Leistungserbringer die Leistung tatsächlich erbracht hat und mit der in der Rechnung angegebenen Anschrift für umsatzsteuerrechtliche Zwecke greifbar ist (vgl. in diesem Sinne VwGH 23.12.2015, 2012/13/0007).**

1.5.3 Name und Anschrift des Leistungsempfängers

1507 Werden die Rechnungen nicht an den Leistungsempfänger selbst oder an seinen Bevollmächtigten adressiert (Rechtsanwalt, Wirtschaftstreuhänder, Hausverwalter), so muss aus der Rechnung hervorgehen, für wen die Leistung bestimmt war. Stimmt der angegebene Leistungsempfänger nicht mit dem tatsächlichen Leistungsempfänger überein (zB Gesellschafter statt Gesellschaft), so führt dies neben der Steuerschuld auf Grund des Umsatzes zu einer Steuerschuld auf Grund der Inrechnungstellung. Ein Unternehmen, das an mehreren Standorten umsatzsteuerliche Betriebsstätten unterhält, ist insgesamt als ein Unternehmen anzusehen. Die Standortadressen gelten als Adressen des Unternehmers. Die Angabe des richtigen Firmenwortlautes und einer Standortadresse ist bei Erfüllung der übrigen Voraussetzungen für den Vorsteuerabzug ausreichend. Die Angabe der Geschäftsanschrift laut Firmenbuch ist nicht erforderlich, aber ausreichend, wenn an dieser Anschrift tatsächlich eine Geschäftstätigkeit ausgeübt wird. Hinsichtlich Rechnungsberichtigung siehe § 11 Rz 1771 bis Rz 1800.

1.5.4 Menge und handelsübliche Bezeichnung der Ware
Art und Umfang der Leistung

1508 Bloße Sammelbegriffe oder Gattungsbezeichnungen, wie zB Speisen, Getränke, Lebensmittel, Textil-, Reinigungs- und Putzmittel, Büromaterial, Eisenwaren, Bekleidung, Fachliteratur, Wäsche, Werkzeuge usw., stellen keine handelsübliche Bezeichnung dar und reichen daher nicht aus, um von einer zum Vorsteuerabzug berechtigenden Rechnung im Sinne des § 11 UStG 1994 sprechen zu können. Es bedarf in derartigen Fällen einer den tatsächlichen Gegebenheiten entsprechenden Ergänzung der Rechnung durch den Lieferer. Die Bezeichnung Geschenkkorb wird hingegen als handelsüblich angesehen (siehe Rz 1623 und Rz 1624). Bei sonstigen Leistungen müssen Art und Umfang der Leistung ersichtlich gemacht werden. Bezeichnungen wie Reparaturen, Lohnarbeit, Fuhrleistungen ohne weitere Angaben sind nicht ausreichend. Unselbständige Nebenleistungen, die das Schicksal der Hauptleistung teilen, müssen nicht gesondert angeführt werden.

Der Vorsteuerabzug aus einer Rechnung mit einer grundsätzlich unzureichenden Beschreibung der Leistung ist jedoch dann zulässig, wenn die Behörde aus vom Leistungsempfänger beigebrachten Unterlagen über alle notwendigen Informationen verfügt, um zu prüfen, ob die materiellen Voraussetzungen für die Ausübung dieses Rechts vorliegen (vgl. EuGH 15.9.2016, Rs C-516/14, *Barlis 06 – Investimentos Imobiliários e Turísticos SA*).

1509 Besteht zwischen der tatsächlich gelieferten und der in der Rechnung ausgewiesenen Ware keine Übereinstimmung, steht der Vorsteuerabzug auch dann nicht zu, wenn die Bezeichnung als handelsüblich angesehen werden kann. Von fehlender Übereinstimmung wird dabei auch dann ausgegangen, wenn die in der Rechnung gewählte Bezeichnung eine solche Vorstellung vom Liefergegenstand hervorruft, die mit dem tatsächlich gelieferten Gegenstand nicht in Einklang zu bringen ist (zB anstatt teurer Parfumöle billige Riechstoffe – VwGH 28.5.1998, 96/15/0132). An der erforderlichen Übereinstimmung zwischen Rechnung und geliefertem Gegenstand fehlt es auch dann, wenn es sich bei den tatsächlich gelieferten, weitgehend wertlosen Produkten aufgrund ihrer Minderwertig-

§ 11 UStG

keit offensichtlich um anders geartete Gegenstände handelt als die in der Rechnung ausgewiesenen (VwGH 28.5.1998, 96/15/0220). Die Gutgläubigkeit des Leistungsempfängers ist dabei ohne Bedeutung (VwGH 25.6.1998, 97/15/0019).

Versorgungsunternehmen

1510   Gemäß § 17 Abs. 1 UStG 1994 gelten bei Versorgungsunternehmen **Teilzahlungsanforderungen** für Gas-, Wasser-, Elektrizitäts- und Wärmelieferungen auch dann als Rechnung im Sinne des § 11 UStG 1994, wenn sie keine Angaben über Menge und Bezeichnung der Lieferung enthalten.

1.5.5 Zeitpunkt und Zeitraum

1511   Eine Rechnung **muss** sowohl das Ausstellungsdatum, als auch den Tag der Lieferung oder sonstigen Leistung oder den Leistungszeitraum enthalten. Sofern der Zeitpunkt der Rechnungsausstellung mit dem Tag der Lieferung oder sonstigen Leistung zusammenfällt, kann die gesonderte Angabe des Leistungszeitpunktes entfallen, wenn die Rechnung den Vermerk „Rechnungsdatum ist Liefer- bzw. Leistungsdatum" enthält.

Der Vorsteuerabzug aus einer Rechnung mit einer grundsätzlich unzureichenden Angabe des Tages der Lieferung oder sonstigen Leistung oder des Leistungszeitraumes ist jedoch dann zulässig, wenn die Behörde aus vom Leistungsempfänger beigebrachten Unterlagen über alle notwendigen Informationen verfügt, um zu prüfen, ob die materiellen Voraussetzungen für die Ausübung dieses Rechts vorliegen (vgl. EuGH 15.9.2016, Rs C-516/14, *Barlis 06 – Investimentos Imobiliários e Turísticos SA*).

1.5.6 Entgelt

Wert der Gegenleistung

1512   Es ist die getrennte Angabe des Entgeltes und des auf das Entgelt entfallenden Steuerbetrages erforderlich. Der Hinweis auf den Steuersatz ist weder ausreichend, wenn das Entgelt allein, noch wenn Entgelt und Steuer in einer Summe ausgewiesen werden. Der Ausweis eines Bruttobetrages iZm einer Rechnung im Sinne des § 11 UStG 1994 ist nur bei Kleinbetragsrechnungen (siehe § 11 Rz 1625 bis 1637) und Fahrausweisen (siehe § 11 Rz 1691 bis 1710) zulässig.

1513   Zum Entgelt gehört nach § 4 UStG 1994 auch, was der Leistungsempfänger **freiwillig aufwendet**, um die Lieferung oder sonstige Leistung zu erhalten sowie was ein anderer als der Leistungsempfänger dem Unternehmer gewährt (Entgelt von dritter Seite). Voraussetzung für den Vorsteuerabzug ist, dass der leistende Unternehmer in der Rechnung auch die auf das zusätzliche Entgelt entfallende USt ausweist.

Beispiel:

Werkleistung	60.000 €
zuzüglich Entgelt von dritter Seite	10.000 €
	70.000 €
zuzüglich 20 % Umsatzsteuer	14.000 €
	84.000 €
abzüglich Zuschuss von dritter Seite	10.000 €
noch zu begleichen	74.000 €

Durchlaufende Posten

1514   Nicht zum Entgelt gehören die Beträge, die der **Unternehmer im Namen und für Rechnung eines anderen vereinnahmt und verausgabt** (durchlaufende Posten). Diese sind – soweit sie in der Rechnung angeführt werden – entsprechend kenntlich zu machen. Werden Entgelt und durchlaufende Posten in einer Summe angegeben und hievon die USt berechnet, entsteht die Steuerschuld für die auf die durchlaufenden Posten entfallende USt auf Grund der Bestimmung des § 11 Abs. 12 UStG 1994.

Tausch

1515 Beim Tausch (tauschähnlichen Umsatz) zwischen zwei Unternehmern gilt der Wert jedes Umsatzes zugleich als Entgelt für den anderen Umsatz (§ 4 Abs. 6 UStG 1994; siehe Rz 671 bis 675). Als Entgelt ist somit der **gemeine Wert der erhaltenen Gegenleistung** anzugeben. Eine Saldierung mit dem Wert der eigenen Leistung ist nicht zulässig. Wird über den Tausch – mit oder ohne Baraufzahlung – nur in einer Urkunde (Gegenrechnung) abgerechnet, hat diese alle geforderten Angaben des § 11 UStG 1994 für beide Umsätze zu enthalten.

Auf- und Abrundung

1516 Über die Auf- oder Abrundung der USt bei der Rechnungserteilung enthält das Steuerrecht keine besonderen Vorschriften. Die USt muss daher vom Unternehmer für die von ihm ausgeführten steuerpflichtigen Leistungen genau berechnet werden. Soweit in einer Rechnung der Steuerbetrag oder der Rechnungsendbetrag (der zivilrechtliche Preis) auf- oder abgerundet wurde, hat dies für die Höhe der Steuerschuld keine Bedeutung bzw. ist § 11 Abs. 12 UStG 1994 sinngemäß anzuwenden

Siehe auch EURO-Einführungserlass, AÖF 19/1999.

1.5.7 Gesonderter Steuerausweis

Entgelt und Steuerbetrag

1517 Nicht von Bedeutung ist es, ob der ausgewiesene Steuerbetrag als „USt" oder als „Mehrwertsteuer" bezeichnet wird.

Enthält eine Rechnung entgegen § 11 Abs. 1 Z 3 lit. f UStG 1994 weder die Angabe des Steuerbetrags in Euro, noch – soweit dieser nicht feststeht – die Angabe der Umrechnungsmethode gemäß § 20 Abs. 6 UStG 1994, kann der Leistungsempfänger auch ohne Berichtigung der Rechnung den Vorsteuerabzug aus jenem Euro-Betrag vornehmen, der sich bei Anwendung der Umrechnungsmethoden gemäß § 20 Abs. 6 UStG 1994 als Mindestbetrag ergibt.

Unterschiedliche Steuersätze

1518 Werden in einer Rechnung Leistungen abgerechnet, die unterschiedlichen Steuersätzen unterliegen, so ist bei der Rechnungsausstellung darauf Bedacht zu nehmen.

Beispiel:

Bestell Nr.	Bezeichnung	Menge	Einzelpreis	Steuersatz	Betrag	Steuer
24	Ware A	100 kg	0,60 €	10%	60 €	6 €
33	Ware B	50 Lt	2,00 €	10%	100 €	10 €
44	Ware C	40 St	2,50 €	20%	100 €	20 €
96	Ware D	20 Fl	3,00 €	20%	60 €	12 €
					320 €	48 €
				+ Mehrwertsteuer	48 €	
				Gesamtrechnungsbetrag	368 €	

1519 **Unselbständige Nebenleistungen** unterliegen dem gleichen Steuersatz wie die Hauptleistungen. Werden in einer Rechnung Leistungen zu unterschiedlichen Steuersätzen abgerechnet, so sind auch die unselbständigen Nebenleistungen entsprechend aufzuteilen.

1.5.8 Organschaft

1520 Rechnungen innerhalb eines Unternehmens (zB zwischen dem Hauptbetrieb und den Filialen, innerhalb der Gesellschaften eines Organkreises im Inland) gelten nicht als Rechnungen im Sinne des § 11 Abs. 1 UStG 1994. Derartige Rechnungen stehen mit keinen steuerbaren Umsätzen im Zusammenhang und lösen als **bloße Innenumsätze** keine Steuerpflicht aus; sie berechtigen auch nicht zum Vorsteuerabzug.

§ 11 UStG

1.5.9 Rechnung bei Voraus- oder Anzahlungen

Allgemein

1521 Die Vorschrift über Rechnungslegung im Zusammenhang mit Voraus- oder Anzahlungen gelangt sowohl bei der Sollbesteuerung als auch in den Fällen der Istbesteuerung zur Anwendung. Über die vereinnahmten Voraus- oder Anzahlungen kann auch mittels Gutschrift abgerechnet werden.

Zeitpunkt der Rechnungserteilung

1522 Voraussetzung für die Berechtigung bzw. Verpflichtung zur Begebung einer Voraus- oder Anzahlungsrechnung ist, dass die **Anforderung bzw. Vereinnahmung des Entgelts bzw. Teilentgelts** für eine bestimmte, unbedingte, steuerpflichtige und in Zukunft auszuführende Leistung erfolgt.

1523 Rechnungen mit gesondertem Steuerausweis können schon erteilt werden, bevor eine Voraus- oder Anzahlung vereinnahmt wurde. Ist das im Voraus vereinnahmte Teilentgelt niedriger als in der Rechnung angegeben, so entsteht die Umsatzsteuerschuld nur insoweit, als sie auf das tatsächlich vereinnahmte Entgelt oder Teilentgelt entfällt. Einer **Berichtigung der Rechnung** bedarf es in diesem Falle nicht. Der Unternehmer kann für jede einzelne Voraus- oder Anzahlung eine separate Abrechnungsurkunde mit gesondertem Steuerausweis erteilen. Es besteht aber auch die Möglichkeit, mittels einer Abrechnungsurkunde über mehrere oder alle im Zusammenhang mit einer Leistung stehenden Voraus- oder Anzahlungen abzurechnen.

Angaben in der Vorauszahlungs- oder Anzahlungsrechnung

1524 § 11 Abs. 1 UStG 1994 gilt sinngemäß. Hinsichtlich des Zeitpunktes der Lieferung oder sonstigen Leistung ist der (vereinbarte) voraussichtliche Zeitpunkt oder Zeitraum anzugeben. Sollte der Zeitpunkt oder Zeitraum der Leistung noch nicht feststehen, genügt der Hinweis, dass diesbezüglich noch keine Vereinbarung getroffen wurde. An die Stelle des Entgelts und des darauf entfallenden Steuerbetrages für die Leistung tritt das **vor der Ausführung der Leistung vereinnahmte oder angeforderte Entgelt** (Teilentgelt) sowie der darauf entfallende Steuerbetrag. Erteilt der Unternehmer losgelöst von einer Voraus- oder Anzahlung über eine noch nicht erbrachte Leistung eine Rechnung mit gesondertem Steuerausweis („Vorausrechnung"), so schuldet er den ausgewiesenen Steuerbetrag auf Grund der Inrechnungstellung, ohne dass der Empfänger dieser Rechnung das Recht hätte, die ausgewiesene Steuer als Vorsteuer geltend zu machen. Um eine **Steuerschuld auf Grund der Inrechnungstellung hintanzuhalten**, muss aus der vor Ausführung der Leistung erstellten Abrechnungsurkunde zweifelsfrei ersichtlich sein, dass damit über eine Voraus- oder Anzahlung abgerechnet wird. Um diesem Erfordernis zu entsprechen, empfiehlt sich eine entsprechende Bezeichnung der Abrechnungsurkunde (zB „Anzahlungsrechnung über den am ... vereinnahmten Teilbetrag", „1. Teilrechnung über die vereinbarte und am ... fällig werdende Abschlagszahlung") unter Angabe des Ausstellungsdatums sowie eine ergänzende und klarstellende Formulierung (zB Hinweis auf einen erst in der Zukunft liegenden Leistungszeitpunkt) im eigentlichen Abrechnungstext der Vorauszahlungs- oder Anzahlungsrechnung.

Rechnungen für künftige Miet-, Pacht- Wartungs- oder ähnliche Leistungen

1524a Werden bei Miet-, Pacht-, Wartungs- oder ähnlichen Leistungen Entgelte und die darauf entfallenden Steuerbeträge für zukünftige Leistungen in Rechnung gestellt, kann der Vorsteuerabzug abweichend vom allgemeinen Grundsatz, dass nach der Leistungserbringung begrifflich keine Anzahlungen mehr möglich sind, entsprechend den geleisteten Zahlungen in sinngemäßer Anwendung des § 12 Abs. 1 Z 1 lit. b UStG 1994 vorgenommen werden. Ein Vorsteuerabzug ohne Zahlung aufgrund einer solchen Rechnung ist in diesen Fällen nicht zulässig. Weiters kann bei Anzahlungsrechnungen betreffend die genannten Leistungen die Angabe des Leistungszeitraumes auch in der Weise erfolgen, dass der Beginn des Leistungszeitraumes mit dem Zusatz angeführt wird, dass die Vorschreibung (= Anzahlungsrechnung) bis zum Ergehen einer neuen Vorschreibung gilt.

1.5.10 Endrechnung

1525 Wird über die bereits tatsächlich erbrachte Leistung insgesamt abgerechnet („Endrechnung"), so sind in ihr die vor Ausführung der Leistung vereinnahmten Teilentgelte und die auf sie entfallenden Steuerbeträge abzusetzen, wenn über diese Teilentgelte Voraus- oder Anzahlungsrechnungen mit gesondertem Steuerausweis erteilt worden sind (§ 11 Abs. 1 vierter Satz UStG 1994). Der Vorschrift ist entsprochen, wenn die einzelnen vereinnahmten Teilentgelte mit den jeweils darauf entfallenden Steuerbeträgen in der Endrechnung abgesetzt werden. Es genügt aber auch, wenn der **Gesamtbetrag der vorausgezahlten Teilentgelte und die hierauf entfallenden Steuerbeträge in einer Summe** abgesetzt werden.

Beispiel 1:

Absetzung der einzelnen vereinnahmten Teilentgelte und der hierauf entfallenden Steuerbeträge:

Endrechnung über die Errichtung einer Seilbahntalstation

Lieferung und Abnahme: 13. Oktober 2000

	Entgelt	USt (20%)	brutto
Endrechnungsbetrag	9.000.000 €	1.800.000 €	10.800.000 €
Abschlagszahlungen			
5.6.2000	– 1.500.000 €	– 300.000 €	– 1.800.000 €
8.7.2000	– 2.000.000 €	– 400.000 €	– 2.400.000 €
3.8.2000	– 3.000.000 €	– 600.000 €	– 3.600.000 €
Restforderung	2.500.000 €	500.000 €	3.000.000 €

Beispiel 2:

Absetzung des Gesamtbetrags der vereinnahmten Teilentgelte und der hierauf entfallenden Steuerbeträge in einer Summe:

Endrechnung über die Errichtung einer Seilbahntalstation

Lieferung und Abnahme: 13. Oktober 2000

	Entgelt	USt (20%)	brutto
Endrechnungsbetrag	9.000.000 €	1.800.000 €	10.800.000 €
Abschlagszahlungen			
5.6., 8.7. und 20.8.2000	– 6.500.000 €	– 1.300.000 €	– 7.800.000 €
Restforderung	2.500.000 €	500.000 €	3.000.000 €

1526 Unterbleibt in der Endrechnung die Absetzung der vereinnahmten Teilentgelte und der darauf entfallenden Steuerbeträge, schuldet der Unternehmer diese Beträge nach § 11 Abs. 12 UStG 1994 auf Grund der Rechnung. Die Steuerschuld besteht bis zum Zeitpunkt der Berichtigung der Endrechnung (ex nunc-Wirkung der Rechnungsberichtigung).

Keine Steuerschuld aufgrund der Rechnungslegung im Sinne des § 11 Abs. 12 UStG 1994 entsteht, wenn in der Endrechnung die Umsatzsteuer nicht vom Gesamtentgelt, sondern nur hinsichtlich des Restentgelts ausgewiesen wird.

Beispiel:

Endrechnung über die Errichtung einer Seilbahntalstation

Lieferung und Abnahme: 13. Oktober 2000

Gesamtentgelt netto	9.000.000 Euro
Abschlagszahlungen netto 5.6., 8.7. und 3.8.2000	– 6.500.000 Euro
Restentgelt netto	2.500.000 Euro
Umsatzsteuer	500.000 Euro
Restforderung	3.000.000 Euro

Bei Unterlassung der geforderten Absetzung der vereinnahmten Teilentgelte und der darauf entfallenden Steuerbeträge in der Schlussrechnung ist eine Vorsteuerabzugsberechtigung hinsichtlich des gesamten ausgewiesenen Umsatzsteuerbetrages (bestehend aus den bereits geltend gemachten Steuerbeträgen aus den entrichteten Voraus- oder

§ 11 UStG

Anzahlungen und dem restlichen Mehrwertsteuerbetrag) wegen offensichtlicher Unrichtigkeit (siehe auch § 12 Rz 1825) nicht gegeben.

Die Ausstellung einer Endrechnung kann entfallen, wenn das gesamte Entgelt und der hierauf entfallende Steuerbetrag durch die bereits ausgehändigten Voraus- oder Anzahlungsrechnungen abgedeckt sind und die Beträge vor Leistungserbringung vereinnahmt wurden. Nach Leistungserbringung ist begrifflich eine Anzahlung nicht mehr möglich. Für Beträge nach Leistungserbringung ist für Zwecke des Vorsteuerabzuges eine Schluss- oder Restrechnung erforderlich.

1.5.11 Duplikat

1527 Der leistende Unternehmer darf in Bezug auf einen Umsatz nur eine Rechnung (mit gesondertem Steuerausweis) ausstellen. Hat der Unternehmer über einen Umsatz (zB Lieferung) eine Rechnung erteilt, darf er grundsätzlich eine **zweite Rechnung für denselben Umsatz nicht mehr erteilen**. Stellt er eine zweite Rechnung für denselben Umsatz aus, so kann sich daraus eine Steuerschuld auf Grund des unberechtigten Steuerausweises ergeben.

1528 Davon zu unterscheiden ist die Anfertigung von **Duplikaten oder Abschriften** von Rechnungen. Soll es zu keiner Steuerschuld auf Grund des unberechtigten (nochmaligen) Steuerausweises kommen, muss die Rechnung eindeutig als „Duplikat", „Zweitschrift" und dgl. gekennzeichnet sein.

1.5.12 Mautgebühren

1529 Automationsunterstützt erstellte Maut-Rechnungsausdrucke über 400 (bis 28.2.2014: 150) Euro enthalten vielfach keine Angaben über den Namen und die Anschrift des Leistungsempfängers und werden daher auch ohne diese Angaben gespeichert. Es ist dabei regelmäßig vorgesehen, dass in den Beleg der Leistungsempfänger seinen Namen und seine Anschrift einsetzt. Automationsunterstützt erstellte Rechnungen, die in einer Mautkabine abgegeben werden und alle im § 11 Abs. 1 UStG 1994 geforderten Angaben, mit Ausnahme der Angabe des Namens und der Anschrift des Leistungsempfängers enthalten, und die der Leistungsempfänger durch Eintragung seines Namens und seiner Anschrift ergänzt, berechtigen den Leistungsempfänger zum Vorsteuerabzug.

Die obigen Ausführungen gelten sinngemäß im Falle eines Beleges über die Vorschreibung einer Ersatzmaut und über die Ausgabe einer Pre-Pay Go-Box gem. Bundesstraßen-Mautgesetz 2002, sofern in den Belegen überdies das KFZ-Kennzeichen angegeben ist.

1.5.13 Rechnungslegung durch Vermittler

1530 Der Unternehmer kann sich zur Abrechnung grundsätzlich Dritter bedienen (siehe § 11 Rz 1505).

Beispiel:

Die Tankstelle Herbert Stremayer, 3243 St. Leonhard 11, vermittelt am 17.1.2004 die Lieferung von 300 Liter Diesel vom Unternehmer Treibstoff AG, 1234 Wien, Heidemariestraße 12, an den Unternehmer Robert Grabner, 3243 Thal 1, um 270 € (brutto).

Rechnung nach § 11 Abs. 1 UStG 1994:

Herbert Stremayer	St. Leonhard, am 17.1.2004
Tankstelle	
3243 St. Leonhard 11	
	Rechnung Nr. 76/2004
	UID-Nr.: ATU12345678
vermittelt für	
Treibstoff AG	
Heidemariestraße 12	
1234 Wien	UID-Nr.: ATU87654321
An	
Robert Grabner	

443

§ 11 UStG

~~~
Steinbruch
3243 Thal 1
Liefertag: 17. Jänner 2004
300 Liter Diesel, netto à    0,75 € =    225 €
+ 20 % USt                                45 €
                                         270 €
oder
Herbert Stremayer                St. Leonhard, am 17.1.2004
Tankstelle
3243 St. Leonhard 11
                                    Rechnung Nr. 76/2004
                                    UID-Nr.: ATU12345678
An
Robert Grabner
Steinbruch
3243 Thal 1
Liefertag: 17. Jänner 2004
300 Liter Diesel, netto à    0,75 € =    225 €
+ 20 % USt                                45 €
                                         270 €
~~~

Die Lieferung erfolgte im Namen und für Rechnung der Treibstoff AG,
1234 Wien, Heidemariestraße 12 (UID-Nr.: ATU87654321)

1531 Ist der Dritte (Vermittler) nicht zur Ausstellung von Rechnungen oder Gutschriften mit gesondertem Ausweis der USt bevollmächtigt und legt er trotzdem eine Rechnung, so schuldet er nach § 11 Abs. 14 UStG 1994 die in der Rechnung ausgewiesene USt (VwGH 22.2.2000, 99/14/0062).

1532 Erbringt der Unternehmer gegenüber seinem Auftraggeber eigene Umsätze und wird er daneben zugleich als Vermittler für einen oder mehrere Unternehmer tätig, so kann er die eigenen und fremden Umsätze zusammen auf einem Schriftstück abrechnen. Derartige Schriftstücke sind als Rechnungen im Sinne des § 11 UStG 1994 anzusehen, wenn

- der Unternehmer von dem anderen Unternehmer zur Ausstellung von Rechnungen bevollmächtigt ist und
- aus dem Schriftstück klar zu ersehen ist, welche Umsätze einem anderen Unternehmer zuzurechnen sind.

Beispiel:
Rechnung der Tankstelle Herbert Stremayer, 3243 St. Leonhard 11, über die Lieferung von Zeitschriften um 6,6 € (USt 10%) und der Vermittlung von 30 Liter Diesel für die Treibstoff AG, 1234 Wien, Heidemariestraße 12, um 22,5 € (USt 20%) an den Unternehmer Robert Grabner, 3243 Thal 1, am 17. Jänner 2004.

Rechnung nach § 11 Abs. 1 UStG 1994:

~~~
Herbert Stremayer                St. Leonhard, am 17.1.2004
Tankstelle
3243 St. Leonhard 11
                                    Rechnung Nr. 76/2004
                                    UID-Nr.: ATU12345678
An
Robert Grabner
Steinbruch
3243 Thal 1
Tag der Lieferung: 17. Jänner 2004
Zeitschrift „Motorjournal"                  6,00 €
+ 10 % USt                                  0,60 €
*) 30 Liter Diesel, netto à    0,75 =      22,50 €
~~~

+ 20 % USt $\underline{4{,}50\ €}$
33,60 €

*) Die Lieferung erfolgte im Namen und für Rechnung der Treibstoff AG, 1234 Wien, Heidemariestraße 12 (UID-Nr.: ATU87654321)

Rechnung nach § 11 Abs. 6 UStG 1994:

Herbert Stremayer St. Leonhard, am 17.1.2004
Tankstelle
3243 St. Leonhard 11

Tag der Lieferung: 17. Jänner 2004

Zeitschrift „Motorjournal" 6,60 € (inklusive 10% USt)
*) 30 Liter Diesel, netto à 0,75 = $\underline{27{,}00\ €}$ (inklusive 20% USt)
33,60 €

*) Die Lieferung erfolgte im Namen und für Rechnung der Treibstoff AG, 1234 Wien, Heidemariestraße 12

1.5.14 Berichtigung von Rechnungen

1533 Die vom leistenden Unternehmer vorzunehmende **Berichtigung oder Ergänzung einer Rechnung** kann in der Weise erfolgen, dass unter Hinweis auf die ursprüngliche Rechnung die notwendigen Ergänzungen oder Berichtigungen vorgenommen werden oder eine berichtigte Rechnung zur ursprünglichen Rechnung ausgestellt wird. Der Unternehmer muss **nachweisen, dass die berichtigte Rechnung dem Leistungsempfänger zugekommen ist**. Stellt der Unternehmer eine zweite Rechnung für einen Umsatz aus, über den er bereits eine Rechnung gelegt hat, so kann sich eine Steuerschuld nach § 11 Abs. 14 UStG 1994 ergeben. Um die Rechtsfolgen einer zweiten Rechnungslegung zu vermeiden, muss der Unternehmer in der berichtigten Rechnung auf die ursprüngliche Rechnung hinweisen.

1534 Für die Frage der Ordnungsmäßigkeit von Rechnungen (auch im Rahmen von Berichtigungen) ist es nicht erforderlich, dass über jeden Einzelumsatz eine gesonderte Rechnung ausgestellt wird. In einer Rechnung kann durchaus über **mehrere Lieferungen oder Leistungen** mit unterschiedlichem Liefer- oder Leistungsdatum abgerechnet werden. Demgemäß sind auch Berichtigungen oder Ergänzungen im Wege von Sammelberichtigungen oder -ergänzungen zulässig.

1.5.15 Rechnungsberichtigung Touristenexport

1535 Wurden in den Fällen des Touristenexportes Rechnungen mit offenem Steuerausweis gelegt, **kann eine Rechnungsberichtigung unterbleiben**, ohne dass eine Steuerschuld nach § 11 Abs. 12 UStG 1994 entsteht, wenn der Unternehmer das Original der Rechnung, in der die Steuer offen ausgewiesen wurde, zurückerhalten hat. Das Rechnungsoriginal muss der Unternehmer bei seinen Unterlagen über den maßgeblichen Umsatz aufbewahren und in seinen Aufzeichnungen darauf hinweisen.

1.5.16 Rechnungslegung bei Leistungen aus Stromlieferungsverträgen und Netzanschluss- und Netznutzungsverträgen

1536 Beauftragt bzw. bevollmächtigt der Netzbetreiber den Stromlieferanten für ihn seine Leistung an den Endkunden abzurechnen und wird dieses Auftragsverhältnis bzw Vollmachtsverhältnis dem Endkunden gegenüber offengelegt, dann kann der **Stromlieferant für den Netzbetreiber auch dessen Leistung an den Endverbraucher iSd § 11 UStG 1994 abrechnen.** Die Ausstellung einer Rechnung für den Netzbetreiber für dabei zu einer Rechnung des Netzbetreibers. Der Kunde ist unter den allgemeinen Voraussetzungen des § 12 UStG 1994 zum Vorsteuerabzug berechtigt. Der Stromlieferant versteuert die Stromlieferung, der Netzbetreiber versteuert das Entgelt für die Netzbereitstellung. § 11 Rz 1505, 1530 bis 1532 gelten sinngemäß. Der Stromlieferant hat dem Netzbetreiber die Rechnungsdaten in geeigneter Form (Rechnungsduplikate, elektronischer Daten-

§ 11 UStG

träger etc) zu übermitteln, wobei die Daten der vom Rechnungsaussteller selbst erbrachten Leistung abgedeckt werden können bzw nicht enthalten sein müssen.

Abweichend von den zivilrechtlichen Verhältnissen wird für umsatzsteuerliche Zwecke die Leistung des Netzbetreibers als für den Stromlieferanten erbracht angesehen, wenn eine **vertragliche Vereinbarung zwischen Stromlieferanten, Netzbetreiber und Kunden über die Anwendung dieser Vereinfachungsmöglichkeit** getroffen wird. In diesem Fall legt der Netzbetreiber seine Rechnung iSd § 11 UStG 1994 an den Stromlieferanten, welcher seinerseits eine Rechnung über Stromlieferung und die Netzbereitstellung an den Endkunden ausstellt. Dabei ist es ausreichend, wenn der Netzbetreiber die für Kunden eines Stromlieferanten erbrachten Netzdienstleistungen in einer Sammelrechnung iSd § 11 Abs 1 Z 3 lit. d UStG 1994 oder durch elektronischen Rechnungsdatenaustausch gem Rz 1561 bis 1563 abrechnet. Hinsichtlich der Netzbereitstellung hat der Lieferant den Vorsteuerabzug. Der Stromlieferant versteuert seinerseits sowohl die Stromlieferung als auch die Netzbereitstellung. Der Endkunde hat nach Maßgabe des § 12 UStG 1994 den Vorsteuerabzug aus der vom Stromlieferanten ausgestellten Rechnung. Diese Vorgangsweise kann nur so lange angewendet werden, als eine Vereinbarung über ihre Anwendung zwischen dem Stromlieferanten, dem Netzbetreiber und dem Kunden besteht. Die Anwendung der Vereinfachungsregelung setzt voraus, dass die Leistung des Netzbetreibers an den Endkunden gemäß § 3a UStG 1994 im Inland steuerbar ist. Diese Vereinfachungsregelung gilt nur für die Rechnungsausstellung und den Vorsteuerabzug, führt jedoch zu keiner Änderung des Leistungsortes.

Beauftragt ein Endkunde den Energielieferanten mit der Administration und Bezahlung von Netzrechnungen (Jahresrechnungen oder Teilzahlungsrechnungen), ohne dass es zu einer Änderung der Rechtsbeziehung mit dem Netzbetreiber kommt, kann wie folgt vorgegangen werden, vorausgesetzt, dass diesbezüglich Einvernehmen mit dem Netzbetreiber hergestellt wird: Der Netzbetreiber kann die Originalrechnung betreffend die Netzbereitstellung an den Energielieferanten übermitteln. Die Originalrechnung verbleibt beim Energielieferanten. Die in dieser Rechnung ausgewiesene Umsatzsteuer berechtigt den Energielieferanten nicht zum Vorsteuerabzug. Der Energielieferant legt an den Endkunden eine Rechnung über die Stromlieferung und teilt dem Endkunden die Daten der Rechnung des Netzbetreibers mit. Der Energielieferant versteuert nur die Energielieferung. Die Bekanntgabe der Netzbereitstellung-Rechnungsdaten führt beim Energielieferanten zu keiner Steuerschuld auf Grund der Rechnung. Der Endkunde kann den in der Rechnung des Energielieferanten für die Stromlieferung ausgewiesenen bzw. für die Netzbereitstellung genannten Steuerbetrag nach Maßgabe des § 12 UStG 1994 als Vorsteuer abziehen.

1536a § 11 Rz 1536 gilt sinngemäß auch für Gaslieferungen.

1.6 Änderungen der Rechnungslegung auf Grund des zweiten Abgabenänderungsgesetzes 2002
1.6.1 Allgemeines

1537 Auf Grund des 2. AbgÄG 2002 hat der § 11 Abs 1 UStG 1994 folgende Änderungen erfahren:
– Werden Leistungen an juristische Personen erbracht, haben auch diese einen Anspruch auf Ausstellung einer Rechnung im Sinne des § 11 UStG 1994.
– Es besteht auch ein Anspruch auf Ausstellung einer Rechnung, wenn der Umsatz steuerfrei ist.
– Die Rechnung hat den anzuwendenden Steuersatz bzw. einen Hinweis auf die Steuerbefreiung zu enthalten.
– Die Rechnung hat das Ausstellungsdatum,
– eine fortlaufende Nummer und
– die dem Unternehmer erteilte UID zu enthalten.

1538 Diese Bestimmungen gelten auch für Anzahlungsrechnungen und Gutschriften, nicht jedoch für Kleinbetragsrechnungen, Fahrausweise und Belege im Reisegepäckverkehr. Aufgrund der seit 1.1.2004 geltenden Rechtslage haben aber auch Kleinbetragsrechnungen, Fahrausweise und Belege im Reisegepäckverkehr jedenfalls ein Ausstellungsdatum zu enthalten. Hinsichtlich der Fahrausweise siehe weiters § 11 Rz 1691.

1539 Das Vorliegen dieser Merkmale ist Voraussetzung für den Vorsteuerabzug. Hinsichtlich der fortlaufenden Nummer ist durch den Leistungsempfänger keine Überprüfung vorzunehmen.

1540 Die Bestimmungen über die Ausstellung von Rechnungen betreffen nur solche über steuerbare Vorgänge. In den Fällen, in denen die Steuerpflicht auf den ausländischen Unternehmer im Binnenmarkt übergeht, ist jedoch zu beachten, dass die übrigen Mitgliedstaaten – jedenfalls ab 1.1.2004 – die gleiche Rechtslage wie Österreich haben und überdies die Anführung der UID in der Rechnung dem leistenden Unternehmer ua als Nachweis dienen wird, dass die Steuerschuld auf den Leistungsempfänger übergegangen ist.

1541 Wird eine Rechnung berichtigt und wird dieselbe Rechnungsnummer verwendet, so muss ein Hinweis erfolgen, dass es sich um eine berichtigte Rechnung handelt. Wird eine neue Rechnungsnummer verwendet, muss auf die ursprüngliche Rechnung und deren Nummer verwiesen werden.

Randzahl 1542: Derzeit frei.

1.6.2 Erleichterungen

1543 Unternehmer, die überwiegend Umsätze gemäß § 6 Abs. 1 Z 8 und Z 9 lit c UStG 1994 ausführen, sind für die genannten Umsätze im Jahre 2003 von der Verpflichtung der zusätzlichen Rechnungsmerkmale nach dem 2. AbgÄG 2002 befreit. Aufgrund der VO des BM für Finanzen BGBl. II Nr. 279/2004 sind Unternehmer, die überwiegend Umsätze gemäß § 6 Abs. 1 Z 8 und Z 9 lit c UStG 1994 ausführen, für Zeiträume nach dem 31. Dezember 2003 nicht mehr verpflichtet, für derartige Umsätze Rechnungen gem. § 11 Abs. 1 UStG 1994 auszustellen.

Randzahl 1544: Derzeit frei.

1.6.3 Anspruch auf Ausstellung einer Rechnung

1545 Aufgrund der seit 1.1.2004 geltenden Rechtslage hat Anspruch auf Ausstellung einer Rechnung
- jeder Unternehmer, wenn Umsätze für sein Unternehmen ausgeführt werden sowie
- jede juristische Person, auch soweit sie nicht Unternehmer ist.

Von der unter § 11 Rz 1543 genannten Ausnahme abgesehen, besteht ein Anspruch auf Ausstellung einer Rechnung auch dann, wenn der Umsatz steuerfrei ist oder wenn die Steuerschuld auf den Leistungsempfänger übergegangen ist (siehe auch § 11 Rz 1503).

1.6.4 Steuersatz und Steuerbefreiung

1546 Es genügt der Hinweis auf den Steuersatz und die Steuerbefreiung. Die Anführung der gesetzlichen Bestimmung ist nicht erforderlich. Die Verpflichtungen gemäß Art 11 UStG 1994 bleiben jedoch aufrecht.

1.6.5 Ausstellungsdatum

Randzahl 1547: Derzeit frei.

1.6.6 Fortlaufende Nummer

1548 Die Rechnung hat eine fortlaufende Nummer mit einer oder mehreren Zahlenreihen, die zur Identifizierung einmalig vergeben werden, zu enthalten. Im Rahmen der fortlaufenden Nummer sind auch Buchstaben zulässig, sofern das Erfordernis der fortlaufenden Bezeichnung gewährleistet ist.

1549 Das Erfordernis der Rechnungsnummer gilt sowohl für die Ausstellung von Rechnungen als auch für die Ausstellung von Gutschriften. Die Rechnungsnummern können für Gutschriften auch getrennt erteilt werden. Gutschriften benötigen keine fortlaufende Nummer beim Empfänger der Gutschrift.

1550 In die fortlaufende Nummerierung können auch die Kleinbetragsrechnungen einbezogen werden.

1551 Der Zeitpunkt des Beginnes der laufenden Nummer kann frei gewählt werden, muss jedoch systematisch sein (auch täglicher Nummernbeginn ist zulässig).

1552 Es sind verschiedene Rechnungskreise zulässig (zB Filialen, Betriebsstätten, Bestandobjekte, Registrierkassen), die Zuordnung muss jedoch eindeutig sein. Es können auch verschiedene Vertriebssysteme, Warengruppen oder Leistungsprozesse (zB Safe oder Depotleistungen bei Kreditinstituten) als eigene Rechnungskreise angesehen werden.

1553 Bei ausländischen Unternehmern ist für inländische Umsätze ein eigener Nummernkreis erforderlich. Ebenso ist bei Konzernunternehmen (die keine Organschaft sind) für jeden Unternehmer ein eigener Nummernkreis erforderlich.

1.6.7 Umsatzsteuer-Identifikationsnummer

1554 Die Verpflichtung zur Angabe der UID des leistenden Unternehmers in der Rechnung besteht nur, soweit der Unternehmer im Inland Lieferungen und sonstige Leistungen erbringt, die ihn zum Vorsteuerabzug berechtigen.

Ist in den Fällen des Übergangs der Steuerschuld ein ausländischer Unternehmer im Inland nicht zur Umsatzsteuer zu erfassen, ist bei einem Unternehmer im Gemeinschaftsgebiet die ausländische UID anzugeben, bei einem Drittlandsunternehmer entfällt die Anführung einer UID.

Bei Rechnungen, deren Gesamtbetrag 10.000 Euro übersteigt (maßgebend ist der in der Rechnung angeführte Gesamtbetrag, dh. Entgelt zuzüglich Umsatzsteuer), ist als zusätzliches Rechnungsmerkmal auch die dem Leistungsempfänger vom Finanzamt erteilte Umsatzsteuer-Identifikationsnummer (UID) anzuführen, wenn der leistende Unternehmer im Inland einen Wohnsitz (Sitz), seinen gewöhnlichen Aufenthalt oder eine Betriebsstätte hat und der Umsatz für das Unternehmen des Leistungsempfängers ausgeführt wird.

Kann der leistende Unternehmer auf der Rechnung die UID des Kunden nicht anführen, weil dieser über keine gültige UID verfügt (zB erteilt das Finanzamt Unternehmern, die ausschließlich unecht befreite Umsätze ausführen oder pauschalierten Landwirten nicht automatisch eine UID) oder diese nicht angibt, hat das für den leistenden Unternehmer keine Konsequenzen. In den genannten Fällen genügt der Hinweis „Keine UID angegeben". Verfügt der Leistungsempfänger nur über eine ausländische UID, ist diese anzugeben.

Die Richtigkeit der UID muss vom Rechnungsaussteller nicht überprüft werden.

Der Leistungsempfänger seinerseits ist nur dann zum Vorsteuerabzug berechtigt, wenn die Rechnung alle erforderlichen Merkmale (dh. auch seine eigene UID) aufweist. Eine Rechnungsberichtigung (zB fehlende UID) kann nur vom Rechnungsaussteller vorgenommen werden.

1555 Die UID muss im Zeitpunkt der Vornahme des Vorsteuerabzuges vorliegen **(zur späteren Ergänzung** siehe § 12 Rz 1831).

1556 Unternehmer, die nur Umsätze bewirken, für die die Steuer nach § 22 Abs. 1 UStG 1994 mit 10% bzw. 13% (bis 31.12.2015: 12%) der Bemessungsgrundlage festgesetzt wird, erhalten in der Regel keine Umsatzsteuer-Identifikationsnummer (UID-Nummer, siehe aber auch den letzten Absatz) und können daher in ihren Rechnungen auch die „dem Unternehmer vom Finanzamt erteilte UID-Nummer" (§ 11 Abs. 1 Z 3 lit. i UStG 1994) nicht angeben. Derartige Rechnungen berechtigen trotz Fehlens der UID-Nummer des leistenden Unternehmers zum Vorsteuerabzug, vorausgesetzt der leistende Unternehmer weist in der Rechnung an einen anderen Unternehmer darauf hin, dass der Umsatz nach § 22 Abs. 1 UStG 1994 dem Durchschnittssteuersatz von 13% (bis 31.12.2015: 12%) unterliegt (Vermerk: „Durchschnittssteuersatz 13%" (bzw. bis 31.12.2015: „Durchschnittssteuersatz 12%"). Wird mit Gutschrift gegenüber pauschalierten Land- und Forstwirten abgerechnet, ist der oben geforderte Hinweis auf der Gutschrift erforderlich.

Diese Vereinfachung gilt auch für Rechnungen an Unternehmer betreffend Lieferungen von bestimmten Getränken und alkoholischen Flüssigkeiten, die gemäß § 22 Abs. 2 UStG 1994 der Zusatzsteuer in Höhe von 7% (bis 31.12.2015: 8%) unterliegen (siehe

§ 11 UStG

Rz 2871 und Rz 2872; zB Ausschank von Schnaps und Obstsäften im Buschenschank), wenn die Rechnung bzw. Gutschrift den Vermerk „Durchschnittssteuersatz 13% zzgl. Zusatzsteuer 7%" (bis 31.12.2015: „Durchschnittssteuersatz 12% zzgl. Zusatzsteuersatz 8%") enthält.

Auch Rechnungen über Pferdeeinstellungsleistungen (vgl. Rz 2877) oder Verkäufe von Produkten im Rahmen einer „gewerblichen" Direktvermarktung (vgl. Rz 2893) oder andere nicht der Durchschnittssatzbesteuerung unterliegende Umsätze müssen – sofern nicht eine Kleinbetragsrechnung iSd § 11 Abs. 6 UStG 1994 vorliegt – die UID des leistenden Unternehmers enthalten, da ansonsten eine materiell-rechtliche Voraussetzung für den Vorsteuerabzug nicht erfüllt ist.

2. Rechnungsarten
2.1 Urkundenprinzip

1557 Als Rechnung gilt jede Urkunde, mit der ein Unternehmer über eine Lieferung oder sonstige Leistung abrechnet (siehe jedoch § 11 Rz 1561 betreffend elektronisch übermittelte Rechnung). Es ist nicht erforderlich, dass diese Urkunde die Bezeichnung „Rechnung" trägt.

1558 Erfolgt über eine erbrachte Leistung eine **Gebührenabrechnung** in Form eines Bescheides (zB Wassergebühren), so gilt dieser Bescheid als Rechnung, wenn in ihm alle jene Angaben enthalten sind, die § 11 UStG 1994 vorsieht.

1559 Als Urkunde kann nur ein Schriftstück verstanden werden. Nach der Judikatur des VwGH muss jedoch der Beweis darüber, dass dem Unternehmer eine Rechnung zugekommen ist, nicht ausschließlich durch Vorlage der Originalrechnungen (Schriftstücke) erbracht werden. Vielmehr ist auch, wenn diese Rechnungen nicht mehr vorhanden sind (aber vorhanden waren), ein anderer Beweis zulässig. Dieser Beweis kann zB durch mikroverfilmte Rechnungen erbracht werden. Dasselbe gilt für die optische Speicherplatte, wenn die mittels Scanner erfassten und urschriftgetreu auf der optischen Speicherplatte gespeicherten Rechnungen nicht mehr verändert werden können.

Eine urschriftgetreue Speicherung setzt voraus, dass auch beschriebene oder bedruckte Rückseiten der Belege eingescannt werden. Eine farbgetreue Wiedergabe ist dann erforderlich, wenn beim Einscannen in Schwarz-Weiß Informationen oder Zusammenhänge, die nur auf Grund der farblichen Gestaltung erkennbar sind, verloren gehen würden.

2.2 Sammelrechnungen

1560 Die Erleichterung betreffend Sammelrechnungen (§ 11 Abs. 1 Z 3 lit. d UStG 1994) kann von jedem Unternehmer in Anspruch genommen werden, sie ist nicht auf bestimmte Branchen beschränkt (VwGH 24.6.1985, 84/15/0170).

2.3 Elektronisch übermittelte Rechnung (Rechtslage bis 31. Dezember 2012; für Umsätze ab 1. Jänner 2013 siehe Abschnitt 11.2.3a, Rz 1564c bis Rz 1564l)

2.3.1 Grundsätze

1561 Rechnungen können – vorbehaltlich der Zustimmung des Empfängers – auch auf elektronischem Weg übermittelt werden (§ 11 Abs. 2 zweiter Unterabsatz UStG 1994).

Die Zustimmung des Empfängers der elektronisch übermittelten Rechnung bedarf keiner besonderen Form; es muss lediglich Einvernehmen zwischen Rechnungsaussteller und Rechnungsempfänger darüber bestehen, dass die Rechnung elektronisch übermittelt werden soll. Die Zustimmung kann zB in Form einer Rahmenvereinbarung erklärt werden. Sie kann auch nachträglich erklärt werden. Es genügt aber auch, dass die Beteiligten diese Verfahrensweise tatsächlich praktizieren und damit stillschweigend billigen.

Nach § 11 Abs. 2 zweiter Unterabsatz UStG 1994 gilt eine auf elektronischem Weg übermittelte Rechnung nur dann als Rechnung im Sinne des § 11 UStG 1994, wenn die Echtheit der Herkunft und die Unversehrtheit des Inhalts gewährleistet sind. Dies kann gemäß § 1 der Verordnung des BM für Finanzen, BGBl. II Nr. 583/2003 idF BGBl. II Nr. 175/2010 auf zwei Arten erfolgen:

§ 11 UStG

- Mit elektronischer Signatur gemäß § 1 Z 1 der Verordnung des BM für Finanzen, BGBl. II Nr. 583/2003 idF BGBl. II Nr. 175/2010 (im Folgenden als „fortgeschrittene Signatur" bezeichnet) und
- im EDI-Verfahren gemäß § 1 Z 2 der Verordnung des BM für Finanzen, BGBl. II Nr. 583/2003 idF BGBl. II Nr. 175/2010.

Gemäß § 2 Z 1 und Z 2 der Verordnung des BM für Finanzen, BGBl II Nr. 583/2003 idF BGBl. II Nr. 175/2010 erfüllt die Anforderungen an eine auf elektronischem Weg übermittelte Rechnung auch

- eine über FinanzOnline an den Bund als Leistungsempfänger übermittelte Rechnung sowie
- ab 1.1.2011 auch eine über das Unternehmensserviceportal an den Bund als Leistungsempfänger übermittelte Rechnung.

Der Aufbau und der Ablauf des bei der elektronischen Übermittlung einer Rechnung angewandten Verfahrens müssen leicht nachprüfbar sein. Vor allem muss überprüft werden können, auf welche Daten sich die elektronische Signatur bezieht, wer der Signator ist und ob die Möglichkeit besteht, bereits signierte Daten zu verändern. Dies setzt für jede neue Programmversion eine Verfahrensdokumentation voraus, die all jene Informationen enthält, die die Erforschung der tatsächlichen und rechtlichen Verhältnisse durch die Abgabenbehörde (zB Betriebsprüfer) ohne Erschwernisse innerhalb angemessener Frist ermöglicht (zB bei Standardsoftware eine Ablaufbeschreibung des Herstellers einschließlich Datenformat der Rechnung und Signaturformat).

Fordert das Finanzamt den Unternehmer zur Vorlage der Rechnung auf, ist es nicht zu beanstanden, wenn der Unternehmer als vorläufigen Nachweis einen Ausdruck der elektronisch übermittelten Rechnung vorlegt. Dies entbindet den Unternehmer allerdings nicht von der Verpflichtung, auf Anforderung nachzuweisen, dass die elektronisch übermittelte Rechnung die Voraussetzungen des § 11 Abs. 2 UStG 1994 erfüllt.

2.3.2 Elektronische Signatur

1562 Gemäß § 1 Z 1 der Verordnung des BM für Finanzen, BGBl. II Nr. 583/2003 idF BGBl. II Nr. 175/2010 ist eine elektronisch übermittelte Rechnung mit einer Signatur zu versehen, die den Erfordernissen des § 2 Z 3 lit. a bis d Signaturgesetz entspricht und auf einem Zertifikat eines Zertifizierungsdiensteanbieters im Sinne des Signaturgesetzes beruht (fortgeschrittene Signatur). Die von österreichischen Zertifizierungsdiensteanbietern angebotenen Dienste werden auf der Website der Aufsichtsstelle für elektronische Signaturen (http://www.signatur.rtr.at/) veröffentlicht.

Es ist zulässig, dass eine oder mehrere natürliche Personen im Unternehmen bevollmächtigt werden, für den Unternehmer zu signieren. Eine Verlagerung der dem leistenden Unternehmen oder dem von diesem beauftragten Dritten obliegenden steuerlichen Verpflichtungen ist damit jedoch nicht verbunden.

Es ist zulässig, mehrere Rechnungen an einen Rechnungsempfänger in einer Datei zusammenzufassen und diese Datei mit nur einer fortgeschrittenen Signatur an den Empfänger zu übermitteln. Der Rechnungsaussteller kann die Rechnungen auch in einem automatisierten Massenverfahren signieren.

2.3.3 Elektronischer Datenaustausch (EDI-Rechnungen)

1563 Gemäß § 1 Z 2 der Verordnung des BM für Finanzen, BGBl. II Nr. 583/2003 idF BGBl. II Nr. 175/2010 ist es zulässig, eine Rechnung im EDI-Verfahren zu übermitteln, wenn zusätzlich eine zusammenfassende Rechnung (Sammelrechnung) in Papierform oder in elektronischer Form, wenn diese mit einer elektronischen Signatur versehen wurde (siehe oben), übermittelt wird. Voraussetzung für die Anerkennung der im EDI-Verfahren übermittelten Rechnungen ist, dass über den elektronischen Datenaustausch eine Vereinbarung nach Artikel 2 der Empfehlung 94/820/EG der Kommission vom 19. Oktober 1994 über die rechtlichen Aspekte des elektronischen Datenaustausches (ABl. Nr. L 338 vom 28.12.1994 S. 98) besteht, in der der Einsatz von Verfahren vorgesehen ist, die die Echtheit der Herkunft und die Unversehrtheit der Daten gewährleisten.

§ 11 UStG

Hinsichtlich der Sammelrechnung ist es ausreichend, wenn die Entgelte und die darauf entfallenden Steuerbeträge für die einzelnen Umsätze eines Datenübertragungszeitraumes gesondert oder in einer Summe zusammengefasst angeführt sind, sofern folgende Voraussetzungen vorliegen:

- Die in der Sammelrechnung fehlenden Merkmale (insbesondere § 11 Abs. 1 Z 3 und 4 UStG 1994) müssen beim Leistungsempfänger aus den gespeicherten Einzelabrechnungen oder aus den Unterlagen, auf die in diesen Einzelabrechnungen verwiesen wird, eindeutig hervorgehen.
- Es muss erkennbar sein, dass die schriftliche Sammelabrechnung der leistende Unternehmer erstellt hat (zB Bestätigung des Leistenden durch Stempelaufdruck und Unterschrift darüber, dass er der Rechnungsaussteller ist).
- In der Sammelrechnung wird auf diese Einzelabrechnungen hingewiesen. Grundlage für den Vorsteuerabzug ist die Sammelrechnung. Der Vorsteuerabzug ist daher, wenn die Rechnungsausstellung in einem der Leistung folgenden Voranmeldungszeitraum erfolgt, für den Voranmeldungszeitraum vorzunehmen, in dem die Sammelrechnung ausgestellt worden ist.

Zur Verfahrensdokumentation siehe § 11 Rz 1561.

2.3.4 Per Telefax oder E-Mail übermittelte Rechnung

1564 Auch bei Rechnungen, die per Telefax oder E-Mail übermittelt werden, handelt es sich um elektronisch übermittelte Rechnungen. Elektronische übermittelte Rechnungen gelten nur als Rechnungen, wenn sie mit einer fortgeschrittenen Signatur versehen sind oder im Rahmen des EDI-Verfahrens übermittelt werden.

Bis zum Ende des Jahres 2012 können Rechnungen weiterhin mittels Fernkopierer (Telefax) übermittelt werden.

2.3.5 Elektronisch übermittelte Gutschriften

1564a Eine Gutschrift auf elektronischem Weg ist zulässig. Dabei ist die Gutschrift durch den Leistungsempfänger mit einer elektronischen Signatur zu versehen. Bei Abrechnung durch Gutschrift im EDI-Verfahren hat der Leistungsempfänger zusätzlich eine zusammenfassende Rechnung (Gutschrift) nach Maßgabe des Z 2 VO BGBl II Nr 583/2003 zu erstellen und zu übermitteln (siehe oben).

2.3.6 Erstellung und elektronische Übermittlung von Rechnungen durch Dritte

1564b Eine Rechnung kann im Namen und für Rechnung des Unternehmers von einem Dritten ausgestellt werden (s. § 11 Rz 1505). Dies gilt auch für elektronisch übermittelte Rechnungen.

Bei der Einschaltung von Dritten werden eine oder mehrere natürliche Personen beim Dritten bevollmächtigt, für den leistenden Unternehmer oder im Fall der Gutschrift für den Leistungsempfänger Rechnungen mit einer elektronischen Signatur zu versehen.

Die Anforderungen des § 11 Abs. 2 zweiter Unterabsatz UStG 1994 gelten nicht für die Übermittlung der Daten vom leistenden Unternehmer oder vom Leistungsempfänger zum Zweck der Rechnungserstellung an den Dritten. Der Dritte ist nach § 143 BAO verpflichtet, dem Finanzamt die Prüfung des Verfahrens durch Erteilung von Auskünften und Vorlage von Unterlagen zu gestatten.

Der Empfänger einer elektronisch übermittelten Rechnung, die mit einer fortgeschrittenen Signatur versehen wurde, kann die Prüfung der Signatur auch auf einen Dritten übertragen. Dies gilt insbesondere für die entsprechende Prüfung einer elektronisch übermittelten Rechnung in Form einer Gutschrift mit einer elektronischen Signatur.

2.3a. Elektronische Rechnung (Rechtslage für Umsätze ab 1. Jänner 2013; § 11 idF AbgÄG 2012, BGBl. I Nr. 112/2012, Verordnung des BM für Finanzen, BGBl. II Nr. 583/2003 idF BGBl. II Nr. 382/2016)

2.3a.1. Begriff

1564c Rechnungen können – vorbehaltlich der Zustimmung des Empfängers – auch elektronisch ausgestellt werden (§ 11 Abs. 2 zweiter Unterabsatz UStG 1994). Eine elektronische Rechnung ist eine Rechnung, die in einem elektronischen Format ausgestellt und empfangen wird. Sie kann zB mittels E-Mail, als E-Mail-Anhang oder Web-Download, in einem elektronischen Format (zB als PDF- oder Textdatei), aber auch in einem strukturierten Dateiformat (zB xml) ausgestellt werden. Eine spezielle Form der elektronischen Übertragung ist nicht vorgeschrieben.

Wird eine auf Papier ausgestellte Rechnung vom Leistenden eingescannt und elektronisch versendet, so gilt dies als Ausstellung im elektronischen Format. Die Papierrechnung selbst darf nur dann ausgefolgt werden, wenn darin auf die erfolgte elektronische Übermittlung Bezug genommen wird. Mittels Telefax übermittelte Rechnungen sind, unabhängig von der verwendeten Telefax-Technologie, als elektronische Rechnungen anzusehen.

2.3a.2. Echtheit der Herkunft, Unversehrtheit des Inhalts und Lesbarkeit

1564d Die elektronische Rechnung gilt nur unter der Voraussetzung als Rechnung im Sinne des § 11 Abs. 1 und Abs. 1a UStG 1994, dass die Echtheit ihrer Herkunft, die Unversehrtheit ihres Inhalts und ihre Lesbarkeit gewährleistet sind. Dies haben Leistungserbringer und Leistungsempfänger unabhängig voneinander in ihrem Verfügungsbereich zu gewährleisten.

Echtheit der Herkunft bedeutet die Sicherheit der Identität des Leistungserbringers oder Rechnungsausstellers. Unversehrtheit des Inhalts bedeutet, dass die nach dem UStG 1994 erforderlichen Angaben nicht geändert wurden. Aus der Unversehrtheit des Inhalts folgt jedoch nicht, dass die Rechnung inhaltlich (zB Anschrift des Leistenden) tatsächlich richtig ist oder bei Rechnungsausstellung richtig war.

Das Format, in das der Inhalt der Rechnung eingebettet ist, darf in andere Formate konvertiert werden, wenn Echtheit der Herkunft und Unversehrtheit des Inhalts weiterhin durch eine der in § 1 der Verordnung des BM für Finanzen, BGBl. II Nr. 583/2003 idF BGBl. II Nr. **382/2016** genannten Verfahren oder Technologien gewährleistet sind.

Die Rechnung muss von Menschen lesbar sein, also mit Hilfe von vorhandener technischer Ausrüstung so dargestellt werden, dass sie vom Menschen inhaltlich erfasst und verstanden werden kann. Es muss überprüft werden können, dass das vorgelegte lesbare Format gegenüber der Ausgangsdatei inhaltlich nicht verändert wurde. Die Echtheit der Herkunft der Rechnung, die Unversehrtheit ihres Inhalts und ihre Lesbarkeit müssen vom Zeitpunkt der Ausstellung bis zum Ende der Aufbewahrungsdauer gewährleistet werden.

Jeder Unternehmer kann selbst bestimmen, in welcher Weise er die Echtheit der Herkunft, die Unversehrtheit des Inhalts und die Lesbarkeit des Inhalts gewährleistet. Echtheit der Herkunft und Unversehrtheit des Inhalts der Rechnung sind nach § 1 der Verordnung des BM für Finanzen, BGBl. II Nr. 583/2003 idF BGBl. II Nr. **382/2016**, gewährleistet, wenn eines der dort genannten Verfahren bzw. Technologien angewendet wird:

- Anwendung eines innerbetrieblichen Steuerungsverfahrens, durch das ein verlässlicher Prüfpfad zwischen der Rechnung und der Leistung geschaffen wird (siehe Rz 1564f);
- Übermittlung der Rechnung über das Unternehmensserviceportal oder über PEPPOL (Pan-European Public Procurement OnLine; siehe Rz 1564h);
- Versehen der Rechnung mit einer qualifizierten elektronischen Signatur **oder einem qualifizierten elektronischen Siegel** (siehe Rz 1564i);
- Übermittlung der Rechnung im EDI-Verfahren gemäß Artikel 2 des Anhangs 1 der Empfehlung 94/820/EG der Kommission über die rechtlichen Aspekte des elektronischen Datenaustausches (ABl. Nr. L 338 vom 28.12.1994, S. 98; siehe Rz 1564j).

2.3a.3. Zustimmung zur elektronischen Rechnung

1564e Die Zustimmung des Empfängers der elektronischen Rechnung bedarf keiner besonderen Form; es muss lediglich Einvernehmen zwischen Rechnungsaussteller und Rechnungsempfänger darüber bestehen, dass die Rechnung elektronisch ausgestellt werden soll. Die Zustimmung kann zB in Form einer Rahmenvereinbarung, aber auch nachträglich erklärt werden. Es genügt auch, dass die Beteiligten diese Verfahrensweise tatsächlich praktizieren und damit stillschweigend billigen.

2.3a.4. Innerbetriebliches Steuerungsverfahren

1564f Die Echtheit der Herkunft und die Unversehrtheit des Inhalts können durch die Anwendung eines innerbetrieblichen Steuerungsverfahrens gewährleistet werden, wenn dadurch ein verlässlicher Prüfpfad zwischen der Rechnung und der Leistung geschaffen wird. Es sind keine speziellen technischen Übermittlungsverfahren vorgegeben, die der Unternehmer verwenden müsste.

Ein innerbetriebliches Steuerungsverfahren ist ein Kontrollverfahren, das der leistende Unternehmer zum Abgleich der Rechnung mit seinem Zahlungsanspruch oder der die Leistung empfangende Unternehmer zum Abgleich der Rechnung mit seiner Zahlungsverpflichtung einsetzt. Der Leistungsempfänger wird schon im eigenen Interesse insbesondere überprüfen, ob die Rechnung inhaltlich korrekt ist, dh. ob die in Rechnung gestellte Leistung tatsächlich in der dargestellten Qualität und Quantität erbracht wurde, der Rechnungsaussteller also tatsächlich den Zahlungsanspruch hat, die vom Rechnungsaussteller angegebene Kontoverbindung korrekt ist und ähnliches, um zu gewährleisten, dass er nur Rechnungen bezahlt, zu deren Begleichung er auch verpflichtet ist. Jeder Unternehmer kann das für ihn geeignete Verfahren frei wählen. Dies kann im Rahmen eines entsprechend eingerichteten Rechnungswesens geschehen, aber zB auch durch einen manuellen Abgleich der Rechnung mit den vorhandenen geschäftlichen Unterlagen (zB Bestellung, Auftrag, Kaufvertrag, Lieferschein).

Ein Prüfpfad kann als verlässlich angesehen werden, wenn die Verbindung zwischen dem abgewickelten Umsatz und der Rechnung leicht nachzuvollziehen ist (mit Hilfe ausreichender Details, um die Dokumente miteinander zu verknüpfen) und wenn er die dokumentierten Verfahren einhält und die tatsächlichen Abläufe widerspiegelt. Dies lässt sich zum Beispiel auch anhand von Dokumenten wie Kontoauszügen, Dokumenten des Empfängers oder des Lieferers bzw. Dienstleistungserbringers (des Geschäftspartners) und internen Kontrollen wie der Aufgabentrennung erreichen.

Mit dem innerbetrieblichen Kontrollverfahren soll lediglich die korrekte Übermittlung der Rechnung sichergestellt werden. Eine inhaltlich richtige Rechnung (richtige Rechnungsmerkmale) kann ein Indiz dafür sein, dass bei der Übermittlung keine die Echtheit und Unversehrtheit beeinträchtigenden Fehler aufgetreten sind.

Bei Anwendung eines innerbetrieblichen Steuerungsverfahrens gemäß § 1 Z 1 der Verordnung des BM für Finanzen, BGBl. II Nr. 583/2003 idF BGBl. II Nr. **382/2016** ist die ∎ Überprüfung und Archivierung einer auf einer Rechnung angebrachten qualifizierten elektronischen Signatur nicht erforderlich.

Auch bei Rechnungen, die per Telefax übermittelt werden, handelt es sich um elektronische Rechnungen (siehe Rz 1564c). Sie können – vorausgesetzt, sie sind in ein entsprechendes innerbetriebliches Steuerungsverfahren eingebunden – den Leistungsempfänger zum Vorsteuerabzug berechtigen.

1564g In welcher Weise der Unternehmer das innerbetriebliche Steuerungsverfahren samt dem verlässlichen Prüfpfad einrichtet, bleibt ihm selbst überlassen. Das Finanzamt schreibt weder eine bestimmte Methode vor, noch kann es eine solche im Einzelfall akkreditieren. Die innerbetrieblichen Steuerungsverfahren sollten der Größe, Tätigkeit und Art des Unternehmers angemessen sein und Zahl und Wert der Umsätze sowie Zahl und Art der Leistenden und Kunden berücksichtigen. Der Unternehmer braucht daher keine Verfahren und Technologien einzusetzen, die von einem Unternehmer dieser Art und Größe üblicherweise nicht zu erwarten sind. Zu erwarten ist jedenfalls der Einsatz jener technischen und organisatorischen Verfahren, die dem Unternehmer tatsächlich zur Verfügung stehen. Ein KMU wird in der Regel andere Verfahren zur Rechnungsprüfung einsetzen als zB ein Konzernunternehmer.

Zu Nachweiszwecken hat der Unternehmer das von ihm angewendete Verfahren seinen Verhältnissen entsprechend zu dokumentieren. Die Dokumentation des Verfahrensdurchlaufs hinsichtlich jeder einzelnen Rechnung ist nicht notwendig, wenn die generelle Anwendung des dokumentierten Verfahrens gewährleistet ist.

Beispiel für innerbetriebliche Steuerungsverfahren bzw. Technologien bei einem KMU

1. Die Rechnung langt als PDF-Datei im Anhang eines E-Mails beim Unternehmer A ein. Die Datei ist mit einer qualifizierten elektronischen Signatur versehen. A nimmt seine Einkünfteermittlung ohne (EDV-) Buchführung als Einnahmen/Ausgabenrechner nach § 4 Abs. 3 EStG 1988 vor. Die Besteuerung erfolgt nach vereinnahmten Entgelten gemäß § 17 Abs. 2 Z 1 UStG 1994.

Da die Signatur den Anforderungen des § 1 Z 3 der Verordnung des BM für Finanzen, BGBl. II Nr. 583/2003 idF BGBl. II Nr. **382/2016** entspricht, sind Echtheit der Herkunft und Unversehrtheit des Inhalts gewährleistet. A hat die Lesbarkeit zu gewährleisten und die Rechnung samt Signaturprüfprotokoll zu archivieren. Es steht der Vorsteuerabzug aus der Rechnung nach Maßgabe des § 12 UStG 1994 zu. Insbesondere muss die Rechnung auch inhaltlich (Vorliegen der in § 11 UStG 1994 geforderten Rechnungsmerkmale) korrekt sowie die Leistung für das Unternehmen des A ausgeführt sein.

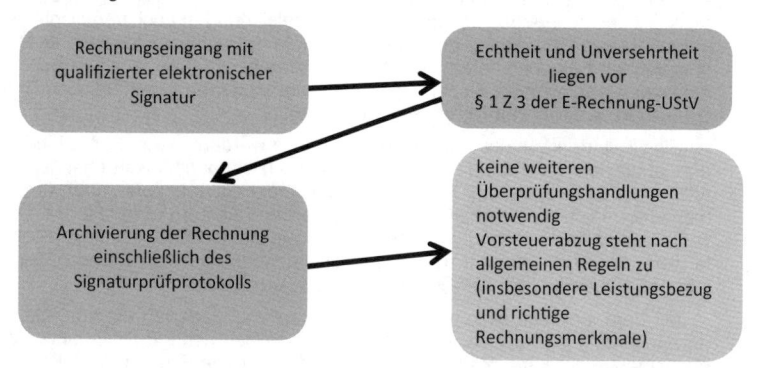

```
Rechnungseingang mit              Echtheit und Unversehrtheit
qualifizierter elektronischer  →  liegen vor
Signatur                          § 1 Z 3 der E-Rechnung-UStV

                                  keine weiteren
                                  Überprüfungshandlungen
                                  notwendig
Archivierung der Rechnung      →  Vorsteuerabzug steht nach
einschließlich des                allgemeinen Regeln zu
Signaturprüfprotokolls            (insbesondere Leistungsbezug
                                  und richtige
                                  Rechnungsmerkmale)
```

2. Die Rechnung langt als Text-Datei mittels E-Mail mit oder ohne qualifizierte Signatur beim Unternehmer A ein. A nimmt seine Einkünfteermittlung ohne (EDV-) Buchführung als Einnahmen/Ausgabenrechner nach § 4 Abs. 3 EStG 1988 vor. Die Besteuerung erfolgt nach vereinnahmten Entgelten gemäß § 17 Abs. 2 Z 1 UStG 1994. A gleicht die Rechnung mit den vorhandenen Unterlagen (Bestellung, Lieferschein, erhaltene Leistung, E-Mail-Adresse des Lieferers, Geschäftspapieren usw.) manuell ab.

Die Echtheit der Herkunft, die Unversehrtheit des Inhalts und die Lesbarkeit der Rechnung können durch die Anwendung eines innerbetrieblichen Steuerungsverfahrens (§ 1 Z 1 der Verordnung des BM für Finanzen, BGBl. II Nr. 583/2003 idF BGBl. II Nr. **382/2016**) gewährleistet werden, wenn dadurch ein verlässlicher Prüfpfad zwischen der Rechnung und der Leistung geschaffen wird.

Der manuelle Abgleich der Unterlagen ist ausreichend. Eine spezielle technische Verfahrensweise ist nicht vorgeschrieben. Die Rechnung (Text-Datei) und das innerbetriebliche Steuerungsverfahren müssen archiviert werden. Es steht der Vorsteuerabzug nach Maßgabe des § 12 UStG 1994 zu.

Die Rechnung muss auch inhaltlich korrekt sowie die Leistung für das Unternehmen des A ausgeführt sein.

§ 11 UStG

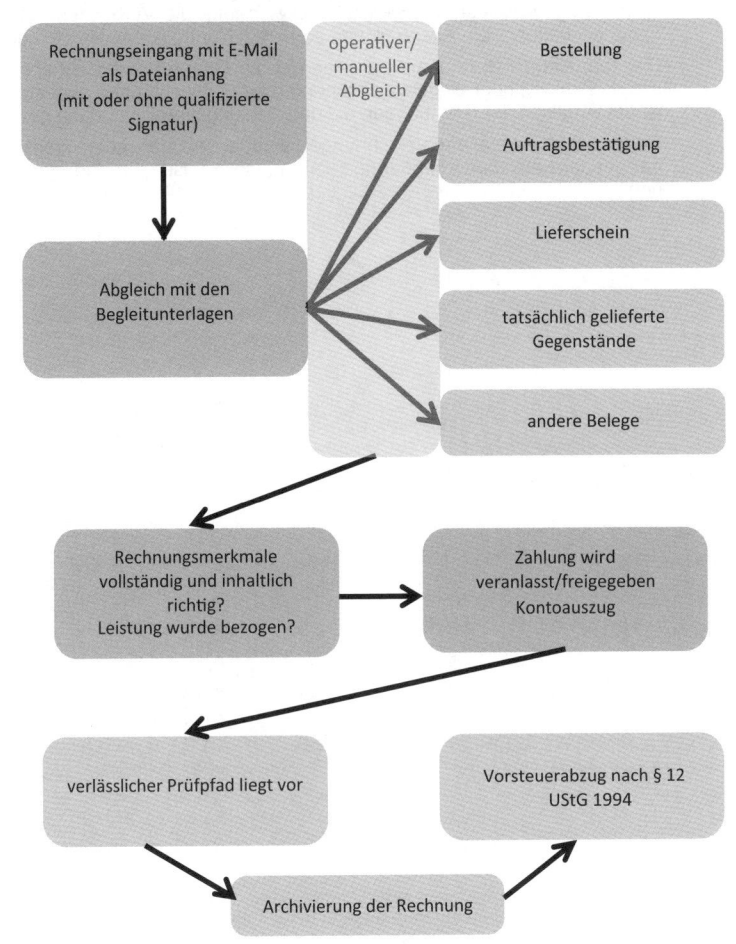

```
[Rechnungseingang mit E-Mail als Dateianhang (mit oder ohne qualifizierte Signatur)]
                │
                ▼
[Abgleich mit den Begleitunterlagen] ──operativer/manueller Abgleich──► [Bestellung]
                                                                      ► [Auftragsbestätigung]
                                                                      ► [Lieferschein]
                                                                      ► [tatsächlich gelieferte Gegenstände]
                                                                      ► [andere Belege]
                │
                ▼
[Rechnungsmerkmale vollständig und inhaltlich richtig? Leistung wurde bezogen?] ──► [Zahlung wird veranlasst/freigegeben Kontoauszug]
                │
                ▼
[verlässlicher Prüfpfad liegt vor]          [Vorsteuerabzug nach § 12 UStG 1994]
                │                                    ▲
                └──────► [Archivierung der Rechnung]─┘
```

Beispiel für innerbetriebliche Steuerungsverfahren bzw. Technologien bei einem größeren Unternehmer (Bilanzierer) inklusive Archivierung

Die Rechnung gelangt in die Mailbox einer (extern bekanntgegebenen) Rechnungsmailadresse beim empfangenden Unternehmen.

Wird fälschlicherweise eine Rechnung an eine andere E-Mailadresse desselben Unternehmens gesendet, so ist diese Rechnung vom Inhaber der Adresse an die Rechnungsmailadresse weiterzuleiten.

Die sodann in der Rechnungsmailadresse befindlichen Dokumente werden von einer fachkundigen Person als Rechnung identifiziert (Spam aussortiert), als Eingangsrechnung im elektronischen Archiv erfasst und einem Verantwortlichen zugeordnet. Im gleichen elektronischen Archiv werden allenfalls auch gescannte Papierrechnungen erfasst. Das elektronische Archiv wurde herstellerseitig auf Unveränderbarkeit und Unlöschbarkeit eingerichtet.

Beim Freigabevorgang wird die Richtigkeit der Rechnung (Bestellung, Lieferung, Leistungserhalt) geprüft.

Nach Freigabe durch den Sachbearbeiter erfolgt die Verbuchung in der EDV-Finanzbuchhaltung. Ein Ausdruck von sortierten Kontrolljournalen ist möglich.

Die verbuchten Rechnungen gelangen in die Offene-Postenliste und werden dort mittels Zahlung oder Gegenverrechnung oder Gutschrift offen abgestattet. Dadurch ist der Abgleich der Rechnungen mit den Zahlungsverpflichtungen gewährleistet.

Die per E-Mail erhaltenen Rechnungen sind im elektronischen Archiv unveränderbar gespeichert, wiedergebbar und können elektronisch zur Verfügung gestellt werden.

§ 11 UStG

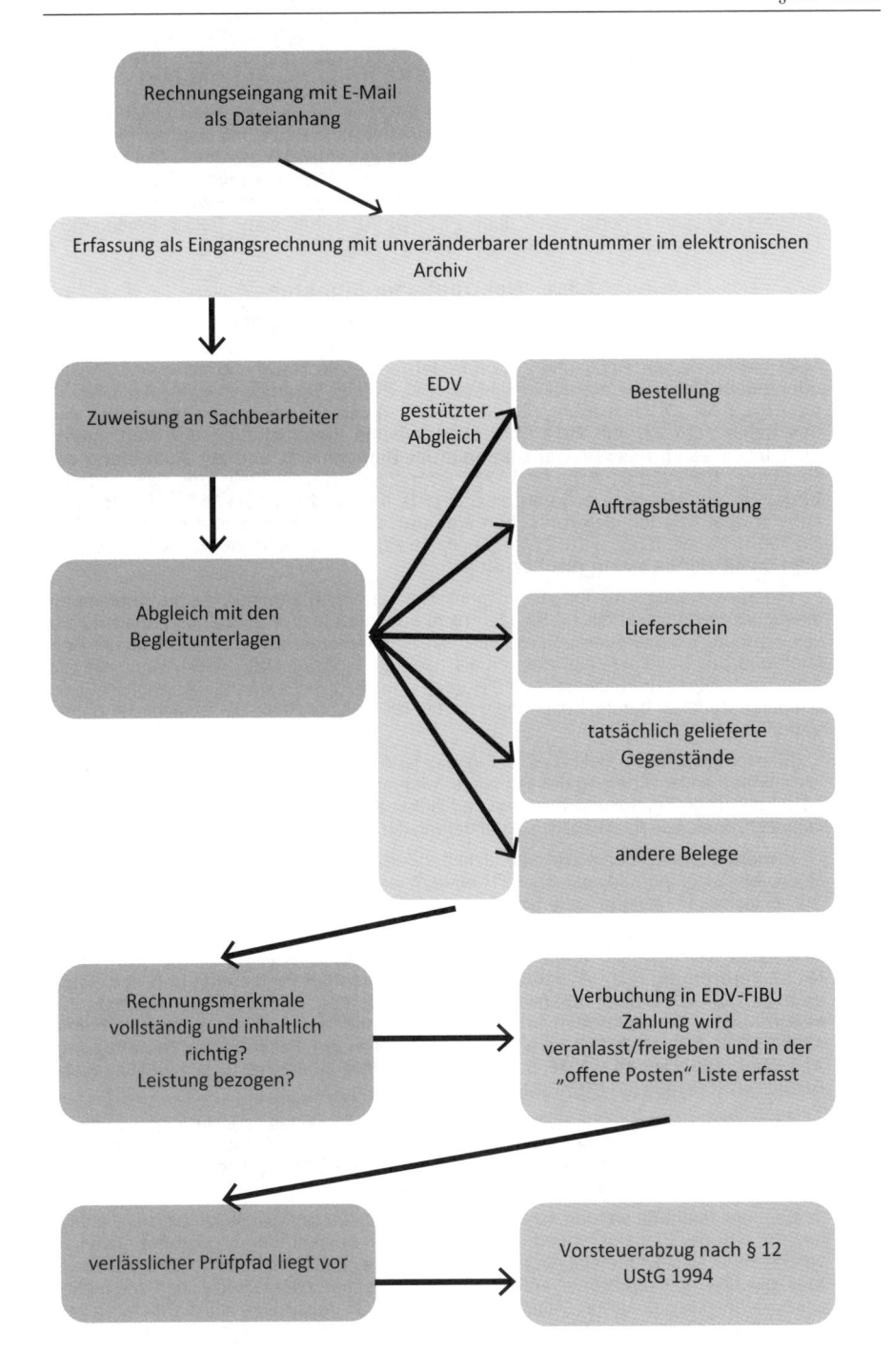

```
┌─────────────────────────────┐
│ Rechnungseingang mit E-Mail │
│     als Dateianhang         │
└──────────────┬──────────────┘
               ↓
┌─────────────────────────────────────────────────────────────────┐
│ Erfassung als Eingangsrechnung mit unveränderbarer Identnummer  │
│               im elektronischen Archiv                          │
└──────────────┬──────────────────────────────────────────────────┘
               ↓
┌─────────────────────────────┐      ┌──────────┐     ┌─────────────────────┐
│ Zuweisung an Sachbearbeiter │      │   EDV    │ →   │     Bestellung      │
└──────────────┬──────────────┘      │ gestützter│    └─────────────────────┘
               ↓                      │ Abgleich │ →   ┌─────────────────────┐
┌─────────────────────────────┐      │          │     │  Auftragsbestätigung│
│     Abgleich mit den        │ ←→   │          │     └─────────────────────┘
│     Begleitunterlagen       │      │          │ →   ┌─────────────────────┐
└─────────────────────────────┘      │          │     │     Lieferschein    │
                                     │          │     └─────────────────────┘
                                     │          │ →   ┌─────────────────────┐
                                     │          │     │ tatsächlich         │
                                     │          │     │ gelieferte          │
                                     │          │     │ Gegenstände         │
                                     │          │     └─────────────────────┘
                                     │          │ →   ┌─────────────────────┐
                                     │          │     │    andere Belege    │
                                     └──────────┘     └─────────────────────┘
               ↓
┌─────────────────────────────┐      ┌───────────────────────────────────┐
│ Rechnungsmerkmale           │ →    │ Verbuchung in EDV-FIBU            │
│ vollständig und inhaltlich  │      │ Zahlung wird                      │
│ richtig?                    │      │ veranlasst/freigeben und in der   │
│ Leistung bezogen?           │      │ „offene Posten" Liste erfasst     │
└─────────────────────────────┘      └───────────────┬───────────────────┘
                                                     ↓
┌─────────────────────────────┐      ┌───────────────────────────────────┐
│ verlässlicher Prüfpfad      │ →    │ Vorsteuerabzug nach § 12          │
│ liegt vor                   │      │ UStG 1994                         │
└─────────────────────────────┘      └───────────────────────────────────┘
```

§ 11 UStG

2.3a.5. Rechnungen über das Unternehmensserviceportal oder über PEPPOL (Pan-European Public Procurement OnLine)

1564h Die Echtheit der Herkunft und die Unversehrtheit des Inhalts einer elektronischen Rechnung werden gewährleistet, wenn eine elektronische Rechnung über das Unternehmensserviceportal oder über PEPPOL (Pan-European Public Procurement OnLine) übermittelt wird (§ 1 Z 2 Verordnung des BM für Finanzen, BGBl. II Nr. 583/2003 idF BGBl. II Nr. 382/2016). Derzeit ist die Übermittlung einer elektronischen Rechnung über das Unternehmensserviceportal oder über PEPPOL (Pan-European Public Procurement OnLine) nur an den Bund als Leistungsempfänger möglich.

2.3a.6. Elektronische Signatur

1564i Gemäß § 1 Z 3 der Verordnung des BM für Finanzen, BGBl. II Nr. 583/2003 idF BGBl. II Nr. 382/2016, ist die Echtheit der Herkunft und die Unversehrtheit des Inhalts einer elektronischen Rechnung gewährleistet, wenn die Rechnung mit einer Signatur **oder einem Siegel** des Ausstellers versehen ist, die den Erfordernissen des **Art. 3 Nr. 12 oder Art. 3 Nr. 27 Verordnung (EU) Nr. 910/2014 des Europäischen Parlaments und des Rates vom 23. Juli 2014 über elektronische Identifizierung und Vertrauensdienste für elektronische Transaktionen im Binnenmarkt und zur Aufhebung der Richtlinie 1999/93/EG, ABl. Nr. L 257 vom 28.8.2014 S. 73 in der Fassung der Berichtigung, ABl. Nr. L 155 vom 14.6.2016 S. 44 (910/2014) (bis 30.6.2016 hinsichtlich der qualifizierten elektronischen Signatur:** § 2 Z 3a des Signaturgesetzes, BGBl. I Nr. 190/1999 idF BGBl. I Nr. 75/2010), entspricht (qualifizierte elektronische Signatur **oder qualifiziertes elektronisches Siegel**).

Die Verwendung einer fortgeschrittenen elektronischen Signatur, die die Kriterien für eine qualifizierte elektronische Signatur nicht erfüllt (zB kein qualifiziertes Zertifikat oder keine sichere Signaturerstellungseinheit), erfüllt die Anforderungen der Echtheit der Herkunft und der Unversehrtheit des Inhalts nach § 11 Abs. 2 UStG 1994, wenn sie auf einem vom Signaturprüfdienst der RTR oder einer vergleichbaren ausländischen Stelle prüfbaren Zertifikat beruht, unabhängig davon, bei welcher Stelle die tatsächliche Signaturprüfung erfolgt.

Eine fortgeschrittene elektronische Signatur ist ausschließlich dem Signator zugeordnet, ermöglicht die Identifizierung des Signators, wird mit Mitteln erstellt, die der Signator unter seiner alleinigen Kontrolle halten kann und ist mit den Daten, auf die sie sich bezieht, so verknüpft, dass jede nachträgliche Veränderung der Daten festgestellt werden kann.

Weitere Informationen sowie eine Liste der Zertifizierungsdiensteanbieter, deren Zertifikate vom Signaturprüfdienst der RTR erkannt werden, finden sich auf der Website der Aufsichtsstelle für elektronische Signaturen (http://www.signatur.rtr.at).

Zertifikate von im Ausland niedergelassenen Zertifizierungsdiensteanbietern sind inländischen gleichgestellt, wenn sie die Anforderungen des **Art. 3 Nr. 12 oder Art. 3 Nr. 27 Verordnung (EU) Nr. 910/2014 des Europäischen Parlaments und des Rates vom 23. Juli 2014 über elektronische Identifizierung und Vertrauensdienste für elektronische Transaktionen im Binnenmarkt und zur Aufhebung der Richtlinie 1999/93/EG, ABl. Nr. L 257 vom 28.8.2014 S. 73 in der Fassung der Berichtigung, ABl. Nr. L 155 vom 14.6.2016 S. 44 (910/2014) (bis 30.6.2016:** § 24 Signaturgesetz, BGBl. I Nr. 190/1999 idF BGBl. I Nr. 75/2010), erfüllen.

Es ist zulässig, dass eine oder mehrere natürliche Personen im Unternehmen betraut werden, für den Unternehmer elektronisch zu signieren. Eine Verlagerung der dem leistenden Unternehmer oder dem von diesem beauftragten Dritten obliegenden steuerlichen Verpflichtungen ist damit jedoch nicht verbunden.

Es muss überprüft werden können, auf welche Daten sich die elektronische Signatur bezieht, wer der Signator ist und ob die Möglichkeit besteht, bereits signierte Daten zu verändern. Dies setzt für jede neue Programmversion eine Verfahrensdokumentation voraus, die all jene Informationen enthält, die die Erforschung der tatsächlichen und rechtlichen Verhältnisse durch die Abgabenbehörde (zB Betriebsprüfer) ohne Erschwernisse innerhalb angemessener Frist ermöglicht (zB bei Standardsoftware eine Ablaufbeschrei-

§ 11 UStG

bung des Herstellers einschließlich Datenformat der Rechnung und Signaturformat). Der Empfänger einer elektronischen Rechnung, die mit einer elektronischen Signatur versehen wurde, kann die Prüfung der Signatur auch auf einen Dritten übertragen. Dies gilt insbesondere auch für die entsprechende Prüfung einer elektronischen Gutschrift.

2.3a.7. Elektronischer Datenaustausch (EDI-Rechnungen)

1564j Gemäß § 1 Z 4 der Verordnung des BM für Finanzen, BGBl. II Nr. 583/2003 idF BGBl. II **Nr. 382/2016 (bis 31.12.2016** BGBl. II Nr. 516/2012) können die Echtheit der Herkunft und die Unversehrtheit des Inhalts einer elektronischen Rechnung auch im elektronischen Datenaustausch (EDI-Verfahren) gewährleistet werden. Voraussetzung dafür ist, dass über den elektronischen Datenaustausch eine Vereinbarung nach Artikel 2 des Anhangs 1 der Empfehlung 94/820/EG der Kommission über die rechtlichen Aspekte des elektronischen Datenaustausches (ABl. Nr. L 338 vom 28.12.1994 S. 98) besteht, in der der Einsatz von Verfahren vorgesehen ist, die die Echtheit der Herkunft und die Unversehrtheit der Daten gewährleisten. Dies wird dann anzunehmen sein, wenn eine der Empfehlung 94/820/EG entsprechende Vereinbarung zwischen den Beteiligten besteht, die auch tatsächlich eingehalten wird. Auch eine Vereinbarung mit einem als Netzwerkknoten fungierenden Unternehmer kann diese Voraussetzungen erfüllen.

Nach Art. 2 Z 2.2. des Anhangs 1 der Empfehlung 94/820/EG wird als elektronischer Datenaustausch die elektronische Übertragung kommerzieller und administrativer Daten zwischen Computern nach einer vereinbarten Norm zur Strukturierung einer EDI-Nachricht bezeichnet.

Als EDI-Nachricht gilt eine Gruppe von Segmenten, die nach einer vereinbarten Norm strukturiert, in ein rechnerlesbares Format gebracht wird und sich automatisch und eindeutig verarbeiten lässt.

Nach Art. 6 des Anhangs 1 der Empfehlung 94/820/EG besteht die Verpflichtung Sicherheitsverfahren und -maßnahmen durchzuführen und aufrechtzuerhalten, um EDI-Nachrichten vor unbefugtem Zugriff, Veränderung, Verzögerung, Zerstörung oder Verlust zu schützen. Dazu gehören auch die Überprüfung des Ursprungs, die Überprüfung der Integrität, die Nichtabstreitbarkeit von Ursprung und Empfang sowie die Gewährleistung der Vertraulichkeit von EDI-Nachrichten.

Nach Art. 8 des Anhangs 1 der Empfehlung 94/820/EG ist ein vollständiges und chronologisches Protokoll aller während einer geschäftlichen Transaktion ausgetauschten EDI-Nachrichten unverändert und sicher zu speichern. Die Protokolle müssen zugänglich und bei Bedarf les- und druckbar sein. Die EDI-Nachrichten werden grundsätzlich in dem Format gespeichert, in dem sie empfangen werden.

Nach Anhang 2 der Empfehlung 94/820/EG sind in der EDI-Vereinbarung jedenfalls Spezifikationen zu folgenden Punkten vorzusehen:
- Spezifikationen in Bezug auf die Betriebsanforderungen mit
  – den erforderlichen Spezifikationen in Zusammenhang mit Software und Übersetzungssoftware für den EDI-Austausch
  – Kommunikationsprotokollen und Diensten dritter Parteien
  – UN/EDIFACT-Nachrichtennormen und -Empfehlungen, einschließlich der Liste von Nachrichten und ihren Referenzen
  – gegebenenfalls bedingten Komponenten
  – Leitlinien für den Nachrichtenaufbau
  – Implementierungsleitlinien
  – Verzeichnissen
  – Codelisten
  – Verweis auf die Dokumentation
  – Versionen und Programmaktualisierungen
- für die Verarbeitung und Bestätigung von Nachrichten erforderliche Spezifikationen
- Spezifikationen in Bezug auf Sicherheitsmaßnahmen für Nachrichten
- Spezifikationen in Bezug auf die Aufzeichnung und Speicherung
- Fristen
- Test- und Versuchsverfahren

Die zusätzliche Übermittlung einer Sammelrechnung im Rahmen des EDI-Verfahrens ist nicht erforderlich, aber zulässig, wenn auf den Umstand, dass es sich um eine bloße Zusammenfassung bereits abgerechneter Umsätze und keine Rechnungsneuausstellung handelt, hingewiesen wird. Werden im Rahmen des elektronischen Datenaustausches Dokumente übermittelt, die nicht alle Rechnungsmerkmale gemäß § 11 UStG 1994 enthalten, ist für die Geltendmachung des Vorsteuerabzugs eine Sammelrechnung erforderlich.

Hinsichtlich dieser Sammelrechnung ist es ausreichend, wenn die Entgelte und die darauf entfallenden Steuerbeträge für die einzelnen Umsätze eines Datenübertragungszeitraumes gesondert oder in einer Summe zusammengefasst angeführt sind, sofern folgende Voraussetzungen vorliegen:

- Die in der Sammelrechnung fehlenden Merkmale (insbesondere § 11 Abs. 1 Z 3 lit. c und d UStG 1994 müssen beim Leistungsempfänger aus den gespeicherten Einzelabrechnungen oder aus den Unterlagen, auf die in diesen Einzelabrechnungen verwiesen wird, eindeutig hervorgehen.
- Es muss erkennbar sein, dass die schriftliche Sammelabrechnung der leistende Unternehmer erstellt hat (zB Bestätigung des Leistenden durch Stempelaufdruck und Unterschrift darüber, dass er der Rechnungsaussteller ist).
- In der Sammelrechnung wird auf diese Einzelabrechnungen hingewiesen. Grundlage für den Vorsteuerabzug ist die Sammelrechnung. Der Vorsteuerabzug ist daher, wenn die Rechnungsausstellung in einem der Leistung folgenden Voranmeldungszeitraum erfolgt, für den Voranmeldungszeitraum vorzunehmen, in dem die Sammelrechnung ausgestellt worden ist.

2.3a.8. Elektronische Gutschriften

1564k Die Abrechnung mittels elektronischer Gutschrift ist grundsätzlich zulässig. Sie muss die Anforderungen des § 1 der Verordnung des BM für Finanzen, BGBl. II Nr. 583/2003 idF BGBl. II Nr. **382/2016**, erfüllen. Zulässig ist daher zB, dass der Leistungsempfänger die Gutschrift mit einer qualifizierten elektronischen Signatur versieht. Auch eine elektronische Gutschrift muss als solche bezeichnet werden (siehe § 11 Abs. 8 Z 3 UStG 1994).

2.3a.9. Erstellung elektronischer Rechnungen durch Dritte

1564l Eine Rechnung kann im Namen und für Rechnung des Unternehmers von einem Dritten ausgestellt werden (Rz 1505). Dies gilt auch für elektronische Rechnungen.

Die vom Dritten ausgestellten Rechnungen haben den Anforderungen der Verordnung des BM für Finanzen, BGBl. II Nr. 583/2003 idF BGBl. II Nr. **382/2016** zu entsprechen.

Die Anforderungen des § 11 Abs. 2 zweiter Unterabsatz UStG 1994 gelten nicht für die Übermittlung der Daten vom leistenden Unternehmer oder vom Leistungsempfänger zum Zweck der Rechnungserstellung an den Dritten. Der Dritte ist nach § 143 BAO verpflichtet, dem Finanzamt die Prüfung des Verfahrens durch Erteilung von Auskünften und Vorlage von Unterlagen zu gestatten.

2.4 Aufbewahrungspflicht

2.4.1 Durchschriften und Abschriften von Rechnungen

1565 **Durchschriften** werden **gleichzeitig mit dem Original** hergestellt. **Abschriften** sind **zeitlich nachfolgende Ausfertigungen** einer Urkunde, die inhaltlich mit dem Original übereinstimmen. Durchschriften und Abschriften sind, so sie vom Rechnungsersteller ausgegeben werden, ausdrücklich als solche zu kennzeichnen, widrigenfalls der Aussteller die ausgewiesene Steuer wegen Inrechnungstellung schuldet. Dasselbe gilt, wenn ein und dieselbe elektronische Rechnung vom Unternehmer in mehreren Formaten ausgestellt (zB als PDF-Datei und xml-Datei) wird (vgl. auch Rz 1564c). Dies gilt nicht, wenn hinsichtlich der Rechnungsmerkmale inhaltlich identische Mehrfachausfertigungen derselben Rechnung gemeinsam versandt werden (zB gemeinsamer Versand einer PDF-Datei und einer xml-Datei; gleichzeitiger Versand an mehrere E-Mailadressen desselben Unternehmens bzw. gleichzeitiger Versand an eine E-Mailadresse des Leistungsempfängers und an eine E-Mailadresse eines die Rechnung für den Leistungsempfänger empfangenden Dritten, wie etwa der Steuerberater des Unternehmers).

1566 Papierrechnungen können auf Datenträgern aufbewahrt werden, wenn die vollständige, geordnete, inhaltsgleiche und urschriftgetreue Wiedergabe bis zum Ablauf der gesetzlichen Aufbewahrungsfrist jederzeit gewährleistet ist (§ 132 Abs. 2 BAO). Diesfalls ist eine körperliche Aufbewahrung der Papierrechnung nicht erforderlich.

Die Sicherstellung der Unveränderbarkeit kann durch technische Maßnahmen wie zum Beispiel durch Mikroverfilmung, Erfassen auf einer optischen Speicherplatte, oder durch Scannen und Speichern auf WORM-Datenträgern erfolgen, sofern die elektronisch aufbewahrten Daten im Nachhinein nicht verändert werden können (zur Aufbewahrung elektronischer Rechnungen siehe Rz 1570). Die Sicherstellung der Unveränderbarkeit der gespeicherten Rechnungen kann auch durch das Zusammenwirken von systemtechnischen und organisatorischen Maßnahmen gewährleistet werden. Dies erfordert jedoch das Vorliegen eines revisionssicher eingerichteten Archivs (Zusammenwirken von Hard-, Software und Systemadministration), das bereits herstellerseitig keine Eingriffe des Unternehmers bezüglich der Unveränderbarkeit und Unlöschbarkeit der Daten zulässt. Kann der Aufbewahrungspflichtige Echtheit der Herkunft und Unversehrtheit des Inhalts der aufbewahrten Rechnungen mit einem innerbetrieblichen Steuerungsverfahren, durch das ein verlässlicher Prüfpfad zwischen Rechnung und Leistung geschaffen wird, sicherstellen, entfällt das Erfordernis eines revisionssicheren Archivs (siehe Rz 1564f und 1564g).

Die Ausführungen zur Aufbewahrung der Rechnung (Rz 1565 bis Rz 1570) gelten auch für den Leistungsempfänger (vgl. § 18 Abs. 10 UStG 1994 und § 132 BAO).

2.4.2 Kleinbetragsrechnungen

1567 Die Aufbewahrungspflicht gilt grundsätzlich auch für **Kleinbetragsrechnungen**.

1568 Es ist jedoch nicht zu beanstanden, wenn Unternehmer, die in der Regel Kleinumsätze bewirken (zB Tankstellen, Fremdenverkehrsbetriebe, Beförderungsunternehmer hinsichtlich der Beförderung von Personen), von Rechnungen, deren Gesamtbetrag 75 € nicht übersteigt, keine Durchschriften oder Abschriften anfertigen, soweit sie hiezu nicht nach anderen Vorschriften verpflichtet sind.

2.4.3 Grundstücke

1569 Aufzeichnungen und Unterlagen, die Grundstücke im Sinne des § 6 Abs. 1 Z 9 lit. a UStG 1994 betreffen, die der Unternehmer nach dem 31. März 2012 erstmals in seinem Unternehmen als Anlagevermögen (wobei § 12 Abs. 12 UStG 1994 zu beachten ist) verwendet oder nutzt und wenn bei der Vermietung (Nutzungsüberlassung) von Grundstücken für Wohnzwecke der Vertragsabschluss über die Vermietung (Nutzungsüberlassung) nach dem 31. März 2012 erfolgt, sind zweiundzwanzig Jahre aufzubewahren (§ 18 Abs. 10 UStG 1994). Für Grundstücke, die nicht in den Anwendungsbereich des 1. StabG 2012, BGBl. I Nr. 22/2012, fallen, gilt eine Aufbewahrungsfrist von 12 Jahren (bzw. von zweiundzwanzig Jahren, gemäß § 12 Abs. 10a UStG 1994 idF BGBl. I Nr. 76/2011).

Zum Grundstücksbegriff ab 1.1.2017 siehe Rz 639v.

2.4.4 Aufbewahrungspflichten hinsichtlich elektronischer Rechnungen

1570 Die Echtheit der Herkunft der Rechnung, die Unversehrtheit ihres Inhalts und ihre Lesbarkeit müssen vom Zeitpunkt der Ausstellung bis zum Ende der Aufbewahrungsdauer (§ 11 Abs. 2, § 18 Abs. 10 UStG 1994 bzw. § 132 BAO) durch den Leistungserbringer und den Leistungsempfänger gewährleistet werden. Gemäß § 132 Abs. 2 letzter Satz BAO ist eine urschriftgetreue Wiedergabe nicht erforderlich. Die in Rz 1566 genannten technischen Verfahren zur Aufbewahrung sind auch für elektronische Rechnungen ausreichend. Das gleiche gilt für elektronische Rechnungen, die vom Aussteller mit einer qualifizierten elektronischen Signatur oder einer fortgeschrittenen elektronischen Signatur, wenn sie auf einem vom Signaturprüfdienst der RTR oder einer vergleichbaren ausländi-

§ 11 UStG

schen Stelle prüfbaren Zertifikat beruht (siehe Rz 1564i), versehen sind oder die im Rahmen eines zulässigen EDI-Verfahrens (siehe Rz 1564j) gespeichert werden.

Elektronische Rechnungen können auch in Papierform (als Ausdruck) aufbewahrt werden, wenn das Vorliegen der Echtheit der Herkunft, Unversehrtheit des Inhalts und Lesbarkeit über die gesamte Aufbewahrungsfrist gewährleistet wird (zB durch Anwendung eines innerbetrieblichen Steuerungsverfahren gemäß § 1 der Verordnung des BM für Finanzen, BGBl. II Nr. 583/2003 idF BGBl. II Nr. **382/2016**). Diesfalls müssen die elektronischen Rechnungen nicht zusätzlich elektronisch aufbewahrt werden.

Wurde die elektronische Rechnung in ein anderes Format konvertiert, so muss aus den aufbewahrten Daten zweifelsfrei hervorgehen, dass gegenüber der Originaldatei keine inhaltlichen Änderungen erfolgt sind. Andere Aufbewahrungspflichten außerhalb des UStG 1994 bleiben unberührt.

Da eine elektronische Rechnung nur unter der Voraussetzung als Rechnung gilt, dass die Echtheit der Herkunft und die Unversehrtheit des Inhalts und ihre Lesbarkeit gewährleistet sind, haben sowohl der Rechnungsaussteller als auch der Leistungsempfänger auch die Nachweise über die Echtheit und die Unversehrtheit der Daten als Teil der Rechnung aufzubewahren (zB elektronische Signatur, Signaturprüfprotokoll und Vereinbarung betreffend EDI-Verfahren; innerbetriebliches Steuerungsverfahren).

Werden Rechnungen elektronisch gespeichert und fordert das Finanzamt den Unternehmer zur Vorlage einer elektronischen Rechnung auf, ist es nicht zu beanstanden, wenn der Unternehmer als vorläufigen Nachweis einen Ausdruck der elektronischen Rechnung vorlegt. Dies entbindet den Unternehmer allerdings nicht von der Verpflichtung, nachzuweisen, dass die elektronische Rechnung die Voraussetzungen des § 11 Abs. 2 UStG 1994 erfüllt.

Randzahlen 1571 bis 1585: Derzeit frei.

3. Erleichterung bei der Erstellung von Rechnungen

Derzeit frei.

Randzahlen 1586 bis 1590: Derzeit frei.

4. Schlüsselzahlen und Symbole

Derzeit frei.

Randzahlen 1591 bis 1620: Derzeit frei.

5. Getrennte Ausweise

5.1 Maschinelle Ermittlung des Steuerbetrages

1621 Wird in einer Rechnung der Steuerbetrag für Lieferungen oder sonstige Leistungen, die verschiedenen Steuersätzen unterliegen, durch Maschinen (zB Fakturierautomaten, Datenverarbeitungsanlagen) automatisch ermittelt und durch diese in der Rechnung angegeben, so ist der Ausweis des Steuerbetrages in einer Summe zulässig, wenn für die **einzelnen Posten der Rechnung der maßgebliche Steuersatz** angegeben wird. Dabei kann an Stelle des Steuersatzes eine Kennziffer oder ein Symbol verwendet werden, falls auf der Rechnung eine entsprechende Erläuterung erfolgt. Der angewendete Steuersatz ist in der Erläuterung ausdrücklich anzuführen.

Ware A	10.000 €	1
Ware B	5.000 €	2
	15.000 €	
USt	2.500 €	
Gesamtrechnung	17.500 €	

1 = 20 % USt
2 = 10 % USt

5.2 Nichtsteuerbare oder steuerfreie Umsätze

1622 Wenn in einer Rechnung neben steuerpflichtigen Umsätzen, die verschiedenen Steuersätzen unterliegen, auch nichtsteuerbare oder steuerfreie Umsätze abgerechnet werden, so kann die Kennzeichnung der nichtsteuerbaren oder der steuerfreien Umsätze gleichfalls durch Kennziffern oder Symbole erfolgen, wenn diese auf der Rechnung übersichtlich erläutert werden.

5.3 Geschenkkörbe

1623 Geschenkkörbe, die insbesondere von Feinkost- und Delikatessengeschäften geliefert werden, enthalten in der Regel neben Waren, die dem allgemeinen Steuersatz von 20 % unterliegen, auch Erzeugnisse, die mit dem ermäßigten Steuersatz von 10 % zu versteuern sind. In diesen Fällen kann in den Rechnungen als handelsübliche Bezeichnung des Liefergegenstandes lediglich „Geschenkkorb" angegeben werden. Die Mengen und die handelsüblichen Bezeichnungen der im Geschenkkorb enthaltenen Gegenstände brauchen in der Rechnung nicht genannt zu werden. Enthält der Geschenkkorb Waren, auf deren Lieferung teils der allgemeine und teils der ermäßigte Steuersatz anzuwenden ist, müssen in der Rechnung die anteiligen Entgelte und die darauf entfallenden Steuerbeträge angegeben werden. Bei Rechnungen, deren Gesamtbetrag 400 (bis 28.2.2014: 150) Euro nicht übersteigt, genügt es, den Verkaufspreis (Entgelt und Steuerbetrag) nach den Anteilen an begünstigten und nichtbegünstigten Waren aufzuteilen und neben den Verkaufspreisen den jeweiligen Steuersatz anzugeben.

Beispiel:

1 Geschenkkorb

Anteil begünstigter Waren	10 %	22 €
Anteil nicht begünstigter Waren	20 %	48 €
Gesamtrechnungsbetrag		70 €

1624 Das Gleiche gilt sinngemäß auch für Sachgesamtheiten anderer Art, bei denen die einzelnen Waren mit verschiedenen Steuersätzen zu versteuern sind.

Erlangt der Pensionsgast bei Pauschalangeboten mit Bezahlung des Halbpensionspreises ua einen Anspruch auf die Konsumation bestimmter Getränke während des Abendessens, muss in wirtschaftlicher Betrachtungsweise von einem Zusammenhang zwischen der Berechtigung zum Konsum von bestimmten Getränken zum Abendessen und der Entgeltleistung der Letztverbraucher für die Halbpension gesprochen werden. Eine Verknüpfung zwischen dem Leistungspaket des Unternehmers und den dafür von den Pensionsgästen geleisteten Entgelten liegt auch dann vor, wenn aus Werbegründen kein gesonderter Ausweis der auf die einzelnen Leistungen entfallenden Entgeltteile erfolgt. Das Pauschalentgelt ist daher auf sämtliche Leistungskomponenten zu verteilen: Dabei wäre die Bewertung einer einzelnen Komponente mit dem Einkaufspreis nur dann sachgerecht, wenn auch alle anderen Leistungskomponenten zu „Einkaufswerten" dem Konsumenten weiterverrechnet werden (VwGH 27.6.2000, 95/14/0108). Siehe auch § 10 Rz 1373 zu All Inklusive.

6. Kleinbetragsrechnungen

1625 Die Regelung über die Ausstellung einer Kleinbetragsrechnung (§ 11 Abs. 6 UStG 1994) kommt nicht zur Anwendung bei innergemeinschaftlichen Lieferungen, Lieferungen, die gemäß Art. 3 Abs. 3 UStG 1994 im Inland ausgeführt werden (Versandhandel), Dreiecksgeschäften, Rechnungen (Gutschriften) gemäß § 11 Abs. 1 Z 2 UStG 1994 (vgl. Rz 1501a) über Leistungen im übrigen Gemeinschaftsgebiet oder Rechnungen (Gutschriften) über Leistungen, für die es gemäß § 19 Abs. 1 zweiter Satz oder Abs. 1c UStG 1994 zum Übergang der Steuerschuld auf den Leistungsempfänger kommt (vgl. Rz 1501b). Es bleibt dem Unternehmer unbenommen, auch bei Rechnungen, deren Gesamtbetrag 400 (bis 28.2.2014: 150) Euro nicht übersteigt, Entgelt und Steuerbetrag gesondert auszuweisen. Auch in Rechnungen, deren Gesamtbetrag 400 (bis 28.2.2014: 150) Euro nicht übersteigt, ist die Trennung der Entgelte nach Steuersätzen zu beachten, wenn die gelieferten Gegenstände oder die ausgeführten sonstigen Leistungen verschie-

§ 11 UStG

denen Steuersätzen unterliegen. Auf Rz 1623 und Rz 1624 wird in diesem Zusammenhang hingewiesen.

1626 Einheitliche Leistungen, denen ein Rechnungsbetrag von mehr als 400 (bis 28.2.2014: 150) Euro entspricht, können nicht in mehreren Rechnungen abgerechnet werden. Werden jedoch – auch zum selben Zeitpunkt – mehrere Leistungen erbracht, können auch mehrere Kleinbetragsrechnungen ausgestellt werden, wenn die einzelne Rechnung den maßgeblichen Gesamtbetrag nicht überschreitet.

Randzahlen 1627 bis 1637: Derzeit frei.

7. Gutschriften als Rechnung

1638 Die Möglichkeit der Abrechnung per Gutschrift ist nicht auf bestimmte Branchen eingeschränkt.

7.1 Berechtigung zum gesonderten Steuerausweis

1639 Der Unternehmer, der die Lieferungen oder sonstigen Leistungen ausführt (Empfänger der Gutschrift), muss zum gesonderten Ausweis der Steuer in einer Rechnung im Sinne des § 11 Abs. 1 UStG 1994 berechtigt sein.

1640 Ist der Unternehmer nicht zum gesonderten Ausweis der Steuer berechtigt, steht dem Leistungsempfänger kein Vorsteuerabzug zu (EuGH vom 13.12.1989, Rs C-342/87, Genius, VwGH vom 25.2.1998, Zl. 97/14/0107). Bezüglich Ausnahmen von diesem Grundsatz siehe Rz 1825 ff.

7.2 Einverständnis

1641 Ob das Einverständnis vorliegt, ist unter Rückgriff auf die zivilrechtlichen Regeln über Rechtsgeschäfte zu beurteilen. Auf welche Art und Weise das Einverständnis hergestellt wird, ist unmaßgeblich. Zur Vermeidung von Zweifeln ist einer **schriftlichen Vereinbarung** der Vorzug zu geben. Die **Unterwerfung unter die Allgemeinen Geschäftsbedingungen** ist als Einverständnis zu werten (VwGH 23.6.1983, 82/15/0023). Stillschweigen des leistenden Unternehmers wird in aller Regel kein Einverständnis bewirken. Insbesondere ist Einverständnis auch dann erforderlich, wenn die vom leistenden Unternehmer übermittelte Rechnungsurkunde unvollständig oder fehlerhaft ist und im Hinblick auf den Vorsteuerabzug vom Leistungsempfänger ergänzt oder berichtigt wird. Verweigert der leistende Unternehmer die Ausfertigung einer Rechnung nach § 11 Abs. 1 UStG 1994 überhaupt, vermittelt die Erstellung und Zusendung einer Gutschrift jedenfalls keinen Anspruch auf den Vorsteuerabzug.

7.3 Zuleitung

1642 Die Gutschrift muss dem Unternehmer, der die steuerpflichtige Lieferung oder sonstige Leistung ausgeführt hat, zugeleitet worden sein. Die **Beweislast** über diesen Umstand trifft den Leistungsempfänger (Aussteller der Gutschrift).

7.4 Widerspruch

1643 Nach § 11 Abs. 7 dritter Satz UStG 1994 verliert die Gutschrift die Wirkung einer Rechnung, soweit der leistende Unternehmer (Empfänger der Gutschrift) dem in ihr enthaltenen Steuerbetrag **widerspricht**. Dadurch wird der leistende Unternehmer von den Rechtsfolgen einer abstrakten Steuerschuld nach § 11 Abs. 12 und 14 UStG 1994 (VwGH 23.6.1983, 82/15/0026; 16.3.1987, 85/15/0329) bewahrt. Das Erfordernis der Erhebung eines Widerspruchs setzt zwangsläufig eine dem Grunde nach wirksame Gutschrift („soweit") voraus, insbesondere das Vorliegen eines rechtswirksamen Einverständnisses. Eine (rechtswirksame) Gutschrift liegt etwa auch dann vor, wenn eine als „Rechnung" bezeichnete Abrechnung auf Grund des Datenmaterials des Leistungsempfängers mittels dessen EDV-Anlage erstellt wird und der Leistende an der Erstellung der Abrechnung in keiner Weise mitwirkt oder gar nicht mitwirken kann, weil er die erforderlichen Daten nicht besitzt. Die Bezeichnung der Abrechnung als „Rechnung" ändert nichts am Vorliegen einer Gutschrift. Auch eine allfällige **Unterschriftsleistung** des Leistenden auf der Abrechnung führt nicht zur Umwandlung von einer Gutschrift in eine Rechnung, sondern kann als Bestätigung gewertet werden, dass der Leistende der Gutschrift nicht widerspricht. Der Empfänger der Gutschrift kann dem in der Gutschrift angeführten Steuerbetrag zur Gänze oder nur hinsichtlich eines Teilbetrages widersprechen. Im Ausmaß des erhobenen Widerspruchs gilt der davon betroffene Steuerbetrag als nicht mehr gesondert ausgewiesen. Ein erhobener Widerspruch entfaltet nur dann seine Wirksamkeit, **wenn er dem Leistungsempfänger** (Aussteller der Gutschrift) **zugegangen ist** (Wirkung ex nunc).

Randzahlen 1644 bis 1663: Derzeit frei.

8. Voraussetzungen für Gutschriften für Anerkennung als Rechnung

1664 Gutschriften über Umsätze, die ab dem 1.1.2013 ausgeführt werden, müssen gemäß § 11 Abs. 8 Z 3 UStG 1994 ausdrücklich als solche bezeichnet werden. Neben der Bezeichnung „Gutschrift" ist auch jede andere in den geltenden Sprachfassungen der MwSt-RL 2006/112/EG idF der RL 2010/45/EU genannte Bezeichnung zulässig (zB. englisch: „Self-billing", französisch: „Autofacturation", italienisch: „Autofatturazione").

Randzahlen 1665 bis 1690: Derzeit frei.

9. Fahrausweise als Rechnung

9.1 Fahrausweise allgemein

1691 Unter Fahrausweisen sind Urkunden zu verstehen, die zur Inanspruchnahme von Personenbeförderungsleistungen berechtigen, also einen Beförderungsanspruch des Inhabers dokumentieren. Als Fahrausweise sind u.a. Fahrscheine und Fahrkarten für Einzelfahrten, Flugscheine, Mehrfahrtenblocks, Monats- oder Jahreskarten, Kilometerbanken, Bahnkontokarten, Zuschlagskarten, Platzkarten, Liege- und Schlafwagenkarten anzusehen. Keine Fahrausweise sind dagegen Belege, die mit der Beförderung selbst nichts zu tun haben. Dazu gehören bloße Quittungen über die Bezahlung des Kaufpreises.

Aufgrund der seit 1. Jänner 2004 geltenden Rechtslage haben Fahrausweise neben den im § 11 Abs. 9 UStG 1994 genannten Angaben jedenfalls ein Ausstellungsdatum sowie nunmehr in allen Fällen (auch im Eisenbahn-Personenverkehr) die Angabe des Steuersatzes zu enthalten. Fehlt es an diesen Mindestangaben, gelten Fahrausweise nicht als Rechnungen im Sinne des § 11 Abs. 1 UStG 1994 und berechtigen daher auch nicht zum Vorsteuerabzug gemäß § 12 UStG 1994.

Flugscheine für Inlandsflüge, die mittels elektronischer Bereitstellung im Internet (Online-Verfahren) abgerufen werden, gelten als Rechnungen, wenn gewährleistet ist, dass eine Belastung auf einem Kunden- oder Kreditkonto erfolgt und systemmäßig sichergestellt ist, dass ein Doppelausdruck von Flugscheinen unterbunden ist bzw. allenfalls angeforderte Duplikate als solche gekennzeichnet werden. Auf Grundlage des ausgedruckten „Original"-Flugscheines kann der Vorsteuerabzug vorgenommen werden.

9.2 Eisenbahn-Personenverkehr

1692 Eine Beförderung im Eisenbahn-Personenverkehr liegt vor, wenn die Personenbeförderung durch Eisenbahnen im Sinne des EBG 1957, BGBl. Nr. 60/1957, erfolgt. Zu den Eisenbahnen im Sinne dieses Gesetzes zählen neben den Eisenbahnen ieS die Haupt- und Nebenbahnen, Straßenbahnen sowie Standseilbahnen, Seilschwebebahnen und Sessellifte, nicht hingegen Schlepplifte. Fahrausweise dieser Eisenbahnen für die Beförderung von Personen gelten aufgrund der bis 31.12.2003 geltenden Rechtslage auch dann als Rechnung im Sinne des § 11 Abs. 1 UStG 1994, wenn sie die Angabe des Steuersatzes (10%) nicht enthalten. Zur Rechtslage ab 1.1.2004 siehe § 11 Rz 1691.

9.3 Zuschlagskarten

1693 Für Zuschlagskarten, Platz-, Liege- und Schlafwagenkarten usw. gelten die **für Fahrausweise aufgestellten Grundsätze** sinngemäß. Als Fahrausweise, die das Anrecht auf eine Beförderung zum Ausdruck bringen (Berechtigungsausweise), gelten auch Flugscheine.

9.4 Taxifahrten

1694 Belege über die Benutzung von Platz- und Mietwagen (Taxi) gelten nicht als Fahrausweise im Sinne des § 11 Abs. 9 UStG 1994.

9.5 Liftkarten oder Skipässe

1695 Liftkarten bzw. Skipässe (auch im Tarifverbund) enthalten in der Regel nicht alle Merkmale einer Rechnung iSd § 11 UStG 1994. Darüber hinaus werden Skipässe immer mehr in Form von Chipkarten mit Pfandeinsatz ausgegeben, die nach Ablauf der Gültigkeitsperiode wieder an den Liftbetreiber gegen Pfandrückersatz zurückgegeben werden. Die Liftunternehmen haben daher gegenüber vorsteuerabzugsberechtigten Unternehmern (zB Hotelbetreiber) Rechnungen iSd § 11 UStG 1994 auszustellen.

Randzahlen 1696 bis 1710: Derzeit frei.

10. Grenzüberschreitender Personenverkehr

1711 Fahrausweise im grenzüberschreitenden Personenverkehr gelten nur dann als Rechnung im Sinne des § 11 Abs. 1 UStG 1994, wenn durch den Beförderungsunternehmer oder seinen Beauftragten bescheinigt wird, **welcher Anteil des Beförderungspreises auf die inländische Strecke** entfällt. Neben der Angabe des Beförderungspreises für die inländische Strecke (Beförderungsentgelt einschließlich USt) hat die Bescheinigung auch eine Angabe über die **Höhe des Steuersatzes** zu enthalten. Der Reisende, der Unternehmer ist und die Beförderungsleistung für sein Unternehmen in Anspruch nimmt, hat auf die Erteilung einer solchen Bescheinigung einen Rechtsanspruch (§ 11 Abs. 10 UStG 1994).

1712 Die Bescheinigung ist vom Beförderungsunternehmer oder seinem Beauftragten zu erteilen. Es können derartige Bescheinigungen auch von allen jenen Stellen ausgestellt werden, die von einem Beförderungsunternehmer zur Ausgabe von Fahrausweisen für eine grenzüberschreitende Personenbeförderung berechtigt sind (zB Reisebüros).

Randzahlen 1713 bis 1720: Derzeit frei.

11. Reisegepäck

1721 Die Beförderung von Reisegepäck stellt im Zusammenhang mit einer Personenbeförderung eine **Nebenleistung** dar und teilt daher umsatzsteuerrechtlich das Schicksal der Hauptleistung. Für die Beförderung von Reisegepäck gelten daher die gleichen Bestimmungen wie für die Personenbeförderung. Die für Fahrausweise getroffene Regelung (auch bezüglich des grenzüberschreitenden Verkehrs) ist sinngemäß auch für Belege im Reisegepäckverkehr anzuwenden (§ 11 Abs. 11 UStG 1994).

Randzahlen 1722 bis 1732: Derzeit frei.

12. Unrichtiger Steuerausweis

12.1 Erhöhter Steuerausweis

1733 Der Unternehmer schuldet für einen Umsatz grundsätzlich jenen Steuerbetrag, der sich bei Heranziehung des Entgeltes unter Anwendung des entsprechenden Steuersatzes ergibt. Hat der Unternehmer jedoch in einer Rechnung für eine Lieferung oder sonstige Leistung einen höheren Steuerbetrag ausgewiesen, so schuldet er diesen Betrag auf Grund der Rechnung. Das Gleiche gilt auch für Gutschriften, soweit der Gutschriftempfänger hinsichtlich des ausgewiesenen Steuerbetrages der Gutschrift nicht widerspricht.

Zu einer Steuerschuld aufgrund der Rechnungslegung kommt es auch bei Kleinbetragsrechnungen (§ 11 Abs. 6 UStG 1994) mit unrichtiger (= überhöhter) Steuersatzangabe. Die Angabe des Bruttoentgeltes in Verbindung mit dem Steuersatz hat bei Kleinbetragsrechnungen die Wirkung eines gesondert ausgewiesenen Steuerbetrages.

Randzahl 1734: Derzeit frei.

12.2 Berichtigungsmöglichkeit bei erhöhtem Steuerausweis

1735 Der Unternehmer hat das Recht, eine Rechnung (Gutschrift) hinsichtlich des ausgewiesenen Steuerbetrages zu **berichtigen**. Eine allenfalls zu einem späteren Zeitpunkt vorgenommene Berichtigung einer Rechnung ändert jedoch nichts daran, dass der zu hoch ausgewiesene Steuerbetrag gemäß § 11 Abs. 12 UStG 1994 geschuldet wird. Im Falle der Berichtigung kommt es hinsichtlich des berichtigten Betrages gemäß § 11 Abs. 12 UStG 1994 zu einer **Gutschrift in jenem Veranlagungszeitraum** (Voranmeldungszeitraum), **in dem die Berichtigung der Rechnung vorgenommen wurde** (§ 11 Abs. 12 in Verbindung mit § 16 Abs. 1 UStG 1994).

12.3 Verminderter Steuerausweis

1736 Hat ein Unternehmer in einer Rechnung einen geringeren Steuerbetrag ausgewiesen, als dem Leistungsumfang entspricht, so hat dies keinen Einfluss auf seine tatsächliche Steuerschuld. Es ist dabei ohne Bedeutung, ob der unrichtige Steuerausweis auf einen Rechenfehler zurückzuführen ist oder ob ein zu niedriger Steuersatz angewendet wurde. Das Entgelt – als Basis für die Ermittlung der Steuerschuld – leitet sich aus dem Gesamtbetrag (Bruttobetrag) ab.

Beispiel:

Entgelt	2.000 €
+ 10 % USt (statt richtigerweise 20 %)	200 €
Gesamtrechnungsbetrag, der auch bezahlt wird	2.200 €

1737 Der Unternehmer schuldet den aus dem Bruttobetrag herausgerechneten Normalsteuersatz von 366,66 € (2.200 € x 0,166666). Der Rechnungsempfänger kann bei Zutreffen der Voraussetzungen gemäß § 12 UStG 1994 nur den ausgewiesenen Steuerbetrag (200 €) als Vorsteuer geltend machen.

12.4 Berechtigung zur Rechnungsberichtigung

1738 Der Rechnungsempfänger ist grundsätzlich nicht berechtigt, eine erhaltene Rechnung, die zum Nachweis des Vorsteuerabzuges dient, selbst zu berichtigen. Die Berichtigung einer hinsichtlich des Steuerbetrages unrichtig ausgestellten Rechnung kann **nur der Rechnungsaussteller** vornehmen. Eine einseitige Berichtigung der Angaben in einer Rechnung durch den Leistungsempfänger im Allgemeinen und hinsichtlich des ausgewiesenen Steuerbetrages im Besonderen hat nicht die Wirkung einer Berichtigung der Rechnung im Sinne des Umsatzsteuergesetzes (§ 11 Abs. 12 in Verbindung mit § 16 Abs. 1 UStG 1994). Aus **anderen Gründen erforderliche Rechnungskorrekturen** (zB bei Rückwaren oder nicht vertragsgemäßer Lieferung) können jedoch durch den Leistungsempfänger mit einer entsprechenden Belastungsnote erfolgen. Derartige Belege können jedoch nur unter den für die Erteilung von Gutschriften vorgesehenen Bedingungen als Rechnungen (Gutschriften) anerkannt werden.

12.5 Berichtigung einer Rechnung mit Steuerausweis im Zusammenhang mit Liebhaberei

1739 Die Beurteilung der Frage, ob im Zusammenhang mit einer Tätigkeit auf Dauer gesehen Gewinne oder Einnahmenüberschüsse erzielt werden, ist oft erst nach einem mehrjährigen Beobachtungszeitraum möglich. Zunächst ist es häufig noch ungewiss, ob die Tätigkeit im Rahmen eines Unternehmens ausgeübt wird und die Einnahmen daher umsatzsteuerbar sind oder ob die Tätigkeit im Sinne des § 2 Abs. 5 Z 2 UStG 1994 als nicht unternehmerisch gilt und die Einnahmen daher nicht der Umsatzsteuer unterliegen. Werden in einem solchen Fall bis zur endgültigen Klärung der Unternehmereigenschaft Rechnungen mit Steuerausweis ausgestellt, so können diese Rechnungen in sinngemäßer Anwendung des § 11 Abs. 12 UStG 1994 nachträglich berichtigt werden (VwGH 16.12.1980, 1641, 1805/1979; 19.1.1984, 83/15/0010). Diese Berichtigung wirkt nicht zurück (siehe LRL 2012 Rz 181).

1740 Hinsichtlich der Berichtigung von Rechnungen im Allgemeinen und im Touristenexport wird auf die Rz 1533 bis 1556 verwiesen.

Randzahlen 1741 bis 1755: Derzeit frei.

§ 11 UStG

13. Nachträgliche Entgeltsminderung – Wechseldiskontierung

1756 Der in einer Rechnung ausgewiesene Steuerbetrag wird auf Grund der Rechnung nicht geschuldet, wenn das Entgelt sich wegen Zahlungsabzügen jeder Art vermindert hat (zB Skonto, Rabatte, Nachlässe). Nach § 11 Abs. 13 UStG 1994 ist die **Berichtigung einer Rechnung wegen einer Entgeltsminderung** zur Vermeidung einer Steuerschuld auf Grund der Rechnung nach § 11 Abs. 12 UStG 1994 nur erforderlich, wenn sich das Entgelt wegen des Abzuges von Wechselvorzinsen (Diskontzinsen) vermindert hat. Die Berichtigung der Steuer aus diesem Grunde setzt voraus, dass der Unternehmer seinem Abnehmer eine berichtigte Rechnung erteilt. Ohne Rechnungsberichtigung darf der Unternehmer seine Steuerschuld im Zusammenhang mit einer Wechseldiskontierung nicht mindern. Es kann jedoch im Falle der **Wechseldiskontierung** von der Berichtigung der Rechnung absichtlich Abstand genommen werden, um dem Abnehmer nicht die näheren Umstände der Rechnungsberichtigung mitteilen zu müssen. Eine Berichtigung der Steuerschuld darf dabei nicht erfolgen; demgemäß ist dann auch eine Kürzung des Vorsteuerabzuges beim Abnehmer nicht erforderlich.

Randzahlen 1757 bis 1770: Derzeit frei.

14. Unberechtigter Steuerausweis

1771 Die Steuerschuld nach § 11 Abs. 14 UStG 1994 hat zur Voraussetzung, dass eine solche Rechnung erstellt wird, die formal die Voraussetzungen des § 11 Abs. 1 UStG 1994 erfüllt (siehe § 11 Rz 1505 ff). Der Zweck der Regelung liegt darin, einem unberechtigten Vorsteuerabzug – eine Rechnung ist Voraussetzung für den Vorsteuerabzug – vorzubeugen (VwGH vom 26.6.2001, 2001/14/0023).

Eine zu Unrecht in Rechnung gestellte Mehrwertsteuer kann berichtigt werden, wenn der Aussteller der Rechnung die Gefährdung des Steueraufkommens rechtzeitig und vollständig beseitigt hat, ohne dass eine solche Berichtigung vom guten Glauben des Ausstellers der betreffenden Rechnung abhängig gemacht werden darf (EuGH vom 19.9.2000, Rs. C-454/98, Schmeink & Cofreth und Strobel).

1772 Ist eine Anzahlung für eine in weiterer Folge nicht ausgeführte Leistung entrichtet worden und hat der Unternehmer darüber eine (Anzahlungs)Rechnung mit Ausweis der Umsatzsteuer **ausgestellt**, schuldet er den ausgewiesenen Betrag gemäß § 11 Abs. 14 UStG 1994, solange er die Rechnung nicht berichtigt. Das gilt zB auch dann, wenn die Anzahlung als Stornogebühr verfällt.

Beispiel:

Ein Hotelier erhält eine Anzahlung über 100 Euro für eine **insgesamt 150 Euro teure** Nächtigung und stellt eine Rechnung mit 13% ausgewiesener Umsatzsteuer aus. Der Gast **storniert** und der Hotelier behält die Anzahlung ein.

Bei dem einbehaltenen Betrag handelt es sich zwar um nicht steuerbaren echten Schadenersatz, der Hotelier schuldet den ausgewiesenen Steuerbetrag jedoch aufgrund der Rechnung. Berichtigt er die Rechnung gegenüber dem Gast, kann er die erfolgte Besteuerung der Anzahlung rückgängig machen.

Zur Vermeidung der Steuerschuld aufgrund der Rechnungslegung in anderen Fällen von Abrechnungen über Anzahlungen siehe Rz 1524. chnungslegung in anderen Fällen von Abrechnungen über Anzahlungen siehe Rz 1524.

Randzahlen 1773 bis 1800: Derzeit frei.

Verordnungen zu § 11:

Verordnung der Bundesministerin für Finanzen, mit der die Anforderungen an eine elektronische Rechnung bestimmt werden (E-Rechnung-UStV)

BGBl. II Nr. 583/2003 idF BGBl. II Nr. 382/2016

Auf Grund des § 11 Abs. 2 UStG 1994, BGBl. Nr. 663/1994, in der Fassung BGBl. I Nr. 71/2003 wird verordnet:

§ 11 UStG

§ 1

Die Echtheit der Herkunft und die Unversehrtheit des Inhalts einer auf elektronischem Weg übermittelten Rechnung ist gewährleistet,

1. wenn der Unternehmer ein innerbetriebliches Steuerungsverfahren anwendet, durch das ein verlässlicher Prüfpfad zwischen der Rechnung und der Lieferung oder sonstigen Leistung geschaffen wird,
2. wenn eine elektronische Rechnung über das Unternehmensserviceportal oder über PEPPOL (Pan-European Public Procurement OnLine) übermittelt wird,
3. wenn die Rechnung mit einer qualifizierten elektronischen Signatur im Sinne des Art. 3 Nr. 12 oder mit einem qualifizierten elektronischen Siegel im Sinne des Art. 3 Nr. 27 der Verordnung (EU) Nr. 910/2014 über elektronische Identifizierung und Vertrauensdienste für elektronische Transaktionen im Binnenmarkt und zur Aufhebung der Richtlinie 1999/93/EG, ABl. Nr. L 257 vom 28.08.2014, S. 73 in der Fassung der Berichtigung ABl. Nr. L 155 vom 14.06.2016, S. 44, versehen ist, oder *(BGBl. II Nr. 382/2016)*
4. wenn die Rechnung durch elektronischen Datenaustausch (EDI) gemäß Artikel 2 des Anhangs 1 der Empfehlung 94/820/EG der Kommission über die rechtlichen Aspekte des elektronischen Datenaustausches, ABl. Nr. L 338 vom 28.12.1994 S. 98, übermittelt wird, wenn in der Vereinbarung über diesen Datenaustausch der Einsatz von Verfahren vorgesehen ist, die die Echtheit der Herkunft und die Unversehrtheit der Daten gewährleisten.

§ 2

entfallen durch BGBl. II Nr. 516/2012.

§ 3

(1) § 2 Z 2 tritt mit 1. Jänner 2011 in Kraft.

(2) § 1 in der Fassung der Verordnung BGBl. II Nr. 516/2012 tritt mit 1. Jänner 2013 in Kraft und ist erstmals auf Umsätze anzuwenden, die nach dem 31. Dezember 2012 ausgeführt werden. § 2 tritt mit Ablauf des 31. Dezember 2012 außer Kraft; er ist jedoch auf Umsätze, die vor dem 1. Jänner 2013 ausgeführt werden, weiterhin anzuwenden.

Verordnung des Bundesministers für Finanzen betreffend den Entfall der Verpflichtung zur Ausstellung von Rechnungen
BGBl. II Nr. 279/2004

Auf Grund des § 11 Abs. 15 des Umsatzsteuergesetzes 1994, BGBl. Nr. 663/1994, in der Fassung des Bundesgesetzes BGBl. I Nr. 27/2004, wird verordnet:

1. Unternehmer, die überwiegend Umsätze gemäß § 6 Abs. 1 Z 8 und Z 9 lit. c UStG 1994 ausführen, sind nicht verpflichtet, für diese Umsätze gemäß § 11 Abs. 1 UStG 1994 Rechnungen auszustellen.
2. Die Verordnung ist auf Umsätze und sonstige Sachverhalte anzuwenden, die nach dem 31. Dezember 2003 ausgeführt werden bzw. sich ereignen.

Judikatur EuGH zu § 11:

EuGH vom 15.9.2016, Rs C-518/14, *Senatex*
Rückwirkende Rechnungsberichtigung bei fehlender UID-Nr.

Art. 167, Art. 178 Buchst. a, Art. 179 und Art. 226 Nr. 3 der Richtlinie 2006/112/EG sind dahin auszulegen, dass sie einer nationalen Regelung wie der im Ausgangsverfahren fraglichen entgegenstehen, wonach der Berichtigung einer Rechnung in Bezug auf eine zwingende Angabe, nämlich die Mehrwertsteuer-Identifikationsnummer, keine Rückwirkung zukommt, so dass das Recht auf Vorsteuerabzug in Bezug auf die berichtigte Rechnung nicht für das Jahr ausgeübt werden kann, in dem diese Rechnung ursprünglich ausgestellt wurde, sondern für das Jahr, in dem sie berichtigt wurde.

EuGH vom 15.9.2016, Rs C-516/14, *Barlis 06*
Voraussetzungen für den Vorsteuerabzug bei Rechnungsmängeln in bestimmten Fällen

Art. 226 der Richtlinie 2006/112/EG ist dahin auszulegen, dass Rechnungen, die wie die im Ausgangsverfahren in Rede stehenden nur die Angabe „Erbringung juristischer Dienstleistungen ab [einem bestimmten Datum] bis zum heutigen Tag" enthalten, die Anforderungen von Nr. 6 dieses Artikels a priori nicht erfüllen und dass Rechnungen, die nur die Angabe „Erbringung juristischer Dienstleistungen bis zum heutigen Tag" enthalten, a priori weder die Anforderungen von Nr. 6 noch die Anforderungen von Nr. 7 dieses Artikels erfüllen; dies zu prüfen ist jedoch Sache des vorlegenden Gerichts.

Art. 178 Buchst. a der Richtlinie 2006/112 ist dahin auszulegen, dass er die nationalen Steuerbehörden daran hindert, das Recht auf Vorsteuerabzug allein deshalb zu verweigern, weil die Rechnung, die der Steuerpflichtige besitzt, nicht die Voraussetzungen von Art. 226 Nrn. 6 und 7 der Richtlinie erfüllt, obwohl diese Behörden über alle notwendigen Informationen verfügen, um zu prüfen, ob die materiellen Voraussetzungen für die Ausübung dieses Rechts vorliegen.

EuGH vom 18.7.2013, Rs C-78/12, *Evita-K*
Definition des Begriffes „Lieferung von Gegenständen"; die Angabe von Ohrmarken ist nicht verpflichtender Rechnungsbestandteil; Vorsteuerberichtigung setzt Berechtigung zum Vorsteuerabzug voraus

1. Die Richtlinie 2006/112/EG ist dahin auszulegen, dass der Begriff „Lieferung von Gegenständen" im Zusammenhang mit der Ausübung des Rechts auf Vorsteuerabzug im Sinne dieser Richtlinie und der Nachweis der tatsächlichen Bewirkung einer solchen Lieferung nicht an die Form des Erwerbs des Eigentumsrechts an den betreffenden Gegenständen gebunden sind. Es ist Sache des vorlegenden Gerichts, gemäß den nationalen Beweisführungsregeln alle Gesichtspunkte und tatsächlichen Umstände des bei ihm anhängigen Rechtsstreits umfassend zu beurteilen, um festzustellen, ob die im Ausgangsverfahren streitigen Lieferungen von Gegenständen tatsächlich bewirkt worden sind und ob, gegebenenfalls, unter Berufung auf diese Lieferungen ein Recht auf Vorsteuerabzug ausgeübt werden kann.

2. Art. 242 der Richtlinie 2006/112 ist dahin auszulegen, dass er Steuerpflichtige, die keine landwirtschaftlichen Erzeuger sind, nicht verpflichtet, in ihrer Buchführung den Gegenstand der von ihnen bewirkten Lieferungen, wenn es sich um Tiere handelt, auszuweisen und den Beweis dafür zu führen, dass diese Tiere gemäß dem internationalen Rechnungslegungsstandard IAS 41 „Landwirtschaft" kontrolliert worden sind.

3. Art. 226 Nr. 6 der Richtlinie 2006/112 ist dahin auszulegen, dass er einen Steuerpflichtigen, der die Lieferungen von Gegenständen bewirkt, bei denen es sich um Tiere handelt, für die das System zur Kennzeichnung und Registrierung gilt, das mit der Verordnung (EG) Nr. 1760/2000 geschaffen wurde, nicht verpflichtet, die Ohrmarken dieser Tiere in den diese Lieferungen betreffenden Rechnungen anzugeben.

4. Art. 185 Abs. 1 der Richtlinie 2006/112 ist dahin auszulegen, dass es nach dieser Vorschrift nur dann zulässig ist, einen Vorsteuerabzug zu berichtigen, wenn der betreffende Steuerpflichtige berechtigt war, die Vorsteuer unter den in Art. 168 Buchst. a dieser Richtlinie vorgesehenen Voraussetzungen vorab abzuziehen.

EuGH vom 11.4.2013, Rs C-138/12, *Rusedespred*
Grundsatz der Neutralität der Mehrwertsteuer iZm Rechnungsberichtigungen

1. Der Grundsatz der Neutralität der Mehrwertsteuer in seiner durch die Rechtsprechung zu Art. 203 der Richtlinie 2006/112/EG konkretisierten Form ist dahin auszulegen, dass er es der Finanzverwaltung verbietet, dem Erbringer einer steuerfreien Leistung auf der Grundlage einer nationalen Rechtsvorschrift zur Umsetzung von Art. 203 die Erstattung der einem Kunden fälschlich in Rechnung gestellten Mehrwertsteuer mit der Begründung zu versagen, dass er die fehlerhafte Rechnung nicht berichtigt habe, obwohl dem Kunden das Recht auf Abzug dieser Steuer von der Finanzverwaltung endgültig versagt wurde und dies zur Folge hat, dass die im nationalen Recht vorgesehene Berichtigungsregelung nicht mehr anwendbar ist.

2. Ein Steuerpflichtiger kann sich auf den Grundsatz der Neutralität der Mehrwertsteuer in seiner durch die Rechtsprechung zu Art. 203 der Richtlinie 2006/112 konkretisierten Form berufen, um einer nationalen Regelung entgegenzutreten, die die Erstattung der fälschlich in Rechnung gestellten Mehrwertsteuer von der Berichtigung der fehlerhaften Rechnung abhängig macht, obwohl das Recht auf Abzug dieser Steuer endgültig versagt wurde und dies zur Folge hat, dass die im nationalen Recht vorgesehene Berichtigungsregelung nicht mehr anwendbar ist.

EuGH vom 1.3.2012, Rs C-280/10, *Polski Trawertyn*
Vorsteuerabzug auch zulässig bei Rechnungen, die vor Eintragung und mehrwertsteuerlicher Erfassung einer Gesellschaft ausgestellt wurden

1. Die Art. 9, 168 und 169 der Richtlinie 2006/112/EG sind dahin auszulegen, dass sie einer nationalen Regelung entgegenstehen, wonach weder die Gesellschafter einer Gesellschaft noch die Gesellschaft selbst ein Recht auf Vorsteuerabzug für Investitionskosten geltend machen dürfen, die vor Gründung und Eintragung dieser Gesellschaft von den Gesellschaftern für die Zwecke und im Hinblick auf die wirtschaftliche Tätigkeit der Gesellschaft getragen wurden.

2. Die Art. 168 und 178 Buchst. a der Richtlinie 2006/112 sind dahin auszulegen, dass sie einer nationalen Regelung entgegenstehen, wonach unter Umständen wie denen des Ausgangsverfahrens einer Gesellschaft der Vorsteuerabzug versagt ist, wenn die Rechnung vor Eintragung und mehrwertsteuerlicher Erfassung dieser Gesellschaft auf ihre Gesellschafter ausgestellt wurde.

EuGH vom 16.1.2012, Rs C-588/10, *Kraft Foods Polska*
Voraussetzungen, dass bei einer berichtigten Rechnung eine Empfangsbestätigung verlangt werden kann

Ein Erfordernis, wonach die Minderung der sich aus der ursprünglichen Rechnung ergebenden Bemessungsgrundlage davon abhängt, dass der Steuerpflichtige im Besitz einer vom Erwerber der Gegenstände oder Dienstleistungen übermittelten Bestätigung des Erhalts einer berichtigten Rechnung ist, fällt unter den Begriff der Bedingung im Sinne von Art. 90 Abs. 1 der Richtlinie 2006/112/EG.

Die Grundsätze der Neutralität der Mehrwertsteuer und der Verhältnismäßigkeit stehen einem solchen Erfordernis grundsätzlich nicht entgegen. Erweist es sich jedoch für den Steuerpflichtigen, den Lieferer der Gegenstände oder Dienstleistungen, als unmöglich oder übermäßig schwer, binnen angemessener Frist eine solche Empfangsbestätigung zu erhalten, kann ihm nicht verwehrt werden, vor den Steuerbehörden des betreffenden Mitgliedstaats mit anderen Mitteln nachzuweisen, dass er zum einen die unter den Umständen des konkreten Falles erforderliche Sorgfalt hat walten lassen, um sich zu vergewissern, dass der Erwerber der Gegenstände oder Dienstleistungen im Besitz der berichtigten Rechnung ist und von ihr Kenntnis genommen hat, und dass zum anderen der fragliche Umsatz tatsächlich entsprechend den in der berichtigten Rechnung angegebenen Bedingungen getätigt worden ist.

EuGH vom 15.7.2010, Rs C-368/09, *Pannon Gép Centrum*
Rechnungsberichtigung bei falschem Datum des Dienstleistungsabschlusses

Die Art. 167, 178 Buchst. a, 220 Nr. 1 und 226 der Richtlinie 2006/112/EG sind dahin auszulegen, dass sie einer nationalen Regelung oder Praxis, nach der die nationalen Behörden einem Steuerpflichtigen das Recht, den für ihm erbrachte Dienstleistungen geschuldeten oder entrichteten Mehrwertsteuerbetrag von der von ihm geschuldeten Mehrwertsteuer als Vorsteuer abzuziehen, mit der Begründung absprechen, dass die ursprüngliche Rechnung, die zum Zeitpunkt der Vornahme des Vorsteuerabzugs in seinem Besitz war, ein falsches Datum des Abschlusses der Dienstleistung aufgewiesen habe und dass die später berichtigte Rechnung und die die ursprüngliche Rechnung aufhebende Gutschrift nicht fortlaufend nummeriert gewesen seien, dann entgegenstehen, wenn die materiell-rechtlichen Voraussetzungen für den Vorsteuerabzug erfüllt sind und der Steuerpflichtige der betreffenden Behörde vor Erlass ihrer Entscheidung eine berichtigte Rechnung zugeleitet hat, in der das zutreffende Datum des Abschlusses der genannten Dienstleistung vermerkt war, auch wenn diese Rechnung und die die ursprüngliche Rechnung aufhebende Gutschrift keine fortlaufende Nummerierung aufweisen.

EuGH vom 18.6.2009, Rs C-566/07, *Stadeco*
Steuerschuld auf Grund der Rechnung; Voraussetzung der Berichtigungsmöglich-keit

1. Art. 21 Abs. 1 Buchst. c der Sechsten Richtlinie 77/388/EWG in der durch die Richtlinie 91/680/EWG geänderten Fassung ist dahin auszulegen, dass nach dieser Bestimmung die Mehrwertsteuer in dem Mitgliedstaat geschuldet wird, dessen Mehrwertsteuer in einer Rechnung oder einem ähnlichen Dokument ausgewiesen ist, selbst wenn der fragliche Vorgang in diesem Mitgliedstaat nicht steuerpflichtig war. Es ist Sache des vorlegenden Gerichts, unter Berücksichtigung aller maßgeblichen Umstände zu prüfen, der Mehrwertsteuer welchen Mitgliedstaats die in der fraglichen Rechnung ausgewiesene Mehrwertsteuer entspricht. Insoweit können u. a. der ausgewiesene Mehrwertsteuersatz, die Währung des angegebenen Rechnungsbetrags, die Sprache, in der die Rechnung ausgestellt ist, der Inhalt und der Kontext der fraglichen Rechnung, die Orte, an denen der Aussteller der Rechnung und der Empfänger der Dienstleistung niedergelassen sind, sowie deren Verhalten maßgeblich sein.

2. Der Grundsatz der steuerlichen Neutralität schließt es grundsätzlich nicht aus, dass ein Mitgliedstaat die Berichtigung der Mehrwertsteuer, die in diesem Mitgliedstaat allein deshalb geschuldet wird, weil sie irrtümlich in der versandten Rechnung ausgewiesen wurde, davon abhängig macht, dass der Steuerpflichtige dem Empfänger der Dienstleis-

tungen eine berichtigte Rechnung zugesandt hat, in der die Mehrwertsteuer nicht ausgewiesen ist, wenn dieser Steuerpflichtige die Gefährdung des Steueraufkommens nicht rechtzeitig und vollständig beseitigt hat.

Judikatur VwGH zu § 11:

VwGH vom 27.1.2016, 2013/13/0008
Steuerschuld nach § 11 Abs. 14 UStG bei Vorliegen einer Gutschrift

Eine Steuerschuld nach § 11 Abs. 14 UStG 1994 trifft auch den Empfänger einer Gutschrift (der Nichtunternehmer ist), wenn er dem gesondert ausgewiesenen Steuerbetrag nicht widerspricht (vgl. Ruppe/Achatz, UStG^4, § 11 Tz 149, Kollmann/Schuchter in Melhardt/Tumpel, UStG^2, § 11 Rz 202, sowie Mayr/Ungericht, UStG^4, § 11 Anm. 25 und 28, mwN).

VwGH vom 29.1.2015, 2012/15/0007
Rechnungen bei Leasingverträgen

Der Vorsteuerabzug nach § 12 Abs. 1 Z 1 erster Satz UStG 1994 hat neben dem Empfang der Leistung („sonstige Leistungen, die ... ausgeführt worden sind") auch eine Rechnung iSd § 11 UStG 1994 zur Voraussetzung (vgl. Doralt/Ruppe, Steuerrecht I^9, Tz 1445).

Ein Leasingvertrag erfüllt für sich allein nicht die Voraussetzungen einer Rechnung iSd § 11 UStG 1994. Bei derartigen Verträgen (betreffend die langfristige Nutzungsüberlassung) wird der abgerechnete Leistungsgegenstand, nämlich die Nutzungsüberlassung für einen bestimmten Zeitraum (z.B. Monat), rechnungsmäßig erst durch den monatlichen Zahlungsbeleg konkretisiert. Erst damit erhält das im Vertrag vereinbarte Leasingentgelt (einschließlich dem gesondert ausgewiesenem Umsatzsteuerbetrag) die erforderliche Ergänzung, auf Grund derer eine für den Vorsteuerabzug ausreichende Leistungsbeschreibung angenommen werden kann (vgl. in diesem Sinne auch die ständige Rechtsprechung des BFH u.a. im Urteil vom 7. November 2000, V R 49/99). Auch im Voraus ausgestellte „bis auf weiteres" oder bis „auf Widerruf" lautende „Dauerrechnungen" bedürfen einer Konkretisierung im aufgezeigten Sinne.

VwGH vom 26.11.2014, 2010/13/0185
Einer Rechnung muss eindeutig der leistende Unternehmer zu entnehmen sein

Sinn des § 11 Abs. 1 Z 1 UStG 1994 ist es, dass der Rechnung eindeutig jener Unternehmer zu entnehmen ist, der tatsächlich geliefert und geleistet hat (auch eine Domizilgesellschaft kann Unternehmer sein, wenn sie nachhaltig Leistungen gegen Entgelt erbringt, vgl. Ruppe/Achatz, UStG^4, § 2 Tz 19/1, sowie Haider, ÖStZ 2011/122,78), um – auch im Sinne des Unionsrechts – eine „genaue Erhebung der Steuer sicherzustellen und Steuerhinterziehungen zu verhindern" (vgl. beispielsweise das hg. Erkenntnis vom 1. Juni 2006, 2004/15/0069, VwSlg 8140 F/2006, sowie zuletzt etwa das hg. Erkenntnis vom 27. Februar 2014, 2013/15/0287).

VwGH vom 27.2.2014, 2013/15/0287
Eine falsche Adresse in der Rechnung stellt einen Rechnungsmangel dar; ein Ziffernsturz bei Angabe der Hausnummer ist unschädlich, soweit eine eindeutige Rechnungszuordnung möglich ist

Gemäß § 12 Abs. 1 Z 1 UStG 1994 kann der Unternehmer die von anderen Unternehmern in einer Rechnung (§ 11) an ihn gesondert ausgewiesene Steuer für Lieferungen oder sonstige Leistungen, die im Inland für sein Unternehmen ausgeführt worden sind, als Vorsteuer abziehen. Voraussetzung dafür ist u.a., dass der Rechnung eindeutig die Unternehmer zu entnehmen sind, die einander als Leistungsempfänger einerseits und als Leistungserbringer andererseits gegenüber gestanden sind. § 11 Abs. 1 Z 1 und Z 2 (idF vor BGBl. I Nr. 112/2012) UStG 1994 erfordern für die eindeutige Feststellung der beteiligten Unternehmer bei Rechnungslegung nicht nur die Angabe des Namens, sondern auch der Adresse. Wie der Verwaltungsgerichtshof im hg. Erkenntnis vom 1. Juni 2006, 2004/15/0069, ausgesprochen hat, kann somit auch die Angabe „nur" einer falschen Adresse nicht als „kleiner", dem Vorsteuerabzug nicht hinderlicher Formalfehler angesehen werden. Sowohl Name als auch Adresse sind notwendige Rechnungsangaben im Sinne des § 11 Abs. 1 Z 1 UStG 1994. Allerdings enthält § 11 Abs. 3 UStG 1994 ausdrücklich Erleichterungen bei deren Angabe und normiert, dass „jede Bezeichnung ausreichend (ist), die eine eindeutige Feststellung des Namens und der Anschrift des Unternehmens sowie des Abnehmers der Lieferung oder des Empfängers der sonstigen Leistung ermöglicht". Entscheidend ist die eindeutige Feststellbarkeit von Namen und Anschrift (vgl. auch das hg. Erkenntnis vom 11. November 2008, 2006/13/0013, zur Spezifizierung des Lieferungs- und Leistungsgegenstandes).

Der EuGH anerkennt in ständiger Rechtsprechung, dass das Recht auf Vorsteuerabzug grundsätzlich nur ausgeübt werden kann, wenn der Steuerpflichtige eine Rechnung besitzt (vgl. die Urteile des EuGH vom 1. März 2012, C-280/10, Polski Trawertyn, sowie vom 8. Mai 2013, C-271/12, Petroma Transports SA u.a.). Angesichts dieser Rechtsprechung sind geringfügige Schreibfehler wie etwa ein Ziffernsturz bei Angabe der Hausnummer der Leistungsempfängerin, die einer eindeutigen Rechnungszuordnung nicht im Wege stehen, kein Grund, von einer fehlenden Rechnungslegung im Sinne des § 11 UStG und einem deswegen unzulässigen Vorsteuerabzug auszugehen. Im gegenständlichen Fall kann der Abgabenbehörde vor diesem Hintergrund nicht entgegen getreten werden, wenn sie davon ausgegangen ist, dass ungeachtet der Angabe einer falschen Hausnummer (27 statt richtig 28) auf den Rechnungen eine eindeutige Rechnungszuordnung zum Unternehmen der Abgabepflichtigen möglich gewesen ist und die in den Jahren 2002 und 2003 ausgestellten Rechnungen über erfolgte Lieferungen daher die Abgabepflichtige (ausschließlich) in diesen Jahren zum Vorsteuerabzug berechtigt hätten.

Es ist nicht Aufgabe des Rechtsinstituts der Rechnungsberichtigung, eine Übertragung von Vorsteueransprüchen in spätere Perioden zur Nachholung eines ursprünglich bereits zulässigen, aber versäumten Vorsteuerabzuges zu ermöglichen.

VwGH vom 19.12.2012, 2009/13/0018

Das Vorliegen von notwendigen Leistungen kann Rechnungsmängel nicht ausgleichen

Unter dem Gesichtspunkt der dem Verwaltungsgerichtshof obliegenden Schlüssigkeitsprüfung ist der beschwerdeführenden Partei nicht beizupflichten, wenn sie davon ausgeht, schon der Umstand, dass Leistungen einer bestimmten Art – etwa im Zusammenhang mit der Anwerbung stiller Gesellschafter, mit einer Übersiedlung oder mit der Herstellung von Jahresabschlüssen – notwendig gewesen seien, reiche aus, um das Fehlen konkreter Einzelheiten hinsichtlich der jeweils strittigen Rechnungen über solche Leistungen auszugleichen.

VwGH vom 28.9.2011, 2006/13/0064
Voraussetzung für das Vorliegen einer ordnungsgemäßen Rechnung

Es entspricht der ständigen Rechtsprechung des Verwaltungsgerichtshofes, dass eine Rechnung, die auch unter Einbeziehung von anderen Belegen, auf die in ihr hingewiesen wird, keine Angabe nach § 11 Abs. 1 Z. 4 UStG 1994 enthält, nicht zum Vorsteuerabzug berechtigt. Das Gesetz begnügt sich nicht mit Angaben, aus denen bloß im Zusammenhalt mit dem übrigen Sachverhalt hervorgeht, dass ein Unternehmer die in Rechnung gestellte Leistung zu einem bestimmten Zeitpunkt erbracht hat (vgl. das hg. Erkenntnis vom 22. April 2009, 2006/15/0315, und das hg. Erkenntnis vom 21. Dezember 2010, 2009/15/0091, m.w.N.).

Vorsteuerabzug
§ 12.

(1) Der Unternehmer kann die folgenden Vorsteuerbeträge abziehen:
1. a) Die von anderen Unternehmern in einer Rechnung (§ 11) an ihn gesondert ausgewiesene Steuer für Lieferungen oder sonstige Leistungen, die im Inland für sein Unternehmen ausgeführt worden sind.
   Findet keine Überrechnung gemäß § 215 Abs. 4 BAO in Höhe der gesamten auf die Lieferung oder sonstige Leistung entfallenden Umsatzsteuer auf das Abgabenkonto des Leistungserbringers statt, ist bei einem Unternehmer, der seine Umsätze nach vereinnahmten Entgelten (§ 17) besteuert, zusätzliche Voraussetzung, dass die Zahlung geleistet worden ist. Dies gilt nicht bei Unternehmen im Sinne des § 17 Abs. 1 zweiter Satz oder wenn die Umsätze des Unternehmers nach § 1 Abs. 1 Z 1 und 2 im vorangegangenen Veranlagungszeitraum 2 000 000 Euro übersteigen. Bei der Berechnung dieser Grenze bleiben die Umsätze aus Hilfsgeschäften einschließlich der Geschäftsveräußerungen außer Ansatz.
   b) Soweit in den Fällen der lit. a der gesondert ausgewiesene Steuerbetrag auf eine Zahlung vor Ausführung der Umsätze entfällt, ist er bereits abziehbar, wenn die Rechnung vorliegt und die Zahlung geleistet worden ist.

(BGBl. I Nr. 117/2016)

2. a) die entrichtete Einfuhrumsatzsteuer für Gegenstände, die für sein Unternehmen eingeführt worden sind,
   b) in den Fällen des § 26 Abs. 3 Z 2 die geschuldete und auf dem Abgabenkonto verbuchte Einfuhrumsatzsteuer für Gegenstände, die für sein Unternehmen eingeführt worden sind;
3. die gemäß § 19 Abs. 1 zweiter Satz, Abs. 1a, Abs. 1b, Abs. 1c, Abs 1d und Abs. 1e geschuldeten Beträge für Lieferungen und sonstige Leistungen, die im Inland für sein Unternehmen ausgeführt worden sind.

Der Bundesminister für Finanzen kann durch Verordnung für Unternehmer,
- die im Gemeinschaftsgebiet weder ihren Sitz noch eine Betriebsstätte haben und
- im Inland keine Umsätze,
- ausgenommen Beförderungsumsätze und damit verbundene Nebentätigkeiten, die gem. § 6 Abs. 1 Z 3 und 5 befreit sind, sowie
- Umsätze, bei denen die Steuer gem. § 27 Abs. 4 vom Leistungsempfänger einzubehalten und abzuführen ist,

ausführen, den Vorsteuerabzug einschränken oder versagen, soweit dies zur Erzielung einer den Grundsätzen der Gegenseitigkeit entsprechenden Behandlung erforderlich ist.

Der Bundesminister für Finanzen kann aus Vereinfachungsgründen durch Verordnung bestimmen, daß in den Fällen, in denen ein anderer als der Unternehmer, für dessen Unternehmen der Gegenstand eingeführt worden ist, die Einfuhrumsatzsteuer entrichtet, der andere den Vorsteuerabzug in Anspruch nehmen kann.

(2) 1. a) Lieferungen und sonstige Leistungen sowie die Einfuhr von Gegenständen gelten als für das Unternehmen ausgeführt, wenn sie für Zwecke des Unternehmens erfolgen und wenn sie zu mindestens 10% unternehmerischen Zwecken dienen.

b) Der Unternehmer kann Lieferungen oder sonstige Leistungen sowie Einfuhren nur insoweit als für das Unternehmen ausgeführt behandeln, als sie tatsächlich unternehmerischen Zwecken dienen, sofern sie mindestens 10% unternehmerischen Zwecken dienen.

Diese Zuordnung hat der Unternehmer bis zum Ablauf des Veranlagungszeitraumes dem Finanzamt schriftlich mitzuteilen.

2. Nicht als für das Unternehmen ausgeführt gelten Lieferungen, sonstige Leistungen oder Einfuhren,

a) deren Entgelte überwiegend keine abzugsfähigen Ausgaben (Aufwendungen) im Sinne des § 20 Abs. 1 Z 1 bis 5 des Einkommensteuergesetzes 1988 oder der §§ 8 Abs. 2 und 12 Abs. 1 Z 1 bis 5 des Körperschaftsteuergesetzes 1988 sind,

b) die im Zusammenhang mit der Anschaffung (Herstellung), Miete oder dem Betrieb von Personenkraftwagen, Kombinationskraftwagen oder Krafträdern stehen, ausgenommen Fahrschulkraftfahrzeuge, Vorführkraftfahrzeuge und Kraftfahrzeuge, die ausschließlich zur gewerblichen Weiterveräußerung bestimmt sind, sowie Kraftfahrzeuge, die zu mindestens 80% dem Zweck der gewerblichen Personenbeförderung oder der gewerblichen Vermietung dienen.

Der Bundesminister für Finanzen kann durch Verordnung die Begriffe Personenkraftwagen und Kombinationskraftwagen näher bestimmen. Die Verordnung kann mit Wirkung ab 15. Februar 1996 erlassen werden.

2a. Lieferungen, sonstige Leistungen oder Einfuhren, die im Zusammenhang mit der Anschaffung (Herstellung), Miete oder dem Betrieb von Personenkraftwagen oder Kombinationskraftwagen mit einem CO_2-Emissionswert von 0 Gramm pro Kilometer stehen und für die nicht nach § 12 Abs. 2 Z 2 lit. b ein Vorsteuerabzug vorgenommen werden kann, berechtigen nach den allgemeinen Vorschriften des § 12 zum Vorsteuerabzug. Z 2 lit. a bleibt unberührt.

3. Läßt ein Absender einen Gegenstand durch einen Frachtführer oder Verfrachter unfrei zu einem Dritten befördern oder eine solche Beförderung

§ 12 UStG

durch einen Spediteur unfrei besorgen, so gilt für den Vorsteuerabzug die Beförderung oder deren Besorgung als für das Unternehmen des Empfängers der Sendung ausgeführt, wenn diesem die Rechnung über die Beförderung oder deren Besorgung erteilt wird.

4. Erteilt bei einem Bestandvertrag (Leasingvertrag) über Kraftfahrzeuge oder Krafträder im Falle der Beschädigung des Bestandobjektes durch Unfall oder höhere Gewalt der Bestandgeber (Leasinggeber) den Auftrag zur Wiederinstandsetzung des Kraftfahrzeuges, so gelten für den Vorsteuerabzug auf Grund dieses Auftrages erbrachte Reparaturleistungen nicht als für das Unternehmen des Bestandgebers (Leasinggebers) sondern als für den Bestandnehmer (Leasingnehmer) ausgeführt. Die in einer Rechnung an den Auftraggeber über derartige Reparaturleistungen ausgewiesene Umsatzsteuer berechtigt bei Zutreffen der sonstigen Voraussetzungen des § 12 den Bestandnehmer (Leasingnehmer) zum Vorsteuerabzug.

(3) Vom Vorsteuerabzug sind ausgeschlossen:

1. Die Steuer für die Lieferungen und die Einfuhr von Gegenständen, soweit der Unternehmer diese Gegenstände zur Ausführung steuerfreier Umsätze verwendet,
2. die Steuer für sonstige Leistungen, soweit der Unternehmer diese sonstigen Leistungen zur Ausführung steuerfreier Umsätze in Anspruch nimmt;
3. die Steuer für Lieferungen und sonstige Leistungen sowie für die Einfuhr von Gegenständen, soweit sie mit Umsätzen im Zusammenhang steht, die der Unternehmer im Ausland ausführt und die – wären sie steuerbar – steuerfrei sein würden;
4. die Steuer für Lieferungen und sonstige Leistungen sowie für die Einfuhr von Gegenständen, soweit sie im Zusammenhang mit der Verwendung eines dem Unternehmen zugeordneten Grundstückes für die in § 3a Abs. 1a Z 1 genannten Zwecke steht.

Der Ausschluß vom Vorsteuerabzug tritt nicht ein, wenn die Umsätze

a) nach § 6 Abs. 1 Z 1 bis 6 oder § 23 Abs. 5 steuerfrei sind oder steuerfrei wären oder
b) nach § 6 Abs. 1 Z 8 lit. a bis c und lit. e bis h und § 6 Abs. 1 Z 9 lit. c steuerfrei sind und sich unmittelbar auf Gegenstände beziehen, die in das Drittlandsgebiet ausgeführt werden oder
c) nach § 6 Abs. 1 Z 8 lit. a bis c und lit. e bis h und § 6 Abs. 1 Z 9 lit. c steuerfrei wären und der Leistungsempfänger keinen Wohnsitz (Sitz) im Gemeinschaftsgebiet hat.

(4) Bewirkt der Unternehmer neben Umsätzen, die zum Ausschluß vom Vorsteuerabzug führen, auch Umsätze, bei denen ein solcher Ausschluß nicht eintritt, so hat der Unternehmer die Vorsteuerbeträge nach Maßgabe der

Abs. 1 und 3 in abziehbare und nicht abziehbare Vorsteuerbeträge aufzuteilen.

(5) An Stelle einer Aufteilung nach Abs. 4 kann der Unternehmer

1. die Vorsteuerbeträge nach dem Verhältnis der zum Ausschluß vom Vorsteuerabzug führenden Umsätze zu den übrigen Umsätzen in nicht abziehbare und abziehbare Vorsteuerbeträge aufteilen, oder
2. nur jene Vorsteuerbeträge nach dem Verhältnis der Umsätze aufteilen, die den zum Ausschluß vom Vorsteuerabzug nach Abs. 3 führenden Umsätzen oder den übrigen Umsätzen nicht ausschließlich zuzurechnen sind. Einfuhren sind nicht Umsätze im Sinne dieser Vorschrift.

(6) Die Aufteilung der Vorsteuerbeträge nach Abs. 5 ist ausgeschlossen, wenn in einem Veranlagungszeitraum die auf Grund der Aufteilung der Vorsteuern nach den Umsätzen sich ergebende abziehbare Vorsteuer um mehr als 5%, mindestens aber um 75 Euro, oder um mehr als 750 Euro höher ist als die Vorsteuer, welche sich auf Grund der Aufteilung nach Abs. 4 ergibt.

(7) Bei Anwendung der Abs. 4 und 5 hat das Finanzamt auf Antrag zu gestatten, daß ein in der Gliederung des Unternehmens gesondert geführter Betrieb wie ein selbständiges Unternehmen behandelt wird.

(8) Die Bewilligung gemäß Abs. 7 kann zwecks Vermeidung eines ungerechtfertigten Steuervorteiles im Sinne des Abs. 6 mit Auflagen verbunden werden.

(9) Bei Rechnungen im Sinne des § 11 Abs. 6, 9, 10 und 11 kann der Unternehmer den Vorsteuerabzug in Anspruch nehmen, wenn er die Rechnungsbeträge in Entgelt und Steuerbetrag aufteilt.

(10) Ändern sich bei einem Gegenstand, den der Unternehmer in seinem Unternehmen als Anlagevermögen verwendet oder nutzt, in den auf das Jahr der erstmaligen Verwendung folgenden vier Kalenderjahren die Verhältnisse, die im Kalenderjahr der erstmaligen Verwendung für den Vorsteuerabzug maßgebend waren (Abs. 3), so ist für jedes Jahr der Änderung ein Ausgleich durch eine Berichtigung des Vorsteuerabzuges durchzuführen.

Dies gilt sinngemäß für Vorsteuerbeträge, die auf nachträgliche Anschaffungs- oder Herstellungskosten, aktivierungspflichtige Aufwendungen oder bei Gebäuden auch auf Kosten von Großreparaturen entfallen, wobei der Berichtigungszeitraum vom Beginn des Kalenderjahres an zu laufen beginnt, das dem Jahr folgt, in dem die diesen Kosten und Aufwendungen zugrunde liegenden Leistungen im Zusammenhang mit dem Anlagevermögen erstmals in Verwendung genommen worden sind.

Bei Grundstücken (einschließlich der aktivierungspflichtigen Aufwendungen und der Kosten von Großreparaturen) tritt an die Stelle des Zeitraumes von vier Kalenderjahren ein solcher von neunzehn Kalenderjahren.

§ 12 UStG

Bei der Berichtigung, die jeweils für das Jahr der Änderung zu erfolgen hat, ist für jedes Jahr der Änderung von einem Fünftel, bei Grundstücken (einschließlich der aktivierungspflichtigen Aufwendungen und der Kosten von Großreparaturen) von einem Zwanzigstel der gesamten auf den Gegenstand, die Aufwendungen oder die Kosten entfallenden Vorsteuer auszugehen; im Falle der Lieferung ist die Berichtigung für den restlichen Berichtigungszeitraum spätestens in der letzten Voranmeldung des Veranlagungszeitraumes vorzunehmen, in dem die Lieferung erfolgte. *(BGBl. I Nr. 117/2016)*

(11) Ändern sich bei einem Gegenstand, den der Unternehmer für sein Unternehmen hergestellt oder erworben hat oder bei sonstigen Leistungen, die für sein Unternehmen ausgeführt worden sind, die Voraussetzungen, die für den Vorsteuerabzug maßgebend waren (Abs. 3), so ist, sofern nicht Abs. 10 zur Anwendung gelangt, eine Berichtigung des Vorsteuerabzuges für den Veranlagungszeitraum vorzunehmen, in dem die Änderung eingetreten ist.

(12) Die Bestimmungen der Abs. 10 und 11 gelten sinngemäß auch für Gegenstände, die nicht zu einem Betriebsvermögen gehören. Eine Änderung der Verhältnisse, die für den Vorsteuerabzug maßgebend sind, liegt auch vor, wenn die Änderung darin besteht, dass ein Wechsel in der Anwendung der allgemeinen Vorschriften und der Vorschriften des § 22 für den Vorsteuerabzug vorliegt.

(13) Eine Berichtigung des Vorsteuerabzuges nach Abs. 10 ist nicht durchzuführen, wenn der Betrag, um den der Vorsteuerabzug für einen Gegenstand für das Kalenderjahr zu berichtigen ist, 60 Euro nicht übersteigt. *(BGBl. I Nr. 117/2016)*

(14) Das Recht auf Vorsteuerabzug entfällt, wenn der Unternehmer wusste oder wissen musste, dass der betreffende Umsatz im Zusammenhang mit Umsatzsteuerhinterziehungen oder sonstigen, die Umsatzsteuer betreffenden Finanzvergehen steht. Dies gilt insbesondere auch, wenn ein solches Finanzvergehen einen vor- oder nachgelagerten Umsatz betrifft.

(15) Erbringt ein Unternehmer an einen anderen Unternehmer für dessen Unternehmen eine Lieferung gemäß § 3 Abs. 2 oder eine sonstige Leistung gemäß § 3a Abs. 1a, so ist er berechtigt, dem Empfänger der Lieferung oder sonstigen Leistung den dafür geschuldeten Steuerbetrag gesondert in Rechnung zu stellen. Dieser in der Rechnung gesondert ausgewiesene Betrag gilt für den Empfänger der Lieferung oder sonstigen Leistung als eine für eine entgeltliche steuerpflichtige Lieferung oder sonstige Leistung gesondert in Rechnung gestellte Steuer. Weist der Unternehmer in der Rechnung einen Betrag aus, den er für diesen Umsatz nicht schuldet, so ist dieser Betrag wie eine nach § 11 Abs. 12 auf Grund der Rechnung geschuldete Steuer zu behandeln. Ist aufgrund der Anwendung des § 4 Abs. 9 das Entgelt niedriger als die Bemessungsgrundlage, gelten die vorherigen Ausführungen sinngemäß.

UStR zu § 12:

	Rz
1. Allgemeines	1801
1.1 Zum Vorsteuerabzug berechtigter Personenkreis	1803
1.2 Vorsteuerabzug auf Grund der Rechnung	1815
1.2.1 Rechnung mit gesondertem Steuerausweis	1815
1.2.2 Innenumsätze, Organschaft . s. Rz	1520
1.2.3 Unrichtiger Steuerausweis	1833
1.2.4 Maßgebende Verhältnisse für den Vorsteuerabzug	1835
Vertretbare Sachen	1836
Einheitliche Gegenstände	1838
1.2.5 Schätzung von Vorsteuern	1839
1.2.6 Anzahlungen	1841
Vorsteuerabzug vor Leistungserbringung	1841
Höhe des Vorsteuerabzuges	1842
1.3 Abzug der EUSt (§ 12 Abs. 1 Z 2 UStG 1994)	1843
1.3.1 Persönliche Abzugsberechtigung	1845
1.3.2 Sonderfall bei Beförderungs- und Versendungslieferungen	1852
1.3.3 EUSt-Abzug bei Werklieferungen ausländischer Unternehmer	1854
1.3.4 Reihengeschäft bzw inländische Lohnveredler und Werklieferer	1856
Reihengeschäft	1856
EUSt-Abzug durch inländische Lohnveredler und Werklieferer	1857
1.3.5 Entrichtung der EUSt	1860
1.3.6 Nachweisführung und erforderliche Belege	1863
1.3.7 Nachträgliche Korrekturen der EUSt	1870
1.3.8 Pauschalierung bei land- und forstwirtschaftlichen Betrieben	1872
1.3.9 Nichtannahme des Liefergegenstandes	1873
1.3.10. EUSt-Neuregelung ab 1.10.2003	1874a
1.4 Übergang der Steuerschuld	1875
1.5 Verlust des Vorsteuerabzugs bei Umsatzsteuerhinterziehungen	1877
2. Leistungen für Zwecke des Unternehmens	1901
2.1 Allgemeines	1902
2.2	derzeit frei
2.3 Körperschaften	1912b
2.4 Ertragsteuerlich nicht abzugsfähige Aufwendungen	1914
2.4.1 Allgemeines, Anwendungsbereich, Überwiegen, vertretbare und teilbare Sachen, Verhältnis zum Eigenverbrauch	1916
2.4.2 Ertragsteuerliche Bestimmungen	1919a
Aufwendungen für die private Lebensführung (§ 20 Abs. 1 Z 1 bzw. Z 2 lit. a EStG 1988 idF zum 1. Jänner 1995)	1919a
Untergeordnete Privatnutzung von Gebäuden des Betriebsvermögens	1919c
Unangemessen hohe, unternehmerisch veranlasste Aufwendungen für bestimmte Wirtschaftsgüter, die auch die Lebensführung betreffen (§ 20 Abs. 1 Z 2 lit. b EStG 1988 idF zum 1. Jänner 1995)	1920
Arbeitszimmer (§ 20 Abs. 1 Z 2 lit. d EStG 1988)	1923
Repräsentationsaufwendungen, Bewirtungskosten (§ 20 Abs. 1 Z 3 EStG 1988)	1925
Verdeckte Ausschüttung (§ 8 Abs. 2 KStG 1988)	1929
2.5 Kraftfahrzeuge	**1931**
2.5.1 Allgemeines	1931
2.5.2 Kreis der betroffenen Fahrzeuge	1932
Fahrschulkraftfahrzeuge	1938
Vorführkraftfahrzeuge	1940
Kraftfahrzeuge, die ausschließlich zur gewerblichen Weiterveräußerung bestimmt sind	1943
Kraftfahrzeuge, die zu mindestens 80 % dem Zweck der gewerblichen Personenbeförderung oder der gewerblichen Vermietung dienen	1946
2.5.3 Leistungen im Zusammenhang mit Kraftfahrzeugen	1949
2.6 Vorsteuerabzug bei einem Bestandvertrag (Leasingvertrag) über Kraftfahrzeuge oder Krafträder im Falle der Beschädigung des Bestandobjektes durch Unfall oder höhere Gewalt	1980
2.7 Vorsteuerabzug bei Personen- oder Kombinationskraftwagen mit einem CO_2-Emissionswert von 0 Gramm pro Kilometer	1984
3. Ausschluss vom Vorsteuerabzug	1991
3.1 Vorsteuerausschluss für unecht befreite Umsätze und bestimmte Auslandsumsätze	1991
3.2 Kein Vorsteuerausschluss für andere Umsätze	1997
3.3 Kein Vorsteuerausschluss bei bestimmten Bank- und Versicherungsgeschäften	1998
3.4 Kein Vorsteuerausschluss bei Gebäuden	2000
3.5 Kein Vorsteuerausschluss bei Verzicht auf die Steuerfreiheit bei bestimmten im Ausland ausgeführten Umsätzen	2005
4. Aufteilen des Vorsteuerabzuges	2011
4.1 Allgemeines	2011

§ 12 UStG

	Rz		Rz
4.2 Aufteilung nach Maßgabe der Zurechenbarkeit 2013		10.3.3 Großreparaturen bei Gebäuden .. 2080	
4.2.1 Voll abziehbare Vorsteuern 2015		10.3.4 Berichtigungszeitraum 2081	
4.2.2 Voll nicht abziehbare Vorsteuern .. 2016		10.3.5 Laufende Änderung 2083	
4.2.3 Übrige Vorsteuern 2017		10.3.6 Veräußerung oder Entnahme 2085	
5. Aufteilung nach dem Umsatzverhältnis – Ermittlung des Umsatzschlüssels 2031		10.3.7. Berichtigung beim Anlagevermögen von Istbesteuerern iSd § 12 Abs. 1 Z 1 lit. a zweiter Satz UStG 1994 (Rechtslage ab 1.1.2013) 2086	
5.1 Unecht steuerfreie Umsätze und bestimmte Auslandsumsätze 2034		**10.4 Qualifikation des Rückforderungsanspruches im Insolvenzverfahren** .... s. Rz 2404-2405	
5.2 Übrige Umsätze 2035			
5.3 Aufteilung nach Mischmethode 2037		**11. Änderung der Verhältnisse beim Umlaufvermögen und sonstigen Leistungen** 2101	
5.4 Wahl der Aufteilungsmethode 2038			
6. Ausschluss der Aufteilungsmethode nach § 12 Abs. 5 UStG 1994 2046		11.1. Besonderheiten iZm der Berichtigung bei Istbesteuerung beim Umlaufvermögen und sonstigen Leistungen (Rechtslage ab 1.1.2013) 2105	
7. Gesondert geführter Betrieb 2051			
8. Auflagen bei Bewilligung nach § 12 Abs. 7 UStG 1994 2061		**12. Änderung der Verhältnisse bei nicht zum Betriebsvermögen gehörenden Gegenständen** 2116	
9. Vorsteuerberechnung, wenn Steuerbetrag nicht ausgewiesen .... derzeit frei			
		13. Bagatellregelung 2121	
10. Änderung der Verhältnisse beim Anlagevermögen 2071		**14.** .... derzeit frei	
		15. Vorsteuerabzug bei Eigenverbrauch 2151	
10.1 Begriff 2072			
10.2 Zeitpunkt der Änderung 2075		**16. Vorsteuerabzug beim Export von Gebrauchtfahrzeugen** (aufgehoben durch AbgSiG 2007, BGBl. I Nr. 99/2007) Rechtslage bis zum 31.12.2007 .... **2161**	
10.3 Anlagevermögen 2077			
10.3.1 Ausmaß der Berichtigung 2078			
10.3.2 Nachträgliche Anschaffungs- der Herstellungskosten, aktivierungspflichtige Aufwendungen 2079			

1. Allgemeines

1801 Abgezogen werden darf nur eine USt, die nach österreichischem Umsatzsteuergesetz geschuldet wird (VwGH 26.11.1996, 92/14/0078).

1802 Der Vorsteuerabzug ist grundsätzlich bei allen **für das Unternehmen ausgeführten Umsätzen** und bei der **Einfuhr** jeder Art von Gegenständen für das Unternehmen zulässig. Im Allgemeinen ist nicht zu unterscheiden, für welche Zwecke der für das Unternehmen bezogene Gegenstand oder die für das Unternehmen in Anspruch genommene sonstige Leistung verwendet wird (Ausnahmen siehe § 12 Rz 1914 bis 2010). Der Vorsteuerabzug bleibt auch dann bestehen, wenn ein für das Unternehmen bezogener oder eingeführter Gegenstand unter dem Einkaufspreis veräußert wird oder weder mittelbar noch unmittelbar der Ausführung eigener Umsätze (zB bei Untergang der Ware) dient.

1802a Der Vorsteuerabzug ist zu versagen, wenn er mit Hilfe einer missbräuchlichen Gestaltung geltend gemacht werden soll. Eine solche ist gegeben, wenn die fraglichen Umsätze trotz formaler Anwendung der einschlägigen Gesetzesbestimmungen einen Steuervorteil zum Ergebnis haben, dessen Gewährung dem mit dem UStG 1994 verfolgten Ziel zuwiderläuft und aus einer Reihe objektiver Anhaltspunkte ersichtlich ist, dass mit den fraglichen Umsätzen im Wesentlichen ein Steuervorteil bezweckt wird (siehe EuGH 21.02.2008, Rs C-425/06, *Part Service*). Die Behörde hat den Vorteil festzustellen, was eine Vorläufigkeit iSd § 200 Abs. 1 BAO rechtfertigen kann (VwGH 31.03.2011, 2008/15/0115).

Im Fall der missbräuchlichen Praxis sind die Umsätze in der Weise neu zu definieren, dass auf die Lage abgestellt wird, die ohne die diese Umsätze bestanden hätte (EuGH 21.02.2006, Rs C-255/02, *Halifax*)

§ 12 UStG

1.1 Zum Vorsteuerabzug berechtigter Personenkreis

1803 Zum Vorsteuerabzug nach § 12 UStG 1994 sind alle Unternehmer im Sinne des § 2 UStG 1994 (siehe § 2 Rz 181 bis 340) im Rahmen ihrer unternehmerischen Tätigkeit berechtigt.

1804 Betreffend Unternehmereigenschaft von Kostengemeinschaften siehe § 2 Rz 182. Vorsteuern, die auf Gegenstände oder Leistungen entfallen, die von den an einer **Kanzlei- oder Ordinationsgemeinschaft** beteiligten Unternehmern gemeinsam genutzt werden, dürfen ungeachtet dessen, ob die diesbezüglichen Rechnungen an den einzelnen Unternehmer oder an die Gemeinschaft als solche gerichtet sind, nach dem Gewinnverteilungsschlüssel aufgeteilt werden.

Bezüglich Vorsteuerabzug bei **Vereinen**, die sowohl einen unternehmerischen als auch einen nichtunternehmerischen Bereich haben, siehe § 10 Rz 1246 bis 1254.

1805 Abgezogen werden dürfen auch Vorsteuerbeträge, die einer nachfolgenden oder vorherigen (nicht unecht befreiten) unternehmerischen Tätigkeit zuzurechnen sind. Wird daher eine **unternehmerische Tätigkeit begonnen**, so dürfen die bis dahin angefallenen Vorsteuern abgezogen werden, wenn sie auf Umsätze für das Unternehmen entfallen.

1806 Hat ein Unternehmer seine Unternehmertätigkeit (zB durch Geschäftsaufgabe) **beendet**, so steht ihm das Recht des Abzuges von Vorsteuern für Lieferungen oder sonstige Leistungen für sein Unternehmen auch noch in einem Veranlagungs-(Voranmeldungs-)Zeitraum zu, in dem er keine Umsätze mehr bewirkt.

Zum Beginn und Ende der Unternehmereigenschaft siehe § 2 Rz 193 bis 204.

1807 Für die **Einlage von Gegenständen** aus der nichtunternehmerischen Sphäre steht der Vorsteuerabzug nicht zu (EuGH vom 11.7.1991 Rs C-1990/97 Lennartz, Slg 1991, I-3795).

1808 Unternehmer, die ihre Vorsteuerbeträge nach **Durchschnittssätzen** (§ 14 UStG 1994) ermitteln, haben die Vorsteuern mit den sich danach ergebenden Beträgen anzusetzen. Der Durchschnittssatz des § 22 UStG 1994 umfasst alle dem land- und forstwirtschaftlichen Betrieb zuzurechnenden Vorsteuern. Ein weiterer Abzug von Vorsteuerbeträgen ist nicht mehr zulässig. Dies gilt auch dann, wenn der Land- oder Forstwirt eine zusätzliche Steuer nach § 22 Abs. 2 UStG 1994 zu entrichten hat.

1809 Im **Ausland ansässige Unternehmer** dürfen den Vorsteuerabzug grundsätzlich auch dann beanspruchen, wenn sie im Inland keine Lieferungen und sonstigen Leistungen ausführen bzw. ausgeführt haben. Auch ihnen steht aber der Vorsteuerabzug nur insoweit zu, als die Vorsteuerbeträge ihrer unternehmerischen Tätigkeit zuzurechnen sind. Das gilt auch für Vorsteuern, die mit nicht steuerbaren Umsätzen in Zusammenhang stehen, soweit diese Umsätze, wären sie im Inland ausgeführt worden, steuerpflichtig oder echt steuerbefreit wären. Um als Unternehmer zu gelten, müssen jedoch auch bei einem ausländischen Unternehmer die Unternehmerkriterien nach österreichischem Recht (siehe § 2 Rz 181 bis 230) erfüllt sein.

Randzahlen 1810 bis 1814: Derzeit frei.

1.2 Vorsteuerabzug auf Grund der Rechnung

1.2.1 Rechnung mit gesondertem Steuerausweis

1815 Nur eine gesondert in Rechnung gestellte USt darf als Vorsteuer abgezogen werden (siehe § 11 Rz 1505 bis 1556).

1816 Maßgeblich ist der **Zeitpunkt der Rechnungsausstellung**. Langt eine im Veranlagungszeitraum ausgestellte Rechnung so verspätet beim Leistungsempfänger ein, dass er sie bei der Erklärung für den Veranlagungszeitraum nicht mehr berücksichtigen kann, ist es nicht zu beanstanden, nach Anmerkung des Datums des Einlangens auf der Rechnung den Vorsteuerabzug für den Veranlagungszeitraum des Einlangens zu berücksichtigen.

1817 Eine **Rückdatierung der Rechnung** ist unwirksam; ein derartiges Datum gilt nicht als Zeitpunkt der Rechnungsausstellung.

1818 Fallen Empfang der Leistung und Rechnungsausstellung zeitlich auseinander, so ist der Vorsteuerabzug erst für den Besteuerungszeitraum zulässig, in dem beide Voraussetzungen erfüllt sind.

1819 Für Umsätze, die vor dem 1.1.2013 an Unternehmer, die ihre Umsätze nach vereinnahmten Entgelten versteuern, ausgeführt worden sind, ist es nicht zu beanstanden, wenn die Vorsteuerbeträge später, nämlich für jenen Besteuerungszeitraum geltend gemacht werden, in welchem die Bezahlung der Rechnung erfolgt. Unzulässig ist diese Vorgangsweise jedoch dann, wenn sie zu einem Nachteil für den Fiskus führt.

Für Umsätze, die nach dem 31.12.2012 an Istbesteuerer ausgeführt werden, gilt als zusätzliche Voraussetzung für den Vorsteuerabzug, dass die Zahlung geleistet worden ist. Ausgenommen davon sind:

- Versorgungsunternehmen im Sinne des § 17 Abs. 1 zweiter Satz UStG 1994,
- Unternehmer, deren Umsätze nach § 1 Abs. 1 Z 1 und 2 UStG 1994 im vorangegangenen Veranlagungszeitraum 2.000.000 Euro überstiegen haben. Bei der Berechnung dieser Grenze bleiben die Umsätze aus Hilfsgeschäften einschließlich der Geschäftsveräußerungen außer Ansatz, und
- ab 15.8.2015 Umsätze, bei denen eine Überrechnung gemäß § 215 Abs. 4 BAO in Höhe der gesamten auf die Lieferung oder die sonstige Leistung entfallenden Umsatzsteuer auf das Abgabenkonto des Leistungserbringers stattfindet (siehe näher Rz 1819a).

Wird eine Lieferung oder eine sonstige Leistung von einem der von § 12 Abs. 1 Z 1 lit. a zweiter Satz UStG 1994 erfassten Istbesteuerer in Raten bezahlt, steht der Vorsteuerabzug entsprechend der bereits entrichteten Teilzahlungen zu. Zum Vorsteuerabzug bei Überrechnung gemäß § 215 BAO siehe Rz 1819a.

Beispiel:
Der Unternehmer A erwirbt einen zum Vorsteuerabzug berechtigenden Kleinbus um 36.000 Euro inkl. USt, zahlbar in 30 Monatsraten je 1.200 Euro. Die Rechnung erhält der Unternehmer bei Übergabe des Fahrzeugs.

A kann im Voranmeldungszeitraum der Bezahlung der jeweiligen Monatsrate den Vorsteuerabzug in Höhe von 200 Euro geltend machen.

Zur Auswirkung des Wechsels der Besteuerungsart auf den Vorsteuerabzug siehe Rz 2481.

1819a Zur Übertragung (Umbuchung, Überrechnung; § 215 Abs. 4 bzw. § 211 Abs. 1 lit. g BAO) siehe RAE Rz 110 ff.

Für einen Istbesteuerer iSd § 12 Abs. 1 Z 1 lit. a zweiter Satz UStG 1994 (siehe Rz 1819 zweiter Absatz) steht der Vorsteuerabzug grundsätzlich nur zu, soweit dieser die Leistung tatsächlich bezahlt hat.

Beispiel:
Der Istbesteuerer A bezieht eine Leistung um 1.000 Euro zuzüglich 200 Euro Umsatzsteuer vom Unternehmer B, der dem A eine ordnungsgemäße Rechnung nach § 11 UStG 1994 ausstellt. A bezahlt dem B 1.000 Euro.

Aus der Zahlung des A kann ein Vorsteuerabzug von höchstens 166,67 Euro geltend gemacht werden.

Für Umsätze, die ab dem 15.8.2015 an Istbesteuerer ausgeführt werden, ist der Istbesteuerer im Falle der Überrechnung einem Sollbesteuerer gleichgestellt und die Vorsteuer steht unabhängig von der Zahlung zu.

Beispiel:
Ein Istbesteuerer erhält eine Lieferung samt Rechnung im Sinne des § 11 UStG 1994 im September 2015. Der Preis beträgt 1.000 Euro zuzüglich 200 Euro Umsatzsteuer. Der Unternehmer überweist dem Lieferer 1.000 Euro und stellt mit der UVA für September 2015 einen Antrag auf Überrechnung gemäß § 215 Abs. 4 BAO beim zuständigen Finanzamt. Der Überrechnungsempfänger stimmt der Überrechnung zu und auf dem Abgabenkonto des Unternehmers befindet sich nach Berück-

sichtigung aller für den Voranmeldungszeitraum relevanten Vorgänge ein Guthaben in Höhe von mindestens 200 Euro. Somit kann die gesamte Vorsteuer in der UVA für September 2015 geltend gemacht und auf das Konto des Lieferers überrechnet werden.

Gleiches würde gelten, wenn der Unternehmer dem Lieferer nur einen Teilbetrag (zB 500 Euro) überweist und den Restbetrag später, weil auch hier bei Vorliegen aller Voraussetzungen (insbesondere das Stattfinden der Überrechnung) das Recht auf Vorsteuerabzug zur Gänze bei Lieferung entsteht.

Kommt es nicht zur vollständigen Überrechnung, hat der Unternehmer die UVA entsprechend zu berichtigen, weil der Vorsteuerabzug nicht in voller Höhe entstanden ist. Ist schon ein Bescheid ergangen, liegt ein rückwirkendes Ereignis vor, das gegebenenfalls durch eine Bescheidänderung gemäß § 295a BAO zu berücksichtigen ist.

Beispiel (Fortsetzung):

Aufgrund mangelnder Deckung auf dem Abgabenkonto des Unternehmers kommt es schlussendlich nicht zur Überrechnung. Somit ist die Vorsteuer nur in Höhe von 166,67 Euro entstanden (= 1.000 Euro / 1,2). Mangels Überrechnung hat der Istbesteuerer somit nur insoweit ein Recht auf Vorsteuerabzug, als er die Zahlung geleistet hat. Eine entsprechende Berichtigung der UVA für September 2015 durch den Unternehmer oder gegebenenfalls eine Bescheidänderung gemäß § 295a BAO ist notwendig.

Ist der leistende Unternehmer ein Istbesteuerer, entsteht bei ihm die Steuerschuld mit Ablauf des Kalendermonats, in dem die Entgelte vereinnahmt worden sind (§ 19 Abs. 2 Z 1 lit. b UStG 1994). Dies gilt auch für den Teil des Entgelts, den er im Rahmen der Überrechnung vereinnahmt.

Für Umsätze, die vor dem 15.8.2015 an Istbesteuerer ausgeführt werden, erfordert eine vollständige Bezahlung des (restlichen) Leistungsentgelts durch den Istbesteuerer mittels Überrechnung eine Zahlung an den Leistenden, die über dem Nettobetrag liegt. Bei voller Vorsteuerabzugsberechtigung und Anwendung des Normalsteuersatzes ist die Zahlung von sechs Siebentel (ca. 85,71%) des Bruttoentgelts erforderlich, bei Anwendbarkeit des ermäßigten Steuersatzes von 10% beträgt die notwendige Zahlung elf Zwölftel (ca. 91,67%) des Bruttoentgelts.

Beispiel:

Der Istbesteuerer A bezieht eine Leistung um 100 Euro zuzüglich 20 Euro USt von Unternehmer B, der dem A eine ordnungsgemäße Rechnung nach § 11 UStG 1994 ausstellt. A bezahlt dem B 102,86 Euro.

Aus der Zahlung des A kann ein überrechenbares Guthaben von höchstens 17,14 Euro resultieren. Mit Überrechnung dieses Betrags auf das Finanzamtskonto des B hat A dem B den vollen Betrag von 120 Euro bezahlt. A kann den Vorsteuerabzug für den mit Überrechnung gezahlten Teilbetrag (17,14 Euro; enthaltene USt: 2,86 Euro) in jenem Vormeldungszeitraum geltend machen, in dem die Überrechnung wirksam geworden ist (vgl. § 21 Abs. 1 letzter Satz UStG 1994, siehe auch RAE Rz 111).

1820 Eine amtswegige Wiederaufnahme zwecks Aberkennung von Vorsteuern, die für ein anderes Jahr zustehen, ist rechtswidrig, wenn eine (amtswegige) Wiederaufnahme für das Jahr, in dem der Vorsteuerabzug zusteht, unterbleibt (VfGH 5.3.1988, B 70/87 und VfGH 8.10.1990, B 181/89).

1821 Ein gesonderter Steuerausweis erfordert, dass in der Rechnung der auf das Entgelt für die Lieferung oder sonstige Leistung entfallende Steuerbetrag getrennt angeführt ist (§ 11 Abs. 1 Z 6 UStG 1994). Fehlt dieses Merkmal, so ist der Vorsteuerabzug auch dann unzulässig, wenn der Rechnungsaussteller den Rechnungsempfänger durch einen **Zusatz auf der Rechnung** ermächtigt, den Steuerbetrag aus dem angegebenen Bruttopreis zu errechnen. Für Kleinbetragsrechnungen, Fahrscheine und Reisekosten gibt es Erleichterungen (siehe § 11 Rz 1625 bis 1637, Rz 1691 bis 1710).

1822 Wird eine Lieferung oder sonstige Leistung an den Unternehmer rückgängig gemacht oder ändert sich der in der Rechnung ausgewiesene Steuerbetrag nachträglich, so ist der Vorsteuerabzug entsprechend zu berichtigen (siehe § 16 Rz 2381 bis 2400).

1823 Steuern, die gemäß § 11 Abs. 14 UStG 1994 geschuldet werden, dürfen vom Empfänger nicht als Vorsteuer abgezogen werden.

1824 Auch eine gemäß § 11 Abs. 12 UStG 1994 geschuldete Steuer ist vom Leistungsempfänger grundsätzlich nicht als Vorsteuer abziehbar (EuGH vom 13.12.1989, Rs C-342/87, Slg. 1989, 4227, VwGH 25.2.1998, 97/14/0107).

1825 Aus Gründen der Rechtssicherheit für die Leistungsempfänger und um Wirtschaftsabläufe nicht in systemwidriger Weise zu behindern, darf eine gemäß § 11 Abs. 12 UStG 1994 geschuldete Steuer vom Leistungsempfänger als Vorsteuer abgezogen werden, wenn die Steuer in einer vom Leistenden erstellten Rechnung im Sinne des § 11 Abs. 1 UStG 1994 ausgewiesen ist. Dies gilt nicht, wenn dem Leistungsempfänger Umstände vorliegen, aus denen er schließen muss, dass die in der Rechnung ausgewiesene Umsatzsteuer vom Leistenden bewusst nicht an das Finanzamt abgeführt wird oder wenn für den Leistungsempfänger erkennbar ist, dass die ausgewiesene Steuer höher ist, als sie dem Normalsteuersatz (§ 10 Abs. 1 UStG 1994) entspricht.

Eine in den Fällen des Überganges der Steuerschuld zu Unrecht ausgewiesene Umsatzsteuer berechtigt den Leistungsempfänger nicht zum Vorsteuerabzug (siehe Rz 2602). Dies gilt auch dann, wenn diese Umsatzsteuer vom Leistungsempfänger bezahlt wurde und die Berichtigung der fehlerhaften Rechnung wegen der Insolvenz des Leistungserbringers unmöglich ist (siehe auch EuGH 06.02.2014, Rs C-424/12, *SC Fatorie SRL*).

1826 Weiters gilt diese Erleichterung nicht für Gutschriften. Wird mit **Gutschriften** abgerechnet, so darf eine in der Gutschrift zu Unrecht ausgewiesene USt vom Leistungsempfänger nicht als Vorsteuer abgezogen werden. Dies gilt auch in jenen Fällen, in denen der Steuerausweis in gutem Glauben erfolgt ist.

1827 Eine Gutschrift ist eine als solche bezeichnete (für Umsätze nach dem 31.12.2012: siehe Rz 1664) Urkunde, die vom Leistungsempfänger ausgestellt wird (siehe § 11 Abs. 7 UStG 1994).

Für Umsätze bis einschließlich 31.12.2012 gilt: Eine Gutschrift liegt unabhängig von ihrer Bezeichnung auch dann vor, wenn eine als „Rechnung" bezeichnete Abrechnung aufgrund des Datenmaterials des Leistungsempfängers mittels dessen EDV-Anlage erstellt wird und der Leistende an der Erstellung der Abrechnung in keiner Weise mitwirkt oder gar nicht mitwirken kann, weil er die erforderlichen Daten nicht besitzt. Die Bezeichnung der Abrechnung als „Rechnung" ändert nichts am Vorliegen einer Gutschrift, sondern kann als Bestätigung gewertet werden, dass der Leistende der Gutschrift nicht widerspricht.

1828 Wurde für eine an den Unternehmer bewirkte Lieferung oder sonstige Leistung ein Beleg ausgestellt, der grundsätzlich als Rechnung zu qualifizieren ist, aber **Mängel** (zB keine oder unvollständige Angabe des Abnehmers) aufweist, so berechtigt diese Abrechnung nur nach entsprechender **Rechnungsberichtigung** durch den Leistenden zum Vorsteuerabzug. Eine eigenmächtige Änderung der Angaben in der Rechnung durch den Empfänger ist nicht zulässig. Der Vorsteuerabzug darf erst in dem Veranlagungs-(Voranmeldungs-)Zeitraum vorgenommen werden, in dem die Berichtigung der mangelhaften Rechnung erfolgt (keine Rückwirkung).

1829 Die vom leistenden Unternehmer vorzunehmende Berichtigung kann in der Weise erfolgen, dass unter Hinweis auf die ursprüngliche Rechnung die **notwendigen Ergänzungen oder Berichtigungen** vorgenommen werden (Berichtigungsnote) oder eine **komplette berichtigte Rechnung** unter Hinweis auf die ursprüngliche Rechnung ausgestellt wird. Auch Sammelberichtigungen sind möglich (siehe auch § 11 Rz 1533 und 1534).

1830 Wurde über eine an den Unternehmer bewirkte Lieferung oder sonstige Leistung keine Rechnung oder nur ein Beleg ausgestellt, der nicht als Rechnung im Sinne des § 11 UStG 1994 zu qualifizieren ist (zB Lieferschein), setzt ein Vorsteuerabzug eine (nachträgliche) Rechnungslegung durch den liefernden oder leistenden Unternehmer voraus. Der Vorsteuerabzug darf **erst in dem Veranlagungs-(Voranmeldungs-)Zeitraum vorgenommen werden, in dem die erstmalige, ordnungsgemäße Rechnung ausgestellt wird** (keine Rückwirkung).

1831 Wird im Verlauf einer finanzbehördlichen Überprüfung festgestellt, dass der Vorsteuerabzug auf Grund einer fehlerhaften oder mangelhaften Rechnung vorgenommen wurde, so kann der Mangel innerhalb einer vom Prüfer festzusetzenden angemessenen Frist behoben werden. Die Frist hat im Regelfall einen Monat nicht zu überschreiten. Wird die Rechnung innerhalb dieses Zeitraumes berichtigt, so ist der ursprünglich vorgenommene Vorsteuerabzug zu belassen. Bei einem unrichtigen (ursprünglich zu niedrigen) Steuerausweis ist diese Vorgangsweise jedoch nicht zulässig.

Der Begriff „finanzbehördliche Überprüfung" umfasst Überprüfungsmaßnahmen des Außendienstes (zB Betriebsprüfungen, Umsatzsteuersonderprüfungen, usw.) und des Innendienstes (zB Vorbescheidkontrollen, Nachbescheidkontrollen, Vorhalte, usw.), die in einer ausdrücklichen Aufforderung seitens der Behörde zur Vorlage der Rechnung bestehen.

Nicht erfasst sind daher jene Fälle, in denen eine Rechnung bereits dem Antrag beigelegt werden muss (zB im Rahmen des Vorsteuererstattungsverfahrens).

1832 (entfallen)

1.2.2 Innenumsätze, Organschaft

Siehe § 11 Rz 1520.

1.2.3 Unrichtiger Steuerausweis

1833 Ist in der Rechnung (Gutschrift) ein **zu niedriger Steuerbetrag** ausgewiesen, so darf der Leistungsempfänger nur den zu niedrig ausgewiesenen Steuerbetrag als Vorsteuer abziehen.

1834 Bezüglich Vorsteuerabzug bei einem in der Rechnung zu hoch ausgewiesenen Steuerbetrag siehe § 12 Rz 1815 bis 1832.

1.2.4 Maßgebende Verhältnisse für den Vorsteuerabzug

1835 Maßgebend für den Vorsteuerabzug sind – auch beim Vorsteuerabzug nach § 12 Abs. 1 Z 1 lit. a zweiter Satz UStG 1994 – die Verhältnisse im Zeitpunkt des Umsatzes an den Unternehmer.

Beispiel 1:

Ein pauschalierter Landwirt bezieht eine Leistung, die Rechnung hierüber erhält er aber erst im nächsten Jahr, in dem er nicht mehr pauschaliert ist.
Der Vorsteuerabzug ist nicht zulässig (VwGH 11.9.1987, 86/15/0067).

Beispiel 2:

Der Istbesteuerer A bezieht im Jahr 2013 eine Leistung um 1.500 Euro zuzüglich 300 Euro USt vom Unternehmer B, der dem A eine ordnungsgemäße Rechnung nach § 11 UStG 1994 ausstellt. Im Jahr 2013 führt A ausschließlich steuerpflichtige Umsätze aus. A bezahlt die Leistung erst im Jahr 2014. Im gleichen Jahr unterschreitet A die Umsatzgrenze des § 6 Abs. 1 Z 27 UStG 1994 und führt als Kleinunternehmer nur unecht steuerfreie Umsätze aus.

A kann nach Bezahlung der Leistung im Jahr 2014 den Vorsteuerabzug entsprechend den Verhältnissen bei Leistungsbezug (2013) voll geltend machen. Hinsichtlich einer allfälligen Vorsteuerberichtigung nach § 12 Abs. 10 ff UStG 1994 siehe Rz 2071 ff.

Vertretbare Sachen

1836 Bei der **Lieferung vertretbarer (teilbarer) Sachen ist** die darauf entfallende Steuer entsprechend dem Verwendungszweck in einen abziehbaren und in einen nicht abziehbaren Anteil aufzuteilen. Dies gilt insbesondere auch für Körperschaften des öffentlichen

§ 12 UStG

Rechts sowie für Vereine, bei denen neben dem unternehmerischen noch ein nichtunternehmerischer Bereich besteht.

1837 Handelt es sich aber bei den erworbenen Gegenständen um solche, die der Unternehmer **üblicherweise im Rahmen seines Unternehmens** weiterliefert (zB Kohle bei einem Kohlenhändler oder Lebensmittel bei einem Lebensmittelhändler), steht der volle Vorsteuerabzug zu. Eine spätere Verwendung derartiger Gegenstände für Zwecke außerhalb des Unternehmens ist als Eigenverbrauch im Sinne des § 3 Abs. 2 und § 3a Abs. 1a UStG 1994 zu versteuern. Wenn die bezogenen Gegenstände von vornherein nicht zur Gänze für das Unternehmen bestimmt sind, kann jedoch auch in diesem Fall die USt entsprechend dem Verwendungszweck in einen abziehbaren und in einen nicht abziehbaren Anteil aufgeteilt werden.

Einheitliche Gegenstände

1838 Bezüglich des Vorsteuerabzuges bei gemischt genutzten einheitlichen (nicht vertretbaren) Gegenständen siehe § 12 Rz 1902 bis 1913.

1.2.5 Schätzung von Vorsteuern

1839 Die Rechnung im Sinne des § 11 Abs. 1 UStG 1994 stellt eine **materiellrechtliche Voraussetzung** des Vorsteuerabzuges dar. Sofern eine Rechnung nicht ausgestellt und zugeleitet worden ist, ist eine Schätzung der Vorsteuern nicht zulässig.

1840 Waren jedoch ursprünglich Rechnungen vorhanden, die aber später beim Leistungsempfänger in Verlust geraten sind, so dürfen die Vorsteuern entsprechend der Judikatur des VwGH geschätzt werden. Voraussetzung dafür ist, dass als erwiesen angenommen werden kann, dass dem Unternehmer Rechnungen im Sinne des 11 Abs. 1 UStG 1994 ausgestellt worden sind (VwGH 15.6.1988, 84/13/0279). Die Beweislast trifft den Unternehmer.

1.2.6 Anzahlungen

Vorsteuerabzug vor Leistungserbringung

1841 Die Berechtigung zum Vorsteuerabzug bei Anzahlungen ist bereits vor der Lieferung oder sonstigen Leistung – bei Zutreffen der sonstigen Voraussetzungen des § 12 UStG 1994 – gegeben, wenn über die Anzahlung eine Rechnung mit Umsatzsteuerausweis gelegt und die Anzahlung tatsächlich geleistet worden ist. Der Vorsteuerabzug darf frühestens für den Voranmeldungszeitraum geltend gemacht werden, in dem alle Voraussetzungen erfüllt sind. Die Einzahlung eines Käufers auf ein Treuhandkonto nach dem Bauträgervertragsgesetz (BTVG, BGBl. I Nr. 7/1997) ist keine Zahlung, da das Konto ihm und nicht dem Bauträger zuzurechnen ist. Von einer Zahlung des Käufers kann erst dann ausgegangen werden, wenn die entsprechenden Baufortschritte (vgl. § 13 BTVG) über das Treuhandkonto abgewickelt und der von der Auszahlung betroffene Kaufpreisteil dem Bauträger überwiesen wird. Ein Vorsteuerabzug seitens des Käufers ist nur zulässig, soweit eine derartige Zahlung bereits erfolgt ist.

Bei der Übertragung (Umbuchung, Überrechnung; § 215 Abs. 4 bzw. § 211 Abs. 1 lit. g BAO) eines aus dem Vorsteuerabzug aus einer Anzahlung entstandenen Guthabens sind die Ausführungen in Rz 1819a betreffend Umsätze, die vor dem 15.8.2015 ausgeführt werden, sinngemäß anzuwenden.

Höhe des Vorsteuerabzuges

1842 Ist der in der Rechnung (§ 11 Abs. 1 dritter Satz UStG 1994) gesondert ausgewiesene **Steuerbetrag höher als die Steuer**, die auf die Zahlung vor Umsatzausführung entfällt, so darf nur der Steuerbetrag abgezogen werden, der in der im Voraus geleisteten Zahlung enthalten ist. Das gilt auch, wenn vor der Ausführung des Umsatzes über die gesamte Leistung abgerechnet wird, die Gegenleistung aber in Teilbeträgen gezahlt wird. In diesen Fällen hat daher der Unternehmer den **insgesamt ausgewiesenen Steuerbetrag auf die einzelnen Teilbeträge aufzuteilen.**

Beispiel:
Der Unternehmer hat bereits im März eine Gesamtrechnung für einen im Juli zu liefernden Gegenstand über 10.000 € zuzüglich gesondert ausgewiesener USt von 2.000 €, insgesamt = 12.000 € erhalten. Er leistet in den Monaten März, April und Mai Anzahlungen von jeweils 2.400 €. Die Restzahlung von 4.800 € überweist er einen Monat nach Empfang der Leistung.

Der Unternehmer darf für die Voranmeldungszeiträume März, April und Mai den in der jeweiligen Anzahlung enthaltenen Steuerbetrag von 400 € als Vorsteuer abziehen. Die in der Restzahlung von 4.800 € enthaltene Vorsteuer von 800 € darf für den Voranmeldungszeitraum Juli (Zeitpunkt der Umsatzausführung) abgezogen werden.

1.3 Abzug der EUSt (§ 12 Abs. 1 Z 2 UStG 1994)

1843 Der Unternehmer darf die entrichtete oder auf dem Finanzamtskonto verbuchte (siehe § 12 Rz 1874a bis Rz 1874e) EUSt für Gegenstände, die für sein Unternehmen eingeführt wurden, als Vorsteuer abziehen.

1844 Ohne Bedeutung ist, auf welcher Rechtsgrundlage die Einfuhr erfolgte (Verkauf, Vermietung eines Gegenstandes usw).

1.3.1 Persönliche Abzugsberechtigung

1845 Grundsätzlich darf nur jener Unternehmer, für dessen Unternehmen die Gegenstände eingeführt worden sind, die (entrichtete) **EUSt als Vorsteuer abziehen**. Die Abgrenzungsvorschrift des § 12 Abs. 2 UStG 1994 gilt sinngemäß auch für die EUSt.

1846 Diese Voraussetzungen müssen im **Zeitpunkt der Einfuhr** vorliegen. Daher darf nur der Unternehmer die EUSt als Vorsteuer geltend machen, der in diesem Zeitpunkt die umsatzsteuerrechtliche Verfügungsmacht über den eingeführten Gegenstand hatte (siehe auch VwGH 25.9.1978, 856/78).

1847 Entscheidend ist dabei nicht das Entstehen der EUSt-Schuld sondern das **körperliche Verbringen in das Inland**. Daher darf auch in Fällen, in denen etwa ein späterer Abnehmer durch zollrechtliche Anmeldung zum EUSt-Schuldner wird, nur der bei der Einfuhr umsatzsteuerrechtlich Verfügungsberechtigte die EUSt als Vorsteuer abziehen.

1848 Personen, die lediglich bei der Einfuhr mitgewirkt haben, ohne umsatzsteuerrechtlich verfügungsberechtigt zu sein (zB Spediteure, Frachtführer, Handelsvertreter), sind daher auch dann nicht abzugsberechtigt, wenn sie den eingeführten Gegenstand vorübergehend entsprechend den Weisungen ihres Auftraggebers auf Lager nehmen oder Schuldner der Einfuhrumsatzsteuer aufgrund einer zollrechtlichen Unregelmäßigkeit geworden sind (siehe hierzu auch EuGH 25.6.2015, Rs C-187/14, *DSV Road A/S*, und VwGH 24.3.2015, 2013/15/0238).

1849 Werden die eingeführten Gegenstände bereits im Ausland geliefert (§ 3 Abs. 8 UStG 1994), so gelten sie als für den Abnehmer eingeführt. Zum Abzug der EUSt ist somit der Abnehmer berechtigt, sofern er auch die übrigen Voraussetzungen des § 12 UStG 1994 erfüllt (Ausnahme siehe § 12 Rz 1854).

1850 Aus den dargestellten Grundsätzen ergibt sich, dass sich die Vorschriften des § 12 Abs. 1 Z 1 UStG 1994 und des § 12 Abs. 1 Z 2 UStG 1994 gegenseitig ausschließen. Es darf somit beim Bezug eines Gegenstandes nicht zugleich eine gesondert in Rechnung gestellte USt und EUSt abgezogen werden.

1851 Wird ein Gegenstand von einem **Kommittenten aus dem Drittland** an einen inländischen Verkaufskommissionär versendet oder befördert, dann ist zu unterscheiden:

- diese Lieferung erfolgt grundsätzlich nach § 3 Abs. 3 in Verbindung mit § 3 Abs. 8 UStG 1994 bereits im Ausland und der Kommissionär ist im Zeitpunkt der Einfuhr über die eingeführten Gegenstände umsatzsteuerrechtlich verfügungsberechtigt. Auch die Fiktion des § 3 Abs. 3 UStG 1994 ändert daran nichts, weil sich diese nur auf den Zeitpunkt und nicht auf den Ort der Lieferung bezieht.

- abweichend davon erfolgt diese Lieferung nach § 3 Abs. 3 in Verbindung mit § 3 Abs. 9 UStG 1994 im Inland, wenn der Kommittent Schuldner der Einfuhrumsatzsteuer wird. Im Zeitpunkt der Einfuhr der eingeführten Gegenstände ist der Kommittent noch umsatzsteuerrechtlich über den eingeführten Liefergegenstand verfügungsberechtigt und kann beim Vorliegen der weiteren Voraussetzungen allenfalls den Vorsteuerabzug aus der Einfuhrumsatzsteuer geltend machen (siehe hierzu auch Rz 1852).

Dies gilt unabhängig davon, ob der Kommittent oder der Kommissionär die Warenbewegung vornimmt oder vornehmen lässt.

1.3.2 Sonderfall bei Beförderungs- und Versendungslieferungen

1852 In den Fällen des § 3 Abs. 9 UStG 1994 wird der Ort der Lieferung in das Einfuhrland verlegt, wenn der Lieferer oder sein Beauftragter Schuldner der EUSt ist. Dies ist der Fall, wenn die **Lieferkondition „verzollt und versteuert"** lautet und somit die Anmeldung durch den Lieferer oder dessen Beauftragten erfolgt. Zum Abzug der EUSt ist diesfalls der Lieferer berechtigt.

Randzahl 1853: Derzeit frei.

1.3.3 EUSt-Abzug bei Werklieferungen ausländischer Unternehmer

1854 Bei Werklieferungen durch ausländische Unternehmer ist im Zeitpunkt der Einfuhr der Bestandteile noch der leistende ausländische Unternehmer verfügungsberechtigt. Dieser wäre somit nach allgemeinen Grundsätzen zum Abzug der auf die eingeführten Bestandteile entfallenden EUSt berechtigt.

Randzahl 1855: Derzeit frei.

1855a Nach § 2 der VO des BMF, BGBl. II Nr. 584/2003, kann statt des ausländischen Werklieferers der Empfänger der Werklieferung den Abzug der Einfuhrumsatzsteuer als Vorsteuer unter folgenden Voraussetzungen geltend machen:
- Ein Unternehmer, der im Inland weder Wohnsitz (Sitz) noch seinen gewöhnlichen Aufenthalt oder eine Betriebsstätte hat,
- erbringt im Inland eine Werklieferung (§ 3 Abs. 4 UStG 1994),
- führt Bestandteile des herzustellenden Werkes aus dem Drittlandsgebiet in das Inland ein,
- legt über diese Bestandteile eine gesonderte Rechnung ohne USt-Ausweis und
- die Einfuhrumsatzsteuer wurde vom Leistungsempfänger oder für dessen Rechnung entrichtet.

Da die Bestandteile auf Grund der Fiktion des § 2 der VO BGBl. II Nr. 584/2003 bereits als für das Unternehmen des Empfängers der Werklieferung eingeführt gelten, umfasst die Rechnung des ausländischen Unternehmers über die Werklieferung nicht die einführten Bestandteile. Hinsichtlich dieser Werklieferung (Restlieferung: Werklieferung abzüglich eingeführter Bestandteile) kommt es gemäß § 19 Abs. 1 zweiter Unterabsatz UStG 1994 zum Übergang der Steuerschuld, nicht jedoch hinsichtlich des auf die eingeführten Bestandteile entfallenden Entgeltes.

1.3.4 Reihengeschäft bzw. inländische Lohnveredler und Werklieferer
Reihengeschäft

Randzahl 1856: Derzeit frei.

1856a Nach § 1 der VO des BMF, BGBl. II Nr. 584/2003 darf bei Lieferungen im Rahmen eines Reihengeschäftes aus dem Drittland in das Inland nicht der bei der Einfuhr Verfügungsberechtigte die Einfuhrumsatzsteuer als Vorsteuer abzuziehen, sondern der letzte Abnehmer, wenn er Schuldner der Einfuhrumsatzsteuer ist. Folgende Voraussetzungen müssen vorliegen:

Es liegt ein Reihengeschäft mit drei Beteiligten vor, das in der Weise erfüllt wird, dass der erste Unternehmer oder der erste Abnehmer dem letzten Abnehmer in der Reihe unmittelbar die Verfügungsmacht an dem Gegenstand verschafft.

Die Lieferung ist gemäß § 1 Abs. 2 der zitierten Verordnung steuerfrei. Das ist dann der Fall, wenn

- der erste Abnehmer in der Reihe im Inland weder einen Wohnsitz (Sitz) noch seinen gewöhnlichen Aufenthalt oder eine Betriebsstätte hat und im Inland nicht zur Umsatzsteuer erfasst ist,
- der letzte Abnehmer in der Reihe hinsichtlich einer für diese Lieferung in Rechnung gestellten Umsatzsteuer gemäß § 12 UStG 1994 zum vollen Vorsteuerabzug berechtigt wäre und
- über diese Lieferung keine Rechnung ausgestellt wird, in der die Umsatzsteuer gesondert ausgewiesen ist.

Die Steuerbefreiung schließt vom Vorsteuerabzug aus.

Ändert sich nachträglich eine der oben geforderten Voraussetzungen, so entfällt die Steuerfreiheit. Die Steuerpflicht tritt für jenen Veranlagungszeitraum ein, in dem die Voraussetzung für die Steuerfreiheit weggefallen ist. Auch der Vorsteuerabzug ist in diesem Veranlagungszeitraum zu berichtigen.

Beispiel:
Ö in Österreich bestellt Waren bei CH1 in der Schweiz, der diese bei CH2 in der Schweiz bezieht. Vereinbarungsgemäß versendet CH2 „unversteuert" direkt an Ö. CH2 liefert an CH1 in der Schweiz (§ 3 Abs. 8 UStG 1994). CH1 liefert an Ö gemäß § 3 Abs. 7 UStG 1994 steuerpflichtig in Österreich. CH1 hat in Österreich weder einen Wohnsitz (Sitz) noch seinen gewöhnlichen Aufenthalt oder eine Betriebsstätte und ist auch nicht zur Umsatzsteuer erfasst. Ö wird Schuldner der EUSt. Liefert CH1 ohne USt-Ausweis an Ö, so ist nicht CH1, sondern Ö als Schuldner der EUSt zum Vorsteuerabzug berechtigt.

EUSt-Abzug durch inländische Lohnveredler und Werklieferer

1857 Wenn ein ausländischer Auftraggeber (im Sinne des § 8 Abs. 2 UStG 1994) einem inländischen Unternehmer einen Gegenstand zur Be- oder Verarbeitung oder zur Ausführung einer Werkleistung oder Werklieferung überlässt, wäre nach allgemeinen Grundsätzen der ausländische Unternehmer bei der Einfuhr über den beigestellten Gegenstand verfügungsberechtigt. Ihm stünde im Fall des Entstehens einer EUSt-Schuld der Vorsteuerabzug zu.

1858 Unter folgenden Voraussetzungen darf der **inländische Unternehmer** die auf die beigestellten Gegenstände entfallende und von ihm oder auf seine Rechnung **entrichtete EUSt als Vorsteuer abziehen**:
- Wiederausfuhr des Gegenstandes nach erfolgter Be- oder Verarbeitung (ausgenommen die üblicherweise anfallenden Abfälle).
- Ausfuhrnachweis darüber im Sinne des § 7 Abs. 2 bis 5 UStG 1994.
- Getrennte Aufzeichnung der für die beigestellten Gegenstände entrichteten EUSt.
- Der Beleg über die Entrichtung der EUSt muss beim inländischen Unternehmer bleiben.
- Nachweis der genannten Voraussetzungen durch den inländischen Unternehmer.
- Mitteilung an das zuständige Finanzamt anlässlich der erstmaligen Anwendung dieser Regelung.
- Der inländische Unternehmer hat auf dem Beleg über die Entrichtung der EUSt anzumerken, dass er von dieser Regelung Gebrauch macht und für welchen Voranmeldungszeitraum die EUSt als Vorsteuer abgezogen wurde.

1859 Sollte der beigestellte Gegenstand in weiterer Folge **im Inland verbleiben**, ist ein eventuell bereits vorgenommener EUSt-Abzug vom inländischen Unternehmer rückgängig zu machen. Diesfalls darf der ausländische Unternehmer bei Vorliegen der Voraussetzungen des § 12 UStG 1994 die EUSt als Vorsteuer abziehen.

EUSt-Abzug bei kostenpflichtigen Reparaturen in fremdem Auftrag

1859a Lässt ein Unternehmer auftragsgemäß Gegenstände, über die er umsatzsteuerrechtlich nicht verfügungsberechtigt ist, in einem Drittland kostenpflichtig reparieren, kann er die bei der Wiedereinfuhr anfallende EUSt dann als Vorsteuer abziehen, wenn folgende Voraussetzungen erfüllt sind:

§ 12 UStG

- die Weiterverrechnung der Reparaturkosten unterliegt der (inländischen oder ausländischen) Umsatzsteuer
- über das Vorliegen dieses Umstandes wird ein Nachweis erbracht
- es liegt ein Reparaturauftrag vor
- über die entrichtete EUSt liegen getrennte Aufzeichnungen vor
- der Beleg über die Entrichtung der EUSt muss beim inländischen Unternehmer bleiben
- der Unternehmer vermerkt auf dem Beleg über die Entrichtung der EUSt, dass er von dieser Regelung Gebrauch macht und für welchen Voranmeldungszeitraum die EUSt als Vorsteuer abgezogen wurde
- das Vorliegen sämtlicher Voraussetzungen wird durch diesen Unternehmer nachgewiesen
- anlässlich der erstmaligen Anwendung dieser Regelung erfolgt eine Mitteilung an das zuständige Finanzamt.

1.3.5 Entrichtung der EUSt

1860   Nur die auf Grund des § 1 Abs. 1 Z 3 UStG 1994 entrichtete Einfuhrumsatzsteuer darf als Vorsteuer abgezogen werden. Der Abzug anderer Eingangsabgaben oder Nebenansprüche ist nicht zulässig.

Zum Abzug einer auf dem Finanzamtskonto verbuchten Einfuhrumsatzsteuer siehe § 12 Rz 1874a bis Rz 1874e.

1861   Entrichtet ist die EUSt, wenn sie die **Zollbehörde erhalten** hat. Eine gestundete EUSt ist nicht entrichtet und eine Sicherheitsleistung ist nicht ausreichend.

1862   Gleichgültig ist, wer die EUSt entrichtet hat. Der Abzug der EUSt ist auch zulässig, wenn der Vorlieferer oder ein Beauftragter Schuldner der EUSt ist.

1.3.6 Nachweisführung und erforderliche Belege

1863   Der Unternehmer muss grundsätzlich neben der Bemessungsgrundlage der eingeführten Gegenstände und der entrichteten EUSt auch den **Tag der Entrichtung** fortlaufend aufzeichnen (siehe § 18 Abs. 2 Z 6 UStG 1994). Es ist ausreichend, wenn der Unternehmer die EUSt unter Hinweis auf die Belege aufzeichnet, aus denen sich die Bemessungsgrundlage, die EUSt und der Zeitpunkt der Entrichtung ergibt.

1864   Der Nachweis der Höhe der Bemessungsgrundlage und der festgesetzten Einfuhrumsatzsteuer **muss** mittels eines zollamtlichen Originalbeleges (zB Abgabenbescheid, Beschwerdevorentscheidung udgl.) erfolgen.

1865   Hinsichtlich des Nachweises des Entrichtungstages kommen zB ein zollamtlicher Quittungsvermerk, ein Einzahlungsbeleg mit **MRN (= Movement Reference Number)** bzw. dem erfassten Zeitraum oder ein Abgabenbescheid (= zB Mitteilung nach Art. 102 der Verordnung (EU) Nr. 952/2013 zur Festlegung des Unionszollkodex (UZK), ABl. Nr. L 269 vom 10.10.2013 S. 1; [bis 30.4.2016: Mitteilung nach Art. 221 ZK], in welcher der Abgabenbetrag detailliert ausgewiesen wird) mit Entrichtungsvermerk des Spediteurs in Betracht.

1866   Die **Mitteilung nach Art. 102 UZK (bis 30.4.2016:** Mitteilung nach Art. 221 ZK) erhält der Anmelder (bei Anmeldung/indirekt ist dies der Spediteur) mit **der Buchungsmitteilung** (aus der der Tag der Entrichtung hervorgeht). Da nur eine entrichtete Einfuhrumsatzsteuer abgezogen werden kann, benötigt der Empfänger der Lieferung eine Erklärung des Spediteurs, der über ein Zahlungsaufschubkonto verfügt bzw. der Post, dass die geschuldete Einfuhrumsatzsteuer bis zum 15. des Folgemonats beim **zuständigen Zollamt** entrichtet wird. Der Leistungsempfänger kann sich die Einfuhrumsatzsteuer dann für den Monat der tatsächlichen Entrichtung abziehen.

1867   Ein Beleg, in dem die gesamten Eingangsabgaben in einem pauschalierten Satz in einer Summe angegeben sind, reicht für die Vornahme des Vorsteuerabzuges nicht aus.

1868   In bestimmten Fällen werden durch das Zollamt auch Ersatzbelege ausgestellt, die diesfalls als Nachweis gelten.

Randzahl 1869: Derzeit frei.

1.3.7 Nachträgliche Korrekturen der EUSt

1870 Eine zusätzlich vorgeschriebene EUSt ist nach allgemeinen Grundsätzen abzugsfähig.

1871 Bei einer **Minderung der EUSt** ist ein Anwendungsfall des § 16 Abs. 4 UStG 1994 gegeben. Die Korrektur ist für den Voranmeldungs-Zeitraum vorzunehmen, in dem der Unternehmer wieder über die EUSt-Beträge verfügen kann.

1.3.8 Pauschalierung bei land- und forstwirtschaftlichen Betrieben

1872 Die in § 22 UStG 1994 vorgesehenen Pauschal-Steuersätze für Umsätze von nichtbuchführungspflichtigen Unternehmen, die Umsätze im Rahmen eines **land- und forstwirtschaftlichen Betriebes** ausführen, gelten nicht für die Einfuhr. Die Einfuhr zählt zwar zu den in § 1 UStG 1994 aufgezählten Umsätzen, wirtschaftlich handelt es sich aber um einen Umsatz an den land- und forstwirtschaftlichen Betrieb. Die EUSt wird nach allgemeinen Kriterien festgesetzt. Ein Abzug der EUSt als Vorsteuer kommt auf Grund der Pauschalierung nicht in Betracht.

1.3.9 Nichtannahme des Liefergegenstandes

1873 Wird ein Gegenstand durch Beförderung oder Versendung aus dem Drittland in das Inland geliefert, geht grundsätzlich gemäß § 3 Abs. 8 UStG 1994 die umsatzsteuerrechtliche Verfügungsmacht auf den Abnehmer am Abgangsort im Drittland über. Voraussetzung hiefür ist, dass es überhaupt zu einer Lieferung kommt. Verweigert der vorgesehene Abnehmer aber in weiterer Folge die Annahme des eingeführten Gegenstandes (zB wegen Lieferverzugs oder Qualitätsmängel) kommt es zu keiner Lieferung (VwGH 4.10.1973, 351/73). **Verfügungsberechtigt bleibt der Versender** und nur dieser darf die entrichtete EUSt als Vorsteuer abziehen.

1874 Eine andere Beurteilung ergibt sich, wenn der Abnehmer den eingeführten Gegenstand zunächst angenommen und erst in weiterer Folge zurückgewiesen hat. In diesem Fall war der Abnehmer bei der Einfuhr über den Gegenstand verfügungsberechtigt.

1.3.10 Einfuhrumsatzsteuer – Entrichtung über das Abgabenkonto

1874a Bei Vorliegen folgender Voraussetzungen (§ 26 Abs. 3 Z 2 UStG 1994) kann die geschuldete und auf dem Abgabenkonto verbuchte Einfuhrumsatzsteuer als Vorsteuer abgezogen werden:

- Die Einfuhrumsatzsteuerschuld ist nach **Art. 77 UZK (bis 30.4.2016: Art. 201 Zollkodex)** entstanden. Bei diesen Fällen handelt es sich um die ordnungsgemäße Überführung einer einfuhrabgabenpflichtigen Ware in den zollrechtlich freien Verkehr. Entsteht die Einfuhrumsatzsteuerschuld nach **Art. 79 UZK (bis 30.4.2016: Art. 202 ff Zollkodex)** (zB eine einfuhrabgabenpflichtige Ware wird vorschriftswidrig in das Zollgebiet der Gemeinschaft verbracht oder eine einfuhrabgabenpflichtige Ware wird der zollamtlichen Überwachung entzogen), ist die **Entrichtung über das Abgabenkonto** ausgeschlossen.
- Es darf sich um keine nachträgliche Berichtigung handeln, auch wenn hier die Steuerschuld nach **Art. 77 UZK (bis 30.4.2016: Art. 201 Zollkodex)** entstanden ist. Nachträgliche Berichtigungen (zB EUSt-Schuld erhöht sich aufgrund einer zollrechtlichen Überprüfung oder vermindert sich aufgrund eines Rechtsmittelverfahrens) sind wie bisher abzuwickeln.
- Der Schuldner der Einfuhrumsatzsteuer ist Unternehmer (§ 2 UStG 1994), im Inland zur Umsatzsteuer erfasst und die Gegenstände werden für sein Unternehmen eingeführt. Ob die Gegenstände „für sein Unternehmen eingeführt werden", richtet sich nach § 12 UStG 1994.
- Für Gegenstände, die nicht für das Unternehmen eingeführt werden (zB der Unternehmer führt Gegenstände für den privaten Bedarf ein), **ist die Entrichtung über das Abgabenkonto nicht möglich (siehe auch Rz 1874e)**.

§ 12 UStG

- Gelten die Gegenstände hingegen gemäß § 12 UStG 1994 für das Unternehmen eingeführt (zB ein Gegenstand wird [auch] für unecht befreite Umsätze verwendet oder ein Gegenstand wird teilweise privat genutzt), **ist die Entrichtung über das Abgabenkonto zulässig.**
- Der Schuldner der Einfuhrumsatzsteuer **muss bereits bei Einreichung** der Zollanmeldung **die Entrichtung über das Abgabenkonto erklären.**

1874b Liegen die unter **Rz** 1874a genannten Voraussetzungen vor, ist für die Einhebung und zwangsweise Einbringung der Einfuhrumsatzsteuer nicht mehr das Zollamt, sondern das Finanzamt zuständig, und zwar jenes Finanzamt, das für die Erhebung der Umsatzsteuer des Unternehmers zuständig ist.

Diese Zuständigkeitsverlagerung betrifft nicht das Festsetzungsverfahren, dh. für die Annahme der Zollanmeldung und für die Festsetzung der Einfuhrumsatzsteuer ist auch **bei der Entrichtung über das Abgabenkonto** das Zollamt zuständig.

Die Einbuchung der Einfuhrumsatzsteuer-Schuld erfolgt jedoch nicht auf dem Zollamtskonto, sondern monatsweise auf dem Finanzamtskonto des Unternehmers. Es werden alle Einfuhrumsatzsteuerschuldigkeiten, die in einen Kalendermonat fallen, zusammengefasst in einem Betrag eingebucht. Die Einfuhrumsatzsteuer wird am 15. des Kalendermonates, der dem Tag der Verbuchung auf dem Abgabenkonto folgt, fällig.

Beispiel:

Der Unternehmer tätigt je eine Einfuhr von Waren am 5., am 12., und am 25. Oktober, wobei als Anmelder drei verschiedene Spediteure als indirekte Vertreter auftreten. Es entstehen Einfuhrumsatz**steuer**schuldigkeiten in Höhe von 200 Euro, 300 Euro und 40 Euro. In den Zollbescheiden (**Mitteilungen nach Art. 102 UZK [bis 30.4.2016:** Mitteilungen nach Art. 221 Zollkodex]) wird diese EUSt zwar ausgewiesen, sie ist jedoch im zu entrichtenden Gesamtbetrag an Eingangsabgaben nicht enthalten.

Auf dem Finanzamtskonto des Unternehmers wird der EUSt-Gesamtbetrag für den Kalendermonat Oktober in Höhe von 900 Euro Ende November/Anfang Dezember eingebucht. Dieser Betrag ist am 15. Dezember fällig. Zum gleichen Zeitpunkt wird auch die als Vorsteuer abziehbare EUSt für Oktober wirksam. Bei voller Vorsteuerabzugsberechtigung des Unternehmers kann dieser somit einen EUSt-Vorsteuerabzug in Höhe von 900 Euro geltend machen, sodass sich im Ergebnis keine EUSt-Belastung ergibt.

Damit der Unternehmer die auf seinem Abgabenkonto jeweils für einen Monat eingebuchte Einfuhrumsatzsteuer-Schuld nachvollziehen kann, wird ihm von der Zollverwaltung monatlich eine Aufstellung übermittelt, in der unter Hinweis auf die jeweiligen Einfuhrabfertigungen bzw. Sammelanmeldungen die in einem Monat entstandenen Einfuhrumsatzsteuer-Schuldigkeiten detailliert angeführt sind.

1874c Die Vorsteuer betreffend die Einfuhrumsatzsteuer, die **über das Abgabenkonto entrichtet** wird, wird zum gleichen Zeitpunkt wirksam, in dem die Einfuhrumsatzsteuer fällig wird. Die zB in den Kalendermonat Oktober fallenden Einfuhrumsatzsteuer-Schuldigkeiten werden Ende November/Anfang Dezember auf dem Finanzamtskonto eingebucht und am 15. Dezember fällig. Die entsprechende Einfuhrumsatzsteuer-Vorsteuer wird somit am 15. Dezember wirksam. Dies gilt – im Gegensatz zu den übrigen Vorsteuern – auch, wenn die UVA zu einem früheren Zeitpunkt (zB bereits am 2. November) beim Finanzamt eingereicht wird.

1874d Nach den zollrechtlichen Bestimmungen sind bei der indirekten Vertretung sowohl der Anmelder (Spediteur) als auch der Vertretene Schuldner der Einfuhrabgaben. In den Fällen des § 26 Abs. 3 Z 2 UStG 1994 geht jedoch die gesamte Gebarung auf das Finanzamtskonto über, sodass der Anmelder keine Kontrollmöglichkeit über die Entrichtung der EUSt mehr hat. Es gilt daher Folgendes: Im Falle der indirekten Vertretung wird der Anmelder nicht als Schuldner der Einfuhrumsatzsteuer herangezogen, wenn dem Anmelder ein schriftlicher Auftrag des Vertretenen zur Anwendung der Regelung des § 26 Abs. 3 Z 2 UStG 1994 vorliegt.

Gibt der zur Anwendung der Regelung des § 26 Abs. 3 Z 2 UStG 1994 beauftragte indirekte Vertreter seinerseits einem anderen Unternehmer, der als indirekter Vertreter auftritt, den Auftrag zur Anwendung des § 26 Abs. 3 Z 2 UStG 1994 weiter (zB ein Spediteur beauftragt die ÖBB zur Abfertigung der Ware), so wird auch dieser nicht als Schuldner der EUSt herangezogen, wenn er die Beauftragung mit seinen Unterlagen belegen kann.

Diese Sonderregelung gilt nicht, wenn der Zollanmeldung unrichtige Angaben zugrunde liegen und der Anmelder wusste oder vernünftigerweise hätte wissen müssen, dass die Angaben unrichtig sind.

1874e In der Regel ist der Einfuhrumsatzsteuer-Schuldner auch derjenige, für dessen Unternehmen der Gegenstand eingeführt wird und somit der Vorsteuerabzugsberechtige hinsichtlich der Einfuhrumsatzsteuer. **Die Vereinfachungsregelung des § 26 Abs. 3 Z 2 UStG 1994 (Entrichtung der EUSt über das Abgabenkonto) kann daher zur Anwendung gelangen.**

Ist hingegen in Sonderfällen der Einfuhrumsatzsteuer-Schuldner nicht derjenige, für dessen Unternehmen nach umsatzsteuerrechtlichen Grundsätzen der Gegenstand eingeführt wird, kann die **Vereinfachungsregelung des § 26 Abs. 3 Z 2 UStG 1994 (Entrichtung der EUSt über das Abgabenkonto)** nicht zur Anwendung kommen.

Beispiel:

Der Unternehmer S, Salzburg, bestellt Ware bei W, Wien, und dieser bei B, Bern. Die Ware wird direkt von B, Bern, zu S, Salzburg, versendet.

S lässt die Maschine in Österreich zum freien Verkehr abfertigen und ist daher Schuldner der EUSt.

Der Ort der Lieferung des B an W ist gemäß § 3 Abs. 8 UStG 1994 Bern. Der Ort der Lieferung des W an S ist gemäß § 3 Abs. 7 UStG 1994 Salzburg. W ist bei Zutreffen der Voraussetzungen zum Vorsteuerabzug hinsichtlich der EUSt berechtigt (W hat im Zeitpunkt des Grenzübertritts die umsatzsteuerrechtliche Verfügungsmacht).

Die Vereinfachungsregelung des § 26 Abs. 3 Z 2 UStG 1994 kann nicht zur Anwendung kommen, da nicht derselbe Unternehmer, der die EUSt schuldet, vorsteuerabzugsberechtigt ist.

Bei Anwendung des § 1 der VO BGBl. II Nr. 584/2003 kann der vorsteuerabzugsberechtigte Unternehmer als derjenige Unternehmer im Sinne des § 26 Abs. 3 Z 2 UStG 1994 angesehen werden, für dessen Unternehmen die Gegenstände eingeführt werden. Die **Entrichtung der EUSt über das Abgabenkonto ist** daher **möglich**. Dasselbe gilt bei Vorliegen der Voraussetzungen der **Rz** 1858 für den inländischen Lohnveredler und Werklieferer sowie bei Vorliegen der Voraussetzungen der **Rz** 1859a für den Unternehmer, der Reparaturen im Drittland durchführen lässt (jeweils ausgenommen der Voraussetzungen, die sich auf die Entrichtung der Einfuhrumsatzsteuer beziehen).

1.4 Übergang der Steuerschuld

1875 Beim Übergang der Steuerschuld schuldet der Leistungsempfänger die Umsatzsteuer (siehe Rz 2606 bis 2624). Der Leistungsempfänger darf – bei Vorliegen der weiteren Voraussetzungen – zum selben Zeitpunkt (für denselben Voranmeldungszeitraum, in dem die Steuerschuld entsteht) diese USt als Vorsteuer abziehen, sodass es bei zu vollem Vorsteuerabzug berechtigten Unternehmern zu keiner (auch nicht zu einer vorübergehenden) Umsatzsteuerbelastung kommt. Dies gilt auch, wenn die Steuer nachträglich, zB im Zuge einer finanzbehördlichen Prüfung, festgesetzt wird.

In den Fällen des Übergangs der Steuerschuld steht auch bei Versteuerung nach vereinnahmten Entgelten (§ 17 UStG 1994) der Vorsteuerabzug für denselben Voranmeldungszeitraum zu, in dem die Steuerschuld entsteht, unabhängig vom Zeitpunkt der Bezahlung der Leistung.

1876 Eine Rechnung mit gesondertem Ausweis der Umsatzsteuer (diese würde auf Grund der Rechnungslegung geschuldet; siehe Rz 2602 bis Rz 2605) ist hiefür nicht erforderlich.

§ 12 UStG

In den Fällen des Übergangs der Steuerschuld ist der Leistungsempfänger zum Vorsteuerabzug unabhängig davon berechtigt, ob die Rechnung ordnungsgemäß ausgestellt oder ob überhaupt eine Rechnung ausgestellt wurde (EuGH 01.04.2004, Rs C-90/02, Bockemühl), so wie auch Aufzeichnungs- und Erklärungsfehler den Vorsteuerabzug nicht hindern können (EuGH 08.05.2008, Rs C-95/07, Rs C-96/07, *Ecotrade*).

1.5 Verlust des Vorsteuerabzugs bei Umsatzsteuerhinterziehungen

1877 Gemäß § 12 Abs. 1 Z 1 UStG 1994 bzw. ab 15.8.2015 gemäß § 12 Abs. 14 UStG 1994 entfällt das Recht auf Vorsteuerabzug, wenn die Lieferung oder die sonstige Leistung an einen Unternehmer ausgeführt wurde, der wusste oder wissen musste, dass der betreffende Umsatz im Zusammenhang mit Umsatzsteuerhinterziehungen oder sonstigen, die Umsatzsteuer betreffenden Finanzvergehen steht. Dies gilt insbesondere auch, wenn ein solches Finanzvergehen einen vor- oder nachgelagerten Umsatz betrifft.

Der Vorsteuerabzug entfällt auch dann, wenn nicht der direkte Lieferant, sondern ein Vorlieferant den Umsatzsteuerbetrug begangen hat (siehe VwGH 26.03.2014, 2009/13/0172).

Die Versagung des Vorsteuerabzuges gemäß § 12 UStG 1994 wegen „wissen müssen" um den Umsatzsteuerbetrug in der Lieferantenkette hat lediglich klarstellende Bedeutung und gilt bereits vor Inkrafttreten des AbgSiG 2007 (siehe VwGH 26.03.2014, 2009/13/0172).

Randzahlen 1878 bis 1900: Derzeit frei.

2. Leistungen für Zwecke des Unternehmens

1901 Eine Leistung wird grundsätzlich an den erbracht, der aus dem **schuldrechtlichen Vertragsverhältnis**, das dem Leistungsverhältnis zu Grunde liegt, berechtigt oder verpflichtet ist. Wird in der Rechnung ein anderer bezeichnet als der Leistungsempfänger, ist grundsätzlich kein Vorsteuerabzug zulässig (Ausnahme: siehe § 13 UStG 1994).

2.1 Allgemeines

1902 Leistungen gelten zur Gänze als für das Unternehmen ausgeführt, wenn sie zu mindestens 10 % unternehmerischen Zwecken dienen. Davon abweichend kann ab 1.1.2000 auch nur der unternehmerisch genutzte Teil dem Unternehmen zugeordnet werden (außer die Geringfügigkeitsgrenze von 10 % wird nicht erreicht) bzw. ein gemischt genutzter Gegenstand zur Gänze dem nichtunternehmerischen Bereich zugeordnet werden.

Ordnet der Unternehmer nur den tatsächlich unternehmerisch genutzten Teil eines Gegenstandes dem Unternehmen zu, ist diese Tatsache dem Finanzamt bis zum Ablauf des Veranlagungszeitraumes, in dem die Vorleistungen angefallen sind, schriftlich mitzuteilen. Erfolgt die Innutzungnahme des Gegenstandes (zB Gebäude) erst in einem späteren Veranlagungszeitraum, verlängert sich die Frist bis zum Ablauf dieses Veranlagungszeitraumes. Eine spätere Änderung der Zuordnung ist nicht zulässig.

Beispiel:

Ein Unternehmer verwendet einen PC zu 60 % unternehmerisch und zu 40 % privat. Er hat die Möglichkeit, den PC zur Gänze (100 % Vorsteuerabzug, 40 % Eigenverbrauch), zu 60% (60 % Vorsteuerabzug, kein Eigenverbrauch), dem Unternehmensbereich oder zur Gänze dem nichtunternehmerischen Bereich (kein Vorsteuerabzug, kein Eigenverbrauch, kein Hilfsgeschäft) zuzuordnen.

Wird der PC nur zB zu 5 % unternehmerisch genutzt, ist eine Zuordnung zum Unternehmensbereich und somit ein Vorsteuerabzug nicht zulässig.

Zur Privatnutzung von Gebäuden siehe Rz 1919a ff.; zu Körperschaften siehe Rz 1912b.

1903 Zu beachten ist, dass im Falle der Zuordnung entsprechend der tatsächlichen Verwendung eine **nachträgliche Verwendungsänderung zu keiner positiven Vorsteuerkorrektur** berechtigt.

Beispiel:
Der Unternehmer nutzt den zu 60 % dem Unternehmensbereich zugeordneten PC im Folgejahr zu 80 % unternehmerisch. Eine Vorsteuerkorrektur zu Gunsten des Unternehmers (§ 12 Abs. 10 UStG 1994) ist nicht zulässig.

Randzahlen 1904 bis 1912: Derzeit frei.

2.2

Derzeit frei.

Randzahl 1912a: Derzeit frei.

2.3 Körperschaften

1912b Körperschaften des öffentlichen Rechts darf der Vorsteuerabzug insoweit nicht gewährt werden, als Leistungen dem hoheitlichen Bereich dienen (vgl. **VwGH 30.6.2015, 2011/15/0163** bzw. VwGH 24.6.2009, 2007/15/0192 zu Gebäuden). Für die Vorsteueraufteilung ist ein Maßstab zu wählen, der im Einzelfall zu einem möglichst sachgerechten Ergebnis führt, wie zB in Anlehnung an das Hallenschwimmbaderkenntnis (VwGH 24.4.1980, 2730/77; vgl. auch VwGH 29.1.2014, 2010/13/0006) das zeitliche Nutzungsverhältnis bzw. bei räumlicher Trennbarkeit nach dem Verhältnis der Nutzflächen. Zulässig ist jede Methode, die eine wirtschaftlich zutreffende Zuordnung der Vorsteuerbeträge zum Hoheitsbereich bzw. zum unternehmerischen Bereich der Körperschaften des öffentlichen Rechts gewährleistet (EuGH 12.2.2009, Rs C-515/07, VNLTO, mit Verweis auf EuGH 13.3.2008, Rs C-437/06, *Securenta*).

Soweit eine Körperschaft eine Leistung teilweise für nicht unternehmerische, aber nicht unternehmensfremde Zwecke (zB satzungsmäßige Zwecke eines Vereines) und teilweise für unternehmerische Zwecke bezieht, ist der Vorsteuerabzug aufzuteilen und steht daher nur für den unternehmerischen Teil zu. Ein Eigenverbrauch liegt insoweit nicht vor (EuGH 12.2.2009, Rs C-515/07, *VNLTO*; EuGH 10.9.2014, Rs C-92/13, *Gemeente's-Hertogenbosch*, sowie VwGH **30.6.2015, 2011/15/0163**).

Zur Behandlung einer verdeckten Gewinnausschüttung im Zusammenhang mit einer „privaten" Gebäudenutzung vgl. Rz 1929.

Randzahl 1913: Derzeit frei.

2.4 Ertragsteuerlich nicht abzugsfähige Aufwendungen

1914 Kraft gesetzlicher Fiktion gelten die in § 12 Abs. 2 Z 2 UStG 1994 genannten Lieferungen, sonstigen Leistungen und Einfuhren nicht als für das Unternehmen ausgeführt, auch wenn sie tatsächlich für das Unternehmen erfolgen.

1915 Diese Leistungsbezüge sind somit nicht dem Unternehmensbereich zuzuordnen. Die Lieferung derartiger Gegenstände ist **nicht steuerbar** und ihre Verwendung für nichtunternehmerische Zwecke löst **keine Eigenverbrauchsbesteuerung** aus.

2.4.1 Allgemeines, Anwendungsbereich, Überwiegen, vertretbare und teilbare Sachen, Verhältnis zum Eigenverbrauch

1916 Von § 12 Abs. 2 Z 2 lit. a UStG 1994 sind nur jene Aufwendungen erfasst, die zwar für Zwecke des Unternehmens erfolgen, aber auf Grund der genannten ertragsteuerlichen Vorschriften vom Abzug ausgeschlossen sind.

1917 Der Vorsteuerabzug ist zur Gänze ausgeschlossen, wenn im Zeitpunkt der Leistung (Einfuhr) an den Unternehmer bereits feststeht, dass das Entgelt für die Leistung **überwiegend nichtabzugsfähig** im Sinne der genannten ertragsteuerlichen Vorschriften ist.

1918 Nur bei der Lieferung oder Einfuhr **vertretbarer oder teilbarer Sachen** hat eine Aufteilung der Vorsteuer nach Maßgabe der ertragsteuerlichen Abzugsfähigkeit des Entgeltes zu erfolgen.

1919 Soweit die Aufwendungen zum Zeitpunkt des Leistungsbezuges (der Einfuhr) noch nicht als nichtabzugsfähige Aufwendungen qualifiziert werden können und sich erst nachträglich die Nichtabzugsfähigkeit herausstellt, liegt Eigenverbrauch vor.

2.4.2 Ertragsteuerliche Bestimmungen
Aufwendungen für die private Lebensführung (§ 20 Abs. 1 Z 1 bzw. Z 2 lit. a EStG 1988 idF zum 1. Jänner 1995)

1919a Aufwendungen des Unternehmers für die seinen privaten Wohnzwecken dienende Wohnung stellen nicht abzugsfähige Aufwendungen der Lebensführung dar (VwGH 26.03.2007, 2005/14/0091) und sind so hin vom Vorsteuerabzug ausgeschlossen. Dies gilt auch für Gebäude, bei welchen einzelne Bereiche (Räume) überwiegend Wohnzwecken des Unternehmers gewidmet sind („klassische Privatnutzung") und andere Bereiche unternehmerischen Zwecken dienen (VwGH 28.05.2009, 2009/15/0100, VwGH 24.06.2009, 2009/15/0104). Die Bestimmung ist im gesamten Geltungsbereich des UStG 1994, also auch ab 2004, anzuwenden (siehe VwGH 28.06.2012, 2009/15/0222).

Die 10%-Grenze des § 12 Abs. 2 Z 1 UStG 1994 für den Anteil der unternehmerischen Nutzung am Gesamtgebäude ist bei Anwendbarkeit des § 12 Abs. 2 Z 2 lit. a UStG 1994 nicht anzuwenden (siehe VwGH 28.06.2012, 2009/15/0217).

Beispiel:

Ein Unternehmer errichtet im Jahr 2006 ein Einfamilienhaus mit Büroraum. Der Büroraum beträgt 7% der Nutzfläche des Gebäudes und wird ausschließlich zur Erzielung von steuerpflichtigen Umsätzen genutzt. Der Rest des Gebäudes dient privaten Wohnzwecken.

Der Vorsteuerabzug für die privat genutzten Räume ist ausgeschlossen (zur Berechnung siehe Rz 1919b). Der Vorsteuerabzug für den Büroraum (7%) steht – trotz Nichterreichens der 10%-Grenze des § 12 Abs. 2 Z 1 UStG 1994 – zu.

Auf Gebäude, die nicht unter den Anwendungsbereich des § 12 Abs. 2 Z 2 lit. a UStG 1994 fallen, ist die 10%-Grenze des § 12 Abs. 2 Z 1 UStG 1994 anwendbar (siehe Rz 1902).

Zum Vorsteuerausschluss wegen eines nicht steuerbaren Verwendungseigenverbrauchs bei Gebäuden ab 1.5.2004 siehe Rz 481.

Zur „klassischen Privatnutzung" durch einen Gesellschafter, der den privaten Wohnraum von einer Kapitalgesellschaft zur Verfügung gestellt bekommt, siehe Rz 1929.

1919b Für die Aufteilung eines solcherart gemischt genutzten Gebäudes ist zunächst jeder Raum als betrieblicher oder als privater Raum einzustufen. Diese Einstufung erfolgt nach dem Überwiegen der betrieblichen oder privaten Nutzung des Raumes. Die Aufteilung des Gebäudes ergibt sich sodann aus dem Verhältnis der Summe der Nutzflächen der auf diese Weise ermittelten betrieblichen Räume zur Summe der Nutzflächen der auf diese Weise ermittelten privaten Räume. Räume, die von vornherein gemeinschaftlichen Zwecken dienen (zB Heizraum, Tankraum, Stiegenhaus), beeinflussen das Aufteilungsverhältnis nicht. Der Vorsteuerabzug wird nach dem so gewonnenen Verhältnis aufgeteilt, sodass die von vornherein gemeinschaftlichen Zwecken dienenden Räume anteilig in den betrieblichen Bereich fallen (VwGH 28.05.2009, 2009/15/0100).

Wird ein Gebäude nur zum Teil vermietet und zum anderen Teil für eigene Wohnzwecke genutzt, richtet sich die Ermittlung des zu nicht abziehbaren Aufwendungen führenden Anteils grundsätzlich wie im betrieblichen Bereich nach der anteiligen Nutzfläche.

Beispiel:

Ein Unternehmer errichtet ein Einfamilienwohnhaus samt Schwimmbad mit der Absicht, zwei Zimmer (11% der Nutzfläche) des Einfamilienhauses zu Bürozwecken steuerpflichtig zu vermieten. Die vermieteten Zimmer werden ausschließlich (oder überwiegend) unternehmerisch genutzt, die restlichen Räume werden ausschließlich (oder überwiegend) privat genutzt.

Die Aufteilung der Vorsteuern hat nach dem Verhältnis der vermieteten zur privaten Nutzfläche zu erfolgen.

Untergeordnete Privatnutzung von Gebäuden des Betriebsvermögens

1919c Ein zu 80% oder mehr betrieblich genutztes Gebäude gehört zur Gänze zum ertragsteuerlichen Betriebsvermögen. Ab dem 1.1.2011 steht der Vorsteuerabzug für privat genutzte Gebäudeteile auch in diesen Fällen von vornherein nicht mehr zu. Vor dem

§ 12 UStG

1.1.2011 wird jedoch in einem solchen Fall der Vorsteuerabzug für das gesamte Betriebsgebäude zuerkannt (siehe VwGH 19.3.2013, 2010/15/0085).

Beispiel:

Eine KG betreibt ein Ferienhotel. In den Jahren 2005 bis 2007 erweiterte sie das Hotel und errichtete dabei auch zwei Wohnungen für die Kommanditisten und Geschäftsführer. Der Anteil der beiden Wohnungen an der Gesamtnutzfläche beträgt 6,21%. Die im Zusammenhang mit der Erweiterung des Hotels angefallenen Umsatzsteuern sind zur Gänze als Vorsteuern abziehbar.

Für die private Nutzung solcher, zum Vorsteuerabzug berechtigender Gebäude, hat bis 31.12.2010 eine Besteuerung mit dem Normalsteuersatz nach § 3a Abs. 1a UStG 1994 zu erfolgen. Mit 1.1.2011 (Inkrafttreten des Art. 168a MwSt-RL 2006/112/EG) liegt für diese bereits privat genutzten Teile eine Änderung der Verhältnisse iSd § 12 Abs. 10 UStG 1994 vor und kommt es daher zu einer jahresweisen negativen Vorsteuerberichtigung (zum Vorsteuerberichtigungszeitraum siehe Rz 2081).

Für Gebäude, die nicht dem Betriebsvermögen angehören (bei Einkünften aus Vermietung und Verpachtung gemäß § 28 EStG 1988) steht der Vorsteuerabzug bei untergeordneter Privatnutzung auch vor 2011 nur für den unternehmerisch genutzten Teil zu. Hinsichtlich dieser Gebäude war schon zum UStG 1972 der Vorsteuerabzug für die private Nutzung ausgeschlossen.

Unangemessen hohe, unternehmerisch veranlasste Aufwendungen für bestimmte Wirtschaftsgüter, die auch die Lebensführung betreffen (§ 20 Abs. 1 Z 2 lit. b EStG 1988 idF zum 1. Jänner 1995)

1920 Die **Angemessenheit** ist sowohl dem Grunde als auch der Höhe nach zu überprüfen. Bei **Unangemessenheit dem Grunde nach** gilt der Aufwand insgesamt als nicht unternehmerisch veranlasst und ein Vorsteuerabzug ist ausgeschlossen. Ist ein Aufwand dem Grunde nach angemessen, überwiegt aber der Höhe nach die unangemessene Komponente des § 20 EStG 1988, darf die Vorsteuer insgesamt nicht abgezogen werden, auch nicht hinsichtlich des angemessenen Teils.

1921 Überwiegt der unternehmerisch veranlasste angemessene Teil, steht der volle Vorsteuerabzug zu. Hinsichtlich des unangemessenen Teils liegt **Eigenverbrauch** vor. Eine vereinfachte Form der sofortigen Aufteilung der Vorsteuer in einen abzugsfähigen und nicht abzugsfähigen Teil ist nicht zulässig.

Beispiel:

Ein Unternehmer schafft einen Barockschrank an. Nach den ertragsteuerlichen Bestimmungen sind betrieblich genutzte Antiquitäten dem Grunde nach angemessen. Es ist im gegenständlichen Fall davon auszugehen, dass nach ertragsteuerlichen Bestimmungen 12.000 € Anschaffungskosten angemessen sind.

a) Anschaffungskosten des Barockschranks in Höhe von 20.000 €: Die Anschaffungskosten sind überwiegend angemessen. Sowohl aus den Anschaffungskosten als auch aus allfälligen Reparaturen steht der volle Vorsteuerabzug zu. Hinsichtlich des nicht angemessenen Teiles (8.000 €; 40 %) ist Eigenverbrauch zu versteuern. Im Fall eines Verkaufs unterliegt der Erlös zu 100 % der USt.

b) Anschaffungskosten in Höhe von 36.000 €: Da die Anschaffungskosten überwiegend unangemessen sind, steht weder aus diesen noch aus allfälligen Reparaturen ein Vorsteuerabzug zu. Der Schrank gilt nicht als für das Unternehmen angeschafft, sodass auch bei einem Verkauf keine USt anfällt.

Randzahl 1922: Derzeit frei.

Arbeitszimmer (§ 20 Abs. 1 Z 2 lit. d EStG 1988)

1923 Hinsichtlich der Frage, wann Leistungen im Zusammenhang mit einem Arbeitszimmer gemäß § 12 Abs. 2 Z 2 lit. a UStG 1994 iV mit § 20 Abs. 1 Z 2 EStG 1988 als für das Unternehmen ausgeführt gelten, ist von der Rechtslage des EStG 1988 zum 1.1.1995 auszugehen (VwGH 24.9.2002, 98/14/0198). Im Geltungsbereich des § 20 Abs. 1 Z 2 EStG

§ 12 UStG

1988 idF zum 1.1.1995 können Aufwendungen (Ausgaben) für ein im Wohnungsverband gelegenes Arbeitszimmer steuerlich dann berücksichtigt werden, wenn das Arbeitszimmer tatsächlich ausschließlich oder nahezu ausschließlich betrieblich bzw. beruflich genutzt wird und die ausgeübte Tätigkeit ein ausschließlich betrieblichen bzw. beruflichen Zwecken dienendes Arbeitszimmer notwendig macht (vgl. VwGH 24.6.1999, 97/15/0070).

Randzahl 1924: Derzeit frei.

Repräsentationsaufwendungen, Bewirtungskosten (§ 20 Abs. 1 Z 3 EStG 1988)

1925 Hinsichtlich der Frage, wann Leistungen im Zusammenhang mit einem Geschäftsessen gemäß § 12 Abs. 2 Z 2 lit. a UStG 1994 iV mit § 20 Abs. 1 Z 3 EStG 1988 als für das Unternehmen ausgeführt gelten, ist von der Rechtslage des EStG 1988 zum 1.1.1995 auszugehen (vgl VwGH 24.9.2002, 98/14/0198 hinsichtlich der Abzugsfähigkeit der Leistungen im Zusammenhang mit einem Arbeitszimmer). Im Geltungsbereich des § 20 Abs. 1 Z 3 EStG 1988 idF zum 1.1.1995 waren derartige Aufwendungen oder Ausgaben entweder zur Gänze vorsteuerabzugsberechtigt, wenn diese der Werbung dienten und die betriebliche oder berufliche Veranlassung bei weitem überwog, oder – bei Fehlen dieser Voraussetzung – zur Gänze von der Vorsteuerabzugsberechtigung ausgeschlossen. Bezüglich des Nachweises des Werbezwecks und der überwiegenden betrieblichen bzw. beruflichen Veranlassung siehe Rz 4823 der EStR 2000.

1926 Wenn die Bewirtung durch einen Dritten (zB Gastwirt) erfolgt und im Zeitpunkt des Leistungsbezuges die Nichtabzugsfähigkeit der Aufwendungen bereits feststeht, kann von vornherein kein Vorsteuerabzug geltend gemacht werden.

1927 Steht dagegen im Zeitpunkt der Leistung an den Unternehmer noch nicht fest, zu welchem konkreten Zweck die Leistungen bezogen werden (zB bei Lieferungen an die betriebseigene Kantine), steht der Vorsteuerabzug zur Gänze zu. Anlässlich der Bewirtung ist dann ein Eigenverbrauch nach § 1 Abs. 1 Z 2 lit. a UStG 1994 idF BGBl. I Nr. 134/2003 zu versteuern, sofern nicht die betriebliche Veranlassung bei weitem überwiegt und die Bewirtung der Werbung dient.

1928 Kommt es auf Grund der Abzugsfähigkeit der Bewirtungskosten zur Kürzung der ertragsteuerlich zu berücksichtigenden Tagesdiäten, ist insofern die Grundlage für die Berechnung des Vorsteuerabzuges nach § 13 UStG 1994 zu vermindern.

Verdeckte Ausschüttung (§ 8 Abs. 2 KStG 1988)

1929 Betroffen von dieser Bestimmung sind vor allem Leistungen, die die Gesellschaft von einem Dritten bezieht und bezahlt und die nicht (überwiegend) für das Unternehmen der Körperschaft bestimmt sind, sondern einem Gesellschafter im Wege einer verdeckten Gewinnausschüttung zu Gute kommen. In diesen Fällen ist bei Überwiegen des nichtabzugsberechtigten Teils der Aufwendung ein Vorsteuerabzug nicht zulässig.

Grundsätzlich führt die nichtunternehmerische Nutzung von Gebäuden durch Körperschaften zum Versagen des Vorsteuerabzugs (siehe Rz 1912b). Bei Körperschaften können unternehmensfremde Zwecke – die eine Vorsteuerabzug mit anschließender Besteuerung eines Verwendungseigenverbrauchs möglich machen würden – im Wesentlichen bloß in jenem Bereich vorkommen, der ertragsteuerlich als verdeckte Gewinnausschüttung qualifiziert wird („klassische Privatnutzung" bei Körperschaften; vgl. VwGH 24.06.2009, 2007/15/0192). In diesen Fällen besteht allerdings der Vorsteuerausschluss gemäß § 12 Abs. 2 Z 2 lit. a UStG 1994 in Verbindung mit § 8 Abs. 2 KStG 1988 (vgl. bereits VwGH 26.03.2007, 2005/14/0091).

1930 Die Bestimmung (Überwiegensregel) ist nicht anzuwenden, wenn eine Kapitalgesellschaft für eine Leistung des Gesellschafters eine **überhöhte Gegenleistung gewährt** und dies ihre Ursache im Gesellschaftsverhältnis hat. Für die auf den angemessenen Teil der Gegenleistung entfallende Umsatzsteuer steht der Vorsteuerabzug zu. Für den Mehrbetrag ist der Vorsteuerabzug ausgeschlossen (VwGH 27.5.1999, 97/15/0067, 0068).

Beispiel:
Für eine von einem Gesellschafter an die Gesellschaft gelieferte Maschine (objektiver Wert: 10.000 Euro) wird aus Gründen, die ihre Ursache im Gesellschaftsverhältnis haben, ein Betrag von 40.000 Euro plus 20 % USt bezahlt. Der Gesellschaft steht ein Vorsteuerabzug in Höhe von 20 % von 10.000 Euro zu. Der Mehrbetrag wurde nicht als Gegenleistung für die Maschine aufgewendet, sondern um (in verdeckter Form) Gewinn auszuschütten.

Normalwert als Bemessungsgrundlage ab 1. Jänner 2013

Weicht das Entgelt für eine Lieferung oder sonstige Leistung der Gesellschaft an Dritte aus außerbetrieblichen Motiven (Gesellschafterstellung oder gesellschaftliche Verflechtung, Bindungen aufgrund von Leitungsfunktionen oder Mitgliedschaften, Arbeitgeber-, Arbeitnehmerverhältnis, usw.) vom Normalwert ab, ist der Normalwert als umsatzsteuerliche Bemessungsgrundlage anzusetzen. Der Normalwert ist allerdings nur anzusetzen, wenn

- der Empfänger nicht oder nicht zum vollen Vorsteuerabzug berechtigt ist und das Entgelt unter dem Normalwert liegt,
- der Umsatz unecht befreit ist (ausgenommen die Kleinunternehmerbefreiung nach § 6 Abs. 1 Z 27 UStG 1994) und das Entgelt unter dem Normalwert liegt, oder
- der leistende Unternehmer nicht oder nicht zum vollen Vorsteuerabzug berechtigt ist und das Entgelt über dem Normalwert liegt.

Beispiel:
Eine Gesellschaft G verkauft eine Ware um 30.000 € (Normalwert 40.000 €) an P. Der niedrige Verkaufspreis ist darauf zurückzuführen, dass P Gesellschafter der G ist. Der Gesellschafter P ist nicht zum vollen Vorsteuerabzug berechtigt.

Lösung:
Da der Gesellschafter P nicht zum vollen Vorsteuerabzug berechtigt ist, kommt die Normalwertregel gemäß § 4 Abs. 9 UStG 1994 zur Ermittlung der Bemessungsgrundlage zur Anwendung.

Zum Normalwert siehe auch Rz 682.

2.5 Kraftfahrzeuge
2.5.1 Allgemeines

1931 Unabhängig vom Ausmaß der unternehmerischen Verwendung sind die von § 12 Abs. 2 Z 2 lit. b UStG 1994 betroffenen Kraftfahrzeuge nicht Bestandteil des Unternehmens. Eine Privatnutzung stellt daher **keinen Eigenverbrauch** dar und eine Veräußerung ist nicht steuerbar. Die Überlassung eines derartigen Fahrzeuges an einen Arbeitnehmer für Fahrten zwischen Wohnung und Arbeitsstätte oder für Privatfahrten unterliegt ebenfalls nicht der USt.

2.5.2 Kreis der betroffenen Fahrzeuge

1932 Das Vorliegen eines Pkw oder Kombinationskraftwagens ist in wirtschaftlicher Sichtweise zu beurteilen. Es kommt auf den optischen Eindruck und die darauf beruhende Verkehrsauffassung an (VwGH 16.12.1980, 1681/80, 2817/80, 2818/80). Die kraftfahrrechtliche Einordnung der Fahrzeuge kann zwar ein Indiz für die steuerliche Beurteilung darstellen, sie ist aber ebenso wenig bindend wie etwa die zollrechtliche Tarifierung als Lastkraftwagen. Nicht der Verwendungszweck im Einzelfall ist entscheidend, sondern der Zweck, dem das Fahrzeug nach seiner typischen Beschaffenheit und Bauart von vornherein und allgemein zu dienen bestimmt ist. **Personenkraftwagen im Sinne des § 12 Abs. 2 Z 2 lit. b UStG 1994 liegen vor bei Fahrzeugen, die werkseitig als Personenkraftwagen für die Nutzung im Straßenverkehr bestimmt sind und diese Eigenschaft selbst durch den nachträglichen Umbau in Rallyefahrzeuge nicht verlieren (VwGH 16.12.2015, 2012/15/0216).** Ein Rennwagen, welcher nach seiner wirtschaftlichen Zweckbestimmung nur für den Einsatz bei Rennsportveranstaltungen auf speziell für den Motorsport konzipierten Rennstrecken gebaut wird und eine andere Verwendungsmöglichkeit auf Grund der auf den Rennsport ausgerichteten technischen Ausstattung nicht besteht, unterscheidet sich wesentlich von den üblichen Typen von Personen- und Kombinationskraftwagen. Scheidet eine Verwendung des Rennwagens im allgemeinen Straßenverkehr nach seiner Beschaffenheit und der Bauart aus, ist eine kraftfahrrechtliche Zulassung für den öffentlichen Straßenverkehr nicht möglich und besteht keine Umbaumöglichkeit, das Rennauto straßentauglich und zulassungsfähig zu machen, ist kein Personenkraftwagen iSd § 12 Abs. 2 Z 2 lit. b UStG 1994 anzunehmen (VwGH 28.10.2009, 2007/15/0222).

1933 Der Bundesminister für Finanzen ist ermächtigt, die Begriffe Pkw und Kombinationskraftwagen durch Verordnung näher zu bestimmen. Derzeit ist die Verordnung des BM für Finanzen über die steuerliche Einstufung von Fahrzeugen als Kleinlastkraftwagen und Kleinbusse, BGBl. II Nr. 193/2002, maßgebend. Danach sind bestimmte Fahrzeugkategorien, und zwar insbesondere Kastenwagen, Pritschenwagen und Klein-Autobusse, als Fahrzeuge definiert, die nicht als Personen- bzw. Kombinationskraftwagen anzusehen sind und für die daher der Vorsteuerabzug zulässig ist. Die maßgeblichen Voraussetzungen für die Einstufung eines Fahrzeuges unter diese Fahrzeugkategorien lassen sich unmittelbar aus der Verordnung des BM für Finanzen, BGBl. II Nr. 193/2002, ableiten. Der Nachweis, ob diese Voraussetzungen für ein bestimmtes Fahrzeug zutreffen, wäre daher grundsätzlich vom Steuerpflichtigen, der für ein bestimmtes Fahrzeug den Vorsteuerabzug in Anspruch nimmt, zu erbringen. Im Interesse der Rechtssicherheit und einer Verwaltungsvereinfachung anerkennt das Bundesministerium für Finanzen konkrete Fahrzeugtypen als Kastenwagen, Pritschenwagen oder Klein-Autobusse iSd Verordnung des BM für Finanzen, BGBl. II Nr. 193/2002. Für diese Fahrzeugtypen entfällt die Nachweispflicht durch den Steuerpflichtigen. Werden jedoch Fahrzeuge unter derselben Modellbezeichnung in unterschiedlichen Ausstattungsvarianten angeboten, ist zu beachten, dass für das konkrete Fahrzeugmodell sämtliche in der Verordnung enthaltenen Kriterien erfüllt sein müssen (zB kein Vorsteuerabzugsrecht gemäß § 3 Z 2 der VO BGBl. II Nr. 193/2002 für ein Modell, das zB mit zwei Sitzreihen ausgestattet ist; dagegen zB Vorsteuerabzug für eine alternative Modellvariante, wenn das konkrete Fahrzeug bei Vorliegen der sonstigen Voraussetzungen mit nur einer Sitzreihe für Fahrer und Beifahrer ausgestattet ist). Nach § 5 der zitierten Verordnung des BM für Finanzen ist unter einem Kleinbus ein Fahrzeug zu verstehen, das ein kastenwagenförmiges Äußeres sowie Beförderungsmöglichkeiten für mehr als sechs Personen (einschließlich des Fahrzeuglenkers) aufweist. Nach der Rechtsprechung des VwGH (VwGH 24.09.2008, 2007/15/0161, und VwGH 25.11.2009, 2009/15/0184) sind unter einer Beförderungsmöglichkeit für (zumindest) sieben Personen Sitze in dieser Anzahl für Erwachsene mit einem dem Stand der Technik entsprechenden Komfort und Sicherheitsstandard zu verstehen. Weiters müssen die Sitzmöglichkeiten dafür geeignet sein, Erwachsene über einen längeren Zeitraum und damit über eine längere Distanz mit dem Fahrzeug zu befördern. Soweit ein Fahrzeug bloß Raum für Hilfs- oder Notsitze bietet, liegt nach der Verkehrsauffassung die Möglichkeit der Beförderung auf Sitzplätzen in Bussen im Allgemeinen nicht vor. Nach Ansicht des VwGH ist dem Begriff des „(Klein-)Busses" zudem immanent, dass im Fahrzeug die räumlichen Voraussetzungen dafür bestehen, in einem Mindestausmaß Gepäckstücke der beförderten Personen mitbefördern zu können. Nach Ansicht des VwGH ist die rechtliche Beurteilung, ob ein vorsteuerabzugsberechtigter Kleinbus vorliegt, (zusammengefasst) anhand folgender entscheidungswesentlicher Kriterien vorzunehmen:

- Merkmal der äußeren Form eines Kastenwagens durch annähernd flache Dachlinie, annähernd senkrechtes Heck und annähernd senkrechte Seitenwände;
- Merkmal der nach der Verkehrsauffassung für einen Bus erforderlichen Fahrzeuginnenhöhe;
- Merkmal der erforderlichen Beförderungskapazität von zumindest sieben Personen mit einem dem Stand der Technik entsprechenden Komfort und Sicherheitsstandard, und
- Merkmal der zusätzlichen räumlichen Voraussetzung zur Mitbeförderung eines Mindestausmaßes von Gepäckstücken für die zugelassene Beförderungskapazität.

Zudem ist der Kleinbus seiner äußeren Form nach auch von solchen Fahrzeugen abzugrenzen, die äußerlich den üblichen Typen von Geländefahrzeugen entsprechen und als solche stets den Personenkraftwagen zugeordnet worden sind (VwGH 24.09.2008,

2007/15/0161 unter Hinweis auf VwGH 21.09.2006, 2006/15/0185). Unter Personenfahrzeuge fallen daher auch so genannte Sport Utility Vehicle (SUV), Cross-over-Fahrzeuge und dergleichen, die optische Anleihen an ein Geländefahrzeug nehmen (VwGH 08.07.2009, 2009/15/0114 sowie VwGH 02.02.2010, 2008/15/0290).

1934 Das Anbringen von Vorrichtungen und Geräten für einen speziellen Arbeitseinsatz (zB Schneepflug) ändert nichts an der steuerrechtlichen Einstufung eines Fahrzeuges selbst.

1935 **Spezielle Vorrichtungen und Geräte** größeren Umfangs (zB Schneepflug) sind allerdings gesondert zu beurteilen. Für die Anschaffung, Montage und Wartung dieser Vorrichtungen und Geräte steht der Vorsteuerabzug zu.

1936 Im Falle der **Begleitung von Sonder- und Schwertransporten** werden Umsätze unmittelbar durch den Einsatz des Fahrzeuges erzielt. Wird ein Pkw, Kombinationskraftwagen oder Kraftrad zu mindestens 80 % zur Begleitung von Schwer- oder Sondertransporten eingesetzt, dürfen daher Vorsteuern im Zusammenhang mit der Anschaffung, Miete oder Betrieb solcher Fahrzeuge abgezogen werden.

1937 Zu den Krafträdern gehören auch Motorfahrräder und Motorräder mit Beiwagen, Quads, Elektrofahrräder und Selbstbalance-Roller. Krafträder fallen dann nicht unter die steuerlichen Beschränkungen, wenn sie nach ihrer Bauart und Ausstattung zur Beförderung von Gütern bestimmt sind (zB Fahrzeuge von Reinigungsanstalten).

Fahrschulkraftfahrzeuge

1938 Unter einem **Fahrschulkraftfahrzeug** im Sinne des § 12 Abs. 2 Z 2 lit. b UStG 1994 ist ein Fahrzeug zu verstehen, das in einer Fahrschule zu Unterrichtszwecken verwendet wird. Es genügt nicht, dass sich das Fahrzeug im Betriebsvermögen der Fahrschule befindet und dort zu welchen Zwecken auch immer in Verwendung steht. Es reicht eine mindestens 80%ige Verwendung zu Fahrschulunterrichtszwecken aus. Eine bis zu 20%ige Nutzung für andere betriebliche oder private Zwecke schließt somit den Vorsteuerabzug nicht aus.

1939 Die Verwendung des Fahrzeuges für Fahrten, die für den Betrieb oder die Erhaltung des Fahrzeuges unbedingt erforderlich sind (zB Fahrten zur Tankstelle oder zur Werkstätte) oder mit den Unterrichtszwecken in unmittelbarem Zusammenhang stehen (zB Prüfungsfahrten), sind als Verwendungen für Fahrschulunterrichtszwecke anzusehen.

Vorführkraftfahrzeuge

1940 Das sind Kraftfahrzeuge, die überwiegend Vorführzwecken dienen. Damit ist gemeint, dass mit Hilfe dieses Fahrzeuges einem potentiellen Kunden die Vorzüge eines derartigen Fahrzeuges vorgeführt werden sollen. Daraus ergibt sich, dass ein Vorführkraftfahrzeug nur ein Fahrzeug sein kann, das einer bestimmten Type entspricht, von der der Händler eine größere Anzahl verkaufen kann und will. Ein Einzelstück kann daher definitionsgemäß kein Vorführfahrzeug sein. Fahrzeuge des Betriebsinhabers oder von Angestellten, die von diesen überwiegend privat oder für sonstige betriebliche Zwecke verwendet und nur gelegentlich für Vorführzwecke eingesetzt werden, sind keine Vorführkraftfahrzeuge. Weiters sind keine Vorführkraftfahrzeuge so genannte Pool-, Direktions- und Testfahrzeuge (VwGH 21.09.2006, 2004/15/0072). Fahrzeuge, die an Unternehmer, juristische Personen oder Privatpersonen entgeltlich oder unentgeltlich überlassen werden, sind keine Vorführkraftfahrzeuge, auch wenn mit der Fahrzeugüberlassung Werbezwecke verfolgt werden. Ist in diesen Fällen ein tauschähnlicher Umsatz anzunehmen, kann bei Vorliegen der sonstigen Voraussetzungen eine gewerbliche Vermietung gegeben sein. Vorführfahrzeuge sind in aller Regel dem Umlaufvermögen zuzurechnen, weil sie grundsätzlich nicht dazu bestimmt sind, dem Geschäftsbetrieb dauernd zu dienen. Nach der Rechtsprechung des VwGH handelt es sich bei Vorführkraftfahrzeugen um „zum alsbaldigen Verkauf" bestimmte Kraftfahrzeuge (VwGH 31.03.1995, 93/17/0393). Demnach muss ein Zusammenhang mit einer beabsichtigten Weiterveräußerung jedenfalls noch erkennbar sein. Handelt es sich bei den Vorführkraftfahrzeugen um „gängige" Modelle, können diese in durchschnittlicher Betrachtungsweise in kürzerer Zeit (ca. 6 Monate) weiterveräußert werden. Wenn trotz Verkaufsbemühungen innerhalb von 6 Monaten keine Weiterveräußerung erfolgt, kann bis zu einer

Dauer von maximal 12 Monaten (noch) von einer „Bestimmung zum alsbaldigen Verkauf" ausgegangen werden. Ausnahmsweise kann bei Vorführfahrzeugen der Luxusklasse ein längerer Zeitraum akzeptiert werden (maximal zwei Jahre), da diese generell schwerer verkäuflich sind. Ob ein Vorführkraftfahrzeug vorliegt, ist für jeden Einzelfall eigens zu untersuchen (VwGH 12.12.1988, 87/15/0094 zur gewerblichen Weiterveräußerung). Die Voraussetzungen hat der Unternehmer durch geeignete Unterlagen (Fahrtenbuch bzw. sonstige Nutzungsaufzeichnungen) nachzuweisen.

1941 Wird ein Vorführkraftfahrzeug für Zwecke außerhalb des Unternehmens eingesetzt, liegt Eigenverbrauch gemäß § 3a Abs. 1a Z 1 UStG 1994 vor. Für die Beurteilung dieser Zwecke „außerhalb des Unternehmens" kann § 12 Abs. 2 Z 2 lit. b UStG 1994 ausgeklammert bleiben, dh. die Verwendung zu anderen (nicht begünstigten) betrieblichen Zwecken führt zu keiner Eigenverbrauchsbesteuerung. Eigenverbrauch nach § 3a Abs. 1a Z 1 UStG 1994 ist gegeben, wenn ein Vorführkraftfahrzeug einem Arbeitnehmer für Fahrten zwischen Wohnung und Arbeitsstätte oder für Privatfahrten überlassen wird. Wird die Beistellung des Vorführkraftfahrzeuges als Teil des Arbeitsentgeltes geschuldet, liegt ein tauschähnlicher Umsatz gemäß § 3a Abs. 2 UStG 1994 vor (siehe Rz 66).

1942 Die Veräußerung eines Vorführkraftfahrzeuges unterliegt der Umsatzsteuer. Wird ein zunächst als Vorführkraftfahrzeug verwendetes Fahrzeug bereits im Anschaffungsjahr anderen (nicht begünstigten) „unternehmerischen" Zwecken (Anlagevermögen) gewidmet, ist eine volle Vorsteuerberichtigung vorzunehmen. Wird das Fahrzeug später veräußert, unterliegt der Verkauf nicht der Umsatzsteuer (vgl. VwGH 27.08.2008, 2006/15/0127). Wird ein Vorführfahrzeug in einem späteren Jahr als dem Anschaffungsjahr anderen (nicht begünstigten) „unternehmerischen" Zwecken (Anlagevermögen) gewidmet, ist eine negative Vorsteuerberichtigung iSd § 12 Abs. 11 UStG 1994 vorzunehmen (volle Vorsteuerberichtigung). Voraussetzung ist, dass hinsichtlich des Fahrzeugs tatsächlich eine Änderung hinsichtlich der Vorsteuerabzugsberechtigung erfolgt ist (dies ist nicht der Fall, dh. es erfolgt keine Vorsteuerberichtigung, wenn zB ein Vorführkraftfahrzeug nach Ablauf des oben angeführten Zeitraumes ausschließlich zum Verkauf angeboten wird – Abmeldung bzw. keine sonstige betriebliche (Weiter)Nutzung). Der spätere Verkauf unterliegt auch in diesem Fall nicht der Umsatzbesteuerung.

Kraftfahrzeuge, die ausschließlich zur gewerblichen Weiterveräußerung bestimmt sind

1943 Der **An- und Verkauf eines Personen- oder Kombinationskraftwagens** durch einen Unternehmer, der nicht Autohändler ist, fällt nur dann nicht in den außerunternehmerischen Bereich, wenn auch die mit dem Fahrzeug in Zusammenhang stehende Betätigung – isoliert betrachtet – eine gewerbliche und insofern nachhaltige Tätigkeit darstellt (VwGH 29.4.1996, 95/13/0178). Bei einem einmaligen An- und Verkauf muss geprüft werden, ob **Wiederholungsabsicht** vorliegt, die für die Annahme einer nachhaltigen Betätigung ausreichen würde.

1944 Wird ein **KFZ unentgeltlich übertragen**, so liegt keine gewerbliche Weiterveräußerung vor. Dies ist zB bei der Verlosung eines Kraftfahrzeuges im Rahmen eines Preisausschreibens der Fall (VwGH 12.12.1988, 87/15/0094).

1945 Das KFZ muss „ausschließlich", das bedeutet ohne jede auch nur die geringste Ausnahme, der gewerblichen Weiterveräußerung dienen (VwGH 10.6.1991, 90/15/0111).

Kraftfahrzeuge, die zu mindestens 80 % dem Zweck der gewerblichen Personenbeförderung oder der gewerblichen Vermietung dienen

1946 Die Beförderung unternehmensfremder Personen muss den eigentlichen Unternehmenszweck bilden (Taxis, Mietwagen) oder in den Rahmen des Unternehmens fallen (zB Hotelwagen). Unter Miet-, Taxi- und Gästewagen sind Fahrzeuge iSd § 3 Abs. 1 Z 2 bis 4 Gelegenheitsverkehrsgesetz, BGBl. Nr. 112/1996 (GelverkG), zu verstehen (VwGH 19.10.1981, 1321/79). Eine private oder anderweitige unternehmerische (zB Einkaufsfahrten) Verwendung des Fahrzeuges bis zu einem Ausmaß von 20% berührt das Recht auf Vorsteuerabzug nicht.

1947 Nach § 3 Abs. 1 Z 4 GelverkG darf die Konzession betreffend Gästewagen-Gewerbe („Hotelwagen") ua. nur für die Beförderung der Wohngäste (Pfleglinge) und der Bediensteten von Gastgewerbebetrieben mit Beherbergung von Gästen, von Heilanstalten, von Erholungsheimen und dergleichen durch die Kraftfahrzeuge dieser Unternehmen vom eigenen Betrieb zu Aufnahmestellen des öffentlichen Verkehrs und umgekehrt (Gästewagen-Gewerbe) erteilt werden.

Für die Beurteilung als Hotelwagen können auch sonstige Fahrten mit Hotelgästen, wie Ausflugfahrten mit Hotelgästen, die Beförderung der Hotelgäste zu Schiliften, Bädern usw. in die 80%-Grenze eingerechnet werden. Sonstige betriebliche Fahrten (zB Einkaufsfahrten) zählen nicht zu den begünstigten Fahrten.

Für die Anerkennung als Hotelwagen ist nicht erforderlich, dass den Hotelgästen für die Beförderung ein gesondertes Entgelt in Rechnung gestellt wird.

1948 Zu den Fahrzeugen, die zu mindestens 80% dem Zweck der gewerblichen Vermietung dienen, gehören Leasingfahrzeuge und Fahrzeuge, die sprachüblich als „Leihfahrzeuge" bezeichnet werden (kurzfristige Vermietung). Unter gewerblicher Vermietung ist auch die Zurverfügungstellung eines Leihwagens durch eine Kfz-Werkstätte an Kunden für die Zeit der Durchführung der Reparaturarbeiten am Kfz des Kunden zu verstehen. Nicht erforderlich ist dabei, dass für die Zurverfügungstellung des Leihwagens ein gesondertes Entgelt in Rechnung gestellt wird.

2.5.3 Leistungen im Zusammenhang mit Kraftfahrzeugen

1949 Mit dem Betrieb **in ursächlichem Zusammenhang** stehen alle Leistungen, die bei der widmungsgemäßen Benützung anfallen. Es sind nicht nur Leistungen betroffen, die mit dem „Fahrbetrieb" des Fahrzeuges in Zusammenhang stehen, wie zB Treibstoffe, Schmierstoffe, Wartung, Pflege, Reparaturen, Maut oder Bahnverladung, sondern auch Leistungen im Zusammenhang mit dem Halten des Fahrzeuges, wie etwa Garagierungskosten (VwGH 22.4.1991, 90/15/0011). **Nicht zum Betrieb** gehören Leistungen, die mit der Errichtung und Erhaltung von betriebseigenen Garagen, Tankstellen oder Reparaturwerkstätten in Zusammenhang stehen.

1950 **Aufwendungen für Sondereinrichtungen**, die mit dem Betrieb eines KFZ nicht typischerweise verbunden sind und einkommensteuerlich eigenständige Wirtschaftsgüter darstellen, fallen nicht in den Anwendungsbereich des § 12 Abs. 2 Z 2 lit. b UStG 1994. Als eigene Wirtschaftsgüter sind ua. Autotelefone, Taxameter, Funkeinrichtungen und dgl. anzusehen.

1951 Der Begriff der **Miete** bestimmt sich nach den Vorschriften des bürgerlichen Rechts.

1952 Nicht vom Vorsteuerabzug ausgeschlossen sind jene Vorsteuern, die auf Leistungen auf Grund eines Beförderungsvertrages entfallen. Der Vorsteuerabzug für unternehmerisch bedingte Taxifahrten steht daher zu.

Randzahlen 1953 bis 1979: Derzeit frei.

2.6 Vorsteuerabzug bei einem Bestandvertrag (Leasingvertrag) über Kraftfahrzeuge oder Krafträder im Falle der Beschädigung des Bestandobjektes durch Unfall oder höhere Gewalt

1980 Nach den Erläuterungen zum Bundesgesetz BGBl I 2000/29 (FN: AÖF 2000/108) (87 d. BlgNR XXI. GP) soll die Neuregelung des § 12 Abs. 2 Z 4 UStG 1994 eine Vereinfachung der Abwicklung in den Fällen bewirken, in denen nach der Vertragslage der Bestandnehmer (Leasingnehmer) alle Risken aus dem Leistungsverhältnis voll zu tragen hat. Wird somit in einem **Mietvertrag (Leasingvertrag) über Kraftfahrzeuge** (einschließlich Krafträder) die **Verpflichtung zur Wiederinstandsetzung des Fahrzeuges dem Mieter** (Leasingnehmer) auferlegt, so gilt § 12 Abs. 2 Z 4 UStG 1994 und der Vorsteuerabzug bezüglich einer vom Vermieter (Leasinggeber) in Auftrag gegebenen Reparaturleistung ist beim Vermieter (Leasinggeber) ausgeschlossen.

1981 Trifft hingegen nach der Vertragslage den **Vermieter (Leasinggeber) die Verpflichtung zur Wiederinstandsetzung** des Fahrzeuges (zB bei Haftungsausschluss des Mieters bei Schäden oder Verlust des Mietfahrzeuges gegen Bezahlung einer Gebühr oder bei Full-Service-Leasingverträgen), so kommt die Regelung des § 12 Abs. 2 Z 4 UStG 1994 nach ihrem Sinn und Zweck nicht zur Anwendung. Dies bedeutet, dass in diesem Fall dem Vermieter (Leasinggeber) der Vorsteuerabzug hinsichtlich einer von ihm beauftragten Reparaturleistung zusteht und das durch diese Vertragslage bedingte zusätzliche (höhere) Mietentgelt (Leasingentgelt) der Umsatzsteuer unterliegt.

1982 Das Gleiche gilt bei einem nicht gänzlichen Haftungsausschluss durch Vereinbarung eines **Selbstbehaltes des Mieters** (Leasingnehmers). In diesem Fall steht dem Vermieter (Leasinggeber) der Vorsteuerabzug hinsichtlich einer von ihm beauftragten Reparaturleistung zu und das Entgelt für den teilweisen Haftungsausschluss sowie ein allfällig zu leistender Selbstbehalt unterliegen der Umsatzsteuer.

1983 In den Fällen der **kurzfristigen Vermietung von Kraftfahrzeugen mit häufig wechselnden Mietern** kommt es vor, dass von mehreren Mietern am selben Auto verursachte Schäden und zwar mit den Mietern gesondert abgerechnet werden, jedoch nur ein Reparaturauftrag für diese Beschädigungen erteilt wird. Hier können sich Schwierigkeiten in der Abwicklung dadurch ergeben, dass eine Reparatur sowohl Mietern mit als auch Mietern ohne Haftungsausschluss zuzurechnen ist. Um diese Schwierigkeiten zu vermeiden, kann ein Unternehmer, dessen unternehmerische Tätigkeit die kurzfristige Vermietung von Kraftfahrzeugen ist und bei dem die Möglichkeit besteht, Fahrzeuge sowohl mit als auch ohne Haftungsausschluss zu mieten, bei Zutreffen der übrigen Voraussetzungen des § 12 für sämtliche von ihm beauftragten Reparaturleistungen an den Mietfahrzeugen den **Vorsteuerabzug** geltend machen. Dies gilt jedoch nur unter der Voraussetzung, dass **sämtliche den Mietern weiterverrechneten Reparaturkosten und Beträge** aus dem Titel Selbstbehalt der Umsatzsteuer unterworfen werden.

2.7 Vorsteuerabzug bei Personen- oder Kombinationskraftwagen mit einem CO_2-Emissionswert von 0 Gramm pro Kilometer

1984 Ab 1.1.2016 ist gemäß § 12 Abs. 2 Z 2a UStG 1994 bei Personenkraftwagen oder Kombinationskraftwagen mit einem CO_2-Emissionswert von 0 Gramm pro Kilometer (zB Personenkraftwagen oder Kombinationskraftwagen mit ausschließlich elektrischem oder elektrohydraulischem Antrieb) ein Vorsteuerabzug unter den allgemeinen Voraussetzungen des § 12 UStG 1994 möglich.

Andere Personenkraftwagen oder Kombinationskraftwagen, zB Hybridfahrzeuge, die sowohl mit Elektromotor als auch mit Verbrennungsmotor angetrieben werden können, berechtigen nicht zum Vorsteuerabzug. Dies gilt unabhängig von der Art des Hybridfahrzeuges – also zB Vollhybrid, elektrischer Antrieb und Aufladung der Batterie durch Verbrennungsmotor (sogenannte „Range Extender").

Berechtigen Kraftfahrzeuge nach § 12 Abs 2 Z 2 lit. b UStG 1994 zum Vorsteuerabzug (zB Fahrschulkraftfahrzeuge, Kleinbus im Sinne des § 5 der Verordnung BGBl. II Nr. 193/2002) kann der Vorsteuerabzug im Zusammenhang mit diesen Fahrzeugen unabhängig vom CO_2-Ausstoß geltend gemacht werden, weil die Antriebsform keine Voraussetzung des § 12 Abs. 2 Z 2 lit. b UStG 1994 ist.

1985 Da für Personenkraftwagen oder Kombinationskraftwagen § 20 Abs. 1 Z 2 lit. b EStG 1988 bzw. § 12 Abs. 1 Z 2 KStG 1988 in Verbindung mit der Verordnung BGBl. II Nr. 466/2004 zu beachten ist, berechtigen Personenkraftwagen und Kombinationskraftwagen mit einem CO_2- Emissionswert von 0 Gramm pro Kilometer, deren Anschaffungskosten 40.000 Euro nicht übersteigen, unter den allgemeinen Vorschriften des § 12 UStG 1994, (uneingeschränkt) nach § 12 Abs. 2 Z 2a UStG 1994 zum Vorsteuerabzug. Gleiches gilt für Fahrzeuge, deren Anschaffungskosten über 40.000 Euro liegen und höchstens 80.000 Euro betragen. In diesen Fällen kommt jedoch § 1 Abs. 1 Z 2 lit. a UStG 1994 zur Anwendung (vgl. **Rz** 359). Im Zusammenhang mit Personenkraftwagen und Kombinationskraftwagen, deren Anschaffungskosten überwiegend keine abzugsfähigen Ausgaben (Aufwendungen) darstellen (Anschaffungskosten über 80.000 Euro), kann aufgrund § 12 Abs. 2 Z 2 lit. a UStG 1994 kein Vorsteuerabzug geltend gemacht werden.

§ 12 UStG

Für die umsatzsteuerliche Beurteilung, ob Entgelte überwiegend keine abzugsfähigen Ausgaben (Aufwendungen) im Sinne des § 20 Abs. 1 Z 2 lit. b EStG 1988 oder des § 12 Abs. 1 Z 2 KStG 1988 sind, ist die tatsächliche ertragsteuerliche Behandlung nicht maßgeblich. Entscheidend ist nur, dass die Ausgaben (Aufwendungen) ihrer Art nach (objektiv) unter die ertragsteuerlichen Bestimmungen fallen. Zahlungen der öffentlichen Hand, die als unechte Zuschüsse (zB Zuschuss als Entgelt von dritter Seite oder Zuschuss als Entgelt des Leistungsempfängers, vgl. Rz 22 ff.) zu beurteilen sind, fließen somit in die Beurteilung der Entgelte bzw. der (Nicht)Abzugsfähigkeit von Ausgaben (Aufwendungen) nach § 12 Abs. 2 Z 2 lit. a UStG 1994 ein. Für die Beurteilung der Höhe der Ausgaben (Aufwendungen) im Sinne des § 12 Abs. 2 Z 2 lit. a UStG 1994 ist es irrelevant, ob ein Teil des Entgelts als unechter Zuschuss zu qualifizieren ist.

Randzahlen 1986 bis 1990: derzeit frei.

3. Ausschluss vom Vorsteuerabzug

3.1 Vorsteuerausschluss für unecht befreite Umsätze und bestimmte Auslandsumsätze

1991 Für welche Umsätze Leistungen in Anspruch genommen werden, ist an Hand des wirtschaftlichen Zusammenhangs im Zeitpunkt der Leistungserbringung zu beurteilen. Hinsichtlich des Zusammenhanges mit unecht steuerbefreiten Umsätzen bzw. mit Umsätzen, die aus einem anderen Grund vom Vorsteuerabzug ausschließen (vgl. § 12 Rz 2000), ist die Rechtslage im Zeitpunkt der Erbringung der Vorleistungen beachtlich und nicht jene im Zeitpunkt der tatsächlichen Ausführung der Umsätze (VwGH 24.9.2003, Zl. 99/14/0232). Kommt es in den Folgejahren zu einer Änderung der Rechtslage, kann ein Anwendungsfall der Vorsteuerberichtigung gem. § 12 Abs. 10 bis 12 UStG 1994 vorliegen.

1992 Vom Abzugsverbot sind auch jene Steuern betroffen, die in bloß mittelbarem wirtschaftlichen Zusammenhang mit den unecht befreiten Umsätzen stehen (zB Vorsteuern aus Verwaltungskosten, Vorsteuern aus Werbeaufwendungen für unecht befreite Umsätze).

Der Ausschluss vom Vorsteuerabzug gilt nicht für die Kosten im Zusammenhang mit
- der Gründung von Personen- und Kapitalgesellschaften (Ausgabe von Gesellschaftsanteilen),
- der Aufnahme neuer Gesellschafter (Kapitalerhöhung),
- dem „Börsegang" eines Unternehmens.

Diese Kosten stellen allgemeine Kosten des Unternehmers dar und gehen als solche in den Preis seiner Produkte ein. Damit weisen diese Dienstleistungen einen direkten und unmittelbaren Zusammenhang mit diesem Teil der wirtschaftlichen Tätigkeit des Unternehmers auf. Sind die Umsätze aus diesem Tätigkeitsbereich steuerpflichtig, so kann der Unternehmer die gesamte Umsatzsteuer abziehen, die seine Ausgaben für die Vergütung dieser Dienstleistungen belastet (vgl. EuGH 22.02.2001, Rs C-408/98, „Abbey National plc"; EuGH 26.5.2005, Rs C-465/03, „Kretztechnik AG").

Bei Depotgebühren, welche im Zusammenhang mit einer unternehmerisch bedingten Wertpapierhaltung anfallen (zB mit der gesetzlich gebotenen Wertpapierdeckung nach § 14 Abs. 5 und 7 EStG 1988 für Abfertigungs- und Pensionsrückstellungen), handelt es sich um allgemeine Kosten des Unternehmers. Die für solche Depotgebühren in Rechnung gestellte Umsatzsteuer kann als Vorsteuer abgezogen werden, sofern es sich bei den Umsätzen, die der Unternehmer im Rahmen seiner wirtschaftlichen Tätigkeit bewirkt, um steuerpflichtige Umsätze handelt.

Vorsteuern für Aufwendungen, welche im Vorfeld der Bestellung von Aufsichtsräten anfallen (zB Kosten für die Ausschreibung eines Aufsichtsratspostens oder für die Vertragsgestaltung), sind dann abzugsfähig, wenn die Gesellschaft steuerpflichtige oder echt steuerbefreite Umsätze bewirkt.

1993 Gegenstände, die der Unternehmer **zur Ausführung einer Einfuhr** verwendet, oder sonstige Leistungen, die er dafür in Anspruch nimmt, sind den Umsätzen zuzurechnen, für die der eingeführte Gegenstand verwendet wird. Die Einfuhr ist somit ihrer wirtschaftlichen Bedeutung entsprechend nicht als Umsatz des Unternehmers, sondern als Umsatz an den Unternehmer anzusehen. Damit werden in jenen Fällen Verzerrungen vermieden, in denen die Einfuhr umsatzsteuerrechtlich anders behandelt wird als die unter Verwendung der eingeführten Gegenstände bewirkten Umsätze.

Beispiel:

1. Ein Versicherungsunternehmen importiert für den unecht befreiten Versicherungsbetrieb eine EDV-Anlage. Im Rahmen dieser Einfuhr fällt (nicht abzugsfähige) EUSt und Vorsteuern aus sonstigen Leistungen, die im Zusammenhang mit dieser Einfuhr erforderlich waren, an. Diese sonstigen Leistungen sind ebenso wie die eingeführte EDV-Anlage den unecht befreiten Versicherungsumsätzen zuzurechnen, weshalb ein Vorsteuerabzug nicht in Betracht kommt. Entsprechendes gilt, wenn die EDV-Anlage innergemeinschaftlich erworben wird.

2. Eine Arzneimittelfabrik, die ausschließlich steuerpflichtige Umsätze bewirkt, führt Gegenstände EUSt-frei ein. Die mit dem Transport zusammenhängenden Vorsteuern dürfen trotz der steuerfreien Einfuhr abgezogen werden, weil sie im wirtschaftlichen Zusammenhang mit den steuerpflichtigen Umsätze stehen.

1994 Ist zunächst unklar, ob angefallene Umsatzsteuerbeträge mit echt oder unecht befreiten Umsätzen in Zusammenhang stehen, muss die **wahrscheinlichste Lösung** getroffen werden. Die für die Vorleistungen eines vom Leistungsempfänger nicht selbst genutzten Gebäudes in Rechnung gestellte USt darf nur dann als Vorsteuer abgezogen werden, wenn mit ziemlicher Sicherheit feststeht, dass das Gebäude steuerpflichtig vermietet werden wird. Eine bloße diesbezügliche **Absichtserklärung** reicht hiefür nicht aus. Vielmehr muss die Absicht in bindenden Vereinbarungen ihren Niederschlag finden oder aus sonstigen, über die Absichtserklärung hinausgehenden Umständen zu erschließen sein.

1995 **Ändern sich während des Veranlagungszeitraumes die für den Vorsteuerabzug maßgebenden Verhältnisse**, ist der Vorsteuerabzug zu berichtigen. Tritt die Änderung in einem folgenden Veranlagungszeitraum ein, kommt § 12 Abs. 10 oder Abs. 11 UStG 1994 zur Anwendung.

1996 Hat ein Unternehmer in einem Veranlagungszeitraum keine nach § 6 Abs. 1 Z 7 bis 28 UStG 1994 steuerfreien Umsätze ausgeführt, sind aber Vorsteuern angefallen, die mit späteren Umsätzen dieser Art in Zusammenhang stehen, so hat der Vorsteuerabzug insoweit **von vornherein zu unterbleiben** (zB bei Vorsteuern für die Errichtung von Eigentumswohnungen, die erst im folgenden Kalenderjahr nach § 6 Abs. 1 Z 9 lit. a UStG 1994 steuerfrei geliefert werden). Umgekehrt dürfen Vorsteuern, die den zum Abzug berechtigenden Umsätzen zuzurechnen sind, bei Vorliegen der sonstigen Voraussetzungen bereits abgezogen werden, bevor die entsprechenden Umsätze ausgeführt werden (zB vor einer Geschäftseröffnung anfallende Vorsteuern). Eine unter Umständen notwendige Aufteilung der Vorsteuerbeträge ist nach den Grundsätzen des § 12 Abs. 4 UStG 1994 vorzunehmen.

3.2 Kein Vorsteuerausschluss für andere Umsätze

1997 Die Vorleistungen müssen eine direkte und unmittelbare Verbindung mit den nicht unecht befreiten Umsätzen aufweisen. Dienstleistungen im Zusammenhang mit dem Verkauf von Gesellschaftsanteilen sind auch dann vom Vorsteuerabzug ausgeschlossen, wenn die Kernumsätze der Gesellschaft steuerpflichtig sind (EuGH 6.4.1995, Rs C-4/94, *BLP Group*, BFH 27.01.2011, V R 38/09).

Die im Rahmen des Factoring-Geschäftes dem Anschlusskunden verrechneten Gebühren stehen nicht mit der vom Anschlusskunden vorgenommenen Forderungsabtretung an den Factor, sondern mit der sonstigen unternehmerischen Tätigkeit des Unternehmers im Zusammenhang. Liegt beim Kauf zahlungsgestörter Forderungen keine entgeltliche Leistung an den Forderungsverkäufer vor (siehe Rz 8), ist der Forderungserwerber aus Eingangsleistungen für den Forderungserwerb und den Forderungseinzug nicht zum Vorsteuerabzug berechtigt (vgl. BFH 26.01.2012, V R 18/08).

§ 12 UStG

3.3 Kein Vorsteuerausschluss bei bestimmten Bank- und Versicherungsgeschäften

1998 In den Fällen des § 12 Abs. 3 Z 3 lit. b UStG 1994 ist es ohne Bedeutung, ob eine steuerfreie Ausfuhrlieferung nach § 7 UStG 1994 vorliegt. Maßgeblich ist, dass der Gegenstand **nachweislich und endgültig in das Drittland** gelangt.

Beispiel:
In das Drittland ausgeführte Gegenstände (Ausfuhrlieferung oder zB Verbringen) werden gegen Transportschäden versichert; der Versicherer ist insoweit nicht vom Vorsteuerabzug ausgeschlossen.

1999 In den Fällen des § 12 Abs. 3 Z 3 lit. c UStG 1994 sind jene Umsätze betroffen, die nach § 3a Abs. 14 Z 7 iVm Abs. 13 lit. a UStG 1994 oder § 3a Abs. 6 UStG 1994 (bis 31.12.2009: § 3a Abs. 10 Z 7 iVm Abs. 9 UStG 1994) als im Drittland ausgeführt gelten.

Beispiel:
Eine Bank gewährt einem Unternehmer mit Sitz in Zürich einen Kredit. Die Bank ist insoweit nicht vom Vorsteuerabzug ausgeschlossen.

3.4 Vorsteuerausschluss bei Gebäuden

2000 Gemäß § 12 Abs. 3 Z 4 ist die Steuer für Lieferungen und sonstige Leistungen sowie die Einfuhr von Gegenständen vom Vorsteuerabzug ausgeschlossen, soweit sie im Zusammenhang mit der Verwendung eines dem Unternehmen zugeordneten Grundstückes für die in § 3a Abs. 1a Z 1 UStG 1994 genannten Zwecke steht. Im § 3a Abs. 1a Z 1 UStG 1994 genannte Zwecke sind solche, die außerhalb des Unternehmens liegen, und solche für den Bedarf des Personals des Unternehmers, soweit keine Aufmerksamkeiten vorliegen.

Beispiel:
Ein Rechtsanwalt errichtet im Februar 2011 ein Haus, das ab 1. März 2011 als Anlagevermögen verwendet wird. 50% werden privat genutzt. Das Grundstück ist zur Gänze dem Unternehmen zugeordnet. Die Vorsteuern betrugen insgesamt 240.000 Euro.
Im Jahr 2011 Vorsteuerabzug 50%.
Im Jahr 2012 wird das Haus verkauft/entnommen:
Keine Option: Steuerfreier Grundstücksumsatz. Vorsteuerberichtigung hinsichtlich des unternehmerisch genutzten Teiles (9/10 von 120.000 Euro = 108.000 Euro zu Lasten des Unternehmers).
Option: Steuerpflichtiger Grundstücksumsatz. Vorsteuerberichtigung hinsichtlich des privat genutzten Teiles (9/10 von 120.000 Euro = 108.000 Euro zu Gunsten des Unternehmers).

2001 Im Zeitraum vom 1.5.2004 bis 31.12.2010 ist davon auszugehen, dass in dessen Anwendungsbereich § 12 Abs. 2 Z 2 lit. a UStG 1994 dem § 12 Abs. 3 Z 4 UStG 1994 als die speziellere Bestimmung vorgeht (VwGH 19.3.2013, 2010/15/0085 mVa VwGH 28.5.2009, 2009/15/0100).

Ab 1.1.2011 (Inkrafttreten des Art. 168a MwSt-RL 2006/112/EG) sind beide Bestimmungen nebeneinander anzuwenden. Wenn daher bei Anwendung des § 12 Abs. 2 Z 2 lit. a UStG 1994 der Vorsteuerabzug nicht zur Gänze ausgeschlossen wird, kann dieser bei Vorliegen der sonstigen Voraussetzungen nur nach Maßgabe des § 12 Abs. 3 Z 4 UStG 1994 vorgenommen werden.

Beispiel 1:
A erwirbt 2011 ein Ferienappartement, das im zeitlichen Ausmaß von 60% steuerpflichtig vermietet und zu 40% privat genutzt wird. Der Vorsteuerabzug ist nach § 12 Abs. 2 Z 2 lit. a UStG 1994 nicht ausgeschlossen. Es steht bei Vorliegen der sonstigen Voraussetzungen des § 12 UStG 1994 der Vorsteuerabzug nach § 12 Abs. 3 Z 4 UStG 1994 nur im Ausmaß von 60% zu.

§ 12 UStG

Spätere Änderungen im Ausmaß der privaten Nutzung sind im Rahmen von Vorsteuerberichtigungen gemäß § 12 Abs. 10 UStG 1994 zu berücksichtigen.

Beispiel 2:
B vermietet ein Zimmer (12% der Gesamtfläche des Gebäudes) seines Wohnhauses regelmäßig steuerpflichtig an Fremde. Insgesamt wird der Raum zu 55% unternehmerisch und 45% privat genutzt. Nach § 12 Abs. 3 Z 4 UStG 1994 kann der Vorsteuerabzug im Ausmaß von 55% geltend gemacht werden. Bei einer privaten Nutzung von mehr als 50% wäre der Vorsteuerabzug gemäß § 12 Abs. 2 Z 2 lit. a UStG 1994 zur Gänze ausgeschlossen. Spätere Änderungen des Nutzungsausmaßes sind im Rahmen der (positiven oder negativen) Vorsteuerberichtigungen gemäß § 12 Abs. 10 UStG 1994 zu berücksichtigen.

Randzahlen 2002 bis 2004: derzeit frei.

3.5 Kein Vorsteuerausschluss bei Verzicht auf die Steuerfreiheit bei bestimmten im Ausland ausgeführten Umsätzen

2005 Gem. § 12 Abs. 3 Z 3 UStG 1994 ist die Steuer für Leistungen sowie für die Einfuhr von Gegenständen vom Vorsteuerabzug ausgeschlossen, soweit sie mit Umsätzen im Zusammenhang steht, die der Unternehmer im Ausland ausführt und die – wären sie im Inland steuerbar – steuerfrei sein würden.

Unter folgenden Voraussetzungen kann der Ausschluss vom Vorsteuerabzug unterbleiben (vgl. auch BFH 6.5.2004, BStBl II 856):
- Der Unternehmer hat einen Umsatz im übrigen Gemeinschaftsgebiet ausgeführt, den er bei Ausführung im Inland gem. § 6 Abs. 2 UStG 1994 steuerpflichtig behandeln könnte (zB Vermietung eines im anderen Mitgliedstaat gelegenen Geschäftslokales).
- Entsprechend dem innerstaatlichen Recht des anderen Mitgliedstaates ist eine wahlweise steuerpflichtige Behandlung dieses Umsatzes zulässig.
- Der Unternehmer weist nach, dass er diesen Umsatz tatsächlich gegenüber der zuständigen Abgabenbehörde des anderen Mitgliedstaates steuerpflichtig behandelt hat.

Randzahlen 2006 bis 2010: Derzeit frei.

4. Aufteilung des Vorsteuerabzuges
4.1 Allgemeines

2011 Die Vorschriften über die Aufteilung der Vorsteuerbeträge gelten nicht nur für die Berechnung der Steuer eines Veranlagungszeitraumes sondern auch für die Berechnung der Steuer eines Voranmeldungszeitraumes. Der Aufteilung der Vorsteuerbeträge sind jeweils die **Verhältnisse des in Betracht kommenden Veranlagungs- oder Voranmeldungszeitraumes** zu Grunde zu legen. Es ist jedoch auch möglich, dass der Unternehmer aus Vereinfachungsgründen den gesamten Vorsteuerabzug erst in der Erklärung für den Veranlagungszeitraum geltend macht.

2012 Aus Vereinfachungsgründen ist auch nicht zu beanstanden, wenn der Unternehmer für die Voranmeldungszeiträume die Vorsteuerbeträge **nach den Verhältnissen (zB dem Umsatzschlüssel) eines vorangegangenen Veranlagungszeitraumes oder nach den voraussichtlichen Verhältnissen des laufenden Veranlagungszeitraumes** aufteilt. Voraussetzung hiefür ist, dass der Unternehmer das Finanzamt vorher darüber unterrichtet und keine gewichtigen Bedenken (zB Gefährdung des Steueranspruchs) gegen diese Handhabung bestehen. Bei der Veranlagung sind in jedem Falle die Verhältnisse des in Betracht kommenden Veranlagungszeitraumes zu Grunde zu legen.

4.2 Aufteilung nach Maßgabe der Zurechenbarkeit

2013 Nach der Grundnorm des § 12 Abs. 4 UStG 1994 sind die Vorsteuern grundsätzlich nach **Maßgabe ihrer Zurechenbarkeit** aufzuteilen, dh. sie sind danach aufzuteilen, wie sie den unecht steuerfreien Umsätzen und den übrigen Umsätzen bei wirtschaftlicher Betrachtung ganz oder teilweise zuzurechnen sind. Eine bestimmte Form der Aufteilung ist nicht vorgeschrieben. Es ist daher jede Methode, die im Einzelfall eine wirtschaftlich zutreffende Zuordnung der Vorsteuerbeträge ermöglicht, zulässig.

2014 Bei der Aufteilung der Vorsteuerbeträge nach § 12 Abs. 4 UStG 1994 sind drei Gruppen von Vorsteuerbeträgen zu unterscheiden:

4.2.1 Voll abziehbare Vorsteuern

2015 Diese können ausschließlich Umsätzen zugerechnet werden, die zum Vorsteuerabzug berechtigen. Das sind zB in einem Fertigungsbetrieb die Vorsteuern, die bei der **Anschaffung von Material oder Anlagegütern** anfallen. Bei einem Handelsbetrieb kommen vor allem die Vorsteuern aus **Wareneinkäufen** in Betracht.

4.2.2 Voll nicht abziehbare Vorsteuern

2016 Diese sind ausschließlich Umsätzen zuzurechnen, die zur Versagung des Vorsteuerabzuges führen. Hiezu gehören zB bei Grundstücksumsätzen, die nicht steuerpflichtig behandelt werden, die Vorsteuern, die für die **Leistungen des Maklers und des Notars** sowie für Inserate anfallen.

4.2.3 Übrige Vorsteuern

2017 In diese Gruppe fallen alle Vorsteuerbeträge, die sowohl mit Umsätzen, die den Vorsteuerabzug ausschließen, als auch mit Umsätzen, die zum Vorsteuerabzug berechtigen, in wirtschaftlichem Zusammenhang stehen. Hiezu gehören zB die Vorsteuerbeträge, die mit den **Verwaltungsgemeinkosten eines Wohnungsunternehmens** in Verbindung stehen, das sowohl Wohnungen steuerpflichtig vermietet als auch Eigentumswohnungen steuerfrei verkauft.

2018 Die Aufteilung der einer Umsatzgruppe nicht ausschließlich zurechenbaren Vorsteuern hat nach dem **Prinzip der wirtschaftlichen Zurechnung** zu erfolgen. Hiebei ist die **betriebliche Kostenrechnung** (Betriebsabrechnungsbogen, Kostenträgerrechnung) oder die Aufwands- und Ertragsrechnung in der Regel als geeigneter Anhaltspunkt heranzuziehen. Wird die Kostenrechnung zu Grunde gelegt, ist jedoch zu beachten, dass die verrechneten Kosten und der verrechnete Aufwand nicht mit den Werten (Vorumsätzen) übereinstimmen, über die Vorsteuern zu entscheiden ist. Denn die Kostenrechnung erfasst nur die für die Erstellung einer Leistung notwendigen Kosten und die Aufwands- und Ertragsrechnung nur den in einer Abrechnungsperiode entstandenen Aufwand. Das betrifft insbesondere die Wirtschaftsgüter des Anlagevermögens, die in der Kostenrechnung wie in der Aufwands- und Ertragsrechnung nur mit den Abschreibungen angesetzt werden. Der Unternehmer kann diese Unterlagen daher nur als **Hilfsmittel** verwenden.

2019 Die nicht ausschließlich zurechenbaren Vorsteuerbeträge können auch **schätzungsweise aufgeteilt** werden. Dabei kommt es auf die Verhältnisse des Einzelfalles an, wie bei der Schätzung eine wirtschaftlich sachgerechte Aufteilung dieser Vorsteuerbeträge vorzunehmen ist. Unbedenklich erscheint zB bei einem Kreditunternehmen die Aufteilung der mit dem Betrieb einer EDV-Anlage zusammenhängenden Vorsteuern nach Betriebsstunden, wenn die Anlage sowohl eigenen Zwecken des Kreditunternehmens dient als auch vermietet wird.

2020 Die Aufteilung der Vorsteuern aus der Errichtung eines Ordinationsgebäudes samt Räumlichkeiten für die Hausapotheke ist in der Regel nach einem Flächenschlüssel vorzunehmen. Hiebei kommt es lediglich auf die Flächen an, die unmittelbar dem Bewirken der Umsätze der Hausapotheke oder der Tätigkeit als praktischer Arzt dienen.

Für die Ordinationsräumlichkeiten steht daher kein (anteiliger) Vorsteuerabzug zu (VwGH 23.02.2010, 2007/15/0289).

Randzahlen 2021 bis 2030: Derzeit frei.

5. Aufteilung nach dem Umsatzverhältnis – Ermittlung des Umsatzschlüssels

2031 An Stelle einer Aufteilung nach § 12 Abs. 4 UStG 1994 kann der Unternehmer die Vorsteuerbeträge **nach dem Verhältnis der zum Ausschluss vom Vorsteuerabzug führenden Umsätze zu den übrigen Umsätzen** in nicht abziehbare und abziehbare Vorsteuerbeträge aufteilen. Diese Methode ist aus Vereinfachungsgründen zusätzlich zu der Grundnorm des § 12 Abs. 4 UStG 1994 vorgesehen; sie macht eine exakte Zuordnung der Vorsteuern zu bestimmten Umsätzen entbehrlich. Bei dieser Aufteilungsmethode sind alle Vorsteuern des Unternehmens nach dem Umsatzverhältnis des jeweiligen Voranmeldungs- bzw. Veranlagungszeitraumes aufzuteilen. Auf die wirtschaftliche Zurechenbarkeit kommt es daher nicht an.

2031a Umsätze von festen Niederlassungen in anderen Mitgliedstaaten oder im Drittland dürfen bei der Ermittlung der abzugsfähigen Vorsteuer nicht berücksichtigt werden (vgl. EuGH 12.09.2013, Rs C-388/11, Le Crédit Lyonnais). Umgekehrt dürfen für die Ermittlung der abzugsfähigen Vorsteuern einer solchen festen Niederlassung die Umsätze des Sitzes der wirtschaftlichen Tätigkeit und von festen Niederlassungen in anderen Mitgliedstaaten oder im Drittlandsgebiet nicht berücksichtigt werden.

2032 Bietet der Unternehmer keine ausreichenden Anhaltspunkte für die Aufteilung der Vorsteuern nach Maßgabe der Zurechenbarkeit, so kann von der Behörde subsidiär die Methode der **Aufteilung nach dem Umsatzverhältnis** angewendet werden (VwGH 11.11.1987, 85/13/0197). Eine Aufteilung der Vorsteuern nach der Wertschöpfung (bei steuerpflichtigen Umsätzen einerseits und bei unecht steuerbefreiten Umsätzen andererseits) findet im Gesetz keine Deckung (VwGH 6.3.1989, 87/15/0087). Die Berechnungsweise des Pachtschillings (zB steuerfreie Umsätze werden bei dessen Berechnung nicht oder nur tw berücksichtigt) hat auf die Vorsteueraufteilung keinen Einfluss (VwGH 3.7.1996, 96/13/0057).

2033 Bei der Ermittlung des Umsatzschlüssels zur Aufteilung der Vorsteuern sind die folgenden beiden Umsatzgruppen zu unterscheiden:

5.1 Unecht steuerfreie Umsätze und bestimmte Auslandsumsätze

2034 Das sind die zum Ausschluss vom Vorsteuerabzug führenden Umsätze (siehe § 12 Rz 1991 bis 1996).

5.2 Übrige Umsätze

2035 Diese berechtigen zum vollen Vorsteuerabzug.

2036 Einfuhren und innergemeinschaftliche Erwerbe sind nicht Umsätze im Sinne des § 12 Abs. 5 UStG 1994. Sie sind daher beim Umsatzschlüssel nicht anzusetzen.

5.3 Aufteilung nach Mischmethode

2037 Die dritte im Gesetz vorgesehene Aufteilungsmethode (§ 12 Abs. 5 Z 2 UStG 1994) besteht darin, dass nur jene Vorsteuerbeträge, die den zum Ausschluss vom Vorsteuerabzug nach § 12 Abs. 3 UStG 1994 führenden Umsätzen oder den übrigen Umsätzen nicht ausschließlich zuzurechnen sind, nach dem **Umsatzverhältnis** aufgeteilt werden. Die Vorsteuern, welche einer der beiden Umsatzgruppen ausschließlich zugeordnet werden können, sind nach Maßgabe ihrer **wirtschaftlichen Zugehörigkeit** im Sinne des § 12 Abs. 4 UStG 1994 in abziehbare und nicht abziehbare Vorsteuern aufzuteilen. Die einer bestimmten Umsatzgruppe nicht ausschließlich zuzuordnenden Vorsteuern werden nicht nach dem Prinzip der wirtschaftlichen Zurechnung aufgeteilt sondern schematisch nach dem Umsatzverhältnis.

5.4 Wahl der Aufteilungsmethode

2038 Die Wahl sowie die Änderung der Aufteilungsmethode bedürfen **weder eines Antrages des Unternehmers noch einer Bewilligung durch das Finanzamt**. Es ist dem Un-

§ 12 UStG

ternehmer freigestellt, die für sein Unternehmen zweckmäßigste Aufteilungsmethode zu wählen und wieder davon abzugehen (Ausnahme siehe § 12 Rz 2046 bis 2050).

Randzahlen 2039 bis 2045: Derzeit frei.

6. Ausschluss der Aufteilungsmethode nach § 12 Abs. 5 UStG 1994

2046 Wenn die gänzliche oder teilweise Aufteilung der Vorsteuern nach dem Umsatzverhältnis (§ 12 Abs. 5 Z 1 und 2 UStG 1994) zu einem **ungerechtfertigten Steuervorteil** im Sinne des § 12 Abs. 6 UStG 1994 führt, ist die Aufteilung der Vorsteuerbeträge nach dem Umsatzverhältnis ausgeschlossen. Sinn und Zweck dieser Vorschrift ist es, zu verhindern, dass durch eine rein schematische Aufteilung nach dem Umsatzverhältnis ein krass unrichtiges Ergebnis zu Stande kommt. Dies würde zB der Fall sein, wenn ein Bauunternehmer in einem Veranlagungszeitraum Gebäude errichtet, die er zum überwiegenden Teil erst im darauf folgenden Veranlagungszeitraum steuerfrei (§ 6 Abs. 1 Z 9 lit. a UStG 1994) verkauft. Hat dieser Unternehmer im Jahr der Errichtung dieser Gebäude sonst nur steuerpflichtige Umsätze aus der übrigen Tätigkeit als Bauunternehmer, so könnte er nach der Aufteilungsmethode des § 12 Abs. 5 Z 1 UStG 1994 in diesem Fall einen Großteil der mit der Errichtung der Gebäude zusammenhängenden Vorsteuern abziehen, was ein **völlig unrichtiges Ergebnis** der Aufteilung bedeuten würde. In einem derartigen Fall muss die Aufteilung der Vorsteuern daher nach § 12 Abs. 4 oder Abs. 5 Z 2 UStG 1994 vorgenommen werden.

Randzahlen 2047 bis 2050: Derzeit frei.

7. Gesondert geführter Betrieb

2051 Nach § 12 Abs. 7 UStG 1994 hat das Finanzamt für Zwecke der Aufteilung der Vorsteuerbeträge auf Antrag zu gestatten, dass ein in der Gliederung des Unternehmens gesondert geführter Betrieb **wie ein selbstständiges Unternehmen** behandelt wird.

2052 Diese Vorschrift hat nur für den Vorsteuerabzug Bedeutung. Der Begriff des Unternehmens wird durch sie nicht berührt.

2053 Die Anwendung der Vorschrift setzt einen in der Gliederung des Unternehmens **gesondert geführten Betrieb** voraus (§ 4 Abs. 7 UStG 1994). Darunter ist in aller Regel ein wirtschaftlich selbstständiger Betrieb zu verstehen, der einen für sich selbstständigen Organismus bildet, unabhängig von anderen Betrieben des Unternehmens nach Art eines selbstständigen Unternehmens betrieben wird und auch nach Außen hin ein selbstständiges, in sich geschlossenes Wirtschaftsgebilde darstellt.

Randzahlen 2054 bis 2060: Derzeit frei.

8. Auflagen bei Bewilligung nach § 12 Abs. 7 UStG 1994

2061 Die Bewilligung nach § 12 Abs. 7 UStG 1994 kann zwecks Vermeidung eines ungerechtfertigten Steuervorteiles im Sinne des § 12 Abs. 6 UStG 1994 mit **Auflagen** verbunden werden. Insbesondere ist durch eine entsprechende Auflage sicherzustellen, dass Vorsteuerbeträge eines Betriebes, die den unecht steuerfreien Umsätzen eines anderen Betriebes des Unternehmers zuzurechnen sind, nicht abgezogen werden dürfen.

Beispiel:

Ein Bauunternehmer betreibt im Rahmen eines gesondert geführten Betriebes im Sinne des § 12 Abs. 7 UStG 1994 Grundstücksgeschäfte, die Umsätze daraus werden nach § 6 Abs. 1 Z 9 lit. a UStG 1994 zur Gänze steuerfrei behandelt. Für Reparaturen an bebauten Grundstücken vor deren Veräußerung verwendet er Material aus dem Baubetrieb. Hier würde die Anwendung des § 12 Abs. 7 UStG 1994 bei Gewährung des vollen Vorsteuerabzuges ungerechtfertigte Steuervorteile ergeben. Der Unternehmer darf daher den Vorsteuerabzug für das zur Ausführung der Reparaturen verwendete Material nicht vornehmen.

Randzahlen 2062 bis 2065: Derzeit frei.

9. Vorsteuerberechnung, wenn Steuerbetrag nicht ausgewiesen
Derzeit frei.

Randzahlen 2066 bis 2070: Derzeit frei.

10. Änderung der Verhältnisse beim Anlagevermögen

2071 § 12 Abs. 10 und 11 UStG 1994 sehen eine **Berichtigung des Vorsteuerabzuges** vor, wenn sich die Verhältnisse ändern, die für den Vorsteuerabzug maßgebend waren. Dadurch sollen sowohl ungerechtfertigte Steuervorteile wie auch steuerliche Nachteile, die sich durch eine nachträgliche Änderung des Verwendungszweckes für den Unternehmer ergeben könnten, vermieden werden.

10.1 Begriff

2072 Wie sich schon aus dem Gesetzeswortlaut ergibt, muss die Änderung der Verhältnisse im Unternehmensbereich eingetreten sein. Eine solche Änderung wird vorliegen, wenn der Unternehmer zwar ursprünglich Umsätze ausgeführt hat, die ihn zum Vorsteuerabzug berechtigten, in weiterer Folge aber Umsätze ausführt, die ihn vom Vorsteuerabzug ausschließen oder umgekehrt.

2073 Dies wäre etwa dann der Fall, wenn ein bisheriger (unecht befreiter) Kleinunternehmer zur Regelbesteuerung optiert oder ein bisher regelbesteuerter Unternehmer zum (unecht befreiten) Kleinunternehmer wird. Eine Änderung der Verhältnisse liegt auch vor, wenn sich das Ausmaß der Verwendung eines Gegenstandes zur Ausführung steuerpflichtiger (echt befreiter) oder unecht befreiter Umsätze ändert. Eine Vorsteuerkorrektur ist daher vorzunehmen, wenn ein Gegenstand, der bisher zB je zur Hälfte zur Ausführung steuerpflichtiger und unecht steuerfreier Umsätze verwendet wurde, nunmehr nur noch zu 20 % zur Ausführung steuerpflichtiger und zu 80 % zur Ausführung unecht steuerfreier Umsätze verwendet wird.

Eine Vorsteuerberichtigung ist auch dann vorzunehmen, wenn ein ursprünglich unrichtiger Vorsteuerabzug auf Grund der verfahrensrechtlichen Situation nicht mehr rückwirkend berichtigt werden kann. Dies trifft auch dann zu, wenn Vorsteuern aus der Renovierung eines Mietobjektes (Vermietung iSd § 1 Abs. 2 LVO) ursprünglich geltend gemacht wurden, jedoch wegen Vorliegens von Liebhaberei tatsächlich nicht abzugsfähig gewesen wären, wobei das Jahr des Beginns der Betätigung bereits rechtskräftig geworden ist und somit insoweit keine Korrektur mehr erfolgen kann. Dies gilt sinngemäß auch für eine Vorsteuerberichtigung zu Gunsten des Unternehmers, wenn die allgemeinen Voraussetzungen des Vorsteuerabzugs bereits im verfahrensrechtlich unabänderbaren Ursprungsjahr vorgelegen sind.

Weiters ist eine Berichtigung des Vorsteuerabzuges zB dann vorzunehmen, wenn sich bei einem Gebäude, das teilweise unternehmerisch (vorsteuerabzugsfähiger Bereich) und teilweise privat (nicht vorsteuerabzugsfähiger Bereich) verwendet wird, das Verhältnis der Nutzung ändert (betrifft zur Gänze dem Unternehmensbereich zugeordnete Gebäude).

Beispiel:
Ein Rechtsanwalt errichtet im August 2005 ein Haus, das ab 1. September 2005 als Anlagevermögen genutzt wird. 50% werden privat genutzt. Das Grundstück ist zur Gänze dem Unternehmen zugeordnet. Die Vorsteuern betrugen insgesamt 240.000 Euro.
- Im Jahr 2005 Vorsteuerabzug 50% (120.000 Euro).

Im Jahr 2006 erhöht sich der unternehmerisch genutzte Anteil auf 60%.
- Es ist eine Vorsteuerberichtigung im Ausmaß von 2.400 Euro (10% von 24.000) zu Gunsten des Unternehmers vorzunehmen.

Im Jahr 2007 verringert sich der unternehmerisch genutzte Anteil auf 40%.
- Es ist eine Vorsteuerberichtigung im Ausmaß von 2.400 Euro (10% von 24.000) zu Lasten des Unternehmers vorzunehmen.

Im Jahr 2008 wird das Haus verkauft/entnommen.

- Keine Option: Steuerfreier Grundstücksumsatz. Vorsteuerberichtigung hinsichtlich des unternehmerisch genutzten Teiles (7/10 von 120.000 Euro = 84.000 Euro zu Lasten des Unternehmers).
- Option: Steuerpflichtiger Grundstücksumsatz. Vorsteuerberichtigung hinsichtlich des privat genutzten Teiles (7/10 von 120.000 Euro = 84.000 Euro zu Gunsten des Unternehmers).

Zur Verlängerung des Berichtigungszeitraums für Fälle ab 1. April 2012 auf Grund des 1. StabG 2012, BGBl. I Nr. 22/2012, siehe Rz 2081.

Eine Änderung der Verhältnisse, die für den Vorsteuerabzug maßgebend sind, liegt ab dem Veranlagungsjahr 2014 auch bei einem Wechsel zwischen der Anwendung der allgemeinen Vorschriften und jenen des § 22 UStG 1994 vor. Zu Einzelheiten und Inkrafttreten siehe Rz 2857a ff.

Zur allfälligen Vorsteuerberichtigung im Zusammenhang mit einer verlustträchtigen Wohnraumvermietung siehe LRL 2012 Rz 184.

2074 Keine Änderung der Verhältnisse liegt demnach vor:
- bei Entnahmen, es sei denn, es liegt ein unecht steuerfreier Eigenverbrauch vor (zB Gebäude(teil), für das (den) bisher der Vorsteuerabzug zustand, wird ohne Option zur Steuerpflicht in den Privatbereich übergeführt),
- bei Einlagen,
- bei nicht steuerbaren Vorgängen (zB Umgründungen im Sinne des UmgrStG),
- bei Gesamtrechtsnachfolgen
- und – bis einschließlich Veranlagungsjahr 2013 – bei Übergang von oder zu der landwirtschaftlichen Pauschalierung (siehe Rz 2857).

10.2 Zeitpunkt der Änderung

2075 Eine Änderung der Verhältnisse liegt nicht bereits dann vor, wenn die Absicht besteht, das Wirtschaftsgut zur Ausführung unecht steuerfreier bzw. anderer (zB steuerpflichtiger) Umsätze zu verwenden, sondern erst mit der **tatsächlich geänderten Verwendung**. Ändert sich die Verwendung noch im Jahr der Anschaffung und der erstmaligen Verwendung, liegt kein Anwendungsfall des § 12 Abs. 10 UStG 1994 vor. Der Vorsteuerabzug ist zur Gänze im Voranmeldungszeitraum, in dem die Änderung erfolgt, richtig zu stellen.

Beispiel:

Im Jänner erfolgt die Anschaffung eines Gebäudes mit Vorsteuerabzug. Das Gebäude wird bis Dezember steuerpflichtig vermietet und in diesem Monat sodann steuerfrei verkauft. Der Vorsteuerabzug wurde für Jänner zu Recht geltend gemacht. Durch die Verwendungsänderung im Dezember des gleichen Kalenderjahres ist in diesem Voranmeldungszeitraum der Vorsteuerabzug zur Gänze wieder rückgängig zu machen. Würde der steuerfreie Verkauf erst im Jänner des nächsten Jahres erfolgen, wäre der Vorsteuerabzug im Ausmaß von 19/20 (bzw. 9/10 siehe Rz 2081) zu berichtigen.

2076 Fallen hingegen das Jahr des Leistungsbezuges (der Anschaffung) und das Jahr der erstmaligen Verwendung auseinander und ändert sich die ursprünglich beabsichtigte Verwendung vor der Inverwendungnahme, ist ein Anwendungsfall des § 12 Abs. 11 UStG 1994 gegeben (siehe § 12 Rz 2101 bis 2115).

Beispiel:

Im Jahr 1999 wird ein Betriebsgebäude errichtet und der Vorsteuerabzug geltend gemacht. Im Jahr 2000 erfolgt entgegen der ursprünglichen Absicht keine betriebliche Verwendung, sondern das Gebäude wird steuerfrei verkauft. Der Vorsteuerabzug ist im Jahr 2000 zur Gänze nach § 12 Abs. 11 UStG 1994 zu berichtigen.

10.3 Anlagevermögen

2077 Der Begriff Anlagevermögen ist nach ertragsteuerlichen Grundsätzen auszulegen.

10.3.1 Ausmaß der Berichtigung

2078 Eine positive Vorsteuerberichtigung ist nur zulässig, wenn auch ansonsten die Voraussetzungen für den Vorsteuerabzug (zB ordnungsgemäße Rechnung) vorliegen. Ist auf einer Rechnung über eine Lieferung an einen Kleinunternehmer keine UID-Nummer des Empfängers angegeben (§ 11 Abs. 1 Z 3 lit. i UStG 1994), weil diesem im Zeitpunkt der Anschaffung eines Gegenstands gemäß Art. 28 UStG 1994 noch keine UID-Nummer vom Finanzamt zu erteilen war, so kann aus einer derartige Rechnung bei Vorliegen der sonstigen Voraussetzungen eine positive Vorsteuerberichtigung gemäß § 12 Abs. 10 UStG 1994 vorgenommen werden, wenn die Rechnung bei Ausstellung allen Anforderungen des § 11 UStG 1994 entsprochen hat. Eine negative Vorsteuerberichtigung ist nur vorzunehmen, soweit die zu berichtigende Vorsteuer tatsächlich abgezogen wurde. Siehe aber Rz 2086 zur Vorsteuerberichtigung bei Unternehmern iSd § 12 Abs. 1 Z 1 lit. a zweiter Satz UStG 1994. Ein nicht geltend gemachter Vorsteuerabzug darf im Wege der Berichtigung nicht nachgeholt werden.

10.3.2 Nachträgliche Anschaffungs- oder Herstellungskosten, aktivierungspflichtige Aufwendungen

2079 Diese Begriffe sind nach ertragsteuerlichen Grundsätzen auszulegen.

Instandsetzungsaufwendungen, die nach § 4 Abs. 7 EStG 1988 bzw. § 28 Abs. 2 EStG 1988 bloß zu verteilen sind, fallen nicht darunter. Bei Instandsetzungsaufwendungen wird es sich allerdings in der Regel um Großreparaturen handeln (siehe Rz 2080).

10.3.3 Großreparaturen bei Gebäuden

2080 Der Begriff **Großreparatur** ist dem derzeit geltenden Einkommensteuerrecht fremd. Er stammt aus dem EStG 1972. Nach § 28 Abs. 2 EStG 1972 handelte es sich dabei um Aufwendungen für die **Erhaltung von Gebäuden**, die nicht regelmäßig jährlich erwachsen. Hinzu kommt, dass es sich um einen relativ hohen Aufwand handeln muss.

10.3.4 Berichtigungszeitraum

2081 Der Berichtigungszeitraum beträgt 4 Jahre bei beweglichen Gegenständen bzw. 19 Jahre bei Gebäuden und beginnt mit dem auf das Jahr der erstmaligen Verwendung folgenden Kalenderjahr. Auf den Zeitpunkt der Anschaffung des Wirtschaftsgutes bzw. der Geltendmachung des Vorsteuerabzuges kommt es daher nicht an.

Der Berichtigungszeitraum von 19 Jahren bei Gebäuden ist auf Berichtigungen von Vorsteuerbeträgen anzuwenden, die Leistungen im Zusammenhang mit Grundstücken betreffen, die der Unternehmer nach dem 31. März 2012 erstmals in seinem Unternehmen als Anlagevermögen verwendet oder nutzt. Maßgebend ist die tatsächliche Innutzungnahme des Gebäudes (1. StabG 2012, BGBl. I Nr. 22/2012).

Bei Vermietung von Grundstücken zu Wohnzwecken gilt ein Vorsteuerberichtigungszeitraum von 19 Jahren unter der Voraussetzung, dass neben der erstmaligen Verwendung oder Nutzung des Grundstückes/des Gebäudes im Anlagevermögen des Vermieters auch der Mietvertrag nach dem 31. März 2012 abgeschlossen wird.

Der Vorsteuerberichtigungszeitraum ist für jeden eigenständig behandelten Gebäudeteil (zB jede Mietwohnung) getrennt zu ermitteln.

Beispiel 1:

Der Möbelproduzent M errichtet im Jahr 2000 ein Betriebsgebäude und verwendet es ab demselben Jahr zur Ausführung steuerpflichtiger Umsätze (Möbelproduktion). M macht aus den Errichtungskosten den Vorsteuerabzug geltend. Im Jahr 2013 verkauft er das Gebäude unecht steuerbefreit.

Da das Gebäude bereits vor dem 1. April 2012 im Anlagevermögen des Unternehmers verwendet wurde, ist ein Vorsteuerberichtigungszeitraum von 10 Jahren anwendbar. Dieser ist im Zeitpunkt des Verkaufs schon abgelaufen, weshalb keine Vorsteuerberichtigung vorzunehmen ist.

Beispiel 2:

V vermietet 2013 ein im selben Jahr errichtetes Gebäude zu Wohnzwecken. Der Vertragsabschluss mit dem Mieter erfolgt
a. am 1. Jänner 2012.
b. am 1. Jänner 2012. 2015 erfolgt ein Mieterwechsel.
c. am 1. Jänner 2013.
d. am 1. Jänner 2013. 2015 erfolgt ein Mieterwechsel.
2017 verkauft V das Gebäude unecht steuerbefreit.
  a. 2017 hat V eine Vorsteuerberichtigung in Höhe von 6/10 vorzunehmen (§ 12 Abs. 10 UStG 1994 idF BGBl. I Nr. 76/2011), da der Vertragsabschluss über die Vermietung bereits vor dem 1. April 2012 erfolgt ist.
  b. 2017 hat V eine Vorsteuerberichtigung in Höhe von 16/20 vorzunehmen (§ 12 Abs. 10 UStG 1994 idF BGBl. I Nr. 22/2012), da der zum Zeitpunkt des Verkaufs maßgebliche Mietvertrag nach dem 31. März 2012 abgeschlossen wurde und V das Gebäude nicht bereits vor dem 1. April 2012 als Anlagevermögen genutzt hat.
  c. 2017 hat V eine Vorsteuerberichtigung in Höhe von 16/20 vorzunehmen (§ 12 Abs. 10 UStG 1994 idF BGBl. I Nr. 22/2012), da der Vertragsabschluss über die Vermietung nach dem 31. März 2012 erfolgt ist und V das Gebäude nicht bereits vor dem 1. April 2012 als Anlagevermögen genutzt hat.
  d. wie c.

Beispiel 3:

V errichtet 2012 als Alleineigentümer ein Zinshaus, in dem er 10 Wohnungen vermietet. Acht Mietverträge werden im Februar 2012 abgeschlossen, zwei hingegen erst im Juni 2012. Alle Wohnungen werden im Monat des Mietvertragsabschlusses bezogen.

Hinsichtlich der im Juni 2012 bezogenen Wohnungen liegen sowohl die erstmalige Verwendung als auch der Mietvertragsschluss nach dem 31.3.2012. Es gilt daher ein Vorsteuerberichtigungszeitraum von 19 Jahren. Für die übrigen 8 Wohnungen kommt der Vorsteuerberichtigungszeitraum von 9 Jahren zur Anwendung.

Für Gebäude, die nicht unter die Berichtigungsfrist von 19 Jahren fallen, ist nach § 12 Abs. 10 UStG 1994 idF BGBl. I Nr. 76/2011 (vor dem 1. StabG 2012 BGBl. I Nr. 22/2012) ein Berichtigungszeitraum von 9 Jahren (bzw. 19 Jahren bei Gebäuden, die ausschließlich unternehmerischen Zwecken dienen und bei denen hinsichtlich des nicht unternehmerisch genutzten Teiles ein Vorsteuerabzug in Anspruch genommen werden konnte; § 12 Abs. 10a UStG 1994 idF BGBl. I Nr. 76/2011) vorgesehen.

2082 Für nachträgliche Anschaffungs- oder Herstellungskosten, aktivierungspflichtige Aufwendungen oder Großreparaturen besteht ein eigener Berichtigungszeitraum. Er beginnt mit dem Jahr, **das dem Jahr der erstmaligen Verwendung** der diesen Kosten zu Grunde liegenden Leistungen folgt. Dabei kann der Berichtigungszeitraum für das betreffende Wirtschaftsgut selbst schon abgelaufen sein.

10.3.5 Laufende Änderung

2083 Die Änderung der Verhältnisse wird wie folgt berücksichtigt:

Es ist von 1/5 (1/20 bzw. 1/10) der gesamten auf den Gegenstand entfallenden Vorsteuer auszugehen. Von diesem Betrag ist im Jahr der Änderung der nunmehr zustehende Vorsteuerbetrag zu ermitteln.

2084 Dieser Betrag ist 1/5 (1/20 bzw. 1/10) des im ersten Jahr tatsächlich vorgenommenen Vorsteuerabzuges gegenüberzustellen. Der Differenzbetrag stellt die Rückforderung bzw. die zusätzliche Vorsteuer dar.

Beispiel:

Es wird eine Maschine (darauf entfallende Vorsteuer 10.000 €) angeschafft, welche im Jahr der Anschaffung ausschließlich zur Ausführung unecht steuerfreier Umsätze verwendet wird. Im nächsten Jahr wie auch in den Folgejahren wird diese Maschine zu 50 % zur Ausführung steuerpflichtiger und zu 50 % zur Ausführung unecht steuerfreier Umsätze verwendet. Die zu Gunsten des Unternehmers zu berichtigende Vorsteuer beträgt im zweiten Jahr und in den folgenden drei Jahren 1/5 von 10.000 €, davon 50 %, somit je 1.000 €. Es kommt daher insgesamt zu einer Vorsteuerberichtigung von 4.000 €.

Wäre diese Maschine im Jahr der Anschaffung ausschließlich zur Ausführung steuerpflichtiger Umsätze verwendet worden, wäre die Vorsteuerberichtigung zu Lasten des Unternehmers wie folgt durchzuführen: Der im Jahr der Änderung zustehende Vorsteuerbetrag beträgt 1.000 € (50 % von 1/5 von 10.000 €). Dieser Betrag ist 1/5 des im Jahr der Anschaffung tatsächlich geltend gemachten Vorsteuerabzuges gegenüberzustellen, das sind 2.000 €. Der für vier Jahre zu Lasten des Unternehmers zu berichtigende Vorsteuerabzug beträgt daher jährlich 1.000 €, insgesamt daher 4.000 €.

10.3.6 Veräußerung oder Entnahme

2085 Liegt in der Veräußerung oder Entnahme selbst eine Änderung der Verhältnisse, so ist die Vorsteuerberichtigung für den gesamten restlichen Berichtigungszeitraum spätestens in der letzten Voranmeldung des Veranlagungszeitraumes vorzunehmen, in dem die Veräußerung oder Entnahme erfolgt. Die Berichtigung kann jedoch auch bereits in der Voranmeldung des Voranmeldungszeitraumes erfolgen, in dem die Veräußerung oder Entnahme erfolgt. Die im Jahr der Veräußerung bzw. Entnahme getätigten laufenden Umsätze sind nicht zu berücksichtigen.

Beispiel 1:

Eine Maschine (darauf entfallende Vorsteuer 10.000 Euro) wird bis zu deren Veräußerung zu 25% zur Ausführung unecht steuerfreier Umsätze verwendet. Es wird ein Vorsteuerabzug in Höhe von 7.500 Euro vorgenommen. Im Mai des dem Jahr der Anschaffung und Inverwendungsnahme folgenden Jahres wird sie steuerpflichtig verkauft. Es kann in der Voranmeldung für Mai eine Vorsteuerkorrektur zu Gunsten des Unternehmers im Ausmaß von 2.000 Euro (4/5 von 10.000 Euro x 25%) vorgenommen werden.

Beispiel 2:

Ein Gebäude (darauf entfallende Vorsteuer 100.000 Euro) wird bis zu dessen Veräußerung nur zur Ausführung steuerpflichtiger Umsätze verwendet. Im Mai des dem Jahr der Anschaffung und Inverwendungnahme folgenden Jahres wird die Liegenschaft samt Gebäude steuerfrei verkauft.

Es ist in der Voranmeldung für Mai eine Vorsteuerkorrektur zu Lasten des Unternehmers im Ausmaß von **95.000 Euro** (**19/20** von 100.000 Euro) vorzunehmen.

10.3.7 Berichtigung beim Anlagevermögen von Istbesteuerern iSd § 12 Abs. 1 Z 1 lit. a zweiter Satz UStG 1994 (Rechtslage ab 1.1.2013)

2086 Im Ergebnis darf sich das Ausmaß des geltend zu machenden Vorsteuerabzugs nach vollständiger Bezahlung nicht von jenem beim Sollbesteuerer unterscheiden. Es gelten daher die Ausführungen der Rz 2071 ff. grundsätzlich auch für Istbesteuerer iSd § 12 Abs. 1 Z 1 lit. a zweiter Satz UStG 1994.

Beispiel 1:

Der Istbesteuerer A erwirbt und bezahlt 2013 eine Maschine um 10.000 Euro zzgl. 20% USt. Im Jahr 2013 nutzt A die Maschine zu 50% für umsatzsteuerpflichtige Zwecke. In den folgenden vier Jahren ändert sich die Nutzung für umsatzsteuerpflichtige Zwecke auf 100%, 25%, 75% und 0%.

Jahr	2013	2014	2015	2016	2017
Pflicht	50%	100%	25%	75%	0%
VSt	−1.000			0	0
§ 12/10	0	−200	+100	−100	+200

§ 12 UStG

Beispiel 2:
Der Istbesteuerer A erwirbt eine Maschine um 12.000 Euro zzgl. 20% USt. Die Bezahlung erfolgt im Jahr 2014. Im Jahr 2013 nutzt A die Maschine zu 100% für umsatzsteuerpflichtige Zwecke. In den folgenden vier Jahren ändert sich die Nutzung für umsatzsteuerpflichtige Zwecke auf 50%, 25%, 75% und 0%.
Der Vorsteuerabzug richtet sich nach den Verhältnissen des Jahres 2013 (siehe Rz 1835).

Jahr	2013	2014	2015	2016	2017
Pflicht	100%	50%	25%	75%	0%
VSt		−2.400		0	0
§ 12/10	0	+240	+360	+120	+480

Beispiel 3:
Der Istbesteuerer A erwirbt 2013 eine Maschine um 12.000 Euro zzgl. 20% USt, zahlbar in 3 Jahresraten à 4.000 Euro zzgl. 20% USt. Im Jahr der erstmaligen Verwendung nutzt A die Maschine zu 100% für umsatzsteuerpflichtige Zwecke. In den folgenden vier Jahren ändert sich die Nutzung für umsatzsteuerpflichtige Zwecke auf 50%, 25%, 75% und 0%.

Jahr	2013	2014	2015	2016	2017
Rate	4.800	4.800	4.800	0	0
Pflicht	100%	50%	25%	75%	0%
VSt	−800	−800	−800	0	0
§ 12/10	0	+240	+360	+120	+480

Beispiel 4:
Der Istbesteuerer A erwirbt 2013 eine Maschine um 12.000 Euro zzgl. 20% USt, zahlbar in 3 Jahresraten à 4.000 Euro zzgl. 20% USt. Im Jahr der erstmaligen Verwendung nutzt A die Maschine zu 0% für umsatzsteuerpflichtige Zwecke. In den folgenden vier Jahren ändert sich die Nutzung für umsatzsteuerpflichtige Zwecke auf 50%, 25%, 75% und 100%.

Jahr	2013	2014	2015	2016	2017
Rate	4.800	4.800	4.800	0	0
Pflicht	0%	50%	25%	75%	100%
VSt	0	0	0	0	0
§ 12/10	0	−240	−120	−360	−480

10.4 Qualifikation des Rückforderungsanspruches im Insolvenzverfahren

2087 Siehe § 16 Rz 2404 und 2405.

Randzahlen 2088 bis 2100: Derzeit frei.

11. Änderung der Verhältnisse beim Umlaufvermögen und sonstigen Leistungen

2101 Als Anwendungsbereich der Bestimmung des § 12 Abs. 11 UStG 1994 kommt in Betracht:
- Umlaufvermögen,
- sonstige Leistungen,
- in Bau befindliche Anlagen,
- noch nicht in Verwendung genommene Gegenstände des Anlagevermögens.

§ 12 UStG

2102 Die Berichtigung nach dieser Vorschrift sieht **weder eine zeitliche Begrenzung noch eine Aliquotierung** noch eine Limitierung vor.

2103 Die Berichtigung ist für den Veranlagungszeitraum vorzunehmen, in dem die Änderung eingetreten ist. Mit Ablauf dieses Jahres beginnt daher auch die Verjährungsfrist zu laufen, wobei es gleichgültig ist, ob die Berichtigung zu Gunsten oder zu Lasten des Unternehmers zu erfolgen hat.

Eine Änderung der Verhältnisse iSd § 12 Abs. 11 UStG 1994 tritt bereits in jenem Voranmeldungs- bzw. Veranlagungszeitraum ein, in dem der Unternehmer seine Absicht, einen Gegenstand oder eine sonstige Leistung zur Ausführung unecht steuerfreier bzw. steuerpflichtiger oder echt steuerfreier Umsätze zu verwenden, nach außen hin erkennbar, klar bestimmt und verbindlich geändert hat (zB durch Abschluss von verbindlichen Nutzungsverträgen dahingehend, zu errichtende Wohnungen nunmehr steuerpflichtig vermieten zu wollen), und nicht erst im Zeitpunkt des erstmaligen Bewirkens von Umsätzen (vgl. VwGH 11.11.2008, 2006/13/0070; siehe auch Rz 901).

Beispiel:

Eine gemeinnützige Bauaktiengesellschaft beginnt im Jahr 2007 mit der Errichtung einer Wohnhausanlage. Ursprünglich ist der nach § 6 Abs. 1 Z 9 lit. a UStG 1994 unecht steuerfreie Verkauf von Eigentumswohnungen geplant. Ein Vorsteuerabzug aus den Errichtungskosten wird daher für das Jahr 2007 nicht geltend gemacht. Im Jahr 2008 beschließt die Gesellschaft „wegen grundlegender Änderung der Marktsituation infolge des gesunkenen Interesses für Wohnungseigentumsobjekte", die Wohnungen nach Fertigstellung zu vermieten (steuerpflichtig zum ermäßigten Steuersatz gemäß § 10 Abs. 2 Z 3 lit. a UStG 1994 – bis 31.12.2015: § 10 Abs. 2 Z 4 lit. a UStG 1994). Noch im Jahr 2008 schließt sie mit zukünftigen Mietern Nutzungsverträge ab, in denen ua. vereinbart wird, dass die Hälfte des Grundkostenbeitrages einen Monat nach Unterfertigung des Vertrages, der Restbetrag vier Wochen vor Wohnungsübergabe und das Nutzungsentgelt ab Fertigstellung zu leisten ist. Im Herbst des Jahres 2009 wird das Bauobjekt schließlich fertig gestellt und erfolgt die Wohnungsübergabe an die Mieter. Im Hinblick auf den – nunmehr gegebenen – Zusammenhang mit einer zukünftigen steuerpflichtigen Vermietung für Wohnzwecke steht dem Unternehmer der Vorsteuerabzug für Errichtungskosten betreffend die jeweiligen, den Nutzungsvereinbarungen unterliegenden Eigentumswohnungen, die im Jahr 2008 angefallen sind, schon für den Voranmeldungs- bzw. Veranlagungszeitraum 2008 zu.

Zudem liegt hinsichtlich der im Jahre 2007 angefallenen und diese Eigentumswohnungen betreffenden Vorsteuern bereits im Jahr 2008 und nicht erst im Jahr der Fertigstellung und Umsatzerzielung eine nach außen hin erkennbare, klar bestimmte und verbindliche Änderung der Verhältnisse gemäß § 12 Abs. 11 UStG 1994 vor und kann eine Vorsteuerberichtigung somit zur Gänze bereits im Veranlagungsjahr 2008 vorgenommen werden.

Im Jahre 2009 ist das Gebäude fertig gestellt und es kommt zur steuerpflichtigen Vermietung. Dem Unternehmer steht der Vorsteuerabzug hinsichtlich der laufenden Vorsteuern des Jahres 2009 zu. Einer Vorsteuerberichtigung betreffend das Jahr 2007 bedarf es nicht mehr.

2104 Ein Anwendungsfall dieser Bestimmung ist auch gegeben, wenn die Änderung der Verhältnisse **im Jahr der erstmaligen Verwendung** erfolgt und die Anschaffung in einem vorangegangenen Jahr liegt (siehe § 12 Rz 2075 und 2076).

Beispiel:

Im Jahr 1999 erfolgt die Errichtung eines Gebäudes, das zur steuerpflichtigen Vermietung bestimmt ist. Im Jahr 2000 wird das Gebäude zwar steuerpflichtig vermietet, es erfolgt jedoch im gleichen Jahr eine steuerfreie Veräußerung. Die Bestimmung des § 12 Abs. 10 UStG 1994 setzt voraus, dass sich die Verhältnisse in den dem Jahr der erstmaligen Verwendung folgenden Jahren ändern. Im gegenständlichen Fall ändern sich die Verhältnisse aber noch im Jahr der erstmaligen Verwendung. Es ist daher nach § 12 Abs. 11 UStG 1994 der Vorsteuerabzug zur Gänze zu berichtigen.

§ 12 UStG

11.1 Besonderheiten iZm der Berichtigung bei Istbesteuerung beim Umlaufvermögen und sonstigen Leistungen (Rechtslage ab 1.1.2013)

2105 Für Anwendungsfälle siehe Rz 2101. Zur allgemeinen Systematik siehe Rz 2086.

Beispiel 1:
Im Umlaufvermögen des Kleinunternehmers A befinden sich Gegenstände, die er im Jahr 2013 angeschafft hat. Den Kaufpreis von 500 Euro bezahlt er im Jahr 2014. Im selben Jahr verzichtet er auf die Anwendung der Kleinunternehmerbefreiung. Seine Umsätze sind zur Gänze steuerpflichtig.
Es kommt zu einer Änderung der Verhältnisse nach § 12 Abs. 11 UStG 1994. A kann die positive Vorsteuerberichtigung im Jahr 2014 vollständig geltend machen.

Beispiel 2:
Im Umlaufvermögen des Unternehmers A befinden sich Gegenstände, die er im Jahr 2013 angeschafft hat. Den Kaufpreis von 500 Euro bezahlt er im Jahr 2014. Im selben Jahr betragen seine Umsätze nicht mehr als 30.000 Euro und es kommt zur Anwendung der Kleinunternehmerbefreiung.
Es kommt zu einer Änderung der Verhältnisse nach § 12 Abs. 11 UStG 1994. A muss die Vorsteuerberichtigung im Jahr 2014 vornehmen, muss also die grundsätzlich abziehbare Vorsteuer gegenüber dem Finanzamt berichtigen. Im Voranmeldungszeitraum, in dem A die Lieferung der Gegenstände bezahlt, kann er den Vorsteuerabzug gemäß den Verhältnissen des Jahres 2013 vollständig vornehmen.

Randzahlen 2106 bis 2115: Derzeit frei.

12. Änderung der Verhältnisse bei nicht zum Betriebsvermögen gehörenden Gegenständen

2116 Durch § 12 Abs. 12 UStG 1994 wird klargestellt, dass die Berichtigungsbestimmungen des § 12 Abs. 10 und 11 UStG 1994 sinngemäß auch für Gegenstände, die nicht zu **einem Betriebsvermögen gehören**, Geltung haben. Die Berichtigungsvorschriften sind also insbesondere auch auf Gegenstände anwendbar, die der Erzielung von Einkünften aus Vermietung und Verpachtung dienen.

Randzahlen 2117 bis 2120: Derzeit frei.

13. Bagatellregelung

2121 Eine Vorsteuerberichtigung nach § 12 Abs. 10 UStG 1994 (nicht auch nach Abs. 11) unterbleibt, wenn die auf den einzelnen Gegenstand entfallende Vorsteuer 220 € nicht übersteigt. Maßgebend ist daher die im Zusammenhang mit der Anschaffung oder Herstellung angefallene Vorsteuer und nicht der Berichtigungsbetrag oder der tatsächlich als Vorsteuer abgezogene Betrag. Die Vorschrift wirkt sowohl zu Gunsten als auch zu Lasten des Unternehmers. Nachträgliche Anschaffungskosten, Großreparaturen usw. sind jeweils gesondert zu beurteilen.

Randzahlen 2122 bis 2125: Derzeit frei.

14.

Derzeit frei.

Randzahlen 2126 bis 2150: Derzeit frei.

15. Vorsteuerabzug bei Eigenverbrauch

2151 Der leistende Unternehmer darf die für den Eigenverbrauch gemäß § 3 Abs. 2 und § 3a Abs. 1a geschuldete USt **gesondert in Rechnung stellen** und der Leistungsempfänger darf diese als Vorsteuer abziehen. An Stelle des Entgelts ist in der Rechnung die Bemessungsgrundlage für den Eigenverbrauch anzugeben. Wird in der Rechnung eine nicht geschuldete Steuer ausgewiesen, entsteht die Steuerschuld auf Grund der Rechnungslegung nach § 11 Abs. 12 UStG 1994.

2152 Eine Vorsteuerberichtigung, die wegen **steuerfreiem Eigenverbrauch** bzw. ab 1. Mai 2004 wegen eines nicht steuerbaren Eigenverbrauchs eines vorher zur Ausführung nicht

521

unechet befreiter Umsätze verwendeten Grundstückes vorzunehmen ist, darf nicht nach § 12 Abs. 15 UStG 1994 in Rechnung gestellt werden, weil diese nicht für, sondern nur mittelbar wegen des Eigenverbrauches geschuldet wird.

Randzahlen 2153 bis 2160: Derzeit frei.

16. Vorsteuerabzug beim Export von Gebrauchtfahrzeugen (aufgehoben durch AbgSiG 2007, BGBl. I Nr. 99/2007) Rechtslage bis zum 31. Dezember 2007

2161 Bei innergemeinschaftlichen Lieferungen gelangt § 12 Abs. 16 UStG 1994 nicht zur Anwendung.

2162 Es muss sich um ein KFZ der Position 8703 der Kombinierten Nomenklatur handeln. Das sind Kraftwagen und andere Kraftfahrzeuge, die **hauptsächlich zur Beförderung von Personen** gebaut sind, ausgenommen solche für die Beförderung von 10 oder mehr Personen, einschließlich Kombinationskraftwagen und Rennwagen. Nicht darunter fallen zB Lastkraftwagen, Traktoren, Zugmaschinen und Spezialkraftfahrzeuge. Die **mindestens zweijährige Zulassung im Inland** bedeutet, dass das Fahrzeug bis zum Zeitpunkt der Ausfuhrlieferung eine inländische Zulassung von insgesamt zwei Jahren aufweisen muss. Die Zeiten, in denen keine inländische Zulassung bestanden hat, sind nicht mitzurechnen. Nach der neuerlichen Zulassung beginnt die Frist allerdings nicht wieder neu zu laufen, vielmehr sind sämtliche – auch nicht zusammenhängende – Zeiten der inländischen Zulassung zusammenzurechnen.

2163 Die Vorsteuer ist mit 20 % aus dem Erwerbspreis herauszurechnen. Sie beträgt somit **16,67 % des Erwerbspreises.**

Beispiel:

Ein Gebrauchtwagenhändler erwirbt von einem Privaten (oder von einem Unternehmer, der für das Fahrzeug gemäß § 12 Abs. 2 Z 2 lit. b UStG 1994 keinen Vorsteuerabzug hatte) einen Pkw um 6.000 €. Der angenommene Verkaufspreis an einen Inländer beträgt 7.800 € (davon 300 € USt auf Grund der Berechnung nach § 24 UStG 1994). Liegt nun eine steuerfreie Ausfuhrlieferung vor, darf der Händler einen Vorsteuerabzug von 1.000 € (herausgerechnete 20 % aus 6.000 €) geltend machen. Der Nettopreis könnte bei gleichem Gewinn auf 6.500 € sinken.

2164 Auch wenn der Veräußerungspreis unter dem Erwerbspreis liegt, darf die Vorsteuer aus dem Erwerbspreis herausgerechnet werden.

Randzahlen 2165 bis 2200: Derzeit frei.

Verordnungen zu § 12:

Verordnung des Bundesministers für Finanzen über die steuerliche Einstufung von Fahrzeugen als Kleinlastkraftwagen und Kleinbusse
BGBl. II Nr. 193/2002

Zu § 12 Abs. 2 Z 2 lit. b UStG 1994, BGBl. Nr. 663/1994, in der Fassung BGBl. I Nr. 56/2002, und zu § 8 Abs. 6 Z 1 und § 20 Abs. 1 Z 2 lit. b EStG 1988, BGBl. Nr. 400/1988, in der Fassung BGBl. I Nr. 68/2002, wird verordnet:

§ 1.

Kleinlastkraftwagen und Kleinbusse fallen nicht unter die Begriffe „Personenkraftwagen" und „Kombinationskraftwagen".

§ 2.

Als Kleinlastkraftwagen können nur solche Fahrzeuge angesehen werden, die sich sowohl nach dem äußeren Erscheinungsbild als auch von der Ausstattung her erheblich von einem der Personenbeförderung dienenden Fahrzeug unterscheiden. Das Fahrzeug muss so gebaut sein, dass ein Umbau in einen Personen- oder Kombinationskraftwagen mit äußerst großem technischen und finanziellen Aufwand verbunden und somit wirtschaftlich sinnlos wäre.

§ 3.

(1) Fahrzeuge, die vom Aufbau der Karosserie her auch als Personen- oder Kombinationskraftwagen gefertigt werden, können nur bei Vorliegen folgender Mindesterfordernisse als Kleinlastkraftwagen eingestuft werden:
1. Das Fahrzeug muss eine Heckklappe oder Hecktüre(n) aufweisen.
2. Das Fahrzeug darf mit nur einer Sitzreihe für Fahrer und Beifahrer ausgestattet sein.
3. Hinter der Sitzreihe muss ein Trenngitter oder eine Trennwand oder eine Kombination beider Vorrichtungen angebracht sein. Das Trenngitter (die Trennwand) muss mit der Bodenplatte (Originalbodenplatte oder Bodenplattenverlängerung, siehe Punkt 6) und mit der Karosserie fest und nicht leicht trennbar verbunden werden. Diese Verbindung wird insbesondere durch Verschweißen oder Vernieten oder einer Kombination beider Maßnahmen herzustellen sein.
4. Der Laderaum muss seitlich verblecht sein; er darf somit keine seitlichen Fenster aufweisen. Die Verblechung muss mit der Karosserie so fest verbunden sein, dass deren Entfernung nur unter Beschädigung der Karosserie möglich wäre. Diese Verbindung wird insbesondere durch Verschweißen oder Verkleben mit einem Kleber, dessen Wirkung einer Verschweißung gleichkommt (zB Kleber auf Polyurethanbasis), herzustellen sein. Die Verblechung muss in Wagenfarbe lackiert sein. Ein bloßes Einsetzen von Blechtafeln in die für die Fenster vorgesehenen Führungen unter Belassung der Fensterdichtungen ist nicht ausreichend.
5. Halterungen für hintere Sitze und Sitzgurten müssen entfernt und entsprechende Ausnehmungen unbenützbar (zB durch Verschweißen oder Ausbohren der Gewinde) gemacht worden sein.
6. Der Laderaumboden muss aus einer durchgehenden, ebenen Stahlverblechung bestehen. Es muss daher eine allfällige Fußmulde durch eine selbsttragende, mit der Originalbodenplatte fest verbundenen und bis zum Trenngitter (Trennwand) vorgezogenen Stahlblechplatte überdeckt werden. Die Verbindung mit der Originalbodenplatte muss so erfolgen, dass eine Trennung nur unter Beschädigung der Originalbodenplatte möglich wäre. Zur Herstellung dieser Verbindung eignet sich insbesondere ein Verschweißen. Sind größere Auflageflächen vorhanden, ist auch ein durchgehendes Verkleben der Auflageflächen mit einem Kleber, dessen Wirkung einer Verschweißung gleichkommt (zB Kleber auf Polyurethanbasis), in Verbindung mit einem Vernieten (Durchnieten durch die Originalbodenplatte) möglich. Die Fußmulde muss auch durch seitliche Verblechungen abgeschlossen werden.
7. Seitliche Laderaumtüren darf das Fahrzeug nur dann aufweisen, wenn es eine untere Laderaumlänge von grundsätzlich mindestens 1.500 mm aufweist. Diese Mindestladeraumlänge darf durch eine schräge Heckklappe nicht sehr erheblich eingeschränkt werden. Bei den seitlichen Laderaumtüren muss die Fensterhebemechanik unbenützbar gemacht worden sein.
8. Das Fahrzeug muss kraftfahrrechtlich und zolltarifarisch als Lastkraftwagen (Kraftfahrzeug für die Warenbeförderung) einzustufen sein.
9. Für Geländefahrzeuge, die keine Fußmulde aufweisen, gilt ergänzend folgendes: Die Trennvorrichtung hinter der Sitzreihe (vergleiche Punkt 1) muss im unteren Bereich in einer Trennwand bestehen, die sich nach hinten waagrecht etwa 20 cm fortsetzen muss. Diese Trennwandfortsetzung muss mit der Originalbodenplatte so fest verbunden wer-

§ 12 UStG

den, dass eine Trennung nur unter Beschädigung der Originalbodenplatte möglich wäre. Bezüglich geeigneter Maßnahmen zur Herstellung dieser Verbindung siehe Punkt 6.

(2) Der Kleinlastkraftwagen muss die angeführten Merkmale bereits werkseitig aufweisen. „Werkseitig" bedeutet, dass allenfalls für die Einstufung als Kleinlastkraftwagen noch erforderliche Umbaumaßnahmen bereits vom Erzeuger oder in dessen Auftrag oder von dem gemäß § 29 Abs. 2 Kraftfahrgesetz 1967 Bevollmächtigten oder in dessen Auftrag durchgeführt werden müssen.

§ 4.

Nicht als Personen- oder Kombinationskraftwagen sind unter den im § 2 angeführten allgemeinen Voraussetzungen weiters folgende Fahrzeuge anzusehen (Kleinlastkraftwagen im weiteren Sinn):

– Kastenwagen; das sind Fahrzeuge, die bereits werkseitig (§ 3 Abs. 2) so konstruiert sind, dass sie einen vom Führerhaus abgesetzten kastenförmigen Laderaum aufweisen. Die Fahrzeuge sind mit hinteren Flügeltüren ausgestattet und dürfen außer einem kleinen rechtsseitigen Sichtfenster (Höchstausmaß 38 cm × 38 cm), das mit einem Innenschutzgitter versehen sein muss, keine seitlichen Laderaumfenster aufweisen. Diese Fahrzeuge müssen kraftfahrrechtlich und zolltarifarisch als Lastkraftwagen (Kraftfahrzeuge für die Warenbeförderung) einzustufen sein.
– Pritschenwagen (Pick-Up-Fahrzeuge); das sind Fahrzeuge, die bereits werkseitig (§ 3 Abs. 2) so konstruiert sind, dass sie ein geschlossenes Führerhaus (mit einer Sitzreihe oder mit zwei Sitzreihen) und eine sich daran anschließende, grundsätzlich offene Ladefläche aufweisen. Die Ladefläche kann auch mit einem Hardtop, einer Plane oder einer ähnlichen zum Schutz der Transportgüter bestimmten Zusatzausstattung versehen werden. Die Fahrzeuge müssen kraftfahrrechtlich und zolltarifarisch als Lastkraftwagen (Kraftfahrzeuge für die Warenbeförderung) einzustufen sein.
– Leichenwagen; das sind Fahrzeuge, die sich sowohl von der Bauweise (geschlossenes Führerhaus, durchgehende seitliche Verglasung des Laderaumes) als auch von der Ausstattung (spezielle Vorrichtungen für den Sargtransport) her wesentlich von den üblichen Typen von Personen- und Kombinationskraftwagen unterscheiden.

§ 5.

Unter einem Kleinbus ist ein Fahrzeug zu verstehen, das ein kastenwagenförmiges Äußeres sowie Beförderungsmöglichkeiten für mehr als sechs Personen (einschließlich des Fahrzeuglenkers) aufweist. Bei der Beurteilung der Personenbeförderungskapazität ist nicht auf die tatsächlich vorhandene Anzahl der Sitzplätze, sondern auf die aufgrund der Bauart und Größe des Fahrzeuges maximal zulässige Personenbeförderungsmöglichkeit abzustellen. Es ist auch unmaßgebend, ob ein nach diesen Kriterien als Kleinbus anerkanntes Fahrzeug Zwecken des Personentransportes oder des Lastentransportes dient oder kombiniert eingesetzt wird.

§ 6.

(1) Die Verordnung ist in Bezug auf die Umsatzsteuer in allen nicht rechtskräftigen Fällen anzuwenden.

(2) Die Verordnung ist in Bezug auf die Einkommensteuer auf Fahrzeuge anzuwenden, die ab 8. Jänner 2002 angeschafft (hergestellt) werden bzw. bei denen der Beginn der entgeltlichen Überlassung ab 8. Jänner 2002 erfolgt.

(3) Entsprechend dem Inkrafttreten dieser Verordnung tritt die Verordnung BGBl. Nr. 273/1996 außer Kraft.

Verordnung des Bundesministers für Finanzen betreffend die umsatzsteuerliche Behandlung der Lieferungen und des Vorsteuerabzuges (Einfuhrumsatzsteuer) ausländischer Unternehmer

BGBl. II Nr. 584/2003

Auf Grund des § 12 Abs. 1 letzter Unterabsatz und des § 28 Abs. 5 Z 1 des Umsatzsteuergesetzes 1994, BGBl. Nr. 663, in der Fassung BGBl. I Nr. 71/2003 wird verordnet:

§ 1.

(1) Gelangt der Gegenstand der Lieferung im Rahmen eines Reihengeschäftes aus dem Drittlandsgebiet in das Inland und ist der letzte Abnehmer in der Reihe Schuldner der Einfuhrumsatzsteuer, so ist dieser und nicht der Unternehmer, für dessen Unternehmen der Gegenstand eingeführt worden ist, berechtigt, die entrichtete Einfuhrumsatzsteuer als Vorsteuer abzuziehen. Dies unter der Voraussetzung, dass die Lieferung an den letzten Abnehmer nach Abs. 2 steuerfrei ist.

(2) Im Rahmen eines Reihengeschäfts gemäß Abs. 1 ist die Lieferung an den letzten Abnehmer in der Reihe unter folgenden Voraussetzungen steuerfrei:
1. Der erste Abnehmer in der Reihe hat im Inland weder einen Wohnsitz (Sitz) noch seinen gewöhnlichen Aufenthalt oder eine Betriebsstätte und ist im Inland nicht zur Umsatzsteuer erfasst.
2. Der letzte Abnehmer in der Reihe wäre hinsichtlich einer für diese Lieferung in Rechnung gestellten Umsatzsteuer gemäß § 12 UStG 1994 zum vollen Vorsteuerabzug berechtigt.
3. Über diese Lieferung wird keine Rechnung ausgestellt, in der die Umsatzsteuer gesondert ausgewiesen ist.

(3) Für Lieferungen, die gemäß Abs. 2 befreit sind, gilt weiters:
1. Der Vorsteuerabzug ist gemäß § 12 Abs. 3 UStG 1994 ausgeschlossen.
2. Es besteht keine Aufzeichnungspflicht nach § 18 UStG 1994.
3. Soweit von einem Unternehmer in einem Kalenderjahr nur steuerfreie Umsätze gemäß Abs. 2 bewirkt werden, ist er zur Abgabe einer Voranmeldung und einer Umsatzsteuererklärung nicht verpflichtet.

(4) Ändert sich nachträglich eine der unter Abs. 2 geforderten Voraussetzungen, so entfällt die Steuerfreiheit. Die Steuerpflicht tritt für jenen Veranlagungszeitraum ein, in dem die Voraussetzung für die Steuerfreiheit weggefallen ist. Der Vorsteuerabzug (Abs. 1) ist in diesem Veranlagungszeitraum zu berichtigen.

(5) Als Reihengeschäft gelten Umsatzgeschäfte, die von drei Unternehmern über denselben Gegenstand abgeschlossen werden und bei denen der erste Unternehmer oder der erste Abnehmer dem letzten Abnehmer in der Reihe unmittelbar die Verfügungsmacht an dem Gegenstand verschafft.

§ 2.

Erbringt ein Unternehmer, der im Inland weder einen Wohnsitz (Sitz) noch seinen gewöhnlichen Aufenthalt oder eine Betriebsstätte hat, im Inland eine Werklieferung (§ 3 Abs. 4 UStG 1994) und wurden Bestandteile des herzustellenden Werkes aus dem Drittlandsgebiet in das Inland eingeführt, so gelten diese Bestandteile als für das Unternehmen

§ 12 UStG

des Leistungsempfängers eingeführt, wenn vom Werklieferer über diese Bestandteile eine gesonderte Rechnung gelegt und die Einfuhrumsatzsteuer vom Leistungsempfänger oder für dessen Rechnung entrichtet wurde. Hinsichtlich des auf die eingeführten Bestandteile entfallenden Entgeltes kommt es zu keinem Übergang der Steuerschuld gemäß § 19 UStG 1994.

§ 3.

Diese Verordnung ist auf steuerbare Umsätze und sonstige Vorgänge anzuwenden, die nach dem 31. Dezember 2003 ausgeführt werden bzw. sich ereignen.

§ 4.

(1) § 1 und § 3 der Verordnung des Bundesministers für Finanzen vom 11. Dezember 1974 über die umsatzsteuerliche Behandlung von Leistungen ausländischer Unternehmer, BGBl. Nr. 800/1974, ist nicht mehr auf Umsätze anzuwenden, die nach dem 31. Dezember 2003 ausgeführt werden.

(2) § 2 der Verordnung des Bundesministers für Finanzen vom 11. Dezember 1974 über die umsatzsteuerliche Behandlung von Leistungen ausländischer Unternehmer, BGBl. Nr. 800/1974, ist nicht mehr auf Umsätze und sonstige Sachverhalte anzuwenden, die nach dem 31. Dezember 2003 ausgeführt werden bzw. sich ereignen.

§ 5.

Die Verordnung des Bundesministers für Finanzen, mit der bestimmt wird, dass im Falle von Reihengeschäften nicht der Unternehmer, für dessen Unternehmen der Gegenstand eingeführt worden ist, sondern der Unternehmer, der die Einfuhrumsatzsteuer entrichtet hat, den Abzug der Einfuhrumsatzsteuer vornehmen kann, BGBl. II Nr. 33/1998, ist nicht mehr auf Umsätze und sonstige Sachverhalte anzuwenden, die nach dem 31. Dezember 2003 ausgeführt werden bzw. sich ereignen.

Erlässe zu § 12:

Erlass zur Verordnung des Bundesministers für Finanzen über die steuerliche Einstufung von Fahrzeugen als Kleinlastkraftwagen und Kleinbusse, BGBl. II Nr. 193/2002

Zur Verordnung des Bundesministers für Finanzen über die steuerliche Einstufung von Fahrzeugen als Kleinlastkraftwagen und Kleinbusse, die demnächst im Bundesgesetzblatt, BGBl. II Nr. 193/2002, verlautbart wird und die diesem Erlass angeschlossen ist, gibt das Bundesministerium für Finanzen im Interesse einer einheitlichen Vorgangsweise im Bundesgebiet nachstehend seine Rechtsansicht bekannt. Über die gesetzlichen Bestimmungen und die Bestimmungen der Verordnung hinausgehende Rechte und Pflichten werden hiedurch nicht begründet.

1. Zu den §§ 2 und 3 der Verordnung

1.1 In den §§ 2 und 3 der Verordnung BGBl. II Nr. 193/2002 sind die für die Einstufung von Fahrzeugen als Kleinlastkraftwagen erforderlichen Voraussetzungen angeführt. Der Nachweis, ob diese Voraussetzungen für ein bestimmtes Fahrzeug erfüllt sind, wäre grundsätzlich vom Steuerpflichtigen, der die steuerlichen Begünstigungen in Anspruch nehmen möchte (Vorsteuerabzug, keine verlängerte Afa-Nutzungsdauer, keine Angemessenheitsprüfung), zu erbringen. Im Interesse der Rechtssicherheit und einer Verwaltungsvereinfachung entfällt diese Nachweispflicht für Fahrzeugtypen, die auf Antrag des Erzeugers, bei ausländischen Erzeugern auf Antrag des gemäß § 29 Abs. 2 Kraftfahrgesetz 1967 Bevollmächtigten, von der Finanzverwaltung als Kleinlastkraftwagen im Sinne der Verordnung anerkannt wurden. Der gemäß § 29 Abs. 2 Kraftfahrgesetz 1967 Bevollmächtigte ist in der Regel der Generalimporteur, weshalb der Bevollmächtigte in der Folge kurz „Generalimporteur" genannt wird.

1.2 Die Anerkennung als Kleinlastkraftwagen erfolgt durch die Finanzlandesdirektion, in deren Bereich im Inland Umbaumaßnahmen gesetzt werden. Werden im Inland keine Umbaumaßnahmen gesetzt, erfolgt die Anerkennung durch die Finanzlandesdirektion, in deren Bereich sich das inländische Auslieferungslager des Generalimporteurs, in das die Kleinlastkraftwagen zunächst gelangen, befindet. Werden die Kleinlastkraftwagen vom Ausland direkt zu den Händlern ausgeliefert, so erfolgt die Anerkennung durch die Finanzlandesdirektion, in deren Bereich der Generalimporteur seinen Sitz hat.

1.3 Im Falle von Umbaumaßnahmen außerhalb des Erzeugerwerkes, unabhängig, ob sie im Inland oder im Ausland erfolgen, kann eine Anerkennung einer Fahrzeugtype nur erfolgen, wenn im Antrag die Werkstätte angeführt wird (Bezeichnung der Firma, Ort der Werkstätte), in der der Umbau erfolgt und der Umbau aller Fahrzeuge dieser Type in der Folge in dieser Werkstätte in gleicher Weise durchgeführt wird.

1.4 Die Anerkennung einer Fahrzeugtype als Kleinlastkraftwagen durch die Finanzlandesdirektion erfolgt mit Wirkung für das gesamte Bundesgebiet und ist daher von der jeweiligen Finanzlandesdirektion dem Bundesministerium für Finanzen bekannt zu geben, das eine Aufnahme der Fahrzeugtype in die Liste der anerkannten Kleinlastkraftwagen vornimmt.

1.5 Der Auftrag zum Umbau und der Umbau selbst müssen bereits zu einem Zeitpunkt erfolgen, in dem sich die Fahrzeuge noch in der umsatzsteuerrechtlichen Verfügungsmacht des Erzeugers oder des Generalimporteurs befinden. Wurden die Fahrzeuge vom Generalimporteur bereits zB an den Händler oder an den Letztabnehmer weitergeliefert, ist ein Umbau im Sinne der Verordnung nicht mehr möglich.

1.6. Die aufgrund der bisherigen Verordnung BGBl. Nr. 273/1996 durch das Bundesministerium für Finanzen erfolgten Anerkennungen von Fahrzeugtypen als Kastenwagen (bezüglich Doppelkabinen-Kastenwagen siehe Pkt. 4) erfüllen die Voraussetzungen als Kleinlastkraftwagen im Sinne der nunmehrigen Verordnung, BGBl. II Nr. 193/2002. Diese Fahrzeuge müssen daher nicht nochmals einem Anerkennungsverfahren unterzogen werden; sie werden automatisch in die neue Liste der anerkannten Kleinlastkraftwagen übergeführt.

1.7. Werden an einem zunächst als Kleinlastkraftwagen anerkannten Fahrzeug (Rück-)Umbaumaßnahmen in der Form gesetzt, dass nach dem (Rück-)Umbau nicht mehr sämtliche für das Vorliegen eines Kleinlastkraftwagens erforderlichen Mindesterfordernisse vorliegen (zB Einschneiden von seitlichen Laderaumfenstern oder Entfernung des Trenngitters oder des durchgehenden Laderaumbodens oder Einbau einer zweiten Sitzreihe usw), so gilt das Fahrzeug ab dem Zeitpunkt des Umbaus als Personen- bzw. Kombinationskraftwagen. Ab diesem Zeitpunkt ist daher ein Vorsteuerabzug für die laufenden Betriebskosten nicht mehr möglich und es entfallen die ertragsteuerlichen Begünstigungen. Was die Vorsteuer der Anschaffungskosten betrifft, so steht diese zur Gänze nicht zu, wenn der Umbau noch im Jahr der Anschaffung vorgenommen wird. Erfolgt der Umbau in einem späteren Jahr, so führt dies entsprechend dem Erkenntnis des VwGH vom 16. 12. 1991, Zl. 91/15/0045, zu einer Vorsteuerberichtigung gemäß § 12 Abs. 10 UStG 1994.

2. Zu § 4 erster Gedankenstrich der Verordnung

Die hier genannten Kastenwagen, die einen vom Führerhaus abgesetzten kastenförmigen Laderaum und hintere Flügeltüren aufweisen, dürfen im Hinblick auf die wieder in Geltung zu setzende Rechtslage zum 1. 1. 1995 mit dem in der Verordnung beschriebenen kleinen rechtsseitigen Sichtfenster ausgestattet sein. Hiebei handelt es sich allerdings nur mehr um ausgelaufene bzw auslaufende Modelle (zB Fiat Fiorino Kastenwagen, Renault Express Kastenwagen). Die neuen (Nachfolge-)Modelle weisen keinen abgesetzten Laderaum mehr auf, vielmehr sind Führerhaus und Laderaum durchgehend konstruiert (zB Fiat Doblò Cargo, Renault Kangoo FC). Bei diesen Fahrzeugen ist ein Sichtfenster nicht zulässig.

3. Zu § 4 zweiter Gedankenstrich der Verordnung

Die Definition des Pritschenwagens hat sich gegenüber der Verordnung BGBl. Nr. 273/1996 nicht geändert. Die bisherigen Anerkennungen von Pritschenwagen bleiben daher aufrecht. Bezüglich allfälliger neuer Anerkennungen gelten die Ausführungen unter Pkt. 1.2 bis 1.5.

4. Zu § 5 der Verordnung

4.1 Die Definition des Kleinbusses entspricht der Rechtslage zum 1. 1. 1995. Bei den Fahrzeugen, die als Kleinbusse anerkannt sind, ist es somit unerheblich, auf wieviel Personen das Fahrzeug kraftfahrrechtlich tatsächlich zugelassen ist und ob es als Personen- oder Güterbeförderungsfahrzeug konstruiert ist bzw. verwendet wird.

4.2 Es fallen daher auch die als Kastenwagen bzw. Doppelkabinen-Kastenwagen konstruierten Fahrzeuge vom Typ eines Kleinbusses darunter. Es erübrigt sich daher die Aufnahme dieser Fahrzeuge in die Liste der Kleinlastkraftwagen; diese Fahrzeuge sind in der Liste der Kleinbusse erfasst.

4.3 Zu beachten ist allerdings, dass Kleinbusse, die für die Personenbeförderung bestimmt sind (Position 8703 der Kombinierten Nomenklatur), der Normverbrauchsabgabe (NoVA) unterliegen. Nur Kastenwagen und Doppelkabinen-Kastenwagen unterliegen nicht der NoVA, wenn sie zolltarifarisch als Lastkraftwagen (Position 8704 der Kombinierten Nomenklatur) einzustufen sind.

Judikatur EuGH zu § 12:

EuGH vom 14.12.2016, Rs C-378/15, *Mercedes Benz Italia SpA*
Anwendung des Pro-rata-Satzes für den Vorsteuerabzug

Art. 17 Abs. 5 Unterabs. 3 Buchst. d und Art. 19 der Sechsten Richtlinie 77/388/EWG sind dahin auszulegen, dass sie einer nationalen Regelung und Praxis, wie sie im Ausgangsverfahren in Rede stehen, nicht entgegenstehen, wonach ein Steuerpflichtiger
– auf alle von ihm erworbenen Gegenstände und Dienstleistungen einen umsatzbasierten Pro-rata-Satz des Vorsteuerabzugs anwenden muss, ohne dass eine Berechnungsmethode vorgesehen wäre, die sich auf die Art und die tatsächliche Zweckbestimmung der einzelnen erworbenen Gegenstände und Dienstleistungen gründet und die objektiv widerspiegelt, welcher Teil der eingegangenen Aufwendungen den einzelnen besteuerten und nicht besteuerten Tätigkeiten tatsächlich zuzurechnen ist, und

– für die Bestimmung der als „Hilfsumsätze" qualifizierbaren Umsätze auf die Zusammensetzung seines Umsatzes abstellen muss, sofern die hierfür vorgenommene Beurteilung auch das Verhältnis dieser Umsätze zu den steuerbaren Tätigkeiten des Steuerpflichtigen und gegebenenfalls die mit diesen Umsätzen einhergehende Verwendung mehrwertsteuerpflichtiger Gegenstände und Dienstleistungen berücksichtigt.

EuGH vom 12.10.2016, Rs C-340/15, *Nigl*

Mehrere GesbR, die ihre Produkte unter einer gemeinsamen Marke vertreiben, sind als mehrwertsteuerpflichtige eigenständige Unternehmer anzusehen; Voraussetzungen, unter denen die Anwendung der Pauschalregelung für landwirtschaftliche Erzeuger auf mehrere Gesellschaften bürgerlichen Rechts abgelehnt werden kann

1. Art. 4 Abs. 1 und Abs. 4 Unterabs. 1 der Sechsten Richtlinie 77/388/EWG in der durch die Richtlinie 2004/66/EG geänderten Fassung sowie Art. 9 Abs. 1 Unterabs. 1 und Art. 10 der Richtlinie 2006/112/EG sind dahin auszulegen, dass mehrere Gesellschaften bürgerlichen Rechts wie die des Ausgangsverfahrens, die als solche gegenüber ihren Lieferanten, gegenüber öffentlichen Stellen und zu einem gewissen Grad gegenüber ihren Kunden eigenständig auftreten und von denen jede ihre eigene Produktion sicherstellt, indem sie im Wesentlichen ihre Produktionsmittel verwendet, die aber einen Großteil ihrer Produkte unter einer gemeinsamen Marke über eine Kapitalgesellschaft vertreiben, deren Anteile von den Mitgliedern der Gesellschaften bürgerlichen Rechts und anderen Angehörigen der betreffenden Familie gehalten werden, als mehrwertsteuerpflichtige eigenständige Unternehmer anzusehen sind.

2. Art. 25 der Richtlinie 77/388 in der durch die Richtlinie 2004/66 geänderten Fassung und Art. 296 der Richtlinie 2006/112 sind dahin auszulegen, dass sie der Möglichkeit, die Anwendung der in diesen Artikeln vorgesehenen gemeinsamen Pauschalregelung für landwirtschaftliche Erzeuger auf mehrere Gesellschaften bürgerlichen Rechts wie die des Ausgangsverfahrens, die als mehrwertsteuerpflichtige eigenständige Unternehmer angesehen werden und untereinander zusammenarbeiten, mit der Begründung abzulehnen, dass eine Kapitalgesellschaft, eine aus den Mitgliedern dieser Gesellschaften bürgerlichen Rechts gebildete Personenvereinigung oder eine aus der Kapitalgesellschaft und den Mitgliedern der Gesellschaften bürgerlichen Rechts gebildete Personenvereinigung aufgrund der Betriebsgröße oder der Rechtsform nicht unter die Pauschalregelung fällt, auch dann nicht entgegenstehen, wenn die Gesellschaften bürgerlichen Rechts nicht zu einer Gruppe von der Pauschalregelung ausgenommener Erzeuger gehören, sofern sie aufgrund ihrer Verbindungen zur Kapitalgesellschaft oder einer dieser Vereinigungen faktisch in der Lage sind, die Verwaltungskosten im Zusammenhang mit den sich aus der Anwendung der normalen oder der vereinfachten Mehrwertsteuerregelung ergebenden Aufgaben zu tragen, was das vorlegende Gericht zu prüfen hat.

3. Falls die gemeinsame Pauschalregelung für landwirtschaftliche Erzeuger für Gesellschaften bürgerlichen Rechts wie die des Ausgangsverfahrens grundsätzlich ausgeschlossen sein sollte, ist dieser Ausschluss für den Zeitraum vor dem Zeitpunkt wirksam, zu dem die dem Ausschluss zugrunde liegende Einschätzung vorgenommen wurde, sofern die Einschätzung innerhalb der Verjährungsfrist für das Handeln des Finanzamts erfolgt und ihre Folgen nicht bis zu einem Zeitpunkt vor Eintritt der ihr zugrunde liegenden Sach- und Rechtslage zurückwirken.

§ 12 UStG

EuGH vom 15.9.2016, Rs C-518/14, *Senatex*
Rückwirkende Rechnungsberichtigung bei fehlender UID-Nr.

Art. 167, Art. 178 Buchst. a, Art. 179 und Art. 226 Nr. 3 der Richtlinie 2006/112/EG sind dahin auszulegen, dass sie einer nationalen Regelung wie der im Ausgangsverfahren fraglichen entgegenstehen, wonach der Berichtigung einer Rechnung in Bezug auf eine zwingende Angabe, nämlich die Mehrwertsteuer-Identifikationsnummer, keine Rückwirkung zukommt, so dass das Recht auf Vorsteuerabzug in Bezug auf die berichtigte Rechnung nicht für das Jahr ausgeübt werden kann, in dem diese Rechnung ursprünglich ausgestellt wurde, sondern für das Jahr, in dem sie berichtigt wurde.

EuGH vom 15.9.2016, Rs C-516/14, *Barlis 06*
Voraussetzungen für den Vorsteuerabzug bei Rechnungsmängeln in bestimmten Fällen

Art. 226 der Richtlinie 2006/112/EG ist dahin auszulegen, dass Rechnungen, die wie die im Ausgangsverfahren in Rede stehenden nur die Angabe „Erbringung juristischer Dienstleistungen ab [einem bestimmten Datum] bis zum heutigen Tag" enthalten, die Anforderungen von Nr. 6 dieses Artikels a priori nicht erfüllen und dass Rechnungen, die nur die Angabe „Erbringung juristischer Dienstleistungen bis zum heutigen Tag" enthalten, a priori weder die Anforderungen von Nr. 6 noch die Anforderungen von Nr. 7 dieses Artikels erfüllen; dies zu prüfen ist jedoch Sache des vorlegenden Gerichts.

Art. 178 Buchst. a der Richtlinie 2006/112 ist dahin auszulegen, dass er die nationalen Steuerbehörden daran hindert, das Recht auf Vorsteuerabzug allein deshalb zu verweigern, weil die Rechnung, die der Steuerpflichtige besitzt, nicht die Voraussetzungen von Art. 226 Nrn. 6 und 7 der Richtlinie erfüllt, obwohl diese Behörden über alle notwendigen Informationen verfügen, um zu prüfen, ob die materiellen Voraussetzungen für die Ausübung dieses Rechts vorliegen.

EuGH vom 28.7.2016, Rs C-332/15, *Astone*
Versagung des Vorsteuerabzuges in Betrugsfällen

1. Die Art. 167, 168, 178, 179 Abs. 1, 180 und 182 der Richtlinie 2006/112/EG sind dahin auszulegen, dass sie einer nationalen Regelung nicht entgegenstehen, die für die Ausübung des Abzugsrechts eine Ausschlussfrist wie die im Ausgangsverfahren fragliche vorsieht, sofern die Grundsätze der Äquivalenz und der Effektivität beachtet werden, was zu prüfen Sache des vorlegenden Gerichts ist.

2. Die Art. 168, 178, 179, 193, 206, 242, 244, 250, 252 und 273 der Richtlinie 2006/112/EG sind dahin auszulegen, dass sie einer nationalen Regelung wie der im Ausgangsverfahren fraglichen nicht entgegenstehen, nach der die Steuerbehörde einem Steuerpflichtigen das Recht auf Vorsteuerabzug versagen kann, wenn nachgewiesen ist, dass dieser Steuerpflichtige in betrügerischer Weise, was zu prüfen Sache des vorlegenden Gerichts ist, den meisten der formellen Pflichten, die ihm für eine Inanspruchnahme dieses Rechts oblagen, nicht nachgekommen ist.

EuGH vom 22.6.2016, Rs C-267/15, *Gemeente Woerden*
Ausmaß des Vorsteuerabzuges bei Gebäudeerrichtung

Die Richtlinie 2006/112/EG ist dahin auszulegen, dass ein Steuerpflichtiger unter Umständen wie denen des Ausgangsverfahrens, d. h., wenn er ein Gebäude errichten ließ und es zu einem unter den Baukosten liegenden Preis verkaufte, zum Abzug der gesamten für den Bau des Gebäudes entrichteten Mehrwertsteuer als Vorsteuer berechtigt ist und nicht nur zum Abzug eines den Gebäudeteilen, die der Erwerber für wirtschaftliche Tätigkeiten nutzt, entsprechenden Teils der Steuer. Dass der Erwerber einen Teil des betreffenden Gebäudes einem Dritten zur unentgeltlichen Nutzung überlässt, ist insoweit irrelevant.

EuGH vom 16.6.2016, Rs C-186/15, *Kreissparkasse Wiedenbrück*
Keine Verpflichtung eines Mitgliedstaates zur Anwendung der Rundungsregelung

1. Art. 175 Abs. 1 der Richtlinie 2006/112/EG ist dahin auszulegen, dass die Mitgliedstaaten nicht verpflichtet sind, die in dieser Bestimmung vorgesehene Rundungsregel anzuwenden, wenn der Pro-rata-Satz des Vorsteuerabzugs nach einer der abweichenden Methoden des Art. 173 Abs. 2 dieser Richtlinie berechnet wird.

2. Die Art. 184 ff. der Richtlinie 2006/112 sind dahin auszulegen, dass die Mitgliedstaaten in dem Fall, dass der Pro-rata-Satz des Vorsteuerabzugs nach innerstaatlichem Recht nach einer der in Art. 173 Abs. 2 dieser Richtlinie oder in Art. 17 Abs. 5 Unterabs. 3 der Sechsten Richtlinie 77/388/EWG vorgesehenen Methoden berechnet wurde, nur dann verpflichtet sind, die Rundungsregel des Art. 175 Abs. 1 der erstgenannten Richtlinie im Fall der Vorsteuerberichtigung anzuwenden, wenn diese Rundungsregel zur Bestimmung des ursprünglichen Vorsteuerabzugsbetrags angewandt wurde.

EuGH vom 9.6.2016, Rs C-332/14, *Wolfgang und Dr. Wilfried Rey Grundstücksgemeinschaft GbR*
Aufteilung des Vorsteuerabzuges bei gemischt genutzten Gebäuden

1. Art. 17 Abs. 5 der Sechsten Richtlinie 77/388/EWG in der durch die Richtlinie 95/7/EG geänderten Fassung ist dahin auszulegen, dass in dem Fall, in dem ein Gebäude auf der Ausgangsstufe sowohl zur Ausführung bestimmter Umsätze verwendet wird, für die ein Recht auf Vorsteuerabzug besteht, als auch zur Ausführung anderer Umsätze, für die dieses Recht nicht besteht, die Mitgliedstaaten nicht vorschreiben müssen, dass die auf der Eingangsstufe für die Errichtung, Anschaffung, Nutzung, Erhaltung oder Unterhaltung dieses Gebäudes verwendeten Gegenstände und Dienstleistungen zunächst diesen verschiedenen Umsätzen zugeordnet werden, wenn eine solche Zuordnung schwer durchführbar ist, damit danach nur das Recht auf Vorsteuerabzug für diejenigen Gegenstände und Dienstleistungen, die sowohl für bestimmte Umsätze verwendet werden, für die ein Recht auf Vorsteuerabzug besteht, als auch für andere Umsätze, für die dieses Recht nicht besteht, anhand eines Umsatzschlüssels oder, vorausgesetzt, diese Methode gewährleistet eine präzisere Bestimmung des Pro-rata-Satzes des Vorsteuerabzugs, eines Flächenschlüssels bestimmt wird.

2. Art. 20 der Sechsten Richtlinie 77/388 in der durch die Richtlinie 95/7 geänderten Fassung ist dahin auszulegen, dass er verlangt, dass infolge der während des betreffenden Berichtigungszeitraums erfolgten Festlegung eines für die Berechnung der Vorsteuerabzüge verwendeten Aufteilungsschlüssels, der von der in dieser Richtlinie vorgesehenen Methode zur Bestimmung des Rechts auf Vorsteuerabzug abweicht, eine Berichtigung der Vorsteuerabzüge für Gegenstände oder Dienstleistungen, die unter Art. 17 Abs. 5 dieser Richtlinie fallen, vorgenommen wird.

3. Die allgemeinen unionsrechtlichen Grundsätze der Rechtssicherheit und des Vertrauensschutzes sind dahin auszulegen, dass sie geltenden nationalen Rechtsvorschriften, die weder ausdrücklich eine Vorsteuerberichtigung im Sinne von Art. 20 der Sechsten

Richtlinie in der durch die Richtlinie 95/7 geänderten Fassung infolge einer Änderung des für die Berechnung bestimmter Vorsteuerabzüge verwendeten Aufteilungsschlüssels anordnen noch eine Übergangsregelung vorsehen, obwohl die vom Steuerpflichtigen angewandte Vorsteueraufteilung nach dem vor dieser Änderung geltenden Aufteilungsschlüssel höchstrichterlich generell als sachgerecht anerkannt worden war, nicht entgegenstehen.

EuGH vom 22.10.2015, Rs C-277/14, *PPUH Stehcemp*
Rechnungslegung durch einen Wirtschaftsteilnehmer, der als nicht existent anzusehen ist

Die Bestimmungen der Sechsten Richtlinie 77/388/EWG in der Fassung der Richtlinie 2002/38/EG sind dahin auszulegen, dass sie einer nationalen Regelung wie der des Ausgangsverfahrens entgegenstehen, die einem Steuerpflichtigen das Recht auf Abzug der Mehrwertsteuer, die für Gegenstände, die ihm geliefert wurden, geschuldet ist oder entrichtet wurde, mit der Begründung versagt, dass die Rechnung von einem Wirtschaftsteilnehmer ausgestellt wurde, der nach den in dieser Regelung festgelegten Kriterien als ein nicht existenter Wirtschaftsteilnehmer anzusehen ist, und dass es unmöglich ist, die Identität des tatsächlichen Lieferers der Gegenstände festzustellen. Etwas anderes gilt nur, wenn aufgrund objektiver Anhaltspunkte und ohne von dem Steuerpflichtigen ihm nicht obliegende Überprüfungen zu fordern dargelegt wird, dass dieser Steuerpflichtige wusste oder hätte wissen müssen, dass diese Lieferung im Zusammenhang mit einer Mehrwertsteuerhinterziehung steht, was vom vorlegenden Gericht zu prüfen ist.

EuGH vom 22.10.2015, *Rs C-126/14, Sveda*
Voraussetzungen für den Vorsteuerabzug für Gegenstände, die sowohl von der Öffentlichkeit kostenfrei genutzt als auch für besteuerte Umsätze verwendet werden

Art. 168 der Richtlinie 2006/112/EG ist dahin auszulegen, dass er einem Steuerpflichtigen unter Umständen wie denen des Ausgangsverfahrens das Recht auf Abzug der Vorsteuer gewährt, die für den Erwerb oder die Herstellung von Investitionsgütern für eine beabsichtigte wirtschaftliche Tätigkeit mit Bezug zum Tourismus- und Freizeitgewerbe im ländlichen Raum entrichtet wurde, die zum einen unmittelbar dazu bestimmt sind, von der Öffentlichkeit kostenfrei genutzt zu werden, und es zum anderen ermöglichen können, besteuerte Umsätze zu erzielen, sofern ein direkter und unmittelbarer Zusammenhang zwischen den mit den Eingangsumsätzen verbundenen Kosten und einem oder mehreren das Recht auf Vorsteuerabzug eröffnenden Ausgangsumsätzen oder mit der wirtschaftlichen Gesamttätigkeit des Steuerpflichtigen erwiesen ist, was vom vorlegenden Gericht auf der Grundlage objektiver Anhaltspunkte zu prüfen ist.

EuGH vom 9.7.2015, Rs C-183/14, *Salomie und Oltean*
Nichtregistrierung allein hindert Recht auf Vorsteuerabzug nicht

1. Die Grundsätze der Rechtssicherheit und des Vertrauensschutzes verbieten es unter Umständen wie denen des Ausgangsverfahrens nicht, dass eine nationale Steuerbehörde infolge einer Steuerprüfung entscheidet, Umsätze der Mehrwertsteuer zu unterwerfen, und die Zahlung von Zuschlägen auferlegt, sofern diese Entscheidung auf klaren und genauen Regeln beruht, und die Praxis dieser Behörde nicht geeignet war, in der Vorstellung eines umsichtigen und besonnenen Wirtschaftsteilnehmers vernünftige Erwartungen zu begründen, dass diese Steuer auf solche Umsätze nicht angewandt wird, was zu prüfen

Sache des vorlegenden Gerichts ist. Die unter solchen Umständen angewandten Zuschläge müssen dem Grundsatz der Verhältnismäßigkeit entsprechen.

2. Die Richtlinie 2006/112/EG verbietet unter Umständen wie denen des Ausgangsverfahrens eine nationale Regelung, wonach das Recht, die auf Gegenstände und Dienstleistungen, die für die Zwecke steuerbarer Umsätze verwendet werden, geschuldete oder entrichtete Mehrwertsteuer als Vorsteuer abzuziehen, dem Steuerpflichtigen – der andererseits die Steuer, die hätte erhoben werden müssen, entrichten muss – allein aus dem Grund verweigert wird, dass er, als er diese Umsätze tätigte, nicht als mehrwertsteuerpflichtig registriert war, und zwar so lange, wie er nicht ordnungsgemäß als mehrwertsteuerpflichtig registriert und die Steuererklärung nicht eingereicht worden ist.

EuGH vom 25.6.2015, Rs C- 187/14, *DSV Road*
Kein Vorsteuerabzug der Einfuhrumsatzsteuer durch den Beförderer

Art. 168 Buchst. e der Richtlinie 2006/112/EG ist dahin auszulegen, dass er einer nationalen Regelung nicht entgegensteht, die den Abzug der vom Beförderer der betreffenden Waren, der nicht deren Einführer oder Eigentümer ist, sondern sie lediglich befördert und die Zollabfertigung ihres Versands im Rahmen seiner mehrwertsteuerpflichtigen Beförderungstätigkeit vorgenommen hat, geschuldeten Einfuhrumsatzsteuer ausschließt.

EuGH vom 10.7.2014, Rs C-183/13, *Banco Mais*
Pro-rata-Satz bei Bank, die Leasingumsätze ausübt

Art. 17 Abs. 5 Unterabs. 3 Buchst. c der Sechsten Richtlinie 77/388/EWG ist dahin auszulegen, dass er es einem Mitgliedstaat unter Umständen wie denen des Ausgangsverfahrens nicht verbietet, eine Bank, die u. a. Leasingtätigkeiten ausübt, zu verpflichten, im Zähler und im Nenner des Bruchs, der dazu dient, für die Gesamtheit ihrer gemischt genutzten Gegenstände und Dienstleistungen einen einheitlichen Pro-rata-Satz für den Vorsteuerabzug zu bestimmen, nur den Anteil der von den Kunden im Rahmen ihrer Leasingverträge gezahlten Raten aufzuführen, der auf die Zinsen entfällt, sofern die Nutzung dieser Gegenstände und Dienstleistungen vor allem durch die Finanzierung und die Verwaltung dieser Verträge verursacht wird, was vom vorlegenden Gericht zu prüfen ist.

EuGH vom 13.3.2014, Rs C-204/13, *Malburg*
Kein Vorsteuerabzug aus dem Erwerb des Mandantenstammes, wenn dieser nicht dem Vermögen zuwächst

Art. 4 Abs. 1 und 2 sowie Art. 17 Abs. 2 Buchst. a der Sechsten Richtlinie 77/388/EWG in der durch die Richtlinie 95/7/EG geänderten Fassung sind unter Berücksichtigung des Grundsatzes der Neutralität der Mehrwertsteuer dahin auszulegen, dass ein Gesellschafter einer Steuerberatungs-GbR, der von dieser einen Teil des Mandantenstamms nur zu dem Zweck erwirbt, diesen unmittelbar anschließend einer unter seiner maßgeblichen Beteiligung neu gegründeten Steuerberatungs-GbR unentgeltlich zur unternehmerischen Nutzung zu überlassen, ohne dass dieser Mandantenstamm jedoch dem Vermögen der neu gegründeten Gesellschaft zuwächst, nicht zum Vorsteuerabzug aus dem Erwerb des Mandantenstamms berechtigt ist.

EuGH vom 13.2.2014, Rs C-18/13, *Maks Pen*
Kein Vorsteuerabzug bei betrügerischem Verhalten oder wenn der Steuerpflichtige wusste oder hätte wissen müssen, dass der zur Begründung des Abzugsrechts geltend

gemachte Umsatz in diesen Betrug einbezogen war; Zumutbarkeit von Aufzeichnungspflichten

1. Die Richtlinie 2006/112/EG ist in dem Sinne auszulegen, dass sie ausschließt, dass ein Steuerpflichtiger die Mehrwertsteuer abzieht, die in den von einem Leistenden ausgestellten Rechnungen ausgewiesen ist, wenn die Leistung zwar erbracht worden ist, sich aber herausstellt, dass sie nicht tatsächlich von diesem Leistenden oder seinem Subunternehmer bewirkt worden ist, insbesondere weil diese nicht über das erforderliche Personal sowie die erforderlichen Sachmittel und Vermögenswerte verfügten, die Kosten ihrer Leistung in ihrer Buchführung nicht dokumentiert wurden oder die Unterschrift der Personen, die bestimmte Dokumente als Leistende unterzeichnet haben, sich als falsch erwiesen hat, sofern zwei Voraussetzungen erfüllt sind, nämlich diese Umstände den Tatbestand eines betrügerischen Verhaltens erfüllen und aufgrund der von den Steuerbehörden beigebrachten objektiven Umstände feststeht, dass der Steuerpflichtige wusste oder hätte wissen müssen, dass der zur Begründung des Abzugsrechts geltend gemachte Umsatz in diesen Betrug einbezogen war, was zu prüfen Sache des vorlegenden Gerichts ist.

2. Wenn die nationalen Gerichte verpflichtet oder berechtigt sind, die rechtlichen Gesichtspunkte, die sich aus einer zwingenden Regel des nationalen Rechts ergeben, von Amts wegen aufzugreifen, müssen sie dies mit Bezug auf eine zwingende Regel des Unionsrechts wie diejenige tun, die von den nationalen Behörden und Gerichten verlangt, den Vorteil des Rechts auf Vorsteuerabzug zu versagen, wenn aufgrund objektiver Umstände feststeht, dass dieses Recht in betrügerischer Weise oder missbräuchlich geltend gemacht wird. Bei der Prüfung des betrügerischen oder missbräuchlichen Charakters der Geltendmachung des Abzugsrechts haben diese Gerichte das nationale Recht so weit wie möglich anhand des Wortlauts und des Zwecks der Richtlinie 2006/112 auszulegen, um das in der Richtlinie festgelegte Ziel zu erreichen; dies verlangt, dass sie unter Berücksichtigung des gesamten nationalen Rechts und unter Anwendung der in diesem anerkannten Auslegungsmethoden alles tun, was in ihrer Zuständigkeit liegt.

3. Die Richtlinie 2006/112 ist, soweit sie insbesondere - in Art. 242 - verlangt, dass jeder Steuerpflichtige Aufzeichnungen führt, die so ausführlich sind, dass sie die Anwendung der Mehrwertsteuer und ihre Kontrolle durch die Steuerverwaltung ermöglichen, in dem Sinne auszulegen, dass sie dem betreffenden Mitgliedstaat nicht verwehrt, innerhalb der in Art. 273 der Richtlinie vorgesehenen Grenzen von jedem Steuerpflichtigen zu verlangen, dass er dabei sämtliche mit den internationalen Rechnungslegungsstandards vereinbaren nationalen Rechnungslegungsvorschriften befolgt, vorausgesetzt, die insoweit erlassenen Maßnahmen gehen nicht über das hinaus, was zur Erreichung der Ziele, eine genaue Erhebung der Steuer sicherzustellen und Steuerhinterziehungen zu verhindern, erforderlich ist. In diesem Zusammenhang steht die Richtlinie 2006/112 einer nationalen Rechtsvorschrift entgegen, wonach eine Dienstleistung als zu dem Zeitpunkt erbracht gilt, zu dem die Voraussetzungen für die Anerkennung der Erträge aus ihr erfüllt sind.

EuGH vom 6.2.2014, Rs C-323/12, *E.ON Global Commodities SE*
Vorsteuerabzug durch einen in einem anderen Mitgliedstaat ansässigen Steuerpflichtigen

Die Bestimmungen der Achten Richtlinie 79/1072/EWG in Verbindung mit den Art. 38, 171 und 195 der Richtlinie 2006/112/EG in der durch die Richtlinie 2007/75/EG geänderten Fassung sind dahin auszulegen, dass ein in einem Mitgliedstaat ansässiger Steuerpflichtiger, der Elektrizität an in einem anderen Mitgliedstaat ansässige steuerpflichtige Wiederverkäufer geliefert hat, das Recht hat, sich in dem zweiten Mitgliedstaat auf die Achte Richtlinie zu berufen, damit ihm die als Vorsteuer entrichtete Mehrwertsteuer erstattet wird. Dieses Recht wird nicht allein dadurch ausgeschlossen, dass in dem letztgenannten Staat zu Mehrwertsteuerzwecken ein Steuervertreter bestellt worden ist.

EuGH vom 12.9.2013, Rs C-388/11, *Credit Lyonnais*
Einbeziehung von Umsätzen einer ausländischen Zweigniederlassung in den Pro-rata-Satz des Vorsteuerabzuges ist unzulässig

1. Art. 17 Abs. 2 und 5 sowie Art. 19 Abs. 1 der Sechsten Richtlinie 77/388/EWG sind dahin auszulegen, dass eine Gesellschaft, deren Hauptniederlassung in einem Mitgliedstaat ansässig ist, für die Bestimmung des für sie geltenden Pro-rata-Satzes des Vorsteuerabzugs nicht den Umsatz berücksichtigen kann, den ihre in anderen Mitgliedstaaten ansässigen Zweigniederlassungen erzielt haben.

2. Art. 17 Abs. 3 Buchst. a und c sowie Art. 19 Abs. 1 der Sechsten Richtlinie 77/388 sind dahin auszulegen, dass eine Gesellschaft, deren Hauptniederlassung in einem Mitgliedstaat ansässig ist, für die Bestimmung des für sie geltenden Pro-rata-Satzes des Vorsteuerabzugs nicht den Umsatz berücksichtigen kann, den ihre in Drittstaaten ansässigen Zweigniederlassungen erzielt haben.

3. Art. 17 Abs. 5 Unterabs. 3 der Sechsten Richtlinie 77/388 ist dahin auszulegen, dass er es einem Mitgliedstaat nicht erlaubt, für die Berechnung des Pro-rata-Satzes des Vorsteuerabzugs für jeden Tätigkeitsbereich einer steuerpflichtigen Gesellschaft eine Regelung vorzusehen, nach der die Gesellschaft den Umsatz berücksichtigen darf, den eine in einem anderen Mitgliedstaat oder in einem Drittstaat ansässige Zweigniederlassung erzielt hat.

EuGH vom 18.7.2013, Rs C-124/12, *AES-3C Maritza East 1*
Vorsteuerabzug steht auch für Aufwendungen iZm geleastem Personal zu

1. Die Art. 168 Buchst. a und 176 Abs. 2 der Richtlinie 2006/112/EG sind dahin auszulegen, dass sie innerstaatlichen Rechtsvorschriften entgegenstehen, nach denen ein Steuerpflichtiger, der Kosten für die Beförderung, Arbeitskleidung, Schutzausrüstung und Dienstreisen von für ihn tätigen Personen aufwendet, deshalb kein Recht auf Abzug der auf diese Kosten entfallenden Mehrwertsteuer als Vorsteuer hat, weil ihm diese Personen von einem Dritten zur Verfügung gestellt werden und daher im Sinne dieser Rechtsvorschriften nicht als Mitglieder der Belegschaft des Steuerpflichtigen angesehen werden können, obwohl sich hinsichtlich dieser Kosten annehmen lässt, dass sie in einem direkten und unmittelbaren Zusammenhang mit den allgemeinen Aufwendungen stehen, die mit der gesamten wirtschaftlichen Tätigkeit dieses Steuerpflichtigen verbunden sind.

2. Art. 176 Abs. 2 der Richtlinie 2006/112 ist dahin auszulegen, dass es ihm zuwiderläuft, dass ein Mitgliedstaat im Zeitpunkt seines Beitritts zur Europäischen Union eine Beschränkung des Rechts auf Vorsteuerabzug durch eine nationale Rechtsvorschrift einführt, nach der das Recht auf Vorsteuerabzug für Gegenstände und Dienstleistungen ausgeschlossen ist, die für unentgeltliche Umsätze oder für andere Tätigkeiten als die wirtschaftliche Tätigkeit des Steuerpflichtigen bestimmt sind, obwohl ein solcher Ausschluss von den bis zum Zeitpunkt dieses Beitritts geltenden nationalen Rechtsvorschriften nicht vorgesehen war.

Es ist Sache des innerstaatlichen Gerichts, die im Ausgangsverfahren in Rede stehenden nationalen Vorschriften so weit wie möglich im Einklang mit dem Unionsrecht auszulegen. Sollte sich eine solche Auslegung als unmöglich erweisen, ist das innerstaatliche Gericht verpflichtet, diese Vorschriften wegen Unvereinbarkeit mit Art. 176 Abs. 2 der Richtlinie 2006/112 unangewendet zu lassen.

EuGH vom 8.5.2013, Rs C-271/12, *Petroma Transports u.a.*
Kein Vorsteuerabzug aus unvollständigen Rechnungen

1. Die Bestimmungen der Sechsten Richtlinie 77/388/EWG in der durch die Richtlinie 94/5/EG geänderten Fassung sind dahin auszulegen, dass sie einer nationalen Regelung wie der im Ausgangsverfahren fraglichen nicht entgegenstehen, wonach das Recht auf Abzug der Mehrwertsteuer steuerpflichtigen Dienstleistungsempfängern verweigert werden kann, die unvollständige Rechnungen besitzen, auch wenn diese durch die Vorlage von Informationen zum Beweis des tatsächlichen Vorliegens, der Natur und des Betrags der berechneten Umsätze nach Erlass einer solchen ablehnenden Entscheidung vervollständigt werden.

2. Der Grundsatz der Steuerneutralität verwehrt einer Steuerverwaltung nicht, die Erstattung der von einem Dienstleistungserbringer entrichteten Mehrwertsteuer zu verweigern, obwohl den Empfängern dieser Dienstleistungen die Ausübung des Rechts auf Abzug der Mehrwertsteuer, mit der diese Dienstleistungen belastet worden waren, wegen Unregelmäßigkeiten verweigert wurde, die in den von diesem Dienstleistungserbringer ausgestellten Rechnungen festgestellt wurden.

EuGH vom 21.2.2013, Rs C-104/12, *Becker*
Kein Vorsteuerabzug für Anwaltskosten iZm strafrechtlichen Sanktionen

Für die Feststellung, ob Gegenstände und Dienstleistungen von einem Steuerpflichtigen im Sinne von Art. 17 Abs. 2 Buchst. a der Sechsten Richtlinie 77/388/EWG in der durch die Richtlinie 2001/115/EG geänderten Fassung „für Zwecke seiner besteuerten Umsätze" verwendet wurden, bestimmt sich das Vorliegen eines direkten und unmittelbaren Zusammenhangs zwischen einem konkreten Umsatz und der gesamten Tätigkeit des Steuerpflichtigen nach dem objektiven Inhalt der von ihm bezogenen Gegenstände oder Dienstleistungen.

Im vorliegenden Fall eröffnen die Anwaltsdienstleistungen, deren Zweck darin besteht, strafrechtliche Sanktionen gegen natürliche Personen, die Geschäftsführer eines steuerpflichtigen Unternehmens sind, zu vermeiden, diesem Unternehmen keinen Anspruch auf Abzug der für die erbrachten Leistungen geschuldeten Mehrwertsteuer als Vorsteuer.

EuGH vom 31.1.2013, Rs C-643/11, *LVK – 56*
Steuerschuld auf Grund der Rechnung; Wissen oder Wissenmüssen von MWSt-Hinterziehung

1. Art. 203 der Richtlinie 2006/112/EG ist dahin auszulegen, dass
– die von einer Person in einer Rechnung ausgewiesene Mehrwertsteuer von dieser Person unabhängig davon geschuldet wird, ob ein steuerpflichtiger Umsatz tatsächlich vorliegt;
– allein aus dem Umstand, dass die Steuerverwaltung in einem an den Aussteller dieser Rechnung ergangenen Steuerprüfungsbescheid die von diesem erklärte Mehrwertsteuer

nicht berichtigt hat, nicht geschlossen werden kann, dass diese Verwaltung anerkannt hat, dass der Rechnung ein tatsächlich bewirkter steuerpflichtiger Umsatz gegenübersteht.

2. Das Unionsrecht ist dahin auszulegen, dass die Art. 167 und 168 Buchst. a der Richtlinie 2006/112 sowie die Grundsätze der steuerlichen Neutralität, der Rechtssicherheit und der Gleichbehandlung es nicht verwehren, dass dem Empfänger einer Rechnung mangels Vorliegens eines tatsächlich bewirkten steuerpflichtigen Umsatzes das Recht auf Vorsteuerabzug versagt wird, obwohl die vom Aussteller der Rechnung erklärte Mehrwertsteuer in dem an diesen ergangenen Steuerprüfungsbescheid nicht berichtigt wurde. Wird jedoch in Anbetracht von Steuerhinterziehungen oder Unregelmäßigkeiten, die dieser Aussteller begangen hat oder die dem Umsatz, auf den das Recht auf Vorsteuerabzug gestützt wird, vorausgegangen sind, davon ausgegangen, dass dieser Umsatz tatsächlich nicht bewirkt wurde, ist anhand objektiver Gesichtspunkte und ohne dass vom Rechnungsempfänger Nachprüfungen verlangt werden, die ihm nicht obliegen, nachzuweisen, dass der Rechnungsempfänger wusste oder wissen musste, dass dieser Umsatz in eine Hinterziehung von Mehrwertsteuer einbezogen war, was zu prüfen Sache des vorlegenden Gerichts ist.

EuGH vom 31.1.2013, Rs C-642/11, *Stroy trans*
Steuerschuld auf Grund der Rechnung; Wissen oder Wissenmüssen von MWSt-Hinterziehung

1. Art. 203 der Richtlinie 2006/112/EG ist dahin auszulegen, dass

– die von einer Person in einer Rechnung ausgewiesene Mehrwertsteuer von dieser Person unabhängig davon geschuldet wird, ob ein steuerpflichtiger Umsatz tatsächlich vorliegt;

– allein aus dem Umstand, dass die Steuerverwaltung in einem an den Aussteller dieser Rechnung ergangenen Steuerprüfungsbescheid die von diesem erklärte Mehrwertsteuer nicht berichtigt hat, nicht geschlossen werden kann, dass diese Verwaltung anerkannt hat, dass der Rechnung ein tatsächlich bewirkter steuerpflichtiger Umsatz gegenübersteht.

2. Die Grundsätze der steuerlichen Neutralität, der Verhältnismäßigkeit und des Vertrauensschutzes sind dahin auszulegen, dass sie es nicht verwehren, dass dem Empfänger einer Rechnung mangels Vorliegens eines tatsächlich bewirkten steuerpflichtigen Umsatzes das Recht auf Vorsteuerabzug versagt wird, obwohl die vom Aussteller der Rechnung erklärte Mehrwertsteuer in dem an diesen ergangenen Steuerprüfungsbescheid nicht berichtigt wurde. Wird jedoch in Anbetracht von Steuerhinterziehungen oder Unregelmäßigkeiten, die dieser Aussteller begangen hat oder die dem Umsatz, auf den das Recht auf Vorsteuerabzug gestützt wird, vorausgegangen sind, davon ausgegangen, dass dieser Umsatz tatsächlich nicht bewirkt wurde, ist anhand objektiver Gesichtspunkte und ohne dass vom Rechnungsempfänger Nachprüfungen verlangt werden, die ihm nicht obliegen, nachzuweisen, dass der Rechnungsempfänger wusste oder wissen musste, dass dieser Umsatz in eine Hinterziehung von Mehrwertsteuer einbezogen war, was zu prüfen Sache des vorlegenden Gerichts ist.

EuGH vom 6.12.2012, Rs C-285/11, *BONIK*
(Kein) Vorsteuerabzug bei Hinterziehungen oder Unregelmäßigkeiten auf vorausgehenden oder nachfolgenden Umsatzstufen

Die Art. 2, 9, 14, 62, 63, 167, 168 und 178 der Richtlinie 2006/112/EG sind dahin auszulegen, dass sie es verwehren, einem Steuerpflichtigen unter Umständen wie den im Ausgangsverfahren fraglichen das Recht, die Mehrwertsteuer auf eine Lieferung von Gegenständen als Vorsteuer abzuziehen, mit der Begründung zu versagen, diese Lieferung werde angesichts von Hinterziehungen oder Unregelmäßigkeiten auf ihr vorausgehenden oder nachfolgenden Umsatzstufen als nicht tatsächlich bewirkt betrachtet, ohne dass aufgrund objektiver Umstände feststeht, dass dieser Steuerpflichtige wusste oder wissen musste, dass der zur Begründung des Rechts auf Vorsteuerabzug angeführte Umsatz in eine auf einer vorausgehenden oder nachfolgenden Umsatzstufe der Lieferkette begangene Mehrwertsteuerhinterziehung einbezogen war, was das vorlegende Gericht zu prüfen hat.

EuGH vom 29.11.2012, Rs C-257/11, *Gran Via Moineşti*
Vorsteuerabzug bei Gebäudeabriss und Neuerrichtung

1. Die Art. 167 und 168 der Richtlinie 2006/112/EG sind dahin auszulegen, dass unter Umständen wie denen des Ausgangsverfahrens eine Gesellschaft, die ein bebautes Grundstück erworben hat, um die Gebäude abzureißen und auf dem Grundstück eine Wohnanlage zu errichten, zum Abzug der den Erwerb dieser Gebäude betreffenden Vorsteuer berechtigt ist.

2. Art. 185 der Richtlinie 2006/112 ist dahin auszulegen, dass unter Umständen wie denen des Ausgangsverfahrens der Abriss von Gebäuden, die zusammen mit dem Grundstück, auf dem sie stehen, erworben wurden, der im Hinblick auf die Errichtung einer Wohnanlage anstelle dieser Gebäude erfolgt, nicht zu einer Verpflichtung zur Berichtigung des ursprünglich für den Erwerb dieser Gebäude vorgenommenen Vorsteuerabzugs führt.

EuGH vom 8.11.2012, Rs C-511/10, *BLC Baumarkt*
Vorsteuerschlüssel bei der Errichtung eines gemischt genutzten Gebäudes

Art. 17 Abs. 5 Unterabs. 3 der Sechsten Richtlinie 77/388/EWG ist dahin auszulegen, dass er es den Mitgliedstaaten erlaubt, zum Zweck der Berechnung des Pro-rata-Satzes für den Abzug der Vorsteuern aus einem bestimmten Umsatz wie der Errichtung eines gemischt genutzten Gebäudes vorrangig einen anderen Aufteilungsschlüssel als den in Art. 19 Abs. 1 dieser Richtlinie vorgesehenen Umsatzschlüssel vorzuschreiben, vorausgesetzt, die herangezogene Methode gewährleistet eine präzisere Bestimmung dieses Pro-rata-Satzes.

EuGH vom 25.10.2012, Rs C-318/11, *Daimler*
Definition des Begriffes „feste Niederlassung, von der aus Umsätze bewirkt werden"

1. Bei einem Mehrwertsteuerpflichtigen, der seinen Sitz in einem Mitgliedstaat hat und in einem anderen Mitgliedstaat nur technische Tests durchführt oder Forschung betreibt, jedoch keine steuerbaren Umsätze bewirkt, kann nicht davon ausgegangen werden, dass er in diesem anderen Mitgliedstaat im Sinne von Art. 1 der Achten Richtlinie 79/1072/EWG an nicht im Inland ansässige Steuerpflichtige in der durch die Richtlinie 2006/98/EG geänderten Fassung und von Art. 3 Buchst. a der Richtlinie 2008/9/EG zur Regelung der Erstattung der Mehrwertsteuer gemäß der Richtlinie 2006/112/EG an nicht im Mitgliedstaat der Erstattung, sondern in einem anderen Mitgliedstaat ansässige Steuerpflichtige, „eine feste Niederlassung, von der aus Umsätze bewirkt werden", hat.

2. Diese Auslegung wird in einer Situation wie der des Ausgangsverfahrens in der Rechtssache C-318/11 nicht durch den Umstand in Frage gestellt, dass der Steuerpflichtige in dem Mitgliedstaat, in dem er seinen Erstattungsantrag gestellt hat, eine 100%ige Tochtergesellschaft hat, deren Zweck nahezu ausschließlich darin besteht, für ihn ver-

schiedene Dienstleistungen im Zusammenhang mit den durchgeführten technischen Tests zu erbringen.

EuGH vom 18.10.2012, Rs C-525/11, *Mednis*
Aufschub der MWSt-Erstattung ist unzulässig

Art. 183 der Richtlinie 2006/112/EG ist dahin auszulegen, dass er es der Steuerverwaltung eines Mitgliedstaats nicht gestattet, ohne besondere Prüfung allein auf der Grundlage einer mathematischen Berechnung die Erstattung eines Teils des in einem Steuerzeitraum von einem Monat entstandenen Mehrwertsteuerüberschusses aufzuschieben, bis diese Verwaltung die Jahressteuererklärung des Steuerpflichtigen geprüft hat.

EuGH vom 18.10.2012, Rs C-234/11, *TETS Haskovo*
Keine Vorsteuerberichtigung bei Zerstörung und Ersetzung von Bauten

Art. 185 Abs. 1 der Richtlinie 2006/112/EG ist dahin auszulegen, dass eine Zerstörung wie die im Ausgangsverfahren fragliche von mehreren zur Energieerzeugung bestimmten Bauten und deren Ersetzung durch modernere Bauten mit demselben Zweck keine nach Abgabe der Mehrwertsteuererklärung eingetretene Änderung der bei der Bestimmung des Vorsteuerabzugsbetrags berücksichtigten Faktoren darstellen und daher keine Verpflichtung zur Berichtigung dieses Abzugs begründen.

EuGH vom 4.10.2012, Rs C-550/11, *PIGI*
Verpflichtung zur Vorsteuerberichtigung bei Diebstahl

Art. 185 Abs. 2 der Richtlinie 2006/112/EG ist dahin auszulegen, dass er Vorschriften des nationalen Steuerrechts wie den Art. 79 und 80 des Zakon za danak varhu dobavenata stoynost (Mehrwertsteuergesetz) nicht entgegensteht, nach denen im Fall der Feststellung des Fehlens mehrwertsteuerpflichtiger Gegenstände der zum Zeitpunkt des Erwerbs dieser Gegenstände vorgenommene Vorsteuerabzug zu berichtigen ist, wenn sie dem Steuerpflichtigen gestohlen wurden und der Täter nicht ermittelt worden ist.

EuGH vom 6.9.2012, Rs C-496/11, *Portugal Telecom*
Voraussetzungen für den Vorsteuerabzug bei einer Holdinggesellschaft

Art. 17 Abs. 2 und 5 der Sechsten Richtlinie 77/388/EWG ist dahin auszulegen, dass eine Holdinggesellschaft wie die im Ausgangsverfahren in Rede stehende, die in Ergänzung ihrer Haupttätigkeit der Verwaltung von Anteilen an Gesellschaften, deren Gesellschaftskapital sie ganz oder teilweise hält, Gegenstände und Dienstleistungen bezieht, die sie anschließend den genannten Gesellschaften in Rechnung stellt, zum Abzug der auf der Eingangsstufe entrichteten Mehrwertsteuer berechtigt ist, sofern die auf der Eingangsstufe bezogenen Dienstleistungen einen direkten und unmittelbaren Zusammenhang mit den zum Vorsteuerabzug berechtigenden wirtschaftlichen Tätigkeiten auf der Ausgangsstufe aufweisen. Wenn die betreffenden Gegenstände und Dienstleistungen von der Holdinggesellschaft sowohl für wirtschaftliche Tätigkeiten verwendet werden, für die ein Recht auf Vorsteuerabzug besteht, als auch für wirtschaftliche Tätigkeiten, für die dieses Recht nicht besteht, ist der Vorsteuerabzug nur für den Teil der Mehrwertsteuer zulässig, der auf den Betrag der erstgenannten Umsätze entfällt, und die nationale Steuerbehörde ist berechtigt, eine der in Art. 17 Abs. 5 der Sechsten Richtlinie vorgesehenen Methoden zur Bestimmung des Rechts auf Vorsteuerabzug vorzusehen. Wenn die betreffenden Gegenstände und Dienstleistungen sowohl für wirtschaftliche Tätigkeiten als auch für nichtwirtschaftliche Tätigkeiten verwendet werden, ist Art. 17 Abs. 5 der Sechsten Richtlinie nicht anwendbar, und die Methoden für den Abzug und die Aufteilung werden von den Mitgliedstaaten festgelegt, die bei der Ausübung dieser Befugnis den Zweck und die Systematik der Sechsten Richtlinie berücksichtigen und insoweit eine Berechnungsmethode vorsehen müssen, die objektiv widerspiegelt, welcher Teil der Eingangsaufwendungen jeder dieser beiden Tätigkeiten tatsächlich zuzurechnen ist.

EuGH vom 6.9.2012, Rs C-324/11, *Toth*
Keine Versagung des Vorsteuerabzuges, wenn dem Aussteller der Rechnung die Einzelunternehmerlizenz entzogen worden ist oder er die von ihm eingesetzten Arbeitnehmer nicht angemeldet hat

1. Die Richtlinie 2006/112/EG und der Grundsatz der Steuerneutralität sind dahin auszulegen, dass es der Steuerbehörde untersagt ist, einem Steuerpflichtigen das Recht auf Abzug geschuldeter oder entrichteter Mehrwertsteuer für ihm erbrachte Dienstleistungen allein mit der Begründung zu verweigern, dass dem Aussteller der Rechnung die Einzelunternehmerlizenz entzogen worden sei, bevor er die fraglichen Dienstleistungen erbracht oder die betreffende Rechnung ausgestellt habe, wenn diese alle nach Art. 226 der Richtlinie vorgeschriebenen Angaben enthält, insbesondere diejenigen, die zur Bestimmung des Ausstellers der Rechnung und der Art der erbrachten Dienstleistungen erforderlich sind.

2. Die Richtlinie 2006/112 ist dahin auszulegen, dass es der Steuerbehörde untersagt ist, einem Steuerpflichtigen das Recht auf Abzug geschuldeter oder entrichteter Mehrwertsteuer für ihm erbrachte Dienstleistungen mit der Begründung zu verweigern, dass der Aussteller der Rechnung über diese Dienstleistungen die von ihm eingesetzten Arbeitnehmer nicht angemeldet habe, ohne dass diese Behörde anhand objektiver Umstände nachweist, dass der Steuerpflichtige wusste oder hätte wissen müssen, dass der zur Begründung des Rechts auf Vorsteuerabzug angeführte Umsatz in eine vom Rechnungsaussteller oder einem anderen Wirtschaftsteilnehmer auf einer vorhergehenden Umsatzstufe der Leistungskette begangene Steuerhinterziehung einbezogen war.

3. Die Richtlinie 2006/112 ist dahin auszulegen, dass die Tatsache, dass der Steuerpflichtige nicht überprüft hat, ob zwischen den auf der Baustelle beschäftigten Arbeitnehmern und dem Rechnungsaussteller eine Rechtsbeziehung besteht und ob Letzterer diese Arbeitnehmer angemeldet hat, keinen objektiven Umstand darstellt, der den Schluss zulässt, dass der Empfänger der Rechnung wusste oder hätte wissen müssen, dass er sich an einem Umsatz beteiligte, der in eine Mehrwertsteuerhinterziehung einbezogen war, wenn er über keine Anhaltspunkte verfügte, die Unregelmäßigkeiten oder Steuerhinterziehung in der Sphäre des Rechnungsausstellers vermuten ließen. Daher kann das Recht auf Vorsteuerabzug aufgrund des genannten Umstands nicht verweigert werden, wenn die in der Richtlinie vorgesehenen materiellen und formellen Voraussetzungen für die Ausübung dieses Rechts erfüllt sind.

4. Liefert die Steuerbehörde konkrete Anhaltspunkte für einen Betrug, verbieten die Richtlinie 2006/112 und der Grundsatz der Steuerneutralität es nicht, dass das nationale Gericht auf der Grundlage einer umfassenden Beurteilung des konkreten Falles prüft, ob der Aussteller der Rechnung den fraglichen Umsatz selbst ausgeführt hat. Bei einem Sachverhalt wie dem des Ausgangsverfahrens darf das Recht auf Vorsteuerabzug jedoch nur dann verweigert werden, wenn die Steuerbehörde anhand objektiver Umstände nachweist, dass der Rechnungsempfänger wusste oder hätte wissen müssen, dass der zur Begründung des Rechts auf Vorsteuerabzug angeführte Umsatz in eine vom Rechnungsaus-

steller oder einem anderen Wirtschaftsteilnehmer auf einer vorhergehenden Umsatzstufe der Leistungskette begangene Steuerhinterziehung einbezogen war.

EuGH vom 19.7.2012, Rs C-377/11, *International Bingo Technology*
Besteuerungsgrundlage und Vorsteuerabzug beim Verkauf von Bingocoupons

1. Art. 11 Teil A Abs. 1 Buchst. a der Sechsten Richtlinie 77/388/EWG in der durch die Richtlinie 98/80/EG geänderten Fassung ist dahin auszulegen, dass die Besteuerungsgrundlage für die Mehrwertsteuer beim Verkauf von Bingocoupons wie den im Ausgangsverfahren fraglichen nicht den im Vorhinein gesetzlich festgelegten Teil des Verkaufspreises umfasst, der für die Auszahlung der Gewinne an die Spieler bestimmt ist.

2. Die Art. 17 Abs. 5 und 19 Abs. 1 der Sechsten Richtlinie 77/388 in der durch die Richtlinie 98/80 geänderten Fassung sind dahin auszulegen, dass die Mitgliedstaaten nicht vorsehen können, dass der im Vorhinein gesetzlich festgelegte Teil des Verkaufspreises der Bingocoupons, der an die Spieler als Gewinne auszuzahlen ist, für die Zwecke der Berechnung des Pro-rata-Satzes des Vorsteuerabzugs zum Umsatz gehört, der im Nenner des in Art. 19 Abs. 1 genannten Bruchs zu stehen hat.

EuGH vom 19.7.2012, Rs C-334/10, *X*
Vorsteuerabzug bei der Umgestaltung von vorübergehend privat genutzten Investitionsgütern

Art. 6 Abs. 2 Unterabs. 1 Buchst. a und b, Art. 11 Teil A Abs. 1 Buchst. c und Art. 17 Abs. 2 der Sechsten Richtlinie 77/388/EWG in der durch die Richtlinie 95/7/EG des Rates vom 10. April 1995 geänderten Fassung sind dahin auszulegen, dass einem Steuerpflichtigen, der einen Teil eines zu seinem Unternehmen gehörenden Investitionsgutes vorübergehend für seinen privaten Bedarf verwendet, nach diesen Bestimmungen das Recht auf Vorsteuerabzug für Ausgaben für dauerhafte Umgestaltungen auch dann zusteht, wenn die Umgestaltungen im Hinblick auf diese vorübergehende private Verwendung durchgeführt wurden, und dass ferner dieses Abzugsrecht unabhängig davon besteht, ob dem Steuerpflichtigen beim Erwerb des Investitionsgutes, an dem die Umgestaltungen vorgenommen wurden, Mehrwertsteuer in Rechnung gestellt und ob diese Mehrwertsteuer von ihm abgezogen wurde.

EuGH vom 12.7.2012, Rs C-284/11, *EMS-Bulgaria TRANSPORT*
Zulässigkeit einer Ausschlussfrist für die Geltendmachung des Vorsteuerabzuges

1. Art. 179 Abs. 1 und die Art. 180 und 273 der Richtlinie 2006/112/EG sind dahin auszulegen, dass sie einer Ausschlussfrist für die Geltendmachung des Rechts auf Vorsteuerabzug wie derjenigen, um die es im Ausgangsverfahren geht, nicht entgegenstehen, sofern diese Frist die Ausübung des genannten Rechts nicht praktisch unmöglich macht oder übermäßig erschwert. Letzteres zu beurteilen, ist Sache des nationalen Gerichts, das dabei u. a. die spätere erhebliche Verlängerung der Ausschlussfrist und die Dauer eines Mehrwertsteuerregistrierungsverfahrens berücksichtigen kann, das zur Ausübung des Rechts auf Vorsteuerabzug innerhalb derselben Frist durchzuführen ist.

2. Der Grundsatz der steuerlichen Neutralität steht einer Sanktion entgegen, die darin besteht, bei einer verspäteten Entrichtung der Mehrwertsteuer das Recht auf Vorsteuerabzug zu versagen, nicht hingegen einem Säumniszuschlag, sofern diese Sanktion den Grundsatz der Verhältnismäßigkeit beachtet, was das vorlegende Gericht zu prüfen hat.

§ 12 UStG

EuGH vom 21.6.2012, Rs C-80/11, *Mahageben*
Voraussetzungen für die Versagung des Vorsteuerabzuges wegen Steuerhinterziehung auf einer vorhergehenden Umsatzstufe

1. Die Art. 167, 168 Buchst. a, 178 Buchst. a, 220 Nr. 1 und 226 der Richtlinie 2006/112/EG sind dahin auszulegen, dass sie einer nationalen Praxis entgegenstehen, nach der die Steuerbehörde einem Steuerpflichtigen das Recht, den für die an ihn erbrachten Dienstleistungen geschuldeten oder entrichteten Mehrwertsteuerbetrag von der von ihm geschuldeten Mehrwertsteuer als Vorsteuer abzuziehen, mit der Begründung verweigert, der Aussteller der Rechnung über diese Dienstleistungen oder einer der Dienstleistungserbringer des Rechnungsausstellers habe Unregelmäßigkeiten begangen, ohne dass diese Behörde anhand objektiver Umstände nachweist, dass der betroffene Steuerpflichtige wusste oder hätte wissen müssen, dass der zur Begründung dieses Rechts geltend gemachte Umsatz in eine vom Rechnungsaussteller oder einem anderen Wirtschaftsteilnehmer auf einer vorhergehenden Umsatzstufe der Leistungskette begangene Steuerhinterziehung einbezogen war.

2. Die Art. 167, 168 Buchst. a, 178 Buchst. a und 273 der Richtlinie 2006/112 sind dahin auszulegen, dass sie einer nationalen Praxis entgegenstehen, nach der die Steuerbehörde das Recht auf Vorsteuerabzug mit der Begründung verweigert, der Steuerpflichtige habe sich nicht vergewissert, dass der Aussteller der Rechnung über die Gegenstände, für die das Recht auf Vorsteuerabzug geltend gemacht werde, Steuerpflichtiger sei, dass er über die fraglichen Gegenstände verfügt habe und sie habe liefern können und dass er seinen Verpflichtungen hinsichtlich der Erklärung und Abführung der Mehrwertsteuer nachgekommen sei, oder mit der Begründung, der Steuerpflichtige verfüge neben der Rechnung über keine weiteren Unterlagen, mit denen nachgewiesen werden könnte, dass die genannten Umstände vorlägen, obgleich die in der Richtlinie 2006/112 vorgesehenen materiellen und formellen Voraussetzungen für die Ausübung des Rechts auf Vorsteuerabzug vorliegen und der Steuerpflichtige über keine Anhaltspunkte verfügte, die Unregelmäßigkeiten oder Steuerhinterziehung in der Sphäre des Rechnungsausstellers vermuten ließen.

EuGH vom 29.3.2012, Rs C-414/10, *VELECLAIR*
Abzug der EUSt ist unabhängig von der Zahlung

Art. 17 Abs. 2 Buchst. b der Sechsten Richtlinie 77/388/EWG ist dahin auszulegen, dass er es einem Mitgliedstaat nicht erlaubt, das Recht auf Abzug der Einfuhrmehrwertsteuer von der tatsächlichen vorherigen Zahlung dieser Steuer durch den Steuerschuldner abhängig zu machen, wenn dieser auch der zum Abzug Berechtigte ist.

EuGH vom 22.3.2012, Rs C-153/11, *Klub*
Vorsteuerabzug für Gegenstände, die nicht sofort für unternehmerische Zwecke verwendet werden

Art. 168 Buchst. a der Richtlinie 2006/112/EG ist dahin auszulegen, dass ein Steuerpflichtiger, der als solcher ein Investitionsgut erworben und es dem Vermögen des Unternehmens zugeordnet hat, berechtigt ist, die auf den Erwerb dieses Gegenstands entrichtete Mehrwertsteuer in dem Steuerzeitraum abzuziehen, in dem der Steueranspruch entstanden ist, auch wenn dieser Gegenstand nicht sofort für unternehmerische Zwecke verwendet wird. Es ist Sache des vorlegenden Gerichts, zu ermitteln, ob der Steuerpflichtige das

Investitionsgut für die Zwecke seiner wirtschaftlichen Tätigkeit erworben hat, und gegebenenfalls zu prüfen, ob eine betrügerische Praxis vorliegt.

EuGH vom 16.2.2012, Rs C-118/11, *Eon Aset Menidjmunt*
Zeitpunkt der Geltendmachung des Vorsteuerabzuges

1. Art. 168 Buchst. a der Richtlinie 2006/112/EG ist dahin auszulegen, dass
– ein gemietetes Kraftfahrzeug als für die Zwecke der besteuerten Umsätze des Steuerpflichtigen verwendet angesehen wird, wenn ein direkter und unmittelbarer Zusammenhang zwischen der Verwendung dieses Fahrzeugs und der wirtschaftlichen Tätigkeit des Steuerpflichtigen besteht, und dass das Recht auf Vorsteuerabzug mit Ablauf des Zeitraums entsteht, auf den sich die jeweilige Zahlung bezieht, und für das Bestehen eines solchen Zusammenhangs auf diesen Zeitpunkt abzustellen ist;
– ein aufgrund eines Leasingvertrags gemietetes und als Investitionsgut eingestuftes Kraftfahrzeug als für die Zwecke der besteuerten Umsätze verwendet angesehen wird, wenn der Steuerpflichtige es als solcher erwirbt und vollständig dem Vermögen seines Unternehmens zuordnet, wobei die Vorsteuer grundsätzlich vollständig und sofort abziehbar ist und jede Verwendung des genannten Gegenstands für den privaten Bedarf des Steuerpflichtigen, für den Bedarf seines Personals oder für unternehmensfremde Zwecke einer Dienstleistung gegen Entgelt gleichgestellt ist.

2. Die Art. 168 und 176 der Richtlinie 2006/112 stehen einer nationalen Regelung nicht entgegen, die den Vorsteuerabzug für Gegenstände und Dienstleistungen ausschließt, die für unentgeltliche Umsätze oder für andere Tätigkeiten als die wirtschaftliche Tätigkeit des Steuerpflichtigen bestimmt sind, sofern die als Investitionsgüter eingestuften Gegenstände nicht dem Unternehmensvermögen zugeordnet sind.

EuGH vom 16.2.2012, Rs C-25/11, *Varzim Sol*
Berechnung des anteiligen Vorsteuerabzuges bei Vorliegen von Subventionen

Art. 17 Abs. 2 und 5 und Art. 19 der Sechsten Richtlinie 77/388/EWG sind dahin auszulegen, dass sie es einem Mitgliedstaat, der gemischt Steuerpflichtigen gestattet, den in diesen Bestimmungen vorgesehenen Abzug je nach der Zuordnung der Gesamtheit oder eines Teils der Gegenstände und Dienstleistungen vorzunehmen, verbieten, den abzugsfähigen Betrag für Bereiche, in denen diese Steuerpflichtigen ausschließlich besteuerte Tätigkeiten ausüben, unter Einbeziehung von nicht besteuerten „Subventionen" in den Nenner des zur Bestimmung des Pro-rata-Satzes des Abzugs dienenden Bruchs zu berechnen.

EuGH vom 27.10.2011, Rs C-504/10, *Tanoarch*
Voraussetzung des VSt-Abzuges bei der Übertragung eines Rechtes an einer Erfindung

1. Ein Steuerpflichtiger kann grundsätzlich ein Recht auf Abzug der Mehrwertsteuer geltend machen, die für eine gegen Entgelt erbrachte Dienstleistung entrichtet worden ist oder geschuldet wird, wenn das anwendbare nationale Recht die Übertragung eines Anteils an einem gemeinschaftlichen Recht an einer Erfindung, mit dem Rechte an der Erfindung verliehen werden, zulässt.

2. Es ist Sache des vorlegenden Gerichts, anhand sämtlicher tatsächlicher Umstände, die für die im Ausgangsverfahren in Rede stehende Dienstleistung kennzeichnend sind,

§ 12 UStG

festzustellen, ob hinsichtlich des Rechts auf Vorsteuerabzug ein Rechtsmissbrauch vorliegt oder nicht.

**EuGH vom 22.12.2010, Rs C-103/09, *Weald Leasing*
Missbräuchliche Praxis bei Leasingumsätzen**

Der Steuervorteil, der sich daraus ergibt, dass ein Unternehmen in Bezug auf Wirtschaftsgüter wie die im Ausgangsverfahren in Rede stehenden auf Leasingumsätze zurückgreift, anstatt diese Wirtschaftsgüter unmittelbar zu erwerben, stellt keinen Steuervorteil dar, dessen Gewährung dem mit den einschlägigen Bestimmungen der Sechsten Richtlinie 77/388/EWG idF der Richtlinie 95/7/EG und des zu ihrer Umsetzung erlassenen nationalen Rechts verfolgten Ziel zuwiderliefe, sofern die diese Umsätze betreffenden Vertragsbedingungen, insbesondere diejenigen betreffend die Festsetzung der Miethöhe, normalen Marktbedingungen entsprechen und die Beteiligung einer zwischengeschalteten dritten Gesellschaft an diesen Umsätzen nicht geeignet ist, ein Hindernis für die Anwendung dieser Bestimmungen zu bilden, was das vorlegende Gericht zu prüfen hat. Der Umstand, dass dieses Unternehmen im Rahmen seiner normalen Handelsgeschäfte keine Leasingumsätze tätigt, ist insoweit ohne Belang.

Stellen bestimmte, die im Ausgangsverfahren in Rede stehenden Leasingumsätze betreffende Vertragsbedingungen und/oder die Mitwirkung einer zwischengeschalteten dritten Gesellschaft an diesen Umsätzen eine missbräuchliche Praxis dar, sind diese Umsätze in der Weise neu zu definieren, dass auf die Lage abgestellt wird, die ohne die Vertragsbedingungen mit Missbrauchscharakter und/oder die Mitwirkung dieser Gesellschaft bestanden hätte.

**EuGH vom 22.12.2010, Rs C-277/09, *RBS Deutschland Holdings*
Vorsteuerabzug bei grenzüberschreitenden Leasingumsätzen**

Unter Umständen wie denen des Ausgangsverfahrens ist Art. 17 Abs. 3 Buchst. a der Sechsten Richtlinie 77/388/EWG dahin auszulegen, dass ein Mitgliedstaat einem Steuerpflichtigen den Abzug der beim Erwerb von Gegenständen in diesem Mitgliedstaat entrichteten Vorsteuer nicht verweigern kann, wenn diese Gegenstände für Leasinggeschäfte in einem anderen Mitgliedstaat verwendet wurden, die als Ausgangsumsätze in diesem zweiten Mitgliedstaat nicht der Mehrwertsteuer unterlagen.

Der Grundsatz des Verbots missbräuchlicher Praktiken steht unter Umständen wie denen des Ausgangsverfahrens, wenn also ein in einem Mitgliedstaat ansässiges Unternehmen beschließt, von seiner in einem anderen Mitgliedstaat ansässigen Tochtergesellschaft Gegenstände an ein im ersten Mitgliedstaat ansässiges Drittunternehmen verleasen zu lassen, um zu vermeiden, dass auf die Entgeltzahlungen für diese Umsätze, die im ersten Mitgliedstaat als im zweiten Mitgliedstaat erbrachte Vermietungsdienstleistungen und im zweiten Mitgliedstaat als im ersten Mitgliedstaat erfolgte Lieferungen von Gegenständen gelten, Mehrwertsteuer erhoben wird, dem in Art. 17 Abs. 3 Buchst. a der Richtlinie verankerten Recht auf Vorsteuerabzug nicht entgegen.

**EuGH vom 22.12.2010, Rs C-438/09, *Dankowski*
Registrierung des Dienstleistungserbringers ist für VSt-Abzug unerheblich**

Art. 18 Abs. 1 Buchst. a und Art. 22 Abs. 3 Buchst. b der Sechsten Richtlinie 77/388/EWG in der durch die Richtlinie 2006/18/EG geänderten Fassung sind dahin auszulegen, dass einem Steuerpflichtigen das Recht auf Abzug der Mehrwertsteuer zusteht, die er auf Dienstleistungen entrichtet hat, die von einem anderen Steuerpflichtigen, der nicht als Mehrwertsteuerpflichtiger registriert ist, erbracht wurden, wenn die entsprechenden Rechnungen alle nach Art. 22 Abs. 3 Buchst. b vorgeschriebenen Angaben enthalten, insbesondere diejenigen, die notwendig sind, um die Person, die die Rechnungen ausgestellt hat, und die Art der erbrachten Dienstleistungen zu identifizieren.

Art. 17 Abs. 6 der Sechsten Richtlinie 77/388 in der Fassung der Richtlinie 2006/18 ist dahin auszulegen, dass er einer nationalen Regelung entgegensteht, die das Recht auf Abzug der Mehrwertsteuer, die von einem Steuerpflichtigen an einen anderen Steuerpflichtigen – den Dienstleistungserbringer – gezahlt wurde, ausschließt, wenn der Dienstleistungserbringer nicht als Mehrwertsteuerpflichtiger registriert ist.

EuGH vom 21.10.2010, Rs C-385/09, *Nidera*
Die Vorsteuerabzugsberechtigung ist von der Registrierungspflicht grundsätzlich unabhängig

Die Richtlinie 2006/112/EG ist dahin auszulegen, dass sie dem entgegensteht, dass ein Mehrwertsteuerpflichtiger, der nach den Bestimmungen dieser Richtlinie die materiellen Voraussetzungen für den Vorsteuerabzug erfüllt und sich innerhalb einer angemessenen Frist nach der Bewirkung der das Recht auf Vorsteuerabzug begründenden Umsätze als mehrwertsteuerpflichtig registrieren lässt, an der Ausübung seines Abzugsrechts durch nationale Rechtsvorschriften gehindert wird, die den Abzug der beim Erwerb von Gegenständen entrichteten Mehrwertsteuer verbieten, wenn sich der Steuerpflichtige nicht als mehrwertsteuerpflichtig hat registrieren lassen, bevor er diese Gegenstände für seine steuerpflichtige Tätigkeit verwendet hat.

EuGH vom 29.7.2010, Rs C-188/09, *Profaktor Kulesza*
Einschränkung des Rechts auf Vorsteuerabzug bei Verletzung von Formvorschriften ist zulässig

Das gemeinsame Mehrwertsteuersystem, wie es in den Art. 2 Abs. 1 und 2 der Ersten Richtlinie 67/227/EWG und den Art. 2, 10 Abs. 1 und 2 sowie 17 Abs. 1 und 2 der Sechsten Richtlinie 77/388/EWG in der durch die Richtlinie 2004/7/EG geänderten Fassung definiert wurde, steht dem nicht entgegen, dass ein Mitgliedstaat vorübergehend das Recht auf Vorsteuerabzug von Steuerpflichtigen einschränkt, die bei der Aufzeichnung ihrer Verkäufe eine Formvorschrift verletzt haben, sofern die so vorgesehene Sanktion dem Grundsatz der Verhältnismäßigkeit entspricht.

EuGH vom 15.4.2010, Rs C-33/09 und 538/08, *X Holding*
Voraussetzungen, unter denen das Recht auf Vorsteuerabzug eingeschränkt werden kann

1. Art. 11 Abs. 4 der Zweiten Richtlinie 67/228/EWG und Art. 17 Abs. 6 der Sechsten Richtlinie 77/388/EWG sind dahin auszulegen, dass sie der Steuerregelung eines Mitgliedstaats nicht entgegenstehen, die den Ausschluss des Vorsteuerabzugs in Bezug auf Arten von Ausgaben wie zum einen das Bereitstellen von „privaten Transportmöglichkeiten", „Speisen" und „Getränken", „Wohnraum" sowie von „Sport und Vergnügungen" für Mitglieder des Personals des Steuerpflichtigen und zum anderen „Werbegeschenke" oder „andere Zuwendungen" vorsieht.

2. Art. 17 Abs. 6 der Sechsten Richtlinie 77/388 ist dahin auszulegen, dass er einer nationalen Regelung nicht entgegensteht, die vor Inkrafttreten dieser Richtlinie erlassen wurde und nach der ein Steuerpflichtiger die bei der Anschaffung bestimmter Gegenstände und der Inanspruchnahme bestimmter Dienstleistungen, die teilweise für private und teilweise für geschäftliche Zwecke verwendet werden, gezahlte Mehrwertsteuer nicht vollständig abziehen kann, sondern nur entsprechend der Verwendung für geschäftliche Zwecke.

3. Art. 17 Abs. 6 der Sechsten Richtlinie 77/388 ist dahin auszulegen, dass er einer Änderung eines bestehenden Ausschlusses des Vorsteuerabzugs durch einen Mitgliedstaat nach Inkrafttreten der Richtlinie nicht entgegensteht, mit der grundsätzlich die Tragweite des Ausschlusses eingeschränkt werden soll, dabei jedoch nicht ausgeschlossen werden kann, dass in einem Einzelfall in einem einzelnen Jahr insbesondere durch den pauschalen Charakter der geänderten Regelung der Anwendungsbereich der Beschränkung des Abzugs erweitert wird.

EuGH vom 29.10.2009, Rs C-174/08, *NCC Construction Danmark*
Aufteilung des Vorsteuerabzuges bei Grundstücksumsätzen

1. Art. 19 Abs. 2 Satz 2 der Sechsten Richtlinie 77/388/EWG ist dahin auszulegen, dass im Fall eines Bauunternehmens der von diesem für eigene Rechnung durchgeführte Verkauf von Immobilien nicht als „Hilfsumsätze im Bereich der Grundstücksgeschäfte" eingestuft werden kann, da diese Tätigkeit die unmittelbare, dauerhafte und notwendige Erweiterung der steuerbaren Tätigkeit dieses Unternehmens darstellt. Daher braucht nicht konkret beurteilt zu werden, in welchem Umfang diese Verkaufstätigkeit für sich betrachtet eine Verwendung von Gegenständen und Dienstleistungen erfordert, für die die Mehrwertsteuer zu entrichten ist.

2. Der Grundsatz der steuerlichen Neutralität steht dem nicht entgegen, dass ein Bauunternehmen, das Mehrwertsteuer auf die Bauleistungen entrichtet, die es für eigene Rechnung durchführt (Lieferungen an sich selbst), die Vorsteuer für die durch die Erbringung dieser Dienstleistungen entstandenen Gemeinkosten nicht abziehen kann, wenn der Umsatz aus dem Verkauf der auf diese Weise erstellten Bauwerke von der Mehrwertsteuer befreit ist.

EuGH vom 29.10.2009, Rs C-29/08, *AB SKF*
Aktienveräußerung: Voraussetzungen für das Vorliegen einer wirtschaftlichen Tätigkeit, für die Anwendung einer Steuerbefreiung und den Vorsteuerabzug

1. Art. 2 Abs. 1 und Art. 4 Abs. 1 und 2 der Sechsten Richtlinie 77/388/EWG in der durch die Richtlinie 95/7/EG geänderten Fassung sowie Art. 2 Abs. 1 und Art. 9 Abs. 1 der Richtlinie 2006/112/EG sind dahin auszulegen, dass eine von einer Muttergesellschaft vorgenommene Veräußerung sämtlicher Aktien an einer zu 100 % gehaltenen Tochtergesellschaft sowie der verbleibenden Beteiligung der Muttergesellschaft an einer beherrschten Gesellschaft, an der sie früher zu 100 % beteiligt war, denen die Muttergesellschaft mehrwertsteuerpflichtige Dienstleistungen erbracht hat, eine in den Anwendungsbereich der genannten Richtlinien fallende wirtschaftliche Tätigkeit ist. Soweit jedoch die Aktienveräußerung der Übertragung des Gesamtvermögens oder eines Teilvermögens eines Unternehmens im Sinne von Art. 5 Abs. 8 der Sechsten Richtlinie 77/388 in der durch die Richtlinie 95/7 geänderten Fassung oder von Art. 19 Abs. 1 der Richtlinie 2006/112 gleichgestellt werden kann und sofern der betroffene Mitgliedstaat sich für die in diesen

Bestimmungen vorgesehene Befugnis entschieden hat, stellt dieser Umsatz keine der Mehrwertsteuer unterliegende wirtschaftliche Tätigkeit dar.

2. Eine Aktienveräußerung wie die im Ausgangsverfahren in Rede stehende ist von der Mehrwertsteuer gemäß Art. 13 Teil B Buchst. d Nr. 5 der Sechsten Richtlinie 77/388 in der durch die Richtlinie 95/7 geänderten Fassung und Art. 135 Abs. 1 Buchst. f der Richtlinie 2006/112 zu befreien.

3. Das Recht auf den Abzug der Vorsteuer auf Leistungen, die für Zwecke einer Aktienveräußerung erbracht wurden, besteht gemäß Art. 17 Abs. 1 und 2 der Sechsten Richtlinie 77/388 in der durch die Richtlinie 95/7 geänderten Fassung sowie gemäß Art. 168 der Richtlinie 2006/112, wenn zwischen den mit den Eingangsleistungen verbundenen Ausgaben und der wirtschaftlichen Gesamttätigkeit des Steuerpflichtigen ein direkter und unmittelbarer Zusammenhang besteht. Es obliegt dem vorlegenden Gericht, unter Berücksichtigung aller Umstände, unter denen die im Ausgangsverfahren in Rede stehenden Umsätze getätigt wurden, festzustellen, ob die getätigten Ausgaben Eingang in den Preis der verkauften Aktien finden können oder allein zu den Kostenelementen der auf die wirtschaftlichen Tätigkeiten des Steuerpflichtigen entfallenden Umsätze gehören.

4. Der Umstand, dass die Aktienveräußerung sich in mehreren Schritten vollzieht, wirkt sich auf die Beantwortung der vorstehenden Fragen nicht aus.

EuGH vom 2.7.2009, Rs C-377/08, *EGN*
Vorsteuerabzug bei Telekommunikationsdienstleistungen

Art. 17 Abs. 3 Buchst. a der Sechsten Richtlinie 77/388/EWG in der durch die Richtlinie 95/7/EG geänderten Fassung ist dahin auszulegen, dass ein in einem Mitgliedstaat ansässiger Erbringer von Telekommunikationsdienstleistungen wie der am Ausgangsverfahren beteiligte danach berechtigt ist, in diesem Mitgliedstaat die Mehrwertsteuer abzuziehen oder erstattet zu bekommen, die im Zusammenhang mit Telekommunikationsdienstleistungen, die gegenüber einem in einem anderen Mitgliedstaat ansässigen Unternehmen erbracht wurden, als Vorsteuer entrichtet wurde, wenn einem solchen Dienstleistungserbringer dieses Recht für den Fall zustünde, dass die fraglichen Dienstleistungen innerhalb des erstgenannten Mitgliedstaats erbracht worden wären.

EuGH vom 23.4.2009, Rs C-74/08, *PARAT Automotive Cabrio*
Vorsteuerabzug i.Z.m. Subventionen

1. Art. 17 Abs. 2 und 6 der Sechsten Richtlinie 77/388/EWG ist dahin auszulegen, dass er einer nationalen Regelung entgegensteht, die im Fall des Erwerbs von mit Geldern aus dem Staatshaushalt subventionierten Gegenständen einen Abzug der darauf angefallenen Mehrwertsteuer nur für den nicht subventionierten Teil dieses Erwerbs erlaubt.

2. Art. 17 Abs. 2 der Sechsten Richtlinie 77/388 begründet für die Steuerpflichtigen Rechte, auf die sie sich vor den nationalen Gerichten berufen können, um einer mit dieser Vorschrift unvereinbaren nationalen Regelung entgegenzutreten.

EuGH vom 12.2.2009, Rs C-515/07, *Vereniging Noordelijke Land- en Tuinbouw Organisatie*
Vorsteuerabzug steht nur i.Z.m. wirtschaftlichen Tätigkeiten zu

Art. 6 Abs. 2 Buchst. a und Art. 17 Abs. 2 der Sechsten Richtlinie 77/388/EWG sind dahin auszulegen, dass sie auf die Verwendung von Gegenständen und Dienstleistungen nicht anwendbar sind, die dem Unternehmen für die Zwecke anderer als der besteuerten Umsätze des Steuerpflichtigen zugeordnet sind, so dass die Mehrwertsteuer, die aufgrund des Bezugs dieser für solche Umsätze verwendeten Gegenstände und Dienstleistungen geschuldet wird, nicht abziehbar ist.

EuGH vom 22.12.2008, Rs C-414/07, *Magoora*
Beibehaltung einer Beschränkung des Vorsteuerabzuges beim Kauf von Kraftstoff

Art. 17 Abs. 6 Unterabs. 2 der Sechsten Richtlinie 77/388/EWG hindert einen Mitgliedstaat daran, bei der Umsetzung dieser Richtlinie in das nationale Recht die nationalen Vorschriften über die Beschränkungen des Rechts auf Vorsteuerabzug beim Kauf von Kraftstoff für Fahrzeuge, die für eine steuerpflichtige Tätigkeit verwendet werden, in ihrer Gesamtheit aufzuheben, indem er sie im Zeitpunkt des Inkrafttretens dieser Richtlinie in seinem Gebiet durch solche ersetzt, in denen hierzu neue Kriterien festgesetzt werden, sofern – was vom vorlegenden Gericht zu beurteilen ist – die letztgenannten Vorschriften eine Ausdehnung des Anwendungsbereichs dieser Beschränkungen bewirken. Der betreffende Artikel hindert einen Mitgliedstaat auf jeden Fall daran, seine im genannten Zeitpunkt in Kraft getretenen Rechtsvorschriften später derartig zu ändern, dass der Anwendungsbereich dieser Beschränkungen gegenüber der Situation, die vor diesem Zeitpunkt bestand, ausgedehnt wird.

EuGH vom 18.12.2008, Rs C-488/07, *Royal Bank of Scotland*
Keine Verpflichtung zur Anwendung der Rundungsregelung

Die Mitgliedstaaten sind nicht verpflichtet, die Rundungsregel des Art. 19 Abs. 1 Unterabs. 2 der Sechsten Richtlinie 77/388/EWG anzuwenden, wenn der Pro-rata-Satz des Vorsteuerabzugs nach einer der besonderen Methoden des Art. 17 Abs. 5 Unterabs. 3 Buchst. a, b, c oder d dieser Richtlinie berechnet wird.

EuGH vom 11.12.2008, Rs C-371/07, *Danfoss und AstraZeneca*
Beibehaltung eines Ausschlusses vom Vorsteuerabzug

Art. 17 Abs. 6 Unterabs. 2 der Sechsten Richtlinie 77/388/EWG ist dahin auszulegen, dass es ihm zuwiderläuft, dass ein Mitgliedstaat einen Ausschluss des Rechts auf Abzug der Vorsteuer, mit der die Ausgaben für Mahlzeiten belastet sind, die von Betriebskantinen anlässlich von Arbeitssitzungen unentgeltlich an Geschäftspartner und an das Personal geliefert werden, nach Inkrafttreten dieser Richtlinie anwendet, obgleich dieser Ausschlusstatbestand zum Zeitpunkt dieses Inkrafttretens auf diese Ausgaben nicht tatsächlich anwendbar war, da eine Verwaltungspraxis galt, nach der die Leistungen dieser Kantinen gegen das Recht auf vollständigen Vorsteuerabzug in Höhe ihres Selbstkostenpreises besteuert wurden, d. h. in Höhe eines nach den Herstellungskosten errechneten Preises, der dem Preis der Rohwaren und den Lohnkosten für die Zubereitung und den Verkauf der Speisen und Getränke sowie die Verwaltung der Kantine entsprach.

EuGH vom 8.5.2008, Rs C-95/07 und 96/07, *Ecotrade*
Verstoß gegen Aufzeichnungs- und Erklärungspflichten bei nachträglicher Anwendung von Reverse Charge führt zu keinem Verlust des Vorsteuerabzuges

1. Die Art. 17, 18 Abs. 2 und 3 und Art. 21 Nr. 1 Buchst. b der Sechsten Richtlinie 77/388/EWG in der durch Richtlinie 2000/17/EG des Rates vom 30. März 2000 geänderten Fassung stehen einer nationalen Regelung, die eine Ausschlussfrist für die Ausübung

des Vorsteuerabzugsrechts wie die in den Ausgangsverfahren in Rede stehende vorsieht, nicht entgegen, sofern die Grundsätze der Äquivalenz und der Effektivität beachtet werden. Der Effektivitätsgrundsatz wird nicht schon dadurch missachtet, dass die Steuerverwaltung für die Erhebung der nicht entrichteten Mehrwertsteuer über eine längere Frist verfügt als der Steuerpflichtige für die Ausübung seines Vorsteuerabzugsrechts.

2. Allerdings stehen die Art. 18 Abs. 1 Buchst. d und 22 der Sechsten Richtlinie 77/388 in der durch Richtlinie 2000/17 geänderten Fassung einer Praxis der Berichtigung von Steuererklärungen und der Erhebung der Mehrwertsteuer entgegen, nach der eine Nichterfüllung – wie in den Ausgangsverfahren – zum einen der Verpflichtungen, die sich aus den von der nationalen Regelung in Anwendung von Art. 18 Abs. 1 Buchst. d vorgeschriebenen Förmlichkeiten ergeben, und zum anderen der Aufzeichnungs- und Erklärungspflichten nach Art. 22 Abs. 2 und 4 im Fall der Anwendung des Reverse-Charge-Verfahrens mit der Verwehrung des Abzugsrechts geahndet wird.

EuGH vom 13.3.2008, Rs C-437/06, *Securenta*
Vorsteuerabzug iZm der Ausgabe von Aktien und atypisch stillen Beteiligungen; Aufteilung der Vorsteuerbeträge

1. Für den Fall, dass ein Steuerpflichtiger zugleich steuerpflichtigen oder steuerfreien wirtschaftlichen Tätigkeiten und nichtwirtschaftlichen, nicht in den Anwendungsbereich der Sechsten Richtlinie 77/388/EWG fallenden Tätigkeiten nachgeht, ist der Abzug der Vorsteuer auf Aufwendungen im Zusammenhang mit der Ausgabe von Aktien und atypischen stillen Beteiligungen nur insoweit zulässig, als diese Aufwendungen der wirtschaftlichen Tätigkeit des Steuerpflichtigen im Sinne des Art. 2 Nr. 1 der Sechsten Richtlinie zuzurechnen sind.

2. Die Festlegung der Methoden und Kriterien zur Aufteilung der Vorsteuerbeträge zwischen wirtschaftlichen und nichtwirtschaftlichen Tätigkeiten im Sinne der Sechsten Richtlinie 77/388 steht im Ermessen der Mitgliedstaaten, die bei der Ausübung ihres Ermessens Zweck und Systematik dieser Richtlinie berücksichtigen und daher eine Berechnungsweise vorsehen müssen, die objektiv widerspiegelt, welcher Teil der Eingangsaufwendungen jeder dieser beiden Tätigkeiten tatsächlich zuzurechnen ist.

EuGH vom 6.3.2008, Rs C-98/07, *Nordania Finans*
Definition des Begriffes „Investitionsgüter"

Art. 19 Abs. 2 der Sechsten Richtlinie 77/388/EWG ist dahin auszulegen, dass Fahrzeuge, die ein Leasingunternehmen erwirbt, um sie, wie im Ausgangsverfahren, zu vermieten und dann nach Ablauf der Leasingverträge zu verkaufen, von der Wendung „Investitionsgüter ..., die vom Steuerpflichtigen in seinem Unternehmen verwendet werden" nicht erfasst werden, wenn der Verkauf dieser Fahrzeuge nach Ablauf der genannten Verträge integraler Bestandteil der regelmäßig ausgeübten wirtschaftlichen Tätigkeiten dieses Unternehmens ist.

EuGH vom 15.3.2007, Rs C-35/05, *Reemtsma Cigarettenfabriken*
Irrtümlich in Rechnung gestellte Mehrwertsteuer ist nicht abzugsfähig

1. Die Art. 2 und 5 der Achten Richtlinie 79/1072/EWG – Verfahren zur Erstattung der Mehrwertsteuer an nicht im Inland ansässige Steuerpflichtige – sind dahin auszulegen, dass nicht geschuldete Mehrwertsteuer, die dem Dienstleistungsempfänger irrtüm-

lich in Rechnung gestellt und an den Fiskus des Mitgliedstaats des Orts dieser Dienstleistungen gezahlt worden ist, nicht nach diesen Bestimmungen erstattungsfähig ist.

2. Abgesehen von den in Art. 21 Nr. 1 der Sechsten Richtlinie 77/388/EWG in ihrer durch die Richtlinie 92/111/EWG des Rates vom 14. Dezember 1992 geänderten Fassung ausdrücklich vorgesehenen Fällen ist nur der Dienstleistungserbringer gegenüber den Steuerbehörden des Mitgliedstaats des Orts der Dienstleistungen als Schuldner der Mehrwertsteuer anzusehen.

3. Die Grundsätze der Neutralität, der Effektivität und der Nichtdiskriminierung stehen nationalen Rechtsvorschriften wie denen im Ausgangsverfahren, nach denen nur der Dienstleistungserbringer einen Anspruch auf Erstattung von zu Unrecht als Mehrwertsteuer gezahlten Beträgen gegen die Steuerbehörden hat und der Dienstleistungsempfänger eine zivilrechtliche Klage auf Rückzahlung der nicht geschuldeten Leistung gegen diesen Dienstleistungserbringer erheben kann, nicht entgegen. Für den Fall, dass die Erstattung der Mehrwertsteuer unmöglich oder übermäßig erschwert wird, müssen die Mitgliedstaaten jedoch, damit der Grundsatz der Effektivität gewahrt wird, die erforderlichen Mittel vorsehen, die es dem Dienstleistungsempfänger ermöglichen, die zu Unrecht in Rechnung gestellte Steuer erstattet zu bekommen.

EuGH vom 8.2.2007, Rs C-435/05, *Investrand*
Kein Vorsteuerabzug für Beratungskosten iZm Forderungsfeststellungen

Art. 17 Abs. 2 der Sechsten Richtlinie 77/388/EWG ist dahin auszulegen, dass die Kosten für Beratungsdienste, die ein Steuerpflichtiger zur Feststellung der Höhe einer Forderung, die zum Vermögen seines Unternehmens gehört und die mit einer vor Entstehung seiner Mehrwertsteuerpflichtigkeit erfolgten Veräußerung von Anteilen zusammenhängt, in Anspruch genommen hat, in Ermangelung von Nachweisen dafür, dass diese Dienste ihren ausschließlichen Grund in der von dem Steuerpflichtigen ausgeübten wirtschaftlichen Tätigkeit im Sinne der Sechsten Richtlinie haben, keinen direkten und unmittelbaren Zusammenhang mit dieser Tätigkeit aufweisen und folglich nicht zum Abzug der auf ihnen lastenden Mehrwertsteuer berechtigen.

Judikatur VwGH zu § 12:

VwGH vom 28.9.2016, Ra 2016/16/0052
Kein Vorsteuerabzug aus der Einfuhrumsatzsteuer für den Spediteur

Der Vorsteuerabzug betreffend die Einfuhrumsatzsteuer steht einem lediglich die Zollabfertigung vornehmenden Spediteur nicht zu (vgl. etwa das Urteil des EuGH vom 25. Juni 2015 in der Rs. C-187/14, DSV Road A/S, und das hg. Erkenntnis vom 24. März 2015, 2013/15/0238).

VwGH vom 15.9.2016, Ra 2016/15/0060
Kein Vorsteuerabzug für Krafträder

Nach § 12 Abs. 2 Z 2 lit. b UStG 1994 gelten Lieferungen, sonstige Leistungen oder Einfuhren, die im Zusammenhang mit der Anschaffung (Herstellung), Miete oder dem Betrieb von Personenkraftwagen, Kombinationskraftwagen oder Krafträdern stehen, ausgenommen Fahrschulkraftfahrzeuge, Vorführkraftfahrzeuge und Kraftfahrzeuge, die ausschließlich zur gewerblichen Weiterveräußerung bestimmt sind, sowie Kraftfahrzeuge, die zu mindestens 80% dem Zweck der gewerblichen Personenbeförderung oder der gewerblichen Vermietung dienen, nicht als für das Unternehmen ausgeführt. Artikel 12 Abs. 4 UStG 1994 lässt die Fiktion des § 12 Abs. 2 Z 2 UStG 1994 beim innergemeinschaftlichen Erwerb (jedenfalls; vgl. zur allfälligen Überflüssigkeit der Regelung Ruppe/Achatz, UStG⁴, Art 12 Tz 12) nicht greifen, sodass hinsichtlich dieser Gegenstände ein innergemeinschaftlicher Erwerb vorliegt. Artikel 12 Abs. 1 Z 1 UStG 1994 schließt allerdings – wie § 12 Abs. 2 Z 2 UStG 1994 – den Abzug der Vorsteuer daraus aus.

Nach ständiger – auf die Verkehrsauffassung abstellender – Rechtsprechung zum Umsatzsteuerrecht (vgl. etwa das Erkenntnis vom 24. Jänner 2007, 2003/13/0072) ist für die Abgrenzung der Fahrzeugarten die wirtschaftliche Zweckbestimmung und nicht der Verwendungszweck im Einzelfall entscheidend, maßgeblich ist der Zweck, dem das Fahrzeug nach seiner typischen Beschaffenheit und Bauart von vornherein und allgemein zu dienen bestimmt ist. Entscheidend ist u.a. das typische Erscheinungsbild eines Fahrzeuges an Hand seiner charakteristischen, das Fahrzeug von einem anderen Fahrzeug unterscheidenden Eigenschaften. Die kraftfahrrechtliche Einordnung der Fahrzeuge ist im Hinblick auf die dem Steuerrecht eigentümliche wirtschaftliche Betrachtungsweise nicht bindend. Dies gilt in gleicher Weise für § 108e Abs. 2 EStG 1988.

Rennwagen, die nach ihrer wirtschaftlichen Zweckbestimmung nur für den Einsatz bei Rennsportveranstaltungen auf speziell für den Motorsport konzipierten Rennstrecken gebaut wurden und für die eine andere Verwendungsmöglichkeit nicht besteht, sind keine Personenkraftwagen im Sinne des § 12 Abs. 2 Z 2 lit. b UStG 1994 (vgl. VwGH vom 28. Oktober 2009, 2007/15/0222, VwSlg 8481 F/2009). Hingegen unterliegen etwa Motorräder, die von einem Zeitschriftenverlag lediglich zu Testzwecken angeschafft wurden und die nicht zum Verkehr auf öffentlichen Straßen zugelassen wurden, dem Vorsteuerausschluss (vgl. VwGH vom 21. September 2006, 2004/15/0072, VwSlg 8161 F/2006). Auch der Umstand, dass Fahrzeuge, bei denen es sich teilweise auch um „Oldtimer" handelte, lediglich als Filmrequisiten verwendet und nicht auf Straßen mit öffentlichem Verkehr eingesetzt wurden, steht dem Vorsteuerausschluss nicht entgegen (vgl. VwGH vom 24. Jänner 2007, 2003/13/0072, VwSlg 8198 F/2007).

Das Recht auf Vorsteuerabzug ist als integraler Bestandteil des Mechanismus der Mehrwertsteuer ein grundlegendes Prinzip des gemeinsamen Mehrwertsteuersystems (vgl. etwa EuGH vom 15. April 2010, C-538/08 und C-33/09, X-Holding BV und Oracle Nederland BV, Rn 37). Dieser Grundsatz des Rechts auf Vorsteuerabzug wird insbesondere durch die Ausnahmebestimmung des Artikels 17 Abs. 6 der Sechsten Richtlinie des Rates vom 17. Mai 1977 zur Harmonisierung der Rechtsvorschriften der Mitgliedstaaten über die Umsatzsteuern – Gemeinsames Mehrwertsteuersystem: einheitliche steuerpflichtige Bemessungsgrundlage (vgl. nunmehr Artikel 176 der Richtlinie 2006/112/EG des Rates vom 28. November 2006 über das gemeinsame Mehrwertsteuersystem) eingeschränkt. Diese Ausnahmebestimmung ist nach der Rechtsprechung des EuGH „eng" auszulegen. Nach dieser Rechtsprechung setzt die den Mitgliedstaaten nach Art. 17 Abs. 6 der Sechsten Richtlinie eingeräumte Möglichkeit voraus, dass die Natur oder die Art der Gegenstände und Dienstleistungen, für die der Vorsteuerabzug ausgeschlossen ist, hinreichend konkretisiert ist, um sicherzustellen, dass diese Möglichkeit nicht dazu dient, allgemeine Ausschlüsse von dieser Regelung vorzusehen (vgl. neuerlich EuGH, X-Holding BV und Oracle Nederland BV, Rn 44; vgl. auch EuGH vom 22. Dezember 2010, C-438/09, Dankowski, Rn 46). Die Bestimmung des § 12 Abs. 2 Z 2 lit. b UStG 1994 wurde unverändert aus der bis zum Beitritt Österreichs zur EU (am 1. Jänner 1995) geltenden Bestimmung des § 12 Abs. 2 Z 2 lit. c UStG 1972 übernommen (vgl. etwa VwGH vom 22. April

§ 12 UStG

2009, 2006/15/0235, VwSlg 8429 F/2009). Es handelte sich hiebei um die Beibehaltung eines Ausschlusses iSd Art. 17 Abs. 6 der Sechsten Richtlinie. Die hier vorliegende Regelung sieht keinen allgemeinen Ausschluss vom Recht auf Vorsteuerabzug vor, sondern führt die Gegenstände konkret an. Die im vorliegenden Fall zu beurteilenden Gegenstände sind – auch bei nicht-extensiver Auslegung – als Krafträder iSd § 12 Abs. 2 Z 2 lit. b UStG 1994 anzusehen.

VwGH vom 27.7.2016, 2013/13/0083
Aufteilung des Vorsteuerabzuges bei Körperschaften öffentlichen Rechts

Der Verwaltungsgerichtshof hat im Erkenntnis vom 24. Juni 2009, 2007/15/0192, VwSlg 8453 F/2009, ausgesprochen, dass Körperschaften öffentlichen Rechts, denen aufgrund einer entsprechenden Betätigung Unternehmereigenschaft zukommt, insoweit vom Vorsteuerabzug ausgeschlossen sind, als sie Gegenstände und Dienstleistungen für ihren nichtunternehmerischen (hoheitlichen) Bereich beziehen. Wie der EuGH in Rn 37 des Urteils vom 12. Februar 2009, C-515/07, VNLTO, ausgeführt hat, ist nämlich der Abzug von Vorsteuer auf Aufwendungen eines Steuerpflichtigen nicht zulässig, soweit sie sich auf Tätigkeiten beziehen, die aufgrund ihres nichtwirtschaftlichen Charakters nicht in den Anwendungsbereich der 6. EG-RL fallen. Geht ein Steuerpflichtiger zugleich wirtschaftlichen Tätigkeiten und nichtwirtschaftlichen, nicht in den Anwendungsbereich der Richtlinie fallenden Tätigkeiten nach, ist der Abzug der Vorsteuer auf Aufwendungen nur insoweit zulässig, als diese Aufwendungen den wirtschaftlichen Tätigkeiten des Steuerpflichtigen zuzurechnen sind.

Bezieht eine Körperschaft Gegenstände und Dienstleistungen, die anteilig der Ausführung steuerpflichtiger Umsätze und mit einem weiteren Anteil deren nichtunternehmerischen (aber nicht unternehmensfremden) Zwecken dienen, steht ihr der Vorsteuerabzug jeweils mit jener Quote zu, die sich aus dem Verhältnis der Verwendung für steuerpflichtige Zwecke einerseits und für nichtunternehmerische Zwecke andererseits ergibt (vgl. das Erkenntnis vom 30. Juni 2015, 2011/15/0163).

Der vorliegende Fall bezieht sich auf eine Körperschaft öffentlichen Rechts, die zum Zweck der Erhaltung von näher bezeichneten Hochwasserschutzanlagen gegründet wurde. Sie ist zur Nutznießung der Grundflächen berechtigt, auf denen sich die besagten Hochwasserschutzanlagen befinden, und sie erzielt (teilweise) Einnahmen aus der Vermietung und Verpachtung dieser Grundflächen. Der Bezug von Gegenständen und Dienstleistungen durch die Körperschaft dient daher, soweit diese die vermieteten Grundflächen betreffen, einerseits der Ausführung steuerpflichtiger Umsätze und andererseits der Erfüllung nichtunternehmerischer Zwecke der Körperschaft. Daher hat die Körperschaft auch die Gegenstände und Dienstleistungen, die sie in Zusammenhang mit den vermieteten Grundflächen bezogen hat, für Zwecke des Vorsteuerabzugs aufzuteilen.

VwGH vom 29.6.2016, 2013/15/0114
Gutgläubigkeit bewirkt nicht die Möglichkeit, den Vorsteuerabzug vorzunehmen

Die bloße Möglichkeit, dass der Vorlieferant X1 seine Lieferung an X2 irrtümlich, aber gutgläubig als innergemeinschaftliche Lieferung eingestuft hat, bewirkt nicht, dass die beschwerdeführende Partei einen Vorsteuerabzug aus einer Rechnung über die (aus objektiver Sicht) innergemeinschaftliche Lieferung von X2 an sie geltend machen kann.

VwGH vom 29.6.2016, 2013/15/0205
Voraussetzungen für die Möglichkeit, noch vor Vermietungsbeginn den Vorsteuerabzug geltend zu machen

Noch bevor aus der Vermietung eines Gebäudes Entgelte in umsatzsteuerlicher Hinsicht erzielt werden, können Vorsteuern steuerlich berücksichtigt werden. Für diese Berücksichtigung reicht aber die bloße Erklärung, ein Gebäude künftig (für Wohnzwecke) vermieten zu wollen, nicht aus. Vielmehr muss die Absicht der Vermietung eines Gebäudes in bindenden Vereinbarungen ihren Niederschlag finden oder aus sonstigen, über die Erklärung hinausgehenden Umständen mit ziemlicher Sicherheit feststehen. Der auf die steuerpflichtige Vermietung eines Gebäudes gerichtete Entschluss muss klar und eindeutig nach außen hin in Erscheinung treten (vgl. z.B. VwGH vom 29. Juli 1997, 93/14/0132, vom 30. April 2003, 98/13/0127, vom 13. September 2006, 2002/13/0063, und vom 4. März 2009, 2006/15/0175, jeweils mwN). Die Frage, ob die geschilderten Voraussetzungen vorliegen, ist eine auf der Ebene der Beweiswürdigung zu lösende Sachfrage, die der verwaltungsgerichtlichen Kontrolle nur insoweit unterliegt, als das Ausreichen der Sachverhaltsermittlungen und die Übereinstimmung der behördlichen Überlegungen zur Beweiswürdigung mit den Denkgesetzen und dem allgemeinen menschlichen Erfahrungsgut zu prüfen ist (vgl. wiederum VwGH vom 4. März 2009, 2006/15/0175, mwN).

VwGH vom 10.3.2016, 2013/15/0196
Definition des Begriffes der „gewerblichen Personenbeförderung"

Der Verwaltungsgerichtshof hat im Erkenntnis vom 27. August 1998, 98/13/0080, zur gegenüber § 12 Abs. 2 Z 2 lit. b UStG 1994 gleichlautenden Bestimmung des § 12 Abs. 2 Z 2 lit. c UStG 1972 ausgesprochen, dass unter einer gewerblichen Personenbeförderung die tatsächliche Ausübung der Beförderung von dritten Personen zu verstehen ist, wobei diese Tätigkeit gewerbsmäßig, also zur Erzielung von Einnahmen unmittelbar durch die Personenbeförderung selbst erfolgen muss. Auch in Bezug auf § 12 Abs. 2 Z 2 lit. b UStG 1994 kann von einer gewerblichen Personenbeförderung nur dann gesprochen werden, wenn die Beförderung unternehmensfremder Personen zum eigentlichen Unternehmenszweck eines Gewerbes gehört (vgl. Mayr/Ungericht, UStG[4] § 12 Anm 18; Ruppe/Achatz, UStG[4], § 12 Tz 201).

VwGH vom 10.2.2016, 2013/15/0181
Vorsteuerabzug bei privat genutzten Gebäudeteilen (für Zeiträume vor Inkrafttreten von Artikel 168a der Mehrwertsteuersystemrichtlinie)

Gemäß § 12 Abs. 2 Z 2 lit. a UStG 1994 gelten Lieferungen, sonstige Leistungen oder Einfuhren, deren Entgelte überwiegend keine abzugsfähigen Ausgaben (Aufwendungen) im Sinne des § 20 Abs. 1 Z 1 bis 5 des Einkommensteuergesetzes 1988 oder der §§ 8 Abs. 2 und 12 Abs. 1 Z 1 bis 5 des Körperschaftsteuergesetzes sind, nicht als für das Unternehmen ausgeführt. Nach § 20 Abs. 1 Z 1 und Z 2 lit. a EStG 1988 dürfen die für den Haushalt des Steuerpflichtigen bzw. für seine Lebensführung aufgewendeten Beträge bei den einzelnen Einkünften nicht abgezogen werden, sodass Kosten für den privaten Wohnraum bei der Einkünfteermittlung nicht berücksichtigt werden können (vgl. das hg. Erkenntnis vom 29. März 2012, 2009/15/0210). Ungeachtet der Regelung des § 20 Abs. 1 Z 1 und Z 2 lit. a EStG 1988 zählen aber privat genutzte Gebäudeteile von untergeordneter Bedeutung einkommensteuerlich zum notwendigen Betriebsvermögen und führen damit zu (abzugsfähigen) Betriebsausgaben (AfA, etc.), welche erst in der Folge durch den korrespondierenden Ansatz einer so genannten „Nutzungsentnahme" im Ergebnis neutralisiert werden. Im Hinblick darauf ist die Regelung des § 12 Abs. 2 Z 2 lit. a UStG 1994 – vor dem Hintergrund der Unionsrechtslage und somit jedenfalls für Zeiträume vor Inkrafttreten von Artikel 168a der Mehrwertsteuersystemrichtlinie dahingehend auszulegen, dass sie für einen solchen Gebäudeteil, der erst nach einer Verrechnung mit der „Nutzungsentnahme" und sohin erst im saldierten Ergebnis zu nicht abzugsfähigen Aufwendungen führt, keinen Vorsteuerausschluss normiert.

VwGH vom 16.12.2015, 2012/15/0216
Für die Abgrenzung der Fahrzeugarten ist die wirtschaftliche Zweckbestimmung und nicht der Verwendungszweck im Einzelfall entscheidend

Nach ständiger – auf die Verkehrsauffassung abstellender – Rechtsprechung zum Umsatzsteuerrecht (vgl. etwa das Erkenntnis vom 24. Jänner 2007, 2003/13/0072) ist für die Abgrenzung der Fahrzeugarten die wirtschaftliche Zweckbestimmung und nicht der Verwendungszweck im Einzelfall entscheidend, maßgeblich ist der Zweck, dem das Fahrzeug nach seiner typischen Beschaffenheit und Bauart von vornherein und allgemein zu dienen bestimmt ist. Entscheidend ist u.a. das typische Erscheinungsbild eines Fahrzeuges an Hand seiner charakteristischen, das Fahrzeug von einem anderen Fahrzeug unterscheidenden Eigenschaften. Die kraftfahrrechtliche Einordnung der Fahrzeuge ist im Hinblick auf die dem Steuerrecht eigentümliche wirtschaftliche Betrachtungsweise nicht bindend. Dies gilt in gleicher Weise für § 108e Abs. 2 EStG 1988.

Bei den streitgegenständlichen Fahrzeugen (Mitsubishi EVO) handelt es sich nach Beschaffenheit und Bauart um Personenkraftwagen im Sinne des § 12 Abs. 2 Z 2 lit. b UStG 1994.

VwGH vom 30.9.2015, 2012/15/0129
Aufteilung der Vorsteuern bei Errichtung eines Ordinationsgebäudes

Hinsichtlich der „Zurechenbarkeit" der Vorsteuer ist darauf abzustellen, ob und inwieweit der Unternehmer, dem eine Lieferung oder eine sonstige Leistung mit Umsatzsteuerausweis in Rechnung gestellt wird, diese Lieferung oder sonstige Leistung zur Ausführung steuerpflichtiger oder unecht steuerbefreiter Umsätze in Anspruch nimmt. Grundsätzlich verlangt das Gesetz eine Zuordnung nach Maßgabe des Zusammenhanges der Vorsteuern mit den Ausgangsumsätzen. Entscheidend ist der objektive wirtschaftliche Zusammenhang zwischen den für das Unternehmen erworbenen Gegenständen bzw. sonstigen Leistungen und den eigenen unternehmerischen Leistungen (Ruppe/Achatz, UStG[4], § 12 Tz 265 mit Hinweisen auf die hg. Rechtsprechung). Bei Vorsteuerbeträgen, die sowohl mit unecht steuerfreien als auch mit anderen Umsätzen im Zusammenhang stehen, muss ein Aufteilungsmaßstab gewählt werden, der im Einzelfall zu einem möglichst sachgerechten Ergebnis führt. Eine bestimmte Vorgangsweise schreibt das Gesetz hierfür nicht vor. Zulässig ist jede Methode, die eine wirtschaftlich zutreffende Zuordnung der Vorsteuerbeträge gewährleistet (Ruppe/Achatz, aaO, § 12 Tz 267, mit weiteren Nachweisen). Fehlen die Grundlagen für eine sachgerechte exakte Zuordnung dieser gemischten Vorsteuerbeträge nach § 12 Abs. 4 UStG 1994, so ist zu schätzen.

Der Verwaltungsgerichtshof hat im Erkenntnis vom 23. Februar 2010, 2007/15/0289, VwSlg 8518 F/2010, den Flächenschlüssel als sachgerechten Maßstab für die Aufteilung der Vorsteuern aus der Errichtung eines Ordinationsgebäudes samt Räumlichkeiten für die Hausapotheke angesehen. Hierbei kommt es nur auf die Flächen an, die unmittelbar dem Bewirken der Umsätze der Hausapotheke oder der Tätigkeit als praktischer Arzt dienen. Dass für Flächen, auf denen Medikamentenumsätze in einem zeitlich nur absolut untergeordneten Ausmaß unmittelbar bewirkt werden, kein Vorsteuerabzug zu gewähren ist, ist aus dem angeführten Erkenntnis nicht ableitbar. Flächen, die unmittelbar dem Bewirken der Umsätze der Hausapotheke dienen, stellen in jedem Fall gemischt genutzte Flächen dar. Schließt man daher nicht aus, dass die körperliche Übergabe der Medikamente in den Sprechzimmern erfolgte, ist dem Umstand der zeitlich untergeordneten Nutzung der Sprechzimmer bei der Aufteilung der auf die Sprechzimmer entfallenden Vorsteuern Rechnung zu tragen. Diese Aufteilung muss gemäß § 12 Abs. 5 und 6 UStG 1994 nicht nach dem Umsatzschlüssel erfolgen, wenn dieser zu keinem möglichst sachgerechten Ergebnis führt.

VwGH vom 1.9.2015, 2012/15/0105
Kein Vorsteuerabzug für die Errichtung eines Fertigteilhauses, das dem Geschäftsführer einer GmbH causa societatis überlassen wird

Nach Art. 4 Abs. 1 und 2 der bis 31. Dezember 2006 anzuwendenden Sechsten Richtlinie 77/388/EWG (im Folgenden: 6. RL), der Art. 9 Abs. 1 Unterabsätze 1 und 2 der mit 1. Januar 2007 in Kraft getretenen Richtlinie 2006/112/EG (im Folgenden: MwStSystRL) entspricht, gilt als Steuerpflichtiger, wer die wirtschaftliche Tätigkeit eines Erzeugers, Händlers oder Dienstleistenden selbständig und unabhängig von ihrem Ort ausübt, gleichgültig zu welchem Zweck und mit welchem Ergebnis. Durch die Bezugnahme auf wirtschaftliche Tätigkeiten wird auf nachhaltige, einnahmenorientierte Aktivitäten abgestellt (vgl. Ruppe/Achatz, UStG[4], § 2 Tz 8). Somit stellen sowohl die 6. RL (nunmehr MwStSystRL) als auch deren Umsetzung in § 2 Abs. 1 UStG 1994 auf eine Tätigkeit zur Erzielung von Einnahmen ab. Erfolgt die Überlassung der Nutzung des Wohnhauses an den Gesellschafter und Geschäftsführer nicht deshalb, um eine Gegenleistung zu erzielen, sondern nur, um dem Gesellschafter einen Vorteil zuzuwenden (Ausschüttung aus einer Gesellschaft), so fehlt es insoweit an einer solchen wirtschaftlichen Tätigkeit (vgl. z.B. die Erkenntnisse vom 16. Mai 2007, 2005/14/0083, VwSlg 8229 F/2007, vom 7. Juli 2011, 2007/15/0255, VwSlg 8654 F/2011, vom 19. Oktober 2011, 2008/13/0046, VwSlg 8671 F/2011, und vom 19. März 2013, 2009/15/0215, ebenso Ruppe/Achatz, UStG[4], § 12 Tz 174). Vor dem Hintergrund, dass die Abgabenbehörde zur Überzeugung gelangte, dass dem Geschäftsführer der GmbH das hier in Rede stehende Fertigteilhaus causa societatis überlassen wurde, weil die bis dahin angemessene „Gesamtausstattung" des Geschäftsführers durch den Vorteil aus der unentgeltlichen Nutzung des Hauses überschritten wurde, stehen der GmbH die Vorsteuern im Zusammenhang mit der Errichtung des Gebäudes und den laufenden Kosten von vornherein nicht zu.

VwGH vom 30.6.2015, 2011/15/0163
Für den Erwerb eines Gegenstands oder einer Dienstleistung steht einer Körperschaft des öffentlichen Rechts ein Vorsteuerabzug jeweils mit jener Quote zu, die sich aus dem Verhältnis der Verwendung für steuerpflichtige Zwecke einerseits und für nichtunternehmerische Zwecke andererseits ergibt

Der Verwaltungsgerichtshof hat im Erkenntnis vom 24. Juni 2009, 2007/15/0192, VwSlg 8453 F/2009, ausgesprochen, dass Körperschaften öffentlichen Rechts, denen aufgrund einer entsprechenden Betätigung Unternehmereigenschaft zukommt, insoweit vom Vorsteuerabzug ausgeschlossen sind, als sie Gegenstände und Dienstleistungen für ihren nichtunternehmerischen (hoheitlichen) Bereich beziehen. Wie der EuGH in Rn 37 des Urteils vom 12. Februar 2009, C-515/07, *VNLTO*, ausgeführt hat, ist nämlich der Abzug von

Vorsteuer auf Aufwendungen eines Steuerpflichtigen nicht zulässig, soweit sie sich auf Tätigkeiten beziehen, die aufgrund ihres nichtwirtschaftlichen Charakters nicht in den Anwendungsbereich der 6. RL fallen. Für den Fall, dass ein Steuerpflichtiger zugleich wirtschaftlichen Tätigkeiten und nichtwirtschaftlichen, nicht in den Anwendungsbereich der Richtlinie fallenden Tätigkeiten nachgeht, ist der Abzug der Vorsteuer auf Aufwendungen nur insoweit zulässig, als diese Aufwendungen den wirtschaftlichen Tätigkeiten des Steuerpflichtigen zuzurechnen sind.

Ein Vorsteuerabzug kann nicht Platz greifen, soweit ein Gegenstand oder eine Dienstleistung für nichtunternehmerische (aber nicht unternehmensfremde) Zwecke Verwendung findet; an diesem Ergebnis ändert es nichts, wenn der Gegenstand (die Dienstleistung) daneben zum Teil zur Ausführung steuerpflichtiger Umsätze Verwendung findet (vgl. das hg. Erkenntnis vom 24. Juni 2009, 2007/15/0192, VwSlg 8453 F/2009).

Im vorliegenden Fall gab eine Körperschaft öffentlichen Rechts, die sich durch Umlagen finanziert und die fachlichen Interessen ihrer Mitglieder zu vertreten hat (eine Innung der Wirtschaftskammer), dem Finanzamt im September 2003 die Eröffnung eines Betriebes gewerblicher Art mit dem Gegenstand „Werbung und Schulung" bekannt. Im Streitfall diente der Bezug von Gegenständen und Dienstleistungen durch die Körperschaft zum Zwecke der Veranstaltung von Bällen, Modeschauen und Misswahlen der Ausführung steuerpflichtiger Umsätze und der Erfüllung nichtunternehmerischer (satzungsmäßiger) Zwecke der Körperschaft, insbesondere der Werbung und Öffentlichkeitsarbeit für die beruflichen Interessen ihrer Mitglieder. Daher hat die Körperschaft die Gegenstände und Dienstleistungen, die sie in Zusammenhang mit den angeführten Veranstaltungen bezogen hat, für Zwecke des Vorsteuerabzuges aufzuteilen: Solche Gegenstände und Dienstleistungen dienen jeweils anteilig der Ausführung steuerpflichtiger Umsätze und mit dem weiteren Anteil nichtunternehmerischen Zwecken der Körperschaft. Für den Erwerb eines jeden Gegenstands und einer jeden Dienstleistung steht der Körperschaft daher der Vorsteuerabzug jeweils mit jener Quote zu, die sich aus dem Verhältnis der Verwendung für steuerpflichtige Zwecke einerseits und für nichtunternehmerische Zwecke andererseits ergibt.

VwGH vom 27.5.2015, 2012/13/0022
Zeitpunkt der Leistung

Maßgeblich für die umsatzsteuerliche Beurteilung ist jeweils der Zeitpunkt der Leistung (vgl. etwa Mayr/Ungericht, UStG 1994^4, 2014, Anm. 7 zu § 12, m.w.N.).

VwGH vom 24.3.2015, 2013/15/0238
Die Beteiligung des Spediteurs an der Einfuhr ist für die Geltendmachung des Vorsteuerabzuges für die eingeführten Waren nicht ausreichend

Die Aussagen des Europäischen Gerichtshofes [Hinweis (jeweils noch betreffend die Richtlinie 77/388/EWG) auf das Urteil vom 21. Februar 2013, *Becker*, C-104/12, Rn. 19 f, mit weiteren Nachweisen, und auf das Urteil vom 13. März 2014, *Malburg*, C-204/13, Rn. 33 und Rn. 38] zum nunmehr in Art. 168 lit. a Mehrwertsteuersystemrichtlinie geregelten Tatbestand der Lieferung von Gegenständen bzw. Erbringung von Dienstleistungen lassen sich zweifelsohne auf den hier gegenständlichen Fall der Umsatzsteuerentstehung durch Einfuhr nach Art. 168 lit. e der Richtlinie übertragen mit der Maßgabe, dass an Stelle der steuerpflichtigen Lieferungen oder Dienstleistungen die Einfuhr als Steuerentstehungstatbestand tritt. Die zitierte Rechtsprechung legt im Wesentlichen den Begriff der „Zwecke seiner besteuerten Umsätze" aus, welcher als Teil des Einleitungssatzes des Art. 168 Mehrwertsteuersystemrichtlinie auch für den Fall der Einfuhr nach lit. e dieses Artikels maßgebend ist. Es ist also entscheidend, ob die eingeführten Gegenstände in einem direkten und unmittelbaren Zusammenhang mit bestimmten Ausgangsumsätzen der Beschwerdeführerin (hier Spediteurin) oder zumindest mit der (gesamten) unternehmerischen Tätigkeit der Beschwerdeführerin stehen. Es genügt demnach nicht, dass der Spediteur an der Einfuhr beteiligt ist. Die betreffenden Waren hätten vielmehr für sein Unternehmen oder für die Zwecke seiner besteuerten Umsätze eingeführt werden und somit als Kostenfaktor in seine allgemeinen Aufwendungen eingehen müssen, damit er zum Vorsteuerabzug berechtigt wäre (vgl. in diesem Sinne auch Ruppe/Achatz, UStG[4], § 12 Tz 223f).

VwGH vom 29.1.2015, 2012/15/0007
Zeitpunkt des Vorliegens der Voraussetzungen für den Vorsteuerabzug

Gemäß § 20 Abs. 2 UStG 1994 sind von dem nach Abs. 1 errechneten Steuerbetrag die in den Veranlagungszeitraum fallenden, nach § 12 UStG abziehbaren Vorsteuerbeträge abzusetzen. Die Vorsteuer „fällt" in den Veranlagungszeitraum, in dem die Voraussetzungen für einen Abzug erstmals vollständig erfüllt sind. Das ist bei der Vorsteuer für Vorleistungen dann der Fall, wenn die Leistung erbracht ist und der Unternehmer über eine mehrwertsteuertaugliche Rechnung verfügt. Die Bezahlung der Rechnung ist – vom hier nicht zu behandelnden Sonderfall der Anzahlungsrechnung abgesehen – nicht erforderlich, aber auch nicht ausreichend (vgl. Ruppe, UStG[3], § 20 Tz. 18f).

VwGH vom 28.10.2014, 2012/13/0102
Kein Vorsteuerabzug für Aufwendungen für die private Lebensführung

§ 12 Abs. 2 Z 2 lit. a UStG 1994 schließt Aufwendungen für die private Lebensführung des Steuerpflichtigen vom Vorsteuerabzug aus. Unter den Begriff der Lebensführung fallen im Wesentlichen Aufwendungen für die Nahrung, bürgerliche Kleidung und die eigene Wohnung des Steuerpflichtigen (vgl. das hg. Erkenntnis vom 19. September 2013, 2011/15/0157, mwN). Mit der Bestimmung des § 20 Abs. 1 Z 1 EStG 1988 hat der Gesetzgeber zum Ausdruck gebracht, dass auch rechtliche Gestaltungen, die darauf abzielen, derartige Aufwendungen in das äußere Erscheinungsbild von „Einkünften" zu kleiden, steuerlich unbeachtlich bleiben sollen. Entscheidend ist dabei, dass der Steuerpflichtige einen Aufwand geltend machen möchte, der mit der Befriedigung seines Wohnbedürfnisses oder mit dem Wohnbedürfnis seiner Familienangehörigen in wirtschaftlichem Zusammenhang steht (vgl. das hg. Erkenntnis vom 23. Mai 2007, 2003/13/0120, mwN).

VwGH vom 26.6.2014, 2011/15/0076
Kein Vorsteuerausschluss für ein Bauleistungen in Auftrag gebendes Unternehmen, wenn die errichtete Verkehrsfläche letztlich in das Eigentum des Straßeneigentümers übergeht

Leistungsempfänger ist, wer sich zivilrechtlich die Leistung ausbedungen hat. Für eine Bestimmung des Leistungsempfängers nach wirtschaftlichen Gesichtspunkten (Nutznießer der Leistung) lässt das Gesetz grundsätzlich keinen Raum (vgl. Achatz/Ruppe, UStG[4], § 12 Tz. 72 f).

Im Erkenntnis vom 19. Dezember 2013, 2009/15/0137, hat der Verwaltungsgerichtshof unter Hinweis auf Vorjudikatur ausgesprochen, dass weder der Umstand, dass die Herstellung und Erhaltung öffentlicher Straßen in den Aufgabenbereich der Gebietskörperschaften fällt, noch der Umstand, dass eine errichtete Verkehrsfläche letztlich in das Eigentum des Straßeneigentümers übergeht, einen Vorsteuerabzug eines die Bauleistungen in Auftrag gebenden Unternehmers ausschließt. Entscheidend ist, ob die Vorleistung im unternehmerischen Interesse des Auftraggebers liegt. Nichts anderes kann für die vorliegende Sachverhaltskonstellation gelten. Gegenständlich hat die Beschwerdeführerin ein unternehmerisches Interesse, die durch ihren Betrieb verursachten Kontaminationen selbst zu beseitigen, im Berufungsverfahren behauptet, und wurde dieser Veranlassungszusammenhang von der belangten Behörde nicht schlüssig entkräftet. Dass nur der Grundstückseigentümer über die Liegenschaften verfügen konnte, berechtigte die belangte Behörde daher nicht, diesen und nicht die Beschwerdeführerin als (wahren) Empfänger der Abbrucharbeiten zu betrachten.

VwGH vom 22.5.2014, 2011/15/0094
Kein „Mischsatz" iZm der Kürzung geltend gemachter Vorsteuern

Ob eine Rechnung (ein sonstiger Abrechnungsbeleg) zum Vorsteuerabzug berechtigt, bedarf auf den jeweiligen Beleg bezogener Feststellungen (vgl. schon das hg. Erkenntnis vom 3. August 2004, 2001/13/0022). Für die Anwendung eines „Mischsatzes" im Zusammenhang mit der Kürzung geltend gemachter Vorsteuern fehlt es an einer gesetzlichen Grundlage. Im gegenständlichen Fall wäre es daher Aufgabe der Abgabenbehörde gewesen, die von der Abgabepflichtigen umsatz- und ertragsteuerlich geltend gemachten Aufwendungen im Einzelnen daraufhin zu untersuchen und in Wahrnehmung ihrer Obliegenheit zur Beweiswürdigung zu entscheiden, ob die sachverhaltsmäßigen Voraussetzungen für die betriebliche Veranlassung von der Abgabepflichtigen bewiesen oder glaubhaft gemacht worden sind. Erst daran anschließend kann die rechtliche Beurteilung treten, ob die Voraussetzungen für die Berücksichtigung als Betriebsausgaben/Vorsteuern erfüllt sind oder der Berücksichtigung ein gesetzliches Abzugsverbot (vgl. § 20 Abs. 1 Z 3 EStG 1988 iVm § 12 Abs. 1 Z 3 KStG 1988 oder § 12 Abs. 2 Z 2 lit. a UStG 1994) entgegen steht.

VwGH vom 22.5.2014, 2011/15/0176
Die Verwendung eines dem Unternehmen zugeordneten Gegenstands für den privaten Bedarf des Steuerpflichtigen, für den Bedarf seines Personals oder für unternehmensfremde Zwecke ist einer Dienstleistung gegen Entgelt gleichgestellt, wenn dieser Gegenstand zum vollen oder teilweisen Abzug der entrichteten Mehrwertsteuer berechtigt hat

Nach der Rechtsprechung des Verwaltungsgerichtshofes ist der Bestimmung des § 12 Abs. 2 Z 2 lit. b UStG 1994 die Bedeutung beizulegen, dass ein bloßer Vorsteuerausschluss vorliegt (vgl. den hg. Beschluss vom 29. März 2001, 2000/14/0155). Die Anordnung lässt das den Steuerpflichtigen nach Unionsrecht zukommende Wahlrecht unberührt, ein Investitionsgut, das sowohl für unternehmerische Zwecke als auch für private Zwecke verwendet wird, in vollem Umfang dem Unternehmensvermögen zuzuordnen, oder es in vollem Umfang im Privatvermögen zu belassen, oder es auch nur im Umfang der tatsächlichen unternehmerischen Verwendung in das Unternehmen einzubeziehen (vgl. zum Zuordnungswahlrecht die bei Ruppe/Achatz, UStG⁴, § 12 Tz. 113, angeführte Rechtsprechung des EuGH). Dasselbe Zuordnungswahlrecht wie beim Erwerb eines Investitionsgutes kommt dem Steuerpflichtigen auch zu, wenn er ein gemischt genutztes Investitionsgut im Rahmen eines Leasingvertrages mietet (vgl. im Zusammenhang mit dem Mieten eines Kraftfahrzeuges das Urteil des EuGH vom 16. Februar 2012, C-118/11, Eon Aset Menidjmunt, Randnr. 53). Entscheidet sich der Steuerpflichtige dafür, ein gemischt verwendetes Investitionsgut als Gegenstand des Unternehmens zu behandeln, ist die beim Erwerb dieses Gegenstandes geschuldete Vorsteuer grundsätzlich vollständig und sofort abziehbar. Unter diesen Umständen ist die Verwendung eines dem Unternehmen zugeordneten Gegenstands für den privaten Bedarf des Steuerpflichtigen, für den Bedarf seines Personals oder für unternehmensfremde Zwecke nach Art. 26 Abs. 1 der Mehrwertsteuersystemrichtlinie (bzw. Art. 6 Abs. 2 der 6. Mehrwertsteuerrichtlinie) einer Dienstleistung gegen Entgelt gleichgestellt, wenn dieser Gegenstand zum vollen oder teilweisen Abzug der entrichteten Mehrwertsteuer berechtigt hat (vgl. Randnr. 54 des zuletzt angeführten Urteils).

VwGH vom 26.3.2014, 2009/13/0172
Kein Vorsteuerabzug, wenn der Unternehmer von einer Umsatzsteuerhinterziehung wusste oder wissen hätte müssen; dies gilt auch bereits für Zeiträume vor dem AbgSiG 2007

Mit dem AbgSiG 2007, BGBl. I Nr. 99/2007, wurden in § 12 Abs. 1 Z 1 1 UStG 1994 die letzten beiden Sätze angefügt, wonach das Recht auf Vorsteuerabzug entfällt, wenn die Lieferung oder die sonstige Leistung an einen Unternehmer ausgeführt wird, der wusste oder wissen musste, dass der betreffende Umsatz im Zusammenhang mit Umsatzsteuerhinterziehungen oder sonstigen, die Umsatzsteuer betreffenden Finanzvergehen steht, wobei dies insbesondere auch gilt, wenn ein solches Finanzvergehen einen vor- oder nachgelagerten Umsatz betrifft. Nach den Materialien zum AbgSiG 2007 (vgl. RV 270 BlgNR 23. GP, 12 f) kommt dieser Bestimmung nur klarstellender Charakter zu, da nach der Judikatur des EuGH einem Unternehmer kein Recht auf Vorsteuerabzug zusteht, wenn er wusste oder hätte wissen müssen, dass der betreffende Umsatz oder ein anderer Umsatz in der Lieferkette, der dem vom Vertragspartner des Unternehmers getätigten Umsatz vorausgegangen oder nachgefolgt ist, mit einem Mehrwertsteuerbetrug behaftet war (Hinweis auf die Urteile des EuGH vom 12. Jänner 2006, C-354/03, C-355/03 und C-484/03, Optigen Ltd. u.a., sowie vom 6. Juli 2006, C-439/04 und C-440/04, Kittel und Recolta Recycling). Der EuGH leitet die Versagung des Vorsteuerabzugs aus dem allgemeinen Verbot missbräuchlicher Praktiken sowie dem anerkannten und geförderten Ziel der Sechsten Richtlinie 77/388/EWG, ABl. L 145, S. 1, bzw. der Richtlinie 2006/112/EG, ABl. L 347, S. 1, ab, Steuerhinterziehungen, Steuerumgehungen und Steuermissbrauch zu bekämpfen (vgl. etwa die Urteile des EuGH vom 21. Februar 2006, C-255/02, Halifax, Rn. 70 f, vom 6. Juli 2006, C-439/04 und C-440/04, Kittel und Recolta Recycling, Rn. 54, sowie vom 6. Dezember 2012, C-285/11, Bonik EOOD, Rn. 35, mwN). Die sich aus der EuGH-Judikatur ergebende Einschränkung des Rechts auf Vorsteuerabzug bei Einbindung des Steuerpflichtigen in einen Mehrwertsteuerbetrug ist somit auch im Geltungsbereich des § 12 Abs. 1 Z 1 UStG 1994 in der Stammfassung für das Streitjahr 2002 zu beachten (vgl. in diese Sinne bereits die hg. Erkenntnisse vom 30. März 2006, 2002/15/0203 und 2003/15/0015, weiters die Urteile des BFH vom 19. April 2007, V R 48/04, DStR 2007, 1524, vom 19. Mai 2010, XI R 78/07, UR 2010, 952, und vom 17. Juni 2010, XI B 88/09, BFH/NV 2010, 1875, sowie Ruppe/Achatz, UStG[4], § 12 Tz. 94, und Schuchter/Kollmann in Melhardt/Tumpel, UStG, § 12 Rz. 46).

Wie der EuGH in mittlerweile ständiger Judikatur ausführt, ist das Recht auf Vorsteuerabzug zu versagen, wenn aufgrund der objektiven Sachlage feststeht, dass dieses Recht in betrügerischer Weise oder missbräuchlich geltend gemacht wird. Die objektiven Kriterien für den Vorsteuerabzug sind demnach nicht erfüllt, wenn der Steuerpflichtige selbst eine Steuerhinterziehung begeht. Gleiches gilt aber auch, wenn er wusste oder hätte wissen müssen, dass er sich mit seinem Erwerb an einem Umsatz beteiligt, der in eine vom Lieferer oder von einem anderen Wirtschaftsteilnehmer auf einer vorhergehenden oder nachfolgenden Umsatzstufe der Lieferkette begangene Mehrwertsteuerhinterziehung einbezogen ist. Denn in einer solchen Situation geht der Steuerpflichtige „den Urhebern der Hinterziehung zur Hand und macht sich ihrer mitschuldig" (vgl. nur das Urteil des EuGH vom 6. Juli 2006, C-439/04 und C-440/04, Kittel und Recolta Recycling, Rn. 53 ff). Dabei kommt es nicht darauf an, ob der Lieferant des Steuerpflichtigen den Mehrwertsteuerbetrug begeht, oder ob dieser von einem anderen Händler in der Lieferkette verübt wird (vgl. nur die Urteile des EuGH vom 6. Juli 2006, C-439/04 und C-440/04, Kittel und Recolta Recycling, Rn. 45 f, und vom 6. Dezember 2012, C-285/11, Bonik EOOD, Rn. 40, sowie das Urteil des BFH vom 19. Mai 2010, XI R 78/07, UR 2010, 952, und Brandl, Karussellbetrug – Umsatzsteuerliche und finanzstrafrechtliche Konsequenzen, in Achatz/Tumpel (Hrsg), Missbrauch im Umsatzsteuerrecht (2008), 145).

Steht aufgrund objektiver Umstände fest, dass der Steuerpflichtige wusste oder hätte wissen müssen, dass er sich mit seinem Erwerb an einem Umsatz beteiligte, der in eine Mehrwertsteuerhinterziehung einbezogen war, hat das nationale Gericht das Recht auf Vorsteuerabzug zu versagen (vgl. nur das Urteil des EuGH vom 6. Juli 2006, C-439/04 und C-440/04, Kittel und Recolta Recycling, Rn. 59, 61).

Da die Versagung des Vorsteuerabzugsrechts eine Ausnahme vom Grundprinzip ist, das dieses Recht darstellt, obliegt es der Steuerbehörde, die objektiven Umstände hinreichend nachzuweisen, die belegen, dass der Steuerpflichtige vom Mehrwertsteuerbetrug wusste oder hätte wissen müssen (vgl. die Urteile des EuGH vom 21. Juni 2012, C-80/11 und C-142/11, Mahageben und David, Rn. 49, und vom 6. Dezember 2012, C-285/11, Bonik EOOD, Rn. 43). Ob der Steuerpflichtige vom Mehrwertsteuerbetrug wusste oder zumindest hätte wissen müssen, hängt von Tatfragen ab, die die Abgabenbehörde in freier Beweiswürdigung im Rahmen einer Gesamtbetrachtung aller maßgeblichen Umstände zu beurteilen hat. Diese unterliegt insoweit der verwaltungsbehördlichen Kontrolle, als das Ausreichen der Sachverhaltsermittlungen und die Übereinstimmung der behördlichen Überlegungen zur Beweiswürdigung mit den Denkgesetzen und dem allgemeinen menschlichen Erfahrungsgut zu prüfen ist (vgl. für viele das hg. Erkenntnis vom 26. Februar 2013, 2010/15/0027). Die belangte Behörde ist im angefochtenen Bescheid im Rahmen einer Gesamtbetrachtung aller Aspekte des Geschäftsfalles zur Auffassung gelangt, dass die Beschwerdeführerin von der Einbeziehung der strittigen Umsätze in einen Umsatzsteuerbetrug zumindest hätte wissen müssen. Dabei ist sie zutreffend davon ausgegangen, dass sich die Beschwerdeführerin als juristische Person das Wissen ihres Geschäftsführers (Vertreters) sowie die dienstlichen Kenntnisse der übrigen Mitarbeiter zurechnen lassen muss (vgl. insoweit Ruppe/Achatz, UStG[4], § 12 Tz. 95 unter Verweis auf das Urteil des BFH vom 19. Mai 2010, XI R 78/07, UR 2010, 952; sowie weiters Koziol/Welser, Bürgerliches Recht I[12], 69).

Da für die Beurteilung, ob ein Unternehmer vom Mehrwertsteuerbetrug wusste oder hätte wissen müssen, auf die Umstände des konkreten Einzelfalls abzustellen ist, können keine abschließenden Kriterien für das „Kennen" bzw. „Kennen Müssen" einer Einbeziehung in ein Mehrwertsteuerkarussell aufgestellt werden. Vielmehr sind in einer Gesamtbetrachtung alle Aspekte des Geschäftsfalles in die Beurteilung einzubeziehen (vgl. Brandl, Karussellbetrug – Umsatzsteuerliche und finanzstrafrechtliche Konsequenzen, in Achatz/Tumpel (Hrsg), Missbrauch im Umsatzsteuerrecht (2008), 145 150).

Für die Beurteilung der Fragestellung, ob die Abgabepflichtige von der Mehrwertsteuerhinterziehung hätte wissen müssen, ist kein finanzstrafrechtlich relevantes vorsätzliches Handeln seitens der Vorlieferantin Voraussetzung. Im Übrigen besteht keine

§ 12 UStG

Bindung der Abgabenbehörden an die Beweiswürdigung und Sachverhaltsfeststellung in einem gegenüber Dritten ergangenen Straferkenntnis (vgl. etwa das hg. Erkenntnis vom 25. März 1999, 97/15/0059, VwSlg 7379 F/1999).

VwGH vom 19.12.2013, 2009/15/0137
Kein Vorsteuerausschluss für ein Bauleistungen in Auftrag gebendes Unternehmen, wenn die errichtete Verkehrsfläche letztlich in das Eigentum des Straßeneigentümers übergeht

Wie der Verwaltungsgerichtshof in seinem Erkenntnis vom 25. Juli 2013, 2011/15/0055, ausgesprochen hat, schließt weder der Umstand, dass die Herstellung und Erhaltung öffentlicher Straßen in den Aufgabenbereich der Gebietskörperschaften fällt, noch der Umstand, dass eine errichtete Verkehrsfläche letztlich in das Eigentum des Straßeneigentümers übergeht, einen Vorsteuerabzug eines die Bauleistungen in Auftrag gebenden Unternehmens bereits aus. Es kann nämlich – wie der Verwaltungsgerichtshof im zitierten Erkenntnis ausgeführt hat – für einen Liegenschaftsverwalter durchaus im unternehmerischen Interesse liegen, seine Grundstücke durch Investitionen in (angrenzende) öffentliche Grundstücke besser zu erschließen. Von der Berechtigung zum Vorsteuerabzug für die bei Bauunternehmen in Auftrag gegebenen Bauleistungen ist jedoch die Frage nach den umsatzsteuerlichen Folgen einer Übertragung des Bauwerks an die Öffentliche Hand zu unterscheiden.

VwGH vom 18.12.2013, 2009/13/0195
Kein Vorsteuerabzug für eine Steuer, die in keinem Zusammenhang mit einem bestimmten Umsatz steht, sondern nur auf Grund der Rechnungslegung geschuldet wird

Für den zeitlichen Geltungsbereich des UStG 1994 ist im Hinblick auf die Rechtsprechung des EuGH auch in richtlinienkonformer Interpretation davon auszugehen, dass sich der Anspruch auf Vorsteuerabzug nicht auf eine Steuer erstreckt, die ausschließlich deshalb geschuldet wird, weil sie in der Rechnung ausgewiesen wird (vgl. EuGH vom 13. Dezember 1989, Rs C-342/87, Slg. 1989, 4227, Genius Holding BV). Danach kann der Leistungsempfänger nach Art. 17 der im Streitfall noch anzuwendenden 6. EG-RL nur den Betrag an Mehrwertsteuer abziehen, den der leistende Unternehmer auf Grund der Leistung schuldet. Das Recht auf Vorsteuerabzug ist somit für eine Steuer ausgeschlossen, die – entweder weil sie höher ist als die gesetzlich geschuldete Steuer oder weil der betreffende Umsatz nicht der Mehrwertsteuer unterliegt – in keinem Zusammenhang mit einem bestimmten Umsatz steht, sondern nur auf Grund der Rechnungslegung geschuldet wird (vgl. z.B. die hg. Erkenntnisse vom 3. August 2004, 2001/13/0022, VwSlg 7952 F/2004, und vom 25. Juni 2007, 2006/14/0107, VwSlg 8245 F/2007). Dabei kommt es nicht darauf an, ob die Abrechnung mittels Gutschrift oder durch Rechnungen anderer Art erfolgt ist (vgl. z.B. das hg. Erkenntnis vom 4. Juni 2008, 2005/13/0016).

VwGH vom 28.11.2013, 2010/13/0158
Die Zuordnungsentscheidung zum Unternehmen ist ein dem Finanzamt mitzuteilender Willensakt

Nach dem Wortlaut des § 12 Abs. 2 Z 1 lit. b UStG 1994 stünde es dem Unternehmer nicht frei, den tatsächlich unternehmerisch genutzten Teil von der Zuordnung an das Unternehmen auszunehmen. Ein solches Recht hat die Abgabenbehörde – in den ihre Entscheidung tragenden letzten Absätzen der Bescheidbegründung – aus der Rechtsprechung des EuGH abgeleitet (vgl. dazu etwa Heinrich, ÖStZ 2001, 475; Paye-

561

rer in Berger/Bürgler/Kanduth-Kristen/Wakounig (Hrsg) UStG-Kommentar[2] (2010) § 12 Rz. 127). Die Zuordnungsentscheidung ist ein dem Finanzamt mitzuteilender Willensakt (vgl. dazu Heinrich, a.a.O., 473; Kolacny/Caganek, UStG[3] (2005), § 12 Anm. 9; Payerer, a.a.O., Rz. 116; Ruppe/Achatz, UStG[4], § 12 Tz. 119, mit Hinweisen auf die diesbezügliche Änderung der Rechtslage zum 1. Jänner 2000 und hg. Judikatur für Zeiträume davor). Gründe dafür, diese Mitteilung nicht für erforderlich zu halten, wenn die Zuordnung zum Privatbereich - im Sinne der von der Abgabenbehörde zitierten Judikatur des EuGH [(Hinweis Urteil vom 8.3.2001, Rs. C-415/98 („Bakcsi") und Urteil vom 4.10.1995, Rs. C-291/92 („Armbrecht")] – über den privat genutzten Teil hinausgehen soll, sind nicht erkennbar.

VwGH vom 19.9.2013, 2011/15/0157
Kein Vorsteuerabzug für privat genutzte Gebäudeteile; Überlassung von Gebäudeteilen durch eine Personengesellschaft an ihren Gesellschafter

§ 12 Abs. 2 Z 2 lit. a UStG 1994 schließt Aufwendungen für die private Lebensführung des Steuerpflichtigen vom Vorsteuerabzug aus. Unter den Begriff der Lebensführung fallen Aufwendungen für die Nahrung, bürgerliche Kleidung und die eigene Wohnung des Steuerpflichtigen (vgl. das hg. Erkenntnis vom 28. Mai 2009, 2009/15/0100).

Die Abgabenbehörde hat die Sachverhaltsfeststellung getroffen, dass die Abgabepflichtige, eine KG, das in Rede stehende Wohnhaus nach den Bedürfnissen ihres Gesellschafters errichtet (und eingerichtet) hat und es sodann diesem Gesellschafter für dessen privates Wohnbedürfnis überlassen hat. Solcherart hat die Abgabenbehörde zutreffend festgestellt, dass es sich bei den Aufwendungen im Zusammenhang mit der Errichtung, der Erhaltung und dem Betrieb des Wohnhauses um solche handelt, die unmittelbar die private Lebensführung des Gesellschafters betreffen. Das Wohnhaus ist für das private Wohnbedürfnis des Gesellschafters gewidmet. Ausgehend davon hat die Abgabenbehörde in Bezug auf dieses für die Privatnutzung des Miteigentümers gewidmete Gebäude im Grunde des § 12 Abs. 2 Z 2 lit. a UStG 1994 den Vorsteuerabzug versagt. Dies stößt auf keine vom Verwaltungsgerichtshof aufzugreifenden Bedenken (vgl. hiezu das hg. Erkenntnis vom 24. Juni 2010, 2006/15/0170).

Mit Erkenntnis vom 28. Mai 2009, 2009/15/0100, hat der Verwaltungsgerichtshof – nach Einholung einer Vorabentscheidung im Sinne des Art 234 EG – zu Recht erkannt, dass § 12 Abs. 2 Z 2 lit. a UStG 1994 auf Gebäude anwendbar ist und nicht den Regelungen der Sechsten Mehrwertsteuerrichtlinie widerspricht.

Der Verwaltungsgerichtshof hält eine ausdehnende Interpretation des Vorsteuerausschlusses nach § 12 Abs. 2 Z 2 lit. a UStG 1988 für unzulässig. Bei einem Gebäude erfasst die Bestimmung durch die Bezugnahme auf § 20 EStG 1988 jene Teile (Räume), die dem privaten Wohnbedürfnis der Person, die einkommensteuerlich als der Unternehmer gilt, bzw. ihrer Familie gewidmet sind. Eigenständige Gebäudeteile werden aber nicht schon deshalb von § 12 Abs. 2 Z 2 lit. a UStG 1994 erfasst, weil sie der Entfaltung einer Tätigkeit dienen (hier: Pferdezucht), bei der sich in der Folge allenfalls herausstellt, dass es sich einkommensteuerlich um Liebhaberei handeln kann. § 12 Abs. 2 Z 2 lit. a UStG 1994 begründet jedenfalls für eine Personengesellschaft (Miteigentümergemeinschaft) keinen Vorsteuerausschluss hinsichtlich jener Teile ihres Gebäudes, welche sie einem Gesellschafter (Miteigentümer) zur Nutzung überlässt (soweit die Option nach § 6 Abs. 2 UStG 1994 ausgeübt ist) und in welchen er sodann eine Tätigkeit entfaltet, die bei ihm als Liebhaberei zu beurteilen ist. Unabhängig davon ist zu beurteilen, ob dem Gesellschafter im Hinblick auf die von ihm ausgeübte Betätigung der Vorsteuerabzug aus den ihn treffenden Kosten zukommt. (Im Übrigen sei darauf verwiesen, dass sogar eine Betätigung, die einkommensteuerlich Liebhaberei iSd § 1 Abs. 2 LVO darstellt, in besonderen Ausnahmefällen eine – zum Vorsteuerabzug berechtigende – umsatzsteuerpflichtige Betätigung darstellen kann, vgl. das hg Erkenntnis vom 25. April 2013, 2010/15/0107).

VwGH vom 25.7.2013, 2013/15/0201
Kein Vorsteuerausschluss bei volleinspeisender Photovoltaikanlage

Bei einer Volleinspeisung des von der Photovoltaikanlage produzierten elektrischen Stroms in das öffentliche Stromnetz bleibt für eine Anwendung der Vorsteuerausschlussbestimmung des § 12 Abs. 2 Z 2 lit. a UStG 1994 wie auch für eine Eigenverbrauchsbesteuerung gemäß § 3 Abs. 2 UStG 1994 kein Raum.

VwGH vom 25.7.2013, 2011/15/0141
Kein Vorsteuerabzug für Personenkraftwagen

Der Verwaltungsgerichtshof ist in seinem Erkenntnis vom 27. Juni 2013, 2010/15/0185, zum Ergebnis gelangt, dass ein Kraftfahrzeug der Marke Hummer H1 sich dem äußeren Erscheinungsbild nach nicht von einem der Personenbeförderung dienenden Fahrzeug unterscheidet (§ 2 der Verordnung BGBl. II Nr. 193/2002) und nach seinem allgemeinen Erscheinungsbild und der Gesamtheit seiner Merkmale als hauptsächlich zur Beförderung von Personen gebaut und somit nicht als Lkw im Sinne der Position 8704 der Kombinierten Nomenklatur (Anhang I der Verordnung (EWG) Nr. 2658/87 des Rates vom 23. Juli 1987 über die zolltarifliche und statistische Nomenklatur sowie den Gemeinsamen Zolltarif) einzustufen ist. Somit wurde aber die Abgabepflichtige nicht in subjektiven Rechten verletzt, wenn die Behörde das Fahrzeug Hummer H1 als Personenkraftwagen oder Kombinationskraftwagen iSd § 12 Abs. 2 Z 2 lit. b UStG 1994 beurteilt hat.

Die Regelung (§§ 2 und 4 der Verordnung BGBl. II Nr. 193/2002 betreffend Pritschenwagen) ist unionsrechtlich unbedenklich (vgl. hiezu näher Ruppe/Achatz, UStG⁴, § 12 Tz. 191 ff), da diese Bestimmungen jenen der Verordnung BGBl. Nr. 134/1993 entsprechen.

VwGH vom 27.6.2013, 2010/15/0185
Steuerliche Einstufung von Kraftfahrzeugen

In Bezug auf den im Mai 2000 angeschafften Hummer H1 hat die Abgabenbehörde zutreffend die – u.a. zu § 8 Abs. 6 Z 1 EStG 1988 ergangene – VO BGBl. 273/1996 angewendet (vgl. § 6 Abs. 2 VO 2002). Das gilt auch in Bezug auf die Angemessenheitsprüfung nach § 20 Abs. 1 Z 2 lit. b EStG 1988, zumal sich aus dem Zweck der Norm kein Hinweis darauf ergibt, dass der dort verwendete Begriff „Personen- und Kombinationskraftwagen" einen anderen Inhalt haben sollte als jener der „Personenkraftwagen und Kombinationskraftwagen" in § 8 EStG 1988.

Die Verordnung BGBl II 193/2002 (Verordnung des Bundesministers für Finanzen über die steuerliche Einstufung von Fahrzeugen als Kleinlastkraftwagen und Kleinbusse) ist zwar, soweit sie das EStG 1988 betrifft, nur zu § 8 Abs. 6 Z 1 und § 20 Abs. 1 Z 2 lit. b EStG 1988 ergangen. Der Regelung des § 108e EStG 1988 und insbesondere dem mit dieser Regelung verfolgten Zweck ist aber nicht zu entnehmen, dass dem Begriff der „Personen- und Kombinationskraftwagen" in § 108e Abs. 2 eine andere Bedeutung beizumessen wäre als im Bereich des § 8 Abs. 6 Z 1 und § 20 Abs. 1 Z 2 lit. b EStG 1988.

VwGH vom 22.5.2013, 2010/13/0067
Bei außerbetrieblichen Einkünften (Vermietung und Verpachtung) tritt für privat genutzte Gebäudeteile ein Vorsteuerausschluss ein

Im (Einkünfte aus Vermietung betreffenden) Erkenntnis vom 28. Mai 2009, 2009/15/0100, VwSlg 8448 F/2009, hat der Verwaltungsgerichtshof ausgesprochen, dass § 12 Abs. 2 Z 2 lit. a UStG 1994 autonom anwendbar ist. Soweit die gemischte Nutzung eines Gebäudes darauf zurückzuführen ist, dass ein Bereich des Gebäudes als private Wohnung des Unternehmers Verwendung findet, ergibt sich der anteilige Vorsteuerausschluss (auch abschließend) aus § 12 Abs. 2 Z 2 lit. a UStG 1994, wobei dieser Vorsteuerausschluss auch durch das Beibehaltungsrecht nach Art. 17 Abs. 6 Unterabs. 2 der 6. EG-RL gedeckt ist. Diese Auffassung zum Vorsteuerausschluss hat der Verwaltungsgerichtshof beispielsweise im Erkenntnis vom 29. März 2012, 2009/15/0210, bekräftigt (vgl. zuletzt das hg. Erkenntnis vom 19. März 2013, 2010/15/0085, unter Hinweis u.a. auf die hg. Erkenntnisse vom 28. Juni 2012, 2009/15/0217 und 2009/15/0222).

Im Vorabentscheidungsersuchen vom 24. September 2007, EU 2007/0008, hat der Verwaltungsgerichtshof in Bezug auf das unionsrechtliche Beibehaltungsrecht des Vorsteuerausschlusses für privat genutzte Teile eines Gebäudes darauf hingewiesen, dass sich hier eine praktisch wenig bedeutsame Ausnahme aus der Technik des Gesetzes, in § 12 Abs. 2 Z 1 UStG 1994 an die Einkommensteuer anzuknüpfen, dadurch ergebe, dass nach ständiger Rechtsprechung und Verwaltungspraxis zur Einkommensteuer eine Aufteilung des Gebäudes dann nicht vorzunehmen sei, wenn die betriebliche Nutzung weitaus überwiege, d.h. 80 % der Fläche des Gebäudes erreiche. In einem solchen Fall einer untergeordnet privaten Nutzung eines Betriebsgebäudes hätten Rechtsprechung und Verwaltungspraxis in einer großzügigen Auslegung des § 12 Abs. 2 Z 1 UStG 1972 bzw. 1994 den Vorsteuerabzug für das gesamte Betriebsgebäude zuerkannt (in diesem Sinne ist offensichtlich auch die unter Pkt. 12.2.2. betreffend „Gebäude" zur „Rechtslage 1. 1. 1995 bis 31. 12. 1997" unter Rz. 1906 der Umsatzsteuerrichtlinien 2000 i.d.F. vor dem AÖF Nr. 13/2012 enthaltene gewesene Aussage zu verstehen, wonach bei untergeordneter nicht unternehmerischer Nutzung von maximal 20 % der volle Vorsteuerabzug zustehe und bloß ein laufender Eigenverbrauch zu versteuern sei). Bei außerbetrieblichen Einkünften (Vermietung und Verpachtung) ist hingegen einkommensteuerrechtlich zwingend eine Aufteilung nach den tatsächlichen Nutzungsverhältnissen vorzunehmen (vgl. auch Beiser, SWK 2009, S 629 Pkt. 3.); die „80/20-Regel setzt nach ertragsteuerlichen Kriterien Betriebsvermögen (also betriebliche Einkünfte) voraus" (vgl. Schuchter/Kollmann in Melhardt/Tumpel, UStG, § 12 Rz. 217).

Der Verwaltungsgerichtshof hat im Erkenntnis vom 19. März 2013, 2010/15/0085, entschieden, dass für den Fall einer untergeordneten Privatnutzung (bis zu ca. 20%) eines nach einkommensteuerrechtlichen Grundsätzen zur Gänze dem Betriebsvermögen zuzurechnenden Gebäudes unter Bedachtnahme auf Art. 17 Abs. 6 Unterabs. 2 der 6. EG-RL der Vorsteuerabzug für das Gesamtgebäude auch im Geltungsbereich des UStG 1994 zusteht. Außerhalb dieses Ausnahmefalles einer untergeordneten Privatnutzung eines im Rahmen betrieblicher Einkünfte genutzten (und damit auch nur einem Betriebsvermögen zurechenbaren) Gebäudes bleibt es jedoch bei der (abschließenden) Regel des Vorsteuerausschlusses für privat genutzte Teile eines Gebäudes auf Grund der Anordnung des § 12 Abs. 2 Z 2 lit. a UStG 1994 i.V.m. § 20 Abs. 1 Z 1 und Z 2 lit. a EStG 1988.

VwGH vom 19.3.2013, 2009/15/0215
Bloße Gebrauchsüberlassung führt nicht zur Unternehmereigenschaft

Nach dem hg. Erkenntnis vom 7. Juli 2011, 2007/15/0255, ist die Vermietung einer Immobilie zu Wohnzwecken als unternehmerische Tätigkeit im Sinne des § 2 Abs. 1 UStG 1994 von der bloßen Gebrauchsüberlassung zu unterscheiden, die nicht zur Unternehmereigenschaft führt. Für die Überlassung einer Eigentumswohnung durch eine Gesellschaft an ihren Gesellschafter bedeutet dies: Erfolgt die Überlassung der Nutzung nicht deshalb, um Einnahmen zu erzielen, sondern um dem Gesellschafter einen nicht fremdüblichen Vorteil zuzuwenden, so fehlt es bereits an einer wirtschaftlichen Tätigkeit und besteht dementsprechend von vornherein keine Vorsteuerabzugsberechtigung (vgl. auch das hg. Erkenntnis vom 19. Oktober 2011, 2008/13/0046).

VwGH vom 19.3.2013, 2010/15/0085
Kein Vorsteuerausschluss für im untergeordneten Ausmaß privat genutzte Gebäudeteile von Gebäuden, die zum Betriebsvermögen gehören (Rechtslage vor dem 1.1.2011)

Den Erkenntnissen vom 28. Juni 2012, 2009/15/0217, und vom 28. Juni 2012, 2009/15/0222, ist zu entnehmen, dass auch nach der durch BGBl. I Nr. 134/2003, mit Wirksamkeit ab 1. Jänner 2004 vorgenommenen Einführung des Abs. 1a des § 3a UStG 1994 und auch nach der Ergänzung dieser Regelung durch BGBl. I. Nr. 27/2004, sohin auch für Zeiträume ab dem 1. Jänner 2004 (und zumindest für Zeiträume vor Inkrafttreten von Artikel 168a der Mehrwertsteuersystemrichtlinie) für ein Gebäude, bei welchem räumliche Bereiche überwiegend oder gänzlich für private Wohnzwecke des Unternehmers genutzt werden, der (anteilige) Vorsteuerausschluss durch die spezielle Bestimmung des § 12 Abs. 2 Z 2 lit. a UStG 1994 geregelt ist, die eine Anknüpfung an die einkommensteuerliche Behandlung des Gebäudes vorsieht.

Für die Zuordnung von gemischt genutzten Gebäuden zum Betriebsvermögen ergibt sich aus der Rechtsprechung des Verwaltungsgerichtshofes (vgl. etwa das hg. Erkenntnis vom 5. Juli 1994, 91/14/0110): Grundsätzlich ist für jeden Raum, der zeitlich abwechselnd betrieblich und privat verwendet wird, das Überwiegen der einen oder der anderen Nutzung maßgeblich. Ergibt sich sodann, dass bei manchen Räumen die betriebliche Nutzung, bei anderen hingegen die außerbetriebliche Nutzung überwiegt, so gehört das Gebäude in jenem Ausmaß dem Betriebsvermögen an, in dem die Räume mit überwiegender betrieblicher Nutzung zu den Räumen mit überwiegend privater Nutzung stehen. Erreicht der privat genutzte räumliche Gebäudeanteil bloß ein untergeordnetes Ausmaß, was der Fall ist, wenn er weniger als ca. 20% des Gebäudes umfasst, gehört das Gebäude insgesamt zum Betriebsvermögen. Werden für Zwecke der Einkommensteuer privat genutzte Räume eines Gebäudes dem Betriebsvermögen zugerechnet, weil sie in Verhältnis zum Gesamtgebäude nur ein untergeordnetes Ausmaß erreichen, hatte dies bereits im zeitlichen Geltungsbereich des UStG 1972 zur Folge, dass auch die mit diesem privat genutzten Gebäudeteil zusammenhängenden Umsatzsteuerbeträge als Vorsteuer geltend gemacht werden können (vgl. das hg. Erkenntnis vom 18. Jänner 1983, 82/14/0100, und hiezu Nolz, Auswirkungen der geringfügigen Privatnutzung, SWK 1983, 85 [87]). Wie der Verwaltungsgerichtshof im oben angeführten Beschluss vom 24. September 2007, EU 2007/0008, zum Ausdruck gebracht hat, besteht dieser nach der Rechtslage im Zeitpunkt des Beitritts Österreichs zur EU gegebene Vorsteuerabzug für bloß untergeordnete privat genutzte Gebäudeteile auch im Geltungsbereich des UStG 1994 weiter.

§ 12 UStG

Gemäß § 12 Abs. 2 Z 2 lit. a UStG 1994 gelten Lieferungen, sonstige Leistungen oder Einfuhren, deren Entgelte überwiegend keine abzugsfähigen Ausgaben (Aufwendungen) im Sinne des § 20 Abs. 1 Z 1 bis 5 des Einkommensteuergesetzes 1988 oder der §§ 8 Abs. 2 und 12 Abs. 1 Z 1 bis 5 des Körperschaftsteuergesetzes sind, nicht als für das Unternehmen ausgeführt. Nach § 20 Abs. 1 Z 1 und Z 2 lit. a EStG 1988 dürfen die für den Haushalt des Steuerpflichtigen bzw. für seine Lebensführung aufgewendeten Beträge bei den einzelnen Einkünften nicht abgezogen werden, sodass Kosten für den privaten Wohnraum bei der Einkünfteermittlung nicht berücksichtigt werden können (vgl. das hg. Erkenntnis vom 29. März 2012, 2009/15/0210). Ungeachtet der Regelung des § 20 Abs. 1 Z 1 und Z 2 lit. a EStG 1988 zählen aber privat genutzte Gebäudeteile von untergeordneter Bedeutung einkommensteuerlich zum notwendigen Betriebsvermögen und führen damit zu (abzugsfähigen) Betriebsausgaben (AfA, etc.), welche erst in der Folge durch den korrespondierenden Ansatz einer so genannten „Nutzungsentnahme" im Ergebnis neutralisiert werden. Im Hinblick darauf ist die Regelung des § 12 Abs. 2 Z 2 lit. a UStG 1994 – vor dem Hintergrund der Unionsrechtslage und somit jedenfalls für Zeiträume vor Inkrafttreten von Artikel 168a der Mehrwertsteuersystemrichtlinie – dahingehend auszulegen, dass sie für einen solchen Gebäudeteil, der erst nach einer Verrechnung mit der „Nutzungsentnahme" und sohin erst im saldierten Ergebnis zu nicht abzugsfähigen Aufwendungen führt, keinen Vorsteuerausschluss normiert.

Nach Artikel 17 Abs. 6 Unterabsatz 2 der Sechsten Richtlinie sind die Mitgliedstaaten bloß berechtigt, ihre zum Zeitpunkt des Inkrafttretens dieser Richtlinie bestehenden Regelungen über den Ausschluss des Vorsteuerabzugsrechts beizubehalten (vgl. das hg. Erkenntnis vom 29. März 2012, 2009/15/0210, mwN). Sohin bewirkt auch nicht die Regelung des § 3a Abs. 1a UStG den Vorsteuerausschluss für den im gegenständlichen Fall privat genutzten Gebäudeteil von untergeordneter Bedeutung (vgl. hiezu auch Ruppe/Achatz, UStG[4], § 3 Tz. 300, unter Hinweis auf das Urteil des EuGH vom 14. Juli 2005, C-434/03, Charles).

VwGH vom 26.2.2013, 2010/15/0051
Kein Vorsteuerabzug für den Opel Zafira

Nach der Rechtsprechung des Verwaltungsgerichtshofes steht der Vorsteuerabzug für einen Opel Zafira nicht zu (vgl. das hg. Erkenntnis vom 25. November 2009, 2009/15/0184).

Busse, auch Kleinbusse, werden nach der Rechtsprechung von der Vorsteuerausschlussbestimmung des § 12 Abs. 2 Z 2 lit. b UStG 1994 nicht erfasst.

VwGH vom 28.6.2012, 2009/15/0217
Kein Vorsteuerabzug für privat genutzte Gebäudeteile; bei einem gemischt unternehmerisch und privat genutzten Gebäude ist eine zumindest 10%ige unternehmerische Nutzung für den Vorsteuerabzug nicht erforderlich

Wie der Verwaltungsgerichtshof etwa im Erkenntnis vom 26. März 2007, 2005/14/0091, zur Rechtslage für die Jahre 1995 bis 1997 ausgesprochen hat, konnte ein Gebäude des Unternehmers, das mit einem Bereich seinem privaten Wohnbedarf gewidmet ist und mit einem anderen Bereich unternehmerischen Zwecken, durch zwei Vorsteuerausschlussregelungen des § 12 Abs. 2 UStG 1994 (in der für die Streitjahre geltenden Stammfassung) erfasst werden. Das ist einerseits die Vorsteuerausschlussbestimmung des § 12 Abs. 2 Z 2 lit. a UStG 1994 für Lieferungen und sonstige Leistungen, deren Entgelte überwiegend keine abzugsfähigen Ausgaben iSd § 20 EStG 1988 darstellen. Der private Wohnraum ist nämlich elementarer Teil der Lebensführung iSd § 20 Abs. 1 Z 1 und Z 2 lit. a EStG 1988. Und das ist andererseits die ganz allgemein Gebäudeaufwendungen erfassende Bestimmung des § 12 Abs. 2 Z 1 UStG 1994 (Stammfassung). Sowohl § 12 Abs. 2 Z 2 lit. a UStG 1994 als auch die Stammfassung des § 12 Abs. 2 Z 1 UStG 1994 stellen auf einkommensteuerliche Vorschriften ab. Aus einkommensteuerlicher Sicht gilt für ein gemischt unternehmerisch und privat genutztes Gebäude Folgendes: Werden einzelne räumliche Teile eines Gebäudes betrieblich, andere hingegen ausschließlich oder überwiegend privat genutzt, so ist das Gebäude in einen betrieblichen und einen privaten räumlichen Bereich aufzuteilen. Für Zwecke dieser Aufteilung des Gebäudes ist jeder Raum, der ausschließlich oder zeitlich überwiegend privat genutzt wird, als privater Raum einzustufen (siehe im Einzelnen das zitierte Erkenntnis vom 26. März 2007 mwH). Vor diesem einkommensteuerlichen Hintergrund normieren § 12 Abs. 2 Z 2 lit. a UStG 1994 sowie die Stammfassung von § 12 Abs. 2 Z 1 UStG 1994 in Bezug auf ein nur teilweise für die privaten Wohnbedürfnisse des Unternehmers gewidmetes Gebäude übereinstimmend einen Vorsteuerausschluss hinsichtlich jener Gebäudebereiche (Räume), die ausschließlich oder überwiegend den privaten Wohnbedürfnissen des Unternehmers dienen.

Auf der Grundlage des Urteils des EuGH vom 23. April 2009, C- 460/07, Puffer, hat der Verwaltungsgerichtshof mit Erkenntnis vom 28. Mai 2009, 2009/15/0100 (vgl. zuletzt das Erkenntnis vom 29. März 2012, 2009/15/0210, und das Erkenntnis vom 28. Juni 2012, 2009/15/0222) ausgesprochen, dass sich der Vorsteuerausschluss bezüglich der ausschließlich oder überwiegend für private Wohnzwecke des Unternehmers genutzten räumlichen Bereiche eines gemischt genutzten Gebäudes aus § 12 Abs. 2 Z 2 lit. a UStG 1994 ergibt, nicht hingegen aus der – nicht mit der Sechsten Richtlinie vereinbaren – Vorsteuerausschlussregelung, welche das Abgabenänderungsgesetz 1997 durch die Änderungen in § 12 Abs. 2 Z 1, § 6 Abs. 1 Z 16 und § 6 Abs. 2 UStG 1994 geschaffen hat.

Aus dem hg. Erkenntnis vom 28. Mai 2009, 2009/15/0100, ergibt sich, dass für ein Gebäude, bei welchem räumliche Bereiche überwiegend oder gänzlich für private Wohnzwecke des Unternehmers genutzt werden, der (anteilige) Vorsteuerausschluss – insbesondere vor dem Hintergrund der hier maßgeblichen Unionsrechtslage und somit jedenfalls für Zeiträume vor Inkrafttreten von Artikel 186a der Mehrwertsteuersystemrichtlinie – durch die (speziellere) Bestimmung des § 12 Abs. 2 Z 2 lit. a UStG 1994 geregelt wird. Bei teilweise privaten Wohnzwecken des Unternehmers dienenden Gebäuden ist daher das Überwiegen der privaten Nutzung pro Raum zu prüfen und nicht das Erreichen der 10%-Grenze an unternehmerischer Nutzung des Gesamtgebäudes. Eine 10%-Grenze, wie sie mit dem AbgÄG 2004 in § 12 Abs. 2 Z 1 UStG 1994 eingeführt worden ist, findet sich in § 12 Abs. 2 Z 2 lit. a UStG 1994 nicht. Werden daher bei einem gemischt unternehmerisch und privat genutzten Gebäude Räume von insgesamt mehr als 90% der Nutzfläche des Gebäudes ausschließlich oder überwiegend privat genutzt, so schließt dies dennoch den Vorsteuerabzug nicht zur Gänze aus (vgl. Beiser, Steuern[7], Stand 1. September 2009, 289 f).

VwGH vom 28.6.2012, 2009/15/0222
Kein Vorsteuerabzug für privat genutzte Gebäudeteile

§ 20 Abs. 1 EStG 1988 erfasst in Z 1 „die für den Haushalt des Steuerpflichtigen und für den Unterhalt seiner Familienangehörigen aufgewendeten Beträge" und in Z 2 lit. a „Aufwendungen oder Ausgaben für die Lebensführung". Aufwendungen des Unternehmers für die seinen privaten Wohnzwecken dienende Wohnung stellen nicht abzugsfähige

Aufwendungen der Lebensführung dar. Werden wie im Beschwerdefall einzelne Räume eines Gebäudes unternehmerisch und andere Räume für eigene Wohnzwecke genutzt, richtet sich die Ermittlung des zu nicht abziehbaren Aufwendungen führenden Anteils grundsätzlich nach der anteiligen Nutzfläche (vgl. näher zur Berechnung das hg. Erkenntnis vom 28. Mai 2009, 2009/15/0100). Der Anordnung des § 12 Abs. 2 Z 2 lit. a UStG 1994 iVm § 20 Abs. 1 Z 1 und 2 EStG 1988 zufolge sind daher in Bezug auf ein Gebäude, bei welchem einzelne Bereiche überwiegend Wohnzwecken des Unternehmers gewidmet sind, die Umsatzsteuern, welche auf eben diese Räume entfallen, vom Vorsteuerausschluss erfasst.

Wie der Verwaltungsgerichtshof in seinem Erkenntnis vom 28. Mai 2009, 2009/15/0100, ausgesprochen hat, ist § 12 Abs. 2 Z 2 lit. a UStG 1994 unabhängig von § 12 Abs. 2 Z 1 UStG 1994 autonom anwendbar. Soweit die gemischte Nutzung eines Gebäudes darauf zurückzuführen ist, dass ein Gebäude als private Wohnung des Unternehmers Verwendung findet, ergibt sich der anteilige Vorsteuerausschluss daher aus § 12 Abs. 2 Z 2 lit. a UStG 1994. Einer Bezugnahme auf § 12 Abs. 2 Z 1 UStG 1994 bedarf es nicht, womit die Änderung der nationalen Rechtsordnung hinsichtlich § 12 Abs. 2 Z 1 UStG 1994 für die Anwendbarkeit des § 12 Abs. 2 Z 2 lit. a UStG 1994 unerheblich ist (vgl. Urteil des EuGH vom 23. April 2009 in der Rs C-460/07, Puffer Rz 95 f).

§ 12 Abs. 2 Z 2 lit. a UStG 1994 erfasst nach der ständigen hg. Rechtsprechung nur jene Räume, die überwiegend privat genutzt sind (vgl. das hg. Erkenntnis vom 28. Mai 2009, 2009/15/0100 und den hg. Vorlagebeschluss vom 24. September 2007, 2006/15/0056 = EU 2007/0008 sowie das darin verwiesene hg. Erkenntnis vom 26. März 2007, 2005/14/0091).

VwGH vom 24.5.2012, 2008/15/0211 und vom 28.9.2011, 2010/13/0146
Zeitpunkt für die Geltendmachung des Vorsteuerabzuges

Der Vorsteuerabzug kann dann vorgenommen werden, wenn die Leistung erbracht und eine formgerechte Rechnung vorliegt (vgl. Doralt/Ruppe, Steuerrecht I^9, Tz 1445 ff). Ob der Rechnungsaussteller auch der leistende Unternehmer ist, ist eine Sachverhaltsfrage.

VwGH vom 29.3.2012, 2009/15/0210
Kein Vorsteuerabzug für privat genutzte Gebäudeteile

Nach § 20 Abs. 1 Z 1 EStG 1988 dürfen die für den Haushalt des Steuerpflichtigen aufgewendeten Beträge bei den einzelnen Einkünften nicht abgezogen werden. Kosten für den privaten Wohnraum können demnach bei der Einkünfteermittlung nicht abgezogen werden (vgl. das hg. Erkenntnis vom 13. Oktober 1993, 93/13/0129, mwN).

Der EuGH hat eine Norm, die Ausgaben für die Beschaffung von Wohnraum für das Personal des Unternehmers vom Vorsteuerabzug ausgeschlossen hat, als hinreichend umschrieben angesehen (X Holding BV u.a., Randnr. 50). Für privaten Wohnraum des Steuerpflichtigen kann nichts anderes gelten. Auch im Urteil des EuGH, Sandra Puffer, Randnr. 96, wurde ausgeführt, dass die Ausnahme in Artikel 17 Abs. 6 Unterabsatz 2 der Sechsten Richtlinie auf die Bestimmung des § 12 Abs. 2 Z 2 lit. a UStG 1994 Anwendung findet; dies lediglich unter der Voraussetzung, dass es sich um eine autonom anwendbare Bestimmung handelt.

§ 12 Abs. 2 Z 2 lit. a UStG 1994 erfasst mit dem Verweis auf § 20 Abs. 1 Z 1 EStG 1988 nicht bloß die laufenden Aufwendungen, sondern auch die Kosten der Errichtung eines Wohnhauses (vgl. das hg. Erkenntnis vom 6. November 1991, 89/13/0109). Dass die Tatbestände des § 12 Abs. 2 Z 1 UStG 1994 und jene des § 12 Abs. 2 Z 2 lit. a UStG

§ 12 UStG

1994 – was die Beschwerde betont – (zum Teil) „überlappen", bedeutet nicht, dass sie deckungsgleich sind. Damit kann aber auch nicht abgeleitet werden, dass die Bestimmung „überflüssig" sei (vgl. das hg. Erkenntnis vom 28. Mai 2009, 2009/15/0100, mwN).

VwGH vom 25.10.2011, 2008/15/0299
Steuerpflicht bei Werklieferungen eines Gemeindeverbandes an den Straßeneigentümer

Der Gemeindeverband hat Baumaßnahmen an der B 38 in Auftrag gegeben. Über diese Bauleistungen sind an ihn sodann Rechnungen (aus seiner Sicht: Eingangsrechnungen) ergangen. Durch die Bauleistungen sind die betroffenen Vermögensgegenstände in das Eigentum des Straßeneigentümers der B 38 (Bund bzw. Land) übergegangen. Die Kosten für die darin bestehende (Werk)Lieferung des Gemeindeverbandes an den Bund bzw. das Land werden von Dritten, nämlich den Kaufinteressenten für Grundstücke im Gewerbegebiet, das an der B 38 liegt, getragen. Deren Kostenübernahme stellt sich als Zahlung von dritter Seite für die (Werk)Lieferung an den Bund bzw. das Land dar (vgl. Wäger, DStR 2011, 439, Pkt. 3.3.2.1). Im Hinblick darauf, dass der Gemeindeverband sohin eine steuerpflichtige (Werk)Lieferung an den Straßeneigentümer erbringt, zeigt das Finanzamt nicht auf, aus welchem Grund dem Gemeindeverband hinsichtlich der an ihn gerichteten Eingangsrechnungen der Vorsteuerabzug nicht zustehen sollte. Eine endgültige Mehrwertsteuerentlastung ergibt sich daraus jedoch nicht, weil aus der Weiterverrechnung der diesbezüglichen Kosten an die Kaufinteressenten diesen kein Anspruch auf Rechnungslegung im Sinne des UStG und kein Recht auf Vorsteuerabzug zukommt (vgl. Ruppe, UStG^3, § 12 Tz 65).

VwGH vom 31.5.2011, 2008/15/0126
VSt-Abzug für ein Arbeitszimmer im Wohnungsverband

Wie der Verwaltungsgerichtshof wiederholt ausgesprochen hat, wird die mit dem Strukturanpassungsgesetz 1996, BGBl. Nr. 201/1996, vorgenommene Einschränkung der Vorsteuerabzugsmöglichkeit auf Arbeitszimmer (und deren Einrichtung), welche den Mittelpunkt der gesamten betrieblichen und beruflichen Tätigkeit des Steuerpflichtigen bilden, durch Art. 17 Abs. 1 der 6. Mehrwertsteuer-Richtlinie verdrängt (siehe die hg. Erkenntnisse vom 24. Oktober 2005, 2001/13/0272, vom 16. Dezember 2003, 2002/15/0071, vom 3. Juli 2003, 99/15/0177, vom 19. Dezember 2002, 2001/15/0093, und vom 24. September 2002, 98/14/0198). Daraus ergibt sich auch im vorliegenden Fall die Maßgeblichkeit des § 20 Abs. 1 Z 2 EStG 1988 in der Fassung vor dem StruktAnpG 1996. Demnach kam die steuerliche Berücksichtigung von Aufwendungen für ein im Wohnungsverband gelegenes Arbeitszimmer dann in Betracht, wenn das Arbeitszimmer tatsächlich ausschließlich oder nahezu ausschließlich betrieblich bzw. beruflich genutzt wurde und die ausgeübte Tätigkeit ein ausschließlich beruflichen Zwecken dienendes Arbeitszimmer notwendig machte (vgl. die hg. Erkenntnisse vom 24. Juni 1999, 97/15/0070, und vom 27. Mai 1999, 97/15/0142, mit weiteren Nachweisen).

Nach der ständigen – auch nach Inkrafttreten des StruktAnpG 1996 maßgebenden – Rechtsprechung des Verwaltungsgerichtshofes ist die Notwendigkeit eines Arbeitszimmers nach der Art der Tätigkeit des Steuerpflichtigen zu beurteilen (vgl. die hg. Erkenntnisse vom 2. September 2009, 2005/15/0049, vom 28. Mai 2009, 2006/15/0299, vom 26. Mai 2004, 2000/14/0207, vom 16. Dezember 2003, 2001/15/0197, vom 24. April 2002, 98/13/0193, vom 12. September 1996, 94/15/0073, vom 23. Mai 1996, 94/15/0063, und vom 27. August 1991, 91/14/0086). Dieses Abstellen auf die Notwendigkeit stellt eine Prüfung der tatsächlichen betrieblichen/beruflichen Veranlassung dar (vgl. nochmals das hg. Erkenntnis vom 24. April 2002, 98/13/0193, unter Verweis auf Hofstätter/Reichel, EStG 1988, § 20 Tz. 6.1). Aufwendungen oder Ausgaben, die in gleicher Weise mit der Einkunftserzielung wie mit der Lebensführung zusammenhängen können, bei denen die Abgabenbehörde aber nicht in der Lage ist zu prüfen, ob die Aufwendungen oder Ausgaben durch die Einkunftserzielung oder durch die Lebensführung veranlasst worden sind, dürfen nicht schon deshalb als Werbungskosten bzw. Betriebsausgaben berücksichtigt werden, weil die im konkreten Fall gegebene Veranlassung nicht feststellbar ist. Die Notwendigkeit bietet in derartigen Fällen das verlässliche Indiz der beruflichen im Gegensatz zur privaten Veranlassung. Die Notwendigkeit und damit betriebliche/berufliche Veranlassung eines Arbeitszimmers ist dann zu bejahen, wenn die Nutzung eines solchen nach dem Urteil gerecht und billig denkender Menschen für eine bestimmte Erwerbstätigkeit unzweifelhaft sinnvoll ist (vgl. auch die hg. Erkenntnisse vom 24. Februar 2011, 2007/15/0042, und vom 28. Mai 2008, 2006/15/0125). Dies wird u.a. dann der Fall sein, wenn dem Steuerpflichtigen außerhalb des Wohnungsverbandes kein zweckmäßiger Arbeitsplatz für die konkrete Erwerbstätigkeit zur Verfügung steht.

VwGH vom 24.2.2011, 2007/15/0004
Kein VSt-Abzug für die von der Gesellschafter-Geschäftsführerin und ihrer Familie bewohnten Räumlichkeiten

Gemeinschaftsrechtliche Grundlage der §§ 12 Abs. 1 Z 1 und 11 Abs. 1 UStG 1994 sind Art. 17, 18 und 22 der Richtlinie 77/388/EWG. Dass in einer Rechnung (soll sie das Recht auf Vorsteuerabzug vermitteln) die Namen und Anschriften des leistenden Unternehmers und des Abnehmers der Leistung sowie Art und Umfang der sonstigen Leistung angegeben sein müssen, steht in Einklang mit den gemeinschaftsrechtlichen Vorgaben (vgl. hierzu das hg. Erkenntnis vom 2. September 2009, 2008/15/0065).

Eine Rechnung nach § 11 Abs. 1 UStG 1994 hat u.a. die Menge und die handelsübliche Bezeichnung der gelieferten Gegenstände oder die Art und den Umfang der sonstigen Leistung (Z 3) zu enthalten. Diese Angaben können gemäß § 11 Abs. 2 UStG 1994 auch in anderen Belegen enthalten sein, auf die in der Rechnung hingewiesen wird. Eine Rechnung, die keine Angaben über die Art oder den Umfang der sonstigen Leistung und auch keinen Hinweis enthält, dass die Art oder der Umfang der sonstigen Leistung in einem anderen Beleg (nachvollziehbar) angeführt ist, berechtigt aber nicht zum Vorsteuerabzug.

Die durch das Gesellschaftsverhältnis veranlasste Überlassung von Wohnraum durch eine Kapitalgesellschaft stellt eine Einkommensverwendung iSd § 8 Abs. 2 KStG 1988 dar (vgl. Ruppe, UStG³, § 12 Tz 121). Damit kann der Abgabenbehörde nicht mit Erfolg entgegengetreten werden, wenn sie jene Vorsteuern, die auf die von der Gesellschafter-Geschäftsführerin und ihrer Familie bewohnten Räumlichkeiten entfallen, als im Grunde des § 12 Abs. 2 Z 2 lit. a UStG 1994 nicht abziehbar behandelt hat.

Vorsteuerabzug bei Reisekosten
§ 13.

(1) Für eine im Inland ausschließlich durch den Betrieb veranlaßte Reise kann der Unternehmer – unbeschadet der sonstigen Voraussetzungen für den Vorsteuerabzug nach § 12 – die auf die Mehraufwendungen für Verpflegung entfallende abziehbare Vorsteuer nur aus den nach den einkommensteuerrechtlichen Vorschriften für die Gewinnermittlung festgesetzten Pauschbeträgen errechnen. Bei Aufwendungen für Nächtigung (einschließlich Frühstück) kann die abziehbare Vorsteuer entweder aus den für die Gewinnermittlung festgesetzten Pauschbeträgen errechnet oder in tatsächlicher Höhe durch eine Rechnung nachgewiesen werden. Aus den Pauschbeträgen ist die abziehbare Vorsteuer unter Anwendung des Steuersatzes nach § 10 Abs. 2 oder Abs. 3 herauszurechnen.

(2) Die Bestimmungen des Abs. 1 gelten sinngemäß, soweit ein Unternehmer einem Arbeitnehmer, dessen Einkünfte dem Steuerabzug vom Arbeitslohn im Inland unterliegen, aus Anlass einer Dienstreise im Inland oder einer Tätigkeit im Sinne des § 3 Abs. 1 Z 16b des Einkommensteuergesetzes 1988 im Inland die Mehraufwendungen für Verpflegung sowie die Aufwendungen für Nächtigung (einschließlich Frühstück) erstattet oder soweit der Unternehmer diese Aufwendungen unmittelbar selbst trägt. Sowohl im Falle der Erstattung der Mehraufwendungen für Verpflegung an den Arbeitnehmer als auch im Falle der unmittelbaren Verrechnung der Aufwendungen für die Verpflegung an den Unternehmer kann die abziehbare Vorsteuer nur aus den Tagesgeldern, die nach den einkommensteuerrechtlichen Vorschriften nicht zu den Einkünften aus nichtselbständiger Arbeit gehören oder gemäß § 3 Abs. 1 Z 16b des Einkommensteuergesetzes 1988 steuerfrei sind, ermittelt werden. Bei den Aufwendungen für Nächtigung (einschließlich Frühstück) kann die abziehbare Vorsteuer entweder aus den Nächtigungsgeldern, die nach den einkommensteuerrechtlichen Vorschriften nicht zu den Einkünften aus nichtselbständiger Arbeit gehören, errechnet oder in tatsächlicher Höhe durch eine Rechnung nachgewiesen werden. Werden für Nächtigung (einschließlich Frühstück) die tatsächlichen Aufwendungen nachgewiesen, so können die Rechnungen auch auf den Namen der Person lauten, von der die Reise ausgeführt worden ist.

(3) Unternehmer, die nicht der inländischen Einkommensbesteuerung unterliegen oder deren Arbeitnehmer im Inland nicht unter den Steuerabzug vom Arbeitslohn fallen, können aus Anlaß einer Geschäfts- oder Dienstreise nur jene Vorsteuerbeträge abziehen, die in einer Rechnung (§ 11) an sie gesondert ausgewiesen werden. Im Falle der Mehraufwendungen für Verpflegung darf ein Vorsteuerabzug jedoch höchstens von den nach Abs. 1 und 2 als Tagesgeld festgesetzten Pauschbeträgen ermittelt werden.

(4) Die nach den vorstehenden Absätzen errechneten Vorsteuerbeträge können nur abgezogen werden, wenn über die Reise ein Beleg ausgestellt

wird, welcher über Zeit, Ziel und Zweck der Reise, die Person, von der die Reise ausgeführt worden ist, und über den Betrag Aufschluß gibt, aus dem die Vorsteuer errechnet wird. Die Verpflichtung zur Ausstellung eines eigenen Beleges für Zwecke des Vorsteuerabzuges entfällt, wenn die erwähnten Angaben bereits aus den für die Erhebung der Einkommensteuer (Lohnsteuer) erforderlichen Unterlagen hervorgehen.

UStR zu § 13:

2201 Ab 1.5.2016 ist für die Beherbergung der Umsatzsteuersatz von 13% (§ 10 Abs. 3 Z 3 lit. a UStG 1994 idF StRefG 2015/2016) vorgesehen.

Für die Aufteilung des Pauschbetrags von 15 Euro auf die anzuwendenden Steuersätze (13% für die Beherbergung, 10% für das Frühstück) kann das in Rz 1369 vorgesehene Aufteilungsverhältnis nach Erfahrungswerten für einen Preis pro Person und Nacht bis 140 Euro herangezogen werden.

Der Vorsteuerabzug gemäß § 13 UStG 1994 berechnet sich diesfalls wie folgt:

Zimmer: 15 Euro * 0,80 = 12 Euro; 12 * 13/113   = 1,38 Euro
Frühstück: 15 Euro * 0,20 = 3 Euro; 3 * 10/110   = 0,27 Euro
gesamte Vorsteuern für die Nächtigung nach § 13:   = 1,65 Euro

Alternativ können hinsichtlich der Nächtigungskosten auch die tatsächlichen Vorsteuerbeträge aus der zu Grunde liegenden Rechnung geltend gemacht werden.

Randzahlen 2202 bis 2225: Derzeit frei.

Judikatur VwGH zu § 13:

VwGH vom 26.2.2015, 2012/15/0067
Kein pauschaler Vorsteuerabzug von Reisekosten für Unternehmer, die nicht der inländischen Einkommensbesteuerung unterliegen

§ 13 UStG 1994 enthält spezielle Regeln über den Vorsteuerabzug bei bestimmten Reisekosten (Verpflegungs- und Nächtigungsaufwand) und sieht hiezu insbesondere vor, dass die abziehbare Vorsteuer aus in einkommensteuerrechtlichen Vorschriften festgesetzten Pauschbeträgen zu errechnen ist oder – betreffend Nächtigungsaufwand – errechnet werden kann. Ein Vorsteuerabzug aus Anlass einer Geschäfts- oder Dienstreise ist nur unter den im § 13 UStG 1994 näher geregelten Voraussetzungen möglich (vgl. Ruppe/Achatz, UStG[4], § 13 Tz 5; vgl. auch die Erläuterungen zur Regierungsvorlage zum Gesetz BGBl. Nr. 410/1988, 627 BlgNR 17. GP, 8).

Nach dem Wortlaut des § 13 Abs. 3 UStG 1994 können Unternehmer, die nicht der inländischen Einkommensbesteuerung unterliegen „oder" deren Arbeitnehmer im Inland nicht unter den Steuerabzug von Arbeitslohn fallen, aus Anlass einer Geschäfts- oder Dienstreise nur jene Vorsteuerbeträge abziehen, die in einer Rechnung an sie gesondert ausgewiesen werden. Daraus ist – aufgrund der Verknüpfung der Nebensätze mit „oder" – abzuleiten, dass Unternehmer, die nicht der inländischen Einkommensbesteuerung unterliegen, Vorsteuern betreffend Reisekosten ihrer Arbeitnehmer auch dann nicht aus einkommensteuerrechtlichen Pauschbeträgen errechnen können, wenn die Einkünfte dieser Arbeitnehmer dem Steuerabzug vom Arbeitslohn im Inland unterliegen.

Das Unionsrecht enthält keine dem § 13 UStG 1994 vergleichbare Vorschrift (vgl. Ruppe/Achatz, UStG[4], § 13 Tz 6). Soweit diese Bestimmung eine Vereinfachung der

§ 13 UStG

Steuererhebung bezweckt, bedürfte sie einer Genehmigung durch den Rat (vgl. Art. 27 Abs. 1 und 5 der Sechsten Richtlinie des Rates vom 17. Mai 1977 zur Harmonisierung der Rechtsvorschriften der Mitgliedstaaten über die Umsatzsteuern – Gemeinsames Mehrwertsteuersystem: einheitliche steuerpflichtige Bemessungsgrundlage (77/388/EWG), bzw. Art. 394 und 395 Abs. 1 der Richtlinie des Rates vom 28. November 2006 über das gemeinsame Mehrwertsteuersystem (2006/112/EG)). Eine derartige Genehmigung liegt nicht vor.

§ 13 Abs. 1 und 2 UStG 1994 sieht eine pauschale Ermittlung von Vorsteuern aus Reisekosten vor. Diesen pauschalen Beträgen müssen aber keine tatsächlichen Aufwendungen in dieser Höhe gegenüberstehen; dem Vorsteuerabzug steht insoweit auch keine von einem Unternehmer abgeführte Umsatzsteuer gegenüber (vgl. Doralt, RdW 1998/2, 111). Eine derartige pauschale Regelung, die nicht gewährleisten kann, dass die Mehrwertsteuer, die als in der vom Arbeitgeber einem Arbeitnehmer gezahlten Erstattung enthalten gilt, tatsächlich einer Mehrwertsteuer entspricht, die für mit Zwecke der Tätigkeiten des Arbeitgebers zusammenhängende Ausgaben entrichtet worden ist, widerspricht den unionsrechtlichen Regelungen über den Vorsteuerabzug (vgl. EuGH vom 8. November 2001, C-338/98, *Kommission/Niederlande*, Rn 57; vgl. hiezu auch Ehrke, ELR 2001, 422 f). Vor diesem Hintergrund bleibt die Möglichkeit einer zur Ausdehnung des Anwendungsbereiches der pauschalen Vorsteuerermittlung führenden Interpretation verschlossen.

Vorsteuerabzug nach Durchschnittssätzen
§ 14.

(1) Unternehmer können die abziehbaren Vorsteuerbeträge wahlweise nach folgenden Durchschnittssätzen ermitteln:

1. Unternehmer, bei denen die Voraussetzungen gemäß § 17 Abs. 2 Z 1 und 2 des Einkommensteuergesetzes 1988 für die Ermittlung der Betriebsausgaben mit einem Durchschnittssatz vorliegen, können die abziehbaren Vorsteuerbeträge mit einem Durchschnittssatz von 1,8 % des Gesamtumsatzes aus Tätigkeiten im Sinne des § 22 und § 23 des Einkommensteuergesetzes 1988 mit Ausnahme der Umsätze aus Hilfsgeschäften, höchstens jedoch mit einer abziehbaren Vorsteuer von 3960 Euro, berechnen. Eine Ermittlung der abziehbaren Vorsteuerbeträge mit dem Durchschnittssatz ist gesondert für jeden Betrieb möglich. Mit diesem Durchschnittssatz werden sämtliche Vorsteuern abgegolten, ausgenommen

   a) Vorsteuerbeträge für Lieferungen von Wirtschaftsgütern des Anlagevermögens, die der Abnutzung unterliegen und deren Anschaffungskosten 1 100 Euro übersteigen, sowie für die Lieferung von Grundstücken des Anlagevermögens. Diese Ausnahme gilt sinngemäß für die entrichtete Einfuhrumsatzsteuer für Einfuhren, die diesen Lieferungen entsprechen;

   b) Vorsteuerbeträge für sonstige Leistungen im Zusammenhang mit der Herstellung von abnutzbaren Wirtschaftsgütern des Anlagevermögens, deren Herstellungskosten 1 100 Euro übersteigen;

   c) Vorsteuerbeträge für Lieferungen von Waren, Rohstoffen, Halberzeugnissen, Hilfsstoffen und Zutaten, die nach ihrer Art und ihrem betrieblichen Zweck in ein Wareneingangsbuch (§ 128 der Bundesabgabenordnung) einzutragen sind oder einzutragen wären, sowie Vorsteuerbeträge für Fremdlöhne, soweit diese unmittelbar in Leistungen eingehen, die den Betriebsgegenstand bilden. Diese Ausnahme gilt sinngemäß für die entrichtete Einfuhrumsatzsteuer für Einfuhren, die diesen Lieferungen entsprechen.

   Diese Vorsteuerbeträge sind bei Vorliegen der Voraussetzungen des § 12 zusätzlich abziehbar.

2. Der Bundesminister für Finanzen kann weiters mit Verordnung für die Ermittlung der abziehbaren Vorsteuerbeträge Durchschnittssätze für Gruppen von Unternehmern aufstellen. Die Durchschnittssätze sind auf Grund von Erfahrungen über die wirtschaftlichen Verhältnisse bei der jeweiligen Gruppe von Unternehmern festzusetzen.

(2) In der Verordnung gemäß Abs. 1 Z 2 werden bestimmt:

1. Die Gruppe von Betrieben, für welche Durchschnittssätze anwendbar sind;

2. die für die Ermittlung der Durchschnittssätze jeweils maßgebenden Merkmale. Als solche kommen insbesondere Art und Höhe der an den Betrieb ausgeführten Umsätze in Betracht;
3. der Umfang, in dem Unternehmern, deren Vorsteuer nach diesen Durchschnittssätzen zu ermitteln ist, Erleichterungen in der Führung von Aufzeichnungen gewährt werden.

(3) Die Durchschnittssätze gemäß Abs. 1 Z 2 müssen zu einer Vorsteuer führen, die nicht wesentlich von dem Betrag abweicht, der sich ohne Anwendung der Durchschnittssätze ergeben würde.

(4) Unternehmer, bei denen die Voraussetzungen für eine Ermittlung des Vorsteuerabzuges nach Durchschnittssätzen gegeben sind, können bis zur Rechtskraft des Bescheides gegenüber dem Finanzamt schriftlich erklären, daß sie ihre abziehbaren Vorsteuerbeträge nach Durchschnittssätzen ermitteln. Sowohl die Erklärung, die Vorsteuerbeträge nach Abs. 1 Z 1, als auch die Erklärung, die Vorsteuerbeträge nach Abs. 1 Z 2 zu ermitteln, bindet den Unternehmer mindestens für zwei Kalenderjahre.

(5) Die Erklärung gemäß Abs. 4 kann nur mit Wirkung vom Beginn eines Kalenderjahres an widerrufen werden. Der Widerruf ist bis zur Rechtskraft des dieses Kalenderjahr betreffenden Bescheides gegenüber dem Finanzamt schriftlich zu erklären. Mit dem Widerruf kann der Unternehmer erklären,
a) die Durchschnittssätze anstelle nach Abs. 1 Z 1 nach Abs. 1 Z 2 oder umgekehrt zu ermitteln. Diese Erklärung bindet den Unternehmer wieder für mindestens zwei Kalenderjahre;
b) die Vorsteuerbeträge nach den allgemeinen Vorschriften zu ermitteln. Eine erneute Ermittlung des Vorsteuerabzuges nach Durchschnittssätzen ist frühestens nach Ablauf von fünf Kalenderjahren zulässig.

UStR zu § 14:

	Rz		Rz
1. Vorsteuerpauschalierungen	2226	3.2 VO des BM Finanzen BGBl. II Nr. 228/1999 – Lebensmitteleinzel- oder Gemischtwarenhändler	2269
1.1 Allgemein	2226		
1.2 Berechnung der pauschalen Vorsteuer	2233	3.3 VO des BM Finanzen, BGBl. II Nr. 229/1999 – Drogisten	2270
1.3 Zusätzlich abziehbare Vorsteuer	2235	3.4 Verordnung des BM Finanzen, BGBl. II Nr. 417/2000 – Künstler und Schriftsteller	2277
1.4 Erleichterung der Aufzeichnungspflichten hinsichtlich der Vorsteuer	2239		
1.5 Vorsteuerberichtigung	2240	3.5 Verordnung des BM Finanzen, BGBl. II Nr. 418/2000 – Sportler	2278
1.6 Basispauschalierung	2243		
2. Verordnungsermächtigung	2251	3.6 Verordnung des BM für Finanzen, BGBl. II Nr. 48/2014 idF BGBl. II Nr. 159/2014 – Einstellen fremder Pferde (Pferdepauschalierungsverordnung)	2279
2.1 Vorsteuerpauschalierung aufgrund von Verordnungen	2251		
2.2 Verhältnis der Verordnungen untereinander	2254		
3. Auflagen iZm der Verordnungsermächtigung	2266	4. Erklärung	2288
3.1 VO des BM Finanzen BGBl. II Nr. 227/1999 – Gaststätten- und Beherbergungsgewerbe	2266	5. Widerruf und Wechsel der Vorsteuerpauschalierung	2301

§ 14 UStG

1. Vorsteuerpauschalierungen
1.1 Allgemein

2226 Die Inanspruchnahme von Pauschalierungen kann für Zwecke der ESt und der USt jeweils unabhängig voneinander erfolgen.

2227 Sind die Anwendungsvoraussetzungen mehrerer Pauschalierungsverordnungen erfüllt, kann der Steuerpflichtige frei wählen, welche der in Betracht kommenden Pauschalierungen er in Anspruch nimmt.

2228 Die Pauschalermittlung der Vorsteuern betrifft die für den jeweiligen Betrieb zu ermittelnden Vorsteuern. Das Wahlrecht kann für jeden von mehreren Betrieben eigenständig ausgeübt werden. Ob mehrere Betätigungen insgesamt einen einheitlichen Betrieb darstellen, ist nach der Verkehrsauffassung zu beurteilen.

2229 Bei Betriebseröffnung können die Vorsteuerpauschalierungen angewendet werden, wenn im ersten Jahr die Umsatzgrenzen der zu wählenden Pauschalierung voraussichtlich nicht überschritten werden. Aufgrund der ab 1.1.2016 geltenden Rechtslage ist zusätzliche Voraussetzung für die Vorsteuerpauschalierungen, dass weder eine Buchführungspflicht besteht noch freiwillig Bücher geführt werden.

2230 Wurde die Tätigkeit im Vorjahr nicht das ganze Jahr hindurch ausgeübt, ist bei der Pauschalierung keine Umrechnung auf das volle Jahr vorzunehmen.

2231 Eine **unentgeltliche Betriebsübertragung** im Beobachtungs- oder Pauschalierungszeitraum führt in Fällen einer Gesamtrechtsnachfolge (zB Erbfolge, Erbschaftskauf, Erbschaftsschenkung) zu einer weiteren Berücksichtigung der Verhältnisse des Rechtsvorgängers beim Rechtsnachfolger (§ 19 Abs. 1 BAO). In Fällen einer (entgeltlichen oder unentgeltlichen) Einzelrechtsnachfolge (zB Kauf, Schenkung, Vermächtnis) im Beobachtungs- oder Pauschalierungszeitraum kommt eine Anwendung einer Pauschalierung für den Rechtsnachfolger nur in Betracht, wenn die in den Verordnungen jeweils vorgesehenen Anwendungsvoraussetzungen vom Rechtsnachfolger erfüllt werden.

2232 Die Pauschalierung kann im Rahmen der Besteuerung nach vereinnahmten bzw. vereinbarten Entgelten im Sinne des § 17 UStG 1994 angewendet werden.

1.2 Berechnung der pauschalen Vorsteuer

2233 Die pauschale Vorsteuer beträgt 1,8 % oder einen nach den Verordnungen festgesetzten Prozentsatz des Gesamtumsatzes mit Ausnahme der Umsätze aus Hilfsgeschäften. Im Fall der gesetzlichen Basispauschalierung gemäß § 14 Abs. 1 Z 1 UStG 1994 darf die pauschal berechnete, abziehbare Vorsteuer ab dem Veranlagungszeitraum 2004 höchstens 3.960 € pro Jahr betragen. Der Gesamtumsatz ist im § 17 Abs. 5 UStG 1994 definiert. Darunter sind die steuerbaren Lieferungen und sonstigen Leistungen (bei der Istbesteuerung die vereinnahmten Entgelte) und der Eigenverbrauch zu verstehen. Außer Ansatz bleiben die unecht befreiten Umsätze und die Geschäftsveräußerung im Ganzen nach § 4 Abs. 7 UStG 1994. Maßgeblich ist jener Betrag (Teilbetrag) am Gesamtumsatz, der dem betreffenden Betrieb bzw. der betreffenden Tätigkeit zuzuordnen ist.

2234 Beim **Wechsel von der Vorsteuerpauschalierung** (§ 14 UStG 1994) zum Vorsteuerabzug nach § 12 UStG 1994 ist für die Zuordnung der Vorsteuer zur Pauschalierung der Zeitpunkt der Leistung bzw. der Einfuhr des Gegenstandes maßgebend und nicht der Zeitpunkt der Ausstellung der Rechnung oder der Entrichtung der EUSt. Dies gilt sinngemäß, wenn von einer Vorsteuer nach § 12 UStG 1994 auf eine Vorsteuerpauschalierung (§ 14 UStG 1994) übergegangen wird (VwGH 11.9.1987, 86/15/0067).

1.3 Zusätzlich abziehbare Vorsteuer

2235 Zusätzlich abziehbar ist die Vorsteuer für die Lieferung von abnutzbaren Wirtschaftsgütern des Anlagevermögens, wenn die Anschaffungskosten 1.100 € übersteigen, sowie – ohne Bagatellbegrenzung – für die Lieferung von Grundstücken des Anlagevermögens. Dies gilt auch für die EUSt, wenn die Anschaffungskosten des eingeführten abnutzbaren Wirtschaftsgutes des Anlagevermögens 1.100 € übersteigen. Die Eigenschaft als Anlage-

§ 14 UStG

vermögen sowie die Höhe der Anschaffungskosten sind jeweils nach ertragsteuerlichen Grundsätzen zu beurteilen.

2236 Abziehbar ist weiters die Vorsteuer für sonstige Leistungen bei der Herstellung von **abnutzbaren Wirtschaftsgütern des Anlagevermögens**, wenn die Herstellungskosten 1.100 € übersteigen.

2237 In den Verordnungen wird jeweils auch auf den Abzug von Vorsteuern gemäß § 14 Abs. 1 Z 1 lit. b UStG 1994 Bezug genommen. Diese Bestimmung lässt den gesonderten Vorsteuerabzug für sonstige Leistungen im Zusammenhang mit der Herstellung von abnutzbaren Wirtschaftsgütern des Anlagevermögens zu, deren Herstellungskosten 1.100 € übersteigen. Die Vorschrift ist in **ganzheitlicher Betrachtung** in Wechselbeziehung mit § 14 Abs. 1 Z 1 lit. a UStG 1994 so zu verstehen, dass im Rahmen einer Herstellung eines Anlagegutes auch für Lieferungen anfallende Vorsteuerbeträge abzugsfähig sind, wenn die Einzellieferung bis zu 1.100 € beträgt, die gesamten Herstellungskosten aber über diesem Betrag liegen (zB Ankauf von Baumaterial bis zu 1.100 €, das für die Herstellung eines abnutzbaren Wirtschaftsgutes des Anlagevermögens mit Gesamtherstellungskosten von mehr als 1.100 € eingesetzt wird).

2238 Abziehbar ist auch die Vorsteuer für die Lieferung von Waren, Rohstoffen, Halberzeugnissen, Hilfsstoffen, Zutaten und für Fremdlöhne. Die Regelung gilt weiters sinngemäß für die entrichtete EUSt, wenn Gegenstände eingeführt werden. Siehe Rz 4117 und 4118, 4124 und 4125 EStR 2000.

1.4 Erleichterung der Aufzeichnungspflichten hinsichtlich der Vorsteuer

2239 Soweit die Vorsteuer pauschal errechnet wird, ist der Unternehmer von den **Aufzeichnungspflichten** des § 18 Abs. 2 Z 4 und 5 UStG 1994 **befreit** (§ 18 Abs. 9 UStG 1994) und die dazugehörenden Belege sind nach § 132 BAO nicht aufzubewahren. Soweit die tatsächlichen Vorsteuern geltend gemacht werden, sind die Aufzeichnungspflichten des § 18 Abs. 2 Z 4 und 5 UStG 1994 zu beachten und aufzubewahren sind Belege, die die Grundlage für Eintragungen in das Wareneingangsbuch darstellen (zur vereinfachten Führung des Wareneingangsbuches nach den Verordnungen betreffend Gaststätten- und Beherbergungsgewerbe siehe Rz 437 und 4308 EStR 2000 und Lebensmitteleinzel- oder Gemischtwarenhändler siehe Rz 4321 und 4322 EStR 2000).

1.5 Vorsteuerberichtigung

2240 Ändern sich die für den Vorsteuerabzug maßgeblichen Verhältnisse (zB Übergang von der steuerpflichtigen Vermietung eines Geschäftslokals zur unecht befreiten Vermietung), so kommt es auch bei aufrechter Pauschalierung zu einer **Vorsteuerberichtigung** gemäß § 12 Abs. 10 und 11 UStG 1994. Vorsteuern im Sinne des § 12 Abs. 10 und 11 UStG 1994 sind nur für solche Vorgänge zu berichtigen, die vor dem Pauschalierungszeitraum oder innerhalb dessen tatsächlich zum Vorsteuerabzug berechtigten, nicht jedoch für solche, die durch die Vorsteuerpauschalierung abgegolten waren.

2241 Wechselt ein Unternehmer hingegen von der Pauschalierung gemäß § 14 Abs. 1 Z 1 oder Z 2 UStG 1994 zur unechten Steuerbefreiung gemäß § 6 Abs. 1 Z 27 UStG 1994 oder umgekehrt, so ändern sich die für den Vorsteuerabzug maßgeblichen Verhältnisse. Eine Vorsteuerberichtigung gemäß § 12 Abs. 10 und 11 UStG 1994 ist daher unter Beachtung der Bagatellregelung des § 12 Abs. 13 UStG 1994 durchzuführen.

2242 Sollten pauschalierungsrelevante Umsätze nachträglich wesentlich durch Betriebsprüfungsergebnisse oder durch andere Verfahren geändert werden und dadurch die jeweils in Betracht kommende Umsatzgrenze überschritten werden, fällt die Anwendungsvoraussetzung der jeweiligen Verordnung (nachträglich) weg. Vorsteuern stehen in diesem Falle aber insoweit zu, als den Rechnungserfordernissen entsprochen wird (siehe § 12 Rz 1815 bis 1832).

§ 14 UStG

1.6 Basispauschalierung

2243 Die Pauschalierung gemäß § 14 Abs. 1 Z 1 UStG 1994 (Basispauschalierung) können nur Unternehmer in Anspruch nehmen, die die Voraussetzungen gemäß § 17 Abs. 2 Z 1 und 2 EStG 1988 erfüllen. Vor 1.1.2016 waren die in § 17 Abs. 2 Z 1 und 2 EStG 1988 normierten Voraussetzungen (keine Buchführungspflicht und keine freiwillige Buchführung) für die umsatzsteuerliche Pauschalierung ohne Bedeutung. Es konnte daher zB auch eine Kapitalgesellschaft von der Pauschalierung gemäß § 14 Abs. 1 Z 1 UStG 1994 Gebrauch machen.

Randzahlen 2244 bis 2250: Derzeit frei.

2. Verordnungsermächtigung

2.1 Vorsteuerpauschalierung aufgrund von Verordnungen

2251 Aufgrund folgender Verordnungen können Vorsteuern pauschaliert werden:
- Bestimmte Berufsgruppen, Verordnung des BM für Finanzen, BGBl. Nr. 627/1983, anwendbar ab 1984;
- 1.1.2000 – 31.12.2012: Gaststätten- und Beherbergungsgewerbe, Verordnung des BM für Finanzen, BGBl. II Nr. 227/1999;
- Lebensmitteleinzel- oder Gemischtwarenhändler, Verordnung des BM für Finanzen, BGBl. II Nr. 228/1999, anwendbar ab 2000;
- Drogisten, Verordnung des BM für Finanzen, BGBl. II Nr. 229/1999, anwendbar ab 2000;
- Handelsvertreter, Verordnung des BM für Finanzen, BGBl. II Nr. 95/2000, anwendbar ab 2000,
- Künstler und Schriftsteller, Verordnung des BM für Finanzen, BGBl. II Nr. 417/2000, anwendbar ab 2000.
- Einstellen fremder Pferde (Pferdepauschalierungsverordnung), VO des BM für Finanzen, BGBl. II Nr. 48/2014 idF BGBl. II Nr. 159/2014, anwendbar ab 2014.

2252 Die Inanspruchnahme der Pauschalierungen ist jeweils an das Nichtüberschreiten von Umsatzgrenzen (§ 125 Abs. 1 BAO) gebunden. Durchlaufende Posten stellen keine Umsätze im Sinne des § 125 Abs. 1 BAO dar.

Die maßgebenden Umsatzgrenzen sind:
- **Bestimmte Berufsgruppen**, VO des BMF, BGBl. Nr. 627/1983: Die Umsätze für freiberuflich tätige Unternehmer dürfen im vorangegangenen Kalenderjahr nicht mehr als 255.000 Euro betragen haben. Für nicht buchführungspflichtige Handels- und Gewerbetreibende gelten die jeweiligen Grenzen zur Buchführung. Für die angeführten Tätigkeiten gemeinnütziger Einrichtungen gelten keine Umsatzgrenzen.
- Verordnung betreffend Gaststätten- und Beherbergungsgewerbe (BGBl. II Nr. 227/1999; letztmalig bei der Veranlagung für das Kalenderjahr 2012): Die Umsätze des vorangegangenen Wirtschaftsjahres dürfen nicht mehr als 255.000 Euro betragen haben und der Betrieb darf nicht buchführungspflichtig sein (§ 2 der VO). Erfasst sind nur jene Betriebe, die den Gästen auch frisch in einem Küchenbereich zubereitete Speisen anbieten (zumindest „kleine Speisekarte") und dafür auch über die infrastrukturellen Einrichtungen einer Küche verfügen (VwGH 05.09.2012, 2012/15/0120).
- Verordnung betreffend Drogisten (BGBl. II Nr. 229/1999): Der Betrieb darf weder buchführungspflichtig sein noch dürfen freiwillig Bücher geführt werden.
- Verordnung betreffend Lebensmitteleinzel- oder Gemischtwarenhändler (BGBl. II Nr. 228/1999): Der Betrieb darf weder buchführungspflichtig sein noch dürfen freiwillig Bücher geführt werden.
- Verordnung betreffend Künstler und Schriftsteller (BGBl. II Nr. 417/2000): Der Betrieb darf weder buchführungspflichtig sein noch dürfen freiwillig Bücher geführt werden.
- Verordnung betreffend das Einstellen fremder Pferde (BGBl. II Nr. 48/2014 idF BGBl. II Nr. 159/2014): Der Unternehmer darf weder buchführungspflichtig sein noch dürfen

freiwillig Bücher geführt werden. Liegen Umsätze vor, die ertragsteuerlich zu Einkünften gemäß § 21 EStG 1988 führen, ist die Verordnung nur anwendbar, wenn eine Umsatzgrenze von 400.000 Euro nicht überschritten wird. Zur Berechnung der Grenze und dem Eintritt der Folgen des Über- oder Unterschreitens ist § 125 BAO sinngemäß anzuwenden.

Keine Umsatzgrenze: Verordnung betreffend Handelsvertreter.

2253 Steigt der Umsatz eines Unternehmers, dessen Tätigkeit in einer der Verordnungen zu § 14 Abs. 1 Z 2 UStG 1994 angeführt ist und der bisher die Pauschalierung gemäß § 14 Abs. 1 Z 1 UStG 1994 in Anspruch genommen hat, über die Grenze von 220.000 €, sind aber die Voraussetzungen gemäß Verordnung des BM für Finanzen, BGBl. Nr. 627/1983 (bestimmte Berufsgruppen), Verordnung des BM für Finanzen BGBl. II Nr. 227/1999 (Gaststätten- und Beherbergungsgewerbe), Verordnung des BM für Finanzen, BGBl. II Nr. 228/1999 (Lebensmitteleinzel- oder Gemischtwarenhändler), Verordnung des BM für Finanzen, BGBl. II Nr. 229/1999 (Drogisten) oder Verordnung des BM für Finanzen BGBl. II Nr. 417/2000 (Künstler und Schriftsteller) erfüllt, so kann der Unternehmer auf die Pauschalierung nach der Verordnung überwechseln. In diesen Fällen ist dies auch ohne Einhaltung der Bindungsfrist von zwei Jahren möglich.

2.2 Verhältnis der Verordnungen untereinander

2254 Im Verhältnis der Verordnungen betreffend Lebensmitteleinzel- oder Gemischtwarenhändler, Verordnung des BM für Finanzen, BGBl. II Nr. 228/1999, und Drogisten, Verordnung des BM für Finanzen, BGBl. II Nr. 229/1999, gilt Folgendes:

Treffen auf einen Betrieb sowohl die Voraussetzungen der Verordnung betreffend Lebensmitteleinzel- oder Gemischtwarenhändler als auch die Voraussetzungen der Verordnung betreffend Drogisten zu, kommt nur die Anwendung der Verordnung betreffend Lebensmitteleinzel- oder Gemischtwarenhändler in Betracht.

Randzahlen 2255 bis 2265: Derzeit frei.

3. Auflagen im Zusammenhang mit der Verordnungsermächtigung

3.1 Verordnung des BM für Finanzen BGBl. II Nr. 227/1999 – Gaststätten- und Beherbergungsgewerbe

2266 Ob ein Gaststätten- und/oder Beherbergungsgewerbe vorliegt siehe Rz 4291 bis 4302 EStR 2000.

2267 Gemäß § 4 dieser Verordnung ist die Vorsteuer mit 5,5 % der Umsätze exklusive Getränkeumsätze zuzüglich dort genannter tatsächlicher abziehbarer Vorsteuerbeträge zu ermitteln. Im Hinblick auf § 14 Abs. 3 UStG 1994 gelten als Betriebseinnahmen Umsätze gemäß § 1 Abs. 1 Z 1 und 2 UStG 1994 zuzüglich der Umsätze aus im Ausland ausgeführten Leistungen, ausgenommen sie wären unecht steuerfrei. Nicht zu den Betriebseinnahmen zählen unecht befreite Umsätze, Umsätze aus der Geschäftsveräußerung (§ 4 Abs. 7 UStG 1994) und Umsätze aus Hilfsgeschäften.

2268 Hinsichtlich der **pauschalen Eigenverbrauchsermittlung** gemäß der Verordnung über die Aufstellung von Schätzungsrichtlinien für die Ermittlung der Höhe des Eigenverbrauchs bei bestimmten Unternehmern und über die Fälligkeit der auf den Eigenverbrauch entfallenden USt, BGBl. 628/1983 ist davon auszugehen, dass auf Getränke 15 % des Sachbezugswertes entfallen.

3.2 Verordnung des BM für Finanzen BGBl. II Nr. 228/1999 – Lebensmitteleinzel- oder Gemischtwarenhändler

2269 Ob ein Lebensmitteleinzel- oder Gemischtwarenhändler vorliegt siehe Rz 4311 bis 4319 EStR 2000.

3.3 Verordnung des BM für Finanzen, BGBl. II Nr. 229/1999 – Drogisten

2270 Siehe Rz 4324 bis 4326 EStR 2000.

Randzahlen 2271 bis 2276: Derzeit frei.

3.4 Verordnung des BM Finanzen, BGBl. II Nr. 417/2000 – Künstler und Schriftsteller

2277 Rz 4361 bis 4369 EStR 2000 gelten sinngemäß.

3.5 Verordnung des BM Finanzen, BGBl. II Nr. 418/2000 – Sportler

2278 Die Verordnung betreffend die Sportlerpauschalierung ist nur zur Einkommensteuer ergangen und kann für die Bereiche der Umsatzsteuer nicht angewendet werden. Die Umsätze von Sportlern unterliegen bis 31.12.2010 nur dann der österreichischen Umsatzsteuer, wenn der Sportler seine Leistung in Österreich erbringt. Die Bestimmung des Leistungsortes erfolgt dabei nach § 3a UStG 1994. Das bedeutet:

- Preisgelder, die ein Sportler für die Teilnahme an einem Wettkampf in Österreich erhält, sind in Österreich zu versteuern. Der Ort dieser Leistung (Teilnahme am Wettkampf) bestimmt sich bis 31.12.2010 nach § 3a Abs. 11 lit. a UStG 1994 (bis 31.12.2009: § 3a Abs. 8 lit. a UStG 1994 (Tätigkeitsort)).

- Preisgelder für die Teilnahme an einem Wettkampf im Ausland unterliegen bis 31.12.2010 nicht der österreichischen Umsatzbesteuerung.

- Ab 1.1.2011 sind Preisgelder für die Teilnahme an einem Wettkampf gemäß § 3a Abs. 6 UStG 1994 dort steuerbar, wo der unternehmerische Leistungsempfänger (idR der Veranstalter des Wettkampfs) ansässig ist. Ist der Veranstalter ein Nichtunternehmer, bestimmt sich der Leistungsort weiterhin nach § 3a Abs. 11 lit. a UStG 1994.

- Einnahmen, die ein Sportler für Werbeleistungen für einen österreichischen Unternehmer erhält, unterliegen in Österreich zur Gänze der Umsatzsteuer. Dass für den österreichischen Unternehmer (Auftraggeber) auch anlässlich von Wettkämpfen im Ausland geworben wird, ist dabei unerheblich. Der Leistungsort für Werbeleistungen an Unternehmer bestimmt sich gemäß § 3a Abs. 6 UStG 1994 nach dem Empfängerortprinzip (bis 31.12.2009: § 3a Abs. 9 lit. a iVm Abs. 10 Z 2 UStG 1994).

- Umgekehrt unterliegen Werbeleistungen, die ein Sportler im Auftrag eines Unternehmers mit Sitz außerhalb Österreichs erbringt, nicht der österreichischen Umsatzbesteuerung. Dass für den ausländischen Unternehmer auch anlässlich von Wettkämpfen in Österreich geworben wird, ist unerheblich.

Die Besteuerung von Schirennläufern entsprechend diesen Ausführungen ist jedenfalls für Leistungen durchzuführen, die nach dem 31. Dezember 2000 ausgeführt werden. Für die Leistungen von Schirennläufern, die vor dem 1. Jänner 2001 ausgeführt wurden, ist es nicht zu beanstanden, wenn die Besteuerung noch analog der „alten" Schirennläufer-Erlassregelung (Erlass des BMF vom 22. März 1977, 261.500-IV/6/76) erfolgt.

3.6 Verordnung des BM für Finanzen, BGBl. II Nr. 48/2014 idF BGBl.II Nr. 159/2014 – Einstellen fremder Pferde (Pferdepauschalierungsverordnung)

2279 Unter die Verordnung fallende Umsätze sind, ungeachtet der ertragsteuerlichen Beurteilung, Umsätze aus dem Einstellen fremder Pferde (Pensionshaltung von Pferden), die von ihren Eigentümern zur Ausübung von Freizeitsport, selbständigen oder gewerblichen, nicht land- und forstwirtschaftlichen Zwecken genutzt werden. Die Anwendung der Verordnung setzt voraus, dass zumindest die Grundversorgung der Pferde (Unterbringung, Zurverfügungstellung von Futter und Mistentsorgung oder -verbringung) abgedeckt ist. Sämtliche mit Leistungen im Rahmen der Pensionshaltung von Pferden (zB Pflege) verbundene Kosten und somit auch die Kosten der Grundversorgung sind vom Durchschnittssatz abgedeckt.

Die mit diesen Umsätzen zusammenhängenden Vorsteuerbeträge können mittels eines Durchschnittssatzes iHv 24 Euro pro Pferd und Kalendermonat abgezogen werden. Wird das Pferd nicht den ganzen Monat eingestellt, so ist der Durchschnittssatz zu aliquotieren.

§ 14 UStG

Beispiel:
Im Monat April sind bei einem nichtbuchführenden Pferdeeinstellbetrieb 15 fremde Pferde (Pensionshaltung von Pferden) eingestellt, die von ihren Eigentümern zur Ausübung von Freizeitsport genutzt werden. Pro Pferd und Monat verrechnet der Unternehmer 300 Euro exklusive 20% Umsatzsteuer (360 Euro inklusive 20% Umsatzsteuer) an Einstellgebühren. Am 16. April wird ein sechzehntes Pferd aufgenommen. Der Unternehmer verrechnet für den Monat April eine Einstellgebühr in Höhe von 150 Euro exklusive 20% Umsatzsteuer (180 Euro inklusive 20% Umsatzsteuer).

Bei Anwendung der Verordnung können für den Monat April 372 Euro an Vorsteuern pauschal geltend gemacht werden (15 Pferde x 24 Euro; 1 Pferd x 12 Euro). Die auf die Umsätze (15 Pferde x 300 Euro; 1 Pferd x 150 Euro) entfallende Umsatzsteuer beträgt 930 Euro, woraus sich für den Monat April eine Zahllast von 558 Euro ergibt.

Nicht im Durchschnittssatz enthalten sind Vorsteuerbeträge, die aus der Lieferung von ertragsteuerlich als Anschaffungs- oder Herstellungskosten zu qualifizierendem unbeweglichen Anlagevermögen (zB Stallgebäude) stammen, insoweit es der Pensionshaltung von Pferden dient. Diese Vorsteuerbeträge können bei Vorliegen der Voraussetzungen des § 12 UStG 1994 gesondert abgezogen werden.

Randzahlen 2280 bis 2287: Derzeit frei.

4. Erklärung

2288 Bei der USt bedarf es einer **schriftlichen Erklärung** auf Anwendung einer Pauschalierung nach § 14 Abs. 1 Z 1 und 2 UStG 1994 bis zur Rechtskraft des Bescheides des betreffenden Jahres, in dem erstmals der Vorsteuerabzug pauschaliert werden soll.

2289 Die Erklärung des Unternehmers an das Finanzamt, die Pauschalierung gemäß § 14 Abs. 1 Z 1 UStG 1994 anzuwenden, bindet ihn für **mindestens zwei Jahre**. Nach Ablauf dieser Frist kann der Unternehmer seine Erklärung widerrufen und falls die in der Verordnung des BM für Finanzen, BGBl. Nr. 627/1983 genannten Voraussetzungen zutreffen auf die Pauschalierung gemäß § 14 Abs. 1 Z 2 UStG 1994 übergehen oder die Vorsteuern nach den allgemeinen Vorschriften ermitteln. Entscheidet sich der Unternehmer für die Vorsteuerpauschalierung nach § 14 Abs. 1 Z 2 UStG 1994, so ist er daran für zwei Jahre gebunden, entscheidet er sich für die Vorsteuerermittlung nach den allgemeinen Vorschriften, so ist er daran fünf Jahre gebunden.

Ausnahme: Siehe § 14 Rz 2251 bis 2253.

Randzahlen 2290 bis 2300: Derzeit frei.

5. Widerruf und Wechsel der Vorsteuerpauschalierung

2301 Wechselt der Unternehmer von der Pauschalierung gemäß § 14 Abs. 1 Z 1 UStG 1994 zur Pauschalierung gemäß § 14 Abs. 1 Z 2 UStG 1994 oder umgekehrt oder geht der Unternehmer von einer der beiden Pauschalierungen auf die Vorsteuerermittlung nach den allgemeinen Vorschriften über oder umgekehrt, so löst diese Änderung **keine Berichtigung der Vorsteuer** gemäß § 12 Abs. 10 und 11 UStG 1994 aus, da in allen Fällen ein Vorsteuerabzug, wenn auch in unterschiedlicher Form zusteht.

Der Wechsel aus der Durchschnittssatzbesteuerung nach § 22 UStG 1994 zur Pauschalierung gemäß § 14 Abs. 1 Z 1 UStG 1994 oder § 14 Abs. 1 Z 2 UStG 1994 führt grundsätzlich zur Berichtigung der Vorsteuer gemäß § 12 Abs. 10 und 11 UStG 1994 (vgl. § 12 Abs. 12 UStG 1994). Vorsteuerberichtigungen für Gegenstände, die der Unternehmer in seinem Unternehmen erstmals vor dem 1.1.2014 als Anlagevermögen in Verwendung genommen hat, sind aufgrund der Übergangsregel gemäß § 28 Abs. 39 Z 4 UStG 1994 nicht vorzunehmen. Vorsteuerkorrekturen für im Wege der Durchschnittssatzbesteuerung nach § 22 UStG 1994 bemessene Vorsteuern iZm beweglichen Gegenständen des Anlagevermögens, die der Unternehmer für seinen Pferdeeinstellbetrieb nach dem 1.1.2014 angeschafft hat, sowie übrige Gegenstände (zB Umlaufvermögen, Treib-

§ 14 UStG

stoff- oder Mineralstoffvorräte) sind durch den Pauschalsatz des § 14 Abs. 1 Z 2 UStG 1994 iVm § 3 PferdePauschV abgedeckt.

2302 Die **Bindungswirkungen** des § 14 Abs. 4 und 5 UStG 1994 sind zu beachten. Ein Übersteigen der für die Anwendung relevanten Grenzen gilt nicht als Widerruf im Sinne des § 14 Abs. 5 UStG 1994. Es tritt daher bei einem späteren Abfallen unter die Anwendungsgrenzen nicht die Sperrfrist im Sinne des § 14 Abs. 5 lit. b UStG 1994 in Kraft, sondern die Vorsteuern sind pauschal abzuziehen. Soll eine Pauschalierungsverordnung nicht mehr in Anspruch genommen werden, müsste ein Widerruf nach § 14 Abs. 5 UStG 1994 erfolgen.

2303 Wurde eine Vorsteuerpauschalierung nach § 14 Abs. 1 Z 1 oder Z 2 UStG 1994, die nicht auf Grund der Verordnung aus dem Jahre 1999 (VO des BM für Finanzen, BGBl. II Nr. 227/ 1999, Verordnung des BM für Finanzen, BGBl. II Nr. 228/1999, Verordnung des BM für Finanzen, BGBl. II Nr. 229/1999 und Verordnung des BM für Finanzen, BGBl. II Nr. 230/1999 idF BGBl. II idF Nr. 500/1999) erfolgte, vor dem Jahr 2000 widerrufen, steht der Inanspruchnahme der Pauschalierungsverordnungen aus dem Jahre 1999 die Frist nach § 14 Abs. 5 lit. b UStG 1994 nicht entgegen.

Randzahlen 2304 bis 2350: Derzeit frei.

Verordnungen zu § 14:

Verordnung des Bundesministers für Finanzen über die Aufstellung von Durchschnittssätzen für die Ermittlung des Gewinnes und der Vorsteuer bei nichtbuchführenden Lebensmitteleinzel- oder Gemischtwarenhändlern

BGBl. II Nr. 228/1999 idF BGBl. II Nr. 633/2003

Auf Grund des § 17 Abs. 4 und 5 des Einkommensteuergesetzes 1988 und des § 14 Abs. 1 Z 2 des Umsatzsteuergesetzes 1994 sowie des § 125 Abs. 1 der Bundesabgabenordnung wird verordnet:

§ 1.

Für die Ermittlung des Gewinnes und des Abzugs von Vorsteuern bei Betrieben von Lebensmitteleinzel- oder Gemischtwarenhändlern, deren Inhaber hinsichtlich dieser Betriebe weder zur Buchführung verpflichtet sind noch freiwillig Bücher führen, gelten die folgenden Bestimmungen.

§ 2.

(1) Lebensmitteleinzel- oder Gemischtwarenhändler sind Gewerbetreibende, die einen Handel mit Waren des täglichen Bedarfs weitaus überwiegend in Form eines Kleinhandels unter folgenden Voraussetzungen ausüben:
1. Andere Waren als Lebensmittel dürfen im Durchschnitt der letzten drei Wirtschaftsjahre in einem Ausmaß von höchstens 50% der gesamten Betriebseinnahmen (einschließlich Umsatzsteuer) veräußert worden sein.
2. Be- und/oder verarbeitete Lebensmittel dürfen im Durchschnitt der letzten drei Wirtschaftsjahre in einem Ausmaß von höchstens 25% der Betriebseinnahmen (einschließlich Umsatzsteuer) aus Lebensmitteln veräußert worden sein.

(2) Zu den Betrieben des Lebensmitteleinzel- oder Gemischtwarenhandels gehören keinesfalls gastronomische Betriebe.

§ 3.

(1) Der Gewinn aus dem Betrieb eines Lebensmitteleinzel- oder Gemischtwarenhändlers kann wie folgt ermittelt werden: Der Gewinn ist im Rahmen einer Einnahmen-Ausgaben-Rechnung mit einem Durchschnittssatz von 3 630 Euro zuzüglich 2% der Betriebs-

einnahmen (einschließlich Umsatzsteuer) anzusetzen. Von dem mittels dieses Durchschnittssatzes berechneten Gewinn dürfen keine Betriebsausgaben abgezogen werden.

(2) Das Wareneingangsbuch (§ 127 der Bundesabgabenordnung) kann in der Weise vereinfacht geführt werden, daß

— die Belege sämtlicher Wareneingänge jeweils getrennt nach ihrer Bezeichnung (branchenüblichen Sammelbezeichnung) in richtiger zeitlicher Reihenfolge mit einer fortlaufenden Nummer versehen werden,

— die Beträge jährlich für das abgelaufene Wirtschaftsjahr jeweils getrennt nach der Bezeichnung (branchenüblichen Sammelbezeichnung) des Wareneingangs zusammengerechnet werden, und die zusammengerechneten Beträge in das Wareneingangsbuch eingetragen werden,

— die Berechnungsunterlagen zu den Summenbildungen (Rechenstreifen) aufbewahrt werden.

§ 4.

(1) Die unter §§ 1 und 2 angeführten Unternehmer können die nach § 12 und Art. 12 des Umsatzsteuergesetzes 1994 abziehbaren Vorsteuerbeträge nach Maßgabe der folgenden Bestimmungen nach Durchschnittssätzen ermitteln:

1. Die Vorsteuer beträgt 7% jener Betriebseinnahmen (einschließlich Umsatzsteuer), die auf Umsätze von in der Anlage zum Umsatzsteuergesetz 1994 angeführten Lebensmitteln ausgenommen Getränke entfallen.

2. Neben dem nach Z 1 berechneten Vorsteuerbetrag können bei Vorliegen der Voraussetzungen des § 12 des Umsatzsteuergesetzes 1994 abgezogen werden:

   a) Vorsteuerbeträge im Sinne des § 14 Abs. 1 Z 1 lit. a und b des Umsatzsteuergesetzes 1994

   b) Vorsteuerbeträge im Sinne des § 14 Abs. 1 Z 1 lit. c des Umsatzsteuergesetzes 1994, soweit es sich nicht um Vorsteuerbeträge von in der Anlage zum Umsatzsteuergesetz 1994 angeführten Lebensmitteln ausgenommen Getränke handelt.

(2) Soweit die abziehbare Vorsteuer nach einem Durchschnittssatz berechnet wird, ist der Unternehmer von der Aufzeichnungspflicht gemäß § 18 Abs. 2 Z 5 und 6 des Umsatzsteuergesetzes 1994 befreit.

§ 5.

(entfallen durch BGBl. II Nr. 633/2003)

§ 6.

(1) Die Verordnung ist erstmals bei der Veranlagung für das Kalenderjahr 2000 anzuwenden.

(2) § 3 Abs. 1 in der Fassung der Verordnung BGBl. II Nr. 416/2001 ist erstmals bei der Veranlagung für das Kalenderjahr 2002 anzuwenden.

(3) § 5 in der Fassung vor BGBl. II Nr. 633/2003 ist letztmalig bei der Veranlagung für das Kalenderjahr 2002 anzuwenden.

§ 14 UStG

Verordnung des Bundesministers für Finanzen über die Aufstellung von Durchschnittssätzen für die Ermittlung des Gewinnes und der Vorsteuerbeträge der nichtbuchführenden Drogisten
BGBl. II Nr. 229/1999

Auf Grund des § 17 Abs. 4 und 5 des Einkommensteuergesetzes 1988 und des § 14 Abs. 1 Z 2 des Umsatzsteuergesetzes 1994 wird verordnet:

§ 1.

Für die Ermittlung des Gewinnes und des Abzugs von Vorsteuern bei Betrieben von Drogisten, deren Inhaber hinsichtlich dieser Betriebe weder zur Buchführung verpflichtet sind noch freiwillig Bücher führen, gelten die folgenden Bestimmungen.

§ 2.

Der Gewinn aus dem Betrieb eines Drogisten kann wie folgt ermittelt werden: Der Gewinn ist nach Maßgabe des § 17 Abs. 1 bis 3 des Einkommensteuergesetzes 1988 zu ermitteln; das Vorliegen der Voraussetzungen des § 17 Abs. 2 Z 2 des Einkommensteuergesetzes 1988 ist dabei unbeachtlich.

§ 3.

Die unter § 1 angeführten Unternehmer können die nach § 12 und Art. 12 des Umsatzsteuergesetzes 1994 abziehbaren Vorsteuerbeträge nach Maßgabe des § 14 Abs. 1 Z 1 des Umsatzsteuergesetzes 1994 ermitteln; das Vorliegen der Voraussetzungen des § 17 Abs. 2 Z 2 des Einkommensteuergesetzes 1988 ist dafür unbeachtlich.

§ 4.

Die Verordnung ist erstmals bei der Veranlagung für das Kalenderjahr 2000 anzuwenden.

Verordnung des Bundesministers für Finanzen über die Aufstellung von Durchschnittssätzen für die Ermittlung von Betriebsausgaben und Vorsteuerbeträgen bei Handelsvertretern
BGBl. II Nr. 95/2000 idF BGBl. II Nr. 635/2003

Auf Grund des § 17 Abs. 4 und 5 des Einkommensteuergesetzes 1988, des § 14 Abs. 1 Z 2 des Umsatzsteuergesetzes 1994 sowie des § 184 der Bundesabgabenordnung wird verordnet:

§ 1.

Bei einer Tätigkeit als Handelsvertreter im Sinne des Handelsvertretergesetzes 1993, BGBl. Nr. 88/1993, können im Rahmen
1. der Gewinnermittlung bestimmte Betriebsausgaben
2. der Entrichtung der Umsatzsteuer bestimmte abziehbare Vorsteuersteuerbeträge
jeweils mit Durchschnittssätzen angesetzt werden.

§ 2.

Bei der Anwendung von Durchschnittssätzen gilt folgendes:

(1) Durchschnittssätze können nur für die in Abs. 2 und 3 angeführten Betriebsausgaben und Vorsteuerbeträge angesetzt werden. Neben dem jeweiligen Durchschnittssatz dürfen Betriebsausgaben oder Vorsteuerbeträge nur dann berücksichtigt werden, wenn sie in vollem Umfang nach den tatsächlichen Verhältnissen angesetzt werden.

(2) Der Durchschnittssatz für Betriebsausgaben umfaßt
- Mehraufwendungen für die Verpflegung (Tagesgelder im Sinne des § 4 Abs. 5 in Verbindung mit § 26 Z 4 des Einkommensteuergesetzes 1988),
- Ausgaben für im Wohnungsverband gelegene Räume (insbesondere Lagerräumlichkeiten und Kanzleiräumlichkeiten),
- Ausgaben anläßlich der Bewirtung von Geschäftsfreunden,
- üblicherweise nicht belegbare Betriebsausgaben wie Trinkgelder und Ausgaben für auswärtige Telefongespräche.

Der Durchschnittssatz beträgt 12% der Umsätze (§ 125 Abs. 1 der Bundesabgabenordnung), höchstens jedoch 5 825 Euro jährlich.

(3) Der Durchschnittssatz für Vorsteuerbeträge gilt die bei Betriebsausgaben im Sinne des Abs. 2 anfallenden Vorsteuern ab. Der Durchschnittssatz beträgt 12% des sich aus Abs. 2 ergebenden Durchschnittssatzes. Als Vorsteuer darf höchstens ein Betrag von 699 Euro jährlich angesetzt werden. Soweit die abziehbare Vorsteuer nach einem Durchschnittssatz berechnet wird, ist das Unternehmen von der Aufzeichnungspflicht gemäß § 18 Abs. 2 Z 5 und 6 des Umsatzsteuergesetzes 1994 befreit.

§ 3.
(entfallen durch BGBl. II Nr. 635/2003)

§ 4.

(1) Die Verordnung ist erstmals bei der Veranlagung für das Kalenderjahr 2000 anzuwenden.

(2) § 2 Abs. 2 und 3, jeweils in der Fassung der Verordnung BGBl. II Nr. 416/2001, sind erstmals bei der Veranlagung für das Kalenderjahr 2002 anzuwenden.

(3) § 3 in der Fassung vor BGBl II Nr. 635/2003 ist letztmalig bei der Veranlagung für das Kalenderjahr 2002 anzuwenden.

Verordnung des Bundesministers für Finanzen vom 14. Dezember 1983 über die Aufstellung von Durchschnittssätzen für die Ermittlung der abziehbaren Vorsteuerbeträge bei bestimmten Gruppen von Unternehmern
BGBl. Nr. 627/1983 idF BGBl. II Nr. 416/2001

Auf Grund des § 14 Abs. 1 des Umsatzsteuergesetzes 1972, BGBl. Nr. 223, wird verordnet:

1. ABSCHNITT
Freiberuflich tätige Unternehmer

§ 1.

(1) Unternehmer der im § 3 angeführten Berufsgruppen können die nach § 12 des Umsatzsteuergesetzes 1972 abziehbaren Vorsteuerbeträge nach Durchschnittssätzen be-

rechnen. Die anzuwendenden Durchschnittssätze sind jeweils in einem Vomhundertsatz des Umsatzes angegeben.

(2) Umsatz im Sinne dieses Abschnittes ist der im Inland erzielte Umsatz aus der freiberuflichen Tätigkeit der im § 3 bezeichneten Berufsgruppen (einschließlich Eigenverbrauch) mit Ausnahme der Einfuhr, der Umsätze nach § 6 Z 8 und 9 lit. a und b des Umsatzsteuergesetzes 1972 sowie der Umsätze aus Hilfsgeschäften einschließlich der Geschäftsveräußerungen.

§ 2.

Die Durchschnittssätze gelten für Unternehmer, deren Umsatz nach § 1 Abs. 1 Z 1 und 2 des Umsatzsteuergesetzes 1972 im vorangegangenen Kalenderjahr nicht mehr als 255 000 Euro betragen hat.

§ 3.

Die Durchschnittssätze betragen für

		vH des Umsatzes
1.	(Anm.: aufgehoben durch BGBl. II Nr. 6/1997)	
2.	(Anm.: aufgehoben durch BGBl. II Nr. 6/1997)	
3.	(Anm.: aufgehoben durch BGBl. II Nr. 6/1997)	
4.	(Anm.: aufgehoben durch BGBl. II Nr. 6/1997)	
5.	(Anm.: aufgehoben durch BGBl. II Nr. 6/1997)	
6.	Tierärzte	4,9
7.	Rechtsanwälte, Patentanwälte und Notare	1,7
8.	Wirtschaftstreuhänder	1,7
9.	staatlich befugte und beeidete Ziviltechniker	2,8

§ 4.

(1) Soweit im Abs. 2 nicht anderes bestimmt ist, werden mit dem Durchschnittssatz sämtliche Vorsteuern abgegolten, die mit der freiberuflichen Tätigkeit der im § 3 bezeichneten Berufsgruppen zusammenhängen.

(2) Neben dem nach einem Durchschnittssatz berechneten Vorsteuerbetrag kann bei Vorliegen der Voraussetzungen des § 12 des Umsatzsteuergesetzes 1972 abgezogen werden:

a) die von anderen Unternehmern gesondert in Rechnung gestellte Steuer für Lieferungen von Wirtschaftsgütern des Anlagevermögens, die der Abnutzung unterliegen und deren Anschaffungskosten nach den Vorschriften des Einkommensteuerrechtes im Kalenderjahr der Anschaffung nicht in voller Höhe als Betriebsausgaben abgesetzt werden können;

b) die entrichtete Einfuhrumsatzsteuer für Einfuhren, die den unter lit. a bezeichneten Lieferungen entsprechen;

c) die den im § 3 unter Z 8 genannten Unternehmern von Rechenzentren für sonstige Leistungen im Zusammenhang mit Datenverarbeitungsaufträgen in Rechnung gestellte Steuer.

§ 14 UStG

2. ABSCHNITT
Nichtbuchführungspflichtige Handels- und Gewerbetreibende

§ 5.

(1) Nichtbuchführungspflichtige Unternehmer der im § 6 dieser Verordnung angeführten Berufsgruppen können die nach § 12 des Umsatzsteuergesetzes 1972 abziehbaren Vorsteuerbeträge nach Durchschnittssätzen berechnen. Die anzuwendenden Durchschnittssätze sind jeweils in einem Vomhundertsatz des Umsatzes angegeben.

(2) Umsatz im Sinne dieses Abschnittes ist der im Inland erzielte Umsatz aus der jeweils im § 6 Abs. 1 dieser Verordnung angeführten Betriebsart (einschließlich Eigenverbrauch) mit Ausnahme der Einfuhr, der Umsätze nach § 6 Z 8 und 9 des Umsatzsteuergesetzes 1972 sowie der Umsätze aus Hilfsgeschäften einschließlich der Geschäftsveräußerungen.

§ 6.

(1) Der Durchschnittssatz beträgt

	vH des Umsatzes

Sektion Gewerbe
1. Für folgende der Bundesinnung der Steinmetzmeister zugehörigen Berufsgruppen (Z 2):
Steinmetzmeister, Grabsteinerzeuger, Steinbildhauer, Marmorwarenerzeuger, Schleifsteinhauer und Werksteinbruchunternehmer 1,8
2. für folgende der Bundesinnung der Dachdecker und Pflasterer zugehörigen Berufsgruppen (Z 3):
 a) Dachdecker 1,4
 b) Pflasterer 1,6
3. für folgende der Bundesinnung der Hafner zugehörigen Berufsgruppen (Z 4):
 a) Hafner (Ofensetzer), Töpfer und Keramiker 1,5
 b) Platten- und Fliesenleger 1,4
4. für folgende der Bundesinnung der Glaser zugehörigen Berufsgruppen (Z 5):
Glaser (Bauglaser), Glasschleifer, Glasätzer, Glasbläser, Glasinstrumentenerzeuger, Glasbeleger und Erzeuger von Waren nach Gablonzer Art 1,5
5. für folgende der Bundesinnung der Maler, Anstreicher und Lackierer zugehörigen Berufsgruppen (Z 6):
Anstreicher, Lackierer, Schilder-, Schriften- und Zimmermaler 1,6
6. für folgende der Bundesinnung der Zimmermeister zugehörige Berufsgruppe (Z 8):
Zimmermeister 1,8
7. für folgende der Bundesinnung der Tischler zugehörigen Berufsgruppen (Z 9):

§ 14 UStG

      Tischler (Bau- und Möbeltischler), Modelltischler, Kistentischler,
      Boot- und Schiffbauer 1,6
8. für folgende der Bundesinnung der Karosseriebauer und Wagner
    zugehörigen Berufsgruppen (Z 10):
    Wagner, Karosseriebauer, Ski- und Rodelerzeuger, Leiternerzeuger,
    Werkzeugstiel-, Gabel- und Rechenmacher 1,6
9. für folgende der Bundesinnung der Binder, Korb- und Möbelflechter
    zugehörigen Berufsgruppen (Z 11):
    Binder, Bastwarenerzeuger, Korb- und Möbelflechter 1,8
10. für folgende der Bundesinnung der Bürsten- und Pinselmacher, Drechsler,
     Holzbildhauer und Spielzeughersteller zugehörigen Berufsgruppen (Z 12):
     Bürstenmacher, Pinselmacher, Besenerzeuger, Bürstenholzerzeuger,
     Kammacher, Haarschmuckerzeuger, Drechsler, Holzbildhauer
     (gewerbliche Holzschnitzer), Erzeuger von Probierbüsten und -puppen,
     Wachsbüsten und -puppen sowie von Hornknöpfen, Knopfformen,
     Wickelrahmen, Muschelgalanteriewaren, Domino- und Schach-
     spielen, Rauchrequisiten, Holzrundstäben, Schuhleisten- und
     Stiefelbrettschneider, Holzsohlen- und Holzstöckelerzeuger,
     Holzdrahterzeuger, Erzeuger von Perlmutterwaren, Zelluloid- und
     Kunsthornwaren, Puppenerzeuger, Erzeuger aller Art von Spielzeug,
     Christbaumschmuckerzeuger, Erzeuger magischer Geräte 1,9
11. für folgende der Bundesinnung der Schlosser,
     Landmaschinenmechaniker und Schmiede zugehörigen
     Berufsgruppen (Z 14):
     a) Schlosser (einschließlich Maschinenschlosser), Metallmöbelschlosser,
         Schweißer, Kassenerzeuger und Metalldreher 1,8
     b) Landmaschinenerzeuger und Landmaschinenreparaturwerkstätten 1,7
     c) Hufschmiede, Nagelschmiede, Wagenschmiede, Feilenhauer,
         Zeug- und Messerschmiede 1,8
12. für folgende der Bundesinnung der Spengler und Kupferschmiede
     zugehörigen Berufsgruppen (Z 15):
     Spengler und Kupferschmiede 1,5
13. für folgende der Bundesinnung der Sanitär- und
     Heizungsinstallateure zugehörigen Berufsgruppen (Z 16):
     Gas- und Wasserleitungsinstallateure 1,3
14. für folgende der Bundesinnung der Elektro-, Radio- und Fernsehtechniker
     zugehörigen (Z 17):
     Elektroinstallateure, Radio- und Fernsehtechniker, Erzeuger elektrischer
     Batterien, Errichtung von Blitzschutzanlagen und Laden von
     Akkumulatoren 1,3
15. für folgende der Bundesinnung der Kunststoffverarbeiter zugehörigen
     Berufsgruppen (Z 18):
     Kunststoffpresser, Kunststoffspritzer und Kunststoffhalbzeughersteller 1,6
16. für folgende der Bundesinnung der Metallgießer, Gürtler, Graveure,
     Metalldrücker, Metallschleifer und Galvaniseure zugehörigen
     Berufsgruppen (Z 19):

§ 14 UStG

    Metallgießer, Gürtler, Graveure, Metalldrücker, Metallschleifer und
    Galvaniseure 2,1
17. für folgende der Bundesinnung der Mechaniker zugehörigen
    Berufsgruppen (Z 20):
a) a) Mechaniker einschließlich Feinmechaniker, Werkzeugmechaniker
       und Erzeuger chirurgischer und medizinischer Instrumente und
       Apparate (Chirurgiemechaniker) 2,1
    b) Elektromechaniker 1,9
    c) Büromaschinenmechaniker 2,2
    d) Fahrrad- und Nähmaschinenmechaniker 1,2
    e) Kühlmaschinenmechaniker 1,6
18. für folgende der Bundesinnung der Kraftfahrzeugmechaniker zugehörigen
    Berufsgruppen (Z 21):
    a) Kraftfahrzeugmechaniker und Kraftfahrzeugelektriker 1,4
    b) Vulkaniseure einschließlich Handel mit Reifen 1,1
19. für folgende der Bundesinnung der Gold- und Silberschmiede, Juweliere
    und Uhrmacher zugehörigen Berufsgruppen (Z 23):
    a) Gold- und Silberschmiede und Juweliere 1,2
    b) Uhrmacher 1,3
20. für folgende der Bundesinnung der Musikinstrumentenerzeuger
    zugehörigen Berufsgruppen (Z 24):
    Klaviermacher, Erzeuger von Orgeln, Harmonien und ähnlichen Musik-
    instrumenten, sowie von Blas-, Streich-, Saiten- und Schlaginstrumenten,
    Harmonikamacher, Erzeuger von sonstigen Musikinstrumenten und
    Musikspielwerken aller Art und Saitenerzeuger 1,9
21. für folgende der Bundesinnung der Kürschner, Handschuhmacher und
    Gerber zugehörigen Berufsgruppen (Z 25):
    a) Kürschner und Kappenmacher sowie Handschuhmacher und Säckler 2,0
    b) Gerber 1,6
22. für folgende der Bundesinnung der Lederwarenerzeuger, Taschner,
    Sattler und Riemer zugehörigen Berufsgruppen (Z 26):
    Taschner, Riemer, Sattler, Lederwarenerzeuger, Erzeuger von Fußbällen,
    Hundesportartikeln und Fechtartikeln, Kunstlederwaren- und
    Ledergalanteriewarenerzeuger 1,4
23. für folgende der Bundesinnung der Schuhmacher zugehörigen
    Berufsgruppen (Z 27):
    Maßschuhmacher, Erzeuger serienmäßig hergestellter Schuhwaren,
    Erzeuger orthopädischer Schuhe sowie von Patschen und Filzschuhen,
    Holzschuhmacher und Reparaturschuhmacher 1,6
24. für folgende der Bundesinnung der Buchbinder, Kartonagewaren- und
    Etuierzeuger zugehörigen Berufsgruppen (Z 28):
    Buchbinder, Kartonagewarenerzeuger, Papierwarenerzeuger sowie Etui-
    und Kassettenerzeuger 1,7
25. für folgende der Bundesinnung der Tapezierer zugehörigen
    Berufsgruppen (Z 29):
    Tapezierer, Dekorateure, Bettwarenerzeuger und Bettwarenreiniger 1,3

§ 14 UStG

26. für folgende der Bundesinnung der Hutmacher, Modisten und Schirmmacher zugehörigen Berufsgruppen (Z 30):
Hutmacher, Modisten, Damenfilzhutmacher, Strohhuterzeuger, Kunstblumenerzeuger, Sonnenschirm- und Regenschirmmacher 1,6
27. für folgende der Bundesinnung der Kleidermacher zugehörigen Berufsgruppen (Z 31):
    a) Herrenkleidermacher 1,6
    b) Damenkleidermacher 1,6
28. für folgende der Bundesinnung der Mieder- und Wäschewarenerzeuger zugehörigen Berufsgruppen (Z 32):
Miedererzeuger, Wäschewarenerzeuger, Wäscheschneider und Krawattenerzeuger 1,4
29. für folgende der Bundesinnung der Sticker, Stricker, Wirker, Weber, Posamentierer und Seiler zugehörigen Berufsgruppen (Z 33):
    a) Handsticker, Gold-, Silber- und Perlensticker sowie Maschinsticker 1,2
    b) Handstricker, Maschinstricker und Wirker 1,8
    c) Weber (Tuchmacher) und Banderzeuger, Posamentierer und Seiler 1,4
30. für folgende der Bundesinnung der Müller zugehörigen Berufsgruppen (Z 34):
Getreidemüller, Futterschrotmüller, Futtermittelhersteller und Saatgutreiniger 1,9
31. für folgende der Bundesinnung der Bäcker zugehörige Berufsgruppe (Z 35):
Bäcker 1,9
32. für folgende der Bundesinnung der Konditoren (Zuckerbäcker) zugehörigen Berufsgruppen (Z 36):
Konditoren (Zuckerbäcker) einschließlich Kaffee-Konditoreien, Kuchenbäcker, Kanditen-, Gefrorenes- und Schokoladewarenerzeuger, Lebzelter und Wachszieher (Wachswarenerzeuger) 2,1
33. für folgende der Bundesinnung der Fleischer zugehörigen Berufsgruppen (Z 37):
Fleischhauer und Fleischselcher, Pferdefleischhauer und Pferdefleischselcher sowie Wildbret- und Geflügelausschroter (Wildbret- und Geflügeleinzelhändler) 1,1
34. für folgende der Bundesinnung der Molkereien und Käsereien zugehörigen Berufsgruppen (Z 38):
Molkereien, Buttereien, Käsereien, Milchkäuferbetriebe, Butter- und Käseschmelzwerke, Erzeuger von Kondensmilch, Milchpulver, Milchzucker, Milchprodukten, Streichkäse und Quargel sowie Eierkennzeichnungsstellen 0,7
35. für folgende der Bundesinnung der Nahrungs- und Genußmittelgewerbe zugehörigen Berufsgruppen (Z 39):
    a) Gemüsekonservenerzeuger 2,3
    b) Sodawasser- und Limonadenerzeuger sowie Likör- und Spirituosenerzeuger 2,0

§ 14 UStG

36. für folgende der Bundesinnung der Gärtner und Blumenbinder zugehörigen Berufsgruppen (Z 40):
Friedhofs- und Ziergärtner sowie andere gewerbliche Gärtner, Blumenbinder 1,8
37. für folgende der Bundesinnung Druck zugehörigen Berufsgruppen (Z 41):
Drucker, auch solche nach einfachen Verfahren, Schriftgießer und Druckletternerzeuger, Erzeuger von Druckstöcken und Druckträgern sowie Schreibbüros 2,0
38. für folgende der Bundesinnung der Fotografen zugehörigen Berufsgruppen (Z 42):
   a) Fotografen, Pressefotografen, Fotokopierer und Erzeuger von Laufbildern 2,3
   b) Lichtpauser 2,3
39. für folgende der Bundesinnung der chemischen Gewerbe zugehörigen Berufsgruppen (Z 43):
Erzeuger von Farben und Lacken, Kunststoffen und Klebstoffen, Erzeuger von Schädlingsbekämpfungsmitteln, Seifensieder, Erzeuger von Lederkonservierungsmitteln, Schuhcreme, Fußbodenpflegemitteln, technischen Schmiermitteln, Metallputzmitteln und anderen chemisch-technischen Waren, Parfümeriewaren, kosmetische Waren, Feuerwerksmaterial, Feuerwerkskörpern und Sprengpräparaten; Verarbeiter von Erdöl und Erdölprodukten, Waschmittel- und Textilhilfsmittelerzeuger sowie Erzeuger waschaktiver Substanzen, Erzeuger pharmazeutischer Waren, chemische Laboratorien, Schädlingsbekämpfer, Zimmer- und Gebäudereiniger sowie Unternehmer der Schwelchemie (Trockendestillation des Holzes) 1,8
40. für folgende der Bundesinnung der Friseure zugehörigen Berufsgruppen (Z 44):
Friseure, Raseure, Perückenmacher und Haarverarbeiter 4,0
41. für folgende der Bundesinnung der Chemischreiniger, Wäscher und Färber zugehörigen Berufsgruppen (Z 45):
   a) Chemischreiniger und Färber 6,2
   b) Wäscher, Wäschebügler, Heißmangler, Wäscheroller, Bleicher und Vorhangappreteure 5,8
   c) Münzreiniger 7,0
42. für folgende der Bundesinnung der Rauchfangkehrer zugehörige Berufsgruppe (Z 46):
Rauchfangkehrer 2,0
43. für folgende der Bundesinnung der Optiker, Bandagisten und Orthopädietechniker zugehörigen Berufsgruppen (Z 49):
Optiker und Glasaugenerzeuger 1,4
Bandagisten und Orthopädietechniker 1,2
44. für folgende der Bundesinnung der Zahntechniker zugehörige Berufsgruppe (Z 50):
Zahntechniker 1,6

§ 14 UStG

45. für folgende der Bundesinnung der Fußpfleger, Kosmetiker und Masseure zugehörigen Berufsgruppen (Z 51):
Hand- und Fußpfleger, Kosmetiker und Masseure 3,0

Sektion Handel

46. für folgende dem Bundesgremium des Lebensmittelhandels zugehörigen Berufsgruppen (Z 2):
Einzelhandel mit Lebens- und Genußmitteln, Obst und Grünwaren, Süßwaren, Molkereiprodukten, Eiern und Fett sowie Fischen 0,7

47. für folgende dem Bundesgremium des Textilhandels zugehörigen Berufsgruppen (Z 8):
Einzelhandel mit Bekleidung und Textilien sowie mit Borsten, Haaren und Federn 0,9

48. für folgende dem Bundesgremium des Schuhhandels zugehörige Berufsgruppe (Z 9):
Einzelhandel mit Schuhen 0,8

49. für folgende dem Bundesgremium des Handels mit Leder, Häuten, Rauhwaren und Tapeziererbedarf zugehörigen Berufsgruppen (Z 10):
Einzelhandel mit Häuten und Fellen, Leder und Schuhzubehör sowie mit Tapezierer- und Sattlerbedarf 1,3

50. für folgende dem Bundesgremium des Papierhandels zugehörigen Berufsgruppen (Z 12):
Einzelhandel mit Papier, Papier- und Schreibwaren sowie Büroartikeln und Zeichenbedarf 0,9

51. für folgende dem Bundesgremium des Handels mit Büchern, Kunstblättern, Musikalien, Zeitungen und Zeitschriften zugehörigen Berufsgruppen (Z 13):
Einzelhandel mit Büchern, Musikalien und Kunstblättern (Reproduktionen) 0,9

52. für folgende dem Bundesgremium des Handels mit Juwelen, Gold- und Silberwaren, Uhren, Gemälden, Antiquitäten, Kunstgegenständen und Briefmarken zugehörigen Berufsgruppen (Z 15):
Einzelhandel mit Uhren, Edelmetallen, Edelmetallwaren, echten, rekonstituierten, synthetischen und unechten Edel- und Halbedelsteinen, Korallen, Perlen und anderen Schnitzstoffen wie Bernstein, Perlmutter u. dgl., sowie Edelmetallplattierungen und Waren daraus, Antiquitäten, Gemälden, Kunstgegenständen, Werken der Graphik und der Plastik, sowie mit Briefmarken, philatelistischen Bedarfsgegenständen, Medaillen, Münzen, numismatischen Gegenständen und einschlägigen Bedarfsgegenständen 1,8

53. für folgende dem Bundesgremium des Eisenhandels (umfassend den Handel mit Stahl, Metallen, Eisen-, Stahl- und Metallwaren, Sanitärartikeln, Werkzeugen, Waffen, Haus- und Küchengeräten, Glas-, Porzellan- und Keramikwaren) zugehörigen Berufsgruppen (Z 16):
Einzelhandel mit Eisen, Stahl und Metallen, Röhren und Sanitärartikeln sowie mit zentralheizungstechnischem Zubehör;
Einzelhandel mit Eisen-, Stahl- und Metallwaren, Waffen und

§ 14 UStG

Werkzeugen, Haus- und Küchengeräten sowie mit Glas-, Porzellan- und Keramikwaren 0,8
54. für folgende dem Bundesgremium des Fahrzeughandels zugehörigen Berufsgruppen (Z 18):
Einzelhandel mit Automobilen, Motorrädern, Fahrrädern, motorbetriebenen Wasserfahrzeugen sowie deren Bereifung, Bestandteilen und Zubehör; Einzelhandel mit Automobil-, Motorradteilen und Zubehör 1,3
55. für folgende dem Bundesgremium des Handels mit fotografischem, optischem und ärztlichem Bedarf zugehörigen Berufsgruppen (Z 19):
Einzelhandel mit Artikeln der Fotobranche und Kinobedarf, Einzelhandel mit optischen und feinmechanischen Geräten sowie mit ärztlichen Apparaten, Instrumenten und Einrichtungsgegenständen; Einzelhandel mit Sanitätswaren und medizinischen Gummiwaren 1,2
56. für folgende dem Bundesgremium des Radio- und Elektrohandels zugehörigen Berufsgruppen (Z 20):
Einzelhandel mit Elektrowaren, Elektroinstallationsmaterial, Radio- apparaten, Musikinstrumenten, Tonaufnahme- und -wiedergabegeräten und Zubehör, Schallplatten und Schallträgern sowie mit Fernsehgeräten und Zubehör 1,0
57. für folgende dem Bundesgremium des Handels mit Möbeln, Waren der Raumausstattung und Tapeten zugehörigen Berufsgruppen (Z 23):
a) Einzelhandel mit Möbeln, Linoleum, Teppichen und sonstigem Fußbodenbelag sowie mit einschlägigen Waren zur Raumausstattung 1,6
b) Einzelhandel mit Tapeten 1,6
58. für folgende dem Bundesgremium des Altstoffhandels zugehörige Berufsgruppe (Z 24):
Einzelhandel mit Alt- und Abfallstoffen 2,1
59. für folgende dem Bundesgremium des Handels mit Drogen, Pharmazeutika, Farben, Lacken und Chemikalien zugehörigen Berufsgruppen (Z 25):
Einzelhandel mit Drogen und Chemikalien; Einzelhandel mit Farben, Lacken und Anstreicherbedarf; Einzelhandel mit pflanzlichen und tierischen Ölen sowie Fettstoffen für technische Zwecke 0,8
60. für folgende dem Bundesgremium des Parfümeriewarenhandels zugehörige Berufsgruppe (Z 26):
Einzelhandel mit Parfümerie-, Wasch- und Haushaltsartikeln 0,7
61. für folgende dem Bundesgremium der Tabakverschleißer zugehörige Berufsgruppe (Z 28):
Tabaktrafikanten 0,3
62. für folgende dem Bundesgremium der Handelsvertreter, Kommissionäre und Vermittler zugehörige Berufsgruppe (Z 29):
Handelsvertreter 4,3
63. für folgende dem Bundesgremium des Markt-, Straßen- und Wanderhandels zugehörigen Berufsgruppen (Z 30):

§ 14 UStG

Marktfahrer, Markthändler, die andere Waren als Lebensmittel führen,
Marktviktualienhändler, Straßenhändler und Wanderhändler 1,4
64. für folgende dem Allgemeinen Bundesgremium zugehörigen
Berufsgruppen (Z 31):
Einzelhandel mit zoologischen Artikeln sowie mit Altwaren (Trödler,
Tandler) 1,9
Sektion Fremdenverkehr
65. für folgende dem Fachverband der Vergnügungsbetriebe zugehörige
Berufsgruppe (Z 6):
Schausteller 3,1
66. für folgende dem Allgemeinen Fachverband des Fremdenverkehrs
zugehörigen Berufsgruppen (Z 9):
   a) Theaterkartenbüroinhaber 0,6
   b) Fremdenführer 2,0
Sektion Industrie
67. für die dem Fachverband der Sägeindustrie zugehörigen
Sägewerksunternehmungen (Z 9):
   a) für Umsätze im Lohnschnitt 4,0
   b) für alle übrigen Umsätze 2,0

(2) Die Einreihung der im Abs. 1 angeführten Berufsgruppen erfolgt unter Bedachtnahme auf den Fachgruppenkatalog (Anhang zur Fachgruppenordnung, BGBl. Nr. 223/1947, zuletzt geändert durch die Verordnung BGBl. Nr. 454/1979). Die in Klammern angeführten Ziffern der Fachverbände (Bundesinnungen, Bundesgremien) ergeben sich aus den Bestimmungen des Fachgruppenkataloges.

§ 7.

(1) Soweit im Abs. 2 nicht anderes bestimmt ist, werden mit dem Durchschnittssatz sämtliche Vorsteuern abgegolten, die mit der gewerblichen oder beruflichen Tätigkeit der im § 6 angeführten Berufsgruppen zusammenhängen.

(2) Neben den nach einem Durchschnittssatz berechneten Vorsteuerbetrag kann bei Vorliegen der Voraussetzungen des § 12 des Umsatzsteuergesetzes 1972 abgezogen werden:
1. Von den im § 6 angeführten Berufsgruppen mit Ausnahme jener der Z 40, 41 und 62:
   a) die von anderen Unternehmern gesondert in Rechnung gestellte Steuer für Fremd- und Lohnarbeiten, soweit diese unmittelbar in die gewerbliche Leistung eingehen, sowie für Lieferungen von Gegenständen einschließlich der Rohstoffe, Halberzeugnisse, Hilfsstoffe und Zutaten, die der Unternehmer zur gewerblichen Weiterveräußerung – sei es in derselben Beschaffenheit, sei es nach vorheriger Bearbeitung oder Verarbeitung – erwirbt;
   b) die entrichtete Einfuhrumsatzsteuer für Einfuhren, die den unter lit. a bezeichneten Lieferungen entsprechen;
2. Von allen im § 6 angeführten Berufsgruppen:
   a) die von anderen Unternehmern gesondert in Rechnung gestellte Steuer für Lieferungen von Wirtschaftsgütern des Anlagevermögens, die der Abnutzung unterliegen und deren Anschaffungskosten nach den Vorschriften des Einkommensteuerrechtes im Kalenderjahr der Anschaffung nicht in voller Höhe als Betriebsausgaben

abgesetzt werden können. Das gleiche gilt sinngemäß für jene Steuern, die von anderen Unternehmern für sonstige Leistungen im Zusammenhang mit der Herstellung eines abnutzbaren Wirtschaftsgutes des Anlagevermögens, dessen Herstellungskosten nach den Vorschriften des Einkommensteuerrechtes im Kalenderjahr der Herstellung nicht in voller Höhe als Betriebsausgabe abgesetzt werden können, gesondert in Rechnung gestellt wird;

b) die entrichtete Einfuhrumsatzsteuer für Einfuhren, die den unter lit. a bezeichneten Lieferungen entsprechen.

§ 8.

(1) Bei Mischbetrieben (zB Tischlerei und Möbelhandel, Bäcker und Zuckerbäcker) ist der Durchschnittssatz für jene Berufsgruppe heranzuziehen, deren Anteil am Umsatz im Sinne des § 5 Abs. 2 überwiegt. Der Unternehmer ist jedoch berechtigt, bei entsprechender Trennung der Umsätze den für die einzelne Berufsgruppe vorgesehenen Durchschnittssatz in Anspruch zu nehmen; die Trennung der Umsätze kann auch unter sinngemäßer Anwendung des § 18 Abs. 7 des Umsatzsteuergesetzes 1972 erfolgen.

(2) Werden bei Mischbetrieben Umsätze überwiegend in einer nicht im § 6 angeführten Berufsgruppe bewirkt, so ist die Ermittlung der abziehbaren Vorsteuer nach einem Durchschnittssatz grundsätzlich ausgeschlossen. Überwiegen hingegen die Umsätze in einer im § 6 angeführten Berufsgruppe, so ist die Anwendung eines Durchschnittssatzes insoweit möglich, als die Umsätze auf diese im § 6 angeführte Berufsgruppe entfallen. Die Trennung der Umsätze nach den einzelnen Berufsgruppen kann auch unter sinngemäßer Anwendung des § 18 Abs. 7 des Umsatzsteuergesetzes 1972 vorgenommen werden.

(3) Bei einem Handelsbetrieb, der nach § 6 zu einer der Sektion Handel zugehörigen Berufsgruppe zählt, ist die Ermittlung der abziehbaren Vorsteuer nach einem Durchschnittssatz nur dann ausgeschlossen, wenn die Umsätze im Großhandel sowie allfällige Handelsumsätze von im § 6 nicht angeführten Handelszweigen überwiegen.

3. ABSCHNITT

Gemeinnützige Einrichtungen

§ 9.

(1) Körperschaften, Personenvereinigungen und Vermögensmassen, die gemeinnützigen, mildtätigen oder kirchlichen Zwecken dienen (§§ 34 bis 38 der Bundesabgabenordnung), können für Ferienaktionen für Kinder und Jugendliche, Tagesmütteraktionen, die nach § 12 des Umsatzsteuergesetzes 1972 abziehbaren Vorsteuerbeträge mit einem Durchschnittssatz von 10 vH des aus der Tätigkeit der genannten Betriebe erzielten Umsatzes (§ 1 Abs. 1 Z 1 und 2 des Umsatzsteuergesetzes 1972) berechnen, wenn sie für keine der in den genannten Betrieben erbrachten Leistungen eine Rechnung im Sinne des § 11 des Umsatzsteuergesetzes 1972 ausstellen.

(2) Der Durchschnittssatz gilt nicht für Vorsteuern im Zusammenhang mit Leistungen, die im Rahmen eines land- und forstwirtschaftlichen Betriebes, eines Gewerbebetriebes oder eines wirtschaftlichen Geschäftsbetriebes im Sinne des § 45 Abs. 3 der Bundesabgabenordnung ausgeführt werden.

(3) Betriebe, für welche die Vorsteuern nach dem im Abs. 1 genannten Durchschnittssatz ermittelt werden, gelten als gesondert geführte Betriebe im Sinne des § 12 Abs. 7 des Umsatzsteuergesetzes 1972.

(4) Mit dem Durchschnittssatz werden sämtliche Vorsteuern abgegolten, die mit den im Abs. 1 bezeichneten Leistungen (einschließlich der Vorsteuern für Bauleistungen) zusammenhängen.

4. ABSCHNITT
Aufzeichnungspflichten und Geltungsbereich

§ 10.

Wird die abziehbare Vorsteuer nach einem Durchschnittssatz berechnet, so ist der Unternehmer insoweit von der Aufzeichnungspflicht gemäß § 18 Abs. 2 Z 4 und 5 des Umsatzsteuergesetzes 1972 befreit.

§ 11.

(1) Diese Verordnung tritt mit 1. Jänner 1984 in Kraft und ist erstmals auf Vorsteuerbeträge anzuwenden, die gemäß § 20 Abs. 2 des Umsatzsteuergesetzes 1972 in das Kalenderjahr 1984 fallen. Die Verordnung vom 3. Dezember 1980, BGBl. Nr. 576, in der Fassung der Verordnung vom 4. Dezember 1981, BGBl. Nr. 547, ist auf Vorsteuerbeträge, die nach dem 31. Dezember 1983 anfallen, nicht mehr anzuwenden.

(2) § 2 in der Fassung der Verordnung BGBl. II Nr. 416/2001 ist erstmals bei der Veranlagung für das Kalenderjahr 2002 anzuwenden.

Verordnung des Bundesministers für Finanzen über die Aufstellung von Durchschnittssätzen für die Ermittlung von Betriebsausgaben und Vorsteuerbeträgen bei Künstlern und Schriftstellern (Künstler/Schriftsteller-Pauschalierungsverordnung)
BGBl. II Nr. 417/2000 idF BGBl. II Nr. 636/2003

Auf Grund des § 17 Abs. 4 und 5 des Einkommensteuergesetzes 1988 und des § 14 Abs. 1 Z 2 des Umsatzsteuergesetzes 1994 wird verordnet:

§ 1.

Bei einer selbständigen künstlerischen Tätigkeit im Sinne des § 10 Abs. 2 Z 5 des Umsatzsteuergesetzes 1994 oder einer schriftstellerischen Tätigkeit können im Rahmen
1. der Gewinnermittlung bestimmte Betriebsausgaben,
2. der Entrichtung der Umsatzsteuer bestimmte abziehbare Vorsteuerbeträge

jeweils mit Durchschnittssätzen angesetzt werden. Voraussetzung ist, dass keine Buchführungspflicht besteht und auch nicht freiwillig Bücher geführt werden, die eine Gewinnermittlung nach § 4 Abs. 1 des Einkommensteuergesetzes 1988 ermöglichen.

§ 2.

Bei der Anwendung von Durchschnittssätzen gilt Folgendes:

(1) Durchschnittssätze können nur für die in Abs. 2 und 3 angeführten Betriebsausgaben und Vorsteuerbeträge angesetzt werden. Neben dem jeweiligen Durchschnittssatz dürfen Betriebsausgaben oder Vorsteuerbeträge nur dann berücksichtigt werden, wenn sie in vollem Umfang nach den tatsächlichen Verhältnissen angesetzt werden.

(2) Der Durchschnittssatz für Betriebsausgaben umfasst
1. Aufwendungen für übliche technische Hilfsmittel (insbesondere Computer, Ton- und Videokassetten inklusive der Aufnahme- und Abspielgeräte),
2. Aufwendungen für Telefon und Büromaterial,
3. Aufwendungen für Fachliteratur und Eintrittsgelder,
4. betrieblich veranlasste Aufwendungen für Kleidung, Kosmetika und sonstige Aufwendungen für das äußere Erscheinungsbild,
5. Mehraufwendungen für die Verpflegung (Tagesgelder im Sinne des § 4 Abs. 5 in Verbindung mit § 26 Z 4 des Einkommensteuergesetzes 1988),
6. Ausgaben für im Wohnungsverband gelegene Räume (insbesondere Arbeitszimmer, Atelier, Tonstudio, Probenräume),
7. Ausqaben anlässlich der Bewirtung von Geschäftsfreunden,
8. üblicherweise nicht belegbare Betriebsausgaben.

Der Durchschnittssatz beträgt 12% der Umsätze (§ 125 Abs. 1 der Bundesabgabenordnung), höchstens jedoch 8 725 Euro jährlich.

(3) Der Durchschnittssatz für Vorsteuerbeträge gilt die bei Betriebsausgaben im Sinne des Abs. 2 anfallenden Vorsteuern ab. Der Durchschnittssatz beträgt 12% des sich aus Abs. 2 ergebenden Durchschnittssatzes. Als Vorsteuer darf höchstens ein Betrag von 1 047 Euro jährlich angesetzt werden. Soweit die abziehbare Vorsteuer nach einem Durchschnittssatz berechnet wird, ist das Unternehmen von der Aufzeichnungspflicht gemäß § 18 Abs. 2 Z 5 und 6 des Umsatzsteuergesetzes 1994 befreit.

§ 3.

(1) (entfallen durch BGBl. II Nr. 636/2003)

(2) Die Inanspruchnahme der Pauschalierung nach § 1 Z 1 ist ausgeschlossen, wenn Betriebsausgaben oder Werbungskosten im Sinn des § 2 Abs. 2
- in tatsächlicher Höhe oder
- unter Inanspruchnahme der Verordnung über die Individualpauschalierung von Betriebsausgaben, Werbungskosten und Vorsteuern, BGBl. II Nr. 230/1999 in der Fassung BGBl. II Nr. 500/1999,

bei einer weiteren Tätigkeit geltend gemacht werden, die mit der künstlerischen oder schriftstellerischen Tätigkeit im Zusammenhang steht.

(3) Die Inanspruchnahme der Pauschalierung nach § 1 Z 2 ist ausgeschlossen, wenn Vorsteuern, die bei Betriebsausgaben im Sinn des § 2 Abs. 2 angefallen sind,
- in tatsächlicher Höhe oder
- unter Inanspruchnahme der Verordnung über die Individualpauschalierung von Betriebs-ausgaben, Werbungskosten und Vorsteuern, BGBl. II Nr. 230/1999 in der Fassung BGBl. II Nr. 500/1999,

bei einer weiteren Tätigkeit geltend gemacht werden, die mit der künstlerischen oder schriftstellerischen Tätigkeit im Zusammenhang steht.

(4) Neben dem Pauschbetrag nach dieser Verordnung können für die im § 2 genannten Betriebsausgaben oder Vorsteuerbeträge keine weiteren Pauschbeträge geltend gemacht werden.

§ 4.

(1) Die Verordnung ist erstmals bei der Veranlagung für das Kalenderjahr 2000 anzuwenden.

(2) § 2 Abs. 2 und 3, jeweils in der Fassung der Verordnung BGBl. II Nr. 416/2001, ist erstmals bei der Veranlagung für das Kalenderjahr 2002 anzuwenden.

(3) § 3 Absatz 1 in der Fassung vor BGBl. II Nr. 636/2003 ist letztmalig bei der Veranlagung für das Kalenderjahr 2002 anzuwenden.

Verordnung des Bundesministers für Finanzen über die Aufstellung eines Durchschnittssatzes für die Ermittlung der abziehbaren Vorsteuerbeträge bei Umsätzen aus dem Einstellen von fremden Pferden (PferdePauschV)

BGBl. II Nr. 48/2014 idF BGBl. II Nr. 159/2014

Aufgrund des § 14 Abs. 1 Z 2 iVm § 14 Abs. 2 des Umsatzsteuergesetzes 1994, BGBl. Nr. 663/1994, zuletzt geändert durch das Bundesgesetz BGBl. I Nr. 13/2014, wird verordnet:

§ 1.

Unternehmer, die weder buchführungspflichtig sind noch freiwillig Bücher führen, können die mit Umsätzen im Sinne des § 2 Abs. 1 zusammenhängenden Vorsteuerbeträge, die gemäß § 12 und Art. 12 des Umsatzsteuergesetzes 1994 abziehbar sind, ausgenommen solcher des § 2 Abs. 2, nach dem Durchschnittssatz gemäß § 3 berechnen.

§ 1a.

Bei Unternehmern, deren Umsätze gemäß § 2 Abs. 1 ertragsteuerlich zu Einkünften gemäß § 21 des Einkommensteuergesetzes 1988, BGBl. Nr. 400/1988 in der Fassung des Bundesgesetzes BGBl. I Nr. 13/2014, führen, ist die Verordnung nur anwendbar, wenn eine Umsatzgrenze von 400 000 Euro nicht überschritten wird. Für die Ermittlung dieser Umsatzgrenze und für den Zeitpunkt des Eintritts der aus Über- oder Unterschreiten der Umsatzgrenze resultierenden umsatzsteuerlichen Folgen ist § 125 der Bundesabgabenordnung, BGBl. Nr. 194/1961 in der Fassung des Bundesgesetzes BGBl. I Nr. 40/2014, sinngemäß anzuwenden.

§ 2.

(1) Ungeachtet der ertragsteuerlichen Beurteilung, sind Umsätze im Sinne des § 1 solche aus dem Einstellen fremder Pferde (Pensionshaltung von Pferden), die von ihren Eigentümern zur Ausübung von Freizeitsport, selbständigen oder gewerblichen, nicht land- und forstwirtschaftlichen Zwecken genutzt werden. Die Pensionshaltung von Pferden muss zumindest die Grundversorgung der Pferde (Unterbringung, Zurverfügungstellung von Futter und Mistentsorgung oder -verbringung) abdecken und umfasst neben der Grundversorgung sämtliche im Rahmen der Pensionshaltung von Pferden erbrachte Lieferungen und sonstige Leistungen (z. B. Pflege).

(2) Vorsteuerbeträge aus der Lieferung von ertragsteuerlich als Anschaffungs- oder Herstellungskosten zu qualifizierendem unbeweglichen Anlagevermögen, insoweit dieses der Pensionshaltung von Pferden dient, sind bei Vorliegen der Voraussetzungen des § 12 Umsatzsteuergesetz 1994 gesondert abziehbar.

§ 3.

Der Durchschnittssatz pro eingestelltem Pferd und Monat beträgt 24 Euro. Ist das Pferd nicht den ganzen Monat eingestellt, ist der Durchschnittssatz aliquot zu kürzen.

§ 4.

Soweit die abziehbaren Vorsteuerbeträge nach dem Durchschnittssatz berechnet werden, ist der Unternehmer von der Aufzeichnungspflicht gemäß § 18 Abs. 2 Z 5 und 6 Umsatzsteuergesetz 1994 befreit.

§ 5.

(1) Diese Verordnung ist erstmals bei der Veranlagung für das Kalenderjahr 2014 anzuwenden.

(2) § 1a in der Fassung der Verordnung BGBl. II Nr. 159/2014 ist erstmals bei der Veranlagung für das Kalenderjahr 2015 anzuwenden.

Erleichterungen bei der Aufteilung der Vorsteuerbeträge
§ 15.

(1) Bewirkt der Unternehmer Umsätze von Geldforderungen, die nach § 6 Abs. 1 Z 8 steuerfrei sind und bei denen mit der Vereinnahmung des Entgeltes zugleich das Entgelt für einen anderen, zum Vorsteuerabzug berechtigenden Umsatz des Unternehmers vereinnahmt wird, so müssen diese Umsätze bei der Aufteilung der Vorsteuerbeträge nach § 12 Abs. 5 in den Umsatzschlüssel nicht einbezogen werden. Bei der Aufteilung der Vorsteuerbeträge nach § 12 Abs. 5 Z 2 sind in diesen Fällen nur jene Vorsteuerbeträge nicht abziehbar, die diesen Umsätzen ausschließlich zuzurechnen sind.

(2) Die Erleichterung nach Abs. 1 gilt ferner für die nach § 6 Abs. 1 Z 8 steuerfreien verzinslichen Einlagen bei Kreditinstituten sowie für Lieferungen von gesetzlichen Zahlungsmitteln und inländischen amtlichen Wertzeichen, wenn diese Umsätze nur als Hilfsgeschäfte getätigt werden.

(3) Bei der Aufteilung der Vorsteuerbeträge nach § 12 Abs. 5 Z 2 gilt die Erleichterung nach Abs. 1 auch für steuerfreie Umsätze nach § 6 Abs. 1 Z 9 lit. a, wenn sie vom Unternehmer nur als Hilfsgeschäfte bewirkt werden.

UStR zu § 15:

Derzeit frei.
Randzahlen 2351 bis 2380: Derzeit frei.

Änderung der Bemessungsgrundlage
§ 16.

(1) Hat sich die Bemessungsgrundlage für einen steuerpflichtigen Umsatz im Sinne des § 1 Abs. 1 Z 1 und 2 geändert, so haben
1. der Unternehmer, der diesen Umsatz ausgeführt hat, den dafür geschuldeten Steuerbetrag, und
2. der Unternehmer, an den dieser Umsatz ausgeführt worden ist, den dafür in Anspruch genommenen Vorsteuerabzug entsprechend zu berichtigen. Die Berichtigungen sind für den Veranlagungszeitraum vorzunehmen, in dem die Änderung des Entgeltes eingetreten ist.

(2) Die Berichtigung des Vorsteuerabzuges kann unterbleiben, wenn ein dritter Unternehmer den auf die Minderung des Entgeltes entfallenden Steuerbetrag an das Finanzamt entrichtet; in diesem Fall ist der dritte Unternehmer Schuldner der Steuer. Die Steuer ist für den Veranlagungszeitraum zu entrichten, in dem die Änderung des Entgeltes eingetreten ist.

(3) Abs. 1 gilt sinngemäß, wenn
1. das Entgelt für eine steuerpflichtige Lieferung oder sonstige Leistung uneinbringlich geworden ist. Wird das Entgelt nachträglich vereinnahmt, so sind Steuerbetrag und Vorsteuerabzug erneut zu berichtigen;
2. für eine vereinbarte Lieferung oder sonstige Leistung ein Entgelt entrichtet, die Lieferung oder sonstige Leistung jedoch nicht ausgeführt worden ist;
3. eine steuerpflichtige Lieferung oder sonstige Leistung rückgängig gemacht worden ist.

(4) Ist eine Einfuhrumsatzsteuer, die als Vorsteuer abgezogen worden ist, herabgesetzt, erlassen oder erstattet worden, so hat der Unternehmer den Vorsteuerabzug entsprechend zu berichtigen. Der letzte Satz des Abs. 1 gilt sinngemäß.

(5) Werden die Entgelte für unterschiedlich besteuerte Lieferungen oder sonstige Leistungen eines bestimmten Zeitabschnittes gemeinsam geändert (zB Jahresboni, Jahresrückvergütungen), so hat der Unternehmer dem Abnehmer der Lieferungen oder dem Empfänger der sonstigen Leistungen einen Beleg zu erteilen, aus dem zu ersehen ist, wie sich die Änderung der Entgelte auf die unterschiedlich besteuerten Umsätze verteilt.

UStR zu § 16:

Rz	
1. Minderung, Erhöhung	2381
1.1 Allgemeines	2381
1.2 Entgeltsänderung infolge Uneinbringlichkeit	2388
1.3 Nachträgliche Änderung der EUSt	2390
1.4 Nachträgliche Entgeltsänderungen bei unterschiedlich besteuerten Leistungen	2391
1.5 Pfandgeld für Warenumschließungen	2393
1.6 Änderung der Bemessungsgrundlage bei Ausgabe von Gutscheinen	2394
2. Insolvenzverfahren	2401
2.1 Allgemeines	2401
2.2 Berichtigung des Vorsteuerabzuges gem § 16 UStG 1994	2404
2.3 Vorsteuerrückforderung gem § 12 Abs 10 und 11 UStG 1994	2406
2.4 Halbfertige Bauten – Rücktritt vom Vertrag	2407

§ 16 UStG

Rz
2.5 Halbfertige Bauten – Erfüllung des Vertrages 2408
2.6 Eigentumsvorbehalt im Insolvenzverfahren 2409
2.7 Verwertung der Konkursmasse insbesondere von Sicherungsgut im Konkurs 2412
2.8 Istbesteuerung und Vorsteuerabzug bei Anzahlungen im Insolvenzverfahren 2416

Rz
2.8.1 Istbesteuerung (Mindest-Istbesteuerung) des leistenden (nachmaligen) Gemeinschuldners 2416
2.8.2 Vorsteuerabzug des zahlenden (nachmaligen) Gemeinschuldners 2418
2.9 Uneinbringlichkeit von Forderungen des Gemeinschuldners 2420
3. Zentralregulierer 2431

1. Minderung, Erhöhung

1.1 Allgemeines

2381 Voraussetzung für die Berichtigungspflicht ist das Vorliegen eines **steuerpflichtigen Umsatzes**. Ein steuerfreier Umsatz löst mangels eines Steuer- bzw. Vorsteuerbetrages keine Berichtigungspflicht aus, gleichgültig, ob mit dem steuerfreien Umsatz der Verlust des Vorsteuerabzuges verbunden ist oder nicht. Hingegen bleibt die Verpflichtung zur Vornahme der Berichtigung bei einem steuerpflichtigen Umsatz auch dann bestehen, wenn dieser an einen nicht zum Vorsteuerabzug berechtigten Unternehmer ausgeführt wird. Für den leistenden Unternehmer ist somit allein die Tatsache maßgebend, dass sich die Bemessungsgrundlage für seinen (steuerpflichtigen) Umsatz geändert hat. Der Berichtigungspflicht des leistenden Unternehmers steht die Verpflichtung des Leistungsempfängers gegenüber, eine **Vorsteuerberichtigung** vorzunehmen. Die Verpflichtung zur Vorsteuerkorrektur trifft allerdings nur den Leistungsempfänger, der ganz oder teilweise zum Vorsteuerabzug berechtigt ist.

2382 Die häufigsten Fälle für eine Änderung der Bemessungsgrundlage sind die Zurückgewährung von Entgelten (zB bei teilweiser Rückgängigmachung des dem Umsatz zu Grunde liegenden Rechtsgeschäftes), Entgeltsminderungen (zB Skonti, Rabatte), Entgeltserhöhungen (zB aufgrund einer Wertsicherungsklausel) und die Uneinbringlichkeit des Entgelts. Auch ein Forderungsverzicht führt zu einer Minderung der Bemessungsgrundlage im Sinne des § 16 Abs. 1 UStG 1994 und löst eine Verpflichtung des Leistungsempfängers zur Vorsteuerkorrektur aus (vgl. VwGH 26.2.2014, 2009/13/0254). Die lediglich Nichtbezahlung des Entgelts führt hingegen nicht zur Minderung der Bemessungsgrundlage im Sinne des § 16 Abs. 1 UStG 1994 (vgl. EuGH 15.5.2014, Rs C-337/13, *Almos Agrárkülkereskedelmi kft*).

Erstattet der erste Unternehmer in einer Leistungskette dem letzten Abnehmer einen Teil des von diesem gezahlten Leistungsentgelts oder gewährt er ihm einen Preisnachlass, ändert sich die Bemessungsgrundlage für den Umsatz des ersten Unternehmers (an seinen Abnehmer der nächsten Stufe). Der erste Unternehmer hat deshalb den für seinen Umsatz geschuldeten Steuerbetrag zu berichtigen, auch wenn die Erstattung oder der Preisnachlass nicht in der unmittelbaren Leistungsbeziehung gewährt wird (vgl. EuGH 24.10.1996, Rs C-317/94, *Elida Gibbs*; EuGH 15.10.2002, Rs C-427/98, *Kommission gegen Deutschland*; BFH 13.07. 2006, V R 46/05).

Während es bei weiteren Unternehmern in einer solchen Leistungskette weder zu einer Änderung der Bemessungsgrundlage der Umsätze noch zu einer Vorsteuerkorrektur kommt, hat der letzte Abnehmer, sofern er zum Vorsteuerabzug berechtigt war, diesen ebenfalls zu berichtigen (siehe § 16 Rz 2396).

Handelt es sich bei der Lieferung des ersten Unternehmers in der Leistungskette um eine von einem anderen Mitgliedstaat ausgehende innergemeinschaftliche Lieferung, ist davon abweichend Folgendes zu berücksichtigen: Da die innergemeinschaftliche Lieferung idR steuerfrei ist, kann die Gewährung des Rabattes zwar nach Maßgabe der im jeweiligen Mitgliedstaat geltenden Vorschriften zu einer Änderung der Bemessungsgrundlage führen, dies hat aber mangels Steuerpflicht der Lieferung keine weitere Auswirkung auf das Steueraufkommen. Demzufolge besteht keine Veranlassung für den letzten Abnehmer in der Kette, den Vorsteuerabzug – sofern er einen solchen vornehmen konnte – zu berichtigen.

Gewährt ein Reisebüro als Vermittler dem Endverbraucher aus eigenem Antrieb und auf eigene Kosten einen Nachlass auf den Preis der vermittelten Leistung, die von einem Reiseveranstalter erbracht wird, sind die oben genannten Grundsätze nicht anzuwenden und ist eine Änderung (Minderung) der Bemessungsgrundlage beim Vermittler nicht zulässig (vgl. EuGH 16.1.2014, Rs C-300/12, Ibero Tours GmbH).

2383 Wird ein **Skonto** in Anspruch genommen, so ergeben sich unterschiedliche Auswirkungen, je nachdem, ob der Skontoabzug vom Gesamtpreis einschließlich USt (Bruttomethode) oder nur vom Entgelt (Nettomethode) vorgenommen wird.

Beispiel:
Es wird ein Gegenstand um 100 € plus 20 € USt, also um insgesamt 120 € geliefert.
Bei Zahlung innerhalb von zwei Wochen ist ein Skonto von 3% vereinbart.
1. Bruttomethode:
Der Leistungsempfänger zahlt 116,40 € (120 € abzüglich 3,60 € Skonto).
Der Leistende hat das Lieferentgelt auf 97 € (116,40 x 0,166) und den für die Lieferung geschuldeten Steuerbetrag auf 19,40 € (20% von 97 €) zu berichtigen.
Der Leistungsempfänger hat den Vorsteuerabzug auf 19,40 € zu berichtigen.
2. Nettomethode:
Der Skonto (3%) wird von 100 € berechnet. Der Leistungsempfänger zahlt somit nicht 120 €, sondern 117 €.
Der Leistende hat das Lieferentgelt auf 97,50 € (117 € x 0,166) und den Steuerbetrag auf 19,50 € (20% von 97,50 €) zu berichtigen.
Der Leistungsempfänger hat den Vorsteuerabzug auf 19,50 € zu berichtigen.

2384 Die Erstattung der Normverbrauchsabgabe nach § 12 NoVAG 1991 durch das Finanzamt an den Erwerber stellt weder für den Veräußerer noch für den Erwerber des KFZ eine Entgeltsminderung nach § 16 UStG 1994 dar.

2385 Grundlage für die Berichtigung des Entgelts ist jeweils der Minderungs-(Erhöhungs-)Betrag und der Steuersatz, dem der betreffende Umsatz unterzogen wurde.

2386 Eine Verpflichtung zur Belegerteilung besteht nur in jenen Fällen, in welchen das Gesetz ausdrücklich eine solche vorsieht. So ist zB im § 11 Abs. 13 UStG 1994 eine Berichtigung der Rechnung vorgesehen, wenn sich das Entgelt wegen des Abzuges von Wechselvorzinsen vermindert hat und in den Fällen des § 16 Abs. 5 UStG 1994.

Die Berichtigung hat jeweils für den Veranlagungszeitraum (Voranmeldungszeitraum) zu erfolgen, in dem die Änderung der Bemessungsgrundlage eingetreten ist.

Ist vereinbart, dass der leistende Unternehmer einen Rabatt gewährt und den hierfür vorgesehenen Geldbetrag auf ein separates, aber in seinem eigenen Verfügungsbereich stehendes Konto bucht, ist eine Minderung der Bemessungsgrundlage beim leistenden Unternehmer erst dann gegeben, wenn dem Kunden ein Teil des ursprünglichen Entgelts von diesem Konto ausbezahlt wurde oder dieser tatsächlich anderweitig darüber verfügen kann (vgl. EuGH 29.05.2001, Rs C-86/99, „Freemans plc").

2387 Die gegenständliche Bestimmung ist nur für nachträgliche Änderungen der Bemessungsgrundlage von Bedeutung. Änderungen, die noch vor der Versteuerung eingetreten sind, lassen sich bereits bei der Steuerberechnung für den jeweiligen Voranmeldungs- bzw. Veranlagungszeitraum berücksichtigen und stellen daher keinen Anwendungsfall des § 16 UStG 1994 dar.

1.2 Entgeltsänderung infolge Uneinbringlichkeit

2388 Eine Berichtigung von Steuer und Vorsteuer ist auch dann vorzunehmen, wenn das vereinbarte Entgelt für eine steuerpflichtige Lieferung oder sonstige Leistung uneinbringlich geworden ist. Ob und wann eine Forderung als uneinbringlich angesehen werden kann, wird nach den Umständen des Einzelfalles zu entscheiden sein. Ist die Einbringlichkeit einer Forderung bloß zweifelhaft, kann noch nicht von einer Uneinbringlichkeit ge-

§ 16 UStG

sprochen werden (VwGH vom 03.09.2008, 2003/13/0109). Die Bildung einer Delkrederepost wegen Zweifelhaftigkeit einer Forderung berechtigt daher noch nicht zu einer Entgeltsberichtigung im Sinne dieser Bestimmung. Erst die **Zahlungsunfähigkeit des Schuldners** oder die **Minderung des Entgelts** auf Grund eines Gerichtsurteiles oder Vergleiches usw. stellen echte Fälle von Uneinbringlichkeit dar (**vgl. VwGH 29.1.2015, 2012/15/0012**). Im Zweifel wird das Finanzamt den Nachweis der Uneinbringlichkeit einer Forderung verlangen müssen.

2389 Ein Belegaustausch ist in der gegenständlichen Bestimmung nicht vorgesehen. Der Unternehmer, dessen Forderung ganz oder teilweise uneinbringlich geworden ist, kann daher in Höhe des Forderungsausfalles eine **Entgeltsminderung** vornehmen, ohne den Schuldner hievon verständigen zu müssen. Das Finanzamt des berichtigenden Unternehmers (Gläubigers) hat jedoch das Finanzamt des zahlungsunfähigen Unternehmers (Schuldners) auf die Uneinbringlichkeit der Forderung im Wege einer Kontrollmitteilung hinzuweisen.

1.3 Nachträgliche Änderung der EUSt

2390 Durch diese Bestimmung wird die Berichtigung des Vorsteuerabzuges in jenen Fällen geregelt, in welchen die als Vorsteuer abgezogene EUSt nachträglich herabgesetzt, erlassen oder erstattet worden ist.

1.4 Nachträgliche Entgeltsänderungen bei unterschiedlich besteuerten Leistungen

2391 Durch diese Bestimmung wird eine **Belegerteilungspflicht** für jene Fälle statuiert, in welchen Entgelte für unterschiedlich besteuerte Lieferungen oder sonstige Leistungen eines bestimmten Zeitabschnittes gemeinsam geändert werden. Aus dem Beleg, den der Unternehmer dem Leistungsempfänger zu erteilen hat, muss zu ersehen sein, wie sich die **Änderung der Entgelte** auf die unterschiedlich besteuerten Umsätze verteilt.

2392 Dieser Bestimmung wird insbesondere in allen jenen Fällen Bedeutung zukommen, in welchen **Jahresboni** oder **Jahresrückvergütungen** gewährt werden, was vor allem bei Genossenschaften sehr häufig vorkommt. Die Aufteilung der Entgeltsminderungen auf die Steuersätze kann für den Unternehmer allerdings oft mit großen Schwierigkeiten verbunden sein. Aus Vereinfachungsgründen können Unternehmer, denen auf Grund des § 18 Abs. 7 UStG 1994 vom Finanzamt die nachträgliche Trennung der Entgelte nach Steuersätzen gestattet worden ist, nachträgliche Entgeltsminderungen (zB durch Skonti, Rabatte oder sonstige Preisnachlässe) nach dem Verhältnis zwischen den Umsätzen, die verschiedenen Steuersätzen unterliegen, sowie den steuerfreien und nichtsteuerbaren Umsätzen eines Voranmeldungszeitraumes aufteilen. Die Finanzämter können auch anderen Unternehmern, die in großem Umfang Umsätze ausführen, die verschiedenen Steuersätzen unterliegen, auf Antrag jederzeitigen Widerruf **Erleichterungen für die Trennung nachträglicher Entgeltsminderungen** gewähren. Diesen Unternehmern kann ebenfalls gestattet werden, die Entgeltsminderungen eines Voranmeldungszeitraumes in dem gleichen Verhältnis aufzuteilen, in dem die nichtsteuerbaren, steuerfreien und die verschiedenen Steuersätzen unterliegenden Umsätze des gleichen Zeitraumes zueinander stehen. Voraussetzung für die Zulassung dieses Verfahrens ist, dass die Verhältnisse zwischen den Umsatzgruppen innerhalb der einzelnen Voranmeldungszeiträume keine nennenswerten Schwankungen aufweisen.

1.5 Pfandgeld für Warenumschließungen

2393 Die Lieferung der Waren und die Überlassung der Warenumschließung bilden in der Regel eine einheitliche Leistung im Sinne von Haupt- und Nebenleistung. Der Käufer erhält die Ware nur dann, wenn er außer dem Kaufpreis auch das Pfandgeld für die Warenumschließung (zB Flaschenpfand, „Kaution" für Gasflaschen und Gastanks) entrichtet. Das vom Abnehmer aufgewendete Pfandgeld für die Warenumschließung ist Teil des Entgelts für die einheitliche Warenlieferung. Die **Rückerstattung des Pfandgelds** stellt regelmäßig eine **Entgeltsminderung** dar. Grundsätzlich kann jedoch bei einem Unternehmer nur jenes Leergut eine Entgeltsminderung auslösen, für welches vorher von diesem Unternehmer das Pfandgeld eingehoben wurde (VwGH 30. Mai 1988, 86/15/0119).

Da die Beurteilung, ob nach diesen Grundsätzen die Leergutrücknahme bzw. die Rückgewährung des Pfandgeldes zu einer Entgeltsminderung führt, nur über einen längeren Zeitraum möglich ist, ist aus Vereinfachungsgründen ein **Überhang an zurückgegebenem Leergut von bis zu 20 %** der im selben Jahr veräußerten Leergutmenge zu tolerieren.

1.6 Änderung der Bemessungsgrundlage bei der Ausgabe von Gutscheinen

2394 Die Ausgabe eines Gutscheins im Rahmen einer Werbemaßnahme, der einen Endabnehmer in die Lage versetzt, eine Leistung um den Nennwert des Gutscheins verbilligt zu erwerben, kann zu einer Minderung der Bemessungsgrundlage führen. Dies gilt unabhängig davon, ob die mit dem Gutschein verbundene Vergütung auf allen Stufen der Leistungskette vom Hersteller bis zum Endabnehmer erfolgt. Die Minderung der Bemessungsgrundlage ist von dem Unternehmer geltend zu machen, der den Umsatz ausführt und den finanziellen Aufwand für die Vergütung des Gutscheins trägt (= Gutscheinaussteller, zB Hersteller), während bei dem Unternehmer, an den dieser Umsatz ausgeführt worden ist, der Vorsteuerabzug unverändert bleibt (vgl. EuGH 24.10.1996, C-317/94, „Elida Gibbs", sowie 15.10.2002, C-427/98, „Kom/Deutschland").

Eine Minderung der Bemessungsgrundlage kommt nicht in Betracht, wenn der mit dem eingelösten Gutschein verbundene finanzielle Aufwand vom Unternehmer aus allgemeinem Werbeinteresse getragen wird und nicht einem nachfolgenden Umsatz in der Leistungskette (Hersteller–Endabnehmer) zugeordnet werden kann.

Beispiel 1:

Das Kaufhaus K verteilt Gutscheine an Kunden zum Besuch eines in dem Kaufhaus von einem fremden Unternehmer F betriebenen Frisiersalons. K will mit der Maßnahme erreichen, dass Kunden aus Anlass der Gutscheineinlösung bei F das Kaufhaus aufsuchen und dort Waren erwerben. K kann keine Minderung der Bemessungsgrundlage seiner Umsätze vornehmen.

Beispiel 2:

Der Automobilhersteller A erwirbt bei einem Mineralölkonzern M Gutscheine, die zum Bezug sämtlicher Waren und Dienstleistungen berechtigen, die in den Tankstellen des M angeboten werden. Diese Gutscheine gibt A über Vertragshändler an seine Kunden beim Erwerb eines neuen Autos als Zugabe weiter. A kann keine Minderung der Bemessungsgrundlage seiner Umsätze vornehmen. Der Kunde erhält das Auto nicht billiger, sondern lediglich die Möglichkeit, bei einem dritten Unternehmer – hier M – Leistungen zu beziehen, deren Entgelt bereits von dritter Seite entrichtet wurde.

2395 Als Gutscheine gelten allgemein schriftlich zugesicherte Rabatt- oder Vergütungsansprüche, zB in Form von Kupons, die ein Unternehmer zur Förderung seiner Umsätze ausgibt und die auf der gleichen oder nachfolgenden Umsatzstufe den Leistungsempfänger berechtigen, die Leistung im Ergebnis verbilligt um den Nennwert des Gutscheins in Anspruch zu nehmen. Der Nennwert des Gutscheins entspricht einem Bruttobetrag, d.h. er schließt die Umsatzsteuer ein.

Das Einlösen des Gutscheins kann in der Weise erfolgen, dass der Endabnehmer den Gutschein beim Erwerb der Leistung an Zahlungs Statt einsetzt und der Zwischenhändler sich den Nennwert des Gutscheins vom Unternehmer, der den Gutschein ausgegeben hat, oder in dessen Auftrag von einem anderen vergüten lässt (Preisnachlassgutschein) oder dass der Endabnehmer direkt vom Unternehmer, der den Gutschein ausgegeben hat, oder in dessen Auftrag von einem anderen eine nachträgliche Vergütung erhält (Preiserstattungsgutschein).

2396 Wird die Leistung an einen voll oder teilweise zum Vorsteuerabzug berechtigten Unternehmer als Endabnehmer bewirkt, der den Gutschein einlöst, mindert sich bei diesem Endabnehmer der Vorsteuerabzug aus der Leistung um den im Nennwert des Gutscheins enthaltenen Umsatzsteuerbetrag, ohne dass es bei dem Unternehmer, der diesen Umsatz ausgeführt hat, (zB Einzelhändler) zu einer Berichtigung seiner Bemessungsgrundlage kommt. Die Minderung der Bemessungsgrundlage beim Unternehmer,

§ 16 UStG

der den Gutschein ausgegeben und vergütet hat (zB Hersteller), kommt auch in diesen Fällen in Betracht.

2397 Für die Minderung der Bemessungsgrundlage beim Unternehmer, der den Gutschein ausgegeben und vergütet hat (= Gutscheinaussteller zB Hersteller), ist Voraussetzung, dass:
- der Gutscheinaussteller eine im Inland steuerpflichtige Leistung erbracht hat,
- der Gutscheinaussteller einem Abnehmer, der nicht unmittelbar in der Leistungskette nachfolgen muss, den Nennwert eines ausgegebenen Gutscheins vergütet hat,
- die Leistung an den Endabnehmer, der den Gutschein einlöst, im Inland steuerpflichtig ist und
- der Gutscheinaussteller das Vorliegen der vorstehenden Voraussetzungen nachweisen kann.

Die Minderung der Bemessungsgrundlage hängt nicht davon ab, ob der Unternehmer seine Leistung unmittelbar an den Einzelhändler oder an einen Großhändler oder Zwischenhändler bewirkt.

2398 Die Bemessungsgrundlage beim Unternehmer, der den Gutschein ausgegeben und vergütet hat, wird um den Vergütungsbetrag abzüglich der Umsatzsteuer gemindert, die sich nach dem Umsatzsteuersatz berechnet, der auf den Umsatz Anwendung findet, für den der Gutschein eingelöst wird. Der Unternehmer kann entsprechend § 16 Abs. 1 letzter Satz UStG 1994 die Minderung der Bemessungsgrundlage frühestens für den Besteuerungszeitraum vornehmen, in dem die Änderung der Bemessungsgrundlage eingetreten ist, d.h. für den Besteuerungszeitraum, in dem der Unternehmer den Gutschein vergütet hat. Eine Berichtigung der Rechnung an den unmittelbaren Abnehmer des Gutscheinausstellers (zB Großhändler) hat nicht zu erfolgen. Ebenso wenig kommt es zu einer Änderung des Vorsteuerabzugs bei diesem Abnehmer und bei allen weiteren Unternehmern in der Lieferkette ausgenommen dem Endabnehmer.

In den Fällen des Preisnachlassgutscheines ist der Nennwert des Gutscheines Teil der Gegenleistung für die Lieferung des Einzelhändlers an den Endverbraucher (wirkt wie ein Entgelt von dritter Seite durch den Hersteller; vgl. EuGH 24.10.1996, C-288/94, „Argos Distributors", sowie 16.1.2003, C-398/99, „Yorkshire Co-operatives Ltd"). Die Hingabe des Gutscheines an Zahlungs Statt führt somit zu keiner Minderung der Bemessungsgrundlage des Einzelhändlers. Für Unternehmer, die auf den Produktions- und Vertriebsstufen vor der Endverbrauchsstufe tätig sind (Zwischenhändler, Großhändler), muss die Umsatzbesteuerung im Ergebnis neutral sein.

2399 Im Falle der Minderung der Bemessungsgrundlage infolge Vergütung eines Gutscheines hat der Unternehmer, der diesen Gutschein ausgegeben und vergütet hat, den Nachweis regelmäßig wie folgt zu führen:

Preisnachlassgutschein:
1. Durch einen Beleg über Datum und Höhe der Vergütung an den Einzelhändler; der Beleg soll außerdem folgende Angaben enthalten:
a) Bezeichnung (zB Registriernummer) des Gutscheins,
b) Name und Anschrift des Endabnehmers,
c) Angaben zur Vorsteuerabzugsberechtigung des Endabnehmers und
2. durch Vorlage eines Beleges des Einzelhändlers, aus dem sich ergibt, dass die Leistung an den Endabnehmer im Inland steuerpflichtig ist; aus dem Beleg müssen sich der maßgebliche Steuersatz und der Preis, aufgegliedert nach dem vom Endabnehmer aufgewendeten Betrag und Nennwert des Gutscheins, den der Endabnehmer an Zahlungs Statt hingibt, ergeben.

Preiserstattungsgutschein
1. Durch eine Kopie der Rechnung des Einzelhändlers, aus der sich eindeutig der steuerpflichtige Umsatz ergibt, für den die Vergütung geleistet wurde, und
2. durch einen Beleg über Datum und Höhe der Vergütung (zB Überweisung oder Barzahlung) des Nennwerts des Gutscheins gegenüber dem Endabnehmer; der Beleg soll außerdem folgende Angaben enthalten:
a) Bezeichnung (zB Registriernummer) des Gutscheins,

b) Name und Anschrift des Endabnehmers,
c) Angaben zur Vorsteuerabzugsberechtigung des Endabnehmers.

Die Nachweise können sich auch aus der Gesamtheit anderer beim Unternehmer, der den Gutschein ausgegeben und vergütet hat, vorliegender Unterlagen ergeben, wenn sich aus ihnen leicht und eindeutig nachprüfen lässt, dass die Voraussetzungen für eine Minderung der Bemessungsgrundlage vorgelegen haben.

2400 **Beispiel 1:**

Hersteller A verkauft an den Zwischenhändler B ein Möbelstück für 1.000 Euro zuzüglich 200 Euro gesondert ausgewiesener USt. B verkauft dieses Möbelstück an den Einzelhändler C für 1.500 Euro zuzüglich 300 Euro gesondert ausgewiesener USt. C verkauft dieses Möbelstück an den Endabnehmer D für 2.000 Euro zuzüglich 400 Euro gesondert ausgewiesener USt. D zahlt C einen Barbetrag in Höhe von 2040 Euro und übergibt C einen von A ausgegebenen Warengutschein mit einem Nennwert von 360 Euro an Zahlungs Statt. C legt den Warengutschein A vor und erhält von diesem eine Vergütung in Höhe von 360 Euro (Preisnachlassgutschein).

Hersteller A kann die Bemessungsgrundlage seiner Lieferung um 300 Euro mindern (360 Euro 1,2). Die geschuldete USt des A vermindert sich um 60 Euro. Einer Rechnungsberichtigung bedarf es nicht. Zwischenhändler B hat in Höhe des in der Rechnung des A ausgewiesenen Umsatzsteuerbetrages – unter den weiteren Voraussetzungen des § 12 UStG 1994 – einen Vorsteuerabzug in Höhe von 200 Euro. Die Bemessungsgrundlage für die Lieferung des C an D ermittelt sich aus der Barzahlung des D in Höhe von 2.040 Euro und dem von A gezahlten Erstattungsbetrag in Höhe von 360 Euro abzüglich der in diesen Beträgen enthaltenen USt (2.040 Euro + 360 Euro = 2.400 Euro : 1,2 = 2.000 Euro). Im Endergebnis fallen insgesamt 340 Euro USt an (Abführung von 400 Euro durch C abzüglich der Minderung in Höhe von 60 Euro bei A); dies entspricht dem Umsatzsteuerbetrag, der in dem vom Endabnehmer D tatsächlich aufgewendeten Betrag enthalten ist, mit dem D also tatsächlich wirtschaftlich belastet ist (2040 Euro : 1,2 × 20%). Ist D ein vorsteuerabzugsberechtigter Unternehmer, darf er nur einen Vorsteuerabzug in Höhe von 340 Euro geltend machen.

Beispiel 2:

Wie Beispiel 1, aber D zahlt C den gesamten Kaufpreis in Höhe von 2.400 Euro und legt den Gutschein A vor. A zahlt eine Vergütung in Höhe von 360 Euro. (Preiserstattungsgutschein).

Hersteller A kann die Bemessungsgrundlage seiner Lieferung um 300 Euro mindern (360 Euro : 1,2). Die geschuldete USt des A vermindert sich um 60 Euro. Einer Rechnungsberichtigung bedarf es nicht. Beim Zwischenhändler B tritt in der Höhe seines Vorsteuerabzuges keine Änderung ein, ebenso beim Einzelhändler C. Die Bemessungsgrundlage für die Lieferung des C an D setzt sich aus der Barzahlung des D abzüglich der darin enthaltenen USt zusammen. Wäre D ein vorsteuerabzugsberechtigter Unternehmer, müsste er im Voranmeldungszeitraum der Gutscheinerstattung seinen Vorsteuerabzug um 60 Euro berichtigen.

2. Insolvenzverfahren
2.1 Allgemeines

2401 Die **Einleitung des Insolvenzverfahrens** berührt nicht die Unternehmereigenschaft des Gemeinschuldners. Der Gemeinschuldner bleibt Zurechnungssubjekt der von der bzw. an die Masse ausgeführten Leistungen und Steuerschuldner (VwGH 27.5.1998, 93/13/0052).

Der im Sanierungsverfahren bestellte Treuhänder wird als gesetzlicher Vertreter für den Unternehmer tätig; Umsätze sind weiterhin diesem zuzurechnen.

2402 Der Voranmeldungs- bzw. Veranlagungszeitraum wird durch die Insolvenzeröffnung weder unterbrochen noch beendet. Ein laufendes Veranlagungsverfahren wird ebenfalls nicht unterbrochen. Die Insolvenzeröffnung ist aber entscheidende Zäsur für die insolvenzrechtliche Qualifikation der USt-Forderungen.

§ 16 UStG

2403 Maßgeblich für das Vorliegen einer privilegierten Forderung (Masseforderung) ist, dass es sich um Steuern handelt, die die Masse bzw. das unter Eigenverwaltung stehende Vermögen treffen und dass der die Abgabepflicht auslösende Sachverhalt während des Insolvenzverfahrens (Sanierungsverfahrens) verwirklicht wird (§ 46 Z 2 IO, § 174 IO).

2.2 Berichtigung des Vorsteuerabzuges gemäß § 16 UStG 1994

2404 Werden im Insolvenzverfahren Verbindlichkeiten für Leistungen an das Unternehmen, für die der Vorsteuerabzug in Anspruch genommen worden ist, uneinbringlich, ergibt sich die Verpflichtung zur **Vorsteuerberichtigung** (VwGH 29.1.2015, 2012/15/0012). Den Rückforderungsanspruch hat das Finanzamt als Gläubiger im Insolvenzverfahren geltend zu machen.

2405 Für die insolvenzrechtliche Einordnung der Umsatzsteuerforderung ist davon auszugehen, dass die Uneinbringlichkeit im Sinne des § 16 Abs. 3 UStG 1994 in der Regel vor der Eröffnung des Insolvenzverfahrens eintritt und dieser Rückforderungsanspruch somit eine Insolvenzforderung darstellt. Die Vorsteuerberichtigung ist daher als Steuer des letzten Voranmeldungszeitraumes vor der Eröffnung des Insolvenzverfahrens anzumelden.

Die Höhe der Vorsteuerberichtigung ist entsprechend dem voraussichtlichen Ausmaß der Uneinbringlichkeit (der voraussichtlichen Quote) zu ermitteln. Davon ausgehend ist der Vorsteuerberichtigungsbetrag und in weiterer Folge der Vorsteuerrückforderungsanspruch (Insolvenzforderung) zu errechnen.

Wenn für den UVA-Zeitraum des letzten Voranmeldungszeitraumes vor Eröffnung des Insolvenzverfahrens eine Veranlagung im laufenden Insolvenzverfahren durchzuführen ist, so hat der Umsatzsteuerjahresbescheid vorläufig iSd § 200 BAO zu ergehen, wenn die Quotenhöhe und somit der Vorsteuerberichtigungsbetrag bis dahin noch ungewiss ist. Sollte sich die ursprüngliche Vorsteuerberichtigung der Höhe nach als nicht richtig erweisen, ist diese nach Ermittlung der Quote im Gerichtsverfahren neuerlich und umgehend zu berichtigen. Allfällige Differenzen sind als Mehr- oder Minderbetrag hinsichtlich der angemeldeten Insolvenzforderung des Finanzamtes geltend zu machen.

Sollte die Quote nicht oder nicht zur Gänze entrichtet werden, wäre unter Umständen die berichtigte Vorsteuerberichtigung ein weiteres Mal zu berichtigen.

2.3 Vorsteuerrückforderung gemäß § 12 Abs. 10 und 11 UStG 1994

2406 Wird im Zuge eines Insolvenzverfahrens Masse verwertet, so kann eine steuerfreie Veräußerung (zB ein steuerfreier Grundstücksumsatz) eine **Vorsteuerberichtigung** gemäß § 12 Abs. 10 UStG 1994 auslösen. Die Vorsteuerberichtigung nach § 12 Abs. 10 UStG 1994 führt im Insolvenzverfahren (OGH 25.02.2000, 8 Ob 144/99f) zu einer Insolvenzforderung (anders VwGH 19.10.1999, 98/14/0143) und im Sanierungsverfahren nicht zu einer bevorrechteten Forderung

2.4 Halbfertige Bauten – Rücktritt vom Vertrag

2407 Ist ein Vertrag von dem (Insolvenz)Schuldner und dem anderen Teil zur Zeit der Insolvenzeröffnung noch nicht oder nicht vollständig erfüllt worden, so kann der Insolvenzverwalter gemäß § 21 Abs. 1 IO entweder an Stelle des Schuldners den Vertrag erfüllen und vom anderen Teil Erfüllung verlangen oder vom Vertrag zurücktreten.

Tritt der Insolvenzverwalter vom Vertrag zurück, so ist die Verfügungsmacht am tatsächlich erbrachten Teil der Werklieferung bereits mit der Insolvenzeröffnung verschafft worden. Die für die Lieferung geschuldete Umsatzsteuer ist daher Insolvenzforderung (EvBl 1988, 86).

2.5 Halbfertige Bauten – Erfüllung des Vertrages

2408 Erfüllt der Insolvenzverwalter (Unternehmer) den Vertrag, gelten die allgemeinen Vorschriften betreffend den Zeitpunkt der Lieferung, wobei der Zeitpunkt der Verschaffung der Verfügungsmacht maßgeblich ist. Eine Zweiteilung der Lieferung (vor und nach der Insolvenzeröffnung) ist nicht zulässig. Es handelt sich um ein einheitliches Ganzes und die Umsatzsteuer stellt zur Gänze eine Masseforderung dar.

§ 16 UStG

2.6 Eigentumsvorbehalt im Insolvenzverfahren

2409 Macht der Vorbehaltseigentümer vom Rücktritt Gebrauch, kommt es zur Rückgängigmachung der ursprünglichen Lieferung. Die nicht steuerbare Rückgabe des Liefergegenstandes führt zur Berichtigung des seinerzeit vom (Insolvenz)Schuldner geltend gemachten Vorsteuerabzuges. Diese Vorsteuerrückforderung ist eine Insolvenzforderung.

2410 Erfolgt der Rücktritt durch den Vorbehaltskäufer (durch den Insolvenzverwalter gemäß § 21 IO), ist der wirtschaftliche Erfolg kein anderer als bei Geltendmachung des Eigentumsvorbehaltes durch den Gläubiger. Die Vorsteuerrückforderung stellt ebenfalls eine Insolvenzforderung dar.

2411 Im Falle des abgetretenen Eigentumsvorbehaltes liegt bei der Geltendmachung des Eigentumsvorbehaltes eine Lieferung des Abnehmers [(Insolvenz)Schuldners] an den Vorbehaltseigentümer vor (vgl. VwGH 27.06.2000, 97/14/0147).

2.7 Verwertung der Konkursmasse insbesondere von Sicherungsgut im Konkurs

2412 Die Veräußerung des Massevermögens durch den Insolvenzverwalter führt zu steuerpflichtigen Umsätzen, die dem (Insolvenz)Schuldner zuzurechnen sind (vgl. VwGH 27.05.1998, 93/13/0052).

Keine Rolle spielt, ob einzelne Wirtschaftsgüter aus der Insolvenzmasse durch freihändigen Verkauf, gerichtliche Versteigerung auf Antrag des Insolvenzverwalters veräußert werden oder ob das gesamtschuldnerische Unternehmen im Ganzen veräußert wird. Die aus diesen Umsätzen resultierende Steuerschuld ist insolvenzrechtlich eine **Masseforderung**.

2413 Bezüglich des **Sicherungsgutes** (Sicherungseigentum, Pfandrechte, Zurückbehaltungsrechte), das Teil der Insolvenzmasse ist, hat der Gläubiger im Insolvenzverfahren so genannte Absonderungsrechte, dh. Rechte auf abgesonderte Befriedigung aus bestimmten Sachen (Rechten) des Schuldners. Bei der Veräußerung von Gegenständen, die zu einer Sondermasse gehören, ist zu unterscheiden:

2414 Bei Veräußerung des Sicherungsgutes durch den Insolvenzverwalter sind die Umsatzsteuerforderungen gemäß § 49 Abs. 1 IO Sondermassekosten, die vor Befriedigung der Absonderungsgläubiger zu entrichten sind (vgl. OGH 27.04.1989, 8 Ob 29/88, SZ 62/81).

2415 **Veräußert der Sicherungsnehmer** (Gläubiger) das **Sicherungsgut**, fallen zwei Lieferungen an. Der (Insolvenz)Schuldner liefert an den Gläubiger und dieser an den Dritten. Bei der Lieferung des Sicherungsguts durch den (Insolvenz)Schuldner (Sicherungsgeber) an den Gläubiger (Sicherungsnehmer) geht die Steuerschuld auf den Leistungsempfänger über, wenn es sich bei diesem um einen Unternehmer oder eine juristische Person des öffentlichen Rechts handelt (§ 19 Abs. 1b lit. a UStG 1994).

2.8 Istbesteuerung und Vorsteuerabzug bei Anzahlungen im Insolvenzverfahren

2.8.1 Istbesteuerung (Mindest-Istbesteuerung) des leistenden (nachmaligen) Gemeinschuldners

2416 Die Leistung wird erbracht:

Maßgeblich für die insolvenzrechtliche Beurteilung ist stets der **Zeitpunkt der Leistung**. Das bedeutet:
- Vor Insolvenzeröffnung wurde geleistet, nach Insolvenzeröffnung erfolgt die Vereinnahmung: Die Umsatzsteuer ist eine Insolvenzforderung.
- Vereinnahmung vor Insolvenzeröffnung (wurde nicht versteuert), Leistung nach Insolvenzeröffnung (Insolvenzverwalter tritt nicht zurück): Die Umsatzsteuer ist eine Masseforderung.

2417 Die Leistung wird nicht erbracht (Der Insolvenzverwalter tritt vom Vertrag zurück).
- Vereinnahmung vor Insolvenzeröffnung: Die Steuerschuld fällt weg.
- Vereinnahmung vor Insolvenzeröffnung, der (Insolvenz)Schuldner hat die Zahlung versteuert.

Die Umsatzsteuerschuld fällt weg. Die Versteuerung ist rückgängig zu machen (im Voranmeldungszeitraum der Änderung).

Der Rückforderungsanspruch aus der Umsatzsteuerberichtigung ist mit den Insolvenzforderungen des Finanzamtes aufrechenbar.

2.8.2 Vorsteuerabzug des zahlenden (nachmaligen) Gemeinschuldners

2418. Der Insolvenzverwalter tritt vom Vertrag nicht zurück [die Leistung wird an den (Insolvenz)Schuldner erbracht], vor Insolvenzeröffnung hat der [nachmalige (Insolvenz-)Schuldner] bezahlt, aber vor Insolvenzeröffnung keinen Vorsteuerabzug vorgenommen.

Die Vorsteuer aus der Anzahlungsrechnung wird mit Insolvenzforderungen aufrechenbar sein, sofern sie nicht schon geltend gemacht wurde (auch wenn die Anzahlungsrechnung durch den Vertragspartner erst nach Eröffnung des Insolvenzverfahrens ausgestellt wird). Die Vorsteuer aus der Schlussrechnung (oder aus weiteren Anzahlungen nach Insolvenzeröffnung) ist hingegen nur mit Masseforderungen des Finanzamtes verrechenbar.

2419. Der Insolvenzverwalter tritt vom Vertrag zurück, der (Insolvenz)Schuldner hat vor Insolvenzeröffnung eine Anzahlung geleistet und den Vorsteuerabzug vorgenommen.

Es kommt zu einer Rückgängigmachung des geltend gemachten Vorsteuerabzuges. Die Vorsteuerrückforderung stellt eine Insolvenzforderung des Fiskus dar.

2.9 Uneinbringlichkeit von Forderungen des Gemeinschuldners

2420 Im Falle der Uneinbringlichkeit von Forderungen des (Insolvenz)Schuldners betreffend Leistungen, die **er noch** vor Insolvenzeröffnung erbracht **hat**, ist die Umsatzsteuer des (Insolvenz)Schuldners zu berichtigen. **Für die insolvenzrechtliche Qualifikation des sich daraus ergebenden Umsatzsteuer-Rückforderungsanspruches des (Insolvenz)Schuldners gegenüber dem Finanzamt ist der Zeitpunkt des Eintritts der Uneinbringlichkeit maßgeblich. Wurde die Forderung des (Insolvenz)Schuldners erst nach der Insolvenzeröffnung uneinbringlich, ist d**ieser Umsatzsteuer-Rückforderungsanspruch grundsätzlich mit Masseforderungen des Finanzamtes aufrechenbar. Nur in den Fällen, in denen die Umsatzsteuer nicht abgeführt wurde, ist der Rückforderungsanspruch zur Vermeidung einer ungerechtfertigten Bereicherung der Masse mit Insolvenzforderungen des Finanzamtes aufzurechnen.

Randzahlen 2421 bis 2430: Derzeit frei.

3. Zentralregulierer

2431 Als Zentralregulierer wird ein Unternehmer bezeichnet, der den **Abrechnungsverkehr** zwischen in der Regel mehreren Abnehmern und deren Lieferanten durchführt. Der Zentralregulierer zahlt – unabhängig davon, wann der jeweilige Abnehmer an ihn zahlt – in der Regel innerhalb der von den Lieferanten gesetzten Skontofrist und nimmt daher den größtmöglichen Skontoabzug vor. Dieser Abzug stellt beim Lieferanten eine Entgeltsminderung dar. Die somit beim Abnehmer erforderliche Berichtigung des Vorsteuerabzuges kann jedoch auf **erhebliche praktische Schwierigkeiten** stoßen. § 16 Abs. 2 UStG 1994 bestimmt, dass die Berichtigung des Vorsteuerabzuges beim Abnehmer unterbleiben kann, so weit der auf die Entgeltsminderung entfallende Steuerbetrag von einem dritten Unternehmer entrichtet wird. Der Zentralregulierer ist diesfalls Steuerschuldner; die Steuerschuld entsteht für den Veranlagungszeitraum (Voranmeldungszeitraum), in dem die Minderung des Entgelts eingetreten ist.

Beispiel:

Die Einkaufgenossenschaft E (Zentralregulierer) ist in den Abrechnungsverkehr für Warenlieferungen zwischen A und B eingeschaltet. Sie zahlt für B den Kaufpreis an A unter Inanspruchnahme von Skonto. B zahlt an E den Kaufpreis ohne Inanspruchnahme von Skonto.

Nach § 16 Abs. 1 Z 2 UStG 1994 hat A seine Steuer zu berichtigen. B braucht gemäß § 16 Abs. 2 UStG 1994 seinen Vorsteuerabzug nicht zu berichtigen, so weit E die auf den Skontoabzug entfallende Steuer an das Finanzamt entrichtet.

Randzahlen 2432 bis 2450: Derzeit frei.

Judikatur EuGH zu § 16:

EuGH vom 2.7.2015, Rs C-209/14, *NLB Leasing*
Voraussetzung für das Vorliegen eines Erwerbes bei Immobilienleasing; Leasingleistung und Verkauf der Immobilie können getrennter Besteuerung unterliegen

1. Art. 2 Abs. 1, Art. 14 und Art. 24 Abs. 1 der Richtlinie 2006/112/EG sind dahin auszulegen, dass, wenn ein Leasingvertrag über eine Immobilie vorsieht, dass das Eigentum an der Immobilie am Ende der Vertragslaufzeit auf den Leasingnehmer übertragen wird oder dass der Leasingnehmer über wesentliche Elemente des Eigentums an dieser Immobilie verfügt, insbesondere, dass die mit dem rechtlichen Eigentum an der Immobilie verbundenen Chancen und Risiken zum überwiegenden Teil auf ihn übertragen werden und die abgezinste Summe der Leasingraten praktisch dem Verkehrswert des Gegenstands entspricht, der aus einem solchen Vertrag resultierende Umsatz mit dem Erwerb eines Investitionsguts gleichzusetzen ist.

2. Art. 90 Abs. 1 der Richtlinie 2006/112 ist dahin auszulegen, dass er es einem Steuerpflichtigen nicht erlaubt, seine Besteuerungsgrundlage zu vermindern, wenn er alle Zahlungen für die von ihm erbrachte Leistung tatsächlich erhalten hat oder wenn der Vertragspartner, ohne dass der Vertrag aufgelöst oder annulliert worden wäre, ihm den vereinbarten Preis nicht mehr schuldet.

3. Der Grundsatz der Steuerneutralität ist dahin auszulegen, dass es mit ihm vereinbar ist, dass zum einen eine Leasingleistung, die sich auf Immobilien bezieht, und zum anderen der Verkauf dieser Immobilien an einen am Leasingvertrag nicht beteiligten Dritten im Hinblick auf die Mehrwertsteuer einer getrennten Besteuerung unterliegen, sofern diese Umsätze nicht als eine einheitliche Leistung angesehen werden können, was zu beurteilen Sache des vorlegenden Gerichts ist.

EuGH vom 3.9.2014, Rs C-589/12, *GMAC*
Unmittelbare Wirkung der Richtlinie iZm Berichtigungen

Art. 11 Teil C Abs. 1 Unterabs. 1 der Sechsten Richtlinie 77/388/EWG ist dahin auszulegen, dass ein Mitgliedstaat unter Umständen wie denen des Ausgangsverfahrens einem Steuerpflichtigen die Berufung auf die unmittelbare Wirkung dieser Bestimmung im Hinblick auf einen Umsatz nicht mit der Begründung versagen kann, dass sich dieser Steuerpflichtige im Hinblick auf einen anderen, die gleichen Gegenstände betreffenden Umsatz auf Vorschriften des nationalen Rechts berufen kann und die kumulative Anwendung dieser Bestimmungen zu einem steuerlichen Gesamtergebnis führen würde, zu dem weder das nationale Recht noch die Sechste Richtlinie 77/388 bei jeweils separater Anwendung auf diese Umsätze führt oder führen soll.

EuGH vom 15.5.2014, Rs C-337/13, *Almos Agrárkülkereskedelmi kft*
Voraussetzungen unter denen Mitgliedstaaten die Ausübung des Rechts auf Minderung der Bemessungsgrundlage von der Erfüllung bestimmter Formalitäten abhängig machen dürfen

1. Die Bestimmungen von Art. 90 der Richtlinie 2006/112/EG sind dahin auszulegen, dass sie einer nationalen Vorschrift nicht entgegenstehen, die im Fall der Nichtbezahlung des Preises keine Minderung der Bemessungsgrundlage für die Mehrwertsteuer vorsieht, wenn von der in Art. 90 Abs. 2 vorgesehenen Ausnahme Gebrauch gemacht wird. Diese Vorschrift muss dann jedoch alle anderen Fälle erfassen, in denen Art. 90 Abs. 1 zur

§ 16 UStG

Anwendung kommt und der Steuerpflichtige nach der Bewirkung eines Umsatzes die Gegenleistung nur teilweise oder gar nicht erhält; dies zu prüfen ist Sache des nationalen Gerichts.

2. Die Steuerpflichtigen können sich vor den nationalen Gerichten gegenüber dem Mitgliedstaat auf Art. 90 Abs. 1 der Richtlinie 2006/112 berufen, um in den Genuss einer Minderung ihrer Bemessungsgrundlage für die Mehrwertsteuer zu kommen. Die Mitgliedstaaten dürfen zwar die Ausübung des Rechts auf Minderung einer solchen Steuerbemessungsgrundlage von der Erfüllung bestimmter Formalitäten abhängig machen, die insbesondere den Nachweis ermöglichen, dass der Steuerpflichtige nach Bewirkung des Umsatzes die Gegenleistung zum Teil oder in vollem Umfang endgültig nicht erlangt hat und dass er sich auf das Vorliegen eines der von Art. 90 Abs. 1 der Mehrwertsteuerrichtlinie erfassten Sachverhalte berufen konnte, doch dürfen die insoweit getroffenen Maßnahmen nicht über das für diesen Nachweis Erforderliche hinausgehen; dies zu prüfen ist Sache des nationalen Gerichts.

EuGH vom 13.3.2014, Rs C-107/13, *FIRIN*
Pflicht zur Vorsteuerberichtigung von Anzahlungsrechnungen, bei denen es letztendlich zu keiner Lieferung kommt

Die Art. 65, 90 Abs. 1, 168 Buchst. a, 185 Abs. 1 und 193 der Richtlinie 2006/112/EG sind dahin auszulegen, dass sie verlangen, dass der Abzug der Mehrwertsteuer, den der Empfänger einer für eine Anzahlung auf eine Lieferung von Gegenständen ausgestellten Rechnung vorgenommen hat, berichtigt wird, wenn diese Lieferung unter Umständen wie jenen des Ausgangsverfahrens letztlich nicht bewirkt wird, auch wenn der Lieferer zur Entrichtung dieser Steuer verpflichtet bleiben sollte und die Anzahlung nicht zurückgezahlt haben sollte.

EuGH vom 10.10.2013, *Pactor Vastgoed*
Einziehung der infolge der Berichtigung eines Vorsteuerabzugs geschuldeten Beträge bei einem anderem als dem Steuerpflichtigen ist unzulässig

Die Sechste Richtlinie 77/388/EWG in der durch die Richtlinie 95/7/EG geänderten Fassung ist dahin auszulegen, dass sie der Einziehung der infolge der Berichtigung eines Vorsteuerabzugs geschuldeten Beträge bei einem anderem als dem Steuerpflichtigen, der den Abzug vorgenommen hat, entgegensteht.

Judikatur VwGH zu § 16:

VwGH vom 29.1.2015, 2012/15/0012
Bei Zahlungsunfähigkeit des Schuldners ist von Uneinbringlichkeit auszugehen

Der Grund für die Uneinbringlichkeit im Sinne des § 16 Abs. 3 UStG 1994 ist gleichgültig (vgl. Achatz/Ruppe, UStG⁴, § 16 Tz. 77).

Im Fall der Uneinbringlichkeit darf einerseits der Gläubiger seine Umsatzsteuerschuld korrigieren, andererseits hat der Schuldner den in Anspruch genommenen Vorsteuerabzug zu korrigieren. Das Gesetz erläutert nicht, wann das Entgelt uneinbringlich geworden ist. Bei Zahlungsunfähigkeit eines Schuldners wird jedenfalls von der Uneinbringlichkeit auszugehen sein (vgl. das hg. Erkenntnis vom 20. Oktober 2004, 2001/14/0128).

VwGH vom 26.2.2014, 2009/13/0254
Erfolgt nach Betriebsaufgabe ein Nachlass der Verbindlichkeit, ist im Zeitpunkt des Forderungsverzichts eine Vorsteuerberichtigung vorzunehmen; eine Forderungsabtretung unter dem Nennwert führt grundsätzlich zu keiner nachträglichen Änderung der Bemessungsgrundlage

Ändert sich die Bemessungsgrundlage für einen steuerpflichtigen Umsatz im Sinne des § 1 Abs. 1 Z 1 und 2 UStG 1994, hat der Unternehmer, an den dieser Umsatz ausgeführt worden ist, nach § 16 Abs. 1 Z 2 UStG 1994 den dafür in Anspruch genommenen Vorsteuerabzug entsprechend zu berichtigen und ist die Berichtigung für den Veranlagungszeitraum vorzunehmen, in dem die Änderung des Entgeltes eingetreten ist. Auch ein Forderungsverzicht führt zu einer Minderung der Bemessungsgrundlage im Sinne des § 16 Abs. 1 UStG 1994 und löst eine Verpflichtung des Leistungsempfängers zur Vorsteuerkorrektur aus (vgl. das hg. Erkenntnis vom 23. September 2005, 2003/15/0078, VwSlg 8067 F/2005).

Bei der Betriebsaufgabe besteht die Unternehmereigenschaft solange weiter, bis sämtliche umsatzsteuerlich relevanten Vorfälle, die im direkten und unmittelbaren Zusammenhang mit der wirtschaftlichen Tätigkeit stehen, abgewickelt sind (vgl. das Urteil des EuGH vom 3. März 2005, C-32/03, I/S Fini H). Erfolgt nach Betriebsaufgabe ein Nachlass der seinerzeit betrieblich veranlassten Verbindlichkeit, ist im Zeitpunkt des Forderungsverzichts eine Vorsteuerberichtigung gem. § 16 Abs. 1 Z 2 UStG 1994 vorzunehmen (vgl. Gaedke in Melhardt/Tumpel, UStG, § 16 Rz. 23). Hingegen führt eine Forderungsabtretung unter dem Nennwert grundsätzlich zu keiner nachträglichen Änderung der Bemessungsgrundlage, da sich der Wert der Gegenleistung, die der Leistungsempfänger für die Lieferung oder sonstige Leistung aufzuwenden hat, nicht verändert (vgl. Ruppe/Achatz, UStG[4], § 16 Tz. 33, Gaedke in Melhardt/Tumpel, UStG, § 16 Rz. 52). Eine Berichtigung ist nach § 16 Abs. 3 UStG 1994 aber dann vorzunehmen, wenn die Forderung ganz oder teilweise uneinbringlich wird (vgl. das hg. Erkenntnis vom 3. September 2008, 2003/13/0109).

VwGH vom 31.3.2011, 2007/15/0171
Keine Änderung der Bemessungsgrundlage einer Leibrentenvereinbarung bei Schlagendwerden einer Wertsicherungsvereinbarung

Eine Umsatzberichtigung nach § 16 Abs. 3 UStG 1994 erfordert die Uneinbringlichkeit der Forderung. Ob und wann Uneinbringlichkeit anzunehmen ist, ist nach den Umständen des Einzelfalles zu entscheiden. Die bloße Zweifelhaftigkeit der Einbringlichkeit einer Forderung ist nicht ausreichend, um sie im Sinne des § 16 Abs. 3 UStG 1994 als uneinbringlich zu qualifizieren; die Forderung muss vielmehr bei objektiver Betrachtung wertlos sein. Eine Wertberichtigung in der Bilanz berechtigt nicht automatisch zu einer Korrektur der Umsatzsteuer (vgl. etwa das hg. Erkenntnis vom 3. September 2008, 2003/13/0109).

Enthält ein Rentenvertrag auch allfällige Wertsicherungen, bleiben diese bei der Bewertung selbst im Hinblick auf §§ 4 und 6 BewG außer Betracht, da zum Bewertungszeitpunkt der Grund für das Entstehen der Wertsicherung noch nicht eingetreten ist (vgl. Twaroch/Frühwald/Wittmann, Kommentar zum Bewertungsgesetz[2], § 16 Abs. 3). Da das Entgelt bei Leibrentenvereinbarungen in der Einräumung des Rentenstammrechtes besteht, ändert auch ein (nachträgliches) Schlagendwerden der Wertsicherungsvereinbarung die umsatzsteuerliche Bemessungsgrundlage nicht (vgl. Ruppe, UStG[3], § 16 Tz. 61).

Besteuerung nach vereinnahmten Entgelten
§ 17.

(1) Unternehmer, die eine Tätigkeit im Sinne des § 22 Z 1 des Einkommensteuergesetzes 1988 ausüben, weiters berufsrechtlich zugelassene Gesellschaften und gesetzliche Prüfungs- und Revisionsverbände, die der freiberuflichen Tätigkeit entsprechende Leistungen erbringen, haben die Steuer für die mit diesen Tätigkeiten zusammenhängenden Umsätze nach den vereinnahmten Entgelten zu berechnen (Istbesteuerung). Das gleiche gilt bei Unternehmen, welche Gas-, Wasser-, Elektrizitäts- oder Heizwerke betreiben, und bei Anstalten zur Müllbeseitigung und zur Abfuhr von Spülwasser und Abfällen, für alle Umsätze, die mit dem Betrieb von solchen Werken oder Anstalten regelmäßig verbunden sind, wobei mit der Rechnungslegung das Entgelt als vereinnahmt und die Lieferungen und sonstigen Leistungen als ausgeführt anzusehen sind; Teilzahlungsanforderungen für Gas-, Wasser-, Elektrizitäts- und Wärmelieferungen gelten auch dann als Rechnungen im Sinne des § 11, wenn sie die im § 11 Abs. 1 Z 3 lit. c und d geforderten Angaben nicht enthalten.

Das Finanzamt hat auf Antrag zu gestatten, daß ein Unternehmer im Sinne des § 17 Abs. 1 erster Satz die Steuer für die mit diesen Tätigkeiten zusammenhängenden Umsätze nach den vereinbarten Entgelten berechnet (Sollbesteuerung).

(2) Unternehmer,
1. die hinsichtlich ihrer Umsätze aus Tätigkeiten im Sinne der §§ 21 und 23 des Einkommensteuergesetzes 1988 nicht buchführungspflichtig sind, oder
2. deren Gesamtumsatz aus Tätigkeiten, die nicht unter die §§ 21 und 23 des Einkommensteuergesetzes 1988 fallen, in einem der beiden vorangegangenen Kalenderjahre nicht mehr als 110 000 Euro betragen hat,

haben die Steuer nach den vereinnahmten Entgelten zu berechnen (Istbesteuerung). Ist der Unternehmer nur hinsichtlich einzelner Betriebe nicht buchführungspflichtig, so erstreckt sich die Verpflichtung zur Berechnung der Steuer nach vereinnahmten Entgelten gemäß Z 1 nur auf diese Betriebe.

Das Finanzamt hat auf Antrag zu gestatten, daß ein Unternehmer im Sinne der Z 1 und 2 die Steuer für die mit diesen Tätigkeiten zusammenhängenden Umsätze nach den vereinbarten Entgelten berechnet (Sollbesteuerung). Der Antrag kann auf einen von mehreren Betrieben desselben Unternehmers beschränkt werden.

(3) Die Steuer ist nach vereinbarten Entgelten zu berechnen:
– in den Fällen des Abs. 2 Z 1 mit Beginn des Kalenderjahres, für das die Buchführungspflicht eingetreten ist,
– in den Fällen des Abs. 2 Z 2, wenn der Gesamtumsatz in zwei aufeinanderfolgenden Kalenderjahren 110 000 Euro überstiegen hat, mit Ablauf dieses Zeitraumes.

(4) Bei einem Wechsel der Besteuerungsart dürfen Umsätze nicht doppelt erfaßt werden oder unversteuert bleiben. Bei dem Übergang von der Istbesteuerung zu der Sollbesteuerung hat der Unternehmer bereits früher bewirkte Umsätze, für die ein Entgelt noch nicht vereinnahmt wurde, als Umsatz für den ersten Voranmeldungszeitraum nach dem Übergang zu versteuern. Der Wechsel in der Besteuerungsart ist nur zum Beginn eines Veranlagungsjahres zuzulassen.

(5) Hängt die Anwendung einer Besteuerungsvorschrift vom Gesamtumsatz ab, so ist bei der Sollbesteuerung von den steuerbaren Lieferungen und sonstigen Leistungen, bei der Istbesteuerung von den vereinnahmten Entgelten und den Umsätzen gemäß § 3 Abs. 2 und § 3a Abs. 1a auszugehen. Außer Betracht bleiben die steuerfreien Umsätze mit Ausnahme der nach § 6 Abs. 1 Z 1 bis 6 befreiten Umsätze sowie die Geschäftsveräußerungen nach § 4 Abs. 7. Ist die Besteuerung von der Summe der Umsätze eines Kalenderjahres abhängig und ist der Veranlagungszeitraum kürzer als ein Kalenderjahr, so ist der tatsächliche Umsatz in einen Jahresumsatz umzurechnen.

(6) Bei der Istbesteuerung treten an die Stelle der Entgelte für die ausgeführten Lieferungen und sonstigen Leistungen die vereinnahmten Entgelte.

(7) Die Bestimmungen der Abs. 1 und 2 finden auf die Geschäftsveräußerung im ganzen (§ 4 Abs. 7) keine Anwendung.

UStR zu § 17:

	Rz		Rz
1. Soll-Istbesteuerung	2451	3. Wegfall der Istbesteuerung	2476
1.1 Istbesteuerung für freiberufliche und entsprechende Tätigkeiten	2452	4. Wechsel in der Besteuerungsart	2480
1.2 Istbesteuerung für Versorgungsunternehmen	2454	4.1 Vorsteuerabzug	2481
2. Istbesteuerung für nichtbuchführungspflichtige Landwirte und Gewerbetreibende sowie für Unternehmer mit niedrigem Gesamtumsatz	2461	5. Gesamtumsatz	derzeit frei
		6. Vereinnahmte Entgelte	derzeit frei
		7. Geschäftsveräußerung im Ganzen	2506

1. Soll-Istbesteuerung

2451 Die Sollbesteuerung (Besteuerung nach vereinbarten Entgelten) ist die grundsätzliche Besteuerungsart. Die Istbesteuerung ist nur für die im § 17 UStG 1994 angeführten Fälle vorgesehen.

1.1 Istbesteuerung für freiberufliche und entsprechende Tätigkeiten

2452 Bei den im ersten Satz des § 17 Abs. 1 UStG 1994 genannten Unternehmern unterliegen sämtliche mit ihrer Berufstätigkeit zusammenhängenden Umsätze, auch die so genannten Umsätze aus Hilfsgeschäften, der Istbesteuerung. Dies gilt auch, wenn die Grundgeschäfte steuerfrei sind. Führt zB ein Arzt auch eine Hausapotheke oder veräußert ein Rechtsanwalt ein Anlagegut, so sind alle diese Umsätze in die Istbesteuerung einzubeziehen.

In gemeinschaftsrechtskonformer Interpretation (zB EuGH 16.10.2008, C-253/07, „Canterbury Hockey Club") können auch planende Baumeister, die ihr Unternehmen in Form einer Kapitalgesellschaft führen, die Istbesteuerung iSd § 17 Abs. 1 UStG 1994 dann in Anspruch nehmen, wenn die Gesellschaft ausschließlich eine unmittelbar zivil-

§ 17 UStG

technikerähnliche Tätigkeit ausübt. Dies ist dann der Fall, wenn der Unternehmer gleich einem Zivilteckniker in einem Büro Projekte, Pläne, Leistungsverzeichnisse und Voranschläge verfasst, Kollaudierungen vornimmt, Parteien berufsmäßig vor Baubehörden in bautechnischen Angelegenheiten vertritt, und wenn er die mit dem Baumeistergewerbe üblicherweise verbundene typische Tätigkeit (Errichtung und Ausbesserung von Bauwerken unter Einsatz von Baufachkräften und Hilfskräften, Maschinen, Fahrzeugen usw.) nicht ausübt (VwGH 28.02.1978, 1103/76).

2453   Das Finanzamt hat jedoch **auf Antrag** zu gestatten, dass der Unternehmer die Steuer für die mit diesen Tätigkeiten zusammenhängenden Umsätze nach vereinbarten Entgelten (Sollbesteuerung) berechnet. Ein Antrag auf Sollbesteuerung muss spätestens zum Termin der Abgabe (Erstellung) der ersten Voranmeldung für diesen Veranlagungszeitraum gestellt werden.

1.2 Istbesteuerung für Versorgungsunternehmen

2454   Für die im § 17 Abs. 1 zweiter Satz UStG 1994 genannten **Versorgungsunternehmen**, die ihre Leistungen in aller Regel auf Grund von Dauerleistungsverträgen erbringen und große Schwierigkeiten hätten, die in den einzelnen Kalendermonaten ausgeführten Leistungen festzustellen, ist zwingend die Istbesteuerung vorgesehen.

2455   Durch die **Anknüpfung an die Rechnungslegung** sind in dieser Art der Istbesteuerung auch Elemente der Sollbesteuerung enthalten. Auf Grund der gesetzlichen Fiktion, dass das Entgelt mit der Rechnungslegung (wobei auch Teilzahlungsanforderungen als Rechnungen anzusehen sind, auch wenn sie bestimmte Rechnungsangaben gemäß § 11 UStG 1994 nicht enthalten) als vereinnahmt anzusehen ist, hat das Versorgungsunternehmen – unabhängig von der tatsächlichen Vereinnahmung des Entgeltes – die Versteuerung bereits auf Grund der Teilzahlungsanforderung für einen bestimmten Zeitabschnitt vorzunehmen. Durch die weitere gesetzliche Fiktion, dass die **Lieferungen oder sonstigen Leistungen mit der Rechnungslegung als ausgeführt gelten**, wird der vorsteuerabzugsberechtigte Empfänger der Teilzahlungsanforderung in die Lage versetzt, den Vorsteuerabzug geltend zu machen, und zwar unabhängig davon, ob die verrechneten Leistungen schon tatsächlich ausgeführt sind.

2456   Bei Rechnungslegung im Wege einer **Teilzahlungsanforderung** und der damit verbundenen fiktiven Vereinnahmung des Entgeltes bzw. fiktiven Ausführung der Leistung ist im Interesse einer gleichmäßigen Vorgangsweise davon auszugehen, dass die Rechnungslegung nicht schon im Zeitpunkt der Zustellung der Teilzahlungsanforderung an den Leistungsempfänger erfolgt ist, sondern erst mit Beginn jenes Zeitraumes, für den die Teilzahlungsanforderung gilt.

2457   Für den Fall, dass von den der Istbesteuerung unterliegenden Versorgungsunternehmen überhaupt keine Rechnung gelegt wird, hat die Besteuerung nach Maßgabe der **tatsächlichen Entgeltsvereinnahmung** zu erfolgen. Bei den Versorgungsunternehmen ist ein Antrag auf Sollbesteuerung nicht möglich.

2458   Teilzahlungsanforderungen für Gas-, Wasser-, Elektrizitäts- und Wärmelieferungen gelten auch dann als Rechnungen im Sinne des § 11 UStG 1994, wenn sie die im **§ 11 Abs. 1 Z 3 lit. c und d UStG 1994 (bis 31. Dezember 2012:** § 11 Abs. 1 Z 3 und 4 UStG 1994) geforderten Angaben nicht enthalten (§ 17 Abs. 1 UStG 1994).

Teilzahlungsanforderungen im Sinne des § 17 Abs. 1 UStG 1994 müssen darüber hinaus weder fortlaufend nummeriert sein noch brauchen sie bis 31. Dezember 2006 die UID des leistenden Unternehmers oder **(ab 1. Juli 2006) bei Rechnungen, deren Gesamtbetrag 10.000 Euro übersteigt, die UID des Leistungsempfängers enthalten.** Derartige Rechnungen berechtigen bis 31. Dezember 2006 daher trotz Fehlens einer laufenden Rechnungsnummer bzw. der UID des Leistenden sowie **(ab 1. Juli 2006)** des Leistungsempfängers bei Vorliegen der übrigen Voraussetzungen des § 12 UStG 1994 zum Vorsteuerabzug.

Für Zeiträume ab 1. Jänner 2007 ist es weiterhin nicht zu beanstanden, wenn Teilzahlungsanforderungen nicht fortlaufend nummeriert sind.

Randzahlen 2459 bis 2460: Derzeit frei.

2. Istbesteuerung für nichtbuchführungspflichtige Landwirte und Gewerbetreibende sowie für Unternehmer mit niedrigem Gesamtumsatz

2461 Die im § 17 Abs. 2 UStG 1994 genannten Unternehmer unterliegen grundsätzlich der Istbesteuerung.

2462. Das Finanzamt hat jedoch **auf Antrag** zu gestatten, dass der Unternehmer die Steuer für die mit diesen Tätigkeiten zusammenhängenden Umsätze nach vereinbarten Entgelten (Sollbesteuerung) berechnet. Ein Antrag auf Sollbesteuerung muss spätestens zum Termin der Abgabe (Erstellung) der ersten Voranmeldung für diesen Veranlagungszeitraum gestellt werden.

2463. Unter die Unternehmer mit **niedrigem Gesamtumsatz (bis 110.000 €)** fallen insbesondere solche, die Einkünfte aus sonstiger selbständiger Arbeit (§ 22 Z 2 EStG 1988) oder aus Vermietung und Verpachtung (§ 28 EStG 1988) erzielen.

Randzahlen 2464 bis 2475: Derzeit frei.

3. Wegfall der Istbesteuerung

2476. Der Wegfall der Istbesteuerung und Übergang zur Sollbesteuerung in den in § 17 Abs. 3 UStG 1994 genannten Fällen bedarf keines Bescheides des Finanzamtes.

Randzahlen 2477 bis 2479: Derzeit frei.

4. Wechsel in der Besteuerungsart

2480. Beim **Übergang von der Soll- zur Istbesteuerung** sind Entgelte für die vor dem Übergang zur Istbesteuerung bewirkten Umsätze, die erst nach dem Übergang vereinnahmt werden (Außenstände im Zeitpunkt des Übergangs), in dem auf den Übergang folgenden Voranmeldungszeitraum wieder abzusetzen.

4.1 Vorsteuerabzug

2481 Kommt es bei einem Unternehmer, der den Vorsteuerabzug gemäß § 12 Abs. 1 Z 1 lit. a zweiter Satz UStG 1994 geltend macht, zu einem Wechsel von der Istbesteuerung in die Sollbesteuerung, so liegen für eine bereits im Zeitraum der Istbesteuerung bezogene Leistung, bei Erfüllung aller sonstigen Anforderungen, ab dem Zeitpunkt des Wechsels, unabhängig von der Bezahlung, die Voraussetzungen für den Vorsteuerabzug vor. Das Recht auf Vorsteuerabzug kann somit im Veranlagungszeitraum des Wechsels ausgeübt werden, soweit es nicht schon geltend gemacht wurde (zB Ratenzahlung).

Beispiel:
Der Unternehmer A (Istbesteuerer) kauft im Jahr 2013 eine Maschine um 10.000 Euro zuzüglich 2.000 Euro USt. Er bezahlt die Maschine vorerst noch nicht. Mit 1.1.2014 wechselt A die Besteuerungsart und es gelangt die Sollbesteuerung zur Anwendung.
A kann den Vorsteuerabzug unabhängig von der Bezahlung im ersten Voranmeldungszeitraum des Jahres 2014 geltend machen.

Kommt es bei einem Unternehmer, der den Vorsteuerabzug gemäß § 12 Abs. 1 Z 1 lit. a zweiter Satz UStG 1994 geltend macht, zu einem Wechsel von der Sollbesteuerung in die Istbesteuerung, dürfen bereits abgezogene Vorsteuern für im Zeitraum der Sollbesteuerung bezogene, noch nicht bezahlte Leistungen im Zeitpunkt der Zahlung nicht nochmals abgezogen werden. Eine Rückzahlung bereits zu Recht abgezogener Vorsteuern iZm im Zeitraum der Sollbesteuerung bezogener noch nicht bezahlter Leistungen im Veranlagungszeitraum des Wechsels der Besteuerungsart ist diesfalls nicht erforderlich.

Beispiel:
Der Unternehmer A (Sollbesteuerung) kauft 2013 eine Maschine um 10.000 Euro zuzüglich 2.000 Euro USt. Er bezahlt die Maschine in Raten von je 2.500 Euro pro Jahr und macht 2013 den vollen Vorsteuerabzug geltend. Mit 1.1.2014 wechselt A die Besteuerungsart und es gelangt die Istbesteuerung zur Anwendung. Eine Rückzahlung bereits zu Recht abgezogener Vorsteuern ist nicht erforderlich.

Randzahlen 2482 bis 2483: Derzeit frei.

5. Gesamtumsatz

Derzeit frei.

Randzahlen 2484 bis 2494: Derzeit frei.

6. Vereinnahmte Entgelte

Derzeit frei.

Randzahlen 2495 bis 2505: Derzeit frei.

7. Geschäftsveräußerung im Ganzen

2506 Für die Geschäftsveräußerung im Ganzen ist von Gesetzes wegen stets die **Sollbesteuerung** vorgesehen (§ 17 Abs. 7 UStG 1994). Für die übrigen Umsätze des Unternehmers, also auch für die Veräußerung von zurückbehaltenen, nicht in die Geschäftsveräußerung einbezogenen Wirtschaftsgütern, gilt weiterhin die Istbesteuerung.

Randzahlen 2507 bis 2520: Derzeit frei.

Aufzeichnungspflichten und buchmäßiger Nachweis
§ 18.

(1) Der Unternehmer ist verpflichtet, zur Feststellung der Steuer und der Grundlagen ihrer Berechnung Aufzeichnungen zu führen. Diese Verpflichtung gilt in den Fällen des § 11 Abs. 14 auch für Personen, die nicht Unternehmer sind.

(2) Der Aufzeichnungspflicht ist genügt, wenn

1. die vereinbarten, im Falle der Istbesteuerung die vereinnahmten Entgelte für die vom Unternehmer ausgeführten Lieferungen und sonstigen Leistungen fortlaufend, unter Angabe des Tages derart aufgezeichnet werden, dass zu ersehen ist, wie sich die Entgelte auf steuerpflichtige Umsätze, getrennt nach Steuersätzen, und auf steuerfreie Umsätze verteilen. Die Entgelte für Umsätze, bei denen die Steuer vom Empfänger der Leistung geschuldet wird, sind gesondert aufzuzeichnen;
2. die vereinnahmten Entgelte für noch nicht ausgeführte Lieferungen und sonstige Leistungen fortlaufend, unter Angabe des Tages derart aufgezeichnet werden, dass zu ersehen ist, wie sich die Entgelte auf steuerpflichtige Umsätze, getrennt nach Steuersätzen, und auf steuerfreie Umsätze verteilen. Die Entgelte für Umsätze, bei denen die Steuer vom Empfänger der Leistung geschuldet wird, sind gesondert aufzuzeichnen;
3. die Bemessungsgrundlagen für die Umsätze gemäß § 1 Abs. 1 Z 2, § 3 Abs. 2 und § 3a Abs. 1a aufgezeichnet werden. Z 1 gilt sinngemäß;
4. – die nach § 11 Abs. 12 und 14 sowie nach § 16 Abs. 2 geschuldeten Steuerbeträge und
   – die Bemessungsgrundlagen für die Lieferungen und sonstigen Leistungen, für die die Steuer gemäß § 19 Abs. 1 zweiter Satz, Abs. 1a, Abs. 1b, Abs. 1c, Abs. 1d und Abs. 1e geschuldet wird, getrennt nach Steuersätzen, sowie die hierauf entfallenden Steuerbeträge
   aufgezeichnet werden;
5. – die Entgelte für steuerpflichtige Lieferungen und sonstige Leistungen, die an den Unternehmer für sein Unternehmen ausgeführt worden sind,
   – die vor Ausführung dieser Umsätze gezahlten Entgelte, soweit für sie die Steuerschuld gemäß § 19 Abs. 2 Z 1 lit. a entsteht,
   – und die auf diese Entgelte entfallende Steuer fortlaufend aufgezeichnet werden;
6. die Bemessungsgrundlage (§ 5) von eingeführten Gegenständen und die für ihre Einfuhr entrichtete Einfuhrumsatzsteuer unter Angabe des Tages der Entrichtung fortlaufend aufgezeichnet werden;
7. die aufgezeichneten Entgelte (Z 1 und 2) und Steuerbeträge sowie die Bemessungsgrundlagen für die Umsätze gemäß § 1 Abs. 1 Z 2, § 3 Abs. 2 und § 3a Abs 1a, mindestens zum Schluss jedes Voranmeldungszeitraumes, aufgerechnet werden.

§ 18 UStG

(3) Der Unternehmer kann die im Abs. 2 Z 1 und 2 festgelegte Aufzeichnungspflicht auch in der Weise erfüllen, daß er Entgelt und Steuerbetrag in einer Summe aufzeichnet. Die Verpflichtung zur Trennung von Entgelten nach Steuersätzen und steuerfreien Umsätzen wird hiedurch nicht berührt. Spätestens zum Schluß jedes Voranmeldungszeitraumes hat der Unternehmer die Summe der Entgelte zu errechnen und aufzuzeichnen.

(4) Der Unternehmer kann die im Abs. 2 Z 5 festgelegte Aufzeichnungspflicht auch in der Weise erfüllen, daß er Entgelt und Steuerbetrag in einer Summe, getrennt nach den in den Eingangsrechnungen angewandten Steuersätzen, aufzeichnet. Spätestens zum Schluß jedes Voranmeldungszeitraumes hat der Unternehmer die Summe der Entgelte und die Summe der Steuerbeträge zu errechnen und aufzuzeichnen. Die Verpflichtung zur Aufzeichnung nach Abs. 2 Z 5 und 6 entfällt, wenn der Unternehmer nur Umsätze bewirkt, für die der Vorsteuerabzug nach § 12 Abs. 3 ausgeschlossen ist; die Verpflichtung entfällt nicht, insoweit der Unternehmer gemäß § 6 Abs. 1 Z 9 lit. a steuerfreie Umsätze tätigt.

(5) In den Fällen des § 12 Abs. 4 und 5 Z 2 müssen aus den Aufzeichnungen des Unternehmers jene Vorsteuerbeträge leicht nachprüfbar zu ersehen sein, welche den zum Vorsteuerabzug berechtigenden Umsätzen ganz oder teilweise zuzurechnen sind. Außerdem hat der Unternehmer in diesen Fällen die Entgelte für die Umsätze, die nach § 12 Abs. 3 den Vorsteuerabzug ausschließen, getrennt von den übrigen Entgelten aufzuzeichnen, wobei die Verpflichtung zur Trennung der Entgelte nach Abs. 2 Z 1 und 2 unberührt bleibt.

(6) Macht der Unternehmer von der Vorschrift des § 12 Abs. 7 Gebrauch, so hat er die Aufzeichnungspflichten der Abs. 1 bis 5 für jeden Betrieb gesondert zu erfüllen. In den Fällen des § 12 Abs. 10 bis 12 hat der Unternehmer die Berechnungsgrundlagen für den Ausgleich aufzuzeichnen, der von ihm in den in Betracht kommenden Kalenderjahren durchzuführen ist.

(7) Unternehmern, denen nach Art und Umfang ihres Unternehmens eine Trennung der Entgelte nach Steuersätzen im Sinne des Abs. 2 Z 1, 2 und Abs. 3 nicht zumutbar ist, kann das Finanzamt auf Antrag gestatten, daß sie die Entgelte nachträglich unter Berücksichtigung des Wareneinganges trennen. Das Finanzamt darf nur ein Verfahren zulassen, dessen steuerliches Ergebnis nicht wesentlich von dem Ergebnis einer Aufzeichnung der Entgelte, getrennt nach Steuersätzen, abweicht.

(8) Hängt die Besteuerung von einem buchmäßigen Nachweis ab, so sind die diesem Nachweis dienenden Bücher oder Aufzeichnungen zu führen und mit den dazugehörigen Unterlagen aufzubewahren; die nachzuweisenden Voraussetzungen müssen daraus leicht nachprüfbar zu ersehen sein.

(9) Wird die abziehbare Vorsteuer nach einem Durchschnittssatz gemäß § 14 Abs. 1 Z 1 berechnet, so ist der Unternehmer insoweit von der Aufzeichnungspflicht gemäß § 18 Abs. 2 Z 5 und 6 befreit.

(10) Die Aufzeichnungen und Unterlagen, die Grundstücke im Sinne des § 6 Abs. 1 Z 9 lit. a betreffen, sind zweiundzwanzig Jahre aufzubewahren.

UStR zu § 18:

	Rz		Rz
1. Allgemeines	2521	7. Trennung der Entgelte nach dem Wareneingang	2569
2. Aufzeichnungspflichten	2534	7.1 Allgemeines	2569
2.1 Erleichterungen für Spediteure und Beförderungsunternehmer	2534	7.2 Verfahren zur erleichterten Trennung der Entgelte	2573
2.2 Erleichterungen für unecht befreite Unternehmen	2535	7.3 Erleichterte Trennung nachträglicher Entgeltsminderungen	2577
3. Aufzeichnung der vereinbarten bzw vereinnahmten Entgelte in einer Summe	derzeit frei	8. Buchmäßiger Nachweis	2581
		8.1 Allgemeines	2581
4. Aufzeichnung der geleisteten bzw geschuldeten Entgelte in einer Summe	derzeit frei	8.2 Zeitpunkt des Vorliegens des Buchnachweises	2584
		8.3 Belege	2585
5. Aufzeichnungen der Vorsteuern	derzeit frei	9. Vorsteuerabzug nach Durchschnittssätzen	2589
6. Gesonderte Aufzeichnungen für jeden Betrieb	derzeit frei	10. Aufbewahrungspflicht	2593

1. Allgemeines

2521 Die umsatzsteuerrechtlichen Aufzeichnungspflichten sind eine lex specialis zu den Bestimmungen der BAO und es sind bei der Führung der Aufzeichnungen auch die Formvorschriften des § 131 BAO und die Aufbewahrungsvorschriften des § 132 BAO zu beachten.

2522 Nicht aufzuzeichnen sind
- die Umsätze **ausländischer Unternehmer**, die nach der Verordnung des BM für Finanzen über die umsatzsteuerliche Behandlung der Lieferungen und des Vorsteuerabzuges (Einfuhrumsatzsteuer) ausländischer Unternehmer, BGBl. II Nr. 584/2003, ihre Umsätze umsatzsteuerfrei belassen,
- Vorsteuern, wenn ein Unternehmer die Vorsteuerbeträge nach § 14 Abs. 1 Z 1 und 2 UStG 1994 nach **Durchschnittssätzen** ermittelt,
- der **Eigenverbrauch**, wenn er nach der Verordnung des BM für Finanzen über die Aufstellung von Schätzungsrichtlinien für die Ermittlung der Höhe des Eigenverbrauchs bei bestimmten Unternehmern und über die Fälligkeit der auf den Eigenverbrauch entfallenden USt, BGBl. Nr. 628/1983 idF BGBl. Nr. 499/1985, ermittelt wird, und
- die Umsätze und Vorsteuern nicht buchführungspflichtiger Land- und Forstwirte, die nach § 22 Abs. 1 UStG 1994 versteuern. Diese Land- und Forstwirte haben jedoch die Umsätze, nach denen sich eine zusätzliche Steuer nach § 22 Abs. 2 letzter Satz UStG 1994 ergibt, die geschuldeten Steuerbeträge nach § 11 Abs. 12 und 14 UStG 1994 sowie nach § 16 Abs. 2 UStG 1994, die Bemessungsgrundlagen für Leistungen, für die die Steuerschuld auf den Land- und Forstwirt übergeht, sowie die innergemeinschaftlichen Lieferungen und innergemeinschaftlichen Erwerbe aufzuzeichnen.

Randzahlen 2523 bis 2533: Derzeit frei.

2. Aufzeichnungspflichten
2.1 Erleichterungen für Spediteure und Beförderungsunternehmer

2534 Spediteuren und Beförderungsunternehmen kann vom Finanzamt gestattet werden, dass durchlaufende Posten, nichtsteuerbare Umsätze und die gemäß § 6 Abs. 1 Z 3 UStG 1994 umsatzsteuerfreien Umsätze **nicht getrennt** aufgezeichnet werden. Alle übrigen Umsätze sind nach § 18 Abs. 2 UStG 1994 aufzuzeichnen. Voraussetzung für die **Genehmigung** der Erleichterung ist für Unternehmer, die auch unecht umsatzsteuerbefreite Umsätze ausführen, dass die Vorsteuerbeträge den Umsätzen, die zum Ausschluss vom Vorsteuerabzug führen, und den übrigen Umsätzen gemäß § 12 Abs. 4 UStG 1994 direkt zugeordnet werden.

2.2 Erleichterungen für unecht befreite Unternehmen

2535 Bewirkt der Unternehmer nur Umsätze, für die nach § 12 Abs. 3 UStG 1994 der Vorsteuerabzug ausgeschlossen ist, so entfällt die Aufzeichnung der Entgelte und Steuerbeträge für die an das Unternehmen ausgeführten Leistungen.

Randzahlen 2536 bis 2546: Derzeit frei.

3. Aufzeichnung der vereinbarten bzw. vereinnahmten Entgelte in einer Summe

Derzeit frei.

Randzahlen 2547 bis 2550: Derzeit frei.

4. Aufzeichnung der geleisteten bzw. geschuldeten Entgelte in einer Summe

Derzeit frei.

Randzahlen 2551 bis 2555: Derzeit frei.

5. Aufzeichnungen der Vorsteuern

Derzeit frei.

Randzahlen 2556 bis 2562: Derzeit frei.

6. Gesonderte Aufzeichnungen für jeden Betrieb

Derzeit frei.

Randzahlen 2563 bis 2568: Derzeit frei.

7. Trennung der Entgelte nach dem Wareneingang
7.1 Allgemeines

2569 Der Unternehmer kann eine **erleichterte Trennung der Entgelte nach dem Wareneingang** nur nach vorheriger Genehmigung durch das Finanzamt vornehmen. Das Finanzamt hat die Genehmigung unter dem Vorbehalt des jederzeitigen Widerrufes schriftlich zu erteilen. Die zugelassenen Erleichterungen sind genau zu bezeichnen.

Randzahlen 2570 und 2571: Derzeit frei.

2572 Die Zulassung zur Trennung der Entgelte unter Berücksichtigung des Wareneinganges setzt voraus, dass dem Unternehmer nach Art und Umfang seines Unternehmens eine genaue Trennung der Entgelte nach Steuersätzen **nicht zumutbar** ist. Dies wird dann der Fall sein, wenn entsprechende Einrichtungen, die eine Trennung der Entgelte nach Steuersätzen möglich machen, fehlen. Dies wird insbesondere auf **Einzelhandelsgeschäfte** zutreffen, die über keine entsprechend ausgestattete Registrierkasse verfügen oder keine entsprechenden Abrechnungen in Form von Paragonblocks vornehmen und die idR auch nur Inklusivpreise (Entgelt einschließlich Umsatzsteuer) verrechnen.

Ist eine Scannerkasse vorhanden, ist die ordnungsgemäße Trennung der Entgelte nach Steuersätzen jedenfalls zumutbar.

§ 18 UStG

7.2 Verfahren zur erleichterten Trennung der Entgelte

2573 Die unecht umsatzsteuerfreien Umsätze oder die mit dem ermäßigten Umsatzsteuersatz von 10% oder mit dem Normalsteuersatz zu versteuernden Umsätze sind aufgrund des Wareneinganges zu ermitteln. Eine **Umsatzgruppe** (unecht steuerbefreite Umsätze oder Umsätze mit einem ermäßigten Steuersatz oder Umsätze mit dem Normalsteuersatz zu versteuern) ist rechnerisch zu ermitteln.

Beispiel:
Die Einnahmen eines Trafikanten für einen Voranmeldungszeitraum betragen 56.000 €. Aufgrund des Wareneinganges wurde ermittelt, dass die unecht umsatzsteuerbefreiten Umsätze Brief- und Stempelmarken 10.000 € und die Einnahmen für den Verkauf von Gegenständen, die dem ermäßigten Umsatzsteuersatz unterliegen, 22.000 € betragen.

Einnahmen	56.000	
unecht umsatzsteuerbefreite Umsätze	– 10.000	10.000
– Umsätze zu 10 %	– 22.000 : 1,10	20.000
= Umsätze zu 20 %	24.000 : 1,20	20.000
Steuerbare Umsätze		50.000

2574 Zur Ermittlung der Umsätze für einzelne Umsatzgruppen sind folgende Verfahren zugelassen:
- Ermittlung der Umsätze auf Grund der Wareneingänge unter Heranziehung der **tatsächlichen oder üblichen Aufschläge**:
- Die erworbenen Gegenstände einer Umsatzgruppe sind im Wareneingangsbuch oder auf dem Wareneinkaufskonto getrennt von den übrigen Waren aufzuzeichnen. Auf der Grundlage der Wareneingänge sind entweder die Umsätze der Gegenstände unter Heranziehung des Verkaufspreises oder der tatsächlichen oder üblichen Aufschläge zu ermitteln.
- Ermittlung der Umsätze auf Grund der Wareneingänge unter Heranziehung eines **gewogenen Durchschnittsaufschlages**.
- Die erworbenen Gegenstände einer Umsatzgruppe sind im Wareneingangsbuch, auf dem Wareneinkaufskonto oder in einem besonderen Buch getrennt von den übrigen Waren aufzuzeichnen. Die Umsätze der Gegenstände sind unter Berücksichtigung des gewogenen Durchschnittsaufschlagssatzes für die betreffende Umsatzgruppe rechnerisch zu ermitteln.
- Der gewogene Durchschnittsaufschlagssatz ist vom Unternehmer zu ermitteln. Bei der Feststellung des gewogenen Durchschnittsaufschlagssatzes ist von den tatsächlichen Verhältnissen eines Kalendervierteljahres auszugehen. Der Unternehmer ist – sofern sich die Umsatzstruktur seines Unternehmens nicht ändert und das Finanzamt in der Bewilligung keinen kürzeren Zeitraum festlegt – berechtigt, nach dem ermittelten gewogenen Durchschnittsaufschlagssatz für die Dauer von drei Jahren die Trennung der Entgelte vorzunehmen. Nach Ablauf dieser Frist oder im Falle einer Änderung der Umsatzstruktur des Unternehmens ist der Durchschnittsaufschlagssatz neu zu ermitteln.
- Die Finanzämter sind berechtigt, neben den in diesem Abschnitt aufgezeigten Verfahren auf Antrag auch **andere Verfahren** zuzulassen, wenn deren steuerliches Ergebnis nicht wesentlich von dem Ergebnis einer Aufzeichnung der Entgelte, getrennt nach Steuersätzen, abweicht.

2575 Die Aufzeichnungen können nach einem **Brutto- oder Nettosystem** erfolgen.

Eine Berücksichtigung der Warenbestände hat weder bei der Aufteilung für den einzelnen Voranmeldungszeitraum noch bei der Aufteilung für die Jahressteuererklärung zu erfolgen.

2576 Die Verfahren zur erleichterten Trennung der Entgelte nach Steuersätzen können vor allem von Unternehmern beantragt werden, die **nur erworbene Waren** liefern, wie zB Lebensmitteleinzelhändler, Milchhändler, Drogisten, Buchhändler, Tabaktrafiken. Sie können aber auch von Unternehmern geltend gemacht werden, die neben erworbenen Wa-

§ 18 UStG

ren auch **hergestellte Erzeugnisse** liefern (zB Fleischhauer). Voraussetzung ist jedoch, dass diese Unternehmer, sofern sie für die von ihnen hergestellten Waren die Verkaufsentgelte oder die Verkaufspreise rechnerisch ermitteln, darüber entsprechende Aufzeichnungen führen.

7.3 Erleichterte Trennung nachträglicher Entgeltsminderungen

2577 Unternehmer, für die gemäß § 18 Abs. 7 UStG 1994 ein Verfahren zur **erleichterten Trennung der Entgelte nach Steuersätzen** zugelassen worden ist, sind berechtigt, nachträgliche Entgeltsminderungen (zB durch Skonti, Rabatte und sonstige Preisnachlässe) für umsatzsteuerliche Zwecke nach dem Verhältnis zwischen den Umsätzen, die verschiedenen Steuersätzen unterliegen, aufzuteilen. Einer besonderen Bewilligung durch das Finanzamt bedarf es in diesen Fällen nicht.

Randzahlen 2578 bis 2580: Derzeit frei.

8. Buchmäßiger Nachweis
8.1 Allgemeines

2581 Nach dem UStG 1994 ist ein buchmäßiger Nachweis in folgenden Fällen vorgesehen:
- § 6 Abs. 1 Z 3 lit. a bis c UStG 1994: Die Beförderung von Gegenständen und sonstige Leistungen, die sich auf die eingeführten Gegenstände beziehen;
- § 6 Abs. 1 Z 5 UStG 1994: Steuerfreie Vermittlung von steuerfreien Umsätzen;
- § 7 Abs. 1 UStG 1994 : Steuerfreie Ausfuhrlieferung;
- § 8 Abs. 1 UStG 1994: Steuerfreie Lohnveredlung an Gegenständen der Ausfuhr;
- § 9 Abs. 3 UStG 1994: Steuerfreie Umsätze für die Seeschifffahrt und für die Luftfahrt;
- § 12 Abs. 17 UStG 1994: Vorsteuerabzug bei Lieferung von gebrauchten Fahrzeugen ins Drittland;
- § 23 Abs. 6 UStG 1994: Steuerfreie Reiseleistungen ins Drittland;
- Art. 6 Abs. 3 UStG 1994: Steuerfreie Einfuhr von Gegenständen mit anschließender innergemeinschaftlicher Lieferung;
- Art. 7 Abs. 3 UStG 1994: Steuerfreie innergemeinschaftliche Lieferung.

2582 Der buchmäßige Nachweis ist Voraussetzung für die Steuerfreiheit.

Im Erkenntnis vom 12. 12. 2003, B 916/02, ist der Verfassungsgerichtshof jedoch zu der Auffassung gelangt, dass die strenge Erfüllung des buchmäßigen Nachweises im Einzelfall überschießend sein kann. Das traf zB auf den Anlassfall zu, in dem der Unternehmer in zwei Jahren überhaupt nur drei Ausfuhrumsätze getätigt hatte, die Umsätze dem Unternehmer in wirtschaftlicher Betrachtungsweise erst nachträglich zugerechnet worden sind (und der Unternehmer keine Bücher geführt hat und zur Zeit der Zurechnung den Buchnachweis überhaupt nicht mehr hätte erbringen können) und die belangte Behörde sowohl von der Tatsache des Abschlusses eines Umsatzgeschäftes mit einem ausländischen Abnehmer als auch davon ausgegangen war, dass der Ausfuhrnachweis über die in Erfüllung dieses Umsatzgeschäftes erfolgte Beförderung des Gegenstandes in das Ausland erbracht worden war.

Diese Rechtsprechung des VfGH wird auch in vergleichbaren Fällen Anwendung finden können.

In den meisten Veranlagungsfällen mit Ausfuhrlieferungen liegt jedoch eine Vielzahl von Umsätzen vor und es erfolgt keine nachträgliche Zurechnung der Umsätze an einen anderen Unternehmer. In diesen Fällen wird ohne entsprechenden buchmäßigen Nachweis der Voraussetzungen der Ausfuhrlieferung die Steuerfreiheit nach wie vor nicht gewährt werden können.

Hinsichtlich des Zeitpunktes des Vorliegens des Buchnachweises siehe Rz 2584.

2583 Rechtslage bis 31.12.2015:

Die dem buchmäßigen Nachweis dienenden Bücher oder Aufzeichnungen sind im Inland zu führen und mit den dazugehörigen Unterlagen (zB Ausfuhrnachweise im Original) im Inland aufzubewahren. Eine allfällige Bewilligung zur Führung von Büchern und Aufzeichnungen im Ausland nach § 131 BAO kann sich nicht auf die Erbringung des buchmäßigen Nachweises beziehen.

Rechtslage ab 1.1.2016:

Die dem buchmäßigen Nachweis dienenden Bücher oder Aufzeichnungen können auch im Ausland geführt und mit den dazugehörigen Unterlagen (zB Ausfuhrnachweise im Original) im Ausland aufbewahrt werden. Diesfalls kommt subsidiär § 131 BAO zur Anwendung.

8.2 Zeitpunkt des Vorliegens des Buchnachweises

2584 Die für den buchmäßigen Nachweis erforderlichen Aufzeichnungen sind unmittelbar nach Ausführung des Umsatzgeschäftes vorzunehmen (vgl. VwGH 15.09.1986, 84/15/0043 und VwGH 13.11.1989, 87/15/0101). Das schließt aber nicht aus, dass einzelne Angaben innerhalb des Buchnachweises, die irrtümlich oder unrichtig aufgezeichnet waren oder fehlten, berichtigt oder ergänzt werden können (zB um die im Zeitpunkt der Lieferung noch nicht bekannte UID des Abnehmers). Der vollständige Buchnachweis muss grundsätzlich zu Beginn einer Umsatzsteuernachschau oder einer Betriebsprüfung vorliegen. Dem Unternehmer ist jedoch nach Beginn einer Umsatzsteuernachschau oder einer Betriebsprüfung unter Setzung einer Nachfrist von ca. einem Monat die Möglichkeit einzuräumen, einzelne fehlende Teile des buchmäßigen Nachweises nachzubringen.

Der Nachweis der materiellen Voraussetzungen der Steuerfreiheit ist vom Unternehmer, der die Steuerfreiheit in Anspruch nehmen will, zu erbringen. Nach VwGH 20.12.2012, 2009/15/0146, iVm EuGH 27.09.2007, Rs C-146/05, *Albert Collée*, ist im Bereich der Nachweisführung jedoch nicht auf bloß formelle Belange, insbesondere den Zeitpunkt der Nachweiserbringung, abzustellen, sondern auch eine spätere Nachweisführung im Abgabenverfahren ausreichend. Entscheidend ist, dass dem liefernden Unternehmer der Nachweis gelingt, dass die materiellen Voraussetzungen der Steuerfreiheit zweifelsfrei vorliegen.

8.3 Belege

2585 Der Buchnachweis ist durch Bücher oder Aufzeichnungen in Verbindung mit den dazugehörenden Belegen zu führen. Eine Belegsammlung reicht für sich allein nicht aus.

Beispiel zum Buchnachweis (umsatzsteuerfreie Ausfuhr):

Ein Abnehmer (Nichtunternehmer) aus der Schweiz kauft im Inland bei einem Kunstschmied einen geschmiedeten Beleuchtungskörper. Der zivilrechtliche Preis beträgt 2.400 Euro der Nettopreis (ohne USt) 2.000 Euro. Der Abnehmer begehrt Umsatzsteuerfreiheit. Der Unternehmer legt folgende Rechnung

Herbst Franz Kunstschmiede 3384 Knetzersdorf 12 UID-Nr.: ATU12345678	Knetzersdorf, am 12.12.2000 Rechnungsdatum = Lieferdatum

Rechnung Nr. 1212
für
Georg Sprüngli
Bahnhofstrasse 123

CH-8000 Zürich

1 geschmiedeter sechsarmiger Leuchter .... 2.400 €

Im Preis sind 400 € USt enthalten.

Der Unternehmer fertigt eine Ausfuhrbescheinigung für Umsatzsteuerzwecke, Lager Nr. U 34, als Ausfuhrnachweis aus, versieht diese mit der fortlaufenden Nr. 24

und übergibt diese zum Zwecke der Bestätigung der Ausfuhr durch das Grenzzollamt dem Abnehmer aus dem Drittland. Das Konto „Steuerfreie Ausfuhrlieferungen" soll auch zur Erbringung des Buchnachweises dienen. Der Unternehmer verbucht daher die Rechnung am Konto „Steuerfreie Ausfuhrlieferungen" und vermerkt am Konto die fortlaufende Nr. 24 des Ausfuhrnachweises.

Der Abnehmer lässt die Ausfuhrbescheinigung beim Ausgangszollamt Feldkirch/Meiningen am Tag der Lieferung (=Ausfuhr) abstempeln und sendet diese unmittelbar danach an den Unternehmer zurück. Der Unternehmer legt diese in einem Ordner unter der fortlaufenden Nr. 24 ab.

Fortlaufende Nummer	Rechnungsnummer	Ausfuhrnachweis
23	…	…
24	…	…
25	1212	Buchungstext 24

Aus dem einlangenden Ausfuhrnachweis ist der Tag der Ausfuhr zu entnehmen.

Aus dem so geführten Buchnachweis sind die Voraussetzungen für die Umsatzsteuerfreiheit zu entnehmen: Der Abnehmer hat keinen Wohnsitz im Gemeinschaftsgebiet, der Gegenstand der Lieferung wird vor Ablauf des dritten Kalendermonats, der auf den Monat der Lieferung folgt, ausgeführt, der Gesamtbetrag der Rechnung übersteigt 75 Euro.

Der Unternehmer hat zu überprüfen, ob die Ausfuhrnachweise rechtzeitig innerhalb der Sechsmonatsfrist ab Lieferung einlangen. Sollte dies nicht der Fall sein, ist der Umsatz für den Zeitpunkt der Lieferung auf steuerpflichtig umzubuchen.

Der Buchnachweis kann auch in Aufzeichnungen außerhalb der Buchhaltung vorgenommen werden.

Randzahlen 2586 bis 2588: Derzeit frei.

9. Vorsteuerabzug nach Durchschnittssätzen

2589 Optieren Unternehmer zu einer Vorsteuerpauschalierung nach § 14 Abs. 1 Z 1 oder 2 UStG 1994 so entfällt die Aufzeichnung der Vorsteuerbeträge und der EUSt.

Randzahlen 2590 bis 2592: Derzeit frei.

10. Aufbewahrungspflicht

2593 Zur Aufbewahrung von Rechnungen siehe Rz 1565 bis Rz 1570.

Randzahlen 2594 bis 2600: Derzeit frei.

Steuerschuldner, Entstehung der Steuerschuld
§ 19.

(1) Steuerschuldner ist in den Fällen des § 1 Abs. 1 Z 1 und 2 der Unternehmer, in den Fällen des § 11 Abs. 14 der Aussteller der Rechnung.

Bei sonstigen Leistungen (ausgenommen die entgeltliche Duldung der Benützung von Bundesstraßen und die in § 3a Abs. 11a genannten Leistungen) und bei Werklieferungen wird die Steuer vom Empfänger der Leistung geschuldet, wenn
– der leistende Unternehmer im Inland weder sein Unternehmen betreibt noch eine an der Leistungserbringung beteiligte Betriebsstätte hat und
– der Leistungsempfänger Unternehmer im Sinne des § 3a Abs. 5 Z 1 und 2 ist oder eine juristische Person des öffentlichen Rechts ist, die Nichtunternehmer im Sinne des § 3a Abs. 5 Z 3 ist.

Der leistende Unternehmer haftet für diese Steuer.

(1a) Bei Bauleistungen wird die Steuer vom Empfänger der Leistung geschuldet, wenn der Empfänger Unternehmer ist, der seinerseits mit der Erbringung der Bauleistungen beauftragt ist. Der Leistungsempfänger hat auf den Umstand, dass er mit der Erbringung der Bauleistungen beauftragt ist, hinzuweisen. Erfolgt dies zu Unrecht, so schuldet auch der Leistungsempfänger die auf den Umsatz entfallende Steuer.

Werden Bauleistungen an einen Unternehmer erbracht, der üblicherweise selbst Bauleistungen erbringt, so wird die Steuer für diese Bauleistungen stets vom Leistungsempfänger geschuldet.

Bauleistungen sind alle Leistungen, die der Herstellung, Instandsetzung, Instandhaltung, Reinigung, Änderung oder Beseitigung von Bauwerken dienen. Das gilt auch für die Überlassung von Arbeitskräften, wenn die überlassenen Arbeitskräfte Bauleistungen erbringen.

(1b) Bei der Lieferung
a) sicherungsübereigneter Gegenstände durch den Sicherungsgeber an den Sicherungsnehmer,
b) des Vorbehaltskäufers an den Vorbehaltseigentümer im Falle der vorangegangenen Übertragung des vorbehaltenen Eigentums und
c) von Grundstücken im Zwangsversteigerungsverfahren durch den Verpflichteten an den Ersteher

wird die Steuer vom Empfänger der Leistung geschuldet, wenn dieser Unternehmer oder eine juristische Person des öffentlichen Rechts ist.

Der leistende Unternehmer haftet für diese Steuer. *(BGBl. I Nr. 117/2016)*

(1c) Bei der Lieferung von Gas über ein Erdgasnetz im Gebiet der Gemeinschaft oder jedes an ein solches Netz angeschlossene Netz, von Elektrizität

§ 19 UStG

oder von Wärme oder Kälte über Wärme- oder Kältenetze, wenn sich der Ort dieser Lieferung nach § 3 Abs. 13 oder 14 bestimmt und der liefernde Unternehmer im Inland weder sein Unternehmen betreibt noch eine an der Lieferung beteiligte Betriebsstätte hat, wird die Steuer vom Empfänger der Lieferung geschuldet, wenn er im Inland für Zwecke der Umsatzsteuer erfasst ist.

Der liefernde Unternehmer haftet für diese Steuer.

(1d) Der Bundesminister für Finanzen kann zur Vermeidung von Steuerhinterziehungen oder -umgehungen durch Verordnung festlegen, dass für bestimmte Umsätze die Steuer vom Leistungsempfänger geschuldet wird, wenn dieser Unternehmer ist und diese Möglichkeit den Mitgliedstaaten in Titel XI Kapitel 1 Abschnitt 1 der Richtlinie 2006/112/EG eingeräumt wird oder dafür eine Ermächtigung gemäß Art. 395 der Richtlinie 2006/112/EG vorliegt. Weiters kann in der Verordnung bestimmt werden, dass der leistende Unternehmer für diese Steuer haftet.

(1e) Die Steuer wird vom Empfänger der Leistung geschuldet, wenn dieser Unternehmer ist, bei

a) der Übertragung von Treibhausgasemissionszertifikaten im Sinne des Art. 3 der Richtlinie 2003/87/EG über ein System für den Handel mit Treibhausgasemissionszertifikaten in der Gemeinschaft und zur Änderung der Richtlinie 96/61/EG des Rates, ABl. Nr. L 275 vom 25.10.2003 S. 32, und bei der Übertragung von anderen Einheiten, die genutzt werden können, um den Auflagen dieser Richtlinie nachzukommen,

b) der Lieferung von Mobilfunkgeräten (Unterpositionen 8517 12 00 und 8517 18 00 der Kombinierten Nomenklatur) und integrierten Schaltkreisen (Unterpositionen 8542 31 90, 8473 30 20, 8473 30 80 und 8471 50 00 der Kombinierten Nomenklatur), wenn das in der Rechnung ausgewiesene Entgelt mindestens 5 000 Euro beträgt.

Der leistende Unternehmer haftet für diese Steuer.

(2) Die Steuerschuld entsteht
1. für Lieferungen und sonstige Leistungen
   a) mit Ablauf des Kalendermonates, in dem die Lieferungen oder sonstigen Leistungen ausgeführt worden sind (Sollbesteuerung); dieser Zeitpunkt verschiebt sich – ausgenommen in den Fällen des § 19 Abs. 1 zweiter Satz – um einen Kalendermonat, wenn die Rechnungsausstellung erst nach Ablauf des Kalendermonates erfolgt, in dem die Lieferung oder sonstige Leistung erbracht worden ist.

   Wird das Entgelt oder ein Teil des Entgeltes vereinnahmt, bevor die Leistung ausgeführt worden ist, so entsteht insoweit die Steuerschuld mit Ablauf des Voranmeldungszeitraumes, in dem das Entgelt vereinnahmt worden ist;

   b) in den Fällen der Besteuerung nach vereinnahmten Entgelten (§ 17) mit Ablauf des Kalendermonates, in dem die Entgelte vereinnahmt

§ 19 UStG

worden sind (Istbesteuerung). Wird die Steuer vom Empfänger der Leistung geschuldet (Abs. 1 zweiter Satz, Abs. 1a, Abs. 1b, Abs. 1c, Abs. 1d und Abs. 1e), entsteht abweichend davon die Steuerschuld für vereinbarte, im Zeitpunkt der Leistungserbringung noch nicht vereinnahmte Entgelte, mit Ablauf des Kalendermonates, in dem die Lieferung oder sonstige Leistung ausgeführt worden ist. Dieser Zeitpunkt verschiebt sich – ausgenommen in den Fällen des § 19 Abs. 1 zweiter Satz – um einen Kalendermonat, wenn die Rechnungsausstellung erst nach Ablauf des Kalendermonates erfolgt, in dem die Lieferung oder sonstige Leistung erbracht worden ist;

2. für die Umsätze gemäß § 1 Abs. 1 Z 2, § 3 Abs. 2 und § 3a Abs. 1a mit Ablauf des Kalendermonates, in dem die Aufwendungen im Sinne des § 1 Abs. 1 Z 2 getätigt worden sind, in dem die Gegenstände für die im § 3 Abs. 2 bezeichneten Zwecke entnommen oder die Leistungen im Sinne des § 3a Abs. 1a ausgeführt worden sind.

(3) In den Fällen des § 11 Abs. 12 und 14 entsteht die Steuerschuld mit Ablauf des Kalendermonates, in dem die Rechnung ausgefolgt worden ist.

(4) In den Fällen des § 16 Abs. 2 entsteht die Steuerschuld mit Ablauf des Kalendermonates, in dem die Minderung des Entgeltes eingetreten ist.

(5) Für die Einfuhrumsatzsteuer gilt § 26 Abs. 1.

UStR zu § 19:

	Rz		Rz
1. Steuerschuldner	2601	1.2.7 Vorsteuerabzug	2602h
1.1 Allgemeines	2601	1.2.8 Aufzeichnungspflichten	2602i
1.1.1 Übergang der Steuerschuld (Rechtslage 1.1.2004 bis 31.12.2009)	2601	1.2.9 Entstehung der Steuerschuld bei Sollbesteuerung	2602j
1.1.2 Übergang der Steuerschuld (Rechtslage 1.1.2010 bis 31.12.2011)	2601a	1.2.10 Entstehung der Steuerschuld bei Istbesteuerung	2602k
1.1.3 Übergang der Steuerschuld (Rechtslage ab 1.1.2012)	2601b	1.2.11 Inkrafttreten	2602l
1.1.4 Rechnungslegung	2602	**1.3 Übergang der Steuerschuld bei Lieferungen im Sicherungseigentum, Vorbehaltseigentum und Zwangsversteigerungsverfahren**	2603
1.2 Übergang der Steuerschuld in der Bauwirtschaft	2602a		
1.2.1 Allgemeines	2602b	**1.4 Übergang der Steuerschuld bei Gas- und Stromlieferungen (§ 19 Abs. 1c UStG 1994)**	2604
1.2.2 Bauleistungen	2602c		
1.2.3 Bauleistungen an einen Unternehmer, der seinerseits mit der Erbringung von Bauleistungen beauftragt ist	2602d	**1.5 Übergang der Steuerschuld durch Verordnung zu bestimmenden Umsätzen an Unternehmer**	2605
1.2.4 Nachweis der Beauftragung des Leistungsempfängers	2602e	1.5.1 Verordnung des BM für Finanzen, BGBl. II Nr. 129/2007 (Schrott-Umsatzsteuerverordnung)	2605a
1.2.5 Bauleistungen an einen Unternehmer, der seinerseits üblicherweise Bauleistungen erbringt	2602f	1.5.2 Verordnung der BM für Finanzen, BGBl. II Nr. 369/2013 (Umsatzsteuerbetrugsbekämpfungsverordnung) idF BGBl. II Nr. 120/2014	2605b
1.2.6 Rechnungslegung bei Übergang der Steuerschuld	2602g		

§ 19 UStG

Rz	Rz
1.6. Übergang der Steuerschuld bei der Übertragung von Treibhausgasemissionszertifikaten und der Lieferung von Mobilfunkgeräten und integrierten Schaltkreisen (§ 19 Abs. 1e UStG 1994) 2605c	2.1.4 Sollbesteuerung bei Dauerleistungen 2619
2. Entstehung der Steuerschuld 2606	2.1.5 Sollbesteuerung bei unbestimmtem Entgelt 2622
2.1 Lieferungen und sonstige Leistungen 2606	2.1.6 Besteuerung der Leistungen von Wohnungseigentümergemeinschaften 2624
2.1.1 Anzahlungen 2606	2.2 Eigenverbrauch .... derzeit frei
2.1.2 Zeitpunkt der Leistungserbringung (Leistungsabgrenzung) 2608	3. Zu hoher und unberechtigter Steuerausweis .... derzeit frei
2.1.3 Teilleistungen in der Bauwirtschaft 2611	4. Minderung des Entgeltes ...... derzeit frei
	5. EUSt .... derzeit frei

1. Steuerschuldner

1.1 Allgemeines

1.1.1 Übergang der Steuerschuld (Rechtslage 1.1.2004 bis 31.12.2009)

2601 Erbringt ein ausländischer Unternehmer (das ist bis 31. Dezember 2009 ein solcher, der **im Inland weder sein Unternehmen betreibt noch eine** Betriebsstätte im Inland hat)

- sonstige Leistungen (**ausgenommen die entgeltliche Duldung der Benutzung von Mautstraßen**) oder
- Werklieferungen

an einen Unternehmer oder eine juristische Person des öffentlichen Rechts, wird die Steuer vom Leistungsempfänger geschuldet.

Der leistende Unternehmer haftet für diese Steuer.

Im Fall des **Übergangs der Steuerschuld** auf den Leistungsempfänger ist § 27 Abs. 4 UStG 1994 gegenstandslos.

Umsätze, für die die Steuerschuld übergeht

Siehe Rz 2601b.

Ausländische Unternehmer

Maßgeblich, ob es sich um einen ausländischen Unternehmer handelt, ist der Zeitpunkt, in dem die Leistung ausgeführt wird. Unternehmer, die ein im Inland gelegenes Grundstück besitzen und steuerpflichtig vermieten, sind insoweit als inländische Unternehmer zu behandeln. Sie haben diese Umsätze im Veranlagungsverfahren zu erklären. Der Leistungsempfänger schuldet nicht die Steuer für diese Umsätze.

Die Tatsache, dass ein Unternehmer bei einem Finanzamt im Inland umsatzsteuerlich geführt wird, ist kein Merkmal dafür, dass er im Inland ansässig ist. Das Gleiche gilt, wenn dem Unternehmer eine österreichische UID erteilt wurde.

Verfügt der leistende Unternehmer über eine Betriebsstätte im Inland, ist er kein ausländischer Unternehmer.

Hinsichtlich der Möglichkeit einer Betriebsstättenbescheinigung siehe Rz 3494.

Vorsteuerabzug des ausländischen Leistungsempfängers

Siehe die Ausführungen in Rz 2601a zu „Vorsteuerabzug des ausländischen Leistungsempfängers ohne Betriebsstätte in Österreich".

Abgabe von Umsatzsteuererklärungen

Siehe Rz 2601b.

Veranlagung

Siehe Rz 2601b.

Haftung

Siehe Rz 2601a.

1.1.2 Übergang der Steuerschuld (Rechtslage 1.1.2010 bis 31.12.2011)

2601a Erbringt ein ausländischer Unternehmer (das ist ab 1. Jänner 2010 ein solcher, der im Inland weder sein Unternehmen betreibt noch eine an der Leistungserbringung beteiligte Betriebsstätte im Inland hat)
- sonstige Leistungen (ausgenommen die entgeltliche Duldung der Benutzung von Mautstraßen) oder
- Werklieferungen

an einen Unternehmer iSd § 3a Abs. 5 Z 1 und Z 2 UStG 1994 oder eine juristische Person des öffentlichen Rechts, die Nichtunternehmer iSd § 3a Abs. 5 Z 3 UStG 1994 ist, wird die Steuer vom Leistungsempfänger geschuldet.

Der leistende Unternehmer haftet für diese Steuer.

Im Falle des Überganges der Steuerschuld auf den Leistungsempfänger ist § 27 Abs. 4 UStG 1994 gegenstandslos.

Umsätze, für die die Steuerschuld übergeht

Siehe Rz 2601b.

Leistender Unternehmer

Siehe Rz 2601b.

Betriebsstätte in Österreich

Siehe Rz 2601b.

Vorsteuerabzug des ausländischen Leistungsempfängers ohne Betriebsstätte in Österreich

Hat der ausländische Unternehmer nur sonstige Leistungen (ausgenommen die entgeltliche Duldung der Benutzung von Mautstraßen) oder Werklieferungen ausgeführt, für die der Leistungsempfänger die Steuer schuldet, hat er seine Vorsteuern im Erstattungsverfahren geltend zu machen, ausgenommen, wenn er selbst als Leistungsempfänger eine Steuer schuldet.

Das gilt auch dann, wenn der ausländische Unternehmer Bauleistungen im Sinne des § 19 Abs. 1a UStG 1994 oder andere sonstige Leistungen ausgeführt hat, für die nach § 19 Abs. 1 zweiter Satz UStG 1994 und subsidiär nach einer anderen Vorschrift die Steuerschuld auf den Leistungsempfänger übergeht (zB ab 1. Juli 2010 die Übertragung von Treibhausgasemissionszertifikaten im Sinne des § 19 Abs. 1e UStG 1994 durch einen ausländischen Unternehmer).

Basiert der Übergang der Steuerschuld nicht auf § 19 Abs. 1 zweiter Satz UStG 1994, hat der ausländische Unternehmer seine Vorsteuern im Veranlagungsverfahren geltend zu machen.

Soweit an ausländische Unternehmer Umsätze ausgeführt werden, für die diese die Steuer schulden, haben sie die für ihre Vorleistungen in Rechnung gestellte Steuer ebenfalls im Veranlagungsverfahren geltend zu machen.

Beispiel 1:

Der in Frankreich ansässige Unternehmer F nimmt mit anderen französischen Unternehmern im Mai 2010 an einer Ausstellung in Wien teil. Mit der Organisation und Durchführung der Gemeinschaftsausstellung ist die ebenfalls in Frankreich ansässige Durchführungsgesellschaft D beauftragt.

Der Veranstalter der Messe erbringt sonstige Leistungen an D. D erbringt die sonstigen Leistungen an die an der Gemeinschaftsausstellung beteiligten Aussteller. D erbringt im Inland ua. steuerpflichtige Leistungen an den Aussteller F. Die Umsatzsteuer für diese Leistungen schuldet F. Bei Zutreffen der Voraussetzungen des § 12 UStG 1994 kann F im Veranlagungsverfahren die gemäß § 19 Abs. 1 zweiter Satz

UStG 1994 geschuldete Steuer und allenfalls weitere für Vorleistungen an ihn in Rechnung gestellte Steuern als Vorsteuer abziehen. Schuldet F ausschließlich die auf ihn übergangene Steuer gemäß § 19 Abs. 1 zweiter Satz UStG 1994 und ist er hinsichtlich dieser Steuer zum vollen Vorsteuerabzug berechtigt, wird F gemäß § 21 Abs. 4 UStG 1994 nur dann zur Steuer veranlagt, wenn er dies ausdrücklich schriftlich beantragt.

Beispiel 2:

Ein amerikanischer Unternehmer veranstaltet im Oktober 2011 in Wien einen Kongress. An dem Kongress nehmen auch ausländische Unternehmer teil (die Leistung des Kongressveranstalters dient deren unternehmerischen Zwecken und wird daher für deren Unternehmen ausgeführt).

Die Steuerschuld für die Leistungen des Kongressveranstalters geht auf die ausländischen Unternehmer, die am Kongress teilnehmen, über. Die auf die Kongressteilnehmer übergegangene Steuerschuld ist im Veranlagungsverfahren zu erklären (siehe jedoch § 21 Abs. 4 UStG 1994). Will der Unternehmer weitere Vorsteuern geltend machen – zB für die Beherbergung – kann dies nur im Veranlagungsverfahren erfolgen.

Vorsteuerabzug des ausländischen Leistungsempfängers mit an der Leistungserbringung beteiligter Betriebsstätte in Ö

Siehe Rz 2601b.

Vorsteuerabzug des ausländischen Leistungsempfängers mit Betriebsstätte in Ö, die nicht an der Leistungserbringung beteiligt ist

Siehe Rz 2601b.

Abgabe von Umsatzsteuererklärungen

Siehe Rz 2601b.

Veranlagung

Siehe Rz 2601b.

Haftung

Der leistende Unternehmer haftet für die auf den Leistungsempfänger übergegangene Steuer. Diese Haftung wird nur dann von Bedeutung sein, wenn der Leistungsempfänger hinsichtlich der übergegangenen Steuerschuld nicht oder nicht zur Gänze zum Vorsteuerabzug berechtigt ist.

Geht bei Leistungen ausländischer Unternehmer die Steuerschuld auf einen anderen ausländischen Unternehmer über, der nicht zum Vorsteuerabzug berechtigt ist (zB ausländischer Arzt), entfällt die Haftung des leistenden Unternehmers unter folgenden Voraussetzungen:

- Der leistende Unternehmer teilt dem Finanzamt Graz-Stadt vor einer Veranstaltung, bei der er zahlreichen ausländischen Unternehmern Leistungen erbringt (zB Kongress) mit, dass er von dieser Vereinfachungsmaßnahme Gebrauch macht.
- Der leistende Unternehmer führt den vom Leistungsempfänger geschuldeten Betrag in dessen Namen an das vom Finanzamt Graz-Stadt bekannt gegebene Konto ab.
- Der leistende Unternehmer übermittelt dem Finanzamt Graz-Stadt eine Auflistung der Leistungsempfänger (Name des Unternehmers sowie der für das Unternehmen an der Veranstaltung teilnehmenden Personen, Anschrift des Unternehmers).
- Der leistende Unternehmer darf in diesem Fall keine Rechnung mit Umsatzsteuerausweis ausstellen.
- Der leistende Unternehmer hat auf der Rechnung anzumerken, dass er den vom Leistungsempfänger geschuldeten Betrag in dessen Namen und für dessen Rechnung an das Finanzamt abführt.
- In diesen Fällen ist eine Abgabe einer Umsatzsteuererklärung durch den Leistungsempfänger für diese übergegangene Steuerschuld nicht erforderlich.

§ 19 UStG

Die allgemeinen Ausführungen in Rz 2602h bis Rz 2602l zum Vorsteuerabzug des Leistungsempfängers, den Aufzeichnungspflichten, der Entstehung der Steuerschuld und zum In-Kraft-Treten gelten sinngemäß auch für § 19 Abs. 1 zweiter Satz UStG 1994.

1.1.3. Übergang der Steuerschuld (Rechtslage ab 1. Jänner 2012)

Zur Rechtslage bis 31. Dezember 2009 siehe Rz 2601.

Zur Rechtslage 1. Jänner 2010 bis 31. Dezember 2011 siehe Rz 2601a.

2601b Erbringt ein ausländischer Unternehmer (das ist ein solcher, der im Inland weder sein Unternehmen betreibt noch eine an der Leistungserbringung beteiligte Betriebsstätte im Inland hat)

- sonstige Leistungen (ausgenommen die entgeltliche Duldung der Benutzung von Mautstraßen oder sonstige Leistungen iSd § 3a Abs. 11a UStG 1994) oder
- Werklieferungen

an einen Unternehmer iSd § 3a Abs. 5 Z 1 und Z 2 UStG 1994 oder eine juristische Person des öffentlichen Rechts, die Nichtunternehmer iSd § 3a Abs. 5 Z 3 UStG 1994 ist, wird die Steuer vom Leistungsempfänger geschuldet.

Der leistende Unternehmer haftet für diese Steuer.

Im Falle des Überganges der Steuerschuld auf den Leistungsempfänger ist § 27 Abs. 4 UStG 1994 gegenstandslos.

Die Steuerschuld geht daher zB trotz inländischen Wohnsitzes des Leistungserbringers auf den Leistungsempfänger über, wenn der leistende Unternehmer den Sitz seiner wirtschaftlichen Tätigkeit im Ausland und keine an der Leistungserbringung beteiligte Betriebsstätte im Inland hat.

Kein Übergang der Steuerschuld bei sonstigen Leistungen iSd § 3a Abs. 11a UStG 1994

Zu den sonstigen Leistungen iSd § 3a Abs. 11a UStG 1994 siehe Rz 641f.

Werden solche sonstigen Leistungen von einem ausländischen Unternehmer ausgeführt, geht die Steuerschuld nicht auf den unternehmerischen Leistungsempfänger über. Der Leistungsempfänger ist nicht nach § 27 Abs. 4 UStG 1994 zur Einbehaltung und Abfuhr der Umsatzsteuer verpflichtet (siehe Rz 3493).

Beispiel:

Ein amerikanischer Unternehmer ohne Sitz oder Betriebsstätte in Österreich veranstaltet im Juni 2012 einen Kongress in Wien. Ein deutscher und ein Schweizer Arzt besuchen den Kongress und entrichten dafür eine Teilnahmegebühr. Der amerikanische Veranstalter erbringt dem deutschen und dem Schweizer Arzt gegenüber sonstige Leistungen iSd § 3a Abs. 11a UStG 1994, die in Österreich der Besteuerung unterliegen. Auch wenn es sich beim Veranstalter um einen ausländischen Unternehmer und bei den Leistungsempfängern ebenfalls um Unternehmer handelt, geht hier die Steuerschuld nicht auf die teilnehmenden Ärzte über. Diese sind auch nicht gemäß § 27 Abs. 4 UStG 1994 zur Einbehaltung und Abfuhr der Umsatzsteuer verpflichtet. Für den amerikanischen Veranstalter besteht jedoch gemäß § 27 Abs. 7 UStG 1994 die Verpflichtung zur Bestellung eines Fiskalvertreters.

Umsätze, für die die Steuerschuld übergeht

Der Übergang betrifft sowohl Umsätze für den unternehmerischen als auch für den nichtunternehmerischen Bereich des Leistungsempfängers, der ein Unternehmer oder eine juristische Person ist (hinsichtlich Ausnahmen siehe Rz 2602f letzter Absatz sinngemäß).

Der Bestimmung des § 19 Abs. 1 zweiter Satz UStG 1994 kommt Vorrang vor den übrigen Tatbeständen des Übergangs der Steuerschuld (§ 19 Abs. 1a bis 1e UStG 1994) zu. Die Steuerschuld entsteht – unabhängig vom Zeitpunkt der Rechnungsausstellung – mit Ablauf des Kalendermonates, in dem die Leistung erbracht worden ist (§ 19 Abs. 2

§ 19 UStG

Z 1 lit. a und b UStG 1994). Zur Geltendmachung von Vorsteuern im Erstattungsverfahren siehe unter „Vorsteuerabzug des ausländischen Leistungsempfängers ohne Betriebsstätte in Österreich".

Leistender Unternehmer

Voraussetzung für den Übergang der Steuerschuld ist, dass der leistende Unternehmer im Inland weder sein Unternehmen betreibt noch eine an der Leistungserbringung beteiligte Betriebsstätte im Inland hat. Maßgebend für die Beurteilung dieser Voraussetzung ist der Zeitpunkt, in dem die Leistung ausgeführt wird.

Unternehmer, die ein im Inland gelegenes Grundstück besitzen und steuerpflichtig vermieten, sind insoweit (dh. hinsichtlich der Vermietungsumsätze) als inländische Unternehmer zu behandeln. Sie haben diese Umsätze im Veranlagungsverfahren zu erklären.

Der Leistungsempfänger schuldet nicht die Steuer für diese Umsätze.

Die Tatsache, dass ein Unternehmer bei einem Finanzamt im Inland umsatzsteuerlich geführt wird, ist kein Merkmal dafür, dass er im Inland ansässig ist. Das Gleiche gilt, wenn dem Unternehmer eine österreichische UID erteilt wurde.

Betriebsstätte in Österreich

Eine im Inland gelegene Betriebsstätte (im Sinne des Art. 53 Abs. 1 VO (EU) 282/2011 sowie der Judikatur des EuGH zur festen Niederlassung) des Leistenden ist dann nicht schädlich für den Übergang der Steuerschuld, wenn sie an der Leistungserbringung nicht beteiligt ist. Das ist dann der Fall, wenn die technische oder personelle Ausstattung der Betriebsstätte in keiner Hinsicht für die Ausführung der Leistung genutzt wird. Beteiligung an der Leistungserbringung liegt vor, wenn die Betriebsstätte die Leistung erbringt oder in anderer Weise durch Personal und Sachgüter zur Auftragsabwicklung beiträgt, zB durch die Übernahme von Gewährleistungsverpflichtungen oder die Bereitstellung eines zum vereinbarten Leistungsumfang gehörenden Kundendienstes. Unmaßgeblich ist der Umfang der Nutzung der technischen oder personellen Mittel.

Wird die technische oder personelle Ausstattung der Betriebsstätte nur für verwaltungstechnische unterstützende Aufgaben, wie zB Buchhaltung, Rechnungsstellung und Eintreibung von Schulden genutzt, gilt die Betriebsstätte nicht bereits als an der Leistungserbringung beteiligt. Enthält die Rechnung die UID der Betriebsstätte, gilt die widerlegbare Vermutung, dass diese an der Leistungserbringung beteiligt ist.

Hinsichtlich der Möglichkeit einer Betriebsstättenbescheinigung siehe Rz 3494.

Beispiel 1:

Ein deutscher Unternehmer D hat eine Betriebsstätte in Salzburg und erbringt an den österreichischen Unternehmer Ö eine sonstige Leistung in Österreich.
a) Die Betriebsstätte ist an der Leistungserbringung nicht beteiligt.
b) Die Betriebsstätte hat die Geschäftsanbahnung übernommen.
Im Fall a) geht die Steuerschuld auf Ö über, im Fall b) nicht.

Beispiel 2:

Das französische Beratungsunternehmen F mit einer Betriebsstätte in Wien erbringt – ohne Einschaltung der Wiener Betriebsstätte – eine Beratungsleistung an den österreichischen Unternehmer Ö. Die Steuerschuld geht trotz umsatzsteuerrechtlicher Erfassung der Betriebsstätte in Österreich mangels Beteiligung am Umsatz auf Ö über.

Vorsteuerabzug des ausländischen Leistungsempfängers ohne Betriebsstätte in Österreich

Hat der ausländische Unternehmer nur sonstige Leistungen oder Werklieferungen ausgeführt, für die der Leistungsempfänger die Steuer schuldet, hat er seine Vorsteuern im Erstattungsverfahren geltend zu machen, ausgenommen, wenn er selbst als Leistungsempfänger eine Steuer schuldet.

Das gilt auch dann, wenn der ausländische Unternehmer Bauleistungen iSd § 19 Abs. 1a UStG 1994 oder andere sonstige Leistungen ausgeführt hat, für die nach § 19 Abs. 1 zweiter Satz UStG 1994 und subsidiär nach einer anderen Vorschrift die Steuerschuld auf den Leistungsempfänger übergeht (zB ab 1. Juli 2010 die Übertragung von Treibhausgasemissionszertifikaten iSd § 19 Abs. 1e UStG 1994 durch einen ausländischen Unternehmer).

Basiert der Übergang der Steuerschuld nicht auf § 19 Abs. 1 zweiter Satz UStG 1994, hat der ausländische Unternehmer seine Vorsteuern im Veranlagungsverfahren geltend zu machen.

Soweit an ausländische Unternehmer Umsätze ausgeführt werden, für die diese die Steuer schulden, haben sie die für ihre Vorleistungen in Rechnung gestellte Steuer ebenfalls im Veranlagungsverfahren geltend zu machen.

Beispiel:

Der in Frankreich ansässige Unternehmer F baut Fenster in ein neu zu errichtendes Wohnhaus in Wien ein. Der in Deutschland ansässige Generalunternehmer D ist mit der Errichtung dieses Bauwerkes beauftragt worden. Nach Fertigstellung liefert D das Gebäude seinem Auftraggeber A, einer Privatperson.

F erbringt eine sonstige Leistung an seinen deutschen Auftraggeber, die in Österreich steuerbar und steuerpflichtig ist. Da D ein Unternehmer ist, geht die Steuerschuld für die sonstige Leistung des F auf ihn über. D erbringt im Inland eine steuerbare und steuerpflichtige Werklieferung an seinen Auftraggeber A. Die Umsatzsteuer für diese Leistungen schuldet D. Bei Zutreffen der Voraussetzungen des § 12 UStG 1994 kann D im Veranlagungsverfahren die gemäß § 19 Abs. 1 zweiter Satz UStG 1994 geschuldete Steuer und allenfalls weitere für Vorleistungen an ihn in Rechnung gestellte Steuern als Vorsteuer abziehen.

Vorsteuerabzug des ausländischen Leistungsempfängers mit an der Leistungserbringung beteiligter Betriebsstätte in Ö

Da es hier zu keinem Übergang der Steuerschuld kommt, ist Steuerschuldner der leistende Unternehmer, der diese Steuer beim Betriebsstättenfinanzamt zu erklären und allenfalls abzuführen hat. Angefallene Vorsteuern sind beim Betriebsstättenfinanzamt im Veranlagungsverfahren geltend zu machen.

Vorsteuerabzug des ausländischen Leistungsempfängers mit Betriebsstätte in Ö, die nicht an der Leistungserbringung beteiligt ist

Es kommt für die konkrete Leistungserbringung (ohne Einschaltung der österreichischen Betriebsstätte) zwar zum Übergang der Steuerschuld auf den Leistungsempfänger, allfällige Vorsteuern des Leistenden sind jedoch (mangels Vorliegen der Voraussetzungen für das Erstattungsverfahren) beim Betriebsstättenfinanzamt im Veranlagungsverfahren geltend zu machen.

Abgabe von Umsatzsteuererklärungen

Eine Steuererklärung haben auch juristische Personen im Nichtunternehmerbereich abzugeben, soweit sie als Leistungsempfänger eine nach § 19 Abs. 1 zweiter Satz UStG 1994 auf sie übergegangene Steuer schulden.

Hat der ausländische Unternehmer keine Umsätze im Inland ausgeführt oder nur sonstige Leistungen oder Werklieferungen, für die der Leistungsempfänger die Steuer schuldet, hat er eine Umsatzsteuererklärung nur abzugeben, wenn

- er selbst als Leistungsempfänger eine Steuer schuldet,
- wenn er eine Steuer auf Grund einer Inrechnungstellung gemäß § 11 Abs. 12 und Abs. 14 UStG 1994 schuldet oder
- wenn er vom Finanzamt zur Abgabe aufgefordert wird.

Veranlagung

Hat der ausländische Unternehmer keine Umsätze im Inland ausgeführt oder nur sonstige Leistungen oder Werklieferungen, für die der Leistungsempfänger die Steuer schuldet, und schuldet er selbst als Leistungsempfänger eine Umsatzsteuer, dann kommt es zu keiner Veranlagung, wenn er hinsichtlich der auf ihn übergegangenen Steuer zum vollen Vorsteuerabzug berechtigt ist und er nicht auf Grund einer Inrechnungstellung gemäß § 11 Abs. 12 und Abs. 14 UStG 1994 Umsatzsteuer schuldet. Das gilt nicht, wenn der ausländische Unternehmer ausdrücklich eine Veranlagung beantragt. Das gilt weiters nicht für ausländische Unternehmer, die neben der Vorsteuer für die übergegangene Steuerschuld weitere Vorsteuern geltend machen. In diesem Fall sind die Vorsteuern im Veranlagungsverfahren geltend zu machen.

Haftung

Der leistende Unternehmer haftet für die auf den Leistungsempfänger übergegangene Steuer. Diese Haftung wird nur dann von Bedeutung sein, wenn der Leistungsempfänger hinsichtlich der übergegangenen Steuerschuld nicht oder nicht zur Gänze zum Vorsteuerabzug berechtigt ist.

Die allgemeinen Ausführungen in Rz 2602h bis Rz 2602l zum Vorsteuerabzug des Leistungsempfängers, den Aufzeichnungspflichten, der Entstehung der Steuerschuld und zum In-Kraft-Treten gelten sinngemäß auch für § 19 Abs. 1 zweiter Satz UStG 1994.

1.1.4 Rechnungslegung

2602 Der leistende Unternehmer ist verpflichtet eine Rechnung auszustellen. Er hat in der Rechnung die Umsatzsteuer-Identifikationsnummer des Leistungsempfängers anzugeben und auf die Steuerschuld des Leistungsempfängers hinzuweisen.

In den Fällen des Überganges der Steuerschuld darf der leistende Unternehmer in der Rechnung keine Umsatzsteuer gesondert ausweisen. Eine trotzdem gesondert ausgewiesene Steuer wird vom Unternehmer gemäß § 11 Abs. 12 UStG 1994 geschuldet und berechtigt den Leistungsempfänger nicht zum Vorsteuerabzug.

Ob eine Rechnung ausgestellt wird und ob in dieser auf die Steuerschuldnerschaft des Leistungsempfängers hingewiesen wird, hat auf den Übergang der Steuerschuld keinen Einfluss.

Zur Änderung der Rechnungsausstellungsverpflichtung in bestimmten Fällen beim Übergang der Steuerschuld ab 1. Jänner 2013 siehe Rz 1501b.

1.2 Übergang der Steuerschuld in der Bauwirtschaft

2602a § 19 Abs. 1a UStG 1994 (angefügt durch das 2. Abgabenänderungsgesetz 2002) sieht vor, dass es zum Übergang der Steuerschuld auf den Empfänger der Leistung kommt, wenn
– Bauleistungen
– an einen Unternehmer erbracht werden,
– der seinerseits mit der Erbringung dieser Bauleistungen beauftragt ist oder
– der seinerseits üblicherweise Bauleistungen erbringt.

1.2.1 Allgemeines

2602b Die Bestimmung betreffend Übergang der Steuerschuld stellt nicht darauf ab, ob der leistende Unternehmer oder der Leistungsempfänger inländischer Unternehmer ist. Wird die Bauleistung einem ausländischen Unternehmer gegenüber erbracht, der seinerseits zur Erbringung der Bauleistung beauftragt worden ist, kommt es daher zum Übergang der Steuerschuld. Die Bestimmungen betreffend den Übergang der Steuerschuld bei Bauleistungen sind auf pauschalierte Landwirte, die Bauleistungen erbringen (zB Erdaushub), nach dem Sinn und Zweck der Bestimmung nicht anzuwenden, da dies zu einer Kürzung des pauschalierten Vorsteuerabzuges führen würde.

§ 19 UStG

1.2.2 Bauleistungen (§ 19 Abs. 1a dritter Unterabsatz UStG 1994)

2602c Bauleistungen sind alle Leistungen, die der Herstellung, Instandsetzung, Instandhaltung, Änderung, Beseitigung oder Reinigung (ab 1. Jänner 2011) von Bauwerken dienen (vgl. EuGH 13.12.2012, Rs C-395/11, *BLV Wohn- und Gewerbebau GmbH*).

Der Begriff des Bauwerks ist weit auszulegen und umfasst nicht nur Gebäude, sondern darüber hinaus sämtliche mit dem Erdboden verbundene oder infolge ihrer eigenen Schwere auf ihm ruhende, aus Baustoffen oder Bauteilen mit baulichem Gerät hergestellte Anlagen. Zu den Bauwerken zählen daher sämtliche Hoch- und Tiefbauten (zB Straßen, Tunnels) und mit dem Erdboden fest verbundene Anlagen wie Kraftwerke und Silos. Weiters gehören zu den Bauwerken Fenster und Türen sowie Bodenbeläge und Heizungsanlagen, aber auch Einrichtungsgegenstände, wenn sie mit einem Gebäude fest verbunden sind, zB Ladeneinbauten, Schaufensteranlagen, Gaststätteneinrichtungen oder Einbauküchen.

Folgende Leistungen sind, wenn sie als selbständige Hauptleistungen zu beurteilen sind, **keine** Bauleistungen:

- Ausschließlich planerische Leistungen (zB von Statikern, Architekten, Garten- und Innenarchitekten, Vermessungs- und Bauingenieuren).
- Beförderungsleistungen einschließlich des Be- und Entladens. Ebenso das Abholen von Bauschutt, auch wenn der Auftrag auf (anschließende) Entsorgung des Bauschutts lautet.
- Die Vermietung von Geräten (Beistellung ohne Personal), sowie die Durchführung von Reparatur- und Wartungsarbeiten eines Baugerätes, auch wenn die Arbeiten auf der Baustelle erfolgen.
- Bis 31. Dezember 2010: Die bloße Reinigung von Räumlichkeiten oder Flächen, zB Fenstern, es sei denn, es handelt sich um eine Nebenleistung zu weiteren als Bauleistung zu qualifizierenden Tätigkeiten. Ebenso die Bauendreinigung. (Eine Bauleistung stellt dagegen ein Reinigungsvorgang dar, bei dem die zu reinigende Oberfläche verändert wird, zB wenn die Oberfläche abgeschliffen oder abgestrahlt wird).
- Reine Wartungsarbeiten an Bauwerken oder Teilen von Bauwerken, solange nicht Teile verändert, bearbeitet oder ausgetauscht werden. Untergeordnete Änderungen (zB Austausch der Sicherungen oder Lampen bei der Wartung von Aufzugsanlagen) führen noch nicht zu einer Bauleistung.
- Materiallieferungen zB durch Baustoffhändler oder Baumärkte. Das gilt auch bei der Lieferung von Asphalt oder Beton, die auf Weisung des Leistungsempfängers auf der Baustelle „abgeladen" werden (siehe Beispiel 3). Ohne Bedeutung ist auch, ob es sich um Auftragsfertigungen handelt, die am Standort des leistenden Unternehmers oder auf der Baustelle erbracht und anschließend geliefert, jedoch nicht montiert werden (zB Maßfenster, Betonfertigteile; siehe Beispiele 4, 5 und 6). Sind mit der Lieferung untergeordnete Arbeiten am Bauwerk verbunden (siehe Beispiel 2), liegt noch keine Bauleistungen vor.

Auch die Überlassung von Arbeitskräften ist auf Grund der ausdrücklichen gesetzlichen Anordnung als Bauleistung anzusehen, wenn die überlassenen Arbeitskräfte für den Entleiher Bauleistungen erbringen.

Bestehen im Einzelfall Zweifel, ob eine Bauleistung vorliegt (zB Einbau von Küchen, Ladeneinrichtungen), kann vom Leistenden und vom Leistungsempfänger einvernehmlich davon ausgegangen werden, dass eine Bauleistung vorliegt.

Beispiele zur Abgrenzung der Bauleistungen:

1. Die von einem Generalunternehmer für einen Gastwirt bestellte Theke ist vom beauftragten Unternehmer individuell nach den Wünschen des Auftraggebers geplant, gefertigt und vor Ort montiert worden. Bei der Montage handelt es sich um eine Bauleistung. Demgegenüber sind Planung, Fertigung am Standort des leistenden Unternehmers und Transport durch den Unternehmer nicht als Bauleistung anzusehen. Da die Theke durch die Montage fest mit dem Gebäude verbunden wird, ist insgesamt von einer Bauleistung auszugehen.
2. Einem Generalunternehmer wird eine Maschine geliefert. Der Lieferant nimmt die Maschine beim Auftraggeber in Betrieb. Zu diesem Zweck muss beim Auftraggeber eine Steckdose versetzt werden, was durch einen Arbeitnehmer des Liefe-

ranten erfolgt. Die Lieferung der Maschine stellt keine Bauleistung dar. Bei dem Versetzen der Steckdose handelt es sich zwar um eine Bauleistung, die jedoch gegenüber der Lieferung der Maschine geringfügig ist und eine Nebenleistung zur Lieferung der Maschine darstellt. Ist dagegen im Zusammenhang mit der Lieferung der Maschine die Verlegung von Rohren erforderlich, wird von einer getrennt zu beurteilenden Bauleistung auszugehen sein.

3. Bei der Lieferung von Transportbeton, der vom leistenden Unternehmer mittels Auto-Betonpumpe in den ersten Stock eines Rohbaues gepumpt wird, handelt es sich um eine Materiallieferung.

4. Ein Unternehmer liefert nach Maß angefertigte Fenster:
   - Die Fenster werden auf die Baustelle geliefert – keine Bauleistung.
   - Die Fenster werden auf die Baustelle geliefert und dort in die bestehenden Vorrichtungen eingehängt, ohne dass weitere Montagearbeiten erfolgen – keine Bauleistung.
   - Die Fenster werden vom liefernden Unternehmer montiert – es liegt eine Bauleistung vor.

5. Der Unternehmer liefert 50 Fenster. 45 Fenster werden auf die Baustelle ohne weitere Arbeiten geliefert. 5 Fenster werden montiert – jede Lieferung ist für sich zu beurteilen. Hinsichtlich der 5 montierten Fenster liegt eine Bauleistung vor.

6. Verpflichtet sich ein Unternehmer zur Durchführung einer Bauleistung (zB Einbau von Fenstern) und bedient er sich zur Durchführung seiner Leistung Subunternehmer, ist seine Leistung als Bauleistung zu beurteilen, auch wenn er selbst unmittelbar keine Leistung erbringt. Bei den Subunternehmern ist bei jeder einzelnen Leistung zu prüfen, ob eine Bauleistung vorliegt (zB der Hauptauftragnehmer beauftragt einen Tischler mit der Herstellung der Fenster, der seinerseits einen Glaser mit dem Einbau der Scheiben beauftragt. Anschließend werden die Fenster vom Tischler eingebaut – der Tischler führt eine Bauleistung durch, der Glaser nicht).

Einzelfälle:
- **Anschlussgebühren** siehe Rz 2602d.
- **Bauaufsicht** und **Rechnungskontrolle** sind keine Bauleistungen.
- **Einbauküchen:** Die Lieferung von Einbauküchen stellt regelmäßig eine Bauleistung dar. Das gilt jedoch nicht für mitgelieferte Geräte wie Herd, Kühlschrank, Geschirrspüler etc., ausgenommen, die Küche wird zu einem Pauschalpreis angeboten und gekauft.
- **Feuerlöscher:** Lieferung von Feuerlöschern, die an einer Wandaufhängung befestigt werden, ist keine Bauleistung.
- **Gartenarbeiten:** Kommt es bei Landschaftsgärtnern zu Arbeiten, die über das Pflanzen von Blumen, Sträuchern und Bäumen hinausgehen (zB Aufschütten von Hügeln und Böschungen, Errichtung von Wegen, Anlegen eines Teiches, Einbau von Beleuchtung, Bau eines Abwasserkanals), so liegt insgesamt eine Bauleistung vor.
- **Gerüst:** Im Falle des Auf- und Abbaus von Gerüsten durch den „Vermieter" liegt insgesamt (dh Auf-, Abbau und Miete, auch wenn darüber gesondert abgerechnet wird) eine einheitliche Bauleistung vor (anders wäre es zu beurteilen, wenn das Gerüst durch den Mieter oder in dessen Auftrag von einem Dritten aufgestellt wird).
- **Inbetriebnahme** von Anlagen: Werden Anlagen geliefert, diese vom Leistungsempfänger installiert/montiert und in der Folge vom Lieferer in Betrieb genommen, liegt keine Bauleistung vor (zB der Unternehmer liefert an den Bauunternehmer Gegensprechanlagen, die von diesem installiert werden. Nach der Installation durch den Leistungsempfänger wird die Gegensprechanlage vom Lieferer in Betrieb genommen).
- **Maschinen:** Werden bei der Lieferung von Maschinen diese mit dem Grund und Boden verbunden (zB Vorrichtungen, die Teil des Grundstückes werden wie etwa Heizungsanlagen, Lüftungsanlagen; ebenso die Montage von Maschinenanlagen oder der Einbau von Turbinen), liegt eine Bauleistung vor.
- **Restaurateure:** Soweit sich ihre Tätigkeit auf Gebäude bezieht (zB Restaurierung von Fresken), liegt eine Bauleistung vor.
- **Tribünenbau** (zB Theater-, Konzert- und Kinotribünen, Tribünen für die Zuschauer für Veranstaltungen im Freien) ist eine Bauleistung.

Vermietung
- **Container:** Die Vermietung von Containern (zB Büro-, Wohn- oder Sanitärcontainer), die vom Vermieter aufgestellt und mit Grund und Boden verbunden werden (Anschrauben; Fundamentierung), ist eine Bauleistung.
- **Autokran:** Der Verleih eines Autokrans mit Personal an einen Bauunternehmer stellt eine Bauleistung dar (Vermietung von Geräten mit Beistellung von Personal). Keine Bauleistung liegt vor, wenn der Autokran an den Lieferer von Baumaterial überlassen wird, der diesen zum Abladen seiner Lieferung benötigt (Materiallieferungen einschließlich des Abladens).
- **Kran:** Die Vermietung eines Krans ohne Personal, der vom Vermieter aufgestellt wird, stellt insgesamt eine Bauleistung dar.

Unterschiedliche Leistungen in einer Rechnung

Werden umsatzsteuerrechtlich selbständige Leistungen erbracht, die teilweise Bauleistungen (Grabungsarbeiten), teilweise keine Bauleistungen (Transporte, Materiallieferungen) sind, können diese nicht einheitlich als Bauleistung betrachtet werden (siehe auch vorstehendes Beispiel 5).

Gestellung von Arbeitskräften

Beschäftigt ein Unternehmer im Rahmen einer von ihm zu erbringenden Bauleistung entliehene Arbeitskräfte, so ist bei der Beantwortung der Frage, ob diese eine Bauleistung erbringen, nicht nach der von diesen tatsächlich erbrachten Leistung auszugehen, sondern ob sie im Rahmen einer Bauleistung tätig werden (zB eine geliehene Arbeitskraft übt die Bauaufsicht aus; ein Leihtechniker führt im Rahmen der Bauführung technische Zeichnungen aus). Anders wäre der Fall zu beurteilen, wenn es sich nicht um entliehene Arbeitskräfte handelt, sondern um selbständige Unternehmer, die die genannten Leistungen erbringen.
- Werden bei **Arbeitsgemeinschaften**, die mit der Erbringung von Bauleistungen beauftragt sind, für die Geschäftsführung (Federführung) durch einen Bauunternehmer, der Mitglied der ARGE ist, Federführungsgebühren an die ARGE verrechnet, so kann davon ausgegangen werden, dass es sich dabei um Bauleistungen handelt. Ebenso im Falle der Personalgestellung (zB des Bauleiters) durch einen ARGE-Partner an die ARGE.
- Bei der Gestellung von Arbeitskräften ist es gleichgültig, ob die Arbeitskräfte einem Unternehmer gestellt werden, der **üblicherweise Bauleistungen** erbringt. Maßgeblich ist, ob die Arbeitskräfte vom Entleiher tatsächlich im Rahmen einer Bauleistung eingesetzt werden. Dies müsste dem Verleiher entsprechend bekannt gegeben werden.
Aus **Vereinfachungsgründen** kann bei der Beurteilung, ob die geliehene Arbeitskraft Bauleistungen erbringt, vom Überwiegen ausgegangen werden. Wird die Arbeitskraft zu mehr als 50% der Gesamttätigkeit (zeitlich gesehen) im Rahmen von Bauleistungen eingesetzt, kann insgesamt von einer Bauleistung ausgegangen werden; im umgekehrten Fall liegt insgesamt keine Bauleistung vor. In Grenzfällen (zB es steht noch nicht fest, ob letztlich eine Bauleistung bewirkt wird) kann von einer Bauleistung ausgegangen werden.
- Beauftragt ein (General)Unternehmer einen anderen Unternehmer mit der Gestellung von Arbeitskräften zur Erbringung von Bauleistungen und beauftragt dieser Unternehmer seinerseits einen weiteren (dritten) Unternehmer mit der Gestellung von Arbeitskräften zur Erbringung dieser Bauleistungen (mehrstufige Personalgestellung), handelt es sich auch bei der Leistung des dritten Unternehmers an seinen Auftraggeber um eine Bauleistung.

Reinigung von Bauwerken (Rechtslage ab 1. Jänner 2011)

Erfasst ist nicht nur die Bauendreinigung, sondern jede Säuberung von Räumlichkeiten oder Flächen, die Teil eines Bauwerks sind. Zu den Bauleistungen zählt daher zB die Reinigung von Gebäuden, Fassaden, Fenstern, Swimmingpools, Kanälen (Behebung von Verstopfungen, Kanalspülung usw.), Straßen und Parkplätzen (Schneeräumung, Kehrleistungen, Straßenwaschung usw.).

Bei einer einheitlichen Leistung ist maßgebend, ob die Reinigungsleistung die Hauptleistung darstellt oder lediglich eine unselbständige Nebenleistung zu einer nicht als

§ 19 UStG

Bauleistung zu qualifizierenden Hauptleistung ist. So ist zB das Ausbringen von Streumitteln regelmäßig als unselbstständige Nebenleistung zur Schneeräumung zu qualifizieren. Bei der Büroreinigung (Reinigung von Böden, Büromöbel, Stiegenhäusern, Gängen, WC-Anlagen usw.) ist insgesamt von einer Bauleistung auszugehen.

Die Grünflächenbetreuung (Schneiden von Bäumen und Sträuchern, Mähen des Rasens, Entfernen des Laubs usw.) ist nicht als Reinigung eines Bauwerks zu qualifizieren. Gleiches gilt für die Textilreinigung (Reinigung von Hotelwäsche, Bekleidung, Vorhänge, lose liegende Teppiche usw.), sowie für die Schädlingsbekämpfung und die Wohnungsentrümpelung.

Beispiel 1:

Die EDV-Firma A beauftragt den Reinigungsunternehmer B mit der Fensterreinigung des Bürogebäudes. B führt die Fensterreinigung nicht selbst durch, sondern beauftragt damit den Reinigungsunternehmer C. C erbringt an B eine Bauleistung, für die die Steuerschuld gemäß § 19 Abs. 1a UStG 1994 auf B übergeht. Für die Leistung des B an A kommt es nicht zum Übergang der Steuerschuld, da A weder mit der Erbringung dieser Bauleistung beauftragt wurde noch üblicherweise Bauleistungen erbringt.

Beispiel 2:

Der Baumeister A beauftragt den Reinigungsunternehmer B mit der Reinigung seines Bürogebäudes. Die Steuerschuld geht gemäß § 19 Abs. 1a UStG 1994 auf A über, da dieser üblicherweise Bauleistungen erbringt.

Inkrafttreten

Die Ausführungen in Rz 2602l zum Inkrafttreten gelten sinngemäß.

Nehmen der Leistende und der Leistungsempfänger im Zweifelsfall an, dass eine Bauleistung nicht vorliegt, obwohl sich dies nachträglich als falsch erweist, bleibt es dabei, wenn es dadurch endgültig zu keinem Steuerausfall gekommen ist (zB die Umsatzsteuer für diese Leistung wurde an das Finanzamt abgeführt). Diesen Umstand hat der Unternehmer nachzuweisen.

1.2.3 Bauleistungen an einen Unternehmer, der seinerseits mit der Erbringung von Bauleistungen beauftragt ist (§ 19 Abs. 1a erster Unterabsatz UStG 1994)

2602d Die Leistung muss einem Unternehmer gegenüber erbracht werden. Zum Übergang der Steuerschuld kommt es jedoch grundsätzlich nur dann, wenn der Leistungsempfänger seinerseits hinsichtlich dieser Vorleistung beauftragt worden ist, Bauleistungen zu erbringen (Ausnahme siehe weiter unten: der Leistungsempfänger erbringt seinerseits üblicherweise Bauleistungen). Der zugrunde liegende Gedanke ist, dass die Steuerschuld nicht auf den ersten Auftraggeber übergehen soll.

Beispiel:

Der Unternehmer A, der Maschinen herstellt, beauftragt den Generalunternehmer B, auf seinem Grundstück eine Fabrikshalle zu errichten. Der Generalunternehmer bedient sich seinerseits Subunternehmer.

Die Steuerschuld geht nur bis zum Generalunternehmer B, aber nicht mehr auf den Unternehmer A über.

– **Anschlussgebühren** (zB Hausanschlüsse von Gas-, Wasser- oder Stromversorgungsunternehmern, Heizungsanschlüsse), die dem Kunden weiterverrechnet werden, führen dazu, dass die Versorgungsunternehmen ihrerseits zu den dazu allenfalls erforderlichen Bauleistungen beauftragt wurden (das gilt jedoch nicht für Leitungen, die außerhalb des Grundstückes des Anschlusswerbers liegen). Aus Vereinfachungsgründen kann davon ausgegangen werden, dass bei Anschlussgebühren das Versorgungsunternehmen nicht zur Ausführung von Bauleistungen beauftragt worden ist.
Werden bei **Telefonanschlüssen** nur geringfügige Arbeiten (Befestigung der „Telefonkästen", Verlegung der Leitungen außer Putz oder in bereits vorgegebenen Rohre) gegen eine pauschale Anschlussgebühr erbracht, so liegt keine Bauleistung vor. Die Mon-

tage von Strom-, Gas- und Wasserzähler stellt, sofern nicht weitere Bauleistungen hinzutreten, für sich allein keine Bauleistung dar.
– **Wohnungseigentümergemeinschaften:** Siehe Rz 2602f.

1.2.4 Nachweis der Beauftragung des Leistungsempfängers (§ 19 Abs. 1a erster Unterabsatz UStG 1994)

2602e Damit der Unternehmer, der die Bauleistung erbringt, weiß, dass der Leistungsempfänger seinerseits zur Erbringung dieser Bauleistungen beauftragt worden ist, und dass nicht er, sondern der Leistungsempfänger die Steuer schuldet, hat der Leistungsempfänger den leistenden Unternehmer auf diesen Umstand hinzuweisen (zB in Form einer schriftlichen Bestätigung auf dem Auftragsschreiben, dass er seinerseits von der Firma XX zur Durchführung der gegenständlichen Leistung beauftragt worden ist).

Behauptet der Leistungsempfänger zu Unrecht, dass er seinerseits zur Erbringung der an ihn erbrachten Bauleistungen beauftragt worden ist, bleibt es bei der Steuerschuld des leistenden Unternehmers (es kommt nicht zum Übergang der Steuerschuld), doch schuldet in diesem Fall auch der Leistungsempfänger die auf den Umsatz entfallende Steuer (Gesamtschuldner gemäß § 6 BAO).

Weist der Leistungsempfänger nicht darauf hin, dass er seinerseits zur Erbringung der Bauleistungen beauftragt wurde, kommt es trotzdem zum Übergang der Steuerschuld. Der leistende Unternehmer schuldet den in der Rechnung ausgewiesenen Steuerbetrag gemäß § 11 Abs. 12 UStG 1994, der Leistungsempfänger kann diesen in der Rechnung ausgewiesenen Steuerbetrag nicht als Vorsteuer abziehen.

1.2.5 Bauleistungen an einen Unternehmer, der seinerseits üblicherweise Bauleistungen erbringt (§ 19 Abs. 1a zweiter Unterabsatz UStG 1994)

2602f Wird die Leistung an einen Unternehmer erbracht, der seinerseits üblicherweise Bauleistungen erbringt (zB Baumeister, Maurermeister), so wird stets die Umsatzsteuer vom Empfänger der Bauleistung geschuldet, dh. auch dann, wenn dieser nicht seinerseits zur Erbringung dieser Bauleistungen beauftragt worden ist.

Beispiel:

Der Bauunternehmer A lässt auf einem ihm gehörigen Grundstück Einfamilienhäuser errichten, um diese später zu verkaufen.

Obwohl A seinerseits nicht zu Bauleistungen beauftragt worden ist, kommt es zum Übergang der Steuerschuld.

Da der Übergang der Steuerschuld bei Leistungen an Unternehmer, die ihrerseits üblicherweise Bauleistungen erbringen, stets eintritt, entfällt in einem Großteil der Fälle der Hinweis des Leistungsempfängers, dass er seinerseits zu Bauleistungen beauftragt worden ist. Es wird daher zu dem Hinweis auf die Beauftragung regelmäßig nur in den Fällen kommen, in denen es zweifelhaft ist, ob es sich um einen Unternehmer handelt, der üblicherweise Bauleistungen erbringt.

Im Falle der Organschaft richtet sich die Beurteilung, ob der Unternehmer üblicherweise Bauleistungen erbringt, nach der Tätigkeit der einzelnen Gesellschaften bzw. des Organträgers und nicht nach der Tätigkeit des Organkreises.

Es ist gleichgültig, ob die Bauleistung für den unternehmerischen oder den privaten Bereich des Leistungsempfängers ausgeführt wird.

Ein Unternehmer, der Arbeitskräfte verleiht, ist nicht als Unternehmer anzusehen, der üblicherweise Bauleistungen erbringt, selbst wenn diese Arbeitskräfte für den Entleiher Bauleistungen erbringen.

Bei den in **Anhang 4** angeführten Unternehmen kann davon ausgegangen werden, dass sie üblicherweise Bauleistungen erbringen.

Unternehmer, die insbesondere die im Abschnitt F, Unterabschnitt FA, Abteilung 45, der ÖNACE 1995 angeführten Tätigkeiten ausüben, sind als solche anzusehen, die üblicherweise Bauleistungen erbringen.

Die Aufzählung der Tätigkeiten ist eine beispielsweise. Es könne auch andere Tätigkeiten eines Unternehmers dazu führen, dass er als Unternehmer anzusehen ist, der üblicherweise Bauleistungen erbringt.

„Insbesondere" bedeutet in diesem Zusammenhang, dass die Bauleistungen mehr als 50% des Umsatzes betragen. Werden die Tätigkeiten von einem Unternehmer im Rahmen eines (nach außen hin erkennbar) gesondert geführten Betriebes ausgeführt, ist dieser Betrieb für sich zu beurteilen. In diesem Fall sind (außerhalb der Beauftragung durch einen anderen) nur Leistungen an den gesondert geführten Betrieb vom Übergang der Steuerschuld erfasst.

Betragen die Bauleistungen weniger als 50% des Umsatzes, handelt es sich nicht um einen Unternehmer, der üblicherweise Bauleistungen erbringt. Nimmt der Unternehmer Bauleistungen in Anspruch, zu deren Erbringung er seinerseits nicht beauftragt worden ist, bleibt es bei der Steuerschuld des leistenden Unternehmers.

Ist es für den leistenden Unternehmer nicht erkennbar, dass der Leistungsempfänger üblicherweise bzw. nicht üblicherweise Bauleistungen erbringt, wird es zweckmäßig sein, wenn der Auftraggeber dies seinem Auftragnehmer mitteilt.

Erfolgt keine entsprechende Mitteilung, bleibt es trotzdem bei den im § 19 Abs. 1a UStG 1994 vorgesehenen Rechtsfolgen bzw. bei der Steuerschuld des Leistenden. Eine Besteuerung hat somit in der Form zu erfolgen, wie sie auf Grund des tatsächlich verwirklichten Sachverhaltes richtigerweise vorgenommen werden muss. Das bedeutet, dass es bei Bauleistungen an einen Leistungsempfänger, der üblicherweise Bauleistungen erbringt, auch ohne Mitteilung zum Übergang der Steuerschuld kommt, bei Bauleistungen an einen Leistungsempfänger, der üblicherweise nicht Bauleistungen erbringt, der Leistende Steuerschuldner bleibt. Nur in jenen Fällen, in denen der Unternehmer seinem Auftragnehmer mitteilt, dass er üblicherweise Bauleistungen im Sinne der obigen Ausführungen erbringt, bleibt es beim Übergang der Steuerschuld, auch wenn die Mitteilung unrichtig war.

Bei der Beurteilung, ob überwiegend Bauleistungen erbracht werden, wird grundsätzlich von einer Durchschnittsbetrachtung der Umsätze der vorangegangenen drei Jahre auszugehen sein. In Grenzfällen (zB ist es nicht eindeutig, inwieweit in vergangenen Zeiträumen Bauleistungen ausgeführt worden sind) kann der Unternehmer davon ausgehen, dass er ein Unternehmer ist, der üblicherweise Bauleistungen erbringt. Ist eine Durchschnittsbetrachtung nicht möglich (zB Beginn der Unternehmertätigkeit), hat der Unternehmer eine Vorausbetrachtung anzustellen (teilt er diese dem Finanzamt mit, bleibt es bei der Vorausbetrachtung, auch wenn sich diese nach Ablauf des Veranlagungszeitraumes als unrichtig herausstellt).

Einzelfälle:
- **Bauträger:** Die Tätigkeit des Bauträgers umfasst die Abwicklung von Bauvorhaben auf eigene oder fremde Rechnung. Verkauft oder saniert der Bauträger eigene Grundstücke, handelt es sich nicht um Bauleistungen. Wird er für fremde Rechnung tätig, handelt es sich um Bauleistungen. Der Bauträger ist nur dann ein Unternehmer, der üblicherweise Bauleistungen erbringt, wenn die Bauleistungen überwiegen.
Verkauft der Bauträger vor der Fertigstellung (zB während der Bauphase) bereits Wohnungen bzw Gebäude, so wird er damit regelmäßig nicht über Auftrag des neuen Grundstückseigentümers tätig, da er weiterhin Bauherr bleibt.
- **Hausverwaltung:** Hausverwalter werden regelmäßig als direkte Stellvertreter der Grundstückseigentümer (Alleineigentümer, Hausgemeinschaften, Wohnungseigentümergemeinschaften) tätig. Sie werden weder zur Bauleistung beauftragt, noch erbringen sie üblicherweise Bauleistungen.
- **Wohnbauvereinigungen:** Wohnbauvereinigungen (auch gemeinnützige) erbringen üblicherweise keine Bauleistungen (sie vermieten – überlassen zur Nutzung – bzw verkaufen üblicherweise von ihnen errichtete Räumlichkeiten).
- **Wohnungseigentumsgemeinschaften:** Sie werden grundsätzlich nicht im Auftrag der einzelnen Wohnungseigentümer tätig (auch wenn von diesen die anteilig angefallenen Kosten ersetzt werden).

§ 19 UStG

Leistungen für den **nichtunternehmerischen Bereich**
Wird die Leistung für den nichtunternehmerischen Bereich des Unternehmers erbracht und tritt der Unternehmer beim Auftrag zur Bauleistung nicht als Unternehmer auf, kann vom Übergang der Steuerschuld Abstand genommen werden (zB der Unternehmer empfängt für sein zur Gänze privat genutztes Ferienhaus oder für seine private, gemietete Wohnung eine Bauleistung). Dies unter der weiteren Voraussetzung, dass der leistende Unternehmer dem Leistungsempfänger die Umsatzsteuer in der Rechnung gesondert ausweist und der Leistungsempfänger diese dem Leistenden auch entrichtet.

1.2.6 Rechnungslegung bei Übergang der Steuerschuld (§ 11 Abs. 1a UStG 1994)

2602g Bis 31.12.2002 ist es nicht zu beanstanden, wenn die UID auf der Rechnung nicht angegeben wird, wenn der Rechnungsempfänger noch über keine UID verfügt.

1.2.7 Vorsteuerabzug (§ 12 Abs. 1 Z 3 UStG 1994)

2602h Die Steuer für Leistungen im Sinne des § 19 Abs. 1a UStG 1994 berechtigt nach Maßgabe des § 12 UStG 1994 zum Vorsteuerabzug. Soweit die Steuer auf eine Zahlung vor Ausführung dieser Leistung entfällt, kann sie aus Vereinfachungsgründen (abweichend von Rz 1875) abgezogen werden, wenn die Zahlung geleistet worden ist (Ausnahme siehe Rz 2602l).

In den Fällen des Überganges der Steuerschuld ist der Leistungsempfänger zum Vorsteuerabzug unabhängig davon berechtigt, ob die Rechnung ordnungsgemäß ausgestellt oder ob überhaupt eine Rechnung ausgestellt wurde.

1.2.8 Aufzeichnungspflichten (§ 18 Abs. 2 UStG 1994)

2602i 1. Leistender Unternehmer (§ 18 Abs. 2 Z 1 und 2 UStG 1994)
Der leistende Unternehmer hat die Entgelte für Umsätze, bei denen die Steuer vom Empfänger der Leistung geschuldet wird, gesondert aufzuzeichnen.
2. Leistungsempfänger (§ 18 Abs. 2 Z 4 UStG 1994)
Der Leistungsempfänger hat die Bemessungsgrundlagen für die Bauleistungen (Lieferungen und sonstigen Leistungen), für die die Steuer auf ihn übergegangen ist, getrennt nach Steuersätzen, und die hierauf entfallenden Steuerbeträge aufzuzeichnen.

1.2.9 Entstehung der Steuerschuld bei Sollbesteuerung (§ 19 Abs. 2 lit. a UStG 1994)

2602j Die Steuerschuld entsteht mit Ablauf des Kalendermonates, in dem die Lieferung oder sonstige Leistung ausgeführt worden ist. Dieser Zeitpunkt verschiebt sich um einen Kalendermonat, wenn die Rechnungsausstellung erst nach Ablauf des Kalendermonates erfolgt, in dem die Lieferung oder sonstige Leistung erbracht worden ist.

Dies gilt ab 1.1.2010 nicht für Bauleistungen, die von ausländischen Unternehmern erbracht werden, und für die Steuerschuld bereits auf Grund des § 19 Abs. 1 zweiter Unterabsatz UStG 1994 auf den Leistungsempfänger übergeht (siehe Rz 2601 zweiter Absatz). In diesen Fällen entsteht die Steuerschuld immer mit Ablauf des Kalendermonates, in dem die Leistung erbracht worden ist (§ 19 Abs. 2 Z 1 lit. a UStG 1994).

Wird das Entgelt oder ein Teil des Entgeltes vereinnahmt, bevor die Leistung ausgeführt worden ist, so entsteht insoweit die Steuerschuld mit Ablauf des Voranmeldungszeitraumes, in dem das Entgelt vereinnahmt worden ist. Aus Vereinfachungsgründen ist es nicht zu beanstanden, wenn der Leistungsempfänger die Steuer bereits in den Voranmeldungszeitraum aufnimmt, in dem die Beträge von ihm verausgabt werden.

Zum Übergang der Steuerschuld kommt es auch, wenn der Leistungsempfänger Kleinunternehmer ist. Erbringen Kleinunternehmer ihrerseits Bauleistungen, kommt es nicht zum Übergang der Steuerschuld auf den Leistungsempfänger, da die Leistungen der Kleinunternehmer steuerfrei sind.

Wurde die Beurteilung, ob eine Bauleistung vorliegt oder nicht bzw ob ein Unternehmer üblicherweise Bauleistungen erbringt, unrichtig vorgenommen und in der Folge die

Besteuerung richtig gestellt (es liegt richtigerweise kein Übergang der Steuerschuld vor – nachträgliche Versteuerung des Umsatzes beim leistenden Unternehmer; es liegt richtigerweise ein Übergang der Steuerschuld vor – nachträgliche Streichung des Vorsteuerabzuges), ist von der Verhängung eines Säumniszuschlages abzusehen.

1.2.10 Entstehung der Steuerschuld bei Istbesteuerung (§ 19 Abs. 2 lit. b UStG 1994)

2602k Versteuert der leistende Unternehmer nach vereinnahmten Entgelten und wird die Steuer vom Empfänger der Leistung geschuldet, so entsteht die Steuerschuld für vereinbarte, im Zeitpunkt der Leistungserbringung noch nicht vereinnahmte Entgelte, mit Ablauf des Kalendermonates, in dem die Lieferung oder sonstige Leistung ausgeführt worden ist.

Beispiel:

Für eine Bauleistung wird ein Entgelt von 100.000 Euro vereinbart. Die Bauleistung wird am 20. Mai erbracht. Folgende Zahlungen werden durchgeführt:

Zeitpunkt	Zahlung	Steuerschuld	Fälligkeit
15. April	25.000 €	Ende April	15. Juni
15. Mai	25.000 €	Ende Mai	15. Juli
15. Juni	25.000 €	Ende Mai	15. Juli
15. Juli	25.000 €	Ende Mai	15. Juli

Dies gilt ab 1.1.2010 nicht für Bauleistungen, die von ausländischen Unternehmern erbracht werden, und für die die Steuerschuld bereits auf Grund des § 19 Abs. 1 zweiter Unterabsatz UStG 1994 auf den Leistungsempfänger übergeht (siehe Rz 2601 zweiter Absatz). In diesen Fällen entsteht die Steuerschuld immer mit Ablauf des Kalendermonates, in dem die Leistung erbracht worden ist (§ 19 Abs. 2 Z 1 lit. b UStG 1994).

1.2.11 Inkrafttreten

2602l Die Vorschriften zur Steuerschuldnerschaft des Leistungsempfängers (Rz 2602a bis 2602k) sind auf Umsätze anzuwenden, die nach dem 30.9.2002 ausgeführt werden.

Auf Umsätze (und Änderungen der Bemessungsgrundlage für solche Umsätze), die vor dem 1.10.2002 ausgeführt wurden, sind die bisherigen Rechtsvorschriften anzuwenden. Wurden für Leistungen nach dem 30.9.2002 vor dem 1.10.2002 Anzahlungen geleistet, sind ebenfalls die bisherigen Vorschriften anzuwenden (die für eine Anzahlung vor dem 1.10.2002 erteilte Rechnung ist nicht zu berichtigen. Es kommt zu keiner Steuerschuld auf Grund der Rechnung; siehe § 11 Rz 1523).

Der leistende Unternehmer hat für solche vor dem 1.10.2002 geleistete Anzahlungen eine Rechnung mit gesondertem Steuerausweis zu legen. Soweit der Leistungsempfänger zum Vorsteuerabzug berechtigt ist, kann er die auf den Anzahlungsbetrag entfallende und in Rechnung gestellte Steuer als Vorsteuer geltend machen.

Wurde für eine Leistung nach dem 30.9.2002 vor dem 1.10.2002 eine Anzahlung geleistet, die vom leistenden Unternehmer nach dem 30.9.2002 vereinnahmt wurde, sind die Vorschriften über den Übergang der Steuerschuld anzuwenden. In diesem Fall kann kein Vorsteuerabzug auf Grund einer vom leistenden Unternehmer ausgestellten Rechnung mit Vorsteuerabzug geltend gemacht werden. Die Anzahlungsrechnung ist in diesem Fall zu berichtigen.

Beispiel:

Der Unternehmer überweist auf Grund einer Rechnung mit gesondertem Steuerausweis einen Betrag in Höhe von 100.000 € zuzüglich 20.000 € USt am 26.9.2002. Der Betrag wird vom leistenden Unternehmer am 3.10.2002 vereinnahmt.

Es kommen bereits die Vorschriften über den Übergang der Steuerschuld zur Anwendung. Der Leistungsempfänger schuldet die Steuerschuld gemäß § 19 Abs. 1a UStG 1994 (Bemessungsgrundlage 120.000 €) und hat den Vorsteuerabzug gemäß § 12 Abs. 1 Z 3 UStG 1994. Hinsichtlich der in der Rechnung gesondert ausgewiesenen USt in Höhe von 20.000 € steht kein Vorsteuerabzug gemäß § 12 Abs. 1 Z 1 UStG 1994 (Vorsteuerabzug bei Anzahlungsrechnungen) zu. Der Unternehmer hat die Rechnung zu berichtigen.

In einer Schlussrechnung für nach dem 30.9.2002 ausgeführte Umsätze sind die Nettobeträge auszuweisen. Der Nettobetrag der Anzahlungen ist anzurechnen.

Bei der Berechnung der vom Leistungsempfänger geschuldeten Steuer ist von dem um die Anzahlungen verminderten Betrag auszugehen. Die Anzahlungen vor dem 1.10.2002 und nach dem 30.9.2002 sind zweckmäßigerweise jeweils gesondert auszuweisen.

Beispiel:

Der Unternehmer U erbringt an den Unternehmer A im Dezember 2002 eine Bauleistung. A erhält über diese Leistung im Jänner 2003 folgende Rechnung, in der auf die Steuerschuldnerschaft des Leistungsempfängers hingewiesen wird:

Gesamtbetrag (netto)	100.000 €
abzüglich Anzahlung vor 1.10.2002 (netto)	20.000 €
abzüglich Anzahlung nach 30.9.2002*	20.000 €
	60.000 €

Berechnungsgrundlage für die Steuerschuld des Leistungsempfängers A ist 60.000 € (gleichgültig, ob die auf die vor dem 1.10.2002 geleistete Anzahlung entfallende Umsatzsteuer vom leistenden Unternehmer entrichtet worden ist). Das gilt auch für den Vorsteuerabzug. Wurde hinsichtlich der Anzahlung keine Rechnung gelegt, kann ein Vorsteuerabzug hinsichtlich der Anzahlung nur auf Grund einer (nachträglich) ausgestellten Rechnung vorgenommen werden.

Wurde für die Leistung eines ausländischen Unternehmers die VO BGBl. Nr. 800/74 angewendet, so gilt das oben Ausgeführte entsprechend.

Beispiel:

Der in Frankreich ansässige Unternehmer U erbringt an den Unternehmer B im Inland im Dezember 2002 eine Bauleistung. B erhält über diese Leistung im Jänner 2003 folgende Rechnung, in der auf die Steuerschuldnerschaft des Leistungsempfängers hingewiesen wird:

Gesamtbetrag	100.000 €
abzüglich Anzahlung vor 1.10.2002	20.000 €
abzüglich Anzahlung nach 30.9.2002*	20.000 €
	60.000 €

Hinsichtlich der vor dem 1.10.2002 geleisteten Anzahlungen wurde die Steuerbefreiung gemäß § 1 der VO BGBl. Nr. 800/74 angewendet.

Berechnungsgrundlage für die Steuerschuld des Leistungsempfängers ist 60.000 €.

* Im Hinblick auf den Übergang der Steuerschuld enthalten Anzahlungen nach dem 30.9.2002 grundsätzlich keine Umsatzsteuer.

Maßgeblich für die Anwendung der Bestimmungen über den Übergang der Steuerschuld in der Bauwirtschaft ist, dass es sich um Leistungen handelt, die nach dem 30.9.2002 ausgeführt wurden bzw Anzahlungen für solche Leistungen, die nach dem 30.9.2002 vereinnahmt wurden.

Darunter sind Leistungen (Lieferungen und sonstige Leistungen) zu verstehen, die nach den umsatzsteuerlichen Vorschriften als nach dem 30.9.2002 als ausgeführt gelten (siehe diesbezüglich die Rz 2611 ff). Es handelt sich dabei nicht um Abschlagsrechnungen im Sinne der ÖNORM B 2110 Pkt 56.29.4 für Leistungen entsprechend dem Baufortschritt vor Fertigstellung. Solche Rechnungen sind aus der Sicht der Umsatzsteuer Anzahlungsrechnungen.

Handelt es sich jedoch um Leistungen, die umsatzsteuerrechtlich vor dem 1.10.2002 erbracht wurden, kommt die alte Rechtslage zur Anwendung. Wann die Rechnung für diese Umsätze ausgestellt wird, hat keinen Einfluss auf diese Betrachtungsweise. Auch

Rechnungen, die nach dem 30.9.2002 ausgestellt werden, können mit Steuerausweis ausgestellt werden und berechtigen – bei Zutreffen der weiteren Voraussetzungen des § 12 UStG 1994 – zum Vorsteuerabzug.

Anzahlungsrechnungen mit Umsatzsteuerausweis, die vor dem 1.10.2002 gelegt wurden, müssen, auch wenn sie erst nach dem 30.9.2002 bezahlt werden, – aus der Sicht der Umsatzsteuer – grundsätzlich nicht berichtigt werden. Einzige Ausnahme ist der oben beschriebene Sonderfall (Zahlung vor dem Stichtag, Vereinnahmung nach dem Stichtag).

1.3 Übergang der Steuerschuld bei Lieferungen im Sicherungseigentum, Vorbehaltseigentum und Zwangsversteigerungsverfahren

2603 Lieferung von Sicherungseigentum

Bei der Sicherungsübereignung geht das zivilrechtliche Eigentum am Sicherungsgut auf den Sicherungsnehmer (Kreditgeber) über, das Sicherungsgut selbst bleibt in der Regel in der Verfügungsmacht des Sicherungsgebers (Kreditnehmers). Die Sicherungsübereignung selbst sowie eine Rückübereignung nach Wegfall des Sicherungsgrundes führen nicht zu einer Lieferung.

Beim Verfall kommt es mit der Verwertung des Sicherungsgutes durch den Sicherungsnehmer im Wege der Veräußerung an einen Dritten zu einer Doppellieferung (siehe § 3 Rz 431). Für die Feststellung des Zeitpunktes der Lieferung durch den Sicherungsgeber an den Sicherungsnehmer wird in der Regel auf den tatsächlichen Zeitpunkt der Veräußerung durch den Sicherungsnehmer an den Dritten abgestellt.

Nur die Lieferung des Sicherungsgutes durch den Sicherungsgeber an den Sicherungsnehmer führt zum Übergang der Steuerschuld, bei der Lieferung im Insolvenzverfahren durch einen Masseverwalter als Sicherungsgeber an einen Dritten ist kein Umsatz zwischen Sicherungsgeber und Sicherungsnehmer gegeben.

Beispiel:

Eine Bank finanziert für den Unternehmer A die Anschaffung einer Maschine, die ihr sicherungsübereignet wird. Da A das Darlehen nicht bezahlen kann, verwertet die Bank die Maschine und veräußert sie an den Unternehmer B. Es kommt zu einer Lieferung des Unternehmers A als Sicherungsgeber an die Bank als Sicherungsnehmerin und einer Lieferung der Bank an den Unternehmer B. Die Steuerschuld für die Lieferung des Unternehmers A geht auf die Bank als Leistungsempfängerin über.

Lieferung von Vorbehaltseigentum bei vorangegangener Übertragung des Eigentumsvorbehalts

Wurde die Anschaffung eines Wirtschaftsgutes durch einen Dritten (zB Kreditinstitut) finanziert und dabei vom Veräußerer des Wirtschaftsgutes der Eigentumsvorbehalt zusammen mit seiner Kaufpreisforderung an den Dritten abgetreten, kommt es bei der Lieferung des Vorbehaltskäufers (Erwerber des Wirtschaftsgutes) an den Vorbehaltseigentümer (zB Kreditinstitut) im Zuge der Verwertung zum Übergang der Steuerschuld (siehe hierzu auch § 16 Rz 2411). Macht der Veräußerer selbst einen Eigentumsvorbehalt geltend, ist von der Rückgängigmachung der Lieferung auszugehen (siehe § 3 Rz 430 und § 16 Rz 2409), so dass hier mangels Umsatz ein Übergang der Steuerschuld nicht möglich ist.

Beispiel:

Eine Bank finanziert für den Unternehmer A die Anschaffung einer Maschine. Der Veräußerer V der Maschine tritt der Bank den Eigentumsvorbehalt sowie die Kaufpreisforderung ab. Da A das Darlehen nicht bezahlen kann, macht die Bank den Eigentumsvorbehalt geltend und veräußert die von A herausgegebene Maschine an den Unternehmer B. Es kommt zu einer Lieferung des Unternehmers A als Vorbehaltskäufer an die Bank als Vorbehaltseigentümerin und einer Lieferung der Bank an den Unternehmer B. Die Steuerschuld für die Lieferung des Unternehmers A geht auf die Bank als Leistungsempfängerin über.

§ 19 UStG

Lieferung von Grundstücken im Rahmen der Zwangsversteigerung

Betroffen vom Übergang der Steuerschuld sind Lieferungen von Grundstücken als Vollstreckungsobjekt im Zwangsversteigerungsverfahren.

Die Bestimmung bezieht sich auf Grundstücke im zivilrechtlichen Sinn zuzüglich Gebäude auf fremdem Boden und Baurechte. Anders als Grundstücke im Sinne des § 6 Abs. 1 Z 9 lit. a UStG 1994 (siehe § 6 Rz 774 ff) sind hier vom Grundstücksbegriff auch Maschinen und sonstige Vorrichtungen aller Art, die zu einer Betriebsanlage gehören, erfasst.

Damit es bei der Lieferung eines Grundstücks im Sinne des § 6 Abs. 1 Z 9 lit. a UStG 1994 im Rahmen eines Zwangsversteigerungsverfahrens zum Übergang der Steuerschuld kommen kann, muss auf die Steuerbefreiung verzichtet werden. Ein solcher Verzicht ist nur zulässig, wenn hierüber spätestens bis vierzehn Tage nach Bekanntgabe des Schätzwertes (§ 144 EO) eine Mitteilung an das Exekutionsgericht erfolgt (siehe § 6 Rz 793).

Soweit zu einem solchen Grundstück gehörende Maschinen und sonstige Vorrichtungen aller Art, die zu einer Betriebsanlage gehören, zwangsversteigert werden, liegt immer eine steuerpflichtige Lieferung vor.

1.4 Übergang der Steuerschuld bei Gas- und Stromlieferungen (§ 19 Abs. 1c UStG 1994)

Randzahlen 2604 bis 2604b: Derzeit frei.

2604c Rechtslage ab 1. Jänner 2005:

Bei Lieferungen von Gas über das Erdgasnetz oder von Elektrizität durch einen Unternehmer, der im Inland weder Wohnsitz (Sitz) noch seinen gewöhnlichen Aufenthalt oder eine Betriebsstätte hat, an einen Abnehmer, der im Inland für Zwecke der Umsatzsteuer erfasst ist, ist der Leistungsempfänger Steuerschuldner (§ 19 Abs. 1c UStG 1994).

Der liefernde Unternehmer haftet für diese Steuer.

Beispiel 1:

Das ungarische Elektrizitätsunternehmen U liefert Strom nach Österreich an den Stromhändler Ö. Die Lieferung des U wird gemäß § 3 Abs. 13 UStG 1994 in Österreich bewirkt. Nach § 19 Abs. 1c UStG 1994 kommt es zum Übergang der Steuerschuld von U auf Ö.

Beispiel 2:

Das italienische Elektrizitätsunternehmen I liefert Strom an die Tischlerei K in Kärnten für deren Tischlereibetrieb. Da K kein „Wiederverkäufer" ist, bestimmt sich der Lieferort nach § 3 Abs. 14 UStG 1994, somit danach, wo K den Strom nutzt oder verbraucht. Das ist jener Ort, an dem sich der Zähler der Tischlerei K befindet. Es kommt zum Übergang der Steuerschuld von I auf K.

Ab 1.1.2010 ist eine Betriebsstätte in gemeinschaftsrechtskonformer Auslegung eine solche iSd Judikatur des EuGH zur festen Niederlassung und nur dann nicht schädlich für den Übergang der Steuerschuld, wenn sie an der Leistungserbringung nicht beteiligt ist.

2604d Rechtslage ab 1. Jänner 2011:

Die Steuerschuld für Lieferungen
- von Gas über Erdgasnetze im Allgemeinen (nicht nur über das Erdgasverteilungsnetz),
- von Elektrizität,
- von Wärme über Wärmenetze und
- von Kälte über Kältenetze

geht auf den Leistungsempfänger über, wenn
- dieser im Inland zur Mehrwertsteuer erfasst ist und
- der Lieferer im Inland nicht ansässig (Rz 2604f) ist.

Der Lieferer haftet für die Steuer.

2604e Vom Übergang der Steuerschuld erfasst sind neben Stromlieferungen und Gaslieferungen, die über das Erdgasverteilungsnetz erfolgen, auch Erdgaslieferungen über andere Netze, die zwar an das Erdgasverteilungsnetz angeschlossen, nicht aber dessen Bestandteil sind, zB Rohrleitungen des Gas-Fernleitungsnetzes.

Darüber hinaus geht die Steuerschuld für Wärmelieferungen über Wärmenetze und Kältelieferungen über Kältenetze auf den Empfänger über, sofern dieser Unternehmer ist.

2604f Zum Übergang der Steuerschuld kommt es nur, wenn der Leistende ein Unternehmer ist, der im Inland weder sein Unternehmen betreibt noch eine an der Leistungserbringung beteiligte Betriebsstätte hat (zur Definition des Begriffs „ausländischer Unternehmer" siehe auch Rz 2601b).

Zur Betriebsstätte und deren Beteiligung an der Leistungserbringung siehe auch Rz 2604c und Rz 2601a.

1.5 Übergang der Steuerschuld bei durch Verordnung zu bestimmenden Umsätzen an Unternehmer

2605 Mit Verordnung des BM für Finanzen, BGBl. II Nr. 129/2007 (Schrott-Umsatzsteuerverordnung), und mit Verordnung der BM für Finanzen, BGBl. II Nr. 369/2013 (Umsatzsteuerbetrugsbekämpfungsverordnung), wurde von der in § 19 Abs. 1d UStG 1994 vorgesehenen Ermächtigung, für bestimmte, in Art. 198, in Art. 199 und in Art. 199a der MwSt-RL 2006/112/EG angeführte Umsätze, den Übergang der Steuerschuld vorzusehen, Gebrauch gemacht.

1.5.1 Verordnung des BM für Finanzen, BGBl. II Nr. 129/2007 (Schrott-Umsatzsteuerverordnung)

2605a *Allgemeines (zu § 1 der Verordnung)*

Die Steuerschuld geht bei bestimmten Umsätzen, die in dieser Verordnung genannt sind, auf den Leistungsempfänger über.

Bei diesen Umsätzen kommt es zum Übergang der Steuerschuld unabhängig davon, ob ein inländischer oder ausländischer leistender Unternehmer vorliegt und ob ein inländischer oder ausländischer Unternehmer Leistungsempfänger ist.

Zu einem Übergang der Steuerschuld kann es allerdings nur kommen, wenn eine im Inland steuerbare und steuerpflichtige Leistung erbracht wird.

Entsteht keine Steuerschuld, kann auch keine Steuerschuld übergehen. Dies ist zB der Fall bei

- im Ausland ausgeführten Umsätzen,
- innergemeinschaftlichen Lieferungen,
- Ausfuhrlieferungen oder
- Umsätzen von Kleinunternehmern.

Erbringt ein pauschalierter Land- oder Forstwirt Umsätze im Sinne der Verordnung (zB er liefert unbrauchbare Maschinen an einen Schrotthändler), kommt es nicht zum Übergang der Steuerschuld auf den Leistungsempfänger, da dies zu einer Kürzung des pauschalen Vorsteuerabzuges führen würde. Der pauschalierte Landwirt kann 12% Umsatzsteuer in Rechnung stellen (analog zu den Bauleistungen, siehe Rz 2602b).

Lieferung von in der Anlage aufgezählten Gegenständen (zu § 2 Z 1) und von in § 2 Z 3 der Verordnung aufgezählten Gegenständen

Bei der Lieferung von in dieser Verordnung abschließend aufgezählten Gegenständen wird die Steuer vom Leistungsempfänger geschuldet, wenn dieser Unternehmer ist.

Dies gilt auch für die Lieferung von Zusammensetzungen aus diesen Gegenständen, soweit das Entgelt überwiegend für die Lieferung eines oder mehrerer dieser Gegenstände geleistet wird.

Die Auflistung der vom Übergang der Steuerschuld erfassten Gegenstände erfolgt zwecks weitgehender Vermeidung von Abgrenzungs- und Vollziehungsschwierigkeiten nach Zolltarifpositionen.

§ 19 UStG

Beispiel 1:

Ein Schrotthändler veräußert Abfälle und Schrott aus Metallen (Z 10 bis Z 32 der Anlage zur Verordnung) an ein Stahlwerk und erhält hiefür ein Entgelt in Höhe von 1000 Euro (netto). In der Rechnung des Schrotthändlers (bzw. – bei Abrechnung mittels Gutschrift – in der Gutschrift des Stahlwerks) darf keine Umsatzsteuer ausgewiesen sein; es ist nur der Nettobetrag in Rechnung zu stellen. Es kommt zum Übergang der Steuerschuld in Höhe von 200 Euro (20% von 1000 Euro) auf das Stahlwerk, das diesen Betrag bei Zutreffen der Voraussetzungen als Vorsteuer abziehen kann.

Werden nicht mehr gebrauchsfähige Gegenstände geliefert, die sich aus mehreren Stoffen zusammensetzen (Verbundstoffe), so kommt es zum Übergang der Steuerschuld, wenn das Entgelt überwiegend für einen oder mehrere im Gegenstand enthaltene Stoffe, die in der Anlage zur Verordnung genannt sind, geleistet wird. Es kommt hier insgesamt zum Übergang der Steuerschuld, auch wenn für andere Teile des Gegenstandes, die in der Verordnung nicht genannt sind, ebenfalls ein Entgelt geleistet wird.

Bei durch Bruch, Verschleiß oder aus ähnlichen Gründen nicht mehr gebrauchsfähigen Maschinen, Elektro- und Elektronikgeräten, Heizkesseln und bei Autowracks ist davon auszugehen, dass sie unter die von der Verordnung erfassten Gegenstände fallen.

Sonstige Leistungen (zu § 2 Z 2 der Verordnung)

Von den sonstigen Leistungen sind die in der Verordnung taxativ aufgezählten Leistungen (Sortieren, Zerschneiden, Zerteilen einschließlich Demontage, und Pressen) im Zusammenhang mit in der Anlage zur Verordnung genannten Gegenständen erfasst.

Nicht erfasst von der Verordnung sind daher zB folgende Leistungen:
- Containervermietung
- Sammlung von Altstoffen
- Beförderung von Altstoffen
- Entgegennahme von Altstoffen (Entsorgung)

Beispiel 2:

Altelektrogeräte, Altpapier, Altglas, gebrauchte Getränkedosen oder andere in der Verordnung genannte Gegenstände werden zu einem Unternehmer U (Entsorgungsunternehmer, Deponie, Betreiber einer Schredderanlage usw.) gebracht, wobei die Verfügungsmacht über diese Gegenstände auf den Unternehmer U übergeht. Für die Entgegennahme der Gegenstände wird vom Unternehmer U eine Gebühr verrechnet. Diese Leistung (Entgegennahme der Gegenstände zwecks ordnungsgemäßer Behandlung, Entsorgung usw.) ist vom Übergang der Steuerschuld nicht betroffen. Der entgegennehmende Unternehmer U muss Umsatzsteuer in Rechnung stellen, wobei der ermäßigte Steuersatz gemäß § 10 Abs. 2 Z 7 UStG 1994 (bis 31.12.2015: § 10 Abs. 2 Z 13 UStG 1994) zur Anwendung kommen kann.

Auf welche Weise der Unternehmer die Abfallstoffe behandelt (zB Zerteilen, Zerschneiden), entsorgt (Verbrennen, Deponieren usw.) oder zur Entsorgung weitergibt bzw. ob die Gegenstände einer Wiederverwertung zugeführt werden, ist hierbei unerheblich.

Anders ist der Fall dann gelagert, wenn von der Verordnung erfasste Abfallstoffe einem anderen Unternehmer (Auftragnehmer) mit dem Auftrag übergeben werden, eine oder mehrere in § 2 Z 2 der Verordnung genannte Leistungen zu erbringen und die Verfügungsmacht über diese Gegenstände weder vor noch nach der Erbringung der sonstigen Leistungen auf den Auftragnehmer übergeht.

Beispiel 3:

Ein Abfallbeseitigungsunternehmer übergibt einem Schredderunternehmer Altmetalle mit dem Auftrag, diese zu sortieren und zu zerschneiden (oder Altpapier zu schreddern). Nach dieser Bearbeitung wird das in der Verfügungsmacht des Abfallbeseitigungsunternehmers verbleibende Material von diesem veräußert. Die Leistungen des Schredderunternehmers fallen unter § 2 Z 2 der Verordnung (Übergang der Steuerschuld auf den Abfallbeseitigungsunternehmer).

Werden in der Verordnung genannte sonstige Leistungen betreffend überwiegend von der Verordnung erfasste Gegenstände erbracht, kommt es insgesamt zum Übergang der Steuerschuld (zB Sortieren von überwiegend von der Verordnung erfassten Verpackungsabfällen).

Wird für mehrere sonstige Leistungen, die nur teilweise unter § 2 Z 2 der Verordnung fallen, ein einheitliches Entgelt verrechnet, so kann von einer einheitlichen Leistung ausgegangen werden. Zum Übergang der Steuerschuld kommt es in diesen Fällen, wenn die in § 2 Z 2 der Verordnung genannten Leistungen wertmäßig überwiegen.

Bei Beförderungsleistungen im Zusammenhang mit der Lieferung von in der Anlage zur Verordnung genannten Gegenständen bzw. im Zusammenhang mit von der Verordnung erfassten sonstigen Leistungen handelt es sich in der Regel um unselbständige Nebenleistungen.

Wird von einem zB Entsorgungsunternehmer für die Entgegennahme von Abfallstoffen ein (Entsorgungs-)Entgelt verlangt und von diesem Unternehmer andererseits für die Abfallstoffe ein Entgelt bezahlt (der Materialwert vergütet), liegen grundsätzlich getrennte Leistungen vor.

Beispiel 4:

Für die Entgegennahme zur Entsorgung von unter die Verordnung fallenden Gegenständen (zB nicht mehr gebrauchsfähige Maschinen oder Altpapier) verrechnet der Entsorgungsunternehmer, in dessen Verfügungsmacht die Gegenstände übergehen, dem Übergeber (zB Industrieunternehmen oder Druckerei) ein Entgelt in Höhe von 1000 Euro (netto). Diese Leistung des Entsorgungsunternehmers ist von der Verordnung nicht erfasst. Der Entsorgungsunternehmer stellt 1000 Euro zuzüglich 100 Euro USt (10% von 1000 Euro) in Rechnung. Für das in den entgegengenommenen Gegenständen enthaltene Material (im Beispielsfall Eisen oder Papier) leistet der Entsorgungsunternehmer (unter Umständen zu einem späteren Zeitpunkt) ein Entgelt in Höhe von 200 Euro (netto). Dieses Entgelt wird für die Lieferung von unter die Verordnung fallenden Gegenständen geleistet (Lieferer ist das Industrieunternehmen/die Druckerei) und es kommt diesbezüglich zum Übergang der Steuerschuld (in Höhe von 40 Euro) vom Industrieunternehmen bzw. von der Druckerei auf den Entsorgungsunternehmer.

Werden diese Leistungen nicht gesondert verrechnet, sondern erfolgt von vornherein eine (pauschale) Gegenverrechnung bzw. wird für das entgegengenommene Material überhaupt kein Entgelt geleistet, kann von einer einzigen Leistung ausgegangen werden.

Beispiel 5:

Für die Entgegennahme zur Entsorgung von unter die Verordnung fallenden Gegenständen verrechnet der Entsorgungsunternehmer, in dessen Verfügungsmacht die Gegenstände übergehen, dem Übergeber ein Entgelt in Höhe von 800 Euro (netto). Eine gesonderte Vergütung des Materialwertes der übergebenen Gegenstände erfolgt nicht. Es kommt zu keinem Übergang der Steuerschuld. Der Entsorgungsunternehmer stellt 800 Euro zuzüglich 80 Euro USt (10% von 800 Euro) in Rechnung.

Getrennte Leistungen werden jedenfalls bei Containervermietung und Abtransport der Abfallstoffe einerseits (normale Umsatzbesteuerung) und Entgeltzahlung für die Abfallstoffe andererseits (Übergang der Steuerschuld) vorliegen.

Lieferung von Bruchgold (zu Nr. 9 der Anlage bzw. zu § 2 Z 3 der VO idF BGBl. II Nr. 320/2012)

Für Lieferungen von Bruchgold, das offensichtlich nicht mehr dem ursprünglichen Zweck entsprechend wieder verwendet werden soll, sowie Lieferungen von aus solchem Bruchgold hergestellten Barren oder Granulaten geht die Steuerschuld auf den Leistungsempfänger über, wenn dieser Unternehmer ist.

Auch die sonstigen Leistungen in Form des Sortierens, Zerschneidens, Zerteilens (einschließlich der Demontage) und des Pressens von Bruchgold fallen in den Anwendungsbereich der Schrott-UStV. Die Umwandlung von Bruchgold in anderes Gold (zB in

Barren oder Granulate sowie Anlagegold) ist ebenfalls vom Übergang der Steuerschuld erfasst, da dabei regelmäßig eine Trennung (Zerteilung) des Goldes von anderen Materialien (auch beim Einschmelzen) vorgenommen wird.

Unter Bruchgold ist jeglicher Goldschmuck sowie sonstige Objekte aus Gold, die zerbrochen, zerstört oder beschädigt sind und somit nicht mehr für ihren ursprünglichen Zweck verwendet werden können, zu verstehen, wie beispielsweise alte Ketten, Ringe und andere nicht mehr getragene Schmuckgegenstände, Besteck, Münzen, goldene Federspitzen, defekte Goldbarren, aber auch Zahngoldabfälle (Dentallegierungen) oder sonstige Edelmetallreste in jeder Form.

Dies gilt sinngemäß auch für andere Edelmetalle (beispielsweise Silber oder Platin).

Bruchgold, das offensichtlich nicht mehr dem ursprünglichen Zweck entsprechend wieder verwendet werden soll, liegt insbesondere dann vor, wenn es von diversen Unternehmern, ua. auch Scheideanstalten, als so genanntes „Scheidgut" angekauft, nach dem entsprechenden Tagespreis vergütet und nach dem Ankauf eingeschmolzen und recycelt wird.

Kein Bruchgold ist gegeben, wenn nachgewiesen werden kann, dass es sich um Waren handelt, die – mit oder ohne Reparatur oder Aufarbeiten – für ihren ursprünglichen Zweck brauchbar sind oder – ohne Anwendung eines Verfahrens zum Wiedergewinnen des Edelmetalls – zu anderen Zwecken gebraucht werden können.

Ebenfalls nicht als Bruchgold gelten neu angefertigte, für konservierende Zahnbehandlungen bestimmte Dentallegierungen (zB Goldkronen, Goldinlays); diese fallen idR unter die Position 7108 13 80 der Kombinierten Nomenklatur.

Steuersatz

Grundsätzlich kommt für die vom Übergang der Steuerschuld erfassten Umsätze der Normalsteuersatz zur Anwendung. In Ausnahmefällen kann es im Bereich der von der Verordnung erfassten sonstigen Leistungen zur Anwendung des ermäßigten Steuersatzes kommen.

Beispiel 6:

Ein Entsorgungsunternehmer A sortiert und zerkleinert (schreddert) für einen anderen mit der Abfallentsorgung befassten Unternehmer B Altmetalle, die in der Verfügungsmacht des B verbleiben. Der Unternehmer A erbringt eine im Sinne der Judikatur des VwGH als Müllbeseitigung im Sinne des § 10 Abs. 2 Z 7 UStG 1994 (bis 31.12.2015: § 10 Abs. 2 Z 13 UStG 1994) zu qualifizierende Leistung, für die der ermäßigte Steuersatz angewendet werden kann. Es kommt zum Übergang der Steuerschuld von A auf B. In der Rechnung darf keine Umsatzsteuer ausgewiesen sein und es wäre – zusätzlich zu den sonstigen Rechnungsmerkmalen (siehe Punkt 5) – auf die Anwendung des ermäßigten Steuersatzes hinzuweisen.

Es bestehen keine Einwände, wenn auch in diesen Fällen im Interesse der leichteren (buchhalterischen) Handhabung die übergegangene Steuer mit dem Normalsteuersatz berechnet wird.

Zur Rechnungslegung siehe § 19 Rz 2602.

Vorsteuererstattung

Hat ein ausländischer Unternehmer nur sonstige Leistungen ausgeführt, für die der Leistungsempfänger die Steuer schuldet, hat er seine Vorsteuern im Erstattungsverfahren geltend zu machen, ausgenommen, wenn er selbst als Leistungsempfänger eine übergegangene Steuer schuldet (analog zu den Bauleistungen, siehe Rz 2601).

Beispiel 7:

Ein Unternehmer, der weder Sitz noch Betriebstätte in Österreich hat, demontiert und zerschneidet maschinelle Anlagen für ein österreichisches Industrieunternehmen. Die Leistung fällt unter § 2 Z 2 der Verordnung (Übergang der Steuerschuld auf das Industrieunternehmen). Allfällige Vorsteuern sind vom ausländischen Unternehmer im Erstattungsverfahren (gemäß der Verordnung BGBl. Nr. 279/1995 in der geltenden Fassung) geltend zu machen.

§ 19 UStG

Zweifelsfragen zu den in der Anlage zur Verordnung aufgezählten Gegenständen

Zu Nr. 3 (Schlacken, Aschen und Rückstände [ausgenommen solche der Eisen- und Stahlherstellung], die Metalle, Arsen oder deren Verbindungen enthalten):

Rückstände aus der Verbrennung von Siedlungsabfällen fallen auch dann nicht unter diese Ziffer, wenn sie Metalle enthalten; sie gehören in die Position 2621 der Kombinierten Nomenklatur und sind somit von der Verordnung nicht erfasst. Der Metallgehalt solcher Aschen und Rückstände ist für eine wirtschaftliche Wiedergewinnung der Metalle oder Metallverbindungen zu gering. Als Siedlungsabfälle gelten solche Abfälle, die von Haushalten, Hotels, Restaurants, Krankenhäusern, Geschäften, Büros usw. entsorgt werden, und auch Abfälle der Straßenreinigung, sowie auch Abfälle von Bau- und Abbrucharbeiten.

Anmerkung: Bezüglich Schlacken aus der Eisen- und Stahlherstellung siehe Nr. 1 und 2 der Anlage zur Verordnung.

Zu Nr. 4 (Abfälle, Schnitzel und Bruch von Kunststoffen):

Hierunter fallen auch Styropor sowie gebrauchte (leere) Tonerkartuschen und Tintenpatronen.

Zu Nr. 5 (Abfälle, Bruch und Schnitzel von Weichkautschuk, auch zu Pulver oder Granulat zerkleinert):

Hierunter fallen auch zum Runderneuern ungeeignete, gebrauchte Reifen sowie Granulate aus Altreifen.

Zu Nr. 7 (Lumpen, aus Spinnstoffen; Bindfäden, Seile, Taue und Waren daraus, aus Spinnstoffen, in Form von Abfällen oder unbrauchbar gewordenen Waren):

Altkleider, die noch verwendet werden können, fallen nicht hierunter.

Zu Nr. 9 (Abfälle und Schrott von Edelmetallen oder Edelmetallplattierungen; andere Abfälle und Schrott, Edelmetalle oder Edelmetallverbindungen enthaltend, von der hauptsächlich zur Wiedergewinnung von Edelmetallen verwendeten Art):

Bruchgold:

Zur Beurteilung von Lieferungen und sonstigen Leistungen im Zusammenhang mit Bruchgold, die vor dem 1.10.2012 ausgeführt wurden, siehe Abschnitt „Lieferung von Bruchgold".

Zu Nr. 33 (Abfälle und Schrott von elektrischen Primärelementen, Primärbatterien und Akkumulatoren; ausgebrauchte elektrische Primärelemente, Primärbatterien und Akkumulatoren):

Hierunter fallen nicht mehr gebrauchsfähige Batterien und nicht mehr aufladbare Akkus.

1.5.2 Verordnung der BM für Finanzen, BGBl. II Nr. 369/2013 (Umsatzsteuerbetrugsbekämpfungsverordnung) idF BGBl. II Nr. 120/2014

2605b *Zu § 1 der Verordnung, Allgemeines*

Die Steuerschuld geht bei den in § 2 UStBBKV genannten Umsätzen, die nach dem 31. Dezember 2013 ausgeführt werden, auf den Leistungsempfänger über.

Bei diesen Umsätzen kommt es zum Übergang der Steuerschuld unabhängig davon, ob ein inländischer oder ausländischer leistender Unternehmer vorliegt und ob ein inländischer oder ausländischer Unternehmer Leistungsempfänger ist.

Zu einem Übergang der Steuerschuld kann es allerdings nur kommen, wenn eine im Inland steuerbare und steuerpflichtige Leistung erbracht wird.

Bestehen im Einzelfall Zweifel, ob eine Leistung im Sinne des § 2 UStBBKV vorliegt, kann vom Leistenden und vom Leistungsempfänger einvernehmlich davon ausgegangen werden, dass es zum Übergang der Steuerschuld auf den Leistungsempfänger kommt.

Beziehen Körperschaften des öffentlichen Rechts, wenn diese Unternehmer sind, Leistungen iSd § 2 UStBBKV, kommt es zum Übergang der Steuerschuld auf die Körperschaften des öffentlichen Rechts und zwar unabhängig davon, ob die Leistungen für den unternehmerischen oder nichtunternehmerischen (hoheitlichen) Bereich des Leistungsempfängers erbracht werden. Werden jedoch derartige Leistungen für den nichtunterneh-

§ 19 UStG

merischen (hoheitlichen) Bereich bezogen und tritt die Körperschaft des öffentlichen Rechts beim Auftrag zur Leistung nicht als Unternehmer auf (zB ohne UID-Nummer), kann vom Übergang der Steuerschuld Abstand genommen werden, wenn der leistende Unternehmer dem Leistungsempfänger die Umsatzsteuer in der Rechnung gesondert ausweist und die Körperschaft des öffentlichen Rechts diese dem Leistenden auch entrichtet (vgl. sinngemäß Rz 2602f).

Zu § 2 Z 1 der Verordnung, Lieferungen von Videospielkonsolen (aus Position 9504 der Kombinierten Nomenklatur), Laptops und Tablet-Computern (aus Unterposition 8471 30 00 der Kombinierten Nomenklatur)

Unter Videospielkonsolen sind, neben Videospielkonsolen, bei denen das Bild auf einem Fernsehempfangsgerät, einem Monitor oder einem anderen externen Bildschirm dargestellt wird, oder Videospielgeräten mit eigenem Videomonitor (auch tragbar), auch Videospielkonsolen oder -geräte zu verstehen, die durch Einwurf eines Geldstücks, einer Banknote, einer Bankkarte, einer Spielmarke oder jedes anderen Zahlungsmittels in Gang gesetzt werden (siehe hierzu Unterposition 9504 30 und Unterposition 9504 50 00 der Kombinierten Nomenklatur).

Als Tablet-Computer und Laptops (aus Unterposition 8471 30 00 der Kombinierten Nomenklatur) sind tragbare digitale automatische Datenverarbeitungsmaschinen, deren Gewicht nicht mehr als 10 kg beträgt, zu verstehen. Diese mit einem flachen Bildschirm ausgestatteten Geräte können auch ohne externe elektrische Energiequelle betrieben werden und besitzen häufig die Möglichkeit zur Herstellung einer Netzwerkverbindung. Das Vorliegen einer Tastatur ist nicht maßgeblich. Tablet-Computer, die im Wesentlichen durch Bedienung des berührungsempfindlichen Bildschirms (Touchscreen-Display) funktionieren, können Daten verarbeiten, Programme ausführen und drahtlos ans Internet angeschlossen werden (siehe hierzu Positionserläuterungen zu Unterposition 8471 30 00 der Kombinierten Nomenklatur).

Voraussetzung für den Übergang der Steuerschuld ist, dass das in der Rechnung ausgewiesene Entgelt für die genannten Gegenstände mindestens 5.000 Euro (netto) beträgt. Hinsichtlich der nachträglichen Minderung des Entgelts (zB Rabatte, Preisnachlässe, Jahresboni, Retouren), des einheitlichen Liefervorganges (zB Produktbundle), der Abrechnung über mehrere Liefervorgänge mit einer Rechnung und Anzahlungen siehe sinngemäß Rz 2605d.

Zu § 2 Z 2 der Verordnung, Lieferungen von Gas und Elektrizität an einen Wiederverkäufer

Bei Lieferungen von Gas und Elektrizität kommt es zum Übergang der Steuerschuld, wenn die Lieferungen an einen Unternehmer erfolgen, dessen Haupttätigkeit in Bezug auf den Erwerb dieser Gegenstände in deren Weiterlieferung besteht und dessen eigener Verbrauch dieser Gegenstände von untergeordneter Bedeutung ist (siehe sinngemäß sogenannter Wiederverkäufer von Gas oder Elektrizität, Rz 474b). Die Bereiche Gas und Elektrizität sind hierbei getrennt, jedoch für das gesamte Unternehmen iSd § 2 UStG 1994 zu beurteilen. Folglich ist die gesamte Organschaft, also Organträger und Organgesellschaft(en), hinsichtlich der Beurteilung der Wiederverkäufereigenschaft heranzuziehen.

Werden überschüssige Kapazitäten von Elektrizität mit einer Zuzahlung überlassen, um eigene Kosten zu vermeiden, da bspw. keine eigenen Speichermöglichkeiten bestehen oder eine Reduktion der erzeugten Menge mit erheblichen Kosten verbunden ist bzw. überhaupt nicht möglich ist, so liegt keine Lieferung von Elektrizität durch den abgebenden Unternehmer vor, sondern eine sonstige Leistung (Abnahmeleistung) des elektrizitätsempfangenden Unternehmers.

Vom Übergang der Steuerschuld erfasst sind neben Gaslieferungen, die über Verteilungsnetze und über Rohrleitungen, die nicht Bestandteil des Verteilungsnetzes sind, erfolgen, auch die Lieferungen von Gas auf anderem Weg (zB mittels Gasflaschen). Der Aggregatszustand des Gases ist nicht maßgeblich. Die Lieferungen von Gas und die Überlassung der Gasflaschen und Gastanks (Warenumschließung) bilden in der Regel eine einheitliche Leistung im Sinne von Haupt- und Nebenleistung. Hinsichtlich der Rückgabe von Warenumschließungen (zB „Kaution" für Gasflaschen und Gastanks) siehe Rz 2393.

Bestehen im Einzelfall Zweifel hinsichtlich der Eigenschaft des Leistungsempfängers als Wiederverkäufer, ist eine schriftliche Erklärung des Leistungsempfängers als Nachweis ausreichend.

Erbringt ein pauschalierter Land- oder Forstwirt im Rahmen seiner pauschalierten Tätigkeit Umsätze im Sinne der Verordnung (zB Lieferung von Elektrizität an einen Wiederverkäufer), kommt es nicht zum Übergang der Steuerschuld auf den Leistungsempfänger (siehe zu Bauleistungen und Schrott-UStV, Rz 2602b und Rz 2605).

Zu § 2 Z 3 der Verordnung, Übertragungen von Gas- und Elektrizitätszertifikaten

Die steuerbare Übertragung von Gas- und Elektrizitätszertifikaten, wie bspw. die steuerbare Übertragung von Herkunftsnachweisen isD § 10 Ökostromgesetz 2012, stellt eine sonstige Leistung dar (siehe Rz 345). Unabhängig davon, ob diese Zertifikate an Energiebörsen oder Over-the-counter gehandelt werden, kommt es zum Übergang der Steuerschuld auf den Leistungsempfänger.

Sind Ökostromzertifikate (Herkunftsnachweise) nicht gesondert handel- oder einsetzbar, weil die Übertragung der Ökostromnachweise auf einer Wirtschaftsstufe (zB aufgrund bestehender Kontrahierungspflichten, vgl. § 10 Abs. 8 Ökostromgesetz 2012) immer gemeinsam mit der Zuweisung der jeweiligen Menge an Ökostrom (vgl. § 37 Abs. 1 Z 3 Ökostromgesetz 2012) erfolgt, stellt die Übertragung der Herkunftsnachweise eine unselbständige Nebenleistung zur Lieferung der Elektrizität dar. Für die einheitliche Lieferung der Elektrizität ist § 2 Z 2 UStBBKV zu beachten.

Zu § 2 Z 4 der Verordnung idF BGBl. II Nr. 120/2014, Lieferungen von Metallen

Bei Lieferungen der von § 2 Z 4 lit. a erfassten Metalle kommt es grundsätzlich zum Übergang der Steuerschuld auf den Empfänger der Lieferung. Beträgt das in der Rechnung ausgewiesene Entgelt (für Waren iSd § 2 Z 4 lit. a UStBBKV) nicht mindestens 5.000 Euro, kann der liefernde Unternehmer gemäß § 2 Z 4 lit. b UStBBKV auf die Anwendung des § 1 in Verbindung mit § 2 Z 4 lit. a UStBBKV verzichten. Diesfalls ist der liefernde Unternehmer Schuldner der Umsatzsteuer.

Der Umfang der von § 2 Z 4 lit. a UStBBKV erfassten Waren ergibt sich aufgrund der Einreihung der Metalle in die Kombinierte Nomenklatur. Kommt es aufgrund der Abgrenzung auf Positionsebene der Kombinierten Nomenklatur dazu, dass auch Produkte erfasst sind, die auf der betreffenden Produktionsstufe (Wirtschaftsstufe) ausschließlich für die Endnutzung bestimmt sind (zB Lieferungen von Aluminiumfolie für Nahrungsmittel, Metallklebebänder usw.), kommt es in unionsrechtskonformer Interpretation (vgl. Art. 199a Abs. 1 lit. j MwSt-RL 2006/112/EG) des § 2 Z 4 lit. a UStBBKV nicht zum Übergang der Steuerschuld. Bestehen im Einzelfall Zweifel, ob eine Lieferung von Metallen im Sinne des § 2 Z 4 lit. a UStBBKV vorliegt, kann vom Leistenden und vom Leistungsempfänger einvernehmlich davon ausgegangen werden, dass es zum Übergang der Steuerschuld auf den Leistungsempfänger kommt. Eine schriftliche Vereinbarung ist nicht zwingend erforderlich.

Beträgt das in der Rechnung ausgewiesene Entgelt für Waren, die von § 2 Z 4 lit. a UStBBKV erfasst sind, weniger als 5.000 Euro, kann der liefernde Unternehmer gemäß § 2 Z 4 lit. b UStBBKV auf die Anwendung des Übergangs der Steuerschuld verzichten.

Beispiel:

Der Unternehmer A liefert an den Unternehmer B Handsägen (Position 8202 der KN), Roheisen (Position 7201 der KN) und Kupferkathoden (Unterposition 7403 11 00 der KN). Das in der Rechnung ausgewiesene Entgelt für die Handsägen beträgt 6.000 Euro, jenes des Roheisens und der Kupferkathoden beträgt 1.000 Euro.

Unternehmer A kann gemäß § 2 Z 4 lit. b UStBBKV auf die Anwendung des § 1 in Verbindung mit § 2 Z 4 lit. a UStBBKV verzichten, weil das in der Rechnung ausgewiesene Entgelt für das Roheisen und die Kupferkathoden weniger als 5.000 Euro beträgt. Verzichtet der Unternehmer A auf die Anwendung des § 1 in Verbindung mit § 2 Z 4 lit. a UStBBKV, hat er über sämtliche Bestandteile der Lieferung (Handsägen, Roheisen und Kupferkathoden) eine Rechnung auszustellen, die den allgemeinen Bestimmungen zur Rechnungslegung nach § 11 Abs. 1 Z 3 UStG 1994 zu entsprechen hat.

Beträgt das in der Rechnung ausgewiesene Entgelt für Waren, die von § 2 Z 4 lit. a UStBBKV erfasst sind, mindestens 5.000 Euro, kann der liefernde Unternehmer gemäß § 2 Z 4 lit. b UStBBKV auf die Anwendung des Übergangs der Steuerschuld nicht verzichten.

Beispiel:

Der Unternehmer A liefert an den Unternehmer B Handsägen (Position 8202 der KN), Roheisen (Position 7201 der KN) und Kupferkathoden (Unterposition 7403 11 00 der KN). Das in der Rechnung ausgewiesene Entgelt für die Handsägen beträgt 1.000 Euro, jenes des Roheisens beträgt 3.000 Euro, jenes der Kupferkathoden beträgt 4.000 Euro.

Unternehmer A kann gemäß § 2 Z 4 lit. b UStBBKV auf die Anwendung des § 1 in Verbindung mit § 2 Z 4 lit. a UStBBKV nicht verzichten, weil das in der Rechnung ausgewiesene Entgelt des Roheisens und der Kupferkathoden insgesamt 7.000 Euro beträgt. Für die Lieferung des Roheisens und der Kupferkathoden kommt es somit gemäß § 2 Z 4 lit. a UStBBKV zum Übergang der Steuerschuld auf den Leistungsempfänger. Der Unternehmer hat in der Rechnung auf den Übergang der Steuerschuld für diese Lieferungen hinzuweisen und die UID-Nummer des Leistungsempfängers anzugeben (§ 11 Abs. 1a UStG 1994). Die Umsatzsteuer für die Lieferung des Roheisens und der Kupferkathoden ist nicht gesondert auszuweisen (siehe Rz 2602).

Werden Waren geliefert (in einem einheitlichen Liefervorgang) von denen nur einige Gegenstände unter § 2 Z 4 lit. a UStBBKV fallen, ist es zulässig, dass Unternehmer nur eine Rechnung über die Lieferung der Waren ausstellt. Aus der Rechnung muss jedoch ersichtlich sein, für welche Gegenstände der liefernde Unternehmer die Steuer schuldet (§ 11 Abs. 1 Z 3 UStG 1994 bzw. § 11 Abs. 6 UStG 1994) und bei welchen Gegenständen es zum Übergang der Steuerschuld auf den Leistungsempfänger (falls der Unternehmer nicht auf die Anwendung des § 1 in Verbindung mit § 2 Z 4 lit. a UStBBKV verzichtet oder wegen Überschreitens der 5.000-Euro-Grenze nicht verzichten kann) kommt (§ 11 Abs. 1a UStG 1994).

Hinsichtlich nachträglicher Minderung des Entgelts (zB Rabatte, Preisnachlässe, Jahresboni, Retouren), Abrechnung über mehrere Liefervorgänge mit einer Rechnung und Anzahlungen siehe sinngemäß Rz 2605d.

Werden im Rahmen der Lieferung von Waren, von denen nur einige von § 2 Z 4 lit. a UStBBKV erfasst sind, unselbständige Nebenleistungen (zB Beförderung, Verpackung) erbracht, hat grundsätzlich eine betragsmäßige Aufteilung (Zuordnung) der unselbständigen Nebenleistungen (sowie deren Entgelte) zu den Lieferungsbestandteilen zu erfolgen. Ist diese nicht möglich oder zweifelhaft, so kann eine Zuordnung der unselbständigen Nebenleistung zur Lieferung nach § 2 Z 4 lit. a UStBBKV erfolgen. Gleiches gilt für unselbständige Nebenleistungen, über die vom leistenden Unternehmer im Voraus pauschal abgerechnet wird (Vorauszahlung des Leistungsempfängers).

Beispiel:

Der Unternehmer A liefert an den Unternehmer B Handsägen (Position 8202 der KN) und Roheisen (Position 7201 der KN). Für die Beförderung der Gegenstände (Transport) werden 100 Euro verrechnet, für das Verpackungsmaterial der Handsägen werden 10 Euro in Rechnung gestellt, für jenes des Roheisens 30 Euro.

Da Unternehmer A die Entgelte für die Verpackungsmaterialen eindeutig den jeweiligen Gegenständen zuordnen kann, sind 10 Euro (Verpackung Handsägen) der Lieferung der Handsägen (kein Übergang der Steuerschuld) und 30 Euro (Verpackung Roheisen) der Lieferung des Roheisens (Übergang der Steuerschuld) zuzuordnen. Sofern die Aufteilung des Transportentgelts zweifelhaft ist, kann eine gesamte Zuordnung (100 Euro) zum Umsatz nach § 2 Z 4 lit. a UStBBKV (Roheisen) erfolgen.

1.6 Übergang der Steuerschuld bei der Übertragung von Treibhausgasemissionszertifikaten und der Lieferung von Mobilfunkgeräten und integrierten Schaltkreisen (§ 19 Abs. 1e UStG 1994)

2605c Die Richtlinie 2003/87/EG über ein System für den Handel mit Treibhausgasemissionszertifikaten in der Gemeinschaft (ABl. Nr. L 275 vom 25.10.2003 S. 32) idF der Richtlinie 2009/29/EG (ABl. Nr. L 140 vom 05.06.2009 S. 63) legt fest, unter welchen Bedingungen mit Treibhausgasemissionszertifikaten gehandelt werden kann.

Werden Treibhausgasemissionszertifikate im Sinne des Art. 3 dieser Richtlinie (zB EUAs, ERUs, CERs) oder andere Einheiten, die genutzt werden können, um den Auflagen dieser Richtlinie nachzukommen, übertragen, wird die Steuer vom Empfänger der Leistung geschuldet, wenn dieser Unternehmer ist.

Der leistende Unternehmer haftet für diese Steuer.

Die Übertragung von Treibhausgasemissionszertifikaten an einen unternehmerischen Leistungsempfänger ist eine steuerpflichtige sonstige Leistung, deren Leistungsort sich nach der Generalklausel des § 3a Abs. 6 UStG 1994 bestimmt.

Die Übertragung von Treibhausgasemissionszertifikaten an einen unternehmerischen Leistungsempfänger ist somit am Empfängerort steuerbar und nicht gemäß § 6 Abs. 1 Z 8 UStG 1994 steuerbefreit (siehe Rz 345).

Hat der leistende Unternehmer im Inland weder einen Wohnsitz (Sitz) noch seinen gewöhnlichen Aufenthalt oder eine an der Leistungserbringung beteiligte Betriebsstätte, geht die Steuerschuld schon gemäß § 19 Abs. 1 zweiter Satz UStG 1994 auf den unternehmerischen Leistungsempfänger über (siehe auch Rz 2601a).

2605d Bei der Lieferung von Mobilfunkgeräten und integrierten Schaltkreisen kommt es zum Übergang der Steuerschuld, wenn
- es sich um eine im Inland steuerpflichtige Lieferung handelt,
- der Leistungsempfänger Unternehmer ist und
- das in der Rechnung ausgewiesene Entgelt mindestens 5.000 Euro beträgt.

Zum Übergang der Steuerschuld kommt es unabhängig davon, ob der Lieferer und der Leistungsempfänger im In- oder Ausland ansässig sind.

Der leistende Unternehmer haftet für diese Steuer.

Mobilfunkgeräte sind Geräte, die zum Gebrauch mittels eines zugelassenen Netzes und auf bestimmten Frequenzen hergestellt oder hergerichtet wurden, unabhängig von etwaigen weiteren Nutzungsmöglichkeiten. Die Abgrenzung der Mobilfunkgeräte, für deren Lieferung die Steuerschuld übergeht, erfolgt in Anlehnung an die Kombinierte Nomenklatur (Zolltarif).

Betroffen sind ausschließlich
- Waren der Unterposition 8517 12 00 der Kombinierten Nomenklatur: Telefone für zellulare Netzwerke oder andere drahtlose Netzwerke und
- Waren der Unterposition 8517 18 00: andere, zB „Walkie-Talkies", CB-Funkgeräte, Satellitentelefone.

Integrierte Schaltkreise sind Mikroprozessoren und Zentraleinheiten für die Datenverarbeitung vor Einbau in Endprodukte. Auch hier wird in Anlehnung an die Kombinierte Nomenklatur (Zolltarif) festgelegt, für welche Liefergegenstände es zum Übergang der Steuerschuld kommt.

Betroffen sind ausschließlich
- Waren der Unterposition 8542 31 90: Prozessoren und Steuer- und Kontrollschaltungen,
- Waren der Unterposition 8473 30 20: zusammengesetzte elektronische Schaltungen (Baugruppen),
- Waren der Unterposition 8473 30 80: andere (Prozessormodule),
- Waren der Unterposition 8471 50 00: Verarbeitungseinheiten (Zentraleinheiten).

Nicht betroffen sind zB
- Teile von Mobiltelefonen, Antennen (Unterposition 8517 70)

- USB-Sticks, Datensticks, Flashcards, Simcards, usw. (Unterposition 8523 51)
- Smart cards (Unterposition 8523 52)
- Modems (Unterposition 8517 62 00)
- Navigationsgeräte (Unterposition 8526 91)
- Notebooks, Ipads, Palms, Tablets (Unterposition 8471 30)
- Faxgeräte (Unterposition 8543 31)
- MP3-Player (Position 8519)
- VoIP-Geräte (drahtgebunden), Pager, Videophone (Unterposition 8517 69)
- Fernsehgeräte, Monitore (Position 8528)

Bestehen im Einzelfall Zweifel, ob ein Mobilfunkgerät oder ein integrierter Schaltkreis in eine der Tarifpositionen fällt, die vom Übergang der Steuerschuld betroffen sind, kann vom Leistenden und vom Leistungsempfänger einvernehmlich davon ausgegangen werden, dass es zum Übergang der Steuerschuld kommt.

Voraussetzung für den Übergang der Steuerschuld ist, dass das in der Rechnung ausgewiesene Entgelt für die genannten Mobilfunkgeräte und integrierten Schaltkreise mindestens 5.000 Euro (netto) beträgt. Die Lieferung von kombinierten Produkten (sog. Produktbundle), bei der neben dem Mobilfunkgerät auch Zubehör (zB Mobilfunkgerät mit Tasche und Freispracheinrichtung) zu einem einheitlichen Preis geliefert wird, fällt insgesamt unter die Regelung.

Eine Aufspaltung von Rechnungsbeträgen, die einen einheitlichen Liefervorgang betreffen, ist unzulässig. In diesem Fall sind die Rechnungsbeträge für die Ermittlung der 5.000-Euro-Grenze zusammenzurechnen. Wird in einer Rechnung über mehrere Liefervorgänge abgerechnet, ist das in der Rechnung ausgewiesene Gesamtentgelt für die Ermittlung der 5.000-Euro-Grenze maßgeblich. Nachträgliche Minderungen des Entgelts (zB Rabatte, Preisnachlässe, Jahresboni, Retouren) führen nicht zu einer Änderung der ursprünglich ermittelten 5.000-Euro-Grenze. Hinsichtlich dieser Entgeltsminderung gelangt § 16 Abs. 5 UStG 1994 zur Anwendung. Ist im Einzelfall eine Zuordnung iSd § 16 Abs. 5 UStG 1994 nicht möglich oder nicht zumutbar, kann im Einvernehmen mit dem Leistungsempfänger eine Zuordnung zu jenen Umsätzen erfolgen, bei denen es zum Übergang der Steuerschuld gekommen ist.

Werden Anzahlungen geleistet, kommt es für die Anwendung der Betragsgrenze auf das Gesamtentgelt und nicht auf die in den Anzahlungs- und Endrechnungen angegebenen Teilentgelte an.

2. Entstehung der Steuerschuld
2.1 Lieferungen und sonstige Leistungen
2.1.1 Anzahlungen

2606 Zahlungen, die **vor Ausführung der Leistung** entrichtet werden, sind auch bei der Sollversteuerung jedenfalls im Zeitpunkt ihrer Vereinnahmung zu versteuern (Mindest-Istbesteuerung). Dies gilt auch für Tauschgeschäfte oder tauschähnliche Umsätze, bei denen die Gegenleistung nicht in einer Geldzahlung, sondern einer Sachleistung besteht (siehe hierzu auch EuGH 19.12.2012, Rs C-549/11, *Orfey Balgaria EOOD*).

Diese Regelung ist nicht anzuwenden, wenn die Zahlung des Entgeltes auf einem Vertrag beruht, der **vor dem 1.1.1995** abgeschlossen worden ist und keine Rechnung mit gesondertem Ausweis der Steuer erteilt wurde.

2607 Anzahlungen sind nur zu versteuern, wenn diese **mit einer konkreten Leistung** im Zusammenhang stehen. Sie sind auch dann steuerbar, wenn keine Rechnung vorliegt.

Anzahlungen – Einzelfälle:

- **Beherbergungsgewerbe und Reiseleistungen:** Die Umsatzversteuerung der Anzahlungen kann unterbleiben, wenn diese im Beherbergungsgewerbe und im Zusammenhang mit Reiseleistungen 35 % des zu versteuernden Leistungspreises nicht überschreiten. Betragen die Anzahlungen mehr als 35 %, so sind die Anzahlungen zur Gänze zu versteuern.

Beispiel:
Endgültiger Hotelpreis 490 €, Anzahlung 50 €.
Anzahlung unter 35 % des endgültigen Beherbergungspreises und somit nicht zu versteuern.

- **Grund- und Baukostenbeiträge**, die vom Nutzungsberechtigten zur Finanzierung eines Bauvorhabens vereinnahmt werden (zB Finanzierungsbeiträge nach § 14 WGG oder § 69 WWSFG 89), sind nicht als Anzahlung anzusehen, wenn im Falle der Auflösung des Vertrages nicht verwohnte Beiträge zurückzuzahlen sind (§ 17 Abs. 4 WGG).
- **Gutschein:** Das Entgelt für die Veräußerung eines Gutscheines ist keine Anzahlung. Ausnahme: Die Veräußerung des Gutscheines erfolgt in Bezug auf eine konkrete Leistung.

  Beispiele für keine Anzahlung:
  Gutschein einer Handelskette über 100 € für zukünftigen Wareneinkauf.
  Gutschein eines Reisebüros über 1.000 € für eine noch auszusuchende Reise.
  Gutschein für ein beliebiges Hotel einer Hotelkette.

  Beispiele für Anzahlung:
  Gutschein eines Theaters für den Besuch einer am Gutschein genau bezeichneten Theatervorstellung.
  Gutschein für ein bestimmtes Hotel einer Hotelkette (VwGH 22.03.2010, 2005/15/0117).

- **Kautionen**, die als Sicherheitsleistung im Hinblick auf die Erfüllung vertraglicher Verpflichtungen hingegeben werden, insbesondere bei Leasingverträgen (Mietverträgen) sind nicht umsatzsteuerbar, weil diese noch nicht im Zusammenhang mit einer konkreten Leistung stehen.
- **Rücklage zum Instandhaltungsfonds** bei Wohnungseigentümergemeinschaften: Die Zahlungen zu dieser Rücklage sind keine Anzahlungen.

2.1.2 Zeitpunkt der Leistungserbringung (Leistungsabgrenzung)

2608 Der Frage, wann eine Lieferung oder sonstige Leistung erbracht ist, kommt insbesondere wegen des **Entstehens der Steuerschuld** Bedeutung zu.

2609 Die Lieferung einer Maschine und die nachfolgende in dem Aufstellen der Maschine bestehende Bearbeitung ist umsatzsteuerrechtlich als eine Lieferung zu betrachten, die erst mit der **Übergabe des fertigen Werkes** erfüllt ist. Eine andere rechtliche Beurteilung kann nur für Fälle vertreten werden, in denen der Wille des Bestellers von vornherein nur auf die Lieferung, nicht auch auf die nachfolgende Bearbeitung des gelieferten Gegenstandes gerichtet ist und die nachfolgende Bearbeitung der gelieferten Ware durch den Lieferer erst auf einem späteren, nach Erbringung der Lieferung gefassten Willensentschluss des Bestellers beruht (VwGH 22. Juni 1967, 153/65, Slg. 3632/F ua.).

2610 Eine besondere Stellung nehmen **Leistungen aus einem Bestandvertrag** ein, die über einen längeren Zeitraum erbracht werden. Bei derartigen Leistungen ist davon auszugehen, dass sie jeweils in allen Voranmeldungszeiträumen erbracht werden, in denen die Benützung des Bestandobjektes geduldet wird.

Grund- und Baukostenbeiträge (Finanzierungsbeiträge), die nicht als Anzahlungen anzusehen sind (siehe § 19 Rz 2607 2. Pkt), sind nicht bereits im Zeitpunkt der Entrichtung, sondern erst nach Maßgabe der Verwohnung zu versteuern. Das Ausmaß der jährlichen Verwohnung richtet sich nach der aufgrund der Wohnrechtsgesetzgebung vorgesehenen jährlichen Abschreibung der Finanzierungsbeiträge.

Durch die Wohnrechtsnovelle 2000, BGBl. I Nr. 36/2000, wurde eine Änderung der jährlichen Abschreibung der Finanzierungsbeiträge nach dem WGG von 2% auf 1% vorgenommen. Weiters wurde für den Fall der Auflösung des Miet-(oder sonstigen Nutzungs-)Verhältnisses ein unbedingter Anspruch des ausscheidenden Mieters auf Rückzahlung der von ihm geleisteten **Finanzierungsbeiträge** abzüglich Abschreibung gegenüber der Bauvereinigung geschaffen. Umsatzsteuerrechtlich ergeben sich dadurch folgende Auswirkungen:

1. Neumieten

Aufgrund der Wohnrechtsnovelle 2000 wurde der jährliche Abschreibungssatz für Miet-(oder sonstige Nutzungs-)Verhältnisse in Baulichkeiten, die ab 1.7.2000 bezogen worden sind, mit 1% festgesetzt (§ 17 Abs. 4 WGG). Eine Aufwertung der Finanzierungsbeiträge für Zwecke des Mieterwechsels hat nicht mehr zu erfolgen. Daraus ergibt sich, dass für solche Mietverhältnisse eine jährliche Verwohnung und somit **Versteuerung der Finanzierungsbeiträge in Höhe von 1%** zu erfolgen hat. Im Falle einer Auflösung des Mietverhältnisses hat der ausscheidende Mieter Anspruch auf die von ihm geleisteten Finanzierungsbeiträge abzüglich der jährlichen 1%igen Abschreibung. Vom Neumieter darf dieser Betrag verlangt werden (§ 17 Abs. 1 und 2 WGG). Die Rückzahlung dieser nicht verwohnten Finanzierungsbeiträge hat – da sie bisher nicht versteuert wurden – keine umsatzsteuerliche Konsequenz. Die vom Neumieter in derselben Höhe bezahlten Finanzierungsbeiträge sind nach Maßgabe der jährlichen 1%igen Verwohnung zu versteuern (1% vom ursprünglichen Finanzierungsbeitrag).

2. Altmieten

Für Mietverhältnisse in Baulichkeiten, die vor dem 1.7.2000 bezogen worden sind, ist nach der Wohnrechtsnovelle 2000 wie folgt vorzugehen:

Gemäß § 39 Abs. 27 WGG hat der bisherige Mieter im Falle der Auflösung des Mietverhältnisses bis 31.12.2000 Anspruch auf Rückzahlung der von ihm geleisteten Finanzierungsbeiträge abzüglich der bisher vorgesehenen jährlichen 2%igen Abschreibung zuzüglich eines Aufwertungsbetrages nach § 17 Abs. 4 WGG in der Fassung vor der Wohnrechtsnovelle 2000. Im Falle der **Auflösung des Mietverhältnisses ab 1.1.2001** vermindert sich der so ermittelte Betrag um eine jährliche Abschreibung von 1%. Vom Neumieter darf dieser Betrag verlangt werden.

Die auch buchmäßig von der Bauvereinigung darzustellende Aufwertung hat, solange kein Mieterwechsel stattfindet, keinen Einfluss auf die Ermittlung des jährlich zu versteuernden Anteils des Finanzierungsbeitrages. Da jedoch ab 1.1.2001 auch für diese Altmieten eine Umstellung auf die 1%ige Abschreibung des noch nicht abgeschriebenen (noch nicht verwohnten) Finanzierungsbeitrages erfolgt, ist auch umsatzsteuerlich auf die jährlich 1%ige Versteuerung des zum 1.1.2001 noch nicht abgeschriebenen (noch nicht verwohnten) Finanzierungsbeitrages (ohne Aufwertung) umzustellen.

Kommt es zur Auflösung des Mietverhältnisses und Begründung eines Mietverhältnisses mit einem neuen Mieter ist für die Umsatzversteuerung des Finanzierungsbeitrages (nach Maßgabe der Verwohnung) nunmehr von dem **vom Neumieter verlangten Betrag** (also einschließlich Aufwertung) auszugehen. Der Aufwertungsbetrag ist deshalb in die Besteuerung einzubeziehen, weil dieser Betrag vom Nachfolgemieter an die Bauvereinigung tatsächlich zu entrichten ist (§ 17 Abs. 2 WGG).

Beispiel:

Erstbezug Anfang Jänner 1991, Mieterwechsel Ende Dezember 2010.

Der ursprüngliche Mieter leistete im Jahr des Erstbezuges 1991 einen Finanzierungsbeitrag von 275.006 S (umgerechnet 20.000 €). Zum 1.1.2001 waren bereits 55.041,20 S (umgerechnet 4.000 €) verwohnt (2% jährlich); ergibt einen noch nicht verwohnten Wert von 220.164,80 S (umgerechnet 16.000 €) zuzüglich die zum 1.1.2001 vorzunehmende Aufwertung von angenommen 41.280,90 S (umgerechnet 3.000 €). Die Bauvereinigung hat in den Jahren 2001 bis 2010 eine Umsatzversteuerung nach Maßgabe der Verwohnung in Höhe von je 1% von 16.000 € vorzunehmen.

Ab dem Jahr 2011 (also nach dem Mieterwechsel) hat die Bauvereinigung eine Versteuerung von jährlich 1% von 19.000 € für die verbleibende Abschreibungsdauer von 90 Jahren (also bis zum Jänner 2100) vorzunehmen.

2610a Veräußert der Insolvenzverwalter Grundstücke im Rahmen eines freihändigen Verkaufs und wird für die Steuerpflicht dieser Lieferungen optiert, so entsteht die Steuerschuld bei Sollbesteuerung mit Ablauf des Kalendermonates, in dem die Genehmigung des Kaufvertrages durch das Insolvenzgericht erfolgt, bzw. bei späterer Rechnungslegung mit Ablauf des darauf folgenden Monates, bei Istbesteuerung mit Ablauf des Monates der Vereinnahmung des Entgelts, auch wenn insoweit Verfügungsbeschränkungen bestehen.

2.1.3 Teilleistungen in der Bauwirtschaft

2611 Eine **Werklieferung** in der Bauwirtschaft, die auf dem Grund und Boden des Auftraggebers als Gesamtleistung geschuldet wird, ist bewirkt, wenn der Auftraggeber die Verfügungsmacht am fertigen Werk erhält.

2612 Wird das Werk nicht im Ganzen, sondern in Teilen geschuldet und geliefert, so unterliegen die ausgeführten **Teillieferungen** der USt.

2613 Teillieferungen können angenommen werden, wenn
1. die geschuldete Werklieferung nach wirtschaftlicher Betrachtung teilbar ist,
2. die Teile der Werklieferung abgenommen worden sind,
3. vor der Abnahme vereinbart worden ist, dass für die Teile der Werklieferung ein entsprechendes Teilentgelt zu zahlen ist,
4. das Teilentgelt gesondert und endgültig abgerechnet wird; die Teilabrechnung kann auch nach der Abnahme erfolgen.

Zeitpunkt der Teillieferung ist der Zeitpunkt der Abnahme.

2614 Ist als Gesamtentgelt für eine Werklieferung (zB die Fliesenlegerarbeiten an einem Wohnblock) eine **Pauschalsumme** vereinbart, so ist im allgemeinen davon auszugehen, dass die Werklieferung nicht in Teilen, sondern im ganzen geschuldet wird.

2615 Setzt sich der Pauschalpreis für eine Bauanlage aus verschiedenen **Einzelpauschalpreisen** zusammen (zB der Pauschalpreis für eine Wohnanlage aus Pauschalpreisen für die einzelnen Wohngebäude der Anlage), so können Teillieferungen angenommen werden.

2616 Der Annahme von Teillieferungen steht grundsätzlich nicht entgegen, dass die **Gewährleistungsfristen** zu unterschiedlichen Zeitpunkten jeweils bei der Abnahme der einzelnen Teile beginnen, jedoch zu einem besonders vereinbarten einheitlichen Zeitpunkt enden.

2617 Teillieferungen liegen nicht vor, wenn das Gesamtwerk abgenommen, jedoch auf die Abnahme der Teile verzichtet wird.

Beispiele zur Teilbarkeit von Werklieferungen:

Beispiel 1:

Ein Unternehmer wird beauftragt, in einem Wohnhaus Parkettfußböden zu legen. In der Auftragsbestätigung sind die Materialkosten getrennt ausgewiesen. Der Auftragnehmer versendet die Materialien vor dem 1. Jänner zum Bestimmungsort und führt die Parkettarbeiten im nächsten Jahr aus.

Gegenstand der Werklieferung ist der fertige Parkettfußboden. Die Werklieferung bildet eine wirtschaftliche Einheit, die nicht in eine vor dem 1. Jänner ausgeführte Materiallieferung und in eine nach dem 31. Dezember zu erbringende Werkleistung zerlegt werden kann.

Beispiel 2:

Ein Bauunternehmer hat sich als Generalunternehmer verpflichtet, 15 nacheinander zu errichtende Wohnhäuser schlüsselfertig zu liefern. Für die einzelnen Wohnhäuser sind Pauschalpreise vereinbart. Vier Wohnhäuser werden noch im selben Jahr fertig gestellt und abgenommen. Sie werden getrennt abgerechnet.

Es handelt sich um Teillieferungen, die im Jahr der Fertigstellung der USt unterliegen.

Um Teillieferungen handelt es sich im Beispielsfalle auch, wenn der Unternehmer für sämtliche Wohnhäuser lediglich bestimmte Arbeiten übernommen hat (zB Maurer- und Betonarbeiten, Außenputzarbeiten, Zimmererarbeiten, Dachdeckerarbeiten, Zentralheizungs- und Lüftungsbauarbeiten, Spenglerarbeiten, Putz- und Stuckateurarbeiten, Fliesen- und Plattenarbeiten, Schlosserarbeiten, Glaserarbeiten). Das gilt auch, wenn die einzelnen Arbeiten nicht zu Pauschalpreisen, sondern zu Einheitspreisen vergeben werden.

Beispiel 3:

Ein Bauunternehmer hat an einem Einfamilienhaus folgende Arbeiten übernommen: Herstellung des Rohbaues sowie Innen- und Außenputz. Nach Fertigstellung des Rohbaues im Jahr 2000 wird dieser abgenommen und abgerechnet. Erfolgt die Abnahme im Jahr 2000 und liegt eine entsprechende Teilentgeltsvereinbarung vor, so ist die Teillieferung im Jahr 2000 zu versteuern.

Eine nach wirtschaftlicher Betrachtung teilbare Werklieferung wäre im Beispielsfall nicht gegeben, soweit der Bauunternehmer seine Arbeiten im Jahr 2000 lediglich am Kellergeschoß und teilweise am Erdgeschoß vollendet hat.

Beispiel 4:

Ein Bauunternehmer hat an einem zu errichtenden Wohnhaus mit 24 Wohnungen die Bäder und Küchen zu kacheln. Die Arbeiten in 18 Küchen und 19 Bädern werden im Jahr 2000 vollendet. Sie werden im Jahr 2000 abgenommen und abgerechnet.

Die Teillieferung unterliegt der USt.

Nicht teilbar wäre die Werklieferung einer Zentralheizungsanlage für das Wohnhaus.

2618 Beispiele zur **Teilbarkeit von Werkleistungen**:

Beispiel 1:

Ein Bauunternehmer wird beauftragt, zu Einheitspreisen 500 m Kabelgraben auszuheben und zu verfüllen. Die Kabel werden vom Auftraggeber gestellt. Die Arbeiten werden im Jahr 2000 für 150 m beendet, abgenommen und abgerechnet.

Die Teilleistung unterliegt der USt.

Beispiel 2:

Ein Zimmermeister hat zu Einheitspreisen die Dachstuhlarbeiten an fünf freistehenden Wohnblöcken auszuführen. Das Material wird vom Auftraggeber gestellt. Im Jahr 2000 schließt der Zimmermeister die Arbeiten an zwei Wohnblöcken ab und vereinbart für sie die Zahlung eines entsprechenden Teilentgelts. Die Arbeiten werden im Jahr 2000 gesondert abgenommen und abgerechnet.

Sie unterliegen im Jahr 2000 der USt.

Um eine wirtschaftlich teilbare Werkleistung handelt es sich nicht, soweit der Zimmermeister im Beispielsfall die Dachstuhlarbeiten an einem Wohnblock nur zum Teil ausgeführt hat.

Beispiel 3:

Ein Bauunternehmer hat sich verpflichtet, zu Einheitspreisen die Ausschachtungs- und Verfüllungsarbeiten sowie die Maurer- und Betonarbeiten an einem Wohnblock auszuführen. Im Jahr 2000 werden die Ausschachtungsarbeiten vollendet, abgenommen und abgerechnet.

Diese Arbeiten unterliegen der USt.

2.1.4 Sollbesteuerung bei Dauerleistungen

2619 Bei einer Anzahl von Leistungen, die über einen **längeren Zeitraum** erbracht werden und die in **größeren Zeitabständen** abgerechnet werden, ist die genaue Feststellung des Zeitpunktes der einzelnen Leistungen und damit eine exakte Steuerabrechnung nach dem Sollsystem jeweils für den Voranmeldungszeitraum, in dem die Steuerschuld entsteht, mit erheblichen Schwierigkeiten verbunden. Unbeschadet des Rechtes der leistenden Unternehmer, ihre Leistungen jeweils für den Voranmeldungszeitraum zu versteuern,

in dem die Steuerschuld entsteht, kann zwecks Vermeidung von Abgrenzungsschwierigkeiten davon ausgegangen werden, dass die nachstehend angeführten Leistungen **mit der Rechnungslegung** (Abrechnung) **ausgeführt sind:**
- Leistungen auf Grund von Abonnementverträgen,
- Leistungen auf Grund von Wartungsverträgen,
- die Einräumung, Übertragung und Wahrnehmung von Urheberrechten (zB Lizenzverträge, Verlagsverträge usw.),
- Leistungen von Handelsvertretern und anderen Vermittlern,
- Leistungen von Schulen, soweit sie steuerpflichtig sind (zB Fahrschulen),
- sonstige Leistungen, die in Teilen innerhalb eines Jahres bewirkt werden, wobei ein einheitliches Entgelt verrechnet wird (zB Leistungen der Rauchfangkehrer),
- Telekomleistungen.

2620 Diese Leistungen können somit **nach Maßgabe der Abrechnung** versteuert werden, wobei jedoch auch in der Einhebung eines Entgeltes (auch Teilentgeltes, Anzahlung usw) eine Teilabrechnung zu erblicken ist; die auf das abgerechnete oder das eingehobene Entgelt entfallende Steuer ist für den Voranmeldungszeitraum zu entrichten, in dem die Abrechnung bzw. Vereinnahmung erfolgt.

2621 Soweit der leistende Unternehmer die Steuer nach diesem Verfahren entrichtet, ist er auch berechtigt, dem Leistungsempfänger die Steuer zum Zwecke des Vorsteuerabzuges in der Abrechnung **gesondert auszuweisen.** Der Leistungsempfänger kann den Vorsteuerabzug in diesem Falle ohne Rücksicht darauf vornehmen, ob er die abgerechnete Leistung bereits zur Gänze erhalten hat oder nicht.

2.1.5 Sollbesteuerung bei unbestimmtem Entgelt

2622 Wenn im Zeitpunkt der Lieferung oder sonstigen Leistung die genaue Höhe des Entgeltes nicht feststeht (zB bei Übernahme von Getreide oder Weintrauben nach der Ernte durch eine Genossenschaft gegen spätere Abrechnung), so kann aus Vereinfachungsgründen die Versteuerung auf Basis des vorläufig abgerechneten Entgeltes erfolgen, **auch** wenn mit Sicherheit anzunehmen ist, dass bei der Endabrechnung noch eine weitere Zahlung erfolgen wird. Sollten bis zur Endabrechnung weitere Zahlungen erfolgen, so sind diese gleichfalls laufend zu versteuern. Die endgültige Versteuerung ist anlässlich der Endabrechnung vorzunehmen.

2623 Wird bei der Übernahme der Waren überhaupt kein Entgelt gezahlt, so kann die Versteuerung zunächst nach Maßgabe des voraussichtlichen Entgeltes erfolgen, das erforderlichenfalls zu schätzen ist.

2.1.6 Besteuerung der Leistungen von Wohnungseigentümergemeinschaften

2624 Im Zusammenhang mit dem Wohnungseigentumsgesetz 1975 geht die Finanzverwaltung davon aus, dass die Gemeinschaft der Wohnungseigentümer einzelne Leistungen für den Wohnungseigentümer besorgt und die Besorgung an die Wohnungseigentümer weiterverrrechnet. Bei Umsatzversteuerung nach vereinbarten Entgelten ist für den Monat der jeweiligen Erbringung der Besorgungsleistung zu versteuern, bei Umsatzversteuerung nach vereinnahmten Entgelten (§ 17 Abs. 2 UStG 1994) im Monat der Bezahlung. Akontozahlungen für Beträge für die Erhaltung, Verwaltung oder zum Betrieb der im Wohnungseigentum bestehenden Teile und Anlagen einer Liegenschaft sind auch bei der Sollversteuerung im Voranmeldungszeitraum der Akontozahlungen zu versteuern (Erlass vom 7.2.1995, GZ. 09 4501/3-IV/9/95, AÖF Nr. 87/1995). Damit Zivilrecht und Umsatzsteuerrecht übereinstimmen, bestehen keine Bedenken, auch bei einer Sollversteuerung die auf die Betriebskosten entfallenden Abschlusszahlungen oder Gutschriften im Zeitraum der zivilrechtlichen Fälligkeit zu versteuern.

Randzahlen 2625 bis 2640: Derzeit frei.

2.2 Eigenverbrauch

Derzeit frei.

Randzahlen 2641 bis 2650: Derzeit frei.

3. Zu hoher und unberechtigter Steuerausweis

Derzeit frei.

Randzahlen 2651 bis 2660: Derzeit frei.

4. Minderung des Entgeltes

Derzeit frei.

Randzahlen 2661 bis 2670: Derzeit frei.

5. EUSt

Derzeit frei.

Randzahlen 2671 bis 2680: Derzeit frei.

Verordnung zu § 19:

Verordnung des Bundesministers für Finanzen betreffend die Umsätze von Abfallstoffen, für die die Steuerschuld auf den Leistungsempfänger übergeht (Schrott-Umsatzsteuerverordnung – Schrott-UStV)

BGBl. II Nr. 129/2007 idF BGBl. II Nr. 320/2012

Auf Grund des § 19 Abs. 1d des Umsatzsteuergesetzes 1994, BGBl. Nr. 663/1994, zuletzt geändert durch das Bundesgesetz BGBl. I Nr. 24/2007, wird verordnet:

§ 1

Bei den im § 2 angeführten Umsätzen wird die Steuer vom Leistungsempfänger geschuldet, wenn dieser Unternehmer ist. Der leistende Unternehmer haftet für diese Steuer.

§ 2

Es handelt sich um folgende Umsätze:
1. Die Lieferung der in der **Anlage** aufgezählten Gegenstände.
2. Die sonstigen Leistungen in Form des Sortierens, Zerschneidens, Zerteilens (einschließlich der Demontage) und des Pressens der in der Z 3 sowie in der Anlage zu Z 1 genannten Gegenstände.
3. Die Lieferung von Bruchgold, das offensichtlich nicht mehr dem ursprünglichen Zweck entsprechend wieder verwendet werden soll, sowie die Lieferung von aus solchem Bruchgold hergestellten Barren oder Granulaten. Dies gilt sinngemäß auch für andere Edelmetalle.
Unter Bruchgold ist jeglicher Goldschmuck sowie sonstige Objekte aus Gold, die zerbrochen, zerstört oder beschädigt sind und somit nicht mehr für ihren ursprünglichen Zweck verwendet werden können, zu verstehen, wie beispielsweise alte Ketten, Ringe und andere nicht mehr getragene Schmuckgegenstände, Besteck, Münzen, goldene Federspitzen, defekte Goldbarren, aber auch Zahngoldabfälle (Dentallegierungen) oder sonstige Edelmetallreste in jeder Form.

§ 3

Unter § 2 Z 1 fällt auch die Lieferung von Zusammensetzungen (Mischungen) aus den in der Anlage zu § 2 Z 1 genannten Gegenständen oder in Verbindung mit anderen Gegenständen (zB Verbundstoffe), wenn das Entgelt überwiegend für die in der Anlage zu

§ 19 UStG

§ 2 Z 1 genannten Gegenstände geleistet wird. Dasselbe gilt für die Lieferung der genannten Gegenstände, nachdem sie gereinigt, sortiert, geschnitten, fragmentiert oder gepresst wurden.

§ 4

(1) Die Verordnung ist auf Umsätze anzuwenden, die nach dem 30. Juni 2007 ausgeführt werden.

(2) § 2 Z 2 und 3 in der Fassung der Verordnung BGBl. II Nr. 320/2012 ist auf Umsätze anzuwenden, die nach dem 30. September 2012 ausgeführt werden.

Anlage (zu § 2 Z 1)

Nr.	Bezeichnung der Gegenstände	Position der Kombinierten Nomenklatur
1.	Granulierte Schlacke (Schlackensand) aus der Eisen- und Stahlherstellung	2618 00 00
2.	Schlacken (ausgenommen granulierte Schlacke), Zunder und andere Abfälle der Eisen- und Stahlherstellung	2619 00
3.	Schlacken, Aschen und Rückstände (ausgenommen solche der Eisen- und Stahlherstellung), die Metalle, Arsen oder deren Verbindungen enthalten	2620
4.	Abfälle, Schnitzel und Bruch von Kunststoffen	3915
5.	Abfälle, Bruch und Schnitzel von Weichkautschuk, auch zu Pulver oder Granulat zerkleinert	4004 00 00
6.	Papier oder Pappe (Abfälle und Ausschuss) zur Wiedergewinnung	4707
7.	Lumpen, aus Spinnstoffen; Bindfäden, Seile, Taue und Waren daraus, aus Spinnstoffen, in Form von Abfällen oder unbrauchbar gewordenen Waren	6310
8.	Bruchglas und andere Abfälle und Scherben von Glas	7001 00 10
9.	Abfälle und Schrott von Edelmetallen oder Edelmetallplattierungen; andere Abfälle und Schrott, Edelmetalle oder Edelmetallverbindungen enthaltend, von der hauptsächlich zur Wiedergewinnung von Edelmetallen verwendeten Art	7112
10.	Abfälle und Schrott aus Eisen oder Stahl; Abfallblöcke aus Eisen oder Stahl	7204
11.	Abfälle und Schrott aus Kupfer	7404 00
12.	Abfälle und Schrott aus Nickel	7503 00
13.	Abfälle und Schrott aus Aluminium	7602 00
14.	Abfälle und Schrott aus Blei	7802 00 00
15.	Abfälle und Schrott aus Zink	7902 00 00
16.	Abfälle und Schrott aus Zinn	8002 00 00
17.	Abfälle und Schrott aus Wolfram	8101 97 00
18.	Abfälle und Schrott aus Molybdän	8102 97 00
19.	Abfälle und Schrott aus Tantal	8103 30 00
20.	Abfälle und Schrott aus Magnesium	8104 20 00
21.	Abfälle und Schrott aus Cobalt	8105 30 00
22.	Abfälle und Schrott aus Bismut	ex 8106 00 10

§ 19 UStG

23.	Abfälle und Schrott aus Cadmium	8107 30 00
24.	Abfälle und Schrott aus Titan	8108 30 00
25.	Abfälle und Schrott aus Zirconium	8109 30 00
26.	Abfälle und Schrott aus Antimon	8110 20 00
27.	Abfälle und Schrott aus Mangan	8111 00 19
28.	Abfälle und Schrott aus Beryllium	8112 13 00
29.	Abfälle und Schrott aus Chrom	8112 22 00
30.	Abfälle und Schrott aus Thallium	8112 52 00
31.	Abfälle und Schrott aus Niob (Columbium), Rhenium, Gallium, Indium, Vanadium und Germanium	8112 92 21
32.	Abfälle und Schrott aus Cermets	8113 00 40
33.	Abfälle und Schrott von elektrischen Primärelementen, Primärbatterien und Akkumulatoren; ausgebrauchte elektrische Primärelemente, Primärbatterien und Akkumulatoren	8548 12

Verordnung der Bundesministerin für Finanzen betreffend Umsätze, für welche die Steuerschuld zur Bekämpfung des Umsatzsteuerbetrugs auf den Leistungsempfänger übergeht (Umsatzsteuerbetrugsbekämpfungsverordnung – UStBBKV)

BGBl. II Nr. 369/2013 idF BGBl. II Nr. 120/2014

Auf Grund des § 19 Abs. 1d des Umsatzsteuergesetzes 1994, BGBl. Nr. 663/1994, zuletzt geändert durch das Bundesgesetz BGBl. I Nr. 63/2013, wird verordnet:

§ 1

Bei den in § 2 angeführten Umsätzen wird die Umsatzsteuer vom Leistungsempfänger geschuldet, wenn dieser Unternehmer ist. Der leistende Unternehmer haftet für diese Steuer.

§ 2

Dies gilt für folgende Umsätze:
1. Lieferungen von Videospielkonsolen (aus Position 9504 der Kombinierten Nomenklatur), Laptops und Tablet-Computern (aus Unterposition 8471 30 00 der Kombinierten Nomenklatur), wenn das in der Rechnung ausgewiesene Entgelt mindestens 5 000 Euro beträgt.
2. Lieferungen von Gas und Elektrizität an einen Unternehmer, dessen Haupttätigkeit in Bezug auf den Erwerb dieser Gegenstände in deren Weiterlieferung besteht und dessen eigener Verbrauch dieser Gegenstände von untergeordneter Bedeutung ist.
3. Übertragungen von Gas- und Elektrizitätszertifikaten.
4. a) Lieferungen von Metallen aus Kapitel 71 und aus Abschnitt XV der Kombinierten Nomenklatur. Ausgenommen hiervon sind:
   – Die Lieferungen von Metallen aus den Positionen 7113 bis 7118, Kapitel 73, Positionen 7411 bis 7419, 7507, 7508, 7608, Unterposition 7609 00 00 bis Position 7616, Unterpositionen 7806 00, 7907 00 00, 8007 00 80, 8101 99 90, 8102 99 00, 8103 90 90, 8104 90 00, 8105 90 00, 8106 00 90, 8107 90 00, 8108 90 60, 8108 90 90, 8109 90 00, 8110 90 00, 8111 00 90, 8112 19 00, 8112 29 00, 8112 59 00, 8112 99, Unterposition 8113 00 90, Kapitel 82 und 83 der Kombinierten Nomenklatur.

– Die Lieferungen von Metallen, die unter die Schrott-Umsatzsteuerverordnung, BGBl. II Nr. 129/2007 fallen.
– Die Lieferungen von Metallen, für die die Differenzbesteuerung nach § 24 UStG 1994 angewendet wird.
b) Beträgt das in der Rechnung ausgewiesene Entgelt weniger als 5 000 Euro, kann der liefernde Unternehmer auf die Anwendung des § 1 in Verbindung mit § 2 Z 4 lit. a verzichten. Steuerschuldner ist in diesen Fällen der liefernde Unternehmer.
5. Steuerpflichtige Lieferungen von Anlagegold im Sinne des § 24a Abs. 5 und Abs. 6 UStG 1994.

§ 3

(1) Die Verordnung ist auf Umsätze anzuwenden, die nach dem 31. Dezember 2013 ausgeführt werden.

(2) § 2 Z 4 in der Fassung der Verordnung BGBl. II Nr. 120/2014 ist auf Umsätze anzuwenden, die nach dem 31. Dezember 2013 ausgeführt werden.

Judikatur EuGH zu § 19:

EuGH vom 26.5.2016, Rs C-550/14, *Envirotec Denmark*
Übergang der Steuerschuld bei der Lieferung von Goldbarren

Art. 198 Abs. 2 der Richtlinie 2006/112/EG ist dahin auszulegen, dass er auf eine Lieferung von Barren wie der im Ausgangsverfahren in Rede stehenden, die in einer zufälligen groben Verschmelzung von Schrott und verschiedenen goldhaltigen Metallgegenständen sowie verschiedenen anderen Metallen, Stoffen und Substanzen bestehen und die je nach Barren einen Goldgehalt von ca. 500 oder 600 Tausendsteln haben, anwendbar ist.

EuGH vom 3.9.2015, Rs C-463/14, *Asparuhovo Lake Investment Company OOD*
Steuertatbestand und Steueranspruch bei Abonnementverträgen über Beratungsdienstleistungen

1. Art. 24 Abs. 1 der Richtlinie 2006/112/EG ist dahin auszulegen, dass der Begriff „Dienstleistung" die Fälle von Abonnementverträgen über die Erbringung von Beratungsdienstleistungen, insbesondere im Rechts-, Wirtschafts- und Finanzbereich, gegenüber einem Unternehmen umfasst, in deren Rahmen sich der Leistende dem Auftraggeber für die Dauer des Vertrags zur Verfügung gestellt hat.

2. Bei Abonnementverträgen über Beratungsdienstleistungen wie denen des Ausgangsverfahrens sind die Art. 62 Abs. 2, 63 und 64 Abs. 1 der Richtlinie 2006/112 dahin auszulegen, dass der Steuertatbestand und der Steueranspruch mit Ablauf des Zeitraums eintreten, für den die Zahlung vereinbart wurde, ohne dass es darauf ankommt, ob und wie oft der Auftraggeber die Dienste des Leistenden tatsächlich in Anspruch genommen hat.

EuGH vom 23.4.2015, Rs C-111/14, *GST – Sarviz AG Germania*
Steuerschuldner bei Dienstleistungen, die von einer festen Niederlassung erbracht werden; Anwendung des Grundsatzes der Neutralität der Mehrwertsteuer bei Mehrfachentrichtung

1. Art. 193 der Richtlinie 2006/112/EG in der durch die Richtlinie 2010/88/EU geänderten Fassung ist dahin auszulegen, dass die Mehrwertsteuer allein von dem Steuer-

pflichtigen, der eine Dienstleistung erbringt, geschuldet wird, wenn diese von einer in dem Mitgliedstaat gelegenen festen Niederlassung aus erbracht wurde, in dem die Mehrwertsteuer geschuldet wird.

2. Art. 194 der Richtlinie 2006/112 in der durch die Richtlinie 2010/88 geänderten Fassung ist dahin auszulegen, dass die Steuerverwaltung eines Mitgliedstaats den Empfänger einer von einer festen Niederlassung des Dienstleistungserbringers aus erbrachten Dienstleistung in einem Fall, in dem sowohl der Dienstleistungserbringer als auch der Dienstleistungsempfänger im Hoheitsgebiet desselben Mitgliedstaats ansässig sind, auch dann nicht als Mehrwertsteuerschuldner ansehen darf, wenn er die Mehrwertsteuer aufgrund der fehlerhaften Annahme, dass der Dienstleistungserbringer nicht über eine feste Niederlassung in diesem Staat verfüge, bereits entrichtet hat.

3. Der Grundsatz der Neutralität der Mehrwertsteuer ist dahin auszulegen, dass er einer nationalen Bestimmung entgegensteht, nach der die Steuerverwaltung dem Erbringer von Dienstleistungen die Erstattung der von ihm entrichteten Mehrwertsteuer auch dann verweigern kann, wenn dem Empfänger dieser Dienstleistungen, der ebenfalls Mehrwertsteuer auf die gleichen Dienstleistungen entrichtet hat, das Recht auf Vorsteuerabzug mit der Begründung verweigert wurde, dass er nicht über das entsprechende Steuerdokument verfüge, und das nationale Recht die Berichtigung von Steuerdokumenten nicht gestattet, wenn ein bestandskräftiger Steuerprüfungsbescheid vorliegt.

EuGH vom 26.3.2015, Rs C-499/13, *Macikowski*
Auslegung des Grundsatzes der Verhältnismäßigkeit und des Grundsatzes der Steuerneutralität beim Verkauf eines Grundstücks im Wege der Zwangsvollstreckung

1. Die Art. 9, 193 und 199 Abs. 1 Buchst. g der Richtlinie 2006/112/EG sind dahin auszulegen, dass sie einer Vorschrift des nationalen Rechts wie der im Ausgangsverfahren fraglichen nicht entgegenstehen, die im Rahmen des Verkaufs eines Grundstücks im Wege der Zwangsvollstreckung einem Rechtssubjekt, und zwar dem Gerichtsvollzieher, der diesen Verkauf durchgeführt hat, die Verpflichtung auferlegt, die auf den Erlös aus diesem Umsatz geschuldete Mehrwertsteuer fristgemäß zu ermitteln, zu erheben und zu zahlen.

2. Der Grundsatz der Verhältnismäßigkeit ist dahin auszulegen, dass er einer Regelung des nationalen Rechts wie der im Ausgangsverfahren fraglichen nicht entgegensteht, wonach ein Gerichtsvollzieher für den Betrag der Mehrwertsteuerschuld auf den Erlös aus dem Verkauf eines Grundstücks im Wege der Zwangsvollstreckung in dem Fall, dass er seine Verpflichtung zur Erhebung und Entrichtung dieser Steuer nicht erfüllt, mit seinem gesamten Vermögen haftet, vorausgesetzt, der Gerichtsvollzieher verfügt tatsächlich über die rechtlichen Mittel, um diese Verpflichtung zu erfüllen, was zu prüfen Sache des vorlegenden Gerichts ist.

3. Die Art. 206, 250 und 252 der Richtlinie 2006/112 sowie der Grundsatz der Steuerneutralität sind dahin auszulegen, dass sie einer Regelung des nationalen Rechts wie der im Ausgangsverfahren fraglichen nicht entgegenstehen, wonach der von dieser Vorschrift bestimmte Zahlungsbeauftragte verpflichtet ist, den Betrag der Mehrwertsteuer, der für den im Wege der Zwangsvollstreckung erfolgten Verkauf von Waren geschuldet wird, zu ermitteln, zu erheben und zu entrichten, ohne die seit Beginn des Steuerzeitraums bis zum Zeitpunkt der Erhebung der Steuer beim Steuerpflichtigen entrichtete Vorsteuer abziehen zu können.

§ 19 UStG

EuGH vom 6.2.2014, Rs C-424/12, *Fatorie*
Kein Vorsteuerabzug aus einer fehlerhaft ausgestellten Rechnung, wenn es sich um einen Reverse-Charge-Umsatz handelt

1. Im Rahmen eines dem Reverse-Charge-Verfahren unterliegenden Umsatzes verbieten es unter Umständen wie denen des Ausgangsverfahrens die Richtlinie 2006/112/EG und der Grundsatz der Steuerneutralität nicht, dem Empfänger einer Dienstleistung das Recht auf Abzug der Mehrwertsteuer zu versagen, die er aufgrund einer fehlerhaft ausgestellten Rechnung ohne Rechtsgrund an den Erbringer der Dienstleistung gezahlt hat, und zwar auch dann nicht, wenn die Berichtigung dieses Fehlers wegen der Insolvenz des Leistungserbringers unmöglich ist.

2. Der Grundsatz der Rechtssicherheit steht einer Verwaltungspraxis der nationalen Steuerbehörden nicht entgegen, wonach diese eine Entscheidung, mit der sie das Recht eines Steuerpflichtigen auf Abzug der Mehrwertsteuer anerkannt haben, innerhalb einer Ausschlussfrist zurücknehmen und im Anschluss an eine erneute Prüfung die Zahlung dieser Steuer nebst Verzugszinsen von ihm fordern.

EuGH vom 13.6.2013, Rs C-125/12, *Promociones y Construcciones BJ 200*
Definition des Begriffes „Zwangsversteigerungsverfahren"

Art. 199 Abs. 1 Buchst. g der Richtlinie 2006/112/EG ist dahin auszulegen, dass unter den Begriff des Zwangsversteigerungsverfahrens jeder Verkauf eines Grundstücks fällt, den der Schuldner einer vollstreckbaren Forderung, sei es im Rahmen eines Verfahrens zur Liquidation seines Vermögens, sei es im Rahmen eines Insolvenzverfahrens, das einem solchen Liquidationsverfahren vorausgeht, tätigt, wenn dieser Verkauf geboten ist, um die Gläubiger zu befriedigen oder dem Schuldner die Wiederaufnahme seiner wirtschaftlichen oder beruflichen Tätigkeit zu ermöglichen.

EuGH vom 16.5.2013, Rs C-169/12, *TNT Express Worldwide*
Entstehung des Steueranspruches

Art. 66 der Richtlinie 2006/112/EG in der durch die Richtlinie 2008/117/EG geänderten Fassung ist dahin auszulegen, dass er einer nationalen Regelung entgegensteht, wonach der Mehrwertsteueranspruch für Transport und Speditionsdienstleistungen zum Zeitpunkt der Vereinnahmung der gesamten Zahlung oder einer Teilzahlung, spätestens jedoch am 30. Tag ab dem Tag der Erbringung dieser Dienstleistungen entsteht, selbst wenn die Rechnung vorher ausgestellt wurde und einen späteren Zahlungstermin vorsieht.

EuGH vom 13.12.2012, Rs C-395/11, *BLV Wohn- und Gewerbebau*
Definition des Begriffes „Bauleistungen"

1. Art. 2 Nr. 1 der Entscheidung 2004/290/EG zur Ermächtigung Deutschlands zur Anwendung einer von Artikel 21 der Sechsten Richtlinie 77/388/EWG abweichenden Regelung ist dahin auszulegen, dass der Begriff der „Bauleistungen" in dieser Bestimmung neben den als Dienstleistungen im Sinne von Art. 6 Abs. 1 der Sechsten Richtlinie 77/388/EWG in der durch die Richtlinie 2004/7/EG geänderten Fassung eingestuften Umsätzen auch die Umsätze umfasst, die in der Lieferung von Gegenständen im Sinne von Art. 5 Abs. 1 dieser Richtlinie bestehen.

2. Die Entscheidung 2004/290 ist dahin auszulegen, dass die Bundesrepublik Deutschland berechtigt ist, die ihr mit dieser Entscheidung erteilte Ermächtigung nur teil-

weise für bestimmte Untergruppen wie einzelne Arten von Bauleistungen und für Leistungen an bestimmte Leistungsempfänger auszuüben. Bei der Bildung dieser Untergruppen hat dieser Mitgliedstaat den Grundsatz der steuerlichen Neutralität sowie die allgemeinen Grundsätze des Unionsrechts, wie insbesondere die Grundsätze der Verhältnismäßigkeit und der Rechtssicherheit, zu beachten. Es ist Sache des vorlegenden Gerichts, unter Berücksichtigung aller maßgeblichen tatsächlichen und rechtlichen Umstände zu überprüfen, ob dies im Ausgangsverfahren der Fall ist, und gegebenenfalls die Maßnahmen zu ergreifen, die erforderlich sind, um die nachteiligen Folgen einer gegen die Grundsätze der Verhältnismäßigkeit oder der Rechtssicherheit verstoßenden Anwendung der in Rede stehenden Vorschriften auszugleichen.

EuGH vom 21.12.2011, Rs C-499/10, *Vlaamse Oliemaatschappij*
Voraussetzungen für eine gesamtschuldnerische Haftung

Art. 21 Abs. 3 der Sechsten Richtlinie 77/388/EWG in der durch die Richtlinie 2001/115/EG des Rates vom 20. Dezember 2001 geänderten Fassung ist dahin auszulegen, dass die Mitgliedstaaten danach nicht bestimmen können, dass der Inhaber eines anderen Lagers als eines Zolllagers für die Mehrwertsteuer, die auf eine Lieferung von Waren aus diesem Lager gegen Entgelt durch den mehrwertsteuerpflichtigen Eigentümer der Waren anfällt, selbst dann gesamtschuldnerisch haftet, wenn er gutgläubig ist oder ihm weder ein Fehler noch eine Nachlässigkeit vorgeworfen werden kann.

EuGH vom 15.12.2011, Rs C-427/10, *Banca Antoniana Popolare Veneta*
Rückforderung einer Nichtschuld

Der Grundsatz der Effektivität steht einer nationalen Regelung über die Rückforderung einer Nichtschuld, die eine längere Verjährungsfrist für die zivilrechtliche Klage auf Rückerstattung einer Nichtschuld, die der Dienstleistungsempfänger gegen den mehrwertsteuerpflichtigen Erbringer dieser Dienstleistungen erhebt, vorsieht als die spezifische Verjährungsfrist für die steuerrechtliche Erstattungsklage, die dieser Dienstleistungserbringer gegenüber der Finanzverwaltung erhebt, nicht entgegen, sofern dieser Steuerpflichtige die Erstattung der Steuer von der Finanzverwaltung tatsächlich verlangen kann. Diese Voraussetzung ist nicht erfüllt, wenn die Anwendung einer solchen Regelung zur Folge hat, dass dem Steuerpflichtigen das Recht, die nicht geschuldete Mehrwertsteuer, die er selbst dem Empfänger seiner Dienstleistungen erstatten musste, von der Finanzverwaltung zurückzuerhalten, vollständig genommen wird.

EuGH vom 6.10.2011, Rs C-421/10, *Stoppelkamp*
Begriff des „im Ausland ansässigen Steuerpflichtigen"

Art. 21 Abs. 1 Buchst. b der Sechsten Richtlinie 77/388/EWG in der durch die Richtlinie 2000/65/EG geänderten Fassung ist dahin auszulegen, dass der betreffende Steuerpflichtige bereits dann ein „im Ausland ansässiger Steuerpflichtiger" ist, wenn er den Sitz seiner wirtschaftlichen Tätigkeit im Ausland hat.

EuGH vom 8.5.2008, Rs C-95/07 und 96/07, *Ecotrade*
Verstoß gegen Aufzeichnungs- und Erklärungspflichten bei nachträglicher Anwendung von Reverse Charge führt zu keinem Verlust des Vorsteuerabzuges

1. Die Art. 17, 18 Abs. 2 und 3 und Art. 21 Nr. 1 Buchst. b der Sechsten Richtlinie 77/388/EWG in der durch Richtlinie 2000/17/EG des Rates vom 30. März 2000 geänderten Fas-

sung stehen einer nationalen Regelung, die eine Ausschlussfrist für die Ausübung des Vorsteuerabzugsrechts wie die in den Ausgangsverfahren in Rede stehende vorsieht, nicht entgegen, sofern die Grundsätze der Äquivalenz und der Effektivität beachtet werden. Der Effektivitätsgrundsatz wird nicht schon dadurch missachtet, dass die Steuerverwaltung für die Erhebung der nicht entrichteten Mehrwertsteuer über eine längere Frist verfügt als der Steuerpflichtige für die Ausübung seines Vorsteuerabzugsrechts.

2. Allerdings stehen die Art. 18 Abs. 1 Buchst. d und 22 der Sechsten Richtlinie 77/388 in der durch Richtlinie 2000/17 geänderten Fassung einer Praxis der Berichtigung von Steuererklärungen und der Erhebung der Mehrwertsteuer entgegen, nach der eine Nichterfüllung – wie in den Ausgangsverfahren – zum einen der Verpflichtungen, die sich aus den von der nationalen Regelung in Anwendung von Art. 18 Abs. 1 Buchst. d vorgeschriebenen Förmlichkeiten ergeben, und zum anderen der Aufzeichnungs- und Erklärungspflichten nach Art. 22 Abs. 2 und 4 im Fall der Anwendung des Reverse-Charge-Verfahrens mit der Verwehrung des Abzugsrechts geahndet wird.

Judikatur VwGH zu § 19:

VwGH vom 19.9.2013, 2011/15/0049
Reverse Charge bei Bauleistungen; Definition des Begriffes „Bauleistungen"

Die Sechste MwSt-Richtlinie 77/388/EWG sah einen Übergang der Steuerschuld in Zusammenhang mit Bauleistungen nicht vor. Der Rat hat Österreich jedoch mit Wirkung ab Oktober 2002 gemäß Art. 27 der RL ermächtigt, bei Bauleistungen von Subunternehmern an bestimmte Empfänger eben diese Empfänger der Dienstleistung als Steuerschuldner zu bestimmen (vgl. ÖStZ 2002, 601). Dabei geht es insbesondere um Bauleistungen durch einen Subunternehmer an ein von einem Bauherrn beauftragtes Generalunternehmen bzw. an ein Unternehmen, das selbst Bauleistungen erbringt. Diese nach Art 27 der RL erteilte Ermächtigung umfasst sowohl Dienstleistungen wie auch Baulieferungen (vgl. sinngemäß EuGH vom 13. Dezember 2012, C- 395/11, BLV Wohn- und Gewerbebau GmbH, Rn 35). Für Zeiträume ab dem 1. Jänner 2007 normiert Art 199 Abs. 1 lit. a der MwStSystRL ein entsprechendes Mitgliedstaatenwahlrecht in Bezug auf Bauleistungen (einschließlich Reparatur-, Reinigungs-, Wartungs-, Umbau- und Abbruchleistungen) an Unternehmer. Nach Art 199 Abs. 2 der RL können die Mitgliedstaaten u.a. näher bestimmen, für welche Lieferungen und Dienstleistungen sie vom Wahlrecht Gebrauch machen (vgl. Ruppe/Achatz, UStG[4], § 19 Tz. 44; Tumpel/Melhardt, UStG, § 19 Tz. 45). Bei der Festlegung der von der Regelung erfassten Personen bzw. Leistungen hat der Mitgliedstaat den unionsrechtlichen Grundsatz der Rechtssicherheit zu beachten. Demnach muss der Rechtsunterworfene in der Lage sein, den Umfang der ihm auferlegten Verpflichtungen genau zu erkennen (vgl. nochmals EuGH, BLV Wohn- und Gewerbebau GmbH, Rn. 47 bis 50). Der Grundsatz der Rechtssicherheit ist von jeder mit der Anwendung des Unionsrechts betrauten innerstaatlichen Stelle zu beachten.

Einem Unternehmer, der sich zur Durchführung einer Bauleistung verpflichtet, sind auch die von seinen Subunternehmern erbrachten Bauleistungen zuzurechnen (vgl. das hg. Erkenntnis vom 25. April 2013, 2012/15/0161).

Das Unionsrecht ermächtigt zu einer innerstaatlichen Regelung, nach welcher bei Bauleistungen – an bestimmte Abnehmer – der Leistungsempfänger Steuerschuldner sein soll, definiert aber den Begriff der „Bauleistungen" nicht (vgl. das Urteil des EuGH BLV Wohn- und Gewerbebau GmbH, Rn 21ff, das in Rn 25ff auf die Auslegung nach dem gewöhnlichen Sprachgebrauch und dem auf die Vermeidung von Steuerausfällen ausgerichtete Zweck der Regelung hinweist). Innerhalb der vom Unionsrecht gezogenen Grenzen darf der Mitgliedstaat im innerstaatlichen Recht eine Regelung treffen. Vor diesem Hintergrund definiert das UStG 1994 idF BGBl. I Nr. 132/2002 die Bauleistungen als Leistungen, die der Herstellung, Instandsetzung, Instandhaltung, Änderung oder Beseitigung von Bauwerken dienen (und erfasst zusätzlich auch bestimmte Arbeitskräftegestellungen).

Durch die Verwendung der Begriffe „Herstellung, Instandsetzung, Instandhaltung, Änderung... von Bauwerken" in § 19 Abs. 1a UStG 1994 nimmt der österreichische Gesetzgeber Bezug auf die einkommensteuerliche Beurteilung von Baumaßnahmen. Aus einkommensteuerlicher Sicht sind unter den angeführten Maßnahmen solche zu verstehen, die entweder (als Änderung der Wesensart des Gebäudes) zu aktivierungspflichtigem Herstellungsaufwand auf dieses Wirtschaftsgut „Gebäude" führen oder sich als Gebäudeerhaltung (Instandhaltung, Instandsetzung, vgl. etwa § 28 Abs. 2 EStG 1988) darstellen. Von Fällen reiner Dienstleistungen in Form der Planung und Überwachung der Gebäudeerrichtung abgesehen (vgl. Ruppe/Achatz, UStG[4], § 19 Tz. 46) ist dieses Verständnis auch den Tatbestandsmerkmalen der Gebäudeherstellung und Gebäudeänderung sowie, wenn Gebäude oder Gebäudeteile betroffen sind, Instandsetzung und Instandhaltung iSd § 19 Abs. 1a UStG 1994 beizumessen. Die Grenzen der unionsrechtlichen Ermächtigung zu einer innerstaatlichen Regelung, nach welcher bei Bauleistungen – an bestimmte Abnehmer – der Leistungsempfänger Steuerschuldner sein soll, werden mit dieser Interpretation beachtet. Durch die Anknüpfung an einkommensteuerlich vorgegebene Begriffe wird auch dem unionsrechtlichen Gebot der Wahrung der Rechtssicherheit entsprochen.

Nach der Rechtsprechung des Verwaltungsgerichtshofes sind Beleuchtungskörper einkommensteuerlich nicht als Teile des Wirtschaftsgutes „Gebäude", sondern als selbständige Wirtschaftsgüter zu behandeln, sodass etwa die Abschreibung im Wege der AfA nicht einheitlich mit den Anschaffungs- oder Herstellungskosten des Gebäudes erfolgt (vgl. das hg. Erkenntnis vom 20. November 1964, 1011/64, VwSlg 3181 F/1964). Mit der Anschaffung eines Beleuchtungskörpers für sein Gebäude erwirbt der Hauseigentümer als Käufer ein eigenständiges Wirtschaftsgut. Der Vorgang findet keinen Niederschlag in den Anschaffungs- oder Herstellungskosten des Gebäudes. Daran ändert nichts, dass der Beleuchtungskörper regelmäßig durch die Montage in gewisser Weise mit dem Gebäude verbunden ist. Im Hinblick auf die Eigenständigkeit des Wirtschaftsgutes stellt sich der Vorgang auch nicht als „Gebäude"erhaltung dar. Die Lieferung von Beleuchtungskörpern (Leuchten) ist damit keine Bauleistung iSd § 19 Abs. 1a UStG 1994. Selbst wenn die Montage im Wege von Trageschienen isoliert betrachtet eine Bauleistung darstellen sollte, bildet sie im gegenständlichen Fall eine unselbständige Nebenleistung zur Lieferung der Leuchten und kann damit nicht die Rechtsfolgen des § 19 Abs. 1a UStG 1994 herbeiführen. Wenn vom Gesetzgeber nicht anders angeordnet wird, gehen unselbständige Nebenleistungen in der Hauptleistung auf und teilen das umsatzsteuerliche Schicksal der Hauptleistung (vgl. Ruppe/Achatz, UStG[4], § 1 Tz. 31).

VwGH vom 25.4.2013, 2012/15/0161
Vorliegen einer Bauleistung bei Erbringung von Bauleistungen durch den Subunternehmer

Bedient sich ein Unternehmer, der sich zur Durchführung einer Bauleistung verpflichtet hat, eines Subunternehmers, dann ist seine Leistung als Bauleistung anzusehen, auch

§ 19 UStG

wenn er selbst real keine Bauleistung erbringt (Ruppe/Achatz, UStG⁴, § 19 Tz. 47; vgl. auch Stadie in Rau/Dürwächter, dUStG, § 13b n.F. Tz. 373 zu Generalunternehmern und a.a.O. Tz. 381 zu Bauträgern). Dies gilt nur dann, wenn Generalunternehmer oder Bauträger diese Leistungen im eigenen Namen (wenn auch allenfalls auf fremde Rechnung; vgl. Ruppe/Achatz, a.a.O.) erbringen.

Der Hinweis nach § 19 Abs. 1a UStG 1994, der Leistungsempfänger sei mit der Erbringung der Bauleistungen beauftragt, ist keine materielle Voraussetzung der Steuerschuld; unterbleibt also der Hinweis, geht die Steuerschuld – bei Vorliegen der übrigen Voraussetzungen – trotzdem auf den Leistungsempfänger über (Ruppe/Achatz, UStG⁴, § 19 Tz. 50).

Veranlagungszeitraum und Einzelbesteuerung
§ 20.

(1) Bei der Berechnung der Steuer ist in den Fällen des § 1 Abs. 1 Z 1 und 2 von der Summe der Umsätze auszugehen, für welche die Steuerschuld im Laufe eines Veranlagungszeitraumes entstanden ist. Dem ermittelten Betrag sind die nach § 11 Abs. 12 und 14, die nach § 16 Abs. 2 und die gemäß § 19 Abs. 1 zweiter Satz, Abs. 1a, Abs. 1b, Abs. 1c, Abs. 1d und Abs. 1e geschuldeten Beträge hinzuzurechnen. Veranlagungszeitraum ist das Kalenderjahr. Ein Unternehmer, der für einen Betrieb den Gewinn gemäß § 2 Abs. 5 des Einkommensteuergesetzes 1988 oder gemäß § 7 Abs. 5 des Körperschaftsteuergesetzes 1988 nach einem vom Kalenderjahr abweichenden Wirtschaftsjahr ermittelt, kann dieses Wirtschaftsjahr durch eine gegenüber dem Finanzamt abgegebene schriftliche Erklärung als Veranlagungszeitraum wählen; dies gilt jedoch nicht für Unternehmer,

1. die ihre Umsätze gemäß § 17 Abs. 2 nach vereinnahmten Entgelten berechnen oder
2. bei denen Voranmeldungszeitraum das Kalendervierteljahr ist oder
3. bei denen das Wirtschaftsjahr nicht mit Ablauf eines Kalendermonates endet.

Die Erklärung ist innerhalb der Frist zur Abgabe der Voranmeldung für den ersten Voranmeldungszeitraum des vom Kalenderjahr abweichenden Wirtschaftsjahres abzugeben und bindet den Unternehmer an das für die Gewinnermittlung maßgebende Wirtschaftsjahr. Im Falle der Änderung des für die Gewinnermittlung maßgebenden Wirtschaftsjahres tritt auch eine entsprechende Änderung des Veranlagungszeitraumes für die Umsatzsteuer ein. Weicht der Veranlagungszeitraum vom Kalenderjahr ab, so finden die Bestimmungen des § 6 Abs. 1 Z 27 und § 21 Abs. 2 und Abs. 6 keine Anwendung.

(2)
1. Von dem nach Abs. 1 errechneten Betrag sind die in den Veranlagungszeitraum fallenden, nach § 12 abziehbaren Vorsteuerbeträge abzusetzen.
2. Die abziehbare Einfuhrumsatzsteuer fällt in jenen Kalendermonat, in dem sie entrichtet worden ist. In den Fällen des § 26 Abs. 3 Z 2 fällt die abziehbare Einfuhrumsatzsteuer in jenen Kalendermonat, der zwei Monate vor dem Monat liegt, in dem die Einfuhrumsatzsteuerschuld fällig ist; sie wird am Tag der Fälligkeit der Einfuhrumsatzsteuerschuld wirksam.

(3) Hat der Unternehmer seine gewerbliche oder berufliche Tätigkeit nur in einem Teil des Kalenderjahres ausgeübt, so tritt dieser Teil an die Stelle des Kalenderjahres. Wählt ein Unternehmer ein vom Kalenderjahr abweichendes Wirtschaftsjahr als Veranlagungszeitraum (Abs. 1), so sind alle Um-

sätze, die er in diesem Zeitraum im Rahmen seines Unternehmens ausführt, diesem Veranlagungszeitraum zuzuordnen; als Veranlagungszeitraum im Jahr des Überganges gilt der Zeitraum vom Beginn des Kalenderjahres bis zum Beginn des Wirtschaftsjahres. Fallen die Voraussetzungen für einen vom Kalenderjahr abweichenden Veranlagungszeitraum nachträglich weg, so ist nach Ablauf des Kalenderjahres, in dem das Wirtschaftsjahr endet, das Kalenderjahr Veranlagungszeitraum; in einem solchen Fall gilt der Zeitraum vom Ende des Wirtschaftsjahres bis zum Beginn des folgenden Kalenderjahres als eigener Veranlagungszeitraum. Ist das vom Kalenderjahr abweichende Wirtschaftsjahr Veranlagungszeitraum, so tritt in den einzelnen Bestimmungen dieses Bundesgesetzes an die Stelle des Kalenderjahres sinngemäß das vom Kalenderjahr abweichende Wirtschaftsjahr.

(4) *(entfallen durch BGBl. I Nr. 76/2011)*

(5) *(entfallen durch BGBl. I Nr. 112/2012)*

(6) Werte in einer anderen Währung als Euro sind auf Euro nach dem Kurs umzurechnen, den der Bundesminister für Finanzen als Durchschnittskurs für den Zeitraum festsetzt, in dem die Leistung ausgeführt, das Entgelt oder ein Teil des Entgeltes vor Ausführung der Leistung (§ 19 Abs. 2 Z 1 lit. a) vereinnahmt wird oder – bei der Besteuerung nach vereinnahmten Entgelten (§ 17) – das Entgelt vereinnahmt wird. Der Unternehmer kann stattdessen auch den letzten, von der Europäischen Zentralbank veröffentlichten, Umrechnungskurs anwenden.

Weiters ist der Unternehmer berechtigt, die Umrechnung nach dem Tageskurs vorzunehmen, wenn die einzelnen Beträge durch Bankmitteilungen oder Kurszettel belegt werden.

(7) Für die Einfuhrumsatzsteuer gelten § 5 Abs. 5 und § 26.

UStR zu § 20:

	Rz		Rz
1. Veranlagungszeitraum	2681	2. Vorsteuerabzug für den Veranlagungszeitraum	2701
1.1 Kalenderjahr als Veranlagungszeitraum	2681	2.1 Umfang des Vorsteuerabzugs	2701
1.2 Vom Kalenderjahr abweichendes Wirtschaftsjahr als Veranlagungszeitraum	2682	2.2 Abziehbare Vorsteuern	2702
		2.3 Vorsteuerabzug bei Versteuerung nach vereinnahmten Entgelten	2703
1.3 Verpflichtung zur Abgabe einer Erklärung	2685	3. Kürzerer Veranlagungszeitraum	2711
1.4 Berechnung der Steuer	2687	4. Umrechnung von Werten in einer anderen Währung	2731
		5. EUSt	derzeit frei

1. Veranlagungszeitraum
1.1 Kalenderjahr als Veranlagungszeitraum

2681 Veranlagungszeitraum ist grundsätzlich das Kalenderjahr. Zu den hievon bestehenden Ausnahmen siehe § 20 Rz 2682 bis 2684 und Rz 2711 bis 2715.

1.2 Vom Kalenderjahr abweichendes Wirtschaftsjahr als Veranlagungszeitraum

2682 Der Unternehmer kann dieses unter den Voraussetzungen des § 20 Abs. 1 UStG 1994 durch eine gegenüber dem Finanzamt abgegebene **schriftliche Erklärung** als Veranlagungszeitraum wählen (zur Erklärung siehe § 20 Rz 2685 und 2686).

2683 Hat sich der Unternehmer für ein abweichendes Wirtschaftsjahr auch auf dem Gebiet der USt entschieden, so ist es ihm nicht möglich, wieder auf das Kalenderjahr als Veranlagungszeitraum für die USt überzugehen, solange die Gewinnermittlung nach einem vom Kalenderjahr abweichenden Wirtschaftsjahr erfolgt

2684 Fallen die besonderen umsatzsteuerlichen Voraussetzungen für ein abweichendes Wirtschaftsjahr weg (zB der Unternehmer geht mit Zustimmung des Finanzamtes vom 31.3. auf den 15.3. als Bilanzstichtag über), dann kommt es auf dem Gebiet der USt zu einem **Übergang auf das Kalenderjahr als Veranlagungszeitraum**, während die Gewinnermittlung weiterhin nach einem abweichenden Wirtschaftsjahr erfolgt.

1.3 Verpflichtung zur Abgabe einer Erklärung

Bezüglich des Verpflichtungsgrundes siehe § 20 Rz 2682 bis 2684.

2685 Eine zur Zustimmung betreffend den Gewinnermittlungszeitraum hinzutretende weitere **Zustimmung des Finanzamtes** zur Wahl des Wirtschaftsjahres als Veranlagungszeitraum für die USt ist nicht erforderlich.

2686 Eine Erklärung, ein vom Kalenderjahr abweichendes Wirtschaftsjahr als Veranlagungszeitraum zu wählen, kann lediglich am **Beginn eines Veranlagungszeitraumes** für die Zukunft abgegeben werden.

Beispiel:

Wird ein Unternehmen am 31.10.2000 gemäß § 13 UmgrStG rückwirkend zum 31.3.2000 in eine Kapitalgesellschaft eingebracht, die anlässlich der Einbringung auf ein vom Kalenderjahr abweichendes Wirtschaftsjahr (zB vom 1.4. bis 31.3.) übergeht, kann ein Antrag auf Übergang auf ein vom Kalenderjahr abweichendes Wirtschaftsjahr erst mit Wirkung ab 1.4.2001 (spätestens am 15.6.2001) gestellt werden. Wird ein solcher Antrag gestellt, schließt bei der Kapitalgesellschaft an das Rumpfwirtschaftsjahr vom 1.1. bis 31.3.2001 das abweichende Wirtschaftsjahr vom 1.4.2001 bis 31.3.2002 an.

1.4 Berechnung der Steuer

2687 Bei Berechnung der Steuer ist von der Summe der nach § 1 Abs. 1 Z 1 und 2 UStG 1994 steuerbaren Umsätze auszugehen, für welche die Steuerschuld im Laufe eines Veranlagungszeitraumes entstanden ist (siehe Rz 2606 bis Rz 2650). Hinzuzurechnen bzw. zu berücksichtigen sind folgende im Veranlagungszeitraum geschuldete Steuerbeträge bzw. Berichtigungen gemäß

- § 11 Abs. 12 und 14 UStG 1994 (Steuerschuld auf Grund der Rechnung),
- § 11 Abs. 13 in Verbindung mit § 16 Abs. 1 UStG 1994 (Rechnungsberichtigungen),
- § 12 Abs. 10 und 11 UStG 1994 (Berichtigung der Vorsteuer),
- § 16 Abs. 1 und 3 UStG 1994 (Entgeltsberichtigungen),
- § 16 Abs. 2 UStG 1994 (Zentralregulierer),
- § 17 Abs. 4 UStG 1994 (Wechsel der Besteuerungsart),
- § 19 Abs. 1, Abs. 1a, 1b, 1c, 1d und 1e UStG 1994 (Übergang der Steuerschuld),
- Berichtigungen bei der Besteuerung von Anzahlungen im Falle von Steuersatzänderungen.

Sonstige Leistungen, die in einem anderen Mitgliedstaat steuerpflichtig sind und für die der Leistungsempfänger die Steuer nach Art. 196 MwSt-RL 2006/112/EG idF Richtlinie 2008/8/EG schuldet, sind mangels Steuerbarkeit im Inland weder in die Umsatzsteuervoranmeldung (U 30) noch in die Umsatzsteuerjahreserklärung (U 1) aufzunehmen, sondern nur in der ZM zu erfassen (siehe Rz 4166).

§ 20 UStG

2688 Abzuziehen sind die in den Veranlagungszeitraum fallenden, nach § 12 UStG 1994 abziehbaren Vorsteuerbeträge (siehe § 20 Rz 2701 bis 2710).

2689 Nach dem Grundsatz der **Einheit des Unternehmens** (§ 2 Abs. 1 zweiter Satz UStG 1994) sind die in allen Betrieben eines Unternehmers ausgeführten Umsätze zusammenzurechnen. Es sind daher auch die Umsätze von Gesellschaften, die in Form der Organschaft oder der Unternehmereinheit zusammengeschlossen sind, entsprechend zusammenzufassen.

Randzahl 2690: Derzeit frei.

2691 Hinsichtlich der Berücksichtigung weiterer Rechengrößen bei Vorgängen im Binnenmarkt siehe Art. 20 Rz 4121 bis 4130.

Randzahlen 2692 bis 2700: Derzeit frei.

2. Vorsteuerabzug für den Veranlagungszeitraum
2.1 Umfang des Vorsteuerabzugs

2701 Der Vorsteuerabzug nach § 20 Abs. 2 UStG 1994 umfasst gemäß
- § 12 Abs. 1 Z 1 lit. a UStG 1994 die Steuer aufgrund einer Rechnung für Leistungen (siehe Rz 1815 bis Rz 1842),
- § 12 Abs. 1 Z 1 lit. b UStG 1994 die Steuer aufgrund von Anzahlungen für Leistungen (siehe Rz 1841 und Rz 1842),
- § 12 Abs. 1 Z 2 UStG 1994 die EUSt (siehe Rz 1843 bis Rz 1874e),
- § 12 Abs. 1 Z 3 UStG 1994 die Steuer bei Übergang der Steuerschuld (siehe Rz 1875 bis Rz 1876),
- § 12 Abs. 15 UStG 1994 die Steuer beim Eigenverbrauch (siehe Rz 2151 bis Rz 2152),
- § 12 Abs. 16 UStG 1994 die Steuer beim Export gebrauchter KFZ (siehe Rz 2161 bis Rz 2164 bis 31.12.2007 geltende Rechtslage).

Hinsichtlich der Berücksichtigung weiterer Rechengrößen bei Vorgängen im Binnenmarkt siehe Rz 4056 bis Rz 4063, Rz 4071 und Rz 4077.

2.2 Abziehbare Vorsteuern

2702 Abziehbar sind gemäß § 20 Abs. 2 UStG 1994 die in den Veranlagungszeitraum fallenden Vorsteuern. Die Vorsteuern fallen in den Veranlagungs- bzw. Voranmeldungszeitraum, in dem **sämtliche Voraussetzungen für den Vorsteuerabzug** erfüllt sind.

2.3 Vorsteuerabzug bei Versteuerung nach vereinnahmten Entgelten

2703 Für Umsätze, die nach dem 31.12.2012 an Unternehmer, die ihre Umsätze nach vereinnahmten Entgelten versteuern (§ 17 UStG 1994), erbracht werden, gilt als zusätzliche Voraussetzung für den Vorsteuerabzug, dass die Zahlung geleistet worden ist. Erst in diesem Voranmeldungszeitraum kann der Vorsteuerabzug geltend gemacht werden (siehe Rz 1819).

Ausgenommen von der Neuregelung sind Unternehmer im Sinne des § 17 Abs. 1 zweiter Satz UStG 1994 und Unternehmer, deren Umsätze nach § 1 Abs. 1 Z 1 und 2 UStG 1994 im vorangegangenen Veranlagungszeitraum 2.000.000 Euro überstiegen haben. Bei der Berechnung dieser Grenze bleiben die Umsätze aus Hilfsgeschäften einschließlich der Geschäftsveräußerungen außer Ansatz. Die Neuregelung betrifft nicht Umsätze, für die die Steuerschuld auf den Leistungsempfänger übergegangen ist. Hier steht der Vorsteuerabzug für denselben Voranmeldungszeitraum zu, in dem die Steuerschuld entsteht, unabhängig vom Zeitpunkt der Bezahlung der Leistung (siehe auch Rz 1875). Ausgenommen sind auch Umsätze, die ab dem 15.8.2015 erbracht werden, bei denen eine Überrechnung gemäß § 215 Abs. 4 BAO in Höhe der gesamten auf die Lieferung oder sonstige Leistung entfallenden Umsatzsteuer auf das Abgabenkonto des Leistungserbringers stattfindet (siehe näher Rz 1819a).

Für Leistungen, die vor dem 1.1.2013 bezogen werden, ist es grundsätzlich nicht zu beanstanden, wenn Unternehmer, die ihre Umsätze nach vereinnahmten Entgelten versteuern (§ 17 UStG 1994), die nach § 12 UStG 1994 abziehbaren Vorsteuerbeträge erst für jenen Besteuerungszeitraum geltend machen, in welchem die Bezahlung der Rechnung erfolgt. Es muss allerdings sichergestellt sein, dass der Vorsteuerabzug nicht bereits zu einem früheren Zeitpunkt (etwa anlässlich der Rechnungslegung) vorgenommen wurde. Von der Vereinfachungsregelung kann nicht Gebrauch gemacht werden, wenn mit der späteren Geltendmachung von Vorsteuern ein Nachteil für den Fiskus (zB im Falle eines Insolvenzverfahrens oder bei Anwendung des Umsatzschlüssels gemäß § 12 Abs. 4 und 5 UStG 1994) verbunden ist.

Randzahlen 2704 bis 2710: Derzeit frei.

3. Kürzerer Veranlagungszeitraum

2711 An die Stelle eines Veranlagungszeitraumes von zwölf Monaten tritt ein **kürzerer Veranlagungszeitraum** bei Beginn der unternehmerischen Tätigkeit (siehe § 2 Rz 193 bis 198), bei Einstellung der unternehmerischen Tätigkeit (siehe § 2 Rz 183), beim Übergang vom Kalenderjahr zu einem hievon abweichenden Wirtschaftsjahr und umgekehrt sowie beim Übergang von einem abweichenden Wirtschaftsjahr zu einem anderen abweichenden Wirtschaftsjahr.

Randzahlen 2712 bis 2730: Derzeit frei.

4. Umrechnung von Werten in einer anderen Währung

2731 Die Durchschnittskurse für die Umrechnung solcher Werte auf Euro werden vom BMF im „Amtsblatt zur Wiener Zeitung" monatlich als Zollwertkurse kundgemacht und auch im AÖF veröffentlicht.

Ab 1. Jänner 2013 kann der Unternehmer auch den letzten, von der Europäischen Zentralbank veröffentlichten Umrechnungskurs anwenden. Maßgeblich ist der Zeitpunkt der Leistungserbringung oder – wenn das Entgelt oder ein Teil des Entgeltes vor Ausführung der Leistung (§ 19 Abs. 2 Z 1 lit. a UStG 1994) vereinnahmt wird sowie bei der Besteuerung nach vereinnahmten Entgelten (§ 17 UStG 1994) – der Zeitpunkt der Vereinnahmung.

Randzahlen 2732 bis 2735: Derzeit frei.

5. EUSt

Derzeit frei.

Randzahlen 2736 bis 2750: Derzeit frei.

Voranmeldung und Vorauszahlung, Veranlagung
§ 21.

(1) Der Unternehmer hat spätestens am 15. Tag (Fälligkeitstag) des auf einen Kalendermonat (Voranmeldungszeitraum) zweitfolgenden Kalendermonates eine Voranmeldung bei dem für die Einhebung der Umsatzsteuer zuständigen Finanzamt einzureichen, in der er die für den Voranmeldungszeitraum zu entrichtende Steuer (Vorauszahlung) oder den auf den Voranmeldungszeitraum entfallenden Überschuß unter entsprechender Anwendung des § 20 Abs. 1 und 2 und des § 16 selbst zu berechnen hat. Die Voranmeldung gilt als Steuererklärung. Als Voranmeldung gilt auch eine berichtigte Voranmeldung, sofern sie bis zu dem im ersten Satz angegebenen Tag eingereicht wird. Der Unternehmer hat eine sich ergebende Vorauszahlung spätestens am Fälligkeitstag zu entrichten. Die Vorauszahlung und der Überschuß sind Abgaben im Sinne der Bundesabgabenordnung. Ein vorangemeldeter Überschuß ist gutzuschreiben, sofern nicht Abs. 3 zur Anwendung gelangt. Die Gutschrift wirkt auf den Tag der Einreichung der Voranmeldung, frühestens jedoch auf den Tag nach Ablauf des Voranmeldungszeitraumes, zurück.

Der Bundesminister für Finanzen kann durch Verordnung vorsehen, daß in bestimmten Fällen die Verpflichtung zur Einreichung einer Voranmeldung entfällt, sofern der Unternehmer seinen abgabenrechtlichen Verpflichtungen nachkommt. Unternehmer, die danach für einen Voranmeldungszeitraum keine Voranmeldung einzureichen haben, sind verpflichtet, für diesen Voranmeldungszeitraum unter Verwendung des amtlichen Vordruckes für Voranmeldungen eine Aufstellung der Besteuerungsgrundlagen anzufertigen, es sei denn, es ergibt sich für diesen Voranmeldungszeitraum weder eine Vorauszahlung noch ein Überschuß.

Von den Voranmeldungen sind Durchschriften (Zweitschriften) anzufertigen. Die Durchschriften der Voranmeldungen sowie die Aufstellungen der Besteuerungsgrundlagen gehören zu den Aufzeichnungen im Sinne des § 18 Abs. 1.

Die Übermittlung der Voranmeldungen hat elektronisch zu erfolgen. Ist dem Unternehmer die elektronische Übermittlung der Voranmeldung mangels technischer Voraussetzungen unzumutbar, hat die Übermittlung der Voranmeldungen auf dem amtlichen Vordruck zu erfolgen.

Der Bundesminister für Finanzen wird ermächtigt, den Inhalt und das Verfahren der elektronischen Übermittlung der Voranmeldung mit Verordnung festzulegen. In der Verordnung kann vorgesehen werden, dass sich der Unternehmer einer bestimmten geeigneten öffentlich-rechtlichen oder privatrechtlichen Übermittlungsstelle zu bedienen hat.

(2) Für Unternehmer, deren Umsätze nach § 1 Abs. 1 Z 1 und 2 im vorangegangenen Kalenderjahr 100 000 Euro nicht überstiegen haben, ist das Kalendervierteljahr der Voranmeldungszeitraum; der Unternehmer kann jedoch durch fristgerechte Abgabe einer Voranmeldung für den ersten Kalendermonat eines Veranlagungszeitraumes mit Wirkung für den ganzen Veranlagungszeitraum den Kalendermonat als Voranmeldungszeitraum wählen.

(3) Wenn der Unternehmer die Einreichung der Voranmeldung pflichtwidrig unterläßt oder wenn sich die Voranmeldung als unvollständig oder die Selbstberechnung als nicht richtig erweist, so hat das Finanzamt die Steuer festzusetzen. Eine Festsetzung kann nur so lange erfolgen, als nicht ein den Voranmeldungszeitraum beinhaltender Veranlagungsbescheid erlassen wurde. Eine festgesetzte Vorauszahlung hat den im Abs. 1 genannten Fälligkeitstag. Die Gutschrift eines festgesetzten Überschusses wirkt bis zur Höhe des vorangemeldeten Überschußbetrages auf den Tag der Einreichung der Voranmeldung, frühestens jedoch auf den Tag nach Ablauf des Voranmeldungszeitraumes, zurück. Führt eine Festsetzung zur Verminderung eines Überschusses, so gilt als Fälligkeitstag der Nachforderung der Zeitpunkt, in dem die Gutschrift des Überschusses wirksam war.

(4) Der Unternehmer wird nach Ablauf des Kalenderjahres zur Steuer veranlagt. Enden mehrere Veranlagungszeiträume in einem Kalenderjahr (§ 20 Abs. 1 und 3), so sind diese zusammenzufassen. Der Unternehmer hat für das abgelaufene Kalenderjahr eine Steuererklärung abzugeben, die alle in diesem Kalenderjahr endenden Veranlagungszeiträume zu umfassen hat.

Die Übermittlung der Steuererklärung hat elektronisch zu erfolgen. Ist dem Unternehmer die elektronische Übermittlung der Steuererklärung mangels technischer Voraussetzungen unzumutbar, hat die Übermittlung der Steuererklärung auf dem amtlichen Vordruck zu erfolgen.

Der Bundesminister für Finanzen wird ermächtigt, den Inhalt und das Verfahren der elektronischen Übermittlung der Steuererklärung mit Verordnung festzulegen. In der Verordnung kann vorgesehen werden, dass sich der Unternehmer einer bestimmten geeigneten öffentlich-rechtlichen oder privatrechtlichen Übermittlungsstelle zu bedienen hat.

Unternehmer im Sinne des § 19 Abs. 1 erster Gedankenstrich, die im Inland keine Umsätze ausgeführt haben oder nur Umsätze, für die der Leistungsempfänger die Steuer schuldet, und die ausschließlich eine Steuer gemäß § 19 Abs. 1 zweiter Satz oder Abs. 1a schulden, hinsichtlich der sie zum vollen Vorsteuerabzug berechtigt sind, werden nur dann zur Steuer veranlagt, wenn sie dies ausdrücklich schriftlich beantragen.

(5) Durch eine Nachforderung auf Grund der Veranlagung wird keine von Abs. 1 und 3 abweichende Fälligkeit begründet.

(6) Ein Kleinunternehmer (§ 6 Abs. 1 Z 27), dessen Umsätze nach § 1 Abs. 1 Z 1 und 2 im Veranlagungszeitraum 30 000 Euro nicht übersteigen und der für den Veranlagungszeitraum keine Steuer zu entrichten hat, ist von der Verpflichtung zur Abgabe einer Steuererklärung befreit. Die Durchführung einer Veranlagung ist nicht erforderlich. Bei der Umsatzgrenze bleiben die Umsätze aus Hilfsgeschäften einschließlich der Geschäftsveräußerungen außer Ansatz.

(7) *(entfallen durch BGBl. I Nr. 76/2011)*

(8) Der Bundesminister für Finanzen kann aus Vereinfachungsgründen mit Verordnung für Gruppen von Unternehmern für die Ermittlung der Höhe der Umsätze gemäß § 3 Abs. 2 und § 3a Abs. 1a Schätzungsrichtlinien erlassen und bestimmen, dass die auf diese Umsätze entfallende Steuer zu anderen als den im Abs. 1 und 2 angeführten Fälligkeitszeitpunkten zu entrichten ist. Bei Erstellung der Richtlinien ist auf die durchschnittliche Höhe dieser Umsätze innerhalb der Gruppe von Unternehmern, für welche die Durchschnittssätze gelten sollen, Bedacht zu nehmen. Die Richtlinien sind nur anzuwenden, soweit der Unternehmer die Höhe dieser Umsätze nicht durch ordnungsgemäß geführte Aufzeichnungen nachweist.

(9) Der Bundesminister für Finanzen kann bei nicht im Inland ansässigen Unternehmern, das sind solche, die im Inland weder ihren Sitz noch eine Betriebsstätte haben, durch Verordnung die Erstattung der Vorsteuern abweichend von den Abs. 1 bis 5 sowie den §§ 12 und 20 regeln. Bei nicht im Gemeinschaftsgebiet ansässigen Unternehmern kann weiters bestimmt werden, dass bestimmte Vorsteuerbeträge von der Erstattung ausgeschlossen sind. In der Verordnung kann festgelegt werden:

– ein besonderes Verfahren für die Vorsteuererstattung,
– ein Mindestbetrag, ab dem eine Vorsteuererstattung erfolgt,
– innerhalb welcher Frist der Erstattungsantrag zu stellen ist,
– dass der Bescheid über die Erstattung der Vorsteuerbeträge elektronisch zugestellt wird,
– wie und in welchem Umfang der zu erstattende Betrag zu verzinsen oder zu vergebühren ist.

Vorsteuern im Zusammenhang mit Umsätzen eines im übrigen Gemeinschaftsgebiet ansässigen Unternehmers sind nur erstattungsfähig, wenn die Umsätze in dem Mitgliedstaat, in dem der Unternehmer ansässig ist, ein Recht auf Vorsteuerabzug begründen. Einem Unternehmer, der im Gemeinschaftsgebiet ansässig ist und Umsätze ausführt, die zum Teil den Vorsteuerabzug ausschließen, wird die Vorsteuer höchstens in der Höhe erstattet, in der er in dem Mitgliedstaat, in dem er ansässig ist, zum Vorsteuerabzug berechtigt wäre.

(10) Die Bestimmungen der Abs. 1 bis 5 gelten auch für juristische Personen, die ausschließlich eine Steuer gemäß § 19 Abs. 1 zweiter Satz, Abs. 1a und Abs. 1b schulden.

Antrag auf Erstattung von Vorsteuerbeträgen in einem anderen Mitgliedstaat

(11) Ein im Inland ansässiger Unternehmer, der einen Antrag auf Erstattung von Vorsteuerbeträgen – entsprechend der Richtlinie 2008/9/EG zur Regelung der Erstattung der Mehrwertsteuer gemäß der Richtlinie 2006/112/EG an nicht im Mitgliedstaat der Erstattung, sondern in einem anderen Mitgliedstaat ansässige Steuerpflichtige, ABl. Nr. L 44 vom 20.02.2008 S. 23 – in einem anderen Mitgliedstaat stellt, hat diesen Antrag elektronisch zu übermitteln. Der Bundesminister für Finanzen wird ermächtigt, den Inhalt und das Verfahren der elektronischen Übermittlung des Erstattungsantrages mit Verordnung festzulegen. Im Antrag ist die Steuer für den Erstattungszeitraum selbst zu berechnen. Enthält der Antrag nicht die in den Art. 8, 9 und 11 der im ersten Satz genannten Richtlinie festgelegten Angaben, so ist er ungeachtet einer allfälligen tatsächlichen Übermittlung unbeachtlich. Der Antrag wird nicht an den Mitgliedstaat der Erstattung weitergeleitet, wenn die in Art. 18 der im ersten Satz genannten Richtlinie festgelegten Voraussetzungen nicht erfüllt sind. Zustellungen im Zusammenhang mit der Erstattung von Vorsteuerbeträgen in einem anderen Mitgliedstaat haben unabhängig vom Vorliegen einer Zustimmung im Sinne des § 97 Abs. 3 BAO elektronisch zu erfolgen.

UStR zu § 21:

	Rz		Rz
1. Voranmeldung, Vorauszahlung	2751	7. entfällt	
1.1 Verpflichtung zur Einreichung einer Voranmeldung	2751	8. Schätzungsrichtlinien, Eigenverbrauch	2816
1.2 Voranmeldung als Steuererklärung	2754	8.1 Allgemeines	2816
1.3 Wegfall der Verpflichtung zur Einreichung einer Voranmeldung	2756	8.2 Fälligkeit	2821
1.4 Interne Voranmeldung	2757	9. Vorsteuererstattung an ausländische Unternehmer (Rechtslage für bis 31.12.2009 gestellte Erstattungsanträge)	2828
1.5 Vorauszahlung	2761		
1.6 Entrichtung der USt, Geltendmachung eines Überschusses	2763	10. Vorsteuererstattung an ausländische Unternehmer (Rechtslage für ab 1.1.2010 gestellte Erstattungsanträge)	2836
1.7 Fälligkeit der USt	2765		
1.8 Wirksamwerden eines Überschusses	2767	10.1. Vorsteuererstattung an Unternehmer mit Sitz in anderen EU-Mitgliedstaaten	2836
1.9 Nichtunternehmer	s. Rz 4131-4140		
2. Kalendervierteljahr als Voranmeldungszeitraum	2776	10.1.1 Voraussetzungen	2836
3. Festsetzung der USt	2786	10.1.2. Erstattungszeitraum	2837
4. Veranlagung	2794	10.1.3. Verfahrensbestimmungen	2838
5. Fälligkeit bei Nachforderungen	2798	10.1.4. Von der Erstattung ausgeschlossene Vorsteuern	2839
6. Wegfall der Verpflichtung zur Abgabe einer Steuererklärung für Kleinunternehmer	2806	10.1.5. Erstattungsfähige Vorsteuern	2840
		10.1.6. Inkrafttreten	2842

	Rz		Rz
10.2. Vorsteuererstattung an Unternehmer mit Sitz im Drittlandsgebiet	2843	11. Vorsteuererstattung an österreichische Unternehmer	2850
10.2.1. Voraussetzungen	2843	11.1. Vorsteuererstattung an österreichische Unternehmer durch andere EU-Mitgliedstaaten (Rechtslage für ab 1.1.2010 gestellte Erstattungsanträge)	2850
10.2.2. Erstattungszeitraum	2844		
10.2.3. Verfahrensbestimmungen	2845		
10.2.4. Von der Erstattung ausgeschlossene Vorsteuern	2846	11.1.1. Vorsteuererstattungsverfahren in Österreich	2850
10.2.5. Erstattungsfähige Vorsteuern	2847	11.1.2. Vorsteuererstattungsverfahren im Erstattungsmitgliedstaat	2850a
10.2.6. Fiskalvertreter, Zustellungsbevollmächtigter, Vertreter von Personenvereinigungen	2848	11.2. Vorsteuererstattung an österreichische Unternehmer durch Drittlandsstaaten	2850b
10.2.7. Inkrafttreten	2849		

1. Voranmeldung, Vorauszahlung

1.1 Verpflichtung zur Einreichung einer Voranmeldung

2751 Gemäß § 21 Abs. 1 erster und zweiter Unterabsatz UStG 1994 in Verbindung mit § 1 der Verordnung des BM für Finanzen, BGBl. II Nr. 206/1998 idF BGBl. II Nr. 171/2010 entfällt für Unternehmer, deren Umsätze gemäß § 1 Abs. 1 Z 1 und 2 UStG 1994 im vorangegangenen Kalenderjahr 30.000 Euro netto (bis 31.12.2010: 100.000 Euro netto) nicht überstiegen haben, die Verpflichtung zur Einreichung der Voranmeldung, wenn die nach Maßgabe der gesetzlichen Bestimmungen (§ 21 Abs. 1 UStG 1994) errechnete Vorauszahlung zur Gänze spätestens am Fälligkeitstag entrichtet wird oder sich für einen Voranmeldungszeitraum keine Vorauszahlung ergibt.

Wurde die genannte Umsatzgrenze hingegen überschritten, besteht die Verpflichtung zur Abgabe von Voranmeldungen. Unternehmer, die ausschließlich gemäß § 6 Abs. 1 Z 7 bis 28 UStG 1994 steuerbefreite Umsätze tätigen, sind jedoch aus Vereinfachungsgründen von der Verpflichtung zur Abgabe einer Umsatzsteuervoranmeldung befreit, sofern sich für einen Voranmeldungszeitraum weder eine Vorauszahlung noch ein Überschuss ergibt.

Beispiel:

Ein Arzt, dessen Umsätze im Jahr 2010 600.000 Euro betrugen, tätigt im Voranmeldungszeitraum 01/2011 Umsätze gemäß § 6 Abs. 1 Z 19 UStG 1994 in Höhe von 40.000 Euro. Daneben tätigt er keine anderen Umsätze. Da er nur steuerbefreite Umsätze ausführt, ergibt sich keine Verpflichtung zur Abgabe einer Umsatzsteuervoranmeldung.

Im Voranmeldungszeitraum 02/2011 tätigt der Arzt neben seinen Umsätzen gemäß § 6 Abs. 1 Z 19 UStG 1994 in Höhe von 48.000 Euro auch steuerpflichtige Umsätze (zB Vorträge, schriftstellerische Tätigkeit) in Höhe von 3.000 Euro. Da der Arzt nicht ausschließlich steuerfreie Umsätze tätigt und seine Umsätze im vorangegangenen Kalenderjahr 30.000 Euro überstiegen haben, ist er verpflichtet, für den Voranmeldungszeitraum 02/2011 eine Umsatzsteuervoranmeldung abzugeben.

Im Voranmeldungszeitraum 03/2011 erwirbt der Arzt ein medizinisches Gerät um 15.000 Euro aus Deutschland. Der Erwerb muss in Österreich versteuert werden. Aus diesem Grund ergibt sich eine Vorauszahlung und der Unternehmer ist verpflichtet, für den Voranmeldungszeitraum 03/2011 eine Umsatzsteuervoranmeldung abzugeben.

2752 Eine Verpflichtung zur Einreichung einer Umsatzsteuervoranmeldung besteht gemäß § 21 Abs. 1 erster und zweiter Unterabsatz UStG 1994 in Verbindung mit § 2 der Verordnung des BM für Finanzen, BGBl. II Nr. 206/1998 idF BGBl. II Nr. 171/2010 auch dann, wenn der Unternehmer vom Finanzamt zur Einreichung von Voranmeldungen aufgefordert wird.

2753 Ein Grund für die Aufforderung ist gegeben, wenn der Unternehmer
- eine gemäß § 21 Abs. 1 UStG 1994 zu leistende Vorauszahlung nicht oder nicht zur Gänze bis zum Fälligkeitstag entrichtet oder
- einen Überschuss in unrichtig errechneter Höhe voranmeldet oder
- die Aufzeichnungspflichten gemäß § 18 UStG 1994 nicht erfüllt.

Zur Einreichung einer UVA als Voraussetzung für die Geltendmachung eines Überschusses siehe § 21 Rz 2763 und 2764.

1.2 Voranmeldung als Steuererklärung

2754 Da die Voranmeldung als Steuererklärung gilt, sind auf sie alle Vorschriften anzuwenden, die sich auf die Steuererklärung beziehen. Die **verspätete Abgabe** der auf Grund einer bestehenden Verpflichtung einzureichenden Voranmeldung führt daher nach Maßgabe der Bestimmung des § 135 BAO zur Auferlegung eines Verspätungszuschlages.

2755 Gemäß § 21 Abs. 1 vierter und fünfter Unterabsatz UStG 1994 in Verbindung mit § 1 der VO des BM für Finanzen, BGBl. II Nr. 512/2006 hat die Übermittlung der Voranmeldungen elektronisch und – entsprechend der FinanzOnline-Verordnung 2006, BGBl. II Nr. 97/2006 – über Finanz-Online (https://finanzonline.bmf.gv.at) zu erfolgen, ausgenommen die elektronische Übermittlung ist dem Unternehmer mangels technischer Voraussetzungen unzumutbar.

Von Unzumutbarkeit mangels technischer Voraussetzungen ist nur dann auszugehen, wenn der Unternehmer nicht über einen Internet-Anschluss verfügt. Wird die Voranmeldung durch einen inländischen berufsmäßigen Parteienvertreter eingereicht, so besteht die Verpflichtung zur elektronischen Übermittlung dennoch, wenn dieser Parteienvertreter über einen Internet-Anschluss verfügt und wegen Überschreitens der Umsatzgrenze (siehe Rz 2751) zur Abgabe von Voranmeldungen verpflichtet ist.

In den Fällen der Unzumutbarkeit der elektronischen Übermittlung ist zwingend der amtliche Vordruck U 30 (Druckversion oder die besorgte Internetversion) zu verwenden. Eigendrucke müssen der auf der Homepage des BMF unter „Service – Formulare – zur Formulardatenbank" dargebotenen Internetversion nicht nur inhaltlich, sondern auch bildlich entsprechen.

Zufolge § 21 Abs. 1 UStG 1994 sind von den Voranmeldungen Durchschriften (Zweitschriften) anzufertigen, die zu den Aufzeichnungen im Sinne des § 18 Abs. 1 UStG 1994 gehören. Dieser Verpflichtung kann gemäß § 131 Abs. 3 BAO durch Speichern der elektronisch übermittelten UVA-Daten entsprochen werden.

1.3 Wegfall der Verpflichtung zur Einreichung einer Voranmeldung

2756 In anderen als den in Rz 2751 bis 2753 angeführten Fällen besteht keine Verpflichtung zur Einreichung einer UVA.

1.4 Interne Voranmeldung

2757 Unternehmer, die für einen Voranmeldungszeitraum keine Voranmeldung einzureichen haben, sind verpflichtet, für diesen Voranmeldungszeitraum unter Verwendung des amtlichen Vordruckes für Voranmeldungen (U 30) eine Aufstellung der Besteuerungsgrundlagen (interne Voranmeldung) anzufertigen. Die Aufstellung gehört zu den Aufzeichnungen im Sinne des § 18 Abs. 1 UStG 1994.

2758 Bei Unternehmen, die ihre Aufzeichnungen (§ 18 UStG 1994) mit Hilfe elektronischer Datenverarbeitungssysteme führen, sind in diesen Fällen die Ausdrucke der Besteuerungsgrundlagen als amtliche Vordrucke anzuerkennen. Bedingung dafür ist, dass diese Ausdrucke inhaltlich und dem Aufbau nach dem Formular U 30 entsprechen. Es müssen nur die jeweils zutreffenden Angaben ausgedruckt werden.

2759 Keine Verpflichtung zur Erstellung einer UVA besteht, wenn sich für den Voranmeldungszeitraum weder eine Vorauszahlung noch ein Überschuss ergibt. Für Unternehmer, die unter die Durchschnittssatzbesteuerung des § 22 UStG 1994 fallen, besteht die Verpflichtung zur Erstellung einer UVA insoweit, als sie eine zusätzliche Steuer (siehe dazu § 22 Rz 2871 bis 2875) zu entrichten haben. In den Fällen des § 27 Abs. 4 UStG 1994 (siehe § 27 Rz 3491 bis 3500) trifft die Verpflichtung zur Erstellung einer UVA den leistenden ausländischen Unternehmer und nicht den inländischen Leistungsempfänger.

Randzahl 2760: Derzeit frei.

1.5 Vorauszahlung

2761 Ob und in welcher Höhe für den Voranmeldungszeitraum eine Vorauszahlung zu entrichten ist bzw. ein allfälliger Überschuss geltend gemacht werden kann, ergibt sich aus § 20 Abs. 1 und 2 sowie Art. 20 UStG 1994 (siehe § 20 Rz 2681 bis Rz 2691, Rz 2701 bis Rz 2703, Art. 12 Rz 4056 bis Rz 4063, Rz 4071, Rz 4077, Art. 20 Rz 4121 bis Rz 4123).

Randzahl 2762: Derzeit frei.

1.6 Entrichtung der USt, Geltendmachung eines Überschusses

2763 Bei Mietshauseigentümern und Wohnungseigentumsgemeinschaften gelten die Umsatzsteuervorauszahlungen als rechtzeitig entrichtet, wenn sie **spätestens gleichzeitig mit der Einbringung der Umsatzsteuererklärung** für das betreffende Kalenderjahr an das Finanzamt abgeführt werden und wenn die im Rahmen des gesamten Unternehmens für das vorangegangene Kalenderjahr zu entrichtende Steuer **580 Euro** nicht überstiegen hat. Diese Erleichterung gilt unabhängig von der Höhe des Vorjahresumsatzes. Gibt der Unternehmer für einen der Voranmeldungszeiträume eine UVA ab, so gilt diese Regelung nicht.

2764 Auch wenn eine Verpflichtung zur Einreichung einer UVA (vgl. Rz 2751 bis 2753) nicht besteht, können Überschüsse nur durch Abgabe einer UVA geltend gemacht werden. Wird eine UVA lediglich zur Geltendmachung eines Überschusses eingereicht, wird damit die Anwendbarkeit der Vereinfachungsregelung nach Rz 2763 nicht ausgeschlossen.

1.7 Fälligkeit der USt

2765 Zu der neben den gesetzlichen Fälligkeitstagen geltenden Fälligkeit der USt gemäß § 2 Abs. 2 der Verordnung des BM für Finanzen, BGBl. Nr. 628/1983, idF BGBl. Nr. 499/1985 über die Aufstellung von Schätzungsrichtlinien für die Ermittlung der Höhe des Eigenverbrauches bei bestimmten Unternehmern und über die Fälligkeit der auf den Eigenverbrauch entfallenden USt siehe § 21 Rz 2821 bis 2827.

2766 Wird die Vorauszahlung nicht spätestens an ihrem Fälligkeitstag entrichtet, so tritt die Verpflichtung zur Entrichtung eines 1. Säumniszuschlages ein, soweit der Eintritt dieser Verpflichtung nicht kraft gesetzlicher Anordnung hinausgeschoben wird (§ 217 Abs. 4 BAO). Gemäß § 217 Abs. 10 BAO sind Säumniszuschläge, die den Betrag von 50 Euro nicht erreichen, nicht festzusetzen.

1.8 Wirksamwerden eines Überschusses

2767 Hinsichtlich eines nicht vorangemeldeten Überschusses bzw. Teiles des Überschusses wird die Gutschrift mit der Bekanntgabe des Festsetzungsbescheides wirksam.

1.9 Nichtunternehmer

Siehe Art. 12 Rz 4131 bis 4140.

Randzahlen 2768 bis 2775: Derzeit frei.

2. Kalendervierteljahr als Voranmeldungszeitraum

2776 Voranmeldungszeitraum ist grundsätzlich der Kalendermonat. Für einen Unternehmer, dessen Umsätze nach § 1 Abs. 1 Z 1 und 2 UStG 1994 im vorangegangenen Kalenderjahr 100.000 Euro netto (bis 31. Dezember 2010: 30.000 Euro netto bzw. bis 31. Dezember 2009: 22.000 Euro) nicht überstiegen haben, gilt das Kalendervierteljahr als Voranmeldungszeitraum. Durch die rechtzeitige **Abgabe der Voranmeldung** für den ersten Kalendermonat des Veranlagungszeitraumes kann dieser Unternehmer den Kalendermonat als Voranmeldungszeitraum wählen. **Ist der Unternehmer nicht zur Einreichung**

von Voranmeldungen verpflichtet (siehe Rz 2751 bis Rz 2753), kann dieses Wahlrecht auch durch rechtzeitige Entrichtung der Vorauszahlung ausgeübt werden.

2777 Für neu beginnende Unternehmer kommt bereits im ersten Jahr ihrer unternehmerischen Tätigkeit das Kalendervierteljahr als Voranmeldungszeitraum in Betracht, wobei auch in diesen Fällen die 100.000 Euro-Grenze (bis 31.12.2010: 30.000 Euro-Grenze bzw. bis 31.12.2009: 22.000 Euro-Grenze) maßgebend ist. Mangels Vorliegens eines Vorjahresumsatzes ist vom voraussichtlichen Umsatz im Jahr des Beginnes der unternehmerischen Tätigkeit auszugehen. Ist der Veranlagungszeitraum kürzer als ein Kalenderjahr, ist dieser Umsatz in einen Jahresumsatz umzurechnen (§ 17 Abs. 5 letzter Satz UStG 1994). Im Falle einer Geschäftsübergabe kann der vom übergebenden Unternehmer im vorangegangenen Kalenderjahr erzielte Jahresumsatz zur Beurteilung herangezogen werden, wenn der neue Unternehmer die Geschäftstätigkeit in gleicher Weise fortführt.

2778 Das Kalendervierteljahr kann gemäß § 20 Abs. 1 Z 2 UStG 1994 nicht Voranmeldungszeitraum sein, wenn der Unternehmer einen vom Kalenderjahr abweichenden Veranlagungszeitraum gewählt hat.

Randzahlen 2779 bis 2785: Derzeit frei.

3. Festsetzung der USt

2786 Jahresbescheide treten an die Stelle von Umsatzsteuerfestsetzungsbescheiden nach § 21 Abs. 3 UStG 1994. Daher ist für solche Bescheide § 253 BAO (bis 31.12.2013: § 274 BAO) anwendbar. Stellt eine bescheidmäßig festgesetzte Umsatzsteuervorauszahlung die Bemessungsgrundlage für eine andere Abgabe (insbesondere 1. Säumniszuschlag) dar, so ist im Jahresbescheid über die Höhe dieser Umsatzsteuervorauszahlung abzusprechen (siehe Erlass des BMF vom 14. Dezember 1995, Z 05 0801/1-IV/5/95, AÖF Nr. 5/1996).

§ 300 BAO hindert nicht die Erlassung eines Umsatzsteuerjahresbescheides, auch wenn ein Rechtsmittel gegen einen Feststellungsbescheid, dessen Zeitraum im Zeitraum des Jahresbescheides beinhaltet ist, beim BFG anhängig ist (vgl. VwGH 22.10.2015, Ro 2015/15/0035).

Randzahlen 2787 bis 2793: Derzeit frei.

4. Veranlagung

2794 Im Zusammenhang mit der Veranlagung steht die grundsätzliche Verpflichtung des Unternehmers zur Abgabe einer Umsatzsteuererklärung für das abgelaufene Kalenderjahr. Nicht hiezu verpflichtet sind
- Kleinunternehmer im Sinne des § 21 Abs. 6 UStG 1994,
- Unternehmer, die unter die Durchschnittssatzbesteuerung des § 22 UStG 1994 fallen und keine zusätzliche Steuer (siehe dazu Rz 2871 bis 2875) zu entrichten haben,
- ausländische Unternehmer, die nur steuerfreie Umsätze gemäß § 1 Abs. 2 der Verordnung des BM für Finanzen, BGBl. II Nr. 584/2003 über die umsatzsteuerliche Behandlung der Lieferungen und des Vorsteuerabzuges (Einfuhrumsatzsteuer) ausländischer Unternehmer bewirken (§ 1 Abs. 3 Z 3 dieser Verordnung),
- ausländische Unternehmer, bei denen die Steuerschuld gemäß § 19 Abs. 1 UStG 1994 auf den Leistungsempfänger übergeht (Ausnahmen siehe § 19 Rz 2601).

Zu den möglichen Folgen der Veranlagung siehe § 21 Rz 2798 bis 2808.

Randzahlen 2795 bis 2797: Derzeit frei.

5. Fälligkeit bei Nachforderungen

2798 Da das UStG 1994 nur eine Fälligkeit für Vorauszahlungen (siehe hiezu § 21 Rz 2765 und 2766), nicht aber auch eine eigene Fälligkeit für Abschlusszahlungen auf Grund eines Jahresbescheides kennt, ist für die Nachforderungen auf Grund einer Veranlagung stets nur jene Fälligkeit maßgebend, die für die Vorauszahlung vorgesehen ist.

Randzahlen 2799 bis 2805: Derzeit frei.

6. Wegfall der Verpflichtung zur Abgabe einer Steuererklärung für Kleinunternehmer

2806 Übersteigen die Umsätze eines Kleinunternehmers im Veranlagungszeitraum die Grenze von 30.000 Euro netto (bis 31. Dezember 2010: 7.500 Euro netto) nicht, entfällt die Verpflichtung zur Abgabe einer Steuererklärung.

Voraussetzung hiefür ist ua. weiters, dass der Kleinunternehmer für den Veranlagungszeitraum keine Steuer zu entrichten hat. Dies ist der Fall, wenn der Kleinunternehmer keinen der in Rz 2687 bis Rz 2700, Rz 4121 bis Rz 4130 aufgelisteten Tatbestände (zB innergemeinschaftliche Erwerbe) erfüllt hat.

7. (entfällt)

Randzahlen 2807 bis 2815: Derzeit frei.

8. Schätzungsrichtlinien, Eigenverbrauch

8.1 Allgemeines

2816 Auf Grund der Verordnung des BM für Finanzen, BGBl. Nr. 628/1983, idF BGBl. Nr. 499/1985, Schätzungsrichtlinien für die Ermittlung der Höhe des Eigenverbrauches ist die USt für den Eigenverbrauch, der nach § 1 Z 2 dieser Verordnung ermittelt wird und die USt für den Eigenverbrauch gemäß § 1 Abs. 1 Z 2 lit. a UStG 1994 erst in der für den **letzten Voranmeldungszeitraum eines Veranlagungszeitraumes abzugebenden Voranmeldung** zu berechnen.

Hinsichtlich weiterer Inhalte der Verordnung siehe § 18 Rz 2522.

Randzahlen 2817 bis 2820: Derzeit frei.

8.2 Fälligkeit

2821 Auf Grund der Verordnung des BM für Finanzen, BGBl. Nr. 628/1983, idF BGBl. Nr. 499/1985, über die Aufstellung von Schätzungsrichtlinien für die Ermittlung der Höhe des Eigenverbrauches bei bestimmten Unternehmern und über die Fälligkeit der auf den Eigenverbrauch entfallenden USt ist die USt für den Eigenverbrauch, der nach § 1 Z 2 dieser Verordnung ermittelt wird, und die USt für den Eigenverbrauch gemäß § 1 Abs. 1 Z 2 lit. a UStG 1994 am **zehnten Tag des zweiten Monates nach Ablauf des Veranlagungszeitraumes** fällig. Im Hinblick auf die seit der Erlassung der Verordnung des BM für Finanzen, BGBl. Nr. 628/1983, idF BGBl. Nr. 499/1985 geänderte und derzeit gültige Rechtslage kann als Fälligkeitstag der **15. Tag des zweiten Monats nach Ablauf des Veranlagungszeitraumes** angesehen werden.

9. Vorsteuererstattung an ausländische Unternehmer (Rechtslage für bis 31.12.2009 gestellte Erstattungsanträge)

Randzahlen 2822 bis 2835: Derzeit frei.

10. Vorsteuererstattung an ausländische Unternehmer (Rechtslage für ab 1.1.2010 gestellte Erstattungsanträge)

10.1 Vorsteuererstattung an Unternehmer mit Sitz in anderen EU-Mitgliedstaaten

10.1.1 Voraussetzungen

2836 Die Vorsteuererstattung für im übrigen Gemeinschaftsgebiet ansässige Unternehmer, die im Inland weder einen Sitz noch eine Betriebsstätte haben, ist nur in den in § 1 Abs. 1 der Verordnung des BM für Finanzen, BGBl. Nr. 279/1995 idF BGBl. II Nr. 222/2009 bzw. BGBl. II Nr. 158/2014 genannten Fällen zulässig. Hat der im übrigen Gemeinschaftsgebiet ansässige Unternehmer in Österreich eine Betriebsstätte nach § 29 BAO und ist diese als feste Niederlassung zu qualifizieren, von der aus keine Umsätze bewirkt werden (siehe EuGH 25.10.2012, C-318/11, Daimler), soll das zuständige Betriebsstättenfinanzamt die Vorsteuererstattung mittels Bescheid an das Finanzamt Graz-Stadt delegieren.

§ 21 UStG

Im übrigen Gemeinschaftsgebiet ansässige Unternehmer, die andere als die in § 1 Abs. 1 Z 2 bis Z 4 der Verordnung des BM für Finanzen, BGBl. Nr. 279/1995 idF BGBl. II Nr. 222/2009 bzw. BGBl. II Nr. 158/2014 genannten Umsätze im Inland erzielen, werden gemäß § 17 AVOG 2010 beim Finanzamt Graz-Stadt zur Umsatzsteuer veranlagt. Zur Vermietung von Grundstücken durch ausländische Unternehmer siehe Rz 2601a.

Dies gilt nicht für Unternehmer, die einer Sonderregelung gemäß Art. 369a bis 369k MwSt-RL 2006/112/EG im Inland oder in einem anderen Mitgliedstaat unterliegen, und die nicht verpflichtet sind, gemäß § 21 Abs. 4 UStG 1994 eine Steuererklärung abzugeben (vgl. Art. 25a Abs. 15 UStG 1994 idF BGBl. I Nr. 40/2014).

Beispiel:

Ein in Frankreich zur Sonderregelung gemäß Art. 369a bis 369k MwSt-RL 2006/112/EG (MOSS, vgl. Rz 4297 ff.) registrierter IT-Unternehmer hat im Jahr 2015 Aufwendungen im Zusammenhang mit der Sonderregelung unterliegenden Umsätzen für die er in Österreich gemäß § 12 UStG 1994 vorsteuerabzugsberechtigt ist. Die Vorsteuer ist im Rahmen des Vorsteuererstattungsverfahrens geltend zu machen, auch wenn der Unternehmer steuerpflichtige Umsätze in Österreich ausführt, die unter die Sonderregelung fallen.

Führt der Unternehmer jedoch in Österreich darüber hinaus auch Umsätze aus, für die er gemäß § 21 Abs. 4 UStG 1994 verpflichtet ist (zB steuerpflichtige Lieferungen im Inland), eine Steuererklärung abzugeben, muss die Vorsteuer im Rahmen des Veranlagungsverfahrens geltend gemacht werden.

10.1.2 Erstattungszeitraum

2837 Der Erstattungszeitraum kann wahlweise mindestens drei Monate bis höchstens ein Kalenderjahr betragen. Der Erstattungszeitraum kann kürzer als drei Monate sein, wenn sich der Antrag auf die letzten Monate des Kalenderjahres bezieht (zB November und Dezember oder nur Dezember).

In einem vom Unternehmer gemäß § 2 der VO des BM für Finanzen, BGBl. Nr. 279/1995 idF BGBl. II Nr. 222/2009, einmal gewählten Erstattungszeitraum kann nur ein (zusammengefasster) Antrag für ein und denselben Zeitraum gestellt werden.

In einem Antrag können jedoch auch abziehbare Vorsteuern enthalten sein, die in vorangegangene Erstattungszeiträume des Antragsjahres fallen, soweit diese noch nicht geltend gemacht worden sind und die Frist zur Abgabe des Erstattungsantrages für diese Erstattungszeiträume (30. September des Folgejahres) noch nicht abgelaufen ist.

Zusätzliche Erstattungsanträge im Rechtsmittelverfahren können nur dann berücksichtigt werden, wenn diese noch in der Einreichungsfrist erfolgen.

10.1.3 Verfahrensbestimmungen
Antragstellung

2838 Der Antragsteller hat den Erstattungsantrag ausnahmslos auf elektronischem Weg über das von seinem Ansässigkeitsstaat eingerichtete elektronische Portal zu übermitteln.

Der Ansässigkeitsstaat überprüft die Vollständigkeit und Zulässigkeit des Antrages (zB Vorliegen der Unternehmereigenschaft) und leitet diesen bei Vorliegen der entsprechenden Voraussetzungen an den Erstattungsstaat weiter. Der Antragsteller wird vom Ansässigkeitsstaat über die Weiterleitung oder die nicht erfolgte Weiterleitung in Kenntnis gesetzt.

Eine Antragstellung beim für die Durchführung des Erstattungsverfahrens in Österreich zuständigen Finanzamt Graz-Stadt ist unzulässig.

Originale oder Durchschriften von Rechnungen oder Einfuhrdokumenten sind nicht gemeinsam mit dem Antrag einzureichen, können aber im Rahmen des Vorhalteverfahrens (auch per E-Mail) angefordert werden. Darüber hinaus ist auch die Einholung weiterer, für die Erledigung des Antrages notwendiger Informationen zulässig.

Frist

Die Frist zur Abgabe des Erstattungsantrages endet am 30. September des Folgejahres (§ 3 Abs. 1 der VO des BM für Finanzen, BGBl. Nr. 279/1995 idF BGBl. II Nr. 222/2009). Diese Frist ist in der Richtlinie 2008/9/EG, ABl. Nr. L 44 vom 12.02.2008 S. 23 als Fallfrist vorgesehen und daher nicht nach den Vorschriften der nationalen BAO erstreckbar (weder durch Fristverlängerungsansuchen noch durch Aufnahme in die Fristenliste, siehe hierzu auch EuGH 21.06.2012, Rs C-294/11, *Elsacom NV*).

Erstattungsbetrag

Der zu erstattende Betrag für einen Antragszeitraum muss mindestens 400 Euro betragen, es sei denn, der Erstattungszeitraum ist das Kalenderjahr oder der letzte Zeitraum eines Kalenderjahres; in diesen Fällen muss der zu erstattende Betrag mindestens 50 Euro betragen.

Bescheidzustellung

Der Bescheid wird an die Finanzverwaltung des Ansässigkeitsstaates auf demselben elektronischen Weg übermittelt, wie der Erstattungsantrag bei der Finanzverwaltung im Erstattungsstaat eingelangt ist. Über die Art der Zustellung (über das elektronische Portal des Ansässigkeitsstaates oder in Papierform) entscheidet der Ansässigkeitsstaat.

Jene Unternehmer, deren Ansässigkeitsstaaten es ablehnen, die Bescheide der österreichischen Finanzverwaltung zuzustellen, erhalten den Bescheid direkt an die im Erstattungsantrag angegebene E-Mail-Adresse zugestellt (vgl. § 3 Abs. 3 der Verordnung des BM für Finanzen, BGBl. Nr. 279/1995 idF BGBl. II Nr. 174/2010).

Säumnisabgeltung

Erfolgt die Erstattung nicht innerhalb der vorgesehenen Frist, hat der Antragsteller Anspruch auf Zahlung einer Säumnisabgeltung (§ 3 Abs. 4 bis 11 der VO des BM für Finanzen, BGBl. Nr. 279/1995 idF BGBl. II Nr. 222/2009).

Kann der Antrag ohne zusätzliche Informationen des Antragstellers erledigt werden, entsteht der Anspruch auf eine Säumnisabgeltung, wenn die Zahlung des Erstattungsbetrages nicht spätestens vier Monate und zehn Werktage nach Eingang des Erstattungsantrages bei der Erstattungsbehörde erfolgt ist.

Hat die Erstattungsbehörde zusätzliche Informationen angefordert, entsteht der Anspruch auf eine Säumnisabgeltung, wenn die Zahlung des Erstattungsbetrages nicht nach zehn Werktagen nach Ablauf von zwei Monaten ab Eingang der entsprechenden Informationen erfolgt ist; frühestens jedoch nach zehn Werktagen nach Ablauf von sechs Monaten ab Eingang des Erstattungsantrages.

Sind darüber hinaus noch weitere Informationen erforderlich, entsteht der Anspruch auf eine Säumnisabgeltung mit Ablauf von zehn Werktagen nach Ablauf von acht Monaten ab Eingang des Erstattungsantrages.

Die Zahlung gilt mit Ablauf von zehn Werktagen nach dem Tag der Bekanntgabe des Erstattungsbescheides als erfolgt, soweit nicht der Unternehmer den Nachweis einer späteren Zahlung erbringt.

Auch eine Pfändung des Erstattungsbetrages oder dessen Verwendung zur Tilgung fälliger Abgabenschulden des Antragstellers gegenüber dem Bund gelten als Zahlung.

10.1.4 Von der Erstattung ausgeschlossene Vorsteuern

2839 Das Erstattungsverfahren ist nicht anwendbar für
- fälschlich in Rechnung gestellte Mehrwertsteuerbeträge, sowie
- für in Rechnung gestellte Mehrwertsteuerbeträge für Ausfuhrlieferungen (Abholfall) oder innergemeinschaftliche Lieferungen, die steuerfrei sind oder von der Steuer befreit werden können (Art. 4 Richtlinie 2008/9/EG, ABl. Nr. L 44 vom 12.02.2008 S. 23).

§ 21 UStG

In diesen Fällen muss sich der Leistungsempfänger um eine Rechnungsberichtigung beim Rechnungsaussteller bemühen.

Steht jedoch endgültig fest, dass eine Lieferung von Gegenständen nicht steuerfrei erfolgen kann (zB mangels Beförderungs- oder Versendungsnachweis, Näheres hierzu siehe Rz 4006), bleibt die VorsteuererstattungsVO bei Vorliegen aller weiteren Voraussetzungen grundsätzlich anwendbar.

10.1.5 Erstattungsfähige Vorsteuern

2840 Erstattungsfähig sind österreichische Vorsteuern nach Maßgabe des § 12 UStG 1994. Die Abzugsmöglichkeit im Ausland hat keinen Einfluss auf die Erstattung in Österreich. So können Vorsteuern im Zusammenhang mit Aufwendungen für PKW auch dann nicht erstattet werden, wenn im Sitzstaat dafür ein Vorsteuerabzug zulässig ist. Hotelleistungen an ein Unternehmen, das für verdiente Mitarbeiter Incentivereisen durchführt, sind Reisevorleistungen im Sinne des § 23 Abs. 4 UStG 1994. Der Unternehmer, der diese Incentivereisen durchführt, ist nicht berechtigt, die ihm für diese Reisevorleistungen gesondert in Rechnung gestellten Steuerbeträge als Vorsteuer geltend zu machen (§ 23 Abs. 8 UStG 1994). Aus diesem Grunde kann die Umsatzsteuer für die Hotelkosten der Reisenden nicht refundiert werden.

Nach § 13 Abs. 3 UStG 1994 können Unternehmer, die nicht der inländischen Einkommensbesteuerung unterliegen oder deren Arbeitnehmer im Inland nicht unter den Steuerabzug von Arbeitslohn fallen, aus Anlass einer Geschäfts- oder Dienstreise nur jene Vorsteuerbeträge abziehen, die in einer Rechnung an sie gesondert ausgewiesen werden. Vorsteuern betreffend Reisekosten der Arbeitnehmer von nicht der inländischen Einkommenbesteuerung unterliegenden Unternehmern können auch dann nicht aus einkommensteuerrechtlichen Pauschbeträgen errechnet werden, wenn die Einkünfte dieser Arbeitnehmer dem Steuerabzug vom Arbeitslohn im Inland unterliegen (VwGH 26.2.2015, 2012/15/0067).

Ein Anspruch auf Vorsteuererstattung besteht nur, wenn der Unternehmer Umsätze bewirkt, die ihm in seinem Ansässigkeitsstaat das Recht zum Vorsteuerabzug vermitteln.

Einem Unternehmer, der im Gemeinschaftsgebiet ansässig ist und Umsätze ausführt, die zum Teil den Vorsteuerabzug ausschließen, wird die Vorsteuer höchstens in der Höhe erstattet, in der er in dem Mitgliedstaat, in dem er ansässig ist, zum Vorsteuerabzug berechtigt wäre.

Umsatzsteuer, die von pauschalierten Land- und Forstwirten (§ 22 UStG 1994) für Ausfuhrlieferungen bzw. innergemeinschaftliche Lieferungen wegen der Nichtanwendbarkeit des § 7 UStG 1994 bzw. des Art. 7 UStG 1994 in Rechnung gestellt wird, ist erstattungsfähig.

Randzahl 2841: derzeit frei.

10.1.6 Inkrafttreten

2842 Die VO des BM für Finanzen, BGBl. Nr. 279/1995 idF BGBl. II Nr. 222/2009 gilt für Erstattungsanträge, die nach dem 31.12.2009 gestellt werden. Der Zeitraum, auf den sich der Erstattungsantrag bezieht, ist somit nicht ausschlaggebend.

Die VO des BM für Finanzen, BGBl. Nr. 279/1995 idF BGBl. II Nr. 158/2014 gilt für Erstattungsanträge, die Vorsteuerbeträge betreffen, die in das Kalenderjahr 2015 fallen.

10.2 Vorsteuererstattung an Unternehmer mit Sitz im Drittlandsgebiet

10.2.1 Voraussetzungen

2843 Die Vorsteuererstattung für im Drittlandsgebiet ansässige Unternehmer, die im Inland weder einen Sitz noch eine Betriebsstätte haben, ist nur in den in § 1 Abs. 1 der Verordnung des BM für Finanzen, BGBl. Nr. 279/1995 idF BGBl. II Nr. 222/2009 bzw. BGBl. II Nr. 158/2014 genannten Fällen zulässig. Hat der im Drittlandsgebiet ansässige Unternehmer in Österreich eine Betriebsstätte nach § 29 BAO und ist diese als feste Niederlassung zu qualifizieren, von der aus keine Umsätze bewirkt werden, soll das zuständige Be-

§ 21 UStG

triebsstättenfinanzamt die Vorsteuererstattung mittels Bescheid an das Finanzamt Graz-Stadt delegieren (vgl. auch Rz 2836).

Im Drittlandsgebiet ansässige Unternehmer, die andere als die in § 1 Abs. 1 Z 2 bis Z 4 der Verordnung des BM für Finanzen, BGBl. Nr. 279/1995 idF BGBl. II Nr. 222/2009 bzw. BGBl. II Nr. 158/2014 genannten Umsätze im Inland erzielen, werden gemäß § 17 AVOG 2010 beim Finanzamt Graz-Stadt zur Umsatzsteuer veranlagt. Zur Vermietung von Grundstücken durch ausländische Unternehmer siehe Rz 2601a.

10.2.2 Erstattungszeitraum

2844 Der Erstattungszeitraum kann wahlweise mindestens drei Monate bis höchstens ein Kalenderjahr betragen. Der Erstattungszeitraum kann kürzer als drei Monate sein, wenn sich der Antrag auf die letzten Monate des Kalenderjahres bezieht (zB November und Dezember oder nur Dezember). In diesem Antrag können auch abziehbare Vorsteuern enthalten sein, die in vorangegangene Erstattungszeiträume des Antragsjahres fallen.

In einem vom Unternehmer gemäß § 2 der VO des BM für Finanzen, BGBl. Nr. 279/1995 idF BGBl. II Nr. 222/2009, einmal gewählten Erstattungszeitraum kann nur ein (zusammengefasster) Antrag für ein und denselben Zeitraum gestellt werden. Sollte ein ergänzender Antrag noch vor Ablauf der Einreichungsfrist (30. Juni des Folgejahres, siehe die folgende Rz 2845) eingereicht werden, ist dieser nur dann zu berücksichtigen, wenn der Unternehmer gleichzeitig nachweist, dass es sich hierbei um keine Doppelerstattung handelt. Zusätzliche Erstattungsanträge im Rechtsmittelverfahren können nur dann berücksichtigt werden, wenn diese noch in der Einreichungsfrist erfolgen.

10.2.3 Verfahrensbestimmungen

Antragstellung

2845 Der Antragsteller hat den Erstattungsantrag mit dem hierfür vorgesehen Formular U 5 ausnahmslos schriftlich (weder elektronisch noch per FAX) bei dem für die Durchführung des Erstattungsverfahrens in Österreich zuständigen Finanzamt Graz-Stadt einzubringen. Der Antrag ist vom Steuerpflichtigen selbst oder von dessen Bevollmächtigten zu unterschreiben (EuGH 03.12.2009, Rs C-433/08, *Yaesu Europe BV*).

Unternehmerbescheinigung

Um eine Vorsteuererstattung nach der VO des BM für Finanzen, BGBl. Nr. 279/1995 idF BGBl. II Nr. 222/2009, zu erhalten, muss der (ausländische) Unternehmer, der im Inland keine Umsätze erzielt, durch eine Bescheinigung des Staates, in dem er ansässig ist, den Nachweis erbringen, dass er als Unternehmer unter einer Steuernummer eingetragen ist (§ 3a Abs. 1 der VO des BM für Finanzen, BGBl. Nr. 279/1995 idF BGBl. II Nr. 222/2009). Auf dieses formale Erfordernis des Vorliegens einer Bescheinigung über die Unternehmereigenschaft kann nicht verzichtet werden.

Vorlage von Originaldokumenten

Weiters müssen dem Antrag zwingend die Originale der Rechnungen oder Einfuhrdokumente, für die die Erstattung der darin ausgewiesenen Mehrwertsteuer beantragt wird, sowie eine diesbezügliche Aufstellung beigelegt werden.

Kopien können nicht akzeptiert werden, die Nachreichung von Originalbelegen kann nur dann zu einer Erstattung führen, wenn sie noch innerhalb der Antragsfrist (siehe den nachfolgenden Punkt) erfolgt.

Antragsfrist zur Abgabe von Erstattungsanträgen

Die Frist zur Abgabe des Erstattungsantrages endet am 30. Juni des Folgejahres. Diese Frist ist in der 13. Richtlinie 86/560/EWG, ABl. Nr. L 326 vom 21.11.1986 als Fallfrist vorgesehen und daher nicht nach den Vorschriften der nationalen BAO erstreckbar (weder durch Fristverlängerungsansuchen noch durch Aufnahme in die Fristenliste, siehe hierzu auch EuGH 21.06.2012, Rs C-294/11, *Elsacom NV*).

§ 21 UStG

10.2.4 Von der Erstattung ausgeschlossene Vorsteuern

2846 Das Erstattungsverfahren ist nicht anwendbar für Lieferungen von Gegenständen, die
- von der Steuer befreit sind oder
- nach Art. 7 UStG 1994 (innergemeinschaftliche Lieferung) befreit werden können, wenn die gelieferten Gegenstände vom Erwerber oder für dessen Rechnung versandt oder befördert werden (Art. 171 Abs. 3 MWSt-RL 2006/112/EG).

In diesen Fällen muss sich der Leistungsempfänger um eine Rechnungsberichtigung beim Rechnungsaussteller bemühen.

Steht jedoch endgültig fest, dass eine Lieferung von Gegenständen nicht steuerfrei erfolgen kann (zB mangels Beförderungs- oder Versendungsnachweis, Näheres hierzu siehe Rz 4006), bleibt die VorsteuererstattungsVO bei Vorliegen aller weiteren Voraussetzungen grundsätzlich anwendbar.

Entsprechend der Rechtsprechung des EuGH sind weiters auch nur Vorsteuern, die auf Grund einer Leistung im Inland geschuldet werden (EuGH 13.12.1989, Rs C-342/87, „Genius Holding") erstattungsfähig.

Wird daher fälschlich für einen im Inland nicht steuerbaren Umsatz österreichische Mehrwertsteuer in Rechnung gestellt, so ist eine Erstattung insoweit ebenfalls ausgeschlossen.

10.2.5 Erstattungsfähige Vorsteuern

2847 Siehe sinngemäß Rz 2840.

10.2.6 Fiskalvertreter, Zustellungsbevollmächtigter, Vertreter von Personenvereinigungen

2848 Der im Drittland ansässige Unternehmer benötigt für das Erstattungsverfahren keinen Fiskalvertreter oder sonstigen Parteienvertreter. Allenfalls kann vom im Drittland ansässigen Unternehmer die Namhaftmachung eines (inländischen) Zustellungsbevollmächtigten verlangt werden (§ 10 Zustellgesetz).

Kommen bei einer Personenvereinigung (Personengemeinschaft) zur Erfüllung der abgabenrechtlichen Pflichten mehrere Personen in Betracht, so haben diese hierfür eine Person aus ihrer Mitte oder einen gemeinsamen Bevollmächtigten (zB berufsmäßiger Parteienvertreter) der Abgabenbehörde gegenüber als vertretungsbefugte Person namhaft zu machen, die solange als zur Empfangnahme von Schriftstücken der Abgabenbehörde ermächtigt gilt, als nicht eine andere Person als Zustellungsbevollmächtigter namhaft gemacht wird. Wurde kein solcher Zustellungsbevollmächtigter genannt, kann die Abgabenbehörde eine der hierfür in Betracht kommenden Personen als Vertreter mit Wirkung für die Gesamtheit bestellen (siehe auch § 81 BAO).

10.2.7 Inkrafttreten

2849 Die VO des BM für Finanzen, BGBl. Nr. 279/1995 idF BGBl. II Nr. 222/2009 gilt für Erstattungsanträge, die nach dem 31.12.2009 gestellt werden. Der Zeitraum, auf den sich der Erstattungsantrag bezieht, ist somit nicht ausschlaggebend.

Die VO des BM für Finanzen, BGBl. Nr. 279/1995 idF BGBl. II Nr. 158/2014 gilt für Erstattungsanträge, die Vorsteuerbeträge betreffen, die in das Kalenderjahr 2015 fallen.

11. Vorsteuererstattung an österreichische Unternehmer

11.1 Vorsteuererstattung an österreichische Unternehmer durch andere EU-Mitgliedstaaten (Rechtslage für ab 1.1.2010 gestellte Erstattungsanträge)

11.1.1 Vorsteuererstattungsverfahren in Österreich

Antragstellung

2850 Ein im Inland ansässiger Unternehmer, der einen Antrag auf Erstattung von Vorsteuerbeträgen in einem anderen Mitgliedstaat stellt, hat diesen Antrag ausnahmslos elektronisch über Finanz-Online einzureichen.

Für jeden Mitgliedstaat, in dem eine Rückerstattung von Vorsteuern beantragt werden soll, ist ein gesonderter Antrag einzubringen.

Frist

Die Frist zur Abgabe des Erstattungsantrages endet am 30. September des Folgejahres (Artikel 15 der Richtlinie 2008/9/EG, siehe hierzu auch das Urteil des EuGH 21.06.2012, Rs C-294/11, *Elsacom NV*, nach dem diese Frist nicht erstreckbar ist).

Inkrafttreten

§ 21 Abs. 11 UStG 1994 gilt für Erstattungsanträge, die nach dem 31.12.2009 gestellt werden. Der Zeitraum, auf den sich der Erstattungsantrag bezieht, ist somit nicht ausschlaggebend.

11.1.2 Vorsteuererstattungsverfahren im Erstattungsmitgliedstaat

2850a Das Recht auf Vorsteuerabzug richtet sich danach, wie dies der jeweilige Erstattungsmitgliedstaat innerstaatlich geregelt hat.

Vorsteuern, die in Österreich abzugsfähig sind, können in anderen Mitgliedstaaten gänzlich oder zum Teil vom Abzug ausgeschlossen sein (zB Reise- oder Hotelkosten).

Darüber hinaus sind die – neben dem eigentlichen Vorsteuererstattungsverfahren – geltenden allgemeinen Verfahrensbestimmungen (zB hinsichtlich der Frist zur Einbringung von Rechtsmitteln) in den übrigen Mitgliedstaaten nicht einheitlich geregelt.

Über folgende Internetseite können die von den Mitgliedstaaten bei der EU hinterlegten allgemeinen Informationen abgerufen werden:
http://ec.europa.eu/taxation_customs/taxation/vat/traders/vat_refunds/index_de.htm

11.2 Vorsteuererstattung an österreichische Unternehmer durch Drittlandsstaaten

2850b In diesen Fällen gelten für eine Vorsteuererstattung an in Österreich ansässige Unternehmer – wie bisher – die im jeweiligen Erstattungsstaat vorgesehenen Vorschriften.

Verordnungen zu § 21:

Verordnung des Bundesministers für Finanzen vom 14. Dezember 1983 über die Aufstellung von Schätzungsrichtlinien für die Ermittlung der Höhe des Eigenverbrauches bei bestimmten Unternehmern und über die Fälligkeit der auf den Eigenverbrauch entfallenden Umsatzsteuer

BGBl. Nr. 628/1983 idF BGBl. Nr. 499/1985

Auf Grund des § 21 Abs. 10 des Umsatzsteuergesetzes 1972, BGBl. Nr. 223, wird verordnet:

§ 1.

Soweit die Höhe des Eigenverbrauches eines Unternehmers nicht durch ordnungsgemäß geführte Aufzeichnungen im Sinne des § 18 des Umsatzsteuergesetzes 1972 nachgewiesen wird und auch nicht außergewöhnliche Umstände vorliegen, die eine diesen Umständen entsprechende Ermittlung der Bemessungsgrundlage erforderlich machen, ist bei der Berechnung der Umsatzsteuer für den Eigenverbrauch die Bemessungsgrundlage wie folgt zu ermitteln:
1. a) Für den Eigenverbrauch von Speisen und Getränken im Gast-, Schank- und Beherbergungsgewerbe ist bei voller Verpflegung von jenen Werten auszugehen, welche nach den einkommensteuerrechtlichen Vorschriften für Zwecke des Steuerabzuges vom Arbeitslohn (§ 15 Abs. 2 des Einkommensteuergesetzes 1972) als Sachbezug

für Speisen und Getränke (Kost) anzusetzen sind. Werden auch Familienangehörige des Unternehmers voll verpflegt, so erhöht sich der anzusetzende Wert
für den Ehegatten um .... 80 vH,
für jedes Kind bis zum 6. Lebensjahr um .... 30 vH,
für jedes Kind zwischen dem 6. und 16. Lebensjahr um .... 40 vH und
für jedes Kind ab dem 16. Lebensjahr und für sonstige
Personen um .... 80 vH.
Bei nur teilweiser Verpflegung können die entsprechenden Anteile der so ermittelten Sachbezugswerte angesetzt werden;
b) von den nach lit. a ermittelten Werten, welche die Umsatzsteuer einschließen, entfallen 85 vH auf Speisen und Getränke, die dem ermäßigten Steuersatz gemäß § 10 Abs. 2 des Umsatzsteuergesetzes 1972 und 15 vH auf Getränke, die dem Normalsteuersatz gemäß § 10 Abs. 1 des Umsatzsteuergesetzes 1972 unterliegen. Eine Aufteilung dieser Art kann unterbleiben, wenn außer einem ortsüblichen Frühstücksgetränk kein dem Normalsteuersatz unterliegendes Getränk entnommen wird;
2. soweit ein Unternehmer im Inland einen seinem Unternehmen dienenden Gegenstand für Zwecke verwendet oder verwenden läßt, die außerhalb des Unternehmens liegen, ist als Bemessungsgrundlage für den Eigenverbrauch jener Wert heranzuziehen, der bei der steuerlichen Gewinnermittlung nach den einkommensteuerrechtlichen Vorschriften als Privatentnahme zu berücksichtigen ist.

§ 2.

(1) Ist die Bemessungsgrundlage für den Eigenverbrauch nach den Bestimmungen dieser Verordnung zu ermitteln, so entfällt insoweit die Aufzeichnungsverpflichtung gemäß § 18 Abs. 2 Z 2 des Umsatzsteuergesetzes 1972. Die Steuer für den Eigenverbrauch im Sinne des § 1 Z 2 ist erst in der für den letzten Voranmeldungszeitraum eines Veranlagungszeitraumes abzugebenden Voranmeldung zu berechnen; das gleiche gilt für Eigenverbrauchstatbestände gemäß § 1 Abs. 1 Z 2 lit. b des Umsatzsteuergesetzes 1972.

(2) Die Fälligkeit der auf den Eigenverbrauch im Sinne des § 1 Z 2 dieser Verordnung sowie des § 1 Abs. 1 Z 2 lit. b des Umsatzsteuergesetzes 1972 entfallenden Umsatzsteuer wird abweichend von der gesetzlichen Regelung des § 21 Abs. 1 und 2 des Umsatzsteuergesetzes 1972 mit dem 10. Tag des zweiten Monates nach Ablauf des Veranlagungszeitraumes (§ 20 Abs. 1 und 3 des Umsatzsteuergesetzes 1972) bestimmt.

§ 3.

(1) Diese Verordnung ist erstmals auf den Veranlagungszeitraum 1984 anzuwenden. Die Verordnung vom 15. Feber 1973, BGBl. Nr. 86, ist letztmals auf den Veranlagungszeitraum 1983 anzuwenden.

Verordnung des Bundesministers für Finanzen, mit der ein eigenes Verfahren für die Erstattung der abziehbaren Vorsteuern an ausländische Unternehmer geschaffen wird
BGBl. Nr. 279/1995 idF BGBl. II Nr. 158/2014

Auf Grund des § 21 Abs. 9 UStG 1994, BGBl. Nr. 663/1994, in der Fassung BGBl. Nr. 21/1995 wird verordnet:

Artikel I
Erstattung der Vorsteuerbeträge in einem besonderen Verfahren
Berechtigte Unternehmer
§ 1.

(1) Die Erstattung der abziehbaren Vorsteuerbeträge an nicht im Inland ansässige Unternehmer, das sind solche, die im Inland weder ihren Sitz noch eine Betriebsstätte haben, ist abweichend von den §§ 20 und 21 Abs. 1 bis 5 UStG 1994 nach Maßgabe der §§ 2, 3 und 3a durchzuführen, wenn der Unternehmer im Erstattungszeitraum
1. keine Umsätze im Sinne des § 1 Abs. 1 Z 1 und 2 und Art. 1 UStG 1994 oder
2. nur steuerfreie Umsätze im Sinne des § 6 Abs. 1 Z 3 UStG 1994 oder
3. nur Umsätze, bei denen die Steuerschuld auf den Leistungsempfänger übergeht (§ 19 Abs. 1 zweiter Unterabsatz UStG 1994) oder
4. im Inland nur Umsätze, die unter eine Sonderregelung gemäß § 25a, Art. 25a UStG 1994 oder eine Regelung gemäß Art. 358 bis 369k der Richtlinie 2006/112/EG in einem anderen Mitgliedstaat fallen,

ausgeführt hat.

(2) Abs. 1 gilt nicht für Vorsteuerbeträge, die anderen als den in Abs. 1 bezeichneten Umsätzen im Inland anzurechnen sind.

Erstattungszeitraum
§ 2.

Erstattungszeitraum ist nach der Wahl des Unternehmers ein Zeitraum von mindestens drei Monaten bis zu höchstens einem Kalenderjahr. Der Erstattungszeitraum kann weniger als drei Monate umfassen, wenn es sich um den restlichen Zeitraum des Kalenderjahres handelt. In dem Antrag für diesen Zeitraum können auch abziehbare Vorsteuerbeträge aufgenommen werden, die in vorangegangene Erstattungszeiträume des betreffenden Kalenderjahres fallen.

Erstattungsverfahren für im übrigen Gemeinschaftsgebiet ansässige Unternehmer
§ 3.

(1) Der im übrigen Gemeinschaftsgebiet ansässige Unternehmer hat den Erstattungsantrag auf elektronischem Weg über das in dem Mitgliedstaat, in dem er ansässig ist, eingerichtete elektronische Portal zu übermitteln. Der Antrag ist binnen neun Monaten nach Ablauf des Kalenderjahres zu stellen, in dem der Erstattungsanspruch entstanden ist. In dem Antrag hat der Unternehmer den zu erstattenden Betrag selbst zu berechnen. Der Erstattungsantrag gilt nur dann als vorgelegt, wenn er alle in den Art. 8, 9 und 11 der Richtlinie 2008/9/EG des Rates vom 12. Februar 2008 zur Regelung der Erstattung der Mehrwertsteuer gemäß der Richtlinie 2006/112/EG an nicht im Mitgliedstaat der Erstattung, sondern in einem anderen Mitgliedstaat ansässige Steuerpflichtige (ABl. Nr. L 44 S. 23) festgelegten Angaben enthält. Die Abgabenbehörde kann zusätzliche Informationen anfordern, welche auch die Einreichung des Originals oder einer Durchschrift der Rechnung oder des Einfuhrdokumentes umfassen können. Diese Anforderung kann auch mit E-Mail erfolgen. Die Zustellung des E-Mails gilt mit dessen Absendung als bewirkt, ausgenommen der Antragsteller weist nach, dass ihm das E-Mail nicht zugestellt worden ist.

(1a) Abweichend von Abs. 1 zweiter Satz sind Erstattungsanträge, die Erstattungszeiträume des Jahres 2009 betreffen, spätestens bis 31. März 2011 zu stellen.

(2) Der zu erstattende Betrag muss mindestens 400 Euro betragen. Das gilt nicht, wenn der Erstattungszeitraum das Kalenderjahr oder der letzte Zeitraum eines Kalenderjahres ist. Für diese Erstattungszeiträume muss der zu erstattende Betrag mindestens 50 Euro betragen.

(3) Bescheide im Erstattungsverfahren können elektronisch, über das in dem Mitgliedstaat, in dem der Unternehmer ansässig ist, eingerichtete elektronische Portal, zugestellt werden. Die Zustellung kann auch mit E-Mail erfolgen. Abs. 1 letzter Satz gilt entsprechend.

(4) Für den zu erstattenden Betrag ist bei Fristversäumnis nach Maßgabe der Abs. 5 bis 11 eine Säumnisabgeltung festzusetzen.

(5) Die Säumnisabgeltung ist festzusetzen, wenn nach Ablauf von vier Monaten und zehn Werktagen nach Eingang des Erstattungsantrages bei der Abgabenbehörde des Erstattungsstaates keine Zahlung des zu erstattenden Betrages erfolgt.

(6) Fordert die Abgabenbehörde zusätzliche Informationen gemäß Abs. 1 an, so besteht der Anspruch auf die Säumnisabgeltung erst mit Ablauf von zehn Werktagen nach Ablauf einer Frist von zwei Monaten ab Entsprechung der Aufforderung. Die Säumnisabgeltung ist diesfalls jedoch frühestens mit Ablauf von zehn Werktagen nach Ablauf einer Frist von sechs Monaten ab Eingang des Erstattungsantrages festzusetzen.

Werden weitere zusätzliche Informationen angefordert, so besteht der Anspruch auf Säumnisabgeltung mit Ablauf von zehn Werktagen nach Ablauf einer Frist von acht Monaten ab Eingang des Erstattungsantrages.

(7) Die Zahlung gilt als erfolgt mit Ablauf von zehn Werktagen nach dem Tag der Bekanntgabe des Erstattungsbescheides, es sei denn, der Unternehmer weist nach, dass er den zu erstattenden Betrag später erhalten hat.

(8) Als Zahlung gilt auch die Pfändung des Erstattungsbetrages oder dessen Verwendung zur Tilgung einer fälligen Schuld des Antragstellers gegenüber dem Bund.

(9) Die Höhe der Säumnisabgeltung beträgt für den nicht zeitgerecht erstatteten Abgabenbetrag 2%. Eine zweite Säumnisabgeltung ist festzusetzen, soweit der Abgabenbetrag nicht spätestens drei Monate nach dem Ende der Fristen in Abs. 5 und Abs. 6 erstattet wird. Eine dritte Säumnisabgeltung ist festzusetzen, soweit der Abgabenbetrag nicht spätestens drei Monate nach dem Eintritt der Verpflichtung zur zweiten Säumnisabgeltung erstattet wird. Die zweite und die dritte Säumnisabgeltung betragen jeweils 1% des zum maßgebenden Stichtag nicht erstatteten Abgabenbetrages.

(10) Ein Anspruch auf Säumnisabgeltung besteht nicht, wenn der Unternehmer seiner Mitwirkungspflicht nicht innerhalb einer Frist von einem Monat nach Zugang einer entsprechenden Aufforderung der Abgabenbehörde nachkommt.

(11) Eine Säumnisabgeltung, die den Betrag von 50 Euro nicht erreicht, ist nicht festzusetzen.

Erstattungsverfahren für nicht im Gemeinschaftsgebiet ansässige Unternehmer
§ 3a.

(1) Der nicht im Gemeinschaftsgebiet ansässige Unternehmer hat die Erstattung mittels amtlich vorgeschriebenem Vordruck beim Finanzamt Graz Stadt zu beantragen. Der Antrag ist binnen sechs Monaten nach Ablauf des Kalenderjahres zu stellen, in dem der

Erstattungsanspruch entstanden ist. In dem Antrag hat der Unternehmer den zu erstattenden Betrag selbst zu berechnen. Dem Erstattungsantrag sind die Rechnungen und die Belege über die entrichtete Einfuhrumsatzsteuer im Original beizufügen.

(2) Der zu erstattende Betrag muss mindestens 400 Euro betragen. Das gilt nicht, wenn der Erstattungszeitraum das Kalenderjahr oder der letzte Zeitraum eines Kalenderjahres ist. Für diese Erstattungszeiträume muss der zu erstattende Betrag mindestens 50 Euro betragen.

(3) Der Unternehmer muss dem Finanzamt Graz-Stadt in den Fällen des § 1 Abs. 1 Z 1 durch behördliche Bescheinigung des Staates, in dem er ansässig ist, nachweisen, dass er als Unternehmer unter einer Steuernummer eingetragen ist.

Berücksichtigung von Vorsteuerbeträgen, Belegnachweis
§ 4.

(1) Ist bei den in § 1 Abs. 1 genannten Unternehmern die Besteuerung nach den §§ 20 und 21 Abs. 1 bis 5 UStG 1994 durchzuführen, so sind hiebei die Vorsteuerbeträge nicht zu berücksichtigen, die nach § 1 Abs. 1 erstattet worden sind.

(2) Die abziehbaren Vorsteuerbeträge sind in den Fällen des Abs. 1 durch Vorlage der Rechnungen und zollamtlichen Belege (Einfuhrumsatzsteuer) im Original nachzuweisen.

Artikel II

(1) Diese Verordnung tritt mit 1. Jänner 1995 in Kraft und ist erstmals auf Vorsteuerbeträge anzuwenden, die in das Kalenderjahr 1995 fallen.

(2) Die Verordnung BGBl. Nr. 882/1993 tritt mit 31. Dezember 1994 außer Kraft.

(3) Art. 1 § 3 Abs. 2 in der Fassung der Verordnung BGBl. II Nr. 416/2001 ist erstmals auf Vorsteuerbeträge anzuwenden, die in das Kalenderjahr 2002 fallen.

(4) Art. I § 1 Abs. 1 Z 5 ist erstmals auf Vorsteuerbeträge anzuwenden, die in Zeiträume nach dem 30. Juni 2003 fallen.

(5) Art. I § 1 Abs. 1, § 3 und § 3a, jeweils in der Fassung der Verordnung BGBl. II Nr. 222/2009, sind erstmals auf Vorsteuererstattungsanträge anzuwenden, die nach dem 31. Dezember 2009 gestellt werden.

(6) Art. I § 1 Abs. 1 in der Fassung der Verordnung BGBl. II Nr. 158/2014 ist erstmals auf Vorsteuerbeträge anzuwenden, die in das Kalenderjahr 2015 fallen.

Verordnung des Bundesministers für Finanzen betreffend die Abstandnahme von der Verpflichtung zur Abgabe von Voranmeldungen
BGBl. II Nr. 206/1998 idF BGBl. II Nr. 171/2010

Auf Grund des § 21 Abs. 1 zweiter Unterabsatz des Umsatzsteuergesetzes 1994, BGBl. Nr. 663, in der Fassung des Bundesgesetzes BGBl. I Nr. 79/1998 wird verordnet:

§ 1.

Wird die nach Maßgabe der gesetzlichen Bestimmungen (§ 21 Abs. 1 UStG 1994) errechnete Vorauszahlung zur Gänze spätestens am Fälligkeitstag entrichtet oder ergibt sich für einen Voranmeldungszeitraum keine Vorauszahlung, so entfällt für Unternehmer, deren Umsätze gemäß § 1 Abs. 1 Z 1 und 2 UStG 1994 im vorangegangenen Kalenderjahr

30000 Euro nicht überstiegen haben, die Verpflichtung zur Einreichung der Voranmeldung.

§ 2.

Unternehmer, die Vorauszahlungen nicht vorschriftsmäßig entrichtet, Überschüsse nicht vorschriftsmäßig vorangemeldet oder die Aufzeichnungspflichten nicht erfüllt haben, können abweichend von § 1 vom Finanzamt zur Einreichung von Voranmeldungen aufgefordert werden.

§ 3.

Die Verordnung ist erstmals auf Voranmeldungszeiträume anzuwenden, die nach dem 30. Juni 1998 beginnen.

§ 4.

(1) § 1 in der Fassung der Verordnung BGBl. II Nr. 462/2002 ist erstmals auf Voranmeldungszeiträume anzuwenden, die nach dem 31. Dezember 2002 beginnen.

(2) § 1 in der Fassung der Verordnung BGBl. II Nr. 171/2010 ist erstmals auf Voranmeldungszeiträume anzuwenden, die nach dem 31. Dezember 2010 beginnen.

Verordnung des Bundesministers für Finanzen über die elektronische Übermittlung von Steuererklärungen sowie von Jahresabschlüssen und anderen Unterlagen anlässlich der Steuererklärung (FinanzOnline-Erklärungsverordnung – FOnErklV)
BGBl. II Nr. 512/2006 idF BGBl. II Nr. 310/2016

Auf Grund
1. des § 21 Abs. 1, 4 und 11 des Umsatzsteuergesetzes 1994 – UStG 1994;
2. des Art. 21 Abs. 10 des Umsatzsteuergesetzes 1994 – UStG 1994;
3. des § 42 Abs. 1 des Einkommensteuergesetzes 1988 – EStG 1988;
4. des § 43 Abs. 2 des Einkommensteuergesetzes 1988 – EStG 1988;
5. des § 44 Abs. 8 des Einkommensteuergesetzes 1988 – EStG 1988;
6. des § 24 Abs. 3 Z 1 des Körperschaftsteuergesetzes 1988 – KStG 1988;
7. des § 3 Abs. 3 des Stiftungseingangssteuergesetzes – StiftEG;
8. der §§ 10 Abs. 6, 39 Abs. 3, 46 Abs. 6, 49 Abs. 5, § 52 Abs. 8 und § 54 Abs. 5 des Alkoholsteuergesetzes;
9. der §§ 10 Abs. 7, 16 Abs. 3, 23 Abs. 6, 29 Abs. 8 und § 31 Abs. 4 des Biersteuergesetz 1995;
10. der §§ 7 Abs. 7, 13 Abs. 3, 20 Abs. 7, 26 Abs. 8 und § 28 Abs. 5 des Schaumweinsteuergesetzes 1995;
11. der §§ 12 Abs. 8, 18 Abs. 3, 24 Abs. 6, 27 Abs. 5 und § 31 Abs. 4 des Tabaksteuergesetzes 1995;
12. der §§ 23 Abs. 9, 31 Abs. 3, 38 Abs. 6, 41 Abs. 5 und § 46 Abs. 5 des Mineralölsteuergesetzes 1995;
13. des § 7 Abs. 1 des Stabilitätsabgabegesetzes – StabAbgG;
14. des § 12 des Flugabgabegesetzes – FlugAbgG;
15. des § 9 Abs. 4 des Altlastensanierungsgesetzes;
16. des § 5 des Privatstiftungsgesetzes – PSG im Einvernehmen mit der Bundesministerin für Justiz,

wird verordnet:

§ 21 UStG

§ 1.

(1) Die elektronische Übermittlung der Umsatzsteuervoranmeldung, der Zusammenfassenden Meldung, der Einkommen-, Körperschaft- und Umsatzsteuererklärung, der Stiftungseingangssteuererklärung sowie der Steuererklärung zur Feststellung von Einkünften hat nach der FinanzOnline-Verordnung 2006 im Verfahren FinanzOnline (https://finanzonline.bmf.gv.at) zu erfolgen.

(2) Die elektronische Übermittlung der in § 44 Abs. 1 und 3 EStG 1988 genannten Unterlagen hat nach der FinanzOnline-Verordnung 2006 im Verfahren FinanzOnline (https://finanzonline.bmf.gv.at) zu erfolgen.

(3) Die elektronische Übermittlung der Anmeldungen, Mitteilungen, Erklärungen und Anträge nach
1. §§ 10 Abs. 6, 39 Abs. 3, 46 Abs. 6, 49 Abs. 5, § 52 Abs. 8 und 54 Abs. 5 Alkoholsteuergesetz,
2. §§ 10 Abs. 7, 16 Abs. 3, 23 Abs. 6, 29 Abs. 8 und 31 Abs. 4 Biersteuergesetz 1995,
3. §§ 7 Abs. 7, 13 Abs. 3, 20 Abs. 7, 26 Abs. 8 und § 28 Abs. 5 Schaumweinsteuergesetz 1995,
4. §§ 12 Abs. 8, 18 Abs. 3, 24 Abs. 6, 27 Abs. 5 und § 31 Abs. 4 Tabaksteuergesetz 1995,
5. §§ 23 Abs. 9, 31 Abs. 3, 38 Abs. 6, 41 Abs. 5 und § 46 Abs. 5 Mineralölsteuergesetz 1995,
6. § 7 Abs. 1 des Stabilitätsabgabegesetz,
7. § 9 Abs. 4 Altlastensanierungsgesetz,
8. § 5 Privatstiftungsgesetz,
9. § 96 Abs. 3 Einkommensteuergesetz 1988

hat nach der FinanzOnline-Verordnung 2006 im Verfahren FinanzOnline (https://finanzonline.bmf.gv.at) zu erfolgen. § 2 ist nicht anzuwenden.

(4) Die elektronische Übermittlung der Anträge auf Erstattung von Vorsteuerbeträgen in einem anderen Mitgliedstaat gemäß § 21 Abs. 11 UStG 1994 hat nach der FinanzOnline-Verordnung 2006 im Verfahren FinanzOnline (https://finanzonline.bmf.gv.at) zu erfolgen. § 2 ist nicht anzuwenden. Die Entscheidung gemäß § 21 Abs. 11 letzter Satz UStG 1994 über die Weiterleitung des Antrages hat im Verfahren FinanzOnline zu erfolgen. Sollte im Zeitpunkt der Entscheidung die Teilnahme des Empfängers an FinanzOnline nicht gegeben sein, so ist die Entscheidung physisch zuzustellen.

(5) Mitteilungen an das Finanzamt nach § 27 Abs. 6 Z 1 lit. a EStG 1988 sind elektronisch zu übermitteln. Die elektronische Übermittlung hat nach der FinanzOnline-Verordnung 2006 im Verfahren FinanzOnline (https://finanzonline.bmf.gv.at) zu erfolgen. Erfolgt die Mitteilung durch eine inländische depotführende Stelle im Sinn des § 95 Abs. 2 Z 2 EStG 1988, ist § 2 nicht anzuwenden.

(6) Die elektronische Übermittlung der Anmeldung gemäß § 7 Abs. 2 FlugAbgG und der Abgabenerklärung gemäß § 7 Abs. 4 FlugAbgG und der Aufzeichnungen gemäß § 10 Abs. 3 und § 11 Abs. 4 FlugAbgG haben nach der FinanzOnline-Verordnung 2006 im Verfahren FinanzOnline (https://finanzonline.bmf.gv.at) zu erfolgen. § 2 ist nicht anzuwenden. Die Übermittlung der Meldungen gemäß § 11 Abs. 5 und 6 FlugAbgG ist nur zulässig im Weg der Datenstromübermittlung und im Weg eines Webservices.

(7) Die im Rahmen einer Abgabenerklärung gemäß § 10 Abs. 1 des Grunderwerbsteuergesetzes 1987 einzureichende Abgabenerklärung nach § 30c EStG 1988 ist elektronisch zu übermitteln. Die elektronische Übermittlung hat nach der FinanzOnline-Verordnung

2006 im Verfahren FinanzOnline (https://finanzonline.bmf.gv.at) zu erfolgen. § 2 ist nicht anzuwenden.

(8) Die elektronische Anforderung eines Jahresgutachtens oder eines Projektgutachtens (§ 108c Abs. 8 EStG 1988 sowie § 118a BAO in Verbindung mit §§ 4 und 5 der Forschungsprämienverordnung, BGBl. II Nr. 515/2012) bei der Österreichischen Forschungsförderungsgesellschaft mbH (im Folgenden „FFG") hat nach der FinanzOnline-Verordnung 2006 im Verfahren FinanzOnline (https://finanzonline.bmf.gv.at) zu erfolgen. Die FFG hat ein derartiges Gutachten im Verfahren FinanzOnline der zuständigen Abgabenbehörde zu übermitteln. Das Gutachten ist zur elektronischen Akteneinsicht (§ 90a BAO) zur Verfügung zu stellen. § 2 ist nicht anzuwenden.

(9) Die elektronische Übermittlung der Meldung gemäß § 4 Abs. 1 des Gemeinsamer Meldestandard-Gesetzes, BGBl. I Nr. 116/2015 in der Fassung des Bundesgesetzes, BGBl. I Nr. 163/2015, hat nach der FinanzOnline-Verordnung 2006 im Verfahren FinanzOnline (https://finanzonline.bmf.gv.at) zu erfolgen. § 2 ist nicht anzuwenden. Die Übermittlung der Meldung ist nur zulässig im Weg der Datenstromübermittlung und im Weg eines Webservices. *(BGBl. II Nr. 310/2016)*

§ 2.

Dem Steuerpflichtigen bzw. der zur Geschäftsführung oder Vertretung einer Gesellschaft oder Gemeinschaft befugten Person ist die elektronische Übermittlung der Steuererklärung unzumutbar, wenn er bzw. sie nicht über die dazu erforderlichen technischen Voraussetzungen verfügt. Der Steuerpflichtige bzw. die zur Geschäftsführung oder Vertretung einer Gesellschaft oder Gemeinschaft befugte Person muss daher die Steuererklärung, die er bzw. sie selbst einreicht, nur dann elektronisch übermitteln, wenn er bzw. sie über einen Internet-Anschluss verfügt und er bzw. die Gesellschaft oder Gemeinschaft wegen Überschreitens der Umsatzgrenze zur Abgabe von Umsatzsteuervoranmeldungen verpflichtet ist. Reicht ein inländischer berufsmäßiger Parteienvertreter die Erklärung ein, so besteht die Verpflichtung zur elektronischen Übermittlung nur dann, wenn der Parteienvertreter über einen Internet-Anschluss verfügt und wegen Überschreitens der Umsatzgrenze zur Abgabe von Umsatzsteuervoranmeldungen verpflichtet ist.

§ 3.

(1) Der Umfang der elektronisch zu übermittelnden Abgabenerklärungen bestimmt sich nach § 1 Abs. 2 FOnV 2006.

(2) Der Umfang der elektronisch zu übermittelnden Unterlagen im Sinn des § 1 Abs. 2 bestimmt sich nach § 1 Abs. 2 FOnV 2006. Die Übermittlung ist nur zulässig im Weg der Datenstromübermittlung und im Weg eines Webservices.

(3) Der Umfang der elektronisch zu übermittelnden Anmeldungen und Anträge im Sinn des § 1 Abs. 3 bestimmt sich nach § 1 Abs. 2 FOnV 2006. Die Übermittlung ist nicht zulässig im Weg der Datenstromübermittlung und im Weg eines Webservices.

(4) Der Umfang der elektronisch zu übermittelnden Anträge im Sinn des § 1 Abs. 4 bestimmt sich nach § 1 Abs. 2 FonV 2006.

(5) Der Umfang der elektronisch zu übermittelnden Anmeldung, Abgabenerklärung und Aufzeichnungen im Sinn des § 1a bestimmt sich nach § 1 Abs. 2 FOnV 2006.

(6) Der Umfang der an die FFG gerichteten Anforderung eines Gutachtens gemäß § 108c Abs. 8 EStG 1988 und § 118a BAO sowie der Umfang eines von der FFG gemäß

§ 108c Abs. 8 EStG 1988 und § 118a BAO erstellten Gutachtens bestimmt sich nach der Forschungsprämienverordnung, BGBl. II Nr. 515/2012.

§ 4.

(1) Umsatzsteuervoranmeldungen sind elektronisch erstmals für den Zeitraum April 2003 zu übermitteln.

(2) Die elektronische Übermittlung der Zusammenfassenden Meldung hat bis zum Ablauf des auf den Kalendermonat (Meldezeitraum) folgenden Kalendermonates zu erfolgen. Bei vierteljährlichem Voranmeldungszeitraum hat diese Übermittlung bis zum Ablauf des auf das Kalendervierteljahr (Meldezeitraum) folgenden Kalendermonates zu erfolgen.

§ 5.

(1) Auf elektronische Übermittlungen ab dem Inkrafttreten dieser Verordnung ist die Verordnung des Bundesministers für Finanzen über die elektronische Übermittlung von Umsatz-, Einkommen- und Körperschaftsteuererklärungen, BGBl. II Nr. 192/2004 in der Fassung BGBl. II Nr. 436/2005, nicht mehr anzuwenden.

(2) Die elektronische Übermittlung der Unterlagen im Sinn des § 1 Abs. 2 ist erstmals anlässlich der elektronischen Übermittlung der Steuererklärung 2006 zulässig.

(3) § 1 Abs. 1 in der Fassung der Verordnung BGBl. II Nr. 245/2008 tritt mit 1. August 2008 in Kraft. Datenübertragungen sind jedoch nicht vor dem Vorliegen der technischen und organisatorischen Voraussetzungen zulässig.

(4) § 1 Abs. 3 in der Fassung der Verordnung BGBl. II Nr. 113/2009 tritt mit 1. Juni 2009 in Kraft. Datenübertragungen sind jedoch nicht vor dem Vorliegen der technischen und organisatorischen Voraussetzungen zulässig.

(5) § 1 Abs. 4 und § 3 Abs. 4, jeweils in der Fassung der Verordnung BGBl. II Nr. 288/2009, treten mit 1. Jänner 2010 in Kraft. § 4 Abs. 2 in der Fassung der Verordnung BGBl. II Nr. 288/2009 ist erstmals auf Meldezeiträume anzuwenden, die nach dem 31. Dezember 2009 beginnen.

(6) §§ 1a und 3 Abs. 5, jeweils in der Fassung der Verordnung BGBl. II Nr. 81/2011 treten mit 1. Jänner 2011 in Kraft und § 1 Abs. 3 in der Fassung der Verordnung BGBl. II Nr. 81/2011 tritt mit 1. April 2011 in Kraft. Datenübertragungen sind jedoch nicht vor dem Vorliegen der technischen und organisatorischen Voraussetzungen zulässig.

(7) § 1 Abs. 3 Z 9 tritt mit 1. Februar 2013 in Kraft.

(8) § 1 Abs. 5 tritt mit 1. Juli 2013 in Kraft.

(9) Die elektronische Übermittlung von Mitteilungen und Abgabenerklärungen im Sinn des § 1 Abs. 6 und 7 in der Fassung der Verordnung BGBl. II Nr. 372/2012 sind nicht vor dem Vorliegen der jeweiligen technischen und organisatorischen Voraussetzungen zulässig.

(10) § 1 Abs. 8 und § 3 Abs. 6 in der Fassung der Verordnung BGBl. II Nr. 514/2012 treten mit 1. Jänner 2013 in Kraft.

(11) § 1 Abs. 8 in der Fassung der Verordnung BGBl. II Nr. 40/2013 tritt mit 1. Jänner 2013 in Kraft.

(12) Die elektronische Übertragung von Meldungen im Sinn des § 1 Abs. 9 in der Fassung der Verordnung BGBl. II Nr. 310/2016 ist nicht vor dem Vorliegen der technischen und organisatorischen Voraussetzungen zulässig. *(BGBl. II Nr. 310/2016)*

Judikatur EuGH zu § 21:

EuGH vom 28.7.2011, Rs C-274/10, *Kom/Ungarn*
Unzulässigkeit des verpflichtenden Vortrages von Überschüssen

Die Republik Ungarn hat
- dadurch, dass sie Steuerpflichtige, deren Steuererklärung für einen bestimmten Steuerzeitraum einen Überschuss im Sinne von Art. 183 der Richtlinie 2006/112/EG ausweist, dazu verpflichtet, diesen Überschuss ganz oder teilweise auf den folgenden Steuerzeitraum vorzutragen, wenn sie dem Lieferer nicht den Gesamtbetrag für den entsprechenden Erwerb gezahlt haben, und
- aufgrund der Tatsache, dass angesichts dieser Verpflichtung bestimmte Steuerpflichtige, deren Steuererklärungen regelmäßig einen Überschuss ausweisen, diesen Überschuss mehr als einmal auf den folgenden Steuerzeitraum vortragen müssen,

gegen ihre Verpflichtungen aus dieser Richtlinie verstoßen.

EuGH vom 12.5.2011, Rs C-107/10, *Enel Maritsa Iztok 3*
Unzulässigkeit einer rückwirkenden Verlängerung der Frist für die Erstattung eines MWSt-Überschusses

1. Art. 183 der Richtlinie 2006/112/EG in der durch die Richtlinie 2006/138/EG geänderten Fassung ist in Verbindung mit dem Grundsatz des Vertrauensschutzes dahin auszulegen, dass er einer nationalen Regelung entgegensteht, die eine rückwirkende Verlängerung der Frist für die Erstattung eines Mehrwertsteuerüberschusses vorsieht, soweit durch diese Regelung dem Steuerpflichtigen der ihm vor dem Inkrafttreten der Regelung zustehende Anspruch auf Verzugszinsen auf den an ihn zu erstattenden Betrag genommen wird.

2. Art. 183 der Richtlinie 2006/112 in der durch die Richtlinie 2006/138 geänderten Fassung ist unter Berücksichtigung des Grundsatzes der steuerlichen Neutralität dahin auszulegen, dass er einer nationalen Regelung entgegensteht, wonach die normale Frist für die Erstattung des Mehrwertsteuerüberschusses von 45 Tagen, nach deren Ablauf Verzugszinsen auf den zu erstattenden Betrag geschuldet werden, im Fall der Einleitung eines Steuerprüfungsverfahrens mit der Folge verlängert wird, dass die Verzugszinsen erst ab dem Zeitpunkt geschuldet werden, zu dem das Steuerprüfungsverfahren abgeschlossen ist, wenn dieser Überschuss während der drei dem Zeitraum seiner Entstehung folgenden Besteuerungszeiträume bereits Gegenstand eines Vortrags war. Dass die normale Frist 45 Tage beträgt, steht hingegen nicht im Widerspruch zu dieser Vorschrift.

3. Art. 183 der Richtlinie 2006/112 in der durch die Richtlinie 2006/138 geänderten Fassung ist dahin auszulegen, dass er der Erstattung des Mehrwertsteuerüberschusses im Wege einer Verrechnung nicht entgegensteht.

Judikatur VwGH zu § 21:

VwGH vom 22.10.2015, 2015/15/0035
Das Außerkraftsetzen des Umsatzsteuerfestsetzungsbescheides durch die Erlassung des Jahresbescheides ist keine Aufhebung oder Abänderung im Sinne des § 300 Abs. 1 BAO

Nach ständiger Rechtsprechung des Verwaltungsgerichtshofes sind Bescheide betreffend die Festsetzung von Umsatzsteuervorauszahlungen für bestimmte Zeiträume in vollem Umfang anfechtbar. Solche Bescheide haben aber insofern einen zeitlich begrenzten

Wirkungsbereich, als sie durch Erlassung von diese Zeiträume umfassenden Umsatzsteuerjahresbescheiden außer Kraft gesetzt werden. Durch die Erlassung eines Umsatzsteuerjahresbescheides scheiden Bescheide betreffend Festsetzung von Umsatzsteuervorauszahlungen aus dem Rechtsbestand aus (vgl. das Erkenntnis vom 20. Februar 2008, 2006/15/0339, VwSlg 8314 F/2008). Erfolgte die Erlassung des Umsatzsteuerjahresbescheides während eines gegen den Festsetzungsbescheid anhängigen Berufungsverfahrens, so trat der Jahresbescheid iSd § 274 erster Satz BAO (idF vor FVwGG 2012) an die Stelle des Festsetzungsbescheides (vgl. das Erkenntnis vom 4. Juni 2008, 2004/13/0124, VwSlg 8342 F/2008). Auch nach § 253 BAO idF FVwGG 2012 gilt die Bescheidbeschwerde als gegen den späteren Bescheid gerichtet, wenn ein Bescheid an die Stelle eines mit Bescheidbeschwerde angefochtenen Bescheides tritt. Dies gilt – nach Satz 2 dieser Bestimmung – auch dann, wenn der frühere Bescheid einen kürzeren Zeitraum als der ihn ersetzende Bescheid umfasst. Nach den Erläuterungen zur Regierungsvorlage (2007 BlgNR 24. GP, 17) verallgemeinert dieser zweite Satz die Umsatzsteuervorauszahlungsbescheide betreffende Judikatur des Verwaltungsgerichtshofes.

Es entspricht dem offenkundigen Willen des Gesetzgebers, dass Umsatzsteuerjahresbescheide während eines anhängigen Beschwerdeverfahrens an die Stelle eines Umsatzsteuerfestsetzungsbescheides treten können. Dass sich dies nur auf den Zeitraum bis zum Ergehen einer Beschwerdevorentscheidung bzw. bis zur Stellung des Vorlageantrages beziehen soll (vgl. Ritz, taxlex 2015, 111 ff (112)), ist nicht ersichtlich. Es ist dem Gesetzgeber auch nicht zu unterstellen, dass er eine Regelung hätte treffen wollen, die – im Hinblick auf die Unmöglichkeit der Erlassung eines Bescheides – eine Verjährung des Rechtes auf Abgabenfestsetzung hätte herbeiführen können, zu deren Abwehr Amtshandlungen notwendig wären, die keinen anderen Sinn als die Abwehr der Verjährung hätten (vgl. die Darstellung bei Rauscher, SWK 2014, 1416 ff (1417)).

Da die Erlassung eines Umsatzsteuerjahresbescheides eine andere Sache betrifft als jene eines Festsetzungsbescheides, auch wenn dessen Zeitraum im Zeitraum des Jahresbescheides beinhaltet ist, bestehen insoweit keine konkurrierenden Zuständigkeiten. Dieser Fall ist daher vom Regelungsziel des § 300 BAO nicht umfasst. Das Außer-Kraft-Setzen des Umsatzsteuerfestsetzungsbescheides durch die Erlassung des Jahresbescheides ist somit nicht als Aufhebung oder Abänderung im Sinne des § 300 Abs. 1 BAO zu beurteilen (in diesem Sinne auch Mayr/Ungericht, Umsatzsteuergesetz 19944, § 21 Anm. 11; Rauscher, SWK 2014, 1416 ff (1417)). Der Jahresbescheid tritt in derartigen Fällen gemäß § 253 BAO an die Stelle des Festsetzungsbescheides. Daraus ergibt sich auch, dass in diesen Fällen regelmäßig und systemkonform keine (weitere) Beschwerdevorentscheidung ergehen kann.

VwGH vom 24.4.2012, 2009/15/0075

Erlassung des Umsatzsteuerjahresbescheides ist keine Ermessensentscheidung

Die Erlassung des Umsatzsteuerjahresbescheides bedarf nicht der Aufhebung des Bescheides über die Festsetzung der Umsatzsteuer für den Voranmeldungszeitraum. Vielmehr scheidet letzterer mit dem Ergehen des Umsatzsteuerjahresbescheides, der den betreffenden Voranmeldungszeitraum einschließt, ipso iure aus dem Rechtsbestand aus (vgl. Ruppe/Achatz, UStG[4], § 21 Tz 22). Die Erlassung eines Umsatzsteuerjahresbescheides liegt nicht im Ermessen der Behörde.

Besteuerung der Umsätze bei land- und forstwirtschaftlichen Betrieben

§ 22.

(1) Bei nichtbuchführungspflichtigen Unternehmern, deren im Rahmen eines land- und forstwirtschaftlichen Betriebes ausgeführte Umsätze 400 000 Euro nicht übersteigen, wird die Steuer für diese Umsätze mit 10% der Bemessungsgrundlage festgesetzt. Soweit diese Umsätze an einen Unternehmer für dessen Unternehmen erbracht werden oder der ermäßigte Steuersatz nach § 10 Abs. 3 anzuwenden ist, wird die Steuer für diese Umsätze mit 13% der Bemessungsgrundlage festgesetzt. Die diesen Umsätzen zuzurechnenden Vorsteuerbeträge werden jeweils in gleicher Höhe festgesetzt.

Die Bestimmungen des § 6 Abs. 1 Z 8 bis 26, des § 11 und des § 12 Abs. 10 bis 12 sind anzuwenden. Weiters sind Berichtigungen nach § 16 vorzunehmen, die Zeiträume betreffen, in denen die allgemeinen Vorschriften dieses Bundesgesetzes Anwendung gefunden haben.

(1a) Für die Ermittlung der Umsatzgrenze von 400 000 Euro nach Abs. 1 und den Zeitpunkt des Eintritts der aus Über- oder Unterschreiten der Umsatzgrenze resultierenden umsatzsteuerlichen Folgen ist § 125 BAO sinngemäß anzuwenden.

(2) Unternehmer im Sinne des Abs. 1 haben für die Lieferungen von Getränken und alkoholischen Flüssigkeiten, die weder in § 10 Abs. 3 Z 11 noch in den Anlagen angeführt sind, eine zusätzliche Steuer von 10% der Bemessungsgrundlage, soweit diese Umsätze an einen Unternehmer für dessen Unternehmen erbracht werden, eine zusätzliche Steuer von 7% der Bemessungsgrundlage zu entrichten. Für diese zusätzliche Steuer sowie für Steuerbeträge, die nach § 11 Abs. 12 und 14 oder § 12 Abs. 10 bis 12 geschuldet werden oder die sich nach § 16 ergeben, gelten die allgemeinen Vorschriften dieses Bundesgesetzes mit der Einschränkung sinngemäß, dass ein weiterer Vorsteuerabzug entfällt.

(3) Als land- und forstwirtschaftlicher Betrieb ist ein Betrieb anzusehen, dessen Hauptzweck auf die Land- und Forstwirtschaft gerichtet ist. Als Landwirtschaft gelten insbesondere der Acker-, Garten-, Gemüse-, Obst- und Weinbau, die Wiesen- und Weidewirtschaft einschließlich der Wanderschäferei, die Fischzucht einschließlich der Teichwirtschaft und die Binnenfischerei, die Imkerei sowie Tierzucht- und Tierhaltungsbetriebe im Sinne des § 30 des Bewertungsgesetzes 1955.

(4) Zum land- und forstwirtschaftlichen Betrieb gehören auch die Nebenbetriebe, die dem land- und forstwirtschaftlichen Hauptbetrieb zu dienen bestimmt sind.

(5) Führt der Unternehmer neben den im Abs. 1 angeführten Umsätzen auch andere Umsätze aus, so ist der land- und forstwirtschaftliche Betrieb als gesondert geführter Betrieb im Sinne des § 12 Abs. 7 zu behandeln.

§ 22 UStG

(6) Der Unternehmer kann bis zum Ablauf des Veranlagungszeitraumes gegenüber dem Finanzamt schriftlich erklären, daß seine Umsätze vom Beginn dieses Kalenderjahres an nicht nach den Abs. 1 bis 5, sondern nach den allgemeinen Vorschriften dieses Bundesgesetzes besteuert werden sollen. Diese Erklärung bindet den Unternehmer für mindestens fünf Kalenderjahre. Sie kann nur mit Wirkung vom Beginn eines Kalenderjahres an widerrufen werden. Der Widerruf ist spätestens bis zum Ablauf des ersten Kalendermonates nach Beginn dieses Kalenderjahres zu erklären.

(7) Die Bestimmungen der Abs. 1 bis 6 sind auch auf land- und forstwirtschaftliche Betriebe einer Körperschaft des öffentlichen Rechts anzuwenden, wenn die Umsätze der land- und forstwirtschaftlichen Betriebe gemäß § 1 Abs. 1 Z 1 in einem der dem Veranlagungsjahr vorangegangenen drei Kalenderjahre 400 000 Euro nicht überstiegen haben. Wird diese Umsatzgrenze nicht überschritten, so gelten die Abs. 1 bis 6 nur für jene land- und forstwirtschaftlichen Betriebe, hinsichtlich welcher der nach den Grundsätzen des ersten Abschnittes des zweiten Teiles des Bewertungsgesetzes 1955 unter Berücksichtigung von Zupachtungen und Verpachtungen zum 1. Jänner eines Jahres ermittelte Wert der bei Unterhalten eines zum land- und forstwirtschaftlichen Vermögen gehörenden Betriebes selbstbewirtschafteten Fläche 150 000 Euro nicht übersteigt.

UStR zu § 22:

	Rz
1. Durchschnittssatzbesteuerung	2852
1.1 Steuerfreie Umsätze im Rahmen eines land- und forstwirtschaftlichen Betriebes	2854
1.1.1 Echt steuerbefreite Umsätze (Ausfuhrlieferung und ig Lieferung)	2854
1.1.2 Unecht steuerbefreite Umsätze	2855
1.1.3 Vorsteuerberichtigung bei Änderung der Verhältnisse	2856
1.1.4 Ausstellung von Rechnungen bei land- und forstwirtschaftlichen Betrieben	2858
1.2 Landwirtschaft und Liebhaberei	2859
2. Zusatzsteuer	2871
3. Land- und forstwirtschaftlicher Betrieb	2876
3.1 Tierzucht und Tierhaltung	2877
3.2 Abgrenzung landwirtschaftliche und gewerbliche Gärtnerei	2878
3.3 Bienenzucht – Imkerei	2879
3.4 Fischereirechte	2879a
3.5 Jagd	2879b
3.6 Verkauf von Milcheinzelrichtmengen	2880
3.7 Verpachtung von land- und forstwirtschaftlichen Flächen; Betriebs- oder Teilbetriebsverpachtung	2881
3.8 Die Überlassung von Grundstücken für Schipisten und Langlaufloipen sowie für die Aufstellung von Handymasten	2882
3.9 Einräumung anderer Dienstbarkeiten	2883
3.10 Übertragung bzw vorübergehende Überlassung von Zahlungsansprüchen aufgrund des Marktordnungsgesetzes 2007, BGBl I Nr 55/2007	2885
4. Nebenbetriebe	2891
4.1 Verarbeitungsbetriebe	2892
4.1.1 Be- oder Verarbeitung von eigenen oder zugekauften Urprodukten	2893
4.1.2 Vorsteuerabzug	2894
4.2 Substanzbetriebe	2895
4.3 Nebenerwerbe und Nebentätigkeiten	2896
4.3.1 Privatzimmervermietung	2897
4.3.2 Dienstleistungen und Vermietungen im Rahmen der zwischenbetrieblichen Zusammenarbeit	2898
4.3.3 Laienfleischbeschau	2899
4.3.4 Entsorgung von Klärschlamm	2900
4.3.5 Energieerzeugung	2901

	Rz
5. Land- und Forstwirtschaft als gesondert geführter Betrieb	2906
6. Option zur Regelbesteuerung	2916
7. Land- und forstwirtschaftlicher Betrieb von Körperschaften öffentlichen Rechts	2921

2851 § 22 UStG 1994 regelt die Besteuerung bei nichtbuchführungspflichtigen Unternehmern, deren im Rahmen eines land- und forstwirtschaftlichen Betriebes ausgeführte Umsätze 400.000 Euro nicht übersteigen (siehe Rz 2853), abschließend, sodass die anderen Vorschriften des UStG 1994 nur anwendbar sind, soweit § 22 UStG 1994 darauf verweist oder erkennbar ihren Inhalt voraussetzt.

Geht bei Leistungsbezügen für den land- und forstwirtschaftlichen Betrieb die Steuerschuld auf den pauschalierten Land- und Forstwirt als Leistungsempfänger über (zB gemäß § 19 Abs. 1 zweiter Satz oder Abs. 1b UStG 1994), kommt § 22 UStG 1994 nicht zur Anwendung und muss die geschuldete Steuer daher an das Finanzamt abgeführt werden (zB Errichtung eines Wirtschaftsgebäudes durch einen ausländischen Unternehmer). Dies gilt auch für die im Zusammenhang mit innergemeinschaftlichen Erwerben gemäß Art. 1 UStG 1994 anfallende Steuer (zB Kauf eines Traktors aus dem EU-Ausland). In beiden Fällen ist ein zusätzlicher Vorsteuerabzug nicht möglich, weil dieser im Rahmen der Durchschnittssatzbesteuerung berücksichtigt wird. Hinsichtlich der Aufzeichnungs- und Erklärungspflichten gelten die allgemeinen Vorschriften (Verpflichtung zur Abgabe einer Steuererklärung bei innergemeinschaftlichen Erwerben und Umsätzen, bei denen es zum Übergang der Steuerschuld kommt).

1. Durchschnittssatzbesteuerung

2852 § 22 Abs. 1 UStG 1994 sieht vor, dass in den Anwendungsbereich der Durchschnittssatzbesteuerung fallende Unternehmer die in einem land- oder forstwirtschaftlichen Betrieb anfallende Vorsteuer und Umsatzsteuer nach Durchschnittssätzen ermitteln. Die Regelung ist auch dann anwendbar, wenn ein nicht buchführungspflichtiger Land- und Forstwirt freiwillig Bücher oder Aufzeichnungen führt, sofern die Umsatzgrenze von 400.000 Euro nicht überschritten wird.

2853 Ob für den Unternehmer für einen land- und forstwirtschaftlichen Betrieb Buchführungspflicht besteht, richtet sich nach den §§ 124 und 125 BAO. Für Veranlagungszeiträume bis einschließlich 2014 bestimmt sich die Anwendbarkeit des § 22 Abs. 1 UStG 1994 allein nach der Buchführungspflicht. Nach der ab 1.1.2015 geltenden Rechtslage ist für die Anwendung der Durchschnittssatzbesteuerung gemäß § 22 Abs. 1 UStG 1994 idF BudBG, BGBl. I Nr. 40/2014, durch nichtbuchführungspflichtige Unternehmer weitere Voraussetzung, dass die im Rahmen des land- und forstwirtschaftlichen Betriebes ausgeführten Umsätze höchstens 400.000 Euro betragen. Dies gilt – im Unterschied zu der vor dem 1.1.2015 geltenden Rechtslage – auch dann, wenn der nach § 125 Abs. 1 lit. b BAO für die Buchführungspflicht alternativ maßgebliche Einheitswert von 150.000 Euro unter Berücksichtigung der Ver- und Zupachtungen nicht überschritten wird. Wird diese Wertgrenze hingegen überschritten, besteht nach Maßgabe des § 125 Abs. 3 BAO Buchführungspflicht und ist § 22 Abs. 1 UStG 1994 unabhängig von der Umsatzhöhe nicht anwendbar.

Für die Ermittlung der Umsatzgrenze von 400.000 Euro und für den Zeitpunkt des Eintritts der aus der Über- oder Unterschreitung dieser Betragsgrenze resultierenden Rechtsfolgen ist § 125 BAO sinngemäß anzuwenden. Übersteigen demnach bei bisher unter die Durchschnittssatzbesteuerung fallenden land- und forstwirtschaftlichen Betrieben die Umsätze in zwei aufeinanderfolgenden Jahren jeweils 400.000 Euro, so ist § 22 Abs. 1 UStG 1994 mit Beginn des darauf zweitfolgenden Kalenderjahres nicht mehr anwendbar. Betragen die Umsätze des land- und forstwirtschaftlichen Betriebes in zwei aufeinander folgenden Kalenderjahren höchstens 400.000 Euro, fällt der Land- und Forstwirt bereits ab Beginn des darauf folgenden Kalenderjahres in die Durchschnittssatzbesteue-

§ 22 UStG

rung zurück, es sei denn der Unternehmer gibt fristgerecht eine Optionserklärung gemäß § 22 Abs. 6 UStG 1994 ab. Durch den damit verbundenen Wechsel der Besteuerungsart kann es gemäß § 12 Abs. 12 iVm § 22 Abs. 1 UStG 1994 zu Vorsteuerberichtigungen kommen (siehe Rz 2857a ff.). Zum Vorliegen eines einheitlichen Betriebes bei land- und forstwirtschaftlichen Mitunternehmerschaften siehe EStR 2000 Rz 4140a.

Zur Rechnungslegung siehe Rz 2858.

2853a Der Durchschnittssteuersatz beträgt für im Rahmen des land- und forstwirtschaftlichen Betriebes ausgeführte Umsätze iSd § 22 Abs. 1 UStG 1994 10% bzw., soweit diese Umsätze an einen Unternehmer für dessen Unternehmen erbracht werden, 13% (bis 31.12.2015: 12%) der Bemessungsgrundlage. Der Pauschalsteuersatz von 13% kommt auch für ab 1.1.2016 ausgeführte Umsätze an Letztverbraucher zur Anwendung, wenn – bei Regelbesteuerung – gemäß § 10 Abs. 3 UStG 1994 idF StRefG 2015/2016, BGBl. I Nr. 118/2015, der ermäßigte Steuersatz von 13% anzuwenden ist (bis 31.12.2015: Durchschnittssteuersatz 10%).

Beispiel 1:

Ein pauschalierter Landwirt liefert im Juni 2016 Rindfleisch an einen Privaten und an einen Gastwirt für dessen Unternehmen.

Der Durchschnittssteuersatz für die an den Privaten ausgeführte Fleischlieferung beträgt 10%, jener für die an den Gastwirt ausgeführte Lieferung 13%.

Beispiel 2:

Ein pauschalierter Land- und Forstwirt liefert im August 2016 Brennholz an einen Hotelier für dessen Unternehmen und an einen privaten Eigenheimbesitzer.

In beiden Fällen beträgt der Durchschnittssteuersatz 13%, für den Umsatz an den Privaten deshalb, weil die Lieferung von Brennholz seit 1.1.2016 gemäß § 10 Abs. 3 Z 1 lit. a iVm Anlage 2 Z 9 UStG 1994 dem ermäßigten Steuersatz von 13% unterliegt. Gleiches würde zB auch für die Lieferung von selbst erzeugtem Wein aus eigenen Weintrauben gelten (ermäßigter Steuersatz von 13% unter den Voraussetzungen des § 10 Abs. 3 Z 11 UStG 1994).

1.1 Steuerfreie Umsätze im Rahmen eines land- und forstwirtschaftlichen Betriebes

1.1.1 Echt steuerbefreite Umsätze (Ausfuhrlieferung und innergemeinschaftliche Lieferung)

2854 Die Anwendung der echten Befreiungsbestimmungen des § 6 Abs. 1 Z 1 bis 6 und Art. 7 UStG 1994 ist im Rahmen der Sondervorschrift des § 22 UStG 1994 ausgeschlossen, sodass solche Umsätze zum gesonderten Steuerausweis in den Rechnungen berechtigen bzw. verpflichten (zu innergemeinschaftlichen Lieferungen siehe Rz 3988; zur ZM-Abgabeverpflichtung Rz 4154). Die in Rechnung gestellte Umsatzsteuer kann an ausländischen Unternehmer erstattet werden.

Zur Zusatzsteuer siehe Rz 2873.

1.1.2 Unecht steuerbefreite Umsätze

2855 Die unechten Umsatzsteuerbefreiungen nach § 6 Abs. 1 Z 8 bis 26 UStG 1994 sind anzuwenden. In Rechnungen über diese Umsätze ist ein gesonderter Steuerausweis unzulässig. Eine Option nach § 6 Abs. 2 UStG 1994 ist nicht vorgesehen (zB Lieferung von Gebäuden). Gemäß § 6 Abs. 1 Z 16 UStG 1994 steuerfreie Umsätze aus der Vermietung und Verpachtung von Grundstücken (zB Gebäude), die nicht in den Anwendungsbereich des § 22 UStG 1994 fallen (siehe Rz 2881), können hingegen nach § 6 Abs. 2 UStG 1994 steuerpflichtig behandelt werden (zu den Voraussetzungen siehe Rz 899a bis 899c).

1.1.3 Vorsteuerberichtigung bei Änderung der Verhältnisse

2856 Wird im Rahmen der Regelbesteuerung ein Vorsteuerabzug geltend gemacht, so ist zB bei einer Veräußerung oder unentgeltlichen Übergabe innerhalb von 19 Jahren (bzw. 9 Jahren; siehe Rz 2081) nach der erstmaligen Verwendung eine Berichtigung des im

Rahmen der Regelbesteuerung vorgenommenen Vorsteuerabzuges durchzuführen.

Beispiel:
Im Jahr 2006 wird eine Scheune errichtet. Die Scheune wird ab 2006 verwendet. Der im Jahr 2006 vorgenommene Vorsteuerabzug beträgt insgesamt 5.000 Euro. 2011 wird der land- und forstwirtschaftliche Betrieb an den Sohn unentgeltlich übergeben.
Die Entnahme des Grundstückes (Scheune) ist unecht umsatzsteuerbefreit. Im Jahre 2011 ist eine Berichtigung des Vorsteuerabzuges in Höhe von fünf Zehntel, 2.500 Euro, vorzunehmen.

2857 Gegenstände, die vor dem 1.1.2014 erstmals als Anlagevermögen in Verwendung genommen wurden:

Der Übergang von der Regelbesteuerung zur Besteuerung nach § 22 UStG 1994 und umgekehrt ist keine Änderung der Verhältnisse iSd § 12 Abs. 10 und Abs. 11 UStG 1994. Das gilt für Gegenstände, die vor dem 1.1.2014 erstmals als Anlagevermögen in Verwendung genommen wurden, sowie damit zusammenhängende Vorgänge nach dem 31.12.2013.

Wird ein Gegenstand, der zunächst für den land- und forstwirtschaftlichen Betrieb angeschafft wurde, in der Folge im **Gewerbebetrieb** des Unternehmers verwendet, so ist keine Vorsteuerkorrektur vorzunehmen, denn der Gegenstand wird weiterhin zur Ausführung steuerpflichtiger Umsätze verwendet.

2857a **Gegenstände, die nach dem 31.12.2013 erstmals als Anlagevermögen in Verwendung genommen wurden:**

Hinsichtlich der Vorsteuerberichtigung gemäß § 12 Abs. 10 und Abs. 11 UStG 1994 zB iZm der Veräußerung und Entnahme von Gegenständen siehe Rz 2856.

Kommt es nach dem 31.12.2013 zu einem Wechsel in der Anwendung der allgemeinen Vorschriften und der Vorschriften des § 22 UStG 1994 für den Vorsteuerabzug (Wechsel von der Durchschnittssatzbesteuerung zur Regelbesteuerung bzw. (Rück-)Wechsel zur Pauschalierung), liegt gemäß § 12 Abs. 12 zweiter Satz UStG 1994 idF AbgÄG 2012, BGBl. I Nr. 112/2012, ab dem Veranlagungsjahr 2014 eine Änderung der Verhältnisse iSd § 12 Abs. 10 und Abs. 11 UStG 1994 vor, die zu einer Vorsteuerberichtigung führen kann. Bei Gegenständen des Anlagevermögens ist die Übergangsregelung gemäß § 28 Abs. 39 Z 4 UStG 1994 idF BGBl. I Nr. 63/2013 zu beachten.

Zu einer Änderung der Verhältnisse iSd § 12 Abs. 12 UStG 1994 kommt es auch bei einem Wechsel des Besteuerungsverfahrens infolge Überschreitung oder Unterschreitung der Buchführungsgrenzen oder der Umsatzgrenze von 400.000 Euro. Gleiches gilt im Zusammenhang mit Nebentätigkeiten, die nach der LuF-PauschVO 2015, BGBl. II Nr. 125/2013 bzw. – vor deren Anwendungsbereich – LuF-PauschVO 2011, BGBl. II Nr. 471/2010 idgF, nicht mehr oder wiederum als land- und forstwirtschaftlicher Nebenbetrieb oder Nebenerwerb zu beurteilen sind (zB Be- oder Verarbeitung von eigenen oder zugekauften Urprodukten iSd Rz 2893 f. bei Über- oder Unterschreitung der Einnahmengrenze von 33.000 Euro).

Eine Vorsteuerberichtigung ist in diesen Fällen allerdings nur dann vorzunehmen, wenn nicht von der Vorsteuerpauschalierung gemäß Rz 2894 Gebrauch gemacht wurde.

Die Bestimmung kommt auch bei Änderungen der Verwendung oder des Nutzungsausmaßes von Wirtschaftsgütern zur Anwendung (zB ein ursprünglich ausschließlich als landwirtschaftliche Maschinenhalle verwendetes Gebäude wird in der Folge ausschließlich als Garage für die Hotelgäste des Unternehmers genutzt; ein Traktor wird zunächst zu je 50% in der Land- und Forstwirtschaft und im Gewerbebetrieb, in der Folge nur mehr zu 20% im Gewerbebetrieb und zu 80% in der Land- und Forstwirtschaft eingesetzt).

2857b **Gegenstände des Anlagevermögens – Rechtslage ab 1.1.2014**

Betroffen sind beim Anlagevermögen Vorsteuerbeträge im Zusammenhang mit Anschaffungs- und Herstellungskosten, nachträglichen Anschaffungs- und Herstellungskosten, aktivierungspflichtigen Aufwendungen und Großreparaturen (siehe dazu im Detail

§ 22 UStG

Rz 2077 ff). Der Berichtigungszeitraum beträgt bei beweglichen Gegenständen des Anlagevermögens vier bzw. bei Grundstücken neunzehn Jahre (siehe Rz 2081).

Gemäß § 12 Abs. 10 UStG 1994 hat die Berichtigung des Vorsteuerabzugs jeweils für den Besteuerungszeitraum zu erfolgen, in dem sich die für den Vorsteuerabzug maßgebenden Verhältnisse geändert haben. Somit ist für jedes Jahr der Änderung eine positive oder negative Fünftel- bzw. – bei Grundstücken – Zwanzigstelberichtigung vorzunehmen.

Bei Gegenständen des Anlagevermögens ist zusätzliche Voraussetzung für die Anwendung der Vorsteuerberichtigung gemäß § 12 Abs. 12 UStG 1994, dass die erstmalige Verwendung oder Nutzung durch den Unternehmer in seinem Unternehmen als Anlagevermögen nach dem 31.12.2013 erfolgt.

Beispiel 1:

Der Landwirt L hat mit Wirkung ab 1.1.2010 zur Regelbesteuerung optiert. Mit Wirkung ab 1.1.2015 widerruft L seine Optionserklärung und wendet ab diesem Zeitpunkt wieder die Pauschalbesteuerung an.

Im Jahr 2012 hat L mit der Errichtung eines Wirtschaftsgebäudes begonnen, das im Frühjahr 2013 fertiggestellt und in Verwendung genommen wurde. In diesem Zusammenhang wurden Vorsteuern in Höhe von 90.000 Euro geltend gemacht. Im Frühjahr 2014 schaffte L einen Traktor an (Vorsteuerabzug 12.000 Euro), den er sofort nach Anlieferung in Betrieb genommen hat.

Zum 1.1.2015 sind Treibstoffvorräte im Wert von 3.000 Euro (einschließlich 20% USt) vorhanden, die im Herbst 2014 angeschafft wurden.

Mit Wirkung ab 1.1.2017 wechselt L neuerlich zur Regelbesteuerung.

Für vor dem 1.1.2014 erworbene und als Anlagevermögen in Verwendung genommene Gegenstände des Anlagevermögens (hier: Wirtschaftsgebäude) hat gemäß § 28 Abs. 39 Z 4 UStG 1994 keine Vorsteuerberichtigung zu erfolgen.

Da der Traktor erstmals im Jahr 2014 als Anlagevermögen in Verwendung genommen wurde, ist aufgrund des Rückwechsels in die Pauschalbesteuerung eine Änderung der Verhältnisse eingetreten und daher ab dem Jahr 2015 eine negative Vorsteuerberichtigung iHv jeweils ? 2.400 (1/5 von 12.000 Euro) pro Jahr vorzunehmen. Aufgrund des neuerlichen Wechsels zur Regelbesteuerung mit Wirkung ab 1.1.2017 entfällt diese Vorsteuerberichtigung ab diesem Zeitpunkt wieder.

Hinsichtlich der mit Vorsteuerabzug erworbenen Treibstoffvorräte tritt zum 1.1.2015 eine Änderung der Verhältnisse gemäß § 12 Abs. 11 iVm Abs. 12 UStG 1994 ein (einmalige negative Vorsteuerberichtigung im Jahr 2015 in Höhe von 500 Euro; siehe auch Rz 2857c).

Beispiel 2:

Der pauschalierte Landwirt L optiert gemäß § 22 Abs. 6 UStG 1994 mit Wirkung ab 1.1.2015 zur Regelbesteuerung. Im Herbst 2013 hat L ein landwirtschaftliches Kleingerät um 10.000 Euro zzgl. 20 % USt erworben und in Verwendung genommen. Im Frühjahr 2014 schaffte L einen Traktor an (Vorsteuer 12.000 Euro), den er sofort nach Anlieferung in Betrieb genommen hat.

Zum 1.1.2015 sind Treibstoffvorräte im Wert von 3.000 Euro (einschließlich 20% USt) vorhanden, die im Herbst 2014 angeschafft wurden.

Mit Wirkung ab 1.1.2020 wechselt L zur Pauschalbesteuerung.

Der Wechsel zur Regelbesteuerung stellt gemäß § 12 Abs. 10 iVm Abs. 12 UStG 1994 eine Änderung der für den Vorsteuerabzug maßgeblichen Verhältnisse dar. Dies gilt jedoch für Gegenstände des Anlagevermögens nur dann, wenn diese nach dem 31.12.2013 in Verwendung genommen wurden. L kann daher iZm dem landwirtschaftlichen Kleingerät keine positive Vorsteuerberichtigung vornehmen. Der Traktor wurde hingegen erstmals im Jahr 2014 als Anlagevermögen in Nutzung genommen. L kann daher für die Veranlagungszeiträume 2015 bis einschl. 2018 eine positive Vorsteuerberichtigung in Höhe von jeweils 2.400 Euro (1/5 von 12.000 Euro) pro Jahr vornehmen. Da der Vorsteuerberichtigungszeitraum bereits abgelaufen ist, löst der neuerliche Wechsel zur Pauschalbesteuerung mit 1.1.2020 keine negative Vorsteuerberichtigung aus. Hinsichtlich der Treibstoffvorräte tritt zum 1.1.2015 eine Änderung der Verhältnisse gemäß § 12 Abs. 11 iVm Abs. 12 UStG 1994 ein. Daher ist eine einmalige positive Vorsteuerberichtigung im Jahr 2015 in Höhe von 500 Euro (siehe auch Rz 2857c) vorzunehmen.

L kann die positiven Vorsteuerberichtigungen jedoch nur geltend machen, wenn auch ansonsten die Voraussetzungen für den Vorsteuerabzug (zB ordnungsgemäße Rechnung) vorliegen (vgl. Rz 2078).

Im Falle der Einzelrechtsnachfolge (zB unentgeltliche Betriebsübergabe an einen nahen Angehörigen) wirkt der noch durch den Betriebsübergeber verwirklichte Tatbestand der erstmaligen Verwendung als Anlagevermögen nicht auf den Betriebsübernehmer weiter.

Beispiel 3:

Der Land- und Forstwirt L optiert im Jahr 2012 zur Regelbesteuerung. Er beginnt im Frühjahr 2013 mit der Errichtung eines Stallgebäudes (geltend gemachte Vorsteuern: 50.000 Euro) und nimmt dieses noch im selben Jahr in Verwendung. Mit Wirkung vom 1.2.2015 übergibt er den Betrieb unentgeltlich an seinen Sohn und stellt diesem gemäß § 12 Abs. 15 UStG 1994 die für den steuerpflichtig behandelten Entnahmeeigenverbrauch des Wirtschaftsgebäudes gemäß § 3 Abs. 2 UStG 1994 geschuldete Steuer in Höhe von 47.000 Euro in Rechnung.

Um sich die Vorsteuern aus dieser Rechnung abziehen zu können, gibt der Sohn eine Optionserklärung gemäß § 22 Abs. 6 UStG 1994 mit Wirkung ab dem Jahr 2015 ab (neuerliche Auslösung der fünfjährigen Bindung). Ab 2020 wechselt der Sohn zur Pauschalbesteuerung gemäß § 22 UStG 1994.

Bei Weiterverrechnung der vom Übergeber geschuldeten „Eigenverbrauchs-Umsatzsteuer" nach § 12 Abs. 15 UStG 1994 kann der Hofübernehmer im Falle der (neuerlich zu erklärenden Option) zur Regelbesteuerung gemäß § 22 Abs. 6 UStG 1994 – bei Erfüllung der Voraussetzungen des § 12 Abs. 1 UStG 1994 – zunächst den in Rechnung gestellten Steuerbetrag in Höhe von 47.000 Euro zur Gänze im Veranlagungszeitraum 2015 abziehen. Gleichzeitig beginnt jedoch mit dem ersten Jahr der Betriebsübernahme der zwanzigjährige Beobachtungszeitraum neu zu laufen. Da der Sohn als übernehmender Land- und Forstwirt den Gegenstand nicht vor dem 1.1.2014 als Anlagevermögen erstmalig in Verwendung genommen hat, kommt die Übergangsregelung des § 28 Abs. 39 Z 4 UStG 1994 nicht zur Anwendung. Infolge des mit Wirkung ab 1.1.2020 erfolgten Wechsels zur Pauschalbesteuerung hat der Sohn daher für die Jahre 2020 bis einschließlich 2034 eine jährliche negative Vorsteuerberichtigung iHv 2.350 Euro vorzunehmen (1/20 von 47.000 Euro; insgesamt 35.250 Euro bzw. 15/20).

Bei Gesamtrechtsnachfolge durch Erbfolge (vgl. Rz 204), Umgründungen nach dem UmgrStG (vgl. Rz 54 ff) oder nicht steuerbares Anwachsen (vgl. Rz 47 und Rz 2917) läuft hingegen der noch vom Betriebsübergeber ausgelöste Vorsteuerberichtigungszeitraum nach § 12 Abs. 10 UStG 1994 beim Hofübernehmer weiter.

Beispiel 4:

Angabe wie Beispiel 3, jedoch Betriebsübergang auf den Sohn im Wege der gesetzlichen Erbfolge (Vater im Jänner 2015 verstorben; Einantwortung im April 2015). Der Sohn gibt mit Wirkung ab 2015 neuerlich eine Optionserklärung ab. Ab 2020 Wechsel zur Pauschalbesteuerung.

Der Erbe muss ab dem Jahr 2020 hinsichtlich der auf das Wirtschaftsgebäude entfallenen Vorsteuern keine negative Vorsteuerberichtigung vornehmen. Bedingt durch die Gesamtrechtsnachfolge ist die noch im Jahr 2013 erfolgte erstmalige Verwendung/Nutzung als Anlagevermögen durch den Erblasser auch für den Erben maßgeblich. Der Zeitpunkt der erstmaligen Inverwendungnahme durch den Erblasser muss vom Erben durch zweckdienliche Unterlagen nachgewiesen werden können.

2857c Umlaufvermögen und sonstige Leistungen – Rechtslage ab 1.1.2014

Der Anwendungsbereich des § 12 Abs. 11 UStG 1994 (vollständige Vorsteuerberichtigung) umfasst Gegenstände des Umlaufvermögens, in Bau befindliche Anlagen, noch nicht in Verwendung genommene Gegenstände des Anlagevermögens sowie sonstige Leistungen (siehe dazu Rz 2101 ff).

Für unter § 12 Abs. 11 UStG 1994 fallende Berichtigungstatbestände (zB bei Düngemittel-, Saatgut- oder Treibstoffvorräten) gilt die Übergangsregelung nicht. Daher kann es diesbezüglich bei einem Wechsel des Besteuerungsverfahrens bereits ab dem Veranlagungsjahr 2014 zu Vorsteuerberichtigungen kommen.

Eine Vorsteuerberichtigung hat jedoch generell nur in jenen Fällen zu erfolgen, in denen Gegenstände zugekauft wurden. Für selbst erzeugte Produkte ist die Vorsteuerberichtigung grundsätzlich nicht durchzuführen. Eine Vorsteuerberichtigung ist darüber hinaus für zugekaufte Gegenstände des Umlaufvermögens nur dann vorzunehmen, wenn im Zeitpunkt der Änderung der Verhältnisse die körperliche und wirtschaftliche Grundfunktion der Gegenstände durch die land- und forstwirtschaftliche Nutzung nicht bereits endgültig verloren gegangen ist.

Beispiel:

Ein bislang pauschalierter Land- und Forstwirt (§ 22 UStG 1994) wechselt mit 1.1.2014 in die Regelbesteuerung. Im Jahr 2013 hat er folgende Gegenstände zugekauft:
- 100 Leergebinde (Weinflaschen);
- 50 kg Düngemittel;
- 70 Ferkel für die Schweinemast.

Folgende Geschäftsvorgänge erfolgten bis zum 31.12.2013:
- 80 leere Weinflaschen werden gefüllt, davon werden 75 gefüllte Weinflaschen verkauft;
- 45 kg Düngemittel werden verbraucht, 5 kg verbleiben im Lager;
- von den mittlerweile zu Jungsauen herangewachsenen Ferkeln werden 60 geschlachtet und verkauft.

Daraus ergeben sich folgende Konsequenzen:
- Leergebinde/gefüllte Weinflaschen:
  Die Flaschen verlieren durch das Füllen mit Flüssigkeiten ihre körperliche und wirtschaftliche Grundfunktion nicht endgültig. Der Landwirt kann eine positive Vorsteuerberichtigung für 25 Leergebinde geltend machen.
- Düngemittel:
  Der Landwirt kann für die unverbrauchten 5 kg Düngemittel eine positive Vorsteuerberichtigung vornehmen. Die übrigen 45 kg Düngemittel verlieren durch den Verbrauch endgültig ihre körperliche und wirtschaftliche Grundfunktion (auch wenn sie Eingang in ein zum 1.1.2014 im Betrieb noch vorhandenes land- und forstwirtschaftliches Erzeugnis gefunden haben) und unterliegen daher keiner Vorsteuerberichtigung.
- Ferkel/Jungsauen:
  Der Landwirt kann für die im Betrieb verbleibenden 10 Jungsauen eine positive Vorsteuerberichtigung vornehmen, da sich die körperliche und wirtschaftliche Grundfunktion der herangewachsenen Jungferkel nicht endgültig geändert hat.

2857d Besteuerungsverfahren – Rechtslage ab 1.1.2014

Für die aus einer Vorsteuerberichtigung gemäß § 12 Abs. 10 bis Abs. 12 UStG 1994 entstandene Steuerschuld oder -gutschrift gelten auch dann die allgemeinen Vorschriften des UStG 1994 (Berechnung, Entrichtung, Erklärung, Aufzeichnungspflicht etc.), wenn die Berichtigung im Zusammenhang mit dem Wechsel von der Regelbesteuerung zur Pauschalbesteuerung vorzunehmen sind.

Hinsichtlich des Erfordernisses einer ordnungsgemäßen Rechnung (§ 11 UStG 1994) bei einer positiven Vorsteuerberichtigung siehe Rz 2078.

Hinsichtlich der Vorsteuerberichtigung bei Anwendung der Istbesteuerung während des Regelbesteuerungszeitraumes gelten die Ausführungen in Rz 2086 und Rz 2105 sinngemäß:

§ 22 UStG

Beispiel 1 – Einmalzahlung:

Kauf eines Traktors (50.000 Euro + 10.000 Euro USt) im Jahr 2014 (letztes Jahr der Regelbesteuerung, Vorsteuerabzug nach „Ist-Grundsätzen"); Lieferung, Rechnung und erstmalige Verwendung als Anlagevermögen im Jahr 2014; Bezahlung im Jahr 2015; Übergang zur Pauschalierung mit 1.1.2015

	2014 (Option)	2015 (Pauschal)	2016 (P)	2017 (P)	2018 (P)	2019 (P)
Zahlung	0	60.000				
VSt-Abzug		−10.000				
VSt-Berichtigung		+2.000 *)	+2.000	+2.000	+2.000	0

*) 1/5 von 10.000 Euro

Beispiel 2 – Ratenzahlung:

Kauf eines Traktors (50.000 Euro + 10.000 Euro USt) im Jahr 2014 (letztes Jahr der Regelbesteuerung, Vorsteuerabzug nach „Ist-Grundsätzen"); Lieferung, Rechnung und erstmalige Verwendung als Anlagevermögen im Jahr 2014; Bezahlung in zwei Raten (25.000 Euro +5.000 Euro USt) jeweils 2014 und 2015; Übergang zur Pauschalierung mit 1.1.2015

	2014 (Option)	2015 (Pauschal)	2016 (P)	2017 (P)	2018 (P)	2019 (P)
Zahlung	30.000	30.000				
VSt-Abzug	−5.000	−5.000				
VSt-Berichtigung	0	+2.000 *)	+2.000	+2.000	+2.000	0

*) 1/5 von 10.000 Euro

1.1.4 Ausstellung von Rechnungen bei land- und forstwirtschaftlichen Betrieben

2858 Gemäß § 22 Abs. 1 UStG 1994 ist § 11 UStG 1994 anzuwenden. Der nichtbuchführungspflichtige Land- und Forstwirt darf daher für die Lieferungen und sonstigen Leistungen im Rahmen seines Betriebes Umsatzsteuer in Rechnung stellen. Bei Lieferungen und sonstigen Leistungen an einen anderen Unternehmer für dessen Unternehmen bzw. an eine juristische Person auch für ihren nichtunternehmerischen Bereich besteht seit 1. Jänner 2004 eine Verpflichtung zur ordnungsgemäßen Rechnungsausstellung. Es gelten die allgemeinen Regeln zur Rechnungslegung. Zum Erfordernis der Angabe einer UID in von pauschalierten Land- und Forstwirten ausgestellten Rechnungen siehe Rz 1556. Von den ausgestellten Rechnungen für steuerpflichtige Lieferungen und sonstige Leistungen ist eine Durchschrift oder Abschrift anzufertigen und sieben Jahre aufzubewahren.

1.2 Landwirtschaft und Liebhaberei

2859 Im Regelfall sind land- und forstwirtschaftliche Betriebe unter § 1 Abs. 1 der Verordnung des BM für Finanzen über das Vorliegen von Einkünften, über die Annahme einer gewerblichen oder beruflichen Tätigkeit und über die Erlassung vorläufiger Bescheide (Liebhabereiverordnung), BGBl. Nr. 33/1993 idgF (LVO) einzureihen und es liegt nach § 6 LVO Liebhaberei nicht vor (vgl. VwGH 16.11.2009, 2008/15/0059).

2860 Wird eine land- und forstwirtschaftliche Tätigkeit entfaltet, die auf einer besonderen in der Lebensführung begründeten Neigung beruht (§ 1 Abs. 2 LVO; zB Nutzung für Freizeitzwecke und/oder zur Ausübung von Hobbytätigkeiten wie Jagen oder Reiten) und sich bei objektiver Betrachtung nicht zur Erzielung von Gewinnen eignet, liegt keine unternehmerische Tätigkeit vor (zB VwGH 21.10.2003, 97/14/0161, zur Verpachtung einer landwirtschaftlichen Liegenschaft). Zu besonderen Ausnahmefällen siehe LRL 2012 Rz 170. Zur Steuerschuld aufgrund der Rechnungslegung bei Rechnungen mit Steuerausweis sowie zur allfälligen Rechnungsberichtigung siehe LRL 2012 Rz 180 und 181.

Randzahlen 2861 bis 2870: Derzeit frei.

2. Zusatzsteuer

2871 Für die im Rahmen eines land- oder forstwirtschaftlichen Betriebes ausgeführten Lieferungen (und für den den Lieferungen gleichgestellten Eigenverbrauch) der weder **unter die Begünstigung des § 10 Abs. 3 Z 11 UStG 1994 fallenden** noch in den Anlagen angeführten Getränke und alkoholischen Flüssigkeiten (zB **im Rahmen eines Buschenschanks ausgeschenkter Wein**, selbstgebrannte Spirituosen, Fruchtsäfte) ist eine zusätzliche Steuer von 10%, soweit der Umsatz an einen Unternehmer für dessen Unternehmen erbracht wird, von 7% (bis 31.12.2015: 8%) der Bemessungsgrundlage zu entrichten, ohne dass ein weiterer Vorsteuerabzug möglich wäre. Für die Zusatzsteuer gelten die allgemeinen Vorschriften des Umsatzsteuergesetzes, somit auch die Vorschriften über die Steuerbefreiungen, die Aufzeichnungspflichten, die Umsatzsteuervoranmeldung und die Umsatzsteuererklärung. Da die Zusatzbesteuerung eine Ergänzung der Durchschnittssatzbesteuerung darstellt, ist die Anwendung der Kleinunternehmerbefreiung gemäß § 6 Abs. 1 Z 27 UStG 1994 jedoch auch für diese im Rahmen eines land- und forstwirtschaftlichen Betriebes ausgeführten Umsätze ausgeschlossen.

Beispiel:

Verkauf von 1 Stamperl Marillenbrand um 3,6 Euro an einen

a) Nichtunternehmer

b) Unternehmer

Die Bemessungsgrundlage beträgt 3 Euro (3,6 : 1,20)

Die Zusatzsteuer beträgt für die Lieferung an

a) 0,3 Euro (3 x 10%) und an

b) 0,21 Euro (3 x 7%) bzw. bei Verkauf vor dem 1.1.2016: 0,24 Euro (3 x 8%)

2872 Bis 31.12.2015 fiel für die nunmehr in § 10 Abs. 3 Z 11 UStG 1994 („Ab-Hofverkauf von Wein") geregelten Umsätze eine Zusatzsteuer von 2% an, die aber gemäß § 22 Abs. 8 UStG 1994 idF vor StRefG 2015/2016 entfiel.

2873 Bei der Ausfuhr von in § 22 Abs. 2 UStG 1994 genannten Getränken und alkoholischen Flüssigkeiten bleibt es bei der Pauschalbesteuerung gemäß § 22 Abs. 1 UStG 1994 (keine Abfuhr). Das gilt auch für den „Touristenexport" iSd § 7 Abs. 1 Z 3 UStG 1994 sowie für innergemeinschaftliche Lieferungen an Unternehmer (vgl. Rz 3988 und Rz 4154). Die Zusatzsteuer (zB bei der Lieferung von Traubensaft oder Schnaps) unterliegt unter den dort genannten Voraussetzungen der Steuerbefreiung gemäß § 7 bzw. Art. 7 UStG 1994. In der Rechnung darf in diesen Fällen nur die pauschale Steuer, nicht jedoch eine Zusatzsteuer ausgewiesen werden, ansonsten entsteht eine Steuerschuld aufgrund der Rechnungslegung gemäß § 11 Abs. 12 UStG 1994, die der pauschalierte Landwirt an das Finanzamt entrichten muss. Werden die Voraussetzungen für die Steuerbefreiung nicht erfüllt (zB fehlender Nachweis der Beförderung oder Versendung), ist die Zusatzsteuer an das Finanzamt abzuführen und in Rechnung zu stellen.

Bei der Beförderung oder Versendung von verbrauchsteuerpflichtigen Waren (zB Wein oder Schnaps) an Nichtunternehmer in anderen Mitgliedstaaten obliegt die Besteuerung gemäß Art. 3 Abs. 3, 4 und 7 UStG 1994 dem Bestimmungsmitgliedstaat (keine Anwendung der Lieferschwelle). Bei der Beförderung und Versendung von anderen unter § 22 Abs. 2 UStG 1994 fallenden Getränken (zB Traubensaft) an Nichtunternehmer in anderen Mitgliedstaaten gilt dies erst ab Überschreitung der Lieferschwelle des jeweiligen Mitgliedstaates. Bei Unterschreitung der Lieferschwelle sowie bei der Abholung durch den privaten Abnehmer bleibt es entsprechend dem Ursprungslandprinzip bei der Besteuerung im Inland und § 22 Abs. 2 UStG 1994 ist anzuwenden (Entrichtung der Zusatzsteuer, außer es handelt sich um Lieferungen, die unter § 10 Abs. 3 UStG 1994 fallen).

Randzahlen 2874 bis 2875: Derzeit frei.

3. Land- und forstwirtschaftlicher Betrieb

2876 Die Besteuerung nach Durchschnittssätzen erstreckt sich auf alle Umsätze des **im Inland gelegenen** land- und forstwirtschaftlichen Betriebes einschließlich der Umsätze der land- und forstwirtschaftlichen Nebenerwerbe und der Nebenbetriebe. Der Durchschnittssatzbesteuerung unterliegen die Umsätze für Lieferungen und sonstige Leistungen, der Eigenverbrauch, die Hilfsgeschäfte, die Veräußerung und die Entnahme eines Betriebes.

Bewirtschaftet ein pauschalierter Land- und Forstwirt von seiner inländischen Hofstelle aus landwirtschaftliche Flächen, die in einem anderen Mitgliedstaat gelegen sind, und verbringt er die geernteten Feldfrüchte zur weiteren Verwertung in das Inland, ist dieses innergemeinschaftliche Verbringen gem. Art. 6 Abs. 2 Z 3 UStG 1994 von der Erwerbsteuer befreit, wenn auch die Einfuhr derartiger Gegenstände aus dem Drittland nach den für die Einfuhrumsatzsteuer geltenden Vorschriften steuerfrei wäre. Die aus diesen Ernteerträgen im Inland erzielten Umsätze unterliegen der Durchschnittssatzbesteuerung gem. § 22 UStG 1994.

3.1 Tierzucht und Tierhaltung

2877 Siehe EStR 2000 Rz 5139 bis Rz 5148.

Ungeachtet der ertragsteuerlichen Beurteilung fallen Umsätze ab 1.1.2014 aus der Pensionshaltung von Pferden, die von ihren Eigentümern zur Ausübung von Freizeitsport oder selbständigen oder gewerblichen, nicht land- und forstwirtschaftlichen Zwecken genutzt werden, nicht unter die Durchschnittssatzbesteuerung (vgl. auch BFH 13.1.2011, V R 65/09, BStBl II 2011, 465, mit Verweis auf Art. 295 Abs. 1 Z 5 MwSt-RL 2006/112/EG). Dies gilt entsprechend für die Vermietung von eigenen Pferden zu Reitzwecken. Zur Möglichkeit des pauschalen Vorsteuerabzuges im Zusammenhang mit der Pensionspferdehaltung nach der Pferdepauschalierungsverordnung, BGBl. II Nr. 48/2014 idgF, siehe Rz 2279.

3.2 Abgrenzung landwirtschaftliche und gewerbliche Gärtnerei

2878 Siehe Rz 5110 bis 5115 EStR 2000.

3.3 Bienenzucht – Imkerei

2879 Siehe EStR 2000 Rz 5123. Die Imkerei gilt als land- und forstwirtschaftlicher Betrieb. Die Feststellung von Einheitswerten erfolgt jedoch erst ab einem Bestand von 50 Bienenvölkern (bis 31.12.2014: von 40 Ertragsvölkern). Auch wenn keine Einheitswertfeststellung erfolgt, liegen Umsätze aus Land- und Forstwirtschaft vor, die unter § 22 UStG 1994 fallen. Auch diese Imker sind berechtigt Rechnungen mit Umsatzsteuerausweis auszustellen.

3.4 Fischereirechte

2879a Die Verpachtung von Fischereirechten (siehe EStR 2000 Rz 5122) ist kein Umsatz im Rahmen eines land- und forstwirtschaftlichen Betriebes im Sinne des § 22 Abs. 1 UStG 1994. Die Besteuerung hat daher nach den allgemeinen Bestimmungen des Umsatzsteuerrechts zu erfolgen. Zur Nichtanwendbarkeit der Steuerbefreiung gemäß § 6 Abs. 1 Z 16 UStG 1994 siehe § 6 Rz 889.

3.5 Jagd

2879b Siehe EStR 2000 Rz 5124 bis Rz 5129.

Umsätze aus einer Jagd (Wildabschüsse; Wildbret usw.) sind dem land- und forstwirtschaftlichen Betrieb zuzurechnen, wenn die Jagdausübung auf land- und forstwirtschaftlich genutzten Flächen dieses Betriebes bzw. im Zusammenhang mit diesem Betrieb erfolgt. Umsätze aus einer gepachteten Jagd, die nicht im Zusammenhang mit dem land- und forstwirtschaftlichen Betrieb des Jagdpächters stehen, unterliegen nicht der Durchschnittssatzbesteuerung gemäß § 22 UStG 1994.

Die Verpachtung einer Eigenjagd ist kein Umsatz im Rahmen eines land- und forstwirtschaftlichen Betriebes im Sinne des § 22 Abs. 1 UStG 1994. Die Besteuerung hat daher nach den allgemeinen Bestimmungen des Umsatzsteuerrechts zu erfolgen (vgl. EuGH 26.5.2005, **Rs C-43/04, Stadt Sundern**). Zur Nichtanwendbarkeit der Steuerbefreiung gemäß § 6 Abs. 1 Z 16 UStG 1994 siehe Rz 889. **Zum Pachtentgelt gehören auch die weiterverrechneten Jagdbetriebskosten (zB Aufwendungen des Verpächters für Jagdpersonal, Futter und Jagdverwaltung (Abschusspläne usw.) sowie der pauschale Ersatz von eventuellen Wildschäden** (vgl. VwGH 22.7.2015, 2011/13/0104).

3.6 Verkauf von Milcheinzelrichtmengen

2880 Umsätze aus dem Verkauf von Milcheinzelrichtmengen fallen unter die Land- und Forstwirtschaft und sind bei pauschalierten Landwirten mit der Durchschnittssatzbesteuerung abgegolten.

3.7 Verpachtung von land- und forstwirtschaftlichen Flächen; Betriebs- oder Teilbetriebsverpachtung

2881 Wird der gesamte land- und forstwirtschaftliche Betrieb auf Dauer verpachtet und somit überhaupt keine land- bzw. forstwirtschaftliche Tätigkeit mehr entfaltet (Betriebsaufgabe), liegen keine Umsätze im Rahmen eines land- und forstwirtschaftlichen Betriebes mehr vor und § 22 UStG 1994 ist nicht anwendbar. Die Pachtentgelte sind nach den allgemeinen Bestimmungen des UStG 1994 zu versteuern.

Verpachtet ein Land- und Forstwirt einzelne land- und forstwirtschaftliche Flächen oder wesentliche, selbstständig bewirtschaftbare Teile seines land- und forstwirtschaftlichen Betriebes (zB Ackerbau samt zugehörigen Maschinen und Gebäuden), stellen die Verpachtungsumsätze grundsätzlich keine Umsätze im Rahmen seines land- und forstwirtschaftlichen Betriebes mehr dar und unterliegen daher auch dann nicht der Durchschnittssatzbesteuerung, wenn er neben der Verpachtung weiterhin als Land- oder Forstwirt tätig ist (vgl. EuGH 15.07.2004, Rs C-321/02, *Harbs*).

Die Pachtentgelte sind nach den allgemeinen Bestimmungen des UStG 1994 zu versteuern. Für die auf die Verpachtung der Grundstücksflächen und Gebäude entfallenden Entgeltsteile gilt die unechte Steuerbefreiung gem. § 6 Abs. 1 Z 16 UStG 1994 mit Optionsmöglichkeit nach § 6 Abs. 2 UStG 1994. Für die Nutzungsüberlassung von landwirtschaftlichen Maschinen und anderen landwirtschaftlichen Betriebsvorrichtungen und Betriebsmitteln kommt der Normalsteuersatz zur Anwendung. Die Kleinunternehmerregelung gem. § 6 Abs. 1 Z 27 UStG 1994 ist zu beachten (vgl. § 6 Rz 996).

Außerhalb einer Verpachtung fällt die Vermietung (= Überlassung zur Nutzung) von Gebäuden und Betriebsvorrichtungen, die dem land- und forstwirtschaftlichen Betrieb dienen, jedenfalls unter die Durchschnittssatzbesteuerung, wenn sie kurzfristig (nicht für ein gesamtes Wirtschaftsjahr) und nur für land- und forstwirtschaftliche Zwecke des Mieters bzw. Nutzers erfolgt (vgl. § 22 Rz 2898 zu Vermietungen und Dienstleistungen im Rahmen der überbetrieblichen Zusammenarbeit). Ob das überlassene land- und forstwirtschaftliche Wirtschaftsgut zu land- und forstwirtschaftlichen Zwecken genutzt wird, ist aus der Sicht des Leistungsempfängers zu beurteilen. Die kurzfristige Vermietung von Maschinen an Nichtlandwirte (zB Vermietung eines Traktors an einen Maschinenring für Zwecke der Schneeräumung) ist als Nebenerwerb dann noch von der Durchschnittssatzbesteuerung erfasst, wenn die Verwendung der Maschine durch den Vermieter überwiegend für land- und forstwirtschaftliche Zwecke erfolgt.

Bezüglich der Überlassung von land- und forstwirtschaftlichen Grundstücken zur Nutzung für sportliche Zwecke, für die Aufstellung von Handymasten oder sonstige Anlagen siehe § 22 Rz 2882 und Rz 2884.

3.8 Die Überlassung von Grundstücken für Schipisten und Langlaufloipen sowie für die Aufstellung von Handymasten

2882 Die Überlassung von Grundstücken zur Nutzung für Sport- und Freizeiteinrichtungen (zB Schilifte und Schipisten) stellt keinen Umsatz im Rahmen eines land- und forstwirtschaftlichen Betriebes im Sinne des § 22 UStG 1994 dar, sofern sie nicht als bloße land- und forstwirtschaftliche Nebentätigkeit zu qualifizieren ist (VwGH 30.10.2003, Zl. 2000/15/0109; hinsichtlich Hilfs- und Nebentätigkeit siehe VwGH 23.10.1990, Zl. 89/14/0067). Das gilt entsprechend für die Überlassung von Grundstücken für die Aufstellung von Handymasten.

Bezüglich der Abgrenzung zwischen Dienstbarkeit und Vermietung/Verpachtung wird die Rechtsprechung des EuGH zu beachten sein. Danach liegt eine Vermietung von Grundstücken vor, wenn der Vermieter des Grundstücks dem Mieter gegen Zahlung des Mietzinses für eine bestimmte Dauer das Recht überträgt, ein Grundstück so in Besitz zu nehmen, als ob er dessen Eigentümer wäre, und jede andere Person von diesem Recht auszuschließen (EuGH 12. 6. 2003, Rs C-275/01).

Bei der Überlassung von Grundstücken für das Aufstellen von Handymasten wird grundsätzlich von Vermietung und Verpachtung auszugehen sein. Die Leistung des pauschalierten Landwirtes ist daher (falls nicht zur Steuerpflicht optiert wird) unecht steuerfrei. Der Landwirt braucht keine Umsatzsteuer entrichten, wenn in der Rechnung (Gutschrift) keine Umsatzsteuer ausgewiesen ist.

Bei der Überlassung von Grundstücken zur Nutzung als Schipisten, Lifttrassen, Langlaufloipen und dergleichen liegen hingegen grundsätzlich Dienstbarkeiten vor. Sofern nicht die Kleinunternehmerbefreiung anzuwenden ist, unterliegen diese Umsätze des pauschalierten Landwirtes der Regelbesteuerung. Der Landwirt muss daher in diesen Fällen die 20%ige Umsatzsteuer an das Finanzamt entrichten. Aus Gründen der Verwaltungsökonomie wird allerdings bei Nutzungsentgelten bis zu einem Gesamtbetrag von 2.000 € jährlich pro Leistungsempfänger von einer Besteuerung Abstand genommen, wenn in der Rechnung (Gutschrift) keine Umsatzsteuer ausgewiesen ist.

Die Rz 2882 ist für Umsätze zu beachten, die nach dem 31.12.2004 ausgeführt werden.

3.9 Einräumung anderer Dienstbarkeiten

2883 Auf an pauschalierte Land- und Forstwirte gezahlte Abgeltungen bzw. Servitutsentgelte im Zusammenhang mit der Errichtung von ober- und unterirdischen Versorgungsleitungen (Erdöl-, Erdgas-, Strom-, Wärme-, Wasser-, Abwasser- und Datenleitungen) einschließlich der zu den oberirdischen Leitungen gehörigen Tragwerken auf landwirtschaftlich genutzten Flächen ist die Durchschnittssatzbesteuerung nach § 22 UStG 1994 anzuwenden. Dies gilt auch für die Einräumung von Grunddienstbarkeiten im Zusammenhang mit der Errichtung von öffentlichen Verkehrswegen und Eisenbahntrassen.

Andere Grunddienstbarkeiten bzw. Servituten für nicht-land- und forstwirtschaftliche Zwecke fallen nicht unter die Pauschalbesteuerung nach § 22 UStG 1994. Der Landwirt muss daher in diesen Fällen, falls nicht die Kleinunternehmerbefreiung zum Zug kommt, die 20-prozentige Umsatzsteuer an das Finanzamt entrichten. Die Bagatellregelung für die Einräumung von Grunddienstbarkeiten iZm der Überlassung von Grundstücken zur Nutzung als Schipisten, Lifttrassen usw. (vgl. 2000 Euro-Grenze in Rz 2882) ist jedoch anwendbar.

Auch Abgeltungen iZm der Duldung der Durchführung von seismischen Messungen zum Zwecke der Auffindung von Bodenschätzen auf land- und forstwirtschaftlichen Flächen fallen nicht unter die Pauschalbesteuerung. Bei derartigen Umsätzen kann aus verwaltungsökonomischen Gründen – unabhängig von der Betragshöhe – von der Besteuerung Abstand genommen werden, sofern keine Rechnungen bzw. Gutschriften ausgestellt werden, die den Leistungsempfänger zum Vorsteuerabzug berechtigen. Diese Rechtsauslegung hinsichtlich der seismischen Messungen ist für solche Umsätze anzuwenden, die ab dem 1. Jänner 2009 ausgeführt worden sind bzw. ausgeführt werden.

2884 Bei der Überlassung von Grundstücksflächen durch pauschalierte Land- und Forstwirte für eingezäunte Sondenplätze, sonstige Betriebsanlagen (zB Transformatorstationen, Gasdruckregelstationen) und Windkraftanlagen liegt Vermietung und Verpachtung vor (vgl. § 22 Rz 2882 zur Grundstücksüberlassung für das Aufstellen von Handymasten).

§ 22 UStG

3.10 Übertragung bzw. vorübergehende Überlassung von Zahlungsansprüchen aufgrund des Marktordnungsgesetzes 2007, BGBl. I Nr. 55/2007

2885 Die entgeltliche Übertragung (=Veräußerung) von Zahlungsansprüchen iSd Marktordnungsgesetzes 2007, BGBl. I Nr. 55/2007, ohne gleichzeitige Übertragung des dazu gehörigen Grund und Bodens fällt bei pauschalierten Landwirten unter die Durchschnittssatzbesteuerung (Steuersatz 13% [bis 31.12.2015: 12%]). Die Steuerbefreiung gemäß § 6 Abs. 1 Z 8 lit. c UStG 1994 kommt nicht zur Anwendung, da insoweit kein Umsatz im Geschäft mit Geldforderungen ausgeführt wird.

2886 Erfolgt die endgültige Übertragung (= Veräußerung) bzw. die Verpachtung (= vorübergehende Überlassung) von Zahlungsansprüchen iSd Marktordnungsgesetzes 2007, BGBl. I Nr. 55/2007, im Zusammenhang mit Verkäufen bzw. Verpachtungen von land- und forstwirtschaftlichen Grundstücksflächen, stellen die Übertragung der Zahlungsansprüche und die Grundstückstransaktion jeweils eigenständige Hauptleistungen dar. Die Steuerbefreiungen gemäß § 6 Abs. 1 Z 9 lit. a und Z 16 UStG 1994 sind für die Übertragung der Zahlungsansprüche nicht anwendbar, sodass dieser Umsatz – unabhängig von der umsatzsteuerlichen Behandlung des Grundstücksumsatzes bzw. des Verpachtungsumsatzes – bei pauschalierten Landwirten dem Durchschnittssteuersatz von 13% (bis 31.12.2015: 12%) unterliegt.

Sofern für die Übertragung bzw. Verpachtung des Zahlungsanspruches kein gesonderter Entgeltsbestandteil vereinbart wurde, kann aus Vereinfachungsgründen von einer gesonderten umsatzsteuerlichen Erfassung der Übertragung bzw. Verpachtung der Zahlungsansprüche Abstand genommen werden.

Randzahlen 2887 bis 2890: Derzeit frei.

4. Nebenbetriebe

2891 Nebenbetriebe sind Betriebe, die grundsätzlich als Gewerbebetriebe einzustufen wären und lediglich infolge ihres inneren betriebswirtschaftlichen Zusammenhangs mit dem land- und forstwirtschaftlichen Betrieb für steuerrechtliche Zwecke als Nebenbetriebe und damit als unselbständige Teile des land- und forstwirtschaftlichen Hauptbetriebes behandelt werden.

Siehe auch EStR 2000 Rz 4221 bis 4230 und die dort angeführten Beispiele für Nebenbetriebe.

4.1 Verarbeitungsbetrieb

2892 Verarbeitungsbetriebe sind einem land- und forstwirtschaftlichen Betrieb angeschlossene Einrichtungen zur **Verarbeitung und Verwertung der im land- und forstwirtschaftlichen Betrieb gewonnenen Erzeugnisse**. Diese Betriebe dienen dem land- und forstwirtschaftlichen Betrieb dadurch, dass sie dessen Erzeugnisse veredeln, wodurch sein Ertrag gesteigert wird, und in vielen Fällen noch dazu, Rückstände oder Abfälle dem Hauptbetrieb zuzuführen und dadurch zB eine verstärkte Viehhaltung zu ermöglichen.

4.1.1 Be- oder Verarbeitung von eigenen oder zugekauften Urprodukten

2893 Nach § 7 Abs. 4 der Verordnung des BM für Finanzen, BGBl. II Nr. 125/2013 idF BGBl. II Nr. 164/2014 über die Aufstellung von Durchschnittssätzen für die Ermittlung des Gewinnes aus Land- und Forstwirtschaft (LuF-PauschVO 2015) bzw. für Veranlagungszeiträume vor 2015 gemäß § 6 Abs. 4 LuF-PauschVO 2011, BGBl. II Nr. 471/2010 wird die Be- oder Verarbeitung von Urprodukten durch einen Land- und Forstwirt unter den dort aufgezählten Kriterien (insbesondere bei Überschreitung der Einnahmengrenze von 33.000 Euro) mangels wirtschaftlicher Unterordnung im Verhältnis zum land- und forstwirtschaftlichen Hauptbetrieb nicht den Einkünften aus Land- und Forstwirtschaft zugeordnet. Umsätze aus der Be- oder Verarbeitung von land- und forstwirtschaftlichen Urprodukten, die einkommensteuerrechtlich nicht den Einkünften aus Land- und Forstwirtschaft zuzuordnen sind (siehe EStR 2000 Rz 4215 bis Rz 4220), sind auch umsatzsteuerrechtlich nicht den Umsätzen aus Land- und Forstwirtschaft zuzurechnen. Diese Umsätze sind für den gesamten Veranlagungszeitraum, in dem die wirtschaftliche Unterordnung nach den ertragsteuerrechtlichen Grundsätzen nicht gegeben ist, nach den allgemeinen Regeln des Umsatzsteuergesetzes zu versteuern. Das Vorliegen eines land- und forstwirtschaftlichen Be- und Verarbeitungsbetriebes ist für jeden Veranlagungszeitraum gesondert zu beurteilen.

Die Be- und Verarbeitung von landwirtschaftlichen Urprodukten zum Zweck der Verabreichung im hofeigenen Buschenschank ist kein Nebenbetrieb, sondern unmittelbarer Bestandteil des landwirtschaftlichen Hauptbetriebes. Die diesbezüglichen Umsätze unterliegen daher der Durchschnittssatzbesteuerung sowie nach Maßgabe des § 22 Abs. 2 UStG 1994 der Zusatzsteuer. Die damit im Zusammenhang stehenden Vorsteuern werden im Rahmen der Pauschalbesteuerung berücksichtigt. Rz 2894 ist in diesen Fällen nicht anzuwenden. Zur ertragsteuerlichen Behandlung sowie zur Abgrenzung zum Gewerbebetrieb siehe EStR 2000 Rz 4231 bis Rz 4242.

Zur Abgrenzung der Urproduktion von der Be- und Verarbeitung ist für steuerliche Zwecke für Veranlagungszeiträume ab 2009 die Urprodukteverordnung, BGBl. II Nr. 410/2008, maßgeblich (vgl. EStR 2000 Rz 4220 sowie Rz 5123). Die Be- und/oder Verarbeitung von Produkten, die keine Urprodukte sind, stellt keine land- und forstwirtschaftliche Nebentätigkeit dar. Für Zwecke der Zusatzbesteuerung bestimmter Getränkelieferungen (§ 22 Abs. 2 UStG 1994) hat die Urprodukte-Verordnung keine Bedeutung.

Beispiel:
Die Erzeugung von Met gilt nach der Urprodukte-Verordnung als Urproduktion.
Die diesbezüglichen Umsätze sind daher für Zwecke der Berechnung der 33.000-Euro-Grenze nicht zu berücksichtigen. Diese Tätigkeit ist unmittelbar dem land- und forstwirtschaftlichen Hauptbetrieb zuzurechnen und die Umsätze fallen somit unter die Pauschalbesteuerung. Die Zusatzsteuer gemäß § 22 Abs. 2 UStG 1994 in Höhe von 7% (bis 31.12.2015: 10 bzw. 8%) ist zu entrichten, wenn das Getränk am Hof (zB in einem Buschenschank) konsumiert wird. Beim Ab-Hofverkauf von selbst erzeugtem Met fällt keine Zusatzsteuer an (vgl. Rz 2872).

4.1.2 Vorsteuerabzug

2894 Die dem Be- oder Verarbeitungsbetrieb zuzuordnenden Vorsteuern können mit einem Durchschnittssatz von 6% des auf das jeweilige Veranlagungsjahr entfallenden Gesamtumsatzes (iSd § 17 Abs. 5 UStG 1994) des Be- und Verarbeitungsbetriebes berechnet werden. Die der Durchschnittssatzbesteuerung unterliegenden land- und forstwirtschaftlichen Umsätze dürfen in diese Berechnung nicht miteinbezogen werden.

Der Unternehmer kann bis zur Rechtskraft des Veranlagungsbescheides mit Wirkung für den gesamten Veranlagungszeitraum entscheiden, ob er den Vorsteuerabzug entsprechend der Durchschnittssatzermittlung oder in der tatsächlich angefallenen Höhe geltend macht. Da jedoch mit dem 6-prozentigen Pauschalsatz sämtliche auf die „gewerbliche" Direktvermarktung entfallenden Vorsteuern eines Veranlagungszeitraumes abgegolten sind, ist eine Kombination der beiden Vorsteuerermittlungsmethoden eben so wenig zulässig wie ein unterjähriger Wechsel.

Beim Wechsel von der Vorsteuerpauschalierung zum Vorsteuerabzug nach § 12 Abs. 1 UStG 1994 und umgekehrt ist für die Zuordnung der Vorsteuer der Zeitpunkt der Leistung maßgeblich (vgl. auch § 14 Rz 2234).

Ab dem Veranlagungszeitraum 2007 sind bei Inanspruchnahme der Vorsteuerpauschalierung die Bestimmungen des § 14 Abs. 4 und 5 UStG 1994 sinngemäß zu beachten (Erfordernis einer schriftlichen Erklärung bzw. eines schriftlichen Widerrufs; mindestens zweijährige Bindungswirkung für die Pauschalermittlung; mindestens fünfjährige Bindungswirkung beim Übergang auf die Vorsteuerermittlung nach den allgemeinen Vorschriften). Siehe § 14 Rz 2288 bis Rz 2289 sowie Rz 2301 bis Rz 2303.

4.2 Substanzbetriebe

2895 Substanzbetriebe sind Betriebe, in denen die Substanz des Bodens als solche gewonnen und – verarbeitet oder unverarbeitet – in dem land- und forstwirtschaftlichen Betrieb verwendet oder veräußert wird (zB Sand- und Lehmgruben, Schottergruben, Torfstiche).

§ 22 UStG

Ob ein land- oder forstwirtschaftlicher Nebenbetrieb oder ein Gewerbebetrieb vorliegt, ist nach den oben angeführten einkommensteuerlichen und bewertungsrechtlichen Auslegungsgrundsätzen zu beurteilen. Zur Abgrenzung zum Gewerbebetrieb siehe Rz 4226 bis 4228 EStR 2000.

4.3 Nebenerwerbe und Nebentätigkeiten

2896 Den landwirtschaftlichen Nebenbetrieben werden andere Nebentätigkeiten gleichgestellt, das sind Tätigkeiten, die wegen ihres engen Zusammenhanges mit der Haupttätigkeit und wegen ihrer untergeordneten Bedeutung in dieser gleichsam aufgehen. Die Beurteilung des Vorliegens einer land- und forstwirtschaftlichen Nebentätigkeit hat nach dem Gesamtbild der Verhältnisse zu erfolgen, wobei nicht nur die Umsatzverhältnisse, sondern auch das Verhältnis von eingesetztem Kapital und Arbeitszeit, die Ertragslage sowie die absolute Höhe der Umsätze und Gewinne zu berücksichtigen sind (vgl. VwGH 21.12.2010, 2009/15/0001 zur Betreuung öffentlicher Grünanlagen). Die gewerberechtliche Beurteilung ist nicht entscheidend. Zu den land- und forstwirtschaftlichen Nebentätigkeiten kann zB unter den genannten Voraussetzungen die Erbringung von Fuhrwerksleistungen, Holzschlägerungen für Dritte oder die Erbringung von Dienstleistungen im Rahmen der Nachbarschaftshilfe gehören. Hiezu siehe EStR 2000 Rz 4201 bis Rz 4208.

Umsätze aus der Tätigkeit als Obmann einer landwirtschaftlichen Genossenschaft fallen nicht unter die Durchschnittssatzbesteuerung (kein enger Zusammenhang mit der land- und fortwirtschaftlichen Tätigkeit; VwGH 29.07.2010, 2006/15/0217).

4.3.1 Privatzimmervermietung

2897 Auch **Einnahmen** von Land- und Forstwirten, die aus Privatzimmervermietungen **(mit oder ohne Frühstück)** erzielt werden, sind als **Umsätze** aus land- und forstwirtschaftlichen Nebenerwerben zu behandeln, wenn die Zimmervermietung als wirtschaftlich untergeordnet angesehen werden kann. Die Frage der wirtschaftlichen Unterordnung wird sich nach den jeweiligen Verhältnissen des Einzelfalles richten. Eine Zimmervermietung, die sich auf mehr als zehn Fremdenbetten erstreckt, wird nicht mehr als untergeordnet angesehen werden können (siehe EStR 2000 **Rz 4193 sowie – zur Ermittlung der Zehn-Bettengrenze – Rz 4193a). Hinsichtlich der seit 1.5.2016 anzuwendenden Durchschnittssteuersätze siehe Rz 2853a iVm Rz 1368 bis 1370 sowie – zur Übergangsregelung für Beherbergungsleistungen bis einschließlich 31.12.2017 – Rz 1403.**

4.3.2 Dienstleistungen und Vermietungen im Rahmen der zwischenbetrieblichen Zusammenarbeit

2898 Zur Abgrenzung zum Gewerbebetrieb siehe Rz 4204 **sowie 4206** bis 4208 EStR 2000.

4.3.3 Laienfleischbeschau

2899 Die Ausübung der Laienfleischbeschau durch einen Landwirt kann nicht als bäuerlicher Nebenerwerb dem landwirtschaftlichen Betrieb zugerechnet werden, da ein enger wirtschaftlicher Zusammenhang zwischen dem landwirtschaftlichen Betrieb und der Nebentätigkeit nicht besteht. Die Umsätze aus der Fleischbeschau fallen daher nicht unter § 22 UStG 1994.

4.3.4 Entsorgung von Klärschlamm

2900 Bringt ein Landwirt im Rahmen bodenschutzrechtlicher Vorgaben Klärschlamm auf seine Felder gegen Entgelt auf (siehe Rz 1327a), stellt die Entsorgungsleistung des Landwirts keine landwirtschaftliche, sondern grundsätzlich eine gewerbliche Tätigkeit dar. Es kann darin aber eine landwirtschaftliche Nebentätigkeit gesehen werden, wenn das Sammeln und Kompostieren von fremden, kompostierbaren Abfällen mit den in der Land- und Forstwirtschaft üblichen Methoden erfolgt (vgl. Rz 2891) und nach Maßgabe des § 7 Abs. 2 und 4 LuF-PauschVO 2015, BGBl. II Nr. 125/2013 idgF (bis 31.12.2014: § 6 Abs. 2 und 4 LuF-PauschVO 2011, BGBl. II Nr. 471/2010 idgF), im Verhältnis zum land- und forstwirtschaftlichen Hauptbetrieb von wirtschaftlicher Unterordnung auszugehen ist (Maßgeblichkeit der 33.000-Euro-Grenze). Sind diese Voraussetzungen erfüllt, kann die

§ 22 UStG

Entsorgungsleistung des Landwirts von der Pauschalierungsregelung des § 22 UStG 1994 erfasst sein.

Der Verkauf von aus dem Müll gewonnenen neu verwertbaren Produkten ist gesondert zu betrachten (Rz 1322). Dazu gehört auch der Verkauf des durch die Kompostieranlage gewonnen Komposts.

4.3.5 Energieerzeugung

2901 Für die Erzeugung von Energie mittels Biomasseanlagen, Hackschnitzelheizungen oder mithilfe von alternativen Energieerzeugnisanlagen (zB Wind-, Solar-, oder Wasserkraftwerke) sind für die Beurteilung, ob ein land- und forstwirtschaftlicher Nebenbetrieb oder eine gewerbliche Tätigkeit vorliegt, die ertragsteuerlichen Grundsätze sinngemäß anzuwenden (vgl. EStR 2000 Rz 4221 und Rz 4222).

2902 Zur umsatzsteuerlichen Behandlung der Energieerzeugung mittels Photovoltaikanlagen durch pauschalierte Land- und Forstwirte siehe Erlass vom 24.2.2014, BMF-010219/0488-VI/4/2013, BMF-AV Nr. 8/2014, Abschnitt 2.1.2. (zur Volleinspeisung) sowie 2.2.2.4. (zur Überschusseinspeisung). Der Erlass ist in allen Fällen anzuwenden, in denen eine Photovoltaikanlage nach dem 28.2.2014 erstmalig in Betrieb genommen wurde und der Kaufvertragsabschluss für die Anlage nach dem 28.2.2014 erfolgt. In allen anderen Fällen (Altfälle) gilt – sofern sich der Unternehmer nicht auf die Anwendung des angeführten Erlasses beruft – weiterhin Folgendes:

Der Betrieb einer Photovoltaikanlage (oder eines Wind- oder Wasserkraftwerkes), deren erzeugte Strommenge nicht über dem Eigenbedarf des Betreibers für Zwecke des land- und forstwirtschaftlichen Betriebes liegt, ist – in wirtschaftlicher Betrachtungsweise – dem land- und forstwirtschaftlichen Betrieb zuzuordnen, unabhängig davon, ob der erzeugte Strom ganz (Volleinspeiser) oder teilweise (Überschusseinspeiser) in das öffentliche Stromnetz eingespeist wird und anschließend entsprechend dem jeweiligen Bedarf vom öffentlichen Netz rückbezogen wird. Der Vorsteuerabzug ist gemäß § 22 UStG 1994 zur Gänze abgegolten. Die Umsätze aus der Einspeisung unterliegen dem Pauschalsteuersatz von 13% (bis 31.12.2015: 12%).

Dasselbe gilt, wenn der erzeugte Strom auch für private Zwecke verwendet wird, sofern die Stromerzeugung überwiegend für land- und forstwirtschaftliche Zwecke erfolgt.

Wird der erzeugte Strom überwiegend für private Zwecke verwendet, ist die Energieerzeugungsanlage dem nichtunternehmerischen Bereich zu zuordnen und ein Vorsteuerabzug nicht zulässig. Die Umsätze aus der Einspeisung unterliegen nicht der Umsatzsteuer.

Erzeugte Strommenge liegt über dem Eigenbedarf des Betreibers (regelmäßige Mehrproduktion):
- Wird der erzeugte Strom überwiegend für private und land/forstwirtschaftliche Zwecke verwendet, ist der Vorsteuerabzug nach § 22 UStG 1994 abpauschaliert. Die Umsätze aus der Einspeisung unterliegen dem Pauschalsteuersatz von 13% (bis 31.12.2015: 12%), sofern im Rahmen des Eigenbedarfes der land- und forstwirtschaftliche Verbrauch überwiegt. Dies gilt unabhängig davon, ob der erzeugte Strom ganz (Volleinspeiser) oder teilweise (Überschusseinspeiser) in das öffentliche Netz eingespeist wird und anschließend entsprechend dem jeweiligen Bedarf vom öffentlichen Stromnetz rückbezogen wird.
- Wird der erzeugte Strom nicht überwiegend für private und land/forstwirtschaftliche Zwecke verwendet, liegt zur Gänze ein Gewerbebetrieb vor. Die Umsätze aus der Einspeisung unterliegen dem Normalsteuersatz. Bei Volleinspeisung steht der volle Vorsteuerabzug für die Anschaffung und den laufenden Betrieb der Anlage, bei Überschusseinspeisung der anteilsmäßige Vorsteuerabzug zu und zwar soweit die Anlage für die Mehrproduktion verwendet wird (vgl. Rz 2908).

Randzahlen 2903 bis 2905: Derzeit frei.

5. Land- und Forstwirtschaft als gesondert geführter Betrieb

2906 Führt ein Unternehmer neben Umsätzen im Rahmen seines land- und forstwirtschaftlichen Betriebes auch noch **andere Umsätze** (zB im Rahmen eines Gewerbebetriebes, einer selbständigen Arbeit oder einer Vermietung und Verpachtung) aus, so sind die land- oder forstwirtschaftlichen Umsätze bei Zutreffen der Voraussetzungen des § 22 UStG 1994 nach Durchschnittssätzen, die übrigen Umsätze hingegen nach den allgemeinen Vorschriften zu versteuern.

2907 Soweit demnach in den einzelnen umsatzsteuerrechtlichen Vorschriften auf den Unternehmer, das Unternehmen, den Gesamtumsatz usw. abgestellt wird, ist zu berücksichtigen, dass der land- oder forstwirtschaftliche Betrieb so wie jeder andere Betrieb des Unternehmers bloß einen Teil seines einheitlichen Unternehmens bildet. Demgemäß können somit zwischen dem land- oder forstwirtschaftlichen und einem anderen Betrieb des Unternehmers keine Umsätze sondern nur Innenumsätze getätigt werden, für die keine zum Vorsteuerabzug berechtigenden Rechnungen im Sinne des § 11 UStG 1994 ausgestellt werden können (vgl. VwGH 25.2.2015, 2010/13/0189). Bei der Ermittlung des Gesamtumsatzes oder des Umsatzes eines Kalenderjahres sind auch die nach Durchschnittssätzen zu versteuernden Umsätze – die ggf. zu schätzen sind – einzubeziehen. Im Falle einer Schätzung können diese Umsätze mit 150% des Wertes des land- und forstwirtschaftlichen Betriebes (§ 125 Abs. 1 lit. b BAO) angesetzt werden. Bei einer Teilpauschalierung iSd LuF-PauschVO 2015, BGBl. II Nr. 125/2013 idgF (bis 31.12.2014: LuF-PauschVO 2011, BGBl. II Nr. 471/2010 idgF), ist bei der Schätzung jedenfalls von den aufgezeichneten, tatsächlichen Betriebseinnahmen (ohne Umsatzsteuer) auszugehen (zB Weinbuschenschank oder Forstwirtschaft, wenn der forstwirtschaftliche Einheitswert mehr als 11.000 Euro beträgt). Die restlichen land- und forstwirtschaftlichen Umsätze können in Höhe von 150% des – entsprechend gekürzten – Einheitswertes angesetzt werden.

Beispiel:

Ein teilpauschalierter Landwirt (Einheitswert: 20.000 Euro, davon entfallen auf die Forstwirtschaft 12.000 Euro) erzielt im Jahr 2016 Einnahmen aus Holzverkäufen an Unternehmer in Höhe von 16.950 Euro sowie aus der Vermietung von Eigentumswohnungen in Höhe von 11.000 **Euro** (jeweils inkl. USt).

Für Zwecke der Ermittlung des Gesamtumsatzes kann die Schätzung des land- und forstwirtschaftlichen Umsatzes wie folgt vorgenommen werden:

150% des EW von 8.000 €	12.000 €
[= geschätzter landwirtschaftlicher Umsatz (netto)]	
Aufgezeichnete Umsätze aus Holzverkäufe	15.000 €
(13% USt herausgerechnet)	
(Teil-)geschätzter land- und forstwirtschaftlicher Gesamtumsatz	27.000 €
Umsätze aus der Vermietung (ohne USt)	10.000 €
Maßgeblicher Umsatz des Jahres 2016	37.000 €

Da die Kleinunternehmergrenze gemäß § 6 Abs. 1 Z 27 UStG 1994 insgesamt überschritten wird, sind die Vermietungsumsätze steuerpflichtig. Die Holzumsätze werden gemäß § 22 UStG 1994 besteuert.

2908 Hinsichtlich der Aufteilung der Vorsteuern in abziehbare und nichtabziehbare ist der land- und/oder forstwirtschaftliche Betrieb als ein gesondert geführter Betrieb im Sinne des § 12 Abs. 7 UStG 1994 zu behandeln (zB ein Landwirt betreibt neben seiner pauschalierten Landwirtschaft eine „gewerbliche" Direktvermarktung).

Die Vorsteueraufteilung hat umsatzbezogen (nicht betriebsbezogen) zu erfolgen, da durch § 22 Abs. 1 UStG 1994 nur solche Vorsteuern pauschal berücksichtigt werden, die mit den im Rahmen eines land- und forstwirtschaftlichen Betriebs ausgeführten Umsätzen in Zusammenhang stehen. Führt ein Unternehmer daher neben einem der Regelbesteuerung unterliegenden gewerblichen Betrieb (zB gewerbliches Heurigenbuffet) einen land- und forstwirtschaftlichen Betrieb (zB Weinbaubetrieb), für den er die Pauschalierungsregelung des § 22 UStG 1994 in Anspruch nimmt, hat er die von ihm bezogenen Eingangsleistungen ganz oder teilweise einem der beiden Unternehmensteile zuzuordnen und damit die Vorsteuerbeträge in die nach § 12 Abs. 1 und Art. 12 Abs. 1 UStG

1994 abziehbaren und in die bereits im Rahmen der Vorsteuerpauschalierung berücksichtigten aufzuteilen. Es kommt nicht darauf an, in welchem Unternehmensteil die Verwendung der bezogenen Eingangsleistungen zunächst erfolgt. Vielmehr ist darauf abzustellen, ob der Unternehmer die bezogenen Eingangsleistungen für die der Durchschnittssatzbesteuerung nach § 22 UStG 1994 oder für die der Regelbesteuerung unterliegenden Umsätze verwendet (vgl. VwGH 25.2.2015, 2010/13/0189). Sind Vorsteuern teilweise den land- und forstwirtschaftlichen Umsätzen und teilweise den nach den allgemeinen Vorschriften zu besteuernden Umsätzen zuzurechnen, wie etwa beim gemeinsamen Einkauf von Betriebsmitteln oder bei unteilbaren Gegenständen wie Maschinen, Kraftfahrzeugen oder gemischt genutzten Gebäuden, so sind die Vorsteuern entsprechend der vorgesehenen bzw. tatsächlichen Verwendung aufzuteilen (vgl. VwGH 25.2.2015, 2010/13/0189 sowie VwGH 24.5.1993, 92/15/0009). Zur Möglichkeit einer (vorerst) vereinfachten Vorsteueraufteilung siehe Rz 2011 und 2012).

2909 Hinsichtlich des Vorsteuerabzuges im Zusammenhang mit nicht unter § 22 UStG 1994 fallenden Umsätzen müssen sämtliche Voraussetzungen des § 12 UStG 1994 erfüllt sein (insbesondere auch das Vorliegen einer ordnungsgemäßen Rechnung iSd § 11 UStG 1994). Auch sind für diese Vorsteuern die Aufzeichnungspflichten gemäß § 18 und Art. 18 UStG 1994 zu beachten.

Sollte es in Folge zu Verwendungsänderungen kommen (zB ein teilweise mit Vorsteuerabzug erworbenes Wirtschaftsgut fließt in Folge ausschließlich in pauschalierte Umsätze ein), ist eine Vorsteuerberichtigung vorzunehmen. Bei pauschaler Geltendmachung des Vorsteuerabzuges iZm Umsätzen aus der Pensionspferdehaltung für nicht landwirtschaftliche Zwecke nach der PferdePauschV, BGBl. II Nr. 48/2014 idgF, können im Hinblick auf die umsatzbezogene Vorsteueraufteilung neben dem Pauschalbetrag von 24 Euro pro Pferd und Monat sowie den zusätzlich abziehbaren Vorsteuern nach § 2 Abs. 2 der VO keine weiteren Vorsteuern geltend gemacht werden, weil im – auf kalkulatorischer Basis ermittelten – Pauschalsatz sämtliche Vorsteuern, also auch jene, die im Rahmen der land- und forstwirtschaftlichen Erzeugung (zB von Heu oder Stroh) angefallen sind, berücksichtigt wurden. Gleiches gilt bei Inanspruchnahme des 6-prozentigen Pauschalsatzes für Vorsteuern iZm der „gewerblichen" Be- oder Verarbeitung von eigenen oder zugekauften Urprodukten (vgl. Rz 2894).

Randzahlen 2910 bis 2915: derzeit frei.

6. Option zur Regelbesteuerung

2916 Durch Erklärung bis zum Ablauf des betroffenen Kalenderjahres gegenüber dem örtlich und sachlich zuständigen Finanzamt, dass die Umsätze eines land- oder forstwirtschaftlichen Betriebes nach den allgemeinen Vorschriften des UStG 1994 besteuert werden sollen, kann der Unternehmer die Durchschnittssatzbesteuerung ausschließen. Eine bereits abgegebene Optionserklärung kann bis zum Ablauf des betroffenen Veranlagungszeitraumes zurückgenommen werden.

Ein Übergang zur Regelbesteuerung ist nur mit dem Beginn eines Kalenderjahres möglich. Die an keine besondere Form gebundene Erklärung ist im Sinne von § 85 Abs. 1 und § 86a BAO schriftlich oder per Fax einzureichen. Die Frist zur Abgabe der Erklärung ist nicht verlängerbar. Gibt der Unternehmer eine solche Erklärung ab, so ist er daran durch fünf Kalenderjahre ab Beginn der Regelbesteuerung gebunden. Die Wirkung des Widerrufes einer solchen Erklärung tritt immer nur mit dem Beginn eines Kalenderjahres ein, doch muss der Widerruf jeweils spätestens bis zum Ablauf des ersten Kalendermonats nach Beginn dieses Kalenderjahres erfolgen, um noch mit dem Beginn dieses Kalenderjahres wirksam werden zu können. Bezüglich der Form des Widerrufes gelten die oben getroffenen Feststellungen.

2917 Die Option zur Regelbesteuerung ist ein höchstpersönliches Recht des Unternehmers und wirkt bei Einzel- oder Gesamtrechtsnachfolge nicht automatisch auf den Betriebsübernehmer weiter (vgl. auch Rz 204). Will der Betriebsübernehmer zB bei unentgeltlicher Betriebsübergabe oder bei einem Erbanfall weiterhin die Regelbesteuerung anwenden, muss er innerhalb der im § 22 Abs. 6 UStG 1994 vorgesehenen Frist neuerlich eine Optionserklärung beim zuständigen Finanzamt abgeben. Dies gilt auch für die Fälle der § 1

Rz 47. Die fünfjährige Bindefrist beginnt ab Beginn der neuerlich erklärten Regelbesteuerung neu zu laufen.

In den Fällen des nichtsteuerbaren „Anwachsens" (vgl. Rz 47) wirkt eine von einer Personengesellschaft, GesbR, Miteigentümer- bzw. Besitzgemeinschaft abgegebene Optionserklärung beim verbleibenden Gesellschafter, Miteigentümer, Bewirtschafter weiter, weil dieser die Entscheidung zur Regelbesteuerung mitgetragen hat. Ein Widerruf des Verzichtes auf die Pauschalierung kann daher frühestens nach Ablauf der fünfjährigen Bindung erfolgen.

Beispiel:

Ein Ehepaar führt eine Landwirtschaft als GesbR, deren Umsätze gemäß § 22 UStG 1994 pauschaliert sind. Anfang 2009 wurde für die Veranlagungszeiträume ab 2009 eine Optionserklärung gemäß § 22 Abs. 6 UStG 1994 und in der Folge Umsatzsteuervoranmeldungen mit Vorsteuerüberhängen aus der Anschaffung von Traktoren und der Errichtung eines Stalles abgegeben.

Im März 2010 erfolgt das Anwachsen (zB wegen Pensionierung oder Todes eines Ehegatten). Der verbleibende Ehegatte führt den LuF-Betrieb in gleicher Weise allein weiter, möchte aber für Zeiträume ab dem Anwachsen wieder in die Pauschalierung wechseln.

Das Ausscheiden des vorletzten Gesellschafters einer GesbR führt zur Beendigung der Gesellschaft und zum Erlöschen ihrer Unternehmereigenschaft (spätestens zum Zeitpunkt der Beendigung der Abwicklung), es sei denn, der verbleibende Gesellschafter übernimmt die Anteile des ausgeschiedenen Gesellschafters und das Unternehmen wird unverändert fortgeführt.

Da der verbleibende Ehegatte als Mitgesellschafter für die GesbR den Entschluss zum Wechsel in die Regelbesteuerung mitgetragen hat, ist dieser – im Falle der alleinigen und unveränderten Fortsetzung der unternehmerischen Tätigkeit der Gesellschaft – weiterhin an die durch die Optionserklärung der GesbR ausgelöste fünfjährige Frist gebunden. Ein rechtswirksamer Widerruf der Optionserklärung wäre daher frühestens für den Veranlagungszeitraum 2014 möglich (Abgabe bis zum Ablauf des ersten Kalendermonates).

2918 Beim Wechsel von der Besteuerung nach Durchschnittssätzen zur Besteuerung nach den allgemeinen Bestimmungen kommt es in Veranlagungszeiträumen bis einschließlich 2013 zu keiner Änderung der Verhältnisse gemäß § 12 Abs. 10 und 11 UStG 1994. Zur Rechtslage ab 1.1.2014 siehe Rz 2857a ff. Umsätze, die noch im Pauschalierungszeitraum bewirkt wurden, deren Entgelt aber erst im Regelbesteuerungszeitraum vereinnahmt wird, gelten als bereits besteuert. Ein Vorsteuerabzug kann nur für Vorleistungen geltend gemacht werden, die tatsächlich im Regelbesteuerungszeitraum ausgeführt wurden. Die Rechnungslegung bzw. Bezahlung im Regelbesteuerungszeitraum reicht nicht aus. Zur allfälligen positiven Vorsteuerberichtigung nach der ab 1.1.2014 geltenden Rechtslage siehe Rz 2857a ff.

Widerruft ein Land- und Forstwirt, der während der Regelbesteuerung nach vereinnahmten Entgelten versteuert hat, nach Ablauf der fünfjährigen Bindungswirkung seine Optionserklärung, so hat er jene Umsätze, die noch im Regelbesteuerungszeitraum bewirkt, deren Entgelte aber noch nicht vereinnahmt wurden, im ersten auf den Wechsel folgenden Voranmeldungszeitraum nachzuversteuern. Gleichzeitig können Vorsteuern für Vorleistungen, die noch im Regelbesteuerungszeitraum ausgeführt, aber noch nicht abgerechnet wurden, geltend gemacht werden, wenn alle Voraussetzungen des § 12 Abs. 1 UStG 1994 erfüllt sind.

Zu einer allfälligen Vorsteuerberichtigung nach dem neuerlichen Übergang zur Besteuerung nach Durchschnittssätzen vgl. Rz 2856 f. bzw. zur Rechtslage ab 1.1.2014 Rz 2857a ff.

2919 Hat ein pauschalierter Land- und Forstwirt Rechnungen mit einem Steuerausweis ausgestellt, der sich aus der Anwendung des Durchschnittssatzes gem. § 22 Abs. 1 UStG 1994 ergibt, und geht er später mit Wirkung für diese Voranmeldungszeiträume gem. § 22 Abs. 6 UStG 1994 zur Regelbesteuerung über, so hat der Unternehmer ggf. zur Vermeidung der Rechtsfolgen des § 11 Abs. 12 UStG 1994 Rechnungsberichtigungen vorzu-

§ 22 UStG

nehmen bzw. die Berichtigung von Gutschriften zu veranlassen. Eine Sammelberichtigung sämtlicher an einen Leistungsempfänger ausgestellter Rechnungen bzw. Gutschriften ist zulässig, wenn dem Sammelbeleg der jeweilige Berichtigungsbetrag pro ausgestellter Rechnung oder Gutschrift entnommen werden kann (= exakte Zuordnung zur jeweils zu berichtigenden Rechnung oder Gutschrift).

Unterbleibt die Rechnungsberichtigung, hat der Unternehmer den zu hoch ausgewiesenen Steuerbetrag spätestens in der letzten Voranmeldung des Veranlagungszeitraumes, für den auf die Regelbesteuerung übergegangen wurde, als Steuerschuld aufgrund der Rechnungslegung zu erklären bzw. abzuführen. Hinsichtlich des Vorsteuerabzuges beim Leistungsempfänger siehe Rz 1734, Rz 1825 und 1826.

Beispiel:

Ein pauschalierter Landwirt stellt an einen Viehhändler im Voranmeldungszeitraum Juli 2006 eine Rechnung über einen Viehverkauf in Höhe von 1.100 Euro zuzüglich 132 Euro USt (Steuersatz 12%) aus. Im Dezember 2006 reicht der Unternehmer für 2006 die Optionserklärung gemäß § 22 Abs. 6 UStG 1994 ein.

Der Unternehmer hat die Rechnung an den Viehhändler hinsichtlich des Steuerbetrages und des Steuersatzes wie folgt zu berichtigen:

Entgelt 1.100 Euro zuzüglich 110 Euro USt (Steuersatz 10%). Der Viehhändler muss den Vorsteuerabzug entsprechend berichtigen.

Unterlässt der Landwirt die Rechnungsberichtigung, muss er im Voranmeldungszeitraum für Dezember 2006 eine Steuerschuld aufgrund der Rechnungslegung gemäß § 11 Abs. 12 UStG 1994 in Höhe von 22 Euro erklären. Unter den Voraussetzungen der Rz 1825 tritt in der Höhe des ursprünglichen Vorsteuerabzuges des Viehhändlers keine Änderung ein.

Hätte der Viehhändler an den Landwirt eine Gutschrift ausgestellt, müsste diese jedenfalls berichtigt werden. Unterbleibt die Berichtigung, kommt es beim Landwirt zur Steuerschuld gemäß § 11 Abs. 12 UStG 1994. Dem Viehhändler stünde aber nur ein Vorsteuerabzug in Höhe von 110 Euro zu (vgl. § 12 Rz 1826).

Randzahl 2920: Derzeit frei.

7. Land- und forstwirtschaftlicher Betrieb von Körperschaften öffentlichen Rechts

2921 Land- und forstwirtschaftliche Betriebe von Körperschaften öffentlichen Rechts können dann von den Pauschalierungsbestimmungen des § 22 UStG 1994 Gebrauch machen, wenn die Umsätze aller land- und forstwirtschaftlichen Betriebe der Körperschaft öffentlichen Rechts gemäß § 1 Abs. 1 Z 1 und der diesen Umsätzen gleichgestellte Eigenverbrauch gemäß § 3 Abs. 2 und § 3a Abs. 1a UStG 1994 in einem der dem Veranlagungsjahr vorangegangenen drei Kalenderjahre **400.000** € nicht überstiegen haben. Die Durchschnittssatzbesteuerung kann jedoch nur für jene Betriebe in Anspruch genommen werden, bei denen der Wert der selbst bewirtschafteten Fläche unter Berücksichtigung von Zu- und Verpachtungen **150.000** € nicht übersteigt.

Randzahlen 2922 bis 2940: Derzeit frei.

Judikatur EuGH zu § 22:

EuGH vom 8.3.2012, Rs C-524/10, *Kom/Portugal*
Anwendung einer Sonderregelung für landwirtschaftliche Erzeuger

Die Portugiesische Republik hat dadurch gegen ihre Verpflichtungen aus den Art. 296 bis 298 der Richtlinie 2006/112/EG verstoßen, dass sie auf die landwirtschaftlichen Erzeuger eine Sonderregelung anwendet, die gegen die mit dieser Richtlinie eingerichtete Regelung verstößt, weil sie die landwirtschaftlichen Erzeuger von der Entrichtung der Mehrwertsteuer befreit und die Anwendung eines Pauschalausgleich-Prozentsatzes von null mit sich bringt.

Judikatur VwGH zu § 22:

VwGH vom 25.2.2015, 2010/13/0189
Führt ein Unternehmer neben einem der Regelbesteuerung unterliegenden gewerblichen Betrieb einen pauschalierten land- und forstwirtschaftlichen Betrieb, hat er die Vorsteuerbeträge in die abziehbaren und in die bereits im Rahmen der Vorsteuerpauschalierung berücksichtigten aufzuteilen; auch bei Schätzung der Vorsteuern sind ordnungsgemäß gestellte Rechnungen erforderlich

Ein Unternehmer kann stets nur ein Unternehmen haben, auch wenn die Tätigkeiten einkommensteuerrechtlich verschiedene Betriebe bilden oder verschiedenen Einkunftsarten zuzuordnen sind (vgl. Ruppe/Achatz, UStG[4], § 2 Tz 122).

Aus dem Grundsatz der Unternehmenseinheit folgt, dass zwischen den einzelnen Betrieben eines Unternehmers keine steuerbaren Umsätze bewirkt werden können. Werden Leistungen zwischen den einzelnen Unternehmensteilen eines Unternehmers ausgetauscht, liegen nicht steuerbare Innenumsätze vor, für die keine zum Vorsteuerabzug berechtigenden Rechnungen im Sinne des § 11 UStG 1994 gelegt werden können (vgl. das hg. Erkenntnis vom 30. März 1987, 85/15/0215, VwSlg 6205 F/1987, sowie Mayr/Ungericht, UStG[4], § 22 Anm. 6, Ruppe/Achatz, UStG[4], § 2 Tz 125, § 22 Tz 41). Daran ändert auch die Norm des § 22 Abs. 5 UStG 1994 nichts, wonach der land- und forstwirtschaftliche Betrieb als gesondert geführter Betrieb im Sinne des § 12 Abs. 7 UStG 1994 zu behandeln ist, wenn neben den pauschalierten land- und forstwirtschaftlichen Umsätzen auch andere Umsätze erzielt werden. Diese Regelung betrifft nämlich nicht Innenumsätze, sondern nur die Aufteilung der Vorsteuerbeträge aus Leistungen, die von anderen Unternehmern erbracht werden (vgl. das hg. Erkenntnis vom 24. Mai 1993, 92/15/0009, sowie zur insoweit vergleichbaren deutschen Rechtslage die Urteile des BFH vom 25. Juni 1987, V R 121/86, BStBl. II 1988, 150, und vom 13. November 2013, XI R 2/11, UR 2014, 357).

§ 22 UStG 1994 enthält eine Vereinfachungsregelung für die Besteuerung von land- und forstwirtschaftlichen Umsätzen. Danach wird bei nichtbuchführungspflichtigen Unternehmern, die Umsätze im Rahmen eines land- und forstwirtschaftlichen Betriebes ausführen, die Steuer für diese Umsätze mit 10% bzw. 12% festgesetzt. Die diesen Umsätzen zuzurechnenden Vorsteuerbeträge werden in gleicher Höhe festgesetzt (§ 22 Abs. 1 UStG 1994). Die unionsrechtliche Grundlage dieser Regelung findet sich in Art. 25 der 6. EG-Richtlinie, der einen Pauschalausgleich, somit eine pauschale Vorsteuervergütung erlaubt. Danach können die Mitgliedstaaten für landwirtschaftliche Erzeuger als Ausgleich für die Mehrwertsteuerbelastung, die auf den von ihnen bezogenen Gegenständen und Dienstleistungen lastet, einen Pauschalausgleich vorsehen, wenn sie bestimmte landwirtschaftliche Erzeugnisse liefern oder bestimmte landwirtschaftliche Dienstleistungen erbringen. Die Anwendung der gemeinsamen Pauschalregelung für landwirtschaftliche Erzeuger schließt jeden weiteren Vorsteuerabzug aus (Art. 25 Abs. 5 Unterabs. 2 der 6. EG-Richtlinie). Die Regelung des Art. 25 der 6. EG-Richtlinie erfasst nur die Lieferung bestimmter landwirtschaftlicher Erzeugnisse und die Erbringung bestimmter landwirtschaftlicher Dienstleistungen. Die sonstigen Umsätze der Pauschallandwirte unterliegen der allgemeinen Regelung der 6. EG-Richtlinie (vgl. die Urteile des EuGH vom 15. Juli 2004, C-321/02, *Harbs*, Rn. 31 und 36, und vom 26. Mai 2005, C-43/04, *Sundern*, Rn. 20 f). Der Ausschluss des Vorsteuerabzugs nach Art. 25 Abs. 5 der 6. EG-Richtlinie ist daher umsatzbezogen und nicht betriebsbezogen auszulegen (vgl. das Urteil des BFH vom 13. November 2013, XI R 2/11, UR 2014, 357 sowie Klenk in Sölch/Ringleb, UStG, § 24 Rz 170, Tehler in Reiß/Kraeusel/Langer, Umsatzsteuergesetz, § 24 Rz 119 f).

§ 22 Abs. 1 UStG 1994, der von den im Rahmen eines land- und forstwirtschaftlichen Betriebs „ausgeführten Umsätzen" spricht, ist unionsrechtskonform dahingehend zu interpretieren, dass (nur) in Bezug auf die der Durchschnittssatzbesteuerung unterliegenden Umsätze ein weiterer Vorsteuerabzug im Sinne des § 12 Abs. 1 Z 1 UStG 1994 nicht in Betracht kommt. Diese umsatz- und nicht betriebsbezogene Sichtweise wird auch dem unionsrechtlichen Neutralitätsprinzip gerecht, wonach das gemeinsame Mehrwertsteuersystem die Neutralität hinsichtlich der steuerlichen Belastung aller wirtschaftlichen Tätigkeiten unabhängig von ihrem Zweck und ihrem Ergebnis gewährleisten soll, sofern diese Tätigkeiten selbst der Mehrwertsteuer unterliegen (vgl. das Urteil des EuGH vom 21. Februar 2006, C-255/02, *Halifax u.a.*, Rn 78, sowie Klenk, Landwirtschaftlicher Betrieb und Gewerbebetrieb des Pauschallandwirts, UR 2009, 79 (82)).

Führt ein Unternehmer neben einem der Regelbesteuerung unterliegenden gewerblichen Betrieb einen land- und forstwirtschaftlichen Betrieb, für den er die Pauschalierungsregelung des § 22 UStG 1994 in Anspruch nimmt, hat er die von ihm bezogenen Eingangsleistungen ganz oder teilweise einem der beiden Unternehmensteile zuzuordnen und damit die Vorsteuerbeträge in die nach § 12 Abs. 1 Z 1 UStG 1994 abziehbaren und in die bereits im Rahmen der Vorsteuerpauschalierung berücksichtigten aufzuteilen. Es kann dabei aber nicht darauf ankommen, in welchem Unternehmensteil die Verwendung der bezogenen Eingangsleistungen zunächst erfolgt. Vielmehr ist darauf abzustellen, ob der Unternehmer die bezogenen Eingangsleistungen für der Durchschnittssatzbesteuerung nach § 22 UStG 1994 oder der Regelbesteuerung unterliegende Umsätze verwendet. Der Unternehmer hat die Leistungsbezüge den nach § 22 UStG 1994 versteuerten Umsätzen oder den der Regelbesteuerung unterworfenen Umsätzen zuzurechnen (vgl. das Urteil des BFH vom 13. November 2013, XI R 2/11, UR 2014, 357 sowie Klenk in Sölch/Ringleb, UStG, § 24 Rz 170, Tehler in Reiß/Kraeusel/Langer, Umsatzsteuergesetz, § 24 Rz 119 f).

Zwar kommt nach der Judikatur des Verwaltungsgerichtshofes auch eine Schätzung der abzugsfähigen Vorsteuern in Betracht. Voraussetzung dafür ist aber, dass es als erwiesen angenommen werden kann, dass dem Unternehmer entsprechende Vorsteuern im Sinne des § 12 Abs. 1 Z 1 UStG 1994 in Verbindung mit § 11 UStG 1994 in Rechnung gestellt worden sind (vgl. die Erkenntnisse vom 24. Mai 1993, 92/15/0009, mwN, und vom 20. Juni 1995, 91/13/0063).

Besteuerung von Reiseleistungen
§ 23.

(1) Die nachfolgenden Vorschriften gelten für Reiseleistungen eines Unternehmers,
- soweit der Unternehmer dabei gegenüber dem Leistungsempfänger im eigenen Namen auftritt und
- Reisevorleistungen in Anspruch nimmt.

(2) Die Leistung des Unternehmers ist als sonstige Leistung anzusehen. Erbringt der Unternehmer an einen Leistungsempfänger im Rahmen einer Reise mehrere Leistungen dieser Art, so gelten sie als eine einheitliche sonstige Leistung.

(3) Die sonstige Leistung wird an dem Ort ausgeführt, von dem aus der Unternehmer sein Unternehmen betreibt. Wird die sonstige Leistung von einer Betriebsstätte ausgeführt, gilt die Betriebsstätte als der Ort der sonstigen Leistung.

(4) Reisevorleistungen sind Lieferungen und sonstige Leistungen Dritter, einschließlich Reiseleistungen eines anderen Reisebüros, die letztendlich einem nichtunternehmerisch Reisenden zugutekommen.

(5) Die sonstige Leistung ist steuerfrei, wenn die Reisevorleistungen im Drittlandsgebiet bewirkt werden.

(6) Sind die Reisevorleistungen nur zum Teil Reisevorleistungen im Sinne des Abs. 5, so ist nur der Teil der sonstigen Leistung steuerfrei, dem die im Abs. 5 bezeichneten Reisevorleistungen zuzurechnen sind. Die Voraussetzungen der Steuerbefreiung müssen vom Unternehmer buchmäßig nachgewiesen sein. Der Bundesminister für Finanzen kann aus Vereinfachungsgründen bei Schiffs- und Flugreisen durch Verordnung bestimmen, wie der auf das Drittlandsgebiet entfallende Teil der Reisevorleistung zu ermitteln ist.

(7) Die sonstige Leistung bemißt sich nach dem Unterschied zwischen dem Betrag, den der Leistungsempfänger aufwendet, um die Leistung zu erhalten und dem Betrag, den der Unternehmer für die Reisevorleistungen aufwendet. Die Umsatzsteuer gehört nicht zur Bemessungsgrundlage.

Der Unternehmer kann die Bemessungsgrundlage statt für jede einzelne Leistung entweder für Gruppen von Leistungen oder für die gesamten innerhalb des Veranlagungszeitraumes (Voranmeldungszeitraumes) erbrachten Leistungen ermitteln.

(8) Der Unternehmer hat in der Rechnung darauf hinzuweisen, dass die Sonderregelung für Reisebüros angewendet wurde, beispielsweise durch die Angabe „Reiseleistungen/Sonderregelung" oder „Margenbesteuerung." Abweichend von § 12 Abs. 1 ist der Unternehmer nicht berechtigt, die ihm für die Reisevorleistungen gesondert in Rechnung gestellten sowie die nach § 19

§ 23 UStG

Abs. 1 zweiter Satz geschuldeten Steuerbeträge als Vorsteuer abzuziehen. Im übrigen bleibt § 12 unberührt.

(9) Für die sonstigen Leistungen gilt § 18 mit der Maßgabe, daß aus den Aufzeichnungen des Unternehmers zu ersehen sein müssen:
1. der Betrag, den der Leistungsempfänger für die Leistung aufwendet,
2. die Beträge, die der Unternehmer für die Reisevorleistungen aufwendet,
3. die Bemessungsgrundlage nach Abs. 7 und
4. wie sich die in Z 1 und 2 bezeichneten Beträge und die Bemessungsgrundlage nach Abs. 7 auf steuerpflichtige und steuerfreie Leistungen verteilen.

UStR zu § 23:

	Rz		Rz
1. Voraussetzungen	2941	5.1 Steuerbefreiung bei Eigenleistungen	3016
1.1 Reiseleistungen	2947	5.2 Steuerbefreiung bei Vermittlungen	3017
1.1.1 Eigenleistung	2948	5.3 Steuerbefreiung bei Besorgungen	3019
1.1.2 Vermittlungsleistung	2951	5.3.1 Besorgungsleistungen an Unternehmer	3019
1.1.3 Besorgungsleistung	2953	5.3.2 Besorgungsleistungen an Nichtunternehmer	3020
Besorgungsleistungen gegenüber Unternehmern	2953	5.3.3 Aufteilung der Reisevorleistungen	3022
Besorgung von Reiseleistungen für Nichtunternehmer	2954	Beförderung von Personen mit Schiffen und Luftfahrzeugen	3022
1.1.4 Unterscheidung zwischen Vermittlungs- und Besorgungsleistung	2955	Vereinfachung bei Personenbeförderung im Luftverkehr	3023
1.1.5 Gemischte Reiseleistungen an Nichtunternehmer	2958	Vereinfachungsregelungen für Kreuzfahrten	3027
1.2 Leistungsempfänger	2959	6. Voraussetzungen für die Steuerfreiheit	s. Rz 2581-2588
1.2.1 Leistung an Unternehmer	2961	7. Bemessungsgrundlage	3051
1.2.2 Leistung an Nichtunternehmer	2962	7.1 Bemessungsgrundlage bei Besorgungsleistungen	3051
1.2.3 Sonderfälle	2963	7.2 Ermittlung bei gemischten Reiseleistungen	3055
Pauschalierte Land- und Forstwirte	2963	7.3 Schätzung	3058
Incentive Reisen	2966	7.4 Anzahlungen	3060
Betriebsausflug	2967	7.4.1 Toleranzregel	3060
2. Reiseleistung ist eine sonstige Leistung	2981	7.4.2 Anzahlungen bei gemischten Reiseleistungen	3061
3. Ort der Reiseleistungen	2986	7.5 Bemessungsgrundlage in Sonderfällen	3062
3.1 Ort der Reiseleistungen bei Eigenleistungen	2987	7.6 Änderung der Bemessungsgrundlage	3063
3.2 Ort der Reiseleistungen bei Vermittlung von Reiseleistungen	2988	8. Vorsteuerabzug	3091
3.3 Ort der Reiseleistungen bei Besorgung von Reiseleistungen	2989	8.1 Nicht abzugsfähige Vorsteuern	3091
4. Reisevorleistungen	2996	8.2 Abzugsfähige Vorsteuern	3092
4.1 Als Reisevorleistungen sind insbesondere anzusehen:	2997	9. Aufzeichnungspflichten	3111
4.2 Abnahmegarantien	2998		
4.3 Traveller Cards und Parkplätze	2999		
4.4 Keine Reisevorleistungen	3000		
4.5 Gestellung von Bussen	3001		
5. Steuerbefreiungen	3016		

1. Voraussetzungen

2941. Reiseleistungen in Form von **Besorgungsleistungen an Nichtunternehmer** sind den Sondervorschriften des § 23 UStG 1994 zu unterziehen.

2942. Hingegen sind nach den allgemeinen Bestimmungen des Umsatzsteuergesetzes zu versteuern:

Reiseleistungen eines Unternehmers in Form von
- Eigenleistungen an Unternehmer und Nichtunternehmer,
- Vermittlungsleistungen an Unternehmer und Nichtunternehmer,
- Besorgungsleistungen an Unternehmer.

2943 § 23 UStG 1994 gilt für alle Unternehmer, die Reiseleistungen erbringen, ohne Rücksicht darauf, ob es sich um einen Reiseveranstalter, ein Reisebüro oder einen Unternehmer mit einer anderen Betätigung handelt.

2944 Die gesetzliche Bestimmung des § 23 Abs. 1 UStG 1994 ist von Bedeutung für **Besorger von Pauschalreisen an Nichtunternehmer**. Diese werden in der Reisebüro-Sicherungsverordnung definiert als die im Voraus festgelegte Verbindung von mindestens zwei Dienstleistungen – Beförderung, Unterbringung, andere touristische Dienstleistungen –, die zu einem Gesamtpreis verkauft oder zum Verkauf angeboten werden, wenn diese Leistung länger als 24 Stunden dauert und eine Übernachtung einschließt (RSV, BGBl. II Nr. 316/1999).

2945 Zur Erbringung einer Reiseleistung im Sinne des § 23 Abs. 1 UStG 1994 ist es aber nicht erforderlich, dass der Unternehmer ein Bündel von Einzelleistungen erbringt. Eine derartige Besteuerung ist auch dann vorzunehmen, wenn der Unternehmer **nur eine einzelne Leistung** erbringt, zB Vermietung von Ferienwohnungen ohne Anreise und Verpflegung (EuGH vom 12.11.1992, Rs C-163/91).

2946 Die Besteuerung nach § 23 UStG 1994 ist unabhängig vom Zweck der Reise und ist zB auch auf Sprach- und Studienreisen (EuGH 13.10.2005, Rs C-200/04, „iSt") oder Betriebsausflüge anzuwenden.

1.1 Reiseleistungen

2947 Als Reiseleistungen sind insbesondere anzusehen:
- Unterbringung (in Hotels, Pensionen, Ferienhäusern), Vermietung von Unterkünften,
- Beförderung der Reisenden (zu und von den einzelnen Reisezielen, Transfer, Rundreisen, Stadtrundfahrten, Ausflugsfahrten) mit Beförderungsmitteln jeder Art,
- Verpflegung,
- Nebenleistungen (Reisebegleitung, Besichtigungen, Führungen, Rundfahrten, Sportveranstaltungen, Sprachkurse etc).

Ein Unternehmer kann gegenüber dem Leistungsempfänger (Unternehmer oder Nichtunternehmer) eine Eigenleistung, Vermittlungsleistung oder Besorgungsleistung erbringen.

1.1.1 Eigenleistung

2948 Der Unternehmer tritt **im eigenen Namen und für eigene Rechnung** auf. Der USt unterliegt jede einzelne Leistung (zB Busunternehmer erbringt eine Beförderungsleistung, Hotelier vermietet ein Hotelzimmer und verköstigt die Gäste). Die Bemessungsgrundlage (der Buspreis, der Zimmerpreis, der Umsatz an Speisen und Getränken) ist nach den **allgemeinen Bestimmungen** des Umsatzsteuergesetzes zu ermitteln und zu versteuern. Ein Vorsteuerabzug steht zu.

2949 Bei Reisen, die sich auch auf das Ausland erstrecken, unterliegen der Besteuerung die jeweiligen **im Inland erbrachten Einzelleistungen**.

Eigenleistungen sind auch dann gegeben, wenn der Unternehmer einen Bus ohne Fahrer oder im Rahmen eines Gestellungsvertrages ein bemanntes Beförderungsmittel anmietet (siehe § 10 Rz 1308).

2950 Der Unternehmer erbringt hingegen keine Reiseleistung unter Einsatz eigener Mittel, wenn er sich zur Ausführung einer Beförderung eines Busunternehmers bedient, der die Beförderung in eigenem Namen, unter eigener Verantwortung und für eigene Rechnung ausführt. Der Busunternehmer bewirkt in diesem Falle eine Beförderungsleistung an den Unternehmer, die als **Reisevorleistung** anzusehen ist.

§ 23 UStG

1.1.2 Vermittlungsleistung

2951 Der Unternehmer wird **im fremden Namen und für fremde Rechnung** tätig. Der vermittelnde Unternehmer (Reisevermittler) stellt eine unmittelbare Vetragsbeziehung zwischen dem Kunden (Reisenden) und dem Anbieter einer Reiseleistung (zB Reiseveranstalter, Beförderungsunternehmen, Hotelier) her.

Bemessungsgrundlage ist die Vermittlungsprovision. § 23 UStG 1994 kommt nicht zur Anwendung.

2952 Linienflüge, Bahnfahrten und Reiseversicherungen (mit Ausnahme einer Reiserücktrittskostenversicherung) können sowohl an Unternehmer als auch an Nichtunternehmer vermittelt werden. Es können auch einzelne Reiseleistungen im Rahmen einer Reise, insbesondere **Linienflüge und fahrplanmäßige Bahnfahrten**, vermittelt und einzelne Reiseleistungen wie Unterkunft, Führungen usw. besorgt werden. In diesen Fällen muss aus dem Abrechnungsbeleg klar ersichtlich sein, ob und welche Leistung vermittelt oder besorgt wird (siehe § 11 Rz 1530 bis 1532).

Beispiel:

Ein Kunde bucht bei einem Reisebüro einen Flug nach Rom um 400 € und ein Hotelzimmer in Rom zum Preis von 258 €. Der Unternehmer vermittelt den Flug und besorgt das Hotel. Er stellt je einen Beleg über die Vermittlung des Fluges und die Besorgung des Hotels aus. Für den Flug erhält er 32 € an Provision und für das Hotelzimmer werden ihm 210 € in Rechnung gestellt.

Die Vermittlungsprovision von 32 € ist nach § 6 Abs. 1 Z 5 lit. a UStG 1994 umsatzsteuerfrei. Die Besorgung des Hotels ist nach § 23 UStG 1994 zu versteuern. Die steuerpflichtige Bemessungsgrundlage beträgt 40 € (258 minus 210 = 48 : 1,2 = 40).

1.1.3 Besorgungsleistung

Besorgungsleistungen gegenüber Unternehmern

2953 Der Unternehmer tritt im eigenen Namen aber für fremde Rechnung auf. Auf Reisebesorgungsleistungen gegenüber Unternehmern ist § 23 UStG 1994 nicht anzuwenden. Der Umsatzsteuer unterliegt jede einzelne Leistung (zB Besorgung einer Beförderungsleistung mit einem Autobus, eines Hotelzimmers; Bemessungsgrundlage ist das mit dem Leistungsempfänger vereinbarte Entgelt für den Autobus, das Hotelzimmer). Besorgt ein Unternehmer eine sonstige Leistung, so sind die für die besorgte Leistung geltenden Rechtsvorschriften auf die Besorgungsleistung entsprechend anzuwenden (§ 3a Abs. 4 UStG 1994).

Beispiel 1:

Ein Reiseunternehmer besorgt am 1.6.2016 für einen Unternehmer einen Hotelaufenthalt in Innsbruck zum Preis von 1.130 Euro (inklusive USt). Das Reiseunternehmen hat den Hotelaufenthalt um 1.017 Euro (netto 900 Euro) eingekauft.

Der Hotelaufenthalt in Innsbruck ist nach § 3a Abs. 9 UStG 1994 (bis 31.12.2009: § 3a Abs. 6 UStG 1994) im Inland steuerbar und nach § 10 Abs. 3 Z 3 lit. a UStG 1994 mit dem ermäßigten Steuersatz in Höhe von 13% zu versteuern. Der Hotelier hat 900 Euro und das Reiseunternehmen 1.000 Euro mit 13% zu versteuern. Das Reiseunternehmen kann 117 Euro als Vorsteuer abziehen.

Beispiel 2:

Ein Reiseunternehmer besorgt für einen Unternehmer einen Hotelaufenthalt in Italien zum Preis von 1.130 Euro. Der Reiseunternehmer hat den Hotelaufenthalt um 1.017 Euro eingekauft. Der Umsatz ist im Inland nach § 3a Abs. 9 UStG 1994 (bis 31.12.2009: § 3a Abs. 6 UStG 1994) nicht steuerbar.

Beispiel 3:

Ein Reiseunternehmer besorgt für einen Unternehmer zu obigen Bedingungen einen Hotelaufenthalt in den USA. Lösung wie Beispiel 2.

Beispiel 4:

Reiseunternehmer A besorgt für den Reiseunternehmer B einen „All-Inklusive"-Aufenthalt (Hotelaufenthalt mit Vollpension) in Deutschland. Für die Besorgungsleistung Hotelaufenthalt bestimmt sich der Leistungsort nach § 3a Abs. 9 UStG 1994 (bis 31.12.2009: § 3a Abs. 6 UStG 1994). Die Besorgungsleistung Hotelaufenthalt des A an den B ist in Österreich nicht steuerbar.

- Die Verabreichung von Speisen und Getränken ist – ausgenommen die Verabreichung eines ortsüblichen Frühstücks – keine Nebenleistung zum Hotelaufenthalt (Beherbergung). Die Restaurationsumsätze sind demnach als (selbständige) sonstige Leistung anzusehen (vgl. Rz 345).
- Der Leistungsort für Restaurationsumsätze bestimmt sich gemäß § 3a Abs. 11 lit. d UStG 1994 nach dem Tätigkeitsort (bis 31.12.2009: § 3a Abs. 12 UStG 1994 nach dem Unternehmerort). Leistungsort für die Restaurationsumsätze des deutschen Hoteliers an den A ist daher Deutschland. Bezüglich der ihm für die Restaurationsumsätze in Rechnung gestellten deutschen Umsatzsteuer ist A in Deutschland zum Vorsteuerabzug berechtigt.
- Der Leistungsort für die Besorgungsleistung Restaurationsumsätze bestimmt sich gleichfalls gemäß § 3a Abs. 4 iVm Abs. 11 lit. d UStG 1994 nach dem Tätigkeitsortprinzip. Die Leistung des A an den B ist in Österreich nicht steuerbar (bis 31.12.2009: Der Leistungsort für die Besorgungsleistung Restaurationsumsätze bestimmt sich nach dem Unternehmerortprinzip. Die Leistung des A an den B ist in Österreich steuerbar und steuerpflichtig).

Beispiel 5:

Der österreichische Reiseunternehmer A besorgt für den Reiseunternehmer B einen „All-Inklusive"-Aufenthalt (Hotelaufenthalt mit Vollpension) in Italien. Lösung wie Beispiel 4.

Anders als im Beispiel 4 wird dem A bezüglich der ihm für die Restaurationsumsätze in Rechnung gestellten italienischen Umsatzsteuer in Italien kein Vorsteuerabzug gewährt. In Italien wird die „Reisebüroregelung" (in Österreich: § 23 UStG 1994) auch bei Besorgungsleistungen gegenüber Unternehmern angewendet.

Um eine Doppelbelastung mit Umsatzsteuer zu vermeiden (Rechtslage bis 31.12.2009), bestehen keine Bedenken von einer Besteuerung der Besorgungsleistungen im Inland abzusehen, wenn im anderen EU-Mitgliedstaat keine Berechtigung zum Vorsteuerabzug besteht.

Besorgung von Reiseleistungen für Nichtunternehmer

2954 Die Besteuerung nach § 23 Abs. 1 UStG 1994 ist anzuwenden.

Beispiel 6:

Beispiele wie unter 2953, jedoch ist der Leistungsempfänger ein Nichtunternehmer.

Auf Reisebesorgungsleistungen gegenüber Nichtunternehmern ist § 23 UStG 1994 anzuwenden (siehe § 23 Abs. 1 UStG 1994). Es kommt zur Differenzbesteuerung.

Beispiele 1 und 2:

Die Differenz ist jeweils 113 Euro (1.130 Euro abzüglich 1.017 Euro)
Bemessungsgrundlage 94,17 Euro (113 Euro /1,20), USt 18,83 Euro.

Beispiel 3:

Die Bemessungsgrundlage von 113 Euro ist nach § 23 Abs. 5 UStG 1994 steuerfrei.

Bei den Beispielen 4 und 5 wäre die Bemessungsgrundlage analog wie bei den Beispielen 1 und 2 zu ermitteln.

1.1.4 Unterscheidung zwischen Vermittlungs- und Besorgungsleistung

2955 Damit ein Tätigwerden im fremden Namen und für fremde Rechnung vorliegt, müssen einerseits das Innenverhältnis (Rechtsbeziehung zum Auftraggeber) als auch das Außen-

§ 23 UStG

verhältnis (Auftreten gegenüber dem Leistungsempfänger) entsprechend gestaltet sein. Die Rechtsbeziehungen zu dem Auftraggeber allein sind nicht ausreichend. Entscheidend dafür, ob ein Unternehmer im fremden oder im eigenen Namen tätig wird, ist sein Auftreten gegenüber dem Leistungsempfänger (VwGH 15.1.1990, 87/15/0157; 27.4.1994, 94/13/0023) (zur Vermittlungsleistung siehe auch § 4 Rz 656).

2956 Die Rechtsbeziehungen zum Auftraggeber werden sich insbesondere aus dem Vertrag des Unternehmers (zB Reisebüros) mit dem Auftraggeber (zB Reiseveranstalter) ergeben.

2957. Das Auftreten im fremden Namen wird sich regelmäßig aus dem Abrechnungsbeleg ergeben. Geht aus der Abrechnung klar hervor, dass der Unternehmer (zB Reisebüro) für einen anderen Unternehmer (zB Reiseveranstalter) als Vermittler tätig ist, dann ist nur die Provision zu versteuern. Weist sich ein Unternehmer (Reisebüro) gegenüber seinem Kunden als Erbringer der Leistung aus, so wird er im eigenen Namen tätig und es liegt – soweit er nicht eine Eigenleistung erbringt – eine Besorgungsleistung vor.

1.1.5 Gemischte Reiseleistungen an Nichtunternehmer

2958. Gemischte Reiseleistungen liegen vor, wenn der Unternehmer **sowohl Eigenleistungen erbringt als auch Reisevorleistungen in Anspruch nimmt**. Für die Eigenleistungen gelten die allgemeinen Vorschriften des Umsatzsteuergesetzes. § 23 UStG 1994 ist nur insoweit anwendbar, als der Unternehmer Reisevorleistungen in Anspruch nimmt. Der **einheitliche Reisepreis** muss auf Eigenleistungen und Fremdleistungen **aufgeteilt werden**. Für Aufteilungszwecke können die eigenen Leistungen mit den dafür aufgewendeten Kosten einschließlich USt und die Fremdleistungen mit dem für diese Leistungen aufgewendeten Leistungsentgelt einschließlich USt angesetzt werden.

> **Beispiel:**
> Im Rahmen einer Pauschalreise befördert der Unternehmer die Reisenden im eigenen Bus. Unterbringung und Verpflegung erfolgen in einem fremden Hotel.
> In diesem Falle unterliegt die Beförderungsleistung der Besteuerung nach den allgemeinen Vorschriften; die Unterbringungs- und Verpflegungsleistung unterliegt der Besteuerung nach § 23 UStG 1994. Zur Ermittlung der Bemessungsgrundlagen vgl. § 23 Rz 3060 bis 3061.

1.2 Leistungsempfänger

2959. Leistungsempfänger ist der **Besteller** der Reiseleistung. Der Leistungsempfänger und der Reisende brauchen nicht ident zu sein, zB ein Vater schenkt seiner Tochter eine Pauschalreise.

2960. Grundsätzlich ist es bei der Erbringung von Eigen- oder Vermittlungsleistung ohne Belang, wer der Empfänger der Leistung ist. Lediglich bei jenen Reiseleistungen, die besorgt werden, sind unterschiedliche steuerliche Konsequenzen daran geknüpft, ob der Leistungsempfänger
- Unternehmer oder
- Nichtunternehmer (Letztverbraucher) ist.

1.2.1 Leistung an Unternehmer

2961. Erwirbt ein Leistungsempfänger eine Reiseleistung **für Zwecke seines Unternehmens** (er verlangt eine Rechnung, er weist seine Unternehmerschaft gegebenenfalls durch die UID nach), so liegt kein Anwendungsfall des § 23 UStG 1994 vor, sondern es kommen die allgemeinen Vorschriften des UStG 1994 zur Anwendung. Sollte sich später herausstellen, dass die Angabe im Einzelfall objektiv unrichtig war (zB Dienstreise wird bei einer Betriebsprüfung als nichtunternehmerisch veranlasst eingestuft), so ist eine **Korrektur beim Reiseunternehmen** nicht durchzuführen.

1.2.2 Leistung an Nichtunternehmer

2962 Voraussetzung für die Anwendbarkeit des § 23 UStG 1994 ist ua., dass die Reiseleistung **nicht für das Unternehmen des Leistungsempfängers** bestimmt ist.

§ 23 UStG

Eine Reiseleistung wird immer dann für einen Nichtunternehmer und nicht für das Unternehmen eines Leistungsempfängers bestimmt sein, wenn der Leistungsempfänger nicht ausdrücklich mitteilt, dass er die Reise für Zwecke seines Unternehmens erwirbt und dies nicht durch Verlangen einer Rechnung mit Steuerausweis zum Ausdruck bringt.

1.2.3 Sonderfälle
Pauschalierte Land- und Forstwirte

2963 Land- und Forstwirte, die ihre Umsätze nach § 22 UStG 1994 versteuern, sind Unternehmer. Soweit Reiseleistungen an das Unternehmen erbracht werden (zB Dienstreisen), ist daher § 23 UStG 1994 nicht anzuwenden. Die Leistungen sind nach den **allgemeinen Regeln** des Umsatzsteuergesetzes zu versteuern.

2964. Reiseleistungen, die nicht für das Unternehmen, sondern dem Land- und Forstwirt gegenüber erbracht werden, sind nach § 23 UStG 1994 zu versteuern. Eine Reiseleistung wird grundsätzlich dann für den Land- und Forstwirt und nicht für sein Unternehmen bestimmt sein, wenn er nicht ausdrücklich mitteilt, dass er die Reise **für Zwecke seines Unternehmens** erwirbt.

2965. Reisleistungen sind keine land- und forstwirtschaftlichen Tätigkeiten und fallen beim pauschalierten Landwirt nicht unter die Pauschalierung nach § 22 Abs. 1 UStG 1994.

Incentive-Reisen

2966. Eine vom Arbeitgeber gewährte **Incentive-Reise** wird in der Regel als Belohnung für besonderen Arbeitseinsatz in Aussicht gestellt und gewährt. Der Arbeitnehmer erbringt die besondere Leistung, um an der Reise teilnehmen zu können. Ein Leistungsaustausch liegt in solchen Fällen vor. Es ergibt sich keine umsatzsteuerbare Differenz und Vorsteuern aus Reisevorleistungen sind nicht abziehbar (siehe § 23 Rz 3091).

Beispiel:

Ein Unternehmer kauft bei einem Reisebüro einen mehrtägigen Aufenthalt in einem Erlebnispark in Frankreich. Der Reisepreis umfasst auch die Anreise mit dem Bus und die Nächtigungen. Die Reise dient als Belohnung für besondere Arbeitsleistungen eines Arbeitnehmers des Unternehmers.

Die Besteuerung der einzelnen Reiseleistungen erfolgt beim Reisebüro nach den allgemeinen Vorschriften. Die Leistung des Unternehmers an seinen Dienstnehmer unterliegt der Besteuerung nach § 23 UStG 1994.

Es ergibt sich jedoch keine Marge, wenn man davon ausgeht, dass die Bemessungsgrundlage für den Sachbezug und die Höhe der Aufwendungen des Unternehmers für die Reise gleich sind. Die materielle Auswirkung besteht darin, dass die vom Reisebüro für den Bus-Inlandsanteil in Rechnung gestellte USt bei dem die Reise einkaufenden Unternehmer nicht abzugsfähig ist.

Betriebsausflug

2967. Der **Betriebsausflug** fällt in den Anwendungsbereich des § 23 UStG 1994. Da auch hier eine Reiseleistung eines Unternehmers an einen Nichtunternehmer (Dienstnehmer) vorliegt, es aber im Regelfall an einer Marge fehlt, ergeben sich dieselben Konsequenzen wie im Beispiel in Rz 2966. Ist der **Betriebsausflug gegen Entgelt**, so ist eine sich ergebende Marge umsatzsteuerbar. Hinsichtlich Vorsteuerabzug siehe § 23 Rz 3091.

Liegt jedoch eine Reisebewegung im unternehmerischen Interesse, so ist § 23 UStG 1994 nicht anzuwenden. Davon kann bei einem Betriebsausflug ausgegangen werden, wenn die **Aufwendungen** (Reisevorleistungen) **für einen Betriebsausflug pro Jahr und pro Arbeitnehmer 100 €** (bis zum 31.12.2001 1.350 S) **nicht übersteigen**.

Randzahlen 2968 bis 2980: Derzeit frei.

2. Reiseleistung ist eine sonstige Leistung

2981. Die Reiseleistung im Sinne des § 23 UStG 1994 ist stets als sonstige Leistung anzusehen. Mehrere Reiseleistungen (zB Beförderung, Unterkunft, Verpflegung) gelten dabei stets als **einheitliche sonstige Leistung**.

Randzahlen 2982 bis 2985: Derzeit frei.

3. Ort der Reiseleistungen

2986 Je nach Art der Erbringung der Reiseleistungen ergeben sich die folgenden Ortsbestimmungen:

3.1 Ort der Reiseleistungen bei Eigenleistungen

2987 Für Eigenleistungen richtet sich der Ort nach den allgemeinen Vorschriften, zB
- Personenbeförderungsleistungen § 3a Abs. 10 UStG 1994 (bis 31.12.2009: § 3a Abs. 7 UStG 1994),
- Beherbergung § 3a Abs. 9 UStG 1994 (bis 31.12.2009: § 3a Abs. 6 UStG 1994),
- Verpflegung § 3a Abs. 11 lit. d UStG 1994 (bis 31.12.2009: § 3a Abs. 12 UStG 1994),
- Betreuung durch eigene – angestellte – Reiseleiter § 3a Abs. 6 oder Abs. 7 UStG 1994 (bis 31.12.2009: § 3a Abs. 12 UStG 1994).

3.2 Ort der Reiseleistungen bei Vermittlung von Reiseleistungen

2988 Wird eine Reiseleistung vermittelt, richtet sich der Ort der Vermittlungsleistung danach, ob der Leistungsempfänger ein Unternehmer iSd § 3a Abs. 5 Z 1 und 2 UStG 1994 oder ein Nichtunternehmer iSd § 3a Abs. 5 Z 3 UStG 1994 ist. Im ersten Fall ist gemäß § 3a Abs. 6 UStG 1994 der Empfängerort maßgebend, im zweiten Fall bestimmt sich der Leistungsort gemäß § 3a Abs. 8 UStG 1994 nach dem Ort der vermittelten Leistung. (Bis 31.12.2009: Unabhängig von der Person des Leistungsempfängers richtet sich der Ort der Vermittlungsleistung gemäß § 3a Abs. 4 UStG 1994 nach dem Ort der vermittelten Leistung.)

3.3 Ort der Reiseleistungen bei Besorgung von Reiseleistungen

2989 Besorgung für Unternehmer:

Für den Fall der Besorgung von Reiseleistungen durch einen Unternehmer für einen anderen Unternehmer richtet sich der Leistungsort nach dem Ort der besorgten Leistung (§ 3a Abs. 4 UStG 1994; bei Besorgung von Unterkunft daher zB nach dem Grundstücksort).

2990 Besorgung für Nichtunternehmer:

Im Falle der Besorgung von Reiseleistungen durch einen Unternehmer für einen Nichtunternehmer (Letztverbraucher) ist die Reiseleistung dort zu besteuern, wo der Reiseunternehmer sein Unternehmen (oder seine Betriebstätte) betreibt (§ 23 Abs. 3 iVm § 3a Abs. 7 UStG 1994; bis 31.12.2009: § 23 Abs. 3 iVm § 3a Abs. 12 UStG 1994).

Randzahlen 2991 bis 2995: Derzeit frei.

4. Reisevorleistungen

2996 Reisevorleistungen sind alle Leistungen, die von einem Dritten erbracht werden und dem Reisenden unmittelbar zugute kommen.

4.1 Als Reisevorleistungen sind insbesonders anzusehen:

2997
- Beförderung zu den einzelnen Reisezielen durch fremde Beförderungsunternehmer,
- Beherbergung in fremden Hotels,
- Verpflegung,
- Durchführung von Veranstaltungen im Rahmen einer Reise (zB Opernbesuche, Festspielaufführungen, Autorennen),
- Betreuung durch selbstständige Reiseleiter,
- Reiserücktrittsversicherung: Eine im Reisepreis enthaltene Reiserücktrittsversicherung ist Bestandteil der einheitlichen Reiseleistung, die darauf entfallende Marge ist daher steuerpflichtig. Wird hingegen das Versicherungsentgelt neben dem Reisepreis gesondert in Rechnung gestellt, liegt diesbezüglich eine nach den allgemeinen Bestimmungen des UStG 1994 zu beurteilende Leistung vor, die nicht der Margensteuer unterliegt (gegebenenfalls steuerfrei gemäß § 6 Abs. 1 Z 13 UStG 1994).

4.2 Abnahmegarantien

2998 Um Reisevorleistungen handelt es sich auch, wenn ein Reiseunternehmer mit einem Beförderungsunternehmen bestimmte **Beförderungskapazitäten** vereinbart und auch bezahlt, diese jedoch nicht ausnützt; oder er einem Hotel die Abnahme einer bestimmten Anzahl von Zimmern garantiert hat und den dafür vereinbarten Preis entrichten muss, aber die gebuchten Zimmer nicht zur Gänze belegen kann. Eine anstatt des vereinbarten Preises verrechnete Leerbettengebühr – insbesondere wenn sich das Hotel zu über die Zurverfügungstellung von Betten hinausgehenden weiteren Leistungen verpflichtet hat – steht in kausalem Zusammenhang mit der erbrachten Leistung des Hotels und ist zur Gänze der Umsatzsteuer zu unterwerfen (VwGH 24.02.2004, 2004/14/0008).

4.3 Traveller Cards und Parkplätze

2999. Beim Verkauf von Traveller Cards und Parkplatzgebühren im Zusammenhang mit Pauschalreisen handelt es sich um Reisevorleistungen, die gegebenenfalls nach § 23 UStG 1994 zu versteuern sind. Werden Traveller Cards und Parkplätze nicht im Zusammenhang mit anderen Reisevorleistungen verkauft, so sind diese nach den allgemeinen Bestimmungen des UStG 1994 zu versteuern.

4.4 Keine Reisevorleistungen

3000. Keine Reisevorleistungen sind:
- Reiseprospekte,
- Vermittlungsleistungen,
- Aufwendungen für das Büro wie Miete, Strom und sonstige Bürowaren,
- Anlagenkauf (Autobus),
- Anmietung von Beförderungsmitteln etc.

4.5 Gestellung von Bussen

3001. Die **Überlassung eines Omnibusses** an einen Unternehmer für Fahrten im Gelegenheitsverkehr oder im Linienverkehr kann aufgrund eines Miet- oder Beförderungsvertrages erfolgen. Nur wenn ein **Beförderungsvertrag** vorliegt, kann es sich um eine Reisevorleistung im Sinne des § 23 UStG 1994 handeln.

Zur Unterscheidung ob Beförderungs- oder Gestellungsvertrag siehe § 10 Rz 1308.

3002. Von einem **Gestellungsvertrag** kann ausgegangen werden, wenn ein Omnibusunternehmer die Beförderung von Personen für Namen und Rechnung des Inhabers einer Kraftfahrlinie durchführt. Der Omnibusunternehmer vermietet den Omnibus mit Fahrer an den Linieninhaber und der Linieninhaber erbringt die Beförderungsleistung.

3003. Gleichfalls kann von einem Gestellungsvertrag ausgegangen werden, wenn im Rahmen einer Personenbeförderung ein Omnibus schadhaft wird und es wird bis zur Reparatur von einem anderen Unternehmer einen Omnibus mit Fahrer zur Beförderung der Personen gestellt.

3004. Liegt ein Gestellungsvertrag vor, so hat der den Omnibus gestellende Unternehmer das Entgelt mit dem Normalsteuersatz (§ 10 Abs. 1 UStG 1994) zu versteuern. Der die Personenbeförderung durchführende Unternehmer kann die vom gestellenden Unternehmer in einer Rechnung über die Miete ausgewiesene Umsatzsteuer als Vorsteuer abziehen. Die Personenbeförderungsleistung ist, soweit diese im Inland erbracht wird, nach § 10 Abs. 2 Z 6 UStG 1994 (bis 31.12.2015: § 10 Abs. 2 Z 12 UStG 1994) mit dem ermäßigten Umsatzsteuersatz zu versteuern.

Randzahlen 3005 bis 3015: Derzeit frei.

5. Steuerbefreiungen

5.1 Steuerbefreiung bei Eigenleistungen

3016 Da generell bei der Besteuerung von Eigenleistungen – gleichgültig, ob für Unternehmer oder Nichtunternehmer erbracht – die allgemeinen Bestimmungen des UStG 1994 anzuwenden sind, gilt dies auch für die Steuerbefreiungen.

Beispiel:
Ein Schifffahrtsunternehmen befördert Reisende von Wien nach Budapest. Das auf den Inlandsanteil entfallende Entgelt ist gemäß § 6 Abs. 1 Z 3 lit. d UStG 1994 umsatzsteuerbar aber steuerfrei.

5.2 Steuerbefreiung bei Vermittlungen

3017 Die allgemeinen Bestimmungen des UStG 1994 sind anzuwenden. Gemäß § 6 Abs. 1 Z 5 lit. a UStG 1994 ist die Vermittlung der unter Z 1 bis 4 fallenden Umsätze, somit auch die Vermittlung der Beförderung von Personen mit Schiffen und Luftfahrzeugen, umsatzsteuerfrei.

Beispiel:
Ein Reisebüro vermittelt für eine **österreichische** Fluggesellschaft einen Flug von Wien nach London.
Lösung (bis 31.12.2009):
Die auf den Inlandsfluganteil entfallende Vermittlungsprovision ist umsatzsteuerbar jedoch nach § 6 Abs. 1 Z 3 lit. d im Zusammenhang mit § 6 Abs. 1 Z 5 lit. a UStG 1994 steuerfrei.
Lösung (ab 1.1.2010):
Die Vermittlungsprovision ist gemäß § 3a Abs. 6 UStG 1994 am Empfängerort (Österreich) umsatzsteuerbar jedoch nach § 6 Abs. 1 Z 3 lit. d UStG 1994 im Zusammenhang mit § 6 Abs. 1 Z 5 lit. a UStG 1994 steuerfrei.

3018 Umsatzsteuerfrei ist auch die Vermittlung von Versicherungen (§ 6 Abs. 1 Z 13 UStG 1994, siehe § 6 Rz 881 und 882).

5.3 Steuerbefreiung bei Besorgungen
5.3.1 Besorgungsleistungen an Unternehmer

3019 Werden Leistungen von Unternehmen für andere Unternehmen besorgt, so gilt Rz 3016 entsprechend.

5.3.2 Besorgungsleistungen an Nichtunternehmer

3020 Die Marge ist steuerfrei, insoweit die Reisevorleistungen im Drittlandsgebiet bewirkt werden.

3021 Nimmt ein Unternehmer im Rahmen einer Reise sowohl Reisevorleistungen im Drittlandsgebiet als auch in einem Mitgliedstaat der EU (einschließlich Inland) in Anspruch, so ist die Marge im Verhältnis der Reisevorleistungen ins Drittlandsgebiet bzw. in die Mitgliedstaaten in einen steuerfreien und steuerpflichtigen Teil aufzuteilen (siehe § 23 Rz 3022 bis 3040).

5.3.3 Aufteilung der Reisevorleistungen
Beförderung von Personen mit Schiffen und Luftfahrzeugen

3022 Erstreckt sich die Beförderung sowohl auf das Drittlandsgebiet als auch auf das Gemeinschaftsgebiet, so hat der Unternehmer die **gesamte Beförderungsleistung** in einen auf das Drittlandsgebiet und in einen auf das Gemeinschaftsgebiet entfallenden Anteil aufzuteilen. Diese Aufteilung wird in der Regel nur im **Schätzungswege** möglich sein. Es ist üblich, bei Landfahrzeugen nach den gefahrenen Kilometern, bei Flugleistungen nach der Flugzeit und bei Schiffsreisen ebenfalls nach der Reisezeit zu schätzen.

Vereinfachung bei Personenbeförderung im Luftverkehr

3023 Bei Personenbeförderung im Luftverkehr (als Reisevorleistung) kann der Unternehmer aus **Vereinfachungsgründen** abweichend wie folgt verfahren:
- liegt der Zielort der Personenbeförderung im Drittlandsgebiet, gilt die Beförderungsleistung (Vorleistung) insgesamt im Drittland erbracht;

- liegt hingegen der Zielort der Personenbeförderung im Gemeinschaftsgebiet, gilt die Beförderungsleistung (Vorleistung) insgesamt im Gemeinschaftsgebiet erbracht.

3024 Hin- und Rückflug sind bei der Anwendung der Vereinfachungsregel als eine Reisevorleistung anzusehen. Der Zielort bestimmt sich nach dem Hinflug.

3025. **Zwischenlandungen** aus flugtechnischen Gründen berühren die Anwendung der Vereinfachungsregel nicht.

3026. Macht der Reiseveranstalter von der Vereinfachungsregel Gebrauch, so muss er diese Regelung bei allen von ihm veranstalteten Reisen **in einem Veranlagungszeitraum** anwenden. Der Wechsel von der Aufteilung nach den Streckenanteilen zur Vereinfachungsregel kann nur zu Beginn eines Veranlagungszeitraumes vorgenommen werden.

Beispiel 1:

Ein Unternehmer bietet eine Flugreise von Schwechat nach Bangkok zu einem Pauschalpreis an.

Der Zielort liegt im Drittlandsgebiet und die Beförderungsleistung gilt insgesamt als im Drittlandsgebiet erbracht. Erfolgen auch alle übrigen Reisevorleistungen im Drittlandsgebiet, ist die Reiseleistung des Unternehmers zur Gänze steuerfrei.

Beispiel 2:

Der Unternehmer bietet eine Flugreise von Schwechat nach Berlin an. Die Flugroute führt über Tschechien.

Der Zielort der Reise liegt im Gemeinschaftsgebiet und die Beförderungsleistung gilt im Gemeinschaftsgebiet als erbracht. Werden auch die übrigen Reisevorleistungen im Gemeinschaftsgebiet erbracht, ist die Reiseleistung des Unternehmers zur Gänze steuerpflichtig.

Vereinfachungsregelungen für Kreuzfahrten

3027. Im Regelfall ist die Aufteilung der Reisevorleistungen im Zusammenhang mit Kreuzfahrten auf Gemeinschaftsgebiet und Drittlandsgebiet nach der Reisezeit vorzunehmen. Erfolgt die Personenbeförderung im Zusammenhang mit Kreuzfahrten auf Schiffen im Seeverkehr und erstreckt sich die Personenbeförderung sowohl auf das Drittland als auch auf das Gemeinschaftsgebiet so gilt die **gesamte Beförderungsleistung als im Drittland** erbracht.

Beispiel:

Ein Reiseveranstalter bietet eine Mittelmeerkreuzfahrt mit Beginn und Ende in Triest an. Die in der Beförderung der Reisenden bestehenden Reisevorleistungen sind im Drittlandsgebiet als erbracht anzusehen. Die Reiseleistung des Unternehmers ist steuerfrei.

Randzahlen 3028 bis 3040: Derzeit frei.

6. Voraussetzungen für die Steuerfreiheit

Hinsichtlich Buchnachweis siehe § 18 Rz 2581 bis 2588.

Randzahlen 3041 bis 3050: Derzeit frei.

7. Bemessungsgrundlage

7.1 Bemessungsgrundlage bei Besorgungsleistungen

3051. Bemessungsgrundlage ist die Differenz zwischen dem Betrag, den der Leistungsempfänger aufwendet, und dem Betrag, den der Unternehmer für die Reisevorleistungen aufwendet, abzüglich der in der Differenz enthaltenen USt von **20 %**.

§ 23 UStG

Beispiel:

Vom Leistungsempfänger aufgewendeter Betrag	1.000 €
minus Reisevorleistungen	– 880 €
Differenz	120 €
minus darin enthaltene USt von 20 %	– 20 €
Bemessungsgrundlage	100 €

3052 Zu dem vom Leistungsempfänger aufgewendeten Betrag (Reisepreis) gehören ua.:
- Katalogpreis für die Reise,
- Zusätzliche Leistungen im Rahmen der Reise wie Rundfahrten, Besichtigungen, Eintrittskarten für Opernbesuche und Sportveranstaltungen,
- Buchungsgebühren,
- Vorverkaufsgebühren,
- Verrechnete Telefon-, Telex-, Telegramm- und Telefaxspesen,
- Kosten der Visabesorgung.

3053 Nicht zum steuerpflichtigen Reisepreis gehören:
- Durchlaufende Posten wie Kurtaxe oder eine ähnliche Fremdenverkehrsabgabe,
- als Schadenersatz anzusehende Stornogebühren. Reisebüros verrechnen ihren Kunden für den Fall des Rücktrittes von einer bestellten Reise häufig so genannte Stornogebühren. Diese können mangels Vorliegens eines Leistungsaustausches grundsätzlich als nicht steuerbarer Schadenersatz behandelt werden.

3054 Die **Bemessungsgrundlage** kann für den Voranmeldungs- und Veranlagungszeitraum wie folgt ermittelt werden.

Summe der Reisepreise inklusive USt
– Reisevorleistungen inklusive USt
= Differenz
– steuerfreie Umsätze
= Steuerpflichtige Bruttobemessungsgrundlage : 1,20
= Steuerpflichtige Bemessungsgrundlage

7.2 Ermittlung bei gemischten Reiseleistungen

3055 Bei gemischten Reiseleistungen (ein Unternehmer erbringt sowohl Eigenleistungen und nimmt auch Reisevorleistungen in Anspruch) ist § 23 UStG 1994 nur insoweit anzuwenden, als Reisevorleistungen in Anspruch genommen werden; für die Eigenleistungen gelten die allgemeinen Bestimmungen des UStG 1994.

Beispiel für Busunternehmer:

Ein Unternehmer (Sitz Melk) führt mit eigenem Bus eine Dreitagesreise zum Oktoberfest nach München durch. Der Preis pro Person beträgt 300 €. An der Reise nehmen 38 Personen teil. Die für den Bus aufgewendeten Kosten einschließlich Umsatzsteuer betragen 2.000 €. Im Inland werden 600 km, im Ausland 400 km zurückgelegt. Die Hotelrechnung beträgt 8.000 €.

Berechnung Besorgungsleistung:

Kosten der Eigenleistung (Bus)	2.000,00 Euro	20%
Kosten der Reisevorleistungen (Hotel)	8.000,00 Euro	80%
Summe	10.000,00 Euro	100%
Preis der Reiseteilnehmer (300 € x 38 =)	11.400,00 Euro	
minus Eigenleistung (20 % von 11.400 €)	– 2.280,00 Euro	
	9.120,00 Euro	
minus Reisevorleistungen	– 8.000,00 Euro	
Differenz	1.120,00 Euro	
Bemessungsgrundlage nach § 23 Abs. 7 (1.120 : 1,20)	933,00 Euro	

Bemessungsgrundlage für Eigenleistung – Bus:
Berechnung des Entgelts pro Kilometer unter Berücksichtigung des Steuersatzes für Personenbeförderungsleistungen in Deutschland von 19 % und in Österreich von 10 %.

600 km x 1,10 =	660,00
400 km x 1,19 =	476,00
	1.136,00
Entgelt je Kilometer (2.280 € : 1.136 =)	2,0070423
Steuerbares Entgelt im Inland (600 km x 2,0070423 =)	1.204,23
Bemessungsgrundlage:	
§ 23 Abs. 7 UStG 1994 .... 933,33 x 20 % =	186,67
Bus .... 1.204,23 x 10 % =	120,42
Umsatzsteuer	307,09

3056 Die Eigenleistungen können auch auf andere Weise ermittelt werden, wenn dies zu einem sachgerechten Ergebnis führt.

3057 Die Aufteilung kann auch nach dem Verhältnis des Marktpreises der Eigenleistung zum Marktpreis der nach § 23 UStG 1994 zu versteuernden Reiseleistungen erfolgen (EuGH vom 22.10.1998, Rs C-308/96 und C-94/97).

Beispiel:
Wie oben.
Eigenleistung Bus 2.280 €; Besorgungsleistung 9.120 €.

7.3 Schätzung

3058 Zur Vereinfachung der Ermittlung der steuerpflichtigen Bemessungsgrundlage kann neben einer Selbstberechnung auch wahlweise, ohne weiteren Nachweis, dass die Bemessungsgrundlage nicht **genau** errechnet oder ermittelt werden kann, die gesamte steuerpflichtige Bemessungsgrundlage (exklusive Umsatzsteuer) für einen Voranmeldungs- und im Folge Veranlagungszeitraum mit 10% der von den Leistungsempfängern aufgewendeten Beträge (inklusive Umsatzsteuer) für Reiseleistungen in die Länder der EU (einschließlich Inland) geschätzt werden. Die so geschätzte steuerpflichtige Bemessungsgrundlage für die in einem Voranmeldungs- und Veranlagungszeitraum erbrachten Reiseleistungen umfasst die steuerpflichtige Bemessungsgrundlage für Reisen in die Länder der EU (einschließlich Inland). Bei Reisen in Drittländer sind die auf das Gemeinschaftsgebiet entfallenden, als Reisevorleistungen zu beurteilenden Beförderungsleistungen gemäß § 23 UStG 1994 zu versteuern. Wird die Bemessungsgrundlage geschätzt, ist damit auch die anteilige steuerpflichtige Bemessungsgrundlage für Beförderungsleistungen in Drittländer umfasst.

3059 Die Schätzung ist bei der **Soll-Versteuerung** aufgrund der vereinbarten Entgelte und bei der **Ist-Versteuerung** aufgrund der vereinnahmten Entgelte vorzunehmen. Bei einer derartigen Ermittlung der Bemessungsgrundlage im Schätzungswege sind für Umsatzsteuerzwecke die Soll- bzw. Ist-Einnahmen für Reisen in Länder der EU (einschließlich Inland) gesondert aufzuzeichnen.

Beispiel:
Leistungserlöse inklusive USt für Reiseleistungen im Sinne des § 23 UStG 1994 in die Länder der EU (einschließlich Inland) 4,000.000 € und in Drittlandsgebiete 3,000.000 €. Vorsteuern aus Vorleistungen, die keine Reisevorleistungen sind, 90.000 €.

Lösung:

Bemessungsgrundlage (10 % von 4,000.000 €) ..	400.000 €	
Umsätze zu 20 %	400.000 € x 20 %	80.000 €
minus Vorsteuern		– 90.000 €
Umsatzsteuergutschrift		10.000 €

7.4 Anzahlungen
7.4.1 Toleranzregel

3060 Die Umsatzversteuerung von Anzahlungen im Zusammenhang mit Reiseleistungen kann unterbleiben, wenn diese 35 % des zu versteuernden Leistungspreises nicht überschreiten. Betragen die Anzahlungen mehr als 35 %, so sind die Anzahlungen zur Gänze zu versteuern.

Beispiel:
Endgültiger Reisepreis 490 €, Anzahlung 50 €.
Anzahlung unter 35 % des endgültigen Reisepreises und somit nicht zu versteuern.

Beispiel:
Wochenpauschale für Halbpension in einem Hotel 990 €, Anzahlung 500 €. Die Anzahlung liegt über 35 % des Preises und ist daher zu versteuern.

7.4.2 Anzahlungen bei gemischten Reiseleistungen

3061 Anzahlungen sind im Verhältnis der Reiseleistungen, die dem § 23 UStG 1994 unterliegen, zu denen, die nach den allgemeinen Bestimmungen zu versteuern sind, aufzuteilen. Soferne die Marge noch nicht feststeht, ist sie zu schätzen und auf den margensteuerpflichtigen Teil der Anzahlung anzuwenden.

7.5 Bemessungsgrundlage in Sonderfällen

3062 **Umbuchungs- und Änderungsgebühren**, die der Reisende bei Änderung eines bestehen bleibenden Reisevertrags zu entrichten hat, erhöhen das Entgelt für die Reiseleistung und teilen dessen Schicksal.

7.6 Änderung der Bemessungsgrundlage

3063 Für den Fall der nachträglichen Änderung der Bemessungsgrundlage enthält § 23 UStG 1994 keine besondere Regelung, es gelten daher die allgemeinen Grundsätze des § 16 UStG 1994.

Randzahlen 3064 bis 3090: Derzeit frei.

8. Vorsteuerabzug
8.1 Nicht abzugsfähige Vorsteuern

3091 Abweichend von § 12 UStG 1994 dürfen Vorsteuern im Zusammenhang mit Reisevorleistungen nicht abgezogen werden. Gibt ein Unternehmer eine **Reise ohne Aufschlag** weiter (zB Betriebsausflug), so ist **keine steuerpflichtige Marge** zu versteuern; ein Vorsteuerabzug aus den Reisevorleistungen ist jedoch nicht möglich (vgl. § 23 Rz 2967 bis 2980).

8.2 Abzugsfähige Vorsteuern

3092 Vorsteuern im Zusammenhang mit Reisevorleistungen sind abzugsfähig, wenn Reiseleistungen nicht nach § 23 UStG 1994 besteuert werden (zB Reiseleistungen an Unternehmer).

3093 Vorsteuern, die dem Unternehmer für **andere Leistungen im Inland** an das Unternehmen als für Reisevorleistungen in Rechnung gestellt werden, sind zur Gänze nach § 12 UStG 1994 abzugsfähig. Bei der Steuerbefreiung nach § 23 Abs. 5 UStG 1994 handelt es sich um eine **echte Steuerbefreiung**. Hierzu gehören alle Vorsteuern, die mit Ausgaben im Zusammenhang stehen, die keine Reisevorleistungen sind, wie zB auch Vorsteuern, die bei Geschäftsreisen des Unternehmers oder Dienstreisen seiner Angestellten bzw. beim Erwerb oder der Reparatur von Anlagegütern anfallen, oder beim Ankauf von Werbematerial (Reisekataloge) in Rechnung gestellt werden.

Randzahlen 3094 bis 3110: Derzeit frei.

9. Aufzeichnungspflichten

3111 Unternehmer, die nicht nur Reiseleistungen im Sinne des § 23 UStG 1994 ausführen, müssen in den Aufzeichnungen die Umsätze für diese Reiseleistungen von den übrigen Umsätzen **getrennt aufzeichnen**. Den übrigen Umsätzen sind neben Umsätzen aus anderen Tätigkeiten auch die Umsätze aus Reiseleistungen für das Unternehmen eines Leistungsempfängers und die Eigenleistungen im Zusammenhang mit Reisen zuzurechnen.

Es ist somit wie folgt zu trennen:

    Leistungsentgelte für Reisen
- Leistungsentgelte für an Unternehmer verkaufte Reisen
- Leistungsentgelte für Eigenleistungen

= Leistungsentgelte für Reisen im Sinne des § 23 UStG 1994.

Randzahlen 3112 bis 3250: Derzeit frei.

Judikatur EuGH zu § 23:

EuGH vom 13.3.2014, Rs C-599/12, *Jetair NV, BTW-eenheid BTWE Travel4you*
Sondervorschriften für Mitgliedstaaten, die am 1.1.1978 Mitglied der Gemeinschaft waren

1. Art. 28 Abs. 3 der Sechsten Richtlinie 77/388/EWG und Art. 370 der Richtlinie 2006/112/EG hindern einen Mitgliedstaat nicht daran, vor dem 1. Januar 1978 während der Frist für die Umsetzung der Sechsten Richtlinie 77/388 eine Bestimmung einzuführen, die seine bestehenden Rechtsvorschriften dahin ändert, dass Umsätze von Reisebüros in Bezug auf Reisen außerhalb der Europäischen Union der Mehrwertsteuer unterworfen werden.

2. Ein Mitgliedstaat verstößt nicht gegen Art. 309 der Richtlinie 2006/112, wenn er Dienstleistungen von Reisebüros, die sich auf Reisen außerhalb der Europäischen Union beziehen, nicht der von der Steuer befreiten Tätigkeit von Vermittlern gleichstellt und sie der Mehrwertsteuer unterwirft, sofern er sie am 1. Januar 1978 der Mehrwertsteuer unterworfen hatte.

3. Art. 370 der Richtlinie 2006/112 in Verbindung mit deren Anhang X Teil A Nr. 4 verstößt nicht dadurch gegen das Unionsrecht, dass er es den Mitgliedstaaten freistellt, Leistungen von Reisebüros im Zusammenhang mit Reisen außerhalb der Europäischen Union weiterhin zu besteuern.

4. Ein Mitgliedstaat verstößt nicht gegen das Unionsrecht, insbesondere den Gleichheitssatz sowie die Grundsätze der Verhältnismäßigkeit und der steuerlichen Neutralität, wenn er Reisebüros im Sinne von Art. 26 Abs. 1 der Sechsten Richtlinie 77/388 und Art. 306 der Richtlinie 2006/112 anders als Vermittler behandelt und eine Vorschrift wie die Königliche Verordnung vom 28. November 1999 erlässt, nach der Leistungen in Bezug auf Reisen außerhalb der Europäischen Union lediglich besteuert werden, wenn sie von Reisebüros, nicht aber wenn sie von Vermittlern erbracht werden.

EuGH vom 26.9.2013, Rs C-189/11, *Kom/Spanien*
Sonderregelung für Reisebüros auch auf Reisegroßhändler als Kunden anwendbar

Das Königreich Spanien hat dadurch gegen seine Verpflichtungen aus den Art. 168, 226 und 306 bis 310 der Richtlinie 2006/112/EG verstoßen,
- dass es von der Sonderregelung für Reisebüros Reiseverkäufe von Einzelhandelsreisebüros, die im eigenen Namen handeln, an Endkunden ausnimmt, wenn die Reisen von Reisegroßhändlern organisiert wurden;

– dass es Einzelhandelsreisebüros unter bestimmten Umständen gestattet, in der Rechnung einen Mehrwertsteuerpauschalbetrag auszuweisen, der in keinem Zusammenhang zu der tatsächlich auf den Kunden abgewälzten Mehrwertsteuer steht, und diesem, soweit er steuerpflichtig ist, gestattet, diesen Mehrwertsteuerpauschalbetrag von der geschuldeten Mehrwertsteuer abzuziehen, und
– dass es Reisebüros, soweit die genannte Sonderregelung auf sie anwendbar ist, gestattet, die Steuerbemessungsgrundlage pauschal für jeden Besteuerungszeitraum zu bestimmen.

EuGH vom 25.10.2012, Rs C-557/11, *Kozak*
Eigene Beförderungsleistungen eines Reisebüros unterliegen der allgemeinen Besteuerung

Die Art. 306 bis 310 der Richtlinie 2006/112/EG sind dahin auszulegen, dass die eigene Beförderungsleistung eines Reisebüros, die dieses einem Reisenden im Rahmen einer nach diesen Vorschriften besteuerten Pauschalreiseleistung als einen der Bestandteile dieser Reiseleistung erbringt, insbesondere hinsichtlich des Steuersatzes der allgemeinen Mehrwertsteuerregelung und nicht der Mehrwertsteuer-Sonderregelung für die Umsätze von Reisebüros unterliegt. Haben die Mitgliedstaaten für Beförderungsleistungen einen ermäßigten Mehrwertsteuersatz vorgesehen, findet auf die genannte Leistung nach Art. 98 dieser Richtlinie der ermäßigte Satz Anwendung.

EuGH vom 9.12.2010, Rs C-31/10, *Minerva Kulturreisen*
Isolierter Verkauf von Opernkarten ist keine Reiseleistung

Art. 26 der Sechsten Richtlinie 77/388/EWG ist dahin auszulegen, dass er auf den isolierten Verkauf von Opernkarten durch ein Reisebüro ohne Erbringung einer Reiseleistung nicht anwendbar ist.

Judikatur VwGH zu § 23:

VwGH vom 27.2.2014, 2012/15/0044
Spezielle Besteuerung von Reiseleistungen ist gem. § 23 UStG auf B2B-Umsätze nicht anwendbar

§ 23 Abs. 1 UStG 1994 setzt nach dem eindeutigen Gesetzwortlaut und Willen des Gesetzgebers voraus, dass die vom Unternehmer erbrachten Reiseleistungen nicht für das Unternehmen des Leistungsempfängers erbracht werden. Für Reiseleistungen an andere Unternehmer ist § 23 UStG 1994 daher nicht anwendbar. Dass damit die Richtlinienregelung nicht richtig umgesetzt worden ist, erweist sich im gegenständlichen Fall aufgrund der eindeutigen Regelung im österreichischen Gesetz als nicht entscheidungserheblich. Denn nach der Rechtsprechung des EuGH begrenzt insbesondere der Grundsatz der Rechtssicherheit die Verpflichtung, bei der Auslegung und Anwendung des innerstaatlichen Rechts den Inhalt einer Richtlinie heranzuziehen, so dass der Grundsatz richtlinienkonformer Auslegung nicht zu einer mit dem eindeutigen Inhalt einer Regelung des nationalen Rechts unvereinbaren Auslegung führen darf (vgl. EuGH vom 15. April 2008, C-268/06, Impact, Rn 100). Auch eine unmittelbare Anwendung der Richtlinienbestimmung über Reiseleistungen kommt nicht in Betracht. Sie würde sich nämlich zu Lasten der Steuerpflichtigen (Mitbeteiligten) auswirken (vgl. zu an Busreiseunternehmen erbrachten Leistungen das Urteil des BFH vom 15. Januar 2009, V R 9/06).

VwGH vom 24.10.2013, 2010/15/0105
Spezielle Besteuerung von Reiseleistungen umfasst nicht die Eigenleistungen des Reiseveranstalters

Der Ansicht, dass § 23 UStG 1994 auch die Eigenleistungen des Reiseveranstalters umfasse und somit auch für diese Eigenleistungen Steuerfreiheit bestünde, kann im Hinblick auf die gefestigte Rechtsprechung des EuGH nicht gefolgt werden (so auch Ruppe/Achatz, UStG[4], § 23 Tz. 6).

Erbringt der Reiseunternehmer Reiseleistungen teils mit eigenen Mitteln, teils unter Inanspruchnahme von Reisevorleistungen, ist die Sonderregelung für Reiseveranstalter nur insoweit anwendbar, als der Unternehmer gegenüber dem Leistungsempfänger im eigenen Namen auftritt und Reisevorleistungen in Anspruch nimmt. Für die im Rahmen einer solchen Reise erbrachten Eigenleistungen gelten die allgemeinen Besteuerungsvorschriften. Ein einheitlicher Reisepreis muss in diesem Fall aufgeteilt werden (vgl. Schuchter in Melhardt/Tumpel, UStG, § 23 Rz. 44, und zu dem ebenfalls in Umsetzung der Richtlinie 2006/112/EG ergangenen § 25 des deutschen UStG Wagner in Plückebaum/Widmann, UStG, Bd. II, 199. Lfg./Juli 2013, § 25 Anm. 50, Wenzel in Rau/Dürrwächter, UStG, § 25 Anm. 51f, Leonard in Bunjes/Geist, UStG § 25 Rz. 30).

Differenzbesteuerung
§ 24.

Differenzbesteuerung

(1) Für die Lieferungen im Sinne des § 1 Abs. 1 Z 1 von Kunstgegenständen, Sammlungsstücken oder Antiquitäten (Z 10 bis 13 der Anlage 2) oder anderen beweglichen körperlichen Gegenständen, ausgenommen Edelsteine (aus Positionen 7102 und 7103 der Kombinierten Nomenklatur) oder Edelmetalle (aus Positionen 7106, 7108, 7110 und 7112 der Kombinierten Nomenklatur), gilt eine Besteuerung nach Maßgabe der nachfolgenden Vorschriften (Differenzbesteuerung), wenn folgende Voraussetzungen erfüllt sind:

1. Der Unternehmer ist ein Händler, der gewerbsmäßig mit diesen Gegenständen handelt oder solche Gegenstände im eigenen Namen öffentlich versteigert (Wiederverkäufer).
2. Die Lieferung der Gegenstände an den Unternehmer wurde im Gemeinschaftsgebiet ausgeführt. Für diese Lieferung wurde
   a) Umsatzsteuer nicht geschuldet oder
   b) die Differenzbesteuerung vorgenommen.

Differenzbesteuerung in besonderen Fällen

(2) Der Wiederverkäufer (Abs. 1 Z 1) kann erklären, daß er die Differenzbesteuerung auch bei der Lieferung folgender Gegenstände anwendet:

a) von ihm selbst eingeführte Kunstgegenstände, Sammlungsstücke oder Antiquitäten;

b) vom Urheber oder von dessen Rechtsnachfolgern gelieferte Kunstgegenstände;

c) Kunstgegenstände, die nicht von einem Wiederverkäufer an ihn geliefert werden, wenn auf diese Lieferung der ermäßigte Steuersatz nach § 10 Abs. 3 Z 1 lit. c anzuwenden ist.

(3) Die Erklärung gemäß Abs. 2 hat der Unternehmer innerhalb der Frist zur Abgabe der Voranmeldung für den Voranmeldungszeitraum eines Kalenderjahres, in dem erstmals eine Lieferung gemäß Abs. 2 getätigt worden ist, gegenüber dem Finanzamt schriftlich abzugeben.

Diese Erklärung bindet den Unternehmer, unbeschadet der Bestimmung des Abs. 12, für mindestens zwei Kalenderjahre. Die Erklärung kann nur mit Wirkung vom Beginn eines Kalenderjahres an widerrufen werden. Der Widerruf ist innerhalb der Frist zur Abgabe der Voranmeldung für den Voranmeldungszeitraum des Kalenderjahres, in dem erstmals eine Lieferung im Sinne des Abs. 2 getätigt worden ist, gegenüber dem Finanzamt schriftlich zu erklären.

Bemessungsgrundlage

(4) Der Umsatz wird bemessen:
1. bei Lieferungen nach dem Betrag, um den der Verkaufspreis den Einkaufspreis für den Gegenstand übersteigt;
2. bei den Umsätzen gemäß § 3 Abs. 2 nach dem Betrag, um den der Wert nach § 4 Abs. 8 lit. a den Einkaufspreis für den Gegenstand übersteigt;
3. bei der Lieferung von Kunstgegenständen, Sammlungsstücken oder Antiquitäten, die der steuerpflichtige Wiederverkäufer selbst eingeführt hat (Abs. 2), entspricht der für die Berechnung der Differenz zugrunde zu legende Einkaufspreis der gemäß § 5 ermittelten Bemessungsgrundlage bei der Einfuhr zuzüglich der dafür geschuldeten oder entrichteten Einfuhrumsatzsteuer.

Die Umsatzsteuer gehört nicht zur Bemessungsgrundlage.

(5) Der Unternehmer kann die gesamten innerhalb eines Veranlagungszeitraumes (Voranmeldungszeitraumes) ausgeführten Umsätze nach dem Gesamtbetrag bemessen, um den die Summe der Verkaufspreise und der Werte nach § 4 Abs. 8 lit. a die Summe der Einkaufspreise dieses Zeitraums übersteigt (Gesamtdifferenz). Die Besteuerung nach der Gesamtdifferenz ist nur bei solchen Gegenständen zulässig, deren Einkaufspreis 220 Euro nicht übersteigt. Im übrigen gilt Abs. 4 entsprechend.

Steuerbefreiung und Steuersatz

(6) Die Lieferungen unterliegen dem Steuersatz nach § 10 Abs. 1 bzw. 4. Die Steuerbefreiung gemäß § 7 ist anzuwenden.

Rechnung

(7) Der Unternehmer hat in der Rechnung darauf hinzuweisen, dass die Differenzbesteuerung angewendet wurde, beispielsweise durch die Angabe
– „Kunstgegenstände/Sonderregelung",
– „Sammlungsstücke und Antiquitäten/Sonderregelung", oder
– „Gebrauchtgegenstände/Sonderregelung" bei anderen beweglichen körperlichen Gegenständen im Sinne des Abs. 1.

Die Vorschrift über den gesonderten Steuerausweis in einer Rechnung (§ 11 Abs. 1) findet keine Anwendung. § 11 Abs. 12 ist sinngemäß anzuwenden.

Vorsteuerabzug

(8) Ein Unternehmer ist nicht berechtigt, die ihm für Gegenstände, die von einem Wiederverkäufer geliefert werden, gesondert in Rechnung gestellte Umsatzsteuer als Vorsteuer abzuziehen, wenn diese Lieferung der Differenzbesteuerung unterliegt.

(9) Sofern die Gegenstände für Lieferungen verwendet werden, die der Differenzbesteuerung gemäß Abs. 2 unterliegen, ist der Wiederverkäufer nicht

berechtigt, die entrichtete Einfuhrumsatzsteuer oder die gesondert ausgewiesene Steuer für die an ihn ausgeführte Lieferung als Vorsteuer abzuziehen.

(10) Optiert der Wiederverkäufer gemäß Abs. 12 zur Besteuerung nach den allgemeinen Vorschriften, kann die für den an den Unternehmer gelieferten Gegenstand in Rechnung gestellte oder die für den eingeführten Gegenstand entrichtete Einfuhrumsatzsteuer erst in jenem Voranmeldungszeitraum geltend gemacht werden, in dem dieser Gegenstand, für den der Wiederverkäufer die Anwendung der allgemeinen Vorschriften gewählt hat, geliefert oder entnommen wird.

Aufzeichnungspflichten

(11) § 18 gilt mit der Maßgabe, daß aus den Aufzeichnungen des Unternehmers zu ersehen sein müssen
1. die Verkaufspreise oder die Werte nach § 4 Abs. 8 lit. a,
2. die Einkaufspreise und
3. die Bemessungsgrundlagen nach Abs. 4 oder 5.

Wendet der Unternehmer neben der Differenzbesteuerung die Besteuerung nach den allgemeinen Vorschriften an, hat er getrennte Aufzeichnungen zu führen.

Option

(12) Der Unternehmer kann bei jeder Lieferung auf die Differenzbesteuerung verzichten, soweit er die Vereinfachungsregelung nach Abs. 5 nicht anwendet.

§ 24 UStG

UStR zu § 24:

	Rz		Rz
1. Voraussetzungen	3251	3. Vornahme der Option	3280
1.1 Gegenstände	3251	3.1 Form und Frist	3280
1.1.1 Kunstgegenstände nach Z 10 der Anlage 2 (bis 31.12.2015: Z 44 der Anlage) zum UStG 1994	3252	3.2 Widerruf der Option	3282
		4. Bemessungsgrundlage	3290
		4.1 Einzeldifferenz	3291
1.1.2 Sammlungsstücke nach Z 11 der Anlage 2 (bis 31.12.2015: Z 45 lit. a der Anlage) zum UStG 1994	3253	4.2 Anzahlungen im Rahmen der Differenzbesteuerung	3298
		5. Gesamtdifferenz	3299
		5.1 Übergangsregelungen	3306
1.1.2a Sammlungsstücke nach Z 12 der Anlage 2 (bis 31.12.2015: Z 45 lit. b der Anlage) zum UStG 1994	3253a	5.2 Wechsel von der Einzel- zur Gesamtdifferenz	3307
1.1.3 Antiquitäten nach Z 13 der Anlage 2 (bis 31.12.2015: Z 46 der Anlage) zum UStG 1994	3254	5.3 Wechsel von der Gesamt- zur Einzeldifferenz	3308
		6. Steuersatz, Steuerbefreiung	3316
1.1.4 Andere bewegliche körperliche Gegenstände	3255	7. Rechnungslegung	3321
		8. Vorsteuerabzug	3333
1.1.5 Verbesserung, Wartung und Reparatur der Gegenstände	3256	9. Ausschluss vom Vorsteuerabzug	derzeit frei
1.1.6 Zusammenstellung und Teilung von Gegenständen	3257	10. Vorsteuerabzug bei Option	3350
		11. Aufzeichnungspflichten	3356
1.2 Wiederverkäufer	3258	11.1 Allgemein	3356
1.2.1 Eigenverbrauch Eigenverbrauch	3263 3263	11.2 Einzeldifferenz	3357
		11.3 Gesamtdifferenz	3358
1.2.2 Vermittlung	3264	12. Option	3366
1.3 Lieferung an den Wiederverkäufer	3265		
2. Option zu Differenzbesteuerung nach § 24 Abs. 2 UStG 1994	3272		
2.1 Voraussetzungen	3272		
2.2 Gegenstände	3273		
2.3 Rechtsfolgen	3274		

1. Voraussetzungen

3251 Der Differenzbesteuerung unterliegen nach Art. 311 MwSt-RL 2006/112/EG Gebrauchtgegenstände, Kunstgegenstände, Sammlungsstücke und Antiquitäten. Der Begriff Gebrauchtgegenstände wird im UStG nicht verwendet, sondern es wird auf Gegenstände abgestellt, für die der Liefernde Umsatzsteuer nicht schuldet oder die Differenzbesteuerung vorgenommen hat und somit der erwerbende Wiederverkäufer keinen Vorsteuerabzug vornehmen kann. Es können daher in Grenzfällen von der Differenzbesteuerung auch neue Gegenstände (KFZ) erfasst sein (zB ein Privater gewinnt ein KFZ, das er gleich an einen Händler weiterverkauft).

Sind die in § 24 Abs. 1 UStG 1994 genannten Voraussetzungen für die Differenzbesteuerung gegeben, dann ist diese Besteuerungsform anzuwenden. Eine Option zur Besteuerung nach den allgemeinen Besteuerungsvorschriften ist in diesem Fall die Ausnahme und nur zulässig, wenn die in § 24 Abs. 12 UStG 1994 vorgesehenen Voraussetzungen erfüllt sind (siehe auch Rz 3366).

1.1 Gegenstände

Der Differenzbesteuerung unterliegen nur die nachfolgenden taxativ aufgezählten Gegenstände:

1.1.1 Kunstgegenstände nach Z 10 der Anlage 2 (bis 31.12.2015: Z 44 der Anlage) zum UStG 1994

3252 a) Gemälde (zB Ölgemälde, Aquarelle, Pastelle) und Zeichnungen, vollständig mit der Hand geschaffen, ausgenommen Zeichnungen der Position 4906 **00 00** der Kombinierten Nomenklatur (zB Baupläne und Bauzeichnungen) und handbemalte oder handverzierte

§ 24 UStG

gewerbliche Erzeugnisse; Collagen und ähnliche dekorative Bildwerke (Position 9701 der Kombinierten Nomenklatur);

b) Originalstiche, -schnitte und -steindrucke (Position 9702 **00 00** der Kombinierten Nomenklatur);

c) Originalerzeugnisse der Bildhauerkunst, aus Stoffen aller Art (Position 9703 **00 00** der Kombinierten Nomenklatur); dazu gehören nicht Bildhauerarbeiten, die den Charakter einer Handelsware haben (Serienerzeugnisse, Abgüsse und handwerkliche Erzeugnisse).

d) Tapisserien handgewebt, nach Originalentwürfen von Künstlern, jedoch höchstens acht Kopien je Werk (aus Position 5805 **00 00** der Kombinierten Nomenklatur);

e) Textilwaren für Wandbekleidung nach Originalentwürfen von Künstlern, jedoch höchstens acht Kopien je Werk (aus Position 6304 der Kombinierten Nomenklatur).

1.1.2. Sammlungsstücke nach Z 11 der Anlage 2 (bis 31.12.2015: Z 45 lit. a der Anlage) zum UStG 1994

3253 Briefmarken, Stempelmarken, Steuerzeichen, Ersttagsbriefe, Ganzsachen und dergleichen, entwertet oder nicht entwertet, jedoch im Bestimmungsland weder gültig noch zum Umlauf vorgesehen (Position 9704 00 00 der Kombinierten Nomenklatur).

1.1.2a. Sammlungsstücke nach Z 12 der Anlage 2 (bis 31.12.2015: Z 45 lit. b der Anlage) zum UStG 1994

3253a Zoologische, botanische, mineralogische oder anatomische Sammlungsstücke und Sammlungen; Sammlungsstücke von geschichtlichem, archäologischem, paläontologischem, völkerkundlichem oder münzkundlichem Wert (Position 9705 00 00 der Kombinierten Nomenklatur). Sammlerkraftfahrzeuge von geschichtlichem oder völkerkundlichem Wert, die sich in ihrem Originalzustand befinden, mindestens 30 Jahre alt sind und einem nicht mehr hergestellten Modell oder Typ entsprechen, fallen ebenfalls in Position 9705 der Kombinierten Nomenklatur).

1.1.3. Antiquitäten nach Z 13 der Anlage 2 (bis 31.12.2015: Z 46 der Anlage) zum UStG 1994

3254 Antiquitäten sind andere Gegenstände als Kunstgegenstände und Sammlungsstücke, die mehr als hundert Jahre alt sind (Position 9706 **00 00** der Kombinierten Nomenklatur).

1.1.3 Antiquitäten nach Z 46 der Anlage zum UStG 1994

3254 Antiquitäten sind andere Gegenstände als Kunstgegenstände und Sammlungsstücke, die mehr als hundert Jahre alt sind (Position 9706 der Kombinierten Nomenklatur).

1.1.4 Andere bewegliche körperliche Gegenstände

3255 **Andere bewegliche körperliche Gegenstände**, ausgenommen Edelsteine (aus Position 7102 und 7103 der Kombinierten Nomenklatur; zB rohe oder bearbeitete Diamanten, Rubine, Saphire, Smaragde) oder Edelmetalle (aus Positionen 7106, 7108, 7110 und 7112 der Kombinierten Nomenklatur; zB Gold, Silber, Platin, Iridium, Osmium, Palladium, Rhodium und Ruthenium; Edelmetalllegierungen und Edelmetallplattierungen gehören grundsätzlich nicht dazu. Unter die Differenzbesteuerung fallen jedoch aus Edelsteinen oder Edelmetallen hergestellte Gegenstände, wie Schmuckwaren, Gold- und Silberschmiedewaren.

1.1.5 Verbesserung, Wartung und Reparatur der Gegenstände

3256 Der Differenzbesteuerung unterliegen der **Einkauf und die nachfolgende Veräußerung** des erworbenen Gegenstandes. Eine **Verbesserung, Wartung oder Reparatur** des erworbenen Gegenstandes ist für die Differenzbesteuerung nicht hinderlich. Dadurch wird die Identität des Gegenstandes nicht verändert. Hinsichtlich des Vorsteuerabzuges siehe § 24 Rz 3333 bis 3339.

§ 24 UStG

1.1.6 Zusammenstellung und Teilung von Gegenständen

3257 Wird aus mehreren Einzelgegenständen, die jeweils für sich die Voraussetzung der Differenzbesteuerung erfüllen, ein **einheitlicher Gegenstand** hergestellt oder zusammengestellt, unterliegt die anschließende Lieferung dieses „neuen" Gegenstandes **nicht der Differenzbesteuerung**. Ebenfalls unterliegt ein Gegenstand, der grundsätzlich der Differenzbesteuerung unterliegt, dieser nicht mehr, wenn aus dem Gegenstand ein anderer Gegenstand hergestellt wurde. Dies gilt auch, wenn von einem erworbenen Gebrauchtgegenstand anschließend lediglich einzelne Teile geliefert oder entnommen werden.

Ausnahme: Versteuerung nach der Gesamtdifferenz (zB Ausschlachten eines Autos); siehe § 24 Rz 3306 bis 3315.

1.2 Wiederverkäufer

3258 Die Lieferung der Gegenstände hat durch einen Wiederverkäufer zu erfolgen. Ein steuerpflichtiger Wiederverkäufer ist jeder Unternehmer, der **im Rahmen seiner gewerblichen Tätigkeit** üblicherweise Kunstgegenstände, Sammlungsstücke, Antiquitäten oder andere bewegliche körperliche Gegenstände erwirbt und diese anschließend, gegebenenfalls nach Verbesserungen, Reparaturen oder Wartungen im eigenen Namen wieder verkauft (zB Antiquitätenhändler, Briefmarkenhändler, Münzhändler, Kfz-Händler). Unerheblich ist somit, ob der Unternehmer auf eigene oder fremde Rechnung tätig wird. Auch ein **Kommissionär** kann Wiederverkäufer sein.

3259 Wiederverkäufer ist auch ein **Veranstalter von öffentlichen Versteigerungen**, der unter die Differenzbesteuerung fallende Gegenstände im eigenen Namen versteigert.

Der An- und Verkauf der Gebrauchtgegenstände kann auf einen Teil- oder Nebenbereich des Unternehmens beschränkt sein.

Beispiel:

Ein Kreditinstitut veräußert die von Privatpersonen sicherungsübereigneten Gebrauchtgegenstände.

Der Verkauf der Gegenstände unterliegt der Differenzbesteuerung. Das Kreditinstitut ist insoweit als Wiederverkäufer anzusehen.

3260 Der Gegenstand kann **Anlagevermögen** (zB gebrauchtes, von einem Nichtunternehmer im Inland von einem KFZ-Händler erworbenes Kfz wird dem Anlagevermögen zugeführt und nach einiger Zeit veräußert) **oder Umlaufvermögen** des Unternehmers (Wiederverkäufers) sein.

3261 Nicht unter die Differenzbesteuerung fallen **Hilfsgeschäfte** (zB Steuerberater veräußert eine von einem Nichtunternehmer erworbene Büroeinrichtung). Die Lieferung ist im Regelfall umsatzsteuerbar und auch umsatzsteuerpflichtig. Auch die Lieferung von zuvor in das Unternehmen eingebrachten Gegenständen unterliegt, weil nicht erworben, nicht der Differenzbesteuerung, sondern den allgemeinen Regeln des Umsatzsteuergesetzes.

1.2.1 Eigenverbrauch

Randzahl 3262: Derzeit frei.

Eigenverbrauch

3263 Die Differenzbesteuerung ist nur anzuwenden, wenn vom Wiederverkäufer für die Lieferung an ihn **kein Vorsteuerabzug** vorgenommen werden konnte. IdR kommt daher beim Entnahmeeigenverbrauch eine Differenzbesteuerung nicht in Betracht, weil der Unternehmer für den Gegenstand selbst nicht zum Vorsteuerabzug berechtigt war und somit keine Eigenverbrauchsbesteuerung erfolgt.

Werden nach dem Erwerb für den Gegenstand (zB Kfz) Vorleistungen in Anspruch genommen, die zu einem Vorsteuerabzug geführt haben, so ist der Eigenverbrauch steuerbar und kommt § 24 UStG 1994 zur Anwendung. Dies wäre dann der Fall, wenn nach dem Erwerb **vorsteuerentlastete Bestandteile in den Gegenstand** (zB Kfz) eingegangen sind (zB in einen von einem Privaten angeschafften Pkw wird von einem Gebrauchtwagenhändler ein Austauschmotor eingebaut).

Beispiel:
Ein KFZ-Händler hat von einem Privaten im April ein Kfz um 5.000 € erworben und Spenglerarbeiten in Höhe von 2.000 € zuzüglich 20 % USt sowie Lackierarbeiten in Höhe von 1.000 € zuzüglich 20 % USt durchführen lassen. Im Juli wird das Kfz für private Zwecke entnommen.
Die Wiederbeschaffungskosten betragen im Zeitpunkt der Entnahme 8.600 €. Die Bemessungsgrundlage beträgt 3.600 €. Davon ist die USt herauszurechnen, sodass sich eine steuerpflichtige Bemessungsgrundlage von 3.000 € (3.600 : 1,2) ergibt.

Vermittlung

3264   Nicht unter die Differenzbesteuerung fällt die Vermittlung von Gegenständen. Der vermittelte Umsatz kann jedoch wiederum der Differenzbesteuerung unterliegen.

1.3 Lieferung an den Wiederverkäufer

3265   Der Ort der Lieferung der Gegenstände (§ 3 Abs. 7 und 8 UStG 1994) an den Wiederverkäufer muss **im Inland oder im übrigen Gemeinschaftsgebiet** gelegen sein. Gegenstände, die aus einem Drittland eingeführt werden, fallen nicht unter die Differenzbesteuerung nach § 24 Abs. 1 UStG 1994, unabhängig davon, ob anlässlich der Einfuhr USt geschuldet wurde oder nicht. Es besteht jedoch nach § 24 Abs. 2 UStG 1994 die Möglichkeit, für eingeführte Kunstgegenstände, Sammlungsstücke oder Antiquitäten zur Differenzbesteuerung zu **optieren** (siehe § 24 Rz 3272 bis 3279).

3266   Im Zusammenhang mit der Lieferung der angeführten Gegenstände an den Wiederverkäufer darf für den Wiederverkäufer **kein Recht auf Vorsteuerabzug** bestehen. Dies ist der Fall, wenn anlässlich des Verkaufs an den Wiederverkäufer eine USt nicht geschuldet oder die Differenzbesteuerung vorgenommen wurde. Die Differenzbesteuerung ist somit nur auf Lieferungen und den Eigenverbrauch von steuerpflichtigen Wiederverkäufern im Gemeinschaftsgebiet anzuwenden, die im Anschluss an die Lieferungen von

- Privatpersonen oder einer juristischen Person, die nicht Unternehmer ist,
- aus dem nichtunternehmerischen Bereich eines Unternehmers (zB PKW),
- von steuerbefreiten Unternehmern ohne Vorsteuerabzugsrecht (zB Kleinunternehmer, blinder Unternehmer),
- von anderen Unternehmern, die selbst die Differenzbesteuerung angewendet haben, (zB bei Verkäufen von Händler zu Händler) durchgeführt werden.

3267   Die Differenzbesteuerung nach § 24 Abs. 1 UStG 1994 greift nicht, wenn der **vorhergehende Umsatz den allgemeinen Besteuerungsregeln** unterworfen wurde (zB steuerfreie Lieferung aus dem Gemeinschaftsgebiet, steuerpflichtige Lieferung nach Option gemäß § 24 Abs. 12 UStG 1994 oder Lieferung gebrauchter Landmaschinen durch einen pauschalierten Landwirt).

Bei der Lieferung oder dem Eigenverbrauch **gebrauchter Landmaschinen** durch nichtbuchführungspflichtige Land- und Forstwirte wird die Steuer für diese Umsätze mit 10 % oder **13% (bis 31.12.2015: 12%)** der Bemessungsgrundlage festgesetzt (§ 22 Abs. 1 UStG 1994). Es wird somit grundsätzlich USt geschuldet. Für die Lieferung und den Eigenverbrauch gebrauchter Landmaschinen durch nichtbuchführungspflichtige Land- und Forstwirte ist daher die Differenzbesteuerung nicht zulässig.

Randzahlen 3268 bis 3271: Derzeit frei.

2. Option zu Differenzbesteuerung nach § 24 Abs. 2 UStG 1994

2.1 Voraussetzungen

3272   Der Wiederverkäufer kann, obwohl USt geschuldet wurde, für die Lieferung der in § 24 Abs. 2 UStG 1994 aufgezählten Gegenstände (nicht für den Eigenverbrauch) **zur Differenzbesteuerung optieren.**

2.2 Gegenstände

3273   Der Wiederverkäufer kann daher für nachfolgende Gegenstände zur Differenzbesteuerung optieren:

- Kunstgegenstände, Sammlungsstücke und Antiquitäten, die er selbst eingeführt hat, oder

§ 24 UStG

- vom Urheber oder dessen Rechtsnachfolger gelieferte Kunstgegenstände oder
- Kunstgegenstände, die nicht von einem Wiederverkäufer unter Anwendung des ermäßigten Umsatzsteuersatzes nach **§ 10 Abs. 3 Z 1 lit. c UStG 1994 (bis 31.12.2015:** § 10 Abs. 2 Z 1 lit. c UStG 1994**)** an den Wiederverkäufer geliefert werden.

2.3 Rechtsfolgen

3274 In den in Rz 3273 angeführten Fällen ist sowohl die Lieferung an den Unternehmer (Wiederverkäufer) als auch die Einfuhr durch den Unternehmer (Wiederverkäufer ist Schuldner der EUSt) mit dem ermäßigten Umsatzsteuersatz iHv 13% (bis 31.12.2015: 10%) zu versteuern. Die Veräußerung der Gegenstände durch den Wiederverkäufer wäre mit dem Normalsteuersatz zu versteuern. Durch die Option ist nur die Differenz zwischen Verkaufspreis und Einkaufspreis zuzüglich der USt mit dem Normalsteuersatz zu versteuern. Der Wiederverkäufer ist aber nicht berechtigt, die entrichtete EUSt oder die gesondert ausgewiesene Steuer für die an ihn ausgeführte Lieferung als Vorsteuer abzuziehen (siehe § 24 Rz 3333 bis **3334**).

Randzahlen 3275 bis 3279: Derzeit frei.

3. Vornahme der Option
3.1 Form und Frist

3280 Die Differenzbesteuerung nach § 24 Abs. 2 UStG 1994 ist von einer **schriftlichen Erklärung** abhängig. Die Erklärung ist dem Finanzamt innerhalb der Frist zur Abgabe der Voranmeldung für den Voranmeldungszeitraum eines Kalenderjahres, in dem erstmals eine Lieferung gemäß § 24 Abs. 2 UStG 1994 getätigt worden ist, vorzulegen.

3281 In der Erklärung müssen die Gegenstände (Kunstgegenstände, Sammlungsstücke oder Antiquitäten) bezeichnet werden, auf die sich die Differenzbesteuerung erstrecken soll. Dabei kann zur Differenzbesteuerung für eine oder mehrere **Gruppen**, zB nur für Kunstgegenstände oder nur für Sammlungsstücke oder nur für Antiquitäten oder nur für Sammlungsstücke und Antiquitäten oder für alle drei Gruppen optiert werden.

3.2 Widerruf der Option

3282 Ein Widerruf ist erst nach **zwei Kalenderjahren** möglich. Die Erklärung kann nur mit Wirkung vom Beginn eines Kalenderjahres an widerrufen werden. Der Widerruf ist innerhalb der Frist zur Abgabe der Voranmeldung für den Voranmeldungszeitraum des Kalenderjahres, in dem erstmals eine Lieferung im Sinne des § 24 Abs. 2 UStG 1994 getätigt worden ist, gegenüber dem Finanzamt schriftlich zu erklären.

Randzahlen 3283 bis 3289: Derzeit frei.

4. Bemessungsgrundlage

3290 Die Bemessungsgrundlage kann für jeden einzelnen Gegenstand im Rahmen einer sogenannten Einzeldifferenzbesteuerung oder bei Gegenständen, deren **Einkaufspreis 220 € nicht überstiegen** hat, nach der Gesamtdifferenz ermittelt werden.

4.1 Einzeldifferenz

3291 Bemessungsgrundlage ist für Lieferungen im Falle des § 24 Abs. 1 UStG 1994 die **Differenz zwischen Verkaufspreis und Einkaufspreis.** Nebenkosten, die nach dem Einkauf des Gegenstandes anfallen und demnach nicht im Einkaufspreis enthalten sind, erhöhen nicht den Einkaufspreis. Wird auf Grund einer Lieferung eines (Gebraucht-) Fahrzeuges durch einen befugten Fahrzeughändler in das Ausland die Normverbrauchsabgabe an diesen nach § 12a NoVAG 1991 vergütet, ist weder von einer Minderung des Einkaufspreises noch von einer Erhöhung des Verkaufspreises nach § 24 Abs. 4 Z 1 UStG 1994 auszugehen (keine Änderung der Umsatzsteuer-Bemessungsgrundlage).

3292 Im Falle des Eigenverbrauches bestimmt sich die Bemessungsgrundlage nach dem Betrag, um den der Wert nach **§ 4 Abs. 8 lit. a UStG 1994 (einschließlich allfälliger durch den Einbau von Bestandteilen begründeter Wertsteigerungen)** den Einkaufspreis für den Gegenstand übersteigt.

3293 Im Falle der Option nach § 24 Abs. 2 UStG 1994 wird die **Differenz durch Gegenüberstellung von Verkaufspreis und Einkaufspreis inklusive USt** ermittelt bzw. im Falle des § 24 Abs. 4 Z 3 UStG 1994 entspricht der für die Berechnung der Differenz zu Grunde zu legende Einkaufspreis der gemäß § 5 UStG 1994 ermittelten Bemessungsgrundlage bei der Einfuhr zuzüglich der geschuldeten oder entrichteten EUSt.

Aus der so ermittelten Bemessungsgrundlage ist die USt herauszurechnen.

Beispiel:

Bei einer Auktion, die der Auktionär in eigenem Namen durchführt, handelt es sich um ein Kommissionsgeschäft. Der Wiederverkäufer (Auktionär) ist Kommissionär. Einkaufspreis für den Kommissionär ist der Betrag, den der Kommittent erhält, das ist der Verkaufspreis an den Abnehmer abzüglich der Provision und der Aufwendungen des Kommissionärs (§ 396 UGB).

Ist nun anlässlich der Versteigerung eines Gegenstandes (zB Kunstwerkes) § 24 Abs. 4 UStG 1994 anzuwenden, so ist Bemessungsgrundlage die Differenz zwischen Verkaufspreis und Einkaufspreis, das ist die Verkäuferprovision zuzüglich des Abbildungskostenbeitrages und der sonstigen Kosten. Zur Ermittlung des umsatzsteuerbaren Entgelts ist aus dem Betrag die USt herauszurechnen.

3294 Nimmt ein Wiederverkäufer beim Verkauf eines Neugegenstandes einen Gebrauchtgegenstand **in Zahlung** und leistet der Käufer in Höhe der Differenz eine Zuzahlung, ist im Rahmen der Differenzbesteuerung als Einkaufspreis der **tatsächliche Wert des Gebrauchtgegenstandes** anzusetzen.

3295 Nur die **Summe der steuerbaren Entgelte** (Differenz ohne USt) eines Voranmeldungszeitraumes ist in die Umsatzsteuervoranmeldung bzw. die Summe der Entgelte eines Veranlagungszeitraumes in die Umsatzsteuererklärung aufzunehmen. Die Einkaufspreise sind weder in der Umsatzsteuervoranmeldung noch in der Umsatzsteuererklärung auszuweisen.

Beispiel:

Ein Kfz-Händler erwirbt einen Gebrauchtwagen um 2.400 €. Er veräußert diesen um 3.000 €.

Bemessungsgrundlage ist die Differenz zwischen dem Verkaufspreis von 3.000 € und dem Einkaufspreis von 2.400 €. Die Differenz beträgt 600 €. Aus dem Differenzbetrag ist die USt herauszurechnen.

Verkaufspreis	3.000 €
Einkaufspreis	2.400 €
Differenz	600 €
Bemessungsgrundlage (600:1,20)	500 €

3296 Kosten, die nach dem Erwerb des Gegenstandes angefallen sind, mindern nicht die Bemessungsgrundlage (zB Reparaturen).

Beispiel:

Angabe wie oben, jedoch wird vor der Veräußerung ein Service um 300 € durchgeführt.

Lösung wie oben. Das Service ist unbeachtlich.

3297 Die Bemessungsgrundlage ist vorbehaltlich der Besteuerung nach der Gesamtdifferenz für **jeden einzelnen Gegenstand** zu ermitteln (Einzeldifferenz). Ein **positiver Unterschiedsbetrag** zwischen Verkaufspreis oder dem an seine Stelle tretenden Wert und dem Einkaufspreis eines Gegenstandes kann für die Berechnung der zu entrichtenden Steuer nicht mit einer negativen Einzeldifferenz aus dem Umsatz eines anderen Gegenstandes oder einer negativen Gesamtdifferenz verrechnet werden. Bei einem **negativen Unterschiedsbetrag** beträgt die Bemessungsgrundlage null.

4.2 Anzahlungen im Rahmen der Differenzbesteuerung

3298 Der Wiederverkäufer kann im Einzelfall nach **vereinbarten Entgelten** versteuern. In diesem Fall sind auch im Rahmen der Differenzbesteuerung Anzahlungen zu versteuern.

Die Anzahlung ist im Verhältnis Verkaufspreis zu Einkaufspreis und Differenz aufzuteilen. Der Teil, der auf die Differenz entfällt, ist als Anzahlung zu versteuern. Eine **Anzahlungsrechnung** mit Steuerausweis darf nicht gelegt werden.

Beispiel:
Ein KFZ-Händler (Wiederverkäufer) verkauft einen gebrauchten PKW, wobei der Käufer eine Anzahlung leistet.

Verkaufspreis	4.800 €
Einkaufspreis	3.600 €
Differenz	1.200 €
Anzahlung	2.400 €

Vom Verkaufspreis entfallen 75 % (3.600 : 4.800 x 100) auf den Einkaufspreis und 25 % auf die Differenz (1.200 : 4.800 x 100). Daher sind 25 % von 2.400 € als Anzahlung zu versteuern. Die Bemessungsgrundlage für die zu versteuernde Anzahlung beträgt daher 500 € (2.400 x 25 % = 600 : 1,2).

5. Gesamtdifferenz

3299 Bei Gegenständen, deren **Einkaufspreis 220 € nicht übersteigt**, kann die Bemessungsgrundlage anstatt nach der Einzeldifferenz nach der Gesamtdifferenz ermittelt werden. Die Gesamtdifferenz ist der Betrag, um den die **Summe der Verkaufspreise und der Entnahmewerte die Summe der Einkaufspreise**, jeweils bezogen auf einen Besteuerungszeitraum (Veranlagungszeitraum, Voranmeldungszeitraum), übersteigt. Aus dem Differenzbetrag ist die USt herauszurechnen. Die Ermittlung der Bemessungsgrundlage nach der Gesamtdifferenz darf nur auf Gegenstände angewendet werden deren Einkaufspreis 220 € nicht übersteigt. Besteuert der Unternehmer nach der Gesamtdifferenz, so hat er Gegenstände, deren Einkaufspreis 220 € übersteigt, nach der Einzeldifferenz zu versteuern.

3300 Wendet der Wiederverkäufer für eine Mehrheit von Gegenständen einen Gesamtkaufpreis auf (zB beim Ankauf von Sammlungen oder Nachlässen) und werden die Gegenstände später einzeln verkauft, so kann bei der **Aufteilung auf unter die Einzeldifferenz entfallende und nach der Gesamtdifferenz zu versteuernde Gegenstände** wie folgt vorgegangen werden:
- Beträgt der Gesamtkaufpreis **bis zu 220 €** so kann aus Vereinfachungsgründen von der Ermittlung der auf die einzelnen Gegenstände entfallenden Einkaufspreise abgesehen werden.
- **Übersteigt** der Gesamtkaufpreis den Betrag von **220 €**, so ist der auf die einzelnen Gegenstände entfallende Einkaufspreis grundsätzlich im Wege einer sachgerechten Schätzung zu ermitteln. In diesem Fall ist die Schätzung der einzelnen mit einem Gesamtkaufpreis erworbenen Gegenstände so lange vorzunehmen, bis der Gesamtbetrag der restlichen Gegenstände 220 € oder weniger beträgt. Der geschätzte Einkaufspreis für die nach der Einzeldifferenz zu versteuernden Gegenstände darf bis zur Veräußerung nicht geändert werden.

Beispiel:
Ein Antiquitätenhändler kauft eine Verlassenschaft um 2.000 €.
Er hat die Werte der erworbenen Gegenstände zu ermitteln. Vom

Einkaufspreis	2.000 €	entfallen auf
die Schlafzimmereinrichtung	– 1.200 €	
ein Bild	– 510 €	
einen Fernseher	– 80 €	
die übrigen Gegenstände	210 €	

Da der Wiederverkäufer nach der Gesamtdifferenz versteuert, erübrigt sich eine Bewertung der übrigen Gegenstände. Schlafzimmereinrichtung und Bild unterliegen der Einzelbesteuerung. Alle übrigen Gegenstände sind nach der Gesamtdifferenz zu versteuern.
- Der Einkaufspreis sämtlicher Gegenstände liegt bei **Einzelbewertung unter 220 €**. Sämtliche Gegenstände können der Besteuerung nach der Gesamtdifferenz unterzogen werden.

3301 Es können bei der Besteuerung nach der Gesamtdifferenz Teile eines einzelnen Gegenstandes, dessen Einkaufspreis 220 € nicht überstiegen hat, differenzbesteuert veräußert werden (zB Ausschlachten eines Autowracks). Gedanklich wird der eingekaufte Gegenstand in einzelne Teile zerlegt, die dann tatsächlich einzeln veräußert werden.

Beispiel:
Ein Unternehmer versteuert nach der Gesamtdifferenz. Die nach der Gesamtdifferenz zu versteuernden Einnahmen für den Monat Mai betragen 270 €.

Ein Autowrack wird im Mai von einem Nichtunternehmer im Gemeinschaftsgebiet um 210 € eingekauft. Im Juni wird der Motor des Wracks um 480 €, im Juli wird der Kühler des Autowracks um 120 € veräußert. Andere Geschäfte, die der Differenzbesteuerung unterliegen, werden in diesen Zeiträumen nicht getätigt.

Voranmeldung Mai	
Einnahmen	270 €
Einkäufe (Autowrack)	– 210 €
Differenz	60 €
Bemessungsgrundlage (60 : 1,20)	50 €
Voranmeldung Juni	
Einnahmen (Motor)	480 €
Einkäufe	0 €
Differenz	480 €
Bemessungsgrundlage (480 : 1,20)	400 €
Voranmeldung Juli	
Einnahmen (Kühler)	120 €
Einkäufe	0 €
Differenz	120 €
Bemessungsgrundlage (120 : 1,20)	100 €

3302 Die Bemessungsgrundlage für die Lieferung und den Eigenverbrauch von Gegenständen, deren Einkaufspreis 220 € überstiegen hat, ist, auch wenn der Unternehmer die Versteuerung nach der Gesamtdifferenz gewählt hat, nach der Einzeldifferenz zu ermitteln. **Negative Einzeldifferenzen** dürfen auch in diesem Fall nicht mit einer positiven Gesamtdifferenz ausgeglichen werden.

3303 Die Berechnung der Besteuerungsgrundlagen ist für die **einzelnen Voranmeldungszeiträume und den Veranlagungszeitraum** vorzunehmen. Eine negative Gesamtdifferenz eines Voranmeldungszeitraumes darf nicht mit einer positiven Differenz eines anderen Voranmeldungszeitraumes ausgeglichen werden. Zu einem Ausgleich kommt es jedoch durch die Jahresveranlagung. Ein Ausgleich über den Veranlagungszeitraum hinaus ist nicht vorgesehen.

3304 Die Inspruchnahme der Versteuerung nach der Gesamtdifferenz ist an **keine ausdrückliche Erklärung** gebunden. Der Wechsel zwischen Besteuerung nach der Einzeldifferenz oder Gesamtdifferenz ist formlos. Die Wahlmöglichkeit besteht für jeden Besteuerungszeitraum.

3305 Ein Wechsel von der Ermittlung nach der Einzeldifferenz zur Ermittlung nach der Gesamtdifferenz und umgekehrt ist nur zu **Beginn eines Veranlagungszeitraumes** zulässig.

5.1 Übergangsregelungen

3306 Im Zusammenhang mit dem Übergang von der Besteuerung der Einzeldifferenz zur Gesamtdifferenz bzw. von der Gesamtdifferenz zur Einzeldifferenz ist zu beachten, dass kein Umsatz doppelt besteuert wird bzw. kein Umsatz unbesteuert bleibt. Außerdem wird auf die vorhandenen Aufzeichnungen Rücksicht zu nehmen sein.

5.2 Wechsel von der Einzel- zur Gesamtdifferenz

3307 Die Einkaufspreise der auf Lager liegenden Gegenstände bis 220 € können aus den Aufzeichnungen entnommen werden. Die Summe der Einkaufspreise dieser Gegenstände kann im ersten Voranmeldungszeitraum bzw. im Jahr des Überganges als Einkaufspreis berücksichtigt werden.

5.3 Wechsel von der Gesamt- zur Einzeldifferenz

3308 Hier ist davon auszugehen, dass die Gegenstände mit einem Einkaufspreis bis zu 220 € im Zeitpunkt der Besteuerung nach der Gesamtdifferenz nicht einzeln aufgezeichnet, jedoch die Einkaufspreise im Zusammenhang mit der Besteuerung nach der Gesamtdifferenz bereits abgezogen wurden. Daraus folgt, dass in diesem Fall die Verkaufspreise der Gegenstände ohne **Abzug von Einkaufspreisen** zu versteuern sind.

Randzahlen 3309 bis 3315: Derzeit frei.

6. Steuersatz, Steuerbefreiung

3316. Lieferungen eines Wiederverkäufers in ein Drittland sind unter den Voraussetzungen des § 7 UStG 1994 umsatzsteuerfrei. Bei der Differenzbesteuerung unterliegt die Bemessungsgrundlage dem Normalsteuersatz nach § 10 Abs. 1 und 4 UStG 1994.

Steuersatz für Kunstgegenstände siehe Rz 1354.

Zur Steuerfreiheit innergemeinschaftlicher Lieferungen siehe Art. 24 Rz 4251.

Randzahlen 3317 bis 3320: Derzeit frei.

7. Rechnungslegung

3321. Erfolgt die Umsatzversteuerung nach § 24 UStG 1994 so darf in einer Rechnung die **USt nicht gesondert ausgewiesen** werden. Dies auch dann nicht, wenn der Gegenstand an einen Unternehmer geliefert wird, der eine gesondert ausgewiesene Steuer als Vorsteuer abziehen könnte.

3322. Gem § 11 Abs. 1 UStG 1994 müssen Rechnungen – soweit in den nachfolgenden Absätzen des § 11 UStG 1994 nichts anderes bestimmt ist – ua. den auf das Entgelt entfallenden Steuerbetrag enthalten (§ 11 Abs. 1 Z 6 UStG 1994). Nach § 11 Abs. 6 Z 4 und 5 UStG 1994 genügen bei Rechnungen, deren Gesamtbetrag 400 (bis 28.2.2014: 150) Euro nicht übersteigt (Kleinbetragsrechnung), die Angabe des Entgeltes und Steuerbetrags für die Lieferung in einer Summe und des Steuersatzes.

3323. Es darf daher in Zusammenhang mit einer differenzbesteuerten Lieferung (§ 24 UStG 1994) in einer Rechnung im Sinne des § 11 Abs. 1 UStG 1994 kein Steuerbetrag und in einer Rechnung nach § 11 Abs. 6 UStG 1994 nicht Entgelt und Steuerbetrag in einer Summe (zivilrechtlicher Preis) und der Steuersatz ausgewiesen werden.

Weiters hat die Rechnung einen Hinweis zu enthalten, dass die Differenzbesteuerung angewendet wurde. Dies kann beispielsweise durch die Angabe
- „Kunstgegenstände/Sonderregelung",
- „Sammlungsstücke und Antiquitäten/Sonderregelung", oder
- „Gebrauchsgegenstände/Sonderregelung" bei anderen beweglichen körperlichen Gegenständen im Sinne des § 24 Abs. 1 UStG 1994 erfolgen.

3324. Liegen die Voraussetzungen für eine Differenzbesteuerung vor und weist ein Wiederverkäufer bei Lieferung eines Gegenstandes die auf die Differenz entfallende Steuer gesondert aus, so schuldet er den ausgewiesenen Steuerbetrag nach § 11 Abs. 12 UStG 1994. Eine derartige Rechnung kann jedoch **berichtigt** werden.

3325. Bei Option nach § 24 Abs. 12 UStG 1994 kann eine Rechnung ausgestellt werden. Ob eine Rechnung nach den allgemeinen Bestimmungen des Umsatzsteuergesetzes oder nach einer Versteuerung nach § 24 UStG 1994 gelegt wird, ist im Regelfall aus der ausgewiesenen USt zu ersehen. Auf Grund einer Option im Einzelfall ist in der Rechnung der auf das gesamte Entgelt entfallende Steuerbetrag auszuweisen. Im Falle der Differenzbesteuerung wird die Steuer vom Differenzbetrag errechnet, darf aber in einer Rechnung nicht ausgewiesen werden.

Randzahlen 3326 bis 3332: Derzeit frei.

8. Vorsteuerabzug

3333. Unterliegt die Lieferung eines Gegenstandes der Differenzbesteuerung (§ 24 Abs. 1 und 2 UStG 1994) so ist der Unternehmer (Wiederverkäufer) **nicht berechtigt**, eine ihm für den Gegenstand gesondert in Rechnung gestellte USt oder eine entrichtete EUSt **als Vorsteuer abzuziehen**. Alle übrigen für Lieferungen oder sonstige Leistungen an das Unternehmen in Rechnung gestellte Umsatzsteuern sind als Vorsteuer abzugsfähig (Vorsteuern für Anlagegüter, sonstiges Umlaufvermögen, Betriebsausgaben, Verbesserung, Wartung oder Reparatur der Gebrauchtgegenstände usw.).

3334 Bei gleichzeitiger Anwendung der Differenzbesteuerung und einer Vorsteuerpauschalierungsbestimmung ist für die Berechnung der abziehbaren Vorsteuer die Summe der Bemessungsgrundlagen der differenzbesteuerten Umsätze, somit die Summe der Differenzen zwischen den jeweiligen Verkaufs- und Einkaufspreisen heranzuziehen und daraus die Vorsteuer unter Berücksichtigung des nach § 14 UStG 1994 bzw. einer der dazu ergangenen Verordnungen vorgesehenen Prozentsatzes herauszurechnen (Näheres zur Vorsteuerpauschalierung siehe auch Rz 2226 ff).

Randzahlen 3335 bis 3339: Derzeit frei.

9. Ausschluss vom Vorsteuerabzug

Derzeit frei.

Randzahlen 3340 bis 3349: Derzeit frei.

10. Vorsteuerabzug bei Option

3350 Optiert der liefernde Unternehmer (Wiederverkäufer) zur Regelbesteuerung im Sinne des § 24 Abs. 12 UStG 1994, so kann der liefernde Unternehmer (Wiederverkäufer) die entrichtete EUSt oder die für den Gegenstand in Rechnung gestellte USt in der Voranmeldung für den Voranmeldungszeitraum, in dem die Lieferung des Gegenstandes erfolgt, **in Abzug bringen.**

Beispiel:

Der Unternehmer hat ab 2000 nach § 24 Abs. 2 UStG 1994 zur Differenzbesteuerung optiert. Im Jahre 2000 führte er eine altgriechische Vase (4. Jhdt vor Chr.) ein. An die Zollverwaltung entrichtete er anlässlich der Einfuhr am 2. Mai 2000 10.000 € an EUSt. Am 2. Feber 2001 veräußert er die Vase um 84.000 € und optiert er nach § 24 Abs. 12 UStG 1994 zur Regelbesteuerung.

Der Unternehmer hat für Antiquitäten zur Differenzbesteuerung optiert (§ 24 Abs. 2 UStG 1994). Die EUSt ist für Mai 2000 nicht abzugsfähig (§ 24 Abs. 9 UStG 1994). Anlässlich der Veräußerung im Feber 2001 optiert der Unternehmer zur Regelbesteuerung (§ 24 Abs. 12 UStG 1994). Der Umsatz ist für Feber 2001 mit dem Normalsteuersatz zu versteuern und die am 2. Mai 2000 entrichtete EUSt ist im Voranmeldungszeitraum Feber 2000 abzugsfähig (§ 24 Abs. 10 UStG 1994).

Randzahlen 3351 bis 3355: Derzeit frei.

11. Aufzeichnungspflichten

11.1 Allgemein

3356 Der Wiederverkäufer hat Aufzeichnungen im Sinne des § 18 UStG 1994 zu führen. Im Zusammenhang mit der Differenzbesteuerung sind besondere Aufzeichnungen vorgesehen. Die besonderen Aufzeichnungspflichten gelten als erfüllt, wenn sich die aufzeichnungspflichtigen Angaben aus den **Buchführungsunterlagen** entnehmen lassen. Wendet der Wiederverkäufer neben der Differenzbesteuerung die Besteuerung nach den allgemeinen Vorschriften an, so hat er die Aufzeichnungen für die Differenzbesteuerung getrennt von den übrigen Aufzeichnungen zu führen.

11.2 Einzeldifferenz

3357 Der Wiederverkäufer hat für jeden Gegenstand den Verkaufspreis oder den Entnahmewert, den Einkaufspreis und die Bemessungsgrundlage aufzuzeichnen.

11.3 Gesamtdifferenz

3358 Versteuert der Unternehmer nach der Gesamtdifferenz, so hat er die Einkaufspreise der im Voranmeldungs- bzw. im Veranlagungszeitraum eingekauften und die Verkaufspreise der im Voranmeldungs- bzw. im Veranlagungszeitraum veräußerten Gegenstände aufzuzeichnen.

3359 Aus **Vereinfachungsgründen** kann der Wiederverkäufer in den Fällen, in denen lediglich ein Gesamteinkaufspreis für mehrere Gegenstände vorliegt, den Gesamteinkaufspreis aufzeichnen,
- wenn dieser den Betrag von 220 € nicht übersteigt oder
- soweit er nach Abzug der Einkaufspreise einzelner Gegenstände den Betrag von 220 € nicht übersteigt.

Randzahlen 3360 bis 3365: Derzeit frei.

12. Option

3366 Der Wiederverkäufer kann für jeden im Rahmen der Einzeldifferenz zu versteuernden Gegenstand und auch dann, wenn er nach § 24 Abs. 2 UStG 1994 optiert, insofern der Verkauf nicht nach der Gesamtdifferenz zu versteuern ist, nach § 24 Abs. 12 UStG 1994 auf die **Differenzbesteuerung verzichten** und den Umsatz nach den **allgemeinen Regeln** des Umsatzsteuergesetzes versteuern. Die Option wird durch Umsatzversteuerung der Lieferung wahrgenommen. Eine Rechnung im Sinne des § 12 Abs. 1 UStG 1994 kann gelegt werden. Zum Vorsteuerabzug siehe § 24 Rz 3350 bis 3355.

3367 Der Empfänger der Lieferung hat **kein Recht auf eine Option** zur Regelbesteuerung.

Randzahlen 3368 bis 3380: Derzeit frei.

Judikatur EuGH zu § 24:

EuGH vom 19.7.2012, Rs C-160/11, *Bawaria Motors*
Differenzbesteuerung bei Kraftfahrzeugen

Art. 313 Abs. 1 und Art. 314 in Verbindung mit den Art. 136 und 315 der Richtlinie 2006/112/EG sind dahin auszulegen, dass ein steuerpflichtiger Wiederverkäufer die Regelung zur Differenzbesteuerung nicht anwenden kann, wenn er als Gebrauchtgegenstände im Sinne von Art. 311 Abs. 1 Nr. 1 dieser Richtlinie geltende Kraftfahrzeuge liefert, die er zuvor mehrwertsteuerbefreit von einem anderen Steuerpflichtigen erworben hat, dem ein Recht auf teilweisen Abzug der als Vorsteuer auf den Kaufpreis dieser Fahrzeuge entrichteten Mehrwertsteuer zustand.

EuGH vom 3.3.2011, Rs C-203/10, *Auto Nikolovi*
Kein Anwendungsbereich der Differenzbesteuerung bei der Einfuhr von gebrauchten Autoteilen

1. Art. 314 der Richtlinie 2006/112/EG ist dahin auszulegen, dass die Differenzbesteuerung nicht auf Lieferungen von Gegenständen wie gebrauchten Autoteilen anwendbar ist, die ein der normalen Mehrwertsteuerregelung unterliegender steuerpflichtiger Wiederverkäufer selbst in die Union eingeführt hat.

2. Art. 320 Abs. 1 Unterabs. 1 und Abs. 2 der Richtlinie 2006/112 ist dahin auszulegen, dass er einer nationalen Bestimmung entgegensteht, nach der das Recht des steuerpflichtigen Wiederverkäufers, die für die Einfuhr anderer Gegenstände als Kunstgegenstände, Sammlungsstücke oder Antiquitäten in Anwendung der normalen Mehrwertsteuerregelung entrichtete Mehrwertsteuer als Vorsteuer abzuziehen, erst bei der nachfolgenden, dieser Regelung unterliegenden Lieferung entsteht.

3. Die Art. 314 und 320 Abs. 1 Unterabs. 1 und Abs. 2 der Richtlinie 2006/112 haben unmittelbare Wirkung, die es einem Einzelnen gestattet, sich vor einem nationalen Gericht auf sie mit dem Ziel zu berufen, dass eine mit diesen Bestimmungen unvereinbare nationale Regelung unangewandt bleibt.

Sonderregelung für Anlagegold
§ 24a.

Vorsteuerabzug

(1) Der Unternehmer ist abweichend von § 12 Abs. 3 berechtigt, für gemäß § 6 Abs. 1 Z 8 lit. j steuerfreie Lieferungen folgende Vorsteuerbeträge abzuziehen:

a) Die Steuer für die Lieferung von Anlagegold, das von einem Unternehmer geliefert wird, der gemäß Abs. 5 oder 6 seinen Umsatz steuerpflichtig behandelt;

b) die Steuer für die Lieferung oder die Einfuhr von Gold, das kein Anlagegold ist und anschließend von ihm oder für ihn in Anlagegold umgewandelt wird;

c) die Steuer für sonstige Leistungen, die in der Veränderung der Form, des Gewichtes oder des Feingehaltes von Gold bestehen.

(2) Der Unternehmer, der Anlagegold herstellt oder Gold in Anlagegold umwandelt, ist berechtigt, folgende Vorsteuerbeträge abzuziehen, so als wäre die gemäß § 6 Abs. 1 Z 8 lit. j steuerfreie Lieferung steuerpflichtig:

a) Die Steuer für die Lieferung oder die Einfuhr von Gegenständen, die mit der Herstellung oder Umwandlung von Anlagegold im Zusammenhang stehen;

b) die Steuer für eine mit der Herstellung oder Umwandlung dieses Goldes direkt im Zusammenhang stehende sonstige Leistung.

Aufzeichnungspflichten

(3) Der Unternehmer hat bei Umsätzen von Anlagegold, deren Bemessungsgrundlage 15 000 Euro überschreitet, eine Rechnung gemäß § 11 zu legen und die Identität des Abnehmers festzuhalten. Unterlagen, die einer Identifizierung dienen, sind sieben Jahre aufzubewahren. Im übrigen ist § 132 der Bundesabgabenordnung anzuwenden.

(4) *(Anm.: aufgehoben durch BGBl. I Nr. 144/2001)*

Option

(5) Unternehmer, die Anlagegold herstellen oder Gold in Anlagegold umwandeln, können eine gemäß § 6 Abs. 1 Z 8 lit. j steuerfreie Lieferung von Anlagegold an einen anderen Unternehmer als steuerpflichtig behandeln.

(6) Unternehmer, die im Rahmen ihrer Tätigkeit üblicherweise Gold zu gewerblichen Zwecken liefern, können eine gemäß § 6 Abs. 1 Z 8 lit. j steuerfreie Lieferung von Anlagegold im Sinne des § 6 Abs. 1 Z 8 lit. j sublit. aa an einen anderen Unternehmer als steuerpflichtig behandeln.

(7) Hat der Lieferer gemäß Abs. 5 oder 6 einen Umsatz steuerpflichtig behandelt, so kann auch der Unternehmer, der diesen Umsatz vermittelt hat, seinen Vermittlungsumsatz steuerpflichtig behandeln.

UStR zu § 24a:
Derzeit frei.
Randzahlen 3381 bis 3400: Derzeit frei.

Zoll- und Steuerlager
§ 24b.

(1) Der Bundesminister für Finanzen kann durch Verordnung bestimmen, daß unter den Voraussetzungen des Abs. 2 bis 5 folgende oder einige der folgenden Umsätze steuerfrei sind:
1. Die Einfuhr von Gegenständen, die einer anderen Lagerregelung als der Zollagerregelung unterliegen sollen.
2. Die Lieferung von Gegenständen,
    a) die zollamtlich erfaßt und gegebenenfalls vorläufig verwahrt bleiben sollen,
    b) die einer Freilagerregelung unterliegen sollen,
    c) die einer Zollagerregelung oder einer Regelung für den aktiven Veredelungsverkehr unterliegen sollen,
    d) die im Inland einer anderen Lagerregelung als der Zollagerregelung unterliegen sollen.
3. Die Lieferung von Gegenständen, die sich in den unter Z 2 genannten Regelungen befinden.
4. Die Lieferung von Gegenständen, die sich im Zollverfahren der vorübergehenden Verwendung bei vollständiger Befreiung der Eingangsabgaben, im externen Versandverfahren oder im internen gemeinschaftlichen Versandverfahren befinden.
5. Die sonstigen Leistungen, die mit den unter Z 2 bis 4 genannten Lieferungen zusammenhängen.

(2)
1. Bei den Gegenständen der Lieferung oder Einfuhr darf es sich nicht um solche handeln, die für eine endgültige Verwendung oder einen Endverbrauch bestimmt sind. Bei einer anderen Regelung als einer Zollagerregelung dürfen die Gegenstände überdies nicht zur Lieferung auf der Einzelhandelsstufe bestimmt sein.
2. Bei Verlassen der unter Abs. 1 genannten Regelungen muß die zu entrichtende Steuer jenem Betrag entsprechen, der bei der Steuerpflicht der befreiten Umsätze zu entrichten gewesen wäre.

(3) Die nach Abs. 2 Z 2 zu entrichtende Steuer wird von der Person geschuldet, die veranlaßt, daß die Gegenstände die im Abs. 1 angeführten Regelungen verlassen.

(4) Der Bundesminister für Finanzen kann für die Umsätze gemäß Abs. 1 und für die bei Verlassen der unter Abs. 1 genannten Verfahren geschuldete Steuer von den §§ 4, 12, 18 bis 21 abweichende Regelungen treffen. In der Verordnung wird das im Steuerlager einzuhaltende Verfahren geregelt.

§ 24b UStG

(5) Die Eröffnung eines Steuerlagers bedarf einer Bewilligung. In der Verordnung werden festgelegt:

- welche Voraussetzungen für die Bewilligung als Steuerlager erforderlich sind;
- welche Aufzeichnungen der Unternehmer, dem ein Steuerlager bewilligt wurde, zu führen hat und welche Unterlagen er aufzubewahren hat;
- welche Haftungen den Unternehmer, dem ein Steuerlager bewilligt wurde, hinsichtlich der Vorgänge im Steuerlager treffen.

UStR zu § 24b:
> *Derzeit frei.*
> **Randzahlen 3401 bis 3420: Derzeit frei.**

Besondere Besteuerungsformen
§ 25.

(1) Der Bundesminister für Finanzen kann zur Vereinfachung des Besteuerungsverfahrens für Gruppen von Unternehmern, bei denen hinsichtlich der Besteuerungsgrundlagen annähernd gleiche Verhältnisse vorliegen und die nicht buchführungspflichtig sind, Durchschnittssätze für die zu entrichtende Steuer oder die Grundlagen ihrer Berechnung festsetzen.

(2) In der Verordnung werden bestimmt:
1. Die Gruppe von Betrieben, für welche Durchschnittssätze anwendbar sind,
2. die für die Ermittlung der Durchschnittssätze jeweils maßgebenden Merkmale. Als solche kommen insbesondere der Wareneingang oder Wareneinsatz, die örtliche Lage oder die Ausstattung des Betriebs und die Zahl der Arbeitskräfte in Betracht;
3. der Umfang, in dem Unternehmen, welche die zu entrichtende Steuer oder die Grundlagen ihrer Berechnung nach Durchschnittssätzen ermitteln, Erleichterungen in der Führung von Aufzeichnungen gewährt werden.

(3) Die Durchschnittssätze müssen zu einer Steuer führen, die nicht wesentlich von dem Betrag abweicht, der sich ohne Anwendung der Durchschnittssätze ergeben würde.

(4) Der Unternehmer, bei dem die Voraussetzungen für eine Besteuerung nach Durchschnittssätzen im Sinne des Abs. 1 gegeben sind, kann innerhalb der Frist zur Abgabe der Voranmeldung für den ersten Voranmeldungszeitraum eines Kalenderjahres gegenüber dem Finanzamt schriftlich erklären, daß er von dieser Besteuerungsform Gebrauch macht. Die Erklärung bindet den Unternehmer mindestens für zwei Kalenderjahre. Sie kann nur mit Wirkung vom Beginn eines Kalenderjahres an widerrufen werden. Der Widerruf ist innerhalb der Frist zur Abgabe der Voranmeldung für den ersten Voranmeldungszeitraum dieses Kalenderjahres beim Finanzamt schriftlich zu erklären. Eine erneute Besteuerung nach Durchschnittssätzen ist frühestens nach Ablauf von fünf Kalenderjahren zulässig.

UStR zu § 25:
Derzeit frei.
Randzahlen 3421 bis 3430: Derzeit frei.

Sonderregelung für Drittlandsunternehmer, die elektronisch erbrachte sonstige Leistungen oder Telekommunikations-, Rundfunk- oder Fernsehdienstleistungen an Nichtunternehmer im Gemeinschaftsgebiet erbringen

§ 25a.

Voraussetzungen für die Inanspruchnahme der Sonderregelung

(1) Ein Unternehmer, der im Gemeinschaftsgebiet weder sein Unternehmen betreibt noch eine Betriebsstätte hat und nicht verpflichtet ist, sich im Gemeinschaftsgebiet für umsatzsteuerliche Zwecke erfassen zu lassen, kann auf Antrag für Umsätze gemäß § 3a Abs. 13, die im Gemeinschaftsgebiet ausgeführt werden, abweichend von den allgemeinen Vorschriften, die nachstehende Sonderregelung in Anspruch nehmen, wenn dies nicht nach Abs. 10, Art. 25a Abs. 8 oder einer vergleichbaren Sperrfrist in einem anderen Mitgliedstaat ausgeschlossen ist und er in keinem anderen Mitgliedstaat der Sonderregelung gemäß Art. 358 bis 369 der Richtlinie 2006/112/EG unterliegt. Der Antrag auf Inanspruchnahme der Sonderregelung ist über das für diese Zwecke beim Bundesministerium für Finanzen eingerichtete Portal einzubringen.

Unterliegt ein Unternehmer in einem anderen Mitgliedstaat der Sonderregelung gemäß Art. 358 bis 369 der Richtlinie 2006/112/EG, gelten die folgenden Absätze sinngemäß.

Beginn der Inanspruchnahme

(2) Die Sonderregelung ist ab dem ersten Tag des auf den Antrag nach Abs. 1 folgenden Kalendervierteljahres anzuwenden. Abweichend davon ist sie ab dem Tag der Erbringung der ersten sonstigen Leistung im Sinne des Abs. 1 anzuwenden, wenn der Unternehmer die Aufnahme der Tätigkeit spätestens am zehnten Tag des auf die erste Leistungserbringung folgenden Monates meldet. Letzteres gilt sinngemäß auch bei einem Wechsel von der Sonderregelung gemäß Art. 25a zur Sonderregelung gemäß § 25a.

Steuererklärung, Erklärungszeitraum

(3) Der Unternehmer hat spätestens am zwanzigsten Tag des auf einen Erklärungszeitraum folgenden Monates eine Steuererklärung über alle in diesem Erklärungszeitraum ausgeführten steuerpflichtigen Umsätze, die unter die Sonderregelung fallen, über das für diese Zwecke beim Bundesministerium für Finanzen eingerichtete Portal abzugeben. Eine Steuererklärung ist auch dann abzugeben, wenn im Erklärungszeitraum keine Umsätze ausgeführt worden sind. Die für den Erklärungszeitraum zu entrichtende Steuer ist selbst zu berechnen.

Der Erklärungszeitraum ist das Kalendervierteljahr.

(4) In der Steuererklärung sind die unter die Sonderregelung fallenden Umsätze, die darauf anzuwendenden Steuersätze und die zu entrichtende

Steuer hinsichtlich jedes Mitgliedstaates sowie die gesamte zu entrichtende Steuer anzugeben. Weiters ist die eigens für diese Sonderregelung vom Finanzamt zu erteilende Identifikationsnummer anzugeben.

Werte in fremder Währung

(5) Die Beträge in der Steuererklärung sind in Euro anzugeben. Der Unternehmer hat zur Berechnung der Steuer Werte in fremder Währung nach den Kursen umzurechnen, die für den letzten Tag des Erklärungszeitraumes von der Europäischen Zentralbank festgestellt worden sind. Sind für diesen Tag keine Umrechnungskurse festgestellt worden, hat der Unternehmer die Steuer nach den für den nächsten Tag nach Ablauf des Erklärungszeitraumes von der Europäischen Zentralbank festgestellten Umrechnungskursen umzurechnen.

Änderung der Bemessungsgrundlage

(6) Änderungen der Bemessungsgrundlage der Umsätze gemäß Abs. 1 durch den Unternehmer sind innerhalb von drei Jahren ab dem Tag, an dem die ursprüngliche Erklärung abzugeben war, durch Berichtigung der ursprünglichen Erklärung elektronisch vorzunehmen und wirken auf den ursprünglichen Erklärungszeitraum zurück.

Entrichtung der Steuer

(7) Die Steuer ist spätestens am zwanzigsten Tag (Fälligkeitstag) des auf den Erklärungszeitraum, in dem die sonstige Leistung im Sinne des Abs. 1 ausgeführt worden ist, folgenden Monates zu entrichten. Die Zahlung erfolgt unter Hinweis auf die zugrundeliegende Steuererklärung.

Beendigung oder Ausschluss von der Sonderregelung

(8) Ein Unternehmer kann die Inanspruchnahme dieser Sonderregelung beenden, unabhängig davon, ob er weiterhin sonstige Leistungen erbringt, die unter diese Sonderregelung fallen können. Die Beendigung der Sonderregelung kann nur mit Wirkung von Beginn eines Kalendervierteljahres an erfolgen. Sie ist spätestens fünfzehn Tage vor Ablauf des diesem vorangehenden Kalendervierteljahres über das für diese Zwecke beim Bundesministerium für Finanzen eingerichtete Portal zu erklären.

(9) In folgenden Fällen ist ein Unternehmer von der Inanspruchnahme der Sonderregelung auszuschließen:
1. der Unternehmer teilt mit, dass er keine elektronisch erbrachten sonstigen Leistungen oder Telekommunikations-, Rundfunk- oder Fernsehdienstleistungen mehr erbringt;
2. es werden über einen Zeitraum von acht aufeinanderfolgenden Kalendervierteljahren keine sonstigen Leistungen im Sinne des Abs. 1 erbracht;
3. der Unternehmer erfüllt die Voraussetzungen für die Inanspruchnahme dieser Sonderregelung nicht mehr;

4. der Unternehmer verstößt wiederholt gegen die Vorschriften dieser Sonderregelung.

Die Ausschlussentscheidung ist elektronisch zu übermitteln und wirkt ab dem ersten Tag des Kalendervierteljahres, das auf die Übermittlung der Ausschlussentscheidung folgt. Ist der Ausschluss jedoch auf eine Verlegung des Ortes, von dem aus der Unternehmer sein Unternehmen betreibt, ins Gemeinschaftsgebiet oder auf eine Begründung einer Betriebsstätte im Gemeinschaftsgebiet zurückzuführen, so ist der Ausschluss ab dem Tag dieser Änderung wirksam.

Sperrfristen

(10) Erfolgt ein Ausschluss gemäß Abs. 9 Z 1 oder beendet ein Unternehmer gemäß Abs. 8 die Inanspruchnahme der Sonderregelung, kann der Unternehmer diese Sonderregelung zwei Kalendervierteljahre ab Wirksamkeit des Ausschlusses bzw. der Beendigung nicht in Anspruch nehmen. Erfolgt ein Ausschluss gemäß Abs. 9 Z 4, beträgt dieser Zeitraum acht Kalendervierteljahre und gilt für die Sonderregelungen gemäß § 25a und Art. 25a.

Berichtspflichten

(11) Der Unternehmer hat die Beendigung seiner dieser Sonderregelung unterliegenden Tätigkeit, Änderungen, durch die er die Voraussetzungen für die Inanspruchnahme dieser Sonderregelung nicht mehr erfüllt, sowie Änderungen der im Rahmen der Sonderregelung mitgeteilten Angaben bis zum zehnten Tag des folgenden Monates über das für diese Zwecke beim Bundesministerium für Finanzen eingerichtete Portal zu melden.

Aufzeichnungspflichten

(12) Die Aufzeichnungen über die nach dieser Sonderregelung getätigten Umsätze haben getrennt nach den Mitgliedstaaten zu erfolgen, in denen die Umsätze ausgeführt worden sind. Die Aufzeichnungen sind zehn Jahre aufzubewahren und über Aufforderung der zuständigen Behörde elektronisch zur Verfügung zu stellen.

Festsetzung und Entstehung der Steuerschuld inländischer Umsätze

(13) Unterlässt der Unternehmer die Einreichung der Steuererklärung pflichtwidrig oder erweist sich die Steuererklärung als unvollständig oder die Selbstberechnung als unrichtig, so hat das Finanzamt die Steuer festzusetzen, soweit es sich um im Inland ausgeführte Umsätze im Sinne des Abs. 1 handelt. Die festgesetzte Steuer hat den im Abs. 7 genannten Fälligkeitstag.

(14) Die Steuerschuld für im Inland ausgeführte Umsätze gemäß Abs. 1 entsteht in dem Zeitpunkt, in dem die sonstigen Leistungen ausgeführt werden.

§ 25a UStG

(15) Für im Inland ausgeführte Umsätze gemäß Abs. 1 sind § 19 Abs. 1 zweiter Satz, § 21 Abs. 1 bis 6 und § 27 Abs. 7 zweiter Satz nicht anzuwenden. *(BGBl. I Nr. 117/2016)*

UStR zu § 25a:

	Rz
1. Voraussetzungen	3431
2. Sondervorschriften	3432
3. Umrechnung von Werten in fremder Währung, Aufzeichnungspflichten und Wegfall der Sonderregelung	3433

1. Voraussetzungen

3431 Im Drittland ansässige Unternehmer, die elektronisch erbrachte sonstige Leistungen, Telekommunikations-, Fernseh- und Rundfunkdienstleistungen an in der EU ansässige Nichtunternehmer erbringen, können sich – unter bestimmten Bedingungen – dafür entscheiden, nur in einem EU-Mitgliedstaat erfasst zu werden. Entscheidet sich der Unternehmer dafür, sich in Österreich erfassen zu lassen, gelten die Sondervorschriften des § 25a UStG 1994. Entscheidet sich der Unternehmer für einen anderen Mitgliedstaat und erfolgt die Umsatzbesteuerung in einem dem Besteuerungsverfahren nach § 25a UStG 1994 entsprechenden Verfahren (Art. 358 bis 369 der MWSt-RL 2006/112/EG) in einem anderen EU-Mitgliedstaat, unterliegt er ebenfalls den Sondervorschriften (zB Steuerschuld, Erklärungszeitraum, keine Verpflichtung zur Abgabe von Voranmeldungen).

Voraussetzung für die Inanspruchnahme der Sonderregelung ist, dass der Unternehmer im Gemeinschaftsgebiet

- weder sein Unternehmen betreibt noch eine Betriebsstätte hat,
- Umsätze gemäß § 3a Abs. 13 UStG 1994 idF BGBl. I Nr. 40/2014 tätigt,
- für Zwecke der Umsatzsteuer nicht erfasst ist und auf elektronischem Weg (Internetadresse: https://non-eu-moss-evat.bmf.gv.at) beim Finanzamt Graz-Stadt die Option zur Sonderregelung beantragt.

Wird der Antrag genehmigt, erhält der Unternehmer mittels E-Mail seine EU-Identifikations-Nummer (zB EU040123456) sowie seinen Benutzernamen und sein Passwort an die bekannt gegebene E-Mail-Adresse zugesandt. Er ist dann verpflichtet, Umsätze gemäß § 3a Abs. 13 UStG 1994 idF BGBl. I Nr. 40/2014 auf elektronischem Wege über die oben angeführte Internetadresse zu erklären.

Der Unternehmer kann die Ausübung des Wahlrechtes unter Einhaltung der Frist des § 25a Abs. 8 UStG 1994 widerrufen.

2. Sondervorschriften

3432 Insbesondere folgende Sondervorschriften gelten nach § 25a UStG 1994:

- Das Kalendervierteljahr ist Erklärungszeitraum (§ 25a Abs. 3 UStG 1994).
- Die Steuerschuld für die im Erklärungszeitraum ausgeführten Leistungen entsteht mit Ablauf des Erklärungszeitraumes (§ 25a Abs. 14 UStG 1994 idF BGBl. I Nr. 40/2014).
- Die Steuer ist am 20. Tag des auf den Erklärungszeitraum folgenden Kalendermonates fällig (§ 25a Abs. 7 UStG 1994 idF BGBl. I Nr. 40/2014).
- Die Unternehmer haben vierteljährliche Steuererklärungen bis zum 20. Tag des auf den Erklärungszeitraum folgenden Kalendermonates auf elektronischem Weg abzugeben (§ 25a Abs. 3 UStG 1994 idF BGBl. I Nr. 40/2014). Für das Kalenderjahr ist keine Erklärung abzugeben.
- In der Steuererklärung sind sämtliche Umsätze im Gemeinschaftsgebiet
  – getrennt nach Mitgliedstaaten,
  – unter Angabe des anzuwendenden Steuersatzes,
  – und der zu entrichtenden Steuer sowie die
  – insgesamt zu entrichtende Steuer

- anzugeben (§ 25a Abs. 4 UStG 1994 idF BGBl. I Nr. 40/2014).
- Vorsteuern können nur im Erstattungsverfahren gemäß § 21 Abs. 9 UStG 1994 geltend gemacht werden (Verordnung des BM für Finanzen mit der ein eigenes Verfahren für die Erstattung der abziehbaren Vorsteuern an ausländische Unternehmer geschaffen wird, BGBl. II Nr. 279/1995 idF BGBl. II Nr. 158/2014).
- Ein Steuerbescheid hinsichtlich der in Österreich ausgeführten Umsätze ergeht nur, wenn der Unternehmer die Abgabe der Erklärung pflichtwidrig unterlässt, diese unvollständig ist oder die Selbstberechnung unrichtig ist (§ 25a Abs. 13 UStG 1994 idF BGBl. I Nr. 40/2014).

3. Umrechnung von Werten in fremder Währung, Aufzeichnungspflichten und Wegfall der Sonderregelung

3433 Zum Umrechnungskurs siehe Rz 4300.

Zu den Aufzeichnungspflichten siehe Rz 4300b.

Zum Ausschluss siehe Rz 4300a.

Rz 3434 bis 3440: Derzeit frei.

Sondervorschriften für die Einfuhrumsatzsteuer

§ 26.

(1) Soweit in diesem Bundesgesetz nichts anderes bestimmt ist, gelten für die Einfuhrumsatzsteuer die Rechtsvorschriften für Zölle sinngemäß; ausgenommen sind die Vorschriften über den passiven Veredlungsverkehr. Eine Erstattung oder ein Erlaß der Einfuhrumsatzsteuer findet in den Fällen der Art. 116 bis 123 des Zollkodex statt, ausgenommen der Antragsteller ist in vollem Umfang zum Vorsteuerabzug berechtigt; diese Einschränkung gilt in den Fällen des Art. 116 Abs. 1 lit. a des Zollkodex nicht, wenn ein ausdrücklicher Antrag auf Erstattung oder Erlaß der Einfuhrumsatzsteuer gestellt wird.

(2) In der Zollanmeldung von einfuhrumsatzsteuerbaren Waren sind auch alle für die Festsetzung der Einfuhrumsatzsteuer maßgeblichen Angaben zu machen und die erforderlichen Unterlagen beizufügen.

(3) 1. Für die Erhebung der Einfuhrumsatzsteuer sind die Zollämter zuständig.

2. Abweichend davon sind für die Einhebung und zwangsweise Einbringung der Einfuhrumsatzsteuer unter folgenden Voraussetzungen die Finanzämter zuständig:
   – Die Einfuhrumsatzsteuerschuld ist nach Art. 77 des Zollkodex entstanden und es handelt sich um keine nachträgliche Berichtigung,
   – der Schuldner der Einfuhrumsatzsteuer ist Unternehmer (§ 2), im Inland zur Umsatzsteuer erfasst und die Gegenstände werden für sein Unternehmen eingeführt und
   – der Schuldner der Einfuhrumsatzsteuer erklärt in der Zollanmeldung, dass er von dieser Regelung Gebrauch macht.

(4) Die Abs. 1 bis 3 gelten entsprechend für Gegenstände, die nicht Waren im Sinne des Zollrechts sind und für die keine Zollvorschriften bestehen.

(5) In den Fällen des Abs. 3 Z 2 gilt weiters Folgendes:

a) Die Einfuhrumsatzsteuer wird am 15. des Kalendermonates, der dem Tage der Verbuchung auf dem Abgabenkonto folgt, frühestens am 15. Tag des auf den Voranmeldungszeitraum, in dem die Einfuhrumsatzsteuerschuld entsteht, zweitfolgenden Kalendermonates fällig.

b) Die Gebarung der Einfuhrumsatzsteuer ist mit jener der Umsatzsteuer in laufender Rechnung zusammengefasst zu verbuchen.

c) Einfuhrumsatzsteuerschulden, die in einem Kalendermonat entstanden sind, gelten für die Einhebung und zwangsweise Einbringung als eine Abgabe.

§ 26 UStG

d) Wurde eine unrichtige Zollanmeldung eingereicht, so gilt ein sich daraus ergebender Fehlbetrag an Einfuhrumsatzsteuer als nicht entrichtete Abgabe im Sinne des Finanzstrafgesetzes.

e) Im Falle der indirekten Vertretung ist der Anmelder nicht Schuldner der Einfuhrumsatzsteuer, wenn dem Anmelder ein schriftlicher Auftrag des Vertretenen zur Anwendung der Regelung des Abs. 3 Z 2 vorliegt. Dies gilt nicht, wenn der Zollanmeldung unrichtige Angaben zugrunde liegen und der Anmelder wusste oder vernünftigerweise hätte wissen müssen, dass die Angaben unrichtig sind.

UStR zu § 26:
Derzeit frei.
Randzahlen 3441 bis 3460: Derzeit frei.

Judikatur EuGH zu § 26:

EuGH vom 2.6.2016, Rs C-226/14, *Eurogate Distribution*
Behandlung von Waren, die als Nichtgemeinschaftswaren wieder ausgeführt werden

1. Art. 7 Abs. 3 der Sechsten Richtlinie 77/388/EWG in der durch die Richtlinie 2004/66/EG geänderten Fassung ist dahin auszulegen, dass für Waren, die als Nichtgemeinschaftswaren wieder ausgeführt werden und den in dieser Vorschrift genannten Zollverfahren zum Zeitpunkt ihrer Wiederausfuhr noch unterliegen, ihnen danach aber wegen der Wiederausfuhr nicht mehr unterliegen, keine Mehrwertsteuer geschuldet wird, und zwar auch dann, wenn eine Zollschuld ausschließlich auf der Grundlage von Art. 204 der Verordnung (EWG) Nr. 2913/92 des Rates vom 12. Oktober 1992 zur Festlegung des Zollkodex der Gemeinschaften in der durch die Verordnung (EG) Nr. 648/2005 des Europäischen Parlaments und des Rates vom 13. April 2005 geänderten Fassung entstanden ist.

2. Art. 236 Abs. 1 der Verordnung Nr. 2913/92 in der durch die Verordnung Nr. 648/2005 geänderten Fassung ist in Verbindung mit den Vorschriften der Richtlinie 2006/112/EG dahin auszulegen, dass es in einer Situation wie der des Ausgangsverfahrens keinen Mehrwertsteuerschuldner gibt, da für Waren, die als Nichtgemeinschaftswaren wieder ausgeführt werden, keine Mehrwertsteuer geschuldet wird, sofern sie noch den in Art. 61 der Richtlinie vorgesehenen Zollverfahren unterliegen, und zwar auch dann, wenn eine Zollschuld ausschließlich auf der Grundlage von Art. 204 der Verordnung Nr. 2913/92 in der durch die Verordnung Nr. 648/2005 geänderten Fassung entstanden ist. Art. 236 dieser Verordnung ist dahin auszulegen, dass er in Fällen, die die Erstattung der Mehrwertsteuer betreffen, nicht zur Anwendung kommen kann.

Judikatur VwGH zu § 26:

VwGH vom 28.9.2016, Ra 2016/16/0052
Zollkodex ist für die Einfuhrumsatzsteuer sinngemäß anzuwenden

Auf die Einfuhrumsatzsteuer ist Art. 204 Zollkodex nicht unmittelbar, sondern zufolge des Verweises in § 2 Abs. 1 ZollR-DG und § 26 Abs. 1 UStG sinngemäß anzuwenden.

Besondere Aufsichtsmaßnahmen zur Sicherung des Steueranspruches
§ 27.

(1) Ein Unternehmer, der ohne Begründung einer gewerblichen Niederlassung oder außerhalb einer solchen von Haus zu Haus oder auf öffentlichen Wegen, Straßen, Plätzen oder anderen öffentlichen Orten Umsätze ausführt (Straßenhandel betreibt), hat ein Steuerheft nach einer vom Bundesminister für Finanzen bestimmten Form zu führen. Das Steuerheft wird auf Antrag vom Finanzamt ausgefertigt.

(2) Von der Verpflichtung zur Führung eines Steuerheftes sind Unternehmer befreit,
1. die den Handel mit Zeitungen und Zeitschriften betreiben;
2. die an einem Markt im Sinne der §§ 324 ff. der Gewerbeordnung in den Grenzen der Marktordnung teilnehmen und lediglich die innerhalb ihres land- und forstwirtschaftlichen Betriebes erzeugten Gegenstände feilbieten;
3. die innerhalb des Gemeindegebietes ihrer gewerblichen Niederlassung Umsätze im Rahmen des Abs. 1 bewirken und Bücher nach kaufmännischen Grundsätzen oder Aufzeichnungen im Sinne des § 18 Abs. 1 führen;
4. die außerhalb des Gemeindegebietes ihrer gewerblichen Niederlassung Umsätze im Rahmen des Abs. 1 bewirken und Bücher nach kaufmännischen Grundsätzen führen.

(3) Das Finanzamt kann die Führung eines Steuerheftes auch von einem Unternehmer verlangen, der Gegenstände von Haus zu Haus oder auf öffentlichen Wegen, Straßen, Plätzen oder an anderen öffentlichen Orten einkauft oder durch Angestellte einkaufen läßt.

(4) Erbringt ein Unternehmer, der im Inland weder einen Wohnsitz (Sitz) noch seinen gewöhnlichen Aufenthalt oder eine Betriebsstätte hat, im Inland eine steuerpflichtige Leistung (ausgenommen die in § 3a Abs. 11a genannten Leistungen), hat der Leistungsempfänger, wenn er eine juristische Person des öffentlichen Rechts ist oder ein Unternehmer, für dessen Unternehmen die Leistung ausgeführt wird, die auf diese Leistung entfallende Umsatzsteuer einzubehalten und im Namen und für Rechnung des leistenden Unternehmers an das für diesen zuständige Finanzamt abzuführen. Kommt der Leistungsempfänger dieser Verpflichtung nicht nach, so haftet er für den hiedurch entstehenden Steuerausfall.

(5) Über Verlangen der Organe der Zollbehörde, soweit es sich um Vorgänge im Zusammenhang mit dem grenzüberschreitenden Warenverkehr handelt, und der Abgabenbehörde ist die Besichtigung von in Transportmitteln oder Transportbehältnissen beförderten, abgeholten oder verbrachten Gegenständen sowie die Einsichtnahme in die diese Gegenstände begleitenden Geschäftspapiere wie Frachtbriefe, Lieferscheine, Rechnungen und der-

§ 27 UStG

gleichen zu gestatten. Zur Durchführung solcher Besichtigungen und Einsichtnahmen sind das Finanzamt mit allgemeinem Aufgabenbereich und die Zollbehörde, in deren Amtsbereich sich das Transportmittel oder Transportbehältnis befindet, zuständig. Die mit der Ausübung der Aufsicht beauftragten Organe haben sich zu Beginn der Amtshandlung unaufgefordert über ihre Person und darüber auszuweisen, dass sie zur Ausübung der Aufsicht berechtigt sind.

(6) Unternehmer, die Postdienste im Sinne des Postgesetzes 1997, BGBl. I Nr. 18/1998, oder des Postmarktgesetzes, BGBl. I Nr. 123/2009, erbringen, haben über Verlangen der Abgabenbehörde Auskunft über im grenzüberschreitenden Warenverkehr erfolgte Lieferungen von nicht im Inland ansässigen Unternehmern an Abnehmer im Inland zu erteilen. Die Abgabenbehörde ist berechtigt, Auskunft über alle für die Erhebung von Abgaben erforderlichen Tatsachen zu verlangen, insbesondere die Namen und Adressen der liefernden Unternehmer und der Empfänger der Lieferungen, sowie die Anzahl der Lieferungen.

(7) Ein Unternehmer, der im Inland weder Wohnsitz noch Sitz oder Betriebsstätte hat und der steuerpflichtige Umsätze im Inland tätigt, kann einen nach Abs. 8 zugelassenen Bevollmächtigten (Fiskalvertreter), der auch Zustellungsbevollmächtigter sein muss, beauftragen und dem Finanzamt bekannt geben. Ein Unternehmer, der im Gemeinschaftsgebiet weder Wohnsitz noch Sitz oder Betriebsstätte hat und der steuerpflichtige Umsätze im Inland tätigt, ausgenommen solche, für die der Leistungsempfänger gemäß § 27 Abs. 4 haftet, hat einen nach Abs. 8 zugelassenen Bevollmächtigten (Fiskalvertreter), der auch Zustellungsbevollmächtigter sein muss, zu beauftragen und dem Finanzamt bekannt zu geben. Das gilt nicht, wenn mit dem Staat, in dem dieser Unternehmer seinen Wohnsitz oder Sitz hat, eine Rechtsvereinbarung über die gegenseitige Amtshilfe, deren Anwendungsbereich mit dem der Richtlinien 2010/24/EU über die Amtshilfe bei der Beitreibung von Forderungen in Bezug auf bestimmte Steuern, Abgaben und sonstige Maßnahmen, ABl. Nr. L 84 vom 31.03.2010 S. 1 und 2011/16/EU über die Zusammenarbeit der Verwaltungsbehörden im Bereich der Besteuerung und zur Aufhebung der Richtlinie 77/799/EWG, ABl. Nr. L 64 vom 11.03.2011 S. 1 sowie der Verordnung (EU) Nr. 904/2010 über die Zusammenarbeit der Verwaltungsbehörden und die Betrugsbekämpfung auf dem Gebiet der Mehrwertsteuer, ABl. Nr. L 268 vom 12.10.2010 S. 1 vergleichbar ist, besteht. Der Bundesminister für Finanzen stellt mit Verordnung fest, wenn eine solche Rechtsvereinbarung besteht.

(8) Zugelassene Fiskalvertreter sind Wirtschaftstreuhänder, Rechtsanwälte und Notare mit Wohnsitz oder Sitz im Inland sowie Spediteure, die Mitglieder des Fachverbandes der Wirtschaftskammer Österreich sind. Weiters ist jeder Unternehmer mit Wohnsitz oder Sitz im Inland über seinen Antrag

vom Finanzamt als Fiskalvertreter unter dem Vorbehalt des jederzeitigen Widerrufes zuzulassen, wenn er in der Lage ist, den abgabenrechtlichen Pflichten nachzukommen. Für das Zulassungsverfahren ist das Finanzamt Graz-Stadt zuständig.

UStR zu § 27:

	Rz		Rz
1. Steuerheft für Wanderhändler	derzeit frei	5. Aufsichtsmaßnahmen	3516
2. Befreiung von der Führung eines Steuerheftes	derzeit frei	6. Auskunftspflicht im grenzüberschreitenden Warenverkehr	derzeit frei
3. Steuerheft für Einkäufer	derzeit frei	7. Fiskalvertreter	3526
		7.1 Fiskalvertreterpflicht	3526
4. Haftung für die Abfuhr der USt	3491	7.2 Ausnahmen von der Fiskalvertreterpflicht	3527
4.1 Abfuhrverpflichtung	3491		
4.2 Steuerabfuhr	3495	8. Zugelassene Fiskalvertreter, Bestellung zum Fiskalvertreter	3536
4.3 Haftung	3496		

1. Steuerheft für Wanderhändler

Derzeit frei.

Randzahlen 3461 bis 3470: Derzeit frei.

2. Befreiung von der Führung eines Steuerheftes

Derzeit frei.

Randzahlen 3471 bis 3480: Derzeit frei.

3. Steuerheft für Einkäufer

Derzeit frei.

Randzahlen 3481 bis 3490: Derzeit frei.

4. Haftung für die Abfuhr der USt
4.1 Abfuhrverpflichtung

3491 In § 27 Abs. 4 UStG 1994 ist aus Gründen der Sicherung des Steueranspruches ein Steuerabzugsverfahren vorgesehen, und zwar für jene Fälle, in welchen **der leistende Unternehmer** im Inland weder einen Wohnsitz (Sitz) noch seinen gewöhnlichen Aufenthalt oder eine Betriebsstätte (§ 29 BAO) hat. Zur Abfuhr verpflichtet sind:
- juristische Personen des öffentlichen Rechts sowie
- (in- und ausländische) Unternehmer, und zwar unabhängig davon, ob sie nach § 6 UStG 1994 steuerbefreit sind, besonderen Besteuerungsformen (§§ 23 und 24 UStG 1994) unterliegen oder pauschaliert (§§ 14, 22 oder 25 UStG 1994) sind.

3492 Abzuführen ist die Umsatzsteuer, die vom ausländischen Unternehmer auf Grund einer steuerpflichtigen Lieferung oder der Duldung der Benutzung von Mautstraßen gegen Entgelt im Inland geschuldet wird (d.h. keine Abfuhrverpflichtung bei Steuerschuld kraft Rechnungslegung).

Keine Abfuhrverpflichtung besteht für Leistungen, bei denen es zum Übergang der Steuerschuld auf den Leistungsempfänger kommt und bei Leistungen nach § 3a Abs. 11a UStG 1994 (Eintrittsberechtigungen). Der Übergang der Steuerschuld (Reverse-Charge) hat Vorrang vor der Haftung nach § 27 Abs. 4 UStG 1994.

3493 Auch im Reihengeschäft kann eine Abfuhrverpflichtung für den letzten Abnehmer bestehen, wenn ihm von einem ausländischen Lieferer geliefert wurde und der Gegenstand der Lieferung vom ersten Lieferer nach Österreich versendet oder befördert wurde.

3494 Weist der ausländische Unternehmer in einer Rechnung über eine Lieferung oder bei der Duldung der Benutzung von Mautstraßen gegen Entgelt keine Umsatzsteuer aus, und ist der Leistungsempfänger ein Unternehmer oder eine juristische Person des öffentlichen Rechts, so ist dieser Leistungsempfänger dennoch verpflichtet, die auf den Umsatz entfallende Umsatzsteuer abzuführen.

In Einzelfällen ist es für den Leistungsempfänger vielfach unklar, ob der leistende Unternehmer im Inland eine Betriebsstätte hat. Es ist daher zur Erleichterung folgendes Verfahren vorgesehen:

Der leistende Unternehmer kann bei dem für ihn für die Erhebung der Umsatzsteuer zuständigen Finanzamt beantragen, dass dieses eine Bescheinigung über das Vorliegen einer Betriebsstätte im Inland ausstellt. Während des in der Bescheinigung genannten Zeitraumes kann der Leistungsempfänger davon ausgehen, dass eine Betriebsstätte im Inland vorliegt und die Voraussetzungen für die Einbehaltung und Abfuhr gemäß § 27 Abs. 4 UStG 1994 nicht gegeben sind. In dem Antrag hat der leistende Unternehmer erforderlichenfalls darzulegen, dass eine inländische Betriebsstätte vorliegt. Die Bescheinigung ist grundsätzlich für ein Jahr auszustellen. Ist nicht auszuschließen, dass der leistende Unternehmer nur für eine begrenzte Dauer eine Betriebsstätte im Inland hat, hat das Finanzamt die Gültigkeit der Bescheinigung entsprechend zu befristen.

Die Bescheinigung ist vom zuständigen Finanzamt mittels Formular U 71 zu erstellen. Dieses Formular ist auf der Homepage des BMF (http://www.bmf.gv.at) abrufbar.

4.2 Steuerabfuhr

3495 Der Leistungsempfänger, für dessen Unternehmen die Leistung im Inland erbracht wird, hat die Umsatzsteuer einzubehalten und im Namen und für Rechnung des Leistenden an das für diesen zuständige Finanzamt abzuführen. Örtlich zuständiges Finanzamt ist in diesen Fällen regelmäßig das Finanzamt Graz-Stadt (§ 17 AVOG 2010). Auf dem Zahlschein sind der genaue Name und die Adresse des ausländischen Unternehmers sowie – falls bekannt – dessen StNr. anzugeben. Die Abfuhr muss spätestens für den Voranmeldungszeitraum erfolgen, in dem das Entgelt entrichtet wird.

4.3 Haftung

3496 Sofern der Leistungsempfänger seiner Verpflichtung nicht nachkommt, haftet er für den dadurch entstehenden Steuerausfall. Die Haftung wird mittels **Haftungsbescheid** (§ 224 Abs. 1 BAO) geltend gemacht und zwar unabhängig davon, ob die Umsatzsteuer beim ausländischen Unternehmer einbringlich ist oder nicht. Der Haftung kann sich der Unternehmer nur durch Zahlung des Umsatzsteuer-Betrages entziehen.

Randzahlen 3497 bis 3515: Derzeit frei.

5. Aufsichtsmaßnahmen

3516 Um eine effektive Überwachung der Einhaltung der Versandhandelsregelung zu ermöglichen, normiert § 27 Abs. 6 UStG 1994 **idF StRefG 2015/2016, BGBl. I Nr. 118/ 2015 (bis 15. 8. 2015:** § 27 Abs. 6a UStG 1994 idF BGBl. I Nr. 34/2010), eine Auskunftsverpflichtung für Postdienstleister iSd Postgesetzes 1997, BGBl. I Nr. 18/1998, bzw. des Postmarktgesetzes, BGBl. I Nr. 123/2009, gegenüber der Abgabenbehörde. Die Auskunftsverpflichtung besteht nur auf Verlangen der Abgabenbehörde und erfasst nur jene Daten, die sich aus den Unterlagen der Postdienstleister ergeben. Diese Daten dürfen ausschließlich von der Abgabenbehörde als Beweismittel gegenüber dem liefernden Unternehmer für seine Versandhandelsumsätze verwendet werden.

Randzahlen 3517 bis 3523: Derzeit frei.

6. Auskunftspflicht im grenzüberschreitenden Warenverkehr

Randzahlen 3524 bis 3525: Derzeit frei.

7. Fiskalvertreter

7.1 Fiskalvertreterpflicht

3526 Ein Unternehmer, der

- im Gemeinschaftsgebiet weder Wohnsitz noch Sitz oder Betriebsstätte hat und
- steuerpflichtige Umsätze im Inland tätigt (ausgenommen **Leistungen**, für die der Leistungsempfänger gemäß § 27 Abs. 4 UStG 1994 haftet),

hat einen zugelassenen Bevollmächtigten (Fiskalvertreter), der auch Zustellungsbevollmächtigter sein muss, zu beauftragen und dem Finanzamt bekannt zu geben. Weiters ist ein Fiskalvertreter zu bestellen, wenn der Unternehmer innergemeinschaftliche Lieferungen und innergemeinschaftliche Erwerbe ausführt.

Unternehmer mit Sitz im übrigen Gemeinschaftsgebiet können einen Fiskalvertreter bestellen, wenn sie im Inland innergemeinschaftliche Lieferungen, innergemeinschaftliche Erwerbe oder andere steuerpflichtige Umsätze ausführen.

7.2 Ausnahmen von der Fiskalvertreterpflicht

3527 Kein Fiskalvertreter ist zu bestellen, wenn der ausländische Unternehmer

- steuerfreie Umsätze (zB gemäß § 1 VO des BMF, BGBl. II Nr. 584/2003), ausgenommen innergemeinschaftliche Lieferungen und innergemeinschaftliche Erwerbe (Art. 27 Abs. 4 UStG 1994), ausführt;
- steuerpflichtige **Leistungen** an Unternehmer oder an eine juristische Person des öffentlichen Rechts tätigt, **bei denen** die Haftungsbestimmung des § 27 Abs. 4 UStG 1994 zur Anwendung gelangt (Näheres hierzu siehe § 27 Rz 3491 ff);
- steuerpflichtige Umsätze tätigt, für welche die Steuerschuld gemäß
  - § 19 Abs. 1 UStG 1994 (betrifft alle sonstigen Leistungen – ausgenommen die Duldung der Benutzung von Mautstraßen gegen Entgelt – sowie Werklieferungen) oder
  - Art. 25 Abs. 5 UStG 1994 (betrifft das Dreiecksgeschäft)

  auf den Leistungsempfänger übergeht.

3528 Ein Fiskalvertreter ist daher grundsätzlich **nur in jenen Fällen** zu bestellen, in denen der ausländische Unternehmer Lieferungen oder sonstige Leistungen an Nichtunternehmer (ausgenommen Körperschaften öffentlichen Rechts) erbringt bzw. innergemeinschaftliche Lieferungen oder innergemeinschaftliche Erwerbe tätigt.

Randzahlen 3529 bis 3535: Derzeit frei.

8. Zugelassene Fiskalvertreter, Bestellung zum Fiskalvertreter

3536 Die Bestellung zum Fiskalvertreter erfolgt für Wirtschaftstreuhänder, Rechtsanwälte, Notare sowie für Spediteure, die Mitglieder des Fachverbandes der Wirtschaftskammer sind, dadurch, dass der ausländische Unternehmer dies gegenüber dem Finanzamt formlos bekannt gibt. Andere Unternehmer, die als Fiskalvertreter für einen bestimmten ausländischen Unternehmer zugelassen werden wollen, müssen überdies beim Finanzamt Graz-Stadt einen formlosen Antrag auf Zulassung stellen, der Name und StNr enthalten muss. Dieser Antrag wird bescheidmäßig erledigt. Es ist eine schriftliche Vollmacht des ausländischen Unternehmers erforderlich, die bei Wirtschaftstreuhändern, Rechtsanwälten und Notaren durch die Berufung auf die Vollmacht ersetzt werden kann.

Randzahlen 3537 bis 3540: Derzeit frei.

Allgemeine Übergangsvorschriften
§ 28.

(1) Dieses Bundesgesetz tritt mit Wirksamkeit des Beitritts Österreichs zur Europäischen Union in Kraft. Verordnungen auf Grund der Bestimmungen dieses Bundesgesetzes können von dem der Kundmachung dieses Bundesgesetzes folgenden Tag an erlassen werden; sie treten frühestens mit den betreffenden Bestimmungen in Kraft.

Bescheide gemäß Art. 28 Abs. 1 des Anhangs können von dem der Kundmachung dieses Bundesgesetzes folgenden Tag an erlassen werden; anläßlich des Beitritts Österreichs zur Europäischen Union kann die Vergabe der Umsatzsteuer-Identifikationsnummer von Amts wegen erfolgen.

(2) Auf Umsätze und sonstige Sachverhalte aus der Zeit vor der Wirksamkeit des Beitritts Österreichs zur Europäischen Union ist das im Zeitpunkt des maßgebenden Ereignisses für sie geltende Umsatzsteuerrecht weiterhin anzuwenden.

(3) Mit dem Inkrafttreten dieses Gesetzes tritt das Umsatzsteuergesetz 1972, BGBl. Nr. 223/1972, vorbehaltlich des Abs. 2 und des § 29, außer Kraft. Andere Rechtsvorschriften, die von diesem Bundesgesetz abweichende Regelungen zum Inhalt haben, sind nach den oben bezeichneten Zeitpunkten nicht mehr anzuwenden. Das gilt nicht für folgende Rechtsvorschriften:
1. Auf völkerrechtlichen Verträgen beruhende sowie internationalen Organisationen eingeräumte umsatzsteuerrechtliche Begünstigungen;
2. Umgründungssteuergesetz, BGBl. Nr. 699/1991;
3. Art. VIII § 10 des Steuerreformgesetzes 1993, BGBl. Nr. 818/1993;
4. Bundesgesetz vom 19. Mai 1976 über die Umsatzsteuervergütung an ausländische Vertretungsbehörden und ihre im diplomatischen und berufskonsularischen Rang stehenden Mitglieder, BGBl. Nr. 257/1976;
5. Verordnung des Bundesministers für Finanzen für eine Umsatzsteuerentlastung bei Hilfsgüterlieferungen ins Ausland, BGBl. Nr. 787/1992.

(4) § 19 Abs. 2 Z 1 lit. a letzter Satz ist nicht anzuwenden, wenn die Zahlung des Entgelts auf einem Vertrag beruht, der vor Inkrafttreten dieses Gesetzes abgeschlossen worden ist.

Dies gilt nicht, wenn der Unternehmer eine Rechnung mit gesondertem Ausweis der Steuer (§ 11 Abs. 1) erteilt hat.

(5) Folgende Verordnungen gelten als auf Grund dieses Bundesgesetzes ergangen:
1. Verordnung des Bundesministers für Finanzen über die umsatzsteuerliche Behandlung von Leistungen ausländischer Unternehmer, BGBl. Nr. 800/1974.

2. Verordnung des Bundesministers für Finanzen über die Aufstellung von Schätzungsrichtlinien für die Ermittlung der Höhe des Eigenverbrauches bei bestimmten Unternehmern und über die Fälligkeit der auf den Eigenverbrauch entfallenden Umsatzsteuer, BGBl. Nr. 628/1983, in der Fassung BGBl. Nr. 499/1985.
3. Verordnung des Bundesministers für Finanzen über die Aufstellung von Durchschnittssätzen für die Ermittlung der abziehbaren Vorsteuerbeträge bei bestimmten Gruppen von Unternehmern, BGBl. Nr. 627/1983.
4. Verordnung des Bundesministers für Finanzen über das Vorliegen von Einkünften, über die Annahme einer gewerblichen oder beruflichen Tätigkeit und über die Erlassung vorläufiger Bescheide (Liebhabereiverordnung), BGBl. Nr. 33/1993.
5. Verordnung des Bundesministers für Finanzen über die steuerliche Einstufung von Fahrzeugen als Kleinlastkraftwagen, BGBl. Nr. 134/1993. Diese Verordnung tritt mit 14. Februar 1996 außer Kraft.
6. Verordnung des Bundesministers für Finanzen, mit der ein eigenes Verfahren für die Erstattung der abziehbaren Vorsteuern an ausländische Unternehmer geschaffen wird, BGBl. Nr. 882/1993.

(6) Auf Grund des Umsatzsteuergesetzes 1972, BGBl. Nr. 223/1972, ergangene Bescheide, die auch Zeiträume nach dem 31. Dezember 1994 betreffen, gelten weiter.

(7) Soweit in diesem Bundesgesetz auf Bestimmungen anderer Bundesgesetze verwiesen wird, sind diese Bestimmungen in ihrer jeweils geltenden Fassung anzuwenden. Ausgenommen hiervon sind die Verweise auf das EStG 1988 und das KStG 1988 in § 1 Abs. 1 Z 2 und § 12 Abs. 2 Z 2 lit. a. In diesen Bestimmungen beziehen sich die Verweise auf das EStG 1988 in der Fassung BGBl. Nr. 681/1994 und das KStG 1988 in der Fassung BGBl. Nr. 922/1994.
(BGBl. I Nr. 117/2016)

(8) Beziehen sich bundesgesetzliche Vorschriften auf Bestimmungen des Umsatzsteuergesetzes 1972, BGBl. Nr. 223/1972, so treten an die Stelle dieser Bestimmungen die entsprechenden Bestimmungen dieses Bundesgesetzes.

(9) In den Fällen des § 127 Abs. 4 und des § 132 Abs. 1 des Zollrechts-Durchführungsgesetzes, BGBl. Nr. 659/1994, ist das Verlassen, einschließlich des unrechtmäßigen Verlassens, des vorangegangenen Zollverfahrens oder einer Zollfreizone oder eines Zollagers einer Einfuhr im Sinne des § 1 Abs. 1 Z 3 gleichgestellt, ausgenommen
– der Gegenstand wird in ein Gebiet außerhalb der Gemeinschaft versendet oder befördert oder
– im Falle des Verfahrens der vorübergehenden Verwendung wird der Gegenstand – mit Ausnahme von Fahrzeugen im Sinne des Art. 1 Abs. 8 des Anhangs – in den Mitgliedstaat, aus dem er ausgeführt wur-

§ 28 UStG

de und an denjenigen, der ihn ausgeführt hat, zurückversendet oder zurückbefördert oder
- im Falle des Verfahrens der vorübergehenden Verwendung betreffend ein Fahrzeug im Sinne des Art. 1 Abs. 8 des Anhangs, wenn das Fahrzeug unter den für den Binnenmarkt eines der neuen Mitgliedstaaten oder eines der Mitgliedstaaten der Europäischen Union geltenden allgemeinen Steuerbedingungen vor dem Beitritt erworben oder eingeführt wurde und/oder für das Fahrzeug bei der Ausfuhr keine Befreiung oder Vergütung der Umsatzsteuer gewährt wurde. Diese Bedingung gilt als erfüllt, wenn das Fahrzeug vor dem 1. Jänner 1987 in Betrieb genommen wurde oder wenn der Betrag der bei der Einfuhr für das Fahrzeug fälligen Steuer 200 S nicht überschreitet.

(10) Einer Einfuhr im Sinne des § 1 Abs. 1 Z 3 gleichgestellt wird weiters die ab der Wirksamkeit des Beitritts Österreichs zur Europäischen Union erfolgende Verwendung von Gegenständen im Inland, sofern folgende Voraussetzungen vorliegen:
- Die Gegenstände wurden vor der Wirksamkeit des Beitritts Österreichs zur Europäischen Union in der Gemeinschaft in der damaligen Zusammensetzung oder in einem anderen neuen Mitgliedstaat geliefert,
- die Lieferung dieser Gegenstände war nach einer dem Artikel 15 Z 1 und 2 der 6. EG-Richtlinie entsprechenden Bestimmung steuerfrei oder befreiungsfähig,
- die Gegenstände wurden ab der Wirksamkeit des Beitritts Österreichs zur Europäischen Union in das Inland verbracht.

Steuerschuldner ist derjenige, der die Gegenstände im Inland verwendet.

(10a) Im Zusammenhang mit der Erweiterung der Europäischen Union mit 1. Mai 2004 gilt folgende Übergangsregelung:
1. Für Gegenstände, die
- vor dem 1. Mai 2004 in das Gemeinschaftsgebiet oder in einen der am 1. Mai 2004 der Europäischen Union beigetretenen Mitgliedstaaten (neue Mitgliedstaaten) verbracht wurden und
- beim Verbringen in die Gemeinschaft oder in einen der neuen Mitgliedstaaten unter ein Verfahren der vorübergehenden Verwendung bei vollständiger Befreiung von Eingangsabgaben oder eine der in Artikel 16 Absatz 1 Teil B lit. a bis d der 6. EG-Richtlinie genannten Regelungen oder eine diesen Regelungen entsprechenden Regelung in einem der neuen Mitgliedstaaten gestellt wurden und
- dieses Verfahren oder diese Regelung nicht vor dem 1. Mai 2004 verlassen haben,

finden die Vorschriften, die bei der Unterstellung der Gegenstände unter das Verfahren oder die Regelung galten, nach dem 30. April 2004 bis zum Verlassen dieses Verfahrens oder dieser Regelung weiterhin Anwendung.

§ 28 UStG

2. Für Gegenstände, die
   - vor dem 1. Mai 2004 unter das gemeinsame Versandverfahren oder ein anderes zollrechtliches Versandverfahren gestellt wurden und
   - dieses Verfahren nicht vor dem 1. Mai 2004 verlassen haben,

   finden die Vorschriften, die bei der Unterstellung der Gegenstände unter das Verfahren galten, nach dem 30. April 2004 bis zum Verlassen dieses Verfahrens weiterhin Anwendung.
3. Die folgenden Vorgänge werden der Einfuhr eines Gegenstandes im Sinne des § 1 Abs. 1 Z 3 gleichgestellt, sofern sich der Gegenstand in einem der neuen Mitgliedstaaten oder in der Gemeinschaft im freien Verkehr befand:
   a) das Verlassen, einschließlich des unrechtmäßigen Verlassens, eines Verfahrens der vorübergehenden Verwendung, unter die der betreffende Gegenstand vor dem 1. Mai 2004 gemäß Z 1 gestellt worden ist;
   b) das Verlassen, einschließlich des unrechtmäßigen Verlassens, einer der in Artikel 16 Absatz 1 Teil B lit. a bis d der 6. EG-Richtlinie genannten Regelungen oder einer diesen Regelungen entsprechenden Regelung, unter die der betreffende Gegenstand vor dem 1. Mai 2004 gemäß Z 1 gestellt worden ist;
   c) die Beendigung eines der in Z 2 genannten Verfahren, das vor dem 1. Mai 2004 in einem der neuen Mitgliedstaaten für die Zwecke einer vor dem 1. Mai 2004 in diesem Mitgliedstaat gegen Entgelt bewirkten Lieferung von Gegenständen durch einen Unternehmer begonnen wurde;
   d) jede Unregelmäßigkeit oder jeder Verstoß anlässlich oder im Verlauf eines der in der Z 2 genannten Verfahren, das gemäß lit. c begonnen wurde.

   Voraussetzung für die Gleichstellung mit der Einfuhr im Sinne des § 1 Abs. 1 Z 3 ist, dass das Verlassen, einschließlich des unrechtmäßigen Verlassens, oder die Beendigung des Verfahrens oder der Regelung oder die Unregelmäßigkeit oder der Verstoß im Inland, ausgenommen die Gebiete Jungholz und Mittelberg, erfolgt.
4. Einer Einfuhr im Sinne des § 1 Abs. 1 Z 3 ebenfalls gleichgestellt wird die im Inland, ausgenommen die Gebiete Jungholz und Mittelberg, durch einen Unternehmer oder Nichtunternehmer nach dem 30. April 2004 erfolgende Verwendung von Gegenständen, die ihm vor dem 1. Mai 2004 in einem der neuen Mitgliedstaaten geliefert wurden, sofern folgende Voraussetzungen gegeben sind:
   - Die Lieferung dieser Gegenstände war nach einer dem Artikel 15 Z 1 und 2 der 6. EG-Richtlinie entsprechenden Bestimmung steuerfrei oder befreiungsfähig und
   - die Gegenstände wurden nicht vor dem 1. Mai 2004 in das Inland, ausgenommen die Gebiete Jungholz und Mittelberg, verbracht.

§ 28 UStG

Steuerschuldner ist derjenige, der die Gegenstände im Inland, ausgenommen die Gebiete Jungholz und Mittelberg, verwendet.
5. Die Einfuhr von Gegenständen im Sinne der Z 3 und 4 wird nicht besteuert, wenn
   a) der eingeführte Gegenstand in ein Gebiet außerhalb des Gemeinschaftsgebietes, wie es nach dem Beitritt der neuen Mitgliedstaaten besteht, versendet oder befördert wird oder
   b) der im Sinne der Z 3 lit. a eingeführte Gegenstand – mit Ausnahme von Fahrzeugen – in den Mitgliedstaat, aus dem er ausgeführt wurde, und an denjenigen, der ihn ausgeführt hat, zurückversendet oder zurückbefördert wird oder
   c) der im Sinne der Z 3 lit. a eingeführte Gegenstand ein Fahrzeug ist, welches unter den für den Binnenmarkt eines der neuen Mitgliedstaaten oder eines der Mitgliedstaaten der Gemeinschaft geltenden allgemeinen Steuerbedingungen vor dem 1. Mai 2004 erworben oder eingeführt wurde und/oder für welches bei der Ausfuhr keine Befreiung oder Vergütung der Umsatzsteuer gewährt worden ist.
   Diese Bedingung gilt als erfüllt, wenn das Fahrzeug vor dem 1. Mai 1996 in Betrieb genommen wurde oder wenn der Betrag der bei der Einfuhr fälligen Umsatzsteuer 20 Euro nicht überschreitet.

(10b) Anlässlich des Beitritts neuer Mitgliedstaaten zur Europäischen Union gilt folgende Übergangsregelung:
1. Für einen Gegenstand, der
   a) vor dem Beitrittsdatum in das Gemeinschaftsgebiet oder in einen der neu beitretenden Mitgliedstaaten (neue Mitgliedstaaten) verbracht wurde und
   b) seit der Verbringung in das Gemeinschaftsgebiet oder in einen der neuen Mitgliedstaaten dem Verfahren der vorübergehenden Verwendung mit vollständiger Befreiung von den Einfuhrabgaben oder einem Verfahren oder einer sonstigen Regelung nach Art. 156 der Richtlinie 2006/112/EG oder ähnlichen Verfahren oder Regelungen des neuen Mitgliedstaates unterstellt war und
   c) dieses Verfahren oder diese Regelung nicht vor dem Beitrittsdatum verlassen hat,
   finden die Vorschriften, die bei der Unterstellung des Gegenstands unter das Verfahren oder die Regelung galten, nach dem Beitrittsdatum bis zum Verlassen dieses Verfahrens oder dieser Regelung weiterhin Anwendung.
2. Für einen Gegenstand, der
   a) vor dem Beitrittsdatum unter ein zollrechtliches Versandverfahren gestellt wurde und
   b) dieses Verfahren nicht vor dem Beitrittsdatum verlassen hat,
   finden die Vorschriften, die bei der Unterstellung des Gegenstands unter

das Verfahren galten, nach dem Beitrittsdatum bis zum Verlassen dieses Verfahrens weiterhin Anwendung.
3. Die folgenden Vorgänge werden der Einfuhr eines Gegenstandes im Sinne des § 1 Abs. 1 Z 3 gleichgestellt, sofern sich der Gegenstand in einem der neuen Mitgliedstaaten oder im Gemeinschaftsgebiet im freien Verkehr befand:
   a) das Verlassen, einschließlich des unrechtmäßigen Verlassens, eines Verfahrens der vorübergehenden Verwendung, unter das der betreffende Gegenstand vor dem Beitrittsdatum gemäß Z 1 gestellt worden ist;
   b) das Verlassen, einschließlich des unrechtmäßigen Verlassens, eines Verfahrens oder einer sonstigen Regelung nach Art. 156 der Richtlinie 2006/112/EG oder ähnlicher Verfahren oder Regelungen, unter die der betreffende Gegenstand vor dem Beitrittsdatum gemäß Z 1 gestellt worden ist;
   c) die Beendigung eines der in Z 2 genannten Verfahren, das vor dem Beitrittsdatum im Gebiet eines der neuen Mitgliedstaaten für die Zwecke einer vor dem Beitrittsdatum im Gebiet dieses Mitgliedstaates gegen Entgelt bewirkten Lieferung von Gegenständen durch einen Unternehmer begonnen wurde;
   d) jede Unregelmäßigkeit oder jeder Verstoß anlässlich oder im Verlauf eines zollrechtlichen Versandverfahrens, das gemäß lit. c begonnen wurde.
   Voraussetzung für die Gleichstellung mit der Einfuhr im Sinne des § 1 Abs. 1 Z 3 ist, dass das Verlassen, einschließlich des unrechtmäßigen Verlassens, oder die Beendigung des Verfahrens oder der Regelung oder die Unregelmäßigkeit oder der Verstoß im Inland, ausgenommen die Gebiete Jungholz und Mittelberg, erfolgt.
4. Einer Einfuhr im Sinne des § 1 Abs. 1 Z 3 ebenfalls gleichgestellt wird die im Inland, ausgenommen die Gebiete Jungholz und Mittelberg, durch einen Unternehmer oder Nichtunternehmer nach dem Beitrittsdatum erfolgende Verwendung von Gegenständen, die ihm vor dem Beitrittsdatum im Gebiet der Gemeinschaft oder eines der neuen Mitgliedstaaten geliefert wurden, sofern folgende Voraussetzungen gegeben sind:
   a) Die Lieferung dieser Gegenstände war nach Art. 146 Abs. 1 Buchst. a und b der Richtlinie 2006/112/EG des Rates oder nach einer entsprechenden Bestimmung in den neuen Mitgliedstaaten steuerfrei oder befreiungsfähig und
   b) die Gegenstände wurden nicht vor dem Beitrittsdatum in einen der neuen Mitgliedstaaten oder in die Gemeinschaft verbracht.
   Steuerschuldner ist derjenige, der die Gegenstände im Inland, ausgenommen die Gebiete Jungholz und Mittelberg, verwendet.

5. Die Einfuhr eines Gegenstandes im Sinne der Z 3 und 4 wird nicht besteuert, wenn
   a) der eingeführte Gegenstand in ein Gebiet außerhalb des Gemeinschaftsgebietes, wie es nach dem Beitritt neuer Mitgliedstaaten besteht, versendet oder befördert wird oder
   b) der im Sinne der Z 3 lit. a eingeführte Gegenstand – mit Ausnahme von Fahrzeugen – in den Mitgliedstaat, aus dem er ausgeführt wurde, und an denjenigen, der ihn ausgeführt hat, zurückversendet oder zurückbefördert wird oder
   c) der im Sinne der Z 3 lit. a eingeführte Gegenstand ein Fahrzeug ist, welches unter den für den Binnenmarkt eines der neuen Mitgliedstaaten oder eines der Mitgliedstaaten der Gemeinschaft geltenden allgemeinen Steuerbedingungen vor dem Beitrittsdatum erworben oder eingeführt wurde oder für welches bei der Ausfuhr keine Befreiung oder Vergütung der Umsatzsteuer gewährt worden ist.

   Diese Bedingung gilt als erfüllt, wenn der Zeitraum zwischen der ersten Inbetriebnahme des Fahrzeugs und dem Beitritt zur Europäischen Union mehr als 8 Jahre beträgt oder wenn der Betrag der bei der Einfuhr fälligen Umsatzsteuer 20 Euro nicht überschreitet.

(11) § 21 Abs. 1 zweiter Unterabsatz in der Fassung vor dem BGBl. Nr. 201/1996 ist letztmalig bei der Sondervorauszahlung 1995 anzuwenden. § 21 Abs. 1a ist ab der Sondervorauszahlung 1996 anzuwenden. Der Entfall des § 2 Abs. 4 Z 2 und 3, der Entfall des Abs. 5 Z 3, die Neubezeichnung der Z 10 lit. a sowie die Anfügung der lit. b in § 6 Abs. 1 sowie der Entfall von § 29 Abs. 1 und Abs. 2 Z 1 in der Fassung des Bundesgesetzes BGBl. Nr. 201/1996 treten mit 1. Mai 1996 in Kraft.

(12) Die Änderungen des Bundesgesetzes BGBl. Nr. 756/1996 treten in Kraft:
a) Folgende Änderungen sind auf Umsätze und sonstige Sachverhalte anzuwenden, die nach dem 31. Dezember 1994 ausgeführt wurden bzw. sich ereignet haben: § 6 Abs. 1 Z 26 lit. a, § 6 Abs. 2 erster Satz, § 10 Abs. 2 Z 1 lit. d, § 14 Abs. 4 erster Satz, § 14 Abs. 5 zweiter Satz, § 19 Abs. 5, § 21 Abs. 7, § 27 Abs. 7, § 27 Abs. 8, § 28 Abs. 4, Z 30 lit. a der Anlage, Z 45 lit. b der Anlage, Art. 1 Abs. 5, Art. 3 Abs. 6.
b) Folgende Änderungen sind auf Umsätze und sonstige Sachverhalte anzuwenden, die nach dem 31. Dezember 1995 ausgeführt wurden bzw. sich ereignet haben:
   § 1 Abs. 1 Z 2 lit. c, § 6 Abs. 1 Z 27, § 20 Abs. 5.
c) § 6 Abs. 4 Z 4 lit. o tritt zum selben Zeitpunkt wie § 97a des Zollrechts-Durchführungsgesetzes in Kraft.
d) Der Entfall des § 2 Abs. 4 Z 2 und 3 tritt mit 1. Mai 1996 in Kraft.

e) Folgende Änderungen sind auf Umsätze und sonstige Sachverhalte anzuwenden, die nach Ablauf des Tages, an dem das Gesetz im Bundesgesetzblatt kundgemacht wurde, ausgeführt werden bzw. sich ereignen:
§ 3 Abs. 11, § 3a Abs. 9 lit. c, § 5 Abs. 4 Z 2, § 6 Abs. 1 Z 6 lit. d, § 6 Abs. 4 Z 8 lit. c erster Satz, § 7 Abs. 6 Z 1, § 14 Abs. 1 Z 1 lit. c, § 19 Abs. 2 Z 2, § 26 Abs. 1 letzter Teilsatz, Art. 3a Abs. 4, Art. 6 Abs. 3.

f) Folgende Änderungen sind auf Umsätze und sonstige Sachverhalte anzuwenden, die nach dem 31. Dezember 1996 ausgeführt werden bzw. sich ereignen:
§ 3 Abs. 2, § 3 Abs. 9, § 3a Abs. 11 erster Satz, § 3a Abs. 13 letzter Satz, § 5 Abs. 3, § 5 Abs. 4 Z 3, § 5 Abs. 4 Z 4, § 6 Abs. 1 Z 3, § 6 Abs. 1 Z 5 lit. a, § 6 Abs. 1 Z 6 lit. a, § 7 Abs. 1 und Abs. 3, § 7 Abs. 4 zweiter Unterabsatz, § 7 Abs. 5 Z 1 bis 3, § 7 Abs. 6 Z 2, § 7 Abs. 7, § 8 Abs. 1 Z 1, § 8 Abs. 1 Z 2 erster Satz, § 10 Abs. 2 Z 14 und 15, § 10 Abs. 4, § 12 Abs. 1 Z 2, § 17 Abs. 2 und 3, § 19 Abs. 1 zweiter Satz, § 21 Abs. 9, § 24 Abs. 11 Z 2, Z 38a der Anlage, Art. 1 Abs. 3 Z 1 lit. d, Art. 1 Abs. 3 Z 1 lit. e, Art. 1 Abs. 3 Z 2, Art. 3 Abs. 1 Z 1 lit. d, Art. 3 Abs. 1 Z 1 lit. e, Art. 3 Abs. 1 Z 2, Art. 3 Abs. 2, Art. 3a Abs. 2, Art. 3a Abs. 6, Art. 6 Abs. 1, Art. 6 Abs. 4, Art. 7 Abs. 1 erster Satz, Art. 7 Abs. 2 Z 2, Art. 11 Abs. 1 zweiter Satz, Art. 11 Abs. 2 erster Satz, Art. 18 Abs. 1 zweiter Unterabsatz, Art. 18 Abs. 2, Art. 18 Abs. 3, Art. 19 Abs. 1 Z 3 erster Halbsatz, Art. 21 Abs. 1, Art. 21 Abs. 3, Art. 21 Abs. 4 Z 3, Art. 21 Abs. 5, Art. 21 Abs. 6 Z 1, Art. 21 Abs. 6 Z 3, Art. 21 Abs. 7 letzter Satz, Art. 21 Abs. 11 erster Satz.

g) Die Änderungen des § 3a Abs. 10 Z 12 und 13 sind auf Umsätze nach dem 31. März 1997 anzuwenden.

(13) Die Änderungen des Bundesgesetzes BGBl. I Nr. 9/1998 treten in Kraft:
a) Folgende Änderungen sind auf Umsätze und sonstige Sachverhalte anzuwenden, die nach dem 31. Dezember 1994 ausgeführt wurden bzw. sich ereignet haben:
§ 6 Abs. 2 zweiter Satz, § 6 Abs. 2 vierter Satz hinsichtlich § 6 Abs. 1 Z 8 lit. h.

b) Folgende Änderungen sind auf Umsätze und sonstige Sachverhalte anzuwenden, die nach dem 31. Dezember 1997 ausgeführt werden bzw. sich ereignen:
§ 6 Abs. 1 Z 16, § 6 Abs. 1 Z 20, § 6 Abs. 2 erster Satz hinsichtlich des Eigenverbrauches, § 10 Abs. 2 Z 4 lit. e, § 12 Abs. 2 Z 1, Art. 27.

(14)
a) § 21 Abs. 1 in der Fassung BGBl. I Nr. 79/1998 ist erstmals auf Voranmeldungszeiträume anzuwenden, die nach dem 30. Juni 1998 beginnen. Verordnungen auf Grund der Bestimmungen dieses Bundesgesetzes können von dem der Kundmachung des Bundesgesetzes BGBl. I Nr. 79/1998 fol-

genden Tag an erlassen werden; sie treten frühestens mit den betreffenden Bestimmungen in Kraft.

b) § 6 Abs. 2, § 12 Abs. 14 und § 12 Abs. 15 in der Fassung des Bundesgesetzes BGBl. I Nr. 79/1998 ist erstmals auf Umsätze und Sachverhalte anzuwenden, die nach Ablauf des Tages, an dem das Gesetz im Bundesgesetzblatt kundgemacht wurde, ausgeführt werden bzw. sich ereignen.

(15) § 20 Abs. 6 in der Fassung des Bundesgesetzes BGBl. I Nr. 126/1998 ist auf Umsätze und sonstige Sachverhalte anzuwenden, die nach dem 31. Dezember 1998 ausgeführt werden bzw. sich ereignen.

(16)

a) § 6 Abs. 1 Z 8 lit. j und k ist auf Umsätze anzuwenden, die nach dem 31. Dezember 1998 ausgeführt werden.

b) § 6 Abs. 2 letzter Unterabsatz ist erstmals auf Veranlagungszeiträume anzuwenden, die im Kalenderjahr 1998 enden.

(17) Die Änderungen des Bundesgesetzes BGBl. I Nr. 106/1999 treten in Kraft:

a) Folgende Änderungen sind auf Umsätze und sonstige Sachverhalte anzuwenden, die nach dem 31. Dezember 1999 ausgeführt werden bzw. sich ereignen:
§ 3 Abs. 8, § 6 Abs. 1 Z 8 lit. j und k, § 6 Abs. 4 Z 1, § 7 Abs. 6 Z 1, § 12 Abs. 2 Z 1 und der erste Halbsatz der Z 2, § 22 Abs. 1 erster Unterabsatz, § 22 Abs. 2 erster Satz, § 22 Abs. 8 erster Satz, § 24 Abs. 3, § 24a ausgenommen Abs. 1 lit. b, § 24b, Art. 1 Abs. 4 Z 2 erster Satz, Art. 3 Abs. 5 erster und zweiter Satz, Art. 6 Abs. 2 Z 1, Art. 24a hinsichtlich § 24a Abs. 2 lit. a, Art. 24b, Art. 25 Abs. 1, Art. 25 Abs. 3 lit. d.

b) § 21 Abs. 1a letzter Unterabsatz ist ab der Sondervorauszahlung 1999 anzuwenden.

c) Folgende Änderungen sind auf Umsätze und sonstige Sachverhalte anzuwenden, die nach Ablauf des Tages, an dem das Gesetz im Bundesgesetzblatt kundgemacht wurde, ausgeführt werden bzw. sich ereignen:
§ 3a Abs. 8 lit. c, § 24 Abs. 7.

d) Folgende Änderungen sind auf Umsätze und sonstige Sachverhalte anzuwenden, die nach dem 31. Dezember 1998 ausgeführt wurden bzw. sich ereignet haben:
§ 21 Abs. 9 erster Satz, § 24a Abs. 1 lit. b, Z 42 lit. b der Anlage, Art. 24a hinsichtlich § 24a Abs. 1 lit. b.

e) § 14 Abs. 1 Z 1 lit. a erster Satz ist auf Umsätze und sonstige Sachverhalte anzuwenden, die nach dem 18. Juni 1998 ausgeführt wurden bzw. sich ereigneten.

f) Folgende Änderungen sind auf Umsätze und sonstige Sachverhalte anzuwenden, die nach dem 31. Dezember 1997 ausgeführt wurden bzw. sich ereignet haben:

Z 22 lit. d der Anlage.
g) Folgende Änderungen sind auf Umsätze und sonstige Sachverhalte anzuwenden, die nach dem 31. Dezember 1996 ausgeführt wurden bzw. sich ereignet haben:
Z 20 lit. d der Anlage, Z 20 lit. e der Anlage, Z 40a der Anlage.
h) Verordnungen auf Grund der Bestimmungen dieses Bundesgesetzes können von dem der Kundmachung des Bundesgesetzes BGBl. I Nr. 106/1999 folgenden Tag an erlassen werden; sie treten frühestens mit den betreffenden Bestimmungen in Kraft.

(18) Die Änderungen des Bundesgesetzes BGBl. I Nr. 29/2000 treten in Kraft:
a) Folgende Änderung ist auf Umsätze und sonstige Sachverhalte anzuwenden, die nach Ablauf des Tages, an dem das Gesetz im Bundesgesetzblatt kundgemacht wurde, ausgeführt werden bzw. sich ereignen:
§ 6 Abs. 1 Z 6 lit. c.
b) Folgende Änderungen sind auf Umsätze und sonstige Sachverhalte anzuwenden, die nach dem 31. Mai 2000 ausgeführt werden bzw. sich ereignen:
§ 10 Abs. 2 Z 1 lit. a, § 10 Abs. 2 Z 1 lit. d, § 10 Abs. 2 Z 4 lit. b, § 10 Abs. 3, § 13 Abs. 1 letzter Satz, § 22 Abs. 2, § 22 Abs. 8, Z 14 und Z 28 der Anlage.
c) § 12 Abs. 2 Z 4 ist auf Bestandverträge (Leasingverträge) anzuwenden, die nach dem 30. Juni 2000 abgeschlossen werden.
d) Folgende Änderung ist auf Umsätze und sonstige Sachverhalte anzuwenden, die nach dem 31. Dezember 2000 ausgeführt werden bzw. sich ereignen: Z 30 der Anlage.

(19) Die Änderungen des Bundesgesetzes BGBl. I Nr. 142/2000 sind auf Umsätze und sonstige Sachverhalte anzuwenden, die nach dem 31. Dezember 2000 ausgeführt werden bzw. sich ereignen.

(20) Die Änderungen des Bundesgesetzes BGBl. I Nr. 144/2001 treten in Kraft:
a) § 6 Abs. 1 Z 10 lit. b, § 6 Abs. 4 Z 1, Art. 6 Abs. 2 Z 1 sind auf Umsätze und sonstige Sachverhalte anzuwenden, die nach Ablauf des Tages, an dem das Gesetz im Bundesgesetzblatt kundgemacht wurde, ausgeführt werden bzw. sich ereignen.
b) § 19 Abs. 1 zweiter Gedankenstrich, § 24a Abs. 4, § 27 Abs. 7 und Art. 19 Abs. 1 Z 3 zweiter Gedankenstrich sind auf Umsätze und sonstige Sachverhalte anzuwenden, die nach dem 31. Dezember 2001 ausgeführt werden bzw. sich ereignen.

(21) Die Änderungen des Bundesgesetzes BGBl. I Nr. 132/2002 sind auf Umsätze und sonstige Sachverhalte anzuwenden, die nach dem 30. September 2002 ausgeführt werden bzw. sich ereignen:

§ 11 Abs. 1a, § 12 Abs. 1 Z 3 erster Satz, § 18 Abs. 2 Z 1 und 2, § 18 Abs. 2 Z 4, § 19 Abs. 1a, § 19 Abs. 2 lit. b.

Die Änderungen des Bundesgesetzes BGBl. I Nr. 132/2002 sind auf Umsätze und sonstige Sachverhalte anzuwenden, die nach dem 31. Dezember 2002 ausgeführt werden bzw. sich ereignen:

§ 11 Abs. 1, § 11 Abs. 2, § 24 Abs. 7, § 27 Abs. 9, Art. 11 Abs. 4, Art. 28 Abs. 1.

(22) Die durch das Budgetbegleitgesetz 2003, BGBl. I Nr. 71, erfolgten Änderungen dieses Bundesgesetzes treten wie folgt in Kraft:

1. Folgende Änderung ist auf Umsätze und sonstige Sachverhalte anzuwenden, die nach dem 30. September 2002 ausgeführt werden bzw. sich ereignen:

    § 20 Abs. 1 zweiter Satz.

2. Folgende Änderungen sind auf Umsätze und sonstige Sachverhalte anzuwenden, die nach dem 31. Dezember 2002 ausgeführt werden bzw. sich ereignen:

    § 11 Abs. 1, Art. 28 Abs. 1.

3. Folgende Änderungen sind auf Umsätze und sonstige Sachverhalte anzuwenden, die nach dem 30. Juni 2003 ausgeführt werden bzw. sich ereignen:

    § 3a Abs. 9 lit. c, § 3a Abs. 10 Z 14 und Z 15, § 3a Abs. 11, § 3a Abs. 13, § 25a.

4. § 12 Abs. 1 Z 2, § 20 Abs. 2, § 26 Abs. 3 und Abs. 5 sind auf Einfuhren anzuwenden, für die die Einfuhrumsatzsteuerschuld nach dem 30. September 2003 entsteht.

5. Folgende Änderungen sind auf Umsätze und sonstige Sachverhalte anzuwenden, die nach dem 31. Dezember 2003 ausgeführt werden bzw. sich ereignen:

    § 6 Abs. 1 Z 6 lit. d, § 19 Abs. 1, § 27 Abs. 4, Art. 19 Abs. 1 Z 3.

6. Folgende Änderungen sind auf Umsätze und sonstige Sachverhalte anzuwenden, die nach Ablauf des Tages, an dem das Gesetz im Bundesgesetzblatt kundgemacht wurde, ausgeführt werden bzw. sich ereignen:

    § 19 Abs. 2 Z 1 lit. b, § 20 Abs. 6 erster Unterabsatz, § 27 Abs. 6.

7. Der Entfall des § 21 Abs. 1a ist ab der Sondervorauszahlung 2003 anzuwenden.

8. § 21 Abs. 4 ist erstmals auf die Steuererklärung für das Kalenderjahr 2003 anzuwenden.

9. Art. 21 Abs. 3 und Abs. 10 ist auf Meldezeiträume anzuwenden, die nach dem 31. Dezember 2003 beginnen.

10. § 14 Abs. 1 Z 1 ist auf Veranlagungszeiträume anzuwenden, die nach dem 31. Dezember 2003 beginnen.

11. Folgende Änderungen sind auf Umsätze und sonstige Sachverhalte anzuwenden, die nach dem 31. Dezember 2006 ausgeführt werden bzw. sich ereignen:
§ 6 Abs. 1 Z 10 lit. c, § 6 Abs. 4 Z 2, Art. 6 Abs. 2 Z 2.

Verordnungen auf Grund dieses Bundesgesetzes in der Fassung des Budgetbegleitgesetzes 2003 können von dem der Kundmachung des genannten Bundesgesetzes folgenden Tag an erlassen werden; sie treten frühestens zugleich mit den durchzuführenden Gesetzesbestimmungen in Kraft.

(23) Die Änderungen des Bundesgesetzes BGBl. I Nr. 134/2003 treten in Kraft:
1. Folgende Änderungen sind auf Umsätze und sonstige Sachverhalte anzuwenden, die nach dem 31. Dezember 2003 ausgeführt werden bzw. sich ereignen:
§ 1 Abs. 1 Z 2, § 3 Abs. 2, § 3a Abs. 1a, § 4 Abs. 4, § 4 Abs. 8, § 6 Abs. 1 erster Satz, § 6 Abs. 1 Z 6 lit. d, § 6 Abs. 1 Z 8 lit. i; § 6 Abs. 1 Z 16, § 6 Abs. 1 Z 26, § 6 Abs. 2 erster Unterabsatz, § 10 Abs. 2 Z 1 lit. a und c, § 10 Abs. 2 Z 4 lit. e, § 10 Abs. 3, § 11 Abs. 1 erster Unterabsatz, § 11 Abs. 6 erster Satz, § 11 Abs. 9, § 12 Abs. 10 vierter Unterabsatz, § 12 Abs. 15, § 14 Abs. 1 Z 1 lit. a, § 17 Abs. 5, § 18 Abs. 2 Z 3 und 7, § 19 Abs. 2 Z 2, § 21 Abs. 8, § 22 Abs. 2 und Abs. 7 erster Satz, § 24 Abs. 1 erster Satz, § 24 Abs. 4 Z 2, Art. 11 Abs. 5, Art. 24 Abs. 1 lit. a.
2. Folgende Änderung ist auf Umsätze und sonstige Sachverhalte anzuwenden, die nach Ablauf des Tages, an dem das Gesetz im Bundesgesetzblatt kundgemacht wurde, ausgeführt werden bzw. sich ereignen:
§ 6 Abs. 4 Z 7.
3. § 20 Abs. 2 Z 2 und § 26 Abs. 5 lit. a und e sind auf Einfuhren anzuwenden, für die die Einfuhrumsatzsteuerschuld nach dem 30. September 2003 entstanden ist.
4. § 11 Abs. 1a, § 12 Abs. 1 Z 3 erster Satz, § 18 Abs. 2 Z 4, § 19 Abs. 1b, § 19 Abs. 2 Z 1 lit. b, § 20 Abs. 1 zweiter Satz sind auf Umsätze und sonstige Sachverhalte anzuwenden, die nach Ablauf der Veröffentlichung der Ermächtigung zu dieser Regelung gemäß Art. 27 der Sechsten Richtlinie 77/388/EWG im Amtsblatt der Europäischen Gemeinschaften folgenden Kalendermonates ausgeführt werden bzw. sich ereignen.

Verordnungen auf Grund dieses Bundesgesetzes in der Fassung des Wachstums- und Standortgesetzes 2003 können von dem der Kundmachung des genannten Bundesgesetzes folgenden Tag an erlassen werden; sie treten frühestens zugleich mit den durchzuführenden Gesetzesbestimmungen in Kraft.

(24) Die Änderungen des Bundesgesetzes BGBl. I Nr. 27/2004 treten in Kraft:
1. Folgende Änderung ist auf Umsätze und sonstige Sachverhalte anzuwenden, die nach Ablauf des Tages, an dem das Gesetz im Bundesgesetzblatt kundgemacht wurde, ausgeführt werden bzw. sich ereignen:
§ 11 Abs. 15.

2. Folgende Änderungen sind auf Umsätze und sonstige Sachverhalte anzuwenden, die nach Ablauf des Monates, in dem das Gesetz im Bundesgesetzblatt kundgemacht wurde, ausgeführt werden bzw. sich ereignen.
§ 3a Abs. 1a letzter Satz, § 12 Abs. 3 Z 4, § 18 Abs. 10 zweiter Satz.
3. § 12 Abs. 10a ist auf Berichtigungen von Vorsteuerbeträgen anzuwenden, die Gegenstände betreffen, die der Unternehmer nach Ablauf des Monates, in dem das Gesetz im Bundesgesetzblatt kundgemacht wurde, erstmals in seinem Unternehmen als Anlagevermögen verwendet oder nutzt.

(25) Die Änderungen des Bundesgesetzes BGBl. I Nr. 180/2004 treten in Kraft:
1. Folgende Änderungen sind auf Umsätze und sonstige Sachverhalte anzuwenden, die nach Ablauf des Tages, an dem das Gesetz im Bundesgesetzblatt kundgemacht wurde, ausgeführt werden bzw. sich ereignen:
Z 2 der Anlage, Art. 11 Abs. 4, Art. 12 Abs. 1 Z 3, Art. 18 Abs. 1 erster Satz, Art. 20 Abs. 1 zweiter Satz.
2. § 21 Abs. 4 ist erstmals auf Veranlagungszeiträume anzuwenden, die im Kalenderjahr 2004 enden.
3. Folgende Änderungen sind auf Umsätze und sonstige Sachverhalte anzuwenden, die nach dem 31. Dezember 2004 ausgeführt werden bzw. sich ereignen:
§ 3 Abs. 13 und 14, § 3a Abs. 10 Z 16, § 6 Abs. 2, § 6 Abs. 4 Z 3a, § 19 Abs. 1 zweiter Unterabsatz, § 19 Abs. 1c, § 21 Abs. 10, § 27 Abs. 4, Art. 1 Abs. 3 Z 1 lit. h, Art. 3 Abs. 1 Z 1 lit. h.
4. § 12 Abs. 2 Z 1 ist auf Umsätze und sonstige Sachverhalte anzuwenden, die nach Ablauf des der Veröffentlichung der Ermächtigung zu dieser Regelung gemäß Art. 27 der Sechsten Richtlinie 77/388/EWG im Amtsblatt der Europäischen Gemeinschaften folgenden Kalendermonates ausgeführt werden bzw. sich ereignen.
5. § 19 Abs. 1b lit. c ist auf Umsätze und sonstige Sachverhalte anzuwenden, die nach Ablauf des der Veröffentlichung der Ermächtigung zu dieser Regelung gemäß Art. 27 der Sechsten Richtlinie 77/388/EWG im Amtsblatt der Europäischen Gemeinschaften folgenden Kalendermonates ausgeführt werden bzw. sich ereignen.

(26) § 11 Abs. 1 Z 2 in der Fassung des Bundesgesetzes BGBl. I Nr. 103/2005 ist auf Umsätze und sonstige Sachverhalte anzuwenden, die nach dem 30. Juni 2006 ausgeführt werden bzw. sich ereignen. Art. 21 Abs. 3 in der Fassung des Bundesgesetzes BGBl. I Nr. 103/2005 ist auf Umsätze und sonstige Sachverhalte anzuwenden, die nach dem 31. Dezember 2005 ausgeführt werden bzw. sich ereignen.

(27) § 6 Abs. 1 Z 9 lit. d sublit. dd in der Fassung des Bundesgesetzes BGBl. I Nr. 105/2005 ist auf Umsätze und sonstige Sachverhalte anzuwenden, die nach dem 31. Dezember 1998 ausgeführt wurden bzw. sich ereignet haben.

§ 28 UStG

(28) Die Änderung des Bundesgesetzes BGBl. I Nr. 101/2006 tritt in Kraft:
1. § 6 Abs. 1 Z 27 ist auf Umsätze und sonstige Sachverhalte anzuwenden, die nach dem 31. Dezember 2006 ausgeführt werden bzw. sich ereignen.

(29) Die Änderungen des Bundesgesetzes BGBl. I Nr. 24/2007 treten wie folgt in Kraft:
1. § 28 Abs. 10b ist auf Umsätze und sonstige Sachverhalte im Zusammenhang mit nach dem 31. Dezember 2006 erfolgenden Beitritten neuer Mitgliedstaaten zur Europäischen Union anzuwenden.
2. Z 20 und Z 30 der Anlage sind auf Umsätze und sonstige Sachverhalte anzuwenden, die nach dem 31. Dezember 2006 ausgeführt werden bzw. sich ereignen.
3. § 7 Abs. 5 und § 7 Abs. 6 sind auf Umsätze und sonstige Sachverhalte anzuwenden, die nach dem 30. Juni 2007 ausgeführt werden bzw. sich ereignen.
4. § 10 Abs. 4 ist auf Umsätze anzuwenden, die nach dem 30. Juni 2007 ausgeführt werden.
5. § 10 Abs. 2 Z 13 und Art. 1 Abs. 6 sind auf Umsätze und sonstige Sachverhalte anzuwenden, die nach dem 31. Dezember 2007 ausgeführt werden bzw. sich ereignen.
6. § 3a Abs. 10 Z 7, § 6 Abs. 1 Z 8 lit. i, § 11 Abs. 1a, § 12 Abs. 1 Z 3, § 18 Abs. 2 Z 4 und § 19 Abs. 1d treten nach Ablauf des Tages, an dem das Gesetz im Bundesgesetzblatt kundgemacht wurde, in Kraft.

(30) Die Änderungen des Bundesgesetzes BGBl. I Nr. 99/2007 treten in Kraft:
1. § 11 Abs. 1 und § 12 Abs. 1 Z 1 sind auf Umsätze, die nach dem 31. Dezember 2007 ausgeführt werden, anzuwenden.
2. § 12 Abs. 16 und 17 sowie § 27 Abs. 9 sind auf Umsätze, die nach dem 31. Dezember 2007 ausgeführt werden, nicht mehr anzuwenden.
3. Art. 28 Abs. 1 tritt mit 1. Jänner 2008 in Kraft.

(31) § 10 Abs. 2 Z 1 lit. a erster Teilstrich in der Fassung des Bundesgesetzes BGBl. I Nr. 140/2008 ist auf Lieferungen und sonstige Leistungen, die nach dem 31. Dezember 2008 ausgeführt werden, anzuwenden sowie auf Einfuhren, für die die Einfuhrumsatzsteuerschuld nach dem 31. Dezember 2008 entsteht.

(32) Die Änderungen des Bundesgesetzes BGBl. I Nr. 140/2008 treten in Kraft:
1. § 6 Abs. 4 Z 4 lit. a, § 6 Abs. 4 Z 9, § 6 Abs. 5 und § 6 Abs. 6 sind auf Einfuhren anzuwenden, für die die Einfuhrumsatzsteuerschuld nach dem 30. November 2008 entsteht.
2. § 6 Abs. 4 Z 4 lit. e, f und p ist auf Einfuhren nicht mehr anzuwenden, für die die Einfuhrumsatzsteuerschuld nach dem 30. November 2008 entsteht.

(33) Die Änderungen des Bundesgesetzes BGBl. I Nr. 52/2009 treten in Kraft:
1. § 3a Abs. 4 bis 15, § 19 Abs. 1, § 19 Abs. 2 Z 1 lit. a und lit. b letzter Satz, § 23 Abs. 3, § 25a Abs. 1 bis 3, Art. 3a, Art. 11 Abs. 1 und 2, Art. 18 Abs. 3, Art. 21 Abs. 3, Abs. 6 Z 3, Abs. 7, 9 zweiter Satz, Art. 28 Abs. 1 zweiter und dritter Satz sind auf Umsätze und sonstige Sachverhalte anzuwenden, die nach dem 31. Dezember 2009 ausgeführt werden bzw. sich ereignen.
2. § 21 Abs. 2 ist erstmals auf Voranmeldungszeiträume anzuwenden, die nach dem 31. Dezember 2009 beginnen.
3. Die letzten beiden Sätze des § 21 Abs. 9 sind auf Vorsteuererstattungsanträge anzuwenden, die nach dem 31. Dezember 2009 gestellt werden.
4. Die in § 3a Abs. 16, § 21 Abs. 9 und 11 festgelegten Verordnungsermächtigungen treten mit 1. Jänner 2010 in Kraft. Verordnungen auf Grund dieser Bestimmungen dürfen bereits nach Ablauf des Tages, an dem dieses Bundesgesetz im Bundesgesetzblatt kundgemacht wurde, erlassen werden; sie dürfen jedoch nicht vor den durchzuführenden Gesetzesbestimmungen in Kraft treten.

(34)
1. § 11 Abs. 1a, § 12 Abs. 1 Z 3, § 18 Abs. 2 Z 4, § 19 Abs. 1e, § 19 Abs. 2 Z 1 lit. b und § 20 Abs. 1 sind auf Umsätze anzuwenden, die nach dem 30. Juni 2010 ausgeführt werden.
2. § 3 Abs. 13 und 14, § 3a Abs. 11 lit. a, § 3a Abs. 11a, § 3a Abs. 14 Z 15, § 6 Abs. 1 Z 10 lit. b, § 6 Abs. 4 Z 3a, § 19 Abs. 1c, Art. 1 Abs. 3 Z 1 lit. h, Art. 1 Abs. 6, Art. 3 Abs. 1 Z 1 lit. h und Art. 3 Abs. 5 Z 1 sind auf Umsätze und sonstige Sachverhalte anzuwenden, die nach dem 31. Dezember 2010 ausgeführt werden bzw. sich ereignen.
3. Art. 6 Abs. 3 ist auf Einfuhren, die nach dem 31. Dezember 2010 erfolgen, anzuwenden.
4. Art. 28 Abs. 2 tritt mit 1. Juli 2011 in Kraft.
5. § 21 Abs. 2 ist erstmals auf Voranmeldungszeiträume anzuwenden, die nach dem 31. Dezember 2010 beginnen.
6. § 21 Abs. 6 ist erstmals bei der Veranlagung für das Kalenderjahr 2011 anzuwenden.

(35) § 4 Abs. 5 und § 6 Abs. 1 Z 9 lit. d sublit. aa, bb und cc jeweils in der Fassung des Bundesgesetzes BGBl. I Nr. 54/2010, sind erstmals auf Umsätze und sonstige Sachverhalte anzuwenden, die nach dem 1. Jänner 2011 ausgeführt werden bzw. sich ereignen. § 6 Abs. 1 Z 9 lit. d sublit. dd ist auf Umsätze, die nach dem 31. Dezember 2010 ausgeführt werden, nicht mehr anzuwenden.

(36)
1. § 6 Abs. 1 Z 10 lit. c tritt mit Ablauf des 31. Dezember 2010 außer Kraft und ist auf Umsätze, die nach dem 31. Dezember 2010 ausgeführt werden, nicht mehr anzuwenden.

2. § 6 Abs. 4 Z 2 und Art. 6 Abs. 2 Z 2 in der Fassung des Budgetbegleitgesetzes 2011, BGBl. I Nr. 111/2010, treten mit 1. Jänner 2011 in Kraft und sind auf Einfuhren und innergemeinschaftliche Erwerbe anzuwenden, die nach dem 31. Dezember 2010 erfolgen.
3. § 19 Abs. 1a letzter Unterabsatz ist auf Umsätze anzuwenden, die nach dem 31. Dezember 2010 ausgeführt werden.

(37) § 19 Abs. 1 zweiter Satz, § 19 Abs. 1e, § 27 Abs. 4 erster Satz und Z 1 der Anlage, jeweils in der Fassung des Bundesgesetzes BGBl. I Nr. 76/2011, sind auf Umsätze und sonstige Sachverhalte anzuwenden, die nach dem 31. Dezember 2011 ausgeführt werden bzw. sich ereignen.

(38)
1. § 6 Abs. 2 letzter Unterabsatz in der Fassung des 1. Stabilitätsgesetzes 2012, BGBl. I Nr. 22/2012, ist hinsichtlich § 6 Abs. 1 Z 16 auf Miet- und Pachtverhältnisse anzuwenden, die nach dem 31. August 2012 beginnen, sofern mit der Errichtung des Gebäudes durch den Unternehmer nicht bereits vor dem 1. September 2012 begonnen wurde, sowie hinsichtlich § 6 Abs. 1 Z 17 auf Wohnungseigentum, das nach dem 31. August 2012 erworben wird. Als Beginn der Errichtung ist der Zeitpunkt zu verstehen, in dem bei vorliegender Baubewilligung mit der Bauausführung tatsächlich begonnen wird, also tatsächliche handwerkliche Baumaßnahmen erfolgen. § 6 Abs. 2 letzter Unterabsatz in der Fassung des 1. Stabilitätsgesetzes 2012 ist nicht anzuwenden, wenn der Leistungsempfänger das Grundstück für Umsätze verwendet, die ihn zum Bezug einer Beihilfe nach § 1, § 2 oder § 3 Abs. 2 des Gesundheits- und Sozialbereich-Beihilfengesetzes, BGBl. Nr. 746/1996, berechtigen.
2. § 12 Abs. 10 dritter und vierter Unterabsatz in der Fassung des 1. Stabilitätsgesetzes 2012, BGBl. I Nr. 22/2012, und der Entfall des § 12 Abs. 10a sind auf Berichtigungen von Vorsteuerbeträgen anzuwenden, die Grundstücke (einschließlich der aktivierungspflichtigen Aufwendungen und der Kosten von Großreparaturen) betreffen, die der Unternehmer nach dem 31. März 2012 erstmals in seinem Unternehmen als Anlagevermögen (wobei § 12 Abs. 12 zu beachten ist) verwendet oder nutzt und wenn bei der Vermietung (Nutzungsüberlassung) von Grundstücken für Wohnzwecke der Vertragsabschluss über die Vermietung (Nutzungsüberlassung) nach dem 31. März 2012 erfolgt. § 12 Abs. 10 dritter und vierter Unterabsatz und § 12 Abs. 10a, jeweils in der Fassung vor dem 1. Stabilitätsgesetz 2012, BGBl. I Nr. 22/2012, sind auf Berichtigungen von Vorsteuerbeträgen weiterhin anzuwenden, die Grundstücke (einschließlich der aktivierungspflichtigen Aufwendungen und der Kosten von Großreparaturen) betreffen, die der Unternehmer vor dem 1. April 2012 erstmals in seinem Unternehmen als Anlagevermögen (wobei § 12 Abs. 12 zu beachten ist) verwendet oder nutzt, oder wenn bei der Vermietung (Nutzungsüberlassung) von

Grundstücken für Wohnzwecke der Vertragsabschluss über die Vermietung (Nutzungsüberlassung) vor dem 1. April 2012 erfolgt.
3. § 18 Abs. 10 in der Fassung des 1. Stabilitätsgesetzes 2012, BGBl. I Nr. 22/2012, ist auf Grundstücke im Sinne des § 6 Abs. 1 Z 9 lit. a anzuwenden, die der Unternehmer nach dem 31. März 2012 erstmals in seinem Unternehmen als Anlagevermögen (wobei § 12 Abs. 12 zu beachten ist) verwendet oder nutzt und wenn bei der Vermietung (Nutzungsüberlassung) von Grundstücken für Wohnzwecke der Vertragsabschluss über die Vermietung (Nutzungsüberlassung) nach dem 31. März 2012 erfolgt.

(39)
1. § 3a Abs. 12 Z 1 und Z 2, § 4 Abs. 9, § 11 Abs. 1, Abs. 1a, Abs. 2, Abs. 3, Abs. 4, Abs. 6, Abs. 8 Z 3, § 12 Abs. 15, § 17 Abs. 1, § 20 Abs. 6, § 24 Abs. 7, § 27 Abs. 7, Art. 1 Abs. 3 Z 1 lit. e, Art. 3 Abs. 1 Z 1 lit. e, Art. 4 Abs. 3, Art. 11 Abs. 1 erster Satz, Art. 11 Abs. 4, Art. 11 Abs. 5 und Art. 25 Abs. 4, jeweils in der Fassung des Bundesgesetzes BGBl. I Nr. 112/2012, treten mit 1. Jänner 2013 in Kraft und sind erstmals auf Umsätze und sonstige Sachverhalte anzuwenden, die nach dem 31. Dezember 2012 ausgeführt werden bzw. sich ereignen.
2. § 12 Abs. 1 Z 1 in der Fassung des Bundesgesetzes BGBl. I Nr. 112/2012 tritt mit 1. Jänner 2013 in Kraft und ist erstmals auf Umsätze an den Unternehmer anzuwenden, die nach dem 31. Dezember 2012 ausgeführt werden.
3. Z 6, Z 22 lit. g, Z 33, Z 41, Z 42 lit. b und Z 42 lit. c der Anlage treten mit Ablauf des 31. Dezember 2012 außer Kraft; sie sind jedoch auf Lieferungen und innergemeinschaftliche Erwerbe, die vor dem 1. Jänner 2013 ausgeführt werden, sowie auf Einfuhren, für die die Einfuhrumsatzsteuerschuld vor dem 1. Jänner 2013 entsteht, weiterhin anzuwenden.
4. Die Änderungen in § 12 Abs. 12 sowie in § 22 Abs. 1 und Abs. 2 sind ab dem Veranlagungsjahr 2014 anzuwenden. Zusätzliche Voraussetzung ist, dass die erstmalige Verwendung oder Nutzung durch den Unternehmer in seinem Unternehmen als Anlagevermögen nach dem 31. Dezember 2013 erfolgt.

(40) § 11 Abs. 6 in der Fassung des Bundesgesetzes BGBl. I Nr. 13/2014 tritt mit 1. März 2014 in Kraft und ist auf Umsätze und sonstige Sachverhalte anzuwenden, die nach dem 28. Februar 2014 ausgeführt werden bzw. sich ereignen.

(41) § 3a Abs. 13 bis 16, § 22 Abs. 1 und 1a, § 25a samt Überschrift, Art. 25a samt Überschrift und Art. 28, jeweils in der Fassung des Budgetbegleitgesetzes 2014, BGBl. I Nr. 40/2014, treten mit 1. Jänner 2015 in Kraft und sind erstmals auf Umsätze und sonstige Sachverhalte anzuwenden, die nach dem 31. Dezember 2014 ausgeführt werden. Werden Umsätze gemäß § 3a Abs. 13 in der Fassung des genannten Bundesgesetzes nach dem 31. De-

zember 2014 ausgeführt, gilt dies nur für den Teil des Entgelts, der nicht vor dem 1. Jänner 2015 vereinnahmt wurde. Der Antrag auf Inanspruchnahme der Sonderregelung nach Art. 25a Abs. 1 ist ab 1. Oktober 2014 möglich.

(42)
1. § 3a Abs. 15, § 4 Abs. 9, § 6 Abs. 1 Z 17, § 10 Abs. 2 und Abs. 3 Z 1, Z 2, Z 4, Z 5 und Z 7 bis Z 12 sowie Anlage 1 und Anlage 2, § 12 Abs. 2 Z 2a, § 13 Abs. 1, § 14 Abs. 1 Z 1, § 22 Abs. 1 und Abs. 2, § 24 Abs. 1 und Abs. 2 sowie Art. 11 Abs. 1 und Abs. 5, jeweils in der Fassung des Bundesgesetzes BGBl. I Nr. 118/2015 treten mit 1. Jänner 2016 in Kraft und sind erstmals auf Umsätze und sonstige Sachverhalte anzuwenden, die nach dem 31. Dezember 2015 ausgeführt werden bzw. sich ereignen. Auf Umsätze und sonstige Sachverhalte, die nach dem 31. Dezember 2015 und vor dem 1. Mai 2016 ausgeführt werden bzw. sich ereignen, ist § 10 Abs. 2 Z 4 lit. b und lit. c sowie Z 8 in der Fassung vor dem Bundesgesetz BGBl. I Nr. 118/2015 weiterhin anzuwenden.
2. § 10 Abs. 3 Z 3 in der Fassung des Bundesgesetzes BGBl. I Nr. 118/2015 tritt mit 1. Mai 2016 in Kraft und ist erstmals auf Umsätze und sonstige Sachverhalte anzuwenden, die nach dem 30. April 2016 ausgeführt werden bzw. sich ereignen. Auf Umsätze und sonstige Sachverhalte, die zwischen dem 1. Mai 2016 und dem 31. Dezember 2017 ausgeführt werden bzw. sich ereignen und für die eine Buchung und An- oder Vorauszahlung vor dem 1. September 2015 vorgenommen wurde, ist § 10 Abs. 2 Z 4 lit. b und lit. c in der Fassung vor dem Bundesgesetz BGBl. I Nr. 118/2015 weiterhin anzuwenden.
3. § 10 Abs. 3 Z 6 in der Fassung des Bundesgesetzes BGBl. I Nr. 118/2015 tritt mit 1. Mai 2016 in Kraft und ist erstmals auf Umsätze und sonstige Sachverhalte anzuwenden, die nach dem 30. April 2016 ausgeführt werden bzw. sich ereignen. Auf Umsätze und sonstige Sachverhalte, die zwischen dem 1. Mai 2016 und dem 31. Dezember 2017 ausgeführt werden bzw. sich ereignen und für die eine An- oder Vorauszahlung vor dem 1. September 2015 vorgenommen wurde, ist § 10 Abs. 2 Z 8 in der Fassung vor dem Bundesgesetz BGBl. I Nr. 118/2015 weiterhin anzuwenden.
4. § 22 Abs. 8 tritt mit Ablauf des 31. Dezember 2015 außer Kraft und ist auf Umsätze und sonstige Sachverhalte, die nach dem 31. Dezember 2015 ausgeführt werden bzw. sich ereignen, nicht mehr anzuwenden.

(43)
1. 1. § 6 Abs. 4 Z 7 und Z 8 sowie § 26 Abs. 1 und Abs. 3 Z 2, jeweils in der Fassung des Bundesgesetzes BGBl. I Nr. 163/2015, treten mit 1. Mai 2016 in Kraft.
2. § 23 Abs. 1, 3, 4 und 8, jeweils in der Fassung des Bundesgesetzes BGBl. I Nr. 163/2015, treten mit 1. Mai 2019 in Kraft und sind erstmals auf Umsätze und sonstige Sachverhalte anzuwenden, die nach dem 30. April 2019 ausgeführt werden bzw. sich ereignen. *(BGBl. I Nr. 117/2016)*

(44)

1. § 6 Abs. 1 Z 9 lit. a, Z 16, Z 27, Abs. 2 und Abs. 6 lit. e, § 10 Abs. 3 Z 11, § 12 Abs. 10 und Abs. 13, § 19 Abs. 1b lit. b und c, § 25a Abs. 15, Anlage 1 Z 23 und Z 32 sowie Art. 25a Abs. 13, jeweils in der Fassung des Bundesgesetzes BGBl. I Nr. 117/2016, treten mit 1. Jänner 2017 in Kraft und sind erstmals auf Umsätze und sonstige Sachverhalte anzuwenden, die nach dem 31. Dezember 2016 ausgeführt werden.
2. § 7 Abs. 5 Z 2 und Abs. 6 Z 2 lit. a jeweils in der Fassung des Bundesgesetzes BGBl. I Nr. 117/2016, treten mit 1. Mai 2016 in Kraft und sind erstmals auf Umsätze und sonstige Sachverhalte anzuwenden, die nach dem 30. April 2016 ausgeführt werden. *(BGBl. I Nr. 117/2016)*

UStR zu § 28:
Derzeit frei.
Randzahlen 3541 bis 3550: Derzeit frei.

Zeitlich begrenzte Fassungen einzelner Gesetzesvorschriften
§ 29.

(1) *(Anm.: aufgehoben durch BGBl. Nr. 201/1996)*

(2) Hinsichtlich der Bestimmungen des Umsatzsteuergesetzes 1972, BGBl. Nr. 223/1972, gilt folgendes:
1. *(Anm.: aufgehoben durch BGBl. Nr. 201/1996)*
2. § 10 Abs. 2 Z 9 des Umsatzsteuergesetzes 1972 ist auf Umsätze anzuwenden, die vor dem 1. Jänner 1997 ausgeführt werden.
3. § 12 Abs. 8 des Umsatzsteuergesetzes 1972 ist bis einschließlich dem Veranlagungsjahr 1996 anzuwenden.

(3) Der Ausschluß vom Vorsteuerabzug gemäß § 12 Abs. 3 tritt nicht ein, wenn Umsätze gem. § 6 Abs. 1 Z 7 vor dem 1. Jänner 1997 ausgeführt werden.

(4) Für Umsätze, die vor dem 1. Jänner 1997 ausgeführt werden, lautet § 6 Abs. 1 Z 26:

„26. a) die Lieferungen von Gegenständen, wenn der Unternehmer für diese Gegenstände keinen Vorsteuerabzug vornehmen konnte und die gelieferten oder entnommenen Gegenstände
– ausschließlich für eine nach den Z 8 bis 25 steuerfreie oder
– nach lit. b steuerfreie Tätigkeit verwendet hat;
b) die vorübergehende Verwendung von Gegenständen für Zwecke, die außerhalb des Unternehmens liegen (§ 1 Abs. 1 Z 2 lit. a), wenn diese Gegenstände im Unternehmen stets ausschließlich für eine nach den Z 8 bis 25 steuerfreie Tätigkeit verwendet wurden;"

(5) § 6 Abs. 1 Z 18 bis 22 ist erst auf Umsätze anzuwenden, die nach dem 31. Dezember 1996 ausgeführt werden. Dasselbe gilt für § 6 Abs. 1 Z 25, soweit es sich um in § 6 Abs. 1 Z 18 genannte Leistungen handelt.

(6) § 10 Abs. 3 Z 2 ist anzuwenden auf steuerbare Umsätze, die vor dem 1. Jänner 1997 ausgeführt werden.

(7) § 4 Abs. 9, § 20 Abs. 4 und § 21 Abs. 7 sind auf Umsätze anzuwenden, die vor dem 1. Jänner 2001, nach dem 8. Mai 2001 und vor dem 1. April 2002 liegen.

(8) Bis auf weiteres gelten als Übergangsregelung für die Besteuerung des Handels zwischen den Mitgliedstaaten die Bestimmungen dieses Bundesgesetzes – soweit sie nicht unmittelbar anwendbar sind (zB für die Besteuerung des Erwerbes) gelten sie sinngemäß – ergänzt um die entsprechenden Artikel im Anhang (Binnenmarkt).

(9) Für die Anwendung der Bestimmungen des § 12 Abs. 10 und 11 gilt die Tätigkeit des Bundes im Rahmen des Fernmeldewesens ab 1. Jänner 1987 als gewerblich oder beruflich und gelten die Umsätze gemäß § 1 Abs. 1

§ 29 UStG

Z 1 und 2 des Umsatzsteuergesetzes 1972 aus der Tätigkeit des Bundes im Rahmen des Fernmeldewesens, die nach dem 31. Dezember 1986 und vor dem 1. Mai 1996 ausgeführt wurden, ausgenommen die Lieferung von Fernsprechnebenstellenanlagen durch die Post, als befreit.

UStR zu § 29:

Derzeit frei.

Randzahlen 3551 bis 3560: Derzeit frei.

Umstellung langfristiger Verträge
§ 30.

(1) Beruht eine Leistung, die nach dem im § 28 Abs. 1 erster Satz genannten Zeitpunkt erbracht wird, auf einem Vertrag, der vor dem im § 28 Abs. 1 erster Satz genannten Zeitpunkt geschlossen worden ist, so kann, falls nach diesem Gesetz ein anderer Steuersatz anzuwenden ist, der Umsatz steuerpflichtig, steuerfrei oder nicht steuerbar wird, der eine Vertragsteil von dem anderen einen angemessenen Ausgleich der umsatzsteuerlichen Mehr- oder Minderbelastung verlangen. Das gilt nicht, wenn die Parteien ausdrücklich oder schlüssig etwas anderes vereinbart haben oder auch bei Kenntnis der Änderungen kein anderes Entgelt vereinbart hätten.

(2) Abs. 1 gilt sinngemäß bei einer Änderung dieses Gesetzes.

UStR zu § 30:
Derzeit frei.
Randzahlen 3561 bis 3570: Derzeit frei.

Vollziehung

§ 31.

(1) Mit der Vollziehung dieses Bundesgesetzes ist der Bundesminister für Finanzen betraut.

(2) Mit der Vollziehung der §§ 11 und 30 sowie Art. 11 des Anhanges ist auch – sofern es sich um zivilrechtliche Bestimmungen handelt – der Bundesminister für Justiz betraut.

Anlage 1
(zu § 10 Abs. 2 UStG)

Verzeichnis der dem Steuersatz von 10% unterliegenden Gegenstände

1. Bienen (Unterposition 0106 41 00 der Kombinierten Nomenklatur) und ausgebildete Blindenführhunde (aus Unterposition 0106 19 00 der Kombinierten Nomenklatur).
2. Fleisch und genießbare Schlachtnebenerzeugnisse (Kapitel 2 der Kombinierten Nomenklatur).
3. Fische, ausgenommen Zierfische; Krebstiere, Weichtiere und andere wirbellose Wassertiere (Kapitel 3 der Kombinierten Nomenklatur, ausgenommen Unterpositionen 0301 11 00 und 0301 19 00).
4. Milch und Milcherzeugnisse; Vogeleier; natürlicher Honig; genießbare Waren tierischen Ursprungs, anderweit weder genannt noch inbegriffen (Kapitel 4 der Kombinierten Nomenklatur).
5. Gemüse und trockene, ausgelöste Hülsenfrüchte, auch geschält oder zerkleinert (Positionen 0701 bis 0714 der Kombinierten Nomenklatur).
6. Genießbare Früchte und Nüsse (Positionen 0801 bis 0813 der Kombinierten Nomenklatur).
7. Gewürze (Positionen 0904 bis 0910 der Kombinierten Nomenklatur).
8. Getreide (Kapitel 10 der Kombinierten Nomenklatur).
9. Müllereierzeugnisse (Positionen 1101 bis 1104 der Kombinierten Nomenklatur).
10. Mehl, Grieß, Flocken, Granulat und Pellets von Kartoffeln (Position 1105 der Kombinierten Nomenklatur).
11. Mehl und Grieß von trockenen Hülsenfrüchten der Position 0713; Mehl, Grieß und Pulver von Erzeugnissen des Kapitels 8 (Unterpositionen 1106 10 00 und 1106 30 der Kombinierten Nomenklatur).
12. Stärke von Weizen, Mais und Kartoffeln (Unterpositionen 1108 11 00, 1108 12 00 und 1108 13 00 der Kombinierten Nomenklatur).
13. Waren des Kapitels 12 der Kombinierten Nomenklatur, und zwar
    a) Ölsamen und ölhaltige Früchte sowie Mehl daraus (Positionen 1201 bis 1208 der Kombinierten Nomenklatur),
    b) Hopfen (Blütenzapfen), frisch oder getrocknet, auch gemahlen, sonst zerkleinert oder in Form von Pellets; Lupulin (Position 1210 der Kombinierten Nomenklatur),
    c) Minze, Lindenblüten und –blätter, Salbei, Kamillenblüten, Holunderblüten und anderer Haustee (aus Unterposition 1211 90 86 der Kombinierten Nomenklatur),
    d) Rosmarin, Beifuß, Basilikum und Dost in Aufmachungen für den Einzelverkauf als Gewürz (aus Unterpositionen 1211 90 86 der Kombinierten Nomenklatur),
    e) Johannisbrot, Zuckerrüben, frisch, gekühlt, gefroren oder getrocknet, auch gemahlen; Steine und Kerne von Früchten sowie andere pflanzliche Waren (einschließlich nichtgerösteter Zichorienwurzeln der Varietät Cichorium intybus sativum) der hauptsächlich zur menschlichen Ernährung verwendeten Art, anderweit weder genannt noch inbegriffen (Unterpositionen 1212 91 20,

Anlage 1 (zu § 10 Abs. 2 UStG)

   1212 91 80, 1212 92 00, 1212 94 00, 1212 99 und 1212 99 41 der Kombinierten Nomenklatur),
  f) Stroh und Spreu von Getreide, roh, auch gehäckselt, gemahlen, gepresst oder in Form von Pellets (Position 1213 00 00 der Kombinierten Nomenklatur).
14. Pektinstoffe, Pektinate und Pektate (Unterposition 1302 20 der Kombinierten Nomenklatur).
15. Waren des Kapitels 15 der Kombinierten Nomenklatur, und zwar
  a) Schweineschmalz und Geflügelfett (Unterposition 1501 10 90 und aus Unterposition 1501 90 00 der Kombinierten Nomenklatur),
  b) Premierjus und Speisetalg (aus Unterposition 1502 10 90 der Kombinierten Nomenklatur),
  c) Oleomargarin (aus Unterposition 1503 00 90 der Kombinierten Nomenklatur),
  d) genießbare pflanzliche Öle sowie deren Fraktionen, auch raffiniert, jedoch nicht chemisch modifiziert (Unterpositionen 1507 10 90, 1507 90 90, 1508 10 90, 1508 90 90, Positionen 1509 und 1510 00, Unterpositionen 1511 10 90, 1511 90 11, 1511 90 19, 1511 90 99, 1512 11 91, 1512 11 99, 1512 19 90, 1512 21 90, 1512 29 90, 1513 11 91, 1513 11 99, 1513 19 11, 1513 19 19, 1513 19 91, 1513 19 99, 1513 21 30, 1513 21 90, 1513 29 11, 1513 29 19, 1513 29 50, 1513 29 90, 1514 11 90, 1514 19 90, 1514 91 90, 1514 99 90, 1515 11 00, 1515 19 90, 1515 21 90, 1515 29 90, 1515 30 90, 1515 50 19, 1515 50 99, 1515 90 11, 1515 90 29, 1515 90 39, 1515 90 51, 1515 90 59, 1515 90 91 und 1515 90 99 der Kombinierten Nomenklatur),
  e) genießbare tierische oder pflanzliche Fette und Öle sowie deren Fraktionen, ganz oder teilweise hydriert, umgeestert, wiederverestert oder elaidiniert, auch raffiniert, jedoch nicht weiterverarbeitet (aus Unterpositionen 1516 10 und 1516 20 der Kombinierten Nomenklatur),
  f) Margarine; genießbare Mischungen oder Zubereitungen von tierischen oder pflanzlichen Fetten und Ölen sowie von Fraktionen verschiedener Fette und Öle dieses Kapitels, ausgenommen genießbare Fette und Öle sowie deren Fraktionen der Position 1516 (Unterpositionen 1517 10, 1517 90 10, 1517 90 91 und 1517 90 99 der Kombinierten Nomenklatur),
16. Zubereitungen von Fleisch, Fischen oder von Krebstieren, Weichtieren und anderen wirbellosen Wassertieren (Kapitel 16 der Kombinierten Nomenklatur).
17. Zucker und Zuckerwaren, ausgenommen chemisch reine Fructose und chemisch reine Maltose (Kapitel 17 der Kombinierten Nomenklatur, ausgenommen Unterpositionen 1702 50 00 und 1702 90 10).
18. Kakaopulver ohne Zusatz von Zucker oder anderen Süßmitteln; Schokolade und andere kakaohaltige Lebensmittelzubereitungen (Positionen 1805 00 00 und 1806 der Kombinierten Nomenklatur).
19. Zubereitungen aus Getreide, Mehl, Stärke oder Milch; Backwaren (Kapitel 19 der Kombinierten Nomenklatur).
20. Zubereitungen von Gemüse, Früchten, Nüssen oder anderen Pflanzenteilen, ausgenommen Frucht- und Gemüsesäfte (Positionen 2001 bis 2008 der Kombinierten Nomenklatur).
21. Verschiedene Lebensmittelzubereitungen (Unterposition 2101 30 und Positionen 2102 bis 2106 der Kombinierten Nomenklatur, ausgenommen Sirupe der Unter-

Anlage 1 (zu § 10 Abs. 2 UStG)

positionen 2106 90 in Gebinden, die ausschließlich für den Ausschank durch eine Schankanlage vorgesehen sind).

22. Wasser (aus Unterposition 2201 90 00 der Kombinierten Nomenklatur).

23. Milch und Milcherzeugnisse der Positionen 0401, 0402, 0403 und 0404, mit Zusätzen, ausgenommen Zusätze von Kaffee, Tee oder Mate und von Auszügen, Essenzen und Konzentraten aus Kaffee, Tee oder Mate und von Zubereitungen auf der Grundlage dieser Waren (aus Unterpositionen 2202 99 91, 2202 99 95 und 2202 99 99 der Kombinierten Nomenklatur).

24. Speiseessig (Position 2209 der Kombinierten Nomenklatur).

25. Speisesalz (Unterposition 2501 00 91 der Kombinierten Nomenklatur).

26. Handelsübliches Ammoniumcarbonat und andere Ammoniumcarbonate sowie Dinatriumcarbonat (Unterpositionen 2836 99 17 und 2836 20 00 der Kombinierten Nomenklatur).

27. Essigsäure (Unterposition 2915 21 00 der Kombinierten Nomenklatur).

28. Saccharin und seine Salze (Unterposition 2925 11 00 der Kombinierten Nomenklatur).

29. Mischungen von Riechstoffen und Mischungen (einschließlich alkoholischer Lösungen) auf der Grundlage eines oder mehrerer dieser Stoffe, von der in der Lebensmittelindustrie verwendeten Art in Aufmachungen für den Einzelverkauf (aus Unterposition 3302 10 der Kombinierten Nomenklatur).

30. Gelatine (aus Unterposition 3503 00 10 der Kombinierten Nomenklatur).

31. Zubereitete Enzyme, die Nährstoffe enthalten (aus Unterposition 3507 90 der Kombinierten Nomenklatur).

32. Süßungsmittel (aus Unterposition 3824 99 96 der Kombinierten Nomenklatur)

33. Waren des Kapitels 49 der Kombinierten Nomenklatur, und zwar

a) Bücher, Broschüren und ähnliche Drucke, auch in losen Bogen oder Blättern (Position 4901 und aus Positionen 9705 00 00 und 9706 00 00 der Kombinierten Nomenklatur),

b) Zeitungen und andere periodische Druckschriften, auch mit Bildern oder Werbung enthaltend (Position 4902 der Kombinierten Nomenklatur),

c) Bilderalben, Bilderbücher und Zeichen- oder Malbücher, für Kinder (Position 4903 00 00 der Kombinierten Nomenklatur),

d) Noten, handgeschrieben oder gedruckt, auch mit Bildern, auch gebunden (Position 4904 00 00 der Kombinierten Nomenklatur),

e) kartographische Erzeugnisse aller Art, einschließlich Wandkarten, topographische Pläne und Globen, gedruckt (Position 4905 der Kombinierten Nomenklatur).

34. Arzneimittel.

(BGBl. I Nr. 117/2016)

Anlage 2
(zu § 10 Abs. 3 und § 24 UStG)

Verzeichnis der dem Steuersatz von 13% unterliegenden Gegenstände

1. Lebende Tiere der Unterpositionen 0101 30 00, 0101 29 10, 0101 90 00 und der Positionen 0102 bis 0105 der Kombinierten Nomenklatur.
2. Bulben, Zwiebeln, Knollen, Wurzelknollen und Wurzelstöcke, ruhend, im Wachstum oder in Blüte; Zichorienpflanzen und -wurzeln (ausgenommen Zichorienwurzeln der Position 1212) (Position 0601 der Kombinierten Nomenklatur).
3. Andere lebende Pflanzen (einschließlich ihrer Wurzeln), Stecklinge und Pfropfreiser; Pilzmycel (Position 0602 der Kombinierten Nomenklatur).
4. Blumen und Blüten sowie deren Knospen, geschnitten, zu Binde- oder Zierzwecken, frisch (aus Position 0603 der Kombinierten Nomenklatur).
5. Blattwerk, Blätter, Zweige und andere Pflanzenteile, ohne Blüten und Blütenknospen, sowie Gräser, Moose und Flechten, zu Binde- oder Zierzwecken, frisch (Unterposition 0604 20 der Kombinierten Nomenklatur).
6. Waren des Kapitels 12 der Kombinierten Nomenklatur, und zwar
a) Samen, Früchte und Sporen, zur Aussaat (Position 1209 der Kombinierten Nomenklatur),
b) Steckrüben, Futterrüben, Wurzeln zu Futterzwecken, Heu, Luzerne, Klee, Esparsette, Futterkohl, Lupinen, Wicken und ähnliches Futter, auch in Form von Pellets (Position 1214 der Kombinierten Nomenklatur).
7. Rückstände und Abfälle der Lebensmittelindustrie; zubereitetes Futter (Kapitel 23 der Kombinierten Nomenklatur).
8. Tierische und pflanzliche Düngemittel (ausgenommen Guano), auch untereinander gemischt, nicht chemisch behandelt (aus Position 3101 00 00 der Kombinierten Nomenklatur).
9. Brennholz, in Form von Rundlingen, Scheiten, Zweigen, Reisigbündeln oder ähnlichen Formen; Holz in Form von Plättchen oder Schnitzeln; Sägespäne, Holzabfälle und Holzausschuss, auch zu Pellets, Briketts, Scheiten oder ähnlichen Formen zusammengepresst (Position 4401 der Kombinierten Nomenklatur).
10. Kunstgegenstände, und zwar
a) Gemälde (zB Ölgemälde, Aquarelle, Pastelle) und Zeichnungen, vollständig mit der Hand geschaffen, ausgenommen Zeichnungen der Position 4906 00 00 und handbemalte oder handverzierte gewerbliche Erzeugnisse; Collagen und ähnliche dekorative Bildwerke (Position 9701 der Kombinierten Nomenklatur),
b) Originalstiche, –schnitte und –steindrucke (Position 9702 00 00 der Kombinierten Nomenklatur),
c) Originalerzeugnisse der Bildhauerkunst, aus Stoffen aller Art (Position 9703 00 00 der Kombinierten Nomenklatur),
d) Tapisserien, handgewebt, nach Originalentwürfen von Künstlern, jedoch höchstens acht Kopien je Werk (aus Position 5805 00 00 der Kombinierten Nomenklatur),
e) Textilwaren für Wandbekleidung nach Originalentwürfen von Künstlern, jedoch höchstens acht Kopien je Werk (aus Position 6304 der Kombinierten Nomenklatur).
11. Briefmarken, Stempelmarken, Steuerzeichen, Ersttagsbriefe, Ganzsachen und dergleichen, entwertet oder nicht entwertet, jedoch im Bestimmungsland weder

Anlage 2 (zu § 10 Abs. 3 und § 24 UStG)

gültig noch zum Umlauf vorgesehen (Position 9704 00 00 der Kombinierten Nomenklatur),
12. Zoologische, botanische, mineralogische oder anatomische Sammlungsstücke und Sammlungen; Sammlungsstücke von geschichtlichem, archäologischem, paläontologischem, völkerkundlichem oder münzkundlichem Wert (Position 9705 00 00 der Kombinierten Nomenklatur).
13. Antiquitäten, mehr als 100 Jahre alt (Position 9706 00 00 der Kombinierten Nomenklatur).

Binnenmarktregelung
Innergemeinschaftlicher Erwerb
Art. 1.

(1) Der Umsatzsteuer unterliegt auch der innergemeinschaftliche Erwerb im Inland gegen Entgelt.

(2) Ein innergemeinschaftlicher Erwerb gegen Entgelt liegt vor, wenn die folgenden Voraussetzungen erfüllt sind:
1. Ein Gegenstand gelangt bei einer Lieferung an den Abnehmer (Erwerber) aus dem Gebiet eines Mitgliedstaates in das Gebiet eines anderen Mitgliedstaates, auch wenn der Lieferer den Gegenstand in das Gemeinschaftsgebiet eingeführt hat;
2. der Erwerber ist
   a) ein Unternehmer, der den Gegenstand für sein Unternehmen erwirbt, oder
   b) eine juristische Person, die nicht Unternehmer ist oder die den Gegenstand nicht für ihr Unternehmen erwirbt, und
3. die Lieferung an den Erwerber
   a) wird durch einen Unternehmer gegen Entgelt im Rahmen seines Unternehmens ausgeführt und
   b) ist nach dem Recht des Mitgliedstaates, der für die Besteuerung des Lieferers zuständig ist, nicht auf Grund der Sonderregelung für Kleinunternehmer steuerfrei.

(3) Als innergemeinschaftlicher Erwerb gegen Entgelt gilt:
1. das Verbringen eines Gegenstandes des Unternehmens aus dem übrigen Gemeinschaftsgebiet in das Inland durch einen Unternehmer zu seiner Verfügung, ausgenommen zu einer nur vorübergehenden Verwendung, auch wenn der Unternehmer den Gegenstand in das Gemeinschaftsgebiet eingeführt hat. Der Unternehmer gilt als Erwerber.
Eine vorübergehende Verwendung liegt vor, wenn der Unternehmer den Gegenstand verwendet:
   a) zur Ausführung einer Werklieferung oder einer Lieferung, bei der sich der Lieferort nach Art. 3 Abs. 3 bestimmt;
   b) zur Ausführung einer Lieferung, deren Lieferort sich nach § 3 Abs. 11 bestimmt;
   c) zur Ausführung einer gemäß § 7 oder gemäß Art. 7 steuerfreien Lieferung;
   d) *(Anm.: aufgehoben durch BGBl. Nr. 756/1996)*
   e) für Arbeiten an dem Gegenstand oder die Begutachtung dieses Gegenstandes durch einen anderen Unternehmer, sofern der Gegenstand nach Erbringung der sonstigen Leistung wieder zur Verfügung des Auftraggebers in den Mitgliedstaat gelangt, von dem aus der Gegenstand versendet oder befördert worden ist;

f) vorübergehend zur Ausführung einer sonstigen Leistung und der Unternehmer im Mitgliedstaat, von dem aus der Gegenstand verbracht wurde, einen Wohnsitz oder Sitz hat;

g) während höchstens 24 Monaten, wenn für die Einfuhr des gleichen Gegenstands aus einem Drittland im Hinblick auf eine vorübergehende Verwendung die Regelung über die vollständige Befreiung von Eingangsabgaben bei der vorübergehenden Einfuhr gelten würde;

h) zur Ausführung einer Lieferung von Gas über ein Erdgasnetz im Gebiet der Gemeinschaft oder ein an ein solches Netz angeschlossenes Netz, von Elektrizität oder von Wärme oder Kälte über Wärme- oder Kältenetze, wenn sich der Ort dieser Lieferungen nach § 3 Abs. 13 oder 14 bestimmt.

Bei Wegfall der unter lit. a bis g genannten Bedingungen gilt die Verbringung in diesem Zeitpunkt als erfolgt;

2. *(Anm.: aufgehoben durch BGBl. Nr. 756/1996)*

(4) Ein innergemeinschaftlicher Erwerb im Sinne der Abs. 2 und 3 liegt nicht vor, wenn die folgenden Voraussetzungen erfüllt sind:

1. Der Erwerber ist

   a) ein Unternehmer, der nur steuerfreie Umsätze ausführt, die zum Ausschluß vom Vorsteuerabzug führen,

   b) ein Unternehmer, der den Gegenstand zur Ausführung von Umsätzen verwendet, für die die Steuer nach den Durchschnittssätzen des § 22 festgesetzt ist, oder

   c) eine juristische Person, die nicht Unternehmer ist oder die den Gegenstand nicht für ihr Unternehmen erwirbt, und

2. der Gesamtbetrag der Entgelte für Erwerbe im Sinne des Abs. 2 Z 1 und des Abs. 3 hat den Betrag von 11 000 Euro im vorangegangenen Kalenderjahr nicht und im laufenden Kalenderjahr noch nicht überstiegen (Erwerbsschwelle); ab dem Entgelt für den Erwerb, mit dem im laufenden Jahr die Erwerbsschwelle überstiegen wird, unterliegt der Erwerb der Besteuerung. In die Erwerbsschwelle sind die Entgelte für den Erwerb neuer Fahrzeuge und verbrauchsteuerpflichtiger Waren nicht einzubeziehen.

(5) Der Erwerber kann auf die Anwendung des Abs. 4 verzichten. Der Verzicht ist gegenüber dem Finanzamt innerhalb der Frist zur Abgabe der Voranmeldung für den Voranmeldungszeitraum eines Kalenderjahres, in dem erstmals ein Erwerb getätigt worden ist, schriftlich zu erklären. Als Verzicht gilt auch die Verwendung einer aufgrund eines Antrags gemäß Art. 28 Abs. 1 zweiter Satz erteilten Umsatzsteuer-Identifikationsnummer gegenüber dem Lieferer beim Erwerb von Gegenständen aus dem übrigen Unionsgebiet. Ein Verzicht bindet den Erwerber mindestens für zwei Kalenderjahre und kann nur mit Wirkung vom Beginn eines Kalenderjahres an widerrufen werden. Der Widerruf ist innerhalb der Frist zur Abgabe der Voranmeldung

für den Voranmeldungszeitraum dieses Kalenderjahres, in dem erstmals ein Erwerb getätigt worden ist, gegenüber dem Finanzamt schriftlich zu erklären.

(6) Abs. 4 gilt nicht für den Erwerb neuer Fahrzeuge und verbrauchsteuerpflichtiger Waren. Verbrauchsteuerpflichtige Waren im Sinne dieses Gesetzes sind Alkohol und alkoholische Getränke, Tabakwaren sowie Energieerzeugnisse, jeweils im Sinne der geltenden Gemeinschaftsvorschriften, nicht jedoch Gas, das über ein Erdgasnetz im Gebiet der Gemeinschaft oder jedes an ein solches Netz angeschlossenes Netz geliefert wird.

Erwerb neuer Fahrzeuge

(7) Der Erwerb eines neuen Fahrzeugs durch einen Erwerber, der nicht zu den in Abs. 2 Z 2 genannten Personen gehört, ist unter den Voraussetzungen des Abs. 2 Z 1 innergemeinschaftlicher Erwerb.

(8) Fahrzeuge im Sinne des Abs. 7 sind
1. motorbetriebene Landfahrzeuge mit einem Hubraum von mehr als 48 Kubikzentimetern oder einer Leistung von mehr als 7,2 Kilowatt,
2. Wasserfahrzeuge mit einer Länge von mehr als 7,5 Metern,
3. Luftfahrzeuge, deren Starthöchstmasse mehr als 1.550 Kilogramm beträgt,

soweit diese Fahrzeuge zur Personen- oder Güterbeförderung bestimmt sind.

(9) Ein Fahrzeug gilt als neu, wenn die erste Inbetriebnahme im Zeitpunkt des Erwerbs nicht mehr als drei Monate zurückliegt. Für motorbetriebene Landfahrzeuge nach Abs. 8 Z 1 beträgt der Zeitraum sechs Monate. Dasselbe gilt, wenn das
1. Landfahrzeug nicht mehr als 6.000 Kilometer zurückgelegt hat,
2. Wasserfahrzeug nicht mehr als 100 Betriebsstunden auf dem Wasser zurückgelegt hat,
3. Luftfahrzeug nicht länger als 40 Betriebsstunden genutzt worden ist.

Erwerb durch diplomatische Missionen und zwischenstaatliche Einrichtungen

(10) Ein innergemeinschaftlicher Erwerb im Sinne des Abs. 1 liegt nicht vor, wenn ein Gegenstand bei einer Lieferung aus dem Gebiet eines anderen Mitgliedstaates in das Inland gelangt und die Erwerber folgende Einrichtungen sind, soweit sie nicht Unternehmer sind oder den Gegenstand nicht für ihr Unternehmen erwerben:
1. im Inland ansässige ständige diplomatische Missionen und berufskonsularische Vertretungen oder
2. im Inland ansässige zwischenstaatliche Einrichtungen.

Diese Einrichtungen gelten nicht als Erwerber im Sinne des Abs. 2 Z 2. Die Abs. 7 bis 9 bleiben unberührt.

Art. 1 UStG

UStR zu Art 1:

	Rz		Rz
1. Ig Erwerb – allgemein	3571	4.1 Schwellenerwerber	3626
2. Voraussetzungen für den ig Erwerb	3581	4.2 Ermittlung der Erwerbsschwelle	3627
2.1 Erwerber	3581	4.3 Konsequenzen des Überschreitens der Erwerbsschwelle	3628
2.1.1 Unternehmer	3583	4.3.1 Überschreiten im vorangegangenen Kalenderjahr	3628
2.1.2 Juristische Person	3585	4.3.2 Überschreiten während des laufenden Kalenderjahres	3629
2.2 Lieferung an den Erwerber	3589	5. Verzicht auf die Erwerbsschwelle	derzeit frei
2.3 Erwerb im Inland	3591	6. Neue Fahrzeuge; verbrauchsteuerpflichtige Waren	3643
3. Ig Verbringen	3601	7. Erwerb neuer Fahrzeuge	3651
3.1 Voraussetzungen	3601	7.1 Erwerb für das Unternehmen	3658
3.1.1 Allgemeine Voraussetzungen	3601	7.2 Erwerb durch Schwellenerwerber	3659
3.1.2 Konsignationslager	3603	7.3 Erwerb durch Nichtunternehmer	3660
3.1.3 Vereinfachung bei größerer Abnehmerzahl	3604	8. Begriff „Fahrzeug"	3667
3.2 Vorübergehende Verwendung	3606	8.1 Begriff „motorbetriebenes Landfahrzeug"	3668
3.2.1 Werklieferungen	3608	8.2 Begriff „Wasserfahrzeug"	3669
3.2.2 Versandhandel	3610	8.3 Begriff „Luftfahrzeug"	3670
3.2.3 Lieferungen an Bord von Beförderungsmitteln	3611	9. Begriff „neu"	3676
3.2.4 Ausfuhrlieferungen und ig Lieferungen	3612	9.1 Neues Landfahrzeug	3677
3.2.5 Sonstige Leistungen am verbrachten Gegenstand	3613	9.2 Neues Wasserfahrzeug	derzeit frei
3.2.6 Ausführung von sonstigen Leistungen	3615	9.3 Neues Luftfahrzeug	derzeit frei
3.2.7 Zeitlich befristete Verwendung	3616	10. Diplomatische Missionen und zwischenstaatliche Einrichtungen	3686
3.2.8 Vorübergehende Verwendung bei der Verbringung von Gas, Elektrizität, Wärme oder Kälte	3617	10.1 Folgen der Regelung des Art. 1 Abs. 10 UStG 1994	3688
4. Erwerbsschwelle	3626	10.2 Erwerb neuer Fahrzeuge	3689

1. Innergemeinschaftlicher Erwerb – allgemein

3571 Ein innergemeinschaftlicher Erwerb liegt nur vor, wenn der Gegenstand anlässlich der Lieferung an den Erwerber aus dem Gebiet eines Mitgliedstaates in das Gebiet eines anderen Mitgliedstaates gelangt. Die Durchfuhr durch weitere Mitgliedstaaten oder durch Drittländer ist unschädlich. Ein innergemeinschaftlicher Erwerb liegt auch vor, wenn die Beförderung oder Versendung im Drittlandsgebiet beginnt und der Gegenstand im Gebiet eines Mitgliedstaates der dortigen Einfuhrumsatzsteuer unterworfen wird, bevor er in einen anderen Mitgliedstaat gelangt.

Beispiel:

Der Unternehmer L aus Linz kauft Kohle beim Händler R in Russland. Die Kohle wird per Bahn nach Linz befördert. R lässt die Kohle in Ungarn abfertigen und der ungarischen EUSt unterwerfen. Durch diesen Vorgang gilt die Lieferung des R an L als im Einfuhrmitgliedstaat Ungarn ausgeführt (§ 3 Abs. 9 UStG 1994). Es liegt somit eine innergemeinschaftliche Lieferung von Ungarn nach Österreich vor.

3572 Wird hingegen der Gegenstand vom Drittlandsgebiet im Wege der **Durchfuhr** durch einen oder mehrere Mitgliedstaaten in das Bestimmungsland befördert oder versendet und erst im Bestimmungsland der EUSt unterworfen, liegt kein innergemeinschaftlicher Erwerb vor. Ein innergemeinschaftlicher Erwerb liegt ebenfalls nicht vor, wenn der Gegenstand im Gebiet eines Mitgliedstaates verbleibt.

Beispiel:

Der Grazer Unternehmer G bestellt beim deutschen Unternehmer M in München eine Maschine und lässt sie in sein Auslieferungslager in Köln bringen. Dort verkauft er die Maschine. Die Lieferung des M an G führt zu keiner innergemeinschaftlichen Warenbewegung, da der Gegenstand in Deutschland verbleibt.

Randzahlen 3573 bis 3580: Derzeit frei.

2. Voraussetzungen für den innergemeinschaftlichen Erwerb

2.1 Erwerber

3581 Erwerber ist der **Empfänger** der Lieferung. Dieser muss bereits bei Beginn der Beförderung oder Versendung feststehen und nicht erst, wenn der Gegenstand bereits in den anderen Mitgliedstaat gelangt ist.

3582 Ein innergemeinschaftlicher Erwerb liegt jedoch nur vor, wenn der Erwerber einem bestimmten Personenkreis angehört (siehe dazu Art. 1 Rz 3583 bis 3588) und sofern nicht eine Ausnahme von der Erwerbsbesteuerung vorliegt (Art. 1 Rz 3626).

2.1.1 Unternehmer

3583 Der Unternehmer tätigt einen innergemeinschaftlichen Erwerb nur, wenn er den Gegenstand für sein Unternehmen erwirbt. Die Qualifikation des Erwerbes als für das Unternehmen richtet sich nach § 12 Abs. 2 UStG 1994 (siehe hiezu § 12 Rz 1901 bis 1990).

3584 Die Bestimmung des § 12 Abs. 2 Z 2 UStG 1994, wonach bestimmte Lieferungen nicht als für das Unternehmen ausgeführt gelten, gilt gemäß Art. 12 Abs. 4 nicht für den innergemeinschaftlichen Erwerb (die sich auf Grund des Abs. 4 ergebende Erwerbsteuer ist jedoch gemäß Art. 12 Abs. 1 Z 1 UStG 1994 nicht abzugsfähig).

2.1.2 Juristische Person

3585 Der Erwerbsteuerpflicht sind neben Unternehmern auch **juristische Personen** unterworfen, **die keine Unternehmereigenschaft besitzen** oder nicht für ihr Unternehmen erwerben.

3586 Zur diesfalls anzuwendenden Erwerbsschwellenregelung wird auf Art. 1 Rz 3626 verwiesen.

3587 Bei juristischen Personen, die sowohl einen unternehmerischen als auch einen nichtunternehmerischen Bereich besitzen, sind getrennte Betrachtungen durchzuführen (siehe Art. 1 Rz 3583, 3584 und 3626 bis 3635).

3588 Die juristische Person tritt grundsätzlich mit einer einzigen UID auf. Lediglich Körperschaften öffentlichen Rechts – vor allem große Gebietskörperschaften – können mehrere UID haben.

2.2 Lieferung an den Erwerber

3589 Gelangt beim **Kommissionsgeschäft** das Kommissionsgut bei der Zurverfügungstellung an den Kommissionär vom Ausgangs- in den Bestimmungsmitgliedstaat, kann abweichend vom § 3 Abs. 3 UStG 1994 die Lieferung des Kommittenten an den Kommissionär bereits **zum Zeitpunkt der Zurverfügungstellung des Gegenstandes** an den Kommissionär als ausgeführt angesehen werden. Der Kommissionär tätigt dann zu diesem Zeitpunkt einen innergemeinschaftlichen Erwerb.

3590 Die Lieferung an den Erwerber muss durch einen Unternehmer im Rahmen seines Unternehmens erfolgen. Der liefernde Unternehmer darf nach dem Steuerrecht des für die Besteuerung seiner Lieferung zuständigen Mitgliedstaates nicht als Kleinunternehmer behandelt werden.

2.3 Erwerb im Inland

3591 Erfolgt nach Art. 1 UStG 1994 ein innergemeinschaftlicher Erwerb von Gegenständen im Inland, wird die Besteuerungskompetenz im Inland unabhängig von der mehrwertsteuerlichen Behandlung des Umsatzes im Mitgliedstaat des Beginns des Versands oder der Beförderung der Gegenstände wahrgenommen (Art. 16 VO (EU) 282/2011).

Zum Ort des innergemeinschaftlichen Erwerbes wird auf Rz 3776 bis 3805 verwiesen.

Randzahlen 3592 bis 3600: Derzeit frei.

3. Innergemeinschaftliches Verbringen
3.1 Voraussetzungen
3.1.1 Allgemeine Voraussetzungen

3601 Durch Art. 1 Abs. 3 Z 1 UStG 1994 wird das **Verbringen eines Gegenstandes** des Unternehmens aus dem übrigen Gemeinschaftsgebiet in das Inland durch den Unternehmer zu seiner Verfügung dem innergemeinschaftlichen Erwerb gegen Entgelt gleichgestellt. Ausgenommen von dieser Regelung ist das Verbringen zur **vorübergehenden Verwendung** (siehe hiezu Art. 1 Rz 3606 bis 3625).

3602 Für die innergemeinschaftliche Verbringung müssen folgende Voraussetzungen vorliegen:
- Beförderung oder Versendung eines Gegenstandes aus dem übrigen Gemeinschaftsgebiet in das Inland.
- Die Verbringung des Gegenstandes erfolgt durch den Unternehmer zu seiner Verfügung.
- Es handelt sich um keinen Fall der vorübergehenden Verwendung.

Hinsichtlich der Bemessungsgrundlage für das innergemeinschaftliche Verbringen wird auf Art. 1 Rz 3627 verwiesen.

3.1.2 Konsignationslager

3603 Ein Konsignationslager liegt vor, wenn ein Unternehmer bei einem Abnehmer ein Lager unterhält und der Abnehmer aus diesem Lager bei Bedarf Waren entnimmt. Zur Lieferung (Verschaffung der Verfügungsmacht über die Ware) kommt es **erst bei Entnahme** aus diesem Lager. Die Versendung oder Beförderung in das Lager stellt ein **innergemeinschaftliches Verbringen** dar.

Entgegen dieser Rechtslage werden von verschiedenen Mitgliedstaaten (derzeit Belgien, Finnland, Irland, die Niederlande, das Vereinigte Königreich, sowie Frankreich und Italien) anderslautende Verwaltungsübungen gehandhabt. Die **abweichenden Regelungen** bestehen darin, dass diese Mitgliedstaaten nicht von einem innergemeinschaftlichen Verbringen in das Konsignationslager ausgehen (siehe oben), sondern unter bestimmten (von einander abweichenden) Voraussetzungen von einer ig Lieferung an den dortigen Abnehmer.

Folgende Erleichterungen können hinsichtlich dieser Mitgliedstaaten angewendet werden:

1. Verbringen in ein Konsignationslager in einen anderen Mitgliedstaat

Verbringt ein Unternehmer, der im Inland einen Wohnsitz, seinen Sitz oder eine Betriebsstätte hat, seine Waren in sein in einem anderen Mitgliedstaat gelegenes Konsignationslager, so kann der Unternehmer den Tatbestand der Warenentnahme aus dem ausländischen Konsignationslager – parallel zur Erwerbsbesteuerung des Leistungsempfängers im anderen Mitgliedstaat – **als innergemeinschaftliche Lieferung** behandeln. Dementsprechend ist nicht das Verbringen beim Transport der Waren in das Konsignationslager, sondern die ig Lieferung im Zeitpunkt der Entnahme aus dem Lager in die Zusammenfassende Meldung aufzunehmen.

Wenn der Lieferer im anderen Mitgliedstaat einen Erwerb auf Grund eines Verbringens zu versteuern hat (zB wenn im anderen Mitgliedstaat der Gegenstand über die vorgesehene Zeit gelagert wird), tätigt er zu diesem Zeitpunkt eine ig Lieferung (Verbringen).

Voraussetzung für die Anwendung der Erleichterung ist, dass der Unternehmer
- dem für die Erhebung der Umsatzsteuer zuständigen Finanzamt schriftlich die Inanspruchnahme dieser Regelung mitteilt (unter Beschreibung der im anderen Mitgliedstaat anzuwendenden Regelung),

- hinsichtlich der ein- und ausgelagerten Gegenstände und dem Lagerbestand Aufzeichnungen führt, die der Finanzverwaltung eine Überprüfung der Richtigkeit der Versteuerung ermöglichen.

2. Verbringen in ein Konsignationslager im Inland

Verbringt ein Unternehmer, der im Inland weder einen Wohnsitz noch seinen Sitz hat und im Inland nicht zur Umsatzsteuer erfasst ist, seine Waren in sein im Inland gelegenes Konsignationslager (wobei die Regelung eingeschränkt ist auf Lager, die nur einem einzigen Abnehmer zur Verfügung stehen – „Call-off-stock"), so kann der Abnehmer des ausländischen Unternehmers den Tatbestand der **Warenentnahme aus dem inländischen Konsignationslager** – entsprechend zur Behandlung durch den Lieferer als innergemeinschaftliche Lieferung im anderen Mitgliedstaat – als **innergemeinschaftlichen Erwerb** behandeln.

Die Regelung kann auch von **ausländischen Unternehmern** angewendet werden, die im Inland zur Umsatzsteuer erfasst sind, aber die nur Umsätze tätigen, die solchen Konsignationslagern zuzurechnen sind. Wird von der Vereinfachungsregelung Gebrauch gemacht, muss sie für sämtliche Vorgänge, für die die Voraussetzungen zutreffen, angewendet werden.

Diese Regelung gilt nur für Waren, die innerhalb der im anderen Mitgliedstaat maßgeblichen Frist, spätestens jedoch innerhalb von **sechs Monaten** ab der Einlagerung entnommen werden.

Hinsichtlich der innerhalb dieses Zeitraumes nicht entnommenen Waren liegt im Zeitpunkt des Überschreitens der Frist ein steuerpflichtiger Erwerb des ausländischen Unternehmers vor. Wird der Gegenstand in der Folge vom Abnehmer aus dem Lager entnommen, kommt es zu einer Lieferung des ausländischen Lieferers an den Abnehmer im Inland.

Voraussetzung für die Anwendung der Erleichterung ist, dass der ausländische Unternehmer

- dem Finanzamt, das für die Erhebung der Umsatzsteuer des Abnehmers der Gegenstände zuständig ist, schriftlich die Inanspruchnahme dieser Regelung mitteilt,
- und weiters mitteilt, dass der Ausgangsmitgliedstaat bei Entnahme der Gegenstände innerhalb der oben genannten Frist von einer ig Lieferung ausgeht, und
- hinsichtlich der ein- und ausgelagerten Gegenstände und dem Lagerbestand Aufzeichnungen führt (bzw für ihn der inländische Abnehmer), die der Finanzverwaltung eine Überprüfung der Richtigkeit der Versteuerung ermöglichen.

3. Erstmalige Anwendung

Die Vereinfachungen sind erstmals auf die Verbringung von Gegenständen anzuwenden, die nach dem Einlangen der Mitteilung beim Finanzamt getätigt wird.

3.1.3 Vereinfachung bei größerer Abnehmerzahl

3604 Steht der Abnehmer der Lieferung im Bestimmungsmitgliedstaat bei Beginn des Transportes im Ausgangsmitgliedstaat bereits fest, so liegt grundsätzlich kein innergemeinschaftliches Verbringen sondern eine innergemeinschaftliche Lieferung vor. Aus **Vereinfachungsgründen** kann jedoch unter folgenden Voraussetzungen ein **innergemeinschaftliches Verbringen** angenommen werden:

- Die Lieferungen werden regelmäßig an eine größere Anzahl von Abnehmern im Bestimmungsland ausgeführt.
- Bei entsprechenden Lieferungen aus dem Drittlandsgebiet wären die Voraussetzungen für eine Verlagerung des Ortes der Lieferung in das Gemeinschaftsgebiet nach § 3 Abs. 9 UStG 1994 erfüllt.
- Der liefernde Unternehmer behandelt die Lieferung im Bestimmungsmitgliedstaat als steuerbar. Er wird bei einem Finanzamt des Bestimmungsmitgliedstaates für Umsatzsteuerzwecke geführt. Er gibt in den Rechnungen seine UID des Bestimmungsmitgliedstaates an.
- Die beteiligten Steuerbehörden im Ausgangs- und im Bestimmungsmitgliedstaat sind mit dieser Behandlung einverstanden.

3605 Diese Regelung gilt sowohl für Lieferungen aus dem übrigen Gemeinschaftsgebiet in das Inland als auch umgekehrt.

Beispiel:

Der deutsche Großhändler D beliefert im grenznahen österreichischen Raum eine Vielzahl von Kleinabnehmern (zB Imbissstuben, Gaststätten) mit Pommes frites. D verpackt und portioniert die Waren bereits in Deutschland nach den Bestellungen der Abnehmer und liefert sie an diese mit eigenem Lkw aus.

D kann die Gesamtsendung als innergemeinschaftliches Verbringen behandeln und alle Lieferungen als Inlandslieferungen beim zuständigen inländischen Finanzamt versteuern, sofern er in den Rechnungen seine österreichische UID angibt und die zuständigen Finanzämter in Österreich und Deutschland diesem Verfahren zustimmen.

3.2 Vorübergehende Verwendung

3606 Eine innergemeinschaftliche Verbringung liegt nicht vor, wenn der Gegenstand nur zur **vorübergehenden Verwendung** ins Inland gelangt. Eine vorübergehende Verwendung liegt in den in Rz 3608 und 3609, Rz 3616 bis 3625 genannten Fällen vor.

3607 Ist ein Gegenstand zu einer vorübergehenden Verwendung in das Inland verbracht worden und fallen die Voraussetzungen für eine vorübergehende Verwendung weg, so gilt die Verbringung in dem Zeitpunkt als ausgeführt, in dem die Bedingungen wegfallen.

3.2.1 Werklieferungen

3608 Werden Gegenstände zur Ausführung einer **anschließenden Werklieferung** von einem anderen Mitgliedstaat in das Inland befördert oder versendet und liegt der Ort der Werklieferung im Inland, liegt **kein steuerbares Verbringen** (kein steuerbarer Erwerb) vor. Von einer Werklieferung kann insbesondere dann gesprochen werden, wenn die Gegenstände mit der Absicht ins Inland gebracht werden, um sie hier fest mit dem Grund und Boden zu verbinden (zB Bauvorhaben, Anlagenbau).

3609 Die Bestimmung umfasst nicht nur das verbrauchte Material, sondern auch Maschinen, Werkzeuge usw. zur Ausführung der Werklieferung.

Beispiel:

Der deutsche Bauunternehmer D errichtet in Salzburg ein Hotel. Er verbringt zu diesem Zweck Baumaterial und einen Baukran an die Baustelle. Der Baukran gelangt nach Fertigstellung des Hotels nach Deutschland zurück.

Sowohl die Verbringung des Baumaterials als auch des Baukrans sind als vorübergehende Verwendung in Österreich nicht steuerbar.

3.2.2 Versandhandel

3610 Eine vorübergehende Verwendung ist anzunehmen, wenn der Gegenstand zur Ausführung einer **Versandhandelslieferung** (Art. 3 Rz 3717 bis 3730) ins Inland befördert oder versendet wird.

Beispiel:

Das Unternehmen M in München beliefert österreichische private Abnehmer mit Modelleisenbahnen. Die Liefergegenstände werden mittels Katalog bestellt und mit der Post versendet. M überschreitet die in Österreich gültige Lieferschwelle, wodurch sich der Lieferort nach Österreich verlagert.

Die Versendung der Modelleisenbahnen stellt kein steuerbares innergemeinschaftliches Verbringen (keinen innergemeinschaftlichen Erwerb) dar. Die Lieferungen sind in Österreich als Inlandslieferungen steuerbar und steuerpflichtig.

3.2.3 Lieferungen an Bord von Beförderungsmitteln

3611 Bei Lieferungen von Gegenständen an Bord von Schiffen, in Luftfahrzeugen oder Eisenbahnen während einer Beförderung im Gemeinschaftsgebiet ist als Lieferort der Abgangsort des Personenbeförderungsmittels anzusehen (§ 3 Abs. 11 UStG 1994). Das

Verbringen von Gegenständen zur Ausführung solcher Lieferungen ist nicht steuerbar. **Steuerbar ist nur die tatsächliche Lieferung**, und zwar am Abgangsort.

Beispiel:

In Deutschland wird ein Donauschiff vor der Fahrt nach Budapest mit Souvenirartikeln für den Verkauf an Bord beladen. Sowohl in Deutschland wie auch in Österreich gibt es mehrere Zustiegs- bzw. Ausstiegsorte. Die Verbringung der Souvenirartikel von Deutschland nach Österreich ist nicht steuerbar.

3.2.4 Ausfuhrlieferungen und innergemeinschaftliche Lieferungen

3612 Werden Gegenstände von einem Mitgliedstaat ins Inland befördert oder versendet, um mit ihnen eine steuerfreie Ausfuhrlieferung oder eine steuerfreie innergemeinschaftliche Lieferung auszuführen, so liegt **kein innergemeinschaftliches Verbringen** vor. Die Bestimmung setzt voraus, dass der Abnehmer im Zeitpunkt der Verbringung bereits feststeht.

Beispiel:

Der Händler P aus Paris liefert Stoffe an R in Russland. Die Stoffe werden vom Frachtführer A nach Salzburg befördert. Anschließend erteilt P dem Frachtführer B den Auftrag, die Stoffe nach Russland zu befördern. Das Verbringen der Stoffe von Paris nach Salzburg ist nicht steuerbar.

3.2.5 Sonstige Leistungen am verbrachten Gegenstand

3613 Werden Gegenstände verbracht, damit an diesen durch einen anderen Unternehmer eine sonstige Leistung erbracht wird, liegt nur dann **kein innergemeinschaftliches Verbringen** vor, wenn der Gegenstand nach der Erbringung der sonstigen Leistung wieder zur Verfügung des Auftraggebers in den Mitgliedstaat gelangt, von dem aus der Gegenstand befördert oder versendet worden ist (vgl. EuGH 06.03.2014, verb. Rs C-606/12 und C-607/12, Dresser-Rand SA).

Auch bei der Verbringung von Gegenständen in einen anderen Mitgliedstaat, um sie dort begutachten zu lassen, liegt eine vorübergehende Verwendung vor, wenn diese Gegenstände anschließend wieder in den Ausgangsmitgliedstaat zurück gelangen.

3614 Die Mitgliedstaaten haben sich im Rahmen des Mehrwertsteuerausschusses auf Vereinfachungsmaßnahmen dahingehend geeinigt, dass dieses Erfordernis auch dann als erfüllt gilt, wenn der Gegenstand nicht unmittelbar in den Ursprungsmitgliedstaat zurückgelangt, sondern vorher in Österreich oder in einem anderen Mitgliedstaat Gegenstand einer sonstigen Leistung ist (siehe Beispiel 1). Ebenso, wenn der Auftragnehmer mit der sonstigen Leistung einen selbständigen Erfüllungsgehilfen beauftragt (siehe Beispiel 2).

Beispiel 1:

Der Unternehmer F in Frankreich versendet Garn an einen Unternehmer Ö in Österreich, damit dieser Stoffe daraus herstellt. In der Folge gibt er einem weiteren Unternehmer D in Deutschland den Auftrag, aus den Stoffen einen Anzug herzustellen. Die Anzüge gelangen anschließend zu F in Frankreich. Der Versand nach Österreich stellt in Österreich und in Deutschland keinen steuerbaren Erwerb dar. Hinsichtlich Ort der sonstigen Leistung und Aufzeichnungspflichten siehe Beispiel 2.

Beispiel 2:

Der französische Unternehmer P versendet einen Generator von Paris zum Unternehmer W in Wien, damit dieser eine Reparaturleistung daran erbringt. W repariert den Generator nicht selbst, sondern erteilt D in Deutschland den Auftrag, den Generator zu reparieren und nach erfolgter Reparatur zu P nach Frankreich zu versenden.

Lösung bis 31.12.2009:

Die Versendung des Generators nach Österreich stellt für P keinen innergemeinschaftlichen Erwerb in Form des Verbringens dar, da der Gegenstand nach erfolgter Reparatur nach Frankreich zurückgelangt. Die Leistung des W ist gem Art. 3a Abs. 6 UStG 1994 in Österreich nicht steuerbar, wenn P ihm gegenüber mit seiner französischen UID auftritt. W hat gem Art. 18 Abs. 3 UStG 1994 die Gegenstände, die er aus einem anderen MS zur Ausführung einer sonstigen Leistung im Sinne des Art. 3a Abs. 6 UStG 1994 erhält, aufzuzeichnen.

Lösung ab 1.1.2010:

Die Versendung des Generators nach Österreich stellt für P keinen innergemeinschaftlichen Erwerb in Form des Verbringens dar, da der Gegenstand nach erfolgter Reparatur nach Frankreich zurückgelangt. Die Leistung des W ist gemäß § 3a Abs. 6 UStG 1994 am Empfängerort (Frankreich) steuerbar. W hat gemäß Art. 18 Abs. 3 UStG 1994 diese Gegenstände aufzuzeichnen.

3.2.6 Ausführung von sonstigen Leistungen

3615 Befördert oder versendet ein Unternehmer Gegenstände vorübergehend **zur Ausführung einer sonstigen Leistung ins Inland**, so wird der Tatbestand des innergemeinschaftlichen Verbringens nicht erfüllt. Voraussetzung ist, dass der Unternehmer in dem Mitgliedstaat, von dem aus die Gegenstände verbracht werden, einen Wohnsitz oder Sitz hat.

Beispiel:

Ein Techniker des Unternehmens L in London fährt nach Wien, um beim Unternehmer W eine Großrechenanlage zu reparieren. Er nimmt dabei verschiedene Messgeräte und Werkzeuge mit. Die Beförderung dieser Gegenstände erfüllt in Österreich nicht den Tatbestand des innergemeinschaftlichen Erwerbes in Form des Verbringens. Der Rücktransport ist ebenfalls kein Verbringen.

3.2.7 Zeitlich befristete Verwendung

3616 Eine vorübergehende Verwendung liegt bei folgenden Voraussetzungen vor:
- Der Gegenstand wird im Bestimmungsland höchstens 24 Monate genutzt.
- Im Bestimmungsland würde für die Einfuhr des gleichen Gegenstandes aus einem Drittland im Hinblick auf die vorübergehende Verwendung die Regelungen über die vollständige Befreiung von Eingangsabgaben gelten.

In diesen Fällen ist die **zollrechtliche Beurteilung** Vorfrage für das Vorliegen einer vorübergehenden Verwendung. Je nach Einordnung können verschiedene Verwendungsdauern gelten (6 bis 24 Monate).

Werden die Fristen überschritten, ist im Zeitpunkt des Überschreitens ein innergemeinschaftlicher Erwerb gegeben.

3.2.8 Vorübergehende Verwendung bei der Verbringung von Gas, Elektrizität, Wärme oder Kälte

3617 Eine vorübergehende Verwendung liegt vor, wenn der Unternehmer den Gegenstand zur Ausführung einer Lieferung von Gas über ein Erdgasnetz im Gebiet der Gemeinschaft oder an ein an ein solches Netz angeschlossenes Netz, von Elektrizität oder von Wärme oder Kälte über Wärme- oder Kältenetze, wenn sich der Ort dieser Lieferungen nach § 3 Abs. 13 oder 14 UStG 1994 bestimmt, verwendet.

Durch die Bestimmungen wird ausdrücklich klargestellt, dass bei Lieferungen von Erdgas über Gasnetze, von Elektrizität, von Wärme oder Kälte, deren Lieferort sich nach § 3 Abs. 13 und 14 UStG 1994 bestimmt, kein innergemeinschaftliches Verbringen vorliegt. Ohne diese Bestimmung käme es zu einer Doppelbesteuerung, da gemäß § 3 Abs. 13 und 14 UStG 1994 der Ort der Lieferung ohnedies in dem Mitgliedstaat ist, in den die genannten Wirtschaftsgüter „verbracht" werden.

Randzahlen 3618 bis 3625: Derzeit frei.

4. Erwerbsschwelle

4.1 Schwellenerwerber

3626 Bei folgenden Unternehmen liegt ein innergemeinschaftlicher Erwerb nicht vor, wenn die Erwerbsschwelle nicht überschritten wird:
- Unternehmer, die nur unecht steuerbefreite Umsätze ausführen,
- pauschalierte Land- und Forstwirte,
- juristische Personen, die den Gegenstand nicht für ihr Unternehmen erwerben.

Wurde einem Schwellenerwerber wegen meldepflichtiger sonstiger Leistungen eine UID erteilt (siehe Rz 4339), hat er trotz UID keine innergemeinschaftlichen Erwerbe zu versteuern, solange seine Erwerbe die Erwerbsschwelle nicht überschritten haben oder er auf die Erwerbsschwelle nicht verzichtet hat (siehe aber Rz 3636).

4.2 Ermittlung der Erwerbsschwelle

3627 Zur Beurteilung, ob die Schwelle überschritten wird, werden die Erwerbe **aus allen Mitgliedstaaten** zusammengerechnet. Maßgebend sind die Nettoentgelte. Die Erwerbe neuer Fahrzeuge und verbrauchsteuerpflichtiger Waren sind bei der Schwellenberechnung außer Ansatz zu lassen.

4.3 Konsequenzen des Überschreitens der Erwerbsschwelle

4.3.1 Überschreiten im vorangegangenen Kalenderjahr

3628 Liegen die innergemeinschaftlichen Erwerbe (zur Berechnung siehe Rz 3627) im vorangegangenen Kalenderjahr **über 11.000 €**, dann hat im laufenden Kalenderjahr jedenfalls eine Besteuerung der innergemeinschaftlichen Erwerbe stattzufinden, auch wenn die Schwelle nicht erreicht wird.

4.3.2 Überschreiten während des laufenden Kalenderjahres

3629 Ab dem Entgelt für den Erwerb, mit dem im laufenden Kalenderjahr die Erwerbsschwelle überschritten wird, unterliegt der Erwerb der Besteuerung.

Beispiel 1:

Der Unternehmer U tätigt im Jahr 2001 folgende innergemeinschaftliche Erwerbe:

10.1.:	6.000 Euro
17.2.:	4.000 Euro
3.3.:	3.000 Euro

a) Die Erwerbe 2000 betrugen 10.000 €. Diesfalls ist der am 3.3.2001 stattfindende und jeder weitere Erwerb der Erwerbsbesteuerung zu unterwerfen.

b) Die Erwerbe 2000 betrugen 20.000 €. Diesfalls sind sämtliche Erwerbe des Jahres 2001 der Erwerbsbesteuerung zu unterwerfen.

Werden von einem Unternehmer, der unecht steuerbefreite Umsätze tätigt (Schwellenerwerber) während des laufenden Kalenderjahres auch steuerpflichtige Umsätze ausgeführt, so sind die Erwerbe erst ab dem Zeitpunkt, in dem die steuerpflichtigen Umsätze ausgeführt worden sind, der Erwerbsbesteuerung im Inland zu unterwerfen.

Beispiel 2:

Ein österreichischer Arzt, der nur unecht steuerbefreite Umsätze ausführt, kauft am 3. Februar 2008 eine EDV-Anlage in Deutschland um 5.000 Euro. Ab September 2008 erstellt er zusätzlich laufend (auch in den Folgejahren) steuerpflichtige Gutachten. Am 3. Oktober 2008 kauft der Arzt noch einen Büroschreibtisch in Deutschland um 500 Euro. Im Jahr 2007 fanden keine innergemeinschaftlichen Erwerbe statt.

Im Zeitpunkt des Kaufes der EDV-Anlage war der Arzt Schwellenerwerber. Schwellenerwerber sind ua. solche Unternehmer, die ausschließlich steuerfreie, den Vorsteuerabzug ausschließende Umsätze tätigen. Durch das Ausführen von steuerpflichtigen Umsätzen ab September 2008 verliert der Arzt die Eigenschaft als Schwellenerwerber. Da die Umsätze jedoch erst ab dem Zeitpunkt, in dem die steuerpflichtigen Umsätze ausgeführt worden sind, der Erwerbsbesteuerung im Inland zu unterwerfen sind, ist für den Ankauf der EDV-Anlage keine Erwerbsbesteuerung im Inland vorzunehmen.

Im Zeitpunkt des Ankaufes des Büroschreibtisches ist hingegen keine Ausschließlichkeit unecht befreiter Umsätze mehr gegeben. Der Kauf des Büroschreibtisches (und jeder weitere Erwerb) ist daher der Erwerbsbesteuerung zu unterwerfen.

Randzahlen 3630 bis 3635: Derzeit frei.

5. Verzicht auf die Erwerbsschwelle

3636 Tritt ein Schwellenerwerber (zB pauschalierter Landwirt), der die Erwerbsschwelle nicht überschreitet, gegenüber einem Lieferer in einem anderen Mitgliedstaat mit seiner UID auf, um steuerfrei Waren einkaufen zu können, gilt dies als Verzicht auf die Erwerbsschwelle.

Beispiel:

Der pauschalierte Landwirt Ö nimmt im März des Jahres 01 eine Beratungsleistung eines deutschen Steuerberaters D in Anspruch. Die sonstige Leistung des D ist gemäß § 3a Abs. 6 UStG 1994 in Österreich steuerbar, die Steuerschuld geht gemäß § 19 Abs. 1 zweiter Unterabsatz UStG 1994 auf Ö über. D muss diese sonstige Leistung in seine Zusammenfassende Meldung aufnehmen. Ö erhält aus diesem Grund eine österreichische UID.

Im August 01 erwirbt Ö Saatgut im Wert von 5.000 € aus Deutschland und gibt dem Lieferanten seine UID bekannt. Dieser liefert steuerfrei nach Österreich.

Die Bekanntgabe der UID durch Ö gilt als Verzicht auf die Erwerbsschwelle, Ö hat daher den Erwerb des Saatguts zu versteuern, es steht ihm kein Vorsteuerabzug zu.

Ö ist mindestens zwei Kalenderjahre an den Verzicht auf die Erwerbsschwelle gebunden, wobei die Zweijahresfrist vom Beginn des ersten Kalenderjahres zu berechnen ist, für das der Verzicht gilt.

Bezieht Ö auch im Jahr 02 Waren aus dem übrigen Gemeinschaftsgebiet, so hat er die in Österreich damit verbundenen innergemeinschaftlichen Erwerbe zu versteuern, auch wenn sie unter der Erwerbsschwelle liegen.

Im Jahr 03 kann Ö den Verzicht auf die Erwerbsschwelle widerrufen. Dieser Widerruf ist innerhalb der Frist zur Abgabe der Voranmeldung für den Voranmeldungszeitraum dieses Kalenderjahres, in dem erstmals ein Erwerb getätigt worden ist, gegenüber dem Finanzamt schriftlich zu erklären.

Randzahlen 3637 bis 3642: Derzeit frei.

6. Neue Fahrzeuge; verbrauchsteuerpflichtige Waren

3643 **Rechtslage bis 31. Dezember 2007**

Verbrauchsteuerpflichtige Waren im Sinne des Art. 1 Abs. 6 UStG 1994 sind Mineralöl, Alkohol, alkoholische Getränke und Tabakwaren. Die Erwerbsschwellenregelung findet auf den Erwerb dieser Waren und auf den Erwerb neuer Fahrzeuge keine Anwendung. Der innergemeinschaftliche Erwerb solcher Waren ist daher auch von einem Schwellenerwerber zu versteuern.

Rechtslage ab 1. Jänner 2008

Verbrauchsteuerpflichtige Waren im Sinne des Art. 1 Abs. 6 UStG 1994 sind Alkohol, alkoholische Getränke, Tabakwaren und Energieerzeugnisse, jeweils im Sinne der geltenden Gemeinschaftsvorschriften, nicht jedoch über das Erdgasverteilungsnetz geliefertes Gas sowie Elektrizität. Zu den Energieerzeugnissen zählen neben den Mineralölen insbesondere Kohle und Koks. Die Erwerbsschwellenregelung findet auf den Erwerb dieser Waren und auf den Erwerb neuer Fahrzeuge keine Anwendung. Der innergemeinschaftliche Erwerb solcher Waren ist daher auch von einem Schwellenerwerber zu versteuern.

Rechtslage ab 1. Jänner 2011

Verbrauchsteuerpflichtige Waren im Sinne des Art. 1 Abs. 6 UStG 1994 sind Alkohol, alkoholische Getränke, Tabakwaren und Energieerzeugnisse, jeweils im Sinne der geltenden Gemeinschaftsvorschriften, nicht jedoch über das Erdgasverteilungsnetz oder an ein solches Netz angeschlossenes Netz geliefertes Gas. Zu den Energieerzeugnissen zählen neben den Mineralölen insbesondere Kohle und Koks, nicht jedoch Elektrizität. Die Erwerbsschwellenregelung findet auf den Erwerb dieser Waren und auf den Erwerb neuer Fahrzeuge keine Anwendung. Der innergemeinschaftliche Erwerb solcher Waren ist daher auch von einem Schwellenerwerber zu versteuern.

Randzahlen 3644 bis 3650: Derzeit frei.

7. Erwerb neuer Fahrzeuge

3651 Der Erwerb neuer Fahrzeuge ist **stets ein innergemeinschaftlicher Erwerb**. Dies gilt unabhängig vom Status des Lieferers und des Erwerbers. Zum Begriff des neuen Fahrzeuges vgl. Rz 3667 bis 3675.

Randzahlen 3652 bis 3657: Derzeit frei.

7.1 Erwerb für das Unternehmen

3658 Bei Unternehmern gilt der Erwerb neuer Fahrzeuge jedenfalls als für das Unternehmen ausgeführt (gem Art. 12 Abs. 4 UStG 1994 keine Anwendung des § 12 Abs. 2 Z 2 UStG 1994; eine sich auf Grund des Abs. 4 ergebende Steuer für den Erwerb ist gemäß Art. 12 Abs. 1 Z 1 UStG 1994 nicht abzugsfähig).

7.2 Erwerb durch Schwellenerwerber

3659 Unabhängig von der Erwerbsschwelle liegt auch beim Erwerb neuer Fahrzeuge durch Schwellenerwerber jedenfalls ein innergemeinschaftlicher Erwerb vor.

7.3 Erwerb durch Nichtunternehmer

3660 Erwirbt ein Nichtunternehmer ein neues Fahrzeug, so liegt in jedem Fall ein innergemeinschaftlicher Erwerb vor. Der Erwerb durch einen Nichtunternehmer hat Entgeltlichkeit zur Voraussetzung. Die **Übersiedlung** vom übrigen Gemeinschaftsgebiet ins Inland unter Mitnahme eines neuen Fahrzeuges (Art. 1 Abs. 8 und 9 UStG 1994) führt daher grundsätzlich zu keiner Erwerbsbesteuerung.

Die Steuer wird im Falle des Erwerbs durch Nichtunternehmer im Wege der Fahrzeugeinzelbesteuerung erhoben.

Randzahlen 3661 bis 3666: Derzeit frei.

8. Begriff „Fahrzeug"

3667 Fahrzeuge sind die in Art. 1 Abs. 8 UStG 1994 genauer umschriebenen Land-, Wasser- und Luftfahrzeuge.

8.1 Begriff „motorbetriebenes Landfahrzeug"

3668 Unter „**motorbetriebene Landfahrzeuge**" fallen nur solche, die zur Personen- oder Güterbeförderung bestimmt sind mit einem **Hubraum von mehr als 48 Kubikzentimetern** oder einer **Leistung von mehr als 7,2 Kilowatt**. Hiezu gehören Pkw, Lkw, Motorräder, Wohnmobile und dergleichen. Nicht hierunter fallen zB Wohnwagenanhänger und andere Anhänger sowie selbstfahrende Arbeitsmaschinen und land- und forstwirtschaftliche Zugmaschinen (zB Traktoren).

8.2 Begriff „Wasserfahrzeug"

3669 Unter „Wasserfahrzeuge" fallen nur solche, die zur Personen- oder Güterbeförderung bestimmt sind und deren Länge 7,5 Meter (**über dem Rumpf**) übersteigt. Auf eine Motorisierung wird nicht abgestellt. Daher fallen auch Segeljachten ab der genannten Größe unter diese Bestimmung.

8.3 Begriff „Luftfahrzeug"

3670 Unter „**Luftfahrzeuge**" fallen nur solche, die zur Personen- oder Güterbeförderung bestimmt sind und deren Starthöchstmasse mehr als 1.550 Kilogramm beträgt. Die Starthöchstmasse ist das zulässige Gesamtgewicht beim Aufstieg.

Randzahlen 3671 bis 3675: Derzeit frei.

9. Begriff „neu"

3676 Ein Fahrzeug unterliegt nur dann den Bestimmungen des Art. 1 Abs. 7 UStG 1994, wenn es als neu im Sinne des Art. 1 Abs. 9 UStG 1994 gilt. Es ist dies abhängig vom Zeitpunkt der ersten Inbetriebnahme bzw. vom Ausmaß der bisherigen Nutzung.

Für die Beurteilung als neues Fahrzeug ist auf den Zeitpunkt der Lieferung des betreffenden Gegenstandes vom Verkäufer an den Käufer abzustellen (EuGH 18.11.2010, Rs C-84/09, X).

Die Beurteilung, in welchem Mitgliedstaat der Endverbrauch eines Fahrzeuges (und damit der innergemeinschaftliche Erwerb) stattfindet, hat auf einer umfassenden Abwägung aller objektiven tatsächlichen Umstände zu beruhen. Zu diesen im Rahmen des Gesamtbildes der Verhältnisse zu berücksichtigenden Umständen gehören u.a. der Ort der gewöhnlichen Verwendung des Gegenstandes, seine Registrierung, der Wohnort des Erwerbers sowie das Bestehen oder Fehlen von Verbindungen des Erwerbers zu einzelnen Mitgliedstaaten. Auch die (spätere) tatsächliche Nutzung des Fahrzeuges kann als Indiz auf die beim Erwerb vorgelegene Verwendungsabsicht herangezogen werden (VwGH 26.1.2012, 2009/15/0177 unter Hinweis auf EuGH 18.11.2010, Rs C-84/09, X, Rn 44 f; **VwGH 22.10.2015, 2013/15/0277**).

9.1 Neues Landfahrzeug

3677 Ein Kfz (motorbetriebenes Landfahrzeug) gilt dann als neu, wenn die erste Inbetriebnahme im Zeitpunkt des Erwerbs **nicht mehr als sechs Monate** zurückliegt. Dies ist unabhängig davon, wie viele Kilometer das Fahrzeug in dieser Zeit zurückgelegt hat. Liegt die erste Inbetriebnahme jedoch mehr als sechs Monate zurück, so gilt das Fahrzeug dennoch als neu, solange es **nicht mehr als 6.000 Kilometer** zurückgelegt hat.

Beispiel:

Pkw 1 wurde vor 5 Monaten erstmals in Betrieb genommen, es wurden jedoch bereits 20.000 km zurückgelegt. Bei Pkw 2 liegt die erste Inbetriebnahme 3 Jahre zurück, jedoch sind erst 5.000 km zurückgelegt worden: Beide Fahrzeuge gelten als neu.

9.2 Neues Wasserfahrzeug

Derzeit frei.

Randzahlen 3678 bis 3679: Derzeit frei.

9.3 Neues Luftfahrzeug

Derzeit frei.

Randzahlen 3680 bis 3685. Derzeit frei.

10. Diplomatische Missionen und zwischenstaatliche Einrichtungen

3686 Nach Art. 1 Abs. 10 UStG 1994 liegt ein innergemeinschaftlicher Erwerb nicht vor, wenn ein Gegenstand bei einer Lieferung aus dem Gebiet eines anderen Mitgliedstaates in das Inland gelangt und die Erwerber folgende Einrichtungen sind:

- im Inland ansässige ständige diplomatische Missionen und berufskonsularische Vertretungen oder
- im Inland ansässige zwischenstaatliche Einrichtungen.

Dies gilt jedoch nur, wenn diese Leistungsempfänger nicht unternehmerisch tätig sind.

3687 Für den Erwerb neuer Fahrzeuge durch die genannten Einrichtungen gilt diese Ausnahme nicht. Diesbzgl liegt zwar ein innergemeinschaftlicher Erwerb vor, doch ist dieser in vielen Fällen (siehe Art. 1 Rz 3689 bis 3696) steuerfrei.

10.1 Folgen der Regelung des Art. 1 Abs. 10 UStG 1994

3688 Die Regelung des Art. 1 Abs. 10 UStG 1994 bewirkt:

- dass den genannten Einrichtungen grundsätzlich keine UID zu erteilen ist,
- bei Lieferungen aus anderen Mitgliedstaaten an diese Einrichtungen der Ort der Lieferung im Falle der Beförderung oder Versendung durch den Lieferer nach der Versandhandelsregelung gemäß Art. 3 Abs. 3 UStG 1994 (siehe Art. 3 Rz 3714 bis 3730) zu bestimmen ist und
- diese Einrichtungen nur beim innergemeinschaftlichen Erwerb eines neuen Fahrzeuges der Erwerbsteuer unterliegen.

10.2 Erwerb neuer Fahrzeuge

3689 Der Erwerb neuer Fahrzeuge (siehe Art. 1 Rz 3651 bis 3666) unterliegt auch für die von Art. 1 Abs. 10 UStG 1994 erfassten Einrichtungen der **Erwerbsteuer**.

3690 Diesfalls kann bei Vorliegen der entsprechenden Voraussetzungen allerdings die Befreiung nach Art. 6 Abs. 2 Z 3 UStG 1994 zur Anwendung kommen. Die Steuerfreiheit richtet sich dann nach § 6 Abs. 4 Z 5 UStG 1994, welcher Bezug auf die §§ 89 bis 93 Zollrechts-Durchführungsgesetz, BGBl. Nr. 659/1994 nimmt.

Randzahlen 3691 bis 3696: Derzeit frei.

Judikatur EuGH zu Art. 1:

EuGH vom 11.12.2014, Rs C-590/13, *Idexx Laboratories Italia Srl*
Vorsteuerabzug beim innergemeinschaftlichen Erwerb

Art. 18 Abs. 1 Buchst. d und Art. 22 der Sechsten Richtlinie 77/388/EWG in der durch die Richtlinie 91/680/EWG geänderten Fassung sind dahin auszulegen, dass diese Bestimmungen formelle Anforderungen des Rechts auf Vorsteuerabzug enthalten, deren Missachtung unter Umständen wie den im Ausgangsverfahren in Rede stehenden nicht zu einem Verlust dieses Rechts führen kann.

EuGH vom 18.11.2010, Rs C-84/09, *X*
Ig. Lieferungen und ig. Erwerbe unterliegen keinen Fristen; ob ein Fahrzeug „neu" ist, richtet sich nach dem Zeitpunkt der Lieferung

1. Die Art. 20 Abs. 1 und 138 Abs. 1 der Richtlinie 2006/112/EG sind dahin auszulegen, dass die Einstufung eines Umsatzes als innergemeinschaftliche Lieferung oder innergemeinschaftlicher Erwerb nicht von der Einhaltung einer Frist abhängen kann, innerhalb deren die Beförderung des in Rede stehenden Gegenstands vom Liefermitgliedstaat in den Bestimmungsmitgliedstaat beginnen oder abgeschlossen sein muss. Im speziellen Fall des Erwerbs eines neuen Fahrzeugs im Sinne von Art. 2 Abs. 1 Buchst. b Ziff. ii dieser Richtlinie hat die Bestimmung des innergemeinschaftlichen Charakters des Umsatzes im Wege einer umfassenden Beurteilung aller objektiven Umstände sowie der Absicht des Erwerbers zu erfolgen, sofern diese durch objektive Anhaltspunkte untermauert wird, anhand deren ermittelt werden kann, in welchem Mitgliedstaat die Endverwendung des betreffenden Gegenstands beabsichtigt ist.

2. Für die Beurteilung, ob ein Fahrzeug, das Gegenstand eines innergemeinschaftlichen Erwerbs ist, neu im Sinne von Art. 2 Abs. 2 Buchst. b der Richtlinie 2006/112 ist, ist auf den Zeitpunkt der Lieferung des betreffenden Gegenstands vom Verkäufer an den Käufer abzustellen.

Fahrzeuglieferer
Art. 2.

Wer im Inland ein neues Fahrzeug liefert, das bei der Lieferung in das übrige Gemeinschaftsgebiet gelangt, wird, wenn er nicht Unternehmer im Sinne des § 2 ist, für diese Lieferung wie ein Unternehmer behandelt. Dasselbe gilt, wenn der Lieferer eines neuen Fahrzeugs Unternehmer im Sinne des § 2 ist und die Lieferung nicht im Rahmen des Unternehmens ausführt.

UStR zu Art. 2:

3697 Die Tatsache, dass im Inland ein neues Fahrzeug geliefert wird und dieses im Rahmen der Lieferung in das übrige Gemeinschaftsgebiet gelangt, begründet bzgl der Fahrzeuglieferung die **Unternehmereigenschaft des Lieferers**. Die Lieferung findet stets im Rahmen des Unternehmens statt und fällt gem Art. 6 Abs. 5 UStG 1994 nicht unter die Befreiungsbestimmung für Kleinunternehmer. Bzgl der Definition „neues Fahrzeug" siehe Art. 1 Rz 3667 bis 3675, 3676 bis 3685.

3698 Der Fahrzeuglieferer hat gemäß Art. 21 UStG 1994 für den Voranmeldungszeitraum, in dem er die steuerfreie innergemeinschaftliche Lieferung tätigt, eine UVA abzugeben, in der er einerseits die steuerfreie innergemeinschaftliche Fahrzeuglieferung und andererseits die nach Art. 12 Abs. 3 UStG 1994 zustehenden Vorsteuern anzuführen hat.

Bezüglich der innergemeinschaftlichen Lieferung neuer Fahrzeuge siehe Art. 1 Rz 3658.

Betreffend die Steuerfreiheit der Fahrzeuglieferung nach Art. 6 Abs. 1 UStG 1994 siehe Art. 1 Rz 3651 bis 3657.

Hinsichtlich der Rechnungsausstellung durch den Fahrzeuglieferer siehe Art. 11 Rz 4046 bis 4055.

Bezüglich des Vorsteuerabzuges für den Fahrzeuglieferer siehe Art. 12 Rz 4077 bis 4085.

Hinsichtlich der Meldepflicht bei Lieferung neuer Fahrzeuge siehe die Verordnung des BMF betreffend die Meldepflicht der innergemeinschaftlichen Lieferung neuer Fahrzeuge, BGBl. II Nr. 308/2003.

Randzahlen 3699 bis 3705: Derzeit frei.

Lieferung
Art. 3.

(1) Als Lieferung gegen Entgelt gilt:
1. Das Verbringen eines Gegenstandes des Unternehmens aus dem Inland in das übrige Gemeinschaftsgebiet durch einen Unternehmer zu seiner Verfügung, ausgenommen einer nur vorübergehenden Verwendung, auch wenn der Unternehmer den Gegenstand in das Inland eingeführt hat. Der Unternehmer gilt als Lieferer.

Eine vorübergehende Verwendung liegt vor, wenn der Unternehmer den Gegenstand verwendet:
a) zur Ausführung einer Werklieferung oder einer Lieferung, bei der sich der Lieferort nach Art. 3 Abs. 3 bestimmt;
b) zur Ausführung einer Lieferung, deren Lieferort sich nach § 3 Abs. 11 bestimmt;
c) zur Ausführung einer steuerfreien Lieferung im Sinne des § 7 oder Art. 7;
d) *(Anm.: aufgehoben durch BGBl. Nr. 756/1996)*
e) für Arbeiten an dem Gegenstand oder die Begutachtung dieses Gegenstandes durch einen anderen Unternehmer, sofern der Gegenstand nach Erbringung der sonstigen Leistung wieder zur Verfügung des Auftraggebers in den Mitgliedstaat gelangt, von dem aus der Gegenstand versendet oder befördert worden ist;
f) vorübergehend zur Ausführung einer sonstigen Leistung und der Unternehmer im Inland einen Wohnsitz oder Sitz hat;
g) während höchstens 24 Monaten in dem Gebiet eines anderen Mitgliedstaats, in dem für die Einfuhr des gleichen Gegenstands aus einem Drittland im Hinblick auf eine vorübergehende Verwendung die Regelung über die vollständige Befreiung von Eingangsabgaben bei der vorübergehenden Einfuhr gelten würde;
h) zur Ausführung einer Lieferung von Gas über ein Erdgasnetz im Gebiet der Gemeinschaft oder ein an ein solches Netz angeschlossenes Netz, von Elektrizität oder von Wärme oder Kälte über Wärme- oder Kältenetze, wenn sich der Ort dieser Lieferungen nach § 3 Abs. 13 oder 14 bestimmt.

Bei Wegfall der unter lit. a bis g genannten Bedingungen gilt die Verbringung in diesem Zeitpunkt als erfolgt.

(2) *(Anm.: aufgehoben durch BGBl. Nr. 756/1996)*

Versandhandel

(3) Wird bei einer Lieferung der Gegenstand durch den Lieferer oder einen von ihm beauftragten Dritten aus dem Gebiet eines Mitgliedstaates in das Gebiet eines anderen Mitgliedstaates befördert oder versendet, so gilt die Lieferung nach Maßgabe der Abs. 4 bis 7 dort als ausgeführt, wo die Beför-

derung oder Versendung endet. Das gilt auch, wenn der Lieferer den Gegenstand in das Gemeinschaftsgebiet eingeführt hat.

(4) Abs. 3 ist anzuwenden, wenn der Abnehmer
1. nicht zu den in Art. 1 Abs. 2 Z 2 genannten Personen gehört oder
2. a) ein Unternehmer ist, der nur steuerfreie Umsätze ausführt, die zum Ausschluß vom Vorsteuerabzug führen, oder
   b) ein Kleinunternehmer ist, der nach dem Recht des für die Besteuerung zuständigen Mitgliedstaates von der Steuer befreit ist oder auf andere Weise von der Besteuerung ausgenommen ist, oder
   c) ein Unternehmer ist, der nach dem Recht des für die Besteuerung zuständigen Mitgliedstaates die Pauschalregelung für landwirtschaftliche Erzeuger anwendet, oder
   d) eine juristische Person ist, die nicht Unternehmer ist oder die den Gegenstand nicht für ihr Unternehmen erwirbt,

und als einer der in den lit. a bis d genannten Abnehmer weder die maßgebende Erwerbsschwelle (Art. 1 Abs. 4 Z 2) überschreitet noch auf ihre Anwendung verzichtet. Im Fall der Beendigung der Beförderung oder Versendung im Gebiet eines anderen Mitgliedstaates ist die von diesem Mitgliedstaat festgesetzte Erwerbsschwelle maßgebend.

(5) Abs. 3 ist anzuwenden, wenn der Gesamtbetrag der Entgelte, der den Lieferungen in den jeweiligen Mitgliedstaat zuzurechnen ist, bei dem Lieferer im vorangegangenen Kalenderjahr die maßgebliche Lieferschwelle überstiegen hat. Weiters ist Abs. 3 ab dem Entgelt für die Lieferung, mit dem im laufenden Kalenderjahr die Lieferschwelle überstiegen wird, anzuwenden. Maßgebende Lieferschwelle ist
1. im Fall der Beendigung der Beförderung oder Versendung im Inland der Betrag von 35 000 Euro,
2. im Fall der Beendigung der Beförderung oder Versendung im Gebiet eines anderen Mitgliedstaates der von diesem Mitgliedstaat festgesetzte Betrag.

(6) Wird die maßgebliche Lieferschwelle nicht überschritten, gilt die Lieferung auch dann am Ort der Beendigung der Beförderung oder Versendung als ausgeführt, wenn der Lieferer auf die Anwendung des Abs. 5 verzichtet. Der Verzicht ist gegenüber dem Finanzamt innerhalb der Frist zur Abgabe der Voranmeldung für den Voranmeldungszeitraum eines Kalenderjahres, in dem erstmals eine Lieferung im Sinne des Abs. 3 getätigt worden ist, schriftlich zu erklären. Er bindet den Lieferer mindestens für zwei Kalenderjahre. Die Erklärung kann nur mit Wirkung vom Beginn eines Kalenderjahres an widerrufen werden. Der Widerruf ist innerhalb der Frist zur Abgabe der Voranmeldung für den Voranmeldungszeitraum dieses Kalenderjahres, in dem erstmals eine Lieferung im Sinne des Abs. 3 getätigt worden ist, gegenüber dem Finanzamt schriftlich zu erklären.

(7) Die Abs. 3 bis 6 gelten nicht für die Lieferung neuer Fahrzeuge. Abs. 4 Z 2 und Abs. 5 gelten nicht für die Lieferung verbrauchsteuerpflichtiger Waren.

Ort des innergemeinschaftlichen Erwerbs

(8) Der innergemeinschaftliche Erwerb wird in dem Gebiet des Mitgliedstaates bewirkt, in dem sich der Gegenstand am Ende der Beförderung oder Versendung befindet. Verwendet der Erwerber gegenüber dem Lieferer eine ihm von einem anderen Mitgliedstaat erteilte Umsatzsteuer-Identifikationsnummer, so gilt der Erwerb solange in dem Gebiet dieses Mitgliedstaates als bewirkt, bis der Erwerber nachweist, daß der Erwerb durch den im ersten Satz bezeichneten Mitgliedstaat besteuert worden ist. Im Falle des Nachweises gilt § 16 sinngemäß.

UStR zu Art 3:

	Rz		Rz
1. Verbringen als Lieferung gegen Entgelt .... s. Rz 3601-3625		5.1 Lieferschwellen der Mitgliedstaaten (Stand 1.4.2016)	3741
2. .... derzeit frei		5.2 Überschreiten der Lieferschwelle..	3742
3. Versandhandel	3714	5.3 Berechnung der Lieferschwelle	3744
3.1 Motive	3714	5.3.1 Allgemein	3744
3.2 Voraussetzungen	3715	5.3.2 Differenzbesteuerung	3745
3.2.1 Beförderung oder Versendung	3715	6. Verzicht auf Lieferschwelle	3756
3.2.2 Warenbewegung	3716	7. Neue Fahrzeuge; verbrauchsteuerpflichtige Waren	3766
3.3 Rechtsfolgen	3717	7.1 Lieferung neuer Fahrzeuge	3766
3.4 Besonderheiten	3719	7.2 Verbrauchsteuerpflichtige Waren	3767
3.5 Verlagerung des Lieferortes	3720		
4. Abnehmerkreis im Versandhandel ..	3731		
5. Lieferschwelle	3741	8. Ort des ig Erwerbs	3776

1. Verbringen als Lieferung gegen Entgelt

Siehe Art. 1 Rz 3601 bis 3625.
Randzahlen 3706 bis 3712: Derzeit frei.

2.

Derzeit frei.
Randzahl 3713: Derzeit frei.

3. Versandhandel
3.1 Motive

3714 Die Versandhandelsregelung stellt sicher, dass bei der Versendung oder Beförderung der Ware durch den Lieferer an private Abnehmer in andere Mitgliedsstaaten die Besteuerung im **Bestimmungsland** erfolgt. Infolge der unterschiedlichen Steuersätze könnte es sonst zu Wettbewerbsverzerrungen kommen.

3.2 Voraussetzungen
3.2.1 Beförderung oder Versendung

3715 Der Gegenstand der Lieferung wird durch den liefernden Unternehmer befördert oder versendet. Siehe § 3 Rz 446 bis 449.

3.2.2 Warenbewegung

3716 Der Gegenstand der Lieferung muss von einem Mitgliedstaat in den anderen Mitgliedstaat gelangen.

Die Versandhandelsregelung kommt auch zur Anwendung, wenn der Lieferer den Gegenstand der Lieferung in das Gemeinschaftsgebiet eingeführt hat und wenn die Abfertigung in einem anderen Mitgliedsstaat als dem Bestimmungsmitgliedstaat erfolgt.

Beispiel 1:

Der russische Unternehmer R liefert Waren aus Moskau an den Privaten W nach Wien und lässt den Transport durch einen von ihm beauftragten Spediteur besorgen.

Dieser lässt die Waren in Deutschland zum freien Verkehr abfertigen. R hat die österreichische Lieferschwelle (siehe Rz 3741 bis Rz 3743) von 35.000 Euro (bis 31.12.2010: 100.000 Euro) im Vorjahr überschritten.

In diesem Fall bestimmt sich der Lieferort nach Art. 3 Abs. 3 UStG 1994. Der Ort der Lieferung liegt in Österreich.

Beispiel 2:

Angabe wie Beispiel 1, allerdings wird in Österreich zum freien Verkehr abgefertigt.

In diesem Fall wird in Österreich ein Einfuhrtatbestand gesetzt. Der Ort der Lieferung wäre entweder bei Abfertigung durch W gemäß § 3 Abs. 8 UStG 1994 in Russland oder bei Abfertigung durch R gemäß § 3 Abs. 9 UStG 1994 in Österreich. Die Versandhandelsregelung kommt in beiden Fällen nicht zur Anwendung.

3.3 Rechtsfolgen

3717 Die Lieferung gilt dort als ausgeführt, wo die **Versendung oder Beförderung endet**. Die Lieferung ist im jeweiligen Bestimmungsmitgliedstaat steuerbar und steuerpflichtig. Der inländischen Lieferer muss die entsprechenden umsatzsteuerlichen Bestimmungen des anderen Mitgliedstaates erfüllen. Der Lieferer muss sich somit im anderen Mitgliedstaat erfassen lassen und benötigt in den meisten Mitgliedstaaten auch einen Fiskalvertreter (siehe § 27 Rz 3526 bis 3540).

3718 **Ausländische Lieferer**, die unter die Versandhandelsregelung fallen, müssen sich in Österreich steuerlich erfassen lassen.

3719 ### 3.4 Besonderheiten

- Handelt es sich beim Lieferer um einen ausländischen Unternehmer im Sinne des § 27 Abs. 4 UStG 1994 und tätigt er Versandhandelsumsätze an Schwellenerwerber, die Unternehmer sind (Kleinunternehmer, pauschalierte Landwirte, Unternehmer mit unecht befreiten Umsätzen) oder an **juristische Personen des öffentlichen Rechts**, so haben diese Empfänger die auf die Lieferung entfallende USt einzubehalten und an das für den Lieferer zuständige Finanzamt (Graz-Stadt) abzuführen.
- Gemäß Art. 11 Abs. 1 UStG 1994 hat der liefernde Unternehmer für Versandhandelsumsätze Rechnungen mit gesondertem Steuerausweis auszustellen.
- Die Kleinunternehmerregelung (siehe § 6 Rz 994) ist nicht auf ausländische Unternehmer anzuwenden.
- Der ausländische Unternehmer hat Aufzeichnungen gemäß § 18 UStG 1994 zu führen und benötigt – **sofern er im Gemeinschaftsgebiet weder Wohnsitz, Sitz oder Betriebsstätte hat** – einen Fiskalvertreter (siehe § 27 Rz 3526 bis 3536).

3.5 Verlagerung des Lieferortes

3720 Die Versandhandelsregelung sieht eine besondere, von § 3 UStG 1994 abweichende Bestimmung des Ortes der Lieferung für die Fälle vor, in denen der Lieferer
- Gegenstände in einen anderen Mitgliedstaat befördert oder versendet und
- der Abnehmer einen innergemeinschaftlichen Erwerb nicht zu versteuern hat.

Die Lieferung gilt in den von Art. 3 Abs. 3 bis 7 UStG 1994 erfassten Fällen dann dort ausgeführt, wo die Beförderung oder Versendung endet.

Randzahlen 3721 bis 3730: Derzeit frei.

4. Abnehmerkreis im Versandhandel

3731 Die Bestimmung kommt dann zur Anwendung, wenn der Abnehmer
- nicht Unternehmer ist (außer der Abnehmer ist eine juristische Person, die die Erwerbsschwelle überschreitet oder auf ihre Anwendung verzichtet), oder
- Unternehmer ist, der den Gegenstand nicht für sein Unternehmen erwirbt.

Die Bestimmung kommt weiters zur Anwendung, wenn der Abnehmer
- Unternehmer ist und nur unecht befreite Umsätze (zB Banken und Ärzte) ausführt, oder
- Kleinunternehmer (nach den Vorschriften des Bestimmungsstaates) oder
- pauschalierter Landwirt ist,

und weder die Erwerbsschwelle überschreitet noch auf ihre Anwendung verzichtet.

Randzahlen 3732 bis 3740: Derzeit frei.

5. Lieferschwelle
5.1 Lieferschwellen der Mitgliedstaaten (Stand 1. April 2016)

3741

Mitgliedstaat	Währung	Lieferschwelle (Euroäquivalent)[1]
Belgien	Euro	35.000,00
Bulgarien	BGN	70.000,00 (35.791,00 €)
Dänemark	DKK	280.000,00 (37.557,00 €)
Deutschland	Euro	100.000,00
Estland	Euro	35.000,00
Finnland	Euro	35.000,00
Frankreich	Euro	**35.000,00**
Griechenland	Euro	35.000,00
Irland	Euro	35.000,00
Italien	Euro	35.000,00
Kroatien	HRK	270.000,00 (38.831,00 €)
Lettland	Euro	35.000,00
Litauen	Euro	35.000,00
Luxemburg	Euro	100.000,00
Malta	Euro	35.000,00
Niederlande	Euro	100.000,00
Österreich	Euro	35.000,00 (bis 31.12.2010: 100.000,00)
Polen	PLN	160.000,00 (37.300,00 €)
Portugal	Euro	35.000,00
Rumänien	RON	118.000,00 (26.353,00 €)
Schweden	SEK	320.000,00 (34.433,00 €)
Slowakei	Euro	35.000,00
Slowenien	Euro	35.000,00
Spanien	Euro	35.000,00
Tschechien	CZK	1,140.000,00 (42.153,00 €)
Ungarn	**HUF**	35.000,00 €[2]
Vereinigtes Königreich	GBP	70.000,00 (89.493,00 €)
Zypern	Euro	35.000,00

1 Euroäquivalente iHd von der Europäischen Zentralbank am 17.3.2016 veröffentlichten Euro-Umrechnungskurse
2 Angabe in Euro aufgrund ausdrücklicher Regelung in Ungarn

5.2 Überschreiten der Lieferschwelle

3742 Die Lieferschwelle wird in Österreich überschritten, wenn
- im Vorjahr der Gesamtbetrag der Entgelte eines Lieferers die Lieferschwelle überschritten hat oder
- im laufenden Jahr mit einer Lieferung die Lieferschwelle überschritten wird, und zwar mit dieser Lieferung (siehe auch Art 1 Rz 3628 bis 3635 zur Erwerbsschwelle).

3743 Für Versandhandelslieferungen österreichischer Unternehmer ist die **Lieferschwelle des jeweiligen Bestimmungslandes** maßgeblich, wobei die Berechnung für jeden Mitgliedstaat gesondert vorzunehmen ist.

5.3 Berechnung der Lieferschwelle

5.3.1 Allgemein

3744 Die maßgebliche Lieferschwelle berechnet sich nach dem **Gesamtbetrag der Entgelte** (siehe § 4 Rz 643 bis 650) ohne USt, bezogen auf die Lieferungen in dem jeweiligen Mitgliedstaat.

Die Berechnung der Lieferschwelle ist **für jeden Mitgliedsstaat gesondert** vorzunehmen.

Es sind allerdings nur die Umsätze nach der Versandhandelsregelung zu berücksichtigen. Innergemeinschaftliche Lieferungen bleiben daher außer Ansatz. Ebenfalls nicht einzubeziehen sind die Entgelte für die Lieferung neuer Fahrzeuge und für die Lieferung verbrauchsteuerpflichtiger Waren.

Ob die Lieferschwelle nach den vereinbarten oder den vereinnahmten Entgelten zu berechnen ist, richtet sich nach den Voraussetzungen beim liefernden Unternehmer, es hängt also davon ab, ob dieser **Ist- oder Sollversteurer** ist (siehe § 17 Rz 2451 bis 2506).

5.3.2 Differenzbesteuerung

3745 Unterliegt die Lieferung der Differenzbesteuerung gemäß § 24 UStG 1994, ist die Anwendung der **Versandhandelsregelung ausgeschlossen** (Art. 24 Abs. 3 UStG 1994). Auch für die Berechnung der Lieferschwelle sind daher die Umsätze aus differenzbesteuerten Umsätzen außer Ansatz zu lassen.

Randzahlen 3746 bis 3755: Derzeit frei.

6. Verzicht auf Lieferschwelle

3756 Der Unternehmer kann innerhalb der Frist zur Abgabe der Voranmeldung für den Voranmeldungszeitraum, in dem erstmals eine Versandhandelslieferung bewirkt wurde, auf die **Anwendung der Lieferschwelle** verzichten. Der Unternehmer hat den Verzicht bei Versandhandelsumsätzen von Österreich in das übrige Gemeinschaftsgebiet schriftlich bei seinem österreichischen Finanzamt einzubringen. Der Verzicht kann für jeden Mitgliedstaat gesondert abgegeben werden.

Durch den Verzicht **verlagert sich der Ort der Lieferung** unabhängig von der Höhe der ausgeführten Umsätze bereits ab dem ersten Umsatz in das Bestimmungsland.

Randzahlen 3757 bis 3765: Derzeit frei.

7. Neue Fahrzeuge; verbrauchsteuerpflichtige Waren

7.1 Lieferung neuer Fahrzeuge

3766 Nach Art. 3 Abs. 7 UStG 1994 gilt die Versandhandelsregelung nicht für die Lieferung neuer Fahrzeuge. Bei diesen kommt es in allen Fällen zur Besteuerung im **Bestimmungsland**, weil auch private Abnehmer und Schwellenerwerber ohne Beachtung der Erwerbsschwelle innergemeinschaftliche Erwerbe verwirklichen (siehe Art. 1 Rz 3651 bis 3657 und Art. 2 Rz 3697 bis 3705).

7.2 Verbrauchsteuerpflichtige Waren

3767 Bei verbrauchsteuerpflichtigen Waren (siehe Art. 1 Rz 3643 bis 3650), die Gegenstand einer innergemeinschaftlichen Versendung oder Beförderung sind, kommt stets das **Bestimmungslandprinzip** zur Anwendung. Das wird bei Privaten durch die Versandhandelsregelung (keine Lieferschwelle), bei Unternehmern und juristischen Personen über die Erwerbsbesteuerung (keine Erwerbsschwelle, siehe Art. 1 Rz 3643 bis 3650) erreicht.

Beispiel:

Ein Weinhändler I in Italien versendet 15 Karton Wein per Bahn

a) an einen Privaten in Klagenfurt.

b) an einen Verein in Villach.

ad a) auch wenn I die Lieferschwelle in Österreich nicht überschreitet, liegt der Ort der Lieferung in Österreich.

ad b) I liefert in Italien. Unabhängig davon, ob die innergemeinschaftliche Lieferung in Italien steuerfrei ist, hat der Verein jedenfalls einen innergemeinschaftlichen Erwerb in Österreich zu versteuern, auch wenn er die Erwerbsschwelle nicht überschritten hat.

Randzahlen 3768 bis 3775: Derzeit frei.

8. Ort des innergemeinschaftlichen Erwerbs

3776 Der innergemeinschaftliche Erwerb wird in dem Gebiet jenes Mitgliedstaates bewirkt, in dem sich der Gegenstand am **Ende der Beförderung oder Versendung** befindet. Das gilt auch, wenn der Gegenstand nach Ausführung der Lieferung im Auftrag des Abnehmers im Ursprungsland von einem anderen Unternehmer noch be- oder verarbeitet wird. Die Mitgliedstaaten haben sich im Rahmen des Mehrwertsteuerausschusses als Vereinfachungsmaßnahme darauf geeinigt, dass auch eine **Be- oder Verarbeitung in einem anderen Mitgliedstaat** als dem des Lieferers unschädlich ist. Dadurch wird eine steuerliche Erfassung des Auftraggebers in diesem Mitgliedstaat vermieden.

Beispiel:

Der Unternehmer F in Frankreich liefert einen Gegenstand an den Unternehmer Ö in Österreich. Ö lässt diesen Gegenstand, bevor er nach Österreich kommt, durch den Unternehmer D in Deutschland bearbeiten.

F tätigt eine innergemeinschaftliche Lieferung an Ö. Ö versteuert einen innergemeinschaftlichen Erwerb in Österreich. Es liegt kein Erwerb in Deutschland vor.

Endet die Warenbewegung in Österreich und ist ein innergemeinschaftlicher Erwerb gegeben, dann unterliegt er – unabhängig davon, wie der Ausgangsmitgliedstaat der Warenbewegung die Lieferung beurteilt – der Besteuerung.

3777 Verwendet der Erwerber gegenüber dem Lieferer eine ihm von einem anderen Mitgliedstaat erteilte UID, so gilt der Erwerb zusätzlich in dem Gebiet dieses Mitgliedstaates als bewirkt. In diesem Fall ist der Erwerber nicht zum Abzug der auf den innergemeinschaftlichen Erwerb entrichteten Mehrwertsteuer als Vorsteuer berechtigt (EuGH 22.04.2010, Rs C-536/08 und Rs C-539/08, *X* und *Facet BV/Facet Trading BV*).

Dies gilt in jedem Fall, in dem die UID eines anderen Mitgliedstaates verwendet wird als jene des Mitgliedstaates, in dem die Warenbewegung tatsächlich endet, somit auch dann, wenn der Erwerber dem Lieferer die UID des Ausgangsmitgliedstaates der Warenbewegung bekannt gibt.

Beispiel:

Der österreichische Unternehmer A bestellt beim österreichischen Unternehmer B Waren und weist ihn an, diese an ein Lager in Frankreich zu versenden. Der Unternehmer A gibt dem Unternehmer B seine österreichische UID bekannt. B versendet die Waren auftragsgemäß nach Frankreich.

A bewirkt einen innergemeinschaftlichen Erwerb in Frankreich, da dort die Warenbewegung an ihn endet und nach Art. 3 Abs. 8 zweiter Satz UStG 1994 einen weiteren innergemeinschaftlichen Erwerb in Österreich, da er die UID dieses Mitgliedstaates verwendet hat. Dieser Erwerb besteht solange, bis A die Besteuerung seines innergemeinschaftlichen Erwerbs in Frankreich nachweist.

Weist der Erwerber die Erwerbsbesteuerung im Bestimmungsmitgliedstaat nach, kann die zusätzliche Erwerbsteuer berichtigt werden (vgl. Art. 3 Abs. 8 letzter Satz UStG 1994).

Ist ein Vorsteuerabzug hinsichtlich der zusätzlichen Erwerbsteuer bis zum 31.12.2010 geltend gemacht worden, ist dies – von Fällen des Rechtsmissbrauchs abgesehen – nicht zu beanstanden.

3778 Der **Nachweis der Besteuerung im Bestimmungsland** kann durch Vorlage der entsprechenden Erklärung (UVA), des Zahlungsbeleges sowie zusätzlich einer Aufstellung der innergemeinschaftlichen Erwerbe dieses Zeitraumes erbracht werden.

Beispiel:

Der österreichische Unternehmer Ö erwirbt in Mailand Lampen und lässt diese direkt an seine Betriebsstätte in Augsburg schicken. Er tritt dabei unter seiner österreichischen UID auf.

Ö tätigt einen innergemeinschaftlichen Erwerb in Deutschland, da sich dort der Gegenstand am Ende der Beförderung oder Versendung befindet (Art. 3 Abs. 8 erster Satz UStG 1994), und in Österreich, weil er unter seiner österreichischen UID aufgetreten ist (und nicht unter der UID des Mitgliedstaates, in dem sich der Gegenstand am Ende der Beförderung oder Versendung befindet (Art. 3. Abs. 8 zweiter Satz UStG 1994). Die Besteuerung in Österreich kann er vermeiden, indem er die Besteuerung des Erwerbes in Deutschland nachweist (Art. 3 Abs. 8 dritter Satz UStG 1994).

Zu den Besonderheiten bei Dreiecksgeschäften siehe Art. 25 Rz 4291 bis 4300.

Randzahlen 3779 bis 3912: Derzeit frei.

Judikatur EuGH zu Art. 3:

EuGH vom 20.10.2016, Rs C-24/15, *Plöckl*
Mehrwertsteuerbefreiung bei innergemeinschaftlichen Verbringungen

Art. 22 Abs. 8 der Sechsten Richtlinie 77/388/EWG in der durch die Richtlinie 2005/92/EG geänderten Fassung in seiner Fassung des Art. 28h der Sechsten Richtlinie sowie Art. 28c Teil A Buchst. a Unterabs. 1 und Buchst. d dieser Richtlinie sind dahin auszulegen, dass sie es der Finanzverwaltung des Herkunftsmitgliedstaats verwehren, eine Mehrwertsteuerbefreiung für eine innergemeinschaftliche Verbringung mit der Begründung zu versagen, der Steuerpflichtige habe keine vom Bestimmungsmitgliedstaat erteilte Umsatzsteuer-Identifikationsnummer mitgeteilt, wenn keine konkreten Anhaltspunkte für eine Steuerhinterziehung bestehen, der Gegenstand in einen anderen Mitgliedstaat verbracht worden ist und auch die übrigen Voraussetzungen für die Steuerbefreiung vorliegen.

EuGH vom 2.10.2014, Rs C-446/13, *Fonderie*
Ort der Lieferung bei Bearbeitung des Gegenstandes

Art. 8 Abs. 1 Buchst. a der Sechsten Richtlinie 77/388/EWG in der durch die Richtlinie 95/7/EG geänderten Fassung ist dahin auszulegen, dass der Ort der Lieferung eines Gegenstands, der von einer in einem Mitgliedstaat ansässigen Gesellschaft an einen in einem anderen Mitgliedstaat ansässigen Erwerber verkauft wird und den der Verkäufer durch einen in diesem anderen Mitgliedstaat ansässigen Dienstleister einer Endbearbeitung unterziehen lässt, mit der die Eignung des Gegenstands für die Lieferung hergestellt werden soll, bevor er ihn durch diesen Dienstleister zum Erwerber befördern lässt, als in dem Mitgliedstaat der Niederlassung des Erwerbers gelegen anzusehen ist.

EuGH vom 6.3.2014, Rs C-606/12, *Dresser Rand*
Arbeiten an einem Gegenstand iZm Verbringungen

Art. 17 Abs. 2 Buchst. f der Richtlinie 2006/112/EG ist dahin auszulegen, dass ein Gegenstand, nachdem die Arbeiten an ihm im Mitgliedstaat der Beendigung seiner Versendung oder Beförderung vorgenommen worden sind, zwingend an den Steuerpflichtigen in dem Mitgliedstaat zurückgesandt werden muss, von dem aus er ursprünglich versandt oder befördert worden war, damit seine Versendung oder Beförderung nicht als Verbringung in einen anderen Mitgliedstaat qualifiziert wird.

EuGH vom 22.4.2010, Rs C-536/08 und 539/08, *X*
Kein Vorsteuerabzug beim ig. Erwerb durch Verwendung einer vom Bestimmungsort der Lieferung abweichenden UID-Nr.

Art. 17 Abs. 2 und 3 sowie Art. 28b Teil A Abs. 2 der Sechsten Richtlinie 77/388/EWG in der Fassung der Richtlinie 92/111/EWG sind dahin auszulegen, dass der Erwerber in dem in Art. 28b Teil A Abs. 2 Unterabs. 1 genannten Fall nicht zum sofortigen Abzug der auf einen innergemeinschaftlichen Erwerb entrichteten Mehrwertsteuer als Vorsteuer berechtigt ist.

Judikatur VwGH zu Art. 3:

VwGH vom 28.9.2016, Ra 2016/16/0052
Kein Abnehmer bei innergemeinschaftlichem Verbringen

Im Falle des innergemeinschaftlichen Verbringens iSd Art. 3 Abs. 1 Z 1 UStG mangelt es an einem Abnehmer, welcher unrichtige Angaben geliefert hätte.

Sonstige Leistung
Art. 3a.

(1) Die Beförderung eines Gegenstandes, die in dem Gebiet eines Mitgliedstaates beginnt und in dem Gebiete eines anderen Mitgliedstaates endet (innergemeinschaftliche Beförderung eines Gegenstandes), für einen Nichtunternehmer im Sinne des § 3a Abs. 5 Z 3, wird an dem Ort ausgeführt, an dem die Beförderung des Gegenstandes beginnt.

(2) Im Falle einer unfreien Versendung (§ 12 Abs. 2 Z 3) gilt die Beförderung als für das Unternehmen des Empfängers der Sendung ausgeführt, wenn diesem die Rechnung über die Beförderung erteilt wird.

(3) Werden Restaurant- und Verpflegungsdienstleistungen an Bord eines Schiffes, in einem Luftfahrzeug oder in einer Eisenbahn während einer Beförderung innerhalb der Gemeinschaft erbracht, so gilt der Abgangsort des jeweiligen Personenbeförderungsmittels im Gemeinschaftsgebiet als Ort der sonstigen Leistung.

(4) Als Beförderung innerhalb des Gemeinschaftsgebiets im Sinne des Abs. 3 gilt die Beförderung oder der Teil der Beförderung zwischen dem Abgangsort und dem Ankunftsort des Beförderungsmittels im Gemeinschaftsgebiet ohne Zwischenaufenthalt außerhalb des Gemeinschaftsgebiets. Abgangsort im Sinne des ersten Satzes ist der erste Ort innerhalb des Gemeinschaftsgebiets, an dem Reisende in das Beförderungsmittel einsteigen können. Ankunftsort im Sinne des ersten Satzes ist der letzte Ort innerhalb des Gemeinschaftsgebiets, an dem Reisende das Beförderungsmittel verlassen können. Hin- und Rückfahrt gelten als gesonderte Beförderungen.

UStR zu Art. 3a:

	Rz		Rz
Leistungsortregelungen ab 1.1.2010		1.7 Vermittlung und Besorgung von innergemeinschaftlichen Güterbeförderungen für Nichtunternehmer	3912j
1. Innergemeinschaftliche Güterbeförderung an Nichtunternehmer	3912a		
1.1 Empfänger der Güterbeförderungsleistung	3912b	1.7.1 Vermittlung von innergemeinschaftlichen Güterbeförderungen für Nichtunternehmer	3912j
1.2 Beförderungsleistung	3912c		
1.3 Gebrochene innergemeinschaftliche Güterbeförderung	3912d	1.7.2 Besorgung von innergemeinschaftlichen Güterbeförderungen für Nichtunternehmer	3912k
1.4 Grenzüberschreitende Beförderungen an Nichtunternehmer, die keine innergemeinschaftlichen Güterbeförderungen sind	3912e	1.7.3 Besteuerungsverfahren bei innergemeinschaftlichen Güterbeförderungen für Nichtunternehmer	3912m
1.5 Güterbeförderungen in einen Freihafen eines anderen Mitgliedstaates für einen Nichtunternehmer	3912f	2. Leistungsempfänger im Falle der unfreien Versendung	3915a
1.6 Leistungen im Zusammenhang mit innergemeinschaftlichen Güterbeförderungen für Nichtunternehmer	3912i	3. Restaurant- und Verpflegungsdienstleistungen an Bord von Schiffen, Flugzeugen oder Eisenbahnen	3917a
		3.1 Beförderung innerhalb des Gemeinschaftsgebietes	3917c

Art. 3a UStG

Leistungsortregelungen ab 1.1.2010

Zum zeitlichen Geltungsbereich siehe Rz 638a.

Zur Unterscheidung des unternehmerischen und nichtunternehmerischen Leistungsempfängers siehe Rz 638n ff.

1. Innergemeinschaftliche Güterbeförderung an Nichtunternehmer

3912a Ist der Leistungsempfänger einer innergemeinschaftlichen Güterbeförderung ein Nichtunternehmer iSd § 3a Abs. 5 Z 3 UStG 1994, richtet sich der Leistungsort nach Art. 3a Abs. 1 UStG 1994 (Abgangsort des Beförderungsmittels).

Für innergemeinschaftliche Güterbeförderungen kommt im zwischenunternehmerischen Bereich die Generalklausel des § 3a Abs. 6 UStG 1994 zur Anwendung (Empfängerort).

1.1 Empfänger der Güterbeförderungsleistung

3912b Als Leistungsempfänger im umsatzsteuerlichen Sinne ist grundsätzlich derjenige zu behandeln, in dessen Auftrag die Leistung ausgeführt wird. Bezüglich des Leistungsempfängers im Falle der unfreien Versendung wird auf Rz 3915a verwiesen.

1.2 Beförderungsleistung

3912c Eine innergemeinschaftliche Güterbeförderung liegt nach Art. 3a Abs. 1 UStG 1994 vor, wenn sie in dem Gebiet eines Mitgliedstaates beginnt (Abgangsort) und in dem Gebiet eines anderen Mitgliedstaates endet (Ankunftsort). Eine Anfahrt des Beförderungsunternehmers zum Abgangsort ist unmaßgeblich. Entsprechendes gilt für den Ankunftsort. Die Voraussetzungen einer innergemeinschaftlichen Güterbeförderung sind für jeden Beförderungsauftrag gesondert zu prüfen; sie müssen sich aus dem Frachtbrief – sofern ein solcher ausgestellt wurde – ergeben. Für die Annahme einer innergemeinschaftlichen Güterbeförderung ist es unerheblich, ob die Beförderungsstrecke ausschließlich über Gemeinschaftsgebiet oder auch über Drittlandsgebiet führt (vgl. Beispiel 2).

Beispiel 1:

Die Privatperson P aus Österreich beauftragt den österreichischen Frachtführer F, Güter von Spanien nach Österreich zu befördern.

Der Ort der Beförderungsleistung liegt in Spanien, da die Beförderung der Güter in Spanien beginnt (Art. 3a Abs. 1 UStG 1994). F ist Steuerschuldner in Spanien (Art. 193 MWSt-RL 2006/112/EG). Die Abrechnung richtet sich nach den Regelungen des spanischen Umsatzsteuerrechts (vgl. Rz 3912n).

Beispiel 2:

Die Privatperson P aus Italien beauftragt den in der Schweiz ansässigen Frachtführer F, Güter von Österreich über die Schweiz nach Italien zu befördern. Bei der Beförderungsleistung des F handelt es sich um eine innergemeinschaftliche Güterbeförderung, weil der Transport in zwei verschiedenen Mitgliedstaaten beginnt und endet. Der Ort dieser Leistung bestimmt sich nach dem inländischen Abgangsort (Art. 3a Abs. 1 UStG 1994). Die Leistung ist in Österreich steuerbar und steuerpflichtig. Unbeachtlich ist dabei, dass ein Teil der Beförderungsstrecke auf das Drittland Schweiz entfällt. Der leistende Unternehmer F ist Steuerschuldner und hat den Umsatz im Rahmen des allgemeinen Besteuerungsverfahrens zu versteuern.

1.3 Gebrochene innergemeinschaftliche Güterbeförderung

3912d Wird einem Beförderungsunternehmer für eine Güterbeförderung über die gesamte Beförderungsstrecke ein Auftrag erteilt, wirken jedoch bei der Durchführung der Beförderung mehrere Beförderungsunternehmer nacheinander mit, liegt eine gebrochene Güterbeförderung vor. Liegen Beginn und Ende der gesamten Beförderung in den Gebieten verschiedener Mitgliedstaaten, ist eine gebrochene innergemeinschaftliche Güterbeförderung gegeben. Dabei ist jede Beförderungsleistung für sich zu beurteilen.

Beispiel:

Der spanische Private P beauftragt den in Spanien ansässigen Frachtführer S, Güter von Wien nach Madrid zu befördern. S beauftragt den österreichischen Unterfrachtführer F mit der Beförderung der Güter von Wien nach Salzburg. Die Beförderung von Salzburg nach Madrid führt S selbst durch.

Die Beförderungsleistung des S an seinen Auftraggeber P umfasst die Gesamtbeförderung von Wien nach Madrid und ist gemäß Art. 3a Abs. 1 UStG 1994 am Abgangsort (Österreich) steuerbar. Steuerschuldner in Österreich ist S (vgl. Art. 193 MWSt-RL 2006/112/EG).

Die Beförderungsleistung des F von Wien nach Salzburg an seinen Auftraggeber S ist gemäß § 3a Abs. 6 UStG 1994 am Empfängerort (Spanien) steuerbar. Die Steuerschuld geht jedenfalls auf den spanischen Unternehmer S über, da es sich um einen Fall des zwingenden Überganges der Steuerschuld gemäß Art. 196 MWSt-RL 2006/112/EG handelt. In der Rechnung an S darf keine spanische Umsatzsteuer enthalten sein. F hat diesen Umsatz in seine ZM aufzunehmen.

1.4 Grenzüberschreitende Beförderungen an Nichtunternehmer, die keine innergemeinschaftlichen Güterbeförderungen sind

3912e Grenzüberschreitende Beförderungen an Nichtunternehmer, die keine innergemeinschaftlichen Güterbeförderungen sind, sind in einen steuerbaren und einen nicht steuerbaren Leistungsteil aufzuteilen.

1.5 Güterbeförderungen in einen Freihafen eines anderen Mitgliedstaates für einen Nichtunternehmer

3912f Gemäß Art. 3a Abs. 1 UStG 1994 liegt eine innergemeinschaftliche Güterbeförderung vor, wenn die Beförderung eines Gegenstandes in dem Gebiet eines Mitgliedstaates beginnt und in dem Gebiet eines anderen Mitgliedstaates endet. Das gilt auch bei Güterbeförderungen in einen so genannten Freihafen (siehe Rz 147). Voraussetzung für die Anwendbarkeit des Art. 3a Abs. 1 UStG 1994 ist, dass der Leistungsempfänger einer innergemeinschaftlichen Güterbeförderung ein Nichtunternehmer iSd § 3a Abs. 5 Z 3 UStG 1994 ist. Dies ist auch bei den folgenden Randzahlen zu beachten.

3912g Aus der Sicht des österreichischen UStG 1994 liegt bei einer Güterbeförderung, die in Österreich beginnt und die beispielsweise in einem deutschen Freihafen endet, eine innergemeinschaftliche Güterbeförderung gemäß Art. 3a Abs. 1 UStG 1994 vor. Diese unterliegt dem Umsatzsteuerrecht jenes Mitgliedstaates, in dessen Gebiet die Beförderung beginnt.

3912h Beginnt also eine Güterbeförderung für einen Nichtunternehmer in Österreich und endet sie in einem deutschen Freihafen, so ist sie in Österreich gemäß Art. 3a Abs. 1 UStG 1994 steuerbar und steuerpflichtig (20%).

1.6 Leistungen im Zusammenhang mit innergemeinschaftlichen Güterbeförderungen für Nichtunternehmer

3912i Werden das Beladen, Entladen, Umschlagen, Lagern und ähnliche mit der Beförderung eines Gegenstandes im Zusammenhang stehende Leistungen vom befördernden Unternehmer erbracht, sind sie als Nebenleistung zur Güterbeförderung anzusehen, da diese Leistungen im Vergleich zur Güterbeförderung nebensächlich sind, mit ihr eng zusammenhängen und üblicherweise bei Beförderungsleistungen vorkommen. Nebenleistungen zu einer Güterbeförderung teilen deren umsatzsteuerliches Schicksal (vgl. Beispiel 3). Für Umsätze, die mit einer Güterbeförderung im Zusammenhang stehen und selbständige Leistungen sind, gelten dagegen die Regelungen des § 3a Abs. 11 lit. b UStG 1994 (vgl. Rz 641a und Rz 641b).

Beispiel 1:

Der österreichische Private P beauftragt den österreichischen Frachtführer F, Güter von Spanien nach Österreich zu befördern. F beauftragt den französischen Unternehmer N, die Güter in Frankreich umzuladen.

Das Umladen der Güter in Frankreich durch N für F ist nach § 3a Abs. 6 UStG 1994 am Empfängerort (Österreich) steuerbar.

F schuldet als Leistungsempfänger gemäß § 19 Abs. 1 UStG 1994 die Umsatzsteuer, wenn der leistende Unternehmer N im Inland weder einen Wohnsitz (Sitz) noch seinen gewöhnlichen Aufenthalt oder eine an der Leistungserbringung beteiligte Betriebsstätte hat. Der leistende N haftet für diese Steuer.

Die innergemeinschaftliche Güterbeförderungsleistung des F an P ist gemäß Art. 3a Abs. 1 UStG 1994 am Abgangsort (Spanien) steuerbar.

Beispiel 2:

Der spanische Private P beauftragt den in Spanien ansässigen Frachtführer F, Güter von Österreich nach Spanien zu befördern, und den österreichischen Unternehmer Ö mit dem Verladen der Güter in Österreich.

Die Leistung des Ö für P ist gemäß § 3a Abs. 11 lit. b UStG 1994 dort steuerbar, wo der leistende Unternehmer ausschließlich oder überwiegend tätig wird (Österreich). Die innergemeinschaftliche Güterbeförderungsleistung des F an P ist gemäß Art. 3a Abs. 1 UStG 1994 am Abgangsort (Österreich) steuerbar.

Beispiel 3:

Der französische Private P beauftragt den österreichischen Frachtführer F, sowohl eine Güterbeförderung von Frankreich nach Wien als auch das Entladen der Güter in Wien durchzuführen.

Der Ort der innergemeinschaftlichen Güterbeförderung liegt in Frankreich (Art. 3a Abs. 1 UStG 1994). Das Entladen der Güter ist als unselbständige Nebenleistung zur Güterbeförderung anzusehen. Sie wird wie die Hauptleistung (innergemeinschaftliche Güterbeförderung) behandelt, sodass sich der Ort der Gesamtleistung in Frankreich befindet (Art. 3a Abs. 1 UStG 1994).

Die Vorschriften des § 3a Abs. 11 lit. b UStG 1994 finden keine Anwendung.

1.7 Vermittlung und Besorgung von innergemeinschaftlichen Güterbeförderungen für Nichtunternehmer

1.7.1 Vermittlung von innergemeinschaftlichen Güterbeförderungen für Nichtunternehmer

3912j Eine Vermittlung liegt vor, wenn der Vermittler den Beförderungsvertrag im Namen und für Rechnung seines Auftraggebers abschließt. Die Vermittlung einer innergemeinschaftlichen Güterbeförderung für einen Nichtunternehmer iSd § 3a Abs. 5 Z 3 UStG 1994 wird an dem Ort erbracht, an dem der vermittelte Umsatz ausgeführt wird (§ 3a Abs. 8 UStG 1994). Der Ort der Vermittlung einer innergemeinschaftlichen Güterbeförderung für einen Unternehmer iSd § 3a Abs. 5 Z 1 und Z 2 UStG 1994 richtet sich nach § 3a Abs. 6 UStG 1994.

Beispiel:

Die Privatperson P aus Österreich beauftragt den österreichischen Vermittler V, die Beförderung eines Gegenstandes von Brüssel nach Paris zu vermitteln. Die Beförderung wird durch den französischen Frachtführer F ausgeführt.

Die innergemeinschaftliche Güterbeförderungsleistung des F für P ist nach Art. 3a Abs. 1 UStG 1994 am Abgangsort des Beförderungsmittels (Brüssel) steuerbar. Die Vermittlungsleistung des V für P ist nach § 3a Abs. 8 UStG 1994 dort steuerbar, wo der vermittelte Umsatz ausgeführt wird (Brüssel).

Der österreichische Vermittler V und der französische Frachtführer F sind für ihre Leistung Steuerschuldner in Belgien (vgl. Art. 193 MWSt-RL 2006/112/EG). Die Abrechnung richtet sich nach den Regelungen des belgischen Umsatzsteuerrechtes (vgl. hiezu Rz 3912n).

1.7.2 Besorgung von innergemeinschaftlichen Güterbeförderungen für Nichtunternehmer

3912k Eine Besorgungsleistung liegt vor, wenn ein Unternehmer für Rechnung eines anderen im eigenen Namen eine sonstige Leistung bei einem Dritten in Auftrag gibt. Der Dritte erbringt diese sonstige Leistung an den besorgenden Unternehmer.

3912l Bei den Unternehmern, die Güterbeförderungen besorgen, handelt es sich insbesondere um Spediteure (vgl. § 407 ff UGB). Die Besorgungsleistung des Unternehmers wird umsatzsteuerrechtlich so angesehen wie die besorgte Leistung selbst (§ 3a Abs. 4 UStG 1994). Die Speditionsleistung wird also wie eine Güterbeförderung behandelt. Besorgt der Unternehmer eine innergemeinschaftliche Güterbeförderung für einen Nichtunternehmer, richtet sich der Ort der Besorgungsleistung infolgedessen nach Art. 3a Abs. 1 UStG 1994.

Beispiel:

Die Privatperson P aus Österreich beauftragt den österreichischen Spediteur S, die Beförderung eines Gegenstandes von Brüssel nach Paris zu besorgen. Die Beförderung wird durch den belgischen Frachtführer F ausgeführt.

Der Ort der Beförderungsleistung des F von Brüssel nach Paris an seinen Auftraggeber S bestimmt sich gemäß § 3a Abs. 6 UStG 1994 nach dem Empfängerort (Österreich). S schuldet als Leistungsempfänger gemäß § 19 Abs. 1 UStG 1994 die Umsatzsteuer, wenn der leistende Unternehmer F im Inland weder einen Wohnsitz (Sitz) noch seinen gewöhnlichen Aufenthalt oder eine an der Leistungserbringung beteiligte Betriebsstätte hat. Der leistende F haftet für diese Steuer.

Der Ort der Besorgungsleistung des S an seinen Auftraggeber P ist nach dem Abgangsort der innergemeinschaftlichen Güterbeförderung, dh. Brüssel, zu bestimmen (Art. 3a Abs. 1 UStG 1994). Steuerschuldner der belgischen Umsatzsteuer ist der österreichische Spediteur S (vgl. Art. 193 MWSt-RL 2006/112/EG).

Die Abrechnung richtet sich nach den Regelungen des belgischen Umsatzsteuerrechtes. (vgl. Rz 3912n).

1.7.3 Besteuerungsverfahren bei innergemeinschaftlichen Güterbeförderungen für Nichtunternehmer

Besteuerungsverfahren in Österreich

3912m Wird in Rechnungen über sonstige Leistungen iSd Art. 3a Abs. 1 UStG 1994 abgerechnet, so hat der leistende Unternehmer seine UID anzugeben.

Besteuerungsverfahren in den anderen Mitgliedstaaten

3912n Grundsätzlich ist der leistende Unternehmer, der eine innergemeinschaftliche Beförderungsleistung an einen Nichtunternehmer, die in einem anderen Mitgliedstaat steuerbar ist, ausführt, in diesem Mitgliedstaat Steuerschuldner der Umsatzsteuer (Art. 193 MWSt-RL 2006/112/EG).

Randzahlen 3912o bis 3915: derzeit frei.

2. Leistungsempfänger im Falle der unfreien Versendung

3915a Aus Vereinfachungsgründen sieht Art. 3a Abs. 2 UStG 1994 für innergemeinschaftliche Beförderungen vor, dass im Falle einer unfreien Versendung (§ 12 Abs. 2 Z 3 UStG 1994) die Beförderung als für das Unternehmen des Empfängers der Sendung ausgeführt gilt, wenn diesem die Rechnung über die Beförderung erteilt wird. Hierdurch wird erreicht, dass durch die Bestimmungen über den Leistungsort der Güterbeförderungsleistung an Unternehmer (§ 3a Abs. 6 UStG 1994) die Leistung in dem Staat besteuert wird, in dem der Rechnungsempfänger steuerlich geführt wird. Damit wird vielfach ein Erstattungsverfahren in einem anderen Mitgliedstaat vermieden.

Beispiel:

Der österreichische Unternehmer U versendet Güter per Frachtnachnahme an den Empfänger A in Dänemark.

Bei Frachtnachnahmen wird regelmäßig vereinbart, dass der Beförderungsunternehmer die Beförderungskosten dem Empfänger der Sendung in Rechnung stellt und dieser die Beförderungskosten zahlt. Der Rechnungsempfänger A der innergemeinschaftlichen Güterbeförderung ist gemäß Art. 3a Abs. 2 UStG 1994 als Empfänger der Beförderungsleistung (Leistungsempfänger) anzusehen, auch wenn er den Transportauftrag nicht erteilt hat.

Randzahlen 3915b bis 3917: derzeit frei.

3. Restaurant- und Verpflegungsdienstleistungen an Bord von Schiffen, Flugzeugen oder Eisenbahnen

3917a Zur Definition der Begriffe Restaurantdienstleistungen und Verpflegungsdienstleistungen siehe Rz 641e.

3917b Art. 3a Abs. 3 und Abs. 4 UStG 1994 bewirken, dass Restaurant- und Verpflegungsdienstleistungen, die an Bord von Schiffen, Flugzeugen oder Eisenbahnen während einer Personenbeförderung innerhalb des Gemeinschaftsgebietes erbracht werden, wie die Lieferung von Gegenständen in derartigen Fällen (vgl. § 3 Abs. 11 und Abs. 12 UStG 1994) am Abgangsort des Beförderungsmittels steuerbar sind.

3.1 Beförderung innerhalb des Gemeinschaftsgebietes

3917c Für die Bestimmung des Teiles einer Personenbeförderung, die innerhalb des Gemeinschaftsgebietes erfolgt, sind der Abgangsort und der Ankunftsort des Beförderungsmittels maßgebend (Art. 3a Abs. 4 UStG 1994), unabhängig davon, wo der die Restaurant- und Verpflegungsdienstleistung in Anspruch nehmende Passagier in das Beförderungsmittel ein- bzw. aussteigt.

3917d Bei Restaurant- und Verpflegungsdienstleistungen, die während des außerhalb der Gemeinschaft (iSd Art. 3a Abs. 4 UStG 1994) stattfindenden Teiles einer Personenbeförderung erbracht werden, bestimmt sich der Leistungsort nach § 3a Abs. 11 lit. d UStG 1994. Das gilt auch, wenn sich das Beförderungsmittel im Zeitpunkt der Leistungserbringung noch im Hoheitsgebiet eines Mitgliedstaates befindet.

Beispiel:

Der Schweizer Private P fährt mit dem Zug von Prag nach Zürich. Während der Zug Wien passiert, frühstückt P im Speisewagen. In Altstätten (Schweiz) nimmt P das Abendessen im Speisewagen ein.

Der Abgangsort des Beförderungsmittels ist gemäß Art. 3a Abs. 4 UStG 1994 Prag, da dies der erste Ort innerhalb des Gemeinschaftsgebietes ist, an dem Reisende in das Beförderungsmittel einsteigen können. Bregenz ist der Ankunftsort iSd Art. 3a Abs. 4 UStG 1994, da dies der letzte Ort innerhalb des Gemeinschaftsgebietes ist, an dem Reisende das Beförderungsmittel verlassen können. Das Entgelt für das Frühstück des P ist gemäß Art. 3a Abs. 3 UStG 1994 am Abgangsort des Beförderungsmittels (Prag) steuerbar. Das Entgelt für das Abendessen ist im Gemeinschaftsgebiet nicht steuerbar (§ 3a Abs. 11 lit. d UStG 1994).

Randzahlen 3917e bis 3920: Derzeit frei.

Judikatur EuGH zu Art. 3a:

EuGH vom 30.4.2015, Rs C-97/14, *SMK*
Dienstleistungen an beweglichen körperlichen Gegenständen bis 1.1.2010

Art. 55 der Richtlinie 2006/112/EG in der bis zum 1. Januar 2010 geltenden Fassung ist dahin auszulegen, dass er unter Umständen wie denen des Ausgangsverfahrens nicht zur Anwendung kommt, unter denen der Dienstleistungsempfänger sowohl in dem Mitgliedstaat, in dem die Dienstleistungen tatsächlich bewirkt wurden, als auch in einem anderen Mitgliedstaat und anschließend nur noch im letztgenannten Mitgliedstaat über eine Mehrwertsteuer-Identifikationsnummer verfügte, und unter denen die beweglichen körperlichen Gegenstände, an denen diese Dienstleistungen bewirkt wurden, nicht im Anschluss an diese Dienstleistungen, sondern nach dem späteren Verkauf dieser Gegenstände nach Orten außerhalb des Mitgliedstaats, in dem diese Dienstleistungen tatsächlich ausgeführt wurden, versandt oder befördert wurden.

Bemessungsgrundlage
Art. 4.

(1) Bei dem innergemeinschaftlichen Erwerb sind Verbrauchsteuern, die vom Erwerber geschuldet oder entrichtet werden, in die Bemessungsgrundlage (Entgelt) einzubeziehen.

(2) Der Umsatz wird bei Verbringen eines Gegenstandes im Sinne des Art. 1 Abs. 3 Z 1 und Art. 3 Abs. 1 Z 1 gemäß § 4 Abs. 8 lit. a bemessen.

(3) § 4 Abs. 9 gilt auch für den innergemeinschaftlichen Erwerb.

UStR zu Art. 4:

1. Innergemeinschaftlicher Erwerb

3921 Der innergemeinschaftliche Erwerb wird grundsätzlich nach dem Entgelt bemessen. Verbrauchsteuern, die nicht im Entgelt enthalten sind, aber vom Erwerber geschuldet oder entrichtet werden, sind in die Bemessungsgrundlage einzubeziehen. Nach § 1 Z 2 NoVAG 1991 idF BGBl. I Nr. 34/2010, unterliegt ab 1.7.2010 der Normverbrauchsabgabe der innergemeinschaftliche Erwerb (Art. 1 UStG 1994) von Fahrzeugen, ausgenommen der Erwerb durch befugte Fahrzeughändler zur Weiterlieferung. Die NoVA ist beim innergemeinschaftlichen Erwerb nicht Teil der Bemessungsgrundlage (vgl. EuGH 22.12.2010, Rs C-433/09, *Kommission/Österreich*). Die NoVA erhöht sich um den 20-prozentigen NoVA-Zuschlag (§ 6 Abs. 6 NoVAG 1991).

Die ausländische Umsatzsteuer gehört nicht zur Bemessungsgrundlage, unabhängig davon, ob sie im Ausland als Vorsteuer geltend gemacht wurde oder werden konnte.

Randzahlen 3922 bis 3930: Derzeit frei.

2. Innergemeinschaftliches Verbringen

3931 Die Bemessungsgrundlage für das Verbringen eines Gegenstandes ist nach den gleichen Grundsätzen wie beim **Entnahmeeigenverbrauch** zu ermitteln.

3. Normalwert

3932 Die Normalwertregelung des § 4 Abs. 9 UStG 1994 ist auf den innergemeinschaftlichen Erwerb (einschließlich des Erwerbs neuer Fahrzeuge) anzuwenden.

Randzahlen 3933 bis 3935: Derzeit frei.

Art. 5.
(Anm.: wurde nicht vergeben)

Steuerbefreiungen

Art. 6.

(1) Steuerfrei sind die innergemeinschaftlichen Lieferungen (Art. 7). Dies gilt nicht, wenn der Unternehmer wusste oder wissen musste, dass die betreffende Lieferung im Zusammenhang mit Umsatzsteuerhinterziehungen oder sonstigen, die Umsatzsteuer betreffenden Finanzvergehen steht.

(2) Steuerfrei ist der innergemeinschaftliche Erwerb

1. der in § 6 Abs. 1 Z 8 lit. f bis j, in Abs. 1 Z 20 und der in Abs. 1 Z 21 angeführten Gegenstände,
2. der in § 6 Abs. 1 Z 4, Z 8 lit. b und d, in § 9 Abs. 1 Z 1, 2 und 3 sowie in § 9 Abs. 2 Z 1, 2 und 3 angeführten Gegenstände unter den in diesen Bestimmungen genannten Voraussetzungen,
3. der Gegenstände, deren Einfuhr (§ 1 Abs. 1 Z 3) nach den für die Einfuhrumsatzsteuer geltenden Vorschriften steuerfrei wäre,
4. der Gegenstände, die zur Ausführung von steuerfreien Umsätzen verwendet werden, für die der Ausschluß vom Vorsteuerabzug nach § 12 Abs. 3 nicht eintritt.

(3) Steuerfrei ist die Einfuhr der Gegenstände, die vom Anmelder im Anschluß an die Einfuhr unmittelbar zur Ausführung von innergemeinschaftlichen Lieferungen (Art. 7) verwendet werden; der Anmelder hat das Vorliegen der Voraussetzungen des Art. 7 buchmäßig nachzuweisen. Die Befreiung ist nur anzuwenden, wenn derjenige, für dessen Unternehmen der Gegenstand eingeführt worden ist, die anschließende innergemeinschaftliche Lieferung tätigt.

Weiters ist Voraussetzung für die Anwendung der Steuerbefreiung, dass der Schuldner der Einfuhrumsatzsteuer zum Zeitpunkt der Einfuhr den Zollbehörden die unter lit. a und b genannten Angaben zukommen lässt und den unter lit. c genannten Nachweis erbringt:

a) seine im Inland erteilte Umsatzsteuer-Identifikationsnummer oder die Umsatzsteuer-Identifikationsnummer seines Steuervertreters;

b) die in einem anderen Mitgliedstaat erteilte Umsatzsteuer-Identifikationsnummer des Abnehmers im Falle der innergemeinschaftlichen Lieferung nach Art. 7 Abs. 1 oder seine eigene Umsatzsteuer-Identifikationsnummer im Falle des der Lieferung gleichgestellten Verbringens nach Art. 7 Abs. 2;

c) den Nachweis, aus dem hervorgeht, dass die eingeführten Gegenstände dazu bestimmt sind, vom Inland in einen anderen Mitgliedstaat befördert oder versendet zu werden.

(4) *(Anm.: aufgehoben durch BGBl. Nr. 756/1996)*

(5) § 6 Abs. 1 Z 27 gilt nicht für die innergemeinschaftliche Lieferung neuer Fahrzeuge.

UStR zu Art. 6:

	Rz		Rz
1. Steuerfreiheit der ig Lieferungen	s. Rz 3981-4030	4.	derzeit frei
2. Steuerfreiheit des ig Erwerbs	3941	5. Kleinunternehmer und neue Fahrzeuge	derzeit frei
3. Steuerfreiheit der Einfuhr bei anschließender ig Lieferung	3951		

1. Steuerfreiheit der innergemeinschaftlichen Lieferungen (siehe Art. 7 Rz 3981 bis 4030)

Randzahlen 3936 bis 3940: Derzeit frei.

2. Steuerfreiheit des innergemeinschaftlichen Erwerbs

3941 Steuerfrei ist der innergemeinschaftliche Erwerb von Gegenständen
- die im Art. 6 Abs. 2 Z 1 und 2 UStG 1994 ausdrücklich genannt sind. Es handelt sich dabei um Gegenstände, deren **Lieferung auch im Inland steuerfrei** wäre;
- deren Einfuhr nach den für die Einfuhrumsatzsteuer geltenden Vorschriften steuerfrei wäre (Art 6 Abs. 2 Z 3 UStG 1994, siehe auch Rz 1023 ff); darüber hinaus ist auch die Einfuhr von Zahnersatz steuerfrei (VwGH 28.09.2000, 99/16/0302), woraus sich die Steuerfreiheit des innergemeinschaftlichen Erwerbs von Zahnersatz ergibt. Die Bestimmung ist für Unternehmer bedeutsam, die nicht oder nur teilweise zum Vorsteuerabzug berechtigt sind;
- die **zur Ausführung von steuerfreien Umsätzen verwendet werden,** für die der Ausschluss vom Vorsteuerabzug nach § 12 Abs. 3 UStG 1994 nicht eintritt. Das betrifft im Wesentlichen Erwerbe von Gegenständen, die zur Ausführung steuerfreier innergemeinschaftlicher Lieferungen oder steuerfreier Ausfuhrlieferungen vorgesehen sind. Eine trotzdem durchgeführte Erwerbsbesteuerung ist unschädlich.

Randzahlen 3942 bis 3950: Derzeit frei.

3. Steuerfreiheit der Einfuhr bei anschließender innergemeinschaftlicher Lieferung

3951 Geregelt werden die Fälle, in denen **Drittlandswaren eingeführt** werden, die **im Inland zum freien Verkehr abgefertigt** werden und bei denen bereits im Zeitpunkt der Einfuhr feststeht, dass sie im Anschluss an die Einfuhr vom Anmelder **in einen anderen Mitgliedstaat** gem Art. 7 UStG 1994 steuerfrei **geliefert oder verbracht** werden. Das Vorliegen der Voraussetzungen der innergemeinschaftlichen Lieferung ist vom Anmelder buchmäßig nachzuweisen.

3952 Ist der Lieferant im Ausland ansässig und im Inland nicht zur USt erfasst, so benötigt er zur Inanspruchnahme der Befreiung eine inländische Steuernummer sowie eine inländische UID; überdies kann es wegen der anschließenden innergemeinschaftlichen Lieferung erforderlich sein, einen Fiskalvertreter zu bestellen (s. § 27 Rz 3526). Es besteht folgende Möglichkeit einer vereinfachten Abwicklung:

3953 Besitzt ein ausländischer Lieferer keine österreichische UID (und ist er nicht zur Umsatzsteuer erfasst), so kann dem österreichischen Spediteur, der die Verzollung durchführt, eine Sonder-UID erteilt werden, unter der seine Kunden innergemeinschaftliche Lieferungen durchführen und die Befreiung für die Einfuhr in Anspruch nehmen können.

Verfügt ein ausländischer Lieferer über eine österreichische UID, so muss die innergemeinschaftliche Lieferung unter dieser UID durchgeführt werden.

Die Vereinfachungsregelung, nach der innergemeinschaftliche Lieferungen unter einer Sonder-UID eines österreichischen Spediteurs vorgenommen werden können, ist in diesem Fall nicht zulässig.

3954 Der Antrag zur Erteilung einer Sonder-UID ist vom Spediteur an das für ihn zuständige Finanzamt zu stellen. Im Bescheid, mit dem über die Vergabe der Sonder-UID abgesprochen wird, werden der Name (Firma) des Spediteurs und die Sonder-UID bekanntgegeben, wobei bei dieser der Zusatz „(nur für Zoll)" angebracht wird.

3955 Für die unter der Sonder-UID durchgeführten Lieferungen ist die Abgabe einer gesonderten ZM nicht erforderlich, da die Daten aufgrund der Zollanmeldung von der Zollbehörde erfasst und der ZM-Datenbank automatisch zugespielt werden. Weiters besteht weder für den Spediteur noch für den liefernden Unternehmer eine Erklärungspflicht (keine Voranmeldung, keine Jahreserklärung) für die unter der Sonder-UID durchgeführten Lieferungen.

3956 Die Verwendung einer „Sonder-UID" für Spediteure und die weiteren damit verbundenen Nachweispflichten sind in der Arbeitsrichtlinie ZK-4200 vorgesehen. Hinsichtlich der zollrechtlichen Vorgangsweise bei der Geltendmachung der Steuerfreiheit siehe diese Dienstanweisung.

3957 Die Vereinfachung ist nur dann möglich, wenn der Spediteur **im eigenen Namen und für fremde Rechnung** handelt (nicht bei einer direkten Stellvertretung).

3958 Bei einer dementsprechenden Abwicklung ist die Bestellung eines Fiskalvertreters nicht erforderlich. Eine der Arbeitsrichtlinie ZK-4200 entsprechende Geschäftsabwicklung erfüllt grundsätzlich die Voraussetzung des in Art. 6 Abs. 3 in Verbindung mit Art. 7 UStG 1994 geforderten Buchnachweises.

3959 Auf die **Rechnungslegung** hat die vereinfachte Abwicklung keinen Einfluss. Der Unternehmer hat in der Rechnung auf die Umsatzsteuerfreiheit der innergemeinschaftlichen Lieferung hinzuweisen und die Sonder-UID sowie die UID des Leistungsempfängers anzuführen.

3960 Die Vereinfachungsregelung mit Sonder-UID kann nicht angewendet werden, wenn die UID des umsatzsteuerrechtlichen Erwerbers im anderen Mitgliedstaat nicht von jenem Mitgliedstaat ausgestellt wurde, in dem sich der Gegenstand am Ende der Beförderung oder Versendung befindet (Art. 3 Abs. 8 erster Satz UStG 1994), ausgenommen in der Zollanmeldung wird auch der Name und die Anschrift oder **die EORI Nummer** zur eindeutigen Identifikation des Warenempfängers in dem Mitgliedstaat, in dem die Beförderung oder Versendung endet, sowie die von diesem Mitgliedstaat ausgestellte UID dieses Warenempfängers angeführt.

Diese Regelung gilt ab 1. Oktober 2006.

Randzahlen 3961 bis 3965: Derzeit frei.

4.

Derzeit frei.

Randzahlen 3966 bis 3970: Derzeit frei.

5. Kleinunternehmer und neue Fahrzeuge

Derzeit frei.

Randzahlen 3971 bis 3980: Derzeit frei.

Judikatur EuGH zu Art. 6:

EuGH vom 26.2.2015, Rs C-144/13, *VDP Dental Laboratory*
Voraussetzungen für den steuerfreien innergemeinschaftlichen Erwerb von Zahnersatz

1. Art. 168 der Richtlinie 2006/112/EG in der durch die Richtlinie 2007/75/EG geänderten Fassung ist dahin auszulegen, dass diese Vorschrift, wenn eine im nationalen Recht vorgesehene Befreiung mit der Richtlinie 2006/112 in der durch die Richtlinie 2007/75 geänderten Fassung unvereinbar ist, es einem Steuerpflichtigen nicht erlaubt, so-

wohl von dieser Befreiung Gebrauch zu machen als auch das Abzugsrecht in Anspruch zu nehmen.

2. Die Art. 140 Buchst. a und b und 143 Abs. 1 Buchst. a der Richtlinie 2006/112 in der durch die Richtlinie 2007/75 geänderten Fassung sind dahin auszulegen, dass die nach diesen Vorschriften vorgesehene Befreiung von der Mehrwertsteuer für den innergemeinschaftlichen Erwerb und die endgültige Einfuhr von Zahnersatz durch Zahnärzte und Zahntechniker gilt, sofern der Mitgliedstaat der Lieferung oder der Einfuhr nicht von der in Art. 370 der Richtlinie 2006/112 in der durch die Richtlinie 2007/75 geänderten Fassung vorgesehenen Übergangsregelung Gebrauch gemacht hat.

3. Art. 140 Buchst. a und b der Richtlinie 2006/112 in der durch die Richtlinie 2007/75 geänderten Fassung ist dahin auszulegen, dass die in dieser Vorschrift vorgesehene Befreiung von der Mehrwertsteuer auch für den innergemeinschaftlichen Erwerb von Zahnersatz gilt, der aus einem Mitgliedstaat stammt, der von der Ausnahme- und Übergangsregelung von Art. 370 der Mehrwertsteuerrichtlinie Gebrauch gemacht hat.

Judikatur VwGH zu Art. 6:

VwGH vom 29.4.2014, 2012/16/0172
Sowohl der selbst als Anmelder auftretende Importeur als auch der vom Anmelder indirekt vertretene Importeur können den Tatbestand des Art. 6 Abs. 3 UStG erfüllen und die anschließende innergemeinschaftliche Lieferung ausführen

Art. 6 Abs. 3 UStG verwendet den Begriff des Anmelders. Dieser Begriff ist dem Zollrecht entnommen. Art. 143 Buchstabe d) der MwSt-RL spricht allerdings von dem als Steuerschuldner bestimmten oder anerkannten Importeur, das ist gemäß Art. 201 MwSt-RL die nach nationalem Recht als Steuerschuldner bezeichnete oder anerkannte Person. Durch den Verweis auf das Zollrecht in § 2 Abs. 1 ZollR-DG und § 26 Abs. 1 UStG ist der Zollschuldner der Schuldner der Einfuhrumsatzsteuer. Der Zollschuldner ist nach Art. 201 Abs. 3 der Verordnung (EWG) Nr. 2913/92 des Rates vom 12. Oktober 1992 zur Festlegung des Zollkodex der Gemeinschaften, ABlEG Nr. L 302 vom 19. Oktober 1992, (Zollkodex – ZK), wenn Waren in den zollrechtlich freien Verkehr übergeführt werden, der Anmelder und im Falle der indirekten Vertretung auch die Person, für deren Rechnung die Zollanmeldung abgegeben wird. Die Vertretung kann nach Art. 5 Abs. 2 ZK indirekt sein, wenn der Vertreter in eigenem Namen, aber für Rechnung eines anderen handelt. Art. 6 Abs. 3 UStG ist daher richtlinienkonform so auszulegen, dass sowohl der selbst als Anmelder auftretende Importeur, aber auch der vom Anmelder indirekt vertretene Importeur den Tatbestand des Art. 6 Abs. 3 UStG erfüllen und die anschließende innergemeinschaftliche Lieferung ausführen können (Hinweis E vom 28. März 2014, 2012/16/0009, mwN).

Die Verwendung der Sonder-UID des Spediteurs (der Beschwerdeführerin), dessen sich eine in einem anderen Mitgliedstaat ansässige Person, welche eine innergemeinschaftliche Lieferung oder ein innergemeinschaftliches Verbringen im Sinn des Art. 6 Abs. 3 UStG bewirkt, bedient, ist zulässig (vgl. auch Mairinger, Einfuhrumsatzsteuerbefreiung bei anschließender innergemeinschaftlicher Lieferung, in AWPrax 1995, 65 ff (68); zur (im Beschwerdefall allerdings noch nicht anwendbaren) Rechtslage ab 1. Jänner 2011 ausdrücklich § 6 Abs. 3 UStG idF des AbgÄG 2010, BGBl. I Nr. 34). Dass der zypriotische Warenempfänger über keine eigene österreichische UID-Nr. verfügte, hinderte im Falle der Verwendung der Sonder-UID des ihn indirekt vertretenden Spediteurs die Einfuhrumsatzsteuerbefreiung nach Art. 6 Abs. 3 UStG im Beschwerdefall jedenfalls nicht.

VwGH vom 28.3.2014, 2012/16/0009
Sowohl der selbst als Anmelder auftretende Importeur als auch der vom Anmelder indirekt vertretene Importeur können den Tatbestand des Art. 6 Abs. 3 UStG erfüllen und die anschließende innergemeinschaftliche Lieferung ausführen

Art. 6 Abs. 3 UStG verwendet den Begriff des Anmelders. Dieser Begriff ist dem Zollrecht entnommen. Die Sechste MwSt-RL spricht allerdings vom Importeur im Sinn des Art. 21 Abs. 4 dieser Richtlinie, das ist die nach nationalem Recht als Steuerschuldner bezeichnete oder anerkannte Person. Durch den Verweis auf das Zollrecht in § 2 Abs. 1 ZollR-DG und § 26 Abs. 1 UStG ist der Schuldner der Einfuhrumsatzsteuer der Zollschuldner. Der Zollschuldner ist nach Art. 201 Abs. 3 der Verordnung (EWG) Nr. 2913/92 des Rates vom 12. Oktober 1992 zur Festlegung des Zollkodex der Gemeinschaften, ABlEG Nr. L 302 vom 19. Oktober 1992, (Zollkodex ZK), wenn Waren in den zollrechtlich freien Verkehr übergeführt werden, der Anmelder und im Falle der indirekten Vertretung auch die Person, für deren Rechnung die Zollanmeldung abgegeben wird. Die Vertretung kann nach Art. 5 Abs. 2 ZK indirekt sein, wenn der Vertreter in eigenem Namen, aber für Rechnung eines anderen handelt. Art. 6 Abs. 3 UStG ist daher richtlinienkonform so auszulegen, dass sowohl der Anmelder selbst, aber auch der vom Anmelder indirekt Vertretene den Tatbestand des Art. 6 Abs. 3 UStG erfüllen und die anschließende innergemeinschaftliche Lieferung ausführen kann (vgl. auch Mairinger, Einfuhrumsatzsteuerbefreiung bei anschließender innergemeinschaftlicher Lieferung in AWPrax 1995, 65 ff; insbesondere 66, und ihm folgend Schellmann in Achatz, Praxisfragen zum UStG 1994, 103).

Innergemeinschaftliche Lieferung
Art. 7.

(1) Eine innergemeinschaftliche Lieferung (Art. 6 Abs. 1) liegt vor, wenn bei einer Lieferung die folgenden Voraussetzungen vorliegen:
1. Der Unternehmer oder der Abnehmer hat den Gegenstand der Lieferung in das übrige Gemeinschaftsgebiet befördert oder versendet;
2. der Abnehmer ist
   a) ein Unternehmer, der den Gegenstand der Lieferung für sein Unternehmen erworben hat,
   b) eine juristische Person, die nicht Unternehmer ist oder die den Gegenstand der Lieferung nicht für ihr Unternehmen erworben hat, oder
   c) bei der Lieferung eines neuen Fahrzeuges auch jeder andere Erwerber und
3. der Erwerb des Gegenstandes der Lieferung ist beim Abnehmer in einem anderen Mitgliedstaat steuerbar.

Der Gegenstand der Lieferung kann durch Beauftragte vor der Beförderung oder Versendung in das übrige Gemeinschaftsgebiet bearbeitet oder verarbeitet worden sein.

(2) Als innergemeinschaftliche Lieferung gelten auch
1. das einer Lieferung gleichgestellte Verbringen eines Gegenstandes (Art. 3 Abs. 1 Z 1) und
2. *(Anm.: aufgehoben durch BGBl. Nr. 756/1996)*

(3) Die Voraussetzungen der Abs. 1 und 2 müssen vom Unternehmer buchmäßig nachgewiesen sein. Der Bundesminister für Finanzen kann durch Verordnung bestimmen, wie der Unternehmer den Nachweis zu führen hat, daß der Gegenstand in das übrige Gemeinschaftsgebiet befördert oder versendet worden ist.

(4) Hat der Unternehmer eine Lieferung als steuerfrei behandelt, obwohl die Voraussetzungen nach Abs. 1 nicht vorliegen, so ist die Lieferung dennoch als steuerfrei anzusehen, wenn die Inanspruchnahme der Steuerbefreiung auf unrichtigen Angaben des Abnehmers beruht und der Unternehmer die Unrichtigkeit dieser Angaben auch bei Beachtung der Sorgfalt eines ordentlichen Kaufmanns nicht erkennen konnte. In diesem Fall schuldet der Abnehmer die entgangene Steuer. In Abholfällen hat der Unternehmer die Identität des Abholenden festzuhalten.

UStR zu Art. 7:

	Rz		Rz
1. Allgemeine Voraussetzungen für die Steuerfreiheit	3981	1.4 Erwerbsteuerbarkeit	3993
1.1 Warenbewegung	3982	2. Ig Verbringen	4001
1.2 Lieferung	3986	3. Nachweispflichten	4006
1.3 Abnehmerqualifikation	3991	4. Sorgfaltspflichten und Vertrauensschutz	4016

1. Allgemeine Voraussetzungen für die Steuerfreiheit

3981 Eine innergemeinschaftliche Lieferung ist steuerfrei, wenn folgende Voraussetzungen erfüllt sind:
- Der Gegenstand der Lieferung muss von einem Mitgliedstaat in das übrige Gemeinschaftsgebiet, dh. in einen anderen Mitgliedstaat, befördert oder versendet werden (Warenbewegung).
- Der Abnehmer ist ein Unternehmer, der den Gegenstand der Lieferung für sein Unternehmen erworben hat, oder eine juristische Person (Abnehmerqualifikation).
- Die Lieferung muss steuerbar sein.
- Der Erwerb des Gegenstandes der Lieferung ist beim Abnehmer in einem anderen Mitgliedstaat steuerbar (Erwerbsbesteuerung).
- Die genannten Voraussetzungen müssen buchmäßig nachgewiesen werden (Buchnachweis). Dazu gehört auch die Aufzeichnung der UID des Abnehmers der Lieferung.
- Werden innergemeinschaftliche Lieferungen nach dem 30.6.2013 und vor dem 1.1.2014 in den neuen Mitgliedstaat Kroatien bewirkt, wird die fehlende Aufzeichnung der UID nicht beanstandet, wenn
  - der Abnehmer gegenüber dem liefernden Unternehmer schriftlich erklärt, dass er die Erteilung der UID beantragt hat und dass die Voraussetzungen für die Erteilung vorliegen und
  - die noch fehlende Aufzeichnung der UID des Abnehmers bis zum gesetzlichen Termin zur Abgabe der Umsatzsteuererklärung nachgeholt wird.
  Rz 2584 bleibt unberührt.
- Bei der Lieferung dürfen nicht die Vorschriften über die Differenzbesteuerung zur Anwendung gelangen.

Die innergemeinschaftliche Lieferung ist nicht steuerfrei, wenn der Unternehmer wusste oder wissen musste, dass die betreffende Lieferung im Zusammenhang mit Umsatzsteuerhinterziehung oder sonstigen, die Umsatzsteuer betreffenden Finanzvergehen steht (Art. 6 Abs. 1 UStG 1994; siehe auch EuGH 18.12.2014, Rs C-131/13, *Schoenimport „Italmoda" Mariano Previti vof*; siehe auch Rz 1877).

Zum Vorliegen von unselbständigen Nebenleistungen zu innergemeinschaftlichen Lieferungen im Zusammenhang mit der Herstellung oder Bearbeitung von Formen, Modellen oder besonderen Werkzeugen siehe Rz 1106.

1.1 Warenbewegung

3982 Erste Voraussetzung der innergemeinschaftlichen Lieferung ist, dass der gelieferte Gegenstand **von einem Mitgliedstaat in das übrige Gemeinschaftsgebiet**, d.h. in einen anderen Mitgliedstaat, gelangt. Dabei kommt es nicht darauf an, ob der Gegenstand befördert oder versendet wird. Es können daher auch Lieferungen, bei denen der Abnehmer den Gegenstand **abholt**, als innergemeinschaftliche Lieferungen steuerfrei sein. Eine innergemeinschaftliche Lieferung liegt auch vor, wenn die **Beförderung oder Versendung im Drittland beginnt** und der Gegenstand im Inland durch den Lieferer der EUSt unterworfen wird, bevor er in das Gebiet eines anderen Mitgliedstaates gelangt. In diesem Fall liegt gemäß § 3 Abs. 9 UStG 1994 der Ort der Lieferung im Inland. Kein Fall einer innergemeinschaftlichen Lieferung liegt dagegen vor, wenn die Ware aus dem Drittlandsgebiet im Wege der **Durchfuhr** durch Österreich in das Gebiet eines anderen Mitgliedstaates gelangt und erst dort zum freien Verkehr abgefertigt wird.

3983 Die Beförderung oder Versendung muss sich grundsätzlich auf den gelieferten Gegenstand beziehen. Unschädlich ist es aber, wenn der Gegenstand der Lieferung durch Beauftragte des Abnehmers vor der Beförderung oder Versendung in das übrige Gemeinschaftsgebiet bearbeitet oder verarbeitet wird.

Bei Beauftragung durch den Lieferer liegt der Liefergegenstand erst nach der Be- oder Verarbeitung vor. Erfolgt eine solche Be- oder Verarbeitung im Auftrag des Lieferers erst im Mitgliedstaat des Abnehmers, liegt der Ort der Lieferung im Bestimmungsland (vgl. EuGH 2.10.2014, Rs C-446/13, *Fonderie 2A*).

3984 Eine steuerfreie innergemeinschaftliche Lieferung liegt bei einer Lieferung von Treibstoff zwecks Betankung von Kraftfahrzeugen (zB LKW) oder von gewerblichen Schiffen (zB Donauschiffe) schon deshalb nicht vor, weil nicht nachgewiesen werden kann, dass der erworbene Treibstoff in den anderen EU-Mitgliedstaat ausgeführt wurde.

Rz 3984 in dieser Fassung gilt für Lieferungen ab 1. Oktober 2009.

Randzahl 3984a: Derzeit frei.

3984b Da beim Kundenstock eine Beförderung oder Versendung mangels physischer Substanz nicht möglich ist, kann die Lieferung eines Kundenstocks keine bewegte Lieferung und damit auch keine innergemeinschaftliche Lieferung sein (siehe auch Rz 342, Rz 422 und Rz 1051d).

3985 Das Gemeinschaftsgebiet im Sinne des UStG 1994 umfasst das Inland und die Gebiete der übrigen Mitgliedstaaten der EU, die nach dem Gemeinschaftsrecht als Inland dieser Mitgliedstaaten gelten (§ 1 Abs. 3 erster Satz UStG 1994). Aus der Sicht des Gemeinschaftsrechts liegen auch Freihäfen, die sich im Hoheitsgebiet eines Mitgliedstaates befinden, im umsatzsteuerlichen Gemeinschaftsgebiet, auch wenn sie vom jeweiligen Mitgliedstaat für bestimmte Zwecke wie Drittland behandelt werden.

Zur Steuerfreiheit innergemeinschaftlicher Lieferungen in deutsche Freihäfen siehe Rz 3993.

1.2 Lieferung

3986 Eine innergemeinschaftliche Lieferung liegt nur bei einer steuerbaren Lieferung im Sinne des § 1 Abs. 1 UStG 1994 (siehe § 1 Rz 1 bis 58) vor. Die unechten Steuerbefreiungen haben Vorrang vor den echten Steuerbefreiungen.

3987 Die persönliche unechte Steuerbefreiung eines **Kleinunternehmers** geht ebenfalls den echten Befreiungen des § 7 und des Art. 7 UStG 1994 vor. Das gilt nicht für die innergemeinschaftliche Lieferung neuer Fahrzeuge durch Kleinunternehmer (Art. 6 Abs. 5 UStG 1994).

3988 **Pauschalierte Land- und Forstwirte** können die Steuerfreiheit nicht in Anspruch nehmen. Der Landwirt kann daher für innergemeinschaftliche Lieferungen USt in Rechnung stellen, die für den ausländischen unternehmerischen Erwerber eine im Inland erstattungsfähige Vorsteuer darstellt.

Beispiel:

L, ein niederösterreichischer Weinbauer, der unter § 22 UStG 1994 fällt, liefert Wein an deutsche Restaurants, den er an diese versendet.

L kann von der Steuerbefreiung nach Art 7 UStG 1994 nicht Gebrauch machen und daher USt in Rechnung stellen. Die deutschen Abnehmer haben in Deutschland einen innergemeinschaftliche Erwerb zu versteuern. Die österreichische Vorsteuer können sie im Erstattungswege zurückerhalten.

Zu innergemeinschaftlichen Lieferungen durch pauschalierte Land- und Forstwirte siehe auch Rz 2858 und Rz 4154.

3989 Die Lieferung muss jedenfalls im Inland ausgeführt werden. Ob die Lieferung im Inland ausgeführt wird, richtet sich nach § 3 Abs. 7 und Abs. 8 UStG 1994 bzw Art. 3 Abs. 3 UStG 1994 (siehe § 3 Rz 421 bis 465).

Beispiel:

Der Hersteller W in Wien verkauft eine Ware an den Großhändler K in Köln und dieser wiederum an seinen Kunden M in Deutschland. K holt die Ware ab und befördert sie zu seinem Kunden M.

Im Fall der Abholung und anschließenden Beförderung oder Versendung der Ware durch den Abnehmer K gilt die Lieferung von W an den Abnehmer K gem § 3 Abs. 8 UStG 1994 mit Beginn der Beförderung als ausgeführt. W kann daher eine (steuerfreie) innergemeinschaftliche Lieferung an K ausführen. K liefert an M gem § 3 Abs. 7 UStG 1994 in Deutschland.

3990 Gem § 3 Abs. 3 UStG 1994 gilt bei der **Verkaufskommission** die Lieferung des Kommittenten erst mit der Lieferung durch den Kommissionär als ausgeführt. Gelangt bei der Verkaufskommission das Kommissionsgut bei der Zurverfügungstellung an den Kommissionär vom Ausgangs- in den Bestimmungsmitgliedstaat, kann abweichend von § 3 Abs. 3 UStG 1994 die Lieferung **bereits zu diesem Zeitpunkt** als erbracht angesehen werden.

1.3 Abnehmerqualifikation

3991 Die Abnehmereigenschaften in Art. 7 Abs. 1 Z 2 lit. a und b UStG 1994 korrespondieren mit den Erwerberqualifikationen in Art. 1 Abs. 2 Z 2 UStG 1994. Die Ausführungen zum Erwerber beim innergemeinschaftlichen Erwerb gelten sinngemäß (siehe Art. 1 Rz 3581 bis 3588). Ob ein Gegenstand **für das Unternehmen des Abnehmers** bestimmt ist, richtet sich nach den Vorschriften des Bestimmungslandes. Bei der Lieferung eines neuen Fahrzeuges werden gem Art. 7 Abs. 1 Z 2 lit. c UStG 1994 in Entsprechung zu Art. 1 Abs. 7 UStG 1994 keine besonderen Eigenschaften für den Abnehmer verlangt. Es können daher auch private Abnehmer die Voraussetzungen für die Steuerfreiheit erfüllen.

3992 Weitere Qualifikationen sind nicht vorgesehen, insbesondere muss der Abnehmer auch im Abholfall **nicht ausländischer Abnehmer** sein. Eine weitere Einschränkung des Abnehmerkreises wird allerdings durch das Erfordernis der Erwerbsteuerbarkeit (siehe Art. 7 Rz 3993) bewirkt. Damit scheiden Lieferungen an Schwellenerwerber, die unter der Erwerbsschwelle liegen und auf ihre Anwendung nicht verzichtet haben, aus der Steuerfreiheit aus.

1.4 Erwerbsteuerbarkeit

3993 Die Steuerfreiheit einer innergemeinschaftlichen Lieferung setzt die Steuerbarkeit des Erwerbes beim Abnehmer in einem anderen Mitgliedstaat voraus. Die Steuerbarkeit des Erwerbes ist nach den Vorschriften des Staates zu beurteilen, der für die Besteuerung des Erwerbes zuständig ist. Der Ort des innergemeinschaftlichen Erwerbs richtet sich nach Art. 3 Abs. 8 UStG 1994 (siehe Rz 3776 bis Rz 3805). Es genügt, wenn der Erwerb im anderen Mitgliedstaat steuerbar ist, Steuerpflicht ist nicht erforderlich. Den Nachweis der Erwerbsteuerbarkeit erbringt der Unternehmer durch die UID des Abnehmers. Damit gibt dieser zu erkennen, dass er im anderen Mitgliedstaat der Erwerbsbesteuerung unterliegt. Ob dieser die Erwerbsbesteuerung tatsächlich durchführt, braucht nicht nachgewiesen werden.

Innergemeinschaftliche Lieferungen in deutsche Freihäfen können beim Vorliegen aller sonstigen Voraussetzungen und Bekanntgabe einer deutschen UID steuerfrei bleiben, da nach § 1a Abs. 1 Z 1 dUStG ein innergemeinschaftlicher Erwerb auch dann vorliegt, wenn ein Gegenstand aus dem übrigen Gemeinschaftsgebiet in die in § 1 Abs. 3 dUStG bezeichneten Zollfreigebiete (Freihäfen ua.) gelangt. Der Umstand, dass in deutschen Freihäfen eine Erwerbsbesteuerung nicht generell vorgenommen wird, steht dieser Beurteilung nicht entgegen.

Zur Sonderstellung deutscher Freihäfen siehe auch Rz 147.

Randzahlen 3994 bis 4000: Derzeit frei.

2. Innergemeinschaftliches Verbringen

4001 Als innergemeinschaftliche Lieferung gilt auch das **unternehmensinterne Verbringen** eines Gegenstandes. Voraussetzung ist, dass es sich um einen nach Art. 3 Abs. 1 Z 1 UStG 1994 einer Lieferung gleichgestellten Vorgang handelt. Ein Verbringen zur bloß **vorübergehenden Verwendung** erfüllt nicht den Tatbestand der (fiktiven) Lieferung.

Randzahlen 4002 bis 4005: Derzeit frei.

3. Nachweispflichten

4006 Die Voraussetzungen der (steuerfreien) innergemeinschaftlichen Lieferung müssen vom Unternehmer buchmäßig nachgewiesen werden. Wie der Unternehmer den Nachweis der Beförderung oder Versendung und den Buchnachweis zu führen hat, regelt die Verordnung des BMF über den Nachweis der Beförderung oder Versendung und den Buchnachweis bei innergemeinschaftlichen Lieferungen, BGBl. Nr. 401/1996.

Ein Muster, das der Unternehmer zum Nachweis der Beförderung bei innergemeinschaftlichen Lieferungen (§ 2 Z 3 der VO BGBl. Nr. 401/1996 idgF) verwenden kann, findet sich im Anhang 5 (Verbringungserklärung) bzw. im Anhang 6 (Empfangsbestätigung).

Sind die vorgelegten Beförderungsnachweise iSd § 2 der VO, BGBl. Nr. 401/1996, mangelhaft (zB Fehlen der original unterschriebenen Empfangsbestätigung des Abnehmers oder seines Beauftragten bzw. – in Abholfällen – Fehlen einer original unterschriebenen Erklärung des Abnehmers oder seines Beauftragten, dass er den Gegenstand in das übrige Gemeinschaftsgebiet befördern wird), wurde der Nachweis nicht erbracht, dass der Liefergegenstand in das übrige Gemeinschaftsgebiet befördert wurde und aufgrund dieser Beförderung den Liefermitgliedstaat physisch verlassen hat (vgl. EuGH 27.9.2007, Rs C-409/04, *Teleos plc. ua.*, Rn 42).

Auch eine eidesstattliche Erklärung einer Begleitperson ist kein Beförderungsnachweis iSd § 2 der VO, BGBl. Nr. 401/1996.

Eine vollständig und ordnungsgemäß erstellte Spediteurbescheinigung (allenfalls auch mit entsprechend genehmigtem Unterschriftsstempel bzw. maschinellem Unterschriftsausdruck) gilt auch bei innergemeinschaftlichen Lieferungen als Versendungsbeleg. Näheres zur Spediteurbescheinigung siehe auch Rz 1083.

Liegen die Nachweise iSd VO, BGBl. Nr. 401/1996, nicht vor, kann nicht von der Steuerfreiheit der innergemeinschaftlichen Lieferung ausgegangen werden (vgl. BFH 6.12.2007, V R 59/03, Nachfolgeentscheidung zu EuGH 27.9.2007, Rs C-146/05, *Albert Collée*). Etwas Anderes gilt ausnahmsweise nur dann, wenn trotz der Nichterfüllung der formellen Nachweispflichten aufgrund der objektiven Beweislage feststeht, dass die Voraussetzungen für die Steuerfreiheit vorliegen (siehe hierzu auch Rz 2584).

Entscheidend ist, dass dem liefernden Unternehmer der Nachweis gelingt, dass die materiellen Voraussetzungen der Steuerfreiheit zweifelsfrei vorliegen. Beachtet der Unternehmer die in der Verordnung BGBl. Nr. 401/1996 vorgezeichneten Beweisvorsorgemaßnahmen nicht, liegt es an ihm, gleichwertige Nachweise für die Beförderung in das übrige Unionsgebiet vorzulegen, die der Beweiswürdigung unterliegen. Die nachträgliche Erstellung von Dokumenten kann die Beweiskraft des Nachweises in Frage stellen (vgl. VwGH 27.11.2014, 2012/15/0192).

4007 Der in den §§ 6 bis 8 der Verordnung des BM für Finanzen, BGBl. Nr. 401/1996 normierten **Aufzeichnungspflicht für den Buchnachweis** wird auch dann entsprochen, wenn in den Aufzeichnungen auf Belege hingewiesen wird, in denen die für den Buchnachweis weiters vorgeschriebenen Angaben enthalten sind (zB Hinweis auf die Rechnung hinsichtlich der zum Abnehmer aufzuzeichnenden Umstände; Hinweis auf den Lieferschein hinsichtlich des Tages der Lieferung und des Bestimmungsortes im Gemeinschaftsgebiet, usw).

4008 Die für den buchmäßigen Nachweis erforderlichen Aufzeichnungen sind grundsätzlich unmittelbar nach Ausführung des Umsatzes vorzunehmen; dies schließt aber nicht aus, dass Angaben berichtigt oder ergänzt werden können (zB um die im Zeitpunkt der Lieferung noch nicht bekannte UID, sofern diese Berichtigung oder Ergänzung vor einer Betriebsprüfung oder Umsatzsteuernachschau gemacht wird. Dem Unternehmer ist jedoch nach Beginn einer Umsatzsteuernachschau oder einer Betriebsprüfung unter Setzung einer Nachfrist von ca. einem Monat die Möglichkeit einzuräumen, einzelne fehlende Teile des buchmäßigen Nachweises nachzubringen (siehe § 18 Rz 2584).

Die Angabe der UID des Abnehmers ist gemäß § 5 der VO des BMF, BGBl. Nr. 401/1996, Bestandteil des Buchnachweises.

4009 Auch bei der Lieferung von neuen Fahrzeugen an Private hat der Unternehmer die Voraussetzungen der (steuerfreien) innergemeinschaftlichen Lieferung nachzuweisen. Die kraftfahrrechtliche Anmeldung in einem anderen Mitgliedstaat ist weder Voraussetzung für die Steuerfreiheit der innergemeinschaftlichen Lieferung nach Art. 7 UStG 1994, noch kann sie den nach der Verordnung BGBl. Nr. 401/1996 zu führenden Nachweis ersetzen. Die Zulassung zum Verkehr in einem anderen Mitgliedstaat ist bloß ein Beweismittel und kann „im Rahmen einer alternativen Nachweisführung" für sich allein betrachtet (als einziger Nachweis) nicht als zweifelsfreier „materieller Nachweis" für das Vorliegen sämtlicher materieller Tatbestandsvoraussetzungen iSd Art. 7 UStG 1994 (zB Abnehmereigenschaft bzw. Verschaffung der Verfügungsmacht an diesen Abnehmer, physisches Verlassen des Liefermitgliedstaates ua.) anerkannt werden (vgl. VwGH 19.12.2013, 2012/15/0006).

4010 Bei der Lieferung von Fahrzeugen im Sinne des § 2 des Normverbrauchsabgabegesetzes, BGBl. Nr. 695/1991, ist als weiterer Nachweis, dass das Fahrzeug in das übrige Gemeinschaftsgebiet befördert oder versendet wird, die Sperre des Fahrzeuges in der Genehmigungsdatenbank nach § 30a KFG 1967 erforderlich.

Der Nachweis wird erbracht:
- im Falle der Lieferung durch einen befugten Fahrzeughändler durch einen unmittelbar im Anschluss an die Lieferung über FinanzOnline erstellten Ausdruck, aus dem die Sperre in der Genehmigungsdatenbank ersichtlich ist; ist eine Sperre über FinanzOnline aus technischen Gründen vorübergehend nicht möglich, kann der Nachweis wie bei der Lieferung durch einen nicht befugten Fahrzeughändler erbracht werden (vgl. nächster Punkt),
- im Falle der Lieferung durch einen nicht befugten Fahrzeughändler durch
   - eine Ausfertigung eines mit dem Eingangsvermerk versehenen Exemplars des Formulars NOVA 2, mit dem die Vergütung der NoVA im Finanzamt beantragt wurde, oder
   - eine Ausfertigung eines mit dem Eingangsvermerk versehenen Exemplars des Formulars NOVA 4, mit dem die Sperre in der Genehmigungsdatenbank im Finanzamt beantragt wurde,

wobei die Formulare NOVA 2 bzw. NOVA 4 auch per Fax an das zuständige Finanzamt übermittelt werden können,
- im Falle der Lieferung eines neuen Fahrzeuges durch einen Privaten durch
   - eine Ausfertigung eines mit dem Eingangsvermerk versehenen Exemplars des Formulars NOVA 2, mit dem die Vergütung der NoVA im Finanzamt beantragt wurde, oder
   - eine Ausfertigung eines mit dem Eingangsvermerk versehenen Exemplars des Formulars NOVA 4, mit dem die Sperre in der Genehmigungsdatenbank im Finanzamt beantragt wurde.

Ist das Fahrzeug in der Genehmigungsdatenbank nicht enthalten, erübrigt sich die Durchführung der Sperre (zB ein Fahrzeug wird importiert und anschließend ohne im Inland zum Verkehr zugelassen zu werden, innergemeinschaftlich geliefert).

Randzahlen 4011 bis 4015: Derzeit frei.

4. Sorgfaltspflichten und Vertrauensschutz

4016 Mit der in Art. 7 Abs. 4 UStG 1994 enthaltenen Vertrauensschutzregelung wird dem Unternehmer bei einer innergemeinschaftlichen Lieferung die Steuerbefreiung trotz fehlender Voraussetzung belassen, wenn er bei Beachtung der einem ordentlichen Kaufmann obliegenden Sorgfalt die unrichtigen Angaben des Abnehmers nicht erkennen konnte. Was der Sorgfalt eines ordentlichen Kaufmanns entspricht, kann nicht generell gesagt werden, sondern ist im Einzelfall zu entscheiden. Maßgebend sind nicht die persönlichen Eigenschaften, Gewohnheiten und Kenntnisse des Unternehmers, sondern ein objektiver Maßstab, das Verhalten eines ordentlichen, gewissenhaften Kaufmannes, wobei der Sorgfaltsmaßstab nach Geschäftszweigen differieren kann.

Die Frage des Gutglaubensschutzes stellt sich erst dann, wenn der Unternehmer seinen Nachweispflichten nachgekommen ist (BFH 21.1.2015, XI R 5/13; 14.11.2012, XI R 8/11; 25.4.2013, V R 28/11; 8.11.2007, V R 26/05). So ersetzt zB die zeitgerechte Überprüfung der UID des Abnehmers auf ihre Gültigkeit für sich allein nicht die darüber hinaus geforderten Nachweispflichten.

Im Fall einer innergemeinschaftlichen Verbringung iSd Art. 7 Abs. 2 Z 1 UStG 1994 ist die Vertrauensschutzregelung mangels Abnehmer, der unrichtige Angaben gemacht haben kann, nicht anwendbar (siehe VwGH 28.3.2014, 2012/16/0009).

Art. 7 UStG

4017 Zum **Nachweis der Unternehmereigenschaft des Abnehmers** wird der Sorgfaltspflicht des Unternehmers im Regelfall dadurch genügt, dass er sich die UID des Abnehmers nachweisen lässt. Die **Inanspruchnahme des Bestätigungsverfahrens** des Art. 28 Abs. 2 UStG 1994 ist bei ständigen Geschäftsbeziehungen nur in Zweifelsfällen erforderlich. Holt ein dem Unternehmer unbekannter Abnehmer aus einem anderen Mitgliedstaat unter Ausweis einer UID Waren ab, wird hingegen regelmäßig eine **Abfrage nach Stufe zwei** des Bestätigungsverfahrens erforderlich sein.

4018 In Abholfällen hat der liefernde Unternehmer gem Art. 7 Abs. 4 UStG 1994 die **Identität des Abholenden** festzuhalten. Wie die Identität des Abholenden festgehalten wird, bleibt dem Unternehmer überlassen. Zweckmäßigerweise wird er sich einen geeigneten Ausweis (Reisepass, Führerschein) vom Abholenden zeigen lassen und dann die maßgebenden Daten schriftlich festhalten.

4019 (entfallen)

4020 Liegen die Voraussetzungen der **Vertrauensschutzregelung** vor, schuldet der Abnehmer die entgangene (österreichische) Steuer. **Bemessungsgrundlage** ist der in der Rechnung über die Lieferung ausgewiesene Betrag.

Randzahlen 4021 bis 4030: Derzeit frei.

Verordnung des Bundesministers für Finanzen über den Nachweis der Beförderung oder Versendung und den Buchnachweis bei innergemeinschaftlichen Lieferungen

BGBl. II Nr. 401/1996 idF BGBl. II Nr. 172/2010

Auf Grund des Artikels 7 des Umsatzsteuergesetzes 1994, BGBl. Nr. 663/1994, zuletzt geändert durch das Bundesgesetz BGBl. Nr. 201/1996, wird verordnet:

Nachweis der Beförderung oder Versendung bei innergemeinschaftlichen Lieferungen

§ 1.

Bei innergemeinschaftlichen Lieferungen (Art. 7 UStG 1994) muß der Unternehmer eindeutig und leicht nachprüfbar nachweisen, daß er oder der Abnehmer den Gegenstand der Lieferung in das übrige Gemeinschaftsgebiet befördert oder versendet hat.

§ 2.

In den Fällen, in denen der Unternehmer oder der Abnehmer den Gegenstand der Lieferung in das übrige Gemeinschaftsgebiet befördert, hat der Unternehmer den Nachweis wie folgt zu führen:
1. durch die Durchschrift oder Abschrift der Rechnung (§ 11, Art. 11 UStG 1994),
2. durch einen handelsüblichen Beleg, aus dem sich der Bestimmungsort ergibt, insbesondere Lieferschein, und
3. durch eine Empfangsbestätigung des Abnehmers oder seines Beauftragten oder in den Fällen der Beförderung des Gegenstandes durch den Abnehmer durch eine Erklärung des Abnehmers oder seines Beauftragten, daß er den Gegenstand in das übrige Gemeinschaftsgebiet befördern wird.

§ 3.

(1) In den Fällen, in denen der Unternehmer oder der Abnehmer den Gegenstand der Lieferung in das übrige Gemeinschaftsgebiet versendet, hat der Unternehmer den Nachweis wie folgt zu führen:
1. durch die Durchschrift oder Abschrift der Rechnung (§ 11, Art. 11 UStG 1994) und

2. durch einen Versendungsbeleg im Sinne des § 7 Abs. 5 UStG 1994, insbesondere durch Frachtbriefe, Postaufgabebescheinigungen, Konnossemente und dergleichen oder deren Doppelstücke.

(2) Ist es dem Unternehmer nicht möglich oder nicht zumutbar, den Versendungsnachweis nach Absatz 1 zu führen, kann er den Nachweis auch nach § 2 führen.

§ 4.

(1) Ist der Gegenstand der Lieferung vor der Beförderung oder Versendung in das übrige Gemeinschaftsgebiet durch einen Beauftragten bearbeitet oder verarbeitet worden (Art. 7 Abs. 1 letzter Unterabsatz UStG 1994), so hat der Unternehmer die Versendung oder Beförderung nachzuweisen (§ 2). Zusätzlich dazu hat der Unternehmer auf einem Beleg festzuhalten:
1. den Namen und die Anschrift des Beauftragten,
2. die handelsübliche Bezeichnung und die Menge des an den Beauftragten übergebenen oder versendeten Gegenstandes,
3. den Ort und den Tag der Entgegennahme des Gegenstandes durch den Beauftragten und
4. die Bezeichnung des Auftrages und der vom Beauftragten vorgenommenen Bearbeitung oder Verarbeitung.

(2) Ist der Gegenstand der Lieferung durch mehrere Beauftragte bearbeitet oder verarbeitet worden, so haben sich die in Absatz 1 bezeichneten Angaben auf die Bearbeitungen oder Verarbeitungen eines jeden Beauftragten zu erstrecken.

Buchnachweis bei innergemeinschaftlichen Lieferungen

§ 5.

Bei innergemeinschaftlichen Lieferungen muß der Unternehmer die Voraussetzungen der Steuerbefreiung einschließlich Umsatzsteuer-Identifikationsnummer des Abnehmers buchmäßig nachweisen. Die Voraussetzungen müssen leicht nachprüfbar aus der Buchführung zu ersehen sein.

§ 6.

Der Unternehmer hat folgendes aufzuzeichnen:
1. den Namen, die Anschrift und die Umsatzsteuer-Identifikationsnummer des Abnehmers,
2. den Namen und die Anschrift des Beauftragten des Abnehmers in Abholfällen,
3. die handelsübliche Bezeichnung und die Menge des Gegenstandes der Lieferung,
4. den Tag der Lieferung,
5. das vereinbarte Entgelt oder bei der Besteuerung nach vereinnahmten Entgelten das vereinnahmte Entgelt und den Tag der Vereinnahmung,
6. die Art und den Umfang einer Bearbeitung oder Verarbeitung vor der Beförderung oder Versendung in das übrige Gemeinschaftsgebiet (Art. 7 Abs. 1 letzter Unterabsatz UStG 1994),
7. die Beförderung oder Versendung in das übrige Gemeinschaftsgebiet und
8. den Bestimmungsort im übrigen Gemeinschaftsgebiet.

§ 7.

In den einer Lieferung gleichgestellten Verbringungsfällen (Art. 3 Abs. 1 UStG 1994) hat der Unternehmer folgendes aufzuzeichnen:
1. die handelsübliche Bezeichnung und die Menge des verbrachten Gegenstandes,
2. die Anschrift und die Umsatzsteuer-Identifikationsnummer des im anderen Mitgliedstaates gelegenen Unternehmensteils,
3. den Tag des Verbringens und
4. die Bemessungsgrundlage nach Art. 4 Abs. 2 UStG 1994.

§ 8.

In den Fällen, in denen neue Fahrzeuge an Abnehmer ohne Umsatzsteuer-Identifikationsnummer in das übrige Gemeinschaftsgebiet geliefert werden, hat der Unternehmer folgendes aufzuzeichnen:
1. den Namen und die Anschrift des Erwerbers,
2. die handelsübliche Bezeichnung des gelieferten Fahrzeuges,
3. den Tag der Lieferung,
4. das vereinbarte Entgelt oder bei der Besteuerung nach vereinnahmten Entgelten das vereinnahmte Entgelt und den Tag der Vereinnahmung,
5. die in Art. 1 Abs. 8 und 9 UStG 1994 bezeichneten Merkmale,
6. die Beförderung oder Versendung in das übrige Gemeinschaftsgebiet und
7. den Bestimmungsort im übrigen Gemeinschaftsgebiet.

Sperre in der Genehmigungsdatenbank

§ 9.

Als weiterer Nachweis, dass der Gegenstand der Lieferung in das übrige Gemeinschaftsgebiet befördert oder versendet wird, ist bei der Lieferung von Fahrzeugen im Sinne des § 2 des Normverbrauchsabgabegesetzes, BGBl. Nr. 695/1991, die Sperre des Fahrzeuges in der Genehmigungsdatenbank nach § 30a KFG 1967 erforderlich.

Judikatur EuGH zu Art. 7:

EuGH vom 9.10.2014, Rs C-492/13, *Traum*
Nachweise bei ig Lieferungen; unmittelbare Wirkung der Richtlinie

1. Art. 138 Abs. 1 und Art. 139 Abs. 1 Unterabs. 2 der Richtlinie 2006/112/EG in der durch die Richtlinie 2010/88/EU geänderten Fassung sind dahin auszulegen, dass es ihnen unter Umständen wie denen des Ausgangsverfahrens zuwiderläuft, dass die Steuerbehörde eines Mitgliedstaats das Recht auf eine Mehrwertsteuerbefreiung aufgrund einer innergemeinschaftlichen Lieferung mit der Begründung versagt, dass der Erwerber nicht in einem anderen Mitgliedstaat für die Zwecke der Mehrwertsteuer erfasst gewesen sei und dass der Lieferant weder die Echtheit der Unterschrift auf den Dokumenten, die er seiner Erklärung über die angeblich steuerfreie Lieferung als Belege beigefügt habe, noch die Bevollmächtigung der Person nachgewiesen habe, die diese Dokumente im Namen des Erwerbers unterzeichnet habe, obwohl die zum Beleg des Rechts auf Steuerbefreiung vom Lieferanten seiner Erklärung beigefügten Nachweise der vom nationalen Recht festgelegten Liste der der Steuerbehörde vorzulegenden Dokumente entsprachen und zu-

nächst von dieser als Nachweise akzeptiert wurden, was vom vorlegenden Gericht zu prüfen sein wird.

2. Art. 138 Abs. 1 der Richtlinie 2006/112 in der durch die Richtlinie 2010/88 geänderten Fassung ist dahin auszulegen, dass ihm eine unmittelbare Wirkung zukommt, so dass sich Steuerpflichtige vor den nationalen Gerichten gegenüber dem Staat auf diese Bestimmung berufen können, um eine Mehrwertsteuerbefreiung für eine innergemeinschaftliche Lieferung zu erlangen.

EuGH vom 27.9.2012, Rs C-587/10, *VSTR*
Rechtsfolgen bei (Nicht)Mitteilung der UID bei innergemeinschaftlichen Lieferungen

Art. 28c Teil A Buchst. a Unterabs. 1 der Sechsten Richtlinie 77/388/EWG in der durch die Richtlinie 98/80/EG geänderten Fassung ist dahin auszulegen, dass er es der Finanzverwaltung eines Mitgliedstaats nicht verwehrt, die Steuerbefreiung einer innergemeinschaftlichen Lieferung davon abhängig zu machen, dass der Lieferer die Umsatzsteuer-Identifikationsnummer des Erwerbers mitteilt; dies gilt allerdings unter dem Vorbehalt, dass die Steuerbefreiung nicht allein aus dem Grund verweigert wird, dass diese Verpflichtung nicht erfüllt worden ist, wenn der Lieferer redlicherweise, und nachdem er alle ihm zumutbaren Maßnahmen ergriffen hat, diese Identifikationsnummer nicht mitteilen kann und er außerdem Angaben macht, die hinreichend belegen können, dass der Erwerber ein Steuerpflichtiger ist, der bei dem betreffenden Vorgang als solcher gehandelt hat.

EuGH vom 6.9.2012, Rs C-273/11, *Mecsek-Gabona*
Nachweispflichten bei innergemeinschaftlichen Lieferungen

1. Art. 138 Abs. 1 der Richtlinie 2006/112/EG in der durch die Richtlinie 2010/88/EU geänderten Fassung ist dahin auszulegen, dass er es nicht verwehrt, dem Verkäufer unter Umständen wie denen des Ausgangsverfahrens den Anspruch auf Steuerbefreiung einer innergemeinschaftlichen Lieferung zu versagen, wenn aufgrund der objektiven Sachlage feststeht, dass der Verkäufer seinen Nachweispflichten nicht nachgekommen ist oder dass er wusste oder hätte wissen müssen, dass der von ihm bewirkte Umsatz mit einer Steuerhinterziehung des Erwerbers verknüpft war, und er nicht alle ihm zur Verfügung stehenden zumutbaren Maßnahmen ergriffen hat, um seine eigene Beteiligung an dieser Steuerhinterziehung zu verhindern.

2. Dem Verkäufer kann die Steuerbefreiung einer innergemeinschaftlichen Lieferung im Sinne von Art. 138 Abs. 1 der Richtlinie 2006/112 nicht allein deshalb versagt werden, weil die Steuerverwaltung eines anderen Mitgliedstaats eine Löschung der Mehrwertsteuer-Identifikationsnummer des Erwerbers vorgenommen hat, die zwar nach der Lieferung des Gegenstands erfolgt ist, aber auf einen Zeitpunkt vor der Lieferung zurückwirkt.

EuGH vom 16.12.2010, Rs C-430/09, *Euro Tyre Holding*
Zuordnung der innergemeinschaftlichen Lieferung bei Reihengeschäften

Werden in Bezug auf eine Ware zwischen verschiedenen als solchen handelnden Steuerpflichtigen aufeinanderfolgend zwei Lieferungen, aber nur eine einzige innergemeinschaftliche Beförderung durchgeführt – so dass dieser Umsatz unter den Begriff der innergemeinschaftlichen Beförderung im Sinne von Art. 28c Teil A Buchst. a Unterabs. 1 der Sechsten Richtlinie 77/388/EWG in der durch die Richtlinie 96/95/EG geänderten

Fassung in Verbindung mit den Art. 8 Abs. 1 Buchst. a und b, 28a Abs. 1 Buchst. a Unterabs. 1 und 28b Teil A Abs. 1 dieser Richtlinie fällt –, so hat die Bestimmung, welchem Umsatz diese Beförderung zuzurechnen ist, ob also der ersten oder der zweiten Lieferung, in Ansehung einer umfassenden Würdigung aller Umstände des Einzelfalls zu erfolgen, um festzustellen, welche der beiden Lieferungen alle Voraussetzungen für eine innergemeinschaftliche Lieferung erfüllt.

Unter Umständen wie denen des Ausgangsverfahrens, wenn also der Ersterwerber, der das Recht, über den Gegenstand wie ein Eigentümer zu verfügen, im Hoheitsgebiet des Mitgliedstaats der ersten Lieferung erlangt hat, seine Absicht bekundet, diesen Gegenstand in einen anderen Mitgliedstaat zu befördern, und mit seiner von dem letztgenannten Staat zugewiesenen Umsatzsteuer-Identifikationsnummer auftritt, müsste die innergemeinschaftliche Beförderung der ersten Lieferung zugerechnet werden, sofern das Recht, über den Gegenstand wie ein Eigentümer zu verfügen, im Bestimmungsmitgliedstaat der innergemeinschaftlichen Beförderung auf den Zweiterwerber übertragen wurde. Es ist Sache des vorlegenden Gerichts, zu prüfen, ob diese Bedingung in dem bei ihm anhängigen Rechtsstreit erfüllt ist.

EuGH vom 7.12.2010, Rs C-285/09, *R*
Keine innergemeinschaftliche Lieferung bei Verschleierung des Erwerbers

Unter Umständen wie denen des Ausgangsverfahrens, wenn also eine innergemeinschaftliche Lieferung von Gegenständen tatsächlich stattgefunden hat, der Lieferer jedoch bei der Lieferung die Identität des wahren Erwerbers verschleiert hat, um diesem zu ermöglichen, die Mehrwertsteuer zu hinterziehen, kann der Ausgangsmitgliedstaat der innergemeinschaftlichen Lieferung aufgrund der ihm nach dem ersten Satzteil von Art. 28c Teil A Buchst. a der Sechsten Richtlinie 77/388/EWG in der durch die Richtlinie 2000/65/EG geänderten Fassung zustehenden Befugnisse die Mehrwertsteuerbefreiung für diesen Umsatz versagen.

EuGH vom 27.9.2007, Rs C-146/05, *Collée*
Nicht rechtzeitiger Nachweis einer innergemeinschaftlichen Lieferung

Art. 28c Teil A Buchst. a Unterabs. 1 der Sechsten Richtlinie 77/388/EWG in der durch die Richtlinie 91/680/EWG des Rates vom 16. Dezember 1991 geänderten Fassung ist in dem Sinn auszulegen, dass er der Finanzverwaltung eines Mitgliedstaats verwehrt, die Befreiung einer tatsächlich ausgeführten innergemeinschaftlichen Lieferung von der Mehrwertsteuer allein mit der Begründung zu versagen, der Nachweis einer solchen Lieferung sei nicht rechtzeitig erbracht worden.

Bei der Prüfung des Rechts auf Befreiung einer solchen Lieferung von der Mehrwertsteuer muss das vorlegende Gericht die Tatsache, dass der Steuerpflichtige zunächst bewusst das Vorliegen einer innergemeinschaftlichen Lieferung verschleiert hat, nur dann berücksichtigen, wenn eine Gefährdung des Steueraufkommens besteht und diese vom Steuerpflichtigen nicht vollständig beseitigt worden ist.

EuGH vom 27.9.2007, Rs C-409/04, *Teleos*
Nachweispflichten bei der innergemeinschaftlichen Lieferung

1. Die Art. 28a Abs. 3 Unterabs. 1 und 28c Teil A Buchst. a Unterabs. 1 der Sechsten Richtlinie 77/388/EWG in der durch die Richtlinie 2000/65/EG des Rates vom 17. Okto-

ber 2000 geänderten Fassung sind im Hinblick auf den in diesen beiden Bestimmungen enthaltenen Begriff „versendet"/„versandt" dahin auszulegen, dass der innergemeinschaftliche Erwerb eines Gegenstands erst dann bewirkt ist und die Befreiung der innergemeinschaftlichen Lieferung erst dann anwendbar wird, wenn das Recht, wie ein Eigentümer über den Gegenstand zu verfügen, auf den Erwerber übertragen worden ist und der Lieferant nachweist, dass der Gegenstand in einen anderen Mitgliedstaat versandt oder befördert worden ist und aufgrund dieses Versands oder dieser Beförderung den Liefermitgliedstaat physisch verlassen hat.

2. Art. 28c Teil A Buchst. a Unterabs. 1 der Sechsten Richtlinie 77/388 in der Fassung der Richtlinie 2000/65 ist dahin auszulegen, dass die zuständigen Behörden des Liefermitgliedstaats nicht befugt sind, einen gutgläubigen Lieferanten, der Beweise vorgelegt hat, die dem ersten Anschein nach sein Recht auf Befreiung einer innergemeinschaftlichen Lieferung von Gegenständen belegen, zu verpflichten, später Mehrwertsteuer auf diese Gegenstände zu entrichten, wenn die Beweise sich als falsch herausstellen, jedoch nicht erwiesen ist, dass der Lieferant an der Steuerhinterziehung beteiligt war, soweit er alle ihm zur Verfügung stehenden zumutbaren Maßnahmen ergriffen hat, um sicherzustellen, dass die von ihm vorgenommene innergemeinschaftliche Lieferung nicht zu seiner Beteiligung an einer solchen Steuerhinterziehung führt.

3. Wenn der Erwerber bei den Finanzbehörden des Bestimmungsmitgliedstaats eine Erklärung wie die im Ausgangsverfahren über den innergemeinschaftlichen Erwerb abgibt, kann dies einen zusätzlichen Beweis dafür darstellen, dass die Gegenstände tatsächlich den Liefermitgliedstaat verlassen haben, ist jedoch kein für die Befreiung einer innergemeinschaftlichen Lieferung von der Mehrwertsteuer maßgeblicher Beweis.

Judikatur VwGH zu Art. 7:

VwGH vom 27.4.2016, 2013/13/0051
Auslegung der Vertrauensschutzregelung

Die in Art. 7 Abs. 4 letzter Satz UStG 1994 normierte Pflicht tritt zu den Nachweispflichten betreffend Nachweis der Beförderung oder Verwendung und Buchnachweis hinzu, die Art. 7 Abs. 3 UStG 1994 und die Verordnung BGBl. Nr. 401/1996 dem Unternehmer auferlegen.

Der Nachweis der Beförderung oder Versendung (§§ 1 ff der Verordnung BGBl. Nr. 401/1996) ist in Abholfällen im Sinne des § 7 Abs. 1 Z 2 UStG 1994 (Beförderung oder Versendung durch den Abnehmer) nur bei Beförderung, aber nicht auch bei Versendung u.a. durch eine „Erklärung des Abnehmers oder seines Beauftragten" zu führen (§ 2 Z 3 der Verordnung). Die Anforderungen an den Nachweis sind in diesem Fall (wie auch bei Beförderung durch den Unternehmer) höher als im Versendungsfall, weil in den Beförderungsvorgang keine dritte Person eingeschaltet ist (Tumpel, Mehrwertsteuer im innergemeinschaftlichen Warenverkehr, 1997, 384). Nur im Zusammenhang mit der Beförderung ohne Einschaltung selbständiger Dritter (nicht jedoch bei der Versendung) verweist Tumpel (a.a.O., 386) auch auf die ergänzende Funktion des Art. 7 Abs. 4 letzter Satz UStG 1994 zur Verhinderung von Missbräuchen in (Barzahlungs-)Abholfällen.

Die Stellung des Art. 7 Abs. 4 letzter Satz UStG 1994 im Aufbau der Regelung lässt – in Verbindung mit der Erläuterung des gesamten Absatzes als „Vertrauensschutzregelung" (Hinweis Regierungsvorlage, 1175 BlgNR 18. GP 78) – keinen Zweifel daran, dass es sich im Sinne der Meinung von Ruppe und Tumpel um eine nur den Vertrauensschutz betreffende Anordnung handelt. Zu beachten ist aber auch deren Stellung innerhalb dieses Absatzes. Sie ist der Rechtsfolge („In diesem Fall schuldet der Abnehmer die entgangene Steuer") nachgereiht und damit nicht – oder jedenfalls nicht ausdrücklich – als eine ihrer Voraussetzungen gestaltet. Dies entspricht der von den genannten Autoren auch vertretenen Ansicht, die Anordnung diene der „Realisierung" (Ruppe; siehe nun Ruppe/Achatz, UStG[4], 2011, Art. 7, Tz 39 f) der Steuerschuld des Abnehmers (Tumpel, Mehrwertsteuer im innergemeinschaftlichen Warenverkehr, 1997, 400: der „Einbringung der Steuerschuld im Falle missbräuchlicher Verwendung der Umsatzsteueridentifikationsnummer"). Wenn ihre Befolgung zugleich als Erfordernis der Einhaltung der „Sorgfalt eines ordentlichen Kaufmanns" (Ruppe) bzw. der „notwendigen Sorgfalt" (Tumpel) bezeichnet wird, so kann damit nicht die Sorgfalt gemeint sein, die nach Art. 7 Abs. 4 erster Satz UStG 1994 aufzuwenden ist, um eine eventuelle Unrichtigkeit der Angaben des Abnehmers zu erkennen. Die im letzten Satz des Art 7 Abs. 4 UStG 1994 normierte Pflicht dient der Vorsorge für den Fall einer Enttäuschung des – berechtigten, weil nicht auf mangelnder Sorgfalt beruhenden – Vertrauens auf die Richtigkeit der Angaben des Abnehmers. Im Sinne von Tumpels Beifügung zum Gesichtspunkt der „Einbringung" (und auch der Bezugnahme auf die Identität des Abnehmers bei Ruppe/Achatz, a.a.O, Tz 40, letzter Satz) muss dabei an Fälle gedacht sein, in denen ein für den Unternehmer nicht erkennbarer Missbrauch der Umsatzsteueridentifikationsnummer dazu führt, dass ohne Kenntnis des Abholenden auch der Abnehmer nicht feststeht. Ist dies der Zweck der zur Aufzeichnungspflicht gemäß § 6 Z 2 der Verordnung BGBl. Nr. 401/1996 hinzutretenden besonderen Verpflichtung gemäß Art. 7 Abs. 4 letzter Satz UStG 1994, so kann der Verlust des Vertrauensschutzes in Fällen, in denen die Kenntnis des Abholenden zur Durchsetzung des Abgabenanspruchs gegenüber dem Abnehmer nichts beiträgt, keine verhältnismäßige Sanktion für eine Verletzung dieser Verpflichtung sein (vgl. zum Gesichtspunkt der Verhältnismäßigkeit etwa die Urteile des EuGH in den Rechtssachen C 430/09, Mecsek-Gabona, Rn 36, und C 492/13, Traum, Rn 27). Eine solche Sanktion ist in Art. 7 Abs. 4 letzter Satz UStG 1994, der die Folgen einer Nichteinhaltung der Verpflichtung offen lässt, auch nicht angeordnet.

VwGH vom 26.11.2015, Ra 2015/15/0012
Im Bereich der Nachweisführung bei innergemeinschaftlichen Lieferungen ist auch eine spätere Nachweisführung im Abgabenverfahren möglich

Der Nachweis der materiellen Voraussetzungen der Steuerfreiheit nach Art. 6 iVm 7 UStG 1994 ist vom inländischen Lieferer zu erbringen. Im Bereich der Nachweisführung ist nicht auf bloß formelle Belange, insbesondere den Zeitpunkt der Nachweiserbringung, abzustellen, sondern auch eine spätere Nachweisführung im Abgabenverfahren ausreichend (vgl. das Erkenntnis vom 27. November 2014, 2012/15/0192, mwN). Entscheidend ist, dass dem liefernden Unternehmer der Nachweis gelingt, dass die materiellen Voraussetzungen der Steuerfreiheit zweifelsfrei vorliegen. Ob der Nachweis der Beförderung erbracht ist, ist eine Frage der – vom Verwaltungsgerichtshof nur auf ihre Schlüssigkeit zu prüfenden – Beweiswürdigung (vgl. neuerlich das Erkenntnis vom 27. November 2014, 2012/15/0192).

Wenn der Unternehmer die in der Verordnung BGBl. Nr. 401/1996 vorgezeichneten Beweisvorsorgemaßnahmen nicht beachtet, liegt es an ihm, gleichwertige Nachweise für die Beförderung in das übrige Unionsgebiet vorzulegen (vgl. das Erkenntnis vom 27. November 2014, 2012/15/0192).

VwGH vom 27.11.2014, 2012/15/0192
Bei der Nachweisführung iZm innergemeinschaftlichen Lieferungen ist nicht auf bloß formelle Belange, insbesondere den Zeitpunkt der Nachweiserbringung, abzustellen, sondern auch eine spätere Nachweisführung im Abgabenverfahren ausreichend; die nachträgliche Erstellung von Dokumenten kann die Beweiskraft des Nachweises in Frage stellen

Der Verwaltungsgerichtshof hat in seinem Erkenntnis vom 20. Dezember 2012, 2009/15/0146, ausgeführt, dass der Nachweis der materiellen Voraussetzungen der Steuerfreiheit nach Art. 7 UStG 1994 vom inländischen Lieferer zu erbringen ist (vgl. die Urteile des EuGH vom 27. September 2007, C-409/04, *Teleos*, Rz 42 ff; vom 27. September 2007, C-184/05, *Twoh International*, Rz 23 ff sowie vom 6. September 2012, C-273/11, *Mecsek-Gabona Kft*, Rz 35 ff). Aus der Rechtsprechung des EuGH ist aber auch abzuleiten, dass im Bereich der Nachweisführung nicht auf bloß formelle Belange, insbesondere den Zeitpunkt der Nachweiserbringung, abzustellen, sondern auch eine spätere Nachweisführung im Abgabenverfahren ausreichend ist (vgl. das Urteil des EuGH vom 27. September 2007, C-146/05, *Albert Collee*, Rz 29). Entscheidend ist somit, dass dem liefernden Unternehmer der Nachweis gelingt, dass die materiellen Voraussetzungen der Steuerfreiheit zweifelsfrei vorliegen. Beachtet er dabei die in der Verordnung BGBl. Nr. 401/1996 vorgezeichneten Beweisvorsorgemaßnahmen nicht, liegt es an ihm, gleichwertige Nachweise für die Beförderung in das übrige Unionsgebiet vorzulegen (Achatz, in Lang/Weinzierl, FS Rödler, 2010, 13 ff, 18). Ob der Nachweis der Beförderung erbracht ist, ist eine Frage der – vom Verwaltungsgerichtshof nur auf ihre Schlüssigkeit zu prüfenden – Beweiswürdigung.

Dass die nachträgliche Erstellung von Dokumenten die Beweiskraft des Nachweises in Frage stellen kann, ist ein allgemeines beweisrechtliches Problem (vgl. Ruppe/Achatz, UStG⁴ Art 7 BMR, Rz 30), mit dem sich die Behörde im Rahmen der Beweiswürdigung einzelfallbezogen auseinander zu setzen hat.

VwGH vom 19.12.2013, 2012/15/0006
Bei der Nachweisführung iZm ig Lieferungen ist nicht auf bloß formelle Belange abzustellen; spätere Nachweisführung ist ausreichend

Der Nachweis, dass die materiellen Voraussetzungen der Steuerfreiheit nach Art. 7 UStG 1994 vorliegen, ist vom inländischen Lieferer zu erbringen. Den Ausführungen des EuGH im Urteil vom 27. September 2007, C-146/05, Albert Collee, ist zu entnehmen, dass im gegebenen Zusammenhang im Bereich der Nachweisführung nicht auf bloß formelle Belange, insbesondere den Zeitpunkt der Nachweiserbringung abzustellen ist. Es ist auch eine spätere Nachweisführung im Abgabenverfahren ausreichend (vgl. das hg. Erkenntnis vom 18. Oktober 2007, 2006/16/0108). Entscheidend ist, dass dem liefernden Unternehmer der Nachweis gelingt, dass die materiellen Voraussetzungen der Steuerfreiheit zweifelsfrei vorliegen.

VwGH vom 20.12.2012, 2009/15/0146
Auch eine spätere Nachweisführung im Abgabenverfahren ist ausreichend, dass die materiellen Voraussetzungen der Steuerfreiheit vorliegen

Der Nachweis, dass die materiellen Voraussetzungen der Steuerfreiheit nach Art. 7 UStG 1994 vorliegen, ist vom inländischen Lieferer zu erbringen. Den Ausführungen des EuGH im Urteil vom 27. September 2007, C-146/05, Albert Collee, ist zu entnehmen, dass im gegebenen Zusammenhang im Bereich der Nachweisführung nicht auf bloß formelle Belange, insbesondere den Zeitpunkt der Nachweiserbringung abzustellen ist. Es ist auch eine spätere Nachweisführung im Abgabenverfahren ausreichend (vgl. das hg. Erkenntnis vom 18. Oktober 2007, 2006/16/0108). Entscheidend ist, dass dem liefernden Unternehmer der Nachweis gelingt, dass die materiellen Voraussetzungen der Steuerfreiheit zweifelsfrei vorliegen.

Ob der Nachweis der Beförderung erbracht ist, ist eine Frage der – vom Verwaltungsgerichtshof nur auf ihre Schlüssigkeit zu prüfenden – Beweiswürdigung (vgl. beispielsweise das hg. Erkenntnis vom 20. Mai 2010, 2006/15/0238).

Art. 8.

(Anm.: wurde nicht vergeben)

Art. 9.

(Anm.: wurde nicht vergeben)

Art. 10.

(Anm.: wurde nicht vergeben)

Ausstellung von Rechnungen in besonderen Fällen

Art. 11.

(1) Der Unternehmer ist zur Ausstellung von Rechnungen verpflichtet für:
1. steuerfreie Lieferungen im Sinne des Art. 6 Abs. 1;
2. Lieferungen im Sinne des Art. 2;
3. sonstige Leistungen, die gemäß Art. 3a Abs. 1 im Inland ausgeführt werden;
4. Lieferungen, die gemäß Art. 3 Abs. 3 im Inland ausgeführt werden.

In Fällen der Z 1 und 2 ist die Rechnung bis spätestens am fünfzehnten Tag des Kalendermonates, der auf den Kalendermonat folgt, in dem die Lieferung ausgeführt worden ist, unter Hinweis auf die Steuerfreiheit auszustellen. Besteht eine Verpflichtung gemäß Z 3 muss die Steuer gesondert auf der Rechnung ausgewiesen werden.

(2) Wird in Rechnungen über steuerfreie Lieferungen im Sinne des Art. 7 abgerechnet, so sind die Umsatzsteuer-Identifikationsnummer des Unternehmers und die des Leistungsempfängers anzugeben. Das gilt nicht in den Fällen des Art. 1 Abs. 7 und des Art. 2.

(3) Rechnungen über die innergemeinschaftlichen Lieferungen von neuen Fahrzeugen an die nicht in Art. 1 Abs. 2 Z 2 genannten Erwerber müssen die in Art. 1 Abs. 8 und 9 bezeichneten Merkmale enthalten. Das gilt auch in den Fällen des Art. 2.

(4) Vereinnahmt der Unternehmer das Entgelt oder einen Teil des Entgeltes für eine noch nicht ausgeführte steuerfreie innergemeinschaftliche Lieferung, besteht hiefür keine Verpflichtung zur Rechnungsausstellung.

(5) § 11 Abs. 6 gilt nicht für Rechnungen über innergemeinschaftliche Lieferungen, Rechnungen über gemäß Art. 3 Abs. 3 im Inland ausgeführte Lieferungen und für Rechnungen gemäß Art. 25 Abs. 4.

UStR zu Art. 11:

	Rz		Rz
1. Anwendungsbereich	4031	2. UID in Rechnungen	4041
1.1 Rechnungen iZm ig Lieferungen	4031	3. Rechnungen iZm Fahrzeuglieferungen	4046
1.2 Rechnungen iZm Versandhandel	4032	4. Rechnungen iZm Anzahlungen für ig Lieferungen	4051
1.3 Rechnungen iZm sonstigen Leistungen	4033		

1. Anwendungsbereich

1.1 Rechnungen im Zusammenhang mit innergemeinschaftlichen Lieferungen

4031 Der Unternehmer ist zur Ausstellung einer Rechnung im Sinne des § 11 Abs. 1 UStG 1994 verpflichtet, wenn er eine steuerfreie innergemeinschaftliche Lieferung ausführt. Anstelle des Steuerbetrages bzw. des Steuersatzes ist in der Rechnung ausdrücklich auf die Steuerfreiheit der innergemeinschaftlichen Lieferung hinzuweisen. Aufgrund der seit 1.1.2004 geltenden Rechtslage gelten die Vereinfachungsbestimmungen für Kleinbetragsrechnungen (§ 11 Abs. 6 UStG 1994) nicht für Rechnungen über innergemeinschaftliche Lieferungen.

Ab 1. Jänner 2013 hat die Rechnungsausstellung spätestens am 15. des auf die Ausführung der steuerfreien innergemeinschaftlichen Lieferung folgenden Kalendermonates zu erfolgen.

1.2 Rechnungen im Zusammenhang mit Versandhandel

4032 Ein Unternehmer, der Lieferungen im Sinne des Art. 3 Abs. 3 UStG 1994 ausführt, ist verpflichtet, Rechnungen mit gesondertem Ausweis der Steuer auszustellen. Der Ausweis dient nicht dem Vorsteuerabzug, sondern gibt dem Abnehmer bekannt, dass die Lieferung mit inländischer Umsatzsteuer belastet ist. Die Erleichterungen für Kleinbetragsrechnungen gemäß § 11 Abs. 6 UStG 1994 können im Versandhandel nicht angewendet werden.

1.3 Rechnungen im Zusammenhang mit sonstigen Leistungen

4033 Führt der Unternehmer im Inland sonstige Leistungen im Sinne des Art. 3a Abs. 1 UStG 1994 (bis 31.12.2009: Art. 3a Abs. 1 bis 4 und Abs. 6 UStG 1994) aus, ist er zur Ausstellungen von Rechnungen mit gesondertem Ausweis der Steuer verpflichtet. Dies gilt auch dann, wenn die Voraussetzungen für eine Kleinbetragsrechnung im Sinne des § 11 Abs. 6 UStG 1994 vorliegen.

Randzahlen 4034 bis 4040: Derzeit frei.

2. UID in Rechnungen

4041 Rechnungen über innergemeinschaftliche Lieferungen (bis 31.12.2009: und über sonstige Leistungen gemäß Art. 3a Abs. 1 bis 4 und Abs. 6 UStG 1994) müssen die UID des Unternehmers und des Abnehmers enthalten. Dies gilt sei 1. Jänner 2004 jedenfalls auch für Kleinbetragsrechnungen.

Randzahlen 4042 bis 4045: Derzeit frei.

3. Rechnungen im Zusammenhang mit Fahrzeuglieferungen

4046 Bei der innergemeinschaftlichen Lieferung neuer Fahrzeuge an private Abnehmer ist der Unternehmer (das kann auch ein privater Fahrzeuglieferer im Sinne des Art. 2 UStG 1994 sein) **verpflichtet eine Rechnung auszustellen**, in der auf die Steuerfreiheit der innergemeinschaftlichen Lieferung hinzuweisen ist. In dieser Rechnung sind darüber hinaus die Merkmale gem Art. 1 Abs. 8 und 9 UStG 1994 anzuführen. Aus diesen Angaben ist ersichtlich, dass es sich um ein neues Fahrzeug handelt.

Randzahlen 4047 bis 4050: Derzeit frei.

4. Rechnungen im Zusammenhang mit Anzahlungen für innergemeinschaftliche Lieferungen

4051 Werden Entgelte vor Ausführung einer steuerfreien innergemeinschaftlichen Lieferung vereinnahmt, besteht keine Verpflichtung zur Ausstellung einer Anzahlungsrechnung. Zur allgemeinen Rechnungslegungsverpflichtung bei der Vereinnahmung von Entgelten vor Ausführung der Leistung siehe Rz 1521.

Randzahlen 4052 bis 4055: Derzeit frei.

Vorsteuerabzug

Art. 12.

(1) Der Unternehmer kann neben den in § 12 Abs. 1 Z 1 und 2 genannten Vorsteuerbeträgen folgende Beträge abziehen:

1. Die Steuer für den innergemeinschaftlichen Erwerb von Gegenständen für sein Unternehmen. Das gilt nicht für die sich auf Grund des Abs. 4 ergebende Steuer für den innergemeinschaftlichen Erwerb;
2. die gemäß Art. 25 Abs. 5 geschuldeten Beträge für Lieferungen, die im Inland für sein Unternehmen ausgeführt worden sind;

(2) Der Ausschluß vom Vorsteuerabzug (§ 12 Abs. 3) tritt nicht ein, wenn die Umsätze nach Art. 6 Abs. 1 steuerfrei sind oder steuerfrei wären.

(3) Für Fahrzeuglieferer (Art. 2) gelten folgende Einschränkungen des Vorsteuerabzugs:

1. Abziehbar ist nur die auf die Lieferung, die Einfuhr oder den innergemeinschaftlichen Erwerb des neuen Fahrzeugs entfallende Steuer.
2. Die Steuer kann nur bis zu dem Betrag abgezogen werden, der für die Lieferung des neuen Fahrzeugs geschuldet würde, wenn die Lieferung nicht steuerfrei wäre.
3. Die Steuer kann erst in dem Zeitpunkt abgezogen werden, in dem der Fahrzeuglieferer die innergemeinschaftliche Lieferung des neuen Fahrzeugs ausführt.

(4) § 12 Abs. 2 Z 2 gilt nicht für den innergemeinschaftlichen Erwerb.

UStR zu Art. 12:

	Rz		Rz
1. Voraussetzungen für den Vorsteuerabzug im Binnenmarkt	4056	2. Kein Ausschluss des Vorsteuerabzuges bei Ig Lieferungen	4071
1.1 Erwerbsteuer als Vorsteuer	4056	3. Einschränkungen der Vorsteuer für Fahrzeuglieferer	4077
1.2 Dreiecksgeschäfte	4062	4. Ig Erwerb von neuen Fahrzeugen	derzeit frei
1.3 Übergang der Steuerschuld	4063		

1. Voraussetzungen für den Vorsteuerabzug im Binnenmarkt
1.1 Erwerbsteuer als Vorsteuer
1.1.1 Allgemeine Voraussetzungen

4056 Unternehmer sind berechtigt, die Steuer für innergemeinschaftliche Erwerbe (Erwerbsteuer) als Vorsteuer abzuziehen, wenn diese Erwerbe für ihr Unternehmen erfolgt sind und die sonstigen Voraussetzungen des § 12 UStG 1994 gegeben sind (siehe dazu Rz 1901 bis Rz 1985).

Der Vorsteuerabzug ist nicht zulässig, wenn der Unternehmer wusste oder wissen musste, dass der betreffende innergemeinschaftliche Erwerb im Zusammenhang mit Umsatzsteuerhinterziehungen oder sonstigen, die Umsatzsteuer betreffenden Finanzvergehen steht (EuGH 18.12.2014, Rs C-131/13, *Schoenimport „Italmoda" Mariano Previti vof*; siehe auch Rz 1877).

Art. 12 UStG

4057 Im Gegensatz zu § 12 Abs. 1 UStG 1994 ist das **Vorliegen einer Rechnung** für den Abzug der Erwerbsteuer als Vorsteuer **nicht erforderlich**.

4058 Gem Art. 1 Abs. 3 UStG 1994 gilt eine innergemeinschaftliche Verbringung auch als innergemeinschaftlicher Erwerb gegen Entgelt und unterliegt daher – mit Ausnahme der Verbringung zur bloß vorübergehenden Verwendung – der Erwerbsteuer. Eine derartige Erwerbsteuer kann ebenfalls abgezogen werden.

1.1.2 Zeitpunkt des Vorsteuerabzuges

4059 Die Berechtigung zum Vorsteuerabzug entsteht **gleichzeitig mit der Entstehung der Erwerbsteuerpflicht**. Im Falle einer nachträglichen Vorschreibung von Erwerbsteuer durch das Finanzamt entsteht ein allfälliger Anspruch auf Vorsteuerabzug im selben Voranmeldungszeitraum. Ebenso ist bei nachträglicher Änderung der Bemessungsgrundlage sowohl die Erwerbsteuer als auch der entsprechende Vorsteuerabzug zu berichtigen.

Im Fall des Art. 3 Abs. 8 zweiter Satz UStG 1994 (zusätzliche Erwerbsteuer) ist ein Vorsteuerabzug nicht zulässig (siehe auch Rz 3777).

1.1.3 Ausschluss vom Vorsteuerabzug

4060 Nach Art. 12 Abs. 4 UStG 1994 gilt die Fiktion des § 12 Abs. 2 Z 2 UStG 1994 nicht für innergemeinschaftliche Erwerbe. Das bedeutet, dass auch Erwerbe, deren Entgelte **nach ertragsteuerlichen Vorschriften überwiegend nicht abzugsfähig** sind oder die im Zusammenhang mit der Anschaffung, Miete oder den Betrieb von bestimmten **KFZ** stehen, als für das Unternehmen ausgeführt gelten, wenn sie **zumindest zu 10 % unternehmerischen Zwecken** dienen. Derartige innergemeinschaftliche Erwerbe sind gem Art. 1 UStG 1994 der Erwerbsteuer zu unterziehen.

4061 Eine solche Erwerbsteuer darf zufolge des Art. 12 Abs. 1 Z 1 zweiter Satz UStG 1994 nicht als Vorsteuer abgezogen werden. Derartige Gegenstände werden nicht zu Gegenständen des Unternehmens. Deren **Weiterveräußerung** ist daher nicht steuerbar.

Beispiel:

Ein österreichischer Unternehmer bezieht von einem deutschen Unternehmer einen antiken Teppich um 30.000 € und nutzt diesen ausschließlich unternehmerisch. Angemessen wären 10.000 €.

Der innergemeinschaftliche Erwerb gilt als für das Unternehmen ausgeführt und ist steuerpflichtig. Die Erwerbsteuer darf jedoch nicht als Vorsteuer abgezogen werden.

1.2 Dreiecksgeschäfte

4062 Liegt ein Dreiecksgeschäft im Sinne des Art. 25 UStG 1994 vor, schuldet der Empfänger die auf die umsatzsteuerpflichtige Lieferung des Erwerbers entfallende USt. Diese USt kann der Empfänger gemäß Art. 12 Abs. 1 Z 2 UStG 1994 als Vorsteuer abziehen. In diesem Falle muss eine Rechnung, die den Vorschriften des Art. 25 Abs. 4 UStG 1994 entspricht, vorliegen. In dieser Rechnung darf keine USt ausgewiesen werden. Die abziehbare Vorsteuer ist vom Empfänger selbst zu berechnen. Zum Dreiecksgeschäft siehe Rz 4291 bis 4300.

1.3 Übergang der Steuerschuld

4063 Siehe § 12 Rz 1875 f.

Randzahlen 4064 bis 4070: Derzeit frei.

2. Kein Ausschluss des Vorsteuerabzuges bei innergemeinschaftlichen Lieferungen

4071 Eine steuerfreie innergemeinschaftliche Lieferung schließt den Vorsteuerabzug für damit zusammenhängende Vorleistungen nicht aus (echte Steuerbefreiung).

Randzahlen 4072 bis 4076: Derzeit frei.

3. Einschränkungen der Vorsteuer für Fahrzeuglieferer

4077 Fahrzeuglieferer im Sinne des Art. 2 UStG 1994 (siehe Art. 2 Rz 3697 bis 3705) gelten in Hinblick auf die Fahrzeuglieferung als Unternehmer. Damit ist auch die grundsätzliche Berechtigung zum Vorsteuerabzug gegeben. Dieses Recht wird in Art. 12 Abs. 3 UStG 1994 jedoch **mehrfach eingeschränkt**.

- Nur jene Vorsteuern dürfen erstattet werden, die auf die Lieferung, die Einfuhr oder den innergemeinschaftlichen Erwerb **des Fahrzeuges selbst** entfallen. Steuerbeträge, die für Aufwendungen zwischen der Anschaffung und dem Verkauf oder nur anlässlich der Anschaffung angefallen sind (zB Reparaturkosten, Vertragserrichtungskosten, nachträgliche Zusatzausstattungen), sind nicht abzugsfähig.
- Die abzugsfähige Vorsteuer ist **in ihrer Höhe begrenzt**. Sie darf nicht mehr betragen als die USt, die sich bei einem steuerpflichtigen Weiterverkauf des Fahrzeuges ergeben würde. Bei dieser Berechnung ist vom zivilrechtlichen Verkaufspreis als Nettobetrag auszugehen (siehe Beispiel).
- Die Vorsteuer darf erst dann abgezogen werden, wenn die innergemeinschaftliche Fahrzeuglieferung **tatsächlich ausgeführt** wird.

Beispiel:

Ein österreichischer Privater kauft im Jänner 2002 bei einem inländischen Fahrzeughändler einen fabriksneuen Pkw um 30.000 € zuzüglich 20 % USt in Höhe von 6.000 €. Im März 2002 verkauft er dieses Fahrzeug nach Italien um 20.000 €.

Der österreichische Fahrzeuglieferer kann im März 2002 die sich aus der ursprünglichen Lieferung des Fahrzeuges an ihn ergebende USt als Vorsteuer abziehen, jedoch eingeschränkt auf die sich aus dem Verkaufspreis ergebende fiktive USt in Höhe von 4.000 € (20 % von 20.000 €).

Randzahlen 4078 bis 4085: Derzeit frei.

4. Innergemeinschaftlicher Erwerb von neuen Fahrzeugen

4086 *Derzeit frei.*

Randzahlen 4087 bis 4095: Derzeit frei.

Art. 13

(Anm.: wurde nicht vergeben)

Art. 14

(Anm.: wurde nicht vergeben)

Art. 15

(Anm.: wurde nicht vergeben)

Art. 16

(Anm.: wurde nicht vergeben)

Art. 17

(Anm.: wurde nicht vergeben)

Aufzeichnungspflichten
Art. 18.

(1) Aus den Aufzeichnungen müssen die Bemessungsgrundlagen
- für den innergemeinschaftlichen Erwerb von Gegenständen und
- für die Lieferungen, für die die Steuer gemäß Art. 25 Abs. 5 geschuldet wird,

jeweils getrennt nach Steuersätzen, sowie die hierauf entfallenden Steuerbeträge zu ersehen sein.

Aus den Aufzeichnungen des Erwerbers, der eine inländische Umsatzsteuer-Identifikationsnummer verwendet, müssen die Entgelte für die Lieferungen im Sinne des Art. 25 Abs. 5 sowie die Umsatzsteuer-Identifikationsnummern der Empfänger dieser Lieferungen zu ersehen sein.

(2) Gegenstände, die der Unternehmer zu seiner Verfügung vom Inland in das übrige Gemeinschaftsgebiet verbringt, müssen aufgezeichnet werden, wenn es sich um eine vorübergehende Verwendung im Sinne des Art. 3 Abs. 1 Z 1 lit. e bis g handelt.

(3) Gegenstände, die der Unternehmer von einem im übrigen Gemeinschaftsgebiet ansässigen Unternehmer im Sinne des § 3a Abs. 5 Z 1 und 2 zur Ausführung von Arbeiten an diesen beweglichen körperlichen Gegenständen oder zur Begutachtung erhält, müssen aufgezeichnet werden.

UStR zu Art. 18:
Derzeit frei.
Randzahlen 4096 bis 4104: Derzeit frei.

Steuerschuldner, Entstehung der Steuerschuld
Art. 19.

(1) Steuerschuldner ist in den Fällen
1. des Art. 1 der Erwerber und
2. des Art. 7 Abs. 4 der Abnehmer.

(2) Die Steuerschuld entsteht
1. für den innergemeinschaftlichen Erwerb im Sinne des Art. 1 Abs. 1 bis 6 mit Ausstellung der Rechnung, spätestens jedoch am 15. Tag des dem Erwerb folgenden Kalendermonates;
2. für den innergemeinschaftlichen Erwerb von neuen Fahrzeugen im Sinne des Art. 1 Abs. 7 am Tag des Erwerbs;
3. im Fall des Art. 7 Abs. 4 zweiter Satz in dem Zeitpunkt, in dem die Lieferung ausgeführt wird.

UStR zu Art. 19:
Derzeit frei.
Randzahlen 4105 bis 4110: Derzeit frei.

Veranlagungszeitraum und Einzelbesteuerung
Art. 20.

(1) Bei der Berechnung der Steuer ist die Summe der Umsätze gem. Art. 1 Abs. 1, für welche die Steuerschuld im Laufe eines Veranlagungszeitraumes entstanden ist, zu berücksichtigen. Dem ermittelten Betrag sind die nach Art. 7 Abs. 4 zweiter Satz geschuldeten Beträge hinzuzurechnen.

(2) Beim innergemeinschaftlichen Erwerb neuer Fahrzeuge durch andere Erwerber als die in Art. 1 Abs. 2 Z 2 genannten Personen ist die Steuer für jeden einzelnen steuerpflichtigen Erwerb zu berechnen (Fahrzeugeinzelbesteuerung).

UStR zu Art. 20:

	Rz		Rz
1. Berechnung der Steuer	derzeit frei	2. Fahrzeugeinzelbesteuerung	4121

1. Berechnung der Steuer

Derzeit frei.

Randzahlen 4111 bis 4120: Derzeit frei.

2. Fahrzeugeinzelbesteuerung

4121 Beim innergemeinschaftlichen Erwerb neuer Fahrzeuge (bzgl der Definition „neues Fahrzeug" siehe Art. 1 Rz 3667 bis 3685) durch natürliche Personen im Nichtunternehmensbereich (siehe Art. 1 Rz 3660 bis 3666) kommt es nicht zur Veranlagung, sondern zur **Fahrzeugeinzelbesteuerung**. Der innergemeinschaftliche Erwerb neuer Fahrzeuge durch andere als die angesprochenen Erwerber ist Gegenstand der Veranlagung und ist in die Voranmeldung und in die Steuererklärung aufzunehmen.

4122 Bemessungsgrundlage ist das **Entgelt**, zu dem nicht die Normverbrauchsabgabe gehört. Dies hat gem § 6 Abs. 6 NoVAG 1991 zur Folge, dass sich die **Normverbrauchsabgabe um 20 % erhöht**.

4123 Bezüglich des Verfahrens siehe Art. 21 Rz 4141 bis 4150.

Randzahlen 4124 bis 4130: Derzeit frei.

Voranmeldung und Vorauszahlung, Veranlagung
Art. 21.

Nichtunternehmer

(1) Die Bestimmung des § 21 gilt sinngemäß auch für juristische Personen, die ausschließlich eine Steuer für Umsätze nach Art. 1 oder Art. 25 Abs. 5 zu entrichten haben, sowie für Personen, die keine Unternehmer sind und Steuerbeträge nach Art. 7 Abs. 4 zweiter Satz schulden.

Fahrzeugeinzelbesteuerung

(2) In den Fällen der Fahrzeugeinzelbesteuerung (Art. 20 Abs. 2) hat der Erwerber spätestens bis zum Ablauf eines Monates, nach dem die Steuerschuld entstanden ist (Fälligkeitstag), eine Steuererklärung auf amtlichem Vordruck abzugeben, in der er die zu entrichtende Steuer selbst zu berechnen hat (Steueranmeldung). Gibt der Erwerber die Steueranmeldung nicht ab oder erweist sich die Selbstberechnung als nicht richtig, so kann das Finanzamt die Steuer festsetzen. Die Steuer ist spätestens am Fälligkeitstag zu entrichten.

Zusammenfassende Meldung

(3) Der Unternehmer im Sinne des § 2 hat bis zum Ablauf des auf jeden Kalendermonat (Meldezeitraum) folgenden Kalendermonates, in dem er innergemeinschaftliche Warenlieferungen ausgeführt hat, beim Finanzamt eine Meldung abzugeben (Zusammenfassende Meldung), in der er die Angaben nach Abs. 6 zu machen hat. Das gilt auch, wenn er im übrigen Gemeinschaftsgebiet steuerpflichtige sonstige Leistungen ausgeführt hat, für die der Leistungsempfänger entsprechend Art. 196 der Richtlinie 2006/112/EG in der Fassung der Richtlinie 2008/8/EG die Steuer schuldet. Unternehmer, für die das Kalendervierteljahr der Voranmeldungszeitraum ist (§ 21 Abs. 2), haben diese Meldung bis zum Ablauf des auf jedes Kalendervierteljahr (Meldezeitraum) folgenden Kalendermonates abzugeben. Für die Anwendung dieser Vorschrift gelten auch nichtselbständige juristische Personen im Sinne des § 2 Abs. 2 Z 2 als Unternehmer, sofern sie eine eigene Umsatzsteuer-Identifikationsnummer haben. Die Zuständigkeit in Angelegenheiten der Zusammenfassenden Meldung richtet sich nach der Zuständigkeit für die Festsetzung der Umsatzsteuer des Unternehmers.

(4) Eine innergemeinschaftliche Warenlieferung im Sinne dieser Vorschrift ist
1. eine innergemeinschaftliche Lieferung im Sinne des Art. 7 Abs. 1 mit Ausnahme der Lieferungen neuer Fahrzeuge an Abnehmer ohne Umsatzsteuer-Identifikationsnummer;
2. eine innergemeinschaftliche Lieferung im Sinne des Art. 7 Abs. 2 Z 1;

(5) *(Anm.: aufgehoben durch BGBl. Nr. 756/1996)*

(6) Die Zusammenfassende Meldung muß folgende Angaben enthalten:
1. für innergemeinschaftliche Warenlieferungen im Sinne des Abs. 4 Z 1
   a) die Umsatzsteuer-Identifikationsnummer jedes Erwerbers, die ihm in einem anderen Mitgliedstaat erteilt worden ist und unter der die innergemeinschaftlichen Warenlieferungen an ihn ausgeführt worden sind, und
   b) für jeden Erwerber die Summe der Bemessungsgrundlagen der an ihn ausgeführten innergemeinschaftlichen Warenlieferungen;
2. für innergemeinschaftliche Warenlieferungen im Sinne des Abs. 4 Z 2
   a) die Umsatzsteuer-Identifikationsnummern des Unternehmers in den Mitgliedstaaten, in die er Gegenstände verbracht hat und
   b) die darauf entfallende Summe der Bemessungsgrundlagen;
3. für im übrigen Gemeinschaftsgebiet ausgeführte steuerpflichtige sonstige Leistungen, für die der Leistungsempfänger entsprechend Art. 196 der Richtlinie 2006/112/EG in der Fassung der Richtlinie 2008/8/EG die Steuer schuldet
   a) die Umsatzsteuer-Identifikationsnummer jedes Leistungsempfängers, die ihm in einem anderen Mitgliedstaat erteilt worden ist und unter der die steuerpflichtigen sonstigen Leistungen an ihn erbracht worden sind, und
   b) für jeden Leistungsempfänger die Summe der Bemessungsgrundlagen der an ihn erbrachten steuerpflichtigen sonstigen Leistungen.

(7) Die Angaben nach Abs. 6 Z 1 und 2 sind für den Meldezeitraum zu machen, in dem die Rechnung für die innergemeinschaftliche Warenlieferung ausgestellt wird, spätestens jedoch für den Meldezeitraum, in dem der auf die Ausführung der innergemeinschaftlichen Warenlieferung folgende Monat endet.

Die Angaben nach Abs. 6 Z 3 sind für den Meldezeitraum zu machen, in dem die steuerpflichtige sonstige Leistung ausgeführt wird.

(8) Erkennt der Unternehmer nachträglich, daß eine von ihm abgegebene Zusammenfassende Meldung unrichtig oder unvollständig ist, so ist er verpflichtet, die ursprüngliche Zusammenfassende Meldung innerhalb eines Monates zu berichtigen.

(9) Die Zusammenfassende Meldung gilt als Steuererklärung. § 135 der Bundesabgabenordnung ist sinngemäß mit der Maßgabe anzuwenden, dass der Verspätungszuschlag 1% der Summe aller nach Abs. 6 Z 1 lit. b, Z 2 lit. b und Z 3 lit. b zu meldenden Bemessungsgrundlagen für innergemeinschaftliche Warenlieferungen im Sinne des Abs. 4 und im übrigen Gemeinschaftsgebiet ausgeführte steuerpflichtige sonstige Leistungen, für die der Leistungsempfänger entsprechend Art. 196 der Richtlinie 2006/112/EG in der Fassung der Richtlinie 2008/8/EG die Steuer schuldet, nicht übersteigen und höchstens 2 200 Euro betragen darf.

(10) Die Übermittlung der Zusammenfassenden Meldung hat elektronisch zu erfolgen. Ist dem Unternehmer die elektronische Übermittlung der Steuererklärung mangels technischer Voraussetzungen unzumutbar, hat die Übermittlung der Zusammenfassenden Meldung auf dem amtlichen Vordruck zu erfolgen.

Der Bundesminister für Finanzen wird ermächtigt, den Inhalt und das Verfahren der elektronischen Übermittlung der Zusammenfassenden Meldung mit Verordnung festzulegen. In der Verordnung kann vorgesehen werden, dass sich der Unternehmer einer bestimmten geeigneten öffentlich-rechtlichen oder privatrechtlichen Übermittlungsstelle zu bedienen hat; weiters kann ein vom Abs. 3 abweichender Abgabetermin bestimmt werden.

Gesonderte Erklärung innergemeinschaftlicher Lieferungen im Besteuerungsverfahren

(11) Der Unternehmer im Sinne des § 2 hat für jeden Voranmeldungszeitraum in der Voranmeldung (§ 21 Abs. 1 und 2) die Bemessungsgrundlagen seiner innergemeinschaftlichen Lieferungen und seiner Lieferungen im Sinne des Art. 25 Abs. 5 gesondert zu erklären. Die Angaben sind in dem Voranmeldungszeitraum zu machen, in dem die Rechnung für die innergemeinschaftliche Lieferung ausgestellt wird, spätestens jedoch in dem Voranmeldungszeitraum, in dem der auf die Ausführung der innergemeinschaftlichen Lieferung folgende Monat endet. Der zweite Satz gilt für die Steuererklärung (§ 21 Abs. 4) entsprechend.

UStR zu Art. 21:

	Rz		Rz
1. Nichtunternehmer	4131	Richtlinie 2008/8/EG (Rechtslage ab 1.1.2010)	4166
2. Fahrzeugeinzelbesteuerung	4141	5.	derzeit frei
3. Zusammenfassende Meldung (ZM)	4151	6. Angaben in der ZM	4171
3.1 Allgemeines	4151	7. Zeitlicher Bezug der ZM	4186
3.2 Rechtliche Grundlagen für die ZM	4151	8. Änderung der Bemessungsgrundlage iZm der ZM	4201
3.3 Betroffene Unternehmer	4152	8.1 Berichtigung der ZM	4203
4. Ig Warenlieferung	4161	8.2 Berichtigungsmeldung	4204
4.1 Ig Lieferungen	4161	9. ZM als Steuererklärung – Verspätungszuschlag	4211
4.2 Ig Verbringungen	4162	10. Elektronische Übermittlung der Daten	4216
4.3 Dreiecksgeschäfte – Unternehmer ist Lieferer	4163	11. Gesonderte Erklärung von ig Lieferungen	4226
4.4 Dreiecksgeschäfte – Unternehmer ist Erwerber	4164		
4.5. Übergang der Steuerschuld gemäß Art. 196 MWSt-RL 2006/112/EG idF			

1. Nichtunternehmer

4131 Gem Art. 21 UStG 1994 gelten die Vorschriften des § 21 UStG 1994 betreffend UVA, Vorauszahlung und Veranlagung (Steuererklärung) auch
- für **juristische Personen**, die ausschließlich eine Erwerbsteuer (siehe Art. 1 Rz 3585 bis 3588) oder eine gem Art. 25 Abs. 5 UStG 1994 übergegangene Steuer beim Dreiecksgeschäft (siehe Art. 25 Rz 4291 bis 4300) zu entrichten haben und

Art. 21 UStG

- für **Personen, die keine Unternehmer** sind und Steuerbeträge nach Art. 7 Abs. 4 zweiter Satz UStG 1994 schulden (Vertrauensschutzregelung; siehe Art. 7 Rz 4016 bis 4030).

Randzahlen 4132 bis 4140: Derzeit frei.

2. Fahrzeugeinzelbesteuerung

4141 Die Erklärung betreffend Wasserfahrzeuge, Luftfahrzeuge und jene motorbetriebene Landfahrzeuge, die nicht normverbrauchsabgabepflichtig sind, erfolgt mit dem amtlichen Vordruck U 10; in allen übrigen Fällen mit dem Vordruck NoVA 2.

Randzahlen 4142 bis 4150: Derzeit frei.

3. Zusammenfassende Meldung (ZM)
3.1 Allgemeines

4151 Als Ersatz für die seit dem 1. Jänner 1993 in der EU (mit Wirkung in Österreich ab dem 1. Jänner 1995) entfallenen steuerlichen Kontrollen an den Binnengrenzen wurde zwischen den EU-Mitgliedstaaten ein EDV-gestütztes Informationssystem über innergemeinschaftliche Warenlieferungen und Warenbewegungen geschaffen (MIAS). Die Daten des MIAS basieren auf den ZM, die jeder Unternehmer, der innergemeinschaftliche Lieferungen durchführt, in den EU-Mitgliedstaaten abzugeben hat (vgl. Art. 262 bis 271 MWSt-RL 2006/112/EG). Ab 1.1.2010 sind auch sonstige Leistungen, für die die Steuerschuld gemäß Art. 196 MWSt-RL 2006/112/EG zwingend auf den Leistungsempfänger übergeht, in die ZM aufzunehmen. Die Finanzbehörden sollten damit in die Lage versetzt werden, die Besteuerung der innergemeinschaftlichen Erwerbe und der Umsätze, für die die Steuerschuld übergeht, im Bestimmungsland zu kontrollieren. Die Einzelheiten des MIAS enthält die VO (EG) Nr. 1798/2003 vom 7. Oktober 2003 über die Zusammenarbeit der Verwaltungsbehörden auf dem Gebiet der Mehrwertsteuer und zur Aufhebung der Verordnung (EWG) Nr. 218/92, ABl. Nr. L 264 vom 15.10.2003 S. 1 idgF.

3.2 Rechtliche Grundlagen für die ZM

4152
- Verordnung (EG) Nr. 1798/2003 des Rates vom 7. Oktober 2003 über die Zusammenarbeit der Verwaltungsbehörden auf dem Gebiet der Mehrwertsteuer und zur Aufhebung der Verordnung (EWG) Nr. 218/92 idF Verordnung (EG) Nr. 143/2008 des Rates idgF
- Art. 262 bis Art. 271 MwSt-RL 2006/112/EG
- Art. 21 Abs. 3 bis 10 UStG 1994
- Verordnung des BM für Finanzen, BGBl. II Nr. 512/2006 idgF, betreffend die elektronische Übermittlung von Steuererklärungen sowie von Jahresabschlüssen und anderen Unterlagen anlässlich der Steuererklärung (FinanzOnline-Erklärungsverordnung – FOnErklV)

Im Zusammenhang mit der ZM ist ferner Folgendes zu beachten:
- die ZM gilt als Steuererklärung (Art. 21 Abs. 9 UStG 1994);
- die ZM ist ein Anbringen zu Erfüllung von Verpflichtungen iSd § 85 BAO;
- die Einreichung der ZM kann nach § 111 BAO mit Zwangsstrafe erzwungen werden;
- bei Nichtabgabe der ZM kann ein Verspätungszuschlag gemäß § 135 BAO verhängt werden.

4153 Gemäß Art. 21 Abs. 10 UStG 1994 in Verbindung mit § 1 der VO des BM für Finanzen, BGBl. II Nr. 512/2006 idgF (FOnErklV), hat die Übermittlung der Zusammenfassenden Meldung elektronisch im Verfahren FinanzOnline (https://finanzonline.bmf.gv.at) zu erfolgen, ausgenommen die elektronische Übermittlung ist dem Unternehmer mangels technischer Voraussetzungen unzumutbar (siehe dazu Rz 2755). Im Fall der Unzumutbarkeit der elektronischen Übermittlung ist der diesbezügliche amtliche Vordruck U 13 bis zum Ablauf des auf den Meldezeitraum (=Kalendermonat oder Kalendervierteljahr in Abhängigkeit vom Voranmeldungszeitraum für die Umsatzsteuervoranmeldung) folgenden Kalendermonates beim zuständigen Finanzamt abzugeben. Für Meldezeiträume bis zum 31.12.2009 verlängert sich im Fall der elektronischen Übermittlung der Zusammenfassenden Meldung die Übermittlungsfrist bis zum 15. des auf den Meldezeitraum zweitfolgenden Monates.

Für Meldezeiträume Jänner bis Juni 2010 wird von Säumnisfolgen (Verspätungszuschlag) Abstand genommen, wenn die elektronische Übermittlung der Zusammenfassenden Meldung bis zum 15. des auf den Meldezeitraum zweitfolgenden Monats erfolgt.

Die Verordnung des BM für Finanzen, BGBl. Nr. 140/1995, betreffend die automationsunterstützte Übermittlung von Daten der Zusammenfassenden Meldung ist für Übermittlungszeiträume, die nach dem 31. Dezember 2003 liegen, nicht mehr anzuwenden.

3.3 Betroffene Unternehmer

4154 **Rechtslage bis 31.12.2009:**

Meldepflichtig sind Unternehmer (§ 2 UStG 1994), die während eines Meldezeitraumes innergemeinschaftliche Lieferungen (Innergemeinschaftliche Verbringungen) ausgeführt haben. Eine ZM haben auch Unternehmer abzugeben, die als Erwerber bei einem Dreiecksgeschäft gemäß Art. 25 UStG 1994 steuerpflichtige Lieferungen im Meldezeitraum getätigt haben. Als Unternehmer gelten auch nichtselbständige juristische Personen im Sinne des § 2 Abs. 2 Z 2 UStG 1994 (Organgesellschaften), sofern sie eine eigene UID haben (siehe Rz 4342). Führen pauschalierte Land- und Forstwirte innergemeinschaftliche Lieferungen aus, so müssen diese ebenfalls eine ZM abgeben, obwohl diese Umsätze nicht steuerbefreit sind.

Rechtslage ab 1.1.2010:

Meldepflichtig sind Unternehmer (§ 2 UStG 1994), die während eines Meldezeitraumes innergemeinschaftliche Lieferungen (innergemeinschaftliche Verbringungen) und im übrigen Gemeinschaftsgebiet steuerpflichtige sonstige Leistungen, für die der Leistungsempfänger nach Art. 196 MwSt-RL 2006/112/EG idF Richtlinie 2008/8/EG die Steuer schuldet, ausgeführt haben. Eine ZM haben auch Unternehmer abzugeben, die als Erwerber bei einem Dreiecksgeschäft gemäß Art. 25 UStG 1994 steuerpflichtige Lieferungen im Meldezeitraum getätigt haben. Als Unternehmer gelten auch nichtselbständige juristische Personen iSd § 2 Abs. 2 Z 2 UStG 1994 (Organgesellschaften), sofern sie eine eigene UID haben (siehe Rz 4342). Führen pauschalierte Land- und Forstwirte innergemeinschaftliche Lieferungen aus, so müssen diese ebenfalls eine ZM abgeben, obwohl diese Umsätze nicht steuerbefreit sind (siehe hierzu auch Rz 2858 und Rz 3988).

Im übrigen Gemeinschaftsgebiet steuerpflichtige sonstige Leistungen, für die der Leistungsempfänger nach Art. 196 MwSt-RL 2006/112/EG idF Richtlinie 2008/8/EG die Steuer schuldet, liegen vor, wenn ein Unternehmer in einem anderen Mitgliedstaat eine Dienstleistung im Sinne des Art. 44 MwSt-RL 2006/112/EG erbracht hat.

Es handelt sich hier um sonstige Leistungen, bei denen – soweit keine Sonderregelung zur Anwendung gelangt – der Leistungsort sich danach richtet, wo der Leistungsempfänger, der Unternehmer ist, den Sitz seiner wirtschaftlichen Tätigkeit hat oder wo sich eine feste Niederlassung befindet, an die diese Dienstleistung erbracht wurde.

Diese Vorschrift betrifft demnach sonstige Leistungen, bei denen für die Bestimmung des Leistungsortes das Empfängerortprinzip als Grundregel zum Tragen kommt.

Im österreichischen UStG 1994 ist diese Regelung inhaltlich in § 3a Abs. 6 UStG 1994 enthalten.

Folgende Leistungen sind nicht in die ZM aufzunehmen:
- Grundstücksleistungen
- Personenbeförderungsleistungen
- Restaurant- und Verpflegungsdienstleistungen
- Kurzfristige Vermietung von Beförderungsmitteln

sowie
- von 1. Jänner 2010 bis 31. Dezember 2010: kulturelle, künstlerische, wissenschaftliche, unterrichtende, sportliche, unterhaltende oder ähnliche Leistungen, wie Leistungen im Zusammenhang mit Messen und Ausstellungen einschließlich der Leistungen der jeweiligen Veranstalter

Art. 21 UStG

- ab 1. Jänner 2011: sonstige Leistungen betreffend die Eintrittsberechtigung sowie die damit zusammenhängenden sonstigen Leistungen für kulturelle, künstlerische, wissenschaftliche, unterrichtende, sportliche, unterhaltende oder ähnliche Veranstaltungen, wie Messen und Ausstellungen.

Unternehmer und nichtsteuerpflichtige juristische Personen sind dazu verpflichtet, ihre UID den jeweiligen Leistenden mitzuteilen. Liegt die UID zum Zeitpunkt des Leistungsempfangs noch nicht vor, ist diese unverzüglich nachträglich bekannt zu geben (Art. 55 VO (EU) 282/2011).

4155 **Rechtslage bis 31.12.2009:**

Für Meldezeiträume, in denen keine innergemeinschaftlichen Lieferungen ausgeführt wurden, sind keine ZM abzugeben, außer der Unternehmer wird von der Abgabenbehörde zur Abgabe einer ZM aufgefordert. Die ZM ist bei dem für die Veranlagung zur USt zuständigen Finanzamt einzureichen. Sind festsetzendes und einhebendes Finanzamt nicht ident, so ist die ZM beim festsetzenden Finanzamt (bei dem also auch die Steuererklärungen einzureichen sind) abzugeben. Die Organtöchter haben die ZM bei dem für die Erhebung der USt des Organträgers zuständigen Finanzamt einzureichen.

Rechtslage ab 1.1.2010:

Für Meldezeiträume, in denen keine innergemeinschaftlichen Lieferungen oder im übrigen Gemeinschaftsgebiet steuerpflichtige sonstige Leistungen, für die der Leistungsempfänger nach Art. 196 MWSt-RL 2006/112/EG idF Richtlinie 2008/8/EG die Steuer schuldet, ausgeführt wurden, sind keine ZM abzugeben, außer der Unternehmer wird von der Abgabenbehörde zur Abgabe einer ZM aufgefordert. Die ZM ist bei dem für die Veranlagung zur Umsatzsteuer zuständigen Finanzamt einzureichen. Sind festsetzendes und einhebendes Finanzamt nicht ident, so ist die ZM beim festsetzenden Finanzamt (bei dem also auch die Steuererklärungen einzureichen sind) abzugeben. Die Organtöchter haben die ZM bei dem für die Erhebung der Umsatzsteuer des Organträgers zuständigen Finanzamt einzureichen.

Randzahlen 4156 bis 4160: Derzeit frei.

4. Innergemeinschaftliche Warenlieferung

4.1 Innergemeinschaftliche Lieferungen

4161 Bei **innergemeinschaftlichen Lieferungen** im Sinne des Art. 7 Abs 1 UStG 1994, mit Ausnahme der Lieferungen neuer Fahrzeuge an Abnehmer ohne UID, muss angegeben werden:

- die **UID eines jeden Erwerbers**, unter der an diesen die innergemeinschaftlichen Lieferungen ausgeführt wurden;
- für jeden Erwerber die **Summe der Bemessungsgrundlagen** der an ihn ausgeführten innergemeinschaftlichen Lieferungen.

4.2 Innergemeinschaftliche Verbringungen

4162 Bei **innergemeinschaftlichen Verbringungen** im Sinne des Art. 7 Abs. 2 Z 1 UStG 1994, die innergemeinschaftlichen Lieferungen gleichgestellt sind, muss angegeben werden:

- die **UID des Unternehmers** in den Mitgliedstaaten, in die er die Gegenstände unternehmensintern verbracht hat;
- die hierauf entfallende **Summe der Bemessungsgrundlagen**.

4.3 Dreiecksgeschäfte – Unternehmer ist Lieferer

4163 Beim liefernden Unternehmer (erster Unternehmer in der Reihe) an den zweiten Unternehmer (Erwerber) ist kein Hinweis auf das Vorliegen eines Dreiecksgeschäftes (Spalte Dreiecksgeschäft im Vordruck U 13 bzw. U 14) vorzunehmen, da es sich beim liefernden Unternehmer um eine „normale" innergemeinschaftliche Lieferung handelt (siehe Ausführungen zu Rz 4161).

4.4 Dreiecksgeschäfte – Unternehmer ist Erwerber

4164 Bei Dreiecksgeschäften hat der zweite Unternehmer in der Kette (der so genannte Erwerber) folgende Angaben zu machen:
- die UID des Empfängers, die der Empfänger vom Bestimmungsmitgliedstaat erhalten hat,
- für jeden einzelnen dieser Empfänger die Summe der Entgelte der Lieferungen, die der Erwerber im Bestimmungsmitgliedstaat an den Empfänger bewirkt hat,
- Hinweis auf das Vorliegen eines Dreiecksgeschäftes (Z 1 in der Spalte „Dreiecksgeschäfte" des amtlichen Vordruckes U 13 bzw. U 14).

4165 Kommt der Unternehmer dieser Erklärungspflicht nach, gilt der innergemeinschaftliche Erwerb im Sinne des Art. 3 Abs. 8 zweiter Satz UStG 1994 als besteuert.

4.5. Übergang der Steuerschuld gemäß Art. 196 MWSt-RL 2006/112/EG idF Richtlinie 2008/8/EG (Rechtslage ab 1.1.2010)

4166 Bei sonstigen Leistungen, die in einem anderen Mitgliedstaat steuerpflichtig sind, und für die der Leistungsempfänger die Steuer nach Art. 196 MwSt-RL 2006/112/EG idF Richtlinie 2008/8/EG schuldet, muss angegeben werden:
- die UID eines jeden Leistungsempfängers, unter der an diesen die steuerpflichtigen sonstigen Leistungen erbracht wurden;
- für jeden Leistungsempfänger die Summe der Bemessungsgrundlagen dieser sonstigen Leistungen.

Diese sonstigen Leistungen sind mangels Steuerbarkeit im Inland weder in die Umsatzsteuervoranmeldung (U 30) noch in die Umsatzsteuerjahreserklärung (U 1) aufzunehmen (siehe Rz 2687).

5. *(Art. 21 Abs. 5 UStG 1994 aufgehoben)*

Randzahlen 4167 bis 4170: Derzeit frei.

6. Angaben in der ZM

4171 Die ZM ist gemäß Art. 21 Abs. 10 UStG 1994 in Verbindung mit § 1 der VO des BM für Finanzen, BGBl. II Nr. 512/2006 idgF (FOnErklV), elektronisch im Verfahren FinanzOnline (https://finanzonline.bmf.gv.at) zu übermitteln. Nur in Ausnahmefällen (Näheres hierzu siehe Rz 4153) kann die ZM auch auf amtlichem Vordruck abgegeben werden (Vordruck U 13). Für den Fall, dass die auf der ZM vorgesehenen 10 Zeilen nicht ausreichen, wurde ein Fortsetzungsblatt (Vordruck U 14) aufgelegt. Selbst hergestellte Vordrucke dürfen nicht verwendet werden. Werden für den einzelnen Meldezeitraum mehrere Vordrucke benötigt, sind diese zusammenzuheften. Die Anzahl der angeschlossenen Fortsetzungsblätter ist auf dem Vordruck U 13 einzutragen. Die Fortsetzungsblätter sind mit einer laufenden Nummer zu versehen.

4172 Hinsichtlich Länderkennzeichen siehe Art. 28 Rz 4343 bis 4350.

4173 Die ZM muss nicht unterschrieben sein, wenn sie automationsunterstützt übermittelt wird.

Randzahlen 4174 bis 4185: Derzeit frei.

7. Zeitlicher Bezug der ZM

4186 Meldepflichtige Unternehmer haben bis zum Ablauf des auf den Meldezeitraum (Kalendermonat oder Kalendervierteljahr) folgenden Kalendermonats eine ZM elektronisch (Ausnahmen siehe Rz 4153) einzureichen. Ab Jänner 2006 umfasst der Meldezeitraum – abhängig vom Voranmeldezeitraum für die Umsatzsteuervoranmeldung – einen Kalendermonat oder ein Kalendervierteljahr. Die Zusammenfassung mehrerer Meldezeiträume (Monate oder Quartale) zu einer ZM ist nicht zulässig. Für Meldezeiträume bis 31.12.2009 verlängert sich die Frist bei Datenübermittlung über FinanzOnline um 15 Tage.

Hinsichtlich Säumnisfolgen für Meldezeiträume Jänner bis Juni 2010 siehe Rz 4153.

Art. 21 UStG

4187 Die ZM ist bei dem für die Erhebung der Umsatzsteuer zuständigen Finanzamt einzureichen, sofern die Datenübermittlung nicht über FinanzOnline erfolgt.

4188 In die ZM sind für den Meldezeitraum folgende Warenlieferungen aufzunehmen:

Sämtliche innergemeinschaftlichen Lieferungen an einen Erwerber/Unternehmer innerhalb desselben Meldezeitraumes sind unter dessen UID in einer Zeile zusammenzufassen.

Für Meldezeiträume ab 1.1.2010 gilt weiters:

Sämtliche sonstigen Leistungen, für die der Leistungsempfänger die Steuer nach Art. 196 MWSt-RL 2006/112/EG idF Richtlinie 2008/8/EG schuldet, an einen Leistungsempfänger innerhalb desselben Meldezeitraumes sind unter dessen UID in einer Zeile zusammenzufassen.

Sonderbestimmungen für die vierteljährliche Abgabe der ZM

4189 Innergemeinschaftliche Lieferungen, die in den **ersten beiden Monaten des Meldezeitraumes** ausgeführt worden sind, sind in der ZM für diesen Zeitraum zu melden, unabhängig vom Zeitpunkt der Rechnungsausstellung.

4190 Bei innergemeinschaftlichen Lieferungen, die im **letzten Monat des Meldezeitraumes** ausgeführt worden sind, ist auf den Zeitpunkt der Ausstellung der Rechnung abzustellen. Wird die Rechnung für diese Lieferung noch in diesem Monat ausgestellt, so ist die Meldung in diesem Meldezeitraum vorzunehmen. Wird die Rechnung für diese Lieferung erst nach Ablauf des Meldezeitraumes ausgestellt, so hat die Meldung im nächsten Meldezeitraum zu erfolgen.

4191 Da bei den innergemeinschaftlichen Lieferungen gleichgestellten Verbringungen keine Rechnungen gelegt werden können, sind bei innergemeinschaftlichen Verbringungen, die im **letzten Monat des Meldezeitraumes** ausgeführt werden, die Angaben für den nächsten Meldezeitraum zu machen.

4192 Beim Dreiecksgeschäft sind die Lieferungen des Erwerbers an den Empfänger in den Meldezeitraum aufzunehmen, in dem die Steuerschuld für diese Lieferungen entstanden ist.

4193 Sonstige Leistungen, für die der Leistungsempfänger die Steuer nach Art. 196 MWSt-RL 2006/112/EG idF Richtlinie 2008/8/EG schuldet, sind in die ZM jenes Meldezeitraums aufzunehmen, in dem die Leistungen ausgeführt worden sind.

Randzahlen 4194 bis 4200: Derzeit frei.

8. Änderung der Bemessungsgrundlage im Zusammenhang mit der ZM

4201 Nachträgliche Änderungen der umsatzsteuerlichen Bemessungsgrundlage **für meldepflichtige Umsätze**, zB durch Rabatte, Uneinbringlichkeit, sind in der ZM für den Meldezeitraum zu berücksichtigen, in dem die nachträgliche Änderung der Bemessungsgrundlage eingetreten ist. Entsprechend ist zu verfahren, wenn **meldepflichtige Umsätze** ganz oder teilweise rückgängig gemacht werden (Rechnungsstornierungen). Es ist der Änderungsbetrag mit der Summe der Bemessungsgrundlagen **für die jeweiligen meldepflichtigen Umsätze**, die im maßgeblichen Zeitraum ausgeführt wurden, zu saldieren. Die zu meldenden Bemessungsgrundlagen können negativ sein. Negative Beträge sind mit einem Minuszeichen zu kennzeichnen. Die zu meldende Summe der Bemessungsgrundlagen kann ausnahmsweise auf Grund von Saldierungen 0 Euro betragen. In diesem Fall ist als Summe der Bemessungsgrundlagen 0 zu melden.

4202 Eine nachträgliche Änderung der Bemessungsgrundlage ist von der Berichtigung wegen unrichtiger bzw. unvollständiger Angaben zu unterscheiden (siehe nachfolgende Ausführungen zu Art. 21 Rz 4203).

8.1 Berichtigung der ZM

4203 Wird nachträglich erkannt, dass eine abgegebene ZM **unrichtig oder unvollständig** ist, so ist die ursprüngliche ZM innerhalb eines Monats (gerechnet ab Erkennen des Fehlers) zu berichtigen. Betroffen sind vor allem ursprüngliche Fehler, dh. Fehler, die bereits bei Abgabe der ZM objektiv vorhanden waren (zB falsche UID, Fehlen von Lieferungen). Im Falle einer Berichtigung ist das Ausstellungsdatum der ursprünglichen Meldung anzuführen.

8.2 Berichtigungsmeldung

4204 Jeder zu berichtigende Meldezeitraum ist in einer gesonderten Berichtigungsmeldung zu erfassen.

Zusammenfassende Meldungen, die über FinanzOnline übermittelt wurden, dürfen nur über FinanzOnline berichtigt werden (keine Papier-Vordrucke). Über FinanzOnline ist immer die korrigierte Gesamt-Meldung – und nicht nur die betroffenen Meldezeilen – als Berichtigung zu übermitteln. Wurde die Erst-Meldung mittels Vordruck (U 13 bzw. U 14) abgegeben, sind für die Berichtigungsmeldungen ebenfalls die Vordrucke U 13 bzw. U 14 zu verwenden. In diesem Fall bleibt es dem Unternehmer überlassen, die gesamte ZM eines Meldezeitraumes neu auszufertigen oder nur die fehlerhaften Zeilen zu melden und zu berichtigen.

Eine Berichtigung einer ZM in einer ZM für einen der folgenden Zeiträume ist unzulässig.

Randzahlen 4205 bis 4210: Derzeit frei.

9. ZM als Steuererklärung – Verspätungszuschlag

4211 Die ZM gilt als Steuererklärung. Bei verspäteter Einreichung kann ein Verspätungszuschlag in Höhe von bis zu 1% der Summe aller zu meldenden Bemessungsgrundlagen festgesetzt werden (Höchstbetrag 2.200 Euro). Ist die Summe negativ (zB bei einer Minderung der Bemessungsgrundlage), kommt ein Verspätungszuschlag nicht in Betracht. Die Abgabe von ZM kann durch Festsetzung einer Zwangsstrafe (Höchstbetrag **5.000 Euro**) erzwungen werden.

Randzahlen 4212 bis 4215: Derzeit frei.

10. Elektronische Übermittlung der Daten

4216 Die Daten sind ab dem 1. Quartal 2004 elektronisch über FinanzOnline (https://finanzonline.bmf.gv.at) zu übermitteln (Ausnahmen siehe Rz 4153). Die Datenübermittlung kann weiters auch durch den Steuerberater oder Fiskalvertreter erfolgen.

Inhalt und Meldung der Verfahren sind in Art. 21 Abs. 10 UStG 1994, in der VO des BM für Finanzen, BGBl. II Nr. 512/2006 idgF (FOnErklV) über die elektronische Übermittlung von Steuererklärungen sowie von Jahresabschlüssen und anderen Unterlagen anlässlich der Steuererklärung (FinanzOnline-Erklärungsverordnung) und in der VO des BM für Finanzen, BGBl. II Nr. 97/2006, über die Einreichung von Anbringen, die Akteneinsicht und die Zustellung von Erledigungen in automationsunterstützter Form (FinanzOnline-Verordnung 2006) geregelt.

4217 Unternehmen, die an der elektronischen Datenübermittlung nicht teilnehmen können, müssen daher für die **Abgabe beim Finanzamt das amtliche Formular** verwenden.

Randzahlen 4218 bis 4225: Derzeit frei.

11. Gesonderte Erklärung von innergemeinschaftlichen Lieferungen

4226 Gem Art. 21 Abs 11 UStG 1994 hat der Unternehmer die Bemessungsgrundlagen seiner innergemeinschaftlichen Lieferungen auch in der UVA und in der Steuererklärung gesondert zu erklären. Die gesonderte Erklärung der innergemeinschaftlichen Lieferungen hat in dem Voranmeldungszeitraum zu erfolgen, in dem die Rechnung für die innergemeinschaftliche Lieferung ausgestellt wird, spätestens in dem Voranmeldungszeitraum, in dem der auf die Ausführung der innergemeinschaftlichen Lieferung folgende Monat endet.

Beim Dreiecksgeschäft sind die Lieferungen des Erwerbers an den Empfänger lediglich in die Zusammenfassende Meldung für den Meldezeitraum aufzunehmen, in dem die Steuerschuld für diese Lieferungen entstanden ist (siehe Rz 4164).

Randzahlen 4227 bis 4235: Derzeit frei.

Verordnung zu Art. 21:

Verordnung des Bundesministers für Finanzen über die elektronische Übermittlung von Steuererklärungen sowie von Jahresabschlüssen und anderen Unterlagen anlässlich der Steuererklärung (FinanzOnline-Erklärungsverordnung – FOnErklV)

BGBl. II Nr. 512/2006 idF BGBl. II Nr. 310/2016

Abgedruckt unter Verordnungen zu § 21, S. 697 ff.

Art. 22

(Anm.: wurde nicht vergeben)

Art. 23

(Anm.: wurde nicht vergeben)

Innergemeinschaftlicher Warenverkehr mit Gebrauchtgegenständen, Kunstgegenständen, Sammlungsstücken und Antiquitäten
Art. 24.

(1) Die Differenzbesteuerung gemäß § 24 findet keine Anwendung,

a) auf die Lieferung eines Gegenstandes, den der Wiederverkäufer innergemeinschaftlich erworben hat, wenn auf die Lieferung des Gegenstandes an den Wiederverkäufer die Steuerbefreiung für innergemeinschaftliche Lieferungen im übrigen Gemeinschaftsgebiet angewendet worden ist,

b) auf die innergemeinschaftliche Lieferung neuer Fahrzeuge im Sinne des Art. 1 Abs. 8 und 9.

(2) Der innergemeinschaftliche Erwerb unterliegt nicht der Umsatzsteuer, wenn auf die Lieferung der Gegenstände an den Erwerber im Sinne des Art. 1 Abs. 2 im übrigen Gemeinschaftsgebiet die Differenzbesteuerung (§ 24) angewendet worden ist.

(3) Die Anwendung des Art. 3 Abs. 3 und die Steuerbefreiung für innergemeinschaftliche Lieferungen (Art. 7 Abs. 1) sind bei der Differenzbesteuerung (§ 24) ausgeschlossen.

UStR zu Art. 24:

	Rz		Rz
1. Ausschluss der Differenzbesteuerung	4236	3. Ausschluss der Versandhandelsregelung und der Steuerbefreiung für ig Lieferungen	4251
2. Keine Erwerbsteuer bei Differenzbesteuerung	4246		

1. Ausschluss der Differenzbesteuerung

4236 Die Differenzbesteuerung ist auch bei Lieferungen vom Inland in das übrige Gemeinschaftsgebiet anzuwenden. Die **Steuerbefreiung für innergemeinschaftliche Lieferungen findet keine Anwendung.** Es darf keine Rechnung mit einem Hinweis auf die Steuerfreiheit gelegt werden.

4237 Ausgeschlossen ist die Anwendung der Differenzbesteuerung

- auf die Lieferung und den Eigenverbrauch eines Gegenstandes, den der **Wiederverkäufer** innergemeinschaftlich erworben hat oder innergemeinschaftlich verbracht hat, wenn auf die Lieferung des Gegenstandes an den Wiederverkäufer oder das innergemeinschaftliche Verbringen die **Steuerbefreiung für innergemeinschaftliche Lieferungen** im übrigen Gemeinschaftsgebiet angewendet worden ist und
- auf die **innergemeinschaftliche Lieferung neuer Fahrzeuge** im Sinne des Art. 1 Abs. 8 und 9 UStG 1994. Siehe Art. 1 Rz 3667 bis 3685.

Beispiel:
Der Kraftfahrzeughändler G in Graz veräußert ein Kfz an einen belgischen Privaten, der das Fahrzeug nach Belgien verbringt, um 32.000 €.

a) G hat das Kfz mit einem Kilometerstand von 5.000 km von einem Privaten um 26.000 € erworben.

Die Differenzbesteuerung kommt nicht zur Anwendung, da eine innergemeinschaftliche Lieferung eines neuen Kraftfahrzeuges vorliegt (Art. 24 Abs. 1 lit. b UStG 1994). Die Lieferung des G kann gem Art. 7 Abs. 1 Z 2 lit. c UStG 1994 steuerfrei sein.

b) G hat das 11 Monate alte Kfz mit einem Kilometerstand von 9.000 km von einem Privaten um 26.000 € erworben.

Die Differenzbesteuerung (5.000 € zuzüglich 20% USt) kommt zur Anwendung, da es sich nicht um eine neues Kfz handelt.

Randzahlen 4238 bis 4245: Derzeit frei.

2. Keine Erwerbsteuer bei Differenzbesteuerung

4246 Wird bei einer Lieferung vom übrigen Gemeinschaftsgebiet in das Inland die Differenzbesteuerung angewendet, so entfällt eine Erwerbsbesteuerung im Inland (Art. 24 Abs. 2 UStG 1994). Die Weiterlieferung eines solchen im übrigen Gemeinschaftsgebiet differenzbesteuert angeschafften Gegenstandes im Inland unterliegt ebenfalls § 24 UStG 1994.

Randzahlen 4247 bis 4250: Derzeit frei.

3. Ausschluss der Versandhandelsregelung und der Steuerbefreiung für innergemeinschaftliche Lieferungen

4251 Die Versandhandelsregelung kommt nicht zur Anwendung (Art. 24 Abs. 3 UStG 1994). Werden Gegenstände von einem Wiederverkäufer aus einem Mitgliedstaat zB an Nichtunternehmer in einen anderen Mitgliedstaat befördert oder versendet und erfolgt die Lieferung durch den Wiederverkäufer differenzbesteuert, so verlagert sich auch dann nicht der Ort der Leistung in den anderen Mitgliedstaat, wenn die Lieferschwelle überschritten wird. Bei der Berechnung der Lieferschwelle sind Lieferungen, die unter Anwendung der Differenzbesteuerung getätigt werden, nicht zu beachten.

Werden bei Anwendung der Differenzbesteuerung Waren in einen anderen Mitgliedstaat geliefert, so ist die Steuerbefreiung für innergemeinschaftliche Lieferungen nicht anwendbar. In der Rechnung darf keine Umsatzsteuer ausgewiesen werden und ist auf die Differenzbesteuerung hinzuweisen.

Unter der Voraussetzung, dass keine Besteuerung nach der Gesamtdifferenz vorgenommen wird, kann der Unternehmer bei jedem einzelnen Umsatz auf die Differenzbesteuerung verzichten und zur Anwendung der normalen Besteuerungsvorschriften optieren. In diesem Fall kann für eine innergemeinschaftliche Lieferung die Steuerbefreiung zur Anwendung gelangen.

Ein solcher Verzicht auf die Anwendung der Differenzbesteuerung wird durch eine Rechnungslegung im Sinne des Art. 11 UStG 1994 nach außen dokumentiert.

Randzahlen 4252 bis 4260: Derzeit frei.

Sonderregelung für Anlagegold
Art. 24a.

Die Bestimmungen des § 24a Abs. 1 lit. b und § 24a Abs. 2 lit. a gelten auch für den innergemeinschaftlichen Erwerb.

UStR zu Art. 24a:

Derzeit frei.
Randzahlen 4261 bis 4275: Derzeit frei.

Zoll- und Steuerlager
Art. 24b.

Die Verordnungsermächtigung des § 24b gilt sinngemäß für Erwerbe von Gegenständen, die in eine im § 24b Abs. 1 Z 2 genannte Regelung überführt werden sollen.

UStR zu Art. 24b:
Derzeit frei.
Randzahlen 4277 bis 4290: Derzeit frei.

Dreiecksgeschäft
Art. 25.

Begriff

(1) Ein Dreiecksgeschäft liegt vor, wenn drei Unternehmer in drei verschiedenen Mitgliedstaaten über denselben Gegenstand Umsatzgeschäfte abschließen, dieser Gegenstand unmittelbar vom ersten Lieferer an den letzten Abnehmer gelangt und die in Abs. 3 genannten Voraussetzungen erfüllt werden. Das gilt auch, wenn der letzte Abnehmer eine juristische Person ist, die nicht Unternehmer ist oder den Gegenstand nicht für ihr Unternehmen erwirbt.

Ort des innergemeinschaftlichen Erwerbs beim Dreiecksgeschäft

(2) Der innergemeinschaftliche Erwerb im Sinne des Art. 3 Abs. 8 zweiter Satz gilt als besteuert, wenn der Unternehmer (Erwerber) nachweist, daß ein Dreiecksgeschäft vorliegt und daß er seiner Erklärungspflicht gemäß Abs. 6 nachgekommen ist. Kommt der Unternehmer seiner Erklärungspflicht nicht nach, fällt die Steuerfreiheit rückwirkend weg.

Steuerbefreiung beim innergemeinschaftlichen Erwerb von Gegenständen

(3) Der innergemeinschaftliche Erwerb ist unter folgenden Voraussetzungen von der Umsatzsteuer befreit:

a) Der Unternehmer (Erwerber) hat keinen Wohnsitz oder Sitz im Inland, wird jedoch im Gemeinschaftsgebiet zur Umsatzsteuer erfaßt;

b) der Erwerb erfolgt für Zwecke einer anschließenden Lieferung des Unternehmers (Erwerbers) im Inland an einen Unternehmer oder eine juristische Person, der bzw. die für Zwecke der Umsatzsteuer im Inland erfaßt ist;

c) die erworbenen Gegenstände stammen aus einem anderen Mitgliedstaat als jenem, in dem der Unternehmer (Erwerber) zur Umsatzsteuer erfaßt wird;

d) die Verfügungsmacht über die erworbenen Gegenstände wird unmittelbar vom ersten Unternehmer oder ersten Abnehmer dem letzten Abnehmer (Empfänger) verschafft;

e) die Steuer wird gemäß Abs. 5 vom Empfänger geschuldet.

Rechnungsausstellung durch den Erwerber

(4) Die Rechnungsausstellung richtet sich nach den Vorschriften des Mitgliedstaates, von dem aus der Erwerber sein Unternehmen betreibt. Wird die Lieferung von der Betriebsstätte des Erwerbers ausgeführt, ist das Recht des Mitgliedstaates maßgebend, in dem sich die Betriebsstätte befindet. Rechnet der Leistungsempfänger, auf den die Steuerschuld übergeht, mittels Gutschrift ab, richtet sich die Rechnungsausstellung nach den Vorschriften des Mitgliedstaates, in dem die Lieferung ausgeführt wird.

Sind für die Rechnungsausstellung die Vorschriften dieses Bundesgesetzes maßgebend, muss die Rechnung zusätzlich folgende Angaben enthalten:

- einen ausdrücklichen Hinweis auf das Vorliegen eines innergemeinschaftlichen Dreiecksgeschäftes und die Steuerschuldnerschaft des letzten Abnehmers,
- die Umsatzsteuer-Identifikationsnummer, unter der der Unternehmer (Erwerber) den innergemeinschaftlichen Erwerb und die nachfolgende Lieferung der Gegenstände bewirkt hat, und
- die Umsatzsteuer-Identifikationsnummer des Empfängers der Lieferung

Steuerschuldner

(5) Bei einem Dreiecksgeschäft wird die Steuer vom Empfänger der steuerpflichtigen Lieferung geschuldet, wenn die vom Erwerber ausgestellte Rechnung dem Abs. 4 entspricht.

Pflichten des Erwerbers

(6) Zur Erfüllung seiner Erklärungspflicht im Sinne des Abs. 2 hat der Unternehmer in der Zusammenfassenden Meldung folgende Angaben zu machen:
- die Umsatzsteuer-Identifikationsnummer im Inland, unter der er den innergemeinschaftlichen Erwerb und die nachfolgende Lieferung der Gegenstände bewirkt hat;
- die Umsatzsteuer-Identifikationsnummer des Empfängers der vom Unternehmer bewirkten nachfolgenden Lieferung, die diesem im Bestimmungsmitgliedstaat der versandten oder beförderten Gegenstände erteilt worden ist;
- für jeden einzelnen dieser Empfänger die Summe der Entgelte der auf diese Weise vom Unternehmer im Bestimmungsmitgliedstaat der versandten oder beförderten Gegenstände bewirkten Lieferungen. Diese Beträge sind für den Meldezeitraum gemäß Art. 21 Abs. 3 anzugeben, in dem die Steuerschuld entstanden ist.

Pflichten des Empfängers

(7) Bei der Berechnung der Steuer gemäß § 20 ist dem ermittelten Betrag der nach Abs. 5 geschuldete Betrag hinzuzurechnen.

UStR zu Art. 25:

4291 Art. 25 UStG 1994 enthält eine **Vereinfachungsregelung** für die Besteuerung von innergemeinschaftlichen Dreiecksgeschäften. An einem Dreiecksgeschäft im Sinne des Art. 25 UStG 1994 sind **3 Unternehmer** beteiligt, die in **3 verschiedenen Mitgliedstaaten** über denselben Gegenstand Umsatzgeschäfte abschließen und dieser Gegenstand **unmittelbar vom ersten Lieferer an den letzten Abnehmer gelangt** (Art. 25 Abs. 1 UStG 1994). Der mittlere Unternehmer wird als Erwerber, der letzte Unternehmer als Empfänger bezeichnet (Art. 25 Abs. 2 und 3 UStG 1994). Empfänger kann auch eine juristische Person sein, die nicht Unternehmer ist oder den Gegenstand nicht für ihr Unternehmen erwirbt.

4292 Die Vereinfachung besteht darin, dass die **umsatzsteuerliche Registrierung des Erwerbers im Empfangsstaat vermieden wird**.

4293 Im Übrigen ergeben sich die Voraussetzungen für das Vorliegen eines Dreiecksgeschäftes aus Art. 25 Abs. 2 bis 4 UStG 1994.

4294 Voraussetzung für das Vorliegen eines Dreiecksgeschäftes im Sinne des Art. 25 UStG 1994 ist ua., dass der Erwerber keinen Wohnsitz oder Sitz im Inland hat. Ein Wohnsitz oder Sitz im Inland ist auch dann anzunehmen, wenn der Erwerber im Inland zur Umsatzsteuer erfasst ist (inländische Steuernummer bzw. UID). Die Erfassung im Rahmen der Vorsteuererstattung ist nicht schädlich.

Ebenfalls nicht schädlich für das Vorliegen eines Dreiecksgeschäftes ist die umsatzsteuerrechtliche Registrierung des Erwerbers im Abgangsstaat der Waren, wenn der Erwerber die UID eines anderen Mitgliedstaates verwendet.

Beispiel:

Der italienische Unternehmer I bestellt Waren beim österreichischen Unternehmer Ö und dieser seinerseits beim deutschen Unternehmer D. Es wird vereinbart, dass D die Waren direkt an den Abnehmer I nach Italien versendet. I und D treten unter der UID ihres Ansässigkeitsstaates auf.

Ö hat zwar seinen Sitz in Österreich, ist aber auch in Deutschland umsatzsteuerrechtlich erfasst und verfügt daher über eine österreichische und eine deutsche UID. Tritt Ö bei diesem Geschäft unter seiner österreichischen UID auf, ist die Dreiecksgeschäftsregelung iSd Art. 25 UStG 1994 bei Vorliegen aller weiterer Voraussetzungen zulässig.

4295 Die Voraussetzungen für ein Dreiecksgeschäft im Sinne des Art. 25 UStG 1994 liegen nur vor, wenn der **Lieferer oder der Erwerber den Gegenstand zum Empfänger befördert oder versendet.**

Beispiel:

Der Unternehmer W aus Wien bestellt Waren bei M in München und dieser seinerseits bei P in Paris. W, M und P treten unter der UID ihres Sitzstaates auf.

a) P versendet die Waren direkt an W.

b) Die Ware wird von M bei P abgeholt und an W versendet.

c) Die Ware wird von W bei P abgeholt.

Zu a) Die Voraussetzungen für ein Dreiecksgeschäft können vorliegen. Die Lieferung des P an M erfolgt gem § 3 Abs. 8 UStG 1994 in Frankreich (und ist unter den Voraussetzungen des französischen Rechts eine steuerfreie innergemeinschaftliche Lieferung). Die Lieferung des M an W wird in Österreich ausgeführt (§ 3 Abs. 7 UStG 1994).

Zu b) Die Voraussetzungen für ein Dreiecksgeschäft können vorliegen. Auch beim Versenden durch den Erwerber erfolgt gem § 3 Abs. 8 UStG 1994 die Lieferung des P an M in Frankreich und die Lieferung des M an W gem § 3 Abs. 7 UStG 1994 in Österreich.

Zu c) Die Voraussetzungen für ein Dreiecksgeschäft liegen nicht vor. Sowohl P als auch M liefern gem § 3 Abs. 7 bzw § 3 Abs. 8 UStG 1994 in Frankreich (der Erwerb erfolgt somit nicht für Zwecke einer anschließenden Lieferung des Erwerbers im Inland; Art. 25 Abs. 3 lit. b UStG 1994).

Die Lieferung des P an M unterliegt der französischen USt. Die Lieferung des M an W kann als innergemeinschaftliche Lieferung nach französischem Recht steuerfrei sein.

W tätigt in Österreich einen innergemeinschaftlichen Erwerb.

4296 Die vom Erwerber gemäß Art. 25 Abs. 4 UStG 1994 auszustellende Rechnung hat neben den zusätzlichen Erfordernissen auch den Vorschriften des § 11 UStG 1994 zu entsprechen. Die Umsatzsteuer darf jedoch nicht in Rechnung gestellt werden.

Ab 1.1.2013 richtet sich für den Erwerber die Rechnungsausstellung an den Empfänger nach dem UStG 1994, wenn er in Österreich sein Unternehmen betreibt.

Art. 25 UStG

Dies gilt jedoch nicht, wenn

- die Lieferung von einer in einem anderen Mitgliedstaat gelegenen Betriebsstätte des österreichischen Erwerbers ausgeführt wird:
- hier ist das Recht des Mitgliedstaates maßgebend, in dem sich die Betriebsstätte befindet;
- der Leistungsempfänger, auf den die Steuerschuld übergeht, mittels Gutschrift abrechnet:

hier richtet sich die Rechnungsausstellung nach den Vorschriften des Mitgliedstaates, in dem die Lieferung ausgeführt wird.

Wurde eine den Vorschriften des Art. 25 Abs. 4 iVm § 11 UStG 1994 entsprechende Rechnung nicht fristgerecht ausgestellt, liegt kein Dreiecksgeschäft vor (Art. 25 Abs. 3 lit. e UStG 1994).

Sonderregelung für im Gemeinschaftsgebiet ansässige Unternehmer, die elektronisch erbrachte sonstige Leistungen oder Telekommunikations-, Rundfunk- oder Fernsehdienstleistungen an Nichtunternehmer im Gemeinschaftsgebiet erbringen

Art. 25a.

Im Inland ansässige Unternehmer
Voraussetzungen für die Inanspruchnahme der Sonderregelung

(1) Folgende Unternehmer können auf Antrag für Umsätze gemäß § 3a Abs. 13, die in anderen Mitgliedstaaten ausgeführt werden, in denen sie weder ihr Unternehmen betreiben noch eine Betriebsstätte haben, abweichend von den allgemeinen Vorschriften, die nachstehende Sonderregelung in Anspruch nehmen, wenn dies nicht nach Abs. 8, § 25a Abs. 10 oder einer vergleichbaren Sperrfrist in einem anderen Mitgliedstaat ausgeschlossen ist:

1. ein Unternehmer, der sein Unternehmen im Inland betreibt;
2. ein Unternehmer, der sein Unternehmen im Drittlandsgebiet betreibt und innerhalb des Gemeinschaftsgebiets nur im Inland eine Betriebsstätte hat;
3. ein Unternehmer, der sein Unternehmen im Drittlandsgebiet betreibt, im Inland eine Betriebsstätte hat und im übrigen Gemeinschaftsgebiet zumindest eine weitere Betriebsstätte betreibt und sich für die Inanspruchnahme der Sonderregelung nach diesem Bundesgesetz entscheidet.

In den Fällen der Z 3 kann sich der Unternehmer nur für die Inanspruchnahme der Sonderregelung nach diesem Bundesgesetz entscheiden, wenn er innerhalb der zwei vorangegangenen Kalenderjahre nicht in einem anderen Mitgliedstaat, in dem er zum Zeitpunkt der Antragstellung eine Betriebsstätte hat, eine Sonderregelung gemäß Art. 369a bis 369k der Richtlinie 2006/112/EG unter den der Z 3 entsprechenden Voraussetzungen in Anspruch genommen hat.

Der Antrag auf Inanspruchnahme dieser Sonderregelung ist über das für diese Zwecke beim Bundesministerium für Finanzen eingerichtete Portal einzubringen.

Beginn der Inanspruchnahme

(2) Die Sonderregelung ist ab dem ersten Tag des auf den Antrag nach Abs. 1 folgenden Kalendervierteljahres anzuwenden. Abweichend davon ist sie ab dem Tag der Erbringung der ersten sonstigen Leistung im Sinne des Abs. 1 anzuwenden, wenn der Unternehmer die Aufnahme der Tätigkeit spätestens am zehnten Tag des auf die erste Leistungserbringung folgenden Monates meldet.

Hat der Unternehmer eine Sonderregelung gemäß Art. 369a bis 369k der Richtlinie 2006/112/EG in einem anderen Mitgliedstaat in Anspruch genommen und den Ort, von dem aus der Unternehmer sein Unternehmen betreibt, ins Inland oder ins Drittlandsgebiet verlegt oder seine Betriebsstätte in dem anderen Mitgliedstaat aufgelassen, ist die Sonderregelung ab dem Tag der Änderung anzuwenden. Dies gilt sinngemäß auch, wenn von einer Sonderregelung im Sinne des § 25a zu dieser Sonderregelung gewechselt wird. Voraussetzung dafür ist jeweils, dass der Unternehmer diese Änderung spätestens am zehnten Tag des auf die Änderung folgenden Monates beiden Mitgliedstaaten elektronisch meldet.

Steuererklärung, Erklärungszeitraum, Entrichtung

(3) Der Unternehmer hat spätestens am zwanzigsten Tag des auf einen Erklärungszeitraum folgenden Monates eine Steuererklärung über alle in diesem Erklärungszeitraum ausgeführten steuerpflichtigen Umsätze, die unter die Sonderregelung fallen, über das für diese Zwecke beim Bundesministerium für Finanzen eingerichtete Portal abzugeben. Eine Steuererklärung ist auch dann abzugeben, wenn im Erklärungszeitraum keine Umsätze ausgeführt worden sind. Die für den Erklärungszeitraum zu entrichtende Steuer ist selbst zu berechnen und bei Abgabe der Erklärung, jedoch spätestens am zwanzigsten Tag des auf den Erklärungszeitraum folgenden Monates zu entrichten. Die Zahlung erfolgt unter Hinweis auf die zugrundeliegende Steuererklärung. Für Berichtigungen gilt Abs. 12 sinngemäß.

Der Erklärungszeitraum ist das Kalendervierteljahr.

(4) In der Steuererklärung sind anzugeben:
1. die dem Unternehmer vom Finanzamt gemäß Art. 28 erteilte Umsatzsteuer-Identifikationsnummer;
2. für jeden Mitgliedstaat die Summe der in diesem Erklärungszeitraum ausgeführten, unter die Sonderregelung fallenden steuerpflichtigen Umsätze und die darauf entfallende Steuer aufgegliedert nach Steuersätzen;
3. die Gesamtsteuerschuld.

Erbringt der Unternehmer von Betriebsstätten in anderen Mitgliedstaaten Umsätze, die unter diese Sonderregelung fallen, so sind die in Z 1 bis 3 genannten Angaben auch für jeden dieser Mitgliedstaaten in der Steuererklärung anzuführen. Mangels Umsatzsteuer-Identifikationsnummer ist die Steuerregisternummer der jeweiligen Betriebsstätte anzugeben.

Werte in fremder Währung

(5) Die Beträge in der Steuererklärung sind in Euro anzugeben.

Der Unternehmer hat zur Berechnung der Steuer Werte in fremder Währung nach den Kursen umzurechnen, die für den letzten Tag des Erklärungszeitraumes von der Europäischen Zentralbank festgestellt worden sind. Sind für diesen Tag keine Umrechnungskurse festgestellt worden, hat der Unternehmer die Steuer nach den für den nächsten Tag nach Ablauf des Erklärungszeitraumes von der Europäischen Zentralbank festgestellten Umrechnungskursen umzurechnen.

Beendigung oder Ausschluss von der Sonderregelung

(6) Ein Unternehmer kann die Inanspruchnahme dieser Sonderregelung beenden, unabhängig davon, ob er weiterhin sonstige Leistungen erbringt, die unter diese Sonderregelung fallen können. Die Beendigung der Sonderregelung kann nur mit Wirkung von Beginn eines Kalendervierteljahres an erfolgen. Sie ist spätestens fünfzehn Tage vor Ablauf des diesem vorangehenden Kalendervierteljahres über das für diese Zwecke beim Bundesministerium für Finanzen eingerichtete Portal zu erklären.

(7) In folgenden Fällen ist ein Unternehmer von der Inanspruchnahme der Sonderregelung auszuschließen:
1. der Unternehmer teilt mit, dass er keine elektronisch erbrachten sonstigen Leistungen oder Telekommunikations-, Rundfunk- oder Fernsehdienstleistungen mehr erbringt;
2. es werden über einen Zeitraum von acht aufeinanderfolgenden Kalendervierteljahren keine sonstigen Leistungen im Sinne des Abs. 1 erbracht;
3. der Unternehmer erfüllt die Voraussetzungen für die Inanspruchnahme dieser Sonderregelung nicht mehr;
4. der Unternehmer verstößt wiederholt gegen die Vorschriften dieser Sonderregelung.

Die Ausschlussentscheidung ist elektronisch zu übermitteln und wirkt ab dem ersten Tag des Kalendervierteljahres, das auf die Übermittlung der Ausschlussentscheidung folgt. Ist der Ausschluss jedoch auf eine Änderung des Ortes, von dem aus der Unternehmer sein Unternehmen betreibt, oder auf eine Änderung des Ortes der Betriebsstätte zurückzuführen, so ist der Ausschluss ab dem Tag dieser Änderung wirksam.

Ist eine elektronische Übermittlung über FinanzOnline nicht möglich, so hat sie an die vom Unternehmer bekannt gegebene E-Mail-Adresse zu erfolgen. Die Übermittlung des E-Mails gilt mit dessen Absendung als bewirkt, ausgenommen der Unternehmer weist nach, dass ihm das E-Mail nicht übermittelt worden ist.

Sperrfristen

(8) Erfolgt ein Ausschluss gemäß Abs. 7 Z 1 oder beendet ein Unternehmer gemäß Abs. 6 die Inanspruchnahme dieser Sonderregelung, kann der Unternehmer diese Sonderregelung zwei Kalendervierteljahre ab Wirksamkeit des Ausschlusses bzw. der Beendigung nicht in Anspruch nehmen. Erfolgt ein Ausschluss gemäß Abs. 7 Z 4, beträgt dieser Zeitraum acht Kalendervierteljahre und gilt für die Sonderregelungen gemäß § 25a und Art. 25a.

Berichtspflichten

(9) Der Unternehmer hat die Beendigung seiner dieser Sonderregelung unterliegenden Tätigkeit, Änderungen, durch die er die Voraussetzungen für

die Inanspruchnahme dieser Sonderregelung nicht mehr erfüllt, sowie Änderungen der im Rahmen der Sonderregelung mitgeteilten Angaben bis zum zehnten Tag des folgenden Monates über das für diese Zwecke beim Bundesministerium für Finanzen eingerichtete Portal zu melden.

Aufzeichnungspflichten

(10) Die Aufzeichnungen über die nach dieser Sonderregelung getätigten Umsätze haben getrennt nach den Mitgliedstaaten zu erfolgen, in denen die Umsätze ausgeführt worden sind. Die Aufzeichnungen sind zehn Jahre aufzubewahren und über Aufforderung der zuständigen Behörde elektronisch zur Verfügung zu stellen.

Im übrigen Gemeinschaftsgebiet ansässige Unternehmer

(11) Unterliegt ein Unternehmer in einem anderen Mitgliedstaat der Sonderregelung gemäß Art. 369a bis 369k der Richtlinie 2006/112/EG und hat er keine Betriebsstätte im Inland, sind die Abs. 2 bis 10 für die im Inland ausgeführten, der Sonderregelung unterliegenden steuerpflichtigen Umsätze sinngemäß anzuwenden.

Änderung der Bemessungsgrundlage

(12) Änderungen der Bemessungsgrundlage von Umsätzen gemäß Abs. 11 durch den Unternehmer sind innerhalb von drei Jahren ab dem Tag, an dem die ursprüngliche Erklärung abzugeben war, durch Berichtigung der ursprünglichen Erklärung elektronisch vorzunehmen und wirken auf den ursprünglichen Erklärungszeitraum zurück.

Entstehung der Steuerschuld, Fälligkeit, Entrichtung

(13) Die Steuerschuld für Umsätze gemäß Abs. 11 entsteht in dem Zeitpunkt, in dem die sonstigen Leistungen ausgeführt werden. Die Steuer ist spätestens am zwanzigsten Tag (Fälligkeitstag) des auf den Erklärungszeitraum, in dem die sonstige Leistung ausgeführt worden ist, folgenden Monates zu entrichten. Für diese Umsätze sind § 19 Abs. 1 zweiter Satz und § 21 Abs. 1 bis 6 nicht anzuwenden. *(BGBl. I Nr. 117/2016)*

Festsetzung der Steuer

(14) Unterlässt der Unternehmer die Einreichung der Steuererklärung pflichtwidrig oder erweist sich die Steuererklärung als unvollständig oder die Selbstberechnung als unrichtig, so hat das Finanzamt die Steuer für Umsätze im Sinne des Abs. 11 festzusetzen. Die festgesetzte Steuer hat den im Abs. 13 genannten Fälligkeitstag.

Vorsteuerabzug

(15) Ein Unternehmer, der sonstige Leistungen erbringt, die einer Sonderregelung gemäß Art. 369a bis 369k der Richtlinie 2006/112/EG im Inland oder in einem anderen Mitgliedstaat unterliegen, und der nicht verpflichtet

ist, gemäß § 21 Abs. 4 eine Steuererklärung abzugeben, hat den mit diesen sonstigen Leistungen in Zusammenhang stehenden Vorsteuerabzug unter Anwendung des § 21 Abs. 9 vorzunehmen, unabhängig davon, ob es sich um einen im Inland ansässigen Unternehmer handelt. *(BGBl. I Nr. 40/2014)*

UStR zu Art. 25a:

	Rz		Rz
1. Voraussetzungen	4297	4. Beendigung, Ausschluss und Sperrfrist	4300a
2. Erklärung	4299	5. Sondervorschriften	4300b
3. Umrechnung von Werten in fremder Währung	4300		

1. Voraussetzungen

4297 Im Gemeinschaftsgebiet ansässige Unternehmer, die elektronisch erbrachte sonstige Leistungen, Telekommunikations-, Fernseh- und Rundfunkdienstleistungen an in der EU ansässige Nichtunternehmer erbringen, können sich – unter bestimmten Bedingungen – dafür entscheiden, nur in einem EU-Mitgliedstaat erfasst zu werden. Die Inanspruchnahme des EU-Umsatzsteuer-(Mini)-One-Stop-Shops (MOSS) ist optional und erfolgt in jenem Mitgliedstaat, in dem der Unternehmer seinen Sitz der wirtschaftlichen Tätigkeit bzw. seine Betriebsstätte hat (Mitgliedstaat der Identifizierung, MSI). Voraussetzung ist eine gültige UID-Nummer. Diese alleine – ohne den Sitz der wirtschaftlichen Tätigkeit oder eine Betriebsstätte im Gemeinschaftsgebiet zu haben – begründet keine Ansässigkeit und ist für die Inanspruchnahme der Sonderregelung nicht ausreichend.

Hat ein Unternehmer seinen Sitz der wirtschaftlichen Tätigkeit im Drittland und mehrere Betriebsstätten in unterschiedlichen Mitgliedstaaten, besteht ein Wahlrecht, in welchem Betriebsstätten-Mitgliedstaat sich der Unternehmer registriert (vgl. Art. 369a MwSt-RL 2006/112/EG). An diese Wahl ist der Unternehmer für das betreffende und die beiden darauffolgenden Kalenderjahre gebunden. Wählt der Unternehmer einen anderen MSI, kommt eine Sperrfrist von zwei Kalenderquartalen zum Tragen.

Als Betriebsstätte gilt jede Niederlassung mit Ausnahme des Sitzes der wirtschaftlichen Tätigkeit, die einen hinreichenden Grad an Beständigkeit sowie eine Struktur aufweist, die es ihr von der personellen und technischen Ausstattung her erlaubt, Dienstleistungen, die für den eigenen Bedarf dieser Niederlassung erbracht werden, zu empfangen und dort zu verwenden oder Dienstleistungen zu erbringen.

Entscheidet sich ein Unternehmer, den MOSS zu nutzen, muss er sämtliche Umsätze, die darunter fallen, über MOSS deklarieren und kann die Anwendung nicht auf einzelne Länder beschränken. Leistungen, die in einem Mitgliedstaat erbracht werden, in dem der Unternehmer seinen Sitz der wirtschaftlichen Tätigkeit oder eine Betriebsstätte hat, können nicht über MOSS, sondern müssen im jeweiligen Mitgliedstaat erklärt werden. Der Unternehmer kann die Ausübung des Wahlrechtes unter Einhaltung der Frist des Art. 25a Abs. 6 UStG 1994 widerrufen.

4298 Voraussetzung für die Inanspruchnahme der Sonderregelung ist, dass der Unternehmer im Gemeinschaftsgebiet
- seinen Sitz der wirtschaftlichen Tätigkeit oder eine Betriebsstätte hat,
- Umsätze gemäß § 3a Abs. 13 UStG 1994 tätigt,
- auf elektronischem Weg beim zuständigen Finanzamt die Option beantragt (Österreich als MSI: FinanzOnline).

Ein Wechsel des MSI ist möglich, wenn der Sitz der wirtschaftlichen Tätigkeit oder die Betriebsstätte verlegt wird. Der Unternehmer hat diese Änderung den beiden betroffenen Mitgliedstaaten rechtzeitig, dh. bis spätestens am 10. Tag des auf die Verlegung folgenden Monats, mitzuteilen. Diesfalls kann der Unternehmer die Sonderregelung bereits mit dem Tag der Änderung im neuen MSI in Anspruch nehmen. Bei verspäteter Meldung wird der Unternehmer im ehemaligen Mitgliedstaat mit dem Tag der Änderung von MOSS ausgeschlossen. Im neuen Mitgliedstaat ist die Inanspruchnahme in diesem Fall nicht mit dem Tag der Änderung möglich, sondern erst mit dem ersten Tag des Kalenderquartals, das auf die Antragstellung folgt.

Beispiel:

Ein in Frankreich ansässiger Unternehmer hat sich in Frankreich für die Inanspruchnahme des MOSS ab 1. Januar 2015 registrieren lassen. Nach einer Umstrukturierung verlegt er das Unternehmen ab 21. März 2017 nach Österreich. Um den MOSS weiter nutzen zu können, muss sich der Unternehmer in Frankreich abmelden und sich in Österreich registrieren lassen. Das Datum der Abmeldung in Frankreich und der Registrierung in Österreich ist der 21. März 2017. Der Unternehmer muss beide Mitgliedstaaten spätestens am 10. April 2017 über den Wechsel informieren. Am 21. März 2017 erbrachte Dienstleistungen sind in der über MOSS in Österreich eingereichten Erklärung anzugeben.

2. Erklärung

4299 In die Erklärung sind einerseits Umsätze aufzunehmen, die aus dem MSI und von Betriebsstätten im Drittland und andererseits von Betriebsstätten im übrigen Gemeinschaftsgebiet erbracht werden. Die Umsätze sind getrennt nach Mitgliedstaaten, unter Angabe des anzuwendenden Steuersatzes und der zu entrichtenden Steuer, anzugeben. Weiters ist die insgesamt zu entrichtende Steuer in die Erklärung aufzunehmen (Art. 25a Abs. 4 UStG 1994). Steuerfreie Umsätze dürfen nicht angeführt werden. Hat der Unternehmer in einem Quartal keine Umsätze erbracht, so muss er eine Nullerklärung abgeben.

3. Umrechnung von Werten in fremder Währung

4300 Die Unternehmer müssen bei der Umrechnung von Werten in fremder Währung einheitlich den von der Europäischen Zentralbank festgestellten Umrechnungskurs des letzten Tages des Besteuerungszeitraumes bzw., falls für diesen Tag kein Umrechnungskurs festgelegt wurde, den für den nächsten Tag festgelegten Umrechnungskurs anwenden. Die Anwendung eines monatlichen Durchschnittskurses entsprechend § 20 Abs. 6 UStG 1994 ist ausgeschlossen.

4. Beendigung, Ausschluss und Sperrfrist

4300a Beendet ein Unternehmer die Inanspruchnahme der Sonderregelung freiwillig (Art. 25a Abs. 6 UStG 1994), kann der Unternehmer diese Sonderregelung zwei Kalendervierteljahre ab Wirksamkeit der Beendigung nicht in Anspruch nehmen (Art. 25a Abs. 8 UStG 1994).

Ein Unternehmer wird gemäß Art. 25a Abs. 7 UStG 1994 von der Inanspruchnahme der Sonderregelung ausgeschlossen:
- wenn er mitteilt „keine Umsätze, die unter MOSS fallen, mehr zu erbringen";
- wenn er während acht aufeinanderfolgenden Kalenderquartalen keine derartigen Leistungen erbringt;
- wenn er die Voraussetzungen für die Inanspruchnahme nicht mehr erfüllt oder
- wenn er wiederholt gegen die Vorschriften des MOSS verstößt.

Artikel 58b Abs. 2 VO (EU) 282/2011 idF VO (EU) 967/2012 legt fest, was jedenfalls als wiederholter Verstoß, der einen Ausschluss zur Folge hat, zu verstehen ist:
a) Dem Unternehmer wurden vom MSI für drei unmittelbar vorhergehende Kalenderquartale Erinnerungen gemäß Artikel 60a VO (EU) 282/2011 idF VO (EU) 967/2012 erteilt und die Erklärung wurde für jedes dieser Kalenderquartale nicht binnen zehn Tagen, nachdem die Erinnerung erteilt wurde, abgegeben.
b) Vom MSI wurden ihm für drei unmittelbar vorhergehende Kalenderquartale Erinnerungen gemäß Artikel 63a VO (EU) 282/2011 idF VO (EU) 967/2012 erteilt und der Gesamtbetrag der erklärten Steuer ist von ihm nicht binnen zehn Tagen gezahlt, nachdem die Erinnerung erteilt wurde, für jedes dieser Kalenderquartale, außer wenn der ausstehende Betrag weniger als 100 Euro für jedes dieser Kalenderquartale beträgt.
c) Er hat nach einer Aufforderung des MSI oder des Mitgliedstaats des Verbrauchs und

einen Monat nach einer nachfolgenden Erinnerung des Mitgliedstaats der Identifizierung die in den Artikeln 369 und 369k MwSt-RL 2006/112/EG genannten Aufzeichnungen nicht elektronisch zur Verfügung gestellt.

Bei anderen wiederholten Verstößen kann der Unternehmer vom MSI ausgeschlossen werden.

Im Falle eines Ausschlusses sind die etwaigen Sperrfristen nach Art. 25a Abs. 8 UStG 1994 zu beachten.

5. Sondervorschriften

4300b Insbesondere folgende Sondervorschriften gelten nach Art. 25a UStG 1994:
- Der Erklärungszeitraum ist das Kalendervierteljahr (Art. 25a Abs. 3 UStG 1994).
- Die Unternehmer haben vierteljährliche Steuererklärungen bis zum 20. Tag des auf den Erklärungszeitraum folgenden Kalendermonats auf elektronischem Weg (bei Österreich als MSI: FinanzOnline) abzugeben (Art. 25a Abs. 3 UStG 1994). Für das Kalenderjahr ist keine zusätzliche Erklärung abzugeben.
- Zur Steuererklärung siehe Rz 4299.
- Die Steuerschuld für die im Erklärungszeitraum erbrachten Leistungen, die unter MOSS fallen, entsteht in dem Zeitpunkt, in dem die sonstigen Leistungen ausgeführt werden (Art. 25a Abs. 13 UStG 1994).
- Die Steuer ist spätestens am 20. Tag des auf den Erklärungszeitraum folgenden Kalendermonats zu entrichten (Art. 25a Abs. 13 UStG 1994).
- Zu den Berichtspflichten siehe Art. 25a Abs. 9 UStG 1994; Artikel 57h VO (EU) 282/2011 idF VO (EU) 967/2012.
- Gemäß Art. 25a Abs. 10 UStG 1994 haben die Aufzeichnungen über die MOSS-Umsätze getrennt nach den Mitgliedstaaten zu erfolgen, in denen die Umsätze ausgeführt wurden (Mitgliedstaaten des Verbrauchs). Die Aufzeichnungen sind zehn Jahre aufzubewahren und über Aufforderung des Finanzamtes bzw. der zuständigen Behörde auf elektronischem Weg zur Verfügung zu stellen. Andernfalls ist ein Ausschluss möglich (vgl. Rz 4300a). Um hinreichend ausführlich zu sein, müssen die Aufzeichnungen die in Art. 63c VO (EU) 282/2011 idF VO (EU) 967/2012 genannten Informationen enthalten:
  a) Mitgliedstaat des Verbrauchs, in dem die Dienstleistung erbracht wird;
  b) Art der erbrachten Dienstleistung;
  c) Datum der Dienstleistungserbringung;
  d) Steuerbemessungsgrundlage unter Angabe der verwendeten Währung;
  e) jede anschließende Erhöhung oder Senkung der Steuerbemessungsgrundlage;
  f) anzuwendender Mehrwertsteuersatz;
  g) Betrag der zu zahlenden Mehrwertsteuer unter Angabe der verwendeten Währung;
  h) Datum und Betrag der erhaltenen Zahlungen;
  i) alle vor Erbringung der Dienstleistung erhaltenen Vorauszahlungen;
  j) falls eine Rechnung ausgestellt wurde, die darin enthaltenen Informationen;
  k) Name des Dienstleistungsempfängers, soweit dem Steuerpflichtigen bekannt;
  l) Informationen zur Bestimmung des Orts, an dem der Dienstleistungsempfänger ansässig ist oder seinen Wohnsitz oder gewöhnlichen Aufenthalt hat.
- Änderungen der Bemessungsgrundlage von Umsätzen, die unter den MOSS fallen, sind innerhalb von drei Jahren ab dem Tag, an dem die ursprüngliche Erklärung abzugeben war, elektronisch über den MOSS vorzunehmen. Dies hat durch eine Berichtigung der ursprünglichen Erklärung zu erfolgen und wirkt auf den ursprünglichen Erklärungszeitraum zurück (ex tunc).
- Ein Steuerbescheid hinsichtlich der in Österreich ausgeführten Umsätze ergeht nur, wenn der Unternehmer die Abgabe der Erklärung pflichtwidrig unterlässt, diese unvollständig ist oder die Selbstberechnung unrichtig ist (Art. 25a Abs. 14 UStG 1994).
- Vorsteuern können nur im Erstattungsverfahren gemäß § 21 Abs. 9 UStG 1994 geltend gemacht werden (Art. 25a Abs. 15 UStG 1994; Verordnung des BM für Finanzen, mit der ein eigenes Verfahren für die Erstattung der abziehbaren Vorsteuern an ausländische Unternehmer geschaffen wird, BGBl. II Nr. 279/1995 idF BGBl. II Nr.

Art. 25a UStG

158/2014).
- Im Falle einer Organschaft sind für Zwecke des MOSS sämtliche österreichische Organgesellschaften sowie alle österreichischen Betriebstätten von ausländischen Organgesellschaften im Registrierungsantrag als Betriebsstätten mitsamt allen ihren in- und ausländischen UIDs anzugeben.
- Hat ein Mitglied einer Organschaft eine Betriebsstätte in einem anderen Mitgliedstaat, wird für Zwecke der MOSS-Registrierung die Betriebsstätte als eigener Unternehmer gesehen. Leistungen, die diese Betriebsstätte erbringt, können nicht in die MOSS-Umsatzsteuererklärung der Organschaft aufgenommen werden. Dagegen sind Leistungen, die die Organschaft im Mitgliedstaat der Betriebsstätte erbringt, in die MOSS-Umsatzsteuererklärung aufzunehmen und nicht in die inländische Umsatzsteuererklärung dieser Betriebsstätte.

Diese Ausführungen zur Organschaft gelten nur für die Abgrenzung, welche Umsätze in die MOSS-Erklärung aufzunehmen sind und haben keinerlei Auswirkung auf die sonstige umsatzsteuerliche Beurteilung der Organschaft und ihrer Umsätze.

Art. 26.
(Anm.: wurde nicht vergeben)

Besondere Aufsichtsmaßnahmen zur Sicherung des Steueranspruches
Art. 27.

Bescheinigung zum Zwecke der Vorlage bei der Zulassungsbehörde

(1) Zur Sicherung des Steueranspruchs in Fällen des innergemeinschaftlichen Erwerbs neuer motorbetriebener Landfahrzeuge, neuer Luftfahrzeuge und neuer Wasserfahrzeuge (Art. 1 Abs. 8) gilt folgendes:

1. Im Falle der Anschaffung von Fahrzeugen im Sinne des Art. 1 Abs. 8 aus dem übrigen Gemeinschaftsgebiet hat das Finanzamt zu bescheinigen, daß gegen die Zulassung des Fahrzeuges aus steuerlichen Gründen keine Bedenken bestehen. Diese Bescheinigung ist nur zu erteilen, wenn die in Z 2, 3 beziehungsweise 4 vorgeschriebenen Angaben gemacht werden. Bei Erwerben im Sinne des Art. 1 Abs. 7 ist die Bescheinigung überdies nur dann zu erteilen, wenn der Nachweis über die Entrichtung der gemäß Art. 19 Abs. 2 Z 2 geschuldeten Steuer erbracht wird.

2. Für Zwecke der Bescheinigung betreffend motorbetriebene Landfahrzeuge im Sinne des Art. 1 Abs. 8 Z 1 sind folgende Angaben zu machen:
   a) der Name und die Anschrift des Lieferers,
   b) der Tag der Lieferung,
   c) das Entgelt (Kaufpreis),
   d) der Tag der ersten Inbetriebnahme,
   e) der Kilometerstand am Tag der Lieferung,
   f) die Fahrzeugart, der Fahrzeughersteller und der Fahrzeugtyp,
   g) der Verwendungszweck.

Liegen die Voraussetzungen für die Erteilung einer solchen Bescheinigung vor, ist eine bestehende Zulassungssperre in der Genehmigungsdatenbank (§ 30a Abs. 9a Kraftfahrgesetz 1967, BGBl. Nr. 267/1967) aufzuheben. In diesem Fall entfällt die Ausstellung der Bescheinigung.

3. Für Zwecke der Bescheinigung betreffend Wasserfahrzeuge im Sinne des Art. 1 Abs. 8 Z 2 sind folgende Angaben zu machen:
   a) der Name und die Anschrift des Lieferers,
   b) der Tag der Lieferung,
   c) das Entgelt (Kaufpreis),
   d) der Tag der ersten Inbetriebnahme,
   e) die Fahrzeuglänge,
   f) die Zahl der bisherigen Betriebsstunden am Tag der Lieferung,
   g) der Wasserfahrzeughersteller und der Wasserfahrzeugtyp,
   h) der Verwendungszweck.

4. Für Zwecke der Bescheinigung betreffend Luftfahrzeuge im Sinne des Art. 1 Abs. 8 Z 3 sind folgende Angaben zu machen:

a) der Name und die Anschrift des Lieferers,
b) der Tag der Lieferung,
c) das Entgelt (Kaufpreis),
d) der Tag der ersten Inbetriebnahme,
e) die Starthöchstmasse,
f) die Zahl der bisherigen Betriebsstunden am Tag der Lieferung,
g) der Flugzeughersteller und der Flugzeugtyp,
h) der Verwendungszweck.

Die Angaben nach den Ziffern 2 bis 4 sind auch dann zu machen, wenn Zweifel daran bestehen, ob die Eigenschaften als neues Fahrzeug im Sinne des Art. 1 Abs. 8 vorliegen.

Meldepflicht bei der Lieferung neuer Fahrzeuge

(2) Zur Sicherung des Steueraufkommens durch einen regelmäßigen Austausch von Auskünften mit anderen Mitgliedstaaten auf der Grundlage der Gegenseitigkeit kann der Bundesminister für Finanzen durch Verordnung bestimmen, daß Unternehmer (§ 2) und Fahrzeuglieferer (Art. 2) der Abgabenbehörde ihre innergemeinschaftlichen Lieferungen neuer Fahrzeuge an Abnehmer ohne Umsatzsteuer-Identifikationsnummer melden müssen. Dabei können insbesondere geregelt werden:

1. die Art und Weise der Meldung;
2. der Inhalt der Meldung;
3. die Zuständigkeit der Abgabenbehörden;
4. der Abgabezeitpunkt der Meldung;
5. die Ahndung der Zuwiderhandlung gegen die Meldepflicht.

Vorlage von Urkunden

(3) Für Erhebungen zur Erfüllung der Auskunftsverpflichtung nach der Verordnung (EU) Nr. 904/2010 gilt die Bundesabgabenordnung sinngemäß.

Fiskalvertreter

(4) § 27 Abs. 7 gilt auch für Unternehmer, die innergemeinschaftliche Lieferungen und innergemeinschaftliche Erwerbe ausführen.

UStR zu Art. 27:

	Rz		Rz
1. Bescheinigungsverfahren	4301	3. Vorlage von Urkunden	derzeit frei
2. Meldepflicht bei Lieferung neuer Fahrzeuge	derzeit frei	4. Fiskalvertreter	s. Rz 3526-3540

Art. 27 UStG

1. Bescheinigungsverfahren

4301 Die Zulassung von motorbetriebenen Landfahrzeugen und Schiffen bzw. die Eintragung in das Luftfahrzeugregister von aus dem übrigen Gemeinschaftsgebiet stammenden neuen Fahrzeugen wird nach den einschlägigen gesetzlichen Vorschriften (§ 30a Abs. 9a KFG 1967, § 102 **Abs. 6** Schifffahrtsgesetz und § 7 Abs. 2 Z 8 Zivilluftfahrzeug- und Luftfahrtgerät-Verordnung 2010 – ZLLV 2010, BGBl. II Nr. 143/2010) von der Vorlage einer Bescheinigung der Finanzbehörde abhängig gemacht, dass gegen die Zulassung aus umsatzsteuerlicher Hinsicht keine Bedenken bestehen.

Liegen die Voraussetzungen für die Erteilung einer solchen Bescheinigung vor, ist eine bestehende Zulassungssperre in der Genehmigungsdatenbank (§ 30a Abs. 9a KFG 1967) aufzuheben. In diesem Fall entfällt die Ausstellung der Bescheinigung und finden die Rz 4302 bis Rz 4304 und Rz 4306 keine Anwendung.

4302. Die Bescheinigung enthält das Finanzamt, die Bezeichnung der Zulassungsbehörde, die Bezeichnung der Fahrzeugart/des Fahrzeugtyps und des Fahrzeugherstellers, die Fahrgestellnummer/Motornummer/Herstellernummer sowie Name bzw. Firmenbezeichnung und Anschrift des Zulassungswerbers/der Zulassungswerberin. Die Bescheinigung ist nur zu erteilen, wenn der Erwerber die gem Art. 27 Abs. 1 Z 2 bis 4 UStG 1994 erforderlichen Angaben macht.

4303. Bundeseinheitlich ist dafür ein amtlicher Vordruck mit der Lagernummer Verf 11 in Verwendung.

4304. Diese Bescheinigungen werden im Regelfall vom gemäß § 25 Z 3 AVOG 2010 **(bis 30.6.2010: § 70 Z 3 BAO)** zuständigen Finanzamt (das ist das Wohnsitzfinanzamt) ausgestellt. **Handelt es sich bei dem Antragsteller um einen Unternehmer, wird die Bescheinigung vom für die Umsatzsteuer zuständigen Finanzamt ausgestellt.**

4305. Die Freischaltung in der Genehmigungsdatenbank oder die Erteilung der Bescheinigung ist bei natürlichen Personen im Nichtunternehmensbereich an die Entrichtung der Steuer gebunden.

4306. Durch § 40a KFG 1967 (idF BGBl. I Nr. 103/1997) wurden die gesetzlichen Grundlagen für die Beleihung von Versicherern als Zulassungsstellen zum Zwecke der Zulassung geschaffen. Demnach treten gem § 40b KFG 1967 die beliehenen Zulassungsstellen an die Stelle der Behörde und haben die ihnen übertragenen Aufgaben wahrzunehmen. Diese Zulassungsstellen werden daher wie die Behörden die Zulassung von aus dem übrigen Gemeinschaftsgebiet stammenden neuen motorbetriebenen Landfahrzeugen von der **Vorlage der Bescheinigung abhängig machen.**

Randzahlen 4307 bis 4315. Derzeit frei.

2. Meldepflicht bei Lieferung neuer Fahrzeuge

Derzeit frei.

Randzahlen 4316 bis 4325: Derzeit frei.

3. Vorlage von Urkunden

Derzeit frei.

Randzahlen 4326 bis 4330. Derzeit frei.

4. Fiskalvertreter

Siehe § 27 Rz 3526 bis 3540.

Randzahlen 4331 bis 4335: Derzeit frei.

Verordnung zu Art. 27:

Verordnung des Bundesministers für Finanzen betreffend die Meldepflicht der innergemeinschaftlichen Lieferung neuer Fahrzeuge

BGBl. II Nr. 308/2003

Auf Grund des Artikels 27 Abs. 2 des Umsatzsteuergesetzes 1994, BGBl. Nr. 663, in der Fassung des Bundesgesetzes BGBl. I Nr. 10/2003 wird verordnet:

§ 1.

(1) Unternehmer (§ 2 UStG 1994) haben ihre innergemeinschaftlichen Lieferungen neuer Fahrzeuge im Sinne des Art. 1 UStG 1994 an Abnehmer ohne Umsatzsteuer-Identifikationsnummer nach amtlichem Vordruck zu melden.

(2) Fahrzeuglieferer (Art. 2 UStG 1994) haben ihre innergemeinschaftlichen Lieferungen neuer Fahrzeuge im Sinne des Art. 1 UStG 1994 nach amtlichem Vordruck zu melden.

§ 2.

Die Meldung hat folgende Angaben zu enthalten:
- Rechnungsdatum,
- Name und Anschrift des Verkäufers; sofern der Verkäufer Unternehmer ist, auch dessen Umsatzsteuer-Identifikationsnummer,
- Bestimmungsmitgliedstaat (falls dies nicht möglich, den Mitgliedstaat, in dem der Käufer Wohnsitz, Sitz oder gewöhnlichen Aufenthalt hat),
- Name und Anschrift des Käufers,
- Entgelt für das gelieferte Fahrzeug samt Zubehör,
- Art des Fahrzeuges (Land-, Wasser- oder Luftfahrzeug),
- Beschreibung des Fahrzeuges (Marke und Modell),
- Datum der ersten Inbetriebnahme, sofern diese vor der Rechnungslegung liegt,
- Kilometerstand (Landfahrzeuge), Anzahl der Betriebsstunden (Wasserfahrzeuge, Luftfahrzeuge),
- Fahrgestellnummer oder Kraftfahrzeug-Kennzeichen (Landfahrzeuge) bzw. Zellennummer (Luftfahrzeuge).

§ 3.

Die Meldung ist
1. von Unternehmern (§ 2 UStG 1994) bis zum Ablauf des auf jedes Kalendervierteljahr folgenden Kalendermonates, in dem die innergemeinschaftlichen Lieferungen von Kraftfahrzeugen ausgeführt wurden,
2. von Fahrzeuglieferern (Art. 2 UStG 1994) im Zeitpunkt der Geltendmachung des Vorsteuerabzuges (Art. 12 Abs. 3 UStG 1994), spätestens bis zum Ablauf des dem Kalendermonat folgenden Monates, in dem die innergemeinschaftliche Lieferung des Kraftfahrzeuges ausgeführt wurde,

abzugeben.

§ 4.

Die Meldung gemäß § 3 ist bei dem für die Erhebung der Umsatzsteuer zuständigen Finanzamt einzureichen.

§ 5.

Die Verordnung ist auf die Meldung von Lieferungen anzuwenden, die in Kalendervierteljahre fallen, die nach der Kundmachung der Verordnung beginnen.

Umsatzsteuer-Identifikationsnummer
Art. 28.

(1) Das Finanzamt hat Unternehmern im Sinne des § 2, die im Inland Lieferungen oder sonstige Leistungen erbringen, für die das Recht auf Vorsteuerabzug besteht, oder zur Inanspruchnahme der Sonderregelung gemäß Art. 25a eine Umsatzsteuer-Identifikationsnummer zu erteilen. Das Finanzamt hat Unternehmern, die ihre Umsätze ausschließlich gemäß § 22 versteuern oder die nur Umsätze ausführen, die zum Ausschluss vom Vorsteuerabzug führen, auf Antrag eine Umsatzsteuer-Identifikationsnummer zu erteilen, wenn sie diese benötigen für
- innergemeinschaftliche Lieferungen,
- innergemeinschaftliche Erwerbe,
- im Inland ausgeführte steuerpflichtige sonstige Leistungen, für die sie als Leistungsempfänger die Steuer entsprechend Art. 196 der Richtlinie 2006/112/EG in der Fassung der Richtlinie 2008/8/EG schulden, oder für
- im übrigen Gemeinschaftsgebiet ausgeführte steuerpflichtige sonstige Leistungen, für die gemäß Artikel 196 der Richtlinie 2006/112/EG in der Fassung der Richtlinie 2008/8/EG der Leistungsempfänger die Steuer schuldet.

Der zweite Satz gilt – soweit er sich auf innergemeinschaftliche Erwerbe bezieht – für juristische Personen, die nicht Unternehmer sind, entsprechend. Im Falle der Organschaft wird auf Antrag für jede juristische Person eine eigene Umsatzsteuer-Identifikationsnummer erteilt. Der Antrag auf Erteilung einer Umsatzsteuer-Identifikationsnummer ist schriftlich zu stellen. In dem Antrag sind Name, Anschrift und Steuernummer, unter der der Antragsteller umsatzsteuerlich geführt wird, anzugeben.

Der Bescheid über die Erteilung der Umsatzsteuer-Identifikationsnummer ist zurückzunehmen, wenn sich die tatsächlichen oder rechtlichen Verhältnisse geändert haben, die für die Erteilung der Umsatzsteuer-Identifikationsnummer maßgebend gewesen sind oder wenn das Vorhandensein dieser Verhältnisse zu Unrecht angenommen worden ist. Der Unternehmer ist verpflichtet, jede Änderung der tatsächlichen oder rechtlichen Verhältnisse, die für die Erteilung der Umsatzsteuer-Identifikationsnummer maßgebend gewesen sind, insbesondere die Aufgabe seiner unternehmerischen Tätigkeit, dem Finanzamt binnen eines Kalendermonats anzuzeigen.

Bestätigungsverfahren

(2) Das Bundesministerium für Finanzen bestätigt dem Unternehmer im Sinne des § 2 auf Anfrage die Gültigkeit einer Umsatzsteuer-Identifikationsnummer sowie den Namen und die Anschrift der Person, der die Umsatzsteuer-Identifikationsnummer von einem anderen Mitgliedstaat erteilt wurde. Die Übermittlung der Anfrage hat, soweit dies nicht mangels technischer

Art. 28 UStG

Voraussetzungen unzumutbar ist, elektronisch zu erfolgen. Der Bundesminister für Finanzen kann mit Verordnung das Bestätigungsverfahren regeln.

(3) Anfragen und Bestätigungen über die Gültigkeit einer Umsatzsteuer-Identifikationsnummer sind von den Stempelgebühren befreit.

UStR zu Art. 28:

	Rz		Rz
1. Allgemeines	4336	1.4 Übersicht über Bezeichnung und Aufbau der UID der EG-Mitgliedstaaten (Stand 1. Mai 2004)	4343
1.1 Erteilung der UID von Amts wegen und auf Antrag	4336		
1.2 Anspruchsberechtigung	4338	1.5 Begrenzung der UID	4344
1.3 Sonderfälle der UID-Vergabe	4340	2. Bestätigungsverfahren	4351
1.3.1 Ausländische Unternehmer	4340	2.1 Allgemeines	4351
1.3.2 Körperschaften öffentlichen Rechts	4341	2.2 Zuständigkeit	4352
1.3.3 Organgesellschaften	4342	2.3 Form und Inhalt der Anfrage	4354
1.3.4 Sonder-UID für Spediteure	s. Rz 3951-3965	2.4 Form und Inhalt der Bestätigung	4357
		2.5 Vertrauensschutzregelung	4359
		3. Stempelgebührenbefreiung	derzeit frei

1. Allgemeines
1.1 Erteilung der UID von Amts wegen und auf Antrag

4336 Rechtslage ab 1.1.2003

Unternehmern, die im Inland Lieferungen und sonstige Leistungen erbringen, die sie zum Vorsteuerabzug berechtigen, erteilt das Finanzamt von Amts wegen eine UID.

Rechtslage ab 1.1.2015

Unternehmern, die

- im Inland Lieferungen und sonstige Leistungen erbringen, die sie zum Vorsteuerabzug berechtigen, oder
- die Sonderregelung gemäß Art. 25a UStG 1994 in Anspruch nehmen, erteilt das Finanzamt von Amts wegen eine UID.

Schwellenerwerber (siehe Rz 4339) erhalten eine UID über Antrag. Der Antrag ist schriftlich (auch per Telefax oder Telegramm) unter Angabe von Name, Firma, Anschrift und Steuernummer an das für die Erhebung der Umsatzsteuer zuständige Finanzamt zu richten. Fallen festsetzendes und einhebendes Finanzamt auseinander, ist das festsetzende Amt zuständig.

Zur Vergabe einer UID an ausländische Unternehmer siehe Rz 4340.

4337 Jeder Unternehmer erhält nur eine UID, auch wenn er mehrere Betriebe hat bzw. Tätigkeiten ausübt (Ausnahmen siehe Art. 28 Rz 4341 und 4342).

1.2 Anspruchsberechtigung

4338 Anspruch auf Erteilung haben **alle Unternehmer** (§ 2 UStG 1994) und **juristische Personen, die nicht Unternehmer** sind (siehe jedoch Schwellenerwerber Art. 28 Rz 4339).

4339 Von den so genannten „Schwellenerwerbern", das sind

- Unternehmer, die ausschließlich von der land- und forstwirtschaftlichen Pauschalierung des § 22 UStG 1994 erfasste Umsätze tätigen und
- Unternehmer, die ausschließlich unecht steuerfreie Umsätze ausführen

eine UID nur dann, wenn sie die UID für innergemeinschaftliche Lieferungen bzw. innergemeinschaftliche Erwerbe benötigen,

- juristische Personen im nichtunternehmerischen Bereich eine UID nur dann, wenn sie diese für innergemeinschaftliche Erwerbe benötigen.

Weiters erhalten
- Unternehmer, die ausschließlich von der land- und forstwirtschaftlichen Pauschalierung des § 22 UStG 1994 erfasste Umsätze tätigen, sowie
- Unternehmer, die ausschließlich unecht steuerfreie Umsätze ausführen

auch dann eine UID, wenn sie
- diese für im Inland ausgeführte steuerpflichtige sonstige Leistungen, für die sie als Leistungsempfänger die Steuer entsprechend Art. 196 der MWSt-RL 2006/112/EG idF der Richtlinie 2008/8/EG schulden (ab 1.1.2010) oder
- diese zur Abgabe einer ZM für von ihnen in einem anderen Mitgliedstaat ausgeführte sonstige Leistungen, für die die Steuerschuld entsprechend Art. 196 der MWSt-RL 2006/112/EG idF der Richtlinie 2008/8/EG auf den Leistungsempfänger dort übergeht (ab 1.1.2010),

benötigen.

In diesen Fällen muss der Antrag eine entsprechende Erklärung enthalten. Dabei genügt es, glaubhaft zu machen, dass solche Umsätze in Zukunft getätigt werden. Keine UID ist zu vergeben, wenn diese lediglich aus Gründen der Rechnungslegung begehrt wird.

1.3 Sonderfälle der UID-Vergabe
1.3.1 Ausländische Unternehmer

4340 Die UID-Vergabe an Unternehmer, die ihr Unternehmen vom Ausland aus betreiben und im Inland weder eine Betriebsstätte haben noch Umsätze aus der Nutzung im Inland gelegener Grundstücke erzielen, obliegt dem Finanzamt Graz-Stadt.

Der Antrag ist schriftlich unter Angabe der Gründe, aus denen die Vergabe einer UID begehrt wird und unter Beilage einer Unternehmerbestätigung im Original zu stellen.

Nicht im Inland ansässigen Unternehmern, die im Inland ausschließlich Umsätze erbringen, für die ein Recht auf Vorsteuerabzug besteht, wird keine UID erteilt, wenn die Steuerschuld für diese Umsätze auf den Leistungsempfänger übergeht (Art. 214 Abs. 1 lit. a der MWSt-RL 2006/112/EG).

1.3.2 Körperschaften öffentlichen Rechts

4341 Diese erhalten **über Antrag eine UID für den unternehmerischen Bereich**, für den sie zur USt erfasst sind. Bei größeren Gebietskörperschaften können mehrere Umsatzsteuernummern vergeben werden. In diesem Fall ist parallel dazu auch jeweils die Vergabe einer UID möglich.

1.3.3 Organgesellschaften

4342 Bei Organschaften wird über Antrag des Unternehmers (Organträger) auch jeweils **eine gesonderte UID für jede einzelne Organgesellschaft** (Organtochter) erteilt, soweit diese im eigenen Namen innergemeinschaftliche Umsätze ausführen oder innergemeinschaftliche Erwerbe bewirken. Bloße **Filialbetriebe** oder **Zweigniederlassungen** erhalten keine eigene UID.

1.3.4 Sonder-UID für Spediteure

Siehe Art. 6 Rz 3951 bis 3965.

1.4 Übersicht über Bezeichnung und Aufbau der UID der EG-Mitgliedstaaten (Stand 1. Jänner 2007)

4343

Mitgliedstaat	Aufbau	Ländercode	Format
Belgien	BE0123456789	BE	1 Block mit 10 Ziffern
Bulgarien	BG123456789(0)	BG	1 Block mit 9 Ziffern oder 1 Block mit 10 Ziffern
Dänemark	DK12345678	DK	1 Block mit 8 Ziffern (vier Blöcke mit je zwei Ziffern)

Art. 28 UStG

Land	USt-IdNr. Format	Code	Beschreibung
Deutschland	DE123456789	DE	1 Block mit 9 Ziffern
Estland	EE123456789	EE	1 Block mit 9 Ziffern
Finnland	FI12345678	FI	1 Block mit 8 Ziffern
Frankreich	FRXX345678901	FR	1 Block mit 2 Zeichen gefolgt von 1 Block mit 9 Ziffern
Griechenland	EL123456789	EL	1 Block mit 9 Ziffern
Irland	IE12345678	IE	1 Block mit 8 Zeichen (vgl. Anm. 1)
Italien	IT12345678901	IT	1 Block mit 11 Ziffern
Kroatien	HR12345678901	HR	1 Block mit 11 Ziffern
Lettland	LV12345678901	LV	1 Block mit 11 Ziffern
Litauen	LT123456789 oder LIT123456789012	LT	1 Block mit 9 Ziffern oder 1 Block mit 12 Ziffern
Luxemburg	LU12345678	LU	1 Block mit 8 Ziffern
Malta	MT12345678	MT	1 Block mit 8 Ziffern
Niederlande	NL12345678B12	NL	1 Block mit 12 Zeichen (vgl. Anm. 2)
Österreich	ATU12345678	AT	1 Block mit 9 Zeichen (vgl. Anm. 3)
Polen	PL1234567890	PL	1 Block mit 10 Ziffern
Portugal	PT123456789	PT	1 Block mit 9 Ziffern
Rumänien	RO1234567890	RO	1 Block mit mindestens 2 und maximal 10 Ziffern
Schweden	SE123456789012	SE	1 Block mit 12 Ziffern
Slowakei	SK1234567890	SK	1 Block mit 10 Ziffern
Slowenien	SI12345678	SI	1 Block mit 8 Ziffern
Spanien	ES123456789	ES	1 Block mit 9 Zeichen (vgl. Anm. 1)
Tschechien	CZ12345678 CZ123456789 CZ1234567890	CZ	1 Block mit 8, 9 oder 10 Ziffern
Ungarn	HU12345678	HU	1 Block mit 8 Ziffern
Vereinigtes Königreich	GB123 1234 12 oder GB123 1234 12 123 (vgl. Anm. 4) oder GBGD123 (vgl. Anm. 5) oder GBHA123 (vgl. Anm. 6)	GB	1 Block mit 3 Ziffern, 1 Block mit 4 Ziffern und 1 Block mit 2 Ziffern; oder wie oben gefolgt von einem Block mit 3 Ziffern; oder 1 Block mit 5 Zeichen
Zypern	CY123456789	CY	1 Block mit 9 Zeichen (vgl. Anm. 7)

Anmerkungen:

1) In den weiteren Stellen nach dem Ländercode können Buchstaben enthalten sein.
2) An der zehnten Stelle steht immer der Buchstabe „B".
3) An erster Stelle nach dem Ländercode steht immer ein „U" und anschließend 8 Ziffern.
4) Unterscheidet Unternehmen in Gruppen (ähnlich Organschaft).
5) Unterscheidet Abteilungen von Verwaltungen (GD: Government Departments).
6) Unterscheidet Gesundheitsbehörden (HA: Health Authorities).
7) **An letzter Stelle muss ein Buchstabe stehen.**

4343a Im Drittland ansässige Unternehmer, die elektronische Leistungen an in der EU ansässige Nichtunternehmer erbringen, können sich – unter bestimmten Bedingungen – dafür entscheiden, nur in einem EU-Mitgliedstaat erfasst zu werden (vgl. Rz 3431 ff). In diesen Fällen erhält der Unternehmer anlässlich der Registrierung eine EU-Identifikations-Nummer (zB EU040123456).

1.5 Begrenzung der UID

4344. Die UID ist durch das Finanzamt mit Bescheid zurück zu nehmen (zu begrenzen),
- wenn sich die Voraussetzungen für ihre Vergabe geändert haben (zB bei Beendigung der unternehmerischen Tätigkeit) oder
- sich nachträglich herausstellt, dass die Voraussetzungen für die Vergabe einer UID nicht gegeben waren (zB der Unternehmer erbringt keine Lieferungen oder sonstige Leistungen im Inland mit Recht auf Vorsteuerabzug).

Der Unternehmer ist dazu verpflichtet, den Wegfall der Voraussetzungen, die zur Vergabe der UID geführt haben, dem Finanzamt innerhalb eines Monates zu melden.

Randzahlen 4345 bis 4350: Derzeit frei.

2. Bestätigungsverfahren

2.1 Allgemeines

4351 Jeder Inhaber einer österreichischen UID ist berechtigt, die ihm von seinem Geschäftspartner bekannt gegebene ausländische UID auf ihre Gültigkeit überprüfen zu lassen. Durch diese Bestätigung soll dem Unternehmer die korrekte Anwendung der umsatzsteuerlichen Regelungen erleichtert werden. Der österreichische Leistungserbringer lässt sich somit in Österreich die Gültigkeit einer UID des Leistungsempfängers bestätigen. Die Bestätigung der Gültigkeit einer österreichischen UID kann nicht durch eine österreichische Behörde erfolgen, sondern nur durch eine hierfür zuständige Behörde des anderen Mitgliedstaates oder im Rahmen von Finanz-Online (siehe dazu Rz 4353) bzw. im Rahmen einer elektronischen MIAS-Selbstabfrage bei der EU (siehe dazu Rz 4352a).

2.2 Zuständigkeit

4352 Ab 1.7.2011 hat jeder Unternehmer die UID-Abfrage verpflichtend über FinanzOnline durchzuführen. Nur soweit ihm dies mangels technischer Voraussetzungen (zB mangels Internetzugangs) unzumutbar ist, können Bestätigungsanfragen an das für den Unternehmer zuständige Finanzamt gerichtet werden.

4352a Daneben besteht aber auch die Möglichkeit einer elektronischen MIAS-Selbstabfrage bei der EU (http://ec.europa.eu/taxation_customs/vies). Über die MIAS-Selbstabfrage bei der EU kann sowohl die einfache Bestätigungsanfrage „Stufe 1" als auch die qualifizierte Bestätigungsanfrage „Stufe 2" (siehe jedoch Rz 4356 und Rz 4358) online durchgeführt werden.

4353 Im Rahmen von Finanz-Online kann von den teilnehmenden Parteien (von Unternehmern selbst bzw. von Parteienvertretern für durch sie vertretene österreichische Lieferanten) sowohl die einfache Bestätigungsanfrage „Stufe 1" als auch die qualifizierte Bestätigungsanfrage der „Stufe 2" (siehe jedoch Rz 4356 und Rz 4358) Online durchgeführt werden.

2.3 Form und Inhalt der Anfrage

4354 Bestätigungsanfragen im Rahmen von Finanz-Online können nur elektronisch, Bestätigungsanfragen an das für den Unternehmer zuständige Finanzamt schriftlich, telefonisch oder mit Telefax eingereicht werden.

4355 Die Anfrage (einfache Bestätigungsanfrage – Stufe 1) an das Finanzamt hat folgende Angaben zu enthalten:
- die UID, den Namen (Firma) und die Anschrift des anfragenden Unternehmers,
- die von einem anderen Mitgliedstaat erteilte UID des Empfängers der innergemeinschaftlichen Lieferung oder der sonstigen Leistung, für die der Leistungsempfänger nach Art. 196 MWSt-RL 2006/112/EG die Steuer schuldet.

Die Daten des Geschäftspartners müssen in der Anfrage so bekannt gegeben werden, wie sie bei dessen Finanzverwaltung zum Zwecke des Bestätigungsverfahrens gespeichert sind. Die Daten der handelsrechtlichen Registrierung oder der Aufdruck auf den Geschäftspapieren können davon abweichen.

4356 Der anfragende Unternehmer kann zusätzlich zu der zu überprüfenden UID auch den Namen und die Anschrift des Inhabers der ausländischen UID über Finanz-Online oder im Rahmen der elektronischen MIAS-Selbstabfrage selbst überprüfen bzw. vom Finanzamt überprüfen lassen (qualifizierte Bestätigungsanfrage – Stufe 2). Die qualifizierte Bestätigungsanfrage über Finanz-Online sowie im Rahmen der elektronischen MIAS-Selbstabfrage ist jedoch nur dann wirksam, wenn Name und Anschrift des Inhabers der UID angezeigt werden.

2.4 Form und Inhalt der Bestätigung

4357 Bei einer Bestätigungsanfrage im Rahmen von Finanz-Online bzw. im Rahmen der MIAS-Selbstabfrage wird die Antwort elektronisch mitgeteilt. Das Finanzamt teilt das Ergebnis der Bestätigungsanfrage in jedem Fall schriftlich mit. Bei telefonischen Anfragen wird vorweg eine telefonische Bestätigung erteilt. Die jeweilige Mitteilung gilt als Beleg und ist als Ausdruck oder in elektronischer Form gemäß § 132 BAO aufzubewahren.

4358 Die Antwort des **Finanzamtes** kann (sowohl in Stufe 1 als auch in Stufe 2) lauten:
- „Die UID ist gültig!"
- „Die UID ist nicht gültig!"
- „Die UID des Anfragenden ist nicht gültig!"

Im Rahmen von Finanz-Online oder im Rahmen der elektronischen MIAS-Selbstabfrage werden die Daten des Inhabers der UID angezeigt (qualifizierte Abfrage – Stufe 2). Diesfalls hat der Anfragende selbst die angezeigten Daten mit den ihm vorliegenden Daten des Inhabers der UID zu vergleichen und auf ihre Richtigkeit zu überprüfen.

2.5 Vertrauensschutzregelung

4359 Die Vertrauensschutzregelung des Art. 7 Abs. 4 UStG 1994 (siehe Art. 7 Rz 4016 bis 4030) bezieht sich **nicht auf die Richtigkeit der UID**. Das Bestätigungsverfahren dient der Prüfung, ob die Nummer gültig und dem Abnehmer erteilt ist.

4360 Die Häufigkeit der Nutzung des Bestätigungsverfahrens zur Überprüfung der Gültigkeit der UID ist **gesetzlich nicht vorgeschrieben**.

4361 Eine Anfrage nach Stufe 2 wird dann angebracht sein, wenn **Zweifel an der Richtigkeit** der Angaben des Warenempfängers bestehen, wenn mit einem Geschäftspartner **erstmals Geschäftsbeziehungen** aufgenommen werden, bei **Gelegenheitskunden** und bei Abholfällen.

Randzahlen 4362 bis 4370: Derzeit frei.

3. Stempelgebührenbefreiung

Derzeit frei.

Randzahlen 4371 bis 4380: Derzeit frei.

Judikatur EuGH zu Art. 28:

EuGH vom 14.3.2013, Rs C-527/11, *Ablessio*
Voraussetzungen für die Nichtzuerkennung einer UID-Nr.

Die Art. 213, 214 und 273 der Richtlinie 2006/112/EG sind dahin auszulegen, dass sie es der Steuerverwaltung eines Mitgliedstaats verwehren, einer Gesellschaft die Zuteilung einer Mehrwertsteuer-Identifikationsnummer nur deshalb zu versagen, weil sie nach Ansicht dieser Verwaltung nicht über die materiellen, technischen und finanziellen Mittel verfügt, um die angegebene wirtschaftliche Tätigkeit auszuüben, und der Inhaber der Anteile dieser Gesellschaft bereits mehrfach eine solche Nummer für Gesellschaften erhalten hat, die nie wirklich eine wirtschaftliche Tätigkeit ausgeübt haben und deren Anteile kurz nach der Zuteilung dieser Nummer übertragen wurden, ohne dass die betreffende Steuerverwaltung anhand objektiver Anhaltspunkte dargelegt hat, dass ernsthafte Anzeichen für den Verdacht bestehen, dass die zugeteilte Mehrwertsteuer-Identifikationsnummer in betrügerischer Weise verwendet werden wird. Es ist Sache des vorlegenden Gerichts, zu würdigen, ob die Steuerverwaltung ernsthafte Anzeichen für das Vorliegen eines Risikos der Steuerhinterziehung im Ausgangsverfahren vorgelegt hat.

Anhang 1
Übernahmevertrag zum vermittlungsweisen Verkauf

Anhang 2
Kaufvertrag

Anhang 3
Bescheinigung über die Befreiung von der Mehrwertsteuer und Verbrauchsteuer

Anhang 4
Unternehmer die üblicherweise Bauleistungen erbringen

Vom Abdruck der Anhänge 1–4 wurde abgesehen.
Die Anhänge befinden sich im USt-Handbuch 2009, S. 764–775 bzw. in der FinDok
https://findok.bmf.gv.at/findok/

Anhang 5
Muster einer Verbringungserklärung

Anhang 6
Muster einer Empfangsbestätigung

Anhang 5
Muster einer Verbringungserklärung

Innergemeinschaftliche Lieferung iSd Art. 7 UStG 1994
Erklärung über die Beförderung von Waren in das übrige Gemeinschaftsgebiet
(§ 2 Z 3 VO, BGBl. Nr. 1996/401 in der geltenden Fassung)

(Erläuterung: diese Verbringungserklärung sollten Sie verwenden, wenn der/die Kunde/Kundin die Ware selbst mit eigenen oder gemieteten Fahrzeugen an den Bestimmungsort befördert oder durch eine/n von ihm/ihr beauftragte/n Angestellte/n an den Bestimmungsort befördern lässt.)

Ich, ...

Inhaber/in, Mitarbeiter/in, sonstige(r) Beauftragte(r)* des Unternehmens

....,

(Name und Adresse des Unternehmens [Straße, Hausnummer, Postleitzahl, Ort])

bestätige, am heutigen Tag, ...,

(Datum)

die Waren laut Rechnungsnummer/Lieferscheinnummer* ....

in ....

(Angabe der Adresse des Übernahmeortes und des Mitgliedstaates)

übernommen zu haben und erkläre, sie nach ....

....

(Angabe des Bestimmungsmitgliedstaates und der Adresse des Bestimmungsortes)

in meiner Funktion als
Empfänger/in der Lieferung,
Mitarbeiter/in, sonstige(r) Beauftragte(r) des/der Empfänger/in der Lieferung,
weiter/e Empfänger/in einer Lieferung im Rahmen eines Reihengeschäfts*

zu befördern.

Datum ....   Unterschrift ....

Hinweis:
Zur Sicherung der Identität des (der) Abholenden sollten Sie eine Fotokopie eines amtlichen Ausweises (zB Reisepass, Führerschein) und seines/ihres Beauftragungsnachweises (zB Vollmacht) anfertigen und aufbewahren.

* nicht zutreffendes streichen

Anhang 6
Muster einer Empfangsbestätigung

Innergemeinschaftliche Lieferung iSd Art. 7 UStG 1994
Erklärung über den Empfang von Waren
(§ 2 Z 3 VO, BGBl. Nr. 1996/401 in der geltenden Fassung)

(Erläuterung: diese Empfangsbestätigung sollten Sie vom Kunden bestätigen lassen, wenn Sie die Waren selbst mit eigenen oder gemieteten Fahrzeugen befördern oder durch eine/n von Ihnen beauftragte/n Angestellte/n befördern lassen.)

Ich, ...

Inhaber/in, Mitarbeiter/in, sonstige(r) Beauftragte(r)* des Unternehmens

....,

(Name und Adresse des Unternehmens [Straße, Hausnummer, Postleitzahl, Ort])

bestätige, am heutigen Tag, ...,

(Datum)

die Waren laut Rechnungsnummer/Lieferscheinnummer* ....

in ....

(Angabe der Adresse des Übernahmeortes und des Mitgliedstaates)

in meiner Funktion als
Empfänger/in der Lieferung,
Mitarbeiter/in, sonstige(r) Beauftragte(r) des/der Empfänger/in der Lieferung,
weiter/e Empfänger/in einer Lieferung im Rahmen eines Reihengeschäfts*

übernommen zu haben.

Datum .... Unterschrift ....

* nicht zutreffendes streichen

Anhang
I. Judikatur von allgemeiner Bedeutung

Judikatur EuGH:

EuGH vom 15.9.2016, Rs C-400/15, *Landkreis Potsdam-Mittelmark*
Die Ermächtigung ist auf hoheitliche Tätigkeiten nicht anzuwenden *(Anm.: Zur abweichenden Ermächtigung Österreichs ab 1.1.2016 s. S. 1202)*

Art. 1 der Entscheidung 2004/817/EG zur Ermächtigung Deutschlands, eine von Artikel 17 der Sechsten Richtlinie 77/388/EWG abweichenden Regelung anzuwenden, ist dahin auszulegen, dass er nicht für den Fall gilt, dass ein Unternehmen Gegenstände oder Dienstleistungen erwirbt, die es zu mehr als 90 % für nicht wirtschaftliche – nicht in den Anwendungsbereich der Mehrwertsteuer fallende – Tätigkeiten nutzt.

EuGH vom 17.12.2015, Rs C-419/14, *WebMindLicenses*
Vorliegen einer missbräuchlichen Praxis

1. Das Unionsrecht ist dahin auszulegen, dass für die Beurteilung, ob unter Umständen wie denen des Ausgangsverfahrens ein Lizenzvertrag, der die Verpachtung von Know-how zum Gegenstand hatte, durch das der Betrieb einer Website ermöglicht wurde, über die interaktive audiovisuelle Dienstleistungen erbracht wurden, und der mit einer Gesellschaft geschlossen wurde, die ihren Sitz in einem anderen Mitgliedstaat als die lizenzgebende Gesellschaft hat, auf einen Rechtsmissbrauch zurückzuführen war, durch den ausgenutzt werden sollte, dass der auf diese Dienstleistungen anwendbare Mehrwertsteuersatz in diesem anderen Mitgliedstaat niedriger war, die Tatsache, dass der Geschäftsführer und alleinige Anteilsinhaber der lizenzgebenden Gesellschaft der Urheber dieses Know-hows war, die Tatsache, dass diese Person einen Einfluss auf oder eine Kontrolle über die Entwicklung und die Nutzung des Know-hows und die Erbringung der auf diesem Know-how beruhenden Dienstleistungen ausübte, die Tatsache, dass die Verwaltung der Finanztransaktionen, des Personals und der für die Erbringung der Dienstleistungen erforderlichen technischen Mittel von Subunternehmern erledigt wurde, sowie die Gründe, die die lizenzgebende Gesellschaft dazu bewegt haben können, das fragliche Know-how an die in dem anderen Mitgliedstaat ansässige Gesellschaft zu verpachten anstatt es selbst zu nutzen, für sich genommen nicht entscheidend erscheinen.

Das vorlegende Gericht hat sämtliche Umstände des Ausgangsverfahrens zu untersuchen, um zu bestimmen, ob dieser Vertrag eine rein künstliche Gestaltung darstellte, durch die verschleiert wurde, dass die betreffende Dienstleistung tatsächlich nicht von der lizenznehmenden Gesellschaft, sondern in Wirklichkeit von der lizenzgebenden Gesellschaft erbracht wurde, wobei es insbesondere ermitteln muss, ob die Errichtung des Sitzes der wirtschaftlichen Tätigkeit oder der festen Niederlassung der lizenznehmenden Gesellschaft nicht den Tatsachen entsprach oder ob diese Gesellschaft für die Ausübung der fraglichen wirtschaftlichen Tätigkeit keine geeignete Struktur in Form von Geschäftsräumen, Personal und technischen Mitteln aufwies oder ob sie diese wirtschaftliche Tätigkeit nicht in eigenem Namen und auf eigene Rechnung, in Eigenverantwortung und auf eigenes Risiko ausübte.

2. Das Unionsrecht ist dahin auszulegen, dass im Fall der Feststellung einer missbräuchlichen Praxis, die dazu geführt hat, dass als Ort einer Dienstleistung ein anderer Mitgliedstaat bestimmt wurde als der, der ohne diese missbräuchliche Praxis bestimmt worden wäre, die Tatsache, dass die Mehrwertsteuer in dem anderen Staat gemäß dessen Rechtsvorschriften entrichtet wurde, einer Nacherhebung der Mehrwertsteuer in dem Mitgliedstaat, in dem diese Dienstleistung tatsächlich erbracht wurde, nicht entgegensteht.

3. Die Verordnung (EU) Nr. 904/2010 des Rates vom 7. Oktober 2010 über die Zusammenarbeit der Verwaltungsbehörden und die Betrugsbekämpfung auf dem Gebiet der Mehrwertsteuer ist dahin auszulegen, dass die Steuerbehörde eines Mitgliedstaats, die prüft, ob für Leistungen, für die in anderen Mitgliedstaaten bereits Mehrwertsteuer entrichtet worden ist, Mehrwertsteuer verlangt werden kann, dann verpflichtet ist, an die Steuerbehörden dieser anderen Mitgliedstaaten ein Auskunftsersuchen zu richten, wenn ein solches Ersuchen nützlich oder sogar unverzichtbar ist, um festzustellen, dass in dem erstgenannten Mitgliedstaat Mehrwertsteuer verlangt werden kann.

4. Das Unionsrecht ist dahin auszulegen, dass es dem, dass die Steuerbehörde bei der Anwendung von Art. 4 Abs. 3 EUV, Art. 325 AEUV sowie Art. 2, Art. 250 Abs. 1 und Art. 273 der Richtlinie 2006/112/EG des Rates vom 28. November 2006 über das gemeinsame Mehrwertsteuersystem zum Nachweis des Vorliegens einer missbräuchlichen Praxis im Bereich der Mehrwertsteuer Beweise verwenden darf, die im Rahmen eines parallel geführten, noch nicht abgeschlossenen Strafverfahrens ohne Wissen des Steuerpflichtigen z. B. durch eine Überwachung des Telekommunikationsverkehrs und eine Beschlagnahme von E-Mails erlangt wurden, nicht entgegensteht, sofern durch die Erlangung dieser Beweise im Rahmen des Strafverfahrens und ihre Verwendung im Rahmen des Verwaltungsverfahrens nicht die durch das Unionsrecht garantierten Rechte verletzt werden.

Unter Umständen wie denen des Ausgangsverfahrens hat das Gericht, das die Rechtmäßigkeit eines auf diese Beweise gestützten Bescheids über eine Mehrwertsteuernacherhebung prüft, nach Art. 7, Art. 47 und Art. 52 Abs. 1 der Charta der Grundrechte der Europäischen Union zum einen zu überprüfen, ob es sich bei der Überwachung des Telekommunikationsverkehrs und der Beschlagnahme von E?Mails um gesetzlich vorgesehene und im Rahmen des Strafverfahrens erforderliche Untersuchungsmaßnahmen handelte, und zum anderen, ob die Verwendung der durch diese Maßnahmen erlangten Beweise durch die Steuerbehörde ebenfalls gesetzlich vorgesehen und erforderlich war. Außerdem hat es zu überprüfen, ob dem Steuerpflichtigen im Rahmen des Verwaltungsverfahrens gemäß dem allgemeinen Grundsatz der Achtung der Verteidigungsrechte Zugang und rechtliches Gehör zu diesen Beweisen gewährt wurde. Stellt es fest, dass dies nicht der Fall war oder dass bei der Erlangung dieser Beweise im Rahmen des Strafverfahrens oder deren Verwendung im Verwaltungsverfahren gegen Art. 7 der Charta der Grundrechte der Europäischen Union verstoßen wurde, hat es diese Beweise zurückzuweisen und den betreffenden Bescheid aufzuheben, wenn er deswegen keine Grundlage hat. Diese Beweise sind auch dann zurückzuweisen, wenn das genannte Gericht nicht befugt ist, nachzuprüfen, ob sie im Rahmen des Strafverfahrens im Einklang mit dem Unionsrecht erlangt wurden, oder sich nicht zumindest aufgrund einer von einem Strafgericht im Rahmen eines kontradiktorischen Verfahrens bereits ausgeübten Nachprüfung vergewissern kann, dass sie im Einklang mit dem Unionsrecht erlangt wurden.

EuGH vom 9.7.2015, Rs C-144/14, *Cabinet Medical Veterinar Dr. Tomoiagă Andrei*
Auslegung der Begriffe der Grundsätze der Rechtssicherheit und des Vertrauensschutzes

1. Art. 273 Abs. 1 der Richtlinie 2006/112/EG in der durch die Richtlinie 2009/162/ geänderten Fassung verpflichtet die Mitgliedstaaten nicht, einen Steuerpflichtigen allein auf der Grundlage von Steuererklärungen – die sich nicht auf die Mehrwertsteuer beziehen, aber die Feststellung ermöglicht hätten, dass dieser Steuerpflichtige die Grenze für die Mehrwertsteuerbefreiung überschritten hat – von Amts wegen im Hinblick auf die Erhebung der Mehrwertsteuer zu registrieren.

2. Die Grundsätze der Rechtssicherheit und des Vertrauensschutzes verbieten es nicht, dass eine Steuerbehörde entscheidet, dass tierärztliche Leistungen unter Umständen wie denen des Ausgangsverfahrens der Mehrwertsteuer unterliegen, wenn diese Entscheidung sich auf klare Regeln gründet und die Praxis dieser Behörde nicht geeignet war, in der Vorstellung eines umsichtigen und besonnenen Wirtschaftsteilnehmers vernünftige Erwartungen zu begründen, dass diese Steuer auf solche Leistungen nicht angewandt wird, was zu prüfen Sache des vorlegenden Gerichts ist.

EuGH vom 24.10.2013, Rs C-431/12, *SC Rafinăria Steaua Română SA*
Verzugszinsen bei verspätet geleisteter Erstattung

Art. 183 der Richtlinie 2006/112/EG ist in dem Sinne auszulegen, dass es ihm zuwiderläuft, wenn ein Steuerpflichtiger, der die Erstattung des Vorsteuerüberschusses beantragt hat, den er auf die von ihm geschuldete Mehrwertsteuer gezahlt hat, von der Steuerverwaltung eines Mitgliedstaats keine Verzugszinsen wegen der von ihr verspätet geleisteten Erstattung für den Zeitraum verlangen kann, in dem Verwaltungsakte gültig waren, die die Erstattung ausgeschlossen hatten, die aber anschließend durch Gerichtsentscheidungen aufgehoben wurden.

EuGH vom 20.6.2013, Rs C-259/12, *Rodopi-M 91*
Grundsatz der steuerlichen Neutralität iZm der Höhe einer verhängten Verwaltungsstrafe

Es läuft nicht dem Grundsatz der steuerlichen Neutralität zuwider, dass die Steuerverwaltung eines Mitgliedstaats gegen einen Steuerpflichtigen, der seine Verpflichtung, Umstände, die für die Berechnung der von ihm geschuldeten Mehrwertsteuer von Bedeutung sind, zu verbuchen und auszuweisen, nicht innerhalb der in den nationalen Rechtsvorschriften vorgesehenen Frist erfüllt hat, eine Verwaltungsgeldstrafe verhängt, die dem Betrag der nicht rechtzeitig entrichteten Mehrwertsteuer entspricht, wenn dieser Steuerpflichtige das Versäumnis in der Folge behoben und die geschuldete Steuer in voller Höhe zuzüglich Zinsen entrichtet hat. Es ist Sache des nationalen Gerichts, unter Berücksichtigung der Art. 242 und 273 der Richtlinie 2006/112/EG zu prüfen, ob angesichts der Umstände des Ausgangsverfahrens, insbesondere angesichts der Zeitspanne, in der die Unregelmäßigkeit berichtigt wurde, der Schwere dieser Unregelmäßigkeit und einer etwaig vorliegenden Steuerhinterziehung oder Umgehung der geltenden Gesetze, die dem Steuerpflichtigen anzulasten wäre, die Höhe der verhängten Verwaltungsstrafe nicht über das hinausgeht, was zur Erreichung der Ziele erforderlich ist, die in der Sicherstellung der genauen Erhebung der Steuer und in der Vermeidung von Steuerhinterziehung bestehen.

EuGH vom 16.5.2013, Rs C-191/12, *Alakor Gabonatermelő és Forgalmazó*
Rückerstattung von unionsrechtswidrig erhobenen Abgaben
Der Grundsatz, wonach Abgaben, die in einem Mitgliedstaat unter Verstoß gegen die Vorschriften des Unionsrechts erhoben wurden, zu erstatten sind, ist dahin auszulegen, dass er es diesem Staat nicht verbietet, die Erstattung des Teils der Mehrwertsteuer, dessen Abzug durch eine gegen das Unionsrecht verstoßende nationale Maßnahme verhindert wurde, mit der Begründung abzulehnen, dieser Teil der Steuer sei mit einer dem Steuerpflichtigen gewährten und sowohl von der Europäischen Union als auch von diesem Staat finanzierten Beihilfe subventioniert worden, sofern die mit der Ablehnung des Vorsteuerabzugs verbundene wirtschaftliche Belastung vollständig neutralisiert wurde; dies zu prüfen ist Sache des nationalen Gerichts.

EuGH vom 19.12.2012, Rs C-310/11, *Grattan*
Rückwirkende Verminderung der Bemessungsgrundlage
Art. 8 Buchst. a der Zweiten Richtlinie 67/228/EWG des Rates vom 11. April 1967 zur Harmonisierung der Rechtsvorschriften der Mitgliedstaaten über die Umsatzsteuern – Struktur und Anwendungsmodalitäten des gemeinsamen Mehrwertsteuersystems ist dahin auszulegen, dass er einem Steuerpflichtigen nicht das Recht einräumt, die Besteuerungsgrundlage für eine Lieferung von Gegenständen als rückwirkend vermindert zu behandeln, wenn ein Vertreter nach dem Zeitpunkt dieser Lieferung von Gegenständen eine Gutschrift des Lieferers erhalten hat, die er nach seiner Wahl entweder als Geldzahlung oder als Gutschrift auf dem Lieferer geschuldete Beträge für bereits erfolgte Lieferungen von Gegenständen abgerufen hat.

EuGH vom 19.7.2012, Rs C-591/10, *Littlewoods Retail Ltd and others*
Anspruch auf Erstattung und Verzinsung von Mehrwertsteuerbeträgen
Das Recht der Union ist dahin auszulegen, dass nach ihm der Steuerpflichtige, der einen zu hohen Mehrwertsteuerbetrag entrichtet hat, der vom betreffenden Mitgliedstaat unter Verstoß gegen die Mehrwertsteuervorschriften der Union erhoben worden war, Anspruch auf Erstattung der unter Verstoß gegen das Unionsrecht erhobenen Steuer sowie Anspruch auf deren Verzinsung haben muss. Ob der Hauptbetrag nach einer Regelung über die einfache Verzinsung, einer Zinseszinsregelung oder nach einer anderen Regelung zu verzinsen ist, ist nach nationalem Recht unter Beachtung der Grundsätze der Effektivität und der Äquivalenz zu bestimmen.

EuGH vom 21.6.2012, Rs C-294/11, *Elsacom*
Die Frist für die Vorsteuerstattung ist eine Ausschlussfrist
Die Frist von sechs Monaten, die für die Stellung eines Antrags auf Mehrwertsteuererstattung in Art. 7 Abs. 1 Unterabs. 1 letzter Satz der Achten Richtlinie 79/1072/EWG zur Harmonisierung der Rechtsvorschriften der Mitgliedstaaten über die Umsatzsteuern – Verfahren zur Erstattung der Mehrwertsteuer an nicht im Inland ansässige Steuerpflichtige vorgesehen ist, ist eine Ausschlussfrist.

EuGH vom 29.3.2012, Rs C-500/10, *Belvedere Costruzioni*
Voraussetzungen für die automatische Einstellung von Finanzverfahren
Art. 4 Abs. 3 EUV und die Art. 2 und 22 der Sechsten Richtlinie 77/388/EWG sind dahin auszulegen, dass sie es nicht verwehren, im Bereich der Mehrwertsteuer eine natio-

nale Ausnahmevorschrift wie die im Ausgangsverfahren in Rede stehende anzuwenden, die die automatische Einstellung von bei dem drittinstanzlichen Finanzgericht anhängigen Verfahren vorsieht, wenn diese Verfahren auf eine Klage zurückgehen, die mehr als zehn Jahre – und in der Praxis mehr als 14 Jahre – vor Inkrafttreten dieser Vorschrift erhoben wurde, und die Finanzverwaltung in den ersten beiden Gerichtsinstanzen unterlegen ist, wobei diese automatische Einstellung zur Folge hat, dass die in der zweiten Gerichtsinstanz ergangene Entscheidung rechtskräftig wird und die von der Verwaltung geltend gemachte Forderung erlischt.

EuGH vom 27.1.2011, Rs C-489/09, *Vandoorne*
Zulässigkeit einer Betrugsbekämpfungsmaßnahme bei der Lieferung von Tabakwaren

Art. 11 Teil C Abs. 1 und Art. 27 Abs. 1 und 5 der Sechsten Richtlinie 77/388/EWG in der durch die Richtlinie 2004/7/EG geänderten Fassung sind dahin auszulegen, dass sie einer nationalen Regelung wie der im Ausgangsverfahren in Rede stehenden nicht entgegenstehen, die dadurch, dass sie bei Tabakwaren zur Vereinfachung der Erhebung der Mehrwertsteuer und zur Bekämpfung der Steuerhinterziehung oder -umgehung vorsieht, dass die Mehrwertsteuer mittels Steuerbanderolen in einem Mal und an der Quelle beim Hersteller oder Importeur der Tabakwaren erhoben wird, für Zwischenlieferanten, die zu einem späteren Zeitpunkt in der Kette der aufeinanderfolgenden Lieferungen tätig werden, das Recht auf Erstattung der Mehrwertsteuer ausschließt, wenn der Erwerber den Preis für diese Waren nicht zahlt.

EuGH vom 22.12.2010, Rs C-433/09, *Kom/Österreich*
NoVA und Umsatzsteuer

Die Republik Österreich hat gegen ihre Pflichten aus Art. 78 der Richtlinie 2006/112/EG verstoßen, indem sie die Normverbrauchsabgabe in die Bemessungsgrund- lage der in Österreich bei der Lieferung eines Kraftfahrzeugs erhobenen Mehrwertsteuer einbezogen hat.

EuGH vom 30.9.2010, Rs C-392/09, *Uszodaépítő*
Rückwirkende Anwendung des Übergangs der Steuerschuld ist unzulässig

Die Art. 167, 168 und 178 der Richtlinie 2006/112/EG sind dahin auszulegen, dass sie einer rückwirkenden Anwendung einer nationalen Rechtsvorschrift entgegenstehen, die im Rahmen einer Regelung der Umkehrung der Steuerschuldnerschaft für den Abzug der Mehrwertsteuer auf Bauarbeiten eine Berichtigung der Rechnungen für diese Umsätze und die Abgabe einer er gänzenden berichtigenden Steuererklärung verlangt, auch wenn die betreffende Steuerbehörde über alle Angaben verfügt, die für die Feststellung, dass der Steuerpflichtige als Empfänger der fraglichen Leistungen die Mehrwertsteuer zu entrichten hat, und für die Überprüfung der Höhe der abzugsfähigen Steuer erforderlich sind.

EuGH vom 30.9.2010, Rs C-395/09, *Oasis East*
Das Beibehaltungsrecht für Vorsteuerausschlüsse umfasst nicht Zahlungen an in Steuerparadiesen ansässige Personen

Art. 17 Abs. 6 der Sechsten Richtlinie 77/388/EWG in der durch die Richtlinie 95/7/EG geänderten Fassung, dessen Bestimmungen in Art. 176 der Richtlinie 2006/112/EG im

Wesentlichen übernommen worden sind, ist dahin auszulegen, dass er nicht die Beibehaltung innerstaatlicher Rechtsvorschriften zulässt, die bei Inkrafttreten der Sechsten Richtlinie in dem betref fenden Mitgliedstaat galten und generell das Recht auf Abzug der Vorsteuer ausschließen, die im Fall des Erwerbs eingeführter Dienstleis- tungen entrichtet wird, im Zusammenhang mit denen die Zahlung des Entgelts unmittel- bar oder mittelbar an eine Person erfolgt, die in einem in diesen Vorschriften als soge- nanntes Steuerparadies angeführten Gebiet oder Staat ansässig ist.

EuGH vom 3.12.2009, Rs C-433/08, *Yaesu Europe*
Erstattungsantrag kann auch von einem Bevollmächtigten unterschrieben sein

Der Begriff „Unterschrift" in dem in Anhang A der Achten Richtlinie 79/1072/EWG enthaltenen Muster für den Antrag auf Vergütung der Umsatzsteuer ist ein gemeinschaftsrechtlicher Begriff, der einheitlich dahin auszulegen ist, dass ein solcher Vergütungsantrag nicht zwingend von dem Steuerpflichtigen selbst unterschrieben werden muss, sondern dass insoweit die Unterschrift eines Bevollmächtigten genügt.

EuGH vom 10.7.2008, Rs C-25/07, *Sosnowska*
Fristverlängerung für Vorsteuererstattung und Kautionsleistung sind keine „abweichenden Sondermaßnahmen"

1. Art. 18 Abs. 4 der Sechsten Richtlinie 77/388/EWG in der Fassung der Richtlinie 2005/92/EG des Rates vom 12. Dezember 2005 und der Grundsatz der Verhältnismäßigkeit stehen einer nationalen Regelung wie der im Ausgangsrechtsstreit fraglichen entgegen, die – um die notwendigen Kontrollen zur Verhinderung von Steuerumgehung und -hinterziehungen zu ermöglichen – die ab derAbgabe der Mehrwertsteuererklärung laufende Frist, über die die Finanzverwaltung für die Erstattung des Mehrwertsteuerüberschusses an eine bestimmte Kategorie von Steuerpflichtigen verfügt, von 60 Tagen auf 180 Tage verlängert, sofern die entsprechenden Steuerpflichtigen nicht eine Kaution in Höhe von 250 000 PLN stellen.

2. Bestimmungen wie die im Ausgangsrechtsstreit in Rede stehenden sind keine „abweichenden Sondermaßnahmen" zur Verhinderung von Steuerhinterziehungen und -umgehungen im Sinne von Art. 27 Abs. 1 der Sechsten Richtlinie 77/388 in der Fassung der Richtlinie 2005/92.

EuGH vom 10.7.2008, Rs C-484/06, *Koninklijke Ahold*
Rundungsvorschriften sind Sache der Mitgliedstaaten

1. In Ermangelung einer spezifischen Gemeinschaftsregelung ist es Sache der Mitgliedstaaten, die Regeln und Methoden für die Rundung der Mehrwertsteuerbeträge zu bestimmen; dabei müssen sie darauf achten, dass die Grundsätze, auf denen das gemeinsame Mehrwertsteuersystem beruht, insbesondere die Grundsätze der steuerlichen Neutralität und der Proportionalität, eingehalten werden.

2. Das Gemeinschaftsrecht enthält bei seinem derzeitigen Stand keine spezifische Verpflichtung, wonach die Mitgliedstaaten den Steuerpflichtigen die Abrundung des Mehrwertsteuerbetrags pro Artikel gestatten müssen.

EuGH vom 10.4.2008, Rs C-309/06, *Marks & Spencer*
Rückerstattung von zu Unrecht bezahlter MWSt; keine Diskriminierung von „payment traders" gegenüber „repayment traders"

1. Hat ein Mitgliedstaat nach Art. 28 Abs. 2 der Sechsten Richtlinie 77/388/EWG vor und nach den Änderungen durch die Richtlinie 92/77/EWG des Rates vom 19. Oktober 1992 im nationalen Recht eine Steuerbefreiung mit Erstattung der Vorsteuer bezüglich bestimmter festgesetzter Leistungen beibehalten, so besteht kein unmittelbar durchsetzbarer gemeinschaftsrechtlicher Anspruch des Wirtschaftsteilnehmers, der solche Leistungen erbringt, darauf, dass diese Leistungen zu einem Mehrwertsteuersatz von null besteuert werden.

2. Hat ein Mitgliedstaat nach Art. 28 Abs. 2 der Sechsten Richtlinie 77/388 vor und nach ihrer Änderung durch die Richtlinie 92/77 im nationalen Recht eine Steuerbefreiung mit Erstattung der Vorsteuer bezüglich bestimmter festgesetzter Leistungen beibehalten, aber sein nationales Recht irrtümlicherweise so ausgelegt, dass bestimmte Leistungen, die der Befreiung mit Erstattung der Vorsteuer nach seinem nationalen Recht unterliegen, dem normalen Steuersatz unterworfen wurden, so sind die allgemeinen Grundsätze des Gemeinschaftsrechts, inklusive des Grundsatzes der steuerlichen Neutralität, so anzuwenden, dass sie dem Wirtschaftsteilnehmer, der diese Leistungen erbracht hat, einen Anspruch auf Rückerstattung der Beträge verleihen, die irrtümlicherweise bezüglich der Leistungen verlangt wurden.

3. Auch wenn die Grundsätze der Gleichbehandlung und der steuerlichen Neutralität auf das Ausgangsverfahren grundsätzlich anwendbar sind, ist ein Verstoß gegen sie nicht allein aufgrund des Umstands gegeben, dass die Weigerung der Rückzahlung auf eine ungerechtfertigte Bereicherung des betreffenden Steuerpflichtigen gestützt wird. Der Grundsatz der steuerlichen Neutralität verbietet aber, dass der Begriff der ungerechtfertigten Bereicherung nur Steuerpflichtigen wie „payment traders" (Steuerpflichtige, deren geschuldete Mehrwertsteuerbeträge in einem vor geschriebenen Abrechnungszeitraum die Vorsteuer übersteigen), aber nicht Steuerpflichtigen wie „repayment traders" (Steuerpflichtige, die sich in der umgekehrten Lage befinden) entgegengehalten wird, sofern diese Steuerpflichtigen gleichartige Waren vertrieben haben. Das vorlegende Gericht hat zu prüfen, ob dies in dieser Rechtssache der Fall ist. Im Übrigen verbietet der allgemeine Grundsatz der Gleichbehandlung, dessen Verletzung im Steuerbereich durch Diskriminierungen gekennzeichnet sein kann, die Wirtschaftsteilnehmer betreffen, die nicht zwangsläufig miteinander konkurrieren, aber sich trotzdem in einer in anderer Beziehung vergleichbaren Situation befinden, eine Diskriminierung von „payment traders" gegenüber „repayment traders", die nicht objektiv gerechtfertigt ist.

4. Der Nachweis, dass der Wirtschaftsteilnehmer, dem die Erstattung der zu Unrecht erhobenen Mehrwertsteuer verweigert wurde, keinen finanziellen Verlust oder Nachteil erlitten hat, hat keinen Einfluss auf die Antwort auf die dritte Frage.

5. Es ist Sache des vorlegenden Gerichts, selbst aus der in Nr. 3 des Tenors des vorliegenden Urteils erwähnten Verletzung des Grundsatzes der Gleichbehandlung nach den Vorschriften über die zeitlichen Wirkungen des im Ausgangsverfahren anzuwendenden nationalen Rechts unter Beachtung des Gemeinschaftsrechts und insbesondere des Grundsatzes der Gleichbehandlung sowie des Grundsatzes, wonach das Gericht darauf achten muss, dass die von ihm angeordneten Abhilfemaßnahmen nicht gegen das Gemeinschaftsrecht verstoßen, die möglichen Konsequenzen für die Vergangenheit zu ziehen.

EuGH vom 21.2.2008, Rs C-425/06, *Part Service*
Definition der missbräuchlichen Praxis

1. Die Sechste Richtlinie 77/388/EWG ist dahin auszulegen, dass eine missbräuchliche Praxis vorliegt, wenn mit dem fraglichen Umsatz oder den fraglichen Umsätzen im Wesentlichen ein Steuervorteil erlangt werden soll.

2. Es ist Sache des vorlegenden Gerichts, im Licht der im vorliegenden Urteil enthaltenen Auslegungshinweise zu bestimmen, ob Umsätze wie die im Ausgangsverfahren fraglichen im Rahmen der Mehrwertsteuererhebung im Hinblick auf die Sechste Richtlinie 77/388 als Teil einer missbräuchlichen Praxis anzusehen sind.

Judikatur VwGH:

VwGH vom 30.10.2014, 2011/15/0123
Auslegung des UStG 1994 hat im Lichte der EU-Richtlinie zu erfolgen

Bei Anwendung des nationalen Rechts, insbesondere der Vorschriften eines speziell zur Durchführung einer Richtlinie erlassenen Gesetzes, haben die nationalen Gerichte und Verwaltungsbehörden die Auslegung im Lichte der Richtlinie vorzunehmen (Grundsatz der richtlinienkonformen Auslegung; vgl. z. B. das hg. Erkenntnis vom 20. Februar 2008, 2006/15/0161, VwSlg 8312 F/2008). Beim UStG 1994 handelt es sich um ein zur Durchführung der Sechsten Mehrwertsteuerrichtlinie erlassenes Gesetz.

VwGH vom 4.9.2014, 2011/15/0135
Vertragliche Vereinbarungen zwischen nahen Angehörigen müssen nach außen ausreichend zum Ausdruck kommen, einen eindeutigen, klaren und jeden Zweifel ausschließenden Inhalt haben und auch zwischen Familienfremden unter den gleichen Bedingungen abgeschlossen worden wären

Nach ständiger Rechtsprechung des Verwaltungsgerichtshofes können vertragliche Vereinbarungen zwischen nahen Angehörigen für den Bereich des Steuerrechts nur als erwiesen angenommen werden und damit Anerkennung finden, wenn sie nach außen ausreichend zum Ausdruck kommen, einen eindeutigen, klaren und jeden Zweifel ausschließenden Inhalt haben und auch zwischen Familienfremden unter den gleichen Bedingungen abgeschlossen worden wären. Gegenstand des Berufungsverfahrens waren die Einkünfte der Beschwerdeführerin aus der Vermietung von Räumlichkeiten an ihren Sohn sowie die in diesem Zusammenhang erklärten Umsätze und geltend gemachten Vorsteuern. Von der belangten Behörde wäre demnach zu prüfen gewesen, ob der zwischen der Beschwerdeführerin und ihrem Sohn abgeschlossene Mietvertrag nach außen ausreichend zum Ausdruck gekommen ist, einen eindeutigen, klaren und jeden Zweifel ausschließenden Inhalt hatte und auch zwischen Familienfremden unter den gleichen Bedingungen abgeschlossen worden wäre (vgl. idS das hg. Erkenntnis vom 25. Juli 2013, 2011/15/0151).

II. Weitere österreichische Rechtsvorschriften

1. Gesetze
Begleitmaßnahmen zum UStG 1994
BGBl. Nr. 21/1995 idF BGBl. Nr. 756/1996

Artikel XIV
Begleitmaßnahmen zum Umsatzsteuergesetz 1994
(Anm.: zu den §§ 6 und 12, BGBl. Nr. 663/1994)

1. Die Umsatzsteuerbefreiung gemäß § 6 Abs. 1 Z 18, soweit sie sich auf Pflegeanstalten, Alters-, Blinden- und Siechenheime bezieht, sowie gemäß Z 23 und 24, weiters die Umsatzsteuerbefreiung des § 6 Abs. 1 Z 25 Umsatzsteuergesetz 1994, soweit die Befreiung sich auf die in Z 18 genannten Umsätze der Pflegeanstalten, Alters-, Blinden- und Siechenheime sowie auf die Z 23 und 24 bezieht, sind nicht anzuwenden, wenn
    a) die Körperschaft, Personenvereinigung oder Vermögensmasse bei dem für die Erhebung der Umsatzsteuer zuständigen Finanzamt eine schriftliche Erklärung abgibt, daß sie ihre Betätigung
        – in erheblichem Umfang privatwirtschaftlich organisiert und ausgerichtet hat und
        – die Steuerbefreiung zu größeren Wettbewerbsverzerrungen führen könnte, oder
    b) das Bundesministerium für Finanzen mit Bescheid feststellt, daß Umstände im Sinne des lit. a vorliegen.

    Die schriftliche Erklärung sowie der Bescheid des Bundesministeriums für Finanzen können nur abgeändert oder aufgehoben werden, wenn nachgewiesen wird, daß sich die hiefür maßgeblichen Verhältnisse gegenüber jenen im Zeitpunkt der Abgabe der Erklärung oder der Erlassung des Bescheides verändert haben. § 28 Abs. 3 des Umsatzsteuergesetzes 1994 ist nicht anzuwenden.

2. Steuerschulden, die aus der Berichtigung des Vorsteuerabzugs gemäß § 12 Abs. 10 und 11 des Umsatzsteuergesetzes 1994 in künftigen Geschäftsjahren (Wirtschaftsjahren) entstehen können, sind nicht ungewisse Verbindlichkeiten im Sinne des § 198 Abs. 8 Z 3 des Handelsgesetzbuches. Es dürfen dafür weder im handelsrechtlichen Jahresabschluß noch bei der steuerlichen Gewinnermittlung Rückstellungen gebildet werden. Dies gilt insbesondere für jene Fälle der Berichtigung des Vorsteuerabzugs, die durch die Einführung unechter Umsatzsteuerbefreiungen durch das Umsatzsteuergesetz 1994 veranlaßt werden.

3. Die Berichtigung des Vorsteuerabzuges gemäß § 12 Abs. 10 und 11 Umsatzsteuergesetz 1994, die wegen der nach dem 31. Dezember 1996 erfolgenden erstmaligen Anwendung der Bestimmungen des § 6 Abs. 1 Z 7, Z 18, ausgenommen soweit sie sich auf Pflegeanstalten, Alters-, Blinden- und Siechenheime bezieht, und Z 19 bis 22 des Umsatzsteuergesetzes 1994 durchzuführen wäre, entfällt. Dasselbe gilt für § 6 Abs. 1 Z 25, soweit es sich um in § 6 Abs. 1 Z 18 des Umsatzsteuer gesetzes 1994 genannte Leistungen handelt, jedoch nicht, soweit sich die Z 18 auf Pflegeanstalten, Alters-, Blinden- und Siechenheime bezieht.

4. Die Änderung der Z 1 ist auf Umsätze anzuwenden, die nach dem 31. Dezember 1996 ausgeführt werden.

Bundesgesetz vom 15. Juni 1972 über die Einführung des Umsatzsteuergesetzes 1972
BGBl. Nr. 224/1972

Artikel XII
Änderungen auf dem Gebiete des Zivilrechtes

3. Ersatzrechtliche Sondervorschriften

Der Umstand, daß jemand, der Anspruch auf Ersatz für eine Sache oder Leistung hat, als Unternehmer zum Abzug von Vorsteuern (§ 12 des Umsatzsteuer gesetzes 1972) berechtigt ist, berührt an sich die Bemessung des Ersatzes nicht. Schließt der Ersatzbetrag auch Umsatzsteuer ein, so erwächst jedoch dem Ersatzpflichtigen gegen den Ersatzberechtigten ein Rückersatzanspruch in der Höhe des Umsatzsteuerbetrages, sobald und soweit ihn der Ersatzberechtigte als Vorsteuer abziehen könnte. Dient der Ersatzbetrag dazu, die Wiederbeschaffung oder Wiederherstellung einer Sache oder Leistung zu ermöglichen, so ist als Zeitpunkt, in dem der Ersatzberechtigte den Vorsteuerabzug geltend machen könnte, der Zeitpunkt anzusehen, in dem er dies unter Annahme einer unverzüglichen Wiederbeschaffung oder Wiederherstellung tun könnte. Der Ersatzberechtigte ist verpflichtet, dem Ersatzpflichtigen Auskunft über den Vorsteuerabzug zu geben und ihm in die darauf bezüglichen Belege Einsicht zu gewähren.

Euro-Steuerumstellungsgesetz 2001
BGBl. I Nr. 59/2001

Artikel III
Änderung des Umsatzsteuergesetzes 1994

3. § 4 Abs. 9, § 6 Abs. 1 Z 27, § 6 Abs. 4 Z 9, § 7 Abs. 1 Z 3 lit. c, § 1 1 Abs. 6, § 12 Abs. 6, § 12 Abs. 13, § 14 Abs. 1 Z 1 lit. a und lit. b, § 17 Abs. 2 Z 2, § 17 Abs. 3, § 21 Abs. 1a, § 21 Abs. 2, § 21 Abs. 6, § 22 Abs. 7, § 24 Abs. 5, § 24a Abs. 3, Art. 1 Abs. 4 Z 2, Art. 3 Abs. 5 Z 1, Art. 21 Abs. 9, jeweils in der Fassung des Bundesgesetzes BGBl. I Nr. 59/2001, sind auf Umsätze und sonstige Sachverhalte anzuwenden, die nach dem 31. Dezember 2001 ausgeführt werden bzw. sich ereignen.

Bundesgesetz über die Vergütung von Steuern an ausländische Vertretungsbehörden und ihre im diplomatischen und berufskonsularischen Rang stehenden Mitglieder (Internationales Steuervergütungsgesetz – IStVG)

BGBl. I Nr. 71/2003 idF BGBl. I Nr. 180/2004

Umsatzsteuer

§ 1.

(1) Anspruch auf Vergütung von der österreichischen Umsatzsteuer nach diesem Bundesgesetz haben die folgenden Vergütungsberechtigten:

1. In Österreich errichtete ausländische Vertretungsbehörden hinsichtlich der ausschließlich für ihren amtlichen Gebrauch empfangenen Lieferungen und sonstigen Leistungen.

2. Im diplomatischen oder berufskonsularischen Rang stehende Mitglieder der ausländischen Vertretungsbehörden hinsichtlich Lieferungen und sonstige Leistungen, die für ihren persönlichen Gebrauch bestimmt sind.

(2) Ausländische Vertretungsbehörden im Sinne dieses Bundesgesetzes sind diplomatische Missionen, berufskonsularische Vertretungen sowie ständige Vertretungen bei internationalen Organisationen, die ihren Amtssitz in Österreich haben.

(3) Die Umsatzsteuervergütung wird den Vergütungsberechtigten aller Staaten unter der Voraussetzung gewährt, dass österreichischen Vertretungsbehörden und ihren im diplomatischen oder berufskonsularischen Rang stehenden Mitgliedern in diesen Staaten eine mit dem Grundsatz der Gleichbehandlung vereinbare abgabenrechtliche Stellung zukommt. Liegt diese mit dem Grundsatz der Gleichbehandlung vereinbare abgabenrechtliche Stellung insgesamt nicht vor, so besteht kein Anspruch auf Umsatzsteuervergütung; eine reziprozitätsbedingt bloß eingeschränkte Umsatzsteuervergütung erfolgt nicht.

§ 2.

(1) Vergütbar sind jene Umsatzsteuerbeträge, die in einer an den Vergütungsberechtigten ausgestellten Rechnung eines Unternehmers gesondert ausgewiesen sind und vom Vergütungsberechtigten getragen werden. Zu diesem Zweck sind die Vergütungsberechtigten berechtigt, vom leistenden Unternehmer die Ausstellung einer Rechnung mit gesondertem Steuerausweis zu verlangen. § 11 UStG 1994 gilt sinngemäß.

(2) Ein Anspruch auf Umsatzsteuervergütung besteht nur hinsichtlich jener Lieferungen und sonstigen Leistungen, deren Entgelt zuzüglich der Umsatzsteuer mindestens 73 Euro beträgt. Werden von einem Unternehmer mehrere Leistungen gemeinsam erbracht und wird hierüber nach den üblichen Regeln des Geschäftsverkehrs eine einheitliche Rechnung im Sinne des § 11 UStG 1994 ausgestellt, so ist das Gesamtentgelt der Rechnung zuzüglich Umsatzsteuer maßgebend. In den Fällen des § 6 Abs. 1 Z 6 lit. d UStG 1994 besteht kein Anspruch auf Umsatzsteuervergütung.

(3) Der Vergütungsberechtigte ist verpflichtet, jene Rechnungen, hinsichtlich derer er Umsatzsteuervergütung geltend macht, samt Zahlungsbeleg sieben Jahre ab dem Ablauf des Kalenderjahres, in dem die Umsatzsteuervergütung geltend gemacht wurde, aufzubewahren und der zuständigen Behörde über deren Ersuchen zur Einsichtnahme in geordneter Form vorzulegen.

(4) Hinsichtlich der Vergütungsberechtigten im Sinne des § 1 Abs. 1 Z 2 gilt weiters, dass die Vergütung für den einzelnen Vergütungsberechtigten den Gesamtbetrag von 2 900 Euro pro Kalenderjahr nicht übersteigen darf.

§ 3.

(1) Anstelle einer Steuervergütung auf Basis der einzelnen Lieferungen und sonstigen Leistungen gemäß der §§ 2, 10 und 11 können Vergütungsberechtigte im Sinne des § 1 Abs. 1 Z 2 eine einheitliche pauschale Vergütung in Höhe von 110 Euro je angefangenem oder vollem Kalendermonat, in dem die Voraussetzungen für die Vergütung der Umsatzsteuer erfüllt sind, in Anspruch nehmen. Die Vergütungsberechtigten haben in diesem Fall die Inanspruchnahme der Pauschalvergütung jeweils in ihrem ersten für ein Kalenderjahr eingereichten Vergütungsantrag zu erklären und sind daran für dieses Kalenderjahr gebunden. Eine gesonderte Inanspruchnahme der pauschalen Vergütung für Umsatzsteuer, Elektrizitätsabgabe oder Erdgasabgabe ist nicht zulässig.

(2) Personen, die im Sinn des Artikels 38 des Wiener Übereinkommens über diplomatische Beziehungen, BGBl. Nr. 66/1966, Angehörige der Republik Österreich oder in ihr ständig ansässig sind, haben keinen Vergütungsanspruch.

§ 4.

(1) Vergütungszeitraum ist das Kalendervierteljahr. Für jeden Vergütungszeitraum ist ein gesonderter Antrag zu stellen, der mit dem auf den Ablauf des Vergütungszeitraums beginnenden Tag eingereicht werden kann. Der Antrag darf nur Vergütungsbeträge von Rechnungen, deren Ausstellungsdatum innerhalb dieses Vergütungszeitraums liegt, enthalten. Wurde für ein Kalenderjahr gemäß § 3 Z 2 die Pauschalierung in Anspruch genommen, so ist für jeden Vergütungszeitraum ein eigener Antrag zwecks Auszahlung des jeweiligen pauschalen Vergütungsbetrages einzureichen.

(2) Der Antrag auf Umsatzsteuervergütung ist nach dem amtlichen Vordruck unmittelbar bei der zu ständigen Behörde einzureichen. Die Einreichung hat durch die ausländischen Vertretungsbehörden und im Fall des entlastungsberechtigten Personals internationaler Organisationen durch die internationale Organisation zu erfolgen.

(3) Die zuständige Behörde ist berechtigt, die geltend gemachten Ansprüche auf Umsatzsteuervergütung unter Mitwirkung der Vergütungsberechtigten auf ihre Richtigkeit zu prüfen und zu diesem Zweck die Vergütungsberechtigten um Vorlage der Rechnungen (§ 2 Abs. 3) zu ersuchen. Wird dieser Mitwirkung nicht entsprochen, so ist für den Vergütungszeitraum, auf den sich das Ersuchen um Rechnungsvorlage bezieht, keine Umsatzsteuer zu vergüten. Ergibt sich auf Grund der vorgelegten Rechnungen ein geringerer Umsatzsteuerbetrag als nach diesem Bundesgesetz vergütbar ist, so ist, vorbehaltlich des § 3 Z 1, nur der geringere Betrag an Umsatzsteuer zu vergüten.

(4) Der von Vergütungsberechtigten im Sinne des § 1 Abs. 1 Z 1 in einem formell mängelfreien Antrag (Abs. 2) geltend gemachte Umsatzsteuerbetrag ist ohne unnötigen Aufschub zur Auszahlung zu bringen. Auf Grund von Überprüfungen der Rechnungen (Abs. 3) festgestellte Überzahlungen sind auf geltend gemachte Umsatzsteuerbeträge späterer Vergütungszeiträume anzurechnen.

(5) Soweit dem Vergütungsantrag entsprochen wird, unterbleibt eine schriftliche Erledigung.

(6) Wenn schriftliche Erledigungen zu ergehen haben, ist § 1 1 Abs. 2 Zustellgesetz nicht anzuwenden.

§ 5.

(1) Werden Gegenstände, hinsichtlich derer Umsatzsteuer vergütet wurde, innerhalb von zwei Jahren ab der Anschaffung entgeltlich oder unentgeltlich abgegeben, so ist die vergütete Umsatzsteuer zurückzuzahlen oder auf den Vergütungsbetrag des Vergütungszeitraumes, in dem die entgeltliche oder unentgeltliche Abgabe erfolgt, anzurechnen. Ein allenfalls verbleibender Restbetrag ist auf geltend gemachte Umsatzsteuerbeträge späterer Vergütungszeiträume anzurechnen.

(2) Für Kraftfahrzeuge, die gemäß § 6 Abs. 1 Z 6 lit. d UStG 1994 steuerfrei geliefert wurden, gilt die jeweilige Sperrfrist nach § 93 Abs. 1 ZollR-DG. Würden bei sinngemäßer Anwendung des § 93 Abs. 1 ZollR-DG die Einfuhrabgaben nicht erhoben, so erfolgt auch keine Nacherhebung der Umsatzsteuer. Andernfalls ist die Umsatzsteuer beim Vergütungsberechtigten, dem steuerfrei geliefert wurde, nachzuerheben. Zu diesem Zweck gilt die Umsatzsteuer mit dem Steuerbetrag, der sich bei steuerpflichtiger Lieferung ergeben hätte, als vergütet. Die Nacherhebung hat nach Abs. 1 zu erfolgen.

(3) Für neue Kraftfahrzeuge, die von Vergütungsberechtigten im Sinne des § 1 Abs. 1 gemäß Art. 6 Abs. 2 Z 3 in Verbindung mit § 93 Abs. 1 ZollR-DG steuerfrei erworben wurden, gilt Abs. 2 sinngemäß.

(4) Ändert sich der Steuerbetrag für eine erbrachte Leistung nach erfolgter Antragstellung oder kommt hervor, dass auf andere Weise Umsatzsteuer zu Unrecht vergütet wurde, so ist der zu Unrecht vergütete Betrag zurückzuzahlen oder auf den Umsatzsteuerbetrag des Vergütungszeitraums anzurechnen, in dem die zuständige Behörde davon Kenntnis erhalten hat. Ein allenfalls verbleibender Restbetrag ist auf geltend gemachte Umsatzsteuerbeträge späterer Vergütungszeiträume anzurechnen. Die Rückzahlung oder Anrechnung hat zu unterbleiben, wenn seit Ablauf des Kalenderjahres, in dem die Umsatzsteuer zu Unrecht vergütet wurde, ein Zeitraum von mehr als zehn Jahren verstrichen ist.

§ 6.

(1) Zuständige Behörde im Sinne dieses Bundesgesetzes ist der Bundesminister für Finanzen oder dessen bevollmächtigter Vertreter. Die Zuständigkeit erstreckt sich ungeachtet der Bestimmungen des Bundesministeriengesetzes auf alle Angelegenheiten der ausländischen Vertretungsbehörden in Österreich und ihrer Funktionäre zur Vergütung von Umsatzsteuer. Dabei ist die zuständige Behörde berechtigt, mit den Vergütungsberechtigten unmittelbar zu verkehren.

(2) Bei Meinungsverschiedenheiten zwischen einem Vergütungsberechtigten und der zuständigen Behörde kann die Vermittlung des Bundesministeriums für auswärtige Angelegenheiten in Anspruch genommen werden.

§ 7.

Das Bundesministerium für auswärtige Angelegenheiten ist verpflichtet, der zuständigen Behörde die für die Vollziehung dieses Bundesgesetzes erforderlichen Daten zu übermitteln. Der Bundesminister für Finanzen im Einvernehmen mit dem Bundesminister für auswärtige Angelegenheiten wird ermächtigt, die Übermittlung der Daten sowie Durchführungsbestimmungen mit Verordnung näher zu regeln.

§ 8.

Die Umsatzsteuervergütung nach diesem Bundesgesetz ist eine Vergütung im Sinne des § 2 BAO.

§ 9.

(1) Verweisungen auf das Bundesgesetz vom 19. Mai 1976 über die Umsatzsteuervergütung an ausländische Vertretungsbehörden und ihre im diplomatischen und berufskonsularischen Rang stehenden Mitglieder (BGBl. Nr. 257/1976, zuletzt geändert durch BGBl. I Nr. 59/2001) beziehen sich für Zeiträume ab dem 1. Jänner 2004 auf dieses Bundesgesetz.

(2) Soweit in diesem Bundesgesetz auf Bestimmungen anderer Bundesgesetze verwiesen wird, sind diese Bestimmungen in ihrer jeweils geltenden Fassung anzuwenden.

Elektrizitätsabgabe

§ 10.

(1) Vergütungsberechtigte im Sinne des § 1 Abs. 1 Z 1 haben in sinngemäßer Anwendung der für die Vergütung der Umsatzsteuer nach diesem Bundesgesetz maßgebenden Bestimmungen Anspruch auf Vergütung der Elektrizitätsabgabe.

(2) Vergütungsberechtigte im Sinne des § 1 Abs. 1 Z 2 haben in sinngemäßer Anwendung der für die Vergütung der Umsatzsteuer nach diesem Bundesgesetz maßgebenden Bestimmungen und nach Maßgabe der folgenden Bestimmungen Anspruch auf Vergütung der Elektrizitätsabgabe:
1. Die Vergütung darf für den einzelnen Vergütungsberechtigten den Gesamtbetrag von 180 Euro pro Kalenderjahr nicht übersteigen.
2. Voraussetzung ist weiters, dass die ausländische Vertretungsbehörde (die internationale Organisation), durch welche gemäß § 4 Abs. 2 die Einreichung des Vergütungsantrages zu erfolgen hat, auf dem Vergütungsantrag bestätigt, dass sie selbst für das betreffende Kalenderjahr keine Vergütung der diesbezüglichen Elektrizitätsabgabe beantragt.
3. Der in Z 1 genannte Betrag verdoppelt sich bei Vergütungsberechtigten, die für das betreffende Kalenderjahr keine Vergütung von Erdgasabgabe in Anspruch nehmen.

Erdgasabgabe

§ 11.

(1) Vergütungsberechtigte im Sinne des § 1 Abs. 1 Z 1 haben in sinngemäßer Anwendung der für die Vergütung der Umsatzsteuer nach diesem Bundesgesetz maßgebenden Bestimmungen Anspruch auf Vergütung der Erdgasabgabe.

(2) Vergütungsberechtigte im Sinne des § 1 Abs. 1 Z 2 haben in sinngemäßer Anwendung der für die Vergütung der Umsatzsteuer nach diesem Bundesgesetz maßgebenden Bestimmungen und nach Maßgabe der folgenden Bestimmungen Anspruch auf Vergütung der Erdgasabgabe:

1. Die Vergütung darf für den einzelnen Vergütungsberechtigten den Gesamtbetrag von 180 Euro pro Kalenderjahr nicht übersteigen.
2. Voraussetzung ist weiters, dass die ausländische Vertretungsbehörde (die internationale Organisation), durch welche gemäß § 4 Abs. 2 die Einreichung des Vergütungsantrages zu erfolgen hat, auf dem Vergütungsantrag bestätigt, dass sie selbst für das betreffende Kalenderjahr keine Vergütung der diesbezüglichen Erdgasabgabe beantragt.
3. Der in Z 1 genannte Betrag verdoppelt sich bei Vergütungsberechtigten, die für das betreffende Kalenderjahr keine Vergütung von Elektrizitätsabgabe in Anspruch nehmen.

§ 12.

Die verwendeten personenbezogenen Bezeichnungen gelten für Frauen und Männer in gleicher Weise. Bei der Anwendung auf bestimmte Personen ist die jeweils geschlechtsspezifische Form zu verwenden.

§ 13.

(1) Dieses Bundesgesetz ist auf Vergütungszeiträume ab dem 1. Jänner 2004 anzuwenden.

(2) Umsatzsteuervergütungen nach dem Bundesgesetz vom 19. Mai 1976 über die Umsatzsteuervergütung an ausländische Vertretungsbehörden und ihre im diplomatischen und berufskonsularischen Rang stehenden Mitglieder (BGBl. Nr. 257/1976, zuletzt geändert durch BGBl. I Nr. 59/2001), Vergütungen von Elektrizitätsabgabe nach § 6 Abs. 4 Elektrizitätsabgabegesetz und Vergütungen von Erdgasabgabe nach § 7 Abs. 4 Erdgasabgabegesetz haben letztmalig für den Abrechnungszeitraum zweites Halbjahr 2003 zu erfolgen. Käme es auf Grund des Übergangs von der Anwendung der genannten Gesetze zu diesem Bundesgesetz zu einer doppelten Vergütung oder zu keiner Vergütung, so steht der Anspruch auf Vergütung insgesamt einmal zu.

(3) § 7 tritt mit 1. Juli 2002 in Kraft. Mit diesem Tag kann auch die Verordnung des Bundesministers für Finanzen im Einvernehmen mit dem Bundesminister für auswärtige Angelegenheiten zur näheren Regelung der Übermittlung der Daten in Kraft gesetzt werden.

(4) § 2 Abs. 4, § 3, § 10 Abs. 2 und § 11 Abs. 2, jeweils in der Fassung des Bundesgesetzes BGBl. I Nr. 180/2004, sind erstmalig auf Vergütungszeiträume ab dem 1. Jänner 2005 anzuwenden.

§ 14.

(1) Mit der Vollziehung dieses Bundesgesetzes ist der Bundesminister für Finanzen betraut.

(2) Mit der Vollziehung des § 1 Abs. 3 und des § 7 ist auch der Bundesminister für auswärtige Angelegenheiten, und mit der Vollziehung des § 2 Abs. 1 ist auch – soweit es sich um zivilrechtliche Bestimmungen handelt – der Bundesminister für Justiz betraut.

Gesundheits- und Sozialbereich-Beihilfengesetz – GSBG
BGBl. Nr. 746/1996 idF BGBl. I Nr. 116/2016

§ 1.

(1) Unternehmer, die nach § 6 Abs. 1 Z 7 UStG 1994 befreite Umsätze bewirken, haben einen Anspruch auf eine Beihilfe.

(2) Diese Beihilfe für die Träger der Sozialversicherung und ihre Verbände, die Krankenfürsorgeeinrichtungen im Sinne des § 2 Abs. 1 Z 2 des Beamten-Kranken- und Unfallversicherungsgesetzes, BGBl. Nr. 200/1967, und die Träger des öffentlichen Fürsorgewesens ergibt sich aus den unmittelbar in Zusammenhang mit den gemäß § 6 Abs. 1 Z 7 UStG 1994 befreiten Umsätzen stehenden, nach § 12 Abs. 3 UStG 1994 nicht abziehbaren Vorsteuern.

(3) Die Beihilfe für die Träger des öffentlichen Fürsorgewesens ergibt sich weiters aus einem Ausgleich für die Kürzung der Beihilfe bei Kranken- oder Kuranstalten auf Grund von Leistungen an den Träger des öffentlichen Fürsorgewesens, sofern der Kürzungsbetrag dem Träger des öffentlichen Fürsorgewesens in der über diese Leistung gelegten Rechnung bekanntgegeben wird.

§ 1a.

Zusätzlich zur Beihilfe nach § 1 ist einzelnen Sozialversicherungsträgern und dem Ausgleichsfonds der Gebietskrankenkassen eine pauschalierte Beihilfe in der Höhe von 122 Millionen Euro pro Jahr zu gewähren. Ab dem Folgejahr der erstmaligen Gewährung richtet sich die Höhe dieser pauschalierten Beihilfe nach dem mit der Aufwertungszahl für dieses Kalenderjahr nach § 108 Abs. 2 ASVG vervielfachten Vorjahreswert. Von dieser pauschalierten Beihilfe sind 76% dem Ausgleichsfonds der Gebietskrankenkassen und der verbleibende Betrag einzelnen Sozialversicherungsträgern zu überweisen. Diese Sozialversicherungsträger und der auf sie entfallende Anteil der pauschalierten Beihilfe sind vom Bundesminister für Finanzen im Einvernehmen mit dem Bundesminister für Gesundheit durch Verordnung festzusetzen.

§ 2.

(1) Kranken- und Kuranstalten einschließlich der eigenen Kranken- und Kuranstalten der Sozialversicherungsträger und der Krankenfürsor geeinrichtungen, die nach § 6 Abs. 1 Z 18 und 25 UStG 1994 befreite Umsätze bewirken, haben einen Anspruch auf eine Beihilfe in Höhe der im Zusammenhang mit den befreiten Umsätzen stehenden, nach § 12 Abs. 3 UStG 1994 nicht abziehbaren Vorsteuern, abzüglich 10% der Entgelte für nach § 6 Abs. 1 Z 18 oder 25 UStG 1994 befreite Umsätze, soweit sie nicht aus öffentlichen Mitteln stammen (Klassegelder, Entgelte für Privatpatienten). Eine Kürzung der Beihilfe im Ausmaß von 10% der nicht aus öffentlichen Mitteln stammenden Entgelte ist auch bei anderen befreiten Umsätzen vorzunehmen, für die zuvor nicht abzugsfähige Vorsteuern als Beihilfe in Anspruch genommen worden sind. Das Ausmaß der Kürzung wird bei steuerfreien Grundstücksumsätzen durch die Höhe der anteilig in Anspruch genommenen Beihilfen begrenzt. Die Beihilfe gilt in Fällen, in denen die Sachleistungskosten mit einem Landesfonds oder mit einem inländischen Sozialversicherungsträger verrechnet werden, als Teil der Mittel des jeweiligen Landesfonds oder inländischen Sozialversicherungsträgers.

(2) Die Regelung des Abs. 1 gilt bis zum 31. Dezember 2018 auch für Unternehmer, die Lieferungen von menschlichem Blut (§ 6 Abs. 1 Z 21 UStG 1994) oder Umsätze gemäß § 6 Abs. 1 Z 22 UStG 1994 bewirken, wobei Umsätze an Unternehmer, die nach § 6 Abs. 1 Z 18 und 25 UStG befreite Umsätze bewirken, nicht unter die Kürzungsbestimmungen des Abs. 1 fallen. *(BGBl. I Nr. 116/2016)*

(3) Wird eine nach § 6 Abs. 1 Z 18, 22 oder 25 UStG 1994 befreite Leistung durch einen inländischen Sozialversicherungsträger regressiert, unterliegt auch das für den durchschnittlichen Vorsteuerkostenanteil verrechnete Beihilfenäquivalent in Höhe von 11,11 % den Legalzessionsbestimmungen gemäß § 332 ASVG bzw. den vergleichbaren Legalzessionsbestimmungen in § 190 GSVG, § 178 BSVG, § 125 B-KUVG und § 64a NVG.

(4) Besteht für eine Einrichtung, die Beihilfen nach Abs. 1 in Anspruch genommen hat, dieser Anspruch nicht mehr und kann eine Vorsteuerberichtigung gemäß § 12 Abs. 10 UStG 1994 geltend gemacht werden, so ist der gemeine Wert der Anlagegüter der Einrichtung als fiktiver Verkaufserlös für eine Kürzung nach Abs. 1 anzusetzen. Die Kürzung ist durch die in Anspruch genommene Vorsteuerberichtigung begrenzt.

(5) Wird ein Gegenstand des Anlagevermögens eines Unternehmers, welcher nach § 1 oder § 2 eine Beihilfe bezieht, durch eine Änderung der Verwendung einer Vorsteuerberichtigung unterworfen, so ist die dafür in Anspruch genommene Beihilfe für die gleichen Zeiträume und in gleicher Höhe wie die Vorsteuerberichtigung zu kürzen. Wechselt die Verfügungsmacht über einen solchen im Zuge eines gemäß UStG 1994 nicht steuerbaren Umsatzes, so erfolgt eine Kürzung in der Höhe, die bei Steuerbarkeit eine zum Zeitpunkt der Verwirklichung des Sachverhalts erfolgte Vorsteuerberichtigung bzw. eine Beihilfenkürzung nach Abs. 1 unter Anwendung eines fiktiven Entgelts in Höhe des gemeinen Werts ausgelöst hätte.

§ 3.

(1) Ärzte, Dentisten und sonstige Vertragspartner haben Anspruch auf einen Ausgleich, der sich nach den von den Sozialversicherungsträgern, den Krankenfürsorgeeinrichtungen und den von den Trägern des öffentlichen Fürsorgewesens gezahlten Entgelten für Leistungen im Sinne des § 6 Abs. 1 Z 19 UStG 1994 richtet.

(2) Alten-, Behinderten- und Pflegeheime, die nach § 6 Abs. 1 Z 18 und 25 UStG 1994 befreite Umsätze bewirken, haben Anspruch auf einen Ausgleich, der sich nach den Entgelten von seiten der Träger des öffentlichen Fürsorgewesens richtet.

(3) Der Bundesminister für Finanzen hat im Einvernehmen mit dem Bundesminister für Arbeit und Soziales mit Verordnung die Ausgleichssätze auf Grund von Erfahrungen über die wirtschaftlichen Verhältnisse bei der jeweiligen Gruppe von Unternehmern festzusetzen.

§ 4.

Mit Ausnahme der im letzten Satz geregelten sinngemäßen Anwendung des ASVG finden die Bestimmungen der BAO Anwendung; die Beihilfen und Ausgleichszahlungen gemäß §§ 1 bis 3 und die Beträge gemäß § 9 gelten als selbst zu berechnende Abgaben. Die Erhebung der Beihilfen, Ausgleichszahlungen und der Beträge gemäß § 9 obliegt, mit Ausnahme der Einhebung und zwangsweisen Einbringung, dem Finanzamt, das für die Erhebung der Umsatzsteuer zuständig ist. Die Einhebung und die zwangsweise Einbringung der Beihilfen, Ausgleichszahlungen und der Beträge gemäß § 9 obliegt dem Bundesministerium für Finanzen. Der Bundesminister für Finanzen kann durch Verordnung ein Finanzamt mit der Einhebung und der zwangsweisen Einbringung der Beihilfen, Ausgleichszahlungen und der Beträge gemäß § 9 betrauen. Für die Ausgleichszahlungen des § 3 Abs. 1 gelten bezüglich der Beziehungen zwischen anspruchsberechtigten Vertragspartnern (Ärzte, Dentisten und sonstige Vertragspartner) einerseits und Sozialversicherungsträgern, Krankenfürsorgeeinrichtungen und Trägern des öffentlichen Fürsorgewesens andererseits sinngemäß die Verfahrensbestimmungen der §§ 352 ff ASVG.

§ 5.

Ändert sich nachträglich die Bemessungsgrundlage für die Beihilfe, so ist die Beihilfe entsprechend zu berichtigen. Die Berichtigung ist vor Abgabe der Jahreserklärung für jenen Kalendermonat vorzunehmen, in dem sich die Verhältnisse geändert haben, dann mit einer Jahreserklärung für das Kalenderjahr.

§ 6.

(1) Die Geltendmachung der Beihilfe nach §§ 1 und 2 hat von den in §§ 1 und 2 genannten Unternehmern bzw. ihren Rechtsträgern für jeden Monat mit Erklärung zu erfolgen. Die Erklärungen sind bei der gemäß § 4 für die Einhebung und zwangsweise Einbringung zuständigen Stelle im Wege der Länder, des Hauptverbandes der Sozialversicherungsträger oder – soweit sie Beihilfen gemäß § 2 Abs. 2 betreffen und nicht Krankenbeförderungseinrichtungen der Länder und Gemeinden zuordenbar sind – des Österreichischen Roten Kreuzes einzureichen.

(2) In gleichem Wege ist, beginnend für das Jahr 2014, eine zusammenfassende Jahreserklärung bis zum Ende des Monats Juni des Folgejahres abzugeben.

(3) Der Anspruch auf Geltendmachung der Beihilfe verjährt fünf Jahre nach Ablauf des Jahres, in dem der Beihilfenanspruch entstanden ist.

§ 7.

Die Beihilfe nach § 1a wird in zwölf Teilbeträgen, jeweils am Ersten eines Kalendermonats, an den Hauptverband der Sozialversicherungsträger ausbezahlt. Der Hauptverband der Sozialversicherungsträger hat die erhaltenen Beträge entsprechend weiter zu verteilen.

§ 8.

(1) Die Auszahlung der Beihilfen nach § 1 Abs. 2 für die Träger der Sozialversicherung erfolgt im Wege des Hauptverbandes der Sozialversicherungsträger. Die Auszahlung der Beihilfen nach § 1 Abs. 2 an die Krankenfürsorgeeinrichtungen und Träger des öffentlichen Fürsorgewesens und nach § 1 Abs. 3 hat im Wege der Länder zu erfolgen.

(2) Die Auszahlung der Beihilfen nach § 2 Abs. 1 hat, wenn eine Leistungserbringung auf Grund von Verträgen mit österreichischen Sozialversicherungsträgern erfolgt und für eigene Kranken- und Kuranstalten der Sozialversicherungsträger im Wege des Hauptverbandes, für Krankenanstalten, die Sachleistungen mit Landesfonds verrechnen, im Wege der Landesfonds, in allen anderen Fällen im Wege der Länder zu erfolgen.

(3) Die Auszahlung der Beihilfen nach § 2 Abs. 2 hat – soweit sie sich auf Krankenbeförderungseinrichtungen der Länder und Gemeinden beziehen – im Wege der Länder, die

Auszahlung der anderen Beihilfen nach § 2 Abs. 2 im Wege des Österreichischen Roten Kreuzes zu erfolgen.

(4) Die Beihilfen sind spätestens am 25. Tag des auf die Einreichung der gesammelten Erklärungen folgenden Kalendermonats den Ländern, dem Hauptverband bzw. dem Österreichischen Roten Kreuz anzuweisen. Die ausgezahlten Beträge sind unverzüglich an die Anspruchsberechtigten weiterzuleiten.

§ 9.

(1) Soweit 10% der Entgelte aus Leistungen gegenüber Privatpatienten (einschließlich Klassegelder) die nicht abziehbaren Vorsteuern übersteigen (§ 2), ist dieser Betrag bis spätestens zum 25. Tag des zweitfolgenden Kalendermonates selbst zu berechnen, in die Erklärung (§ 6) aufzunehmen und zugleich unmittelbar an den Bund zu entrichten.

(2) Die Verpflichtung nach Abs. 1 erlischt nach zehn Jahren, gerechnet vom letzten Kalendermonat, für den eine Beihilfe geltend gemacht worden ist.

§ 10.

Die Auszahlung des Ausgleichs nach § 3 Abs. 1 durch die Sozialversicherungsträger, die Krankenfürsorgeeinrichtungen oder die Träger des öffentlichen Fürsorgewesens und die Auszahlung des Ausgleichs nach § 3 Abs. 2 durch die Träger des öffentlichen Fürsorgewesens hat zugleich mit der Auszahlung des Entgelts zu erfolgen. Die zu Recht ausgezahlten Ausgleichsbeträge sind diesen Institutionen im Wege der Länder und des Hauptverbandes der Sozialversicherungsträger zu ersetzen. Diese Beträge sind vom Bund bis zum 25. Tage des der Geltendmachung folgenden Kalendermonats dem Hauptverband der Sozialversicherungsträger und den Ländern zu überweisen und von diesen unverzüglich weiterzuleiten.

§ 11.

(1) Leistet ein Unternehmer, der nach § 1 beihilfenberechtigt ist, einem Versicherten, mitversicherten Familienangehörigen, Versorgungsberechtigten oder Hilfeempfänger oder einem zum Ersatz von Fürsorgekosten Verpflichteten Kostenersatz für Leistungen, die auf Grund gesetzlicher oder satzungsmäßiger Vorschriften als Sachleistung gewährt werden könnten, so gilt die auf den Kostenersatz entfallende, in einer Rechnung ausgewiesene Umsatzsteuer als Vorsteuer nach § 1 Abs. 2, soweit sie bei direkter Verrechnung der Leistung mit dem Unternehmer ebenfalls beihilfefähig gewesen wäre.

(2) Erhält ein Unternehmer, der nach § 1 beihilfenberechtigt ist, für eine ihm verrechnete Leistung einen privaten Kostenbeitrag von einem Versicherten, mitversicherten Familienangehörigen, Versorgungsberechtigten oder Hilfeempfänger oder einem zum Ersatz von Fürsorgekosten Verpflichteten oder von Dritten, wird die Höhe der nach § 1 Abs. 2 ermittelten beihilfenfähigen Vorsteuer bzw. der Ausgleichsbeträge nach § 1 Abs. 3 und § 3 Abs. 2 entsprechend des Anteils des Kostenbeitrags am Preis einschließlich Umsatzsteuer gekürzt.

(3) Wird ein privater Kostenbeitrag für die Leistung eines eigenen Alten-, Behinderten- oder Pflegeheims eines Unternehmers, der nach § 1 beihilfenberechtigt ist, eingehoben, ist die Regelung des § 2 Abs. 1 sinngemäß mit einem Satz von 4% anzuwenden.

§ 12.

Für die in § 3 genannten Unternehmer gilt die Ausgleichszahlung als Ausgleich der umsatzsteuerlichen Mehrbelastung gemäß § 30 UStG 1994.

§ 13.

Dem Bundesminister für Finanzen und von diesem beauftragten Organen ist auf Verlangen von den Beihilfenempfängern jederzeit Zugang und Einsicht in die für die Berechnung der Beihilfe relevanten Unterlagen zu gewähren.

§ 14.

Für die Mitwirkung anderer Gebietskörperschaften und Einrichtungen bei der technischen Durchführung ist der Bundesminister für Finanzen hinsichtlich der entstehenden Verwaltungskosten nicht ersatzpflichtig.

§ 15.

Mit der Vollziehung dieses Bundesgesetzes ist der Bundesminister für Finanzen, soweit die Sozialversicherungsträger und ihr Verband betroffen sind, im Einvernehmen mit dem Bundesminister für Arbeit und Soziales betraut.

§ 16.

(1) § 2 Abs. 1 und § 8 in der Fassung des Bundesgesetzes BGBl. I Nr. 62/1998 treten mit 1. Jänner 1998 in Kraft und sind auf Sachverhalte anzuwenden, die nach dem 31. Dezember 1997 verwirklicht wurden.

(2) § 1 Abs. 2 in der Fassung des Bundesgesetzes BGBl. I Nr. 105/2004 ist auf Zeiträume anzuwenden, die nach dem 31. Dezember 2003 liegen.

(3) § 1 Abs. 2 und Abs. 3, § 6, § 8 und § 11, jeweils in der Fassung des 1. Stabilitätsgesetzes 2012, BGBl. I Nr. 22/2012, sind auf Vorsteuerbeträge anzuwenden, die sich auf beihilfenfähige Umsätze beziehen und nach dem 31. Dezember 2013 anfallen. Die Berechnung der Bemessungsgrundlage der Beihilfe nach § 1 Abs. 2 in der Fassung vor dem 1. Stabilitätsgesetz 2012, BGBl. I Nr. 22/2012, ist für Tatbestände, die nach dem 31. Dezember 2010, aber vor dem 1. Jänner 2014 verwirklicht wurden, vom Bundesminister für Finanzen im Einvernehmen mit dem Bundesminister für Gesundheit unter Bedachtnahme auf die Erfolgsrechnung der Sozialversicherungsträger durch Verordnung festzusetzen.

(4) § 1a und § 7, jeweils in der Fassung des 1. Stabilitätsgesetzes 2012, BGBl. I Nr. 22/2012, treten mit 1. März 2014 in Kraft. Für die Zeit bis einschließlich 28. Februar 2014 werden weiterhin Akontozahlungen gemäß § 7 in der Fassung vor dem 1. Stabilitätsgesetz 2012, BGBl. I Nr. 22/2012, durchgeführt. Eine Jahresabrechnung gemäß § 7 in der Fassung vor dem 1. Stabilitätsgesetz 2012, BGBl. I Nr. 22/2012, ist vom Hauptverband bis 31. Dezember 2014 abzugeben. Der sich aus den Jahresabrechnungen ergebende Unterschiedsbetrag zu den Akontozahlungen wird mit der nächsten Beihilfenzahlung ausgeglichen. Zum 1. März 2014 wird eine einmalige Akontozahlung in sinngemäßer Anwendung des § 7 in der Fassung vor dem 1. Stabilitätsgesetz 2012, BGBl. I Nr. 22/2012, mit dem Pauschalsatz von 4,3% durchgeführt, die mit den folgenden Beihilfenzahlungen bis Jahresende 2014 gleichmäßig gegenzurechnen ist.

2. Verordnungen

Verordnung des Bundesministers für Finanzen betreffend die Datenübermittlung zur Steuervergütung an ausländische Vertretungsbehörden und ihre im diplomatischen und berufskonsularischen Rang stehenden Mitglieder

BGBl. II Nr. 613/2003 idF BGBl. II Nr. 451/2013

Auf Grund der §§ 7 und 13 Abs. 3 Internationales Steuervergütungsgesetz (IStVG) wird im Einvernehmen mit dem Bundesminister für auswärtige Angelegenheiten verordnet:

§ 1.

Die gemäß § 7 IStVG angeordnete Übermittlung der für die Vollziehung des IStVG erforderlichen Daten vom Bundesministerium für auswärtige Angelegenheiten an das Bundesministerium für Finanzen erfolgt bis zum 15. Tag nach Ablauf jedes Kalendervierteljahres. Die zu übermittelnden Daten haben dem Stand zum Ende des Kalendermonats zu entsprechen.

§ 2.

Die nach § 1 zu übertragenden Daten sind:
1. Hinsichtlich der Vergütungsberechtigten im Sinn des § 1 Z 1 IStVG
   - Laufende Nummer
   - Organisationsnummer
   - Bezeichnung der Einrichtung
   - Kurzbezeichnung der Einrichtung
   - Unterabteilung
   - Staatszugehörigkeit
   - Art
   - PLZ
   - Ort
   - Straße
   - Land
   - Telefon
   - FAX
   - Email
   - Gültig bis
2. Hinsichtlich der Vergütungsberechtigten im Sinn des § 1 Z 2 IStVG
   - Laufende Nummer
   - Legitimationskartennummer
   - Nachname
   - Vorname
   - Geschlecht
   - Geburtsdatum
   - In Österreich
   - In Österreich seit
   - Adresse geheim
   - PLZ

- Ort
- Land
- Telefon
- FAX
- Email
- Gültig ab
- Gültig bis
- Abmeldedatum

§ 3.

Für Kraftfahrzeuge, auf die § 5 Abs. 2 und 3 IStVG angewendet werden, sind folgende Daten zu übermitteln:
- Zulassungsbesitzerin oder Zulassungsbesitzer samt Akkreditierung
- Marke und Type
- Fahrgestellnummer (Fahrzeugidentitätsnummer)
- Sperrfrist
- Erwerbsart

§ 4.

(1) Die Verordnung tritt mit 1. Juli 2002 in Kraft.

(2) § 3 tritt mit 1. Jänner 2014 in Kraft.

Verordnung des Bundesministers für Finanzen zu den Beihilfen- und Ausgleichsprozentsätzen, die im Rahmen des Gesundheits- und Sozialbereich-Beihilfengesetzes anzuwenden sind

BGBl. II Nr. 56/1997 idF BGBl. II Nr. 42/2013

Auf Grund der §§ 1 Abs. 2 und 3 Abs. 3 des Gesundheits- und Sozialbereich-Beihilfengesetzes, BGBl. Nr. 746/1996, wird im Einvernehmen mit dem Bundesminister für Arbeit und Soziales verordnet:

§ 1.

(1) 24% der pauschalierten Beihilfe gemäß § 1a Gesundheits- und Sozialbereich-Beihilfengesetz, BGBl. I Nr. 746/1996, sind der Sozialversicherungsanstalt der Bauern zu überweisen.

(2) Krankenversicherungsaufwendungen sind Ausgaben, die für Zwecke der sozialen Krankenversicherung getätigt werden. Nicht zu diesen Aufwendungen zählen Abschreibungen (zB Absetzung für Abnutzung, Investitionsfreibetrag), Ausgaben der durchlaufenden Gebarung (zB Ausgleichszahlungen nach dem Gesundheits- und Sozialbereich-Beihilfengesetz) und Rücklagenzuführungen, wohl aber Investitionsausgaben.

(3) Unter Krankenversicherungsaufwendungen ist – abweichend von Abs. 2 – für Tatbestände, die nach dem 31. Dezember 2010 und vor dem 1. Jänner 2014 verwirklicht wurden, die auf folgende Weise berechnete Bemessungsgrundlage der Beihilfe nach § 1 Abs. 2 Gesundheits- und Sozialbereich-Beihilfengesetz, BGBl. I Nr. 746/1996 in der Fassung vor BGBl. I Nr. 22/2012 zu verstehen:

Die Aufwendungen entsprechend der Erfolgsrechnungen der Sozialversicherungsträger für den Versicherungszweig der Krankenversicherung, wie sie nach den gemäß § 444 Abs. 6 ASVG, BGBl. Nr. 189/1955, erlassenen Weisungen für die Rechnungslegung und Rechnungsführung bei den Sozialversicherungsträgern und dem Hauptverband erstellt werden, werden um die Investitionsausgaben vermehrt, dann um folgende Positionen verringert, soweit sie in die Erfolgsrechnung aufgenommen und nicht aufwandsmindernd verbucht werden:

a) Aufwendungen für eigene Kranken- und Kuranstalten einschließlich Investitionsausgaben,
b) nicht abziehbare Vorsteuern für Investitionen in eigenen Einrichtungen, soweit sie nicht bereits nach lit. a auszuscheiden waren,
c) Kostenersätze jedweder Art durch andere Sozialversicherungsträger,
d) Abschreibungen des Anlagevermögens einschließlich Buchwertabgänge,
e) Abschreibungen von Regressforderungen,
f) Eingänge abgeschriebener Forderungen, soweit ihr Ausfall als Aufwand geltend gemacht wurde,
g) Rücklagenzuführungen,
h) Pauschal- und Einzelrabatte für Heilmittel oder Heilbehelfe,
i) Skontoerträge,
j) die in der Erfolgsrechnung unter der Position „Kostenbeteiligungen" ausgewiesenen Beträge,
k) Ersätze für zu Unrecht erbrachte Leistungen,
l) Aufwendungen, die im Zusammenhang mit Erträgen aus zwingend umsatzsteuerpflichtigen Tätigkeiten stehen,
m) Aufwendungen für Sterbefürsorge mit Ausnahme der Begräbniskostenzuschüsse gemäß § 116 Abs. 5 ASVG,
n) Aufwendungen für Zwecke der bloßen Vermögensverwaltung, wie insbesondere
  – für Grundstücke, Bauwerke, soweit sie anderen Zwecken als denen der sozialen Krankenversicherung dienen, insbesondere der Erzielung von Einkünften,
  – Aufwendungen für das Finanzvermögen einschließlich Wertberichtigungen und Veräußerungsverlusten,
o) Aufwendungen, die nach § 12 KStG 1988, BGBl. Nr. 401, nicht als Betriebsausgaben geltend gemacht werden dürfen.

Die Bestimmungen des § 2 Abs. 5 Gesundheits- und Sozialbereich-Beihilfengesetz bleiben unberührt. Soweit die Weisungen für die Rechnungslegung und Rechnungsführung bei den Sozialversicherungsträgern und dem Hauptverband geändert werden, sind sie in der Fassung anzuwenden, die auf die Erfolgsrechnung 2011 zum 31.12.2011 heranzuziehen war.

§ 2.

(1) Die Ausgleichssätze für die in § 3 Abs. 1 Gesundheits- und Sozialbereich-Beihilfengesetz genannten Gruppen betragen für die folgenden Fachärzte:

Augenheilkunde und Optometrie	3,9%
Chirurgie	4,5%
Frauenheilkunde und Geburtshilfe	3,1%
Hals-Nasen-Ohrenkrankheiten	3,3%
Haut- und Geschlechtskrankheiten	3,4%

Innere Medizin	4,4%
Kinder- und Jugendheilkunde	3,3%
Lungenkrankheiten	4,5%
Neurologie/Psychiatrie	3,0%
Orthopädie und orthopädische Chirurgie	3,1%
Physikalische Medizin	3,3%
Radiologie, med. Radiologie-Diagnostik, Strahlentherapie-Radioonkologie	5,8%
Unfallchirurgie	4,3%
Urologie	3,3%
Zahn-, Mund- und Kieferheilkunde	4,8%
Medizinische und chemische Labordiagnostik	6,7%.

(2) Für Dentisten gilt der für Zahnärzte angeführte Ausgleichssatz.

(3) Für Ärzte für Allgemeinmedizin, in Abs. 1 nicht eigens angeführte Fachärzte, Gutachterärzte sowie die sonstigen Vertragspartner, die Leistungen im Sinne des § 6 Abs. 1 Z 19 UStG 1994 bewirken, gilt ein Ausgleichssatz von 3,4%.

(4) Als Entgelt gilt der in den Tarifverträgen und ähnlichen Verträgen festgelegte Betrag an den Arzt, Dentisten oder sonstigen Vertragspartner, soweit die Leistung im Rahmen eines Vertrages (Einzelvertrag) mit einem Sozialversicherungsträger, einer Krankenfürsorgeeinrichtung oder einem Träger des öffentlichen Fürsorgewesens erbracht wird. Die Auszahlung erfolgt im Zuge der Endabrechnung mit der Sozialversicherung.

(5) Ist gesetzlich oder vertraglich eine (teilweise) Bezahlung seitens des Patientenvorgesehen, bezieht sich der erstattungsfähige Ausgleich auf das gesamte Entgelt. Voraussetzung ist jedoch, daß es sich um eine Leistung im Rahmen eines Einzelvertrags handelt und der vom Patienten zu zahlende Betrag im Tarifvertrag festgelegt ist.

(6) Für Leistungen für Versicherte gemäß § 80 in Verbindung mit § 85 BSVG wird die Ausgleichszahlung im Ausmaß des jeweiligen nach Abs. 1 bis 3 festgelegten Ausgleichssatzes gewährt. Als Berechnungsgrundlage werden jene Leistungen herangezogen, die vom Versicherungsträger verrechnet werden oder für die dem Versicherten eine Kostenerstattung gebührt. In Fällen einer Kostenerstattung erfolgt die Anweisung an den Vertragspartner durch den Versicherungsträger.

§ 3.

Der Ausgleichssatz für die Alten-, Behinderten- und Pflegeheime gem. § 3 Abs. 2 Gesundheits- und Sozialbereich-Beihilfengesetz beträgt 4% des Entgelts ohne Ausgleich.

§ 4.

(1) Unter Entgelte aus öffentlichen Mitteln im Sinne des § 2 Gesundheits- und Sozialbereich-Beihilfengesetz fallen auch Entgelte für nach § 6 Abs. 1 Z 18 und 25 UStG 1994 befreite Leistungen, die an andere Kranken- und Kuranstalten, die nach diesen Umsatzsteuerbestimmungen befreite Leistungen bewirken, erbracht werden.

(2) Falls eine steuerfreie Leistung einer Kranken- oder Kuranstalt im Zusammenhang mit der Inanspruchnahme der Sonderklasse einem Patienten ganz oder teilweise weiterverrechnet wird, zählt dieser Betrag nicht zu den Entgelten aus öffentlichen Mitteln und fällt

unter die Kürzungsbestimmung des § 2 Abs. 1 Gesundheits- und Sozialbereich-Beihilfengesetz. Er ist daher der leistungserbringenden Kranken- oder Kuranstalt mitzuteilen.

(3) Entgelte für im Ausland versicherte Patienten – soweit sie nicht über einen Landesfonds oder einen inländischen Sozialversicherungsträger abgerechnet werden – sind solchen für Privatpatienten gleichzusetzen und fallen daher unter die Kürzungsbestimmung des § 2 Abs. 1 Gesundheits- und Sozialbereich-Beihilfengesetz. Falls seitens der Kranken- oder Kuranstalt keine Verrechnung mit dem Patienten oder dessen Versicherung erfolgt, ist für die Ermittlung des Kürzungsbetrages vereinfachend der jeweilige anstaltsbezogene Pflegegebührensatz (inklusive Vorsteuerkostenzuschlag) heranzuziehen.

(4) Für den Landesfonds oder inländischen Sozialversicherungsträger gilt im Einzelfall als Beihilfenäquivalent 1 1,1% des Entgelts. Sofern durch einen Dritten an den Landesfonds oder den Sozialversicherungsträger eine Kostenerstattung erfolgt, die ein Beihilfenäquivalent beinhaltet, ist dieses an das Finanzamt für Finanzamt für Gebühren, Verkehrsteuern und Glücksspiel in Wien bis zum 20. des auf den Zahlungseingang folgenden Monats schriftlich zu erklären und abzuführen.

§ 5.

Mit der Einhebung und der zwangsweisen Einbringung der Beihilfen, Ausgleichszahlungen und der Beträge gemäß § 9 Gesundheits- und Sozialbereich-Beihilfengesetz wird das Finanzamt für Finanzamt für Gebühren, Verkehrsteuern und Glücksspiel in Wien betraut.

§ 6.

(1) § 4 Abs. 3 und 4 treten mit 1. Jänner 1998 in Kraft und sind auf Sachverhalte an zuwenden, die nach dem 31. Dezember 1997 verwirklicht wurden.

(2) § 2 Abs. 6 entfällt für Leistungen, die nach dem 30. Juni 1998 erbracht werden.

(3) § 5 tritt mit 1. November 2003 in Kraft. Beihilfen- und Ausgleichszahlungserklärungen, die nach dem 31. Oktober 2003 von den Einreichstellen weitergeleitet werden, sind dem Finanzamt für Gebühren und Verkehrsteuern in Wien zu übermitteln.

(4) § 1 Abs. 1 in der Fassung der Verordnung BGBl. II Nr. 90/2005 ist auf Zeiträume anzuwenden, die nach dem 31. Dezember 2003 liegen.

(5) § 1 Abs. 1 tritt mit 1. März 2014 in Kraft. § 1 Abs. 1 in der Fassung BGBl. II Nr. 90/2005 ist weiterhin auf Sachverhalte anzuwenden, die nach § 1 Abs. 2 des Gesundheits- und Sozialbereich-Beihilfengesetzes, BGBl. Nr. 746/1996 in der Fassung von BGBl. I Nr. 105/2004 zu behandeln sind. § 1 Abs. 2 tritt mit 1. Jänner 2014 außer Kraft. § 1 Abs. 3 ist rückwirkend auf Sachverhalte anzuwenden, die nach dem 1. Jänner 2011 verwirklicht wurden und bis Kundmachung dieser Verordnung noch nicht mit rechtskräftigem Bescheid erledigt worden sind.

3. Richtlinien

Einführungserlass Umsatzsteuerrichtlinien 2000 (UStR 2000)

(Erlass des Bundesministeriums für Finanzen vom 14. November 2000,
Z 09 4501/58-IV/9/00)

Die UStR 2000 stellen einen Auslegungsbehelf zum Umsatzsteuergesetz 1994 dar, der im Interesse einer einheitlichen Vorgangsweise mitgeteilt wird. Über die gesetzlichen Bestimmungen hinausgehende Rechte und Pflichten können aus den Richtlinien nicht abgeleitet werden. Bei Erledigungen haben Zitierungen mit Hinweisen auf diese Richtlinien zu unterbleiben.

Die UStR 2000 behandeln Zweifelsfragen und Auslegungsprobleme von allgemeiner Bedeutung, um eine einheitliche Anwendung des geltenden Umsatzsteuerrechts durch die Finanzverwaltung sicherzustellen. Sie enthalten außerdem Regelungen, wie zur Verwaltungsvereinfachung in bestimmten Fällen zu verfahren ist. In die UStR 2000 wurden die weiter anwendbaren Teile des DE-USt 1972 sowie die Mehrzahl der übrigen Erlässe zur USt übernommen.

Die UStR 2000 sind auf Umsätze und sonstige Sachverhalte anzuwenden, die nach dem 31. Dezember 2000 ausgeführt werden bzw. sich ereignen. Erlässe und Einzelerledigungen des BM für Finanzen sind – sofern sie den UStR 2000 nicht widersprechen – weiterhin zu beachten.

Neben den UStR 2000 sind insbesondere folgende Erlässe weiter zu beachten:

§	Titel	Datum	GZ	AÖF Nr.
§ 2	Umsatzsteuerliche Behandlung von Einrichtungen der katholischen Kirche, Orden und Kongregationen sowie der Diözesan-Caritas („Ordenserlass")	2.7.1973	254.183-10a/73	221/1975
§ 2	Richtlinien zur Liebhabereibeurteilung (LiebhabereiRl 1997; ab 01.01.2012 LRL 2012)	23.12.1997 01.01.2012	14 0661/6-IV/14/97 01 0203/0599-IV/6/2012	47/1998 52/2012
§ 2	Richtlinien für die Besteuerung von Vereinen (VereinsRl; ab 20.12.2011 VereinsR 2001)	29.7.1982 20.12.2011	13 5202/15-IV/13/82 06 5004/10-IV/6/01	211/1982 65/2002

Die UStR 2000 sind in Abschnitte gegliedert. Die numerische Bezeichnung entspricht jener des jeweiligen Paragraphen des UStG 1994 (zB Abschnitt 1 enthält Erläuterungen zu § 1 UStG 1994). Dasselbe gilt für die Artikel des Binnenmarkts, wobei bei der entsprechenden Zahl jeweils um 100 erhöht wurde (zB Abschnitt 103 enthält Erläuterungen zu Art. 3 UStG 1994). Die Unterabschnitte entsprechen ebenso den Absätzen der behandelten Paragraphen bzw. Artikel (zB Abschnitt 14.3 enthält Erläuterungen zu § 14 Abs. 3 UStG 1994). Weitere Untergliederungen haben jedoch nur ausnahmsweise eine Entsprechung in etwaigen Untergliederungen eines Absatzes eines Paragraphen bzw. Artikels (zB Abschnitt 6.1.17 enthält Erläuterungen zu § 6 Abs. 1 Z 17 UStG 1994).

Vereinsrichtlinien 2001 (VereinsR 2001)

(Erlass d. BM. f. Finanzen vom 20. Dezember 2001, Z 06 5004/10-IV/6/01)

(Auszug)

Die Vereinsrichtlinien 2001 (VereinsR 2001) stellen einen Auslegungsbehelf für die Besteuerung von Vereinen dar, der im Interesse einer einheitlichen Vorgangsweise mitgeteilt wird. Die Ausführungen der VereinsR 2001 sind formal auf Körperschaften in der Rechtsform des Vereines nach dem Vereinsgesetz beschränkt. Sie sind aber vor allem hinsichtlich der allgemeinen Ausführungen über die Begünstigungsvorschriften der Bundesabgabenordnung grundsätzlich auf alle Körperschaften anwendbar. Dies hat in der Praxis besonders für Stiftungen, Betriebe gewerblicher Art von Körperschaften öffentlichen Rechtes und Kapitalgesellschaften Bedeutung. Die Ausführungen der VereinsR 2001 sind in solchen Fällen aber unter Beachtung der besonderen gesetzlichen Grundlagen dieser Rechtsformen zu sehen. Über die gesetzlichen Bestimmungen hinausgehende Rechte und Pflichten können aus den Richtlinien nicht abgeleitet werden. Bei Erledigungen haben Zitierungen mit Hinweisen auf diese Richtlinien zu unterbleiben.

Es ist darauf hinzuweisen, dass voraussichtlich mit 1. Juli 2002 ein neues Vereinsgesetz in Kraft treten wird und sich die Ausführungen der VereinsR 2001 in der gegenwärtigen Form auf die derzeitige Rechtslage beziehen. Nach dem derzeitigen Wissensstand sind allerdings keine wesentlichen Auswirkungen dieses neuen Vereinsgesetzes auf den abgabenrechtlichen Bereich zu erwarten.

Die VereinsR 2001 sind ab der Veranlagung 2001 generell anzuwenden. Bei abgabenbehördlichen Prüfungen für vergangene Zeiträume und auf offene Veranlagungsfälle (insbesondere Veranlagung 2000) sind die VereinsR 2001 anzuwenden, soweit nicht für diese Zeiträume andere Bestimmungen in Gesetzen oder Verordnungen Gültigkeit haben oder andere Erlässe für diese Zeiträume günstigere Regelungen vorsehen. Rechtsauskünfte des Bundesministeriums für Finanzen in Einzelfällen sind – sofern sie den VereinsR 2001 nicht widersprechen – weiterhin zu beachten.

Die VereinsR 2001 sind als Zusammenfassung des für Vereine zu beachtenden Abgabenrechts und damit als Nachschlagewerk für die Verwaltungspraxis und die betriebliche Praxis anzusehen. In die VereinsR 2001 wurden die weiter anwendbaren Teile der Vereinsrichtlinien, AÖF 1982/211, übernommen. Neben den VereinsR 2001 bleiben keine gesonderten Erlässe bestehen.

Im Folgenden werden stichwortartig die Schwerpunkte der VereinsR 2001 dargestellt:

1. Allgemeiner Teil
2. Körperschaftsteuer
3. Umsatzsteuer
4. Kommunalsteuer
5. Gebühren und Verkehrssteuern
6. Sonstige für Vereine bedeutsame Abgabenvorschriften
7. Einkünfte der Mitglieder des Rechtsträgers und anderer Personen
8. Haftungsfragen
9. Anhang

10. Steuerliche Behandlung eines Profibetriebes bei gemeinnützigen Sportvereinen im Mannschaftsspielsport

(…)

3. Umsatzsteuer

3.1 Steuerbare und nicht steuerbare Umsätze

429 Der Umsatzsteuer unterliegen
- gemäß § 1 Abs. 1 Z 1 UStG 1994 Lieferungen und sonstige Leistungen, die ein Unternehmer im Inland gegen Entgelt im Rahmen seines Unternehmens ausführt, sowie der den Lieferungen und sonstigen Leistungen gemäß § 3 Abs. 2 und § 3a Abs. 1a UStG 1994 gleichgestellte Eigenverbrauch (siehe Rz 452 bis Rz 459),
- gemäß § 1 Abs. 1 Z 2 UStG 1994 der Eigenverbrauch,
- gemäß § 1 Abs. 1 Z 3 UStG 1994 die Einfuhr von Gegenständen und
- gemäß Art. 1 UStG 1994 der innergemeinschaftliche Erwerb (siehe Rz 545 bis Rz 551).

430 Ein Leistungsaustausch gemäß § 1 Abs. 1 Z 1 UStG 1994 setzt Leistung und Gegenleistung, das Vorliegen von zwei Beteiligten und die innere Verknüpfung zwischen Leistung und Gegenleistung voraus. Eine innere Verknüpfung zwischen Leistung und Gegenleistung fehlt zB beim echten Schadenersatz (siehe UStR 2000 Rz 9 bis Rz 21), beim echten Mitgliedsbeitrag (siehe Rz 432 bis Rz 433) oder beim echten Zuschuss (siehe Rz 444 bis Rz 446).

431 Die Vereinseinnahmen sind dahingehend zu untersuchen, ob sie mit dem unternehmerischen oder dem nichtunternehmerischen Bereich im Zusammenhang stehen (siehe Rz 460 bis Rz 470). Nicht steuerbar sind mit dem nichtunternehmerischen Bereich zusammenhängende Einnahmen, das sind zB echte Mitgliedsbeiträge, Spenden, Schenkungen, Erbschaften und Subventionen zur allgemeinen Förderung des Rechtsträgers.

3.1.1 Mitgliedsbeiträge

3.1.1.1 Echter Mitgliedsbeitrag

432 „Echte" Mitgliedsbeiträge sind Beiträge, welche die Mitglieder eines Vereines nicht als Gegenleistungen für konkrete Leistungen, sondern für die Erfüllung des Gemeinschaftszwecks zu entrichten haben. Da in diesem Fall kein Leistungsaustausch vorliegt, stellen diese „echten" Mitgliedsbeiträge kein umsatzsteuerbares Entgelt dar.

433 **Beispiele für echte Mitgliedsbeiträge:**

Mitgliedsbeiträge bei einer Tierzuchtvereinigung, auch wenn die Mitgliedsbeiträge sich nach der Zahl der gehaltenen Tiere richten (VwGH 3.11.1961, 0855/61).

Freiwillige Kostenersätze der Mitglieder für die durch den Verein erfolgte Anmietung bzw. Errichtung und Erhaltung von Veranstaltungssälen (VwGH 3.11.1986, 86/15/0003).

Beiträge an Berufs- und Interessensvertretungen sowie an so genannte Solidaritätseinrichtungen bestimmter Sektoren von Kreditinstituten sind in der Regel als echte Mitgliedsbeiträge zu qualifizieren (1302 Blg Sten Prot des NR XVIII. GP betr. KommStG).

Pflichtbeiträge an eine Einrichtung (des öffentlichen Rechts), der die Förderung der Obsterzeugung obliegt und die Tätigkeiten der Werbung, Absatzförderung und Qualitätsverbesserung der Obsterzeugnisse ausübt, sind keine Leistungsentgelte (EuGH 8.3.1988, Rs 102/86).

3.1.1.2 Unechter Mitgliedsbeitrag

434 Davon zu unterscheiden sind „unechte" Mitgliedsbeiträge. Dabei handelt es sich – unabhängig von ihrer Bezeichnung – um Beiträge eines Mitglieds, denen eine konkrete Gegenleistung des Vereines gegenübersteht. Die Leistungen des Vereines, die für „unechte" Mitgliedsbeiträge erbracht werden, sind steuerbar.

Besteht der Gemeinschaftszweck in der Erbringung besonderer Einzelleistungen gegenüber den einzelnen Mitgliedern, so sind diese „Beiträge" des Mitglieds „unechte Mitgliedsbeiträge".

Die Jahresbeiträge der Mitglieder eines Sportvereins können die Gegenleistung für die von diesem Verein erbrachten Dienstleistungen darstellen, auch wenn diejenigen Mitglieder, die die Einrichtungen des Vereins nicht oder nicht regelmäßig nutzen, verpflichtet sind, ihren Jahresbeitrag zu zahlen. Die Leistungen des Vereins bestehen darin, dass er seinen Mitgliedern dauerhaft Sportanlagen und damit verbundene Vorteile zur Verfügung stellt (EuGH 21.03.2002, C-174/00, „Kennemer Golf & Country Club"). Die Sonderregelungen für gemeinnützige Sportvereinigungen (Liebhaberei, Steuerbefreiung) werden dadurch nicht berührt.

435 **Beispiele für unechte Mitgliedsbeiträge:**

Monatlicher Mitgliedsbeitrag für die Versorgung von Reitpferden der Reitvereinsmitglieder.

„Mitgliedsbeiträge" für Eintrittskarten von Kulturvereinen, für Versorgung der Mitglieder mit Sportartikeln, für die Einschaltung eines Inserates in der Vereinszeitung.

„Mitgliedsbeiträge" von Mitgliedern für die vom Verein veranstalteten Kurse und Seminare.

Mitgliedsbeiträge an einen Flugambulanzverein (VwGH 11. 9. 1997, 95/15/0022).

Mitgliedsbeiträge an einen Schadenshilfeverein bei Anwerbung von Mitgliedern aus Anlass von Schadensfällen, Übernahme von Leistungen im Zusammenhang mit dem zur Mitgliedschaft Anlass gebenden Schadensfall und fünfjähriger Bindung der Mitglieder an den Verein (VwGH 28. 4. 1993, 90/13/0245).

436 Bei Mitgliedsbeiträgen für einen Verein, der die wirtschaftlichen Belange seiner Mitglieder fördert, gilt die – widerlegbare – Vermutung von Leistungsentgelten.

437 **Beispiele:**

Mitgliedsbeiträge an einen „Markenartikelverband" (VwGH 17. 3. 1999, 97/13/0089).

Mitgliedsbeiträge an eine „Studiengesellschaft für Sparkassen-Automation" (VwGH 17. 3. 1999, 97/13/0162).

Mitgliedsbeiträge an einen Rübenernteverein für die Zurverfügungstellung einer Maschine (VwGH 24. 11. 1998, 98/14/0033, 0034).

3.1.1.3 Gemischter Mitgliedsbeitrag

438 Gemischte Mitgliedsbeiträge sind in echte und unechte Mitgliedskomponenten – allenfalls im Wege der Schätzung – aufzuteilen. Die Schätzung kann beispielsweise in der Weise erfolgen, dass der Teil des Mitgliedsbeitrages, der bei vergleichbaren Vereinen ohne konkrete Gegenleistungen als allgemeiner Mitgliedsbeitrag verlangt wird, als echter Mitgliedsbeitrag angesetzt wird.

3.1.2 Subventionen
3.1.2.1 Allgemeines

439 Zahlungen, die als Subvention, Zuschuss, Zuwendung, Prämie, Ausgleichsbetrag, Förderungsbetrag usw. bezeichnet werden, sind dahingehend zu untersuchen, ob sie
- Entgelt für eine Leistung des Unternehmers an den Zuschussgeber (direktes Leistungsentgelt),
- (zusätzliches) Entgelt des Zuschussgebers für eine Leistung an einen vom Zuschussgeber verschiedenen Leistungsempfänger (so genannter unechter Zuschuss) oder
- Zahlungen, die mangels Entgeltscharakter kein Leistungsentgelt (so genannter echter Zuschuss)

darstellen.

Indiz für die Einordnung ist, in wessen Interesse die Zuschussgewährung liegt und welche Zwecke der Zahlende verfolgt (BFH 09.12.1987, X R 39/81, BStBl II 1988, 471).

3.1.2.2 Zuschuss als Entgelt für eine Leistung

440 Gewährt der Zahlende den Zuschuss deshalb, weil er vom Unternehmer (Zuschussempfänger) eine Leistung erhält, stellt die Zahlung steuerbares Entgelt dar. Dies ist der Fall, wenn die Leistung ein eigenes wirtschaftliches Interesse des Zuschussgebers befriedigt oder dem Zuschussgeber ein eigener wirtschaftlicher Nutzen zukommt.

Ein direktes Leistungsentgelt und kein Entgelt von dritter Seite liegt auch dann vor, wenn der Leistungsempfänger der Zuschussberechtigte ist, der Zuschussgeber aber den Zuschuss zur Abkürzung des Zahlungsweges dem leistenden Unternehmer unmittelbar zuwendet.

441 **Beispiele:**

Eine Gemeinde gewährt dem Erwerber eines Gastronomiebetriebes einen Zuschuss dafür, dass sich dieser zur Herbeiführung eines bestimmten Standards sowie zur Betriebsführung auf einen längeren Zeitraum verpflichtet (VwGH 16. 12. 1997, 97/14/0100).

Ein Golfplatzbetreiber erhält von der Gemeinde einen Zuschuss dafür, dass er sich verpflichtet, den Golfplatz während bestimmter Zeiten zu betreiben und den Einwohnern sowie den Gästen zu besonderen Bedingungen zur Verfügung zu stellen (VwGH 23. 1. 1996, 95/14/0084).

3.1.2.3 Zuschuss als Entgelt von dritter Seite

442 Zahlungen von dritter Seite sind Entgelt, wenn sie der Unternehmer dafür erhält, dass er eine Leistung an eine vom Zuschussgeber verschiedene Person erbringt. Erforderlich ist ein unmittelbarer wirtschaftlicher Zusammenhang mit der Leistungserbringung. Der Zuschussgeber muss die Zahlung deshalb gewähren, damit oder weil der Unternehmer eine Leistung erbringt. Ein Einzelzusammenhang zwischen dem Zuschuss und einer bestimmten Leistung ist allerdings nicht erforderlich (VwGH 20. 1. 1992, 91/15/0055). Zuschüsse Dritter werden meist aus Gründen der Markt- und Preispolitik gewährt. Der Leistungsempfänger ist oft selbst nicht in der Lage, einen kostendeckenden Preis zu zahlen. Der Zuschussgeber hat ein Interesse am Zustandekommen des Leistungsaustausches.

443 **Beispiele:**

Zuschuss der Wiener Handelskammer zur Kostenabdeckung an einen Verein, der Ausstellungsflächen vermietet (VwGH 20. 1. 1992, 91/15/0055).

Druckkostenbeitrag zur Herausgabe einer Zeitung (VwGH 26. 4. 1994, 93/14/0043).

Zuschuss der Landesregierung an einen Buchverleger, der eine jährlich wiederkehrende, auf das Bundesland bezogene Publikation herausgeben muss (VwGH 30. 9. 1992, 92/13/0128).

Ein Verkehrsverein erhält von der Gemeinde einen Zuschuss, der von der Anzahl der Nächtigungen bzw. vom Umfang der Werbemaßnahmen abhängig ist (VwGH 4. 10. 1995, 93/15/0117).

3.1.2.4 Echter nicht umsatzsteuerbarer Zuschuss

444 Nicht umsatzsteuerbare Zuschüsse liegen vor, wenn Zahlungen nicht auf Grund eines Leistungsaustausches erfolgen oder nicht in Zusammenhang mit einem bestimmten Umsatz stehen. Dies ist der Fall, wenn

- ein Zuschuss zur Anschaffung oder Herstellung von Wirtschaftsgütern des Zuschussempfängers gewährt wird (zB Zuschuss zur Wohnbauförderung oder Wohnhaussanierung, zur Errichtung einer Erdgasversorgung, zur Errichtung einer Park-and-Ride-Anlage),
- ein Zuschuss zur Deckung von Unkosten des Zuschussempfängers gegeben wird (zB Bund zahlt Miete für eine gemeinnützige Organisation),
- sich die Höhe des Zuschusses nach dem Geldbedarf des Zuschussempfängers richtet und die Zahlungen nicht mit bestimmten Umsätzen im Zusammenhang stehen (zB pauschale Verlustabdeckungen an einen gemeinnützigen Verein; Zuschuss zu einem Verkehrsverbund).

- Ein echter nicht steuerbarer Zuschuss wird auch dann vorliegen, wenn die Zahlung einem Unternehmer gewährt wird, um ihn zu einem im öffentlichen Interesse gelegenen volkswirtschaftlich erwünschten Handeln anzuregen, bei dem keinem speziellen Leistungsempfänger ein verbrauchbarer Nutzen zukommt (zB Aufgabe von Produktionszweigen oder bestimmten Tätigkeitsbereichen; finanzielle Leistungen gemäß § 34 AMSG, die im Zusammenhang mit Maßnahmen nach § 32 Abs. 3 AMSG stehen, unabhängig davon, ob die Dienstleistungen aufgrund von Förder- oder Werkverträgen erbracht werden). Entschädigungen oder sonstige Zahlungen, die ein Unternehmer für ein solches Verhalten erhält, stellen umsatzsteuerrechtlich keine Gegenleistung (Entgelt) dar.

445 Eine bloße Zweckbestimmung durch den Zuschussgeber reicht für sich allein nicht aus, einen ursächlichen Zusammenhang zwischen Zuschuss und Leistung herzustellen (zB Zuschuss nach dem Arbeitsmarktförderungsgesetz oder nach dem Forschungsorganisationsgesetz). Der Zuschussgeber verlangt vom Empfänger üblicherweise einen Nachweis über die Mittelverwendung oder einen Förderungsbericht. Die Vorlage dieser Nachweise begründet für sich allein keinen Leistungsaustausch.

Ebenso ist bei Subventionen die bloße Verpflichtung, die Subventionsbedingungen und -auflagen einzuhalten, keine Leistung. Die Grenze zur Leistung wird jedoch dort überschritten, wo der „Subventionsgeber" seine Leistung an Bedingungen knüpft, deren Erfüllung ihm selbst oder einem Dritten einen speziellen Nutzen verschafft, mag dieser auch im öffentlichen Interesse liegen, und der Empfänger diese Bedingungen erfüllt.

446 In Zweifelsfällen muss geprüft werden, ob die Zuwendung auch ohne Gegenleistung des Empfängers gegeben worden wäre (vgl. VwGH 17. 9. 1990, 89/14/0071). Ob eine solche Verknüpfung vorliegt oder nicht, kann an Hand des Förderungsansuchens, des Bewilligungsbescheides, aus den „Vergaberichtlinien" und einschlägigen Rechtsvorschriften beurteilt werden. Der Zuschuss ist nicht umsatzsteuerbar, wenn keine Verknüpfung vorliegt.

Ohne Bedeutung ist, ob der Zuschuss an den Berechtigten selbst oder zwecks Abkürzung des Zahlungsweges an einen Dritten ausbezahlt wird (zB ein Zuschuss zur Errichtung eines Gebäudes wird an eine Arbeitsgemeinschaft ausbezahlt).

3.1.2.5 Finanzierung von Forschungsvorhaben

447 Bei Zahlungen in Zusammenhang mit Forschungstätigkeiten ist im Einzelfall anhand der Vereinbarung, der Vergaberichtlinien usw. zu prüfen, ob ein direkter Leistungsaustausch, Entgelt von dritter Seite oder eine echte Subvention vorliegt.

Ein direktes Leistungsentgelt liegt vor, wenn
- die Zahlung an bestimmte Forschungstätigkeiten des Empfängers gebunden ist,
- die Höhe des Zuschusses am Umfang der Tätigkeit oder an den dafür vorausberechneten Kosten bemessen wird,
- der Zuschussgeber ein eigenes konkretes Interesse an den Forschungsergebnissen hat,
- der Empfänger durch die Tätigkeit bestimmte Auflagen und Bedingungen erfüllen und dem Zuschussgeber ständig berichten muss,
- die Verwertungs- und Veröffentlichungsrechte an den Zuschussgeber übertragen werden.

448 Entscheidend ist somit, ob die Förderung gewährt wird, damit der Zahlende die Verfügungsmöglichkeit über ein bestimmtes Forschungsergebnis erlangt und die Durchführung der Forschung in seinem Interesse liegt. Demnach unterliegen zB Forschungsaufträge und sonstige wissenschaftliche Forschungen im Sinne des § 12 Forschungsorganisationsgesetz der USt (VwGH 20. 9. 1995, 92/13/0214).

449 Erfolgt die Finanzierung des Vorhabens nicht im eigenen Interesse des Zahlenden, sondern besteht ein öffentliches Interesse an der Durchführung des Forschungsprojektes, so liegt ein echter, nicht steuerbarer Zuschuss vor (zB Zuschuss durch den Forschungsförderungsfonds, Förderung nach § 10 Forschungsorganisationsgesetz). Diesfalls ist es nicht schädlich, wenn sich der Finanzierende ein Veröffentlichungs- oder sonstiges Verwertungsrecht vorbehält.

450	Die EU erteilt österreichischen Forschungseinrichtungen im vermehrten Ausmaß Forschungsaufträge bzw. gewährt Förderungen zu Forschungsvorhaben. Diese Zahlungen können echte Subventionen darstellen und sind als solche nicht steuerbar.

Handelt es sich bei den Zahlungen um ein Leistungsentgelt, so unterliegt dieses nicht der USt, wenn der Forschungseinrichtung keine Unternehmereigenschaft zukommt.

Sind die Förderungsgelder steuerbar, weil der Leistende als Unternehmer und die Erfüllung des Forschungsauftrages als Leistungsaustausch zu beurteilen ist, so kann die Steuerbefreiung des § 6 Abs. 1 Z 6 lit. c UStG 1994 zur Anwendung gelangen (siehe Rz 736 bis 746 UStR 2000).

451	Im Rahmen des Aktionsprogramms zur Durchführung einer Berufsbildungspolitik der Europäischen Gemeinschaft – Leonardo da Vinci werden zwischen der EU und einzelnen Projektträgern Verträge über Pilotprojekte (zB Entwicklung neuer Ausbildungslehrgänge, Lehrinhalte, Lernmaterialien, Trainingsmethoden) oder Multiplikatorprojekte (zur Verbreitung von Ergebnissen und Produkten früherer Projekte) abgeschlossen. Die Projektträger sollen damit zu einem im öffentlichen Interesse gelegenen volkswirtschaftlich erwünschten Handeln angeregt werden. Die Zuschüsse der EU an die Projektträger sind daher nicht steuerbar.

3.1.3 Eigenverbrauch
3.1.3.1 Allgemeines

452	Dem Grundsatz der allgemeinen Verbrauchsbesteuerung entsprechend soll der Verein als Unternehmer, soweit er Letztverbraucher ist, somit hinsichtlich seines nichtunternehmerischen Vereinsbereiches, der der satzungsgemäßen Wahrnehmung der allgemeinen Interessen der Vereinsmitglieder dient, den übrigen Verbrauchern gleichgestellt werden.

Dies wird durch die Besteuerung nach § 3 Abs. 2 und § 3a Abs. 1a UStG 1994 erreicht sowie durch den Ausschluss vom Vorsteuerabzug, wenn ein Gegenstand oder eine Dienstleistung nicht für Zwecke des Unternehmens erworben bzw. bezogen wurde (vgl. Rz 457c und Rz 528).

Darüber hinaus sollen die ertragsteuerlichen Abzugsverbote des § 12 Abs. 1 Z 1 bis 5 KStG 1988 in der zum 1.1.1995 geltenden Fassung auch für die Umsatzsteuer gelten (Eigenverbrauch gemäß § 1 Abs. 1 Z 2 lit. a UStG 1994; siehe dazu auch UStR 2000 Rz 59 bzw. Vorsteuerausschluss gemäß § 12 Abs. 2 Z 2 lit. a UStG 1994 bei überwiegender ertragsteuerlicher Nichtabzugsfähigkeit).

Zur Behandlung von Repräsentationsaufwendungen und Bewirtungskosten siehe UStR 2000 Rz 1925 bis Rz 1928.

3.1.3.2 Eigenverbrauch durch Entnahme (§ 3 Abs. 2 UStG 1994)

453	Einer Lieferung gegen Entgelt gleichgestellt wird die Entnahme eines Gegenstands durch einen Unternehmer aus seinem Unternehmen
- für Zwecke, die außerhalb des Unternehmens liegen,
- für den Bedarf seines Personals, sofern keine Aufmerksamkeiten vorliegen, oder
- für jede andere unentgeltliche Zuwendung, ausgenommen Geschenke von geringem Wert und Warenmuster für Zwecke des Unternehmens.

Vereine können neben dem nichtunternehmerischen Bereich (siehe Rz 452) auch einen unternehmerischen Bereich haben. Werden demnach dem Unternehmensbereich dienende Gegenstände vom Verein entnommen (zB dauerhafte Verwendung im nichtunternehmerischen Vereinsbereich), so liegt insoweit ein Eigenverbrauch im Sinne des § 3 Abs. 2 UStG 1994 vor. Eine Eigenverbrauchsbesteuerung erfolgt in den Fällen des § 3 Abs. 2 UStG 1994 jedoch nur dann, wenn der Gegenstand oder seine Bestandteile zu einem vollen oder teilweisen Vorsteuerabzug berechtigt haben. Zur Entnahme von Gebäuden siehe Rz 456.

Auch die unentgeltliche Übertragung eines Betriebes oder Teilbetriebes ist einer Lieferung gegen Entgelt gleichgestellt. Für jeden Gegenstand des übertragenen Betriebes, der ganz oder teilweise zum Vorsteuerabzug berechtigt hat, ist daher eine Eigenverbrauchsbesteuerung gemäß § 3 Abs. 2 UStG 1994 vorzunehmen. Bezüglich der Weiterverrechnung der auf den Eigenverbrauch entfallenden Steuer nach § 12 Abs. 15 UStG 1994 siehe UStR 2000 Rz 2151 bis Rz 2152.

454 Die für Zwecke außerhalb des Unternehmens entnommenen Gegenstände müssen dem Unternehmen dienen oder bisher gedient haben. Ein Dienen liegt insoweit vor, als dem Unternehmer die Nutzung an einem Gegenstand zusteht, selbst wenn diese umfangmäßig oder zeitlich begrenzt sein sollte. Ob ein Gegenstand dem Unternehmen dient, richtet sich nach § 12 Abs. 2 UStG 1994 (siehe dazu UStR 2000 Rz 1901 bis Rz 1952).

455 Leistungen gelten zur Gänze als für das Unternehmen ausgeführt, wenn sie zu mindestens 10% unternehmerischen Zwecken dienen. Davon abweichend kann auch nur der unternehmerisch genutzte Teil dem Unternehmen zugeordnet werden (außer die Geringfügigkeitsgrenze von 10% wird nicht erreicht) bzw. ein gemischt genutzter Gegenstand zur Gänze dem nichtunternehmerischen Bereich zugeordnet werden.

Ordnet der Unternehmer nur den tatsächlich unternehmerisch genutzten Teil eines Gegenstandes dem Unternehmen zu, ist diese Tatsache dem Finanzamt bis zum Ablauf des Veranlagungszeitraumes, in dem die Vorleistungen angefallen sind, schriftlich mitzuteilen. Erfolgt die Innutzungnahme des Gegenstandes (zB Gebäude) erst in einem späteren Veranlagungszeitraum, verlängert sich die Frist bis zum Ablauf dieses Veranlagungszeitraumes. Eine spätere Änderung der Zuordnung ist nicht zulässig.

Beispiel:

Ein Verein schafft einen PC im Jänner des Jahres 01 um 4.800 Euro (inklusive USt) an und verwendet diesen zu 60% unternehmerisch für ein Buffet und zu 40% nichtunternehmerisch. Er hat die Möglichkeit, den PC zur Gänze (100% Vorsteuerabzug, 40% Eigenverbrauch) oder zu 60% (60% Vorsteuerabzug, kein Eigenverbrauch) dem Unternehmensbereich zuzuordnen.

1) Wird der PC zur Gänze dem Unternehmen zugeordnet, steht im ersten Jahr der Vorsteuerabzug mit 800 Euro zur Gänze zu. In den Jahren 01 bis 04 (bei Annahme einer 4-jährigen Nutzungsdauer) ist der Eigenverbrauch (bei gleicher Nutzungsaufteilung) jährlich in Höhe von 400 Euro Bemessungsgrundlage anzusetzen und jährlich 80 Euro USt abzuführen.

2) Wird der PC zu 60% dem Unternehmen zugeordnet, steht im ersten Jahr der Vorsteuerabzug nur mit 480 Euro zu. Es kommt jedoch zu keiner jährlichen Eigenverbrauchsbesteuerung.

3) Würde der PC nur zB zu 5% unternehmerisch genutzt, ist eine Zuordnung zum Unternehmensbereich und somit ein Vorsteuerabzug nicht zulässig.

456 Auch die dauernde Entnahme von Gebäuden bzw. Gebäudeteilen führt zum Eigenverbrauch, wenn der Gegenstand oder seine Bestandteile zum vollen oder teilweisen Vorsteuerabzug berechtigt haben.Bei gemischt-genutzten Gebäuden ist zu beachten, dass Körperschaften (zB gemeinnützigen Vereinen) auch bei 100-prozentiger Zuordnung des Gebäudes zum Unternehmensbereich ein Vorsteuerabzug hinsichtlich des nichtunternehmerisch (zB für Tätigkeiten im Zusammenhang mit der satzungsgemäßen Wahrnehmung der allgemeinen Interessen der Vereinsmitglieder) genutzten Gebäudeteiles nicht zusteht (vgl. Rz 457c sowie Rz 528).

Der Eigenverbrauch von Grundstücken durch dauernde Entnahme ist grundsätzlich gemäß § 6 Abs. 1 Z 9 lit. a UStG 1994 unecht steuerbefreit, sodass es zu einer Vorsteuerberichtigung gemäß § 12 Abs. 10 letzter Satz UStG 1994 kommen kann. Der Eigenverbrauch der dauernden Entnahme kann aber auch steuerpflichtig behandelt werden (zur Optionsausübung gemäß § 6 Abs. 2 UStG 1994 siehe UStR 2000 Rz 793 bis Rz 796). In diesem Fall kommt der Normalsteuersatz zur Anwendung.

Es besteht nicht die Möglichkeit, zu berichtigende oder nicht abzugsfähige Steuern gemäß § 12 Abs. 15 UStG 1994 in Rechnung zu stellen, wohl aber im Falle der Option die für den steuerpflichtigen Eigenverbrauch geschuldete Umsatzsteuer.

Beispiel 1:

Der Verein hat im Jahr 01 auf einem ohne Vorsteuerabzug erworbenen Grundstück ein Gebäude errichtet. Dieses wird im Jahr 03 entnommen.

Eine Eigenverbrauchsbesteuerung erfolgt nicht hinsichtlich des nackten Grund und Bodens.

Beispiel 2:

Der Verein schenkt ein vermietetes Gebäude, welches unter Inanspruchnahme des Vorsteuerabzuges errichtet wurde, an ein Vereinsmitglied, welches das Gebäude weiterhin vermietet.

Durch die Schenkung bewirkt der Verein einen Eigenverbrauch gemäß § 3 Abs. 2 UStG 1994. Für den Verein besteht die Möglichkeit, für den Eigenverbrauch zur Steuerpflicht zu optieren. Damit entfällt eine Vorsteuerberichtigung gemäß § 12 Abs. 10 UStG 1994. Die aus dem Eigenverbrauch geschuldete Steuer kann der Verein gemäß § 12 Abs. 15 UStG 1994 in Rechnung stellen.

457   Unentgeltliche Zuwendungen von Gegenständen, die nicht in der Entnahme von Gegenständen oder in Sachzuwendungen an das Personal bestehen, sind auch dann steuerbar, wenn der Verein sie aus unternehmerischen Gründen zB zu Werbezwecken, zur Verkaufsförderung oder zur Imagepflege, tätigt. Darunter fallen insbesondere Warenabgaben anlässlich von Preisausschreiben, Verlosungen usw. zu Werbezwecken. Die Steuerbarkeit entfällt nicht, wenn der Empfänger die zugewendeten Gegenstände in seinem Unternehmen verwendet. Ausgenommen von der Besteuerung sind Geschenke von geringem Wert und die Abgabe von Warenmustern für Zwecke des Unternehmens. Geschenke von geringem Wert liegen vor, wenn die Anschaffungs- oder Herstellungskosten der dem Empfänger im Kalenderjahr zugewendeten Gegenstände insgesamt 40 Euro (ohne USt) nicht übersteigen. Aufwendungen bzw. Ausgaben für geringwertige Werbeträger (zB Kugelschreiber, Feuerzeuge, Kalender usw.) können hierbei vernachlässigt werden und sind auch nicht in die 40 Euro-Grenze miteinzubeziehen.

Zur Abgrenzung entgeltlicher Lieferungen von unentgeltlichen Zuwendungen siehe auch UStR 2000 Rz 374.

Nicht steuerbar ist die Gewährung unentgeltlicher sonstiger Leistungen aus unternehmerischen Gründen. Hierunter fällt zB die unentgeltliche Überlassung von Gegenständen, die im Eigentum des Zuwenders (Vereins) verbleiben und die der Empfänger dementsprechend später an den Verein zurückgeben muss.

3.1.3.3 Verwendungseigenverbrauch (§ 3a Abs. 1a Z 1 UStG 1994)

457a   Einer sonstigen Leistung gegen Entgelt gleichgestellt ist:

Die Verwendung eines dem Unternehmen zugeordneten Gegenstandes, der zum vollen oder teilweisen Vorsteuerabzug berechtigt hat, durch den Unternehmer

- für Zwecke, die außerhalb des Unternehmens liegen,
- für den Bedarf seines Personals, sofern keine Aufmerksamkeiten vorliegen.

Das gilt nicht für die Verwendung eines dem Unternehmen zugeordneten Grundstückes (der letzte Satz gilt ab 1. Mai 2004).

Hinsichtlich der Zuordnung zum Unternehmen siehe Rz 454 und Rz 455.

457b   Vereine können neben dem nichtunternehmerischen Bereich auch einen unternehmerischen Bereich haben. Werden dem Unternehmensbereich dienende Gegenstände vom Verein vorübergehend für den nichtunternehmerischen Bereich verwendet bzw. wird die Verwendung dieser Gegenstände Dritten (zB Vereinsfunktionären zur privaten Verwendung) gestattet, so liegt – von den Fällen der Rz 534 abgesehen – insoweit ein Eigenverbrauch im Sinne des § 3a Abs. 1a Z 1 UStG 1994 vor.

Werden mit für einen Betrieb eingekauften Waren auch Mitglieder gratis verköstigt, so muss grundsätzlich ein Eigenverbrauch angesetzt werden. Kein Eigenverbrauch ist anzusetzen, wenn mithelfende Personen (Personal) im Gastgewerbe unentgeltlich verpflegt werden.

Beispiel:

Steuerpflichtiges Vereinsfest eines begünstigten Vereines. Bei der Nachkalkulation durch die Betriebsprüfung wird festgestellt, dass
a) Getränke im Einkaufswert von 1.500 Euro brutto von den mithelfenden Vereinsmitgliedern während eines steuerpflichtigen Vereinsfestes konsumiert wurden, bzw.
b) Getränke im Einkaufswert von 2.400 Euro brutto nach dem Fest übrig geblieben sind und in den Folgemonaten unentgeltlich an die Funktionäre und Mitarbeiter abgegeben wurden.

Die während des Festes konsumierten Getränke (a) bleiben beim Eigenverbrauch außer Ansatz. Der Gesamtbetrag der steuerpflichtigen Umsätze wird um den Eigenverbrauch (b) im Betrag von 2.000 Euro erhöht.

Hinsichtlich Sachzuwendungen an das Personal siehe auch UStR 2000 Rz 66 bis Rz 73.

457c Kein Eigenverbrauch liegt vor bei der teilweisen Verwendung eines dem Unternehmen zugeordneten Grundstückes (zB eines Vereinshauses) für den nichtunternehmerischen Vereinsbereich (vgl. Rz 452), da diesbezüglich von vornherein keine Berechtigung zum Vorsteuerabzug besteht bzw. bestanden hat (vgl. Rz 528 sowie UStR 2000 Rz 1912b mit Verweis auf EuGH 12.02.2009, Rs C-515/07, *VNLTO*).

Wird ein tatsächlich für unternehmerische Zwecke genutzter Gebäudeteil, der zum Vorsteuerabzug berechtigt hat, vorübergehend unentgeltlich einem Vereinsfunktionär zu dessen privater Nutzung überlassen, liegt gemäß § 3a Abs. 1a letzter Satz UStG 1994 ebenfalls kein steuerbarer Vorgang vor (kein Eigenverbrauch). Da dadurch hinsichtlich des Vorsteuerabzuges jedoch eine Änderung der Verhältnisse eingetreten ist (Verwirklichung des Vorsteuerausschlusstatbestandes nach § 12 Abs. 3 Z 4 UStG 1994), ist nach Maßgabe des § 12 Abs. 10 UStG 1994 eine Vorsteuerberichtigung vorzunehmen (analoge Vorgangsweise wie bei verdeckten Gewinnausschüttungen von Kapitalgesellschaften; vgl. UStR 2000 Rz 1929).

Beispiel:

Ein zum Vorsteuerabzug berechtigter gemeinnütziger Verein errichtet im August 01 ein Vereinshaus, das ab 1. September 01 als Anlagevermögen genutzt wird. 60% werden unternehmerisch, 40% werden für den allgemeinen Vereinszweck, also nichtunternehmerisch genutzt. Das Grundstück ist zur Gänze dem Unternehmen zugeordnet. Die Vorsteuern betrugen insgesamt 240.000 Euro. Ab April des Jahres 02 werden zwei im unternehmerisch genutzten Teil des Vereinshauses befindliche Räumlichkeiten (entspricht einem Anteil von 5%) vorübergehend bis Jahresende dem Vereinsobmann unentgeltlich zur Nutzung für private Zwecke überlassen.

Im Veranlagungszeitraum 01 steht dem Verein nur der Vorsteuerabzug für den unternehmerisch genutzten Teil zu, also in Höhe von 144.000 Euro (60% von 240.000). Eine laufende Eigenverbrauchsbesteuerung (für die 40 prozentige nichtunternehmerische, jedoch nicht unternehmensfremde Nutzung) hat daher mangels Berechtigung zum Vorsteuerabzug nicht zu erfolgen.

In den Monaten April bis Dezember des Jahres 02 werden weitere 5% des Gebäudes vorübergehend nichtunternehmerisch genutzt. Da die Nutzung unentgeltlich für private Zwecke eines Vereinsfunktionärs, also für unternehmensfremde Zwecke erfolgt, ist gemäß § 12 Abs. 10 UStG 1994 für die Voranmeldezeiträume 04/02 bis 12/02 eine Vorsteuerberichtigung zu Lasten des Vereines in Höhe von jeweils 100 Euro ([1/10 von 5% von 240.000] : 12), für den gesamten Veranlagungszeitraum 02 daher in Höhe von 900 Euro, vorzunehmen. Eine laufende Eigenverbrauchsbesteuerung ist nach § 3a Abs. 1a letzter Satz UStG 1994 ausgeschlossen.

3.1.3.4 Eigenverbrauch durch sonstige Leistungen (§ 3a Abs. 1a Z 2 UStG 1994)

458 Neben den Fällen des Verwendungseigenverbrauchs kann auch dann ein Eigenverbrauch vorliegen, wenn der Verein im Unternehmensbereich andere sonstige Leistungen ausführt, die außerunternehmerischen Zwecken oder dem Bedarf des Personals dienen. Ob eine Vorsteuerabzugsberechtigung bestand, ist dabei – im Unterschied zum Verwendungseigenverbrauch gemäß § 3a Abs. 1a Z 1 UStG 1994 – unerheblich.

Leistungen für den Bedarf des Personals, die als bloße Aufmerksamkeiten zu beurteilen sind, unterliegen nicht der Eigenverbrauchsbesteuerung.

Zu den anderen sonstigen Leistungen für nichtunternehmerische Zwecke im Sinne des § 3a Abs. 1a Z 2 UStG 1994 gehören einerseits die unentgeltliche Erbringung reiner Dienstleistungen (zB Kantinenumsätze), andererseits aber auch die Verwendung eines unternehmerischen Gegenstandes für nichtunternehmerische Zwecke, wenn damit gleichzeitig ein Dienstleistungsanteil verknüpft ist, dem nicht bloß untergeordnete Bedeutung zukommt.

Beispiel:

Überlassung eines dem Unternehmen zugeordneten PKW samt Fahrer an einen leitenden Vereinsfunktionär für seine Privatfahrten.

Unabhängig davon, ob für das Fahrzeug ein Vorsteuerabzug in Anspruch genommen werden konnte, liegt ein Leistungseigenverbrauch gemäß § 3a Abs. 1a Z 2 UStG 1994 vor (Beförderungsdienstleistung für den Bedarf des Personals). In die Bemessungsgrundlage sind sämtliche auf die Dienstleistung entfallenden Kosten miteinzubeziehen.

459 Die Kosten für einen Arbeitnehmer brauchen nicht zwingend einheitlich dem Unternehmen des Vereines zugeordnet werden, und zwar auch dann nicht, wenn die Arbeitsleistungen dem Unternehmen auf Grund des Arbeitsvertrages nach Art und Zeit der Leistungen und des dafür vom Unternehmen zu tragenden Arbeitslohnes zusteht. Eine Differenzierung in einen unternehmerischen und einen nichtunternehmerischen Bereich ist möglich. Insoweit der Arbeitnehmer für den nichtunternehmerischen Bereich eingesetzt wird, erfolgt der Leistungsbezug nicht für das Unternehmen und gehen die anteiligen (Lohn-)Kosten nicht zu Lasten des Unternehmens. Bezüglich des nichtunternehmerischen Teils der Arbeitsleistung kommt es damit zu keiner Eigenverbrauchsbesteuerung nach § 3a Abs. 1a Z 2 UStG 1994. Diese Beurteilung setzt eine von vornherein feststehende, klare und nachvollziehbare Trennung der Arbeitsleistung in einen unternehmerischen und in einen nichtunternehmerischen Teil (zB durch genaue Abreden über einen bestimmten Teil der Arbeitskraft und die Aufzeichnung der entsprechenden Lohnanteile) voraus.

Beispiel:

Eine Reinigungskraft reinigt das Buffet und die Verwaltungsräume eines Vereines. Die aufgewendeten Stunden für die Reinigung des Buffets und der Verwaltungsräume werden getrennt aufgeschrieben. Die Lohnkosten können genau zugeordnet werden. Es liegt kein Eigenverbrauch vor.

3.2 Unternehmereigenschaft von Vereinen

3.2.1 Unternehmer allgemein

460 Nicht unternehmerisch tätig sind Vereine, wenn sie nur in Erfüllung ihrer satzungsgemäßen Gemeinschaftsaufgaben tätig werden, ohne eine Einzelleistungen an die Mitglieder (oder Dritte) zu erbringen (VwGH 3. 11. 1986, 86/15/0003).

461 Der betriebliche (= unternehmerische) Bereich eines Vereines umfasst alle im Rahmen eines Leistungsaustausches nachhaltig ausgeübten Tätigkeiten, während der außerbetriebliche (= nichtunternehmerische) Bereich alle jene Tätigkeiten umfasst, die ein Verein in Erfüllung seiner satzungsgemäßen Gemeinschaftsaufgaben zur Wahrnehmung der Gesamtbelange seiner Mitglieder bewirkt. Hilfsgeschäfte, wie zB der Verkauf von Vermö-

gensgegenständen, sind dann dem unternehmerischen Bereich zuzurechnen, wenn die Gegenstände zuletzt im unternehmerischen Bereich Verwendung gefunden hatten.

462   Die Vereinseinnahmen sind dahingehend zu untersuchen, ob sie mit dem unternehmerischen oder dem nichtunternehmerischen Bereich im Zusammenhang stehen. Mit dem nichtunternehmerischen Bereich zusammenhängende Einnahmen sind zB echte Mitgliedsbeiträge, Spenden, Schenkungen, Erbschaften und Subventionen zur allgemeinen Förderung des Vereines.

3.2.2 Liebhaberei

3.2.2.1 Liebhabereivermutung bei Betrieben gemäß § 45 Abs. 1 und 2 BAO

463   Bei Körperschaften, Personenvereinigungen und Vermögensmassen, die gemeinnützigen, mildtätigen oder kirchlichen Zwecken dienen (§§ 34 bis 38 BAO), kann davon ausgegangen werden, dass die im Rahmen von wirtschaftlichen Geschäftsbetrieben nach § 45 Abs. 1 und 2 BAO ausgeübten Tätigkeiten unter die Regelung des § 2 Abs. 5 Z 2 UStG 1994 fallen.

Eine nichtunternehmerische Tätigkeit ist jedenfalls dann anzunehmen, wenn die Umsätze des wirtschaftlichen Geschäftsbetriebes jährlich regelmäßig unter 2.900 Euro liegen.

3.2.2.2 Keine Anwendung der Liebhabereivermutung

464   Im Hinblick darauf, dass gemäß § 6 der Liebhabereiverordnung, BGBl. Nr. 33/1993 idgF, grundsätzlich auch bei Körperschaften, Personenvereinigungen und Vermögensmassen, die gemeinnützigen, mildtätigen oder kirchlichen Zwecken dienen, Liebhaberei im umsatzsteuerlichen Sinn nur bei Betätigungen iSd § 1 Abs. 2 Liebhabereiverordnung vorliegen könnte (VwGH 09.03.2005, 2001/13/0062), kann die Liebhabereivermutung nach Rz 463 erster Satz, soweit sie sich auf andere wirtschaftliche Tätigkeiten iSd § 2 Abs. 1 UStG 1994 bezieht, nicht gegen den Willen des Unternehmers angewendet werden. Die 2.900 Euro Bagatellgrenze (Rz 463 zweiter Satz) ist jedoch zu beachten. Will der Unternehmer die Liebhabereivermutung nach Rz 463 erster Satz nicht anwenden, bedarf es keiner gesonderten Erklärung gegenüber dem Finanzamt, sondern es genügt die Abgabe von Voranmeldungen und Jahreserklärungen oder auch die Abgabe der Verzichtserklärung auf die Anwendung der Kleinunternehmerbefreiung (vgl. Rz 520).

465   Bei Tätigkeiten iSd § 1 Abs. 2 Liebhabereiverordnung, BGBl. Nr. 33/1993 idgF, ist die Liebhabereivermutung nach Maßgabe der Bestimmung des § 2 Abs. 4 Liebhabereiverordnung widerlegbar.

3.2.2.3 Liebhaberei bei Betrieben gemäß § 45 Abs. 3 BAO bzw. Gewerbebetrieben; Beurteilung einer Vermögensverwaltung

466   Werden alle unter § 45 Abs. 1 und 2 BAO fallenden Betriebe als nichtunternehmerische Tätigkeit gewertet, sind auch Gewerbebetriebe und wirtschaftliche Geschäftsbetriebe nach § 45 Abs. 3 BAO (wie zB eine Kantine) ebenfalls als nichtunternehmerisch zu werten, wenn die Umsätze (§ 1 Abs. 1 Z 1 und 2 UStG 1994) aus den Gewerbebetrieben bzw. wirtschaftlichen Geschäftsbetrieben gemäß § 45 Abs. 3 BAO im Veranlagungszeitraum insgesamt nicht mehr als 7.500 A betragen. Auch diese Vermutung kann nicht gegen den Willen des Unternehmers angewendet werden.

467   Eine Vermögensverwaltung fällt nicht unter die für gemeinnützige Vereine geltende Liebhabereivermutung nach Rz 463 und Rz 466.

3.2.2.4 Kleinunternehmerregelung

468   Einnahmen aus einer unter die Liebhabereivermutung fallenden Tätigkeit bleiben bei der Ermittlung der Kleinunternehmergrenze gemäß § 6 Abs. 1 Z 27 UStG 1994 außer Ansatz (siehe Rz 515 bis Rz 520).

3.2.2.5 Übergang von einer unternehmerischen Tätigkeit zu einer nichtunternehmerischen Tätigkeit und umgekehrt

469 Bei Übergang von einer unternehmerischen Tätigkeit zu einer nichtunternehmerischen Tätigkeit im Sinn des § 2 Abs. 5 Z 2 UStG 1994 kommt die Eigenverbrauchsbesteuerung gemäß § 3 Abs. 2 UStG 1994 zum Tragen. Bei einem derartigen Übergang sowie bei Übergang von einer nichtunternehmerischen Tätigkeit im Sinn des § 2 Abs. 5 Z 2 UStG 1994 zu einer unternehmerischen Tätigkeit liegt kein Anwendungsfall des § 12 Abs. 10 oder 11 UStG 1994 vor.

470 Nur in jenen Fällen, bei denen beim Übergang von der unternehmerischen Tätigkeit zur nichtunternehmerischen Tätigkeit im Sinn des § 2 Abs. 5 Z 2 UStG 1994 ein unecht steuerfreier Eigenverbrauch vorliegt (§ 6 Abs. 1 Z 9 lit. a UStG 1994), ist eine Vorsteuerberichtigung nach § 12 Abs. 10 UStG 1994 vorzunehmen (siehe Rz 456).

3.2.3 Unternehmerbegriff für Zwecke der Bestimmung des Leistungsortes bei sonstigen Leistungen

470a Der in § 3a Abs. 5 Z 1 und Z 2 UStG 1994 normierte Begriff des Unternehmers ist weiter als jener des § 2 UStG 1994 und gilt nur für den Leistungsempfänger, nicht für den die Leistung erbringenden Unternehmer.

Als unternehmerischer Leistungsempfänger gilt nach § 3a Abs. 5 Z 1 UStG 1994:
- ein Unternehmer iSd § 2 UStG 1994, der die sonstige Leistung für seine steuerbaren Tätigkeiten bezieht;
- ein Unternehmer iSd § 2 UStG 1994, der die sonstige Leistung ganz oder teilweise für seine nicht steuerbaren (nicht wirtschaftlichen) Tätigkeiten bezieht (zB Leistungsbezüge eines unternehmerisch tätigen gemeinnützigen Vereines für den nichtunternehmerischen Vereinsbereich).

Beispiel:

Der österreichische gemeinnützige Kulturverein KV, der auch unternehmerisch tätig ist, gibt eine wissenschaftliche Studie über die Historie einer bestimmten Kunstrichtung und deren Bedeutung für Österreich in Auftrag, die ausschließlich den ideellen Vereinsbereich betrifft. Der Auftragnehmer ist das deutsche Forschungsinstitut D. Der gemeinnützige Verein KV gilt für die Ermittlung des Leistungsortes der wissenschaftlichen Leistung als Unternehmer. Der Leistungsort dieser Leistung liegt daher entsprechend der Generalklausel des § 3a Abs. 6 UStG 1994 in Österreich. Die Steuerschuld geht gemäß § 19 Abs. 1 zweiter Satz UStG 1994 auf den gemeinnützigen Verein über. Mangels Ausführung der Leistung für den unternehmerischen Bereich des KV steht ein Vorsteuerabzug nicht zu (vgl. Rz 528).

470b Als unternehmerischer Leistungsempfänger gilt nach § 3a Abs. 5 Z 2 UStG 1994:
- eine nicht unternehmerisch tätige juristische Person, die über eine UID verfügt. Dazu gehören auch Körperschaften, Personenvereinigungen und Vermögensmassen, die gemeinnützigen, mildtätigen oder kirchlichen Zwecken dienen (§§ 34 bis 47 BAO).

Beispiel:

Ein gemeinnütziger Verein, der nicht unternehmerisch tätig ist (weil er zB keine entgeltlichen Lieferungen und sonstigen Leistungen ausführt oder hinsichtlich sämtlicher Tätigkeiten die Liebhabereivermutung nach Rz 463 und Rz 466 anwendet), aber zB wegen des Überschreitens der Erwerbsschwelle über eine UID verfügt, bezieht eine Beratungsleistung. Es kommen die Leistungsortregelungen für Unternehmer zur Anwendung, obwohl der Verein keine Unternehmereigenschaft iSd § 2 UStG 1994 besitzt.

470c Eine nicht unternehmerisch tätige juristische Person (keine Unternehmereigenschaft iSd § 2 UStG 1994), die über keine UID verfügt, gilt nach § 3a Abs. 5 Z 3 UStG 1994 als nichtunternehmerische Leistungsempfängerin.

3.3 Umsatzsteuerbefreiungen

3.3.1 Allgemein

471 Umsatzsteuerbare Lieferungen und sonstige Leistungen (siehe Rz 429) können gemäß § 6 UStG 1994 von der Umsatzsteuer befreit sein. Dabei unterscheidet man zwischen echten Steuerbefreiungen (mit der Möglichkeit des Vorsteuerabzuges) und unechten Steuerbefreiungen, die den Verlust des Vorsteuerabzuges bewirken. Die speziell Vereine betreffenden Umsatzsteuerbefreiungen sind unechte Steuerbefreiungen.

472 Speziell Vereine betreffende Steuerbefreiungen werden geregelt in
- § 6 Abs. 1 Z 12 UStG 1994 betreffend Volksbildungsvereine (siehe Rz 475 und Rz 476),
- § 6 Abs. 1 Z 14 UStG 1994 betreffend gemeinnützige Sportvereine (siehe Rz 477 bis Rz 481),
- § 6 Abs. 1 Z 25 UStG 1994 in Verbindung mit § 6 Abs. 1 Z 18 UStG 1994 betreffend begünstigte Vereine, die Kranken- und Pflegeanstalten, Altersheime, Kuranstalten betreiben (siehe Rz 483 bis Rz 485),
- § 6 Abs. 1 Z 25 UStG 1994 in Verbindung mit § 6 Abs. 1 Z 23 UStG 1994 betreffend begünstigte Vereine, die Jugend-, Erziehungs-, Ausbildungs- und Erholungsheime betreiben (siehe Rz 486 bis Rz 489) und
- § 6 Abs. 1 Z 25 UStG 1994 in Verbindung mit § 6 Abs. 1 Z 24 UStG 1994 betreffend Vereine, die Theater-, Musik- und Gesangsaufführungen durchführen bzw. Museen usw. betreiben (siehe Rz 490 bis Rz 492).

3.3.2 Grundstücksumsätze

473 Steuerbefreit sind gemäß § 6 Abs. 1 Z 9 lit. a UStG 1994 die Umsätze von Grundstücken im Sinne des Grunderwerbsteuergesetzes. Es kann jedoch zur Versteuerung optiert werden. Bei Option kommt eine Steuersatzermäßigung gemäß § 10 Abs. 2 Z 7 UStG 1994 nicht in Betracht. Die Steuerbefreiung für Grundstücksumsätze gemäß § 6 Abs. 1 Z 9 lit. a UStG 1994 hat als speziellere Bestimmung Vorrang vor persönlichen Umsatzsteuerbefreiungen (vgl. VwGH 25.06.2007, 2006/14/0001).

Werden Grundstücksumsätze von persönlich steuerbefreiten Vereinen getätigt (zB von gemeinnützigen Sportvereinen), kommt demnach hinsichtlich der Grundstücksumsätze eine Option zur Steuerpflicht (§ 6 Abs. 2 UStG 1994) in Betracht. Auch die Steuerbefreiungen gemäß § 6 Abs. 1 Z 25 UStG 1994 erstrecken sich nicht auf die Umsätze von Grundstücken, da es sich um keine persönlichen Steuerbefreiungen handelt, sondern ua. begünstigte Vereine nur mit den in den Befreiungsbestimmungen des § 6 Abs. 1 Z 18, 23 und 24 UStG 1994 angeführten Umsätzen – und nicht mit sämtlichen Umsätzen – befreit sind.

3.3.3 Umsätze im Rahmen des Glückspielwesens (siehe Abschnitt 5.1)

3.3.3.1 Rechtslage vor der GSpG-Novelle 2008 (bis 31.12.2010)

474 Gemäß § 6 Abs. 1 Z 9 lit. d UStG 1994 sind die dort angeführten Glückspiele von der Umsatzsteuer befreit. Befreit sind auch jene Glückspiele, die unter § 33 TP 17 Abs. 1 Z 7 GebG 1957 fallen. Nicht hierunter fallen Kleinausspielungen (Glückshäfen, Juxausspielungen und Tombolaspiele), sofern das Spielkapital im Kalenderjahr 4.000 € (bis 2001 50.000 S) nicht übersteigt (siehe Rz 689). Diese Kleinausspielungen unterliegen daher grundsätzlich der Umsatzsteuer.

Beispiel:
Zur Belustigung der Gäste fand bei einem großen Vereinsfest (siehe Rz 307) im Jahr 2002 auch eine Verlosung verschiedener mehr oder weniger wertvoller Sachpreise, welche von verschiedenen Firmen gespendet wurden, statt. Der Lospreis hat 5 € je Los betragen. Welche Konsequenzen ergeben sich aus diesen Losverkäufen (aufgelegte Lose 1.000 Stück).

1.000 Lose à 5 € ergeben insgesamt ein Spielkapital von 5.000 €. Es besteht Gebührenpflicht gemäß § 33 TP 17 Abs. 1 Z 7 lit. a GebG 1957. Wird das gesamte Reinerträgnis der Veranstaltung ausschließlich für begünstigte Zwecke verwendet, beträgt die Gebühr gemäß § 33 TP 17 Abs. 5 GebG 5% des Spieleinsatzes, das sind 250 €. Kommt das Reinerträgnis auch nicht begünstigten Zwecken zu (es wird zB damit die Kantine des Fußballvereines renoviert), beträgt der Steuersatz 12% und die Gebühr somit 600 €.

Es besteht in beiden Fällen keine Umsatzsteuerpflicht, da gebührenpflichtige Glücksspiele von der Umsatzsteuer befreit sind. Die Umsätze sind aber für die Berechnung von Umsatzgrenzen (zB Kleinunternehmergrenze) mit zu berücksichtigen.

Wären nur 1.000 Lose à 4 € aufgelegt worden, unterläge dieses Glücksspiel nicht mehr dem Glücksspielgesetz, da das Spielkapital nicht mehr als 4.000 € beträgt. Es würde daher keine Gebühr anfallen, es könnte aber auch die Umsatzsteuerbefreiung nicht zur Anwendung kommen, sodass bei einem steuerpflichtigen Vereinsfest 20% USt vom Entgelt für die tatsächlich verkauften Lose abzuführen wäre.

3.3.3.2 Rechtslage aufgrund der GSpG-Novelle 2008, BGBl. I Nr. 54/2010 (ab 2011)

474a   Unter die Befreiung des § 6 Abs. 1 Z 9 lit. d sublit. aa UStG 1994 fallen Wetten (§ 33 TP 17 Abs. 1 Z 1 GebG) und Ausspielungen (§ 2 Abs. 1 GSpG). Auch Umsätze aus Kleinausspielungen iSd § 4 Abs. 5 GSpG (Glückshäfen, Juxausspielungen und Tombolaspiele) sind steuerfrei. Von der Befreiung ausgenommen sind Umsätze aus Ausspielungen mit Glücksspielautomaten und Video-Lotterie-Terminals (vgl. UStR 2000 Rz 854 bis Rz 860).

3.3.4 Volksbildungsvereine

475   Steuerbefreit sind gemäß § 6 Abs. 1 Z 12 UStG 1994 die Umsätze aus den von Körperschaften öffentlichen Rechts oder Volksbildungsvereinen (insbesondere Volkshochschulen) veranstalteten Vorträgen, Kursen und Filmvorführungen wissenschaftlicher oder unterrichtender oder belehrender Art, wenn die Einnahmen vorwiegend zur Deckung der Kosten verwendet werden.

Als Volksbildungsverein gilt ein Verein, der für eine breite Masse der Bevölkerung zu einem annehmbaren Preis Kurse anbietet, welche allgemein bildendes Wissen, technische und handwerkliche Fähigkeiten zur Ausübung praktischer Berufe vermitteln.

Es kommt nicht darauf an, was unterrichtet wird. Es werden ua. Kurse für Maschineschreiben, EDV, Fremdsprachen, Esoterik, Kochen und Gymnastikkurse angeboten.

Nicht begünstigt sind Veranstaltungen künstlerischer oder unterhaltender Art.

Die Einnahmen müssen so niedrig sein, dass sie zur Bestreitung der Regien gerade noch ausreichen und wesentliche Gewinne nicht zulassen.

Unter diesen Voraussetzungen sind auch solche Volksbildungsleistungen steuerfrei, die durch gemeinnützige Körperschaften privaten Rechts erbracht werden, sofern diese unter beherrschendem Einfluss einer Körperschaft des öffentlichen Rechts oder eines Volksbildungsvereines stehen.

476   Die Befreiung erstreckt sich nicht auf die unterrichtenden Personen.

3.3.5 Gemeinnützige Sportvereinigungen
3.3.5.1 Begriff Körpersport

477   Satzungsmäßiger Zweck muss die Ausübung des Körpersportes sein, wobei dies der Hauptzweck der Vereinigung sein muss. Ist die Ausübung des Körpersportes bloß Nebenzweck, kommt die Befreiung nicht zur Anwendung.

Ebenso kann die Befreiung nicht zur Anwendung kommen, wenn die Mitglieder einer Vereinigung zwar tatsächlich überwiegend Körpersport betreiben, dies aber nicht der satzungsmäßige Zweck der Vereinigung ist.

478 Der Begriff Körpersport ist weit auszulegen, sodass darunter jede Art von sportlicher Betätigung verstanden wird. Neben den unmittelbar der körperlichen Ertüchtigung dienenden Sportarten, wie zB Leichtathletik, Turnen, Boxen, Ringen, Schwimmen, Rudern, Radfahren, Reiten, Tennis, Golf, Fußball, alle Wintersportarten, Handball und Bergsteigen zählen auch der Motorsport, Segelfliegen und Schießen zum Sportbegriff. Nicht zum Körpersport zählen die „Denksportarten", wie zB Schach, Skat oder Bridge, die aber im Übrigen gemeinnützig sein können.

479 Mildtätige oder kirchliche (im übrigen begünstigte) Vereinigungen fallen nicht unter diese Befreiungsbestimmung.

3.3.5.2 Anwendungsbereich der Befreiungsbestimmung

480 Es ist zu beachten, dass die Anwendung der Befreiungsbestimmung für gemeinnützige Sportvereinigungen nur einen eingeschränkten Wirkungsbereich hat. Für wirtschaftliche Geschäftsbetriebe gemäß § 45 Abs. 1 BAO (entbehrliche Hilfsbetriebe) und wirtschaftliche Geschäftsbetriebe gemäß § 45 Abs. 2 BAO (unentbehrliche Hilfsbetriebe) kann im Regelfall von Liebhaberei ausgegangen werden (siehe Rz 463; zur Ausschlussmöglichkeit dieser Liebhabereivermutung siehe Rz 464 sowie Rz 520).

Im Hinblick auf die Regelung des Art. 132 Abs. 1 lit. m der MWSt-RL 2006/112/EG und die mit § 6 Abs. 1 Z 14 UStG 1994 verfolgten Ziele kann von der Besteuerung der an gemeinnützige Sportvereine bzw. von gemeinnützigen Sportvereinen im Zusammenhang mit dem so genannten Sachsponsoring erbrachten tauschähnlichen Umsätze Abstand genommen werden. Die Zurverfügungstellung von Ausrüstungsgegenständen, Leihe von Autos usw. an gemeinnützige Sportvereine bzw. die dafür von den gemeinnützigen Sportvereinen erbrachten Werbeleistungen brauchen daher weder als Leistungsaustausch noch als Eigenverbrauch erfasst werden.

3.3.5.3 Verhältnis der Steuerbefreiung zu anderen Steuerbefreiungen

481 Die Steuerbefreiung nach § 6 Abs. 1 Z 16 UStG 1994 hat als die speziellere Bestimmung Vorrang gegenüber der Steuerbefreiung gemäß § 6 Abs. 1 Z 14 UStG 1994 (VwGH 25.06.2007, 2006/14/0001). Gleiches gilt für die Steuerbefreiung gemäß § 6 Abs. 1 Z 9 lit. a UStG 1994. Gemeinnützige Sportvereinigungen können demnach sowohl bei Vermietungen und Verpachtungen von Grundstücken, die ansonsten gemäß § 6 Abs. 1 Z 16 UStG 1994 steuerfrei wären, als auch bei Grundstücksumsätzen, die ansonsten gemäß § 6 Abs. 1 Z 9 lit. a UStG 1994 steuerfrei wären, gemäß § 6 Abs. 2 UStG 1994 zur Steuerpflicht optieren. Wäre die Kleinunternehmerbefreiung anzuwenden, müsste zusätzlich gemäß § 6 Abs. 3 UStG 1994 darauf verzichtet werden.

Vermietungen, die von § 6 Abs. 1 Z 16 UStG 1994 ausgenommen und somit an sich steuerpflichtig wären (zB Vermietung von Grundstücken für Wohnzwecke oder das Abstellen von Fahrzeugen), sind auch nicht gemäß § 6 Abs. 1 Z 14 UStG 1994 steuerbefreit, ausgenommen sie stehen im engen Zusammenhang mit der Sportausübung.

Beispiel:
Ein gemeinnütziger Sportverein vermietet eine im ersten Stock des Vereinshauses befindliche Wohnung an seinen Platzwart zur Nutzung für Wohnzwecke und verlangt dafür eine ortsübliche Miete.
Die Vermietung für Wohnzwecke ist weder gemäß § 6 Abs. 1 Z 16 noch nach Z 14 UStG 1994 steuerfrei, sondern – sofern nicht Liebhaberei iSd § 6 in Verbindung mit § 1 Abs. 2 Z 3 LVO, BGBl. Nr. 33/1993 idgF, vorliegt oder die Kleinunternehmerbefreiung anzuwenden ist – steuerpflichtig (ermäßigter Steuersatz gemäß § 10 Abs. 2 Z 4 lit. a UStG 1994) und berechtigt den Verein zum Vorsteuerabzug.

481a Umsätze von gemeinnützigen Sportvereinen aus der Nutzungsüberlassung von Tennisplätzen, Golfplätzen, Minigolfanlagen und anderen Sport- und Spielanlagen an Sport Ausübende enthalten keine nach § 6 Abs. 1 Z 16 UStG 1994 steuerfreie Grundstückskomponente, wenn der Verein neben der passiven Zurverfügungstellung des Grundstückes (samt Anlagen und Betriebsvorrichtungen) zusätzlich noch geschäftliche Aktivitäten im Zusammenhang mit der Sport- und Spielanlage – wie zB Aufsicht, Verwaltung, ständige Unterhaltung – erbringt (EuGH 18.01.2001, Rs C-150/99). Im Hinblick auf den unmittelbaren Zusammenhang mit der Sportausübung kommt jedoch diesfalls die Steuerbefreiung gemäß § 6 Abs. 1 Z 14 UStG 1994 zur Anwendung. Dies gilt auch für die Nutzungsüberlassung von Sportgeräten.

3.3.6 Vermietung und Verpachtung

482 Die Vermietung und Verpachtung von Grundstücken (einschließlich Gebäuden und Räumlichkeiten) ist unecht befreit (§ 6 Abs. 1 Z 16 UStG 1994). Dies gilt nicht für die Vermietung für Wohnzwecke, für die Beherbergung, für die Vermietung von Maschinen und Betriebsvorrichtungen, für die Vermietung von Garagen und Abstellplätzen für Fahrzeuge sowie von Campingplätzen. Auf die Befreiung kann aber verzichtet werden (§ 6 Abs. 2 UStG 1994). Die Entgelte unterliegen in diesem Fall dem Normalsteuersatz. Insofern die Steuerbefreiung (und auch die Kleinunternehmerbefreiung) nicht zur Anwendung kommt und auch nicht Liebhaberei iSd § 6 in Verbindung mit § 1 Abs. 2 LVO, BGBl. Nr. 33/1993 idgF, vorliegt, ist Umsatzsteuerpflicht gegeben. Die Liebhabereivermutung nach Rz 463 gilt nicht für die Vermögensverwaltung (siehe Rz 467). Die Steuerbefreiung gemäß § 6 Abs. 1 Z 25 UStG 1994 erstreckt sich nicht auf die Vermietung und Verpachtung von Grundstücken, da es sich um keine persönliche Steuerbefreiung handelt, sondern begünstigte Vereine nur mit den in den Befreiungsbestimmungen des § 6 Abs. 1 Z 18, 23 und 24 UStG 1994 angeführten Umsätzen – und nicht mit sämtlichen Umsätzen – befreit sind.

3.3.7 Kranken- und Pflegeanstalten, Altersheime, Kuranstalten

3.3.7.1 Allgemeines

483 Befreit sind die im § 6 Abs. 1 Z 18 UStG 1994 genannten Leistungen der Kranken- und Pflegeanstalten, der Alters-, Blinden- und Siechenheime sowie der Kuranstalten (näheres siehe Rz 924 bis 933 UStR 2000), soweit sie von Körperschaften des öffentlichen Rechts oder von gemeinnützigen, mildtätigen oder kirchlichen Rechtsträgern gemäß §§ 34 bis 47 BAO (§ 6 Abs. 1 Z 25 UStG 1994) erbracht werden. Werden die Leistungen nicht von Körperschaften öffentlichen Rechts oder von den nach §§ 34 bis 47 BAO begünstigten Rechtsträgern erbracht, unterliegen sie dem ermäßigten Steuersatz gemäß § 10 Abs. 2 Z 15 UStG 1994.

3.3.7.2 Option zur Steuerpflicht

484 Gemäß Art. XIV Z 1 des Bundesgesetzes BGBl. Nr. 21/1995 idF BGBl. Nr. 756/1996, kann der Unternehmer, der gemäß § 6 Abs. 1 Z 18 UStG 1994 steuerfreie Umsätze ausführt, soweit sie sich auf Pflegeanstalten, Alters-, Blinden- und Siechenheime beziehen (nicht für Krankenanstalten und Kuranstalten), zur Steuerpflicht optieren.

Voraussetzung ist, dass die Körperschaft, Personenvereinigung oder Vermögensmasse bei dem für die Erhebung der USt zuständigen FA eine schriftliche Erklärung abgibt, dass sie ihre Betätigung

- in erheblichem Umfang privatwirtschaftlich organisiert und ausgerichtet hat und
- die Steuerbefreiung zu größeren Wettbewerbsverzerrungen führen könnte, oder das Bundesministerium für Finanzen mit Bescheid feststellt, dass Umstände im Sinne des vorstehenden Punktes vorliegen.

485 Die schriftliche Erklärung sowie der Bescheid des BM für Finanzen können nur abgeändert oder aufgehoben werden, wenn nachgewiesen wird, dass sich die hiefür maßgeblichen Verhältnisse gegenüber jenen im Zeitpunkt der Abgabe der Erklärung oder der Erlassung des Bescheides verändert haben.

3.3.8 Jugend-, Erziehungs-, Ausbildungs-, Fortbildungs- und Erholungsheime (§ 6 Abs. 1 Z 23 UStG 1994)

3.3.8.1 Begriff Jugend-, Erziehungs-, Ausbildungs-, Fortbildungs- und Erholungsheime

486 Für die Anwendung der Steuerbefreiung für Jugendheime usw. ist nicht entscheidend, dass das betreffende Heim tatsächlich eine der im Gesetz genannten Bezeichnungen führt.

Es können daher auch Kinderheime, Kindergärten, Kinderhorte, Schülerheime, Jugendherbergen und Studentenheime diese Befreiung in Anspruch nehmen. Insbesondere sind auch Einrichtungen davon erfasst, die nur der Tagesbetreuung dienen (Kindergärten usw.).

3.3.8.2 Anwendungsbereich

487 Befreit sind die Leistungen, soweit sie von Körperschaften des öffentlichen Rechts oder von gemeinnützigen, mildtätigen oder kirchlichen Rechtsträgern gemäß §§ 34 bis 47 BAO (§ 6 Abs. 1 Z 25 UStG 1994) erbracht werden. Werden die Leistungen nicht von Körperschaften öffentlichen Rechts oder von den nach §§ 34 bis 47 BAO begünstigten Rechtsträgern erbracht, unterliegen sie dem ermäßigten Steuersatz gemäß § 10 Abs. 2 Z 14 UStG 1994.

Zu den befreiten Leistungen gehören sowohl die Beherbergung und Verköstigung der Jugendlichen (samt den hiebei üblichen Nebenleistungen) als auch die Betreuungsleistungen, die in der Beaufsichtigung, Erziehung, Ausbildung und Fortbildung bestehen können. Als übliche Nebenleistungen kommen auch zB die Zurverfügungstellung von Spiel- und Sportplätzen bzw. -einrichtungen in Betracht.

488 Die Steuerbefreiung kommt allerdings nur für Leistungen an Personen, die das 27. Lebensjahr noch nicht vollendet haben, in Betracht. Werden Leistungen auch an Personen erbracht, die das 27. Lebensjahr vollendet haben, so scheiden diese aus der Steuerbefreiung aus.

489 Auf Getränkeumsätze, Verkauf von Gebrauchsgegenständen, Ansichtskartenverkäufe und andere Hilfsgeschäfte, die nicht den begünstigten Leistungen zuzurechnen sind, kann die gegenständliche Steuerbefreiung keine Anwendung finden. Für diese Umsätze kommt daher auch nicht der ermäßigte Steuersatz gemäß § 10 Abs. 2 Z 14 UStG 1994 in Betracht.

Hinsichtlich der Nichtanwendung der unechten Steuerbefreiung siehe Rz 510 bis Rz 514 in Verbindung mit Rz 484 und Rz 485.

3.3.9 Theater-, Musik- und Gesangsaufführungen, Konzerte, Museen usw. (§ 6 Abs. 1 Z 24 UStG 1994)

3.3.9.1 Allgemeines

490 Gemäß § 6 Abs. 1 Z 24 in Verbindung mit § 6 Abs. 1 Z 25 UStG 1994 sind
- Leistungen, die regelmäßig mit dem Betrieb eines Theaters verbunden sind,
- Musik- und Gesangsaufführungen, insbesondere durch Orchester, Musikensembles und Chöre sowie
- Leistungen, die regelmäßig mit dem Betrieb eines Museums, eines botanischen oder zoologischen Gartens sowie eines Naturparks verbunden sind,

soweit sie von Bund, Ländern oder Gemeinden oder von gemeinnützigen, mildtätigen oder kirchlichen Rechtsträgern gemäß §§ 34 bis 47 BAO erbracht werden, von der Umsatzsteuer befreit.

491 Es handelt sich um keine persönliche Befreiung, sodass begünstigte Rechtsträger mit Umsätzen, die nicht aus den oben angeführten Tätigkeiten stammen (zB Umsätze aus Vermietung und Verpachtung) nicht nach dieser Bestimmung befreit sind.

Ebenfalls nicht unter diese Befreiung fallen Umsätze von gemeinnützigen, mildtätigen oder kirchlichen Rechtsträgern, die im Rahmen von begünstigungsschädlichen wirtschaftlichen Geschäftsbetrieben, Gewerbebetrieben usw. erbracht werden. Werden die in § 6 Abs. 1 Z 24 UStG 1994 angeführten Leistungen im Rahmen von derartigen Betrieben erbracht, kann jedoch der ermäßigte Steuersatz gemäß § 10 Abs. 2 Z 8 UStG 1994 zur Anwendung kommen.

492 Die gegenständliche Befreiungsbestimmung kommt nur dann zur Anwendung, wenn der Rechtsträger (Verein) insgesamt begünstigte Zwecke verfolgt (siehe Rz 40 bis Rz 104, insbesondere unter Kunst und Kultur, Freizeitgestaltung und Erholung, Geselligkeit und Unterhaltung).

Beispiel:
Die Unterhaltungsmusik fällt grundsätzlich auch unter den Begriff Musikaufführung. Rechtsträgern, die die Unterhaltungsmusik fördern (siehe Rz 55 Geselligkeit und Unterhaltung) kommt jedoch keine Förderung gemeinnütziger Zwecke zu, sodass die gegenständliche Befreiungsbestimmung nicht zur Anwendung kommen kann. Veranstalten derartige Rechtsträger Musikaufführungen, kann aber der ermäßigte Steuersatz gemäß § 10 Abs. 2 Z 8 UStG 1994 zur Anwendung kommen.

3.3.9.1.2 Theateraufführungen
3.3.9.1.2.1 Begriff Theater

493   Ein Theater liegt vor, wenn so viele künstlerische und technische Kräfte und die zur Aufführung von Theaterveranstaltungen notwendigen technischen Voraussetzungen unterhalten werden, dass die Durchführung eines Spielplanes aus eigenen Kräften möglich ist. Es genügt, dass ein Theater die künstlerischen und technischen Kräfte nur für die Spielzeit eines Stückes verpflichtet. Ein eigenes oder gemietetes Theatergebäude braucht nicht vorhanden zu sein. Bei Auslegung des Begriffes Theater wird ein nicht allzu strenger Maßstab anzuwenden sein, wobei aber ein gewisser Mindeststandard der Darbietung gegeben sein muss.

3.3.9.1.2.2 Beispiele

494   Befreit sind demnach zB Schauspiel-, Opern-, Operettenaufführungen, ferner Kabarett, Tanzkunst, Kleinkunst und Varieté, Pantomime und Ballett, Puppen- und Marionettenspiele, Eisrevuen, sowohl durch Berufsdarbietende, als auch durch Laien. Unter Theater sind nicht nur Schauspiel- und Opernhäuser, Keller- und Kaffeehaustheater, sondern auch Freilichttheater, Wanderbühnen, Tourneetheater usw. anzusehen. Begünstigt sind auch Theateraufführungen in einem Fernsehstudio, und zwar unabhängig davon, ob die Theatervorführung unmittelbar übertragen oder lediglich aufgezeichnet wird.

495   Nicht befreit sind hingegen die Zusammenstellung von Balleröffnungen und Schautänzen durch Debütanten (VwGH 4. 3. 1987, 85/13/0195), eine „Peep Show" (VwGH 14. 10. 1991, 91/15/0069, 0070), Diavorträge oder Diashows (VwGH 23. 11. 1992, 91/15/0133) und Filmvorführungen.

3.3.9.1.2.3 Umfang der Befreiung

496   Befreit sind die eigentlichen Theaterleistungen einschließlich der damit verbundenen Nebenleistungen. Als Theaterleistungen sind auch solche Leistungen anzusehen, die gegenüber einem gastgebenden Theater ausgeführt werden, zB Zurverfügungstellung eines Ensembles.

3.3.9.1.2.4 Nebenleistungen

497   Zu den regelmäßig mit dem Betrieb eines Theaters verbundenen – und somit befreiten – Nebenleistungen gehören insbesondere die Aufbewahrung der Garderobe, der Verkauf von Programmen und die Vermietung von Theatergläsern. Nicht unter die Befreiung fällt zB die Führung eines Buffets oder die Aufnahme von Inseraten in die Programmhefte.

3.3.9.1.3 Musik- und Gesangsaufführungen usw.

498   Unter Musik wird sowohl die Instrumentalmusik (Orchester-, Kammer- und Salonmusik), als auch Vokalmusik, wie reine A-cappella-Musik, bzw. die von Instrumenten begleitete Gesangsmusik, in Chor und Sologesang verstanden.

Orchester ist eine größere Gruppe von Instrumentalisten, die ein in sich differenziertes, musikalisch sinnvolles Klangensemble bilden, das in der Regel unter der Leitung eines Dirigenten steht. Es umfasst alle Musiksparten, bzw. alle instrumentalen Klangkörper der unterschiedlichen Musizierformen, auch außereuropäische Instrumentengruppen. Ebenfalls hierunter fallen Kammermusikensembles (Trio, Quartett, Quintett).

Gesang ist ein Singen, das in der Regel an Worte oder Texte mit deutlich geprägtem Sinnzusammenhang gebunden ist. Es ist aber auch möglich, sinnleere Laute oder Silben zu singen (zB Jodeln, Vocalise oder Scat).

Chor ist eine Vereinigung von Sängern, die ein Gesangsstück gemeinsam vortragen, wobei jede Stimme mehrfach besetzt ist.

499 Musik- und Gesangsaufführungen aus der Konserve (Tonband, Schallplatte oder elektronische Tonträger) sind nicht befreit.

3.3.9.1.4 Museen usw.

3.3.9.1.4.1 Begriff Museum allgemein

500 Museen sind Einrichtungen, die der Sammlung und systematischen Aufbewahrung von Gegenständen von kultureller Bedeutung dienen. Die Befreiung erstreckt sich somit vor allem auf wissenschaftliche Sammlungen, Kunstsammlungen, aber auch auf Ausstellungen zu besonderen Anlässen (Landesausstellungen). Des Weiteren werden auch Denkmäler der Bau- und Gartenkunst als Museen gewertet.

3.3.9.1.4.2 Begriff wissenschaftliche Sammlung und Kunstsammlung

501 Wissenschaftliche Sammlungen und Kunstsammlungen sind vor allem Gemäldegalerien, Volkskunde- und Heimatmuseen, kunst- und naturhistorische Museen. Als Kunstausstellungen können auch Kunstsammlungen in Betracht kommen. Hiebei muss es sich um Kunstsammlungen handeln, die ausgestellt und dadurch der Öffentlichkeit zum Betrachten und den damit verbundenen kulturellen und bildenden Zwecken zugänglich gemacht werden. Kunstausstellungen, die Verkaufszwecken dienen und damit gewerbliche Zwecke verfolgen, sind keine Museen (zB Verkaufsausstellungen wie Antiquitätenmessen oder Galerien).

3.3.9.1.4.3 Begriff Denkmäler der Baukunst

502 Denkmäler der Baukunst sind Bauwerke, die nach denkmalpflegerischen Gesichtspunkten als schützenswerte Zeugnisse der Architektur anzusehen sind. Hiezu gehören zB Kirchen, Schlösser, Burgen und Burgruinen. Auf eine künstlerische Ausgestaltung kommt es nicht an.

3.3.9.1.4.4 Begriff Denkmäler der Gartenbaukunst

503 Zu den Denkmälern der Gartenbaukunst gehören zB Parkanlagen mit künstlerischer Ausgestaltung.

3.3.9.1.4.5 Umfang der Befreiung

504 Befreit sind insbesondere die Leistungen der Museen, für die als Entgelt Eintrittsgelder erhoben werden, und zwar auch insoweit, als es sich um Sonderausstellungen, Führungen und Vorträge handelt. Zu den regelmäßig mit dem Betrieb eines Museums verbundenen Nebenleistungen gehören der Verkauf von Museumsführern und Katalogen sowie von Ansichtskarten, Fotografien, Diapositiven usw., wenn es sich um Darstellungen von Objekten des betreffenden Museums handelt, das Museum diese Abbildungen selbst herstellt oder herstellen lässt und diese Gegenstände ausschließlich in diesem Museum – nicht auch im gewerblichen Handel – vertrieben werden. Zu den üblichen Nebenleistungen gehört auch das Dulden der Anfertigung von Reproduktionen, Abgüssen und Nachbildungen sowie die Erlaubnis zu fotografieren. Nicht begünstigt ist der Betrieb von Restaurants oder Buffets sowie der Verkauf von Ansichtskarten, Fotos und Broschüren, die zum Museum selbst in keinerlei Beziehung stehen.

3.3.9.1.4.6 Begriff botanische Gärten

505 Unter botanischer Garten ist eine Anlage für Forschung und Unterricht in Pflanzenkunde zu verstehen. Eine große Anzahl von ausländischen Bäumen und Gewächsen (in Parkanlagen) ist noch kein botanischer Garten, kann aber als Denkmal der Gartenkunst unter den Museumsbegriff fallen.

3.3.9.1.4.7 Begriff zoologische Gärten

506 Zu den zoologischen Gärten zählen neben den Tiergärten (Menagerien) und Tierparks auch Aquarien und Terrarien. Bezüglich der üblichen Nebenleistungen gelten die

Ausführungen zu den Museen sinngemäß. Der Verkauf von Tieren kann begünstigt sein, wenn er den Aufgaben des zoologischen Gartens dient oder mit dem Betrieb zwangsläufig im Zusammenhang steht. Dies ist insbesondere beim Verkauf zum Zweck der Zurschaustellung in einem anderen zoologischen Garten, oder beim Verkauf zum Zwecke der Zucht oder Verjüngung des Tierbestandes gegeben.

3.3.9.1.4.8 Begriff Naturpark

507   Naturparks sind Landschafts- oder Naturschutzgebiete oder Teile von solchen, die für die Erholung und für die Vermittlung von Wissen über die Natur besonders geeignet sind, allgemein zugänglich sind und durch entsprechende Einrichtungen eine Begegnung des Menschen mit dem geschützten Naturgut ermöglichen. Bei der Beurteilung, ob ein Naturpark vorliegt, wird in erster Linie auf die jeweiligen landesgesetzlichen Vorschriften abzustellen sein. Naturdenkmäler (zB Wasserfälle, Seen, Klammen) oder Naturhöhlen (Schauhöhlenbetriebe, Karsterscheinungen) sind – auch wenn diese unter Denkmalschutz gestellt sind – keine Naturparks und fallen nicht unter diese Befreiung.

3.3.9.2 Nichtanwendung der Befreiung

508   Hinsichtlich der Nichtanwendung der unechten Steuerbefreiung für Theater-, Musik- und Gesangsaufführungen, Konzerte, Museen usw. siehe Rz 510 in Verbindung mit Rz 484.

3.3.10 Gemeinnützige Vereinigungen, die Jugend-, Erziehungs-, Ausbildungs- und Erholungsheime, Theater-, Musik- und Gesangsaufführungen, Konzerte, Museen usw. betreiben (§ 6 Abs. 1 Z 25 UStG 1994)

3.3.10.1 Allgemeines

509   Die Leistungen der Jugend-, Erziehungs-, Ausbildungs-, Fortbildungs- und Erholungsheime an Personen, die das 27. Lebensjahr nicht vollendet haben (zB Kindergärten, Studentenheime, siehe Rz 486 bis Rz 489), sowie die Leistungen, die im Zusammenhang mit dem Betrieb eines Theaters, von Musik- und Gesangsaufführungen, eines Museums, botanischen oder zoologischen Gartens oder Naturparks stehen (siehe Rz 490 bis Rz 508), sind unecht steuerfrei, wenn sie ua. von Körperschaften, Personenvereinigungen oder Vermögensmassen, die gemeinnützigen, mildtätigen oder kirchlichen Zwecken dienen, bewirkt werden. Dies gilt nicht für Leistungen, die im Rahmen eines land- und forstwirtschaftlichen Betriebes, eines Gewerbebetriebes oder eines begünstigungsschädlichen wirtschaftlichen Geschäftsbetriebes ausgeführt werden.

3.3.10.2 Option zur Steuerpflicht

3.3.10.2.1 Option allgemein

510   Gemäß Artikel XIV des Bundesgesetzes BGBl. Nr. 21/1995 idF BGBl. Nr. 756/1996 sind die Steuerbefreiungen für Jugendheime usw (siehe Rz 486 bis Rz 489), Theater, Musik- und Gesangsaufführungen, Museen usw. (siehe Rz 490 bis Rz 508) sowie die Steuerbefreiung gemäß § 6 Abs. 1 Z 25 UStG 1994, soweit sie sich auf die vorgenannten Leistungen bezieht, nicht anzuwenden, wenn der Unternehmer zur Steuerpflicht optiert (Näheres siehe Rz 484 und Rz 485).

3.3.10.2.2 Voraussetzungen für die Option

511   Kommt die Liebhabereivermutung nicht zur Anwendung (siehe Rz 464), können Körperschaften, Personenvereinigungen und Vermögensmassen nur dann zur Steuerpflicht optieren, wenn für die jeweilige Tätigkeit (zB Studentenheim, Kindergarten, Theater, Museum, Musikaufführungen) die Umsätze jährlich regelmäßig 2.900 Euro übersteigen.

3.3.10.2.3 Erklärung

512   Die Erklärung (Erklärungsmuster siehe Rz 871) ist bis zur Rechtskraft des Bescheides betreffend jenes Kalenderjahres abzugeben, für das die unechte Befreiung erstmals nicht angewendet werden soll.

513   Unterhält ein Unternehmer mehrere Jugendheime bzw. Theater, Museen usw., kann die Erklärung auf einzelne Jugendheime bzw. Theater, Museen usw. beschränkt werden. Im Falle des Vorliegens der schriftlichen Erklärung oder des Bescheides unterliegen die Umsätze aus den angeführten Tätigkeiten dem ermäßigten Steuersatz gemäß § 10 Abs. 2 Z 7 bzw Z 8 oder Z 14 UStG 1994.

514   **Beispiel:**

Ein begünstigter Kulturverein baut im Jahr 01 ein Museum mit Unterstützung der öffentlichen Hand. Die Gemeinde und das Land decken zum überwiegenden Teil die Baukosten. Die Einnahmen des Museumsbetriebes betragen a) jährlich zirka 2.000 €, b) jährlich zirka 5.000 €, c) in den ersten Jahren der Bautätigkeit 2.500 €, danach jährlich zirka 6.000 €.

Im Fall a) besteht keine Unternehmereigenschaft, da die Einnahmen unter 2.900 € liegen (siehe Rz 465).

Im Fall b) liegt eine Unternehmereigenschaft vor, da die Umsätze 2.900 € übersteigen. Auf die Befreiung kann durch Abgabe einer schriftlichen Erklärung verzichtet werden; in diesem Fall kann somit bei Vorliegen der Voraussetzungen des § 12 UStG 1994 ein Vorsteuerabzug geltend gemacht werden. Auf die Umsätze kann der ermäßigte Steuersatz gemäß § 10 Abs. 2 Z 7 UStG 1994 angewendet werden.

Das Gleiche gilt auch im Fall c), obwohl in der Anfangsphase (für die Zeit der Bautätigkeit) die Umsätze 2.900 € noch nicht übersteigen, da die Umsätze erst nach Fertigstellung der Bauarbeiten für die 2.900 €-Grenze herangezogen werden.

3.3.11 Kleinunternehmer
3.3.11.1 Begriff

515   Kleinunternehmer, das sind inländische Unternehmer, deren Umsätze – das sind Leistungsumsätze und der Eigenverbrauch – im Veranlagungszeitraum 30.000 Euro (bis 31.12.2006: 22.000 Euro) nicht überstiegen haben, sind gemäß § 6 Abs. 1 Z 27 UStG 1994 von der Umsatzsteuer unecht befreit. Hilfsgeschäfte, einschließlich der Geschäftsveräußerung im Ganzen bleiben aber außer Ansatz. Ein Kleinunternehmer darf keine Umsatzsteuer in Rechnung stellen und braucht keine Umsatzsteuer an das Finanzamt abführen. Er ist aber auch nicht zum Vorsteuerabzug berechtigt. Bei der Berechnung der 30.000 Euro- (bis 31.12.2006: 22.000 Euro-)Umsatzgrenze ist nicht von der Steuerbefreiung für Kleinunternehmer, sondern von der Besteuerung nach den allgemeinen Regelungen auszugehen. Somit stellt die Umsatzgrenze des § 6 Abs. 1 Z 27 UStG 1994 auf die Bemessungsgrundlage bei unterstellter Steuerpflicht (= Nettobetrag) ab (siehe UStR 2000 Rz 995).

516   Es besteht die Möglichkeit, dem FA schriftlich den Verzicht auf diese Steuerbefreiung zu erklären (Antrag mit dem Formular U 12 oder mit selbsterstelltem Schreiben).

3.3.11.2 Toleranzgrenze

517   Das einmalige Überschreiten der Umsatzgrenze um nicht mehr als 15% (= maximal 34.500 €) innerhalb eines Zeitraumes von fünf Kalenderjahren ist unbeachtlich.

3.3.11.3 Maßgebliche Umsätze für die Berechnung

518   Sofern die im Rahmen von wirtschaftlichen Geschäftsbetrieben nach § 45 Abs. 1 und 2 BAO ausgeübten Tätigkeiten als nichtunternehmerisch (Liebhaberei) beurteilt werden (siehe Rz 463), sind sie für die Ermittlung der 30.000 Euro- (bis 31.12.2006: 22.000 Euro-)Grenze im Sinne des § 6 Abs. 1 Z 27 UStG 1994 außer Ansatz zu lassen. Dasselbe gilt grundsätzlich auch für Gewerbebetriebe bzw. wirtschaftliche Geschäftsbetriebe gemäß § 45 Abs. 3 BAO, sofern die Umsätze (§ 1 Abs. 1 Z 1 und 2 UStG 1994) aus diesen Betrieben im Veranlagungszeitraum insgesamt nicht mehr als 7.500 Euro betragen. Eine Vermögensverwaltung fällt nicht unter die Vermutung, dass es sich hierbei um eine nichtunternehmerische Tätigkeit im Sinn des § 2 Abs. 5 Z 2 UStG 1994 handelt und ist daher für die Berechnung der Kleinunternehmergrenze miteinzubeziehen.

519   **Beispiel:**

Einnahmen eines gemeinnützigen Fußballvereines im Jahr 01: Mitgliedsbeiträge 1.500 Euro, Einnahmen aus dem Spielbetrieb als Zweckverwirklichungsbetrieb 20.000 Euro, Einnahmen vom Faschingsball des Vereins 10.000 Euro, Einnahmen aus einer Kantine 30.600 Euro (darin enthalten sind 10-prozentige Umsätze im Umfang von 6.000 Euro netto), Einnahmen aus der Vermietung eines Geschäftsraumes 3.000 Euro.

Die Einnahmen aus Mitgliedsbeiträgen unterliegen mangels Leistungsaustausches nicht der Umsatzsteuer. Hinsichtlich der Einnahmen aus dem Spielbetrieb (unentbehrlicher Hilfsbetrieb) und dem Faschingsball (entbehrlicher Hilfsbetrieb) bleibt es bei der Liebhabereivermutung (vgl. Rz 463, da der Unternehmer gegenüber dem Finanzamt nicht zum Ausdruck gebracht hat, dass er diese Umsätze unternehmerisch behandeln will (vgl. Rz 464 sowie Rz 520). Diese sind somit auch nicht umsatzsteuerbar und werden daher in die Kleinunternehmergrenze nicht miteingerechnet. Bei Vermietung eines Gebäudes greift die spezielle Befreiungsbestimmung gemäß § 6 Abs. 1 Z 16 UStG 1994. Das heißt, dass keine Umsatzsteuer anfällt, die steuerbefreiten Umsätze müssen aber in die Berechnung für die Ermittlung der Kleinunternehmergrenze miteinbezogen werden. Die Kantine ist grundsätzlich steuerpflichtig (siehe Rz 281). Für die Beurteilung, ob die Kleinunternehmergrenze überschritten wurde, sind die Umsätze aus der Vermietung (3.000 Euro) und aus der Kantine [6.000 Euro (zu 10%) und 20.000 Euro (zu 20%)] heranzuziehen. Der für die Anwendung der Kleinunternehmergrenze maßgebliche Umsatz beträgt daher 29.000 Euro. Die Kleinunternehmergrenze wurde somit nicht überschritten; die Umsätze aus der Kantine sind gemäß § 6 Abs. 1 Z 27 UStG 1994 unecht steuerfrei.

3.3.11.4 Option

520   Der Verein kann gemäß § 6 Abs. 3 UStG 1994 durch eine schriftliche, beim Finanzamt einzureichende Erklärung bis zur Rechtskraft des Bescheides auf die Anwendung des § 6 Abs. 1 Z 27 UStG 1994 verzichten und damit zu der Besteuerung nach den allgemeinen Vorschriften des Umsatzsteuergesetzes optieren. Diese Erklärung bindet ihn aber mindestens 5 Jahre. Gibt der Unternehmer eine derartige Optionserklärung ab und bezieht er diese ausdrücklich auf die Umsätze seiner wirtschaftlichen Geschäftsbetriebe gemäß § 45 Abs. 1 und 2 BAO, bringt er damit gleichzeitig zum Ausdruck, dass er die Liebhabereivermutung nach Rz 463 erster Satz nicht anwenden will. Handelt es sich hingegen ausschließlich um Tätigkeiten iSd § 1 Abs. 2 Liebhabereiverordnung ist eine Option zur Regelbesteuerung nur möglich, wenn die Liebhabereivermutung widerlegt werden kann (vgl. Rz 465).

3.4 Ermäßigter Umsatzsteuersatz

3.4.1 Anwendung des ermäßigten Steuersatzes

521   Der ermäßigte Steuersatz gemäß § 10 Abs. 2 Z 7 UStG 1994 gilt für Leistungen der Körperschaften, Personenvereinigungen und Vermögensmassen, die gemeinnützigen, mildtätigen oder kirchlichen Zwecken dienen (§§ 34 bis 47 BAO), soweit diese Leistungen nicht unter § 6 Abs. 1 UStG 1994 (Steuerbefreiungen) fallen. Eine Steuerbefreiung (zB gemäß § 6 Abs. 1 Z 25 UStG 1994 für gemeinnützige Jugendheime, Theater usw., siehe Rz 509) geht somit vor. Optiert jedoch die gemeinnützige Vereinigung, deren Umsätze grundsätzlich unter § 6 Abs. 1 Z 25 UStG 1994 fallen, zur Steuerpflicht (siehe Rz 510), kann der ermäßigte Steuersatz gemäß § 10 Abs. 2 Z 7 UStG 1994 zur Anwendung kommen.

3.4.2 Nicht von der Begünstigung umfasste Umsätze

3.4.2.1 Begünstigungsschädliche Geschäftsbetriebe

522   § 10 Abs. 2 Z 7 zweiter Satz UStG 1994 nimmt Leistungen, die im Rahmen eines land- und forstwirtschaftlichen Betriebes, eines Gewerbebetriebes oder eines begünstigungsschädlichen Geschäftsbetriebes ausgeführt werden, ausdrücklich von der Anwendbarkeit des ermäßigten Steuersatzes für begünstigte Rechtsträger aus.

523 Die Erteilung einer bescheidmäßigen Ausnahmegenehmigung gemäß § 44 Abs. 2 BAO bzw. die automatische Ausnahmegenehmigung gemäß § 45a BAO soll nur jene Rechtstellung wiederherstellen, die vor Führung des begünstigungsschädlichen Geschäftsbetriebes oder des Gewerbebetriebes bestanden hat (siehe Rz 192).

Daher bewirkt eine Ausnahmegenehmigung gemäß § 45a BAO oder die Erteilung einer Ausnahmegenehmigung durch Bescheid gemäß § 44 Abs. 2 BAO nicht etwa, dass der begünstigungsschädliche Geschäftsbetrieb oder der Gewerbebetrieb, für welchen die Ausnahmegenehmigung erteilt wurde, ebenfalls dem ermäßigten Steuersatz nach § 10 Abs. 2 Z 7 UStG 1994 zu unterziehen wäre, sondern verhindert lediglich den Wegfall dieser Begünstigung für Leistungen, die der Verein im Rahmen von vermögensverwaltenden Tätigkeiten sowie von unentbehrlichen und entbehrlichen Hilfsbetrieben erbringt.

3.4.2.2 Vermietungsumsätze, Lieferung von Brennstoffen und Wärme

524 Nicht begünstigt sind auch die steuerpflichtigen Lieferungen von Gebäuden oder Gebäudeteilen, die Vermietung von Garagen und Abstellplätzen für Fahrzeuge sowie die Lieferung von Brennstoffen aller Art und Wärme.

3.4.2.3 Option nach § 6 Abs. 2 UStG

525 Bei Optionen gemäß § 6 Abs. 2 UStG 1994 (zB Vermietung eines Büros) kommt der ermäßigte Steuersatz nicht zur Anwendung, sondern der Normalsteuersatz.

3.5 Rechnungsausstellung

526 Für Leistungen des nichtunternehmerischen Bereiches dürfen keine Rechnungen ausgestellt werden, in denen die Umsatzsteuer gesondert ausgewiesen ist. Wird dennoch ein Steuerbetrag ausgewiesen, so wird diese Steuer auf Grund des § 11 Abs. 14 UStG 1994 geschuldet, ohne dass für den Leistungsempfänger eine Vorsteuerabzugsmöglichkeit gegeben ist. Vielfach ist es aber zunächst noch ungewiss, ob eine Tätigkeit als nichtunternehmerisch im Sinne des § 2 Abs. 5 Z 2 UStG 1994 (Liebhaberei) gilt. Werden in einem solchen Fall bis zur endgültigen Klärung der Unternehmereigenschaft Rechnungen mit Steuerausweis ausgestellt, so können diese Rechnungen in sinngemäßer Anwendung des § 11 Abs. 12 UStG 1994 berichtigt werden, wenn sich nachträglich ergibt, dass Liebhaberei vorliegt. Diese Berichtigung wirkt nicht zurück. Dasselbe gilt, wenn seitens des FA nachträglich Liebhaberei festgestellt wird.

3.6 Vorsteuerabzug

3.6.1 Vorsteuerabzug allgemein

527 Unter den im § 12 UStG 1994 genannten Voraussetzungen steht einem Verein für den unternehmerischen Bereich der Vorsteuerabzug zu.

3.6.2 Aufteilung der Vorsteuern

3.6.2.1 Allgemeines

528 Weist ein Verein neben seinem unternehmerischen Tätigkeitsbereich einen nichtunternehmerischen Tätigkeitsbereich (Erfüllung des Vereinszwecks durch Tätigkeiten – wie die Wahrnehmung der allgemeinen Interessen der Mitglieder –, die keine Lieferungen von Gegenständen oder die Erbringung von Dienstleistungen an die Mitglieder darstellen) auf, ist der Abzug von Vorsteuern aus Aufwendungen für Vorleistungen nur insoweit zulässig, als die Aufwendungen dem unternehmerischen Tätigkeiten des Vereines zuzurechnen sind (EuGH 12.02.2009, C-515/07, „Vereniging Noordelijke Land- en Tuinbouw Organisatie"). Der Unternehmer muss daher in einem solchen Fall eine Vorsteueraufteilung analog den Vorschriften des § 12 Abs. 4 bis 6 UStG 1994 vornehmen. Vorsteuern, die weder direkt dem unternehmerischen noch dem nichtunternehmerischen Bereich zugeordnet werden können (zB Vorsteuern aus Verwaltungsgemeinkosten), müssen unter Heranziehung eines objektiven und sachgerechten Aufteilungsschlüssels (Investitionsschlüssel, Umsatzschlüssel oder jeder andere sachgerechte Schlüssel) aufgeteilt werden (EuGH 13.03.2008, C-437/06, „Securenta Göttinger Immobilienanlagen und Vermögensmanagement AG").

Da die sachgerechte Zuordnung der Vorsteuern, die teilweise dem unternehmerischen und teilweise dem nichtunternehmerischen Bereich zuzurechnen sind, bei Vereinen zu verwaltungsmäßigen Schwierigkeiten führen könnte, kann aus Vereinfachungsgründen wie folgt vorgegangen werden.

3.6.2.2 Ermittlung des Aufteilungsschlüssels

529 Die Aufteilung der Vorsteuern, die teilweise dem unternehmerischen und teilweise dem nichtunternehmerischen Bereich zuzurechnen sind, erfolgt nach dem Verhältnis der Einnahmen aus dem unternehmerischen Bereich (netto ohne USt) zu den Einnahmen aus dem nichtunternehmerischen Bereich. Aus Vereinfachungsgründen können auch alle Vorsteuerbeträge, die sich auf die so genannten Verwaltungsgemeinkosten beziehen (zB die Vorsteuer für die Beschaffung des Büromaterials) einheitlich in den Aufteilungsschlüssel einbezogen werden, auch wenn einzelne dieser Vorsteuerbeträge an sich dem unternehmerischen oder dem nichtunternehmerischen Bereich ausschließlich zuzurechnen wären.

530 Zu den Einnahmen gehören alle Zuwendungen, die dem Verein zufließen, insbesondere Einnahmen aus Leistungen, Mitgliedsbeiträgen, Subventionen, Zuschüssen, Spenden usw. Zur Frage, ob steuerbare oder nicht steuerbare Umsätze vorliegen siehe Rz 429 bis Rz 451. Echte Mitgliedsbeiträge, Subventionen, Förderungen und Zuschüsse, die zur allgemeinen Förderung des Zweckes der Körperschaft gewährt werden und nicht in unmittelbarem Zusammenhang mit ihrer unternehmerischen Tätigkeit stehen (wie dies zB bei einer Subvention im Zusammenhang mit der Errichtung eines Museums der Fall wäre), sind zur Gänze dem nichtunternehmerischen Bereich zuzuordnen.

3.6.2.3 Vorgangsweise für Voranmeldungszeiträume

531 Für die Voranmeldungszeiträume können die Vorsteuerbeträge auch nach den Verhältnissen eines vorangegangenen Veranlagungszeitraumes oder nach den voraussichtlichen Verhältnissen des laufenden Veranlagungszeitraumes aufgeteilt werden. Bei der Veranlagung sind jedoch in jedem Falle die Verhältnisse des in Betracht kommenden Veranlagungszeitraumes zugrunde zu legen.

3.6.2.4 Ausschluss der vereinfachten Vorgangsweise

532 Die Aufteilung der Vorsteuerbeträge nach dieser Methode ist aber dann ausgeschlossen, wenn sie zu einem offensichtlich unzutreffenden Ergebnis führt. Die Bestimmung des § 12 Abs. 6 UStG 1994 ist in diesem Zusammenhang sinngemäß anzuwenden.

3.6.2.5 Organschaft

533 Ist einem Verein (der Unternehmer ist) eine Organgesellschaft (§ 2 Abs. 2 Z 2 UStG 1994) untergeordnet, so ist diese hinsichtlich der Berechnung der USt und des Vorsteuerabzuges in analoger Anwendung der Regelung des § 12 Abs. 7 UStG 1994 wie ein selbständiges Unternehmen zu behandeln.

3.6.3 Eigenverbrauch im Zusammenhang mit vorübergehend nichtunternehmerischer Nutzung

534 Sofern in das Verfahren der Vorsteuerermittlung Vorsteuerbeträge einzubeziehen sind, die durch den Erwerb, die Herstellung oder die Einfuhr einheitlicher Gegenstände angefallen sind (zB beim Ankauf eines für den unternehmerischen und den nichtunternehmerischen Bereich bestimmten grundsätzlich vorsteuerabzugsberechtigten Kraftwagens), führt die vorübergehende Verwendung (Nutzung) dieser Gegenstände im nichtunternehmerischen Bereich nicht zu einem Eigenverbrauch gemäß § 3a Abs. 1a Z 1 UStG 1994. Dafür sind jedoch alle durch die Verwendung oder Nutzung dieses Gegenstandes anfallenden Vorsteuerbeträge in das Aufteilungsverhältnis einzubeziehen. Die Steuerpflicht der Überführung eines solchen Gegenstandes in den nichtunternehmerischen Bereich (Entnahme zur dauernden Verwendung außerhalb des Unternehmens) als Eigenverbrauch bleibt unberührt.

3.7 Übergang der Steuerschuld auf Vereine
3.7.1 Allgemeines

534a Unter den im Gesetz genannten weiteren Voraussetzungen kann es in folgenden Fällen zum Übergang der Steuerschuld auf (gemeinnützige) Vereine als Leistungsempfänger kommen:
- Bei sonstigen Leistungen (ausgenommen die entgeltliche Duldung der Benützung von Bundesstraßen) und bei Werklieferungen durch Unternehmer, die im Inland weder einen Wohnsitz (Sitz) noch einen gewöhnlichen Aufenthalt oder eine Betriebsstätte haben (ausländische Unternehmer gemäß § 19 Abs. 1 zweiter Satz UStG 1994 idF bis zum 31.12.2009).
  - Ab 1.1.2010 schließen inländische Betriebsstätten eines ausländischen Unternehmers, die nicht an der Leistungserbringung beteiligt sind, einen Übergang der Steuerschuld nicht mehr aus (vgl. § 19 Abs. 1 zweiter Satz UStG 1994 idF Budgetbegleitgesetz 2009, BGBl. I Nr. 52/2009).
  - Ab 1.1.2012 sind bei den sonstigen Leistungen neben der entgeltlichen Duldung der Benützung von Bundesstraßen auch die in § 3a Abs. 11a UStG 1994 genannten Leistungen, das sind sonstige Leistungen betreffend die Eintrittsberechtigung zu Veranstaltungen, wie Messen, Ausstellungen, Konferenzen, Seminare, Konzerte usw. vom Übergang der Steuerschuld ausgenommen (vgl. § 19 Abs. 1 zweiter Satz UStG 1994 idF Abgabenänderungsgesetz 2011, BGBl. I Nr. 76/2011).
- bei Bauleistungen (vgl. § 19 Abs. 1a UStG 1994). Ab 1.1.2011 gilt auch die Reinigung von Bauwerken als Bauleistung (vgl. § 19 Abs. 1a UStG 1994 idF Budgetbegleitgesetz 2011, BGBl. I Nr. 111/2010);
- bei Lieferungen im Sicherungseigentum, im Vorbehaltseigentum sowie bei Umsätzen von Grundstücken, Gebäuden auf fremdem Boden und Baurechten im Zwangsversteigerungsverfahren (vgl. § 19 Abs. 1b UStG 1994);
- bei Lieferungen von Gas und Strom durch ausländische Unternehmer, wenn sich der Lieferort nach § 3 Abs. 13 oder 14 UStG 1994 bestimmt (vgl. § 19 Abs. 1c UStG 1994). Ab 1.1.2011 geht unter dieser Voraussetzung die Steuerschuld für Lieferungen von Erdgas über allgemeine Verteilungsnetze, Elektrizität, Kälte über Kältenetze und Wärme über Wärmenetze auf den Leistungsempfänger über (vgl. § 19 Abs. 1c UStG 1994 idF Abgabenänderungsgesetz 2010, BGBl. I Nr. 34/2010);
- bei bestimmten, durch Verordnung festzulegenden Umsätzen iSd § 19 Abs. 1d UStG 1994; das sind derzeit die in der Verordnung des Bundesministers für Finanzen, BGBl. II Nr. 129/2007 („Schrott-UStV"), genannten Umsätze von Abfallstoffen;
- ab 1.7.2010 bei der Übertragung von Treibhausgasemissionszertifikaten iSd Art. 3 der Richtlinie 2003/87/EG und bestimmten anderen Einheiten (vgl. § 19 Abs. 1e UStG 1994 idF Abgabenänderungsgesetz 2010, BGBl. I Nr. 34/2010);
- ab 1.1.2012 bei der Lieferung bestimmter Mobilfunkgeräte und integrierter Schaltkreise an Unternehmer (vgl. § 19 Abs. 1e lit. b UStG 1994 idF Abgabenänderungsgesetz 2011, BGBl. I Nr. 76/2011) sowie
- im Rahmen eines Dreiecksgeschäftes iSd Art. 25 UStG 1994, wenn eine juristische Person (zB ein Verein), die Unternehmer ist oder – als Nichtunternehmer – für Zwecke der Umsatzsteuer im Inland erfasst ist, letzter Abnehmer ist (vgl. Art. 25 Abs. 3 lit. b UStG 1994).

534b Beim Übergang der Steuerschuld schuldet der Leistungsempfänger für die an ihn ausgeführte Leistung die Umsatzsteuer. Er hat in einem solchen Fall diese Steuerschuld in seine Umsatzsteuervoranmeldung bzw. Jahreserklärung aufzunehmen, die diesbezüglichen Bemessungsgrundlagen aufzuzeichnen (§ 18 Abs. 2 Z 4 UStG 1994) und die Steuer – sofern nicht ein Anspruch auf Vorsteuerabzug gemäß § 12 Abs. 1 Z 3 UStG 1994 besteht – an das Finanzamt abzuführen. Zum Übergang der Steuerschuld kommt es unabhängig davon, ob durch den leistenden Unternehmer die Rechnung ordnungsgemäß ausgestellt worden ist (vgl. § 11 Abs. 1a UStG 1994) oder ob überhaupt eine Rechnung ausgestellt wurde.

534c Für den Vorsteuerabzug ist Voraussetzung, dass die Leistungen, für die die Steuerschuld auf den Leistungsempfänger übergegangen ist, im Inland für das Unternehmen des Leistungsempfängers ausgeführt worden sind. Die übergegangene Steuerschuld, die den nichtunternehmerischen Tätigkeitsbereich des Vereines betrifft, berechtigt daher nicht zum Vorsteuerabzug (siehe dazu auch Rz 528).

Die Berechtigung zum Vorsteuerabzug besteht ebenfalls unabhängig davon, ob die Rechnung ordnungsgemäß ausgestellt worden ist (vgl. § 11 Abs. 1a UStG 1994) oder ob überhaupt eine Rechnung ausgestellt wurde.

3.7.2 Unternehmereigenschaft des Leistungsempfängers

3.7.2.1 Leistungserbringung durch ausländische Unternehmer im Inland

534d   Nach § 19 Abs. 1 zweiter Satz UStG 1994 geht die Steuerschuld eines ausländischen Unternehmers für eine in Österreich steuerbare Leistung nur dann auf einen Verein als juristische Person des privaten Rechts über, wenn dieser unternehmerisch tätig ist, wobei der den Übergang der Steuerschuld auslösende Leistungsbezug auch den nichtunternehmerischen Bereich des Vereines betreffen kann.

Ein Verein, der ausschließlich nichtunternehmerisch tätig ist, kann als Leistungsempfänger hinsichtlich der Umsätze ausländischer Unternehmer nicht Steuerschuldner werden. Das gilt bis 31.12.2009 auch dann, wenn ein solcher Verein für innergemeinschaftliche Erwerbe über eine UID verfügt und für diese Zwecke zur Umsatzsteuer erfasst ist, da er dennoch nicht Unternehmer ist (zur Rechtslage ab 1.1.2010 siehe Rz 534g).

534e   Ist der Verein Unternehmer, kann er Steuerschuldner werden, wobei es hier nicht darauf ankommt, dass er auch zur Umsatzsteuer erfasst ist; dies kann daher auf einen Verein, der unecht steuerbefreite Umsätze iSd § 6 Abs. 1 Z 14 UStG 1994 ausführt oder als Kleinunternehmer gemäß § 6 Abs. 1 Z 27 UStG 1994 befreit ist, zutreffen.

Auf einen Verein, der Unternehmer ist, geht die Steuerschuld auch dann über, wenn die Leistungen nicht für seinen unternehmerischen Bereich erbracht worden sind, da es in diesen Fällen für den Übergang der Steuerschuld genügt, dass der Leistungsempfänger Unternehmer ist.

534f   Die in Rz 463 und Rz 466 enthaltene Vereinfachungsregelung, wonach bei gemeinnützigen Vereinen unter bestimmten Voraussetzungen von der Liebhabereivermutung ausgegangen werden kann, ist im Zusammenhang mit dem Übergang der Steuerschuld nicht anzuwenden. Das bedeutet, dass es bei Tätigkeiten mit Einkunftsquellenvermutung (§ 1 Abs. 1 in Verbindung mit § 6 Liebhabereiverordnung, BGBl. Nr. 33/1993 idgF) auch dann zum Übergang der Steuerschuld kommt, wenn der Verein die Anwendung dieser Liebhabereivermutung nicht ausgeschlossen hat (siehe Rz 464 und Rz 466 sowie Rz 520) bzw. die Liebhabereivermutung widerlegt hat (Rz 464 und Rz 466 idF vor dem Wartungserlass 2009).

Bei einem gemeinnützigen Verein, der ausschließlich Tätigkeiten mit Liebhabereivermutung nach § 1 Abs. 2 Liebhabereiverordnung erbringt, kommt es hingegen nur dann zum Übergang der Steuerschuld, wenn diese Liebhabereivermutung gemäß § 2 Abs. 4 Liebhabereiverordnung widerlegt worden ist und daher eine unternehmerische Tätigkeit vorliegt.

534g   **Rechtslage ab 1.1.2010**

Zum Übergang der Steuerschuld auf einen Verein als Leistungsempfänger kann es bei Leistungen eines ausländischen Unternehmers iSd § 19 Abs. 1 zweiter Satz UStG 1994 nicht nur dann kommen, wenn der Verein Unternehmer ist, wobei der den Übergang der Steuerschuld auslösende Leistungsbezug auch den nichtunternehmerischen Bereich des Vereines betreffen kann. Nach § 19 Abs. 1 zweiter Satz UStG 1994 idFd Art. 33 Budgetbegleitgesetz 2009, BGBl. I Nr. 52/2009, sind vom Übergang der Steuerschuld auch ausschließlich nichtunternehmerisch tätige juristische Personen (zB gemeinnützige Vereine) betroffen, die über eine UID verfügen und daher – obwohl Nichtunternehmer – für Zwecke der Mehrwertsteuer erfasst sind (zB für Zwecke eines innergemeinschaftlichen Erwerbes nach Überschreiten der Erwerbsschwelle). Dies gilt für Umsätze und sonstige Sachverhalte, die nach dem 31.12.2009 ausgeführt werden bzw. sich ereignen.

3.7.2.2 Übergang der Steuerschuld in anderen Fällen

534h Auch bei den Leistungen iSd § 19 Abs. 1a, § 19 Abs. 1b, § 19 Abs. 1c, § 19 Abs. 1d und § 19 Abs 1e sowie Art. 25 UStG 1994 ist ein Übergang der Steuerschuld jedenfalls dann möglich, wenn der Verein Unternehmer ist, wobei die in den genannten Bestimmungen angeführten weiteren Sachverhaltsvoraussetzungen zu beachten sind.

Bei Strom-, Gas-, Wärme oder Kältelieferungen iSd § 19 Abs. 1c UStG 1994 durch ausländische Unternehmer sowie im Rahmen des Dreiecksgeschäfts iSd Art. 25 UStG 1994 ist – bei Zutreffen aller weiteren Voraussetzungen – ein Übergang der Steuerschuld auf den Leistungsempfänger darüber hinaus auch dann vorgesehen, wenn der Verein zwar kein Unternehmer ist, aber für Zwecke der Umsatzsteuer erfasst ist (zB bei Überschreiten der Erwerbsschwelle nach Art. 1 Abs. 4 UStG 1994 oder bei Verzicht auf die Anwendung der Erwerbsschwelle).

3.8 Umsatzsteuervoranmeldung – Veranlagung

3.8.1 Umsatzsteuervoranmeldung, Umsatzsteuervorauszahlung

3.8.1.1 Allgemeines

535 Vereine, die unternehmerisch tätig sind oder innergemeinschaftliche Erwerbe tätigen, haben im Sinne des § 21 UStG 1994 monatliche oder vierteljährliche Voranmeldungen zu legen und die sich allenfalls ergebende Umsatzsteuer an das Finanzamt zu entrichten.

Der Verein als Unternehmer oder innergemeinschaftlicher Erwerber hat die Umsatzsteuer für einen Voranmeldungszeitraum, das ist grundsätzlich der Kalendermonat, selbst zu berechnen. Für Vereine, deren Umsätze im vorangegangenen Kalenderjahr 100.000 Euro (bis 31.12.2010: 30.000 Euro bzw. bis 31.12.2009: 22.000 Euro) nicht überstiegen haben, ist das Kalendervierteljahr der Voranmeldungszeitraum. Von der errechneten Umsatzsteuerschuld kann der Verein die Vorsteuer bei Vorliegen der gesetzlichen Voraussetzungen in Abzug bringen. Der Differenzbetrag zwischen Umsatzsteuer und Vorsteuer ist spätestens am 15. des zweitfolgenden Kalendermonats (somit für Jänner bis 15. März, bei Vierteljahreszahlern für das 1. Quartal bis zum 15. Mai usw.) an das Finanzamt zu überweisen.

536 **Beispiel:**
Ein gemeinnütziger Sportverein, dessen Umsätze im Jahr 01 100.000 Euro (bis 31.12.2010: 30.000 Euro bzw. bis 31.12.2009: 22.000 Euro) überstiegen haben, veranstaltet ein steuerpflichtiges Zeltfest im August des Jahres 02. Die Umsatzsteuer aus den steuerpflichtigen Einnahmen beträgt im August 02 10.000 Euro, die abziehbare Vorsteuer 3.000 Euro. Die Zahllast beträgt somit 7.000 Euro; dieser Betrag ist bis spätestens 15. Oktober (das ist der 15. des auf den Kalendermonat August zweitfolgenden Kalendermonates) an das Finanzamt abzuführen.

3.8.1.2 Verpflichtung zur Einreichung einer Voranmeldung

537 Gemäß § 21 Abs. 1 erster und zweiter Unterabsatz UStG 1994 in Verbindung mit § 1 der VO des Bundesministers für Finanzen, BGBl. II Nr. 206/1998 idF BGBl. II Nr. 171/2010, entfällt für Unternehmer, deren Umsätze gemäß § 1 Abs. 1 Z 1 und 2 UStG 1994 im vorangegangenen Kalenderjahr 30.000 Euro netto (bis 31.12.2010: 100.000 Euro netto) nicht überstiegen haben, die Verpflichtung zur Einreichung der Voranmeldung, wenn die nach Maßgabe der gesetzlichen Bestimmungen (§ 21 Abs. 1 UStG 1994) errechnete Vorauszahlung zur Gänze spätestens am Fälligkeitstag entrichtet wird oder sich für einen Voranmeldungszeitraum keine Vorauszahlung ergibt.

Wurde die genannte Umsatzgrenze hingegen überschritten, besteht seit 2003 die Verpflichtung zur Abgabe von Voranmeldungen. Unternehmer, die ausschließlich gemäß § 6 Abs. 1 Z 7 bis 28 UStG 1994 steuerbefreite Umsätze tätigen, sind jedoch aus Vereinfachungsgründen von der Verpflichtung zur Abgabe einer Umsatzsteuervoranmeldung befreit, sofern sich für einen Voranmeldungszeitraum weder eine Vorauszahlung noch ein Überschuss ergibt.

Beispiel 1:
Ein gemeinnütziger Sportverein, dessen Umsätze im Jahr 01 600.000 Euro betrugen, tätigt im Voranmeldungszeitraum 01/02 Umsätze gemäß § 6 Abs. 1 Z 14 UStG 1994 in Höhe von 40.000 Euro. Daneben tätigt er keine anderen Umsätze.
Da er nur steuerbefreite Umsätze ausführt, ergibt sich keine Verpflichtung zur Abgabe einer Umsatzsteuervoranmeldung.

Beispiel 2:
Im Voranmeldungszeitraum 02/02 tätigt derselbe gemeinnützige Sportverein neben seinen Umsätzen gemäß § 6 Abs. 1 Z 14 UStG 1994 in Höhe von 48.000 Euro auch steuerpflichtige Umsätze (zB Veranstaltung eines steuerpflichtigen Zeltfestes) in Höhe von 3.000 Euro. Da der steuerpflichtige Sportverein nicht ausschließlich steuerfreie Umsätze tätigt und seine Umsätze im vorangegangenen Kalenderjahr 30.000 Euro überstiegen haben, ist er verpflichtet, für den Voranmeldungszeitraum 02/02 eine Umsatzsteuervoranmeldung abzugeben.

Beispiel 3:
Im Voranmeldungszeitraum 03/02 erwirbt der Verein ein Sportgerät um 15.000 Euro aus Deutschland. Der Erwerb muss in Österreich versteuert werden. Aus diesem Grund ergibt sich eine Vorauszahlung und der Verein ist verpflichtet, für den Voranmeldungszeitraum 03/02 eine Umsatzsteuervoranmeldung abzugeben.

538 Eine Verpflichtung zur Einreichung einer Umsatzsteuervoranmeldung besteht gemäß § 21 Abs. 1 erster und zweiter Unterabsatz UStG 1994 in Verbindung mit § 2 der VO des Bundesministers für Finanzen, BGBl. II Nr. 206/1998 idF BGBl. II Nr. 171/2010 auch dann, wenn der Unternehmer vom Finanzamt zur Einreichung von Voranmeldungen aufgefordert wird.

Ein Grund für die Aufforderung ist gegeben, wenn der Unternehmer
- eine gemäß § 21 Abs. 1 UStG 1994 zu leistende Vorauszahlung nicht oder nicht zur Gänze bis zum Fälligkeitstag entrichtet oder
- einen Überschuss in unrichtig errechneter Höhe voranmeldet oder
- die Aufzeichnungspflichten gemäß § 18 UStG 1994 nicht erfüllt.

Auch wenn eine Verpflichtung zur Einreichung einer Umsatzsteuervoranmeldung nicht besteht, können Überschüsse nur durch Abgabe einer UVA geltend gemacht werden.

539 Gemäß § 21 Abs. 1 vierter und fünfter Unterabsatz UStG 1994 in Verbindung mit § 1 der VO des Bundesministers für Finanzen, BGBl. II Nr. 512/2006 hat die Übermittlung der Voranmeldungen elektronisch und – entsprechend der FinanzOnline-Verordnung 2006, BGBl. II Nr. 97/2006 – über Finanz-Online (https://finanzonline.bmf.gv.at) zu erfolgen, ausgenommen die elektronische Übermittlung ist dem Unternehmer mangels technischer Voraussetzungen unzumutbar.

Von Unzumutbarkeit mangels technischer Voraussetzungen ist nur dann auszugehen, wenn der Unternehmer nicht über einen Internet-Anschluss verfügt. Wird die Voranmeldung durch einen inländischen berufsmäßigen Parteienvertreter eingereicht, so besteht die Verpflichtung zur elektronischen Übermittlung dennoch, wenn dieser Parteienvertreter über einen Internet-Anschluss verfügt und wegen Überschreitens der Umsatzgrenze (siehe UStR 2000 Rz 2751) zur Abgabe von Voranmeldungen verpflichtet ist.

In den Fällen der Unzumutbarkeit der elektronischen Übermittlung ist zwingend der amtliche Vordruck U 30 (Druckversion oder die besorgte Internetversion) zu verwenden. Eigendrucke müssen der auf der Homepage des BMF unter Services – Formulare – zur Formulardatenbank (Suchbegriff „U 30") dargebotenen Internetversion nicht nur inhaltlich, sondern auch bildlich entsprechen.

3.8.1.3 Interne Voranmeldung

540 Unternehmer, die für einen Voranmeldungszeitraum keine Voranmeldung einzureichen haben, sind verpflichtet, für diesen Voranmeldungszeitraum unter Verwendung des amtlichen Vordruckes für Voranmeldungen (U 30) eine Aufstellung der Besteuerungs-

grundlagen (interne Voranmeldung) anzufertigen. Die Aufstellung gehört zu den Aufzeichnungen im Sinne des § 18 Abs. 1 UStG 1994.

Bei Unternehmen, die ihre Aufzeichnungen (§ 18 UStG 1994) mit Hilfe elektronischer Datenverarbeitungssysteme führen, sind in diesen Fällen die Ausdrucke der Besteuerungsgrundlagen als amtliche Vordrucke anzuerkennen. Bedingung dafür ist, dass diese Ausdrucke inhaltlich und dem Aufbau nach dem Formular U 30 entsprechen. Es müssen nur die jeweils zutreffenden Angaben ausgedruckt werden.

Keine Verpflichtung zur Erstellung einer UVA besteht, wenn sich für den Voranmeldungszeitraum weder eine Vorauszahlung noch ein Überschuss ergibt.

Rz 541: entfällt

3.8.2 Veranlagung

542 Vereine werden, insoweit diese unternehmerisch tätig werden oder Steuerschuldner auf Grund des Übergangs der Steuerschuld oder kraft Rechnungslegung werden oder innergemeinschaftliche Erwerbe zu versteuern haben, zur Umsatzsteuer veranlagt. Die Umsatzsteuerjahreserklärung ist bis **30. April** des Folgejahres beim Finanzamt einzureichen (§ 134 Abs. 1 BAO). Werden die Jahressteuererklärungen elektronisch über FinanzOnline eingebracht, verlängert sich die Frist bis 30. Juni des Folgejahres. Bei Vertretung durch einen Steuerberater (Wirtschaftstreuhänder) oder bei Ansuchen um Fristverlängerung sind längere Fristen möglich. Bei verspäteter Abgabe der Steuererklärung kann ein Verspätungszuschlag bis zu 10% des vorgeschriebenen Abgabenbetrages verhängt werden.

3.8.3 Pauschalierungen

543 Vereine können die Vorsteuern auch pauschal gemäß § 14 UStG 1994 bzw. nach den auf Grund des § 14 UStG ergangenen Verordnungen ermitteln.

544 Bei Altmaterialsammlungen und Altmaterialenverwertung (siehe Abschnitt 1.2.8) ist die Differenzbesteuerung gemäß § 24 UStG 1994 anwendbar. Es bestehen keine Bedenken, wenn als Einkaufspreis im Sinne des § 24 Abs. 4 UStG 1994 der gemeine Wert der gespendeten Textilien pauschal mit 70% des Verkaufspreises angesetzt wird.

3.9 Innergemeinschaftliche Erwerbe

3.9.1 Innergemeinschaftliche Erwerbe – Voraussetzungen

545 Ein innergemeinschaftlicher Erwerb liegt vor, wenn
- ein Gegenstand von einem Mitgliedstaat in einen anderen Mitgliedstaat gelangt und
- der Erwerber Unternehmer oder eine juristische Person (zB ein Verein) ist und
- der Lieferer des Gegenstandes Unternehmer ist und dieser die Lieferung gegen Entgelt im Rahmen seines Unternehmens ausführt. Der Lieferer darf nach dem Recht des Mitgliedstaates nicht Kleinunternehmer sein.

546 Werden somit von Unternehmern an einen Verein Gegenstände aus dem übrigen Gemeinschaftsgebiet nach Österreich geliefert, so ist der Verein grundsätzlich (Einschränkungen siehe Abschnitt 3.9.2) zur Abfuhr der Erwerbsteuer in Österreich verpflichtet. Der Lieferer kann unter den Voraussetzungen für eine innergemeinschaftliche Lieferung die Lieferung steuerfrei belassen. Der Verein muss in diesen Fällen eine Umsatzsteuer-Identifikationsnummer (UID-Nummer) beantragen. Als Erwerber ist er aber verpflichtet Erwerbsteuer an das zuständige Finanzamt zu entrichten. Der Vorsteuerabzug hinsichtlich der Erwerbsteuer steht jedoch nur zu, wenn der Gegenstand für den steuerpflichtigen Unternehmensbereich angeschafft wurde.

3.9.2 Erwerbsschwelle

3.9.2.1 Unterbleiben der Erwerbsbesteuerung

547 Eine Erwerbsbesteuerung im Sinne der Rz 546 unterbleibt, wenn der Gesamtbetrag der Entgelte für diese Erwerbe den Betrag von 11.000 €
- im vorangegangenen Jahr nicht überstiegen und
- im laufenden Jahr noch nicht überstiegen hat.

548 Auf die Anwendung der Erwerbsschwelle kann jedoch gemäß Art. 1 Abs. 5 UStG 1994 durch Abgabe einer schriftlichen Erklärung gegenüber dem Finanzamt oder durch Verwendung der UID gegenüber dem Lieferer verzichtet werden. Der Verein kann dadurch zu einer uneingeschränkten Erwerbsbesteuerung optieren, ist daran allerdings für mindestens zwei Kalenderjahre gebunden.

549 Beispiel 1:

Ein nicht umsatzsteuerpflichtiger gemeinnütziger Sportverein bezieht erstmalig eine Lieferung von Sportgeräten (zur Versorgung der Mitglieder zum Selbstkostenpreis) aus Dänemark (Steuersatz 25%) in Höhe von a) 10.000 Euro, b) 25.000 Euro netto. Bisher wurden noch keine innergemeinschaftlichen Erwerbe getätigt.

Im Fall a) ist die Umsatzsteuer vom Verkäufer in Dänemark in Höhe von 2.500 Euro abzuführen, da die Erwerbsschwelle von 11.000 Euro (noch) nicht überschritten wurde. Der Verein hat aber die Möglichkeit, auf die Anwendung der Erwerbsschwelle zu verzichten und den Umsatz in Österreich zu versteuern. Der Umsatz wäre dann für den dänischen Verkäufer steuerfrei (österreichische UID-Nummer des Vereins ist erforderlich). In Österreich wäre dann 2.000 Euro an Erwerbsteuer abzuführen. Die Ersparnis für den Sportverein beträgt 500 Euro. Ein Vorsteuerabzug steht allerdings nicht zu.

Im Fall b) wurde die Erwerbsschwelle von 11.000 Euro überschritten. Die Besteuerung ist jedenfalls in Österreich vorzunehmen. Der Umsatz ist für den dänischen Verkäufer steuerfrei (österreichische UID-Nummer des Vereins ist erforderlich). Der Verein muss 5.000 Euro Erwerbsteuer an das österreichische FA abführen.

Beispiel 2:

Ein nicht unternehmerisch tätiger gemeinnütziger Verein kauft im Jahr 01 erstmals Waren um 20.000 Euro netto aus Deutschland ein. Da die Erwerbsschwelle überschritten wird, ist Erwerbsteuer in Höhe von 4.000 Euro in Österreich abzuführen. Der Verein muss eine UID beantragen, damit der deutsche Unternehmer die Lieferung steuerfrei belassen kann. Im Jahr 02 werden keine innergemeinschaftlichen Erwerbe getätigt. Im Jahr 03 kauft der Verein Waren um 3.000 Euro netto aus Frankreich ein.

Da die Erwerbsschwelle weder im laufenden Jahr überschritten wird noch im vorangegangenen Kalenderjahr überschritten wurde, bleibt es grundsätzlich bei der Besteuerung in Frankreich. Gibt der Verein allerdings dem Lieferanten seine UID bekannt, liefert dieser steuerfrei nach Österreich. Die Bekanntgabe der UID gilt als Verzicht auf die Erwerbsschwelle, der Verein muss Erwerbsteuer in Höhe von 600 Euro abführen. Der Verzicht bindet den Verein mindestens für zwei Kalenderjahre, wobei die Zweijahresfrist vom Beginn des ersten Kalenderjahres zu berechnen ist, für das der Verzicht gilt.

Bezieht der Verein auch im Jahr 04 Waren aus dem übrigen Gemeinschaftsgebiet, hat er die innergemeinschaftlichen Erwerbe zu versteuern, auch wenn sie unter der Erwerbsschwelle liegen.

Im Jahr 05 kann der Verein den Verzicht auf die Erwerbsschwelle widerrufen. Dieser Widerruf ist innerhalb der Frist zur Abgabe der Voranmeldung für den Voranmeldungszeitraum dieses Kalenderjahres, in dem erstmals ein Erwerb getätigt worden ist, gegenüber dem Finanzamt schriftlich zu erklären.

3.9.2.2 Besonderheiten bei verbrauchsteuerpflichtigen Waren

550 Rechtslage bis 31.12.2007

Verbrauchsteuerpflichtige Waren im Sinne des Art. 1 Abs. 6 UStG 1994 sind Mineralöle, Alkohol, alkoholische Getränke und Tabakwaren. Die Erwerbsschwellenregelung findet auf den Erwerb dieser Waren (und auf den Erwerb neuer Fahrzeuge) keine Anwendung. Der innergemeinschaftliche Erwerb solcher Waren ist daher auch von einem Erwerber im Sinne des Abschnitt 3.9.1 zweiter Punkt (zB Verein), dessen Erwerbe unter der Erwerbsschwelle liegen, zu versteuern.

Rechtslage ab 1.1.2008

Verbrauchsteuerpflichtige Waren im Sinne des Art. 1 Abs. 6 UStG 1994 sind Alkohol, alkoholische Getränke, Tabakwaren und Energieerzeugnisse, jeweils im Sinne der geltenden Gemeinschaftsvorschriften, nicht jedoch über das Erdgasverteilungsnetz geliefertes Gas sowie Elektrizität. Zu den Energieerzeugnissen zählen neben den Mineralölen insbesondere Kohle und Koks. Die Erwerbsschwellenregelung findet auf den Erwerb dieser Waren und auf den Erwerb neuer Fahrzeuge keine Anwendung. Der innergemeinschaftliche Erwerb solcher Waren ist daher auch von einem Schwellenerwerber zu versteuern.

Rechtslage ab 1. Jänner 2011

Verbrauchsteuerpflichtige Waren im Sinne des Art. 1 Abs. 6 UStG 1994 sind Alkohol, alkoholische Getränke, Tabakwaren und Energieerzeugnisse, jeweils im Sinne der geltenden Gemeinschaftsvorschriften, nicht jedoch über das Erdgasverteilungsnetz oder an ein solches Netz angeschlossenes Netz geliefertes Gas. Zu den Energieerzeugnissen zählen neben den Mineralölen insbesondere Kohle und Koks, nicht jedoch Elektrizität. Die Erwerbsschwellenregelung findet auf den Erwerb dieser Waren und auf den Erwerb neuer Fahrzeuge keine Anwendung. Der innergemeinschaftliche Erwerb solcher Waren ist daher auch von einem Schwellenerwerber zu versteuern.

551 Bei verbrauchsteuerpflichtigen Waren, die Gegenstand einer innergemeinschaftlichen Versendung oder Beförderung sind, kommt stets das Bestimmungslandprinzip zur Anwendung. Das wird bei Privaten durch die Versandhandelsregelung (keine Lieferschwelle), bei Unternehmern und juristischen Personen über die Erwerbsbesteuerung (keine Erwerbsschwelle) erreicht.

Beispiel:

Ein Weinhändler I in Italien versendet 15 Karton Wein per Bahn

a) an einen Privaten in Klagenfurt,

b) an einen Verein in Villach.

ad a) Auch wenn I die Lieferschwelle in Österreich nicht überschreitet, liegt der Ort der Lieferung in Österreich.

ad b) I liefert in Italien. Unabhängig davon, ob die innergemeinschaftliche Lieferung in Italien steuerfrei ist, hat der Verein jedenfalls einen innergemeinschaftlichen Erwerb in Österreich zu versteuern, auch wenn er die Erwerbsschwelle nicht überschritten hat.

3.10 Verweis auf UStR

552 Für begünstigte Rechtsträger gehen die vorstehend in den VereinsR 2001 getroffenen Regelungen den UStR 2000 vor. Im Übrigen wird auf die UStR 2000 verwiesen.

(...)

10. Steuerliche Behandlung eines Profibetriebes bei gemeinnützigen Sportvereinen im Mannschaftsspielsport

(...)

10.4.2. Umsatzsteuer

889 Da die unechte Befreiung des § 6 Abs. 1 Z 14 UStG 1994 nur auf den Zweckbereich der gemeinnützigen Vereine Auswirkung hat, besteht für einen ausgegliederten Profibetrieb unabhängig von der gewählten Variante grundsätzlich Umsatzsteuerpflicht, aber auch die Berechtigung zum Vorsteuerabzug.

(...)

III. Gemeinschaftsrecht

1. Richtlinien

Dreizehnte Richtlinie des Rates

vom 17. November 1986

zur Harmonisierung der Rechtsvorschriften der Mitgliedstaaten über die Umsatzsteuern – Verfahren der Erstattung der Mehrwertsteuer an nicht im Gebiet der Gemeinschaft ansässige Steuerpflichtige

(86/560/EWG)

ABl. L 326 vom 21.11.1986, S. 40

DER RAT DER EUROPÄISCHEN GEMEINSCHAFTEN –

gestützt auf den Vertrag zur Gruendung der Europäischen Wirtschaftsgemeinschaft, insbesondere auf die Artikel 99 und 100,

gestützt auf die Sechste Richtlinie 77/388/EWG des Rates vom 17. Mai 1977 zur Harmonisierung der Rechtsvorschriften der Mitgliedstaaten über die Umsatzsteuern – Gemeinsames Mehrwertsteuersystem: einheitliche steuerpflichtige Bemessungsgrundlage, insbesondere auf Artikel 17 Absatz 4,

auf Vorschlag der Kommission,

nach Stellungnahme des Europäischen Parlaments,

nach Stellungnahme des Wirtschafts- und Sozialausschusses,

in Erwägung nachstehender Gründe:

Die Richtlinie 79/1072/EWG über das Verfahren zur Erstattung der Mehrwertsteuer an nicht im Inland ansässige Steuerpflichtige bestimmt in Artikel 8: „Es steht den Mitgliedstaaten frei, bei nicht im Gebiet der Gemeinschaft ansässigen Steuerpflichtigen die Erstattung auszuschließen oder von besonderen Bedingungen abhängig zu machen."

Eine harmonische Entwicklung der Handelsbeziehungen zwischen der Gemeinschaft und den Drittländern sollte dadurch gewährleistet werden, daß man sich an der Richtlinie 79/1072/EWG ausrichtet und dabei den unterschiedlichen Verhältnissen in den Drittländern Rechnung trägt.

Bestimmte Formen der Steuerhinterziehung und Steuerumgehung müssen vermieden werden.

HAT FOLGENDE RICHTLINIE ERLASSEN:

Artikel 1

Im Sinne dieser Richtlinie gilt

1. als nicht im Gebiet der Gemeinschaft ansässiger Steuerpflichtiger derjenige Steuerpflichtige nach Artikel 4 Absatz 1 der Richtlinie 77/388/EWG, der in dem Zeitraum nach Artikel 3 Absatz 1 der vorliegenden Richtlinie in diesem Gebiet weder den Sitz seiner wirtschaftlichen Tätigkeit noch eine feste Niederlassung, von wo aus die Umsätze bewirkt worden sind, noch – in Ermangelung eines solchen Sitzes oder einer festen Niederlassung – seinen Wohnsitz oder üblichen Aufenthaltsort gehabt hat und der in dem gleichen Zeitraum in dem in Artikel 2 genannten Mitgliedstaat keine Gegenstände geliefert oder Dienstleistungen erbracht hat, mit Ausnahme von:

a) Beförderungsumsätzen und den damit verbundenen Nebentätigkeiten, die gemäß Artikel 14 Absatz 1 Buchstabe i), Artikel 15 oder Artikel 16 Absatz 1 Teile B, C und D der Richtlinie 77/388/EWG steuerfrei sind;
b) Dienstleistungen, bei denen die Steuer gemäß Artikel 21 Nummer 1 Buchstabe b) der Richtlinie 77/388/EWG lediglich vom Empfänger geschuldet wird;
2. als Gebiet der Gemeinschaft die Gebiete der Mitgliedstaaten, in denen die Richtlinie 77/388/EWG Anwendung findet.

Artikel 2

(1) Unbeschadet der Artikel 3 und 4 erstattet jeder Mitgliedstaat einem Steuerpflichtigen, der nicht im Gebiet der Gemeinschaft ansässig ist, unter den nachstehend festgelegten Bedingungen die Mehrwertsteuer, mit der die ihm von anderen Steuerpflichtigen im Inland erbrachten Dienstleistungen oder gelieferten beweglichen Gegenständen belastet wurden oder mit der die Einfuhr von Gegenständen ins Inland belastet wurde, soweit diese Gegenstände und Dienstleistungen für Zwecke der in Artikel 17 Absatz 3 Buchstaben a) und b) der Richtlinie 77/388/EWG bezeichneten Umsätze oder der in Artikel 1 Nummer 1 Buchstabe b) der vorliegenden Richtlinie bezeichneten Dienstleistungen verwendet werden.

(2) Die Mitgliedstaaten können die Erstattung nach Absatz 1 von der Gewährung vergleichbarer Vorteile im Bereich der Umsatzsteuern durch die Drittländer abhängig machen.

(3) Die Mitgliedstaaten können die Benennung eines steuerlichen Vertreters verlangen.

Artikel 3

(1) Die Erstattung nach Artikel 2 Absatz 1 erfolgt auf Antrag des Steuerpflichtigen. Die Mitgliedstaaten bestimmen die Modalitäten für die Antragstellung einschließlich der Antragsfristen, des Zeitraums, auf den der Antrag sich beziehen muß, der für die Einreichung zuständigen Behörden und der Mindestbeträge, für die die Erstattung beantragt werden kann. Sie legen auch die Einzelheiten für die Erstattung, einschließlich der Fristen, fest. Sie legen dem Antragsteller die Pflichten auf, die erforderlich sind, um die Begründetheit des Antrags beurteilen zu können und um Steuerhinterziehungen zu vermeiden, und verlangen insbesondere den Nachweis, daß er eine wirtschaftliche Tätigkeit entsprechend Artikel 4 Absatz 1 der Richtlinie 77/388/EWG ausübt. Der Antragsteller hat durch eine schriftliche Erklärung zu bestätigen, daß er in dem festgelegten Zeitraum keinen Umsatz bewirkt hat, der nicht den in Artikel 1 Nummer 1 der vorliegenden Richtlinie genannten Bedingungen entspricht.

(2) Die Erstattung darf nicht zu günstigeren Bedingungen erfolgen als für in der Gemeinschaft ansässige Steuerpflichtige.

Artikel 4

(1) Für die Anwendung dieser Richtlinie wird der Anspruch auf Erstattung nach Artikel 17 der Richtlinie 77/388/EWG, wie dieser im Mitgliedstaat der Erstattung angewendet wird, bestimmt.

(2) Die Mitgliedstaaten können jedoch den Ausschluß bestimmter Ausgaben vorsehen oder die Erstattung von zusätzlichen Bedingungen abhängig machen.

(3) Die vorliegende Richtlinie gilt nicht für Lieferungen von Gegenständen, die steuerfrei sind oder nach Artikel 15 Nummer 2 der Richtlinie 77/388/EWG von der Steuer befreit werden können.

Artikel 5

(1) Die Mitgliedstaaten setzen die erforderlichen Rechts- und Verwaltungsvorschriften in Kraft, um dieser Richtlinie spätestens am 1. Januar 1988 nachzukommen. Diese Richtlinie betrifft nur Erstattungsanträge für die Mehrwertsteuer auf den Erwerb von Gegenständen oder die Inanspruchnahme von Dienstleistungen, die ab diesem Zeitpunkt in Rechnung gestellt werden, oder auf Einfuhren, die ab diesem Zeitpunkt getätigt werden.

(2) Die Mitgliedstaaten teilen der Kommission die wichtigsten innerstaatlichen Rechtsvorschriften mit, die sie auf dem unter diese Richtlinie fallenden Gebiet erlassen; sie unterrichten die Kommission darüber, welchen Gebrauch sie von der Möglichkeit des Artikels 2 Absatz 2 machen. Die Kommission setzt die anderen Mitgliedstaaten davon in Kenntnis.

Artikel 6

Die Kommission legt dem Rat und dem Europäischen Parlament nach Konsultation der Mitgliedstaaten binnen drei Jahren nach dem in Artikel 5 genannten Zeitpunkt einen Bericht über die Anwendung dieser Richtlinie, insbesondere des Artikels 2 Absatz 2, vor.

Artikel 7

Artikel 17 Absatz 4 letzter Satz der Richtlinie 77/388/EWG und Artikel 8 der Richtlinie 79/1072/EWG treten in jedem Mitgliedstaat mit dem jeweiligen Zeitpunkt der Anwendung dieser Richtlinie, in jedem Fall aber zu dem in Artikel 5 der vorliegenden Richtlinie genannten Zeitpunkt außer Kraft.

Artikel 8

Diese Richtlinie ist an die Mitgliedstaaten gerichtet.

Geschehen zu Brüssel am 17. November 1986.

Im Namen des Rates
Der Präsident
N. LAWSON

Richtlinie des Rates
vom 5. Oktober 2006
über die Steuerbefreiungen bei der Einfuhr von Waren in Kleinsendungen nichtkommerzieller Art mit Herkunft aus Drittländern (kodifizierte Fassung)
(2006/79/EG)
ABl. L 286 vom 17.10.2006, S. 15–18

DER RAT DER EUROPÄISCHEN UNION –

gestützt auf den Vertrag zur Gründung der Europäischen Gemeinschaft, insbesondere auf Artikel 93, auf Vorschlag der Kommission, nach Stellungnahme des Europäischen Parlaments, nach Stellungnahme des Europäischen Wirtschafts- und Sozialausschusses, in Erwägung nachstehender Gründe:

(1) Die Richtlinie 78/1035/EWG des Rates vom 19. Dezember 1978 über die Steuerbefreiungen bei der Einfuhr von Waren in Kleinsendungen nichtkommerzieller Art mit Herkunft aus Drittländern wurde mehrfach erheblich geändert. Aus Gründen der Übersichtlichkeit und Klarheit empfiehlt es sich, sie zu kodifizieren.

(2) Es empfiehlt sich, die Einfuhr von Kleinsendungen nichtkommerzieller Art mit Herkunft aus Drittländern von Umsatzsteuern und Sonderverbrauchsteuern zu befreien.

(3) Aus praktischen Gründen sollten für eine solche Steuerbefreiung so weit wie möglich die gleichen Begrenzungen gelten, wie sie nach der Verordnung (EWG) Nr. 918/83 des Rates vom 28. März 1983 über das gemeinschaftliche System der Zollbefreiung für die gemeinschaftliche Zollbefreiung vorgesehen sind.

(4) Es ist notwendig, für bestimmte Erzeugnisse, die gegenwärtig in den Mitgliedstaaten hoch besteuert werden, besondere Begrenzungen vorzuschreiben.

(5) Diese Richtlinie sollte die Verpflichtung der Mitgliedstaaten hinsichtlich der Fristen für die Umsetzung in innerstaatliches Recht der in Anhang I Teil B aufgeführten Richtlinien unberührt lassen –

HAT FOLGENDE RICHTLINIE ERLASSEN:

Artikel 1

(1) Die Einfuhr von Waren, die aus einem Drittland als Kleinsendungen nichtkommerzieller Art von einer Privatperson an eine andere Privatperson in einem Mitgliedstaat versandt werden, wird von Umsatzsteuern und Sonderverbrauchsteuern befreit.

(2) Im Sinne des Absatzes 1 gelten als „Kleinsendungen nichtkommerzieller Art" Sendungen,
a) die gelegentlich erfolgen und
b) die sich ausschließlich aus Waren zusammensetzen, die zum persönlichen Ge- oder Verbrauch im Haushalt des Empfängers bestimmt sind, wobei diese Waren weder durch ihre Beschaffenheit noch durch ihre Menge zu der Besorgnis Anlass geben dürfen, dass die Einfuhr aus geschäftlichen Gründen erfolgt, und
c) bei denen der Gesamtwert der Waren, aus denen sie sich zusammensetzen, 45 EUR nicht überschreitet, und
d) die der Empfänger ohne irgendeine Bezahlung vom Absender zugesandt erhält.

Artikel 2

(1) Artikel 1 gilt für die nachstehend aufgeführten Waren nur im Rahmen der folgenden mengenmäßigen Begrenzungen:

a) Tabakwaren:

   i) 50 Zigaretten

   oder

   ii) 25 Zigarillos (Zigarren mit einem Stückgewicht von höchstens 3 Gramm)

   oder

   iii) 10 Zigarren

   oder

   iv) 50 Gramm Rauchtabak;

b) Alkohol und alkoholische Getränke:

   i) destillierte Getränke und Spirituosen mit einem Alkoholgehalt von mehr als 22 % vol; unvergällter Äthylalkohol mit einem Alkoholgehalt von 80 % vol und mehr: 1 Normalflasche (bis zu 1 Liter),

   oder

   ii) destillierte Getränke und Spirituosen, Aperitifs aus Wein oder Alkohol, Tafia, Sake oder ähnliche Getränke, mit einem Alkoholgehalt von 22 % vol oder weniger; Schaumweine, Likörweine: 1 Normalflasche (bis zu 1 Liter),

   oder

   iii) nicht schäumende Weine: 2 Liter;

c) Parfüms:

   50 Gramm

   oder

   Toilettenwasser: 0,25 Liter oder 8 Unzen;

d) Kaffee:

   500 Gramm

   oder

   Kaffee-Extrakte und -Essenzen: 200 Gramm;

e) Tee:

   100 Gramm

   oder

   Tee-Extrakte und -Essenzen: 40 Gramm.

(2) Die Mitgliedstaaten können die in Absatz 1 genannten Erzeugnisse einschränken oder von der Abgabenbefreiung bei den Umsatzsteuern und Sonderverbrauchsteuern ausschließen.

Artikel 3

Die in Artikel 2 aufgeführten Waren sind, wenn eine Kleinsendung nichtkommerzieller Art davon mehr als die in dem genannten Artikel festgelegten Mengen enthält, von der Zollbefreiung vollständig ausgeschlossen.

Artikel 4

(1) Der für die Anwendung dieser Richtlinie anzusetzende Euro-Gegenwert in Landeswährung wird einmal jährlich festgesetzt. Dabei sind die Sätze des ersten Werktags im Oktober mit Wirkung ab 1. Januar des darauf folgenden Jahres anzuwenden.

(2) Die Mitgliedstaaten können den in Artikel 1 Absatz 2 genannten Euro-Betrag nach Umrechnung in Landeswährung auf- oder abrunden, sofern hierbei 2 EUR nicht überschritten werden.

(3) Wenn sich der in Landeswährung ausgedrückte Betrag der Steuerfreigrenze durch die Umrechnung des in Euro ausgedrückten Freibetrags vor der in Absatz 2 vorgesehenen Auf- oder Abrundung um weniger als 5 % ändern sollte, können die Mitgliedstaaten den zum Zeitpunkt der in Absatz 1 vorgesehenen jährlichen Anpassung geltenden Betrag der Steuerfreigrenze beibehalten.

Artikel 5

Die Mitgliedstaaten teilen der Kommission den Wortlaut der wichtigsten innerstaatlichen Rechtsvorschriften mit, die sie auf dem unter diese Richtlinie fallenden Gebiet erlassen. Die Kommission setzt die anderen Mitgliedstaaten davon in Kenntnis.

Artikel 6

Die Richtlinie 78/1035/EWG wird unbeschadet der Verpflichtung der Mitgliedstaaten hinsichtlich der in Anhang I Teil B genannten Fristen für die Umsetzung in innerstaatliches Recht aufgehoben. Verweisungen auf die aufgehobene Richtlinie gelten als Verweisungen auf die vorliegende Richtlinie und sind nach Maßgabe der Entsprechungstabelle in Anhang II zu lesen.

Artikel 7

Diese Richtlinie tritt am zwanzigsten Tag nach ihrer Veröffentlichung im Amtsblatt der Europäischen Union in Kraft.

Artikel 8

Diese Richtlinie ist an die Mitgliedstaaten gerichtet.

Geschehen zu Luxemburg am 5. Oktober 2006.

Im Namen des Rates

Der Präsident

K. Rajamaeki

Anhänge I und II nicht abgedruckt.

Richtlinie des Rates
vom 28. November 2006
über das gemeinsame Mehrwertsteuersystem
(2006/112/EG)
ABl. L 347 vom 11.12.2006
1. RL 2006/138/EG vom 19.12.2006, ABl. L 384 S. 92 vom 29.12.2006
2. RL 2007/75/EG vom 20.12.2007, ABl. L 346 S. 13 vom 29.12.2007
3. RL 2008/08/EG vom 12.2.2008, ABl. L 44 S. 11 vom 20.2.2008
4. RL 2008/117/EG vom 16.12.2008, ABl. L 14 S. 7 vom 20.1.2009
5. RL 2009/47/EG vom 5.5.2009, ABl. L 116 S. 18 vom 9.5.2009
6. RL 2009/69/EG vom 25.6.2009, ABl. L 175 S. 12 vom 4.7.2009
7. RL 2009/162/EG vom 22.12.2009, ABl. L 10 S. 14 vom 15.1.2010
8. RL 2010/23/EG vom 16.3.2010, ABl. L 72 S. 1 vom 20.3.2010
9. RL 2010/45/EG vom 13.7.2010, ABl. L 189 S. 1 vom 22.7.2010
10. RL 2010/88/EU vom 7.12.2010, ABl. L 326 S. 1 vom 10.12.2010
11. Beschluss über die Aufnahme der Republik Kroatien vom 5.12.2011, ABl. L 112 S. 6 vom 24.4.2012
12. RL 2013/42/EU vom 22.7.2013, ABl. L 201 S. 1 vom 26.7.2013
13. RL 2013/43/EU vom 22.7.2013, ABl. L 201 S. 4 vom 26.7.2013
14. RL 2013/61/EU vom 17.12.2013, ABl. L 353 S. 5 vom 28.12.2013
15. RL 2016/856/EU vom 25.5.2016, ABl. L 142 S. 12 vom 31.5.2016
16. RL 2016/1065/EU vom 27.6.2016, ABl. L 177 S. 9 vom 1.7.2016

DER RAT DER EUROPÄISCHEN UNION –

gestützt auf den Vertrag zur Gründung der Europäischen Gemeinschaft, insbesondere auf Artikel 93,

auf Vorschlag der Kommission,

nach Stellungnahme des Europäischen Parlaments,

nach Stellungnahme des Europäischen Wirtschafts- und Sozialausschusses,

in Erwägung nachstehender Gründe:

(1) Die Richtlinie 77/388/EWG des Rates vom 17. Mai 1977 zur Harmonisierung der Rechtsvorschriften der Mitgliedstaaten über die Umsatzsteuern – Gemeinsames Mehrwertsteuersystem: einheitliche steuerpflichtige Bemessungsgrundlage wurde mehrfach erheblich geändert. Anlässlich neuerlicher Änderungen empfiehlt sich aus Gründen der Klarheit und Wirtschaftlichkeit eine Neufassung.

(2) Bei dieser Neufassung sollten die noch geltenden Bestimmungen der Richtlinie 67/227/EWG des Rates vom 11. April 1967 zur Harmonisierung der Rechtsvorschriften der Mitgliedstaaten über die Umsatzsteuer übernommen werden. Die genannte Richtlinie sollte daher aufgehoben werden.

(3) Im Einklang mit dem Grundsatz besserer Rechtsetzung sollten zur Gewährleistung der Klarheit und Wirtschaftlichkeit der Bestimmungen die Struktur und der Wortlaut der Richtlinie neu gefasst werden; dies sollte jedoch grundsätzlich nicht zu inhaltlichen Änderungen des geltenden Rechts führen. Einige inhaltliche Änderungen ergeben sich jedoch notwendigerweise im Rahmen der Neufassung und sollten dennoch vorgenommen werden. Soweit sich solche Änderungen ergeben, sind sie in den Bestimmungen über die Umsetzung und das Inkrafttreten der Richtlinie erschöpfend aufgeführt.

(4) Voraussetzung für die Verwirklichung des Ziels, einen Binnenmarkt zu schaffen ist, dass in den Mitgliedstaaten Rechtsvorschriften über die Umsatzsteuern angewandt

werden, durch die die Wettbewerbsbedingungen nicht verfälscht und der freie Waren- und Dienstleistungsverkehr nicht behindert werden. Es ist daher erforderlich, eine Harmonisierung der Rechtsvorschriften über die Umsatzsteuern im Wege eines Mehrwertsteuersystems vorzunehmen, um soweit wie möglich die Faktoren auszuschalten, die geeignet sind, die Wettbewerbsbedingungen sowohl auf nationaler Ebene als auch auf Gemeinschaftsebene zu verfälschen.

(5) Die größte Einfachheit und Neutralität eines Mehrwertsteuersystems wird erreicht, wenn die Steuer so allgemein wie möglich erhoben wird und wenn ihr Anwendungsbereich alle Produktions- und Vertriebsstufen sowie den Bereich der Dienstleistungen umfasst. Es liegt folglich im Interesse des Binnenmarktes und der Mitgliedstaaten, ein gemeinsames System anzunehmen, das auch auf den Einzelhandel Anwendung findet.

(6) Es ist notwendig, schrittweise vorzugehen, da die Harmonisierung der Umsatzsteuern in den Mitgliedstaaten zu Änderungen der Steuerstruktur führt und merkliche Folgen auf budgetärem, wirtschaftlichem und sozialem Gebiet hat.

(7) Das gemeinsame Mehrwertsteuersystem sollte, selbst wenn die Sätze und Befreiungen nicht völlig harmonisiert werden, eine Wettbewerbsneutralität in dem Sinne bewirken, dass gleichartige Gegenstände und Dienstleistungen innerhalb des Gebiets der einzelnen Mitgliedstaaten ungeachtet der Länge des Produktions- und Vertriebswegs steuerlich gleich belastet werden.

(8) In Durchführung des Beschlusses 2000/597/EG, Euratom des Rates vom 29. September 2000 über das System der Eigenmittel der Europäischen Gemeinschaften wird der Haushalt der Europäischen Gemeinschaften, unbeschadet der sonstigen Einnahmen, vollständig aus eigenen Mitteln der Gemeinschaften finanziert. Diese Mittel umfassen unter anderem Einnahmen aus der Mehrwertsteuer, die sich aus der Anwendung eines gemeinsamen Satzes auf eine Bemessungsgrundlage ergeben, die einheitlich nach Gemeinschaftsvorschriften bestimmt wird.

(9) Es ist unerlässlich, einen Übergangszeitraum vorzusehen, der eine schrittweise Anpassung der nationalen Rechtsvorschriften in den betreffenden Bereichen ermöglicht.

(10) Während dieser Übergangszeit sollten in den Bestimmungsmitgliedstaaten die innergemeinschaftlichen Umsätze anderer Steuerpflichtiger als derjenigen, die steuerbefreit sind, zu den Sätzen und Bedingungen dieser Mitgliedstaaten besteuert werden.

(11) Ferner sollten in dieser Übergangszeit in den Bestimmungsmitgliedstaaten der innergemeinschaftliche Erwerb, der von steuerbefreiten Steuerpflichtigen oder von nichtsteuerpflichtigen juristischen Personen in Höhe eines bestimmten Betrags getätigt wird, sowie bestimmte innergemeinschaftliche Versandgeschäfte und Lieferungen neuer Fahrzeuge, die an Privatpersonen oder an steuerbefreite oder nichtsteuerpflichtige Einrichtungen bewirkt werden, zu den Sätzen und Bedingungen dieser Mitgliedstaaten insofern besteuert werden, als die Behandlung dieser Umsätze ohne besondere Bestimmungen zu erheblichen Wettbewerbsverzerrungen zwischen den Mitgliedstaaten führen könnten.

(12) Aufgrund ihrer geografischen, wirtschaftlichen und sozialen Lage sollten bestimmte Gebiete vom Anwendungsbereich dieser Richtlinie ausgenommen werden.

(13) Der Begriff des Steuerpflichtigen sollte in einer Weise definiert werden, dass die Mitgliedstaaten zur Gewährleistung größtmöglicher Steuerneutralität auch Personen einbeziehen können, die gelegentlich Umsätze bewirken.

(14) Der Begriff des steuerbaren Umsatzes kann insbesondere hinsichtlich der diesem Umsatz gleichgestellten Umsätze zu Schwierigkeiten führen. Diese Begriffe sollten deshalb genauer definiert werden.

(15) Um den innergemeinschaftlichen Handelsverkehr im Bereich der Bearbeitung beweglicher körperlicher Gegenstände zu erleichtern, sollten die Einzelheiten der Besteuerung dieser Umsätze festgelegt werden, wenn diese für einen Dienstleistungsempfänger erbracht wurden, der eine Mehrwertsteuer-Identifikationsnummer in einem anderen Mitgliedstaat als dem hat, in dem der Umsatz tatsächlich bewirkt wurde.

(16) Der innergemeinschaftlichen Güterbeförderung sollte eine innerhalb des Gebiets eines Mitgliedstaats erbrachte, unmittelbar mit einer Beförderung zwischen Mitgliedstaaten zusammenhängende Beförderung gleichgestellt werden, um nicht nur die Grundsätze und Einzelheiten der Besteuerung für diese Beförderungsleistungen im Inland, sondern auch die Regeln für Nebentätigkeiten zu diesen Beförderungen und Dienstleistungen von Vermittlern, die sich bei der Erbringung dieser einzelnen Dienstleistungen einschalten, zu vereinfachen.

(17) Die Bestimmung des Ortes des steuerbaren Umsatzes kann insbesondere in Bezug auf Lieferungen von Gegenständen mit Montage und Dienstleistungen zu Kompetenzkonflikten zwischen den Mitgliedstaaten führen. Wenn auch als Ort der Dienstleistung grundsätzlich der Ort gelten sollte, an dem der Dienstleistende den Sitz seiner wirtschaftlichen Tätigkeit hat, ist es doch angebracht, dass insbesondere für bestimmte zwischen Steuerpflichtigen erbrachte Dienstleistungen, deren Kosten in den Preis der Gegenstände eingehen, als Ort der Dienstleistung der Mitgliedstaat des Dienstleistungsempfängers gilt.

(18) Der Ort der Besteuerung bestimmter Umsätze, die an Bord eines Schiffes, eines Flugzeugs oder in einer Eisenbahn während einer Personenbeförderung innerhalb der Gemeinschaft bewirkt werden, sollte genauer definiert werden.

(19) Elektrizität und Gas werden für die Zwecke der Mehrwertsteuer als Gegenstände behandelt. Es ist jedoch äußerst schwierig, den Ort der Lieferung zu bestimmen. Zur Vermeidung von Doppel- oder Nichtbesteuerung und zur Erzielung eines echten Gas- und Elektrizitätsbinnenmarkts ohne Behinderung durch die Mehrwertsteuer sollte daher als Ort der Lieferung von Gas – über das Erdgasverteilungsnetz – und von Elektrizität vor der Stufe des Endverbrauchs der Ort gelten, an dem der Erwerber den Sitz seiner wirtschaftlichen Tätigkeit hat. Die Lieferung von Elektrizität und Gas auf der Stufe des Endverbrauchs, vom Unternehmer und Verteiler an den Endverbraucher, sollte an dem Ort besteuert werden, an dem der Erwerber die Gegenstände tatsächlich nutzt und verbraucht.

(20) Die Anwendung der allgemeinen Regel, nach der Dienstleistungen in dem Mitgliedstaat besteuert werden, in dem der Dienstleistungserbringer ansässig ist, kann bei der Vermietung eines beweglichen körperlichen Gegenstandes zu erheblichen Wettbewerbsverzerrungen führen, wenn Vermieter und Mieter in verschiedenen Mitgliedstaaten ansässig sind und die Steuersätze in diesen Mitgliedstaaten unterschiedlich hoch sind. Daher sollte festgelegt werden, dass der Ort der Dienstleistung der Ort ist, an dem der Dienstleistungsempfänger den Sitz seiner wirtschaftlichen Tätigkeit oder eine feste Niederlassung hat, für die die Dienstleistung erbracht worden ist, oder in Ermangelung eines solchen Sitzes oder einer solchen Niederlassung sein Wohnsitz oder sein gewöhnlicher Aufenthaltsort.

(21) Bei der Vermietung von Beförderungsmitteln sollte diese allgemeine Regel jedoch aus Kontrollgründen strikt angewandt werden und somit als Ort der Dienstleistung der Ort anzusehen sein, an dem der Dienstleistungserbringer ansässig ist.

(22) Sämtliche Telekommunikationsdienstleistungen, die in der Gemeinschaft in Anspruch genommen werden, sollten besteuert werden, um Wettbewerbsverzerrungen in

diesem Bereich vorzubeugen. Um dieses Ziel zu erreichen, sollten Telekommunikationsdienstleistungen, die an in der Gemeinschaft ansässige Steuerpflichtige oder an in Drittländern ansässige Dienstleistungsempfänger erbracht werden, grundsätzlich an dem Ort besteuert werden, an dem der Dienstleistungsempfänger ansässig ist. Damit Telekommunikationsdienstleistungen, die von in Drittgebieten oder Drittländern ansässigen Steuerpflichtigen an in der Gemeinschaft ansässige Nichtsteuerpflichtige erbracht und in der Gemeinschaft tatsächlich genutzt oder ausgewertet werden, einheitlich besteuert werden, sollten die Mitgliedstaaten jedoch festlegen, dass sich der Ort der Dienstleistungen in der Gemeinschaft befindet.

(23) Ebenfalls um Wettbewerbsverzerrungen vorzubeugen sollten Rundfunk- und Fernsehdienstleistungen sowie elektronisch erbrachte Dienstleistungen, die aus Drittgebieten oder Drittländern an in der Gemeinschaft ansässige Personen oder aus der Gemeinschaft an in Drittgebieten oder Drittländern ansässige Dienstleistungsempfänger erbracht werden, an dem Ort besteuert werden, an dem der Dienstleistungsempfänger ansässig ist.

(24) Die Begriffe „Steuertatbestand" und „Steueranspruch" sollten harmonisiert werden, damit die Anwendung und die späteren Änderungen des gemeinsamen Mehrwertsteuersystems in allen Mitgliedstaaten zum gleichen Zeitpunkt wirksam werden.

(25) Die Steuerbemessungsgrundlage sollte harmonisiert werden, damit die Anwendung der Mehrwertsteuer auf die steuerbaren Umsätze in allen Mitgliedstaaten zu vergleichbaren Ergebnissen führt.

(26) Um zu gewährleisten, dass die Einschaltung verbundener Personen zur Erzielung von Steuervorteilen nicht zu Steuerausfällen führt, sollten die Mitgliedstaaten die Möglichkeit haben, unter bestimmten, genau festgelegten Umständen hinsichtlich des Wertes von Lieferungen von Gegenständen, Dienstleistungen und innergemeinschaftlichen Erwerben von Gegenständen tätig zu werden.

(27) Zur Vermeidung von Steuerhinterziehung oder -umgehung sollten die Mitgliedstaaten die Möglichkeit haben, in die Steuerbemessungsgrundlage eines Umsatzes, der die Verarbeitung von Anlagegold umfasst, das von einem Leistungsempfänger zur Verfügung gestellt wird, auch den Wert dieses Anlagegolds einzubeziehen, wenn es durch die Verarbeitung seinen Status als Anlagegold verliert. Bei Anwendung dieser Regelungen sollte den Mitgliedstaaten ein gewisser Ermessensspielraum eingeräumt werden.

(28) Die Abschaffung der Steuerkontrollen an den Grenzen erfordert, dass zur Vermeidung von Wettbewerbsverzerrungen neben einer einheitlichen Mehrwertsteuer-Bemessungsgrundlage auch die Steuersätze hinsichtlich ihrer Anzahl und ihrer Höhe zwischen den Mitgliedstaaten hinreichend aneinander angenähert werden.

(29) Der in den Mitgliedstaaten derzeit geltende Normalsatz der Mehrwertsteuer gewährleistet in Verbindung mit den Mechanismen der Übergangsregelung, dass diese Regelung in akzeptabler Weise funktioniert. Um zu verhindern, dass Unterschiede zwischen den von den Mitgliedstaaten angewandten Mehrwertsteuer-Normalsätzen zu strukturellen Ungleichgewichten innerhalb der Gemeinschaft und zu Wettbewerbsverzerrungen in bestimmten Wirtschaftszweigen führen, sollte ein zu überprüfender Mindestnormalsatz von 15 % festgesetzt werden.

(30) Um die Neutralität der Mehrwertsteuer zu erhalten, sollten die von den Mitgliedstaaten angewandten Steuersätze den normalen Abzug der Steuerbelastung der vorausgehenden Umsatzstufe ermöglichen.

(31) Während der Übergangszeit sollten bestimmte Ausnahmen hinsichtlich der Anzahl und der Höhe der Sätze möglich sein.

(32) Zur besseren Bewertung der Auswirkung der ermäßigten Sätze muss die Kommission einen Bericht vorlegen, in dem sie die Auswirkung der auf lokal erbrachte Dienstleistungen angewandten ermäßigten Sätze bewertet, insbesondere in Bezug auf die Schaffung von Arbeitsplätzen, das Wirtschaftswachstum und das reibungslose Funktionieren des Binnenmarkts.

(33) Zur Bekämpfung der Arbeitslosigkeit sollte den Mitgliedstaaten, die dies wünschen, die Möglichkeit eingeräumt werden, zu erproben, wie sich eine Ermäßigung der Mehrwertsteuer auf arbeitsintensive Dienstleistungen auf die Schaffung von Arbeitsplätzen auswirkt. Diese Ermäßigung könnte für die Unternehmen zudem den Anreiz mindern, sich in der Schattenwirtschaft zu betätigen.

(34) Eine derartige Ermäßigung des Steuersatzes könnte allerdings das reibungslose Funktionieren des Binnenmarktes und die Steuerneutralität gefährden. Daher sollte ein Verfahren zur Erteilung von Ermächtigungen für einen festen Zeitraum vorgesehen werden, der ausreichend lang ist, um die Auswirkungen der auf lokal erbrachte Dienstleistungen angewandten ermäßigten Steuersätze einschätzen zu können, und der Anwendungsbereich einer solchen Maßnahme genau definiert werden, um zu gewährleisten, dass sie überprüfbar und begrenzt ist.

(35) Im Hinblick auf eine gleichmäßige Erhebung der Eigenmittel in allen Mitgliedstaaten sollte ein gemeinsames Verzeichnis der Steuerbefreiungen aufgestellt werden.

(36) Zum Vorteil der Steuerschuldner sowie der zuständigen Verwaltungen sollten die Verfahren für die Anwendung der Mehrwertsteuer auf bestimmte innergemeinschaftliche Lieferungen und Erwerbe verbrauchsteuerpflichtiger Waren an die Verfahren und Erklärungspflichten für den Fall der Beförderung derartiger Waren in einen anderen Mitgliedstaat angeglichen werden, die in der Richtlinie 92/12/EWG des Rates vom 25. Februar 1992 über das allgemeine System, den Besitz, die Beförderung und die Kontrolle verbrauchsteuerpflichtiger Waren geregelt sind.

(37) Die Lieferung von Gas – über das Erdgasverteilungsnetz – und von Elektrizität, wird am Ort des Erwerbers besteuert. Um eine Doppelbesteuerung zu vermeiden, sollte die Einfuhr derartiger Waren daher von der Mehrwertsteuer befreit werden.

(38) Für steuerbare Umsätze, einschließlich Reihengeschäften, im Zusammenhang mit dem innergemeinschaftlichen Handelsverkehr, die während der Übergangszeit im inneren Anwendungsbereich der Steuer von Steuerpflichtigen bewirkt werden, die nicht im Gebiet des Mitgliedstaats des innergemeinschaftlichen Erwerbs der Gegenstände ansässig sind, ist es erforderlich, Vereinfachungsmaßnahmen vorzusehen, die eine gleichartige Behandlung in allen Mitgliedstaaten gewährleisten. Hierzu sollten die Vorschriften über die steuerliche Behandlung dieser Umsätze und zur Bestimmung des Steuerschuldners für diese Umsätze harmonisiert werden. Von der Anwendung dieser Regelungen sollten jedoch grundsätzlich Gegenstände ausgenommen werden, die zur Lieferung auf der Einzelhandelsstufe bestimmt sind.

(39) Der Vorsteuerabzug sollte insoweit harmonisiert werden, als er die tatsächliche Höhe der Besteuerung beeinflusst, und die Pro-rata-Sätze des Vorsteuerabzugs sollten in allen Mitgliedstaaten auf gleiche Weise berechnet werden.

(40) Die Regelung, die eine Berichtigung des Vorsteuerabzugs für Investitionsgüter entsprechend ihrer tatsächlichen Nutzungsdauer vorsieht, sollte auch auf Dienstleistungen, die die Merkmale von Investitionsgütern aufweisen, Anwendung finden.

(41) Es sollte festgelegt werden, wer Steuerschuldner ist, insbesondere bei bestimmten Dienstleistungen, bei denen der Dienstleistungserbringer nicht in dem Mitgliedstaat ansässig ist, in dem die Steuer geschuldet wird.

(42) Die Mitgliedstaaten sollten in die Lage versetzt werden, in bestimmten Fällen den Erwerber von Gegenständen oder den Dienstleistungsempfänger als Steuerschuldner zu bestimmen. Dies würde es den Mitgliedstaaten erlauben, die Vorschriften zu vereinfachen und die Steuerhinterziehung und -umgehung in bestimmten Sektoren oder bei bestimmten Arten von Umsätzen zu bekämpfen.

(43) Die Mitgliedstaaten sollten den Einfuhrsteuerschuldner nach freiem Ermessen bestimmen können.

(44) Die Mitgliedstaaten sollten auch Regelungen treffen können, nach denen eine andere Person als der Steuerschuldner gesamtschuldnerisch für die Entrichtung der Steuer haftet.

(45) Die Pflichten der Steuerpflichtigen sollten soweit wie möglich harmonisiert werden, um die erforderliche Gleichmäßigkeit bei der Steuererhebung in allen Mitgliedstaaten sicherzustellen.

(46) Die Verwendung elektronischer Rechnungstellung sollte den Steuerverwaltungen ermöglichen, ihre Kontrollen durchzuführen. Um ein reibungsloses Funktionieren des Binnenmarkts zu gewährleisten, sollte daher ein harmonisiertes Verzeichnis der Angaben erstellt werden, die jede Rechnung enthalten muss; ferner sollten eine Reihe gemeinsamer Modalitäten für die elektronische Rechnungstellung, die elektronische Aufbewahrung der Rechnungen, die Erstellung von Gutschriften und die Verlagerung der Rechnungstellung auf Dritte festgelegt werden.

(47) Vorbehaltlich der von ihnen festzulegenden Bedingungen sollten die Mitgliedstaaten die elektronische Einreichung von bestimmten Meldungen und Erklärungen zulassen und die elektronische Übermittlung vorschreiben können.

(48) Das notwendige Streben nach einer Erleichterung der Verwaltungs- und Statistikformalitäten für die Unternehmen, insbesondere für kleine und mittlere Unternehmen, sollte mit der Durchführung wirksamer Kontrollmaßnahmen und mit der sowohl aus wirtschaftlichen als steuerlichen Gründen unerlässlichen Wahrung der Qualität der gemeinschaftlichen Statistikinstrumente in Einklang gebracht werden.

(49) In Bezug auf Kleinunternehmen sollte den Mitgliedstaaten gestattet werden, ihre Sonderregelungen gemäß gemeinsamen Bestimmungen im Hinblick auf eine weiter gehende Harmonisierung beizubehalten.

(50) In Bezug auf die Landwirte sollten die Mitgliedstaaten die Möglichkeit haben, eine Sonderregelung anzuwenden, die zugunsten der Landwirte, die nicht unter die normale Regelung fallen, einen Pauschalausgleich für die Vorsteuerbelastung enthält. Diese Regelung sollte in ihren wesentlichen Grundsätzen festgelegt werden, und für die Erfordernisse der Erhebung der Eigenmittel sollte ein gemeinsames Verfahren für die Bestimmung des von diesen Landwirten erzielten Mehrwerts definiert werden.

(51) Es sollte eine gemeinschaftliche Regelung für die Besteuerung auf dem Gebiet der Gebrauchtgegenstände, Kunstgegenstände, Antiquitäten und Sammlungsstücke erlassen werden, um Doppelbesteuerungen und Wettbewerbsverzerrungen zwischen Steuerpflichtigen zu vermeiden.

(52) Die Anwendung der normalen Steuerregelung auf Gold ist ein großes Hindernis für seine Verwendung als Finanzanlage, weshalb die Anwendung einer besonderen Steuerregelung, auch im Hinblick auf die Verbesserung der internationalen Wettbewerbsfähigkeit des gemeinschaftlichen Goldmarktes, gerechtfertigt ist.

(53) Lieferungen von Gold zu Anlagezwecken entsprechen ihrer Art nach anderen Finanzanlagen, die von der Steuer befreit sind. Die Steuerbefreiung erscheint daher als die geeignetste steuerliche Behandlung der Umsätze von Anlagegold.

(54) Die Definition von Anlagegold sollte Goldmünzen einbeziehen, deren Wert in erster Linie auf dem Preis des in ihnen enthaltenen Goldes beruht. Aus Gründen der Transparenz und der Rechtssicherheit für die mit derartigen Münzen handelnden Wirtschaftsbeteiligten sollte alljährlich ein Verzeichnis der Münzen erstellt werden, auf die die Regelung für Anlagegold anzuwenden ist. Ein solches Verzeichnisses schließt die Steuerbefreiung von Münzen, die in dem Verzeichnis nicht enthalten sind, aber die Kriterien dieser Richtlinie erfüllen, nicht aus.

(55) Um Steuerhinterziehungen zu verhindern, gleichzeitig aber die mit der Lieferung von Gold ab einem bestimmten Feingehalt verbundenen Finanzierungskosten zu verringern, ist es gerechtfertigt, den Mitgliedstaaten zu gestatten, den Erwerber als Steuerschuldner zu bestimmen.

(56) Um Wirtschaftsbeteiligten, die elektronisch erbrachte Dienstleistungen anbieten und weder in der Gemeinschaft ansässig sind noch für die Zwecke der Mehrwertsteuer dort erfasst sein müssen, die Erfüllung ihrer steuerlichen Pflichten zu erleichtern, sollte eine Sonderregelung festgelegt werden. In Anwendung dieser Regelung kann ein Wirtschaftsbeteiligter, der an Nichtsteuerpflichtige in der Gemeinschaft derartige elektronische Dienstleistungen erbringt, sich für eine Registrierung in einem einzigen Mitgliedstaat entscheiden, falls er nicht in anderer Weise in der Gemeinschaft für die Zwecke der Mehrwertsteuer erfasst ist.

(57) Die Bestimmungen über Rundfunk- und Fernsehdienstleistungen sowie bestimmte elektronisch erbrachte Dienstleistungen sollten befristet werden und nach kurzer Zeit anhand der gesammelten Erfahrungen überprüft werden.

(58) Die koordinierte Anwendung dieser Richtlinie sollte gefördert werden und hierzu ist es unerlässlich, einen Beratenden Ausschuss für die Mehrwertsteuer einzusetzen, der es ermöglicht, eine enge Zusammenarbeit zwischen den Mitgliedstaaten und der Kommission in diesem Bereich herbeizuführen.

(59) Es ist in bestimmten Grenzen und unter bestimmten Bedingungen angebracht, dass die Mitgliedstaaten von dieser Richtlinie abweichende Sondermaßnahmen ergreifen oder weiter anwenden können, um die Steuererhebung zu vereinfachen oder bestimmte Formen der Steuerhinterziehung oder -umgehung zu verhüten.

(60) Um zu verhindern, dass ein Mitgliedstaat im Ungewissen darüber bleibt, wie die Kommission mit seinem Antrag auf Ermächtigung zu einer Ausnahmeregelung zu verfahren beabsichtigt, sollte eine Frist vorgesehen werden, innerhalb derer die Kommission

dem Rat entweder einen Vorschlag zur Ermächtigung oder eine Mitteilung über ihre Einwände vorlegen muss.

(61) Eine einheitliche Anwendung des Mehrwertsteuersystems ist von grundlegender Bedeutung. Zur Erreichung dieses Ziels sollten Durchführungsmaßnahmen erlassen werden.

(62) Insbesondere sollten diese Maßnahmen das Problem der Doppelbesteuerung grenzüberschreitender Umsätze behandeln, das durch eine unterschiedliche Anwendung der Regeln für den Ort der steuerbaren Umsätze durch die Mitgliedstaaten auftreten kann.

(63) Trotz des begrenzten Anwendungsbereichs der Durchführungsmaßnahmen haben solche Maßnahmen Auswirkungen auf den Haushalt, die für einen oder mehrere Mitgliedstaaten bedeutend sein könnten. Durch die Auswirkungen dieser Maßnahmen auf den Haushalt der Mitgliedstaaten ist es gerechtfertigt, dass sich der Rat die Durchführungsbefugnisse vorbehält.

(64) Angesichts ihres begrenzten Anwendungsbereichs sollte vorgesehen werden, dass diese Durchführungsmaßnahmen vom Rat auf Vorschlag der Kommission einstimmig angenommen werden.

(65) Da die Ziele dieser Richtlinie aus den dargelegten Gründen auf Ebene der Mitgliedstaaten nicht ausreichend verwirklicht werden können und daher besser auf Gemeinschaftsebene zu verwirklichen sind, kann die Gemeinschaft im Einklang mit dem in Artikel 5 des Vertrags niedergelegten Subsidiaritätsprinzip tätig werden. Entsprechend dem in demselben Artikel genannten Grundsatz der Verhältnismäßigkeit geht diese Richtlinie nicht über das zum Erreichen dieser Ziele erforderliche Maß hinaus.

(66) Die Pflicht zur Umsetzung dieser Richtlinie in nationales Recht sollte nur jene Bestimmungen erfassen, die im Vergleich zu den bisherigen Richtlinien inhaltlich geändert wurden. Die Pflicht zur Umsetzung der inhaltlich unveränderten Bestimmungen ergibt sich aus den bisherigen Richtlinien.

(67) Diese Richtlinie sollte die Verpflichtung der Mitgliedstaaten hinsichtlich der Fristen für die Umsetzung in nationales Recht der in Anhang XI Teil B aufgeführten Richtlinie unberührt lassen –

HAT FOLGENDE RICHTLINIE ERLASSEN:

INHALT

TITEL I ZIELSETZUNG UND ANWENDUNGSBEREICH

TITEL II RÄUMLICHER ANWENDUNGSBEREICH

TITEL III STEUERPFLICHTIGER

TITEL IV STEUERBARER UMSATZ

Kapitel 1 Lieferung von Gegenständen

Kapitel 2 Innergemeinschaftlicher Erwerb von Gegenständen

Kapitel 3 Dienstleistungen

Kapitel 4 Einfuhr von Gegenständen

TITEL V ORT DES STEUERBAREN UMSATZES
Kapitel 1 Ort der Lieferung von Gegenständen
Abschnitt 1 Lieferung von Gegenständen ohne Beförderung
Abschnitt 2 Lieferung von Gegenständen mit Beförderung
Abschnitt 3 Lieferung von Gegenständen an Bord eines Schiffes, eines Flugzeugs oder in einer Eisenbahn
Abschnitt 4 Lieferung von Gegenständen über die Verteilungsnetze
Kapitel 2 Ort des innergemeinschaftlichen Erwerbs von Gegenständen
Kapitel 3 Ort der Dienstleistung
Abschnitt 1 Allgemeine Bestimmung
Abschnitt 2 Besondere Bestimmungen
Unterabschnitt 1 Dienstleistungen von Vermittlern
Unterabschnitt 2 Dienstleistungen im Zusammenhang mit Grundstücken
Unterabschnitt 3 Beförderungsleistungen
Unterabschnitt 4 Kulturelle und ähnliche Dienstleistungen, mit der Beförderung zusammenhängende Dienstleistungen und Dienstleistungen im Zusammenhang mit beweglichen körperlichen Gegenständen
Unterabschnitt 5 Sonstige Dienstleistungen
Unterabschnitt 6 Kriterium der tatsächlichen Nutzung oder Auswertung
Kapitel 4 Ort der Einfuhr von Gegenständen

TITEL VI STEUERTATBESTAND UND STEUERANSPRUCH
Kapitel 1 Allgemeine Bestimmungen
Kapitel 2 Lieferung von Gegenständen und Dienstleistungen
Kapitel 3 Innergemeinschaftlicher Erwerb von Gegenständen
Kapitel 4 Einfuhr von Gegenständen

TITEL VII STEUERBEMESSUNGSGRUNDLAGE
Kapitel 1 Begriffsbestimmung
Kapitel 2 Lieferung von Gegenständen und Dienstleistungen
Kapitel 3 Innergemeinschaftlicher Erwerb von Gegenständen
Kapitel 4 Einfuhr von Gegenständen
Kapitel 5 Verschiedene Bestimmungen

TITEL VIII STEUERSÄTZE
Kapitel 1 Anwendung der Steuersätze
Kapitel 2 Struktur und Höhe der Steuersätze
Abschnitt 1 Normalsatz
Abschnitt 2 Ermäßigte Steuersätze
Abschnitt 3 Besondere Bestimmungen
Kapitel 3 Befristete Bestimmungen für bestimmte arbeitsintensive Dienstleistungen
Kapitel 4 Bis zur Einführung der endgültigen Mehrwertsteuerregelung geltende besondere Bestimmungen
Kapitel 5 Befristete Bestimmungen

TITEL IX STEUERBEFREIUNGEN
Kapitel 1 Allgemeine Bestimmungen
Kapitel 2 Steuerbefreiungen für bestimmte, dem Gemeinwohl dienende Tätigkeiten
Kapitel 3 Steuerbefreiungen für andere Tätigkeiten

Kapitel 4 Steuerbefreiungen bei innergemeinschaftlichen Umsätzen
Abschnitt 1 Steuerbefreiungen bei der Lieferung von Gegenständen
Abschnitt 2 Steuerbefreiungen beim innergemeinschaftlichen
    Erwerb von Gegenständen
Abschnitt 3 Steuerbefreiungen für bestimmte Beförderungsleistungen
Kapitel 5 Steuerbefreiungen bei der Einfuhr
Kapitel 6 Steuerbefreiungen bei der Ausfuhr
Kapitel 7 Steuerbefreiungen bei grenzüberschreitenden Beförderungen
Kapitel 8 Steuerbefreiungen bei bestimmten, Ausfuhren gleich-
    gestellten Umsätzen
Kapitel 9 Steuerbefreiungen für Dienstleistungen von Vermittlern
Kapitel 10 Steuerbefreiungen beim grenzüberschreitenden Warenverkehr
Abschnitt 1 Zolllager, andere Lager als Zolllager sowie gleichartige Regelungen
Abschnitt 2 Steuerbefreiung von Umsätzen im Hinblick auf eine
    Ausfuhr und im Rahmen des Handels zwischen den Mitgliedstaaten
Abschnitt 3 Gemeinsame Bestimmungen für die Abschnitte 1 und 2

TITEL X VORSTEUERABZUG

Kapitel 1 Entstehung und Umfang des Rechts auf Vorsteuerabzug
Kapitel 2 Pro-rata-Satz des Vorsteuerabzugs
Kapitel 3 Einschränkungen des Rechts auf Vorsteuerabzug
Kapitel 4 Einzelheiten der Ausübung des Rechts auf Vorsteuerabzug
Kapitel 5 Berichtigung des Vorsteuerabzugs

TITEL XI PFLICHTEN DER STEUERPFLICHTIGEN UND BESTIMMTER NICHTSTEUERPFLICHTIGER PERSONEN

Kapitel 1 Zahlungspflicht
Abschnitt 1 Steuerschuldner gegenüber dem Fiskus
Abschnitt 2 Einzelheiten der Entrichtung
Kapitel 2 Identifikation
Kapitel 3 Rechnungstellung
Abschnitt 1 Begriffsbestimmung
Abschnitt 2 Definition der Rechnung
Abschnitt 3 Ausstellung der Rechnung
Abschnitt 4 Rechnungsangaben
Abschnitt 5 Elektronische Übermittlung von Rechnungen
Abschnitt 6 Vereinfachungsmaßnahmen
Kapitel 4 Aufzeichnungen
Abschnitt 1 Begriffsbestimmung
Abschnitt 2 Allgemeine Pflichten
Abschnitt 3 Pflichten in Bezug auf die Aufbewahrung aller Rechnungen
Abschnitt 4 Recht auf Zugriff auf in einem anderen Mitgliedstaat
    elektronisch aufbewahrte Rechnungen
Kapitel 5 Erklärungspflichten
Kapitel 6 Zusammenfassende Meldung
Kapitel 7 Verschiedenes
Kapitel 8 Pflichten bei bestimmten Einfuhr- und Ausfuhrumsätzen
Abschnitt 1 Einfuhrumsätze
Abschnitt 2 Ausfuhrumsätze

TITEL XII SONDERREGELUNGEN
Kapitel 1 Sonderregelung für Kleinunternehmen
Abschnitt 1 Vereinfachte Modalitäten für die Besteuerung und die Steuererhebung
Abschnitt 2 Steuerbefreiungen und degressive Steuerermäßigungen
Abschnitt 3 Bericht und Überprüfung
Kapitel 2 Gemeinsame Pauschalregelung für landwirtschaftliche Erzeuger
Kapitel 3 Sonderregelung für Reisebüros
Kapitel 4 Sonderregelungen für Gebrauchtgegenstände, Kunstgegenstände, Sammlungsstücke und Antiquitäten
Abschnitt 1 Begriffsbestimmungen
Abschnitt 2 Sonderregelung für steuerpflichtige Wiederverkäufer
Unterabschnitt 1 Differenzbesteuerung
Unterabschnitt 2 Übergangsregelung für Gebrauchtfahrzeuge
Abschnitt 3 Sonderregelung für öffentliche Versteigerungen
Abschnitt 4 Verhütung von Wettbewerbsverzerrungen und Steuerbetrug
Kapitel 5 Sonderregelung für Anlagegold
Abschnitt 1 Allgemeine Bestimmungen
Abschnitt 2 Steuerbefreiung
Abschnitt 3 Besteuerungswahlrecht
Abschnitt 4 Umsätze auf einem geregelten Goldmarkt
Abschnitt 5 Besondere Rechte und Pflichten von Händlern mit Anlagegold
Kapitel 6 Sonderregelung für nicht in der Gemeinschaft ansässige Steuerpflichtige, die elektronische Dienstleistungen an Nichtsteuerpflichtige erbringen
Abschnitt 1 Allgemeine Bestimmungen
Abschnitt 2 Sonderregelung für elektronisch erbrachte Dienstleistungen

TITEL XIII AUSNAHMEN
Kapitel 1 Bis zur Annahme einer endgültigen Regelung geltende Ausnahmen
Abschnitt 1 Ausnahmen für Staaten, die am 1. Januar 1978 Mitglied der Gemeinschaft waren
Abschnitt 2 Ausnahmen für Staaten, die der Gemeinschaft nach dem 1. Januar 1978 beigetreten sind
Abschnitt 3 Gemeinsame Bestimmungen zu den Abschnitten 1 und 2
Kapitel 2 Im Wege einer Ermächtigung genehmigte Ausnahmen
Abschnitt 1 Maßnahmen zur Vereinfachung und zur Verhinderung der Steuerhinterziehung und -umgehung
Abschnitt 2 Internationale Übereinkommen

TITEL XIV VERSCHIEDENES
Kapitel 1 Durchführungsmaßnahmen
Kapitel 2 Mehrwertsteuerausschuss
Kapitel 3 Umrechnungskurs
Kapitel 4 Andere Steuern, Abgaben und Gebühren

TITEL XV SCHLUSSBESTIMMUNGEN
Kapitel 1 Übergangsregelung für die Besteuerung des Handelsverkehrs zwischen den Mitgliedstaaten
Kapitel 2 Übergangsbestimmungen im Rahmen der Beitritte zur Europäischen Union
Kapitel 3 Umsetzung und Inkrafttreten

ANHANG I VERZEICHNIS DER TÄTIGKEITEN IM SINNE
  DES ARTIKELS 13 ABSATZ 1 UNTERABSATZ 3
ANHANG II EXEMPLARISCHES VERZEICHNIS ELEKTRONISCH
  ERBRACHTER DIENSTLEISTUNGEN IM SINNE DES
  ARTIKELS 56 ABSATZ 1 BUCHSTABE K
ANHANG III VERZEICHNIS DER LIEFERUNGEN VON
  GEGENSTÄNDEN UND DIENSTLEISTUNGEN, AUF DIE
  ERMÄSSIGTE MWST–SÄTZE GEMÄSS ARTIKEL 98
  ANGEWANDT WERDEN KÖNNEN
ANHANG IV VERZEICHNIS DER DIENSTLEISTUNGEN
  IM SINNE DES ARTIKELS 106
ANHANG V KATEGORIEN VON GEGENSTÄNDEN,
  DIE NACH ARTIKEL 160 ABSATZ 2 REGELUNGEN
  FÜR ANDERE LAGER ALS ZOLLLAGER UNTERLIEGEN
ANHANG VI VERZEICHNIS DER IN ARTIKEL 199 ABSATZ 1
  BUCHSTABE D GENANNTEN LIEFERUNGEN VON
  GEGENSTÄNDEN UND DIENSTLEISTUNGEN
ANHANG VII VERZEICHNIS DER TÄTIGKEITEN DER
  LANDWIRTSCHAFTLICHEN ERZEUGUNG IM SINNE
  DES ARTIKELS 295 ABSATZ 1 NUMMER 4
ANHANG VIII EXEMPLARISCHES VERZEICHNIS DER
  LANDWIRTSCHAFTLICHEN DIENSTLEISTUNGEN
  IM SINNE DES ARTIKELS 295 ABSATZ 1 NUMMER 5
ANHANG IX KUNSTGEGENSTÄNDE, SAMMLUNGSSTÜCKE
  UND ANTIQUITÄTEN IM SINNE DES ARTIKELS 311
  ABSATZ 1 NUMMERN 2, 3 UND 4
Teil A Kunstgegenstände
Teil B Sammlungsstücke
Teil C Antiquitäten
ANHANG X VERZEICHNIS DER UMSÄTZE, FÜR DIE DIE
  AUSNAHMEN GEMÄSS DEN ARTIKELN 370 UND 371
  SOWIE 375 BIS 390c gelten
Teil A Umsätze, die die Mitgliedstaaten weiterhin besteuern dürfen
Teil B Umsätze, die die Mitgliedstaaten weiterhin von der Steuer befreien dürfen
ANHANG XI
  Teil A Aufgehobene Richtlinien mit ihren nachfolgenden Änderungen
  Teil B Fristen für die Umsetzung in nationales Recht
ANHANG XII ENTSPRECHUNGSTABELLE

TITEL I

ZIELSETZUNG UND ANWENDUNGSBEREICH

Artikel 1

(1) Diese Richtlinie legt das gemeinsame Mehrwertsteuersystem fest.

(2) Das gemeinsame Mehrwertsteuersystem beruht auf dem Grundsatz, dass auf Gegenstände und Dienstleistungen, ungeachtet der Zahl der Umsätze, die auf den vor der Besteuerungsstufe liegenden Produktions- und Vertriebsstufen bewirkt wurden, eine all-

gemeine, zum Preis der Gegenstände und Dienstleistungen genau proportionale Verbrauchsteuer anzuwenden ist.

Bei allen Umsätzen wird die Mehrwertsteuer, die nach dem auf den Gegenstand oder die Dienstleistung anwendbaren Steuersatz auf den Preis des Gegenstands oder der Dienstleistung errechnet wird, abzüglich des Mehrwertsteuerbetrags geschuldet, der die verschiedenen Kostenelemente unmittelbar belastet hat.

Das gemeinsame Mehrwertsteuersystem wird bis zur Einzelhandelsstufe, diese eingeschlossen, angewandt.

Artikel 2

(1) Der Mehrwertsteuer unterliegen folgende Umsätze:

a) Lieferungen von Gegenständen, die ein Steuerpflichtiger als solcher im Gebiet eines Mitgliedstaats gegen Entgelt tätigt;

b) der innergemeinschaftliche Erwerb von Gegenständen im Gebiet eines Mitgliedstaats gegen Entgelt

   i) durch einen Steuerpflichtigen, der als solcher handelt, oder durch eine nichtsteuerpflichtige juristische Person, wenn der Verkäufer ein Steuerpflichtiger ist, der als solcher handelt, für den die Mehrwertsteuerbefreiung für Kleinunternehmen gemäß den Artikeln 282 bis 292 nicht gilt und der nicht unter Artikel 33 oder 36 fällt;

   ii) wenn der betreffende Gegenstand ein neues Fahrzeug ist, durch einen Steuerpflichtigen oder eine nichtsteuerpflichtige juristische Person, deren übrige Erwerbe gemäß Artikel 3 Absatz 1 nicht der Mehrwertsteuer unterliegen, oder durch jede andere nichtsteuerpflichtige Person;

   iii) wenn die betreffenden Gegenstände verbrauchsteuerpflichtige Waren sind, bei denen die Verbrauchsteuer nach der Richtlinie 92/12/EWG im Gebiet des Mitgliedstaats entsteht, durch einen Steuerpflichtigen oder eine nichtsteuerpflichtige juristische Person, deren übrige Erwerbe gemäß Artikel 3 Absatz 1 nicht der Mehrwertsteuer unterliegen;

c) Dienstleistungen, die ein Steuerpflichtiger als solcher im Gebiet eines Mitgliedstaats gegen Entgelt erbringt;

d) die Einfuhr von Gegenständen.

(2) a) Für Zwecke des Absatzes 1 Buchstabe b Ziffer ii gelten als „Fahrzeug" folgende Fahrzeuge zur Personen- oder Güterbeförderung:

   i) motorbetriebene Landfahrzeuge mit einem Hubraum von mehr als 48 Kubikzentimetern oder einer Leistung von mehr als 7,2 Kilowatt;

   ii) Wasserfahrzeuge mit einer Länge von mehr als 7,5 Metern, ausgenommen Wasserfahrzeuge, die auf hoher See im entgeltlichen Passagierverkehr, zur Ausübung einer Handelstätigkeit, für gewerbliche Zwecke oder zur Fischerei eingesetzt werden, Bergungs- und Rettungsschiffe auf See sowie Küstenfischereifahrzeuge;

   iii) Luftfahrzeuge mit einem Gesamtgewicht beim Aufstieg von mehr als 1550 Kilogramm, ausgenommen Luftfahrzeuge, die von Luftfahrtgesellschaften eingesetzt werden, die hauptsächlich im entgeltlichen internationalen Verkehr tätig sind.

b) Diese Fahrzeuge gelten in folgenden Fällen als „neu":
   i) motorbetriebene Landfahrzeuge: wenn die Lieferung innerhalb von sechs Monaten nach der ersten Inbetriebnahme erfolgt oder wenn das Fahrzeug höchstens 6000 Kilometer zurückgelegt hat;
   ii) Wasserfahrzeuge: wenn die Lieferung innerhalb von drei Monaten nach der ersten Inbetriebnahme erfolgt oder wenn das Fahrzeug höchstens 100 Stunden zu Wasser zurückgelegt hat;
   iii) Luftfahrzeuge: wenn die Lieferung innerhalb von drei Monaten nach der ersten Inbetriebnahme erfolgt oder wenn das Fahrzeug höchstens 40 Stunden in der Luft zurückgelegt hat.
c) Die Mitgliedstaaten legen fest, unter welchen Voraussetzungen die in Buchstabe b genannten Angaben als gegeben gelten.

(3) Als „verbrauchsteuerpflichtige Waren" gelten Energieerzeugnisse, Alkohol und alkoholische Getränke sowie Tabakwaren, jeweils im Sinne der geltenden Gemeinschaftsvorschriften, nicht jedoch Gas, das über ein Erdgasnetz im Gebiet der Gemeinschaft oder jedes an ein solches Netz angeschlossene Netz geliefert wird.

Artikel 3

(1) Abweichend von Artikel 2 Absatz 1 Buchstabe b Ziffer i unterliegen folgende Umsätze nicht der Mehrwertsteuer:

a) der innergemeinschaftliche Erwerb von Gegenständen durch einen Steuerpflichtigen oder durch eine nichtsteuerpflichtige juristische Person, wenn die Lieferung im Gebiet des Mitgliedstaats nach den Artikeln 148 und 151 steuerfrei wäre;

b) der innergemeinschaftliche Erwerb von Gegenständen, ausgenommen der Erwerb von Gegenständen im Sinne des Buchstabens a und des Artikels 4, von neuen Fahrzeugen und von verbrauchsteuerpflichtigen Waren, durch einen Steuerpflichtigen für Zwecke seines landwirtschaftlichen, forstwirtschaftlichen oder fischereiwirtschaftlichen Betriebs, der der gemeinsamen Pauschalregelung für Landwirte unterliegt, oder durch einen Steuerpflichtigen, der nur Lieferungen von Gegenständen bewirkt oder Dienstleistungen erbringt, für die kein Recht auf Vorsteuerabzug besteht, oder durch eine nichtsteuerpflichtige juristische Person.

(2) Absatz 1 Buchstabe b gilt nur, wenn folgende Voraussetzungen erfüllt sind:

a) im laufenden Kalenderjahr überschreitet der Gesamtbetrag der innergemeinschaftlichen Erwerbe von Gegenständen nicht den von den Mitgliedstaaten festzulegenden Schwellenwert, der nicht unter 10000 EUR oder dem Gegenwert in Landeswährung liegen darf;

b) im vorangegangenen Kalenderjahr hat der Gesamtbetrag der innergemeinschaftlichen Erwerbe von Gegenständen den in Buchstabe a geregelten Schwellenwert nicht überschritten.

Maßgeblich als Schwellenwert ist der Gesamtbetrag der in Absatz 1 Buchstabe b genannten innergemeinschaftlichen Erwerbe von Gegenständen ohne die Mehrwertsteuer, der im Mitgliedstaat des Beginns der Versendung oder Beförderung geschuldet oder entrichtet wurde.

(3) Die Mitgliedstaaten räumen den Steuerpflichtigen und den nichtsteuerpflichtigen juristischen Personen, auf die Absatz 1 Buchstabe b gegebenenfalls Anwendung findet,

das Recht ein, die in Artikel 2 Absatz 1 Buchstabe b Ziffer i vorgesehene allgemeine Regelung anzuwenden.

Die Mitgliedstaaten legen die Modalitäten fest, unter denen die in Unterabsatz 1 genannte Regelung in Anspruch genommen werden kann; die Inanspruchnahme erstreckt sich über einen Zeitraum von mindestens zwei Kalenderjahren.

Artikel 4

Neben den in Artikel 3 genannten Umsätzen unterliegen folgende Umsätze nicht der Mehrwertsteuer:

a) der innergemeinschaftliche Erwerb von Gebrauchtgegenständen, Kunstgegenständen, Sammlungsstücken und Antiquitäten im Sinne des Artikels 311 Absatz 1 Nummern 1 bis 4, wenn der Verkäufer ein steuerpflichtiger Wiederverkäufer ist, der als solcher handelt, und der erworbene Gegenstand im Mitgliedstaat des Beginns der Versendung oder Beförderung gemäß der Regelung über die Differenzbesteuerung nach Artikel 312 bis 325 besteuert worden ist;

b) der innergemeinschaftliche Erwerb von Gebrauchtfahrzeugen im Sinne des Artikels 327 Absatz 3, wenn der Verkäufer ein steuerpflichtiger Wiederverkäufer ist, der als solcher handelt, und das betreffende Gebrauchtfahrzeug im Mitgliedstaat des Beginns der Versendung oder Beförderung gemäß der Übergangsregelung für Gebrauchtfahrzeuge besteuert worden ist;

c) der innergemeinschaftliche Erwerb von Gebrauchtgegenständen, Kunstgegenständen, Sammlungsstücken oder Antiquitäten im Sinne des Artikels 311 Absatz 1 Nummern 1 bis 4, wenn der Verkäufer ein Veranstalter von öffentlichen Versteigerungen ist, der als solcher handelt, und der erworbene Gegenstand im Mitgliedstaat des Beginns der Versendung oder Beförderung gemäß der Regelung für öffentliche Versteigerungen besteuert worden ist.

TITEL II
RÄUMLICHER ANWENDUNGSBEREICH

Artikel 5

Im Sinne dieser Richtlinie bezeichnet der Ausdruck:

(1) „Gemeinschaft" und „Gebiet der Gemeinschaft" das Gebiet aller Mitgliedstaaten im Sinne der Nummer 2;

(2) „Mitgliedstaat" und „Gebiet eines Mitgliedstaats" das Gebiet jedes Mitgliedstaats der Gemeinschaft, auf den der Vertrag zur Gründung der Europäischen Gemeinschaft gemäß dessen Artikel 299 Anwendung findet, mit Ausnahme der in Artikel 6 dieser Richtlinie genannten Gebiete;

(3) „Drittgebiete" die in Artikel 6 genannten Gebiete;

(4) „Drittland" jeder Staat oder jedes Gebiet, auf den/das der Vertrag keine Anwendung findet.

Artikel 6

(1) Diese Richtlinie gilt nicht für folgende Gebiete, die Teil des Zollgebiets der Gemeinschaft sind:

a) Berg Athos;
b) Kanarische Inseln;
c) französische Gebiete, die in Artikel 349 und Artikel 355 Absatz 1 des Vertrags über die Arbeitsweise der Europäischen Union genannt sind;
d) Åland-Inseln;
e) Kanalinseln.

(2) Diese Richtlinie gilt nicht für folgende Gebiete, die nicht Teil des Zollgebiets der Gemeinschaft sind:
a) Insel Helgoland;
b) Gebiet von Büsingen;
c) Ceuta;
d) Melilla;
e) Livigno;
f) Campione d'Italia;
g) der zum italienischen Gebiet gehörende Teil des Luganer Sees.

Artikel 7

(1) Angesichts der Abkommen und Verträge, die sie mit Frankreich, mit dem Vereinigten Königreich und mit Zypern geschlossen haben, gelten das Fürstentum Monaco, die Insel Man und die Hoheitszonen des Vereinigten Königreichs Akrotiri und Dhekelia für die Zwecke der Anwendung dieser Richtlinie nicht als Drittland.

(2) Die Mitgliedstaaten treffen die erforderlichen Vorkehrungen, damit Umsätze, deren Ursprungs- oder Bestimmungsort im Fürstentum Monaco liegt, wie Umsätze behandelt werden, deren Ursprungs- oder Bestimmungsort in Frankreich liegt, und Umsätze, deren Ursprungs- oder Bestimmungsort auf der Insel Man liegt, wie Umsätze behandelt werden, deren Ursprungs- oder Bestimmungsort im Vereinigten Königreich liegt, und Umsätze, deren Ursprungs- oder Bestimmungsort in den Hoheitszonen des Vereinigten Königreichs Akrotiri und Dhekelia liegt, wie Umsätze behandelt werden, deren Ursprungs- oder Bestimmungsort in Zypern liegt.

Artikel 8

Ist die Kommission der Ansicht, dass die Bestimmungen der Artikel 6 und 7 insbesondere in Bezug auf die Wettbewerbsneutralität oder die Eigenmittel nicht mehr gerechtfertigt sind, unterbreitet sie dem Rat geeignete Vorschläge.

TITEL III
STEUERPFLICHTIGER

Artikel 9

(1) Als „Steuerpflichtiger" gilt, wer eine wirtschaftliche Tätigkeit unabhängig von ihrem Ort, Zweck und Ergebnis selbstständig ausübt.

Als „wirtschaftliche Tätigkeit" gelten alle Tätigkeiten eines Erzeugers, Händlers oder Dienstleistenden einschließlich der Tätigkeiten der Urproduzenten, der Landwirte sowie der freien Berufe und der diesen gleichgestellten Berufe. Als wirtschaftliche Tätigkeit gilt insbesondere die Nutzung von körperlichen oder nicht körperlichen Gegenständen zur nachhaltigen Erzielung von Einnahmen.

(2) Neben den in Absatz 1 genannten Personen gilt als Steuerpflichtiger jede Person, die gelegentlich ein neues Fahrzeug liefert, das durch den Verkäufer oder durch den Er-

werber oder für ihre Rechnung an den Erwerber nach einem Ort außerhalb des Gebiets eines Mitgliedstaats, aber im Gebiet der Gemeinschaft versandt oder befördert wird.

Artikel 10

Die selbstständige Ausübung der wirtschaftlichen Tätigkeit im Sinne des Artikels 9 Absatz 1 schließt Lohn- und Gehaltsempfänger und sonstige Personen von der Besteuerung aus, soweit sie an ihren Arbeitgeber durch einen Arbeitsvertrag oder ein sonstiges Rechtsverhältnis gebunden sind, das hinsichtlich der Arbeitsbedingungen und des Arbeitsentgelts sowie der Verantwortlichkeit des Arbeitgebers ein Verhältnis der Unterordnung schafft.

Artikel 11

Nach Konsultation des Beratenden Ausschusses für die Mehrwertsteuer (nachstehend „Mehrwertsteuerausschuss" genannt) kann jeder Mitgliedstaat in seinem Gebiet ansässige Personen, die zwar rechtlich unabhängig, aber durch gegenseitige finanzielle, wirtschaftliche und organisatorische Beziehungen eng miteinander verbunden sind, zusammen als einen Steuerpflichtigen behandeln.

Ein Mitgliedstaat, der die in Absatz 1 vorgesehene Möglichkeit in Anspruch nimmt, kann die erforderlichen Maßnahmen treffen, um Steuerhinterziehungen oder -umgehungen durch die Anwendung dieser Bestimmung vorzubeugen.

Artikel 12

(1) Die Mitgliedstaaten können Personen als Steuerpflichtige betrachten, die gelegentlich eine der in Artikel 9 Absatz 1 Unterabsatz 2 genannten Tätigkeiten ausüben und insbesondere einen der folgenden Umsätze bewirken:

a) Lieferung von Gebäuden oder Gebäudeteilen und dem dazugehörigen Grund und Boden, wenn sie vor dem Erstbezug erfolgt;

b) Lieferung von Baugrundstücken.

(2) Als „Gebäude" im Sinne des Absatzes 1 Buchstabe a gilt jedes mit dem Boden fest verbundene Bauwerk.

Die Mitgliedstaaten können die Einzelheiten der Anwendung des in Absatz 1 Buchstabe a genannten Kriteriums des Erstbezugs auf Umbauten von Gebäuden und den Begriff „dazugehöriger Grund und Boden" festlegen.

Die Mitgliedstaaten können andere Kriterien als das des Erstbezugs bestimmen, wie etwa den Zeitraum zwischen der Fertigstellung des Gebäudes und dem Zeitpunkt seiner ersten Lieferung, oder den Zeitraum zwischen dem Erstbezug und der späteren Lieferung, sofern diese Zeiträume fünf bzw. zwei Jahre nicht überschreiten.

(3) Als „Baugrundstück" im Sinne des Absatzes 1 Buchstabe b gelten erschlossene oder unerschlossene Grundstücke entsprechend den Begriffsbestimmungen der Mitgliedstaaten.

Artikel 13

(1) Staaten, Länder, Gemeinden und sonstige Einrichtungen des öffentlichen Rechts gelten nicht als Steuerpflichtige, soweit sie die Tätigkeiten ausüben oder Umsätze bewirken, die ihnen im Rahmen der öffentlichen Gewalt obliegen, auch wenn sie im Zusam-

menhang mit diesen Tätigkeiten oder Umsätzen Zölle, Gebühren, Beiträge oder sonstige Abgaben erheben.

Falls sie solche Tätigkeiten ausüben oder Umsätze bewirken, gelten sie für diese Tätigkeiten oder Umsätze jedoch als Steuerpflichtige, sofern eine Behandlung als Nichtsteuerpflichtige zu größeren Wettbewerbsverzerrungen führen würde.

Die Einrichtungen des öffentlichen Rechts gelten in Bezug auf die in Anhang I genannten Tätigkeiten in jedem Fall als Steuerpflichtige, sofern der Umfang dieser Tätigkeiten nicht unbedeutend ist.

(2) Die Mitgliedstaaten können die Tätigkeiten von Einrichtungen des öffentlichen Rechts, die nach den Artikeln 132, 135, 136 und 371, den Artikeln 374 bis 377, dem Artikel 378 Absatz 2, dem Artikel 379 Absatz 2 oder den Artikeln 380 bis 390c von der Mehrwertsteuer befreit sind, als Tätigkeiten behandeln, die ihnen im Rahmen der öffentlichen Gewalt obliegen.

TITEL IV
STEUERBARER UMSATZ

Kapitel 1
Lieferung von Gegenständen

Artikel 14

(1) Als „Lieferung von Gegenständen" gilt die Übertragung der Befähigung, wie ein Eigentümer über einen körperlichen Gegenstand zu verfügen.

(2) Neben dem in Absatz 1 genannten Umsatz gelten folgende Umsätze als Lieferung von Gegenständen:

a) die Übertragung des Eigentums an einem Gegenstand gegen Zahlung einer Entschädigung auf Grund einer behördlichen Anordnung oder kraft Gesetzes;

b) die Übergabe eines Gegenstands auf Grund eines Vertrags, der die Vermietung eines Gegenstands während eines bestimmten Zeitraums oder den Ratenverkauf eines Gegenstands vorsieht, der regelmäßig die Klausel enthält, dass das Eigentum spätestens mit Zahlung der letzten fälligen Rate erworben wird;

c) die Übertragung eines Gegenstands auf Grund eines Vertrags über eine Einkaufs- oder Verkaufskommission.

(3) Die Mitgliedstaaten können die Erbringung bestimmter Bauleistungen als Lieferung von Gegenständen betrachten

Artikel 15

(1) Einem körperlichen Gegenstand gleichgestellt sind Elektrizität, Gas, Wärme oder Kälte und ähnliche Sachen.

(2) Die Mitgliedstaaten können als körperlichen Gegenstand betrachten:

a) bestimmte Rechte an Grundstücken;

b) dingliche Rechte, die ihrem Inhaber ein Nutzungsrecht an Grundstücken geben;

c) Anteilrechte und Aktien, deren Besitz rechtlich oder tatsächlich das Eigentums- oder Nutzungsrecht an einem Grundstück oder Grundstücksteil begründet.

Artikel 16

Einer Lieferung von Gegenständen gegen Entgelt gleichgestellt ist die Entnahme eines Gegenstands durch einen Steuerpflichtigen aus seinem Unternehmen für seinen privaten Bedarf oder für den Bedarf seines Personals oder als unentgeltliche Zuwendung oder allgemein für unternehmensfremde Zwecke, wenn dieser Gegenstand oder seine Bestandteile zum vollen oder teilweisen Vorsteuerabzug berechtigt haben.

Jedoch werden einer Lieferung von Gegenständen gegen Entgelt nicht gleichgestellt Entnahmen für Geschenke von geringem Wert und für Warenmuster für die Zwecke des Unternehmens.

Artikel 17

(1) Einer Lieferung von Gegenständen gegen Entgelt gleichgestellt ist die von einem Steuerpflichtigen vorgenommene Verbringung eines Gegenstands seines Unternehmens in einen anderen Mitgliedstaat.

Als „Verbringung in einen anderen Mitgliedstaat" gelten die Versendung oder Beförderung eines im Gebiet eines Mitgliedstaats befindlichen beweglichen körperlichen Gegenstands durch den Steuerpflichtigen oder für seine Rechnung für die Zwecke seines Unternehmens nach Orten außerhalb dieses Gebiets, aber innerhalb der Gemeinschaft.

(2) Nicht als Verbringung in einen anderen Mitgliedstaat gelten die Versendung oder Beförderung eines Gegenstands für die Zwecke eines der folgenden Umsätze:

a) Lieferung dieses Gegenstands durch den Steuerpflichtigen im Gebiet des Mitgliedstaats der Beendigung der Versendung oder Beförderung unter den Bedingungen des Artikels 33;

b) Lieferung dieses Gegenstands durch den Steuerpflichtigen zum Zwecke seiner Installation oder Montage durch den Lieferer oder für dessen Rechnung im Gebiet des Mitgliedstaats der Beendigung der Versendung oder Beförderung unter den Bedingungen des Artikels 36;

c) Lieferung dieses Gegenstands durch den Steuerpflichtigen an Bord eines Schiffes, eines Flugzeugs oder in einer Eisenbahn während einer Personenbeförderung unter den Bedingungen des Artikels 37;

d) Lieferung von Gas über ein Erdgasnetz im Gebiet der Gemeinschaft oder ein an ein solches Netz angeschlossenes Netz, Lieferung von Elektrizität oder Lieferung von Wärme oder Kälte über Wärme- oder Kältenetze unter den Bedingungen der Artikel 38 und 39;

e) Lieferung dieses Gegenstands durch den Steuerpflichtigen im Gebiet des Mitgliedstaats unter den Bedingungen der Artikel 138, 146, 147, 148, 151 und 152;

f) Erbringung einer Dienstleistung an den Steuerpflichtigen, die in der Begutachtung von oder Arbeiten an diesem Gegenstand besteht, die im Gebiet des Mitgliedstaats der Beendigung der Versendung oder Beförderung des Gegenstands tatsächlich ausgeführt werden, sofern der Gegenstand nach der Begutachtung oder Bearbeitung wieder an den Steuerpflichtigen in dem Mitgliedstaat zurückgesandt wird, von dem aus er ursprünglich versandt oder befördert worden war;

g) vorübergehende Verwendung dieses Gegenstands im Gebiet des Mitgliedstaats der Beendigung der Versendung oder Beförderung zum Zwecke der Erbringung von Dienstleistungen durch den im Mitgliedstaat des Beginns der Versendung oder Beförderung ansässigen Steuerpflichtigen;

h) vorübergehende Verwendung dieses Gegenstands während eines Zeitraums von höchstens 24 Monaten im Gebiet eines anderen Mitgliedstaats, in dem für die Einfuhr des gleichen Gegenstands aus einem Drittland im Hinblick auf eine vorübergehende Verwendung die Regelung über die vollständige Befreiung von Einfuhrabgaben bei der vorübergehenden Einfuhr gelten würde.

(3) Liegt eine der Voraussetzungen für die Inanspruchnahme des Absatzes 2 nicht mehr vor, gilt der Gegenstand als in einen anderen Mitgliedstaat verbracht. In diesem Fall gilt die Verbringung als zu dem Zeitpunkt erfolgt, zu dem die betreffende Voraussetzung nicht mehr vorliegt.

Artikel 18

Die Mitgliedstaaten können der Lieferung von Gegenständen gegen Entgelt folgende Vorgänge gleichstellen:

a) die Verwendung – durch einen Steuerpflichtigen – eines im Rahmen seines Unternehmens hergestellten, gewonnenen, be- oder verarbeiteten, gekauften oder eingeführten Gegenstands zu seinem Unternehmen, falls ihn der Erwerb eines solchen Gegenstands von einem anderen Steuerpflichtigen nicht zum vollen Vorsteuerabzug berechtigen würde;

b) die Verwendung eines Gegenstands durch einen Steuerpflichtigen zu einem nicht besteuerten Tätigkeitsbereich, wenn dieser Gegenstand bei seiner Anschaffung oder seiner Zuordnung gemäß Buchstabe a zum vollen oder teilweisen Vorsteuerabzug berechtigt hat;

c) mit Ausnahme der in Artikel 19 genannten Fälle der Besitz von Gegenständen durch einen Steuerpflichtigen oder seine Rechtsnachfolger bei Aufgabe seiner der Steuer unterliegenden wirtschaftlichen Tätigkeit, wenn diese Gegenstände bei ihrer Anschaffung oder bei ihrer Verwendung nach Buchstabe a zum vollen oder teilweisen Vorsteuerabzug berechtigt haben.

Artikel 19

Die Mitgliedstaaten können die Übertragung eines Gesamt- oder Teilvermögens, die entgeltlich oder unentgeltlich oder durch Einbringung in eine Gesellschaft erfolgt, behandeln, als ob keine Lieferung von Gegenständen vorliegt, und den Begünstigten der Übertragung als Rechtsnachfolger des Übertragenden ansehen.

Die Mitgliedstaaten können die erforderlichen Maßnahmen treffen, um Wettbewerbsverzerrungen für den Fall zu vermeiden, dass der Begünstigte nicht voll steuerpflichtig ist. Sie können ferner die erforderlichen Maßnahmen treffen, um Steuerhinterziehungen oder -umgehungen durch die Anwendung dieses Artikels vorzubeugen.

Kapitel 2

Innergemeinschaftlicher Erwerb von Gegenständen

Artikel 20

Als „innergemeinschaftlicher Erwerb von Gegenständen" gilt die Erlangung der Befähigung, wie ein Eigentümer über einen beweglichen körperlichen Gegenstand zu verfügen, der durch den Verkäufer oder durch den Erwerber oder für ihre Rechnung nach einem anderen Mitgliedstaat als dem, in dem sich der Gegenstand zum Zeitpunkt des Beginns der Versendung oder Beförderung befand, an den Erwerber versandt oder befördert wird.

Werden von einer nichtsteuerpflichtigen juristischen Person erworbene Gegenstände von einem Drittgebiet oder einem Drittland aus versandt oder befördert und von dieser nichtsteuerpflichtigen juristischen Person in einen anderen Mitgliedstaat als den der Beendigung der Versendung oder Beförderung eingeführt, gelten die Gegenstände als vom Einfuhrmitgliedstaat aus versandt oder befördert. Dieser Mitgliedstaat gewährt dem Importeur, der gemäß Artikel 201 als Steuerschuldner bestimmt oder anerkannt wurde, die Erstattung der Mehrwertsteuer für die Einfuhr, sofern der Importeur nachweist, dass der Erwerb dieser Gegenstände im Mitgliedstaat der Beendigung der Versendung oder Beförderung der Gegenstände besteuert worden ist.

Artikel 21

Einem innergemeinschaftlichen Erwerb von Gegenständen gegen Entgelt gleichgestellt ist die Verwendung eines Gegenstands durch den Steuerpflichtigen in seinem Unternehmen, der von einem Steuerpflichtigen oder für seine Rechnung aus einem anderen Mitgliedstaat, in dem der Gegenstand von dem Steuerpflichtigen im Rahmen seines in diesem Mitgliedstaat gelegenen Unternehmens hergestellt, gewonnen, be- oder verarbeitet, gekauft, im Sinne des Artikels 2 Absatz 1 Buchstabe b erworben oder eingeführt worden ist, versandt oder befördert wurde.

Artikel 22

Einem innergemeinschaftlichen Erwerb von Gegenständen gegen Entgelt gleichgestellt ist die Verwendung von Gegenständen, die nicht gemäß den allgemeinen Besteuerungsbedingungen des Binnenmarkts eines Mitgliedstaats gekauft wurden, durch die Streitkräfte von Staaten, die Vertragsparteien des Nordatlantikvertrags sind, zum Gebrauch oder Verbrauch durch diese Streitkräfte oder ihr ziviles Begleitpersonal, sofern für die Einfuhr dieser Gegenstände nicht die Steuerbefreiung nach Artikel 143 Absatz 1 Buchstabe h in Anspruch genommen werden kann.

Artikel 23

Die Mitgliedstaaten treffen Maßnahmen, die sicherstellen, dass Umsätze als „innergemeinschaftlicher Erwerb von Gegenständen" eingestuft werden, die als „Lieferung von Gegenständen" eingestuft würden, wenn sie in ihrem Gebiet von einem Steuerpflichtigen, der als solcher handelt, getätigt worden wären.

Kapitel 3

Dienstleistungen

Artikel 24

(1) Als „Dienstleistung" gilt jeder Umsatz, der keine Lieferung von Gegenständen ist.

(2) Als „Telekommunikationsdienstleistung" gelten Dienstleistungen zum Zweck der Übertragung, Ausstrahlung oder des Empfangs von Signalen, Schrift, Bild und Ton oder Informationen jeglicher Art über Draht, Funk, optische oder andere elektromagnetische Medien, einschließlich der damit im Zusammenhang stehenden Abtretung oder Einräumung von Nutzungsrechten an Einrichtungen zur Übertragung, Ausstrahlung oder zum Empfang, einschließlich der Bereitstellung des Zugangs zu globalen Informationsnetzen.

Artikel 25

Eine Dienstleistung kann unter anderem in einem der folgenden Umsätze bestehen:
a) Abtretung eines nicht körperlichen Gegenstands, gleichgültig, ob in einer Urkunde verbrieft oder nicht;
b) Verpflichtung, eine Handlung zu unterlassen oder eine Handlung oder einen Zustand zu dulden;
c) Erbringung einer Dienstleistung auf Grund einer behördlichen Anordnung oder kraft Gesetzes.

Artikel 26

(1) Einer Dienstleistung gegen Entgelt gleichgestellt sind folgende Umsätze:
a) Verwendung eines dem Unternehmen zugeordneten Gegenstands für den privaten Bedarf des Steuerpflichtigen, für den Bedarf seines Personals oder allgemein für unternehmensfremde Zwecke, wenn dieser Gegenstand zum vollen oder teilweisen Vorsteuerabzug berechtigt hat;
b) unentgeltliche Erbringung von Dienstleistungen durch den Steuerpflichtigen für seinen privaten Bedarf, für den Bedarf seines Personals oder allgemein für unternehmensfremde Zwecke.

(2) Die Mitgliedstaaten können Abweichungen von Absatz 1 vorsehen, sofern solche Abweichungen nicht zu Wettbewerbsverzerrungen führen.

Artikel 27

Um Wettbewerbsverzerrungen vorzubeugen, können die Mitgliedstaaten nach Konsultation des Mehrwertsteuerausschusses auch die Erbringung einer Dienstleistung durch einen Steuerpflichtigen für das eigene Unternehmen einer Dienstleistung gegen Entgelt gleichstellen, falls ihn die Erbringung einer derartigen Dienstleistung durch einen anderen Steuerpflichtigen nicht zum vollen Vorsteuerabzug berechtigen würde.

Artikel 28

Steuerpflichtige, die bei der Erbringung von Dienstleistungen im eigenen Namen, aber für Rechnung Dritter tätig werden, werden behandelt, als ob sie diese Dienstleistungen selbst erhalten und erbracht hätten.

Artikel 29

Artikel 19 gilt unter den gleichen Voraussetzungen für Dienstleistungen.

Kapitel 4

Einfuhr von Gegenständen

Artikel 30

Als „Einfuhr eines Gegenstands" gilt die Verbringung eines Gegenstands, der sich nicht im freien Verkehr im Sinne des Artikels 24 des Vertrags befindet, in die Gemeinschaft.

Neben dem in Absatz 1 genannten Umsatz gilt als Einfuhr eines Gegenstands auch die Verbringung eines im freien Verkehr befindlichen Gegenstands mit Herkunft aus einem Drittgebiet, das Teil des Zollgebiets der Gemeinschaft ist, in die Gemeinschaft.

KAPITEL 5

Gemeinsame Bestimmungen zu den Kapiteln 1 und 3

Artikel 30a

Für die Zwecke dieser Richtlinie gelten folgende Begriffsbestimmungen:

1. „Gutschein" ist ein Instrument, bei dem die Verpflichtung besteht, es als Gegenleistung oder Teil einer solchen für eine Lieferung von Gegenständen oder eine Erbringung von Dienstleistungen anzunehmen und bei dem die zu liefernden Gegenstände oder zu erbringenden Dienstleistungen oder die Identität der möglichen Lieferer oder Dienstleistungserbringer entweder auf dem Instrument selbst oder in damit zusammenhängenden Unterlagen, einschließlich der Bedingungen für die Nutzung dieses Instruments, angegeben sind;
2. „Einzweck-Gutschein" ist ein Gutschein, bei dem der Ort der Lieferung der Gegenstände oder der Erbringung der Dienstleistungen, auf die sich der Gutschein bezieht, und die für diese Gegenstände oder Dienstleistungen geschuldete Mehrwertsteuer zum Zeitpunkt der Ausstellung des Gutscheins feststehen;
3. „Mehrzweck-Gutschein" ist ein Gutschein, bei dem es sich nicht um einen Einzweck-Gutschein handelt.

Artikel 30b

(1) Jede Übertragung eines Einzweck-Gutscheins durch einen Steuerpflichtigen, der im eigenen Namen handelt, gilt als eine Lieferung der Gegenstände oder Erbringung der Dienstleistungen, auf die sich der Gutschein bezieht. Die tatsächliche Übergabe der Gegenstände oder die tatsächliche Erbringung der Dienstleistungen, für die ein Einzweck-Gutschein als Gegenleistung oder Teil einer solchen von dem Lieferer oder Dienstleistungserbringer angenommen wird, gilt nicht als unabhängiger Umsatz.

Erfolgt eine Übertragung eines Einzweck-Gutscheins durch einen Steuerpflichtigen, der im Namen eines anderen Steuerpflichtigen handelt, gilt diese Übertragung als eine Lieferung der Gegenstände oder Erbringung der Dienstleistungen, auf die sich der Gutschein bezieht, durch den anderen Steuerpflichtigen, in dessen Namen der Steuerpflichtige handelt.

Handelt es sich bei dem Lieferer von Gegenständen oder dem Erbringer von Dienstleistungen nicht um den Steuerpflichtigen, der, im eigenen Namen handelnd, den Einzweck-Gutschein ausgestellt hat, so wird dieser Lieferer von Gegenständen bzw. Erbringer von Dienstleistungen dennoch so behandelt, als habe er diesem Steuerpflichtigen die Gegenstände oder Dienstleistungen in Bezug auf diesen Gutschein geliefert oder erbracht.

(2) Die tatsächliche Übergabe der Gegenstände oder die tatsächliche Erbringung der Dienstleistungen, für die der Lieferer der Gegenstände oder Erbringer der Dienstleistungen einen Mehrzweck-Gutschein als Gegenleistung oder Teil einer solchen annimmt, unterliegt der Mehrwertsteuer gemäß Artikel 2, wohingegen jede vorangegangene Übertragung dieses Mehrzweck-Gutscheins nicht der Mehrwertsteuer unterliegt.

Wird ein Mehrzweck-Gutschein von einem anderen Steuerpflichtigen als dem Steuerpflichtigen, der den gemäß Unterabsatz 1 der Mehrwertsteuer unterliegenden Umsatz erbringt, übertragen, so unterliegen alle bestimmbaren Dienstleistungen wie etwa Vertriebs- oder Absatzförderungsleistungen der Mehrwertsteuer.

TITEL V

ORT DES STEUERBAREN UMSATZES

Kapitel 1

Ort der Lieferung von Gegenständen

Abschnitt 1

Lieferung von Gegenständen ohne Beförderung

Artikel 31

Wird der Gegenstand nicht versandt oder befördert, gilt als Ort der Lieferung der Ort, an dem sich der Gegenstand zum Zeitpunkt der Lieferung befindet.

Abschnitt 2

Lieferung von Gegenständen mit Beförderung

Artikel 32

Wird der Gegenstand vom Lieferer, vom Erwerber oder von einer dritten Person versandt oder befördert, gilt als Ort der Lieferung der Ort, an dem sich der Gegenstand zum Zeitpunkt des Beginns der Versendung oder Beförderung an den Erwerber befindet.

Liegt der Ort, von dem aus die Gegenstände versandt oder befördert werden, in einem Drittgebiet oder in einem Drittland, gelten der Ort der Lieferung, die durch den Importeur bewirkt wird, der gemäß Artikel 201 als Steuerschuldner bestimmt oder anerkannt wurde, sowie der Ort etwaiger anschließender Lieferungen jedoch als in dem Mitgliedstaat gelegen, in den die Gegenstände eingeführt werden.

Artikel 33

(1) Abweichend von Artikel 32 gilt als Ort einer Lieferung von Gegenständen, die durch den Lieferer oder für dessen Rechnung von einem anderen Mitgliedstaat als dem der Beendigung der Versendung oder Beförderung aus versandt oder befördert werden, der Ort, an dem sich die Gegenstände bei Beendigung der Versendung oder Beförderung an den Erwerber befinden, sofern folgende Bedingungen erfüllt sind:

a) die Lieferung der Gegenstände erfolgt an einen Steuerpflichtigen oder eine nichtsteuerpflichtige juristische Person, deren innergemeinschaftliche Erwerbe von Gegenständen gemäß Artikel 3 Absatz 1 nicht der Mehrwertsteuer unterliegen, oder an eine andere nichtsteuerpflichtige Person;

b) die gelieferten Gegenstände sind weder neue Fahrzeuge noch Gegenstände, die mit oder ohne probeweise Inbetriebnahme durch den Lieferer oder für dessen Rechnung montiert oder installiert geliefert werden.

(2) Werden die gelieferten Gegenstände von einem Drittgebiet oder einem Drittland aus versandt oder befördert und vom Lieferer in einen anderen Mitgliedstaat als den der Beendigung der Versendung oder Beförderung an den Erwerber eingeführt, gelten sie als vom Einfuhrmitgliedstaat aus versandt oder befördert.

Artikel 34

(1) Artikel 33 gilt nicht für Lieferungen von Gegenständen, die in ein und denselben Mitgliedstaat der Beendigung des Versands oder der Beförderung versandt oder befördert werden, sofern folgende Bedingungen erfüllt sind:
a) die gelieferten Gegenstände sind keine verbrauchsteuerpflichtigen Waren;
b) der Gesamtbetrag – ohne Mehrwertsteuer – der Lieferungen in den Mitgliedstaat unter den Bedingungen des Artikels 33 überschreitet im laufenden Kalenderjahr nicht 100000 EUR oder den Gegenwert in Landeswährung;
c) der Gesamtbetrag – ohne Mehrwertsteuer – der Lieferungen in den Mitgliedstaat unter den Bedingungen des Artikels 33 von anderen Gegenständen als verbrauchsteuerpflichtigen Waren hat im vorangegangenen Kalenderjahr 100000 EUR oder den Gegenwert in Landeswährung nicht überschritten.

(2) Der Mitgliedstaat, in dessen Gebiet sich die Gegenstände bei Beendigung der Versendung oder Beförderung an den Erwerber befinden, kann den in Absatz 1 genannten Schwellenwert auf 35000 EUR oder den Gegenwert in Landeswährung begrenzen, falls er befürchtet, dass der Schwellenwert von 100000 EUR zu schwerwiegenden Wettbewerbsverzerrungen führt.

Mitgliedstaaten, die von der Möglichkeit nach Unterabsatz 1 Gebrauch machen, treffen die erforderlichen Maßnahmen zur Unterrichtung der zuständigen Behörden des Mitgliedstaats, von dem aus die Gegenstände versandt oder befördert werden.

(3) Die Kommission unterbreitet dem Rat so bald wie möglich einen Bericht, gegebenenfalls zusammen mit geeigneten Vorschlägen, über die Anwendung und Wirkung des in Absatz 2 genannten besonderen Schwellenwerts von 35000 EUR.

(4) Der Mitgliedstaat, in dessen Gebiet sich die Gegenstände bei Beginn der Versendung oder Beförderung befinden, räumt den Steuerpflichtigen, auf deren Lieferungen Absatz 1 gegebenenfalls Anwendung findet, das Recht ein, sich dafür zu entscheiden, dass der Ort dieser Lieferungen gemäß Artikel 33 bestimmt wird.

Die betreffenden Mitgliedstaaten legen fest, unter welchen Modalitäten die in Unterabsatz 1 genannte Wahlmöglichkeit in Anspruch genommen werden kann; die Inanspruchnahme dieser Regelung erstreckt sich über einen Zeitraum von mindestens zwei Kalenderjahren.

Artikel 35

Die Artikel 33 und 34 gelten nicht für die Lieferung von Gebrauchtgegenständen, Kunstgegenständen, Sammlungsstücken und Antiquitäten im Sinne des Artikels 311 Absatz 1 Nummern 1 bis 4 sowie für die Lieferung von Gebrauchtfahrzeugen im Sinne des Artikels 327 Absatz 3, die der Mehrwertsteuer gemäß den Sonderregelungen für diese Bereiche unterliegen.

Artikel 36

Wird der vom Lieferer, vom Erwerber oder von einer dritten Person versandte oder beförderte Gegenstand mit oder ohne probeweise Inbetriebnahme durch den Lieferer oder für dessen Rechnung installiert oder montiert, gilt als Ort der Lieferung der Ort, an dem die Installation oder Montage vorgenommen wird.

Wird der Gegenstand in einem anderen Mitgliedstaat als dem des Lieferers installiert oder montiert, trifft der Mitgliedstaat, in dessen Gebiet die Installation oder Montage vorgenommen wird, die zur Vermeidung einer Doppelbesteuerung in diesem Mitgliedstaat erforderlichen Maßnahmen

Abschnitt 3
Lieferung von Gegenständen an Bord eines Schiffes, eines Flugzeugs oder in einer Eisenbahn

Artikel 37

(1) Erfolgt die Lieferung von Gegenständen an Bord eines Schiffes, eines Flugzeugs oder in einer Eisenbahn während des innerhalb der Gemeinschaft stattfindenden Teils einer Personenbeförderung, gilt als Ort dieser Lieferung der Abgangsort der Personenbeförderung.

(2) Für die Zwecke des Absatzes 1 gilt als „innerhalb der Gemeinschaft stattfindender Teil einer Personenbeförderung" der Teil einer Beförderung zwischen dem Abgangsort und dem Ankunftsort einer Personenbeförderung, der ohne Zwischenaufenthalt außerhalb der Gemeinschaft erfolgt.

„Abgangsort einer Personenbeförderung" ist der erste Ort innerhalb der Gemeinschaft, an dem Reisende in das Beförderungsmittel einsteigen können, gegebenenfalls nach einem Zwischenaufenthalt außerhalb der Gemeinschaft.

„Ankunftsort einer Personenbeförderung" ist der letzte Ort innerhalb der Gemeinschaft, an dem in der Gemeinschaft zugestiegene Reisende das Beförderungsmittel verlassen können, gegebenenfalls vor einem Zwischenaufenthalt außerhalb der Gemeinschaft.

Im Fall einer Hin- und Rückfahrt gilt die Rückfahrt als gesonderte Beförderung.

(3) Die Kommission unterbreitet dem Rat möglichst rasch einen Bericht, gegebenenfalls zusammen mit geeigneten Vorschlägen, über den Ort der Besteuerung der Lieferung von Gegenständen, die zum Verbrauch an Bord bestimmt sind, und der Dienstleistungen, einschließlich Bewirtung, die an Reisende an Bord eines Schiffes, eines Flugzeugs oder in einer Eisenbahn erbracht werden.

Bis zur Annahme der in Unterabsatz 1 genannten Vorschläge können die Mitgliedstaaten die Lieferung von Gegenständen, die zum Verbrauch an Bord bestimmt sind und deren Besteuerungsort gemäß Absatz 1 festgelegt wird, mit Recht auf Vorsteuerabzug von der Steuer befreien oder weiterhin befreien.

Abschnitt 4
Lieferung von Gas über ein Erdgasnetz, von Elektrizität und von Wärme oder Kälte über Wärme- und Kältenetze

Artikel 38

(1) Bei Lieferung von Gas über ein Erdgasnetz im Gebiet der Gemeinschaft oder jedes an ein solches Netz angeschlossene Netz, von Elektrizität oder von Wärme oder Kälte über Wärme- oder Kältenetze an einen steuerpflichtigen Wiederverkäufer gilt als Ort der Lieferung der Ort, an dem dieser steuerpflichtige Wiederverkäufer den Sitz seiner wirtschaftlichen Tätigkeit oder eine feste Niederlassung hat, für die die Gegenstände geliefert werden, oder in Ermangelung eines solchen Sitzes oder einer solchen festen Niederlassung sein Wohnsitz oder sein gewöhnlicher Aufenthaltsort.

(2) Für die Zwecke des Absatzes 1 ist ein „steuerpflichtiger Wiederverkäufer" ein Steuerpflichtiger, dessen Haupttätigkeit in Bezug auf den Kauf von Gas, Elektrizität, Wärme oder Kälte im Wiederverkauf dieser Erzeugnisse besteht und dessen eigener Verbrauch dieser Erzeugnisse zu vernachlässigen ist.

Artikel 39

Für den Fall, dass die Lieferung von Gas über ein Erdgasnetz im Gebiet der Gemeinschaft oder jedes an ein solches Netz angeschlossene Netz, die Lieferung von Elektrizität oder die Lieferung von Wärme oder Kälte über Wärme- oder Kältenetze nicht unter Artikel 38 fällt, gilt als Ort der Lieferung der Ort, an dem der Erwerber die Gegenstände tatsächlich nutzt und verbraucht.

Falls die Gesamtheit oder ein Teil des Gases, der Elektrizität oder der Wärme oder Kälte von diesem Erwerber nicht tatsächlich verbraucht wird, wird davon ausgegangen, dass diese nicht verbrauchten Gegenstände an dem Ort genutzt und verbraucht worden sind, an dem er den Sitz seiner wirtschaftlichen Tätigkeit oder eine feste Niederlassung hat, für die die Gegenstände geliefert werden. In Ermangelung eines solchen Sitzes oder solchen festen Niederlassung wird davon ausgegangen, dass er die Gegenstände an seinem Wohnsitz oder seinem gewöhnlichen Aufenthaltsort genutzt und verbraucht hat.

Kapitel 2
Ort des innergemeinschaftlichen Erwerbs von Gegenständen
Artikel 40

Als Ort eines innergemeinschaftlichen Erwerbs von Gegenständen gilt der Ort, an dem sich die Gegenstände zum Zeitpunkt der Beendigung der Versendung oder Beförderung an den Erwerber befinden.

Artikel 41

Unbeschadet des Artikels 40 gilt der Ort eines innergemeinschaftlichen Erwerbs von Gegenständen im Sinne des Artikels 2 Absatz 1 Buchstabe b Ziffer i als im Gebiet des Mitgliedstaats gelegen, der dem Erwerber die von ihm für diesen Erwerb verwendete Mehrwertsteuer-Identifikationsnummer erteilt hat, sofern der Erwerber nicht nachweist, dass dieser Erwerb im Einklang mit Artikel 40 besteuert worden ist.

Wird der Erwerb gemäß Artikel 40 im Mitgliedstaat der Beendigung der Versendung oder Beförderung der Gegenstände besteuert, nachdem er gemäß Absatz 1 besteuert wurde, wird die Steuerbemessungsgrundlage in dem Mitgliedstaat, der dem Erwerber die von ihm für diesen Erwerb verwendete Mehrwertsteuer-Identifikationsnummer erteilt hat, entsprechend gemindert.

Artikel 42

Artikel 41 Absatz 1 ist nicht anzuwenden und der innergemeinschaftliche Erwerb von Gegenständen gilt als gemäß Artikel 40 besteuert, wenn folgende Bedingungen erfüllt sind:
a) der Erwerber weist nach, dass er diesen Erwerb für die Zwecke einer anschließenden Lieferung getätigt hat, die im Gebiet des gemäß Artikel 40 bestimmten Mitgliedstaats bewirkt wurde und für die der Empfänger der Lieferung gemäß Artikel 197 als Steuerschuldner bestimmt worden ist;
b) der Erwerber ist der Pflicht zur Abgabe der zusammenfassenden Meldung gemäß Artikel 265 nachgekommen.

Kapitel 3

Ort der Dienstleistung

Abschnitt 1

Begriffsbestimmungen

Artikel 43

Für die Zwecke der Anwendung der Regeln für die Bestimmung des Ortes der Dienstleistung gilt

1. ein Steuerpflichtiger, der auch Tätigkeiten ausführt oder Umsätze bewirkt, die nicht als steuerbare Lieferungen von Gegenständen oder Dienstleistungen im Sinne des Artikels 2 Absatz 1 angesehen werden, in Bezug auf alle an ihn erbrachten Dienstleistungen als Steuerpflichtiger;
2. eine nicht steuerpflichtige juristische Person mit Mehrwertsteuer-Identifikationsnummer als Steuerpflichtiger.

Abschnitt 2

Allgemeine Bestimmungen

Artikel 44

Als Ort einer Dienstleistung an einen Steuerpflichtigen, der als solcher handelt, gilt der Ort, an dem dieser Steuerpflichtige den Sitz seiner wirtschaftlichen Tätigkeit hat. Werden diese Dienstleistungen jedoch an eine feste Niederlassung des Steuerpflichtigen, die an einem anderen Ort als dem des Sitzes seiner wirtschaftlichen Tätigkeit gelegen ist, erbracht, so gilt als Ort dieser Dienstleistungen der Sitz der festen Niederlassung. In Ermangelung eines solchen Sitzes oder einer solchen festen Niederlassung gilt als Ort der Dienstleistung der Wohnsitz oder der gewöhnliche Aufenthaltsort des steuerpflichtigen Dienstleistungsempfängers.

Artikel 45

Als Ort einer Dienstleistung an einen Nichtsteuerpflichtigen gilt der Ort, an dem der Dienstleistungserbringer den Sitz seiner wirtschaftlichen Tätigkeit hat. Werden diese Dienstleistungen jedoch von der festen Niederlassung des Dienstleistungserbringers, die an einem anderen Ort als dem des Sitzes seiner wirtschaftlichen Tätigkeit gelegen ist, aus erbracht, so gilt als Ort dieser Dienstleistungen der Sitz der festen Niederlassung. In Ermangelung eines solchen Sitzes oder einer solchen festen Niederlassung gilt als Ort der Dienstleistung der Wohnsitz oder der gewöhnliche Aufenthaltsort des Dienstleistungserbringers.

Abschnitt 3

Besondere Bestimmungen

Unterabschnitt 1

Von Vermittlern erbrachte Dienstleistungen an Nichtsteuerpflichtige

Artikel 46

Als Ort einer Dienstleistung an einen Nichtsteuerpflichtigen, die von einem Vermittler im Namen und für Rechnung eines Dritten erbracht wird, gilt der Ort, an dem der vermittelte Umsatz gemäß den Bestimmungen dieser Richtlinie erbracht wird.

Unterabschnitt 2
Dienstleistungen im Zusammenhang mit Grundstücken
Artikel 47

Als Ort einer Dienstleistung im Zusammenhang mit einem Grundstück, einschließlich der Dienstleistungen von Sachverständigen und Grundstücksmaklern, der Beherbergung in der Hotelbranche oder in Branchen mit ähnlicher Funktion, wie zum Beispiel in Ferienlagern oder auf einem als Campingplatz hergerichteten Gelände, der Einräumung von Rechten zur Nutzung von Grundstücken sowie von Dienstleistungen zur Vorbereitung und Koordinierung von Bauleistungen, wie z. B. die Leistungen von Architekten und Bauaufsichtsunternehmen, gilt der Ort, an dem das Grundstück gelegen ist.

Unterabschnitt 3
Beförderungsleistungen
Artikel 48

Als Ort einer Personenbeförderungsleistung gilt der Ort, an dem die Beförderung nach Maßgabe der zurückgelegten Beförderungsstrecke jeweils stattfindet.

Artikel 49

Als Ort einer Güterbeförderungsleistung an Nichtsteuerpflichtige, die keine innergemeinschaftliche Güterbeförderung darstellt, gilt der Ort, an dem die Beförderung nach Maßgabe der zurückgelegten Beförderungsstrecke jeweils stattfindet.

Artikel 50

Als Ort einer innergemeinschaftlichen Güterbeförderungsleistung an Nichtsteuerpflichtige gilt der Abgangsort der Beförderung.

Artikel 51

Als „innergemeinschaftliche Güterbeförderung" gilt die Beförderung von Gegenständen, bei der Abgangs- und Ankunftsort in zwei verschiedenen Mitgliedstaaten liegen.

„Abgangsort" ist der Ort, an dem die Güterbeförderung tatsächlich beginnt, ungeachtet der Strecken, die bis zu dem Ort zurückzulegen sind, an dem sich die Gegenstände befinden, und „Ankunftsort" ist der Ort, an dem die Güterbeförderung tatsächlich endet.

Artikel 52

Die Mitgliedstaaten haben die Möglichkeit, keine Mehrwertsteuer auf den Teil der innergemeinschaftlichen Güterbeförderung an Nichtsteuerpflichtige zu erheben, der den Beförderungsstrecken über Gewässer entspricht, die nicht zum Gebiet der Gemeinschaft gehören.

Unterabschnitt 4
Dienstleistungen auf dem Gebiet der Kultur, der Künste, des Sports, der Wissenschaft, des Unterrichts, der Unterhaltung und ähnliche Veranstaltungen, Nebentätigkeiten zur Beförderung, Begutachtung von beweglichen Gegenständen und Arbeiten an solchen Gegenständen
Artikel 53

Als Ort einer Dienstleistung an einen Steuerpflichtigen betreffend die Eintrittsberechtigung sowie die damit zusammenhängenden Dienstleistungen für Veranstaltungen auf dem Gebiet der Kultur, der Künste, des Sports, der Wissenschaft, des Unterrichts, der Unterhaltung oder für ähnliche Veranstaltungen wie Messen und Ausstellungen gilt der Ort, an dem diese Veranstaltungen tatsächlich stattfinden.

Artikel 54

(1) Als Ort einer Dienstleistung sowie der damit zusammenhängenden Dienstleistungen an einen Nichtsteuerpflichtigen betreffend Tätigkeiten auf dem Gebiet der Kultur, der Künste, des Sports, der Wissenschaft, des Unterrichts, der Unterhaltung oder ähnliche Veranstaltungen wie Messen und Ausstellungen, einschließlich der Erbringung von Dienstleistungen der Veranstalter solcher Tätigkeiten, gilt der Ort, an dem diese Tätigkeiten tatsächlich ausgeübt werden.

(2) Als Ort der folgenden Dienstleistungen an Nichtsteuerpflichtige gilt der Ort, an dem sie tatsächlich erbracht werden:

a) Nebentätigkeiten zur Beförderung wie Beladen, Entladen, Umschlag und ähnliche Tätigkeiten;

b) Begutachtung von beweglichen körperlichen Gegenständen und Arbeiten an solchen Gegenständen.

Unterabschnitt 5
Restaurant- und Verpflegungsdienstleistungen
Artikel 55

Als Ort von Restaurant- und Verpflegungsdienstleistungen, die nicht an Bord eines Schiffes oder eines Flugzeugs oder in der Eisenbahn während des innerhalb der Gemeinschaft stattfindenden Teils einer Personenbeförderung tatsächlich erbracht werden, gilt der Ort, an dem die Dienstleistungen tatsächlich erbracht werden.

Unterabschnitt 6
Vermietung von Beförderungsmitteln
Artikel 56

(1) Als Ort der Vermietung eines Beförderungsmittels über einen kürzeren Zeitraum gilt der Ort, an dem das Beförderungsmittel dem Dienstleistungsempfänger tatsächlich zur Verfügung gestellt wird.

(2) Als Ort der Vermietung eines Beförderungsmittels an Nichtsteuerpflichtige, ausgenommen die Vermietung über einen kürzeren Zeitraum, gilt der Ort, an dem der Dienstleistungsempfänger ansässig ist oder seinen Wohnsitz oder seinen gewöhnlichen Aufenthaltsort hat.

Jedoch gilt als Ort der Vermietung eines Sportboots an einen Nichtsteuerpflichtigen, ausgenommen die Vermietung über einen kürzeren Zeitraum, der Ort, an dem das Sportboot dem Dienstleistungsempfänger tatsächlich zur Verfügung gestellt wird, sofern der Dienstleistungserbringer diese Dienstleistung tatsächlich vom Sitz seiner wirtschaftlichen Tätigkeit oder von einer festen Niederlassung an diesen Ort aus erbringt.

(3) Als „kürzerer Zeitraum" im Sinne der Absätze 1 und 2 gilt der Besitz oder die Verwendung des Beförderungsmittels während eines ununterbrochenen Zeitraums von nicht mehr als 30 Tagen und bei Wasserfahrzeugen von nicht mehr als 90 Tagen.

Unterabschnitt 7
Für den Verbrauch bestimmte Restaurant- und Verpflegungsdienstleistungen an Bord eines Schiffes, eines Flugzeugs oder in der Eisenbahn
Artikel 57

(1) Der Ort von Restaurant- und Verpflegungsdienstleistungen, die an Bord eines Schiffes oder eines Flugzeugs oder in der Eisenbahn während des innerhalb der Gemeinschaft stattfindenden Teils einer Personenbeförderung tatsächlich erbracht werden, ist der Abgangsort der Personenbeförderung.

(2) Für die Zwecke des Absatzes 1 gilt als „innerhalb der Gemeinschaft stattfindender Teil einer Personenbeförderung" der Teil einer Beförderung zwischen dem Abgangsort und dem Ankunftsort einer Personenbeförderung, der ohne Zwischenaufenthalt außerhalb der Gemeinschaft erfolgt.

„Abgangsort einer Personenbeförderung" ist der erste Ort innerhalb der Gemeinschaft, an dem Reisende in das Beförderungsmittel einsteigen können, gegebenenfalls nach einem Zwischenaufenthalt außerhalb der Gemeinschaft.

„Ankunftsort einer Personenbeförderung" ist der letzte Ort innerhalb der Gemeinschaft, an dem in der Gemeinschaft zugestiegene Reisende das Beförderungsmittel verlassen können, gegebenenfalls vor einem Zwischenaufenthalt außerhalb der Gemeinschaft.

Im Falle einer Hin- und Rückfahrt gilt die Rückfahrt als gesonderte Beförderung.

Unterabschnitt 8
Telekommunikationdienstleistungen, Rundfunk- und Fernsehdienstleistungen und elektronisch erbrachte Dienstleistungen an Nichtsteuerpflichtige
Artikel 58

Als Ort der folgenden Dienstleistungen an Nichtsteuerpflichtige gilt der Ort, an dem dieser Nichtsteuerpflichtige ansässig ist oder seinen Wohnsitz oder seinen gewöhnlichen Aufenthaltsort hat:

a) Telekommunikationsdienstleistungen;
b) Rundfunk- und Fernsehdienstleistungen
c) elektronisch erbrachte Dienstleistungen, insbesondere die in Anhang II genannten Dienstleistungen.

Kommunizieren Dienstleistungserbringer und Dienstleistungsempfänger über E-Mail miteinander, bedeutet dies allein noch nicht, dass die erbrachte Dienstleistung eine elektronisch erbrachte Dienstleistung wäre.

Unterabschnitt 9
Dienstleistungen an Nichtsteuerpflichtige außerhalb der Gemeinschaft
Artikel 59

Als Ort der folgenden Dienstleistungen an einen Nichtsteuerpflichtigen, der außerhalb der Gemeinschaft ansässig ist oder seinen Wohnsitz oder seinen gewöhnlichen Aufenthaltsort außerhalb der Gemeinschaft hat, gilt der Ort, an dem dieser Nichtsteuerpflichtige ansässig ist oder seinen Wohnsitz oder seinen gewöhnlichen Aufenthaltsort hat:

a) Abtretung und Einräumung von Urheberrechten, Patentrechten, Lizenzrechten, Fabrik- und Warenzeichen sowie ähnlichen Rechten;

b) Dienstleistungen auf dem Gebiet der Werbung;
c) Dienstleistungen von Beratern, Ingenieuren, Studienbüros, Anwälten, Buchprüfern und sonstige ähnliche Dienstleistungen sowie die Datenverarbeitung und die Überlassung von Informationen;
d) Verpflichtungen, eine berufliche Tätigkeit ganz oder teilweise nicht auszuüben oder ein in diesem Artikel genanntes Recht nicht wahrzunehmen;
e) Bank-, Finanz- und Versicherungsumsätze, einschließlich Rückversicherungsumsätze, ausgenommen die Vermietung von Schließfächern;
f) Gestellung von Personal;
g) Vermietung beweglicher körperlicher Gegenstände, ausgenommen jegliche Beförderungsmittel;
h) Gewährung des Zugangs zu einem Erdgasnetz im Gebiet der Gemeinschaft oder zu einem an ein solches Netz angeschlossenes Netz, zum Elektrizitätsnetz oder zu Wärme- oder Kältenetzen sowie Fernleitung, Übertragung oder Verteilung über diese Netze und Erbringung anderer unmittelbar damit verbundener Dienstleistungen.

Unterabschnitt 10

Vermeidung der Doppelbesteuerung und der Nichtbesteuerung

Artikel 59a

Um Doppelbesteuerung, Nichtbesteuerung und Wettbewerbsverzerrungen zu vermeiden, können die Mitgliedstaaten bei Dienstleistungen, deren Erbringungsort sich gemäß den Artikeln 44, 45, 56, 58 und 59 bestimmt,
a) den Ort einer oder aller dieser Dienstleistungen, der in ihrem Gebiet liegt, so behandeln, als läge er außerhalb der Gemeinschaft, wenn die tatsächliche Nutzung oder Auswertung außerhalb der Gemeinschaft erfolgt;
b) den Ort einer oder aller dieser Dienstleistungen, der außerhalb der Gemeinschaft liegt, so behandeln, als läge er in ihrem Gebiet, wenn in ihrem Gebiet die tatsächliche Nutzung oder Auswertung erfolgt.

Kapitel 4

Ort der Einfuhr von Gegenständen

Artikel 60

Die Einfuhr von Gegenständen erfolgt in dem Mitgliedstaat, in dessen Gebiet sich der Gegenstand zu dem Zeitpunkt befindet, in dem er in die Gemeinschaft verbracht wird.

Artikel 61

Abweichend von Artikel 60 erfolgt bei einem Gegenstand, der sich nicht im freien Verkehr befindet und der vom Zeitpunkt seiner Verbringung in die Gemeinschaft einem Verfahren oder einer sonstigen Regelung im Sinne des Artikels 156, der Regelung der vorübergehenden Verwendung bei vollständiger Befreiung von Einfuhrabgaben oder dem externen Versandverfahren unterliegt, die Einfuhr in dem Mitgliedstaat, in dessen Gebiet der Gegenstand nicht mehr diesem Verfahren oder der sonstigen Regelung unterliegt.

Unterliegt ein Gegenstand, der sich im freien Verkehr befindet, vom Zeitpunkt seiner Verbringung in die Gemeinschaft einem Verfahren oder einer sonstigen Regelung im Sinne der Artikel 276 und 277, erfolgt die Einfuhr in dem Mitgliedstaat, in dessen Gebiet der Gegenstand nicht mehr diesem Verfahren oder der sonstigen Regelung unterliegt.

TITEL VI
STEUERTATBESTAND UND STEUERANSPRUCH
Kapitel 1
Allgemeine Bestimmungen
Artikel 62

Für die Zwecke dieser Richtlinie gilt

(1) als „Steuertatbestand" der Tatbestand, durch den die gesetzlichen Voraussetzungen für den Steueranspruch verwirklicht werden;

(2) als „Steueranspruch" der Anspruch auf Zahlung der Steuer, den der Fiskus kraft Gesetzes gegenüber dem Steuerschuldner von einem bestimmten Zeitpunkt an geltend machen kann, selbst wenn Zahlungsaufschub gewährt werden kann.

Kapitel 2
Lieferung von Gegenständen und Dienstleistungen
Artikel 63

Steuertatbestand und Steueranspruch treten zu dem Zeitpunkt ein, zu dem die Lieferung von Gegenständen bewirkt oder die Dienstleistung erbracht wird.

Artikel 64

(1) Geben Lieferungen von Gegenständen, die nicht die Vermietung eines Gegenstands oder den Ratenverkauf eines Gegenstands im Sinne des Artikels 14 Absatz 2 Buchstabe b betreffen, und Dienstleistungen zu aufeinander folgenden Abrechnungen oder Zahlungen Anlass, gelten sie jeweils als mit Ablauf des Zeitraums bewirkt, auf den sich diese Abrechnungen oder Zahlungen beziehen.

(2) Kontinuierlich über einen Zeitraum von mehr als einem Kalendermonat durchgeführte Lieferungen von Gegenständen, die der Steuerpflichtige für Zwecke seines Unternehmens in einen anderen Mitgliedstaat als den des Beginns der Versendung oder Beförderung versendet oder befördert und deren Lieferung oder Verbringung in einen anderen Mitgliedstaat nach Artikel 138 von der Steuer befreit ist, gelten als mit Ablauf eines jeden Kalendermonats bewirkt, solange die Lieferung nicht eingestellt wird.

Dienstleistungen, für die nach Artikel 196 der Leistungsempfänger die Steuer schuldet, die kontinuierlich über einen längeren Zeitraum als ein Jahr erbracht werden und die in diesem Zeitraum nicht zu Abrechnungen oder Zahlungen Anlass geben, gelten als mit Ablauf eines jeden Kalenderjahres bewirkt, solange die Dienstleistung nicht eingestellt wird.

In bestimmten, nicht von den Unterabsätzen 1 und 2 erfassten Fällen können die Mitgliedstaaten vorsehen, dass kontinuierliche Lieferungen von Gegenständen und Dienstleistungen, die sich über einen bestimmten Zeitraum erstrecken, mindestens jährlich als bewirkt gelten.

Artikel 65

Werden Anzahlungen geleistet, bevor die Lieferung von Gegenständen bewirkt oder die Dienstleistung erbracht ist, entsteht der Steueranspruch zum Zeitpunkt der Vereinnahmung entsprechend dem vereinnahmten Betrag.

Artikel 66

(1) Abweichend von den Artikeln 63, 64 und 65 können die Mitgliedstaaten vorsehen, dass der Steueranspruch für bestimmte Umsätze oder Gruppen von Steuerpflichtigen zu einem der folgenden Zeitpunkte entsteht:

a) spätestens bei der Ausstellung der Rechnung;

b) spätestens bei der Vereinnahmung des Preises;

c) im Falle der Nichtausstellung oder verspäteten Ausstellung der Rechnung binnen einer bestimmten Frist spätestens nach Ablauf der von den Mitgliedstaaten gemäß Artikel 222 Absatz 2 gesetzten Frist für die Ausstellung der Rechnung oder, falls von den Mitgliedstaaten eine solche Frist nicht gesetzt wurde, binnen einer bestimmten Frist nach dem Eintreten des Steuertatbestands.

(2) Die Ausnahme nach Absatz 1 gilt jedoch nicht für Dienstleistungen, für die der Dienstleistungsempfänger nach Artikel 196 die Mehrwertsteuer schuldet, und für Lieferungen oder Verbringungen von Gegenständen gemäß Artikel 67.

Artikel 67

Werden Gegenstände, die in einen anderen Mitgliedstaat als den des Beginns der Versendung oder Beförderung versandt oder befördert wurden, mehrwertsteuerfrei geliefert oder werden Gegenstände von einem Steuerpflichtigen für Zwecke seines Unternehmens mehrwertsteuerfrei in einen anderen Mitgliedstaat verbracht, so gilt, dass der Steueranspruch unter den Voraussetzungen des Artikels 138 bei der Ausstellung der Rechnung oder bei Ablauf der Frist nach Artikel 222 Absatz 1, wenn bis zu diesem Zeitpunkt keine Rechnung ausgestellt worden ist, eintritt.

Artikel 64 Absatz 1, Artikel 64 Absatz 2 Unterabsatz 3 und Artikel 65 finden keine Anwendung auf die in Absatz 1 genannten Lieferungen und Verbringungen.

Kapitel 3

Innergemeinschaftlicher Erwerb von Gegenständen

Artikel 68

Der Steuertatbestand tritt zu dem Zeitpunkt ein, zu dem der innergemeinschaftliche Erwerb von Gegenständen bewirkt wird.

Der innergemeinschaftliche Erwerb von Gegenständen gilt als zu dem Zeitpunkt bewirkt, zu dem die Lieferung gleichartiger Gegenstände innerhalb des Mitgliedstaats als bewirkt gilt.

Artikel 69

Beim innergemeinschaftlichen Erwerb von Gegenständen tritt der Steueranspruch bei der Ausstellung der Rechnung, oder bei Ablauf der Frist nach Artikel 222 Absatz 1, wenn bis zu diesem Zeitpunkt keine Rechnung ausgestellt worden ist, ein.

Kapitel 4

Einfuhr von Gegenständen

Artikel 70

Steuertatbestand und Steueranspruch treten zu dem Zeitpunkt ein, zu dem die Einfuhr des Gegenstands erfolgt.

Artikel 71

(1) Unterliegen Gegenstände vom Zeitpunkt ihrer Verbringung in die Gemeinschaft einem Verfahren oder einer sonstigen Regelung im Sinne der Artikel 156, 276 und 277, der Regelung der vorübergehenden Verwendung bei vollständiger Befreiung von Einfuhrabgaben oder dem externen Versandverfahren, treten Steuertatbestand und Steueranspruch erst zu dem Zeitpunkt ein, zu dem die Gegenstände diesem Verfahren oder dieser sonstigen Regelung nicht mehr unterliegen.

Unterliegen die eingeführten Gegenstände Zöllen, landwirtschaftlichen Abschöpfungen oder im Rahmen einer gemeinsamen Politik eingeführten Abgaben gleicher Wirkung, treten Steuertatbestand und Steueranspruch zu dem Zeitpunkt ein, zu dem Tatbestand und Anspruch für diese Abgaben entstehen.

(2) In den Fällen, in denen die eingeführten Gegenstände keiner der Abgaben im Sinne des Absatzes 1 Unterabsatz 2 unterliegen, wenden die Mitgliedstaaten in Bezug auf Steuertatbestand und Steueranspruch die für Zölle geltenden Vorschriften an.

TITEL VII

STEUERBEMESSUNGSGRUNDLAGE

Kapitel 1

Begriffsbestimmung

Artikel 72

Für die Zwecke dieser Richtlinie gilt als „Normalwert" der gesamte Betrag, den ein Empfänger einer Lieferung oder ein Dienstleistungsempfänger auf derselben Absatzstufe, auf der die Lieferung der Gegenstände oder die Dienstleistung erfolgt, an einen selbständigen Lieferer oder Dienstleistungserbringer in dem Mitgliedstaat, in dem der Umsatz steuerpflichtig ist, zahlen müsste, um die betreffenden Gegenstände oder Dienstleistungen zu diesem Zeitpunkt unter den Bedingungen des freien Wettbewerbs zu erhalten.

Kann keine vergleichbare Lieferung von Gegenständen oder Erbringung von Dienstleistungen ermittelt werden, ist der Normalwert wie folgt zu bestimmen:

(1) bei Gegenständen, ein Betrag nicht unter dem Einkaufspreis der Gegenstände oder gleichartiger Gegenstände oder mangels eines Einkaufspreises nicht unter dem Selbstkostenpreis, und zwar jeweils zu den Preisen, die zum Zeitpunkt der Bewirkung dieser Umsätze festgestellt werden;

(2) bei Dienstleistungen, ein Betrag nicht unter dem Betrag der Ausgaben des Steuerpflichtigen für die Erbringung der Dienstleistung.

Kapitel 2
Lieferung von Gegenständen und Dienstleistungen

Artikel 73

Bei der Lieferung von Gegenständen und Dienstleistungen, die nicht unter die Artikel 74 bis 77 fallen, umfasst die Steuerbemessungsgrundlage alles, was den Wert der Gegenleistung bildet, die der Lieferer oder Dienstleistungserbringer für diese Umsätze vom Erwerber oder Dienstleistungsempfänger oder einem Dritten erhält oder erhalten soll, einschließlich der unmittelbar mit dem Preis dieser Umsätze zusammenhängenden Subventionen.

Artikel 73a

Bei der Lieferung von Gegenständen oder bei der Erbringung von Dienstleistungen, die in Bezug auf einen Mehrzweck-Gutschein erfolgt, entspricht die Steuerbemessungsgrundlage unbeschadet des Artikels 73 der für den Gutschein gezahlten Gegenleistung oder, in Ermangelung von Informationen über diese Gegenleistung, dem auf dem Mehrzweck-Gutschein selbst oder in den damit zusammenhängenden Unterlagen angegebenen Geldwert, abzüglich des Betrags der auf die gelieferten Gegenstände oder die erbrachten Dienstleistungen erhobenen Mehrwertsteuer.

Artikel 74

Bei den in den Artikeln 16 und 18 genannten Umsätzen in Form der Entnahme oder der Zuordnung eines Gegenstands des Unternehmens durch einen Steuerpflichtigen oder beim Besitz von Gegenständen durch einen Steuerpflichtigen oder seine Rechtsnachfolger im Fall der Aufgabe seiner steuerbaren wirtschaftlichen Tätigkeit ist die Steuerbemessungsgrundlage der Einkaufspreis für diese oder gleichartige Gegenstände oder mangels eines Einkaufspreises der Selbstkostenpreis, und zwar jeweils zu den Preisen, die zum Zeitpunkt der Bewirkung dieser Umsätze festgestellt werden.

Artikel 75

Bei Dienstleistungen in Form der Verwendung eines dem Unternehmen zugeordneten Gegenstands für den privaten Bedarf und unentgeltlich erbrachten Dienstleistungen im Sinne des Artikels 26 ist die Steuerbemessungsgrundlage der Betrag der Ausgaben des Steuerpflichtigen für die Erbringung der Dienstleistung.

Artikel 76

Bei der Lieferung von Gegenständen in Form der Verbringung in einen anderen Mitgliedstaat ist die Steuerbemessungsgrundlage der Einkaufspreis der Gegenstände oder gleichartiger Gegenstände oder mangels eines Einkaufspreises der Selbstkostenpreis, und zwar jeweils zu den Preisen, die zum Zeitpunkt der Bewirkung dieser Umsätze festgestellt werden.

Artikel 77

Bei der Erbringung einer Dienstleistung durch einen Steuerpflichtigen für das eigene Unternehmen im Sinne des Artikels 27 ist die Steuerbemessungsgrundlage der Normalwert des betreffenden Umsatzes.

Artikel 78

In die Steuerbemessungsgrundlage sind folgende Elemente einzubeziehen:

a) Steuern, Zölle, Abschöpfungen und Abgaben mit Ausnahme der Mehrwertsteuer selbst;

b) Nebenkosten wie Provisions-, Verpackungs-, Beförderungs- und Versicherungskosten, die der Lieferer oder Dienstleistungserbringer vom Erwerber oder Dienstleistungsempfänger fordert.

Die Mitgliedstaaten können als Nebenkosten im Sinne des Absatzes 1 Buchstabe b Kosten ansehen, die Gegenstand einer gesonderten Vereinbarung sind.

Artikel 79

In die Steuerbemessungsgrundlage sind folgende Elemente nicht einzubeziehen:

a) Preisnachlässe durch Skonto für Vorauszahlungen;

b) Rabatte und Rückvergütungen auf den Preis, die dem Erwerber oder Dienstleistungsempfänger eingeräumt werden und die er zu dem Zeitpunkt erhält, zu dem der Umsatz bewirkt wird;

c) Beträge, die ein Steuerpflichtiger vom Erwerber oder vom Dienstleistungsempfänger als Erstattung der in ihrem Namen und für ihre Rechnung verauslagten Beträge erhält und die in seiner Buchführung als durchlaufende Posten behandelt sind.

Der Steuerpflichtige muss den tatsächlichen Betrag der in Absatz 1 Buchstabe c genannten Auslagen nachweisen und darf die Mehrwertsteuer, die auf diese Auslagen gegebenenfalls erhoben worden ist, nicht als Vorsteuer abziehen.

Artikel 80

(1) Zur Vorbeugung gegen Steuerhinterziehung oder -umgehung können die Mitgliedstaaten in jedem der folgenden Fälle Maßnahmen treffen, um sicherzustellen, dass die Steuerbemessungsgrundlage für die Lieferungen von Gegenständen oder für Dienstleistungen, an Empfänger, zu denen familiäre oder andere enge persönliche Bindungen, Bindungen aufgrund von Leitungsfunktionen oder Mitgliedschaften, sowie eigentumsrechtliche, finanzielle oder rechtliche Bindungen, gemäß der Definition des Mitgliedstaats, bestehen, der Normalwert ist:

a) sofern die Gegenleistung niedriger als der Normalwert ist und der Erwerber oder Dienstleistungsempfänger nicht zum vollen Vorsteuerabzug gemäß den Artikeln 167 bis 171 sowie 173 bis 177 berechtigt ist;

b) sofern die Gegenleistung niedriger als der Normalwert ist, der Lieferer oder Dienstleistungserbringer nicht zum vollen Vorsteuerabzug gemäß den Artikeln 167 bis 171 sowie 173 bis 177 berechtigt ist und der Umsatz einer Befreiung gemäß den Artikeln 132, 135, 136, 371, 375, 376, 377, des Artikels 378 Absatz 2, des Artikels 379 Absatz 2 sowie der Artikel 380 bis 390c unterliegt;

c) sofern die Gegenleistung höher als der Normalwert ist und der Lieferer oder Dienstleistungserbringer nicht zum vollen Vorsteuerabzug gemäß den Artikeln 167 bis 171 sowie 173 bis 177 berechtigt ist.

Für die Zwecke des Unterabsatzes 1 kann als rechtliche Bindung auch die Beziehung zwischen Arbeitgeber und Arbeitnehmer, der Familie des Arbeitnehmers oder anderen diesem nahe stehenden Personen, gelten.

(2) Machen die Mitgliedstaaten von der in Absatz 1 vorgesehenen Möglichkeit Gebrauch, können sie festlegen, für welche Kategorien von Lieferern und Dienstleistungserbringern sowie von Erwerbern oder Dienstleistungsempfängern sie von diesen Maßnahmen Gebrauch machen.

(3) Die Mitgliedstaaten unterrichten den Mehrwertsteuerausschuss von nationalen Maßnahmen, die sie im Sinne des Absatzes 1 erlassen, sofern diese nicht Maßnahmen sind, die vom Rat vor dem 13. August 2006 gemäß Artikel 27 Absätze 1 bis 4 der Richtlinie 77/388/EWG genehmigt wurden und gemäß Absatz 1 des vorliegenden Artikels weitergeführt werden.

Artikel 81

Die Mitgliedstaaten, die am 1. Januar 1993 nicht von der Möglichkeit der Anwendung eines ermäßigten Steuersatzes gemäß Artikel 98 Gebrauch gemacht haben, können vorsehen, dass die Steuerbemessungsgrundlage bei der Inanspruchnahme der Möglichkeit nach Artikel 89 für die Lieferung von Kunstgegenständen im Sinne des Artikels 103 Absatz 2 gleich einem Bruchteil des gemäß den Artikeln 73, 74, 76, 78 und 79 ermittelten Betrags ist.

Der Bruchteil im Sinne des Absatzes 1 wird so festgelegt, dass sich die dergestalt geschuldete Mehrwertsteuer auf mindestens 5 % des gemäß den Artikeln 73, 74, 76, 78 und 79 ermittelten Betrags beläuft.

Artikel 82

Die Mitgliedstaaten können vorsehen, dass der Wert von steuerfreiem Anlagegold im Sinne des Artikels 346 in die Steuerbemessungsgrundlage bei der Lieferung von Gegenständen und bei Dienstleistungen einzubeziehen ist, wenn es vom Erwerber oder Dienstleistungsempfänger zur Verfügung gestellt und für die Verarbeitung verwendet wird und infolgedessen bei der Lieferung der Gegenstände oder der Erbringung der Dienstleistungen seinen Status als von der Mehrwertsteuer befreites Anlagegold verliert. Der zugrunde zu legende Wert ist der Normalwert des Anlagegoldes zum Zeitpunkt der Lieferung der Gegenstände oder der Erbringung der Dienstleistungen.

Kapitel 3
Innergemeinschaftlicher Erwerb von Gegenständen

Artikel 83

Beim innergemeinschaftlichen Erwerb von Gegenständen setzt sich die Steuerbemessungsgrundlage aus denselben Elementen zusammen wie denen, die zur Bestimmung der Steuerbemessungsgrundlage für die Lieferung derselben Gegenstände innerhalb des Gebiets des Mitgliedstaats gemäß Kapitel 2 dienen. Bei Umsätzen, die dem innergemeinschaftlichen Erwerb von Gegenständen im Sinne der Artikel 21 und 22 gleichgestellt sind, ist die Steuerbemessungsgrundlage der Einkaufspreis der Gegenstände oder gleichartiger Gegenstände oder mangels eines Einkaufspreises der Selbstkostenpreis, und zwar jeweils zu den Preisen, die zum Zeitpunkt der Bewirkung dieser Umsätze festgestellt werden.

Artikel 84

(1) Die Mitgliedstaaten treffen die erforderlichen Maßnahmen, um sicherzustellen, dass die Verbrauchsteuern, die von der Person geschuldet oder entrichtet werden, die

den innergemeinschaftlichen Erwerb eines verbrauchsteuerpflichtigen Erzeugnisses tätigt, gemäß Artikel 78 Absatz 1 Buchstabe a in die Steuerbemessungsgrundlage einbezogen werden.

(2) Erhält der Erwerber nach dem Zeitpunkt der Bewirkung des innergemeinschaftlichen Erwerbs von Gegenständen Verbrauchsteuern zurück, die in dem Mitgliedstaat, von dem aus die Gegenstände versandt oder befördert worden sind, entrichtet wurden, wird die Steuerbemessungsgrundlage im Mitgliedstaat des innergemeinschaftlichen Erwerbs entsprechend gemindert.

Kapitel 4

Einfuhr von Gegenständen

Artikel 85

Bei der Einfuhr von Gegenständen ist die Steuerbemessungsgrundlage der Betrag, der durch die geltenden Gemeinschaftsvorschriften als Zollwert bestimmt ist.

Artikel 86

(1) In die Steuerbemessungsgrundlage sind – soweit nicht bereits darin enthalten – folgende Elemente einzubeziehen:
a) die außerhalb des Einfuhrmitgliedstaats geschuldeten Steuern, Zölle, Abschöpfungen und sonstigen Abgaben, sowie diejenigen, die aufgrund der Einfuhr geschuldet werden, mit Ausnahme der zu erhebenden Mehrwertsteuer;
b) die Nebenkosten – wie Provisions-, Verpackungs-, Beförderungs- und Versicherungskosten –, die bis zum ersten Bestimmungsort der Gegenstände im Gebiet des Einfuhrmitgliedstaats entstehen sowie diejenigen, die sich aus der Beförderung nach einem anderen Bestimmungsort in der Gemeinschaft ergeben, der zum Zeitpunkt, zu dem der Steuertatbestand eintritt, bekannt ist.

(2) Für Zwecke des Absatzes 1 Buchstabe b gilt als „erster Bestimmungsort" der Ort, der auf dem Frachtbrief oder einem anderen Begleitpapier, unter dem die Gegenstände in den Einfuhrmitgliedstaat verbracht werden, angegeben ist. Fehlt eine solche Angabe, gilt als erster Bestimmungsort der Ort, an dem die erste Umladung im Einfuhrmitgliedstaat erfolgt.

Artikel 87

In die Steuerbemessungsgrundlage sind folgende Elemente nicht einzubeziehen:
a) Preisnachlässe durch Skonto für Vorauszahlungen;
b) Rabatte und Rückvergütungen auf den Preis, die dem Erwerber eingeräumt werden und die er zu dem Zeitpunkt erhält, zu dem die Einfuhr erfolgt.

Artikel 88

Für vorübergehend aus der Gemeinschaft ausgeführte Gegenstände, die wieder eingeführt werden, nachdem sie außerhalb der Gemeinschaft in Stand gesetzt, umgestaltet oder be- oder verarbeitet worden sind, treffen die Mitgliedstaaten Maßnahmen, die sicherstellen, dass die mehrwertsteuerliche Behandlung des fertigen Gegenstands die gleiche ist, wie wenn die genannten Arbeiten in ihrem jeweiligen Gebiet durchgeführt worden wären.

Artikel 89

Die Mitgliedstaaten, die am 1. Januar 1993 nicht von der Möglichkeit der Anwendung eines ermäßigten Steuersatzes gemäß Artikel 98 Gebrauch gemacht haben, können vorsehen, dass die Steuerbemessungsgrundlage bei der Einfuhr von Kunstgegenständen, Sammlungsstücken oder Antiquitäten im Sinne des Artikels 311 Absatz 1 Nummern 2, 3 und 4 einem Bruchteil des gemäß den Artikeln 85, 86 und 87 ermittelten Betrags entspricht.

Der Bruchteil im Sinne des Absatzes 1 wird so festgelegt, dass sich die dergestalt für die Einfuhr geschuldete Mehrwertsteuer auf mindestens 5 % des gemäß den Artikeln 85, 86 und 87 ermittelten Betrags beläuft.

Kapitel 5

Verschiedene Bestimmungen

Artikel 90

(1) Im Falle der Annullierung, der Rückgängigmachung, der Auflösung, der vollständigen oder teilweisen Nichtbezahlung oder des Preisnachlasses nach der Bewirkung des Umsatzes wird die Steuerbemessungsgrundlage unter den von den Mitgliedstaaten festgelegten Bedingungen entsprechend vermindert.

(2) Die Mitgliedstaaten können im Falle der vollständigen oder teilweisen Nichtbezahlung von Absatz 1 abweichen.

Artikel 91

(1) Sind die zur Ermittlung der Steuerbemessungsgrundlage bei der Einfuhr dienenden Elemente in einer anderen Währung als der des Mitgliedstaats ausgedrückt, in dem die Steuerbemessungsgrundlage ermittelt wird, wird der Umrechnungskurs gemäß den Gemeinschaftsvorschriften zur Berechnung des Zollwerts festgesetzt.

(2) Sind die zur Ermittlung der Steuerbemessungsgrundlage eines anderen Umsatzes als der Einfuhr von Gegenständen dienenden Elemente in einer anderen Währung als der des Mitgliedstaats ausgedrückt, in dem die Steuerbemessungsgrundlage ermittelt wird, gilt als Umrechnungskurs der letzte Verkaufskurs, der zu dem Zeitpunkt, zu dem der Steueranspruch entsteht, an dem oder den repräsentativsten Devisenmärkten des betreffenden Mitgliedstaats verzeichnet wurde, oder ein Kurs, der mit Bezug auf diesen oder diese Devisenmärkte entsprechend den von diesem Mitgliedstaat festgelegten Einzelheiten festgesetzt wurde.

Die Mitgliedstaaten akzeptieren stattdessen auch die Anwendung des letzten Umrechnungskurses, der von der Europäischen Zentralbank zu dem Zeitpunkt, zu dem der Steueranspruch eintritt, veröffentlicht wird. Die Umrechnung zwischen nicht auf Euro lautenden Währungen erfolgt anhand des Euro-Umrechnungskurses jeder der Währungen. Die Mitgliedstaaten können vorschreiben, dass der Steuerpflichtige ihnen mitteilen muss, wenn er von dieser Möglichkeit Gebrauch macht.

Bei bestimmten Umsätzen im Sinne des Unterabsatzes 1 oder bei bestimmten Gruppen von Steuerpflichtigen können Mitgliedstaaten jedoch den Umrechnungskurs anwenden, der gemäß den Gemeinschaftsvorschriften zur Berechnung des Zollwerts festgesetzt worden ist.

Artikel 92

In Bezug auf die Kosten von zurückzugebenden Warenumschließungen können die Mitgliedstaaten wie folgt verfahren:

a) sie können sie bei der Ermittlung der Steuerbemessungsgrundlage unberücksichtigt lassen, müssen gleichzeitig aber die erforderlichen Vorkehrungen treffen, damit die Steuerbemessungsgrundlage berichtigt wird, wenn diese Umschließungen nicht zurückgegeben werden;

b) sie können sie bei der Ermittlung der Steuerbemessungsgrundlage berücksichtigen, müssen aber gleichzeitig die erforderlichen Vorkehrungen treffen, damit die Steuerbemessungsgrundlage berichtigt wird, wenn diese Umschließungen tatsächlich zurückgegeben werden.

TITEL VIII

STEUERSÄTZE

Kapitel 1

Anwendung der Steuersätze

Artikel 93

Auf die steuerpflichtigen Umsätze ist der Steuersatz anzuwenden, der zu dem Zeitpunkt gilt, zu dem der Steuertatbestand eintritt.

In folgenden Fällen ist jedoch der Steuersatz anzuwenden, der zu dem Zeitpunkt gilt, zu dem der Steueranspruch entsteht:
a) die in den Artikeln 65 und 66 genannten Fälle;
b) innergemeinschaftlicher Erwerb von Gegenständen;
c) Einfuhr der in Artikel 71 Absatz 1 Unterabsatz 2 und Absatz 2 genannten Gegenstände.

Artikel 94

(1) Beim innergemeinschaftlichen Erwerb von Gegenständen ist der gleiche Steuersatz anzuwenden wie der, der für die Lieferung gleicher Gegenstände innerhalb des Gebiets des Mitgliedstaats gelten würde.

(2) Vorbehaltlich der in Artikel 103 Absatz 1 genannten Möglichkeit, auf die Einfuhr von Kunstgegenständen, Sammlungsstücken und Antiquitäten einen ermäßigten Steuersatz anzuwenden, ist bei der Einfuhr von Gegenständen der gleiche Steuersatz anzuwenden, der für die Lieferung gleicher Gegenstände innerhalb des Gebiets des Mitgliedstaats gilt.

Artikel 95

Ändert sich der Steuersatz, können die Mitgliedstaaten in den in Artikel 65 und 66 geregelten Fällen eine Berichtigung vornehmen, um dem Steuersatz Rechnung zu tragen, der zum Zeitpunkt der Lieferung der Gegenstände oder der Erbringung der Dienstleistungen anzuwenden ist.

Die Mitgliedstaaten können außerdem alle geeigneten Übergangsmaßnahmen treffen.

Kapitel 2

Struktur und Höhe der Steuersätze

Abschnitt 1

Normalsatz

Artikel 96

Die Mitgliedstaaten wenden einen Mehrwertsteuer-Normalsatz an, den jeder Mitgliedstaat als Prozentsatz der Bemessungsgrundlage festsetzt und der für die Lieferungen von Gegenständen und für Dienstleistungen gleich ist.

Artikel 97

Vom 1. Januar 2016 bis zum 31. Dezember 2017 muss der Normalsatz mindestens 15 % betragen.

Abschnitt 2
Ermäßigte Steuersätze
Artikel 98

(1) Die Mitgliedstaaten können einen oder zwei ermäßigte Steuersätze anwenden.

(2) Die ermäßigten Steuersätze sind nur auf die Lieferungen von Gegenständen und die Dienstleistungen der in Anhang III genannten Kategorien anwendbar.

Die ermäßigten Steuersätze sind nicht anwendbar auf elektronisch erbrachte Dienstleistungen.

(3) Zur Anwendung der ermäßigten Steuersätze im Sinne des Absatzes 1 auf Kategorien von Gegenständen können die Mitgliedstaaten die betreffenden Kategorien anhand der Kombinierten Nomenklatur genau abgrenzen.

Artikel 99

(1) Die ermäßigten Steuersätze werden als Prozentsatz der Bemessungsgrundlage festgesetzt, der mindestens 5 % betragen muss.

(2) Jeder ermäßigte Steuersatz wird so festgesetzt, dass es normalerweise möglich ist, von dem Mehrwertsteuerbetrag, der sich bei Anwendung dieses Steuersatzes ergibt, die gesamte nach den Artikeln 167 bis 171 sowie 173 bis 177 abziehbare Vorsteuer abzuziehen.

Artikel 100

Der Rat wird auf der Grundlage eines Berichts der Kommission erstmals 1994 und später alle zwei Jahre den Anwendungsbereich der ermäßigten Steuersätze überprüfen.

Der Rat kann gemäß Artikel 93 des Vertrags beschließen, das Verzeichnis von Gegenständen und Dienstleistungen in Anhang III zu ändern.

Artikel 101

Die Kommission legt dem Europäischen Parlament und dem Rat spätestens am 30. Juni 2007 auf der Grundlage der von einer unabhängigen Expertengruppe für Wirtschaftsfragen durchgeführten Untersuchung einen globalen Bewertungsbericht über die Auswirkungen der auf lokal erbrachte Dienstleistungen – einschließlich Bewirtung – angewandten ermäßigten Sätze vor, insbesondere in Bezug auf die Schaffung von Arbeitsplätzen, das Wirtschaftswachstum und das reibungslose Funktionieren des Binnenmarkts.

Abschnitt 3
Besondere Bestimmungen
Artikel 102

Nach Konsultation des Mehrwertsteuerausschusses kann jeder Mitgliedstaat auf Lieferungen von Erdgas, Elektrizität oder Fernwärme einen ermäßigten Steuersatz anwenden.

Artikel 103

(1) Die Mitgliedstaaten können vorsehen, dass der ermäßigte oder ein ermäßigter Steuersatz, den sie gemäß den Artikeln 98 und 99 anwenden, auch auf die Einfuhr von Kunstgegenständen, Sammlungsstücken und Antiquitäten im Sinne des Artikels 311 Absatz 1 Nummern 2, 3 und 4 anwendbar ist.

(2) Wenn die Mitgliedstaaten von der in Absatz 1 genannten Möglichkeit Gebrauch machen, können sie diesen ermäßigten Steuersatz auch auf folgende Lieferungen anwenden:
a) die Lieferung von Kunstgegenständen durch ihren Urheber oder dessen Rechtsnachfolger;
b) die Lieferung von Kunstgegenständen, die von einem Steuerpflichtigen, der kein steuerpflichtiger Wiederverkäufer ist, als Gelegenheitslieferung bewirkt wird, wenn die Kunstgegenstände von diesem Steuerpflichtigen selbst eingeführt wurden oder ihm von ihrem Urheber oder dessen Rechtsnachfolgern geliefert wurden oder ihm das Recht auf vollen Vorsteuerabzug eröffnet haben.

Artikel 104

Österreich kann in den Gemeinden Jungholz und Mittelberg (Kleines Walsertal) einen zweiten Normalsatz anwenden, der niedriger als der entsprechende, im restlichen Österreich angewandte Steuersatz ist, jedoch nicht unter 15 % liegen darf.

Artikel 104a

Zypern darf auf die Lieferung von Flüssiggas (LPG) in Flaschen einen der zwei ermäßigten Steuersätze gemäß Artikel 98 anwenden.

Artikel 105

(1) Portugal kann auf die Mautgebühren an Brücken im Raum Lissabon einen der zwei ermäßigten Steuersätze gemäß Artikel 98 anwenden.

(2) Portugal kann auf die in den autonomen Regionen Azoren und Madeira bewirkten Umsätze und auf die direkten Einfuhren in diese Regionen Steuersätze anwenden, die unter den entsprechenden, im Mutterland angewandten Steuersätzen liegen.

Kapitel 3

(Anm.: aufgehoben durch RL 2009/47/EG)

Kapitel 4
Bis zur Einführung der endgültigen Mehrwertsteuerregelung geltende besondere Bestimmungen

Artikel 109

Die Bestimmungen dieses Kapitels gelten bis zur Einführung der in Artikel 402 genannten endgültigen Regelung.

Artikel 110

Die Mitgliedstaaten, die am 1. Januar 1991 Steuerbefreiungen mit Recht auf Vorsteuerabzug oder ermäßigte Steuersätze angewandt haben, die unter dem in Artikel 99 festgelegten Mindestsatz lagen, können diese Regelungen weiterhin anwenden.

Die in Absatz 1 genannten Steuerbefreiungen und -ermäßigungen müssen mit dem Gemeinschaftsrecht vereinbar sein und dürfen nur aus genau definierten sozialen Gründen und zugunsten des Endverbrauchers erlassen worden sein.

Artikel 111

Unter den Voraussetzungen des Artikels 110 Absatz 2 können Steuerbefreiungen mit Recht auf Vorsteuerabzug weiterhin angewandt werden von

a) Finnland auf die Lieferungen von Zeitungen und Zeitschriften im Rahmen eines Abonnements und auf den Druck von Veröffentlichungen zur Verteilung an die Mitglieder gemeinnütziger Vereinigungen;

b) Schweden auf die Lieferungen von Zeitungen, einschließlich gesprochener Zeitungen (über Hörfunk und auf Kassetten) für Sehbehinderte, auf an Krankenhäuser oder auf Rezept verkaufte Arzneimittel und auf die Herstellung regelmäßig erscheinender Veröffentlichungen gemeinnütziger Organisationen und damit verbundene andere Dienstleistungen.

c) Malta auf die Lieferungen von Lebensmitteln für den menschlichen Gebrauch und von Arzneimitteln.

Artikel 112

Sollte Artikel 110 in Irland zu Wettbewerbsverzerrungen bei der Lieferung von Energieerzeugnissen für Heiz- und Beleuchtungszwecke führen, kann Irland auf Antrag von der Kommission ermächtigt werden, auf die Lieferungen dieser Erzeugnisse gemäß den Artikeln 98 und 99 einen ermäßigten Steuersatz anzuwenden.

Ergeben sich Wettbewerbsverzerrungen, unterbreitet Irland der Kommission einen entsprechenden Antrag, dem alle notwendigen Informationen beigefügt sind. Hat die Kommission binnen drei Monaten nach Eingang des Antrags keinen Beschluss gefasst, gilt Irland als zur Anwendung der vorgeschlagenen ermäßigten Steuersätze ermächtigt.

Artikel 113

Mitgliedstaaten, die am 1. Januar 1991 im Einklang mit den Gemeinschaftsvorschriften auf andere Lieferungen von Gegenständen und Dienstleistungen als die des Anhangs III Steuerbefreiungen mit Recht auf Vorsteuerabzug oder ermäßigte Sätze angewandt haben, die unter dem in Artikel 99 festgelegten Mindestsatz lagen, können auf die Lieferungen dieser Gegenstände und auf diese Dienstleistungen den ermäßigten Satz oder einen der beiden ermäßigten Sätze des Artikels 98 anwenden.

Artikel 114

(1) Mitgliedstaaten, die am 1. Januar 1993 verpflichtet waren, den von ihnen am 1. Januar 1991 angewandten Normalsatz um mehr als 2 % heraufzusetzen, können auf die Lieferungen von Gegenständen und auf Dienstleistungen der in Anhang III genannten Kategorien einen ermäßigten Satz anwenden, der unter dem in Artikel 99 festgelegten Mindestsatz liegt.

Ferner können die in Unterabsatz 1 genannten Mitgliedstaaten einen solchen Satz auf Kinderbekleidung und Kinderschuhe sowie auf Wohnungen anwenden.

(2) Die Mitgliedstaaten dürfen auf der Grundlage des Absatzes 1 keine Steuerbefreiungen mit Recht auf Vorsteuerabzug vorsehen.

Artikel 115

Mitgliedstaaten, die am 1. Januar 1991 auf Kinderbekleidung und Kinderschuhe sowie auf Wohnungen einen ermäßigten Satz angewandt haben, können diesen Satz weiter anwenden.

Artikel 116

(Anm.: aufgehoben durch RL 2009/47/EG)

Artikel 117

(1) (Anm.: aufgehoben durch RL 2009/47/EG)

(2) Österreich darf auf die Vermietung von Grundstücken für Wohnzwecke einen der beiden ermäßigten Sätze des Artikels 98 anwenden, sofern dieser Satz mindestens 10 % beträgt.

Artikel 118

Mitgliedstaaten, die am 1. Januar 1991 auf nicht in Anhang III genannte Lieferungen von Gegenständen und Dienstleistungen einen ermäßigten Satz angewandt haben, können auf diese Umsätze den ermäßigten Satz oder einen der beiden ermäßigten Sätze des Artikels 98 anwenden, sofern dieser Satz mindestens 12 % beträgt.

Absatz 1 gilt nicht für die Lieferungen von Gebrauchtgegenständen, Kunstgegenständen, Sammlungsstücken und Antiquitäten im Sinne des Artikels 311 Absatz 1 Nummern 1 bis 4, die gemäß der Regelung für die Differenzbesteuerung der Artikel 312 bis 325 oder der Regelung für öffentliche Versteigerungen der Mehrwertsteuer unterliegen.

Artikel 119

Für die Zwecke der Anwendung des Artikels 118 darf Österreich auf die Lieferung von Wein aus eigener Erzeugung durch Weinbauern einen ermäßigten Satz anwenden, sofern dieser Satz mindestens 12 % beträgt.

Artikel 120

Griechenland darf in den Verwaltungsbezirken Lesbos, Chios, Samos, Dodekanes, Kykladen und auf den Inseln Thassos, Nördliche Sporaden, Samothrake und Skyros Sätze anwenden, die bis zu 30 % unter den entsprechenden, auf dem griechischen Festland geltenden Sätzen liegen.

Artikel 121

Mitgliedstaaten, die am 1. Januar 1993 die Ablieferung eines aufgrund eines Werkvertrags hergestellten beweglichen Gegenstands als Lieferung von Gegenständen betrachtet haben, können auf solche Lieferungen den Steuersatz anwenden, der auf den Gegenstand nach Durchführung der Arbeiten anwendbar ist.

Für die Zwecke der Anwendung des Absatzes 1 gilt als „Ablieferung eines aufgrund eines Werkvertrags hergestellten beweglichen Gegenstands" die Übergabe eines beweglichen Gegenstands an den Auftraggeber, den der Auftragnehmer aus Stoffen oder Gegenständen hergestellt oder zusammengestellt hat, die der Auftraggeber ihm zu diesem Zweck ausgehändigt hatte, wobei unerheblich ist, ob der Auftragnehmer hierfür einen Teil des verwandten Materials selbst beschafft hat.

Artikel 122

Die Mitgliedstaaten können auf Lieferungen von lebenden Pflanzen und sonstigen Erzeugnissen des Pflanzenanbaus, einschließlich Knollen, Wurzeln und ähnlichen Erzeugnissen, Schnittblumen und Pflanzenteilen zu Binde- oder Zierzwecken, sowie auf Lieferungen von Brennholz einen ermäßigten Satz anwenden.

Kapitel 5
Befristete Bestimmungen
Artikel 123

Die Tschechische Republik darf bis zum 31. Dezember 2010 weiterhin einen ermäßigten Satz von nicht weniger als 5 % auf Bauleistungen für den Wohnungsbau in einem nicht sozialpolitischen Kontext, ausgenommen Baumaterial, beibehalten.

Artikel 124

(Anm.: aufgehoben durch RL 2007/75/EG)

Artikel 125

(1) Zypern darf bis zum 31. Dezember 2010 eine Steuerbefreiung mit Recht auf Vorsteuerabzug auf Arzneimittel und Lebensmittel für den menschlichen Gebrauch ausgenommen Speiseeis, Eis am Stiel, gefrorenen Joghurt, Wassereis und gleichwertige Erzeugnisse sowie Gesalzenes und Pikantes (Kartoffelchips/-stäbchen, „Puffs" und verpackte gleichwertige, nicht weiter zubereitete Erzeugnisse für den menschlichen Verzehr) beibehalten.

(2) (Anm.: aufgehoben durch RL 2009/47/EG)

Artikel 126

(Anm.: aufgehoben durch RL 2007/75/EG)

Artikel 127

(Anm.: aufgehoben durch RL 2009/47/EG)

Artikel 128

(1) Polen darf bis zum 31. Dezember 2010 eine Steuerbefreiung mit Recht auf Vorsteuerabzug auf die Lieferungen von bestimmten Büchern und Fachzeitschriften gewähren.

(2) (Anm.: aufgehoben durch RL 2009/47/EG)

(3) Polen darf bis zum 31. Dezember 2010 einen ermäßigten Satz von nicht weniger als 3 % auf die in Anhang III Nummer 1 genannte Lieferung von Nahrungsmitteln beibehalten.

(4) Polen darf bis zum 31. Dezember 2010 einen ermäßigten Satz von nicht weniger als 7 % auf die Erbringung von Dienstleistungen für die Errichtung, die Renovierung und den Umbau von Wohnungen in einem nicht sozialpolitischen Kontext, ausgenommen Baumaterial, und auf die Lieferung der in Artikel 12 Absatz 1 Buchstabe a genannten Wohngebäude oder Teile von Wohngebäuden, die vor dem Erstbezug geliefert werden, beibehalten.

Artikel 129

(1) (Anm.: aufgehoben durch RL 2009/47/EG)

(2) Slowenien darf bis zum 31. Dezember 2010 einen ermäßigten Satz von mindestens 5 % auf die Errichtung, Renovierung und Instandhaltung von Wohngebäuden in einem nicht sozialpolitischen Kontext, ausgenommen Baumaterial, beibehalten.

Artikel 130

(Anm.: aufgehoben durch RL 2007/75/EG)

TITEL IX
STEUERBEFREIUNGEN

Kapitel 1
Allgemeine Bestimmungen

Artikel 131

Die Steuerbefreiungen der Kapitel 2 bis 9 werden unbeschadet sonstiger Gemeinschaftsvorschriften und unter den Bedingungen angewandt, die die Mitgliedstaaten zur Gewährleistung einer korrekten und einfachen Anwendung dieser Befreiungen und zur Verhinderung von Steuerhinterziehung, Steuerumgehung oder Missbrauch festlegen.

Kapitel 2
Steuerbefreiungen für bestimmte, dem Gemeinwohl dienende Tätigkeiten

Artikel 132

(1) Die Mitgliedstaaten befreien folgende Umsätze von der Steuer:

a) von öffentlichen Posteinrichtungen erbrachte Dienstleistungen und dazugehörende Lieferungen von Gegenständen mit Ausnahme von Personenbeförderungs- und Telekommunikationsdienstleistungen;

b) Krankenhausbehandlungen und ärztliche Heilbehandlungen sowie damit eng verbundene Umsätze, die von Einrichtungen des öffentlichen Rechts oder unter Bedingungen, welche mit den Bedingungen für diese Einrichtungen in sozialer Hinsicht vergleichbar sind, von Krankenanstalten, Zentren für ärztliche Heilbehandlung und Diagnostik und anderen ordnungsgemäß anerkannten Einrichtungen gleicher Art durchgeführt beziehungsweise bewirkt werden;

c) Heilbehandlungen im Bereich der Humanmedizin, die im Rahmen der Ausübung der von dem betreffenden Mitgliedstaat definierten ärztlichen und arztähnlichen Berufe durchgeführt werden;

d) Lieferung von menschlichen Organen, menschlichem Blut und Frauenmilch;

e) Dienstleistungen, die Zahntechniker im Rahmen ihrer Berufsausübung erbringen, sowie Lieferungen von Zahnersatz durch Zahnärzte und Zahntechniker;

f) Dienstleistungen, die selbstständige Zusammenschlüsse von Personen, die eine Tätigkeit ausüben, die von der Steuer befreit ist oder für die sie nicht Steuerpflichtige sind, an ihre Mitglieder für unmittelbare Zwecke der Ausübung dieser Tätigkeit erbringen, soweit diese Zusammenschlüsse von ihren Mitgliedern lediglich die genaue Erstattung des jeweiligen Anteils an den gemeinsamen Kosten fordern, vorausgesetzt, dass diese Befreiung nicht zu einer Wettbewerbsverzerrung führt;

g) eng mit der Sozialfürsorge und der sozialen Sicherheit verbundene Dienstleistungen und Lieferungen von Gegenständen, einschließlich derjenigen, die durch Altenheime, Einrichtungen des öffentlichen Rechts oder andere von dem betreffenden Mitgliedstaat als Einrichtungen mit sozialem Charakter anerkannte Einrichtungen bewirkt werden;

h) eng mit der Kinder- und Jugendbetreuung verbundene Dienstleistungen und Lieferungen von Gegenständen durch Einrichtungen des öffentlichen Rechts oder andere von dem betreffenden Mitgliedstaat als Einrichtungen mit sozialem Charakter anerkannte Einrichtungen;

i) Erziehung von Kindern und Jugendlichen, Schul- und Hochschulunterricht, Aus- und Fortbildung sowie berufliche Umschulung und damit eng verbundene Dienstleistungen und Lieferungen von Gegenständen durch Einrichtungen des öffentlichen Rechts, die mit solchen Aufgaben betraut sind, oder andere Einrichtungen mit von dem betreffenden Mitgliedstaat anerkannter vergleichbarer Zielsetzung;

j) von Privatlehrern erteilter Schul- und Hochschulunterricht;
k) Gestellung von Personal durch religiöse und weltanschauliche Einrichtungen für die unter den Buchstaben b, g, h und i genannten Tätigkeiten und für Zwecke geistlichen Beistands;
l) Dienstleistungen und eng damit verbundene Lieferungen von Gegenständen, die Einrichtungen ohne Gewinnstreben, welche politische, gewerkschaftliche, religiöse, patriotische, weltanschauliche, philanthropische oder staatsbürgerliche Ziele verfolgen, an ihre Mitglieder in deren gemeinsamen Interesse gegen einen satzungsgemäß festgelegten Beitrag erbringen, vorausgesetzt, dass diese Befreiung nicht zu einer Wettbewerbsverzerrung führt;
m) bestimmte, in engem Zusammenhang mit Sport und Körperertüchtigung stehende Dienstleistungen, die Einrichtungen ohne Gewinnstreben an Personen erbringen, die Sport oder Körperertüchtigung ausüben;
n) bestimmte kulturelle Dienstleistungen und eng damit verbundene Lieferungen von Gegenständen, die von Einrichtungen des öffentlichen Rechts oder anderen von dem betreffenden Mitgliedstaat anerkannten kulturellen Einrichtungen erbracht werden;
o) Dienstleistungen und Lieferungen von Gegenständen bei Veranstaltungen durch Einrichtungen, deren Umsätze nach den Buchstaben b, g, h, i, l, m und n befreit sind, wenn die Veranstaltungen dazu bestimmt sind, den Einrichtungen eine finanzielle Unterstützung zu bringen und ausschließlich zu ihrem Nutzen durchgeführt werden, vorausgesetzt, dass diese Befreiung nicht zu einer Wettbewerbsverzerrung führt;
p) von ordnungsgemäß anerkannten Einrichtungen durchgeführte Beförderung von kranken und verletzten Personen in dafür besonders eingerichteten Fahrzeugen;
q) Tätigkeiten öffentlicher Rundfunk- und Fernsehanstalten, ausgenommen Tätigkeiten mit gewerblichem Charakter.

(2) Für die Zwecke des Absatzes 1 Buchstabe o können die Mitgliedstaaten alle erforderlichen Beschränkungen, insbesondere hinsichtlich der Anzahl der Veranstaltungen und der Höhe der für eine Steuerbefreiung in Frage kommenden Einnahmen, vorsehen.

Artikel 133

Die Mitgliedstaaten können die Gewährung der Befreiungen nach Artikel 132 Absatz 1 Buchstaben b, g, h, i, l, m und n für Einrichtungen, die keine Einrichtungen des öffentlichen Rechts sind, im Einzelfall von der Erfüllung einer oder mehrerer der folgenden Bedingungen abhängig machen:

a) Die betreffenden Einrichtungen dürfen keine systematische Gewinnerzielung anstreben; etwaige Gewinne, die trotzdem anfallen, dürfen nicht verteilt, sondern müssen zur Erhaltung oder Verbesserung der erbrachten Leistungen verwendet werden.
b) Leitung und Verwaltung dieser Einrichtungen müssen im Wesentlichen ehrenamtlich durch Personen erfolgen, die weder selbst noch über zwischengeschaltete Personen ein unmittelbares oder mittelbares Interesse am wirtschaftlichen Ergebnis der betreffenden Tätigkeiten haben.
c) Die Preise, die diese Einrichtungen verlangen, müssen von den zuständigen Behörden genehmigt sein oder die genehmigten Preise nicht übersteigen; bei Umsätzen, für die eine Preisgenehmigung nicht vorgesehen ist, müssen die verlangten Preise unter den

Preisen liegen, die der Mehrwertsteuer unterliegende gewerbliche Unternehmen für entsprechende Umsätze fordern.
d) Die Befreiungen dürfen nicht zu einer Wettbewerbsverzerrung zum Nachteil von der Mehrwertsteuer unterliegenden gewerblichen Unternehmen führen.

Die Mitgliedstaaten, die am 1. Januar 1989 gemäß Anhang E der Richtlinie 77/388/EWG die Mehrwertsteuer auf die in Artikel 132 Absatz 1 Buchstaben m und n genannten Umsätze erhoben, können die unter Absatz 1 Buchstabe d des vorliegenden Artikels genannten Bedingungen auch anwenden, wenn für diese Lieferung von Gegenständen oder Dienstleistungen durch Einrichtungen des öffentlichen Rechts eine Befreiung gewährt wird.

Artikel 134

In folgenden Fällen sind Lieferungen von Gegenständen und Dienstleistungen von der Steuerbefreiung des Artikels 132 Absatz 1 Buchstaben b, g, h, i, l, m und n ausgeschlossen:
a) sie sind für die Umsätze, für die die Steuerbefreiung gewährt wird, nicht unerlässlich;
b) sie sind im Wesentlichen dazu bestimmt, der Einrichtung zusätzliche Einnahmen durch Umsätze zu verschaffen, die in unmittelbarem Wettbewerb mit Umsätzen von der Mehrwertsteuer unterliegenden gewerblichen Unternehmen bewirkt werden.

Kapitel 3
Steuerbefreiungen für andere Tätigkeiten
Artikel 135

(1) Die Mitgliedstaaten befreien folgende Umsätze von der Steuer:
a) Versicherungs- und Rückversicherungsumsätze einschließlich der dazugehörigen Dienstleistungen, die von Versicherungsmaklern und -vertretern erbracht werden;
b) die Gewährung und Vermittlung von Krediten und die Verwaltung von Krediten durch die Kreditgeber;
c) die Vermittlung und Übernahme von Verbindlichkeiten, Bürgschaften und anderen Sicherheiten und Garantien sowie die Verwaltung von Kreditsicherheiten durch die Kreditgeber;
d) Umsätze – einschließlich der Vermittlung – im Einlagengeschäft und Kontokorrentverkehr, im Zahlungs- und Überweisungsverkehr, im Geschäft mit Forderungen, Schecks und anderen Handelspapieren, mit Ausnahme der Einziehung von Forderungen;
e) Umsätze – einschließlich der Vermittlung –, die sich auf Devisen, Banknoten und Münzen beziehen, die gesetzliches Zahlungsmittel sind, mit Ausnahme von Sammlerstücken, d. h. Münzen aus Gold, Silber oder anderem Metall sowie Banknoten, die normalerweise nicht als gesetzliches Zahlungsmittel verwendet werden oder die von numismatischem Interesse sind;
f) Umsätze – einschließlich der Vermittlung, jedoch nicht der Verwahrung und der Verwaltung –, die sich auf Aktien, Anteile an Gesellschaften und Vereinigungen, Schuldverschreibungen oder sonstige Wertpapiere beziehen, mit Ausnahme von Warenpapieren und der in Artikel 15 Absatz 2 genannten Rechte und Wertpapiere;
g) die Verwaltung von durch die Mitgliedstaaten als solche definierten Sondervermögen;
h) Lieferung von in ihrem jeweiligen Gebiet gültigen Postwertzeichen, von Steuerzeichen und von sonstigen ähnlichen Wertzeichen zum aufgedruckten Wert;
i) Wetten, Lotterien und sonstige Glücksspiele mit Geldeinsatz unter den Bedingungen und Beschränkungen, die von jedem Mitgliedstaat festgelegt werden;

j) Lieferung von anderen Gebäuden oder Gebäudeteilen und dem dazugehörigen Grund und Boden als den in Artikel 12 Absatz 1 Buchstabe a genannten;
k) Lieferung unbebauter Grundstücke mit Ausnahme von Baugrundstücken im Sinne des Artikels 12 Absatz 1 Buchstabe b;
l) Vermietung und Verpachtung von Grundstücken.

(2) Die folgenden Umsätze sind von der Befreiung nach Absatz 1 Buchstabe l ausgeschlossen:

a) Gewährung von Unterkunft nach den gesetzlichen Bestimmungen der Mitgliedstaaten im Rahmen des Hotelgewerbes oder in Sektoren mit ähnlicher Zielsetzung, einschließlich der Vermietung in Ferienlagern oder auf Grundstücken, die als Campingplätze erschlossen sind;
b) Vermietung von Plätzen für das Abstellen von Fahrzeugen;
c) Vermietung von auf Dauer eingebauten Vorrichtungen und Maschinen;
d) Vermietung von Schließfächern.

Die Mitgliedstaaten können weitere Ausnahmen von der Befreiung nach Absatz 1 Buchstabe l vorsehen.

Artikel 136

Die Mitgliedstaaten befreien folgende Umsätze von der Steuer:

a) die Lieferungen von Gegenständen, die ausschließlich für eine auf Grund der Artikel 132, 135, 371, 375, 376, 377, des Artikels 378 Absatz 2, des Artikels 379 Absatz 2 sowie der Artikel 380 bis 390c von der Steuer befreite Tätigkeit bestimmt waren, wenn für diese Gegenstände kein Recht auf Vorsteuerabzug bestanden hat;
b) die Lieferungen von Gegenständen, deren Anschaffung oder Zuordnung gemäß Artikel 176 vom Vorsteuerabzug ausgeschlossen war.

Artikel 137

(1) Die Mitgliedstaaten können ihren Steuerpflichtigen das Recht einräumen, sich bei folgenden Umsätzen für eine Besteuerung zu entscheiden:

a) die in Artikel 135 Absatz 1 Buchstaben b bis g genannten Finanzumsätze;
b) Lieferung von anderen Gebäuden oder Gebäudeteilen und dem dazugehörigen Grund und Boden als den in Artikel 12 Absatz 1 Buchstabe a genannten;
c) Lieferung unbebauter Grundstücke mit Ausnahme von Baugrundstücken im Sinne des Artikels 12 Absatz 1 Buchstabe b;
d) Vermietung und Verpachtung von Grundstücken.

(2) Die Mitgliedstaaten legen die Einzelheiten für die Inanspruchnahme des Wahlrechts nach Absatz 1 fest.

Die Mitgliedstaaten können den Umfang dieses Wahlrechts einschränken.

Kapitel 4
Steuerbefreiungen bei innergemeinschaftlichen Umsätzen
Abschnitt 1
Steuerbefreiungen bei der Lieferung von Gegenständen

Artikel 138

(1) Die Mitgliedstaaten befreien die Lieferungen von Gegenständen, die durch den Verkäufer, den Erwerber oder für ihre Rechnung nach Orten außerhalb ihres jeweiligen

Gebiets, aber innerhalb der Gemeinschaft versandt oder befördert werden von der Steuer, wenn diese Lieferung an einen anderen Steuerpflichtigen oder an eine nichtsteuerpflichtige juristische Person bewirkt wird, der/die als solche/r in einem anderen Mitgliedstaat als dem des Beginns der Versendung oder Beförderung der Gegenstände handelt.

(2) Außer den in Absatz 1 genannten Lieferungen befreien die Mitgliedstaaten auch folgende Umsätze von der Steuer:

a) die Lieferungen neuer Fahrzeuge, die durch den Verkäufer, den Erwerber oder für ihre Rechnung an den Erwerber nach Orten außerhalb ihres jeweiligen Gebiets, aber innerhalb der Gemeinschaft versandt oder befördert werden, wenn die Lieferungen an Steuerpflichtige oder nichtsteuerpflichtige juristische Personen, deren innergemeinschaftliche Erwerbe von Gegenständen gemäß Artikel 3 Absatz 1 nicht der Mehrwertsteuer unterliegen, oder an eine andere nichtsteuerpflichtige Person bewirkt werden;

b) die Lieferungen verbrauchsteuerpflichtiger Waren, die durch den Verkäufer, den Erwerber oder für ihre Rechnung an den Erwerber nach Orten außerhalb ihres jeweiligen Gebiets, aber innerhalb der Gemeinschaft versandt oder befördert werden, wenn die Lieferungen an Steuerpflichtige oder nichtsteuerpflichtige juristische Personen bewirkt werden, deren innergemeinschaftliche Erwerbe von Gegenständen, die keine verbrauchsteuerpflichtigen Waren sind, gemäß Artikel 3 Absatz 1 nicht der Mehrwertsteuer unterliegen, und wenn die Versendung oder Beförderung dieser Waren gemäß Artikel 7 Absätze 4 und 5 oder Artikel 16 der Richtlinie 92/12/EWG durchgeführt wird;

c) die Lieferungen von Gegenständen in Form der Verbringung in einen anderen Mitgliedstaat, die gemäß Absatz 1 und den Buchstaben a und b des vorliegenden Absatzes von der Mehrwertsteuer befreit wäre, wenn sie an einen anderen Steuerpflichtigen bewirkt würde.

Artikel 139

(1) Die Steuerbefreiung nach Artikel 138 Absatz 1 gilt nicht für die Lieferungen von Gegenständen durch Steuerpflichtige, die unter die Steuerbefreiung für Kleinunternehmen nach Maßgabe der Artikel 282 bis 292 fallen.

Ferner gilt die Steuerbefreiung nicht für die Lieferungen von Gegenständen an Steuerpflichtige oder nichtsteuerpflichtige juristische Personen, deren innergemeinschaftliche Erwerbe von Gegenständen gemäß Artikel 3 Absatz 1 nicht der Mehrwertsteuer unterliegen.

(2) Die Steuerbefreiung nach Artikel 138 Absatz 2 Buchstabe b gilt nicht für die Lieferungen verbrauchsteuerpflichtiger Waren durch Steuerpflichtige, die unter die Steuerbefreiung für Kleinunternehmen nach Maßgabe der Artikel 282 bis 292 fallen.

(3) Die Steuerbefreiung nach Artikel 138 Absatz 1 und Absatz 2 Buchstaben b und c gilt nicht für die Lieferungen von Gegenständen, die nach der Sonderregelung über die Differenzbesteuerung der Artikel 312 bis 325 oder der Regelung für öffentliche Versteigerungen der Mehrwertsteuer unterliegen.

Die Steuerbefreiung nach Artikel 138 Absatz 1 und Absatz 2 Buchstabe c gilt nicht für die Lieferungen von Gebrauchtfahrzeugen im Sinne des Artikels 327 Absatz 3, die nach der Übergangsregelung für Gebrauchtfahrzeuge der Mehrwertsteuer unterliegen.

Abschnitt 2

Steuerbefreiungen beim innergemeinschaftlichen Erwerb von Gegenständen

Artikel 140

Die Mitgliedstaaten befreien folgende Umsätze von der Steuer:

a) den innergemeinschaftlichen Erwerb von Gegenständen, deren Lieferung durch Steuerpflichtige in ihrem jeweiligen Gebiet in jedem Fall mehrwertsteuerfrei ist;

b) den innergemeinschaftlichen Erwerb von Gegenständen, deren Einfuhr gemäß Artikel 143 Absatz 1 Buchstaben a, b und c sowie Buchstaben e bis l in jedem Fall mehrwertsteuerfrei ist;

c) den innergemeinschaftlichen Erwerb von Gegenständen, für die der Erwerber gemäß den Artikeln 170 und 171 in jedem Fall das Recht auf volle Erstattung der Mehrwertsteuer hat, die gemäß Artikel 2 Absatz 1 Buchstabe b geschuldet würde.

Artikel 141

Jeder Mitgliedstaat trifft besondere Maßnahmen, damit ein innergemeinschaftlicher Erwerb von Gegenständen, der nach Artikel 40 als in seinem Gebiet bewirkt gilt, nicht mit der Mehrwertsteuer belastet wird, wenn folgende Voraussetzungen erfüllt sind:

a) der Erwerb von Gegenständen wird von einem Steuerpflichtigen bewirkt, der nicht in diesem Mitgliedstaat niedergelassen ist, aber in einem anderen Mitgliedstaat für Mehrwertsteuerzwecke erfasst ist;

b) der Erwerb von Gegenständen erfolgt für die Zwecke einer anschließenden Lieferung dieser Gegenstände durch den unter Buchstabe a genannten Steuerpflichtigen in diesem Mitgliedstaat;

c) die auf diese Weise von dem Steuerpflichtigen im Sinne von Buchstabe a erworbenen Gegenstände werden von einem anderen Mitgliedstaat aus als dem, in dem der Steuerpflichtige für Mehrwertsteuerzwecke erfasst ist, unmittelbar an die Person versandt oder befördert, an die er die anschließende Lieferung bewirkt;

d) Empfänger der anschließenden Lieferung ist ein anderer Steuerpflichtiger oder eine nichtsteuerpflichtige juristische Person, der bzw. die in dem betreffenden Mitgliedstaat für Mehrwertsteuerzwecke erfasst ist;

e) der Empfänger der Lieferung im Sinne des Buchstabens d ist gemäß Artikel 197 als Schuldner der Steuer für die Lieferung bestimmt worden, die von dem Steuerpflichtigen bewirkt wird, der nicht in dem Mitgliedstaat ansässig ist, in dem die Steuer geschuldet wird.

Abschnitt 3

Steuerbefreiungen für bestimmte Beförderungsleistungen

Artikel 142

Die Mitgliedstaaten befreien die innergemeinschaftliche Güterbeförderung nach oder von den Inseln, die die autonomen Regionen Azoren und Madeira bilden, sowie die Güterbeförderung zwischen diesen Inseln von der Steuer.

Kapitel 5

Steuerbefreiungen bei der Einfuhr

Artikel 143

(1) Die Mitgliedstaaten befreien folgende Umsätze von der Steuer:

a) die endgültige Einfuhr von Gegenständen, deren Lieferung durch Steuerpflichtige in ihrem jeweiligen Gebiet in jedem Fall mehrwertsteuerfrei ist;

b) die endgültige Einfuhr von Gegenständen, die in den Richtlinien 69/169/EWG, 83/181/EWG und 2006/79/EG des Rates geregelt ist;

c) die endgültige Einfuhr von Gegenständen aus Drittgebieten, die Teil des Zollgebiets der Gemeinschaft sind, im freien Verkehr, die unter die Steuerbefreiung nach Buchstabe b fallen würde, wenn die Gegenstände gemäß Artikel 30 Absatz 1 eingeführt worden wären;

d) die Einfuhr von Gegenständen, die von einem Drittgebiet oder einem Drittland aus in einen anderen Mitgliedstaat als den Mitgliedstaat der Beendigung der Versendung oder Beförderung versandt oder befördert werden, sofern die Lieferung dieser Gegenstände durch den gemäß Artikel 201 als Steuerschuldner bestimmten oder anerkannten Importeur bewirkt wird und gemäß Artikel 138 befreit ist;

e) die Wiedereinfuhr von unter eine Zollbefreiung fallenden Gegenständen durch denjenigen, der sie ausgeführt hat, und zwar in dem Zustand, in dem sie ausgeführt wurden;

f) die Einfuhr von Gegenständen im Rahmen der diplomatischen und konsularischen Beziehungen, für die eine Zollbefreiung gilt;

fa) die Einfuhr von Gegenständen durch die Europäische Gemeinschaft, die Europäische Atomgemeinschaft, die Europäische Zentralbank oder die Europäische Investitionsbank oder die von den Europäischen Gemeinschaften geschaffenen Einrichtungen, auf die das Protokoll vom 8. April 1965 über die Vorrechte und Befreiungen der Europäischen Gemeinschaften anwendbar ist, und zwar in den Grenzen und zu den Bedingungen, die in diesem Protokoll und den Übereinkünften zu seiner Umsetzung oder in den Abkommen über ihren Sitz festgelegt sind, sofern dies nicht zu Wettbewerbsverzerrungen führt;

g) die Einfuhr von Gegenständen durch internationale Einrichtungen, die nicht unter Buchstabe fa genannt sind und die von den Behörden des Aufnahmemitgliedstaats als internationale Einrichtungen anerkannt sind, sowie durch Angehörige dieser Einrichtungen, und zwar in den Grenzen und zu den Bedingungen, die in den internationalen Übereinkommen über die Gründung dieser Einrichtungen oder in den Abkommen über ihren Sitz festgelegt sind;

h) die Einfuhr von Gegenständen in den Mitgliedstaaten, die Vertragsparteien des Nordatlantikvertrags sind, durch die Streitkräfte anderer Parteien dieses Vertrags für den Gebrauch oder Verbrauch durch diese Streitkräfte oder ihr ziviles Begleitpersonal oder für die Versorgung ihrer Kasinos oder Kantinen, wenn diese Streitkräfte der gemeinsamen Verteidigungsanstrengung dienen;

i) die Einfuhr von Gegenständen, die von den gemäß dem Vertrag zur Gründung der Republik Zypern vom 16. August 1960 auf der Insel Zypern stationierten Streitkräften des Vereinigten Königreichs durchgeführt wird, wenn sie für den Gebrauch oder Verbrauch durch diese Streitkräfte oder ihr ziviles Begleitpersonal oder für die Versorgung ihrer Kasinos oder Kantinen bestimmt ist;

j) die durch Unternehmen der Seefischerei in Häfen durchgeführte Einfuhr von Fischereierzeugnissen, die noch nicht Gegenstand einer Lieferung gewesen sind, in unbearbeitetem Zustand oder nach Haltbarmachung für Zwecke der Vermarktung;
k) die Einfuhr von Gold durch Zentralbanken;
l) die Einfuhr von Gas über ein Erdgasnetz oder jedes an ein solches Netz angeschlossene Netz oder von Gas, das von einem Gastanker aus in ein Erdgasnetz oder ein vorgelagertes Gasleitungsnetz eingespeist wird, von Elektrizität oder von Wärme oder Kälte über Wärme- oder Kältenetze.

(2) Die Steuerbefreiung gemäß Absatz 1 Buchstabe d ist in den Fällen, in denen auf die Einfuhr von Gegenständen eine Lieferung von Gegenständen folgt, die gemäß Artikel 138 Absatz 1 und Absatz 2 Buchstabe c von der Steuer befreit ist, nur anzuwenden, wenn der Importeur zum Zeitpunkt der Einfuhr den zuständigen Behörden des Einfuhrmitgliedstaats mindestens die folgenden Angaben hat zukommen lassen:
a) seine im Einfuhrmitgliedstaat erteilte MwSt.-Identifikationsnummer oder die im Einfuhrmitgliedstaat erteilte MwSt.-Identifikationsnummer seines Steuervertreters, der die Steuer schuldet;
b) die in einem anderen Mitgliedstaat erteilte MwSt.-Identifikationsnummer des Erwerbers, an den die Gegenstände gemäß Artikel 138 Absatz 1 geliefert werden, oder seine eigene MwSt.-Identifikationsnummer, die in dem Mitgliedstaat erteilt wurde, in dem die Versendung oder Beförderung der Gegenstände endet, wenn die Gegenstände gemäß Artikel 138 Absatz 2 Buchstabe c verbracht werden;
c) den Nachweis, aus dem hervorgeht, dass die eingeführten Gegenstände dazu bestimmt sind, aus dem Einfuhrmitgliedstaat in einen anderen Mitgliedstaat befördert oder versandt zu werden.

Allerdings können die Mitgliedstaaten festlegen, dass der Nachweis nach Buchstabe c den zuständigen Behörden lediglich auf Ersuchen vorzulegen ist.

Artikel 144

Die Mitgliedstaaten befreien Dienstleistungen, die sich auf die Einfuhr von Gegenständen beziehen und deren Wert gemäß Artikel 86 Absatz 1 Buchstabe b in der Steuerbemessungsgrundlage enthalten ist.

Artikel 145

(1) Falls erforderlich, unterbreitet die Kommission dem Rat so rasch wie möglich Vorschläge zur genauen Festlegung des Anwendungsbereichs der Befreiungen der Artikel 143 und 144 und der praktischen Einzelheiten ihrer Anwendung.

(2) Bis zum Inkrafttreten der in Absatz 1 genannten Bestimmungen können die Mitgliedstaaten die geltenden nationalen Vorschriften beibehalten.

Die Mitgliedstaaten können ihre nationalen Vorschriften anpassen, um Wettbewerbsverzerrungen zu verringern und insbesondere die Nicht- oder Doppelbesteuerung innerhalb der Gemeinschaft zu vermeiden.

Die Mitgliedstaaten können die Verwaltungsverfahren anwenden, die ihnen zur Durchführung der Steuerbefreiung am geeignetsten erscheinen.

(3) Die Mitgliedstaaten teilen der Kommission ihre bereits geltenden nationalen Vorschriften mit, sofern diese noch nicht mitgeteilt wurden, und die Vorschriften, die sie im Sinne des Absatzes 2 erlassen; die Kommission unterrichtet hiervon die übrigen Mitgliedstaaten.

Kapitel 6
Steuerbefreiungen bei der Ausfuhr
Artikel 146

(1) Die Mitgliedstaaten befreien folgende Umsätze von der Steuer:
a) die Lieferungen von Gegenständen, die durch den Verkäufer oder für dessen Rechnung nach Orten außerhalb der Gemeinschaft versandt oder befördert werden;
b) die Lieferungen von Gegenständen, die durch den nicht in ihrem jeweiligen Gebiet ansässigen Erwerber oder für dessen Rechnung nach Orten außerhalb der Gemeinschaft versandt oder befördert werden, mit Ausnahme der vom Erwerber selbst beförderten Gegenstände zur Ausrüstung oder Versorgung von Sportbooten und Sportflugzeugen sowie von sonstigen Beförderungsmitteln, die privaten Zwecken dienen;
c) die Lieferungen von Gegenständen an zugelassene Körperschaften, die diese im Rahmen ihrer Tätigkeit auf humanitärem, karitativem oder erzieherischem Gebiet nach Orten außerhalb der Gemeinschaft ausführen;
d) Dienstleistungen in Form von Arbeiten an beweglichen körperlichen Gegenständen, die zwecks Durchführung dieser Arbeiten in der Gemeinschaft erworben oder eingeführt worden sind und die vom Dienstleistungserbringer oder dem nicht in ihrem jeweiligen Gebiet ansässigen Dienstleistungsempfänger oder für deren Rechnung nach Orten außerhalb der Gemeinschaft versandt oder befördert werden;
e) Dienstleistungen, einschließlich Beförderungsleistungen und Nebentätigkeiten zur Beförderung, ausgenommen die gemäß den Artikeln 132 und 135 von der Steuer befreiten Dienstleistungen, wenn sie in unmittelbarem Zusammenhang mit der Ausfuhr oder der Einfuhr von Gegenständen stehen, für die Artikel 61 oder Artikel 157 Absatz 1 Buchstabe a gilt.

(2) Die Steuerbefreiung des Absatzes 1 Buchstabe c kann im Wege einer Mehrwertsteuererstattung erfolgen.

Artikel 147

(1) Betrifft die in Artikel 146 Absatz 1 Buchstabe b genannte Lieferung Gegenstände zur Mitführung im persönlichen Gepäck von Reisenden, gilt die Steuerbefreiung nur, wenn die folgenden Voraussetzungen erfüllt sind:
a) der Reisende ist nicht in der Gemeinschaft ansässig;
b) die Gegenstände werden vor Ablauf des dritten auf die Lieferung folgenden Kalendermonats nach Orten außerhalb der Gemeinschaft befördert;
c) der Gesamtwert der Lieferung einschließlich Mehrwertsteuer übersteigt 175 EUR oder den Gegenwert in Landeswährung; der Gegenwert in Landeswährung wird alljährlich anhand des am ersten Arbeitstag im Oktober geltenden Umrechnungskurses mit Wirkung zum 1. Januar des folgenden Jahres festgelegt.

Die Mitgliedstaaten können jedoch eine Lieferung, deren Gesamtwert unter dem in Unterabsatz 1 Buchstabe c vorgesehenen Betrag liegt, von der Steuer befreien.

(2) Für die Zwecke des Absatzes 1 gilt ein Reisender als „nicht in der Gemeinschaft ansässig", wenn sein Wohnsitz oder sein gewöhnlicher Aufenthaltsort nicht in der Gemeinschaft liegt. Dabei gilt als „Wohnsitz oder gewöhnlicher Aufenthaltsort" der Ort, der im Reisepass, im Personalausweis oder in einem sonstigen Dokument eingetragen ist, das in dem Mitgliedstaat, in dessen Gebiet die Lieferung bewirkt wird, als Identitätsnachweis anerkannt ist.

Der Nachweis der Ausfuhr wird durch Rechnungen oder entsprechende Belege erbracht, die mit dem Sichtvermerk der Ausgangszollstelle der Gemeinschaft versehen sein müssen.

Jeder Mitgliedstaat übermittelt der Kommission ein Muster des Stempelabdrucks, den er für die Erteilung des Sichtvermerks im Sinne des Unterabsatzes 2 verwendet. Die Kommission leitet diese Information an die Steuerbehörden der übrigen Mitgliedstaaten weiter.

Kapitel 7
Steuerbefreiungen bei grenzüberschreitenden Beförderungen
Artikel 148

Die Mitgliedstaaten befreien folgende Umsätze von der Steuer:
a) die Lieferungen von Gegenständen zur Versorgung von Schiffen, die auf hoher See im entgeltlichen Passagierverkehr, zur Ausübung einer Handelstätigkeit, für gewerbliche Zwecke oder zur Fischerei sowie als Bergungs- oder Rettungsschiffe auf See oder zur Küstenfischerei eingesetzt sind, wobei im letztgenannten Fall die Lieferungen von Bordverpflegung ausgenommen sind;
b) die Lieferungen von Gegenständen zur Versorgung von Kriegsschiffen im Sinne des Codes der Kombinierten Nomenklatur (KN) 8906 10 00, die ihr Gebiet verlassen, um einen Hafen oder Ankerplatz außerhalb des Mitgliedstaats anzulaufen;
c) Lieferung, Umbau, Reparatur, Wartung, Vercharterung und Vermietung der unter Buchstabe a genannten Schiffe, sowie Lieferung, Vermietung, Reparatur und Wartung von Gegenständen, die in diese Schiffe eingebaut sind – einschließlich der Ausrüstung für die Fischerei –, oder die ihrem Betrieb dienen;
d) Dienstleistungen, die nicht unter Buchstabe c fallen und die unmittelbar für den Bedarf der unter Buchstabe a genannten Schiffe und ihrer Ladung erbracht werden;
e) die Lieferungen von Gegenständen zur Versorgung von Luftfahrzeugen, die von Luftfahrtgesellschaften verwendet werden, die hauptsächlich im entgeltlichen internationalen Verkehr tätig sind;
f) Lieferung, Umbau, Reparatur, Wartung, Vercharterung und Vermietung der unter Buchstabe e genannten Luftfahrzeuge, sowie Lieferung, Vermietung, Reparatur und Wartung von Gegenständen, die in diese Luftfahrzeuge eingebaut sind oder ihrem Betrieb dienen;
g) Dienstleistungen, die nicht unter Buchstabe f fallen und die unmittelbar für den Bedarf der unter Buchstabe e genannten Luftfahrzeuge und ihrer Ladung erbracht werden.

Artikel 149

Portugal kann Beförderungen im See- und Luftverkehr zwischen den Inseln, die die autonomen Regionen Azoren und Madeira bilden, sowie zwischen diesen Regionen und dem Mutterland grenzüberschreitenden Beförderungen gleichstellen.

Artikel 150

(1) Falls erforderlich unterbreitet die Kommission dem Rat so rasch wie möglich Vorschläge zur genauen Festlegung des Anwendungsbereichs der Befreiungen des Artikels 148 und der praktischen Einzelheiten ihrer Anwendung.

(2) Bis zum Inkrafttreten der in Absatz 1 genannten Bestimmungen können die Mitgliedstaaten den Anwendungsbereich der Befreiungen nach Artikel 148 Buchstaben a und b beschränken.

Kapitel 8
Steuerbefreiungen bei bestimmten, Ausfuhren gleichgestellten Umsätzen
Artikel 151

(1) Die Mitgliedstaaten befreien folgende Umsätze von der Steuer:
a) Lieferungen von Gegenständen und Dienstleistungen, die im Rahmen der diplomatischen und konsularischen Beziehungen bewirkt werden;
aa) Lieferungen von Gegenständen und Dienstleistungen, die für die Europäische Gemeinschaft, die Europäische Atomgemeinschaft, die Europäische Zentralbank oder die Europäische Investitionsbank oder die von den Europäischen Gemeinschaften geschaffenen Einrichtungen, auf die das Protokoll vom 8. April 1965 über die Vorrechte und Befreiungen der Europäischen Gemeinschaften anwendbar ist, bestimmt sind, und zwar in den Grenzen und zu den Bedingungen, die in diesem Protokoll und den Übereinkünften zu seiner Umsetzung oder in den Abkommen über ihren Sitz festgelegt sind, sofern dies nicht zu Wettbewerbsverzerrungen führt;
b) Lieferungen von Gegenständen und Dienstleistungen, die für nicht unter Buchstabe aa genannte internationale Einrichtungen, die vom Aufnahmemitgliedstaat als internationale Einrichtungen anerkannt sind, sowie für die Angehörigen dieser Einrichtungen bestimmt sind, und zwar in den Grenzen und zu den Bedingungen, die in den internationalen Übereinkommen über die Gründung dieser Einrichtungen oder in den Abkommen über ihren Sitz festgelegt sind;
c) Lieferungen von Gegenständen und Dienstleistungen, die in den Mitgliedstaaten, die Vertragsparteien des Nordatlantikvertrags sind, an die Streitkräfte anderer Vertragsparteien bewirkt werden, wenn diese Umsätze für den Gebrauch oder Verbrauch durch diese Streitkräfte oder ihr ziviles Begleitpersonal oder für die Versorgung ihrer Kasinos oder Kantinen bestimmt sind und wenn diese Streitkräfte der gemeinsamen Verteidigungsanstrengung dienen;
d) Lieferungen von Gegenständen und Dienstleistungen, deren Bestimmungsort in einem anderen Mitgliedstaat liegt und die für die Streitkräfte anderer Vertragsparteien des Nordatlantikvertrags als die des Bestimmungsmitgliedstaats selbst bestimmt sind, wenn diese Umsätze für den Gebrauch oder Verbrauch durch diese Streitkräfte oder ihr ziviles Begleitpersonal oder für die Versorgung ihrer Kasinos oder Kantinen bestimmt sind und wenn diese Streitkräfte der gemeinsamen Verteidigungsanstrengung dienen;
e) Lieferungen von Gegenständen und Dienstleistungen, die für die gemäß dem Vertrag zur Gründung der Republik Zypern vom 16. August 1960 auf der Insel Zypern stationierten Streitkräfte des Vereinigten Königreichs bestimmt sind, wenn diese Umsätze für den Gebrauch oder Verbrauch durch die Streitkräfte oder ihr ziviles Begleitpersonal oder für die Versorgung ihrer Kasinos oder Kantinen bestimmt sind.

Die in Unterabsatz 1 geregelten Befreiungen gelten unter den vom Aufnahmemitgliedstaat festgelegten Beschränkungen so lange, bis eine einheitliche Steuerregelung erlassen ist.

(2) Bei Gegenständen, die nicht aus dem Mitgliedstaat versandt oder befördert werden, in dem die Lieferung dieser Gegenstände bewirkt wird, und bei Dienstleistungen kann die Steuerbefreiung im Wege der Mehrwertsteuererstattung erfolgen.

Artikel 152

Die Mitgliedstaaten befreien die Lieferungen von Gold an Zentralbanken von der Steuer.

Kapitel 9
Steuerbefreiungen für Dienstleistungen von Vermittlern
Artikel 153

Die Mitgliedstaaten befreien Dienstleistungen von Vermittlern, die im Namen und für Rechnung Dritter handeln, von der Steuer, wenn sie in den Kapiteln 6, 7 und 8 genannte Umsätze oder Umsätze außerhalb der Gemeinschaft betreffen.

Die Befreiung nach Absatz 1 gilt nicht für Reisebüros, wenn diese im Namen und für Rechnung des Reisenden Leistungen bewirken, die in anderen Mitgliedstaaten erbracht werden.

Kapitel 10
Steuerbefreiungen beim grenzüberschreitenden Warenverkehr
Abschnitt 1
Zolllager, andere Lager als Zolllager sowie gleichartige Regelungen
Artikel 154

Für die Zwecke dieses Abschnitts gelten als „andere Lager als Zolllager" bei verbrauchsteuerpflichtigen Waren die Orte, die Artikel 4 Buchstabe b der Richtlinie 92/12/EWG als Steuerlager definiert, und bei nicht verbrauchsteuerpflichtigen Waren die Orte, die die Mitgliedstaaten als solche definieren.

Artikel 155

Unbeschadet der übrigen gemeinschaftlichen Steuervorschriften können die Mitgliedstaaten nach Konsultation des Mehrwertsteuerausschusses besondere Maßnahmen treffen, um einige oder sämtliche in diesem Abschnitt genannten Umsätze von der Steuer zu befreien, sofern diese nicht für eine endgültige Verwendung oder einen Endverbrauch bestimmt sind und sofern der beim Verlassen der in diesem Abschnitt genannten Verfahren oder sonstigen Regelungen geschuldete Mehrwertsteuerbetrag demjenigen entspricht, der bei der Besteuerung jedes einzelnen dieser Umsätze in ihrem Gebiet geschuldet worden wäre.

Artikel 156

(1) Die Mitgliedstaaten können folgende Umsätze von der Steuer befreien:
a) die Lieferungen von Gegenständen, die zollamtlich erfasst und gegebenenfalls in einem Übergangslager vorübergehend verwahrt bleiben sollen;
b) die Lieferungen von Gegenständen, die in einer Freizone oder einem Freilager gelagert werden sollen;
c) die Lieferungen von Gegenständen, die einer Zolllagerregelung oder einer Regelung für den aktiven Veredelungsverkehr unterliegen sollen;
d) die Lieferungen von Gegenständen, die in die Hoheitsgewässer verbracht werden sollen, um im Rahmen des Baus, der Reparatur, der Wartung, des Umbaus oder der Ausrüstung von Bohrinseln oder Förderplattformen in diese eingebaut oder für die Verbindung dieser Bohrinseln oder Förderplattformen mit dem Festland verwendet zu werden;
e) die Lieferungen von Gegenständen, die in die Hoheitsgewässer verbracht werden sollen, um zur Versorgung von Bohrinseln oder Förderplattformen verwendet zu werden.

(2) Die in Absatz 1 genannten Orte sind diejenigen, die in den geltenden Zollvorschriften der Gemeinschaft als solche definiert sind.

Artikel 157

(1) Die Mitgliedstaaten können folgende Umsätze von der Steuer befreien:
a) die Einfuhr von Gegenständen, die einer Regelung für andere Lager als Zolllager unterliegen sollen;
b) die Lieferungen von Gegenständen, die in ihrem Gebiet einer Regelung für andere Lager als Zolllager unterliegen sollen.

(2) Die Mitgliedstaaten dürfen bei nicht verbrauchsteuerpflichtigen Waren keine andere Lagerregelung als eine Zolllagerregelung vorsehen, wenn diese Waren zur Lieferung auf der Einzelhandelsstufe bestimmt sind.

Artikel 158

(1) Abweichend von Artikel 157 Absatz 2 können die Mitgliedstaaten eine Regelung für andere Lager als Zolllager in folgenden Fällen vorsehen:
a) sofern die Gegenstände für Tax-free-Verkaufsstellen für Zwecke ihrer gemäß Artikel 146 Absatz 1 Buchstabe b befreiten Lieferungen zur Mitführung im persönlichen Gepäck von Reisenden bestimmt sind, die sich per Flugzeug oder Schiff in ein Drittgebiet oder ein Drittland begeben;
b) sofern die Gegenstände für Steuerpflichtige für Zwecke ihrer Lieferungen an Reisende an Bord eines Flugzeugs oder eines Schiffs während eines Flugs oder einer Seereise bestimmt sind, deren Zielort außerhalb der Gemeinschaft gelegen ist;
c) sofern die Gegenstände für Steuerpflichtige für Zwecke ihrer gemäß Artikel 151 von der Mehrwertsteuer befreiten Lieferungen bestimmt sind.

(2) Mitgliedstaaten, die von der in Absatz 1 Buchstabe a vorgesehenen Möglichkeit der Steuerbefreiung Gebrauch machen, treffen die erforderlichen Maßnahmen, um eine korrekte und einfache Anwendung dieser Befreiung zu gewährleisten und Steuerhinterziehung, Steuerumgehung oder Missbrauch zu verhindern.

(3) Für die Zwecke des Absatzes 1 Buchstabe a gilt als „Tax-free-Verkaufsstelle" jede Verkaufsstelle innerhalb eines Flug- oder Seehafens, die die von den zuständigen Behörden festgelegten Voraussetzungen erfüllt.

Artikel 159

Die Mitgliedstaaten können Dienstleistungen von der Steuer befreien, die mit der Lieferung von Gegenständen im Sinne des Artikels 156, des Artikels 157 Absatz 1 Buchstabe b und des Artikels 158 zusammenhängen.

Artikel 160

(1) Die Mitgliedstaaten können folgende Umsätze von der Steuer befreien:
a) die Lieferungen von Gegenständen und das Erbringen von Dienstleistungen an den in Artikel 156 Absatz 1 genannten Orten, wenn diese Umsätze in ihrem Gebiet unter Wahrung einer der in demselben Absatz genannten Verfahren bewirkt werden;
b) die Lieferungen von Gegenständen und das Erbringen von Dienstleistungen an den in Artikel 157 Absatz 1 Buchstabe b und Artikel 158 genannten Orten, wenn diese Umsätze in ihrem Gebiet unter Wahrung eines der in Artikel 157 Absatz 1 Buchstabe b beziehungsweise Artikel 158 Absatz 1 genannten Verfahren bewirkt werden.

(2) Mitgliedstaaten, die von der Möglichkeit nach Absatz 1 Buchstabe a für in Zolllagern bewirkte Umsätze Gebrauch machen, treffen die erforderlichen Maßnahmen, um Regelungen für andere Lager als Zolllager festzulegen, die die Anwendung von Absatz 1 Buchstabe b auf diese Umsätze ermöglichen, wenn sie in Anhang V genannte Gegenstände betreffen und unter dieser Regelung für andere Lager als Zolllager bewirkt werden.

Artikel 161

Die Mitgliedstaaten können folgende Lieferungen von Gegenständen und damit zusammenhängende Dienstleistungen von der Steuer befreien:

a) die Lieferungen von Gegenständen nach Artikel 30 Absatz 1 unter Wahrung des Verfahrens der vorübergehenden Verwendung bei vollständiger Befreiung von den Einfuhrabgaben oder des externen Versandverfahrens;

b) die Lieferungen von Gegenständen nach Artikel 30 Absatz 2 unter Wahrung des internen Versandverfahrens nach Artikel 276.

Artikel 162

Mitgliedstaaten, die von der Möglichkeit nach diesem Abschnitt Gebrauch machen, stellen sicher, dass für den innergemeinschaftlichen Erwerb von Gegenständen, der unter eines der Verfahren oder eine der Regelungen im Sinne des Artikels 156, des Artikels 157 Absatz 1 Buchstabe b und des Artikels 158 fällt, dieselben Vorschriften angewandt werden wie auf die Lieferungen von Gegenständen, die unter gleichen Bedingungen in ihrem Gebiet bewirkt wird.

Artikel 163

Ist das Verlassen der Verfahren oder der sonstigen Regelungen im Sinne dieses Abschnitts mit einer Einfuhr im Sinne des Artikels 61 verbunden, trifft der Einfuhrmitgliedstaat die erforderlichen Maßnahmen, um eine Doppelbesteuerung zu vermeiden.

Abschnitt 2
Steuerbefreiung von Umsätzen im Hinblick auf eine Ausfuhr und im Rahmen des Handels zwischen den Mitgliedstaaten

Artikel 164

(1) Die Mitgliedstaaten können nach Konsultation des Mehrwertsteuerausschusses folgende von einem Steuerpflichtigen getätigte oder für einen Steuerpflichtigen bestimmte Umsätze bis zu dem Betrag von der Steuer befreien, der dem Wert der von diesem Steuerpflichtigen getätigten Ausfuhren in den vorangegangenen zwölf Monaten entspricht:

a) innergemeinschaftlicher Erwerb von Gegenständen durch einen Steuerpflichtigen sowie Einfuhr und Lieferung von Gegenständen an einen Steuerpflichtigen, der diese unverarbeitet oder verarbeitet nach Orten außerhalb der Gemeinschaft auszuführen beabsichtigt;

b) Dienstleistungen im Zusammenhang mit der Ausfuhrtätigkeit dieses Steuerpflichtigen.

(2) Mitgliedstaaten, die von der Möglichkeit der Steuerbefreiung nach Absatz 1 Gebrauch machen, befreien nach Konsultation des Mehrwertsteuerausschusses auch die Umsätze im Zusammenhang mit Lieferungen des Steuerpflichtigen unter den Voraussetzungen des Artikels 138 bis zu dem Betrag, der dem Wert seiner derartigen Lieferungen in den vorangegangenen zwölf Monaten entspricht, von der Steuer.

Artikel 165

Die Mitgliedstaaten können für die Steuerbefreiungen gemäß Artikel 164 einen gemeinsamen Höchstbetrag festsetzen.

Abschnitt 3
Gemeinsame Bestimmungen für die Abschnitte 1 und 2

Artikel 166

Falls erforderlich unterbreitet die Kommission dem Rat so rasch wie möglich Vorschläge über gemeinsame Modalitäten für die Anwendung der Mehrwertsteuer auf die in den Abschnitten 1 und 2 genannten Umsätze.

TITEL X
VORSTEUERABZUG

Kapitel 1
Entstehung und Umfang des Rechts auf Vorsteuerabzug

Artikel 167

Das Recht auf Vorsteuerabzug entsteht, wenn der Anspruch auf die abziehbare Steuer entsteht.

Artikel 167a

Die Mitgliedstaaten können im Rahmen einer fakultativen Regelung vorsehen, dass das Recht auf Vorsteuerabzug eines Steuerpflichtigen, bei dem ausschließlich ein Steueranspruch gemäß Artikel 66 Buchstabe b eintritt, erst dann ausgeübt werden darf, wenn der entsprechende Lieferer oder Dienstleistungserbringer die Mehrwertsteuer auf die dem Steuerpflichtigen gelieferten Gegenstände oder erbrachten Dienstleistungen erhalten hat.

Mitgliedstaaten, die die in Absatz 1 genannte fakultative Regelung anwenden, legen für Steuerpflichtige, die innerhalb ihres Gebiets von dieser Regelung Gebrauch machen, einen Grenzwert fest, der sich auf den gemäß Artikel 288 berechneten Jahresumsatz des Steuerpflichtigen stützt. Dieser Grenzwert darf 500 000 EUR oder den Gegenwert in Landeswährung nicht übersteigen. Die Mitgliedstaaten können nach Konsultation des Mehrwertsteuerausschusses einen Grenzwert anwenden, der bis zu 2 000 000 EUR oder den Gegenwert in Landeswährung beträgt. Bei Mitgliedstaaten, die am 31. Dezember 2012 einen Grenzwert anwenden, der mehr als 500 000 EUR oder den Gegenwert in Landeswährung beträgt, ist eine solche Konsultation des Mehrwertsteuerausschusses jedoch nicht erforderlich.

Die Mitgliedstaaten unterrichten den Mehrwertsteuerausschuss von allen auf der Grundlage von Absatz 1 erlassenen nationalen Maßnahmen.

Artikel 168

Soweit die Gegenstände und Dienstleistungen für die Zwecke seiner besteuerten Umsätze verwendet werden, ist der Steuerpflichtige berechtigt, in dem Mitgliedstaat, in dem er diese Umsätze bewirkt, vom Betrag der von ihm geschuldeten Steuer folgende Beträge abzuziehen:

a) die in diesem Mitgliedstaat geschuldete oder entrichtete Mehrwertsteuer für Gegenstände und Dienstleistungen, die ihm von einem anderen Steuerpflichtigen geliefert bzw. erbracht wurden oder werden;

b) die Mehrwertsteuer, die für Umsätze geschuldet wird, die der Lieferung von Gegenständen beziehungsweise dem Erbringen von Dienstleistungen gemäß Artikel 18 Buchstabe a sowie Artikel 27 gleichgestellt sind;
c) die Mehrwertsteuer, die für den innergemeinschaftlichen Erwerb von Gegenständen gemäß Artikel 2 Absatz 1 Buchstabe b Ziffer i geschuldet wird;
d) die Mehrwertsteuer, die für dem innergemeinschaftlichen Erwerb gleichgestellte Umsätze gemäß den Artikeln 21 und 22 geschuldet wird;
e) die Mehrwertsteuer, die für die Einfuhr von Gegenständen in diesem Mitgliedstaat geschuldet wird oder entrichtet worden ist.

Artikel 168a

(1) Soweit ein dem Unternehmen zugeordnetes Grundstück vom Steuerpflichtigen sowohl für unternehmerische Zwecke als auch für seinen privaten Bedarf oder den seines Personals oder allgemein für unternehmensfremde Zwecke verwendet wird, darf bei Ausgaben im Zusammenhang mit diesem Grundstück höchstens der Teil der Mehrwertsteuer nach den Grundsätzen der Artikel 167, 168, 169 und 173 abgezogen werden, der auf die Verwendung des Grundstücks für unternehmerische Zwecke des Steuerpflichtigen entfällt.

Ändert sich der Verwendungsanteil eines Grundstücks nach Unterabsatz 1, so werden diese Änderungen abweichend von Artikel 26 nach den in dem betreffenden Mitgliedstaat geltenden Vorschriften zur Anwendung der in den Artikeln 184 bis 192 festgelegten Grundsätze berücksichtigt.

(2) Die Mitgliedstaaten können Absatz 1 auch auf die Mehrwertsteuer auf Ausgaben im Zusammenhang mit von ihnen definierten sonstigen Gegenständen anwenden, die dem Unternehmen zugeordnet sind.

Artikel 169

Über den Vorsteuerabzug nach Artikel 168 hinaus hat der Steuerpflichtige das Recht, die in jenem Artikel genannte Mehrwertsteuer abzuziehen, soweit die Gegenstände und Dienstleistungen für die Zwecke folgender Umsätze verwendet werden:
a) für seine Umsätze, die sich aus den in Artikel 9 Absatz 1 Unterabsatz 2 genannten Tätigkeiten ergeben, die außerhalb des Mitgliedstaats, in dem diese Steuer geschuldet oder entrichtet wird, bewirkt werden und für die das Recht auf Vorsteuerabzug bestünde, wenn sie in diesem Mitgliedstaat bewirkt worden wären;
b) für seine Umsätze, die gemäß den Artikeln 138, 142, 144, 146 bis 149, 151, 152, 153, 156, dem Artikel 157 Absatz 1 Buchstabe b, den Artikeln 158 bis 161 und Artikel 164 befreit sind;
c) für seine gemäß Artikel 135 Absatz 1 Buchstaben a bis f befreiten Umsätze, wenn der Dienstleistungsempfänger außerhalb der Gemeinschaft ansässig ist oder wenn diese Umsätze unmittelbar mit Gegenständen zusammenhängen, die zur Ausfuhr aus der Gemeinschaft bestimmt sind.

Artikel 170

Jeder Steuerpflichtige, der im Sinne des Artikels 1 der Richtlinie 86/560/EWG, des Artikels 2 Nummer 1 und des Artikels 3 der Richtlinie 2008/9/EG und des Artikels 171 der vorliegenden Richtlinie nicht in dem Mitgliedstaat ansässig ist, in dem er die Gegenstände und Dienstleistungen erwirbt oder mit der Mehrwertsteuer belastete Gegenstände einführt, hat Anspruch auf Erstattung dieser Mehrwertsteuer, soweit die Gegenstände und Dienstleistungen für die Zwecke folgender Umsätze verwendet werden:

a) die in Artikel 169 genannten Umsätze;

b) die Umsätze, bei denen die Steuer nach den Artikeln 194 bis 197 und 199 lediglich vom Empfänger geschuldet wird.

Artikel 171

(1) Die Erstattung der Mehrwertsteuer an Steuerpflichtige, die nicht in dem Mitgliedstaat, in dem sie die Gegenstände und Dienstleistungen erwerben oder mit der Mehrwertsteuer belastete Gegenstände einführen, sondern in einem anderen Mitgliedstaat ansässig sind, erfolgt nach dem in der Richtlinie 2008/9/EG vorgesehenen Verfahren.

(2) Die Erstattung der Mehrwertsteuer an nicht im Gebiet der Gemeinschaft ansässige Steuerpflichtige erfolgt nach dem in der Richtlinie 86/560/EWG vorgesehenen Verfahren.

Steuerpflichtige im Sinne des Artikels 1 der Richtlinie 86/560/EWG, die in dem Mitgliedstaat, in dem sie die Gegenstände und Dienstleistungen erwerben oder mit der Mehrwertsteuer belastete Gegenstände einführen, ausschließlich Lieferungen von Gegenständen und Dienstleistungen bewirken, für die gemäß den Artikeln 194 bis 197 und 199 der Empfänger der Umsätze als Steuerschuldner bestimmt worden ist, gelten bei Anwendung der genannten Richtlinie ebenfalls als nicht in der Gemeinschaft ansässige Steuerpflichtige.

(3) Die Richtlinie 86/560/EWG gilt nicht für:

a) nach den Rechtsvorschriften des Mitgliedstaats der Erstattung fälschlich in Rechnung gestellte Mehrwertsteuerbeträge;

b) in Rechnung gestellte Mehrwertsteuerbeträge für Lieferungen von Gegenständen, die gemäß Artikel 138 oder Artikel 146 Absatz 1 Buchstabe b von der Steuer befreit sind oder befreit werden können.

Artikel 171a

Die Mitgliedstaaten können anstatt der Gewährung einer Erstattung der Mehrwertsteuer gemäß den Richtlinien 86/560/EWG oder 2008/9/EG für Lieferungen von Gegenständen oder Dienstleistungen an einen Steuerpflichtigen, für die dieser Steuerpflichtige die Steuer gemäß den Artikeln 194 bis 197 oder Artikel 199 schuldet, den Abzug dieser Steuer nach dem Verfahren gemäß Artikel 168 erlauben. Bestehende Beschränkungen nach Artikel 2 Absatz 2 und Artikel 4 Absatz 2 der Richtlinie 86/560/EWG können beibehalten werden.

Zu diesem Zweck können die Mitgliedstaaten den Steuerpflichtigen, der die Steuer zu entrichten hat, von dem Erstattungsverfahren gemäß den Richtlinien 86/560/EWG oder 2008/9/EG ausschließen.

Artikel 172

(1) Jede Person, die als Steuerpflichtiger gilt, weil sie gelegentlich die Lieferung eines neuen Fahrzeugs unter den Voraussetzungen des Artikels 138 Absatz 1 und Absatz 2 Buchstabe a bewirkt, hat in dem Mitgliedstaat, in dem die Lieferung bewirkt wird, das Recht auf Abzug der im Einkaufspreis enthaltenen oder bei der Einfuhr oder dem innerge-

meinschaftlichen Erwerb dieses Fahrzeugs entrichteten Mehrwertsteuer im Umfang oder bis zur Höhe des Betrags, den sie als Steuer schulden würde, wenn die Lieferung nicht befreit wäre.

Das Recht auf Vorsteuerabzug entsteht zum Zeitpunkt der Lieferung des neuen Fahrzeugs und kann nur zu diesem Zeitpunkt ausgeübt werden.

(2) Die Mitgliedstaaten legen die Einzelheiten der Anwendung des Absatzes 1 fest.

Kapitel 2
Pro-rata-Satz des Vorsteuerabzugs
Artikel 173

(1) Soweit Gegenstände und Dienstleistungen von einem Steuerpflichtigen sowohl für Umsätze verwendet werden, für die ein Recht auf Vorsteuerabzug gemäß den Artikeln 168, 169 und 170 besteht, als auch für Umsätze, für die kein Recht auf Vorsteuerabzug besteht, darf nur der Teil der Mehrwertsteuer abgezogen werden, der auf den Betrag der erstgenannten Umsätze entfällt.

Der Pro-rata-Satz des Vorsteuerabzugs wird gemäß den Artikeln 174 und 175 für die Gesamtheit der von dem Steuerpflichtigen bewirkten Umsätze festgelegt.

(2) Die Mitgliedstaaten können folgende Maßnahmen ergreifen:
a) dem Steuerpflichtigen gestatten, für jeden Bereich seiner Tätigkeit einen besonderen Pro-rata-Satz anzuwenden, wenn für jeden dieser Bereiche getrennte Aufzeichnungen geführt werden;
b) den Steuerpflichtigen verpflichten, für jeden Bereich seiner Tätigkeit einen besonderen Pro-rata-Satz anzuwenden und für jeden dieser Bereiche getrennte Aufzeichnungen zu führen;
c) dem Steuerpflichtigen gestatten oder ihn verpflichten, den Vorsteuerabzug je nach der Zuordnung der Gesamtheit oder eines Teils der Gegenstände oder Dienstleistungen vorzunehmen;
d) dem Steuerpflichtigen gestatten oder ihn verpflichten, den Vorsteuerabzug gemäß Absatz 1 Unterabsatz 1 bei allen Gegenständen und Dienstleistungen vorzunehmen, die für die dort genannten Umsätze verwendet wurden;
e) vorsehen, dass der Betrag der Mehrwertsteuer, der vom Steuerpflichtigen nicht abgezogen werden kann, nicht berücksichtigt wird, wenn er geringfügig ist.

Artikel 174

(1) Der Pro-rata-Satz des Vorsteuerabzugs ergibt sich aus einem Bruch, der sich wie folgt zusammensetzt:
a) im Zähler steht der je Jahr ermittelte Gesamtbetrag – ohne Mehrwertsteuer – der Umsätze, die zum Vorsteuerabzug gemäß den Artikeln 168 und 169 berechtigen;
b) im Nenner steht der je Jahr ermittelte Gesamtbetrag – ohne Mehrwertsteuer – der im Zähler stehenden Umsätze und der Umsätze, die nicht zum Vorsteuerabzug berechtigen.

Die Mitgliedstaaten können in den Nenner auch den Betrag der Subventionen einbeziehen, die nicht unmittelbar mit dem Preis der Lieferungen von Gegenständen oder der Dienstleistungen im Sinne des Artikels 73 zusammenhängen.

(2) Abweichend von Absatz 1 bleiben bei der Berechnung des Pro-rata-Satzes des Vorsteuerabzugs folgende Beträge außer Ansatz:
a) der Betrag, der auf die Lieferungen von Investitionsgütern entfällt, die vom Steuerpflichtigen in seinem Unternehmen verwendet werden;
b) der Betrag, der auf Hilfsumsätze mit Grundstücks- und Finanzgeschäften entfällt;
c) der Betrag, der auf Umsätze im Sinne des Artikels 135 Absatz 1 Buchstaben b bis g entfällt, sofern es sich dabei um Hilfsumsätze handelt.

(3) Machen die Mitgliedstaaten von der Möglichkeit nach Artikel 191 Gebrauch, keine Berichtigung in Bezug auf Investitionsgüter zu verlangen, können sie den Erlös aus dem Verkauf dieser Investitionsgüter bei der Berechnung des Pro-rata-Satzes des Vorsteuerabzugs berücksichtigen.

Artikel 175

(1) Der Pro-rata-Satz des Vorsteuerabzugs wird auf Jahresbasis in Prozent festgesetzt und auf einen vollen Prozentsatz aufgerundet.

(2) Der für ein Jahr vorläufig geltende Pro-rata-Satz bemisst sich nach dem auf der Grundlage der Umsätze des vorangegangenen Jahres ermittelten Pro-rata-Satz. Ist eine solche Bezugnahme nicht möglich oder nicht stichhaltig, wird der Pro-rata-Satz vom Steuerpflichtigen unter Überwachung durch die Finanzverwaltung nach den voraussichtlichen Verhältnissen vorläufig geschätzt.

Die Mitgliedstaaten können jedoch die Regelung beibehalten, die sie am 1. Januar 1979 beziehungsweise im Falle der nach diesem Datum der Gemeinschaft beigetretenen Mitgliedstaaten am Tag ihres Beitritts angewandt haben.

(3) Die Festsetzung des endgültigen Pro-rata-Satzes, die für jedes Jahr im Laufe des folgenden Jahres vorgenommen wird, führt zur Berichtigung der nach dem vorläufigen Pro-rata-Satz vorgenommenen Vorsteuerabzüge.

Kapitel 3

Einschränkungen des Rechts auf Vorsteuerabzug

Artikel 176

Der Rat legt auf Vorschlag der Kommission einstimmig fest, welche Ausgaben kein Recht auf Vorsteuerabzug eröffnen. In jedem Fall werden diejenigen Ausgaben vom Recht auf Vorsteuerabzug ausgeschlossen, die keinen streng geschäftlichen Charakter haben, wie Luxusausgaben, Ausgaben für Vergnügungen und Repräsentationsaufwendungen.

Bis zum Inkrafttreten der Bestimmungen im Sinne des Absatzes 1 können die Mitgliedstaaten alle Ausschlüsse beibehalten, die am 1. Januar 1979 beziehungsweise im Falle der nach diesem Datum der Gemeinschaft beigetretenen Mitgliedstaaten am Tag ihres Beitritts in ihren nationalen Rechtsvorschriften vorgesehen waren.

Artikel 177

Nach Konsultation des Mehrwertsteuerausschusses kann jeder Mitgliedstaat aus Konjunkturgründen alle oder bestimmte Investitionsgüter oder andere Gegenstände teilweise oder ganz vom Vorsteuerabzug ausschließen.

Anstatt den Vorsteuerabzug abzulehnen, können die Mitgliedstaaten zur Wahrung gleicher Wettbewerbsbedingungen Gegenstände, welche der Steuerpflichtige selbst hergestellt oder innerhalb der Gemeinschaft erworben oder auch eingeführt hat, in der Weise besteuern, dass dabei der Betrag der Mehrwertsteuer nicht überschritten wird, der beim Erwerb vergleichbarer Gegenstände zu entrichten wäre.

Kapitel 4
Einzelheiten der Ausübung des Rechts auf Vorsteuerabzug

Artikel 178

Um das Recht auf Vorsteuerabzug ausüben zu können, muss der Steuerpflichtige folgende Bedingungen erfüllen:

a) für den Vorsteuerabzug nach Artikel 168 Buchstabe a in Bezug auf die Lieferung von Gegenständen oder das Erbringen von Dienstleistungen muss er eine gemäß Titel XI Kapitel 3 Abschnitte 3 bis 6 ausgestellte Rechnung besitzen;

b) für den Vorsteuerabzug nach Artikel 168 Buchstabe b in Bezug auf die Lieferungen von Gegenständen und das Erbringen von Dienstleistungen gleichgestellte Umsätze muss er die von dem jeweiligen Mitgliedstaat vorgeschriebenen Formalitäten erfüllen;

c) für den Vorsteuerabzug nach Artikel 168 Buchstabe c in Bezug auf den innergemeinschaftlichen Erwerb von Gegenständen muss er in der Mehrwertsteuererklärung nach Artikel 250 alle Angaben gemacht haben, die erforderlich sind, um die Höhe der Steuer festzustellen, die für die von ihm erworbenen Gegenstände geschuldet wird, und eine gemäß Titel XI Kapitel 3 Abschnitte 3 bis 5 ausgestellte Rechnung besitzen;

d) für den Vorsteuerabzug nach Artikel 168 Buchstabe d in Bezug auf den innergemeinschaftlichen Erwerb von Gegenständen gleichgestellte Umsätze muss er die von dem jeweiligen Mitgliedstaat vorgeschriebenen Formalitäten erfüllen;

e) für den Vorsteuerabzug nach Artikel 168 Buchstabe e in Bezug auf die Einfuhr von Gegenständen muss er ein die Einfuhr bescheinigendes Dokument besitzen, das ihn als Empfänger der Lieferung oder Importeur ausweist und den Betrag der geschuldeten Mehrwertsteuer ausweist oder deren Berechnung ermöglicht;

f) hat er die Steuer in seiner Eigenschaft als Dienstleistungsempfänger oder Erwerber gemäß den Artikeln 194 bis 197 sowie 199 zu entrichten, muss er die von dem jeweiligen Mitgliedstaat vorgeschriebenen Formalitäten erfüllen.

Artikel 179

Der Vorsteuerabzug wird vom Steuerpflichtigen global vorgenommen, indem er von dem Steuerbetrag, den er für einen Steuerzeitraum schuldet, den Betrag der Mehrwertsteuer absetzt, für die während des gleichen Steuerzeitraums das Abzugsrecht entstanden ist und gemäß Artikel 178 ausgeübt wird.

Die Mitgliedstaaten können jedoch den Steuerpflichtigen, die nur die in Artikel 12 genannten gelegentlichen Umsätze bewirken, vorschreiben, dass sie das Recht auf Vorsteuerabzug erst zum Zeitpunkt der Lieferung ausüben.

Artikel 180

Die Mitgliedstaaten können einem Steuerpflichtigen gestatten, einen Vorsteuerabzug vorzunehmen, der nicht gemäß den Artikeln 178 und 179 vorgenommen wurde.

Artikel 181

Die Mitgliedstaaten können einen Steuerpflichtigen, der keine gemäß Titel XI Kapitel 3 Abschnitte 3 bis 5 ausgestellte Rechnung besitzt, ermächtigen, in Bezug auf seine innergemeinschaftlichen Erwerbe von Gegenständen einen Vorsteuerabzug gemäß Artikel 168 Buchstabe c vorzunehmen.

Artikel 182

Die Mitgliedstaaten legen die Bedingungen und Einzelheiten für die Anwendung der Artikel 180 und 181 fest.

Artikel 183

Übersteigt der Betrag der abgezogenen Vorsteuer den Betrag der für einen Steuerzeitraum geschuldeten Mehrwertsteuer, können die Mitgliedstaaten den Überschuss entweder auf den folgenden Zeitraum vortragen lassen oder nach den von ihnen festgelegen Einzelheiten erstatten.

Die Mitgliedstaaten können jedoch festlegen, dass geringfügige Überschüsse weder vorgetragen noch erstattet werden.

Kapitel 5
Berichtigung des Vorsteuerabzugs

Artikel 184

Der ursprüngliche Vorsteuerabzug wird berichtigt, wenn der Vorsteuerabzug höher oder niedriger ist als der, zu dessen Vornahme der Steuerpflichtige berechtigt war.

Artikel 185

(1) Die Berichtigung erfolgt insbesondere dann, wenn sich die Faktoren, die bei der Bestimmung des Vorsteuerabzugsbetrags berücksichtigt werden, nach Abgabe der Mehrwertsteuererklärung geändert haben, zum Beispiel bei rückgängig gemachten Käufen oder erlangten Rabatten.

(2) Abweichend von Absatz 1 unterbleibt die Berichtigung bei Umsätzen, bei denen keine oder eine nicht vollständige Zahlung geleistet wurde, in ordnungsgemäß nachgewiesenen oder belegten Fällen von Zerstörung, Verlust oder Diebstahl sowie bei Entnahmen für Geschenke von geringem Wert und Warenmuster im Sinne des Artikels 16.

Bei Umsätzen, bei denen keine oder eine nicht vollständige Zahlung erfolgt, und bei Diebstahl können die Mitgliedstaaten jedoch eine Berichtigung verlangen.

Artikel 186

Die Mitgliedstaaten legen die Einzelheiten für die Anwendung der Artikel 184 und 185 fest.

Artikel 187

(1) Bei Investitionsgütern erfolgt die Berichtigung während eines Zeitraums von fünf Jahren einschließlich des Jahres, in dem diese Güter erworben oder hergestellt wurden.

Die Mitgliedstaaten können jedoch für die Berichtigung einen Zeitraum von fünf vollen Jahren festlegen, der mit der erstmaligen Verwendung dieser Güter beginnt.

Bei Grundstücken, die als Investitionsgut erworben wurden, kann der Zeitraum für die Berichtigung bis auf 20 Jahre verlängert werden.

(2) Die jährliche Berichtigung betrifft nur ein Fünftel beziehungsweise im Falle der Verlängerung des Berichtigungszeitraums den entsprechenden Bruchteil der Mehrwertsteuer, mit der diese Investitionsgüter belastet waren.

Die in Unterabsatz 1 genannte Berichtigung erfolgt entsprechend den Änderungen des Rechts auf Vorsteuerabzug, die in den folgenden Jahren gegenüber dem Recht für das Jahr eingetreten sind, in dem die Güter erworben, hergestellt oder gegebenenfalls erstmalig verwendet wurden.

Artikel 188

(1) Bei der Lieferung eines Investitionsgutes innerhalb des Berichtigungszeitraums ist dieses so zu behandeln, als ob es bis zum Ablauf des Berichtigungszeitraums weiterhin für eine wirtschaftliche Tätigkeit des Steuerpflichtigen verwendet worden wäre.

Diese wirtschaftliche Tätigkeit gilt als in vollem Umfang steuerpflichtig, wenn die Lieferung des Investitionsgutes steuerpflichtig ist.

Die wirtschaftliche Tätigkeit gilt als in vollem Umfang steuerfrei, wenn die Lieferung des Investitionsgutes steuerfrei ist.

(2) Die in Absatz 1 genannte Berichtigung wird für den gesamten noch verbleibenden Berichtigungszeitraum auf einmal vorgenommen. Ist die Lieferung des Investitionsgutes steuerfrei, können die Mitgliedstaaten jedoch von der Berichtigung absehen, wenn es sich bei dem Erwerber um einen Steuerpflichtigen handelt, der die betreffenden Investitionsgüter ausschließlich für Umsätze verwendet, bei denen die Mehrwertsteuer abgezogen werden kann.

Artikel 189

Für die Zwecke der Artikel 187 und 188 können die Mitgliedstaaten folgende Maßnahmen treffen:
a) den Begriff „Investitionsgüter" definieren;
b) den Betrag der Mehrwertsteuer festlegen, der bei der Berichtigung zu berücksichtigen ist;
c) alle zweckdienlichen Vorkehrungen treffen, um zu gewährleisten, dass keine ungerechtfertigten Vorteile aus der Berichtigung entstehen;
d) verwaltungsmäßige Vereinfachungen ermöglichen.

Artikel 190

Für die Zwecke der Artikel 187, 188, 189 und 191 können die Mitgliedstaaten Dienstleistungen, die Merkmale aufweisen, die den üblicherweise Investitionsgütern zugeschriebenen vergleichbar sind, wie Investitionsgüter behandeln.

Artikel 191

Sollten die praktischen Auswirkungen der Anwendung der Artikel 187 und 188 in einem Mitgliedstaat unwesentlich sein, kann dieser nach Konsultation des Mehrwertsteuerausschusses unter Berücksichtigung der gesamten mehrwertsteuerlichen Auswirkungen in dem betreffenden Mitgliedstaat und der Notwendigkeit verwaltungsmäßiger Vereinfachung auf die Anwendung dieser Artikel verzichten, vorausgesetzt, dass dies nicht zu Wettbewerbsverzerrungen führt.

Artikel 192

Geht der Steuerpflichtige von der normalen Mehrwertsteuerregelung auf eine Sonderregelung über oder umgekehrt, können die Mitgliedstaaten die erforderlichen Vorkehrungen treffen, um zu vermeiden, dass dem Steuerpflichtigen ungerechtfertigte Vorteile oder Nachteile entstehen.

TITEL XI
PFLICHTEN DER STEUERPFLICHTIGEN UND BESTIMMTER NICHTSTEUERPFLICHTIGER PERSONEN

Kapitel 1
Zahlungspflicht
Abschnitt 1
Steuerschuldner gegenüber dem Fiskus

Artikel 192a

Für die Zwecke der Anwendung dieses Abschnitts gilt ein Steuerpflichtiger, der im Gebiet des Mitgliedstaats, in dem die Steuer geschuldet wird, über eine feste Niederlassung verfügt, als nicht in diesem Mitgliedstaat ansässig, wenn die folgenden Voraussetzungen erfüllt sind:
a) er liefert steuerpflichtig Gegenstände oder erbringt steuerpflichtig eine Dienstleistung im Gebiet dieses Mitgliedstaats;
b) eine Niederlassung des Lieferers oder Dienstleistungserbringers im Gebiet dieses Mitgliedstaats ist nicht an der Lieferung oder Dienstleistung beteiligt.

Artikel 193

Die Mehrwertsteuer schuldet der Steuerpflichtige, der Gegenstände steuerpflichtig liefert oder eine Dienstleistung steuerpflichtig erbringt, außer in den Fällen, in denen die Steuer gemäß den Artikeln 194 bis 199b sowie 202 von einer anderen Person geschuldet wird.

Artikel 194

(1) Wird die steuerpflichtige Lieferung von Gegenständen bzw. die steuerpflichtige Dienstleistung von einem Steuerpflichtigen bewirkt, der nicht in dem Mitgliedstaat ansässig ist, in dem die Mehrwertsteuer geschuldet wird, können die Mitgliedstaaten vorsehen, dass die Person, für die die Lieferung bzw. Dienstleistung bestimmt ist, die Steuer schuldet.

(2) Die Mitgliedstaaten legen die Bedingungen für die Anwendung des Absatzes 1 fest.

Artikel 195

Die Mehrwertsteuer schulden die Personen, die in dem Mitgliedstaat, in dem die Steuer geschuldet wird, für Mehrwertsteuerzwecke erfasst sind und an die die Gegenstände unter den Bedingungen der Artikel 38 und 39 geliefert werden, wenn die betreffende Lieferung von einem nicht in diesem Mitgliedstaat ansässigen Steuerpflichtigen bewirkt wird.

Artikel 196

Die Mehrwertsteuer schuldet der Steuerpflichtige oder die nicht steuerpflichtige juristische Person mit einer Mehrwertsteuer-Identifikationsnummer, für den/die eine Dienstleistung nach Artikel 44 erbracht wird, wenn die Dienstleistung von einem nicht in diesem Mitgliedstaat ansässigen Steuerpflichtigen erbracht wird.

Artikel 197

(1) Die Mehrwertsteuer schuldet der Empfänger einer Lieferung von Gegenständen, wenn folgende Voraussetzungen erfüllt sind:

a) der steuerpflichtige Umsatz ist eine Lieferung von Gegenständen im Sinne von Artikel 141;

b) der Empfänger dieser Lieferung von Gegenständen ist ein anderer Steuerpflichtiger oder eine nichtsteuerpflichtige juristische Person, der bzw. die in dem Mitgliedstaat für Mehrwertsteuerzwecke erfasst ist, in dem die Lieferung bewirkt wird;

c) die von dem nicht im Mitgliedstaat des Empfängers der Lieferung ansässigen Steuerpflichtigen ausgestellte Rechnung entspricht Kapitel 3 Abschnitte 3 bis 5.

(2) Wurde gemäß Artikel 204 ein Steuervertreter bestellt, der die Steuer schuldet, können die Mitgliedstaaten eine Ausnahme von Absatz 1 des vorliegenden Artikels vorsehen.

Artikel 198

(1) Werden bestimmte Umsätze in Bezug auf Anlagegold zwischen einem auf einem geregelten Goldmarkt tätigen Steuerpflichtigen und einem anderen nicht auf diesem Markt tätigen Steuerpflichtigen gemäß Artikel 352 besteuert, legen die Mitgliedstaaten fest, dass die Steuer vom Erwerber geschuldet wird.

Ist der nicht auf dem geregelten Goldmarkt tätige Erwerber ein Steuerpflichtiger, der nur für die in Artikel 352 genannten Umsätze in dem Mitgliedstaat, in dem die Steuer geschuldet wird, für Mehrwertsteuerzwecke erfasst sein muss, erfüllt der Verkäufer die steuerlichen Pflichten des Erwerbers in dessen Namen gemäß den Vorschriften jenes Mitgliedstaats.

(2) Wird eine Lieferung von Goldmaterial oder Halbfertigerzeugnissen mit einem Feingehalt von mindestens 325 Tausendsteln oder eine Lieferung von Anlagegold im Sinne des Artikels 344 Absatz 1 durch einen Steuerpflichtigen bewirkt, der eine der in den Artikeln 348, 349 und 350 vorgesehenen Wahlmöglichkeiten in Anspruch genommen hat, können die Mitgliedstaaten festlegen, dass die Steuer vom Erwerber geschuldet wird.

(3) Die Mitgliedstaaten legen die Verfahren und Voraussetzungen für die Anwendung der Absätze 1 und 2 fest.

Artikel 199

(1) Die Mitgliedstaaten können vorsehen, dass der steuerpflichtige Empfänger die Mehrwertsteuer schuldet, an den folgende Umsätze bewirkt werden:

a) Bauleistungen, einschließlich Reparatur-, Reinigungs-, Wartungs-, Umbau- und Abbruchleistungen im Zusammenhang mit Grundstücken sowie die auf Grund des Artikels 14 Absatz 3 als Lieferung von Gegenständen betrachtete Erbringung bestimmter Bauleistungen;

b) Gestellung von Personal für die unter Buchstabe a fallenden Tätigkeiten;

c) Lieferung von in Artikel 135 Absatz 1 Buchstaben j und k genannten Grundstücken, wenn der Lieferer gemäß Artikel 137 für die Besteuerung optiert hat;
d) Lieferung von Gebrauchtmaterial, auch solchem, das in seinem unveränderten Zustand nicht zur Wiederverwendung geeignet ist, Schrott, von gewerblichen und nichtgewerblichen Abfallstoffen, recyclingfähigen Abfallstoffen und teilweise verarbeiteten Abfallstoffen, und gewissen in Anhang VI aufgeführten Gegenständen und Dienstleistungen;
e) Lieferung sicherungsübereigneter Gegenstände durch einen steuerpflichtigen Sicherungsgeber an einen ebenfalls steuerpflichtigen Sicherungsnehmer;
f) Lieferung von Gegenständen im Anschluss an die Übertragung des Eigentumsvorbehalts auf einen Zessionar und die Ausübung des übertragenen Rechts durch den Zessionar;
g) Lieferung von Grundstücken, die vom Schuldner im Rahmen eines Zwangsversteigerungsverfahrens verkauft werden.

(2) Bei der Anwendung der in Absatz 1 geregelten Möglichkeit können die Mitgliedstaaten die Lieferungen von Gegenständen und Dienstleistungen und die Kategorien von Lieferern und Dienstleistungserbringern sowie von Erwerbern oder Dienstleistungsempfängern bestimmen, für die sie von diesen Maßnahmen Gebrauch machen.

(3) Für die Zwecke des Absatzes 1 können die Mitgliedstaaten folgende Maßnahmen ergreifen:
a) vorsehen, dass ein Steuerpflichtiger, der auch Tätigkeiten ausführt oder Umsätze bewirkt, die nicht als steuerbare Lieferungen von Gegenständen oder als nicht steuerbare Dienstleistungen im Sinne des Artikels 2 angesehen werden, in Bezug auf Lieferungen von Gegenständen oder Dienstleistungen, die er gemäß Absatz 1 des vorliegenden Artikels erhält, als Steuerpflichtiger gilt;
b) vorsehen, dass eine nicht steuerpflichtige Einrichtung des öffentlichen Rechts in Bezug auf gemäß Absatz 1 Buchstaben e, f und g erhaltene Lieferungen von Gegenständen, als Steuerpflichtiger gilt.

(4) Die Mitgliedstaaten unterrichten den Mehrwertsteuerausschuss von nationalen Maßnahmen, die sie im Sinne des Absatzes 1 erlassen, sofern diese nicht vom Rat vor dem 13. August 2006 gemäß Artikel 27 Absätze 1 bis 4 der Richtlinie 77/388/EWG genehmigt wurden und gemäß Absatz 1 des vorliegenden Artikels weitergeführt werden.

Artikel 199a

(1) Die Mitgliedstaaten können bis zum 31. Dezember 2018 für einen Zeitraum von mindestens zwei Jahren vorsehen, dass die Mehrwertsteuer von dem steuerpflichtigen Empfänger folgender Leistungen geschuldet wird:
a) Übertragung von Treibhausgasemissionszertifikaten entsprechend der Definition in Artikel 3 der Richtlinie 2003/87/EG des Europäischen Parlaments und des Rates vom 13. Oktober 2003 über ein System für den Handel mit Treibhausgasemissionszertifikaten in der Gemeinschaft, die gemäß Artikel 12 der genannten Richtlinie übertragen werden können,
b) Übertragung von anderen Einheiten, die von den Wirtschaftsbeteiligten genutzt werden können, um den Auflagen der Richtlinie nachzukommen.

c) Lieferungen von Mobilfunkgeräten, d. h. Geräten, die zum Gebrauch mittels eines zugelassenen Netzes und auf bestimmten Frequenzen hergestellt oder hergerichtet wurden, unabhängig von etwaigen weiteren Nutzungsmöglichkeiten,

d) Lieferungen von integrierten Schaltkreisen wie Mikroprozessoren und Zentraleinheiten vor Einbau in Endprodukte,

e) Lieferungen von Gas und Elektrizität an einen steuerpflichtigen Wiederverkäufer im Sinne des Artikels 38 Absatz 2,

f) Übertragung von Gas- und Elektrizitätszertifikaten,

g) Erbringung von Telekommunikationsdienstleistungen im Sinne des Artikels 24 Absatz 2,

h) Lieferungen von Spielkonsolen, Tablet-Computern und Laptops,

i) Lieferungen von Getreide und Handelsgewächsen einschließlich Ölsaaten und Zuckerrüben, die auf der betreffenden Stufe normalerweise nicht für den Endverbrauch bestimmt sind,

j) Lieferungen von Rohmetallen und Metallhalberzeugnissen einschließlich Edelmetalle, sofern sie nicht anderweitig unter Artikel 199 Absatz 1 Buchstabe d, die auf Gebrauchtgegenstände, Kunstgegenstände, Sammlungsstücke und Antiquitäten anwendbaren Sonderregelungen gemäß Artikel 311 bis 343 oder die Sonderregelung für Anlagegold gemäß Artikel 344 bis 356 fallen.

1a. Die Mitgliedstaaten können die Bedingungen für die Anwendung des in Absatz 1 vorgesehenen Verfahrens festlegen.

1b. Bei der Anwendung des in Absatz 1 vorgesehenen Verfahrens auf die Lieferung der Gegenstände und die Erbringung der Dienstleistungen, die in den Buchstaben c bis j jenes Absatzes aufgeführt sind, werden für alle Steuerpflichtigen, welche die Gegenstände liefern oder die Dienstleistungen erbringen, auf die das in Absatz 1 vorgesehene Verfahren angewendet wird, angemessene und wirksame Mitteilungspflichten eingeführt.

(2) Die Mitgliedstaaten teilen dem Mehrwertsteuerausschuss die Anwendung des in Absatz 1 vorgesehenen Verfahrens bei seiner Einführung mit und übermitteln dem Mehrwertsteuerausschuss die folgenden Angaben:

a) Geltungsbereich der Maßnahme zur Anwendung des Verfahrens zusammen mit der Art und den Merkmalen des Betrugs sowie eine detaillierte Beschreibung der begleitenden Maßnahmen, einschließlich der Mitteilungspflichten für Steuerpflichtige und Kontrollmaßnahmen,

b) Maßnahmen zur Information der betreffenden Steuerpflichtigen über den Beginn der Anwendung des Verfahrens,

c) Evaluierungskriterien für einen Vergleich zwischen betrügerischen Tätigkeiten im Zusammenhang mit den in Absatz 1 genannten Gegenständen und Dienstleistungen vor und nach der Anwendung des Verfahrens, betrügerischen Tätigkeiten im Zusammenhang mit anderen Gegenständen und Dienstleistungen vor und nach Anwendung des Verfahrens und einem Anstieg bei anderen Arten betrügerischer Tätigkeiten vor und nach der Anwendung des Verfahrens,

d) Zeitpunkt des Geltungsbeginns und Geltungszeitraum der Maßnahme zur Anwendung des Verfahrens.

(3) Die Mitgliedstaaten, die das in Absatz 1 vorgesehene Verfahren anwenden, legen der Kommission ausgehend von den Evaluierungskriterien gemäß Absatz 2 Buchstabe c

bis spätestens 30. Juni 2017 einen Bericht vor. In dem Bericht ist eindeutig anzugeben, welche Informationen als vertraulich zu behandeln sind und welche veröffentlicht werden können. Der Bericht enthält eine detaillierte Bewertung der Gesamtwirksamkeit und -effizienz der Maßnahme insbesondere unter Berücksichtigung der folgenden Punkte:

a) Auswirkung auf betrügerische Tätigkeiten im Zusammenhang mit der Lieferung bzw. Erbringung der von der Maßnahme erfassten Gegenstände und Dienstleistungen;

b) mögliche Verlagerung betrügerischer Tätigkeiten auf Gegenstände oder andere Dienstleistungen;

c) die den Steuerpflichtigen aufgrund der Maßnahme entstehenden Kosten zur Einhaltung der Vorschriften.

(4) Jeder Mitgliedstaat, der in seinem Hoheitsgebiet ab dem Zeitpunkt des Inkrafttretens dieses Artikels eine Veränderung der Betrugsmuster in Bezug auf die in Absatz 1 aufgeführten Gegenstände oder Dienstleistungen festgestellt hat, hat der Kommission bis zum 30. Juni 2017 einen entsprechenden Bericht vorzulegen.

(5) Die Kommission legt dem Europäischen Parlament und dem Rat vor dem 1. Januar 2018 einen Bericht zur Gesamtbewertung der Auswirkungen des in Artikel 1 vorgesehenen Verfahrens auf die Betrugsbekämpfung vor.

Artikel 199b

1. Ein Mitgliedstaat kann in Fällen äußerster Dringlichkeit gemäß den Absätzen 2 und 3 als Sondermaßnahme des Schnellreaktionsmechanismus zur Bekämpfung unvermittelt auftretender und schwerwiegender Betrugsfälle, die voraussichtlich zu erheblichen und unwiederbringlichen finanziellen Verlusten führen, in Abweichung von Artikel 193 den Empfänger von bestimmten Gegenständen oder Dienstleistungen als Schuldner der Mehrwertsteuer bestimmen.

Die Sondermaßnahme des Schnellreaktionsmechanismus unterliegt geeigneten Kontrollmaßnahmen des Mitgliedstaats betreffend Steuerpflichtige, die die Lieferungen bewirken oder Dienstleistungen erbringen, auf die die Maßnahme anwendbar ist und gilt für einen Zeitraum von höchstens neun Monaten.

2. Ein Mitgliedstaat, der eine in Absatz 1 bezeichnete Sondermaßnahme des Schnellreaktionsmechanismus einführen möchte, teilt dies der Kommission unter Verwendung des gemäß Absatz 4 festgelegten Standardformblatts mit; er übermittelt diese Mitteilung gleichzeitig an die anderen Mitgliedstaaten. Er übermittelt der Kommission Angaben zur betroffenen Branche, zur Art und zu den Merkmalen des Betrugs, zum Vorliegen von Gründen für die äußerste Dringlichkeit, zum unvermittelten, schwerwiegenden Charakter des Betrugs und zu den Folgen in Form von erheblichen, unwiederbringlichen finanziellen Verlusten. Ist die Kommission der Auffassung, dass ihr nicht alle erforderlichen Angaben vorliegen, so kontaktiert sie den betreffenden Mitgliedstaat innerhalb von zwei Wochen nach Eingang der Mitteilung und teilt ihm mit, welche zusätzlichen Angaben sie benötigt. Alle zusätzlichen Angaben, die der betreffende Mitgliedstaat übermittelt, werden gleichzeitig an die anderen Mitgliedstaaten übermittelt. Sind die zusätzlichen Angaben unzureichend, so unterrichtet die Kommission den betreffenden Mitgliedstaat innerhalb einer Woche darüber.

Der Mitgliedstaat, der eine in Absatz 1 vorgesehene Sondermaßnahme des Schnellreaktionsmechanismus einführen möchte, stellt gleichzeitig nach dem in Artikel 395 Absätze 2 und 3 festgelegten Verfahren einen Antrag an die Kommission.

3. Sobald die Kommission über alle Angaben verfügt, die ihres Erachtens für die Beurteilung der Mitteilung nach Absatz 2 Unterabsatz 1 erforderlich sind, unterrichtet sie die Mitgliedstaaten hiervon. Erhebt sie Einwände gegen die Sondermaßnahme des Schnellreaktionsmechanismus, so erstellt sie innerhalb eines Monats nach der Mitteilung eine ablehnende Stellungnahme und setzt den betreffenden Mitgliedstaat und den Mehrwertsteuerausschuss davon in Kenntnis. Erhebt die Kommission keine Einwände, so bestätigt sie dies dem betreffenden Mitgliedstaat und – innerhalb des gleichen Zeitraums – dem Mehrwertsteuerausschuss in schriftlicher Form. Der Mitgliedstaat kann die Sondermaßnahme des Schnellreaktionsmechanismus ab dem Zeitpunkt des Eingangs dieser Bestätigung erlassen. Die Kommission berücksichtigt bei der Beurteilung der Mitteilung die Ansichten anderer Mitgliedstaaten, die ihr in schriftlicher Form übermittelt wurden.

4. Die Kommission erlässt einen Durchführungsrechtsakt zur Erstellung eines Standardformblatts für die Einreichung der Mitteilung einer Sondermaßnahme des Schnellreaktionsmechanismus nach Absatz 2 sowie für die Übermittlung von Angaben gemäß Absatz 2 Unterabsatz 1. Dieser Durchführungsrechtsakt wird nach dem Prüfverfahren gemäß Absatz 5 erlassen.

5. Wird auf diesen Absatz Bezug genommen, so gilt Artikel 5 der Verordnung (EU) Nr. 182/2011 des Europäischen Parlaments und des Rates und für diesen Zweck ist der durch Artikel 58 der Verordnung (EU) Nr. 904/2010 des Rates eingesetzte Ausschuss zuständig.

Artikel 200

Die Mehrwertsteuer wird von der Person geschuldet, die einen steuerpflichtigen innergemeinschaftlichen Erwerb von Gegenständen bewirkt.

Artikel 201

Bei der Einfuhr wird die Mehrwertsteuer von der Person oder den Personen geschuldet, die der Mitgliedstaat der Einfuhr als Steuerschuldner bestimmt oder anerkennt.

Artikel 202

Die Mehrwertsteuer wird von der Person geschuldet, die veranlasst, dass die Gegenstände nicht mehr einem Verfahren oder einer sonstigen Regelung im Sinne der Artikel 156, 157, 158, 160 und 161 unterliegen.

Artikel 203

Die Mehrwertsteuer wird von jeder Person geschuldet, die diese Steuer in einer Rechnung ausweist.

Artikel 204

(1) Ist der Steuerschuldner gemäß den Artikeln 193 bis 197 sowie 199 und 200 ein Steuerpflichtiger, der nicht in dem Mitgliedstaat ansässig ist, in dem die Mehrwertsteuer geschuldet wird, können die Mitgliedstaaten ihm gestatten, einen Steuervertreter zu bestellen, der die Steuer schuldet.

Wird der steuerpflichtige Umsatz von einem Steuerpflichtigen bewirkt, der nicht in dem Mitgliedstaat ansässig ist, in dem die Mehrwertsteuer geschuldet wird, und besteht mit dem Staat, in dem dieser Steuerpflichtige seinen Sitz oder eine feste Niederlassung hat, keine Rechtsvereinbarung über Amtshilfe, deren Anwendungsbereich mit dem der Richtlinie 76/308/EWG sowie der Verordnung (EG) Nr. 1798/2003 vergleichbar ist, können die Mitgliedstaaten Vorkehrungen treffen, nach denen ein von dem nicht in ihrem Gebiet ansässigen Steuerpflichtigen bestellter Steuervertreter die Steuer schuldet.

Die Mitgliedstaaten dürfen die Option nach Unterabsatz 2 jedoch nicht auf nicht in der Gemeinschaft ansässige Steuerpflichtige im Sinne des Artikels 358a Nummer 1 anwenden, die sich für die Anwendung der Sonderregelung für Telekommunikationsdienstleistungen, Rundfunk- und Fernsehdienstleistungen oder elektronisch erbrachte Dienstleistungen entschieden haben.

(2) Die Wahlmöglichkeit nach Absatz 1 Unterabsatz 1 unterliegt den von den einzelnen Mitgliedstaaten festgelegten Voraussetzungen und Modalitäten.

Artikel 205

In den in den Artikeln 193 bis 200 sowie 202, 203 und 204 genannten Fällen können die Mitgliedstaaten bestimmen, dass eine andere Person als der Steuerschuldner die Steuer gesamtschuldnerisch zu entrichten hat.

Abschnitt 2
Einzelheiten der Entrichtung

Artikel 206

Jeder Steuerpflichtige, der die Steuer schuldet, hat bei der Abgabe der Mehrwertsteuererklärung nach Artikel 250 den sich nach Abzug der Vorsteuer ergebenden Mehrwertsteuerbetrag zu entrichten. Die Mitgliedstaaten können jedoch einen anderen Termin für die Zahlung dieses Betrags festsetzen oder Vorauszahlungen erheben.

Artikel 207

Die Mitgliedstaaten treffen die erforderlichen Maßnahmen, damit die Personen, die gemäß den Artikeln 194 bis 197 sowie 199 und 204 anstelle eines nicht in ihrem jeweiligen Gebiet ansässigen Steuerpflichtigen als Steuerschuldner gelten, ihren Zahlungspflichten nach diesem Abschnitt nachkommen.

Die Mitgliedstaaten treffen darüber hinaus die erforderlichen Maßnahmen, damit die Personen, die gemäß Artikel 205 die Steuer gesamtschuldnerisch zu entrichten haben, diesen Zahlungspflichten nachkommen.

Artikel 208

Wenn die Mitgliedstaaten den Erwerber von Anlagegold gemäß Artikel 198 Absatz 1 als Steuerschuldner bestimmen oder von der in Artikel 198 Absatz 2 vorgesehenen Möglichkeit Gebrauch machen, den Erwerber von Goldmaterial oder Halbfertigerzeugnissen oder von Anlagegold im Sinne des Artikels 344 Absatz 1 als Steuerschuldner zu bestimmen, treffen sie die erforderlichen Maßnahmen, um sicherzustellen, dass diese Person ihren Zahlungspflichten nach diesem Abschnitt nachkommt.

Artikel 209

Die Mitgliedstaaten treffen die erforderlichen Maßnahmen, um sicherzustellen, dass die nichtsteuerpflichtigen juristischen Personen, die die Steuer für den in Artikel 2 Absatz 1 Buchstabe b Ziffer i genannten innergemeinschaftlichen Erwerb von Gegenständen schulden, ihren Zahlungspflichten nach diesem Abschnitt nachkommen.

Artikel 210

Die Mitgliedstaaten legen die Einzelheiten der Entrichtung der Mehrwertsteuer für den innergemeinschaftlichen Erwerb neuer Fahrzeuge im Sinne des Artikels 2 Absatz 1 Buchstabe b Ziffer ii sowie für den innergemeinschaftlichen Erwerb verbrauchsteuerpflichtiger Waren im Sinne des Artikels 2 Absatz 1 Buchstabe b Ziffer iii fest.

Artikel 211

Die Mitgliedstaaten legen die Einzelheiten der Entrichtung der Mehrwertsteuer für die Einfuhr von Gegenständen fest.

Insbesondere können die Mitgliedstaaten vorsehen, dass die für die Einfuhr von Gegenständen durch Steuerpflichtige oder Steuerschuldner oder bestimmte Gruppen derselben geschuldete Mehrwertsteuer nicht zum Zeitpunkt der Einfuhr zu entrichten ist, sofern sie als solche in der gemäß Artikel 250 erstellten Mehrwertsteuererklärung angegeben wird.

Artikel 212

Die Mitgliedstaaten können die Steuerpflichtigen von der Entrichtung der geschuldeten Mehrwertsteuer befreien, wenn der Steuerbetrag geringfügig ist.

Kapitel 2
Identifikation

Artikel 213

(1) Jeder Steuerpflichtige hat die Aufnahme, den Wechsel und die Beendigung seiner Tätigkeit als Steuerpflichtiger anzuzeigen.

Die Mitgliedstaaten legen fest, unter welchen Bedingungen der Steuerpflichtige die Anzeigen elektronisch abgeben darf, und können die elektronische Abgabe der Anzeigen auch vorschreiben.

(2) Unbeschadet des Absatzes 1 Unterabsatz 1 müssen Steuerpflichtige und nichtsteuerpflichtige juristische Personen, die gemäß Artikel 3 Absatz 1 nicht der Mehrwertsteuer unterliegende innergemeinschaftliche Erwerbe von Gegenständen bewirken, dies anzeigen, wenn die in Artikel 3 genannten Voraussetzungen für die Nichtanwendung der Mehrwertsteuer nicht mehr erfüllt sind.

Artikel 214

(1) Die Mitgliedstaaten treffen die erforderlichen Maßnahmen, damit folgende Personen jeweils eine individuelle Mehrwertsteuer-Identifikationsnummer erhalten:

a) jeder Steuerpflichtige, der in ihrem jeweiligen Gebiet Lieferungen von Gegenständen bewirkt oder Dienstleistungen erbringt, für die ein Recht auf Vorsteuerabzug besteht und bei denen es sich nicht um Lieferungen von Gegenständen oder um Dienstleistungen handelt, für die die Mehrwertsteuer gemäß den Artikeln 194 bis 197 sowie 199 ausschließlich vom Dienstleistungsempfänger beziehungsweise der Person, für die die Gegenstände oder Dienstleistungen bestimmt sind, geschuldet wird; hiervon ausgenommen sind die in Artikel 9 Absatz 2 genannten Steuerpflichtigen;

b) jeder Steuerpflichtige und jede nichtsteuerpflichtige juristische Person, der bzw. die gemäß Artikel 2 Absatz 1 Buchstabe b der Mehrwertsteuer unterliegende innergemeinschaftliche Erwerbe von Gegenständen bewirkt oder von der Möglichkeit des Artikels 3 Absatz 3, seine bzw. ihre innergemeinschaftlichen Erwerbe der Mehrwertsteuer zu unterwerfen, Gebrauch gemacht hat;

c) jeder Steuerpflichtige, der in ihrem jeweiligen Gebiet innergemeinschaftliche Erwerbe von Gegenständen für die Zwecke seiner Umsätze bewirkt, die sich aus in Artikel 9 Absatz 1 Unterabsatz 2 genannten Tätigkeiten ergeben, die er außerhalb dieses Gebiets ausübt.

d) jeder Steuerpflichtige, der in seinem jeweiligen Gebiet Dienstleistungen empfängt, für die er die Mehrwertsteuer gemäß Artikel 196 schuldet;

e) jeder Steuerpflichtige, der in seinem jeweiligen Gebiet ansässig ist und Dienstleistungen im Gebiet eines anderen Mitgliedstaats erbringt, für die gemäß Artikel 196 ausschließlich der Empfänger die Mehrwertsteuer schuldet.

(2) Die Mitgliedstaaten haben die Möglichkeit, bestimmten Steuerpflichtigen, die nur gelegentlich Umsätze etwa im Sinne von Artikel 12 bewirken, keine Mehrwertsteuer-Identifikationsnummer zu erteilen.

Artikel 215

Der individuellen Mehrwertsteuer-Identifikationsnummer wird zur Kennzeichnung des Mitgliedstaats, der sie erteilt hat, ein Präfix nach dem ISO-Code 3166 Alpha 2 vorangestellt.

Griechenland wird jedoch ermächtigt, das Präfix „EL" zu verwenden.

Artikel 216

Die Mitgliedstaaten treffen die erforderlichen Maßnahmen, damit ihr Identifikationssystem die Unterscheidung der in Artikel 214 genannten Steuerpflichtigen ermöglicht und somit die korrekte Anwendung der Übergangsregelung für die Besteuerung innergemeinschaftlicher Umsätze des Artikels 402 gewährleistet.

Kapitel 3
Erteilung von Rechnungen

Abschnitt 1
Begriffsbestimmung

Artikel 217

Im Sinne dieser Richtlinie bezeichnet der Ausdruck „elektronische Rechnung" eine Rechnung, welche die nach dieser Richtlinie erforderlichen Angaben enthält und in einem elektronischen Format ausgestellt und empfangen wird.

Abschnitt 2
Definition der Rechnung
Artikel 218

Für die Zwecke dieser Richtlinie erkennen die Mitgliedstaaten als Rechnung alle auf Papier oder elektronisch vorliegenden Dokumente oder Mitteilungen an, die den Anforderungen dieses Kapitels genügen.

Artikel 219

Einer Rechnung gleichgestellt ist jedes Dokument und jede Mitteilung, das/die die ursprüngliche Rechnung ändert und spezifisch und eindeutig auf diese bezogen ist.

Abschnitt 3
Ausstellung der Rechnung
Artikel 219a

Unbeschadet der Artikel 244 bis 248 gilt Folgendes:
1. Die Rechnungsstellung unterliegt den Vorschriften des Mitgliedstaats, in dem die Lieferung von Gegenständen oder die Dienstleistung nach Maßgabe des Titels V als ausgeführt gilt.
2. Abweichend von Nummer 1 unterliegt die Rechnungsstellung den Vorschriften des Mitgliedstaats, in dem der Lieferer oder Dienstleistungserbringer den Sitz seiner wirtschaftlichen Tätigkeit oder eine feste Niederlassung hat, von dem bzw. der aus die Lieferung oder die Dienstleistung ausgeführt wird, oder – in Ermangelung eines solchen Sitzes oder einer solchen festen Niederlassung – des Mitgliedstaats, in dem er seinen Wohnsitz oder seinen gewöhnlichen Aufenthaltsort hat, wenn
   a) der Lieferer oder Dienstleistungserbringer nicht in dem Mitgliedstaat ansässig ist, in dem die Lieferung oder die Dienstleistung im Einklang mit Titel V als ausgeführt gilt, oder seine Niederlassung in dem betreffenden Mitgliedstaat im Sinne des Artikels 192a nicht an der Lieferung oder Dienstleistung beteiligt ist, und wenn die Mehrwertsteuer vom Erwerber oder vom Dienstleistungsempfänger geschuldet wird.
   Wenn jedoch der Erwerber oder Dienstleistungsempfänger die Rechnung ausstellt (Gutschriften), gilt Nummer 1.
   b) die Lieferung oder die Dienstleistung im Einklang mit Titel V als nicht innerhalb der Gemeinschaft ausgeführt gilt.

Artikel 220

(1) Jeder Steuerpflichtige stellt in folgenden Fällen eine Rechnung entweder selbst aus oder stellt sicher, dass eine Rechnung vom Erwerber oder Dienstleistungsempfänger oder in seinem Namen und für seine Rechnung von einem Dritten ausgestellt wird:
1. Er liefert Gegenstände oder erbringt Dienstleistungen an einen anderen Steuerpflichtigen oder an eine nichtsteuerpflichtige juristische Person;
2. er liefert in Artikel 33 genannte Gegenstände;
3. er liefert Gegenstände unter den Voraussetzungen des Artikels 138;
4. er erhält Vorauszahlungen, bevor eine Lieferung von Gegenständen im Sinne der Nummern 1 und 2 erfolgt ist;

5. er erhält Vorauszahlungen von einem anderen Steuerpflichtigen oder einer nichtsteuerpflichtigen juristischen Person, bevor eine Dienstleistung abgeschlossen ist.

(2) Abweichend von Absatz 1 und unbeschadet des Artikels 221 Absatz 2 ist die Ausstellung einer Rechnung bei nach Artikel 135 Absatz 1 Buchstaben a bis g steuerbefreiten Dienstleistungen nicht erforderlich.

Artikel 220a

(1) Die Mitgliedstaaten gestatten den Steuerpflichtigen in den folgenden Fällen die Ausstellung einer vereinfachten Rechnung:
a) Der Rechnungsbetrag beträgt höchstens 100 EUR oder den Gegenwert in Landeswährung;
b) bei der ausgestellten Rechnung handelt es sich um ein Dokument oder eine Mitteilung, das/die gemäß Artikel 219 einer Rechnung gleichgestellt ist.

(2) Die Mitgliedstaaten erlauben es Steuerpflichtigen nicht, eine vereinfachte Rechnung auszustellen, wenn Rechnungen gemäß Artikel 220 Absatz 1 Nummern 2 und 3 ausgestellt werden müssen oder wenn die steuerpflichtige Lieferung von Gegenständen oder die steuerpflichtige Dienstleistung von einem Steuerpflichtigen durchführt wird, der nicht in dem Mitgliedstaat ansässig ist, in dem die Mehrwertsteuer geschuldet wird, oder dessen Niederlassung in dem betreffenden Mitgliedstaat im Sinne des Artikels 192a nicht an der Lieferung oder Dienstleistung beteiligt ist und wenn die Steuer vom Erwerber oder Dienstleistungsempfänger geschuldet wird.

Artikel 221

(1) Die Mitgliedstaaten können Steuerpflichtigen vorschreiben, für andere als die in Artikel 220 Absatz 1 genannten Lieferungen von Gegenständen oder Dienstleistungen eine Rechnung gemäß den Vorgaben der Artikel 226 oder 226b auszustellen.

(2) Die Mitgliedstaaten können Steuerpflichtigen, die in ihrem Gebiet ansässig sind oder dort eine feste Niederlassung haben, von der die Lieferung erfolgt oder die Dienstleistung erbracht wird, vorschreiben, für die nach Artikel 135 Absatz 1 Buchstaben a bis g steuerbefreiten Dienstleistungen, die die betreffenden Steuerpflichtigen in ihrem Gebiet oder außerhalb der Gemeinschaft erbringen, eine Rechnung gemäß den Vorgaben der Artikel 226 oder 226b auszustellen.

(3) Die Mitgliedstaaten können Steuerpflichtige von der Pflicht nach Artikel 220 Absatz 1 oder Artikel 220a befreien, eine Rechnung für Lieferungen von Gegenständen oder Dienstleistungen auszustellen, die sie in ihrem Gebiet bewirken und die mit oder ohne Recht auf Vorsteuerabzug gemäß den Artikeln 110, 111, dem Artikel 125 Absatz 1, dem Artikel 127, dem Artikel 128 Absatz 1, dem Artikel 132, dem Artikel 135 Absatz 1 Buchstaben h bis l, den Artikeln 136, 371, 375, 376, 377, dem Artikel 378 Absatz 2 und dem Artikel 379 Absatz 2 sowie den Artikeln 380 bis 390c befreit sind.

Artikel 222

Für Gegenstände, die unter den Voraussetzungen des Artikels 138 geliefert werden, oder für Dienstleistungen, für die nach Artikel 196 der Leistungsempfänger die Steuer schuldet, wird spätestens am fünfzehnten Tag des Monats, der auf den Monat folgt, in dem der Steuertatbestand eingetreten ist, eine Rechnung ausgestellt.

Für andere Lieferungen von Gegenständen oder Dienstleistungen können die Mitgliedstaaten den Steuerpflichtigen Fristen für die Ausstellung der Rechnung setzen.

Artikel 223

Die Mitgliedstaaten können den Steuerpflichtigen gestatten, für mehrere getrennte Lieferungen von Gegenständen oder Dienstleistungen zusammenfassende Rechnungen auszustellen, sofern der Steueranspruch für die auf einer zusammenfassenden Rechnung aufgeführten Lieferungen von Gegenständen oder Dienstleistungen innerhalb desselben Kalendermonats eintritt.

Unbeschadet des Artikels 222 können die Mitgliedstaaten gestatten, dass Lieferungen von Gegenständen oder Dienstleistungen, für die der Steueranspruch innerhalb einer über einen Kalendermonat hinausgehenden Frist eintritt, in zusammenfassenden Rechnungen erscheinen.

Artikel 224

Rechnungen dürfen von einem Erwerber oder Dienstleistungsempfänger für Lieferungen von Gegenständen oder für Dienstleistungen, die von einem Steuerpflichtigen bewirkt werden, ausgestellt werden, sofern zwischen den beiden Parteien eine vorherige Vereinbarung getroffen wurde und sofern jede Rechnung Gegenstand eines Verfahrens zur Akzeptierung durch den Steuerpflichtigen ist, der die Gegenstände liefert oder die Dienstleistungen erbringt. Die Mitgliedstaaten können verlangen, dass solche Rechnungen im Namen und für Rechnung des Steuerpflichtigen ausgestellt werden.

Artikel 225

Die Mitgliedstaaten können für Steuerpflichtige besondere Anforderungen festlegen, wenn der Dritte oder der Erwerber oder Dienstleistungsempfänger, der die Rechnung ausstellt, seinen Sitz in einem Land hat, mit dem keine Rechtsvereinbarung über Amtshilfe besteht, deren Anwendungsbereich mit dem der Richtlinie 2010/24/EU und der Verordnung (EG) Nr. 1798/2003 vergleichbar ist.

Abschnitt 4
Rechnungsangaben

Artikel 226

Unbeschadet der in dieser Richtlinie festgelegten Sonderbestimmungen müssen gemäß den Artikeln 220 und 221 ausgestellte Rechnungen für Mehrwertsteuerzwecke nur die folgenden Angaben enthalten:
1. das Ausstellungsdatum;
2. eine fortlaufende Nummer mit einer oder mehreren Zahlenreihen, die zur Identifizierung der Rechnung einmalig vergeben wird;
3. die Mehrwertsteuer-Identifikationsnummer im Sinne des Artikels 214, unter der der Steuerpflichtige die Gegenstände geliefert oder die Dienstleistung erbracht hat;
4. die Mehrwertsteuer-Identifikationsnummer im Sinne des Artikels 214, unter der der Erwerber oder Dienstleistungsempfänger eine Lieferung von Gegenständen oder eine Dienstleistung, für die er Steuerschuldner ist, oder eine Lieferung von Gegenständen nach Artikel 138 erhalten hat;
5. den vollständigen Namen und die vollständige Anschrift des Steuerpflichtigen und des Erwerbers oder Dienstleistungsempfängers;
6. Menge und Art der gelieferten Gegenstände beziehungsweise Umfang und Art der erbrachten Dienstleistungen;

7. das Datum, an dem die Gegenstände geliefert werden oder die Dienstleistung erbracht bzw. abgeschlossen wird, oder das Datum, an dem die Vorauszahlung im Sinne des Artikels 220 Nummern 4 und 5 geleistet wird, sofern dieses Datum feststeht und nicht mit dem Ausstellungsdatum der Rechnung identisch ist;
7a. die Angabe „Besteuerung nach vereinnahmten Entgelten" (Kassenbuchführung), sofern der Steueranspruch gemäß Artikel 66 Buchstabe b zum Zeitpunkt des Eingangs der Zahlung entsteht und das Recht auf Vorsteuerabzug entsteht, wenn der Anspruch auf die abziehbare Steuer entsteht;
8. die Steuerbemessungsgrundlage für die einzelnen Steuersätze beziehungsweise die Befreiung, den Preis je Einheit ohne Mehrwertsteuer sowie jede Preisminderung oder Rückerstattung, sofern sie nicht im Preis je Einheit enthalten sind;
9. den anzuwendenden Mehrwertsteuersatz;
10. den zu entrichtenden Mehrwertsteuerbetrag, außer bei Anwendung einer Sonderregelung, bei der nach dieser Richtlinie eine solche Angabe ausgeschlossen wird;
10a. bei Ausstellung der Rechnung durch den Erwerber oder Dienstleistungsempfänger und nicht durch den Lieferer oder Dienstleistungserbringer: die Angabe „Gutschrift";
11. Verweis auf die einschlägige Bestimmung dieser Richtlinie oder die entsprechende nationale Bestimmung oder Hinweis darauf, dass für die Lieferung von Gegenständen beziehungsweise die Dienstleistung eine Steuerbefreiung gilt;
11a. bei Steuerschuldnerschaft des Erwerbers oder Dienstleistungsempfängers: die Angabe „Steuerschuldnerschaft des Leistungsempfängers";
12. bei Lieferung neuer Fahrzeuge unter den Voraussetzungen des Artikels 138 Absatz 1 und Absatz 2 Buchstabe a: die in Artikel 2 Absatz 2 Buchstabe b genannten Angaben;
13. im Falle der Anwendung der Sonderregelung für Reisebüros: die Angabe „Sonderregelung für Reisebüros";
14. im Falle der Anwendung einer der auf Gebrauchtgegenstände, Kunstgegenstände, Sammlungsstücke und Antiquitäten anwendbaren Sonderregelungen: die entsprechende Angabe „Gebrauchtgegenstände/Sonderregelung", „Kunstgegenstände/Sonderregelung" bzw. „Sammlungsstücke und Antiquitäten/Sonderregelung";
15. wenn der Steuerschuldner ein Steuervertreter im Sinne des Artikels 204 ist: Mehrwertsteuer-Identifikationsnummer im Sinne des Artikels 214, vollständiger Name und Anschrift des Steuervertreters.

Artikel 226a

Wird die Rechnung von einem Steuerpflichtigen ausgestellt, der nicht im Mitgliedstaat, in dem die Steuer geschuldet wird, ansässig ist oder dessen Niederlassung in dem betreffenden Mitgliedstaat im Sinne des Artikels 192a nicht an der Lieferung oder Dienstleistung beteiligt ist und der Gegenstände an einen Erwerber liefert oder eine Dienstleistung an einen Empfänger erbringt, der die Steuer schuldet, kann der Steuerpflichtige auf die Angaben nach Artikel 226 Nummern 8, 9 und 10 verzichten und stattdessen durch Bezeichnung von Menge und Art der gelieferten Gegenstände bzw. Umfang und Art der erbrachten Dienstleistungen die Steuerbemessungsgrundlage der Gegenstände oder Dienstleistungen angeben.

Artikel 226b

Im Zusammenhang mit vereinfachten Rechnungen gemäß Artikel 220a und Artikel 221 Absätze 1 und 2 verlangen die Mitgliedstaaten mindestens die folgenden Angaben:

a) das Ausstellungsdatum;
b) die Identität des Steuerpflichtigen, der die Gegenstände liefert oder die Dienstleistungen erbringt;
c) die Art der gelieferten Gegenstände oder der erbrachten Dienstleistungen;
d) den zu entrichtenden Mehrwertsteuerbetrag oder die Angaben zu dessen Berechnung;
e) sofern es sich bei der ausgestellten Rechnung um ein Dokument oder eine Mitteilung handelt, das/die gemäß Artikel 219 einer Rechnung gleichgestellt ist, eine spezifische und eindeutige Bezugnahme auf diese ursprüngliche Rechnung und die konkret geänderten Einzelheiten.

Sie dürfen keine anderen als die in den Artikeln 226, 227 und 230 vorgesehenen Rechnungsangaben verlangen.

Artikel 227

Die Mitgliedstaaten können von Steuerpflichtigen, die in ihrem Gebiet ansässig sind und dort Lieferungen von Gegenständen bewirken oder Dienstleistungen erbringen, verlangen, in anderen als den in Artikel 226 Nummer 4 genannten Fällen die Mehrwertsteuer-Identifikationsnummer des Erwerbers oder Dienstleistungsempfängers im Sinne des Artikels 214 anzugeben.

Artikel 228

(Anm.: aufgehoben durch RL 2010/45/EG)

Artikel 229

Die Mitgliedstaaten verlangen nicht, dass die Rechnungen unterzeichnet sind.

Artikel 230

Die auf der Rechnung ausgewiesenen Beträge können in jeder Währung angegeben sein, sofern die zu zahlende oder zu berichtigende Mehrwertsteuer nach Anwendung der Umrechnungsmethode nach Artikel 91 in der Währung des Mitgliedstaats angegeben ist.

Artikel 231

(Anm.: aufgehoben durch RL 2010/45/EG)

Abschnitt 5
Rechnungen auf Papier und elektronische Rechnungen

Artikel 232

Der Rechnungsempfänger muss der Verwendung der elektronischen Rechnung zustimmen.

Artikel 233

(1) Die Echtheit der Herkunft einer Rechnung, die Unversehrtheit ihres Inhalts und ihre Lesbarkeit müssen unabhängig davon, ob sie auf Papier oder elektronisch vorliegt, vom Zeitpunkt der Ausstellung bis zum Ende der Dauer der Aufbewahrung der Rechnung gewährleistet werden.

Jeder Steuerpflichtige legt fest, in welcher Weise die Echtheit der Herkunft, die Unversehrtheit des Inhalts und die Lesbarkeit der Rechnung gewährleistet werden können.

Dies kann durch jegliche innerbetriebliche Steuerungsverfahren erreicht werden, die einen verlässlichen Prüfpfad zwischen einer Rechnung und einer Lieferung oder Dienstleistung schaffen können.

„Echtheit der Herkunft" bedeutet die Sicherheit der Identität des Lieferers oder des Dienstleistungserbringers oder des Ausstellers der Rechnung.

„Unversehrtheit des Inhalts" bedeutet, dass der nach der vorliegenden Richtlinie erforderliche Inhalt nicht geändert wurde.

(2) Neben der in Absatz 1 beschriebenen Art von innerbetrieblichen Steuerungsverfahren lassen sich die folgenden Beispiele von Technologien anführen, welche die Echtheit der Herkunft und die Unversehrtheit des Inhalts einer elektronischen Rechnung gewährleisten:

a) durch eine fortgeschrittene elektronische Signatur im Sinne des Artikels 2 Nummer 2 der Richtlinie 1999/93/EG des Europäischen Parlaments und des Rates vom 13. Dezember 1999 über gemeinschaftliche Rahmenbedingungen für elektronische Signaturen, die auf einem qualifizierten Zertifikat beruht und von einer sicheren Signaturerstellungseinheit im Sinne des Artikels 2 Nummern 6 und 10 der Richtlinie 1999/93/EG erstellt worden ist;

b) durch elektronischen Datenaustausch (EDI) nach Artikel 2 des Anhangs 1 der Empfehlung 94/820/EG der Kommission vom 19. Oktober 1994 über die rechtlichen Aspekte des elektronischen Datenaustausches, sofern in der Vereinbarung über diesen Datenaustausch der Einsatz von Verfahren vorgesehen ist, die die Echtheit der Herkunft und die Unversehrtheit der Daten gewährleisten.

Artikel 234

(Anm.: aufgehoben durch RL 2010/45/EG)

Artikel 235

Die Mitgliedstaaten können spezifische Anforderungen für elektronische Rechnungen festlegen, die für Lieferungen von Gegenständen oder für Dienstleistungen in ihrem Gebiet in einem Land ausgestellt werden, mit dem keine Rechtsvereinbarung über Amtshilfe besteht, deren Anwendungsbereich mit der Richtlinie 2010/24/EU und der Verordnung (EG) Nr. 1798/2003 vergleichbar ist.

Artikel 236

Werden mehrere elektronische Rechnungen gebündelt ein und demselben Rechnungsempfänger übermittelt oder für diesen bereitgehalten, ist es zulässig, Angaben, die allen Rechnungen gemeinsam sind, nur ein einziges Mal aufzuführen, sofern für jede Rechnung die kompletten Angaben zugänglich sind.

Artikel 237

Spätestens am 31. Dezember 2016 unterbreitet die Kommission dem Europäischen Parlament und dem Rat einen auf einer unabhängigen Wirtschaftsstudie beruhenden allgemeinen Evaluierungsbericht über die Auswirkungen der ab dem 1. Januar 2013 anwendbaren Rechnungsstellungsvorschriften und insbesondere darüber, inwieweit sie tatsächlich zu einer Abnahme des Verwaltungsaufwands für die Unternehmen geführt haben, erforderlichenfalls zusammen mit einem entsprechenden Vorschlag zur Änderung der jeweiligen Vorschriften.

Abschnitt 6

Vereinfachungsmaßnahmen

Artikel 238

(1) Nach Konsultation des Mehrwertsteuerausschusses können die Mitgliedstaaten unter den von ihnen festzulegenden Bedingungen vorsehen, dass Rechnungen für Lieferungen von Gegenständen oder für Dienstleistungen in folgenden Fällen nur die in Artikel 226b genannten Angaben enthalten:

a) wenn der Rechnungsbetrag höher als 100 EUR aber nicht höher als 400 EUR ist, oder den Gegenwert in Landeswährung;

b) wenn die Einhaltung aller in den Artikeln 226 oder 230 genannten Verpflichtungen aufgrund der Handels- oder Verwaltungspraktiken in dem betreffenden Wirtschaftsbereich oder aufgrund der technischen Bedingungen der Erstellung dieser Rechnungen besonders schwierig ist.

(2) (Anm.: aufgehoben durch RL 2010/45/EG)

(3) Die Vereinfachung nach Absatz 1 darf nicht angewandt werden, wenn Rechnungen gemäß Artikel 220 Absatz 1 Nummern 2 und 3 ausgestellt werden müssen, oder wenn die steuerpflichtige Lieferung von Gegenständen oder die steuerpflichtige Dienstleistung von einem Steuerpflichtigen durchgeführt wird, der nicht in dem Mitgliedstaat ansässig ist, in dem die Mehrwertsteuer geschuldet wird, oder dessen Niederlassung in dem betreffenden Mitgliedstaat im Sinne des Artikels 192a nicht an der Lieferung oder Dienstleistung beteiligt ist und wenn die Steuer vom Erwerber bzw. Dienstleistungsempfänger geschuldet wird.

Artikel 239

Machen die Mitgliedstaaten von der Möglichkeit nach Artikel 272 Absatz 1 Unterabsatz 1 Buchstabe b Gebrauch, Steuerpflichtigen, die keine der in den Artikeln 20, 21, 22, 33, 36, 138 und 141 genannten Umsätze bewirken, keine Mehrwertsteuer-Identifikationsnummer zu erteilen, ist – sofern keine Mehrwertsteuer-Identifikationsnummer erteilt wurde – auf der Rechnung die Mehrwertsteuer-Identifikationsnummer des Lieferers oder Dienstleistungserbringers und des Erwerbers oder Dienstleistungsempfängers, durch eine andere, von den betreffenden Mitgliedstaaten näher bestimmte Nummer, die so genannte Steuerregisternummer, zu ersetzen.

Artikel 240

Mitgliedstaaten, die von der Möglichkeit nach Artikel 272 Absatz 1 Unterabsatz 1 Buchstabe b Gebrauch machen, können, wenn dem Steuerpflichtigen eine Mehrwertsteuer-Identifikationsnummer erteilt wurde, außerdem vorsehen, dass die Rechnung folgende Angaben enthält:

1. bei den in den Artikeln 44, 47, 50, 53, 54 und 55 genannten Dienstleistungen sowie bei den in den Artikeln 138 und 141 genannten Lieferungen von Gegenständen: die Mehrwertsteuer-Identifikationsnummer sowie die Steuerregisternummer des Lieferers bzw. Dienstleistungserbringers;

2. bei anderen Lieferungen von Gegenständen und Dienstleistungen: lediglich die Steuerregisternummer des Lieferers bzw. Dienstleistungserbringers oder lediglich die Mehrwertsteuer-Identifikationsnummer.

Kapitel 4
Aufzeichnungen
Abschnitt 1
Begriffsbestimmung
Artikel 241

Für die Zwecke dieses Kapitels gilt als „elektronische Aufbewahrung einer Rechnung" die Aufbewahrung von Daten mittels elektronischer Einrichtungen zur Verarbeitung (einschließlich der digitalen Kompression) und Aufbewahrung unter Verwendung von Draht, Funk, optischen oder anderen elektromagnetischen Medien.

Abschnitt 2
Allgemeine Pflichten
Artikel 242

Jeder Steuerpflichtige hat Aufzeichnungen zu führen, die so ausführlich sind, dass sie die Anwendung der Mehrwertsteuer und ihre Kontrolle durch die Steuerverwaltung ermöglichen.

Artikel 243

(1) Jeder Steuerpflichtige muss ein Register der Gegenstände führen, die er für die Zwecke seiner in Artikel 17 Absatz 2 Buchstaben f, g und h genannten Umsätze in Form der Begutachtung dieser Gegenstände oder von Arbeiten an diesen Gegenständen oder ihrer vorübergehenden Verwendung nach Orten außerhalb des Mitgliedstaats des Beginns der Versendung oder Beförderung, aber innerhalb der Gemeinschaft versandt oder befördert hat oder die für seine Rechnung dorthin versandt oder befördert wurden.

(2) Jeder Steuerpflichtige hat Aufzeichnungen zu führen, die so ausführlich sind, dass sie die Identifizierung der Gegenstände ermöglichen, die ihm aus einem anderen Mitgliedstaat von einem Steuerpflichtigen mit Mehrwertsteuer-Identifikationsnummer in diesem anderen Mitgliedstaat oder für dessen Rechnung im Zusammenhang mit einer Dienstleistung in Form der Begutachtung dieser Gegenstände oder von Arbeiten an diesen Gegenständen gesandt worden sind.

Abschnitt 3
Pflichten in Bezug auf die Aufbewahrung aller Rechnungen
Artikel 244

Jeder Steuerpflichtige sorgt für die Aufbewahrung von Kopien aller Rechnungen, die er selbst, der Erwerber oder Dienstleistungsempfänger oder ein Dritter in seinem Namen und für seine Rechnung ausgestellt hat, sowie aller Rechnungen, die er erhalten hat.

Artikel 245

(1) Für die Zwecke dieser Richtlinie kann der Steuerpflichtige den Aufbewahrungsort aller Rechnungen bestimmen, sofern er den zuständigen Behörden auf deren Verlangen alle gemäß Artikel 244 aufzubewahrenden Rechnungen oder Daten unverzüglich zur Verfügung stellt.

(2) Die Mitgliedstaaten können von den in ihrem Gebiet ansässigen Steuerpflichtigen verlangen, ihnen den Aufbewahrungsort mitzuteilen, wenn sich dieser außerhalb ihres Gebiets befindet.

Die Mitgliedstaaten können ferner von den in ihrem Gebiet ansässigen Steuerpflichtigen verlangen, alle von ihnen selbst oder vom Erwerber oder Dienstleistungsempfänger oder von einem Dritten in ihrem Namen und für ihre Rechnung ausgestellten Rechnungen sowie alle Rechnungen, die sie erhalten haben, im Inland aufzubewahren, soweit es sich nicht um eine elektronische Aufbewahrung handelt, die einen vollständigen Online-Zugriff auf die betreffenden Daten gewährleistet.

Artikel 246

(Anm.: aufgehoben durch RL 2010/45/EG)

Artikel 247

(1) Jeder Mitgliedstaat legt fest, über welchen Zeitraum Steuerpflichtige Rechnungen für Lieferungen von Gegenständen oder für Dienstleistungen in seinem Gebiet aufbewahren müssen und Rechnungen, die in seinem Gebiet ansässige Steuerpflichtige erhalten haben, aufbewahrt werden müssen.

(2) Um die Einhaltung der in Artikel 233 genannten Anforderungen sicherzustellen, kann der in Absatz 1 genannte Mitgliedstaat vorschreiben, dass die Rechnungen in der Originalform, in der sie übermittelt oder zur Verfügung gestellt wurden, d. h. auf Papier oder elektronisch, aufzubewahren sind. Er kann zudem verlangen, dass bei der elektronischen Aufbewahrung von Rechnungen die Daten, mit denen die Echtheit der Herkunft der Rechnungen und die Unversehrtheit ihres Inhalts nach Artikel 233 nachgewiesen werden, ebenfalls elektronisch aufzubewahren sind.

(3) Der in Absatz 1 genannte Mitgliedstaat kann spezifische Anforderungen festlegen, wonach die Aufbewahrung der Rechnungen in einem Land verboten oder eingeschränkt wird, mit dem keine Rechtsvereinbarung über Amtshilfe, deren Anwendungsbereich mit dem der Richtlinie 2010/24/EU sowie der Verordnung (EG) Nr. 1798/2003 vergleichbar ist, oder keine Rechtsvereinbarung über das in Artikel 249 genannte Recht auf elektronischen Zugriff auf diese Rechnungen, deren Herunterladen und Verwendung besteht.

Artikel 248

Die Mitgliedstaaten können vorschreiben, dass an nichtsteuerpflichtige Personen ausgestellte Rechnungen aufzubewahren sind und dafür entsprechende Bedingungen festlegen.

Abschnitt 4
Recht auf Zugriff auf in einem anderen Mitgliedstaat elektronisch aufbewahrte Rechnungen

Artikel 248a

Die Mitgliedstaaten können zu Kontrollzwecken und bei Rechnungen, die sich auf Lieferungen von Gegenständen oder Dienstleistungen in ihrem Gebiet beziehen oder die in ihrem Gebiet ansässige Steuerpflichtige erhalten haben, von bestimmten Steuerpflichtigen oder in bestimmten Fällen Übersetzungen in ihre Amtssprachen verlangen. Die Mitgliedstaaten dürfen allerdings nicht eine allgemeine Verpflichtung zur Übersetzung von Rechnungen auferlegen.

Artikel 249

Bewahrt ein Steuerpflichtiger von ihm ausgestellte oder empfangene Rechnungen elektronisch in einer Weise auf, die einen Online-Zugriff auf die betreffenden Daten gewährleistet, haben die zuständigen Behörden des Mitgliedstaats, in dem er ansässig ist, und, falls die Steuer in einem anderen Mitgliedstaat geschuldet wird, die zuständigen Behörden dieses Mitgliedstaats, zu Kontrollzwecken das Recht auf Zugriff auf diese Rechnungen sowie auf deren Herunterladen und Verwendung.

Kapitel 5
Erklärungspflichten
Artikel 250

(1) Jeder Steuerpflichtige hat eine Mehrwertsteuererklärung abzugeben, die alle für die Festsetzung des geschuldeten Steuerbetrags und der vorzunehmenden Vorsteuerabzüge erforderlichen Angaben enthält, gegebenenfalls einschließlich des Gesamtbetrags der für diese Steuer und Abzüge maßgeblichen Umsätze sowie des Betrags der steuerfreien Umsätze, soweit dies für die Feststellung der Steuerbemessungsgrundlage erforderlich ist.

(2) Die Mitgliedstaaten legen fest, unter welchen Bedingungen der Steuerpflichtige die in Absatz 1 genannte Erklärung elektronisch abgeben darf, und können die elektronische Abgabe auch vorschreiben.

Artikel 251

Neben den in Artikel 250 genannten Angaben muss die Mehrwertsteuererklärung, die einen bestimmten Steuerzeitraum umfasst, folgende Angaben enthalten:

a) Gesamtbetrag ohne Mehrwertsteuer der in Artikel 138 genannten Lieferungen von Gegenständen, für die während dieses Steuerzeitraums der Steueranspruch eingetreten ist;

b) Gesamtbetrag ohne Mehrwertsteuer der in den Artikeln 33 und 36 genannten Lieferungen von Gegenständen, im Gebiet eines anderen Mitgliedstaats, für die der Steueranspruch während dieses Steuerzeitraums eingetreten ist, wenn der Ort des Beginns der Versendung oder Beförderung der Gegenstände in dem Mitgliedstaat liegt, in dem die Erklärung abzugeben ist;

c) Gesamtbetrag ohne Mehrwertsteuer der innergemeinschaftlichen Erwerbe von Gegenständen sowie der diesen gemäß Artikel 21 und 22 gleichgestellten Umsätze, die in dem Mitgliedstaat bewirkt wurden, in dem die Erklärung abzugeben ist, und für die der Steueranspruch während dieses Steuerzeitraums eingetreten ist;

d) Gesamtbetrag ohne Mehrwertsteuer der in den Artikeln 33 und 36 genannten Lieferungen von Gegenständen, in dem Mitgliedstaat, in dem die Erklärung abzugeben ist, und für die der Steueranspruch während dieses Steuerzeitraums eingetreten ist, wenn der Ort des Beginns der Versendung oder Beförderung der Gegenstände im Gebiet eines anderen Mitgliedstaats liegt;

e) Gesamtbetrag ohne Mehrwertsteuer der Lieferungen von Gegenständen, in dem Mitgliedstaat, in dem die Erklärung abzugeben ist, für die der Steuerpflichtige gemäß Artikel 197 als Steuerschuldner bestimmt wurde und für die der Steueranspruch während dieses Steuerzeitraums eingetreten ist.

Artikel 252

(1) Die Mehrwertsteuererklärung ist innerhalb eines von den einzelnen Mitgliedstaaten festzulegenden Zeitraums abzugeben. Dieser Zeitraum darf zwei Monate nach Ende jedes einzelnen Steuerzeitraums nicht überschreiten.

(2) Der Steuerzeitraum kann von den Mitgliedstaaten auf einen, zwei oder drei Monate festgelegt werden.

Die Mitgliedstaaten können jedoch andere Zeiträume festlegen, sofern diese ein Jahr nicht überschreiten.

Artikel 253

Schweden kann für kleine und mittlere Unternehmen ein vereinfachtes Verfahren anwenden, das es Steuerpflichtigen, die ausschließlich im Inland steuerbare Umsätze bewirken, gestattet, die Mehrwertsteuererklärung drei Monate nach Ablauf des Steuerjahrs für Zwecke der direkten Steuern abzugeben.

Artikel 254

In Bezug auf Lieferungen von neuen Fahrzeugen unter den Bedingungen des Artikels 138 Absatz 2 Buchstabe a durch einen Steuerpflichtigen mit Mehrwertsteuer-Identifikationsnummer an einen Erwerber ohne Mehrwertsteuer-Identifikationsnummer oder durch einen Steuerpflichtigen im Sinne des Artikels 9 Absatz 2 treffen die Mitgliedstaaten die erforderlichen Maßnahmen, damit der Verkäufer alle Informationen meldet, die für die Anwendung der Mehrwertsteuer und ihre Kontrolle durch die Verwaltung erforderlich sind.

Artikel 255

Wenn die Mitgliedstaaten den Erwerber von Anlagegold gemäß Artikel 198 Absatz 1 als Steuerschuldner bestimmen oder von der in Artikel 198 Absatz 2 vorgesehenen Möglichkeit Gebrauch machen, den Erwerber von Goldmaterial oder Halbfertigerzeugnissen oder von Anlagegold im Sinne des Artikels 344 Absatz 1 als Steuerschuldner zu bestimmen, treffen sie die erforderlichen Maßnahmen, um sicherzustellen, dass diese Person ihren Erklärungspflichten nach diesem Kapitel nachkommt.

Artikel 256

Die Mitgliedstaaten treffen die erforderlichen Maßnahmen, damit die Personen, die gemäß den Artikeln 194 bis 197 und Artikel 204 anstelle des nicht in ihrem Gebiet ansässigen Steuerpflichtigen als Steuerschuldner angesehen werden, ihren Erklärungspflichten nach diesem Kapitel nachkommen.

Artikel 257

Die Mitgliedstaaten treffen die erforderlichen Maßnahmen, damit die nichtsteuerpflichtigen juristischen Personen, die die für den in Artikel 2 Absatz 1 Nummer 2 Buchstabe b Ziffer i genannten innergemeinschaftlichen Erwerb von Gegenständen zu entrichtende Steuer schulden, ihren Erklärungspflichten nach diesem Kapitel nachkommen.

Artikel 258

Die Mitgliedstaaten legen die Einzelheiten der Erklärungspflichten in Bezug auf den innergemeinschaftlichen Erwerb von neuen Fahrzeugen im Sinne des Artikels 2 Absatz 1 Buchstabe b Ziffer ii und von verbrauchsteuerpflichtigen Waren im Sinne des Artikels 2 Absatz 1 Buchstabe b Ziffer iii fest.

Artikel 259

Die Mitgliedstaaten können verlangen, dass Personen, die innergemeinschaftliche Erwerbe neuer Fahrzeuge nach Artikel 2 Absatz 1 Buchstabe b Ziffer ii tätigen, bei der Abgabe der Mehrwertsteuererklärung alle Informationen melden, die für die Anwendung der Mehrwertsteuer und ihre Kontrolle durch die Verwaltung erforderlich sind.

Artikel 260

Die Mitgliedstaaten legen die Einzelheiten der Erklärungspflichten in Bezug auf die Einfuhr von Gegenständen fest.

Artikel 261

(1) Die Mitgliedstaaten können von dem Steuerpflichtigen verlangen, dass er eine Erklärung über sämtliche Umsätze des vorangegangenen Jahres mit allen in den Artikeln 250 und 251 genannten Angaben abgibt. Diese Erklärung muss alle Angaben enthalten, die für etwaige Berichtigungen von Bedeutung sind.

(2) Die Mitgliedstaaten legen fest, unter welchen Bedingungen der Steuerpflichtige die in Absatz 1 genannte Erklärung elektronisch abgeben darf, und können die elektronische Abgabe auch vorschreiben.

Kapitel 6
Zusammenfassende Meldung

Artikel 262

Jeder Steuerpflichtige mit Mehrwertsteuer-Identifikationsnummer muss eine zusammenfassende Meldung abgeben, in der Folgendes aufgeführt ist:
a) die Erwerber mit Mehrwertsteuer-Identifikationsnummer, denen er Gegenstände unter den Bedingungen des Artikels 138 Absatz 1 und Absatz 2 Buchstabe c geliefert hat;
b) die Personen mit Mehrwertsteuer-Identifikationsnummer, denen er Gegenstände geliefert hat, die ihm im Rahmen eines innergemeinschaftlichen Erwerbs im Sinne des Artikels 42 geliefert wurden;
c) die Steuerpflichtigen sowie die nicht steuerpflichtigen juristischen Personen mit Mehrwertsteuer-Identifikationsnummer, für die er Dienstleistungen erbracht hat, die keine Dienstleistungen sind, die in dem Mitgliedstaat, in dem der Umsatz steuerbar ist, von der Mehrwertsteuer befreit sind, und für die der Dienstleistungsempfänger gemäß Artikel 196 der Steuerschuldner ist.

Artikel 263

(1) Eine zusammenfassende Meldung ist für jeden Kalendermonat innerhalb einer Frist von höchstens einem Monat und nach den Modalitäten abzugeben, die von den Mitgliedstaaten festzulegen sind.

(1a) Die Mitgliedstaaten können jedoch unter von ihnen festzulegenden Bedingungen und innerhalb von ihnen festzulegender Grenzen den Steuerpflichtigen gestatten, die zusammenfassende Meldung für jedes Kalenderquartal innerhalb eines Zeitraums von höchstens einem Monat ab dem Quartalsende abzugeben, wenn der Gesamtbetrag der Lieferungen von Gegenständen gemäß Artikel 264 Absatz 1 Buchstabe d und Artikel 265 Absatz 1 Buchstabe c für das Quartal ohne Mehrwertsteuer weder für das jeweilige Quartal noch für eines der vier vorangegangenen Quartale den Betrag von 50000 EUR oder den Gegenwert in Landeswährung übersteigt.

Die in Unterabsatz 1 vorgesehene Möglichkeit besteht ab Ende desjenigen Monats nicht mehr, in dem der Gesamtbetrag der Lieferungen von Gegenständen gemäß Artikel 264 Absatz 1 Buchstabe d und Artikel 265 Absatz 1 Buchstabe c für das laufende Quartal ohne Mehrwertsteuer den Betrag von 50000 EUR oder den Gegenwert in Landeswährung übersteigt. In diesem Fall ist eine zusammenfassende Meldung für den oder die seit Beginn des Quartals vergangenen Monate innerhalb eines Zeitraums von höchstens einem Monat abzugeben.

(1b) Bis zum 31. Dezember 2011 können die Mitgliedstaaten den in Absatz 1a vorgesehenen Betrag auf 100000 EUR oder den Gegenwert in Landeswährung festlegen.

(1c) Die Mitgliedstaaten können unter von ihnen festzulegenden Bedingungen und innerhalb von ihnen festzulegender Grenzen den Steuerpflichtigen in Bezug auf die Dienstleistungen gemäß Artikel 264 Absatz 1 Buchstabe d gestatten, die zusammenfassende Meldung für jedes Kalenderquartal innerhalb eines Zeitraums von höchstens einem Monat ab dem Quartalsende abzugeben.

Die Mitgliedstaaten können insbesondere verlangen, dass die Steuerpflichtigen, die Lieferungen von Gegenständen und Dienstleistungen gemäß Artikel 264 Absatz 1 Buchstabe d bewirken, die zusammenfassende Meldung innerhalb des Zeitraums abgeben, der sich aus der Anwendung der Absätze 1 bis 1b ergibt.

(2) Die Mitgliedstaaten legen fest, unter welchen Bedingungen der Steuerpflichtige die in Absatz 1 genannte zusammenfassende Meldung im Wege der elektronischen Datenübertragung abgeben darf, und können die Abgabe im Wege der elektronischen Dateiübertragung auch vorschreiben.

Artikel 264

(1) Die zusammenfassende Meldung muss folgende Angaben enthalten:
a) die Mehrwertsteuer-Identifikationsnummer des Steuerpflichtigen in dem Mitgliedstaat, in dem die zusammenfassende Meldung abzugeben ist, und unter der er Gegenstände im Sinne des Artikels 138 Absatz 1 geliefert hat oder steuerpflichtige Dienstleistungen im Sinne des Artikels 44 erbracht hat;
b) die Mehrwertsteuer-Identifikationsnummer eines jeden Erwerbers von Gegenständen oder eines jeden Empfängers von Dienstleistungen in einem anderen Mitgliedstaat als dem, in dem die zusammenfassende Meldung abzugeben ist, und unter der ihm die Gegenstände geliefert oder für ihn die Dienstleistungen erbracht wurden;
c) die Mehrwertsteuer-Identifikationsnummer des Steuerpflichtigen in dem Mitgliedstaat, in dem die zusammenfassende Meldung abzugeben ist, und unter der er eine Verbringung in einen anderen Mitgliedstaat nach Artikel 138 Absatz 2 Buchstabe c bewirkt hat, sowie seine Mehrwertsteuer-Identifikationsnummer im Mitgliedstaat der Beendigung der Versendung oder Beförderung;
d) für jeden einzelnen Erwerber von Gegenständen oder Empfänger von Dienstleistungen den Gesamtbetrag der Lieferungen von Gegenständen und den Gesamtbetrag der Dienstleistungen durch den Steuerpflichtigen;
e) bei der Lieferung von Gegenständen in Form der Verbringung in einen anderen Mitgliedstaat nach Artikel 138 Absatz 2 Buchstabe c den gemäß Artikel 76 ermittelten Gesamtbetrag der Lieferungen;
f) den Betrag der gemäß Artikel 90 durchgeführten Berichtigungen.

(2) Der in Absatz 1 Buchstabe d genannte Betrag ist für den gemäß Artikel 263 Absätze 1 bis 1c festgelegten Abgabezeitraum zu melden, in dem der Steueranspruch eingetreten ist.

Der in Absatz 1 Buchstabe f genannte Betrag ist für den gemäß Artikel 263 Absätze 1 bis 1c festgelegten Abgabezeitraum zu melden, in dem die Berichtigung dem Erwerber mitgeteilt wird.

Artikel 265

(1) Im Falle des innergemeinschaftlichen Erwerbs von Gegenständen im Sinne des Artikels 42 hat der Steuerpflichtige mit Mehrwertsteuer-Identifikationsnummer in dem Mitgliedstaat, der ihm die Mehrwertsteuer-Identifikationsnummer erteilt hat, unter der er diesen Erwerb getätigt hat, in der zusammenfassenden Meldung folgende Einzelangaben zu machen:

a) seine Mehrwertsteuer-Identifikationsnummer in diesem Mitgliedstaat, unter der er die Gegenstände erworben und anschließend geliefert hat;

b) die Mehrwertsteuer-Identifikationsnummer des Empfängers der anschließenden Lieferungen des Steuerpflichtigen im Mitgliedstaat der Beendigung der Versendung oder Beförderung;

c) für jeden einzelnen dieser Empfänger der Lieferung den Gesamtbetrag ohne Mehrwertsteuer derartiger Lieferungen des Steuerpflichtigen im Mitgliedstaat der Beendigung der Versendung oder Beförderung.

(2) Der in Absatz 1 Buchstabe c genannte Betrag ist für den gemäß Artikel 263 Absätze 1 bis 1b festgelegten Abgabezeitraum zu melden, in dem der Steueranspruch eingetreten ist.

Artikel 266

Abweichend von den Artikeln 264 und 265 können die Mitgliedstaaten verlangen, dass die zusammenfassende Meldung weitere Angaben enthält.

Artikel 267

Die Mitgliedstaaten treffen die erforderlichen Maßnahmen, damit die Personen, die gemäß den Artikeln 194 und 204 anstelle eines nicht in ihrem Gebiet ansässigen Steuerpflichtigen als Steuerschuldner angesehen werden, ihrer Pflicht zur Abgabe von zusammenfassenden Meldungen nach diesem Kapitel nachkommen.

Artikel 268

Die Mitgliedstaaten können von Steuerpflichtigen, die in ihrem Gebiet innergemeinschaftliche Erwerbe von Gegenständen sowie diesen gleichgestellte Umsätze im Sinne der Artikel 21 und 22 bewirken, die Abgabe von Erklärungen mit ausführlichen Angaben über diese Erwerbe verlangen; für Zeiträume von weniger als einem Monat dürfen solche Erklärungen jedoch nicht verlangt werden.

Artikel 269

Der Rat kann die einzelnen Mitgliedstaaten auf Vorschlag der Kommission einstimmig ermächtigen, die in den Artikeln 270 und 271 vorgesehenen besonderen Maßnahmen zu treffen, um die Pflicht zur Abgabe einer zusammenfassenden Meldung nach diesem Kapitel zu vereinfachen. Diese Maßnahmen dürfen die Kontrolle der innergemeinschaftlichen Umsätze nicht beeinträchtigen.

Artikel 270

Aufgrund der Ermächtigung nach Artikel 269 können die Mitgliedstaaten einem Steuerpflichtigen gestatten, eine jährliche zusammenfassende Meldung mit den Mehrwertsteuer-Identifikationsnummern derjenigen Erwerber in anderen Mitgliedstaaten abzugeben, denen er Gegenstände unter den Bedingungen des Artikels 138 Absatz 1 und

Absatz 2 Buchstabe c geliefert hat, wenn der Steuerpflichtige die folgenden drei Voraussetzungen erfüllt:
a) der jährliche Gesamtbetrag ohne Mehrwertsteuer seiner Lieferungen von Gegenständen und seiner Dienstleistungen übersteigt den Jahresumsatz, der als Referenzbetrag für die Steuerbefreiung für Kleinunternehmen nach den Artikeln 282 bis 292 dient, um nicht mehr als 35 000 EUR oder den Gegenwert in Landeswährung;
b) der jährliche Gesamtbetrag ohne Mehrwertsteuer seiner Lieferungen von Gegenständen unter den Bedingungen des Artikels 138 übersteigt nicht den Betrag von 15 000 EUR oder den Gegenwert in Landeswährung;
c) bei den von ihm unter den Voraussetzungen des Artikels 138 gelieferten Gegenständen handelt es sich nicht um neue Fahrzeuge.

Artikel 271

Aufgrund der Ermächtigung nach Artikel 269 können diejenigen Mitgliedstaaten, die die Dauer des Steuerzeitraums, für den der Steuerpflichtige die in Artikel 250 genannte Mehrwertsteuererklärung abzugeben hat, auf mehr als drei Monate festlegen, einem Steuerpflichtigen gestatten, die zusammenfassende Meldung für denselben Zeitraum vorzulegen, wenn der Steuerpflichtige die folgenden drei Voraussetzungen erfüllt:
a) der jährliche Gesamtbetrag ohne Mehrwertsteuer seiner Lieferungen von Gegenständen und seiner Dienstleistungen beläuft sich auf höchstens 200 000 EUR oder den Gegenwert in Landeswährung;
b) der jährliche Gesamtbetrag ohne Mehrwertsteuer seiner Lieferungen von Gegenständen unter den Bedingungen des Artikels 138 übersteigt nicht den Betrag von 15 000 EUR oder den Gegenwert in Landeswährung;
c) bei den von ihm unter den Bedingungen des Artikels 138 gelieferten Gegenständen handelt es sich nicht um neue Fahrzeuge.

Kapitel 7
Verschiedenes
Artikel 272

(1) Die Mitgliedstaaten können folgende Steuerpflichtige von bestimmten oder allen Pflichten nach den Kapiteln 2 bis 6 befreien:
a) Steuerpflichtige, deren innergemeinschaftliche Erwerbe von Gegenständen gemäß Artikel 3 Absatz 1 nicht der Mehrwertsteuer unterliegen;
b) Steuerpflichtige, die keine der in den Artikeln 20, 21, 22, 33, 36, 138 und 141 genannten Umsätze bewirken;
c) Steuerpflichtige, die nur Gegenstände liefern oder Dienstleistungen erbringen, die gemäß den Artikeln 132, 135 und 136, den Artikeln 146 bis 149 sowie den Artikeln 151, 152 und 153 von der Steuer befreit sind;
d) Steuerpflichtige, die die Steuerbefreiung für Kleinunternehmen nach den Artikeln 282 bis 292 in Anspruch nehmen;
e) Steuerpflichtige, die die gemeinsame Pauschalregelung für Landwirte in Anspruch nehmen.

Die Mitgliedstaaten dürfen die in Unterabsatz 1 Buchstabe b genannten Steuerpflichtigen nicht von den in Kapitel 3 Abschnitte 3 bis 6 und Kapitel 4 Abschnitt 3 vorgesehenen Pflichten in Bezug auf die Rechnungstellung entbinden.

(2) Machen die Mitgliedstaaten von der Möglichkeit nach Absatz 1 Unterabsatz 1 Buchstabe e Gebrauch, treffen sie die Maßnahmen, die für eine korrekte Anwendung der Übergangsregelung für die Besteuerung innergemeinschaftlicher Umsätze erforderlich sind.

(3) Die Mitgliedstaaten können auch andere als die in Absatz 1 genannten Steuerpflichtigen von bestimmten in Artikel 242 genannten Aufzeichnungspflichten entbinden.

Artikel 273

Die Mitgliedstaaten können vorbehaltlich der Gleichbehandlung der von Steuerpflichtigen bewirkten Inlandsumsätze und innergemeinschaftlichen Umsätze weitere Pflichten vorsehen, die sie für erforderlich erachten, um eine genaue Erhebung der Steuer sicherzustellen und um Steuerhinterziehung zu vermeiden, sofern diese Pflichten im Handelsverkehr zwischen den Mitgliedstaaten nicht zu Formalitäten beim Grenzübertritt führen.

Die Möglichkeit nach Absatz 1 darf nicht dazu genutzt werden, zusätzlich zu den in Kapitel 3 genannten Pflichten weitere Pflichten in Bezug auf die Rechnungsstellung festzulegen.

Kapitel 8
Pflichten bei bestimmten Einfuhr- und Ausfuhrumsätzen
Abschnitt 1
Einfuhrumsätze
Artikel 274

Bei der Einfuhr von Gegenständen im freien Verkehr, die aus einem Drittgebiet in die Gemeinschaft verbracht werden, das Teil des Zollgebiets der Gemeinschaft ist, sind die Artikel 275, 276 und 277 anzuwenden.

Artikel 275

Für die Formalitäten bei der Einfuhr der in Artikel 274 genannten Gegenstände sind die für die Einfuhr von Gegenständen in das Zollgebiet der Gemeinschaft geltenden gemeinschaftlichen Zollvorschriften maßgebend.

Artikel 276

Liegt der Ort der Beendigung der Versendung oder Beförderung der in Artikel 274 genannten Gegenstände nicht in dem Mitgliedstaat, in dem sie in die Gemeinschaft gelangen, fallen sie in der Gemeinschaft unter das interne gemeinschaftliche Versandverfahren gemäß den gemeinschaftlichen Zollvorschriften, sofern sie bereits zum Zeitpunkt ihrer Verbringung in die Gemeinschaft zu diesem Verfahren angemeldet wurden.

Artikel 277

Ist bei den in Artikel 274 genannten Gegenständen zum Zeitpunkt ihrer Verbringung in die Gemeinschaft eine Situation gegeben, der zufolge sie bei einer Einfuhr im Sinne des Artikels 30 Absatz 1 unter eines der in Artikel 156 genannten Verfahren oder einer der dort genannten sonstigen Regelungen oder unter eine Zollregelung der vorübergehenden Verwendung unter vollständiger Befreiung von Einfuhrabgaben fallen könnten, treffen die Mitgliedstaaten die erforderlichen Maßnahmen, damit diese Gegenstände unter den gleichen Bedingungen in der Gemeinschaft verbleiben können, wie sie für die Anwendung dieser Verfahren oder sonstigen Regelungen vorgesehen sind.

Abschnitt 2
Ausfuhrumsätze
Artikel 278

Bei der Ausfuhr von Gegenständen im freien Verkehr, die aus einem Mitgliedstaat in ein Drittgebiet versandt oder befördert werden, das Teil des Zollgebiets der Gemeinschaft ist, sind die Artikel 279 und 280 anzuwenden.

Artikel 279

Für die Formalitäten bei der Ausfuhr der in Artikel 278 genannten Gegenstände aus dem Gebiet der Gemeinschaft sind die für die Ausfuhr von Gegenständen aus dem Zollgebiet der Gemeinschaft geltenden gemeinschaftlichen Zollvorschriften maßgebend.

Artikel 280

In Bezug auf Gegenstände, die vorübergehend aus der Gemeinschaft ausgeführt werden, um wieder eingeführt zu werden, treffen die Mitgliedstaaten die erforderlichen Maßnahmen, damit für diese Gegenstände bei ihrer Wiedereinfuhr in die Gemeinschaft die gleichen Bestimmungen gelten, wie wenn sie vorübergehend aus dem Zollgebiet der Gemeinschaft ausgeführt worden wären.

TITEL XII
SONDERREGELUNGEN
Kapitel 1
Sonderregelung für Kleinunternehmen
Abschnitt 1
Vereinfachte Modalitäten für die Besteuerung und die Steuererhebung
Artikel 281

Mitgliedstaaten, in denen die normale Besteuerung von Kleinunternehmen wegen deren Tätigkeit oder Struktur auf Schwierigkeiten stoßen würde, können unter den von ihnen festgelegten Beschränkungen und Voraussetzungen nach Konsultation des Mehrwertsteuerausschusses vereinfachte Modalitäten für die Besteuerung und Steuererhebung, insbesondere Pauschalregelungen, anwenden, die jedoch nicht zu einer Steuerermäßigung führen dürfen.

Abschnitt 2
Steuerbefreiungen und degressive Steuerermäßigungen
Artikel 282

Die Steuerbefreiungen und -ermäßigungen nach diesem Abschnitt gelten für Lieferungen von Gegenständen und für Dienstleistungen, die von Kleinunternehmen bewirkt werden.

Artikel 283

(1) Dieser Abschnitt gilt nicht für folgende Umsätze:
a) die in Artikel 12 genannten gelegentlichen Umsätze;
b) die Lieferungen neuer Fahrzeuge unter den Voraussetzungen des Artikels 138 Absatz 1 und Absatz 2 Buchstabe a;

c) die Lieferungen von Gegenständen und Erbringung von Dienstleistungen durch einen Steuerpflichtigen, der nicht in dem Mitgliedstaat ansässig ist, in dem die Mehrwertsteuer geschuldet wird.

(2) Die Mitgliedstaaten können von der Anwendung dieses Abschnitts auch andere als die in Absatz 1 genannten Umsätze ausschließen.

Artikel 284

(1) Mitgliedstaaten, die von der Möglichkeit nach Artikel 14 der Richtlinie 67/228/EWG des Rates vom 11. April 1967 zur Harmonisierung der Rechtsvorschriften der Mitgliedstaaten über die Umsatzsteuern – Struktur und Anwendungsmodalitäten des gemeinsamen Mehrwertsteuersystems Gebrauch gemacht und Steuerbefreiungen oder degressive Steuerermäßigungen eingeführt haben, dürfen diese sowie die diesbezüglichen Durchführungsbestimmungen beibehalten, wenn sie mit dem Mehrwertsteuersystem in Einklang stehen.

(2) Mitgliedstaaten, in denen am 17. Mai 1977 für Steuerpflichtige mit einem Jahresumsatz unter dem Gegenwert von 5000 Europäischen Rechnungseinheiten in Landeswährung zu dem an dem genannten Datum geltenden Umrechnungskurs eine Steuerbefreiung galt, können diesen Betrag bis auf 5000 EUR anheben.

Mitgliedstaaten, die eine degressive Steuerermäßigung angewandt haben, dürfen die obere Grenze für diese Ermäßigung nicht heraufsetzen und diese Ermäßigung nicht günstiger gestalten.

Artikel 285

Mitgliedstaaten, die von der Möglichkeit nach Artikel 14 der Richtlinie 67/228/EWG keinen Gebrauch gemacht haben, können Steuerpflichtigen mit einem Jahresumsatz von höchstens 5000 EUR oder dem Gegenwert dieses Betrags in Landeswährung eine Steuerbefreiung gewähren.

Die in Absatz 1 genannten Mitgliedstaaten können den Steuerpflichtigen, deren Jahresumsatz die von ihnen für die Steuerbefreiung festgelegte Höchstgrenze überschreitet, eine degressive Steuerermäßigung gewähren.

Artikel 286

Mitgliedstaaten, in denen am 17. Mai 1977 für Steuerpflichtige mit einem Jahresumsatz von mindestens dem Gegenwert von 5000 Europäischen Rechnungseinheiten in Landeswährung zu dem an dem genannten Datum geltenden Umrechnungskurs eine Steuerbefreiung galt, können diesen Betrag zur Wahrung des realen Wertes anheben.

Artikel 287

Mitgliedstaaten, die nach dem 1. Januar 1978 beigetreten sind, können Steuerpflichtigen eine Steuerbefreiung gewähren, wenn ihr Jahresumsatz den in Landeswährung ausgedrückten Gegenwert der folgenden Beträge nicht übersteigt, wobei der Umrechnungskurs am Tag des Beitritts zugrunde zu legen ist:
1. Griechenland: 10 000 Europäische Rechnungseinheiten;
2. Spanien: 10 000 ECU;
3. Portugal: 10 000 ECU;
4. Österreich: 35 000 ECU;

5. Finnland: 10 000 ECU;
6. Schweden: 10 000 ECU;
7. Tschechische Republik: 35 000 EUR;
8. Estland: 16 000 EUR;
9. Zypern: 15 600 EUR;
10. Lettland: 17 200 EUR;
11. Litauen: 29 000 EUR;
12. Ungarn: 35 000 EUR;
13. Malta: 37 000 EUR, wenn die wirtschaftliche Tätigkeit hauptsächlich in der Lieferung von Waren besteht, 24 300 EUR, wenn die wirtschaftliche Tätigkeit hauptsächlich in der Erbringung von Dienstleistungen mit geringer Wertschöpfung (hoher Input) besteht und 14 600 EUR in anderen Fällen, nämlich bei Dienstleistungen mit hoher Wertschöpfung (niedriger Input);
14. Polen: 10 000 EUR;
15. Slowenien: 25 000 EUR;
16. Slowakei: 35 000 EUR;
17. Bulgarien: 25 600 EUR;
18. Rumänien: 35 000 EUR;
19. Kroatien: 35 000 EUR.

Artikel 288

Der Umsatz, der bei der Anwendung der Regelung dieses Abschnitts zugrunde zu legen ist, setzt sich aus folgenden Beträgen ohne Mehrwertsteuer zusammen:
1. Betrag der Lieferungen von Gegenständen und Dienstleistungen, soweit diese besteuert werden;
2. Betrag der gemäß Artikel 110, Artikel 111 und Artikel 125 Absatz 1 sowie Artikel 127 und Artikel 128 Absatz 1 mit Recht auf Vorsteuerabzug von der Steuer befreiten Umsätze;
3. Betrag der gemäß den Artikeln 146 bis 149 sowie den Artikeln 151, 152 und 153 von der Steuer befreiten Umsätze;
4. Betrag der Umsätze mit Immobilien, der in Artikel 135 Absatz 1 Buchstaben b bis g genannten Finanzgeschäfte sowie der Versicherungsdienstleistungen, sofern diese Umsätze nicht den Charakter von Nebenumsätzen haben.

Veräußerungen von körperlichen oder nicht körperlichen Investitionsgütern des Unternehmens bleiben bei der Ermittlung dieses Umsatzes jedoch außer Ansatz.

Artikel 289

Steuerpflichtige, die eine Steuerbefreiung in Anspruch nehmen, haben kein Recht auf Vorsteuerabzug gemäß den Artikeln 167 bis 171 und 173 bis 177 und dürfen die Mehrwertsteuer in ihren Rechnungen nicht ausweisen.

Artikel 290

Steuerpflichtige, die für die Steuerbefreiung in Betracht kommen, können sich entweder für die normale Mehrwertsteuerregelung oder für die Anwendung der in Artikel 281 genannten vereinfachten Modalitäten entscheiden. In diesem Fall gelten für sie die in den nationalen Rechtsvorschriften gegebenenfalls vorgesehenen degressiven Steuerermäßigungen.

Artikel 291

Steuerpflichtige, für die die degressive Steuerermäßigung gilt, werden vorbehaltlich der Anwendung des Artikels 281 als der normalen Mehrwertsteuerregelung unterliegende Steuerpflichtige betrachtet.

Artikel 292

Dieser Abschnitt gilt bis zu einem Zeitpunkt, der vom Rat gemäß Artikel 93 des Vertrags festgelegt wird und der nicht nach dem Zeitpunkt des Inkrafttretens der endgültigen Regelung im Sinne von Artikel 402 liegen darf.

Abschnitt 3
Bericht und Überprüfung

Artikel 293

Die Kommission legt dem Rat auf der Grundlage der von den Mitgliedstaaten erlangten Informationen alle vier Jahre nach der Annahme dieser Richtlinie einen Bericht über die Anwendung der Bestimmungen dieses Kapitels vor. Falls erforderlich fügt sie diesem Bericht unter Berücksichtigung der Notwendigkeit einer allmählichen Konvergenz der nationalen Regelungen Vorschläge bei, die Folgendes zum Gegenstand haben:
1. die Verbesserung der Sonderregelung für Kleinunternehmen;
2. die Angleichung der nationalen Regelungen über die Steuerbefreiungen und degressiven Steuerermäßigungen;
3. die Anpassung der in Abschnitt 2 genannten Schwellenwerte.

Artikel 294

Der Rat entscheidet gemäß Artikel 93 des Vertrags darüber, ob im Rahmen der endgültigen Regelung eine Sonderregelung für Kleinunternehmen erforderlich ist, und befindet gegebenenfalls über die gemeinsamen Beschränkungen und Bedingungen für die Anwendung der genannten Sonderregelung.

Kapitel 2
Gemeinsame Pauschalregelung für landwirtschaftliche Erzeuger

Artikel 295

(1) Für die Zwecke dieses Kapitels gelten folgende Begriffsbestimmungen:
1. „landwirtschaftlicher Erzeuger" ist ein Steuerpflichtiger, der seine Tätigkeit im Rahmen eines land-, forst- oder fischwirtschaftlichen Betriebs ausübt;
2. „land-, forst- oder fischwirtschaftlicher Betrieb" ist ein Betrieb, der in den einzelnen Mitgliedstaaten im Rahmen der in Anhang VII genannten Erzeugertätigkeiten als solcher gilt;
3. „Pauschallandwirt" ist ein landwirtschaftlicher Erzeuger, der unter die Pauschalregelung dieses Kapitels fällt;
4. „landwirtschaftliche Erzeugnisse" sind die Gegenstände, die im Rahmen der in Anhang VII aufgeführten Tätigkeiten von den land-, forst- oder fischwirtschaftlichen Betrieben der einzelnen Mitgliedstaaten erzeugt werden;
5. „landwirtschaftliche Dienstleistungen" sind Dienstleistungen, die von einem landwirtschaftlichen Erzeuger mit Hilfe seiner Arbeitskräfte oder der normalen Ausrüstung seines land-, forst- oder fischwirtschaftlichen Betriebs erbracht werden und die normaler-

weise zur landwirtschaftlichen Erzeugung beitragen, und zwar insbesondere die in Anhang VIII aufgeführten Dienstleistungen;

6. „Mehrwertsteuer-Vorbelastung" ist die Mehrwertsteuer-Gesamtbelastung der Gegenstände und Dienstleistungen, die von der Gesamtheit der der Pauschalregelung unterliegenden land-, forst- und fischwirtschaftlichen Betriebe jedes Mitgliedstaats bezogen worden sind, soweit diese Steuer bei einem der normalen Mehrwertsteuerregelung unterliegenden landwirtschaftlichen Erzeuger gemäß den Artikeln 167, 168 und 169 und 173 bis 177 abzugsfähig wäre;

7. „Pauschalausgleich-Prozentsätze" sind die Prozentsätze, die die Mitgliedstaaten gemäß den Artikeln 297, 298 und 299 festsetzen und in den in Artikel 300 genannten Fällen anwenden, damit die Pauschallandwirte den pauschalen Ausgleich der Mehrwertsteuer-Vorbelastung erlangen;

8. „Pauschalausgleich" ist der Betrag, der sich aus der Anwendung des Pauschalausgleich-Prozentsatzes auf den Umsatz des Pauschallandwirts in den in Artikel 300 genannten Fällen ergibt.

(2) Den in Anhang VII aufgeführten Tätigkeiten der landwirtschaftlichen Erzeugung gleichgestellt sind die Verarbeitungstätigkeiten, die ein Landwirt bei im Wesentlichen aus seiner landwirtschaftlichen Produktion stammenden Erzeugnissen mit Mitteln ausübt, die normalerweise in land-, forst- oder fischwirtschaftlichen Betrieben verwendet werden.

Artikel 296

(1) Die Mitgliedstaaten können auf landwirtschaftliche Erzeuger, bei denen die Anwendung der normalen Mehrwertsteuerregelung oder gegebenenfalls der Sonderregelung des Kapitels 1 auf Schwierigkeiten stoßen würde, als Ausgleich für die Belastung durch die Mehrwertsteuer, die auf die von den Pauschallandwirten bezogenen Gegenstände und Dienstleistungen gezahlt wird, eine Pauschalregelung nach diesem Kapitel anwenden.

(2) Jeder Mitgliedstaat kann bestimmte Gruppen landwirtschaftlicher Erzeuger sowie diejenigen landwirtschaftlichen Erzeuger, bei denen die Anwendung der normalen Mehrwertsteuerregelung oder gegebenenfalls der vereinfachten Bestimmungen des Artikels 281 keine verwaltungstechnischen Schwierigkeiten mit sich bringt, von der Pauschalregelung ausnehmen.

(3) Jeder Pauschallandwirt hat nach den von den einzelnen Mitgliedstaaten festgelegten Einzelheiten und Voraussetzungen das Recht, sich für die Anwendung der normalen Mehrwertsteuerregelung oder gegebenenfalls der vereinfachten Bestimmungen des Artikels 281 zu entscheiden.

Artikel 297

Die Mitgliedstaaten legen bei Bedarf Pauschalausgleich-Prozentsätze fest. Sie können die Höhe der Pauschalausgleich-Prozentsätze für die Forstwirtschaft, die einzelnen Teilbereiche der Landwirtschaft und die Fischwirtschaft unterschiedlich festlegen.

Die Mitgliedstaaten teilen der Kommission die gemäß Absatz 1 festgelegten Pauschalausgleich-Prozentsätze mit, bevor diese angewandt werden.

Artikel 298

Die Pauschalausgleich-Prozentsätze werden anhand der allein für die Pauschallandwirte geltenden makroökonomischen Daten der letzten drei Jahre bestimmt.

Die Prozentsätze können auf einen halben Punkt ab- oder aufgerundet werden. Die Mitgliedstaaten können diese Prozentsätze auch bis auf Null herabsetzen.

Artikel 299

Die Pauschalausgleich-Prozentsätze dürfen nicht dazu führen, dass die Pauschallandwirte insgesamt Erstattungen erhalten, die über die Mehrwertsteuer-Vorbelastung hinausgehen.

Artikel 300

Die Pauschalausgleich-Prozentsätze werden auf den Preis ohne Mehrwertsteuer der folgenden Gegenstände und Dienstleistungen angewandt:
1. landwirtschaftliche Erzeugnisse, die die Pauschallandwirte an andere Steuerpflichtige als jene geliefert haben, die in dem Mitgliedstaat, in dem diese Erzeugnisse geliefert werden, diese Pauschalregelung in Anspruch nehmen;
2. landwirtschaftliche Erzeugnisse, die die Pauschallandwirte unter den Voraussetzungen des Artikels 138 an nichtsteuerpflichtige juristische Personen geliefert haben, deren innergemeinschaftliche Erwerbe gemäß Artikel 2 Absatz 1 Buchstabe b im Mitgliedstaat der Beendigung der Versendung oder Beförderung dieser landwirtschaftlichen Erzeugnisse der Mehrwertsteuer unterliegen;
3. landwirtschaftliche Dienstleistungen, die die Pauschallandwirte an andere Steuerpflichtige als jene erbracht haben, die in dem Mitgliedstaat, in dem diese Dienstleistungen erbracht werden, diese Pauschalregelung in Anspruch nehmen.

Artikel 301

(1) Für die in Artikel 300 genannten Lieferungen landwirtschaftlicher Erzeugnisse und Dienstleistungen sehen die Mitgliedstaaten vor, dass die Zahlung des Pauschalausgleichs entweder durch den Erwerber bzw. den Dienstleistungsempfänger oder durch die öffentliche Hand erfolgt.

(2) Bei anderen als den in Artikel 300 genannten Lieferungen landwirtschaftlicher Erzeugnisse und landwirtschaftlichen Dienstleistungen wird davon ausgegangen, dass die Zahlung des Pauschalausgleichs durch den Erwerber bzw. den Dienstleistungsempfänger erfolgt.

Artikel 302

Nimmt ein Pauschallandwirt einen Pauschalausgleich in Anspruch, hat er in Bezug auf die dieser Pauschalregelung unterliegenden Tätigkeiten kein Recht auf Vorsteuerabzug.

Artikel 303

(1) Zahlt der steuerpflichtige Erwerber oder Dienstleistungsempfänger einen Pauschalausgleich gemäß Artikel 301 Absatz 1, ist er berechtigt, nach Maßgabe der Artikel 167, 168, 169 und 173 bis 177 und der von den Mitgliedstaaten festgelegten Einzelheiten von der Mehrwertsteuer, die er in dem Mitgliedstaat, in dem er seine besteuerten Umsätze bewirkt, schuldet, den Betrag dieses Pauschalausgleichs abzuziehen.

(2) Die Mitgliedstaaten erstatten dem Erwerber oder Dienstleistungsempfänger den Betrag des Pauschalausgleichs, den er im Rahmen eines der folgenden Umsätze gezahlt hat:
a) Lieferung landwirtschaftlicher Erzeugnisse unter den Voraussetzungen des Artikels 138, soweit der Erwerber ein Steuerpflichtiger oder eine nichtsteuerpflichtige juristische

Person ist, der/die als solcher/solche in einem anderen Mitgliedstaat handelt, in dessen Gebiet seine/ihre innergemeinschaftlichen Erwerbe von Gegenständen gemäß Artikel 2 Absatz 1 Buchstabe b der Mehrwertsteuer unterliegen;

b) Lieferung von landwirtschaftlichen Erzeugnissen unter den Bedingungen der Artikel 146, 147, 148 und 156, Artikel 157 Absatz 1 Buchstabe b sowie der Artikel 158, 160 und 161 an einen außerhalb der Gemeinschaft ansässigen steuerpflichtigen Erwerber, soweit der Erwerber diese landwirtschaftlichen Erzeugnisse für die Zwecke seiner in Artikel 169 Buchstaben a und b genannten Umsätze oder seiner Dienstleistungen verwendet, die als im Gebiet des Mitgliedstaats erbracht gelten, in dem der Dienstleistungsempfänger ansässig ist, und für die gemäß Artikel 196 nur der Dienstleistungsempfänger die Steuer schuldet;

c) landwirtschaftliche Dienstleistungen, die an einen innerhalb der Gemeinschaft, jedoch in einem anderen Mitgliedstaat ansässigen oder an einen außerhalb der Gemeinschaft ansässigen steuerpflichtigen Dienstleistungsempfänger erbracht werden, soweit der Dienstleistungsempfänger diese Dienstleistungen für die Zwecke seiner in Artikel 169 Buchstaben a und b genannten Umsätze oder seiner Dienstleistungen verwendet, die als im Gebiet des Mitgliedstaats erbracht gelten, in dem der Dienstleistungsempfänger ansässig ist, und für die gemäß Artikel 196 nur der Dienstleistungsempfänger die Steuer schuldet.

(3) Die Mitgliedstaaten legen die Einzelheiten für die Durchführung der in Absatz 2 vorgesehenen Erstattungen fest. Dabei können sie sich insbesondere auf die Richtlinien 79/1072/EWG und 86/560/EWG stützen.

Artikel 304

Die Mitgliedstaaten treffen alle zweckdienlichen Maßnahmen für eine wirksame Kontrolle der Zahlung des Pauschalausgleichs an die Pauschallandwirte.

Artikel 305

Wenden die Mitgliedstaaten diese Pauschalregelung an, treffen sie alle zweckdienlichen Maßnahmen, um sicherzustellen, dass Lieferung landwirtschaftlicher Erzeugnisse zwischen den Mitgliedstaaten unter den Voraussetzungen des Artikels 33 immer in derselben Weise besteuert wird, unabhängig davon, ob die Erzeugnisse von einem Pauschallandwirt oder von einem anderen Steuerpflichtigen geliefert werden.

Kapitel 3
Sonderregelung für Reisebüros

Artikel 306

(1) Die Mitgliedstaaten wenden auf Umsätze von Reisebüros die Mehrwertsteuer-Sonderregelung dieses Kapitels an, soweit die Reisebüros gegenüber dem Reisenden in eigenem Namen auftreten und zur Durchführung der Reise Lieferungen von Gegenständen und Dienstleistungen anderer Steuerpflichtiger in Anspruch nehmen.

Diese Sonderregelung gilt nicht für Reisebüros, die lediglich als Vermittler handeln und auf die zur Berechnung der Steuerbemessungsgrundlage Artikel 79 Absatz 1 Buchstabe c anzuwenden ist.

(2) Für die Zwecke dieses Kapitels gelten Reiseveranstalter als Reisebüro.

Artikel 307

Die zur Durchführung der Reise vom Reisebüro unter den Voraussetzungen des Artikels 306 bewirkten Umsätze gelten als eine einheitliche Dienstleistung des Reisebüros an den Reisenden.

Die einheitliche Dienstleistung wird in dem Mitgliedstaat besteuert, in dem das Reisebüro den Sitz seiner wirtschaftlichen Tätigkeit oder eine feste Niederlassung hat, von wo aus es die Dienstleistung erbracht hat.

Artikel 308

Für die von dem Reisebüro erbrachte einheitliche Dienstleistung gilt als Steuerbemessungsgrundlage und als Preis ohne Mehrwertsteuer im Sinne des Artikels 226 Nummer 8 die Marge des Reisebüros, das heißt die Differenz zwischen dem vom Reisenden zu zahlenden Gesamtbetrag ohne Mehrwertsteuer und den tatsächlichen Kosten, die dem Reisebüro für die Lieferungen von Gegenständen und die Dienstleistungen anderer Steuerpflichtiger entstehen, soweit diese Umsätze dem Reisenden unmittelbar zugute kommen.

Artikel 309

Werden die Umsätze, für die das Reisebüro andere Steuerpflichtige in Anspruch nimmt, von diesen außerhalb der Gemeinschaft bewirkt, wird die Dienstleistung des Reisebüros einer gemäß Artikel 153 von der Steuer befreiten Vermittlungstätigkeit gleichgestellt.

Werden die in Absatz 1 genannten Umsätze sowohl innerhalb als auch außerhalb der Gemeinschaft bewirkt, ist nur der Teil der Dienstleistung des Reisebüros als steuerfrei anzusehen, der auf die Umsätze außerhalb der Gemeinschaft entfällt.

Artikel 310

Die Mehrwertsteuerbeträge, die dem Reisebüro von anderen Steuerpflichtigen für die in Artikel 307 genannten Umsätze in Rechnung gestellt werden, welche dem Reisenden unmittelbar zugute kommen, sind in keinem Mitgliedstaat abziehbar oder erstattungsfähig.

Kapitel 4
Sonderregelungen für Gebrauchtgegenstände, Kunstgegenstände, Sammlungsstücke und Antiquitäten
Abschnitt 1
Begriffsbestimmungen

Artikel 311

(1) Für die Zwecke dieses Kapitels gelten unbeschadet sonstiger Bestimmungen des Gemeinschaftsrechts folgende Begriffsbestimmungen:
1. „Gebrauchtgegenstände" sind bewegliche körperliche Gegenstände, die keine Kunstgegenstände, Sammlungsstücke oder Antiquitäten und keine Edelmetalle oder Edelsteine im Sinne der Definition der Mitgliedstaaten sind und die in ihrem derzeitigen Zustand oder nach Instandsetzung erneut verwendbar sind;
2. „Kunstgegenstände" sind die in Anhang IX Teil A genannten Gegenstände;
3. „Sammlungsstücke" sind die in Anhang IX Teil B genannten Gegenstände;
4. „Antiquitäten" sind die in Anhang IX Teil C genannten Gegenstände;
5. „steuerpflichtiger Wiederverkäufer" ist jeder Steuerpflichtige, der im Rahmen seiner wirtschaftlichen Tätigkeit zum Zwecke des Wiederverkaufs Gebrauchtgegenstände,

Kunstgegenstände, Sammlungsstücke oder Antiquitäten kauft, seinem Unternehmen zuordnet oder einführt, gleich, ob er auf eigene Rechnung oder aufgrund eines Einkaufs- oder Verkaufskommissionsvertrags für fremde Rechnung handelt;

6. „Veranstalter einer öffentlichen Versteigerung" ist jeder Steuerpflichtige, der im Rahmen seiner wirtschaftlichen Tätigkeit Gegenstände zur öffentlichen Versteigerung anbietet, um sie an den Meistbietenden zu verkaufen;

7. „Kommittent eines Veranstalters öffentlicher Versteigerungen" ist jede Person, die einem Veranstenstände, Sammlungsstücke oder Antiquitäten und keine Edelmetalle oder Edelsteialter öffentlicher Versteigerungen einen Gegenstand aufgrund eines Verkaufskommissionsvertrags übergibt.

(2) Die Mitgliedstaaten können vorsehen, dass die in Anhang IX Teil A Nummern 5, 6 und 7 genannten Gegenstände nicht als Kunstgegenstände gelten.

(3) Der in Absatz 1 Nummer 7 genannte Verkaufskommissionsvertrag muss vorsehen, dass der Veranstalter der öffentlichen Versteigerung den Gegenstand in eigenem Namen, aber für Rechnung seines Kommittenten zur öffentlichen Versteigerung anbietet und an den Meistbietenden übergibt, der in der öffentlichen Versteigerung den Zuschlag erhalten hat.

Abschnitt 2
Sonderregelung für steuerpflichtige Wiederverkäufer

Unterabschnitt 1
Differenzbesteuerung

Artikel 312

Für die Zwecke dieses Unterabschnitts gelten folgende Begriffsbestimmungen:

1. „Verkaufspreis" ist die gesamte Gegenleistung, die der steuerpflichtige Wiederverkäufer vom Erwerber oder von einem Dritten erhält oder zu erhalten hat, einschließlich der unmittelbar mit dem Umsatz zusammenhängenden Zuschüsse, Steuern, Zölle, Abschöpfungen und Abgaben sowie der Nebenkosten wie Provisions-, Verpackungs-, Beförderungs- und Versicherungskosten, die der steuerpflichtige Wiederverkäufer dem Erwerber in Rechnung stellt, mit Ausnahme der in Artikel 79 genannten Beträge;

2. „Einkaufspreis" ist die gesamte Gegenleistung gemäß der Begriffsbestimmung unter Nummer 1, die der Lieferer von dem steuerpflichtigen Wiederverkäufer erhält oder zu erhalten hat.

Artikel 313

(1) Die Mitgliedstaaten wenden auf die Lieferungen von Gebrauchtgegenständen, Kunstgegenständen, Sammlungsstücken und Antiquitäten durch steuerpflichtige Wiederverkäufer eine Sonderregelung zur Besteuerung der von dem steuerpflichtigen Wiederverkäufer erzielten Differenz (Handelsspanne) gemäß diesem Unterabschnitt an.

(2) Bis zur Einführung der endgültigen Regelung nach Artikel 402 gilt Absatz 1 des vorliegenden Artikels nicht für die Lieferung neuer Fahrzeuge unter den Voraussetzungen des Artikels 138 Absatz 1 und Absatz 2 Buchstabe a.

Artikel 314

Die Differenzbesteuerung gilt für die Lieferungen von Gebrauchtgegenständen, Kunstgegenständen, Sammlungsstücken und Antiquitäten durch einen steuerpflichtigen

Wiederverkäufer, wenn ihm diese Gegenstände innerhalb der Gemeinschaft von einer der folgenden Personen geliefert werden:
a) von einem Nichtsteuerpflichtigen;
b) von einem anderen Steuerpflichtigen, sofern die Lieferungen des Gegenstands durch diesen anderen Steuerpflichtigen gemäß Artikel 136 von der Steuer befreit ist;
c) von einem anderen Steuerpflichtigen, sofern für die Lieferung des Gegenstands durch diesen anderen Steuerpflichtigen die Steuerbefreiung für Kleinunternehmen gemäß den Artikeln 282 bis 292 gilt und es sich dabei um ein Investitionsgut handelt;
d) von einem anderen steuerpflichtigen Wiederverkäufer, sofern die Lieferung des Gegenstands durch diesen anderen steuerpflichtigen Wiederverkäufer gemäß dieser Sonderregelung mehrwertsteuerpflichtig ist.

Artikel 315

Die Steuerbemessungsgrundlage bei der Lieferung von Gegenständen nach Artikel 314 ist die von dem steuerpflichtigen Wiederverkäufer erzielte Differenz (Handelsspanne), abzüglich des Betrags der auf diese Spanne erhobenen Mehrwertsteuer.

Die Differenz (Handelsspanne) des steuerpflichtigen Wiederverkäufers entspricht dem Unterschied zwischen dem von ihm geforderten Verkaufspreis und dem Einkaufspreis des Gegenstands.

Artikel 316

(1) Die Mitgliedstaaten räumen den steuerpflichtigen Wiederverkäufern das Recht ein, die Differenzbesteuerung bei der Lieferung folgender Gegenstände anzuwenden:
a) Kunstgegenstände, Sammlungsstücke und Antiquitäten, die sie selbst eingeführt haben;
b) Kunstgegenstände, die ihnen vom Urheber oder von dessen Rechtsnachfolgern geliefert wurden;
c) Kunstgegenstände, die ihnen von einem Steuerpflichtigen, der kein steuerpflichtiger Wiederverkäufer ist, geliefert wurden, wenn auf die Lieferung dieses anderen Steuerpflichtigen gemäß Artikel 103 der ermäßigte Steuersatz angewandt wurde.

(2) Die Mitgliedstaaten legen die Einzelheiten der Ausübung der Option des Absatzes 1 fest, die in jedem Fall für einen Zeitraum von mindestens zwei Kalenderjahren gelten muss.

Artikel 317

Macht ein steuerpflichtiger Wiederverkäufer von der Option des Artikels 316 Gebrauch, wird die Steuerbemessungsgrundlage gemäß Artikel 315 ermittelt.

Bei der Lieferung von Kunstgegenständen, Sammlungsstücken oder Antiquitäten, die der steuerpflichtige Wiederverkäufer selbst eingeführt hat, ist der für die Berechnung der Differenz zugrunde zu legende Einkaufspreis gleich der gemäß den Artikeln 85 bis 89 ermittelten Steuerbemessungsgrundlage bei der Einfuhr zuzüglich der für die Einfuhr geschuldeten oder entrichteten Mehrwertsteuer.

Artikel 318

(1) Die Mitgliedstaaten können zur Vereinfachung der Steuererhebung und nach Konsultation des Mehrwertsteuerausschusses für bestimmte Umsätze oder für bestimmte Gruppen von steuerpflichtigen Wiederverkäufern vorsehen, dass die Steuerbemessungs-

grundlage bei der Lieferung von Gegenständen, die der Differenzbesteuerung unterliegen, für jeden Steuerzeitraum festgesetzt wird, für den der steuerpflichtige Wiederverkäufer die in Artikel 250 genannte Mehrwertsteuererklärung abzugeben hat.

Wird Unterabsatz 1 angewandt, ist die Steuerbemessungsgrundlage für Lieferungen von Gegenständen, die ein und demselben Mehrwertsteuersatz unterliegen, die von dem steuerpflichtigen Wiederverkäufer erzielte Gesamtdifferenz abzüglich des Betrags der auf diese Spanne erhobenen Mehrwertsteuer.

(2) Die Gesamtdifferenz entspricht dem Unterschied zwischen den beiden folgenden Beträgen:
a) Gesamtbetrag der der Differenzbesteuerung unterliegenden Lieferungen von Gegenständen des steuerpflichtigen Wiederverkäufers während des Steuerzeitraums, der von der Erklärung umfasst wird, d. h. Gesamtsumme der Verkaufspreise;
b) Gesamtbetrag der Käufe von Gegenständen im Sinne des Artikels 314, die der steuerpflichtige Wiederverkäufer während des Steuerzeitraums, der von der Erklärung umfasst wird, getätigt hat, d. h. Gesamtsumme der Einkaufspreise.

(3) Die Mitgliedstaaten treffen die erforderlichen Maßnahmen, damit sich für die in Absatz 1 genannten Steuerpflichtigen weder ungerechtfertigte Vorteile noch ungerechtfertigte Nachteile ergeben.

Artikel 319

Der steuerpflichtige Wiederverkäufer kann auf jede der Differenzbesteuerung unterliegende Lieferung die normale Mehrwertsteuerregelung anwenden.

Artikel 320

(1) Wendet der steuerpflichtige Wiederverkäufer die normale Mehrwertsteuerregelung an, ist er berechtigt, bei der Lieferung eines von ihm selbst eingeführten Kunstgegenstands, Sammlungsstücks oder einer Antiquität die für die Einfuhr dieses Gegenstands geschuldete oder entrichtete Mehrwertsteuer als Vorsteuer abzuziehen.

Wendet der steuerpflichtige Wiederverkäufer die normale Mehrwertsteuerregelung an, ist er berechtigt, bei der Lieferung eines Kunstgegenstands, der ihm von seinem Urheber oder dessen Rechtsnachfolgern oder von einem Steuerpflichtigen, der kein steuerpflichtiger Wiederverkäufer ist, geliefert wurde, die von ihm dafür geschuldete oder entrichtete Mehrwertsteuer als Vorsteuer abzuziehen.

(2) Das Recht auf Vorsteuerabzug entsteht zu dem Zeitpunkt, zu dem der Steueranspruch für die Lieferung entsteht, für die der steuerpflichtige Wiederverkäufer die Anwendung der normalen Mehrwertsteuerregelung gewählt hat.

Artikel 321

Werden der Differenzbesteuerung unterliegende Gebrauchtgegenstände, Kunstgegenstände, Sammlungsstücke oder Antiquitäten unter den Voraussetzungen der Artikel 146, 147, 148 und 151 geliefert, sind sie von der Steuer befreit.

Artikel 322

Sofern die Gegenstände für Lieferungen verwendet werden, die der Differenzbesteuerung unterliegen, darf der steuerpflichtige Wiederverkäufer von seiner Steuerschuld folgende Beträge nicht abziehen:

a) die geschuldete oder entrichtete Mehrwertsteuer auf von ihm selbst eingeführte Kunstgegenstände, Sammlungsstücke oder Antiquitäten;
b) die geschuldete oder entrichtete Mehrwertsteuer auf Kunstgegenstände, die ihm vom Urheber oder von dessen Rechtsnachfolgern geliefert werden;
c) die geschuldete oder entrichtete Mehrwertsteuer auf Kunstgegenstände, die ihm von einem Steuerpflichtigen geliefert werden, der kein steuerpflichtiger Wiederverkäufer ist.

Artikel 323

Ein Steuerpflichtiger darf die für Gegenstände, die ihm von einem steuerpflichtigen Wiederverkäufer geliefert werden, geschuldete oder entrichtete Mehrwertsteuer nicht als Vorsteuer abziehen, wenn die Lieferung dieser Gegenstände durch den steuerpflichtigen Wiederverkäufer der Differenzbesteuerung unterliegt.

Artikel 324

Wendet der steuerpflichtige Wiederverkäufer sowohl die normale Mehrwertsteuerregelung als auch die Differenzbesteuerung an, muss er die unter die jeweilige Regelung fallenden Umsätze nach den von den Mitgliedstaaten festgelegten Modalitäten in seinen Aufzeichnungen gesondert ausweisen.

Artikel 325

Der steuerpflichtige Wiederverkäufer darf die Mehrwertsteuer auf die Lieferungen von Gegenständen, auf die er die Differenzbesteuerung anwendet, in der von ihm ausgestellten Rechnung nicht gesondert ausweisen.

Unterabschnitt 2
Übergangsregelung für Gebrauchtfahrzeuge

Artikel 326

Die Mitgliedstaaten, die am 31. Dezember 1992 auf die Lieferungen von Gebrauchtfahrzeugen durch steuerpflichtige Wiederverkäufer eine andere Sonderregelung als die Differenzbesteuerung angewandt haben, können diese Regelung für die Dauer des in Artikel 402 genannten Zeitraums beibehalten, sofern diese Regelung die in diesem Unterabschnitt festgelegten Voraussetzungen erfüllt oder dergestalt angepasst wird, dass sie diese erfüllt.

Dänemark ist berechtigt, die in Absatz 1 vorgesehene Regelung einzuführen.

Artikel 327

(1) Diese Übergangsregelung gilt für die Lieferungen von Gebrauchtfahrzeugen durch steuerpflichtige Wiederverkäufer, die der Differenzbesteuerung unterliegt.

(2) Die Übergangsregelung gilt nicht für die Lieferungen neuer Fahrzeuge unter den Voraussetzungen des Artikels 138 Absatz 1 und Absatz 2 Buchstabe a.

(3) Für die Zwecke des Absatzes 1 gelten als „Gebrauchtfahrzeuge" die in Artikel 2 Absatz 2 Buchstabe a genannten Land-, Wasser- und Luftfahrzeuge, wenn sie Gebrauchtgegenstände sind und nicht die Voraussetzungen erfüllen, um als neue Fahrzeuge angesehen zu werden.

Artikel 328

Die für jede Lieferung im Sinne des Artikels 327 geschuldete Mehrwertsteuer ist gleich dem Betrag der Steuer, die geschuldet würde, wenn die betreffende Lieferung der normalen Mehrwertsteuerregelung unterläge, abzüglich des Betrags der Mehrwertsteuer, die als in dem Einkaufspreis enthalten gilt, den der steuerpflichtige Wiederverkäufer für das Fahrzeug entrichtet hat.

Artikel 329

Die Mehrwertsteuer, die als in dem Einkaufspreis enthalten gilt, den der steuerpflichtige Wiederverkäufer für das Fahrzeug entrichtet hat, wird nach folgendem Verfahren berechnet:

a) Als Einkaufspreis ist der Einkaufspreis im Sinne des Artikels 312 Nummer 2 zugrunde zu legen.

b) In diesem vom steuerpflichtigen Wiederverkäufer entrichteten Einkaufspreis gilt die Mehrwertsteuer als enthalten, die geschuldet worden wäre, wenn der Lieferer des steuerpflichtigen Wiederverkäufers auf seine Lieferung die normale Mehrwertsteuerregelung angewandt hätte.

c) Es ist der Steuersatz gemäß Artikel 93 anzuwenden, der in dem Mitgliedstaat angewandt wird, in dessen Gebiet der Ort der Lieferung an den steuerpflichtigen Wiederverkäufer im Sinne der Artikel 31 und 32 als gelegen gilt.

Artikel 330

Die für jede Lieferung von Fahrzeugen im Sinne des Artikels 327 Absatz 1 geschuldete und gemäß Artikel 328 festgesetzte Mehrwertsteuer darf nicht unter dem Steuerbetrag liegen, der geschuldet würde, wenn auf die betreffende Lieferung die Differenzbesteuerung angewandt worden wäre.

Die Mitgliedstaaten können für den Fall, dass die Lieferung der Differenzbesteuerung unterlegen hätte, vorsehen, dass die Gewinnspanne nicht unter 10 % des Verkaufspreises im Sinne des Artikels 312 Nummer 1 angesetzt werden darf.

Artikel 331

Ein Steuerpflichtiger darf von seiner Steuerschuld die für die Lieferung eines Gebrauchtfahrzeugs durch einen steuerpflichtigen Wiederverkäufer geschuldete oder entrichtete Mehrwertsteuer nicht als Vorsteuer abziehen, wenn die Lieferung dieses Gegenstands durch den steuerpflichtigen Wiederverkäufer gemäß dieser Übergangsregelung besteuert wurde.

Artikel 332

Der steuerpflichtige Wiederverkäufer darf auf der von ihm ausgestellten Rechnung die Mehrwertsteuer auf die Lieferungen, auf die er diese Übergangsregelung anwendet, nicht gesondert ausweisen.

Abschnitt 3
Sonderregelung für öffentliche Versteigerungen

Artikel 333

(1) Die Mitgliedstaaten können gemäß diesem Abschnitt eine Sonderregelung für die Besteuerung der Differenz anwenden, die ein Veranstalter öffentlicher Versteigerungen bei der Lieferung von Gebrauchtgegenständen, Kunstgegenständen, Sammlungsstücken und Antiquitäten erzielt, die er in eigenem Namen aufgrund eines Kommissionsvertrags zum Verkauf dieser Gegenstände im Wege einer öffentlichen Versteigerung für Rechnung von in Artikel 334 genannten Personen bewirkt.

Kapitel 5
Sonderregelung für Anlagegold
Abschnitt 1
Allgemeine Bestimmungen
Artikel 344

(1) Für die Zwecke dieser Richtlinie und unbeschadet anderer Gemeinschaftsvorschriften gilt als „Anlagegold":

1. Gold in Barren- oder Plättchenform mit einem von den Goldmärkten akzeptierten Gewicht und einem Feingehalt von mindestens 995 Tausendsteln, unabhängig davon, ob es durch Wertpapiere verbrieft ist oder nicht;
2. Goldmünzen mit einem Feingehalt von mindestens 900 Tausendsteln, die nach dem Jahr 1800 geprägt wurden, die in ihrem Ursprungsland gesetzliches Zahlungsmittel sind oder waren und die üblicherweise zu einem Preis verkauft werden, der den Offenmarktwert ihres Goldgehalts um nicht mehr als 80 % übersteigt.

(2) Die Mitgliedstaaten können kleine Goldbarren oder -plättchen mit einem Gewicht von höchstens 1 g von dieser Sonderregelung ausnehmen.

(3) Für die Zwecke dieser Richtlinie gilt der Verkauf von in Absatz 1 Nummer 2 genannten Münzen als nicht aus numismatischem Interesse erfolgt.

Artikel 345

Ab 1999 teilt jeder Mitgliedstaat der Kommission vor dem 1. Juli eines jeden Jahres mit, welche die in Artikel 344 Absatz 1 Nummer 2 genannten Kriterien erfüllenden Münzen in dem betreffenden Mitgliedstaat gehandelt werden. Die Kommission veröffentlicht vor dem 1. Dezember eines jeden Jahres ein erschöpfendes Verzeichnis dieser Münzen in der Reihe C des Amtsblatts der Europäischen Union. Die in diesem Verzeichnis aufgeführten Münzen gelten als Münzen, die die genannten Kriterien während des gesamten Jahres erfüllen, für das das Verzeichnis gilt.

Abschnitt 2
Steuerbefreiung
Artikel 346

Die Mitgliedstaaten befreien von der Mehrwertsteuer die Lieferung, den innergemeinschaftlichen Erwerb und die Einfuhr von Anlagegold, einschließlich Anlagegold in Form von Zertifikaten über sammel- oder einzelverwahrtes Gold und über Goldkonten gehandeltes Gold, insbesondere auch Golddarlehen und Goldswaps, durch die ein Eigentumsrecht an Anlagegold oder ein schuldrechtlicher Anspruch auf Anlagegold begründet wird, sowie Terminkontrakte und im Freiverkehr getätigte Terminabschlüsse mit Anlagegold, die zur Übertragung eines Eigentumsrechts an Anlagegold oder eines schuldrechtlichen Anspruchs auf Anlagegold führen.

Artikel 347

Die Mitgliedstaaten befreien Dienstleistungen von im Namen und für Rechnung Dritter handelnden Vermittlern von der Steuer, wenn diese die Lieferung von Anlagegold an ihre Auftraggeber vermitteln.

Abschnitt 3

Besteuerungswahlrecht

Artikel 348

Die Mitgliedstaaten räumen Steuerpflichtigen, die Anlagegold herstellen oder Gold in Anlagegold umwandeln, das Recht ein, sich für die Besteuerung der Lieferung von Anlagegold an einen anderen Steuerpflichtigen, die ansonsten gemäß Artikel 346 von der Steuer befreit wäre, zu entscheiden.

Artikel 349

(1) Die Mitgliedstaaten können Steuerpflichtigen, die im Rahmen ihrer wirtschaftlichen Tätigkeit üblicherweise Gold für gewerbliche Zwecke liefern, das Recht einräumen, sich für die Besteuerung der Lieferung von Goldbarren oder -plättchen im Sinne des Artikels 344 Absatz 1 Nummer 1 an einen anderen Steuerpflichtigen, die ansonsten gemäß Artikel 346 von der Steuer befreit wäre, zu entscheiden.

(2) Die Mitgliedstaaten können den Umfang des Wahlrechts nach Absatz 1 einschränken.

Artikel 350

Hat der Lieferer das Recht, sich für die Besteuerung gemäß den Artikeln 348 und 349 zu entscheiden, in Anspruch genommen, räumen die Mitgliedstaaten dem Vermittler in Bezug auf die in Artikel 347 genannten Vermittlungsleistungen das Recht ein, sich für eine Besteuerung zu entscheiden.

Artikel 351

Die Mitgliedstaaten regeln die Einzelheiten der Ausübung des Wahlrechts im Sinne dieses Abschnitts und unterrichten die Kommission entsprechend.

Abschnitt 4

Umsätze auf einem geregelten Goldmarkt

Artikel 352

Jeder Mitgliedstaat kann nach Konsultation des Mehrwertsteuerausschusses bestimmte Umsätze mit Anlagegold in diesem Mitgliedstaat zwischen Steuerpflichtigen, die auf einem von dem betreffenden Mitgliedstaat geregelten Goldmarkt tätig sind, oder zwischen einem solchen Steuerpflichtigen und einem anderen Steuerpflichtigen, der nicht auf diesem Markt tätig ist, der Mehrwertsteuer unterwerfen. Der Mitgliedstaat darf jedoch Lieferungen unter den Voraussetzungen des Artikels 138 und Ausfuhren von Anlagegold nicht der Mehrwertsteuer unterwerfen.

Artikel 353

Ein Mitgliedstaat, der gemäß Artikel 352 die Umsätze zwischen auf einem geregelten Goldmarkt tätigen Steuerpflichtigen besteuert, gestattet zur Vereinfachung die Aussetzung der Steuer und entbindet die Steuerpflichtigen von den Aufzeichnungspflichten zu Mehrwertsteuerzwecken.

Abschnitt 5
Besondere Rechte und Pflichten von Händlern mit Anlagegold
Artikel 354

Ist seine anschließende Lieferung von Anlagegold gemäß diesem Kapitel von der Steuer befreit, hat der Steuerpflichtige das Recht, folgende Beträge abzuziehen:

a) die Mehrwertsteuer, die für Anlagegold geschuldet wird oder entrichtet wurde, das ihm von einer Person, die von dem Wahlrecht nach den Artikeln 348 und 349 Gebrauch gemacht hat, oder gemäß Abschnitt 4 geliefert wurde;

b) die Mehrwertsteuer, die für an ihn geliefertes oder durch ihn innergemeinschaftlich erworbenes oder eingeführtes Gold geschuldet wird oder entrichtet wurde, das kein Anlagegold ist und anschließend von ihm oder in seinem Namen in Anlagegold umgewandelt wird;

c) die Mehrwertsteuer, die für an ihn erbrachte Dienstleistungen geschuldet wird oder entrichtet wurde, die in der Veränderung der Form, des Gewichts oder des Feingehalts von Gold, einschließlich Anlagegold, bestehen.

Artikel 355

Steuerpflichtige, die Anlagegold herstellen oder Gold in Anlagegold umwandeln, dürfen die für die Lieferung, den innergemeinschaftlichen Erwerb oder die Einfuhr von Gegenständen oder für direkt im Zusammenhang mit der Herstellung oder Umwandlung dieses Goldes stehende Dienstleistungen von ihnen geschuldete oder entrichtete Steuer als Vorsteuer abziehen, so als ob die anschließende, gemäß Artikel 346 steuerfreie Lieferung des Goldes steuerpflichtig wäre.

Artikel 356

(1) Die Mitgliedstaaten stellen sicher, dass Anlagegoldhändler zumindest größere Umsätze mit Anlagegold aufzeichnen und die Unterlagen aufbewahren, um die Feststellung der Identität der an diesen Umsätzen beteiligten Kunden zu ermöglichen.

Die Händler haben die in Unterabsatz 1 genannten Unterlagen mindestens fünf Jahre lang aufzubewahren.

(2) Die Mitgliedstaaten können gleichwertige Auflagen nach Maßgabe anderer Vorschriften zur Umsetzung des Gemeinschaftsrechts, beispielsweise der Richtlinie 2005/60/EG des Europäischen Parlaments und des Rates vom 26. Oktober 2005 zur Verhinderung der Nutzung des Finanzsystems zum Zwecke der Geldwäsche und der Terrorismusfinanzierung gelten lassen, um den Anforderungen des Absatzes 1 nachzukommen.

(3) Die Mitgliedstaaten können strengere Vorschriften, insbesondere über das Führen besonderer Nachweise oder über besondere Aufzeichnungspflichten, festlegen.

Kapitel 6
Sonderregelungen für nicht ansässige Steuerpflichtige, die Telekommunikationsdienstleistungen, Rundfunk- und Fernsehdienstleistungen oder elektronische Dienstleistungen an Nichtsteuerpflichtige erbringen

Abschnitt 1
Allgemeine Bestimmungen
Artikel 357

(gestrichen)

Artikel 358

Für die Zwecke dieses Kapitels und unbeschadet anderer Gemeinschaftsvorschriften gelten folgende Begriffsbestimmungen:

1. ‚Telekommunikationsdienstleistungen' und ‚Rundfunk-und Fernsehdienstleistungen': die in Artikel 58 Absatz 1 Buchstaben a und b genannten Dienstleistungen;
2. ‚elektronische Dienstleistungen' und ‚elektronisch erbrachte Dienstleistungen': die in Artikel 58 Absatz 1 Buchstabe c genannten Dienstleistungen;
3. ‚Mitgliedstaat des Verbrauchs': der Mitgliedstaat, in dem gemäß Artikel 58 der Ort der Erbringung der Telekommunikationsdienstleistungen, Rundfunk- und Fernsehdienstleistungen oder elektronischen Dienstleistungen als gelegen gilt;
4. ‚Mehrwertsteuererklärung': die Erklärung, in der die für die Ermittlung des in den einzelnen Mitgliedstaaten geschuldeten Mehrwertsteuerbetrags erforderlichen Angaben enthalten sind.

Abschnitt 2

Sonderregelung für von nicht in der Gemeinschaft ansässigen Steuerpflichtigen erbrachte Telekommunikationsdienstleistungen, Rundfunk- und Fernsehdienstleistungen oder elektronische Dienstleistungen

Artikel 358a

Für Zwecke dieses Abschnitts und unbeschadet anderer Gemeinschaftsvorschriften gelten folgende Begriffsbestimmungen:

1. ‚nicht in der Gemeinschaft ansässiger Steuerpflichtiger': ein Steuerpflichtiger, der im Gebiet der Gemeinschaft weder den Sitz seiner wirtschaftlichen Tätigkeit noch eine feste Niederlassung hat und der nicht anderweitig verpflichtet ist, sich für mehrwertsteuerliche Zwecke erfassen zu lassen;
2. ‚Mitgliedstaat der Identifizierung': der Mitgliedstaat, in dem der nicht in der Gemeinschaft ansässige Steuerpflichtige die Aufnahme seiner Tätigkeit als Steuerpflichtiger im Gebiet der Gemeinschaft gemäß diesem Abschnitt anzeigt.

Artikel 359

Die Mitgliedstaaten gestatten nicht in der Gemeinschaft ansässigen Steuerpflichtigen, die Telekommunikationsdienstleistungen, Rundfunk- und Fernsehdienstleistungen oder elektronische Dienstleistungen an Nichtsteuerpflichtige erbringen, die in einem Mitgliedstaat ansässig sind oder dort ihren Wohnsitz oder ihren gewöhnlichen Aufenthaltsort haben, diese Sonderregelung in Anspruch zu nehmen. Diese Regelung gilt für alle derartigen Dienstleistungen, die in der Gemeinschaft erbracht werden.

Artikel 360

Der nicht in der Gemeinschaft ansässige Steuerpflichtige hat dem Mitgliedstaat der Identifizierung die Aufnahme und die Beendigung seiner Tätigkeit als Steuerpflichtiger sowie diesbezügliche Änderungen, durch die er die Voraussetzungen für die Inanspruchnahme dieser Sonderregelung nicht mehr erfüllt, zu melden. Diese Meldung erfolgt elektronisch.

Artikel 361

(1) Der nicht in der Gemeinschaft ansässige Steuerpflichtige macht dem Mitgliedstaat der Identifizierung bei der Aufnahme seiner steuerpflichtigen Tätigkeit folgende Angaben zu seiner Identität:
a) Name;
b) Postanschrift;
c) elektronische Anschriften einschließlich Websites;
d) nationale Steuernummer, falls vorhanden;
e) Erklärung, dass er in der Gemeinschaft nicht für Mehrwertsteuerzwecke erfasst ist.

(2) Der nicht in der Gemeinschaft ansässige Steuerpflichtige teilt dem Mitgliedstaat der Identifizierung jegliche Änderung der übermittelten Angaben mit.

Artikel 362

Der Mitgliedstaat der Identifizierung erteilt dem nicht in der Gemeinschaft ansässigen Steuerpflichtigen eine individuelle Identifikationsnummer für die Mehrwertsteuer, die er dem Betreffenden elektronisch mitteilt. Auf der Grundlage der für diese Erteilung der Identifikationsnummer verwendeten Angaben können die Mitgliedstaaten des Verbrauchs ihre eigenen Identifikationssysteme verwenden.

Artikel 363

Der Mitgliedstaat der Identifizierung streicht den nicht in der Gemeinschaft ansässigen Steuerpflichtigen aus dem Register, wenn
a) dieser mitteilt, dass er keine Telekommunikationsdienstleistungen, Rundfunk- und Fernsehdienstleistungen oder elektronischen Dienstleistungen mehr erbringt;
b) aus anderen Gründen davon ausgegangen werden kann, dass seine steuerpflichtigen Tätigkeiten beendet sind;
c) wenn er die Voraussetzungen für die Inanspruchnahme dieser Sonderregelung nicht mehr erfüllt;
d) er wiederholt gegen die Vorschriften dieser Sonderregelung verstößt.

Artikel 364

Der nicht in der Gemeinschaft ansässige Steuerpflichtige hat im Mitgliedstaat der Identifizierung für jedes Kalenderquartal eine Mehrwertsteuererklärung elektronisch abzugeben, unabhängig davon, ob Telekommunikationsdienstleistungen, Rundfunk- oder Fernsehdienstleistungen oder elektronische Dienstleistungen erbracht wurden oder nicht. Die Erklärung ist innerhalb von 20 Tagen nach Ablauf des Steuerzeitraums, der von der Erklärung umfasst wird, abzugeben.

Artikel 365

In der Mehrwertsteuererklärung anzugeben sind die Identifikationsnummer und in Bezug auf jeden Mitgliedstaat des Verbrauchs, in dem Mehrwertsteuer geschuldet wird, der Gesamtbetrag ohne Mehrwertsteuer der während des Steuerzeitraums erbrachten Telekommunikationsdienstleistungen, Rundfunk- und Fernsehdienstleistungen und elektronischen Dienstleistungen sowie der Gesamtbetrag der entsprechenden Steuer aufgegliedert nach Steuersätzen. Ferner sind die anzuwendenden Steuersätze und die Gesamtsteuerschuld anzugeben.

Artikel 366

(1) Die Beträge in der Mehrwertsteuererklärung sind in Euro anzugeben.

Diejenigen Mitgliedstaaten, die den Euro nicht eingeführt haben, können vorschreiben, dass die Beträge in der Mehrwertsteuererklärung in ihrer Landeswährung anzugeben sind. Wurden für die Dienstleistungen Beträge in anderen Währungen berechnet, hat der nicht in der Gemeinschaft ansässige Steuerpflichtige für die Zwecke der Mehrwertsteuererklärung den Umrechnungskurs vom letzten Tag des Steuerzeitraums anzuwenden.

(2) Die Umrechnung erfolgt auf der Grundlage der Umrechnungskurse, die von der Europäischen Zentralbank für den betreffenden Tag oder, falls an diesem Tag keine Veröffentlichung erfolgt, für den nächsten Tag, an dem eine Veröffentlichung erfolgt, veröffentlicht werden.

Artikel 367

Der nicht in der Gemeinschaft ansässige Steuerpflichtige entrichtet die Mehrwertsteuer unter Hinweis auf die zugrunde liegende Mehrwertsteuererklärung bei der Abgabe der Mehrwertsteuererklärung, spätestens jedoch nach Ablauf der Frist, innerhalb der die Erklärung abzugeben ist.

Der Betrag wird auf ein auf Euro lautendes Bankkonto überwiesen, das vom Mitgliedstaat der Identifizierung angegeben wird. Diejenigen Mitgliedstaaten, die den Euro nicht eingeführt haben, können vorschreiben, dass der Betrag auf ein auf ihre Landeswährung lautendes Bankkonto überwiesen wird.

Artikel 368

Der nicht in der Gemeinschaft ansässige Steuerpflichtige, der diese Sonderregelung in Anspruch nimmt, nimmt keinen Vorsteuerabzug gemäß Artikel 168 der vorliegenden Richtlinie vor. Unbeschadet des Artikels 1 Absatz 1 der Richtlinie 86/560/EWG wird diesem Steuerpflichtigen eine Mehrwertsteuererstattung gemäß der genannten Richtlinie gewährt. Artikel 2 Absätze 2 und 3 sowie Artikel 4 Absatz 2 der Richtlinie 86/560/EWG gelten nicht für Erstattungen im Zusammenhang mit Telekommunikationsdienstleistungen, Rundfunk- und Fernsehdienstleistungen und elektronischen Dienstleistungen, die unter diese Sonderregelung fallen.

Artikel 369

(1) Der nicht in der Gemeinschaft ansässige Steuerpflichtige führt über seine dieser Sonderregelung unterliegenden Umsätze Aufzeichnungen. Diese müssen so ausführlich sein, dass die Steuerbehörden des Mitgliedstaats des Verbrauchs feststellen können, ob die Mehrwertsteuererklärung korrekt ist.

(2) Die Aufzeichnungen nach Absatz 1 sind dem Mitgliedstaat des Verbrauchs und dem Mitgliedstaat der Identifizierung auf Verlangen elektronisch zur Verfügung zu stellen.

Die Aufzeichnungen sind vom 31. Dezember des Jahres an, in dem der Umsatz bewirkt wurde, zehn Jahre lang aufzubewahren.

Abschnitt 3

Sonderregelung für von in der Gemeinschaft, nicht aber im Mitgliedstaat des Verbrauchs ansässigen Steuerpflichtigen erbrachte Telekommunikationsdienstleistungen, Rundfunk- und Fernsehdienstleistungen oder elektronische Dienstleistungen

Artikel 369a

Für Zwecke dieses Abschnitts und unbeschadet anderer Gemeinschaftsvorschriften gelten folgende Begriffsbestimmungen:
1. ‚nicht im Mitgliedstaat des Verbrauchs ansässiger Steuerpflichtiger': ein Steuerpflichtiger, der den Sitz seiner wirtschaftlichen Tätigkeit oder eine feste Niederlassung im Gebiet der Gemeinschaft hat, aber weder den Sitz seiner wirtschaftlichen Tätigkeit noch eine feste Niederlassung im Gebiet des Mitgliedstaats des Verbrauchs hat;
2. ‚Mitgliedstaat der Identifizierung': der Mitgliedstaat, in dem der Steuerpflichtige den Sitz seiner wirtschaftlichen Tätigkeit hat oder, falls er den Sitz seiner wirtschaftlichen Tätigkeit nicht in der Gemeinschaft hat, in dem er eine feste Niederlassung hat.

Hat der Steuerpflichtige den Sitz seiner wirtschaftlichen Tätigkeit nicht in der Gemeinschaft, dort jedoch mehr als eine feste Niederlassung, ist Mitgliedstaat der Identifizierung der Mitgliedstaat mit einer festen Niederlassung, in dem dieser Steuerpflichtige die Inanspruchnahme dieser Sonderregelung anzeigt. Der Steuerpflichtige ist an diese Entscheidung für das betreffende Kalenderjahr und die beiden darauf folgenden Kalenderjahre gebunden.

Artikel 369b

Die Mitgliedstaaten gestatten nicht im Mitgliedstaat des Verbrauchs ansässigen Steuerpflichtigen, die Telekommunikationsdienstleistungen, Rundfunk- und Fernsehdienstleistungen oder elektronische Dienstleistungen an Nichtsteuerpflichtige erbringen, die in einem Mitgliedstaat ansässig sind oder dort ihren Wohnsitz oder ihren gewöhnlichen Aufenthaltsort haben, diese Sonderregelung in Anspruch zu nehmen. Diese Regelung gilt für alle derartigen Dienstleistungen, die in der Gemeinschaft erbracht werden.

Artikel 369c

Der nicht im Mitgliedstaat des Verbrauchs ansässige Steuerpflichtige hat dem Mitgliedstaat der Identifizierung die Aufnahme und die Beendigung seiner dieser Sonderregelung unterliegenden Tätigkeit als Steuerpflichtiger sowie diesbezügliche Änderungen, durch die er die Voraussetzungen für die Inanspruchnahme dieser Sonderregelung nicht mehr erfüllt, zu melden. Diese Meldung erfolgt elektronisch.

Artikel 369d

Ein Steuerpflichtiger, der die Sonderregelung in Anspruch nimmt, wird in Bezug auf dieser Regelung unterliegende steuerbare Umsätze nur in dem Mitgliedstaat der Identifizierung erfasst. Hierzu verwendet der Mitgliedstaat die individuelle Mehrwertsteuer-Identifikationsnummer, die dem Steuerpflichtigen für die Erfüllung seiner Pflichten aufgrund des internen Systems bereits zugeteilt wurde.

Auf der Grundlage der für diese Erteilung der Identifikationsnummer verwendeten Angaben können die Mitgliedstaaten des Verbrauchs ihre eigenen Identifikationssysteme beibehalten.

Artikel 369e

Der Mitgliedstaat der Identifizierung schließt den nicht im Mitgliedstaat des Verbrauchs ansässigen Steuerpflichtigen von dieser Sonderregelung in folgenden Fällen aus:
a) wenn dieser mitteilt, dass er keine Telekommunikationsdienstleistungen, Rundfunk- und Fernsehdienstleistungen oder elektronischen Dienstleistungen mehr erbringt;
b) wenn aus anderen Gründen davon ausgegangen werden kann, dass seine dieser Sonderregelung unterliegenden steuerpflichtigen Tätigkeiten beendet sind;
c) wenn er die Voraussetzungen für die Inanspruchnahme dieser Sonderregelung nicht mehr erfüllt;
d) wenn er wiederholt gegen die Vorschriften dieser Sonderregelung verstößt.

Artikel 369f

Der nicht im Mitgliedstaat des Verbrauchs ansässige Steuerpflichtige hat im Mitgliedstaat der Identifizierung für jedes Kalenderquartal eine Mehrwertsteuererklärung elektronisch abzugeben, unabhängig davon, ob Telekommunikationsdienstleistungen, Rundfunk- und Fernsehdienstleistungen oder elektronische Dienstleistungen erbracht wurden oder nicht. Die Erklärung ist innerhalb von 20 Tagen nach Ablauf des Steuerzeitraums, der von der Erklärung umfasst wird, abzugeben.

Artikel 369g

In der Mehrwertsteuererklärung anzugeben sind die Identifikationsnummer nach Artikel 369d und in Bezug auf jeden Mitgliedstaat des Verbrauchs, in dem die Mehrwertsteuer geschuldet wird, der Gesamtbetrag ohne Mehrwertsteuer der während des Steuerzeitraums erbrachten Telekommunikationsdienstleistungen, Rundfunk- und Fernsehdienstleistungen und elektronischen Dienstleistungen sowie der Gesamtbetrag der entsprechenden Steuer aufgegliedert nach Steuersätzen. Ferner sind die anzuwendenden Mehrwertsteuersätze und die Gesamtsteuerschuld anzugeben.

Hat der Steuerpflichtige außer der Niederlassung im Mitgliedstaat der Identifizierung eine oder mehrere feste Niederlassungen, von denen aus die Dienstleistungen erbracht werden, so sind in der Mehrwertsteuererklärung für jeden Mitgliedstaat der Niederlassung außer den in Absatz 1 genannten Angaben auch der Gesamtbetrag der Telekommunikationsdienstleistungen, Rundfunk- und Fernsehdienstleistungen und elektronischen Dienstleistungen, die unter diese Sonderregelung fallen, zusammen mit der jeweiligen Mehrwertsteuer-Identifikationsnummer oder der Steuerregisternummer dieser Niederlassung, aufgeschlüsselt nach Mitgliedstaaten des Verbrauchs, anzugeben.

Artikel 369h

(1) Die Beträge in der Mehrwertsteuererklärung sind in Euro anzugeben.

Diejenigen Mitgliedstaaten, die den Euro nicht eingeführt haben, können vorschreiben, dass die Beträge in der Mehrwertsteuererklärung in ihrer Landeswährung anzugeben sind. Wurden für die Dienstleistungen Beträge in anderen Währungen berechnet, hat der nicht im Mitgliedstaat des Verbrauchs ansässige Steuerpflichtige für die Zwecke der Mehrwertsteuererklärung den Umrechnungskurs vom letzten Tag des Steuerzeitraums anzuwenden.

(2) Die Umrechnung erfolgt auf der Grundlage der Umrechnungskurse, die von der Europäischen Zentralbank für den betreffenden Tag oder, falls an diesem Tag keine Veröffentlichung erfolgt, für den nächsten Tag, an dem eine Veröffentlichung erfolgt, veröffentlicht werden.

Artikel 369i

Der nicht im Mitgliedstaat des Verbrauchs ansässige Steuerpflichtige entrichtet die Mehrwertsteuer unter Hinweis auf die zugrunde liegende Mehrwertsteuererklärung bei der Abgabe der Mehrwertsteuererklärung, spätestens jedoch nach Ablauf der Frist, innerhalb der die Erklärung abzugeben ist.

Der Betrag wird auf ein auf Euro lautendes Bankkonto überwiesen, das vom Mitgliedstaat der Identifizierung angegeben wird. Diejenigen Mitgliedstaaten, die den Euro nicht eingeführt haben, können vorschreiben, dass der Betrag auf ein auf ihre Landeswährung lautendes Bankkonto überwiesen wird.

Artikel 369j

Der nicht im Mitgliedstaat des Verbrauchs ansässige Steuerpflichtige, der diese Sonderregelung in Anspruch nimmt, nimmt in Bezug auf seine dieser Sonderregelung unterliegenden steuerbaren Tätigkeiten keinen Vorsteuerabzug gemäß Artikel 168 dieser Richtlinie vor. Unbeschadet des Artikels 2 Nummer 1 und des Artikels 3 der Richtlinie 2008/9/EG wird diesem Steuerpflichtigen insoweit eine Mehrwertsteuererstattung gemäß der genannten Richtlinie gewährt.

Führt der nicht im Mitgliedstaat des Verbrauchs ansässige Steuerpflichtige, der diese Sonderregelung in Anspruch nimmt, im Mitgliedstaat des Verbrauchs auch nicht der Sonderregelung unterliegende Tätigkeiten aus, für die er verpflichtet ist, sich für Mehrwertsteuerzwecke erfassen zu lassen, zieht er die Vorsteuer in Bezug auf seine dieser Sonderregelung unterliegenden steuerbaren Tätigkeiten im Rahmen der nach Artikel 250 abzugebenden Mehrwertsteuererklärung ab.

Artikel 369k

(1) Der nicht im Mitgliedstaat des Verbrauchs ansässige Steuerpflichtige führt über seine dieser Sonderregelung unterliegenden Umsätze Aufzeichnungen. Diese müssen so ausführlich sein, dass die Steuerbehörden des Mitgliedstaats des Verbrauchs feststellen können, ob die Mehrwertsteuererklärung korrekt ist.

(2) Die Aufzeichnungen nach Absatz 1 sind dem Mitgliedstaat des Verbrauchs und dem Mitgliedstaat der Identifizierung auf Verlangen elektronisch zur Verfügung zu stellen.

Die Aufzeichnungen sind vom 31. Dezember des Jahres an, in dem der Umsatz bewirkt wurde, zehn Jahre lang aufzubewahren.

TITEL XIII
AUSNAHMEN

Kapitel 1
Bis zur Annahme einer endgültigen Regelung geltende Ausnahmen

Abschnitt 1
Ausnahmen für Staaten, die am 1. Januar 1978 Mitglied der Gemeinschaft waren

Artikel 370

Mitgliedstaaten, die am 1. Januar 1978 die in Anhang X Teil A genannten Umsätze besteuert haben, dürfen diese weiterhin besteuern.

Artikel 371

Mitgliedstaaten, die am 1. Januar 1978 die in Anhang X Teil B genannten Umsätze von der Steuer befreit haben, dürfen diese zu den in dem jeweiligen Mitgliedstaat zu dem genannten Zeitpunkt geltenden Bedingungen weiterhin befreien.

Artikel 372

Mitgliedstaaten, die am 1. Januar 1978 Bestimmungen angewandt haben, die vom Grundsatz des sofortigen Vorsteuerabzugs des Artikels 179 Absatz 1 abweichen, dürfen diese weiterhin anwenden.

Artikel 373

Mitgliedstaaten, die am 1. Januar 1978 Bestimmungen angewandt haben, die von Artikel 28 und Artikel 79 Absatz 1 Buchstabe c abweichen, dürfen diese weiterhin anwenden.

Artikel 374

Abweichend von den Artikeln 169 und 309 dürfen die Mitgliedstaaten, die am 1. Januar 1978 die in Artikel 309 genannten Dienstleistungen von Reisebüros ohne Recht auf Vorsteuerabzug von der Steuer befreit haben, diese weiterhin befreien. Diese Ausnahme gilt auch für Reisebüros, die im Namen und für Rechnung des Reisenden tätig sind.

Abschnitt 2
Ausnahmen für Staaten, die der Gemeinschaft nach dem 1. Januar 1978 beigetreten sind

Artikel 375

Griechenland darf die in Anhang X Teil B Nummern 2, 8, 9, 11 und 12 genannten Umsätze weiterhin zu den Bedingungen von der Steuer befreien, die in diesem Mitgliedstaat am 1. Januar 1987 galten.

Artikel 376

Spanien darf die in Anhang X Teil B Nummer 2 genannten Dienstleistungen von Autoren und die in Anhang X Teil B Nummern 11 und 12 genannten Umsätze weiterhin zu den Bedingungen von der Steuer befreien, die in diesem Mitgliedstaat am 1. Januar 1993 galten.

Artikel 377

Portugal darf die in Anhang X Teil B Nummern 2, 4, 7, 9, 10 und 13 genannten Umsätze weiterhin zu den Bedingungen von der Steuer befreien, die in diesem Mitgliedstaat am 1. Januar 1989 galten.

Artikel 378

(1) Österreich darf die in Anhang X Teil A Nummer 2 genannten Umsätze weiterhin besteuern.

(2) Solange die betreffenden Umsätze in einem Staat von der Steuer befreit werden, der am 31. Dezember 1994 Mitglied der Gemeinschaft war, darf Österreich die folgenden Umsätze weiterhin zu den in diesem Mitgliedstaat zum Zeitpunkt seines Beitritts geltenden Bedingungen von der Steuer befreien:

a) die in Anhang X Teil B Nummern 5 und 9 genannten Umsätze;
b) mit Recht auf Vorsteuerabzug, sämtliche Teile der grenzüberschreitenden Personenbeförderung im Luft-, See- und Binnenwasserstraßenverkehr mit Ausnahme der Personenbeförderung auf dem Bodensee.

Artikel 379

(1) Finnland darf die in Anhang X Teil A Nummer 2 genannten Umsätze weiterhin besteuern, solange diese Umsätze in einem Staat besteuert werden, der am 31. Dezember 1994 Mitglied der Gemeinschaft war.

(2) Finnland darf die in Anhang X Teil B Nummer 2 genannten Dienstleistungen von Autoren, Künstlern und Interpreten von Kunstwerken sowie die in Anhang X Teil B Nummern 5, 9 und 10 genannten Umsätze zu den in diesem Mitgliedstaat zum Zeitpunkt seines Beitritts geltenden Bedingungen weiterhin von der Steuer befreien, solange diese Umsätze in einem Mitgliedstaat befreit sind, der am 31. Dezember 1994 Mitglied der Gemeinschaft war.

Artikel 380

Schweden darf die in Anhang X Teil B Nummer 2 genannten Dienstleistungen von Autoren, Künstlern und Interpreten von Kunstwerken sowie die in Anhang X Teil B Nummern 1, 9 und 10 genannten Umsätze zu den in diesem Mitgliedstaat zum Zeitpunkt seines Beitritts geltenden Bedingungen weiterhin von der Steuer befreien, solange diese Umsätze in einem Mitgliedstaat befreit sind, der am 31. Dezember 1994 Mitglied der Gemeinschaft war.

Artikel 381

Die Tschechische Republik darf die in Anhang X Teil B Nummer 10 genannte grenzüberschreitende Personenbeförderung zu den in diesem Mitgliedstaat zum Zeitpunkt seines Beitritts geltenden Bedingungen weiterhin von der Steuer befreien, solange diese Umsätze in einem Mitgliedstaat befreit sind, der am 30. April 2004 Mitglied der Gemeinschaft war.

Artikel 382

Estland darf die in Anhang X Teil B Nummer 10 genannte grenzüberschreitende Personenbeförderung zu den in diesem Mitgliedstaat zum Zeitpunkt seines Beitritts geltenden Bedingungen weiterhin von der Steuer befreien, solange diese Umsätze in einem Mitgliedstaat befreit sind, der am 30. April 2004 Mitglied der Gemeinschaft war.

Artikel 383

Zypern darf weiterhin die folgenden Umsätze zu den in diesem Mitgliedstaat zum Zeitpunkt seines Beitritts geltenden Bedingungen von der Steuer befreien:
a) bis zum 31. Dezember 2007 die in Anhang X Teil B Nummer 9 genannte Lieferung von Baugrundstücken;
b) die in Anhang X Teil B Nummer 10 genannte grenzüberschreitende Personenbeförderung, solange diese Umsätze in einem Mitgliedstaat befreit sind, der am 30. April 2004 Mitglied der Gemeinschaft war.

Artikel 384

Solange die betreffenden Umsätze in einem Mitgliedstaat von der Steuer befreit sind, der am 30. April 2004 Mitglied der Gemeinschaft war, darf Lettland zu den in diesem Mitgliedstaat zum Zeitpunkt seines Beitritts geltenden Bedingungen folgende Umsätze weiterhin von der Steuer befreien:
a) die in Anhang X Teil B Nummer 2 genannten Dienstleistungen von Autoren, Künstlern und Interpreten von Kunstwerken;
b) die in Anhang X Teil B Nummer 10 genannte grenzüberschreitende Personenbeförderung.

Artikel 385

Litauen darf die in Anhang X Teil B Nummer 10 genannte grenzüberschreitende Personenbeförderung zu den in diesem Mitgliedstaat zum Zeitpunkt seines Beitritts geltenden Bedingungen weiterhin von der Steuer befreien, solange diese Umsätze in einem Mitgliedstaat befreit sind, der am 30. April 2004 Mitglied der Gemeinschaft war.

Artikel 386

Ungarn darf die in Anhang X Teil B Nummer 10 genannte grenzüberschreitende Personenbeförderung zu den in diesem Mitgliedstaat zum Zeitpunkt seines Beitritts geltenden Bedingungen weiterhin von der Steuer befreien, solange diese Umsätze in einem Mitgliedstaat befreit sind, der am 30. April 2004 Mitglied der Gemeinschaft war.

Artikel 387

Solange die betreffenden Umsätze in einem Mitgliedstaat von der Steuer befreit sind, der am 30. April 2004 Mitglied der Gemeinschaft war, darf Malta zu den in diesem Mitgliedstaat zum Zeitpunkt seines Beitritts geltenden Bedingungen folgende Umsätze weiterhin von der Steuer befreien:
a) ohne Recht auf Vorsteuerabzug, die in Anhang X Teil B Nummer 8 genannte Lieferung von Wasser durch Einrichtungen des öffentlichen Rechts;
b) ohne Recht auf Vorsteuerabzug, die in Anhang X Teil B Nummer 9 genannte Lieferung von Gebäuden und Baugrundstücken;
c) mit Recht auf Vorsteuerabzug, die in Anhang X Teil B Nummer 10 genannte inländische Personenbeförderung, grenzüberschreitende Personenbeförderung und inselverbindende Personenbeförderung im Seeverkehr.

Artikel 388

Polen darf die in Anhang X Teil B Nummer 10 genannte grenzüberschreitende Personenbeförderung zu den in diesem Mitgliedstaat zum Zeitpunkt seines Beitritts geltenden Bedingungen weiterhin von der Steuer befreien, solange diese Umsätze in einem Mitgliedstaat befreit sind, der am 30. April 2004 Mitglied der Gemeinschaft war.

Artikel 389

Slowenien darf die in Anhang X Teil B Nummer 10 genannte grenzüberschreitende Personenbeförderung zu den in diesem Mitgliedstaat zum Zeitpunkt seines Beitritts geltenden Bedingungen weiterhin von der Steuer befreien, solange diese Umsätze in einem Mitgliedstaat befreit sind, der am 30. April 2004 Mitglied der Gemeinschaft war.

Artikel 390

Die Slowakei darf die in Anhang X Teil B Nummer 10 genannte grenzüberschreitende Personenbeförderung zu den in diesem Mitgliedstaat zum Zeitpunkt seines Beitritts geltenden Bedingungen weiterhin von der Steuer befreien, solange diese Umsätze in einem Mitgliedstaat befreit sind, der am 30. April 2004 Mitglied der Gemeinschaft war.

Artikel 390a

Bulgarien darf die in Anhang X Teil B Nummer 10 genannte grenzüberschreitende Personenbeförderung zu den in diesem Mitgliedstaat zum Zeitpunkt seines Beitritts geltenden Bedingungen weiterhin von der Steuer befreien, solange diese Umsätze in einem Mitgliedstaat befreit sind, der am 31. Dezember 2006 Mitglied der Gemeinschaft war.

Artikel 390b

Rumänien darf die in Anhang X Teil B Nummer 10 genannte grenzüberschreitende Personenbeförderung zu den in diesem Mitgliedstaat zum Zeitpunkt seines Beitritts geltenden Bedingungen weiterhin von der Steuer befreien, solange diese Umsätze in einem Mitgliedstaat befreit sind, der am 31. Dezember 2006 Mitglied der Gemeinschaft war.

Artikel 390c

Kroatien darf weiterhin die folgenden Umsätze zu den in diesem Mitgliedstaat zum Zeitpunkt seines Beitritts geltenden Bedingungen von der Steuer befreien:
a) die Lieferung von Baugrundstücken, mit darauf errichteten Gebäuden oder ohne solche Gebäude, nach Artikel 135 Absatz 1 Buchstabe j und Anhang X Teil B Nummer 9, nicht verlängerbar, bis zum 31. Dezember 2014;
b) die in Anhang X Teil B Nummer 10 genannte grenzüberschreitende Personenbeförderung, solange diese Umsätze in einem Mitgliedstaat befreit sind, der vor dem Beitritt Kroatiens Mitglied der Union war.

Abschnitt 3
Gemeinsame Bestimmungen zu den Abschnitten 1 und 2

Artikel 391

Die Mitgliedstaaten, die die in den Artikeln 371, 375, 376 und 377, in Artikel 378 Absatz 2, Artikel 379 Absatz 2 und den Artikeln 380 bis 390c genannten Umsätze von der Steuer befreien, können den Steuerpflichtigen die Möglichkeit einräumen, sich für die Besteuerung der betreffenden Umsätze zu entscheiden.

Artikel 392

Die Mitgliedstaaten können vorsehen, dass bei der Lieferung von Gebäuden und Baugrundstücken, die ein Steuerpflichtiger, der beim Erwerb kein Recht auf Vorsteuerabzug hatte, zum Zwecke des Wiederverkaufs erworben hat, die Steuerbemessungsgrundlage in der Differenz zwischen dem Verkaufspreis und dem Ankaufspreis besteht.

Artikel 393

(1) Im Hinblick auf einen einfacheren Übergang zur endgültigen Regelung nach Artikel 402 überprüft der Rat auf der Grundlage eines Berichts der Kommission die Lage in Bezug auf die Ausnahmen der Abschnitte 1 und 2 und beschließt gemäß Artikel 93 des Vertrags über die etwaige Abschaffung einiger oder aller dieser Ausnahmen.

(2) Im Rahmen der endgültigen Regelung wird die Personenbeförderung für die innerhalb der Gemeinschaft zurückgelegte Strecke im Mitgliedstaat des Beginns der Beförderung nach den vom Rat gemäß Artikel 93 des Vertrags zu beschließenden Einzelheiten besteuert.

Kapitel 2
Im Wege einer Ermächtigung genehmigte Ausnahmen

Abschnitt 1
Maßnahmen zur Vereinfachung und zur Verhinderung der Steuerhinterziehung und -umgehung

Artikel 394

Die Mitgliedstaaten, die am 1. Januar 1977 Sondermaßnahmen zur Vereinfachung der Steuererhebung oder zur Verhütung der Steuerhinterziehung oder -umgehung angewandt haben, können diese beibehalten, sofern sie sie der Kommission vor dem 1. Januar 1978 mitgeteilt haben und unter der Bedingung, dass die Vereinfachungsmaßnahmen mit Artikel 395 Absatz 1 Unterabsatz 2 in Einklang stehen.

Artikel 395

(1) Der Rat kann auf Vorschlag der Kommission einstimmig jeden Mitgliedstaat ermächtigen, von dieser Richtlinie abweichende Sondermaßnahmen einzuführen, um die Steuererhebung zu vereinfachen oder Steuerhinterziehungen oder -umgehungen zu verhindern.

Die Maßnahmen zur Vereinfachung der Steuererhebung dürfen den Gesamtbetrag der von dem Mitgliedstaat auf der Stufe des Endverbrauchs erhobenen Steuer nur in unerheblichem Maße beeinflussen.

(2) Ein Mitgliedstaat, der die in Absatz 1 bezeichneten Maßnahmen einführen möchte, sendet der Kommission einen Antrag und übermittelt ihr alle erforderlichen Angaben. Ist die Kommission der Auffassung, dass ihr nicht alle erforderlichen Angaben vorliegen, teilt sie dem betreffenden Mitgliedstaat innerhalb von zwei Monaten nach Eingang des Antrags mit, welche zusätzlichen Angaben sie benötigt.

Sobald die Kommission über alle Angaben verfügt, die ihres Erachtens für die Beurteilung des Antrags zweckdienlich sind, unterrichtet sie den antragstellenden Mitgliedstaat hiervon innerhalb eines Monats und übermittelt den Antrag in der Originalsprache an die anderen Mitgliedstaaten.

(3) Innerhalb von drei Monaten nach der Unterrichtung gemäß Absatz 2 Unterabsatz 2 unterbreitet die Kommission dem Rat einen geeigneten Vorschlag oder legt ihm gegebenenfalls ihre Einwände in einer Mitteilung dar.

(4) In jedem Fall ist das in den Absätzen 2 und 3 geregelte Verfahren innerhalb von acht Monaten nach Eingang des Antrags bei der Kommission abzuschließen.

(5) In Fällen äußerster Dringlichkeit, wie in Artikel 199b Absatz 1 festgelegt, ist das in den Absätzen 2 und 3 geregelte Verfahren innerhalb von sechs Monaten nach Eingang des Antrags bei der Kommission abzuschließen.

Abschnitt 2
Internationale Übereinkommen
Artikel 396

(1) Der Rat kann auf Vorschlag der Kommission einstimmig einen Mitgliedstaat ermächtigen, mit einem Drittland oder einer internationalen Organisation ein Übereinkommen zu schließen, das Abweichungen von dieser Richtlinie enthalten kann.

(2) Ein Mitgliedstaat, der ein Übereinkommen gemäß Absatz 1 schließen will, sendet der Kommission einen Antrag und übermittelt ihr alle erforderlichen Angaben. Ist die Kommission der Auffassung, dass ihr nicht alle erforderlichen Angaben vorliegen, teilt sie dem betreffenden Mitgliedstaat innerhalb von zwei Monaten nach Eingang des Antrags mit, welche zusätzlichen Angaben sie benötigt.

Sobald die Kommission über alle Angaben verfügt, die ihres Erachtens für die Beurteilung erforderlich sind, unterrichtet sie den antragstellenden Mitgliedstaat hiervon innerhalb eines Monats und übermittelt den Antrag in der Originalsprache an die anderen Mitgliedstaaten.

(3) Innerhalb von drei Monaten nach der Unterrichtung gemäß Absatz 2 Unterabsatz 2 unterbreitet die Kommission dem Rat einen geeigneten Vorschlag oder legt ihm gegebenenfalls ihre Einwände in einer Mitteilung dar.

(4) In jedem Fall ist das in den Absätzen 2 und 3 geregelte Verfahren innerhalb von acht Monaten nach Eingang des Antrags bei der Kommission abzuschließen.

TITEL XIV
VERSCHIEDENES
Kapitel 1
Durchführungsmaßnahmen
Artikel 397

Der Rat beschließt auf Vorschlag der Kommission einstimmig die zur Durchführung dieser Richtlinie erforderlichen Maßnahmen.

Kapitel 2
Mehrwertsteuerausschuss
Artikel 398

(1) Es wird ein Beratender Ausschuss für die Mehrwertsteuer (nachstehend „Mehrwertsteuerausschuss" genannt) eingesetzt.

(2) Der Mehrwertsteuerausschuss setzt sich aus Vertretern der Mitgliedstaaten und der Kommission zusammen.

Den Vorsitz im Ausschuss führt ein Vertreter der Kommission.

Die Sekretariatsgeschäfte des Ausschusses werden von den Dienststellen der Kommission wahrgenommen.

(3) Der Mehrwertsteuerausschuss gibt sich eine Geschäftsordnung.

(4) Neben den Punkten, für die nach dieser Richtlinie eine Konsultation erforderlich ist, prüft der Mehrwertsteuerausschuss die Fragen im Zusammenhang mit der Anwendung der gemeinschaftsrechtlichen Vorschriften im Bereich der Mehrwertsteuer, die ihm der Vorsitzende von sich aus oder auf Antrag des Vertreters eines Mitgliedstaats vorlegt.

Kapitel 3
Umrechnungskurs
Artikel 399

Unbeschadet anderer Bestimmungen wird der Gegenwert der in dieser Richtlinie in Euro ausgedrückten Beträge in Landeswährung anhand des am 1. Januar 1999 geltenden Umrechnungskurses des Euro bestimmt. Die nach diesem Datum beigetretenen Mitgliedstaaten, die den Euro als einheitliche Währung nicht eingeführt haben, wenden den zum Zeitpunkt ihres Beitritts geltenden Umrechnungskurs an.

Artikel 400

Bei der Umrechnung der Beträge gemäß Artikel 399 in Landeswährung können die Mitgliedstaaten die Beträge, die sich aus dieser Umrechnung ergeben, um höchstens 10 % auf- oder abrunden.

Kapitel 4
Andere Steuern, Abgaben und Gebühren
Artikel 401

Unbeschadet anderer gemeinschaftsrechtlicher Vorschriften hindert diese Richtlinie einen Mitgliedstaat nicht daran, Abgaben auf Versicherungsverträge, Spiele und Wetten, Verbrauchsteuern, Grunderwerbsteuern sowie ganz allgemein alle Steuern, Abgaben und Gebühren, die nicht den Charakter von Umsatzsteuern haben, beizubehalten oder einzuführen, sofern die Erhebung dieser Steuern, Abgaben und Gebühren im Verkehr zwischen den Mitgliedstaaten nicht mit Formalitäten beim Grenzübertritt verbunden ist.

TITEL XV
SCHLUSSBESTIMMUNGEN

Kapitel 1
Übergangsregelung für die Besteuerung des Handelsverkehrs zwischen den Mitgliedstaaten

Artikel 402

(1) Die in dieser Richtlinie vorgesehene Regelung für die Besteuerung des Handelsverkehrs zwischen den Mitgliedstaaten ist eine Übergangsregelung, die von einer endgültigen Regelung abgelöst wird, die auf dem Grundsatz beruht, dass die Lieferungen von Gegenständen und die Erbringung von Dienstleistungen im Ursprungsmitgliedstaat zu besteuern sind.

(2) Der Rat erlässt, wenn er nach Prüfung des Berichts nach Artikel 404 zu der Feststellung gelangt ist, dass die Voraussetzungen für den Übergang zur endgültigen Regelung erfüllt sind, gemäß Artikel 93 des Vertrags die für das Inkrafttreten und die Anwendung der endgültigen Regelung erforderlichen Maßnahmen.

Artikel 403

Der Rat erlässt gemäß Artikel 93 des Vertrags geeignete Richtlinien zur Vervollständigung des gemeinsamen Mehrwertsteuersystems und insbesondere zur allmählichen Einschränkung beziehungsweise Aufhebung der von diesem System abweichenden Regelungen.

Artikel 404

Die Kommission unterbreitet dem Europäischen Parlament und dem Rat auf der Grundlage der von den Mitgliedstaaten erlangten Informationen alle vier Jahre nach der Annahme dieser Richtlinie einen Bericht über das Funktionieren des gemeinsamen Mehrwertsteuersystems in den Mitgliedstaaten und insbesondere über das Funktionieren der Übergangsregelung für die Besteuerung des Handelsverkehrs zwischen den Mitgliedstaaten und fügt ihm gegebenenfalls Vorschläge für die endgültige Regelung bei.

Kapitel 2
Übergangsbestimmungen im Rahmen der Beitritte zur Europäischen Union

Artikel 405

Für die Zwecke dieses Kapitels gelten folgende Begriffsbestimmungen:
1. „Gemeinschaft" ist das Gebiet der Gemeinschaft im Sinne des Artikels 5 Nummer 1, vor dem Beitritt neuer Mitgliedstaaten;
2. „neue Mitgliedstaaten" ist das Gebiet der Mitgliedstaaten, die der Europäischen Union nach dem 1. Januar 1995 beigetreten sind, wie es für jeden dieser Mitgliedstaaten nach Artikel 5 Nummer 2 definiert ist;
3. „erweiterte Gemeinschaft" ist das Gebiet der Gemeinschaft im Sinne des Artikels 5 Nummer 1, nach dem Beitritt neuer Mitgliedstaaten.

Artikel 406

Die Vorschriften, die zu dem Zeitpunkt galten, an dem der Gegenstand in ein Verfahren der vorübergehenden Verwendung mit vollständiger Befreiung von den Einfuhrabgaben, in ein Verfahren oder eine sonstige Regelung nach Artikel 156 oder in ähnliche Verfahren oder Regelungen des neuen Mitgliedstaates überführt wurde, finden weiterhin Anwendung bis der Gegenstand nach dem Beitrittsdatum diese Verfahren oder sonstige Regelungen verlasst, sofern die folgenden Voraussetzungen erfüllt sind:
a) der Gegenstand wurde vor dem Beitrittsdatum in die Gemeinschaft oder in einen der neuen Mitgliedstaaten verbracht;
b) der Gegenstand war seit der Verbringung in die Gemeinschaft oder in einen der neuen Mitgliedstaaten dem Verfahren oder der sonstigen Regelung unterstellt;
c) der Gegenstand hat das Verfahren oder die sonstige Regelung nicht vor dem Beitrittsdatum verlassen.

Artikel 407

Die Vorschriften, die zum Zeitpunkt der Unterstellung des Gegenstands unter ein zollrechtliches Versandverfahren galten, finden nach dem Beitrittsdatum bis zum Verlassen

dieses Verfahrens weiterhin Anwendung, sofern alle folgenden Voraussetzungen erfüllt sind:
a) der Gegenstand wurde vor dem Beitrittsdatum unter ein zollrechtliches Versandverfahren gestellt;
b) der Gegenstand hat dieses Verfahren nicht vor dem Beitrittsdatum verlassen.

Artikel 408

(1) Die nachstehenden Vorgänge werden der Einfuhr eines Gegenstands gleichgestellt, sofern nachgewiesen wird, dass sich der Gegenstand in einem der neuen Mitgliedstaaten oder in der Gemeinschaft im freien Verkehr befand:
a) das Verlassen, einschließlich des unrechtmäßigen Verlassens, eines Verfahrens der vorübergehenden Verwendung, unter das der betreffende Gegenstand vor dem Beitrittsdatum gemäß Artikel 406 gestellt worden ist;
b) das Verlassen, einschließlich des unrechtmäßigen Verlassens entweder eines Verfahrens oder einer sonstigen Regelung des Artikels 156 oder ähnlicher Verfahren oder Regelungen, unter den der betreffende Gegenstand vor dem Beitrittsdatum gemäß Artikel 406 gestellt worden ist;
c) die Beendigung eines der in Artikel 407 genannten Verfahren, das vor dem Beitrittsdatum im Gebiet eines der neuen Mitgliedstaaten für die Zwecke einer vor dem Beitrittsdatum im Gebiet dieses Mitgliedstaates gegen Entgelt bewirkten Lieferung von Gegenständen durch einen Steuerpflichtigen als solchen begonnen wurde;
d) jede Unregelmäßigkeit oder jeder Verstoß anlässlich oder im Verlauf eines zollrechtlichen Versandverfahrens, das gemäß Buchstabe c begonnen wurde.

(2) Neben dem in Absatz 1 genannten Vorgang wird die im Gebiet eines Mitgliedstaates durch einen Steuerpflichtigen oder Nichtsteuerpflichtigen nach dem Beitrittsdatum erfolgende Verwendung von Gegenständen, die ihm vor dem Beitrittsdatum im Gebiet der Gemeinschaft oder eines der neuen Mitgliedstaaten geliefert wurden, einer Einfuhr eines Gegenstands gleichgestellt, sofern folgende Voraussetzungen gegeben sind:
a) die Lieferung dieser Gegenstände war entweder nach Artikel 146 Absatz 1 Buchstaben a und b oder nach einer entsprechenden Bestimmung in den neuen Mitgliedstaaten von der Steuer befreit oder befreiungsfähig;
b) die Gegenstände wurden nicht vor dem Beitrittsdatum in einen der neuen Mitgliedstaaten oder in die Gemeinschaft verbracht.

Artikel 409

Für die in Artikel 408 Absatz 1 genannten Vorgänge gilt die Einfuhr im Sinne des Artikels 61 als in dem Mitgliedstaat erfolgt, in dem die Gegenstände das Verfahren oder die Regelung verlassen, unter die sie vor dem Beitrittsdatum gestellt worden sind.

Artikel 410

(1) Abweichend von Artikel 71 stellt die Einfuhr eines Gegenstands im Sinne des Artikels 408 keinen Steuertatbestand dar, sofern eine der folgenden Bedingungen erfüllt ist:
a) der eingeführte Gegenstand wird nach außerhalb der erweiterten Gemeinschaft versandt oder befördert;
b) der im Sinne des Artikels 408 Absatz 1 Buchstabe a eingeführte Gegenstand – mit Ausnahme von Fahrzeugen – wird in den Mitgliedstaat, aus dem er ausgeführt wurde und an denjenigen, der ihn ausgeführt hat, zurückversandt oder -befördert;

c) der im Sinne des Artikels 408 Absatz 1 Buchstabe a eingeführte Gegenstand ist ein Fahrzeug, welches unter den für den Binnenmarkt eines der neuen Mitgliedstaaten oder eines der Mitgliedstaaten der Gemeinschaft geltenden allgemeinen Steuerbedingungen vor dem Beitrittsdatum erworben oder eingeführt wurde oder für welches bei der Ausfuhr keine Mehrwertsteuerbefreiung oder -vergütung gewährt worden ist.

(2) Die in Absatz 1 Buchstabe c genannte Bedingung gilt in folgenden Fällen als erfüllt:
a) wenn der Zeitraum zwischen der ersten Inbetriebnahme des Fahrzeugs und dem Beitritt zur Europäischen Union mehr als 8 Jahre beträgt;
b) wenn der Betrag der bei der Einfuhr fälligen Steuer geringfügig ist.

KAPITEL 2a
Übergangsmaßnahmen für die Anwendung neuer Rechtsvorschriften

Artikel 410a

Die Artikel 30a, 30b und 73a gelten nur für nach dem 31. Dezember 2018 ausgestellte Gutscheine.

Artikel 410b

Die Kommission legt dem Europäischen Parlament und dem Rat bis spätestens 31. Dezember 2022 auf der Grundlage der von den Mitgliedstaaten erlangten Informationen einen Bewertungsbericht über die Anwendung der Bestimmungen dieser Richtlinie hinsichtlich der mehrwertsteuerlichen Behandlung von Gutscheinen vor, unter besonderer Berücksichtigung der Definition des Begriffs Gutschein, der Mehrwertsteuervorschriften in Bezug auf die Besteuerung von Gutscheinen in der Vertriebskette und nicht eingelöste Gutscheine; dem Bewertungsbericht ist erforderlichenfalls ein angemessener Vorschlag zur Änderung der jeweiligen Bestimmungen beigefügt.

Kapitel 3
Umsetzung und Inkrafttreten

Artikel 411

(1) Die Richtlinie 67/227/EWG und die Richtlinie 77/388/EWG werden unbeschadet der Verpflichtung der Mitgliedstaaten hinsichtlich der in Anhang XI Teil B genannten Fristen für die Umsetzung in innerstaatliches Recht und der Anwendungsfristen aufgehoben.

(2) Verweisungen auf die aufgehobenen Richtlinien gelten als Verweisungen auf die vorliegende Richtlinie und sind nach Maßgabe der Entsprechungstabelle in Anhang XII zu lesen.

Artikel 412

(1) Die Mitgliedstaaten erlassen die Rechts- und Verwaltungsvorschriften, die erforderlich sind, um Artikel 2 Absatz 3, Artikel 44, Artikel 59 Absatz 1, Artikel 399 und Anhang III Nummer 18 dieser Richtlinie mit Wirkung zum 1. Januar 2008 nachzukommen. Sie teilen der Kommission unverzüglich den Wortlaut dieser Rechtsvorschriften mit und fügen eine Entsprechungstabelle dieser Rechtsvorschriften und der vorliegenden Richtlinie bei.

Wenn die Mitgliedstaaten diese Vorschriften erlassen, nehmen sie in den Vorschriften selbst oder durch einen Hinweis bei der amtlichen Veröffentlichung auf diese Richtlinie Bezug. Die Mitgliedstaaten regeln die Einzelheiten der Bezugnahme.

(2) Die Mitgliedstaaten teilen der Kommission den Wortlaut der wesentlichen innerstaatlichen Rechtsvorschriften mit, die sie auf dem unter diese Richtlinie fallenden Gebiet erlassen.

Artikel 413

Diese Richtlinie tritt am 1. Januar 2007 in Kraft.

Artikel 414

Diese Richtlinie ist an die Mitgliedstaaten gerichtet.

Geschehen zu Brüssel am 28. November 2006.

Im Namen des Rates
Der Präsident
E. Heinäluoma

ANHANG I
VERZEICHNIS DER TÄTIGKEITEN IM SINNE DES ARTIKELS 13 ABSATZ 1 UNTERABSATZ 3

1. Telekommunikationswesen;
2. Lieferung von Wasser, Gas, Elektrizität und thermischer Energie;
3. Güterbeförderung;
4. Hafen- und Flughafendienstleistungen;
5. Personenbeförderung;
6. Lieferung von neuen Gegenständen zum Zwecke ihres Verkaufs;
7. Umsätze der landwirtschaftlichen Interventionsstellen aus landwirtschaftlichen Erzeugnissen, die in Anwendung der Verordnungen über eine gemeinsame Marktorganisation für diese Erzeugnisse bewirkt werden;
8. Veranstaltung von Messen und Ausstellungen mit gewerblichem Charakter;
9. Lagerhaltung;
10. Tätigkeiten gewerblicher Werbebüros;
11. Tätigkeiten der Reisebüros;
12. Umsätze von betriebseigenen Kantinen, Verkaufsstellen und Genossenschaften und ähnlichen Einrichtungen;
13. Tätigkeiten der Rundfunk- und Fernsehanstalten sofern sie nicht nach Artikel 132 Absatz 1 Buchstabe q steuerbefreit sind.

ANHANG II
EXEMPLARISCHES VERZEICHNIS ELEKTRONISCH ERBRACHTER DIENSTLEISTUNGEN IM SINNE VON ARTIKEL 58 ABSATZ 1 BUCHSTABE C

1. Bereitstellung von Websites, Webhosting, Fernwartung von Programmen und Ausrüstungen;
2. Bereitstellung von Software und deren Aktualisierung;

3. Bereitstellung von Bildern, Texten und Informationen sowie Bereitstellung von Datenbanken;
4. Bereitstellung von Musik, Filmen und Spielen, einschließlich Glücksspielen und Lotterien sowie von Sendungen und Veranstaltungen aus den Bereichen Politik, Kultur, Kunst, Sport, Wissenschaft und Unterhaltung;
5. Erbringung von Fernunterrichtsleistungen.

ANHANG III

VERZEICHNIS DER LIEFERUNGEN VON GEGENSTÄNDEN UND DIENSTLEISTUNGEN, AUF DIE ERMÄSSIGTE MWST-SÄTZE GEMÄSS ARTIKEL 98 ANGEWANDT WERDEN KÖNNEN

1. Nahrungs- und Futtermittel (einschließlich Getränke, alkoholische Getränke jedoch ausgenommen), lebende Tiere, Saatgut, Pflanzen und üblicherweise für die Zubereitung von Nahrungs- und Futtermitteln verwendete Zutaten sowie üblicherweise als Zusatz oder als Ersatz für Nahrungs- und Futtermittel verwendete Erzeugnisse;
2. Lieferung von Wasser;
3. Arzneimittel, die üblicherweise für die Gesundheitsvorsorge, die Verhütung von Krankheiten und für ärztliche und tierärztliche Behandlungen verwendet werden, einschließlich Erzeugnissen für Zwecke der Empfängnisverhütung und der Monatshygiene;
4. medizinische Geräte, Hilfsmittel und sonstige Vorrichtungen, die üblicherweise für die Linderung und die Behandlung von Behinderungen verwendet werden und die ausschließlich für den persönlichen Gebrauch von Behinderten bestimmt sind, einschließlich der Instandsetzung solcher Gegenstände, sowie Kindersitze für Kraftfahrzeuge;
5. Beförderung von Personen und des mitgeführten Gepäcks;
6. Lieferung von Büchern auf jeglichen physischen Trägern, einschließlich des Verleihs durch Büchereien (einschließlich Broschüren, Prospekte und ähnliche Drucksachen, Bilder-, Zeichen- oder Malbücher für Kinder, Notenhefte oder Manuskripte, Landkarten und hydrografische oder sonstige Karten), Zeitungen und Zeitschriften, mit Ausnahme von Druckerzeugnissen, die vollständig oder im Wesentlichen Werbezwecken dienen;
7. Eintrittsberechtigung für Veranstaltungen, Theater, Zirkus, Jahrmärkte, Vergnügungsparks, Konzerte, Museen, Tierparks, Kinos und Ausstellungen sowie ähnliche kulturelle Ereignisse und Einrichtungen;
8. Empfang von Rundfunk- und Fernsehprogrammen;
9. Dienstleistungen von Schriftstellern, Komponisten und ausübenden Künstlern sowie diesen geschuldete urheberrechtliche Vergütungen;
10. Lieferung, Bau, Renovierung und Umbau von Wohnungen im Rahmen des sozialen Wohnungsbaus;
10a. Renovierung und Reparatur von Privatwohnungen, mit Ausnahme von Materialien, die einen bedeutenden Teil des Wertes der Dienstleistung ausmachen;
10b. Reinigung von Fenstern und Reinigung in privaten Haushalten;
11. Lieferung von Gegenständen und Dienstleistungen, die in der Regel für den Einsatz in der landwirtschaftlichen Erzeugung bestimmt sind, mit Ausnahme von Investitionsgütern wie Maschinen oder Gebäuden

12. Beherbergung in Hotels und ähnlichen Einrichtungen, einschließlich der Beherbergung in Ferienunterkünften, und Vermietung von Campingplätzen und Plätzen für das Abstellen von Wohnwagen;
12a. Restaurant- und Verpflegungsdienstleistungen, mit der Möglichkeit, die Abgabe von (alkoholischen und/oder alkoholfreien) Getränken auszuklammern;
13. Eintrittsberechtigung für Sportveranstaltungen;
14. Überlassung von Sportanlagen;
15. Lieferung von Gegenständen und Erbringung von Dienstleistungen durch von den Mitgliedstaaten anerkannte gemeinnützige Einrichtungen für wohltätige Zwecke und im Bereich der sozialen Sicherheit, soweit sie nicht gemäß den Artikeln 132, 135 und 136 von der Steuer befreit sind;
16. Dienstleistungen von Bestattungsinstituten und Krematorien, einschließlich der Lieferung von damit im Zusammenhang stehenden Gegenständen;
17. medizinische Versorgungsleistungen und zahnärztliche Leistungen sowie Thermalbehandlungen, soweit sie nicht gemäß Artikel 132 Absatz 1 Buchstaben b bis e von der Steuer befreit sind;
18. Dienstleistungen im Rahmen der Straßenreinigung, der Abfuhr von Hausmüll und der Abfallbehandlung mit Ausnahme der Dienstleistungen, die von Einrichtungen im Sinne des Artikels 13 erbracht werden.
19. kleine Reparaturdienstleistungen betreffend Fahrräder, Schuhe und Lederwaren, Kleidung und Haushaltswäsche (einschließlich Ausbesserung und Änderung);
20. häusliche Pflegedienstleistungen (z. B. Haushaltshilfe und Betreuung von Kindern, älteren, kranken oder behinderten Personen);
21. Friseurdienstleistungen.

ANHANG IV

(Anm.: aufgehoben durch RL 2009/47/EG)

ANHANG V

KATEGORIEN VON GEGENSTÄNDEN, DIE NACH ARTIKEL 160 ABSATZ 2 REGELUNGEN FÜR ANDERE LAGER ALS ZOLLLAGER UNTERLIEGEN

	KN-Code	Beschreibung der Gegenstände
1)	0701	Kartoffeln
2)	0711 20	Oliven
3)	0801	Kokosnüsse, Paranüsse und Kaschu-Nüsse
4)	0802	Andere Schalenfrüchte
5)	0901 11 00 0901 12 00	Kaffee, nicht geröstet
6)	0902	Tee
7)	1001 bis 1005 1007 bis 1008	Getreide
8)	1006	Rohreis
9)	1201 bis 1207	Samen und ölhaltige Früchte (einschließlich Sojabohnen)
10)	1507 bis 1515	Pflanzliche Fette und Öle und deren Fraktionen, roh, raffiniert, jedoch nicht chemisch modifiziert

11)	1701 11	Rohzucker
	1701 12	
	KN-Code	Beschreibung der Gegenstände
12)	1801	Kakao, Kakaobohnen und Kakaobohnenbruch; roh oder geröstet
13)	2709	Mineralöle (einschließlich Propan und Butan sowie Rohöle aus Erdöl)
	2710	
	2711 12	
	2711 13	
14)	Kapitel 28 und 29	Chemische Produkte, lose
15)	4001	Kautschuk, in Primärformen oder in Platten, Blättern oder Streifen
	4002	
16)	5101	Wolle
17)	7106	Silber
18)	7110 11 00	Platin (Palladium, Rhodium)
	7110 21 00	
	7110 31 00	
19)	7402	Kupfer
	7403	
	7405	
	7408	
20)	7502	Nickel
21)	7601	Aluminium
22)	7801	Blei
23)	7901	Zink
24)	8001	Zinn
25)	ex 8112 92	Indium
	ex 8112 99	

ANHANG VI

VERZEICHNIS DER IN ARTIKEL 199 ABSATZ 1 BUCHSTABE D GENANNTEN LIEFERUNGEN VON GEGENSTÄNDEN UND DIENSTLEISTUNGEN

1. Lieferung von Alteisen und Nichteisenabfällen, Schrott und Gebrauchtmaterial einschließlich Halberzeugnissen aus Verarbeitung, Herstellung oder Schmelzen von Eisen oder Nichteisenmetallen oder deren Legierungen;

2. Lieferung von Halberzeugnissen aus Eisen- und Nichteisenmetallen sowie Erbringung bestimmter damit verbundener Verarbeitungsleistungen;

3. Lieferung von Rückständen und anderen recyclingfähigen Materialien aus Eisen- und Nichteisenmetallen, Legierungen, Schlacke, Asche, Walzschlacke und metall- oder metalllegierungshaltigen gewerblichen Rückständen sowie Erbringung von Dienstleistungen in Form des Sortierens, Zerschneidens, Zerteilens und Pressens dieser Erzeugnisse;

4. Lieferung von Alteisen und Altmetallen, sowie von Abfällen, Schnitzeln und Bruch sowie gebrauchtem und recyclingfähigem Material in Form von Scherben, Glas, Papier, Pappe und Karton, Lumpen, Knochen, Häuten, Kunstleder, Pergament, rohen Häuten und Fellen, Sehnen und Bändern, Schnur, Tauwerk, Leinen, Tauen, Seilen, Kautschuk und Plastik und Erbringung bestimmter Verarbeitungsleistungen in Zusammenhang damit;
5. Lieferung der in diesem Anhang genannten Stoffe, nachdem sie gereinigt, poliert, sortiert, geschnitten, fragmentiert, zusammengepresst oder zu Blöcken gegossen wurden;
6. Lieferung von Schrott und Abfällen aus der Verarbeitung von Rohstoffen.

ANHANG VII

VERZEICHNIS DER TÄTIGKEITEN DER LANDWIRTSCHAFTLICHEN ERZEUGUNG IM SINNE DES ARTIKELS 295 ABSATZ 1 NUMMER 4

1. Anbau:
   a) Ackerbau im Allgemeinen, einschließlich Weinbau;
   b) Obstbau (einschließlich Olivenanbau) und Gemüse-, Blumen- und Zierpflanzengartenbau, auch unter Glas;
   c) Anbau von Pilzen und Gewürzen, Erzeugung von Saat- und Pflanzgut;
   d) Betrieb von Baumschulen.
2. Tierzucht und Tierhaltung in Verbindung mit der Bodenbewirtschaftung:
   a) Viehzucht und -haltung;
   b) Geflügelzucht und -haltung;
   c) Kaninchenzucht und -haltung;
   d) Imkerei;
   e) Seidenraupenzucht;
   f) Schneckenzucht.
3. Forstwirtschaft.
4. Fischwirtschaft:
   a) Süßwasserfischerei;
   b) Fischzucht;
   c) Muschelzucht, Austernzucht und Zucht anderer Weich- und Krebstiere;
   d) Froschzucht.

ANHANG VIII

EXEMPLARISCHES VERZEICHNIS DER LANDWIRTSCHAFTLICHEN DIENSTLEISTUNGEN IM SINNE DES ARTIKELS 295 ABSATZ 1 NUMMER 5

1) Anbau-, Ernte-, Dresch-, Press-, Lese- und Einsammelarbeiten, einschließlich Säen und Pflanzen;
2) Verpackung und Zubereitung, wie beispielsweise Trocknung, Reinigung, Zerkleinerung, Desinfektion und Einsilierung landwirtschaftlicher Erzeugnisse;
3) Lagerung landwirtschaftlicher Erzeugnisse;
4) Hüten, Zucht und Mästen von Vieh;
5) Vermietung normalerweise in land-, forst- und fischwirtschaftlichen Betrieben ver-

RL 2006/112/EG

wendeter Mittel zu landwirtschaftlichen Zwecken;
6) technische Hilfe;
7) Vernichtung schädlicher Pflanzen und Tiere, Behandlung von Pflanzen und Böden durch Besprühen;
8) Betrieb von Be- und Entwässerungsanlagen;
9) Beschneiden und Fällen von Bäumen und andere forstwirtschaftliche Dienstleistungen.

ANHANG IX

KUNSTGEGENSTÄNDE, SAMMLUNGSSTÜCKE UND ANTIQUITÄTEN IM SINNE DES ARTIKELS 311 ABSATZ 1 NUMMERN 2, 3 UND 4

TEIL A

Kunstgegenstände

1. Gemälde (z. B. Ölgemälde, Aquarelle, Pastelle) und Zeichnungen sowie Collagen und ähnliche dekorative Bildwerke, vollständig vom Künstler mit der Hand geschaffen, ausgenommen Baupläne und -zeichnungen, technische Zeichnungen und andere Pläne und Zeichnungen zu Gewerbe-, Handels-, topografischen oder ähnlichen Zwecken, handbemalte oder handverzierte gewerbliche Erzeugnisse, bemalte Gewebe für Theaterdekorationen, Atelierhintergründe oder dergleichen (KN-Code 9701);
2. Originalstiche, -schnitte und -steindrucke, die unmittelbar in begrenzter Zahl von einer oder mehreren vom Künstler vollständig handgearbeiteten Platten nach einem beliebigen, jedoch nicht mechanischen oder fotomechanischen Verfahren auf ein beliebiges Material in schwarz-weiß oder farbig abgezogen wurden (KN-Code 9702 00 00);
3. Originalerzeugnisse der Bildhauerkunst, aus Stoffen aller Art, sofern vollständig vom Künstler geschaffen; unter Aufsicht des Künstlers oder seiner Rechtsnachfolger hergestellte Bildgüsse bis zu einer Höchstzahl von acht Exemplaren (KN-Code 9703 00 00). In bestimmten, von den Mitgliedstaaten festgelegten Ausnahmefällen darf bei vor dem 1. Januar 1989 hergestellten Bildgüssen die Höchstzahl von acht Exemplaren überschritten werden;
4. handgearbeitete Tapisserien (KN-Code 5805 00 00) und Textilwaren für Wandbekleidung (KN-Code 6304 00 00) nach Originalentwürfen von Künstlern, höchstens jedoch acht Kopien je Werk;
5. Originalwerke aus Keramik, vollständig vom Künstler geschaffen und von ihm signiert;
6. Werke der Emaillekunst, vollständig von Hand geschaffen, bis zu einer Höchstzahl von acht nummerierten und mit der Signatur des Künstlers oder des Kunstateliers versehenen Exemplaren; ausgenommen sind Erzeugnisse des Schmuckhandwerks, der Juwelier- und der Goldschmiedekunst;
7. vom Künstler aufgenommene Photographien, die von ihm oder unter seiner Überwachung abgezogen wurden und signiert sowie nummeriert sind; die Gesamtzahl der Abzüge darf, alle Formate und Trägermaterialien zusammengenommen, 30 nicht überschreiten.

TEIL B

Sammlungsstücke

1. Briefmarken, Stempelmarken, Steuerzeichen, Ersttagsbriefe, Ganzsachen und dergleichen, entwertet oder nicht entwertet, jedoch weder gültig noch zum Umlauf vorgesehen (KN-Code 9704 00 00);

2. zoologische, botanische, mineralogische oder anatomische Sammlungsstücke und Sammlungen; Sammlungsstücke von geschichtlichem, archäologischem, paläontologischem, völkerkundlichem oder münzkundlichem Wert (KN-Code 9705 00 00).

TEIL C
Antiquitäten

Andere Gegenstände als Kunstgegenstände und Sammlungsstücke, die mehr als hundert Jahre alt sind (KN-Code 9706 00 00).

ANHANG X
VERZEICHNIS DER UMSÄTZE, FÜR DIE DIE AUSNAHMEN GEMÄSS DEN ARTIKELN 370 UND 371 SOWIE 375 BIS 390c GELTEN

TEIL A
Umsätze, die die Mitgliedstaaten weiterhin besteuern dürfen

1. Dienstleistungen, die von Zahntechnikern im Rahmen ihrer beruflichen Tätigkeit erbracht werden, sowie Lieferungen von Zahnersatz durch Zahnärzte und Zahntechniker;
2. Tätigkeiten der öffentlichen Rundfunk- und Fernsehanstalten, die keinen gewerblichen Charakter aufweisen;
3. Lieferungen von anderen Gebäuden oder Gebäudeteilen und dem dazugehörigen Grund und Boden als den in Artikel 12 Absatz 1 Buchstabe a genannten, wenn sie von Steuerpflichtigen getätigt werden, die für das betreffende Gebäude ein Recht auf Vorsteuerabzug hatten;
4. Dienstleistungen der Reisebüros im Sinne des Artikels 306 sowie der Reisebüros, die im Namen und für Rechnung des Reisenden für Reisen außerhalb der Gemeinschaft tätig werden.

TEIL B
Umsätze, die die Mitgliedstaaten weiterhin von der Steuer befreien dürfen

1. Einnahme von Eintrittsgeldern bei Sportveranstaltungen;
2. Dienstleistungen von Autoren, Künstlern und Interpreten von Kunstwerken sowie Dienstleistungen von Rechtsanwälten und Angehörigen anderer freier Berufe, mit Ausnahme der ärztlichen oder arztähnlichen Heilberufe sowie mit Ausnahme folgender Dienstleistungen:
   a) Abtretung von Patenten, Warenzeichen und gleichartigen Rechten sowie Gewährung von Lizenzen betreffend diese Rechte;
   b) Arbeiten an beweglichen körperlichen Gegenständen, die für Steuerpflichtige durchgeführt werden und die nicht in der Ablieferung eines aufgrund eines Werkvertrags hergestellten beweglichen Gegenstands bestehen;
   c) Dienstleistungen zur Vorbereitung oder zur Koordinierung der Durchführung von Bauleistungen wie zum Beispiel Leistungen von Architekten und Bauaufsichtsbüros;
   d) Dienstleistungen auf dem Gebiet der Wirtschaftswerbung;
   e) Beförderung und Lagerung von Gegenständen sowie Nebendienstleistungen;
   f) Vermietung von beweglichen körperlichen Gegenständen an Steuerpflichtige;
   g) Überlassung von Arbeitskräften an Steuerpflichtige;
   h) Dienstleistungen von Beratern, Ingenieuren und Planungsbüros auf technischem,

wirtschaftlichem oder wissenschaftlichem Gebiet sowie ähnliche Leistungen;
  i) Ausführung einer Verpflichtung, eine unternehmerische Tätigkeit oder ein Recht im Sinne der Buchstaben a bis h und j ganz oder teilweise nicht auszuüben;
  j) Dienstleistungen von Spediteuren, Maklern, Handelsagenten und anderen selbstständigen Vermittlern, soweit sie die Lieferungen oder die Einfuhren von Gegenständen oder Dienstleistungen gemäß den Buchstaben a bis i betreffen;
3. Telekommunikationsdienstleistungen und dazu gehörende Lieferungen von Gegenständen, die von öffentlichen Posteinrichtungen erbracht bzw. getätigt werden;
4. Dienstleistungen der Bestattungsinstitute und Krematorien sowie dazu gehörende Lieferungen von Gegenständen;
5. Umsätze, die von Blinden oder Blindenwerkstätten bewirkt werden, wenn ihre Befreiung von der Steuer keine erheblichen Wettbewerbsverzerrungen verursacht;
6. Lieferung von Gegenständen und Dienstleistungen an Einrichtungen, die mit der Anlage, Ausstattung und Instandhaltung von Friedhöfen, Grabstätten und Denkmälern für Kriegsopfer beauftragt sind;
7. Umsätze von nicht unter Artikel 132 Absatz 1 Buchstabe b fallenden Krankenhäusern;
8. Lieferung von Wasser durch Einrichtungen des öffentlichen Rechts;
9. Lieferung von Gebäuden oder Gebäudeteilen und dem dazugehörigen Grund und Boden vor dem Erstbezug sowie Lieferung von Baugrundstücken im Sinne des Artikels 12;
10. Beförderung von Personen und von Begleitgütern der Reisenden, wie Gepäck und Kraftfahrzeuge, sowie Dienstleistungen im Zusammenhang mit der Personenbeförderung, soweit die Beförderung dieser Personen von der Steuer befreit ist;
11. Lieferung, Umbau, Reparatur, Wartung, Vercharterung und Vermietung von Luftfahrzeugen, die von staatlichen Einrichtungen verwendet werden, einschließlich der Gegenstände, die in diese Luftfahrzeuge eingebaut sind oder ihrem Betrieb dienen;
12. Lieferung, Umbau, Reparatur, Wartung, Vercharterung und Vermietung von Kriegsschiffen;
13. Dienstleistungen der Reisebüros im Sinne des Artikels 306 sowie der Reisebüros, die im Namen und für Rechnung des Reisenden für Reisen innerhalb der Gemeinschaft tätig werden.

ANHANG XI

TEIL A

Aufgehobene Richtlinien mit ihren nachfolgenden Änderungen

TEIL B

Fristen für die Umsetzung in nationales Recht

ANHANG XII

ENTSPRECHUNGSTABELLE

Vom Abdruck der Anhänge XI und XII wird abgesehen. Der Anhang XI ist im Umsatzsteuerhandbuch 2008, S. 943 f., der Anhang XII im Umsatzsteuerhandbuch 2007, S 912 ff. zu finden. Beide Anhänge sind ebenso unter http://eur-lex.europa.eu/de/legis/latest/chap093010.htm zu finden.

Für die Zwecke des Absatzes 4 entspricht jeder der unter den Buchstaben a bis d genannten Beträge jeweils 100 % der Gesamtbefreiung für Tabakwaren.

Zigarillos sind Zigarren mit einem Stückgewicht von höchstens 3 Gramm.

(2) Die Mitgliedstaaten können zwischen Flugreisenden und anderen Reisenden unterscheiden, indem sie die niedrigeren Höchstmengen gemäß Absatz 1 nur auf Reisende anwenden, die keine Flugreisenden sind.

(3) Solange die steuerrechtlichen Regelungen in der schweizerischen Enklave Samnauntal von den im übrigen Kanton Graubünden geltenden steuerrechtlichen Regelungen abweichen, kann Österreich abweichend von den Absätzen 1 und 2 die Anwendung der niedrigeren Höchstmengen auf Tabakerzeugnisse begrenzen, die von Reisenden, die direkt von der schweizerischen Enklave Samnauntal in österreichisches Gebiet einreisen, in dieses Gebiet eingeführt werden.

(4) Die Befreiung kann bei einem Reisenden auf jede Kombination von Tabakwaren angewandt werden, sofern die ausgeschöpften prozentualen Anteile der Einzelbefreiungen insgesamt 100 % nicht übersteigen.

Artikel 9

(1) Die Mitgliedstaaten befreien die Einfuhren von Alkohol und alkoholischen Getränken außer nicht schäumendem Wein und Bier bis zu den folgenden Höchstmengen von der MwSt. und den Verbrauchsteuern:

a) insgesamt 1 Liter Alkohol und alkoholische Getränke mit einem Alkoholgehalt von mehr als 22 % vol oder unvergällter Ethylalkohol mit einem Alkoholgehalt von 80 % vol oder mehr;

b) insgesamt 2 Liter Alkohol und alkoholische Getränke mit einem Alkoholgehalt von höchstens 22 % vol.

Für die Zwecke des Absatzes 2 entspricht jede der unter den Buchstaben a und b genannten Mengen jeweils 100 % der Gesamtbefreiung für Alkohol und alkoholische Getränke.

(2) Die Befreiung kann bei einem Reisenden auf jede Kombination der in Absatz 1 genannten Arten von Alkohol und alkoholischen Getränken angewandt werden, sofern die ausgeschöpften prozentualen Anteile der Einzelbefreiungen insgesamt 100 % nicht übersteigen.

(3) Die Mitgliedstaaten befreien insgesamt 4 Liter nicht schäumenden Wein und 16 Liter Bier von der MwSt. und den Verbrauchsteuern.

Artikel 10

Die Befreiungen nach den Artikeln 8 und 9 gelten nicht für Reisende unter 17 Jahren.

Artikel 11

Für jedes Motorfahrzeug befreien die Mitgliedstaaten den im Hauptbehälter befindlichen Kraftstoff und bis zu 10 Liter Kraftstoff in einem tragbaren Behälter von der MwSt. und den Verbrauchsteuern.

Richtlinie des Rates
vom 12. Februar 2008
zur Regelung der Erstattung der Mehrwertsteuer gemäß der Richtlinie 2006/112/EG an nicht im Mitgliedstaat der Erstattung, sondern in einem anderen Mitgliedstaat ansässige Steuerpflichtige

(2008/9/EG)

ABl. L 44 vom 20.2.2008, S. 23–28

1. RL 2010/66/EG vom14.10.2010, ABl. L 275/1 vom 20.10.2010

DER RAT DER EUROPÄISCHEN UNION –

gestützt auf den Vertrag zur Gründung der Europäischen Gemeinschaft, insbesondere auf Artikel 93,

auf Vorschlag der Kommission,

nach Stellungnahme des Europäischen Parlaments,

nach Stellungnahme des Europäischen Wirtschafts- und Sozialausschusses,

in Erwägung nachstehender Gründe:

(1) Sowohl die Verwaltungsbehörden der Mitgliedstaaten als auch Unternehmen haben erhebliche Probleme mit den Durchführungsbestimmungen, die in der Richtlinie 79/1072/EWG des Rates vom 6. Dezember 1979 zur Harmonisierung der Rechtsvorschriften der Mitgliedstaaten über die Umsatzsteuern – Verfahren zur Erstattung der Mehrwertsteuer an nicht im Inland ansässige Steuerpflichtige festgelegt sind.

(2) Die Regelungen jener Richtlinie sollten hinsichtlich der Frist, innerhalb deren die Entscheidungen über die Erstattungsanträge den Unternehmen mitzuteilen sind, geändert werden. Gleichzeitig sollte vorgesehen werden, dass auch die Unternehmen innerhalb bestimmter Fristen antworten müssen. Außerdem sollte das Verfahren vereinfacht und durch den Einsatz fortschrittlicher Technologien modernisiert werden.

(3) Das neue Verfahren sollte die Stellung der Unternehmen stärken, da die Mitgliedstaaten zur Zahlung von Zinsen verpflichtet sind, falls die Erstattung verspätet erfolgt; zudem wird das Einspruchsrecht der Unternehmen gestärkt.

(4) Aus Gründen der Klarheit und besseren Lesbarkeit sollte die bisher in Richtlinie 2006/112/EG des Rates vom 28. November 2006 über das gemeinsame Mehrwertsteuersystem enthaltene Bestimmung über die Anwendung der Richtlinie 79/1072/EWG nun in die vorliegende Richtlinie aufgenommen werden.

(5) Da die Ziele dieser Richtlinie auf Ebene der Mitgliedstaaten nicht ausreichend verwirklicht werden können und daher wegen des Umfangs der Maßnahmen besser auf Gemeinschaftsebene zu verwirklichen sind, kann die Gemeinschaft im Einklang mit dem in Artikel 5 des EG-Vertrags niedergelegten Subsidiaritätsprinzip tätig werden. Entsprechend dem in demselben Artikel genannten Grundsatz der Verhältnismäßigkeit geht diese Richtlinie nicht über das zur Erreichung dieser Ziele erforderliche Maß hinaus.

(6) Nach Nummer 34 der Interinstitutionellen Vereinbarung über bessere Rechtsetzung sind die Mitgliedstaaten aufgefordert, für ihre eigenen Zwecke und im Interesse der Gemeinschaft eigene Tabellen aufzustellen, aus denen im Rahmen des Möglichen die Entsprechungen zwischen dieser Richtlinie und den Umsetzungsmaßnahmen zu entnehmen sind, und diese zu veröffentlichen.

(7) Im Interesse der Eindeutigkeit sollte die Richtlinie 79/1072/EWG daher aufgehoben werden – vorbehaltlich der erforderlichen Übergangsmaßnahmen für Erstattungsanträge, die vor dem 1. Januar 2010 gestellt werden –

HAT FOLGENDE RICHTLINIE ERLASSEN:

Artikel 1

Diese Richtlinie regelt die Einzelheiten der Erstattung der Mehrwertsteuer gemäß Artikel 170 der Richtlinie 2006/112/EG an nicht im Mitgliedstaat der Erstattung ansässige Steuerpflichtige, die die Voraussetzungen von Artikel 3 erfüllen.

Artikel 2

Im Sinne dieser Richtlinie bezeichnet der Ausdruck

1. „nicht im Mitgliedstaat der Erstattung ansässiger Steuerpflichtiger" jeden Steuerpflichtigen im Sinne von Artikel 9 Absatz 1 der Richtlinie 2006/112/EG, der nicht im Mitgliedstaat der Erstattung, sondern im Gebiet eines anderen Mitgliedstaates ansässig ist;
2. „Mitgliedstaat der Erstattung" den Mitgliedstaat, mit dessen Mehrwertsteuer die dem nicht im Mitgliedstaat der Erstattung ansässigen Steuerpflichtigen von anderen Steuerpflichtigen in diesem Mitgliedstaat gelieferten Gegenstände oder erbrachten Dienstleistungen oder die Einfuhr von Gegenständen in diesen Mitgliedstaat belastet wurden;
3. „Erstattungszeitraum" den Zeitraum nach Artikel 16, auf den im Erstattungsantrag Bezug genommen wird;
4. „Erstattungsantrag" den Antrag auf Erstattung der Mehrwertsteuer, mit der der Mitgliedstaat der Erstattung die dem nicht im Mitgliedstaat der Erstattung ansässigen Steuerpflichtigen von anderen Steuerpflichtigen in diesem Mitgliedstaat gelieferten Gegenstände oder erbrachten Dienstleistungen oder die Einfuhr von Gegenständen in diesen Mitgliedstaat belastet hat;
5. „Antragsteller" den nicht im Mitgliedstaat der Erstattung ansässigen Steuerpflichtigen, der den Erstattungsantrag stellt.

Artikel 3

Diese Richtlinie gilt für jeden nicht im Mitgliedstaat der Erstattung ansässigen Steuerpflichtigen, der folgende Voraussetzungen erfüllt:

a) er hat während des Erstattungszeitraums im Mitgliedstaat der Erstattung weder den Sitz seiner wirtschaftlichen Tätigkeit noch eine feste Niederlassung, von der aus Umsätze bewirkt wurden, noch hat er – in Ermangelung eines solchen Sitzes oder einer solchen festen Niederlassung – dort seinen Wohnsitz oder seinen gewöhnlichen Aufenthaltsort;

b) er hat während des Erstattungszeitraums keine Gegenstände geliefert oder Dienstleistungen erbracht, die als im Mitgliedstaat der Erstattung bewirkt gelten, mit Ausnahme der folgenden Umsätze:

  i) die Erbringung von Beförderungsleistungen und damit verbundene Nebentätigkeiten, die gemäß den Artikeln 144, 146, 148, 149, 151, 153, 159 oder Artikel 160 der Richtlinie 2006/112/EG steuerfrei sind;

  ii) Lieferungen von Gegenständen oder Dienstleistungen, deren Empfänger nach den Artikeln 194 bis 197 und Artikel 199 der Richtlinie 2006/112/EG die Mehrwertsteuer schuldet.

Artikel 4

Diese Richtlinie gilt nicht für:
a) nach den Rechtsvorschriften des Mitgliedstaates der Erstattung fälschlich in Rechnung gestellte Mehrwertsteuerbeträge;
b) in Rechnung gestellte Mehrwertsteuerbeträge für Lieferungen von Gegenständen, die gemäß Artikel 138 oder Artikel 146 Absatz 1 Buchstabe b der Richtlinie 2006/112/EG von der Steuer befreit sind oder befreit werden können.

Artikel 5

Jeder Mitgliedstaat erstattet einem nicht im Mitgliedstaat der Erstattung ansässigen Steuerpflichtigen die Mehrwertsteuer, mit der die ihm von anderen Steuerpflichtigen in diesem Mitgliedstaat gelieferten Gegenstände oder erbrachten Dienstleistungen oder die Einfuhr von Gegenständen in diesen Mitgliedstaat belastet wurden, sofern die betreffenden Gegenstände und Dienstleistungen für Zwecke der folgenden Umsätze verwendet werden:
a) in Artikel 169 Buchstaben a und b der Richtlinie 2006/112/EG genannte Umsätze;
b) Umsätze, deren Empfänger nach den Artikeln 194 bis 197 und Artikel 199 der Richtlinie 2006/112/EG, wie sie im Mitgliedstaat der Erstattung angewendet werden, Schuldner der Mehrwertsteuer ist.

Unbeschadet des Artikels 6 wird für die Anwendung dieser Richtlinie der Anspruch auf Vorsteuererstattung nach der Richtlinie 2006/112/EG, wie diese Richtlinie im Mitgliedstaat der Erstattung angewendet wird, bestimmt.

Artikel 6

Voraussetzung für eine Erstattung im Mitgliedstaat der Erstattung ist, dass der nicht im Mitgliedstaat der Erstattung ansässige Steuerpflichtige Umsätze bewirkt, die in dem Mitgliedstaat, in dem er ansässig ist, ein Recht auf Vorsteuerabzug begründen.

Bewirkt ein nicht im Mitgliedstaat der Erstattung ansässiger Steuerpflichtiger im Mitgliedstaat, in dem er ansässig ist, sowohl Umsätze, für die ein Recht auf Vorsteuerabzug besteht, als auch Umsätze, für die dieses Recht in diesem Mitgliedstaat nicht besteht, darf durch den Mitgliedstaat der Erstattung aus dem nach Artikel 5 erstattungsfähigen Betrag nur der Teil der Mehrwertsteuer erstattet werden, der gemäß der Anwendung von Artikel 173 der Richtlinie 2006/112/EG im Mitgliedstaat, in dem er ansässig ist, auf den Betrag der erstgenannten Umsätze entfällt.

Artikel 7

Um eine Erstattung von Mehrwertsteuer im Mitgliedstaat der Erstattung zu erhalten, muss der nicht im Mitgliedstaat der Erstattung ansässige Steuerpflichtige einen elektronischen Erstattungsantrag an diesen Mitgliedstaat richten und diesen in dem Mitgliedstaat, in dem er ansässig ist, über das von letzterem Mitgliedstaat eingerichtete elektronische Portal einreichen.

Artikel 8

(1) Der Erstattungsantrag muss die folgenden Angaben enthalten:
a) Name und vollständige Anschrift des Antragstellers;
b) eine Adresse für die elektronische Kommunikation;

c) eine Beschreibung der Geschäftstätigkeit des Antragstellers, für die die Gegenstände und Dienstleistungen erworben werden;
d) der Erstattungszeitraum, auf den sich der Antrag bezieht;
e) eine Erklärung des Antragstellers, dass er während des Erstattungszeitraums keine Lieferungen von Gegenständen bewirkt und Dienstleistungen erbracht hat, die als im Mitgliedstaat der Erstattung bewirkt gelten, mit Ausnahme der Umsätze gemäß Artikel 3 Buchstabe b Ziffern i und ii;
f) die Mehrwertsteuer-Identifikationsnummer oder Steuerregisternummer des Antragstellers;
g) seine Bankverbindung (inklusive IBAN und BIC).

(2) Neben den in Absatz 1 genannten Angaben sind in dem Erstattungsantrag für jeden Mitgliedstaat der Erstattung und für jede Rechnung oder jedes Einfuhrdokument folgende Angaben zu machen:
a) Name und vollständige Anschrift des Lieferers oder Dienstleistungserbringers;
b) außer im Falle der Einfuhr die Mehrwertsteuer-Identifikationsnummer des Lieferers oder Dienstleistungserbringers oder die ihm vom Mitgliedstaat der Erstattung zugeteilte Steuerregisternummer im Sinne der Artikel 239 und 240 der Richtlinie 2006/112/EG;
c) außer im Falle der Einfuhr das Präfix des Mitgliedstaats der Erstattung im Sinne des Artikels 215 der Richtlinie 2006/112/EG;
d) Datum und Nummer der Rechnung oder des Einfuhrdokuments;
e) Steuerbemessungsgrundlage und Mehrwertsteuerbetrag in der Währung des Mitgliedstaats der Erstattung;
f) gemäß Artikel 5 und Artikel 6 Absatz 2 berechneter Betrag der abziehbaren Mehrwertsteuer in der Währung des Mitgliedstaats der Erstattung;
g) gegebenenfalls der nach Artikel 6 berechnete und als Prozentsatz ausgedrückte Pro-rata-Satz des Vorsteuerabzugs;
h) Art der erworbenen Gegenstände und Dienstleistungen aufschlüsselt nach den Kennziffern gemäß Artikel 9.

Artikel 9

(1) In dem Erstattungsantrag muss die Art der erworbenen Gegenstände und Dienstleistungen nach folgenden Kennziffern aufgeschlüsselt werden:

1 = Kraftstoff;
2 = Vermietung von Beförderungsmitteln;
3 = Ausgaben für Transportmittel (andere als unter Kennziffer 1 oder 2 beschriebene Gegenstände und Dienstleistungen);
4 = Maut und Straßenbenutzungsgebühren;
5 = Fahrtkosten wie Taxikosten, Kosten für die Benutzung öffentlicher Verkehrsmittel;
6 = Beherbergung;
7 = Speisen, Getränke und Restaurantdienstleistungen;
8 = Eintrittsgelder für Messen und Ausstellungen;
9 = Luxusausgaben, Ausgaben für Vergnügungen und Repräsentationsaufwendungen;
10 = Sonstiges.

Wird die Kennziffer 10 verwendet, ist die Art der gelieferten Gegenstände und erbrachten Dienstleistungen anzugeben.

(2) Der Mitgliedstaat der Erstattung kann vom Antragsteller verlangen, dass er zusätzliche elektronisch verschlüsselte Angaben zu jeder Kennziffer gemäß Absatz 1 vorlegt, sofern dies aufgrund von Einschränkungen des Rechts auf Vorsteuerabzug gemäß der Richtlinie 2006/112/EG, wie diese im Mitgliedstaat der Erstattung angewendet wird, oder im Hinblick auf die Anwendung einer vom Mitgliedstaat der Erstattung gemäß den Artikeln 395 oder 396 jener Richtlinie gewährten relevanten Ausnahmeregelung erforderlich ist.

Artikel 10

Unbeschadet der Informationsersuchen gemäß Artikel 20 kann der Mitgliedstaat der Erstattung verlangen, dass der Antragsteller zusammen mit dem Erstattungsantrag auf elektronischem Wege eine Kopie der Rechnung oder des Einfuhrdokuments einreicht, falls sich die Steuerbemessungsgrundlage auf einer Rechnung oder einem Einfuhrdokument auf mindestens 1 000 EUR oder den Gegenwert in der jeweiligen Landeswährung beläuft. Betrifft die Rechnung Kraftstoff, so ist dieser Schwellenwert 250 EUR oder der Gegenwert in der jeweiligen Landeswährung.

Artikel 11

Der Mitgliedstaat der Erstattung kann vom Antragsteller verlangen, eine Beschreibung seiner Geschäftstätigkeit anhand der harmonisierten Codes vorzulegen, die gemäß Artikel 34a Absatz 3 Unterabsatz 2 der Verordnung (EG) Nr. 1798/2003 des Rates bestimmt werden.

Artikel 12

Der Mitgliedstaat der Erstattung kann angeben, in welcher Sprache oder welchen Sprachen die Angaben in dem Erstattungsantrag oder andere zusätzliche Angaben von dem Antragsteller vorgelegt werden müssen.

Artikel 13

Wird nach Einreichung des Erstattungsantrags der angegebene Pro-rata-Satz des Vorsteuerabzugs nach Artikel 175 der Richtlinie 2006/112/EG angepasst, so muss der Antragsteller den beantragten oder bereits erstatteten Betrag berichtigen.

Die Berichtigung ist in einem Erstattungsantrag im auf den entsprechenden Erstattungszeitraum folgenden Kalenderjahr vorzunehmen, oder – falls der Antragsteller in diesem Kalenderjahr keine Erstattungsanträge einreicht – durch Übermittlung einer gesonderten Erklärung über das von dem Mitgliedstaat, in dem er ansässig ist, eingerichtete elektronische Portal.

Artikel 14

(1) Der Erstattungsantrag hat sich auf Folgendes zu beziehen:
a) den Erwerb von Gegenständen oder Dienstleistungen, der innerhalb des Erstattungszeitraums in Rechnung gestellt worden ist, sofern der Steueranspruch vor oder zum Zeitpunkt der Rechnungsstellung entstanden ist, oder für den der Steueranspruch während des Erstattungszeitraums entstanden ist, sofern der Erwerb vor Eintreten des Steueranspruchs in Rechnung gestellt wurde;
b) die Einfuhr von Gegenständen, die im Erstattungszeitraum getätigt worden ist.

(2) Unbeschadet der in Absatz 1 genannten Vorgänge kann sich der Erstattungsantrag auch auf Rechnungen oder Einfuhrokumente beziehen, die von vorangegangenen Erstattungsanträgen nicht umfasst sind, wenn sie Umsätze betreffen, die in dem fraglichen Kalenderjahr getätigt wurden.

Artikel 15

(1) Der Erstattungsantrag muss dem Mitgliedstaat, in dem der Steuerpflichtige ansässig ist, spätestens am 30. September des auf den Erstattungszeitraum folgenden Kalenderjahres vorliegen. Der Erstattungsantrag gilt nur dann als vorgelegt, wenn der Antragsteller alle in den Artikeln 8, 9 und 11 geforderten Angaben gemacht hat.

Erstattungsanträge, die Erstattungszeiträume des Jahres 2009 betreffen, müssen dem Mitgliedstaat, in dem der Steuerpflichtige ansässig ist, spätestens am 31. März 2011 vorliegen.

(2) Der Mitgliedstaat, in dem der Antragsteller ansässig ist, hat diesem unverzüglich eine elektronische Empfangsbestätigung zu übermitteln.

Artikel 16

Der Erstattungszeitraum darf nicht mehr als ein Kalenderjahr und nicht weniger als drei Kalendermonate betragen. Erstattungsanträge können sich jedoch auf einen Zeitraum von weniger als drei Monaten beziehen, wenn es sich bei diesem Zeitraum um den Rest eines Kalenderjahres handelt.

Artikel 17

Bezieht sich der Erstattungsantrag auf einen Erstattungszeitraum von weniger als einem Kalenderjahr, aber mindestens drei Monaten, so darf der Mehrwertsteuerbetrag, der Gegenstand des Erstattungsantrags ist, nicht unter 400 EUR oder dem Gegenwert in Landeswährung liegen.

Bezieht sich der Erstattungsantrag auf einen Erstattungszeitraum von einem Kalenderjahr oder den Rest eines Kalenderjahres, darf der Mehrwertsteuerbetrag nicht niedriger sein als 50 EUR oder der Gegenwert in Landeswährung.

Artikel 18

(1) Der Mitgliedstaat, in dem der Antragsteller ansässig ist, übermittelt dem Mitgliedstaat der Erstattung den Erstattungsantrag nicht, wenn der Antragsteller im Mitgliedstaat, in dem er ansässig ist, im Erstattungszeitraum
a) für Zwecke der Mehrwertsteuer kein Steuerpflichtiger ist;
b) nur Gegenstände liefert oder Dienstleistungen erbringt, die gemäß den Artikeln 132, 135, 136 und 371, den Artikeln 374 bis 377, Artikel 378 Absatz 2 Buchstabe a, Artikel 379 Absatz 2 oder den Artikeln 380 bis 390 der Richtlinie 2006/112/EG oder den inhaltsgleichen Befreiungsvorschriften gemäß der Beitrittsakte von 2005 ohne Recht auf Vorsteuerabzug von der Steuer befreit sind;
c) die Steuerbefreiung für Kleinunternehmen nach den Artikeln 284, 285, 286 und 287 der Richtlinie 2006/112/EG in Anspruch nimmt;
d) die gemeinsame Pauschalregelung für landwirtschaftliche Erzeuger nach den Artikeln 296 bis 305 der Richtlinie 2006/112/EG in Anspruch nimmt.

(2) Der Mitgliedstaat, in dem der Antragsteller ansässig ist, teilt dem Antragsteller seine Entscheidung gemäß Absatz 1 auf elektronischem Wege mit.

Artikel 19

(1) Der Mitgliedstaat der Erstattung setzt den Antragsteller auf elektronischem Wege unverzüglich vom Datum des Eingangs des Antrags beim Mitgliedstaat der Erstattung in Kenntnis.

(2) Der Mitgliedstaat der Erstattung teilt dem Antragsteller innerhalb von vier Monaten ab Eingang des Erstattungsantrags in diesem Mitgliedstaat mit, ob er die Erstattung gewährt oder den Erstattungsantrag abweist.

Artikel 20

(1) Ist der Mitgliedstaat der Erstattung der Auffassung, dass er nicht über alle relevanten Informationen für die Entscheidung über eine vollständige oder teilweise Erstattung verfügt, kann er insbesondere beim Antragsteller oder bei den zuständigen Behörden des Mitgliedstaats, in dem der Antragsteller ansässig ist, innerhalb des in Artikel 19 Absatz 2 genannten Viermonatszeitraums elektronisch zusätzliche Informationen anfordern. Werden die zusätzlichen Informationen bei einer anderen Person als dem Antragsteller oder der zuständigen Behörde eines Mitgliedstaats angefordert, soll das Ersuchen nur auf elektronischem Wege ergehen, wenn der Empfänger des Ersuchens über solche Mittel verfügt.

Gegebenenfalls kann der Mitgliedstaat der Erstattung weitere zusätzliche Informationen anfordern.

Die gemäß diesem Absatz angeforderten Informationen können die Einreichung des Originals oder eine Durchschrift der einschlägigen Rechnung oder des einschlägigen Einfuhrdokuments umfassen, wenn der Mitgliedstaat der Erstattung begründete Zweifel am Bestehen einer bestimmten Forderung hat. In diesem Fall gelten die in Artikel 10 genannten Schwellenwerte nicht.

(2) Die gemäß Absatz 1 angeforderten Informationen sind dem Mitgliedstaat der Erstattung innerhalb eines Monats ab Eingang des Informationsersuchens bei dessen Adressaten vorzulegen.

Artikel 21

Fordert der Mitgliedstaat der Erstattung zusätzliche Informationen an, so teilt er dem Antragsteller innerhalb von zwei Monaten ab Eingang der angeforderten Informationen, oder, falls er keine Antwort auf sein Ersuchen erhalten hat, binnen zwei Monaten nach Ablauf der Frist nach Artikel 20 Absatz 2 mit, ob er die Erstattung gewährt oder den Erstattungsantrag abweist. Der Zeitraum, der für die Entscheidung über eine vollständige oder teilweise Erstattung ab Eingang des Erstattungsantrags im Mitgliedstaat der Erstattung zur Verfügung steht, beträgt jedoch auf jeden Fall mindestens sechs Monate.

Wenn der Mitgliedstaat der Erstattung weitere zusätzliche Informationen anfordert, teilt er dem Antragsteller innerhalb von acht Monaten ab Eingang des Erstattungsantrags in diesem Mitgliedstaat die Entscheidung über eine vollständige oder teilweise Erstattung mit.

Artikel 22

(1) Wird eine Erstattung gewährt, so erstattet der Mitgliedstaat der Erstattung den erstattungsfähigen Betrag spätestens innerhalb von 10 Arbeitstagen, nach Ablauf der Frist nach Artikel 19 Absatz 2, oder, falls zusätzliche oder weitere zusätzliche Informationen angefordert worden sind, nach Ablauf der entsprechenden Fristen nach Artikel 21.

(2) Die Erstattung ist im Mitgliedstaat der Erstattung oder auf Wunsch des Antragstellers in jedem anderen Mitgliedstaat auszuzahlen. In letzterem Falle zieht der Mitgliedstaat der Erstattung von dem an den Antragsteller auszuzahlenden Betrag die Kosten der Banküberweisung ab.

Artikel 23

(1) Wird der Erstattungsantrag ganz oder teilweise abgewiesen, so teilt der Mitgliedstaat der Erstattung dem Antragsteller gleichzeitig mit seiner Entscheidung die Gründe für die Ablehnung mit.

(2) Der Antragsteller kann bei den zuständigen Behörden des Mitgliedstaats der Erstattung Einspruch gegen eine Entscheidung, einen Erstattungsantrag abzuweisen, einlegen, und zwar in den Formen und binnen der Fristen, die für Einsprüche bei Erstattungsanträgen der in diesem Mitgliedstaat ansässigen Personen vorgesehen sind.

Wenn nach dem Recht des Mitgliedstaates der Erstattung das Versäumnis, innerhalb der in dieser Richtlinie festgelegten Fristen eine Entscheidung über den Erstattungsantrag zu treffen, weder als Zustimmung noch als Ablehnung betrachtet wird, müssen jegliche Verwaltungs- oder Rechtsverfahren, die in dieser Situation Steuerpflichtigen, die in diesem Mitgliedstaat ansässig sind, zugänglich sind, entsprechend für den Antragsteller zugänglich sein. Gibt es solche Verfahren nicht, so gilt das Versäumnis, innerhalb der festgelegten Frist eine Entscheidung über den Erstattungsantrag zu treffen, als Ablehnung des Antrags.

Artikel 24

(1) Wurde die Erstattung auf betrügerischem Wege oder sonst zu Unrecht erlangt, so nimmt die zuständige Behörde im Mitgliedstaat der Erstattung – unbeschadet der Bestimmungen über die Amtshilfe bei der Beitreibung der Mehrwertsteuer – nach dem in dem Mitgliedstaat der Erstattung geltenden Verfahren unmittelbar die Beitreibung der zu Unrecht ausgezahlten Beträge sowie etwaiger festgesetzter Bußgelder und Zinsen vor.

(2) Sind verwaltungsrechtliche Sanktionen verhängt oder Zinsen festgesetzt, aber nicht entrichtet worden, so kann der Mitgliedstaat der Erstattung jede weitere Erstattung bis in Höhe des ausstehenden Betrags an den betreffenden Steuerpflichtigen aussetzen.

Artikel 25

Der Mitgliedstaat der Erstattung berücksichtigt die in Bezug auf einen früheren Erstattungsantrag vorgenommene Berichtigung gemäß Artikel 13 in Form einer Erhöhung oder Verringerung des zu erstattenden Betrags oder im Falle der Übermittlung einer gesonderten Erklärung durch separate Auszahlung oder Einziehung.

Artikel 26

Der Mitgliedstaat der Erstattung schuldet dem Antragsteller Zinsen auf den zu erstattenden Betrag, falls die Erstattung nach der in Artikel 22 Absatz 1 genannten Zahlungsfrist erfolgt.

Legt der Antragsteller dem Mitgliedstaat der Erstattung die angeforderten zusätzlichen oder weiteren zusätzlichen Informationen nicht innerhalb der vorgesehenen Fristen vor, so findet Absatz 1 keine Anwendung. Entsprechendes gilt bis zum Eingang der nach Artikel 10 elektronisch zu übermittelnden Dokumente beim Mitgliedstaat der Erstattung.

Artikel 27

(1) Zinsen werden für den Zeitraum berechnet, der sich vom Tag nach dem letzten Tag der Frist für die Zahlung der Erstattung gemäß Artikel 22 Absatz 1 bis zum Zeitpunkt der tatsächlichen Zahlung der Erstattung erstreckt.

(2) Die Zinssätze entsprechen den geltenden Zinssätzen für die Erstattung von Mehrwertsteuer an im Mitgliedstaat der Erstattung ansässige Steuerpflichtige nach dem nationalen Recht des betroffenen Mitgliedstaats.

Falls nach nationalem Recht für Erstattungen an ansässige steuerpflichtige Personen keine Zinsen zu zahlen sind, entsprechen die Zinssätze den Zinssätzen bzw. den entsprechenden Gebühren, die der Mitgliedstaat der Erstattung bei verspäteten Mehrwertsteuerzahlungen der Steuerpflichtigen anwendet.

Artikel 28

(1) Diese Richtlinie gilt für Erstattungsanträge, die nach dem 31. Dezember 2009 gestellt werden.

(2) Die Richtlinie 79/1072/EWG wird mit Wirkung vom 1. Januar 2010 aufgehoben. Sie gilt jedoch für Erstattungsanträge, die vor dem 1. Januar 2010 gestellt werden, weiter.

Bezugnahmen auf die aufgehobene Richtlinie gelten als Bezugnahmen auf diese Richtlinie, mit Ausnahme für Erstattungsanträge, die vor dem 1. Januar 2010 gestellt werden.

Artikel 29

(1) Die Mitgliedstaaten setzen zum 1. Januar 2010 die Rechts- und Verwaltungsvorschriften in Kraft, die erforderlich sind, um dieser Richtlinie nachzukommen. Sie setzen die Kommission unverzüglich davon in Kenntnis.

Wenn die Mitgliedstaaten solche Vorschriften erlassen, nehmen sie in den Vorschriften selbst oder durch einen Hinweis bei der amtlichen Veröffentlichung auf diese Richtlinie Bezug. Die Mitgliedstaaten regeln die Einzelheiten solch einer Bezugnahme.

(2) Die Mitgliedstaaten teilen der Kommission den Wortlaut der wichtigsten innerstaatlichen Rechtsvorschriften mit, die sie auf dem unter diese Richtlinie fallenden Gebiet erlassen.

Artikel 30

Diese Richtlinie tritt am Tag ihrer Veröffentlichung im Amtsblatt der Europäischen Union in Kraft.

Artikel 31

Diese Richtlinie ist an die Mitgliedstaaten gerichtet.

Geschehen zu Brüssel am 12. Februar 2008.

Im Namen des Rates
Der Präsident
A. BAJUK

Richtlinie des Rates
vom 19. Oktober 2009
zur Festlegung des Anwendungsbereichs von Artikel 143 Buchstaben b und c der Richtlinie 2006/112/EG hinsichtlich der Mehrwertsteuerbefreiung bestimmter endgültiger Einfuhren von Gegenständen

(2009/132/EG)

ABl. L 292 vom 10.11.2009, S.5–30

TITEL I
GELTUNGSBEREICH UND BEGRIFFSBESTIMMUNGEN

TITEL II
EINFUHR VON PERSÖNLICHEN GEGENSTÄNDEN DURCH PRIVATPERSONEN AUS DRITTLÄNDERN ODER DRITTGEBIETEN

TITEL III
EINFUHR VON AUSSTATTUNG, SCHULMATERIAL UND ANDEREN GEGENSTÄNDEN VON SCHÜLERN UND STUDENTEN

TITEL IV
EINFUHREN VON GERINGEM WERT

TITEL V
INVESTITIONSGÜTER UND ANDERE AUSRÜSTUNGSGEGENSTÄNDE, DIE ANLÄSSLICH EINER BETRIEBSVERLEGUNG EINGEFÜHRT WERDEN

TITEL VI
EINFUHR VON BESTIMMTEN LANDWIRTSCHAFTLICHEN ODER FÜR DEN LANDWIRTSCHAFTLICHEN GEBRAUCH BESTIMMTEN ERZEUGNISSEN

TITEL VII
EINFUHR VON THERAPEUTISCHEN STOFFEN, ARZNEIMITTELN, TIEREN FÜR LABORZWECKE UND BIOLOGISCHEN ODER CHEMISCHEN STOFFEN

TITEL VIII
FÜR ORGANISATIONEN DER WOHLFAHRTSPFLEGE BESTIMMTE GEGENSTÄNDE

TITEL IX
EINFUHREN IM RAHMEN ZWISCHENSTAATLICHER BEZIEHUNGEN

TITEL X
EINFUHR VON GEGENSTÄNDEN ZUR ABSATZFÖRDERUNG

TITEL XI
GEGENSTÄNDE, DIE ZU PRÜFUNGS-, ANALYSE- ODER VERSUCHSZWECKEN EINGEFÜHRT WERDEN

TITEL XII

VERSCHIEDENE EINFUHREN

TITEL XIII

ALLGEMEINE UND SCHLUSSBESTIMMUNGEN

Vom Abdruck dieser Richtlinie wird abgesehen. Der Richtlinientext ist im Umsatzsteuerhandbuch 2010, S. 997 ff. bzw. auf der Homepage http://eur-lex.europa.eu/de/legis/latest/chap0930.htm zu finden.

2. Verordnungen

Verordnung (EU) Nr. 904/2010 des Rates

vom 7. Oktober 2010

über die Zusammenarbeit der Verwaltungsbehörden und die Betrugsbekämpfung auf dem Gebiet der Mehrwertsteuer

(Neufassung)

ABl. L 268/1 vom 12.10.2010

1. VO 517/2013/EU vom 13.5.2013, ABl. L 158 S. 1 vom 10.6.2013

DER RAT DER EUROPÄISCHEN UNION –

gestützt auf den Vertrag über die Arbeitsweise der Europäischen Union, insbesondere auf Artikel 113,

auf Vorschlag der Europäischen Kommission,

nach Stellungnahme des Europäischen Parlaments,

nach Stellungnahme des Europäischen Wirtschafts- und Sozialausschusses,

gemäß einem besonderen Gesetzgebungsverfahren,

in Erwägung nachstehender Gründe:

(1) Die Verordnung (EG) Nr. 1798/2003 des Rates vom 7. Oktober 2003 über die Zusammenarbeit der Verwaltungsbehörden auf dem Gebiet der Mehrwertsteuer ist mehrfach und in wesentlichen Punkten geändert worden. Aus Gründen der Klarheit empfiehlt es sich, im Rahmen der jetzt anstehenden Änderungen eine Neufassung dieser Verordnung vorzunehmen.

(2) Die Instrumente der Verordnung (EG) Nr. 1798/2003 zur Betrugsbekämpfung auf dem Gebiet der Mehrwertsteuer sollten in Anknüpfung an die Schlussfolgerungen des Rates vom 7. Oktober 2008, die Mitteilung der Kommission an den Rat, das Europäische Parlament und den Europäischen Wirtschafts- und Sozialausschuss über eine koordinierte Strategie zur wirksameren Bekämpfung des MwSt.-Betrugs in der Europäischen Union und den Bericht der Kommission an den Rat und an das Europäische Parlament über die Anwendung der Verordnung (EG) Nr. 1798/2003 des Rates über die Zusammenarbeit der Verwaltungsbehörden auf dem Gebiet der Mehrwertsteuer (im Folgenden: „Bericht der Kommission") verbessert und ergänzt werden. Ferner bedürfen die Bestimmungen der Verordnung (EG) Nr. 1798/2003 redaktioneller oder praktischer Klarstellungen.

(3) Steuerhinterziehung und Steuerumgehung über die Grenzen der Mitgliedstaaten hinweg führen zu Einnahmenverlusten und verletzen das Prinzip der Steuergerechtigkeit. Sie können auch Verzerrungen des Kapitalverkehrs und des Wettbewerbs verursachen. Sie beeinträchtigen folglich das Funktionieren des Binnenmarkts.

(4) Die Bekämpfung der Mehrwertsteuerhinterziehung erfordert eine enge Zusammenarbeit zwischen den zuständigen Behörden, die in den einzelnen Mitgliedstaaten für die Anwendung der einschlägigen Vorschriften verantwortlich sind.

(5) Zu den Steuerharmonisierungsmaßnahmen, die im Hinblick auf die Vollendung des Binnenmarktes ergriffen werden, sollte die Einrichtung eines gemeinsamen Systems für die Zusammenarbeit zwischen den Mitgliedstaaten – vor allem hinsichtlich des Informationsaustausches – gehören, bei der die zuständigen Behörden der Mitgliedstaaten ein-

ander Amtshilfe gewähren und mit der Kommission zusammenarbeiten, um eine ordnungsgemäße Anwendung der Mehrwertsteuer (MwSt.) auf Warenlieferungen und Dienstleistungen, den innergemeinschaftlichen Erwerb von Gegenständen und auf die Einfuhr von Waren zu gewährleisten.

(6) Die Zusammenarbeit der Verwaltungsbehörden sollte nicht zu einer ungebührlichen Verlagerung des Verwaltungsaufwands zwischen den Mitgliedstaaten führen.

(7) Für die Erhebung der geschuldeten Steuer sollten die Mitgliedstaaten kooperieren, um die richtige Festsetzung der Mehrwertsteuer sicherzustellen. Daher müssen sie nicht nur die richtige Erhebung der geschuldeten Steuer in ihrem eigenen Hoheitsgebiet kontrollieren, sondern sollten auch anderen Mitgliedstaaten Amtshilfe gewähren, um die richtige Erhebung der Steuer sicherzustellen, die im Zusammenhang mit einer in ihrem Hoheitsgebiet erfolgten Tätigkeit in einem anderen Mitgliedstaat geschuldet wird.

(8) Die Kontrolle der richtigen Anwendung der Mehrwertsteuer auf grenzüberschreitende Umsätze, die in einem anderen Mitgliedstaat als dem, in dem der Lieferer oder Dienstleistungserbringer ansässig ist, steuerbar sind, hängt in vielen Fällen von Informationen ab, die dem Mitgliedstaat der Ansässigkeit vorliegen oder die von diesem Mitgliedstaat viel einfacher beschafft werden können. Für eine effektive Kontrolle dieser Umsätze ist es daher erforderlich, dass der Mitgliedstaat der Ansässigkeit diese Informationen erhebt oder erheben kann.

(9) Für die Einführung des Systems einer einzigen Anlaufstelle durch die Richtlinie 2006/112/EG des Rates vom 28. November 2006 über das gemeinsame Mehrwertsteuersystem und für die Anwendung des Erstattungsverfahrens für Steuerpflichtige, die nicht in dem Mitgliedstaat der Erstattung ansässig sind durch die Richtlinie 2008/9/EG des Rates vom 12. Februar 2008 zur Regelung der Erstattung der Mehrwertsteuer gemäß der Richtlinie 2006/112/EG an nicht im Mitgliedstaat der Erstattung, sondern in einem anderen Mitgliedstaat ansässige Steuerpflichtige sind Regeln für den Informationsaustausch zwischen den Mitgliedstaaten und für die Aufbewahrung dieser Informationen erforderlich.

(10) In grenzüberschreitenden Fällen ist es wichtig, die Verpflichtungen jedes Mitgliedstaats genau festzulegen, so dass die Mehrwertsteuer in dem Mitgliedstaat, in dem sie geschuldet wird, effektiv kontrolliert werden kann.

(11) Für ein reibungsloses Funktionieren des Mehrwertsteuersystems sind die elektronische Speicherung und Übertragung bestimmter Daten zum Zweck der Kontrolle der Mehrwertsteuer erforderlich. Sie ermöglichen einen schnellen Informationsaustausch und einen automatisierten Informationszugang, wodurch die Betrugsbekämpfung gestärkt wird. Dies kann dadurch erreicht werden, dass der Datenbestand in Bezug auf Mehrwertsteuerpflichtige und ihre innergemeinschaftlichen Umsätze verbessert wird, indem darin eine Reihe von Informationen über die Steuerpflichtigen und ihre Umsätze aufgenommen wird.

(12) Die Mitgliedstaaten sollten geeignete Überprüfungsverfahren anwenden, mit denen die Aktualität, die Vergleichbarkeit und die Qualität der Informationen sichergestellt und dadurch auch ihre Verlässlichkeit erhöht werden können. Die Bedingungen für den Austausch von elektronisch gespeicherten Daten und den automatisierten Zugang der Mitgliedstaaten zu elektronisch gespeicherten Daten sollten eindeutig festgelegt werden.

(13) Für eine wirksame Betrugsbekämpfung ist es notwendig, einen Informationsaustausch ohne vorheriges Ersuchen vorzusehen. Zur Erleichterung des Informationsaus-

tauschs sollte festgelegt werden, für welche Kategorien ein automatischer Austausch notwendig ist.

(14) Wie im Bericht der Kommission dargelegt, ist die Rückmeldung (Feedback) ein geeignetes Mittel zur Gewährleistung einer laufenden Verbesserung der Qualität der ausgetauschten Informationen. Es sollte daher ein Rahmen für die Übermittlung von Rückmeldung festgelegt werden.

(15) Für die effektive Kontrolle der Mehrwertsteuer auf grenzüberschreitende Umsätze ist es notwendig, die Möglichkeit zu schaffen, dass Mitgliedstaaten gleichzeitige Kontrollen durchführen und sich Beamte eines Mitgliedstaats im Rahmen der Zusammenarbeit der Verwaltungsbehörden im Gebiet eines anderen Mitgliedstaats aufhalten.

(16) Die Bestätigung der Gültigkeit der Mehrwertsteuer-Identifikationsnummern per Internet ist ein Instrument, das die Wirtschaftsbeteiligten zunehmend nutzen. Das System zur Bestätigung der Gültigkeit von Mehrwertsteuer-Identifikationsnummern sollte den Wirtschaftsbeteiligten die relevanten Informationen automatisiert bestätigen.

(17) Einige Steuerpflichtige unterliegen spezifischen Verpflichtungen, die namentlich in Bezug auf die Rechnungsstellung dann von denen im Mitgliedstaat, in dem sie ansässig sind, abweichen, wenn sie an Empfänger, die in dem Gebiet eines anderen Mitgliedstaats ansässig sind, Gegenstände liefern oder Dienstleistungen erbringen. Es sollte ein Mechanismus eingerichtet werden, über den diese Steuerpflichtigen sich ohne weiteres über solche Verpflichtungen informieren können.

(18) In jüngster Zeit gewonnene praktische Erfahrung mit der Anwendung der Verordnung (EG) Nr. 1798/2003 im Rahmen der Bekämpfung des Karussellbetrugs hat gezeigt, dass es für eine wirksame Betrugsbekämpfung in bestimmten Fällen unabdingbar ist, einen Mechanismus für einen wesentlich schnelleren Informationsaustausch einzurichten, der viel weitergehende und gezieltere Informationen umfasst. Gemäß den Schlussfolgerungen des Rates vom 7. Oktober 2008 sollte im Rahmen dieser Verordnung für alle Mitgliedstaaten ein dezentralisiertes Netzwerk ohne Rechtspersönlichkeit mit der Bezeichnung „Eurofisc" geschaffen werden, das die multilaterale und dezentrale Zusammenarbeit zur gezielten und schnellen Bekämpfung besonderer Betrugsfälle fördert und erleichtert.

(19) Es obliegt in erster Linie dem Verbrauchsmitgliedstaat zu gewährleisten, dass nichtansässige Dienstleistungserbringer ihre Verpflichtungen erfüllen. Zu diesem Zweck macht es die Anwendung der vorübergehenden Sonderregelung für elektronisch erbrachte Dienstleistungen gemäß Titel XII Kapitel 6 der Richtlinie 2006/112/EG erforderlich, Regeln über die Bereitstellung von Informationen und über die Überweisung von Geldern zwischen dem Mitgliedstaat der Identifizierung und dem Mitgliedstaat des Verbrauchs festzulegen.

(20) Informationen, die ein Mitgliedstaat von Drittländern erhalten hat, können anderen Mitgliedstaaten sehr nützlich sein. Ebenso können von einem Mitgliedstaat erhaltene Informationen anderer Mitgliedstaaten für Drittländer sehr nützlich sein. Deshalb sollten die Bedingungen für den Austausch dieser Informationen festgelegt werden.

(21) Die nationalen Bestimmungen über das Bankgeheimnis sollten der Anwendung dieser Verordnung nicht entgegenstehen.

(22) Die vorliegende Verordnung darf andere auf Ebene der Union verabschiedete Maßnahmen zur Bekämpfung des Mehrwertsteuerbetrugs nicht beeinträchtigen.

(23) Aus Effizienz-, Zeit- und Kostengründen ist es unerlässlich, dass die im Rahmen dieser Verordnung mitgeteilten Informationen möglichst auf elektronischem Weg übermittelt werden.

(24) Angesichts des repetitiven Charakters bestimmter Ersuchen und der Sprachenvielfalt in der Union sowie um eine schnellere Bearbeitung der Informationsersuchen zu ermöglichen, ist es wichtig, die Verwendung von Standardformularen für den Informationsaustausch zur Regel zu machen.

(25) Fristen gemäß dieser Verordnung für die Übermittlung von Informationen sind als nicht zu überschreitende Höchstfristen zu verstehen, wobei grundsätzlich gelten sollte, dass im ersuchten Mitgliedstaat bereits vorliegende Informationen im Interesse einer effizienten Zusammenarbeit unverzüglich übermittelt werden.

(26) Für die Zwecke der vorliegenden Verordnung sollten Beschränkungen bestimmter Rechte und Pflichten nach der Richtlinie 95/46/EG des Europäischen Parlaments und des Rates vom 24. Oktober 1995 zum Schutz natürlicher Personen bei der Verarbeitung personenbezogener Daten und zum freien Datenverkehr erwogen werden, um die in Artikel 13 Absatz 1 Buchstabe e jener Richtlinie genannten Interessen zu schützen. Diese Beschränkungen sind angesichts der potenziellen Einnahmenausfälle für die Mitgliedstaaten und der wesentlichen Bedeutung der von dieser Verordnung erfassten Informationen für eine wirksame Betrugsbekämpfung erforderlich und verhältnismäßig.

(27) Da die für die Durchführung der vorliegenden Verordnung erforderlichen Maßnahmen von allgemeiner Tragweite im Sinne des Artikels 2 des Beschlusses 1999/468/EG des Rates vom 28. Juni 1999 zur Festlegung der Modalitäten für die Ausübung der der Kommission übertragenen Durchführungsbefugnisse sind, sind sie nach dem Regelungsverfahren gemäß Artikel 5 dieses Beschlusses zu erlassen –

HAT FOLGENDE VERORDNUNG ERLASSEN:

KAPITEL I
ALLGEMEINE BESTIMMUNGEN

Artikel 1

(1) Diese Verordnung regelt die Modalitäten, nach denen die in den Mitgliedstaaten mit der Anwendung der Vorschriften auf dem Gebiet der Mehrwertsteuer beauftragten zuständigen Behörden untereinander und mit der Kommission zusammenarbeiten, um die Einhaltung dieser Vorschriften zu gewährleisten.

Zu diesem Zweck werden in dieser Verordnung Regeln und Verfahren festgelegt, nach denen die zuständigen Behörden der Mitgliedstaaten untereinander zusammenarbeiten und Informationen austauschen, die für die korrekte Festsetzung der Mehrwertsteuer, die Kontrolle der richtigen Anwendung der Mehrwertsteuer insbesondere auf grenzüberschreitende Umsätze sowie die Bekämpfung des Mehrwertsteuerbetrugs geeignet sind. Es werden insbesondere die Regeln und Verfahren festgelegt, die es den Mitgliedstaaten ermöglichen, diese Informationen elektronisch zu erfassen und auszutauschen.

(2) Diese Verordnung legt die Bedingungen, unter denen die in Absatz 1 genannten Behörden Unterstützung zum Schutz der Mehrwertsteuereinnahmen in allen Mitgliedstaaten leisten, fest.

(3) Diese Verordnung berührt nicht die Anwendung der Vorschriften über die Rechtshilfe in Strafsachen in den Mitgliedstaaten.

(4) In dieser Verordnung werden auch Regeln und Verfahren für den elektronischen Informationsaustausch im Zusammenhang mit der Mehrwertsteuer auf elektronisch erbrachte Dienstleistungen gemäß der Sonderregelung nach Titel XII Kapitel 6 der Richtlinie 2006/112/EG sowie für einen etwaigen anschließenden Informationsaustausch und – soweit von der Sonderregelung erfasste Dienstleistungen betroffen sind – für die Überweisung von Geldbeträgen zwischen den zuständigen Behörden der Mitgliedstaaten festgelegt.

Artikel 2

(1) Für die Zwecke dieser Verordnung bezeichnet der Ausdruck

a) „zentrales Verbindungsbüro" das gemäß Artikel 4 Absatz 1 benannte Büro, das für die Verbindung zu den anderen Mitgliedstaaten auf dem Gebiet der Zusammenarbeit der Verwaltungsbehörden hauptverantwortlich zuständig ist;

b) „Verbindungsstelle" jede andere Stelle als das zentrale Verbindungsbüro, die als solche von der zuständigen Behörde gemäß Artikel 4 Absatz 2 dazu benannt ist, auf der Grundlage dieser Verordnung einen direkten Informationsaustausch durchzuführen;

c) „zuständiger Beamter" jeden Beamten, der aufgrund einer Ermächtigung nach Artikel 4 Absatz 3 zum direkten Informationsaustausch auf der Grundlage dieser Verordnung berechtigt ist;

d) „ersuchende Behörde" das zentrale Verbindungsbüro, eine Verbindungsstelle oder jeden zuständigen Beamten eines Mitgliedstaats, der im Namen der zuständigen Behörde ein Amtshilfeersuchen stellt;

e) „ersuchte Behörde" das zentrale Verbindungsbüro, eine Verbindungsstelle oder jeden zuständigen Beamten eines Mitgliedstaats, der im Namen der zuständigen Behörde ein Amtshilfeersuchen entgegennimmt;

f) „innergemeinschaftliche Umsätze" die innergemeinschaftliche Warenlieferung und die innergemeinschaftliche Dienstleistung;

g) „innergemeinschaftliche Lieferung von Gegenständen" eine Lieferung von Gegenständen, die in der zusammenfassenden Meldung gemäß Artikel 262 der Richtlinie 2006/112/EG anzuzeigen ist;

h) „innergemeinschaftliche Dienstleistung" die Erbringung von Dienstleistungen, die in der zusammenfassenden Meldung gemäß Artikel 262 der Richtlinie 2006/112/EG anzuzeigen ist;

i) „innergemeinschaftlicher Erwerb von Gegenständen" die Erlangung des Rechts, nach Artikel 20 der Richtlinie 2006/112/EG wie ein Eigentümer über einen beweglichen körperlichen Gegenstand zu verfügen;

j) „Mehrwertsteuer-Identifikationsnummer" die in den Artikeln 214, 215 und 216 der Richtlinie 2006/112/EG vorgesehene Nummer;

k) „behördliche Ermittlungen" alle von den Mitgliedstaaten in Ausübung ihres Amtes vorgenommenen Kontrollen, Nachprüfungen und Handlungen mit dem Ziel, die ordnungsgemäße Anwendung der Mehrwertsteuervorschriften sicherzustellen;

l) „automatischer Austausch" die systematische Übermittlung zuvor festgelegter Informationen an einen anderen Mitgliedstaat ohne dessen vorheriges Ersuchen;

m) „spontaner Austausch" die nicht systematische Übermittlung von Informationen zu jeder Zeit an einen anderen Mitgliedstaat ohne dessen vorheriges Ersuchen;

n) „Person"
 i) eine natürliche Person,
 ii) eine juristische Person,

iii) sofern diese Möglichkeit nach den geltenden Rechtsvorschriften besteht, eine Personenvereinigung, der die Rechtsfähigkeit zuerkannt wurde, die aber nicht über die Rechtsstellung einer juristischen Person verfügt, oder
iv) alle anderen rechtlichen Zusammenschlüsse gleich welcher Art und Form – mit oder ohne Rechtspersönlichkeit –, die Umsätze bewirken, die der Mehrwertsteuer unterliegen;
o) „automatisierter Zugang" die Möglichkeit, unverzüglich Zugang zu einem elektronischen System zu haben, um bestimmte darin enthaltene Informationen einsehen zu können;
p) „auf elektronischem Weg" die Übermittlung von Daten mithilfe elektronischer Anlagen zur Verarbeitung, einschließlich der digitalen Kompression, und zum Speichern von Daten per Draht oder Funk oder durch jedes andere optische oder elektromagnetische Verfahren;
q) „CCN/CSI-Netz" die auf das Common Communication Network (im Folgenden: „CCN") und das Common System Interface (im Folgenden: „CSI") gestützte gemeinsame Plattform, die von der Union entwickelt wurde, um die gesamte elektronische Informationsübermittlung zwischen den zuständigen Behörden im Bereich Zoll und Steuern sicherzustellen;
r) „gleichzeitige Prüfung" eine von mindestens zwei teilnehmenden Mitgliedstaaten mit gemeinsamen oder sich ergänzenden Interessen organisierte abgestimmte Prüfung der steuerlichen Verhältnisse eines Steuerpflichtigen oder mehrerer miteinander verbundener Steuerpflichtiger.

(2) Ab dem 1. Januar 2015 gelten die Begriffsbestimmungen der Artikel 358, 358a und 369a der Richtlinie 2006/112/EG auch für die Zwecke diese Verordnung.

Artikel 3

Die zuständigen Behörden sind die Behörden, in deren Namen diese Verordnung entweder unmittelbar oder im Auftrag angewandt wird.

Jeder Mitgliedstaat teilt der Kommission bis spätestens 1. Dezember 2010 mit, welches seine zuständige Behörde für die Zwecke dieser Verordnung ist; er setzt die Kommission unverzüglich von jeder Änderung in Kenntnis.

Kroatien teilt der Kommission bis spätestens 1. Juli 2013 mit, welches seine zuständige Behörde für die Zwecke dieser Verordnung ist, und setzt die Kommission von nachfolgenden Änderungen im Einklang mit Absatz 2 in Kenntnis.

Die Kommission stellt den Mitgliedstaaten ein Verzeichnis der zuständigen Behörden zur Verfügung und veröffentlicht diese Information im Amtsblatt der Europäischen Union.

Artikel 4

(1) Jeder Mitgliedstaat benennt ein einziges zentrales Verbindungsbüro, das in seinem Auftrag für die Verbindung zu den anderen Mitgliedstaaten auf dem Gebiet der Zusammenarbeit der Verwaltungsbehörden hauptverantwortlich zuständig ist. Er setzt die Kommission und die anderen Mitgliedstaaten davon in Kenntnis. Das zentrale Verbindungsbüro kann auch als zuständige Stelle für Kontakte zur Kommission benannt werden.

(2) Die zuständige Behörde jedes Mitgliedstaats kann Verbindungsstellen benennen. Das zentrale Verbindungsbüro ist dafür zuständig, die Liste dieser Stellen auf dem neuesten Stand zu halten und sie den zentralen Verbindungsbüros der anderen betroffenen Mitgliedstaaten zugänglich zu machen.

(3) Die zuständige Behörde jedes Mitgliedstaats kann darüber hinaus unter den von ihr festgelegten Voraussetzungen zuständige Beamte benennen, die unmittelbar Informationen auf der Grundlage dieser Verordnung austauschen können. Hierbei kann sie die Tragweite dieser Benennung begrenzen. Das zentrale Verbindungsbüro ist dafür zuständig, die Liste dieser Beamten auf dem neuesten Stand zu halten und sie den zentralen Verbindungsbüros der anderen betroffenen Mitgliedstaaten zugänglich zu machen.

(4) Die Beamten, die Informationen gemäß den Artikeln 28, 29 und 30 austauschen, gelten in jedem Fall als für diesen Zweck zuständige Beamte, im Einklang mit den von den zuständigen Behörden festgelegten Bedingungen.

Artikel 5

Wenn eine Verbindungsstelle oder ein zuständiger Beamter ein Amtshilfeersuchen oder eine Antwort auf ein Amtshilfeersuchen übermittelt oder entgegennimmt, unterrichtet er das zentrale Verbindungsbüro seines Mitgliedstaats gemäß den von diesem Mitgliedstaat festgelegten Bedingungen.

Artikel 6

Wenn eine Verbindungsstelle oder ein zuständiger Beamter ein Amtshilfeersuchen entgegennimmt, das ein Tätigwerden außerhalb seiner territorialen oder funktionalen Zuständigkeit erforderlich macht, übermittelt sie/er dieses Ersuchen unverzüglich an das zentrale Verbindungsbüro ihres/seines Mitgliedstaats und unterrichtet die ersuchende Behörde davon. In diesem Fall beginnt die in Artikel 10 vorgesehene Frist mit dem Tag nach der Weiterleitung des Amtshilfeersuchens an das zentrale Verbindungsbüro.

KAPITEL II
INFORMATIONSAUSTAUSCH AUF ERSUCHEN
ABSCHNITT 1
Ersuchen um Informationen und um behördliche Ermittlungen
Artikel 7

(1) Auf Antrag der ersuchenden Behörde erteilt die ersuchte Behörde die in Artikel 1 genannten Informationen, einschließlich solcher, die konkrete Einzelfälle betreffen.

(2) Für die Zwecke der Erteilung von Informationen gemäß Absatz 1 führt die ersuchte Behörde die zur Beschaffung dieser Informationen notwendigen behördlichen Ermittlungen durch.

(3) Bis 31. Dezember 2014 kann das Ersuchen nach Absatz 1 einen begründeten Antrag auf eine behördliche Ermittlung enthalten. Ist die ersuchte Behörde der Auffassung, dass die behördliche Ermittlung nicht erforderlich ist, so teilt er der ersuchenden Behörde unverzüglich die Gründe hierfür mit.

(4) Ab 1. Januar 2015 kann das Ersuchen nach Absatz 1 einen begründeten Antrag auf eine bestimmte behördliche Ermittlung enthalten. Ist die ersuchte Behörde der Auffassung, dass keine behördliche Ermittlung erforderlich ist, so teilt er der ersuchenden Behörde unverzüglich die Gründe hierfür mit.

Ungeachtet des Unterabsatzes 1 kann eine Ermittlung, die Beträge zum Gegenstand hat, die von einem Steuerpflichtigen im Zusammenhang mit der Lieferung oder Erbringung von in Anhang I genannten Gegenständen bzw. Dienstleistungen, die von einem im

Mitgliedstaat der ersuchten Behörde ansässigen Steuerpflichtigen geliefert bzw. erbracht wurden und im Mitgliedstaat der ersuchenden Behörde steuerpflichtig sind, erklärt wurden, nur abgelehnt werden

a) aufgrund von Artikel 54 Absatz 1, wenn die Wechselwirkung dieses Absatzes mit Artikel 54 Absatz 1 von der ersuchten Behörde in Übereinstimmung mit einer nach dem in Artikel 58 Absatz 2 genannten Verfahren anzunehmenden Erklärung zu bewährten Verfahren geprüft wurde;

b) aufgrund von Artikel 54 Absätze 2, 3 und 4 oder

c) wenn die ersuchte Behörde der ersuchenden Behörde zum selben Steuerpflichtigen bereits Informationen erteilt hat, die im Rahmen einer weniger als zwei Jahre zurückliegenden behördlichen Ermittlung erlangt wurden.

Lehnt die ersuchte Behörde eine behördliche Ermittlung gemäß Unterabsatz 2 aufgrund von Buchstabe a oder b ab, muss sie dennoch der ersuchenden Behörde die Daten und Beträge der relevanten, in den letzten zwei Jahren vom Steuerpflichtigen im Mitgliedstaat der ersuchenden Behörde getätigten Lieferungen bzw. Dienstleistungen mitteilen.

(5) Zur Beschaffung der angeforderten Informationen oder zur Durchführung der beantragten behördlichen Ermittlungen verfährt die ersuchte Behörde oder die von ihr befasste Verwaltungsbehörde so, wie sie in Erfüllung eigener Aufgaben oder auf Ersuchen einer anderen Behörde des eigenen Staates handeln würde.

Artikel 8

Ein Ersuchen um Informationen und um behördliche Ermittlungen nach Artikel 7 wird außer in den Fällen des Artikels 50 oder in Ausnahmefällen, in denen das Ersuchen die Begründung enthält, warum die ersuchende Behörde der Auffassung ist, dass das Standardformular nicht sachgerecht ist, unter Verwendung eines Standardformulars übermittelt, das gemäß dem Verfahren nach Artikel 58 Absatz 2 festgelegt wird.

Artikel 9

(1) Auf Antrag der ersuchenden Behörde übermittelt die ersuchte Behörde in Form von Berichten, Bescheinigungen und anderen Schriftstücken oder beglaubigten Kopien von Schriftstücken oder Auszügen daraus alle sachdienlichen Informationen, über die sie verfügt oder die sie sich beschafft, sowie die Ergebnisse der behördlichen Ermittlungen.

(2) Urschriften werden jedoch nur insoweit übermittelt, als die geltenden Rechtsvorschriften des Mitgliedstaats, in dem die ersuchte Behörde ihren Sitz hat, dem nicht entgegenstehen.

ABSCHNITT 2

Frist für die Informationsübermittlung

Artikel 10

Die Informationsübermittlung durch die ersuchte Behörde gemäß den Artikeln 7 und 9 erfolgt möglichst rasch, spätestens jedoch drei Monate nach dem Zeitpunkt des Eingangs des Ersuchens.

Liegen der ersuchten Behörde die angeforderten Informationen bereits vor, so wird die Frist auf einen Zeitraum von höchstens einem Monat verkürzt.

Artikel 11

In bestimmten speziellen Kategorien von Fällen können zwischen der ersuchten und der ersuchenden Behörde andere als die in Artikel 10 vorgesehenen Fristen vereinbart werden.

Artikel 12

Ist die ersuchte Behörde nicht in der Lage, auf ein Ersuchen fristgerecht zu antworten, so teilt sie der ersuchenden Behörde unverzüglich schriftlich mit, welche Gründe einer fristgerechten Antwort entgegenstehen und wann sie dem Ersuchen ihres Erachtens wahrscheinlich nachkommen kann.

KAPITEL III
INFORMATIONSAUSTAUSCH OHNE VORHERIGES ERSUCHEN

Artikel 13

(1) Die zuständige Behörde jedes Mitgliedstaats übermittelt der zuständigen Behörde jedes anderen betroffenen Mitgliedstaats die in Artikel 1 genannten Informationen ohne vorheriges Ersuchen, wenn

a) die Besteuerung im Bestimmungsmitgliedstaat erfolgen soll und die vom Herkunftsmitgliedstaat übermittelten Informationen für die Wirksamkeit der Kontrollen des Bestimmungsmitgliedstaats notwendig sind;

b) ein Mitgliedstaat Grund zu der Annahme hat, dass in dem anderen Mitgliedstaat ein Verstoß gegen die Mehrwertsteuervorschriften begangen oder vermutlich begangen wurde;

c) in einem anderen Mitgliedstaat die Gefahr eines Steuerverlusts besteht.

(2) Der Informationsaustausch ohne vorheriges Ersuchen erfolgt entweder automatisch gemäß Artikel 14 oder spontan gemäß Artikel 15.

(3) Die Informationen werden unter Verwendung eines Standardformulars übermittelt, das gemäß dem Verfahren nach Artikel 58 Absatz 2 festgelegt wird.

Artikel 14

(1) Gemäß dem Verfahren nach Artikel 58 Absatz 2 wird Folgendes festgelegt:

a) die genauen Kategorien der dem automatischen Austausch unterliegenden Informationen,

b) die Häufigkeit des automatischen Austauschs der jeweiligen Kategorie von Informationen und

c) die praktischen Vorkehrungen für den automatischen Austausch von Informationen.

Ein Mitgliedstaat kann in Bezug auf eine oder mehrere Kategorien davon absehen, an dem automatischen Austausch von Informationen teilzunehmen, wenn infolge der Erhebung der Informationen für diesen Austausch den Mehrwertsteuerpflichtigen neue Pflichten auferlegt werden müssten oder ihm selbst ein unverhältnismäßig hoher Verwaltungsaufwand entstehen würde.

Die Ergebnisse des automatischen Austauschs von Informationen werden für jede Kategorie durch den in Artikel 58 Absatz 1 genannten Ausschuss einmal im Jahr überprüft, um sicherzustellen, dass diese Art des Austausches nur dann erfolgt, wenn sie das wirksamste Mittel für den Austausch von Informationen darstellt.

(2) Die zuständige Behörde eines jeden Mitgliedstaats nimmt ab dem 1. Januar 2015 insbesondere einen automatischen Austausch von Informationen vor, der es den Verbrauchsmitgliedstaaten ermöglicht, nachzuprüfen, ob nicht in ihrem Hoheitsgebiet ansässige Steuerpflichtige für Telekommunikationsdienstleistungen, Rundfunk- und Fernsehdienstleistungen und elektronisch erbrachte Dienstleistungen in korrekter Weise Mehrwertsteuererklärungen abgegeben und Mehrwertsteuer entrichtet haben, unabhängig davon, ob diese Steuerpflichtigen die Sonderregelung nach Titel XII Kapitel 6 Abschnitt 3 der Richtlinie 2006/112/EG in Anspruch nehmen oder nicht. Der Mitgliedstaat der Identifizierung hat den Verbrauchsmitgliedstaat über Unregelmäßigkeiten, von denen er Kenntnis erlangt, zu informieren.

Artikel 15

Die zuständigen Behörden der Mitgliedstaaten übersenden den zuständigen Behörden der anderen Mitgliedstaaten spontan Informationen nach Artikel 13 Absatz 1, die nicht im Rahmen des automatischen Austausches nach Artikel 14 übermittelt wurden, von denen sie Kenntnis haben und die ihrer Ansicht nach für die anderen zuständigen Behörden von Nutzen sein können.

KAPITEL IV
RÜCKMELDUNGEN

Artikel 16

Übermittelt eine zuständige Behörde Informationen gemäß den Artikeln 7 oder 15, so kann sie die zuständige Behörde, die die Informationen erhält, um eine Rückmeldung zu diesen Informationen bitten. Wird eine solche Anfrage gestellt, so übermittelt die zuständige Behörde, die die Information erhält, unbeschadet der geltenden Vorschriften ihres Mitgliedstaats zum Schutz des Steuergeheimnisses und zum Datenschutz, die Rückmeldung möglichst rasch, vorausgesetzt, dass hierdurch kein unverhältnismäßig hoher Verwaltungsaufwand entsteht. Die praktischen Modalitäten des Informationsaustauschs werden gemäß dem Verfahren nach Artikel 58 Absatz 2 festgelegt.

KAPITEL V
SPEICHERUNG UND AUSTAUSCH BESTIMMTER INFORMATIONEN

Artikel 17

(1) Jeder Mitgliedstaat speichert in einem elektronischen System folgende Informationen:
a) Informationen, die er gemäß Titel XI Kapitel 6 der Richtlinie 2006/112/EG erhebt;
b) Angaben zur Identität, Tätigkeit, Rechtsform und Anschrift der Personen, denen eine Mehrwertsteuer-Identifikationsnummer zugeteilt wurde, und die in Anwendung des Artikels 213 der Richtlinie 2006/112/EG erhoben werden, sowie der Zeitpunkt, zu dem die Nummer zugeteilt wurde;
c) Angaben zu den zugeteilten und ungültig gewordenen Mehrwertsteuer-Identifikationsnummern und der jeweilige Zeitpunkt des Ungültigwerdens dieser Nummern und
d) Informationen, die er gemäß den Artikeln 360, 361, 364 und 365 der Richtlinie 2006/112/EG einholt, und ab dem 1. Januar 2015 Informationen, die er entsprechend den Artikeln 369c, 369f und 369g der genannten Richtlinie einholt.

(2) Die technischen Einzelheiten betreffend die automatisierte Bereitstellung der Informationen nach Absatz 1 Buchstaben b, c, und d werden gemäß dem Verfahren nach Artikel 58 Absatz 2 festgelegt.

Artikel 18

Um die Verwendung der in Artikel 17 genannten Informationen im Rahmen der in dieser Verordnung vorgesehenen Verfahren zu ermöglichen, sind diese Informationen mindestens fünf Jahre lang ab dem Ende des ersten Kalenderjahres, in dem die Informationen zur Verfügung gestellt werden müssen, bereitzuhalten.

Artikel 19

Die Mitgliedstaaten sorgen für die Aktualisierung, Ergänzung und genaue Führung der in das elektronische System nach Artikel 17 eingestellten Informationen.

Nach dem in Artikel 58 Absatz 2 genannten Verfahren sind die Kriterien festzulegen, nach denen bestimmt wird, welche Ergänzungen nicht relevant, wesentlich oder zweckmäßig sind und somit nicht vorgenommen zu werden brauchen.

Artikel 20

(1) Die Informationen nach Artikel 17 werden unverzüglich in das elektronische System eingestellt.

(2) Abweichend von Absatz 1 werden die in Artikel 17 Absatz 1 Buchstabe a genannten Informationen spätestens innerhalb eines Monats ab dem Ende des Zeitraums, auf den sich die Informationen beziehen, in das elektronische System eingestellt.

(3) Abweichend von Absatz 1 und Absatz 2 sind Informationen, die nach Artikel 19 im Datenbankensystem korrigiert oder ergänzt werden müssen, spätestens innerhalb des Monats, der auf den Zeitraum folgt, in dem diese Informationen eingeholt wurden, in das elektronische System einzustellen.

Artikel 21

(1) Jeder Mitgliedstaat gestattet der zuständigen Behörde jedes anderen Mitgliedstaats den automatisierten Zugang zu den nach Artikel 17 gespeicherten Informationen.

(2) In Bezug auf die in Artikel 17 Absatz 1 Buchstabe a genannten Informationen sind mindestens folgende Einzelangaben zugänglich:
a) die von dem Mitgliedstaat, der die Informationen erhält, erteilten Mehrwertsteuer-Identifikationsnummern;
b) der Gesamtwert aller innergemeinschaftlichen Lieferungen von Gegenständen und der Gesamtwert aller innergemeinschaftlichen Dienstleistungen, die an die Personen, denen eine Mehrwertsteuer-Identifikationsnummer gemäß Buchstabe a erteilt wurde, von allen Unternehmen, die in dem die Information erteilenden Mitgliedstaat eine Mehrwertsteuer-Identifikationsnummer erhalten haben, getätigt wurden;
c) die Mehrwertsteuer-Identifikationsnummern der Personen, die die Lieferungen und Dienstleistungen gemäß Buchstabe b getätigt oder erbracht haben;
d) der Gesamtwert aller Lieferungen oder Dienstleistungen nach Buchstabe b durch jede der in Buchstabe c genannten Personen an jede Person, der eine Mehrwertsteuer-Identifikationsnummer nach Buchstabe a erteilt wurde;
e) der Gesamtwert aller Lieferungen oder Dienstleistungen nach Buchstabe b durch jede der in Buchstabe c genannten Personen an jede Person, der eine Mehrwertsteuer-

Identifikationsnummer von einem anderen Mitgliedstaat erteilt wurde, sofern folgende Voraussetzungen erfüllt sind:
i) Der Zugang zu den Informationen steht im Zusammenhang mit Ermittlungen wegen Verdachts auf Betrug,
ii) der Zugang erfolgt über einen Eurofisc-Verbindungsbeamten im Sinne des Artikels 36 Absatz 1, der eine persönliche Nutzerberechtigung für das elektronische System besitzt, die den Zugang zu den Informationen erlaubt, und
iii) der Zugang wird nur während der üblichen Arbeitszeiten gewährt.

Die in Buchstaben b, d und e genannten Werte werden in der Währung des Mitgliedstaats ausgedrückt, der die Auskünfte erteilt, und beziehen sich auf die gemäß Artikel 263 der Richtlinie 2006/112/EG festgelegten Zeiträume der Abgabe der zusammenfassenden Meldungen jedes einzelnen Steuerpflichtigen.

Artikel 22

(1) Um den Steuerbehörden ein angemessenes Niveau an Qualität und die Zuverlässigkeit der über das elektronische System nach Artikel 17 zur Verfügung gestellten Informationen zu bieten, stellen die Mitgliedstaaten durch entsprechende Maßnahmen sicher, dass die Angaben, die Steuerpflichtige und nichtsteuerpflichtige Personen machen, um nach Artikel 214 der Richtlinie 2006/112/EG eine Mehrwertsteuer-Identifikationsnummer zu erhalten, ihrer Beurteilung nach vollständig und richtig sind.

Die Mitgliedstaaten sehen die gemäß den Ergebnissen ihrer Risikoanalyse erforderlichen Verfahren zur Überprüfung dieser Angaben vor. Die Überprüfung erfolgt in der Regel vor der Erteilung der Mehrwertsteuer-Identifikationsnummer oder, falls vor der Erteilung nur eine vorläufige Überprüfung vorgenommen wird, binnen höchstens sechs Monaten nach Erteilung der Mehrwertsteuer-Identifikationsnummer.

(2) Die Mitgliedstaaten informieren den in Artikel 58 genannten Ausschuss über die auf nationaler Ebene eingeführten Maßnahmen, um die Qualität und Zuverlässigkeit der Informationen gemäß Absatz 1 sicherzustellen.

Artikel 23

Die Mitgliedstaaten stellen sicher, dass die in Artikel 214 der Richtlinie 2006/112/EG genannte Mehrwertsteuer-Identifikationsnummer im elektronischen System nach Artikel 17 dieser Verordnung zumindest in folgenden Fällen als ungültig ausgewiesen wird:
a) Eine Person, der eine Mehrwertsteuer-Identifikationsnummer erteilt wurde, hat mitgeteilt, dass sie ihre wirtschaftliche Tätigkeit im Sinne des Artikels 9 der Richtlinie 2006/112/EG aufgegeben hat, oder hat nach Auffassung der zuständigen Steuerbehörde ihre wirtschaftliche Tätigkeit aufgegeben. Eine Steuerbehörde kann insbesondere annehmen, dass eine Person ihre wirtschaftliche Tätigkeit aufgegeben hat, wenn sie ein Jahr nach Ablauf der Frist für die Abgabe der ersten Mehrwertsteuererklärung bzw. die Übermittlung der ersten zusammenfassenden Meldung weder Mehrwertsteuererklärungen abgegeben noch zusammenfassende Meldungen übermittelt hat, obwohl sie dazu verpflichtet gewesen wäre. Die Person hat das Recht, mit anderen Mitteln nachzuweisen, dass eine wirtschaftliche Tätigkeit besteht;
b) eine Person hat zur Erlangung einer Mehrwertsteuer-Identifikationsnummer falsche Angaben gemacht oder Änderungen in Bezug auf diese Angaben nicht mitgeteilt, die – wenn sie der Steuerbehörde bekannt gewesen wären – zur Nichterteilung oder zum Entzug der Mehrwertsteuer-Identifikationsnummer geführt hätten.

Artikel 24

Tauschen die zuständigen Behörden der Mitgliedstaaten für die Zwecke der Artikel 17 bis 21 Daten auf elektronischem Weg aus, so treffen sie die notwendigen Maßnahmen, um die Einhaltung von Artikel 55 zu gewährleisten.

Die Mitgliedstaaten sind dafür verantwortlich, ihre Systeme so weiterzuentwickeln, dass ein Informationsaustausch unter Verwendung des CCN/CSI-Netzes möglich ist.

KAPITEL VI
ERSUCHEN UM ZUSTELLUNG DURCH DIE VERWALTUNG

Artikel 25

Auf Antrag der ersuchenden Behörde stellt die ersuchte Behörde dem Empfänger nach Maßgabe der Rechtsvorschriften für die Zustellung entsprechender Akte in dem Mitgliedstaat, in dem die ersuchte Behörde ihren Sitz hat, alle Verwaltungsakte und sonstigen Entscheidungen der zuständigen Behörden zu, die die Anwendung der Mehrwertsteuervorschriften im Hoheitsgebiet des Mitgliedstaats, in dem die ersuchende Behörde ihren Sitz hat, betreffen.

Artikel 26

Das Zustellungsersuchen enthält Angaben über den Gegenstand der zuzustellenden Verwaltungsakte oder Entscheidungen, Namen und Anschrift des Empfängers sowie alle weiteren zur Identifizierung des Empfängers notwendigen Informationen.

Artikel 27

Die ersuchte Behörde teilt der ersuchenden Behörde unverzüglich mit, was aufgrund des Zustellungsersuchens veranlasst wurde, und insbesondere, an welchem Tag die Verfügung oder Entscheidung dem Empfänger zugestellt wurde.

KAPITEL VII
ANWESENHEIT IN DEN AMTSRÄUMEN DER BEHÖRDEN UND TEILNAHME AN BEHÖRDLICHEN ERMITTLUNGEN

Artikel 28

(1) Im Einvernehmen zwischen der ersuchenden und der ersuchten Behörde und unter den von letzterer festgelegten Voraussetzungen dürfen ordnungsgemäß befugte Beamte der ersuchenden Behörde im Hinblick auf den Informationsaustausch gemäß Artikel 1 in den Amtsräumen der Verwaltungsbehörden des ersuchten Mitgliedstaats oder an jedem anderen Ort, in denen diese Behörden ihre Tätigkeit ausüben, zugegen sein. Sind die beantragten Auskünfte in den Unterlagen enthalten, zu denen die Beamten der ersuchten Behörde Zugang haben, so werden den Beamten der ersuchenden Behörde Kopien dieser Unterlagen ausgehändigt.

(2) Im Einvernehmen zwischen der ersuchenden und der ersuchten Behörde und unter den von letzterer festgelegten Voraussetzungen können von der ersuchenden Behörde benannte Beamte im Hinblick auf den Informationsaustausch gemäß Artikel 1 während der behördlichen Ermittlungen, die im Hoheitsgebiet des ersuchten Mitgliedstaats geführt werden, zugegen sein. Diese behördlichen Ermittlungen werden ausschließlich von den Beamten der ersuchten Behörde geführt. Die Beamten der ersuchenden Behörde üben nicht die Kontrollbefugnisse der Beamten der ersuchten Behörde aus. Sie können jedoch

Zugang zu denselben Räumlichkeiten und Unterlagen wie die Beamten der ersuchten Behörde haben, allerdings nur auf deren Vermittlung hin und zum alleinigen Zweck der laufenden behördlichen Ermittlungen.

(3) Beamte der ersuchenden Behörde, die sich entsprechend den Absätzen 1 und 2 in einem anderen Mitgliedstaat aufhalten, müssen jederzeit eine schriftliche Vollmacht vorlegen können, aus der ihre Identität und ihre dienstliche Stellung hervorgehen.

KAPITEL VIII
GLEICHZEITIGE PRÜFUNGEN
Artikel 29

Die Mitgliedstaaten können vereinbaren, gleichzeitige Prüfungen durchzuführen, wenn sie solche Prüfungen für wirksamer erachten als die Durchführung einer Prüfung durch einen einzigen Mitgliedstaat.

Artikel 30

(1) Ein Mitgliedstaat entscheidet selbst, welche Steuerpflichtigen er für eine gleichzeitige Prüfung vorschlägt. Die zuständige Behörde dieses Mitgliedstaats teilt den zuständigen Behörden der anderen betroffenen Mitgliedstaaten mit, welche Fälle für eine gleichzeitige Prüfung vorgeschlagen werden. Sie begründet ihre Entscheidung so weit wie möglich, indem sie die der Entscheidung zugrundeliegenden Informationen übermittelt. Sie gibt den Zeitraum an, in dem diese Prüfungen durchgeführt werden sollten.

(2) Die zuständige Behörde des Mitgliedstaats, der eine gleichzeitige Prüfung vorgeschlagen wurde, bestätigt der zuständigen Behörde des anderen Mitgliedstaats grundsätzlich innerhalb von zwei Wochen, jedoch spätestens innerhalb eines Monats nach Erhalt des Vorschlags ihr Einverständnis oder teilt ihre begründete Ablehnung mit.

(3) Jede zuständige Behörde der betreffenden Mitgliedstaaten benennt einen Vertreter, der die Prüfung leitet und koordiniert.

KAPITEL IX
UNTERRICHTUNG DER STEUERPFLICHTIGEN
Artikel 31

(1) Die zuständigen Behörden jedes Mitgliedstaats gewährleisten, dass Personen, die an innergemeinschaftlichen Lieferungen von Gegenständen oder innergemeinschaftlichen Dienstleistungen beteiligt sind, und nichtansässige steuerpflichtige Personen, die Telekommunikationsdienstleistungen, Rundfunk- und Fernsehdienstleistungen und elektronische Dienstleistungen, insbesondere die in Anhang II der Richtlinie 2006/112/EG genannten, erbringen, für die Zwecke solcher Umsätze auf elektronischem Weg eine Bestätigung der Gültigkeit der Mehrwertsteuer-Identifikationsnummer einer bestimmten Person sowie des damit verbundenen Namens und der damit verbundenen Anschrift erhalten können. Diese Informationen müssen den Angaben gemäß Artikel 17 entsprechen.

(2) Jeder Mitgliedstaat bestätigt auf elektronischem Weg den Namen und die Anschrift der Person, der die Mehrwertsteuer- Identifikationsnummer erteilt wurde, im Einklang mit seinen nationalen Datenschutzbestimmungen.

(3) Während des in Artikel 357 der Richtlinie 2006/112/EG vorgesehenen Zeitraums ist Absatz 1 dieses Artikels nicht auf nichtansässige Steuerpflichtige anwendbar, die Telekommunikations-, Rundfunk- und Fernsehdienstleistungen erbringen.

Artikel 32

(1) Auf der Grundlage der Informationen der Mitgliedstaaten veröffentlicht die Kommission auf ihrer Website die Details der von jedem Mitgliedstaat zur Umsetzung von Titel XI Kapitel 3 der Richtlinie 2006/112/EG erlassenen Regelungen.

(2) Die Einzelheiten sowie das Format der zu übermittelnden Informationen werden gemäß dem Verfahren nach Artikel 58 Absatz 2 festgelegt.

KAPITEL X
EUROFISC

Artikel 33

(1) Zur Förderung und Erleichterung der multilateralen Zusammenarbeit bei der Bekämpfung des Mehrwertsteuerbetrugs wird durch dieses Kapitel ein Netzwerk für den raschen Austausch gezielter Informationen zwischen den Mitgliedstaaten mit der Bezeichnung „Eurofisc" eingerichtet.

(2) Im Rahmen von Eurofisc werden die Mitgliedstaaten
a) ein multilaterales Frühwarnsystem zur Bekämpfung des Mehrwertsteuerbetrugs einrichten;
b) den raschen multilateralen Austausch von gezielten Informationen in den Arbeitsbereichen von Eurofisc (im Folgenden: „Eurofisc-Arbeitsbereiche") koordinieren;
c) die Arbeit der Eurofisc-Verbindungsbeamten der teilnehmenden Mitgliedstaaten in Reaktion auf eingegangene Warnmeldungen koordinieren.

Artikel 34

(1) Die Mitgliedstaaten beteiligen sich an den Eurofisc-Arbeitsbereichen ihrer Wahl; ebenso können sie beschließen, ihre Teilnahme daran zu beenden.

(2) Die Mitgliedstaaten, die sich an einem der Eurofisc-Arbeitsbereiche beteiligen, nehmen aktiv am multilateralen Austausch gezielter Informationen zwischen den teilnehmenden Mitgliedstaaten teil.

(3) Die ausgetauschten Informationen unterliegen der Geheimhaltungspflicht nach Artikel 55.

Artikel 35

Die Kommission unterstützt Eurofisc technisch und logistisch. Die Kommission hat keinen Zugang zu den Informationen im Sinne des Artikels 1, die über Eurofisc ausgetauscht werden können.

Artikel 36

(1) Die zuständigen Behörden jedes Mitgliedstaats benennen mindestens einen Eurofisc-Verbindungsbeamten. Die „Eurofisc-Verbindungsbeamten" sind zuständige Beamte im Sinne von Artikel 2 Absatz 1 Buchstabe c und führen die Aufgaben nach Artikel 33 Absatz 2 aus. Diese Beamten unterstehen weiterhin ausschließlich ihren nationalen Behörden.

(2) Die Verbindungsbeamten der an einem bestimmten Eurofisc- Arbeitsbereich teilnehmenden Mitgliedstaaten (im Folgenden: „teilnehmende Eurofisc-Verbindungsbeamte") benennen aus dem Kreis der teilnehmenden Eurofisc-Verbindungsbeamten für einen

bestimmten Zeitraum einen Koordinator (im Folgenden: „Eurofisc-Arbeitsbereichkoordinator"). Die Eurofisc-Arbeitsbereichkoordinatoren nehmen folgende Aufgaben wahr:

a) Zusammenstellung der ihnen von den teilnehmenden Eurofisc-Verbindungsbeamten übermittelten Informationen und Bereitstellung dieser Informationen für die anderen teilnehmenden Eurofisc-Verbindungsbeamten. Der Informationsaustausch erfolgt auf elektronischem Weg;

b) Sicherstellung der Verarbeitung der von den teilnehmenden Eurofisc-Verbindungsbeamten übermittelten Informationen in der mit den Teilnehmern an dem Arbeitsbereich vereinbarten Weise und Bereitstellung des Ergebnisses für die teilnehmenden Eurofisc-Verbindungsbeamten;

c) Rückmeldung an die teilnehmenden Eurofisc-Verbindungsbeamten.

Artikel 37

Die Eurofisc-Arbeitsbereichkoordinatoren legen dem Ausschuss nach Artikel 58 Absatz 1 jährlich einen Bericht über die Tätigkeiten aller Arbeitsbereiche vor.

KAPITEL XI

BESTIMMUNGEN BETREFFEND DIE SONDERREGELUNGEN NACH TITEL XII KAPITEL 6 DER RICHTLINIE 2006/112/EG

ABSCHNITT I

Bis zum 31. Dezember 2014 anwendbare Bestimmungen

Artikel 38

Die nachstehenden Bestimmungen gelten für die in Titel XII Kapitel 6 der Richtlinie 2006/112/EG vorgesehenen Sonderregelungen. Die Begriffsbestimmungen des Artikels 358 der genannten Richtlinie finden im Rahmen dieses Kapitels ebenfalls Anwendung.

Artikel 39

(1) Die Angaben nach Artikel 361 der Richtlinie 2006/112/EG, die der nicht in der Gemeinschaft ansässige Steuerpflichtige dem Mitgliedstaat der Identifizierung bei Aufnahme seiner Tätigkeit zu übermitteln hat, sind elektronisch zu übermitteln. Die technischen Einzelheiten, einschließlich einer einheitlichen elektronischen Mitteilung, werden nach dem in Artikel 58 Absatz 2 dieser Verordnung genannten Verfahren festgelegt.

(2) Der Mitgliedstaat der Identifizierung übermittelt innerhalb von zehn Tagen nach Ablauf des Monats, in dem die Angaben des nicht in der Gemeinschaft ansässigen Steuerpflichtigen eingegangen sind, diese auf elektronischem Weg an die zuständigen Behörden der anderen Mitgliedstaaten. Die zuständigen Behörden der anderen Mitgliedstaaten werden auf die gleiche Weise über die zugeteilte Identifikationsnummer informiert. Die technischen Einzelheiten, einschließlich einer einheitlichen elektronischen Mitteilung, mit der diese Angaben zu übermitteln sind, werden nach dem in Artikel 58 Absatz 2 genannten Verfahren festgelegt.

(3) Der Mitgliedstaat der Identifizierung unterrichtet unverzüglich auf elektronischem Weg die zuständigen Behörden der anderen Mitgliedstaaten, wenn ein nichtansässiger Steuerpflichtiger aus dem Identifikationsregister gestrichen wird

Artikel 40

(1) Die Steuererklärung mit den in Artikel 365 der Richtlinie 2006/112/EG genannten Angaben ist elektronisch zu übermitteln. Die technischen Einzelheiten, einschließlich einer einheitlichen elektronischen Mitteilung, werden nach dem in Artikel 58 Absatz 2 dieser Verordnung genannten Verfahren festgelegt.

(2) Der Mitgliedstaat der Identifizierung übermittelt spätestens zehn Tage nach Ablauf des Monats, in dem die Steuererklärung eingegangen ist, diese Angaben auf elektronischem Weg der zuständigen Behörde des betreffenden Mitgliedstaats des Verbrauchs. Die Mitgliedstaaten, die die Abgabe der Steuererklärung in einer anderen Landeswährung als dem Euro vorgeschrieben haben, rechnen die Beträge in Euro um; hierfür ist der Umrechnungskurs des letzten Tages des Erklärungszeitraums zu verwenden. Die Umrechnung erfolgt auf der Grundlage der Umrechnungskurse, die von der Europäischen Zentralbank für den betreffenden Tag oder, falls an diesem Tag keine Veröffentlichung erfolgt, für den nächsten Tag, an dem eine Veröffentlichung erfolgt, veröffentlicht werden. Die technischen Einzelheiten für die Übermittlung dieser Angaben werden nach dem in Artikel 58 Absatz 2 genannten Verfahren festgelegt.

(3) Der Mitgliedstaat der Identifizierung übermittelt dem Mitgliedstaat des Verbrauchs auf elektronischem Weg die erforderlichen Angaben, um der Steuererklärung für das betreffende Quartal jede Zahlung zuordnen zu können.

Artikel 41

(1) Der Mitgliedstaat der Identifizierung stellt sicher, dass der vom nichtansässigen Steuerpflichtigen gezahlte Betrag auf das auf Euro lautende Bankkonto überwiesen wird, das von dem Verbrauchsmitgliedstaat, dem der Betrag geschuldet wird, bestimmt wurde. Die Mitgliedstaaten, die die Zahlungen in einer anderen Landeswährung als dem Euro vorgeschrieben haben, rechnen die Beträge in Euro um; hierfür ist der Umrechnungskurs des letzten Tages des Erklärungszeitraums zu verwenden. Die Umrechnung erfolgt auf der Grundlage der Umrechnungskurse, die von der Europäischen Zentralbank für den betreffenden Tag oder, falls an diesem Tag keine Veröffentlichung erfolgt, für den nächsten Tag, an dem eine Veröffentlichung erfolgt, veröffentlicht werden. Die Überweisung erfolgt spätestens zehn Tage nach Ablauf des Monats, in dem die Zahlung eingegangen ist.

(2) Wenn der nichtansässige Steuerpflichtige nicht die gesamte Steuerschuld entrichtet, stellt der Mitgliedstaat der Identifizierung sicher, dass die Überweisungen an die Verbrauchsmitgliedstaaten entsprechend dem Verhältnis der Steuerschuld in jedem Mitgliedstaat erfolgen. Der Mitgliedstaat der Identifizierung setzt die zuständigen Behörden der Mitgliedstaaten des Verbrauchs auf elektronischem Weg hierüber in Kenntnis.

Artikel 42

Die Mitgliedstaaten teilen den zuständigen Behörden der anderen Mitgliedstaaten auf elektronischem Weg die jeweiligen Kontonummern für Zahlungen nach Artikel 41 mit.

Die Mitgliedstaaten teilen den zuständigen Behörden der anderen Mitgliedstaaten und der Kommission auf elektronischem Weg unverzüglich jede Änderung des Normalsatzes der Mehrwertsteuer mit.

ABSCHNITT 2

Ab dem 1. Januar 2015 anwendbare Vorschriften

Artikel 43

Die nachstehenden Bestimmungen gelten für die in Titel XII Kapitel 6 der Richtlinie 2006/112/EG vorgesehenen Sonderregelungen.

Artikel 44

(1) Die Angaben nach Artikel 361 der Richtlinie 2006/112/EG, die der nicht in der Gemeinschaft ansässige Steuerpflichtige dem Mitgliedstaat der Identifizierung bei Aufnahme seiner Tätigkeit zu übermitteln hat, sind elektronisch zu übermitteln. Die technischen Einzelheiten, einschließlich einer einheitlichen elektronischen Mitteilung, werden nach dem in Artikel 58 Absatz 2 dieser Verordnung genannten Verfahren festgelegt.

(2) Der Mitgliedstaat der Identifizierung übermittelt innerhalb von zehn Tagen nach Ablauf des Monats, in dem die Angaben des nicht in der Gemeinschaft ansässigen Steuerpflichtigen eingegangen sind, die Angaben nach Absatz 1 elektronisch den zuständigen Behörden der anderen Mitgliedstaaten. Entsprechende Angaben zur Identifizierung des Steuerpflichtigen, der die Sonderregelung nach Artikel 369b der Richtlinie 2006/112/EG in Anspruch nimmt, werden innerhalb von zehn Tagen nach Ablauf des Monats übermittelt, in dem der Steuerpflichtige die Aufnahme seiner dieser Sonderregelung unterliegenden steuerbaren Tätigkeiten gemeldet hat. Die zuständigen Behörden der anderen Mitgliedstaaten werden auf die gleiche Weise über die zugeteilte Identifikationsnummer informiert.

Die technischen Einzelheiten, einschließlich einer einheitlichen elektronischen Mitteilung, mit der diese Angaben zu übermitteln sind, werden nach dem in Artikel 58 Absatz 2 dieser Verordnung genannten Verfahren festgelegt.

(3) Der Mitgliedstaat der Identifizierung unterrichtet die zuständigen Behörden der anderen Mitgliedstaaten unverzüglich elektronisch, wenn ein nicht in der Gemeinschaft ansässiger Steuerpflichtiger oder ein nicht im Mitgliedstaat des Verbrauchs ansässiger Steuerpflichtiger von der Sonderregelung ausgeschlossen wird.

Artikel 45

(1) Die Steuererklärung mit den in den Artikeln 365 und 369g der Richtlinie 2006/112/EG genannten Angaben ist elektronisch zu übermitteln. Die technischen Einzelheiten, einschließlich einer einheitlichen elektronischen Mitteilung, werden nach dem in Artikel 58 Absatz 2 dieser Verordnung genannten Verfahren festgelegt.

(2) Der Mitgliedstaat der Identifizierung übermittelt spätestens zehn Tage nach Ablauf des Monats, in dem die Steuererklärung eingegangen ist, diese Angaben auf elektronischem Weg der zuständigen Behörde des jeweiligen Mitgliedstaats des Verbrauchs. Die Meldung gemäß Artikel 369g Absatz 2 der Richtlinie 2006/112/EG erfolgt auch an die zuständige Behörde des jeweiligen Mitgliedstaats der Niederlassung. Die Mitgliedstaaten, die die Abgabe der Steuererklärung in einer anderen Landeswährung als dem Euro vorgeschrieben haben, rechnen die Beträge in Euro um; hierfür ist der Umrechnungskurs des letzten Tages des Erklärungszeitraums zu verwenden. Die Umrechnung erfolgt auf der Grundlage der Umrechnungskurse, die von der Europäischen Zentralbank für den betreffenden Tag oder, falls an diesem Tag keine Veröffentlichung erfolgt, für den nächsten Tag, an dem eine Veröffentlichung erfolgt, veröffentlicht werden. Die technischen Einzelheiten für die Übermittlung dieser Angaben werden gemäß dem Verfahren nach Artikel 58 Absatz 2 dieser Verordnung festgelegt.

(3) Der Mitgliedstaat der Identifizierung übermittelt dem Mitgliedstaat des Verbrauchs auf elektronischem Weg die erforderlichen Angaben, um der Steuererklärung für das betreffende Quartal jede Zahlung zuordnen zu können.

Artikel 46

(1) Der Mitgliedstaat der Identifizierung stellt sicher, dass der vom nichtansässigen Steuerpflichtigen gezahlte Betrag auf das auf Euro lautende Bankkonto überwiesen wird, das von dem Verbrauchsmitgliedstaat, dem der Betrag geschuldet wird, bestimmt wurde. Die Mitgliedstaaten, die die Zahlung in einer anderen Landeswährung als dem Euro vorgeschrieben haben, rechnen die Beträge in Euro um; hierfür ist der Umrechnungskurs des letzten Tages des Erklärungszeitraums zu verwenden. Die Umrechnung erfolgt auf der Grundlage der Umrechnungskurse, die von der Europäischen Zentralbank für den betreffenden Tag oder, falls an diesem Tag keine Veröffentlichung erfolgt, für den nächsten Tag, an dem eine Veröffentlichung erfolgt, veröffentlicht werden. Die Überweisung erfolgt spätestens zehn Tage nach Ablauf des Monats, in dem die Zahlung eingegangen ist.

(2) Wenn der nichtansässige Steuerpflichtige nicht die gesamte Steuerschuld entrichtet, stellt der Mitgliedstaat, in dem die Identifizierung erfolgt, sicher, dass die Überweisungen an die Verbrauchsmitgliedstaaten entsprechend dem Verhältnis der Steuerschuld in jedem Mitgliedstaat erfolgen. Der Mitgliedstaat der Identifizierung setzt die zuständigen Behörden der Mitgliedstaaten des Verbrauchs auf elektronischem Weg hierüber in Kenntnis.

(3) Bei Zahlungen, die gemäß der Sonderregelung nach Titel XII Kapitel 6 Abschnitt 3 der Richtlinie 2006/112/EG dem Verbrauchsmitgliedstaat überwiesen werden, ist der Mitgliedstaat der Identifizierung berechtigt, von den in den Absätzen 1 und 2 genannten Beträgen folgenden Prozentsatz einzubehalten:
a) vom 1. Januar 2015 bis zum 31. Dezember 2016 30 %,
b) vom 1. Januar 2017 bis zum 31. Dezember 2018 15 %,
c) ab dem 1. Januar 2019 0 %.

Artikel 47

Die Mitgliedstaaten teilen den zuständigen Behörden der anderen Mitgliedstaaten auf elektronischem Weg die jeweiligen Kontonummern für Zahlungen nach Artikel 46 mit.

Die Mitgliedstaaten teilen den zuständigen Behörden der anderen Mitgliedstaaten und der Kommission auf elektronischem Weg unverzüglich jede Änderung des Mehrwertsteuersatzes auf Telekommunikationsdienstleistungen, Rundfunk- und Fernsehdienstleistungen und elektronisch erbrachte Dienstleistungen mit.

KAPITEL XII

AUSTAUSCH UND AUFBEWAHRUNG VON INFORMATIONEN IM ZUSAMMENHANG MIT DEM VERFAHREN DER ERSTATTUNG DER MEHRWERTSTEUER AN STEUERPFLICHTIGE, DIE NICHT IN DEM ERSTATTUNGSMITGLIEDSTAAT, SONDERN IN EINEM ANDEREN MITGLIEDSTAAT ANSÄSSIG SIND

Artikel 48

(1) Geht bei der zuständigen Behörde des Mitgliedstaats, in dem der Antragsteller ansässig ist, ein Antrag auf Erstattung der Mehrwertsteuer gemäß Artikel 5 der Richtlinie 2008/9/EG ein und findet Artikel 18 der genannten Richtlinie keine Anwendung, so leitet sie den Antrag innerhalb von fünfzehn Kalendertagen nach dessen Eingang auf elektroni-

schem Weg an die zuständigen Behörden jedes betroffenen Mitgliedstaats der Erstattung weiter und bestätigt damit, dass der Antragsteller im Sinne des Artikels 2 Nummer 5 der Richtlinie 2008/9/EG für die Zwecke der Mehrwertsteuer ein Steuerpflichtiger ist und dass die von dieser Person angegebene Mehrwertsteuer-Identifikationsnummer oder Steuerregisternummer für den Erstattungszeitraum gültig ist.

(2) Die zuständigen Behörden jedes Mitgliedstaats der Erstattung übermitteln den zuständigen Behörden der anderen Mitgliedstaaten auf elektronischem Weg alle Informationen, die sie gemäß Artikel 9 Absatz 2 der Richtlinie 2008/9/EG vorschreiben. Die technischen Einzelheiten, einschließlich einer einheitlichen elektronischen Mitteilung, mit der diese Angaben zu übermitteln sind, werden nach dem in Artikel 58 Absatz 2 dieser Verordnung genannten Verfahren festgelegt.

(3) Die zuständigen Behörden jedes Mitgliedstaats der Erstattung teilen den zuständigen Behörden der anderen Mitgliedstaaten auf elektronischem Weg mit, ob sie von der Möglichkeit nach Artikel 11 der Richtlinie 2008/9/EG Gebrauch machen, nach der von dem Antragsteller verlangt werden kann, eine Beschreibung seiner Geschäftstätigkeit anhand von harmonisierten Codes vorzulegen.

Die in Unterabsatz 1 genannten harmonisierten Codes werden nach dem in Artikel 58 Absatz 2 dieser Verordnung genannten Verfahren auf der Grundlage der NACE-Klassifikation, die in der Verordnung (EG) Nr. 1893/2006 des Europäischen Parlaments und des Rates vom 20. Dezember 2006 zur Aufstellung der statistischen Systematik der Wirtschaftszweige NACE Revision 2 festgelegt ist, bestimmt.

KAPITEL XIII
BEZIEHUNGEN ZUR KOMMISSION
Artikel 49

(1) Die Mitgliedstaaten und die Kommission prüfen und bewerten das Funktionieren der in der vorliegenden Verordnung vorgesehenen Regelungen für die Zusammenarbeit der Verwaltungsbehörden. Die Kommission fasst die Erfahrungen der Mitgliedstaaten zusammen, um das Funktionieren dieser Regelungen zu verbessern.

(2) Die Mitgliedstaaten übermitteln der Kommission sämtliche verfügbaren Informationen, die für die Anwendung dieser Verordnung sachdienlich sind.

(3) Eine Liste statistischer Angaben, die zur Bewertung dieser Verordnung benötigt werden, wird nach dem in Artikel 58 Absatz 2 genannten Verfahren festgelegt. Die Mitgliedstaaten teilen der Kommission diese Angaben mit, soweit sie vorhanden sind und ihre Mitteilung keinen ungerechtfertigten Verwaltungsaufwand verursacht.

(4) Die Mitgliedstaaten können der Kommission zum Zwecke der Bewertung der Wirksamkeit dieser Regelung der Zusammenarbeit der Verwaltungsbehörden bei der Bekämpfung von Steuerhinterziehung und Steuerumgehung alle anderen in Artikel 1 genannten Informationen mitteilen.

(5) Die Kommission übermittelt die in den Absätzen 2, 3 und 4 bezeichneten Informationen an die anderen betroffenen Mitgliedstaaten.

(6) Falls erforderlich, teilt die Kommission, sobald sie darüber verfügt, den zuständigen Behörden aller Mitgliedstaaten ergänzend zu den Bestimmungen dieser Verordnung solche Informationen mit, die es ihnen ermöglichen könnte, gegen Betrug im Bereich der Mehrwertsteuer vorzugehen.

(7) Die Kommission kann auf Ersuchen eines Mitgliedstaats zur Erreichung der Ziele dieser Verordnung ihr Expertenwissen, technische oder logistische Unterstützung oder jede andere Unterstützung zur Verfügung stellen.

KAPITEL XIV
BEZIEHUNGEN ZU DRITTLÄNDERN
Artikel 50

(1) Werden der zuständigen Behörde eines Mitgliedstaats von einem Drittland Informationen übermittelt, kann sie diese Informationen an die zuständigen Behörden der möglicherweise interessierten Mitgliedstaaten und auf jeden Fall an die Mitgliedstaaten, die diese Informationen anfordern, weiterleiten, sofern Amtshilfevereinbarungen mit dem betreffenden Drittland dies zulassen.

(2) Die zuständigen Behörden können unter Beachtung ihrer innerstaatlichen Vorschriften über die Weitergabe personenbezogener Daten an Drittländer die nach dieser Verordnung erhaltenen Informationen an ein Drittland weitergeben, sofern folgende Voraussetzungen erfüllt sind:

a) Die zuständige Behörde des Mitgliedstaats, von der die Informationen stammen, hat der Übermittlung zugestimmt; und

b) das betreffende Drittland hat sich zu der Zusammenarbeit verpflichtet, die für den Nachweis der Rechtswidrigkeit von mutmaßlich gegen die Mehrwertsteuervorschriften verstoßenden Umsätzen erforderlich ist.

KAPITEL XV
VORAUSSETZUNGEN FÜR DEN INFORMATIONSAUSTAUSCH
Artikel 51

(1) Die Informationsübermittlung im Rahmen dieser Verordnung erfolgt soweit möglich auf elektronischem Weg nach Modalitäten, die nach dem in Artikel 58 Absatz 2 genannten Verfahren festzulegen sind.

(2) Wurde ein Ersuchen durch das in Absatz 1 genannte elektronische System nicht vollständig übermittelt, so bestätigt die ersuchte Behörde unverzüglich, spätestens jedoch fünf Werktage nach Erhalt, auf elektronischem Weg den Eingang des Ersuchens.

Geht einer Behörde ein Ersuchen zu, das nicht für sie bestimmt ist, oder erhält sie Informationen, die nicht für sie bestimmt sind, so übermittelt sie dem Absender unverzüglich, spätestens jedoch fünf Werktage nach Erhalt, eine Meldung auf elektronischem Weg.

Artikel 52

Die Amtshilfeersuchen, einschließlich der Zustellungsersuchen, und alle dazugehörigen Unterlagen können in jeder beliebigen zwischen der ersuchenden und der ersuchten Behörde vereinbarten Sprache abgefasst werden. Diesen Ersuchen wird in besonderen Fällen, wenn die ersuchte Behörde ein begründetes Ersuchen um eine Übersetzung vorlegt, eine Übersetzung in die Amtssprache oder eine der Amtssprachen des Mitgliedstaats beigefügt, in dem die ersuchte Behörde ihren Sitz hat.

Artikel 53

Die Kommission und die Mitgliedstaaten stellen sicher, dass die vorhandenen oder neuen Mitteilungs- und Informationsaustauschsysteme, die für den Informationsaustausch nach dieser Verordnung notwendig sind, einsatzbereit sind. Zur Sicherstellung der technischen Qualität und Quantität der von der Kommission und den Mitgliedstaaten für das Funktionieren dieser Mitteilungs- und Informationsaustauschsysteme bereitzustellenden Dienste wird gemäß dem Verfahren nach Artikel 58 Absatz 2 eine Dienstgütevereinbarung beschlossen. Die Kommission ist dafür verantwortlich, das CCN/CSI-Netz gegebenenfalls weiterzuentwickeln, wenn dies für den Austausch dieser Informationen unter den Mitgliedstaaten notwendig ist. Die Mitgliedstaaten sind dafür verantwortlich, ihre Systeme gegebenenfalls weiterzuentwickeln, wenn dies für den Austausch dieser Informationen mit Hilfe des CCN/CSI-Netzes notwendig ist.

Die Mitgliedstaaten verzichten auf jeden Anspruch auf Erstattung der sich aus der Durchführung dieser Verordnung ergebenden Kosten, mit Ausnahme der gegebenenfalls an Sachverständige gezahlten Vergütungen.

Artikel 54

(1) Die ersuchte Behörde eines Mitgliedstaats erteilt der ersuchenden Behörde eines anderen Mitgliedstaats die Informationen gemäß Artikel 1 unter der Voraussetzung, dass
a) Anzahl und Art der Auskunftsersuchen der ersuchenden Behörde innerhalb eines bestimmten Zeitraums der ersuchten Behörde keinen unverhältnismäßig großen Verwaltungsaufwand verursachen;
b) die ersuchende Behörde die üblichen Informationsquellen ausgeschöpft hat, die sie unter den gegebenen Umständen zur Erlangung der erbetenen Informationen nützen hätte können, ohne die Erreichung des angestrebten Ergebnisses zu gefährden.

(2) Diese Verordnung verpflichtet nicht zu Ermittlungen oder zur Übermittlung von Informationen in einem konkreten Fall, wenn die gesetzlichen Vorschriften oder die Verwaltungspraxis in dem Mitgliedstaat, der die Auskunft zu erteilen hätte, der Durchführung von Ermittlungen bzw. der Beschaffung oder Verwertung von Informationen durch diesen Mitgliedstaat für seine eigenen Zwecke entgegenstehen.

(3) Die zuständige Behörde eines ersuchten Mitgliedstaats kann die Auskunftsübermittlung ablehnen, wenn der ersuchende Mitgliedstaat zur Übermittlung entsprechender Auskünfte aus rechtlichen Gründen nicht in der Lage ist. Die Gründe für diese Ablehnung werden von dem ersuchten Mitgliedstaat auch der Kommission mitgeteilt.

(4) Die Übermittlung von Informationen kann abgelehnt werden, wenn sie zur Preisgabe eines Geschäfts-, Industrie- oder Berufsgeheimnisses oder eines Geschäftsverfahrens führen oder wenn die Verbreitung der betreffenden Information gegen die öffentliche Ordnung verstoßen würde.

(5) Auf keinen Fall sind die Absätze 2, 3 und 4 so auszulegen, dass die ersuchte Behörde eines Mitgliedstaats die Bereitstellung von Informationen über einen Steuerpflichtigen mit Mehrwertsteuer-Identifikationsnummer im Mitgliedstaat der ersuchenden Behörde nur deshalb ablehnen kann, weil sich diese Informationen im Besitz einer Bank, eines anderen Finanzinstituts, eines Bevollmächtigten oder einer Person, die als Agent oder Treuhänder auftritt, befinden oder weil sie sich auf Eigentumsanteile an einer juristischen Person beziehen.

(6) Die ersuchte Behörde teilt der ersuchenden Behörde die Gründe mit, die einer Gewährung der beantragten Amtshilfe entgegenstehen.

(7) Der Mindestbetrag, ab dem ein Amtshilfeersuchen zulässig ist, kann nach dem in Artikel 58 Absatz 2 genannten Verfahren festgelegt werden.

Artikel 55

(1) Die Informationen, die gemäß dieser Verordnung in irgendeiner Form übermittelt oder erhoben werden, einschließlich aller Informationen, die einem Beamten im Rahmen der Bestimmungen der Kapitel VII, VIII und X sowie in den Fällen des Absatzes 2 zugänglich waren, unterliegen der Geheimhaltungspflicht und genießen den Schutz, den das innerstaatliche Recht des Mitgliedstaats, der sie erhalten hat, und die für Stellen der Union geltenden einschlägigen Vorschriften für Informationen dieser Art gewähren. Solche Informationen werden nur in den durch diese Verordnung festgelegten Umständen genutzt.

Diese Informationen können zur Bemessung, Erhebung oder administrativen Kontrolle der Steuern zum Zweck der Steuerfestsetzung verwendet werden.

Die Informationen können auch zur Festsetzung anderer Steuern, Abgaben und Gebühren verwendet werden, die unter Artikel 2 der Richtlinie 2008/55/EG des Rates vom 26. Mai 2008 über die gegenseitige Unterstützung bei der Beitreibung von Forderungen in Bezug auf bestimmte Abgaben, Zölle, Steuern und sonstige Maßnahmen fallen.

Ferner können sie im Zusammenhang mit Gerichts- oder Verwaltungsverfahren verwendet werden, die Sanktionen wegen Nichtbeachtung der Steuergesetze zur Folge haben können, und zwar unbeschadet der allgemeinen Regelungen und Rechtsvorschriften über die Rechte der Beklagten und Zeugen in solchen Verfahren.

(2) Personen, die von der Akkreditierungsstelle für Sicherheit der Europäischen Kommission ordnungsgemäß akkreditiert wurden, haben nur in dem Umfang Zugang zu diesen Informationen, wie es für die Pflege, die Wartung und die Entwicklung des CCN/CSI erforderlich ist.

(3) Abweichend von Absatz 1 gestattet die zuständige Behörde des Mitgliedstaats, der die Auskünfte erteilt, dass diese Auskünfte im Mitgliedstaat der ersuchenden Behörde für andere Zwecke verwendet werden, wenn die Informationen nach den Rechtsvorschriften des Mitgliedstaats der ersuchten Behörde dort für ähnliche Zwecke verwendet werden dürften.

(4) Ist die ersuchende Behörde der Auffassung, dass Informationen, die ihr von der ersuchten Behörde erteilt wurden, für die zuständige Behörde eines dritten Mitgliedstaats nützlich sein können, kann sie der betreffenden Behörde diese Auskünfte übermitteln. Sie setzt die ersuchte Behörde davon vorab in Kenntnis. Die ersuchte Behörde kann verlangen, dass die Übermittlung der Auskünfte an eine dritte Partei der vorherigen Zustimmung bedarf.

(5) Jede Aufbewahrung oder jeder Austausch von Daten nach dieser Verordnung unterliegt den Durchführungsvorschriften zur Richtlinie 95/46/EG. Zur korrekten Anwendung dieser Verordnung begrenzen die Mitgliedstaaten jedoch den Anwendungsbereich der in Artikel 10, Artikel 11 Absatz 1, Artikel 12 und Artikel 21 der Richtlinie 95/46/EG genannten Pflichten und Rechte, soweit dies notwendig ist, um die in Artikel 13 Absatz 1 Buchstabe e jener Richtlinie genannten Interessen zu schützen.

Artikel 56

Die zuständigen Stellen des Mitgliedstaats der ersuchenden Behörde können alle Berichte, Bescheinigungen und anderen Dokumente oder beglaubigten Kopien oder Auszüge, die von den Bediensteten der ersuchten Behörde in den in dieser Verordnung vorgesehenen Fällen der Amtshilfe an die ersuchende Behörde übermittelt wurden, in gleicher Weise als Beweismittel verwenden wie entsprechende von einer anderen inländischen Behörde ausgestellte Dokumente.

Artikel 57

(1) Zur Durchführung dieser Verordnung treffen die Mitgliedstaaten alle erforderlichen Maßnahmen, um
a) zwischen den zuständigen Behörden eine einwandfreie interne Koordinierung sicherzustellen;
b) zwischen den Behörden, die sie zum Zwecke dieser Koordinierung besonders ermächtigen, eine unmittelbare Zusammenarbeit herzustellen;
c) ein reibungsloses Funktionieren der in dieser Verordnung vorgesehenen Regelungen für den Austausch von Informationen zu gewährleisten.

(2) Die Kommission übermittelt jedem Mitgliedstaat alle Auskünfte, die ihr erteilt werden und die sie erteilen kann, sobald ihr diese zur Verfügung stehen.

KAPITEL XVI
SCHLUSSBESTIMMUNGEN

Artikel 58

(1) Die Kommission wird von dem Ständigen Ausschuss für die Zusammenarbeit der Verwaltungsbehörden unterstützt.

2. Wird auf diesen Absatz Bezug genommen, so gelten die Artikel 5 und 7 des Beschlusses 1999/468/EG unter Beachtung von dessen Artikel 8.

Der Zeitraum nach Artikel 5 Absatz 6 des Beschlusses 1999/468/EG wird auf drei Monate festgesetzt.

Artikel 59

(1) Die Kommission erstattet dem Europäischen Parlament und dem Rat bis spätestens 1. November 2013 und anschließend alle fünf Jahre Bericht über die Anwendung dieser Verordnung.

(2) Die Mitgliedstaaten teilen der Kommission den Wortlaut aller innerstaatlichen Rechtsvorschriften mit, die sie auf dem unter diese Verordnung fallenden Gebiet erlassen.

Artikel 60

(1) Etwaige umfassendere Amtshilfepflichten, die sich aus anderen Rechtsakten einschließlich etwaiger bilateraler oder multilateraler Abkommen ergeben, werden von dieser Verordnung nicht berührt.

(2) Abgesehen von der Regelung von Einzelfällen, unterrichten die Mitgliedstaaten die Kommission unverzüglich von etwaigen bilateralen Vereinbarungen in Bereichen, die unter diese Verordnung fallen, insbesondere in Anwendung von Artikel 11. Die Kommission unterrichtet daraufhin die anderen Mitgliedstaaten.

Artikel 61

Die Verordnung (EG) Nr. 1798/2003 wird mit Wirkung vom 1. Januar 2012 aufgehoben. Jedoch bleibt Artikel 2 Absatz 1 jener Verordnung bis zu dem Zeitpunkt wirksam, an dem die Kommission das Verzeichnis der zuständigen Behörden im Sinne des Artikels 3 dieser Verordnung veröffentlicht.

Kapitel V – mit Ausnahme des Artikels 27 Absatz 4 – der vorgenannten Verordnung bleibt bis zum 31. Dezember 2012 wirksam.

Bezugnahmen auf die aufgehobene Verordnung gelten als Bezugnahmen auf die vorliegende Verordnung.

Artikel 62

Diese Verordnung tritt am zwanzigsten Tag nach ihrer Veröffentlichung im Amtsblatt der Europäischen Union in Kraft. Sie findet ab dem 1. Januar 2012 Anwendung.

Jedoch sind die Artikel 33 bis 37 ab dem 1. November 2010 anwendbar;

Kapitel V – mit Ausnahme der Artikel 22 und 23 – ist ab dem 1. Januar 2013 anwendbar;

- die Artikel 38 bis 42 sind vom 1. Januar 2012 bis zum 31. Dezember 2014 anwendbar und
- die Artikel 43 bis 47 sind ab dem 1. Januar 2015 anwendbar.

Diese Verordnung ist in allen ihren Teilen verbindlich und gilt unmittelbar in jedem Mitgliedstaat.

Geschehen zu Luxemburg am 7. Oktober 2010.

Im Namen des Rates

Der Präsident

S. VANACKERE

ANHANG I

Liste der Lieferungen von Gegenständen und von Dienstleistungen, auf die Artikel 7 Absätze 3 und 4 anwendbar ist

1. Versandkäufe (Artikel 33 und 34 der Richtlinie 2006/112/EG);
2. Dienstleistungen im Zusammenhang mit Grundstücken (Artikel 47 der Richtlinie 2006/112/EG);
3. Telekommunikationsdienstleistungen, Rundfunk- und Fernsehdienstleistungen und elektronisch erbrachte Dienstleistungen (Artikel 58 der Richtlinie 2006/112/EG);
4. Vermietung eines Beförderungsmittels, außer für einen kürzeren Zeitraum, an eine nichtsteuerpflichtige Person (Artikel 56 der Richtlinie 2006/112/EG).

ANHANG II und III

(nicht abgedruckt)

Verordnung (EU) Nr. 282/2011 des Rates

vom 15. März 2011

zur Festlegung von Durchführungsvorschriften zur Richtlinie 2006/112/EG über das gemeinsame Mehrwertsteuersystem

ABl. L 77 vom 23.3.2011, S. 1–22
1. VO 967/2012/EU vom 9.10.2012, ABl. L 290 vom 20.10.2012, S. 1–7
2. VO 1042/2013/EU vom 7.10.2013, ABl. L 284 vom 26.10.2013, S. 1–9

DER RAT DER EUROPÄISCHEN UNION –

gestützt auf den Vertrag über die Arbeitsweise der Europäischen Union,

gestützt auf die Richtlinie 2006/112/EG des Rates vom 28. November 2006 über das gemeinsame Mehrwertsteuersystem, insbesondere Artikel 397,

auf Vorschlag der Europäischen Kommission,

in Erwägung nachstehender Gründe:

(1) Die Verordnung (EG) Nr. 1777/2005 des Rates vom 17. Oktober 2005 zur Festlegung von Durchführungsvorschriften zur Richtlinie 77/388/EWG über das gemeinsame Mehrwertsteuersystem muss in einigen wesentlichen Punkten geändert werden. Aus Gründen der Klarheit und der Vereinfachung sollte die Verordnung neu gefasst werden.

(2) Die Richtlinie 2006/112/EG legt Vorschriften im Bereich der Mehrwertsteuer fest, die in bestimmten Fällen für die Auslegung durch die Mitgliedstaaten offen sind. Der Erlass von gemeinsamen Vorschriften zur Durchführung der Richtlinie 2006/112/EG sollte gewährleisten, dass in Fällen, in denen es zu Divergenzen bei der Anwendung kommt oder kommen könnte, die nicht mit dem reibungslosen Funktionieren des Binnenmarkts zu vereinbaren sind, die Anwendung des Mehrwertsteuersystems stärker auf das Ziel eines solchen Binnenmarkts ausgerichtet wird. Diese Durchführungsvorschriften sind erst vom Zeitpunkt des Inkrafttretens dieser Verordnung an rechtsverbindlich; sie berühren nicht die Gültigkeit der von den Mitgliedstaaten in der Vergangenheit angenommenen Rechtsvorschriften und Auslegungen.

(3) Die Änderungen, die sich aus dem Erlass der Richtlinie 2008/8/EG des Rates vom 12. Februar 2008 zur Änderung der Richtlinie 2006/112/EG bezüglich des Ortes der Dienstleistung ergeben, sollten in dieser Verordnung berücksichtigt werden.

(4) Das Ziel dieser Verordnung ist, die einheitliche Anwendung des Mehrwertsteuersystems in seiner derzeitigen Form dadurch sicherzustellen, dass Vorschriften zur Durchführung der Richtlinie 2006/112/EG erlassen werden, und zwar insbesondere in Bezug auf den Steuerpflichtigen, die Lieferung von Gegenständen und die Erbringung von Dienstleistungen sowie den Ort der steuerbaren Umsätze. Im Einklang mit dem Grundsatz der Verhältnismäßigkeit gemäß Artikel 5 Absatz 4 des Vertrags über die Europäische Union geht diese Verordnung nicht über das für die Erreichung dieses Ziels erforderliche Maß hinaus. Da sie in allen Mitgliedstaaten verbindlich ist und unmittelbar gilt, wird die Einheitlichkeit der Anwendung am besten durch eine Verordnung gewährleistet.

(5) Diese Durchführungsvorschriften enthalten spezifische Regelungen zu einzelnen Anwendungsfragen und sind ausschließlich im Hinblick auf eine unionsweit einheitliche steuerliche Behandlung dieser Einzelfälle konzipiert. Sie sind daher nicht auf andere Fälle übertragbar und auf der Grundlage ihres Wortlauts restriktiv anzuwenden.

(6) Ändert ein Nichtsteuerpflichtiger seinen Wohnort und überführt er bei dieser Gelegenheit ein neues Fahrzeug oder wird ein neues Fahrzeug in den Mitgliedstaat zurücküberführt, aus dem es ursprünglich mehrwertsteuerfrei an den Nichtsteuerpflichtigen, der es zurücküberführt, geliefert worden war, so sollte klargestellt werden, dass es sich dabei nicht um den innergemeinschaftlichen Erwerb eines neuen Fahrzeugs handelt.

(7) Für bestimmte Dienstleistungen ist es ausreichend, dass der Dienstleistungserbringer nachweist, dass der steuerpflichtige oder nichtsteuerpflichtiger Empfänger dieser Dienstleistungen außerhalb der Gemeinschaft ansässig ist, damit die Erbringung dieser Dienstleistungen nicht der Mehrwertsteuer unterliegt.

(8) Die Zuteilung einer Mehrwertsteuer-Identifikationsnummer an einen Steuerpflichtigen, der eine Dienstleistung für einen Empfänger in einem anderen Mitgliedstaat erbringt oder der aus einem anderen Mitgliedstaat eine Dienstleistung erhält, für die die Mehrwertsteuer ausschließlich vom Dienstleistungsempfänger zu zahlen ist, sollte nicht das Recht dieses Steuerpflichtigen auf Nichtbesteuerung seiner innergemeinschaftlichen Erwerbe von Gegenständen beeinträchtigen. Teilt jedoch ein Steuerpflichtiger im Zusammenhang mit einem innergemeinschaftlichen Erwerb von Gegenständen dem Lieferer seine Mehrwertsteuer-Identifikationsnummer mit, so wird der Steuerpflichtige in jedem Fall so behandelt, als habe er von der Möglichkeit Gebrauch gemacht, diese Umsätze der Steuer zu unterwerfen.

(9) Die weitere Integration des Binnenmarkts erfordert eine stärkere grenzüberschreitende Zusammenarbeit von in verschiedenen Mitgliedstaaten ansässigen Wirtschaftsbeteiligten und hat zu einer steigenden Anzahl von Europäischen wirtschaftlichen Interessenvereinigungen (EWIV) im Sinne der Verordnung (EWG) Nr. 2137/85 des Rates vom 25. Juli 1985 über die Schaffung einer Europäischen wirtschaftlichen Interessenvereinigung (EWIV) geführt. Daher sollte klargestellt werden, dass EWIV steuerpflichtig sind, wenn sie gegen Entgelt Gegenstände liefern oder Dienstleistungen erbringen.

(10) Es ist erforderlich, Restaurant- und Verpflegungsdienstleistungen, die Abgrenzung zwischen diesen beiden Dienstleistungen sowie ihre angemessene Behandlung klar zu definieren.

(11) Im Interesse der Klarheit sollten Umsätze, die als elektronisch erbrachte Dienstleistungen eingestuft werden, in Verzeichnissen aufgelistet werden, wobei diese Verzeichnisse weder endgültig noch erschöpfend sind.

(12) Es ist erforderlich, einerseits festzulegen, dass es sich bei einer Leistung, die nur aus der Montage verschiedener vom Dienstleistungsempfänger zur Verfügung gestellter Teile einer Maschine besteht, um eine Dienstleistung handelt, und andererseits, wo der Ort dieser Dienstleistung liegt, wenn sie an einen Nichtsteuerpflichtigen erbracht wird.

(13) Der Verkauf einer Option als Finanzinstrument sollte als Dienstleistung behandelt werden, die von den Umsätzen, auf die sich die Option bezieht, getrennt ist.

(14) Um die einheitliche Anwendung der Regeln für die Bestimmung des Ortes der steuerbaren Umsätze sicherzustellen, sollten der Begriff des Ortes, an dem ein Steuerpflichtiger den Sitz seiner wirtschaftlichen Tätigkeit hat, und der Begriff der festen Niederlassung, des Wohnsitzes und des gewöhnlichen Aufenthaltsortes klargestellt werden. Die Zugrundelegung möglichst klarer und objektiver Kriterien sollte die praktische Anwendung dieser Begriffe erleichtern, wobei der Rechtsprechung des Gerichtshofs Rechnung getragen werden sollte.

(15) Es sollten Vorschriften erlassen werden, die eine einheitliche Behandlung von Lieferungen von Gegenständen gewährleisten, wenn ein Lieferer den Schwellenwert für Fernverkäufe in einen anderen Mitgliedstaat überschritten hat.

(16) Es sollte klargestellt werden, dass zur Bestimmung des innerhalb der Gemeinschaft stattfindenden Teils der Personenbeförderung die Reisestrecke des Beförderungsmittels und nicht die von den Fahrgästen zurückgelegte Reisestrecke ausschlaggebend ist.

(17) Das Recht des Erwerbsmitgliedstaats zur Besteuerung eines innergemeinschaftlichen Erwerbs sollte nicht durch die mehrwertsteuerliche Behandlung der Umsätze im Abgangsmitgliedstaat beeinträchtigt werden.

(18) Für die richtige Anwendung der Regeln über den Ort der Dienstleistung kommt es hauptsächlich auf den Status des Dienstleistungsempfängers als Steuerpflichtiger oder Nichtsteuerpflichtiger und die Eigenschaft, in der er handelt, an. Um den steuerlichen Status des Dienstleistungsempfängers zu bestimmen, sollte festgelegt werden, welche Nachweise sich der Dienstleistungserbringer vom Dienstleistungsempfänger vorlegen lassen muss.

(19) Es sollte klargestellt werden, dass dann, wenn für einen Steuerpflichtigen erbrachte Dienstleistungen für den privaten Bedarf, einschließlich für den Bedarf des Personals des Dienstleistungsempfängers, bestimmt sind, dieser Steuerpflichtige nicht als in seiner Eigenschaft als Steuerpflichtiger handelnd eingestuft werden kann. Zur Entscheidung, ob der Dienstleistungsempfänger als Steuerpflichtiger handelt oder nicht, ist die Mitteilung seiner Mehrwertsteuer-Identifikationsnummer an den Dienstleistungserbringer ausreichend, um ihm die Eigenschaft als Steuerpflichtiger zuzuerkennen, es sei denn, dem Dienstleistungserbringer liegen gegenteilige Informationen vor. Es sollte außerdem sichergestellt werden, dass eine Dienstleistung, die sowohl für Unternehmenszwecke erworben als auch privat genutzt wird, nur an einem einzigen Ort besteuert wird.

(20) Zur genauen Bestimmung des Ortes der Niederlassung des Dienstleistungsempfängers ist der Dienstleistungserbringer verpflichtet, die vom Dienstleistungsempfänger übermittelten Angaben zu überprüfen.

(21) Unbeschadet der allgemeinen Bestimmung über den Ort einer Dienstleistung an einen Steuerpflichtigen sollten Regeln festgelegt werden, um dem Dienstleistungserbringer für den Fall, dass Dienstleistungen an einen Steuerpflichtigen erbracht werden, der an mehr als einem Ort ansässig ist, zu helfen, den Ort der festen Niederlassung des Steuerpflichtigen, an die die Dienstleistung erbracht wird, unter Berücksichtigung der jeweiligen Umstände zu bestimmen. Wenn es dem Dienstleistungserbringer nicht möglich ist, diesen Ort zu bestimmen, sollten Bestimmungen zur Präzisierung der Pflichten des Dienstleistungserbringers festgelegt werden. Diese Bestimmungen sollten die Pflichten des Steuerpflichtigen weder berühren noch ändern.

(22) Es sollte auch festgelegt werden, zu welchem Zeitpunkt der Dienstleistungserbringer den Status des Dienstleistungsempfängers als Steuerpflichtiger oder Nichtsteuerpflichtiger, seine Eigenschaft und seinen Ort bestimmen muss.

(23) Der Grundsatz in Bezug auf missbräuchliche Praktiken von Wirtschaftsbeteiligten gilt generell für die vorliegende Verordnung, doch ist es angezeigt, speziell im Zusammenhang mit einigen Bestimmungen dieser Verordnung auf seine Gültigkeit hinzuweisen.

(24) Bestimmte Dienstleistungen wie die Erteilung des Rechts zur Fernsehübertragung von Fußballspielen, Textübersetzungen, Dienstleistungen im Zusammenhang mit

der Mehrwertsteuererstattung und Dienstleistungen von Vermittlern, die an einen Nichtsteuerpflichtigen erbracht werden, sind mit grenzübergreifenden Sachverhalten verbunden oder beziehen sogar außerhalb der Gemeinschaft ansässige Wirtschaftsbeteiligte ein. Zur Verbesserung der Rechtssicherheit sollte der Ort dieser Dienstleistungen eindeutig bestimmt werden.

(25) Es sollte festgelegt werden, dass für Dienstleistungen von Vermittlern, die im Namen und für Rechnung Dritter handeln und die Beherbergungsdienstleistungen in der Hotelbranche vermitteln, nicht die spezifische Regel für Dienstleistungen im Zusammenhang mit einem Grundstück gilt.

(26) Werden mehrere Dienstleistungen im Rahmen von Bestattungen als Bestandteil einer einheitlichen Dienstleistung erbracht, sollte festgelegt werden, nach welcher Vorschrift der Ort der Dienstleistung zu bestimmen ist.

(27) Um die einheitliche Behandlung von Dienstleistungen auf dem Gebiet der Kultur, der Künste, des Sports, der Wissenschaften, des Unterrichts sowie der Unterhaltung und ähnlichen Ereignissen sicherzustellen, sollten die Eintrittsberechtigung zu solchen Ereignissen und die mit der Eintrittsberechtigung zusammenhängenden Dienstleistungen definiert werden.

(28) Es sollte klargestellt werden, wie Restaurant- und Verpflegungsdienstleistungen zu behandeln sind, die an Bord eines Beförderungsmittels erbracht werden, sofern die Personenbeförderung auf dem Gebiet mehrerer Länder erfolgt.

(29) Da bestimmte Regeln für die Vermietung von Beförderungsmitteln auf die Dauer des Besitzes oder der Verwendung abstellen, muss nicht nur festgelegt werden, welche Fahrzeuge als Beförderungsmittel anzusehen sind, sondern es ist auch klarzustellen, wie solche Dienstleistungen zu behandeln sind, wenn mehrere aufeinanderfolgende Verträge abgeschlossen werden. Es ist auch der Ort festzulegen, an dem das Beförderungsmittel dem Dienstleistungsempfänger tatsächlich zur Verfügung gestellt wird.

(30) Unter bestimmten Umständen sollte eine bei der Bezahlung eines Umsatzes mittels Kredit- oder Geldkarte anfallende Bearbeitungsgebühr nicht zu einer Minderung der Besteuerungsgrundlage für diesen Umsatz führen.

(31) Es muss klargestellt werden, dass auf die Vermietung von Zelten, Wohnanhängern und Wohnmobilen, die auf Campingplätzen aufgestellt sind und als Unterkünfte dienen, ein ermäßigter Steuersatz angewandt werden kann.

(32) Als Ausbildung, Fortbildung oder berufliche Umschulung sollten sowohl Schulungsmaßnahmen mit direktem Bezug zu einem Gewerbe oder einem Beruf als auch jegliche Schulungsmaßnahme im Hinblick auf den Erwerb oder die Erhaltung beruflicher Kenntnisse gelten, und zwar unabhängig von ihrer Dauer.

(33) „Platinum Nobles" sollten in allen Fällen von der Steuerbefreiung für Umsätze mit Devisen, Banknoten und Münzen ausgeschlossen sein.

(34) Es sollte festgelegt werden, dass die Steuerbefreiung für Dienstleistungen im Zusammenhang mit der Einfuhr von Gegenständen, deren Wert in der Steuerbemessungsgrundlage für diese Gegenstände enthalten ist, auch für im Rahmen eines Wohnortwechsels erbrachte Beförderungsdienstleistungen gilt.

(35) Die vom Abnehmer nach Orten außerhalb der Gemeinschaft beförderten und für die Ausrüstung oder die Versorgung von Beförderungsmitteln – die von Personen, die keine natürlichen Personen sind, wie etwa Einrichtungen des öffentlichen Rechts oder

Vereine, für nichtgeschäftliche Zwecke genutzt werden – bestimmten Gegenstände sollten von der Steuerbefreiung bei Ausfuhrumsätzen ausgeschlossen sein.

(36) Um eine einheitliche Verwaltungspraxis bei der Berechnung des Mindestwerts für die Steuerbefreiung der Ausfuhr von Gegenständen zur Mitführung im persönlichen Gepäck von Reisenden sicherzustellen, sollten die Bestimmungen für diese Berechnung harmonisiert werden.

(37) Es sollte festgelegt werden, dass die Steuerbefreiung für bestimmte Umsätze, die Ausfuhren gleichgestellt sind, auch für Dienstleistungen gilt, die unter die besondere Regelung für elektronisch erbrachte Dienstleistungen fallen.

(38) Eine entsprechend dem Rechtsrahmen für ein Konsortium für eine europäische Forschungsinfrastruktur (ERIC) zu schaffende Einrichtung sollte zum Zweck der Mehrwertsteuerbefreiung nur unter bestimmten Voraussetzungen als internationale Einrichtung gelten. Die für die Inanspruchnahme der Befreiung erforderlichen Voraussetzungen sollten daher festgelegt werden.

(39) Lieferungen von Gegenständen und Dienstleistungen, die im Rahmen diplomatischer und konsularischer Beziehungen bewirkt oder anerkannten internationalen Einrichtungen oder bestimmten Streitkräften erbracht werden, sind vorbehaltlich bestimmter Beschränkungen und Bedingungen von der Mehrwertsteuer befreit. Damit ein Steuerpflichtiger, der eine solche Lieferung oder Dienstleistung von einem anderen Mitgliedstaat aus bewirkt, nachweisen kann, dass die Voraussetzungen für diese Befreiung vorliegen, sollte eine Freistellungsbescheinigung eingeführt werden.

(40) Für die Ausübung des Rechts auf Vorsteuerabzug sollten auch elektronische Einfuhrdokumente zugelassen werden, wenn sie dieselben Anforderungen erfüllen wie Papierdokumente.

(41) Hat ein Lieferer von Gegenständen oder ein Erbringer von Dienstleistungen eine feste Niederlassung in dem Gebiet des Mitgliedstaats, in dem die Steuer geschuldet wird, so sollte festgelegt werden, unter welchen Umständen die Steuer von dieser Niederlassung zu entrichten ist.

(42) Es sollte klargestellt werden, dass ein Steuerpflichtiger, dessen Sitz der wirtschaftlichen Tätigkeit sich in dem Gebiet des Mitgliedstaats befindet, in dem die Mehrwertsteuer geschuldet wird, im Hinblick auf diese Steuerschuld selbst dann als ein in diesem Mitgliedstaat ansässiger Steuerschuldner anzusehen ist, wenn dieser Sitz nicht bei der Lieferung von Gegenständen oder der Erbringung von Dienstleistungen mitwirkt.

(43) Es sollte klargestellt werden, dass jeder Steuerpflichtige verpflichtet ist, für bestimmte steuerbare Umsätze seine Mehrwertsteuer-Identifikationsnummer mitzuteilen, sobald er diese erhalten hat, damit eine gerechtere Steuererhebung gewährleistet ist.

(44) Um die Gleichbehandlung der Wirtschaftsbeteiligten zu gewährleisten, sollte festgelegt werden, welche Anlagegold-Gewichte auf den Goldmärkten definitiv akzeptiert werden und an welchem Datum der Wert der Goldmünzen festzustellen ist.

(45) Die Sonderregelung für die Erbringung elektronisch erbrachter Dienstleistungen durch nicht in der Gemeinschaft ansässige Steuerpflichtige an in der Gemeinschaft ansässige oder wohnhafte Nichtsteuerpflichtige ist an bestimmte Voraussetzungen geknüpft. Es sollte insbesondere genau angegeben werden, welche Folgen es hat, wenn diese Voraussetzungen nicht mehr erfüllt werden.

(46) Bestimmte Änderungen resultieren aus der Richtlinie 2008/8/EG. Da diese Änderungen zum einen die Besteuerung der Vermietung von Beförderungsmitteln über einen längeren Zeitraum ab dem 1. Januar 2013 und zum anderen die Besteuerung elektronisch erbrachter Dienstleistungen ab dem 1. Januar 2015 betreffen, sollte festgelegt werden, dass die entsprechenden Bestimmungen dieser Verordnung erst ab diesen Daten anwendbar sind –

HAT FOLGENDE VERORDNUNG ERLASSEN:

KAPITEL I
GEGENSTAND
Artikel 1

Diese Verordnung regelt die Durchführung einiger Bestimmungen der Titel I bis V und VII bis XII der Richtlinie 2006/112/EG.

KAPITEL II
ANWENDUNGSBEREICH
(TITEL I DER RICHTLINIE 2006/112/EG)

Artikel 2

Folgendes führt nicht zu einem innergemeinschaftlichen Erwerb im Sinne von Artikel 2 Absatz 1 Buchstabe b der Richtlinie 2006/112/EG:
a) die Verbringung eines neuen Fahrzeugs durch einen Nichtsteuerpflichtigen aufgrund eines Wohnortwechsels, vorausgesetzt, die Befreiung nach Artikel 138 Absatz 2 Buchstabe a der Richtlinie 2006/112/EG war zum Zeitpunkt der Lieferung nicht anwendbar;
b) die Rückführung eines neuen Fahrzeugs durch einen Nichtsteuerpflichtigen in denjenigen Mitgliedstaat, aus dem es ihm ursprünglich unter Inanspruchnahme der Steuerbefreiung nach Artikel 138 Absatz 2 Buchstabe a der Richtlinie 2006/112/EG geliefert wurde.

Artikel 3

Unbeschadet des Artikels 59a Absatz 1 Buchstabe b der Richtlinie 2006/112/EG unterliegt die Erbringung der nachstehend aufgeführten Dienstleistungen nicht der Mehrwertsteuer, wenn der Dienstleistungserbringer nachweist, dass der nach Kapitel V Abschnitt 4 Unterabschnitte 3 und 4 der vorliegenden Verordnung ermittelte Ort der Dienstleistung außerhalb der Gemeinschaft liegt:
a) ab 1. Januar 2013 die in Artikel 56 Absatz 2 Unterabsatz 1 der Richtlinie 2006/112/EG genannten Dienstleistungen;
b) ab 1. Januar 2015 die in Artikel 58 der Richtlinie 2006/112/EG aufgeführten Dienstleistungen;
c) die in Artikel 59 der Richtlinie 2006/112/EG aufgeführten Dienstleistungen.

Artikel 4

Einem Steuerpflichtigen, dessen innergemeinschaftliche Erwerbe von Gegenständen gemäß Artikel 3 der Richtlinie 2006/112/EG nicht der Mehrwertsteuer unterliegen, steht dieses Recht auf Nichtbesteuerung auch dann weiterhin zu, wenn ihm nach Artikel 214

Absatz 1 Buchstabe d oder e jener Richtlinie für empfangene Dienstleistungen, für die er Mehrwertsteuer zu entrichten hat, oder für von ihm im Gebiet eines anderen Mitgliedstaats erbrachte Dienstleistungen, für die die Mehrwertsteuer ausschließlich vom Empfänger zu entrichten ist, eine Mehrwertsteuer-Identifikationsnummer zugeteilt wurde.

Teilt dieser Steuerpflichtige jedoch im Zusammenhang mit dem innergemeinschaftlichen Erwerb von Gegenständen seine Mehrwertsteuer-Identifikationsnummer einem Lieferer mit, so gilt damit die Wahlmöglichkeit nach Artikel 3 Absatz 3 der genannten Richtlinie als in Anspruch genommen.

KAPITEL III

STEUERPFLICHTIGER

(TITEL III DER RICHTLINIE 2006/112/EG)

Artikel 5

Eine gemäß der Verordnung (EWG) Nr. 2137/85 gegründete Europäische wirtschaftliche Interessenvereinigung (EWIV), die gegen Entgelt Lieferungen von Gegenständen oder Dienstleistungen an ihre Mitglieder oder an Dritte bewirkt, ist ein Steuerpflichtiger im Sinne von Artikel 9 Absatz 1 der Richtlinie 2006/112/EG.

KAPITEL IV

STEUERBARER UMSATZ

(ARTIKEL 24 BIS 29 DER RICHTLINIE 2006/112/EG)

Artikel 6

(1) Als Restaurant- und Verpflegungsdienstleistungen gelten die Abgabe zubereiteter oder nicht zubereiteter Speisen und/oder Getränke, zusammen mit ausreichenden unterstützenden Dienstleistungen, die deren sofortigen Verzehr ermöglichen. Die Abgabe von Speisen und/oder Getränken ist nur eine Komponente der gesamten Leistung, bei der der Dienstleistungsanteil überwiegt. Restaurantdienstleistungen sind die Erbringung solcher Dienstleistungen in den Räumlichkeiten des Dienstleistungserbringers und Verpflegungsdienstleistungen sind die Erbringung solcher Dienstleistungen an einem anderen Ort als den Räumlichkeiten des Dienstleistungserbringers.

(2) Die Abgabe von zubereiteten oder nicht zubereiteten Speisen und/oder Getränken mit oder ohne Beförderung, jedoch ohne andere unterstützende Dienstleistungen, gilt nicht als Restaurant- oder Verpflegungsdienstleistung im Sinne des Absatzes 1.

Artikel 6a

(1) Telekommunikationsdienstleistungen im Sinne von Artikel 24 Absatz 2 der Richtlinie 2006/112/EG umfassen insbesondere

a) Festnetz- und Mobiltelefondienste zur wechselseitigen Ton-, Daten- und Videoübertragung einschließlich Telefondienstleistungen mit bildgebender Komponente (Videofonie),

b) über das Internet erbrachte Telefondienste einschließlich VoIP-Diensten (Voice over Internet Protocol);

c) Sprachspeicherung (Voicemail), Anklopfen, Rufumleitung, Anruferkennung, Dreiwegeanruf und andere Anrufverwaltungsdienste;
d) Personenrufdienste (Paging-Dienste);
e) Audiotextdienste;
f) Fax, Telegrafie und Fernschreiben;
g) den Zugang zum Internet einschließlich des World Wide Web;
h) private Netzanschlüsse für Telekommunikationsverbindungen zur ausschließlichen Nutzung durch den Dienstleistungsempfänger.

(2) Telekommunikationsdienstleistungen im Sinne von Artikel 24 Absatz 2 der Richtlinie 2006/112/EG umfassen nicht
a) elektronisch erbrachte Dienstleistungen;
b) Rundfunk- und Fernsehdienstleistungen (im Folgenden ‚Rundfunkdienstleistungen.').

Artikel 6b

(1) Rundfunkdienstleistungen umfassen Dienstleistungen in Form von Audio- und audiovisuellen Inhalten wie Rundfunk- oder Fernsehsendungen, die auf der Grundlage eines Sendeplans über Kommunikationsnetze durch einen Mediendiensteanbieter unter dessen redaktioneller Verantwortung der Öffentlichkeit zum zeitgleichen Anhören oder Ansehen zur Verfügung gestellt werden.

(2) Unter Absatz 01 fällt insbesondere Folgendes:
a) Rundfunk- oder Fernsehsendungen, die über einen Rundfunk- oder Fernsehsender verbreitet oder weiterverbreitet werden;
b) Rundfunk – oder Fernsehsendungen, die über das Internet oder ein ähnliches elektronisches Netzwerk (IP-Streaming) verbreitet werden, wenn sie zeitgleich zu ihrer Verbreitung oder Weiterverbreitung durch einen Rundfunk- oder Fernsehsender übertragen werden.

(3) Absatz 1 findet keine Anwendung auf
a) Telekommunikationsdienstleistungen;
b elektronisch erbrachte Dienstleistungen;
c) die Bereitstellung von Informationen über bestimmte auf Abruf erhältliche Programme;
d) die Übertragung von Sende- oder Verbreitungsrechten;
e) das Leasing von Geräten und technischer Ausrüstung zum Empfang von Rundfunkdienstleistungen;
f) Rundfunk- oder Fernsehsendungen, die über das Internet oder ein ähnliches elektronisches Netz (IP-Streaming) verbreitet werden, es sei denn, sie werden zeitgleich zu ihrer Verbreitung oder Weiterverbreitung durch herkömmliche Rundfunk- oder Fernsehsender übertragen.

Artikel 7

(1) „Elektronisch erbrachte Dienstleistungen" im Sinne der Richtlinie 2006/112/EG umfassen Dienstleistungen, die über das Internet oder ein ähnliches elektronisches Netz erbracht werden, deren Erbringung aufgrund ihrer Art im Wesentlichen automatisiert und nur mit minimaler menschlicher Beteiligung erfolgt und ohne Informationstechnologie nicht möglich wäre.

(2) Unter Absatz 1 fällt insbesondere das Folgende:
a) Überlassung digitaler Produkte allgemein, z. B. Software und zugehörige Änderungen oder Upgrades;
b) Dienste, die in elektronischen Netzen eine Präsenz zu geschäftlichen oder persönlichen Zwecken, z. B. eine Website oder eine Webpage, vermitteln oder unterstützen;
c) von einem Computer automatisch generierte Dienstleistungen über das Internet oder ein ähnliches elektronisches Netz auf der Grundlage spezifischer Dateninputs des Dienstleistungsempfängers;
d) Einräumung des Rechts, gegen Entgelt eine Leistung auf einer Website, die als Online-Marktplatz fungiert, zum Kauf anzubieten, wobei die potenziellen Käufer ihr Gebot im Wege eines automatisierten Verfahrens abgeben und die Beteiligten durch eine automatische, computergenerierte E-Mail über das Zustandekommen eines Verkaufs unterrichtet werden;
e) Internet-Service-Pakete, in denen die Telekommunikations- Komponente ein ergänzender oder untergeordneter Bestandteil ist (d. h. Pakete, die mehr ermöglichen als nur die Gewährung des Zugangs zum Internet und die weitere Elemente wie etwa Nachrichten, Wetterbericht, Reiseinformationen, Spielforen, Webhosting, Zugang zu Chatlines usw. umfassen);
f) die in Anhang I genannten Dienstleistungen.

(3) Absatz 1 findet keine Anwendung auf:
a) Rundfunkdienstleistungen;
b) Telekommunikationsdienstleistungen;
c) Gegenstände bei elektronischer Bestellung und Auftragsbearbeitung;
d) CD-ROMs, Disketten und ähnliche körperliche Datenträger;
e) Druckerzeugnisse wie Bücher, Newsletter, Zeitungen und Zeitschriften;
f) CDs und Audiokassetten;
g) Videokassetten und DVDs;
h) Spiele auf CD-ROM;
i) Beratungsleistungen durch Rechtsanwälte, Finanzberater usw. per E-Mail;
j) Unterrichtsleistungen, wobei ein Lehrer den Unterricht über das Internet oder ein elektronisches Netz, d. h. über einen Remote Link, erteilt;
k) physische Offline-Reparatur von EDV-Ausrüstung;
l) Offline-Data-Warehousing;
m) Zeitungs-, Plakat- und Fernsehwerbung;
n) Telefon-Helpdesks;
o) Fernunterricht im herkömmlichen Sinne, z. B. per Post;
p) Versteigerungen herkömmlicher Art, bei denen Menschen direkt tätig werden, unabhängig davon, wie die Gebote abgegeben werden;
q) *(gestrichen)*
r) *(gestrichen)*
s) *(gestrichen)*
t) online gebuchte Eintrittskarten für Veranstaltungen auf dem Gebiet der Kultur, der Künste, des Sports, der Wissenschaft, des Unterrichts, der Unterhaltung und ähnliche Veranstaltungen;
u) online gebuchte Beherbergungsleistungen, Mietwagen, Restaurantdienstleistungen, Personenbeförderungsdienste oder ähnliche Dienstleistungen.

Artikel 8

Baut ein Steuerpflichtiger lediglich die verschiedenen Teile einer Maschine zusammen, die ihm alle vom Empfänger seiner Dienstleistung zur Verfügung gestellt wurden, so ist dieser Umsatz eine Dienstleistung im Sinne von Artikel 24 Absatz 1 der Richtlinie 2006/112/EG.

Artikel 9

Der Verkauf einer Option, der in den Anwendungsbereich von Artikel 135 Absatz 1 Buchstabe f der Richtlinie 2006/112/EG fällt, ist eine Dienstleistung im Sinne von Artikel 24 Absatz 1 der genannten Richtlinie. Diese Dienstleistung ist von den der Option zugrunde liegenden Umsätzen zu unterscheiden.

Artikel 9a

(1) Für die Anwendung von Artikel 28 der Richtlinie 2006/112/EG gilt, dass wenn elektronisch erbrachte Dienstleistungen über ein Telekommunikationsnetz, eine Schnittstelle oder ein Portal wie einen Appstore erbracht werden, davon auszugehen ist, dass ein an dieser Erbringung beteiligter Steuerpflichtiger im eigenen Namen, aber für Rechnung des Anbieters dieser Dienstleistungen tätig ist, es sei denn, dass dieser Anbieter von dem Steuerpflichtigen ausdrücklich als Leistungserbringer genannt wird und dies in den vertraglichen Vereinbarungen zwischen den Parteien zum Ausdruck kommt.

Damit der Anbieter der elektronisch erbrachten Dienstleistungen als vom Steuerpflichtigen ausdrücklich genannter Erbringer der elektronisch erbrachten Dienstleistungen angesehen werden kann, müssen die folgenden Bedingungen erfüllt sein:

a) Auf der von jedem an der Erbringung der elektronisch erbrachten Dienstleistungen beteiligten Steuerpflichtigen ausgestellten oder verfügbar gemachten Rechnung müssen die elektronisch erbrachten Dienstleistungen und der Erbringer dieser elektronisch erbrachten Dienstleistungen angegeben sein;

b) auf der dem Dienstleistungsempfänger ausgestellten oder verfügbar gemachten Rechnung oder Quittung müssen die elektronisch erbrachten Dienstleistungen und ihr Erbringer angegeben sein.

Für die Zwecke dieses Absatzes ist es einem Steuerpflichtigen nicht gestattet, eine andere Person ausdrücklich als Erbringer von elektronischen Dienstleistungen anzugeben, wenn er hinsichtlich der Erbringung dieser Dienstleistungen die Abrechnung mit dem Dienstleistungsempfänger autorisiert oder die Erbringung der Dienstleistungen genehmigt oder die allgemeinen Bedingungen der Erbringung festlegt.

(2) Absatz 1 findet auch Abwendung, wenn über das Internet erbrachte Telefondienste einschließlich VoIP- Diensten (Voice over Internet Protocol) über ein Telekommunikationsnetz, eine Schnittstelle oder ein Portal wie einen Appstore erbracht werden und diese Erbringung unter den in Absatz 1 genannten Bedingungen erfolgt.

(3) Dieser Artikel gilt nicht für einen Steuerpflichtigen, der lediglich Zahlungen in Bezug auf elektronisch erbrachte Dienstleistungen oder über das Internet erbrachte Telefondienste einschließlich VoIP-Diensten (Voice over Internet Protocol) abwickelt und nicht an der Erbringung dieser elektronisch erbrachten Dienstleistungen oder Telefondienste beteiligt ist.

KAPITEL V
ORT DES STEUERBAREN UMSATZES
ABSCHNITT 1
Begriffe

Artikel 10

(1) Für die Anwendung der Artikel 44 und 45 der Richtlinie 2006/112/EG gilt als Ort, an dem der Steuerpflichtige den Sitz seiner wirtschaftlichen Tätigkeit hat, der Ort, an dem die Handlungen zur zentralen Verwaltung des Unternehmens vorgenommen werden.

(2) Zur Bestimmung des Ortes nach Absatz 1 werden der Ort, an dem die wesentlichen Entscheidungen zur allgemeinen Leitung des Unternehmens getroffen werden, der Ort seines satzungsmäßigen Sitzes und der Ort, an dem die Unternehmensleitung zusammenkommt, herangezogen.

Kann anhand dieser Kriterien der Ort des Sitzes der wirtschaftlichen Tätigkeit eines Unternehmens nicht mit Sicherheit bestimmt werden, so wird der Ort, an dem die wesentlichen Entscheidungen zur allgemeinen Leitung des Unternehmens getroffen werden, zum vorrangigen Kriterium.

(3) Allein aus dem Vorliegen einer Postanschrift kann nicht geschlossen werden, dass sich dort der Sitz der wirtschaftlichen Tätigkeit eines Unternehmens befindet.

Artikel 11

(1) Für die Anwendung des Artikels 44 der Richtlinie 2006/112/EG gilt als „feste Niederlassung" jede Niederlassung mit Ausnahme des Sitzes der wirtschaftlichen Tätigkeit nach Artikel 10 dieser Verordnung, die einen hinreichenden Grad an Beständigkeit sowie eine Struktur aufweist, die es ihr von der personellen und technischen Ausstattung her erlaubt, Dienstleistungen, die für den eigenen Bedarf dieser Niederlassung erbracht werden, zu empfangen und dort zu verwenden.

(2) Für die Anwendung der folgenden Artikel gilt als „feste Niederlassung" jede Niederlassung mit Ausnahme des Sitzes der wirtschaftlichen Tätigkeit nach Artikel 10 dieser Verordnung, die einen hinreichenden Grad an Beständigkeit sowie eine Struktur aufweist, die es von der personellen und technischen Ausstattung her erlaubt, Dienstleistungen zu erbringen:
a) Artikel 45 der Richtlinie 2006/112/EG;
b) ab 1. Januar 2013 Artikel 56 Absatz 2 Unterabsatz 2 der Richtlinie 2006/112/EG;
c) bis 31. Dezember 2014 Artikel 58 der Richtlinie 2006/112/EG;
d) Artikel 192a der Richtlinie 2006/112/EG.

(3) Allein aus der Tatsache, dass eine Mehrwertsteuer-Identifikationsnummer zugeteilt wurde, kann nicht darauf geschlossen werden, dass ein Steuerpflichtiger eine „feste Niederlassung" hat.

Artikel 12

Für die Anwendung der Richtlinie 2006/112/EG gilt als „Wohnsitz" einer natürlichen Person, unabhängig davon, ob diese Person steuerpflichtig ist oder nicht, der im Melderegister oder in einem ähnlichen Register eingetragene Wohnsitz oder der Wohnsitz, den die betreffende Person bei der zuständigen Steuerbehörde angegeben hat, es sei denn, es liegen Anhaltspunkte dafür vor, dass dieser Wohnsitz nicht die tatsächlichen Gegebenheiten widerspiegelt.

Artikel 13

Im Sinne der Richtlinie 2006/112/EG gilt als „gewöhnlicher Aufenthaltsort" einer natürlichen Person, unabhängig davon, ob diese Person steuerpflichtig ist oder nicht, der Ort, an dem diese natürliche Person aufgrund persönlicher und beruflicher Bindungen gewöhnlich lebt.

Liegen die beruflichen Bindungen einer natürlichen Person in einem anderen Land als dem ihrer persönlichen Bindungen oder gibt es keine beruflichen Bindungen, so bestimmt sich der gewöhnliche Aufenthaltsort nach den persönlichen Bindungen, die enge Beziehungen zwischen der natürlichen Person und einem Wohnort erkennen lassen.

Artikel 13a

Als Ort, an dem eine nichtsteuerpflichtige juristische Person im Sinne von Artikel 56 Absatz 2 Unterabsatz 1, Artikel 58 und Artikel 59 der Richtlinie 2006/112/EG ansässig ist, gilt
a) der Ort, an dem Handlungen zu ihrer zentralen Verwaltung ausgeführt werden, oder
b) der Ort jeder anderen Niederlassung, die einen hinreichenden Grad an Beständigkeit sowie eine Struktur aufweist, die es ihr von der personellen und technischen Ausstattung her erlaubt, Dienstleistungen, die für den eigenen Bedarf dieser Niederlassung erbracht werden, zu empfangen und dort zu verwenden.

Artikel 13b

Für die Zwecke der Anwendung der Richtlinie 2006/112/EG gilt als „Grundstück"
a) ein bestimmter über- oder unterirdischer Teil der Erdoberfläche, an dem Eigentum und Besitz begründet werden kann;
b) jedes mit oder in dem Boden über oder unter dem Meeresspiegel befestigte Gebäude oder jedes derartige Bauwerk, das nicht leicht abgebaut oder bewegt werden kann;
c) jede Sache, die einen wesentlichen Bestandteil eines Gebäudes oder eines Bauwerks bildet, ohne die das Gebäude oder das Bauwerk unvollständig ist, wie zum Beispiel Türen, Fenster, Dächer, Treppenhäuser und Aufzüge;
d) Sachen, Ausstattungsgegenstände oder Maschinen, die auf Dauer in einem Gebäude oder einem Bauwerk installiert sind, und die nicht bewegt werden können, ohne das Gebäude oder das Bauwerk zu zerstören oder zu verändern.

ABSCHNITT 2
Ort der Lieferung von Gegenständen
(Artikel 31 bis 39 der Richtlinie 2006/112/EG)

Artikel 14

Wird im Laufe eines Kalenderjahres der von einem Mitgliedstaat gemäß Artikel 34 der Richtlinie 2006/112/EG angewandte Schwellenwert überschritten, so ergibt sich aus Artikel 33 jener Richtlinie keine Änderung des Ortes der Lieferungen von nicht verbrauchsteuerpflichtigen Waren, die in dem fraglichen Kalenderjahr vor Überschreiten des von diesem Mitgliedstaat für das laufende Kalenderjahr angewandten Schwellenwerts getätigt wurden, unter der Bedingung, dass alle folgenden Voraussetzungen erfüllt sind:

a) der Lieferer hat nicht die Wahlmöglichkeit des Artikels 34 Absatz 4 jener Richtlinie in Anspruch genommen;
b) der Wert seiner Lieferungen von Gegenständen hat den Schwellenwert im vorangegangenen Jahr nicht überschritten.

Hingegen ändert Artikel 33 der Richtlinie 2006/112/EG den Ort folgender Lieferungen in den Mitgliedstaat der Beendigung des Versands oder der Beförderung:
a) die Lieferung von Gegenständen, mit der der vom Mitgliedstaat für das laufende Kalenderjahr angewandte Schwellenwert in dem laufenden Kalenderjahr überschritten wurde;
b) alle weiteren Lieferungen von Gegenständen in demselben Mitgliedstaat in dem betreffenden Kalenderjahr;
c) Lieferungen von Gegenständen in demselben Mitgliedstaat in dem Kalenderjahr, das auf das Jahr folgt, in dem das unter Buchstabe a genannte Ereignis eingetreten ist.

Artikel 15

Zur Bestimmung des innerhalb der Gemeinschaft stattfindenden Teils der Personenbeförderung im Sinne des Artikels 37 der Richtlinie 2006/112/EG ist die Reisestrecke des Beförderungsmittels, nicht die der beförderten Personen, ausschlaggebend.

ABSCHNITT 3
Ort des innergemeinschaftlichen Erwerbs von Gegenständen
(Artikel 40, 41 und 42 der Richtlinie 2006/112/EG)

Artikel 16

Der Mitgliedstaat der Beendigung des Versands oder der Beförderung der Gegenstände, in dem ein innergemeinschaftlicher Erwerb von Gegenständen im Sinne von Artikel 20 der Richtlinie 2006/112/EG erfolgt, nimmt seine Besteuerungskompetenz unabhängig von der mehrwertsteuerlichen Behandlung des Umsatzes im Mitgliedstaat des Beginns des Versands oder der Beförderung der Gegenstände wahr.

Ein etwaiger vom Lieferer der Gegenstände gestellter Antrag auf Berichtigung der in Rechnung gestellten und gegenüber dem Mitgliedstaat des Beginns des Versands oder der Beförderung der Gegenstände erklärten Mehrwertsteuer wird von diesem Mitgliedstaat nach seinen nationalen Vorschriften bearbeitet.

ABSCHNITT 4
Ort der Dienstleistung
(Artikel 43 bis 59 der Richtlinie 2006/112/EG)

Unterabschnitt 1
Status des Dienstleistungsempfängers

Artikel 17

(1) Hängt die Bestimmung des Ortes der Dienstleistung davon ab, ob es sich bei dem Dienstleistungsempfänger um einen Steuerpflichtigen oder um einen Nichtsteuerpflichtigen handelt, so wird der Status des Dienstleistungsempfängers nach den Artikeln 9 bis 13 und 43 der Richtlinie 2006/112/EG bestimmt.

(2) Eine nicht steuerpflichtige juristische Person, der gemäß Artikel 214 Absatz 1 Buchstabe b der Richtlinie 2006/112/EG eine Mehrwertsteuer-Identifikationsnummer zugeteilt wurde oder die verpflichtet ist, sich für Mehrwertsteuerzwecke erfassen zu lassen, weil ihre innergemeinschaftlichen Erwerbe von Gegenständen der Mehrwertsteuer unterliegen oder weil sie die Wahlmöglichkeit in Anspruch genommen hat, diese Umsätze der Mehrwertsteuerpflicht zu unterwerfen, gilt als Steuerpflichtiger im Sinne des Artikels 43 jener Richtlinie.

Artikel 18

(1) Sofern dem Dienstleistungserbringer keine gegenteiligen Informationen vorliegen, kann er davon ausgehen, dass ein in der Gemeinschaft ansässiger Dienstleistungsempfänger den Status eines Steuerpflichtigen hat,

a) wenn der Dienstleistungsempfänger ihm seine individuelle Mehrwertsteuer-Identifikationsnummer mitgeteilt hat und er die Bestätigung der Gültigkeit dieser Nummer sowie die des zugehörigen Namens und der zugehörigen Anschrift gemäß Artikel 31 der Verordnung (EG) Nr. 904/2010 des Rates vom 7. Oktober 2010 über die Zusammenarbeit der Verwaltungsbehörden und die Betrugsbekämpfung auf dem Gebiet der Mehrwertsteuer erlangt hat;

b) wenn er, sofern der Dienstleistungsempfänger noch keine individuelle Mehrwertsteuer-Identifikationsnummer erhalten hat, jedoch mitteilt, dass er die Zuteilung einer solchen Nummer beantragt hat, anhand eines anderen Nachweises feststellt, dass es sich bei dem Dienstleistungsempfänger um einen Steuerpflichtigen oder eine nicht steuerpflichtige juristische Person handelt, die verpflichtet ist, sich für Mehrwertsteuerzwecke erfassen zu lassen, und mittels handelsüblicher Sicherheitsmaßnahmen (wie beispielsweise der Kontrolle der Angaben zur Person oder von Zahlungen) in zumutbarem Umfang die Richtigkeit der vom Dienstleistungsempfänger gemachten Angaben überprüft.

(2) Sofern dem Dienstleistungserbringer keine gegenteiligen Informationen vorliegen, kann er davon ausgehen, dass ein in der Gemeinschaft ansässiger Dienstleistungsempfänger den Status eines Nichtsteuerpflichtigen hat, wenn er nachweist, dass Letzterer ihm seine individuelle Mehrwertsteuer-Identifikationsnummer nicht mitgeteilt hat.

Ungeachtet gegenteiliger Informationen kann jedoch der Erbringer von Telekommunikations-, Rundfunk- oder elektronisch erbrachten Dienstleistungen davon ausgehen, dass ein innerhalb der Gemeinschaft ansässiger Dienstleistungsempfänger den Status eines Nichtsteuerpflichtigen hat, solange der Dienstleistungsempfänger ihm seine individuelle Mehrwertsteuer-Identifikationsnummer nicht mitgeteilt hat.

(3) Sofern dem Dienstleistungserbringer keine gegenteiligen Informationen vorliegen, kann er davon ausgehen, dass ein außerhalb der Gemeinschaft ansässiger Dienstleistungsempfänger den Status eines Steuerpflichtigen hat,

a) wenn er vom Dienstleistungsempfänger die von den für den Dienstleistungsempfänger zuständigen Steuerbehörden ausgestellte Bescheinigung erlangt, wonach der Dienstleistungsempfänger eine wirtschaftliche Tätigkeit ausübt, die es ihm ermöglicht, eine Erstattung der Mehrwertsteuer gemäß der Richtlinie 86/560/EWG des Rates vom 17. November 1986 zur Harmonisierung der Rechtsvorschriften der Mitgliedstaaten über die Umsatzsteuern – Verfahren der Erstattung der Mehrwertsteuer an nicht im Gebiet der Gemeinschaft ansässige Steuerpflichtige zu erhalten;

b) wenn ihm, sofern der Dienstleistungsempfänger diese Bescheinigung nicht besitzt, eine Mehrwertsteuernummer oder eine ähnliche dem Dienstleistungsempfänger von seinem Ansässigkeitsstaat zugeteilte und zur Identifizierung von Unternehmen verwendete Nummer vorliegt oder er anhand eines anderen Nachweises feststellt, dass es sich bei dem Dienstleistungsempfänger um einen Steuerpflichtigen handelt, und er mittels handelsüblicher Sicherheitsmaßnahmen (wie beispielsweise derjenigen in Bezug auf die Kontrolle der Angaben zur Person oder von Zahlungen) in zumutbarem Umfang die Richtigkeit der vom Dienstleistungsempfänger gemachten Angaben überprüft.

Unterabschnitt 2
Eigenschaft des Dienstleistungsempfängers

Artikel 19

Für die Zwecke der Anwendung der Bestimmungen über den Ort der Dienstleistung nach Artikel 44 und 45 der Richtlinie 2006/112/EG gilt ein Steuerpflichtiger oder eine als Steuerpflichtiger geltende nichtsteuerpflichtige juristische Person, der/die Dienstleistungen ausschließlich zum privaten Gebrauch, einschließlich zum Gebrauch durch sein/ihr Personal empfängt, als nicht steuerpflichtig.

Sofern dem Dienstleistungserbringer keine gegenteiligen Informationen – wie etwa die Art der erbrachten Dienstleistungen – vorliegen, kann er davon ausgehen, dass es sich um Dienstleistungen für die unternehmerischen Zwecke des Dienstleistungsempfängers handelt, wenn Letzterer ihm für diesen Umsatz seine individuelle Mehrwertsteuer-Identifikationsnummer mitgeteilt hat.

Ist ein und dieselbe Dienstleistung sowohl zum privaten Gebrauch, einschließlich zum Gebrauch durch das Personal, als auch für die unternehmerischen Zwecke des Dienstleistungsempfängers bestimmt, so fällt diese Dienstleistung ausschließlich unter Artikel 44 der Richtlinie 2006/112/EG, sofern keine missbräuchlichen Praktiken vorliegen.

Unterabschnitt 3
Ort des Dienstleistungsempfängers

Artikel 20

Fällt eine Dienstleistung an einen Steuerpflichtigen oder an eine nicht steuerpflichtige juristische Person, die als Steuerpflichtiger gilt, in den Anwendungsbereich des Artikels 44 der Richtlinie 2006/112/EG und ist dieser Steuerpflichtige in einem einzigen Land ansässig oder befindet sich, in Ermangelung eines Sitzes der wirtschaftlichen Tätigkeit oder einer festen Niederlassung, sein Wohnsitz und sein gewöhnlicher Aufenthaltsort in einem einzigen Land, so ist diese Dienstleistung in diesem Land zu besteuern.

Der Dienstleistungserbringer stellt diesen Ort auf der Grundlage der vom Dienstleistungsempfänger erhaltenen Informationen fest und überprüft diese Informationen mittels handelsüblicher Sicherheitsmaßnahmen, wie beispielsweise der Kontrolle der Angaben zur Person oder von Zahlungen.

Die Information kann auch eine von dem Mitgliedstaat, in dem der Dienstleistungsempfänger ansässig ist, zugeteilten Mehrwertsteuer-Identifikationsnummer beinhalten.

Artikel 21

Fällt eine Dienstleistung an einen Steuerpflichtigen oder an eine nicht steuerpflichtige juristische Person, die als Steuerpflichtiger gilt, in den Anwendungsbereich des Artikels 44 der Richtlinie 2006/112/EG und ist der Steuerpflichtige in mehr als einem Land ansässig, so ist diese Dienstleistung in dem Land zu besteuern, in dem der Dienstleistungsempfänger den Sitz seiner wirtschaftlichen Tätigkeit hat.

Wird die Dienstleistung jedoch an eine feste Niederlassung des Steuerpflichtigen an einem anderen Ort erbracht als dem Ort, an dem sich der Sitz der wirtschaftlichen Tätigkeit des Dienstleistungsempfängers befindet, so ist diese Dienstleistung am Ort der festen Niederlassung zu besteuern, die Empfänger der Dienstleistung ist und sie für den eigenen Bedarf verwendet.

Verfügt der Steuerpflichtige weder über einen Sitz der wirtschaftlichen Tätigkeit noch über eine feste Niederlassung, so ist die Dienstleistung am Wohnsitz des Steuerpflichtigen oder am Ort seines gewöhnlichen Aufenthalts zu besteuern.

Artikel 22

(1) Der Dienstleistungserbringer prüft die Art und die Verwendung der erbrachten Dienstleistung, um die feste Niederlassung des Dienstleistungsempfängers zu ermitteln, an die die Dienstleistung erbracht wird.

Kann der Dienstleistungserbringer weder anhand der Art der erbrachten Dienstleistung noch ihrer Verwendung die feste Niederlassung ermitteln, an die die Dienstleistung erbracht wird, so prüft er bei der Ermittlung dieser festen Niederlassung insbesondere, ob der Vertrag, der Bestellschein und die vom Mitgliedstaat des Dienstleistungsempfängers vergebene und ihm vom Dienstleistungsempfänger mitgeteilte Mehrwertsteuer-Identifikationsnummer die feste Niederlassung als Dienstleistungsempfänger ausweisen und ob die feste Niederlassung die Dienstleistung bezahlt.

Kann die feste Niederlassung des Dienstleistungsempfängers, an die die Dienstleistung erbracht wird, gemäß den Unterabsätzen 1 und 2 des vorliegenden Absatzes nicht bestimmt werden oder werden einem Steuerpflichtigen unter Artikel 44 der Richtlinie 2006/112/EG fallende Dienstleistungen innerhalb eines Vertrags erbracht, der eine oder mehrere Dienstleistungen umfasst, die auf nicht feststellbare oder nicht quantifizierbare Weise genutzt werden, so kann der Dienstleistungserbringer berechtigterweise davon ausgehen, dass diese Dienstleistungen an dem Ort erbracht werden, an dem der Dienstleistungsempfänger den Sitz seiner wirtschaftlichen Tätigkeit hat.

(2) Die Pflichten des Dienstleistungsempfängers bleiben von der Anwendung dieses Artikels unberührt.

Artikel 23

(1) Ist eine Dienstleistung ab 1. Januar 2013 entsprechend Artikel 56 Absatz 2 Unterabsatz 1 der Richtlinie 2006/112/EG an dem Ort zu versteuern, an dem der Dienstleistungsempfänger ansässig ist, oder in Ermangelung eines solchen Sitzes an seinem Wohnsitz oder an seinem gewöhnlichen Aufenthaltsort, so stellt der Dienstleistungserbringer diesen Ort auf der Grundlage der vom Dienstleistungsempfänger erhaltenen Sachinformationen fest und überprüft diese Informationen mittels handelsüblicher Sicherheitsmaßnahmen, wie beispielsweise der Kontrolle von Angaben zur Person oder von Zahlungen.

(2) Ist eine Dienstleistung entsprechend den Artikeln 58 und 59 der Richtlinie 2006/112/EG an dem Ort zu versteuern, an dem der Dienstleistungsempfänger ansässig ist, oder in Ermangelung eines solchen Sitzes an seinem Wohnsitz oder an seinem gewöhnlichen Aufenthaltsort, so stellt der Dienstleistungserbringer diesen Ort auf der Grundlage der vom Dienstleistungsempfänger erhaltenen Sachinformationen fest und überprüft diese Informationen mittels der handelsüblichen Sicherheitsmaßnahmen, wie beispielsweise der Kontrolle von Angaben zur Person oder von Zahlungen.

Artikel 24

Wird eine Dienstleistung, die unter Artikel 56 Absatz 2 Unterabsatz 1 oder unter die Artikel 58 und 59 der Richtlinie 2006/112/EG fällt, an einen Nichtsteuerpflichtigen erbracht, der in verschiedenen Ländern ansässig ist oder seinen Wohnsitz in einem Land und seinen gewöhnlichen Aufenthaltsort in einem anderen Land hat, so ist folgender Ort vorrangig:

a) im Fall einer nichtsteuerpflichtigen juristischen Person der in Artikel 13a Buchstabe a dieser Verordnung genannte Ort, es sei denn, es liegen Anhaltspunkte dafür vor, dass die Dienstleistung tatsächlich an dem in Artikel 13a Buchstabe b genannten Ort ihrer Niederlassung in Anspruch genommen wird;

b) im Fall einer natürlichen Person der gewöhnliche Aufenthaltsort, es sei denn, es liegen Anhaltspunkte dafür vor, dass die Dienstleistung am Wohnsitz der betreffenden Person in Anspruch genommen wird.

Unterabschnitt 3a
Vermutungen bezüglich des Ortes des Dienstleistungsempfängers

Artikel 24a

(1) Für die Zwecke der Anwendung der Artikel 44, 58 und 59a der Richtlinie 2006/112/EG wird vermutet, dass wenn ein Dienstleistungserbringer Telekommunikations-, Rundfunk- oder elektronisch erbrachte Dienstleistungen an Orten wie Telefonzellen, Kiosk-Telefonen, WLAN-Hot-Spots, Internetcafés, Restaurants oder Hotellobbys erbringt, und der Dienstleistungsempfänger an diesem Ort physisch anwesend sein muss, damit ihm die Dienstleistung durch diesen Dienstleistungserbringer erbracht werden kann, der Dienstleistungsempfänger an dem betreffenden Ort ansässig ist oder seinen Wohnsitz oder seinen gewöhnlichen Aufenthaltsort hat und dass die Dienstleistung an diesem Ort tatsächlich genutzt und ausgewertet wird.

(2) Befindet sich der Ort im Sinne von Absatz 1 des vorliegenden Artikels an Bord eines Schiffes, eines Flugzeugs oder in einer Eisenbahn während einer Personenbeförderung, die innerhalb der Gemeinschaft gemäß den Artikeln 37 und 57 der Richtlinie 2006/112/EG stattfindet, so ist das Land, in dem sich der Ort befindet, das Abgangsland der Personenbeförderung.

Artikel 24b

Für die Zwecke der Anwendung von Artikel 58 der Richtlinie 2006/112/EG gilt, dass wenn einem Nichtsteuerpflichtigen Telekommunikations-, Rundfunk- oder elektronisch erbrachte Dienstleistungen:

a) über seinen Festnetzanschluss erbracht werden, die Vermutung gilt, dass der Dienstleistungsempfänger an dem Ort, an dem sich der Festnetzanschluss befindet, ansässig ist oder seinen Wohnsitz oder seinen gewöhnlichen Aufenthaltsort hat;

b) über mobile Netze erbracht werden, die Vermutung gilt, dass der Dienstleistungsempfänger in dem Land, das durch den Ländercode der bei Inanspruchnahme der Dienstleistungen verwendeten SIM-Karte bezeichnet wird, ansässig ist oder seinen Wohnsitz oder seinen gewöhnlichen Aufenthaltsort hat;
c) erbracht werden, für die ein Decoder oder ein ähnliches Gerät oder eine Programm- oder Satellitenkarte verwendet werden muss und wird kein Festnetzanschluss verwendet, die Vermutung gilt, dass der Dienstleistungsempfänger an dem Ort, an dem sich der Decoder oder das ähnliche Gerät befindet, oder, wenn dieser Ort unbekannt ist, an dem Ort, an den die Programm- oder Satellitenkarte zur Verwendung gesendet wird, ansässig ist oder seinen Wohnsitz oder seinen gewöhnlichen Aufenthaltsort hat;
d) unter anderen als den in den Artikeln 24a und in den Buchstaben a, b und c des vorliegenden Artikels genannten Bedingungen erbracht werden, die Vermutung gilt, dass der Dienstleistungsempfänger an dem Ort ansässig ist oder seinen Wohnsitz oder seinen gewöhnlichen Aufenthaltsort hat, der vom Leistungserbringer unter Verwendung von zwei einander nicht widersprechenden Beweismitteln gemäß Artikel 24f der vorliegenden Verordnung als solcher bestimmt wird.

Artikel 24c

Werden einem Nichtsteuerpflichtigen Beförderungsmittel vermietet, ausgenommen die Vermietung über einen kürzeren Zeitraum, so ist für die Zwecke der Anwendung von Artikel 56 Absatz 2 der Richtlinie 2006/112/EG von der Vermutung auszugehen, dass der Dienstleistungsempfänger an dem Ort ansässig ist oder seinen Wohnsitz oder seinen gewöhnlichen Aufenthaltsort hat, der vom Leistungserbringer unter Verwendung von zwei einander nicht widersprechenden Beweismitteln gemäß Artikel 24e der vorliegenden Verordnung als solcher bestimmt wird.

Unterabschnitt 3b
Widerlegung von Vermutungen

Artikel 24d

(1) Erbringt ein Leistungserbringer eine in Artikel 58 der Richtlinie 2006/112/EG des Rates aufgeführte Dienstleistung, so kann er eine Vermutung nach Artikel 24a oder 24b Buchstaben a, b oder c der vorliegenden Verordnung durch drei einander nicht widersprechende Beweismittel widerlegen, aus denen hervorgeht, dass der Dienstleistungsempfänger an einem anderen Ort ansässig ist oder seinen Wohnsitz oder seinen gewöhnlichen Aufenthaltsort hat.

(2) Der Fiskus kann Vermutungen nach Artikel 24a, 24b, 24c widerlegen, wenn es Hinweise auf falsche Anwendung oder Missbrauch durch den Leistungserbringer gibt.

Unterabschnitt 3c
Beweismittel für die Bestimmung des Ortes des Dienstleistungsempfängers und Widerlegung von Vermutungen

Artikel 24e

Für die Zwecke der Anwendung von Artikel 56 Absatz 2 der Richtlinie 2006/112/EG und der Erfüllung der Anforderungen gemäß Artikel 24c der vorliegenden Verordnung gilt als Beweismittel insbesondere Folgendes:

a) die Rechnungsanschrift des Dienstleistungsempfängers;
b) Bankangaben wie der Ort, an dem das für die Zahlung verwendete Bankkonto geführt wird, oder die der Bank vorliegende Rechnungsanschrift des Dienstleistungsempfängers;
c) die Zulassungsdaten des von dem Dienstleistungsempfänger gemieteten Beförderungsmittels, wenn dieses an dem Ort, an dem es genutzt wird, zugelassen sein muss, oder ähnliche Informationen;
d) sonstige wirtschaftlich relevante Informationen.

Artikel 24f

Für die Zwecke der Anwendung von Artikel 58 der Richtlinie 2006/112/EG und der Erfüllung der Anforderungen gemäß Artikel 24b Buchstabe d oder Artikel 24d Absatz 1 der vorliegenden Verordnung gilt als Beweismittel insbesondere Folgendes:

a) die Rechnungsanschrift des Dienstleistungsempfängers;
b) die Internet-Protokoll-Adresse (IP-Adresse) des von dem Dienstleistungsempfänger verwendeten Geräts oder jedes Verfahren der Geolokalisierung;
c) Bankangaben wie der Ort, an dem das für die Zahlung verwendete Bankkonto geführt wird oder die der Bank vorliegende Rechnungsanschrift des Dienstleistungsempfängers;
d) der Mobilfunk-Ländercode (Mobile Country Code — MCC) der Internationalen Mobilfunk-Teilnehmerkennung (International Mobile Subscriber Identity — IMSI), der auf der von dem Dienstleistungsempfänger verwendeten SIM-Karte (Teilnehmer-Identifikationsmodul — Subscriber Identity Module) gespeichert ist;
e) der Ort des Festnetzanschlusses des Dienstleistungsempfängers, über den ihm die Dienstleistung erbracht wird;
f) sonstige wirtschaftlich relevante Informationen.

Unterabschnitt 4

Allgemeine Bestimmungen zur Ermittlung des Status, der Eigenschaft und des Ortes des Dienstleistungsempfängers

Artikel 25

Zur Anwendung der Vorschriften hinsichtlich des Ortes der Dienstleistung sind lediglich die Umstände zu dem Zeitpunkt zu berücksichtigen, zu dem der Steuertatbestand eintritt. Jede spätere Änderung des Verwendungszwecks der betreffenden Dienstleistung wirkt sich nicht auf die Bestimmung des Orts der Dienstleistung aus, sofern keine missbräuchlichen Praktiken vorliegen.

Unterabschnitt 5

Dienstleistungen, die unter die Allgemeinen Bestimmungen fallen

Artikel 26

Die Erteilung des Rechts zur Fernsehübertragung von Fußballspielen durch Organisationen an Steuerpflichtige fällt unter Artikel 44 der Richtlinie 2006/112/EG.

Artikel 27

Dienstleistungen, die in der Beantragung oder Vereinnahmung von Erstattungen der Mehrwertsteuer gemäß der Richtlinie 2008/9/EG des Rates vom 12. Februar 2008 zur Regelung der Erstattung der Mehrwertsteuer gemäß der Richtlinie 2006/112/EG an nicht im Mitgliedstaat der Erstattung, sondern in einem anderen Mitgliedstaat ansässige Steuerpflichtige bestehen, fallen unter Artikel 44 der Richtlinie 2006/112/EG.

Artikel 28

Insoweit sie eine einheitliche Dienstleistung darstellen, fallen Dienstleistungen, die im Rahmen einer Bestattung erbracht werden, unter Artikel 44 und 45 der Richtlinie 2006/112/EG.

Artikel 29

Unbeschadet des Artikels 41 der vorliegenden Verordnung fallen Dienstleistungen der Textübersetzung unter die Artikel 44 und 45 der Richtlinie 2006/112/EG.

Unterabschnitt 6
Dienstleistungen von Vermittlern

Artikel 30

Unter den Begriff der Dienstleistung von Vermittlern in Artikel 46 der Richtlinie 2006/112/EG fallen sowohl Dienstleistungen von Vermittlern, die im Namen und für Rechnung des Empfängers der vermittelten Dienstleistung handeln, als auch Dienstleistungen von Vermittlern, die im Namen und für Rechnung des Erbringers der vermittelten Dienstleistungen handeln.

Artikel 31

Dienstleistungen von Vermittlern, die im Namen und für Rechnung Dritter handeln, und die in der Vermittlung einer Beherbergungsdienstleistung in der Hotelbranche oder in Branchen mit ähnlicher Funktion bestehen, fallen in den Anwendungsbereich:

a) des Artikels 44 der Richtlinie 2006/112/EG, wenn sie an einen Steuerpflichtigen, der als solcher handelt, oder an eine nichtsteuerpflichtige juristische Person, die als Steuerpflichtiger gilt, erbracht werden;

b) des Artikels 46 der genannten Richtlinie, wenn sie an einen Nichtsteuerpflichtigen erbracht werden.

Unterabschnitt 6a
Dienstleistungen im Zusammenhang mit Grundstücken

Artikel 31a

(1) Dienstleistungen im Zusammenhang mit einem Grundstück im Sinne von Artikel 47 der Richtlinie 2006/112/EG umfassen nur Dienstleistungen, die in einem hinreichend direkten Zusammenhang mit dem Grundstück stehen. In folgenden Fällen sind Dienstleistungen als in einem hinreichend direkten Zusammenhang mit einem Grundstück stehend anzusehen:

a) wenn sie von einem Grundstück abgeleitet sind und das Grundstück einen wesentlichen Bestandteil der Dienstleistung darstellt und zentral und wesentlich für die erbrachte Dienstleistung ist;

b) wenn sie für das Grundstück selbst erbracht werden oder auf das Grundstück selbst gerichtet sind, und deren Zweck in rechtlichen oder physischen Veränderungen an dem Grundstück besteht.

(2) Unter Absatz 1 fällt insbesondere Folgendes:
a) Erstellung von Bauplänen für Gebäude oder Gebäudeteile für ein bestimmtes Grundstück ungeachtet der Tatsache, ob dieses Gebäude tatsächlich errichtet wird oder nicht;
b) Bauaufsichtsmaßnahmen oder grundstücksbezogene Sicherheitsdienste, die vor Ort erbracht werden;
c) Errichtung eines Gebäudes an Land sowie Bauleistungen und Abrissarbeiten an einem Gebäude oder Gebäudeteil;
d) Errichtung anderer auf Dauer angelegter Konstruktionen an Land sowie Bauleistungen und Abrissarbeiten an anderen auf Dauer angelegten Konstruktionen wie Leitungen für Gas, Wasser, Abwasser und dergleichen;
e) Landbearbeitung einschließlich landwirtschaftlicher Dienstleistungen wie Landbestellung, Säen, Bewässerung und Düngung;
f) Vermessung und Begutachtung von Gefahr und Zustand von Grundstücken;
g) Bewertung von Grundstücken, auch zu Versicherungszwecken, zur Ermittlung des Grundstückswerts als Sicherheit für ein Darlehen oder für die Bewertung von Gefahren und Schäden in Streitfällen;
h) Vermietung und Verpachtung von Grundstücken mit der Ausnahme der unter Absatz 3 Buchstabe c genannten Dienstleistungen, einschließlich der Lagerung von Gegenständen, wenn hierfür ein bestimmter Teil des Grundstücks der ausschließlichen Nutzung durch den Dienstleistungsempfänger gewidmet ist;
i) Zurverfügungstellen von Unterkünften in der Hotelbranche oder in Branchen mit ähnlicher Funktion, wie zum Beispiel in Ferienlagern oder auf einem als Campingplatz hergerichteten Gelände einschließlich Umwandlung von Teilzeitnutzungsrechten (Timesharing) und dergleichen für Aufenthalte an einem bestimmten Ort;
j) Gewährung und Übertragung sonstiger nicht unter den Buchstaben h und i aufgeführter Nutzungsrechte an Grundstücken und Teilen davon einschließlich der Erlaubnis, einen Teil des Grundstücks zu nutzen, wie zum Beispiel die Gewährung von Fischereirechten und Jagdrechten oder die Zugangsberechtigung zu Warteräumen in Flughäfen, oder die Nutzung von Infrastruktur, für die Maut gefordert wird, wie Brücken oder Tunnel;
k) Wartungs-, Renovierungs- und Reparaturarbeiten an einem Gebäude oder an Gebäudeteilen einschließlich Reinigung, Verlegen von Fliesen und Parkett sowie Tapezieren;
l) Wartungs-, Renovierungs- und Reparaturarbeiten an anderen auf Dauer angelegten Strukturen wie Leitungen für Gas, Wasser oder Abwasser und dergleichen;
m) Installation oder Montage von Maschinen oder Ausstattungsgegenständen, die damit als Grundstück gelten;
n) Wartung und Reparatur sowie Kontrolle und Überwachung von Maschinen oder Ausstattungsgegenständen, die als Grundstück gelten;
o) Eigentumsverwaltung, mit Ausnahme von Portfolioverwaltung in Zusammenhang mit Eigentumsanteilen an Grundstücken unter Absatz 3 Buchstabe g, die sich auf den Betrieb von Geschäfts-, Industrie- oder Wohnimmobilien durch oder für den Eigentümer des Grundstücks bezieht;
p) Vermittlungsleistungen beim Verkauf oder bei der Vermietung oder Verpachtung von Grundstücken sowie bei der Begründung oder Übertragung von bestimmten Rechten an Grundstücken oder dinglichen Rechten an Grundstücken (unabhängig davon, ob

diese Rechte einem körperlichen Gegenstand gleichgestellt sind), ausgenommen Vermittlungsleistungen gemäß Absatz 3 Buchstabe d;

q) juristische Dienstleistungen im Zusammenhang mit Grundstücksübertragungen sowie mit der Begründung oder Übertragung von bestimmten Rechten an Grundstücken oder dinglichen Rechten an Grundstücken (unabhängig davon ob diese Rechte einem körperlichen Gegenstand gleichgestellt sind), wie zum Beispiel die Tätigkeiten von Notaren, oder das Aufsetzen eines Vertrags über den Verkauf oder den Kauf eines Grundstücks, selbst wenn die zugrunde liegende Transaktion, die zur rechtlichen Veränderung an dem Grundstück führt, letztendlich nicht stattfindet.

(3) Absatz 1 findet keine Anwendung auf

a) Erstellung von Bauplänen für Gebäude oder Gebäudeteile, die keinem bestimmten Grundstück zugeordnet sind;

b) Lagerung von Gegenständen auf einem Grundstück, wenn dem Kunden kein bestimmter Teil des Grundstücks zur ausschließlichen Nutzung zur Verfügung steht;

c) Bereitstellung von Werbung, selbst wenn dies die Nutzung eines Grundstücks einschließt;

d) Vermittlung der Beherbergung in einem Hotel oder Beherbergung in Branchen mit ähnlicher Funktion, wie zum Beispiel in Ferienlagern oder auf einem als Campingplatz hergerichteten Gelände, wenn der Vermittler im Namen und für die Rechnung eines Dritten handelt;

e) Bereitstellung eines Standplatzes auf einem Messe- oder Ausstellungsgelände zusammen mit anderen ähnlichen Dienstleistungen, die dem Aussteller die Darbietung seines Angebots ermöglichen, wie die Aufmachung und Gestaltung des Standes, die Beförderung und Lagerung der Ausstellungsstücke, die Bereitstellung von Maschinen, die Verlegung von Kabeln, Versicherungen und Werbung;

f) Installation oder Montage, Wartung und Reparatur sowie Kontrolle und Überwachung von Maschinen oder Ausstattungsgegenständen, die kein fester Bestandteil des Grundstücks sind oder sein werden;

g) Portfolioverwaltung im Zusammenhang mit Eigentumsanteilen an Grundstücken;

h) juristische Dienstleistungen, mit Ausnahme der unter Absatz 2 Buchstabe q genannten Dienstleistungen, einschließlich Beratungsdienstleistungen betreffend die Vertragsbedingungen eines Grundstücksübertragungsvertrags, die Durchsetzung eines solchen Vertrags oder den Nachweis, dass ein solcher Vertrag besteht, sofern diese Dienstleistungen nicht speziell mit der Übertragung von Rechten an Grundstücken zusammenhängen.

Artikel 31b

Wird einem Dienstleistungsempfänger Ausrüstung zur Durchführung von Arbeiten an einem Grundstück zur Verfügung gestellt, so ist diese Leistung nur dann eine Dienstleistung im Zusammenhang mit einem Grundstück, wenn der Dienstleistungserbringer für die Durchführung der Arbeiten verantwortlich ist.

Stellt ein Dienstleistungserbringer dem Dienstleistungsempfänger neben der Ausrüstung ausreichendes Bedienpersonal zur Durchführung von Arbeiten zur Verfügung, so ist von der Vermutung auszugehen, dass er für die Durchführung der Arbeiten verantwortlich ist. Die Vermutung, dass der Dienstleistungserbringer für die Durchführung der Arbeiten verantwortlich ist, kann durch jegliche sachdienliche, auf Fakten oder Gesetz gestützte Mittel widerlegt werden.

Artikel 31c

Erbringt ein im eigenen Namen handelnder Steuerpflichtiger neben der Beherbergung in der Hotelbranche oder in Branchen mit ähnlicher Funktion, wie zum Beispiel in Ferienlagern oder auf einem als Campingplatz hergerichteten Gelände, Telekommunikations-, Rundfunk- oder elektronisch erbrachte Dienstleistungen, so gelten diese für die Zwecke der Bestimmung des Ortes dieser Dienstleistung als an diesen Orten erbracht.

Unterabschnitt 7
Dienstleistungen auf dem Gebiet der Kultur, der Künste, des Sports, der Wissenschaft, des Unterrichts, der Unterhaltung und ähnliche Veranstaltungen

Artikel 32

(1) Zu den Dienstleistungen betreffend die Eintrittsberechtigung zu Veranstaltungen auf dem Gebiet der Kultur, der Künste, des Sports, der Wissenschaft, des Unterrichts, der Unterhaltung oder ähnlichen Veranstaltungen im Sinne des Artikels 53 der Richtlinie 2006/112/EG, gehören Dienstleistungen, deren wesentliche Merkmale darin bestehen, gegen eine Eintrittskarte oder eine Vergütung, auch in Form eines Abonnements, einer Zeitkarte oder einer regelmäßigen Gebühr, das Recht auf Eintritt zu einer Veranstaltung zu gewähren.

(2) Absatz 1 gilt insbesondere für:

a) das Recht auf Eintritt zu Darbietungen, Theateraufführungen, Zirkusvorstellungen, Freizeitparks, Konzerten, Ausstellungen sowie anderen ähnlichen kulturellen Veranstaltungen;

b) das Recht auf Eintritt zu Sportveranstaltungen wie Spielen oder Wettkämpfen;

c) das Recht auf Eintritt zu Veranstaltungen auf dem Gebiet des Unterrichts und der Wissenschaft, wie beispielsweise Konferenzen und Seminare.

(3) Die Nutzung von Räumlichkeiten, wie beispielsweise Turnhallen oder anderen, gegen Zahlung einer Gebühr fällt nicht unter Absatz 1.

Artikel 33

Zu den mit der Eintrittsberechtigung zu Veranstaltungen auf dem Gebiet der Kultur, der Künste, des Sports, der Wissenschaft, des Unterrichts, der Unterhaltung oder ähnlichen Veranstaltungen zusammenhängenden Dienstleistungen nach Artikel 53 der Richtlinie 2006/112/EG gehören die Dienstleistungen, die direkt mit der Eintrittsberechtigung zu diesen Veranstaltungen in Verbindung stehen und an die Person, die einer Veranstaltung beiwohnt, gegen eine Gegenleistung gesondert erbracht werden.

Zu diesen zusammenhängenden Dienstleistungen gehören insbesondere die Nutzung von Garderoben oder von sanitären Einrichtungen, nicht aber bloße Vermittlungsleistungen im Zusammenhang mit dem Verkauf von Eintrittskarten.

Artikel 33a

Vertreibt ein Vermittler, der im eigenen Namen, aber für Rechnung des Veranstalters handelt, oder ein anderer Steuerpflichtiger als der Veranstalter, der auf eigene Rechnung handelt, Eintrittskarten für Veranstaltungen auf dem Gebiet der Kultur, der Künste, des

Sports, der Wissenschaft, des Unterrichts, der Unterhaltung oder für ähnliche Veranstaltungen, so fällt diese Dienstleistung unter Artikel 53 und Artikel 54 Absatz 1 der Richtlinie 2006/112/EG.

Unterabschnitt 8
Nebentätigkeiten zur Beförderung, Begutachtung von beweglichen Gegenständen und Arbeiten an solchen Gegenständen

Artikel 34

Außer in den Fällen, in denen die zusammengebauten Gegenstände Bestandteil eines Grundstücks werden, bestimmt sich der Ort der Dienstleistungen an einen Nichtsteuerpflichtigen, die lediglich in der Montage verschiedener Teile einer Maschine durch einen Steuerpflichtigen bestehen, wobei der Dienstleistungsempfänger ihm alle Teile beigestellt hat, nach Artikel 54 der Richtlinie 2006/112/EG.

Unterabschnitt 9
Restaurant- und Verpflegungsdienstleistungen an Bord eines Beförderungsmittels

Artikel 35

Zur Bestimmung des innerhalb der Gemeinschaft stattfindenden Teils der Personenbeförderung im Sinne des Artikels 57 der Richtlinie 2006/112/EG ist die Reisestrecke des Beförderungsmittels, nicht die der beförderten Personen, ausschlaggebend.

Artikel 36

Werden die Restaurant- und Verpflegungsdienstleistungen während des innerhalb der Gemeinschaft stattfindenden Teils der Personenbeförderung erbracht, so fallen diese Dienstleistungen unter Artikel 57 der Richtlinie 2006/112/EG.

Werden die Restaurant- und Verpflegungsdienstleistungen außerhalb dieses Teils der Personenbeförderung, aber im Gebiet eines Mitgliedstaats oder eines Drittlandes oder eines Drittgebiets erbracht, so fallen diese Dienstleistungen unter Artikel 55 der genannten Richtlinie.

Artikel 37

Der Ort der Dienstleistung einer Restaurant- oder Verpflegungsdienstleistung innerhalb der Gemeinschaft, die teilweise während, teilweise außerhalb des innerhalb der Gemeinschaft stattfindenden Teils der Personenbeförderung, aber auf dem Gebiet eines Mitgliedstaats erbracht wird, bestimmt sich für die gesamte Dienstleistung nach den Regeln für die Bestimmung des Ortes der Dienstleistung, die zu Beginn der Erbringung der Restaurant- oder Verpflegungsdienstleistung gelten.

Unterabschnitt 10
Vermietung von Beförderungsmitteln

Artikel 38

(1) Als „Beförderungsmittel" im Sinne von Artikel 56 und Artikel 59 Unterabsatz 1 Buchstabe g der Richtlinie 2006/112/EG gelten motorbetriebene Fahrzeuge oder Fahrzeu-

ge ohne Motor und sonstige Ausrüstungen und Vorrichtungen, die zur Beförderung von Gegenständen oder Personen von einem Ort an einen anderen konzipiert wurden und von Fahrzeugen gezogen oder geschoben werden können und die normalerweise zur Beförderung von Gegenständen oder Personen konzipiert und tatsächlich geeignet sind.

(2) Als Beförderungsmittel nach Absatz 1 gelten insbesondere folgende Fahrzeuge:
a) Landfahrzeuge wie Personenkraftwagen, Motorräder, Fahrräder, Dreiräder sowie Wohnanhänger;
b) Anhänger und Sattelanhänger;
c) Eisenbahnwagen;
d) Wasserfahrzeuge;
e) Luftfahrzeuge;
f) Fahrzeuge, die speziell für den Transport von Kranken oder Verletzten konzipiert sind;
g) landwirtschaftliche Zugmaschinen und andere landwirtschaftliche Fahrzeuge;
h) Rollstühle und ähnliche Fahrzeuge für Kranke und Körperbehinderte, mit mechanischen oder elektronischen Vorrichtungen zur Fortbewegung.

(3) Als Beförderungsmittel nach Absatz 1 gelten nicht Fahrzeuge, die dauerhaft stillgelegt sind, sowie Container.

Artikel 39

(1) Für die Anwendung des Artikels 56 der Richtlinie 2006/112/EG wird die Dauer des Besitzes oder der Verwendung eines Beförderungsmittels während eines ununterbrochenen Zeitraums, das Gegenstand einer Vermietung ist, auf der Grundlage der vertraglichen Vereinbarung zwischen den beteiligten Parteien bestimmt.

Der Vertrag begründet eine Vermutung, die durch jegliche auf Fakten oder Gesetz gestützte Mittel widerlegt werden kann, um die tatsächliche Dauer des Besitzes oder der Verwendung während eines ununterbrochenen Zeitraums festzustellen.

Wird die vertraglich festgelegte Dauer einer Vermietung über einen kürzeren Zeitraum im Sinne des Artikels 56 der Richtlinie 2006/112/EG aufgrund höherer Gewalt überschritten, so ist dies für die Feststellung der Dauer des Besitzes oder der Verwendung des Beförderungsmittels während eines ununterbrochenen Zeitraums unerheblich.

(2) Werden für ein und dasselbe Beförderungsmittel mehrere aufeinanderfolgende Mietverträge zwischen denselben Parteien geschlossen, so ist als Dauer des Besitzes oder der Verwendung dieses Beförderungsmittels während eines ununterbrochenen Zeitraums die Gesamtlaufzeit aller Verträge zugrunde zu legen.

Für die Zwecke von Unterabsatz 1 sind ein Vertrag und die zugehörigen Verlängerungsverträge aufeinanderfolgende Verträge.

Die Laufzeit des Mietvertrags oder der Mietverträge über einen kürzeren Zeitraum, die einem als langfristig geltenden Mietvertrag vorausgehen, wird jedoch nicht in Frage gestellt, sofern keine missbräuchlichen Praktiken vorliegen.

(3) Sofern keine missbräuchlichen Praktiken vorliegen, gelten aufeinanderfolgende Mietverträge, die zwischen denselben Parteien geschlossen werden, jedoch unterschiedliche Beförderungsmittel zum Gegenstand haben, nicht als aufeinanderfolgende Verträge nach Absatz 2.

Artikel 40

Der Ort, an dem das Beförderungsmittel dem Dienstleistungsempfänger gemäß Artikel 56 Absatz 1 der Richtlinie 2006/112/EG tatsächlich zur Verfügung gestellt wird, ist der Ort, an dem der Dienstleistungsempfänger oder eine von ihm beauftragte Person es unmittelbar physisch in Besitz nimmt.

Unterabschnitt 11
Dienstleistungen an Nichtsteuerpflichtige außerhalb der Gemeinschaft

Artikel 41

Dienstleistungen der Textübersetzung, die an einen außerhalb der Gemeinschaft ansässigen Nichtsteuerpflichtigen erbracht werden, fallen unter Artikel 59 Unterabsatz 1 Buchstabe c der Richtlinie 2006/112/EG.

KAPITEL VI
BESTEUERUNGSGRUNDLAGE
(TITEL VII DER RICHTLINIE 2006/112/EG)

Artikel 42

Verlangt ein Lieferer von Gegenständen oder ein Erbringer von Dienstleistungen als Bedingung für die Annahme einer Bezahlung mit Kredit- oder Geldkarte, dass der Dienstleistungsempfänger ihm oder einem anderen Unternehmen hierfür einen Betrag entrichtet und der von diesem Empfänger zu zahlende Gesamtpreis durch die Zahlungsweise nicht beeinflusst wird, so ist dieser Betrag Bestandteil der Besteuerungsgrundlage der Lieferung von Gegenständen oder der Dienstleistung gemäß Artikel 73 bis 80 der Richtlinie 2006/112/EG.

KAPITEL VII
STEUERSÄTZE

Artikel 43

„Beherbergung in Ferienunterkünften" gemäß Anhang III Nummer 12 der Richtlinie 2006/112/EG umfasst auch die Vermietung von Zelten, Wohnanhängern oder Wohnmobilen, die auf Campingplätzen aufgestellt sind und als Unterkünfte dienen.

KAPITEL VIII
STEUERBEFREIUNGEN

ABSCHNITT 1
Steuerbefreiungen für bestimmte, dem Gemeinwohl dienende Tätigkeiten
(Artikel 132, 133 und 134 der Richtlinie 2006/112/EG)

Artikel 44

Die Dienstleistungen der Ausbildung, Fortbildung oder beruflichen Umschulung, die unter den Voraussetzungen des Artikels 132 Absatz 1 Buchstabe i der Richtlinie 2006/

112/EG erbracht werden, umfassen Schulungsmaßnahmen mit direktem Bezug zu einem Gewerbe oder einem Beruf sowie jegliche Schulungsmaßnahme, die dem Erwerb oder der Erhaltung beruflicher Kenntnisse dient. Die Dauer der Ausbildung, Fortbildung oder beruflichen Umschulung ist hierfür unerheblich.

ABSCHNITT 2
Steuerbefreiungen für andere Tätigkeiten
(Artikel 135, 136 und 137 der Richtlinie 2006/112/EG)

Artikel 45

Die Steuerbefreiung in Artikel 135 Absatz 1 Buchstabe e der Richtlinie 2006/112/EG findet keine Anwendung auf Platinum Nobles.

ABSCHNITT 3
Steuerbefreiungen bei der Einfuhr
(Artikel 143, 144 und 145 der Richtlinie 2006/112/EG)

Artikel 46

Die Steuerbefreiung in Artikel 144 der Richtlinie 2006/112/EG gilt auch für Beförderungsleistungen, die mit einer Einfuhr beweglicher körperlicher Gegenstände anlässlich eines Wohnortwechsels verbunden sind.

ABSCHNITT 4
Steuerbefreiungen bei der Ausfuhr
(Artikel 146 und 147 der Richtlinie 2006/112/EG)

Artikel 47

„Privaten Zwecken dienende Beförderungsmittel" im Sinne des Artikels 146 Absatz 1 Buchstabe b der Richtlinie 2006/112/EG umfassen auch Beförderungsmittel, die von Personen, die keine natürlichen Personen sind, wie etwa Einrichtungen des öffentlichen Rechts im Sinne von Artikel 13 der genannten Richtlinie oder Vereine, für nichtgeschäftliche Zwecke verwendet werden.

Artikel 48

Für die Feststellung, ob der von einem Mitgliedstaat gemäß Artikel 147 Absatz 1 Unterabsatz 1 Buchstabe c der Richtlinie 2006/112/EG festgelegte Schwellenwert überschritten wurde, was eine Bedingung für die Steuerbefreiung von Lieferungen zur Mitführung im persönlichen Gepäck von Reisenden ist, wird der Rechnungsbetrag zugrunde gelegt. Der Gesamtwert mehrerer Gegenstände darf nur dann zugrunde gelegt werden, wenn alle diese Gegenstände in ein und derselben Rechnung aufgeführt sind und diese Rechnung von ein und demselben Steuerpflichtigen, der diese Gegenstände liefert, an ein und denselben Abnehmer ausgestellt wurde.

ABSCHNITT 5

Steuerbefreiungen bei bestimmten, Ausfuhren gleichgestellten Umsätzen

(Artikel 151 und 152 der Richtlinie 2006/112/EG)

Artikel 49

Die in Artikel 151 der Richtlinie 2006/112/EG vorgesehene Steuerbefreiung ist auch auf elektronische Dienstleistungen anwendbar, wenn diese von einem Steuerpflichtigen erbracht werden, auf den die in den Artikeln 357 bis 369 jener Richtlinie vorgesehene Sonderregelung für elektronisch erbrachte Dienstleistungen anwendbar ist.

Artikel 50

(1) Um als internationale Einrichtung für die Anwendung des Artikels 143 Absatz 1 Buchstabe g und des Artikels 151 Absatz 1 Unterabsatz 1 Buchstabe b der Richtlinie 2006/112/EG anerkannt werden zu können, muss eine Einrichtung, die als Konsortium für eine europäische Forschungsinfrastruktur (ERIC) im Sinne der Verordnung (EG) Nr. 723/2009 des Rates vom 25. Juni 2009 über den gemeinschaftlichen Rechtsrahmen für ein Konsortium für eine europäische Forschungsinfrastruktur (ERIC) gegründet werden soll, alle nachfolgenden Voraussetzungen erfüllen:

a) sie besitzt eine eigene Rechtspersönlichkeit und ist voll rechtsfähig;
b) sie wurde auf der Grundlage des Rechts der Europäischen Union errichtet und unterliegt diesem;
c) sie hat Mitgliedstaaten als Mitglieder und darf Drittländer und zwischenstaatliche Organisationen als Mitglieder einschließen, jedoch keine privaten Einrichtungen;
d) sie hat besondere und legitime Ziele, die gemeinsam verfolgt werden und im Wesentlichen nicht wirtschaftlicher Natur sind.

(2) Die in Artikel 143 Absatz 1 Buchstabe g und Artikel 151 Absatz 1 Unterabsatz 1 Buchstabe b der Richtlinie 2006/112/EG vorgesehene Steuerbefreiung ist auf eine ERIC im Sinne des Absatzes 1 anwendbar, wenn diese vom Aufnahmemitgliedstaat als internationale Einrichtung anerkannt wird.

Die Grenzen und Voraussetzungen dieser Steuerbefreiung werden in einem Abkommen zwischen den Mitgliedern der ERIC gemäß Artikel 5 Absatz 1 Buchstabe d der Verordnung (EG) Nr. 723/2009 festgelegt. Bei Gegenständen, die nicht aus dem Mitgliedstaat versandt oder befördert werden, in dem ihre Lieferung bewirkt wird, und bei Dienstleistungen kann die Steuerbefreiung entsprechend Artikel 151 Absatz 2 der Richtlinie 2006/112/EG im Wege der Mehrwertsteuererstattung erfolgen.

Artikel 51

(1) Ist der Empfänger eines Gegenstands oder einer Dienstleistung innerhalb der Gemeinschaft, aber nicht in dem Mitgliedstaat der Lieferung oder Dienstleistung ansässig, so dient die Bescheinigung über die Befreiung von der Mehrwertsteuer und/ oder der Verbrauchsteuer nach dem Muster in Anhang II dieser Verordnung entsprechend den Erläuterungen im Anhang zu dieser Bescheinigung als Bestätigung dafür, dass der Umsatz nach Artikel 151 der Richtlinie 2006/112/EG von der Steuer befreit werden kann.

Bei Verwendung der Bescheinigung kann der Mitgliedstaat, in dem der Empfänger eines Gegenstands oder einer Dienstleistung ansässig ist, entscheiden, ob er eine gemeinsame Bescheinigung für Mehrwertsteuer und Verbrauchsteuer oder zwei getrennte Bescheinigungen verwendet.

(2) Die in Absatz 1 genannte Bescheinigung wird von den zuständigen Behörden des Aufnahmemitgliedstaats mit einem Dienststempelabdruck versehen. Sind die Gegenstände oder Dienstleistungen jedoch für amtliche Zwecke bestimmt, so können die Mitgliedstaaten bei Vorliegen von ihnen festzulegender Voraussetzungen auf die Anbringung des Dienststempelabdrucks verzichten. Diese Freistellung kann im Falle von Missbrauch widerrufen werden.

Die Mitgliedstaaten teilen der Kommission mit, welche Kontaktstelle zur Angabe der für das Abstempeln der Bescheinigung zuständigen Dienststellen benannt wurde und in welchem Umfang sie auf das Abstempeln der Bescheinigung verzichten. Die Kommission gibt diese Information an die anderen Mitgliedstaaten weiter.

(3) Wendet der Mitgliedstaat der Lieferung oder Dienstleistung die direkte Befreiung an, so erhält der Lieferer oder Dienstleistungserbringer die in Absatz 1 genannte Bescheinigung vom Empfänger der Lieferung oder Dienstleistung und nimmt sie in seine Buchführung auf. Wird die Befreiung nach Artikel 151 Absatz 2 der Richtlinie 2006/112/EG im Wege der Mehrwertsteuererstattung gewährt, so ist die Bescheinigung dem in dem betreffenden Mitgliedstaat gestellten Erstattungsantrag beizufügen.

KAPITEL IX
VORSTEUERABZUG
(TITEL X DER RICHTLINIE 2006/112/EG)

Artikel 52

Verfügt der Einfuhrmitgliedstaat über ein elektronisches System zur Erfüllung der Zollformalitäten, so fallen unter den Begriff „die Einfuhr bescheinigendes Dokument" in Artikel 178 Buchstabe e der Richtlinie 2006/112/EG auch die elektronischen Fassungen derartiger Dokumente, sofern sie eine Überprüfung des Vorsteuerabzugs erlauben.

KAPITEL X
PFLICHTEN DER STEUERPFLICHTIGEN UND BESTIMMTER NICHTSTEUERPFLICHTIGER PERSONEN
(TITEL XI DER RICHTLINIE 2006/112/EG)

ABSCHNITT 1
Steuerschuldner gegenüber dem Fiskus
(Artikel 192a bis 205 der Richtlinie 2006/112/EG)

Artikel 53

(1) Für die Durchführung des Artikels 192a der Richtlinie 2006/112/EG wird eine feste Niederlassung eines Steuerpflichtigen nur dann berücksichtigt, wenn diese feste Niederlassung einen hinreichenden Grad an Beständigkeit sowie eine Struktur aufweist, die es ihr von der personellen und technischen Ausstattung her erlaubt, die Lieferung von Gegenständen oder die Erbringung von Dienstleistungen, an der sie beteiligt ist, auszuführen.

(2) Verfügt ein Steuerpflichtiger über eine feste Niederlassung in dem Gebiet des Mitgliedstaats, in dem die Mehrwertsteuer geschuldet wird, gilt diese feste Niederlassung als nicht an der Lieferung von Gegenständen oder der Erbringung von Dienstleistungen im Sinne des Artikels 192a Buchstabe b der Richtlinie 2006/112/EG beteiligt, es sei denn, der Steuerpflichtige nutzt die technische und personelle Ausstattung dieser Niederlassung für Umsätze, die mit der Ausführung der steuerbaren Lieferung dieser Gegenstände oder

der steuerbaren Erbringung dieser Dienstleistungen vor oder während der Ausführung in diesem Mitgliedstaat notwendig verbunden sind.

Wird die Ausstattung der festen Niederlassung nur für unterstützende verwaltungstechnische Aufgaben wie z. B. Buchhaltung, Rechnungsstellung und Einziehung von Forderungen genutzt, so gilt dies nicht als Nutzung bei der Ausführung der Lieferung oder der Dienstleistung.

Wird eine Rechnung jedoch unter der durch den Mitgliedstaat der festen Niederlassung vergebenen Mehrwertsteuer-Identifikationsnummer ausgestellt, so gilt diese feste Niederlassung bis zum Beweis des Gegenteils als an der Lieferung oder Dienstleistung beteiligt.

Artikel 54

Hat ein Steuerpflichtiger den Sitz seiner wirtschaftlichen Tätigkeit in dem Mitgliedstaat, in dem die Mehrwertsteuer geschuldet wird, so findet Artikel 192a der Richtlinie 2006/112/EG keine Anwendung, unabhängig davon, ob dieser Sitz der wirtschaftlichen Tätigkeit an der von ihm getätigten Lieferung oder Dienstleistung innerhalb dieses Mitgliedstaats beteiligt ist.

ABSCHNITT 2
Ergänzende Bestimmungen
(Artikel 272 und 273 der Richtlinie 2006/112/EG)

Artikel 55

Für Umsätze nach Artikel 262 der Richtlinie 2006/112/EG müssen Steuerpflichtige, denen nach Artikel 214 jener Richtlinie eine individuelle Mehrwertsteuer-Identifikationsnummer zuzuteilen ist, und nichtsteuerpflichtige juristische Personen, die für Mehrwertsteuerzwecke erfasst sind, wenn sie als solche handeln, ihren Lieferern oder Dienstleistungserbringern ihre Mehrwertsteuer-Identifikationsnummer mitteilen, sowie diese ihnen bekannt ist.

Steuerpflichtige im Sinne des Artikels 3 Absatz 1 Buchstabe b der Richtlinie 2006/112/EG, deren innergemeinschaftliche Erwerbe von Gegenständen nach Artikel 4 Absatz 1 der vorliegenden Verordnung nicht der Mehrwertsteuer unterliegen, müssen ihren Lieferern ihre individuelle Mehrwertsteuer-Identifikationsnummer nicht mitteilen, wenn sie gemäß Artikel 214 Absatz 1 Buchstabe d oder e jener Richtlinie für Mehrwertsteuerzwecke erfasst sind.

KAPITEL XI
SONDERREGELUNGEN

ABSCHNITT 1
Sonderregelung für Anlagegold
(Artikel 344 bis 356 der Richtlinie 2006/112/EG)

Artikel 56

Der Begriff „mit einem von den Goldmärkten akzeptierten Gewicht" in Artikel 344 Absatz 1 Nummer 1 der Richtlinie 2006/112/EG umfasst mindestens die in Anhang III dieser Verordnung aufgeführten Einheiten und Gewichte.

Artikel 57

Für die Zwecke der Erstellung des in Artikel 345 der Richtlinie 2006/112/EG genannten Verzeichnisses von Goldmünzen beziehen sich die in Artikel 344 Absatz 1 Nummer 2 jener Richtlinie genannten Begriffe „Preis" und „Offenmarktwert" auf den Preis bzw. den Offenmarktwert am 1. April eines jeden Jahres. Fällt der 1. April nicht auf einen Tag, an dem derartige Preise bzw. Offenmarktwerte festgesetzt werden, so sind diejenigen des nächsten Tages, an dem eine Festsetzung erfolgt, zugrunde zu legen.

ABSCHNITT 2

Sonderregelungen für nicht ansässige Steuerpflichtige, die Telekommunikationsdienstleistungen, Rundfunk- und Fernsehdienstleistungen oder elektronische Dienstleistungen an Nichtsteuerpflichtige erbringen (Artikel 358 bis 369k der Richtlinie 2006/112/EG)

Unterabschnitt 1
Begriffsbestimmungen

Artikel 57a

Für die Zwecke dieses Abschnitts gelten folgende Begriffsbestimmungen:
1. ‚Nicht-EU-Regelung': die Sonderregelung für von nicht in der Gemeinschaft ansässigen Steuerpflichtigen erbrachte Telekommunikationsdienstleistungen, Rundfunk- und Fernsehdienstleistungen oder elektronische Dienstleistungen gemäß Titel XII Kapitel 6 Abschnitt 2 der Richtlinie 2006/112/EG;
2. ‚EU-Regelung': die Sonderregelung für von in der Gemeinschaft, nicht aber im Mitgliedstaat des Verbrauchs ansässigen Steuerpflichtigen erbrachte Telekommunikationsdienstleistungen, Rundfunk- und Fernsehdienstleistungen oder elektronische Dienstleistungen gemäß Titel XII Kapitel 6 Abschnitt 3 der Richtlinie 2006/112/EG;
3. ‚Sonderregelung': je nach Zusammenhang ‚Nicht-EU-Regelung' und/oder ‚EU-Regelung';
4. ‚Steuerpflichtiger': ein Steuerpflichtiger, der nicht in der Gemeinschaft ansässig ist, gemäß der Definition in Artikel 358a Nummer 1 der Richtlinie 2006/112/EG, oder ein Steuerpflichtiger, der nicht im Mitgliedstaat des Verbrauchs ansässig ist, gemäß der Definition in Artikel 369a Absatz 1 Nummer 1 jener Richtlinie.

Unterabschnitt 2
Anwendung der EU-Regelung

Artikel 57b

Hat ein Steuerpflichtiger, der die EU-Regelung in Anspruch nimmt, den Sitz seiner wirtschaftlichen Tätigkeit in der Gemeinschaft, so ist der Mitgliedstaat, in dem sich dieser Sitz befindet, der Mitgliedstaat der Identifizierung.

Hat ein Steuerpflichtiger, der die EU-Regelung in Anspruch nimmt, zwar den Sitz seiner wirtschaftlichen Tätigkeit außerhalb der Gemeinschaft, aber mehr als eine feste Niederlassung in der Gemeinschaft, so kann er jeden Mitgliedstaat, in dem er eine feste Niederlassung hat, als Mitgliedstaat der Identifizierung gemäß Artikel 369a Absatz 2 der Richtlinie 2006/112/EG auswählen.

Unterabschnitt 3
Geltungsbereich der EU-Regelung

Artikel 57c

Die EU-Regelung gilt nicht für Telekommunikationsdienstleistungen, Rundfunk- und Fernsehdienstleistungen oder elektronische Dienstleistungen, die in einem Mitgliedstaat erbracht werden, in dem der Steuerpflichtige den Sitz seiner wirtschaftlichen Tätigkeit oder eine feste Niederlassung hat. Diese Dienstleistungen werden den zuständigen Steuerbehörden dieses Mitgliedstaats in der Mehrwertsteuererklärung gemäß Artikel 250 der Richtlinie 2006/112/EG gemeldet.

Unterabschnitt 4
Identifizierung

Artikel 57d

Erklärt ein Steuerpflichtiger dem Mitgliedstaat der Identifizierung, dass er beabsichtigt, eine der Sonderregelungen in Anspruch zu nehmen, so gilt die betreffende Sonderregelung ab dem ersten Tag des folgenden Kalenderquartals.

Erfolgt die erste Erbringung von Dienstleistungen, die unter diese Sonderregelung fallen, jedoch vor dem in Absatz 1 genannten Termin, so gilt die Sonderregelung ab dem Tag der ersten Leistungserbringung, vorausgesetzt der Steuerpflichtige unterrichtet den Mitgliedstaat der Identifizierung spätestens am zehnten Tag des Monats, der auf diese erste Leistungserbringung folgt, über die Aufnahme der unter die Regelung fallenden Tätigkeiten.

Artikel 57e

Der Mitgliedstaat der Identifizierung identifiziert den Steuerpflichtigen, der die EU-Regelung in Anspruch nimmt, anhand seiner Mehrwertsteuer-Identifikationsnummer gemäß den Artikeln 214 und 215 der Richtlinie 2006/112/EG.

Artikel 57f

(1) Erfüllt ein Steuerpflichtiger, der die EU-Regelung in Anspruch nimmt, nicht mehr die Voraussetzungen gemäß der Definition in Artikel 369a Absatz 1 Nummer 2 der Richtlinie 2006/112/EG, so ist der Mitgliedstaat, der ihm die Mehrwertsteuer-Identifikationsnummer erteilt hat, nicht mehr der Mitgliedstaat der Identifizierung. Erfüllt ein Steuerpflichtiger weiter die Voraussetzungen für die Inanspruchnahme dieser Sonderregelung, so gibt er, um diese Regelung weiterhin in Anspruch nehmen zu können, als neuen Mitgliedstaat der Identifizierung den Mitgliedstaat, in dem er den Sitz seiner wirtschaftlichen Tätigkeit hat, oder, wenn er den Sitz seiner wirtschaftlichen Tätigkeit nicht in der Gemeinschaft hat, einen Mitgliedstaat, in dem er eine feste Niederlassung hat, an.

(2) Ändert sich gemäß Absatz 1 der Mitgliedstaat der Identifizierung, so gilt diese Änderung ab dem Tag, an dem der Steuerpflichtige nicht mehr den Sitz seiner wirtschaftlichen Tätigkeit oder keine feste Niederlassung mehr in dem zuvor als Mitgliedstaat der Identifizierung angegebenen Mitgliedstaat hat.

Artikel 57g

Ein Steuerpflichtiger, der eine Sonderregelung in Anspruch nimmt, kann die Inanspruchnahme dieser Sonderregelung beenden, unabhängig davon, ob er weiterhin Dienstleistungen erbringt, die unter diese Sonderregelung fallen können. Der Steuerpflichtige unterrichtet den Mitgliedstaat der Identifizierung mindestens 15 Tage vor Ablauf des Kalenderquartals vor demjenigen, in welchem er die Inanspruchnahme der Regelung beenden will. Eine Beendigung ist ab dem ersten Tag des nächsten Kalenderquartals wirksam.

Mehrwertsteuerpflichten im Zusammenhang mit der Erbringung von Telekommunikationsdienstleistungen, Rundfunk- und Fernsehdienstleistungen oder elektronischen Dienstleistungen, die nach dem Zeitpunkt entstehen, zu dem die Beendigung der Inanspruchnahme wirksam wurde, wird direkt bei den Steuerbehörden des betreffenden Mitgliedstaats des Verbrauchs nachgekommen.

Beendet ein Steuerpflichtiger die Inanspruchnahme einer der Sonderregelungen gemäß Absatz 1, so wird er in jedem Mitgliedstaat für zwei Kalenderquartale ab dem Datum der Beendigung der Inanspruchnahme von der Sonderregelung ausgeschlossen.

Unterabschnitt 5
Berichtspflichten
Artikel 57h

(1) Ein Steuerpflichtiger unterrichtet den Mitgliedstaat der Identifizierung spätestens am zehnten Tag des folgenden Monats auf elektronischem Wege von

- der Beendigung seiner unter eine Sonderregelung fallenden Tätigkeiten,
- jeglichen Änderungen seiner unter eine Sonderregelung fallenden Tätigkeiten, durch die er die Voraussetzungen für die Inanspruchnahme dieser Sonderregelung nicht mehr erfüllt, und
- sämtlichen Änderungen der zuvor dem Mitgliedstaat der Identifikation mitgeteilten Angaben.

(2) Ändert sich der Mitgliedstaat der Identifizierung gemäß Artikel 57f, so unterrichtet der Steuerpflichtige die beiden betroffenen Mitgliedstaaten spätestens am zehnten Tag des Monats, der auf die Verlagerung des Sitzes der wirtschaftlichen Tätigkeit oder der festen Niederlassung folgt, über diese Änderung. Er teilt dem neuen Mitgliedstaat der Identifizierung die Registrierungsdaten mit, die erforderlich sind, wenn ein Steuerpflichtiger eine Sonderregelung erstmals in Anspruch nimmt.

Unterabschnitt 6
Ausschluss
Artikel 58

Findet zumindest eines der Ausschlusskriterien gemäß den Artikeln 363 und 369e der Richtlinie 2006/112/EG auf einen Steuerpflichtigen, der eine der Sonderregelungen in Anspruch nimmt, Anwendung, so schließt der Mitgliedstaat der Identifizierung diesen Steuerpflichtigen von der betreffenden Regelung aus.

Nur der Mitgliedstaat der Identifizierung kann einen Steuerpflichtigen von der Inanspruchnahme einer der Sonderregelungen ausschließen.

Der Mitgliedstaat der Identifizierung stützt seine Entscheidung über den Ausschluss auf alle verfügbaren Informationen, einschließlich Informationen eines anderen Mitgliedstaats.

Der Ausschluss ist ab dem ersten Tag des Kalenderquartals wirksam, das auf den Tag folgt, an dem die Entscheidung über den Ausschluss dem Steuerpflichtigen elektronisch übermittelt worden ist.

Ist der Ausschluss jedoch auf eine Änderung des Sitzes der wirtschaftlichen Tätigkeit oder der festen Niederlassung zurückzuführen, so ist der Ausschluss ab dem Tag dieser Änderung wirksam.

Artikel 58a

Hinsichtlich eines Steuerpflichtigen, der eine Sonderregelung in Anspruch nimmt und der über einen Zeitraum von acht aufeinander folgenden Kalenderquartalen in keinem Mitgliedstaat des Verbrauchs der betreffenden Regelung unterliegende Dienstleistungen erbracht hat, wird davon ausgegangen, dass er seine steuerbaren Tätigkeiten im Sinne des Artikels 363 Buchstabe b bzw. des Artikels 369e Buchstabe b der Richtlinie 2006/112/EG beendet hat. Diese Beendigung hindert ihn nicht daran, bei Wiederaufnahme seiner unter eine Sonderregelung fallenden Tätigkeiten eine Sonderregelung in Anspruch zu nehmen.

Artikel 58b

(1) Der Ausschluss eines Steuerpflichtigen von einer der Sonderregelungen wegen wiederholten Verstoßes gegen die einschlägigen Vorschriften gilt in jedem Mitgliedstaat und für beide Regelungen während acht Kalenderquartalen nach dem Kalenderquartal, in dem der Steuerpflichtige ausgeschlossen wurde.

(2) Als wiederholter Verstoß gegen die Vorschriften einer der Sonderregelungen im Sinne des Artikels 363 Buchstabe d oder des Artikels 369e Buchstabe d der Richtlinie 2006/112/EG durch den Steuerpflichtigen gelten mindestens die folgenden Fälle:

a) dem Steuerpflichtigen wurden vom Mitgliedstaat der Identifizierung für drei unmittelbar vorhergehende Kalenderquartale Erinnerungen gemäß Artikel 60a erteilt und die Mehrwertsteuererklärung wurde für jedes dieser Kalenderquartale nicht binnen zehn Tagen, nachdem die Erinnerung erteilt wurde, abgegeben;

b) vom Mitgliedstaat der Identifizierung wurden ihm für drei unmittelbar vorhergehende Kalenderquartale Erinnerungen gemäß Artikel 63a erteilt und der Gesamtbetrag der erklärten Mehrwertsteuer ist von ihm nicht binnen zehn Tagen, nachdem die Erinnerung erteilt wurde, für jedes dieser Kalenderquartale gezahlt außer wenn der ausstehende Betrag weniger als 100 EUR für jedes dieser Kalenderquartale beträgt;

c) er hat nach einer Aufforderung des Mitgliedstaats der Identifizierung oder des Mitgliedstaats des Verbrauchs und einen Monat nach einer nachfolgenden Erinnerung des Mitgliedstaats der Identifizierung die in den Artikeln 369 und 369k der Richtlinie 2006/112/EG genannten Aufzeichnungen nicht elektronisch zur Verfügung gestellt.

Artikel 58c

Ein Steuerpflichtiger, der von einer der Sonderregelungen ausgeschlossen worden ist, kommt allen seinen Mehrwertsteuerpflichten im Zusammenhang mit der Erbringung von Telekommunikationsdienstleistungen, Rundfunk- und Fernsehdienstleistungen oder elektronischen Dienstleistungen, die nach dem Zeitpunkt entstehen, zu dem der Ausschluss wirksam wurde, direkt bei den Steuerbehörden des betreffenden Mitgliedstaats des Verbrauchs nach.

Unterabschnitt 7
Mehrwertsteuererklärung

Artikel 59

(1) Jeder Erklärungszeitraum im Sinne des Artikels 364 oder des Artikels 369f der Richtlinie 2006/112/EG ist ein eigenständiger Erklärungszeitraum.

(2) Gilt eine Sonderregelung gemäß Artikel 57d Absatz 2 ab dem ersten Tag der Leistungserbringung, so gibt der Steuerpflichtige eine gesonderte Mehrwertsteuererklärung für das Kalenderquartal ab, in dem die erste Leistungserbringung erfolgt ist.

(3) Wurde ein Steuerpflichtiger während eines Erklärungszeitraums im Rahmen jeder der Sonderregelungen registriert, so richtet er im Rahmen jeder Sonderregelung Mehrwertsteuererklärungen und entsprechende Zahlungen hinsichtlich der Erbringung von Dienstleistungen und die von dieser Regelung erfassten Zeiträume an den Mitgliedstaat der Identifizierung.

(4) Ändert sich gemäß Artikel 57f der Mitgliedstaat der Identifizierung nach dem ersten Tag des betreffenden Kalenderquartals, so richtet der Steuerpflichtige Mehrwertsteuererklärungen und entsprechende Mehrwertsteuerzahlungen an den ehemaligen und an den neuen Mitgliedstaat der Identifizierung, die sich auf die Erbringung von Dienstleistungen während der Zeiträume, in denen die Mitgliedstaaten jeweils Mitgliedstaat der Identifizierung waren, beziehen.

Artikel 59a

Hat ein Steuerpflichtiger, der eine Sonderregelung in Anspruch nimmt, während eines Erklärungszeitraums keine Dienstleistungen in irgendeinem Mitgliedstaat des Verbrauchs im Rahmen dieser Sonderregelung erbracht, so reicht er eine Mehrwertsteuererklärung ein, aus der hervorgeht, dass in dem Zeitraum keine Dienstleistungen erbracht wurden (MwSt.-Nullmeldung).

Artikel 60

Die Beträge in den Mehrwertsteuererklärungen im Rahmen der Sonderregelungen werden nicht auf die nächste volle Einheit auf- oder abgerundet. Es ist jeweils der genaue Mehrwertsteuerbetrag anzugeben und abzuführen.

Artikel 60a

Der Mitgliedstaat der Identifizierung erinnert Steuerpflichtige, die keine Mehrwertsteuererklärung gemäß Artikel 364 oder Artikel 369f der Richtlinie 2006/112/EG abgegeben haben, auf elektronischem Wege an ihre Verpflichtung zur Abgabe dieser Erklärung. Der Mitgliedstaat der Identifizierung erteilt die Erinnerung am zehnten Tag, der auf den Tag folgt, an dem die Erklärung hätte vorliegen sollen, und unterrichtet die übrigen Mitgliedstaaten auf elektronischem Wege über die Erteilung einer Erinnerung.

Für alle nachfolgenden Mahnungen und sonstigen Schritte zur Festsetzung und Erhebung der Mehrwertsteuer ist der betreffende Mitgliedstaat des Verbrauchs zuständig.

Der Steuerpflichtige gibt die Mehrwertsteuererklärung ungeachtet jeglicher durch den Mitgliedstaat des Verbrauchs erteilter Mahnungen und getroffener Maßnahmen im Mitgliedstaat der Identifizierung ab.

Artikel 61

(1) Änderungen der in einer Mehrwertsteuererklärung enthaltenen Zahlen werden nach ihrer Abgabe ausschließlich im Wege von Änderungen dieser Erklärung und nicht durch Berichtigungen in einer nachfolgenden Erklärung vorgenommen.

(2) Die in Absatz 1 genannten Änderungen sind innerhalb von drei Jahren ab dem Tag, an dem die ursprüngliche Erklärung abzugeben war, auf elektronischem Wege beim Mitgliedstaat der Identifizierung abzugeben.

Die Vorschriften des Mitgliedstaats des Verbrauchs in Bezug auf Steuerfestsetzungen und Änderungen bleiben jedoch unberührt.

Artikel 61a

Wenn ein Steuerpflichtiger

a) die Inanspruchnahme einer der Sonderregelungen beendet,

b) von einer der Sonderregelungen ausgeschlossen wird oder

c) den Mitgliedstaat der Identifizierung gemäß Artikel 57f ändert,

richtet er seine abschließende Mehrwertsteuererklärung und die entsprechende Zahlung sowie jegliche Berichtigungen oder verspätete Abgabe vorangegangener Mehrwertsteuererklärungen und die entsprechenden Zahlungen an den Mitgliedstaat, der vor der Beendigung, dem Ausschluss oder der Änderung der Mitgliedstaat der Identifizierung war.

Unterabschnitt 8

Währung

Artikel 61b

Bestimmt ein Mitgliedstaat der Identifizierung, dessen Währung nicht der Euro ist, dass die Mehrwertsteuererklärungen in seiner Landeswährung zu erstellen sind, so gilt diese Bestimmung für die Mehrwertsteuererklärungen von allen Steuerpflichtigen, die Sonderregelungen in Anspruch nehmen.

Unterabschnitt 9

Zahlungen

Artikel 62

Unbeschadet des Artikels 63a Absatz 3 und des Artikels 63b richtet ein Steuerpflichtiger alle Zahlungen an den Mitgliedstaat der Identifizierung.

Mehrwertsteuerzahlungen des Steuerpflichtigen gemäß Artikel 367 oder Artikel 369i der Richtlinie 2006/112/EG beziehen sich nur auf die gemäß Artikel 364 oder Artikel 369f dieser Richtlinie abgegebene Mehrwertsteuererklärung. Jede spätere Berichtigung der gezahlten Beträge durch den Steuerpflichtigen wird ausschließlich unter Bezugnahme auf diese Erklärung vorgenommen und darf weder einer anderen Erklärung zugeordnet noch bei einer späteren Erklärung berichtigt werden. Bei jeder Zahlung ist die Referenznummer der betreffenden Steuererklärung anzugeben.

Artikel 63

Hat ein Mitgliedstaat der Identifizierung einen Betrag vereinnahmt, der höher ist als es der Mehrwertsteuererklärung gemäß Artikel 364 oder Artikel 369f der Richtlinie 2006/112/EG entspricht, so erstattet er dem betreffenden Steuerpflichtigen den zu viel gezahlten Betrag direkt.

Hat ein Mitgliedstaat der Identifizierung einen Betrag aufgrund einer Mehrwertsteuererklärung erhalten, die sich später als unrichtig herausstellt, und hat er diesen Betrag bereits an die Mitgliedstaaten des Verbrauchs weitergeleitet, so erstatten diese Mitgliedstaaten des Verbrauchs dem Steuerpflichtigen direkt ihren jeweiligen Anteil an dem zu viel gezahlten Betrag.

Beziehen sich die zu viel gezahlten Beträge jedoch auf Zeiträume bis einschließlich zum letzten Erklärungszeitraum im Jahr 2018, erstattet der Mitgliedstaat der Identifizierung den betreffenden Anteil des entsprechenden Teils des gemäß Artikel 46 Absatz 3 der Verordnung (EU) Nr. 904/2010 einbehaltenen Betrags, und der Mitgliedstaat des Verbrauchs erstattet den zu viel gezahlten Betrag abzüglich des vom Mitgliedstaat der Identifizierung erstatteten Betrags.

Die Mitgliedstaaten des Verbrauchs unterrichten den Mitgliedstaat der Identifizierung auf elektronischem Wege über den Betrag dieser Erstattungen.

Artikel 63a

Gibt ein Steuerpflichtiger zwar eine Mehrwertsteuererklärung gemäß Artikel 364 oder Artikel 369f der Richtlinie 2006/112/EG ab, aber es wird keine Zahlung oder eine geringere Zahlung als die sich aus der Erklärung ergebende Zahlung geleistet, so schickt der Mitgliedstaat der Identifizierung dem Steuerpflichtigen am zehnten Tag nach dem Tag, an dem die Zahlung gemäß Artikel 367 oder Artikel 369i der Richtlinie 2006/112/EG spätestens zu leisten war, wegen der überfälligen Mehrwertsteuer eine Erinnerung auf elektronischem Wege.

Der Mitgliedstaat der Identifizierung unterrichtet die Mitgliedstaaten des Verbrauchs auf elektronischem Wege über die Versendung der Erinnerung.

Für alle nachfolgenden Mahnungen und sonstigen Schritte zur Erhebung der Mehrwertsteuer ist der betreffende Mitgliedstaat des Verbrauchs zuständig. Sind vom Mitgliedstaat des Verbrauchs nachfolgende Mahnungen erteilt worden, erfolgt die entsprechende Mehrwertsteuerzahlung an diesen Mitgliedstaat.

Der Mitgliedstaat des Verbrauchs unterrichtet den Mitgliedstaat der Identifizierung auf elektronischem Wege über die Erteilung der Mahnung.

Artikel 63b

Ist keine Mehrwertsteuererklärung abgegeben worden, oder ist die Mehrwertsteuererklärung zu spät abgegeben worden oder ist sie unvollständig oder unrichtig, oder wird die Mehrwertsteuer zu spät gezahlt, so werden etwaige Zinsen, Geldbußen oder sonstige Abgaben von dem Mitgliedstaat des Verbrauchs berechnet und festgesetzt. Der Steuerpflichtige zahlt diese Zinsen, Geldbußen oder sonstige Abgaben direkt an den Mitgliedstaat des Verbrauchs.

Unterabschnitt 10

Aufzeichnungen

Artikel 63c

(1) Um als hinreichend ausführlich im Sinne der Artikel 369 und 369k der Richtlinie 2006/112/EG angesehen zu werden, enthalten die vom Steuerpflichtigen zu führenden Aufzeichnungen die folgenden Informationen:

a) Mitgliedstaat des Verbrauchs, in dem die Dienstleistung erbracht wird;
b) Art der erbrachten Dienstleistung;
c) Datum der Dienstleistungserbringung;
d) Steuerbemessungsgrundlage unter Angabe der verwendeten Währung;
e) jede anschließende Erhöhung oder Senkung der Steuerbemessungsgrundlage;
f) anzuwendender Mehrwertsteuersatz;
g) Betrag der zu zahlenden Mehrwertsteuer unter Angabe der verwendeten Währung;
h) Datum und Betrag der erhaltenen Zahlungen;
i) alle vor Erbringung der Dienstleistung erhaltenen Vorauszahlungen;
j) falls eine Rechnung ausgestellt wurde, die darin enthaltenen Informationen;
k) Name des Dienstleistungsempfängers, soweit dem Steuerpflichtigen bekannt;
l) Informationen zur Bestimmung des Orts, an dem der Dienstleistungsempfänger ansässig ist oder seinen Wohnsitz oder gewöhnlichen Aufenthalt hat.

(2) Der Steuerpflichtige erfasst die Informationen gemäß Absatz 1 so, dass sie unverzüglich und für jede einzelne erbrachte Dienstleistung auf elektronischem Wege zur Verfügung gestellt werden können.

KAPITEL XII

SCHLUSSBESTIMMUNGEN

Artikel 64

Die Verordnung (EG) Nr. 1777/2005 wird aufgehoben.

Bezugnahmen auf die aufgehobene Verordnung gelten als Bezugnahmen auf die vorliegende Verordnung und sind nach Maßgabe der Entsprechungstabelle in Anhang IV zu lesen.

Artikel 65

Diese Verordnung tritt am zwanzigsten Tag nach ihrer Veröffentlichung im Amtsblatt der Europäischen Union in Kraft.

Sie gilt ab 1. Juli 2011.

Jedoch
– gelten Artikel 3 Buchstabe a, Artikel 11 Absatz 2 Buchstabe b, Artikel 23 Absatz 1 und Artikel 24 Absatz 1 ab dem 1. Januar 2013;
– gilt Artikel 3 Buchstabe b ab dem 1. Januar 2015;
– gilt Artikel 11 Absatz 2 Buchstabe c bis zum 31. Dezember 2014.

Diese Verordnung ist in allen ihren Teilen verbindlich und gilt unmittelbar in jedem Mitgliedstaat.

Geschehen zu Brüssel am 15. März 2011.

Im Namen des Rates
Der Präsident
MATOLCSY Gy.

Anhänge I–IV

Vom Ausdruck der Anhänge wird abgesehen.
Die Anhänge sind unter http://eur-lex.europa.eu zu finden.

Durchführungsverordnung (EU) Nr. 79/2012 der Kommission

vom 31. Januar 2012

zur Regelung der Durchführung bestimmter Vorschriften der Verordnung (EU) Nr. 904/2010 des Rates über die Zusammenarbeit der Verwaltungsbehörden und die Betrugsbekämpfung auf dem Gebiet der Mehrwertsteuer

(Neufassung)

1. VO 519/2013/EU vom 21.2.2013, ABl. L 158 S. 74 vom 10.6.2013

DIE EUROPÄISCHE KOMMISSION –

gestützt auf den Vertrag über die Arbeitsweise der Europäischen Union,

gestützt auf die Verordnung (EU) Nr. 904/2010 des Rates vom 7. Oktober 2010 über die Zusammenarbeit der Verwaltungsbehörden und die Betrugsbekämpfung auf dem Gebiet der Mehrwertsteuer, insbesondere auf die Artikel 14, 32, 48, 49 und 51 Absatz 1, in Erwägung nachstehender Gründe:

(1) Zur Verbesserung und Ergänzung der Betrugsbekämpfungsinstrumente wurde die Verordnung (EG) Nr. 1798/2003 des Rates vom 7. Oktober 2003 über die Zusammenarbeit der Verwaltungsbehörden auf dem Gebiet der Mehrwertsteuer und zur Aufhebung der Verordnung (EWG) Nr. 218/92 durch die Verordnung (EU) Nr. 904/2010 neu gefasst und aufgehoben. Die Vorschriften der Verordnung (EU) Nr. 904/2010 sollten sich auf der Ebene der Rechtsakte zur Durchführung der Verordnung (EU) Nr. 904/2010 widerspiegeln.

(2) Verordnung (EG) Nr. 1925/2004 der Kommission vom 29. Oktober 2004 zur Regelung der Durchführung bestimmter Vorschriften der Verordnung (EG) Nr. 1798/2003 des Rates über die Zusammenarbeit der Verwaltungsbehörden auf dem Gebiet der Mehrwertsteuer wurde grundlegend geändert. Da nach Annahme der Verordnung (EU) Nr. 904/2010 weitere Änderungen vorzunehmen sind und um einheitliche Regeln für den Informationsaustausch zu haben, sollte sie aus Gründen der Klarheit zusammen mit der Verordnung (EG) Nr. 1174/2009 der Kommission vom 30. November 2009 mit Durchführungsvorschriften zu den Artikeln 34a und 37 der Verordnung (EG) Nr. 1798/2003 des Rates in Bezug auf die Erstattung der Mehrwertsteuer gemäß der Richtlinie 2008/9/EG neu gefasst werden.

(3) Zur Erleichterung des Informationsaustauschs zwischen den Mitgliedstaaten sind die Kategorien von Informationen, bei denen der Austausch der Auskünfte ohne vorheriges Ersuchen erfolgt, sowie die Häufigkeit dieses Aus- tauschs und die praktischen Modalitäten festzulegen. In dem Maße, wie die Mitgliedstaaten beabsichtigen, von diesem Austausch abzusehen, sollten sie dies der Kom-mission gemäß Artikel 14 Absatz 1 der Verordnung (EU) Nr. 904/2010 mitteilen.

(4) Gemäß Artikel 51 der Verordnung (EU) Nr. 904/2010 erfolgt die Informationsübermittlung zwischen den Steuerbehörden soweit möglich auf elektronischem Weg. Folglich sollten praktische Modalitäten und technische Einzelheiten festgelegt werden.

(5) Es sollten praktische Modalitäten festgelegt werden, um Informationen über Rechnungsstellungsvorschriften, Mehrwertsteuersätze (MwSt.-Sätze), die im Rahmen der Sonderregelungen für nichtansässige Steuerpflichtige anzuwenden sind, und die zusätzlichen elektronisch verschlüsselten Angaben gemäß Artikel 9 Absatz 2 der Richtlinie 2008/9/EG des Rates vom 12. Februar 2008 zur Regelung der Erstattung der Mehrwertsteuer gemäß

der Richtlinie 2006/112/EG an nicht im Mitgliedstaat der Erstattung, sondern in einem anderen Mitgliedstaat ansässige Steuerpflichtige bereitzustellen.

(6) Um sicherzustellen, dass die Mitgliedstaaten die Möglichkeiten, die in gewissen Bestimmungen der Richtlinie 2008/9/EG vorgesehenen Informationen anzufordern, effektiv in Anspruch nehmen können, ist es notwendig, die entsprechenden harmonisierten Codes zu bestimmen, die beim Austausch der sachdienlichen Informationen anzugeben sind, einschließlich der Mittel, über die ein solcher Austausch im Sinne der Verordnung (EU) Nr. 904/2010 stattfinden sollte.

(7) Laut Artikel 9 Absatz 2 der Richtlinie 2008/9/EG kann der Mitgliedstaat der Erstattung vom Antragsteller verlangen, dass er zusätzliche elektronisch verschlüsselte Angaben zu jeder Kennziffer gemäß Artikel 9 Absatz 1 der Richtlinie 2008/9/EG vorlegt, sofern dies aufgrund von Einschränkungen des Rechts auf Vorsteuerabzug gemäß der Richtlinie 2006/112/EG des Rates vom 28. November 2006 über das gemeinsame Mehrwertsteuersystem) oder im Hinblick auf die Anwendung einer vom Mitgliedstaat der Erstattung gemäß den Artikeln 395 oder 396 jener Richtlinie gewährten Ausnahmeregelung erforderlich ist.

(8) Laut Artikel 48 Absatz 2 der Verordnung (EU) Nr. 904/2010 übermitteln die zuständigen Behörden des Mitgliedstaats der Erstattung den zuständigen Behörden des anderen Mitgliedstaats alle Informationen, die diese gemäß Artikel 9 Absatz 2 der Richtlinie 2008/9/EG benötigen.

(9) Zu diesem Zweck sollten die technischen Einzelheiten für die Übermittlung der von den Mitgliedstaaten benötigten zusätzlichen Angaben gemäß Artikel 9 Absatz 2 der Richtlinie 2008/9/EG geregelt werden. Insbesondere die Codes für die Übermittlung dieser Angaben sollten festgelegt werden. Die Codes in Anhang III dieser Verordnung wurden vom Ständigen Ausschuss für die Zusammenarbeit der Verwaltungsbehörden (SCAC) auf der Grundlage der Informationen entwickelt, die die Mitgliedstaaten zur Anwendung von Artikel 9 Absatz 2 der Richtlinie 2008/9/EG benötigen.

(10) Laut Artikel 11 der Richtlinie 2008/9/EG kann vom Antragsteller verlangt werden, eine Beschreibung seiner Geschäftstätigkeit anhand harmonisierter Codes vorzulegen. Zu diesem Zweck sollten die allgemein gebräuchlichen Codes gemäß Artikel 2 Absatz 1 Buchstabe d der Verordnung (EG) Nr. 1893/2006 des Europäischen Parlaments und des Rates vom 20. Dezember 2006 zur Aufstellung der statistischen Systematik der Wirtschaftszweige NACE Revision 2 und zur Änderung der Verordnung (EWG) Nr. 3037/90 des Rates sowie einiger Verordnungen der EG über bestimmte Bereiche der Statistik verwendet werden.

(11) Laut Artikel 25 der Verordnung (EU) Nr. 904/2010 stellt die ersuchte Behörde auf Antrag der ersuchenden Behörde dem Empfänger alle Verwaltungsakte und sonstigen Entscheidungen der Verwaltungsbehörden zu, die die Anwendung der Mehrwertsteuervorschriften im Hoheitsgebiet des Mitgliedstaats, in dem die ersuchende Behörde ihren Sitz hat, betreffen.

(12) Ersucht der Mitgliedstaat der Erstattung den Mitgliedstaat der Ansässigkeit, dem Antragsteller seine Entscheidungen und Verwaltungsakte zum Zweck der Anwendung der Richtlinie 2008/9/EG zuzustellen, sollte es aus Datenschutzgründen möglich sein, diese Zustellung über das Kommunikationsnetzwerk/die Gemeinsame Systemschnittstelle (CCN/CSI) gemäß Artikel 2 Absatz 1 Buchstabe q der Verordnung (EU) Nr. 904/2010 abzuwickeln.

(13) Es sollten Durchführungsbestimmungen festgelegt werden, u. a. zu Artikel 48 der Verordnung (EU) Nr. 904/2010 hinsichtlich der Einführung von Verwaltungsvereinbarungen und des Informationsaustauschs im Hinblick auf die Regelungen bezüglich des Ortes der Dienstleistung, die Sonderregelungen und die Regelung der Erstattung der Mehrwertsteuer.

(14) Schließlich ist es notwendig, zur Evaluierung der Verordnung (EU) Nr. 904/2010 eine Liste statistischer Angaben zu erstellen.

(15) Die in dieser Verordnung vorgesehenen Maßnahmen stehen mit der Stellungnahme des Ständigen Ausschusses für die Zusammenarbeit der Verwaltungsbehörden in Einklang –

HAT FOLGENDE VERORDNUNG ERLASSEN:

Artikel 1
Gegenstand

Diese Verordnung legt detaillierte Vorschriften für die Durchführung von Artikel 14, Artikel 32, Artikel 48, Artikel 49 und Artikel 51 Absatz 1 der Verordnung (EU) Nr. 904/2010 fest.

Artikel 2
Kategorien von Informationen des Austauschs ohne vorheriges Ersuchen

Folgende Kategorien von Informationen sind Gegenstand des automatischen Informationsaustauschs gemäß Artikel 13 der Verordnung (EU) Nr. 904/2010:
1. Informationen betreffend nicht im Inland ansässige Steuerpflichtige;
2. Informationen über neue Fahrzeuge.

Artikel 3
Unterkategorien von Informationen des Austauschs ohne vorheriges Ersuchen

(1) Informationen des automatischen Austauschs über nicht im Inland ansässige Steuerpflichtige sind:
a) Informationen über die Erteilung von MwSt.-Identifikationsnummern an in einem anderen Mitgliedstaat ansässige Steuerpflichtige;
b) Informationen über MwSt.-Erstattungen an nicht im Mitgliedstaat der Erstattung, sondern in einem anderen Mitgliedstaat ansässige Steuerpflichtige gemäß der Richtlinie 2008/9/EG des Rates.

(2) Informationen des automatischen Austauschs über neue Fahrzeuge sind:
a) Informationen über gemäß Artikel 138 Absatz 2 Buchstabe a der Richtlinie 2006/112/EG befreite Lieferungen von neuen Fahrzeugen im Sinne von Artikel 2 Absatz 2 Buchstaben a und b der genannten Richtlinie durch Personen, die gemäß Artikel 9 Absatz 2 der genannten Richtlinie als Steuerpflichtige gelten und die für MwSt.-Zwecke identifiziert sind;
b) Informationen über gemäß Artikel 138 Absatz 2 Buchstabe a der Richtlinie 2006/112/EG befreite Lieferungen von neuen Wasser- und Luftfahrzeugen im Sinne von Artikel 2 Absatz 2 Buchstaben a und b der genannten Richtlinie durch Personen, die für MwSt.-

Zwecke identifiziert sind und nicht unter Buchstabe a fallen, an Personen, die nicht für MwSt.-Zwecke identifiziert sind;

c) Informationen über gemäß Artikel 138 Absatz 2 Buchstabe a der Richtlinie 2006/112/EG befreite Lieferungen von neuen motorbetriebenen Landfahrzeugen im Sinne von Artikel 2 Absatz 2 Buchstaben a und b der genannten Richtlinie durch Personen, die für MwSt.-Zwecke identifiziert sind und nicht unter Buchstabe a fallen, an Personen, die nicht für MwSt.-Zwecke identifiziert sind.

Artikel 4
Mitteilung über die Nichtbeteiligung am Informationsaustausch ohne vorheriges Ersuchen

In Einklang mit Artikel 14 Absatz 1 Unterabsatz 2 der Verordnung (EU) Nr. 904/2010 teilt jeder Mitgliedstaat bis zum 20. Mai 2012 der Kommission schriftlich mit, ob er auf eine Beteiligung am automatischen Austausch von Informationen einer oder mehrerer in Artikel 2 und 3 der vorliegenden Verordnung genannten Kategorien oder Unterkategorien verzichten wird. Kroatien setzt die Kommission bis zum 1. Juli 2013 von seiner im vorigen Satz genannten Entscheidung zum Verzicht auf eine Beteiligung am automatischen Austausch von Informationen in Kenntnis. Die Kommission unterrichtet die anderen Mitgliedstaaten entsprechend über die Kategorien der Nichtbeteiligung.

Artikel 5
Häufigkeit der Informationsübermittlung

Im Falle des automatischen Informationsaustauschs werden die Informationen der Kategorien und Unterkategorien der jeweiligen Artikel 2 und Artikel 3 übermittelt, sobald sie erlangt wurden, und spätestens bis Ende des dritten Monats nach dem Kalenderquartal, in dem sie erlangt wurden.

Artikel 6
Informationsübermittlung

(1) Gemäß der Verordnung (EU) Nr. 904/2010 erteilte Auskünfte werden – soweit möglich – ausschließlich auf elektronischem Wege über das CCN/CSI-Netz übermittelt, mit Ausnahme von:

a) Zustellungsersuchen gemäß Artikel 25 der Verordnung (EU) Nr. 904/2010 und Verfügungen oder Entscheidungen, um deren Zustellung ersucht wird;

b) gemäß Artikel 9 der Verordnung (EU) Nr. 904/2010 übermittelte Urschriften.

(2) Die zuständigen Behörden der Mitgliedstaaten können vereinbaren, die in Absatz 1 Buchstaben a und b genannten Auskünfte auf elektronischem Weg mitzuteilen.

Artikel 7
Informationen für Steuerpflichtige

(1) Die Mitgliedstaaten übermitteln die in Anhang I der vorliegenden Verordnung aufgeführten Einzelheiten der Rechnungsstellung im Einklang mit Artikel 32 der Verordnung (EU) Nr. 904/2010 über das von der Kommission eingerichtete Web-Portal.

(2) Die Kommission wird das in Absatz 1 genannte Web-Portal auch für die Mitgliedstaaten, die sich entschieden haben folgende zusätzliche Informationen zu veröffentlichen, zur Verfügung stellen:

a) die Informationen über die Aufbewahrung der in Anhang II aufgeführten Rechnungen;
b) die von den Mitgliedstaaten verlangten zusätzlichen elektronisch verschlüsselten Angaben gemäß Artikel 9 Absatz 2 der Richtlinie 2008/9/EG;
c) bis 31. Dezember 2014 den Normalsteuersatz gemäß Artikel 42 Absatz 2 der Verordnung (EU) Nr. 904/2010;
d) ab dem 1. Januar 2015 den Mehrwertsteuersatz auf Telekommunikationsdienstleistungen, Rundfunk- und Fernsehdienstleistungen und elektronisch erbrachte Dienstleistungen gemäß Artikel 47 Absatz 2 der Verordnung (EU) Nr. 904/2010.

Artikel 8
Informationsaustausch im Rahmen der MwSt.-Erstattung

Benachrichtigt ein Mitgliedstaat der Erstattung andere Mitgliedstaaten darüber, dass er zusätzliche elektronisch verschlüsselte Angaben gemäß Artikel 9 Absatz 2 der Richtlinie 2008/9/EG benötigt, werden zur Übermittlung dieser Angaben die in Anhang III der vorliegenden Verordnung genannten Codes verwendet.

Artikel 9
Beschreibung der Geschäftstätigkeiten im Rahmen der MwSt.-Erstattung

Benötigt ein Erstattungsmitgliedstaat eine Beschreibung der Geschäftstätigkeit des Antragstellers nach Maßgabe von Artikel 11 der Richtlinie 2008/9/EG, erfolgen solche Angaben auf der vierten Ebene der „NACE Rev. 2"-Codes nach Maßgabe von Artikel 2 Absatz 1 Buchstabe d der Verordnung (EG) Nr. 1893/2006.

Artikel 10
Zustellung von Verwaltungsakten und Entscheidungen bezüglich einer MwSt.-Erstattung

Ersucht ein Erstattungsmitgliedstaat den Mitgliedstaat, in dem der Empfänger ansässig ist, um die Zustellung von Verwaltungsakten und Entscheidungen bezüglich einer Erstattung gemäß der Richtlinie 2008/9/EG an den Empfänger, kann dieses Zustellungsersuchen über das CCN/CSI-Netz gemäß Artikel 2 Absatz 1 Buchstabe q der Verordnung (EU) Nr. 904/2010 übermittelt werden.

Artikel 11
Statistische Angaben

Die in Artikel 49 Absatz 3 der Verordnung (EU) Nr. 904/2010 genannte Liste der statistischen Angaben findet sich in Anhang IV.

Jeder Mitgliedstaat übermittelt der Kommission vor dem 30. April eines jeden Jahres die in Absatz 1 genannten statistischen Angaben auf elektronischem Wege unter Verwendung des Musters in Anhang IV.

Artikel 12
Mitteilung der innerstaatlichen Maßnahmen

Die Mitgliedstaaten teilen der Kommission den Wortlaut aller innerstaatlichen Rechtsvorschriften mit, die sie auf dem unter diese Verordnung fallenden Gebiet erlassen.

Die Kommission unterrichtet die anderen Mitgliedstaaten über die Maßnahmen, die jeder Mitgliedstaat zur Anwendung dieser Verordnung erlässt.

Artikel 13

Aufhebung

Die Verordnungen (EG) Nr. 1925/2004 und (EG) Nr. 1174/2009 werden aufgehoben.

Bezugnahmen auf die aufgehobenen Verordnungen gelten als Bezugnahmen auf die vorliegende Verordnung und sind nach Maßgabe der Entsprechungstabelle in Anhang VI zu lesen.

Artikel 14

Inkrafttreten

Diese Verordnung tritt am zwanzigsten Tag nach ihrer Veröffentlichung im Amtsblatt der Europäischen Union in Kraft.

Diese Verordnung ist in allen ihren Teilen verbindlich und gilt unmittelbar in allen Mitgliedstaaten.

Brüssel, den 31. Januar 2012

> Für die Kommission
> Der Präsident
> José Manuel BARROSO

Anhänge I–VI

Vom Ausdruck der Anhänge wird abgesehen.
Die Anhänge sind unter http://eur-lex.europa.eu zu finden.

Durchführungsverordnung (EU) Nr. 815/2012 der Kommission

vom 13. September 2012

mit Durchführungsbestimmungen zu der Verordnung (EU) Nr. 904/2010 des Rates hinsichtlich der Sonderregelungen für gebietsfremde Steuerpflichtige, die Telekommunikationsdienstleistungen, Rundfunk- und Fernsehdienstleistungen oder elektronische Dienstleistungen an Nichtsteuerpflichtige erbringen

DIE EUROPÄISCHE KOMMISSION –

gestützt auf den Vertrag über die Arbeitsweise der Europäischen Union,

gestützt auf die Verordnung (EU) Nr. 904/2010 des Rates vom 7. Oktober 2010 über die Zusammenarbeit der Verwaltungsbehörden und die Betrugsbekämpfung auf dem Gebiet der Mehrwertsteuer, insbesondere auf Artikel 44 Absatz 1, Artikel 44 Absatz 2 Unterabsatz 2, Artikel 45 Absätze 1 und 2 und Artikel 51 Absatz 1,

in Erwägung nachstehender Gründe:

(1) In der Verordnung (EU) Nr. 904/2010 sind die Bestimmungen für die Zusammenarbeit der Verwaltungsbehörden und die Betrugsbekämpfung auf dem Gebiet der Mehrwertsteuer (MwSt.) festgelegt. Die Artikel 44 und 45 der Verordnung (EU) Nr. 904/2010 betreffen im Speziellen den Informationsaustausch im Zusammenhang mit den Sonderregelungen für Telekommunikationsdienstleistungen, Rundfunk- und Fernsehdienstleistungen oder elektronische Dienstleistungen gemäß Titel XII Kapitel 6 der Richtlinie 2006/112/EG des Rates vom 28. November 2006 über das gemeinsame Mehrwertsteuersystem. Diese Sonderregelungen betreffen nicht im Mitgliedstaat des Verbrauchs ansässige Steuerpflichtige, die die Mehrwertsteuererklärung für im Mitgliedstaat des Verbrauchs erfolgte relevante Verkäufe über eine elektronische Schnittstelle im Mitgliedstaat der Identifizierung (einzige Anlaufstelle) abgeben.

(2) Im Zusammenhang mit Umsätzen im Rahmen dieser Sonderregelungen sind bestimmte Informationen zu erheben und zwischen den Mitgliedstaaten auszutauschen. Dies betrifft insbesondere den Austausch von Angaben zur Identität sowie die Erhebung und den Austausch von Angaben in Mehrwertsteuererklärungen, einschließlich Berichtigungen dieser Mehrwertsteuererklärungen, zwischen Mitgliedstaaten.

(3) Damit Informationen auf einheitliche Weise ausgetauscht werden können, müssen die technischen Einzelheiten für diesen Austausch festgelegt werden, u. a. eine einheitliche elektronische Mitteilung. Auf diese Weise wird auch die einheitliche Erarbeitung der technischen und funktionalen Spezifikationen ermöglicht, da sie auf Grundlage geregelter Rahmenbedingungen erfolgen kann.

(4) Bestimmte Informationen im Zusammenhang mit Änderungen der Angaben zur Identität, wie der Ausschluss von den Sonderregelungen, der Verzicht auf die Inanspruchnahme auf eigenen Wunsch oder die Änderung des Mitgliedstaats der Identifizierung, sollten ebenfalls unverzüglich und auf einheitliche Weise ausgetauscht werden, um den Mitgliedstaaten die Überwachung der ordnungsgemäßen Anwendung der Sonderregelungen und die Bekämpfung von Betrug zu ermöglichen. Zu diesem Zweck sind gemeinsame Vorkehrungen für den elektronischen Austausch derartiger Informationen zu treffen.

(5) Um den Verwaltungsaufwand so gering wie möglich zu halten, müssen bestimmte Anforderungen an die elektronische Schnittstelle festgelegt werden, die die Übermittlung

von Angaben zur Identität und von Mehrwertsteuererklärungen durch Steuerpflichtige erleichtern. Es sollte den Mitgliedstaaten gestattet sein, zusätzliche Funktionen zur Verfügung zu stellen, um den Verwaltungsaufwand weiter zu reduzieren.

(6) Um sicherzustellen, dass die Informationen im Zusammenhang mit der Registrierung für die Regelung – und im Rahmen der Regelung abgegebene Mehrwertsteuererklärungen – wirksam übermittelt und verarbeitet werden können, sollten die Mitgliedstaaten ihre elektronische Schnittstelle auf einheitliche Weise entwickeln. Es ist daher notwendig, die einheitliche elektronische Mitteilung zur Übermittlung dieser Informationen festzulegen.

(7) Es muss geklärt werden, welche Informationen in Fällen zu übermitteln sind, in denen während eines bestimmten Zeitraums in einem oder allen Mitgliedstaaten keine Verkäufe im Rahmen der Sonderregelungen erfolgen.

(8) Um den Mitgliedstaaten und den Steuerpflichtigen die Möglichkeit zu geben, im späteren Schriftverkehr unmissverständlich auf die Mehrwertsteuererklärungen Bezug zu nehmen, u. a. bei Entrichtung der Steuer, sollte der Mitgliedstaat der Identifizierung für jede Mehrwertsteuererklärung eine einmalige Bezugsnummer erteilen.

(9) Diese Verordnung sollte ab demselben Tag gelten wie die Artikel 44 und 45 der Verordnung (EU) Nr. 904/2010.

(10) Die in dieser Verordnung vorgesehenen Maßnahmen stehen mit der Stellungnahme des Ständigen Ausschusses für die Zusammenarbeit der Verwaltungsbehörden in Einklang –

HAT FOLGENDE VERORDNUNG ERLASSEN:

Artikel 1
Begriffsbestimmungen

Für die Zwecke dieser Verordnung gelten folgende Begriffsbestimmungen:

1. „Nicht-EU-Regelung": die Sonderregelung für von nicht in der Gemeinschaft ansässigen Steuerpflichtigen erbrachte Telekommunikationsdienstleistungen, Rundfunk- und Fernsehdienstleistungen oder elektronische Dienstleistungen gemäß Titel XII Kapitel 6 Abschnitt 2 der Richtlinie 2006/112/EG;
2. „EU-Regelung": die Sonderregelung für von in der Gemeinschaft, nicht aber im Mitgliedstaat des Verbrauchs ansässigen Steuerpflichtigen erbrachte Telekommunikationsdienstleistungen, Rundfunk- und Fernsehdienstleistungen oder elektronische Dienstleistungen gemäß Titel XII Kapitel 6 Abschnitt 3 der Richtlinie 2006/112/EG;
3. „Sonderregelungen": Nicht-EU-Regelung und EU-Regelung.

Artikel 2
Funktionen der elektronischen Schnittstelle

Die elektronische Schnittstelle im Mitgliedstaat der Identifizierung, über die sich ein Steuerpflichtiger für die Inanspruchnahme einer der Sonderregelungen registriert und über die er die Mehrwertsteuererklärungen im Rahmen dieser Regelung an den Mitgliedstaat der Identifizierung übermittelt, muss die nachstehenden Funktionen aufweisen:

a) Sie muss die Möglichkeit bieten, die Angaben zur Identität gemäß Artikel 361 der Richtlinie 2006/112/EG bzw. die Mehrwertsteuererklärung gemäß Artikel 365 und Artikel 369g der Richtlinie 2006/112/EG vor der Übermittlung zu speichern;

b) Steuerpflichtige müssen die Möglichkeit haben, relevante Informationen zu den Mehrwertsteuererklärungen durch eine elektronische Dateiübertragung gemäß den Bedingungen des Mitgliedstaats der Identifizierung zu übermitteln.

Artikel 3
Übermittlung von Angaben zur Identität

(1) Der Mitgliedstaat der Identifizierung übermittelt den anderen Mitgliedstaaten über das CCN/CSI-Netz die nachstehenden Informationen:
a) Angaben zur Identität des Steuerpflichtigen, der die NichtEU-Regelung in Anspruch nimmt;
b) vergleichbare Angaben zur Identität des Steuerpflichtigen, der die EU-Regelung in Anspruch nimmt;
c) die erteilte Identifikationsnummer.

Die einheitliche elektronische Mitteilung gemäß Anhang I dient der Übermittlung der Informationen nach Unterabsatz 1. Für die Nicht-EU-Regelung ist Spalte B und für die EU-Regelung Spalte C der in Anhang I festgelegten einheitlichen elektronischen Mitteilung zu verwenden.

(2) Der Mitgliedstaat der Identifizierung informiert die anderen Mitgliedstaaten unverzüglich über das CCN/CSI-Netz mittels der in Anhang II dieser Verordnung festgelegten einheitlichen elektronischen Mitteilung, wenn der Steuerpflichtige:
a) von den Sonderregelungen ausgeschlossen wird;
b) auf eigenen Wunsch auf die Inanspruchnahme der Sonderregelungen verzichtet;
c) im Rahmen der EU-Regelung den Mitgliedstaat der Identifizierung wechselt.

Artikel 4
Übermittlung der Mehrwertsteuererklärung durch den Steuerpflichtigen

(1) Der Steuerpflichtige übermittelt dem Mitgliedstaat der Identifizierung die Mehrwertsteuererklärungen mit den Angaben gemäß Artikel 365 und Artikel 369g der Richtlinie 2006/112/EG mittels der in Anhang III dieser Verordnung festgelegten einheitlichen elektronischen Mitteilung. Für die Nicht-EU-Regelung ist Spalte B und für die EU-Regelung Spalte C der in Anhang III festgelegten einheitlichen elektronischen Mitteilung zu verwenden.

(2) Erbringt ein Steuerpflichtiger während eines Erklärungszeitraums in keinem Mitgliedstaat Dienstleistungen im Rahmen der Sonderregelungen, ist eine MwSt.-Nullmeldung auszufüllen. Zu diesem Zweck werden für die EU-Regelung nur die Felder 1, 2 und 21 und für die Nicht-EU-Regelung die Felder 1, 2 und 11 der in Anhang III festgelegten einheitlichen elektronischen Mitteilung ausgefüllt.

(3) Die einen Mitgliedstaat des Verbrauchs und einen Mitgliedstaat der Niederlassung betreffenden Dienstleistungen sind vom Steuerpflichtigen nur dann anzugeben, wenn innerhalb des Erklärungszeitraums im Rahmen der Sonderregelungen im Mitgliedstaat des Verbrauchs bzw. aus dem Mitgliedstaat der Niederlassung Dienstleistungen erbracht worden sind.

Artikel 5
Übermittlung von in der Mehrwertsteuererklärung enthaltenen Informationen

Die Informationen in der Mehrwertsteuererklärung gemäß Artikel 4 Absatz 1 sind vom Mitgliedstaat der Identifizierung über das CCN/CSI-Netz mittels der in Anhang III dieser Verordnung festgelegten einheitlichen elektronischen Mitteilung jedem in der Mehrwertsteuererklärung genannten Mitgliedstaat des Verbrauchs und der Niederlassung zu übermitteln.

Im Sinne des ersten Absatzes übermittelt der Mitgliedstaat der Identifizierung dem Mitgliedstaat des Verbrauchs und der Niederlassung, in dem bzw. aus dem die Erbringung erfolgt ist, die allgemeinen Informationen aus Teil 1 der in Anhang III festgelegten einheitlichen elektronischen Mitteilung sowie die Informationen aus Teil 2 dieser einheitlichen elektronischen Mitteilung, die sich auf den betreffenden Mitgliedstaat des Verbrauchs oder der Niederlassung beziehen.

Der Mitgliedstaat der Identifizierung übermittelt die in der Mehrwertsteuererklärung enthaltenen Informationen nur denjenigen Mitgliedstaaten, die in dieser Mehrwertsteuererklärung genannt sind.

Artikel 6
Einmalige Bezugsnummer

Die gemäß Artikel 5 übermittelten Informationen enthalten eine vom Mitgliedstaat der Identifizierung erteilte Bezugsnummer, die die betreffende Mehrwertsteuererklärung eindeutig kennzeichnet.

Artikel 7
Berichtigungen von Mehrwertsteuererklärungen

Der Mitgliedstaat der Identifizierung gestattet dem Steuerpflichtigen die Berichtigung von Mehrwertsteuererklärungen über die in Artikel 2 genannte elektronische Schnittstelle. Der Mitgliedstaat der Identifizierung übermittelt dem betreffenden Mitgliedstaat des Verbrauchs und der Niederlassung gemäß Artikel 5 Informationen über Berichtigungen und versieht diese Informationen mit einem Zeitstempel.

Artikel 8
Inkrafttreten

Diese Verordnung tritt am zwanzigsten Tag nach ihrer Veröffentlichung im Amtsblatt der Europäischen Union in Kraft.

Sie gilt ab dem 1. Januar 2015.

Diese Verordnung ist in allen ihren Teilen verbindlich und gilt unmittelbar in jedem Mitgliedstaat.

Brüssel, den 13. September 2012

Für die Kommission
Der Präsident
José Manuel BARROSO

Anhänge I–III

Vom Ausdruck der Anhänge wird abgesehen.
Die Anhänge sind unter http://eur-lex.europa.eu zu finden.

Durchführungsverordnung (EU) Nr. 1042/2013 des Rates

vom 7. Oktober 2013

zur Änderung der Durchführungsverordnung (EU) Nr. 282/2011 bezüglich des Ortes der Dienstleistung

DER RAT DER EUROPÄISCHEN UNION –

gestützt auf den Vertrag über die Arbeitsweise der Europäischen Union,

gestützt auf die Richtlinie 2006/112/EG des Rates vom 28. November 2006 über das gemeinsame Mehrwertsteuersystem, insbesondere auf Artikel 397,

auf Vorschlag der Europäischen Kommission,

in Erwägung nachstehender Gründe:

(1) Nach der Richtlinie 2006/112/EG werden ab 1. Januar 2015 alle Telekommunikations-, Rundfunk- und Fernsehdienstleistungen und elektronisch erbrachten Dienstleistungen an Nichtsteuerpflichtige in dem Mitgliedstaat besteuert, in dem der Dienstleistungsempfänger ansässig ist, seinen Wohnsitz oder seinen gewöhnlichen Aufenthaltsort hat, unabhängig davon, wo der Steuerpflichtige ansässig ist, der diese Leistungen erbringt. Die meisten anderen Dienstleistungen an Nichtsteuerpflichtige werden weiterhin in dem Mitgliedstaat besteuert, in dem der Leistungserbringer ansässig ist.

(2) Damit festgestellt werden kann, welche Dienstleistungen im Mitgliedstaat des Dienstleistungsempfängers zu besteuern sind, müssen Telekommunikations-, Rundfunk- und Fernsehdienstleistungen und elektronisch erbrachte Dienstleistungen definiert werden. Insbesondere das Konzept der Rundfunk- und Fernsehdienstleistungen (im Folgenden „Rundfunkdienstleistungen") sollte unter Bezugnahme auf die Begriffsbestimmungen in der Richtlinie 2010/13/EU des Europäischen Parlaments und des Rates präzisiert werden.

(3) Im Interesse der Klarheit wurden Umsätze, die als elektronisch erbrachte Dienstleistungen einzustufen sind, in der Durchführungsverordnung (EU) Nr. 282/2011 des Rates in einem Verzeichnis aufgelistet, das jedoch weder vollständig noch erschöpfend ist. Das Verzeichnis sollte aktualisiert werden, und ähnliche Verzeichnisse sollten für Telekommunikations- und Rundfunkdienstleistungen erstellt werden.

(4) Es ist notwendig, festzulegen, wer für Mehrwertsteuer (MwSt.)-Zwecke der Leistungserbringer ist, wenn elektronisch erbrachte Dienstleistungen oder über das Internet erbrachte Telefondienste einem Leistungsempfänger über Telekommunikationsnetze oder eine Schnittstelle oder ein Portal erbracht werden

(5) Um zu gewährleisten, dass die Vorschriften über den Ort der Erbringung der Vermietung von Beförderungsmitteln sowie den Ort der Erbringung von Telekommunikations-, Rundfunk- und elektronisch erbrachten Dienstleistungen einheitlich angewendet werden, sollte festgelegt werden, an welchem Ort eine nichtsteuerpflichtige juristische Person als ansässig gilt.

(6) Was die Bestimmung des Schuldners der MwSt. auf Telekommunikations-, Rundfunk- oder elektronisch erbrachten Dienstleistungen angeht – und unter Berücksichtigung der Tatsache, dass der Ort der Besteuerung stets derselbe ist, unabhängig davon, ob der Leistungsempfänger Steuerpflichtiger oder Nichtsteuerpflichtiger ist –, sollte der Leistungserbringer den Status eines Leistungsempfängers allein danach bestimmen können,

ob der Leistungsempfänger ihm seine persönliche MwSt.-Identifikationsnummer mitteilt. Entsprechend den allgemeinen Bestimmungen ist dieser Status zu berichten, wenn der Leistungsempfänger seine MwSt.-Identifikationsnummer später mitteilt. Ergeht keine derartige Mitteilung, sollte der Leistungserbringer weiterhin als Schuldner der MwSt. gelten.

(7) Ist ein Nichtsteuerpflichtiger in verschiedenen Ländern ansässig oder hat er seinen Wohnsitz in einem Land und seinen gewöhnlichen Aufenthaltsort in einem anderen Land, so ist der Ort vorrangig, an dem am ehesten die Besteuerung am Ort des tatsächlichen Verbrauchs gewährleistet ist. Zur Vermeidung von Zuständigkeitskonflikten zwischen den Mitgliedstaaten sollte der Ort des tatsächlichen Verbrauchs bestimmt werden.

(8) Es sollten Regeln zur Klärung der steuerlichen Behandlung der Vermietung von Beförderungsmitteln sowie von Telekommunikations-, Rundfunk- und elektronisch erbrachten Dienstleistungen an einen Nichtsteuerpflichtigen festgelegt werden, dessen Ansässigkeits-, Wohnsitz- oder gewöhnlicher Aufenthaltsort praktisch nicht oder nicht mit Sicherheit bestimmt werden kann. Es ist angebracht, dass diese Vorschriften auf Vermutungen gestützt werden.

(9) Sind Informationen verfügbar, anhand derer der tatsächliche Ort, an dem der Leistungsempfänger ansässig ist oder seinen Wohnsitz oder seinen gewöhnlichen Aufenthaltsort hat, bestimmt werden kann, muss vorgesehen werden, dass die Vermutung widerlegt werden kann.

(10) In bestimmten Fällen, in denen die Leistungserbringung gelegentlichen Charakter hat, gewöhnlich geringfügige Beträge betrifft und die physische Anwesenheit des Leistungsempfängers erfordert, wie die Erbringung von Telekommunikations-, Rundfunk- oder elektronisch erbrachten Dienstleistungen an einem WLAN-Hot-Spot oder in einem Internetcafé, oder in denen bei der Leistungserbringung gewöhnlich keine Quittungen oder anderen Nachweise für die erbrachte Leistung ausgestellt werden, wie bei Telefonzellen, würde die Bereitstellung und Kontrolle von Beweismitteln in Bezug auf den Ort der Niederlassung, des Wohnsitzes oder des gewöhnlichen Aufenthalts des Leistungsempfängers einen unverhältnismäßigen Aufwand erfordern bzw. könnte Probleme hinsichtlich des Datenschutzes verursachen

(11) Da die steuerliche Behandlung der Vermietung von Beförderungsmitteln sowie von Telekommunikations-, Rundfunk- und elektronisch erbrachten Dienstleistungen an einen Nichtsteuerpflichtigen davon abhängt, wo der Leistungsempfänger ansässig ist oder seinen Wohnsitz oder seinen gewöhnlichen Aufenthaltsort hat, muss präzisiert werden, welche Nachweise der Leistungserbringer in Fällen, in denen keine bestimmten Vermutungen gelten oder zur Widerlegung einer Vermutung als Beweismittel zur Bestimmung des Ortes des Leistungsempfängers erbringen sollte. Zu diesem Zweck sollte ein nicht erschöpfendes Verzeichnis von Beweismitteln erstellt werden.

(12) Um die einheitliche steuerrechtliche Behandlung von Dienstleistungen im Zusammenhang mit einem Grundstück zu gewährleisten, muss der Begriff des Grundstücks definiert werden. Die besondere Beziehung, derer es bedarf, damit ein Zusammenhang mit einem Grundstück bestehen kann, ist näher zu beschreiben, und eine nicht erschöpfende Liste mit Beispielen für Umsätze, die als Dienstleistungen im Zusammenhang mit einem Grundstück eingestuft werden, sollte bereitgestellt werden.

(13) Es ist auch zu präzisieren, wie die Zurverfügungstellung von Ausrüstung zur Durchführung von Arbeiten an einem Grundstück steuerlich zu behandeln ist.

(14) Aus pragmatischen Gründen sollte klargestellt werden, dass Telekommunikations-, Rundfunk- oder elektronisch erbrachte Dienstleistungen, die ein im eigenen Namen handelnder Steuerpflichtiger in der Hotelbranche oder in Branchen mit ähnlicher Funktion im Zusammenhang mit einer Beherbergung erbringt, zum Zwecke der Bestimmung des Leistungsortes als an diesen Orten erbracht gelten.

(15) Nach der Richtlinie 2006/112/EG ist die Gewährung des Zutritts zu Veranstaltungen der Kultur, der Künste, des Sports, der Wissenschaft, des Unterrichts, der Unterhaltung oder ähnlichen Veranstaltungen in jedem Fall an dem Ort zu besteuern, an dem die Veranstaltung tatsächlich stattfindet. Es sollte klargestellt werden, dass dies auch dann gilt, wenn die Eintrittskarten für solche Veranstaltungen nicht direkt durch den Veranstalter, sondern durch Vermittler vertrieben werden.

(16) Nach der Richtlinie 2006/112/EG kann der MwSt.-Anspruch vor, gleichzeitig mit oder kurz nach der Lieferung von Gegenständen oder der Erbringung der Dienstleistung eintreten. Bei Telekommunikations-, Rundfunk- oder elektronisch erbrachten Dienstleistungen, die in der Zeit der Umstellung auf die neuen Vorschriften über den Ort der Dienstleistung erbracht werden, könnten die Umstände, unter denen die Dienstleistung erbracht wird, oder Unterschiede bei der Anwendung in den Mitgliedstaaten zu Doppelbesteuerung oder Nichtbesteuerung führen. Um dies zu vermeiden und um eine einheitliche Anwendung in den Mitgliedstaaten zu garantieren, sind Übergangsbestimmungen vorzusehen.

(17) Für die Zwecke dieser Verordnung kann es angebracht sein, dass die Mitgliedstaaten Rechtsvorschriften erlassen, mit denen bestimmte Rechte und Pflichten, die in der Richtlinie 95/46/EG des Europäischen Parlaments und des Rates (1) festgelegt sind, beschränkt werden, ein wichtiges wirtschaftliches oder finanzielles Interesse eines Mitgliedstaats oder der Europäischen Union, einschließlich Währungs-, Haushalts- und Steuerangelegenheiten, zu wahren, sofern solche Maßnahmen angesichts des Risikos von Steuerbetrug und Steuerhinterziehung in den Mitgliedstaaten und im Interesse einer ordnungsgemäßen MwSt.-Erhebung gemäß dieser Verordnung erforderlich und verhältnismäßig sind.

(18) Der Begriff „Grundstück" sollte eingeführt werden, um eine einheitliche steuerliche Behandlung der Erbringung von Dienstleistungen im Zusammenhang mit Grundstücken durch die Mitgliedstaaten zu gewährleisten. Die Einführung dieses Begriffs könnte erhebliche Auswirkungen auf Rechtsvorschriften und Verwaltungspraktiken in den Mitgliedstaaten haben. Unbeschadet der in den Mitgliedstaaten bereits angewandten Rechtsvorschriften oder Praktiken und zur Gewährleistung eines reibungslosen Übergangs sollten diese Änderungen zu einem späteren Zeitpunkt eingeführt werden.

(19) Die Durchführungsverordnung (EU) Nr. 282/2011 sollte daher entsprechend geändert werden –

HAT FOLGENDE VERORDNUNG ERLASSEN:

Artikel 1

(eingearbeitet)

Artikel 2

Für Telekommunikationsdienstleistungen, Rundfunk- und Fernsehdienstleistungen oder elektronisch erbrachte Dienstleistungen eines in der Gemeinschaft ansässigen

Dienstleistungserbringers an einen Nichtsteuerpflichtigen, der in der Gemeinschaft ansässig ist oder dort seinen Wohnsitz oder seinen gewöhnlichen Aufenthaltsort hat, gilt Folgendes:

a) als Ort der Dienstleistung gilt in Bezug auf jeden Steuertatbestand, der vor dem 1. Januar 2015 eintritt, der Ort, an dem der Dienstleistungserbringer gemäß Artikel 45 der Richtlinie 2006/112/EG ansässig ist, unabhängig davon, wann die Erbringung oder kontinuierliche Erbringung der Dienstleistungen abgeschlossen ist;

b) als Ort der Dienstleistung gilt in Bezug auf jeden Steuertatbestand, der am 1. Januar 2015 oder danach eintritt, der Ort, an dem der Dienstleistungsempfänger ansässig ist oder seinen Wohnsitz oder seinen gewöhnlichen Aufenthaltsort hat, unabhängig davon, wann die Erbringung oder kontinuierliche Erbringung der Dienstleistungen begonnen wurde;

c) ist der Steuertatbestand in dem Mitgliedstaat, in dem der Dienstleistungserbringer ansässig ist, vor dem 1. Januar 2015 eingetreten, so tritt am 1. Januar 2015 oder danach kein Steueranspruch im Mitgliedstaat des Dienstleistungsempfängers in Bezug auf denselben Steuertatbestand ein.

Artikel 3

Diese Verordnung tritt am zwanzigsten Tag nach ihrer Veröffentlichung im Amtsblatt der Europäischen Union in Kraft.

Sie gilt ab dem 1. Januar 2015.

Die durch die vorliegende Verordnung eingefügten Artikel 13b, 31a und 31b gelten abweichend davon ab dem 1. Januar 2017.

Diese Verordnung ist in allen ihren Teilen verbindlich und gilt unmittelbar in jedem Mitgliedstaat.

Geschehen zu Luxemburg am 7. Oktober 2013.

Im Namen des Rates
Der Präsident
J. BERNATONIS

Durchführungsverordnung (EU) Nr. 17/2014 der Kommission

vom 10. Januar 2014

zur Festlegung des Standardformblatts für die Meldung einer Sondermaßnahme im Rahmen des Schnellreaktionsmechanismus gegen Mehrwertsteuerbetrug

DIE EUROPÄISCHE KOMMISSION –

gestützt auf den Vertrag über die Arbeitsweise der Europäischen Union,

gestützt auf die Richtlinie 2006/112/EG des Rates vom 28. November 2006 über das gemeinsame Mehrwertsteuersystem, insbesondere auf Artikel 199b Absatz 4,

in Erwägung nachstehender Gründe:

(1) Mit der Richtlinie 2006/112/EG in der durch die Richtlinie 2013/42/EU des Rates geänderten Fassung wird ein Schnellreaktionsmechanismus zur Bekämpfung von Mehrwertsteuerbetrug eingeführt.

(2) Durch den Schnellreaktionsmechanismus können die Mitgliedstaaten die Annahme einer Sondermaßnahme melden, mit der sie bezüglich der Person, die die Mehrwertsteuer schuldet, von der allgemeinen Vorschrift in der Richtlinie 2006/112/EG abweichen. Eine solche Maßnahme sieht vor, das Reverse-Charge-Verfahren anzuwenden, um unvermittelt auftretenden, schwerwiegenden Betrug zu bekämpfen, der zu erheblichen und unwiederbringlichen finanziellen Verlusten führen kann.

(3) Um die Bearbeitung der im Rahmen des Schnellreaktionsmechanismus gemeldeten Sondermaßnahmen zu vereinfachen, sollte ein Standardformblatt angenommen werden, in dem die von einem meldenden Mitgliedstaat verlangten Angaben beschrieben und strukturiert werden.

(4) Um das Meldeverfahren zu vereinfachen und zu straffen, sollten solche Formblätter bei der Kommission elektronisch eingereicht werden.

(5) Die in dieser Verordnung vorgesehenen Maßnahmen entsprechen der Stellungnahme des Ständigen Ausschusses für die Zusammenarbeit der Verwaltungsbehörden –

HAT FOLGENDE VERORDNUNG ERLASSEN:

Artikel 1

(1) Die Mitgliedstaaten melden der Kommission die Annahme einer Sondermaßnahme im Rahmen des Schnellreaktionsmechanismus gemäß Artikel 199b der Richtlinie 2006/112/EG anhand des im Anhang dieser Verordnung enthaltenen Standardformblatts.

(2) Die Meldung nach Absatz 1 erfolgt elektronisch an eine spezielle E-Mail-Adresse, die die Kommission dem Ständigen Ausschuss für die Zusammenarbeit der Verwaltungsbehörden mitteilt.

Artikel 2

Diese Verordnung tritt am dritten Tag nach ihrer Veröffentlichung im Amtsblatt der Europäischen Union in Kraft.

Diese Verordnung ist in allen ihren Teilen verbindlich und gilt unmittelbar in jedem Mitgliedstaat.

Brüssel, den 10. Januar 2014

Für die Kommission

Der Präsident

José Manuel BARROSO

Vom Abdruck des Anhangs wird abgesehen. Der Anhang ist unter http://eur-lex.europa.eu zu finden.

3. Entscheidungen

Entscheidung des Rates

vom 10. Juli 2007

zur Ermächtigung Österreichs, mit der Schweiz ein Abkommen zu schließen, das von Artikel 2 Absatz 1 Buchstabe d der Richtlinie 2006/112/EG über das gemeinsame Mehrwertsteuersystem abweichende Bestimmungen enthält

(2007/485/EG)

ABl. L 182 vom 12.7.2007, S. 29–30

DER RAT DER EUROPÄISCHEN UNION –

gestützt auf den Vertrag zur Gründung der Europäischen Gemeinschaft,

gestützt auf die Richtlinie 2006/112/EG des Rates vom 28. November 2006 über das gemeinsame Mehrwertsteuersystem, insbesondere auf Artikel 396,

auf Vorschlag der Kommission,

in Erwägung nachstehender Gründe:

(1) Nach Artikel 396 Absatz 1 der Richtlinie 2006/112/EG kann der Rat auf Vorschlag der Kommission einstimmig einen Mitgliedstaat ermächtigen, mit einem Drittland ein Übereinkommen zu schließen, das Abweichungen von der genannten Richtlinie enthalten kann.

(2) Mit einem beim Generalsekretariat der Kommission am 13. September 2005 registrierten Schreiben beantragte Österreich die Ermächtigung, mit der Schweiz ein Abkommen über ein grenzüberschreitendes Kraftwerk über den Inn zwischen Prutz (Österreich) und Tschlin (Schweiz) abzuschließen.

(3) Gemäß Artikel 396 Absatz 2 der Richtlinie 2006/112/EG unterrichtete die Kommission die anderen Mitgliedstaaten mit Schreiben vom 1. März 2007 über den österreichischen Antrag. Mit Schreiben vom 6. März 2007 teilte die Kommission Österreich mit, dass ihr alle zur Prüfung des Antrags erforderlichen Informationen vorlägen.

(4) Das Abkommen wird MwSt.-Bestimmungen enthalten, die in Bezug auf nach Österreich eingeführte Gegenstände für das grenzüberschreitende Kraftwerk von Artikel 2 Absatz 1 Buchstabe d der Richtlinie 2006/112/EG abweichen. Auf diese Gegenstände, die zum vollen Vorsteuerabzug berechtigte Steuerpflichtige von der Schweiz nach Österreich einführen, wird keine Mehrwertsteuer erhoben, damit die Schweiz für Gegenstände, die von Österreich in die Schweiz eingeführt werden, Ähnliches vorsieht.

(5) Daher wird die Ausnahmeregelung keine negative Auswirkung auf die Mehrwertsteuer-Eigenmittel der Europäischen Gemeinschaften haben –

HAT FOLGENDE ENTSCHEIDUNG ERLASSEN:

Artikel 1

Österreich wird ermächtigt, mit der Schweiz ein Abkommen zu schließen, das Bestimmungen über den Bau, die Wartung, die Erneuerung und den Betrieb eines grenzüberschreitenden Kraftwerks über den Inn zwischen Prutz (Österreich) und Tschlin (Schweiz) enthält, die von der Richtlinie 2006/112/EG abweichen.

Die abweichenden mehrwertsteuerrechtlichen Bestimmungen des Abkommens sind in Artikel 2 aufgeführt.

Artikel 2

Abweichend von Artikel 2 Absatz 1 Buchstabe d der Richtlinie 2006/112/EG unterliegt die Einfuhr von Gegenständen, die zum vollen Vorsteuerabzug berechtigte Steuerpflichtige von der Schweiz nach Österreich einführen, nicht der Mehrwertsteuer, sofern die Gegenstände für den Bau, die Wartung, die Erneuerung und den Betrieb des in Artikel 1 genannten grenzüberschreitenden Kraftwerks verwendet werden.

Artikel 3

Diese Entscheidung ist an die Republik Österreich gerichtet.

Geschehen zu Brüssel am 10. Juli 2007.

Im Namen des Rates
Der Präsident
F. Teixeira dos Santos

Durchführungsbeschluss des Rates
vom 22. Dezember 2009
zur Ermächtigung der Republik Österreich, weiterhin eine von Artikel 168 der Richtlinie 2006/112/EG über das gemeinsame Mehrwertsteuersystem abweichende Regelung anzuwenden
(2009/1013/EU)
ABl. L 384 vom 29.12.2009, S. 21
1. E 2012/705/EU vom 13.11.2012, ABl. L 319 S 8 vom 16.11.2012
2. D 2015/2428/EU vom 10.12.2015, ABl. L 334 S. 12 vom 22.12.2015

DER RAT DER EUROPÄISCHEN UNION –

gestützt auf den Vertrag über die Arbeitsweise der Europäischen Union,

gestützt auf die Richtlinie 2006/112/EG , insbesondere auf Artikel 395 Absatz 1,

auf Vorschlag der Kommission,

in Erwägung nachstehender Gründe:

(1) Mit einem am 2. Juni 2009 beim Generalsekretariat der Kommission registrierten Schreiben hat die Republik Österreich (nachstehend „Österreich") die Ermächtigung beantragt, weiterhin eine Regelung anwenden zu können, die von den Bestimmungen der Richtlinie 2006/112/EG zum Vorsteuerabzugsrecht abweicht, und die bereits durch die Entscheidung 2004/866/EG nach der damals geltenden Sechsten Richtlinie 77/388/EWG des Rates vom 17. Mai 1977 zur Harmonisierung der Rechtsvorschriften der Mitgliedstaaten über die Umsatzsteuern – Gemeinsames Mehrwertsteuersystem: einheitliche steuerpflichtige Bemessungsgrundlage genehmigt worden war.

(2) Nach Artikel 395 Absatz 2 der Richtlinie 2006/112/EG hat die Kommission die anderen Mitgliedstaaten mit Schreiben vom 10. September 2009 von dem Antrag Österreichs in Kenntnis gesetzt. Mit Schreiben vom 21. September 2009 hat die Kommission Österreich mitgeteilt, dass sie über alle Angaben verfügt, die sie für die Beurteilung des Antrags für erforderlich hält.

(3) Zur Vereinfachung der Mehrwertsteuererhebung zielt die Ausnahmeregelung darauf ab, die anfallende Mehrwertsteuer auf Gegenstände und Dienstleistungen, die zu mehr als 90 % für private Zwecke des Steuerpflichtigen oder seines Personals oder allgemein für unternehmensfremde Zwecke genutzt werden, vollständig vom Recht auf Vorsteuerabzug auszuschließen.

(4) Die Maßnahme weicht von Artikel 168 der Richtlinie 2006/112/EG ab, in dem der allgemeine Grundsatz des Rechts auf Vorsteuerabzug niedergelegt ist, und hat zum Ziel, das Verfahren für die Erhebung der Mehrwertsteuer zu vereinfachen. Der auf der Stufe des Endverbrauchs geschuldete Steuerbetrag wird nur in unerheblichem Maße beeinflusst.

(5) Die Sach- und Rechtslage, die die derzeit angewendete Vereinfachungsmaßnahme rechtfertigte, hat sich nicht geändert und besteht weiterhin fort. Österreich sollte daher ermächtigt werden, die Vereinfachungsmaßnahme während eines weiteren Zeitraums anzuwenden, der jedoch befristet sein sollte, um eine Bewertung der Maßnahme zu ermöglichen.

(6) Die Ausnahmeregelung hat keine nachteiligen Auswirkungen auf die Mehrwertsteuer-Eigenmittel der Europäischen Union –

HAT FOLGENDEN BESCHLUSS ERLASSEN:

Artikel 1

Österreich wird ermächtigt, abweichend von den Artikeln 168 und 168a der Richtlinie 2006/112/EG die anfallende Mehrwertsteuer auf Gegenstände und Dienstleistungen, die zu mehr als 90 % für private Zwecke des Steuerpflichtigen oder seines Personals oder allgemein für unternehmensfremde Zwecke oder nichtwirtschaftliche Tätigkeiten genutzt werden, vollständig vom Recht auf Vorsteuerabzug auszuschließen.

Artikel 2

Dieser Beschluss gilt bis zum 31. Dezember 2018.

Jeder Antrag auf Verlängerung der in diesem Beschluss vorgesehenen Ausnahmeregelung ist der Kommission bis zum 31. März 2018 vorzulegen.

Einem solchen Antrag ist ein Bericht über die Anwendung dieser Regelung beizufügen, der eine Überprüfung des Aufteilungsschlüssels für das Vorsteuerabzugsrecht auf der Grundlage dieses Beschlusses enthält.

Artikel 3

Dieser Beschluss ist an die Republik Österreich gerichtet. Geschehen zu Brüssel am 22. Dezember 2009.

Im Namen des Rates

Der Präsident

A. Carlgren

Stichwortverzeichnis

Die fett gedruckten Zahlen beziehen sich auf die Paragraphen bzw. Artikel, die nachgestellten Zahlen auf die dazugehörigen Randziffern der UStR; Randziffern mit einem vorangestellten „VerR" betreffen die Vereinsrichtlinien (S. 929 ff), Randziffern mit einem vorangestellten „LRl" die Liebhabereirichtlinien; kursiv gedruckte Zahlen sind Seitenangaben.

Abbauvertrag **1** 8, **3** 345
ABC der einheitlichen Leistungen und unselbständigen Nebenleistungen **3** 348
ABC Durchlaufende Posten **4** 656 f
ABC Lieferung **3** 342 ff
ABC Nachhaltigkeit **2** 188 ff
ABC Unternehmen **2** 205 ff
Abfall **10** 1326
Abfallstoff *663*
Abfuhrverpflichtung **27** 3491 ff
Abgabe von Voranmeldungen *681*
Abnahmegarantie **23** 2998
Abnehmer *840*
Abstellen von Fahrzeugen **3a** 518
Abweichendes Wirtschaftsjahr **6** 999, **20** 2682 ff
AfA-Komponente **2** 265, **2** 274
Alleineigentum **6** 787 f
All-Inclusive **10** 1206 f
Altersheim **VerR** 483 ff, **6** 932
Altmiete **19** 2610
Ambulatorium **6** 950
Änderung der Bemessungsgrundlage **16** 2394 ff; **Art. 21** 4201 ff
– der Verhältnisse beim Anlagevermögen **12** 2071 ff
– von Bauwerken **19** 2602c
Anerkennung als Bestandverhältnis **2** 265
Angabe **11** 1524
Angeld *230*
Anlage **10** 1166 ff; *776*
Anlagegold *757, 875*
Annahmeverzug **1** 11
Anschlussgebühr **1** 8; **19** 2602d
Anschlusskunde **12** 1997
Antiquität **24** 3254; *743, 873*
Anwaltsgemeinschaft **2** 185
Anzahlung **12** 1841 f, **16** 2416 ff, **19** 2606 f, **23** 3061, **24** 3298
Anzucht von Pflanzen **10** 1180
Apothekengerechtigkeit **6** 776 f
Apparategemeinschaft **6** 959
Arbeitsgemeinschaft **19** 2602c
Arbeitszimmer **12** 1923 f
Archäologischer Fundgegenstand **2** 190
Architekt **3a** 521, **3a** 584, **Art. 21** 4162
Arzneimittel **6** 929
Arzt **3a** 630, **6** 941 ff; *243*
Ärztliches Gutachten **3a** 946
Auf elektronischem Weg erbrachte sonstige Leistungen **3a** 601
Auf- und Abrundung **11** 1516
Aufbewahrungspflicht **11** 1565 ff; *460 f*
Auflösung des Mietverhältnisses **19** 2610
– einer Gesellschaft **1** 48
Aufsichtsrat **12** 1992

Aufsichtsratsmitglied *160*
Aufteilung der Vorsteuer **VerR** 528 ff, **10** 1246 ff
- der Vorsteuerbeträge *479, 600*
- des Vorsteuerabzuges **12** 2011 ff
- nach dem Umsatzverhältnis **12** 2031 ff
Aufteilungsmethode **12** 2046
Aufteilungsschlüssel **VerR** 529
Aufwandseigenverbrauch **1** 79
Aufwendung für Lebensführung **12** 1920 ff
Aufzeichnungspflicht **18** 2521 ff, **19** 2602i, **23** 3111, **24** 3356 ff; *860*
Aufzeichnungspflicht und buchmäßiger Nachweis **18** 2521 ff; *659*
Aufzug **10** 1313
Aus- und Fortbildung **1** 68
Ausbildungsheim **VerR** 486 ff
Ausfuhr von Zeitungen **7** 1086
Ausfuhranzeige **7** 1083, **7** 1099
Ausfuhrlieferung **7** 1051; 219, *363*
Ausfuhrnachweis **7** 1075 ff, 1087; *363*
- bei sonstiger Beförderung **7** 1099
- im Touristenexport **7** 1093 ff
- im Versendungsfall **7** 1083 ff
Ausgegliederte Rechtsträger **2** 274
Auslagen **4** 657
Ausland **1** 141; *31*
Ausländische Vertretungsbehörde *329*
Ausländischer Abnehmer **7** 1059
- Busunternehmer **14** 2279
- Leistungsempfänger **19** 2001
- Unternehmer **14** 2251, **19** 2601, 2602b, **21** 2828 ff, **27** 3495 ff, **Art. 28** 4340; *363, 525*
Auslandsleistung **1** 80
Ausnahmegenehmigung **VerR** 523
Ausrüstung eines KFZ **7** 1066
Ausscheiden des vorletzten Gesellschafters **1** 45 ff
Ausscheiden von Gesellschaftern **1** 43 f
Ausschluss vom Vorsteuerabzug **12** 1991 ff
Außengemeinschaft **6** 962 f
Ausspielung **6** 854
Ausstellung **3** 348, **3a** 524 ff, 6404
- von Rechnungen **11** 1501 ff, **11** 1545
Ausstellungsdatum **11** 1538, 1547
Autor **10** 1227

Bagatellregelung **12** 2121
Basispauschalierung **14** 2243
Bauabschnitt *301*
Bauaufsicht **19** 2602c
Bauaufsichtsbüro **3a** 521
Bauauftrag **2** 190
Baubewilligung *301*
Bauherrenmodell **6** 801
Bauingenieur **3a** 521
Bauleistungen **19** 2602c; *627*
-, übliche Erbringung **19** 2602f
Baulich abgeschlossenes Wohnungseigentum *298*
Baulich abgeschlossener Grundstücksteil *300*
Baurecht **2** 274, **6** 778 f, **6** 801
Bausparkassen-(und Versicherungs-)vertreter **6** 881 f; *242*
Bauträger **19** 2602f
Bauträgergesellschaft **3a** 521

Bauwerk **3** 425 f
Bauwirtschaft **19** 2611 ff
Bauzins **6** 801
Bearbeitung *130*
Beauftragung des Leistungsempfängers **19** 2602e
Beförderung **3** 348, **3** 446 ff, **7** 1052; *130*
Beförderungs- und Versendungslieferung **12** 1852 f
Beförderungsleistung **1** 69, **Art. 3a** 3820 f, **3a** 640e, **Art. 3a** 3912c; *158*
Beförderungsmittel **3a** 641f, **7** 1065 ff, **7** 1072, **Art. 1** 3611
–, Vermietung *201*
Beförderungsnebenleistung **3** 348
Beförderungsunternehmer **18** 2534
Beginn der Unternehmereigenschaft **2** 193 ff
Begünstigungsschädlicher Geschäftsbetrieb **VerR** 522 f
Begutachtungsplakette **4** 657
Beherbergung **3a** 518, **10** 1198 ff, **23** 2997; *377*
Beherbergung und Verköstigung von Dienstnehmern **1** 70 ff
Beleg **18** 2585
Bemessungsgrundlage **4** 643 ff, **6** 798, **23** 3051 ff, **24** 3290 ff, **Art. 4** 3921 f; *834*
– beim Eigenverbrauch **4** 679 ff
–, Änderung *601*
Beratung *160*
Beratungskosten *550*
Beratungsleistung **3a** 580 ff, 641u
Berechnung der Steuer **20** 2687 ff
Bergbahn **10** 1313
Bergung **3a** 634
Berichtigung **11** 1756, **12** 1822, **16** 2381
– der zusammenfassenden Meldung **Art. 21** 4203
– des Vorsteuerabzuges *479*
– von Rechnungen **11** 1533 f
Berichtigungszeitraum **12** 2081 f
Berufsförderungsinstitut (BFI) **6** 877
Berufskartenspieler **2** 190
Berufskleidung **1** 68
Bescheinigung **Art. 3a** 3826, **Art. 3a** 3843, **Art. 3a** 3846
– für Gegenstände der Ausfuhr oder der Durchfuhr **6** 719
Bescheinigungsverfahren **Art. 27** 4301 ff
Beseitigung von Bauwerken **19** 2602c
Besitzgemeinschaft **1** 47
Besondere Aufsichtsmaßnahmen *769*
Besondere Besteuerungsformen *761*
Besorgung **Art. 3a** 3912j
– von innergemeinschaftlicher Güterbeförderung **Art. 3a** 3871 ff, 3912m
Besorgungsleistung **3a** 500 f, 638g, **23** 2953 ff, **Art. 3a** 3912m; *157*
Bestandteile **3** 364
Bestandvertragsgebühr **4** 657
Bestätigungsverfahren **Art. 28** 4351 ff; *893*
Besteuerung nach vereinnahmtem Entgelt **17** 2451 ff
Besteuerungsverfahren **Art. 3a** 3881 ff, 3912m
– bei innergemeinschaftlicher Güterbeförderung **Art. 3a** 3875 ff
Betrieb gewerblicher **Art 2** 267 f
Betriebsprüfung **Art. 7** 4008
Betriebsausflug **23** 2967
Betriebsstätte **19** 2601a
Betriebsverpachtung **22** 2881
Betriebsvorrichtung **2** 274, **6** 776 f, **6** 780, **6** 895

Beweglicher Gegenstand **12** 1902 f
Bewegliche körperliche Gegenstände **3a** 641c
Bewirtung **12** 1926
Bewirtungskosten **12** 1925 ff
Bewirtschaftungsvereinbarung **1** 47
Bienenzucht **22** 2879
Bierlieferungsrecht **1** 7
Binnenmarktregelung *802*
Blindenheim **6** 932
Blinder **6** 871 f; *242*
Blut **6** 973
Börsegang **12** 1992
Botanischer Garten **VerR** 505, **10** 1268
Briefmarke **24** 3253
Bruchgold **19** 2605
Briefmarkensammlung **2** 190
Brutto- oder Nettosystem **18** 2575
Buchmäßiger Nachweis **18** 2521 ff; *619*
Buchnachweis **9** 1152, **18** 2584, **Art. 7** 4008
– bei innergemeinschaftlichen Lieferungen *846*
Busunternehmer **23** 3055

Camping **10** 1212 f
Campingplatz **10** 1213
Chefredaktionstätigkeit **6** 948
Computerkurs, **6** 878
Computerspiel **3a** 587
Container **19** 2602c

Dateiformat *452*
Datenverarbeitung **3a** 585, 642a; *160*
Dauerleistung **19** 2619 ff
Dauernde Entnahme **4** 679
Deliktischer Schadenersatz **1** 10
Denkmal der Baukunst **VerR** 502, **10** 1265
– der Gartenbaukunst **VerR** 503, **10** 1266
Denksportart **VerR** 478
Dentist **6** 941; *243*
Depotgebühr **6** 1018, **12** 1992
Devisengeschäft **3** 345
Dienstnehmer-Verrichtung **3a** 4830
Differenzbesteuerung **24** 3251 ff, **Art. 3** 3745; *743*
– im Binnenmarkt **Art. 24** 4236 ff
Diözesan-Caritas *101*
Diplomatische Mission **Art. 1** 3686 ff; *804*
Diplomatische und konsularische Einrichtung **6** 736 ff
Direktvermarktung **22** 2908
Dolmetscher *160*
Dreiecksgeschäft **Art. 12** 4062, **Art. 21** 4163 ff, **Art. 25** 4291 ff; *877*
Drittlandsgebiet **1** 148, **3** 466
Drittlandsunternehmer *762*
Drogist **14** 2251, **14** 2270
–, nichtbuchführender *584*
Druckerzeugnis **10** 1177
Druckkostenbeitrag **VerR** 443
Duplikat **11** 1527 f
Durchführungsgesellschaft **3a** 527
Durchlaufender Posten **4** 656 f, **11** 1514; *215*
Durchschnittsaufschlag **18** 2574

Durchschnittsbeförderungsentgelt **4** 684 f
Durchschnittssatzbesteuerung **22** 2852 f
Durchschnittssätze *574, 582*

Echter Mitgliedsbeitrag **VerR** 432 f
–, Zuschuss **1** 23, **VerR** 444 ff
Echtheit der Herkunft *452*
EDI-Rechnung *459*
Ehegatte **2** 185
Eigenleistung **23** 2948 ff
– des Unternehmers **3a** 486
Eigentumsvorbehalt **16** 2409 ff, **19** 2603
Eigenverbrauch **2** 452 ff, **6** 797, **10** 1252 f, **21** 2816 f, **24** 3263; *32, 692*
– bei Gebäuden **VerR** 457
– durch sonstige Leistungen **VerR** 458 f
– von Grundstücken **6** 790 ff
Einbringung **1** 55
Einfuhr **1** 101 ff, **Art. 6** 3951 ff; *246*
– von Gegenständen **1** 102 ff
– von Tabakwaren *328*
– zur vorübergehenden Verwendung **6** 732 ff
Einfuhrumsatzsteuer **12** 1874a; *31, 476, 525, 629, 767*
Eingliederungsvoraussetzungen bei Organschaften **2** 236 ff
Einhebevergütung **6** 749a
Einheitlicher Gegenstand **12** 1838
Einheitlichkeit der Leistung **3** 346 ff
Einlage **12** 1807
Einlagengeschäft **6** 763
Einnahmenerzielung **2** 191 f
Einreichung zur Voranmeldung **21** 2751
Eintritt von Gesellschaftern **1** 38
Einzelbesteuerung **20** 2716 ff, **21** 2809 ff; *673, 862*
Einzeldifferenz **24** 3291 ff, **24** 3357
Eisenbahnunternehmer **6** 735
Elektrizität **3** 422, **3** 474 ff, **Art. 1** 3617
Elektrizitätsunternehmen **3** 422, **19** 2601
Elektronisch erbrachte sonstige Leistungen **§ 25a** 3431, **Art. 25a** 4297; *762, 881*
Elektronisch übermittelte Rechnung **11** 1561
– E-Mail **11** 1564
– Telefax **11** 1564
Elektronische Gutschrift *460*
Elektronische Rechnung *452, 461*
Elektronische Signatur **11** 1562; *458*
Elektronischer Datenaustausch **11** 1563; *459*
Elektronischer Rechnungsaustausch **11** 1561 ff
Energierzeugung **22** 2901
Ende der Unternehmereigenschaft **2** 199 ff
Endrechnung **11** 1525 f
Entbehrlicher Hilfsbetrieb **6** 885
Enteignungsentschädigung **1** 20
Entgelt **4** 643 ff, **11** 1512 ff
– von dritter Seite **4** 652
–, vereinnahmtes *614*
Entnahme **12** 2085
– der sonstigen Leistung **4** 681
Entrichtung der EUSt **12** 1860 ff
Entschädigung **1** 8
Entstehung der Steuerschuld **19** 2606 ff; *627, 861*
– der Steuerschuld bei Istbesteuerung **19** 2602k

– der Steuerschuld bei Sollbesteuerung **19** 2602j
Erbe **2** 190
Erbengemeinschaft **2** 185
Erdgas-, Elektrizitätsnetz **3a** 607, 642r
Erhöhter Steuerausweis **11** 1733 f
Erhöhung **16** 2381 ff
Erholungsheim **VerR** 486
Erklärung **Art. 21** 4131 ff
Erleichterung der Aufzeichnungspflicht **14** 2239
Ermäßigter Steuersatz **10** 1166 ff
– Umsatzsteuersatz **VerR** 521 ff
Errichtung *301*
Erstattungsantrag **21** 2834
Erstellung von Gutachten **6** 946
Ertragsteuerlich nicht abzugsfähige Aufwendung **12** 1914 ff
Erwerb neuer Fahrzeuge **Art. 1** 3651; *804*
Erwerber **Art. 1** 3581 f; *802*
Erwerbsschwelle **VerR** 547 ff, **Art. 1** 3626 ff; *803*
Erwerbsteuerbarkeit **Art. 7** 3993
Erziehungsheim **VerR** 486
Euro **20** 2731, **21** 2760
ESt **12** 1843 f
EUSt-Neuregelung **12** 1874a
Export von Gebrauchtfahrzeugen **12** 2161 ff

Fachzeitschrift **6** 948
Factor **1** 8
Factoring **6** 757, **12** 1997
Fahrausweis **11** 1691 ff; *432*
Fahrschule **6** 878
Fahrschulkraftfahrzeug **12** 1938 f
Fahrzeug **Art. 1** 3667 ff
Fahrzeugabstellplatz **10** 1191
Fahrzeugeinzelbesteuerung **Art. 20** 4121 ff, **Art. 21** 4141; *862*
Fahrzeuglieferer **Art. 2** 3697 f, **Art. 12** 4077; *817*
Fälligkeit **21** 2765 f
Fernsehdienstleistungen **§ 25a** 3431, **Art. 25a** 4297
Fernsehübertragung **3a** 639 f
Fernwärmegenossenschaften **1** 8
Festsetzung **21** 2786
Feuerwehrverbände **2** 270
Filmvorführung **6** 880, **10** 1286 ff
Finanzierungsbeitrag **19** 2610
FinanzOnline **21** 2755
Finanzumsätze **3a** 588, 642d
Fischerei **3a** 522
Fischereirecht **22** 2879a; *348*
Fiskalvertreter **21** 2835, **27** 3526 ff; *890*
Fiskalvertreterpflicht **27** 3526
Flugabgabe **4** 657
Flugschein **11** 1691
Formwechselnde Umwandlung **1** 49
Forschungsarbeit **6** 930
Forschungsvorhaben **1** 29 ff, **VerR** 447 ff
Fortbildungsheim **VerR** 486
Fortlaufende Nummer **11** 1548
Fotokopie **10** 1172
Freiberuflich tätiger Unternehmer *585*
– und entsprechende Tätigkeit **17** 2452 f

Stichwortverzeichnis

Freier Beruf **3a** 580 ff
Freihafen **Art. 3a** 3829 ff
Freiwillige Aufwendung **4** 651
– Feuerwehr **2** 270
Freiwilliger Sozialaufwand **1** 68
Fremdenverkehrsverein **2** 272
Fruchtgenuss **1** 3
Fürsorgeträger **6** 748 ff

Garage **10** 1191
– im Wohnungseigentum **10** 1217
Garagierung **1** 73, **6** 896 ff
Garantieleistung im Kfz-Handel **1** 13 f
Gartenarbeiten **19** 2602c
Gas **3** 422, **3** 474 ff, **Art. 1** 3617
Gas-und Stromlieferung **19** 2604a
Gaststätten- und Beherbergungsgewerbe **14** 2239, **14** 2266 ff
Gebäude **12** 1904 ff
– auf fremdem Boden **6** 778 f
Gebäudeerrichtung **2** 190
Gebietskörperschaft **2** 275
Gebrauchte Landmaschine **3a** 503 f
Gebrauchtgegenstand *835*
Gebrochene Güterbeförderung **Art. 3a** 3822 ff
Gegenleistung **11** 1512 f
Gegenstand, sicherungsübereigneter **19** 2601
Geldforderung **6** 760
Gelegenheitsverkehr **14** 2279
Gemälde **24** 3252
Gemeinnützige Bauvereinigung **10** 1235
Gemeinnützige Einrichtung *595*
Gemeinnützige Sportvereinigung **1** 34, **2** 477 ff, **6** 883 ff
Gemeinnützige Vereinigung **6** 986 ff; *242*
Gemeinnütziger Fußballverein **VerR** 519
Gemeinnütziger Rechtsträger **10** 1233 ff
Gemeinnütziger Verein **10** 1242 f
Gemeinnützigkeit **6** 883
Gemeinschaftsgebiet **1** 146, **Art. 7** 3981; *32*
Gemeinschuldner **16** 2411 f
Gemischt genutztes Gebäude **12** 1912
Gemischter Mitgliedsbeitrag **VerR** 438
– Vertrag **6** 891
Gemischtwarenhändler *582*
Generalklausel **3a** 629 ff
Gerichtsgebühr **4** 657
Geringfügigkeitsgrenze **1** 67
Gesamtdifferenz **24** 3299 ff, **24** 3358 f
Gesamtrechtsnachfolge **12** 2074
Geschäftsessen **12** 1925
Geschäftsräumlichkeit **3** 348
Geschäftsveräußerung *215*
– im Ganzen **4** 676, **17** 2506
Geschenk **3** 370
– von geringem Wert **3** 369
Geschenkkorb **11** 1623 f
Gesellschaft bürgerlichen Rechts **2** 185
Gesellschafter **2** 184
Gesellschafter-Geschäftsführer **2** 184
Gesellschaftsanteil **6** 771

Gesondert geführter Betrieb **12** 2051 ff
Gesonderter Steuerausweis **11** 1517 ff, **11** 1639 f
Gestellung von Arbeitskräften **19** 2602c
– von Personal **3a** 589, 642e; *160, 202*
Gestionsprovision **6** 1018
Getränke am Arbeitsplatz **1** 67
Gewährleistung **1** 12
Gewerbetreibender **17** 2461 ff
Gewerbliche oder berufliche Tätigkeit **2** 186 ff
Gewerblicher Geschäftsführer **2** 190
Gewinnbewilligung **6** 776 f
Gleichzeitiger Wechsel sämtlicher Gesellschafter **1** 41 f
Glücksspielautomat **6** 856
Glücksspielumsatz **6** 854
Glücksspielwesen **2** 474
Goldmünze **2** 190; *322*
Golfplatz **VerR** 441
Golf(trainings)woche **10** 1207
Grabpflege **3** 345
Grenzüberschreitende Beförderung **3a** 537 f, **Art. 3a** 3828
– Güterbeförderung **6** 706 ff
– Personenbeförderung **6** 727 ff, **14** 2251, **14** 2279
Grenzüberschreitender Gelegenheitsverkehr **3a** 538, **4** 684, **20** 2716
– Personenverkehr **11** 1711 f
Grenzüberschreitendes Leasing **1** 82
Großreparatur bei Gebäuden **3** 366, **12** 2080
Grund- und Baukostenbeitrag **19** 2610
Grundstück **6** 773 ff, **11** 1569; *158, 241, 479*
–, Vermietung und Verpachtung *243*
Grundstücksmakler **3a** 520
Grundstücksort **3a** 516 ff, 639v
Grundstückssachverständiger **3a** 520
Grundstücksumsatz **VerR** 473, **6** 773 ff
Gründung einer Gesellschaft **1** 36 f
Gruppenpraxis **6** 958
Gutachten **6** 928, **6** 953
Güterbeförderung **3a** 640f, **Art. 3a** 3816 ff
Gutglaubensschutz **Art 7** 4016
Gutschein **1** 4, **14** 653, **16** 2394
Gutschrift **11** 1564a, 1638 ff, **12** 1827; *432, 678*

Habilitationsstipendium **1** 5
Haftung **19** 1601a, 2601, **27** 3491 ff
Hagelberater **6** 882
Halbfertiger Bau **16** 2407 f
Handels- oder Gewerbeschule **6** 877
Handels- und Gewerbetreibender, nichtbuchführungspflichtiger *587*
Handelsvertreter **14** 2251; *584*
Handymast **22** 2882
Hauptstoff **3** 392 f
Hausbesorgerwohnung **1** 72
Hausgemeinschaft **2** 183
Hauskrankenpflege **6** 928
Hausverwaltung **19** 2602f
Hebamme **6** 941
Heilbehandlung **6** 944 f
Heilmasseur **6** 943
Heilpraktiker **6** 943
Heizanlage **10** 1196

Stichwortverzeichnis

Herstellung **19** 2602c
Hilfsgüterlieferung *52*
Hochschullehrer **3a** 550
Hoheitsbetrieb **2** 268
Holdinggesellschaft **2** 185
Homöopath **6** 943
Hotelwagen **12** 1946 ff

Identität des Abholenden *840*
Imkerei **22** 2879
Incentive-Reise **23** 2966
Individualpauschalierung **14** 2251, **14** 2271 ff
Individualsoftware **3a** 586
Ingenieur **3a** 584; *160*
Inhaltliche Richtigkeit **11** 1539
Inkasso von Handelspapieren **6** 765
Inland **1** 141; *31*
Inländischer Lohnveredler **12** 1857 ff
Innengemeinschaft **6** 960 f
Innerbetriebliches Steuerungsverfahren *452 ff*
Innergemeinschaftliche Güterbeförderung **Art. 3a** 3822 ff, 3912a
– Lieferung **Art. 3** 3714 ff, **Art. 7** 3981 ff, **Art. 21** 4161; *850*
– Warenlieferung **Art. 21** 4161 ff; *863*
Innergemeinschaftlicher Erwerb **VerR** 545 ff, **Art. 1** 3571 ff, **Art. 4** 3921; *802, 820*
Innergemeinschaftliches Verbringen **Art. 1** 3601 ff, **Art. 4** 3931, **Art. 7** 4001, **Art. 21** 4162
Insolvenzeröffnung **16** 2402
Insolvenzverfahren **16** 2401 ff
Instandhaltung **19** 2602c
Instandsetzung **19** 2602c
Integrierter Schaltkreis **19** 2605b
Internationale Organisation **6** 736 ff
Interne Voranmeldung **21** 2757 ff, **VerR** 540
Internet-Service-Paket **3a** 603
Investitionsablöse **4** 657
Istbesteuerung **16** 2416 f

Jagd **22** 2879b
Jahresbeitrag **1** 34
Jahreswagen **2** 190
Jugend-, Erziehungs-, Ausbildungs- und Erholungsheim **6** 977 ff
Jugendheim **2** 486, **10** 1328 ff
Juristische Person **Art. 1** 3585 ff

Kabelfernsehnetz **3** 348
Kabelfernsehunternehmen **10** 1281 ff
Kalenderjahr **20** 2681 ff
Kalendervierteljahr **21** 2776 ff; *679*
Kantinenumsatz **6** 929
Kapitalerhöhung **12** 1992
Katalogleistung **3a** 561 ff, **3a** 576 ff, 641o
Kauf auf Probe **3** 427
Kauf unter Eigentumsvorbehalt **3** 430
Kaufvertrag **3a** 503
Kfz **6** 747
Kirche *101*
Kleinanzeige **3a** 578
Kleinbetragsrechnung **11** 1550, **11** 1567 f, **24** 3322
Kleinbus *522, 526 ff*
Kleinlastkraftwagen *522, 526 ff*

Kleinunternehmerregelung **VerR** 468
Kleinunternehmer **VerR** 515 ff, **6** 994 ff, **6** 1019 ff, **Art. 7** 3987; *245, 680*
Kombinationskraftwagen **12** 1932 ff, **12** 2162; *477*
Kommissionsgeschäft **3** 381, **24** 3293, **Art. 1** 3589; *130*
Komplementär-GmbH **2** 184
Kongregation *101*
Kongress **3a** 551
Konkursforderung **16** 2405
Konkursverfahren **6** 794a
Konsignationslager **Art. 1** 3603
Kontokorrentverkehr **6** 764
Kontokorrentzinsen **6** 756
Kontrollverfahren *453*
Konzert **VerR** 490 ff, **3a** 549, **6** 981 ff
Körperschaft des öffentlichen Rechts **1** 64, **2** 261 ff, **2 LRl** 24.1 f, **6** 978, **22** 2921, **Art. 28** 4341; *68*
Körpersport **VerR** 477ff, **6** 884
Kosmetikschule **6** 878
Kosten **6** 1016
Kostenerstattung **6** 1017
Kostengemeinschaft **2** 182, **12** 1804
Kostenlose Mahlzeit **1** 70
Kraftfahrzeug **12** 1931 ff; *329*
Kraftrad **12** 1936 f; *478*
Kran **19** 2602c
Kranken- und Pflegeanstalt **VerR** 483 ff, **6** 926 ff, **10** 1336 f; *243*
Krankenanstalt **6** 949 ff
Krankenbeförderung **6** 974 ff
Kredit **6** 751 ff
Kreditgewährung **6** 754 ff
Kreditkartengeschäft **6** 757, **6** 772
Kreuzfahrt **23** 3027
Kühlgerät **4** 657
Kunstgegenstand **10** 1176, **24** 3252; *743, 873*
Künstler **10** 1223 ff; *596*
Künstler und Schriftsteller **14** 2251
Künstlerische Leistung **3a** 547; *158*
Kunstsammlung **10** 1263 f
Kuranstalt **VerR** 483 ff
Kuranstalt- und Kureinrichtung **6** 933
Kurs **6** 880
Kurtaxe **4** 657

Laienfleischbeschau **22** 2899
Land- und forstwirtschaftlicher Betrieb *703*
Ländliches Fortbildungsinstitut **6** 877
Landeshypothekenanstalt **6** 1018
Langlaufloipe **22** 2882
Lastkraftwagen **12** 2162
Leasing, **1** 80, **3** 345
– grenzüberschreitendes **1** 82
Leasingvertrag **1** 18, **3** 348, **12** 1980 ff; *478*
Lebensmitteleinzel-(oder Gemischtwaren-)händler **14** 2251, **14** 2269; *582*
Leergutrücknahme **16** 2393
Lehrtätigkeit **3** 348, **6** 948
Leichenhalle **2** 277
Leistung an beweglichen körperlichen Gegenständen *827*
– für Zwecke des Unternehmens **12** 1901 ff
– zwischen Gesellschaft und Gesellschafter **1** 57 f

Leistungen, kulturelle, wissenschaftliche und künstlerische **3a** 640p
Leistungsabgrenzung **19** 2608 ff
Leistungsaustausch **1** 1 ff
Leistungsaustausch bei Gesellschaftsverhältnis **1** 35 ff
Leistungsempfänger *627*
Leistungsort **3a** 638; **Art. 3a** 3912a
Lernhilfekurs **6** 878
Lesbarkeit *452*
Lichtbaugemeinschaft **2** 185
Liebhaberei **2 LRl** 159 ff, **VerR** 463 ff, **11** 1739 f, **22** 2859 f; *69, 92*
Liebhabereivermutung **10** 1239 f
Liefergegenstand **3** 342 f
Lieferort Art. **3** 3720
Lieferschwelle Art. **3** 3741 ff; *819*
Lieferung **3** 342 ff, **Art. 7** 3986 ff; *818*
– neuer Fahrzeuge *814*
– verbrauchsteuerpflichtiger Waren *820*
Lieferverzug **1** 11
Liegenschaften von Gemeinden **2** 274
Lifttrasse **22** 2882
Lizenz *117*
Lohnveredlung *238, 375*
– an Gegenständen der Ausfuhr **8** 1111 ff
Luftfahrt **9** 1131 ff; *377*
Luftfahrzeug **6** 974 f, **9** 1141 ff, **Art. 1** 3670

Mahngebühr **1** 21
Managementkurs **6** 878
Marktordnungsgesetz **22** 2885 f
Materiallieferung **19** 2602c
Maturaschule **6** 877
Mautgebühr **11** 1529
Mautstraßen **27** 3492
Maut-Vignette **2** 272
Medizinisch-technische Geräte **6** 928
Mehrwertsteuerausschuss **Art. 1** 3614
Meinungsumfrage **3** 345
Meldepflicht *890*
Menge und handelsübliche Bezeichnung der Ware **11** 1508 ff
Messe **3** 348, **3a** 524 ff, 640u
Metagesellschaft **2** 185
Mietenpool **2** 185
Miet- und Pachtverhältnisse *300*
Mietwagen **12** 1946
Milcheinzelrichtmenge **22** 2880
Minderung **16** 2381 ff
Mini-One-Stop-Shop **Art. 25a** 4297
Mischmethode **12** 2037
Miteigentum **6** 781 ff
Miteigentümergemeinschaft **6** 783
Miteigentumsgemeinschaft **2** 183, **6** 785 ff
Mitgliedsbeitrag **1** 33 f, **VerR** 432 ff
Mitteilung an das Finanzamt **12** 1913
Mittelstandsfinanzierungsgesellschaft **6** 1018
Mobilfunkgerät **19** 2605b
Möblierte Wohnung **3** 348
Motorbetriebenes Landfahrzeug **Art. 1** 3668
Müllbeseitigung **10** 1321 ff
Münze **10** 1174

Museum **VerR** 490 ff, **VerR** 500 f, **6** 981, **10** 1263 f
Musik- und Gesangsaufführung **VerR** 498 f, **10** 1260 ff

Nachforderung **21** 2798 ff
Nachhaltigkeit **2** 188 ff
Nachlauf **Art. 3a** 3827
Nachträgliche Anschaffungs- oder Herstellungskosten **12** 2079
- Entgeltsänderung **16** 2391 f
Nachweis *299*
Nachweispflicht **Art. 7** 4006 ff
NATO-Streitkräfte **6** 736 f
Naturpark **VerR** 507, **10** 1270
Nebenbetrieb **22** 2891
Nebenerwerb **22** 2896
Nebenleistung **VerR** 497, **10** 1189 f
- unselbständige **7** 1106
Nebentätigkeit **22** 2896 ff
Netzanschluss- und Netznutzungsvertrag **11** 1536
Netzbetreiber **3a** 536a
Netzzugangsvertrag **3a** 536a
Neues Fahrzeug **6** 1002, **Art. 3** 3766; *891*
Neumiete **19** 2610
Nichtannahme des Liefergegenstandes **12** 1873 f
Nichtbuchführungspflichtiger Landwirt **17** 2461 ff
Nichterfüllung **1** 15
Nicht steuerbarer Eigenverbrauch **12** 2000 ff
Nichtunternehmer **Art. 21** 4131; *863*
Nichtunternehmerische Sphäre **2** 206 f
Normalsteuersatz **10** 1161
Notar **3** 348, **3a** 582, **3a** 630, **27** 3536
Notarzt **6** 976
Nummernkreis **11** 1553
Nutzungsrecht *92*
Nutzungsüberlassung **6** 893

Offene Erwerbsgesellschaft **6** 958
Öffentlichkeitsarbeit **3a** 641r; *160*
ÖGB **2** 270
Omnibus **23** 3003
Online-Marktplatz **3a** 603
Online-Unterrichtserteilung **6** 875
Option **24** 3366 f; *745*
- zur Differenzbesteuerung **24** 3272 ff
- zur Regelbesteuerung **22** 2916 ff
- zur Steuerpflicht **6** 793 ff, **6** 899, **6** 1019 ff
Orden *101*
Ordinationsgemeinschaft **6** 959
Organ **6** 973
Organgesellschaft **2** 233, **Art. 28** 4342
Organisatorische Eingliederung **2** 239
Organschaft **2** 233 ff, **VerR** 533, **11** 1520, **19** 2602f; *68*
Organträger **2** 233
- im Ausland **2** 243 f
- im Inland **2** 242
Originalstich **24** 3252
Ort der Beförderungsleistung **3a** 536 ff
- der sonstigen Leistung **3a** 511 ff
- des Eigenverbrauchs **3a** 487
Ortsgestaltung **2** 273
Ortstaxe **4** 657

Papierrechnung *461*
Parkplatz **1** 73, **23** 2999
Partnerwahlinstitute **3a** 586
Patentanwalt **3a** 581; *160*
Pauschalangebot **11** 1624, **23** 2958
Pauschalierter Land- und Forstwirt **23** 2963 ff, **Art. 7** 3988
Pauschalierung **VerR** 543 f
– bei land- und forstwirtschaftlichem Betrieb **12** 1872
Pauschalreise **23** 2958
Peep Show **10** 1295
PEPPOL *458*
Personenbeförderung **3a** 640e, **10** 1301 ff, **23** 3023
Personengemeinschaft **21** 2835
Personengesellschaft **1** 8
Personenvereinigung **21** 2835
Pfandgeld **16** 2393
Pfandschein *215*
Pflege- und Tagesmutter **6** 887
Photovoltaik **22** 2902
PKW **12** 1932 ff; *477*
Portofoliomanagement **3a** 588
Portospesen **4** 657
Post **6** 873
Postamt **7** 1086
Postdienstleistung **6** 873
Praxisgemeinschaft **6** 958 ff
Preisausschreiben **3** 369
Preisgeld **14** 2278
Preisnachlassgutschein **4** 653, **16** 2398
Private Schule **6** 874 ff
Privatlehrer **6** 879
Privatwohnung **1** 76
Privatzimmervermietung **22** 2897
Prozesskosten **1** 19
Prozesskostenersatz **1** 19
Prüfpfad *453*
Psychologe **6** 955 ff
Psychotherapeut **6** 879, **6** 941, **6** 952 ff; *243*

Rabatt **16** 2382
Rafting **10** 1313
Realteilung **1** 55
Rechnung **Art. 11** 4031 ff, **Art. 25** 4296; *428, 855*
– bei Voraus- oder Anzahlung **11** 1521 ff
Rechnungsart **11** 1557 ff
Rechnungsausstellung **2 LRl** 26, **VerR** 526
– mittels Fernkopierer **11** 1564
Rechnungsberichtigung **11** 1735 ff
– Touristenexport **11** 1535
Rechnungsdatum **11** 1511
Rechnungserteilung **11** 1504 f
– durch Dritten **11** 1505
Rechnungskreise **11** 1552
Rechnungslegung **11** 1501 ff, **11** 1537, **19** 2602g, **24** 3321 ff
– durch Vermittler **11** 1530 ff
– im Binnenmarkt **Art. 11** 4031 ff
Rechnungsmangel **11** 1506
Rechnungsmerkmale **11** 1505 ff
Rechnungsnummer **11** 1541

Rechtsanwalt **3** 348, **3a** 581, **27** 3536; *160*
Rechtskurs **6** 877
Regelbesteuerung **22** 2916
Rehabilitationszentrum **6** 927
Reihengeschäft **3** 450, **12** 1856, 1856a; *525*
Reinigung von Bauwerken **19** 2602c
Reisegepäck **11** 1721
Reisekatalog **3** 372
Reiseleistung **3a** 630, **23** 2941 ff; *726*
Reiseleiter **23** 2997
Reisevorleistung **23** 2996 ff; *726*
Reparatur **3** 348, **12** 1949
Reparaturkosten **12** 1983
Reparaturleistung **12** 1980 ff
Repräsentationsaufwendung **12** 1925 ff
Restaurateur **19** 2602c
Restaurant- und Verpflegungsdienstleistung **3a** 641e; **Art. 3a** 3917a
Restaurationsumsatz **3** 345, **3** 348
Reuegeld **1** 15
Rezeptgebühr **4** 657
Rotes Kreuz **2** 270
Rundfunk **10** 1276 ff
Rundfunk- und Fernsehdienstleistungen **3a** 600, 642k, § **25a** 3431, **Art. 25a** 4297; *202*

Sachspende **3** 369
Sachsponsoring **6** 886a
Sachverständiger **3a** 583; *160*
Sachzuwendung **1** 66, **4** 672
Sammelrechnung **11** 1560
Sammelzollanmeldung **6** 709
Sammlung und Kunstsammlung **VerR** 501
Sammlungsstück **24** 3253; *743, 873*
Sanatorium **6** 927, **6** 950 f
Sänger **3a** 549
Sanierungsmaßnahmen *301*
Säumnisabgeltung **21** 2838
Säumniszuschlag **21** 2766, **21** 2799 f
Schadenersatz **1** 9 ff
Schadensregulierung **6** 881
Schätzung **23** 3058 f
– von Versteuern **12** 1839 f
Schätzungsrichtlinie **21** 2816 f
Schausteller **10** 1293 ff
Schilift **22** 2882
Schipiste **22** 2882
Schirennläufer **14** 2278
Schischule **6** 878
Schitrainer **3a** 546
Schriftsteller *585*
Schrott *663*
Schul- oder Hochschulunterricht *349*
Schule, private **6** 875; *242*
Schwellenerwerber **Art. 1** 3626
Schwesterngesellschaft **2** 36
Schwimmbad **10** 1228 f
Seeling **12** 1912
Seeschifffahrt **9** 1131 ff; *377*
Seilbahn **10** 1313
Seilbahnunternehmer **3a** 539

Stichwortverzeichnis

Selbstbehalt **12** 1983
Seminar **3a** 551
Sessel- und Schilift **10** 1313
Sicherungseigentum **19** 2603
Sicherungsgut **16** 2412 ff
Sicherungsübereigneter Gegenstand **19** 2601
Sicherungsübereignung **3** 431, **19** 2603
Siechenheim **6** 932
Skonto **16** 2382 f
Software **3a** 586
Software-Überlassung **3** 345
Sollbesteuerung **19** 2619 ff
Sommerrodelbahn **10** 1313
Sonderregelung für Drittlandsunternehmer *762*
Sondervermögen **6** 772a; *348*
Sondervorauszahlung **VerR** 537 ff
Sonstige Leistung **3a** 500 ff, **Art. 1** 3613 ff, **Art. 3a** 3806 ff; *157 ff, 827*
– bei vorübergehender Einfuhr **6** 724 ff
Sorgfalt eines ordentlichen Kaufmannes *840*
Sorgfaltspflicht **Art. 7** 4016 ff
Sozialhilfe **6** 748
Sozialversicherung *240*
Sozialversicherungsträger **2** 270, **6** 748 ff
Spaltung **1** 55
Spediteur **18** 2534, **27** 3536
Spediteurbescheinigung **7** 1083
Spielautomat **10** 1295
Sport- und Freizeiteinrichtung **22** 2882
Sportler **14** 2278
Sportliche Leistung *158*
Sportverein **1** 34
Sprachschule **6** 877
Spülwasser **10** 1326 f
Standard-Software **3a** 586 f
Stempelmarke **4** 657
Steuerbarer Umsatz **1** 1 ff
Steuerbefreiung **6** 706 ff, **11** 1546, **Art. 6** 3941 ff, **Art. 24** 4251; *238, 835*
– bei Ausfuhr und Durchfuhr **6** 712 ff
Steuerberater *160*
Steuerbetrag **11** 1621
Steuererklärung **21** 2754 f
Steuerfreie innergemeinschaftliche Lieferung **Art. 7** 3981 ff
Steuersatz **10** 1161 ff; **11** 1546
Steuerschuldner **19** 2601 ff; *627, 861*
Steuerspaltung **1** 55
Stiftung **2** 271
Stille Gesellschaft **2** 185
Stornogebühr **23** 3053
Strom-, Wasser- und Gasleitung **3** 348
Stromhändler **3** 422, **19** 2601
Stromlieferungsvertrag **11** 1536
Substanzbetrieb **22** 2895
Subvention **1** 22 ff, **VerR** 439 ff, **VerR** 462
Supervision **6** 954
Syndikat und Kartell **2** 185

Tanzschule **6** 878
Tapisserie **24** 3252
Tarifverbund **3a** 539
Tätigkeitsort **3a** 546 ff, 640n, **Art. 3a** 3911

Tausch **3** 471, **4** 671, **11** 1515; *131, 215*
Tauschähnlicher Umsatz **4** 671 f; *157, 215*
Taxi **12** 1946
Taxifahrt **11** 1694
Teilbetriebsverpachtung **22** 2881
Teilleistung **19** 2611 ff
Teillieferung **19** 2613 ff
Teilzahlungsanforderung **17** 2458
Teilzeiteigentum **6** 801
Telefax *452*
Telekommunikationsdienst **3a** 598, 642i; *202*
Telekommunikationsdienstleistungen § **25a** 3431, **Art. 25a** 4297; *762, 881*
Testamentsvollstrecker **3a** 630
Theater **VerR** 493 f, **10** 1255 f
Theater-, Musik- und Gesangsaufführung **VerR** 490 ff, **6** 981 ff
Theateraufführung **VerR** 493 ff
Theaterkarte **3** 345
Thermalbehandlung **10** 1228 ff
Tierhaltung **22** 2877
Tierzucht **10** 1178 f, **22** 2877
Time-Sharing **10** 1208 ff
Tod des Unternehmers **2** 203 f
Toleranzgrenze **VerR** 517, **6** 997 f
Toleranzregel **23** 3060
Tonträger **3** 345
Tourismusverband **2** 272
Touristenexport **7** 1054 f
Trainer **3** 348
Traveller Card **23** 2999
Treibhausgasemissionszertifikat **3** 345
Treibstoff **12** 1949, **Art. 7** 3984
Trennung der Entgelte **18** 2569 ff; *620*

Übergang der Steuerschuld **12** 1875 f, **19** 2601a, **VerR** 534a
– in der Bauwirtschaft **19** 2602a
Übergangsvorschriften *774*
Überlassung von Arbeitskräften **1** 8, **19** 2602c
– von Information **3a** 586 f; *160*
– von Standflächen **3a** 526
Übermittlung der Daten **Art. 21** 4216 f
Übernahme von Verbindlichkeiten **6** 772
Übernahmevertrag **3a** 503
Überschuss **21** 2763 f
Übersetzer *160*
Übersicht über Bezeichnung und Aufbau der UID **Art. 28** 4343
Übertragende Umwandlung **1** 50 f
UID-Büro **Art. 28** 4351
UID-Nummer *893 ff*
Umgründungsvorgang **1** 54 ff
Umsatzgrenze **6** 995 f, **14** 2252
Umsatzschlüssel **12** 2031 ff
Umsatzsteuererklärung **19** 2601
Umsatzsteuerbefreiung **VerR** 471 ff
Umsatzsteuerfestsetzungsbescheid **21** 2786
Umsatzsteuer-Identifikationsnummer **11** 1554, **Art. 11** 4041, **Art. 28** 4336 ff; *893*
Umsatzsteuernachschau **Art. 7** 4008
Umsatzsteuervoranmeldung **VerR** 534 ff
Umsatzsteuervorauszahlung **VerR** 535 ff
Umstellung langfristiger Verträge *795*

Stichwortverzeichnis

Umwandlung **1** 49 ff
Unberechtigter Steuerausweis **11** 1771
Unbestimmtes Entgelt **19** 2622 f
Unecht befreites Unternehmen **18** 2535
Unechter Mitgliedsbeitrag **VerR** 434 ff
Uneinbringlichkeit **16** 2388 f, **16** 2420
Unentbehrlicher Hilfsbetrieb **6** 885
Unfreie Versendung **Art. 3a** 3900, 3915a
Universaldienstbetreiber *242*
Unrichtiger Steuerausweis **11** 1733 ff, **12** 1833 f
Unselbständige Nebenleistungen **3** 347, **7** 1106
Unselbständigkeit natürlicher Personen **2** 231 f
Unterhaltende Leistung *158*
Unternehmen **2** 205 ff
Unternehmensbereich **12** 1909 ff
Unternehmenseinheit **2** 205
Unternehmensserviceportal *458*
Unternehmer **2** 181, **3a** 638n; *363, 525*
–, ausländischer *693*
–, freiberuflich tätiger *585*
Unternehmerbescheinigung **21** 2845
Unternehmereigenschaft, Beginn
 – des Erben **2** 203 f
 – des Gesellschafters **1** 58
 – von Vereinen **VerR** 460 ff
Unternehmereinheit **2** 208
Unternehmeridentität *300*
Unternehmernachweis **21** 2829
Unterricht **3a** 548
Unterrichtende Leistung *158*
Unterschiedlicher Steuersatz **11** 1518 f
Unversehrtheit des Inhalts *452*
Urheberrechtlich geschütztes Recht **10** 1226
Urheberrechtliche Vorschrift **3a** 576; *159*
Urkundenprinzip **11** 1557 f
Urprodukt **22** 2893
Ursprungslandprinzip *816 f*

Vatertierhaltung **10** 1181
Veranlagung **VerR** 542, **19** 2601, 2601a, **21** 2794, **Art. 21** 4131; *678, 863*
Veranlagungszeitraum **20** 2682 ff; *673, 862*
Verarbeitung *130*
Verarbeitungsbetrieb **22** 2892
Veräußerung **12** 2085
Verbrauchsteuerpflichtige Ware **VerR** 550 f, **Art. 3** 3767; *820*
Verbringen **Art. 1** 3601 ff; *802, 818*
 – in ein Konsignationslager **Art. 1** 3603
Verbundkosten **6** 1018
Vercharterung *382*
Verdeckte Gewinnausschüttung **12** 1929 f
Verein **1** 64, **12** 1804
Vereinbarte Zinsen **6** 755
Vereinnahmtes Entgelt **17** 2451 ff, **20** 2703; *614*
Vereinsfest **VerR** 453, **VerR** 474
Vereinsrichtlinien 2001 *929 ff*
Verfügungsmacht **3** 421 ff
Verkaufshilfe **3** 373
Verkaufskatalog **3** 372
Verkaufskommission **Art. 7** 3990

Verköstigung von Dienstnehmern **1** 70 ff
Verlagsvertrag **3** 345
Verlassenschaft **24** 3300
Verlosung **3** 369, **VerR** 474
Vermessungsingenieur **3a** 521
Vermietung **2** 275, **6** 890, **VerR** 482
– und Verpachtung von Grundstücken **6** 888 ff; *243*
– von Beförderungsmitteln **3a** 623; *201*
– von Geräten **19** 2602c
– von Grundstücken **10** 1184 ff
Vermietungsgemeinschaft **2** 185
Verminderter Steuerausweis **11** 1736 f
Vermittlung **24** 3264, **Art. 3a** 3912j
– von innergemeinschaftlicher Güterbeförderung **Art. 3a** 3856 f
Vermittlungsleistung **3a** 502 ff, 639s, **23** 2951 f, **Art. 3a** 3806; *827*
Vermögensberatung *349*
Vermögensverwalter **3a** 630
Vermögensverwaltung **VerR** 466 f
Verordnungsermächtigung **3a** 636 f, **14** 2251 ff
Verpachtung **22** 2881
Verpachtungsgemeinschaft **2** 185
Versandhandel **Art. 1** 3610, **Art. 3** 3714 ff; *818*
Versandhandelsregelung **Art. 24** 4251
Versandhauskatalog **3** 372
Verschmelzung **1** 52 f
Versenden **3** 446 ff
Versendung **7** 1053
Versicherungsleistung **6** 851 f
Versicherungsschutz **6** 853
Versicherungsverhältnis **6** 851 f
Versicherungsvertrag **1** 16 ff
Versicherungsvertreter *242*
Versorgung eines KFZ **7** 1070
– von Schiffen *376*
Versorgungsunternehmen **11** 1510, **17** 2454 ff
Verspätungszuschlag **Art. 21** 4211
Vertragliche Haftung **1** 11 ff
Vertragsstrafe **1** 15
Vertrauensschutz **Art. 7** 4016 ff
Vertrauensschutzregelung **Art. 7** 4016, **Art. 28** 4359 ff
Vertretbare Sache **12** 1836 f
Verwahrung und Verwaltung von Wertpapieren **6** 767 ff
Verwaltungsdienstleistung **3a** 588
Verwendungseigenverbrauch **1** 61 ff, **VerR** 453 ff, **3a** 476 ff
Verwertung der Konkursmasse **16** 2412 ff
Verzicht auf Lieferschwelle **Art. 3** 3756
Verzichtserklärung **6** 1019 ff
Verzugszinsen **6** 756
Viehmastgeschäft **3** 345
Vierteljährlicher Voranmeldungszeitraum **21** 2776 ff
VLT **6** 856
Volksbildungsverein **VerR** 472
Voranmeldung **21** 2751 ff, **VerR** 537; *678, 863*
Voranmeldungszeitraum **21** 2776 ff
Vorauszahlung **21** 2761 ff; *676, 863*
Vorauszahlungs- oder Anzahlungsrechnung **11** 1524
Vorbehaltseigentum **19** 2603
Vorbehaltseigentümer **19** 2601
Vorbehaltskäufer **19** 2601

Stichwortverzeichnis

Vorbereitungshandlung **2** 193 ff
Vorführkraftfahrzeug **12** 1940 ff
Vorgesellschaft **2** 198
Vorlauf **Art. 3a** 3827
Vorsteuerabzug **VerR** 527 ff, **6** 799 f, **6** 900 f, **12** 1801 ff, **19** 2602h, **20** 2701 ff, **24** 3333 f, **27** 3503 f, **Art. 12** 4056 ff; *476, 857*
– auf Grund der Rechnung **12** 1815 ff
– bei Eigenverbrauch **12** 2151 ff
– bei innergemeinschaftlichem Erwerb **Art. 12** 4056 ff
– bei Reisekosten *571*
– nach Durchschnittssätzen **14** 2226 ff, **18** 2589; *574*
–, Berichtigung *480*
Vorsteuerausschluss **12** 2005
Vorsteuerberichtigung **14** 2240 ff, **22** 2856 f
Vorsteuerbetrag *479*
Vorsteuerbeträge, Aufteilung *600*
Vorsteuererstattung **21** 2828 ff, 2836, 2850; *693*
Vorsteuerpauschalierung **14** 2226 ff
– aufgrund von Verordnungen **14** 2251 ff
Vorsteuerrückforderung **16** 2406
Vortrag **6** 880
Vortragstätigkeit **6** 948
Vorübergehende Nutzung **4** 680
– Verwendung **Art. 1** 3606 f; *802*

Warenbewegung **Art. 3** 3716, **Art. 7** 3982 ff
Wareneingang **18** 2569 ff
Warenkreditversicherung **1** 17
Warenmuster **3** 372
Warenumschließung **3** 348, **16** 2393
Wärme **3** 422, **10** 1192 ff
Wartungsarbeiten an Bauwerken **19** 2602c
Wasser **3** 422
Wasserfahrzeug **9** 1132, **Art. 1** 3669
Wasserlieferung **3** 348
Wassernutzungsrecht **1** 8
Wechsel der Besteuerungsart 553
– in der Besteuerungsart **17** 2480
– von Gesellschaftern **1** 39 ff
Wechseldiskontierung **11** 1756
Wein **10** 1351 ff
Weinbauer **Art. 7** 3988
Weitervermietung **2** 274
Werbeanzeige **3a** 566
Werbeberatung **3a** 577
Werbemittelherstellung **3a** 577
Werbemittlung **3a** 577
Werbeprospekt **3** 372
Werbe- und Dekorationsmaterial **3** 373
Werbung **3a** 641r; *160*
Werbung und Öffentlichkeitsarbeit **3a** 577 ff
Werkleistung *157*
Werklieferer **12** 1857 ff
Werklieferung **3** 391 ff, **7** 1067, **10** 1172, **12** 1855a, **19** 2611 ff, **27** 3505 ff, **Art. 1** 3608 f
– ausländischer Unternehmer **12** 1854 f
Wertpapier **6** 766 ff
Wertzeichen **6** 761
Wette **6** 854
Wettkampf **14** 2278

Widerlegung der Liebhabereivermutung **VerR** 464 f
Widerruf der Verzichtserklärung **6** 1021 f
– und Wechsel der Vorsteuerpauschalierung **14** 2301 ff
Wiederverkäufer **24** 3258 ff; *743*
WIFI **6** 877
Wildabschuss **3** 345
Wirtschaftliche Eingliederung **2** 237 f
Wirtschaftsjahr **20** 2683 f
Wirtschaftsprüfer *160*
Wirtschaftstreuhänder **3a** 581, **27** 3536
Wissenschaftliche Leistung *158*
Wohnbauvereinigung **19** 2602f
Wohn- und Schlafräume **10** 1198
Wohnungseigentum **6** 781 ff; *298*
Wohnungseigentumsgemeinschaft **2** 185, **6** 922 f, **10** 1184, **10** 1214 ff, **19** 2602d; **19** 2602f
Wohnzweck **10** 1185 ff

Zahlung von dritter Seite **1** 25
Zahlungsbearbeitungsentgelt **3** 348
Zahlungsmittel **6** 759
Zahntechniker **6** 971 f; *244*
Zeitpunkt der Rechnungserteilung **11** 1522 f
Zeitungsanzeige **3a** 578
Zentralregulierer **16** 2431
Zinsen vor Leistungserbringung **1** 6
Zirkusvorführung **10** 1290
Zoll- und Steuerlager *759, 876*
Zollanmeldung **1** 102, **6** 709
Zollbehörde **1** 105
Zollfreizone **1** 141
Zolllager **1** 141
Zollquittung **6** 709
Zollwert *234*
Zoologischer Garten **VerR** 506, **10** 1269
Züchterprämie **1** 8
Zulassungsbehörde *889*
Zurechenbarkeit **12** 2013 ff
Zusammenfassende Meldung **Art. 21** 4151 ff; *863*
Zusammenschluss **1** 55
– von Banken, Versicherungen und Pensionskassen **6** 1011 ff
Zusatzsteuer **22** 2871 f
Zuschlagskarte **11** 1693
Zuschuss **1** 24 ff, **2** 439 ff
Zustellungsbevollmächtigter **21** 2835, **27** 3526
Zwangsversteigerung(sverfahren) **6** 793, **19** 2601, **19** 2603
Zwangsvollstreckung **3** 428 f
Zweck der Lohnveredlung **8** 1112 f
Zwischenstaatliche Einrichtung **Art. 1** 3686; *804*